二〇二四年度國家古籍整理出版專項經費資助項目

國家社科基金重大項目『中古近代漢字字源及其數據庫建設』階段性成果

佛經音義文字編

鄧福禄 編著

長江出版傳媒　崇文書局

圖書在版編目（CIP）數據

佛經音義文字編 / 鄧福禄編著 . -- 武漢 ：崇文書局，2024. 12. -- ISBN 978-7-5403-7908-7

Ⅰ . H131.6

中國國家版本館 CIP 數據核字第 202510V0F6 號

責任編輯：李艷麗
封面設計：徐　慧
責任校對：郭曉敏
責任印製：馮立慧

佛經音義文字編
FOJING YINYI WENZIBIAN

出版發行：長江出版傳媒　崇文書局
地　　址：武漢市雄楚大街 268 號 C 座 11 層
電　　話：(027)87677133　　郵　編：430070
印　　刷：湖北新華印務有限公司
開　　本：889 mm × 1194 mm　1/16
印　　張：86.5
字　　數：1420 千
版　　次：2024 年 12 月第 1 版
印　　次：2024 年 12 月第 1 次印刷
定　　價：980.00 圓

總　目

前　言

　　這個《文字編》是 2007 年國家社科基金青年項目"佛經音義文字整理與楷書漢字形體流變研究"（07CYY016）結項成果的一部分，在後來做國家社科重點項目"歷代辭書疑難義訓考釋與研究"和國家社科重大項目"中古近代漢字字源及其數據庫建設"的過程中有所修訂。2011 年結項時，前面還有《佛經音義異形字研究》和《佛經音義文字匯考》兩部分，這次出版没有拿出來，原因主要有兩個：其一是篇幅太大，其二是從結項到現在的十幾年裏，佛經音義的文字研究有大量新成果問世，很多考釋與我們的匯考結論相同，再出版就没什麽意義了。另外，由於時間緊迫，這次出版基本維持結項成果的原狀，就是説，在本字表中結項以後發表的成果没有來得及介紹或標注，這是要向讀者説明的。下面主要介紹本字編所依據的佛經音義材料、佛經音義的文字學價值和本字編的製作思路及方法。

1.現存主要佛經音義簡介及其在文字方面的研究現狀

　　現存較早（宋代及宋以前）的主要佛經音義有六部，它們是：唐釋玄應的《大唐衆經音義》、唐釋慧琳的《一切經音義》、後晉釋可洪的《新集藏經音義隨函録》、遼釋希麟的《續一切經音義》、遼釋行均的《龍龕手鏡》和北宋處觀的《紹興重雕大藏音》。這些佛經音義書既收録了大量佛經中的疑難俗别字，也收録了中土文獻中的不少古文、異體，對考索中古楷書漢字的來源、探求漢字的流變規律有很高的學術價值。正因爲如此，此前有不少學者投入到這方面的研究，取得了很大成績，但總的看來，還不夠深入、全面，尤其缺少一部全面綜合的文字編。下面分别介紹。

1.1 玄應《衆經音義》

唐釋玄應，唐代初年人，具體生卒年月已不可考。他在唐太宗貞觀末年（649）奉敕撰《衆經音義》（又稱《一切經音義》，簡稱《玄應音義》），到唐德宗龍朔年間（661—663）基本撰成。

《玄應音義》以音義的形式注釋了當時的佛經典籍 460 部，徵引内外典籍約 242 種，全書計二十八萬餘言。爲便於讀者閲讀佛經，《玄應音義》采取的是隨函録的形式，亦即所録辭目的排列次序依據該辭在所釋經文出現的先後來確定。這種排列形式客觀上也爲後代研究者覈實經文原文提供了一定的便利。

《玄應音義》一般先從佛經中摘録出需要注釋的辭目，再對該辭條中的字目進行注音釋義，例如：

卷五《太子須大拏經》："爲幟，古文𢃢，同。尺志反。幖也。《通俗文》：私記曰幟。《廣雅》：幟，幡也。《墨子》曰：以爲長丈五尺廣半幅曰幟也。"（5/72b）[①]今《大正藏》本《太子須大拏經》正作"爲幟"（T03，p0420，b14—15）[②]。

假若摘録出的辭條中有不規範的字，他就先把該字改成他所認定的規範字，再在注釋語中加以説明。例如：

卷七《方等般泥洹經》上卷："面皺，側救反。謂不福皺也。經文作繳，借字也。"（7/104b）按，今《大正藏》本《佛説方等般泥洹經》正作"面皺"（T12，p0913，c22—23）。"面皺"之"皺"，玄應所見經文作"繳"。考《説文·糸部》："繳，絲之細也。"此義與文意不符，玄應以"繳"爲"皺"的假借字，故在辭目中將"繳"改作"皺"。

《玄應音義》的文字材料豐富，既收録了很多佛經中訛俗字和新造字，也收録了不少當時傳世文獻中的傳抄古文和新造字，有很高的文字學價值，從而引起不少學人的關注。張新朋（2005）的碩士論文《玄應〈一切經音義〉之異體字研究》對《玄應音義》中的異體字作了歸納和分類。黄仁瑄寫過系列文章，討論該書的有關文字方面的概念，如：《玄應〈一切經音義〉中的"假借""借字"》《玄應〈一切經音義〉中的字意》《玄應〈一切經音義〉中的近字》等。

[①] "5/72b"指高麗藏本《玄應音義》第 5 卷 72 頁 2 欄。下仿此。
[②] "T03，p0420，b14—15"指《大正藏》第 3 卷 0420 頁 2 欄 14—15 列。下仿此。

今存《玄應音義》各種版本中，以高麗藏本最爲完整和精良，故以此本爲工作本。

1.2 慧苑《慧苑音義》

據劉春生（1992）的考證，釋慧苑爲長安人，約生於唐高宗上元儀鳳年間（674—678），卒年不詳。慧苑的著作流傳至今的有《華嚴經略疏刊定記》十五卷和《新譯大方廣佛華嚴經音義》兩卷。

《新譯大方廣佛華嚴經音義》又名《大方廣佛華嚴經音義》《新譯華嚴經音義》或《華嚴經音義》，簡稱《慧苑音義》。該書在對《新譯大方廣佛華嚴經》中疑難字詞進行注音釋義時，廣徵博引，保存了很多珍貴資料，有很高的學術價值。

黃仁瑄的《唐五代佛經音義研究》對《慧苑音義》的版本流傳情況作了説明：該書“約成書於唐玄宗開元二十年（732）前後。成書後即以鈔本形式流行於世。八十餘年後爲《慧琳音義》卷二十一—二十三收錄，又一百六十餘年後由開寶藏刊行。其後迭經翻刻，流布宇內，逐漸形成了高麗藏本和慧琳本、金藏本、元普甯藏本、明永樂南藏本、永樂北藏本、嘉興藏本兩大系統。其中，永樂北藏本分其上、下兩卷爲四卷，嘉興藏本亦同。有清時期，《慧苑音義》更形成藏本和儒本兩大系列，其中儒本有臧鏞堂本、陳氏叢刻本、守山閣本、粵雅堂本和曹籀本之別。陳垣（1962）以爲臧鏞堂本所據爲永樂南藏本，錢熙祚守山閣本所據爲嘉興藏本，伍崇曜粵雅堂本所據爲永樂北藏本”。[①]

在文字方面，黃仁瑄《高麗藏本慧苑音義引〈説文〉的異文問題》《高麗藏本慧苑音義引〈説文〉的衍、脱、誤問題》對《慧苑音義》引《説文》的情況做了比較深入的考察。

由于《慧琳音義》完全轉錄了《慧苑音義》，且字迹清晰，我們以《慧琳音義》本作依據進行文字整理。

1.3 慧琳《慧琳音義》

據景審《一切經音義·序》，慧琳，姓裴氏，疏勒國（今新疆喀什）人。生於唐玄宗開元二十五年（737），卒於唐憲宗元和十五年（820），終年八十四歲[②]。

---

① 黃仁瑄：《唐五代佛經音義研究》，北京：中華書局 2011 年，第 42 頁。
② 同上，第 46 頁。

釋慧琳主要著作有《新集浴像儀軌》一卷、《建立曼荼羅及揀擇地法》一卷、《一切經音義》一百卷。《一切經音義》又稱《大藏音義》《慧琳音義》，是一部注釋佛經典籍的集大成式的著作。

慧琳采取音義形式注釋當時佛藏，并總匯玄應、慧苑、窺基、雲公等人的音義而成《慧琳音義》，共一百卷。卷首有唐處士顧齊之《新收一切藏經音義·序》和太常寺奉禮郎景審《一切經音義·序》各一篇。其音注佛經始於唐太宗《大唐聖教序》、高宗《述三藏記》和唐釋玄奘譯大乘《大般若波羅蜜多經》，終於唐釋義净撰小乘《護命放生法》，計 1234 部 5302 卷，分立辭目（包括真言、咒語）32219 例，計一百二十萬言。《慧琳音義》包括大乘經、大乘律、釋經論、集義論、小乘經、小乘律、小乘論、集傳、集錄九科。《慧琳音義》的編纂體例深受《玄應音義》的影響，兩書注音釋義的體例基本一致。

文字研究方面，陳定民（1933、1934）對《慧琳音義》中的異體字做了較爲系統的整理和研究，有拓荒之功。解冰（1992）最先考察《慧琳音義》中的轉注、假借問題，認爲慧琳已經有了轉注、假借爲“字之用”的意識。任敏（2002）則對《慧琳音義》徵引《説文》的情況做了較爲系統的考察。黃仁瑄（2003、2005、2006）窮盡式地搜集書中有關轉注、假借材料，對慧琳的轉注、假借思想做了全面而深入的討論。認爲，所謂轉注是在轉注原語的基礎上加注意符的一種造字方式，其特點是：構件組合關係的歷時性；意義的繼承性；結構類型的形聲化。慧琳所謂假借則包括三個方面的内容：一和文字學有關，即本無其字，依聲托事；一和訓詁學有關，即本有其字，依聲托事；一和詞彙學有關，即詞義引申。

《慧琳音義》現在主要有高麗藏本、日本獅谷白蓮社本和大正藏本流傳。由於高麗藏本較古，比較接近原貌，我們以此作工作本。

1.4 可洪《可洪音義》

可洪，五代後晉僧人，具體生平事迹不詳，有《藏經隨函錄》（簡稱《可洪音義》）三十卷傳世。鄭賢章撰有《〈新集藏經音義隨函錄〉研究》，韓小荆撰有《〈可洪音義〉研究》，二書對其中文字做過深入的研究，且都附有《字表》，故本書不收《可洪音義》的字料，也不作過多介紹。

1.5 希麟《希麟音義》

希麟爲遼代僧人，生平事蹟不詳。約在統和五年（987，當宋雍熙四年）前後，撰成《續一切經音義》十卷。該書是《慧琳音義》的續作，即注釋《開元録》後翻傳之佛經典籍。體例一如《慧琳音義》，有較高的學術價值。

《希麟音義》成書五十餘年後，隨《慧琳音義》入《契丹藏》流行。其後之流布情況一如《慧琳音義》。是書與《慧琳音義》同爲《弘法入藏録》收録，唯存於《高麗藏》。迄今未見關於該書文字方面的研究成果。

1.6 行均《龍龕手鏡》

行均爲遼代僧人，生卒年不詳。他的《龍龕手鏡》（簡稱《龍龕》）是爲佛教徒研讀佛經而編撰的一部字典。從編撰體例上看，此書是用平上去入四聲兼用部首編排的一部字典；但從功能上看，也是一部音義兼釋而以注音爲主（有些字只有注音没有釋義）的音義書。書前有智光序，此序作於“統和十五年”，即公元 997 年。據此推斷，《龍龕手鏡》應於此前不久成書。書名原本叫《龍龕手鏡》，此書由遼國流傳到宋後，爲避宋太祖趙匡胤祖父趙敬的名諱，在重刻時又改名爲《龍龕手鑑》。

據智光序，《龍龕》收録 26430 餘字，其中包括少數雙音詞。這些字詞既有來源於《説文》《玉篇》《切韻》等傳統辭書的，也有不少是從佛經文獻摘録來的。其最大特色是收録了很多訛俗異體字，爲研究漢字形體流變提供了珍貴的材料。

清代之前幾乎没有人對其進行專門研究，有清一代對《龍龕》甚至多有誤解，以爲“此書俗謬怪妄，不可究詰，全不知形聲偏旁之誼，又轉寫訛亂，徒淆心目，轉滋俗惑，直是廢書，不可用也”。①近代特別是敦煌經卷出土以後，由于《龍龕》在閱讀敦煌文獻時顯現出重要作用，學者們纔開始認識到《龍龕》的重要價值，并對其展開逐漸深入的研究。潘重規編有《龍龕手鑑新編》，他在該書前言中對《龍龕》的性質和價值作了公正客觀的評價。張涌泉在《敦煌俗字研究》中就“行均其人其書”“《龍龕》與敦煌俗字”“《龍龕》讀法示例”“《龍龕》的缺點”等問題做了比較深入的研究。臺灣陳飛龍撰有《龍龕手鑑研究》一書，全書分爲“版本考”“校勘記”“部首探討”“説字之

---

① [清]李慈銘：《越縵堂讀書記》，上海：上海書店出版社 2000 年版，第 1308 頁。

形音義”“聲類考”“引書考”六章。2004 年鄭賢章的《龍龕手鏡研究》一書分爲上編和下編兩大部分，上編主要對“《龍龕》俗字考釋方法與途徑”“《龍龕》的闕失”“《龍龕》的術語”“《龍龕》與漢文佛經及《一切經音義》的關係”做了全面深入的研究；下編“《龍龕》俗字彙考”對注釋《龍龕》的疑難俗字有重要參考價值。此外還發表了一些單篇論文，如周國光的《略談〈龍龕手鑒〉》（1984），王志方《〈龍龕手鑒〉與漢字規範》（2000），張衛東《〈龍龕手鑒〉的音系及其性質》（2001），楊正業《〈龍龕手鑒〉古俗字考辨》（2004），張立娟《試論〈龍龕手鏡〉“雜”部》（2005）等。

由上可知，有關《龍龕》的研究成果是比較多的，但仍有很多疑難問題有待研究解決：（1）還有不少有注音而無釋義的字需要釋讀；（2）還有不少怪異的字形、不合音理的音注和一些費解的義訓需要探明其來歷。

《龍龕》的主要版本有：中華書局 1985 年影印的高麗本，《續古逸叢書》本，《四部叢刊續編》本；日本影印朝鮮咸化八年（1472）的朝鮮本。因高麗本比較接近原本，故我們以此爲工作本。

1.7 處觀《紹興重雕大藏音》

《紹興重雕大藏音》的作者爲北宋精嚴寺僧人處觀，生平事蹟不可考。該書原名《精嚴新集大藏音》，又名《釋音精嚴集》，南宋紹興（1131—1162）年間重刻時改爲今名。據書前序言，該書於北宋元祐八年（1093）撰成。載於《元藏》“英”函，《明南藏》“塞”函、《明北藏》“百”函，又收入日本編的《正藏經》67 冊，又收入《宋資福藏》“英”函（國家圖書館）。

《紹興重雕大藏音》與《玄應音義》和《慧琳音義》等佛經音義的區別在於它只解釋佛經中的字而不解釋詞，辨釋的内容是字形與讀音而不涉及意義。因此，《紹興重雕大藏音》屬於佛經音義中的一種字典。

目前有關此書的研究成果衹見兩篇論文：張國華的碩士論文《宋代處觀〈紹興重雕大藏音〉音系初探》和譚翠的《試論〈紹興重雕大藏音〉的語言文字價值》。

《紹興重雕大藏音》的永樂北藏本字形較大且清晰（當時《思溪藏》本沒公布），便於截圖，故我們以此爲工作本。

2.佛經音義的文字學價值

佛經音義成書較早，多在宋代以前，因而在文獻學、文化學、語言文字學等方面都有很高的學術價值。在這裏，主要總結其在文字學上的價值。

2.1 保存大量古字書的文字資料

佛經音義大量稱引《説文》《字林》《玉篇》《字統》《古今正字》《文字典説》《開元文字音義》等古字書，保存了豐富的古代字書的文字資料。《慧琳音義》景審序説："大略以七家字書釋誼（七書謂《玉篇》《説文》《字林》《字統》《古今正字》《文字典説》《開元文字音義》），七書不該，百氏咸討。又訓解之末，兼辯六書。"這些古字書既有流傳到今天的，如《説文》《玉篇》；也有後代亡佚了的，如《字林》《字統》《古今正字》《文字典説》等。

首先，佛經音義所稱引的資料，對於流傳至今的古字書有很高的校勘價值。就《説文》來説，此書寫成於東漢，經過歷代傳抄、翻刻和竄改，時至今日已非其舊。這就亟需相關文獻進行比勘校正。《説文》流傳到唐代，第一次被《玄應音義》和《慧琳音義》等佛經音義大規模引用，這些被引用的條目正好可拿來比勘傳世的《説文》文本。據統計，《玄應音義》引用《説文》達 2182 條；《慧琳音義》引用《説文》多達 14315 次。其中許多所引條目可校正今本《説文》。例如：

大徐本《説文·心部》："怵，恐也。从心，术聲。"又："惕，敬也。从心，易聲。"《玄應音義》卷五《寶網經》音義"怵惕"條引《説文》："怵，恐也；惕，驚也。"沈濤《説文古本考》云："《文選·射雉賦》注、《一切經音義》卷五皆引作'驚也'。蓋古本如是。經籍中虞、鄭之注《易》、韋昭之注《國語》、張揖之注《廣雅》皆訓惕爲懼。《玉篇》亦云：'惕，懼也。'懼與驚義相近。薛綜注《東京賦》訓惕爲驚，正與許合。古無訓惕爲敬者，'敬'乃'驚'字之壞。"此言是也。今又考見《慧琳音義》卷三八《佛説無崖際持法門經》音義"驚惕"條引《説文》："惕，驚也。从心，易聲也。"此亦可證"敬"爲"驚"字誤省。

《説文·卂部》："熒，回疾也。从卂，營省聲。"《玄應音義》卷一《大方廣佛華嚴經》第五卷音義："孤煢：古文惸、傑二形，同。渠營反。無父曰孤，無子曰獨，无兄弟曰煢。煢，單也。煢煢，无所依也。字從卂，從營省聲。”（01/2c）《慧琳音義》轉引作“從熒省聲”（20/802b）。按慧琳所引當是。段玉裁注《説文》“弅”字云：“凡從弅之字，皆曰熒省聲。”

其次，佛經音義所稱引的後代亡佚的字書資料，可使我們窺其一斑。據姚永銘統計，“《慧琳音義》引服虔《通俗文》252 次，引葛洪《要用字苑》52 次，引何承慶《纂文》46 次，引阮孝緒《文字集略》214 次，引佚名字書1020 次，引楊承慶《字統》115 次”。[①]佛經音義是我們輯佚古字書的主要文獻之一。

有些字書可爲今天大型字書的義訓提供來源，例如：

【焂】（《漢語大字典》第二版 2362 頁）

shū《集韻》式竹切，入屋書。

光动貌。《集韻·屋韻》：“焂，光動皃。”

按：《集韻·屋韻》式竹切：“焂，光動皃。”《漢語大字典》徑訓“焂”爲“光動皃”，無例證，其實未知其來源。今考“焂”爲“倏”字變異。“犬”“火”形近易混，故“倏”可寫作“焂”（參見韓小荆《可洪音義研究》680 頁）。段注本《説文·犬部》：“倏，犬走疾也。从犬，攸聲。”徐鉉音讀若叔。段注：“引伸爲凡忽然之詞。”《戰國策·楚策四》：“（黃雀）晝遊乎茂樹，夕調乎酸鹹，倏忽之間，墜於公子之手。”《淮南子·脩務訓》：“且夫精神滑淖纖微，倏忽變化，與物推移。”皆其例。因爲光電傳播急速，故“倏”又引申爲“光動皃”。《漢書·楊雄傳》：“雷鬱律而巖突兮，電倏忽於牆藩。”顏師古注：“鬱律，雷聲也。倏忽，電光也。倏音式六反。”《慧琳音義》卷一百《荆州沙門無行從中天附書於唐國諸大德》音義：“倏經，上昇六反。《考聲》云：‘倏忽，光動皃。’《集訓》云：‘不覺光陰移改迅疾過時之也。’”（336a）此所引《考聲》即《集韻》所本。

2.2 收録了大量佛經俗字

佛經音義收録了大量源於佛經的俗字，有時還指明其正字，爲我們研究漢字的形體流變提供了重要參考。例如“瘤”字，《説文》未收，較早見於佛經音義。《玄應音義》

---

①見姚永銘《慧琳〈一切經音義〉研究》55 頁。江蘇古籍出版社，2003 年版。

卷二《大般涅槃經》第十一卷："習習，經文從广作瘤，書无此字，近人加之耳。"（2/24b）又《慧琳音義》卷二六《大般涅盤經》第十一卷："習習，經文有從广作瘤，諸字書並無，此瘤字近代人加广作之。"（57/930b）據此，"瘤"即"習"的增旁分化字。

又如"霔"字。《慧琳音義》卷十《仁王護國般若波羅蜜多經》下卷："降澍，朱戍反。《集訓》云：時雨所灌澍，潤生萬物也。經文從雨作霔，謬也，多是時俗凡情妄作，不成字也，檢一切字書並無此字，非也。"（10/590b）又卷十四《大寶積經》第八十五卷音義："遍澍，朱樹反。《考聲》：時雨普澍也。從樹省聲也。經文從雨作霔，非也。乃是筆誤，及書寫之徒率意妄作，元無此字也。"（14/679a）又卷四十《曼殊室利菩薩閻曼德迦忿怒真言儀軌經》音義："霔注，下朱戍反。水懸下也，從水。經文從雨作霔，俗用字，非也。"（40/197b）又《續一切經音義》卷五《新譯仁王護國般若波羅蜜多經》卷下："降澍，下朱戍反。《集訓》云：時雨所灌澍，潤生萬物也。經文從雨作霔，字書並無，筆受者率意妄作也。"（5/384b）

由上可知，"霔"爲"澍"的俗字。《説文·水部》："澍，時雨澍生萬物。從水，尌聲。""澍"又與"注"通用。《文選·王褒〈洞簫賦〉》："揚素波而揮連珠兮，聲礚礚而澍淵。"李善注："澍與注，古字通。""注"又增"雨"作"霔"，但它在文獻中不是"注"的俗字，而是"澍"的俗字。

又如"䞈""賹"二字。《玄應音義》卷一《大方廣佛華嚴經》第十八卷："或遺，余季反。《廣疋》：遺，與也。《尒疋》：貽，遺也。謂相饋遺也，遺猶贈也。經文從貝作䞈，近字也。"（1/4b）據此，"䞈"是"遺"在贈送義上的增旁分化字，其字義與"遺"相同，故玄應謂之近字。又《龍龕·貝部》："賹，俗，音惟。正作遺。"（349/6）。"賹"當是"䞈"字省寫，或可看作"遺"的換旁俗體。《漢語大字典·貝部》引《集韻·至韻》："遺，贈也。或作䞈。"并據此云："䞈，同遺。"此書證晚於《玄應音義》，當換用更早的書證。

2.3 搜羅很多古文獻的異體字

佛經音義搜羅了很多古文獻的異體字，爲今天整理異體字提供參考。漢字異體衆多，關係複雜，歷代學者在其著作中都很重視異體字的整理與研究。我們今天在編纂大型字典時，應該充分吸收他們的研究成果。佛經音義的作者在分析和溝通字際關繫方面做了大量工作，其中很大部分也是在溝通異體關係。例如：

【僖】【嬉】

《説文・人部》："僖，樂也。"段注："僖，其隸變爲嬉。"二字爲異體關係。其實，《玄應音義》早就溝通過此二字的異體關係。該書卷六《妙法蓮華經》第二卷："嬉戲，《説文》作僖。虛之反。僖，樂也。《蒼頡篇》："嬉戲，笑也。"（6/81c）又卷二十二《瑜伽師地論》第一卷："嬉戲，又作僖，同。虛之反。《説文》：僖，樂也。《蒼頡篇》：嬉，笑也。"（22/287b）皆其證。可是，現代所編的《漢語大字典》仍然没有溝通二字的異體關係（256頁、1155頁）。

【珡】【竘】【砡】

《慧琳音義》卷三五《一字頂輪王經》第四卷："珡頭，楚六反。或從立作竘。《廣雅》：珡，齊之等也。或從石作砡，並通，從玉足聲。"（35/103b）《龍龕・立部》："竘，正。初六反。齊等也。與珡同。"（520）據此，"珡""竘""砡"似皆爲異體關係。

又考《玉篇・立部》："竘，又六切，等也。"又《萬象名義・立部》："竘，又陸反。珡字，齊等。"據此，"竘"與"珡"確爲異體關係。

"砡"字又見《集韻》，該書《屋韻》云："砡，小石也。"（2604）與慧琳義訓不同。不過，《集韻》成書比《慧琳音義》晚幾百年，"砡"訓小石，頗可疑，蓋望形生訓。從字形看，"砡"蓋"珡"的更換形旁字，因"玉""石"義通，可換用。

《廣雅・釋詁》："珡，齊也。"王念孫疏證："珡音初六、初角二反。《玉篇》：'珡，等也，齊也。'《漢書・申屠嘉傳》：'蹢蹢廉謹。'顏師古注云：'蹢蹢，持整之貌。'《後漢書・中山簡王傳》：'官騎百人，稱娖前行。'李賢注云：'稱娖猶齊整也。'義並與珡同。今俗語猶謂整齊爲整珡，聲如捉。"此論可從。

2.4 分析字形結構

佛經音義既有引用古字書對字形結構所做的分析，也有新作的字形分析。引用古字書釋形，比如：

《玄應音義》卷二《大般涅槃經》第八卷："治目，莫鹿、莫六二反。《説文》：人眼也。象形。"（2/22b）

《玄應音義》卷二《大般涅槃經》第十二卷："腨骨，或作踹，同，時兖反。《説文》：

腨，腓腸也。字從肉，耑聲。”（2/25c）

《玄應音義》卷二《大般涅槃經》第十六卷：“憲制，欣建反。憲，法也。《尒疋》：憲，制法則也。《廣疋》：制，禁也。制亦法度也。字從心、從罒（目），害省聲。”（2/27c）解形部分與今本《説文》同，當是暗引《説文》。

引用古字書後，再作補充解釋，使字形構意更爲明瞭，例如：

《玄應音義》卷三《放光般若經》第十五卷：“梗澀，澀又作澵，同，所立反。謂不滑也。字從四止。四止，即不通，字意也。”（3/39c）今本《説文》作“不滑也。從四止”。兩相對照，“四止，即不通，字意也”是玄應對字形構意做的補充解釋。

《玄應音義》卷二《大般涅槃經》第二卷：“乞匃，古頼反。《蒼頡篇》：匃，行請求也。字體從人、從亡，言人亡財物則行求匃也。”（2/18c）今本《説文·亡部》：“匃，气也。逯安説：亡人爲匃。”“亡人爲匃”不易理解，故玄應進一步解釋説“言人亡財物則行求匃”。

再如今本《説文·人部》：“咎，災也。從人，從各。各者，相違也。”《玄應音義》卷六《妙法蓮華經》第二卷：“等咎，渠九反。《廣雅》：咎，過也。字體從人、各，人各相違，即成過咎也。”（6/81a）“人各相違，即成過咎”是玄應的進一步解釋。

2.5 探索新字形的創製緣由和演變過程

佛經音義在注文中探索新字形的創製緣由和演變過程，有利於漢字的斷代，例如：

【嵐】

《玄應音義》卷二《大般涅槃經》第四十卷：“婆嵐，力含反。案諸字部无如此字，唯應璩詩云‘嵐風寒折骨’作此字。”（2/32b）又《慧琳音義》卷三五《一字頂輪王經》第一卷：“旋嵐，下音嵐［藍］。旋藍［嵐］者，大猛風也。元魏孝昌帝時俗用因循書出此字，亦是北狄突厥語也。以北地山川多風。本因嵐州岢嵐鎮，後周改爲嵐州，因慈［茲］有此岢嵐字流行於人間。岢音可。一切字書先無此二字，披覽史書，於後《魏書》中見其意，所以知之。故疏出示其原也。今之時行流此也。”（35/100b）據此可知“嵐”字創製的緣由，構意爲從山、從風的會意字。

【毠毣】→【袈裟】

《玄應音義》卷十四《四分律》第一卷：“袈裟，舉佉反，下所加反。《韻集》音加沙，字本從毛作‘氊毳’二形，葛洪後作《字苑》始改從衣。”（14/183a）據此，“袈裟”即“氊毳”的更換偏旁字。

【肴】→【餚】；【膳】→【饍】

《玄應音義》卷六《妙法蓮華經》第一卷：“肴膳，胡交反，下上扇反。《國語》云：飲而無肴。賈逵曰：肴，葅也。凡非穀而食之曰肴。《説文》：膳，具食也。《周禮》膳用六牲。又云：膳夫。鄭玄曰：膳之言善也。今時美物亦曰珍膳。《廣雅》：肴，膳，肉也。字體皆從肉，爻、善是聲。經文有從食作‘餚饍’二字，撿无所出，傳寫誤也。”（6/79c）據此，“餚”爲“肴”的增旁字，“饍”爲“膳”的更換形旁字。

【腨】→【踹】→【蹲】

《慧琳音義》卷七十五《道地經》：“足腨，殊夬反。《説文》：腓腸也。或從足作踹，或作蹲，音並同。體異者，是先儒不能記憶偏傍，率意作之，或肉或足，後人倣習傳用，故無的從，今並出之也。”（75/966a）據此，“踹”爲“腨”的更換形旁字，“蹲”又爲“踹”的更換聲旁字。

【賷】→【責】

《慧琳音義》卷二《大般若波羅蜜多經》第一百一卷：“詰賷，上企吉反，下爭革反。《説文》：賷，求也。問罪也。從貝，從策省聲。經文作責，變體俗字也。”（2/431b）按今大徐本《説文》作“从貝，朿聲”。又“策”亦從朿聲。故“賷”亦當是從朿聲，“責”當是“賷”的隸變楷化字。

【龕】→【龕】

《慧琳音義》卷三十《道神足無極變化經》：“若龕，下坎含反。《考聲》云：龕，鑿山壁爲坎也。《説文》：龍皃也，從龍，今聲。經從合作龕，誤也。”（30/1036b）按慧琳所見《説文》作“龕”（今聲），而經文作“龕”（合聲），故以“龕”爲“龕”字形訛。考今本《説文》作“龕”，段注改作“龕”，并云：“各本作‘合聲’，篆體亦誤。今依《九經字樣》正。”段氏未見《慧琳音義》，但其校改結論與慧琳所引《説文》暗合，此亦證明作“龕”爲是。

2.6 破假借

佛經文獻中有很多假借字，佛經音義常常將假借字讀破而還原其本字。例如：

【椑】【箆】

《玄應音義》卷二《大般涅槃經》第八卷：“金椑，案苟楷《誥幼文》字宜作箆，音方奚反。經文多作椑，假借耳。”（2/22b）

按，查佛經原文，北涼天竺三藏曇無讖譯《大般涅槃經》卷八：“如百盲人爲治目故，造詣良醫。是時，良醫即以金錍（宋、元、宮本作‘箆’）決（明本作‘抉’）其眼膜。”（T12，p0411，c20—21）“金錍”亦作“金箆”，是古代治眼病的工具。又如《周書·張元傳》：“其夜，夢見一老公，以金鎞治其祖目。”杜甫《秋日夔府詠懷奉寄鄭監李賓客一百韻》：“金箆空刮眼，鏡象未離銓。”皆其用例。玄應所見經文作“椑”，《說文》“椑”訓圜榼，《廣韻》訓木名，皆與佛經文意不合，故玄應以“椑”爲“箆”的假借字。此論甚是。

上例直接指明假借，有時用“非字義”“非此義”“非”等說法來指明假借關係，如：

【舫】【枋】

《玄應音義》卷十四《四分律》第二卷：“舡舫，甫妄反。《說文》作方、汸二形，同。《尒疋》：舫，舟也。郭璞曰并兩舟也。《通俗文》連舟爲舫，是也。律文有作枋，音方。《說文》：枋，木可作車。枋非字義。”（14/184b）按“舡舫”之“舫”，玄應所見律文作“枋”。他認爲“枋”是木名，非“船”義，故認爲“舫”才是本字。實際上，“枋”爲“舫”的假借字。

【僂】【瘻】

《玄應音義》卷二《大般涅槃經》第十二卷：“背僂，力矩反。《廣疋》云：僂，曲也。《通俗文》：曲脊謂之傴僂。經文有作瘻，音陋，病也。瘻，非字義。”（2/26a）按“瘻”訓頸腫，即頸腫大的病。故玄應以爲“瘻”非字義，意即“瘻”爲“僂”的假借字。

【翩】【偏】

《玄應音義》卷四《大灌頂經》第一卷：“翩翩，匹然反。《說文》：疾飛也。輕捷之兒也。經文作偏，非也。"（4/50c）按"偏"字《説文》訓頗，與文意不合，故"偏"爲"翩"的假借字。

【繚】【膋】

《玄應音義》卷一《大威德陀羅尼經》第一卷："繚戾，力鳥反，下力計反。不正也，謂相糺繚也。經文作膋，力彫反，脂膋也。膋，非此義。"（1/12a）"膋"實爲"繚"的假借字。

2.7 爲大型字書提供書證和例證

字典中某個義項，如果没有文獻證明，其音義就不能落到實處。佛經音義可以爲大型字書提供一些缺失的書證和例證。例如：

【刨】（362）

《漢語大字典》音項（一）páo 義項（2）"挖掘"下既無書證，亦無例證。佛經音義可以提供書證，佛經原文亦有例證：

《龍龕·刀部》："刨，俗，步交反。"（96/05）吴月支優婆塞支謙譯《撰集百緣經》卷六："惡牛卒來，翹尾低角刨地吼唤。"（T04，p0232，a14）"刨"當爲"鉋"的换旁字。

大型字典中不少書證較晚，佛經音義可提供較早書證，有助於讀者認清該義項的源流。例如：

【攋】（2100）

（3）破壞聲。《字彙·手部》："攋，破壞聲。"

按：《字彙》是明代的字書，佛經音義有更早的書證。《慧琳音義》卷六二《根本毘奈耶雜事律》第三十四卷："攋攋，藍答反。《字統》云：攋攋者，破聲。喫乾胡餅聲也。"（62/721a）唐義净譯《根本説一切有部毘奈耶雜事》卷三四："時有苾芻欲粥作呼呼聲，嚼乾餅者作百百聲，喫餺爐者作獵獵（宋、元、明、宫本作'齸齸'）聲，屋上雨下作索索聲，瓶中飲水作骨骨聲，此等諸聲殊響合。"（T24，p0375，b7—10）由上可知，"攋攋"，今《大正藏》本佛經原文作"獵獵"，宋、元、明、宫本作"齸齸"，皆擬聲詞，描寫吃乾脆東西的聲音。《漢語大字典》"齸"（8卷5119頁）下亦無書證和例證，上引例句可據補。《慧琳音義》可以提供前"攋"字的書證，佛經文獻可補"齸齸"的例證。

2.8 爲大型字書補充音義

佛經音義解釋的字頭中，有不少音義是當今大型字書未收的，可以據此補録。例如：

《漢語大字典·心部》據《廣韻》收"悬"字，注云："古地名。《廣韻·山韻》：'悬，地名。出《玉篇》。'"（2472）今又見《慧琳音義》有貪婪之"悬"字，該書卷八十二《大唐西域記》第一卷："貪婪，攬耽反。《考聲》云：貪也，殘也，不謹潔也，卜人詐言徵驗也。或從心作悷，又作悬，音同，訓義一也。"（29b）"婪"換旁作"悷"，又異寫作"悬"。

3.辨析各種字際關係

我們整理的對象是上揭現存的六種主要佛經音義中的文字（《可洪音義》另有獨立的整理成果，故不在此列），包括被釋字頭和注釋語中系聯到的相關字形。

文字整理的目標是既要把一個字本身的形、音、義弄清楚，還要把這個字與其相關密切的字的字際關係弄清楚。首先，一個字有形、音、義三個要素，作爲文字整理，當然要以研究字形爲主，但是離不開字音和字義的分析。第二，考辨字際關係，包括探求字形源流、區分本字和借字、正字和俗字等。

考辨清楚各種字際關係之後，再把字形先按異構字、再按異寫字的順序排列成字表。在疑難字底下標注前人或時賢的考釋結論；前人時賢無説的，或下己意；餘下的未識字則暫時闕而不録。

3.1 考辨疑難字的來源和構形理據

佛經音義收録了大量形音義不明的疑難字。這些疑難字或者構形理據不明或者音義不明，給辭書的編撰帶來了障礙。因此對這些問題要進行考辨。

3.1.1 音義俱全但構形意圖不明的字

漢字是表意文字，它們的形音義原本應該是相互切合的。可是《龍龕手鏡》中有許多字的音義雖然很明確，但是它們的字形構意或難以理解或與所記録的詞義不相切合。

這往往是由書寫變異造成的，我們有必要對它們的形體來源進行考索。例如：

（1）《龍龕·虫部》："蟻，俗；蜢，正，音猛，蚱蜢，蟲名。"（223/4）

按，"蟻"作爲"蜢"的俗字，音猛，却從"盖"，令人費解。其實它就是"蜢"的書寫變異字。構件"孟"可寫作"孟"。《干禄字書》："孟、孟，上通下正。"斯388號《正名要録》"正行者楷注脚稍訛"類"孟"下注脚"孟"，此皆其例。字又寫作"盖"。《龍龕·皿部》："盖，音孟。"即"孟"字異寫。故"蜢"可進而寫作"蟻"。

（2）《龍龕·車部》："䡷，古文，苦幹反，今作看，䡷視也。"（82/2）

按，"䡷"爲"看"的重文"翰"的書寫變異字。《説文·目部》："看，睎也。从手，下目。翰，看或从倝。"段注："倝聲。"《集韻·寒韻》："看、翰，丘寒切，《説文》：睎也。从手下目。或从倝。"構件"倝"左部中間連筆寫作"車"，右半部"人"寫作"匕"（《説文》："匕，從反人。"是爲比），"目"常寫作形近的"日"（《龍龕·日部》："晗，俗；正作晗。""瞠，俗；正作瞠。""眼，《新藏》作眼字。"）。因此"䡷"即"翰"的變異字。

（3）《龍龕·金部》："鋪，俗；鉢，正，賷、齊二音，利也。"（13/2）

按，"鉢"即"鉢"字異寫，《説文·金部》："鉢，利也。从金，朿聲。""鋪"字與本條的注音和釋義不切合。《説文·金部》："鋪，箸門鋪首也。从金甫聲。"《廣韻》讀普胡切。而在本條中作爲"鉢"的俗字，讀"賷、齊二音，意義爲"利也"，令人費解。其實它也是"鉢"的書寫變異字，與"普胡切"的"鋪"同形異字。因構件"朿"變作"朿"，又變作"市"（《龍龕·雜部》："市，俗；朿，正。"［550/5］），又增筆變作"甫"，故"鉢"異寫作"鋪"。

3.1.2 有注音而無釋義的字

《龍龕》所收録的漢字，有很大一部分只有注音而無意義訓釋，并且多數不見於此前或同時代的字韻書，因而也成了疑難字的一部分。這種字有的是常見字書寫變異造成的，有的是佛徒們在抄寫佛經時新造的，因此考釋這種字時既要注意字形的書寫變異規律，又要充分利用出土或傳世的漢文佛經。例如：

（1）《金部》："鈝，音杵。"（16/3）

按，"杵"當作"杵"（"木"旁和"扌"旁混同），朝鮮本正作"杵"。《中華字海·金部》："鋙，wǔ，音五，義未詳。見《龍龕》。""鋙"即"杵"的更換形旁異構字。漢文佛經有"鋙"作"杵"的異文的情況。《長阿含經·世記經·三災品》："其風四布，吹遍净天宫、光音天宫，使宫宫相拍，碎若粉塵，猶如力士執二銅杵（宋本作"鋙"），杵杵相拍，碎盡無餘。"因"杵"與"銅"字連用，受其影響類化更換形旁作"鋙"。"鋙"當音"chǔ音杵"。

（2）《疒部》："癱，俗，才安反。"（472/3）

按，《中華字海·疒部》："癱，義未詳。見《龍龕》。"（1115）"癱"當是"殘"的增旁異構字。《廣韻·寒韻》昨干切："殘，餘也。""才安反"與"昨干切"音同。"殘"與疾病有關，遂增"疒"旁作"癱"。《經律異相》卷二："城中使樂不鼓自鳴，盲視聾聽啞語傴伸，癱癱拘癖皆得其足。"文中的"癱"義同"殘"。

（3）《疒部》："痟，音青。"（470/9）

按，此字《漢語大字典》未收。《中華字海·疒部》："痟，義未詳。見《直音篇》。"（1109）"痟"當是"青"的增加形旁類化字。《慧琳音義》卷一《大般若波羅蜜多經》第三卷："青瘀，上戚盈反，俗字也。《説文》正體從生從丹作青。經文作青，隸書略也。下於據反，《廣雅》：'瘀，病也。'《説文》：'積血也。從疒，於聲。'"因"青"字與"瘀"連用，受其影響類化，遂增"疒"旁作"痟"。《攝大乘論釋》卷四："於定心中隨所觀見，諸青（宫本作"痟"）瘀等所知影像，一切無別，青（宫本作"痟"）瘀等事，但見自心。由此道理，菩薩於其一切識中，應可比知，皆唯有識，無有境界，又於如是青（宫本作"痟"）瘀等中，非憶持識，見所緣境現前住故。"文中"青瘀"之"青"的異文正作"痟"，此其確證。

3.2 對文字的認同與別異

佛經音義常把古今記録同一詞語的不同字符溝通在一起，這些不同字符之間的關係是比較複雜的：有的是同一漢字的不同寫法（異寫字）；有的是爲記録同一詞語而造的結構屬性不同的異構字；有的是本已分化但在實際使用中又同時記録同一語詞的同源字；有的是本字與借字的關係；有的記録同一詞語的不同形體，是假借字與假借字的關係。我們在整理這些字符時，就是要把真正是異體關係的字（包括異寫字和異構字）系聯在一起，并闡明其具有異體關係的理由；把不是異體關係的字符離析開，不讓其糾纏在一起。當今編撰大型字典辭書時，既要注意吸收古人溝通異體字的相關成果，也要注意不要把不是異體關係的字符當異體關係來處理。下面從系聯異體字和離析非異體字兩方面，分別舉例予以説明。

3.2.1 系聯異構字

【歛】【殮】

《玄應音義》卷二《大般涅槃經》第三十卷：“殯歛，古文殮，同，力豔反。衣尸也。《釋名》云：歛者，歛也，藏不復見也。小歛户内，大歛於阼階是也。”（2/30b）

按：《大般涅槃經》卷三十：“即依世法，殯殮（宮本作‘歛’）棺蓋，送至城外。”（T12，p0543，b17—18）“歛”即“斂”字異寫，“殮”爲“斂”的更换形旁後起字。《説文·支部》：“斂，收也。从支，僉聲。”殯殮即收尸入棺，爲“斂”的引申義。此義“斂”因與死亡、尸體相關，乃改旁作“殮”。《慧琳音義》卷八十《開元釋教録》第九卷：“發歛，下廉撿反……録文作殮，俗字。”（80/1088b）又卷八一《三寶感通傳》下卷：“權歛，下廉驗反……録從歹作殮，俗字通。”（81/8b）又卷八十三《大唐三藏玄奘法師本傳》第十卷：“發斂，下廉贍反，正作此斂，傳從歹作殮，俗字也。”（83/66b）《正字通·支部》：“斂，殯也。俗作殮。”皆以“殮”爲俗字。玄應却以“殮”爲古文，不妥。

佛經中“斂”“歛”“殮”“歆”多互爲異文：《法句譬喻經》卷二：“一時燒死，即生天上，王將人從來，欲救火，見之已燃，收拾棺殮（聖本作‘歛’），葬送畢訖。”（T04，p0586，c20—22）《法句譬喻經》卷四：“棺殮（聖本作‘歛’）遣送，如國常法，長者大小憂愁念女不去。”（T04，p0603，a2—3）《人般涅槃經》卷二八：“即依世法，殯殮（宋本作‘歛’，元、明本作‘歆’）棺蓋。”（T12，p0788，c26—27）《釋迦譜》卷一：“大瞿曇悲哀涕泣，下棺殮（宋、宮本作‘歛’，元、明本作‘歆’）之。”（T50，p0003，b7）“歆”亦“斂”字形誤。

【凸】【突】【昳（朕）】

《玄應音義》卷五《太子須大拏經》音義：“凸髖，徒結反。凸，起也。《蒼頡篇》作突，不平也。經文作昳，非體也。”（5/72b）

按：《太子須大拏經》卷一：“面皺脣哆，語言謇吃，大腹凸臍。”（T03，p0421，

b23—24）校勘記："凸臛"，宋本作"胅寬"，元、明本作"凸髖"。《可洪音義》卷六《佛説太子湏大挐經》："胅寬，上田結反，下苦官反。高起也。正作凸髖。"（59/770b）

《玄應音義》中的"映"即"胅"字形訛（徐時儀《合刊本》徑録作"映"，誤）。《説文·肉部》："胅，骨差也。从肉，失聲。讀與跌同。"徐鉉音徒結切。段注："謂骨節差忒不相值，故胅出也。蘇林《漢書注》云：'宵胅。宵謂入，胅謂出。'《爾雅》注云：'胅起高二尺許。'《山海經》'結匈國'注云：'臆前胅出如人結喉。'《玄應書》'顀頭胅領'皆是。宵胅，《倉頡篇》作'容胅'，《葛洪字苑》作'凹凸'，今俗通用作'坳突'。"據此，"胅"應爲本字，"凸""突"皆後起異構字。玄應以"映（胅）"爲非體（正體），蓋"凸"字通行後"胅"字廢棄不用，故以"凸"替"胅"。

【鍋】【鬲（鬴）】

《玄應音義》卷二《大般涅槃經》第三一卷："甘鍋，字體作鬲（鬴），古和反。《方言》秦云土釜也。字體從鬲干聲，今皆作鍋。"（2/30c）

按："鬲"爲"鬴"字訛誤。磧砂藏本《玄應音義》正作"鬴"，《叢書集成》本作"鬋"，"鬋"即"鬴"字異寫。徐時儀校注《一切經音義》未校正，欠妥。玄應説"鍋"字體作"鬲（鬴、鬋）"，考《説文·鬲部》："鬴，秦名土釜曰鬴。从鬲，干聲。讀若過。"故"鬴（鬋）"爲"鍋"的正字，"鍋"爲"鬴"的後起異構字。此"字體"指正字。

【床】【穈】【穄】

《玄應音義》卷二《大般涅槃經》第三三卷："粟床，字體作穄、穈二形，同，亡皮反。禾稼也，關西謂之床，冀州謂之穄。"（2/31b）又卷第十四《四分律》第四二卷："床米，字體作穈，亡皮反。《吕氏春秋》曰：飯之美者有陽山之穄。高誘曰：'關西謂之床，冀州謂之穄。"（14/194c）

按：玄應説"床"字體作穄、穈二形。考《説文·黍部》："穈，穄也。从黍，麻聲。"據此，"穈"爲正字，"穄"爲"穈"的換旁字。《集韻·支韻》"穈"或從禾作"穈"，是其證。"床"又爲"穈"字俗省（參見張涌泉《叢考》389 頁）。《龍龕·广部》："床，俗；穈，今。美爲反，穄別名也。"（299）即其證。《慧琳音義》卷二六《大般涅盤經》第三十三卷："粟床，美悲反。其字正體應作穈、穄二形。謂禾穄也。《方言》云關西謂之穈，冀州謂之穄。"（26/950a）與《玄應》相較，"字體"即正體，亦即正字。

【翕】【瞚】

《玄應音義》卷十二《生經》第三卷："翕眼，呼及反。猶眨眼也。翕，合也，亦斂也。經文從目作瞚，書无此字。眨音莊狹反。"（12/164b）

按：考《大正藏》本《生經》卷三："[機關木人]便角瞚眼，色視夫人。王遥見之，心懷忿怒，促勅侍者：斬其頭來。何以瞚眼視吾夫人？"校勘記曰："瞚"，宋、元、明本作"眨"。早期字韻書如《説文》《玉篇》《切韻》等皆未收"瞚"字，至《集韻·緝韻》纔收録，釋曰："瞚，視皃。"《字彙·目部》："瞚，許極切，音吸，視也。"《正字通·目部》："瞚，俗字，舊註音吸，視也。非。""瞚"字後出，故《正字通》以爲俗字，但未指明其正字。

因"瞚"字前無所承，故唐代釋玄應解釋《生經》時，以"翕"替之。"翕"雖合經意，但"角翕眼""角翕""翕眼"之類的説法其他佛經乃至外典中皆未見。《可洪音義》則認爲"瞚"用同"瞚"，見《可洪音義》卷二十五《一切經音義》第十二卷音義："作瞚，宜作瞚，音鄵，尸葉反，動目皃也，眨也。直宜作眨，爭洽反。應和尚以翕替之。"又《可洪音義》卷十三《生經》第三卷音義："角瞚，宜作瞚，尸涉反，目動也。又《經音義》以翕字替之，許及反。今宜取瞚呼。"

今考"瞚"字，《廣韻·葉韻》："瞚，目動之皃。""瞚眼"佛經有用例，如《法苑珠林》卷七十一、卷七十五皆曰"迴面瞚眼"，大正藏校勘記曰"瞚眼"，宋、元、明、宮本作"攝眼"。"攝眼"佛經中更爲常見，如《大智度論》卷十四："含笑作姿，憍慢羞恥；迴面攝眼，美言姤瞋。"《諸經要集》卷十四轉録《大智度論》文字相同，《可洪音義》卷二十三《諸經要集》第十四卷音義："攝眼，上尸涉反，目動也，正作瞚。"又《善見律毗婆沙》卷十一："或搖手，或搖足，或攝眼。"《可洪音義》卷十八《善現律毗婆沙》第十一卷音義："攝眼，上尸涉反，目動也，正作瞚也，謂舉目使人令煞命也。"又《止觀門論頌》卷一："乞食見女人，應觀爲不淨，攝眼除邪意，正心當取食。"

"瞚眼"又作"瞸眼""瞸眼"，如《大威德陀羅尼經》卷一："瞸（虛涉反）眼不得出家。"《玄應音義》卷一《大威德陀羅尼經》第一卷音義："瞸眼，又作瞚，同，失涉反。《通俗文》：一目眨曰瞸。謂眇目視白也。"《龍龕·目部》："瞚、瞸，二或作；睞，正：呼葉反，閉一目也。又音疊。"又《集韻·葉韻》虛涉切："瞸，目眇視。或作瞸、瞚。""睞"其實是"瞸"字異寫，但是中古時期常寫此體，并以其爲正體。綜上可見，"瞸眼"即"瞲眼"，又作"瞹眼"。

其實，"攝眼/瞲眼/瞸眼"就是向對方快速眨動一隻眼睛拋媚眼，《宋本玉篇·目部》曰："瞸，火協切，閉一目也。"正是此義。"瞲"應該是"攝眼"之"攝"的異構俗字，也可以看作"瞲/瞸/瞹"的換聲旁異體字。《生經》經文改作"攝眼/瞲眼/瞸眼"更符合中古漢語的用詞習慣，作"眨眼"則是後人用近代常用詞替換中古詞彙而來。鄧福祿等《字典考正》根據《玄應音義》，認爲"瞲"是"翕"的增旁字（2007：280），新版《漢語大字典》吸收了這個結論，但是現在看來此結論應該修正。

3.2.2 系聯異寫字与正字

【聵】【膭】

《玄應音義》卷七《正法華經》第二卷："盲聵，牛快反。生聾曰聵，又無識曰聵。經文作膭，胡對反，肥也。膭非今用。"（7/93b）

按：考《大正藏》本《正法華經》卷二："今我諸子，闇蔽閉塞，一切盲膭（宋、明本作'聵'），無有耳目。"（T09，p0077，a26—27）"盲"爲目盲，"聵"爲耳聾，"盲聵"爲同類合成詞。"膭""膭"皆"聵"字形近訛誤。"聵"異寫作"膭"後，與表示肥義的"膭"同形，故玄應以"膭"爲非今用。

【耳】【身】

《玄應音義》卷二《大般涅槃經》第十一卷："遍耳，經文有作身字，恐傳寫誤也。"（2/25c）

按："身"爲"耳"字形訛。《大般涅槃經》卷十一："復次善男子，菩薩摩訶薩復作是願：寧以熱鐵挑其兩目，不以染心視他好色；復次善男子，菩薩摩訶薩復作是願：寧以鐵錐遍身（宋、元、明本作'耳'）攪刺，不以染心聽好音聲；復次善男子，菩薩摩訶薩復作是願：寧以利刀割去其鼻，不以染心貪嗅諸香；復次善男子，菩薩摩訶薩復作是願：寧以利刀割裂其舌，不以染心貪著美味。"（T12，p0433，b10—17）文句叙述的内容依次當是"目、耳、鼻、舌"，其中"耳"的異文爲"身"，"身"顯然爲"耳"字訛誤。

【惰】【惰】

《玄應音義》卷六《妙法蓮華經》第八卷："阿惰，徒卧反。案梵本云怛唎（此云

三）阿特縛（三十）。僧伽衆咄略（同一種）。經文從有作惼，相承於六反，撿無此字，疑傳寫誤也。"（6/91b）

　　按："阿特縛"又作"阿惼"，皆音譯字。"惰"字省訛作"惼"，遂與表心動義的"惼"同形。《慧琳音義》卷二七《妙法蓮花經》第四卷《普賢品》："陀羅尼中云帝隸阿惰僧伽兜略：其'阿惰'音從[徒]臥反，梵云怛唎，云三。阿特囆二合，云廿。僧伽云衆。咄略（略音力蛇反），同一種也。有作'阿惼'，相傳音於六反。音既不然，亦無此字。梵云阿特囆，今訛云'阿惼'，傳寫誤錯，變惰爲惼，誤之甚矣。"（27/991a）此説更詳。

【跡】【跤】

　　《玄應音義》卷七《方等般泥洹經》上卷："量跡，又作蹟、迹二形，同。子亦反。謂足跡也。經文作跤，非也。"（7/104b）

　　按：查《佛説方等般泥洹經》卷一："嗚呼大光明施甘露，無量蹟如是號咷。"（T12，p0913，c26—27）校勘記："蹟"，宋、元、明本作"跡"，宮本作"跤"。從字形看，"跤"當是"跡"字形訛。《可洪音義》卷二五《一切經音義》第十八卷音義："跡跤，二同，音積。下又苦交反，非。"（60/383b）可洪將"跡""跤"二字皆音積，亦以"跤"爲"跡"字訛誤。

　　又《玄應音義》卷十八《鞞婆沙阿毘曇論》第十卷："道跡，又作蹟、迹二形，同，子亦反。足跡也。論文作跡、跤二形，非也。"（18/240b）《慧琳音義》轉引作"跡""跤"（73/933b）。又考《可洪音義》卷二十《鞞婆沙論》第十卷："道跡，音積。正作跡、迹二形。"（60/174c1）符秦僧伽跋澄譯《鞞婆沙論》卷十："此爲取證故説四禪天道跡耶？爲有漏盡耶？"（T28，p0487，b18—19）校勘記："跡"，宋、元、明、宮本作"跡"。則"跡""跤"皆"跡"字異寫。

3.3 辨析非異體字

　　佛經音義所系聯到的字際關係除了異體字外，還有本字與假借字、假借字與後起本字、假借字與假借字、同源分化字、古本字與後起本字、近義字等。

3.3.1 本字和假借字

玄應、慧琳在注釋中有時會明確指明經文中的假借字，并且以本字替之。例如：

【皺】【縐】

《玄應音義》卷七《方等般泥洹經》上卷："面皺，側救反。謂不襪皺也。經文作縐，借字也。"（7/104b）

按，《佛説方等般泥洹經》卷一："或開目閉目，諸根變異，面頰憔悴，肌色面皺。"（T12，p0913，c22—23）此即音義對應原文。"面皺"之"皺"，玄應所見經文作"縐"。考《説文·糸部》："縐，絺之細也。"此義與文意不符，故玄應以"縐"爲"皺"的假借字。

【颷】【熛】

《玄應音義》卷十四《四分律》第一卷："颷火，俾遙反。小火也。案字體作熛。《説文》：熛，飛火也。《三蒼》：迸火也。《吕氏春秋》云'突泄一熛，焚宮燒積'是也。"（14/182c）。

按："颷"即"飇"字俗寫。《廣韻》："飇，風也。俗作颷。"是其證。《説文·風部》："飇，扶搖風也。从風，猋聲。"與"颷火"意義不合。故玄應以爲"飇"字體作"熛"。"颷"爲"熛"的假借字。

【旨】【恉】

《玄應音義》卷八《維摩經》中卷："聖旨，字體作恉。諸視反。《説文》："恉，意也。"《廣雅》："恉，志也。"（8/108a）

按："旨"爲"恉"的假借字。《旨部》："旨，美也。从甘匕聲。"非恉意義。

【放】【倣】

《龍龕·文部》："放，方罔反。學也。與倣同。"（119/09）

按：行均訓"放"爲學，認爲與"倣"同。其實，這種用法的"放"當是"倣"的假借字。《説文·攴部》："放，逐也。从攴，方聲。"此即放逐義的本字，與效仿義無關。又考《説文·人部》："仿，相似也。从人，方聲。"此即效仿義的本字。朱駿聲《説文通訓定聲·壯部》："仿，俗亦作倣，經傳放效字皆以放爲之。"因"仿"借"放"字爲之，後來在"放"上增人旁作"倣"，故"倣"爲"仿"的後起俗字。

【溺】【屎】

《玄應音義》卷十一《增一阿含經》第二三卷："溺者，字體作屎，《説文》：小便

也，字從水從尾。經文作溺，古字多假借耳。”（11/149b）

　　按：此條《大正藏》本《增壹阿含經》卷二十三對應經文爲：“或有唾者，或有溺（明本作‘尿’）者。”（T02，p0670，c14）“溺者”或作“尿者”，玄應以爲“溺”是假借字，據《説文》其本字爲從水從尾的“屄”字。顯然，字體意在指明本字。

　　【幹】【骭】

　　《玄應音義》卷九《大智度論》第二二卷：“骨幹，字體作骭，同，歌旦反。骭，肋也，亦體也，骸骨也。”（9/126c）又《玄應音義》卷十七《出曜論》第二卷：“骨幹，字體作骭，同，古岸反。《廣雅》：骭謂之肋。謂脅骨也。骭，體也。”（17/235a）

　　按：“骭，體也”，《慧琳音義》轉引作“骭，正體”。“骨幹”義爲骨骼的主干。《説文·木部》：“榦，築牆耑木也。从木，倝聲。”段注：“今俗作幹。”則“幹”的本義也是指築牆耑木。與“骨幹”意義不合。又《説文·骨部》：“骭，骹也。从骨，干聲。”“骹”即脛骨，與“骨幹”意義吻合。故玄應説“幹”字體作“骭”。則“幹”爲“骭”的假借字。

　　【澷】【鞔】

　　《玄應音義》卷十四《四分律》第三九卷：“澷跟，莫干反。此假借也。字體作鞔跟。或作垠。古恩反。《説文》：跟，足踵也。”（14/193c）

　　按：查《大正藏》本《四分律》對應原文：“爾時長老畢陵伽婆蹉，腳跟破，須鞔跟革屣。”（T22，p0848，b17—18）“鞔跟革屣”即蒙覆腳跟的皮鞋。而“澷（漫）”《廣韻》訓水廣大皃，與“鞔跟”意義不合，故玄應以爲“澷（漫）”爲假借字，字體當作“鞔”。

　　【欬】【咳】

　　《玄應音義》卷二《大般涅槃經》第十二卷：“欬逆，枯戴反。《説文》：欬，逆氣也。《字林》：欬，瘷也。經文多作咳，胡來反，咳謂嬰兒也。咳非今用。”（2/26a）

　　按：《大般涅槃經》卷十二：“心悶肺脹，上氣咳逆，心驚下痢。”（T12，p0435，a21）“咳逆”之“咳”，玄應以爲本字是“欬”，是也。《説文·口部》：“咳，小兒笑也。从口，亥聲。”玄應所謂“嬰兒也”即“小兒笑也”，與“咳逆”意義不合。故“咳”爲“欬”的假借字。

　　【俚】【郫】

《玄應音義》卷二十五《阿毗達磨順正理論》第二十卷："鄙俚，字體作郫，同，力子反。《説文》：五酇爲鄙。鄙，郫也。《蒼頡篇》：國之下邑曰郫。《漢書》：質而不鄙。如淳曰：雖質猶不如閭里之鄙言也。鄙，猥陋也。《廣雅》：'鄙、羞，恥也。'酇音祖旦反，百家也。"（25/333b）

按：玄應以爲"鄙俚"之"俚"的本字當作"郫"。《説文解字繫傳·邑部》："郫，邑名。"玄應引《蒼頡篇》："國之下邑曰郫。""下邑"即邊遠的地方，與"鄙"同義。此即玄應所説之據。"俚"爲"郫"的假借字。《説文·人部》："俚，聊也。從人，里聲。"朱駿聲《定聲》："聊者，賴也。《廣雅·釋言》：'俚，賴也。'"張舜徽《約注》："俚、聊、賴，迺一聲之轉。今俗稱精神無所寄託爲無聊，即言無所倚賴也。湖湘間駡人行爲卑劣者曰無聊，猶言無賴耳。至以鄙俗爲俚，則借俚爲里也。"此言是也。若追根溯源，"鄙郫"之"郫"乃"里"之增旁後起字。《説文·里部》："里，居也。"《尔雅·釋言》："里，邑也。"郭璞注："謂邑居。"此正"鄙郫"之義。

3.3.2 假借字與後起本字

【淡】【痰】

《慧琳音義》卷三《大般若波羅蜜多經》第三百三十一卷："痰病，上唐男反。《集訓》云：胷鬲中水病也。經文作淡，非也。此乃去聲，無味也，書人之誤者也。"（3/449a）又卷三八《佛母大孔雀明王經前啓請法》："痰癊，上淡甘反。《考聲》云：痰，鬲中水病也。下邑禁反。案：癊者，痰病之類，大同而小異。《韻詮》云：亦痰病也。諸字書並無此二字也。"（38/151b）

按：淡，《説文》訓薄味也，此"淡"字本義。又假借"淡"來記録"痰"這個詞，"痰"當是"淡"字更換形旁而新造的後起本字，故慧琳説字書無此字。不過慧琳又説："痰病"之"痰"，佛經原文作"淡"，是書人之誤。這種説法是不對的，在沒有新造"痰"字之前，只能按約定俗成寫作"淡"，即使在新造了"痰"字而此字還沒有被社會普遍接受的時候，寫作"淡"也是可以的。佛經有"淡""痰"混用的例子：

北凉曇無讖譯《悲華經》卷九："擁護衆生，復修醫方，能治痰癊（宋本作'澹癊'、聖本作'淡陰'）風寒冷熱。"（T03, p0227, b24—25）

隋闍那崛多譯《佛本行集經》卷七："涕唾膿血，黃白痰癊（宋本作'淡陰'），不

能穢污。”（T03，p0684，c5）

【鐏鏑】【軍持】【軍遲】

《玄應音義》卷九《大智度論》第十九卷：“軍持，正言捃稚迦，此譯云瓶也。謂雙口澡灌也。論文作鐏鏑，俗作也。”（9/126a）

按：查《大智度論》卷十七：“一時上山，值大雨泥滑，其足不便躄地，破其鐏持，又傷其足；便大瞋恚，以鐏持盛水，呪令不雨。”（T25，p0183，a24—26）校勘記：“鐏”，宋、元、明、宮本作“軍”。又《玄應音義》卷十四《四分律》第一卷：“君持，經中或作軍遲，此云瓶也，謂雙口澡鑵。律文作鐏鏑，非也。”（14/183c）又《慧琳音義》卷六四《沙彌十戒並威儀》：“軍持，上音君，下音池。梵語水瓶也。經從金作鐏鏑，非也，不成字。”（64/749a）“軍持”“軍遲”，爲梵語音譯借用字。因“軍持”記錄“雙口澡鑵”，蓋多爲金屬所作，故增金旁作“鐏鏑”，爲後起本字。

【唐突】【搪捘】

《玄應音義》卷九《大智度論》第一卷：“唐突，字體作搪捘二形，同，徒郎反，下徒骨反。《廣雅》：觸、冒、搪、衝，捘也。《字書》：捘，揩也。”（9/120a）

按：“唐突”爲雙聲連綿詞，連綿詞是由一個詞素構成的雙音節詞，本無定型。但是，漢字的表意性使連綿字在使用過程中常常被安上與其詞義相切合的偏旁，從而使詞形與詞義相關聯。這樣給人們造成一種連綿詞也有本字的假象。“唐突”是橫冲直撞或冒犯的意思，是動詞，所以又增手旁作“搪捘”。玄應云“唐突，字體作搪捘二形”，意即“唐突”的後起本字爲“搪捘”。

3.3.3 假借字與假借字

【班】【頒】

《玄應音義》卷二《大般涅槃經》第三卷：“班宣，案古書或作頒，同，補姦反。頒，遍也。”（2/20a）

按：查《大正藏》本《大般涅槃經》卷三：“多有徒眾眷屬圍遶，能師子吼，頒宣廣説九部經典。”（T12，p0383，c28—29）校勘記：“頒”，宋、元、明本作“班”，宮本作“班”。

《説文·玨部》：“班，分瑞玉。从玨从刀。”又《頁部》：“頒，大頭也。从頁，分聲。"又《羑部》:"羑，賦事也。从羑八。八，分之也。八亦聲。讀若頌。"朱駿聲《定聲》:"羑，經傳皆以頌、以班爲之。"則"羑"爲"頌宣"的本字，而"頌""班"皆爲假借字。

【御】【禦】【敔】

《玄應音義》卷九《大智度論》第十卷:"禦寒，古文敔，同，魚舉反。《廣疋》:禦，止也，當也。《尒疋》:禦，圍禁也，未有而豫防之也。論文或作御。《毛詩》:亦以御冬。傳曰:御，禦也。二形隨用。"(9/122b)

按:《大智度論》卷十二:"人功爲作，人毁爲破，御寒暑，弊身體，名果報。"(T25，p0147，b14—16)校勘記:"御"，元本、明本作"禦"。又《弘明集》卷一:"黄帝垂衣裳以御寒暑。"(T52，p0008，b13—14)校勘記:"御"，宋、元、明、宫本作"禦"。

考《説文·支部》:"敔，禁也。从支，吾聲。"段注:"敔爲禁禦本字，禦行而敔廢矣。"《説文·示部》:"禦，祀也。从示，御聲。"段注:"後人用此爲禁禦字。"《説文·彳部》:"御，使馬也。从彳从卸。"據此，"禦""御"皆爲"敔"的假借字。

【才】【纔】【裁】【栽】【財】

《玄應音義》卷二《大般涅槃經》第六卷:"裁有，在宰反。裁，僅也，劣也，不久也。《廣疋》:纔，暫也。《三蒼》:纔，微見也。鄭玄注《禮記》《周禮》作裁，《東觀漢記》及諸史、賈逵注《國語》並作裁，《漢書》作纔，隨作無定體。"(2/21c)又同書卷十七《俱舍論》第六卷:"纔出，在宰反。《廣雅》:纔，暫也。《漢書》作纔，僅也，劣也，不久也。鄭玄注《禮記》作裁，《東觀漢記》及諸史、賈逵注《國語》並作財，隨作無定體。"(17/232a)又《慧琳音義》卷五《大般若波羅蜜多經》第四百一十五卷:"纔一，在栽反。《考聲》云:纔，暫也。或作栽。經中作纔，俗字也。《説文》作才字。"(5/482b)

按:查佛經原文，宋代沙門慧嚴等依泥洹經加之《大般涅槃經》卷六:"其菓熟時，有一女人悉皆拾取，鎮頭迦菓纔有一分，迦羅迦菓乃有十分。"(T12，p0641，c6—8)

陳真諦譯《阿毘達磨俱舍釋論》卷六:"譬如有鐵，小火星纔出即滅。"(T29，p0202，a11)

唐玄奘奉譯《大般若波羅蜜多經》卷四百一十五卷:"若菩薩摩訶薩纔一覩見佛形相已，乃至證得一切智智，終不捨於念佛作意。"(T07，p0084，a24—26)

據文意，“纔有”爲僅有義，“纔出”“纔一”之“纔”爲剛才義。此義的本字當是“才”字。《説文》：“才，艸木之初也。”引申有剛才義，故慧琳説《説文》作“才”字。“纔”的本義爲黑里帶紅的絲織品。“裁”的本義爲裁剪衣服。“栽”的本義爲築牆長版。“財”的本義爲錢財。在文獻中，這些字當僅僅、剛才講，都是“才”的假借字。

3.3.4 同源分化字

【隔】【膈】

《玄應音義》卷四《觀佛三昧海經》第二卷：“肝隔，歌頷反。隔，障也。經文或從肉作膈，二字通用也。”（4/55c）

按：查考佛經原文，《佛説觀佛三昧海經》卷二：“蟲不得入，故食不消。脾腎、肝肺、心膽、喉嚨、肺胰、肝鬲，如是中間，復生四蟲。”（T15，p0652，b16—18）校勘記：“鬲”，宋本作“隔”，元、明、聖本作“膈”。此三字互爲異文，玄應以爲“膈”與“隔”二字通用，是也。其實，“隔”與“膈（鬲）”三字同源。《説文·㠯部》：“隔，障也。從㠯，鬲聲。”《釋名·釋形體》：“膈，塞也。隔塞上下，使氣與穀不相亂也。”《玉篇·肉部》：“膈，胷膈。”字本作“鬲”。《説文·肉部》：“肓，心上鬲下也。”字又作“隔”。《後漢書·鄭玄傳》：“左氏膏肓。”李賢注引《説文》：“肓，隔也。”（參見王力《同源字典》269頁）

【震】【振】

《玄應音義》卷二《大般涅槃經》第一卷：“震動，之刃反。《公羊傳》曰：地震者何？地動也。《周易》：震，動也。經文有從手作振，掉也。掉亦動也。二形通用。”（2/16b）

按：“震”與“振”爲同源通用字。《説文·雨部》：“震，劈歷，振物者。從雨，辰聲。”又《手部》：“振，一曰奮也。從手，辰聲。”段注：“此義則與震略同。”（參見王力《同源字典》515頁）佛經中有很多二字通用的例子：

後秦佛陀耶舍共竺佛念譯《長阿含經》卷三：“向有五百乘車從此道過，車聲振（宋、元、明本作‘震’）動。”（T01，p0019，a19—20）

北涼法盛譯《菩薩投身飴餓虎起塔因緣經》卷一：“王及夫人、后妃、婇女、群臣、吏民，舉聲悲哭，振（宋、元、明本作‘震’）動山谷。”（T03，p0427，c1—2）

元魏慧覺等譯《賢愚經》卷七：“三千世界，皆爲振（宋、元、明本作‘震’）動。”（T04，p0398，c13）

【遞】【迭】

《玄應音義》卷十七《俱舍論》第四卷：“遞爲，古文遞，同，徒礼反。《尔雅》：遞，迭也。郭璞曰：遞，更易也。論文作迭，徒結反。《方言》：迭，代也。二形通用。宜依字讀。”（17/231c）

按：“遞”“迭”二字爲同源字。《説文·辵部》：“遞，更易也。”《爾雅·釋詁》：“遞，迭也。”李注：“遞者，更迭間厠相代之義。”《文選·傅毅舞賦》：“於是合場遞進，按次而俟。”注：“遞，迭也。”又《説文·辵部》：“迭，更迭也。”《易·説卦》：“迭用剛柔。”虞注：“迭，遞也。”（參見王力《同源字典》256頁）

佛經有“迭”“遞”換用的例子：元魏菩提留支譯《入楞伽經》卷八：“我觀眾生輪迴六道，同在生死共相生育，迭爲父母兄弟姊妹。”（T16，p0561，b17—19）校勘記：“迭”，元、明本作“遞”。

【娠】【身】

《玄應音義》卷九《大智度論》第十九卷：“有娠：書隣反。娠謂懷胎也。書中亦作身，二形通用也。”（9/126a）

按：“娠”與“身”同源通用。《説文·身部》：“身，躬也。象人之身。”又《女部》：“娠，女妊身動也。从女辰聲。”（參見王力《同源字典》538頁）

【眙】【瞪】

《玄應音義》卷二十《十佛所行讚》第一卷：“眙属：治隥反。《通俗文》：直視曰眙。經文作瞪，直耕反，二形通用。隥音以證反。”（20/270b）

按：“眙”“瞪”爲古今字，通用。考今本《佛所行讚》卷一：“瞪矚紺青色，明焕半月形。”（T04，p0002，a23）“眙属”即“瞪矚”，爲注視義。“瞪”爲“眙”的換旁後起字。《説文·目部》：“眙，直視也。从目台聲。”段玉裁按：“眙、瞪古今字。敕吏、丈證古今音。《廣韵·七志》作眙，《四十七證》作瞪，别爲二字矣。而‘瞪’下云‘陸本作眙。’考《玄應》引《通俗文》云：‘直視曰瞪。’是知眙之音自一部轉入六部，因改書作瞪。陸法言固知是一字也。”此言甚是。

【翳】【瞖】【曀】

《玄應音義》卷一《大方廣佛華嚴經》第五卷：“翳目，《韻集》作瞖，同，於計反。瞖，目病也。《説文》：［眚］目病生翳也。並作翳，《韻集》作瞖，近字也。經文有作曀，陰而風曰曀，非此義。”（1/2c）

按：考《方廣大莊嚴經》卷六：“二者，有諸眾生，瘦此生死，黑暗稠林，患彼愚癡，無明翳目。”（T03，p0573，b19—22）校勘記：“翳”，宋、元、明本作“瞖”，聖本作“曀”。

從字源看，“瞖”當爲“翳”的換旁後起字。《説文·羽部》：“翳，華蓋也。從羽，殹聲。”“華蓋”有遮蔽的作用，故引申爲“翳目”之翳（眼睛遮蔽視綫的膜）。因“翳”受“目”的影響換旁作“瞖”。

“曀”爲“翳”的同源通用字。《説文·日部》：“曀，陰而風也。從日，壹聲。《詩》曰：終風且曀。”《釋名·釋天》：“陰而風曰曀。曀，翳也，言雲氣掩翳日光使不明也。”“曀”“翳”音近義通，爲同源字（參見王力《同源字典》467頁）。“曀”作“翳”用，爲同源假借。

3.3.5 古本字與後起本字

【婚】【昏】；【姻】【嫻】【因】

《玄應音義》卷二《大般涅槃經》第二九卷：“婚姻，今作昏。《説文》：婦家也。《禮》云：娶婦以昏時入，故曰昏。《尔疋》：婦之父爲昏。姻，古文嫻、姻二形，今作因。《説文》：壻家也。女之所因，故曰因［姻］。《尔疋》：壻之父爲姻。”（2/30b）

按：從造字時間上看，“昏”“婚”爲古今分別字。《説文·日部》：“昏，日冥也。”又《女部》：“婚，婦家也。《禮》：娶婦以昏時，婦人陰也，故曰婚。從女，從昏，昏亦聲。”因娶婦以昏時，故“婚”當是在“昏”字增女旁而成的。玄應説“婚”今作“昏”，蓋誤。又《説文·女部》：“姻，壻家也。女之所因，故曰姻。從女，從因，因亦聲。嫻，籀文姻從開。”“嫻”即籀文“嫻”字異寫。“姻”當是“因”字增女旁而成。玄應以爲“姻”今作“因”，亦誤。

【采】【採】

《慧琳音義》卷三四《採蓮違王上佛受決號妙華經》：“采蓮，上猜宰反。《考聲》

云：采，取也。《説文》從爪從木，今經從手，通用也。”（34/77b）又同書卷九七《廣弘明集》卷十一：“採芑，欺紀反。《毛詩》云：薄言採芑，是也。又文章名也。採或作采。”（97/290b）

按：“采”的本義爲採摘，《説文》：“采，捋取也。”因“采”的義項很多，“采”增加手旁作“採”，專門記録採摘義。

3.3.6　近義字

【疊】【褻】【㯼】

《玄應音義》卷十四《四分律》第四卷：“四疊，徒頰反。《三蒼》：疊，重也。又作褻，《字林》重衣也。二形通用。律文作㦡[㯼]，簡㯼也。㯼非字義。”（14/186a）又同書卷九《大智度論》第二卷：“四疊，徒頰反。《蒼頡篇》：疊，重也，積也。論文又作褻，音同疊。《説文》：重衣也。二形隨作。”（9/120b）

按：考今本《四分律》卷四：“時世尊即還入窟，自襞僧伽梨四疊。右脇臥猶如師子，脚脚相累，極患疼痛，一心忍之。”（T22，p0592，c27—29）校勘記：“疊”，宋、元、明、宮本作“㯼”，“聖”本作“㯼”。“㯼”“㦡”皆爲“㯼”的訛誤字，而“㯼”爲“疊”的假借字。

“疊”“褻”爲近義詞換用。《説文·晶部》：“疊，楊雄説：以爲古理官決罪，三日得其宜乃行之。從晶，從宜。亡新以爲疊從三日太盛，改爲三田。”段注：“亡新不知三日爲絫日，譏其陋也。今皆從之，亦可已矣。多部曰：‘重夕爲多。重日爲疊。’此今人用疊之義也。”引申爲重疊義。又《説文·衣部》：“褻，重衣也。從衣，執聲。”“重衣”亦有重疊義。故“疊”“褻”爲近義詞。

佛經確有“疊”“褻”通用的例子。《大集法門經》卷一：“爾時世尊，即以僧伽梨衣等爲四褻，處師子床，右脇著地，吉祥安隱，累足而臥。”（T01，p0227，a19）此句意與上引《四分律》句意正同，此即“四疊”又作“四褻”之例。

【札】【柿】【櫕】

《玄應音義》卷十五《僧祇律》第十七卷：“木札，側黠反。木皮也。律文有作柿，敷廢反。《説文》：削朴也。朴，札也，謂削木柿也。二形通用。又作櫕，非也。”（15/207a）

按：“札”與“柿”爲同義詞換用。考今本《摩訶僧祇律》卷十七：“若持薪火著薪上、著草上、牛屎上、木札上、糞掃上。"（T22，p0365，a17—18）這裏的"木札"即木皮，亦即木片。《説文·木部》："札，牒也。"與此義正合。又考《説文·木部》："柹，削木札樸也。从木，市聲。""柹"與"札"義近，故玄應以爲二形通用。

又考《説文·木部》："樻，木也。从木，費聲。"據此，"樻"本爲木名。"柹"，玄應所見律文又作"樻"，顯然是假借字，故玄應斥之爲非。

【罟】【罝】

《玄應音義》卷十二《賢愚經》第十二卷："施罟，孤户反。罟，網也。經文或作罝，子邪反，亦網也。二形隨作。"（12/158c）

按：今《大正藏》本《賢愚經》卷八："見諸獵者，張網設罝，捕諸禽獸。"（T04，p0405，c1—2）"施罟"即"設罝"，故玄應云："罟"，經文或作"罝"。《説文·网部》："罟，网也。从网，古聲。"又："罝，兔网也。从网，且聲。"二字義近，故二形隨作，亦即兩字皆可。

這個《文字編》主要是爲讀者查詢佛經音義中的文字提供一種索引，讀者在使用時，會通過索引再去核實原書。我們在《文字編》中所體現的認識未必都正確，還有待讀者批評指正。

在本書的出版過程中，湖北崇文書局的責任編輯李艷麗女士付出了很大心血，在此表示衷心感謝！

凡　例

一、收字範圍：收錄主要佛經音義（包括《玄應音義》《慧琳音義》《龍龕手鏡》《希麟音義》《紹興重雕大藏音》）被釋辭目中有音義注釋的字頭以及注釋語中的古文、或體、俗別字、訛誤字等。由於《〈可洪音義〉異體字表》（見韓小荆《可洪音義研究》）已出版，故該書中的字形不再收錄。《龍龕手鏡》中未識字不收錄。

二、標注方式：《龍龕手鏡》是字典性質的佛經音義書，收字較多，幾乎包涵了其他佛經音義中出現的字形，故首列《龍龕》中的字形、主要注釋語及其頁碼和行次，再依次排列《玄應音義》《慧琳音義》《希麟音義》和《紹興重雕大藏音》的字形、頁碼和行次。注釋語中出現的字形與字頭相同時，則只列出表明字際關係的主要注釋語，並用分號（；）與字頭的有關內容隔開，如：𧟻音衣（龍 040/02）；噫又作譩同（玄 13/173b、慧 57/594a "噫乎" 註）（慧 100/337b "噫聖" 註）。

字形後標注出處的形式，如（龍 246/02）。"龍" 指中華書局影印高麗本《龍龕手鏡》；"246" 指該書的第 246 頁；"02" 指該頁從右到左的第 2 行。

《玄應音義》《慧琳音義》《希麟音義》出處標注，如（玄 17/233c）（慧 70/859b）（希 4/380b）。"玄 17/233c" 指《高麗大藏經》收錄的《玄應音義》第 17 卷 233 頁 3 欄。有少數該版本缺漏的字形，一般參考《磧沙藏》本補配。"慧 70/859b" 指《中華大藏經》收錄的《慧琳音義》第 70 卷 859 頁 2 欄。"希" 亦指《中華大藏經》收錄的《希麟音義》，出處標注如之。

《紹興重雕大藏音》標注如（紹 184b2），即指《永樂北藏》本《紹興重雕大藏音》184 頁 2 欄 2 行。

三、條目結構：各條組成，一般包括楷書字頭、字形掃描真迹、音注、注釋語、出處，必要時增加腳注加以按斷考辨。標領字頭采用掃描真迹對應的繁體字，以便讀者識別和檢索；注音以現代漢語拼音方案爲標準，一般遵用《漢語大字典》《中華字海》等現代字典的注音；不見於該二書者，則依據音注材料折合成拼音；有異讀之字，一般只注常見音。

四、排列順序：字頭按音序排列，有相同構件（主要是聲旁）且讀音相同的字頭盡可能排在一起，以便讀者觀察構件的變異情況。字頭下的異寫字大體按其書寫變異軌迹排列，不同的異構字或類化字用"//"隔開。

五、標點符號：爲使字形之間界限分明，注釋語不加標點，注語中凡無關主旨的手寫變體，一般改爲相應的正體。訛誤字在原字後用"（）"注出正字。脱文或"同上"術語所指的上文已注的音義據文意補出時，外加"[ ]"；模糊不清無法轉錄的字直接剪切原字形圖片。注釋語中與圖片字形相同的形體用"～"復指，以減少造字的數量。

A

ai

āi 埃：**埃**烏來反塵埃也（龍 246/02）（玄 5/69a）（慧 16/719a）（玄 17/233c）（慧 70/859b）（慧 56/561a）（玄 24/324a）（慧 70/868b）（慧 15/693b）（慧 76/1003a）（慧 95/243b）（希 4/377b）（希 9/412b）（紹 160b8）。**埃**烏来反（玄 19/255b）。

唉：**唉**烏改反又於其烏開二反漫膺也與欸同（龍 272/07）（龍 268/02）（慧 55/544b）；喊蒼頡訓詁作唉（玄 18/251c、慧 73/920a "喊唤" 註）。**唉**於来反（玄 12/164c）；哈經文作唉非此義（玄 16/221b、慧 65/763b "哈笑" 註）。//欸：**欸**烏亥烏來二切（紹 198b10）。

挨：**挨**乙解乙皆二切（紹 132b5）。**挨**烏皆反倚也又於騃反打也又於改反亦擊也（龍 207/09）。//挨：**挨**乙皆反推也又背負兒（龍 207/09）。**㨂**俗乙皆反①（龍 110/05）。

焩：**焩**音哀熱甚也（龍 239/05）。**焩**烏垓反（慧 96/261a）。

哀：**㦎**（中 62/717c）。//痕：**痕**俗音哀②（龍 470/09）。//愱：**愱**音哀（龍 055/05）。**燺**俗哀音（龍 240/01）。**懹**俗哀音（龍 240/01）。

噯：**嬜**俗烏皆反（龍 267/01）。

ái 啀：**啀**五佳反（玄 12/159c）（慧 53/484b）（紹 184b2）。**啀**正五佳反犬鬪也（龍 266/02）。//喡：**崖**俗（龍 266/02）（玄 6/83b）（慧 14/679b）（慧 27/974a）（希 4/380b）。//喇：**剴**俗音崖正作喡（龍 266/07）。

騃：**騃**牙揩反愚也癡也（龍 292/08）（玄 6/84b）（慧 16/711b）（慧 19/783a）（慧 27/976b）（慧 30/1035b）（慧 32/36b）（慧 53/493b）（慧 60/669a）（慧 75/971b）（慧 78/1033b）（慧 79/1062b）（慧 79/1064b）（紹 166a10）。**騃**牙解反（慧 11/617a）（慧 13/649b）（慧 17/728a）（慧 25/914b）。//顧：**顧**騃或作顧訓用同上（慧 19/783a "頑騃" 註）（慧 30/1035b "癡騃" 註）。

① 《叢考》：此字疑為 "挨" 的訛俗字（703）。
② 《龍龕手鏡研究》："痕" 疑 "哀" 的增旁俗字（342）。

痎：痎五骇反痎痎（龍 473/06）。

隑：隑正五來反企立也（龍 295/06）。隑今（龍 295/06）。

嵦：嵦五來反峽嵦山也（龍 071/02）。

皚：皚五來反霜雪白皃（龍 431/01）（慧 83/48a）。皚俗五來反正作皚雪白皃（龍 425/09）。

散：散五來反有所理亦八元名也（龍 118/08）（慧 89/157a）。散五來反今作散有所理也（龍 529/03）。//散舊藏作散五來反所有理也亦八元名也（龍 193/07）。

ǎi 矮：矮烏解切（紹 200a4）；痿亦作矮（慧 51/438b "矬痿" 註）。//躷：躷烏買反坐倚皃（龍 161/09）。//裦：裦俗烏解反正作矮（龍 543/06）。㚒俗烏解反正作矮（龍 543/06）。//痿：痿又於蟹反矬痿也（龍 469/07）（玄 10/138c）（慧 65/778a）（紹 193a5）。痿櫻解反（慧 51/438b）。痿烏解反坐倚皃又作躷字（龍 300/04）。//儀：儀經音義作矮烏買反矬也①（龍 031/08）；矬痿論文二字並從人從坐從歲作伜儀二字並非也（慧 51/438b "矬痿" 註）。

婗：婗五骇反喜樂也（龍 282/07）。

覬：覬正五骇反覬笑視皃也（龍 345/02）。//覬：覬今（龍 345/02）。覬俗（龍 345/02）。

藹：藹於蓋反晻藹樹繁茂也（龍 262/04）（慧 54/523a）（慧 87/132a）（慧 88/141b）（慧 98/301a）（紹 155b7）；靄傳文從草作藹義乖也（慧 94/234a "霭靄" 註）。藹於蓋反與藹同樹繁茂也（龍 050/05）。藹烏蓋反（玄 20/271c）（玄 24/328c）（慧 70/876a）（慧 54/520a）。//譪：譪藹集從言從愛作譪非也（慧 98/301a "藹藹" 註）。

靄：靄正於蓋反雲狀也（龍 308/02）（慧 87/126a）（慧 94/234a）（慧 96/261a）（慧 100/350a）。//靄：靄或作（龍 308/02）。

ài 艾：艾五蓋反（慧 52/468a）（慧 82/27b）（慧 84/80b）。艾正五蓋反歷也老也長養也又草名（龍 261/09）（玄 2/26a）（玄 11/149c）（慧 26/933b）（慧 29/1023b）（慧 42/243b）（紹 156a7）。艾俗（龍 261/09）（紹 156a7）。

忢：忢魚肺反困患皃（龍 067/08）。忢（龍 067/08）。

猭：猭五蓋反猭猭豕也（龍 321/01）。

①参見《龍龕手鏡研究》159 頁。

陒：𡵾古文烏懈反（龍553/01）；陒説文作𨼸又𨽘並古字也今從省作陒陓並正也（慧4
1/208a"陒陜"註）。𡵾古（龍540/09）。陓厄戒反（慧97/276b）。陒烏懈反陒陝也（龍
540/09）。隘櫻介反（慧14/675b）（慧21/811b）（慧21/820a）（慧23/857b）（慧41/208a）（慧
47/364a）（慧76/990b）（慧80/1077a）（慧80/1081a）（慧81/18a）（慧86/106b）（慧92/207b）（希
1/354c）（希5/388b）；陓或作隘作陓俗字也（慧69/854a"守陓"註）（慧82/35
b"陀險"註）。隘正厄賣反險也陝也（龍297/06）。隘俗（龍297/06）。//壒：壒烏
戒反險壒也（龍250/10）。//陓：阮陒或作陓（慧41/208a"陒陜"註）（慧47/364a"于
陒"註）（希1/354c"陒陜"註）。阨陒亦從厄作阨俗字也（慧92/207b"迠陒"註）（希5/
388b"陒窄"註）。

賹：賹烏懈反賹記人物也（龍540/09）。

殗：殗於盖反死也（龍515/06）。

壒：壒於盖反塵也清也（龍250/05）（紹161b3）。

懖：懖於盖反清謹也（龍060/04）。㤪又俗於盖反（龍140/02）[1]。

曖：曖於盖反日色也（龍428/04）。

瘶：瘶烏懈反病痛也（龍476/09）。

礙：礙五代反（玄1/1c）（玄6/87b）（玄14/182c）（慧1/409b）（慧5/491b）（慧7/520a）（慧17/
729b）（慧20/801a）（慧27/967b）（慧41/213a）（慧40/193a）（慧54/513a）（慧59/628b）（慧91/
192a）（慧95/252a）（慧99/318a）（希2/363a）；礙今俗用從石作礙（慧75/964b"礙藻"註）。
礙今五愛反與閡亦同（龍443/6）；閡或作礙亦通（慧12/622a"閡心"註）（慧15/690b
"障閡"註）（慧39/167a"障閡"註）（慧45/311b"無閡"註）（慧78/1034b"所閡"註）。//蹸：
蹸我盖反考聲不進之也（慧93/212a）。//硋：硋古五愛反止也限也距也又外閉
也與閡亦同（龍443/06）（紹163a4）；古文硋同礙（玄1/1c、慧20/801a"罣礙"註）（慧2
7/967b"無礙"註）（慧54/513a"蹪礙"註）（慧90/175b"拘閡"註）（慧95/252a"無礙"註）（慧
97/284a"通閡"註）（慧99/318a"無礙"註）（希2/363a"罣礙"註）。

①參見《龍龕手鏡研究》196頁。

閡：閡正五愛反以木欄門也 （龍 93/6）（慧 12/622a）（慧 15/690b）（慧 39/167a）（慧 45/311b）

（慧 50/414b）（慧 78/1034b）（慧 90/175b）（慧 97/284a）（紹 195a7）；閡古文礙字 （玄 1/1c、

慧 20/801a "罣礙" 註）（慧 27/967b "無礙" 註）（慧 40/193a "無礙" 註）（慧 54/513a "躓礙" 註）

（慧 91/192a "阻礙" 註）（慧 99/318a "無礙" 註）（希 2/363a "罣礙" 註）。閡閡正五蓋切 （紹

195a7）。閡閡正五蓋切 （紹 195a7）。//闓：闓俗 （龍 93/06）。

憗：憗五愛反病駿也惶也中止也又音巇有所識也 （龍 061/07）；巇傳文從山作巇非又

作憗 （慧 92/207b "歧巇" 註）。𪗉音礙惶也亦駿也與憗同 （龍 068/01）。

礙：礙五代反門下木也 （龍 383/06）。礙我蓋反 （慧 75/964b）。礙江西隨函音五代反①

（龍 381/02）。

譺：譺又魚戒反欺也 （龍 047/07）（玄 7/95b）（慧 28/999a）（玄 12/163c）（慧 55/543a）（玄 16/2

22b）（慧 64/757b）（玄 16/225a）（慧 64/750a）（慧 17/737a）（慧 45/301a）（慧 64/749b）（紹 185a

4）；譺或作譺五戒反 （玄 2/30c "嘲譺" 註）（玄 7/96a、慧 28/1000a "謿譺" 註）（慧 26/948b

"嘲譺" 註）。

蔼：蔼於蓋反蓋覆也又清也澈也 （龍 262/04）（慧 54/523a）。蔼乙例一害二反 （玄 5/70b）

（慧 91/190b）。

餲：餲烏葛胡葛於芥於罽四反飯傷臭穢氣也 （龍 504/01）（玄 13/178b、慧 52/481b "餲口"

註）。

餲：餲正於蓋反香也玉篇又音愛 （龍 181/01）。//餲：餲或作 （龍 181/01）。

愛：愛哀代反變體俗字也 （慧 41/205a）。//㤅：愛哀蓋反引聲正體愛字也 （慧 25/923b）

（慧 29/1028a）。㤅正音愛惠也 （龍 067/09）。㤅說文從旡從心作㤅今通作愛 （慧 41/

205a "愛惡" 註）。㤅俗 （龍 067/09）。//㥶古文音愛② （龍 331/02）。㥶古文音愛 （龍 3

31/02）。㥶古文音愛 （龍 552/05）。㥶古文音愛 （龍 552/05）。

僾：僾音愛隱也又見不了也 （龍 035/09）（慧 96/265a）（慧 98/300a）。

瑷：瑷音愛珠瑷美玉也 （龍 437/07）。

---

① 《龍龕手鏡研究》：音五代反，即 "礙" 字之俗（301）。
② 參見《叢考》636 頁。

曖：曖音愛日暗兒也（龍 428/04）（慧 77/1017b）（慧 85/96b）（慧 88/141b）（慧 95/250b）（紹 17
1a4）；靉靆或從日作曖曃（慧 38/156a "靉靆" 註）。曖於蓋反曖隱也（龍 422/09）；曖
譜作曖誤也（慧 77/1017b "聲曖" 註）。曖曖正愛音（紹 143a3）。曖俗烏對反（龍 414
/05）。

嬡：嬡音愛淨也（龍 431/08）（慧 94/242a）。

篢：篢音愛障蔽隱篢也（龍 393/06）。

靉：靉音愛靉靆雲興盛兒也（龍 191/09）（玄 6/86a）（慧 27/980a）（慧 32/48a）（慧 38/156a）（慧
53/494a）（慧 60/663b）（慧 94/236a）（慧 98/307a）（慧 100/335b）（希 3/374b）（希 9/413a）（紹 1
44a7）；曖或作靉（慧 95/250b "奄曖" 註）；靄集本作靄諸字書作靉也（慧 96/261a "增
靄" 註）。靉俗音愛正作靉（龍 493/06）。//靉：靉靉靆集從黑作靉靆皆非（慧 98/
307a "靉靆" 註）。

ān

ān 侒：侒正音安寧也安也（龍 026/09）（紹 128b10）；晏説文作侒（玄 15/210b、慧 58/623a "晏
安" 註）。侒或作（龍 026/09）。

盒：盒音安盒盛大器盌也（龍 328/06）。

鞍：鞍音安（慧 61/688b）（慧 61/693a）（紹 140a7）。鞍正音安鞍轡也（龍 446/08）；鞌經從
案作鞍俗字（慧 44/290b "鞌勒" 註）（希 9/415a "鞌彎" 註）。鞌案寒反（慧 44/290b）（希 9
/415a）（紹 140a7）（紹 194a6）；鞍亦作鞌（慧 14/669b "鞍轡" 註）。鞌今（龍 446/08）。//
駿：駿安音（紹 166a3）。

鷃：鷃烏澗反鷃鳥立春鳴立秋去也（龍 288/07）（龍 286/02）（慧 56/547b）（慧 78/1034b）（慧
85/89a）（紹 165b6）。鷃烏諫反（玄 11/140a）；鷃又作鴳同（玄 22/292b、慧 48/376b "尺
鷃" 註）（慧 87/131b "澤鷃" 註）（慧 88/144b "逸鷃" 註）（希 10/420a "尺鷃" 註）。鷃晏音（紹
165b6）。//鷃：鷃烏澗反（龍 288/07）（玄 5/69c）（玄 22/292b）（慧 48/376b）（玄 23/308a）
（慧 47/356b）（慧 86/107a）（慧 87/131b）（慧 88/144b）（慧 97/290b）（希 10/420a）（紹 165b6）；

鷊又作鶃同（玄 11/140a、慧 56/547b "鷊鳥" 註）。

腤：**腤** 烏含反腤奆宂也（龍 406/05）。

諳：**諳** 正烏含反憶也記也（龍 042/04）（慧 60/658a）（慧 72/908a）（慧 86/103b）（慧 89/156b）（慧 91/184a）（慧 91/186a）（希 8/410a）（紹 185a10）；暗又作諳同（玄 13/175c、慧 55/538a "暗喑" 註）（玄 20/275a、慧 76/992a "暗呃" 註）。//諳：**諳** 或作（龍 042/04）；諳正體從畣作諳（慧 60/658a "不諳" 註）（慧 86/103b "諳經籍" 註）。**䛣** 諳亦作䛣（慧 89/156b "䛣究" 註）（慧 91/184a "䛣練" 註）。//諳：**諳** 俗烏含反[①]（龍 043/03）。

䛣：**䛣** 烏含反聲小也又於林反（龍 177/07）。

盦：**盦** 烏盍反覆盖也（龍 329/03）。**盦** 烏含反[②]（龍 538/02）。

媕：**媕** 烏含反嬰媕不快也（龍 280/04）。

庵：**庵** 烏含反小草舍也又烏合反亦低舍也（龍 299/05）（玄 6/86a）（玄 13/171c）（玄 15/205c）（慧 58/604b）（慧 27/979b）（慧 45/302b）（慧 61/683b）（慧 88/137a）（慧 92/201b）（希 8/408b）（紹 193b7）。

菴：**菴** 暗含反（慧 28/1010b）（慧 51/446b）（希 1/355c）（紹 155b1）；庵經文作菴（玄 6/86a "草庵" 註）（慧 27/979b "草庵" 註）（慧 45/302b "庵屋" 註）；署律文作菴非此用（玄 15/210a、慧 58/611b "署瘡" 註）。

庵：**庵** 烏敢反庵跛蹇也（龍 179/06）。**庵** 烏感反跛足也（龍 522/07）。

醃：**醃** 音淹香也（龍 180/06）。

鶕：**鶕** 俗（龍 285/07）。//鶕：**鶕** 正烏含反鶕鷃字林作雈（龍 285/07）（玄 15/200a、慧 58/614b "鷃肉" 註）（紹 165b8）。//鶕：**鶕** 俗（龍 285/07）。//雈：**雈** 烏含反雈鷃與鶕同（龍 148/06）。

諞：**諞** 五含反不專[惠]也又譃弄言也（龍 040/07）。

埯：**埯** 烏敢反坑埯又今之瓜埯也（龍 249/09）。

唵：**唵** 烏敢反進食也又俗烏甘烏固二反（龍 270/08）（玄 1/9a）（慧 17/742b）（玄 4/56c）（玄

---

① 《叢考》：此字當為 "諳" 的俗字（1045）。
② 參見《龍龕手鏡研究》370 頁。

4/57c）（玄 7/100c）（慧 30/1038a）（玄 7/101c）（慧 32/31b）（玄 8/110c）（玄 20/272a）（慧 75/97

3a）；掩經文作俺非此義（玄 11/140c、慧 56/548b "掩面" 註）。**奄**烏感反（慧 43/265b）

（慧 43/272b）。**噢**俺音（紹 183a4）。//衉：**衉**烏敢反與俺同（龍 550/08）。

醃：**醃**俗烏感反面醃黪（龍 347/04）。

揞：**揞**烏感反手覆也（龍 212/10）。

罯：**罯**暗感反（慧 35/104a）。**罯**烏感反魚綱（龍 360/06）。**罯**於感於含二反（玄 15/210a）

（慧 58/611b）。**罯**烏合反覆盖也又烏感反魚綱也（龍 330/05）。

嬟：**嬟**正五感反含怒兒（龍 281/09）（慧 39/171b）（慧 39/176b）（慧 39/178a）。**嬟**悮（龍 281

/09）；嬟經作嬪誤也（慧 39/171b "以嬟" 註）。

àn　暗：**暗**烏紺反（慧 7/523b）（慧 41/211b）（紹 136b1）；古文晻陪二形今作暗同（玄 12/166b、

慧 55/546a "晻忽" 註）。//晻：**晻**烏感反晻藹暗也冥也又衣檢反晻藹日无光也（龍

427/05）（慧 55/546a）（紹 171a5）；掩經從日作晻誤也（慧 45/317a "掩蔽" 註）。**晻**古文

晻陪二形今作暗同於感反（玄 12/166b）。//陪：**陪**烏感反闇也（龍 296/09）（慧 90/1

73a）；古文晻陪二形今作暗同（玄 12/166b、慧 55/546a "晻忽" 註）。//萠：**萠**烏紺反

（龍 543/07）。

闇：**闇**音暗（慧 3/454b）（慧 67/805b）；暗或作闇（慧 41/211b "暗冥" 註）。

黯：**黯**乙咸反黯然傷別兒又青黑色也（龍 532/04）（慧 56/550b）；黶論文作黯（玄 9/120c、

慧 46/321a "黑黶" 註）。（玄 22/287c）（慧 48/370b）。**黯**於減反（玄 22/287c）（慧 48/370b）

（玄 25/338c）（慧 71/893b）（慧 33/51b）（紹 190b3）。

按：**按**烏漢反抑也安也（龍 214/02）（紹 133a6）。**按**安旦反（慧 18/758b）。

案：**案**於旦反（玄 14/192a）（慧 59/642b）（玄 18/250b）（慧 73/935b）。

犴：**犴**五干五旦二反與豻同胡地狗似狐而小又音寒（龍 317/09）（紹 166b5）；干集從犬

作犴非也（慧 99/316b "野干" 註）。//猂：**猂**或作音岸今作犴獸名（龍 319/04）。//

豻：**豻**胡安五干二反胡地狗似狐而小（龍 321/06）（慧 83/66a）。

頇：**頇**音岸頭無髮也（龍 486/04）。

岸：**岸**正魚旦反涯岸也水際邊也（龍076/05）（慧18/752b）（慧66/796b）（希9/411c）。//屵：**屵**俗（龍076/05）。//堓：**堓**音岸（龍251/05）（紹160b7）。**垾**又音岸義同（龍251/08）。

騯：**騯**五按反騯馬行也馬白額至屑（龍293/06）。

傿：**傿**五盍反傿傿不著事也（龍038/06）。

ang

áng　卬：**卬**五剛反（玄7/94b）（紹201b9）。**卬**五剛反（慧28/997b）（慧50/414b）。

昂：**昂**五剛反舉也（龍425/05）（慧34/81b）（慧93/216a）（紹171b2）；卬卬又作昂昂同（玄7/94b、慧28/997b"卬卬"註）。

頏：**頏**俗五郎反（龍483/09）。

昻：**昻**俗五郎反[1]（龍265/10）。

棉：**棉**五郎反飛棉斜桷也（龍379/06）；榐傳作棉恐誤非也感通録亦有此字義同（慧89/160a"馬榐"註）。**掃**俗（龍209/03）。//柳：**柳**五浪反繫馬柱也又平聲（龍383/03）。**抑**俗（龍209/03）。

靽：**靽**五剛反履頭也（龍447/01）。

駏：**駏**五剛反千里駒也（龍291/03）（慧96/263a）；蚃蟲集本作駏駈如馬非此獸也失之甚矣（慧96/263b"蚃蟲"註）。

àng　盎：**盎**烏浪反盆也（龍329/01）（慧60/675b）（慧64/749b）（慧76/997a）（紹173a8）；瓷又作盎同（玄12/160c、慧75/983b"金瓷"註）（慧76/1003a"瓨瓷"註）。//瓷：**瓷**俗烏浪反正作盎盆也（龍316/05）（玄12/160c）（慧75/983b）（慧76/1003a）；盆盎經從瓦作盆瓷亦通俗字也（慧64/749b"盆盎"註）（慧76/997a"以盎"註）。//瓺：**瓺**俗（龍316/05）。

醠：**醠**烏浪反酒醠也（龍310/08）。

---

① 《字典考正》：為佛經音譯用字（81）。

āo

āo 吆：**㕦**烏交反吆咋多聲也（龍267/03）；唭字義宜作吆（玄7/94a、慧28/997a"喚唭"註）。**㕅**烏交切（紹182a5）。

爊：**爐**正烏刀反埋物灰中令熟（龍239/07）。**爐**襖蒿反（慧99/318b）。//燩：**燩**於刀切（紹190a1）；爊或作燠亦作燩（慧99/318b"炮爊"註）。**爐**今（龍239/07）。//衺：**衺**爊古文作衺（慧99/318b"炮爊"註）。

áo 鏖：**鏖**於刀反温器也亦銅盆也（龍009/08）。**鏉**又於刀反與鏖同（龍019/07）。

翱：**翱**五高反（玄1/13c）（玄11/142a）（慧56/550b）（玄22/294a）（慧48/379a）（慧3/449b）（慧5/491a）（慧6/514b）（慧96/271a）（慧100/344b）（紹147a6）。**翱**（慧42/235b）。**翱**音五高反翱翔逍遙蟠廻自在兒（龍326/10）。**翱**俗高亦二音（龍326/10）（紹147a6）。**翱**翱作翱俗也（慧96/271a"翱翔"註）。**翱**俗五高反正作翱翱翔也（龍360/05）。

敖：**敖**正五勞反敖遊戲也（龍118/07）。**敖**通（龍118/07）（紹197a6）。**趠**又俗五高反①（龍324/08）。

潡：**潡**五高反水名也（龍227/10）。

嶅：**嶅**正五高反山多小石也（龍070/09）。**嶅**俗（龍070/09）。

嗷：**嗷**或作五高反眾口愁也（龍268/10）（玄12/160c）（慧75/984a）（玄13/177c）（慧52/479b）（玄20/268a）（慧33/55a）；傲傳文從口作嗷非之也（慧92/197a"嘯傲"註）；嗸集作嗷俗字（慧97/276a"嗸嗸"註）。**嗷**俗（龍270/04）。**嗸**正（龍268/10）；嗸考聲正作～字（慧97/276a"嗸嗸"註）。**謷**嗷又作嗸同（玄20/268a、慧33/55a"嗷嗷"註）。**謷**傲高反（慧97/276a）。**謷**俗五高反正作嗸（龍544/06）。

熬：**熬**正五高反煎熬也（龍239/02）。**熬**變體正作熬（龍544/06）。**熬**俗通（龍239/01）（慧33/67a"若熬"註）。**熬**伍高反（慧33/67a）。**趠**或作五高反正作熬（龍505/03）。**趠**俗（龍505/03）。**趠**俗（龍505/03）。**抌**郭氏又俗音五刀反②（龍506/03）。

---

①參見《龍龕手鏡研究》275頁。
②參見《龍龕手鏡研究》359頁。

驁：**驁**正五高反長大皃也（龍 086/09）。**驁**今（龍 086/09）。

獒：**獒**正五高反犬高四尺者曰獒也（龍 317/07）。**獒**通（龍 317/07）。**獒**變體正作獒（龍 544/06）。

聱：**聱**五交五高二反與𦕈同不聽也（龍 313/08）。**聱**（龍 313/08）。//𦕈：**𦕈**五交反與聱音義並同不聽也（龍 118/08）。

嶅：**嶅**五高反舡嶅接頭木也（龍 130/09）。

頖：**頖**正五高反高頭也（龍 482/07）。**頖**俗（龍 482/07）。

摮：**摮**五高反摮兒也（龍 208/06）。**摮**變體五高反正作摮（龍 544/06）。

螯：**螯**正五高反蟹屬也（龍 220/07）。**螯**變體五高反正作螯（龍 544/06）。**螯**通（龍 220/07）（玄 12/159c）（慧 53/484a）（紹 164a1）；**鼇**論作螯俗字（玄 12/159c 慧 87/120a "補鼇" 註）。**𧒐**俗（龍 220/07）。

遨：**遨**正五高反遨遊也（龍 489/04）。**遨**通（龍 489/04）（紹 138a6）。

聱：**聱**正五高反蟹大脚也（龍 479/03）。**聱**俗（龍 479/03）。//跛：**跛**俗（龍 458/08）；傲經從足作跛非也（慧 76/996a "逆傲跳之" 註）。**跛**又五高反（龍 467/08）。

鰲：**鰲**正五高反魚名（龍 165/09）。**鰲**俗（龍 165/09）。

鼇：**鼇**正五高反海中大鼇也（龍 340/08）（慧 45/301b）。**鼇**俗（龍 340/08）。**鼇**俗（龍 340/08）（慧 34/75b）（慧 77/1020b）（慧 87/120a）；**螯**經文作鼇（玄 12/159c、慧 53/484a "蟹螯" 註）。**鼇**五高反正作鼇字（龍 546/06）（玄 19/253a）（慧 56/557a）（慧 39/178a）（紹 197a6）。//**鼇**俗五高反正作鼇（龍 190/08）。**鼇**俗（龍 190/08）。

騕：**騕**烏老反髮長也（龍 089/04）。

麀：**麀**正烏老反玉篇又烏兆反鹿子也（龍 521/05）。**麀**俗（龍 521/05）。

鴢：**鴢**正烏老反鳥名也（龍 288/04）。//鴢：**鴢**或作（龍 288/04）。

襖：**襖**烏老反袍襖也（龍 105/03）（慧 61/693a）。

拗：**拗**烏夘反（慧 56/560b）（慧 63/728a）（慧 81/6b）（慧 94/235b）（慧 98/299a）（希 3/372b）（希 10/422c）。**拗**烏絞反拗拉也（龍 212/03）（玄 19/255a）（慧 37/135b）（紹 134b4）。

顤：**顤**五老反顤顤大頭也（龍 485/03）。

媼：**媼** 奧保反（慧 92/196a）（慧 99/319b）。**媼** 烏老反女老稱也又烏没反玉篇媼妠小肥

也（龍 282/01）（紹 141b2）。

膒：**膒** 俗音奧正作膍（龍 481/02）。

ào 坳：**坳** 厄交反（慧 83/62b）（慧 86/112b）（慧 98/296a）。**坳** 今烏交反（龍 246/09）（慧 50/428

b）。**坳** 烏交反（玄 23/318c）。**均** 舊藏作坳（龍 246/09）。//：**塎** 正烏交反（龍 246/0

9）。**窕** 烏交反①（龍 507/04）。

軪：**軪** 於教反有機車也（龍 084/03）。

嶅：**嶅** 傲字或作嶅也（慧 67/809a "傲誕" 註）（慧 99/318b "弗傲" 註）。**嶅** 傲或作嶅（慧 5/

482a "傲慢" 註）（慧 18/762a "憍傲" 註）。//傲：**傲** 五到反傲慢也倨也蕩也不敬也（龍

033/01）（慧 2/427b）（慧 3/451a）（慧 15/690b）（慧 30/1039a）（慧 39/176b）（慧 51/441b）（慧 69

/850a）（慧 76/996a）（慧 87/126b）；傲正從出從方從支（慧 7/532a "侮傲" 註）。**傲** 俗（龍

032/09）（慧 36/126a）（慧 60/662a）（慧 68/823b）。**傲** 邀告反（慧 67/809a）。**傲** 通（龍 03

3/01）（玄 3/35a）（慧 09/568a）（玄 10/136a）（慧 49/401a）（玄 22/301b）（慧 48/390b）（玄 23/31

9a）（玄 24/321b）（慧 70/864b）（慧 5/482a）（慧 7/532a）（慧 20/793a）（慧 21/825a）（慧 23/880b）

（慧 72/901a）（慧 79/1055b）（慧 80/1081b）（慧 92/197a）（慧 92/208b）（慧 99/318b）（希 7/400b）；

今俗從土作敖訛也（慧 3/451a "傲慢" 註）（慧 4/460b "據慠" 註）（慧 51/441b "倨傲" 註）；

慠或從人作傲字（慧 4/460b "據慠" 註）。**傲** 俗（龍 033/01）（慧 46/338a）（紹 129a8）。**傲**

傲尒正作傲（慧 99/318b "弗傲" 註）。**傲** 俗五到反慢也倨也正作傲（龍 498/05）（慧 1

8/762a）。//慠：**慠** 正五告反慢也蕩也倨也（龍 059/01）（慧 15/682b）（慧 76/1005a）；

傲論從心作慠非也（慧 68/823b "憍傲" 註）（慧 69/850a "傲慢" 註）（慧 87/126b "傲物" 註）。

慠 俗（龍 059/01）（慧 4/460b）（慧 13/644b）（紹 130b3）；傲經本從心作慠誤也（慧 20/79

3a "傲慢耐" 註）（慧 21/825a "傲慢" 註）（慧 23/880b "醉傲" 註）（慧 30/1039a "倨傲" 註）（慧

67/809a "傲誕" 註）（慧 99/318b "弗傲" 註）。**慠** 俗（龍 059/01）。

鏊：**鏊** 正五到反餅鏊也（龍 017/05）（慧 26/940a）（慧 41/222a）（紹 180a7）。**鏊** 今（龍 017/0

---

① 參見《龍龕手鏡研究》361 頁。

5)（慧 53/490b）（紹 180a7）。**鰲**鰲正五告切（紹 180a7）。**鼇**鍬有作鰲字同（慧 26/940a
"如魚在鍬"註）。**鏕**同上（龍 017/05）。

警：**警**五告反志遠兒（龍 050/05）。

驁：**驁**五刀切（紹 166a9）。

奧：**奧**烏告反深也藏也又於六反（龍 358/01）（玄 6/81b）（玄 16/223a）（慧 64/751b）（玄 21/2
82b）（慧 6/510a）（慧 7/525a）（慧 11/615b）（慧 27/970a）（慧 31/3b）（慧 83/61a）；隩或作奧
（慧 49/403b "隩室"註）。**奧**新藏作奧在六度集（龍 130/02）。

澳：**澳**音奧深也水名又音郁隈也水內曰澳（龍 234/10）（慧 99/328b）。

懊：**懊**烏老反懊惱也又音奧悔懊也又於方 [六] 反貪愛也（龍 056/07）（玄 4/52b）（慧 31/
24b）（玄 22/301a）（慧 48/390a）（玄 23/318b）（慧 47/357b）（慧 20/795b）（慧 29/1028b）（慧 34/
79b）（慧 66/797a）（慧 74/959b）（紹 130b8）；怢或作懨（慧 99/318a "怢惱"註）。//怢：**怢**
正烏老反怢正之兒或亦怢惱（龍 058/07）（慧 99/318a）。**恔**俗（龍 058/07）。**坮**怢或
作懊集從土作坮非也（慧 99/318a "怢惱"註）。

墺：**墺**於六反墺裏 [壤]（龍 252/03）。

嶼：**嶼**烏到切（紹 162b4）。

隩：**隩**烏告反西南隅謂之隩也（龍 297/10）（慧 49/403b）（慧 82/30a）（慧 91/183b）（紹 169b8）。

謳：**謳**烏告反語謳也（龍 049/02）。

鰒：**鰒**烏到反魚名也（龍 170/07）。

B

bā 巴：**巴**百麻反（玄 2/31b）（紹 203a3）。

吧：**吧**音巴吧呀小兒忿争聲（龍 270/02）。

芭：**芭**補加反芭蕉（龍 256/07）（慧 4/457a）（慧 7/518b）（慧 31/18b）（慧 41/229b）（慧 76/1004a）（希 1/359c）（希 4/377a）。

犯：**犯**音巴豙也（龍 320/08）。//豝：**豝**音巴同犯豙也（龍 321/07）。

鈀：**鈀**音巴兵曹也又普巴反方言云江東之鈚箭也（龍 013/04）。

扒：**扒**音八破聲又方别反劈也又音拜拔也（龍 215/05）。

朳：**朳**音八（玄 18/240c、慧 73/934a "鐵杷" 註）。

釛：**釛**音八治金也（龍 021/02）。

馱：**馱**音八馬八歲也（龍 294/05）。

釛：**釛**音八金類也（龍 021/08）。

bá 犮：**犮**跋説文作犮同（玄 16/219b、慧 65/778b "相跋" 註）。

废：**废**蒲末反舍也（龍 301/09）。

炦：**炦**蒲没反火氣也（龍 244/08）。

拔：**拔**蒲沫反（玄 5/75a）（慧 30/1044b）（玄 7/93a）（慧 28/996a）（慧 32/40b）（玄 12/162c）（慧 3/452a）（慧 5/495a）（慧 7/522b）（慧 14/661b）（慧 14/666a）（慧 18/761b）（慧 24/884a）（慧 24/895b）（慧 27/969a）（慧 55/533b）（慧 62/705a）（慧 64/758a）（慧 80/1074b）（慧 86/113a）（慧 97/273b）（希 4/381a）；跋又作拔同（玄 3/42a、慧 09/573a "三跋致" 註）；颰經中或作拔同（玄 5/77a、慧 16/722b "颰陁" 註）。**拔**俗蒲八反拔擢也盡也（龍 216/10）（玄 8/117a）；拔經文從犮作～者非也（慧 24/884a "拔濟" 註）（慧 24/895b "拔鎌" 註）。**拔**正蒲八反拔擢也盡也（龍 216/10）。**扷**辨八反論作拔誤也（慧 47/349a）。**扷**拔正蒲八切（紹 135a

5）。**技** 拔正蒲八切（紹 135a5）。**狀**① （慧 75/967a）。

茇：**菝** 俗音鉢（龍 264/03）（慧 52/472b）。**茇** 正音鉢蓽茇又根茇也（龍 264/03）（紹 155a2）。**茇** 茇正跋鉢二音（紹 155a2）。**菝** 俗音鉢（龍 264/03）。**芲** 補達反（玄 11/152a）。

胈：**肢** 蒲末反脛无毛也一曰股上小毛也（龍 415/02）。

跋：**跋** 正蒲末反跋躄行皃又獵〔躐〕也（龍 466/02）（玄 3/42a）（慧 09/573a）（玄 16/219b）（慧 65/778b）（玄 21/282a）（慧 14/670a）（慧 32/43a）（慧 37/137b）（慧 96/272a）（希 10/420c）；**颰** 經中或作跋同（玄 5/77a、慧 16/722b "颰陁" 註）；撥律文作跋非體也（玄 15/207a、慧 58/607a "撥聚" 註）；跟又作跋同（玄 15/209a、慧 58/610b "狼跟" 註）；拔亦為跋（慧 27/969a "銅拔" 註）。**跋** 正步末切又具鉢二音（紹 137a1）。**趺** 俗（龍 466/02）。**跋** 鈸經文有從足作跋跋涉字非本字也（慧 11/610b "銅鈸" 註）。**趺** 俗（龍 466/02）（紹 137a1）。**跁** 步末切又具〔貝〕鉢二音（紹 137a1）。

軷：**軷** 正蒲末反行祭名也（龍 085/02）。**軷** 俗（龍 085/02）（慧 99/324b）；颰經中或作軷同（玄 5/77a、慧 16/722b "颰陁" 註）。**軷** 俗（龍 085/02）。**軷** 蒲達反（玄 8/113c）（玄 8/117c）。

颰：**颰** 正蒲末反疾風皃也（龍 127/09）（慧 16/722b）。**颰** 俗（龍 127/09）（玄 5/77a）（玄 6/78a）（慧 34/82b）。**颰** 颰正步末切（紹 146b6）。**颰** 俗（龍 127/09）。**颰** 俗（龍 127/09）。**颰** 俗（龍 127/09）。

魃：**魃** 蒲末反（玄 7/101b）（慧 32/32a）（慧 42/246b）。**魃** 正蒲末反旱魃也（龍 323/10）。**魃** 俗（龍 323/10）。//越：**趏** 蒲没反同魃旱魃也（龍 326/01）。

妭：**妭** 蒲末反鬼婦所居之處天不雨也（龍 284/07）。

坺：**坺** 俗（龍 252/03）；墢又作坺同（慧 56/560b "土墢" 註）。**坺** 正音伐地名又蒲末反一畱土也（龍 252/03）。**坺** 墢又作坺同（玄 19/255a "土墢" 註）。//墢：**墢** 音發（龍 252/05）（慧 56/560b）。**墢** 扶發反（玄 19/255a）。**墢** 扶發反耕土也（龍 252/06）。

癹：**癹** 蒲末反除草也又普末反（龍 539/07）（慧 43/253b）（慧 36/120b）（紹 198a9）。**癹** 正葛

---

① 《合刊》校勘記曰：《玄》卷十二釋此詞作 "拔"，《磧》本《玄》卷十二釋此詞作 "枝"。今按：依字形變異規律看，此皆 "拔" 字異寫。

反（玄 19/262c）（慧 56/573b）。𤼲或作（龍 539/07）（紹 203a6）。

趚：趚正蒲末反行皃也（龍 326/01）。趚俗（龍 326/01）。

bǎ 把：把正博瓦反持也執也又北嫁反（龍 211/10）（玄 5/69b）（慧 30/1050a）（初編玄 574）（慧 17/737b）（玄 14/196c）（慧 59/650b）（玄 19/254a）（慧 56/559a）（玄 19/262a）（玄 20/269c）（慧 27/983b）（慧 43/256b）（紹 132b1）；巴經文作把（玄 2/31b "巴吒" 註）。把百訝反（慧 56/572b）。把俗（龍 211/10）（紹 133a4）。

bà 把：把必駕反（希 5/386b）。//弝：弝北嫁反與把同（龍 151/08）；把經文作弝近字也（玄 5/69b、慧 30/1050a "弓把" 註）（初編玄 574、慧 17/737b "弓把" 註）（玄 19/254a、慧 56/559a "弓把" 註）；靶律本從弓作弝亦通（慧 61/699b "其靶" 註）。//舥：舥必嫁反川韻云刀舥也（龍 481/04）。

爸：爸蒲可反楚人呼父也（龍 550/06）。

靶：靶必嫁反彎革也（龍 450/08）（慧 61/699b）（慧 84/70b）；把經文作靶非此用（玄 19/262a、慧 56/572b "璃把" 註）（玄 20/269c "珠把" 註）（希 5/386b "劍把" 註）。//杷：杷靶亦作杷（慧 84/70b "迴靶" 註）。把靶律本從弓作弝亦通或從木作杷（慧 61/699b "其靶" 註）。

跁：跁傍下白嫁二反跁跒短人也（龍 462/01）（紹 137b3）。

舥：舥川韻百嫁反刀舥也與欛同（龍 512/04）。

坝：坝必嫁反蜀人謂平川為平坝（龍 251/01）。

踔：踔蒲下反短人立也（龍 519/06）。

霸：霸正百嫁反把也把持諸侯之權也又長也又月始生魄也（龍 307/10）（玄 1/22b）（慧 19/787a）（慧 25/922b）（慧 80/1074a）（慧 85/87b）（紹 144a3）；灞正作霸字（慧 97/280b "灞上" 註）。霸俗（龍 307/10）。霸必嫁反（龍 197/06）；魄古文作霸（慧 18/749a "失魄" 註）。霸必嫁反[1]（龍 197/06）。霸霸今作霸同（玄 1/22b "霸王" 註）。霸必加反（龍 197/07）。鞝俗步罵反（龍 450/06）。鞝俗步罵反（龍 450/06）。鞝[2]音霸（龍 552/03）。

---

[1]參見《龍龕手鏡研究》213 頁。
[2]《叢考》：此字疑即 "霸（霸）" 的訛俗字（862）。

灞：**灞** 巴罵反（慧81/1b）（慧85/90b）（慧85/95b）（紹187b4）。**灞** 必嫁反水名（龍235/04）（慧97/280b）（紹187b4）。

罷：**罷** 薄買反止也休也歸也又音皮卷也止也（龍360/07）。

爦：**爦** 薄買反爦𥞬短兒也（龍331/08）。

鑼：**鑼** 薄買反大鐵杖也（龍015/08）。//鑼：**鑼** 彼為反鉊［耙］屬（龍013/07）。

帕：**帕** 并也反（龍341/05）（紹149a1）。

bai

bái 帕：**帕** 古了反白也又疋白反（龍431/03）。

bǎi 擺：**擺** 北買反擺撥也（龍212/03）（玄10/132a）（慧49/406b）（玄15/202a）（慧58/618b）（玄16/215a）（慧65/774a）（玄19/257b）（慧56/564a）（慧69/844b）（慧91/182a）（慧93/215b）（紹134b4）；披經文作擺非此義（玄13/169c、慧57/590a "開披" 註）；捭亦作擺（慧54/515a "投捭" 註）。//捭：**捭** 北買反捭撥也（龍212/03）（慧54/515a）；擺又作捭同（玄19/257b、慧56/564a "擺木" 註）（慧91/182a "擺撥" 註）。

bài 拜：**蛝** 音拜[1]（龍076/09）。**琣** 古文音拜（龍214/03）。//**拝** 説文同拜（龍215/01）。**牙** 俗音拜（龍515/06）。**犇** 古文拜字（龍527/08）。

唄：**唄** 正蒲芥反梵唄也（龍273/02）（玄6/81a）（玄14/185a）（慧59/632a）（慧27/969a）（慧30/1050a）（慧37/139a）（慧39/169b）（慧54/522b）（慧65/766a）（慧81/8a）（慧89/150b）（紹184b6）。//**嘰** 俗（龍273/02）。//**啡** 俗（龍273/02）。

敗：**敗** 排賣反（慧6/503a）（希9/415c）。**耴** 俗音敗（龍353/01）。//敗：**敹** 籀文音敗（龍530/07）。**敀** 俗音敗（龍353/01）。**敳** 敗古文作敳（慧6/503a "敗壞" 註）。//退：**退** 音敗（龍493/06）。

鞁：**鞁** 平義反裝束馬也（龍450/03）。**鞁** 披義皮義二切（紹140a6）。

鞴：**鞴** 排拜反（慧68/825a）；鞴埤蒼從韋作鞴（慧72/909a "鞴囊" 註）（慧75/975b "失鞴" 註）。

---

[1]《叢考》：此字疑即 "拜" 的訛俗字（354）。

蒲排拜反（慧 24/900a）（慧 55/542a）。韛正蒲拜反韛囊吹火具也（龍 176/07）（慧 42/235a）（希 2/366a）（希 9/412b）（紹 148b8）。韛通（龍 176/07）；櫜埤蒼作韐（慧 48/383b“櫜袋”註）（慧 16/718a“韛囊”註）。韐皮拜反（玄 1/13b）；櫜又作韐同（玄 4/62a“鑪櫜”註）（玄 14/197a、慧 59/651a“櫜囊”註）（玄 17/230c、慧 79/931b“櫜師”註）（玄 25/338c、慧 71/893b“櫜囊”註）；排埤蒼作韛（玄 11/140c、慧 56/548b“排筒”註）（慧 16/711b“櫜囊”註）。韐俗（龍 176/07）（紹 148b8）；櫜又作韐（玄 8/118b“鼓櫜”註）（玄 20/271b、慧 54/520a“櫜囊”註）（玄 22/297b“櫜袋”註）（慧 19/783a“鑪櫜”註）。䩭俗（龍 176/07）。鞴俗（龍 176/07）。//皸：皸俗（龍 176/07）。皸俗（龍 176/07）。//韛：韛脾拜反（慧 72/909a）（慧 75/975b）；櫜或從革作韛（慧 16/711b“櫜囊”註）（慧 24/900a“韛囊”註）（慧 55/542a“韛囊”註）。韛排拜反（慧 16/718a）。韛蒲拜反吹火具也（龍 450/01）。//櫜：櫜省蒲拜反韋囊吹火具也（龍 382/06）（玄 4/62a）（玄 8/118b）（玄 14/197a）（慧 59/651a）（玄 16/216a）（慧 65/775b）（玄 17/230c）（慧 79/931b）（玄 20/271b）（慧 54/520a）（玄 22/297b）（慧 48/383b）（玄 25/338c）（慧 71/893b）（慧 16/711b）（慧 19/783a）；韛王弼注書作櫜同（玄 1/13b、慧 42/235a“韛囊”註）（慧 16/718a“韛囊”註）（慧 55/542a“韛囊”註）（慧 72/909a“韛囊”註）（慧 75/975b“失韛”註）（希 9/412b“韛袋”註）；排又作櫜同（玄 11/147b、慧 52/463b“火排”註）；皸字宜作櫜（玄 12/166c、慧 55/546a“鼓皸”註）。櫜櫜正步拜切（紹 159a2）。櫜今（龍 382/06）；櫜正步拜切（紹 200b10）。㯳俗（龍 382/06）。//皸：皸疋詣反[1]（龍 363/07）（玄 12/166c）（慧 55/546a）。//捗：捗俗蒲拜反吹火也（龍 214/10）。//啡隨函又音敗吹火具也（龍 272/05）。

排：排蒲皆反（玄 9/122b）（慧 46/324b）（玄 11/140c）（慧 56/548b）（玄 11/147b）（慧 52/463b）（玄 15/201c）（慧 58/617b）；韛東觀漢記作排（玄 1/13b、慧 42/235a“韛囊”註）；櫜又作排同（玄 4/62a“鑪櫜”註）（玄 8/118b“鼓櫜”註）（玄 17/230c、慧 79/931b“櫜師”註）（玄 20/271b、慧 54/520a“櫜囊”註）（玄 22/297b、慧 48/383b“櫜袋”註）（玄 25/338c、慧 71/893b“櫜囊”註）（慧 16/711b“櫜囊”註）（慧 19/783a“鑪櫜”註）（慧 24/900a“韛囊”註）（希 9/412b“韛袋”註）。

①參見《字典考正》485 頁。

棑：**棑**蒲拜反舩後棑木也（龍 133/01）。

稗：**稗**蒲懈反（玄 1/21b）（玄 14/198b）（慧 59/653b）（玄 22/287c）（慧 48/370b）（玄 23/313b）（慧 50/421b）（玄 24/327a）（慧 5/488a）（慧 15/698b）（慧 019/3a）（慧 24/887a）（慧 32/37a）（慧 40/190b）（慧 50/427a）（慧 53/494b）（慧 61/688a）（慧 64/761a）（慧 66/800a）（慧 68/824a）（慧 69/839b）（慧 78/1032b）（慧 84/80b）（慧 88/144a）（慧 96/271b）（紹 196a5）。**稗**蒲賣反稻也似稻而別也（龍 145/08）。//稗：**稗**簿橙經文作稗茷俗字也（慧 78/1043a "簿撥" 註）。**稗**步拜切（紹 176a6）。

粺：**粺**音敗玉篇云精米也（龍 305/07）；稗或作粺（慧 5/488a "秭稗" 註）（慧 78/1032b "稀稗" 註）。

灞：**灞**正百買反水名（龍 232/03）。**瀧**通（龍 232/03）。

ban

bān 扳：**扳**音斑挽也（龍 209/05）。

班：**班**補奸反（玄 1/6a）（慧 20/807b）（慧 17/730a）（慧 83/57b）（希 10/418a）；頒又作班同（玄 22/301a、慧 48/390a "頒賜" 註）（玄 25/331b、慧 71/881a "所頒" 註）（慧 41/225b "頒告" 註）（慧 93/215b "久頒" 註）；斑說文集訓從刀作班（慧 88/141a "斑扅" 註）。**斑**補姦反（玄 1/20a）。**班**斑傳文從刀作[班]俗字也（慧 94/225a "斑駁" 註）。

斑：**斑**補顏反（玄 5/70c）（玄 12/165b）（慧 53/498a）（玄 14/193c）（慧 59/645b）（玄 25/338c）（慧 25/915b）；斒爛經文作斑爛二形非體也（玄 5/76a "斒爛" 註）；斒又作斑同（玄 7/92b "斒爛" 註）（玄 12/158c、慧 74/956b "斒爛" 註）。**斑**補顏反（玄 17/229b）（慧 67/818a）（慧 71/893b）（慧 15/696a）（慧 33/52b）（慧 61/692b）（慧 76/989b）（慧 88/141a）（慧 94/225a）（紹 141a8）；斒經本作斑（慧 24/887b "斒駁" 註）。//辬：**辬**斑又作辬同（玄 5/70c "斑駁" 註）（玄 12/165b、慧 53/498a "斑駁" 註）（玄 17/229b、慧 67/818a "斑駁" 註）（玄 25/338c、慧 71/893b "斑駁" 註）（慧 15/696a "斑駁" 註）（慧 41/225b "頒告" 註）（慧 94/225a "斑駁" 註）。

斒：**斒**正布閒反斒爛色不純也（龍 118/07）（玄 5/76a）（玄 7/92b）（慧 28/995a）（玄 12/158c）

（慧 74/956b）（慧 24/887b）；斑經文作編（玄 12/165b、慧 53/498a "斑駁" 註）。**編**八蠻反（慧 40/202a）。//扳：**扳**或作（龍 118/07）；編或作扳（慧 40/202a "編爛" 註）。

辨： **辞**斑説文集訓從刀作班正作辨（慧 88/141a "斑履" 註）。

華： **華**正北官反放棄糞器名也（龍 537/05）。**華**俗（龍 537/05）。**卑**俗（龍 537/05）。

糞： **糞**頒俗字也正作糞（慧 41/225b "頒告" 註）。**糞**或作音斑正作糞賤事貌也（龍 254/09）。

肦： **肦**音班大首也又方忿反（龍 409/01）。

頒： **頒**補顏反（玄 22/301a）（玄 25/331b）（慧 41/225b）（慧 48/390a）（慧 71/881a）（慧 83/60a）（慧 91/182a）（慧 93/215b）（紹 170a6）；班古書或作頒同（玄 1/6a、慧 20/807b "斑下" 註）（玄 1/20a "斑宣" 註）（慧 17/730a "班宣" 註）。

鳻： **鳻**今音班大鳩（龍 287/07）。**鼻**或作（龍 287/07）。

般： **般**今北官反運也又蒲官反樂也今又音撥般若也（龍 130/08）；斑又作般假借也（玄 7/102c、慧 30/1045a "斑黨" 註）（玄 12/158c、慧 74/956a "斑比" 註）（玄 19/255c、慧 56/561b "二斑" 註）。**般**古（龍 130/08）。

瘢： **瘢**正步官反瘡瘢也（龍 468/05）（玄 3/44a）（慧 09/577a）（玄 5/66b）（慧 44/279a）（玄 8/116c）（慧 34/77a）（慧 35/107b）（慧 35/110a）（慧 39/180b）（慧 40/200a）（希 3/371b）（希 5/384c）（紹 192b4）。//瘝：**瘝**俗（龍 468/05）（慧 14/676a）（紹 192b4）。//瘟：**瘟**瘢經作瘟俗字也（慧 39/180b "灸瘢" 註）。

籓： **籓**薄官反籛也又北官反捕魚笥也（龍 389/01）。

斑： **斑**正布官反斑運也又斑部黨累[類]也①（龍 366/05）（龍 196/08）（玄 5/76a）（慧 40/190a）（玄 7/102c）（慧 30/1045a）（玄 12/158c）（慧 74/956a）（玄 19/255c）（慧 56/561b）（紹 177a10）。**斒**俗（龍 366/05）。**蕃**俗（龍 366/05）。**粎**班斑二音②（龍 304/07）。//傲：**傲**俗音般③（龍 026/06）（玄 4/56c）（慧 43/266a）（紹 129a2）。

①參見《龍龕手鏡研究》295 頁。
②參見《疑難字考釋與研究》572 頁。
③《龍龕手鏡研究》："傲" 為 "斑" 的俗字（155）。

bǎn 板：**板**布綰反平闊木也（龍380/05）（慧3/442b）（慧15/690b）（慧24/885a）。**枍**板經文從片作枡非也（慧24/885a"寶板"註）。

版：**版**布綰反平闊木也（龍362/01）（慧83/53b）（慧92/203a）（慧97/290a）；板説文從片作板［版］（慧3/442b"板片"註）（慧15/690b"板椑"註）。

阪：**阪**音反大阪不平也（龍296/09）（紹169b9）；版或從昌作阪（慧83/53b"版盪"註）（慧97/290a"版泉"註）；坂或從阜作阪（慧99/323b"坂坻"註）。**販**音返①（龍189/08）。//坂：**坂**正音反坡也（龍249/05）（慧61/692b）（慧99/323b）（紹161a4）。**岅**俗（龍249/05）。

販：**販**方滿薄板二反大也均也（龍427/04）。**販**布綰普綰蒲綰三反又大也（龍420/07）。

瓬：**瓬**音扳［板］瓬瓦又俗北官反（龍316/05）。**瓬**音板瓬瓦又俗北官反（龍522/06）。**妵**俗博管布綰二反正作瓬牝瓦也②（龍333/01）。

粄：**粄**今卜管反屑米餅也（龍305/01）；粖字苑作粄同（玄18/241a、慧73/929a"麻粖"註）。//粖：**粖**今（龍305/01）（玄18/241a）（慧73/929a）。**粴**俗（龍305/01）。**糏**俗（龍305/01）。//餅：**餅**博管反屑米餅也（龍501/06）。

鈑：**鈑**布綰反錫金也（龍015/04）。

bàn 半：**半**半字從八從牛作～也俗作半謬也（慧7/516b"伴侶"註）。

伴：**伴**傍漫反（慧7/516b）（慧36/125b）。//夫：**夫**古文音伴（龍550/04）。

咞：**咞**（紹181b6）。

拌：**拌**音伴弃也又和也（龍211/09）（慧40/200b）；繖經從手作拌非也（慧33/65b"繖盍"註）。**拌**盤滿反（慧16/711b）。

娗：**娗**半判二音傷孕也（龍283/01）。

絆：**絆**音半馬絆也（龍402/04）（玄7/103a）（慧24/893b）（慧54/509a）（慧55/532b）（慧57/580a）（慧61/689b）（慧62/717b）（慧74/946a）（慧74/959b）（慧78/1045b）（紹191a7）。//靽：**靽**通音半羈靽也（龍450/04）（紹140a7）；絆傳文從革作靽非也（慧74/946a"羈絆"註）（慧

---

①參見《叢考》859頁。
②參見《龍龕手鏡研究》279頁。

54/509a "羈絆" 註)（慧 74/959b "韁絆" 註)（慧 78/1045b "鐵絆" 註)。

跘：跘正基應二師音平患反江淮間謂跘跒坐即開膝坐也（龍 463/07)（玄 5/70a)（紹 202 b9)。跦俗（龍 463/07)。

駤：駤音半駤駤馬行也（龍 293/08)。

渞：渞蒲鑒反深泥也玉篇又女鑒奴監二反泥渞也（龍 234/07)（玄 18/248b)（慧 73/928b)。

//潬香嚴俗蒲鑒反（龍 232/01)。渥蒲鑒反深泥也玉篇又女鑒符鑒二反亦泥渥也（龍 234/07)。湮又蒲鑒反深泥也玉篇又女鑒符鑒二反泥湮也（龍 247/04)。

辦：辦同上[蒲幻反]力致也（龍 183/07)（慧 2/422a)（慧 2/428a)（慧 5/493b)（慧 10/589b)（慧 18/761a)。辧古文蒲幻反與辦同（龍 183/07)。

瓣：瓣同上[蒲幻反]瓜瓣（龍 183/07)（玄 23/318c、慧 50/428b "瓢生" 註)（玄 24/330c、慧 70/879a "時瓢" 註)。

bang

bāng　邦：邦或作（龍 452/07)。邦邦石經作邦（玄 4/49c "邦伴" 註)。邦正博江反國也（龍 452/07)。邦通（龍 452/07)（慧 34/094a "邦伴" 註)（慧 22/841b)。邦通（龍 452/07)。邦俗（龍 452/07)。邦俗（龍 452/07)（玄 4/49c)（慧 34/094a)。邦邦石經作邦（玄 4/49c "邦伴" 註)。邦俗（龍 452/07)。邦音邦（龍 202/06)。邦音邦（龍 202/07)。邦邦石經作邦（玄 4/49c "邦伴" 註)（慧 34/094a "邦伴" 註)。邦音邦（龍 547/06)。邦音邦（龍 547/06)。//峕：峕古文邦字（龍 073/01)。峕俗古文邦字正作峕（龍 337/07)。

幫：幫博忙反衣治鞋履也（龍 546/02)。//綳：綳博傍反衣治鞋履也（龍 397/08)。

bǎng　榜：榜北朗反木片也又俗白盲反笞也（龍 380/05)（慧 23/873b)（慧 57/583b)（慧 76/1005a)（慧 97/279b)（紹 158b10)；膀律文作搒[榜]非此義（慧 58/613a "木膀" 註)（慧 84/84a "標膀" 註)。榜白盲反（慧 16/718b)（慧 55/530a)（慧 75/971a)；膀律文作搒[榜]非此義（玄 15/199c "木膀" 註)；榜字宜從手也（慧 23/873b "榜笞" 註)。

髈：**髈**補莽反（玄 4/53b）（慧 32/32b）（玄 11/147a）（慧 52/462a）（慧 80/1077b）（慧 84/84a）（慧 89/166a）。

騯：**騯**音傍馬行盛皃也玉篇又音彭（龍 291/06）。

毷：**毷**北朗反廁毷（龍 135/06）（玄 1/12c）（慧 42/233b）（玄 15/199c）（慧 58/613a）（玄 15/212a）（慧 58/626a）（玄 19/257b）（慧 56/564a）；毷亦作毷（慧 53/494b"毛毷"註）。**毷**俗（龍 135/06）。//毷：**毷**俗通（龍 135/06）（慧 53/494b）；毷經文作毷非也（玄 1/12c、慧 42/233b"毛毷"註）（玄 15/199c、慧 58/613a"斑毷"註）（玄 15/212a、慧 58/626a"毛毷"註）。**毷**舊藏作毷毛毷也（龍 474/05）。//毷：**毷**俗（龍 135/06）。

㯭：**㯭**布莽反教也見郭逢音（龍 381/02）。

玤：**玤**步項反珠而玉色也（龍 436/08）。

蚌：**蚌**蒲講反（玄 22/292b）（慧 48/376b）（慧 62/707a）（慧 77/1020b）（紹 163b4）。**蚌**正白項反蚌蛤也（龍 223/01）。**蚌**俗（龍 223/01）（慧 95/249b）；蠻字又作～（慧 21/822b"海蠻"註）。**蚌**龐講反（慧 66/793b）。**蚌**蒲講反（慧 41/217b）。**蚌**彭項反（慧 14/665a）。**蚌**俗（龍 223/01）。//蠻：**蠻**通（龍 223/01）（紹 163b4）；蚌字音蒲講反俗為蠻字非本體（慧 26/933b"螺玉"註）（慧 41/217b"魚蚌"註）（慧 66/793b"蚌盒"註）。**蠻**蒲項反（慧 21/822b）。

稖：**稖**步項反稖鑼器（龍 365/02）。

bàng 棓：**棓**步項反大杖也又音浮（龍 379/09）（玄 1/14c）（慧 42/237a）（玄 16/220b）（慧 65/780b）（玄 20/273a）（慧 75/979b）（慧 15/689a）（慧 18/767a）（慧 41/216a）（慧 35/109a）（慧 36/118b）（慧 37/142a）（慧 38/159b）（慧 39/168a）（慧 39/181b）（慧 40/188b）（慧 40/198b）（慧 84/74b）（慧 97/283a）（紹 157b3）；棒又作棓同（玄 16/220b、慧 65/780b"大棒"註）（慧 14/662a"棒打"註）（慧 23/857a"打棒屠割"註）。**棓**又俗音浮（龍 207/01）。//梆：**梆**棓或作桙～（慧 39/181b"畫棓"註）。//棒：**棒**步項反打也（龍 380/01）（慧 14/662a）（慧 23/857a）（慧 75/970a）；棓又作棒同（玄 1/14c、慧 42/237a"欈棓"註解）（玄 20/273a、慧 75/979b"棓木"註）（慧 15/689a"把棓"註）（慧 18/767a"打棓"註）（慧 41/216a"鐵棓"註）

（慧 37/142a "持棓" 註）（慧 38/159b "畫焰摩羅棓" 註）（慧 40/188b "持棓" 註）（慧 40/198b "棓印" 註）（慧 53/494a "殨棓" 註）。**捧** 棓俗作棒經從手作捧非也（慧 40/188b "持棓" 註）。//棒：**捀** 棓或作～（慧 15/689a "把棓" 註）（慧 23/857a "打棒屠割" 註）（慧 39/181b "畫棓" 註）。**棒** 部項切（紹 157a3）。**拌** 通音棒打也（龍 211/07）。**枺** 俗（龍 211/07）。**扷** 俗（龍 211/07）。

謗：**謗** 布浪反誹謗也（龍 046/08）（玄 6/88a）（慧 2/437b）（慧 3/451a）（慧 3/454b）（慧 16/715b）（慧 27/985a）（慧 31/18a）（慧 34/80b）（慧 44/291a）（慧 67/805a）（慧 72/897b）（慧 80/1081b）（慧 84/79a）（慧 86/103b）（慧 89/153b）（希 6/393c）（希 9/411c）（希 10/419b）。

bāo

bāo 勹：**勹** 布交反勹包也從曲身兒又音曳（龍 140/03）（玄 18/242a、慧 72/911b "軍衆" 註）（慧 39/179a "曲匔" 註）。

包：**包** 今布交反裹也（龍 140/05）（玄 8/108a）（慧 28/1005a[①]）（慧 21/819b）（慧 51/450a）（慧 83/46a）；胞古文作包象形字也為是胎衣蔡邕石經加肉作胞（慧 2/436a "胞胎" 註）（慧 6/507a "胞胎" 註）（慧 8/543b "胞初生" 註）。**㚅** 或作（龍 140/05）。

郒：**郒** 疋交反邑名（龍 454/08）。

苞：**苞** 音包裹也又豐茂也藂生也（龍 257/08）（紹 154a8）；抛律文作苞非也（玄 16/218b、慧 65/770a "擲抛" 註）；包字又作苞並通用（慧 21/819b "包納" 註）（慧 83/46a "包挫" 註）。

胞：**胞** 補交反（慧 09/569b）（慧 16/717b）。**胞** 正布交疋交二反胎胞也（龍 405/6）（玄 1/5a）（玄 3/35c）（玄 9/128c）（玄 13/177c）（玄 14/195a）（玄 24/320b）（慧 2/436a）（慧 6/507a）（慧 8/543b）（慧 20/805b）（慧 30/1043b）（慧 31/6a）（慧 46/335b）（慧 52/479b）（慧 59/647b）（慧 70/863a）（紹 136a2）；胇經文作胞非此用（玄 3/34a、慧 09/566b "胃胇" 註）（玄 4/49b "胇膜" 註）（玄 11/148a、慧 52/464b "胇尿" 註）（慧 2/423b "胇胃" 註）（慧 5/478a "胇胭" 註）（慧 14/674a "胇膜" 註）；皰論文作胞非也（玄 17/230c、慧 79/931b "骨皰" 註）（慧 15/700b "皰初

---

① 《慧琳音義》作 "苞"，依據註釋，當是 "包" 字。

生"註）。**𦙔**俗（龍 405/5）。**䶧**俗音包^①（龍 350/2）。

笣：**笣**許交反竹名又音包（龍 389/06）。

齙：**齙**音包露齒也（龍 312/02）。

褒：**褒**補高反（玄 25/332a）（慧 71/882a）（慧 1/406a）（慧 77/1026b）（慧 82/39a）（慧 86/104a）（希 10/423c）（紹 147a2）。**褒**正搏毛反褒進揚美也又寬衣皃也（龍 101/06）（慧 61/695b）（慧 81/4a）（慧 84/85a）（慧 85/91b）（慧 90/178b）（慧 93/212b）（紹 147a2）；**襃**經文作褒誤書也（慧 54/514a "襃師" 註）（慧 84/72b "襃貶" 註）（慧 84/81b "義襃" 註）。**褒**褒正博毛切（紹 193b1）。**褒**褒正博毛切（紹 193b1）。**褒**又音褒（龍 101/06）。**褒**補高反（玄 5/71c）（慧 34/86b）。**襃**博毛切（紹 147a2）。**襃**博毛切（紹 147a2）。**裒**俗（龍 101/06）（紹 147a2）；褒傳文作裒誤也（慧 94/235b "志褒" 註）。**褒**博毛反（慧 84/72b）（慧 84/81b）。**褒**補毛反（慧 54/514a）。**褒**褒俗作褒（慧 54/514a "襃師" 註）。//閛：**閛**俗博毛反正作褒褒讚進揚美也（龍 092/07）。**閛**俗（龍 092/07）。

寇：**𡨄**博毛反吳主四子（龍 129/03）。

爆：**爆**雹[𩅓]剥二音皮破散起也（龍 416/04）；爆古文㸐膔二形同（玄 6/83c "爆聲" 註）（玄 13/176b "爆其" 註）。//皰：**皰**音豹皮起也（龍 123/07）。**爆**音豹（龍 123/07）。

窇：**窇**蒲角反土室也（龍 510/07）。

砲：**砲**音雹砲跌石皃也又疋夘反石也（龍 445/02）。

雹：**雹**正蒲各反雨冰也（龍 308/08）（玄 6/90b）（慧 46/320b）（慧 12/628a）（慧 18/764a）（慧 19/773b）（慧 20/795a）（慧 25/908a）（慧 27/990a）（慧 38/155b）（慧 68/831b）（希 6/392c）；雹論文作雹非也（玄 18/248c、慧 73/918b "牙雹" 註）。**雹**古（龍 308/08）。**雹**雹古作雹也（慧 68/831b "霜雹" 註）。//**靁**古蒲各反（龍 308/08）。**雹**古（龍 308/08）。**雹**俗（龍 308/08）。**雹**俗蒲各反（龍 308/08）。**雹**俗（龍 308/08）。

膔：**膔**俗胞雹二音（龍 408/06）（紹 136a2）；肥經文作膔非體也（玄 11/147a、慧 52/462a "地肥" 註）（玄 18/250b、慧 73/935b "地肥" 註）；胞經文作膔非也（玄 11/150b、慧 52/469a "胞

---

① 《龍龕手鏡研究》："䶧" 疑即 "䶧" 字（288）。

莭”註）。**膒**俗胞雹二音（龍 408/06）。

鎺：**鎺**音雹鎺行刑杵劤刑以杵扞也（龍 020/01）。

韵：**韵**鞞約反^①（龍 178/03）。

bǎo 乜：**乜**古文音保相次也（龍 537/05）。**乄**古文（龍 537/05）。**乊**古文（龍 537/05）。

鴇：**鴇**音保（慧 82/41a）。**鴇**俗（龍 288/03）。**鴇**今音保大鳥也（龍 288/03）；鴇説文中從丮作鴇亦通也（慧 82/41a“鸕鴇”註）。**鴇**俗（龍 288/03）。**鴇**今（龍 288/04）。**儵**今（龍 288/04）。//**鮑**俗（龍 288/03）。**鴇**俗（龍 288/03）；鴇或作鴇亦同（慧 82/41a“鸕鴇”註）；炮燀集中從鳥作鴇鵝未詳（慧 99/318b“炮燀”註）。

鵘：**鵘**今音保今馬駿馬也（龍 293/02）。**駂**或作（龍 293/02）。

保：**保**補道反（玄 6/82a）（玄 9/120b）（玄 14/185b）（慧 59/632b）（玄 23/315a）（慧 50/424a）（慧 27/972a）（慧 32/44b）（慧 39/168b）（希 10/422a）。//保：**倸**保古文保同（玄 9/120b、慧 46/320a“師保”註）（玄 14/185b、慧 59/632b“所保”註）。**㺵**誤音保^②（龍 318/07）；**徕**保經文作～誤謬之甚撿諸字書並無此字（慧 39/168b“保護”註）。//采：**臬**保古文采同（玄 9/120b、慧 46/320a“師保”註）（玄 14/185b、慧 59/632b“所保”註）（慧 39/168b“保護”註）（慧 82/39a“褻德”註）。//呆：**呆**保古文作呆（慧 39/168b“保護”註）。

葆：**葆**音保鳥羽飾也（龍 259/08）（玄 13/172c）（慧 34/79a）（玄 20/271a）（慧 74/940b）（慧 90/179b）（慧 98/304b）（慧 99/325b）（紹 156b9）；寶宜作葆（玄 17/234b、慧 74/947b“羽寶”註）。

堡：**塸**正音保堡障小城也（龍 249/08）；堡或作塸（慧 97/284b“堡人”註）。**堡**或作（龍 249/08）（玄 20/270a）（慧 68/824b）（慧 83/64a）（慧 97/284b）（紹 161b2）。**塿**俗（龍 249/08）。**埰**俗（龍 249/08）。**垜**俗（龍 249/08）。

緥：**緥**音保小兒衣也（龍 400/04）；褓或作緥（慧 14/664a“襁褓”註）（慧 97/281b“襁褓”註）。//褓：**褓**音保襧也（龍 104/05）（慧 60/656b）（慧 60/666b）（慧 61/685b）（慧 62/706a）（慧 85/99b）。**褓**補道反（慧 97/281b）（紹 168b9）。

---

①《字典考正》：為佛經音譯用字（464）。
②《叢考》：疑即“保”的誤字（377）。

餱：**餱**古文餱今作飽（玄 12/154b、慧 52/453a "并饕" 註）。//饕：**饕**古文饕今作飽①（玄 12/154b、慧 52/453a "并饕" 註）。**饕**相承音飽未詳所出②（慧 52/453a）。**饕**相承音飽未詳所出（玄 12/154b）。

豜：**豜**音保彩羽也（龍 327/04）（紹 147a8）；葆又作豜同（玄 13/172c、慧 34/79a "葆羽" 註）（玄 17/234b、慧 74/947b "羽寶" 註）（慧 98/304b "植葆" 註）。**豜**葆或作豜同（玄 20/271a、慧 74/940b "羽葆" 註）。**豜**誤徒合反鳥毛也③（龍 328/03）。

寶：**寶**補道反（慧 74/947b）（慧 1/412a）（慧 11/606a）（慧 11/618b）（希 3/368a）（希 9/415a）。**寶**補道反（玄 17/234b）（慧 37/136a）；寶今經文從珤作寶俗用字非正體也（慧 11/606a "寶鐸" 註）。**寶**俗音寶（龍 307/09）。//珤：**珤**正音寶今作寶（龍 436/02）（慧 18/758b）（紹 141a1）；寶亦作珤（希 3/368a "寶璠" 註）（希 9/415a "寶輅" 註）；寶字説文珤也（慧 1/412a "寶鐸" 註）（慧 37/136a "寶篋" 註）。**珤**俗（龍 436/02）。**珤**俗（龍 436/02）。//賢：**賢**保古文賢同④（玄 9/120b、慧 46/320a "師保" 註）（玄 14/185b、慧 59/632b "所保" 註）。//宲：**宲**音保（龍 157/01）。

bào 勹：**勹**音抱（龍 140/07）；伏又作勹同（慧 75/979a "伏鷄" 註）；抱又作勹同（玄 18/239c、慧 73/923b "抱䏶" 註）。

抱：**抱**正薄老反捉也持也（龍 212/01）（**抱**玄 2/29b）（玄 11/151b）（慧 52/471b）（玄 18/239c）（慧 73/923b）（慧 26/954a）；鮑文字所无宜作抱（玄 2/32a "鮑須" 註）（玄 8/118a "耳鮑" 註）。**抱**俗（龍 212/01）。

褒：**褒**正薄報反衣前襟也（龍 106/07）。或作（龍 106/07）。

菢：**菢**薄報反鳥伏卵也（龍 261/10）；抱又作菢同（玄 11/151b、慧 52/471b "抱不" 註）（玄 18/239c、慧 73/923b "抱䏶" 註）。**菢**薄報反鳥伏卵也（龍 214/03）。//毤：**毤**俗步報反鳥伏卵也（龍 136/03）；毤經音義作菢蒲報反鳥伏卵也⑤（龍 136/04）；抱經文毤

---

① "饕"，《合刊》録作 "饕"，誤。當作 "饕"，《説文》正為 "飽" 字古文。
② 參見《字典考正》460 "饕" 字條。
③《字典考正》：此字爲 "豜（葆）" 字訛誤（336）。
④《疏證》：此假 "賢（寶）" 爲 "保"（169）。
⑤《龍龕手鏡研究》："毤" 即 "菢" 字之俗（194）。

未詳字出（玄 11/151b、慧 52/471b "抱不" 註）。

鉋：**鉋**蒲効反治木器鉋刀也又步交反鉋刷也（龍 017/05）（玄 2/32a）（玄 8/118a）（紹 181b1）；

抱經文從金作鉋非也（慧 26/954a "抱須彌" 註）；掊譜作鉋非也（慧 77/1018b "掊地" 註）。

骲：**骲**步角反箭頭也又普木反骨鏃名也（龍 481/06）。

鮑：**鮑**薄巧反鮑魚（龍 170/02）。

豹：**豹**正包教反豹似虎團文花黑而小於虎（龍 322/01）（慧 2/424b）（慧 5/479b）（慧 16/708a）（慧 25/920a）（慧 29/1028a）（慧 34/83b）（慧 41/209a）（慧 74/945b）（慧 83/52a）（希 1/355a）（希 4/376c）（希 9/417a）（紹 173b6）。**豿**俗（龍 322/01）。//狗：**狗**俗博教反（龍 319/03）。**犳**俗（龍 319/03）；狗正布教切（紹 167a2）；豺豹傳文作犳犳非也（慧 74/945b）"豺豹" 註）。**豽**之若反獸名①（龍 319/08）（紹 167a2）；豹傳從犬作狗俗字非也（慧 83/52a "黑豹" 註）。**猭**俗（龍 319/03）。

報：**報**音報告也下婬曰報（龍 551/01）。**報**保冒反（慧 3/440b）（慧 2/428a）。

暴：**暴**蒲卜反（慧 56/558b）（慧 48/373a）（慧 5/480a）（慧 6/504a）（慧 76/1004b）。**暴**俗（龍 429/04）（玄 3/34b）（慧 09/566b）（慧 52/468b）（玄 17/228a）（慧 67/815b）（慧 15/699b）。**暴**暴正薄報比角二切（紹 197a1）。**暴**袍報反（慧 82/25b）（慧 82/38b）。**暴**蒲穀反（慧 59/635a）（玄 21/286a）（慧 48/390b）。**暴**俗（龍 429/04）。**暴**正蒲木蒲報二反日乾也（龍 429/04）（玄 1/14a）（玄 1/21a）（慧 42/235b）（慧 46/330b）（玄 11/150a）（玄 14/187a）（慧 61/690a）（希 3/373b）；經本作暴俗字也（慧 7/526a "猝暴" 註）；瀑經本作暴是曬暴字也（慧 20/793b "瀑雨" 註）（慧 89/162b "瀑布" 註）。**暴**蒲冒反（慧 25/919a）（慧 27/985a）（中 62/718a）。**暴**蒲報反（慧 22/845b）（慧 23/873a）。**暴**蒲穀反（慧 34/79b）。**暴**蒲卜反（玄 22/301c）。**暴**蒲穀反（玄 22/289b）。**暴**蒲卜反（玄 19/253c）；暴經中從田從恭非也（慧 5/480a "日暴" 註）。**暴**暴正薄報步木二切（紹 197a1）。//曝：**曝**袍冒反（慧 39/174a）。**曝**俗（龍 429/04）；爆有作古文曝字（慧 27/975a "爆聲" 註）（慧 60/660b "熟爆" 註）。**曝**暴經文從田從恭又旁加日作～非也（慧 15/699b "曰暴" 註）；暴論作曝非也（慧 86/115

①胡吉宣《玉篇校釋》："犳" 即 "豹" 之或體（4582）。

b "可暴" 註）。**曝**蒲木反（玄 5/70a）（紹 171a7）；瀑傳文從日作曝或作暴皆非也（慧 89/162b "瀑布" 註）。

暴：**暴**蒲冒反廣雅暴猝也（慧 1/421a）（慧 7/526a）（慧 10/597b）（慧 86/115b）。**暴**袍冒反（慧 38/156b）。**暴**暴正（紹 197a3）。**暴**暴正薄報步木二切（紹 171a7）。**暴**暴正薄報步木二切（紹 171a7）。

曝：**曝**俗步報反（龍 274/08）。

瀑：**瀑**蒲報反（慧 71/886b）（慧 60/656a）（慧 67/804b）（慧 72/907b）。**瀑**蒲冒反（慧 20/793b）。**瀑**蓬木反（慧 82/32a）（慧 89/162b）。**瀑**正蒲報反急雨也（龍 233/05）（玄 10/136c）（慧 47/341b）（慧 73/937a）（玄 25/334c）（慧 66/785a）（慧 100/335b）（希 4/375c）（希 4/378a）（希 6/393c）。**瀑**抱報反（慧 68/833a）。**瀑**蒲報反（玄 18/251a）（慧 11/614b）（慧 21/830a）。**瀑**俗（龍 233/05）（紹 186b10）。**瀑**蒲冒反（慧 19/775a）。**瀑**袍報反（慧 20/798a）（慧 31/4b）（慧 41/210b）（慧 60/663b）（希 1/355b）。

爆：**爆**北教反爆直吏官也（龍 498/03）。

爆：**爆**正布教布角步角普駁四反皆火列聲也炕也落也灼也（龍 242/07）（玄 1/21a）（玄 6/83c）（玄 10/132b）（玄 13/176b）（慧 17/735a）（希 4/375c）；暴經文從火作爆爆音豹是燒柴竹聲也非經義也（慧 76/1004b "日暴" 註）。**爆**布孝反（慧 54/524b）。**爆**包貌反（慧 94/225a）。**爆**苞兒反（慧 79/1057b）。**爆**包兒反（慧 36/117b）。**爆**俗（龍 242/07）（慧 49/406b）（慧 27/975a）（慧 60/660b）。**爆**音豹（慧 25/919a）。**爆**正（龍 242/07）（慧 1/411a）（慧 2/429a）（慧 4/473a）（慧 76/1003a）。**爆**苞兒反（慧 78/1033a）（慧 93/212a）。**爆**正（龍 242/07）。**爆**正（龍 242/07）（慧 5/483a）。**煏**俗（龍 242/07）。//**爆**：**爆**正古文布教補角蒲角疋角四反今作爆火裂聲也炕也（龍 123/08）；爆古文爆同（玄 6/83c "爆聲" 註）（玄 13/176b "爆其" 註）（慧 60/660b "熟爆" 註）。**爆**通（龍 123/08）。//**曝**：**爆**爆或作曝（慧 36/117b "爆煏" 註）。

醆：**醆**今蒲報反酒多也①（龍 310/08）。**醆**通（龍 310/08）。

① 《宋本玉篇》《集韻》皆作 "酒名"，"名" "多" 形近，疑 "多" 爲 "名" 之形訛。

虣：虣薄報反虣虎無杖手搏也（龍 322/09）。虣薄報反（龍 322/09）；暴古文虣[1]（慧 27

/985a "卒暴" 註）。

Bei

bēi 栝：栝音盃（龍 379/06）（慧 76/993b）。揣俗（龍 375/04）。//杯：杯布回反與盃同又顱

也（龍 375/09）（慧 14/676b）（紹 158a2）；栝或作杯俗称作盃也（慧 76/993b "瓦栝" 註）。

//柸：柸杯正盃音（紹 158a2）。//盃：盃北梅反（慧 35/99a）（慧 40/196a）。//榲：

榲俗（龍 375/04）。//匹：匹音盃（龍 192/05）。

悲：悳音悲（龍 065/05）。//嚸：嚸俗音悲（龍 267/02）。

卑：早（慧 15/694a）（希 5/389a）；坤字宜作卑（玄 8/109c、慧 28/1007a "坤濕" 註）。畀卑正

（紹 196b7）。单俗音卑（龍 337/07）。卑俗音卑（龍 337/07）。

椑：椑正音卑冕也（龍 138/04）。椑俗音卑（龍 056/01）。

萆：萆音脾[2]（龍 254/10）。

崥：崥卑第二音地名玉篇又田也（龍 153/04）。崥（龍 153/04）。崥音卑（龍 198/08）。

觪：觪必迷反橫角牛名（龍 511/01）。

桿：桿音卑木名似柿也（龍 376/01）（玄 4/60b）（玄 5/68b）（玄 8/116b）（玄 10/136b）（慧 47/34

1b）（玄 11/153a）（玄 14/191a）（慧 59/641a）（玄 16/217b）（玄 20/264c）（玄 20/265a）（慧 76/99

9a）（紹 158a5）；桿宜作箄經文多作桿假借耳（玄 1/22b）（玄 15/201c、慧 58/617b "汗箄"

註）；陛經文作桿非體也（玄 13/174a、慧 57/585b "陛牢" 註）；簿論文作桿非躰也（玄

17/227b、慧 67/814b "舡簿" 註）；排[桺]或作桿同（慧 8/551a "排攢" 註）；箄經文作桿

非也（慧 25/922b "金箄" 註）。桿臂弥反（慧 52/474b）（慧 65/769a）。//樿：樿音卑木

名似柿也（龍 376/01）。葬音卑木名似柿也（龍 391/04）。

碑：碑音悲（慧 83/57b）（慧 85/87b）（慧 89/164a）（希 10/420a）。碑彼為反（玄 4/51b）。

弹：弹正音彼相分解也（龍 198/08）。弹俗（龍 198/08）。

---

①原文作 "虎武"，《一切經音義》三種合刊校作 "虣"（987），當是。
②參見《叢考》224 頁。

趡：**趡**彼為反（龍 324/04）（玄 17/226b）。

錍：**錍**必支婢迷二反鑒斧也（龍 010/04）（玄 4/50c）（慧 31/21a）（玄 5/73b）（慧 38/164a）（玄 7/100c）（慧 30/1038a）（玄 7/102c）（慧 30/1045b）（玄 11/144a）（玄 11/148a）（慧 52/464b）（玄 13/174b）（慧 54/510b）（玄 15/212b）（慧 58/626b）（慧 53/494a）（慧 74/941b）（慧 99/328b）（希 3/371b）（紹 181a9）；鈚又作錍同（玄 7/101c、慧 32/31b "金鈚" 註）；箆經文有作錍依撿玉篇音普蹄反薄箭也非經義耳（慧 25/922b "金箆" 註）。**錍**陣集本從金作錍非也（慧 95/248a "哀陣" 註）。**錍**普迷反（慧 56/555b）。//鈚：**鈚**錍或作鈚（慧 31/21a "錍提" 註）（玄 11/148a、慧 52/464b "為錍" 註）。

鵯：**鵯**正音卑鵯鶋鳥也（龍 286/02）（玄 18/248a、慧 73/927b "頸鴉" 註）（慧 74/958b）。**鵯**或作（龍 286/02）。

襬：**襬**正音罷裙也（龍 106/09）。**襬**披義反衣襬也（龍 107/03）。**襬**俗（龍 106/09）。

陂：**陂**彼為反（龍 295/02）（玄 1/11a）（慧 17/746a）（玄 5/74b）（慧 44/287b）（玄 10/139b）（慧 47/346b）（玄 12/160a）（慧 53/485a）（玄 14/198a）（慧 59/652b）（玄 15/202a）（慧 58/618a）（慧 1/413b）（慧 11/605b）（慧 12/626b）（慧 18/758b）（慧 21/828b）（希 2/366c）（希 6/392a）（希 8/406b）（紹 170a2）。

被：**被**皮寄反（玄 1/20b）（玄 3/35b）（玄 14/183a）（慧 59/629a）（慧 8/554a）（慧 15/691b）（慧 21/830b）（慧 25/916b）（慧 27/965b）（慧 27/986b）；裝服猶是被服也（玄 3/43b、慧 09/575b "裝服" 註）；帔從衣作被亦通借音用也（慧 33/63b "帔袈裟" 註）（希 3/372b "披繼" 註）；跛或作被（慧 11/618a "跛蹇" 註）。**被**皮寄反（慧 09/568b）（玄 6/88c）。

骳：**骳**文彼反屈曲也（龍 480/07）。

琲：**琲**正蒲罪反珠五百枚也（龍 437/02）。**辈**或作（龍 437/02）；琲或作辈也（慧 99/328b "珠琲" 註）。

貝：**貝**補盖反（玄 3/34b）（慧 09/567a）（玄 15/200c）（慧 58/615b）（玄 17/233a）（慧 70/858b）（慧 1/416a）（慧 22/845b）（慧 25/916b）（慧 76/989a）（希 3/372c）。//蛽：**蛽**俗音貝同（龍 224/04）。

狽：**狽**俗音貝（龍 319/05）（慧 85/92b）（慧 89/152b）（慧 91/193a）（紹 166b8）；沛經文從犬作
狽非也（玄 5/64c "顛沛" 註）（玄 11/152c、慧 52/473b "顛沛" 註）；萠律文作狽非體也（玄
15/211b、慧 58/624b "狼萠" 註）。**俏**沛經文從犬作狽[狽]非也（慧 44/285a "顛沛" 註）。
猄俗丁年反（龍 317/10）。

狈：**狈**音貝①（龍 438/04）。**琪**貝音（紹 140b5）。

跟：**跟**音貝步行皃又蒲蓋反賴跟行不正也（龍 463/09）（玄 15/209a）（慧 58/610b）；沛又
作跟同（玄 5/64c "顛沛" 註）（玄 11/152c、慧 52/473b "顛沛" 註）。

鋇：**鋇**音貝柔鋌也（龍 018/04）。

牬：**牬**博蓋反牛二歲也又普蓋反尔疋云牛體長曰牬（龍 117/01）。

耗：**耗**音貝耗毨多毛也（龍 136/03）。

鯡：**鯡**音貝魚名食之煞人也（龍 170/05）。

誖：**誖**蒲没蒲昧二反言乱也（龍 050/07）（慧 86/113a）（紹 186a4）；悖古文誖同（玄 7/102a、
慧 30/1045b "殂悖" 註）（玄 18/251a、慧 73/937a "勃逆" 註）（玄 22/296b、慧 48/382b "悖惡" 註）
（玄 24/327b、慧 70/873b "凶勃" 註）（初編玄 13/597）（慧 2/433a "兇悖" 註）（慧 18/765a "兇悖"
註）。//誖：**誖**蒲没反乱也亦言乱也（龍 051/06）。//悖：**悖**正蒲没反乱也逆也
或作誖（龍 061/09）（玄 7/102a）（慧 30/1045b）（玄 22/296b）（初編玄 13/597）（慧 48/382b）（慧
2/433a）（慧 17/729b）（慧 18/765a）（慧 89/164b）（紹 131a1）；勃經從心作悖亦通也（慧 78
/1047a "勃狂" 註）；誖論從心作悖並同（慧 86/113a "猖誖" 註）。**悖**俗（龍 061/09）。//
愂：**愂**正蒲没反荒也昏乱也（龍 068/08）；悖古文愂同（玄 7/102a、慧 30/1045b "殂悖"
註）（玄 18/251a、慧 73/937a "勃逆" 註）（玄 22/296b、慧 48/382b "悖惡" 註）（慧 70/873b "凶勃"
註）。**愂**勃古文誖愂二形同（玄 24/327b "凶勃" 註）。**愂**今（龍 068/08）；悖古文作誖
愂二形同（初編玄 13/597 "狂悖" 註）。//罋：**罋**古文蒲没反罋逆惡乱也（龍 174/02）；
誖籕文作罋（慧 86/113a "猖誖" 註）。**罋**古文（龍 174/02）。

背：**背**抔妹反（慧 32/28b）（慧 3/453a）（慧 60/672b）（慧 92/199b）。**背**蒲昧反又北昧反（龍 4

①參見《龍龕手鏡研究》323 頁。

13/03）（玄 8/114b）（慧 19/777b）（玄 19/254b）（慧 56/559b）（希 9/412a）；皆經文作背甚失經義非也（慧 45/314a“皆使”註）；偝亦作背（慧 53/495b“偝方”註）（慧 75/964a“偝臥”註）（慧 97/278a“偝違”註）。//貸：貸俗補妹蒲昧二反[①]（龍 502/09）。//偝：偝蒲昧反偝偭向偝也（龍 036/07）（慧 53/495b）（慧 75/964a）（慧 97/278a）；背又作偝同（玄 8/114b、慧 19/777b“背大”註）（玄 19/254b、慧 56/559b“背彼”註）。

焴：焴俗音皆[②]（龍 239/10）。

倍：倍傍每反（慧 11/616b）（慧 33/67b）（慧 34/76b）。

蓓：蓓薄亥反蓓蕾花欲綻皃（龍 260/06）。

軰：軰音備切韻云車軾也（龍 319/06）。

輩：輩蒲昧反比也又北昧反等輩亦比類也（龍 084/03）（慧 2/431a）（慧 27/967b）（慧 43/254b）（慧 44/286a）（慧 53/485a）（慧 57/580a）（紹 139a5）。輩同輩（龍 084/03）（玄 6/80b）；輩正從非從車俗從北作～（慧 2/431a“仙輩”註）（慧 44/286a“群輩”註）（慧 53/485a“老輩”註）（慧 57/580a“三輩”註）。//僃：僃俗布妹反（龍 035/06）。

備：備音俻防也救也具也慎也皆也咸也副也究也辦也成也（龍 033/02）；備或作～（慧 6/507b“備遭”註）。備皮秘反（慧 41/215a）。備皮媚反（慧 12/630a）。備平媚反（慧 6/507b）（慧 29/1021a）（慧 80/1068b）（慧 85/99a）。俻俻音（紹 155a10）。俻（慧 21/813a）（慧 23/876a）；備經文作俻俗字也（慧 6/507b“備遭”註）（慧 41/215a“備受”註）；凭經文作～非也（慧 65/766a“凭几”註）。俻（中 62/718b）。

犕：犕正音備牛見齒也（龍 116/09）。犕俗（龍 116/09）。

腨：腨正音備牖腨也（龍 362/01）。腨俗（龍 362/01）。

構：構正音俻木名其穗可食也（龍 382/09）。構俗（龍 382/09）。

僃：僃蒲拜反痡也（龍 066/08）（慧 42/250a）（玄 13/176a）（慧 81/12b）（慧 95/253a）（慧 100/349b）（紹 131b2）；憊經從人作僃俗用字也（慧 29/1017a“羸憊”註）。僃蒲拜反（龍 066/08）（玄 5/71b）（玄 7/95a）（慧 28/998b）（玄 7/96b）（慧 28/1011b）（玄 9/120c）（慧 46/321a）。僃

① 《叢考》：疑為“背”的訛俗字（1116）。
② 《叢考》676 頁。

憊又作㦢同（玄 9/120c、慧 46/321a“虵欶”註）。㦢音敗（慧 29/1017a）；憊說文作備傳作憊亦通用（慧 81/12b“齒憊”註）。憊憊又作㦢同（玄 3/34c、慧 09/567b“迦憊”註）（玄 7/95a、慧 28/998b“羸憊”註）。//𤸷：𤸷正蒲拜反與憊同疲極也又病也（龍 477/02）。𤸷通（龍 477/02）。𤸷俗（龍 477/02）。𤸷憊又作𤸷同（慧 09/567b“迦憊”註）（玄 9/120c、慧 46/321a“虵欶”註）（慧 29/1017a“羸㦢”註）。𤸷憊又作𤸷同（玄 7/95a、慧 28/998b“羸憊”註）。𤸷憊又作𤸷同（玄 3/34c“迦憊”註）。

糒：糒音備糒糗也（龍 305/06）（紹 196a10）。糒蒲秘反（玄 15/199c）。糒蒲秘反（慧 58/613b）（紹 196a10）。//麴：麴俗平秘反正作糒（龍 505/09）。麴糒律文從麦作～非體也（玄 15/199c、慧 58/613b“麨糒”註）。麴俗平秘反正作糒（龍 505/09）。//餢：餢俗音備（龍 502/09）。

鞴：鞴平秘反（龍 450/03）（紹 140a8）。

𣎵：𣎵古文普拜反（龍 076/07）。

ben

bēn 奔：奔本門反走也（龍 356/06）（初編玄 559）（慧 75/967b）（慧 78/1034b）（紹 146a7）；犇古文驞今作奔同（玄 7/101c、慧 32/31b“犇走”註）（玄 8/119a“犇走”註）（玄 12/155b、慧 52/455b“犇馳”註）（玄 16/221c、慧 65/764b“犇走”註）（慧 12/624a“犇馳”註）（慧 32/49a“犇逸”註）（慧 55/536a“犇走”註）（慧 75/971a“犇走”註）（慧 78/1038a“犇而”註）（慧 80/1071a“雲犇”註）（希 9/411b“犇馳”註）。奔音奔（龍 143/05）。//犇：犇博昆反驚也又眾牛走也與奔亦同（龍 114/06）（玄 4/61a）（玄 7/101c）（慧 32/31b）（玄 8/119a）（玄 12/155b）（慧 52/455b）（玄 16/221c）（慧 65/764b）（慧 12/624a）（慧 32/49a）（慧 55/536a）（慧 75/971a）（慧 78/1038a）（慧 79/1057a）（慧 80/1071a）（希 9/411b）（紹 167b3）；奔或作犇（慧 78/1034b“奔突”註）。//驞：驞俗（龍 291/02）；犇古文驞今作奔同（玄 4/61a“犇馳”註）（玄 7/101c、慧 32/31b“犇走”註）（玄 8/119a“犇走”註）（玄 12/155b、慧 52/455b“犇馳”註）（初編玄 559、慧 75/967b“奔走”註）（玄 16/221c、慧 65/764b“媟瀆”註）（慧 78/1034b“奔突”註）。//驞：

骍俗（龍291/02）；奔古文作驇亦骍（慧78/1034b"奔突"註）。//俦：俦俗音奔（龍0

27/05）。

洴：泍博門切（紹188b4）；溢集從奔作洴無此字（慧99/313b"溢涌"註）。

賁：賁又布昆反勇也（龍349/06）（玄4/50c）（慧31/20a）（玄20/265b）（希5/383a）。

泍：泍博昆疋奔二反玉篇云水汲也（龍228/08）。

běn 本：夲音本玉篇根本也（龍381/08）。

苯：苯音本苯蓴草藂生兒（龍261/02）（慧99/312b）。

畚：畚今音本草器也（龍153/09）。畚音本同畚（龍184/08）。畚音本草器小筐也（龍1

84/07）。奄音本（龍184/07）。畚俗（龍153/09）。畚俗（龍153/09）。畚又音本（龍3

57/04）。畚本音（紹148a6）。畚正音本（龍357/05）。畚音本（龍357/05）。畚音本（龍

357/05）。畚音本（龍357/05）。

bèn 体：体蒲本反劣也（龍030/08）；体又作体蒲本反（玄13/174a、慧57/585b"体略"註）。

笨：笨蒲本布忖二反竹裏也（龍391/09）。

坋：坋正蒲悶反塵也塵也又扶悶反地也又房粉反（龍250/03）（玄16/213c）（慧65/772a）

（慧15/702b）（慧41/208b）（紹161a2）；坌説文從土作坋（慧4/472a"坌我"註）（慧15/69

6b"坌以"註）（慧18/758b"散坌"註）（慧29/1029b"坌其身"註）（慧32/43a"坌塵"註）（慧5

5/533b"坌者"註）（慧78/1038b"坌面"註）。坌蒲頓反（玄2/29a）（玄3/37a（慧09/571b）（玄

6/85c）（玄23/310c）（慧47/361b）（慧15/696b）（慧18/758b）（慧19/779b）（慧26/942b）（慧27

/978b）（慧29/1029b）（慧32/43a）（慧53/491a）（慧55/533b）（慧77/1018b）（慧78/1038b）（慧7

9/1064a）（慧80/1077b）（慧81/16b）（慧84/68b）（希4/377b）（紹161b5）；坋或作坌（慧15/7

02b"坋之"註）。坌今（龍250/03）（慧4/472a）。//坲：坲俗（龍250/03）。//壎：壤俗

（龍250/03）。

獖：獖蒲本反宋[守]犬也又扶文反羊名也（龍318/08）。

beng

bēng 祊：**祊**補盲反廟門傍祭也（龍110/09）（紹168b7）。//𥘵：**𥘵**補盲反（龍110/09）。

繴：**繴**補盲反廟門旁祭也（龍362/07）。

閍：**閍**布盲反宮門也一曰巷門也（龍092/03）。

崩：**崩**正北弘反攌也又天子死曰崩也（龍070/04）（慧15/695a）（慧60/675b）（紹162a8）。**𠊾**古（龍070/04）。**𪨡**古（龍070/04）。**𡹹**悲朋切（紹162a8）。**岁**北登反（龍074/04）。

㟢：**㟢**音崩（龍097/03）。

彋：**彋**正必耕反弓也（龍151/01）。**彌**或作（龍151/01）。

霚：**霚**北朋反大雨皃（龍307/01）。

繃：**繃**比萌反束小兒衣也（龍398/05）。//繃：**繃**北盲切（紹191b10）。//襊：**襊**正比爭反束兒衣也與繃同（龍102/07）。**襊**俗（龍102/07）。

嗙：**嗙**甫肓反喝聲（龍270/02）。

榜：**榜**牓經文従木作榜（玄4/53b、慧32/32b"如牓"註）（玄11/147a、慧52/462a"標牓"註）。

㧍：**㧍**正甫盲反大也（龍516/09）。**㧍**今（龍516/09）。

舼：**舼**北萌反艫舼舟具也（龍131/07）。

抨：**抨**普耕反彈也（龍208/06）（玄9/126b）（慧46/331a）（玄11/146c）（慧52/462a）（慧35/97b）（慧37/133b）（紹134b6）；拼古文抨同（玄12/155c、慧52/455b"拼之"註）（玄22/290a、慧48/373b"繩拼"註）（慧37/138a"拼繩"註）（慧77/1013b"拼弓"註）（慧85/94a"拼之"註）（希5/385c"應拼"註）。//絣：**絣**百耕反振繩墨也（龍396/07）（慧41/217a）（慧36/118b）（慧97/291b）（希5/384b）（希6/397b）（希7/400c）（紹191a8）；拼古文抨同經中作絣非此用也（玄12/155c、慧52/455b"拼之"註）（初編玄559、慧75/968a"拼直"註）（玄14/187a、慧59/634b"綫拼"註）（玄15/202a、慧58/618b"虜拼"註）。**絣**伯萌反（慧35/99a）（慧60/666a）（慧62/709b）。//𢇌：**𢇌**伯萌反與絣同①（龍490/07）；拼律文作絣字與𢇌同（玄14/187a"綫拼"註）；絣字書作𢇌（慧41/217a"而絣"註）。**𢇌**拼

①參見《龍龕手鏡研究》354頁。

律文作絣字與迸同（慧 59/634b "綫拼" 註）。//拼：**拼** 伯耕反繩拼也又從也改也

（龍 208/06）（玄 9/125a）（慧 46/329b）（玄 12/155c）（慧 52/455b）（初編玄 559）（慧 75/968a）

（玄 14/185c）（慧 59/633a）（玄 14/187a）（玄 15/202a）（慧 58/618b）（慧 58/607a）（慧 65/776a）

（玄 17/237a）（玄 22/290a）（慧 48/373b）（玄 25/335a）（慧 71/887a）（慧 72/903b）（慧 77/1013

b）（慧 79/1065a）（慧 85/94a）（希 5/385c）（紹 134b6）；抨又作拼同（玄 9/126b、慧 46/331

a "抨則" 註）（慧 37/133b "抨界道" 註）；絣或從手作拼（慧 35/99a "絣為" 註）（慧 41/2

17a "而絣" 註）（希 5/384b "線絣" 註）（希 6/397b "絣之" 註）（希 7/400c "絣地" 註）；經作

拼俗字也（慧 75/971a "拼身" 註）。**拼** 補耕反（慧 74/952a）（慧 42/239b）（慧 37/138a）

（慧 61/690b）（慧 75/971a）；絣律本從手作拼亦通（慧 62/709b "麁絣" 註）。**拼** 補莖反

（慧 59/634b）（玄 15/207b）（玄 16/216a）。//鞞：**鞞** 拼古文鞞同（玄 9/125a、慧 46/329b

"拼度" 註）（慧 65/776a "拼石" 註）。**鞞** 拼古文鞞同（玄 16/216a "拼石" 註）。**鞞** 拼古

作鞞鞞（慧 42/239b "拼壇" 註）（慧 37/133b "抨界道" 註）。**抨** 古文補耕反今作絣（龍

547/01）。**鞞** 絣或從手作拼古今字誥作抨（慧 35/99a "絣為" 註）。//鞞：**鞞** 拼古

文鞞同（玄 9/125a "拼度" 註）（慧 65/776a "拼石" 註）。**鞞** 拼古文鞞同（慧 46/329b "拼

度" 註）。**鞞** 古文補耕反今作絣（龍 547/01）。**鞞** 古作鞞鞞（慧 42/239b "拼壇" 註）

（希 5/385c "應拼" 註）（希 6/397b "絣之" 註）。**鞞** 拼古文鞞同（玄 9/125a "拼石" 註）。

伻：**伻** 普耕反使人也（龍 024/09）。

běng 埲：**埲** 方孔反墒埲塵起也（龍 249/10）。

琫：**琫** 邊孔反珮刀飾也（龍 436/07）。//**琫** 俗音捧（龍 449/06）。

嗙：**嗙** 蒲孔反大聲又音奉口高貌也（龍 272/03）。

bèng 迸：**迸** 伯孟反（慧 29/1032a）（慧 69/850a）。**迸** 百靜反（龍 493/05）（玄 04/59c）（玄 14/186a）

（慧 59/633b）（玄 18/244b）（慧 72/915a）（玄 24/322c）（慧 70/867a）（慧 13/644b）（慧 13/646

a）（慧 25/916b）（慧 33/53a）（慧 92/205b）（慧 100/334a）（希 7/402b）（希 9/413b）；趙亦作

迸（慧 62/702b "逃趙" 註）。**趙** 迸亦作趙（慧 29/1032a "孤迸" 註）。//踃：**踃** 迸又作

踃同（玄 04/59c "孤迸" 註）（玄 6/85c "伶傳" 註）（玄 14/186a、慧 59/633b "迸石" 註）（玄

18/244b、慧 72/915a "小迸" 註）（玄 24/322c、慧 70/867a "星迸" 註）（慧 13/644b "逃迸" 註）

（慧 13/646a "逃迸" 註）（慧 33/53a "迸石" 註）（慧 69/850a "迸石" 註）。//趟：**趟** 或作

北諍反散也正作迸字（龍 325/03）。**趟** 迸或作趟同（玄 14/186a、慧 59/633b "迸石"

註）（玄 18/244b、慧 72/915a "小迸" 註）（玄 24/322c、慧 70/867a "星迸" 註）（慧 29/1032a

"孤迸" 註）（希 7/402b "迸竄" 註）（希 9/413b "迸血" 註）。//趨：**趨** 伯孟反亦作趟（慧

62/702b）。**趨** 或作（龍 325/03）。

宻：**宻** 方鐙反束棺下之也（龍 509/06）。

䨻：**䨻** 蒲迸反雷䨻䨻聲也（龍 308/07）。

bi

皀：**皀** 又彼急居立二反（龍 431/04）（玄 22/287b、慧 48/370a "麦果" 註）（紹 175b2）。

逼：**逼** 悲力反（慧 1/420b）（慧 2/429b）（慧 4/464b）（慧 51/449a）（希 4/381a）；畐經文作逼誤

也（玄 12/160b、慧 75/983b "畐塞" 註）。**逼** 悲力反迫也近也（龍 495/02）。//偪：**偪** 彼

測反進也與逼同（龍 038/08）（慧 2/429b）（慧 85/97b）（紹 129a9）。

颪：**颪** 音逼風也（龍 128/04）。

驞：**驞** 音逼（龍 294/10）（紹 166a8）。

陛：**陛** 部迷反牢也（龍 295/05）（玄 13/174a）（慧 57/585b）。

痹：**痹** 必兮反痹妣短兒（龍 331/06）；厄匼開中呼痹匼（玄 6/89b "厄匼" 註）。

豍：**豍** 必迷反豆名也（龍 359/02）（玄 5/68b）（玄 11/145b）（慧 52/458b）（玄 15/204a）（慧 58/6

22a）（玄 16/219a）（慧 65/771b）（紹 200b7）；蓖經從豆作豍説文豍留豆也非經義也（慧

19/774a "蓖麻油" 註）。

鞸：**鞸** 俗邊兮反正作篳冠飾（龍 087/03）。**鞸** 俗（龍 087/03）。**鞸** 篦經文作鞸非也（玄 2

0/270a "滑篦" 註）。**鞸** 俗（龍 087/03）。

蠯：**蠯** 邊奚反牛虱也（龍 220/06）（玄 7/96b）（慧 28/1011b）（玄 11/141b）（慧 56/549b）（玄 17/

230b）（慧 79/931a）。

鎞：**鎞** 邊夷反釽鎞也（龍011/04）；錍或作鎞（慧31/21a "錍提" 註）（玄11/148a、慧52/464 b "為錍" 註）；鈚又作鎞同（玄7/101c、慧32/31b "金鈚" 註）（希3/371b "金錍" 註）。**鎞** 布迷疋迷二切（紹180b8）。

颰：**颰** 普威蒲結二反又音必（龍128/01）（慧99/313b）。

bǐ 匕：**匕** 音比匕匙又匕首劍屬也（龍550/01）（玄1/12c）（慧42/233b）（玄11/153b）（慧52/476b）（玄14/190c）（慧59/640b）（玄15/200b）（慧58/614b）（玄18/248a）（慧73/927b）。

疕：**疕** 卑履疋婢疋鄙三反禿瘡也亦瘡上甲也（龍473/09）。

比：**比** 卑弭反（慧3/444b）（慧6/512a）（慧85/94b）（慧91/182a）（慧91/183a）。**比** 比正卑以切（紹151a2）。

祉：**祉** 音比以豚祀司命也（龍111/05）（玄20/264b）（慧43/259a）（紹168b6）。

妣：**妣** 卑履反考妣也又必至反母也（龍282/01）。

秕：**秕** 音比穅秕也（龍144/09）（玄14/198b）（慧59/653b）（慧66/800a）（紹195b7）；粃或作秕也（慧78/1032b "粃穅" 註）（慧80/1070b "穅粃" 註）（希7/403c "穅粃" 註）。// **秕** 畢弭反（慧78/1032b）（慧80/1070b）（希7/403c）（紹196b2）；秕律文有作粃（玄14/198b、慧59/653b "秕笿" 註）（慧80/1070b "穅粃" 註）。

舭：**舭** 補米反明皃也（龍431/05）。

佊：**佊** 音彼邪也（龍031/05）。

俾：**俾** 并婢反使也從也艣也（龍029/03）（玄8/111b）（慧33/62a）（玄17/229a）（慧67/817b）（玄18/246a）（慧73/924b）（慧10/592b）（慧21/829b）（慧25/913b）（慧38/162b）（慧74/959b）（紹128b7）；俾倪三蒼作頓倪又作敤坱二形（玄1/19a）（玄3/40c）（慧09/563b）（玄7/96b）（慧28/1012a）（玄17/232a）（慧70/857a）（慧21/816a）（慧47/342b）（希2/366b）；頓經文作俾非體也（玄7/100a "頓面" 註）（玄10/133b、慧49/408a "頓面" 註）（玄17/236a、慧74/950a "頓頭" 註）（慧19/788b "頓面" 註）；辟坱今經本作俾倪字（慧21/822a "崇飾寶辟坱" 註）；陴阢論或從人作俾倪亦通也（慧69/839a "陴阢" 註）。**俾** 并弭反使也從也艣也（龍497/05）。

捭：捭臂弥反（玄 8/116b）（慧 38/161b）；擺又作捭同（玄 15/202a、慧 58/618b "振擺" 註）（玄 16/215a、慧 65/774a "擺撥" 註）（慧 93/215b "擺撥" 註）。

岯：岯並弭反山足也（龍 076/02）。

捵：捵俗必迷反正作捵（龍 208/10）。

骹：骹必礼反骹骹也（龍 529/07）；俾倪又作骹垼二形（慧 09/563b "俾倪" 註）（玄 8/111b、慧 33/62a "俾倪" 註）（玄 18/246a、慧 73/924b "俾倪" 註）。骹俗必礼反骹骹也（龍 120/02）；俾倪三蒼作頧倪又作骹垼二形（玄 1/19a "俾倪" 註）（玄 17/229a、慧 67/817b "俾倪" 註）。

踔：踔并弭反客也（龍 198/08）。

貏：貏正皮寄反（龍 322/03）。貏今（龍 322/03）（慧 99/323a）。

黐：黐并弭白賣二反黍屬也（龍 332/02）。

筆：筆悲密反（慧 89/153b）（慧 27/985a）。//笔筆傳文從毛作笔非也（慧 89/153b "操筆" 註）。

啚：啚音鄙（慧 1/403b "庸鄙" 註）。啚古文兵几反（龍 549/02）。

鄙：鄙悲美反陋也耻也邊也竟也界上邑也不惠之人稱夫也（龍 455/04）（玄 2/28c）（玄 6/85c）（玄 18/244c）（慧 72/916a）（玄 23/307a）（慧 47/354b）（玄 24/330b）（慧 70/878b）（慧 1/403b）（慧 3/447b）（慧 5/485b）（慧 5/491a）（慧 21/824b）（慧 29/1015b）（慧 68/822a）（慧 82/29a）（慧 94/242a）（紹 169a4）。鄙悲美反（慧 26/940a）（慧 27/979a）。

bì 佖：佖毗必房密二反威儀備也（龍 038/02）。

泌：泌彼密毗秘二反泌澗泉水陜流皃又音秘（龍 237/08）（慧 91/182a）（紹 186b3）。

咇：咇蒲結反咇詰也又口香也又毗必反言不了（龍 277/04）；苾又作飶䭈咇秘四形同（玄 4/53a、慧 34/92a "苾芬" 註）（玄 5/76c、慧 34/87a "苾芬" 註）。

苾：苾毗逸反苾蒭梵語草名（龍 263/03）（玄 4/51a）（慧 31/22a）（玄 4/53a）（慧 34/92a）（玄 4/59c）（玄 5/70a）（玄 5/76c）（慧 34/87a）（慧 52/479a）（慧 2/430a）（慧 18/750b）（慧 39/168a）（慧 57/599b）（慧 90/176a）（慧 96/270a）。苾新藏作苾（龍 264/04）。苾新藏作苾（龍 26

4/04）。//秘：秘騈蒎反（慧29/1032b）。秘蒲蒎反（玄20/275a）（慧76/1007a）（慧37/145b）（慧99/324b）（希6/396c）（紹201a9）；苾又作秘同（玄5/76c、慧34/87a"苾芬"註）（慧96/270a"苾芳"註）。//秘：秘蒲結反正作秘大香也（龍332/04）。秘或作秘亦作秘（慧29/1032b"秘芬"註）（玄4/53a、慧34/92a"苾芬"註）。秘苾又作餤秘怭秘四形同（玄4/53a、慧34/92a"苾芬"註）（玄5/76c、慧34/87a"苾芬"註）。//䊲：䊲秘或作䊲亦作秘（慧29/1032b"秘芬"註）。//䊲：䊲正普結蒲結二反（龍180/09）；秘又作䊲（希6/396c"秘蓻"註）。䊲俗（龍180/09）。䊲俗（龍180/09）。//稌：稌正蒲結反禾香也（龍147/04）。稌俗（龍147/04）。

柲：柲音筆剌也（龍218/05）（玄8/109b）（慧28/1006b）（慧35/99a）（紹132b4）。//撢音筆（龍218/05）。

図：図正音逼（龍176/01）。困俗（龍176/01）。

怭：怭毗必反怒也（龍063/07）。

珌：珌音必刀上飾也（龍439/02）。//瑈：瑈音必刀上飾也（龍439/02）。

眄：眄莫八反惡視也又音秘亦直視兒也（龍424/02）。眄音祕（龍190/01）。

柲：柲又毗必反偶也摳同（龍384/03）（慧4/471b）（玄20/268b、慧33/56a"鐵鐵"註）（紹159b5）；蹋經文作秘（玄4/60a、慧38/154a"蹙蹋"註）。

邲：邲毗必反美兒也亦地名又音秘義同（龍457/01）（玄5/65a）（玄20/265b）（玄20/266b）（慧42/248b）。

秘：秘蒲蒎反（玄5/69c）；閟論文作秘非體（玄18/241c、慧73/929b"閟塞"註）；祕經從禾作秘誤也（慧50/417a"祕密"註）。

蜌：蜌毗必反黑蜂也（龍225/07）（紹164a10）。

餤：餤毗必蒲結二反食之香者也（龍504/05）；苾又作餤秘怭秘四形同（玄4/53a、慧34/92a"苾芬"註）（玄5/76c、慧34/87a"苾芬"註）（希6/396c"秘蓻"註）。

靱：靱頻必反（慧34/83a）（紹140a6）。靱毗必反車革帶也又兵媚反（龍451/03）。

毖：毖音秘慎也告也一曰遠也又毗密反排毖（龍543/01）；閟或從比作毖訓義同也（慧

60/654a "閟彩" 註)。

閟： 閟 兵媚反閇也 （龍 094/03）（玄 18/241c）（慧 73/929b）（玄 24/323a）（慧 70/867b）（慧 60/65

4a）（慧 82/41b）（慧 84/83b）（紹 195a10）。

毖： 毖 音秘弓緎也 （龍 177/01）。

鮅： 鮅 音必鱒魚也又毗必反 （龍 171/02）。//鱏： 鱏 音必魚名 （龍 171/06）。

駜： 駜 毗必平密二反馬肥也 （龍 294/08）。

庇： 庇 必志反庇廕也 （龍 300/09）（玄 4/56c）（慧 43/266a）（玄 7/104c）（慧 17/735b）之 玄 8/110c）

（玄 8/119a）（玄 9/128b）（慧 46/335a）（慧 21/819a）（慧 22/841b）（紹 193b6）。

枇： 枇 頻畢反 （慧 80/1084b）（紹 159a4）。 批 頻蜜反 （慧 80/1073b）。//笓 頻蜜反亦作比

傳作批亦通 （慧 81/14b）。

粊： 粊 音秘惡米也亦地名 （龍 305/07）。//柲： 柲 音秘魯東郊地名也 （龍 383/07）。// 粊

音秘粊惡米也 （龍 305/06）。// 粊 音秘粊惡米也 （龍 305/06）。

坒： 坒 音鼻相連地相坒次也又毗必反亦相連也 （龍 250/05）（玄 1/9a）（慧 17/742b）。

陛： 陛 蒲米反 （玄 12/155a）（慧 52/454b）（玄 16/223c）（慧 64/748a）（玄 19/261b）（慧 56/570b）；

髀說文作髀經本作陛非也 （慧 40/193a "兩髀" 註）。 階 正旁礼反階～也 （龍 296/08）。

陛 俗 （龍 296/08）；陛經中有從比下木作陳誤也 （玄 12/155a、慧 52/454b "陛提" 註）。

陛 俗 （龍 296/08）。 陛 舊藏作陛 （龍 231/06）。// 坒： 坒 蒲礼反下也 （龍 249/07）。//

陛： 陛 又旁礼反與陛同 （龍 295/05）。

狴： 狴 必分反狴犴獸也又牢獄也 （龍 317/09）。 狴 狴并奚反論中從犬作狴非也 （慧 87

/120b）。

椑： 椑 旁礼反椑栢行馬也又方奚反 （龍 380/05）（慧 16/716a）（慧 60/675b）（慧 61/686b）（慧

61/694a）（慧 61/695a）（紹 157b5）；陛戒文從木作椑非此用也 （玄 16/223c、慧 64/748a "入

陛" 註）；狴考聲從木非從土作椑今俗用從比作椑誤也 （慧 87/120b "狴牢" 註）。 椑

俗旁礼反正作椑 （龍 213/05）（紹 134b7）；陛經文作椑蒲礼補奚二反禁獄之名非此

用也 （玄 19/261b、慧 56/570b "牀陛" 註）。//椑： 椑 說文作椑也 （慧 16/716a "梯椑" 註）；

摣考聲從木非從土作樫今俗用從比作樫誤也（慧 87/120b "摣牢" 註）。

弢：**弢**音被弢弓（龍 151/09）。

詖：**詖**彼義反譣詖也反慧也佞也又彼為反辯諭也（龍 047/05）（慧 14/667b）（慧 16/720a）

（慧 21/817b）（慧 39/177a）（慧 82/38b）（慧 91/193a）（希 7/401a）（紹 186a1）。//**詖**彼義反

（龍 049/03）。

貱：**貱**彼義反益也（龍 352/07）。

髲：**髲**皮義切（紹 144b9）。**髲**音被（慧 41/217a）（希 1/356b）。

辟：**辟**正婢亦反法也除也又芳亦反又必亦反君也（龍 183/08）。**辟**俗（龍 183/08）。**辟**

今（龍 183/08）（玄 4/61c）（慧 44/283a）（玄 9/127b）（慧 46/333b）（玄 12/158c）（慧 74/956b）

（玄 13/170b）（慧 10/592a）（希 7/399c）；闢經文又作辟非此義（玄 1/5a、慧 20/806a "兩闢"

註）；躄或作擗禮記作辟（希 10/419b "躄踊" 註）。**辟**并癖反（慧 100/346b）。**辟**舊藏

作辟音并亦反（龍 444/08）（玄 21/286a）（慧 34/79b）。**辟**辟古文舜同（玄 4/61c、慧 44/

283a "大辟" 註）（玄 9/127b、慧 46/333b "大辟" 註）。**辟**卑亦反（龍 349/01）；辟古文躄

同（玄 4/61c、慧 44/283a "大辟" 註）（玄 9/127b、慧 46/333b "大辟" 註）。

躄：**躄**必亦反跛也與躃同（龍 336/1）（玄 1/7c）（玄 8/113c）（玄 16/224b）（慧 2/437b）（慧 16/

714a）（慧 17/739b）（慧 45/299b）（慧 64/745a）（慧 73/934b）（慧 78/1050b）（紹 147b4）；躃説

文作躄（慧 24/887b "癱躄" 註）（慧 24/902a "躄者" 註）（慧 33/53a "瘻躄" 註）（慧 77/1016b

"拘躄" 註）（慧 80/1083a "癱躄" 註）（慧 92/206b "癱躄" 註）；躄説文作躃（慧 40/187a "躄

地" 註）。//**躃**：**躃**必益反跛也行不正也又俗普亦房亦二反（龍 466/05）（慧 3/453a）

（慧 13/659a）（慧 24/887b）（慧 24/902a）（慧 25/922b）（慧 27/977a）（慧 32/28a）（慧 33/53a）（慧

55/533a）（慧 60/668b）（慧 61/692a）（慧 77/1016b）（慧 80/1074b）（慧 80/1083a）（慧 92/206b）（慧

93/210b）（紹 137a3）；躃或從足也（慧 2/437b "攣躃" 註）（慧 45/299b "躃跛" 註）（慧 73/93

4b "若躃" 註）（慧 78/1050b "攣躃" 註）。//**躃**：**躃**疋覓反（540/08）。

躃：**躃**正蒲擊反倒也又俗普擊反（龍 466/05）（玄 2/21c）（玄 6/85b）（玄 12/167a）（慧 75/985

b）（玄 17/234a）（慧 70/860a）（慧 12/622a）（慧 15/689b）（慧 25/920b）（慧 40/187a）（慧 78/103

7a）（希 10/419b）（紹 137a3）；擗論文作躃（玄 9/122c、慧 46/325a "能擗" 註）（慧 20/796a "擗

踊" 註）（慧 27/978b "擗地" 註）；霹靂經從足作躃躃非也（慧 44/289a "霹靂" 註）（慧 54/

520b "霹靂" 註）；壁經從足作躃誤也（慧 45/299b "壁跛" 註）。**躃** 俗（龍 466/04）。

薛：**薛** 毗計反薛荔香草名（龍 261/06）（玄 1/8b）（玄 3/38a）（玄 4/56c）（玄 7/96b）（玄 8/110c）

（玄 8/111a）（玄 9/129a）（慧 09/558b）（慧 10/593a）（慧 16/716a）（慧 17/741a）（慧 28/1011b）

（慧 29/1016b）（慧 38/155a）（慧 41/228b）（慧 43/266a）（慧 87/130b）（希 1/357b）（希 4/375b）

（希 10/421c）（紹 156b9）。

避：**避** 毗義反迴避也去也（龍 493/03）（玄 9/123c）（慧 46/326b）（慧 16/725b）；僻經中或作

避（玄 3/42c、慧 09/574b "僻隈" 註）。

襞：**襞** 必益反襞衣也（龍 108/09）（玄 4/61a）（慧 44/282a）（玄 9/127b）（慧 46/333a）（玄 11/150

c）（慧 52/470a）（玄 14/186a）（慧 59/633b）（玄 15/204b）（慧 58/602b）（玄 19/260b）（慧 56/569

b）（慧 62/721a）（慧 81/15b）（希 9/413a）（紹 168b2）；褺被經作襞被非也（慧 64/749a "褺

被" 註）。**襞** 必益反（龍 108/09）。

臂：**臂** 卑義反掌後肘前曰臂（龍 412/06）（慧 64/747b）（慧 11/619b）。**臂** 卑義反（慧 15/694b）

（紹 135b4）。**臂** 卑義反（龍 412/06）（慧 1/410a）（慧 74/943a）；臑字或作臂（玄 5/71a、

慧 43/266a "離臑" 註）。**臂**（慧 21/824a）。**臂** 卑義反（龍 412/06）。**臂**（玄 16/224a）。**臂**

卑避反（玄 5/71a）（慧 43/266a）。//臂：**臂** 俗音臂（龍 413/06）。

鐴：**鐴** 今必益反鐴土犁耳也（龍 021/06）（玄 16/219c）（慧 65/779a）。**鐴** 或作（龍 021/06）。

壁：**壁** 卑積反垣也墻也（龍 251/06）（慧 4/457b）（慧 10/585b）（慧 28/1010a）。**壁** 北激反同

壁（龍 183/09）（希 4/377a）。//廦：**廦** 北擊反室屋也（龍 301/09）；壁說文作廦（慧 4

/457b "牆壁" 註）（慧 41/212b "牆壁" 註）。//崥：**崥** 音壁[1]（龍 077/08）。

弻：**弻** 必亦反理也（龍 339/01）。

嬖：**嬖** 必計反愛也妾也卑也（龍 283/03）（玄 20/267b）（慧 33/54b）（玄 20/267c）（慧 33/55a）

（慧 57/589a）（慧 84/77a）（慧 100/346a）。//嬖：**嬖** 經文從草作嬖非也（玄 20/267c、慧

---

[1]《字海》：同 "壁"（456）。但不知何據。

33/55a "嬖妾" 註）。

璧：璧卑亦反（慧1/420b）（希3/372c）（希10/422a）。璧卑亦反璧者外圓象天内方象地瑞玉也（龍438/05）。

瓣：瓣扶歷反瓣瓣欲死之皃也（龍515/09）。劈或作劈夢新死之皃也今作瓣瓣二字（龍516/06）。

辟：辟房亦反弓珥（龍482/01）。

冎：冎敝説文作冎（慧3/447a "敝壞" 註）。

敝：敝俗毗袂反困劣敗極也正作敝（龍530/03）（慧3/447a）（慧78/1036b）。敝毗袂反困也劣也敗也極也（龍120/07）（紹197a9）。敝敝傳作敝誤（慧92/198a "法敝" 註）。敝（慧54/515a "鼈見" 註）。敝音敝同（龍121/02）。

弊：獘古文獘獎今作弊同（玄4/50b、慧43/264a "獘地" 註）（玄13/180a、慧55/534b "傷獘" 註）（慧82/34a "自獘" 註）。弊脾制反（玄13/176b）（慧54/524b）（慧5/490b）（慧18/759b）（慧19/783a）（慧23/873a）（慧25/928a）（慧27/984b）（慧53/498b）；古文獘獎今作弊同（玄4/50b、慧43/264a "獘地" 註）（玄20/267a、慧33/54a "獘鬼" 註）（初編玄938 "死獘" 註）；憋經文有作弊亦同（慧25/919b "妒憋" 註）；蔽有作弊（慧27/969b "蔽" 註）（慧43/257b "障蔽" 註）（慧86/111a "蔽襦" 註）。弊弊正必謎毗祭二切（紹146a5）（紹197a10）。//獘蒲計反（玄1/12b）（慧42/233a）（玄4/50b）（慧43/264a）（玄13/180a）（慧55/534b）（玄20/267a）（慧33/54a）（初編玄938）（慧24/898b）（慧76/1000b）（慧82/34a）（慧90/175b）（慧93/212b）（紹197a7）。獘毗祭反正作獘（龍333/08）。

幣：幣正毗祭反帛也（龍139/03）。帗毗袂反（慧34/87b）（紹132a1）。幣俗（龍139/03）（紹132a1）。帗俗（龍139/03）。帗俗（龍139/03）。//贅：贅弊古文作贅同（玄13/176b、慧54/524b "財弊" 註）。

蔽：蔽卑計反（慧1/411b）（慧2/429a）（慧4/457b）（慧4/467b）（慧4/472a）（慧5/487a）（慧11/618a）（慧27/969b）（慧29/1017b）（慧34/87b）（慧41/229a）（慧43/257b）（慧49/411a）（慧51/450b）（慧78/1035a）（慧86/111a）（慧97/273b）（慧99/314b）（希1/359b）（紹155a10）。蔽卑

袂反（慧 11/609b）（慧 11/610b）（慧 14/668b）（慧 45/317a）（紹 155a10）。蔽必稅反掩也障也隱也（龍 261/02）。蔽卑袂反（慧 15/703a）。

瞥：瞥毗祭反（龍 429/03）。

葬：葬葬正必迷切（紹 154a10）。

斃：斃毗祭反死也頓仆斷止也（龍 551/02）。

鐅：鐅并列必祭二反縣名也（龍 457/03）。

鷩：鷩正并列并祭二反雉属而小有也（龍 289/06）（慧 88/147b）（慧 99/315a）。鷩俗（龍 289/06）。

婢：婢昆俾反（慧 27/964b）。

庳：庳音俗蓬庳舟上屋也又音婢下也（龍 300/09）（慧 37/144b）（慧 42/239b）（希 6/396b）（希 6/397b）（紹 193b8）。庳皮媚反（慧 35/99a）。庳俗音卑正作庳字（龍 162/09）。

埤：埤音婢玉篇云下也又符支反埤附也（龍 249/04）（玄 8/109c）（慧 28/1007a）（玄 10/135c）（慧 49/400b）（慧 16/724b）（慧 96/260a）（紹 161a7）；裨又作埤同（玄 5/73c "裨助" 註）（玄 7/95a、慧 28/998b "裨體" 註）（玄 16/216b、慧 65/776b "物裨" 註）；賈注國語辟字作埤（慧 21/822a "崇飾寶辟埅" 註）；庳説文從土作埤（希 6/396b "庳脚" 註）。// 壀：壀俾倪正從土作壀埅（慧 38/162b "俾倪" 註）（希 2/366b "俾倪" 註）。

韠：韠房益反雨衣也（龍 264/06）。韠補侍補婢二反（玄 4/59c）。韠方介反（玄 4/51c）。

裨：裨音卑裨補增助也又与也附也又附支反副將也（龍 102/01）（慧 32/38b）（慧 42/244b）（慧 47/364b）（慧 80/1093a）。// 裨：裨毗移比移二反（玄 5/73c）（玄 7/95a）（慧 28/998b）（玄 16/216b）（慧 65/776b）（紹 168a7）；埤經文作裨亦通也（慧 16/724b "埤助" 註）（希 6/396b "庳脚" 註）。

箅：箅必計反甑箅也又音卑取魚竹器也又并弭反亦竹器也（龍 393/03）（玄 10/139c）（慧 51/444a）（玄 12/160a）（慧 53/485a）（紹 160a5）；篦律文從卑作箅俗字也（慧 60/668a "篦構" 註）（慧 62/708a "刮舌篦" 註）。

髀：髀毗米反股也（龍 480/02）（玄 2/25c）（玄 3/33b）（慧 09/565a）（玄 5/70a）（玄 5/71b）（慧 42

/250a)（玄 12/161c）（慧 28/993a）（玄 14/185a）（慧 59/632a）（玄 19/256c）（慧 56/563a）（玄 24

/329a）（慧 70/876b）（慧 2/425b）（慧 4/471a）（慧 12/632a）（慧 12/636b）（慧 26/933a）（慧 30/1

051b）（慧 34/76a）（慧 35/100b）（慧 36/129a）（慧 37/146a）（慧 37/147b）（慧 40/197b）（慧 49/4

02b）（慧 53/502b）（慧 62/709b）（慧 69/849a）（慧 72/909a）（慧 74/943a）（慧 75/969b）（慧 86/1

15b）（希 6/394a）（希 9/415a）（紹 147a10）；踔今作髀同（玄 12/165c、慧 75/979a "踔骨" 註）；

髀《説文》正從骨作髀（慧 1/409b "兩髀" 註）（慧 20/797a "髀内" 註）（慧 40/193a "兩髀"

註）（慧 51/451a "兩髀" 註）（慧 53/493a "髀股" 註）（慧 57/582b "白髀" 註）（慧 74/958b "傭髀"

註）（慧 78/1034a "拍髀" 註）；胜字正宜作髀（慧 22/853b "其胜與膊" 註）。髀毗米反（龍

480/02）（慧 37/133a）；髀或作髀俗字也（慧 60/668b "觸髀" 註）。// 踔蒲米反（玄 12/1

65c）（慧 75/979a）；髀古文踔同（玄 2/25c "柱髀" 註）（玄 3/33b、慧 09/565a "兩髀" 註）（玄

14/185a、慧 59/632a "榇髀" 註）（玄 19/256c、慧 56/563a "髂髀" 註）（玄 24/329b、慧 70/876b

"髖髀" 註）（慧 1/409b "兩髀" 註）（慧 4/471a "右髀" 註）（慧 26/933a "以柱髀" 註）（慧 72/90

9a "髖髀" 註）（希 6/394a "髀脛" 註）。// 髀毗米反股也（龍 480/02）（慧 1/409b）（慧 20/

797a）（慧 39/168b）（慧 40/193a）（慧 51/451a）（慧 53/493a）（慧 57/582b）（慧 60/668b）（慧 74/

958b）（慧 78/1034a）；髀或作髀亦通（慧 4/471a "右髀" 註）（慧 30/1051b "髀脛" 註）（慧 3

4/76a "兩髀" 註）（慧 36/129a "二髀" 註）（慧 37/147b "髀痛" 註）（慧 40/197b "兩髀" 註）（慧

49/402b "髀膊" 註）（慧 53/502b "髀骨" 註）（慧 62/709b "左髀" 註）（希 9/415a "髀肉" 註）；

胜俗字也正作髀（希 8/405b "割胜" 註）。// 脧音陛（慧 15/687a）（慧 22/853b）（希 8/40

5b）（紹 136b5）；髀經文作胜此俗字非其體也（玄 2/25c "柱髀" 註）（玄 3/33b、慧 09/565

a "兩髀" 註）（玄 14/185a、慧 59/632a "榇髀" 註）（玄 19/256c、慧 56/563a "髂髀" 註）（玄 24/

329b、慧 70/876b "髖髀" 註）（慧 2/425b "髀骨" 註）（慧 4/471a "右髀" 註）（慧 12/632a "髀髆"

註）（慧 26/933a "以柱髀" 註）（慧 30/1051b "髀脛" 註）（慧 37/133a "髀病" 註）（慧 37/147b "髀

痛" 註）（慧 62/709b "左髀" 註）（慧 69/849a "髀骨" 註）（慧 72/909a "髖髀" 註）（慧 74/943a "髀

上" 註）（希 6/394a "髀脛" 註）（希 9/415a "髀肉" 註）；髀今經從月作胜非也本無此字（慧

1/409b "兩髀" 註）（慧 20/797a "髀内" 註）（慧 39/168b "左髀" 註）（慧 40/197b "兩髀" 註）（慧

53/493a"髀股"註）（慧53/502b"髀骨"註）（慧60/668b"髑髀"註）；髀經作胜非也（慧54/524a"坐處髀"註）。睢：睢薄啓反俗（龍420/04）。//踦：踦髀古文亦作踦經文有作踦胜二體並俗字非正者也（慧26/933a"以柱髀"註）。

痹：痹正必至反脚濕冷病也（龍475/03）；痹今作痹同（玄11/143c"頑痹"註）（初編玄609、慧55/529b"頑痹"註）。//痹今（龍475/03）（玄4/56a）（慧43/268a）（玄5/65c）（玄5/76b）（慧34/87a）（玄13/174b）（玄18/238c）（慧73/921a）（玄20/271c）（慧24/897b）（慧42/249b）（慧54/524a）（慧84/83b）（紹192b1）；痹今作痹同（初編玄609、慧55/529b"頑痹"註）。痹痹今作痹同（慧56/555a"頑痹"註）。//疕：疕俗（龍475/03）（紹192b1）。

蓖：蓖必迷反蓖麻[麻]也（龍257/06）（慧15/686b）（慧19/774a）；蜱字宜作蔽蓖二形（玄1/21a"蜱麻"註）；蔽又作蓖同（玄8/115a"蔽麻"註）；蔽正作蓖也（慧39/178b"蔽麻子"註）。//蔽：蔽必迷反蓖麻[麻]也（龍257/06）（慧39/178b）（紹155a1）；蓖或作蔽（慧19/774a"蓖麻油"註）。//蔽：蔽蜱字宜作蔽二形（玄1/21a"蜱麻"註）；蓖今經文作蔽（慧15/686b"蓖麻"註）。//芘：芘又俗作蓖（龍257/06）。

篦：篦并迷反梳篦也（龍389/04）（玄14/190c）（慧59/640b）（玄15/201c）（慧58/617b）（玄15/209b）（慧58/610b）（玄18/238c）（慧73/921b）（玄20/270a）（慧25/922b）（慧45/308b）（慧60/668a）（慧62/708a）（希5/386b）；椑宜作篦經文多作椑假借耳（玄1/22b"金椑"註）；錍字宜作篦（玄13/174b、慧54/510b"竹錍"註）。篦俗邊今反正作篦梳篦也（龍391/03）。

畢：畢罩或作畢（慧98/301a"停罩"註）。畢又音畢（龍537/05）。畢今音畢弃糞器也（龍555/03）。畢古（龍555/03）。

厞：厞音必見毛詩[①]（龍303/03）。

潷：潷音必沸水兒（龍237/08）（紹188b8）。

彃：彃音必射也（龍152/05）。

蓽：蓽音必織荆門也（龍265/02）（玄17/230a）（慧79/930b）（玄24/329a）（慧70/876b）（慧60/671b）（慧83/64b）（慧92/200b）（紹155a7）。

---

① 《字海》：義未詳（39左）。

嗶：**嗶**俗音畢（龍278/03）。

婔：**婔**音必母也（龍284/08）。

斁：**斁**音必盡也（龍530/09）。**斁**俗音必（龍121/06）。

煏：**煏**音畢火聲也又音怫火皃也（龍244/04）。

嵂：**嵂**正音必山道邊堂也（龍078/08）。**嵂**俗（龍078/08）。

樥：**樥**俗音必正作樥樥鉢羅花樹也（龍218/03）。**樥**俗（龍218/03）。**樥**音畢（龍386/09）。

筚：**筚**音必正作觱胡樂也（龍394/06）（紹160a1）；必栗經文作篳篥（玄19/252c、慧56/556b"篳篥"註）；蓽説文從竹畢（慧92/200b"蓽門"註）；觱篥經文作篳篥二字同（希4/378b"觱篥"註）。

痹：**痹**正毗至反腳痹病也（龍475/03）（玄11/143c）（初編玄609）（慧55/529b）（慧54/520b）。**痹**俾利反（慧56/555a）。//痳：**痳**俗（龍475/03）。

罼：**罼**音畢免罟也（龍330/06）。**罼**賓蜜反（慧98/301a）。

踔：**踔**音必跛也又行止也（龍467/05）（慧83/56b）（慧88/146b）（慧90/169b）（慧93/215b）（慧93/215b）（紹137b6）；胜字正宜作髀古文作踔（慧22/853b"其胜與膊"註）；髀亦作踔（慧75/969b"指髀"註）；罼集從足作踔非罕畢之義也（慧98/301a"停罼"註）；趩或從足作踔（慧98/306b"駐趩"註）。//踔：**踔**俗步迷反（龍459/06）。//趩：**趩**音必玉篇原行皃切韻行池也（龍326/02）（慧98/306b）；踔或從走作趩（慧93/215b"駐踔"註）。//諀：**諀**音必（龍051/08）。**諀**踔或從走作趩或從言作諀義訓並同（慧93/215b"駐踔"註）（慧98/306b"駐趩"註）。//偪：**偪**音必行皃玉篇又止也（龍039/02）。

繈：**繈**音必冠縫也（龍403/06）。

鏎：**鏎**音必鏎簡也（龍022/04）。

韠：**韠**音必胡服蔽膝也（龍177/05）。

颰：**颰**音畢風聲（龍128/04）。

驆：**驆**江西隨函音必（龍294/10）。

鷝：**鷝**音畢鷝鴗鳥名白面生丹色也（龍289/10）。

閉：閉正博計反扃閉户也（龍093/08）（慧52/458a）（玄25/335a）（慧71/887a）（慧13/645a）（慧14/676b）（慧26/950b）（慧28/1002a）。閈通（龍093/08）（玄11/144c）；閉或作閊俗字也（玄25/335a、慧71/887a "關閉" 註）（慧28/1002a "閉三惡道" 註）；閉有從下者非也（慧13/645a "擁閉" 註）（慧14/676b "繫閉" 註）。閌俗（龍093/08）。閈俗（龍093/08）；閉經從午作閈非也（慧28/1002a "閉三惡道" 註）。閒俗（龍093/08）（紹195a7）。閒俗閉音（龍094/07）。

畐：畐芳逼反道滿也又古文音福（龍154/07）（玄12/160b）（慧75/983b）（紹196b9）。富又芳逼反道滿也又俗音福（龍129/08）。

愊：愊正芳逼反悃愊至誠也（龍062/03）（慧89/156a）（紹130b10）；膈玉篇或從心作愊（慧83/44b "膈臆" 註）（慧98/309b "膈臆" 註）。愊俗（龍062/03）。愊俗（龍062/03）。幅普力蒲力二反（玄7/95c）（慧28/999b）。

湢：湢逼音（紹187a10）。

塥：塥芳逼反土凷又音福以土凷水又普木反（龍252/05）（玄17/237b、慧74/952a "小凷" 註）（紹161a8）；塥錄從土作塥塥猶土凷也非本義今不取（慧81/4a "塥然" 註）。

蹪：蹪普逼反蹋地聲（龍465/01）（慧77/1025b）。

膈：膈符逼反膈臆意不泄也郭氏俗音福（龍416/05）（慧83/44b）（慧98/309b）。

楅：楅芳逼反坏也（龍362/03）。

蘠：蘠丕逼反（慧99/322a）。

煏：煏皮逼反火乾宓也（龍244/06）。煏籀文同上[煏]（龍244/06）。煏同上[煏]（龍244/06）。煏扶逼反（玄7/102b）（慧30/1043a）（玄9/124b）（慧46/328b）。爐同上[煏]出《玉篇》（龍244/06）。煏煏古文煏同（玄7/102b "煏煏" 註）。煏皮秘皮逼二反炒～火乾物也（龍243/03）（紹190a10）；煏古文煏同（玄9/124b "煏煏" 註）。煏皮逼切（紹128b10）。煏煏古文煏同（玄7/102b "煏煏" 註）。煏皮逼反蒲也古文（龍147/01）。煏煏古文煏同（玄9/124b "煏煏" 註）。煏煏古文～同（慧30/1043a "煏煏" 註）。煏煏古文～同（慧46/328b "煏煏" 註）。煏煏古文煏同（慧30/1043a "煏煏" 註）。煏煏

古文𥢶同 （慧 46/328b "禰𪎊" 註）。//𥡆禰又作㷅同① （玄 7/102b "禰𪎊" 註）（慧 30/1043a "禰𪎊" 註）。

皕： 皕俗音秘 （龍 551/08）。

弼： 弻貧密反 （慧 10/589a）（慧 23/881a）（慧 26/957b）（希 2/365c）（希 5/383a）（紹 145b6）。弼今平密反輔也重也倍也 （龍 152/03）（玄 7/104b）。//弝： 弝古平密反 （龍 152/03）；弼或從攴作弝 （希 5/383a "弼我" 註）。敧弼又作弝同 （玄 7/104b、慧 26/957b "輔弼" 註）（慧 10/589a "弼我" 註）（希 2/365c "弼諧" 註）。𢼸弼又作弝同 （慧 26/957b "輔弼" 註）。//彌： 彌俗 （龍 152/03）。弭俗 （龍 152/03）。弜俗 （龍 152/03）；弼又作彌同 （玄 7/104b "輔弼" 註）（慧 10/589a "弼我" 註）。弜俗 （龍 152/03）；弼或作彌字皆古文也 （希 5/383a "弼我" 註）。弜俗 （龍 152/03）。弜俗 （龍 152/03）。弜弼又作弜同 （玄 7/104b、慧 26/957b "輔弼" 註）。弜弼又作弜同 （慧 26/957b "輔弼" 註）。//勞： 勞古文弼字房密反 （龍 540/04）。

頧： 頧毗志反首也 （龍 486/02）。

碧： 碧兵戟反 （慧 3/449a）（玄 11/145a）（慧 52/458a）（慧 5/483a）。//瑰舊藏作碧 （龍 438/09）。//綃： 綃相承音碧 （龍 404/09）。

胇： 胇房密反胇脖夫兒 （龍 416/06）（慧 98/295a）。

愍： 愍古文皮冀反 （龍 068/04）；贔古文愍形 （玄 7/101a、慧 44/284a "力贔" 註）（玄 11/152b、慧 52/473a "贔屓" 註）；髴或從人作佛或從心作愍義同 （慧 82/32b "髣髴" 註）。

愎： 愎符逼反悷也恨也 （龍 064/01）（玄 9/123b）（慧 46/326b）（慧 96/259b）（慧 97/285a）。

潷： 潷音筆 （龍 237/04）（玄 5/74b）。潷彬密反 （慧 44/290b）。//洎： 洎潷或作皀亦通經文或作匕飯義同 （慧 44/290b "潷飯" 註）。

瑮： 瑮音筆青白玉管天之所授也 （龍 439/03）。

贔： 贔奰説文正作～ （慧 99/326b "奰怒" 註）。贔音備怒也又迫也 （龍 154/04）。奰音備 （龍 189/07）（龍 357/09）。奰皮祕反 （慧 99/326b）；贔古文奰形 （玄 7/101a、慧 44/284a

----

① 參見《叢考》695 頁。

"力羸"註）（玄 11/152b、慧 52/473a "羸員" 註）。𦥯音備媚也（龍 154/04）。𦥯音備羸員壯士作力皃也（龍 351/09）（玄 7/101a）（慧 44/284a）（玄 11/152b）（慧 52/473a）（紹 143b1）。

𦥯俗皮媚反正作羸羸員也（龍 487/01）。//𦥯呼搆魚乞二反（龍 297/07）；羸員經文作隓欷非也（玄 11/152b、慧 52/473a "羸員" 註）。

鷩： 鷩音必（慧 36/117b）。鷩古（龍 513/01）。鷩古（龍 513/01）。鷩鷩廣雅作〜（慧 36/117b "鷩篥" 註）。鷩鷩或作〜皆古今字也（慧 36/117b "鷩篥" 註）。鷩俗（龍 513/01）。鷩俗（龍 513/01）。鷩音佛鷩理（龍 512/07）。鷩王勿反羌人吹角也（龍 174/03）。鷩王勿反羌人吹角也（龍 513/05）。鷩鷩篥經文作〜栗俗字（慧 36/117b "鷩篥" 註）。鷩今音必羌人吹角以驚馬也今作韗鷩篥樂器也又音佛鷩理也（龍 513/01）。鷩卑吉反（希 4/378b）。

賁： 賁又彼義反卦名飾也徵也（龍 349/06）（玄 13/175c）（慧 55/537b）（希 7/399c）（紹 143b2）。

濞： 濞披美反（慧 93/218a）。濞疋脂芳備二反水名也（龍 234/02）。

鼊： 鼊音辟黿鼊似龜而無指爪其甲有黑珠文如玳瑁可餝物也（龍 340/09）。

bian

鞭： 鞭必綿反（慧 41/217a）（慧 41/219b）。鞭必棉反撾馬杖也（龍 446/06）（玄 8/118a）（慧 1/420b）（慧 13/649b）（慧 13/659b）（慧 14/672b）（慧 15/699a）（慧 18/752b）（慧 29/1018b）（慧 31/8b）（慧 32/28b）（慧 61/691a）（慧 69/842b）（慧 75/974b）（慧 97/292a）（希 1/356b）（希 2/366b）（希 6/396c）（希 9/413a）。//夌： 夌鞭古文作夌（慧 18/752b "鞭撻" 註）。

夌鞭古文作夌會意字也（慧 13/649b "壓笮" 註）。

簅： 簅卑連房連二反竹輿也（龍 390/03）。簅俗毗連反或去聲正作簅（龍 258/03）。

揙： 揙房連反不咽也（龍 209/02）。

猵： 猵音邊獺屬（龍 318/03）；猵傳文從犬作猵非也（慧 94/230b "猵淺" 註）（慧 97/285a "猵隘" 註）。

蝙： 蝙音邊蝙蝠也（龍 219/07）。蝙方眠反（玄 14/196b）（慧 59/650a）（玄 24/320a）（慧 7

0/862b）（慧 45/311a）（慧 86/109a）（慧 98/294b）。**鯿**補眠反（慧 11/613a）。//**蟎**：**蟎**蝙蝠律文作蟎蝮非也（玄 14/196b "蝙蝠" 註）。**蟎**蝙蝠律文作蟎蝮非也（玄 14/196b、慧 59/650a "蝙蝠" 註）。

甂：**甂**音邊小瓮也（龍 315/07）。**甂**遍眠反（慧 85/93a）。**甂**卑玄必典二反（龍 198/02）。**甂**卑玄必典二反（龍 198/02）。

牑：**牑**音邊床上版也（龍 361/09）（紹 149a4）。

編：**編**布緣反次也織也又方典反訓同（龍 396/01）（玄 2/28a）（玄 8/108c）（慧 23/866a）（慧 28/1006a）；辮三蒼亦編字同（玄 14/189c、慧 59/639a "辮髮" 註）（玄 18/249c、慧 72/911a "辮髮" 註）（慧 33/64b "辮髮" 註）。**編**卑縣反（玄 23/316b）（慧 11/601a）（慧 15/684b）（慧 24/900a）（慧 26/937b）（慧 47/347b）（慧 49/397b）（慧 60/654b）（慧 77/1030b）（慧 80/1069a）（慧 80/1079a）（慧 86/103b）（慧 86/114b）（慧 91/181b）（希 10/422b）（紹 191a6）；偏集從糸作編謂編織也非此義也（慧 98/295a "偏裨" 註）。

鯿：**鯿**卑連反鯿魚也（龍 166/05）。//**鰱**：**鰱**卑連反石鰱魚名（龍 166/05）。

邊：**邊**邊音（紹 138a10）。**邊**俗音邊（龍 490/01）。**邊**俗音邊（龍 490/01）。**邊**俗音邊（龍 490/01）。**邊**俗音邊（龍 490/01）。

傊：**傊**俗部田反（龍 25/05）。

砭：**砭**今府廉反以石刺病也又方驗反亦石針也（龍 439/06）（慧 94/239a）（慧 99/329a）（紹 163a6）。**砭**砭正作砭（慧 99/329a "砭石" 註）。**砭**古（龍 439/06）。**砭**砭字書正從砭（慧 94/239a "砭疾" 註）。

扁：**扁**又符典反扁鵲也（龍 303/05）（玄 12/162c）（慧 75/967a）（慧 90/171b）（紹 199a4）。

匾：**匾**必典反匾匼廣薄也（龍 192/06）（玄 6/89b）（慧 56/565b）（慧 27/988b）（慧 34/78a）（慧 35/101a）（慧 39/180b）（慧 63/737b）（慧 82/27a）（紹 175a1）。**匾**匾有從厂作～（慧 82/27a "匾匼" 註）。**逼**補顯反（玄 19/258a）；匾或從辶作逼（慧 82/27a "匾匼" 註）。**偏**匾正布演切（紹 128a9）。//**牑**搏顯反牑脾正作匾匼也（龍 411/02）（紹 136a8）；匾匼經文作牑脾近字也（玄 6/89b "匾匼" 註）（慧 27/988b "匾匼" 註）（慧 34/78a "匾匼"

註）（慧 35/101a "匾匭" 註）（慧 39/180b "匾匭" 註）。//鶣俗布典反鶣鶙正作匾匭（龍

363/04）；匾匭經文作鶣鶙非也（慧 79/1056b "匾匭" 註）。

碥：碥方典反碥石也（龍 442/04）。

蘠：蘠布弥疋綿二反（玄 15/200a）（慧 58/614a）。

褊：褊方緬反衣急也又小陜也（龍 105/01）（慧 73/926b）。褊卑緬反（慧 48/392b）（慧 8

2/30a）（慧 87/130a）（慧 89/162b）（慧 91/191b）（慧 94/230b）（慧 97/285a）（紹 168b7）。褊

卑湎反（玄 18/247a）（玄 22/302c）（慧 80/1077a）（慧 82/42a）（慧 90/175a）。//幅褊或

作幅也（慧 94/230b "褊淺" 註）。//愊：愊方典反愊愊不順皃（龍 058/04）。

鶣：鶣薄顯反鶣鵲也（龍 288/05）；匾匭或有從鳥作鶣鶙或作鶙並非也（慧 79/1056b

"匾匭" 註）；扁傳從鳥作鶣非也（慧 81/16a "扁鵲" 註）。

穮：穮正布玄反穮豆也（龍 144/04）。穮正布玄反穮豆也（龍 144/04）。穮俗（龍 144

/04）。穮俗（龍 144/04）。穮俗（龍 144/04）。//稨：稨方善反（龍 145/06）。

窆：窆方驗方鄧二反下棺也（龍 508/09）（慧 90/169b）（慧 90/178a）（紹 194b9）。

貶：貶悲檢反損減退黜也（龍 350/05）（玄 18/240b）（慧 73/933b）（玄 21/279b）（玄 25/332a）

（慧 71/882a）（慧 13/647a）（慧 41/221a）（慧 84/72b）（慧 85/91b）（希 10/423c）（紹 143a8）。貶

貶正彼撿切（紹 143a8）。//㝵：㝵方檢反（龍 367/03）。㝵貶古文～同（玄 18/24

0b、慧 73/933b "譏貶" 註）（慧 13/647a "貶退" 註）。㝵古文作㝵（慧 41/221a "貶黜" 註）。

矊：矊方免反敝皃也（龍 421/02）。矊舊藏作矊方免反敝皃也（龍 412/04）。矊方免

反蔽皃玉篇又香兖反回視也郭逤又胡慣反（龍 421/01）。

辡：辡方緬反憂也亦曰急也（龍 183/06）。

緶：緶方典反褰裳也（龍 401/04）。

biàn 便：便毗面反便利也又人行不善更之則安故從人更聲（龍 034/03）。便毘綿反經作

便俗字也（慧 2/431b）（慧 27/967a）。

㣐：㣐毗面反（玄 7/96b）（慧 28/1011b）（紹 154b10）。

卞：卞皮變切（紹 173b9）。

汴：**汴**皮變切（紹187b1）。

忭：**忭**音卞喜兒（龍061/01）。

閑：**閑**俗卞音（龍094/07）。

弁：**弁**皮變反（慧88/147b）（慧94/239b）（紹148a7）；辯集中作弁非此用也（慧100/342b "辯諸" 註）。

抃：**抃**正皮變反擊也（龍214/05）（玄12/156a）（慧52/456a）（慧64/748b）；抃又作抃同（玄7/92b、慧28/995a "拊抃" 註）（玄10/137b、慧45/304b "抃舞" 註）（慧88/149a "式抃" 註）（慧96/264a "嘉抃" 註）。**枡**皮變切（紹158a5）；枡字正作抃也（慧83/62b "慶枡" 註）。//**抃**通（龍214/05）（玄7/92b）（慧28/995a）（玄10/137b）（慧45/304b）（玄23/317a）（慧49/398b）（慧88/149a）（慧96/264a）（紹134b6）；抃又作抃同（玄12/156a、慧52/456a "抃舞" 註）（慧83/62b "慶枡" 註）（慧96/264a "嘉抃" 註）。//**撲**俗（龍214/05）。

開：**開**弁飯二音門橎櫨也（龍094/05）（紹195a6）；關經作開非也開音弁非經義也（慧3/454a "機關" 註）。//**枡**：**枡**皮變反（玄15/203a、慧58/620b "櫨拱" 註）。

㸶：**㸶**方免符塞二反罪人相訟詞也（龍183/06）（慧2/422a "能辨" 註）。

㸶：**㸶**俗音辯（龍270/09）。**㸶**俗音辯（龍270/09）。

辬：**辬**薄典反交也（龍183/05）（玄14/189c）（慧59/639a）（玄15/202b）（慧58/619a）（玄18/249c）（慧72/911a）（慧33/64b）（慧40/200a）（希5/387c）（紹191b9）；編三蒼古文辬字同（玄8/108c、慧28/1006a "編髮" 註）（慧23/866a "編草" 註）。

辯：**辯**符塞反別也理也惠也又俗蒲莧反（龍183/05）（慧2/422a）（慧2/428a）（慧6/509b）（慧23/863b）（慧81/17a）（慧100/342b）（希4/378c）。//**䛐**：**䛐**古文辯字（龍048/09）（紹186a2）；辯傳作䛐俗字也（慧81/17a "清辯" 註）。**䛐**古文辯字（龍048/09）。**䛐**符件反亦皮變反（希1/354b）（紹186a2）。**䛐**古文辯字（龍048/09）。**譇**古文辯字（龍048/09）。

變：**變**今彼眷反變化也（龍181/06）。**變**碑院反（玄13/180c）（慧53/498）（慧3/449a）（慧6/497b）（慧39/178b）（慧51/450a）。**變**俗（龍181/06）。**變**音變（龍122/02）。**㝪**俗音

變（龍 181/06）。//𤑖 誤經音義云熱變二字在四諦經（龍 121/05）。𤑖 變經文作～誤也書無此字（玄 13/180c、慧 53/498 "熱變" 註）。𤑖 音變（龍 122/02）。𤑖 音變（龍 122/02）。//髟：彬古文音變（龍 188/07）。彬音變（龍 188/08）。彬俗音變（188/07）。䫒音變（龍 553/09）。//𤑖 音變①（龍 120/09）。

徧： 徧音遍周也盡也（龍 498/05）（慧 10/597b）（慧 45/310a）（紹 173a1）。//遍博見反（慧 16/720a）；徧亦作遍（慧 10/597b "徧饒" 註）。

艑： 艑薄典反吳船（龍 132/08）。艑卑免切（紹 146a2）（玄 1/5c、慧 20/807a "舩舶" 註）。

氈： 氈薄顯反氈毻毛領也（龍 135/08）。

鰏： 鰏薄犬反蜀人呼鹽也（龍 332/07）。

㖵： 㖵方駁反轉舌呼（龍 275/08）。

誣： 誣新藏自切鞞僭反②（龍 048/07）。

biao

biāo 長： 長布遙反長兒也又布休反（龍 086/03）。

髟： 髟布遙所銜二反長髮[髮]兒又屋翼也（龍 188/04）（龍 087/02）（玄 1/1c、慧 20/800b "華髟" 註）（玄 24/320c、慧 70/863b "冠花髟" 註）。髟俗甫幽反又音衫正作髟（龍 292/04）。

彪： 彪碑休反（慧 31/15b）（慧 60/673b）（慧 86/108a）（慧 94/231b）（希 10/418a）。彪彼休反虎彡也（龍 188/03）。彪悲幽切（紹 149a10）。彪悲幽切（紹 149a10）。彪悲幽切（紹 149a10）。//嗙必幽悲幽二切（紹 184b7）；呦經文作嗙非也（慧 24/892b "鳴呦" 註）。彪正彼休反虎彡也（龍 269/10）。嘼呦經文作嗙非也（玄 7/103c "鳴呦" 註）。獻俗（龍 269/10）。

滮： 滮皮彪反（慧 96/264b）。

儦： 儦甫苗反行兒（龍 027/03）；鑣或從角作觷亦作儦義並同（慧 80/1069b "分鑣" 註）。

①參見《叢考》628 頁。
②參見《龍龕手鏡研究》169 頁。

//㦄：㦄布遙反行皃也（龍496/09）。

藨：藨皮表反（慧66/800a）（紹156a4）。

穮：穮俗筆苗反（龍143/05）。//穮：穮筆苗反除田穢也（龍364/08）。

钂：钂正甫嬌反馬銜也（龍012/01）（慧49/410a）（慧80/1069b）（慧83/43b）（慧83/61a）（慧87/128b）（慧88/140a）（慧92/205b）（慧93/210b）（慧93/220b）（慧97/280b）（慧98/303a）（慧99/317b）（紹180b2）。鑣誤（龍012/01）。//驫：驫俗甫嬌反正作钂馬銜也（龍292/06）（紹166a8）；考聲正作此钂傳從馬作驫俗字非也（慧83/61a"連钂"註）（慧92/205b"齊钂"註）（慧93/210b"齊钂"註）（慧98/303a"同钂"註）（慧99/317b"徐钂"註）。//艬：艬表驕反（慧96/266a）。艬甫嬌反馬銜也與钂同（龍510/09）；钂或從角作艬亦作㦄義並同（慧80/1069b"分钂"註）（慧92/205b"齊钂"註）。

摽：摽疋遙反摽擊也（龍206/09）（慧1/406a）（慧4/474b）（慧6/499a）（慧36/122a）；拍經文作摽非也（玄13/173c、慧57/598a"拍煞"註）；幖經作摽非也（慧39/176a"幖幟"註）（希5/385c"幖幟"註）；標或從手作摽（慧43/271b"如標"註）。摽必遙反說文從手票聲（慧57/586a"標心"註）。搉摽正卑姚必姚二切（紹157b8）。摴必遙反考聲云舉也（慧78/1038b）（紹133b1）。//敳：敳疋交反擊也（龍529/04）；摽或作敳（慧1/406a"摽瓦礫"註）（慧4/474b"摽擊"註）。敳摽從支作敳字（慧6/499a"摽擊"註）。

幖：幖正布燒反幖幟也（龍138/02）（玄23/312a）（慧50/419b）（玄25/332b）（慧71/882b）（慧1/418a）（慧4/476b）（慧13/644a）（慧14/663b）（慧42/237b）（慧39/176a）（慧45/316a）（慧45/316a）（慧64/758b）（慧66/794a）（慧72/901a）（慧77/1027a）（希5/385c）（希5/387b）（希5/389c）（希7/403a）；標或從巾作幖（慧12/626b"標式"註）。幖必遙反（慧36/121a）。幖俗（龍138/02）。幖又俗必遙反幟也[1]（龍053/02）（玄21/278c）（紹129b9）。

標：標必遙反舉也標式也（龍373/07）（慧12/626b）（慧43/271b）（慧47/357a）（慧49/404a）（慧72/898a）（慧76/996a）（慧84/84a）（慧97/273b）（慧99/328a）（紹158a3）；標或從木

---

[1]《龍龕手鏡研究》：乃"幖"字之俗（171）。

作標謂以木為識摽而記之此亦兩通（玄 25/332b、慧 71/882b"幖幟"註）（慧 36/121a

"幖幟"註）（慧 66/794a"幖幟"註）（希 7/403a"幖幟"註）；幖經文從木從才者非此用

也（慧 1/418a"幖幟"註）（慧 14/663b"尖幖"註）。**摽**必遙反顧野王云摽謂識處所

也說文從木票聲票音同上從手作摽謂擊也非經義（慧 64/754b）（慧 96/261a）；摽[標]

論從手作摽誤也（慧 68/834b"摽幟"註）（希 7/403a"幖幟"註）；幖錄作摽誤也（慧

77/1027a"幖幟"註）。**㮚**舊藏作標（龍 209/08）。// 槲：**槲**卑姚切（紹 158a3）；標

集作槲俗字也（慧 96/261a"詣標"註）。**㯞**并叫反（龍 215/01）。

煙：**票**古文音漂（龍 238/05）。**煙**古文音漂（龍 238/05）。**煙**俗音漂（龍 238/05）。**熛**

布遙反火星飛也（龍 238/05）（玄 13/169b）（慧 57/581b）（紹 190a4）；飇字體作熛（玄

14/182c、慧 59/628b"飇火"註）（玄 22/300b、慧 48/388b"焰飇"註）；幖經文從火作熛

誤也（慧 13/644a"幖幟"註）。// **爉**癟經從火作爉非也[1]（慧 57/583b"癟疾"註）。/

/ **灬**古文必堯反今作焱飛火也（龍 546/08）；熛古文作灬同俾堯反（玄 13/169b"焰

熛"註）。**㶭**必摇反（龍 546/08）。

癟：**癭**古布遙反（龍 469/05）。**癟**正布遙反癟疽病名也亦疋遙反（龍 469/05）（玄 4/56b）

（慧 43/268b）（玄 10/135b）（慧 49/400a）（玄 11/143c）（慧 56/555a）（玄 15/201a）（玄 18/248b）

（慧 73/928a）（玄 20/271b）（慧 54/519b）（慧 29/1033a）（慧 79/1066b）。**癟**必遙反（慧 58/

616b）（慧 55/541b）（慧 64/753a）。**癟**俗（龍 469/05）（慧 79/1057b）。**癟**褾遙反（慧 57/

583b）。// **癟**俗（龍 469/05）；癟論文作癟非體也（玄 10/135b、慧 49/400a"癟疽"註）。

鏢：**鏢**音漂刀劔鞘下飾也又必妙反（龍 014/01）。**鏢**音漂刀劔鞘下飾也又必妙反（龍

014/05）（玄 14/190b）（慧 59/640a）。**鏢**音漂刀劔鞘下飾也又必妙反（龍 014/01）；

鏢律文作鏢非體也（玄 14/190b"鏢鑽"註）。

驃：**驃**正毗召反驃騎官名又馬黄白色也又卑笑疋召二反（龍 293/08）。**驃**正（龍 29

3/08）（玄 18/249a）（慧 73/919b）（慧 43/253b）；飄律文作驃非此用（玄 16/220b、慧 65/

780a"飄然"註）。**驫**驃正疋妙毗妙二切（紹 166a4）。**驟**驃正疋妙毗妙二切（紹 1

---

[1]參見《可洪音義研究》362 頁。

66a4)。**驐**俗（龍 293/08）（紹 166a4）。

猋：**猋**必遥反群犬走也（龍 318/03）（慧 75/971a）；飆或作猋從三犬（慧 12/624a"飆聚"

註）；飈或從三犬作猋（慧 82/37a"飈發"註）（希 1/359c"飈火"註）。

朡：**朡**疋昭反朡膵腫欲潰也（龍 409/02）。

蔈：**蔈**音表草名（龍 260/03）。**蔈**必遥反香草也（龍 253/08）。

賺：**賺**正布遥反貝居陸也（龍 350/01）。**賺**今（龍 350/01）。**賺**俗（龍 350/01）。

旚：**旚**今布搖反旌旗飛揚也（龍 124/09）。**旚**或作（龍 124/09）。

飈：**飈**正布遥反狂風也（龍 125/09）（慧 64/752a）（慧 48/370b）（慧 12/624a）（慧 63/739a）

（慧 83/46b）（慧 83/61b）（慧 92/198b）（慧 98/300a）（慧 100/336b）（希 1/359c）；飈有有從

三大作飈也（慧 82/37a"飈發"註）。**飈**今（龍 125/09）（玄 4/61a）（玄 14/182c）（慧 59/

628b）（玄 16/223b）（玄 22/287c）（玄 22/300b）（慧 48/388b）（慧 41/229b）（慧 51/438b）（慧 6

9/847a）（慧 82/37a）（紹 146b8）；飆或從風作飈（慧 99/326b"飆猋"註）；飈經文從三

火作飈非也（希 1/359c"飈火"註）。**飆**俗（龍 125/09）（慧 36/117b）（慧 93/218a）（紹 1

46b8）；飈或作飆（慧 51/438b"驚飈"註）。**飆**婢姚反（慧 96/271a）。**飈**今（龍 125/

09）；飈經從二火非也（慧 41/229b"飈火"註）。**飈**俗（龍 125/09）。**飈**俗（龍 125/0

9）。//飈：**飆**飈又作颮同（玄 16/223b、慧 64/752a"飈焰"註）（玄 22/287c、慧 48/37

0b"風飈"註）。

杓：**杓**漂摽二音北斗柄星也（龍 374/08）。

驫：**驫**逋休反馬走兒又徒合反（龍 291/05）（玄 7/101a）（慧 44/284a）。

表：**裵**經作表俗用之字也（慧 53/495b）。**表**碑矯反（玄 2/30a）（慧 26/945b）（慧 51/442a）。

//褾：**褾**必小悲夭二反衣袖也玉篇又疋小反（龍 104/06）。

裱：**裱**方廟反領巾也又表出料軍（龍 106/06）。**裱**方廟反（玄 13/178c）（慧 54/515b）。

褾：**褾**或作（龍 104/05）。**褾**正并眇反袖端也（龍 104/06）（慧 87/122a）。**褾**或作（龍 1

04/05）。**褾**卑小反袖端也正從衣（龍 111/08）（紹 168b5）。**褾**俗并眇反（龍 104/05）。

//衸俗（龍 104/05）。**衸**卑小反袖端也正從衣（龍 111/08）。

鰾：鰾 正毗小反魚鰾可作膠也 （龍 169/04）。鰾 今 （龍 169/04）。

biǎo 叐：叐 平表反物落皃 （龍 331/01）。叐 平表反物落皃 （龍 348/06） （慧 1/405b "爰自" 註）。

贆：贆 方廟反贆散與俵亦同 （龍 352/03）。

bie

biē 絜：絜 普結反馭又回也又方結反輒也 （龍 403/03）；繜經從折作絜音邊蔑反非也 （慧 3

9/168a "繚繚" 註）。

斎：斎 方結反大也 （龍 358/05）。

墊：墊 并列反大皁也 （龍 251/07）。

憋：憋 脾滅反 （玄 1/21b） （慧 25/919b） （慧 33/64b） （慧 34/82b） （慧 39/169a） （慧 40/191a） （慧 5

4/508a） （慧 57/583b） （慧 78/1042b） （慧 79/1057b）。憋 并滅反又普滅反 （龍 68/09）。憋憋

正并列切 （紹 131b5）。憋 普結反憋然瞋也 （龍 64/01）。//憋 俗并列反急性也正作

憋 （龍 340/02）。

痳：痳 正并滅反字統云腫滿悶而皮裂也 （龍 477/07） （慧 39/170b）。痳 俗 （龍 477/07）；痳

經本作癩誤也 （慧 39/170b "瘋痳" 註）。

虌：虌 正并列反蕨菜也 （龍 170/08）。//虌 俗 （龍 170/08）。

鼈：鼈 正并列反魚鼈水虫也 （龍 340/09） （慧 14/665a） （慧 14/669b） （慧 80/1070a）。鼈 俗 （龍

340/09） （慧 39/178a）；鼈 傳從黽作鼈錯書也 （慧 90/178a "必鼈" 註）。鼈 鞭滅反 （慧 2

0/797b） （慧 34/80a） （慧 41/209b） （慧 40/192a） （慧 53/492b） （慧 60/662a） （慧 74/945b） （慧 84

/68b） （慧 84/71b） （慧 84/73a） （慧 85/91a） （慧 100/334a） （希 1/355b） （希 7/402c）。鼈 俗并

列反正作鼈 （龍 190/08）；鼈 經中多從魚或從黽作鼈 ［敝/黽］ 皆非也 （慧 14/669b "舊

鼈" 註） （慧 60/662a "鼈蛓" 註）。//鼈：鼈 并列切 （紹 168a4））；鼈 經中從魚作鼈俗字

非也 （慧 14/665a "魚鼈" 註） （慧 14/669b "舊鼈" 註） （慧 20/797b "魚鼈" 註） （慧 41/209b "魚

鼈" 註） （慧 39/178a "龜鼈" 註） （慧 40/192a "黿鼈" 註） （慧 74/945b） "龜鼈" 註） （慧 80/1070a

"鼈彌猴" 註） （慧 84/68b "瞎鼈" 註） （希 1/355b "魚鼈" 註） （希 7/402c "龜鼈" 註）。鼈 同上

[鱉]（紹168a4）。**鼈** 鼈字書作蟞（慧20/797b"魚鼈"註）（慧60/662a"鼈鰍"註）（慧84/68b"瞎鼈"註）。

鷝： **鷝** 并列反鸑鷝別名也（龍289/05）。

勆： **勆** 方結反大力之皃（龍518/06）。

bié 柲： **柲** 蒲結反扚也戾也手柲物也又毗必反偶也與捌同①（龍384/03）（慧35/107a）（希6/397b）；批經文作柲蒲必反柲推也柲非此用（玄19/255a、慧56/560a"批挽"註）。//捌： **捌** 蒲結反捌也拗也轉也推也②（龍215/07）；棍又作捌蒲結反（玄9/130a、慧46/339a"有棍"註）；批又作捌同（玄19/255a、慧56/560a"批挽"註）；柲經作捌亦通（慧4/471b"繩柲"註）（慧35/107a"柲二頭指"註）。//跋： **跋** 俗蒲蔑反（龍467/05）。**跘** 俗蒲結反③（龍465/09）。**跐**（龍465/09）。

蹩： **蹩** 蒲結反蹩躠行皃也（龍465/02）。

蚅： **蚅** 正蒲結反螨蚅虫（龍225/04）。**蚅** 扶結反（慧58/608a"螨蜂"註）。**蚅** 扶結反（玄15/208a"螨蜂"註）**蚅** 俗（龍225/04）。

別： **別** 碑列反（玄19/252b）（慧56/556b）（慧16/724b）（慧27/987b）（慧38/162a）；莂經文作別非也（慧26/951a"記莂"註）；刵正作別（慧61/684b"刵寶"註）。//刵： **刵** 正彼列反分刵也亦作莂別皆得（龍050/08）（慧60/670b）（慧61/684b）；別或作莂或作刵（慧27/987b"分別功德品"註）（慧99/323a"神莂"註）；莂正作刵（慧39/172a"分莂"註）（慧75/975b"受莂"註）（希7/401b"記莂"註）。**刵** 俗（龍050/08）。//莂 彼別反分莂亦作別（龍394/04）（慧39/172a）（希7/401b）；莂本作別字者誤也（慧22/842a"記莂"註）（慧80/1093b"經莂"註）；刵亦作莂（慧38/162a"記刵"註）（慧60/670b"頗刵"註）（慧75/975b"受莂"註）。

莂： **莂** 彼別反種概移蒔也（龍263/08）（慧19/771a）（慧22/842a）（慧26/951a）（慧75/975b）（慧80/1093b）（慧90/170b）（慧99/323a）（紹155b6）；別經文從草作莂非也（玄19/252b、慧5

---

① 《龍龕手鏡研究》："柲"乃"柲"之俗（304）。
② 《龍龕手鏡研究》："捌"乃"柲"字（304）。
③ 《字典考正》："跋"為"柲"的換旁俗字；"跘"又為"跋"的異寫字（386）。

6/556b "記別" 註）（慧 16/724b "別時" 註）（慧 27/987b "分別功德品" 註）；䜢亦作箹經從草

作萴恐誤也（慧 38/162a "記䜢" 註）（希 7/401b "記箹" 註）。

軝：**馳**卑也反（龍 198/08）（龍 341/04）（慧 60/674a）（慧 63/725b）（慧 63/733a）（慧 63/741a）（紹

149a1）。

弸：**彆**必滅反弓戾也（龍 152/07）。**彌**卑結反弓戾也或作弮（龍 152/04）。

頞：**頞**正蒲結反顣頯短兒也（龍 487/05）。**頯**俗（龍 487/05）。

癏：**癏**正疋滅并滅二反枯病也（龍 477/07）。**癏**或作（龍 477/07）。

bin

bīn 份：**份**正筆巾反質備也（龍 025/04）；分經文作份（玄 12/164c "已分" 註）（慧 57/580b "已

分" 註）。**份**通（龍 025/04）。//**彬**今虎巾反文兒（龍 188/03）（龍 378/02）（希 10/422b）

（紹 157a5）；份字與彬同（玄 12/164c "已分" 註）（慧 57/580b "已分" 註）。//彪：**䑳**古（龍

188/03）。//**斌**筆旻反（慧 80/1074b）（慧 84/75b）；份字與斌彬同（玄 12/164c "已分"

註）（慧 57/580b "已分" 註）。**斄**音斌（龍 526/05）。

邠：**邠**府貧反（慧 28/994b）（玄 18/249b）（慧 73/919b）（慧 53/500a）（紹 169a5）；賔垧或作邠

垧（慧 59/646a "賔垧" 註）；字書亦從邑作邠與豳字同（慧 80/1089a "豳州" 註）。**邠**筆

旻反郊邠也又邠寧郡名（龍 452/05）（玄 2/28b）（玄 3/38b）（慧 09/559a）（玄 3/42b）（慧 09

/574a）。**邠**甫貧反（玄 8/115a）（玄 12/162c）。**邠**賔垧或作邠垧（玄 14/194a "賔垧" 註）。

//豳：**豳**筆旻反（慧 80/1076a）（慧 80/1089a）（慧 83/44a）。**豳**悲旻反（慧 90/168a）。**豳**

正筆巾反地名又姓古文今作邠（龍 340/03）（紹 203a9）；邠古文豳形（慧 28/994b "林

邠" 註）。**豳**通（龍 340/03）。**幽**邠古文豳形（慧 28/994b "林邠" 註）。

玢：**玢**府巾反文彩兒也（龍 433/03）（紹 141a5）；斒又作玢同（玄 5/76a "斒斕" 註）（慧 28/9

95a "斒斕" 註）（玄 12/158c、慧 74/956b "斒斕" 註）。

攽：**攽**俗筆巾伯間二反（龍 528/09）。**攽**筆巾伯閒二反分地也減也（龍 119/01）。

瑃：**瑃**府巾反瞵瑃玉光色兒也（龍 433/03）。

豩：豩古文百貧反（龍 320/08）。

彬：霦府巾反隣霦玉光色皃[1]（龍 307/01）。//虨：虨 㻞又作虨同（玄 5/76a“㻞斕”註）；㻞又作霖[虨]玢二形同（玄 7/92b、慧 28/995a“㻞斕”註）（玄 12/158c、慧 74/956b“㻞斕”註）。

賓：賔賓字從正正音綿典反從尸作賔俗字也（慧 65/766b“擯出”註）。賔音賔（龍 073/05）。賔音賔（龍 419/04）。賔音賔（龍 156/02）。賔 音賔（龍 156/02）。賔 音賔（龍 156/03）。賔音賔（龍 156/03）。賔古文賔字（龍 507/03）。

濱：濵正音賔水際畔也（龍 226/09）（慧 12/626b）。濵今音賔（龍 226/09）（玄 7/97c）（慧 31/2a）（紹 186a8）。濵比人反（玄 22/302a）（慧 48/391b）（慧 80/1075a）。

嚬：嚬頻經文作嚬撿無所出（玄 11/144a、慧 56/555b“頻伽”註）。

檳：檳音賓（慧 81/20b）（紹 157a8）。

翉：翉疋賔反飛皃也（龍 326/09）。

覵：覵音賓覵覶暫見之皃（龍 344/04）。//矉：矉音賔矉瞵暫見也（龍 419/09）。

顮：顮音賓頭憒滿也一曰頭骨（龍 483/05）。

鬂：鬂疋賔反鬂爭亦繽紛也又疋刃反亦鬪也（龍 092/08）。

蹪：蹪俗音賔[2]（龍 459/03）；頻經文作蹪撿無所出（玄 11/144a、慧 56/555b“頻伽”註）；臏經文作蹪誤也（玄 20/266a 慧 43/262b“臏頭”註）。//蹞：蹞俗音賔（龍 459/03）。

鑌：鑌音賔鑌鐵出罽賔國鐵中最利也（龍 010/08）（慧 35/109b）（紹 181a1）；賓經作鑌非也（慧 40/200b“賓鐵”註）。

繽：繽正疋賔反繽紛衆名乱皃（龍 395/08）（慧 7/527b）（慧 14/666b）（慧 27/987b）（慧 28/1010b）（慧 29/1028b）（慧 32/31a）（慧 32/45b）（慧 42/241a）；正作繽字（希 2/361b“繽紛”註）。繽匹民反（慧 94/229a）（希 6/397a）。繽 今（龍 395/08）（玄 3/33c）（慧 09/565b）（玄 6/89a）（慧 22/847a）（慧 33/52a）（慧 36/123a）（慧 62/716b）（慧 94/229a）（希 2/361b）（希 4/380b）（紹 190b10）；繽經中賓字從尸作賔者非也（慧 7/527b“繽紛”註）。

---

① 《疑難字考釋與研究》：為“彬”字異寫（603）。

② 《字典考正》：二字皆為佛經音譯字（396）。

bìn 儐：**儐**必刃反（慧27/976a）；擯説文從人作儐（慧15/682b"擯庍"註）（慧19/778a"駈擯"註）（慧30/1049a"欲擯"註）（慧40/203a"駈擯"註）（慧45/302a"擯人"註）（慧50/417b"永擯"註）。**儐**必刃反儐從也相也導也或作擯（龍033/09）或作擯（龍033/09）；擯經從人作儐非也義訓不相應錯用也（慧14/676a"擯出"註）（慧65/766b"擯出"註）（慧76/1008b"被擯"註）；殯譜作儐誤（慧77/1021b"殯敛"註）。**儐**賓音又卑刃切（紹128b1）。

擯：**擯**賓印反（慧13/645a）（慧14/676a）（慧15/682b）（慧18/757b）（慧18/762a）（慧19/778a）（慧27/985a）（慧30/1049a）（慧31/6b）（慧45/300b）（慧45/302a）（慧50/417b）（慧51/437a）（慧60/657b）（慧62/698b）（慧64/755b）（慧64/761a）（慧65/766b）（慧69/838a）（慧76/1008b）（慧95/254a）。**擯**必刃反棄也排也斥也（龍213/08）（慧29/1025b）（慧40/203a）（慧60/667a）（慧72/908b）（慧81/20b）（希7/402c）（紹132a9）；擯論作擯俗字（慧69/838a"訶擯"註）；殯經從手作擯是擯弃之字非經義（慧76/995a"殯埋"註）。**擯**賓俊反（慧77/1026b）（慧80/1093b）。

殯：**殯**賓刃反（慧93/216a）。**殯**必刃反殯殮也（龍515/02）（慧57/595a）（慧62/711a）（慧76/995a）（慧77/1021b）（慧90/174a）（慧91/192a）（紹144b2）；擯經文從歹作殯是殯埋字非經義也（慧45/300b"擯出"註）。//壖：**壖**俗必刃反正作殯（龍250/09）；殯傳文從土作壖非也正體從歹（慧93/216a"坐殯"註）。

髕：**髕**毗忍反膝盖骨也（龍480/03）（玄4/57c）（慧43/272b）（玄5/63c）（慧38/153a）；臏又作髕同（玄3/41c、慧09/572b"兩臏"註）（玄7/104b"柏臏"註）（玄12/162b、慧28/994a"拍臏"註）（慧16/717b"兩臏"註）（慧23/873b"臏割"註）（慧26/957b"指臏"註）（慧75/965b"兩臏"註）（希3/369b"臏割"註）。//臏：**臏**頻泯反（慧31/21b）（慧31/10b）。**臏**扶忍反（慧28/994a）。**臏**必刃反（慧26/957b）（慧43/262b）。**臏**頻泯反（慧16/717b）。**臏**毗忍反脚膝盖骨也（龍410/07）（玄3/41c）（慧09/572b）（玄4/50c）（玄7/104b）（玄12/162b）（玄20/266a）（慧23/873b）（慧75/965b）（慧96/262b）（希3/369b）（紹135b7）；髕又作臏同（玄5/63c、慧38/153a"髕也"註）。

魒：**魒**繽頻二音説文云鬼皃也（龍323/04）。

鬢：鬢音殯（慧15/694b）（慧62/716a）。鬢必刃反（慧75/963b）；須傳作鬢皆非也（慧88/134a“須鬢”註）。鬢正必刃反頰上髮也（龍089/08）。鬢俗（龍089/08）。

覕：覕必刃反不見皃（龍543/01）。//嬪：嬪同上（龍543/01）。

⿰羽孕：⿰羽孕卑孕反（龍198/09）。

bing

bīng 冫：冫筆夌反冫凍同氷字（龍187/03）（玄19/257a、慧56/563b“凋悴”註）（慧1/403b“凝玄”註）。仌冰説文作仌（慧41/217b“冰山”註）。//冰：冰悲矜反（慧41/217b）。冰音氷（龍187/06）。冰音氷（龍228/06）。仌古文音冰（龍547/02）。

兵：兵秉明反（慧6/503b）。兵古文音兵[①]（龍517/02）。兵古文音兵[②]（龍163/05）。兵音氷[③]（龍150/08）。

掤：掤今音冰以手覆矢又弓强也（龍209/10）。掤古（龍209/10）。掤俗（龍209/10）。棚音冰盛箭器也[④]（龍374/09）。

bǐng 丙：丙音丙[⑤]（龍335/08）。

怲：怲悲命反憂心也（龍061/05）。怲俗悲命反正作怲憂心也（龍061/08）。

炳：炳音丙明焕也（龍241/04）（慧12/632b）（慧21/818b）（慧22/853a）（慧26/945b）（慧32/42b）（慧34/85b）（慧41/225a）（慧42/239b）（慧36/123a）（慧36/127b）（慧62/713b）（慧80/1073a）（慧87/127b）（慧90/176a）（慧95/249a）（希4/377b）；古文昺苪二形同今作炳同（玄5/66c、慧24/892a“昺徹”註）（慧16/719a“昺著”註）（玄12/157b、慧74/953b“昞著”註）（慧78/1035a“昺著”註）（慧98/308b“昺明”註）；昞又作炳同（玄10/133b、慧49/408a“昞著”註）（慧29/1029b“昞著”註）（慧90/169b“昞有”註）；秉經云宜作炳或作昞字（希4/381a“秉顯”註）。//昺：昺正音丙光明也（龍426/08）（玄5/66c）（慧24/892

①《疏證》：“《説文》兵字古文偽形之訛。”（61）
②《疑難字考釋與研究》：此字疑即“兵”字訛變（311）。
③同上，315頁。
④《龍龕手鏡研究》：“棚”音冰，乃“掤”字之訛（299）。
⑤《叢考》：疑即“丙”的會意俗字（250），又《疑難字考釋與研究》427頁。

a）（慧16/719a）（慧78/1035a）（慧98/308b）（紹170b10）；昞又作昺同（玄10/133b、慧49/408a"昞著"註）（玄12/157b、慧74/953b"昞著"註）（慧51/436b"昞然"註）；炳或作昺亦同（慧12/632b"炳著"註）（慧22/853a"炳然"註）（慧80/1073a"炳然"註）（慧87/127b"炳然"註）（慧100/343a"昞然"註）。**昺**昺經文作昺音古螢反非也（慧10/582b"昺然"註）。**昺**古營香兩二反明也（龍425/09）；昺經文作昺音古螢反非也（玄5/69b"昺然"註）。**昞**俗（龍426/08）（玄10/133b）（慧49/408a）（玄12/157b）（慧74/953b）（慧29/1029b）（慧51/436b）（慧90/169b）（慧93/211b）（慧100/343a）（紹170b10）；昺又作昞同（慧16/719a"昺著"註）（慧78/1035a"昺著"註）。**焆**丙音（紹170b10）。//牤：**牤**西川隨函音丙光也（龍180/02）。//芮：**芮**音丙著也（龍260/10）（紹155a5）；古文昺芮二形同今作炳同（玄5/66c、慧24/892a"昺徹"註）（慧62/713b"炳著"註）；昞又作芮同（玄10/133b、慧49/408a"昞著"註）。

扚：**扚**丙音（紹134a5）。

柄：**柄**彼命反攤也柯也本也（龍382/03）（慧14/670a）（慧16/712b）（慧33/58a）（慧54/513b）（慧62/699a）（慧64/753b）（慧83/49b）（慧85/90a）（紹159b1）。//棅：**棅**彼命反（龍382/03）。**捒**柄亦作棅訓用同（慧12/634a"金柄"註）（慧16/712b"其柄"註）（慧54/513b"珠柄拂"註）。

昞：**昞**正音丙明也（龍420/02）。**昺**俗（龍420/02）。

邴：**邴**音丙邑名又姓（龍455/09）（慧95/251b）。

鈵：**鈵**悲詠反堅鈵也（龍017/09）。

魬：**魬**蒲耿反蛤魬也（龍169/02）。

秉：**秉**彼永反（慧29/1017a）（慧89/158b）（希4/381a）。**秉**兵永反（慧17/731b）。**秉**丙音（紹150a10）。**秉**音丙手執物也又集訓云把禾束也字從禾（龍549/05）（慧7/523a）；秉經文從水作～非（慧29/1019a"秉大"註）。**秉**秉傳文作乘書誤也（慧89/158b"秉二兆"註）。

餅：**餅**并郢反（慧62/701a）（慧77/1011b）（慧79/1062b）。//鉼：**鉼**音餅索鉼也（龍505

/08）（紹 148a3）；餅譜作䴱俗字也（慧 77/1011b "薄餅" 註）（慧 79/1062b "三餅" 註）。

齣：**齣**音餅大齒也（龍 312/06）。

稟：**卣**稟古文作卣也（慧 23/867a "稟善知識" 註）。//稟彼錦反以穀賜人也与也（龍 144/06）（慧 72/916a）（慧 4/470b）（慧 5/492a）（慧 6/502a）（慧 8/538b）（慧 18/757a）（慧 29/1015a）（慧 47/342b）（慧 60/669a）；稟字宜從禾（慧 21/830a "稟邪" 註）。**稟**彼錦反以穀與人也（龍 362/08）（玄 11/151c）（慧 52/472a）（玄 15/200c）（慧 58/616a）（玄 18/244c）（玄 25/334b）（慧 71/886a）（慧 1/420a）（慧 6/515a）（慧 21/830a）（慧 23/867a）（慧 42/239a）（慧 54/513b）（慧 79/1061b）（紹 173b10）；稟從示作禀非也（慧 6/502a "所稟" 註）（慧 8/538b "稟性" 註）。**稟**彼錦反与也又供穀也（龍 305/03）。**稟**禀正彼甚切（紹 173b10）。**稟**俗筆錦反（龍 347/04）。

餅：**餅**必幷反餅金胄之板也（龍 015/07）。

bìng 幷：**幷**併經文作幷非經義（慧 25/921a "併不供養" 註）。**并**音幷①（龍 366/08）。

併：**併**必正反兼也並也皆也（龍 035/01）（玄 17/226b）（慧 67/812a）（慧 25/921a）（慧 88/139b）（紹 128b5）；荓經作併誤也（慧 31/24a "荓薄" 註）；屏經文作併非此義（玄 12/165a、慧 53/497b "屏營" 註）。

枡：**枡**音幷枡欄木名（龍 377/01）（紹 157a4）；絣經文從木枡乃枡欄木名並非線絣字（希 5/384b "線絣" 註）。**枡**音幷（慧 83/58a）。

偋：**偋**房正蒲徑二反隱僻無人處也又廁也與屏同（龍 034/02）（慧 24/896a）；切韻若隱僻作偋（慧 27/986a "屏處" 註）。

屏：**屏**正防正蒲徑二反隱僻無人處也又廁也（龍 301/03）（玄 1/9b）（玄 11/141c）（玄 19/256a）（慧 17/743b）（慧 56/550a）（慧 56/562a）（紹 193b2）。//**庰**俗（龍 301/02）。//**廦**俗（龍 301/03）。

捗：**捗**卑政反（玄 12/158c）（慧 74/956b）（玄 13/169a）（慧 55/539a）（玄 15/201b）（慧 58/617a）（玄 16/216c）（慧 65/777a）（玄 18/241a）（慧 73/929a）（玄 19/261a）（慧 56/570b）。**捗**幷

---

① 《叢考》：疑即 "幷" 的俗字（2）。

娉反亦作拼（慧 37/140b）。

栟： 栟卑正切（紹 159a6）。

鮩： 鮩毗必反魚名也又蒲杏反（龍 171/01）。

竝： 竝音並（龍 519/06）（玄 4/59c）（玄 18/251c）（慧 65/781b）（慧 80/1079a）（慧 92/206a）（希 3/374c）（希 6/397a）（紹 199b9）。並竝又作並同（玄 4/59c "竝現" 註）（玄 18/251c、慧 65/781b "竝起" 註）（希 6/397a "竝豎" 註）。//傡： 傡正蒲猛反俱也並也又音並（龍 030/05）。傡今（龍 030/05）。

病： 疒俗音病（龍 476/03）。

霡： 霡皮證反霡雷大聲也（龍 308/07）。

bo

bō 吥： 吥俗波倫二音（龍 268/02）。

波： 波搏摩反（慧 51/436b）（希 2/364a）（希 4/377b）。

菠： 菠音波（龍 254/10）。

玻： 玻普火反（龍 436/04）（紹 140b7）。

番： 番播經文作番非也（玄 7/102b、慧 30/1046a "播殖" 註）。//釆： 釆播又作譒敽釆三形同補佐反（玄 7/102a、慧 30/1046a "播殖" 註）。

播： 播補過反布也揚也放也弃也（龍 214/05）（玄 7/102a）（慧 30/1046a）（玄 24/323b）（慧 70/868a）（慧 77/1027a）（慧 96/263a）（紹 132a10）。//敽布臥反今作播（龍 530/07）；播又作敽同（玄 7/102a "播殖" 註）。

嶓： 嶓音波嶓冢山名也（龍 071/05）（慧 93/212b）。

譒： 譒播又作譒同（玄 7/102a、慧 30/1046a "播殖" 註）。

癹： 癹北末反足癹剌也（龍 539/06）。

撥： 撥北末反撥除也拂也治也絶也理也（龍 215/06）（玄 15/206b）（慧 58/605b）（玄 15/207a）（慧 58/607a）（玄 16/215a）（慧 65/774a）（玄 17/231c）（慧 70/856b）（玄 19/262a）（慧 56/572

a）（慧 6/513b）（慧 13/649a）（慧 36/125a）（慧 39/176b）（慧 47/357a）（慧 51/442a）（慧 66/794b）

（慧 76/995b）（慧 84/74b）（慧 90/175a）（慧 91/182a）（慧 93/215b）（紹 133a3）；發律文作撥

非此義（玄 14/184c、慧 59/631b “倚發” 註）（玄 16/220b、慧 65/780a “作發” 註）；鱍經從手

作撥非經義也（慧 64/752b “作鱍” 註）。**撥**補末反（慧 1/404b）（慧 41/221b）（慧 50/417b）

（慧 67/805b）（慧 69/847b）（慧 72/901b）。**捄**普活反艾撥也（龍 217/10）。**鈸**撥經作鱍

非也（慧 39/176b “銛撥” 註）。

鱍：**鱍**北末反魚掉尾也（龍 172/02）（紹 168a3）。

驋：**驋**博末反馬怒也（龍 294/06）。

鬖：**髲**正北末反玉篇云大髻也（龍 091/01）。//髳：**髳**俗（龍 091/01）。

帗：**帗**正北末反一幅布也又音弗毳也（龍 139/09）。**帗**俗（龍 139/09）。

袚：**袚**北末反蠻夷蔽膝（龍 108/04）。**袚**撥［襏］又作拔［袚］同（玄 15/210a、慧 58/612 “撥
［襏］衣” 註）。**袚**拂鉢二音又放吠切（紹 168b4）。**袚**蒲末反①（龍 113/06）。//袡：**袡**
北末反（龍 383/01）。**袡**方末反蔽膝也②（龍 383/01）。

盋：**盋**正音鉢盋盂器也（龍 329/03）（慧 84/75b）；鉢通俗文中從友從皿作盋古字也（慧 6
6/791b “扣鉢” 註）（希 6/395b “拓鉢” 註）。**盋**半末反（慧 80/1073b）。**盋**俗（龍 329/03）（紹
173a7）。**盋**俗（龍 329/03）（慧 37/140b）（慧 91/183b）（慧 91/190a）。**盂**俗（龍 329/03）（紹
173a7）。**盋**音鉢（龍 538/07）。//**鉢**補沫反（玄 14/189b）（慧 59/638b）（慧 66/791b）（希 6
/395b）；盋俗作鉢（慧 37/140b “瓦盋” 註）（慧 80/1073b “盋盂” 註）（慧 91/183b “衣盋” 註）。

嘩：**嘩**俗音鉢③（龍 278/08）。

鴄：**鴄**波婆二音（龍 286/04）。

剝：**剝**正百角反剝落剌割傷害去皮也（龍 099/08）（慧 100/347b）（紹 139b4）（慧 13/659a）（慧
53/500b）（慧 64/761a）（慧 75/970a）。**剝**拜邀反（慧 41/219a）（慧 84/74b）（慧 96/259a）。//

捼：**捼**舊藏作剝在阿育王壞目因緣經也（龍 218/06）。//刂：**刂**或作（龍 099/08）。

---

①參見《疑難字考釋與研究》522 頁。
②《龍龕手鏡研究》：疑為 “袚” 字之俗（302）。
③《龍龕手鏡研究》：乃佛經咒語譯音字（259）。

喇：**剚** 俗音剥（龍 277/08）。

趵：**趵** 百角反足擊也（龍 464/09）。

脖：**脖** 蒲沒反肤臍也（龍 415/07）。

踍：**踍** 孛音（紹 137a3）。

bó 伯：**伯** 怕經作伯非也（慧 17/728a "憺怕" 註）。**灵** 音伯①（龍 366/09）。**戸** 音伯（龍 366/09）。**戸** 古文音百②（龍 130/05）。**克** 古文音百（龍 130/05）。

泊：**泊** 旁各反止也（龍 235/09）（玄 4/53c）（慧 32/33b）（玄 21/281a）（慧 10/586b）（慧 13/654a）（慧 18/758b）（慧 84/76a）（慧 93/211a）（紹 187b8）；怕又作泊（玄 6/86c "憺怕" 註）（慧 2/424b "憺怕" 註）（慧 15/701a "憺怕" 註）（慧 19/785b "憺怕" 註）（慧 28/1000b "憺怕" 註）（慧 69/852b "憺怕" 註）（慧 74/958a "憺怕" 註）（慧 76/994a "憺怕" 註）；薄論文從水作泊泊止也非此義也（慧 84/73a "淡薄" 註）。

怕：**怕** 音拍憺怕安靜也（龍 062/01）（玄 6/86c）（玄 7/99a）（玄 21/276b）（玄 22/296b）（慧 48/382b）（玄 24/329c）（慧 70/877b）（玄 25/338c）（慧 71/893b）（慧 2/424b）（慧 5/479a）（慧 7/519b）（慧 11/617a）（慧 12/622b）（慧 13/653b）（慧 14/666b）（慧 15/701a）（慧 17/728a）（慧 19/785b）（慧 23/858a）（慧 27/981a）（慧 28/1000b）（慧 30/1035b）（慧 32/34b）（慧 36/123a）（慧 45/300b）（慧 66/788b）（慧 69/852b）（慧 74/958a）（慧 76/994a）；怖經文作怕疋白反憺怕也此俗音普嫁反（玄 19/256c、慧 56/563a "茫怖" 註）。

狛：**狛** 貉或從百作貊論文從白作狛非此義（慧 84/74a "戎貉" 註）；貊集作狛（慧 97/283a "戎貊" 註）。

胉：**胉** 疋各反脅也（龍 416/09）。

舶：**舶** 音白海中大舩也（龍 133/2）（玄 1/5c）（玄 1/22c）（慧 20/807a）（慧 15/687a）（慧 25/923a）（慧 31/14a）（慧 47/349b）（慧 61/678a）（慧 61/686b）（慧 62/711b）（慧 78/1047b）（慧 81/11a）（慧 89/154a）（慧 91/184a）（慧 93/214a）（慧 100/334b）（希 8/406a）（希 8/410b）（紹 145b10）。

//舮：**舮** 音白（龍 133/08）；舶亦作舮（慧 47/349b "船舶" 註）（慧 78/1047b "滿舶" 註）（慧

①《龍龕手鏡研究》：疑即 "伯" 的俗字（295）。
②《龍龕手鏡研究》：乃 "伯" 字俗書（192）。

81/11a"商舶"註）。

箔：**箔**旁各反簾箔也（龍 394/02）（紹 160a2）。

舶：**舶**音白魚名（龍 171/09）。

瓵：**瓵**音百甂瓵井甃也（龍 316/09）。

瓟：**瓟**或作（龍 196/01）。**瓟**蒲角反爪瓟也（龍 331/03）。//**瓟**今蒲角反小瓜瓟也（龍 196/01）。**瓟**蒲角反爪瓟也（龍 331/03）。//瓟：**瓟**今蒲角反（龍 196/01）。

駮：**駮**百角反獸名（龍 294/01）（玄 9/125b）（慧 46/329b）（慧 13/650b）（慧 15/696a）（慧 19/787b）（慧 62/709a）（慧 72/904a）（慧 97/273b）（紹 166a2）；駮論文從交作駮（玄 17/226c、慧 67/812b"駮色"註）（慧 24/887b"褊駮"註）（慧 33/52b"斑駮"註）（慧 76/989b"斑駮"註）（慧 77/1011b"舛駮"註）（慧 84/78a"蹐駮"註）（慧 94/225a"斑駮"註）；剝論文從馬作駮駮馬名也非此義（慧 84/74b"毀剝"註）（慧 96/259a"釋剝論"註）。

駮：**駮**（慧 67/818a）（慧 61/692b）（慧 77/1011b）（慧 84/78a）（慧 86/105b）（慧 88/144a）；駮説文作駮（慧 62/709a"斑駮"註）。**駮**百角反雜色也（龍 294/01）（玄 17/226c）（慧 67/812b）（玄 17/229b）（慧 24/887b）（慧 33/52b）（慧 76/989b）（慧 94/225a）（紹 166a2）。**駮**比角切（紹 166a2）。**駮**比角切（紹 166a2）。

鈸：**鈸**盤沫反古字書無鈸字近代出也（慧 17/733b）（慧 31/20b）（慧 100/331b）；拔亦為跋有作鈸（慧 27/969a"銅拔"註）；跋經作鈸字誤也（慧 32/43a"跋陁"註）。**鈸**正蒲末反樂器也（龍 019/05）。**鈸**俗（龍 019/05）（慧 11/610b）。

骳：**骳**音跋肩髆又俗音湯（龍 481/09）。

馞：**馞**蒲末反香氣也（龍 181/01）。

孛：**孛**悖説文從言作誖古文作～（慧 18/765a"兇悖"註）。**孛**正蒲沒蒲昧二反孛星也（龍 336/09）（玄 4/59c）（玄 17/236a）（慧 74/949b）（慧 80/1069a）（慧 80/1079a）（慧 90/171a）（希 6/397c）。**孛**孛傳文作～亦通（慧 90/171a"彗孛"註）。**孛**俗（龍 336/09）。**孛**孛正（紹 173b3）。**孛**俗（龍 336/09）。

㤉：**㤉**蒲沒反強也（龍 039/08）；悖或從人作㤉（慧 18/765a"兇悖"註）。

哱：𡁢俗蒲没反（龍277/03）。

埻：埻蒲沒反塵起也（龍251/07）（慧42/242b）（慧53/490b）（慧69/836b）（紹161a7）。埻（慧27/975a"蓬勃"註）。

桲：桲蒲没反楄桲似櫨（龍385/04）。

浡：浡蒲没反（玄4/51c）（玄5/70a）（玄17/232b）（慧70/857b）（慧53/490b）（慧81/20b）（慧83/59b）（慧86/106a）（紹188a6）。浡俗蒲沒反（龍237/10）（紹188a6）。

挬：挬正蒲沒反按也（龍217/03）（紹132b9）。挬俗通（龍217/04）。挬俗（龍217/03）。

郣：郣浡聲類亦郣字同（玄4/51c"浡浡"註）（玄17/232b、慧70/857b"大浡"註）。

勃：勃正蒲沒反卒也惡逆也（龍518/02）（玄5/71c）（玄6/83c）（玄11/142b）（慧56/552a）（玄12/155b）（慧52/455b）（玄18/251a）（慧73/937a）（玄22/292c）（慧48/377b）（玄24/327b）（慧70/873b）（慧5/485a）（慧7/521b）（慧8/556a）（慧27/975a）（慧31/12b）（慧32/35a）（慧43/257a）（慧66/796a）（慧72/906b）（慧78/1047a）（慧87/120a）（希4/376b）（紹145a9）。勃俗（龍518/02）（紹145a9）。勃俗同上［勃］（龍518/02）（紹145a9）；勃論從孛作勃非（慧72/906b"兜勃"註）。勃勃正字字（紹145a9）。勃勃正字字（紹145a9）。勃勃正字字（紹145a9）。乳勃正字音（紹173b1）。

敎：敦正蒲没反敎卒旋放之皃也（龍121/03）。歌通（龍121/03）。敎蒲没反（龍531/03）。

軞：軞蒲没反軞軞毛短也（龍136/07）。

烞：烞正蒲沒反煙起皃（龍244/03）（紹189b8）；蓬勃經文作爝烞非也（玄6/83c"蓬勃"註）（慧27/975a"蓬勃"註）（慧31/12b"勃如"註）（希4/376b"蓬勃"註）；埻經文從火作烞非也（慧42/242b"鬱埻"註）（慧53/490b"塕埻"註）。烞通（龍244/03）。烞塕埻今作爝烞字書並無此字（慧69/836b"塕埻"註）。爛通（龍244/03）。燉字音（紹189b8）。燉俗（龍244/03）。

渤：渤蒲沒反渤澥海名（龍235/09）（慧24/899a）（慧42/242b）（慧80/1088b）（慧84/79a）（慧97/288b）（慧100/334a）（希3/373b）；勃經從水作渤地名與義不同（慧32/35a"勃勃"註）。

㪍字音（紹186b6）。浡蒲沒反同上［浡］（龍235/09）。

呦：呦字音（紹182b5）。

餑：餑蒲沒反茗餑也（龍504/04）。

颰：颰蒲没反颰風也（龍128/03）。颰同上（龍128/03）。

誖：誖普没反按物聲也（龍178/02）（紹201a9）。誖誖正字音（紹201a9）。

茇：茇蒲骨反（慧40/198a）//菝：菝蒲没反繁母也（龍264/01）。

馛：馛蒲沒反大香又普沒反亦香也（龍180/08）（慧27/975a "蓬勃" 註）（慧35/102a）（慧79/1065b）（慧99/319b）（希6/396c）。//勫（龍180/08）。

駁：駁蒲沒蒲角二反駁馬獸名似馬一角牛尾也（龍294/02）。

鵓：鵓蒲沒反鵓鴿也（龍289/03）。

鬻：鬻蒲沒反釜溢也（龍535/03）。鬻蒲沒反釜溢也[1]（龍152/07）。

博：博補莫反（慧71/889b）（慧25/918a）（慧89/162a）。博謗莫反（慧29/1025a）（慧80/1075b）；嚩經文作博非此用（希5/388c "嚩唛" 註）。博補莫反（玄3/45c）（玄1/20c）（玄2/25b）（玄8/107a）（玄17/226c）（慧67/813a）（玄22/301b）（慧48/390a）（玄25/336c）（慧71/889b）（中62/718b）；嚩經文作博（玄19/260a、慧56/568b "嚩唛" 註）。博補莫反（慧10/579b）（慧28/1004a）；薄經文作廣博之博非也（玄20/264a "相薄" 註）（慧43/258a "相薄" 註）；博説文從十從尃省聲也經從心非也（慧29/1025a "博綜" 註）（慧89/162a "博綜" 註）。

搏：搏補各疋各二反皆擊也（龍216/08）（玄4/56cb）（慧43/269a）（玄6/83b）（玄9/126b）（慧46/331a）（玄12/164c）（慧55/544b）（玄14/190b）（慧59/640a）（慧27/974a）（慧38/157b）（慧39/175b）（慧53/491b）（慧62/700b）（慧75/976b）（慧79/1060a）（希3/370c）（希5/384a）。搏補各反（慧13/646a）（慧16/711a）（紹132b6）；不搏經文作不搏非也（慧53/487b "不搏" 註）。

嚩：嚩音博（慧35/106b）（慧61/687a）（慧64/754a）（希5/388c）。嚩正補各反嚩唛嚟兒（龍277/04）（玄4/61b）（慧44/282b）（玄15/208a）（慧58/608b）（玄16/219a）（慧65/771b）（玄16/

---

[1]《叢考》：當是 "鬻" 的訛俗字（507）。

224a)（慧 64/744b）（玄 19/260a）（慧 56/568b）。嘑俗（龍 277/04）。//鱛補各反鱛嚛也與嘑同（龍 313/01）；嘑又作鱛同（玄 4/61b、慧 44/282b"嘑嚛"註）（玄 15/208a、慧 58/608b"嘑嚛"註）（玄 16/219a、慧 65/771b"嘑嚛"註）（玄 19/260a、慧 56/568b"嘑嚛"註）（慧 64/754a"嘑嚛"註）。

煿：煿補各反迫於火也與爆亦同出川韻（龍 245/04）。煿博音（紹 189b5）。

襮：襮音薄短袂衫也又單衣也（龍 108/02）。

犤：犤音博犤羫野羊似牛九尾四耳目在耳後也（龍 160/08）。//猼：猼音博猼羫獸名似牛九尾四耳目在耳後也（龍 320/03）。

蟂：蟂布各反蟂蟴蟷蜋卵也（龍 225/10）。

餺：餺音博餺飥也（龍 504/05）（紹 172a2）。//飰：飰博音（紹 172a2）。

鎛：鎛音博鍾鑿上橫木也（龍 020/03）（紹 180b1）。

轉：轉音博車下索也（龍 451/03）。

髆：髆補莫反（玄 22/290a）（慧 48/373b）（慧 1/410a）（慧 2/426a）（慧 4/462b）（慧 5/480a）（慧 15/688b）（慧 17/734a）（慧 35/104b）（慧 35/107a）（慧 39/167a）（慧 39/176b）（慧 40/195b）（慧 40/202a）（慧 49/402a）（慧 60/662a）（慧 62/700b）（慧 76/1002b）（慧 81/12a）（慧 81/14b）（希 2/364b）（希 5/387c）（希 7/402b）（紹 147a10）；膊俗字也正體從骨從博省聲也經文從月作膊非也（慧 15/694b"臂膊"註）。髆補各反智髆肩脾也（龍 481/05）（慧 12/632a）（慧 13/658b）（慧 30/1053b）（慧 34/78a）（慧 36/127b）（慧 37/139b）（慧 39/167b）。

鱛：鱛正音博鱛鱛也（龍 334/07）。鱛今（龍 334/07）。

薄：薄捕莫反（玄 18/244a）（慧 72/914b）（玄 20/264a）（玄 22/288a）（慧 48/370b）（玄 22/291b）（慧 48/375a）（玄 23/306b）（慧 47/353b）（慧 2/427a）（慧 43/258a）（慧 84/73a）。薄傍莫反（慧 6/507b）（慧 15/701b）（慧 29/1021b）（慧 31/4a）。薄博薄二音（紹 154b4）。

簙：簙音博大簙棊類也（龍 394/06）（紹 159b9）。簙（慧 23/860a）（慧 26/932a）；博古文簙（玄 1/20c"博弈"註）（玄 3/45c"博弈"註）（玄 17/226c、慧 67/813a"博弈"註）（玄 25/336c、慧 71/889b"博戲"註）（慧 25/918a"博弈"註）。簙博古文薄同（慧 10/579b"博弈"註）（玄 8/

107a、慧 28/1004a "博弈" 註）。

轉：**轉**薄各反轉輪也（龍 452/01）。

膊：**膊**疋各反割宍也（龍 416/09）。

鎛：**鎛**正博薄二音似鍾而大也（龍 020/03）。**鎛**正（龍 020/03）。**鎛**俗（龍 020/03）。

鱄：**鱄**傍各反魚似鯉千目也（龍 172/04）。

欂：**欂**補各反欂櫨柱上枅也又平戟反（龍 386/01）（玄 1/7c）（玄 7/99b）（慧 17/739b）（慧 58/608a）（紹 157a6）。**欂**蒲麦蒲各二反（玄 15/207c）。

礴：**礴**音薄盤礴也（龍 445/05）（慧 85/89b）（慧 97/290b）（紹 163a1）。

撲：**撲**音朴擊也又音雹打聲也（龍 218/04）。

犦：**犦**音雹（希 1/355a "犎牛" 註）。

襮：**襮**正補各反衣領也（龍 108/01）。**襮**俗（龍 108/01）。

數：**數**爆古文又作數（慧 27/975a "爆聲" 註）。

犦：**犦**普木反（龍 142/03）。

亳：**亳**音薄（龍 556/05）。**亳**傍各反國名亦州名（龍 366/09）（龍 130/06）。**亳**今旁各反國名亦州名（龍 130/06）（紹 203b1）。

跰：**跰**蒲末反行兒也（龍 464/07）。//迣：**迣**正北末反急走也（龍 494/07）。**迣**俗（龍 494/07）。

拔：**拔**蒲北反擊也（龍 218/05）。

秠：**秠**蒲没反秠粹禾秀不成聚向上兒也又平密反秠稃禾重生也（龍 146/08）。

艴：**艴**蒲没反艴然不悦也（龍 523/08）。**艴**芳勿反淺色又蒲末反艴然不悦也（龍 540/04）。

雦：**雦**正北角反骱骲也（龍 482/01）。**雦**俗（龍 482/01）。

燢：**燢**朋北反（慧 93/217b）。**燢**今蒲北反燢道縣名（龍 542/07）（紹 175b4）。**燢**或作（龍 542/07）。**燢**或作（龍 542/07）。**燢**誤新藏作燢音蒲北反（龍 543/02）。**燢**或作蒲北反又音逼①（龍 362/09）。

---

①參見《古漢語研究》2009 年 3 期。

踣：踣蒲北反斃也到也又作仆又匹候反（龍466/07）（玄8/114b）（慧19/777b）（玄12/155c）（慧52/455b）（玄19/259b）（慧56/567a）（慧37/134b）（慧53/490b）（慧94/236b）（希6/394c）（紹137b6）；仆古文踣同（玄3/46b、慧10/580b"倒仆"註）（玄18/248b、慧73/928a"仆地"註）（玄24/321c、慧70/865a"僵仆"註）（希1/356b"偃仆"註）；伏古文踣今作仆同（玄17/227b、慧67/814a"慎伏"註）（慧41/217a"偃仆"註）（希4/379b"仆面"註）。//趃：趃今芳遇疋候蒲北三反趃僵也（龍325/05）。趃或作（龍325/04）。赻或作（龍325/04）；踣亦從走作趃音同上也（慧94/236b）。趆或作（龍325/04）。趃俗（龍325/04）。趃俗（龍325/04）。//偣：偣步候步臥二反①（龍522/09）。

襏：襏北末反襏襫蓑雨衣也（龍108/03）。襏補末反（慧58/612a）。撥補末反（玄15/210a）。

穮：穮正蒲北反黍豆潰葉也又符逼反（龍332/04）。穮今（龍332/04）。黎皮逼反②（龍340/02）。

bǒ 跛：尪音跛尪行不正也（龍179/06）；跛又作尪同（玄1/7c、慧17/739b"跛蹇"註）（慧53/491a"跛跂"註）。尪俗布火反（龍333/01）（慧09/562b"跛蹇"註）。尪布火反（龍522/05）；跛說文作尪（慧31/16b"跛蹇"註）。跛跛又作尪同（玄3/40b"跛蹇"）。//跛布火反足跛也（龍462/06）（玄1/7c）（玄3/40b）（慧2/426b）（慧09/562b）（慧11/618a）（慧16/718a）（慧17/739b）（慧30/1049a）（慧31/16b）（慧33/52b）（慧53/491a）（慧55/533a）（慧63/727b）（慧76/1009a）（慧95/244b）（慧100/332a）（希10/421b）（紹174b4）；癃疲有作瘙跛俗字也（慧25/922b"癃疲"註）。//菠舊藏作跛（龍260/07）。//躮音跛（龍161/08）。

籓：籓補過補火二反籓揚也（龍123/07）（慧35/108a）（慧50/414a）（慧53/499b）（慧63/726b）（慧100/335a）（希8/407b）（紹160a4）；播集本作籓是箕屬非播種字也（慧96/263a"播殖"註）。蔝布過反（龍263/02）（紹155a7）。蔝俗補過反（龍262/08）。筱布火反（龍392/07）。//𡊥古文補字③（龍305/03）。

---

① 《玉篇校釋》：與"踣""趃"皆同（4135）。
② 參見《叢考》529頁。
③ 《叢考》："補"疑為"播"字刻訛（930）。

bò 潑：潑婆賀反（慧 25/924a）；薄或書潑字亦通用也（慧 2/427a "薄" 註）。

檗：檗博厄切（紹 157b8）。

擘：擘悲厄反分擘也以手治物也（龍 216/05）（玄 22/296a）（慧 48/382a）（玄 25/335b）（慧 71/887a）（慧 15/696a）（慧 19/785b）（慧 26/931b）（慧 42/240a）（慧 40/191a）（慧 53/489a）（慧 60/669b）（慧 61/691b）（慧 62/708b）（慧 62/719a）（慧 69/839b）（慧 72/904b）（慧 77/1018b）（慧 78/1034a）（慧 79/1060b）（慧 94/225a）（希 5/386b）（希 7/399c）。擗補革反（玄 11/150c）（慧 52/470b）（玄 13/169c）（玄 14/187b）（慧 59/635b）（慧 65/767a）（希 7/402b）；擘説文作擗（慧 53/489a "擘身" 註）（慧 77/1018b "擘裂" 註）（慧 78/1034a "擘裂" 註）；躃或作擗（希 10/419b "躃踊" 註）。擘俗博厄反正作擘分擘也（龍 336/09）。攃俗（龍 216/05）。// 抓俗（龍 216/05）。

檗：檗博厄反飯半生兒（龍 306/01）。

檗：檗博厄反黃檗（龍 263/07）（紹 156b7）。檗博厄反（紹 156b7）。

bu

bū 逋：逋正博孤反懸也又平也（龍 488/04）（玄 1/8c）（慧 17/742a）（玄 5/75c）（玄 8/118b）（玄 10/131c）（慧 47/367a）（玄 19/254c）（慧 56/560a）（慧 15/698b）（慧 39/183a）（慧 53/487b）（慧 82/30b）（紹 138a9）；鬴應逋字（玄 7/92c、慧 28/995b "鬴竄" 註）。// 逋或作（龍 488/04）；逋或從補作逋（慧 15/698b "逋生" 註）。逼古（龍 488/04）。𠧹音逋①（龍 340/04）。𠧹鬴經文或作～（玄 7/92c、慧 28/995b "鬴竄" 註）。鬴古文布胡反逃也竄也今作逋（龍 238/10）（玄 7/92c）（慧 28/995b）。

誧：誧博孤普胡二反諫也又音普大也助也又音怖謀也（龍 040/05）。

趙：趙博孤反趙趍伏地兒（龍 324/06）。

餔：餔音捕（慧 14/674b）（慧 88/136b）（希 10/420b）（紹 171b10）；哺經文作餔字（玄 2/23c "乳哺" 註）（玄 9/120a、慧 46/319b "乳哺" 註解）（初編玄 626 "哺乳" 註）（玄 14/191c、慧 59/642b

---

① 《龍龕手鏡研究》：即 "逋" 字（283）。

"乳哺"註）（慧 15/685a "乳哺"註）（慧 26/935a "乳哺"註）（慧 41/223a "乳哺"註）（慧 54/507b "乳哺"註）（慧 60/656b "乳哺"註）（希 1/357c "乳哺"註）。//餔：餔古文布胡反今作餔晚食也（龍 328/07）。盧或作布胡反（龍 538/03）。//晡：晡布孤反申時也（龍 425/01）（玄 4/56c）（慧 43/265b）（玄 8/110b）（慧 32/35a）（玄 9/121a）（慧 46/321b）（玄 14/185c）（慧 59/633a）（玄 18/240c）（慧 73/934a）（玄 20/264c）（慧 13/657b）（慧 23/869a）（慧 34/80a）（慧 45/314a）（紹 170b8）；哺經文作餔字與晡同（玄 2/23c "乳哺"註）（初編玄 626 "哺乳"註）（慧 14/674b "錫餔"註）（慧 25/927a "乳哺"註）；餔字與晡同（玄 2/23c "乳哺"註）（慧 46/319b "乳哺"註）。

鯆：鯆正博孤反～鱏魚名又普胡反亦魚名又江豚之名天欲風則見也又音甫大魚也（龍 167/05）。//鱏正（龍 167/05）。//鮂或作（龍 167/05）。

bú 醭：醭普卜反（慧 60/674b）（慧 61/694a）（紹 143b10）。醭正普木反醋生白醭也（龍 311/03）（慧 58/610b "醶青"註）。醭俗（龍 311/03）（玄 15/209b "醶青"註）。

鳪：鳪音卜雉鳪鼠名也（龍 290/04）。

bǔ 卜：卜博木反（希 4/380b）。

哺：哺音步乳～又食在口也（龍 273/05）（玄 1/9c）（玄 2/23c）（玄 4/49b）（玄 9/120a）（玄 14/191c）（玄 21/283a）（玄 22/298b）（初編玄 626）（慧 17/743b）（慧 15/685a）（慧 19/788a）（慧 25/927a）（慧 26/935a）（慧 34/84a）（慧 41/223a（慧 48/385b）（慧 54/507b）（慧 57/600a）（慧 59/642b）（慧 60/656b）（慧 78/1037a）（慧 89/160b）（希 1/357c）（紹 182a7）。哺蒲暮反（慧 18/758b）。//啖：啖甫父二音咀爵也（龍 271/05）（玄 7/94c）（玄 11/151a）（慧 28/998a）（慧 52/471a）（慧 35/110b）（紹 184b8）。

捕：捕音步捕捉也（龍 214/01）（慧 41/222b）（希 2/363b）（希 4/380a）（紹 133a6）（紹 134b7）。

補：補逋古反（慧 64/754b）（慧 93/219b）。補卜古反（玄 20/265a）（慧 5/484b）（慧 14/661b）（慧 64/758a）；逋又作補（玄 1/8c、慧 17/742a "逋沙"註）。補補經文作～（玄 20/265a "補祇"註）。補新藏作補音補（龍 111/09）。補新藏作補音補①（龍 111/09）。補古

---

① 《叢考》：皆為 "補" 的訛俗字（703）。

文音補（龍 145/04）。櫥古文音補①（龍 145/04）。

嫊：嫊音卜昌意妻也（龍 284/08）。

鞻：鞻正音卜絡牛頭繩也又封曲反（龍 451/08）。鞻俗（龍 451/08）。

鬊：鬊音卜鬢髯也（龍 091/02）。

撨：撨方垢反衣上擊也（龍 212/02）；保經作撨（慧 32/44b "保母" 註）。

鸏：鸏音卜烏鸏水鳥似水鵁也（龍 290/04）。

bù　步：歩（慧 11/605b）。歨步音（紹 162a10）。歨音步（龍 335/10）。

莎：莎音步亂草又音蒲莎擄收亂草也（龍 262/08）。

珷：珷音步珷瑤美玉（龍 437/09）。珍俗音步（龍 438/03）。

跕：跕蒲各反跕蹈也（龍 468/01）。

駇：駇音步駇馬習馬也（龍 293/07）。

布：布補故反（玄 5/73a）（慧 32/41b）。巿又《舊藏》作布（龍 551/09）。

咘：咘俗音布（龍 274/02）。

怖：怖正普故反惶怖也（龍 060/07）（紹 130a5）；怖又作怖同（玄 19/256c、慧 56/563a "茫怖" 註）。//怖：怖今（龍 060/07）（慧 5/485a）（慧 27/975a）（慧 39/169b）（慧 61/691a）（慧 91/192b）。

餔：餔音步（龍 502/02）。//餔音步餹餔與餔同（龍 305/08）。//粏：粏音步餹粏與餔同（龍 305/08）。

鵏：鵏正音步鵏豉鳥也（龍 288/07）。鵏或作（龍 288/07）。

瘔：瘔音步瘡也（龍 476/03）。

簿：簿蒲古反（慧 58/620a）（慧 84/71a）（紹 159b7）。薄蒲古反（玄 15/203a）。

瓿：瓿蒲口反瓿甄（龍 316/03）。

部：部部古文部字（龍 456/01）。

鵏：鵏音部小鳥也（龍 288/03）。

---

① 《叢考》：皆為 "補" 的訛俗字（777）。

麮：**麮** 正蒲口反麮䴬餅也（龍 505/06）（慧 36/115b）（慧 37/141b）。**麮** 俗（龍 505/06）。//

餢：**餢** 麮䴬顏之推證俗音從食作餢䭔（慧 37/141b "麮䴬" 註）。

不：**釆** 古文音不（龍 543/08）。

䩁：**䩁** 芳無薄胡二反（龍 131/01）。**䩁** 芳無薄胡二反（龍 131/01）（玄 20/265a）（慧 43/260

b）。

駂：**駂** 音步馬名（龍 293/07）。

c

cā 攃: **攃**蒼葛反足動草聲亦揩攃也（龍 217/10）（慧 37/147a）（紹 134b6）。**攃**七葛反（慧 8/546b）（慧 8/547b）（慧 38/152b）。**攃**又倉葛反①（龍 215/02）。**攃**又倉葛反（龍 215/02）。

糮: **糮**七葛反穀屬也（龍 403/08）。

cà 礧: **礧**倉盍反鼓聲（龍 337/06）。

cai

cāi 偲: **偲**采鰓反（慧 94/235b）。**偲**正倉才反多才能也（龍 025/03）。**偲**俗（龍 025/03）。

赴: **赴**倉來反說文疑也（龍 324/09）。

猜: **猜**採哉反（慧 81/6b）。**猜**倉來反疑也恨也（龍 317/02）（玄 13/172b）（慧 57/592b）（玄 21/284c）（慧 28/1008b）（玄 22/292a）（慧 48/376a）（玄 24/327c）（慧 70/874b）（慧 8/554b）（慧 10/582a）（慧 18/758a）（慧 41/219a）（慧 35/102a）（慧 39/179b）（慧 45/312a）（慧 62/715a）（慧 66/797b）（慧 84/72b）（慧 84/82a）（慧 93/214a）（紹 166b3）。//悷：**悷**倉宰反恨也（龍 058/05）；古文膱猜二形今作悷同（玄 3/47a、慧 10/582a "猜焉" 註）（玄 13/172b、慧 57/592b "猜疑" 註）（玄 21/284c "猜疑" 註）（玄 22/292a、慧 48/376a "猜度" 註）（玄 24/327c、慧 70/874b "猜阻" 註）。**採**古文膱猜二形今作採同②（慧 28/1008b "猜疑" 註）。

膱: **膱**古文膱猜二形今作悷同（玄 22/292a、慧 48/376a "猜度" 註）（玄 24/327c、慧 70/874b "猜阻" 註）。**膱**膱猜二形今作悷同（玄 13/172b "猜疑" 註）（慧 28/1008b "猜疑" 註）。**膱**膱猜二形今作悷同（玄 13/172b、慧 57/592b "猜疑" 註）（慧 28/1008b "猜疑" 註）。**膱**古文膱猜二形今作悷同麁来反（玄 21/284c "猜疑" 註）。**膱**古文膱猜二形今作悷同麁来反（玄 3/47a "猜焉" 註）。**膱**古文膱猜二形今作悷同麁来反（慧 10/582a "猜焉" 註）。

①參見《龍龕手鏡研究》218 頁。
②《玄應音義》作 "悷"，《慧琳音義》引作 "採"，"採" 當是 "悷" 字形訛。

賊灾猜二音目際[睽]也（龍 408/03）。//睞倉來反①（龍 426/04）。

cái 才：才 纔說文作才字（慧 5/482b "纔一" 註）。

材：材 在哉反（玄 23/309c）（慧 47/360b）。

財：財 徂灾反（玄 23/309c）（慧 47/360b）（慧 30/1036b）；纔漢書及東觀漢記諸史書及賈逵注國語並為財字（慧 6/499b "纔出" 註）（慧 18/766b "纔得" 註）。//賊：賊俗音財（龍 349/09）。//龕古文音財（龍 528/01）。//合古文音財②（龍 528/01）。

財：財 正音才麹也（龍 505/01）。財俗（龍 505/01）。

裁：裁 在灾反（玄 1/21c）（慧 25/921a）（慧 94/241a）；纔鄭注禮記音為裁字（慧 6/499b "纔出" 註）（慧 18/766b "纔得" 註）（慧 99/317b "纔驗" 註）。//傲俗昨來反（龍 027/07）；裁傳文從人作傲未詳（慧 94/241a "貌裁" 註）。

哦：哦俗昨來反（龍 267/02）。

纔：纔今音才暫也近也僅也能也又音衫帛青色也（龍 396/02）（慧 58/620b）（慧 48/373b）（慧 47/354a）（慧 70/866b）（慧 6/499b）（慧 15/704b）（慧 42/250a）（慧 37/144b）（慧 40/197a）（慧 55/536a）（慧 67/806b）（慧 72/902a）（慧 88/147a）（慧 99/317b）（慧 99/317b）（慧 100/348a）（希 5/385b）（希 5/389b）（希 6/395a）；纔《漢書》作纔《禮記》作裁東觀漢記及諸史賈逵注國語並作財隨作無定體（玄 17/232a、慧 70/857a "纔出" 註）（玄 1/21c "裁有" 註）（慧 25/921a "裁有" 註）。纔藏來反（慧 47/358b）。纔 在來反（慧 14/678b）。纔俗（龍 396/02）（玄 5/73a）（慧 33/59b）（玄 12/156b）（慧 52/477a）（玄 15/203a）（玄 21/281b）（玄 22/290a）（玄 23/306c）（玄 24/322c）（慧 13/655a）（慧 16/714b）（慧 16/720b）（慧 18/766b）（慧 22/834a）（慧 32/31b）（紹 191a5）；纔經從二兔者非也（慧 6/499b "纔出" 註）（慧 8/540b "量纔" 註）。纔正（龍 396/02）。纔 在裁反（慧 5/482b）（慧 8/540b）。

cǎi 采：采 且在反（玄 18/240a）（慧 73/932b）（玄 23/312b）（慧 50/420b）（慧 34/77b）；採或作采（慧 97/290b "採芑" 註）。//採蒼宰反（慧 8/553a）（慧 91/184a）（慧 97/290b）；采今經從手通用也（慧 34/77b "采蓮" 註）。

---

① 《叢考》：疑是 "睞" 的訛俗字（598）。
② 《疏證》："財" 的會意俗字（140）。

寀：寀 音采寀寮官也 (龍 156/09) (慧 88/143b)。

啋：啋 俗音綵 (龍 271/07)。

彩：彩 (慧 21/813b)。

婇：婇 綵經文從女作婇非也 (慧 33/69b "綵女" 註)。

脲：脲 倉代反大腹也 (龍 414/06)。

綵：綵 倉宰反 (慧 20/796a) (慧 33/69b) (慧 87/127a)。

cài 菜：菜 猜代反 (慧 61/696a) (紹 156b1)。

髽：髽 音菜髻也 (龍 090/01)。髽 采音又千代切 (紹 144b8)。髽 采音又千代切 (紹 144b 8)。

蔡：蔡 音菜 (慧 16/715a)。蔡 (慧 80/1068b)。

鑔：鑔 倉葛反又七大反 (龍 022/01)。

鶒：鶒 倉蓋反鶒鳩鳥 (龍 289/01)。

can

cān 參：參 又倉含反近也 (龍 184/01) (玄 9/127c) (慧 46/334a)；毿經文作參非體也 (慧 52/47 6a "毿毿" 註)。叅 又倉含反近也 (龍 184/01) (玄 7/103a) (玄 23/308b) (慧 47/358b) (慧 1 0/588a)；毿經文作參非體也 (玄 11/153b "毿毿" 註)；墋經文從小作条謬也 (希 1/359 b "墋毒" 註)。叄 驂經文作～非體也 (慧 24/893a)。

嬠：嬠 烏含反嬠婪貪也玉篇又青含反亦貪也 (龍 280/05)。嬠 青含反婪也 (龍 280/06)。

趙：趙 倉含反趙趨走皃也 (龍 324/05)。趙 (龍 324/05)。

驂：驂 念含反 (慧 33/59b) (玄 8/109c)。驂 倉含反驂駕 (龍 290/09) (玄 5/72c) (玄 7/103a) (慧 24/893a) (慧 28/1007a) (慧 97/279b)。驂 倉含切 (紹 166a6)。

餐：餐 正倉安反餐食也 (龍 500/05) (慧 14/672a) (慧 41/218b) (慧 64/756a)。餐 俗 (龍 500/0 5) (紹 171b8)。飱 倉單反 (慧 14/676a)。//湌 俗音喰 (龍 226/03)；餐或從水作湌 (慧 14/672a "餐食" 註) (慧 14/676a "不餐" 註) (慧 41/218b "得餐" 註) (慧 64/756a "就餐" 註)。

飡倉單反俗字也正體作餐（慧 1/405a）（紹 189a7）。飡正倉安反倉安反餐食也（龍 5

00/05）；餐或從水作飡經文從冫非也（慧 14/672a "餐食" 註）（慧 14/676a "不餐" 註）。

//喰：飡又俗倉安反（龍 500/04）（紹 183b3）；吸論作喰俗字（慧 87/127a "吸氣" 註）。

飡俗餐孫二音（龍 267/08）。

奾： 奾七感反好皃也（龍 282/04）。

cán 奾 奻音殘（龍 119/05）。奻昨干反穿也（龍 348/02）。奻徒［從］干反穿也①（龍 348/02）。

戔： 戔昨干反傷也賤也又戔戔束帛也（龍 173/01）。

殘： 殘藏安反（慧 2/437a）（慧 22/837a）（慧 22/842b）（慧 23/873b）（慧 31/16b）（慧 100/332a）（希

2/365c）；殲古文殘同（慧 76/993a "怨殲" 註）。殲殲古文殘同（玄 20/272c "怨殲" 註）。

//瘮：瘮俗才安反②（龍 472/03）（紹 192b3）。

殈： 殈昨干徂旦二反禽獸食餘也（龍 513/08）。殈昨干徂旦二反（龍 513/08）。//朘：朘

昨干徂旦二反禽獸食餘也（龍 407/09）。

盞： 盞音殘窑盞大器盁也（龍 328/06）。盞音殘正作盞器也（龍 538/02）。

慚： 慚藏含反（慧 3/452a）（慧 8/534b）（慧 32/39b）（慧 33/60b）（慧 51/434a）（慧 54/525a）（慧 6

3/733b）（慧 73/920b）（慧 78/1033b）（慧 88/143b）（慧 89/154a）（希 3/369c）。慚舊藏作慙（龍

065/07）。慚藏含反（慧 7/518b）；慙經作慚誤也（慧 32/39b "慚愧" 註）（慧 33/60b "慙愧"

註）（慧 51/434a "三慚" 註）（慧 54/525a "阿難慙" 註）（慧 63/733b "慙赧" 註）（慧 73/920b "慙

媿" 註）（慧 78/1033b "慙愧" 註）（慧 89/154a "慙悟" 註）。

顊： 顊作三反長面皃玉篇又音慚（龍 347/01）。

鄼： 鄼昨含反亭名（龍 455/01）。

蹔： 蹔正昨含反止也（龍 460/02）。蹔俗（龍 460/02）。

蠶： 蠶正昨含反吐絲虫也（龍 219/10）。蠶藏含反（慧 14/678b）（慧 29/1023b）（慧 31/5b）（慧

38/164a）（慧 39/168b）（慧 60/669b）（慧 81/14a）（慧 99/315b）（希 4/375b）（紹 164b1）。蠶蠶

正昨含切（紹 164b2）。蠶蠶正昨含切（紹 164b1）。蠶蠶正昨含切（紹 164b1）。蝅通

①參見《龍龕手鏡研究》286 頁。
②《龍龕手鏡研究》：即 "殘" 的增旁俗字（345）。

（龍 219/10）。𧖖𧖡正昨含切（紹 164b1）；𧖡俗作蚕也（慧 39/168b "𧖡絲" 註）。𧖖𧖡集從天作蚕非也（慧 99/315b "𧖡衣" 註）（希 4/375b "𧖡繭" 註）。𧖖俗（龍 219/10）。𧖖俗（龍 219/10）。//蜇：蚕古（龍 219/10）。

cǎn 惨：**惨**正倉感反憂也（龍 057/01）（慧 48/382b）（慧 11/609b）（慧 18/766b）（慧 24/887a）（慧 42/245a）（慧 57/596b）（慧 62/711b）（慧 68/827a）（慧 76/1007b）（慧 78/1034b）（慧 78/1047a）（慧 81/1b）（慧 81/10a）（慧 82/27b）。**㦚**俗（龍 057/01）（玄 3/46a）（玄 22/296b）（慧 11/612a）（慧 11/616a）（慧 18/765a）。**憯**七感切（紹 130a2）。**際**俗七感反正作惨（龍 297/03）。**㦗**俗七感反正作惨（龍 366/06）。**㦧**（慧 10/580a "惨毒" 註）。**㥇**倉感反（慧 10/580a）。

磣：**磣**俗七感反面䵟磣（龍 347/04）。

黲：**黲**正倉敢反淡青色也（龍 532/05）（慧 39/169a）；磣黷今別傳作黲毒二字並誤（希 10/419a "磣黷" 註）。**黪**倉敢反（慧 81/15a）。**黲**通（龍 532/05）。**黲**俗七感反正作黲（龍 339/10）。

憯：**憯**七感反痛也愴也（龍 058/03）（慧 99/325a）。**憯**七感反痛也愴也又青忝反憯悽也（龍 058/03）；惨又作憯同（玄 3/46a、慧 10/580a）（慧 81/1b "懽惨" 註）。

càn 疁：**疁**七紺反聯鉏［壠］兒也①（龍 154/06）。

諗：**諗**七紺反伺也（龍 049/03）（慧 60/664a）（慧 60/668b）。**諑**惨或從言作諗（慧 11/609b "惨屬" 註）。

鏒：**鏒**玉篇七南色咸二反鍬鏒馬口中鐵也又思感反（龍 008/01）。

娿：**娿**正倉旦反詩云三女為娿也又美女兒（龍 283/02）。**娿**倉案反三女為娿美女兒（龍 539/07）。**娿**俗（龍 283/02）。//孫：**孫**俗蒼案反正作娿美女兒（龍 336/07）。

粲：**粲**正倉旦反鮮好兒也又優察明盛也（龍 305/05）（慧 28/998a）（慧 51/437b）（紹 196b3）。**粲**（玄 7/94c）。**粲**鹿旦反（玄 15/211a）。**粲**粲正倉案切（紹 196b4）。**粲**今（龍 305/05）（慧 58/623b）。**粲**俗（龍 305/05）。

璨：**璨**正倉旦反美玉也（龍 437/05）（紹 141a7）；粲律文作璨非體也（慧 58/623b "粲麗" 註）。

---

① 《廣韻疏證》："鉏" 當 "壠" 訛（2552）。

璨 俗（龍 437/05）；粲律文作璨非體也（玄 15/211a "粲麗" 註）。 璨 俗（龍 437/05） 璨
倉案反（紹 141a7）。

燦： 燦 倉旦反燦爛光明也（龍 243/01）。 燦 倉案切（紹 190a7）。

cang

cāng： 倉： 倉 且郎反（玄 19/262c）（慧 56/573b）（慧 12/628a）（慧 41/223a）（希 2/365a）。

傖： 傖 助庚反吳人呼秦人作傖（龍 025/07）（玄 5/70a）（玄 16/217a）（慧 65/777b）（紹 129 b1）；鏘又作傖同（玄 4/62b "鏗鏘" 註）（慧 19/783b "鏗鏘" 註）。

滄： 滄 音倉寒兒（龍 187/05）。

蒼： 蒼 錯郎反（玄 5/72b）（慧 33/57b）（玄 12/162c）（慧 75/967a）（慧 15/697a）。

滄： 滄 正錯剛反滄浪也（龍 227/09）（玄 11/148a）（慧 52/464b）（慧 100/336b）（紹 189a6）。 港 或作（龍 227/09）。

螥： 螥 倉音（紹 164a6）。

館： 館 俗音倉（龍 500/04）。// 飦 音鎗［館］[1]（龍 501/02）。

鶬： 鶬 音倉鶬鶊鳥也（龍 285/04）（玄 4/49a）（玄 8/110b）（慧 32/35b）（玄 15/205b）（慧 58/6 04a）（慧 4/468b）（慧 14/671a）（慧 54/512a）（紹 165b1）。// 雎： 雎 音倉雎維鳥名（龍 1 48/07）；鶬又作雎同（玄 8/110b、慧 32/35b "鶬鶊" 註）（玄 15/205b、慧 58/604a "鶬鶊" 註）（慧 14/671a "鶬鶊" 註）。

cáng： 藏： 藏 昨郎反隱也深也收也匿也（龍 256/02）（慧 11/607b）（慧 38/162b）。

cao

cāo： 操： 操 倉刀反持也又七到反志也（龍 208/02）（玄 17/226c）（慧 67/812b）（玄 17/234c）（慧 74 /948a）（玄 19/262c）（慧 56/573a）（慧 18/750a）（慧 21/828b）（慧 60/661b）（慧 67/808a）（慧 80 /1069b）（慧 80/1071a）（慧 80/1073b）（慧 82/31b）（慧 83/44b）（慧 86/106a）（慧 89/153b）（慧 8

---

[1]《叢考》：此字疑即 "館" 的訛俗字（1115）。

9/159b）（慧 90/170a）（慧 94/241a）（慧 98/298a）（慧 98/307b）。**捒** 操録文中從枀作～非也（慧 80/1069b "操之" 註）。**捒** 操録文從参作摻非也（慧 80/1071a "操筆" 註）（慧 94/241a "操抱" 註）。//斀：**斀** 倉刀反平持也又古文與操同（龍 530/02）；操又作斀同（慧 67/812b "操扠" 註）（慧 18/750a "操紙" 註）。**斀**（玄 17/226c "操扠" 註）；操又作斀同（玄 19/262c "操刀" 註）。**斀** 七刀反正作斀平持也（龍 119/04）；操又作斀同（慧 56/573a "操刀" 註）（慧 82/31b "其操" 註）。

糙：**糙** 七到反米穀雜也（龍 305/07）。

cáo 曹：**曺** 俗（龍 425/05）；曹又作曺同（玄 9/120a、慧 46/320a "汝曺" 註）（玄 14/185c、慧 59/632b "汝曺" 註）（玄 25/332c、慧 71/883a "汝曺" 註）。**曺** 古昨勞反曹輩也我也衆也又曉明也今與曹同又呼鳥反（龍 425/05）；曺又作曺同（玄 3/37b、慧 09/558a "我曺" 註）（玄 8/117b "我曺" 註）。**曹** 自勞反（慧 46/320a）（慧 59/632b）（慧 71/883a）。**曺** 自勞反（玄 3/37b）（慧 09/558a）（玄 8/117b）（玄 9/120a）（玄 14/185c）（玄 23/317b）（慧 49/399a）（玄 25/332c）（慧 2/431a）（慧 21/819b）。

嘈：**嘈** 皂勞反（慧 83/45b）（慧 87/131b）（慧 99/313a）（紹 183a2）。**嘈** 音曹喧嘈（龍 269/08）。

漕：**漕** 音曹邑名（龍 230/05）（慧 99/311b）（紹 188b3）。**漕** 在到反水運穀（龍 235/02）。

嬼：**嬼** 曹音（紹 142a2）。

禚：**禚** 今音曹祭豕先也（龍 110/01）。**禚** 或作（龍 110/01）。**禚** 俗（龍 110/01）。

槽：**槽** 音曹（慧 15/686a）（慧 81/8a）。**艚** 艚又作槽同（慧 73/927a "鐵艚" 註）。**槽** 音曹馬槽（龍 373/04）（慧 4/471b）（紹 157a4）；艚又作槽同（玄 18/247c "鐵艚" 註）。//𣝔：**𣝔** 俗遭曹二音[①]（龍 317/10）。

聯：**聮** 曹樵二音耳鳴也（龍 314/01）。//聮：**聮** 在焦反耳鳴也（龍 314/01）。

褿：**褿** 正（龍 103/08）。**褿** 今昨勞反裙也又衣也又音遭（龍 103/08）。**褿** 又音槽棧也（龍 110/01）。

蠟：**蠟** 音曹（慧 60/660b）（慧 61/689a）（慧 68/827b）（紹 164a1）。**蠟** 音曹蠐蠟虫名也（龍 2

---

① 《字典考正》：為 "槽" 的換旁俗字（128）。

21/03）。

艚：**艚**在勞反（慧73/927a）（紹146a3）。**艚**正音曹舩艚也（龍131/07）（玄18/247c）。**艚**俗

（龍131/07）。

鱙：**鱙**音曹高也（龍185/03）。

cǎo 艸：**艸**古文音草（龍076/03）。**艸**古文音草（龍058/09）。**艸**音草（龍138/09）。**艸**音草

（龍138/09）。**艸**音草（龍540/06）。//**草**亦作卝（希8/408b）。

嘈：**嘈**音草嘈嘐無人（龍271/09）。

憷：**憷**音草憷恅心亂也（龍058/03）。

騲：**騲**音草牝馬曰騲（龍293/02）（紹166a1）。

懆：**懆**音草憂也（龍058/04）（慧62/722a）（紹130b3）；躁經從心作懆非也（慧76/1007b“躁

動”註）。

ce

cè 册：**册**正楚革反古文簡册也（龍554/03）（玄1/12b）（慧42/233a）（玄19/254b）（慧56/559a）（慧

21/810a）（慧86/106b）（慧87/123b）（慧91/185b）（慧97/279a）（希8/409a）（紹202a1）；箣或

單作册也（慧79/1065a“鐵箣”註）（希8/407a“箣立”註）。**册**俗（龍554/03）；策古文册

同（玄15/204b“築謀”註）（玄17/231c、慧70/856b“乘策”註）。**册**初革反（龍202/03）（紹

196b5）。//箣：**箣**策古文箣同（慧58/602a“築謀”註）；册古文箣同（玄19/254b、慧5

6/559a“理册”註）（慧21/810a“天册”註）（慧87/123b“簡册”註）（慧97/279a“方册”註）（希

8/409a“册立”註）。**箣**正楚革反簡箣也（龍394/05）。**箣**音策古文箣字也（慧39/173b）

（慧79/1065a）（希8/407a）。**箣**策音（紹160b4）。**箣**古（龍394/05）。**箣**策古文箣同（玄

15/204b“築謀”註）（玄17/231c、慧70/856b“乘策”註）。

栅：**栅**初革反材栅也又豎木編以為之（龍385/09）（玄8/116b）（慧38/161b）（玄14/183c）（慧

59/630a）（玄16/216a）（慧65/776a）（玄18/246b）（慧73/925a）（玄19/261b）（慧56/571a）（慧6

0/658b）（慧90/171b）（慧100/334b）（希9/415b）。**栅**初革反（慧74/958a）。**栅**音策（慧6

1/688b）；經作栅俗字也（慧74/958a "木栅" 註）。**栅** 初格切（紹157b4）。**栅** 音策（慧61/695b）。

曹：**曹** 正楚革反告也（龍430/07）；策古文曹同（慧58/602a "策謀" 註）。**曹** 俗（龍430/07）。**曹** 楚革反吉［告］也（龍430/08）。**曹** 策古文曹同（玄15/204b "策謀" 註）（玄17/231c、慧70/856b "乘策" 註）。**冊** 同上［初革反］（龍202/03）；冊或古為～象形也（慧21/810a "天冊" 註）。

策：**策** 楚責反（慧29/1017a）（慧99/326b）。**策** 今楚革反策杖也又籌謀計策也（龍394/04）（慧18/756b）（慧18/756b）（慧60/656a）（希3/368c）；册論作策俗字也（慧86/106b "史册" 註）（希8/407a "籌立" 註）。**策** 初革反（慧58/602a）（慧70/856b）（慧13/656b）（慧60/661b）（希3/373b）（紹160b4）。**策** 俗（龍394/04）（玄15/204b）（玄17/231c）（玄23/310c）（慧47/362a）；策經文從宋作策誤書字也（希3/368c "檢策" 註）。**策** 新藏作策（龍264/04）。**策** 策或作筞（慧18/756b "籌策" 註）（希3/368c "檢策" 註）。**策** 郭氏作筴字（龍264/10）。**策** 俗（龍278/03）。**策** 俗（龍278/03）。**策** 俗（龍278/03）。//**策** 俗（龍278/03）。**策** 俗（龍278/03）。

憳：**憳** 楚革反憳冊也（龍063/06）。

戛：**戛** 音惻戛戛陳器狀也又音即治稼戛戛進也（龍154/07）（玄16/214a）（慧65/773a）（玄17/232b）（慧70/857b）（玄25/335a）（慧71/887a）（慧24/901b）（慧41/227a）（慧40/196b）（慧61/684a）（慧72/905b）（慧73/920a）（慧79/1054b）（慧92/200a）（希1/359a）（紹196b7）。**戛** 又音惻① （龍154/04）。

稷：**稷** 正音測耕也（龍365/07）。**稷** 或作（龍365/07）。**稷** 俗（龍365/07）。

側：**側** 莊力反（慧85/97b）（希3/374b）（希7/401b）。

惻：**惻** 初力反創也悲痛也（龍062/05）（玄2/28a）（玄4/52b）（慧31/24b）（玄10/137a）（慧45/304a）（玄12/157a）（慧74/953b）（玄16/223b）（慧64/752b）（玄23/304c）（慧47/351a）（慧14/678b）（慧18/766b）（慧26/938b）（慧89/155b）（紹130b6）（紹139b7）；測或經誤從心作惻

① 參見《龍龕手鏡研究》202 頁。

非此用也（慧 18/751a "不測" 註）。**愡**初力反愴也與惻同（龍 069/05）（玄 2/28a "流惻" 註）；惻古文愡同（玄 4/52b "懇惻" 註）（玄 10/137a、慧 45/304a "悲惻" 註）（玄 12/157a、慧 74/953b "懇惻" 註）（玄 16/223b、慧 64/752b "懇惻" 註）（玄 23/304c、慧 47/351a "惻愴" 註）（慧 18/766b "悲惻" 註）。

測：**測**初力反測度也（龍 236/03）（慧 2/430b）（慧 6/513b）（慧 14/680b）（慧 18/751a）（慧 29/1029b）。

堲：**堲**初力反遏遮也（龍 252/09）（紹 140a2）。

廁：**廁**初志反雜也次也間也圊也（龍 300/08）（玄 7/93a）（慧 28/996a）（慧 74/956b）（玄 15/208b）（慧 58/608b）（玄 17/226a）（慧 67/812a）（慧 71/894a）（玄 25/339a）（慧 11/606a）（慧 12/633b）（慧 19/778a）（慧 22/847b）（慧 51/450b）（慧 53/488a）（慧 61/682b）（慧 63/740a）（慧 64/750b）（慧 68/822a）（希 3/373c）。**瘌**俗音廁[1]（龍 475/09）。

憒：**憒**楚革反耿介也（龍 063/06）（紹 130a4）。

䜣：**䜣**又白反磨豆也（龍 360/01）。

cen

cēn 參：**參**初今反參差不齊皃也（龍 184/01）（慧 64/753b）（慧 100/333b）。**枀**（龍 184/01）；參經從小作～俗字也（慧 64/753b "參差" 註）。

參：**蔘**初今反參差不齊皃也與枀同（龍 070/02）。

cén 岑：**岑**士今反岑崟山小而高也（龍 070/08）（慧 81/18b）（紹 162a1）；**巉**經文作岑（玄 20/267b、慧 33/54b "巉巖" 註）。

尖：**尖**士今反入山深皃也（龍 070/09）。

涔：**涔**正鋤針反涔陽地名又管涔山名也亦養魚皃又取魚也又牛馬跡有水曰涔也（龍 228/01）（紹 187b6）。//**泠**俗（龍 228/01）。

梣：**梣**鋤今反青皮木名也（龍 374/02）。

---

[1]《字海》："廁" 的訛字（1112）。

稽：**稽**正鋤針反禾欲秀也（龍143/07）。**稽**俗（龍143/07）。

霪：**霪**正士吟反雨聲也（龍306/04）。**霪**通（龍306/04）。

ceng

céng 層：**層**昨曾反重屋也（龍162/06）（玄11/153b）（慧52/476a）（玄19/252c）（慧56/556b）（玄23/310a）（慧47/361a）（玄24/325b）（慧70/871a）（慧12/627a）（慧47/358a）（慧53/492a）（慧87/127a）（慧92/207a）（慧100/345b）（紹172a10）。

嶒：**嶒**正疾陵反崚嶒山兒也（龍071/08）（玄19/258b）（慧56/566a）。**嶒**或作（龍071/08）。**嶒**或作（龍071/08）。

檜：**檜**曾增二音（紹158a1）。**檜**蹭古文撍同（玄20/274c"蹭伽"註）。

譄：**譄**正增繪二音巢高兒（龍519/02）。**譄**俗（龍519/02）。

騬：**騬**疾陵反馬名（龍292/04）。

瞢：**瞢**音曾目小作態薈瞢也（龍418/07）。**瞢**俗音層正作瞢目小作態也（龍426/02）。//覾：**覾**俗音曾①（龍344/01）。

cèng 蹭：**蹭**徂陵反（玄20/274c）（玄24/326a）（慧70/872a）（慧95/252b）（紹137b2）。

cha

chā 扱：**扱**初洽反引也取也級也奭也（龍216/02）。

犰：**犰**初洽反犬食也（龍319/08）。

叉：**叉**策加反（慧53/489b）。

邓：**邓**俗音叉（龍454/04）。**邓**叉音（紹169a6）。

杈：**杈**音叉杈杷田器也（龍377/07）（玄10/138b）（慧41/216b）。**杈**楚加反（慧45/306b）。

膭：**膭**正音叉腋膭脯也（龍407/03）。//�：**�**俗（龍407/03）；权論文作�俗作也（玄10/138b"兩杈"註）（慧45/306b"兩杈"註）。

---

①《叢考》：疑即"瞢"的換旁俗字（996）。

舀：圅正楚洽反舂去米皮也與舀同（龍 340/05）。舀楚夾反（慧 54/510b）。圅俗（龍 34

0/05）。甲初甲切（紹 150a10）。雨今初洽反舂去皮也（龍 555/06）。矗籀文（龍 555/

06）。舂抶發切（紹 150a10）。舀玉篇又音挿（龍 341/03）。舂或作（龍 555/06）。

刪：刕剌集作～撿字書並無此字雖有剌字於義猶未得通故兩出之也（慧 96/268b“剌户”

註）。刟士洽反川韻云切聲又又玉篇初洽反義同（龍 101/01）。

插：揷楚匝反（慧 14/663b）。插今初洽反刺入也（龍 216/02）（慧 26/957b）（紹 134b4）。揷

正（龍 216/02）（慧 42/248b）（慧 94/229a）（紹 134b4）；經文從千從臼音菊作插非也（慧

14/663b“插在”註）（慧 81/12a“插口”註）。插楚甲反（慧 36/115b）（慧 36/121a）（慧 39/1

70b）（慧 69/845a）（慧 76/1009b）（慧 81/12a）（慧 100/335a）（希 6/394b）（希 7/401c）（希 8/406

a）。插俗（龍 216/02）（慧 37/133b）（慧 62/706a）。插楚洽反（玄 5/65b）。極插傅文

作極誤（慧 94/229a“插者”註）。插又甲反（玄 7/104b）（玄 21/282b）；插作插插皆非

本字（希 7/401c“雜插”註）（希 8/406a“傘插”註）。挿俗（龍 216/02）。挿俗（龍 216/02）。

稱：稱正初立初甲二反種也（龍 147/09）。稱俗（龍 147/09）。稱俗（龍 147/09）。稱插

經文從禾作稱應誤也（玄 7/104b、慧 26/957b“阿插”註）。

鍤：鍤磼甲反（慧 62/704b）（慧 63/730b）（慧 93/213b）。鍤正楚洽反鍫也（龍 022/03）（龍 0

20/08）（紹 180b6）。鍤俗（龍 022/03）。鍤今（龍 022/03）。//鑑：鑑正楚洽反又七

廉反古畾也（龍 201/06）。鑑俗（龍 201/06）。鍤鍤或作～古字也（慧 93/213b“鍬鍤”

註）。鑑正楚洽反又七廉反古器也（龍 554/09）。鑑俗（龍 554/09）。

差：差（中 62/718a）。差策迦反正體字也（慧 14/663a）。差楚解楚宜楚佳反（慧 27/972

a）（慧 53/501a）（慧 54/525b）（慧 64/749b）（慧 64/753b）（慧 94/230b）（慧 100/333b）；蔡邕石

經隨俗作差（慧 14/663a“差舛”註）。差舊藏音差（龍 257/04）（慧 16/713a）（紹 155b10）。

差初加反（慧 60/656b）。

剗：剗初佳初加二反剗剗又小矛也又初嫁反（龍 097/01）。

艖：艖昨何反小舸又音叉亦小舩名（龍 131/01）。艖音叉小舩名又昨何反亦小舸也（龍

131/02）。//舣：叙音叉（龍 131/01）。

92 | chā–chá | 鎈跥㗂楂荼嗏㙊瘥窞隉躇

鎈：**鎈**音叉錢異名也（龍013/04）。

跥：**跥**俗知革反①（龍466/03）（紹137b5）；咤經中作跥非也（玄3/42a、慧09/573b"咤之"
註）（玄4/51b"侘飢"註）。

㗂：**㗂**昌甲反②（龍378/09）。

chá 楂：**楂**正鋤加反水中浮木也（龍378/09）；槎經文作楂亦同（慧72/904a"槎瀨"註）。//
查：**查**或作又醋也（龍378/09）（慧96/261b）（紹158b6）；楂論文作查非體也（玄18/2
52a、慧73/918a"生楂"註）。//槎：**槎**千何反（玄4/54c）（慧72/904a）（慧79/1062b）；查
亦作槎（慧96/261b"查榜"註）。**樶**或作（龍378/09）（紹158b8）。**搓**千何反（慧34/90
b）。

荼：**荼**宅加反（慧52/463a）（慧50/420a）。**荼**又俗音茶（龍256/08）（玄11/147b）（玄21/277b）
（玄23/312b）（慧1/414b）。

嗏：**嗏**俗音茶③（龍265/07）；荼經文或作嗏非體也（慧52/463a"荼帝"註）。**嗏**俗音茶
（龍265/07）（玄19/254c）（慧56/560a）；荼經文或作嗏非體也（玄11/147b"荼帝"註）；
薩經文作嗏非也（玄20/273b、慧75/980a"言薩"註）。**嗏**荼音（紹183a2）。**㯱**荼經文
或作嗏非體也（玄11/147b、慧52/463a"荼帝"註）。

榜：**榜**音荼春藏草葉可以為飲曰榜（龍379/01）。**搭**俗宅加反正作搭［榜］（龍209/05）
（紹134b5）。

瘥：**瘥**正宅加陟加二反痂瘥瘡瘢痕也（龍470/03）。**瘂**俗（龍470/03）。**瘥**俗（龍470/03）。

窞：**窞**宅加反宑窞深皃也（龍507/07）。

隉：**隉**宅加反丘名也（龍295/07）。//垞：**垞**丑嫁丑革二反（龍251/01）。

躇：**躇**正直加反躇跱行難皃又丑加反（龍459/07）。//蹅：**蹅**俗（龍459/06）。**蹅**宅加
切（紹137b9）；荼經文從足作～非也（玄12/159a、慧74/957a"荼迦"註）。//踏：**踏**俗
丑加反跛也（龍459/06）。

---

①《字典考正》："跥"字乃佛經音譯用字（388）。
②參見胡吉宣《玉篇校釋》3998頁。
③參見《龍龕手鏡研究》238頁。

察：𡫫察正 （紹 194b3）。//𥊈：𥊈初八反與察同至明審諦也 （龍 051/01）。𥊈音察亦同用 （慧 30/1052a）（慧 93/215b）（慧 94/229a）（紹 185a2）。𥊈初八反𥊈𥊈細言也又同察𥊈諦也知也至也監𥊈也 （龍 539/08）。𥊈𥊈傳文從久作～誤也 （慧 94/229a "𥊈事" 註）。

蔡：𦸾音察草蔡也 （龍 263/09）（玄 4/58c）（慧 43/274a）。

瞭：瞭初八反瞭視兒也 （龍 423/04）。

𤜼：𤜼正音察羅𤜼鬼也 （龍 323/10）。//𤠑：𤠑或作 （龍 323/10）。

秅：秅宅加反開張也 （龍 144/05）。

𪊷：𪊷士加反屋欲壞也又屋下不可坐也又音柴 （龍 299/04）。

chà 侘：侘正玉篇丑訝反嬌逸也又音託 （龍 33/08）（玄 1/11b）（慧 17/746a）。佫俗 （龍 33/07）。

侘：侘丑加丑亞二反傺失志也 （龍 023/08）（玄 4/51b）（玄 19/254c）（慧 56/560a）（玄 20/265a）（慧 83/47b）（紹 127b9）。

姹：姹或作 （龍 283/03）（慧 37/142a）（紹 141b6）。//妊：妊今當故陟嫁二反隨經更有多釋 （龍 283/03）。

詫：詫正丑嫁反誑也 （龍 47/07）（玄 1/12b）（慧 42/233a）（玄 4/50b）（慧 43/263b）（玄 5/68c）（玄 5/75c）（玄 7/102c）（慧 30/1046b）（慧 39/167a）（慧 66/793a）（慧 95/252b）（紹 185a8）；侘又作詫同 （玄 1/11b、慧 17/746a "尸侘" 註）。//諺：諺或作 （龍 47/07）；詫又作諺 （玄 4/50b、慧 43/263b "和詫" 註）。

衩：衩初迓初懈二反裙分也 （龍 107/02）。

刹：剎俗 （龍 100/1）（玄 6/86c）（玄 24/330a）（慧 3/448a）（慧 3/451a）（慧 27/984a）（慧 29/1016b）；剎書无此字即刹字略也 （玄 1/2a）（玄 6/80b）（慧 27/967b "十方剎" 註）。剎音察 （慧 20/801b）。剎初鎋反切韻作剎 （慧 27/967b）（慧 70/878a）（慧 6/513a）（慧 15/705a）。剎經合作差字 （希 3/374b）。剎正初鎋反刹柱也 （龍 100/1）（慧 31/6b）。剎俗 （龍 100/1）。

擦：擦剎又作擦同音察 （玄 1/2a "切刹" 註）（慧 20/801b "切刹" 註）（慧 31/6b "刹膩迦" 註）。

醝：醝正丑洽反五味調和也肉菜也 （龍 329/04）。醝俗 （龍 329/04）。

諆：諆丑嫁反相誤也 （龍 048/04）。

鑯：**鑯**初八反齒利聲也（龍 312/10）。

chai

chāi　艾：**艾**叉音（紹 156a7）。

靫：**靫**釵叉二音韔靫弓箭室也（龍 447/06）（玄 11/141a）（慧 56/549a）（玄 15/202a）（慧 58/618b）。

釵：**釵**楚佳反（玄 12/158b）（慧 53/494b）。　**釵**楚佳反（慧 74/955b）。//釵：**釵**音叉（龍 511/08）。

頨：**頨**音叉項頨骨也（龍 482/08）。

chái　豺：**豺**音柴狼屬似狗而小也（龍 321/05）（慧 09/566b）（玄 11/147a）（慧 52/462b）（玄 24/320a）（慧 70/863a）（慧 12/625a）（慧 25/920a）（慧 29/1027a）（慧 34/83b）（慧 41/209a）（慧 74/945b）（慧 76/1001a）（慧 80/1071b）（慧 83/52a）（慧 84/79b）（慧 87/119a）（慧 95/252a）（慧 97/285b）（慧 99/316a）（希 1/355a）（希 2/362a）（希 4/376c）（希 9/413b）（紹 173b5）。//豺：**豺**音柴狼屬也（龍 318/06）。**豺**音柴（龍 317/10）。**豺**音柴狼属也（龍 318/06）（慧 81/2b）；豺豹傳文作狛狛非也（慧 74/945b）"豺豹"註（慧 80/1071b"豺虎"註）（慧 84/79b"豺狼"註）（慧 97/285b"豺武"註）（慧 99/316a"豺犬"註）。**豺**士皆切（紹 166b6）；豺經文從犬作狛非也無此字（慧 12/625a"豺狼"註）（慧 41/209a"豺狼"註）（慧 87/119a"豺心"註）（希 1/355a"豺狼"註）（希 2/362a"豺狼"註）。**狛**士皆切（紹 166b6）。

眦：**眦**正士賣反睚眦也又五佳反（龍 422/01）（玄 13/169b）（慧 55/539b）（慧 81/15a）；喍喋經文作睚眦（玄 12/159c"喍喋"註）。**眦**通（龍 422/01）（玄 20/273c）（慧 34/89b）（慧 98/297a）。//睞：**睞**俗（龍 422/01）（慧 79/1056b）；眦傳作睞誤也（慧 81/15a"睚眦"註）（慧 98/297a"睚眦"註）。

齜：**齜**士佳反齜齰齒不正也（龍 311/06）（慧 53/490a）（紹 146b4）；喍說文作齜（玄 6/83b"喍喋"註）（慧 14/679b"喔喋喍吠"註）（慧 27/974a"喍喋"註）（希 4/380b"喍喋"註）。**齜**士佳反（龍 311/06）（慧 76/998b）；喍正體並從齒從柴省作齜（慧 14/679b"喔喋喍吠"

註）（慧 27/974a "噠喍" 註）。//齜：**齜**士佳反齒齗齹齒不正也（龍 311/06）。

柴：**柴**仕佳反（玄 14/183c）（慧 59/630a）。

喍：**喍**通士佳反正作齜字（龍 266/01）（玄 6/83b）（玄 12/159c）（慧 53/484b）（慧 14/679b）（慧 27/974a）（希 4/380b）；銀柴經文從口作嚃喍二形誤也（玄 12/163a、慧 75/967b "銀柴" 註）。//**喈**俗士佳反正作齜字（龍 266/01）。

茝：**茝**正音柴茝葫藥也又姊随反（龍 254/08）。**茝**俗通（龍 254/08）。

瘵：**瘵**正士佳反瘦也又士賣反疾也（龍 470/03）。**瘵**通（龍 470/03）。**瘵**俗（龍 470/03）。

祡：**祡**音柴祭天燔祡（龍 362/07）。//禷：**禷**古文音柴祭天燔禷（龍 111/01）。

輂：**輂**今音柴連車一曰却連樞堂也又七移反（龍 081/08）。**輂**或作（龍 081/08）。**輂**或作（龍 081/08）。

僝：**僝**音柴等也（龍 25/02）（玄 1/15a）（慧 42/237a）（慧 91/193a）（慧 91/193a）（紹 129a4）。

chài 蠆：**蠆**今丑芥反毒虫也（龍 223/08）（玄 4/50c）（慧 31/21b）（玄 7/102b）（慧 30/1046a）（玄 13/169b）（慧 55/539b）（玄 16/219a）（慧 65/771a）（玄 18/246a）（慧 73/924b）（慧 6/510b）（慧 43/262a）（慧 57/588b）（慧 79/1057a）（希 6/393a）（紹 156a8）（紹 163b10）；蠍説文作蠆象形毒蟲也隸書作蠍（慧 2/434a "虵蠍" 註）；欬或從萬作蠆（慧 79/1065a "欬喚" 註）。**蠆**丑芥反毒虫也（龍 224/04）。**蟣**蠆或作蟣（慧 79/1057a "蛇蠆" 註）。**蠆**或作丑芥反毒虫也今作蠆香嚴又他剌反亦虫名（龍 263/01）。//蠆：**蠆**正（龍 223/08）（玄 20/266a）。**蠆**他達反（玄 5/65c）（慧 42/249a）；蠆或作蠆（慧 31/21b "毒蠆" 註）。**蠆**丑芥反毒虫也（龍 224/04）（龍 263/01）（玄 13/169b、慧 55/539b "虵蠆" 註）（玄 15/202b）。**蠆**他達反（慧 58/619a）。

譇：**譇**楚佳反興言也（龍 044/04）。

chan

chān 瘬：**瘬**今處占汝鹽二反皮剝也（龍 471/08）。**瘬**俗（龍 471/08）。//痕：**痕**籀文（龍 471/08）。

梴：梴丑延反木長也（龍374/04）（玄11/151b）（慧52/471a）（慧75/970a）。

脡：脡丑延式連二反生肉醬也又魚醢也（龍407/08）。

獛：獛充山反噬也（龍317/08）（玄18/247b）（慧73/927a）。

姑：姑處占昌涉二反姑妼輕薄皃也（龍280/08）（慧63/733b）（紹141a10）。

覘：覘丑廉反闚視也又丑焰反伺候也（龍343/09）（玄19/255b）（慧56/561a）（玄21/283b）（慧18/762b）（慧31/8a）（慧61/680b）（慧69/841b）（慧80/1079b）（慧84/76a）（慧92/196b）（慧92/206a）（慧96/266a）（慧97/287a）（慧100/350a）（希9/414b）（紹148a1）。//閚：閚俗丑焰反正作覘候也（龍094/01）。

袩：袩羌言反聲類作襜並通也（慧98/300b）。袩尺斂反[1]（龍105/02）。//襜：襜袩聲類作襜並通也（慧98/300b"寨袩"註）。

觇：觇昌占反觇觇衣動皃（龍239/09）。

襜：襜昌占反（慧65/764a）（慧82/30a）（慧86/111a）（慧87/122a）（慧98/295a）。襜正處占反襜褕蔽膝衣也（龍102/05）。襜俗（龍102/05）。襜俗（龍102/05）。襜齒鹽反（玄8/115b）（玄16/221c）。//襝：襝或作（龍102/05）。

chán 欃：欃士銜反檀木別名也（龍373/02）。

曖：曖俗士銜反[2]（龍409/04）。

蟾：蟾之鹽反（慧47/367a）（紹164b4）。蟾之鹽反（慧40/190a）。蟾正職兼反蟾蠩蝦蟇也又視廉反蟾光月彩也（龍221/04）。蟾或作（龍221/04）（玄5/76a）（玄10/131c）。

饞：饞仕咸反（慧48/385b）。饞士咸反不廉也（龍499/08）。饞仕咸反（玄22/298b）。

艃：艃正士銜反木合木舩也（龍131/09）。艃俗（龍131/09）。

齻：齻正士咸反鼻高皃也（龍363/01）。齻俗（龍363/01）。

孱：孱士連反不肖也又昨閑反孱劣皃（龍163/05）（玄12/165b）（慧75/978b）（玄16/216b）（慧65/776b）（慧77/1028a）（慧86/111b）（慧96/266b）（慧98/295b）（紹172b3）。孱僝集

---

①《疑難字續考》：頗疑此字乃"袩"字俗訛（69）。
②朝鮮本《龍龕》此字注語為"俗，士銜切，目深皃，正作曖"（266）。

從厂作～非也（慧98/309a "必偆" 註）。//潺：潺俗士連反[1]（龍471/04）。

潺：潺正示閑士連二反潺湲水流皃也（龍229/01）（玄7/104b）（玄13/169c）（玄17/235c）（慧74/949b）（玄20/272c）（慧76/993a）（慧26/957b）（慧45/302b）（慧94/224a）（紹187b6）。

//潺：潺俗（龍229/01）。

鏟：鏟昨閑反小鑿也（龍012/06）。

麲：麲士咸反狡兔也（龍548/03）。

儳：儳倉陷士鑒二反（慧48/378a）。儳正士咸反惡也儳儳也又初鑒士陷二反輕雜言也（龍024/08）。儳俗（龍024/08）。儳倉陷士鑒二反（玄22/293a）（紹128b10）。儳音纔不齊也（龍496/07）。

鄻：鄻士銜反宋地名（龍454/06）。

嚵：嚵鋤銜反嚵氣也又嚵奪又慈染反小食又楚鑒反試人食（龍267/09）（紹183a3）；儳或有作嚵非此用（玄22/293a、慧48/378a "儳速" 註）。

瀺：瀺仕銜反（慧88/139a）。

巉：巉仕咸反（慧49/400b）（慧48/384b）（慧81/8b）（紹162b3）。巉音讒（慧83/55a）（慧94/235a）（慧99/320b）。巉正士衫反山峻險也（龍071/01）。巉仕咸反（玄10/135c）（玄20/267b）（慧33/54b）（玄22/297c）（紹162b3）；嶄或作巉礸嶃三體並俗字亦通（慧75/963b "嶄巖" 註）；巉集作～俗字也（慧99/320b "巉絕" 註）。巉俗（龍071/01）。巉俗（龍070/09）。巆俗（龍070/09）。//嶃：嶃嶄或作巉礸嶃三體並俗字亦通（慧75/963b "嶄巖" 註）。礸慈染反礸礹又士銜反（龍442/06）。//礸俗士銜反[2]（龍439/09）。礸俗（龍439/09）。//嶄：嶄巢咸反或作巉礸嶃三體並俗字亦通（慧75/963b）（慧99/320b "巉絕" 註）。嶄士銜反嶄嵒山皃也（龍073/01）。

讒：讒床咸反（慧30/1050a）（慧97/275b）。讒正士咸反譖也以言毀人也（龍042/06）。讒俗（龍042/06）（慧16/715b）；讒集文作～俗字也（慧97/275b "讒死" 註）。

鑱：鑱士咸反（慧43/268b）（慧49/409a）（慧56/548b）（慧52/459b）（慧65/773a）（慧71/887b）

---

[1]《疑難字續考》："潺" 當是 "屏" 之義旁變易字（54）。
[2]《字海》：同 "嶃"（1036）。但不知何據。

（慧 14/662a）（慧 20/793b）（慧 43/254a）（慧 62/705b）（慧 72/904b）（希 5/386a）。鑱正士銜士懺二反犂鐵土具吳人呼也（龍 9/02）。鑱仕咸反（玄 4/56b）（玄 8/118c）（玄 10/133c）（玄 11/140c）（玄 11/146a）（玄 16/214b）（玄 25/335b）（紹 181b1）；鏵經文作鑱非也（玄 11/152a、慧 52/472b"若鏵"註）。鑱俗（龍 9/02）。//鉇：鉇士銜反[1]（龍 011/04）。

劖：劖正士銜反劖刺也（龍 096/07）（慧 45/310a）（慧 53/490a）（紹 139b9）。劖俗（龍 096/07）；鑱或作劖攙三體（慧 14/662a"穳鑱"註）（慧 62/705b"鑱身"註）。劖鑱經文作劖斷也（玄 8/118c"鑱刺"註）。//攙：攙士咸反攙刺也又楚銜反攙上船也（龍 207/01）。攙叉鑒反（慧 70/872a）（慧 82/24b）（慧 85/97b）（慧 96/269b）。攙叉鑒反（玄 24/326a）；鑱論文作攙非體也（玄 10/133c、慧 49/409a"鑱刺"註）。

㢟：㢟勑連反（慧 12/629a"延裔"註）。㢟丑連反緩步也（龍 489/08）。㢟丑連反緩步也[2]（龍 489/08）（紹 138b8）。

⿰言利：⿰言利直廉反言利美也（龍 043/03）。

獑：獑士咸士銜二反獑猢似猿而白（龍 317/04）。

⿱天火：⿱天火正直廉徒甘二反字林云小熱也（龍 240/02）。⿱天火俗（龍 240/02）。⿱天火俗（龍 240/02）。

⿰黃炎：⿰黃炎直廉反赤黄色也（龍 182/08）。

廛：廛直連反居也市廛也（龍 299/01）（玄 23/313a）（玄 24/321c）（慧 4/466b）（慧 23/869a）。廛值連反（慧 73/925b）（慧 70/865a）（慧 67/805b）（慧 80/1085a）（慧 91/185a）（希 2/364b）（希 2/366c）（希 3/368c）。廛廛正直連切（紹 193b2）。廛長連反（慧 14/681a）（慧 14/667a）（希 1/354c）（希 4/376b）。廛俗音纏居也正从广（龍 302/01）（慧 50/420b）（慧 8/550a）（慧 41/208b）；廛字經本從厂作者謬也（慧 23/869a"廛店隣里"註）；緾論從厂作廛非也（慧 50/418b"緾貪"註）。厘俗音纏居也正从广（龍 302/01）（玄 18/246b）；廛經作厘俗字略（慧 4/466b"市廛"註）（慧 67/805b"欲廛"註）（希 2/364b"廛里"註）。

① 《龍龕手鏡研究》：疑即"鑱"字之訛（139）。
② 《叢考》：此字當是"延"的訛俗字（470）。

//壥：**㢆**廛經作壖**㙻**皆俗字（希3/368c"廛里"註）（希4/376b"廛肆"註）。**㙻**直連反一畝半地也一曰城市內地也（龍248/01）；廛或作～同也（慧8/550a"市廛"註）（慧14/681a"廛閈"註）（慧47/357b"纏眠"註）（慧91/185a"市廛"註）（希1/354c"廛里"註）（希2/364b"廛里"註）（希3/368c"廛里"註）（希4/376b"廛肆"註）。//闤：**閽**鄽集從門闤非也①（慧99/321b"市鄽"註）。

鄽：**鄽**徹連反（慧99/321b）。**鄽**直連反市鄽（龍454/03）（紹169a5）。**鄽**直連反野外也（龍454/03）；廛正體字也經文作鄽（希4/376b"廛肆"註）。**鄽**鄽正纏音（紹169a5）。

澶：**灗**澶正直連切（紹187a9）。**澶**澶正直連切（紹187a9）。**澶**直連反水名（龍230/03）；澶正直連切（紹187a9）。

纏：**纒**徹連反論文作纏俗行用字也（慧66/798a）。**纏**徹連反（慧15/684b）。**纏**正直連反纏縛也束也約也（龍395/05）（慧1/417a）（慧2/422b）（慧69/844b）（希3/373b）（紹192a1）；廛亦作纏（慧67/805b"欲廛"註）。**纏**池連反（慧11/611b）（慧14/676a）（希4/380c）；纏或作纏（慧51/439b"重纏"註）。**纏**今（龍395/05）。**纒**今（龍395/05）（慧5/478a）（玄4/54b）（慧34/90a）（慧13/645a）（慧32/38a）（慧47/357b）（慧50/418b）（慧51/439b）（紹192a1）（麗20/287b）。**僵**俗音纏正作纏（龍024/04）。**僵**俗音纏正作纏（龍024/04）。

躔：**躔**徹連反（慧98/303b）。**躔**正音纏腳所踐處也（龍459/03）。**躔**或作（龍459/03）。**躔**今（龍459/03）。

僤：**僤**市連反憚也又徒旱反何也又疾也（龍026/09）；僤徊集本作僤個誤也（慧96/264b"僤徊"註）。

澶：**澶**禪音（紹186a7）。

嬋：**嬋**市連反（希6/396c）（紹142a4）。

蟬：**蟬**音蟬蜩也不食之虫仲夏月蟬始鳴也（龍220/05）。

---

①參見《字典考正》444頁。

輾： **輾**士戰反軒輞也（龍084/02）。

墠： **墠**今士連尺山二反墠門聚在睢陽也（龍247/01）。**墋**俗（龍247/01）。

chǎn 諂： **諂**正丑染反謟譀也傿也佞也（龍44/08）（玄1/18a）（玄6/80c）（玄17/233b）（慧70/859a）（慧70/864b）（慧13/645b）（慧25/911a）（慧27/968b）（慧31/20a）（希2/362b）（希2/366b）（希4/380c）（希9/412a）；謟諸字書字與諂同（玄1/22c"瘚言"註）（慧16/716a"諛謟"註）（慧16/724a"諛謟"註）（慧29/1018a"謟佞"註）（慧34/83a"諛謟"註）（慧38/162b"謟瘚"註）（慧63/730b"謟言"註）（慧67/802b"譀謟"註）；説文從言臽聲也經從舀非也（慧1/417b"諂譀"註）。**諂**丑冉反（玄24/321b）。**謟**俗（龍44/07）（紹185b3）。**諂**俗（龍44/07）。**諂**丑染反（慧1/417b）；謟或作諂也（慧24/899b"謟語"註）（希2/366b"諂譀"註）。//謟： **謟**是塩反（玄1/11b）（慧17/746b）（玄19/257a）（慧56/563a）（慧11/609b）（慧16/716a）（慧16/724a）（慧24/899b）（慧29/1018a）（慧30/1041a）（慧38/162b）（慧63/730b）（慧67/802b）（紹185a4）；諂又作謟同（玄1/18a"諛諂"註）（玄6/80c"諂曲"註）（慧19/781b"諛諂"註）（慧27/968b"諂曲"註）（希4/380c"諂諛"註）（希9/412a"諂語"註）。**謟**丑冉反（慧34/83a）。**謟**正（龍44/08）；瘚經文多作謟（玄1/22c"瘚言"註）（慧25/923a"瘚言刀刀"註）。

嗿： **嗿**俗丑冉反[1]（龍272/01）。

儼： **儼**丑犯反立也一曰癡也（龍032/03）。**儼**丑犯反（龍032/03）。

幝： **幝**昌善反魯邑人名（龍296/08）。

燀： **燀**昌善反燒也又尺延反（龍241/10）。

繟： **繟**昌演反（慧92/203a）。

闡： **闡**正昌演反明也大也開也（龍092/09）（玄6/88a）（玄11/146b）（慧52/460b）（玄23/312b）（慧50/420a）（慧1/406b）（慧6/501a）（慧11/601a）（慧27/984a）（慧29/1027b）（慧51/450a）（慧80/1093a）（慧87/131a）（希3/368b）（希3/374a）（紹195a6）。**闡**俗（龍092/09）。**闡**俗（龍092/09）。**闡**俗（龍092/09）。

---

[1]《龍龕手鏡研究》：在佛經中乃音譯用字（251）。

蕆：**蕆**昌善反黄色也（龍 182/09）。**蕆**又俗尺善反①（龍 182/06）。

䡅：**䡅**丑展切衆經音作丑忍切臨文詳用（紹 200a10）。

產：**產**所限反（玄 25/339b）（慧 71/895a）（慧 27/974b）。

滻：**滻**音產水名（龍 232/06）（慧 83/65a）（慧 85/95b）（紹 187b3）。

憾：**憾**踈簡初簡二反全得［德］也又尅也亦憶也（龍 057/07）。

臌：**臌**初限反皮臌也（龍 411/03）。

摌：**摌**所簡反以手挍物也（龍 212/04）。

犉：**犉**音產畜犉畜牲也（龍 116/07）。

䁾：**䁾**鏟譜作䁾誤也（慧 77/1015b "鏟炙" 註）。

鏟：**鏟**正初產反平木器也又初限反（龍 015/02）（玄 4/53a）（慧 34/92b）（玄 15/212a）（慧 58/626a）（玄 16/223b）（慧 64/752b）（慧 51/438b）（慧 75/971b）（慧 77/1015b）（慧 79/1065b）（紹 181a10）；剗又作鏟同（玄 5/71c、慧 34/86b "剗貪" 註）（玄 10/135b、慧 49/400a "鐵剗" 註）（玄 13/179c、慧 55/534a "剗足" 註）（玄 14/193c、慧 59/645b "須剗" 註）（玄 17/236a、慧 74/950a "剗治" 註）（初編玄 821、慧 73/923b "用剗" 註）（慧 81/6a "剗鏨" 註）（慧 99/326a "剗跡" 註）；弣論文作鏟（玄 9/125a、慧 46/329a "鐵弣" 註）（慧 64/761b "斤剗" 註）。

鏟俗（龍 015/02）。//鏾：**鏾**正（龍 015/02）（玄 5/71c）（慧 34/86b）。//剗：**剗**正初簡反剗削也與鏟亦同（龍 097/09）（玄 13/179c）（慧 55/534a）（玄 14/193c）（慧 59/645b）（玄 16/216b）（慧 65/776a）（玄 17/236a）（慧 74/950a）（初編玄 821）（慧 73/923b）（慧 64/761b）（慧 81/6a）（慧 87/120a）（慧 92/205a）（慧 99/322b）（慧 99/326a）（紹 140a1）；鏟今作剗（慧 46/329a "鐵弣" 註）（玄 15/212a、慧 58/626a "鏟髮" 註）（慧 75/971b "鐵鏟" 註）；串經文作剗削之剗非體也（玄 19/257a、慧 56/563b "如串" 註）。**剗**俗（龍 097/09）。

剟俗叉諫反②（龍 099/03）。**剟**俗（龍 099/03）。//劗：**劗**剗或從金作鏟集作劗非也（慧 99/326a "剗跡" 註）。//鬠：**鬠**俗初產反正作鏟（龍 089/07）。**鬠**俗（龍 089/07）。**鬠**俗（龍 089/07）。

---

① 《龍龕手鏡研究》：疑即 "蕆" 字之訛（211）。
② 《叢考》：為 "鏟" 的俗字……蓋即 "剗" 字俗省（33）。

齻：齻俗初産反（龍 312/05）。

齹：齹今音産粟米也又初縮反磨粟也（龍 548/07）。齹今（龍 548/07）。齹或作（龍 5
48/07）。齹或作（龍 548/07）。

薾：薾丑善反傛也（龍 260/10）（紹 156a2）。

昌：昌丑鑒反①（龍 429/04）。

斺：斺宅江反旌旗扛也（龍 124/08）。

鈯：鈯丑免反鈯物令長也（龍 015/09）。

靫：靫丑善反驂具又丑井反（龍 449/05）。

弗：弗初限反炙宾弗也（龍 549/09）（玄 9/125a）（慧 46/329a）（玄 12/163b）（慧 75/968a）（玄 15/199c）（慧 58/613a）（玄 16/220c）（慧 65/780b）（玄 18/248a）（慧 73/927b）（玄 19/257a）（慧 56/563b）（玄 22/290a）（慧 48/373b）（紹 203a8）；鏟考聲或作弗（慧 51/438b "鐵鏟" 註）（慧 79/1065b "鐵鏟" 註）。

臕：臕初斬反臉臕也又七廉反臕臛也與臉同（龍 411/04）。

貼：貼丑焰反視也又式焰反（龍 422/03）；閃字書或作貼同（玄 17/234b、慧 74/947b "閃見" 註）（玄 11/142c、慧 56/553a "閃誩" 註）。

晆：晆丑晏反赤色也（龍 428/05）。

籛：籛初晏反穀麥籛也（龍 505/09）。

懴：懴書无懴字（慧 59/635b）（慧 16/723a）。懴（玄 14/187b）。懴懴俗從截作～非也（慧 16/723a "懴悔" 註）。

甀：甀楚鑒反罋屬也（龍 316/06）。

屖：屖初澗反梵語屖提此云忍辱也（龍 164/01）（慧 2/427a）（慧 13/647b）（慧 24/884a）（慧 27/987b）（慧 78/1037b）（慧 79/1060b）（紹 172a8）。屖察莧反（慧 77/1027b）。屖又初限反屖提也（龍 159/04）。

韂：韂今昌焰反鞍韂障泥也（龍 450/07）。韂或作（龍 450/07）。//韂：韂昌占反屏

也又昌焰反鞍小障泥也（龍 176/04）。

蹁：**躑**正昌焰反馬急兒也（龍 463/08）。**躑**俗（龍 463/08）。

chang

chāng 昌：**昂**丑鑒反[①]（龍 429/04）。

倡：**倡**音昌俳優樂也又音唱導引先也（龍 023/04）（玄 1/17c）（玄 10/136c）（慧 45/303b）

（玄 14/186b）（慧 59/634a）（初編玄 648）（玄 21/286a）（慧 34/79a）（玄 22/292c）（慧 48/377a）

（玄 23/306c）（慧 47/354a）（玄 23/314a）（慧 50/422a）（玄 24/328a）（慧 70/874b）（慧 14/681a）

（慧 25/909b）（紹 128a5）。

菖：**菖**尺良反（希 8/405a）（紹 155b4）。

猖：**猖**音昌猖狂也（龍 317/07）（玄 1/14b）（慧 42/6a）（玄 23/316b）（慧 49/398a）（玄 24/326a）

（慧 70/872a）（慧 82/38a）（慧 86/113a）（慧 88/134b）（紹 166b3）。

瑲：**瑲**音昌耳璫也（龍 435/04）。

裮：**裮**音昌衣披不帶（龍 102/06）。

闛：**闛**音昌闛闛也（龍 091/06）（慧 85/89a）（紹 195b2）；敞律文作闛非此義（玄 14/187a、慧 59/634b “敞露” 註）；鏜字林或作闛饕韻作闛也（慧 98/306b “其鏜” 註）。**闛**新藏作闛音昌郭迻又音溫（龍 092/08）。**闛**新藏作闛音昌郭迻又音溫（龍 092/08）。

騳：**騳**音昌馬名（龍 290/08）。

倀：**倀**知孟反㣬倀矢道兒又丑良反（龍 034/01）（玄 7/99c）（慧 19/787b）（慧 35/99a）（慧 35/109b）（慧 63/740b）；張經文作倀非也（玄 12/160c、慧 75/983b “俇張” 註）；敞正體字也經從貞作槙非也前文尊勝音義中從人作倀是張字亦非本字借用字也（慧 35/106a “置敞” 註）（慧 61/686b “一敞” 註）。//**倀**勑良反（玄 20/265b）（慧 43/261a）。

饕：**饕**正丑良反鼓聲也（龍 337/02）。**饕**今（龍 337/02）；鏜字林或作闛饕（慧 98/306b “其鏜” 註）。**䶢**或作丑良反（龍 358/07）；鏜或從壴音注作䶢（慧 98/306b “其鏜” 註）。

[①]《疑難字考釋與研究》：此字乃 “昌” 字之變（430 頁）。

cháng 長：長除亮反（玄 17/228b）（慧 67/816a）（玄 17/232c）（慧 70/858a）（慧 4/462a）（慧 6/497a）（慧 21/826a）（慧 23/864b）（慧 34/74b）（慧 81/11b）。兂音長①（龍 333/06）。孚音長②（龍 541/06）。戕篆書古體作～今隸書作長（慧 4/462a "纖長" 註）。

茛：茛直良反茛楚蔓生也（龍 257/09）（慧 89/161a）（紹 156b4）；長經從艸作茛非經義也（慧 34/74b "廣長" 註）。

跟：跟音長跟跪拜也膝着地也（龍 458/03）（玄 24/326c、慧 70/873a "或趣" 註）（慧 16/715b）（慧 39/165b）。

瓵：瓺直亮反瓴也又直亮反亦瓶也（龍 088/08）。瓵長丈二音瓶也（龍 315/08）。

常：常嘗有作常謂恒如此（慧 27/970a "我嘗" 註）。//裳：裳古文常字（龍 065/02）。

裳：裳音常（慧 92/200a）（慧 62/697a "帬應" 註）（希 5/383a）；殼經文作裳非敝體也（慧 09/562a "牢殼" 註）。

鷩：鷩音常鷩鷩鳥名也（龍 286/03）。

鏛：鏛音常車鏛輪鐵也（龍 010/06）。

嘗：嘗音常試味也（龍 200/09）（玄 6/79c）（玄 23/313a）（慧 50/421a）（玄 24/321a）（慧 70/864b）（慧 2/422b）（慧 22/836a）（慧 27/965b）（慧 27/970a）（慧 66/784b）（慧 68/828b）；蟷集中作嘗非也（慧 97/281b "蟞蟷" 註）。//嚐：嚐嘗字書正從旨作嘗論文從口作嚐非也（慧 66/784b "嚐啜" 註）（慧 68/828b "嘗啜" 註）。

償：償音常還報當復也又書兩反又音尚備也填也（龍 023/06）（慧 17/730a）（慧 41/214b）（慧 41/219a）（慧 65/765b）（慧 80/1080b）。

鱨：鱨音嘗詩云揚也（龍 168/09）。

場：場除良反（慧 80/1069b）。//塲音長壇也又治穀塲也亦道塲也又音傷耕塲也（龍 246/05）（玄 11/145b）（玄 23/308a）（慧 47/356b）。塲舊藏作塲（龍 545/09）。//堘音長道堘也（龍 246/05）。

腸：膓音長（慧 15/687a）（慧 15/704b）（慧 28/1000b）。腸俗音腸（龍 406/03）（慧 78/1034b）。

---

① 《龍龕手鏡研究》：即 "長" 字（280）。
② 《龍龕手鏡研究》：即 "長" 字（372）。

膓除良反（慧 5/478b）（慧 41/215a）（希 1/356a）（希 2/366a）（希 3/369c）。

chǎng 敞：　敞昌兩反高顯眺望處也（龍 119/07）（玄 14/187a）（慧 59/634b）（慧 13/642b）（慧 24/8

86a）（慧 29/1021a）（慧 36/120b）（慧 47/364a）（慧 60/672b）（慧 77/1025a）（慧 82/27b）（慧 8

2/29b）（慧 83/49a）（慧 91/184b）（慧 91/192b）（慧 94/224a）（紹 197a10）。敞昌兩反（龍

530/02）（慧 88/135a）（慧 99/321b）。敞郭逐又俗昌兩反（龍 193/05）。敞俗昌兩反

（龍 123/03）。

廠：　廠昌兩反（慧 60/673a）。廠昌兩反屋也又音昌（龍 300/05）（慧 61/692b）（慧 84/69

b）（希 9/414a）（紹 193b9）。

憿：　憿昌兩反憿忷驚兒也（龍 057/04）（紹 130a9）。

氅：　氅昌兩反鶖鳥毛也（龍 135/07）。//鷩：　鷩昌兩反鶖鳥毛也（龍 288/03）。

裳：　裳昌兩反踞也又音尚（龍 462/03）。

昶：　昶丑兩反通也明也舒也（龍 427/04）（慧 90/179b）（紹 171a6）。

chàng 唱：　唱鴟讓反（玄 23/311a）（慧 47/362b）。

脹：　脹音悵失志兒也（龍 421/07）（玄 1/8b）。脹丑上反（慧 17/741a）。脹脹正張音（紹

170b7）。

悵：　悵勑亮反形聲字（慧 15/683b）。悵勑亮反（玄 1/17a）（玄 3/36c）（慧 09/571a）（玄 2

3/304c）（慧 47/351b）（玄 24/329a）（慧 70/876b）（慧 4/470b）（慧 25/907a）（紹 129b8）。悵

勑亮反（慧 14/677b）。

韔：　韔丑亮反弓衣也（龍 176/08）。//韔：　韔或作丑亮反弓衣也正作韔（龍 450/07）。

畼：　畼丑亮反田不生也（龍 154/04）。

暢：　暢丑亮反（希 4/377c）。暢丑亮反從申從易音羊從易非（慧 12/624b）（慧 18/752b）

（慧 21/813b）（慧 27/970a）。暢丑亮反通也又達也（龍 200/01）（玄 6/81b）（玄 25/337a）

（慧 71/890b）。

鬯：　鬯正丑亮反匕鬯又香草也（龍 543/02）。鬯俗（龍 543/02）。鬯音瑟[1]（龍 543/02）。

---

[1]《叢考》：疑為"鬯"的訛俗字（500）。

鬯音暢[1] （龍 340/05）。㡿音羊同暢[2] （龍 547/08）。

鬯: 鬯丑亮反穦鬯也（龍 146/05）。 鬯 （龍 146/05）。 鬯 （龍 146/05）。

chao

chāo 弨: 弨尺姚切又招音（紹 145b5）。弨尺招反（龍 150/08）（紹 145b5）。

呇: 呇正音超截人言又喉鳴也（龍 268/06）。呩俗（龍 268/06）。

怊: 怊勑霄反悵恨（龍 55/03）。怊勑霄反悵恨（龍 55/03）。//㷅音超[3]（龍 56/03）。

綃: 綃勑霄反亦絲細也[4]（龍 55/03）。綃勑霄反亦絲細也（龍 55/03）。

超: 超（慧 22/840a）。超恥驕反（玄 4/53a）（慧 34/92b）（慧 10/598a）（慧 12/635b）（慧 22/840a）；越經文作超非體也（慧 74/956b "越牆" 註）。超越經文作超非體也（玄 12/158c）。

颲: 颲超音（紹 146b7）。

颩: 颩正勑交反熱風也又音叨又俗竹盲反（龍 126/03）。颩俗又音叨又音女交反（龍 126/03）。

颮: 颮初交反（龍 126/06）。

訬: 訬楚交反健也（龍 041/08）。訬俗布門初交二反[5]（龍 458/09）。

鈔: 鈔初交初教二反取也又與抄同略也（龍 009/03）。鈔初交反（慧 39/181a）（慧 44/295b）（慧 57/583b）（慧 75/971b）（慧 94/239a）（紹 181b3）；抄今作鈔同（玄 1/19c "抄掠" 註）（慧 27/977b "抄" 註）。//抄: 抄初交初教二反抄掠奪取也與鈔同（龍 207/09）（玄 1/19c）（玄 19/262a）（慧 56/572a）（慧 15/702a）（慧 25/915b）（慧 27/977b）（慧 66/788b）（慧 100/333a）；鈔亦作抄（慧 44/295b "鈔賊" 註）（慧 57/583b "鈔綴" 註）（慧 75/971b "依鈔" 註）（慧 94/239a "鈔摘" 註）。

①《叢考》：當是 "鬯" 字俗省（142）。
②《叢考》：是 "鬯" 的訛俗字（94）。
③《叢考》：疑為 "怊" 的繁化俗字（446）。
④參見《龍龕手鏡研究》172 頁。
⑤《龍龕手鏡研究》："訬" 又音 "初交反" 疑是 "訬" 字之訛（334）。

剿： **剿**抄古文剿（玄 1/19c）；抄掠應作剿剽二字也（慧 25/915b "抄掠" 註）。

勦： **勦**士交反輕捷也又子小反勞也（龍 516/08）（玄 12/158b）（慧 74/955b）（玄 13/179a）（慧 56/575b）（玄 15/199c）（慧 58/613b）（玄 19/254c）（慧 56/560a）（玄 20/267b）（慧 33/54b）（初編玄 920）（慧 39/182b）（慧 54/515a）（慧 74/944a）（慧 84/78b）（慧 87/128b）（慧 92/195b）（紹 145b2）。//謤： **謤**楚交反代人説也（龍 041/08）；勦或作謤（慧 84/78b "勦説" 註）。//憢①**憢**勦正助交初交子小三切（紹 130b9）。

嘮： **勞**勅交反嘮哎（龍 270/02）（紹 182b8）。

𡪡： **𡪡**初交反捷疾也（龍 323/04）（紹 198b4）；勦説文作𡪡（玄 12/158b、慧 74/955b "勦了" 註）（玄 13/179a、慧 56/575b "勦健" 註）（玄 15/199c、慧 58/613b "勦疾" 註）（玄 19/254c、慧 56/560a "勦勇" 註）（玄 20/267b、慧 33/54b "孫勦" 註）。

巢： **巢**柴爻反（慧 100/348b）。**巢**仕交反（玄 8/109b）（慧 28/1006b）（慧 1/418a）（慧 4/476b）（慧 11/601b）（慧 16/709a）（慧 30/1048b）（慧 32/36a）（慧 38/162a）（慧 76/1001a）（慧 79/1063a）（慧 79/1063b）（慧 87/124b）（慧 97/289a）；經從果非也（慧 76/1001a "巢穴" 註）。

鄛： **鄛**音巢鄉名（龍 454/08）。

灇： **灇**子小反水名（龍 232/10）。

塳： **塳**鋤交反地名在聊城（龍 248/02）。

薻： **薻**或作子小反菜似薺（龍 260/07）。**薻**或作（龍 260/07）。

巢： **巢**子聊昨焦二反藔巢山小尖高皃（龍 071/03）。

樔： **樔**鋤交反鳥穴居也又網也（龍 374/08）（紹 157b1）；巢經從木作樔非也（慧 79/1063a "在巢" 註）（慧 79/1063b "鳥巢" 註）。

翼： **翼**初教反小冈也（龍 330/04）。

躁： **躁**士交切（紹 137b4）。

轈： **轈**士交反詩云兵車若轈以望敵也（龍 082/03）。

朝： **朝**（玄 9/122c）（慧 46/325a）。

①此字大型字書皆未收録。

潮：**潮** 直遥反江海水潮也（龍 226/09）。

啁：**啁** 嘲又作啁同（玄 1/9c、慧 17/744a "嘲戲" 註）（玄 2/30c "嘲調" 註）（玄 5/68c、慧 32/41a "嘲嘈" 註）（慧 75/968b、初編玄 560 "嘲説" 註）（玄 15/206b、慧 58/606a "嘲話" 註）（玄 19/255c、慧 56/561b "相嘲" 註）（玄 22/296b、慧 48/382b "嘲調" 註）（慧 26/948b "嘲調" 註）（慧 81/11a "解嘲" 註）（慧 93/215a "嘲謔" 註）；謿今作啁同（慧 16/722a "謿謼" 註）（慧 80/1082b "嘲之" 註）。// 嘲：**嘲** 陟交反嘲謔［謔］也調也（龍 265/05）（玄 1/9c）（慧 17/744a）（玄 2/30c）（玄 5/68c）（慧 32/41a）（慧 75/968b）（初編玄 560）（玄 15/206b）（慧 58/606a）（玄 19/255c）（慧 56/561b）（玄 22/296b）（慧 48/382b）（慧 4/460a）（慧 26/948b）（慧 80/1082b）（慧 81/11a）（慧 89/157b）（慧 93/215a）（紹 183b8）；謿今作嘲同（玄 8/112c "謿謼" 註）（慧 14/678a "謿謼" 註）（慧 35/102b "謿誂" 註）；啁傳文作嘲俗字也（慧 74/942b "啁調" 註）（慧 90/170a "謿謔" 註）（慧 99/322a "啁喈" 註）。**嘲**[1] 陟流反（龍 268/06）。//

謿：**謿** 摘交反謔也與嘲同（龍 041/06）（玄 7/92b）（玄 8/112c）（慧 14/678a）（慧 16/722a）（慧 35/102b）（慧 90/170a）（紹 185a4）；古文謿今作嘲（慧 75/968b、初編玄 560 "嘲説" 註）（慧 4/460a "嘲誚" 註）（慧 80/1082b "嘲之" 註）（慧 81/11a "解嘲" 註）。**謿** 竹交反（慧 28/995a）。

晁：**晁** 正直遥反人姓（龍 426/03）（紹 171b2）。**晁** 或作（龍 426/03）。

鼂：**鼂** 古文陟驕反[2]（龍 364/03）。

chǎo **鼀** 正初巧反鼀乾也（龍 534/08）。**鼀** 炒古文作鼀［鼀］（玄 1/9c、慧 17/744a "炒粳" 註）（玄 14/188b、慧 59/637a "自炒" 註）（玄 18/248a、慧 73/927b "煎炒" 註）（慧 40/191b "爐之" 註）。**鼀** 古文初巧反今作爐（龍 151/07）。// 鼀：**鼀** 初巧反鼀乾也（龍 535/07）。**鼀** 今（龍 534/08）。**鼀** 炒今作鼀（玄 1/9c、慧 17/744a "炒粳" 註）（希 5/384c "爐稻" 註）。**鼀** 炒今作鼀（玄 14/188b、慧 59/637a "自炒" 註）（玄 18/248a、慧 73/927b "煎炒" 註）（慧 40/199b "以炒" 註）（慧 63/741b "貓飯" 註）。//炒：**炒** 今初巧反熬炒也火乾物也（龍 241/04）（玄 1/9c）（慧 17/744a）（玄 3/46a）（慧 10/580b）（玄 14/188b）（慧 59/637a）（玄 18/

[1]《疑難字考釋與研究》：此字殆即 "嘲" 字俗書（157 頁）。
[2]《叢考》：此字當是 "鼂" 的俗字（914）。

248a）（慧 73/927b）（慧 35/106b“賈莽娑”註）；熅又作炒（玄 5/65c、慧 44/278b“熅穀”註）（玄 13/169a“炒疼”註）（慧 40/191b“煼之”註）（慧 57/597b“煼疼”註）。//煼：煼古（龍 241/04）（慧 40/191b）（慧 57/597b）；焣或作炒（慧 35/103b“焣稻穀”註）（慧 63/741b“麨飯”註）。熅古（龍 241/04）（紹 189b3）。熅今（龍 241/04）（玄 5/65c）（慧 44/278b）（玄 13/169a）。焻俗（龍 241/03）（希 5/384c）。炒俗（龍 241/03）。炅俗（龍 241/03）。芻炒古文作芻（玄 1/9c、慧 17/744a“炒粳”註）。煎今（龍 241/04）。炰炒～同（玄 13/169a“炒疼”註）。芻炒古文～形（玄 14/188b、慧 59/637a“自炒”註）（玄 18/248a、慧 73/927b“煎炒”註）（慧 57/597b“煼疼”註）。䰞炒古文作䰞（玄 1/9c“炒粳”註）。䰞炒古文～形（玄 14/188b“自炒”註）。䰞炒古文～形（慧 59/637a“自炒”註）。䰞炒古文～形（玄 18/248a“煎炒”註）。䰞炒古文作䰞（慧 17/744a“炒粳”註）。鬻古（龍 241/03）。䰞熅又作～（玄 5/65c、慧 44/278b“熅穀”註）。䰞古（龍 241/04）。//焣：焣楚巧反（慧 35/103b）；熅又作焣（玄 5/65c、慧 44/278b“熅穀”註）（慧 40/191b“煼之”註）。焣炒又作焣同（玄 13/169a“炒疼”註）（慧 57/597b“煼疼”註）。焣初巧反古（龍 241/03）（紹 189b3）；炒古文作焣（玄 1/9c、慧 17/744a“炒粳”註）（玄 14/188b、慧 59/637a“自炒”註）（玄 18/248a、慧 73/927b“煎炒”註）。取又音炒（龍 525/03）。//𤑻俗（龍 241/04）。//𤒦俗（龍 241/03）。//粆俗（龍 241/03）。//𢯱俗同上（龍 241/04）；炒古文奇字作𢯱同（玄 1/9c、慧 17/744a“炒粳”註）（玄 14/188b、慧 59/637a“自炒”註）（玄 18/248a、慧 73/927b“煎炒”註）。//赵炒經文作～非也（玄 13/169a“炒疼”註）。//麨：麨昌沼反俗字也（慧 13/658a）（慧 77/1022a）（慧 91/189b）（紹 148a3）；䴵衛宏或作麨律文作麨俗字也（慧 60/656b“若䴵”註）（慧 62/710b“餅䴵”註）（慧 100/332a“䴵蜜”註）。麨通（龍 505/05）。麨昌遶反俗字也正體從酋作䴵（慧 37/133a）（慧 39/175a）；䴵經文作麨俗字也（慧 34/84a“䴵飯”註）（慧 35/98a“食䴵”註）（慧 40/195b“和䴵”註）（慧 53/492b“䴵”註）（慧 62/701b“貯䴵”註）（慧 68/822b“散䴵”註）（慧 83/49b“䴵蜜”註）。赵俗音麨（龍 324/10）。//麨：麨俗（龍 505/05）。趒俗音麨（龍 324/10）。粆西川經音云別本是麨字香嚴音於句反（龍 305/09）。//䴵：䴵正尺少反糗也乾粮

也（龍505/05）。**趠**昌沼反（慧34/84a）（慧35/98a）（慧40/195b）（慧53/492b）（慧60/65

6b）（慧62/701b）（慧62/710b）（慧63/741b）（慧81/12b）（慧83/49b）；**麨**正作趠（慧39/1

75a "米麨" 註）（慧77/1022a "沙麨" 註）。**麨**尺沼反（慧68/822b）（慧100/332a）；麨昌

沼反俗字也正體從酋作趠（慧13/658a "乾麨" 註）。//貂：**趠**俗（龍505/05）。**趠**俗

（龍505/05）。//**粆**趠或作麨俗字也經中從米從少作粆非也（慧35/98a "食麨" 註）。

//**鈔**俗音麨（龍501/02）。

𪛀：**𪛀**丑小反意氣息皃（龍075/06）。**𪛀**丑小反意氣息皃（龍550/04）。

chào 伅：**伅**初教反抄伅小子也玉篇又亡小符皃二反（龍036/04）。

觘：**觘**初孝反角上浪也（龍512/06）。

勜：**勜**丑教敕角二反跛也（龍179/09）。**勜**丑角反跛也與踔同（龍523/03）。

che

chē 車：**車**齒耶反古音居（玄6/79a）（玄21/279b）（慧2/434a）（慧4/461a）（慧11/602a）（慧13/64

7b）（慧13/657b）（慧27/964b）（慧35/97a）（希5/389b）（希6/396b）（希8/406c）（希9/413a）。

轈籀文音車（龍082/04）。

硨：**硨**正音車硨磲美石次于玉也（龍440/03）（慧14/669b）（慧14/671a）（慧22/840b）（慧29

/1025a）。**𨋬**俗（龍440/02）。

頓：**頓**車音（紹170b1）；車論文或作頓（玄17/237b、慧74/952a "頷車" 註）。

chě 揣：**揣**昌者反揣裂物壞也玉篇又諸也反（龍212/02）。//**搋**同上（龍212/02）（慧35/10

3b）（慧39/178b）；掣或作搋（慧27/974a "樜掣" 註）。//**偖**俗昌者反裂也（龍032/05）。

韢：**韢**車者反寬大也（龍202/04）。**犇**車者反寬也大也與韢同（龍357/04）。

𩲡：**𩲡**正昌者反醜𩲡恐人也（龍323/06）。**𩲡**俗（龍323/06）。

chè 中：**巾**丑列反草初生皃也（龍540/05）。

𡎺：**𡎺**恥格反（慧44/284a）（慧17/747a）（慧52/476b）（慧58/609b）（慧70/858a）（慧27/972a）

（慧42/246b）（慧40/195b）（慧62/698b）（慧62/710a）（慧81/20a）（慧90/171b）（希9/414a）；

挮亦作墭（慧 40/188b "一挮" 註）。堨 丑革反（慧 41/216a）。墭俗（龍 251/07）。坼俗（龍 251/07）（玄 15/208c）（玄 17/232c）（慧 48/384b）（紹 161a1）。坼通（龍 251/08）。坼今（龍 251/07）。坼正丑格反分也裂也（龍 251/08）（玄 1/11c）（玄 5/64b）（玄 6/82a）（玄 11/153b）（玄 22/297c）；墭經作坼俗字也（慧 42/246b "震墭" 註）（紹 161a1）；挮經作坼俗字也（慧 40/188b "一挮" 註）（希 9/414a "墭廐" 註）。扏挮經作坼考聲地裂也非經義也（慧 32/45a "毀挮" 註）。//胈：脎坼埤蒼作胈同（玄 17/232c、慧 70/858a "開坼" 註）（慧 42/239b "拆開" 註）。胇丑格反開也（龍 362/04）。䏆搙古今正聲亦作～（慧 42/239b "拆開" 註）。胕或作丑格反開也（龍 138/01）。拆丑摘反俗字也（慧 13/655a）。拆俗音坼（龍 216/09）；拆經文作～誤也（慧 13/655a "開拆" 註）（希 5/385a "拆量" 註）。拆俗（龍 216/09）。抧拓經中從斤作抧非也不成字也（慧 35/103a "拓外" 註）。搙耻賈反（慧 25/910b）（慧 35/109a）；墭或從手作搙（慧 40/195b "墭裂髀" 註）（慧 62/710a "洗" 註）。挥耻革反（慧 42/239b）（希 5/385a）（希 6/394c）（希 6/396a）。//烢：烢或作丑革反裂也與坼同（龍 244/09）。炘或作（龍 244/09）（紹 189b5）。炘或作（龍 244/09）；鞁坼經文或作鼀烢（玄 11/153b、慧 52/476b "鞁坼" 註）。//挮經音義又丑格反開也（龍 217/07）（慧 32/45a）（慧 40/188b）；拆考聲作挮（慧 13/655a "開拆" 註）（慧 42/239b "拆開" 註）（希 6/394c "拆開" 註）。

赿：赿丑白反（慧 58/612b）。赿正丑格反半步也（龍 326/02）；踔字宜作赿（慧 55/538a "超踔" 註）。赿丑白反（玄 15/199a）；踔字體作～（玄 12/156c、慧 52/478a "一踔" 註）（玄 13/175c "超踔" 註）。赿或作（龍 326/02）。赿七夜充夜丑格三切（紹 138a2）。

砌：砌丑列反摘也（龍 444/07）。

斬：斬丑格反皺斬也（龍 177/05）。

联：联丑列反小罪兒（龍 315/02）。

恞：恞昌涉丑輒二反休也玉篇心動也（龍 063/04）。恞（龍 063/04）。

霓：霓正丑輒反霓霎小雨也（龍 309/04）。霓通（龍 309/04）。

謵：謵叱涉反小言也（龍 050/09）；習經文作謵非字義（玄 11/151a、慧 52/470b "誦習" 註）

（慧 65/767b "綜習" 註）。

詀： **詀** 叱涉反詀讘細語也（龍 051/08）。// 咕： **咕** 又俗昌葉反（龍 275/10）（玄 21/284a）

（慧 28/1007b）（玄 18/251c、慧 73/937b "律車" 註）。

掣： **掣** 昌制反曳也制也又昌折反（龍 213/06）（玄 6/83b）（玄 6/90a）（玄 9/120b）（慧 46/320a）

（玄 22/290b）（慧 48/374a）（玄 24/320b）（慧 70/863b）（慧 2/425a）（慧 5/479b）（慧 8/550b）（慧

14/679a）（慧 27/990a）（慧 42/241a）（慧 36/125b）（慧 36/129b）（慧 54/514a）（慧 55/541a）（慧 7

2/904b）（慧 75/965b）（慧 75/969b）（慧 79/1058a）（希 6/395c）（希 6/396a）（希 7/404a）（紹 135

b1）；捬又作掣同（玄 11/144b、慧 52/457a "麗捬" 註）；瘛或作掣俗字也（慧 14/678a "牽

瘛" 註）。**掣** 闡熱反（慧 18/767b）。**捬** 俗（龍 213/06）（玄 5/68b）（玄 11/144b）（慧 52/457a）

（慧 76/1000b）（慧 76/1001b）；掣經文作捬非也（慧 75/969b "撥掣" 註）。**捬** 俗（龍 213/

06）。// **齒** 俗昌折昌制二反正作掣（龍 313/01）。// 瘛： **瘛** 掣或作瘛（慧 14/679a "掣

繩" 註）（慧 18/767b "投掣" 註）（慧 79/1058a "扢掣" 註）。**瘝** 掣或作瘝同充世反（玄 6/83

b "摣掣" 註）（慧 52/455b "摣掣" 註）（玄 24/320b、慧 70/863b "摣掣" 註）（慧 8/550b "牽掣"

註）（慧 27/974a "�掣" 註）（慧 55/541a "掣縮" 註）（慧 72/904b "摣掣" 註）。// 摯： **摯掣**

亦作摯瘝（慧 8/550b "牽掣" 註）（慧 14/679a "掣繩" 註）（慧 18/767b "投掣" 註）（慧 72/904

b "摣掣" 註）（慧 79/1058a "扢掣" 註）。**摯** 充勢反[1]（龍 552/09）。

澈： **澈** 直列反（龍 236/05）（慧 15/700b）（希 4/375b）（紹 187a5）；徹有作澈是水清澈非此義

也（慧 10/585a）。**澈** 直列切（紹 187a5）。

徹： **徹** 塵列反經從去從日非也（慧 14/667a "鑒徹" 註）。**徹** 纏列反（慧 3/446a）。**徹** 正

直例反又丑列反（龍 498/07）。**徹** 今直例反又丑列反（龍 498/07）（玄 23/313a）（慧 32/

42b）（希 5/387b）。**徹** 馳列反（慧 5/495a）（慧 50/421a）（慧 10/585a）（慧 10/587a）（慧 12/6

40a）（慧 23/876a）（慧 36/126b）（希 3/370b）（希 5/382b）；俗從去非也（慧 3/446a "交徹" 註）；

瞰經作徹也（慧 8/544a "映瞰" 註）；澈經文從彳從去作徹誤也（慧 15/700b "暎澈" 註）；

撤或從彳作徹（慧 98/309a "捨撤" 註）。**徹** 纏列反（慧 45/303a）。**徏** 徹或作撤古作

① 《叢考》：為 "摯" 的訛俗字（80）。

～（慧5/495a "痛徹" 註）。**徹**古文直列反（龍531/03）。

撤：**撤**直列反（龍217/05）（玄2/26b）（玄9/125c）（慧46/330a）（慧78/1044b）（慧85/101b）（慧87/126b）（慧90/173a）（慧91/189a）（慧93/211b）（慧98/309a）（紹133a7）；**徹或作撤**（慧5/495a "痛徹" 註）（慧10/585a "徹過" 註）（慧45/303a "遠徹" 註）（希3/370b "瑩徹" 註）。**撤**除列諸列二反（慧23/878b）（慧26/933b）（慧61/686b）（慧61/695a）。

瞰：**瞰**直列反明也通也（龍429/05）。**瞰**直列反明也通也（龍429/05）（慧8/544a）。**瞰**俗丑列反（龍423/07）。

橵：**撤**丑列反（龍387/07）。

轍：**轍**丑列反舩行也（龍133/07）。

偞：**偞**之涉反之涉反服也又天葉反急也（龍038/09）；**懾聲類作偞同**（玄5/67b、慧34/93a "懾伏" 註）（玄7/101b、慧32/32a "震懾" 註）（玄9/128a、慧46/334a "懾伏" 註）（玄12/166a、慧55/545b "恐懾" 註）（玄20/268a、慧33/55a "懾驚" 註）。

艓：**艓**正（龍513/04）。**艓**今丑列反艓觖（龍513/04）。

chen

chēn 郴：**郴**丑林反縣名（龍454/01）。

緔：**緔**丑林反（龍396/06）（慧90/172b）。

誮：**誮**音琳善言也（龍043/07）。

梣：**梣**勅林反（希3/374b）。

舽：**舽**丑林反並舩行也又音雄舩名（龍132/04）。**舽**俗又丑林反（龍188/03）。

舰：**舰**丑林丑禁二反私出頭視也（龍344/04）。**舰**同上（龍344/04）。

琛：**琛**正丑林反琛寶也（龍434/03）（玄8/110c）（慧83/58b）（慧97/274b）（紹140b9）；**賝或從王或從貝並通**（慧85/96b "輪賝" 註）（慧88/138b "獻賝" 註）（慧98/305b "之賝" 註）。**璚或作**（龍434/03）。//賝：**賝**正丑林反賣也或作琛寶也（龍349/06）（慧77/1022a）（慧85/88b）（慧85/96b）（慧88/138b）（慧98/305b）（紹143a10）；**賝字或從玉**（慧

21/811a "獻瞇" 註）；琛或作瞜 (慧 83/58b)（慧 85/88b "輪瞜" 註）。瞃正丑林反賣也或作琛寶也 (龍 349/06)。

愳： 愳叱人反 (慧 89/151b)。愳又音嗔① (龍 067/01)（紹 131a9）。

膜： 膜昌真反宍脹起也 (龍 409/08)。

瞋： 瞋昌真反怒也 (龍 417/06)（慧 11/610b)（慧 16/725b)；謓經從目作瞋 (慧 31/18b "謓恚" 註)（慧 51/433a "謓也" 註)。

謓： 謓昌真反恚也怒也與瞋亦同 (龍 042/07)（慧 31/18b)（慧 51/433a)。// 嗔： 嗔昌真反怒也 (龍 265/08)。

挗： 挗丑展反挗出也 (龍 213/04)。

chén 臣： 臣 (慧 30/1041b)。// 臦古文臣字 (龍 545/01)。𦥔音臣 (龍 548/05)。// 恴音臣 (龍 064/07)；臣經作恴偽造臣字也 (慧 30/1041b "王臣" 註)。惡音臣 (龍 065/07)。恴音臣 (龍 548/05)。

沈： 沈又音沉 (龍 230/06)（慧 2/437b)（慧 11/600a)（慧 41/207a)（慧 49/411a)（慧 51/448a)（慧 51/448b)（慧 57/588b)（希 3/371b)（希 4/375c)（希 6/393b)（希 6/396a)。沉直林反 (慧 5/494b)（慧 18/763b)；沈經文作沉 (希 6/393b "沈淪" 註)（希 6/396a "沈溺" 註)。// 吼： 吼俗長林反② (龍 266/03)。

忱： 忱甚林反 (慧 85/95a)。忱又氏任反信也 (龍 058/06)；沈沔經從心作忱惛非也 (慧 57/588b "沈沔" 註)。恘士林反信也 (龍 054/08)。恖： 恖氏任反誠也信也與忱同 (龍 064/09)。

訦： 訦又音甚信也 (龍 041/02)。

鈂： 鈂今音沉錥屬也 (龍 010/03)（玄 7/96c)（慧 28/1011b)（玄 18/238c)（慧 73/921a)；砧經文作鈂非體也 (玄 4/56a、慧 43/268b "鐵砧")（玄 11/141a、慧 56/549a "鐵砧" 註)（玄 15/203b、慧 58/620b "鐵砧" 註)。鈂正 (龍 010/03)。鈂俗 (龍 010/03)。

霃： 霃正音沈天陰也 (龍 306/10)。霃通 (龍 306/10)。

---

① 參見《龍龕手鏡研究》177 頁。
② 《字典考正》："沈" 的換旁異構字 (70)。

燖：燖氏林反燖洼行䆴（龍 239/06）。

諶：諶氏任反誠也（龍 042/02）（紹 185b6） 諶市針反（玄 5/68b）（慧 19/774a）。

瘨：瘨正氏壬反腹內故病也（龍 470/06）。//疢：疢或作（龍 470/06）。疢俗（龍 470/06）。

宸：宸音臣屋宇天子所居（龍 155/06）（慧 83/56a）（慧 84/83b）（慧 88/141a）（紹 194a6）（慧 99/315a）。宸音臣屋宇天子所居（龍 155/06）。宸音辰（龍 546/07）。宸音辰屋宇天子所居（龍 507/05）。

晨：晨食仁反（玄 2/16a）（慧 23/869a）。晨食人反（慧 25/905a）。//晨：晨音晨義同（龍 425/08）。

殿：殿時人反喜也口動兒也（龍 193/05）。

麎：麎音辰牝麋又音淳（龍 520/08）。

鷐：鷐音辰（龍 287/09）（紹 165a10）。

陳：敶古文陳字（龍 296/03）。敶古文陳字（龍 296/03）。敶古文陳字（龍 119/02）。敶古文音陳（龍 122/02）。敶音陳[1]（龍 508/02）。敶古文音塵[2]（龍 119/05）。

塵：塵正音陳獸名又塵埃也（龍 247/02）。塵塵本作麤古字也從鹿從土今隸書去二鹿略也（慧 15/693b "塵埃" 註）。塵俗（龍 247/02）。麤或作（龍 247/02）。麤又音塵（龍 520/08）。塵或作（龍 247/02）。塵俗（龍 247/02）。塵長隣反（慧 14/663a）（慧 15/693b）（慧 21/826a）（慧 22/847a）（慧 41/208b）；麤細經文作塵網誤也（玄 11/144c、慧 52/457b "麤細" 註）；塵經作塵誤書也（慧 57/583a "塞壅" 註）；塵論文從土作塵誤也（慧 84/81b "塵尾" 註）。塵今（龍 247/02）。塵俗（龍 247/02）。

chěn

跣：跣丑甚切（紹 137b5）。跣丑甚反（玄 15/199b、慧 58/612b "二趁" 註）。

塚：塚正初朕反砂土塚也（龍 249/07）（慧 18/753b）（慧 41/228a）（慧 51/438a）（慧 75/967a "病瘥" 註）（慧 97/290a）（希 1/359b）；塚律文從土作塚非也（慧 60/664a "瘆毒" 註）；磣或從土作塚（慧 87/117b "磣黷" 註）（希 3/373a "磣刺" 註）。塚俗（龍 249/07）（玄 7

---
①參見《疑難字考釋與研究》458 頁。
②同上。

/98c）（慧18/753b）（慧26/956b）；碜又作墋同（玄21/283c"碜毒"註）（玄22/295c、慧4 8/381b"碜毒"註）（慧8/537b"碜毒"註）（慧41/228a"墋毒"註）。//田：囝倉敢初朕二反^①（龍175/04）。

碜：**碜**今初朕反（龍443/01）（慧48/381b）（慧8/537b）（慧61/689b）（慧87/117b）（希3/373a）；碜經文從石作碜是砂碜字非此義也（慧18/766b"碜毒"註）（慧41/228a"墋毒"註）（慧42/245a"碜心"註）（慧57/596b"碜毒"註）（慧62/711b"碜害"註）；滲經文從石亦通時用也（慧75/967a"病滲"註）；墋又從石作碜俗字（希1/359b"墋毒"註）。**磙**初錦反（玄21/283c）（玄22/295c）（希10/419a）。**磙**碜正初錦切（紹163a9）。**礍**古（龍443/01）。**礍**古（龍443/01）（紹163a9）。

醶：**醶**衫斬反又初錦反（慧63/739a）。**醶**俗初錦所斬二反醋味甚也（龍310/06）。

踸：**踸**丑甚反（龍462/03）。**踸**丑甚切（紹204a3）。

錶：**錶**丑甚反錶錐[鉎]也（龍016/04）。

顪：**顪**丑甚反～顪無兒懦劣也（龍485/01）。

chèn 儭：**儭**初近反至也近也（龍034/03）。

嚫：**嚫**初近反嚫施也（龍273/07）（玄14/196a）（慧59/649b）（玄18/248c）（慧73/918b）（慧44/295b）（慧55/529a）（慧57/596a）（慧83/46a）（慧83/63b）（慧93/212b）（慧97/281a）（紹183a10）；儭本無此字譯經者隨意作之或從口（慧80/1071a"儭施"註）；齔或從口作嚫（慧90/167b"齔遺"註）。

櫬：**櫬**初近反（龍382/7）（玄1/5b）（慧20/806b）（慧96/258b）（紹158b1）；櫳傳文作櫬非（慧94/241b"房櫳"註）。**櫬**初覲切（紹134a2）；達嚫經中或作大櫬（玄14/196a、慧59/649b"達嚫"註）。

襯：**襯**初近反（龍106/08）（慧62/701a）（慧63/740b）（慧82/37b）。

齔：**齔**初印反齔施也（龍352/01）（慧37/141b）（慧89/153b）（慧90/167b）（慧91/192b）（慧93/213b）（紹143a5）；儭本無此字譯經者隨意作之或從口錄文從貝未知孰是今且

---

① 《疑難字考釋與研究》此字為取土入口中之會意字（167）。

從人（慧80/1071a"儸施"註）；嵼傳從具作齯亦通（慧83/46a"嵼施"註）（慧83/63b
"嵼施"註）（慧93/212b"嵼錫"註）（慧93/212b"嵼錫"註）（慧97/281a"嵼施"註）。

譈：**譈**初近反（龍048/07）。

疢：**疢**或作（龍475/06）（慧32/35a"疢去"註）。**疢**正（龍475/06）。//瘢：**瘢**俗（龍475
/06）。//疹：**疢**或作（龍475/06）。**疼**俗（龍475/06）。**疢**今疢病也又勅忍反亦
病也（龍475/06）（慧32/35a）。

趂：**趁**恥鎮反（慧76/1000a）。**趂**丑刃反（慧56/561a）。**趂**丑刃反逐也（龍325/08）（玄
1/13a）（慧42/234b）（玄19/255b）。

齔：**齔**正初靳初謹二反（龍312/07）（玄4/59a）（慧43/274b）（玄20/269a）（慧57/596b）（慧
80/1089b）（慧88/147b）（慧89/154b）（慧95/252b）（希2/365c）。**齔**初靳反（玄10/138a）
（慧45/306a）（慧33/57a）（慧1/407b）（慧81/18a）（慧83/57b）（慧91/185b）。**齓**今（龍31
2/07）（紹146b2）；齔經作齓非也古文也（慧57/596b"鬠齔"註）（慧88/147b"弱齔"註）。
齗或作（龍312/07）。**齓**齔傳文從几作～非者也（慧94/229a"齔齒"註）。**齘**俗
（龍312/07）。**齘**俗（龍312/07）。**齘**俗（龍312/07）。

讖：**讖**楚蔭反（慧46/334a）（慧57/596a）（慧78/1033b）（慧80/1087b）（慧83/47b）（慧84/84
b）（慧89/150b）（慧95/246a）（希3/370c）。**讖**正初禁反預也纎也其義纎微預測其事
也（龍048/01）（玄9/127c）（玄11/148b）（慧52/465a）（玄14/192b）（慧59/643b）（紹185a6）；
讖經作讖俗字也（慧57/596a"讖書"註）。**讖**俗（龍048/01）（玄2/29a）（玄21/282b）
（玄21/286b）（慧26/941a）。

闖：**闖**正丑禁反（龍094/06）（紹195b3）。**閔**俗（龍094/06）。

cheng

chēng虰：**虰**丑丁反�虰也（龍222/08）。

趈：**趈**丑庚敕貞中莖三反皆跰～行不正也又細長皃（龍458/04）。

穿：**穿**宅耕反小突也（龍507/06）。

雫：雫 丑庚反雨下兒 （龍 307/01）。

朾：朾宅耕陟耕二反伐木聲也又徒頂反 （龍 375/03）（紹 158a9）；敥今作朾同 （玄 8/1 11b "相敥" 註）（初編玄 13/601）。打徒丁反或作樘《説文》云打［朾］樘也[1] （慧 93 /212a）。//樘：樘宅耕反撞也觸也 （龍 373/09）；敲又樘同 （玄 3/40a、慧 09/562a "牢 敲" 註）（慧 32/42a "毃觸" 註）（慧 39/172a "毃觸" 註）；敥古文樘形 （玄 8/111b、慧 33/6 2a "相敥" 註）（初編玄 13/601）（慧 13/649a "敥觸" 註）；根廣雅作樘 （慧 12/629b "根犖" 註）（慧 57/586a "相根" 註）；打［朾］或作樘 （慧 93/212a "打刹" 註）。撐宅耕反撞也 觸也與敥敤三同 （龍 207/04）；古文敲敥撐三形同 （玄 21/279c "敥觸" 註）（慧 55/54 2b "毃觸" 註）；敥字書從手作撐 （慧 13/649a "敥觸" 註）（慧 62/704b "根觸" 註）（慧 81 /11b "根觸" 註）。撐俗又宅耕反 （龍 213/02）。//敥宅耕反撞也觸也 （龍 528/06） （玄 4/61b）（慧 44/282b）（玄 15/209c）（慧 58/610b）（玄 21/279c）（慧 13/649a）；棠字宜作 敥同 （玄 5/68c、慧 16/719a "相棠" 註）；樘又作敥同 （初編玄 560、慧 75/968a "相樘" 註） （玄 19/258b、慧 56/566a "可撐" 註）（慧 25/923a "樘觸" 註）；轂又作敥同 （慧 74/951a "轂 治" 註）（慧 39/172a "毃觸" 註）（慧 55/542b "毃觸" 註）；根又作敥同 （玄 18/239a、慧 73 /921b "相根" 註）（慧 12/629b "根犖" 註）（慧 57/586a "相根" 註）（慧 62/704b "根觸" 註）。 敲俗宅耕反正從攴 （龍 118/06）（初編玄 601）；敲又作敥 （玄 17/236c "敲治" 註）。敤 俗宅耕反 （龍 122/02）（玄 8/111b）（慧 33/62a）；敲又作敤同 （玄 3/40a "牢敲" 註）；敥 古文敤形 （慧 33/62a "相敥" 註）；鎚字無所出今宜作敥 （玄 11/147b、慧 52/463b "磨 鎚" 註）。敲樘又作敲［敥］形[2] （玄 1/22c "樘觸" 註）。//敤敥古文敤形 （玄 8/111 b "相敥" 註）。

樘：樘直庚反説文云柱也亦樘觸也 （龍 379/05）（玄 1/22c）（慧 17/743b）（玄 10/133b）（初 編玄 560）（慧 12/634a）（慧 35/106a）（慧 37/135b）（慧 37/144a）（慧 75/976a）（希 6/394c）（紹 157b3）；根説文作樘 （玄 1/10b、慧 17/744b "根觸" 註）（玄 14/197a、慧 59/651b "相根" 註）（玄 18/239a、慧 73/921b "相根" 註）；敥又作樘同 （玄 15/209c、慧 58/610b "敥觸" 註）；

---

① "打"，今本《説文》作 "朾"。
② "敲"，《磧沙藏》作 "敥"。

敞或作棖亦作根古今正字從殳作敞經作樘（慧32/42a"敞觸"註）。**樘**丈庚反（慧49/408b）（慧75/968a）（玄19/258b）（慧56/566a）（慧25/923a）（慧37/135b"輪樘"註）（紹1 33b5）；敞又作樘同（慧44/282b"相敞"註）；棠字宜作樘（玄5/68c、慧16/719a"相棠"註）。//**樘**又宅耕反柱也又丑庚反又去聲（龍373/09）（慧26/936a）（慧79/1063b）（紹157a8）；樘或作橖（慧37/144a"樘中"註）（慧39/172a"敞觸"註）（希6/394c"輪樘"註）。

橖橖正恥孟切又棠音（紹134b8）；敞又作橖形同（玄4/61b"相敞"註）。//**敞**譎庚反（慧61/699b）；倀或作敉（慧63/740b"染衣倀"註）。**敉**譎更反正體字也（慧35/106a）（慧61/686b）（慧79/1065a）。//**敞**俗宅耕反正作敉（龍193/06）（慧74/951a）；敞古今正字作敉（慧39/172a"敞觸"註）。//棠：**棠**借音丈庚反（玄5/68c）（慧16/719a）（紹159a5）；棖律文作棠非字義（玄14/197a、慧59/651b"相棖"註）；樘經文多作棠非也（慧25/923a"樘觸"註）。//**敉**宅耕反撞也觸也（龍528/06）（慧39/181a）。

橙：**橙**直耕宅耕二反果名柚屬也又都鄧反几橙也（龍373/07）（玄18/248c）（慧73/918b）（慧39/176a）；敞又作橙同（玄15/209c、慧58/610b"敞觸"註）。**橙**登鄧反（慧18/768a）。**橙**直庚反（龍207/04）。

棖：**棖**直庚反又宅耕反（龍373/07）（慧17/744b）（玄1/10b）（玄7/96c）（慧19/779b）（玄10/132a）（慧49/406a）（慧59/651b）（玄18/239a）（慧73/921a）（慧74/947a）（慧12/629b）（慧57/586a）（慧61/688a）（慧62/704b）（慧65/767a）（慧81/11b）（慧94/236b）（紹158b2）；棠經文作棖非體也（玄1/9b"棠柱"註）；樘經文作棖非體也（慧17/743b"樘柱"）（玄10/133b、慧49/408b"樘觸"註）（初編玄560、慧75/968a"相樘"註）；敞又作棖同（玄4/61b"相敞"註）（玄15/209c、慧58/610b"敞觸"註）（慧13/649a"敞觸"註）；棠字宜作棖同（玄5/68c、慧16/719a"相棠"註）；敞亦作棖（慧32/42a"敞觸"註）（慧32/49b"敞觸"註）（慧39/172a"敞觸"註）（慧55/542b"敞觸"註）。**棖**紂庚反（玄14/197a）（玄19/263a）（紹133b3）。//棖：**棖**棖律本作棖非也（慧62/704b"棖觸"註）。

敞：**敞**丈靜丈莖二反（玄17/236c）；棖亦作敞（慧17/744b"棖觸"註）（慧49/408b"樘觸"註）（玄14/197a、慧59/651b"相棖"註）（玄18/239a、慧73/921b"相棖"註）（慧61/688a"棖

觸”註）（慧 62/704b “根觸”註）（慧 81/11b “根觸”註）；敠古文敞形（慧 33/62a “相敠”

註）（玄 15/209c “敠觸”註）（初編玄 13/601）；摚又作敞同（初編玄 560、慧 75/968a “相摚”

註）。**敿** 摚又作敞形（玄 1/22c “摚觸”註）；棠字宜作敞［殼］同（玄 5/68c、慧 16/71

9a “相棠”註）。**敽** 丈鞭丈莖二反（玄 3/40a）；敠古文敞形同（玄 21/279c “敠觸”註）。

//殼：**嶨** 直耕反字書橖也（龍 193/05）（慧 09/562a）（慧 32/42a）（慧 32/49b）（慧 39/1

72a）（慧 55/542b）；根亦作殼（玄 1/10b “根觸”註）（玄 10/133b “摚觸”註）（慧 57/586a

“相根”註）；敠又作殼形同（慧 44/282b “相敠”註）（玄 8/111b “相敠”註）（慧 13/649a

“敠觸”註）；摚又作敞（慧 25/923a “摚觸”註）；橖俗字也正作殼（慧 79/1063b “橖鈴”

註）。**殼** 敠有作～（玄 4/61b “相敠”註）。//斀：**斀** 宅畊反觸也（龍 529/04）。

瞠：**瞠** 瞠同上［瞠］（龍 418/05）（玄 18/248c）（慧 73/918b）。**瞠** 俗丑庚反正作瞠直視也

（龍 425/03）。//瞠：**瞠** 丑庚反直視也（龍 418/05）。

摚（敞）：**摚** 丑耕直耕二反[1]（龍 198/06）（玄 1/9b）（玄 8/113c）（慧 16/714b）。//橖：**撑**

丑庚反撥也又柱也（龍 373/09）。//撑：**撑** 丑庚反撥也又撑柱也（龍 207/05）（紹

134b10）。//橖：**橖** 橖正抽庚耻孟二切（紹 157a5）。//撑：**撑** 俗音掌（龍 213/01）；

掌音有處卻作橖橖並抽庚耻孟二切字用臨文詳之（紹 134b10）。

鎗：**鎗** 楚庚反鎗鼎也（龍 009/05）（玄 5/75c）（慧 32/41b）（慧 42/246a）（慧 62/704b）；鏘又

作鎗傖二形同（慧 19/783b “鏗鏘”註）。//鎗：**鎗** 楚行反[2]（龍 367/07）；鎗經文作

鎗誤也（玄 5/75c、慧 32/41b “鎗鎗”註）。

偁：**偁** 昌陵反（龍 025/09）（紹 129a10）；稱字正體從立人今多從禾也（慧 23/862b “難

稱”註）。

稱：**爯** 稱古文作爯（慧 8/543b “稱量”註）。（慧 8/543b）。**稱** 赤蒸反（慧 7/531a）（慧 8/543

b）（慧 17/730b）（慧 22/845b）（慧 23/857b）（慧 23/862b）（慧 34/81b）（慧 51/437b）（慧 78/10

36a）（希 8/410b）。**稱** 隨函云合是稱字（龍 143/07）。//秤：**秤** 稱音（紹 196a1）；稱

經作秤俗字也（慧 8/543b “稱量”註）（慧 17/730b “稱稱”註）（慧 34/81b “如稱”註）（希 8/4

---

[1]《説文》“敞”字段注：“摚距即敞距，字之變體。”

[2]《龍龕手鏡研究》：“鎗”音楚行反，意義為金聲，乃“鎗”字之俗（297）。

10b "稱賣" 註）。**杯**古稱為再今流共用秤字甚謬也（慧 22/845b "稱兩" 註）（慧 51/4

37b "於稱" 註）（慧 78/1036a "並稱" 註）。

頼： **頼**正丑貞反赤也（龍 524/03）。**頼**俗通（龍 524/03）（紹 170b4）。**頼**或作（龍 524/0

3）。**頼**俗（龍 524/03）。//**頼**或作（龍 524/03）。//**頼**俗（龍 524/03）。

丞： **丞**又倉陵反佐也翊也（龍 548/09）。

窺： **窺**丑亨反（龍 507/07）（慧 83/65a）。

楻： **楻**丑貞反（龍 379/01）（慧 94/227b）（紹 158b8）。

chéng 成： **成**市征反（希 6/394b）。

城： **城**石征反（慧 33/59b）（慧 27/982a）（慧 93/217a）（希 9/414b）。**戴**籀文成（城）字（龍

545/02）。

峸： **峸**成音（紹 162a2）。

宬： **宬**成音（紹 194b1）。**宬**音成（龍 155/06）；盛經從宀作宬宬屋所容也非此用（慧

37/141a "盛金" 註）。//**宬**：**宬**音成正作宬（龍 507/05）（紹 194b10）。

晟： **晟**正音成食器也又承正反明也熾也亦器也（龍 425/03）（慧 99/314a）（紹 171b5）。**晟**

俗（龍 425/03）。

筬： **筬**音成（龍 389/03）（玄 10/139c、慧 47/367b "機杼" 註）。

盛： **盛**時征反（玄 15/205c）（慧 58/604b）（希 5/384b）。**盛**音成（慧 2/433a）（慧 3/443a）（慧

4/459b）（慧 7/521a）（慧 10/591a）（慧 18/751a）（慧 37/141a）（慧 89/155a）。

鋮： **鋮**俗音成（龍 012/08）。

誠： **誠**市盈反（玄 6/86a）（玄 25/334c）（慧 71/886b）（慧 7/521a）（慧 27/979b）。

頯： **頯**音成頸也（龍 483/09）。

呈： **呈**馳京反（玄 18/250b）（慧 73/935b）（玄 23/317b）（慧 49/399b）。

湦： **湦**丑領反湦泥（龍 232/10）。

裎： **裎**丑領反單衣（龍 105/06）。**裎**音呈佩帶也又丑領反（龍 110/07）。

理： **理**呈音（紹 141a6）。

程: **程**除荆反（玄 4/57b）（慧 43/272a）（希 3/372c）；呈論文作程法之程非躰也（玄 18/2

50b、慧 73/935b "呈佛" 註）。

筳: **筳**音呈筵也（龍 389/03）。

醒: **醒**呈音又癡真切（紹 143b9）。

盯: **盯**直耕知猛二反（龍 418/03）（紹 142b5）。

睜: **睜**宅耕反安審視也（龍 418/09）。

騬: **騬**直耕反玉篇馬住騬也（龍 291/06）。

乘: **乘**乘説文覆古作～（慧 3/455b "頯乘" 註）。**乘**實升反（玄 10/135a）（慧 3/455b）（慧

50/416b）。**乗**音乘（龍 539/05）。

騬: **騬**食凌反（龍 292/03）（玄 17/229c、慧 67/818b "狋形" 註）（慧 57/584b）（紹 166a7）。

衡: **衡**陟庚反（龍 496/03）。// **衡**書無此字（慧 65/764b）。**衡**俗陟庚反正作衡（龍 5

11/06）（玄 16/221c）。// **衡**俗陟庚反正作衡（龍 511/06）。

艖: **艖**音繩稻田畦也（龍 131/08）（玄 9/128a）（慧 46/334b）。**滕**食陵反稻田畦也畔也

（龍 408/08）（慧 99/318a）（紹 136b1）；畦律文有作滕（玄 15/212a、慧 58/626a "畦畔" 註）。

// **艛**：**艛**①古文艛艖二形今作堘同（玄 9/128a、慧 46/334b "溝艖" 註）。// **堘**：**堘**

正食陵反稻里畦也畔也隖也（龍 247/05）（慧 89/159b）；古文艛艖二形今作堘同（玄

9/128a、慧 46/334b "溝艖" 註）；滕又作堘也（慧 99/318a "長滕" 註）。// **堘**俗食陵反

（龍 247/05）；艖論文作～非體也（玄 9/128a、慧 46/334b "溝艖" 註）。// **畦**：**畦**音乘

（龍 153/02）；滕或從田作畦（慧 99/318a "長滕" 註）。// **畦**：**畦**音乘（龍 153/02）。

承: **承**時仍反（慧 1/406a）（慧 82/36a）（希 10/423b）。**承**止令切（紹 190b1）。

軣: **軣**音承軣車後登也（龍 080/08）。

嶒: **嶒**宅耕反嶒弦嶒響也（龍 507/03）。

澂: **澂**正音澄與澄同（龍 229/06）（慧 63/727b）。**澂**省音澄與澄同（龍 229/06）。**徵**澄

亦作徵［澂］（希 7/400c "澄晬" 註）。// **澄**直陵反（慧 12/629b）（慧 16/719b）（慧 29/10

①徐時儀《一切經音義》三種校本合刊《玄應音義》《慧琳音義》皆錄作 "艛"，是也。"艛" 即 "滕" 的古文（參
見《隸定古文疏證》277）。

22b）（慧 40/194a）（慧 90/172b）（希 2/366b）（希 4/375b）（希 7/400c）；澂律文從登作澄

俗用字（慧 63/727b "澂潓" 註）。

懲： 懲直陵反（玄 8/114c）（玄 13/178b）（慧 52/481b）（慧 94/232a）（紹 131a9）（紹 172b10）。

懲直陵反懲盛也又苦也又心也（龍 065/01）。

chěng 俚： 俚呈或作俚非也（玄 18/250b、慧 73/935b "呈佛" 註）。

逞： 逞丑領反（龍 491/04）（玄 4/59b）（慧 30/1042b）（玄 20/272c）（慧 76/993a）（玄 25/331c）

（慧 71/881a）（慧 90/168a）（慧 94/242a）（紹 138b3）。

庱： 庱丑仍反（龍 299/09）。

聘： 聘丑領反（龍 161/08）。

騁： 騁丑井反（龍 292/08）（玄 6/85a）（慧 48/376a）（慧 11/608b）（慧 15/697b）（慧 16/709b）

（慧 17/728b）（慧 18/756a）（慧 24/897a）（慧 26/936b）（慧 27/977b）（慧 33/69b）（慧 49/410a）

（慧 51/434b）（慧 56/574a）（慧 62/709b）（慧 76/1006a）（慧 87/130b）（慧 96/259b）（慧 99/320

b）（慧 100/343b）（慧 100/347a）；聘論序從馬作聘[騁]誤也（慧 51/444b "遣聘" 註）。

騁丑井反（龍 292/08）（玄 2/27b）（玄 22/291c）（紹 166a1）；騁今經中作～非也（慧 1

1/608b "馳騁" 註）（慧 15/697b "馳騁" 註）（慧 100/343b "馳騁" 註）。騁勑領切（紹 166a

1）。駤騁集從央作駤誤也（慧 99/320b "騰騁" 註）。

chèng 孖： 孖玉篇丑證反川也（龍 336/08）。

稱： 稱齒證反（玄 8/106c）（慧 28/1003b）（慧 4/473a）（慧 15/697b）。

chi

chī 笞： 笞音癡捶擊也（龍 388/03）（玄 1/6a）（玄 22/302b）（慧 16/718b）（慧 20/808a）（慧 23/873b）

（慧 48/392a）（慧 75/974b）（希 2/366b）（希 3/369b）（紹 160a3）。//拪俗丑之反正作笞（龍

208/10）；笞又作拪同（玄 1/6a、慧 20/808a "榜笞" 註）（玄 9/126a、慧 46/330b "搒拪" 註）

（玄 22/302b、慧 48/392a "笞罰" 註）。//搭俗丑之反正作笞（龍 208/10）。搭俗丑之反

正作笞（龍 376/04）。

齝: **齝**詩癡二音～噍牛吐食也（龍 311/08）（慧 57/581b）（紹 146b2）。**齝**始支反（慧 17/73

6b）；呞又作齝同（玄 1/13a "呞食" 註）（玄 4/59a、慧 43/274b "牛呞" 註）（玄 15/202b、慧 5

8/619a "牛呞" 註）（玄 15/212c、慧 58/627a "輮呞" 註）；齝又作齝（玄 9/120c、慧 46/320b "牛

齝" 註）（玄 14/197b、慧 59/651b "齝食" 註）。**齝**呞又作齝同（慧 42/234a "呞食" 註）。**齝**

俗（龍 311/08）。//齝：**齝**或作（龍 311/08）。**齝**丑之反（玄 9/120c）（玄 14/197b）（慧

59/651b）；呞又作齝同（玄 1/13a、慧 42/234a "呞食" 註）（玄 4/59a、慧 43/274b "牛呞" 註）

（玄 15/202b、慧 58/619a "牛呞" 註）（玄 15/212c、慧 58/627a "輮呞" 註）。//呞：**呞**音詩

牛食口中草也又俗音寺（龍 266/04）（玄 1/13a）（慧 42/234a）（玄 4/59a）（玄 15/202b）（慧

58/619a）（玄 15/212c）（慧 58/627a）（紹 183b1）；齝詩傳作呞同（玄 9/120c、慧 46/320b "牛

齝" 註）（玄 14/197b、慧 59/651b "齝食" 註）；飼經文從口作呞俗字非也（慧 16/712a "牛

飼" 註）。**啊**勒之式之二反（慧 43/274b）。//齝：**齝**齝三蒼作齝（玄 9/120c、慧 46/32

0b "牛齝" 註）。

綿: **綿**勒夷反（慧 54/524b）。**綿**丑尼反（龍 396/08）（玄 13/176b）（慧 95/244b）（紹 191a4）。**綿**

丑知切（紹 191a4）。**綿**（中 62/719a）。//絺：**絺**綿又作絺（慧 95/244b "綿絲" 註）。

瓶: **瓶**丑脂反古之酒器也（龍 315/09）。

蚩: **蚩**正尺之反輕侮也又和悅也（龍 219/10）。**蚩**尺詩反（慧 52/467b）（玄 16/219a）（玄 2

3/316a）（慧 15/698a）（慧 19/783a）（慧 26/954a）（慧 71/882a）（慧 74/950b）（紹 162a5）；嗤論

作蚩誤也（慧 68/822b "嗤笑" 註）。**蚩**昌夷反（慧 49/397b）。**蚩**尺之反（慧 65/771b）（慧

62/713b）。**蚩**俗（龍 219/10）（玄 1/8a）（玄 2/32a）（玄 11/149b）（玄 14/191c）（玄 17/236b）（玄

21/282a）（玄 22/298c）（玄 25/332a）（慧 13/657b）（慧 17/740a）（慧 48/386a）（慧 59/642b）；欪

或作蚩（慧 30/1035b "欪笑" 註）（慧 31/20b "欪笑" 註）；蚩經作蚩非也（慧 15/698a "蚩笑"

註）。**蚩**尺之切（紹 164b3）。**蚩**俗（龍 219/10）。

欪: **欪**齒之反（慧 30/1035b）（慧 31/20b）；蚩說文作欪（慧 15/698a "蚩笑" 註）（慧 68/822b "嗤

笑" 註）（慧 69/852a "嗤誚" 註）。//欪：**欪**尺之反戲笑皃也（龍 353/05）。**欪**嗤說文

作欪（慧 7/524b "嗤笑" 註）。//嗤：**嗤**赤之反（慧 45/309b）（慧 61/677b）（慧 68/822b）（慧

69/852a）（慧 78/1040a）（慧 98/300a）。**嗤**赤之反（龍 265/06）（慧 40/197b）（紹 183a5）；蚩經文從口作嗤非體也（玄 1/8a、慧 17/740a"蚩笑"註）；歒或作嗤（慧 31/20b"欨笑"註）。**嗤**赤之反（慧 7/524b）。//**蚳**尺之反正作嗤（龍 221/06）；嗤集從虫作蚳非也字書並無此字也（慧 98/300a"嗤往"註）。

婼：**婼**赤之反婼妍也（龍 280/01）。

嵼：**嵼**正尺之反羽盛也（龍 072/07）；蚩古文嵼同（玄 16/219a"蚩弄"註）。**嵼**俗（龍 072/07）；蚩古文嵼同（玄 11/149b"蚩笑"註）（玄 14/191c、慧 59/642b"蚩笑"註）。**嵼**蚩古文嵼同（慧 65/771b"蚩弄"註）。**嵼**蚩古文嵼同（慧 52/467b"蚩笑"註）。

胵：**胵**正昌脂反（龍 407/04）（玄 8/116c）（慧 38/164a）（紹 135b6）。//**胝**俗（龍 407/04）。

眵：**眵**正叱支反目汁凝也（龍 417/02）（玄 1/9a）（慧 17/742b）（玄 7/100c）（慧 30/1038a）（玄 8/116b）（玄 9/126b）（慧 46/331b）（玄 18/249c）（慧 72/911a）（玄 20/270a）（初編玄 935）（慧 75/980b）（玄 25/338a）（慧 71/892b）（慧 2/424a）（慧 5/479a）（慧 15/684b）（慧 42/248b）（慧 36/117a）（慧 39/167a）（慧 40/187b）（慧 74/946a）（慧 75/986b）。**眵**俗昌支反目汁疑[凝]也正從目作（龍 405/07）。**眵**充支反（玄 5/65b）。**眙**又舊藏作眵[1]（龍 424/03）。//**眵**：**眵**俗（龍 417/02）（紹 143a3）。**胵**俗昌支反目汁疑[凝]也正從目作（龍 405/07）；經文作～非也撿諸字書竝無此～字（慧 2/424a"眵聹"註）（慧 5/479a"眵聹"註）。//**眓**：**眓**俗（龍 417/02）（紹 143a2）；眵論文作眓未詳（玄 9/126b"眵淚"註）（玄 18/249c、慧 72/911a"眼眵"註）。**眓**赤支與支二反（龍 417/02）；眵論文作眓未詳（慧 46/331b"眵淚"註）。

觚：**觚**或作（龍 167/02）。**觚**今昌脂反魚名玉篇又音低（龍 167/02）。**觚**或作（龍 167/02）。

鴟：**鴟**正昌脂反（龍 284/10）（慧 79/1058a）。**鴟**昌之反（慧 5/479b）。**鴟**俗（龍 284/10）（玄 12/163b）（慧 75/968b）（慧 53/491b）（慧 77/1030a）。**鴟**尺脂反（玄 17/234b）（慧 74/947b）（慧 2/424b）（慧 15/703b）（慧 54/522b）（慧 62/719b）（慧 72/898b）（慧 76/1001b）（慧 84/82a）（慧 93/221b）（希 8/407b）。**鴟**俗（龍 284/10）（希 5/387c）（紹 165b7）；鴟或從氏作鴟今

---

[1] 參見《叢考》744 頁。

不取也（慧 33/65b“鵄鵂”註）；鴟字書正～字（慧 93/221b“鴟吻”註）（希 8/407b“惡鴟”註）。䲼昌脂反與鴟同（龍 287/02）。鵄尺脂反（玄 17/234b）。鵄古文鴟今作鵄同（玄 6/82b“鵄梟”註）。鴟俗（龍 284/10）。鴟俗（龍 284/10）。鴟郭氏俗音昌脂古堯二反又《川韻》音刀（龍 514/03）。鴟俗（龍 284/10）。//鵄通（龍 284/10）（玄 6/82b）（玄 10/131c）（慧 49/406a）（慧 15/705a）（慧 25/907b）（慧 25/928a）（慧 33/65b）（慧 75/972a）（紹 165b7）；鴟或作鵄（慧 15/703b“鴟鳥”註）（慧 27/972b“鴟梟”註）（慧 54/522b“鴟鵂”註）（慧 72/898b“鴟等”註）（慧 79/1058a“鴟鵂”註）（慧 84/82a“鴟鴞”註）（希 8/407b“惡鴟”註）。//雖：雖鴟說文或從隹作鴟[雖]（慧 2/424b“鴟梟”註）（慧 54/522b“鴟鵂”註）（慧 77/1030a“鴟鳥”註）。//雉：雉鴟或作鵄鴟雉（慧 15/703b“鴟鳥”註）。

吃：吃居乞反（玄 1/13a）（慧 42/234b）（玄 16/216c）（慧 65/777a）（玄 21/278c）（玄 22/293a）（慧 13/645a）（慧 63/727b）（慧 79/1066a）。吃正許乞反下二又魚乙反又居乙反口～難言也（龍 276/01）（玄 9/127b）（慧 46/333a）（玄 15/211c）（慧 58/625b）（慧 48/377b）（慧 57/583a）（紹 184a5）。吃通（龍 276/01）。吃俗（龍 276/01）。//蹔俗（龍 276/01）。//蹔俗（龍 276/01）。//钦：钦吃又作钦同（玄 1/13a“謇吃”註）（玄 9/127b、慧 46/333a“謇吃”註）（玄 21/278c“謇吃”註）（慧 13/645a“謇吃”註）。訖正居乙反口钦又音迄（龍 355/07）。訖通（龍 355/07）。

喫：喫口迹反（玄 5/71a）（玄 8/113b）（慧 56/564b）。喫正口擊反噉也（龍 276/06）（玄 1/10a）（慧 17/744b）（慧 16/713b）（慧 32/41b）。喫口迹反（玄 16/221a）（慧 65/781b）（玄 19/257c）。//喫俗（龍 276/06）。喫俗（龍 276/06）。//嚮：嚮或作（龍 276/06）。嚮俗（龍 276/06）（紹 182b8）。嚮喫音（紹 139a3）。嚮喫經文作嚮非也（玄 5/71a“先喫”註）（慧 32/41b“先喫”註）。轚正苦擊反同喫（龍 085/06）。轚俗（龍 085/06）。轚俗（龍 085/06）。//𡁷俗音喫也（龍 279/01）；喫經文作～非字體（玄 8/113b“喫酒”註）。

伬：伬音敕意慎伬又惕也（龍 039/02）。

痴：痴丑之反痴瘊者不進不達之皃玉篇又病行皃也（龍 470/02）。

癡：癡恥知反（慧 3/452b）（慧 65/773b）（慧 12/637a）（慧 16/718b）（慧 16/725b）（慧 30/1035b）

（慧 32/36b）（慧 66/786b）（慧 67/806a）（希 4/377c）。癡 丑之反愚也（龍 469/01）（玄 16/21

4c）。//瑟：瑟 癡俗字也正從心作瑟（慧 16/718b "癡疉" 註）（慧 32/36b "駭癡" 註）；

礙或從心作瑟亦通（慧 75/964b "藜藻" 註）。//伀 癡衛宏從人從乏作伀會意字也（慧

16/718b "癡疉" 註）。//瘜：瘜俗音怠①（龍 473/04）。

摛：摛勑知反（慧 83/57b）（慧 83/63a）（慧 85/99a）。摛恥知反（慧 94/224b）。摛丑知反舒

也（龍 210/05）（慧 82/41b）（慧 91/189a）（慧 96/264b）（慧 98/301a）（慧 99/314b）（慧 99/323b）

（紹 134b2）。摛抽知切（紹 158b4）。擒摛《記》之從禽作擒通也（慧 82/41b "摛玉毫"

註）（慧 98/301a "幽摛" 註）。//攡：攡摛亦作攡（慧 85/99a "備摛" 註）。

螭：螭正丑知反無角龍也（龍 220/02）（玄 4/56a）（慧 43/268a）（玄 12/159c）（慧 53/484b）（慧

53/493a）（慧 82/41a）（慧 86/110a）（慧 96/262b）（紹 163b9）；魑《三蒼》諸書作螭（玄 6/

83b "魑魅" 註）（慧 27/974b "魑魅" 註）；离傳文從虫作螭非本義（慧 93/221b "摺山离" 註）。

螭勑知反（慧 24/887a）。螭俗（龍 220/02）。螭螭正丑知切（紹 163b9）。//彲丑知

反獸名（龍 188/04）。

熾：熾丑知反火焱也（龍 240/10）。

褫：褫丑知反礼裳上衣（龍 103/05）。

魑：离恥知反（慧 93/221b）；魑説文作离（玄 6/83b "魑魅" 註）（慧 27/974b "魑魅" 註）。离

魑又作离螭二形同（玄 25/339a、慧 71/894b "魑魅" 註）。//魑正丑知反魑魅謂老物

精怪也或作离螭同（龍 323/01）（玄 6/83b）（玄 25/339a）（慧 71/894b）（慧 27/974b）（慧 41/

214a）（慧 87/124b）（紹 198b4）。//魑俗（龍 323/01）；魑又作魖（玄 25/339a "魑魅" 註）。

魓俗（龍 323/01）（龍 331/06）（紹 198b4）；魅經文或作魏魅並通用也（慧 75/965b "邪

鬼魅" 註）。魓俗（龍 323/01）（慧 75/965b）。魓俗（龍 323/01）。魅丑知切（紹 198b

4）。//魓俗（龍 323/01）；魑又作魃（玄 25/339a "魑魅" 註）。//勉：勉俗（龍 323/0

1）；魑又作勉（玄 25/339a "魑魅" 註）。魑俗丑知反正作魑字（龍 126/02）。魑俗（龍

126/02）。魑俗（龍 126/02）。//魑俗（龍 126/02）。

①參見《字典考正》294 頁。

摛（螭）：摛俗丑知反（龍 317/10）。

黐：黐丑知反（龍 331/10）（慧 31/17b）（慧 54/522b）（慧 60/661b）（慧 61/690a）。黐恥知反（慧 14/676b）（慧 100/345a）。黐丑知反（龍 331/10）；黐經從离誤也（慧 14/676b "黐膠" 註）。黐勅支反（玄 2/29c）。黐丑支反（慧 26/944a）。//黐俗丑知反正作黐（龍 408/09）。//黐：黐黐經從米作黐非也（慧 54/522b "黐膠" 註）（慧 100/345a "之黐" 註）。黐俗丑知反正作黐（龍 304/08）；經文作黐誤也（慧 31/17b "黐膠" 註）。黐俗（龍 304/08）。//黐俗丑知反正作黐（龍 304/08）。

誺：誺丑知丑秋二反相問而不知也又落代反誤也（龍 044/03）。

誺：誺初栗反謂誺陰私語也（龍 051/08）。誺同上（龍 051/08）。

徟：徟音池行皃也（龍 496/09）。

chí 池：池又音馳（龍 227/09）（慧 1/413b）（慧 6/514a）（希 2/362b）（希 2/366c）（希 6/392a）（希 8/409b）。

弛：弛直尔反（龍 151/08）（慧 88/141a）。鉈（慧 97/275b）。弛詩紙反（慧 97/285b）（慧 97/275b "寬鉈" 註）（希 10/418a）。//號：號正音豕釋也張也（龍 151/06）。號或作（龍 151/06）。號或作（龍 151/06）。

鉇：鉇雉知反翍鉇皆正字體也經作差池俗用非正（慧 41/219b）。

齝：齝正（龍 177/09）。齝俗音池黃帝樂名（龍 177/09）。

齝：齝正音池齒斷也（龍 311/09）。齝俗（龍 311/09）。

泜：泜正音遲水名也又音脂亦水名（龍 228/02）。泜俗（龍 228/02）。泜正音遲水名也（龍 228/02）。泜俗（龍 228/02）。

彽：彽直尼反彽徊猶徘徊也（龍 496/02）。

坻：坻雉尼反（慧 31/22a）（慧 31/22b）（慧 53/500a）（慧 87/130b）。坻直飢都犁二反（慧 46/324b）（慧 73/919b）（慧 45/308b）（慧 99/323b）。坻丁禮丁兮直尼三切（紹 160b8）。坻正直尼反切韻亦小渚也（龍 246/01）（慧 24/889b）。坻直飢反（玄 2/28b）（玄 2/31b）（玄 3/42b）（慧 09/574b）（玄 3/45b）（玄 4/51a）（玄 4/59c）（玄 7/104a）（玄 9/122b）（玄 14/194a）（玄

18/249b）。**坄**通（龍 246/01）（慧 59/646a）（紹 160b8）。**坪**①俗遲提二音（龍 247/9）。**坘**玉篇云小渚也（龍 246/01）（紹 160b10）。**垀**俗（龍 245/10）。**垀**直尼切（紹 161b1）。**坁**俗直尼反②（龍 240/8）。**塌**俗直尼反（龍 545/5）。**塌**俗直尼反（龍 545/5）。**塌**俗（龍 245/10）。**均**俗（龍 245/10）。**坿**俗（龍 245/10）。**坘**丁禮丁兮直尼三切（紹 160b8）。**坺**直尼切（紹 161b1）。//**坏**坘古文坏同直飢反（玄 2/28b "邸坘" 註）。**坏**坘又作坏同（玄 3/45b "屄坘" 註）。**坺**俗（龍 245/10）。//**坁**俗（龍 245/10）。//**洂**坘又作洂同（玄 3/45b "屄坘" 註）。**泝**坘又作泝同（慧 10/579a "屄坘" 註）。//泝：**泝**低遲脂三音（紹 189a4）。**泜**之氏反（玄 20/264c）。**泜**坘又作洰同（玄 3/45b "屄坘" 註）。**泜**坘又作洰同（慧 10/579a "屄坘" 註）。

岻：**岻**脂遲二音有處却岻音臨文詳用（紹 162b5）。**岻**正直尼都奚二反山名也（龍 070/05）；底經文作～（玄 7/95a、慧 28/998b "崖底" 註）。**岻**通（龍 070/05）。

蚳：**蚳**直離反（慧 99/316b）。**蚳**或作（龍 221/06）。**蛭**正直尼反蟻卵也（龍 221/06）。**蛭**直尼反蟻卵也（龍 247/03）。**蚐**俗（龍 221/06）。

貾：**貾**正直尼反貝之黃質有白點者也（龍 350/01）。**貾**或作（龍 349/09）。**貾**或作（龍 349/09）。

茬：**茬**正士之反茬平縣名（龍 254/06）。//**荘**或作（龍 254/06）。

莉：**莉**直尼反人姓（龍 254/04）。

詯：**詯**直離反別也又音移水室門名也（龍 043/08）。

篪：**篪**除離反（慧 73/928b）（慧 56/561b）（紹 159b10）。**篪**正音池樂器（龍 391/01）。**篪**或作（龍 391/01）。**箎**或作（龍 391/01）。**篪**除離反（玄 18/248b）（玄 19/256a）。**箎**篪正虎音又直知切（紹 159b10）。//**虒**：**虒**直離反虎聲又竹燻名（龍 322/06）。**虒**篪又作虒（慧 56/561b "具篪" 註）。**虒**篪又作虒同（玄 18/248b "吹篪" 註）（玄 19/256a "具篪" 註）。//**虒**或作（龍 391/01）。**虒**或作（龍 322/07）。**虒**篪又作虒同（慧 73/928b "吹篪" 註）。//笓：**笓**正音池（龍 391/02）。**笓**俗音池（龍 391/02）；篪又作笓同（玄 18/248b、慧 7

①《叢考》：其正字疑為 "坘" 字（177）。
②《叢考》：此字當是 "坘" 的俗字（692）。

3/928b "吹篪" 註)（玄 19/256a、慧 56/561b "具篪" 註）。

趦：**趦** 直離反輕薄皃也（龍 324/03）。

莲：**莲** 直尼反尔雅云莲蓝木名今刺榆也（龍 253/08）。

持：**持** （玄 9/126a）（慧 46/331a）（希 5/386b）（希 8/410a）。

錤：**錤** 音持鐸錤梵語此云雙口澡灌也（龍 013/05）；軍持論文作鐸錤俗作也（玄 9/126a、慧 46/331a "軍持" 註）（玄 14/183c、慧 59/630a "君持" 註）（慧 64/749a "軍持" 註）。

墀：**墀** 正直尼反堦墀也（龍 246/01）（玄 4/49a）（慧 81/11b）（慧 100/333a）（希 2/361b）（紹 161 b1）；坁集從犀作墀謂天子丹墀也非坁坂義（慧 99/323b "坂坁" 註）。**墀** 俗（龍 246/0 1）（紹 161b1）。**墀** 俗（龍 246/01）（慧 14/670a）。**墀**（紹 161b1）。**墀** 直尼反（慧 23/861a）。**墀** 直尼切（紹 161b1）。**揮** 墀正遲音（紹 134a4）。**揮** 俗直尼反正從土（龍 207/06）。//**揮** 俗直尼反正從土（龍 207/06）；持論文作～（玄 17/227b、慧 67/813b "軍持" 註）。

遲：**遲** 正直尼反晚也（龍 488/03）（慧 3/450b）。**遲** 池尒反説文正遲字也（慧 89/158a）。**遲** 正（龍 488/03）（慧 59/644b）；遲籀文從辛作～（慧 3/450b "遲鈍" 註）。**遲** 俗（龍 488/02）（慧 16/725b）（玄 14/193a）（希 4/378b）；遲經文從尸從羊俗字也（慧 3/450b "遲鈍" 註）（慧 89/158a "遲君來" 註）。**遲** 俗（龍 488/02）。//**迡** 玉篇音遲（龍 490/02）。**迟** 遲或作～古字也（慧 3/450b "遲鈍" 註）。

喠：**喠** 俗音遲（龍 268/07）。

謘：**謘** 遲稚二音語謘也（龍 044/04）。

踟：**踟** 音池（龍 458/3）（玄 1/7b）（玄 4/49a）（玄 7/102c）（玄 15/205c）（玄 20/265c）（玄 20/266c）（慧 14/670b）（慧 17/739b）（慧 30/1045b）（慧 58/604a）（慧 80/1086a）（慧 90/169a）（慧 91/194 b）（慧 93/211b）（慧 100/337b）；躊躇又作踟躕同（玄 13/173b、慧 57/598a "躊躇" 註）（慧 73/920b "躊躕" 註）。

馳：**馳** 馳俗字也本作馳（慧 1/405a "馳驟" 註）（慧 11/608b "馳騁" 註）（慧 89/163b "馳騖" 註）。**馳** 馳俗用字也正或作馳（慧 11/606b "馳騁" 註）（希 1/356c "驤駝" 註）。**馳** 直知反（龍 290/07）（玄 2/27b）（玄 6/85a）（玄 17/234a）（慧 70/860b）（玄 22/291c）（慧 48/376a）（慧 1/405

a）（慧 11/606b）（慧 11/608b）（慧 17/728b）（慧 21/816a）（慧 22/845a）（慧 23/860b）（慧 26/936b）（慧 27/977b）（慧 33/69b）（慧 56/574a）（慧 89/163b）（希 3/373a）（希 9/411b）。

匙：匙正是支反（龍 341/07）（玄 12/160a）（慧 75/982b）（玄 15/208c）（慧 58/609b）（慧 19/778a）（慧 61/680b）（慧 100/335b）；匕《通俗文》匕或謂之匙（玄 14/190c、慧 59/640b“作匕”註）（玄 15/200b、慧 58/614b“匙匕”註）。匙俗（龍 341/07）。匙匙正是支切（紹 202a5）。//楆：楆匙方言作楆同（玄 15/200b、慧 58/614b“匙匕”註）（玄 15/208c、慧 58/609b“瓷匙”註）。提匙方言作提（玄 12/160a、慧 75/982b“鑰匙”註）（玄 16/215c、慧 65/775a“鑰匙”註）。//鍉：鍉匙提的三音（紹 180a7）；匙又作鍉同關鑰也（玄 12/160a、慧 75/982b“鑰匙”註）。

䓁：䓁是支反䓁母即知母草也（龍 253/06）。

翨：翨是支反羣飛皃也（龍 341/07）。翨是支反羣飛也（龍 327/02）。

chǐ 侈：侈正尺氏反奢也泰也大也遠也（龍 029/04）（玄 3/34c）（慧 09/567a）（玄 25/339c）（慧 71/896a）（慧 82/37b）（希 2/366a）（紹 128a10）。侈俗（龍 029/04）。侈俗（龍 029/04）。

哆：哆丑加陟加尺氏三反張口也又車者反哆脣下垂皃也又當可反語聲也（龍 265/06）（玄 3/34b）（慧 09/567a）（玄 4/53b）（慧 43/264b）（玄 20/265a）（慧 60/672b）（慧 61/692a）（慧 79/1056b）（紹 183b8）；䫂經文作哆充尒丑亞二反非今用也（玄 5/72b、慧 33/57b“脣䫂”註）。

㢋：㢋尺氏反（龍 300/06）。㢋昌是反（玄 5/75c）（慧 39/183a）。

烢：烢尺氏反晟也（龍 242/03）。

袳：袳正尺氏反衣長[張]也（龍 105/02）。//褖或作（龍 105/02）。

鉹：鉹正玉篇昌氏反釜也又甑也又音移（龍 014/08）（紹 180b10）；匙聲類字與鉹同（玄 12/160a、慧 75/982b“鑰匙”註）。//鈘：鈘正玉篇昌氏反釜也又甑也（龍 014/08）。//鈚：鈚俗（龍 014/08）。

尺：尺嗤隻反（慧 49/410b）。

蚇：蚇昌石反（龍 225/05）（玄 18/240c）（慧 73/934b）（玄 25/334a）（慧 71/885a）；尺論從虫作

蚇非也（慧68/831a"尺蠖"註）。//蚇：蚚尺音（紹164b9）。蟲蚇正尺音蚚同（紹164b9）。//蛵蚇正尺音蚚同（紹164b8）。

鉹：鉹昌氏反（玄1/8b）（玄12/160a）（紹180a6）。鉹昌紙反（慧75/982b）（慧17/741a）；匙又作鉹（玄15/200b、慧58/614b"匙匕"註）（玄15/208c、慧58/609b"瓷匙"註）。

耻（恥）：恥正丑里反（龍314/06）。耻俗（龍314/06）（慧8/534b）（慧16/720b）（慧29/1019b）。聇俗（龍314/06）。//誀：誀恥衛宏從言作誀古字也（慧8/534b"慙恥"註）。

豉：豉正是義反鹽豉也（龍359/08）。豉通（龍359/08）（紹200b7）。豉俗（龍359/08）。

齒：齒昌止反（慧2/423a）（慧13/648a）（慧15/690a）（慧22/841a）。齒古文音齒（龍335/08）。齒舊藏作齒（龍076/01）。齒古文音齒（龍075/04）。齒古文音齒（龍075/04）。齒古文音齒（龍075/04）。齒音齒（龍340/05）。齒齒正（紹146b2）。齒音里①（龍340/06）。齒持尔反（龍341/02）。

歔：歔正初紀反齧也（龍354/08）。歔正（龍354/08）。歔俗（龍354/08）。

䍌：䍌昌耳反（龍149/04）。

頍：頍昌旨反（龍485/09）（紹170a6）。

猁：猁又礼反獸名（龍098/03）。

縰：縰正丑几反移蠶就寬（龍550/06）。縰俗（龍550/06）。

褫：褫勅尒直紙二反（慧73/927a）（慧55/540b）（慧76/1009b）（慧81/5b）（慧81/18a）（慧87/117b）（慧88/141a）（慧91/190a）（希10/418c）（紹168b3）；阤有作褫（慧27/972a"阤"註）。褫池尒反（慧98/297b）。褫正直知反蓐衣也又池尒反奪衣也（龍101/04）。褫俗（龍101/04）。褫俗（龍101/04）。褫俗（龍101/04）。褫池尔反（龍105/08）。褫俗（龍105/08）。褫（慧26/957b）。褫勅尒直紙二反（玄18/247c）。褫勅紙反（慧38/164a）（慧42/247b）。褫池里反（慧4/464a）。褫勅紙反（玄8/116c）（紹168b3）；褫集文作褫非也（慧88/141a"褫照"註）。褫俗（龍112/01）。褫直紙勅尒二反（玄6/82a）。褫池尔切（紹196a4）。褫阤有作褫有作～不成字非也（慧27/972a"阤"註）。//堀②：堀褫

① 參見《疑難字考釋與研究》65頁。
② 《叢考》：應為"褫"的換旁俗字（1192）。

録文從土作～非也（慧81/5b"襬脱"註）。**埖**襬經文作～不成字也（慧4/464a"襬落"註）。**墄**直尔反落也（龍249/09）。**垗**直尔反落也（龍249/09）。**䮹**俗直氏反山崩也①（龍199/05）。

chì **彳**：**彳**丑亦反説文云小步象人脛也（龍495/06）。

叱：**叱**正昌栗反～呵～也（龍276/01）（玄4/62b）（慧42/247b）（慧46/328a）（慧58/605b）（玄18/241c）（慧73/929b）（慧18/766b）（慧76/1003b）（紹183b6）。**叱**俗（龍276/01）（玄1/14b）（慧42/236a）（玄9/124b）（玄15/206b）（玄21/283c）（玄22/292b）（慧48/377a）；唧論文作叱非也（玄10/132c、慧49/407a"唧唧"註）。

庈：**庈**鴟亦反（慧71/881a）（慧15/682b）（慧34/74b）（慧47/346a）（慧51/447b）（慧60/667a）（慧62/698b）（慧78/1041b）（慧82/35a）（慧87/127a）（慧88/134b）；披諺或作謝庈（慧41/210b"披諺"註）。**庈**正音尺逐也遠也（龍301/05）。擯庈今經文作庈俗用訛謬也因草書變體也（慧15/682b"擯庈"註）。**庈**庈傳作～俗字謬也（慧88/134b"庈其"註）。**庈**古（龍301/05）。**屄**音亦[赤]②（龍303/04）。**斥**俗（龍302/10）。**斥**今通音尺斥逐也正作庈也（龍302/10）（龍556/02）（玄14/194a）（紹198a5）。**斥**俗（龍302/10）（紹150b4）；庈經文作此～俗字也（慧34/74b"指庈"註）（慧41/210b"披諺"註）（慧51/447b"巳庈"註）（慧78/1041b"黜庈"註）（慧82/35a"庈逐"註）（慧87/127a"庈神"註）。**庈**俗（龍301/05）（慧59/646a）（玄22/299b）（慧48/387a）（玄25/331c）。**庈**俗音尺正作庈（龍477/09）。**庈**俗音尺正作庈（龍477/09）。

屎：**屎**丑利女利二反屎嘿多詐也（龍164/03）。//**屎**丑利反篹柄（龍164/04）。

奊：**奊**音尺狩也（龍332/07）。

霢：**霢**丑入反大雨也（龍309/04）。

晢：**晢**征例反目光也又丑例反蔽目也又旨熱反目明也（龍422/05）。**晣**之列反目明皃（龍424/02）。

蹢：**蹢**丑世反躍皃（龍464/06）。

---

①參見《龍龕手鏡研究》214頁。

②《疑難字考釋與研究》：此字當是"斥"字俗訛（15）。

訵：訵丑利反玉篇笑皃（龍049/05）。

譐：譐丑利反笑也又陟里反譐言也（龍048/03）。

傺：傺勑例反（慧83/47b）。傺丑例反侘傺也（龍033/08）。

抶：抶丑栗反抶打也（龍217/10）（玄8/116b）（希1/356b"鞭撻"註）。抶俗丑乙反正作抶（龍117/06）。

呭：呭除栗反（慧43/266a）（玄4/56c）（紹183a4）；唓經文作呭非也（玄19/260c、慧56/569b"唓唓"註）。

敕：敕古文勑字（龍531/01）（龍542/07）（紹175b4）。敕古文勑字（龍122/03）。敕正音勑古文今作勑（龍121/04）（龍542/07）（慧41/207a"整理"註）。敕俗（龍121/04）。敕音敕（龍189/03）。//勑：勑俗音勑（龍542/07）。勑敕俗從來從力作勑俗字也（慧41/207a"整理"註）。勑（麗20/286c）。

遫：遫音敕長也又張開也（龍494/03）。

肶：肶丑一反肶胝滑皃也（龍416/05）。

忚：忚音叱（龍063/08）。

哇：哇丑栗反又丁結反（龍276/06）（玄1/9a）（慧17/742b）（玄8/110c）（慧38/155a）（玄8/117a）（玄12/161b）（慧75/985a）（玄20/265b）（玄20/266b）（慧98/299a）（紹182a6）。

眰：眰丑栗反目不明也（龍423/05）。

踜：踜丑栗反踜蹯也又丑利反忿戾也（龍467/03）。

赤：夾音赤（龍245/06）。赤（慧52/458b）。//㷱：㷱赤古文作～（慧52/458b"赤石"註）。

翅：翄通（龍327/05）（慧6/512a）（慧38/159a）（慧40/189b）；翅翄同也（慧3/445a"有翅"註）（慧6/498b"無翅"註）（希5/385a"鴟翅"註）；翅正體作翄（慧7/532a"翅羽"註）（慧29/1026a"金翅"註）（慧69/847b"翅翮"註）（希8/406c"翅翻"註）（希9/412b"妙翅"註）。翄渠支反翄翄飛皃也（龍327/02）。翄絁真反（慧31/20b）（慧66/799b）。翅正音施鳥兩羽也（龍327/05）（玄4/61a）（慧44/282a）（玄11/149a）（慧52/466b）（玄14/185c）（慧59/632b）（慧3/445a）（慧3/449b）（慧4/465b）（慧4/469b）（慧6/498b）（慧7/532a）（慧29/1026a）

（慧 53/485b）（慧 69/847b）（慧 90/176a）（希 5/385a）（希 8/406c）（希 9/412b）（紹 147a7）；啻經文作翅羽之翅非也（玄 13/168b、慧 52/480b "不啻" 註）；鼓今經中作翅俗字亦通（慧 6/512a "有鼓" 註）（慧 31/20b "拘鼓" 註）（慧 38/159a "曬鼓" 註）（慧 66/799b "妙鼓" 註）。**趐** 音翅（龍 325/07）。//**羝** 翅古文羝同（玄 3/35b、慧 09/568b "有翅" 註）（慧 53/485b "金翅鳥" 註）。**羝** 俗（龍 327/05）；翅古文羝同（玄 14/185c、慧 59/632b "兩翅" 註）（慧 3/449b "窓家" 註）（慧 6/498b "無翅" 註）（慧 6/512a "有鼓" 註）（慧 29/1026a "金翅" 註）（慧 31/20b "拘鼓" 註）（慧 40/189b "鷹鼓" 註）（慧 66/799b "妙鼓" 註）。**羝** 古（龍 327/05）；翅或有作～羝皆古字也（慧 4/465b "無翅" 註）。**羝** 音翅（龍 234/04）。//**翄** 俗（龍 327/05）；翅亦作翄羝（慧 3/449b "窓家" 註）（慧 6/512a "有鼓" 註）（慧 31/20b "拘鼓" 註）（慧 66/799 b "妙鼓" 註）（慧 69/847b "翅翻" 註）。**羝** 古（龍 327/05）；翅古文羝形同（玄 3/35b、慧 09/568b "有翅" 註）（玄 14/185c、慧 59/632b "兩翅" 註）（慧 4/465b "無翅" 註）（慧 6/498b "無翅" 註）。**羝** 音翅（龍 234/04）。//**翿** 俗（龍 327/05）。

眙：**眙** 又丑史反（龍 419/07）（玄 20/270b）（慧 74/939a）。

斟：**斟** 昌十反字統云會聚也（龍 537/06）。

剌：**剌** 正初一反割物聲也（龍 100/2）（玄 1/2a "切剌" 註）（慧 20/801b "切剌" 註）。**剌** 俗（龍 100/2）。//**刺（剌）**：**刺** 初巳反割物也（龍 098/03）。**刾** 初巳反割物也（龍 098/03）。

啻：**啻** 正音施（龍 273/01）（玄 3/45b）（玄 11/145c）（慧 52/459b）（玄 13/168b）（慧 52/480b）（玄 18/239c）（慧 73/923a）（慧 9/574a）（慧 79/1059a）（慧 97/278b）（紹 183b3）。//**唨** 俗（龍 273/01）。

熾：**熾** 昌志反（龍 243/02）（慧 1/414b）（慧 1/418a）（慧 27/976a）（慧 31/18a）（慧 45/300a）（慧 51/439a）（慧 85/102a）（希 6/397c）；幟經文從火作熾火盛也非經義也（慧 13/644a "幖幟" 註）。//**纖** 音熾（龍 524/05）。

趩：**趩** 音敕行聲也（龍 326/04）。

擽：**擽** 昌力羊力二反耕也（龍 365/06）。

瘈：**瘈** 昌世反（慧 14/678a）。**瘈** 尺制反癲病也（龍 475/02）。**瘈** 俗昌制反正作瘈（龍 301

/01）。//瘈：瘈尺制反癲病也（龍 475/02）。//瘈：瘈又尺制反（龍 476/09）。

翅：趐今丑側反跳也踰也（龍 325/06）。趐或作（龍 325/06）。//趀：趀或作（龍 325/06）。

饎：饎今昌志反尔疋云酒食方言云熟食也（龍 502/08）。//饎：饎或作（龍 502/08）。

瀄：瀄尺制反又丑例反（龍 067/03）（紹 187b1）。

㺜：㺜尺制反狂犬別名也（龍 067/04）。

歡：歡丑律丑力二反痛也（龍 356/03）。

chong

chōng 充：充昌隆反（慧 1/419b）（慧 22/835a）。

茺：茺音充茺蔚草名也（龍 257/07）。

㳘：㳘正音充水聲也（龍 229/08）。㳘俗（龍 229/08）。

忡：忡音充心動也（龍 054/05）。

忡：忡勅中反憂也（龍 053/09）（玄 8/110c）。

沖：沖直弓反（龍 229/03）（慧 51/436a）（慧 95/254b）。沖除隆反（玄 5/67c）（慧 34/93b）（玄 22/298c）（慧 48/386a）（玄 25/339a）（慧 71/894b）（慧 93/212a）。

盅：盅丑中直中二反（龍 328/05）；沖説文作盅同（慧 34/93b "謙沖" 註）（玄 22/298c、慧 48/386a "謙沖" 註）。盅丑中直中二反（龍 328/05）。盅沖説文作盅[盅]同（玄 5/67c "謙沖" 註）。

303：303昌終反黄色也（龍 182/06）。

忡：忡徒冬反忡忡憂也又丑中反（龍 056/04）。

春：春書容反春擣也（龍 340/10）（玄 18/247c）（慧 73/927a）（玄 20/272c）（慧 33/67a）（慧 60/667b）（慧 61/690a）（慧 62/717b）（慧 78/1044a）（紹 174b9）。

椿（擣）：擣書容反撞也（龍 210/05）。擣書容反（紹 135a3）。擣書容反撞也又涉江反橅也（龍 378/05）。

惷：惷正丑用丑龍丑江書容四反皆愚也（龍 066/08）（玄 17/235c）（慧 16/718b）（慧 30/10

41a）（慧 31/23b）（慧 63/727b）。惷俗（龍 066/08）（玄 4/52a）（玄 21/283c）（慧 74/949b）（慧

76/993a）（慧 79/1058b）；戇經從春作惷誤也（慧 18/764b "戇愚" 註）（慧 32/36b "愚戇"

註）。惷惷正（紹 131b4）。

踏：踏束容反（慧 91/187b）。踏書容反（龍 459/05）。

驋：驋音春驋駉鈍馬也（龍 292/02）。

鰞：鰞束鍾反（慧 99/324a）。鱅正書容反鷉鵒鳥也（龍 285/10）。鱅或作（龍 285/10）；

獨鰞集作鴛鴌俗撰字也（慧 99/324a "獨鰞" 註）。

徸：徸昌容反欲行兒（龍 496/08）。

褈：褈正（龍 103/01）。//褈：褈今尺容反褈裕衣也（龍 103/01）。

衝：衝正尺容反挾也向也當也擊也（龍 495/08）（慧 8/535a）（慧 84/82b）（希 8/410a）（紹 1

72b8）。衝尺容反（龍 495/08）（紹 172b8）；褈經文作衝非體也（玄 3/45b "如褈" 註）。

衝俗（龍 495/08）。

憧：憧昌容反往來兒也（龍 054/04）（玄 20/267a）（慧 33/54a）（紹 131a3）；伀經文作憧非

也（玄 20/268a、慧 33/55b "伀伀" 註）；伀俗字也正體從童從心作憧（慧 79/1057a "伀

伀" 註）。

罿：罿觸鍾反（慧 98/303b）。罿衝童二音（龍 329/08）。

殐：殐正尺容反矛也（龍 141/04）。//殐俗（龍 141/04）（玄 3/45b）（慧 10/579a）。//剸：

剸尺容反短矛也（龍 096/09）。剸殐或作剸刺也（慧 10/579a "如殐" 註）。

艟：艟昌容反艨艟戰船也（龍 131/05）。

轀：轀尺容反又直降反（龍 080/02）（慧 34/75b）（慧 94/234b）；衝論文從車作轀誤也（慧

84/82b "衝天" 註）。

蹱：蹱傭鍾二音蹱蹱小兒行兒（龍 459/05）。

傭：傭寵龍反（慧 29/1031b）。傭正丑凶反直也均也又音容賃也（龍 022/09）（玄 2/30

a）（玄 21/276c）（慧 14/668b）（慧 14/676a）（慧 24/899b）（慧 33/52b）（慧 33/68b）（慧 35/100

a）（慧 40/195b）（慧 55/542a）（慧 74/943a）（慧 86/115b）（希 2/364b）（希 7/402b）。**傭**俗（龍 022/09）。//膧：**膧**丑龍反（慧 14/677b）。**膧**丑凶反直也均也（龍 405/04）（慧 8/542a）（慧 26/946a）（希 3/368a）（紹 135b7）；傭經文作膧俗字也（玄 2/30a "傭滿" 註）（慧 14/668b "傭纖" 註）（慧 14/676a "傭纖" 註）（慧 22/842b "傭" 註）（慧 24/899b "臂傭" 註）（慧 29/1031b "臂傭" 註）（慧 33/68b "傭直" 註）（慧 40/195b "傭停" 註）（慧 74/943a "臂傭" 註）（慧 74/958b "傭髀" 註）（慧 79/1052b "纖傭" 註）（希 2/364b "傭圓" 註）（希 7/402b "髀傭" 註）。//纗：**纗**俗直容反直也（龍 399/03）。

矔：**矔**古文丑容反矔直也（龍 087/01）。//矓：**矓**俗（龍 087/01）。

chóng 崇：**崇**床隆反（慧 1/406b）。**宗**崇或作崈（慧 1/406b "崇闌" 註）。

剿：**剿**音崇鍤属也（龍 097/02）。

餭：**餭**鋤弓反～饞貪食也（龍 500/06）。

茧：**茧**丑中反（龍 256/04）。**笛**俗丑中反正作茧（龍 389/09）；蝮螫經文作蝠笛誤也（玄 7/92c、慧 28/995b "蝮螫" 註）。

徵：**徵**直中切（紹 173a1）。

蟲：**蟲**直弓反（龍 219/07）（玄 8/110b）（慧 32/35b）（玄 22/296c）（慧 48/383a）（慧 1/407a）（慧 5/479b）（慧 5/484a）（慧 36/118a）（慧 36/120a）（慧 60/675b）（慧 97/286a）（希 7/402a）（紹 164b7）。**蟲**逐融反（慧 2/425b）（慧 11/611b）（慧 11/612b）（慧 13/650b）（慧 13/658a）（慧 14/665a）（慧 19/773b）（慧 24/896b）（慧 29/1020a）（慧 31/8b）（慧 35/111a）（慧 84/73a）（希 3/373c）（中 62/718b）。**虫**蟲俗作虫（慧 1/407a "昆蟲" 註）；蟲今經文從省作虫非本字（慧 13/650b "蜫蟲" 註）（慧 36/118a "蟲窠" 註）（慧 36/120a "蟲蟻" 註）（慧 40/202b "蟲螳" 註）（慧 76/1001b "胆蟲" 註）（慧 84/73a "蟄蟲" 註）。**蚰**蟲今或作蚰同（玄 8/110b、慧 32/35b "胆蟲" 註）（慧 2/425b "蟲胆" 註）（慧 5/479b "蟲胆" 註）（慧 5/484a "毒蟲" 註）（慧 11/611b "纏裹" 註）（慧 13/658a "生蟲" 註）（慧 29/1020a "蟲蛆" 註）（慧 31/8b "蟲蟆" 註）。

爐：**爐**持中切（紹 190a6）。

重：重躅龍反（慧 38/160b）（希 9/415b）。

隀：隀音重地名（龍 296/03）。

緟：緟直容反增益也（龍 398/02）（紹 192a4）。

鶐：鶐音重鶐鶵鳥名也（龍 286/03）。

chǒng 埫：埫丑勇反埫塎不安也（龍 249/10）。

䧳：䧳昌勇反小鳥飛也（龍 149/04）。

寵：寵丑隴反寵愛也（龍 156/06）（慧 36/129a）（慧 61/695b）；籠傳文作寵非也（慧 89/160a“籠罩”註）。

chou

chōu 㨨：㨨俗（龍 207/03）。//抽丑畱反（慧 36/124b）（希 6/393b）（希 10/418b）。//𢭏：𢭏正音抽𢭏拔也除也去也引也（龍 207/03）。//𢹂：𢹂俗（龍 207/03）。//𡺛：𡺛俗音抽[1]（龍 074/02）。

牰：牰音抽求子牛也（龍 115/04）。

妯：妯音逐爾雅云感之勤也（龍 284/07）。

搊：搊篭鄒反（慧 42/240a）（慧 36/126b）（希 5/385c）（希 6/395c）（紹 135a3）。搊正楚尤反手搊也（龍 208/03）；狙論文作搊此字習誤已久人莫辯正也（玄 17/226a、慧 67/811b“捕狙”註）（玄 17/226c、慧 67/812b“操拉”註）。搊通（龍 208/03）；搊經文作～俗字非（希 6/395c“搊擲”註）。搊俗（龍 208/03）。搊俗（龍 208/03）。掐搊經作掐俗字（慧 42/240a“搊擲”註）。

𣘻：𣘻正楚尤反板木不平也（龍 379/01）。𣘻或作（龍 379/01）。

篘：篘初尤反酒篘也（龍 388/01）。//醔：醔初九反酒醔與篘同（龍 310/02）。

謅：謅楚尤反謅譺陰私小言也（龍 043/09）。

瘳：瘳丑周反（慧 63/736a）（慧 90/168b）。瘳正音抽病差也愈也（龍 468/08）（玄 4/54a）

①《叢考》：疑即抽芽之“抽”的會意俗字（343）。

（慧 49/408a）（玄 12/156c）（慧 52/477b）（初編玄 633）（慧 54/509b）（慧 11/617b）（慧 86/112b）。

瘳通 （龍 468/08）（慧 32/33b）（玄 10/133b）（玄 20/266c）（慧 15/700b）。瘳 勑流反 （慧 3 3/53b）（紹 192a10）。瘳俗 （龍 468/08）。//疛俗 （龍 468/08）。

犫： 犨或作 （龍 115/02）。犫今赤周反白色牛也 （龍 115/02）。

愁： 愁俗音愁① （龍 375/04）。

蓲： 蓲直由反荼也又菜名 （龍 254/08）。

雔： 雔市流反～雙鳥也 （龍 148/02）（紹 200b3）。

雦： 雦今市流反疋也仇也 （龍 148/02）（龍 41/02）（玄 1/10c）（玄 2/28b）（玄 3/35c）（玄 22/ 295a）（玄 23/314c）（玄 24/330a）（慧 02/431b）（慧 09/569b）（慧 16/726a）（慧 17/745a）（慧 2 5/920b）（慧 26/939a）（慧 32/30b）（慧 45/309b）（慧 47/346b）（慧 48/380b）（慧 50/423b）（慧 70/878b）（慧 77/1029a）（慧 96/258b）（希 8/408b）（希 9/415c）（紹 200b3）；酬或作雦訓義 多通同 （慧 18/768a "酬抗" 註）。雦或作 （龍 148/02）。//愳：愳②音酬 （龍 065/03）。

惆： 惆勑周反 （玄 1/17a）（玄 3/36c）（慧 09/571a）（慧 4/470b）（紹 129b9）。

稠： 稠直流反槩也衆也多也 （龍 142/06）（玄 11/143a）（慧 56/553b）（慧 4/463b）（慧 10/58 7a）（慧 11/606b）（慧 13/658a）（慧 15/700a）（慧 31/6a）（慧 32/28b）（慧 34/76a）（慧 36/125a）（慧 39/176a）（慧 44/295b）（慧 53/499b）（慧 62/705b）（慧 92/195a）（紹 195b7）；綢或作稀 稠之稠為稠字於義亦通也 （慧 14/668b "綢雨" 註）。

裯： 裯音紬單被也 （龍 104/01）。裯又俗音紬③ （龍 112/03）。

綢： 綢音紬 （龍 396/04）（玄 5/67c）（慧 34/93b）（玄 7/95b）（慧 28/999a）（玄 20/270c）（慧 74/ 940a）（慧 14/668b）（慧 62/719b）（慧 92/197b）（紹 191b7）；稠經從糸作綢是綢繆字非 經義也 （慧 44/295b "稠密" 註）；韜或作綢 （慧 64/759b "韜真" 註）。

詶： 詶市流反酬酢報答也 （龍 041/09）（玄 12/155b）（慧 52/455a）（玄 15/209a）（慧 58/609 b）；侜又作詶同 （玄 7/99c "侜倀" 註）；酬三蒼作詶同 （玄 8/107c、慧 28/1005a "酬對"

① 參見《龍龕手鏡研究》300 頁。
②《叢考》：疑為 "雦" 的訛俗字（710）。
③《龍龕手鏡研究》："裯" 俗音紬，即 "裯" 字之訛（28）。

註）（慧80/1072b "嘿酬" 註）（慧89/153a "酬對" 註）；譸又作詶同（玄8/109c "譸張" 註）

（玄13/172b、慧57/592b "譸張" 註）（慧76/1008b "醻鑿" 註）；呪又作祝説文作詶同（玄

25/337a、慧71/890b "呪詛" 註）；雠經從州從言作詶非也（慧77/1029a "雠挍" 註）。

雠：𩭣詶古文讀雠二形同（玄12/155b、慧52/455a "佉詶" 註）。𩶝音酬（龍174/08）。𪔀

古文竹鳩反（龍269/09）。

繇：繇俗音紬（龍398/08）。

懤：懤直由反愁毒皃也（龍056/03）。

僽：僽直由反廴也侶也（龍022/07）（玄22/303a）（慧48/393a）（慧12/624b）（慧15/702b）（慧

16/726b）（慧49/403b）（慧100/348b）；疇今或作僽（玄3/42a、慧09/573b "疇匹" 註）。僪

池流反（慧8/543a）（慧35/111a）（慧84/77a）（慧85/90a）（紹128a1）。

郮：郮音紬江名又音受水名地名（龍454/08）。

藣：藣音紬藣藸蔥別名也（龍255/01）。

幬：幬直由反單帳也（龍138/05）（慧62/711b）（慧63/724b）。//惆陳留切（紹131b9）；

幬亦作惆（慧62/711b "蚊幬" 註）。

轂：轂市由反懸擊也（龍529/01）。轂俗市由反（龍119/03）。

疇：疇直流反（玄8/108b）（慧28/1005b）（慧09/573b）（玄21/283a）（玄25/333a）（慧71/883b）

（慧45/309b）（慧82/29b）（紹196b8）；僽經文從田作疇也（慧15/702b "僽匹" 註）。疇直

由反（龍152/09）（玄1/15a）（慧42/237a）（玄3/42a）（慧12/627a）（慧17/728b）（慧18/75

0a）。𤳡音疇（龍548/04）。𤲣除流反（龍151/01）。𤲰古文直由反[1]（龍368/04）。𤳂

古文直由反（龍368/04）。

籌：籌長流反（慧18/756b）。籌音紬（龍388/01）（慧6/512b）（慧29/1029b）（慧68/819a）（慧

75/963a）（慧78/1045b）（紹160a6）。籌音紬（龍388/01）（慧13/656a）（慧37/144a）（慧4

7/345b）（慧51/434a）。

躊：躊腸留反（玄13/173b）（慧57/598a）（玄23/319a）（玄25/331c）（慧71/881b）（慧60/672

①參見《疏證》282 頁。

a）（慧 69/850b）（慧 72/899b）（慧 73/920b）（希 9/414c）（紹 137b2）；踟蹰或作躊躇（慧 1

4/670b "踟蹰" 註）（慧 90/169a "踟蹰" 註）（慧 93/211b "踟蹰" 註）。**躊**音紬躊躇（龍 45

8/02）（玄 5/67c）（慧 34/93b）（玄 9/130a）（慧 46/339a）（慧 36/116a）（慧 51/432a）。**躊**宙

留反（慧 67/801b）。

飍：**飍**直由反風飍（龍 127/02）。

醻：**醻**音酬醻報也周也以財貨曰醻又醻酢也（龍 309/06）。**醻**音讎（慧 76/1008b）（紹

144a1）；酬古文醻（玄 8/107c、慧 28/1005a "酬對" 註）（慧 52/469b "酬荅" 註）（玄 18/25

0c、慧 73/936a "酬酢" 註）（慧 2/428a "不酬" 註）（慧 62/714b "酬賽" 註）。//**酬** 時周反

（玄 8/107c）（慧 28/1005a）（慧 52/469b）（玄 18/250c）（慧 73/936a）（慧 2/428a）（慧 7/520a）

（慧 18/768a）（慧 62/714b）（慧 80/1072b）（慧 89/153a）；三蒼詶亦酬字也（玄 15/209a、

慧 58/609b "酬詶" 註）；讎經中多誤有作酬（慧 25/920b "讎隙" 註）；醻鑿傳文作酬

酢非正字（慧 76/1008b "醻鑿" 註）。

簫：**簫**正玉篇直又反香嚴又平聲又同情（龍 067/05）。**憇**玉篇直又反香嚴又平聲又

同情（龍 067/05）；躊又作憇同（玄 9/130a、慧 46/339a "躊躇" 註）。

杽：**杽**杽亦作杻俗字（慧 55/542b）（慧 86/111b）；抽柳反杻亦作杽（慧 10/590a "杻械"

註）（慧 13/660a "杻械" 註）。**杽**杻或作～（慧 18/752a "杻械" 註）。**牪**俗音丑①（龍 1

16/07）。//**杻**音丑（龍 380/01）（慧 10/590a）（慧 13/660a）（慧 18/752a）（慧 27/989b）（慧 3

8/160a）（慧 98/300a）（希 5/383c）（希 8/406c）；肘或作杻肘皆古字也（慧 1/410a "兩肘"

註）。

醜：**醜**昌首反（慧 5/491a）（慧 18/765a）（慧 23/875b）（慧 32/28a）。**醜**昌九反（龍 323/07）。

//**醜**：**醜**正市由昌九二反惡也弃也（龍 323/05）。**醜**或作（龍 323/05）。

殠：**殠**昌咒反（慧 2/424a）。**殠**昌咒反～敗惡氣也（龍 200/08）。**殠**昌呪反～敗惡氣

也（龍 515/02）；臭亦從歹作殠（慧 55/530a "臭胜" 註）（希 7/400b "臭穢" 註）。//**臭**昌

救反香臭也（龍 364/05）（慧 11/611a）（慧 18/765a）（慧 20/798b）（慧 27/973b）（慧 33/66b）

---

① 《叢考》：疑為 "杽" 訛俗字（606）。

（慧 55/530a）（慧 72/904a）（希 7/400b）。臭昌呪反（慧 3/445b）（慧 8/536b）。//臰殠經文從死作臰非也竝無此字（慧 2/424a“殠物”註）（慧 3/445b“臭穢”註）（慧 8/536b“臭穢”註）（慧 11/611a“臭穢”註）（希 7/400b“臭穢”註）；臭今俗從死作臰非也（慧 20/798b“臭爛”註）（慧 33/66b“臭穢”註）。臰昌救反香臭也（龍 364/05）（紹 148a10）。臰俗音臭（龍 187/02）。

莲/篍：莲初救反莲薺也（龍 261/05）（慧 67/808a）（慧 84/85b）（慧 87/129b）（慧 88/136b）（慧 93/217a）。莲莲論文從竹作篍傳寫誤也（慧 67/808a“虚莲”註）（慧 84/85b“莲未”註）（慧 87/129b“雖莲”註）（慧 88/136b“叨莲”註）（慧 90/180b“入篍”註）。莲初救反薺也（龍 393/01）（玄 3/46b）（慧 10/580b）（慧 90/180b）（希 10/420b）（紹 138b5）（紹 160b3）。

chu

chū 出：出昌遂反（玄 1/19a）（玄 6/85b）（慧 27/978a）；出律文從二山作出誤書也（希 8/408b）。

䶜：䶜當沒反（龍 481/09）（紹 147b2）。

初：刅俗音初（龍 026/08）。//鐢古文音初（龍 014/04）。鐢古文音初（龍 014/06）。䵸古文音初（龍 543/09）。䵸古文音初（龍 543/09）。䵸古文音初（龍 525/01）。䵸古文音初（龍 543/09）。䵸音初（龍 544/09）。䵸音初（龍 548/05）。䵸音初（龍 548/05）。䵸音初（龍 156/03）。䵸音初（龍 524/07）。䵸音初（龍 525/01）。䵸音初（龍 525/01）。

摴：摴丑居反摴蒱戲也（龍 206/06）（玄 1/20b）（慧 25/917a）（紹 133b3）；攄經從雩作摴非也（慧 31/8b“攄蒱”註）（慧 45/310a“攄蒱”註）。摴（龍 206/06）（紹 133b3）。摴正作摴（龍 114/04）。

樗：樗勑於反惡木也（玄 12/164b）（慧 30/1046b）（慧 68/825b）（希 8/405c）（紹 157a10）；攄經作樗俗字也（慧 64/748b“攄蒱”註）。樗勑於反（慧 55/544a）。

樗：樗正丑居反惡木名也（龍 376/07）（慧 77/1013b）（慧 84/80a）。樗今（龍 376/07）。樗俗（龍 376/07）。樗俗（龍 376/07）。

攄：攄丑居反舒張散布也（龍 208/02）（玄 7/99b）（慧 31/8b）。攄勑猪反考聲云攄舒也

（慧 19/786b）（慧 45/310a）（慧 64/748b）（慧 82/41b）（慧 87/126b）（慧 98/296b）（紹 133b3）。**摢**勅於反（玄 7/99b）。// 颮：**颮**俗丑於反舒也（龍 127/03）。

貙：**貙**敕俱反（龍 321/05）（玄 5/67c）（慧 34/93b）（慧 83/66a）（慧 99/319a）（紹 173b7）。// 貙：**貙**敕於反獸名也（龍 317/06）。

chú 芻：**芻**正惻于反芻蓁也（龍 140/06）（慧 45/303b）（慧 54/514b）（慧 85/90b）；芻古文芻同（玄 2/16c "荳摩" 註）。**芻**芻古文芻同（玄 1/18c "芻草"）（玄 17/236a "荳槀" 註）。**蜀**或作（龍 140/06）。**蜀**俗（龍 140/06）。**刍**測于反①（龍 368/05）。// 芻：**萏**測俱反（慧 59/630b）（慧 74/950b）（慧 2/430a）（慧 20/796a）（慧 25/913a）（慧 31/13b）（慧 88/146a）（慧 91/188b）（慧 95/255b）；芻經作〜俗字也（慧 45/303b "芻摩" 註）（慧 85/90b "芻蓁" 註）。**萏**測虞反（慧 11/612b）（慧 18/750b）。**萏**測于反芯萏梵語草名（龍 263/03）。**荳**測俱反（玄 14/184a）；爐又作荳誤也（玄 7/93b、慧 28/996b "灰爐" 註）；芻作〜（慧 11/612b "負芻" 註）。**荳**測俱反（玄 17/236b）（紹 154b8）。**荳**測俱反（玄 2/16c）（玄 1/18c）（中 62/718b）；芻古作〜非也（慧 11/612b "負芻" 註）（慧 20/796a "芻摩" 註）。**荳**芻同初俞切（紹 154b8）。**芀**測俱反（玄 5/69c）（紹 154b8）。**茮**舊藏作芻（龍 253/04）。

穭：**穭**正士于反稷穰（龍 144/01）（慧 82/29b）。**穭**或作（龍 144/01）。**稆**或作（龍 144/01）。

犓：**犓**正測于反養牛曰犓也（龍 115/09）。**犓**俗（龍 115/09）。**犅**俗（龍 115/09）。

雛：**雛**鋤娛反（慧 89/159b）（慧 95/245a）。**雛**正士於反鶵雛也亦小鳥也與鶵同（龍 148/03）；鶵説文正作雛從隹芻聲經作鶵俗用字也（慧 29/1033a "鴿鶵" 註）（慧 99/320b "孤鶵" 註）。**雛**俗通（龍 148/03）（紹 200b5）。**雛**俗（龍 148/03）。**雛**俗（龍 148/03）（玄 4/60a）；雛籀文作鶵（玄 4/60a "鴿雛" 註）。// 鶵：**鶵**正士于反與雛同（龍 285/09）（慧 29/1028b）（慧 29/1033a）（慧 89/159b "穀破雛行" 註）（慧 99/320b）（紹 165a4）。**鶵**俗（龍 285/09）。**鶵**俗（龍 285/09）。**鶵**七于切（紹 165b5）。**鶵**俗（龍 285/09）。

蜍：**蜍**署魚反蟾蜍（龍 221/04）（玄 10/131c）（慧 47/367a）（紹 164b9）。// 蠩：**蠩**蟾蠩江南俗呼蟾蠩（玄 10/131c、慧 47/367a "蟾蜍" 註）。

---

① 《叢考》：此字當是 "芻" 的俗字（490）。

除：**除**墟與反（玄1/18b）；陰經文作除誤也（玄11/146c、慧52/462a "香陰" 註）。

滌：**滌**除音（紹189a2）。**涂**除音（紹189a2）。

蒢：**蒢**除音（紹156b4）。

篨：**篨**音除（慧80/1088b）（慧83/65a）（慧92/201b）（紹160a9）。

鉏：**鉏**士魚反又士呂反（龍010/02）（玄19/260a）（慧56/568b）（慧38/162b）（紹180b7）。//**鋤**助踈反（慧24/896a）（紹180b7）；鉏經作鋤俗字也（慧38/162b "耘鉏" 註）。

耡：**耡**士魚反助也又士據反與鋤同（龍365/01）。

鷵：**鷵**音鋤鸕鷵鳥白鷺也（龍012/04）。

狙：**狙**或作（龍320/09）。//**猵**：**猵**正士魚反豕屬（龍320/09）。

藸：**藸**音除藭藸葱別名也（龍255/01）。

儲：**儲**正音除貯也積也偫也（龍22/09）（玄1/21b）（玄3/43c）（慧09/576a）（玄10/132a）（慧49/406a）（玄12/167b）（慧75/985b）（玄13/173b）（慧57/594a）（玄14/187a）（慧59/634b）（玄17/232c）（慧70/858a）（玄19/255c）（慧56/561a）（玄22/299b）（慧48/387a）（慧12/628a）（慧25/920b）（慧33/59b）（慧76/990a）（慧77/1011a）（紹128b6）。//**偖**：**偖**俗（龍22/09）。

厨：**厨**直俱反（玄20/265b）。**廚**直俱反（慧43/261a）。

嶹：**嶹**隨函云廚字上聲呼之[1]（龍270/04）。

躕：**躕**今音廚踟躕（龍458/03）（玄4/49a）（玄15/205c）（慧58/604a）（慧14/670b）（慧73/920b）（慧80/1086a）（慧91/194b）（慧93/211b）（紹137b4）；躊躇又作踟躕同（玄13/173b、慧57/598a "躊躇" 註）（慧100/337b "踟跦" 註）。**躕**正音廚（龍458/03）（慧90/169a）。//**跦**或作（龍458/03）（慧100/337b）；躕又作跦同（玄4/49a "踟躕" 註）。

躇：**躇**音除躊躇猶豫躑躅也（龍458/02）（玄5/67c）（慧34/93b）（玄5/69a）（慧10/582a）（玄13/173b）（慧57/598a）（慧73/920a）（玄20/268a）（慧33/55a）（玄23/319a）（玄25/331c）（慧71/881b）（慧36/116a）（慧51/432a）（慧60/672a）（慧67/801b）（慧69/850b）（慧72/899b）（慧74/944b）（慧74/957b）（希9/414c）（紹137b2）；踟躕或作躊躇（慧14/670b "踟躕" 註）（慧9

---

[1]參見《龍龕手鏡研究》246頁。

0/169a "踟蹰" 註）；踟跦正作躊躇（慧 100/337b "踟跦" 註）。**躇** 直於反（玄 18/249b）。

//**嵧** 經音義云或作直魚反與躇同（龍 073/08）；躇或作～同（玄 9/130a、慧 46/339a① "躊躇" 註）。**峈** 池除二音玉篇躇也（龍 335/06）。

躇：**躇** 正直加反躇跱行難皃又丑加反（龍 459/06）。//**踏** 俗丑加反跛也（龍 459/06）。

//蹀：**蹀** 俗（龍 459/06）。

chǔ 處：**処** 正昌與昌據二反居也止也（龍 367/09）（慧 52/459a）（慧 27/973b）（慧 27/975b）（慧 36/119a）（慧 43/271a）。**処** 音杵居也止也又去聲（龍 333/05）**処** 俗通（龍 367/09）。**飑** 俗（龍 367/09）。**勴** 俗（龍 367/09）。**処** 俗昌吕反②（龍 032/01）（龍 539/03）。**犕** 處説文作処經作～俗字也（慧 43/271a "易處" 註）。**慮** 充與反（玄 6/84a）（玄 11/145b）；處經作～俗字也（慧 15/703a "蹲處" 註）（慧 36/119a "窄處" 註）（慧 51/434a "栖處" 註）。

杵：**杵** 昌與反打也字宜從手（慧 23/872b）（慧 35/100a）（慧 90/175b）（紹 157a3）。//**釪**③ 音杵（龍 016/03）。

楚：**楚** 初吕反（玄 22/293c）（慧 48/379a）（慧 18/759a）（慧 21/822b）（希 3/368b）。

憷：**憷** 瘡舉反又音初去反經文或單作楚（希 7/403b）。

礎：**礎** 音楚（龍 442/04）（玄 11/145c、慧 52/459b "櫨鏅" 註）（玄 18/246b）（慧 73/925a）（慧 77/1025b）（慧 83/59a）（慧 85/96a）（慧 92/204b）（慧 98/299a）（紹 163a3）。

齼：**齼** 正初吕反齒齼（龍 312/03）。**齱** 俗（龍 312/03）。

楮：**楮** 覩褚二音楮木名也（龍 381/05）。

chù 怵：**怵** 丑律反怵惕也（龍 062/09）（玄 5/75c）（慧 32/41b）（玄 7/101b）（慧 32/32a）（玄 13/175a）（慧 55/538b）（慧 32/41b）（慧 98/294b）。

趉：**趉** 正丑律反走也（龍 325/10）。**越** 俗（龍 325/10）。

跦：**跦** 丑律反獸跡也又音跦踢獸名左右有首也（龍 467/01）。

亍：**于** 正丑玉反（龍 554/09）（龍 366/09）。**亍** 俗（龍 554/09）。

---

① 《慧琳音義》作 "躇"，蓋 "嵧" 字訛誤。
② 《叢考》：疑即 "處" 字俗訛（72）。
③ 《字典考正》：是 "杵" 的更換形旁字（433）。

俶：**俶**正昌六反始也厚也作也動也（龍 038/05）（慧 42/242a）（慧 90/172b）（紹 129a8）；**熟**
經作俶假借用也（慧 39/169b "成熟" 註）。**俶**俗（龍 038/05）。

埱：**埱**昌六反氣出於地也切韻作俶（龍 252/03）。//埱：**䃤**俗①（龍 445/09）。

瑒：**瑒**正昌六之六二反璋大八寸曰瑒（龍 439/04）。**琜**通（龍 439/04）。

珿：**珿**初六反齊等也（龍 438/07）（慧 35/103b）。//竓：**竓**正初六反齊等也與珿同（龍
520/02）；珿或從立作竓或從石作硳並通（慧 35/103b "珿頭" 註）。**敊**俗（龍 520/02）。
//硳：**硳**珿或從立作竓或從石作硳並通（慧 35/103b "珿頭" 註）。//醜：**醜**俗初
六反齊也②（龍 347/09）。

竓：**竓**初六反小豆也（龍 360/01）。

敊：**敊**上主切（紹 200b7）。**敊**蒭句反（龍 120/09）。

赽：**赽**丑六反病赽皃（龍 531/01）。**牧**丑六反病叔也（龍 121/08）。

閗：**閗**丑住反直開也（龍 094/07）。

閦：**閦**初六反（慧 27/981b）。**閦**楚六反（慧 29/1014b）（慧 29/1030b）（慧 36/124b）（希 4/380c）
（希 6/396a）。**閦**正初六反眾也正從三人如眾字下從三人是也（龍 094/08）。**閦**今（龍
094/08）。**閦**俗（龍 094/08）。**閗**俗（龍 094/08）。**開**閦正初六切（紹 195a9）。**閗**俗（龍
094/08）。**閦**俗（龍 094/08）（玄 3/45a）（慧 10/584a）（玄 8/114c）。

畜：**䅘**音畜（龍 279/02）。//犞：**犞**丑六反（龍 117/08）。又舊藏作畜也（龍 181/06）。**畜**又
舊藏作畜也（龍 181/06）。

僓：**僓**丑六反僓佩不伸也（龍 039/04）。

霉：**霉**丑六反（龍 237/06）（玄 16/221c）（慧 65/764b）。

蹢：**蹢**俗許六丑六二反（龍 467/06）。

怵：**怵**丑律竹律二反憂心也（龍 062/09）。

欻：**欻**丑律許吉二反詞也又去吉反詞也又呼來反出气也（龍 355/09）。

紑：**紑**竹律反又音黜（龍 403/07）（慧 88/148a）；黜今作紑同（玄 9/122b、慧 46/324b "黜而"

①《叢考》：為 "埱" 的換旁字（730）。
②參見《龍龕手鏡研究》286 頁。

註）（玄 10/137b、慧 45/304b "罰黜" 註）（玄 22/291b、慧 48/375b "罰黜" 註）（玄 25/339b、慧 7

1/895b "擯黜" 註）（慧 18/762a "擯黜" 註）。

黜： 黜丑聿反（龍 533/01）（玄 9/122b）（慧 46/324b）（玄 10/137b）（慧 45/304b）（玄 22/291b）（慧

48/375b）（玄 25/339b）（慧 71/895b）（慧 18/762a）（慧 41/221a）（慧 45/312b）（慧 77/1012a）（慧

78/1041b）（紹 190a10）。

蠹： 蠹初六丑六二反齊也直兒也（龍 554/07）（玄 4/55c）（慧 43/267b）（玄 18/251b）（慧 73/9

37b）（慧 81/15a）（紹 203b3）。 蠹今作蠹（龍 130/05）。

歜： 歜昌玉反怒氣也又徂感反昌蒲菹也（龍 356/04）。

髑： 髑昌玉反狼髑膏又俗音獨（龍 416/08）。

觕： 觕正尺玉反突也（龍 512/07）（慧 16/711b）（慧 44/295a）（慧 55/536a）（慧 93/220a）（慧 100

/340b）；搆經文作牭古觕字誤也（玄 11/150b、慧 52/469b "搆牛" 註）；觕經作觕俗用（慧

12/629b "根觕" 註）（慧 50/427b "觕故" 註）。// 觕： 觕俗（龍 512/07）。// 牭或作（龍 5

12/07）；搆經文作牭古觕字誤也（玄 11/150b、慧 52/469b "搆牛" 註）；觕或作牭從牛

角會意字也（慧 12/629b "根觕" 註）。 觕正（龍 512/07）（慧 12/629b）（慧 50/427b）（紹 167

b2）；觕經從牛作觕俗字也（慧 16/711b "勿觕" 註）（慧 44/295a "是觕" 註）（慧 93/220a "觕

故" 註）（慧 100/340b "知觕" 註）。 觕昌玉反[1]（龍 154/09）。 觕或作（龍 512/07）。// 嫩：

嫩舊藏作觕又郭氏音麁[2]（龍 284/07）。 嫩（龍 284/07）。 嫩（龍 284/07）。

埱： 埱丑足反土也（龍 252/07）。

趗： 趗丑玉反趗趗小兒行兒（龍 325/09）。

chuai

chuāi 搋： 搋勑佳反（慧 52/457b）（慧 74/951b）（慧 56/560b）（慧 3/445b）（慧 5/489a）（紹 133b5）；

扠或從虒作搋（慧 36/117a "相扠" 註）。 搋正勑皆反以拳加物也（龍 206/04）。 搋

俗（龍 206/04）（紹 133b7）。 搋俗（龍 206/04）。 搋俗（龍 206/04）。 搋俗（龍 206/04）

---

[1] 參見《龍龕手鏡研究》202 頁。
[2]《叢考》：此字疑即 "觕" 的會意俗字（78）。

（玄 19/255a）。**挮**直尒勅紙二反（玄 4/56c））（玄 24/321a）。**搋**勅佳反（玄 11/144c）。

搋直尒反（龍 212/08）。**搋**扠字體作搋（玄 6/88b "相扠" 註）；扠應作搋字耳（慧 2

7/985b "相扠" 註）。**搋**勅佳反又勅皆反（玄 17/237a）。**搋**勅佳反（玄 15/206b）。**搋**

直尒勅紙二反（慧 43/269a）。**搋**直尒反（龍 212/08）。**搋**衆經音並作古獲丑皆二

切臨文詳用（紹 133b7）。**搋**勅佳反（玄 15/206b "搋築" 註）（紹 133b7）。**拆**俗（龍 2

06/04）。**㧖**捒正丑皆古獲二切（紹 159a3）。//**攡**俗丑皆楚佳二反正作搋字（龍 2

07/08）。//**扠**：**扠**丑佳反以拳加人也亦作搋（龍 206/04）（玄 6/88b）（玄 20/266a）（慧

27/985b）（慧 36/117a）（慧 61/693a）；**刬**經文作扠非也（玄 11/142a、慧 56/551a "捨刬"

註）；搋又作扠同（慧 58/605b "搋築" 註）。**扠**丑皆反（慧 79/1061b）；搋又作杈[扠]

同（慧 52/457b "拳搋" 註）。**扠**搋又作杈[扠]同（玄 11/144c "拳搋" 註）（玄 15/206b

"搋築" 註）。

chuái 朣：**朣**士懷反膠朣形皃惡也（龍 408/03）。

chuǎi 揣：**搋**正初委反量也度也（龍 210/09）（慧 29/1030a）（慧 92/205b）。**搋**俗（龍 210/09）。**揣**

俗（龍 210/09）（玄 17/233b）（慧 70/859a）（慧 22/840b）（慧 42/242a）（慧 76/996b）（慧 77/1

029a）（慧 80/1075b）（慧 88/139a）（慧 88/147a）（慧 93/210b）（慧 93/220a）（慧 97/274a）（紹

132a9）；搏經文作揣非字義（玄 2/32a "搏食" 註）（玄 9/125a、慧 46/329b "搏截" 註）（玄

14/185b、慧 59/632b "搏食" 註）（玄 18/242a、慧 72/912a "搏食" 註）（慧 16/722b "一搏" 註）

（慧 67/810a "搏食" 註）；揹論文作揣（玄 10/132c、慧 49/407a "鼻揹" 註）（玄 22/304a、

慧 48/394b "揹摩" 註）（玄 24/327c、慧 70/874a "揹觸" 註）；篅律文作揣（玄 14/198a、慧

59/653a "剗拱" 註）；團經文作揣非也（慧 15/683b "肉團" 註）（慧 15/690a "肉團" 註）。

//**敊**：**敊**都果初委尺兊三反試也（龍 529/06）。**敊**俗（龍 120/01）；揣古文敊同（玄

17/233b、慧 70/859a "揣觸" 註）。

揹：**揹**初委反（玄 10/132c）（慧 49/407a）（玄 22/304a）（慧 48/394b）（玄 24/327c）（慧 70/874a）；

揣案論意字宜作揹（玄 17/233b、慧 70/859a "揣觸" 註）。

chuài 嘬：**嘬**楚快反喫食也（龍 275/03）（玄 16/218c）（慧 65/771a）（玄 20/272b）（慧 76/992b）。**嚌**

楚快反（龍 275/03）。**䫄**或作楚快反（龍 552/08）。

chuan

chuān 穿：**穿**正音川（龍 506/05）（紹 194b6）；穿傳文從身作𦝾非也（慧 90/172a "鐵鎖穿" 註）。**穿**今（龍 506/05）（慧 2/424b）（慧 3/443a）（慧 12/640a）（慧 15/686b）（慧 51/436a）（慧 90/172a）（希 8/410b）（希 10/419b）（紹 194b6）。**窜**穿正川音（紹 194a6）。**窍**穿音（龍 507/06）。//**窚**俗音川（龍 506/05）。

瑃：**瑃**昌專反（龍 433/08）。

鋑：**鋑**①俗音川（龍 011/06）。

川：**巛**齒緣切（紹 203b3）。

呁：**呁**俗音穿字（龍 266/03）。//**窜**俗（龍 266/03）。**窜**俗（龍 266/03）。**䆡**俗（龍 266/03）。**䆡**俗（龍 266/03）。

劋：**剝**正丑全子全二反剝去皮也（龍 096/04）。**剢**俗（龍 096/04）。

chuán 篅：**篅**正市緣反倉篅也（龍 388/01）（玄 4/61b）（慧 44/282b）（玄 12/155c）（慧 52/455b）（初編玄 575）（玄 14/198a）（慧 59/653a）（玄 16/218a）（慧 65/769b）（玄 17/236c）（慧 74/951a）（玄 20/265b）（玄 24/324a）（慧 70/869a）（慧 14/666a）（慧 43/260b）（慧 60/658b）（慧 61/688b）（慧 62/707b）（慧 63/740b）（慧 68/834a）（慧 72/903b）（希 2/365a）（紹 160a1）；圖傳作篅非也（慧 81/15a "圖衣" 註）。**篅**今（龍 388/01）（慧 75/985b）。//圖：**圖**殊緣反（慧 81/15a）（慧 90/173b）；篅蒼頡篅作圖（玄 12/155c、慧 52/455b "有篅" 註）（玄 24/324a、慧 70/869a "如篅" 註）（慧 14/666a "與篅" 註）（慧 68/834a "篅倉" 註）（慧 72/903b "如篅" 註）（希 2/365a "倉篅" 註）。

遄：**遄**垂緣反（慧 77/1031a）（慧 83/64a）（慧 99/315b）。**遄**今市緣反速也疾也（龍 490/03）（慧 84/82b）（紹 138b7）。**遄**俗（龍 490/03）。**遄**市緣反速也疾也（龍 490/09）。//**遄**俗（龍 490/03）。

---

① 《龍龕手鏡研究》：疑即 "釧" 字之俗（140）。

椯：**椯**市緣反木名（龍375/04）。

輲：**輲**市專反（龍080/01）（慧81/5a）。

船：**船**述專反（慧70/856b）（希1/355b）（希2/363a）（希3/369a）（希8/406a）。**船**（慧26/9
35b）。**舩**示專反（慧55/544b）（玄14/184b）（慧59/631a）（玄17/231c）（慧7/527b）（慧2
7/989b）（慧41/211b）（慧62/711b）（紹146a3）；船律文從公作舩作舡皆俗字（希8/40
6a "船舶" 註）。**胎**俗音船（龍408/05）。**舩**俗音船（龍364/03）。**舩**俗音船（龍36
4/03）。

櫞：**櫞**馳宣反（玄16/223a）（慧64/751b）（慧51/448b）（慧56/574b）（慧82/34a）（慧85/96b）
（紹158b8）。**揉**直宣反（龍375/09）（玄18/246c）（慧73/925b）（慧14/671a）（慧19/772b）
（慧24/900a）（慧47/365b）；緣借音字經文從木作櫞音傳非經義也（慧36/115b "近緣"
註）。

chuǎn 舛：**歼**正昌兗反殘也盡也又對臥也（龍514/04）。**丵**川兗反（慧87/125b）。**舛**川奐反
（慧14/663a）（慧22/834b）（慧47/347a）（慧60/656b）（慧64/760a）（慧77/1011a）（慧80/10
93b）（慧85/96b）（慧86/108a）（慧89/154b）（慧89/166a）（慧91/186a）（希9/414a）；蹲亦
作舛（慧96/264a "蹲淪" 註）。**舛**俗（龍514/04）；舛正初遠切（紹144b1）。**舛**俗昌
兗反正作舛（龍550/03）（紹177b2）。**歼**俗（龍514/04）。**羽**舊藏作舛（龍548/08）。
舛啜兗反（慧31/3b）（慧96/265b）。**歼**俗（龍514/04）。//僎：**僎**蹲亦作舛倳淮南
子作僎音義並同也（慧96/264a "蹲淪" 註）。//蹲：**蹲**尺准反～駮相乖舛也（龍4
61/08）（慧84/78a）（慧96/264a）（紹137b7）；舛或作蹲也（慧64/760a "乖舛" 註）（慧87
/125b "乖舛" 註）。

荈：**荈**尺兗切（紹156a5）。

喘：**喘**川兗反（慧15/702a）。**喘**川兗反（慧15/695b "喘息" 註）。**嚅**俗同上［喘］（龍271
/01）。**喘**正昌兗反喘息也（龍271/01）（玄22/291c）（慧48/376a）（慧30/1053b）（慧31/
13a）（慧57/580a）（慧61/684a）（慧76/997b）（慧78/1042a）（慧100/341a）（紹162b7）。**嚅**
俗（龍271/01）。

歘：**歘**今市緣反口引氣也（龍 354/05）；歂集從欠作歘（慧 99/315b "歂彼" 註）。**歇**或

作（龍 354/05）。

chuàn 釧：**釧**川戀反（慧 15/695b）（慧 20/796b）（慧 29/1017b）（慧 41/221b）（慧 35/108a）（慧 45/30

8b）（慧 99/322b）（希 1/357c）（希 2/361b）（希 6/394b）（紹 181a3）。**釧**川戀反（慧 12/633

b）（慧 19/771b）（慧 37/143a）。//玔：**玔**玉篇音釧郭氏音川也（龍 437/03）（紹 140b7）；

釧經本從玉作玔誤也（慧 20/796b "環釧" 註）（慧 99/322b "環釧" 註）。

猭：**猭**音緣猭獮兔走貌也又丑戀反草中走也（龍 318/02）。//**趲**俗丑戀反正作猭

犬走草中也（龍 325/07）。

chuang

chuāng 窻：**囱**囱古文窻字也（慧 25/911b）；窻又作～同（慧 67/815a "窻向" 註）（慧 16/726a "彫

窻" 註）（慧 81/6b "窻檽" 註解）。**囪**楚江反通孔也古文今音窻象形字（龍 544/04）。

囱齼江反（慧 62/708a）。**囪**窻説文象形作～（慧 19/775b "窻牗" 註）。**囜**音窻

川韻云孔穴也（龍 174/09）。**冊**藏宗反玉篇孔也[1]（龍 202/01）。//窗：**窗**古音

窻（龍 506/09）。**窗**窗正初江切又聰音（紹 194b5）。**宵**窗正初江切又聰音（紹

194b5）。**窂**窗又作～同（玄 17/228a "窗向" 註）。窗又作～（慧 19/775b "窻牗" 註）。

//窻：**窻**正音窻牗也又聰也（龍 506/09）。**窻**古音窻（龍 506/09）。**憲**窗又作

～同（玄 17/228a、慧 67/815a "窗向" 註）。**窻**芻雙反（慧 81/6b）（希 9/413b）；牕經

作牕或作窻皆俗字（希 2/361a "牕牗" 註）。**窻**楚江反（慧 67/815a）（慧 15/684b）

（慧 19/775b）（慧 61/695b）（希 2/364b）（希 4/376b）（紹 194b5）。**窻**正音窻（龍 506/09）

（慧 28/993a）（慧 16/726a）。**窻**窗正初江切（紹 194b2）。**窗**（玄 3/37c）（慧 09/558b）

（玄 12/161b）（玄 17/228a）（紹 194b5）；窗今隸書通作窻（慧 15/684b "窗隙" 註）（慧

81/6b "窻檽" 註解）（希 4/376b "窻牗" 註）。**窻**音窻（龍 507/09）。//牕：**牕**齼雙反

（慧 32/29a）（希 2/361a）；窻説文作牕（希 4/376b "窻牗" 註）。**牕**正音窻（龍 361/0

6）；牕經作牕（希 2/361a "牕牖" 註）（希 4/376b "牕牖" 註）。牕初江切（紹 149a4）；

牕俗字也正作牕（慧 15/684b "牕隙" 註）。牕或作音窓（龍 361/06）；窓又作牕

同（玄 17/228a "窓向" 註）（慧 19/775b "牕牖" 註）（慧 62/708a "囱櫺" 註）。

糫：糫音窓糫種穛種也（龍 365/01）。

摐：摐正七容反又音窓（龍 209/06）；縱又作摐同（慧 09/570b "縱廣" 註）（慧 99/318

a "鏦金" 註）。摐俗（龍 209/06）。摐俗（龍 209/06）。摐通（龍 209/06）；縱又

作摐同（玄 3/36b "縱廣" 註）。摐俗（龍 209/06）（紹 135a1）。

創（刅）：刅創古文刅同楚良反（玄 2/23c "創皰" 註）（玄 14/185b、慧 59/632a "創孔"

註）（玄 17/235a、慧 74/948b "瘡痍" 註）（慧 74/945b "創被" 註）；瘡説文作創亦作刀

[刅]（慧 2/429b "如瘡" 註）（慧 14/676a "瘑瘰" 註）（慧 16/723b "創皰" 註）（慧 41/224

a "瘡疣" 註）（希 2/362c "瘡疣" 註）。丑創説文又作丑云傷也從刃從一（慧 45/31

0b "有創" 註）。//創楚良反（玄 2/23c）（玄 14/185b）（慧 59/632a）（慧 15/701b）（慧 1

6/723b）（慧 25/927a）（慧 30/1047a）（慧 44/288a）（慧 45/310b）（慧 55/531a）（慧 60/657a）

（慧 74/945b）（紹 139b4）；古文戧刅二形今作創同（玄 17/235a、慧 74/948b "瘡痍" 註）；

瘡説文作創（慧 2/429b "如瘡" 註）（慧 4/471a "瘡痕" 註）（慧 10/590b "瘡疣" 註）（慧

12/633a "瘡疣" 註）（慧 14/676a "瘑瘰" 註）（慧 15/697b "癰瘡" 註）（慧 33/58a "癩瘡" 註）

（慧 41/224a "瘡疣" 註）（希 2/362c "瘡疣" 註）（希 5/383c "瘡疣" 註）（希 8/405b "瘡疥"

註）（希 8/408c "瘡殯" 註）（希 9/411b "瘡疱" 註）；刱經作創俗字也（慧 8/544a "刱見"

註）（慧 87/124b "刱作" 註）。刱創古文作～（慧 16/723b "創皰" 註）。//瘡：瘡楚

霜反（希 1/358a）（希 6/394a）。瘡（慧 99/311b）。瘡音瘡瘡痍也或作創刑刀傷也

古今作戧今作瘡（龍 468/08）（玄 17/235a）（慧 74/948b）（慧 2/429b）（慧 4/471a）（慧 1

0/590b）（慧 12/633a）（慧 15/697b）（慧 33/58a）（慧 35/98a）（慧 41/224a）（慧 41/225a）（慧

60/656b）（慧 61/693b）（慧 78/1039a）（希 2/362c）（希 5/383c）（希 6/392a）（希 8/405b）（希

8/408c）（希 9/411b）（希 9/414b）；創經文作瘡近字耳（玄 2/23c "創皰" 註）（玄 14/1

85b、慧 59/632a "創孔" 註）（慧 15/701b "創病" 註）（慧 16/723b "創皰" 註）（慧 25/927a

"創皰"註）（慧44/288a"創疣"註）（慧45/310b"有創"註）（慧55/531a"創痛"註）（慧7 4/945b"創被"註）；或作創古作戗今作瘡（龍468/08）。瘡俗（龍468/08）。//瘡： 瘡或作音瘡（龍472/04）（慧14/676a）。//戗：戗創古文戗同（玄2/23c"創皰"註） （玄14/185b、慧59/632a"創孔"註）（玄17/235a、慧74/948b"瘡痍"註）（慧25/927a"創 皰"註）；瘡玉篇從戈從倉作戗（慧2/429b"如瘡"註）（慧12/633a"瘡疣"註）。// 劗：荆楚壯反（慧8/544a）（慧87/124b）；瘡古文作劗（慧10/590b"瘡疣"註）（慧 12/633a"瘡疣"註）（希1/358a"瘡疣"註）；創又作戗劗皆古字也（慧25/927a"創皰" 註）（慧60/657a"創制"註）。荆瘡或作劗（慧2/429b"如瘡"註）。//刅：刅瘡古 文作刅（慧2/429b"如瘡"註）（慧4/471a"瘡痕"註）（希5/383c"瘡疣"註）。

靘：靘丑江反又丑巷反蒼頡篇云靘視皃也（慧24/899b）。覴正丑江丑絳二反直 視目不明也（龍343/09）。覴㥥亦作～（慧16/718b"癡㥥"註）。䁬俗（龍343/09）； 㥥或從見作䁬（慧16/718b"癡㥥"註）。

chuáng　牀：牀士莊反牀榻也（龍118/01）（慧4/474a）（慧7/532a）（慧13/659a）（慧13/659a）（慧 14/677a）（慧15/683a）（慧41/220b）（慧42/239b）（慧38/163b）（慧53/495b）（慧61/688b） （慧77/1013a）（慧81/8a）（希9/414c）。牀狀莊反（慧1/413b）（慧17/728b）；牀着點 非也（慧12/632a"金牀"註）。牀俗士莊反牀榻也（龍114/04）（慧12/632a）（慧16 /716b）（紹167b1）。//床：床牀經文作床非也（慧1/413b"牀榻"註）（慧4/474a"牀 榻"註）（慧12/632a"金牀"註）（慧13/659a"牀榻"註）（慧14/677a"牀敷"註）（慧15/ 683a"施牀"註）（慧41/220b"為牀"註）。

幢：幢濁江反翳也旛也童也其皃童童也（龍138/02）（慧52/468a）（慧6/500b）（慧12 /625b）（慧29/1024a）（慧30/1050a）（慧35/111a）（慧43/264b）（慧77/1017a）（慧100/345 b）（紹131b8）。憧又俗宅江反憧幡正作幢（龍054/04）（玄11/149c）；幢從巾作正 體字也經從心作非也（慧12/625b"法幢"註）。

噇：噇俗幢童二音又赤勇反（龍269/08）。

䯓：䯓宅江反䯓骱尻骨也（龍479/06）。

諁：**諁**或作宅江反正作韁韁腔屍骨也（龍043/05）。

chuǎng 僙：**僙**踈兩初兩二反惡人也（龍031/09）。

剩：**剩**瘡爽反（慧96/268b）。**剩**初兩反皮傷也（龍098/02）。

碝：**碝**初両反瓦石洗物也（龍442/06）。

chuàng 創：**創**初向反始也初也（龍98/06）（玄2/23c）；刱或作創（慧62/697b "刱制" 註）（慧63/735a "刱始" 註）。//刱：**刱**古文初向反（龍339/01）（慧62/697b）（慧63/735a）。

剏初亮切（紹202a3）。**剏**初向反（龍553/07）。**剏**初亮初絳二反正作剏（龍90/01）。

愴：**愴**初亮反悽愴也（龍060/04）（玄23/304c）（慧47/351a）（紹130b4）。//**愴**俗初亮反正作愴（龍273/09）。

截：**截**楚絳反捍舩木也（龍173/07）。

瞥：**瞥**正丑絳反直視也（龍422/04）。**眷**俗（龍422/04）。

chui

chuī 吹：**吹**出為反尺為反（慧27/966b）（慧90/179b）（希4/379a）。//**嘅**或作昌為反正作吹又去聲（龍267/08）。

炊：**炊**出為反（慧53/500b）（慧65/766b）（慧78/1044a）（慧79/1062b）（慧83/48b）（紹189b5）。

chuí 巫：**巫**是為反（龍545/04）。

垂：**垂**陲弘福寺碑文中作垂略也（慧1/405b "東陲" 註）。**窒**俗音垂（龍246/10）。

倕：**倕**音垂重也（龍027/03）（慧83/57b）（慧87/131a）（慧91/193a）（紹129a4）。**倕**睡佳反（慧99/318b）。**倕**音垂（龍027/03）。

陲：**陲**音垂（龍296/05）。**陲**述危反（慧1/405b）（紹170a1）。

腄：**腄**竹垂反（龍408/08）；垂經文從肉作腄非也也（慧75/965a "五垂" 註）。

搥：**搥**之委反（龍211/02）（慧71/889a）（慧5/492b）（慧16/720b）（慧23/871b）（慧55/528b）（慧68/830a）（希6/396a）（紹134b3）；箠或作搥（慧88/149a "楚箠" 註）。**搥**之藥反（玄

6/79c）（玄 25/336b）（慧 3/452b）（慧 7/528a）（慧 11/607b）（慧 18/759a）（慧 27/965b）（慧 33
/61a）（慧 34/78a）（慧 34/82b）（希 3/368b）。**桙**住累反捶從手（慧 13/659b）；捶或從
木亦通（慧 18/759a "捶楚" 註）（慧 23/871b "捶" 註）。

桘：**桘**佳累反（慧 96/269b）（紹 158b3）；捶或從木作桘（慧 3/452b "捶打" 註）（慧 7/528b
"捶打" 註）（慧 11/607b "捶打" 註）（希 3/368b "捶楚" 註）。**桙**川韻音錘（龍 375/06）。

稦：**稦**是偽反（龍 146/03）。**稦**墮音又吐火支累二切（紹 195b7）。

砸：**砸**俗直偽反正作砸（龍 534/02）。

箠：**箠**之累反（龍 392/09）（慧 88/149a）（紹 160a7）；捶又作箠同（玄 25/336b、慧 71/889a
"捶撻" 註）（慧 3/452b "捶打" 註）（慧 5/492b "捶打" 註）（慧 7/528b "捶打" 註）（慧 23/871
b "捶" 註）（希 3/368b "捶楚" 註）。

錘：**錘**直追反秤錘也（龍 010/08）（玄 11/141a）（慧 56/549a）（玄 12/163b）（慧 75/968b）（慧
74/952a）；砸論文作錘假借也（慧 79/930b "砸脚" 註）（玄 17/230a "砸脚" 註）；鎚亦
從垂作錘音同（慧 89/151a "砧鎚" 註）。**錘**直偽反（玄 17/237a）（慧 96/259a）（紹 181a
10）。//鎚：**鎚**舊藏作錘音直追反（龍 010/08）。

廐：**廐**俗音垂（龍 127/02）。

椎：**椎**直追反棒椎也（龍 373/3）（玄 1/7b）（慧 17/739a）（玄 1/18a）（玄 6/87c）（玄 22/290a）
（慧 48/373b）（玄 22/295c）（慧 48/381b）（慧 10/584b）（慧 11/613b）（慧 16/710b）（慧 25/910
b）（慧 27/983b）（慧 31/7b）（慧 34/78a）（慧 41/216a）（慧 41/220b）（慧 36/125a）（慧 61/689
b）（慧 62/716b）（慧 65/766a）（慧 79/1059b）（慧 84/77b）（慧 86/105a）（希 4/380c）（紹 159a
5）；槌俗字也正作椎從木（慧 4/466b "槌臂" 註）（希 4/376c "槌臂" 註）；鎚直追反
俗字也正從木從隹作椎也（慧 36/122a "鎚印" 註）（慧 80/1081a "磓鎚" 註）。**椎**椎經
從手作推非也（慧 11/613b "長椎" 註）。**稚**椎稚相濫所以為誤已久（玄 1/7b、慧 1
7/739a "捷椎" 註）（玄 14/193b、慧 59/645a "捷椎" 註）。//鎚：**鎚**直類反好銅半熟也
又直追反鐵鎚也又都回反（龍 017/02）（慧 14/662a）（慧 14/672b）（慧 16/711b）（慧 36/
122a）（慧 80/1081a）（慧 83/52a）（慧 85/96b）（慧 89/151a）（慧 90/178a）（希 5/388c）（紹 18

1a10）； 椎經作鎚所以擊物者也鎚俗字也（慧 10/584b "椎打" 註）（慧 86/105a "椎匈"

註）。**鎚** 墜追反（慧 15/700a）（慧 35/106b）； 錘合從追作鎚（慧 96/259a "鑪錘" 註）。

//鐕：**鐕**①古文同上（龍 017/02）。

顪：**頧** 直追反項顪也（龍 482/05）（玄 5/72b）（慧 33/57b）（玄 11/143c）（慧 56/555b）（玄 15/

208b）（慧 58/608b）（紹 170b4）。

敠：**敠** 楚貴反粟體也（龍 123/07）。**敠**（龍 123/07）。

chun

chūn 春：**旾** 玉篇古文音春（龍 425/05）。

椿：**椿** 敕倫反（龍 377/08）（玄 4/57b）（慧 43/272a）（慧 36/123b）（慧 77/1012a）（慧 84/78b）（慧

86/106b）（慧 87/128b）（慧 91/183b）（慧 91/188b）（慧 96/270a）（慧 97/287b）（紹 158b2）（紹

159a10）。

輔：**輴** 勅輪反（龍 081/09）（慧 85/88b "帝乘四載" 註）。// **軥** 勅輪反（龍 081/09）。

chún 屑：**屑** 順倫反（慧 42/245b）。**屑** 順倫反（慧 40/189b）（希 2/367a）（希 4/379c）（紹 198a5）。

//唇：**唇** 船倫切（紹 198a5）。// 嗕：**屑** 屑字書亦作嗕（希 2/367a "屑吻" 註）（希 4/3

79c "䶆屑" 註）。

陙：**陙** 正音純小卓名也（龍 295/06）。**陙** 俗（龍 295/06）。

蓴：**蓴** 食倫反牛蓴草似蘭青黑色也（龍 256/06）。

漘：**漘** 食淪反（龍 226/08）（慧 92/208b）（慧 93/210b）（慧 97/278a）。

㸷：**㸷** 屑巡二音牛行遲也（龍 115/04）。

奄：**奁** 今音純大也（龍 357/02）。**奁** 俗（龍 357/02）。

純：**純** 時均反（慧 17/746a）（玄 8/107a）（慧 46/322a）（慧 12/621a）（慧 39/174b）（慧 64/753b）；

醇亦作純（慧 66/787a "淳質" 註）；醇論作純音同義則非也（慧 87/124a "醇澆" 註）。

純 今常輪反孝篤至美也又好也文也大也（龍 398/09）（玄 1/11b）（慧 28/1004a）。//

① 《疏證》："鐕" 所從之雋即䧹字，"鎚" 作 "鐕" 屬聲符更替（289）。

綧：綧或作（龍 398/09）。

鈍：鈍章輪常輪二反（龍 334/09）。鈍俗章倫常倫二反（龍 134/09）。鈍諄經文作
鈍誤也（玄 13/180b、慧 54/516b "諄那" 註）。

酰：酰直倫反純美酒也（龍 309/09）。酰陟倫常倫值倫三反皆純也厚也美也（龍 3
09/08）。

蕈：蕈順倫反（慧 88/139b）。

韋：韋今音純熟也厚也（龍 129/02）。韋或作（龍 129/02）。

淳：淳古常倫反（龍 226/05）；淳俗字也正從～（慧 3/444a "淳熟" 註）（慧 7/526b "淳質"
註）（慧 11/603b "淳源" 註）（希 3/368c "淳熟" 註）（希 10/422a "淳源" 註）。淳垂倫反（慧
47/345b）（慧 66/787a）。淳俗（龍 226/05）（玄 4/61a）（玄 7/95a）（慧 28/998b）（玄 8/109a）
（玄 20/269b）（慧 3/444a）（慧 4/472a）（慧 5/489a）（慧 7/526b）（慧 11/602b）（慧 11/603b）（慧
12/630a）（慧 13/653b）（慧 82/40a）（慧 91/181a）（希 3/368c）（希 10/422a）；醇又作淳（玄
1/11b、慧 17/746a "純淨" 註）（慧 20/799b "醇醲" 註）（慧 36/122b "醇淨" 註）；純經文或
作淳（玄 8/107a "純淑" 註）（慧 12/621a "純淑" 註）；淳論作淳俗字也（慧 47/345b "淳
熟" 註）。淳正常倫反清也（龍 226/05）。淳垂倫反（慧 34/76b）。淳淳正殊倫切（紹
173b3）。

醇：醇垂淪反（慧 87/124a）（慧 82/32a）（慧 95/249a）。醇順倫反（慧 18/748b）（慧 20/799b）
（慧 36/122b）；淳正從酉作～（慧 66/787a "淳質" 註）（慧 82/31a "醇醲" 註）；醇正體
作～今俗作享（慧 79/1056a "醇味" 註）；純經文作醇（玄 1/11b、慧 17/746a "純淨" 註）。
醇是均反（玄 11/151a）（慧 52/471a）（玄 20/270a）（慧 77/1027b）（慧 79/1056a）（慧 82/31
a）（紹 143b8）；純經從酉作醇非也（慧 39/174b "純白" 註）；醇順倫反正體字也經
作醇或從水作淳皆變體俗字也（慧 36/122b "醇淨" 註）。醇或作（龍 309/08）。醇正
音純醲也厚也（龍 309/08）。//鯙舊藏作醇音純厚也（龍 167/02）。

錞：錞正音純錞于樂器也（龍 010/07）；鏡應作錞（玄 15/201a、慧 58/616a "鐃鏡" 註）；
鐓經文作錞非此用（玄 20/268b、慧 33/56a "鐵鐓" 註）。錞誤音純（龍 010/07）。

鶉：雞 正音純雞雞也（龍148/07）。雞通（龍148/07）。//鶉：鶉市均反（玄15/200a）（慧58/614b）（慧78/1034b）（希9/415a）（紹165a3）。鶉常倫反鶉鶉也鼠化為鶉字林作雞（龍285/08）。鶉舊藏作鶉常倫反（龍334/10）。

chǔn 偆：偆尺準丑準二反厚也富也（龍032/04）；蠢或作偆（慧1/403b "蠢蠢" 註）；踔亦作舛偆淮南子作僢音義並同也（慧96/264a "踔淪" 註）。//賰：賰尺淮反肥也（龍411/04）。//賰：賰失允反暉賰富有也（龍350/09）。

惷：惷蠢或作偆或作蠢作惷皆古字（慧1/403b "蠢蠢" 註）（慧10/586a "蠢蠢" 註）。惷蠢或從人從心作惷惷同俗字（慧10/586a "蠢蠢" 註）。//敤：敤昌尹反亂也（龍529/09）。敤俗昌尹反（龍120/05）。

蠢：蠢赤尹反又與偆惷四同（龍222/08）（慧1/403b）（慧10/586a）（慧42/245a）（慧80/1087a）（慧88/134a）（希4/379c）（希10/418c）（紹164b5）。//蠢赤尹反又與偆惷四同（龍222/08）；蠢或作蠢（慧1/403b "蠢蠢" 註）。//截：截尺尹反～出也（龍173/04）。

chuo

chuō 踔：踔知教反又踔敕教敕角二反（龍463/05）（玄1/18a）（玄8/114c）（玄12/156c）（慧52/478a）（玄13/175c）（慧55/538a）；越論文作踔非論旨（玄9/121b、慧46/322b "越小" 註）；趠律文作踔（玄15/199b、慧58/612b "二趠" 註）。

歜：歜丑角反授也刺也又音濁築也（龍530/09）。歜丑角反又音濁（龍121/08）。

chuò 辵：辵丑略反説文云乍行乍止也從彳止聲凡辵之屬皆从～也（龍488/01）。

婥：婥正昌若反（龍540/01）（龍284/03）（慧79/1056b）。婥俗（龍540/01）。

綽：綽古昌約反（龍539/09）；綽又作綽同（玄5/67b、慧34/93a "弘綽" 註）（慧79/1056b "華婥" 註）。綽綽與古文綽同（龍404/09 "綽" 註）。//綽正昌約反（龍539/09）（龍404/09）（玄5/67b）（慧34/93a）（慧2/427a）（慧37/142b）（慧83/62a）（慧89/151a）（慧90/169a）（紹190b10）；婥或作綽也或作綽（慧79/1056b "華婥" 註）。綽綽正尺約之若二切（紹145b7）。

嚖：**嚖** 昌約反轉舌呼（龍 279/01）。

逴：**逴** 正丑角反遠也一曰警夜又丑畧反畧逴行皃也（龍 494/03）。**連** 俗（龍 494/03）。

趠：**趠** 正敕教反行皃也又敕角反遠也（龍 325/04）（玄 5/73b）（慧 34/81b）（慧 34/77b）（玄 17/236a）（慧 74/950a）；趒又作趠同（玄 9/121b、慧 46/322b"趒小"註）（慧 35/108b"趒蔫"註）；踔字體作趠（初編本玄 12/536"一踔"註）。**趠** 俗（龍 325/04）。

惙：**惙** 陟劣反疲也憂也（龍 062/08）（玄 4/57c）（慧 43/272b）（玄 18/251b）（慧 73/937b）（玄 19/257b）（慧 56/564a）（玄 20/270b）（慧 75/974b）（玄 22/303a）（慧 48/393b）（慧 18/752b）（慧 29/1033a）（慧 67/809a）（慧 83/47b）（紹 130b5）；綴經文從心作惙非也（慧 57/583b"鈔綴"註）。

腏：**腏** 陟衛反餟祭也又腏著也又陟劣反骨間髓也又多活反挑取骨間宍也（龍 413/08）。

輟：**輟** 知劣反止也謂止已惠他也又陟稅反小車缺也（龍 085/03）（玄 8/116b）（玄 15/211a）（慧 58/624a）（玄 24/326b）（慧 70/872b）（慧 22/842a）（慧 60/670a）（慧 80/1086b）（慧 87/131a）（慧 89/160b）（紹 139a1）。

歡：**歡** 正昌悅反大欱也（龍 356/01）（玄 15/200b）（慧 58/614b）（玄 15/211a）（慧 58/623b）（玄 15/209b、慧 58/610b"欱烟"註）（玄 16/214b）（慧 65/773b）（慧 2/422b）（慧 63/729b）（希 10/420b）；啜字書從欠作歡正體字也（慧 66/784b"嘗啜"註）（慧 94/240b"啜菽"註）。**歡** 或作（龍 355/09）。**歡** 俗（龍 356/01）。//**歡** 昌悅反正作歡（龍 275/10）。**歡** 昌悅反正作歡（龍 275/10）；歡經文作嚖（慧 2/422b"歡飲"註）。//映：**映** 歡古文映同（玄 15/200b、慧 58/614b"歡粥"註）（玄 15/211a、慧 58/623b"歡粥"註）（玄 16/214b、慧 65/773b"歡糜"註）。//**歠** 昌悅反正作歡下又陟劣反言不正（止）也（玄 7/96b）（慧 28/1011b）（玄 19/253b）（慧 56/557b）（玄 20/273b）（慧 75/980a）（慧 66/784b）（慧 68/828b）（慧 76/1001a）（慧 90/174a）（慧 94/240b）（紹 183a9）；歠律文作啜非今旨（玄 16/214b、慧 65/773b"歡糜"註）（慧 2/422b"歡飲"註）（慧 66/784b"嘗啜"註）。//**歠** 昌悅反正作歡（龍 275/10）；啜通俗文作嚖（玄 19/253b、慧 56/557b"舐啜"註）。

娖：**娖**側角反辯也（龍 283/10）。

齱：**齱**初六反又測角反（龍 312/10）（慧 83/64b）（慧 92/207a）；齱或作齱也（慧 97/283b

"偓齱"註）。測角反（龍 312/10）（慧 97/283b）。

婌：**婌**正初角反又恭謹兒也（龍 284/04）。**婌**俗（龍 284/04）。

裸：**裸**初角反短衣也（龍 109/04）。

皱：**皱**正丑悦反（龍 123/09）。**皱**俗（龍 123/09）（慧 34/88a）。

皂：**皂**丑略切（紹 197a8）。

鑡：**鑡**初角反餅鑡（龍 020/08）。**鑡**同上（龍 020/08）。

cí

cī 疵：**疵**疾移反黑病也（龍 468/08）（慧 21/825a）（慧 26/949b）（紹 192b5）。**疵**才雌反（玄 2/3

1a）（玄 6/80c）（慧 12/623a）（慧 20/797a）（慧 27/968b）（慧 30/1047a）（慧 32/34b）（慧 33/69a）

（慧 34/75b）（慧 47/349b）（慧 86/112a）。//瘝：**瘝**疵古文瘝同（玄 2/31a"瑕疵"註）（玄 6

/80c"瑕疵"註）（慧 27/968b"瑕疵"註）。

玼：**玼**正疾移反玉病也又音此玉色鮮也（龍 433/02）（慧 38/152a）（紹 141a7）。**玼**今（龍

433/02）（慧 19/785b）（慧 80/1085b）。//疵：**疵**千里反白色也（龍 431/05）。

骴：**骴**正資智反（龍 481/03）。**骴**俗（龍 481/03）。//胔：**胔**資智反（龍 481/03）；骴從骨作骴

（慧 98/305b"掩骴"註）。**骴**骴從骨作骴又作骴（慧 98/305b"掩骴"註）。

趀：**趀**又取私反倉卒也（龍 326/01）。**趀**或作（龍 324/03）。//趑：**趑**今取私反倉卒也

（龍 324/03）。

蚝：**蚝**七志反～毛虫有毒也（龍 223/10）。

翄：**翄**初師反翄翄皆正字體也經作差池俗用非正（慧 41/219b）。

cí 茨：**茨**疾資反（龍 257/02）（玄 14/195a）（慧 59/648a）（玄 18/243c）（慧 72/914a）（慧 84/80b）（慧

87/130a）（慧 90/172b）（慧 95/251a）（慧 97/274b）（慧 97/287b）（紹 155a1）。

坒：**坒**正疾資秦力二反以土增道也（龍 246/08）；准經文作坒非此用（玄 4/49c、慧 34/0

94a "准平" 註）。//坐俗（龍 246/08）。

祠：祠音詞（龍 109/07）（玄 1/20c）（玄 3/36c）（慧 09/571a）（玄 14/185a）（慧 59/631b）（玄 21/2

80c）（玄 22/291a）（慧 48/374b）（玄 23/308c）（慧 47/359a）（玄 24/328a）（慧 70/874b）（慧 13/6

52b）（慧 25/917b）（慧 34/76b）（慧 36/118b）（慧 45/310b）（慧 69/840b）（希 2/365b）（希 4/381a）

（希 6/392a）（希 8/409b）（希 9/412c）。

詞：詞似資反（玄 25/334b）（慧 71/886a）。

辭：辭音詞訟也以～解理也辝同上（龍 183/03）。辭似茲反（慧 15/683a）。//辝古文

音詞（龍 183/03）。辝同上[辭]（龍 183/03）（中 62/718a）（中 62/709a）。辞俗音詞正作

辝（龍 533/05）。辞辝正辭音（紹 176b6）。辤俗詞受二音（龍 533/06）。辤俗詞受二

音（龍 533/06）。辤辭今經作～愚人妄書不成字也（慧 15/683a "文辭" 註）。雒舊藏

作辝（龍 148/03）。辤辭古文作～（慧 15/683a "文辭" 註）。

慈：慈磁有本作慈非字體也（慧 26/949b）。//礠俗音慈（龍 347/01）。

濨：濨音慈閑水也（龍 226/07）。

磁：磁音慈（龍 440/05）（玄 2/31a）（玄 22/300c）（慧 48/389b）（玄 23/316c）（慧 49/398b）（玄 24

/320b）（慧 70/863b）（慧 31/15b）（慧 51/444b）（慧 72/900a）（希 3/371c）（紹 163a7）；瓷經從

石作磁石藥名非此用也（慧 35/103b "磁石" 註）（慧 39/172b "瓷器" 註）。//磁慈音（紹

163a7）；磁又作磁（慧 72/900a "磁石" 註）。

鷀：鷀俗音慈（龍 285/06）（紹 165a9）；鷀又作鷀同（玄 19/253a、慧 56/557b "鸕鷀" 註）。鶿

正音慈（龍 285/06）。鶿音慈（玄 5/74c）（慧 44/291b）（玄 19/253a）（慧 56/557b）（初編玄 9

35）（慧 34/89b）（慧 79/1062b）（紹 165a9）。//鴟俗音慈（龍 285/06）。鴟慈音（紹 165a9）。

雌：雌正此移反雌雄（龍 335/02）（慧 63/738a）（紹 200b3）。雌俗（龍 335/02）（希 8/408a）；

雌律文作～亦同（慧 63/738a "婆雌" 註）。

鴜：鴜即移疾移二反水鳥也（龍 287/02）。鴜鴜音（紹 165b1）。

鮆：鮆即移反魚名（龍 168/03）。

瓷：瓷音甆（龍 315/05）（慧 35/103b）（慧 39/172b）（紹 199b1）。瓷才資切（紹 199b1）。//瓷：

鲞疾資反與瓷同（龍338/03）；瓷亦作瓷今經作磁（慧39/172b"瓷器"註）。

餈： 餈今疾資反飴餅也饈也（龍500/08）（紹172a2）。//餈今（龍500/08）。//饎或作（龍 500/08）。

cǐ 佌： 佌音此小兒也又舞也（龍032/09）（慧84/78a）（慧91/184b）（紹129b1）。

泚： 泚正千礼反（龍231/06）（希7/403b）（紹186a10）。泚俗（龍231/06）（慧37/146b）（希6 /392a）。

祡： 祡音此直大（龍335/04）（龍357/06）。

嗼： 嗼音疵嫌也（龍270/04）。

迡： 迡音此異也（龍491/06）。

柹： 柹疾移反無柹木（龍374/09）；簀頌中從木從此作柹謬也若依字訓釋甚非經意也 故不取也（慧76/1008a"牀簀"註）。

跐： 跐正音比（此）蹈也履也又音紫行兒又側氏阻買二反（龍462/02）。跐通（龍46 2/02）。

傌： 傌音此馬名（龍293/01）。傌同上（龍293/01）。

cì 次： 次（慧6/496b）。

佽： 佽音次遞也及也助也代也又利也又佽飛漢官名（龍035/09）（慧98/306b）（慧99/329 a）（紹129a5）。

庇： 庇音次長也又尺二反（龍301/01）。

蚩： 蚩正音次虫似蜘蛛也（龍223/10）。//蟓：蚴俗（龍223/10）。

趀： 趀音次（龍464/04）。

髭： 髭音次美髮也（龍090/04）。

束： 束此漬反（慧19/772b）（慧19/784b）（慧32/43b）；莿俗字也正體作束（慧16/709b"生莿 地獄"註）（慧51/451b"棘莿"註）。//㭉：㭉莿或作㭉（慧16/709b"生莿地獄"註）。// 莿：莿雌漬反（慧51/451b）。莿雌漬反（慧16/709b）（慧42/232b）（慧43/264b）。莿七

賜反棘莿也又盧達反蒿莿也①（龍 98/07）（慧 47/343b）。**莿**且漬反（玄 1/12a）。**莿**莿亦作～皆非（慧 16/709b "生莿地獄" 註）。

刺：**剌**此恣反（慧 12/639a）（慧 13/644b）（慧 13/654a）（慧 14/668a）（慧 14/672b）（慧 15/691a）（慧 25/929a）（慧 29/1026b）（慧 53/490a）（慧 63/726b）（慧 72/906b）（慧 74/959a）（慧 77/1030a）（紹 139b7）；束經本從刀作剌誤也是煞傷之刺也（慧 19/784b "棘束" 註）。**剌**又七賜反（龍 099/06）（玄 10/139c）（慧 51/444a）（慧 71/886b）（慧 4/458a）（慧 14/662a）（慧 31/15a）（慧 41/225b）（慧 35/110a）（慧 62/705b）（慧 62/708b）（慧 76/999b）（希 7/403c）；莿亦作刺（慧 16/709b "生莿地獄" 註）（慧 47/343b "惡莿" 註）。**剌**又俗音剌②（龍 100/2）。**剌**七亦反剌穿也又七賜反針剌也（龍 099/06）（玄 10/133c）（玄 25/335b）（慧 76/999b）；剌又作剌同（玄 10/139c、慧 51/444a "利剌" 註）（慧 4/458a "能剌" 註）（慧 12/639a "毒剌" 註）（慧 14/668a "棘剌" 註）（慧 14/672b "杖剌" 註）（慧 15/691a "剌殺" 註）（慧 29/1026b "鍼剌" 註）（慧 31/15a "剌端銛" 註）（慧 41/225b "剌剌脚" 註）（慧 72/906b "譏剌" 註）（慧 78/1036b "棘剌" 註）。**剌**千亦反（慧 49/409a）；剌俗作剌訛也（慧 13/654a "譏剌" 註）（慧 14/662a "稍剌" 註）（慧 62/708b "籤剌" 註）；莿經本作剌誤也（慧 43/264b "棘莿" 註）（慧 51/451b "棘莿" 註）（慧 77/1030a "木槍剌脚" 註）。

庲：**庲**又七賜反亦偏庲舍也（龍 301/07）（玄 15/205c、慧 58/604b "庵慢" 註）。

涑：**涑**又七亦反水名也（龍 227/03）。

諫：**諫**七賜反數諫也（龍 049/05）；剌又作諫同（玄 25/335a、慧 71/886b "譏剌" 註）。

覗：**覗**音次盜視也（龍 346/02）。**覗**取私反次視也（龍 344/02）。

賜：**賜**澌經本作賜（慧 24/889a "盡澌" 註）。

䎭：**䎭**七賜反䎭毛虫也（龍 173/06）。

cong

cōng 從：**聰**聰璁俗上七容反（龍 313/10）。

---

①按："又盧達反蒿莿也" 即 "莿" 字音義。
②《龍龕手鏡研究》："剌，俗音 "剌"，疑即 "剌（剌）" 字之俗（186）。

琮：**琮**七恭反琮瑢珮玉行皃也（龍434/06）。

鏦：**鏦**楚雙反（慧99/318a）（紹181a8）。**鏦**七恭反短矛也又音窓（龍013/07）（慧21/8 30a"戈鋋劍戟"註）。//**稄**：**稄**正楚江反短矛也（龍141/07）。**稄**俗（龍141/07）。**稄** 俗（龍141/07）。

愳：**愳**愳俗字也正體從囱作愳（慧56/575a）（紹131b4）。

廤：**廤**正作孔倉紅二反屋中會也（龍300/06）。**庬**俗（龍300/06）。

朡：**朡**倉紅反赤色也（龍203/04）。

蔥：**蔥**麁紅反（慧88/148a）。**蔥**倉紅反（希2/364a）；蔥集文作蔥誤也（慧88/148a"蔥 山"註）。**蔥**倉紅反（希5/389a）。**莪**音愳①（龍183/03）。

熜：**熜**正倉紅反熜器也（龍240/02）。**熜**或作（龍240/02）。**熜**俗（龍240/02）。**熜**俗 （龍240/02）。**熜**俗倉紅反熜器也（龍064/06）。

璁：**璁**音愳石似玉也（龍432/08）。**璁**（龍432/08）。

楤：**楤**正愳謥二音（龍378/08）（紹159a1）。**楤**或作（龍378/08）。

聰：**聰**麁公反（慧68/819b）。**聰**正音愳（龍313/07）（慧48/382b）（慧5/492b）（慧29/1022 b）（慧60/663b）（慧66/789a）（慧67/807a）（慧68/826a）（慧72/897b）（慧79/1062b）（慧84/ 75a）。**聰**音愳（慧3/441b）。**聰**正音愳（龍313/07）（玄21/282c）（玄22/296b）（玄23/ 315a）（慧50/424a）（慧13/657a）（慧16/711b）（希8/407a）；聰律文從公作聰俗字也（慧 60/663b"聰叡"註）。**聰**音愳（龍313/07）。**聰**俗（龍313/07）。

鏓：**鏓**古文音愳大鑿中木也（龍011/05）。**鏓**今（龍011/05）。//**鏓**：**鏓**新藏作鏓（龍 011/05）。

總：**總**音愳（慧52/477a）。**總**音愳（玄12/156b）（玄13/176b）（慧54/524b）。

轒：**轒**倉紅反轒車載囚也（龍081/05）。

驄：**驄**聰音（紹166a10）。**驄**倉紅反馬色也（龍291/04）。

cóng 淙：**淙**才宗反（龍230/03）；深經文作淙（玄20/273a、慧75/979b"跡深"註）。

---

① 《叢考》：此字疑為"蔥"的俗字（1048）。

悰：悰藏宗反慮也一曰樂也（龍 055/08）（慧 80/1089a）（慧 88/133b）（慧 88/141b）（慧 99/3

15a）（希 10/418b）。

惊：惊徂宗反帛惊又布名（龍 138/07）。

琮：琮在紅反琮瑞玉（龍 433/04）（慧 30/1053b）（慧 51/436a）（慧 77/1029b）（紹 140b4）。

諁：諁昨宗反謀諁樂（龍 044/05）。

賨：賨才宗反戎稅也（龍 155/07）。賨自宗反戎稅也（龍 350/03）。

潀：潀音終又在公反（龍 227/07）（玄 7/95b）（慧 28/999a）（慧 99/313b）。

从：从音從（龍 028/09）；二人為从古從字（慧 6/512a“比度”註）。从俗音徒［從］（龍

024/07）。刕古文疾容七恭即容三反今作從（龍 545/09）（龍 097/07）。刕古文從

字又烏八反（龍 517/01）。刕疾容反（龍 125/02）。

從：從自龍反（慧 28/1004b）（慧 28/994a）（慧 48/391b）（慧 70/869b）（慧 21/817b）（慧 21/822

b）（慧 22/840a）（慧 27/976a）（希 3/370a）；縱廣雅作從（慧 27/966a“縱”註）。從自龍

反（玄 8/107b）（玄 12/162b）（玄 22/302a）（玄 24/324c）。徔音從（龍 497/04）。夗古文

音從（龍 333/04）。夗古文音從（龍 333/04）。夗古文音從（龍 333/04）。夗古文

音從（龍 333/04）。夗古文徒［從］字①（龍 184/02）。夗古文徒［從］字（龍 184/02）。

岕古文音從（龍 073/05）。夵音徒［從］②（龍 029/01）。

㞨：㞨正士江反罶也（龍 315/08）。㞨通（龍 315/08）。

髮：髮七恭反髮乱也（龍 088/05）。

雔：雔正音從南楚人言雞也（龍 149/01）。雔或作（龍 149/01）。

叢：叢正殂紅反草木聚生也（龍 256/09）。叢族公反（慧 57/597a）（慧 63/738a）（慧 91/1

88a）（希 4/377c）。叢殂紅反（慧 8/544a）（慧 12/633b）（慧 37/139b）。叢族紅反（慧 27

/979b）（慧 38/156a）（希 6/392c）；律文作叢不成字非也（慧 63/738a“榛叢”註）。叢古

（龍 256/09）。//藂：藂俗（龍 256/09）。藂叢經作藂俗字也（慧 8/544a“叢林”註）（慧

27/979b“叢林”註）（慧 57/597a“叢聚”註）。菆叢漢書東方朔傳中作菆並非正也（慧

①參見《叢考》88 頁。
②參見《叢考》73 頁。

27/979b "叢林" 註）。爣 俗徂紅反（龍 240/04）。

灇：灇 徂紅反水聲也（龍 228/04）。

憏：憏 藏宗反謀也又音曹心亂也（龍 056/04）。

còng　憁：憁 千弄反憁恫不得志兒也（龍 060/05）。

謥：謥 倉弄反謥詷詞言急也（龍 047/04）（玄 8/114a）（玄 21/278c "詷疾" 註）（慧 16/714b）。

cou

còu　湊：湊 倉奏反（龍 233/06）（玄 5/69a）（慧 16/719b）（玄 11/149a）（慧 52/467a）（慧 12/624a）（慧 30/1047a）（慧 39/177b）（希 8/409a）（紹 187b2）；輳有從水作湊者誤也（慧 82/28b "輻輳" 註）。

腠：腠 麁豆反（慧 42/242b）。腠 倉奏反（龍 413/06）（慧 83/54b）（慧 88/135b）（慧 88/149a）（希 10/419c）（紹 136b1）。

楱：楱 倉奏反挿也（龍 382/03）。

麤：麤 倉奏反南夷名鹽也（龍 332/07）。

輳：輳 倉奏反輻輳也（龍 084/03）（慧 82/28b）；湊亦作輳（慧 12/624a "所湊" 註）。

cu

cū　粗：粗 昨古反（龍 304/08）（玄 2/30a）（慧 11/616b）（慧 15/702b）（慧 19/787b）（慧 26/945b）（慧 32/39a）（慧 41/214b）（慧 23/878b）（慧 97/274b）（慧 98/302a）（慧 100/330b）（紹 196a9）；經文作掬古文粗字（玄 1/20c "角力" 註）（玄 3/44c、慧 10/584a "麁掬" 註）（玄 22/287b、慧 48/370a "角力" 註）。

皷：皷 正倉胡七与二反皴皮散裂也（龍 122/08）。皷 俗倉古反①（龍 419/02）。胑 或作（龍 122/08）。

牊：牊 才古反（玄 3/44c）（慧 10/584a）；角或作掬者此古文粗字（玄 22/287b、慧 48/370a "角

①《叢考》：此字當是 "皷" 的訛俗字（746—747）。

力”註）（玄 24/325c、慧 70/871a “角勝” 註）（慧 25/917b “角力” 註）。

麤： 麤且胡反（玄 17/226a）（慧 67/812a）（慧 11/619b）（慧 81/12a）（慧 86/115b）（慧 92/198a）（希 3/373a）（希 7/401a）（紹 193b8）；粗俗字也正從三鹿（慧 19/787b “粗舉都駁” 註）（慧 98/302a “精粗” 註）；麁古作麤今省作麁（慧 50/414b “麁澀” 註）（慧 81/1b “麁穬” 註）。麤倉胡反（龍 520/04）（玄 4/60b）（玄 7/99a）；麁又作麤同（玄 11/144c、慧 52/457b “麁細” 註）（慧 8/543b “麁的” 註）（慧 11/607b “麁獷” 註）（慧 20/798b “麁穬” 註）（慧 31/18b “麁行” 註）。//麤籀文倉胡反今作麁（龍 520/08）。//麁倉胡反正作麤（慧 16/726a）（慧 31/18b）（慧 41/228b）（慧 50/414b）（慧 54/521b）（慧 81/1b）（希 1/359b）。鹿倉蘇反（慧 3/447b）（慧 8/543b）（慧 11/607b）（慧 20/798b）；麤今省作麁（慧 11/619b “麤獷” 註）（慧 86/115b “麤蹲” 註）（慧 98/302a “精粗” 註）（希 3/373a “麤獷” 註）（希 7/401a “麤獷” 註）。麤倉胡反（龍 520/04）（玄 11/144c）（慧 52/457b）。麤倉胡反（龍 520/04）。//媸又郭氏音麁①（龍 284/07）。媸又郭氏音麁（龍 284/07）。媸郭氏音麁（龍 284/07）。葵俗音麁②（龍 280/06）。姝俗音麁（龍 280/06）。

麤： 麤倉胡反草履也（龍 253/07）。

cú 徂： 徂昨胡反（龍 496/04）（玄 22/302b）（慧 48/392a）（紹 172b10）；殂或作徂（慧 86/106a “形殂” 註）。

殂： 殂在胡反（龍 513/07）（慧 80/1073b）（慧 86/106a）（紹 144a10）；徂又作殂同（玄 22/302b、慧 48/392a “徂落” 註）。殂在胡反（龍 200/07）。殂祚胡反（慧 42/242b）。殂古文殂字音徂（龍 200/07）。

醜： 醜側於反（玄 13/168c）（慧 57/589b）。

薑： 薑正蒼古反草死也（龍 260/04）。薑今（龍 260/04）。薑俗（龍 260/04）。

cù 啾： 啾子六反歠也（龍 278/06）。

踧： 踧正子六反踧踖行而謹敬也又徒的反踧踧周道也（龍 466/03）（玄 3/44c）（慧 55/544b）（慧 47/363a）（慧 45/318a）（慧 89/159a）（慧 95/247b）（慧 99/325a）（紹 137b4）；蹙經文

---

①參見《叢考》78 頁。
②參見《叢考》515 頁。

作踧非此義（慧 56/549a "驅蹙" 註）。**跡**俗（龍 466/03）（慧 10/584a）（玄 12/164b）（玄 23/311b）（紹 137b4）；蹙經文作踧蹜之踧非體也（玄 8/118c "聚蹙" 註）（玄 11/141a "驅蹙" 註）。**踵**俗同上（龍 466/03）。

欨： **欨**子六反欨悲皃也（龍 355/05）。

蔟： **蔟**倉候反太蔟律名又千木反蠶蔟也（龍 263/02）（玄 20/272c）（慧 76/993b）（慧 43/254b）（慧 85/99b）。**蔟**舊藏作蔟（龍 263/01）（紹 155b8）；磩作蔟謂聚老蠶也未詳其字理恐乖誤也（慧 99/325a "碌磩" 註）。

瘯： **瘯**千木反瘯瘰皮膚病也（龍 478/06）。

簇： **簇**正千木反（龍 395/02）（玄 16/216a）（慧 65/775b）；鏃或從竹作簇（慧 68/829a "鏃身" 註）。**簇**俗（龍 395/02）。

猝： **猝**村訥反（慧 38/156b）（玄 23/308c、慧 47/359a "欨尒" 註）（慧 97/278a）（紹 166b6）；卒正體作猝（慧 6/509b "卒生" 註）（慧 7/531b "卒破" 註）。**猝**正村沒反（龍 320/01）（玄 22/289c、慧 48/373b "欨然" 註）（慧 7/526a）。**猝**俗（龍 320/01）。**猝**村訥反（慧 6/501b）。

促： **促**七玉反速迫至近也（龍 038/03）（慧 3/449a）（慧 5/491a）（慧 11/612b）（慧 29/1014b）（慧 61/692b）（慧 88/137a）。//偬： **偬**正七玉反迫也（龍 467/06）（龍 362/05）。**偬**俗（龍 362/05）。//跼： **跼**俗（龍 467/06）。

踧： **踧**七玉反絆足也（龍 465/06）。

諔： **諔**七玉反心急諔諔也（龍 051/04）。

趗： **趗**千木反趗趗也又七玉反（龍 325/10）。

諫： **諫**七玉反飾也（龍 051/04）。

憱： **憱**憱正子六即就二切（紹 130a9）。

蹴： **蹴**正七六反蹴蹋也（龍 466/09）（玄 8/108a）（慧 28/1005a）（玄 9/120a）（慧 46/319b）（玄 11/152c）（慧 52/473b）（慧 44/282a）（慧 51/443a）（慧 53/490b）（慧 55/541b）（慧 61/689b）（慧 62/711a）（慧 75/974b）（慧 78/1043a）（慧 82/37a）（紹 137b5）；蹴經文作蹴（玄 12/166b、慧 55/545b "蹴地" 註）。**蹵**俗（龍 466/09）；蹙經文作蹵非今所用（玄 13/176b、慧 54/524b "頻

蹙”註）（慧 37/133b “蹙其上節” 註）（希 5/387c “蹙眉” 註）（希 6/397b “反蹙” 註）。//躼：躼
俗七六反正作蹴（龍 162/05）。

嘁：嘁正將六反嚬嘁也憂愁忸怩不樂也（龍 275/09）（慧 1/409a）（慧 20/794b）（慧 41/223a）
（希 1/357c）；蹙或作嘁同（慧 15/692b “蹙頻” 註）。感酒育反（慧 8/536a）；嘁字亦作
蹙（慧 41/223a “嚬嘁” 註）。嘁俗（龍 275/09）（慧 11/610a）。哦俗（龍 275/09）。嘁俗
（龍 275/09）。嗖俗（龍 275/09）。感感或從口作～（慧 11/610a “嚬感” 註）；蹙或作
𢤿（慧 13/647a “頻蹙” 註）。瞓感或從目作瞓古字也（慧 11/610a “嚬感” 註）（慧 20/794
b “顰嘁” 註）。䁁蹙或作嘁～（慧 15/692b “蹙頻” 註）（慧 13/647a “頻蹙” 註）。臓嘁古
文作～（慧 1/409a “嚬嘁” 註）。蹙嘁字亦作蹙經文作～非也（慧 41/223a “嚬嘁” 註）。

蹙：感子六反（玄 11/141a）（慧 56/549a）（慧 54/524b）（慧 15/692b）（慧 16/709b）（慧 23/859a）
（慧 36/126b）（慧 37/133b）（慧 39/177a）（慧 44/294b）（慧 66/795a）（慧 77/1013b）（慧 79/1066
b）（慧 96/261a）（慧 97/280b）（希 3/374b）（希 5/384c）（希 5/387c）（希 6/397b）（紹 137b5）；嘁
字或作蹙亦同（慧 1/409a “嚬嘁” 註）（慧 11/610a “嚬感” 註）（希 1/357c “嚬嘁” 註）；踧集
作蹙謂聚也非踧踖義（慧 99/325a “踧踖” 註）。感酒育反（慧 74/957b）；嘁經文作～
非本字（慧 1/409a “嚬嘁” 註）。感精育反或作蹙同（慧 13/647a）。感正子六反迫也
急也近也（龍 466/04）（玄 8/118c）（玄 13/176b）。蹙俗（龍 466/04）。感子六反（紹 131a
10）。蹴俗（龍 466/04）。蹴俗（龍 466/04）（慧 27/976a）。蹴俗（龍 466/04）。懜俗子
六反正作蹙（龍 039/07）。愾俗（龍 039/07）。感俗（龍 039/07）。㦩俗（龍 039/07）。//
蹴：蹴俗（龍 466/04）。蹴俗（龍 466/04）。跾俗（龍 466/04）。//顣：顣蹙經從頁
作顣非也（慧 74/957b “顰蹙” 註）。顣俗子六反正作蹙（龍 039/07）。傾俗子六反正
作蹙（龍 039/07）。//顣：顣俗將六反（龍 487/06）。頻俗（龍 487/06）。

臟：臟玉篇瘦也（龍 415/05）。

臟：臟子六反脚臟膏澤（龍 415/05）。

醋：醋倉固反（慧 29/1026a）。醋酢經文從昔作醋俗傳用為酸酢之字也（慧 12/630b “鹹
酢” 註）（慧 14/672b “嚴酢” 註）。

黿： 鼋七六反水虫之屬也（龍 358/06）。

cuan

cuān 鋑： 鋑又七丸反鋑刀也（龍 008/07）。

徶： 徶音攛徶仉失途兒（龍 497/01）。

cuán 巑： 巑在丸反巑屼山峻銳兒也（龍 070/03）（慧 99/311b）（紹 162b4）；欑或從山作巑（慧 12/628a "欑峰" 註）。

攛： 攛在丸反（龍 207/04）（紹 132a8）；鑽傳文從手作攛非也（慧 90/170a "鑽研" 註）（慧 100/341a "鑽火" 註）。

酇： 酇俗祖丸反（龍 310/02）。

欑： 欑祖巒反（慧 53/495a）。 欑藏鸞反（慧 12/628a）（慧 40/187b "攛捽" 註）（慧 47/345b）（慧 69/840a）；鑽集本從木作欑非也（慧 100/342b "鑽溼木" 註）。 攛祖丸反（玄 11/149c）（慧 16/726a）（慧 40/187b）。

cuàn 篡： 篡初患反（龍 393/03）（玄 7/103b）（慧 24/891b）（慧 25/920b）（慧 82/31b）（慧 83/49a）（慧 87/118b）（希 4/379b）（紹 160a9）。 篡正初患反（龍 263/03）（紹 154a5）。 篡俗（龍 263/03）（玄 1/21b）（紹 154a5）。

穳： 穳龐亂反（慧 56/547b）（慧 52/473b）（初編玄 568）（慧 73/922b）（慧 56/573b）（慧 48/380b）（慧 48/394b）（慧 14/662a）（慧 15/691a）（慧 29/1025b）（慧 39/181b）（慧 60/662b）（慧 60/673a）（慧 62/705b）（慧 96/261a）。 穳正七乱反又子筭反攙鋋矛槊也又平聲（龍 142/01）（玄 1/14c）（玄 1/10b）（玄 1/12b）（慧 17/745a）（慧 42/237a）（玄 10/131a）（玄 47/366a）（玄 11/140a）（玄 17/229a）（慧 67/817a）（玄 17/230a）（慧 79/930b）（玄 18/239b）（玄 19/256b）（慧 56/562b）（玄 19/262c）（玄 22/295a）（慧 5/491a）（慧 8/551a）（慧 24/901a）（慧 69/836b）（慧 69/843b）（慧 76/1005a）（慧 79/1062a）（紹 201b1）；鑕正作穳也（慧 30/1039b "如鑕" 註）。

//攢： 攢正（龍 142/01）。 攢俗（龍 141/09）；字詁古文錄穳二形今作攢同（玄 11/140a、慧 56/547b "穳矛" 註）（慧 39/181b "畫穳" 註）（慧 69/843b "剶穳" 註）；穳亦作

欑（慧 20/795a "刀欑" 註）。穳字詁古文録穳二形今作欑（玄 17/229a、慧 67/817a "執穳" 註）。//欑：㰖廋巒反（龍 375/02）；穳又作～（初編玄 568 "矛穳" 註）。攢倉亂反俗字也（慧 20/795a）；穳經從木作～誤也（慧 76/1005a "矛穳" 註）。欖俗七亂反正作爨（龍 382/07）。攢俗倉丸七亂二反正作鑽穳二字攂擲也（龍 206/06）。攤俗（龍 206/06）。援俗（龍 206/06）。//攢：攃穳經文作攃非體也（玄 11/140a、慧 56/547b "穳矛" 註）（初編玄 568 "矛穳" 註）。//録：録丑弁反（龍 018/07）；穳字詁古文録穳二形（玄 11/140a "穳矛" 註）（玄 17/229a、慧 67/817a "執穳" 註）。//鑽：鑹正七亂反短矛也（龍 017/06）（慧 30/1039b）。鋻通（龍 017/06）。鑹今（龍 017/06）。鑹七亂反（慧 61/693a）。筑穳經文作鑹俗字非也（慧 29/1025b "鉾穳" 註）（慧 39/181b "晝穳" 註）。//獯：獯七亂反（龍 142/02）。獯七亂反（龍 142/02）。

竄：竄今倉亂反逃隱匿藏也（龍 509/04）。竄正（龍 509/04）（慧 11/612b）（慧 21/830b）（慧 36/126b）（慧 62/710b）（慧 64/760b）（慧 85/88b）（慧 90/178a）（希 3/371b）（希 4/379b）（希 7/402b）（紹 194b7）；穳矛論文作竄牟二形非躰也（玄 17/230a、慧 79/930b "穳矛" 註）。竄穳亂反（慧 20/794b）（慧 61/694b）（慧 69/843a）（慧 90/168a）。竂古（龍 509/04）。竄俗（龍 509/04）。竄倉乱反從穴從鼠會意字也（慧 18/758b）（慧 27/975a）（慧 37/140a）。

爨：爨俗七亂反正作爨（龍 535/08）。爨俗七亂反正作爨（龍 535/08）。爨七觃反（慧 74/950b）（慧 79/1062b）；穳又作爨非字義也（慧 52/474a "矛穳" 註）。爨廋亂反（慧 42/243b）（慧 44/290a）（慧 62/699a）。爨或作（龍 243/01）。爨俗七亂反（龍 340/02）。爨今七亂反炊爨也又千楦反（龍 243/01）。爨通（龍 243/01）。爨俗（龍 243/01）。爨俗（龍 243/01）。爨俗（龍 243/01）。爨爨正七乱切（紹 189b9）。爨爨正七乱切（紹 189b9）。爨爨正七乱切（紹 189b9）。爨爨正七乱切（紹 189b9）。爨七觃反（玄 17/236b）。爨爨正七乱切（紹 189b9）。爨爨正七乱切（紹 189b9）。爨籀文七亂反炊爨（龍 536/07）。爨倉亂反俗字也正體作爨今見文繁省作～訛略也（慧 90/174b）（紹 189b9）；穳經文作～非體也（玄 1/10b、慧 17/745a "矛穳" 註）（玄 1/12b "百穳" 註）。爨俗（龍 130/02）。𤓷古文七亂反矛爨（龍 130/02）。穩廋官反（龍 240/02）。爨俗

七乱反（龍 525/05）。爨七亂反灼～也出籀文（龍 243/02）。爨俗七亂反①（龍 301
/04）。爨爨籀文～同（玄 17/236b、慧 74/950b "爨之" 註）。爨爨籀文作～會意字（慧
42/243b "炊爨" 註）。

cuī

cuī 崔：崔昨回反又倉回反（龍 073/05）（紹 162a6）；堆古文崔同（玄 6/86b "堆阜" 註）。

催：催倉回反迫促也（龍 025/05）（紹 128a6）。

嗺：嗺音崔嗺崩隤也（龍 296/04）。//嗺：嗺素回反牘嗺（龍 361/07）。

摧：摧昨回反（龍 206/08）（慧 1/409a）（慧 11/601a）（慧 27/972a）（慧 40/191b）（慧 51/442b）（慧
51/449a）。

榱：榱昨回反木名堪作杖也（龍 379/02）。

磪：磪俗千回反（龍 444/06）。磪徂回切（紹 163a9）。磪徂回切（紹 163a9）。

鏙：鏙音崔《玉篇》器也《香嚴》素囘反（龍 338/02）。

鏙：鏙七罪反鏙錯鱗甲也（龍 016/05）。

槯：槯率追反（慧 81/4b）（慧 82/30a）（慧 83/51b）（慧 97/276b）（紹 158a6）。槯槯音又初危
切（紹 158a6）。槯所追反屋椽也桷也（龍 375/09）（玄 7/92c）（慧 28/995b）（玄 15/207c）
（慧 58/607b）（慧 98/306a）。

縗：縗倉回是唯二切（紹 192a6）。縗倉回反（慧 86/111b）。縗倉迴反喪服（龍 397/01）
（玄 15/201c）（玄 24/321c、慧 70/865b "白鷺" 註）。縗麁雷反（慧 58/617b）。縗有處卻
作縗字用（紹 192a4）。

cuǐ 漼：漼七罪反水深皃也（龍 232/09）（紹 186b9）；漼或作漼（慧 51/437b "漼粲" 註）。

漼：漼七每反霜雪白狀也（龍 431/05）（慧 51/437b）。漼俗七罪反正作漼霜雪狀也（龍 4
27/09）。

璀：璀七罪反（龍 436/08）（慧 88/136a）（紹 141a4）。

---

①參見《叢考》403 頁。

趡： **趡**千水反走也（龍325/02）。**趡**又同上（龍325/02）。

濢： **濢**七罪反清水皃（龍232/09）。

糳： **糳**七罪反物粗也（龍304/10）。

cuì 倅： **倅**正千内反副也（龍035/06）。**倅**倉對反依字倅副也（玄13/174a）。**倅**又俗千内反（龍030/08）。**倅**俗（龍035/06）。

萃： **萃**正秦醉反集也聚也（龍261/08）（玄4/54a）（慧32/33b）（慧12/626b）（慧21/813a）（慧21/823a）（慧30/1050a）（慧84/85b）（慧86/105a）（慧91/188b）（慧97/273b）（慧97/280b）（慧98/293a）（紹156a6）；顦顇左傳作蕉萃（慧5/490b"顦顇"註）（慧60/664b"憔悴"註）（希2/361c"顦顇"註）。**萃**通（龍261/08）。**萃**秦醉切（紹156a6）。**萃**音遂（龍262/01）。

悴： **悴**情遂反（慧37/134a）（慧60/658a）（慧60/664b）（慧69/851b）（慧93/217a）（希4/376a）。**悴**正情醉反憔悴憂愁也又子對反恐皃（龍059/07）（玄11/152b）（慧52/473a）（慧13/643b）（慧21/830b）（慧27/978b）（慧29/1025b）（慧45/311b）；顇或作悴（慧2/437b"枯顇"註）（慧3/447b"顦顇"註）（慧5/486b"窮顇"註）（慧5/490b"顦顇"註）（慧7/524a"枯顇"註）（慧14/677b"顦顇"註）（慧39/171a"窮顇"註）（希2/361c"顦顇"註）（希8/405a"顦顇"註）。**悴**俗（龍059/07）；痿瘁亦作矮悴（慧42/250a"痿瘁"註）。**悴**俗（龍059/07）（玄6/85b）（慧68/820b）（紹129b10）；顇或作悴也（慧13/650a"羸顇"註）（慧62/701a"顦顇"註）。

瘁： **瘁**慈醉反（慧34/87b）。**瘁**正疾醉反病也（龍475/09）（慧42/250a）（紹193a2）；古文顇悴二形今作瘁同（慧52/473a"悁悴"註）（慧5/486b"窮顇"註）（慧45/311b"毀悴"註）（慧60/664b"憔悴"註）（慧62/701a"顦顇"註）（希4/376a"萎悴"註）（希8/405a"顦顇"註）。**瘁**或作（龍475/09）；古文顇悴二形今作瘁同（玄11/152b"悁悴"註）（慧5/490b"顦顇"註）。

婌： **婌**悴正秦醉切（紹142a5）；顦顇漢書武帝作嫶婌皆大同小異非正體也（慧5/490b"顦顇"註）（慧60/664b"憔悴"註）（希2/361c"顦顇"註）（希8/405a"顦顇"註）。

淬： **淬**正七内反（龍234/08）（慧98/306b）（紹187a4）。**淬**俗（龍234/08）。

啐： **啐**子聿反又蘇對反（龍277/09）（紹184b3）。

焠：**焠**七内反鑒也又子内反（龍 243/07）。

粹：**粹**雖酢反（慧 14/667a）（玄 5/75c）（慧 31/10b）（慧 83/43a）（慧 83/58a）（慧 89/152a）（慧 90/171a）（慧 92/197b）（慧 95/254b）。**粹**正雖醉反（龍 305/04）（慧 42/246b）。**粹**雖醉反（龍 305/04）（玄 20/270b）（慧 75/974a）。**粹**雖醉反（龍 305/04）（紹 196a9）。

翠：**翠**且醉反（慧 65/773b）（慧 4/469a）（慧 77/1012b）（慧 85/96b）（希 2/364a）。**翠**七醉反（龍 327/05）。**翠**且醉反（玄 16/214c）（慧 13/643a）（慧 32/43a）。**翠**翠正七醉切（紹 201a6）。

綷：**綷**正子對反會五色也（龍 402/06）。**綷**通（龍 402/06）。**綷**俗（龍 402/06）。

膵：**膵**七醉反鳥尾上宂也（龍 414/05）。

頯：**頯**正秦季反（龍 486/06）（慧 3/447b）（慧 5/486b）（慧 5/490b）（慧 7/524a）（慧 15/705a）（慧 41/219b）（慧 39/171a）（慧 62/701a）（慧 68/827a）（希 2/361c）（希 8/405a）（紹 170a7）；**悴**古文頯形（玄 11/152b、慧 52/473a "悋悴" 註）（慧 21/830b "憂悴" 註）（慧 27/978b "憔悴" 註）（慧 29/1025b "枯悴" 註）（慧 45/311b "毀悴" 註）（慧 60/664b "憔悴" 註）（希 4/376a "萎悴" 註）。**頯**情遂反（慧 2/437b）（慧 14/677b）。**頯**俗通（龍 486/06）（慧 13/650a）（紹 170a7）；憔悴《三蒼》作鬚頯（玄 6/85b "憔悴" 註）；悴或從頁作頯也（慧 68/820b "萎悴" 註）（慧 69/851b "鬚悴" 註）。**頯**俗（龍 486/06）。**頯**頯或作悴瘁～三體後二古字也（慧 5/486b "窮頯" 註）。

氄：**氄**正鳥獸細長茸毛也（龍 135/09）（玄 2/30a）（玄 14/184a）（慧 59/630b）（玄 15/207b）（慧 58/607a）（玄 22/296a）（慧 48/382a）（慧 26/945a）（慧 33/67b）（慧 42/244b）（慧 69/845a）（慧 82/25b）（慧 83/48b）（慧 87/120b）（慧 92/200a）（慧 96/258a）（紹 145a3）；脆經文作氄非也（玄 13/171b、慧 57/591a "脆不" 註）。**氄**俗（龍 135/09）。**氄**俗（龍 135/09）。**氄**俗（龍 135/09）。**氄**俗（龍 135/09）。

氉：**氉**俗楚稅反正作氉重擣毛也（龍 362/09）。

竄：**竄**七稅初稅二反大穿地葬名也（龍 509/08）（慧 87/126a）（慧 98/307b）。**竄**七稅初稅二反大穿地葬名也（龍 157/08）（紹 194a2）。

劋：**劋**郭氏皆氄察二音斷也（龍 099/02）。**劋**郭氏皆氄察二音斷也（龍 099/02）。**劋**郭氏皆毳察二音斷也（龍099/02）。**𪙊**正此芮楚稅初鍇三反斷也（龍137/07）。**斳**今（龍137/07）。**𪙗**俗（龍137/07）。

硙：**硙**七内反～磨（龍443/08）。

襊：**襊**麁最子外二反衣遊縫也（龍107/01）。**裸**（龍107/01）。

敠：**敠**七外反塞也（龍158/03）。

憝：**憝**之芮反卜問吉凶也（龍067/04）。**憝**今昌芮反玉篇謹也（龍067/04）。**憝**正（龍067/04）。

脆：**脛**詮歲反（慧14/665b）；胞經作脆（慧31/6a"稠胞"註）。**𦠼**七鋭反（慧47/348b）。**胞**詮歲反（慧16/710b）。**脃**清歲反（慧62/707a）。**脆**詮歲反從肉從絕省經從危非也（慧15/706b）（慧16/725a）；胞從肉從絕省經從危作脆非也（慧16/710b"胞想"註）。**胞**詮歲反（慧45/300a）（希6/395c）。**𦠼**七鋭反（慧32/35b）。**脃**或作（龍412/09）（希7/401c）。**𩪸**俗千芮千劣二反（龍162/03）。//脆：**脛**七歲反（慧34/82a）（慧43/255b）。**脆**正七歲反（龍412/09）（玄12/157b）（慧74/954a）（玄13/171b）（慧57/591a）（慧3/455b）（慧5/494b）（慧7/517b）（慧30/1043b）（慧74/947a）（慧78/1040b）（紹135b10）；胞經從危作脆俗字也（慧32/35b"危脆"註）（慧34/82a"危脆"註）（希6/395c"甘脆"註）（希7/401c"甘脆"註）。//**𩪸**古（龍412/09）（紹135b10）；脆或作𩪸（慧3/455b"危脆"註）（慧5/494b"危脆"註）（慧7/517b"危脆"註）（希6/395c"甘脆"註）。**𩪸**俗千芮千劣二反（龍162/03）。

cun

cūn 村：**村**寸尊反（慧13/655a）。**村**村正（紹135a1）。

邨：**邨**徒昆反（龍455/01）（慧13/655a）。

皴：**皴**七旬反（玄22/302b）（慧48/392a）（慧33/52b）（慧41/219a）（慧60/674b）（慧61/694a）（慧62/697b）（慧81/15b）（慧83/53a）（希1/357a）（希9/412b）（紹174b3）。**皴**且旬反（玄20/274b）。**皴**七巡反（龍122/06）。**皴**七旬反（慧26/933a）（慧62/719b）（慧69/836a）（希

8/408c)（紹174b3）；皴或作～同（希9/412b "皴腄" 註）。**媆**俗七巡反正作皴（龍523/

04）。**髪**皴正七倫切（紹174b3）。

踆：**踆**七巡反退也（龍460/08）；皴律文從足作踆説文云退也非此用（希9/412b "皴腄"

註）。

趑：**趑**音迅（龍325/09）。

墫：**墫**七巡反舞皃（龍247/09）。

噂：**噂**七巡反喜也（龍518/09）。

cún 存：**�**音存（龍299/10）。**庯**古文音存（龍302/04）。**奮**音存（龍541/09）。

cǔn 忖：**忖**忩本反（慧22/854b）（慧27/966b）（慧29/1015a）（慧49/404a）。

刌：**刌**倉本反（龍098/04）（玄19/260a、慧56/568b "剉切" 註）。

譐：**譐**倉本反譐諸恚言也（龍046/04）。

cuo

cuō 撮：**撮**子括反手取物也又七括反（龍215/10）（玄8/107b）（慧28/1004a）（慧8/555b）（慧12

/637b）（慧13/651a）（慧15/702b）（慧27/974a）（慧29/1031a）（慧41/229b）（慧43/269b）（慧5

3/488a）（慧54/522b）（慧57/600b）（慧64/758b）（慧72/897b）（慧73/932b）（慧78/1035b）（慧7

8/1043b）（慧81/7b）（慧84/71b）（希1/359c）（希8/406a）；捽經文或作撮（玄11/150a、慧5

2/468b "捽母" 註）；攥或從最作撮兩體並通也（慧35/103b "右手攥" 註）（慧39/173b "甌

攥" 註）（慧62/716a "打攥" 註）；蕞集從手作撮誤也（慧99/325b "蕞尒" 註）。**撮**（龍21

5/10）（玄6/83b）（慧42/243a）（慧47/347a）（慧47/347b）（慧77/1029a）（慧81/20b）（紹132b2）。

//**㸑**倉括反正作撮手取也（龍245/02）。**爤**倉括反正作撮手取也（龍245/02）。**爆**

倉括反正作撮手取也（龍245/02）。

摱：**摱**俗音撮取也又子括反摱搦也（龍068/07）。

蹉：**蹉**俗蒼末反（龍465/05）（玄8/114a、慧16/714b）（紹137b9）。

捼：**捼**七何反或作搓（希4/379b）（紹134b6）。

搓：**搓**千多反搓挪合和也（龍206/05）。**搓**千多反（龍206/05）（玄5/65b）（慧42/249a）（慧35/105b）（慧35/113b）（慧37/138b）（慧37/142b）（慧40/189b）（希5/388b）（希9/412a）（紹135a6）；抄經文作搓（慧43/258b"摩抄"註）；磋或從手作搓（慧100/335b"手磋"註）。**搓**抄經文作搓（玄20/264a"摩抄"註）。**搓**錯何反（慧42/239a）。**搓**蒼何反（慧36/118b）。

瑳：**瑳**古（龍432/08）。**瑳**今倉何倉可二反玉色鮮皃也（龍432/08）（玄5/75c）（慧81/21b）（紹140b5）；磋本作瑳（玄8/112b、慧16/721b"磋切"註）。**瑳**千我反（慧34/88b）。

磋：**磋**麁何反（慧16/721b）。**磋**七何切（紹162b10）。**磋**七何七个二反（龍440/03）（玄3/42a）（慧09/573b）（玄8/112b）（玄10/133a、慧49/407b）（玄11/149a）（慧52/466b）（慧78/1033b）（慧100/335b）。

筀：**筀**昨何反籠屬也（龍388/03）。

醝：**醝**才何反（玄3/34b）。**醝**昨何反白酒也（龍309/07）（慧09/567a）（玄9/129a）（慧46/336b）。**醝**昨何反（龍309/07）。

傞：**傞**俗倉和反[1]（龍053/09）（玄5/71c）。**傞**蒼何反（慧37/137a）。

蹉：**蹉**七何反（龍457/09）（玄3/38c）（慧09/559b）（玄5/64a）（慧38/153b）（玄5/68a）（玄7/95b）（慧14/672b）（慧68/819b）（慧83/53a）（紹137a4）；傞字謬宜作蹉從足（慧37/137a"摩傞"註）；磋傳中從足作蹉（慧100/335b"手磋"註）。**蹉**倉可反取上聲（慧2/427a）（慧8/547b）。**蹉**千何反（慧34/94a）（慧28/999a）（紹137a4）。

cuó 嵯：**嵯**正昨何反嵯峨山高峻皃也（龍069/09）（玄3/38c）（慧09/559b）（慧33/57b）（玄15/203c）（慧58/621a）（慧96/272a）。**嵯**才何反（玄5/72b）（紹162a9）。**嵯**俗（龍069/09）。**嵯**俗（龍069/09）。

嵯：**嵯**昨何反殘葴田也（龍153/06）。

瘥：**瘥**昨何反病瘥也又初懈反病瘥也（龍472/02）（紹192b5）。//瘥：**瘥**在何反小疾病也（龍513/08）。

鬖：**鬖**昨何反髮多皃（龍088/04）。

---

①參見《字典考正》151頁。

麶：麮正（龍505/02）。麶今昨何反榖麥淨也一曰舂麥（龍505/02）。

醝：醹古（龍332/05）。醝今才何反鹽曰醶醝（龍332/05）。

齹：齹昨何反（龍311/07）（玄19/254a）（慧56/559a）（慧35/98a）（希5/387a）；攎經文作齹非此用（玄7/93a、慧28/996a"攎揫"註）。齹昨何反（龍311/07）；磋古文齹同（玄11/149a、慧52/466b"般磋"註）；齹又作齹（希5/387a"牙齹"註）。

簅：簅七何昨何二反齒～趺也（龍311/07）。

虘：虘昨何反虎文也又才都反（龍200/03）。

鄌：鄌昨何反（龍452/08）；鄟亦作鄌音同（慧85/102a"鄟國"註）。//鄟：鄟藏何反（慧93/217b）。鄟昨何反（龍452/08）（慧85/102a）。

蹉：蹉正昨何反踏也（龍460/09）。蹉俗（龍460/09）。蹉俗（龍460/09）。//蹧：蹧或作（龍460/09）。

惉：惉正則卧反折惉也（龍061/02）。惉通（龍061/02）。

榳：榳則卧反（龍384/01）。

眰：眰昨何反小目也（龍418/06）（玄1/12a）（慧42/232a）。

矬：矬藏禾反（龍331/05）（玄2/26c）（玄6/84b）（玄25/338a）（慧71/892b）（慧2/437b）（慧15/698a）（慧18/765a）（慧27/977a）（慧34/78b）（慧35/111b）（慧68/826a）（慧94/235a）（紹200a3）。矬藏禾反（龍331/05）（慧26/935a）（慧51/438b）（紹200a3）。矬矬古今正字正體作～（慧18/765a"嬰纏"註）。//伜：伜昨禾反與矬同伜短也（龍028/08）；痤經文作伜非也（玄20/265c慧43/261b"痤鬼"註）。伜矬痔論文二字並從人從坐從歲作伜儀二字並非也（慧51/438b"矬痔"註）。

脞：脞正醋禾反胎也（龍410/02）。脞通（龍410/02）。

痤：痤坐禾反（慧62/716b）（慧63/732a）。痤昨禾反癤也（龍468/09）（玄20/265c）（慧13/654b）（慧38/151b）（慧43/261b）（紹192b8）；矬經文作痤非經義（玄2/26c"矬人"註）（玄6/84b"矬陋"註）（慧26/935a"矬人"註）（慧27/977a"矬陋"註）。

磋：磋正俗倉果反碎石又叉瓦反好雌黄（龍442/05）。磋通（龍442/05）。硅俗（龍4

42/05）。

cuò 剒： **剒** 倉臥反剒斫也（龍 98/06）（玄 1/15a）（慧 42/237a）（玄 11/146c）（慧 52/461b）（玄 14/18

7b）（慧 59/635b）（玄 15/212b）（慧 58/626b）（玄 18/251c）（慧 73/920a）（玄 19/260a）（慧 56/56

8b）（玄 20/267a）（慧 33/55b）（玄 21/279c）（慧 13/649b）（慧 60/668a）（慧 75/971b）；莝經文

作剒（玄 13/174b、慧 55/529b "莝磋" 註）。**剒** 倉臥反（龍 98/06）。**剒** 剒經作～非也（慧

75/971b "剒斬" 註）。

埲： **埲** 七臥反（玄 13/171c "鵭鍸" 註）。

挫： **挫** 祖臥反摧也折也（龍 213/08）（玄 3/46a）（慧 10/580a）（玄 12/158b）（慧 74/955b）（玄 2

3/316c）（慧 49/398b）（玄 25/336b）（慧 71/889a）（慧 8/538b）（慧 8/550b）（慧 13/652a）（慧 24/

901b）（慧 28/1001a）（慧 35/105b）（慧 39/171b）（慧 60/663b）（慧 81/17a）（慧 82/39a）（慧 83/4

6a）（慧 84/81b）（慧 85/89b）（慧 91/187b）（紹 133b1）；剒律文作挫非也（玄 14/187b、慧 59

/635b "細剒" 註）（玄 20/267a、慧 33/55b "剒之" 註）。

莝： **莝** 倉臥反（龍 261/07）（玄 13/174b）（慧 55/529b）（玄 15/212c）（慧 58/627a）（紹 155a5）。**莝**

寸臥反（紹 155a5）。

銼： **銼** 麁臥反蜀呼鈷鏵也（龍 018/08）（玄 13/171c "鵭鍸" 註）（玄 16/219b）（慧 65/778b）；

剒律文作銼又音族（玄 15/212b、慧 58/626b "斧剒" 註）。

厝： **厝** 倉故反置也又倉各反礪石也（龍 302/07）（慧 81/9a）（慧 84/75b）（慧 97/289a）（紹 198

a3）；措論文作厝（玄 9/123b、慧 46/326b "安措" 註）（慧 80/1084b "措懷" 註）。**厝** 俗倉故

反正作厝置也（龍 476/03）。**厝** 醋錯二音① （龍 251/02）。

剒： **剒** 倉各反斫也（龍 100/08）。

措： **措** 倉故反（龍 214/01）（玄 1/14c）（慧 42/236b）（玄 9/123b）（慧 46/326b）（玄 12/154b）（慧 5

2/453b）（玄 23/317b）（慧 49/399b）（慧 23/873b）（慧 80/1084b）（慧 82/32b）（紹 132b4）；厝或

從手作措又作錯（慧 97/289a "舉厝" 註）。

遳： **遳** 正（龍 494/06）；錯顧野王云以交合錯亂之錯從辵作～（慧 69/846a "錯謬" 註）。**遳**

① 《叢考》：此字疑為 "厝" 的繁化俗字（195）。

今倉各反交逪也（龍 494/06）。

錯： 錔倉洛反（慧 69/846a）。 錯蒼各反（慧 83/45a）（希 8/405c）（紹 181b2）；踖應作錯七各反（玄 5/64a、慧 38/153b "蹉踖" 註）（玄 7/95b、慧 28/999a "蹉踖" 註）；厝或從手作措又作錯（慧 97/289a "舉厝" 註）。 錯錯正倉各七約二切（紹 181b2）。 錯千各反[1]（龍 077/06）。

鯖： 鯳正倉各反魚名也（龍 170/08）。 鯖今（龍 170/08）（玄 2/31c）（紹 168a）。 鯖通（龍 170/08）（慧 26/952b）。

縒： 縒正蘇可反又音錯（龍 400/06）。 縒今（龍 400/06）（紹 191a9）；搓經作縒誤也（慧 40/189b "右搓" 註）（希 5/388b "搓縷" 註）。 縒俗音錯正作縒縒二形（龍 405/01）。

---

[1]《叢考》：疑為 "錯" 的訛俗字（356）。

D

dɑ

dā 嗒：**嗒**正荅塔二音舐〜也（龍 277/02）；哈傳作嗒非也（慧 88/138b "哈焉" 註）。**嗒**今（龍 277/02）（玄 4/60a）（慧 38/154a）（玄 7/96c）（慧 28/1011b）（玄 7/101c）（慧 32/31b）；（玄 15/21 1b、慧 58/624b "嗯水" 註）。**嗒**俗（龍 277/02）。

搭：**搭**音塔又音荅（龍 218/07）（慧 40/195b）（紹 135a1）；剔經文作搭非也（玄 19/257a、慧 56/563a "剔項" 註）。

褡：**褡**音荅橫小被也（龍 108/03）。

踏：**踏**都合反跛行也（龍 465/01）。

剔：**剔**丁盍反（玄 19/254c）（慧 56/560a）（玄 19/257a）（慧 56/563a）。**剔**都盍反相著聲一曰剔鈎也（龍 100/04）。//鎓：**鎓**俗都盍反（龍 020/05）。//剞：**剞**俗（龍 100/07）。

餎：**餎**都塔反〜飿也（龍 504/04）。

耷：**耷**都盍反大耳也（龍 315/03）（龍 358/06）。

皺：**皺**都盍反皺皺皮寬皃（龍 124/02）。

噠：**噠**（玄 1/11c）（慧 17/746b）（慧 55/529a）。**噠**俗音達（龍 276/07）（玄 20/266b）（慧 43/263a）。

dá 呾：**呾**都達反相呵也（龍 276/07）（玄 2/29b）（慧 26/943a）；怛從旦經從且非也（希 2/365a）。**呾** 呾正當割切（紹 183a1）。**呾**呾正當割切（紹 183a1）。

怛：**怛**都達反（玄 11/152a）（慧 52/472b）（玄 21/277c）（玄 22/292c）（慧 48/377a）（玄 23/305c）（慧 47/352b）（玄 23/316a）（慧 49/397b）（玄 23/318a）（慧 47/344b）；憚經文作怛非也（玄 3/44b、慧 10/583a "不憚" 註）；怛今或為驚憚字也（玄 11/152a、慧 52/472b "恐怛" 註）。**怛** 怛同並當割切（紹 131a4）。**怛**怛同並當割切（紹 131a4）。

苴：苴 正多葛反蕈苴也 (龍264/04)。苴 俗 (龍264/04)。

炟：炟 正當葛反 (龍245/02)。炟 俗 (龍245/02)。炟 炟集作～誤也 (慧96/265a "何炟" 註)。

靼：靼 正當葛反柔革也 (龍451/07)。靻 旨熱反柔皮① (龍451/06) (玄5/76a) (慧40/190a)；靼經作靻非也 (慧43/270b "鞭撻" 註)；撻論從革作靼 (慧69/842b "鞭撻" 註)。// 韃 或作 (龍451/07)。// 鞙：鞙 脂列反 (玄6/90b)。

笪：笪 正當葛反又音旦 (龍394/08) (玄17/233a) (慧70/858a) (玄18/247c) (慧73/927a)。笪 俗 (龍394/08)。

黚：黚 正當割反莫～縣名也 (龍533/02)。黚 俗 (龍533/02)。

荅：荅 當納反 (慧3/447a) (慧7/520a) (慧28/1001b) (紹155a10)。荅 俗音荅正作荅 (龍264/01)。荅 荅今通作荅訛失本體也 (慧7/520a "酬荅" 註)。

答：荅 都合反當也 (龍394/07)。

㗤：㗤 昌甲反 (龍430/08)；荅古文從曰從合作㗤今不行 (慧3/447a "酸荅" 註)。㗤 荅正體作㗤從合從日古字也 (慧7/520a "酬荅" 註)。㿝 古文作㿝經作荅俗字通用也 (慧28/1001b "析荅" 註)。㿝 音荅 (龍039/02)。

妲：妲 丹葛反 (龍284/02) (慧87/118b)。

奎：奎 正他達反羊未成也 (龍160/07)。奎 或作 (龍160/07)。奎 他達反羊未成也亦作奎 (龍358/04)。

達：達 正徒葛反 (龍495/03)。達 達音又佗達切 (紹138a6)。達 今 (龍495/03)。達 俗 (龍495/03)。達 隨函音達 (龍494/01)。

駘：駘 徒合反駁～馬行也 (龍294/10)。

憚：憚 都割反 (玄3/44b) (玄23/304c) (玄23/314c) (玄25/332b) (慧3/442a) (慧4/460b) (慧8/537b) (慧10/583a) (慧11/600b) (慧23/867b) (慧47/351a) (慧50/423b) (慧57/587b) (慧62/718b) (慧63/724a) (慧69/848b) (慧71/882a) (慧84/69b) (慧92/208b) (希4/377b) (希6/396a) (紹129b10)；怛今或為驚憚字也 (玄11/152a、慧52/472b "恐怛" 註)。憚 達翰反 (慧

①參見《龍龕手鏡研究》332頁。

20/792a）（紹 129b10）。

龘： 龘徒合反龍飛之皃也（龍 196/07）。 龘同上（龍 196/07）。

dǎ 打： 打德冷反打擊也㭬也又江外音都挺反（龍 211/02）（玄 6/79c）（慧 3/452b）（慧 7/528b）

（慧 8/535a）（慧 11/607b）（慧 12/625a）（慧 12/630b）（慧 16/709b）（慧 27/965b）（慧 41/217b）（慧

61/683a）（慧 68/827a）（慧 100/334b）（希 9/413b）。//掃打正作掃也（慧 68/827a "搗打" 註）。

dà 大： 大徒蓋反（希 1/354a）（慧 25/904b）。

dai

dài 岱： 岱音代岱宗東岳太山也（龍 077/01）（慧 95/243b）（紹 162b1）。

吥： 吥俗音代（龍 273/09）。

帒： 帒音代盛物帒也（龍 139/03）（慧 14/669b）（慧 62/708a）（紹 131b9）；袋説文作帒（希 9/
412b "韛袋" 註）。//袋音代（龍 106/03）（希 9/412b）；帒經作袋俗字也（慧 14/669b "盛
髮之帒" 註）。

玳： 玳音大（慧 100/334a）；瑇古文作瑇或作玳（慧 31/16b "玳瑁" 註）。 瑇代毒二音毒
瑁也或作蝳瑇二同（龍 437/05）（玄 11/145a）（慧 52/458a）（慧 31/16b）（紹 140b6）；玳或
作瑇（慧 100/334a "玳瑁" 註）。//蝳： 蝳瑇瑁今作蝳蝐二形（玄 11/145a、慧 52/458a
"瑇瑁" 註）。//瑇： 瑇或作音代瑇瑁（龍 541/07）。 瑇瑇瑁古文作瑇瑁二形同（玄 1
1/145a、慧 52/458a "瑇瑁" 註）（慧 31/16b "玳瑁" 註）。

貸： 貸他得他代二切（紹 143a5）；經文中從代作貸誤也（慧 11/609a "所貳" 註）。 貸正音
貸借也施也假物與人也（龍 033/04）。 貸俗（龍 033/04）。 貸俗（龍 033/04）。

黛： 黛徒賚反（慧 34/84b）（慧 57/580b）（慧 100/350a）（紹 129a7）。 黛音代（龍 532/07）。

呔： 呔大音（紹 184b9）。

軑： 軑音大車轄也（龍 084/08）。

騃： 騃音大名狀如鼉三目有耳（龍 288/08）。

軑： 軑徒亥反較軑不平皃也（龍 083/02）。

迨： 迨徒乃反（龍 491/04）（慧 35/101a）（紹 138b6）。

殆：**殆** 徒乃反（龍 514/07）（玄 15/199c）（慧 58/613b）（玄 15/210a）（慧 58/611b）（玄 22/287c）（慧 48/370b）（慧 100/337b）（紹 144a10）。

怠：**怠** 音代切韻音待（龍 067/03）（玄 18/242c）（慧 72/912b）（慧 2/431b）（慧 3/447b）（慧 4/474 b）（慧 15/700a）（慧 27/967a）（慧 30/1043b）。

噫：**噫** 音怠噎噫（龍 272/05）。

待：**待**（慧 22/839b）。

恃：**恃** 俗侍待二音①（龍 271/04）。

帶：**帶** 當蓋反（慧 5/490a）（慧 8/554a）；蠆或作帶也（慧 99/316a "甘蠆" 註）。**帶** 當蓋反衣帶也又蛇別名也（龍 139/02）。

廗：**廗** 帶音（紹 193a9）。

帯：**帯** 帯方山名（龍 139/02）。**帯** 俗當蓋反（龍 528/03）。

瘭：**瘭** 當蓋反瘭下病也又竹例反赤白痢也又音帝（龍 475/03）（玄 2/24a）（玄 17/230b）（慧 79/931a）（慧 25/927a）（慧 66/791a）；帶經從广作瘭非也（慧 39/166a "帶門" 註）。//膟：**膟** 瘭又作膟同竹世丁計二反（玄 17/230b、慧 79/931a "瘭下" 註）（慧 25/927a "瘭下" 註）。

蹛：**蹛** 音帶踶也（龍 464/05）。

艜：**艜** 當盖反艇舩（龍 133/02）。

隶：**隶** 羊至反本也及也又音代（龍 552/07）。

埭：**埭** 正音代（龍 250/10）（慧 90/173b）。**埭** 或作（龍 250/10）。**壔** 俗（龍 250/10）。

逮：**逮** 正徒愛反（龍 493/02）（玄 2/16b）（玄 6/77c）（玄 23/314b）（慧 50/423a）（慧 3/455a）（慧 4/472b）（慧 8/544a）（慧 11/615a）（慧 14/673b）（慧 15/700b）（慧 16/722b）（慧 17/736a）（慧 19/786b）（慧 21/830a）（慧 22/833a）（慧 22/852b）（慧 25/906a）（慧 27/960b）（慧 29/1013b）（慧 34/83a）（慧 41/206b）（慧 45/306b）（慧 69/842a）。**逮** 俗（龍 493/02）（紹 138a5）；逮經文多誤作逮（玄 2/16b "逮得" 註）（玄 6/77c "逮得" 註）（慧 3/455a "逮得" 註）（慧 15/700b "逮成" 註）（慧 19/786b "逮得" 註）（慧 27/960b "逮得" 註）（慧 34/83a "逮得" 註）（慧 45/306b "逮清淨" 註）。**逮** 俗（龍 493/01）。**遅** 俗（龍 493/02）。

①參見《龍龕手鏡研究》69 頁。

隷：**隷**音代（龍336/03）。

睫：**睫**靉䜦廣蒼或從日作曀睫（慧38/156a "靉䜦" 註）。//䜦：**䜦**音逮（龍532/08）。**䜦**音逮（龍532/08）。

䜦：**䜦**正音逮靉䜦（龍191/09）（慧27/980a）（慧32/48a）（慧38/156a）（慧53/494a）（慧60/663b）（慧94/236a）（慧98/307a）（慧100/335b）（希3/374b）（希9/413a）（紹144a8）。**䜦**埤蒼音代（玄6/86a）。//**䜦**俗音逮靉䜦（龍191/09）。//䜦：**䜦**靉䜦集從黑作靉䜦皆非（慧98/307a "靉䜦" 註）。

嘁：**嘁**俗音代（龍275/06）。

戴：**戴**都愛反頂戴也（龍173/05）（慧20/799b）（慧21/827a）（慧39/171a）（慧40/193a）（慧47/345a）；帶今經文作戴非也（慧5/490a "擐帶" 註）（慧8/554a "被帶" 註）。

dan

dān 砃：**砃**音丹白石也（龍441/02）。

舺：**舺**多干反山舺（龍074/05）（龍203/04）。

聃：**聃**正他甘反耳漫無輪老子名也（龍313/09）。**聃**音貪（慧85/93a）（慧88/137b）（慧94/233b）（希10/421a）；聃論作聃俗字也（慧84/85a "老聃" 註）。**聃**或作（龍313/09）。**聃**他甘反（慧43/265b）。**聅**他甘反（玄4/56c）（紹199b7）。**聃**他甘反（慧84/72b）（慧84/85a）（慧95/245a）。**舺**俗（龍161/04）（紹200a7）；聃論文從身作～非（慧85/93a "老聃" 註）（慧94/233b "聃術" 註）（慧95/245a "老聃" 註）。**舺**俗（龍161/04）（紹200a7）；聃亦作舺（慧95/245a "老聃" 註）。**舺**聃正他甘切又擔音（紹199b7）。**聃**俗他甘反正作聃（龍349/08）。

單：**單**單正丹善二音（紹200a10）。**單**俗香嚴又音單（龍337/07）。**單**俗（龍337/07）。

匰：**匰**音丹（龍192/05）。

鄲：**鄲**古音丹（龍452/06）。**鄲**今（龍452/06）（玄12/167a）（慧75/985a）（慧96/267a）（紹169a8）。

襌：**襌**音單（龍102/02）（慧31/22a）。**襌**多安反（玄4/51a）（玄18/251a、慧73/937a "一襌"

註）。

殫：殫音丹（龍 513/07）（玄 7/104c）（慧 17/735b）（玄 22/298a）（慧 48/385a）（慧 83/62a）（慧 85/94a）（慧 85/100b）（慧 88/135b）（慧 97/286a）（慧 99/325b）（紹 144b3）。殫音丹（慧 42/247a）（慧 67/808a）（慧 88/133b）（希 10/418b）。殫音單（慧 91/182b）（慧 94/224b）；殫集作此殫俗字也（慧 97/286a "殫生" 註）。

籗：籗都干反（龍 388/02）（慧 79/1066a）（紹 160b5）；籗經文作籗非此義（玄 4/61b、慧 44/282b "如籗" 註）（玄 12/155c、慧 52/455b "有籗" 註）（玄 14/198a、慧 59/653a "籗上" 註）（玄 17/236c、慧 74/951a "八籗" 註）；廩作籗疑錯甚無義理不取（慧 78/1041b "倉廩" 註）。

曋：曋音單又去聲[1]（龍 425/08）。

沈：沈耽諸書作沈同都含反（玄 2/26b "耽湎" 註）。

耽：耽（慧 75/973a）（玄 22/301b）（慧 48/390b）（玄 23/316b）（慧 49/398a）（慧 18/758a）（慧 18/759b）（慧 30/1039b）（慧 45/306b）（慧 67/806a）（慧 68/819b）（慧 69/853a）（慧 83/65a）（紹 199b5）；耽又作耽（慧 58/603b "耽耳" 註）；耽或從耳作耽（慧 61/688a "耽欲" 註）（希 6/394b "耽嗜" 註）。耽丁含反～耳也（龍 313/07）（玄 2/26b）（玄 13/176b）；媅今皆作耽（慧 32/34a "媅著" 註）；耽經文作耽（玄 5/71b、慧 42/249b "耽耳" 註）（玄 13/174a "耽耳" 註）；酖又作耽同（玄 8/114a、慧 16/715a "酖酒" 註）。耽通（龍 313/07）。耽俗音耽[2]（龍 407/04）。耽耽正都含切（紹 199b5）。耽經音義作耽都含反[3]（龍 349/08）；耽經從貝作耽誤也（慧 76/1006a "耽沒羅洲" 註）。耽都含反（玄 6/84a）（慧 54/524b）（玄 25/338a）（慧 2/424b）（慧 3/447a）（慧 3/453a）（慧 5/492b）（慧 7/518b）（慧 8/553b）（慧 12/637b）（慧 22/834b）（慧 26/934a）（慧 34/81a）（慧 51/436b）（慧 53/493b）（慧 61/688a）（慧 66/791b）（希 6/394b）；媅今皆作耽（玄 4/54a "媅著" 註）（慧 30/1039b "耽著" 註）（慧 66/786b "媅嗜" 註）；姆有作耽（慧 27/975b "姆湎" 註）；酖經從身作耽亦通（慧 30/1037b "酖醉" 註）；耽經從身作耽通用（慧 45/306b "耽著" 註）（慧 68/819b "耽嗜" 註）（慧 83/65a "耽耽" 註）；鳩錄作耽非也（慧 81/9b "鳩之" 註）；耽亦作耽（慧 88/138b "耽耳" 註）。耽正丁含反好

①朝鮮本《龍龕》正作 "曋"（274）。
②參見《龍龕手鏡研究》312 頁。
③參見《龍龕手鏡研究》287 頁。

也酖也（龍160/09）。**躭**丁含切（紹200a6）。**躭**瞻又作耽（玄15/205a"瞻耳"註）。**躭**

俗（龍160/09）（高59/655b）。　**耽**（玄20/272a）。**躭**俗（龍160/09）。**躭**躭音（龍162/03）。

//**肬**耽或作躭同都含反（玄13/176b、慧54/524b"賒耽"註）。//**躭**俗（龍160/09）。**躭**

俗（龍160/09）。

紞：**紞**正丁含徒含二反視近而志遠也（龍417/07）。**肷**荅含反經文從肉作肷非也不成

字（慧35/108b）（紹142b1）。**肷**俗（龍417/07）。**眈**眈正都感都含二切（紹142b1）。**眈**

俗都感反正作眈虎視也（龍350/04）。

妡：**妡**丁含多感二反多也（龍178/07）。**耽**丁含反（龍368/05）。

妡：**媅**音同上［妡］（龍279/05）（玄4/54a）（慧32/34a）（慧66/786b）；**躭**古文媅同（玄6/84

a"躭涎"註）（慧26/934a"躭緬"註）（慧30/1039b"耽著"註）（慧34/81a"躭著"註）；**酖**又

作媅同（玄8/114a、慧16/715a"酖酒"註）（慧3/453a"躭樂"註）（慧22/834b"躭味"註）（希

6/394b"躭嗜"註）；**耽**古文媅妡二形（玄22/301b、慧48/390b"耽涎"註）（慧18/758a"耽

染"註解）（慧53/493b"耽樂"註）（慧66/791b"躭涎"註）（慧68/819b"耽嗜"註）（慧83/65a

"耽耽"註）；**妡**古文媅（慧27/975b"妡涎"註）。//**妡**丁含反（慧27/975b）（紹141b10）；

躭從女作妡（慧34/81a"躭著"註）（慧53/493b"耽樂"註）。**妡**丁含反（龍279/05）；**耽**

古文妡（玄2/26b"耽涎"註）（玄22/301b、慧48/390b"耽涎"註）（慧3/453a"躭樂"註）（慧

26/934a"躭緬"註）（慧68/819b"耽嗜"註）；**媅**古文妡同（玄4/54a、慧32/34a"媅著"註）

（玄6/84a"躭涎"註）；**酖**又作妡同（玄8/114a、慧16/715a"酖酒"註）（慧22/834b"躭味"

註）。**妡**丁含反（龍279/05）（紹141b10）。**覗**丁含反（龍279/05）。

酖：**酖**正丁含反（龍309/08）（玄8/114a）（慧16/715a）（慧30/1037b）（紹143b6）；**躭**諸字書

作酖耽二體（慧26/934a"躭緬"註）；**耽**或作媅亦作酖作躭亦通（慧30/1039b"耽著"

註）（慧68/819b"耽嗜"註）（慧83/65a"耽耽"註）；**鴆**集本從酉作酖非也（慧100/343b"鴆

鳥"註）。**酖**通丁含反（龍309/08）（玄20/273b）。**酖**俗音躭①（龍347/01）。**酖**俗音

躭（龍347/01）。**酖**鴆今作酖同（玄16/222b、慧65/765a"鴆餌"註）。**酖**酖正都含切

（紹143b8）。

---

① 參見《龍龕手鏡研究》285頁。

儋：儋正都甘反人名又音談（龍 022/07）（慧 28/993a）（慧 8/543a）（慧 45/313b）（慧 86/106b）；

擔或從人作儋同（慧 8/546a "荷擔" 註）（慧 16/711a "應擔" 註）（慧 43/270a "擔負" 註）；

聸傳從人作儋亦通（慧 88/138b "聸耳" 註）。儋俗通（龍 022/07）。儋丁甘反（玄 12/161c）；聸經文作儋負之儋非體也（玄 13/174a "聸耳" 註）。儋都甘切又談音（紹 128b1）。儋擔或作儋（慧 14/667b "重擔" 註）。儋都甘切又談音（紹 128b1）。

擔：擔 軌濫反（慧 1/409a）（慧 3/455a）（慧 4/472b）（慧 5/494a）（慧 8/543a）（慧 8/546a）（慧 10/595a）（慧 14/667b）（慧 15/696b）（慧 16/711a）（慧 20/793a）（慧 29/1013b）（慧 31/16a）（慧 32/47a）（慧 33/69a）（慧 34/78a）（慧 43/270a）（慧 61/678a）（慧 61/692b）（慧 74/944a）（慧 75/963a）（慧 84/77b）（慧 93/212b）；掘經文作擔此應誤也（玄 4/49b "刓掘" 註）；儋經從手作擔亦通用（慧 45/313b "儋死人" 註）。擔都南反（慧 11/612b）（慧 11/614a）（慧 13/650b）（紹 132b2）。擔都甘反擔任也負也舉也以木荷物也（龍 206/07）。擔都濫反（玄 8/115b）。擔都甘反（慧 14/678a）（慧 78/1037a）（慧 78/1038a）；擔經有從木作檐誤也（慧 1/409a "重擔" 註）（慧 3/455a "重擔" 註）（慧 4/472b "重擔" 註）（慧 8/546a "荷擔" 註）（慧 11/612b "擔負" 註）（慧 13/650b "重擔" 註）（慧 16/711a "應擔" 註）（慧 74/944a "擔轝" 註）；儋亦作檐也（慧 8/543a "荷儋" 註）（慧 11/614a "重擔" 註）。

甔：甔都含都濫二反大甖可受石也（龍 315/08）。

聸：聸正都甘反～耳也（龍 313/08）（慧 42/249b）（慧 85/99a）（慧 88/138b）。聸通（龍 313/08）（玄 13/174a）。聸丁藍反（玄 5/71b）（玄 15/205a）。

甶：甶箄音（紹 204a3）。

覼：覼丁含充針二反內視也又徒感反亦徐視也（龍 344/01）。

頜：頜都甘反頰緩也（龍 483/08）。

dǎn 膽：膽答敢反（慧 41/215a）（慧 35/109a）（慧 47/349b）。膽當敢反（慧 13/659b）。膽答敢反（龍 410/04）（慧 2/423b）（慧 68/828a）（希 1/356a）（希 3/369c）。膽都敢反（慧 5/478b）（慧 11/610a）。

磹：磹正都敢反石磹藥名（龍 442/09）。磹或作（龍 442/09）。磹俗（龍 442/09）。

黵：黵都感章敢二反太染污垢黑也（龍 532/06）。

亶：**亶**展連反（慧 97/277b）（紹 173b10）。**亶**多旱反又遮連反（龍 129/08）。**亶**多旱反（龍 347/03）。

癉：**癉**正多旱反病也（龍 474/02）。**癉**通（龍 474/02）。

祂：**祂**正都感反被緣也（龍 105/05）。**祂**俗（龍 105/05）。**祂**俗都感反被也（龍 111/07）。**祂**俗（龍 111/07）。

紞：**紞**都敢反冕前垂也（龍 401/05）。**紞**（龍 401/05）。

煩：**頑**又都感都紺二反（龍 484/05）。

黕：**黕**都感反（希 9/412b）；黮經文作黕非今用（玄 7/93c "黮黕" 註）。**黕**都感反（龍 532/06）。**黕**黮經文作黕非今用（慧 28/997a "黮黕" 註）。**黕**俗都感反正作黕（龍 339/10）。

黮：**黮**他感反（玄 5/74b）（玄 6/84a）（玄 7/93c）（慧 28/997a）（玄 7/94a）（慧 28/997a）（玄 11/142a）（玄 13/168b）（慧 52/480a）（玄 17/237c）（慧 74/953a）（慧 6/508a）（慧 65/768a）（慧 74/946b）（慧 82/40b）（慧 84/83a）。**黮**徒感反雲黑也又他感反不明淨暗離色也（龍 532/05）。**黮**他感反（慧 44/287b）（慧 5/486b）（慧 27/976b）（紹 190a10）。//**黮**（龍 532/05）。//**黮**（龍 532/05）。//**黮**或作他感徒感二反正作黮（龍 191/08）。

撣：**撣**徒干反又上去二聲（龍 208/07）（慧 40/193b）（慧 76/996b）；擅或作撣並從手從木非也（慧 12/625b "擅美" 註）。

簅：**簅**都感反簅籠竹器也（龍 391/07）。//簦：**簦**（龍 391/07）。

dàn 旦：**旦**單幹反（慧 85/94b）。**旦**旦正（紹 171b3）。**旦**旦正（紹 171b3）。

但：**但**徒亶反（玄 3/35b）（慧 09/568b）（玄 6/80c）（慧 5/489b）（慧 27/968a）。

疸：**疸**今音旦癀病也又上聲（龍 476/06）。**疸**俗（龍 476/06）。

狚：**狚**正音旦（龍 319/05）（紹 167a3）；獺經文作狚非此義（玄 11/140b、慧 56/548a "水獺" 註）（玄 14/184c、慧 59/631a "水獺" 註）（玄 15/202c、慧 58/619b "獺皮" 註）（玄 16/214c、慧 65/774a "狗獺" 註）（玄 18/247c、慧 73/927a "或獺" 註）。**狚**俗（龍 319/05）。

担：**担**多旱反笿也（龍 213/04）（紹 134a7）。

枏： 㮸但音[①] (龍 381/08)。

觛： 觛得按多旱二反 (龍 512/06) (玄 14/187c、慧 59/636a "厄中" 註)。

鴠： 鴠音旦 (龍 288/10) (紹 165b8)。

怶： 怶徒敢他敢二反安也 (龍 058/06)。//憛同上 (龍 058/06)。

駂： 駂正 (龍 293/03)。駂今丁紺反冠幘近前也 (龍 293/03)。駂俗 (龍 293/03)。駂俗 (龍 293/03)。

啖： 啗徒敢反～食也飲～也 (龍 270/05) (慧 15/702b) (慧 41/208a) (慧 62/704b) (慧 65/766b) (慧 82/34b) (希 2/366b) (希 3/372a)；哈字書与啖字同 (玄 16/220a、慧 65/779b "㰂作" 註)；啖又作啗同 (玄 16/221c、慧 65/764b "用啖" 註) (慧 7/520b "螫啗" 註)；啖前音義作啗亦俗字也 (慧 41/215b "吞啗" 註) (慧 39/178b "吸啗" 註) (慧 57/595b "啗食" 註)。啗俗 (龍 270/05) (紹 182b8)；啗又作嗒同 (玄 7/93b "啗食" 註)。啗徒敢反 (龍 270/05)。啗啗正淡音又戶咸切 (紹 182b8)。啗徒敢反 (龍 270/05)；啗《說文》作～ (慧 1/413a "啄啗" 註) (慧 41/215b "吞啗" 註)。//啖： 啖徒敢反 (龍 270/05) (玄 7/93b) (慧 1/413a) (慧 1/418b) (慧 7/520b) (慧 27/975a) (慧 41/215b) (慧 41/215b) (慧 39/178b) (慧 57/595b) (慧 60/666a) (慧 61/692a) (慧 63/741b) (慧 90/173b) (希 1/356a) (紹 184a1)；啖又作啖同 (玄 8/115c、慧 34/80b "甞啖" 註) (玄 16/221c、慧 65/764b "用啖" 註) (玄 20/267b、慧 33/54b "授啖" 註) (慧 54/522a "啖啖" 註) (慧 67/803b "啄啖" 註) (希 3/372a "啖肉" 註)；啖經中從敢作啖俗用非正體 (慧 15/702b "食啖" 註) (慧 41/208a "吞啖" 註) (慧 62/704b "啖嚼" 註) (慧 65/766b "啖餅" 註) (希 2/366b "啖肉" 註)。啖啖正杜覽切 (紹 164b6)。//啖徒敢反 (龍 270/05) (玄 8/115c) (慧 34/80b) (玄 16/221c) (慧 65/764b) (玄 20/265a) (玄 20/267b) (慧 33/54b) (慧 54/522a) (慧 57/584a) (慧 67/803b) (紹 184a1)；啖又作啖同 (玄 7/93b "啖食" 註) (慧 1/413a "啄啖" 註) (慧 7/520b "螫啖" 註) (慧 27/975a "食啖" 註) (慧 41/208a "吞啖" 註) (慧 60/666a "啖嚼" 註) (慧 61/692a "啖他" 註) (慧 63/741b "啖菻" 註) (慧 90/173b "啖肉" 註) (希 1/356a "啄啖" 註)；啖或作啖也 (慧 82/34b "啖之" 註) (希 3/372a "啖肉" 註)。啖俗 (龍 270/05)。

①參見《龍龕手鏡研究》301 頁。

菿： 菿正徒感反芙蓉未發者也（龍 259/04）（玄 21/282b）（希 1/359c）（希 2/361b）（希 4/377b）（紹 156a10）；菡萏經文多作菡菿非也（慧 24/888a "菡萏" 註）（慧 41/229b "菡萏" 註）。菿徒感反（慧 23/860b）；菡菿經文作菡菿二字皆不成字也（希 1/359c "菡菿" 註）（希 2/361b "菡菿" 註）（希 4/377b "菡菿" 註）。菿徒感切（紹 156a10）。茗俗（龍 259/04）。茗俗（龍 259/04）。菑萏或作～（慧 99/324b "覃菡萏" 註）。//萏： 萏談濫反（慧 24/888a）（慧 31/9b）（紹 156a10）。萏正徒感反芙蓉未發者也（龍 259/04）（慧 41/229b）；菡菿玉篇作菿萏（慧 23/860b "菡菿" 註）。萏覃感反（慧 99/324b）（慧 99/328a）。

歙： 歙菡萏集作匏歙不成字也（慧 99/324b "覃菡萏" 註）。

窞： 窞今徒感反坎傍入也（龍 508/06）。窞或作（龍 508/06）。窞徒感切（紹 195a1）。窞或作（龍 508/06）。

淡： 淡徒敢反洺淡水滿皃也（龍 230/08）（慧 09/566b）（玄 9/128c）（慧 46/336a）（玄 11/149b）（慧 52/467b）（慧 52/453a）（玄 14/193b）（慧 59/645a）（玄 20/264c）（慧 10/586b）（慧 23/867b）（慧 74/958a）（慧 84/73a）；澹經文或作淡音訓並同（玄 3/37b、慧 09/557b "澹然" 註）；恢宜作淡（玄 5/68c、慧 16/719a "恬恢" 註）；恬大論作淡（玄 3/33b、慧 09/565a "恬然" 註）；倓今皆作淡（玄 16/221a、慧 65/763b "倓然" 註）；噉經文作淡非也（慧 1/413a "啄噉" 註）；痰經作淡非也（慧 2/424a "痰膿" 註）（慧 3/449a "痰病" 註）（慧 5/479a "痰膿" 註）（慧 72/897b "痰等" 註）；憺怕經文從水作淡泊竝非也訓義別（慧 2/424b "憺怕" 註）（慧 7/519b "憺怕" 註）（慧 28/1000b "憺怕" 註）（慧 36/123a "憺怕" 註）（慧 76/994a "憺怕" 註）。

朕： 朕徒濫反相歙也（龍 414/02）。

酨： 酨徒減反（龍 310/06）。

誕： 誕徒亶反（玄 3/46a）（慧 10/580a）（玄 13/178a）（慧 52/481a）（玄 17/238a）（慧 74/953a）（玄 19/252c）（玄 21/285b）（慧 30/1053a）（玄 22/301b）（慧 48/390b）（玄 25/337c）（慧 71/892a）（慧 22/844a）（慧 32/44b）（慧 60/670b）（慧 62/714b）（慧 67/809a）（慧 95/249b）（希 7/400b）（希 8/410a）（紹 185a3）。誕達坦反（慧 56/556b）（慧 86/104a）。疋音誕（龍 549/01）。瞂音誕（龍 553/09）。瞂古文音誕①（龍 549/04）。麗音誕（龍 553/09）。//㳂： 㳂②徒旱

---

①參見《疏證》58 頁。

反大也（龍031/02）。

靼：**靼**徒旱反馬帶也（龍449/08）。

蜑：**蜑**但音（紹164b10）。

駞：**駞**音但～馬散也（龍293/02）。

霮：**霮**徒感反（龍307/08）（紹144a4）。

澹：**澹**徒兼徒濫反（慧46/327b）（慧52/467b）（慧37/139b）（慧40/197b）（慧74/946b）（紹189a5）；淡律文作澹非也（慧65/771a "淡水" 註）。**澹**徒敢反（龍230/07）（玄3/37b）（慧09/557b）（玄9/124a）；潭論文作澹非此義（玄18/240b、慧73/933b "潭水" 註）；憺怕或作澹泊皆非也（慧7/519b "憺怕" 註）（慧15/701a "憺怕" 註）（慧32/34b "憺怕" 註）（慧69/852b "憺怕" 註）（慧87/131b "憺尒" 註）。**澹**徒敢反（龍230/07）（玄11/149b）；淡律文作澹非也（玄16/218c "淡水" 註）。

憺：**憺**正徒敢反安緩也又淡怕安靜也又徒濫反（龍056/09）（玄6/86c）（慧48/382b）（慧50/422a）（慧70/877b）（慧71/893b）（慧2/424b）（慧7/519b）（慧10/588b）（慧11/617a）（慧12/622b）（慧15/701a）（慧17/728a）（慧19/785b）（慧23/858a）（慧27/981a）（慧28/1000b）（慧32/34b）（慧43/265a）（慧45/300b）（慧66/788b）（慧69/852b）（慧74/958a）（慧75/978a）（慧76/994a）（慧77/1015b）（慧87/131b）；澹經文或作憺音訓並同（玄3/37b、慧09/557b "澹然" 註）；潭字冝作憺（慧16/719a "潭然" 註）（玄5/71c、慧34/86b "潭然" 註）。**憺**通（龍056/09）（玄7/99a）（玄21/276b）（玄22/296b）（玄23/313c）（玄24/329c）（玄25/338c）（慧5/479a）（慧30/1035b）（慧36/123a）。**憺**淡音（紹130b3）。//**惔**正徒敢反安緩也又淡怕安靜也又徒濫反（龍056/09）（紹130b3）；憺論文從炎作惔非也（慧66/788b "憺怕" 註）。

僤：**僤**徒旦反又市連反（龍035/02）；憚或從人作僤（慧84/69b "無憚" 註）。

憚：**憚**徒旦反難也怒也惡也畏也辟也驚也（龍59/02）（玄1/9c）（慧17/743b）（玄3/46a）（慧10/580a）（玄11/152a）（慧52/472a）（慧6/496b）（慧8/538b）（慧29/1031b）（慧68/820a）。**嘾**正徒旦反難也怒也惡也與憚同（龍067/07）；憚古文作嘾義訓同（慧6/496b "不憚" 註）。**嘾**俗（龍067/07）。

②《叢考》："伿" 是 "誕" 換旁俗字（50）。

瘤： 瘤音丹火瘤小兒病又音壇風在手足病也又丁佐反勞病也又郭迻俗他丹反風病也 （龍470/04）（玄3/42a）（玄8/116b）（慧38/161b）（玄21/282c）（紹193a2）。瘤俗都干他干二反① （龍299/06）（慧09/573b）。//瘤俗 （龍299/06）。

襢： 襢正徒感反祭名也 （龍112/03）；黵與襢同 （慧27/976b "梨黵" 註）。襢或作 （龍112/03）。

嘾： 嘾徒感反吒嘾也 （龍272/01）。嘾徒感反吒嘾也 （龍272/01）。

賧： 賧徒感徒紺二反 （龍350/06）（玄5/69c）（玄8/111a）（慧38/155a）（玄16/215c）（慧65/775b）。

膻： 膻或作音但正作袒字 （龍413/05）（慧38/161b）；顫古文膻 （玄11/149b "顫頏" 註）；袒說文從肉從亶作膻 （慧10/595b "偏袒" 註）（慧75/963a "袒裸" 註）。膻徒亶反 （玄8/116b）；膻經從肉作膻謂肉袒字也 （慧64/755b "膻胜" 註）（慧81/12b "膻腥" 註）。//胆俗音但正作袒字 （龍413/05）。//袒：袒壇爛反 （慧10/595b）；膻又作袒同 （玄8/116b、慧38/161b "阿膻" 註）。

dang

dāng 當：畣古文音當 （龍528/02）。

檔： 檔音當 （龍376/09）（慧57/583a）（紹159a9）。

璫： 璫音當耳璫也 （龍432/08）（玄1/20c）（玄4/49a）（玄14/197a）（慧59/651a）（玄17/231c）（慧70/856b）（玄21/282c）（玄22/290c）（慧48/374b）（慧14/670a）（慧15/695b）（慧17/734b）（慧18/757a）（慧19/771b）（慧20/796b）（慧22/839b）（慧23/865b）（慧25/917b）（慧30/1051a）（慧41/223b）（慧43/255b）（慧37/147a）（慧63/735b）（慧85/96b）（慧91/190b）（希1/357c）（希2/363c）（希3/368a）（希6/393a）（希10/422a）（紹140b5）。

襠： 襠音當 （龍102/04）（玄15/203a）（慧58/620a）（慧37/138b）。襠 （玄15/203a）（慧58/620a）。

瓤： 瓤音當瓜瓤也 （龍195/06）。瓤音當瓤瓜瓤也 （龍330/09）。

---

① 《叢考》：當是 "瘤" 的俗字 （402）。

甋： **甋**音當題甋也（龍 316/01）。

簹： **簹**音當簣簹（龍 390/01）（慧 83/64a）（慧 99/323b）。

蟷： **蟷**音當（龍 220/10）（慧 97/281b）。

輴： **輴**音當車輴也（龍 079/06）。

艡： **艡**音當（龍 132/04）。

鎲： **鎲**音當銀［鋃］鎲也又音湯鼓聲也又俗楚更反也（龍 014/06）（玄 5/74c）（慧 44/291 b）（玄 12/163c）（慧 55/542b）（紹 181a8）；鎗或作鎲俗字也（慧 62/704b "鎗子" 註）（慧 100/351b "鎗杓" 註）。

dǎng 党： **党**當浪反番語人名也（慧 100/336a）。

黨： **黨**多朗反（慧 1/414a）（慧 3/445a）（慧 4/474b）（慧 6/505a）（慧 16/726b）（慧 29/1015b）（希 5/388c）（紹 190a10）。

儻： **儻**湯朗反（慧 89/152a）（慧 90/172b）（慧 93/215b）（慧 95/250a）；黨或從人作儻（慧 1 /414a "兜黨" 註）。

郒： **郒**或作（龍 455/09）。//**酈**今多朗反地名上郒（龍 455/09）。

攩： **攩**黨正作攩（慧 1/414a "兜黨" 註）；湯經文作攩都朗反推也（玄 11/153a、慧 52/474 b "排湯" 註）。

欓： **欓**多朗反（龍 381/07）；篸律文作欓非此用（玄 14/187c、慧 59/636a "篸中" 註）。

讜： **讜**正多朗反直言也（龍 045/05）（玄 20/266a）（慧 39/170b）（慧 40/191b）（慧 45/317b）（慧 88/143a）（慧 95/255a）（紹 186a1）；儻經文作讜非此義（玄 12/160c、慧 75/984a "儻能" 註）；讜或從黨作讜（慧 80/1071b "有讜" 註）。//讚：**讚**俗（龍 045/05）。//譡：**譡** 丁浪反語中也諄正也直言也（龍 047/04）（玄 12/158c）（慧 74/956b）（玄 15/201b）（慧 5 8/617a）（玄 18/241a）（玄 19/261a）（慧 80/1071b）（紹 185b8）。

鐣： **鐣**多養反（龍 179/01）。

dàng 儅： **儅**丁浪反不中儅也又佛儅非常也又俗他朗反（龍 034/07）（慧 37/140b）。

擋： **擋**丁浪反摒擋也（龍 214/05）（玄 16/216c）（慧 65/777a）（慧 73/929a）（慧 56/570b）；儅 經從手作擋非也（慧 37/140b "摒儅" 註）。

磄：磕傳從當非也無此字也（慧 90/178b "砰磕" 註）。

甞：甞丁浪反大甕一曰井甃又大盆（龍 316/06）。

宕：宕徒浪反過也又洞室也（龍 157/07）（玄 7/94a）（慧 28/997b）（玄 12/158a）（慧 74/955a）（玄 20/265b）（慧 88/145b）（慧 94/231b）（紹 194a10）。宕達浪切（紹 194a10）。窞俗徒浪反正作宕（龍 509/08）。霏俗徒浪反正作宕（龍 308/04）。

圖：圖徒浪反（龍 175/07）。

㟸：㟸徒浪切（紹 155a10）。

惕：惕音蕩（玄 23/308a、慧 47/356a "邪佚" 註）；蕩字正宜作惕（慧 21/816a "心馳蕩" 註）。惕又徒朗反不憂也（龍 062/03）。//愓：愓正徒朗反放愓也或作娊（龍 057/05）（慧 35/101b）；蕩古體又作娊愓二體也（慧 21/816a "心馳蕩" 註）。㦮通（龍 057/05）。懤俗（龍 057/05）。憍俗（龍 057/05）。

娊：娊徒朗反（龍 281/08）；蕩古體又作娊愓二體也（慧 21/816a）；愓經文從女從易作娊亦通（慧 35/101b "縱愓" 註）。

邊：遰又徒浪反過也①（龍 494/07）。

碭：碭音唐又徒浪反（龍 441/04）；唐字詁古文碭同（慧 46/319a "唐勞" 註）。碭音唐又徒浪反（龍 441/04）。

蔼：蔼徒浪反蘭蔼毒草名也（龍 262/02）（玄 7/98a）（慧 31/3a）（慧 96/261b）。//蓎：蓎俗音蔼②（龍 262/02）（紹 154b10）；蔼經文作蓎非體也（玄 7/98a、慧 31/3a "蘭蔼" 註）。

盪：盪徒朗反滌盪（龍 328/07）（玄 9/125a）（慧 46/329a）（玄 11/149b）（慧 52/467b）（玄 12/161b）（慧 28/992b）（玄 14/195a）（慧 59/647b）（玄 16/222b）（慧 64/757b）（玄 22/289c）（慧 48/373a）（慧 45/308a）（慧 53/495a）（慧 64/761b）（慧 78/1041a）（希 6/396c）（希 7/400b）（希 10/421a）（紹 188a7）；蕩字書正從皿作盪（慧 92/203a "版蕩" 註）。盪蕩音（紹 173a8）。盪舊藏作盪（龍 242/03）。盪古文徒朗反正作盪（龍 232/05）。盪誤徒朗反正作盪（龍 232/05）。

---

① 參見《龍龕手鏡研究》357 頁。
② 《龍龕手鏡研究》："蓎" 為 "蔼" 之俗（236）。

篡：篡徒朗反又他朗反（龍392/05）（慧59/636a）。篡他朗反（玄14/187c）。

簜：簜徒朗反（龍392/05）（慧98/296b）。

暘：暘徒朗反（龍341/02）（慧73/927a）。暘音蕩（玄18/247c）（玄15/212c、慧58/627a"帥之"註）。

瑒：瑒徒朗反玉名也（龍436/04）。

蕩：蕩徒朗反放恣也（龍259/04）（玄11/148a）（慧52/464b）（慧21/816a）（慧23/865a）（慧44/294b）（慧80/1073a）（慧92/203a）；盪又作蕩同（玄11/149b、慧52/467b"盪鉢"註）（希6/396c"盪滌"註）（希10/421a"盪瘵"註）；暘論文作蕩非躰也（玄18/247c、慧73/927a"春暘"註）。蕩徒朗反（龍075/07）。//藎徒朗反（龍259/04）。

塴：塴今徒浪反塴峑山名（龍077/04）。//潒：潒或作（龍077/04）。

潒：潒盪古文潒同（玄22/289c"盪滌"註）。濠正徐兩反又徒朗反（龍231/10）。濤盪古文潒同（玄9/125a、慧46/329a"盪滌"註）（玄11/149b、慧52/467b"盪鉢"註）（玄14/195a、慧59/647b"盪滌"註）（慧48/373a"盪滌"註）。濤或作徐兩反又徒朗反（龍231/10）。鴻余兩反（龍549/01）。

dao

dāo 忉：忉音刀（慧29/1032b）（慧83/57b）。

朷：朷音刀木心也（龍378/05）。

釖：釖音刀（龍012/02）。

舠：舠音刀小舡也（龍131/06）（紹146a1）。

魛：魛音刀魛魚也（龍166/01）。

顁：顁音刀顁顝大面兒也（龍483/03）。

dǎo 島：島正都老反（88/02）（慧17/745b）（慧23/879b）（慧36/123b）（紹165b2）。島都老反（慧43/271a）（慧30/1050b）（慧42/246b）（慧62/719b）（慧81/16b）（慧97/285a）。島（玄1/11a）（玄5/66b）。嶋島或作嶋亦作隯也（慧36/123b"渚島"註）。//隯：隯都老反海隯與

島同（龍296/10）（龍288/02）；島或作嶋亦作隯也（慧36/123b "渚島" 註）。**隯**島古文隯同（玄1/11a、慧17/745b "海島" 註）（玄5/66b、慧43/271a "海嶹" 註）。

蹈：**蹈**音盗（龍463/01）（玄6/87b）（玄9/121c）（慧46/323a）（慧4/461b）（慧8/542a）（慧13/657b）（慧21/830b）（慧25/926b）（慧27/982b）（慧29/1025b）（慧33/58b）（慧75/969b）（慧85/96b）（希2/367a）（希8/410a）。**蹈**堂到反（慧18/749b）。**蹈**徒到反（慧12/636b）（紹137a5）。**蹈**徒到反（慧23/870a）（紹137a5）。

倒：**倒**都告反儑倒也又上聲（龍033/05）（玄20/273b）（慧75/980a）（慧2/435b）（慧3/450a）（慧15/695a）。//瘑：**瘑**俗都老反[1]（龍473/09）；倒經文作瘑非也（玄20/273b、慧75/980a "倒地" 註）。

裯：**裯**都老反牲馬祭也（龍112/03）。

壔：**壔**都老反高土也（龍248/08）。

隯：**隯**都老反丘名又音受（龍296/10）。

擣：**擣**刀老反（慧29/1023b）（慧40/187b）（慧53/487b）（慧62/717b）（慧88/136b）（紹133a3）。**擣**正都老反（龍211/06）（慧10/593a）（慧11/619a）（慧14/672b）（慧16/724a）（慧17/730a）（慧18/761a）（慧19/772a）（慧33/67a）。//擣：**擣**擣古作～（慧19/772a "擣筬" 註）。舂擣或作搗古文作舂[擣][2]（慧16/724a "紬擣" 註）。//搗通（龍211/06）（紹133a3）；倒又作搗非字義（玄20/273b、慧75/980a "倒地" 註）；擣經文從鳥作搗俗字也非正體（慧10/593a "擣以" 註）（慧14/672b "鎚擣" 註）（慧16/724a "紬擣" 註）（慧19/772a "擣筬" 註）（慧29/1023b "擣筬" 註）（慧33/67a "擣藥" 註）（慧40/187b "擣筬" 註）。//捯：**捯**擣或作捯或作搗（慧14/672b "鎚擣" 註）（慧33/67a "擣藥" 註）。

禱：**禱**都誥反（玄12/161a）（慧75/984b）（玄14/191c）（慧59/642b）（玄25/336a）（慧71/888b）（慧2/432b）（慧57/587b）（慧61/685b）（慧69/840b）（慧89/158b）（慧95/247a）（希6/391b）（希6/394b）（希6/397c）。**禱**正都老反（龍111/04）（玄4/52c）（慧31/25a）（玄11/151b）（慧52/471b）（玄12/161a）（慧75/984b）（玄16/224b）（慧5/484b）（慧18/753a）（慧43/254a）。**禱**刀

---

① 《龍龕手鏡研究》："瘑" 為 "倒" 的俗字（346）。
② "舂" 當是 "擣" 字刻訛。

老反（慧 34/76b）。**禱**刀老反（慧 64/761b）。**裯**俗（龍 111/04）；禱籀文作～（慧 43/25

4a "厭禱" 註）。**裯**俗（龍 111/04）。**裯**俗（龍 111/04）。

燾：**燾**陶到反（慧 82/29b）（慧 82/42a）（慧 84/75a）（慧 85/88a）（紹 190b1）。**燾**陶導二音（龍

240/09）；舂燾字書作舂燾（慧 62/717b "舂燾" 註）。

驕：**驕**都老反牲馬祭也（龍 293/02）。

道：**遒**古文音道（龍 491/05）。**道**陶老反（慧 37/138b）（慧 22/846b）（慧 64/750a）；**纛**傳文

本義合用道字是非道不行之義今用從縣作**纛纛**羽葆幢非本義今不取（慧 92/202a

"非纛" 註）。//衜：**衜**古文徒老反（龍 367/03）。**衜**道古文從首從寸作～（慧 37/13

8b "口道" 註）。//**導**俗音道（龍 271/08）（紹 182b2）；道經從口作導非也撿諸字書並

無此導字（慧 37/138b "口道" 註）（慧 64/750a "道之" 註）（慧 86/114b "整道" 註）。//衜：

衜古文道字術也衜路也（龍 497/08）。**衜**古文道字術也衜路也（龍 497/08）。

導：**導**徒到反導引也（龍 367/03）。**纛**音道（龍 362/09）。

dào 菿：**菿**竹角反草矢也又陟孝反（龍 100/07）。**菿**又知教反（龍 101/02）。

啁：**啁**俗音到又直致反（龍 273/07）。

猄：**猄**俗徒到反（龍 319/04）。

悼：**悼**徒到反哀也傷悼也（龍 060/01）（玄 2/28c）（玄 12/160a）（慧 75/982b）（玄 22/301a）（慧

48/389b）（慧 26/940a）（慧 29/1029b）（慧 76/995a）（希 10/423a）；掉止觀中從心作悼非也

是書寫人錯誤也（慧 100/340b "掉悔" 註）。**悼**音道傷也與悼同香嚴又音卓（龍 069/0

4）。//瘁：**瘁**俗音悼傷也（龍 477/02）。

髳：**髳**正（龍 089/05）。**髳**今惱道二音髮長皃（龍 089/05）。**髳**或作（龍 089/05）。

稻：**稻**音道有芒穀也秔也（龍 144/08）（玄 3/33c）（慧 09/565b）（希 3/368b）（希 5/384c）（希 6

/392c）（希 8/406b）（希 10/422b）。**稻**音道（龍 144/08）。//**粡**稻正道音（紹 196a9）。

翿：**翿**正徒到反舞者所執（龍 327/07）（玄 19/258c、慧 56/566b "麾纛" 註）（慧 6/500b "幢相"

註）。**翳**或作（龍 327/07）。**翢**或作（龍 327/07）。

糗：**糗**徒到反黏也（龍 305/07）。

纛：**纛**毒導二音（龍 554/05）（玄 19/258c）（慧 56/566b）（慧 26/956a）（慧 83/47a）（慧 92/202a）（紹

203b2)。𡃬毒（慧 35/105b）。//𦏵他刀徒刀二反羽葆幢也（龍 327/01）。

盗：𥁰桃到反（慧 85/91a）。炎古文音盗（龍 037/02）。㷭古文音盗（龍 037/02）。㷭古文音盗（龍 553/05）。

受：𠂩音到人姓（龍 552/02）。

糶：糶笛道二音綠色皃也（龍 404/07）。

de

dé

得：得音得與㝵𦣝尌同（龍 498/6）（慧 4/472b）。得當勒反古文正體雖從見從寸作㝵或作尉自漢魏已來早已變體作得衛宏張揖古今官書並廢古而用得字行已久矣不可改易也（慧 11/615a）（慧 11/616a）。//㝵：㝵音德取也（龍 367/5）。㝵音得與㝵同（龍 346/7）；得亦作㝵（慧 4/472b "逮得" 註）（慧 11/615a "逮得" 註）。㝵礙經文作㝵音都勒反㝵得二字同體（玄 1/1c、慧 20/801a "罣礙" 註）（玄 6/80b "無礙" 註）（慧 27/967b "無礙" 註）（慧 39/167a "障閡" 註）（慧 40/193a "無礙" 註）（慧 54/513a "躓礙" 註）（希 2/363a "罣礙" 註）。尉音得（龍 353/2）；得古文作尉㝵㝵三體同（慧 4/472b "逮得" 註）。尉音得與㝵同（龍 346/7）；得或作尉（慧 11/615a "逮得" 註）。

淂：淂音得水皃又丁力反（龍 237/08）。

耪：耪音得弱也（龍 542/09）。

惠：惠音德（龍 069/06）。悳古音德（龍 069/06）。悳德音（紹 131a9）。悳音德古文字也（慧 98/307a）。悳俗音德（龍 069/06）。悳俗音德（龍 069/06）。悳俗音德（龍 069/06）。

德：德多勒反（慧 47/361b）。德多勒反（玄 23/310c）。

den

dèn

扽：扽扽正都困切（紹 134a3）。

dēng

dēng 登：**登**都恒反（玄2/29a）（玄10/134c）（慧50/416a）（希2/365c）（希4/381a）。//弇：**弇**音登（龍539/06）。**弇**燈或從拱（廾）作（弇（慧75/965a"如燈滅"註）。

燈：**燈**（慧25/918a）（慧75/965a）（慧79/1052b）；**隥**經文作鐙古燈字也（玄19/253b、慧56/558a"窜隥"註）；**薹薈**經文作燈憎非體也（玄19/261a、慧56/570b"薹薈"註）；**鐙**或作燈（慧28/1010a"高鐙"註）（慧45/308a"鐙炷"註）（慧45/317a）（慧74/959b"鐙明"註）（慧95/251b"鐙王"註）。**爧**俗音燈（龍239/07）。

噔：**噔**俗醜陵徒鐙二反又隨函音正（龍269/08）。

莚：**莚**音登金莚草也（龍254/06）。

氈：**氈**音登氈氈也毛席類（龍134/02）（玄2/25a）（玄4/56c）（玄11/149a）（慧52/467a）（玄14/193b）（慧59/645a）（慧54/510a）（慧79/1066b）（紹145a4）。**氈**得恒反（慧26/932a）。**氈**俗同上[氈]（龍134/02）（紹145a4）。//褆：**褆**俗音登毛帶[席]也[①]（龍103/02）。

甀：**甀**音登（龍315/09）；燈從拱（廾）作弇或從瓦作甀皆古字（慧75/965a"如燈滅"註）。**弇**古文音登今作甀（龍338/09）。**弇**古文音登今作甀（龍338/09）。

簦：**簦**得能反（慧86/110a）（慧98/294b）（紹160a9）。

děng 等：**等**（慧1/409a）（慧1/417a）；等字説文從竹從寺經從草俗字也（慧1/417a"等涌"註）。

dèng 橙：**橙**徒鐙反倰橙不著事也又音登儚橙也（龍036/06）。**橙**登騰二音又丑陵切（紹129b2）；**隥**經文作橙非也（玄11/140b、慧56/548a"梯隥"註）。

凳：**凳**音鐙床凳（龍333/07）。//橙：**橙**得亙反二字從木（慧76/999a）；**隥**經從木作橙非也（慧75/978a"梯隥"註）。**橙**又俗都鄧反正從木（龍207/04）（慧66/799a）。

隥：**隥**都鄧反[捯]梯隥也（龍297/06）（玄4/49b）（玄11/140b）（慧56/548a）（玄19/253b）（慧56/558a）（玄25/332c）（慧71/883a）（慧12/639b）（慧14/678b）（慧45/308b）（慧60/656a）（慧62/699a）（慧68/825b）（慧68/829b）（慧75/978a）（慧83/55b）（慧99/328a）（慧100/332b）

①《叢考》："褆"應是"氈"的俗字（827）。

（希 1/358b）（紹 169b6）；蹬説文從阜作隥（慧 8/555b "梯蹬" 註）（慧 66/799b "上蹬" 註）（慧 83/47b "為蹬" 註）。隥多亙反（慧 13/650b）（慧 23/861a）（慧 41/225b）。//嶝都鄧反小坂又仰也（龍 077/02）（慧 47/343a）（紹 162a10）；隥字又作嶝也（慧 23/861a "階隥" 註）（慧 60/656a "梯隥" 註）。

鄧：**鄧** 徒亙切（紹 169a4）。

憕：**憕** 直耕反（龍 053/05）（慧 42/245a）（慧 96/264b）（慧 100/341b）（紹 130a6）；蟚經文有作憕非體也（玄 4/54c、慧 34/90b "蟚蟦" 註）（玄 17/227b、慧 67/814a "瞪瞄" 註）。憕鄧經反（慧 30/1036b）。

墱：**墱** 都鄧反（龍 251/04）。

瞪：**瞪** 直耕直凌二反直視兒也（龍 418/01）（玄 5/64c）（慧 44/285a）（玄 5/76a）（慧 31/2a）（玄 17/227b）（慧 67/814a）（慧 42/242b）（慧 91/192a）（慧 99/322b）（紹 142b6）；蟚經文作瞪非此義（玄 1/20a）（慧 30/1036b "憕懵" 註）；眙經文作瞪二形通用（玄 20/270b、慧 74/939a "眙屬" 註）；憕經本從目作瞪（慧 42/245a "憕懵" 註）（慧 100/341b "憕懵" 註）。

磴：**磴** 都鄧反（龍 444/02）（紹 162b10）。

蹬：**蹬** 音登蹭蹬也又音鐙蹬履也（龍 462/09）（玄 1/12c）（慧 42/233b）（玄 20/265c）（慧 32/38b）（慧 66/799b）（慧 83/47b）（慧 95/252b）（紹 137b1）；隥經文作蹬（玄 4/49b "為隥" 註）（慧 62/699a "梯隥" 註）（慧 68/825b "二隥" 註）（慧 83/55b "梯隥" 註）（慧 99/328a "石隥" 註）（慧 100/332b "梯隥" 註）；蟚經文作蹬非體也（慧 52/479a "蟚蟦" 註）（慧 57/580a "蟚蟦" 註）。蹬登鄧反（慧 4/470a）（慧 8/555b）（慧 29/1016a）；橙或作蹬（慧 18/768a "梯橙" 註）（慧 66/799a "几橙" 註）。//蹴：**蹴** 經音義作蟚[1]（龍 460/05）；蟚經文有作蹴非體也（玄 4/54c、慧 34/90b "蟚蟦" 註）（玄 12/157a "蟚蟦" 註）。

鐙：**鐙** 都鄧反鞍鐙也又音登（龍 016/09）（慧 28/1010a）（慧 43/264b）（慧 74/959b）（慧 95/251b）（紹 180b10）；隥經文作鐙古燈字也（玄 19/253b、慧 56/558a "牽隥" 註）。

驐：**驐** 徒鐙反行欲倒也（龍 293/04）。

黲：**黲** 直證反米黑壞也（龍 532/08）。

---

① 參見《龍龕手鏡研究》336 頁，又可參見姚永銘《一切經音義研究》206 頁。

䣄：䣄直證反雲也（龍 532/08）。

di

dī　低：低正都奚反低昂垂免也（龍 23/01）。低丁兮反（慧 34/81b）（慧 41/229a）。伍通（龍 23/01）（慧 23/878a）（紹 128a2）；杠經文作伍誤也（玄 13/180a、慧 55/534b "榷杠" 註）；低經文作此～俗字也（慧 34/81b "低昂" 註）（慧 41/229a "低屈" 註）。伍今（龍 23/01）（玄 1/8b）（慧 17/741b）。伍丁奚都礼二反（龍 26/06）。伍丁奚都礼二反（龍 26/06）。偍古（龍 23/01）。㥜古都奚反今作低（龍 64/05）。㥜俗（龍 64/05）。伍俗（龍 23/01）。㒪俗（龍 23/01）。

衼：衼今伍帝二音大也（龍 357/01）。衼或作（龍 357/01）。

羝：羝或作（龍 159/03）（慧 25/921b）（慧 51/434a）（慧 77/1021b）。羝丁奚反（玄 14/186a）（慧 57/597b）。羝正都奚反雄羊也（龍 159/03）（慧 44/278b）（玄 8/118a）（慧 59/633a）（慧 16/708b）；羝論作～謬説也（慧 51/434a "羝羊" 註）（慧 77/1021b "羝羊" 註）。羝俗（龍 159/03）（紹 167b7）。羝丁奚反（玄 5/65c）。羝古（龍 159/03）。羝俗的泥紀力二反（龍 159/08）。

越：越正（龍 325/05）。越今丁計反走也一曰窮也（龍 325/06）。越俗（龍 325/05）。越都計反趨走兒也（龍 325/05）。

軧：軧巨支丁兮二切（紹 140a6）。軧俗都奚反（龍 447/01）。軧丁奚反應師作伍［低］在呪中①（龍 447/06）。軧古丁奚反今作軝（龍 448/09）。軧伍經文作軝非也（玄 1/8b、慧 17/741b "伍囉" 註）。

剆：剆丁兮反剅剆以刀解物也（龍 097/02）。剆丁兮反（龍 097/02）。

隄：隄丁奚反（龍 295/03）（玄 1/21c）（玄 13/170b）（玄 14/185c）（慧 59/633a）（玄 18/244c）（慧 72/916a）（玄 23/316a）（慧 49/397b）（玄 24/326c）（慧 70/872b）（慧 20/791b）（慧 67/804b）（慧 67/810a）（慧 77/1018a）（紹 169b7）；堤或作隄（慧 12/629a "堤塘" 註）（慧 51/440b "堤塘" 註）。

//陡：陡隄古文陡同（玄 1/21c "隄塘" 註）（玄 13/170b "隄陡" 註）（玄 14/185c、慧 59/6

---

① 參見《龍龕手鏡研究》103 頁。

33a"隄防"註)（玄 18/244c、慧 72/916a"隄隯"註）（玄 24/326c、慧 70/872b"隄塘"註）。

堤：**堤**音低 （龍 246/02）（玄 8/115a）（玄 20/266b）（慧 12/629a）（慧 25/920b）（慧 51/440b）（紹 1

60b10）。

腥：**腥**丁奚反厤腥强脂也 （龍 407/04）。

尥：**尥**音提跛也 （龍 179/04）。**尥**正徒兮反跛行貌 （龍 522/03）。**尥**正都兮反不能行 （龍

179/04）。**尥**俗 （龍 522/03）。**尥**丁泥反不能行也 （龍 522/04）。**尥**正丁兮徒兮二反

不能行 （龍 522/05）。**尥**今 （龍 522/05）。**尥**音提跛也 （龍 179/04）。**尥**俗 （龍 179/04）。

鍉：**鍉**音低鍉歃血器也 （龍 011/03）（玄 4/56c）（慧 43/266a）；鏑史記鋒鏑或作鍉 （玄 9/12

9a、慧 46/337a"箭鏑"註）。

鞮：**鞮**音低 （龍 447/03）（玄 1/3b、慧 20/803a"甲冑"註）（玄 4/51a）（慧 31/22b）（玄 7/100c）（慧

30/1038a）（玄 8/111a）（慧 38/155a）（玄 14/193c）（慧 59/646a）（玄 18/240a）（慧 73/933a）（慧 2

0/791a）（慧 85/98b）（慧 88/138b）（97/283b）（希 3/372b）（紹 140a10）。

嚃：**嚃**正都奚反城名也① （龍 269/03）。**嚃**俗 （龍 269/03）。**嚃**俗 （龍 269/03）。**嚃**俗 （龍

269/03）。**嚃**俗 （龍 269/03）。

磾：**磾**都奚反染繒黑石出瑯琊 （龍 441/02）（慧 77/1022a）（慧 89/151b）（慧 95/255a）（慧 97/

285a）（紹 163a5）。//鏢：**鏢**②都兮切 （紹 180b4）。**鏢**丁兮反 （龍 012/03）。

滴：**滴**正音的 （龍 235/07）（慧 45/302b）（慧 68/832b）（慧 80/1090a）；滴或作滴皆正 （慧 49/

401b"微滴"註）。**滴**丁歷反 （慧 19/776b）。**滴**正音的 （龍 235/07）（慧 8/535b）（慧 13/64

2a）（慧 15/687a）（慧 15/695b）（慧 20/795a）（慧 27/980b）（慧 29/1015a）（慧 29/1018b）（慧 29/

1020a）（慧 29/1031a）（慧 30/1040a）（慧 41/216b）（慧 54/520b）（慧 78/1038b）（慧 84/71b）（慧 8

9/161b）。**滴**又都歷反 （龍 229/08）。**滴**丁歷反 （慧 3/453b）（慧 5/493a）（慧 7/517a）（慧

7/529b）（慧 10/590a）（慧 12/621b）（慧 13/648b）（希 3/372b）。**滴**俗 （龍 235/07）（玄 6/86b）

（慧 26/936a）（慧 45/317a）；滴此猶滴字耳 （玄 2/27a）（玄 6/86b"一滴"註）；滴經文略去

口作滴俗字也 （慧 3/453b"滴數"註）（慧 5/493a"滴數"註）（慧 7/517a"滴數"註）（慧 7/5

---

①參見《龍龕手鏡研究》144 頁。
②《字典考正》："磾"的換旁俗字（439）。

29b "滴數" 註)（慧8/535b "水滴" 註）（慧12/621b "水滴" 註）（慧13/642a "一滴" 註）（慧13/648b "凝滴" 註）（慧15/695b "毒滴" 註）（慧19/776b "一滴" 註）（慧27/980b "一滴" 註）（慧29/1015a "滴數" 註）（慧29/1018b "滴海" 註）（慧29/1031a "毛滴" 註）（慧41/216b "滴如" 註）（慧68/832b "一滴" 註）（慧78/1038b "一滴" 註）（慧80/1090a "涓渧" 註）（慧89/161b "一滴" 註）；滴俗從帝作渧非也（慧49/401b "微滴" 註）。//𣾰 今音的（龍235/07）（慧49/401b）（紹186b6）；滴或作𣾰（慧7/517a "滴數" 註）（慧7/529b "滴數" 註）（慧13/642a "一滴" 註）（慧19/776b "一滴" 註）（慧20/795a "一滴" 註）（慧41/216b "滴如" 註）（慧84/71b "涓滴" 註）。

隨 字書正從啻作渧又作～錄作渧（慧80/1090a "涓渧" 註）。

斛：斛 音的量也（龍334/02）。

dí

翟：翟 音笛雉也（龍149/08）（玄4/52a）（慧31/23b）（慧95/244a）。

嶧：嶧 新經作𭼋在廣弘明集（龍077/07）。

簅：簅 音迪笋也（龍395/03）。

糴：糴 音笛市買米粟也（龍554/07）（紹203a8）。糴 俗音笛（龍528/05）。糴 天弔反（慧61/691b）。//籴：籴 俗通音笛（龍528/05）。

迪：迪 正音笛（龍493/08）（慧31/11b）（慧84/71b）。迡 俗（龍493/08）。

迪：迪 徒歷反行貌（龍499/01）。

笛：笛 徒的反（玄16/225a）（慧64/750b）（慧26/931b）（慧27/969a）（慧60/667b）（慧26/931b）（希4/378b）。//篴：篴 笛古文篴同（玄16/225a、慧64/750b "箏笛" 註）。

頔：頔 音笛（龍487/04）（紹170b3）。

遖：遖 音笛電也（龍493/08）。

扚：扚 正音的引也（龍219/01）。扚 俗（龍219/01）。

駒：駒 音的～驢馬白額也（龍294/09）。

滌：滌 徒歷反（玄1/3a）（玄15/202a）（玄22/289c）（玄23/317a）（慧15/699b）（慧20/802b）（慧28/992b）（慧36/130a）（慧41/206b）（慧46/329a）（慧48/373a）（慧49/399a）（慧58/619a）（慧80/1089a）（慧85/94b）（慧100/337b）（希4/377c）（希6/396c）（希7/400a）。滌 正音笛（龍236/3）（慧59/647b）（慧21/816b）（慧39/175b）。滌 亭的反（慧45/318a）。滌 徒的反（玄1

4/195a）（慧 49/411a）。**篴**徒歷反（玄 9/125a）（玄 12/161b）。**篴**亭歷反（慧 42/244a）。//

瀾俗音笛（龍 236/3）。

箊：**箊**音笛盛種器也（龍 263/09）。

狄：**狄**音笛（龍 320/02）（希 10/418b）（紹 166b8）。**狀**又俗音狄（龍 317/05）（紹 166b8）。

荻：**荻**正徒歷反（龍 263/04）（玄 3/46c）（慧 10/581a）（玄 11/153b）（慧 52/476a）（玄 15/207a）（慧

58/606b）（玄 17/230c）（慧 79/931b）（玄 18/241c）（慧 73/930a）（玄 19/259c）（慧 56/567b）（慧 8

/541b）（慧 13/659b）（慧 31/13a）（希 8/405c）（紹 154a8）。**荻**俗徒歷反（龍 263/04）。//藡：

藡荻又作藡同（玄 11/153b、慧 52/476a"茅荻"註）（玄 17/230c、慧 79/931b"藋荻"註）（玄

18/241c、慧 73/930a"如荻"註）（玄 19/259c、慧 56/567b"一荻"註）（慧 31/13a"葦荻"註）。**藡**

荻又作藡同（玄 3/46c、慧 10/581a"荻林"註）（玄 15/207a、慧 58/606b"蘆荻"註）。

嘀：**嘀**（紹 181b6）。

磢：**磢**正音的礏也（龍 445/06）。//**豹**或作又俗音灼（龍 445/06）。

藡：**藡**或音笛也（龍 265/03）。

牭：**牭**音笛特牛也（龍 117/05）。

嫡：**嫡**丁狄反（玄 4/58a）（慧 43/273b）（玄 19/256b）（慧 56/562b）（玄 21/282c）（慧 15/693b）（慧

18/757a）（慧 77/1021a）（希 2/365b）（紹 142a3）。**嫡**音的（龍 283/10）。

適：**適**都歷反（玄 3/36b）（慧 09/570b）（玄 3/38b）（慧 09/559b）（玄 8/109a）（慧 28/1006a）（玄 9

/123a）（慧 46/325b）（慧 22/836a）（慧 53/487a）（慧 53/497b）（慧 84/74b）（慧 92/201a）。

敵：**敵**音笛匹也輩也當也對也主也（龍 530/08）（玄 25/332a）（慧 71/882a）（慧 25/907a）。**敵**

徒的反（慧 27/989b）（慧 47/348a）（慧 49/405b）（慧 62/703b）（慧 63/723b）（慧 66/794b）（慧 6

8/831b）（慧 80/1082b）（慧 89/152a）。**敵**（玄 21/280b）。**敵**徒的反（慧 8/552b）（紹 197b1）。

敵音笛～對當匹也又輩也主也（龍 121/03）（玄 6/89c）（紹 197b1）。**敵**音笛（龍 194/

08）（慧 1/414a）（慧 4/467a）（希 5/389c）（紹 198a8）（中 62/717c；**敵**傳文作～俗字也（慧

89/152a"勍敵"註）。**敵**敵正徒力切（紹 197b1）。**敵**亭歷反（慧 4/459a）（慧 7/525b）（慧

13/651b）。**敵**敵正他力亭力二切（紹 198a8）。**敵**敵錄文從欠作敵俗字也（慧 80/10

82b"勍敵"註）。

樀：**樀**的笛二音（龍385/08）（慧58/608b "屋擔" 註）。**摘**（玄15/208b "屋擔" 註）。

猪：**猪**俗音適（龍319/08）。

鏑：**鏑**丁歷反（慧93/216a）。**鏑**今都歷反箭鏃也（龍020/07）（慧46/337a）（慧83/56b）（慧89/150a）（慧89/164b）（紹180a8）。**鏑**正（龍020/07）。**鏑**俗（龍020/07）（玄9/129a）。

炟：**炟**他歷反望見火兒也（龍245/05）。

靮：**靮**音的馬韁也（龍452/02）。

瞳：**瞳**正都礼反耳患膿也（龍314/03）。**瞳**俗（龍314/03）。

覿：**覿**正音笛（龍346/03）（玄19/254a）（慧56/559a）（慧63/730a）（慧88/137a）（慧88/147a）（紹147b8）。//**覩**或作音笛又之日反（龍346/03）。

dǐ　氐：**氐**或作丁礼丁奚二反（龍525/03）（玄9/122a）（慧46/324a）（慧80/1079b）；牴文字典説或作氐（慧97/274b "大牴" 註）。**氐**古文（龍525/03）。**氐**俗（龍525/03）。**互**互户二音①（龍150/08）。**互**俗（龍525/03）。**互**或作（龍525/03）。**互**又都奚反（龍525/04）（玄20/265b）（紹203a2）；底經文作互非也（慧09/574a "無底" 註）；氐録文作互也（慧80/1079b "氐羌" 註）。**互**厓底經作洼氐（慧38/161a "厓底" 註）。**氐**底經文作氐非也（玄3/42b "無底" 註）。**思**舊藏作互丁兮反（龍163/01）。

柢：**柢**俗都奚反正作柢（龍330/09）。

阺：**阺**或作（龍295/10）。**阺**今直尼反陵阪也（龍295/10）。

㩵：**㩵**丁礼反隱也（龍529/08）。**㩵**同上（龍529/08）。**㩵**俗丁礼反（龍120/04）。**㩵**音底隱也（龍122/02）。

邸：**邸**俗丁礼反（龍455/05）（慧56/572b）（慧48/372a）（慧39/173b）（慧83/56b）（慧85/97a）（紹169a4）。**邸**正丁礼反（龍455/06）（玄5/77a）（玄7/103c）（玄19/262b）（玄20/264b）（玄20/267a）（慧33/55b）。**邸**俗（龍455/06）（慧24/889b）（慧43/259a）（紹169a4）。**邸**丁礼反（玄22/288c）。**邸**俗（龍455/05）。**邸**丁礼反與邸同（龍456/04）。**邸**丁礼反與邸同（龍456/04）。**邪**郭逐俗丁礼反②（龍453/04）。

①參見《叢考》501頁。
②參見《龍龕手鏡研究》333頁。

抵：抵正丁礼反（龍211/09）（慧75/985a）（慧16/713a）（慧33/65a）（慧34/82b）（慧82/25a）；砥經文從手作抵擊也非（希1/354c"砥掌"註）。抵丁礼反（慧91/181b）（紹132b4）。扺正丁礼反（龍211/09）（玄12/161b）（玄16/221b）（玄20/266c）（紹132b4）；抵經作此～俗字也（慧34/82b"因抵"註）。扺俗（龍211/09）。抵都礼反（慧65/763b）。拯俗（龍211/09）。摭通（龍211/09）。扺抵正帝底二音（紹158b4）。

弤：弤丁礼反舜之弓名也（龍151/03）。弤或作又音氏（龍150/09）。弤低煦二音（龍150/07）①。

坻：坻正都礼反隴坂也（龍249/5）。坻丁礼反（玄20/265c）（玄20/266b）。坻音低（玄1/7b）（玄8/116a）（慧17/739b）（慧26/952b）（慧32/47a）（慧42/237b）。坧丁礼反（玄1/15b）（玄8/110c）（玄20/264c）。埖音抵字（龍249/08）。//墌：墌或作（龍249/4）。墌或作（龍249/4）。

柢：柢都計反又都奚反（龍382/04）。柢丁奚反（慧42/242a）（紹157b4）；氐或作柢（慧80/1079b"氐羌"註）。柢都計反又都奚反（龍382/03）（玄4/60a）；抵經文作柢都礼反非也（玄20/273a、慧75/979b"捷抵"註）。柢都麗反（慧38/154a）（玄8/116b）。

軧：軧通丁禮反大車故[後]也（龍082/05）。軧正（龍082/05）。

底：底俗都礼反下也平也又止也（龍300/02）（慧28/1012a）（慧31/20a）（慧35/109a）（慧36/115b）（慧36/118b）（慧38/161a）；砥又作～同（玄13/181a"如砥"註）（慧91/187b"眷砥途"註）。底丁礼反（慧70/875b）；邸經文作底非此義（慧56/572b"香邸"註）。底正（龍300/02）（慧09/574a）（慧28/998b）（玄24/328c）（慧28/1010b）。底都礼反（玄3/42b）（玄7/95a）。庻都礼反（玄7/96b）；砥又作～同（玄13/181a"如砥"註）；邸經文作底非此義（玄19/262b"香邸"註）。庭又丁礼反（龍300/06）。宖有處卻作底字用（紹193a8）。庇又丁礼反（龍300/06）。庛俗底音（龍300/08）。疷又俗丁礼反（龍470/01）。痆音底響梵音（龍473/07）。厺底正（紹203b7）。//庒之氏反②（龍300/05）。

嘧：嘧俗音底③（龍271/01）。呧底音（紹184a10）。哐俗（龍271/08）。

①參見《叢考》505頁。
②《疑難字考釋與研究》：此字殆即"底"字俗書（231）。
③參見《龍龕手鏡研究》247頁。

牴： **抵**底音（紹 167b2）。**牴**正丁礼反（龍 116/03）（慧 17/728a）（慧 79/1055a）；抵經從牛作牴（慧 33/65a "謾抵" 註）；觝或從牛作牴（慧 61/688a "觝觸" 註）。**牴**低礼反（慧 33/65a）。**牴**丁礼反（慧 45/309a）（慧 58/621a）（慧 97/274b）。**牶**通（龍 116/03）（紹 167b2）；觝或從牛作牴（慧 19/787a "觝突" 註）（慧 34/82b "觝突" 註）。**牴**牴經文作牴非經用（玄 5/65c "牂牴" 註）。**牴**俗（龍 116/03）。**牶**俗（龍 116/03）。**牴**（玄 15/203b）。

詆： **詆**正都礼反訶訾欺毀也（龍 045/03）（慧 52/472b）（慧 55/545a）（慧 83/59b）（慧 90/167b）（慧 96/266b）（慧 97/285a）（希 4/381a）（紹 185b10）。**詆**泜礼反（慧 76/1009a）。**訨**通（龍 045/03）（紹 185b10）。**詆**都礼反（玄 11/152a）（玄 12/165c）；呧字與～同（玄 11/147a "從嚛" 註）；詆集作～俗字也（慧 97/285a "詆訶" 註）（希 4/381a "詆債" 註）。**詆**俗（龍 045/03）。**訨**俗（龍 045/03）；呧字與～同（慧 52/462b "從嚛" 註）。**詆**俗音底正作詆（龍 046/01）。

呧： **呧**或作（龍 271/10）；嚛經文作～非字義（慧 52/462b "從嚛" 註）。**呧**或作（龍 271/10）（慧 43/259a）（紹 183b4）。**呧**正丁礼反（龍 271/10）（玄 20/264b）；嚛經文作～非字義（玄 11/147a "從嚛" 註）；詆又作呧（慧 28/995b、玄 11/152a "掠詆" 註）（玄 12/165c "欲詰" 註）。**呧**或作（龍 271/10）；詆又作呧（慧 52/472b "掠詆" 註）（慧 55/545a "欲詰" 註）。**呧**俗（龍 271/10）。**呧**俗（龍 271/10）。

觝： **觝**通丁礼反（龍 511/09）（慧 61/688a）；牴經作觝亦通（慧 79/1055a "牴突" 註）。**觝**丁礼反（慧 34/82b）。**觝**丁礼反（慧 19/787a）（慧 66/792b）。**觝**正丁礼反（龍 511/09）。**觝**通（龍 511/09）（紹 148b2）。**觝**丁礼反（玄 14/198b）（慧 59/653b）。**觝**俗（龍 511/09）。**觝**俗（龍 511/09）。**觝**俗（龍 511/09）。**觝**俗（龍 511/09）。**觝**觝正底音（紹 148b2）。

dì 迊： **迊**正丁計反不進也（龍 493/01）。**迊**俗（龍 493/01）。

怟： **怟**音帝悶也（龍 060/09）。

嘀： **嘀**牴都計反經文作～非也（玄 8/116b "劭抵" 註）。**嘀**俗丁計反[1]（龍 274/07）。**嘀**俗（龍 274/07）（慧 38/161a）。

骶： **骶**音帝背也（龍 481/01）。**骶**音帝背也（龍 481/01）。

①參見《龍龕手鏡研究》252 頁。

舻：**舟瓜**正音帝舻艦水戰船也（龍132/09）。**舮**通同上（龍132/09）。**舮**俗（龍132/09）。**舡**俗（龍132/09）。

跠：**跠**通音帝（龍463/04）。**跖**底禮帝兮二切（紹137b3）。**跙**正音帝躢也（龍463/04）。**跙**俗（龍463/04）。**跼**俗底帝二音（龍461/04）。**跼**俗底帝二音（龍461/04）。

瓵：**瓵**音帝瓵甖大甈也（龍316/06）。

弟：**虎**古文音弟①（龍551/09）。

娣：**娣**音弟娣姒（龍282/01）（慧68/829a）（紹142a3）。

睇：**聦**徒計反邪視也（龍421/07）（玄1/8c）（玄25/338c）（慧17/742a）（慧71/893b）（慧80/1069b）（慧81/22a）（慧91/190a）（慧91/190b）（慧99/313a）（慧99/317b）（紹143a2）。**睇**睇正他犁切（紹136b9）。**睇**舊藏作睇（龍352/07）。

第：**第**（慧27/960b）。

的：**旳**音的（龍430/06）。**的**都狄反（玄2/26a）（玄14/194b）（慧59/647a）（玄17/227a）（慧67/813b）（玄22/301c）（慧48/391b）（慧8/543b）（慧8/552b）（慧26/933a）（慧99/323b）；玓經文作的非體也（玄5/69b、慧10/582b"玓瓅"註）。//**均**舊藏作的（龍246/09）。

弜：**弜**音的質也古文（龍152/02）；古文弜説文作的（玄2/26a"因的"註）（玄14/194b、慧59/647a"中的"註）（玄17/227a、慧67/813b"一的"註）（玄22/301c、慧48/391b"中的"註）（慧8/543b"麀的"註）（慧26/933a"因的"註）。

玓：**玓**音的玓瓅（龍438/06）（玄5/69b）（慧10/582b）；的瓅或並從玉作玓瓅（慧99/323b"的瓅"註）。

肑：**肑**音的腸下宎也（龍416/08）。

遞：**遞**徒礼反（玄16/224c）（慧11/609a）（慧16/725a）（慧18/759a）（慧31/4b）（慧31/8a）（慧39/169b）（慧47/347b）（慧49/409b）（慧51/446b）（慧70/856a）（慧77/1030b）（慧91/183b）（慧98/308b）（慧100/344b）（希2/367a）（紹138a9）。**遞**通音弟又去聲（龍491/3）（慧20/804a）（慧30/1046a）（慧64/744b）（慧48/371b）（慧47/354a）。**遞**提礼反（慧17/731b）。**遞**正音弟（龍491/3）。**遞**徒礼反（玄23/306c）。**遞**徒礼反（玄17/231c）。**遞**俗（龍491/3）。

---

① 《疏證》："《説文》弟字篆文之隸訛。"（124）

遞俗（龍491/2）（玄22/288b）。遞遞經文作遞俗字也（慧11/609a "遞互" 註）（慧16/7

25a "遞共" 註）。遞遞正第音（紹138a9）。遞通（龍491/3）（玄7/102a）。遞俗（龍491

/3）。遞徒礼反（玄1/4a）（紹138a9）；遞論文作遞俗用不成字也（慧100/344b "遞為"

註）（希2/367a "遞相" 註）。遞遞正第音（紹138a9）。//遞：遞古音弟（龍491/3）；

遞又作遞同（玄7/102a、慧30/1045 "及遞" 註）（玄16/224c、慧64/744b "遞相" 註）（玄17/

231c、慧70/856a "遞為" 註）（玄22/288b、慧48/371b "遞相" 註）（玄23/306c、慧47/354a "遞

斥" 註）（慧11/609a "遞互" 註）（慧18/759a "遞相" 註）（慧31/4b "遞相" 註）（慧31/8a "遞共"

註）（慧47/347b "遞共" 註）（慧49/409b "遞互" 註）（慧51/446b "自他遞互" 註）（慧77/1030b

"遞更" 註）（慧91/183b "遞相" 註）（慧98/308b "遞襲" 註）（慧100/344b "遞為" 註）。//遞俗

隨函音弟又音提（龍491/03）；經文作遞或作遞俗字也（慧31/4b "遞相" 註）（慧49/40

9b "遞互" 註）。//遞：遞遞或作遞並非也（慧49/409b "遞互" 註）。

帝：帝（慧93/217b）。帝音帝（龍139/04）。帝又音帝（龍138/05）。帝古文音帝（龍184/0

8）。帝音帝（龍184/08）。帝古文音帝（龍184/08）。

俤：俤音帝俤俊也（龍035/01）。//俤：俤音帝俊也又俗音帶（龍034/06）。

渧：渧都麗反（玄5/69c）。

褅：褅正音弟大祭名也（龍112/06）（玄5/71b）（慧42/249b）（玄7/96b）（慧28/1012a）（玄12/

164a）（慧42/248b）（慧85/98a）（慧97/285b）；褅經作褅（慧31/22a "庚褅" 註）。褅俗音

弟正從礻（龍107/01）。//褅俗音弟（龍112/06）。

膥：膥低帝二音膥胜朕腹也（龍407/03）。

締：締啼弟二音（龍399/02）（玄2/32b）（玄5/71a）（慧42/249b）（慧80/1070b）（慧81/4a）（慧8

3/62a）（慧85/100a）（慧87/127b）（慧88/146b）（慧93/213a）（紹191b6）；提或作締（玄11/1

51a、慧52/471a "蜜提" 註）。

諦：諦丁弟反（慧50/427a）（希4/377c）；喊通俗文作諦（玄20/267a、慧33/54a "喊言" 註）。

//諦：諦音弟審諦也（龍049/07）。

撦：撦徒結反捎取也又音弟取也又音帶搯也（龍217/07）。

遞：遞正徒計反迢遞又底隶反去也（龍491/09）（玄20/270b）（慧74/939b）（慧99/325b）。遞

俗（龍 491/09）（玄 23/311b "茗然" 註）（玄 25/331b "茗然" 註）。遪遞正第音（紹 138a9）。

遪俗（龍 491/09）。

蒂：蒂音帝草木綴實菓蒂也（龍 262/03）（慧 35/111b）。蒂丁計反（慧 72/901b）（慧 87/126a）（慧 88/144b）（慧 98/299a）（慧 99/312b）（紹 156a1）。//蒂：蒂帝音（紹 156a1）。

懘：懘丑芥反又音帶（龍 067/04）（慧 94/241b）。

瘹：瘹又音帝（龍 475/03）（玄 2/24a）（玄 8/117c）；須薲天或作須瘹天瘹音帝（玄 3/43a、慧 09/575a "須薲天" 註）。

薲：薲隨函音帝須薲天名①（龍 463/04）（玄 3/43a）；須滯天《道行經》作須薲天音徒計丁計二反（慧 44/286b "須滯天" 註）（慧 24/891a "須薲天" 註）。薲音帝②（龍 551/05）。//薲音帝③（龍 261/09）。薲征列反又《經音義》音帝④（龍 540/07）（慧 09/575a）；須滯天《道行經》作須薲天音徒計丁計二反（玄 5/68a "須滯天" 註）。薲《經音義》音帝與薲同頃薲天名也應法師作薲同又隨經音武出《挑沙經》（龍 139/04）（慧 24/891a）。

螮：螮音帶（龍 223/08）（玄 15/212a、慧 58/625b "青虹" 註）（玄 25/333c、慧 71/885a "虹電" 註）（慧 99/316a）。螮帝音（紹 163b3）。

墜：墜又古文音地⑤（龍 250/04）。墬古文音地（龍 250/04）。墬古文地字（龍 251/04）。墬古文地字（龍 297/09）。墬古文地字（龍 297/09）。墬古文音地（龍 077/03）。//坔：坔古文音地（龍 250/04）（龍 077/03）（慧 54/525a）。坔古文地字（龍 251/05）。坔古文音地（龍 250/04）。坔古文地字（龍 251/04）。

呬：呬丁利切（紹 183b10）。

杕：杕徒計反木盛皃（龍 384/02）。

釱：釱音大鉗釱又音弟以鑠加足也（龍 018/02）。

墑：墑丁歷反射墑（龍 252/04）。墑又俗音的（龍 247/05）。

甋：甋音的瓵甋甀也（龍 316/08）。

---

①參見《龍龕手鏡研究》339 頁。
②參見《叢考》250 頁。
③《叢考》：此字疑為 "薲" 的改易聲旁字（237）。
④參見《龍龕手鏡研究》371 頁。
⑤參見《龍龕手鏡研究》232 頁。

題：**題**梯弟二音小瓮也 （龍 315/09）（龍 341/07）。//**鍉**：**鍉**徒器反甌也香嚴音提 （龍 338/04）。

蹏：**蹏**音弟蹋也 （龍 464/05）。

迿：**迿**正的弔二音至也 （龍 494/03）。**迿**俗 （龍 494/03）。

棣：**棣**他計切又隊音 （紹 158b7）。**棣**音弟 （龍 383/05）。**棣**俗持計反正作棣 （龍 214/10）。

霆：**霆**帝音 （紹 203a6）。**庱**音帝庱栴也或作捷栴[①] （龍 300/10）。**逮**今有經本改作霆都計反 （玄 2/25a "逮子" 註）。

dian

diān 佔：**佔**丁兼反佔佪輕薄也一曰垂下皃又音店 （龍 026/01）。

戡：**戡**丁兼反戡掇稱量也 （龍 529/01）。**故**俗丁兼反 （龍 119/03）。**砍**揣也 （慧 49/407a）。**敁**音丁兼反 （慧 49/407a）。**敁**音丁兼反揣也 （玄 24/327c）。

貼：**貼**正丁兼丁念二反目垂皃 （龍 418/09）；閃字書或作貼同 （玄 17/234b、慧 74/947b "閃誑" 註）；睍或作貼 （慧 31/8a "睍伺" 註）。**瞫**俗 （龍 418/09）。

聑：**聑**丁兼反耳小垂也 （龍 314/03）。

顚：**顚**都年反塚也 （龍 302/02）。

槙：**槙**之忍切又顚音 （紹 159a10）；敥或從人作倈律文作槙非也 （慧 61/686b "一敥" 註）。

蹎：**蹎**正丁年反頓仆也 （龍 458/06）（慧 76/992a）（慧 48/377b）（慧 87/123a）。**蹎**丁賢反 （玄 4/58b）（慧 43/273b）（玄 7/102b）（慧 30/1044b）（玄 20/275a）（玄 22/287c）（慧 48/370b）（玄 22/293a）（慧 30/1044b）（紹 137b1）；顚又作蹎同 （玄 5/64c "顚沛" 註）（慧 52/473b "顚沛" 註）；僓又作蹎同 （玄 14/198b、慧 59/653b "僓蹶" 註）（玄 23/316c、慧 49/398a "僓蹶" 註）（慧 47/349a "僓倒" 註）；儞說文從足作蹎 （慧 2/435b "儞倒" 註）；癲亦作蹎 （慧 6/512b "癲癇" 註）；趡或從足作蹎 （慧 68/823a "趡蹶" 註）。**蹎**顚又作蹎同 （慧 44/285a "顚沛" 註）。**躴**顚又作躴同 （慧 44/285a "顚沛" 註）。//**蹎**：**蹎**或作 （龍 458/06）。**蹎**或作 （龍 458/06）。

①參見《叢考》393 頁。

趪：**趪** 典年反（慧68/823a）。**趪** 丁年反走皃也（龍324/02）。**趪** 蹎又作趪同（玄4/58b、慧43/273b"蹎蹶"註）（玄7/102b、慧30/1044b"蹎蹶"註）（玄20/275a、慧76/992a"蹎蹶"註）（慧30/1044b"蹎蹶"註）；俱又作趪同（玄14/198b、慧59/653b"俱蹶"註）（玄17/227b、慧67/814a"俱伏"註）（玄22/287c、慧48/370b"蹎僵"註）；傎説文從足作蹎又從走作趪（慧2/435b"傎倒"註）（慧87/123a"蹎蹟"註）。

騪：**騪** 都年反馬領白今戴星馬也（龍291/01）。

齻：**齻** 正丁年反齒末也（龍312/01）。//齻：**齻** 或作（龍311/10）。

顛：**顛** 都賢反（慧44/285a）（慧52/473b）（慧15/686a）（慧18/752b）（慧51/448b）（慧69/841a）（慧72/898a）。**顛** 丁年反墜也隕也（龍482/05）（慧88/134a"巔墜"註）；俱伏論文作顛伏非躰也（玄17/227b、慧67/814a"俱伏"註）（慧68/823a"趪蹶"註）；傎説文從足作蹎又從走作趪或作俱竝通經文通作顛俗用非本字也（慧2/435b"傎倒"註）（慧87/123a"蹎蹟"註）。**顛** 都賢反（玄5/64c）。**顛** 古文丁年反（龍544/03）（玄11/152c）；蹎蹶經文作顛厥非體也（玄4/58b、慧43/273b"蹎蹶"註）；顛經從二真作顛俗字誤也（慧15/686a"顛仆"註）（慧88/134a"巔墜"註）。//俱：**俱** 正丁年反倒也隕也（龍023/04）（慧67/814a）（慧67/816a）（慧14/680a）（紹128b9）；顛或從人作俱（慧15/686a"顛仆"註）（慧18/752b"顛墜"註）（慧69/841a"顛仆"註）。**俱** 都田反（玄14/198b）（慧59/653b）（玄17/227b）（玄17/228c）（玄23/316c）（慧49/398a）（慧47/349a）；蹎又作俱同（玄22/287c、慧48/370b"蹎僵"註）（慧2/435b"傎倒"註）（慧68/823a"趪蹶"註）。**俱** 俗丁年反（龍028/05）。//傎：**傎** 丁堅反（慧2/435b）；蹎又作～同（玄20/275a、慧76/992a"蹎蹶"註）（慧30/1044b"蹎蹶"註）（慧87/123a"蹎蹟"註）。**傎** 今丁年反倒也隕也（龍023/04）；蹎又作～同丁賢反（玄4/58b、慧43/273b"蹎蹶"註）（玄7/102b、慧30/1044b"蹎蹶"註）（慧69/841a"顛仆"註）。**傾** 俱又作傎同（慧67/814a"俱伏"註）。//戁音顛（龍065/04）。

巔：**巔** 丁堅反（慧88/134a）（紹161b10）。**巔** 都年反山頂也（龍070/03）；俱今經文從山作～誤也山頂也非經義（慧14/680a"俱倒"註）。

癲：**癲** 典年反（慧63/728a）（慧64/761b）。**癲** 丁年反癲狂病也（龍468/05）（慧62/715a）；

軫經從广作瘨非也（慧39/166a"痒軫"註）。瘨都賢反（玄13/181a）（玄21/282c）（紹192a9）；癲又作瘨同（玄5/70a"癲癎"註）（慧2/437a"癲癎"註）（慧6/512b"癲癎"註）（慧13/648b"癲狂"註）（慧37/146a"癲癎"註）（希3/373c"癲癎"註）。//癲：癲丁年反癲狂病也（龍468/05）（慧48/380b）（慧6/512b）（慧35/97b）（慧35/110b）（慧53/501a）（慧66/790b）。癲都賢反（玄22/295a）（慧3/453a）（慧18/752b）（紹192a9）。癲典年反（慧37/142a）（慧37/146a）（希3/370b）。癲典年反（慧32/28b）（慧43/254b）（希3/373c）。癲都賢反（玄5/70a）（慧13/648b）；瘨經作癲俗字也（慧32/28b"癲狂"註）（慧64/761b"瘨狂"註）。

diǎn 典：典丁繭反（玄14/186a）（慧59/633a）（玄24/327b）（慧70/873b）（希10/418a）。//厎：厎古文音典①（龍302/06）。

敟：敟音典主也常也（龍529/07）；典又作敟同（玄14/186a、慧59/633a"典領"註）（玄24/327b、慧70/873b"典荆伐"註）。敟音典（龍120/01）。

點：點丁忝反（龍241/02）（慧4/463b）（慧63/733b）。

刬：刬音點斫也（龍098/04）。

耆：耆正音點老人面上黑子（龍338/07）。耆俗音點（龍550/04）。耆俗（龍338/07）。耆（龍338/07）。

鉆：鉆都念反（龍338/05）。

睴：睴音點也（龍154/08）。

箽：箽音典葶藶子也（龍260/02）；箽又作箽（玄14/198a、慧59/653a"箽上"註）。

diàn 坫：坫都念反又知林反（龍250/10）（紹161b3）；店今作坫同（玄11/145a、慧52/458a"店肆"註）。

阽：阽余連反（龍296/04）（慧98/299b）。

店：店都念反店舍也又店置也（龍300/10）（玄11/145a）（慧52/458a）（希2/366c）。//髻：髻丁念反②（龍089/09）。鉆同上（龍089/09）。

---

① 《疏證》：疑為"典"字異體（104）。
② 《龍龕手鏡研究》："髻"乃"店"的俗字（37）。

屇： **屇**徒點反閉户也（龍303/07）（慧40/199a）（慧59/644a）（慧60/658a）（慧60/675b）（慧6

1/699b）（慧78/1050b）（希5/387b）（紹199a3）；**屎**律文作屇字（玄16/215a、慧65/774a"屎

户"註）。//鼻：**鼻**地點反門鼻（龍550/06）（慧58/612a）。**鼻**地點反門鼻（龍550/

06）；屇《蒼頡篇》作串（慧59/644a"屇户"註）。**甲**地點反（玄15/199a）。//樿：

樿正又徒點反屋梠（吕）名也（龍379/04）；屇《蒼頡篇》作樿（慧59/644a"屇

户"註）。**樿**或作又徒點反（龍379/04）；印［鼻］《蒼頡篇》作樿（玄15/199a、慧5

8/612a"户印［鼻］"註）。

砧： **砧**多忝反玉瑕缺也（龍436/02）（玄8/112c）（慧16/721b）（玄9/128b）（慧46/335b）（慧

22/834b）（慧22/844b）（慧40/193a）（慧80/1093a）（慧86/107a）（紹140b6）。**玷**新藏作砧

（龍436/06）。

唸： **唸**丁念唐練二反呻［呷］唸也（龍273/09）。

欿： **欿**丁練反呻也（龍355/03）。

磹： **磹**徒念反～～磹電光也（龍443/07）。

簟： **簟**正徒忝反（龍391/08）（紹160a8）。**簟**今（龍391/08）。**簞**簟正徒簟點切（紹155a4）。

驔： **驔**正（龍293/01）。**驔**今徒點反驔馬黄脊也（龍293/01）。

淀： **淀**正堂練反陂～泊屬也又淺水也（龍233/10）（慧94/238b）；**澱**論文作淀非此義

（玄9/121c、慧46/323b"潘澱"註）（慧37/140b"乾藍澱"註）。**淀**俗（龍233/10）。

靛： **靛**殿音（紹203a5）。

墊： **墊**點念反（慧31/6b）（慧42/239a）（慧87/132a）。**墊**都念反下也又徒叶反（龍251/

05）（慧82/38b）（慧85/92b）（慧97/290b）（希7/401c）（紹161a9）；**摰**經作墊俗字也（慧

42/239a"墊下"註）。**墊**都念反又徒叶反（龍251/05）。

窴： **窴**今又都念反下也窮也（龍158/09）。**窴**俗（龍158/09）。

霑： **霑**都念反早霜寒又涉立反小濕也又丁唊反（龍308/06）。

澱： **澱**堂練反（龍233/09）（玄9/121c）（慧46/323b）（玄15/200c）（慧58/615b）（玄15/207b）

（慧58/607a）（慧21/820b）（慧37/140b）（慧94/230b）（紹188b6）。//醫：**醫**澱律文作醫

非也（慧58/615b"酒澱"註）。**醫**澱律文作～非也（玄15/200c"酒澱"註）。

蕆：**蕆** 殿音（紹 198b1）。

壂：**壂** 音殿堂基也（龍 250/10）。

驏：**驏** 澱古文驏同（玄 9/121c、慧 46/323b "潘澱" 註）。

甸：**甸** 音電郊甸（龍 140/09）（慧 1/407b）（慧 83/57a）（紹 197a2）。**甹** 甸正殿音（紹 197a2）。

桺：**桺** 徒念反門桺（龍 383/07）。

奠：**奠** 徒見反（玄 15/212c）（慧 58/627a）；**飣** 經文作奠（玄 19/255b、慧 56/561a "雜飣" 註）。
奠 殿音（紹 176b10）。

蜓：**蜓** 正徒典反守宮異名也又音廷蜻蜓也（龍 223/03）。**蚚** 俗（龍 223/03）。**蚞** 俗（龍 223/03）。**蝏** �蜓經文作蠯蝏非體也（玄 20/268b、慧 33/56a "�蜓" 註）。

電：**電** 音殿（慧 38/155b）（慧 44/281b）（慧 53/493b）（慧 83/60a）（希 7/402a）。

diāo

diāo 刁：**刁** 都堯反（玄 2/31c）（慧 87/118a）（希 10/419a）（紹 203a9）。

刅：**刅** 丁聊反斷也（龍 097/05）。**刋** 音凋（龍 096/09）。//剉：**剉** 正丁聊反以取禾穗也（龍 097/05）。**剉** 今（龍 097/05）。**刋** 俗（龍 097/05）。

鳭：**鳭** 都聊反鳭鷯（龍 285/06）。

豿：**豿** 凋音（紹 166b5）。**豿** 俗都聊反（龍 318/05）。

蛁：**蛁** 都聊反蛁蟟茅中小虫也（龍 222/03）。

貂：**貂** 正都聊反（龍 321/06）（慧 60/655a）（慧 98/293b）（紹 173b5）。**貃** 今（龍 321/06）（紹 173b5）。

舠：**舠** 呼江切[1]（紹 146a1）。**舠** 音凋吳船也（龍 131/03）。//舠：**舠** 音凋子舡也（龍 131/03）。

凋：**凋** 音刁凋落傷弊也又半傷也（龍 187/03）（玄 19/257a）（慧 56/563b）（慧 6/496a）（慧 15/705a）（慧 88/144a）（慧 91/185b）。**凋** 有處卻作凋（紹 187b8）。

剮：**剮** 玉篇丁么反琢也（龍 97/01）；雕古文剮（玄 1/17c "雕文" 註）。

---

①此音切疑有誤。

彫：**彫**音凋（龍 188/06）（慧 16/726a）（慧 24/898b）（慧 32/45a）（慧 63/727b）（慧 67/808a）（慧 85/94b）（慧 99/325a）；雕今作彫同（玄 1/17c "雕文" 註）（慧 25/909b "雕文刻鏤" 註）；凋正作彫尒雅作雕古文作彫（慧 88/144a "凋訛" 註）（慧 91/185b "凋窘" 註）。

裔：**裔**都聊反大也多也（龍 356/09）。

婤：**婤**都聊反大也又音抽好兒也（龍 281/03）。

琱：**琱**音凋琱琢也（龍 434/07）；雕古文琱（玄 1/17c "雕文" 註）。

裯：**裯**音凋多也大也（龍 178/07）。

雕：**雕**古文音刁今作鵰字（龍 148/02）（玄 1/17c）（慧 25/909b）（慧 31/6a）；鵰籀文作雕（慧 27/972b "鵰鷲" 註）；彫經文作雕深違經旨非也（慧 32/45a "彫輦" 註）（慧 63/727b "彫飾" 註）（慧 88/144a "凋訛" 註）。//鵰：**鵰**都聊反（龍 285/06）（慧 2/424b）（慧 5/479a）（慧 25/907b）（慧 27/972b）（慧 38/160b）（慧 75/969b）（慧 76/1000a）（慧 78/1039a）（紹 165a3）；鵰[雕]籀文作鵰同（玄 6/82b "鵰鷲" 註）；彫集從鳥作鵰非也（慧 99/325a "彫牆" 註）。**鵰**俗（龍 285/06）。//**鵃**俗（龍 285/06）。

鬏：**鬏**音凋又音咒（龍 088/01）；髻文字集略從周作鬏（慧 89/151b "鬏年" 註）。

鯛：**鯛**都聊反魚名（龍 168/08）。

裒：**裒**又都聊反死人衣也（龍 101/09）。

乚：**乚**音鳥縣皃也（龍 550/01）（慧 79/1054b）（紹 203a9）。//紅：**紅**或作音鳥今作乚（龍 401/03）；乚又作～同（玄 13/172c、慧 57/599a "了乚" 註）。//**艜**俗音鳥今作乚（龍 401/03）。

鳥：**鳥**都了反飛鳥也（龍 284/10）。**鳥**彫了反是蟲與鳥是兩字也集連作**鸞**寫人深誤也（慧 99/320b）。

褣：**褣**凋鳥二音短衣也（龍 103/07）。

艜：**艜**音鳥舠艜小舩兒（龍 132/06）。

利：**利**正音鳥禾穗垂兒（龍 145/05）；衸集從禾作利非也（慧 97/285b "利祭" 註）。

帉：**帉**音鳥絹帉（龍 138/09）。

弔：**弔**的吊二音（紹 204a3）。**吊**吊正（紹 131b10）。**吊**吊正（紹 131b10）。**吊**吊正（紹 1

31b10)。

佻：**佻**正多叫反佻儻不當兒也（龍034/07）。**佻**俗（龍034/07）。

掉：**掉**徒了反又尼角反（龍211/05）（玄2/16b）（玄15/199b）（慧58/612b）（玄16/223a）（慧64/758a）（玄16/224a）（慧64/747b）（玄18/242b）（慧72/912b）（慧1/415b）（慧4/475a）（慧11/612a）（慧14/664a）（慧15/706b）（慧26/938a）（慧29/1029a）（慧30/1054a）（慧35/110a）（慧39/172a）（慧51/433b）（慧51/448a）（慧66/785a）（慧69/837a）（慧78/1041b）（慧78/1048b）（慧100/340b）（紹132a4）；磔經文作掉疑誤也（玄13/177a、慧53/496b"梟磔"註）；挑正作掉（慧12/624a"小挑"註）；調録文從手作掉誤（慧80/1087b"調戲"註）。//**擿**徒弔反同掉（龍214/10）。

埠：**埠**徒弔丁立知角三反（龍519/08）。

錭：**錭**他弔反鉎錭也（龍017/08）。

調：**調**徒吊反（玄2/30c）（玄5/65a）（玄9/127a）（慧46/332b）（玄16/222b）（慧64/757b）（玄21/281a）（玄22/296b）（慧48/382b）（慧13/653b）（慧44/282a）（慧51/442b）（慧64/749b）（慧74/942b）（慧80/1087b）（希6/396c）。

鞗：**鞗**徒了反（龍449/08）。

碉：**碉**他弔反碉習也（龍347/07）。

訋：**訋**丁了反挈也（龍046/03）。

釣：**釣**雕叫反（慧31/8a）（慧85/90b）。//**鮉**多叫反（龍170/04）；釣或作鮉（慧31/8a"釣躾"註）（慧85/90b"下釣"註）。

瘹：**瘹**音弔瘹星狂病也（龍476/04）。

篠：**篠**條了反（慧98/296b）。//**籈**：**籈**他弔反洗器也又徒弔反畚也（龍329/01）。

藋：**藋**徒弔他弔二反（龍262/05）（紹155b9）。

鴌：**鴌**音鳥（龍508/07）（紹194b3）。

die

diē 苵：**苵**徒結反（龍263/10）（紹154b9）。

跌：**跌**徒結反（龍468/03）（玄5/68a）（慧34/94a）（玄8/117b）（慧32/40b）（玄10/132a）（慧49/406a）（玄17/234a）（慧70/860a）（慧26/933b）（慧53/501a）（慧62/702a）（慧64/749b）（希8/409c）（希9/416b）（紹137a9）；迭聲類從足作跌非此義也（慧89/156b "迭相" 註）。**跣**跌篆作～通（慧64/749b "差跌" 註）。

爹：**爹**端邪切（龍178/04）（玄1/9a）（慧17/742b）（紹203b7）。

扡：**扡**丁也反（龍341/04）（紹149a1）。

diē 抶：**抶**又丁涉反抶打也（龍215/10）（慧54/510b）；捻説文作抶（慧18/762b "捻箭" 註）。**抶**正丁叶反又陟葉反（龍215/07）。**拽**俗（龍215/06）（玄13/174b）。

帙：**帙**又或作丁兼他叶二反衣領也正合作帙裖二字（龍063/04）。**帙**（龍063/04）。

迣：**迣**丁叶反迣遰走也（龍494/04）。

呭：**呭**丁叶反多言也又喫一頓也（龍278/05）。**啜**丁叶反多言也又喫一頓也（龍278/05）。

怹：**怹**徒結反惡性也（龍063/05）。

彧：**彧**徒結反常也利也又國名（龍174/02）（龍527/03）。

垤：**垤**田結反（龍251/06）（玄7/103c）（慧24/892b）（玄13/176a）（玄19/257b）（慧56/564b）（玄20/266b）（慧4/463b）（慧95/246b）（慧98/307b）（紹161a6）；胅經文作垤（玄1/12a、慧42/232a "胅眼" 註）；凹凸或作宭垤也（慧14/662a "凹凸" 註）（慧49/405a "凹凸" 註）。

絰：**絰**徒結反（龍404/07）（玄1/9a）（慧17/742b）（慧86/112a）（紹190b9）。

臺：**臺**田結反（慧88/149a）（慧99/326b）（紹203a10）。**臺**俗徒結反（龍556/03）。**臺**田結反（慧96/267a）。**臺**徒結反（龍338/08）。

喹：**喹**正丁結陟栗二反（龍276/06）（玄4/59c）（玄8/115b）（紹184a9）；唧經文作喹非此義（玄7/93a、慧28/995b "啾唧" 註）。**喹**俗（龍276/06）（玄6/90c）。**頃**俗（龍276/06）。

瞳：**瞳**丁結反瞳瞤也（龍423/05）。

闑：闑丁結反門閞也（龍 095/09）。

怢：怢佗結切又姪音（紹 130b2）。

迭：迭正徒結反（龍 493/07）（玄 21/286b）（慧 16/723b）（慧 32/47a）（慧 38/163b）（慧 51/439b）（慧 77/1013a）（慧 89/156b）（慧 100/337b）（紹 138a6）；遞論文作迭二形通用宜依字讀（玄 17/231c、慧 70/856a "遞為" 註）（慧 51/446b "自他遞互" 註）。迭俗（龍 493/07）。

昳：昳由結反日昃也（龍 429/09）（玄 7/101a）（玄 15/200b）（慧 58/614b）（紹 171a6）；凸經文作昳非體也（玄 5/72b、慧 33/57b "凸髖" 註）。

肤：肤徒結反骨肤也（龍 415/08）（紹 136a9）。//骹：骹俗徒結反（龍 481/07）。

砆：砆徒結反砲砆也（龍 445/02）。

突：突徒結反（龍 510/04）（紹 194b10）；凹凸蒼頡篇作容突同（玄 10/136b "凹凸" 註）（玄 11/143b、慧 56/554b "凸腹" 註）（玄 19/258a、慧 56/565b "凹凸" 註）（玄 23/318c、慧 50/428b "凸出" 註）。

眣：眣徒結反目出也（龍 423/04）（玄 1/12a）（慧 42/232a）。//眰又俗同上（龍 423/05）。

瓞：瓞正徒結反瓜瓞也（龍 196/01）。瓞俗（龍 196/01）。瓞徒結反從瓜正（龍 331/03）。徒結反從瓜正（龍 331/03）。瓞徒結反從瓜正（龍 331/03）（紹 174b7）。//颫：颫音弗香嚴又田結反小爪也（龍 331/04）。颫俗（龍 196/01）。

詄：詄徒結反忘念也又弋質反（龍 051/03）。

趺：趺徒結反（龍 090/08）。

軼：軼徒結反（龍 086/01）（玄 7/102c）（慧 30/1046b）；溢亦作軼（慧 27/978b "盈溢" 註）。

閯：閯徒結反閬閯鄭城門也（龍 095/03）。

鴃：鴃徒結反或作鴃（龍 289/06）（玄 7/102c）（慧 30/1046b）；雉經文作鴃（玄 8/118b "烏雉" 註）。鴃音逸鷸～鳥也（龍 289/06）。

堞：堞俗徒葉反城上垣也即女牆也（龍 251/06）（玄 3/46b）（慧 10/581a）（玄 12/159a）（慧 53/483b）（玄 19/256b）（慧 56/562b）（慧 4/467a）（慧 21/821b）（慧 23/867b）（慧 53/485b）（慧 83/51a）（希 2/365a）（紹 161a8）。堞俗（龍 251/06）（紹 161a8）。堞正（龍 251/06）（玄 3/46b）（慧 10/581a）（紹 161a8）。堞正徒葉反（龍 251/06）（慧 32/44a）。壜甜叶反（慧 8/540b）（慧

20/795b)。//**墆**俗同上［堞］（龍 251/06）。//**陳**俗音牒[1]（龍 298/01）。

㦫： **㦫**恬叶反（慧 96/264b）。 **㦫**正徒叶反恐懼也（龍 063/08）。 **㦫**通（龍 063/08）。

殜： **殜**直葉反（龍 516/03）（紹 144b4）。

牒： **牒**通徒叶反牋牒（龍 362/04）（慧 49/409b）（慧 85/90a）（慧 85/100a）（慧 85/101b）（慧 92/196a）（慧 97/291a）；諜字書從片作牒傳文從言諜（慧 94/233b "古諜" 註）。 **陳**徒頰反（玄 3/36c）。 **𦜏**今（龍 362/04）（慧 09/571b）（慧 21/811a）；疊律文作㦫［牒］非字義（玄 14/186a、慧 59/633b "四疊" 註）。//牒： **㡀**俗音牒（龍 038/09）。 **俆**俗音牒（龍 038/09）。

裸： **裸**帖律文作裸非此用（慧 59/635a "應帖" 註）。 **祼**俗[2]（龍 108/02）。 **裸**牒音（紹 168b1）。//裸： **裸**徒協反（慧 64/758b）。 **㯫**帖律文作裸非此用（玄 14/187a "應帖" 註）。

蝶： **蝶**恬叶反（慧 61/693b）。 **蝶**甜頰反（慧 14/664b）。 **蝶**正徒叶反蛺～也（龍 224/08）。 **蛱**今（龍 224/08）（慧 41/218b）（慧 60/674b）（希 1/356c）。 **蝶**蝶經作～俗字（慧 14/664b "蠡蝶" 註）。

諜： **諜**正音牒反問也（龍 052/06）（慧 39/171a）（慧 39/174b）（慧 94/233b）（紹 185b1）；牒義合從片作牒傳從言作諜非也（慧 92/196a "圖牒" 註）（慧 97/291a "玉牒" 註）。 **諜**今（龍 052/06）（慧 75/986b）（紹 185b1）。 **謀**薛音（紹 185b1）。 **諜**牒論文從言作～（慧 85/90a "牒盈" 註）。

蹀： **蹀**正徒叶反～躞行不穩也（龍 466/08）（玄 8/114c）（慧 34/77b）（慧 95/246b）。 **踥**今（龍 466/08）（慧 93/221a）。 **蹀**通（龍 466/08）（慧 24/901a）。 **蹋**舊藏作蹀音牒（龍 465/02）；蹀傳文作～誤也（慧 93/221a "蹋蹀磚" 註）。

鰈： **鰈**貪盍反（慧 85/96a）。

𪐶： **𪐶**正（龍 533/03）。 **黕**正（龍 533/03）。 **縣**今徒叶盧叶二反竹裏黑皃也（龍 533/03）。

𣂃： **𣂃**恬挾反（慧 81/15b）。 **𣂃**恬協反（慧 100/332b）。 **𣂃**徒俠反（玄 15/204b）（慧 58/602b）（玄 16/217a）（慧 65/777b）（慧 62/721a）（慧 64/749a）（慧 82/29a）（希 9/413a）；疊論文又作𣂃音同疊二形隨作（玄 9/120b、慧 46/320b "四疊" 註）（玄 14/186a、慧 59/633b "四疊" 註）；

---

①參見《叢考》127 頁。
②此字《龍龕·衣部》列為 "襄" 字俗體，但據字形當是 "裸" 的俗字。

氎經作褻非也（慧 37/137b "白氎" 註）（慧 37/145b "白氎" 註）。褻正音牒重衣也（龍 1

08/02）（紹 168b1）。褺俗（龍 108/02）。褋或作（龍 108/02）。

蟄：蟄音牒徐步也（龍 465/02）；蹀或作蟄（慧 24/901a "蹀蹀" 註）（慧 95/246b "蹀躞" 註）。

疊：疊徒叶反重也積也墮也累也明也（龍 154/06）（玄 9/120b）（慧 46/320b）（玄 11/148c）（慧

52/466a）（玄 14/186a）（慧 59/633b）（玄 19/260b）（慧 8/539a）（慧 16/726b）（慧 53/489a）（慧 9

1/188a）（紹 196b8）；慴經文作疊非體也（玄 5/64c、慧 44/285a "震慴" 註）；褋經文作疊

非也（慧 11/617a "褋裏" 註）；氎經文單作疊非本字（慧 14/680a "白氎" 註）；氎經文

作疊亦通（慧 53/488b "氎衣" 註）；褻律文作疊乖此義（慧 62/721a "襞褻" 註）（慧 81/1

5b "襞褻" 註）。疊徒叶反正體今作疊（龍 430/05）；改為三田作疊（慧 8/539a "重疊"

註）（慧 16/726b "疊栱" 註）（慧 53/489a "疊磋" 註）。疊徒叶反正體今作疊（龍 430/05）。

氎：氎正徒葉反西國毛布也（龍 136/05）（慧 56/569a）（慧 4/470a）（慧 14/680a）（慧 27/975b）

（慧 29/1022a）（慧 30/1047b）（慧 31/5a）（慧 33/67b）（慧 34/79b）（慧 35/97b）（慧 41/215b）（慧

37/137b）（慧 37/145b）（慧 40/197b）（慧 40/198b）（慧 53/488b）（慧 55/539b）（慧 64/757a）（慧 6

4/759b）（慧 65/767b）（慧 68/819b）（慧 78/1046a）（希 5/384c）（希 5/388b）（紹 145a5）（紹 196b

8）；疊字體作氎（玄 11/148c、慧 52/466a "白疊" 註）；褻正合作氎（慧 100/332b "白褻"

註）；綀切韻作氎（希 8/409b "綀藜" 註）。氎俗（龍 136/05）。//氎俗通（龍 136/05）；

疊古文氎同（玄 11/148c、慧 52/466a "白疊" 註）（玄 13/177c、慧 52/479b "有氎" 註）（慧 55

/539b "白氎" 註）。氎氎字書作氎經本作綖（慧 40/197b "漬其氎" 註）（慧 65/767b "龐氎"

註）。//氎徒叶反與氎同（龍 109/06）。//綖：綖又徒叶反西國布綖也[1]（龍 404/03）

（希 8/409b）；氎或從糸作綖本無此字譯經者權制之故無定體（慧 35/97b "氎縷" 註）

（慧 65/767b "龐氎" 註）（希 5/384c "用氎" 註）（希 5/388b "織氎" 註）。

轇：轇徒叶反車聲也（龍 085/08）。

躞：躞音牒小走聲（龍 464/09）。

熠：熠徒叶反～治也（龍 362/04）。

嶙：嶙徒結反嶙嶼高山皃也（龍 078/03）。

---

①參見《龍龕手鏡研究》310 頁。

孩： 孩 丁夜反（龍366/04）（紹150b2）。

鞁： 鞁 亭夜反響梵音（龍198/05）（龍366/04）（慧39/168a）（希5/389b）（紹150b2）。 鞁 亭夜反又丁夜反（龍366/04）。

遰： 遰 達也切（紹149a2）。

ding

dīng 丁： 丁 都亭反（玄12/160b）（慧75/983a）（玄15/201b）（慧58/617a）。

仃： 仃 音丁伶仃獨也（龍027/04）。

叮： 叮 音丁叮嚀也（龍269/09）。

阠： 阠 音丁丘名（龍295/09）。

芀： 芀 音丁芀香也（龍255/05）。

玎： 玎 音丁（龍435/07）（玄5/76a）（紹141a7）。 珂 竹耕反（慧40/190a）。

耵： 耵 音頂耵聹耳垢也（龍314/05）（玄20/273c）（慧75/980b）。

疔： 疔 音丁（慧39/166a）。 疔 俗音丁（龍470/09）（紹192b2）。

靪： 靪 丁頂二音補履也（龍447/09）。

釘： 釘 音丁鐵釘也又去聲釘拴物也（龍008/06）（慧10/593b）（慧61/683a）（希8/405b）（紹180b8）。

dǐng 頂： 頂 丁挺反（慧30/1048a）。//顥： 顥 籀文音頂（龍485/08）。 顥 籀文音頂（龍485/08）。

鼎： 鼎 都挺反（玄13/169c）（慧50/416b）（慧57/596a）（慧97/274b）。 鼎 鼎正頂音（紹149a4）。 鼎 鼎正頂音（紹149a4）。 鼎 正音頂三足兩耳亦鎗属（龍137/06）（龍421/02）。 鼎 鼎正頂音（紹171b1）。 斯 鼎正頂音（紹175b7）。 折 鼎正頂音（紹171b1）。 斯 俗（龍137/05）。 斯 俗（龍137/05）。 鼎 都挺反（玄10/135a）。 斯 俗（龍137/05）。 鼎 古文音頂（龍184/06）。 鼎 古文音頂（龍550/08）。 鼎 音頂（龍427/01）。 鼎 音頂（龍151/06）。//鏑： 鏑 鼎正頂音（紹180b10）。

濎： 濎 都挺反（慧80/1088a）（慧99/323b）。 鼎 音頂（龍232/06）。//湏： 湏 濎或作湏（慧

99/323b“渟濘”註）。

㞟：㞟音頂展也（龍 163/08）。

酊：酊音頂酩酊酒過多也（龍 310/07）。

dìng 矴：矴正丁定反石矴也（龍 443/04）（玄 15/204a）（慧 58/622a）（玄 16/217a）（慧 65/777b）。//磸：磸俗（龍 443/04）；矴經文作磸近字也（玄 16/217a、慧 65/777b“下矴”註）。//碇：碇俗（龍 443/04）。//碠：碠俗（龍 443/04）；矴律文作碠非也（玄 15/204a、慧 58/622a“到矴”註）。

訂：訂他丁徒頂二反評議也又丁定反逗遛也（龍 042/05）（玄 25/336b）（慧 71/889a）（玄 17/225b、慧 67/810b“評曰”註）（慧 80/1073a）（慧 91/185a）（紹 185b10）。

飣：飣丁定反貯食也（龍 502/08）（慧 76/995b）（紹 172a5）。//肙：肙丁定反貯食也又音丁（龍 414/01）；丁經文作肙都定反非也（玄 12/160b、慧 75/983a“肥丁”註）。

椗：椗梵語真言句嘲革反（慧 32/38b）；倀擿更反借用本無此字或有從木也作楨或作椗皆俗字也非正也（慧 35/99a“倀像”註）。

錠：錠音定錫屬又音殿（龍 16/09）（玄 5/69a）（玄 7/105a）（玄 9/127c）（玄 13/179b）（慧 10/582a）（慧 11/617b）（慧 17/736a）（慧 20/803a）（慧 34/84a）（慧 45/317a）（慧 46/334a）（慧 77/1020b）（慧 94/224a）（紹 181a4）；庭經文作錠非也（玄 1/6c、慧 17/738b“庭燎”註）（玄 10/133c、慧 49/409a“庭燎”註）（慧 19/785a“庭燎”註）；此定字經文從金作錠非也書寫人筆誤也錠鐙也非經義也（慧 76/995a“求定”註）。

頙：頙丁定反題也（龍 486/02）。

鋌：鋌徒頂反（慧 52/468b）（慧 29/1020a）（慧 29/1029b）（慧 35/107b）（慧 40/188b）（慧 40/200b）（慧 49/396b）（慧 60/670b）（慧 78/1043b）。鋌徒頂反金銀鋌也（龍 015/01）（玄 11/149c）（玄 16/214c）（慧 65/773b）（紹 181a3）。

dong

dōng 涷：涷音冬水名（龍 228/04）。

笯：**笯**音冬竹名（龍 389/08）。

豻：**豻**音冬獸似豹有角（龍 321/08）。

鼕：**鼕**今徒冬反鼓聲也（龍 337/01）。**鼕**通（龍 337/01）（紹 174b4）。**鼟**俗（龍 337/01）。**鼕**俗（龍 337/01）。**鼕**冬沖二音（龍 182/01）。

菄：**菄**音東菄風草也又俗音練①（龍 256/03）。

徚：**徚**音東行皃也又羊刃反（龍 497/01）。//倲：**倲**音東獨行皃也（龍 028/01）。

蝀：**蝀**音東又音董（龍 219/04）（玄 15/212a、慧 58/625b "青虹" 註）（紹 163b6）。

雑：**雑**德紅反鳥名（龍 148/04）。

dǒng 懂：**懂**懂正童音（紹 130a8）。

董：**董**童董二音（紹 156a7）。

揰：**揰**覩鵑切毋[昌]董切（紹 133b10）。

dòng 洞：**洞**徒貢反（玄 3/40c）（慧 09/563b）（玄 5/66b）（慧 34/88b）（玄 12/166b）（慧 55/545b）（慧 21/818b）（慧 23/856a）（慧 30/1051b）。**洞**徒弄反（慧 22/853a）。

挏：**挏**俗音洞（龍 214/07）。

逈：**逈**今徒弄反過也亦通達也（龍 492/07）；洞古文逈同（玄 5/66b、慧 34/88b "洞清" 註）（玄 12/166b、慧 55/545b "洞然" 註）（慧 22/853a "洞徹" 註）。//運：**運**或作（龍 492/07）。

姛：**姛**正音動項直皃（龍 282/06）。**姛**俗（龍 282/06）。

恫：**恫**徒弄反悿恫不得志皃也又音通痛也（龍 060/05）。

眮：**眮**徒弄反瞋目顧視皃也亦轉目也（龍 422/04）。

𦘕：**𦘕**徒弄反正作𦘕（龍 526/07）。**𦘕**徒弄反舩纜所繫木也（龍 173/07）。

詞：**詞**今音洞諗詞言急過也（龍 047/04）（玄 21/278c）（慧 13/645a）（慧 16/715a）。**調**調經從周作調書誤也（慧 13/645a "調疾" 註）。**詞**古（龍 047/03）。

駧：**駧**徒弄反馬去急也（龍 293/03）。**駧**舊藏作駧徒弄反馬去急也（龍 293/04）。

涷：**涷**東弄反（慧 83/48b）。

---

① "又俗音練" 意即又爲 "菄" 之俗字。

棟：**棟** 多貢反 （龍 382/07）（玄 6/81b）（玄 7/92c）（慧 28/995b）（玄 14/190a）（慧 21/818b）（慧 23/861a）（慧 27/970b）（慧 32/42b）（慧 80/1070b）（慧 83/51b）（慧 97/276b）（希 2/363c）（紹 157a10）。**棟** 都弄反 （慧 59/639b）。

辣：**辣** 多貢反獸名似羊一角一目目在耳後又音東 （龍 160/05）。**辣** 俗多貢反又音東正作辣 （龍 551/04）。

鬃：**騄** 多弄反～鬆毛髮乱皃 （龍 090/02）。

湩：**湩** 都弄反又都勇反 （龍 233/06）（玄 4/61a）（玄 8/109a）（慧 28/1006b）（玄 12/163a）（慧 75/967b）（慧 75/985b）（玄 17/236c）（慧 74/951a）（玄 20/267b）（慧 33/54a）（慧 12/621b）（慧 33/64b）（慧 54/521a）（慧 57/594b）（慧 78/1047b）（慧 79/1052b）。//橦：**橦** 竹用反 （龍 322/03）。**橦** 竹用反[1] （龍 336/07）。**鍌** 俗奴回奴最二反[2] （龍 547/03）；湩經文作鍌奴罪反非也 （玄 12/163a、慧 75/967b "湩現" 註）。//辣 **辣** 舊藏作湩[3] （龍 321/10）。

動：**動** 徒董反 （玄 4/62b）（慧 42/247b）（慧 6/502b）。//遁：**遁** 動古文遁同 （玄 4/62b、慧 42/247b "動他" 註）。//徸：**徸** 又古文動字 （龍 497/08）；動古文從彳作徸 （慧 6/502b "遷動" 註）。//勭：**勭** 動李斯書嶧山碑從童作勭 （慧 6/502b "遷動" 註）。//遒：**遒** 動又從走作遒同 （慧 6/502b "遷動" 註）。

撛：**撛** 俗音動 （龍 212/07）。

嗩：**勭** 徒弄反大歌聲也又胡貢反 （龍 275/03）。

韻：**韻** 徒弄反鐘聲 （龍 178/02）。

dou

dōu 侸：**侸** 當侯反佔侸輕薄也一曰垂下皃 （龍 026/01）。

剅：**剅** 兜婁二音或作跔 （龍 359/04）（龍 096/09）；鬭論文從刀作剅誤也 （慧 84/76a "相鬭" 註）。

哾：**哾** 正都侯反多言也 （龍 267/01）。**嘲** 俗 （龍 267/01）。**嗰** 俗 （龍 267/01）。//咮：**咮** 音

---

① 《叢考》：此字蓋 "橦" 字俗省 （530）。
② 參見 《字典考正》288 頁。
③ 參見 《叢考》1019 頁。

兒[兜]多言貌 (龍 269/07)。

詢：䚟丁侯反小裂兒也 (龍 359/03)。

睭：睭當矣反睭眵目汁睭 (龍 419/09)。

兜：兜都頭反 (玄 1/8b) (慧 15/690b) (慧 17/741b) (慧 24/891a) (慧 31/12b) (慧 37/147b) (慧 74/941b) (慧 81/9b) (紹 148b6)；筼傳文作兜即鎧也非本義也 (慧 89/160a "馬筼" 註)。兜當侯反 (龍 545/01)。兜俗音兜 (龍 544/07)。兜兜正當侯切 (紹 148b6)。兜俗得侯反正作兜 (龍 431/01)。兜俗得侯反正作兜 (龍 431/01)。兜兜正當侯切 (紹 175b1)。兜俗得侯反正作兜 (龍 431/01)。兜①俗得侯反 (龍 364/04)。兜俗音兜 (龍 323/03)。兜兜經文從自從児作～或作兜並非不成字 (慧 37/147b "兜娑" 註)。兜古文音兜 (龍 329/07)。兜俗音兜 (龍 025/05)。//繸都侯反應師作兜 (龍 398/04)。

筼：筼斗侯反 (慧 89/160a)。筼正當矣反 (龍 390/09)。筼俗 (龍 390/09)。筼俗當侯反正作筼 (龍 391/03) (紹 160a10)。

繸：繸兜音 (紹 191a3)。

鎝：鎝鎝徒口反酒器也或作鍮② (龍 016/01)。

dǒu 斗：斗兜偶反 (慧 87/118a) (玄 18/250c) (慧 73/936a) (希 10/419a)；芊或作斜此宜作斗字 (玄 15/208a、慧 58/608a "田芊" 註)。升斗論作升誤也 (慧 87/118a "刁斗" 註)。//斜：斜又香嚴作斗音 (龍 015/01) (紹 181a10)；芊或作斜 (玄 15/208a、慧 58/608a "田芊" 註)。

抖：抖當口反抖擻 (龍 211/09) (慧 59/644a) (慧 17/731b) (慧 60/657b) (慧 62/721a) (慧 64/749a) (慧 69/845a) (慧 75/982a) (希 9/415c) (紹 133a2)；斗經文作抖非字體 (玄 5/68b、慧 44/286b "斗藪" 註) (玄 18/250c、慧 73/936a "斗藪" 註)；斗擻經文作抖揀二形 (玄 11/140b、慧 56/547b "斗擻" 註)。拱又俗音斗 (龍 211/09)。枓斗藪律文作枓楝非體也 (玄 15/208a "斗藪" 註)。

枓：枓正音斗 (龍 381/06) (慧 81/2a) (紹 159a4)；抖揀又作枓楝 (玄 14/192c、慧 59/644a "斗擻" 註)。枓誤音斗 (龍 381/06)。

---

① 《叢考》：此字當是 "兜" 的俗字 (914)。
② 《龍龕手鏡研究》：此字乃 "鎝" 字之訛 (146)。

芏： 芏都口反（玄 15/208a）（慧 58/608a）。

蚪： 蚪正音斗（龍 222/10）。蚪俗音斗（龍 222/10）（慧 88/135b）。

斜： 斜天口反姓也又香嚴作邪斗二音①（龍 015/01）（紹 181a10）。

陡： 陡音斗（龍 296/10）。//阧： 阧音斗（龍 296/10）。

㨫： 㨫音斗（龍 135/08）。

dòu 豆： 豆田候反（希 5/387b）。

逗： 逗音豆（龍 492/02）（玄 6/87b）（慧 89/162a）。

郖： 郖音豆地名（龍 456/09）。

梪： 梪音豆又俗音短（龍 382/05）；短今經文從木作梪非也（慧 15/701b "短命" 註）（慧 80/1080a "長短" 註）（慧 99/314a "短褐" 註）。梪又俗音豆（龍 211/08）（紹 132a7）。

誈： 誈都豆反誈譖不能言也（龍 048/06）；豆經文有作誈非經旨（玄 6/87b "句豆" 註）。

鐙： 鐙②又徒口反（龍 016/09）；鎙（鐙）今作鐙（龍 016/01 "鎙" 註）。

䤰： 䤰丁侯反（龍 359/03）（玄 20/265a）（慧 31/8a）（紹 200b7）；䤰或作䤦䤰二形皆非本字（希 9/412c "斤䤰" 註）。//嘟： 嘟經音義作䤰音兜（龍 270/04）。

荳： 荳音豆（慧 81/13a）（希 6/396c）。

裋： 裋音豆祭裋又音祥緣也（龍 112/08）。

姁： 姁鬪豆二音美女也（龍 283/07）。

腄： 腄音豆（龍 359/09）。腄音豆（龍 413/07）（慧 85/90b）（紹 136a9）。

毭： 毭音豆毭㲉也（龍 136/03）（龍 359/09）。

鞳： 鞳音豆車鼓名又鞍具（龍 450/05）。

鬪： 鬪都豆反鬪競也（龍 553/05）（慧 74/944a）。鬪正都豆反鬪竸也（龍 094/02）（慧 76/1000a）（慧 84/76a）。鬪得候反（慧 31/17b）（慧 55/529a）；鬪傳文從門作～者誤（慧 74/944a "馬鬪" 註）。鬪斗豆反（慧 20/794a）。鬪今（龍 094/02）（慧 44/291a）；鬪今作門中䤰者俗通用（慧 84/76a "相鬪" 註）。鬪都豆反乱也（龍 094/02）。鬪鬪從門從尌作鬪

①"又香嚴作邪、斗二音"，意指"斜"用作"斜""斗"二字。
②《龍龕手鏡研究》："鐙"音"徒口反"即"鋀（鐙）"字之俗（146）。

者非也（慧 20/794a "鬪諍" 註）（慧 76/1000a "鬪諍" 註）。**鬪** 鬭正（紹 195b1）。**鬥** 鬪正（紹 195b1）。**閗** 俗（龍 094/02）。**鬦** 俗（龍 094/02）。

餖：**餖** 音豆（慧 76/995b）。**餖** 都豆反（龍 503/04）（玄 19/255b、慧 56/561a "雜飣" 註）。

酘：**酘** 音豆酒酘也（龍 310/08）。

蒴：**蒴** 正徒口反草蓐也（龍 260/09）。**蒴** 或作（龍 260/09）。**蕫** 音徒斗反（玄 23/307c "杜多" 註）。**蕫** 音徒斗反（慧 47/355b "杜多" 註）。

斣：**斣** 今都豆反亂也又角力走也又物之俱等也（龍 334/01）。**斣** 或作（龍 334/01）。

竇：**竇** 正音豆（龍 509/02）（玄 7/100c）（慧 30/1038a）（玄 15/202b）（慧 58/618b）（玄 16/219a）（慧 65/771b）（慧 62/700a）（慧 92/200b）（紹 194b8）；逗 或作竇（慧 27/982b "句逗" 註）。**窬** 俗音豆（龍 509/02）。**竇** 音豆水～也（龍 308/07）。//瀆：**瀆** 音豆與竇同（龍 234/01）（紹 188b6）；竇經文作瀆（玄 7/100c、慧 30/1038a "四竇" 註）。

讀：**讀** 音豆（龍 049/03）；豆經文又作讀未見所出（玄 6/87b "句豆" 註）。

du

dū　都：**都** 都胡反（玄 21/286a）（慧 44/288b）（慧 22/842b）（慧 22/852a）。**鄀** 古文都字（龍 454/05）（慧 88/139a）。

嘟：**嘟** 俗音都（龍 269/04）。

簹：**簹** 音都竹名（龍 389/05）。

醏：**醏** 音都釀醏也（龍 309/10）。

肚：**肚** 音都胍肚大腹也又皆去聲（龍 409/09）。

瘄：**瘄** 正都毒反（龍 445/08）（紹 163a1）。**瘏** 俗（龍 445/08）。

督：**督** 督正丁目切（紹 142b4）。**督** 正冬毒反勸也正也察也理也（龍 429/08）（玄 5/67a）（慧 24/892a）（慧 64/752a）（慧 19/789a）（紹 171a3）；揩古作督也（慧 12/622b "相揩" 註）。**替** 今（龍 429/08）（高 59/655a）。**替** 都木反正作督（玄 7/100a）（玄 16/223b）。**替** 丁木切（紹 171a3）。**替** 俗字也正作督（慧 19/789a "勸督" 註）。

裻：**裻** 正音篤新衣聲也又先篤反（龍 108/05）。**裻** 俗（龍 108/05）。

褶： 褶正（龍108/04）。 褶今冬毒反衣背縫也（龍108/04）。//襩： 襩或作（龍108/04）。//裯： 禱或作（龍108/04）。 褶俗（龍108/04）。

剢： 剢丁木反～力（刀）鋤也（龍101/01）。

屪： 屪今冬毒反尻屪（龍165/01）。 屁俗（龍165/01）。

穀： 穀斗擻北人言穀穀（玄14/192c、慧59/644a"斗擻"註）；通俗文斗藪謂穀穀（玄18/250c、慧73/936a"斗藪"註）。 穀都故切（紹149b6）。 穀斗藪謂之穀穀（玄15/208a、慧58/608b"斗藪"註）。

dú　獨： 獨同祿反（慧99/324a）。//髑： 髑俗音獨（龍162/05）。

儥： 儥獨蜀二音儥倲短醜皃也（龍037/09）。

韣： 韣燭蜀獨三音皆弓衣也（龍177/02）（慧96/269a）。//韣： 韣音獨（龍177/04）。

髑： 髑徒木反髑髏（玄9/122a）（慧46/324a）（慧5/480a）（慧13/659a）（慧15/704b）（慧62/697b）（慧75/966b）（希3/368a）（紹147a10）。//顒： 顒獨音（紹170b1）；髑髏古文顒顒二形同（玄9/122a、慧46/324a"髑髏"註）（慧5/480a"髑髏"註）（慧75/966b"髑髏"註）（希3/368a"髑髏"註）。

騳： 騳正音獨（龍289/07）。 鷔或作音獨（龍289/07）；獨鷔集作鷔鷔俗撰字也（慧99/324a"獨鷔"註）。

騳： 騳音獨驉～野馬也（龍294/04）。

馬： 馬音獨馬行皃也（龍294/04）。

毒： 毒同鹿反（慧24/887a）（慧60/664a）（慧96/271a）（希3/373c）。 毒徒斛反（慧8/537b）（慧100/344a）。 毒同篤反（慧3/452a）（慧90/175a）（慧94/223b）；毒經作毒隸書訛也（慧8/537b"碜毒"註）（慧24/887a"慘毒苦"註）；碜黷今別傳作黲毒二字並誤（希10/419a"碜黷"註）。

碡： 碡音毒碌碡田器也（龍445/01）。

匵： 匵音獨（龍193/02）。

瀆： 瀆徒木反（龍236/06）（玄12/161b）（慧28/992b）（玄16/221c）（玄20/272a）（慧75/973a）（玄22/297c）（慧48/384b）（慧88/138b）；媟嬻經文作泄瀆非體也（玄20/273c、慧34/89b"媟

嬻"註）。

嬻：**嬻**音獨媟嫚也（龍 284/01）（玄 14/196a）（慧 59/649b）（玄 20/273c）（慧 34/89b）（紹 142a3）；黷或從女作嬻（慧 13/645b "塵黷" 註）（慧 87/124b "再黷" 註）。//䙡：**䙡**俗音獨（龍 494/06）（龍 493/09）；古文䙡嬻二形今作黷同（玄 14/196a、慧 59/649b "媟嬻" 註）（玄 16/221c、慧 65/764b "媟瀆" 註）（慧 13/645b "塵黷" 註）。

牘：**牘**音獨（龍 362/03）（慧 31/12a）（慧 87/124a）（慧 96/267b）（紹 149a4）。**犢**牘正讀音（紹 175b10）。

犢：**犢**音獨（龍 117/05）（玄 15/199a）（慧 58/612a）（慧 36/119a）（慧 39/178b）（希 5/386b）（紹 167b1）。

櫝：**櫝**音獨函也又曰小棺（龍 385/09）。

殰：**殰**音獨殤胎也又肉［內］敗曰殰也（龍 516/01）。

韇：**韇**音獨弓袋也又滑也（龍 124/03）。

璷：**璷**音獨圭名也（龍 438/07）。

嶆：**嶆**音讀溪谷名（龍 526/03）。

韥：**韥**音獨箭箙也（龍 451/03）。

黷：**黷**音獨塵黷也垢黑也（龍 532/09）（慧 65/764b）（玄 21/278c）（慧 13/645b）（慧 83/59a）（慧 84/79a）（慧 84/80b）（慧 87/117b）（慧 87/124b）（慧 88/134b）（慧 88/149a）（慧 96/269a）（慧 97/290a）（希 10/419a）（紹 190b2）；古文䙡嬻二形今作黷同（玄 14/196a、慧 59/649b "媟嬻" 註）（玄 16/221c、慧 65/764b "媟瀆" 註）；讟傳文從黑作黷非也（慧 89/153b "謗讟" 註）。

櫝：**櫝**徒木反櫝旗也（龍 137/02）。

讀：**讀**讟集本作讀通俗字（慧 96/266b "毀讟" 註）。

讟：**讟**徒谷反謗讟也（龍 051/03）（玄 22/302a）（慧 48/391b）（玄 25/337a）（慧 71/890a）（慧 34/78a）（慧 39/165b）（慧 44/291a）（慧 60/658b）（慧 60/667a）（慧 80/1081b）（慧 86/103b）（慧 89/153b）（慧 96/266b）（希 10/419b）（紹 185b2）。

鍒：**鍒**音毒觿鍒舌也（龍 020/02）。

dǔ 堵：**堵**都古反垣～（龍 249/02）（玄 22/289b）（慧 48/372b）（玄 22/298c）（慧 48/386b）（慧 2/432

b)（慧 3/442a）（慧 5/484b）（慧 21/827a）（慧 92/199a）（紹 160b7）。**𥪡**籀文音覩今作琽（龍
548/08）。

敧：**敧**音覩伴也（龍 530/02）。

琽：**琽**音覩（龍 436/04）。

睹：**睹**音覩朝欲明也（龍 427/02）（紹 170b8）。

賭：**賭**今音睹戲賭也（龍 350/06）（玄 15/210c）（慧 58/623b）（慧 45/308a）（慧 62/712a）（慧 94
/234a）。//賭：**賭**或作（龍 350/06）；賭又作賭同（慧 58/623b "共賭" 註）（慧 45/308a
"共賭" 註）。**睹**俗覩妬二音（龍 420/09）；賭又作～同（玄 15/210c "共賭" 註）。

覩：**覩**都古反（玄 21/277c）（慧 4/461b）（慧 67/806b）；睹或從見作覩（慧 35/97a "瞻睹" 註）
（慧 98/301b "共賭" 註）（慧 99/314b "瞻睹" 註）（希 5/387a "瞻睹" 註）。//睹：**睹**音覩（龍
420/06）（慧 35/97a）（慧 78/1038a）（慧 98/301b）（慧 99/314b）（希 5/387a）（紹 142b5）。**睹**俗
都覩二音（龍 409/07）。

篤：**篤**冬毒反厚也（龍 394/09）。

督：**督**音覩人名也（龍 421/03）。

叝：**叝**冬毒反瓠叝（龍 196/01）。

dù　杜：**杜**徒古反（玄 5/64c）（慧 56/565a）。**杜**徒古反（慧 44/285a）（慧 23/877b）（希 10/421c）。
　　　杜徒古反（玄 19/257c）（慧 2/427b）（慧 3/440b）（中 62/718a）。

肚：**肚**徒戶反（慧 15/706a）。**肚**徒古當古二反（龍 410/09）。

靯：**靯**徒古反鞴靫別名也（龍 449/09）。

瓲：**瓲**徒古反（慧 16/725a）。**瓲**正徒古反瓶也又口含反亦瓦器也（龍 249/05）（慧 62/70
0a）。**瓲**通（龍 249/05）。**瓲**瓲正杜音又枯含切（紹 160b7）。

疰：**疰**當故反乳病也又竹嫁反（龍 476/01）（紹 193a3）。

秅：**秅**丁故反禾束也又縣名（龍 146/04）。//秅：**秅**丁故反（龍 146/04）。**秅**又縣名（龍
144/05）。

死：**死**當故反死敗也（龍 515/05）。

酹：**酹**當故知嫁二反祭奠酒爵也（龍 536/07）。

妒： **妒** 正當故反害色也（龍282/09）（慧8/538a）（慧13/648a）（慧14/676b）（慧14/679b）（慧15/688b）（慧15/706b）（慧16/710a）（慧16/719b）（慧27/968a）（慧30/1048a）（慧39/169a）（慧39/178b）（慧76/999b）（慧100/340b）（紹141b10）；**妬** 正從户作妒（慧32/29a "嫉妒" 註）。

//妬： **妬** 通（龍282/09）（玄24/325c）（慧17/731a）（慧32/29a）（慧40/191a）（慧86/116a）（紹141b10）；妒經從石作妬誤也（慧13/648a "妒心" 註）（慧39/178b "妒裔" 註）（慧76/999b "嫉妒" 註）（慧100/340b "嫉妒" 註）。**姤** 俗（龍282/09）（玄6/80b）（慧70/871a）（慧30/1048a）；妒俗用從后或從石者並非也（慧14/676b "妒嫉" 註）（慧14/679b "嫉妒" 註）（慧15/688b "離妒" 註）（慧15/706b "嚬妒" 註）（慧16/710a "嫉妒" 註）（慧16/719b "嫉妒" 註）（慧17/731a "嫉妬" 註）（慧76/999b "嫉妒" 註）（慧100/340b "嫉妒" 註）。

度： **度** 徒故反（玄24/325c）（慧70/871b）（玄17/234a）（慧70/860b）（慧21/822a）（希5/384a）。**疨** 俗音度[1]（龍473/04）。**瘏** 俗（龍473/04）。**茪** 音度[2]（龍130/03）。

堘： **堘** 徒古反填也（龍249/06）。//廒： **敊** 杜古文廒同（玄5/64c、慧44/285a "杜門" 註）（慧56/565a "皆杜" 註）。**廒** 杜說文作廒同（玄19/257c "皆杜" 註）。

簇： **簇** 音度蚕也（龍393/05）。

鍍： **鍍** 音度以金飾物也又音徒（龍018/01）（紹180b3）。

被： **被** 覩杜二音桑木皮也（龍123/04）。

蠹： **蠹** 正當故反（龍223/09）（玄8/116a）（慧65/770b）（慧49/397a）（慧17/736b）（慧49/396b）（慧77/1018a）（慧78/1048b）（慧83/43b）（慧84/76b）（慧86/110b）（慧88/148b）（慧90/167b）（慧98/295a）（紹163b7）。**蠧** 蠹正丁故切（紹174a8）。**蠹** 蠹正都故切（紹163b7）。**蠢** 都故反（慧95/256b）。**蠹** 丁故反（慧30/1049b）（慧30/1052b）。**蠹** 蠹正都故切（紹163b7）。**蠹** 俗當故反（龍223/09）。//蠹： **蠹** 古當故反（龍223/09）；蠹或作蠹象蠹在木間象形字也（慧49/396b "眾蠹" 註）（慧86/110b "蠹木" 註）（慧98/295a "蠹木" 註）。**蠹** 俗當故反正作蠹（龍444/03）。**蠹** 俗當故反正作蠹（龍444/03）（玄16/218b）（玄23/316a）（紹163a3）；蛀此應蠹字（玄16/215a、慧65/774b "蛀蛀" 註）；蠹譜作～誤也（慧77/1018a "道蠹"

---

① 《叢考》：似皆 "度" 的訛俗字（791）。
② 《叢考》：此字疑即 "度" 的訛俗字（98）。

註）。**嘉**丁故反（玄 7/105a）（玄 21/285a）。**害**俗當故反正作蠹（龍 444/03）。

殬：**殬**當救反敗也（龍 200/08）。

塢：**塢**徒古反鳥名也（248/07）。

duan

duān 耑：**耑**音端（龍 071/04）（玄 13/178a）（慧 52/481a）（紹 162b7）；湍或作耑（玄 11/150b、慧 52/469a "夷湍" 註）。

偳：**偳**俗音端（龍 024/09）。

端：**蕭**正端字（慧 92/202b）。**端**覩官反（慧 7/525b）（希 8/410b）。**端**俗音端（龍 519/01）。

褍：**褍**音端衣長又衣正幅（龍 103/08）。**稨**俗音端①（龍 110/03）。

稨：**稨**正（龍 145/01）。**稨**今丁果反禾垂兒又音端（龍 145/01）。

鍴：**鍴**正（龍 011/09）。**鍴**今音端鑽也（龍 011/09）。

簹：**簹**音端竹名（龍 390/05）。

觲：**觲**正（龍 511/04）。**觲**今音端角觲獸名狀如豕角善為弓（龍 511/04）。

竱：**竱**音端齊等也又上聲又音博（龍 518/08）。

duǎn 短：**短**都管反（慧 3/449a）（慧 15/701b）（慧 16/712a）（慧 24/890b）（慧 45/300b）（慧 50/426a）（慧 69/839b）（慧 74/958a）（慧 80/1080a）。**短**俗音短（龍 331/07）。**帕**俗音短（龍 331/07）。**帕**俗音短（龍 331/07）。**挏**都管反促也不長也（龍 211/08）；挏古文短字也今作短也（慧 78/1034a）（紹 132a7）；短經文從手作挏非也不成字也（慧 16/712a "瘦短" 註）（慧 24/890b "長短" 註）（慧 45/300b "短促" 註）（慧 69/839b "短命" 註）（慧 74/958a "頸短" 註）。**短**多管反②（龍 125/05）。**姮**又俗音短（龍 283/07）。//**尌**挏正堵緩切（紹 200b7）；短或從手作挏與經本同或從寸作～俗字也（慧 24/890b "長短" 註）（慧 50/426a "短促" 註）。

duàn 段：**段**團亂反正體段字（慧 79/1065a）。**段**段正徒斷切（紹 204a1）。**段**徒玩反（慧 2

①《叢考》：此字疑為 "褍" 的俗字（704）。
②參見《字典考正》237 頁。

2/837a）；斷傳作段人姓也本義殊乖也（慧83/54b "斷食" 註）。**厩**古文徒亂反（龍302/09）。**敃**郭氏又俗音徒乱反（龍087/05）。

腶：**腶**俗大乱下（丁）亂二反（龍297/07）。

葮：**葮**又徒玩反（龍255/07）（紹154a5）。

椴：**椴**又徒亂切（紹158a5）。

鍛：**鍛**端亂反（慧68/823b）。**鍛**端亂反（慧61/685b）（慧61/699b）（慧75/972b）。**鍛**都灌反（慧8/543b）（慧16/717b）（慧31/17a）（慧50/417a）（慧55/536a）（慧98/308b）（紹18 0a5）。**鍛**都亂反（慧11/613b）（慧14/662b）（慧16/711b）。**鍛**正都貫反打鐵也鎚也小冶也（龍016/07）。**鏵**俗（龍016/07）。

斷：**斷**正都管反絕也又徒管反亦絕也截也又都貫反絕～也（龍137/04）（慧3/452b）（慧18/765a）（慧25/908a）（慧25/917b）（慧27/970a）（慧51/449a）（慧62/703b）（慧83/54b）（慧93/211a）（希6/391b）（希6/395c）。**断**音段（慧10/593a）（慧10/596b）。**斷**俗（龍137/04）（慧2/428b）。**斷**都管反（慧23/868b）（慧23/869b）（慧23/881a）（慧26/937a）；斷今經文作～皆隸書從省略也（慧10/596b "能斷" 註）（希6/391b "伺斷" 註）。**斷**斷正杜管都玩徒玩三切（紹191a5）。**断**都緩反（玄1/17a）（慧19/773a）（慧26/941a）（慧26/950a）；斷有作～俗字也（慧3/452b "斷截" 註）（希6/391b "伺斷" 註）（希6/395c "斷緒" 註）；斷經文有作断錯書非也（慧39/165b "斷腭" 註）。//劅：**劅**古文都貫反（龍551/08）。**斷**斷古文劅同（玄2/17a "當斷" 註）。**醖**斷或作～古字也（慧3/452b "斷截" 註）。//**斷**斷或作～古字也（慧3/452b "斷截" 註）。**斲**古文徒短反（龍137/06）。**斷**古文都貫反（龍137/07）。**嚁**斷古文劅同①（玄2/17a "當斷" 註）。//剬：**剬**徒亂反（龍099/02）。//**剬**俗短斷二音（龍359/07）。

躂：**躂**他短反行速（迹）也（龍461/06）。

瑖：**瑖**徒亂反（龍552/04）。**瑖**團亂反（慧63/728b）。**瑖**瑖律文從夕作～非也（慧63/728b "瑖壞" 註）。

---

①參見《疏證》289頁。

dui

duī 搥：**搥**都廻反摘也又直追反棒也又搥髻也（龍 210/07）（玄 4/57a）（玄 9/122b）（慧 46/324a）（慧 52/455b）（慧 34/82a）；椎又作搥非字義（玄 6/87c "椎鍾" 註）（慧 86/105a "椎匈" 註）；磓又作搥同（慧 58/607b "磓墼" 註）（慧 89/151a "砧鎚" 註）。**搥**都雷反（慧 43/266b）（玄 12/155b）（慧 80/1085b）；磓又作搥同（玄 15/207b "磓墼" 註）。**搻**都回反搻撲物也（龍 208/05）。//庫：**庫**古文都廻反庫撲物也今作搻（龍 299/05）。

酋：**酋**都同反酟酋醜面也（龍 346/08）。

餿：**餿**正都囘反餿子也（龍 499/08）。**餜**俗（龍 499/08）。**餧**俗（龍 499/08）。//餵：**鎚**俗（龍 499/08）。

頧：**頧**都回反毋頧夏冠名也或作追（龍 482/06）。

磓：**磓**都回反（龍 440/04）（慧 58/607b）（紹 163a3）；搥又作磓同（玄 9/122b、慧 46/324a "搥壓" 註）（玄 12/155b、慧 52/455b "搥砰" 註）；垍押字正體作磓押正體作壓（慧 26/949a "打擲垍押" 註）。**磓**丁廻反（玄 15/207b）。**砳**都廻反經文從追誤也（慧 79/1065b）。

鎚：**鎚**丁囘切（紹 172a4）。

堆：**堆**正都回反土聚丘阜也（龍 245/09）（玄 6/86b）（慧 6/513b）（慧 12/629b）（慧 24/895a）（慧 24/900b）（慧 25/926b）（慧 27/980b）（慧 32/37a）（慧 41/208a）（慧 35/108a）（慧 37/145a）（慧 47/349a）（慧 64/754a）（慧 78/1044a）（慧 81/2a）（慧 83/51a）（慧 88/137b）（慧 100/341b）（希 3/369a）（希 6/393a）；垍或從土作堆亦同（慧 3/447b "垍阜" 註）（慧 23/874b "坑坎垍阜" 註）。//厴：**厴**玉篇音堆都回反（龍 302/03）；堆或作厴古字也有作垍俗也（慧 41/208a "堆阜" 註）（慧 37/145a "土堆" 註）（希 6/393a "土堆" 註）。//𠂤：**𠂤**丁回反（龍 546/03）（慧 17/730b）（慧 30/1050b）（慧 31/17b）（慧 76/1006a）（慧 77/1019a）；堆古文𠂤同（玄 6/86b "堆阜" 註）（慧 12/629b "堆阜" 註）（慧 24/900b "堆阜" 註）（慧 37/145a "土堆" 註）（慧 77/1023a "大垍" 註）（慧 100/341b "堆愓" 註）（希 6/393a "土堆" 註）。//垍：**垍**通（龍 245/09）（慧 3/447b）。**垍**俗（龍 245/09）（慧 26/949a）（慧 54/523b）（慧 77/1023a）；堆有作垍（慧 25/926b "堆阜" 註）（慧 27/980b "堆阜" 註）（慧 100/341b "堆愓" 註）。**垍**俗（龍 245/09）（紹 160b

10）。垖都回反（龍 537/08）。塠堆正都回切（紹 160b10）。埠堆正都回切（紹 160b10）；堆經作埠或作～並非也（慧 35/108a“花堆”註）（慧 47/349a“雪堆”註）。埠堆正都回切（紹 160b10）。垖自皀經文作～皁俗字也（慧 31/17b“自皀”註）（慧 41/208a“堆阜”註）。//塠塠俗（龍 245/09）；堆有作塠俗也（慧 41/208a“堆阜”註）（慧 37/145a“土堆”註）（慧 47/349a“雪堆”註）。塠俗（龍 245/09）（慧 23/874b）（紹 160b8）；垍經文作塠俗字也（慧 3/447b“垍阜”註）（慧 30/1050b“自皀”註）（慧 76/1006a“自皀”註）（慧 77/1019a“灰自”註）；堆經文作塠俗字也（慧 6/513b“堆阜”註）（慧 12/629b“堆阜”註）（慧 24/895a“堆阜”註）（慧 24/900b“堆阜”註）（慧 32/37b“堆皀”註）（慧 77/1023a“大垍”註）（希 3/369a“堆阜”註）（希 6/393a“土堆”註）。堆録作塠俗字也（慧 81/2a“大堆塔”註）（慧 88/137b“龍堆”註）。垖堆正都回切（紹 161a1）。

陮：陮都回反（慧 8/538a）；堆古文陮同（玄 6/86b“堆阜”註）（慧 6/513b“堆阜”註）。

痽：痽俗丁回反（龍 469/08）。痽都回反病名也（龍 471/07）。

嵟：嵟都回徒外二反（龍 072/07）。

硊：硊多雷反（龍 453/06）。邵多雷反（龍 453/06）。

duì 兑：兑徒外反（玄 13/181c）（慧 54/519b）（紹 203b3）。兑兑正徒對切（紹 148b5）。兑徒外切（紹 203b3）。

綐：綐徒外反細紬也（龍 402/08）。

鞔：鞔徒外反補也（龍 450/07）。

鋭：鋭徒外反鋭矛也（龍 018/04）。

對：對正對字傳文作對俗字也（慧 89/153a）。對都内反説文漢文帝以言多非誠信故去言去口從士作對經從至非也（慧 2/431b）（慧 7/525b）（慧 13/645b）（慧 14/672a）（慧 49/405a）（慧 100/341a）。對俗音對（龍 274/08）。

儯：儯音對儯市也（035/02）。

懟：懟直類反（龍 66/08）（玄 2/24c）（玄 15/208b）（慧 58/609a）（玄 16/214b）（慧 65/773b）（玄 21/280a）（慧 12/634a）（慧 13/651a）（慧 19/779a）（慧 26/930b）（慧 39/168a）（慧 80/1080a）（慧 89/150a）（慧 99/317b）。懟懟正直類切（紹 131b5）。//譵：譵直類反怨言也（龍 50/0

1）；懟古文譵（玄 2/24c "懟恨" 註）（玄 15/208b、慧 58/609a "懟恨" 註）（慧 13/651a "忿懟"

註）（慧 26/930b "懟恨" 註）（慧 39/168a "酬懟" 註）（慧 99/317b "高懟" 註）。

轛：**轛** 音對車箱又陟類反車横軨也（龍 084/07）。

礨：**礨** 正徒對反（龍 308/01）（慧 34/88b）（慧 98/306a）。**礨** 徒對反（龍 308/01）（玄 5/66b）（紹

144a6）。**礨** 徒對反（龍 308/01）。**礨** 徒對反（龍 308/01）。**礨** 徒對反（龍 308/01）。

埻：**埻** 都罪反木實垂也（龍 519/05）。

憝：**憝** 音隊與譈同怨也惡也（龍 068/05）。憞：**憞** 徒對反惡心也又都昆反（龍 060/05）。

憞 佗冤切（紹 130b10）。//譈：**譈** 徒對反怨也惡也（龍 048/05）。

鐓：**鐜** 俗徒對反（龍 017/06）。**鐓** 正徒對反矛下銅也（龍 017/06）（玄 20/268b）（慧 33/56a）

（慧 94/226a）（紹 180b2）。**鐵** 俗音敦（龍 010/09）。**鐓** 鐓正徒對都崖二切（紹 180b2）。

錞 又音隊矛下銅也（龍 010/07）。

隊：**隊** 徒對反（龍 297/08）（玄 12/154c）（慧 52/453b）（慧 96/271b）；墜說文作隊（慧 1/405b

"業墜" 註）（慧 33/51b "殞墜" 註）。

骰：**骰** 徒對反髑～愚人也（龍 481/04）。

祋：**祋** 都活丁外二反祋祤縣名也（龍 113/08）。**祋**（龍 113/08）。**祋**（龍 113/08）。**祋** 都

活丁外二反祋祤縣名從示 正（龍 109/03）。**祋**（龍 109/03）。**祋**（龍 109/03）。

碓：**碓** 音對杵臼也（龍 444/05）（慧 100/332b）（紹 162b9）。

腜：**腜** 都罪反腜胎大腫兒（龍 411/06）（龍 323/07）。**腜** 都罪反腜服大腫也（龍 323/07）。

𤲮：**𤲮** 徒罪反（龍 192/01）。

dun

dūn 惇：**惇** 淳亦作脖～論作淳俗用字也（慧 66/787a "淳質" 註）；惇說文作～集本作敦通用

字也（慧 95/245b "惇厐" 註）（慧 97/281a "惇史" 註）。**惇** 都昆反厚也樸也大也信也（龍

52/07）（玄 1/12a）（慧 42/232b）（慧 4/462b）（慧 95/245b）（慧 97/281a）（慧 97/291a）（紹 130a6）；

敦古文惇同（玄 2/27a "敦喻" 註）（玄 22/293a、慧 48/377b "敦肅" 註）（玄 23/307a、慧 47/3

54b "敦肅" 註）。**惇**多昆反厚也信也（龍 54/02）。**犉**①都昆反（龍 210/08）。

弴：**弴**通都昆反弴畫也天子弴弓也（龍 150/09）。**弴**正（龍 150/09）。**張**或作（龍 150/09）。

敦：**敤**都昆反正作～經作敦俗字也（慧 36/123a）。**敦**都昆反（龍 118/05）（龍 334/10）（玄 2/27a）（玄 22/293a）（慧 48/377b）（紹 150a8）；**惇**古文敦同（玄 1/12a）（慧 42/232b）（玄 20/264b）（玄 23/307a）（慧 4/463a）（慧 26/936a）（慧 43/259a）；今經文從文作敦猶迫也非經義從心作惇正也（慧 4/463a "惇肅" 註）（慧 95/245b "惇庬" 註）（慧 97/291a "惇史" 註）。**敦**都昆反（龍 334/10）。**鞍**（龍 334/10）。**敤**（龍 334/10）。**敳**古文音敦（龍 119/06）。**毅**敦正丁魂切又頓音（紹 150a8）。//**覃**音敦（龍 198/09）。**覃**音敦②（龍 198/09）。**覃**古文音敦（龍 339/04）。

瓲：**瓲**正（龍 316/02）。**瓲**今都昆反器似甌瓶（龍 316/02）。**瓲**正都昆反瓦器似甌瓶（龍 334/10）。**瓲**俗（龍 334/10）。

墩：**墩**都昆反（龍 246/08）（紹 161b4）。**墼**丁魂切（紹 161b4）。

燉：**燉**徒昆反（龍 238/05）（慧 28/1002b）（慧 77/1022b）（慧 80/1071b）（慧 80/1081b）（慧 83/46b）（慧 89/151b）（慧 100/330b）（希 10/421b）（紹 190a1）。

鞼：**鞼**都昆反胡人酒器鞈～也（龍 447/08）。

驐：**驐**都昆反去畜勢也（龍 292/03）。

蹲：**蹲**正音存（龍 458/02）（玄 6/83c）（慧 13/654a）（慧 15/703a）（慧 24/886b）（慧 27/974b）（慧 42/238a）（慧 45/314b）（慧 54/522b）（慧 57/583b）（慧 61/695b）（慧 62/700a）（慧 69/846a）（慧 78/1043a）（慧 79/1063a）（慧 80/1078b）（慧 86/107b）（慧 89/154b）（慧 95/256b）（慧 98/293b）（希 7/399c）（紹 137a9）；噂嗏今録從足作蹲踏非也（慧 87/121b "噂嗏" 註）。//**蹲**俗（龍 458/02）。

dùn 伅：**伅**徒損反（慧 30/1037b）（慧 74/954b）（慧 39/175a）；渾沌亦從人作倱伅（慧 81/10b "渾沌" 註）。**伅**徒損反倱伅也（龍 030/01）（玄 7/100b）（玄 12/158a）（玄 13/170b）（慧 16/725b）（紹 128a6）。

---

①參見《疑難字考釋與研究》542 頁。
②《叢考》：這二字疑皆為 "敦" 的訛俗字（312）。

沌：**屯** 狁穩反（慧 81/10b）（慧 99/327b）。**沌** 沌正徒門徒本二切（紹 188a10）。**沌** 徒本反混沌也（龍 231/05）；焜伅又作混沌同（玄 12/158a "焜伅" 註）（玄 13/170b、慧 16/725b "焜伅" 註）。

庉：**庉** 徒損反樓墙也（龍 300/03）。**庉** 庉正杜本杜困二切（紹 193a3）。

坉：**坉** 徒損反速也又以草裹土築城及填水也（龍 248/06）。

扽：**扽** 都困反撼扽也（龍 215/03）。**托** 音慎[頓]①（龍 215/04）。**扽** 頓音（龍 217/08）。

笔：**笔** 徒損反（慧 40/188b）。**笔** 徒損反（龍 391/08）（玄 5/76a）（紹 160a7）。

鈍：**鈍** 豚頓反（慧 3/450b）（慧 34/89b）（慧 4/458b）（慧 6/515a）（慧 7/524a）（慧 7/528a）（慧 30/1041a）（慧 33/53a）（慧 69/841b）（慧 72/908b）（慧 78/1047b）（慧 91/188a）。**鈍** 徒悶反頑也不利也（龍 016/07）（玄 20/273c）（玄 21/278c）（慧 5/495a）（慧 13/644a）（慧 13/656a）（慧 17/732a）（慧 31/18b）。**鈍** 新藏作鈍（龍 016/08）。

飩：**飩** 徒昆反（慧 58/618a）。**飩** 徒昆反（龍 500/02）；麩經從食作餛或作飩並俗字非也（慧 35/108a "乳麩" 註）。

盾：**盾** 食尹反干盾即矛盾也（龍 420/02）（玄 3/47b）（慧 30/1049b）（玄 17/229a）（慧 67/817b）（玄 17/237a）（慧 74/952a）（慧 10/585b）（慧 68/824a）（慧 83/65b）（慧 84/75a）（慧 91/188a）（慧 97/285b）（紹 150b4）；遁論作盾遜俗用字（慧 87/117b "肥遁" 註）。**盾** 食尹反正作盾字干盾（龍 302/06）。**盾** 食尹反（龍 420/02）。//瞤：**瞤** 尺准反（龍 141/08）。

遁：**遁** 音鈍（龍 491/09）（玄 1/8a）（玄 8/111b）（玄 13/175c）（玄 20/267a）（慧 17/740b）（慧 33/62a）（慧 55/537b）（慧 33/53b）（慧 87/117b）（希 5/384c）（希 10/418b）（希 10/420b）（紹 138a5）；遜字書作遁論從肉作遜俗字（慧 86/113b "遜世" 註）（慧 88/133b "隱遜" 註）（慧 88/142b "遜世" 註）（慧 99/314b "流遜" 註）（慧 99/329a "遙遜" 註）。**遁** 音鈍（龍 491/09）。//遜：**遜** 或作（龍 491/09）（慧 86/113b）（慧 88/133b）（慧 88/142b）（慧 95/256b）（慧 99/314b）（慧 99/329a）（紹 138b4）；遁今作遜同（玄 1/8a、慧 17/740b "遁走" 註）（玄 8/111b、慧 33/62a "遁藏" 註）（玄 13/175c、慧 55/537b "隱遁" 註）（玄 20/267a、慧 33/53b "遁邁" 註）（慧 87/117b "肥遁" 註）（希 10/418b "隱遁" 註）（希 10/420b "流遁" 註）。**遜** 音鈍（龍 491/09）。**遜** 遜集

①按 "慎" 疑即 "頓" 字形訛。

從逐作䢞誤寫（慧99/329a "遙遯" 註）。//遯 遯説文作遶古字（慧86/113b "遯世" 註）（慧88/142b "遯世" 註）（慧99/329a "遙遯" 註）。遯（龍491/09）。//遂：遝 遁今作遂同（玄1/8a、慧17/740b "遁走" 註）（玄13/175c、慧55/537b "隱遁" 註）（慧99/329a "遙遯" 註）。//趏 徒困反①（龍325/05）。//踵：蹱 俗徒困反（龍464/01）。

围：囤 徒損反小廩也（龍175/04）。

箟：箘 盾音（紹156a5）。

頓：頓 都困反（慧74/949b）（慧1/411b）（慧15/689b）（慧20/791a）（慧22/841a）（慧60/675a）；敦經文作頓非也（慧43/259a "敦喻" 註）；鈍或作頓（慧78/1047b "頑鈍" 註）。頓 都困反（玄17/235c）（慧18/759b）。頴 都困反②（龍486/07）；敦經文作頓非也（玄20/264b "敦喻" 註）；頻來此應誤宜作頓來也（初編玄910 "頻來" 註）。//攱：攱 頓或作攱（慧18/759b "頓弊" 註）攱 或作音頓（龍530/06）。

迊：迊 徒本反玉篇云迓迊違天下也（龍489/07）。

duo

duō 多：呙 音多（龍545/07）。呙 多正（紹203a3）。㫈 音多（龍368/05）。㚇 音多（龍348/03）（龍368/05）。//㚒 俗音多（龍543/04）。//夥 音多（龍178/09）。

塔：塔 音多見經音義（龍246/07）（慧31/21a）。䔥 忌望羈三音（龍519/09）（玄4/50c）。䔥 望音又敬宜俱羽二切（紹156b3）。

呐：呐 正都骨反～叱也呵也（龍275/10）（玄2/23c）（玄6/85c）（玄14/184c）（慧59/631b）（玄20/265b）（玄24/322b）（慧70/866b）（慧1/418b）（慧5/492a）（慧27/978b）（慧38/156a）（慧72/901b）（慧78/1047a）（慧94/223b）（慧96/259a）。//嘥：嘥 俗（龍275/10）；呐經文從口作嘥非也（玄20/265b、慧43/261a "呐咤" 註）。

剟：剟 陟劣反刊也（龍100/06）（慧81/21b）（紹139b10）。

毆：毆 都活切（紹176a8）。

---

①《龍龕手鏡研究》："趏" 當為 "遁" 之異體（276）。
②參見《龍龕手鏡研究》352 頁。

庫：庫多賀反（玄 2/18a）（玄 12/164a）。瘒丁賀反（慧 55/543b）。

duó 掇：掇多括反又陟劣反（龍 216/03）（玄 20/273b）（慧 75/980a）（慧 36/127b）（慧 91/185a）（慧 93/211b）（紹 134b2）；劂傳中從手作非也（慧 81/21b "每劂" 註）。掇俗多括反正作掇（龍 387/03）。

庀：庀音託（龍 301/10）；度或作庀古字也（慧 6/512a "比度" 註）。

侘：侘徒各反徵也（龍 063/02）（慧 94/241b）；度或作侘古字也（慧 6/512a "比度" 註）（慧 94/241b "侘憨" 註）。忙徒各反徵也（龍 063/02）；侘字書正從度作憻又作忙（慧 94/241b "侘憨" 註）。

頔：頔徒各反又丑格反（龍 487/04）（玄 19/254b、慧 56/559b "顱顡" 註）；髑髏或名頔（慧 5/480a "髑髏" 註）。

度：度唐各反（玄 18/244b）（慧 72/915b）（玄 25/334b）（慧 71/886a）（慧 2/430b）（慧 3/444b）（慧 3/450b）（慧 6/512a）（慧 11/611b）（慧 11/619a）（慧 29/1015a）（慧 35/100a）（慧 39/174b）（慧 49/404a）（慧 66/795b）（慧 84/72a）。庀度古文作庀（慧 66/795b "推度" 註）。//憻：憻徒各反忖也（龍 063/02）（慧 3/450b）；度或作憻亦同（慧 6/512a "比度" 註）（慧 35/100a "共度" 註）（慧 39/174b "度量" 註）（慧 94/241b "侘憨" 註）。

劋：劋徒各反（龍 100/03）（紹 139b10）。

喥：喥徒各反（龍 277/04）。

踱：踱徒合反又丑畧反與辵同（龍 467/02）（玄 16/221a）（慧 65/763b）；跊三蒼作踱又作跡同（玄 14/187a、慧 59/635a "徒跊" 註）。跰舊藏作踱音鐸（龍 467/02）。//跰俗徒角反踱跊足皃（龍 465/04）。//躎俗（龍 465/04）。

諕：諕徒各反欺也（龍 051/05）。

襗：襗徒各反褻衣也又音亦衣襦也（龍 108/01）。

韃：韃徒各反鞁～也（龍 451/03）。

鐸：鐸徒各反大鈴也（龍 019/02）（玄 23/311c）（慧 47/363b）（慧 1/412a）（慧 4/467a）（慧 5/485b）（慧 6/506a）（慧 7/522a）（慧 11/606a）（慧 29/1024b）（慧 34/80a）（慧 36/122a）（慧 40/192b）（希 4/378c）（希 5/389b）（希 7/400b）（紹 180a4）。鐸唐洛反（慧 62/712b）。

膗：膗徒各反肥兒也（龍416/01）。

瘃：瘃徒活反馬脛傷也又丑劣反（龍478/07）。

鮵：鮵徒活反魚名（龍172/01）。

敚：敚徒活反（龍530/09）；奪古文作敚挩（慧3/446a"引奪"註）。敚徒活反（龍530/09）；挩考聲從攴作〔敚〕（慧75/963b"鳥挩"註）。敚俗徒活反（龍121/07）；奪或作～敚稅皆古字也（慧5/491b"引奪"註）。

奪：奪正徒活反失也（龍358/04）（慧29/1031a）（希4/379b）；奪石經從寸作奪（慧3/446a"引奪"註）。奪正徒活反失也（龍358/03）（慧5/491b）（慧14/679b）（慧29/1029a）；奪説文正作奪（希4/379b"篡奪"註）。奪俗（龍358/03）（慧14/670a）；奪石經作棄（慧5/491b"引奪"註）（慧14/679b"奪取"註）。棄奪正（紹157b4）；奪又有從犬作奪亦非不成字也（慧14/679b"奪取"註）。奪（慧22/836b）；又蔡邕石經從寸作奪（慧14/679b"奪取"註）。奪俗徒活反（龍130/06）。奪俗徒活反（龍130/06）。奪奪經從六作奪非也（慧3/446a"引奪"註）（慧5/491b"引奪"註）。//儶俗徒活反[1]（龍039/01）。

duǒ 朵：朵正丁果反木垂兒（龍339/06）（龍380/06）（慧15/706a）（慧38/156b）（慧39/175b）；垜律本作朵書誤也（慧62/700a"安垜"註）；埵或作朵垜並古文皆正體字也時不多用也（慧75/965a"五埵"註）（慧86/105b"垂埵"註）。朵俗（龍339/06）。朵正丁果反木上垂兒（龍380/06）。朵俗（龍380/06）；朵今經從已作～誤之甚非也（慧39/175b"莖朵"註）。朵俗（龍380/06）。朵俗（龍380/06）。朵俗（龍380/06）。朵俗（龍380/06）。

垜：垜徒果反射～也（龍249/02）（龍381/09）。垜徒果反射～也（龍249/02）（玄1/14a）（慧42/235b）（玄5/68a）（慧44/288b）（玄7/101c）（慧32/31b）（玄11/140c）（慧56/548b）（玄12/162a）（慧28/993b）（玄19/261a）（慧61/682b）（慧62/700a）；埵通俗文作垜亦通也（慧4/464a"輪埵"註）（慧75/965a"五埵"註）。垜俗（龍381/09）。垜俗（龍381/09）。垜徒果反（慧56/570a）。垜丁果杜果二切（紹160b7）。琛徒卧反玉名也[2]（龍438/01）。琛徒卧反玉名也（龍438/01）。琛徒卧反玉名也（龍438/01）。//陊：陊今丁戈反～

堆也亦小崖也又上聲（龍296/04）。垛或作（龍296/04）（玄12/155c）（慧52/456a）（玄15/203a）（慧58/620b）（玄17/226b）（慧67/812a）（玄19/255c）；埵切韻丁戈作～（慧27/974b“土埵”註）。除俗（龍296/04）。陓俗（龍296/04）（慧56/561b）。

挅：挅都果切（紹135a6）。

桗：桗都卧反大木也（龍383/07）（紹157b10）。

綵：綵正（龍401/02）。綵今丁果反結冠前垂也（龍401/02）。綒俗丁果反今作同綵結也（龍401/04）。

鍒：鍒丁果反鍒鈌也（龍015/06）。

埵：埵多果反下垂皃也（龍249/02）（玄14/187b）（慧12/640a）（慧75/965a）（慧86/105b）；垛經文作埵非今義（玄11/140c、慧56/548b“射垛”註）（慧56/570a“射垛”註）。埵丁果反（玄3/36a）（慧09/570a）（玄6/83c）（慧59/635b）（玄23/313b）（慧50/421b）（慧4/464a）（慧8/542b）（慧27/974b）（慧74/958b）（紹160b7）；垛經文作埵非此義（玄1/14a、慧42/235b“無垛”註）（玄19/261a“射垛”註）。琗丁果反玉也[①]（龍436/04）；埵經文從玉作琗非也（玄3/36a、慧09/570a“輪埵”註）。//堶：堶多果反下垂皃也（龍249/02）；湍論文從土非也（慧85/90b“河湍”註）。

𦕈：𦕈俗通丁果反[②]（龍314/04）；埵經文從耳作𦕈非也（玄3/36a、慧09/570a“輪埵”註）。𦕈丁可切（紹199b6）。軃俗丁果反正作𦕈（龍161/08）。𦕈俗（龍314/04）。𦕈俗（龍314/04）。𦕈俗（龍314/04）。𦕈俗（龍314/04）。

綞：綞丁果反綞子綾也（龍401/02）。

袳：袳丁可切（紹168b3）。

頦：頦丁可反（龍484/03）（玄1/9a）（慧17/742b）（玄7/104a）（玄8/114b）（慧19/777b）（玄19/254c）（慧56/560a）（玄19/256c）（慧56/563a）（玄19/259a）（慧56/567a）（玄22/289a）（慧48/372a）（慧2/426b）（紹170a8）。

鍺：鍺丁果反車鐗（龍015/06）。

①張涌泉《漢語俗字新考》：此字為“埵”的訛俗字。（《浙江大學學報》2005/1）
②《字典考正》：“𦕈”為“埵”换旁後起本字（311）。

嚲： 嚲亭單反響梵字（198/05）（慧 18/755a）（慧 35/103b）（慧 39/178b）。嚲丁可反垂下貌嚲也（龍 335/01）（慧 39/179b）（慧 100/341b）（希 7/403b）（紹 150a8）。嚲多可反（慧 24/894b）（慧 25/911a）。嚲丁可反垂下兒今作嚲（龍 202/04）。

duò 㖣： 㖣池尔反山崩落也又徒可反（龍 297/02）（慧 94/231b）（紹 169b4）。//陀㖣又從它作陀音義並同（慧 94/231b "積㖣" 註）。//㖣俗直氏反山崩也（龍 199/05）。

哆： 哆又當可反（龍 265/06）（玄 5/71c）（玄 5/76a）（慧 40/190a）（玄 9/129a）（慧 46/336b）。

詑： 詑徒可反欺也（龍 046/02）（玄 8/116c）。

跢： 跢丁佐反小兒行也（龍 463/01）（慧 31/21a）（玄 13/173c）（慧 57/598a）（紹 137a9）；哆經文作跢（玄 5/76a、慧 40/190a "哆婬" 註）；䫏經文從足作跢非此用（玄 7/104a "垂䫏" 註）；嚲經文從足作跢（慧 24/894b "垂嚲" 註）。跁俗布門初交二反①（龍 458/09）；跢從足從多經從少錯也（慧 31/21a "貰跢" 註）。

舵： 舵徒可切（紹 145b10）。//柁音陀又徒可反（龍 379/05）（玄 15/199a）（慧 58/612a）（玄 20/265a）（玄 21/278a）（玄 21/278a）（玄 23/314c）（慧 50/423b）（慧 2/426b）（慧 31/13a）（慧 54/523a）（慧 63/729a）（慧 81/8a）（慧 99/327a）（紹 157a9）。扡徒我反（玄 21/279b）（玄 22/286c）（慧 48/369b）（玄 23/305b）（慧 47/352a）；扡有作柁玉篇直紙反折薪隨其木理也（慧 27/972a "扡" 註）。拸唐那反（慧 13/647a）。柁亦音他（龍 375/07）；柁經從宅作～非也（慧 54/523a "柁身" 註）。//柂： 柂徒可反正舡木也又音移木名（龍 379/07）。柂待可切（紹 157a9）；柂録從㐌作柂俗字也（慧 81/8a "帆柂" 註）（慧 99/327a "櫂柂" 註）。柂唐賀反船尾也（慧 61/686a）；柂經從手作～誤也（慧 31/13a "執柂" 註）（慧 63/729a "柂折" 註）。

尵： 尵丁臥反（龍 522/09）。

瓺： 瓺徒果反甌也（龍 316/04）。

侑： 侑徒臥反（龍 036/01）。

隋： 瞔音墮（龍 189/09）。

---

① 《龍龕手鏡研究》："跁" 乃 "跢" 字之誤（334）。

惰: 惰徒臥反（慧 6/513b）（慧 7/519a）（慧 12/627b）（慧 19/784a）（慧 24/888b）（慧 29/1017b）（慧 41/226b）（希 1/358c）；惰説文正作憜（慧 87/130b "今惰" 註）。憜今徒臥反懶也不敬也懈怠也（龍 059/02）（玄 6/91b）（慧 11/613b）（慧 27/991a）（慧 61/677b）（慧 87/130b）（慧 94/241a）（希 4/380c）（紹 131a3）；憜又作惰（慧 19/784a "嬾憜" 註）（慧 41/226b "瘋憜" 註）（希 1/358c "瘋憜" 註）。憜惰正從陸作憜音義同（慧 94/241a）。憜惰古作～（慧 3/447b "嬾墮" 註）（慧 7/519a "懶憜" 註）（慧 12/627b "嬾憜" 註）。憜音隨（龍 056/06）。憜同上（龍 056/06）。憜俗（龍 059/02）。憶俗（龍 059/02）。隱徒臥反與惰同（龍 067/06）。墮惰經作墮俗字也（慧 11/613b "懶惰" 註）（慧 12/627b "嬾憜" 註）。惰俗（龍 059/02）。惰俗（龍 059/02）。惰又俗音墮（龍 064/03）；惰經文從有作惰相承於六反撿無此字疑傳寫誤也（玄 6/91b "阿惰" 註）；惰傳寫誤錯變惰為惰誤之甚矣（慧 27/991a "阿惰" 註）。//墯: 墯正（龍 059/02）。墮徒臥反（慧 3/447b）；惰又作墯同（希 4/380c "懶惰" 註）。//婿: 婿惰古文作婿（慧 87/130b "今惰" 註）。

裭: 裭惰唾二音無袂衣也（龍 106/06）。

髻: 髻正都果反小兒剪髮為髻也又徒果他果二反鬌髻好髮也（龍 089/01）。//錘: 錘俗（龍 089/01）。

嶞: 嶞唒經文作～音墮誤也（玄 4/61b、慧 44/282b[①] "唒咽" 註）。墮俗徒果反（龍 272/04）。嶞經音義音墮香嚴俗隳隨二音[②]（龍 275/01）。

堕: 墮今徒果反落也又他果切（龍 250/01）（慧 41/211b）（慧 51/450b）；堁經文作墮落之墮非體也（玄 5/68a、慧 44/288b "雀堁" 註）；陊經文作墮非也（慧 52/456a "石陊" 註）；惰或作墮誤也（慧 7/519a "懶惰" 註）。墮徒果反（龍 250/01）。墮徒果反（龍 250/01）。墮（玄 14/195c）（慧 59/649a）；陊經文作墮非也（玄 12/155c）。墮徒果反（龍 250/01）。墮他果反俗（龍 248/07）。

隓: 墮正徒果反山高皃（龍 075/08）。隓俗（龍 075/08）。嶞俗（龍 075/08）。

墮: 墮碢集訓從土作墮（慧 90/177b "擲碢" 註）。

---

①《慧琳音義》作 "陏"，蓋 "嶞" 之誤省。
②參見《龍龕手鏡研究》253 頁。

簹：**簹**徒果反竹名（龍392/04）。//筿：**篍**（龍392/04）。**筿**（龍392/04）。

豷：**豷**正羊捶羊委二反豱也又徒卧反猪別名也（龍320/09）。**豬**俗（龍320/09）。**豭**徒卧反小豱也（龍321/01）。//豵：**豵**俗（龍320/09）。//豶：**豶**悦吹反豱名也（龍320/05）。

鑩：**鑩**都果反車轄頭鐵也（龍014/09）。**錆**都果反車轄也又犁錧也（龍014/09）；磚字書正從石作碢傳文從金作鑩俗字者也（慧93/221a"躑躁磚"註）。//鑢：**鑢**徒對反鍊鑢車轄也又息委反又徒果反（龍017/06）。

柮：**柮**丁没切（紹157b9）。

骹：**骹**徒可反①（龍530/01）。

鷨：**鷨**知滑反又當括反（龍290/01）（玄14/196c）（慧59/650b）（玄15/200a）（慧58/614b）（玄16/220c）（慧65/781a）（玄18/239a）（慧73/922a）（慧79/1064a）（慧99/313b）（紹165a6）。

①參見《龍龕手鏡研究》367頁。

E

e

ē 阿：阿於何反（玄 1/5c）（玄 7/103c）（慧 20/807a）（慧 24/893b）；字詁古文袤檅二形今作阿同（玄 19/258c、慧 56/566b "檅檅" 註）。

婀：婀阿訶二音（龍 280/08）（紹 141b2）。//婀倚可切（紹 141b2）。

屙：屙今烏何反又烏界反（龍 163/03）（紹 172b2）。//屋古烏何反又烏界反（龍 163/03）。

嫛：嫛阿歌二音女師以教文字（龍 280/07）（玄 7/100c）（慧 30/1038a）（玄 13/171c）（慧 45/302b）。

痾：痾俗音阿病也又苦嫁反小兒驚也（龍 471/05）（慧 77/1017a）；痾又作疴同（慧 55/544b "唉痾" 註）。//疴：疴正（龍 471/05）（玄 12/164c）（慧 55/544b）（慧 81/12b）（紹 192b10）；瘂經文作痾非字體（玄 8/110a "聾瘂" 註）（玄 12/155c、慧 52/456a "瘂或" 註）；疴聲類作痾譜作痾誤（慧 77/1017a "疴耆" 註）。痾烏歌反（慧 57/595b）。

é 俄：俄魚賀反（玄 2/23a）（慧 3/455a）（慧 5/494a）（慧 32/44b）。

峨：峨正五何反嵯峨山皃也（龍 069/09）（玄 3/38c）（慧 09/559b）（玄 5/72b）（慧 33/57b）（慧 83/54a）（慧 89/164b）（慧 92/201a）（慧 96/272a）（紹 162a5）；匠我經文或作岖峨未見字出處（玄 3/37b、慧 09/557b "匠我" 註）（玄 8/111b、慧 33/62 "匠我" 註）（玄 12/157c、慧 74/954b "匠我" 註）（慧 30/1037a）；嶔崟經文作嶕峨音俄非也（玄 13/177a、慧 53/497a "嶔崟" 註）。峩俗（龍 069/09）。

哦：哦五何反吟哦也（龍 269/05）（玄 13/181a）（紹 184b4）。

莪：莪音蛾（慧 91/182b）（慧 99/318b）（紹 155b6）。

娥：娥我何切（紹 141a10）。

裓：裓音俄盛皃（龍 110/03）。

蛾：**蛾**五歌反（慧47/346a）（慧60/660b）（慧72/902b）（希4/377a）（希6/393c）（紹164a7）。**螘蛾**爾雅作～同（希4/377a"飛蛾"註）。**螘**或作音蛾（龍222/05）；蛾正作～字也（希4/3

77a"飛蛾"註）。

誐：**誐**虐迦反（慧43/254b）（慧8/547a）（慧25/924a）（紹185b8）。

鵝：**鵝**我哥反（慧36/122a）（慧75/970b）。

吪：**吪**正五禾反動也謬也詭也與譌訛亦同（龍267/04）；訛古文蔿譌吪三形同（玄12/162a、慧28/993b"訛言"註）（玄20/268b、慧33/56a"訛病"註）（慧77/1024a"譌也"註）。**喤**俗（龍267/04）。**𡃤**俗（龍267/04）。

譌：**譌**吾戈反（慧77/1024a）。**譌**五戈反～謬也偽也詭也動也又化也言也（龍041/01）（慧90/179a）；訛古文譌同（玄12/162a、慧28/993b"訛言"註）（玄20/268b、慧33/56a"訛病"註）（慧72/905b"乖訛"註）（慧80/1093b"訛舛"註）（慧81/11b"訛謬"註）（慧85/93a"訛言"註）；偽或從言作譌（慧8/536a"偽行"註）（慧8/550a"訛銳"註）。//訛：**訛**五戈反訛謬也偽也詭也動也又化也言也（龍041/01）（玄12/162a）（慧28/993b）（玄20/268b）（慧33/56a）（慧1/404b）（慧8/550a）（慧31/11b）（慧72/905b）（慧80/1093b）（慧81/11b）（慧85/93a）；譌志作訛俗字（慧77/1024a"譌也"註）（慧90/179a"譌廢"註）。

囮：**囮**五禾反網鳥者媒（龍174/09）。

跥：**跥**五禾反～～大跛也（龍460/04）。

釶：**釶**五禾反去角也圓也（龍011/06）。

鮀：**鮀**五禾反魚名（龍168/08）。

迻：**迻**五禾反玉篇云迻迤違天下也（龍489/07）。

聏：**聏**音而毛多也（龍315/01）。

豽：**豽**正於革反豕高五尺曰豽（龍321/03）。**豝**或作（龍321/03）。//貚：**貚**或作（龍321/03）。

鞾：**鞾**五革反履頭也（龍451/05）。**鞾**同上（龍451/05）。

蔿：**蔿**訛古文蔿譌吪三形同（玄12/162a、慧28/993b"訛言"註）。

頟：**頟**正五格反（龍487/03）（慧1/410b）（慧4/464a）（慧32/47a）（慧36/123b）（慧45/302a）（慧

53/503a）（慧 83/48b）（慧 94/234b）（慧 94/237b）（紹 170b1）；額説文作頟（慧 27/988b“額”註）（慧 60/670b“僆額”註）。//頟俗（龍 487/03）（慧 27/988b）（慧 60/670b）（紹 170a10）；頟經從客作額俗字也（慧 1/410b“頗頟”註）（慧 4/464a“頟廣”註）（慧 32/47a“第頟”註）（慧 36/123b“安頟”註）（慧 45/302a“頟上”註）（慧 53/503a“其頟”註）（慧 83/48b“褢頟”註）（慧 94/234“袜頟”註）。頝舊藏作額（龍 487/08）；頟頟傳文作～領皆誤之也（慧 94/237b“頟頟”註）。

鰓：鰓通（龍 171/05）。鰓正五陌反鯿～魚名（龍 171/05）。//鮥：鮥俗（龍 171/05）。

鰪：鰪正安盍反～鱂魚名（龍 172/05）。鰪俗（龍 172/05）。

ě 鵝：鵝音俄齊也又音我側弁頭也（龍 483/07）。

騀：騀音我駊騀（龍 292/10）（慧 74/942a）。

啊：啊俗烏可烏下二反（龍 271/10）。

婀：婀烏可反婀娜也（龍 281/09）。

闁：闁或作（龍 093/04）。闁今玉篇烏可反倵也門傾也（龍 093/04）。

䑯：䑯無可反①（龍 197/08）。

旑：旑烏可反旑旗旑又猗㱦也（龍 125/04）。旑阿可反（慧 39/166b）。

㝠：㝠烏可反（龍 104/02）（玄 23/309a）（慧 47/360a）（玄 24/322a）（慧 70/865b）（慧 2/426a）（慧 5/480b）（慧 73/920b）；字詁古文㝠榱二形今作阿同（玄 19/258c、慧 56/566b“榱椽”註）。㝠㝠正烏可切（紹 147a2）。㝠烏可反（龍 104/02）（玄 2/23a）（紹 147a2）。

榱：榱烏可反榱椽木四枝垂盛皃（龍 380/03）（慧 56/566b）（慧 25/911a）。榱烏可反（龍 211/07）（慧 12/629a）（慧 35/101b）。榱榱椽正阿可切（紹 133a1）。榱烏可反（玄 19/258c）。

砈：砈奴火反～～石貎也（龍 442/07）。

㧍：㧍㧍狱經音義作阿婆二字上烏可反下蒲我反謂僂要而行也在樹提伽經中②（龍 3

①參見《叢考》541 頁。

②參見《龍龕手鏡研究》274 頁。

18/10）。

è 厄： **厄**音厄灾也 (龍303/10) (慧55/545a) (慧100/333b)。**厄**猗革反 (玄12/166a)；厄正體厄字 (慧100/333b "屯厄" 註)。//阨：**阨**俗音厄災阨 (龍039/01)。

庀： **庀**五葛反① (龍079/02)。

呝： **呝**今音厄呝喔高聲 (龍278/04)。**呝**或作 (龍278/04)。**呝**通 (龍278/04) (玄20/275a) (慧76/992a)。

阨： **阨**正音厄限也礙也 (龍298/03) (慧15/698a) (慧69/854a)；隘或作阨 (慧14/675b "隘道" 註)。**阨**今 (龍298/03) (慧82/35b)；阨今俗從厂從已作厄誤也錯已久矣 (慧15/698a "離阨" 註)。

蚅： **蚅**音厄～螞蠋大如指似蚕虫也 (龍225/03)。

軛： **軛**正於格反轅端壓牛木也 (龍84/08) (慧8/543a) (慧10/579b) (慧10/599a) (慧15/685a) (慧15/704b) (慧20/808b) (慧51/442a) (慧57/580a) (慧60/668a) (慧61/684b) (慧62/707a) (慧64/751b) (慧66/784b) (慧66/795b) (慧67/815a) (慧68/830a) (慧71/882a) (慧72/908a) (希2/363b) (紹139a3)；枙又作軛同 (慧48/375b "流枙" 註) (慧67/809b "四枙" 註)；軛俗字也正作軛[軛] (慧1/409b "捨軛" 註)。**軛**軛正厄音 (紹139a3)。 **軛**俗 (龍84/08) (玄1/6b) (玄3/45c) (玄16/223a) (玄17/228a) (玄23/304c) (慧47/351a) (玄25/332a) (慧1/409b) (慧4/475b) (慧7/525b) (慧21/827b) (紹139a3)；枙又作軛同 (玄10/134c "善枙" 註) (玄18/244a "有扼" 註) (玄22/291b "流枙" 註) (慧50/416a "善枙" 註)；軛經作軛俗字 (慧15/685a "被軛" 註) (慧15/704b "轅軛" 註) (慧62/707a "善軛" 註) (慧66/795b "無明軛" 註) (慧68/830a "轅軛" 註) (慧72/908a "流軛" 註)。**軛**於革反經作軛俗字也 (慧4/473a) (慧22/850a)。//枙：**枙**於革反 (慧48/375b) (慧44/281a) (慧67/809b)。**扼**音厄 (慧60/662a)；軛又作扼同 (慧20/808b "无軛" 註) (慧72/914b "有扼" 註) (慧71/882a "貪軛" 註)。**枙**於革反 (玄10/134c) (玄22/291b) (慧50/416a) (紹159a6)；軛又作枙同 (玄1/6b "無軛" 註) (玄3/45c "犁軛" 註) (玄17/228a、慧67/815a "軛靷" 註) (玄18/244a "有扼" 註)。**扼**軛又作枙同 (慧10/579b "犁軛" 註) (玄23/304c、慧47/351a "善軛" 註) (玄25/

① 《叢考》：頗疑 "庀" 乃 "庀" 字之訛 (335)。

332a "貪軛" 註）；陀經文多從木或從手作扼 (慧 15/698a "離陀" 註)；挖經作扼俗字

也 (慧 44/281a "捨挖" 註) (慧 60/662a "急挖" 註) (慧 61/677b "手挖" 註) (慧 67/809b "四椪"

註)。//鞄：**乾** 扼又作鞄同 (慧 72/914b 有扼" 註)。

覝：**覝** 音厄視也一曰不見也 (龍 346/05)。

餩：**餩** 正音厄飢兒也 (龍 503/08)。**鈮** 通 (龍 503/08)。//飢：**飢** 音厄飽聲 (龍 503/08)。

嗠：**嗠** 五格反㟼嗠也 (龍 079/01)。

詻：**詻** 五陌反詻教令嚴也 (龍 052/02)。

堊：**堊** 烏故切 (紹 203a2)。**堊** 正音惡 (龍 251/09) (玄 7/92b) (慧 28/995a) (玄 11/144a) (慧 5

2/456b)；堊字應作堊於故反 (慧 58/623b "堊灑" 註)。**墲** 俗音惡 (龍 251/09)。**堊** 俗

音惡 (龍 251/09)。**堊** 烏各反 (初編玄 588) (慧 57/589b) (慧 82/31a)。**蜑** 俗烏各反正作

堊① (龍 438/07)。**堊** 俗烏各反正作堊 (龍 438/07)。

㢧：**㢧** 烏各反 (龍 197/07)。

惡：**惡** 為各反 (龍 68/06) (慧 1/421a) (慧 2/428b) (慧 2/436b) (慧 5/485a) (慧 6/504a) (慧 25/9

23b)。**惡** 烏固反 (慧 4/458a)。**惡** 同上[惡] (龍 68/06)。**惡** 於各反 (玄 3/42a) (玄 8/

112a) (慧 16/721a)；經從西作悪俗字誤也 (慧 1/421a "暴惡" 註) (慧 2/428b "他惡" 註)

(慧 2/436b "險惡" 註) (慧 5/485a "勃惡" 註) (慧 6/504a "暴惡" 註) (慧 25/924a "惡" 註)。/

/偓：**偓** 烏各烏故二反正作惡字 (龍 37/06)。**偓** 烏各烏故二反正作惡字 (龍 37/06)

(玄 3/42a、慧 09/573a "惡師" 註) (玄 8/112a、慧 16/721a "多惡" 註)。//蕙：**蕙** 川韻音烏②

(龍 253/04)。**蕙** 惡經文從草作蕙非也 (玄 3/42a、慧 09/573a "惡師" 註) (玄 8/112a、慧 1

6/721a "多惡" 註)。//**獣** 俗烏各反③ (龍 319/07)。

�：**�** 惡汙二音 (紹 162a9)。

蜑：**蜑** 烏各反虵名 (龍 225/08)。**蜑** (龍 225/08)。

鷔：**鷔** 俗音惡水～鳥也 (龍 289/09)。**鷔** (龍 289/09)。

匎：**匎** 烏合反匎采婦人髻飾花也 (龍 141/02)。

---

① 參見《叢考》722 頁。
② 參見《龍龕手鏡研究》234 頁。
③《叢考》：此即 "獣" 字俗寫。"獣" 當亦即 "惡" 的繁化俗字 (565)。

廲： 廲正烏合反廲山旁穴也 (龍 301/05)（慧 09/574b）（紹 193b1）。廲俗 (龍 301/05)。廲廲正乙合切 (紹 193b1)。廲俗 (龍 301/05)（慧 24/891a）（紹 193b1)。

瀘： 瀘烏合反 (慧 44/286b)。瀘正烏合反短氣也 (龍 478/09)（玄 3/42c)（玄 5/68a)（玄 8/113a)（玄 8/117b)（紹 192b8)。瀘俗 (龍 478/08)。瀘俗 (龍 478/08)。瀘俗烏合反 (龍 478/08)。

搕： 搕乙盍克盍二切 (紹 135a5)。

堨： 堨烏葛反擁堨也 (龍 251/10)。

遏： 遏阿葛反 (龍 495/04)（玄 1/2c)（玄 3/39a)（玄 4/59c)（玄 6/90b)（玄 11/150c)（玄 15/203b)（玄 18/249b)（玄 22/298c)（玄 24/325c)（慧 8/541a)（慧 09/560a)（慧 10/587b)（慧 20/802a)（慧 34/85b)（慧 40/193a)（慧 43/272b)（慧 48/386b)（慧 52/469b)（慧 57/596a)（慧 58/621a)（慧 70/871b)（慧 73/919b)（希 5/382b)（紹 138a5)。//踂俗音遏 (龍 465/07)。

唵： 唵烏聲［葛］反小語也 (龍 278/04)。

胺： 胺烏葛反宍敗臭也 (龍 416/07)。

頞： 頞烏葛反 (龍 487/03)（玄 7/96b)（慧 28/1012a)（慧 51/444a)（玄 24/324b)（慧 70/869a)（玄 24/325b)（慧 70/870b)（慧 15/692b)（慧 57/598b)（慧 75/981a)（慧 97/280b)（慧 99/311a)（紹 170a7)。//齃：齃頞或從鼻作齃 (慧 97/280b "齃頞" 註)（慧 99/311a "齃頞" 註)。//顏：顏烏葛反與同齃鼻顏也 (龍 487/07)。

咢： 咢印各反 (慧 96/269b)（紹 184a4)。咢古 (龍 276/2)（慧 91/190b "鬼咢" 註)；齶又作咢同 (慧 20/806a "齗齶" 註)（玄 10/138b "脣齶" 註)；腭說文作咢 (慧 69/843b "舌腭" 註)。咢五各反太歲在曰作～又喧嘩也 (龍 276/02)。咢愕字書或作咢同 (玄 5/72b、慧 33/57b "愕然" 註)；愕俗字也或作咢 (慧 13/652a "驚愕" 註)（慧 57/587a "愕然" 註)。咢俄各反 (慧 22/853a)。咢 (玄 1/5a "齗齶" 註)。//咢今五各反諸譁也又口中～也 (龍 276/2)。咢咢正五各切 (紹 184a4)。

愕： 愕五各反 (慧 27/978b)（慧 28/1001b)（慧 34/77b)（慧 35/111a)（慧 57/587a)（慧 62/721a)（慧 100/337b)；愕俗字也正體從屰作愕 (慧 18/763b "喜愕" 註)。愕正五各反驚也 (龍 062/04)（玄 5/72b)（慧 33/57b)（慧 13/652a)（慧 18/763b)（慧 80/1080a)（希 7/402b)（希 9/41

3b）；愕律文作愕俗字也（慧62/721a "驚愕" 註）（慧100/337b "愕然" 註）。**愕**俗（龍06
2/04）。**愕**五各反（紹130a5）。//偔：**偔**俗五各反（龍038/07）。

埡：**埡**今五各反圻埡也（龍253/02）。//**埡**今五各反圻埡也（龍253/02）。**堰**或作（龍
253/02）。

遻：**遻**愕或作遻正作遻（慧28/1001b "愕然" 註）。

嶭：**嶭**正五各反（龍78/01）（慧54/521a）（慧83/54b）（慧99/327b）。**嶭**今（龍78/01）（玄1/6
a）（慧20/807b）（慧82/39b）。**嶭**五各切（紹162a9）。**崿**昂各反（慧91/190b）。**崿**俗（龍
78/01）。**崿**俗（龍78/01）。//隑：**隑**嶭又作隑同（玄1/6a、慧20/807b "巖嶭" 註）。**崿**
昂各反（慧94/228b）。**崿**五各切（紹162a9）。

蕚：**蕚**經作蕚俗字（慧39/180a）。**蕚**五各反花蕚也（龍264/01）。**蕚**五各反（玄10/138b）
（慧65/778a）（紹155a10）。//樗：**樗**蕚又作樗同五各反（玄10/138b、慧65/778a "生蕚"
註）。

鄂：**鄂**昂各反（慧84/71a）。**鄂**五各反與鄂同（龍457/06）。**鄂**五各反（龍457/05）（紹16
9a10）。//隑：**隑**五各反同鄂（龍297/10）（紹170a3）。

遻：**遻**正（龍494/08）。**遻**今五各反尔疋云心不欲見而見曰遻（龍494/08）。

諤：**諤**昂各反（慧83/61a）（慧88/143b）。**諤**五各反謇諤直言也（龍052/04）（希10/420c）（紹
186a1）；愕或作諤（慧13/652a "諤諤" 註）。**諤**江西經音作諤（龍051/07）。

鍔：**鍔**昂各反（慧81/16b）（慧96/262b）（慧96/262b）。**鍔**五各反劒端也（龍020/08）（希3/
372c）。**鍔**五各切（紹180b2）。//劋：**劋**正五各反劒劋也（龍100/09）。**劋**今（龍1
00/09）（紹139b8）。

顎：**顎**五各反嚴敬曰顎（龍487/08）。//顙：**顙**正五各反面髙皃（龍487/09）。**顙**俗（龍
487/09）。

鵝：**鵝**娥各反（慧65/769a）。**鵝**娥各反（玄16/217b）（玄18/248a）（慧73/927b）（紹165a8）。

鰐：**鰐**五各反（慧65/775a）（慧73/927b）。**鰐**正五各反魚名（龍171/03）。**鰐**今（龍171/
03）（玄16/215c）（玄17/228a）（慧67/815b）（玄18/248a）（紹168a1）。**鰐**誤舊藏作鰐（龍1
72/06）。//**鱷**正（龍171/03）。//鰐：**鰐**俗音竭（龍171/02）。//鰡：**鰡**舊藏作鰡

俗音竭（龍172/06）。

齶：**齶**腭經文從齒作齶俗字也（慧36/124b"上齶"註）。**齶**正（龍312/9）（紹146a10）；咢又或作齶也（慧22/853a"上咢"註）；腭經從齒作齶俗字也（慧37/137b"向腭"註）（慧75/966a"口中上腭"註）（希5/385c"上腭"註）。**齶**五各反（玄11/144c）（慧52/457b）；腭經文作齶俗字也（慧31/5a"脣腭"註）。//齼：**齼**俗（龍312/9）（玄1/5a）（玄10/138b）（慧20/806a）（慧67/817a）。**齼**腭經從齒作齼非也字書無此字也（慧45/306b"脣齼"註）。**齼**五各反（玄17/228c）；腭又作齼同（玄22/300a"齼腭"註）。**齼**腭又作齼同（慧48/388a"齼腭"註）。**齼**俗（龍312/9）。//腭：**腭**昂各反（慧37/137b）（慧39/182a）（慧55/540b）（慧67/805a）（慧68/835a）。**腭**昂各反（慧69/843b）。**腭**昂各反（慧45/306b）（慧48/388a）（慧42/240a）（慧36/124b）（慧39/165b）（慧53/489b）（慧66/790a）（慧72/900a）（希5/386a）；腭俗字正體作腭（慧12/634b"喉腭"註）（慧13/659b"有腭"註）。**腭**俗五各反正作齶（龍415/6）（玄22/300a）（慧12/634b）（慧13/659b）（慧31/5a）（慧35/99b）（慧36/128a）（慧62/707a）（慧67/805a"著腭"註）（慧75/966a）（希7/399c）（紹136b5）；齼又作腭同（玄1/5a、慧20/806a"斷齼"註）（玄10/138b"脣齼"註）。**腭**齶經文作腭非體也（玄11/144c、慧52/457b"齶痛"註）。**胖**腭經作胖非也（慧55/540b"柱腭"註）。**腜**俗五各反正作齶（龍415/6）。//膔：**膔**俗五各反正作齶（龍415/6）；齶經文作膔非體也（玄11/144c、慧52/457b"齶痛"註）。//咢：**咢**五各反又口中斷咢也（龍276/2）；腭論從口作咢非也（慧69/843b"舌腭"註）。

噩：**噩**五各反大歲在酉曰作噩（龍276/02）。**噩**五各反（龍525/07）。**咢**五各反大歲在酉曰作噩（龍276/02）。

嶭：**嶭**正五各反亦山峯也（龍078/02）。**嶭**俗（龍078/02）。

鏻：**鏻**五各反以鐵作鈎物也（龍021/01）。

姶：**姶**烏合反（龍284/02）（慧37/146b）（慧39/168b）。

舱：**舱**五合反舡動也（龍133/05）。//舣：**舣**五合反舡兒（龍133/05）。

嗋：**嗋**五合反衆聲也（龍278/06）。

磕：**磕**今五答反（龍446/04）（紹163a7）。**硈**或作五答反（龍446/04）。

硪：**硪** 五合反～硪（龍 446/03）。

攃：**攃** 五割反擊也又才結反（龍 216/08）。

嘁：**嘁** 魚列才達才割三切（紹 182b5）。**嘁** 今才葛反又五葛反（龍 278/03）；嘒古今正字或作嘁集從贊作嘖非本義（慧 99/313a "嘈嘒" 註）。//嘒：**嘒** 或作才葛反又五葛反（龍 278/03）。**嘒** 或作（龍 278/03）。**嘒** 俗（龍 278/03）。**刜** 俗（龍 278/03）（龍 276/10）；隓律文作嘁非此義（玄 15/210b、慧 58/623a "險隓" 註）。

轕：**轕** 正五葛反車載高也（龍 086/01）。**轕** 或作（龍 086/01）。

齾：**齾** 五葛反獸食之餘曰齾也又五鎋反器缺也（龍 313/02）。**齾** 或作五葛反（龍 554/08）。

踠：**踠** 烏合口合二反跛～也（龍 467/02）。

鞧：**鞧** 烏合於業二反車具也又小兒履名也～黰也（龍 452/03）。

鞈：**鞈** 烏合反皮裹角也（龍 452/04）。

搞：**搞** 扼又作搞同（玄 20/272a、慧 75/973b "扼挽" 註）（玄 22/295b、慧 48/381a "扼挽" 註）（玄 25/337a、慧 71/890b "扼挽" 註）（慧 45/306b "挠縛" 註）（慧 62/708b "遂挠" 註）（慧 80/1087a "扼挽" 註）；挠說文作搞論作亦通也（慧 68/829b "挠取" 註）（慧 87/119b "挠擎" 註）（慧 87/130a "挠擎" 註）。**搞** 古音厄（龍 217/03）。//搤：**搤** 今音厄（龍 217/03）；扼正作搤（慧 80/1087a "扼挽" 註）。//扼：**扼** 於責反（慧 48/381a）（慧 71/890b）（慧 45/306b）（慧 61/677b）（慧 61/683b）（慧 62/708b）（慧 68/829b）（慧 87/119b）（慧 87/130a）（慧 90/178b）。**扼** 今音厄（龍 217/03）（玄 20/272a）（玄 22/295b）（玄 25/337a）（慧 50/418a）（慧 80/1087a）（紹 1 33a8）；挠經作扼俗字也（慧 45/306b "挠縛" 註）（慧 87/119b "挠[擎]" 註）（慧 87/130a "挠擎" 註）；楄或作扼慧（慧 57/582a "犁楄" 註）。**柨** 扼或作扼經從木作柨俗字（慧 57/582a "犁楄" 註）。**扤** 於責反（慧 75/973b）。

閼：**閼** 安葛反（慧 39/168b）（慧 100/347a）（紹 195a8）。**閼** 安葛反（慧 42/240a）；遏古文閼同（玄 1/2c、慧 20/802a "名遏" 註）（玄 11/150c、慧 52/469b "遏絕" 註）（玄 18/249b、慧 73/9 19b "所遏" 註）（玄 22/298c、慧 48/386b "遮遏" 註）（慧 40/193a "遏伽" 註）。

歺（歹）：**歹** 五割反踐～也（龍 513/06）。**歺** 居陵反[1]（龍 200/07）。

---

[1] 參見《叢考》567 頁。

侉：侉又安卧反侉膌痛也 (龍 025/08)。

朕：朕五合切 (紹 136a6)。

稴：稴經自切鳥合反① (龍 147/07)。

餩：餩於里反噎聲 (龍 501/06)。

砨：砨俗五合反② (龍 445/07)。

熅：熅音恩㿿炙也香嚴又烏高反 (龍 240/07)。

饐：饐烏恨反餲飽也又烏困反相食也 (龍 503/04)。

er

ér 兒：兒 (慧 25/916a) (希 4/379c)。宽俗音兒 (龍 155/08)。

搻：搻音而搦也 (龍 209/08)。

肵：肵音而獸多毛又頰邊毛也 (龍 188/05)。

洏：洏音而漣洏涕流皃 (龍 230/03) (慧 93/212b)。

虺：虺正如之奴何二反丸属 (龍 189/06)。虺俗 (龍 189/06)。虺正丸而二音丸屬也 (龍 332/09)。虺俗 (龍 332/09)。

脼：脼俗 (龍 406/04) (龍 189/07)。脼正音而煑宾也 (龍 406/04)。//𩕄：𩕄籀文音而 (龍 189/06)。//𩕄：𩕄籀文音而煑宾也 (龍 535/04)。//顬：顬或作音而煑宾也 (龍 534/05)。

枘：枘音而木名似栗而小 (龍 376/03) (慧 85/100a) (紹 159b2)。

陑：陑正音而地名又峻嶮也 (龍 295/07)。陑正音而 (龍 295/07)；陑或作隬也 (慧 99/318b "登陑" 註)。陑通音而 (龍 295/07) (慧 99/318b)。

輀：輀正音而 (龍 081/06) (紹 139b1)；輀傳作輀俗用非也 (慧 100/332b "輀車" 註)。輀俗通音而 (龍 081/06) (慧 100/332b)。

鬙：鬙音而頰上毛多皃又獸多毛也 (龍 086/07)。

---

①參見《龍龕手鏡研究》199 頁。
②參見《龍龕手鏡研究》325 頁。

鮞：**鮞**音而魚子又女六反（龍167/07）。

ěr 耳：**耳**耳經文有作身字恐傳寫誤也（玄2/25c）（慧26/932a）。

咡：**咡**仍吏反口吻也（龍274/10）。

姬：**姬**音二女字也（龍283/07）。

珥：**珥**正仍志反耳飾璫也（龍437/04）（玄8/113a）（玄13/180a）（慧55/535a）（玄21/282c）（慧16/712a）（慧18/757a）（紹140b5）。**珥**俗（龍437/04）。

緷：**緷**音耳轡盛兒也（龍400/09）。

駬：**駬**音耳騄～也（龍292/09）。

餌：**鬻**仍吏反（龍535/01）。**鬻**餌說文從彌作鬻（慧29/1027a "餌藥" 註）。//**餌**正如志反食也（龍502/03）（玄2/32b）（玄9/129c）（慧46/338b）（玄16/222b）（慧65/765a）（玄23/318a）（慧51/443b）（慧26/955a）（慧29/1027a）（慧69/842b）（慧90/176a）（慧94/226a）（慧99/313b）（希1/358a）（希4/377a）（紹171b7）。//**餌**新藏作餌（龍503/01）；餌集從取作～非也（慧99/313b "餌星髓" 註）。//**鼺**經音義同餌（龍224/04）；餌正字作蚫同（玄2/32b "鈎餌" 註）（慧26/955a "鈎餌" 註）。//飺：**飺**俗（龍502/03）。

誀：**誀**音而誘也（龍044/06）。

鼺：**鼺**音耳鼠耳（龍334/06）。

爾：**爾**音尒（慧88/141a）。**侖**音尒（龍032/08）；尒今作爾同（玄14/195a、慧59/647b "於尒" 註）。**鬲**音尒（龍550/07）。**爾**音尒（龍550/09）。**爾**音尒（龍366/09）。**尒**而是反（玄14/195a）（慧21/832a）。**尔**而是反（慧59/647b）。

薾：**薾**諸叶乃禮二切（紹155b3）（紹156b8）。**薾**正奴礼反華茇盛也又奴叶反病劣兒也（龍259/09）。**茶**或作（龍259/09）。

邇：**邇**今音尒近也（龍491/06）。**邇**俗（龍491/06）。**迩**或作（龍491/06）。

吚：**吚**人者反膺聲也（龍271/10）（紹182a2）。

èr 聏：**聏**而志反（龍098/07）（龍314/08）（玄2/27c）（玄4/58c）（慧43/274b）（玄15/207a）（慧58/606b）（玄21/285c）（慧14/671b）（慧26/937a）（慧41/222a）（慧45/312a）（慧92/208a）（慧94/238a）（慧99/317a）（希1/357b）。

佴：**佴**仍吏反次也（龍 035/05）。

聏：**聏**仍吏反以牲告神聏欲聽曰聏也（龍 314/08）。

瘖：**瘖**仍吏反聽音未敢言也（龍 314/08）。

䰂：**䰂**仍吏反殺雞祭也（龍 538/05）。

毦：**毦**正而志反（龍 314/07）（玄 1/13a）（慧 42/234a）（玄 2/31a）（玄 5/69b）（慧 30/1050a）（玄 8/114b）（慧 19/777b）（玄 13/178a）（慧 52/481a）（玄 19/254a）（慧 56/559a）（慧 32/40a "鶯鷺" 註）（慧 99/328b）；**鞊**或作毦（玄 2/25a "鞊衣" 註）（慧 26/932a "鞊衣" 註）；茸論文作毦（玄 10/133c、慧 49/408b "花茸" 註）；毦又作毦同用（慧 26/949b "兜羅毦" 註）。**毦**俗（龍 314/07）（慧 26/949b）。

貳：**貳**如至反（玄 8/108c）（慧 28/1005b）（玄 21/283a）（慧 18/758a）。**貳**貳正二音（紹 143b1）。**貳**貳正二音（紹 149a7）。// 式：**弌**二（龍 526/08）（紹 149a7）。

F

fā

fā 發：發府越反（玄 14/184c）（玄 14/194b）（玄 16/220b）（慧 65/780a）（慧 16/720b）（希 5/385b）。

發府越反（慧 59/631b）（慧 59/646b）（慧 31/7b）。發蕃八反（慧 1/412b）（慧 18/748a）。

儍：儍俗音發（龍 038/01）；㧁或作儍（慧 40/187a "㧁字" 註）。

fá 乏：乏扶法反（玄 25/336c）（慧 71/889b）（慧 3/447b）（慧 12/640a）（希 9/413c）。乏乏古文作～（慧 12/640a "匱乏" 註）。乏凡法反（慧 29/1026a）。

妏：妏孚梵反好兒也（龍 283/07）。

伐：伐房越反（慧 27/986a）（玄 6/88c）。

哦：哦江西隨函音伐（龍 277/08）（玄 20/265b）（玄 20/266c）（慧 43/259a）。

垡：垡音伐耕垡（龍 252/05）。

跋：跋羽厥反（玄 20/264c）（慧 43/259b）（紹 137a3）。

閥：閥音伐閥閱自序也（龍 094/08）（慧 85/101b）（希 4/379a）（紹 195b4）。

橃：橃正音伐木橃乘之渡水也（龍 384/04）（慧 8/545b）（慧 15/687a）（慧 18/751b）（慧 29/1024b）（慧 44/281a）（慧 45/310b）（慧 49/405a）（慧 60/656a）（慧 62/719b）（慧 64/759b）（慧 78/1043a）（慧 83/46b）（希 2/363a）（希 4/376a）；筏韻集作橃同（玄 14/184b、慧 59/631a "筏船" 註）（玄 17/227b、慧 67/814b "是筏" 註）（慧 10/594b "筏諭" 註）（慧 69/848b "船栿" 註）（希 1/355b "船筏" 註）（希 3/369a "船筏" 註）（希 4/379a "筏喻" 註）；栿俗字也正從木從發作橃（慧 61/690a "縛栿" 註）。橃煩轙反（慧 7/527b）（慧 41/211b）；筏俗字也正體從木作橃（慧 12/625b "縛筏" 註）（慧 21/830a "船筏" 註）（慧 41/219b "為筏" 註）。// 艐：艐北末反大舡名又音伐（龍 133/03）。艐筏通俗文作艐（玄 14/184b、慧 59/631a "筏船" 註）（玄 17/227b、慧 67/814b "是筏" 註）（慧 7/527b "船橃" 註）（慧 21/830a "船筏" 註）（希 1/355b

"船筏"註）；橃廣雅從舟作艬皆正也（慧8/545b"橃諭"註）（慧29/1024b"橋橃"註）（慧41/211b"船橃"註）（慧44/281a"欲渡者橃"註）（慧45/310b"為橃"註）（慧64/759b"戒橃"註）（慧69/848b"船栿"註）（希2/363a"舩橃"註）（希3/369a"船筏"註）（希4/376a"船撥"註）（希4/379a"筏喻"註）。艬扶月反有本作筏舫並同俗字也（慧26/942b）。滕俗音伐（龍416/02）。//栿：栿俗音伐（龍384/04）（慧61/690a）（慧69/848b）（紹157a4）；筏經文從木作栿非體也（玄2/29a"船筏"註）（玄3/47c"筏喻"註）；橃經文作栿謬作也（慧7/527b"船撥"註）（慧8/545b"橃諭"註）（慧10/594b"筏諭"註）（慧29/1024b"橋橃"註）（慧45/310b"為橃"註）（慧49/405a"如橃"註）（慧60/656a"船橃"註）（慧83/46b"船橃"註）（希2/363a"舩橃"註）（希4/376a"船撥"註）。//舫：舫俗音伐（龍133/05）；艬有本作筏舫並同俗字也（慧26/942b"船艬"註）。筏：筏音伐小曰桴大曰筏乘之渡水也（龍394/01）（玄2/29a）（玄3/47c）（玄14/184b）（慧59/631a）（玄17/227b）（慧67/814b）（慧10/594b）（慧12/625b）（慧21/830a）（慧41/219b）（慧67/804b）（希1/355b）（希2/361a）（希3/369a）（希4/379a）；橃或作筏俗字也（慧7/527b"船撥"註）（慧8/545b"橃諭"註）（慧18/751b"船橃"註）（慧44/281a"欲渡者橃"註）（慧62/719b"船橃"註）（慧64/759b"戒橃"註）（希4/376a"船撥"註）。栈橃經文作筏俗字非正體也（慧15/687a"小橃"註）（慧29/1024b"橋橃"註）（慧41/211b"船橃"註）（希2/363a"舩橃"註）。

罰：罰煩轄反（慧18/757b）。罰音伐小罪也加罪於人曰罸（龍099/06）。罰扶發反（玄14/190b）（慧59/640a）（玄24/328b）（慧70/875b）（慧2/433a）（慧5/484b）（慧7/521a）（慧38/151b）（慧53/496a）（慧77/1026b）。罰罸應罰從罒從刀作罰（慧11/611b"譴罸"註）（慧41/226a"治罸"註）。//罸：罸正房發反罪罸也（龍361/02）。罸煩轄反（慧11/611b）（慧14/678b）（慧15/699a）（慧16/710b）（慧41/226a）（紹197b6）；伐經文作罸非此義（玄6/88c"討伐"註）（慧27/986a"討伐"註）；罰石經從寸經或作～通用也（慧2/433a"譴"註）（慧7/521a"譴罰"註）（慧53/496a"謫罰"註）。罸音伐小罪也加罪於人曰罸（龍330/04）。

fǎ 法：灋正音法灋合也常也刑也軌也（龍235/07）。灋正法字（慧34/78b）（慧40/198b）（希7/400b）。灋俗（龍235/07）。灋俗（龍235/07）。法法字正體從廌作灋今隸書省去廌作法（慧3/441a）。𣳴古文法字（龍237/05）。𣳴古文法字（龍237/05）。

fà 髮：**髮**正音發頭髮也（龍090/07）；**髳**論文有作髮字也（玄9/124b、慧46/328a "黃髳" 註）。

髮方轙反（慧2/423a）（慧5/482b）（慧8/537b）。**髮** 販轙反（慧15/688b）。**髮**今（龍0

90/07）（慧75/963b）。**髮** 今（龍090/07）（慧14/675b）（慧64/751a）。**髮** 髮正發音（紹14

5a1）。髮音（紹145a1）。**髮**舊藏作髮（龍091/02）。**頒**髮或作頒懾此皆古髮字也（慧

5/482b "鬢髮" 註）（慧64/751a "鬢髮" 註）。**頒**髮或作頒懾皆古字也（慧8/537b "鬢髮"

註）（慧15/688b "鬢髮" 註）（慧64/751a "鬢髮" 註）。

fan

fān 帆：**帆**凡梵二音舩上使風幔也（龍138/04）（玄1/14b）（慧42/236a）（玄4/58c）（慧43/274a）

（玄10/131b）（慧47/367a）（玄11/153a）（玄19/260c）（慧41/207b）（慧76/999a）（慧81/8a）。**帆**

扶嚴扶泛二反（慧52/475b）（慧56/570a）。**帆**音凡（慧31/12a）。**恨**誤音凡正作帆（龍

54/09）。//颿：**颿**古文帆字（龍126/08）；帆又作颿同（玄1/14b、慧42/236a "帆挽" 註）

（玄4/58c、慧43/274a "舉帆" 註）（玄10/131b "明帆" 註）（玄11/153a、慧52/475b "大帆" 註）

（玄19/260c、慧56/570a "帆者" 註）（慧31/12a "帆飛" 註）（慧81/8a "帆柁" 註）。**颿**帆又作

颿同（慧47/367a "明帆" 註）。**颿**古文帆字（龍126/08）；帆又作颿同（慧47/367a "明

帆" 註）。**颿**帆錄文作～俗字也（慧81/8a "帆柁" 註）。

颿：**颿**凡梵二音（龍126/08）（龍293/08）；帆又作颿同（玄1/14b、慧42/236a "帆挽" 註）（玄4/58c、慧4

3/274a "舉帆" 註）（玄10/131b "明帆" 註）（玄11/153a、慧52/475b "大帆" 註）（玄19/260c、慧56/570a "帆

者" 註）（慧31/12a "帆飛" 註）（慧81/8a "帆柁" 註）。//**颿**音梵又音凡（龍293/08）。

墦：**墦**音煩墦塚也（龍246/09）。

旛：**旛**芳袁反旌旗惣名也（龍124/05）（慧6/506a）（慧97/286a）（紹173a3）。//幡：**幡**芳

袁反幡幟也（龍138/03）（慧78/1036b）（希5/385b）；旛或從巾作幡（慧97/286a "掛旛"

註）。**幡**妨蕃反（慧7/522a）。**幡**俗孚袁反正作幡（龍056/05）。

橎：**橎**煩音有處卻作播布賀切字用臨文詳之（紹158b2）。

藩：**藩**甫煩反藩籬也又音煩（龍255/07）（紹156b4）。

繙：**繙**孚袁反繽繙風吹旗兒又音煩繙帉乱兒（龍 397/07）。

翻：**翻**音幡覆也（龍 196/09）（龍 326/10）（玄 15/212c）（慧 58/627a）（慧 12/629b）（慧 62/715a）（慧 63/733b）（紹 147a8）；**飜**亦作翻（慧 69/844a "飜騰" 註）。**譒**俗孚袁反正作翻（龍 368/03）。**翱**翻正幡音（紹 147a8）。//**飜**：**齸**音幡（龍 196/09）（慧 69/844a）。//**皷**：**皷**古文音幡①（龍 196/09）；翻律文作～非也（玄 15/212c、慧 58/627a "翻翻" 註）；潘律文作～非也（玄 15/206b "米潘" 註）。**皷**潘律文作～非也（玄 15/206b "米潘" 註）。**鼺**古文音幡（龍 196/09）。

艢：**艢**甫煩反舟飾（龍 131/08）。

鱕：**鱕**音煩（慧 26/952b "鱛魚" 註）。

挤：**挤**潘音（紹 135a2）。

fán 凡：**凡**符嚴反（龍 198/01）（玄 22/296a）（慧 23/862b）。**凡**符嚴反（龍 198/01）（慧 48/382a）（慧 22/854a）。

叽：**叽**俗音几（龍 269/01）（龍 275/05）（玄 20/264c）。**叽**泛音（紹 183b4）。

舤：**舤**正音凡舟也（龍 131/05）。**舤**俗（龍 131/05）。//**舤**：**舤**俗（龍 131/05）。

猵：**猵**音煩（龍 317/10）（紹 166b8）。

膰：**膰**音煩祭餘熟宍也（龍 410/02）。

褞：**褞**音煩褞卷吧幞兒（龍 103/07）。

踏：**踏**音煩（龍 460/08）（玄 24/323a、慧 70/867b "熊馬" 註）。//**蹞**：**蹞**音煩足有文也（龍 460/03）。

羵：**羵**音煩羊黄腹也（龍 160/01）。

騛：**騛**音煩生養之兒（龍 291/10）。

蠜：**蠜**音煩百合蒜也（龍 196/08）。

鼲：**鼲**音煩～鼠（龍 334/04）。

彇：**彇**音煩生養之兒（龍 150/06）。

蕃：**蕃**音煩蕃茂滋息也又蘺也屏也（龍 257/07）（玄 1/11a）（玄 4/58b）（玄 9/120c）（玄 20/

---

① 參見《龍龕手鏡研究》212 頁。

266c）（慧 17/745b）（慧 33/53b）（慧 43/273b）（慧 46/321b）（慧 85/97a）（紹 155a9）。

璠： 璠音煩（龍 433/06）（紹 141a1）。

燔： 燔音煩（龍 238/10）（玄 7/93b）（慧 28/996a）（玄 8/119a）（玄 12/163b）（慧 75/968a）（玄 13/171a）（慧 57/599a）（玄 16/221b）（慧 65/764a）（玄 17/235c）（慧 74/949b）（慧 45/315a）（慧 57/584a）（慧 90/175b）（慧 96/272b）（慧 99/324b）（紹 189b2）。

旛： 旛音煩（龍 545/02）；燔又作旛同（玄 7/93b、慧 28/996a "燔燒" 註）（玄 8/119a "燔燎" 註）（玄 12/163b、慧 75/968a "燔之" 註）（玄 17/235c、慧 74/949b "甯客" 註）。

鐇： 鐇音煩（龍 009/07）（玄 18/247b）（慧 73/926b）（慧 90/171a）。

渢： 渢伏風反（慧 98/305a）；氾又作渢同（玄 7/99b "氾流" 註）（玄 14/191c、慧 59/642a "泛長" 註）。

樊： 樊音煩（龍 356/07）（玄 20/270c）（慧 74/940a）（玄 23/318a）（慧 51/443b）（慧 15/682b）（慧 41/208b）（慧 90/173a）（紹 146a6）。樊樊或作～一也（慧 15/682b "樊籠" 註）。

𤑔： 𤑔俗音焚（龍 267/02）（玄 20/265c）（紹 182b3）。𤑔俗音焚（龍 267/02）（玄 20/264c）。

𩱏： 𩱏音煩～止（龍 291/10）。

鬠： 鬠扶袁反（慧 80/1088b）（紹 176a2）。鬠音煩（龍 454/07）。

覹： 覹音樊覷覹暫見之皃（龍 344/04）。

頪： 頪正（龍 483/07）。頪通音煩玉篇云醜也（龍 483/07）。

蠜： 蠜音煩蝗蠜虫也（龍 222/07）。

煩： 煩俗音煩①（龍 115/01）。

蘋： 蘋音煩似蘋而大（龍 253/10）。

繁： 繁伐袁反（慧 51/441b）。繁扶袁反（玄 18/251a）（玄 23/317a）（玄 25/333b）（慧 49/398b）（慧 53/499b）（慧 71/884b）（慧 73/936b）（慧 77/1020b）（希 10/423b）。繁音煩（龍 395/08）（玄 5/64a）（慧 38/153b）；蕃經文作繁（玄 4/58b、慧 43/273b "蕃息" 註）。

蘩： 蘩音煩旛蒿也（龍 258/04）（慧 29/1026a）（慧 95/257a）（希 10/421c）。

fǎn 反： 反府遠反（希 6/397b）。

①參見《叢考》609 頁。

軬：**軬**音反車耳（龍 082/09）。

烦：**烦**芳万反畚烦（龍 301/02）。

fàn 氾：**氾**或作芳梵反（龍 233/05）（玄 7/99b）（玄 8/114c）（慧 32/43a）（玄 12/155b）（慧 52/455a）（初編玄 557、慧 28/994b）（慧 6/511a）；泛古文氾同（玄 14/191c、慧 59/642a "泛長" 註）（慧 19/786b "泛流" 註）（慧 78/1036b "汎漾" 註）。//泛：**泛**正芳梵反（龍 233/05）（玄 1/21b）（玄 14/191c）（慧 59/642a）（玄 18/246b）（慧 73/925a）（玄 24/329a）（慧 70/876a）（慧 3/442b）（慧 4/467b）（慧 7/531b）（慧 10/590b）（慧 15/701b）（慧 18/766a）（慧 19/786b）（慧 25/919a）（慧 36/129a）（慧 55/531b）（慧 84/84a）（希 5/384b）；氾又作泛同（玄 7/99b "氾流" 註）（玄 12/155b、慧 52/455a "氾氾" 註）（初編玄 557、慧 28/994b "氾流" 註）（慧 6/511a "如氾" 註）；汎又作泛同（玄 22/304a、慧 48/394b "汎成" 註）（慧 76/999a "汎大" 註）。//**汎**正劍反（慧 48/394b）（慧 41/223a）（慧 76/999a）（慧 78/1036b）（慧 91/191a）（希 8/409a）（紹 188b1）；泛又作汎同（玄 1/21b "泛長" 註）（玄 14/191c、慧 59/642a "泛長" 註）（慧 4/467b "泛漾" 註）（慧 10/590b "泛漲" 註）（慧 15/701b "泛流" 註）（慧 25/919a "泛長" 註）（慧 36/129a "泛花" 註）（慧 84/84a "泛漲" 註）（希 5/384b "泛漲" 註）；渢或作此汎也（慧 98/305a "渢渢" 註）。**渢**正芳梵反（龍 233/05）（慧 62/719b）；泛經文或有作汎俗字亦通（慧 18/766a "泛於" 註）。**汎**汎正夫鑒切又馮音（紹 188b1）。**沉**正劍反（玄 22/304a）（希 1/357c）（紹 188b1）；泛今作汎同（玄 24/329a、慧 70/876a "涌泛" 註）。

范：**范**音範（慧 84/70b）。

盌：**盌**今方欠反杯也（龍 329/02）。//盌：**盌**今（龍 329/02）。**盌**或作（龍 329/02）。**盌**俗（龍 329/02）。**盌**俗（龍 329/02）。

範：**範**音犯（玄 1/19b）（慧 65/779b）（玄 24/321c）（慧 70/865a）（慧 1/418b）（慧 3/445a）（慧 3/450b）（慧 5/488a）（慧 18/757b）（慧 25/914a）（慧 30/1049a）（慧 54/514a）（慧 90/178a）（紹 159b7）。**範**音犯或作～（龍 391/04）（慧 4/472b）（紹 159b7）。**範**音犯法也常也式也前也（龍 260/08）（玄 16/220a）；範經從草作～非也（慧 30/1049a "師範" 註）。**範**音範（龍 076/03）。//**范**凡鍐反（慧 92/204a）；範今作范同（玄 1/19b "師範" 註）；範又作范同（玄 16/220a、慧 65/779b "師範" 註）（玄 24/321c、慧 70/865a "軌範" 註）。

飯：飯正符万反（龍 503/05）（玄 3/47c）（玄 11/148b）（慧 52/465a）（慧 21/829a）；餅俗從反作飯也（慧 62/698a“餅食”註）（慧 62/710b“餅麵”註）（慧 81/12b“一餅”註）。//餅正符万反（龍 503/05）（慧 39/170a）（慧 61/684b）（慧 62/698a）（慧 62/710b）（慧 81/12b）。//飰：飰通符万反（龍 503/05）（紹 171b7）；飯古文飰同（玄 11/148b“飯食”註）。

饭：饭芳万反饭悭悫性皃（龍 061/01）。

疲：疲芳万反吐疲也（龍 476/01）。

販：販方万反（龍 351/05）（慧 11/610a）（慧 16/710a）（慧 41/222b）（慧 49/401b）（慧 61/692a）（慧 64/751a）（慧 65/767a）（慧 78/1039a）（慧 78/1046a）。

哫：哫俗音泛（龍 273/06）。

仉：仉芳梵反輕也（龍 036/09）。

吼：吼音梵（龍 275/05）。

訉：訉正音梵多言也（龍 048/09）。訉俗（龍 048/09）。

軓：軓音犯車軾前也一曰車當前軓也（龍 083/07）。軓范音（紹 139a7）；範玉篇或作軓三字並通（慧 30/1049a“師範”註）。//軋：軋范音（紹 139a7）。

梵：梵凡泛反（玄 6/78a）（玄 14/183a）（慧 59/629a）（玄 21/275c）（慧 23/865a）。

嘫：嘫音梵又蒲感蒲紅二反（龍 275/05）（紹 182b5）。

渀：渀蒲勘反響梵字（龍 234/01）（紹 188a2）。

粉：粉音飰粉粉（龍 305/08）。

笲：笲音飯竹器也（龍 391/09）。

畚：畚或作（龍 083/05）。畚或作（龍 184/07）。畚今音飯車畚也（龍 083/05）（龍 184/07）（玄 19/253b）（慧 56/558a）。畚俗音飯（龍 184/07）。

奔：奔芳万反酒宿也（龍 357/09）。

嬎：嬎正芳遇反免子曰嬎又芳万反鳥伏卵出也（龍 283/03）；蕃息今中國謂蕃息為嬎息周成難字作嬎息也同時一嬎亦作此字（玄 1/11a、慧 17/745b“蕃息”註）。嬔俗（龍 283/03）。嬔俗（龍 283/03）。//鑁：鑁俗芳遇反正作娩字（龍 551/04）。//娩：娩芳万反娩息也一曰鳥伏乍出也（龍 283/04）。

繁：**繁** 音飯泉水也 （龍 552/02）。

fang

fāng 方：**方** （慧 22/836b）；舫説文作方汸二形同 （玄 14/184b、慧 59/631a "舩舫" 註）。//汸：

汸 舫説文作方汸二形同 （玄 14/184b、慧 59/631a "舩舫" 註）。**㓞** 古文方字[1] （龍

116/03）。

坊：**坊** 甫房反 （玄 2/24c）（玄 6/89b）（慧 22/840b）（慧 27/987b）。

芳：**芳** 敷亡反 （慧 90/176a）（希 4/377a）；笉字宜従草作芳 （玄 13/177c、慧 52/479b "竹笉"

註）。

枋：**枋** 音方木名也 （龍 378/04）（慧 62/718b）（慧 97/280b）（紹 157b1）；舫律文有作枋非

字義 （玄 14/184b、慧 59/631a "舩舫" 註）。

邡：**邡** 音方竹邡縣名也 （龍 452/08）（紹 169b1）。

牪：**牪** 音方牛未調也 （龍 115/07）。

笉：**笉** 字宜従草作芳 （玄 13/177c、慧 52/479b "竹笉" 註）。

跰：**跰** 今音方跰也又音傍脚脛曲也 （龍 460/07）。//蹋：**蹋** 或作 （龍 460/07）。

鳹：**鳹** 正音方鴨～鳥名人面青身 （龍 286/04）。//鴲：**鴲** 或作 （龍 286/04）。

匚：**匚** 甫良反 （龍 192/02）。

fáng 防：**防** 扶放反 （玄 22/293a）（慧 48/378a）（慧 68/830b）（慧 72/899a）。

肪：**肪** 放房反 （慧 67/802a）（慧 74/944b）。**肪** 音方 （龍 405/06）（玄 3/34b）（慧 09/566b）（玄

5/70c）（初編玄 569）（慧 75/979a）（玄 16/216a）（慧 65/775b）（玄 17/227b）（慧 67/814b）（玄

20/271c）（玄 22/301c）（慧 48/391a）（慧 2/424a）（慧 5/479a）（慧 45/302a）（慧 45/303a）（慧

55/540b）（慧 62/707b）（紹 136a4）。**耺** 俗音房[2] （龍 314/01）。//骹：**骹** 俗音方正作

肪脂也 （龍 479/07）；肪經本作骹非 （慧 45/303a "肪膏" 註）。

瓨：**瓨** 甫兩反瓦也又音甫 （龍 316/03）。

---

[1] 《疏證》：其來源待考 （183）。
[2] 《龍龕手鏡研究》：此字疑乃 "肪" 的俗字 （269）。

颿：**颿**音防（龍 126/09）。

魴：**鵄**又房傷二音澤鸝鳥（龍 286/04）。

魴：**魴**正音房魚名也（龍 166/01）（玄 19/259b）（慧 56/567b）（紹 168a4）。//**鱄**或作（龍 1 66/01）。**鱄**魴又作鱄同（慧 56/567b "鱄魴" 註）。**鱄**魴又作鱄同（玄 19/259b "鱄魴" 註）。

fǎng 昉：**昉**方岡反明也（龍 426/09）（慧 18/749b）（紹 171a3）。

放：**放**方岡反學也與倣同（龍 119/09）（玄 11/143b）（慧 56/553b）（慧 80/1093b）。

仿：**仿**音傍仿伴也又分兩反儌人仿相似又古文妃兩反（龍 24/02）（玄 2/22c）（慧 82/3 9b）（紹 128a7）；**髣**或從人作仿音用同（慧 82/32b "髣髴" 註）（慧 84/73b "髣髴" 註）（慧 90/172b "髣髴" 註）；旁集作從人作仿謂仿佛也非集義（慧 97/291b "旁習" 註）；**髣**髴説文作仿佛古字時不用（慧 77/1019a "髣髴" 註）。//倣：**倣**方岡反倣學也（龍 030/04）（慧 39/174b）（慧 100/343a）（紹 128b6）；放錄從人作倣非也（慧 80/1093b "放習" 註）。//佀：**佀**或作分兩反又音丙（龍 031/07）；倣説文從人作仿籀文作佀（慧 1 00/343a "倣前" 註）。//忨：**忨**音訪（龍 059/08）；放經文作忨非也（玄 11/143b "放 習" 註）。**坊**放經文作坊非也（慧 56/553b "放習" 註）。

紡：**紡**夫冈反（龍 399/08）（慧 13/648a）（慧 33/67b）（慧 51/448b）（紹 191a5）。

訪：**訪**正芳妄反問也詢也（龍 047/01）。//諮：**諮**俗（龍 047/01）。

舫：**舫**音放並兩船也又音謗人習水也（龍 132/08）（玄 2/27a）（玄 6/90a）（玄 14/184b）（慧 59/631a）（玄 17/229a）（慧 67/817a）（慧 4/467a）（慧 26/935b）（慧 27/989b）（希 2/363a）（紹 145b10）（紹 173a4）。

雓：**雓**音放鳥名（龍 125/06）。

髣：**髣**芳兩反髣髴相似兒也（龍 089/03）（玄 1/22c）（慧 25/923a）（慧 74/946b）（慧 77/1019 a）（慧 78/1037b）（慧 82/32b）（慧 84/73b）（慧 90/172b）（慧 100/340a）。**髣**撫兩切（紹 144 b9）。**昉**髣髴古文作昉聇説文仿佛並同用也（慧 25/923a "髣髴" 註）。

fei

fēi 沜：沜舊藏作非字（龍 228/07）。

菲：菲芳尾反薄也微也悵惋也又菜名又芳非反芳菲也（龍 259/07）（慧 95/254b）（慧 97/284b）（紹 155b6）。

斐：斐芳菲反（龍 280/09）（慧 83/61a）（慧 98/309a）。

蜚：蜚非尾反又古飛字（玄 3/41c）（慧 09/572b）（玄 4/52c）（慧 31/23b）（玄 5/72b）（慧 33/57b）（玄 11/141a）（慧 56/549a）（玄 20/266b）（慧 33/63a）（慧 57/584a）（慧 90/176a）（紹 164b8）；飛經本有作蜚（希 6/393c“飛蛾”註）。蜰父畏反（慧 75/978b）。蜚蜰古今正字作～或從虫作蜚（慧 75/978b“蝗蜰”註）。

扉：扉音非户扉（龍 303/06）（玄 11/150b）（慧 52/469a）（玄 14/187c）（慧 59/636a）（紹 199a3）。//閍：閍俗音非正作扉户閍也（龍 091/09）（紹 195b4）；扉經文作閍誤也（玄 11/150b、慧 52/469a“金扉”註）（玄 14/187c、慧 59/636a“户扉”註）。//錍：錍俗音非正作扉户錍也（龍 010/09）；排律文作錍非也（玄 15/201c、慧 58/617b“户排”註）。

緋：緋匪微反（慧 40/189b）（慧 40/197a）（希 6/397a）。

霏：霏今芳菲反（龍 306/03）（玄 11/147a）（慧 52/462a）（玄 19/259a）（慧 56/566b）（慧 36/121b）（慧 68/825a）（慧 83/50a）（希 9/413a）（紹 144a4）。//霏或作芳菲反（龍 306/03）；霏或作～同（玄 19/259a、慧 56/566b“雰霏”註）。

餥：餥非匪二音餱也一曰相請食也（龍 500/09）。餥俗補妹蒲昧二反[①]（龍 502/09）。餥衰經文文作～非也[②]（慧 58/940b“冠衰”註）。餥衰經文文作～非也（玄 20/271a“冠衰”註）。

騑：騑音非又音菲（龍 292/03）（紹 166a7）。

蘺：蘺今芳非反細毛也（龍 134/09）。蘺正（龍 134/09）。

妃：妃芳菲反（龍 279/10）（慧 40/187a）（慧 68/829a）（慧 79/1056a）（希 3/369a）；已論從女作妃非也（慧 87/118b“妲已”註）。

---

①參見《叢考》1116 頁。

②參見《刻本用字研究》149 頁。

飛：**飛**甫韋反（玄 12/163a）（慧 75/967b）（希 4/377a）（希 6/393c）；古書飛皆作蜚同（玄 3/
41c、慧 09/572b "蜎蜚" 註）（玄 11/141a、慧 56/549a "蜚墮" 註）（玄 4/52c "蜚尸" 註）。**蜚**音
非①（龍 368/04、慧 31/23b "蜚尸" 註）。**騛**音非（龍 368/04）。**犯**飛經文從犬作犯誤
也（玄 12/163a、慧 75/967b "飛鳥" 註）。

慌：**慌**音飛獸似牛白首一目也（龍 116/01）。

騛：**騛**音非玉篇云騛兔龍馬日行三千里（龍 291/07）。

鯡：**鯡**音非魚名（龍 168/06）。

féi 肥：**肥**費微反（慧 14/675b）（慧 15/698b）（慧 29/1025b）。**肥**扶非反（慧 73/935b）。**肥**父
非反肌肥肉多也（龍 406/02）（玄 11/146c）（慧 52/462a）（慧 12/157b）（慧 74/954a）（玄 18/2
50b）；毗論文作肥非也（玄 18/250a、慧 73/935a "毗齊" 註）。

淝：**淝**音肥水名（龍 230/02）。

箶：**箶**扶非反竹名（龍 389/05）。

腓：**腓**音肥腳腨腸也（龍 407/05）（玄 5/70a）（紹 136a8）。**腓**扶非反（慧 37/146a）。

痱：**痱**音肥痱病也又扶沸反熱瘡也又蒲罪反痱瘤也（龍 468/06）（玄 16/218b）（慧 65/770
b）（玄 17/235a）（慧 74/948b）（玄 25/333a）（慧 71/883b）（慧 75/965b）（紹 192a9）。//疿：**疿**
音肥（龍 468/06）（紹 192b7）；痱又作疿同蒲罪反（玄 3/39c、慧 09/561b "痱瘤" 註）（玄 1
6/218b、慧 65/770b "痱瘤" 註）（玄 17/235a、慧 74/948b "痱瘤" 註）。//腓：**腓**又扶未反
病也②（龍 407/05）。

鴟：**鴟**音肥鳥名如梟人面一足又平利反（龍 545/02）。

fěi 斐：**斐**芳尾反文章皃也（龍 119/07）（玄 7/94c）（玄 9/124a）（慧 28/998a）（慧 46/327b）（慧 90/1
70b）（慧 96/260a）（慧 99/311a）（紹 201a6）；裴經文從文作斐（玄 3/43b、慧 09/575b "裴服"
註）。

斐：**斐**芳尾反大也（龍 357/03）。

霏：**霏**或作菲芳菲芳尾二反雲雨皃也（龍 307/01）。

①參見《龍龕手鏡研究》298 頁。
②參見《龍龕手鏡研究》313 頁。

翡：翡扶未反（龍 327/05）（玄 16/214c）（慧 65/773b）（慧 4/469a）（慧 32/43a）（慧 77/1012b）（紹 147a7）。//鯡音非鳥名（龍 286/02）。鶲或作出玉篇（龍 286/02）。

匪：匪非尾反亦作篚菲（龍 192/07）（玄 25/339b）（慧 71/894b）（慧 8/549b）（慧 22/836a）（紹 175a1）。逬相承堆推裴匪四音①（龍 489/08）。

篚：篚方尾反（龍 392/05）；匪亦作篚（慧 8/549b "匪唯" 註）。

悱：悱芳尾反口悱悱也（龍 058/01）（慧 83/61b）（慧 98/307a）（紹 131a2）。//愭舊藏作懼音具②（龍 061/08）；斐集從心作～字書無此字（慧 99/311a "斐然" 註）。

秗：秗芳尾反穗兒也（龍 145/05）。

誹：誹非味反誹謗也（龍 046/08）（玄 6/88a）（慧 2/437b）（慧 3/451a）（慧 3/454b）（慧 27/985a）（慧 31/18a）（慧 34/80b）（慧 67/805a）（希 6/393c）（希 9/411c）（紹 185a8）。

朏：朏正普乃反月未盛明也又芳尾反朏月三日明生之名（龍 411/05）（龍 536/09）（慧 95/250b）（慧 99/328a）。胐正（龍 411/05）（龍 537/01）。胜俗（龍 411/04）。

fèi 吠：吠扶廢反（玄 23/306a）（慧 47/353a）（玄 23/312c）（慧 50/420b）（玄 24/324b）（慧 70/869b）（慧 1/420b）（慧 11/615b）（慧 14/679b）（慧 54/510b）（紹 184b9）。呋吠微閉反經作～非也（慧 11/615b "皤吠" 註）。咉于弓切眾經音義作吠（紹 182a5）。

柿：柿敷廢反（慧 65/780a）（玄 18/248a）（慧 73/927b）。柹芳廢反斫木斤零～也（龍 383/01）（玄 13/171b）（慧 57/591b）（玄 16/220a）（紹 157b2）；札律文有作柿（玄 15/207a、慧 58/607a "木札" 註）（玄 22/296a、慧 48/382a "小札" 註）。

肺：胏芳吠反（慧 5/478a）（慧 64/750b）。肺敷穢反（慧 43/267b）（慧 15/704b）（慧 57/596a）（慧 68/828a）。肺俗芳廢反（龍 412/07）（玄 4/55b）（玄 20/271c）（慧 2/423b）（慧 54/521b）（紹 135b10）；肺經文從市作肺俗用非（希 1/356a "心肺" 註）。肺俗（龍 412/07）；肺經文從市誤也（慧 41/215a "心肺" 註）（慧 55/541a "肺俞" 註）。肺正芳廢反（龍 412/07）（慧 41/215a）（慧 77/1013b）（希 1/356a）。肺妨癈反（慧 13/659b）。脯肺經文從甫作脯非也（慧 64/750b "肺肝" 註）。//肺芳廢反（龍 412/07）（龍 416/06）；肺又作胇同（玄 20/271c

①參見《龍龕手鏡研究》354 頁。
②參見《字典考正》155 頁。

"肺腴" 註)（慧 54/521b "肺俞" 註）。

䏱：晿正音伐舂米也又芳廢反暘也（龍 341/02）。肺俗（龍 341/02）（玄 15/212c）（慧 58/62

7a）。旿俗（龍 341/02）。//𪎭䏱舂也通俗文擣細曰𪎭（玄 15/212c、慧 58/627a "䏱之"

註）。

韭：韮浮沸反隱也陋也正作韭（龍 302/08）。//韭：韮扶未反隱也陋也（龍 301/03）。//

韭：韮扶沸反韭隱也（龍 139/06）；匪亦作篚古文作韭（慧 8/549b "匪唯" 註）。

韭：韭方尾反（龍 249/01）。

趴：趴正扶沸反刖足也（龍 463/05）（紹 137b6）。//踙俗（龍 463/05）。

勏：勏扶沸反（龍 518/01）；贔古文奰悲奰三形今作勏同（玄 7/101a、慧 44/284a "力贔" 註）；

古文奰悲二形今作勏同（玄 11/152b、慧 52/473a "贔𧴪" 註）。

沸：沸非未反（龍 233/08）（慧 20/800a）（慧 63/729b）。//瀪：瀪方味反陽瀪（龍 534/09）。//

瀪：瀪同上（龍 534/09）。//潰：潰沸音（紹 189a6）。

晿：晿芳味反日光又乾物也（龍 428/08）（慧 98/297b）。

疿：疿方味反疿生小瘡也（龍 476/04）（希 9/416c）（紹 193a5）。

狒：狒扶味反獸名（龍 540/03）。

誹：誹方味反言急也（龍 048/08）。

費：費芳未反耗也損也散也（龍 351/04）（慧 8/553b）（慧 51/449b）（慧 57/585b）。

攅：攅方味反川韻云南人呼相撲也（龍 214/10）（玄 17/231b）（玄 18/248b）（慧 73/928b）。黂

方未房未二切（紹 143b2）。攅扶未反南人謂相撲為相攅也（慧 70/855b）。

櫗：攅芳味反木名（龍 384/01）。攅律文有作柹又作櫗非也（玄 15/207a、慧 58/607a "木

札" 註）。

黂：黂或作方味反靉黂雲布狀也又音佛（龍 540/03）。誹（龍 540/03）。

廢：廢方吠反止也休也亭也捨也（龍 300/09）（玄 7/95c）（慧 28/999b）（希 4/380c）。癈甫吠

反（慧 33/52b）；廢從广音魚撿反經從广音搦非也（慧 13/652b "懈廢" 註）（希 4/380c "休

廢" 註）。

癈：癈方吠反困病也（龍 474/09）（紹 193a1）。

簽：**鐄**方吹反蘆～也蓮篅之屬（龍 393/05）。**簽**（龍 393/05）。

鐄：**鐄**音廢射收繳具也又川韻蒲末反（龍 512/04）（慧 64/752b）（紹 148b2）；發經文作鐄（玄 7/98a、慧 31/3a "機發" 註）。鐄：**鐄**蒲末反弋鳥具也（龍 512/09）。

鐨：**鐨**正音廢賦歙也（龍 539/06）。**鐨**音廢賦斂也（龍 348/09）。**鐨**俗（龍 539/06）。

鷽：**鷽**扶味符唱二反獸名（龍 535/08）。**鷽**扶沸反獸名（龍 551/06）。**鷽**方味反（龍 551/08）。

穓：**穓**今浮鬼扶畏二反紫莖稻不粘也（龍 144/09）。**穓**或作（龍 144/09）。**穓**或作（龍 144/09）。

鬏：**鬏**補救反忽見也（龍 090/05）。

蟦：**蟦**扶沸反蠐螬虫也（龍 224/03）。

fen

fēn 分：**分**扶問反（玄 9/128b）（慧 46/335a）（玄 12/164c）（慧 4/473a）（慧 8/544a）（慧 20/794a）（慧 27/987b）（慧 42/238a）（慧 51/445a）（慧 51/449a）（慧 53/485b）（慧 57/580b）（希 8/408b）。

衯：**衯**正音芬巾也（龍 138/06）。**衯**通（龍 138/06）。

忿：**忿**蒲悶反忿心也（龍 060/09）。

砏：**砏**音芬砏汾水石也（龍 441/03）。

芬：**芬**説文從屮作岕石經從草（慧 2/433b "芬馥" 註）（慧 6/503a "芬馥" 註）（慧 8/535b "芬馥" 註）（慧 29/1014b "芬馥" 註）（慧 37/144a "芬馥" 註）（希 1/358c "芬馥" 註）。**芬**敷雲反（玄 1/18b）（玄 4/53a、慧 34/92a "蕊芬" 註）（玄 22/294c）（慧 48/380b）（玄 24/325c）（慧 70/871a）（慧 2/433b）（慧 5/485b）（慧 6/503a）（慧 8/535b）（慧 12/626a）（慧 15/689a）（慧 19/775b）（慧 22/840b）（慧 23/861b）（慧 23/876a）（慧 28/1009a）（慧 29/1014b）（慧 29/1032b）（慧 30/1044a）（慧 32/31a）（慧 34/83b）（慧 36/128b）（慧 37/144a）（慧 57/599b）（慧 88/144b）（希 1/358c）；薀葐經文作芬薀菲也（玄 7/94a、慧 28/997a "薀葐" 註）；芬説文草初生香氣分布從屮分聲今隸書從草作芬（慧 12/632b "芬馥" 註）。

䭯：**䭯**芳文反毛落也（龍 135/02）。

祄：**祄**正音芬長衣也（龍 103/04）。**祄**俗（龍 103/04）。

鈖：**鈖**相承方貧反玉名（龍 014/03）。

棼：**棼**扮經從芬作棼非也（慧 64/749b“苇扮”註）。**棻**音焚香木名也（龍 256/05）。

訜：**訜**音分（龍 044/01）。

紛：**紛**拂文反（龍 395/04）（玄 3/33c）（慧 09/565b）（玄 22/299a）（慧 48/386b）（玄 23/317b）（慧 49/399a）（慧 1/403b）（慧 4/460a）（慧 11/612a）（慧 14/666b）（慧 27/987b）（慧 28/1010b）（慧 29/1028b）（慧 32/31a）（慧 32/45b）（慧 41/205b）（慧 42/241a）（慧 36/123a）（慧 62/716b）（慧 63/741b）（慧 84/70a）（慧 94/225a）（希 1/354a）（希 2/361b）（希 4/380b）（希 6/397a）（希 10/423b）（紹 190b8）。**紛**孚云反（玄 6/89a）（慧 94/229a）。**紖**紛葩（慧 9/572a）。

氛：**氛**音焚又音芬（龍 369/02）（玄 13/177a）（玄 19/254c）（慧 56/559b）（慧 6/506a）（慧 7/522a）（慧 8/543b）（慧 21/818b）（慧 24/888a）（慧 53/492a）（慧 85/97b）（慧 94/233b）（希 2/363c）（紹 202a7）；雰又作氛同（玄 25/331b、慧 71/881a“雰霧”註）（慧 85/90a“雰霧”註）（慧 96/266a“重雰”註）；芬經文有從气作氛非經義（慧 6/503a“芬馥”註）（慧 15/689a“芬馥”註）；氳或作氛（希 7/403c“氳氳”註）。//雰：**雰**正芳文反又氛亦同（龍 306/09）（玄 19/259a）（慧 56/566b）（玄 25/331b）（慧 71/881a）（慧 68/825a）（慧 85/90a）（慧 88/138a）（慧 96/266a）；氛古文作雰同（玄 13/177a“氛翳”註）（慧 6/506a“氛郁”註）（慧 7/522a“氛郁”註）。**霧**芳文反又氛亦同（龍 306/09）。

翁：**翁**芳文反繽翁飛皃（龍 326/08）。

錱：**錱**符分反錱氲（龍 369/02）（玄 5/66b）（慧 43/271a）（慧 40/204a）（慧 91/194a）（希 7/403c）。

毴：**毴**府文反毴毴氀㲃也（龍 135/01）。

饙：**饙**正甫文反（龍 500/01）（玄 16/219c）（慧 65/779a）（慧 63/727a）。//餴：**餴**或作（龍 500/01）；饙又作餴同（玄 16/219c、慧 65/779a“餐饙”註）。**餗**俗（龍 500/01）。

闧：**闧**芳文反闠闧（龍 092/08）。

fén 汾：**汾**符分反（龍 226/10）（慧 83/47b）（紹 186b2）。

谷：**谷**符分反谷名（龍 526/01）。

枌：**枌**扶文反（龍 377/06）（慧 98/308b）；扮經文從木作枌是木名誤也（慧 76/989a“相扮”

註)。

粉： 𥿈正符云反白粃羊（龍 159/09）。𥿇俗（龍 159/09）。

棼： 棻扶文反復屋棟也（龍 377/05）（玄 7/101b）（慧 32/32b）（紹 176a2）。

鈖： 魵芳粉房粉二反蝦別名也（龍 169/09）。

鼢： 鼥正房粉反又扶文扶門二反（龍 334/05）（慧 98/295a）。鼣今（龍 334/05）。//蚡正
房粉反與鼢同又平聲（龍 223/02）；鼢或作蚡（慧 98/295a "鼢鼠" 註）。蚡俗（龍 223/
02）；鼢或作蚡又作蚡（慧 98/295a "鼢鼠" 註）。

蓥： 蓥符分反蓥蕡香氣盛皃也（龍 258/02）（玄 7/94a）（慧 28/997a）（慧 98/303a）（紹 155a2）；
氳氲宜作蓥蕡（玄 5/66b、慧 43/271a "氳氲" 註）。

幩： 幩音墳飾也（龍 138/07）。

賁： 賁父文反（龍 073/05）。

蕡： 蕡符分反草木多實也（龍 258/08）。

獖： 獖又扶文反（龍 318/08）（玄 16/217b）（慧 65/768b）。

豮： 豮扶云反土中怪羊也（龍 159/09）。

皾： 皾正扶文反大鼓長八尺也（龍 122/05）。皾俗（龍 122/05）。

馩： 馩正符分反～醖香氣也（龍 180/06）（紹 201a9）。//馚或作（龍 180/06）；芬有從香
作馚不成字非也（慧 6/503a "芬馥" 註）（慧 8/535b "芬馥" 註）（希 1/358c "芬馥" 註）。

獖： 獖音墳野猪也又音煩（龍 320/06）。//豶：豶俗符文反（龍 321/06）。

豷： 豷今符文反大鼓也（龍 337/03）。豷或作（龍 337/03）。鼖扶雲反（慧 32/33a）。鼖扶
雲反（玄 4/53c）。鼖或作（龍 337/03）。//轒：轒鼖又作轒同（玄 4/53c、慧 32/33a "鼖
鼖" 註）。

轒： 轒扶分反轒輼兵車也又房吻反（龍 082/01）（玄 13/170a）（慧 55/540b）（慧 83/43b）（慧 9
4/234b）。轒轒經文從貴作轒非也（玄 13/170a、慧 55/540b "羅轒" 註）。轒經音義作
轒兵車名經文是比丘名在七女經中郭氏又俗胡罪反（龍 082/01）。

鑌： 鑌符分反飾也又許運反鐵類（龍 013/03）（紹 180b8）。

噴： 噴焚樊二音（紹 190b4）。

焚：**樊**扶文反（慧11/600b）（紹189b4）。**焚**扶雲反字從火燒林意也（玄1/17b）（玄6/81b）（慧52/466a）（玄22/300a）（慧48/388b）（玄23/313c）（慧50/421b）（玄24/321b）（慧70/865a）（慧25/909a）（慧27/970b）（慧40/191b）（慧44/294b）（慧50/418a）（希3/369c）。//**炎**符文反與焚同（龍238/09）；焚古文炎同（玄1/17b"焚身"註）（玄6/81b"焚燒"註）（玄22/300a、慧48/388b"焚燎"註）（玄24/321b、慧70/865a"焚燒"註）（慧27/970b"焚燒"註）。**焚**符文反與焚同（龍238/09）。//**燌**正符文反與焚同（龍238/09）（紹190a2）；焚古文燌同（玄1/17b"焚身"註）（玄6/81b"焚燒"註）（慧52/466a"焚燒"註）（玄22/300a、慧48/388b"焚燎"註）（玄24/321b、慧70/865a"焚燒"註）（慧27/970b"焚燒"註）。**燌**燌今作焚古今正字從火賁聲經從貴作～書誤也（慧57/582a"燌燌"註）。

fěn 扮：**扮**正房吻反又芳粉反（龍212/10）（慧64/749b）（慧76/989a）。**扮**俗（龍212/10）（紹133a10）。//**捹**音粉動也（龍212/09）。**㧢**音粉動也（龍066/03）。

粉：**粉**正方吻反燒鉛成也（龍304/10）（希6/395b）。**粉**今（龍304/10）。

fèn 忿：**忿**芳吻芳問二反（龍066/05）（希3/374c）（希6/397c）。

坌：**坌**方文切（紹148a7）。**坌**分糞二音掃弃也（龍184/04）（玄16/225a）（慧64/750a）（紹148a6）；糞或作坌皆正也（慧2/438a"爛糞"註）（慧14/661b"糞屎"註）。**坌**分糞二音掃弃也（龍184/04）（慧8/544b）（慧32/49b）（慧33/67a）（慧39/180b）（慧44/293a）（慧51/450a）（慧78/1044a）（紹148a7）；糞或作坌坋壒四形竝同也（慧5/488a"糞掃"註）（慧15/699a"糞丸"註）（慧17/731b"糞埽"註）（慧41/215b"糞穢"註）。**坴**今經作糞俗字也或作～（慧64/760b）。**坋**糞或作坌坋壒四形竝同也（慧5/488a"糞掃"註）（慧17/731b"糞埽"註）。**坌**夫問反（慧6/508b）。**坋**坌或作～亦同（慧8/544b"坌壤"註）。//**壴**坌經從異作～俗字非也（慧33/67a"除坌"註）（慧41/215b"糞穢"註）（慧44/293a"坌土"註）（慧76/1000a"霾血"註）（慧78/1044a"坌堆"註）。**糞**糞或作坌坋壒四形竝同也（慧5/488a"糞掃"註）（慧14/661b"糞屎"註）（慧17/731b"糞埽"註）。**壒**坌或作～（慧6/508b"爛坌"註）。**糞**糞屎或作～（慧14/661b"糞屎"註）（慧16/717b"燥牛糞"註）（慧41/215b"糞穢"註）。

糞：**糞**方問反（龍305/04）（慧5/488a）（慧11/607a）（慧41/215b）（慧62/706b）；坌經文作糞

俗字（慧 6/508b "爛垒" 註）（慧 8/544b "垒壤" 註）（慧 44/293a "垒土" 註）（慧 51/450a "垒中" 註）；霏經作糞非也（慧 15/699a "霏" 註）（慧 24/886b "粦穢" 註）（慧 64/760b "糞埽" 註）。

叢方問反（龍 305/04）（慧 5/492a）（慧 16/717b）（慧 24/886b）（慧 64/760b）。**叢**方問反（龍 305/04）；糞經文從黑或從異竝俗字非正也（慧 2/438a "爛糞" 註）（慧 17/731b "糞埽" 註）；垒經作～俗字非也（慧 39/180b "牛垒" 註）。**叢**糞正夫問切（紹 201b7）。**叢**方問反（龍 305/04）。**叢**或作方問反～掃（龍 552/01）。**叢**或作方問反～掃（龍 552/01）。**叢**方問反（慧 15/699a）（慧 76/1000a）。**叢**分問反（慧 17/731b）（慧 29/1023b）。

潰：**潰**方問反水名又疋問反水浸也（龍 234/06）。

債：**債**方問反僵仆也郭氏又俗音奔（龍 034/08）（紹 128a10）。

憤：**憤**正房粉反恨也怒也（龍 056/8）（玄 1/2c）（慧 20/802a）（玄 3/45b）（玄 21/280b）（玄 22/288c）（玄 23/308c）（玄 24/321c）（慧 4/465b）（慧 8/535a）（慧 10/579a）（慧 13/652a）（慧 18/759b）（慧 21/825a）（慧 47/359a）（慧 48/371b）（慧 54/514b）（慧 66/799b）（慧 70/865b）（慧 87/117b）（慧 98/307a）（希 10/419a）（紹 131a8）。//懤：**懤**或作（龍 056/8）；憤或作懤古字也（慧 8/535a "憤恚" 註）。**懤**俗（龍 056/08）。

膹：**膹**浮鬼反又房吻反（龍 412/01）（紹 136a5）；殯論文作膹又作膹（玄 17/228c、慧 67/816b "殯風" 註）。

殯：**殯**方問反殯也（龍 515/04）。

瘍：**瘍**房吻反病悶也又瘡內反出也（龍 473/06）。

奮：**奮**正方問反進也動也振也起也（龍 358/01）（玄 22/290c）（慧 48/374b）（慧 1/417a）（慧 4/470b）（慧 5/494b）（慧 6/505a）（慧 7/521b）（慧 19/774b）（慧 27/986b）（慧 28/1001a）（慧 33/64b）（慧 38/163a）（慧 40/197a）（慧 47/347b）（慧 76/1000b）（慧 89/159a）（希 10/423a）。**奮**分問反（慧 24/888b）（紹 146a6）。**奮**方問反（玄 6/88c）。**奮**俗（龍 358/01）；奮經文從曰非也（慧 1/417a "奮迅" 註）（慧 28/1001a "雷奮" 註）。**奮**俗（龍 358/01）。**奮**俗（龍 358/01）。**奮**方問反正作奮（龍 329/01）。**奮**方問反正作奮（龍 329/01）。**奮**夫問反（龍 263/01）。**奮**夫問反（龍 263/01）。

fēng

fēng 風：**風**音封（慧2/437a）（慧22/837a）（希2/364c）。

佩：**凬**音風地名（龍027/09）（紹128b9）。

凬：**凬**音風地名（龍296/03）。

猦：**猦**音風猦猚（龍318/01）。

楓：**楓**音風（龍376/04）（玄8/113c）（慧39/170a）（慧99/312a）（紹157a6）。//薝：**薝**楓或從林作薝（慧99/312a"楓櫨"註）。

蝸：**蝸**音風玉篇虫窟也（龍222/07）。

丰：**丰**芳容反丰美好也又伏風反（龍547/08）（紹203b10）。**芈**敷容反草木盛也（龍07 3/07）。//芈：**芈**敷容切（紹156a1）。

娀：**娀**正芳容反好貌也（龍280/07）。//**蜂**或作（龍280/07）。

封：**封**府逢反（玄16/221a）（玄16/221a）（慧65/781b）（玄21/286b）（慧34/79b）（玄23/317c）（慧47/344b）（玄24/325c）（慧70/871a）（慧2/426a）（慧20/791b）。**封**府逢反喫（慧65/781b）。//**坒**古文府容反（龍074/06）。**坒**古文音封（龍071/07）；封從土作～古封字也（慧20/791b"隁封"註）。**宰**古文音封（龍071/07）。//尌：**尌**音封（龍248/01）。

葑：**葑**音封菜名（龍254/06）（慧98/299a）。

犎：**犎**音封（龍115/01）（玄10/131b）（慧47/366b）（玄11/153a）（慧52/475b）（玄14/197c）（慧59/652a）（玄18/240c）（慧73/934b）（玄22/292c）（慧48/377b）（玄23/307a）（慧47/354b）（玄24/322a）（慧70/865b）（慧41/208b）（慧43/254b）（慧96/262a）（希1/355a）（紹167b1）。

闗：**闗**俗音封（龍092/06）（紹195b1）。

偑：**偑**芳容反使也（龍496/04）。

峯：**峯**（玄22/299c）（慧48/387b）（慧83/54b）（慧94/228b）；鋒經或作峯亦通也（慧29/1016a"如鋒"註）。**峯**音峯（龍155/09）。**峯**捧封反（慧8/553a）（慧1/405a）（慧12/628a）（慧34/81a）；鋒或作峯（慧11/601a"推鋒"註）。**峰**峯或作峰（慧8/553a"峯巖"註）。

犎：**犎**芳容反犎牛也（龍115/02）。

𤛏：**𤛏**敷容反（龍247/10）。**𤛏**敷容反（龍247/10）。

烽：**㷭**正芳容反（龍239/07）；烽又作～字（希10/419a"烽燧"註）。**烽**俗（龍239/07）。//**烽**或作（龍239/07）（慧94/227b）（希10/419a）（紹190a3）。**炗**俗（龍239/07）。

蜂：**蠭**或作芳容反（龍219/08）（慧14/664b）；蜂尒雅正作蠭今俗作蜂（希1/358a"黑蜂"註）（希6/393a"蜂蠆"註）。**蠭**正芳容反（龍219/08）（慧32/37a）；蠭或作蠡（慧14/664b"蠭蝶"註）。**蠡**蜂又作蠡同（玄12/158c、慧74/956b"蜂虿"註）。**蜂**今（龍219/08）（玄12/158c）（慧74/956b）（慧58/608b）（希1/358a）（希6/393a）（紹163b5）；蠭經作蜂俗字（慧14/664b"蠭蝶"註）（慧32/37a"蚊蠭"註）。**蜂**音豐（慧60/661a）。**蠭**（玄15/208a）（玄20/273b）（慧34/89a）（慧76/1002b）。**桒**蜂經文作桒此應誤也（玄12/158c、慧74/956b"蜂虿"註）。

鋒：**鋒**芳空反（慧4/462b）（慧36/129a）（中62/718a）；峰經從金作鋒亦通（慧12/628a"欑峰"註）。**鋒**今芳容反兵刃端也（龍008/03）（慧14/663b）（慧29/1016a）（慧37/133b）（慧60/664a）（慧81/16b）（慧89/150a）（慧89/164b）（希6/395c）（紹181a7）。**鋒**或作（龍008/03）。**鏠**正（龍008/03）（慧11/601a）。**鏠**芳恭反（慧26/945a）（慧53/489a）（希4/376a）。//**鏠**：**鏠**俗（龍008/03）；鋒或作～（慧4/462b"鋒利"註）（慧14/663b"鋒芒"註）。

豐：**豐**敷風反正體字也（慧29/1020b）（慧40/201a）（慧62/707b）（慧62/716b）（慧68/828b）（希2/365c）。**灃**覆風反（慧93/220a）。**灃**捧逢反（慧81/7a）；豐經文從曲作豊俗字也（慧29/1020b"豐稔"註）（慧40/201a"豐饒"註）。

灃：**灃**音豐（龍229/04）。

寷：**寷**正芳充反大屋也（龍156/01）。**寷**今（龍156/01）。

鄷：**鄷**音豐（慧83/56b）；豐錄文從邑作鄷（慧81/7a"灃水"註）。**鄷**芳容反邑名（龍453/09）。

糧：**糧**俗音豐（龍304/02）。

葑：**葑**敷容反蕪菁苗也（龍258/08）。

麷：麷敷容反麦麥也（龍505/01）。麷俗撫鳳反正作麷（龍325/05）。

féng 夆：夆符容反又敷容反（龍547/08）。

摓：摓扶用反（龍214/07）（紹135b2）；縫經文従手作摓非也（玄4/62b、慧42/248a“單縫”註）。

⿰矛夆：⿰矛夆符容反⿰矛逢⿰矛茸矛也（龍141/06）。//⿰矛逢（龍141/06）。

⿰衤逢：⿰衤逢逢音（紹168b1）。

⿰革逢：⿰革逢正符容反⿰革逢鼓聲（龍448/01）。⿰革夆俗（龍448/01）。

縫：縫房容反紩衣也又扶用反衣縫也（龍396/03）（玄4/62b）（慧42/248a）（慧56/573b）（慧14/661b）（慧15/699b）（慧30/1041b）（慧55/535b）（慧86/112b）（希5/387a）（希7/400c）（紹191a8）。縫（玄19/262c）。

覂/⿸广乏：⿸广乏芳勇反⿸广乏覆也要也王篇又芳乏房法二反（龍300/05）。⿸广乏（龍300/05）。

⿰灃阝：鄷芳戎反姫姓（龍454/01）。

fěng 諷：諷方送反背文曰諷又諷剌也（龍047/03）（玄6/86c）（玄14/182c）（慧59/628b）（玄23/311b）（慧47/363a）（玄24/323a）（慧70/867a）（慧4/458a）（慧6/499b）（慧12/622b）（慧21/829a）（慧23/875b）（慧27/981b）（慧32/49b）（慧36/126a）（慧80/1084a）。

fèng 鳳：鳳房諷反（慧4/469b）（慧41/210a）（慧86/108b）。鳳馮貢反（希1/355b）。

奉：奉防用反（玄1/19b）（慧1/420a）（慧4/472a）（慧22/841a）（慧65/768a）。

俸：俸扶用反禄也俸也（龍033/09）（玄16/216c）（慧65/777a）（慧19/772b）（慧25/914a）（紹128a5）；奉今皆作俸（玄1/19b“奉禄”註）。

賵：賵正芳貢反賻也贈也（龍352/06）。賵敷鳳反（慧55/534b）（紹143a9）；賻或作賵（慧93/218b“賻贈”註）。賵豊諷反（慧87/128b）（慧97/280a）。⿰月冒誤芳貢反正作賵（龍414/03）。賵敷鳳反（玄13/179c）。//⿵几貝或作方貢反賻也贈也（龍128/08）。

fo

fó 坲：坲音佛塵起也（龍252/09）。

艴：**艴** 音佛玉篇大舟也（龍 133/04）。

fou

fǒu 否：**唇** 俗音否（龍 271/09）。

邧：**邧** 方夂反地名（龍 455/08）。

缶：**缶** 正方九反瓦器盆也（龍 337/10）。**缶** 通（龍 337/10）。**缶** 通（龍 337/10）。**击** 又俗万夂反（龍 553/07）；缶正府九切（紹 150a10）。

烌：**烌** 方婦反（玄 17/237c）（慧 74/953a）。**無** 正方九反又芳武反（龍 241/06）（慧 85/91a）。**烌** 俗（龍 241/06）。

瓿：**瓿** 府九切（紹 150a2）。

鴀：**鴀** 音不鶏鳩（龍 289/09）（玄 16/214c "鶏鳩" 註）（紹 165b1）。

雺：**雺** 正芳否反霧雺（龍 307/09）。**雺** 俗（龍 307/09）。

殕：**殕** 芳武反又缶負二音（龍 514/08）（玄 16/216b）（慧 65/776b）。

fu

fū 夫：**夫**（慧 21/825b）（希 4/375a）。

玞：**玞** 音夫（龍 434/07）（慧 99/321a）。

邧：**邧** 音夫古縣名（龍 455/02）。

柎：**柎** 符過切（紹 158a6）。//**跗** 正甫無反足上也又符遇反（龍 457/08）（慧 38/151b）（慧 90/177b）（慧 98/306b）（紹 137b4）；跗又作跗同（玄 5/69a、慧 16/719b "交跗" 註）（慧 1/409b "兩跗" 註）（慧 6/497a "與跗" 註）（慧 98/298b "跗載" 註）（希 9/411c "跟跗" 註）；跏跗皆俗字也正體作加跗（慧 8/545a "跏跗" 註）（希 4/376a "跏跗" 註）；跗傳文作跗俗字也（慧 89/159a "跗踏" 註）。//**跻** 俗（龍 457/08）。//跗：**跗** 俗（龍 457/08）（玄 5/69a）（慧 16/719b）（玄 25/332b）（慧 71/882b）（慧 1/409b）（慧 6/497a）（慧 8/545a）（慧 11/619b）（慧 26/930b）（慧 27/963b）（慧 41/213a）（希 2/361b）（希 4/376a）（希 9/411c）；跗亦正跗字也傳從

夫作趺俗字亦通也（慧90/177b "尣跗" 註）。**趺**夫音（紹137a3）。**跤**趺經文從足作
跤非也（玄5/69a、慧16/719b "交趺" 註）。**唊**音夫正作趺（龍267/07）。**唊**音夫正作
趺（龍267/07）。//跅：**跅**趺經文有作跅未詳也（慧1/409b "兩趺" 註）（慧6/497a "與
趺" 註）。

妖：**妖**音夫貪皃又音憂鼻目閒恨也（龍280/09）。

袾：**袾**音夫（龍102/09）（玄17/237b、慧74/952b "左袵" 註）。

鈇：**鈇**音夫鈇也（龍14/02）（玄1/12c）（慧42/233a）（玄5/74c）（慧75/977a）（玄12/159c）（慧5
3/484b）（玄13/174b）（慧54/510b）（玄16/213c）（慧65/772a）（玄19/259a）（慧56/566b）（慧4
1/220b）（慧55/532b）（慧100/346a）（希1/357a）（紹180a8）；斧今經文作鈇（慧15/696a "利
斧" 註）。

魾：**魾**音夫～魾魚名（龍168/04）。

鳺：**鳺**夫音（紹165b8）。

甮：**甮**音敷石門也（龍302/03）。

專：**専**撫無反（慧20/792a）（慧40/201a）（慧53/495b）。**専**芳夫反（龍516/09）。**専**敷古文専
同疋于反（玄2/26b "敷在" 註）（慧26/933b "敷在身邊" 註）。**専**俗音夫（龍539/01）。**専**
俗（龍539/01）。

貗：**貗**芳无芳遇疋候三反豕聲也又豕息肉也（龍320/06）。

敷：**敷**今芳夫反（龍118/06）（玄2/26b）（慧23/861b）（慧26/933b）（慧89/151b）；下從万並俗
字（慧14/677a）。**敷**撫無反（慧64/759b）（慧74/942a）。**敷**敷正（紹197a6）；專經作～
通俗字（慧40/201a "開專" 註）（慧53/495b "牀專" 註）。**敷**撫無反（慧55/534a）。**敷**俗
（龍118/06）。

䂈：**䂈**芳無反翩䂈細毛也（龍326/07）。

薮：**薮**正芳無反花葉也（龍254/06）。蘆誤（龍254/06）。

毿：**毿**芳無反毛解也（龍199/05）。

稃：**稃**芳無反穀皮（龍143/05）。

箰：**箰**芳無反織緯者也（龍390/08）。

⿰魚孚：⿰魚孚芳無反魚名也（龍167/06）。

麩：麩正芳無反麥皮也（龍504/08）（慧34/84b）（慧54/511b）（慧100/350b）；鈇字義宜作麩（慧52/463b“因鈇”註）。麩鈇字義宜作麩（玄11/147b“因鈇”註）；麱正體作麩（玄12/165b、慧56/575b“日麱”註）。//䴸：䴸或作（龍504/08）（紹148a4）；麱正體作麩古文作䴸同（玄12/165b、慧56/575b“日麱”註）。//麱：麱麩或從孚作麱俗字也（慧54/511b“著麩”註）。麱或作（龍504/08）（玄12/165b）（慧56/575b）。䴸俗（龍504/08）。麩俗（龍504/08）。麩俗（龍504/08）。麩俗（龍504/08）。//鈇：鈇①經音義云宜作麩（龍011/08）（玄11/147b）（慧52/463b）。

怤：怤芳無反思也悅也（龍064/07）（紹131a9）；敷蓌文作孚瑜方言作怤愉（玄19/254b、慧56/559b“敷愉”註）（玄13/168c、慧57/589b“敷愉”註）。

⿱髟孚：⿱髟孚音夫髻本也又音付露髻也（龍088/04）。//⿱髟甫俗音甫②（龍089/07）。⿱髟甫俗音甫（龍089/07）。

莩：莩孚或作莩芳俱詡俱二反（玄5/69b、慧10/582b“華孚”註）。莩芳無凶于二切（紹156a9）。//雩：雩孚說文或作雩同（慧10/582b“華孚”註）。雩孚說文或作雩同（玄5/69b“華孚”註）。

芣：芣方無切（紹156b5）。

膚：膚甫孚反（慧30/1053a）（慧42/242b）（慧44/279b）。膚音夫（龍200/02）（慧13/659a）（慧35/105b）。膚音夫（龍156/01）。膚音夫（龍156/01）。膚膚正夫音（紹144a3）。膚音夫（龍307/06）。膚此字寫訛不定或作庸容音膚夫音臨文詳用（紹144a7）。//臚：臚甫無反（龍410/03）；膚《說文》作臚。//肤音夫（龍406/01）；膚或作肤從肉盧省聲經作膚俗也（慧30/1053a“膚過”註）。

鄜：鄜撫無反（慧94/231b）（紹169a4）。鄜又芳無反（龍457/06）。

fú 巿：巿弗音（紹132a1）。

芾：芾貝撥弗三音（紹155a3）。芾音拂③（龍265/01）。芾芾正撥貝弗三音（紹157a1）。

①《龍龕手鏡研究》：“鈇”即“麩”的俗字（142）。
②參見《叢考》1134頁。
③參見《龍龕手鏡研究》237頁。

扶：**扶**附俱反（慧09/572a）；芙又作扶同（玄8/109c、慧28/1007a"芙蓉"註）。**扶**音扶（龍546/07）（玄3/41b）。//枎：**枎**音扶同（龍529/04）。**枎**夫扶二音（龍119/04）。

枎：**枎**音扶（龍376/08）。**扶枎**字玉篇在木部經本從扌作者誤也（慧21/813b"寶葉枎"註）。

芙：**芙**音扶芙蓉（龍256/09）（玄8/109c）（慧28/1007a）（希5/386c）（希7/403b）（紹154a7）；扶又作芙同（玄3/41b、慧09/572a"扶蓉"註）。

蚨：**蚨**扶音（紹164b8）。

詇：**詇**音扶詇詞也（龍040/03）。

颮：**颮**今音扶颮飇大風也（龍126/01）。**颷**通（龍126/01）。

猷：**猷**音扶小罵也（龍201/05）。**峡**俗音扶小罵也（龍201/07）。

茉：**茉**音浮茉苡車前牛舌也（龍258/09）。

罘：**罘**附無反（慧41/222b）（慧92/203a）（慧99/316a）（希1/357b）。**罘**正音浮（龍329/06）。**罘**俗音浮（龍329/06）。**罘**浮音（紹197b9）。**罘**誤音浮正作罘（龍375/05）。

孚：**孚**芳無反（龍199/04）（玄2/30b）（玄5/68a）（慧34/94a）（玄5/69b）（慧10/582b）（玄6/83b）（玄7/92c）（慧28/995b）（玄7/101b）（慧32/32b）（玄8/110a）（慧28/1007a）（玄13/169a）（慧57/589b）（玄13/181c）（慧57/601a）（慧26/947b）（慧27/974b）（希8/407b）（紹173b2）；鶏律文作孚非體也（玄16/214c、慧65/774a"鶏鳩"註）。

俘：**俘**音敷囚也（龍025/05）（玄12/164a）（慧55/543b）（玄13/173b）（慧57/594a）（慧60/671b）（慧83/56b）（紹128b7）。

郛：**郛**芳無反（龍455/03）（慧83/64b）（紹169a9）。

垺：**垺**芳無反土也（龍247/08）。

浮：**浮**伏牟反（龍226/04）（玄20/264c）（慧3/442b）（慧4/457a）（慧5/488b）（慧6/511a）（慧7/531b）。**浮**浮經文作浮[浮]（玄20/264c、慧43/260a"阿浮"註）。**彩**音浮（龍188/03）。

呼：**呼**正甫休縛牟二反吹氣也（龍266/07）（玄1/8b）（玄5/75c）（玄8/110c）（玄15/213a）（玄20/263c）（玄20/264c）（慧17/741b）（慧43/258a）（慧43/259b）（慧58/627a）（紹183b7）。**哮**呼芳不反經文作唠非也（玄20/264c）。//哶：**哶**俗（龍266/07）。

莩：莩撫俱反（玄 16/216c）（慧 65/777a）（紹 155a9）。

桴：桴音孚（龍 373/02）（玄 2/27a）（玄 2/29a“船筏”註）（玄 3/43c）（慧 09/576b）（玄 7/102c）（慧 30/1045b）（玄 12/154a）（慧 52/452a）（玄 13/177b）（慧 52/479b）（慧 74/952b）（玄 18/238c）（慧 73/921b）（玄 20/269c）（慧 26/935b）（慧 29/1018a）（慧 51/442b）（紹 158b5）；枹經從孚作桴（慧 33/61a“枹打鼓”註）（慧 94/241a“操抱”註）（慧 95/246a“枹加”註）（慧 99/328b“鳴枹”註）（慧 100/347a“以枹”註）；泭論語作桴（慧 99/327a“為泭”註）。桴扶鳩反（玄 4/59b）（玄 17/237b）；枹經作桴屋棟也非此義也（慧 29/1030b“以枹”註）（慧 31/11a“枹鼓”註）；枹經圖記中從孚從手作捊非也（慧 49/404a“枹鼓”註）。

琈：琈音浮玉名（龍 435/02）。

烰：烰音孚火氣也（龍 239/05）。

罦：罦芳无反捕鳥網也（龍 329/07）；罘傳文作罦非也（慧 92/203a“罝罘”註）。罦俗芳無反正作罦（龍 269/05）。罦俗芳無反（龍 360/04）。

蜉：蜉音浮（龍 220/02）（玄 7/104a）（慧 83/63a）（慧 86/106b）（紹 163b8）。蜉音浮（慧 24/894b）。

粰：粰今音浮（龍 304/04）（玄 15/200c）（慧 58/616a）。粰或作（龍 304/04）。

孵：孵芳無反夘化也（龍 199/04）。

雺：雺音浮雨雪之皃也（龍 307/02）。

䍨：䍨音浮多也（龍 178/06）。

艀：艀音浮小舩也（龍 131/05）；桴又作艀同（玄 7/102c、慧 30/1045b“桴筏”註）（玄 12/154a、慧 52/452a“乘桴”註）（玄 20/269c“桴材”註）。

鴔：鴔正音浮鵓鳩（龍 287/03）（玄 16/214c）（慧 65/774a）（紹 165b1）。鴔音浮鳩也（龍 286/02）。//鵩：鵩俗音浮鵓鳩（龍 287/03）。

泭：泭芳無反（龍 229/10）（慧 99/327a）（紹 188b6）。//㳷：㳷音敷（玄 14/190a、慧 59/639b“若潡”註）；泭或作㳷（慧 99/327a“為泭”註）。

坿：坿音扶白石英也又去聲盖（益）也（龍 246/10）。

苻：苻房無反（希 10/420c）（紹 154b7）。

符：符音扶（玄 10/136a）（慧 49/401a）。

鈈：鈈音浮鈈鎘大釘（龍 013/07）。

垘：垘蒲北反（龍 252/04）；復又作垘同（玄 17/232c、慧 70/857b "迴復" 註）（玄 18/239b、慧 73/922b "淀澓" 註）。

洑：洑音伏洄流也（龍 235/06）。

枎：枎音伏俗字也（慧 62/704a）。

馻：馻音伏馬也（龍 294/04）。

弗：㡿補没反①（龍 333/08）。㢀古文音不②。㢮音弗（龍 152/07）。㢩音弗（龍 152/07）。

佛：佛芳味反（玄 1/22c）；髴髯説文作仿佛古字時不用（慧 77/1019a "髴髯" 註）；髯或從人作佛（慧 82/32b "髴髯" 註）（慧 84/73b "髴髯" 註）（慧 90/172b "髴髯" 註）。//佛芳勿反彷彿也（龍 498/08）。//仏：仏佛音（紹 128b10）。//髯：髴芳未反髴髯也又音弗（龍 089/09）（慧 25/923a）（慧 74/946b）（慧 77/1019a）（慧 78/1037b）（慧 82/32b）（慧 84/73b）（慧 90/172b）（慧 100/340a）；髴仿佛古文作眆眛聲類作髴髯同（玄 1/22c "仿佛" 註）。髯弗音（紹 144b9）。//髴髴髯古文作眆眛説文仿佛並同用也（慧 25/923a "髴髯" 註）；仿佛古文作眆眛聲類作髴髯同（玄 1/22c "仿佛" 註）。//髟芳味反③（龍 540/02）。

刜：刜拂佛二音擊也斫也破也（龍 100/03）。

哱：哱正音佛庚也（龍 277/06）（紹 182b9）。//哱俗（龍 277/06）。

郷：郷音弗人姓亦郡名（龍 457/05）。

奰：奰或作音弗（龍 540/04）。奰或作音弗（龍 540/04）；㽬古文奰奰形（玄 7/101a、慧 44/284a "力㽬" 註）。奰或作音弗（龍 540/04）。奰或作音弗（龍 540/04）。奰或作音弗（龍 540/04）。奰今音弗（龍 540/04）。

怫：怫音佛怫鬱也（龍 063/05）（玄 20/272b）（慧 75/973b）。

茀：茀字又作茀同（玄 17/235c、慧 74/949b "如字" 註）。

①《疑難字考釋與研究》："當是 "弗" 字俗書（46）。
②《疏證》："待考"（242）。按當亦是 "弗" 字俗書。
③參見《疑難字考釋與研究》206 頁。

炥：炥音佛火皃也（龍244/04）。𤇘古文皮冀反（龍540/02）。

拂：拂芳勿反擊也除也去也拭也（龍217/02）（玄4/50a）（玄5/66a）（慧44/279a）（慧15/689a）（慧33/58a）（慧63/728b）（慧64/750b）（慧64/753b）（紹135a2）。//⿰弗毛俗音拂①（龍136/08）（紹145a6）；拂經文作⿰弗毛非也（玄4/50a、慧34/095a“好拂”註）（玄5/66a、慧44/279a“金拂”註）。//⿰巾弗芳勿反韜髮也（龍139/08）（慧34/75b）；拂經文作⿰巾弗形非也（玄4/50a、慧34/095a“好拂”註）（玄5/66a、慧44/279a“金拂”註）。//黻：黻佛拂二音治也（龍531/04）。黻俗音佛（龍556/01）。黹音佛黻理（龍513/07）。黻俗音佛（龍121/08）。黹又音佛黻理也②（龍513/01）。黻古文拂字（龍531/04）。黻古文拂字（龍531/04）。

笰：笰音弗輿後笰也（龍394/09）。

𨁏：𨁏音弗跳也（龍467/02）。

詸：詸音佛（龍178/02）。

颰：颰音弗疾風皃（龍128/06）。

䞞：䞞今音佛走皃又普末反（龍326/04）。//𧼨：𧼨或作（龍326/04）。

髴：髴音拂額前髮也（龍090/08）。髴俗弗隋二音首飾也（龍090/09）。

綍：綍正夫勿反（龍404/06）（慧98/307b）（紹191b9）。綍通夫勿反（龍404/06）。//紼：紼或作夫勿反（龍404/06）（紹191b10）。紼或作夫勿反（龍404/06）。

袚：袚正音弗除灾求福亦潔也又方吠反（龍113/06）。袚俗（龍113/06）。

翇：翇甫勿反舞者所執也（龍328/02）。

紱：紱正夫勿反（龍404/06）（玄20/275a）（慧76/1007a）（慧88/144a）（慧98/304b）（慧99/315a）。紱俗夫勿反（龍404/06）。//紼或作夫勿反（龍404/06）；紱或作～（慧99/315a“簪紱”註）。紼紱字又作紼同（玄20/275a、慧76/1007a“紱婆”註）（慧88/144a“簪紱”註）。//⿰革伏：⿰革伏音伏車具也（龍452/01）。

黻：黻芳勿反（慧74/941b）。黻甫物反（玄13/172b）（慧34/78b）。黻正分勿反黼黻也（龍554/07）。黻俗（龍554/07）。黻音弗（龍531/02）。黻（玄20/271a“冠衮”註）。黻（玄

①參見姚永銘《慧琳〈一切經音義〉研究》213頁。

②《龍龕手鏡研究》：“黹”乃“黻”字之省訛（364）。

20/271a "冠衰" 註）。𣨅䨪韍集本作韍～俗字也（慧 95/248b "韍韍" 註）。𣨅又俗音弗①（龍 354/05）。𣩃瞥經作猷非也（慧 54/515a "瞥見" 註）。//韍：𦣻韍傳文作～非也（慧 74/941b "韍韍" 註）。

韍：韍音弗蔽膝也（龍 177/03）。

服：般扶福反（慧 46/319b）（慧 94/226a）（慧 95/244a）（慧 100/349b）。服扶福反（玄 9/120a）（玄 23/317b）（慧 49/399b）（慧 82/38b）。

韍：藛鵬北反（慧 62/703b）。韍蒲北反蘆韍也（龍 263/04）（玄 2/31b）（玄 4/60c）（慧 61/687b）（慧 76/994b）（希 5/386c）；蘿葍也作蘆韍同（慧 26/950a "蘿葍" 註）。//葍：葍蒲北反蘆韍也（龍 263/04）（慧 27/988a）（慧 31/5b）（慧 31/13b）（慧 41/226a）（慧 37/144a）（慧 98/308a）。

箙：箙音服盛弓弩器（龍 394/09）。//韍：韍音伏箭韍也（龍 452/02）。

復：復音福②（龍 078/01）。

痩：痩音復病重發也（龍 478/03）。

腹：腹音伏舟也（龍 133/04）。

幅：幅音福（龍 139/07）（玄 3/42b）。愊甫鞠反（慧 09/574a）（慧 24/890b）。//弁：弁福音③（龍 527/08）。弁音福（龍 184/09）。

福：福風伏反（慧 57/584b）。幅音福（龍 331/04）。幅音福（龍 331/04）。構福音（紹 168b3）。褐俗音福（龍 108/03）。

莒：莒音福蔦也（龍 264/03）。

藛：藛正音福草名也（龍 264/02）。藛或作（龍 264/02）。//藛：藛（龍 264/02）。//藛：藛俗（龍 264/02）。

蝠：蝠音福（龍 224/07）（玄 14/196b）（慧 59/650a）（玄 24/320a）（慧 70/862b）（慧 45/311a）（慧 86/109a）（慧 98/294b）。蝠風伏反（慧 11/613a）；蝮經文作蝠誤也（玄 7/92c、慧 28/995b "蝮螫" 註）；伏又作匐同（玄 12/165c、慧 75/979a "伏鷄" 註）。

---

① 《龍龕手鏡研究》：此字俗音弗，疑即 "韍" 的俗字（290）。
② 參見《字典考正》116 頁。
③ 參見《龍龕手鏡研究》366 頁。

舳： **舳**芳逼反又音伏（龍 133/08）。

輻： **輻**音福（龍 084/09）（慧 8/542a）（慧 10/593b）（慧 15/704b）（慧 29/1022b）（慧 50/425b）（慧 8 2/28b）（慧 86/107a）（希 6/394b）（紹 139a2）。

匐： **匐**蒲北反匍匐也又蒲木反（龍 141/01）（玄 10/132a）（慧 49/406a）（玄 12/160c）（慧 75/98 3b）（玄 12/160c）（慧 75/983b）（慧 15/690b）（慧 26/935a）（慧 26/935a）（慧 40/203a）（慧 47/36 4b）（慧 54/523b）（慧 69/845b）（慧 79/1055b）（慧 96/267a）（慧 100/342a）（紹 149b3）。//匐： **匐**蒲北反匍～也（龍 141/01）。//踾： **踾**俗蒲北反伏也仆也（龍 465/08）。//踻俗 （龍 465/08）。

乀： **乀**曳拂二音玉篇又普天反（龍 552/06）。

甶： **甶**音弗鬼頭也（龍 154/09）（龍 555/04）。

戻： **戻**子結反理戻①（龍 349/02）。

録： **碌**鹿伏二音見鬼兒也（龍 520/02）。//竷： **竷**（龍 520/02）。

處： **處**音伏（龍 200/06）（紹 167a8）。**処**音伏（龍 539/04）。**処**處正伏音（紹 193b6）。**宓**又 美筆反音伏處犧字（龍 158/07）。

嵬： **嵬**附跌反（慧 39/169a）（慧 77/1012b）（慧 92/196a）（慧 97/287a）（希 1/356b）（希 2/363c）。**嵬** 輔俱反（玄 1/17c）（慧 4/468a）（慧 8/540b）（慧 11/604b）。**嵬**扶音（紹 165a8）。**嵬**音扶（龍 285/03）（玄 02/17c）（慧 23/865b）（慧 25/909a）（慧 57/583a）（慧 75/971b）（慧 84/76b）（慧 85/ 100a）。**鳬**（慧 57/583a "鷄嵬" 註）。

枹： **枹**古文同上［桴］（龍 373/02）（慧 29/1030b）（慧 31/11a）（慧 33/61a）（慧 49/404a）（慧 94/ 241a）（慧 95/246a）（慧 99/328b）；**枹**桴二字同體（玄 2/27a "因桴" 註）（慧 09/576b "有桴" 註）（玄 18/238c、慧 73/921b "皷桴" 註）（慧 26/935b "因桴" 註）（慧 29/1018a "桴擊" 註）。**枹** 音孚（慧 100/347a）。**枹**説文正作桴或作枹同鮑交反（慧 26/942b）。

烖： **爇**正（龍 245/03）。**爇**今音弗火光也又畢烖鬼火也（龍 245/03）。

撫： **攷**今方武反塞也又安存也又持也疾也（龍 119/09）。**攷**（龍 119/09）。

涪： **涪**音浮（龍 228/03）（慧 85/101b）（慧 94/236a）（紹 187b5）。

①參見《互注廣韻》956 頁。

珤：珤音伏車皮軷也（龍085/05）。

幞：幞音服（慧60/659a）（慧61/688b）。幞幞正方玉切又卜音（紹131a5）。幞幞正方玉切又卜音（紹131a5）（龍064/03）。//襆：襆或作房玉反～頭也今從巾（龍108/06）（紹169a1）。襆俗（龍108/06）（紹169a1）。襆俗（龍108/06）。襆俗（龍108/06）。

fǔ　甫：甫方父反（玄1/15a）（慧42/237a）（玄3/37b）（慧09/557b）（玄3/47a）（慧10/581b）（慧46/338a）；逋經中或作甫訛也（玄1/8c、慧17/742a"逋沙"註）。

郙：郙音甫亭名（龍455/06）。

莆：莆音甫（龍259/08）（玄1/12b）（慧42/232b）（紹156b2）。//蒲音甫（龍259/07）。//蓋音甫（龍259/08）。

脯：脯音甫（龍411/02）（玄11/152c）（慧52/473b）（慧66/799b）（紹135b8）。

硴：硴音甫硴大石也（龍442/01）。

簠：簠甫赴天三音（龍392/09）（紹160a7）。簠正甫夫二音簠簋祭器也（龍328/08）。簠俗（龍328/08）。

輔：輔音父（龍082/07）（玄7/104b）（慧22/853a）（慧26/957b）（紹139a2）。//俌：俌音甫輔也（龍030/04）。

酺：酺正音父與顒顧同頰骨也（龍347/03）。酺扶武反（慧36/122b）。酺俗音父與顒顧同（龍347/03）。顆或作（龍484/06）。顒酺或作顒（慧36/122b"面酺"註）。頤正音父頰骨也（龍484/06）。

黼：黼釜説文作黼亦作釜與經本同（慧45/307b"釜鑊"註）。

黼：黼方武反（慧88/147a）（慧95/248b）。黼方武反（慧74/941b）（慧85/97a）。黼弗禹反（玄13/172b）（慧34/78b）（紹202b5）；黼傳文作黼非也（慧74/941b"黼黻"註）。黼正音甫（龍549/08）。黼甫音（紹202b5）。黼俗音甫（龍549/08）。黼黻集本作～黻俗字也（慧95/248b"黼黻"註）。黼俗音甫（龍549/08）。黼音甫（龍189/07）。黼俗音甫正作黼（龍341/10）；黼經文從首作～非也（玄13/172b、慧34/78b"黼黻"註）。

蚥：蚥音甫蜛蚥螳蜋別名又音父蟾蜍別名也（龍223/04）。

釜：釜父音（紹164b6）。

釜：釜扶甫反（慧 12/621b）（慧 14/673b）（慧 25/921b）（慧 45/307b）（慧 79/1065b）。釜父音（紹 181a6）。釜印藏云父印（紹 181b3）。

滏：滏音父（龍 232/06）（慧 85/95b）（慧 92/204a）（紹 187b4）。

斧：斧方武反（龍 137/04）（慧 43/254a）（慧 45/308a）（希 5/386a）（希 6/395b）（希 7/402a）（紹 175b7）。斧夫武反（慧 15/696a）。

鳺：鳺音府鳥名（龍 288/02）。

弣：弣芳武反弓把中也（龍 151/07）。

拊：拊芳武反（龍 211/05）（玄 3/43c）（慧 09/576b）（玄 7/92b）（慧 28/995a）（玄 11/145c）（慧 52/459a）（慧 52/456b）（玄 23/305a）（慧 47/351b）（玄 24/320b）（慧 70/863b）（慧 69/841a）（慧 76/1009a）（慧 78/1048a）（希 4/377b）（紹 132a5）；傅經文作拊敷主反非字體（玄 1/21a“傅以”）（玄 18/240a、慧 73/923b“傅采”註）（慧 25/918b“傅以妙藥”註）；撫字正宜作拊（慧 22/838a“因於撫擊”註）（慧 60/665b“撫拍”註）（慧 82/36a“撫而”註）（希 10/423a“撫膺”註）；附經從手作拊非也（慧 79/1064a“附之”註）。//捬：捬芳主反（慧 56/572a）。捬芳主反（玄 19/262a）。

府：府夫禹反（玄 9/123a）（玄 20/264a）（玄 23/308c）（慧 43/258b）（慧 46/325b）（慧 47/359b）；腑或作府（希 10/418a“襟腑”註）。

俯：俯音甫俛俯也下首也（龍 029/02）（慧 8/552b）（慧 83/58b）。

腑：腑音府肺腑也（龍 411/03）（希 10/418a）。//胕音附（龍 414/06）。

腐：腐正音父臭也敗也爛也朽也（龍 300/01）。腐或作音父朽也（龍 473/07）（慧 2/425b）（慧 5/479b）（慧 14/663b）（慧 18/760b）（慧 27/970b）（慧 64/761a）（慧 66/798a）（慧 69/852b）（慧 76/1003a）（希 4/380b）（紹 135b5）（紹 193a8）。瘺俗（龍 473/07）。瘺俗（龍 473/07）。𪍻俗（龍 300/01）。腐俗（龍 300/01）。桮腐或從木作～（慧 18/760b“腐敗”註）。𢉖音府（龍 300/07）。//𥨍：𥨍俗音父（龍 299/10）。𥨍俗音父正作腐（龍 130/01）。

綒：綒芳武反綿也（龍 400/01）。

撫：撫芳武反安也持也據也疾也又存恤也（龍 211/05）（慧 2/430a）（玄 3/43c）（慧 09/576b）（慧 10/589b）（慧 22/838a）（慧 23/868a）（慧 60/665b）（慧 62/719b）（慧 82/36a）（希 5/383b）（希

10/423a）（紹 132a5）。

fù 阜：**𨸏**浮務反（慧 17/730b）（慧 31/17b）（慧 32/37a）（慧 76/1006a）（慧 88/143a）；阜古文作𨸏象形（慧 6/513b "堆阜" 註）（慧 12/629b "堆阜" 註）（慧 24/900b "堆阜" 註）（慧 41/208a "堆阜" 註）（慧 95/244b "山阜" 註）。**𨸏**阜大篆作～（希 3/369a "堆阜" 註）。**阜**房九反（龍 295/01）（玄 13/180c）（慧 54/516b）（慧 3/447b）（慧 12/629b）（慧 22/845a）（慧 24/895a）（慧 25/926b）（慧 95/244b）（希 3/369a）；𨸏經文作阜俗字也（慧 30/1050b "自𨸏" 註）。**阜**房九反（龍 295/01）（慧 6/513b）（慧 24/900b）（慧 27/980b）（慧 41/208a）（慧 41/218b）；阜俗從十作～（慧 12/629b "堆阜" 註）；𨸏俗通作阜（慧 32/37b "堆𨸏" 註）。**𨸏**房九反（龍 295/01）。**𨸏**𨸏經作埠又作阜並俗字也（慧 17/730b "自𨸏" 註）（慧 31/17b "自𨸏" 註）。**昇**阜正負音（紹 169b4）。**埠**𨸏集文作埠非也（慧 88/143a "龍𨸏" 註）（希 3/369a "堆𨸏" 註）。**𨸏**𨸏經作埠又作阜並俗字也（慧 17/730b "自𨸏" 註）（慧 76/1006a "自𨸏" 註）。

隍：**隍**正房九反盛也（龍 297/03）。**隍**今（龍 297/03）。

焯：**焯**音負焯熾也（龍 242/04）。

蝜：**蝜**音負（希 1/356c）（紹 164b9）。**蝜**音負（慧 60/674a）（慧 61/693b）。//蝜：**蝜**音婦蝜蠢虫也（龍 223/03）。

付：**付**賦又作付非此義（玄 14/189b、慧 59/638b "賦與" 註）。

附：**附**符遇反（慧 27/977a）（慧 79/1064a）（希 8/407b）；附集從阜作附誤也（慧 99/327a "為附" 註）。

袝：**袝**音附合葬又祭名（龍 113/03）（紹 168b9）。

袝：**袝**裸律文作袝非也（慧 61/685b "裸持" 註）。

砆：**砆**音附玉篇云白石也（龍 444/04）。

痡：**痡**音父病也（龍 473/07）。

鮒：**鮒**音附（龍 170/05）（慧 96/269a）。

駙：**駙**音附（龍 293/06）（希 9/414c）（紹 166a10）。

副：**副**芳富反（慧 26/949a）。

嘁：**嘁**俗音富（龍 273/10）（玄 20/264c）（慧 43/259b）（紹 183b3）。

韛：**韛**俗音富① （龍 450/04）。

鬌：**鬌**芳救反假鬌也又疋力反 （龍 090/05）。

負：**負**浮武反 （慧 8/541a）。 **負**扶武反俗從力或從刀竝非字意 （慧 6/506a） （慧 41/214a）。 **負**負字説文上從人下從貝上古人字也非是力亦非刀俗多從力或從刀皆非也（慧 10/596a） （慧 11/612b） （慧 64/751a）。 //傆：**傆**房九反礼云傆天地之情也又依也 （龍 032/06）。 **傆**負有從人作傆俗字 （慧 8/541a "韋負" 註）。

蝜：**蝜**音負蝜蝜虫名 （龍 223/06）。

訃：**訃**音赴訃至也就也告喪也 （龍 048/04） （慧 40/187a） （慧 92/204b） （慧 97/290a） （慧 99/311b） （慧 99/319a） （紹 185b2）； **趁**或作訃 （慧 90/176a "迺趁" 註）。

赴：**赴**仆與赴字同音 （慧 15/686a "顛仆" 註） （慧 40/187a "各訃" 註）； **趁**與赴字義同 （慧 90/176a "迺趁" 註）； 訃字書亦從走作赴 （慧 92/204b "訃焉" 註） （慧 97/290a "斯訃" 註） （慧 99/319a "應訃" 註）。 //**趂**音赴 （龍 491/08）； 訃或作赴又作趴又作～並通 （慧 97/290a "斯訃" 註）。 //趴：**趴**芳付反 （龍 463/05）； 訃亦作趴赴 （慧 40/187a "各訃" 註） （慧 92/204b "訃焉" 註） （慧 97/290a "斯訃" 註）。 **赴**訃或從走作～音義並同也 （慧 92/204b "訃焉" 註）。

鈈：**鈈**方隅反丘名 （龍 297/09）。

賦：**賦**正音付賦頌也又斂也量也班也税也 （龍 351/02） （玄 2/30a） （玄 5/67c） （慧 34/93b） （玄 12/160a） （玄 14/189b） （慧 59/638b） （玄 14/193a） （慧 59/644b） （慧 26/945b）。 **賦**俗音付 （龍 351/02）。 //**貹**賦古文貹同 （玄 2/30a "賦給" 註）。 **貹**賦古文貹同 （玄 14/193a、 慧 59/644b "租賦" 註）。 **貹**俗音付 （龍 351/02）。

復：**復**扶福反 （玄 1/2a） （慧 20/801a） （玄 2/29a） （玄 6/77c） （玄 17/232c） （慧 21/812a） （慧 21/820a） （慧 22/839a） （慧 27/960b） （慧 33/67b）； 渡又作復同 （玄 18/239b、慧 73/922b "淀渡" 註） （慧 42/244b "旋渡" 註）。 **復**扶福反 （慧 70/857b）。

塸：**塸**福伏二音玉篇塸地室也 （龍 252/02）。

複：**複**音伏織複眷繒者 （龍 386/04）。

① 《龍龕手鏡研究》：此字為音譯用字，不表實義（329）。

腹：**腹**風屋反（慧44/280a）。**䐿**音福（慧60/659b）。**腹**音福（龍415/06）（慧13/659b）（慧3
9/166a）（慧61/688b）。**腹**風目反（慧84/72a）（希8/408c）。

複：**複**正音福絮衣也（龍107/09）。**複**今（龍107/09）（慧50/417b）（紹168a10）。**複**風服反
（慧39/173a）。**複**風伏反（慧62/701a）（慧83/48b）（慧85/95b）（慧85/98b）（慧90/179a）。
襀古（龍107/09）。

覆：**覆**音伏地室也（龍510/06）。

覆：**覆**音復（龍141/01）。

蝮：**蝮**芳福反（龍225/10）（玄1/18b）（玄6/82c）（玄7/92c）（慧28/995b）（玄13/171b）（慧25/9
11b）（慧27/973a）（慧41/209b）（希1/355a）（希6/392c）（紹164b4）。**蝮**扶福反（慧57/591b）。

澓：**澓**音伏或作洑（龍235/6）（玄18/239b）（玄25/338c）（慧71/893b）（慧12/637a）（慧13/642
a）（慧21/814a）（慧23/861a）（慧23/864a）（慧26/942a）（慧42/244b）（慧76/999a）（慧79/105
8b）（希1/354c）（希2/361b）（希2/362a）（希2/362c）（希3/369a）（希4/377c）（紹188a8）；**復**
又作澓（玄1/2a、慧20/801a "迴復" 註）（玄2/29a "迴復" 註）（慧33/67b "倍復" 註）。**澓**扶
福反（慧73/922b）（慧41/207b）。//洑：**洑**伏音（紹188a4）；澓或作洑也（慧12/637a
"洄澓" 註）（慧41/207b "洄澓" 註）。

嘍：**嘍**俗音復（龍277/07）。

覆：**覆**敷務反（慧1/402b）（慧3/449a）（慧5/487a）（慧8/535b）（慧10/588a）（慧12/625b）（慧2
1/820a）（慧32/29a）（慧34/87b）（慧51/448a）（慧51/450a）（慧66/786a）（慧69/838b）（慧81/
14b）（慧85/88a）；**復**又作覆（慧21/812a "三復" 註）（慧21/819a）。**覆**副伏二音（龍308
/07）（慧11/618a）。

馥：**馥**俗音腹（龍503/07）。

輹：**輹**音伏又音福（龍085/06）；蝮蜟經文作輹育非體也（玄13/171b、慧57/591b "蝮蜟"
註）。//軮：**軮**音伏（龍085/06）。

鍑：**鍑**正冨福二音金而大口者也一曰小釡也（龍17/04）（玄1/22a）（慧73/926a）（慧25/9
21b）；釡經從复作鍑俗字亦通非正體（慧79/1065b "銅釡" 註）。**鍑**冨福二音（龍19/
01）。**鍑**俗（龍17/04）（玄18/247a）。

馥：**馥**逢福反（慧24/900b）（慧30/1044a）（慧37/144a）。**馥**芳伏反（慧41/212b）。**馥**音復
（慧15/689a）（慧31/3b）。**馥**房六反香氣芬馥也又芳福符逼二反（龍180/08）（玄1/18b）
（慧52/479a）（玄14/192b）（慧59/643b）（玄22/294c）（慧48/380b）（玄24/325c）（慧70/871a）
（玄24/326a）（慧70/872a）（慧2/433b）（慧5/485b）（慧6/503a）（慧8/535b）（慧12/626a）（慧1
8/749b）（慧19/775b）（慧22/840b）（慧24/888a）（慧25/911b）（慧26/955b）（慧29/1014b）（慧3
2/31a）（慧34/83b）（慧36/128b）（慧40/202b）（慧81/3a）（慧81/12b）（慧92/199a）（希1/358c）
（紹201a9）。**䰢**（龍180/08）。

鰒：**鰒**蒲六反土莽魚名好食也（龍172/01）。

傅：**傅**方務反（玄1/21a）（玄3/41b）（慧09/572a）（玄13/168c）（慧57/589b）（玄16/219c）（慧6
5/779a）（玄16/222a）（慧65/765a）（玄18/240a）（慧73/923b）（玄21/281a）（玄25/339b）（慧7
1/894b）（慧25/918b）；賦律文作傅非此義（玄14/189b、慧59/638b "賦與" 註）。**傅**府務
反（慧13/653a）。

榑：**榑**音附（龍305/08）。

縛：**縛**房博反（慧1/421a）（慧2/426b）（慧3/441a）（希4/380c）（希5/387c）（希7/402b）。

賻：**賻**音附贈死也助也一曰送死人車馬也（龍352/03）（慧84/82b）（紹143a9）。**賻**扶務
反（慧89/157b）（慧93/211a）（慧93/218b）。

霶：**霶**疋各反大雨也（龍309/04）。

駇：**駇**音父（龍293/03）（紹166a5）。

鴀：**鴀**音父鴀鴀越鳥也（龍288/05）。

伏：**伏**扶冨反（玄5/64b）（慧44/284a）（玄12/165c）（慧75/979a）（玄17/227b）（慧67/814a）（玄
22/295b）（慧48/381a）（慧3/446a）（慧3/449b）（慧18/758a）（希3/371b）；服有作伏兩通（玄
23/317b、慧49/399b "服膺" 註）；澓亦作復經文作伏誤也（慧42/244b "旋澓" 註）。

怉：**怉**芳又反小怒也（龍060/08）。

趄：**趄**芳遇反（龍325/03）（慧90/176a）；孚字體作趄同（慧34/94a "未孚" 註）（玄7/92c、
慧28/995b "孚出" 註）（玄8/110a、慧28/1007a "未孚" 註）（玄13/169a、慧57/589b "孚譙" 註）。
趑孚字體作～同（玄5/68a "未孚" 註）。

婦： **婍** 舊注云或為婦字（慧 80/1091b "禁婢" 註）。

隭： **隭** 房九反馬盛也又莫嫁反又同上增益也又巧也（龍 297/03）。

髶： **髳** 芳武反髮兒（龍 089/03）。

G

ga

gà　尬：尬音界又古八五鐸二反儳尬行不正兒 (龍 179/03)。尬古瞎反 (龍 333/02)。尬音界～行不正也 (龍 522/03) (龍 522/08)。尬音界 (龍 522/08)。

gai

gāi　佮：佮正苦哀反奇俊也又開亥二音旁佮非常也 (龍 027/05) (慧 97/288a)。佮俗 (龍 027/05)。

隑：隑古哀反殿階次序也 (龍 295/08)。

郂：郂古哀反鄉名 (龍 454/01)。

垓：垓古哀反八極也 (龍 246/01) (玄 3/41a) (慧 09/571b) (玄 5/68c) (慧 16/717a) (慧 11/616a) (慧 30/1035b) (慧 30/1046b) (慧 45/317a) (慧 85/96a) (慧 88/143b) (紹 160b7)；姟經從土誤用也 (慧 17/728a "千姟" 註)；該或作垓非也 (慧 61/686b "該別人" 註)。

姟：姟古哀反數也十經曰姟也 (龍 279/04) (慧 16/719a) (玄 6/87a) (慧 27/981b) (慧 77/1015b) (慧 78/1043b) (紹 141b5)；垓姟奒二形今作姟同 (玄 3/41a、慧 09/571b "垓刧" 註) (玄 5/68c "億垓" 註) (慧 45/317a "數垓" 註)；咳論文有從女作姟非此用 (玄 9/119c、慧 46/319a "嬰咳" 註)。姟改孩反 (慧 17/728a)。//奒：奒音開 (龍 356/05)；垓古文奒形 (玄 3/41a "垓刧" 註) (龍 246/01 "垓" 註) (玄 5/68c "億垓" 註)。古文奒今作姟 (玄 6/87a "億姟" 註) (慧 27/981b "億姟" 註)。奒垓古文奒形 (慧 09/571b "垓刧" 註)。//姟：姟音開多也 (龍 178/08)；垓姟奒二形今作姟同 (玄 3/41a "垓刧" 註)；古文姟今作姟 (玄 6/87a "億姟" 註) (慧 27/981b "億姟" 註)。姟垓古文作姟形 (玄 5/68c "億垓" 註)。姟垓古文姟形 (慧 09/571b "垓刧" 註) (龍 246/01 "垓" 註)。姟姟古文作姟形 (慧 16/719a "億姟" 註)。

荄：荄皆該二音草根也 (龍 257/06) (玄 11/152b) (慧 52/473b) (玄 13/169b) (玄 13/180a) (慧 5

5/534b）（玄 20/271b）（慧 54/520a）（慧 16/717b）（慧 83/62b）（慧 95/256a）（慧 99/322a）（紹 15

6b9）（紹 157a1）。

晐： **晐** 古來反明也（龍 425/09）；若兼備之該從日作晐（慧 49/411b "該閱" 註）。

毃： **毃** 正苦哀反毃殹笑聲（龍 193/04）。**毇** 俗（龍 193/04）。

胲： **胲** 改亥反（慧 14/674b）。**胲** 古來反足指下肉毛也（龍 406/02）（玄 2/25c）（玄 5/70b）（玄

17/228a）（慧 67/815a）（玄 17/228a）（慧 67/815a）（慧 26/933a）；頦經從月作胲非經意也（慧

33/68b "無頦" 註）。

豥： **豥** 正古來户來二反豕四蹄白（龍 320/06）。**豥** 俗（龍 320/06）。

該： **該** 古哀反皆悉咸俻義也又軍中約也（龍 041/04）（玄 3/38b）（慧 09/559b）（玄 4/59c）（玄

8/114a）（慧 16/715a）（玄 16/217b）（慧 65/768b）（玄 23/317a）（慧 49/399a）（慧 22/836a）（慧 2

3/868b）（慧 24/894a）（慧 24/902a）（慧 30/1051b）（慧 39/180a）（慧 49/411b）（慧 60/654b）（慧 6

1/686b）（慧 80/1079a）（慧 87/124a）（慧 90/169b）（慧 91/184b）（慧 100/340a）（希 3/370c）（紹 1

85a5）。

賅： **賅** 垓亥二音奇非常也又賠也（龍 350/03）。

絯： **絯** 古哀反絓也又胡堦反大絲（龍 398/08）。

膅： **膅** 古哀反肥兒又公回反畜胎（龍 407/07）。

齘： **齘** 古哀反牙也（龍 312/01）。

gǎi 忋： **忋** 公在切（紹 130a4）。

改： **改** 又古海反（龍 120/06）。**攺** 古亥俈亥二切（紹 197a8）。**仗** 改正己亥切（紹 170a3）。

殷 音改更也（龍 193/08）。

gài 匄： **匄** 正古太反乞也求也（龍 140/08）（慧 48/381b）（慧 15/687b）（慧 16/714b）（慧 25/913a）（慧

30/1040b）（慧 31/20b）（慧 33/62b）（慧 41/219a）（慧 45/303a）（慧 47/343a）（慧 54/525a）（慧 6

0/660a）（慧 70/873b）（慧 76/997a）（慧 81/17a）（慧 82/30b）（希 1/357a）（希 3/370a）。**匃** 今（龍

140/08）（龍 553/01）（慧 78/1035b）（紹 149b3）。**匄** 蓋葛二音（龍 140/09）（玄 1/18c）（玄 3/

34c）（玄 22/295c）（玄 24/327b）（初編本 182）（慧 09/567b）（紹 149b3）。**丐** 匃經作丐非也（慧

16/714b "乞匃" 註）（慧 30/1040b "乞匃" 註）（慧 33/62b "匃食" 註）（慧 45/303a "乞匃" 註）（慧

47/343a "乞勾" 註)。**丮** 今音蓋（龍 553/01）。**丏** 俗音蓋（龍 553/01）。**此** 音蓋^①（龍 54 1/07）。**屮** 俗音盖正作丏（龍 076/09）。**屲** 音盖（龍 077/05）（龍 541/07）。**丏** 蓋音（紹 203a5）。**丂** 俗音蓋（龍 552/09）。**可** 勾經文作可非（慧 15/687b "乞勾" 註）。**凩** 音割^②（龍 556/01）。

慨：**慨** 古代反主也（龍 037/01）。**慨** 古代反主也（龍 034/08）（紹 128b8）。

溉：**溉** 歌賚反（慧 47/342a）（慧 59/633b）（慧 72/912a）（慧 48/380a）（慧 49/397a）（慧 4/459a）（慧 5/495a）（慧 7/518a）（慧 22/846a）（慧 36/116b）（慧 50/425a）（慧 61/679b）（慧 66/792a）（慧 68 /826b）（慧 69/852b）（慧 77/1019b）（慧 78/1042a）（慧 81/2b）（希 3/373c）。**溉** 古愛反（龍 2 33/2）（玄 1/4c）（玄 2/24b）（玄 3/35c）（玄 10/136c）（玄 14/186b）（玄 18/242b）（玄 22/294b）（玄 23/315c）（慧 09/569b）（慧 20/805b）（紹 187b5）。

摡：**摡** 今古代反（龍 213/10）（慧 58/608a）（紹 134b1）。**摡** 古載反（玄 15/208a）。//摤：**摤** 正古代反滌也（龍 213/10）。//**摡** 許既反^③（龍 214/10）。

概：**槩** 古愛反平斗木也（龍 382/05）（玄 5/65a）（玄 9/121b）（慧 46/323a）（初編玄 560）（慧 75/ 968a）（玄 17/236a）（慧 74/950a）（慧 41/206b）（慧 91/188b）（慧 98/302b）（慧 100/348b）；鼓經 文作槩非此用（玄 5/74c、慧 44/291b "鼓鼓" 註）；古文杚抝二形今作槩同（玄 12/156c、 慧 52/478a "抝土" 註）；概[摡]律文從木作槩非此義也（玄 15/208a、慧 58/608a "上概" 註）。**槩** 該礙反（慧 14/664a）（慧 44/281b）（慧 62/706b）（慧 64/759b）（慧 80/1077a）（慧 80/ 1086b）（慧 81/7a）（慧 83/54a）（慧 87/128a）（慧 92/201a）（慧 93/212a）（希 1/354b）（紹 158b1）； 碼韻詮從木作槩（慧 90/177b "擲碼" 註）。**概** 玉篇音同上[槩]（龍 382/05）（慧 84/78a） （紹 158b1）；槩或作概（慧 41/206b "梗槩" 註）。//杚：**杚** 俗古愛反（龍 383/09）；古文 杚抝二形今作槩同（玄 12/156c、慧 52/478a "抝土" 註）（初編玄 560、慧 75/968a "相槩" 註）。 **杚** 槩説文作～（慧 44/281b "不槩" 註）。

蓋：**蓋** 該愛反（慧 93/222b）；哥艾反今經文從羊從皿作盖俗字之也（慧 2/434a "憾蓋" 註）。 **蓋** 垓害反（慧 17/732b）（慧 29/1016a）（慧 35/105b）。**蓋** 葛艾反（慧 74/958a）（希 5/388a）

① 參見《龍龕手鏡研究》372 頁。
② 參見《疑難字考釋與研究》37 頁。
③ 參見《叢考》274 頁。

（希 6/393b）（紹 156b3）。**蓋**音盖屋苫也（龍 261/07）。**蓋**説文蓋從草從盍音合經文從羊作盖因草書訛謬也（慧 11/611a "繳蓋" 註）（慧 17/732b "繳蓋" 註）（慧 29/1016a "繳蓋" 註）（慧 35/105b "傘蓋" 註）（希 5/388a "傘蓋" 註）。**蓋**胡臘反苦[苦]蓋（龍 264/07）。

戴： **戴**古盍反地名（龍 457/03）。

戴： **戴**古代反戴深堅意又愚（偶）也（龍 348/09）。

gan

gān 甘： **甘**古三反甘苦也（龍 200/09）（玄 1/20a）（玄 6/86b）（玄 23/304c）（慧 47/351a）；竿蔗或作甘柘一物也（玄 3/33c、慧 09/565b "稻茅" 註）；通俗文荆州竿蔗或言甘柘一物也（玄 8/115a "干蔗" 註）；干柘或作甘蔗（玄 11/150a、慧 52/468b "干柘" 註）（慧 24/895b "苷蔗" 註）。

坩： **坩**苦甘反～瓵也（龍 247/01）（玄 8/118c）（慧 45/313a）（慧 93/222b）（紹 161b7）。

泔： **泔**音甘（龍 229/04）（玄 14/195a）（慧 59/647b）（紹 188b3）。

苷： **苷**音甘（龍 257/06）（慧 15/703b）（慧 24/895b）（紹 154a8）。

疳： **疳**舊藏作甘（龍 472/03）。

筸： **筸**音甘竹名（龍 389/05）。

䑧： **䑧**甘音（紹 172a5）。

䗪： **䗪**口含胡甘二反和也（龍 298/08）。

馸： **馸**俗音甘①（龍 292/04）（紹 166a9）。

干： **干**岡安反（慧 11/600b）（玄 8/115a）（玄 11/150a）（初編玄 13/598）（慧 52/468b）（慧 16/724b）（慧 61/690a）（慧 99/316b）（希 9/415b）。//奸： **奸**俗音干（龍 240/01）。//疒： **疒**俗音干又上聲②（龍 471/09）；乾律文作疒非也（玄 14/185b、慧 59/632b "干消" 註）。**斥乾**經從干作～字書並無不成字也（慧 64/755a "乾痟" 註）。

奸： **奸**音干以淫犯奸又以禮交也亦亂也又古顔反（龍 281/03）。

---

①参見《字典考正》467 頁。
②《龍龕手鏡研究》："疒"音干，即"干"在表"干痟"之義時的增旁俗字（343）。

尣：**尣**音干股也（龍332/10）。**尫**音干等[竿]也（龍522/05）。

玕：**玕**正音干琅玕（龍434/02）（慧95/255b）（紹140b10）。**琄**俗音干琅玕（龍434/02）；玕古文作琄（慧95/255b"玕琪"註）。**玕**俗音干琅玕（龍434/02）。

玫：**玫**古安反進也（龍529/05）。

肝：**肝**古安反（慧5/478a）（慧15/704b）（慧41/215a）（慧68/828a）。**肝**音干（龍405/05）（慧2/423a）（慧57/596a）（慧64/750b）（希1/356a）（希3/369c）（紹135b4）；旰傳從月作肝非也（慧81/18a"日旰"註）。

忓：**忓**又古案反又古安反（龍060/01）（紹130b4）；捍亦從心作忓義同也（慧94/233a"驍捍"註）；干經文作忓俗字也（初編玄13/598"相干"註）。

竿：**竿**古寒反竿簁（玄3/33c、慧09/565b"稻茅"註）（叢書集成本玄174a）（慧34/095a）（玄14/188b）（慧59/637a）（慧62/704a）（慧74/941b）（紹159b9）（紹160a3）；甘蔗諸書或作竿蔗（玄6/86b"甘蔗"註）；笴論文作竿非也（玄10/131b、慧47/366b"箭笴"註）（玄18/250a、慧73/937a"調笴"註）（慧91/190a"為笴"註）；干柘或作竿蔗（玄11/150a、慧52/468b"干柘"註）；杆或作竿（慧60/658b"桁杆"註）。//芉：**芉**干音（紹154b5）；干蔗經文或作～柘亦同（慧16/724b"干蔗"註）；稈從艸作芉非也（慧30/1053b"稻稈"註）。//竿：**竿**幹正作桿亦作竿（慧74/944b"孤幹"註）。//桿：**桿**幹正作桿亦作竿（慧74/944b"孤幹"註）。

矸：**矸**干旱二音（龍148/09）。

桿：**桿**汗音（紹159a9）。

戦：**戦**正音干戦盾也（龍172/08）；捍古文戦形（玄9/126c、慧46/332a"捍挌"註）（慧11/600b"干戈"註）。**戦**俗音干（龍172/08）。**戦**音旱[1]（龍526/06）。

乾：**乾**正音干（龍539/9）（玄14/185b）（玄23/308a）（慧29/1029a）（慧47/356a）（慧59/632b）（希7/402b）（希8/409b）。**乾**俗音干（龍539/9）。//漧：**漧**古文乾字（龍228/06）；乾古文從水作漧（希7/402b"乾燥"註）。

鄿：**鄿**音干地名（龍453/08）。

---

[1]參見《叢考》295頁。

颫：颫古南反風也（龍126/07）。

爁：爁古咸反爁尬行不正兒又兼嚴二音（龍179/03）。礛上音緘～行不正也（522/03）//爁：爁俗古斬反（龍323/06）。

gǎn 衦：衦古旱反（龍104/07）（慧60/669b）；矸律文從衣作衦非也（慧63/740a"矸石"註）。衦正古旱反①（龍111/08）。秆俗（龍111/08）。

仟：仟古旱反仟長也（龍030/06）。

秆：秆矸律文從禾作秆非也（慧62/708a"矸石"註）。

紆：紆古旱反絲也（龍401/01）。

奸：奸正干旱反面上黑奸也（龍123/01）（玄12/166c）（慧17/737b）（玄19/254a）（慧56/559a）（慧15/704b）（慧15/705b）（慧39/173a）；黚或從皮作奸（慧75/964a"黗黚"註）。皯俗（龍123/01）。皯俗古旱反正作黚（龍347/02）（紹202b2）；奸黚經文作皯皯非也（玄12/166c、慧17/737b"奸黚"註）；奸亦作皯（慧39/173a"面奸"註）。皯黚或從曾作～（慧75/964a"黗黚"註）。

黚：黚古旱反（龍532/06）（慧75/964a）；奸經文從黑作黚非也（玄19/254a、慧56/559a"黑奸"註）（慧15/704b"奸黚"註）（慧39/173a"面奸"註）。黚古旱切（紹190a10）。

稈：稈古旱反禾莖也（龍144/07）（玄5/70b）（玄22/296c）（慧48/383a）（慧2/435a）（慧5/485b）（慧16/723b）（慧30/1053b）（慧33/64a）（慧36/116b）（慧50/428b）（紹196a2）。//秆：秆古旱反禾莖也（龍144/07）（紹196a2）；稈又作秆同（玄5/70b"莖稈"註）（玄22/296c、慧48/383a"稻稈"註）（慧2/435a"莖稈"註）（慧5/486a"枯涸"註）（慧16/723b"莖稈"註）（慧33/64a"莖稈"註）。

烖：烖俗古斬反（龍241/06）。

感：感（慧22/840a）。

礛：礛音感礛礚（龍442/04）。

鱤：鱤音感魚名（龍170/01）。

敢：敢古膽反（玄16/219c）（慧65/779b）。敢音敢（龍120/06）。敢古覽反今作敢（龍3

①參見《叢考》699頁。

48/05)。

䤔：䤔俗音敢正作澉（龍 501/03）。

䤋：䤋音感又音貢（龍 192/08）。

䣈：䣈音感酒味也（龍 186/04）。

簛：簛音感竹名（龍 392/06）。

笴：笴正古旱反（龍 392/03）（玄 10/131b）（慧 47/366b）（玄 11/147c）（慧 52/464a）（玄 18/250a）（慧 73/937a）（慧 61/694b）（慧 82/32b）（慧 91/190a）（慧 93/219b）；䇞俗字也正體從可作笴（慧 61/682a "箭䇞" 註）；竿或作笴傳文作檊非也（慧 74/941b "為竿" 註）（慧 74/944b "孤幹" 註）。簛俗古旱反（龍 392/03）；簛經文從奇作簛錯書也（慧 75/963a "持簛" 註）。//䇞：䇞正古旱反（龍 392/03）（慧 61/682a）（紹 160a1）；笴亦作䇞（慧 61/694b "箭笴" 註）。

gàn 杆：杆古旦反（龍 382/06）（慧 60/658b）（慧 100/334b）（紹 159a2）。

旰：旰今古案反（龍 429/01）（慧 61/685b）（慧 80/1076b）（慧 81/18a）。//旰：旰或作古案反（龍 429/01）。//晇：晇旰考聲從竿作晇音與上同（慧 80/1076b "日旰" 註）。

泔：泔古旦反泔泔水流皃又音汗亦浩泔（龍 235/04）。

骭：骭下晏反又音肝（龍 481/01）。//骭或作古岸反今作幹字（龍 480/09）；幹字體作骭同（玄 9/126c、慧 46/331b "骨幹" 註）（玄 17/235a、慧 74/948b "骨幹" 註）；髁經文作骭非此用（玄 11/143c "髁骨" 註）。髊或作古岸反今作幹字（龍 480/09）；髁經文作髊非此用（慧 56/555b "髁骨" 註）；幹字體作～同（玄 7/100c）（慧 30/1047b "骨幹" 註）。

軡：軡正古按反（龍 369/03）（紹 203a3）。//檊：檊今古按反（龍 369/03）。

檊：檊岡嬾反（慧 8/541b）（慧 8/553a）（慧 60/656a）（慧 80/1070b）；稈經文作檊非本字（慧 2/435a "莖稈" 註）（慧 5/486a "莖稈" 註）；幹或從木從干此二字並通（慧 13/642a "莖幹" 註）（慧 26/933b "杖幹" 註）；或作笴傳文作檊非也（慧 74/941b "為竿" 註）。檊干岸反（慧 61/693b）（慧 68/820a）（慧 91/188a）。檊古岸反（龍 369/06）。檊古岸反（龍 369/07）。

幹：幹古按反（龍 369/05）（玄 1/21b）（玄 7/100c）（玄 9/126c）（慧 46/331b）（玄 17/227a）（慧 67/813b）（玄 17/235a）（慧 74/948b）（玄 24/322b）（慧 70/866b）（慧 12/629a）（慧 13/642a）（慧 2

1/812b）（慧 25/919a）（慧 26/933b）（慧 30/1047b）（慧 74/944b）（紹 202b2）；笴經文作幹（玄

11/147c、慧 52/464a“箭笴”註）（玄 18/250a、慧 73/937a“調笴”註）；稈經文作幹非本字（慧

2/435a“莖稈”註）；榦經中有從干作幹（慧 8/553a“莖榦”註）（慧 61/693b“松榦”註）。//

薛：薛古旱反草莖也（龍 259/01）。薛古旱反（希 6/392c）（希 8/406b）（希 10/422b）；

榦或從草作薛皆非（慧 8/553a“莖榦”註）；稈經文從草作～乖經義非也（慧 33/64a

“莖稈”註）。

榦：榦古按反赤色也（龍 369/04）。

檊：檊古汗反（龍 383/08）（紹 158b9）。檊榦論作擀非此義或作幹（慧 68/820a“枝榦”註）。

贛：贛音感陂名（龍 186/04）。韻音感水名又音紺（龍 186/04）。贛士暗反（龍 186/06）。

灨：灨音紺縣名（龍 235/01）。

紺：紺古暗反青而赤色也（龍 401/07）（玄 1/17b）（玄 3/36a）（慧 09/570a）（玄 6/91a）（玄 14/1

94a）（慧 59/646a）（慧 4/462a）（慧 8/542a）（慧 12/624b）（慧 12/632b）（慧 21/825b）（慧 27/990

b）（慧 29/1030b）（慧 32/42b）（慧 32/48a）（慧 34/84b）（慧 40/199b）（慧 55/542a）（慧 69/839b）

（慧 77/1024b）（慧 85/96b）（慧 98/293b）。

淦：淦古南反又音紺（龍 228/10）（紹 186b4）。

gang

gāng 扛：扛音江（龍 210/01）（慧 80/1075b）（紹 133b9）。//摃：摃俗音剛（龍 209/08）。摃俗

音剛（龍 209/08）。摑正古浪古郎二反（龍 214/08）。摚俗古浪古郎二反（龍 214/

08）。

杠：杠音江（龍 378/08）（玄 13/180a）（慧 55/534b）（玄 19/256b）（紹 157b8）。

肛：肛許江反（龍 409/01）；虹古文作肛同（玄 15/212a“青虹”註）。

矼：矼音江石矼石橋也（龍 441/05）。

舡：舡正音江舉角也（龍 511/04）。//舩俗（龍 511/04）。

岡：罓閣郎反（慧 44/290b）。岡音古郎反（龍 202/02）。罔音古郎反（龍 202/02）。岡音

古郎反（龍 202/02）。囝岡音（龍 175/03）。罔音古郎反（龍 202/02）。罡岡正居郎

切（紹 197b8）。**罡** 岡正居郎切（紹 197b8）。**罡** 古浪反（玄 22/289b）（慧 48/372b）。//

崗：**崗** 今音剛山脊也（龍 071/04）（玄 5/74a）。**崗** 俗（龍 071/04）。**崗** 古郎反（玄 20
/269b）（紹 162a4）。**崗** 崗正古郎切（紹 162a4）。**崗** 崗經文作～俗字誤（慧 44/290b "山
崗" 註）。**崗** 古（龍 071/04）。**崗** 古（龍 071/04）。**崗** 古（龍 071/04）。**崗** 俗（龍 071/
04）。**罡** 或作（龍 071/04）。**壹** 音剛①（龍 335/06）（紹 162a4）。**壹** 崗正古郎切（紹
162a3）。

剛：**剛** 古昂反（慧 24/893a）（慧 48/384b）；**罡** 纂文作剛（慧 48/372b "八罡" 註）。**剴** 剛正
古郎切（紹 139b9）。**剴** 剛正古郎切（紹 139b9）。**剛** 罡纂文作剛（玄 22/289b "八罡"
註）。**剴**（玄 1/9c）。**剴** 古昂反（玄 7/103a）（玄 22/297c）（慧 17/744a）（紹 176a4）。**剴**
剛正居郎切（紹 176a4）。

搁：**搁** 古郎反（慧 52/459b）。**搁** 古郎反（玄 11/145c）。**搁** 俗古浪古郎二反正从手作
搁（龍 383/04）。**搁** 俗古浪古郎二反正从手作搁（龍 383/04）。

犅：**犅** 正音剛特犅亦特牛也（龍 115/06）。**犅** 或作（龍 115/06）。

堈：**堈** 音剛甕也（龍 248/03）；瓨又作堈同（玄 16/215b、慧 65/775a "大瓨" 註）（慧 73/92
7b "酪瓨" 註）。**堈** 正音剛（龍 248/03）（紹 161a4）。**堈** 瓨又作堈同（玄 18/247c "酪瓨"
註）。**堈** 俗（龍 248/03）（紹 161a4）；瓨又作堈同（玄 16/215b "大瓨" 註）（慧 55/541a "盆
瓨" 註）。**堈** 俗（龍 248/03）。**堈** 俗（龍 248/03）。//甌：**甌** 正古郎反大甕也（龍
315/06）。**甌** 今（龍 315/06）。**甌** 或作（龍 315/06）。//瓨：**瓨** 或作（龍 315/06）。

瓨：**瓨** 古郎反（玄 16/215b）。**瓨** 古郎反（慧 65/775a）（玄 18/247c）（慧 73/927b）（慧
55/541a）（紹 199b2）。**瓨** 瓨正古郎切（紹 199b2）。**瓨** 炻正古郎切瓨同用（紹 131a
1）。**炻** 瓨正古郎切（紹 190a1）。

綱：**綱** 今古郎反（龍 397/05）（慧 64/760a）（慧 81/15b）。**綱** 綱正古郎切（紹 191b3）。**綱**
正古郎反（龍 397/05）（紹 191b3）。**綱** 綱正古郎切（紹 191b3）。**綱** 正體岡字（慧 8
8/133b）。**綱** 綱傳文作～俗字（慧 81/15b "隤綱" 註）。

鋼：**鋼** 音岡堅也精也（龍 010/01）（慧 26/955b）。**鋼** 鋼正居郎切（紹 181a1）。**鋼** 鋼正

居郎切（紹 181a1）。

犺： 犺今苦郎反猰犺不順也（龍 319/07）。犺或作（龍 319/07）。㤊犺正舉朗切（紹 1

30b1）。

阬： 阬正音剛肆伸脛也（龍 461/01）。阬通（龍 461/01）。

靬： 靬俗胡浪苦耕二反（龍 450/02）（玄 13/169b）。靬俗（龍 450/02）（玄 12/164a）。靬

相傳胡浪反未詳字語所出（玄 5/74a）（慧 55/543b）；靬字准經義合是岡字舊音義

胡浪反恐非不成字也諸字書並無此字未詳所出且存本文以俟來哲（慧 16/717a

"鞭靬"註）。靬俗（龍 450/02）。靬俗音元［亢］①（龍 448/02）。

gǎng 颃： 肮古朗反鹽澤也（龍 154/03）。奋古朗反今作肮鹽澤也②（龍 357/04）。奋正又古

朗反（龍 357/05）。奋俗又古朗反（龍 357/05）。奋俗又古朗反（龍 357/05）。奋俗

又古朗反（龍 357/05）。

港： 港正同上（龍 230/08）（玄 3/44b）（慧 10/583a）（玄 8/109b）（慧 28/1006b）（玄 12/164c）（玄

20/266c）（慧 33/53b）（慧 57/581a）（慧 78/1039b）（紹 188a6）；巷經文作港（玄 5/76b、慧

34/89a"溝巷"註）。港俗音講（龍 230/08）。

gao

gāo 高： 高音高（龍 129/06）。

膏： 膏槀熬反（慧 31/13b）（慧 57/581a）（慧 62/707b）（慧 86/114a）（慧 87/128a）。膏正音高（龍

406/08）（玄 23/316c）（慧 49/398a）（慧 36/123a）（慧 67/802a）（希 6/392b）（紹 136a10）。膈俗

（龍 406/08）。

篙： 篙音高（龍 390/08）（玄 15/204c）（慧 58/602b）（玄 15/206c）（慧 58/606b）（玄 16/216a）（慧 6

5/775b）（慧 61/679a）（紹 160a5）。//橋： 橋篙方言作～（玄 15/206c、慧 58/606a"竹篙"

註）。

羔： 羔正音高羊～也（龍 159/07）（紹 190a9）。//羔： 羔俗（龍 159/07）。羔俗（龍 159/

①參見《龍龕手鏡研究》328 頁。
②參見《龍龕手鏡研究》291 頁。

07）。𥻆或作（龍 159/07）。

餻： 餻音高（龍 500/02）（慧 62/701a）（紹 172a2）。

鼖： 鼖公勞反（慧 32/33a）。鼖音高（龍 337/02）（玄 4/53c）。鼖音高同鼖（龍 545/05）（337/03）。//鼖音高同鼖（龍 545/05）（337/03）。

櫜： 櫜音高韜也一曰車上囊（龍 379/06）。

皋： 皋音高（龍 364/02）（慧 27/990b）（慧 86/105a）（慧 95/245b）（希 10/421b）（紹 148a9）；咎古文以為皋繇字（玄 18/245b "有咎" 註）；槔集作皋非義也（慧 98/305b "玉槔" 註）。皋舊藏作皋（龍 364/03）。//皋：皋皋集本作皋非也（慧 95/245b "皋陶" 註）。皋高音（紹 203b4）。

槔： 槔音高桔槔也（龍 377/04）（玄 11/143c）（慧 56/555a）（玄 14/196c）（慧 59/650b）（慧 98/305b）（紹 157b9）。

嶱： 嶱音高（龍 074/01）。

覠： 覠音高見也（龍 343/10）。

鶃： 鶃五高切（紹 165a7）。

郜： 郜音告郭逐又音浩（龍 456/06）。

浩： 浩字林工早反（玄 7/99c）（慧 83/60b）。

祰： 祰古沃反祭贈也（龍 113/08）。祰正音考苦禱也又祭名又音穀（龍 112/04）。祰俗（龍 112/04）。祰古沃反祭贈也（龍 109/05）。

嚳： 嚳苦沃反山兒（龍 077/07）。

誥： 誥古到反（玄 7/102a）（慧 30/1046a）（玄 16/224b）（慧 88/147b）（希 10/418a）。

臬： 臬古老反白澤大也或作杲（龍 431/07）。臬音赤白澤也（龍 245/01）。

杲： 杲古老切（紹 171b4）；暠又作杲同（玄 5/69b、慧 10/582b "暠然" 註）。//暠：暠古老反明白也（龍 426/07）（玄 5/69b）（慧 10/582b）（慧 93/219a）（紹 171b2）。

菒： 菒古老反乾草也（龍 259/06）。

碅： 碅古老反女碅石似玉也（龍 441/09）。

槀： 槀苦道反（玄 5/76c）（慧 34/85b）（玄 15/201b、慧 58/617b "氈衣" 註）；槀說文作槀（玄 6

/86b "枯槁" 註）（玄 22/287c、慧 48/370b "枯槁" 註）（慧 23/872b "枯槁" 註）（慧 27/980b "枯槁" 註）（慧 41/225a "枯槁" 註）（慧 44/295a "枯槁" 註）。**槁**音考或作薧殠三同（龍 380/01）（玄 6/86b）（玄 21/286b）（慧 44/295a）（玄 22/287c）（慧 48/370b）（慧 11/614b）（慧 23/872b）（慧 27/980b）（慧 34/78b）（慧 41/225a）（慧 42/245a）（慧 44/295a）（慧 45/315b）（慧 84/83b）（希 1/358b）（希 3/369a）（紹 159b3）。//殠：**殠**或作苦老反正作槁（龍 185/05）；稾古文殠同（慧 34/85b "枯稾" 註）；槁古文殠（玄 6/86b "枯槁" 註）（慧 27/980b "枯槁" 註）（慧 41/225a "枯槁" 註）（慧 44/295a "枯槁" 註）（希 1/358b "枯槁" 註）；槁古文殠説文作稾同（玄 21/286b、慧 44/295a "枯槁" 註）（玄 22/287c、慧 48/370b "枯槁" 註）。**殠**稾古文～同（玄 5/76c "枯稾" 註）（慧 11/614b "枯槁" 註）。**歍**俗苦老反正作槁（龍 185/05）。**薧**槁或作薧並同也（慧 11/614b "枯槁" 註）。

稾：**稾**古老反禾稈也（龍 185/04）（慧 26/951a）（慧 40/190b）（慧 57/596b）（慧 83/60a）（慧 97/286a）。**稾**高老反（慧 36/116b）（慧 80/1085a）（慧 80/1087a）（慧 83/44b）（慧 87/128a）（慧 94/233b）。//藁：**藁**俗古老反正作稾（龍 259/05）；稾傳從艸作藁俗字也（慧 83/60a "稾街" 註）。**藁**通古老反正作稾禾稈也（龍 259/05）（希 8/406c）（紹 156b7）；稾説文從草作藁（慧 80/1085a "稾本" 註）（慧 83/44b "削稾" 註）。//蒿：**蒿**呼高古老二切（紹 154a6）；稾論文作蒿非也（玄 17/236a、慧 74/950b "莖稾" 註）（慧 40/190b "齎稾" 註）。**蒿**蒿正呼高古老二切（紹 154a6）。

縞：**縞**杲告二音（龍 400/03）（慧 36/120b）（紹 191b6）。

gē

gē 戈：**戈**古和反（慧 5/483a）（慧 6/503b）（慧 11/600b）（慧 21/830a）。

吪：**吪**今音歌（龍 526/04）。**吪**俗音歌（龍 526/04）。**吪**俗音歌（龍 526/04）。**吪**川篇各何反①（龍 270/01）。

戤：**戤**音歌（龍 132/04）。

咯：**咯**苦各反（龍 278/06）（紹 184a1）。

①參見《疑難字考釋與研究》140 頁。

胳：**胳**音各肘後腋下也 （龍416/01）（玄5/74b）（慧44/287b）（玄5/77b）（慧32/39b）。

鉻：**鉻**音格陳公鈎也 （龍022/01）。

奿：**奿**古何反① （龍240/10）。

恕：**恕**音哥法也持也 （龍065/05）；嘉古文恕同 （玄17/233b、慧70/858b"嘉苗"註）；柯蒼頡篇從加從心作恕 （慧37/137a"枝柯"註）。

歌：**歌**古俄反 （希4/379a）。**歌**出新藏誤正作歌 （龍354/04）。**歌**出舊藏誤正作歌 （龍354/04）。//謌：**謌**古文音歌 （龍040/07）（玄5/70a）。

駒：**鴚**古牙反 （龍286/07）。**駒**古牙反又或音可 （龍286/07）（希1/356b"鬼鴈"註）。

割：**割**正音葛剝割斷截也 （龍099/08）。**割**乾幹反 （慧14/663b）（慧15/688a）（慧51/449a）（慧63/737b）（慧69/851a）（慧75/972b）（希3/369b）（希8/405b）。**割**今 （龍099/08）。**剮**又舊藏作割字 （龍097/01）。**剢**音割 （龍101/02）。//**劊**俗音割 （龍020/04）。

鴿：**鴿**甘臘反 （慧2/426a）（慧29/1028b）（慧29/1033a）（慧57/586b）（紹165a3）（紹165a10）。**鴶**鴿正格音 （紹165a10）。

gé 佮：**佮**口合反人姓又音合併佮聚也 （龍038/01）。

匒：**匒**古納反周匝也 （龍141/02）。

蛤：**蛤**今古合反 （龍225/10）（玄16/214b）（慧65/773a）（慧62/707a）（慧68/834b）（慧95/249b）（慧97/282b）（紹163b4）。**蛒**甘臘反 （慧14/665a）。**盒**正古合反 （龍225/10）（慧66/793b）。

鞈：**鞈**古合反 （龍451/04）；塔經文從革作鞈鞈非此義 （玄5/75b"佛塔"註）（慧34/86a"佛塔"註）。

頜：**頜**古合反 （龍487/05）（玄5/70a）（慧37/146a）。

韐：**韐**古沓反韎韐也 （龍177/02）。

鉿：**鉿**古合反尺鋌也 （龍021/04）。

鮯：**鮯**古合反魚名六足鳥尾也 （龍172/01）。

閤：**閤**葛合切 （紹195b5）。

---

①同上，506頁。

茖：**茖**音格（龍264/09）（玄8/118c）（慧45/309b）（紹155a1）。

挌：**挌**音格打也又音落亦擊也又止也正也（龍217/10）（玄9/126c）；駕古文挌同（玄14/187a、慧59/635a "嚴駕" 註）。**挌**古額反（慧46/332a）。//戫：**戫**挌古文戫同（玄9/126c、慧46/332a "捍挌" 註）。**戱**音格（龍173/08）。//斫：**斫**音格擊也（龍138/01）。

佫：**佫**音格至也（龍498/09）。

格：**格**量度也字從木（玄12/157b）（慧74/954a）（玄13/180b）（慧55/535a）（玄14/196c）（慧59/650b）（玄22/299b）（慧48/387a）（紹159b4）；槅經文作格非體也（玄19/255a、慧56/560b "犁槅" 註）。

蛒：**蛒**格音（紹164b1）。

觡：**觡**音格鹿角（龍513/03）。

麱：**麱**音格碎麥（龍506/04）。

閤：**閤**岡鄂反（慧30/1036a）（慧38/160b）。

鮥：**鮥**音格海魚似鯉肥美（龍171/02）。

骼：**骼**音格（龍481/06）（慧75/965a）（慧96/262b）（慧98/308b）（紹147b1）；骼經文作骼非此義（玄11/144b、慧52/457a "尾骼" 註）。//**骼**又俗音格（龍480/09）（玄19/256c）（慧56/563a）；骼集本作骼音客亞反誤（慧96/262b "骨骼" 註）（慧98/308b "骨骼" 註）。

鵅：**鵅**正音格又音洛（龍289/09）（玄10/131c）（慧49/406a）（玄17/231a）（慧70/855b）（玄19/258b）（慧56/566a）。//鵅：**鵅**俗音格（龍289/09）（玄13/174a）。

革：**革**革字（慧36/126b）。**革**革古文革同（玄14/193b、慧59/645b "皮革" 註）（玄17/236a "不革" 註）。**革**耕額反（慧41/226a）（慧12/624b）（慧25/916b）（慧45/314a）（慧60/665b）（希1/358b）（希9/416c）。**革**古核反（玄1/8b）（慧17/741a）（玄14/193b）（慧59/645b）（慧74/950b）（慧48/395a）；茖經文作革非體也（玄8/118c "茖蒝" 註）。**革**古核反（慧47/351b）（紹140a8）。**革**古核反（玄17/236a）（玄1/20b）（玄22/304a）（玄23/305a）。**萆**音革①（龍265/03）。//韓：**韓**音革（龍177/04）。

諽：**諽**革客二音謹也（龍052/02）；革古文諽同（玄14/193b、慧59/645b "皮革" 註）（玄17/

---

① 《龍龕手鏡研究》：此字疑即 "革" 字之訛（237）。

236a、慧 74/950b "不革" 註）（玄 22/304a、慧 48/395a "變革" 註）。//愅：愅 革古文愅同 （玄 14/193b "皮革" 註）（玄 22/304a、慧 48/395a "變革" 註）。愅 革古文愅同 （慧 59/645b "皮革" 註）。

霯： 霯音革雨也又川韻疋各反雨霝濡也 （龍 308/09）。霯雨也 （龍 452/02）。

裓： 裓正古得反衣前襟也 （龍 107/07）（玄 6/81c）（慧 30/1037b）（慧 11/617a）（慧 27/971a）（慧 32/35a）（慧 32/39b）（慧 78/1038b）（希 9/414c）。裓正 （龍 107/07）（玄 7/100c）。裓俗 （龍 107/07）。裓田得反 （慧 30/1037b）（慧 30/1036b）（玄 15/203b）（慧 58/620b）（玄 17/228a）（慧 67/815a）（紹 168a7）。裓京得切 （紹 168a7）。//祴：祴裓經文作～非也 （玄 7/100c、慧 30/1037b "衣裓" 註）。

䎧： 䎧古德反䎧耨草生也 （龍 542/08）。

隔： 隔音革障也限界也 （龍 298/01）。隔歌領反 （玄 4/55c）（慧 43/267b）（慧 2/429b）；膈經文從阜作隔隔即非此義也 （慧 16/715b "上膈" 註）。隔音革障也限界也 （龍 298/01）。隔又新經作隔字 （龍 298/01）。//瑪俗音隔障也[1] （龍 438/09）。//膈：膈音革 （龍 362/06）。

嗝： 嗝正音革口嗝又鳥雉鳴也 （龍 277/10）。嗝俗音革口嗝又鳥雉鳴也 （龍 277/10）。//嗙：嗙正音革口嗝又鳥雉鳴也 （龍 277/10）。//鵋：鵋鵋經文從革作～非也 （玄 7/103a、慧 24/893a "鵋鵋" 註）。

愅： 愅正音革智愅也 （龍 063/08）。愅俗 （龍 063/08）。

膈： 膈古核反 （慧 16/715b）。膈正音革 （龍 415/07）（慧 75/981b）（慧 81/16a）；隔經文或從肉作膈二字通用也 （玄 4/55c、慧 43/267b "肝膈" 註）。//膞：膞俗 （龍 415/07）。

槅： 槅音革 （龍 384/05）（玄 2/16c）（玄 19/255a）（慧 25/906b）（慧 57/581b）。槅居責反 （慧 56/560b）。//輵：輵俗音隔 （龍 85/04）；槅經文從車作輵傳寫誤也 （玄 2/16c "輗槅" 註）；軶或作輵 （慧 60/668a "車軶" 註）。輵俗音隔 （龍 85/04）。//轕：轕俗音隔 （龍 85/04）。

鰪： 鰪正 （龍 171/05）。鰪今古厄反～鯃魚名 （龍 171/05）。

①參見《龍龕手鏡研究》324 頁。

譀：**譀**古盍反多言也又盍戌二音靜也（龍 051/03）。

鎓：**鎓**他盍笴輒二反經音義音古盍反鎓鏺也（龍 022/02）（玄 13/171c "鎓鏺" 註）（玄 14/196b、慧 59/649b "禁滿" 註）。

頜：**頜**古盍反車領骨也（龍 487/09）（玄 17/237b、慧 74/952a "頜車" 註）。**頜**俗同上 [頜]（龍 487/09）。

葛：**葛**葛正（紹 155a9）。

笴：**笴**音葛笴籤（龍 394/08）。

鄨：**鄨**音葛鄉名（龍 457/06）。

褐：**褐**俗音葛字（龍 108/08）。

獦：**獦**正音葛（龍 320/02）（玄 14/184c、慧 59/631a "水獦" 註）（紹 166b4）。**獦**俗音葛（龍 320/02）。

穇：**穇**音葛長禾也（龍 146/09）。

轕：**轕**今音葛（龍 085/09）（希 10/423a）。// 轕：**轕**正音葛（龍 085/09）（紹 139a9）。

騔：**騔**正音葛馬走疾也（龍 294/05）。// 駶：**駶**或作（龍 294/05）。// 騔：**騔**（龍 294/05）。

鞨：**鞨**音革彎首也（龍 452/02）。

轞：**轞**音革虎聲也（龍 322/10）。

gě 哿：**哿**古我反（龍 548/08）（玄 5/69c）（玄 18/241b）（慧 73/929b）（慧 85/102a）（慧 91/185a）。

舸：**舸**古我反（龍 132/05）（玄 5/71b）（慧 44/287b）（玄 8/116b）（慧 38/161b）（玄 18/251c）（慧 84/81a）（慧 94/228b）（紹 145b10）。

簻：**簻**古我反筍簻（龍 392/09）。

gè 個：**個**正音个偏也又俗故古二音（龍 035/09）。**個**俗（龍 035/09）。

箇：**箇**哥餓反經文作个古字也（慧 35/110b）。// 个：**个**哥餓反亦作箇（慧 51/449b）。

gen

gēn 根：**根**岡恩反（慧 8/538b）（希 8/409b）。

跟：**跟**古恩反（玄 14/193c）（慧 59/645b）（慧 1/409b）（慧 12/632b）（慧 13/658b）（慧 33/68b）（慧 51/451a）（慧 60/663b）（慧 62/698b）（慧 69/851a）（慧 74/942b）（希 2/364b）（希 9/411c）（希 9/415a）（紹 137a4）。//**䟱**跟或作䟱（玄 14/193c、慧 59/645b "湯跟" 註）（慧 74/942b "跳跟" 註）。**嵼**誤古恩反正作根跟二字（龍 072/05）。

gěn 頤：**頤**古懇反頰後也（龍 485/08）。

gèn 艮：**艮**古恨反今作艮卦名也（龍 428/04）。

geng

gēng 庚：**庚**古行反更也償也又甲也亦上聲（龍 298/10）。

鶊：**鶊**音庚（龍 285/04）（慧 4/468b）。

更：**叓**古行反～改償代也又古孟反（龍 529/05）；今通作更俗用已久（慧 5/490b）。**叓**古行反（龍 348/04）。**叓**庚更二音（龍 348/04）。**叓**庚更二音（龍 348/04）。**更**革行反（慧 47/358a）（慧 77/1030b）（慧 80/1074a）。

浭：**浭**古行反水名（龍 229/10）。

挭：**挭**古行反免徑也（龍 490/07）。

嗰：**嗰**俗古恒反（龍 268/08）。

緪：**緪**正古恒反（龍 396/01）（玄 12/155c）（慧 52/456a）（慧 13/645a）（慧 74/957b）（慧 76/996a）（慧 77/1023b）（慧 80/1082a）（慧 82/34a）（慧 82/40a）（慧 83/50a）（慧 100/331a）；亘又作緪（玄 1/6b、慧 20/808b "亘生" 註）。**緪**今古恒反又音丸（龍 396/01）（紹 191a7）；亘經文有作絚（玄 1/6b、慧 20/808b "亘生" 註）（慧 54/512b "亘雲" 註）（慧 99/322b "亘飛" 註）；經文作絚非也（玄 12/155c、慧 52/456a "如緪" 註）（慧 13/645a "網緪" 註）（慧 80/1082a "懸緪" 註）（慧 83/50a "緪鎖" 註）（慧 100/331a "懸緪" 註）。

耕：**耕**古衡反（慧 41/226b）（希 1/358c）（希 8/409a）（希 9/416b）。**畊**古文耕字（龍 153/08）；耕或作畊古字也（慧 41/226b "耕墾" 註）（希 1/358c "耕墾" 註）。**畊**古文耕字（龍 153/08）。

羮：**羮**音更（龍 159/03）（慧 15/693a）（慧 53/487b）（慧 61/693b）。//鬻：**鬻**古文音羮～臛

也（龍534/06）。**喬**或作（龍535/05）。**鬻**古文音羹～臞也（龍535/05）。**鬻**羹説文從

弼作鬻亦作鬻～皆古字也（慧15/693b "羹臞" 註）。//**鬻**羹正庚音（紹177a2）。**鬻**

羹正庚音（紹204a1）。//**膜**：**膜**户庚反熟肉也（龍409/03）。

gěng **哽**：**嗢**正古省烏省二反噎也（龍270/10）（慧34/77b）。**嗟**庚猛反又櫻猛反（慧13/657a）

（慧29/1029a）（慧41/219b）。**哽**今（龍270/10）（玄2/16b）（慧18/762b）（慧23/878a）（慧

25/905b）（慧57/586a）（希3/371a）（希9/412a）（紹183b2）。

捷：**捷**音耿（龍211/04）（紹134b4）。

梗：**榎**庚猛反（慧62/706b）（慧83/46a）（慧83/52b）（慧83/54a）（慧89/155a）。**榎**庚杏反

（慧92/198a）（慧92/201a）。**梗**音耿（龍379/08）（玄3/39c）（慧09/561b）（玄20/269a）（慧

33/56b）（玄21/281c）（玄23/314c）（慧50/423b）（慧13/656a）（慧14/664a）（慧41/206b）（慧

50/419a）（慧62/706b）（慧80/1077a）（慧80/1086b）（慧84/78a）（慧91/188b）（慧91/193a）

（慧98/302b）（希1/354b）（紹158b1）。

埂：**埵**正古猛反吳人云提封也（龍248/09）。**埂**今（龍248/09）。

緪：**綬**庚杏反（慧61/685a）（慧62/709b）（慧89/163a）。**緪**音耿（龍400/02）（玄2/31a）（慧

26/949b）（慧99/312a）（希8/407b）（紹191a10）。//**統**：**統**音耿（龍400/02）。**統**音耿

（龍400/02）。

骾：**鯁**古杏反（龍169/04）（慧81/20b）（慧86/103a）（紹168a1）；哽又作鯁同（玄2/16b "哽

噎" 註）；梗傳文從魚作鯁俗字也（慧92/198a "梗難" 註）。//**骾**：**骹**庚杏反律文

從魚作鯁非此義也（慧62/708a）。**骾**（龍480/06）；哽古文骾（玄2/16b "哽噎" 註）

（慧13/657a "哽噎" 註）（慧18/762b "哽噎" 註）；鯁或作骾（慧86/103a "昏鯁" 註）。//

腰：**腰**哽古文腰（玄2/16b "哽噎" 註）。

耿：**耿**耕幸反（慧47/364a）（慧79/1057b）（慧82/34b）（紹199b7）。

萣：**萣**音耿芋莖也（龍260/09）。

gèng **亙**：**亙**亙或作亙古字（慧4/466b "亙以" 註）（慧17/730a "亙然" 註）。**亙**古蹬反（龍525

/04）（玄1/6b）（玄8/111c）（玄16/218c）（玄21/283a）（慧4/466b）（慧17/730a）（慧18/759

b）（慧19/785b）（慧20/808b）（慧33/62b）（慧65/771a）（慧54/512b）（慧81/5a）（慧90/180

b)（慧99/322b）（紹203a1）。**亘** 古蹬反（龍525/04）（玄4/53a）（慧34/91b）。//楄：**相** 亘考聲從木作～謂過遠之謂也（慧81/5a "縣亘" 註）。

堩：**堩** 古鄧反路也（龍251/02）。

暅：**暅** 許晚反日氣也又古鄧反（龍427/09）（慧92/202b）（慧93/211b）。**恒** 組鄧反（慧96/265b）（紹171a2）。**暅** 古鄧反[1]（龍429/02）。

鮌：**鮌** 今古鄧反魚名又平聲（龍170/04）。//鮑：**鮕** 或作（龍170/04）。

gong

gōng 工：**工** 古紅反（玄23/305c）（慧47/352b）。

玒：**玒** 工江二音玉名（龍433/07）。

攻：**攻** 音工（龍529/01）。

疘：**疘** 音公下部病也（龍471/02）。

耺：**耺** 音工耳聞鬼也（龍314/01）。

軦：**軦** 釭又作軦同（玄4/60c "車釭" 註）（玄7/102a、慧30/1045b "車釭" 註）（玄11/153a、慧52/474b "因釭" 註）（玄19/259c、慧56/568a "輞釭" 註）（慧12/621b "車釭" 註）。**軦** 俗音工（龍081/04）。

釭：**釭** 古紅反車釭轂口上鐵也又音江燈也（龍009/01）（玄4/60c）（玄7/102a）（慧30/1045b）（玄11/153a）（慧52/474b）（玄19/259c）（慧56/568a）（慧12/621b）。

簹：**簹** 音工笠也（龍390/09）。

郲：**郲** 正音恭（龍453/07）（慧84/67b）（慧80/1080a "宮亭湖廟" 註）（慧89/150b）（紹169a7）。**郲** 俗音恭（龍453/07）；晉書郭璞傳中作郲亭今譯經圖記中從人作傶亭（慧84/67b "郲亭湖" 註）。

迚：**迚** 俗音恭（龍489/06）。

眽：**眽** 正音工睭也（龍153/03）。//眽：**眽** 或作（龍153/03）。

恭：**恭** 下古文心字上共聲也俗從小非也（慧41/207a）。**恭** 薑邕反（慧12/623b）（慧15/

---
[1] 參見《叢考》598頁。

698a）（慧 19/785b）。

餅： 餱 俗音供（龍 500/02）。

龔： 龔 九容反（龍 196/05）（慧 77/1028b）（紹 199b9）；恭古作龔（慧 12/623b "恭恪" 註）。龔 音龔（龍 130/02）。龔 音龔（龍 519/07）。

髻： 髻 音公髻鬖也（龍 088/08）。

弓： 弓 居雄反（玄 16/215b）（慧 65/774b）（慧 8/551a）（慧 25/910b）（希 3/368a）（希 8/410a）。 //枊： 枊 弓律文從木作枊非體也（玄 16/215b、慧 65/774b "弓法" 註）。

躳： 躳 居雄反（玄 12/160b）（慧 75/983a）（慧 1/406a）。躬 正從呂作躬（慧 1/406a "循躳" 註）（紹 200a6）。躬 音躳（龍 161/06）。

舼： 舼 音弓謹敬之皃也（龍 140/04）（慧 39/179a）。

宮： 宮 居雄反（玄 20/274a）（慧 76/1006b）（慧 27/973a）（希 3/369b）。

湔： 湔 音宮縣名（龍 227/05）。

肱： 厷 古玄反今作肱（龍 348/01）。玄 戶萌反（龍 546/02）；肱又作厷同（玄 16/218a、慧 65/770a "肱挾" 註）（玄 20/267a、慧 33/55b "股肱" 註）。厷 古弘反（龍 184/03）（龍 5 24/08）。厷 古弘反（184/03）。//肱 古弘反（龍 406/09）（玄 16/218a）（慧 65/770a）（玄 20/267a）（慧 33/55b）（希 2/366a）（希 9/415c）（紹 136b5）。

蚣： 蚣 音公（龍 220/04）（玄 6/82c）（玄 7/93b）（慧 28/996b）（玄 25/339c、慧 71/895b "火蚣" 註）（慧 27/973a）（紹 164b5）。蚣 音公（慧 38/157a）。//蝛： 蝛 俗音公（龍 220/05）；蚣經文作蝛非也（玄 7/93b、慧 28/996b "蜈蚣" 註）。

觵： 觵 古橫反（龍 510/08）（慧 96/261b）。//觥： 觥 正古橫反（龍 510/08）。觥 姑橫 切（紹 148b2）。觥 俗（龍 510/08）。

瓵： 瓵 音供瓴也（龍 316/04）。

拱： 拱 居聳反斂手也（龍 211/09）（慧 7/525b）。

珙： 珙 恭拱二音璧也（龍 433/08）。

栱： 栱 居恐反斗栱也（龍 380/04）（慧 14/670a）（慧 62/721b）（慧 78/1036b）（慧 85/94b）（紹 1 58b7）。

䱋：**䱋**音拱鯤魚子也（龍170/01）。

𢪒：**𢪒**正音拱厄持也（龍212/04）。**𢪒**俗音拱厄持也（龍212/04）。

碽：**碽**居悚反水邊大石也（龍442/06）。

鞏：**鞏**居勇反輞也（龍082/08）（紹139a10）。

鞏：**鞏**居悚反（龍449/08）（紹140b1）。

収：**収**巨凶反（玄1/14a"暴曬"註）。**収**収又作拜（玄1/21a"日暴"註）。**拜**（玄1/14a"暴曬"註）（玄1/21a"日暴"註）。

汞：**汞**汞正户孔切（紹203b10）。

gòng 貢：**貢**古弄反（玄17/234a）（慧70/860b）（玄25/339b）（慧71/895a）（慧22/836b）。

𧹙：**𧹙**古送反（龍235/03）（紹189a2）。

共：**共**（慧21/820a）。**𡘋**巨用反①（龍077/01）。

贛：**贛**古送反賜也（龍186/05）。**贛**（龍186/05）。**贛**俗音貢正作贛賜也（龍351/01）。

gou

gōu 句：**句**苟侯反（慧62/702b）。

佝：**佝**古候反（龍036/03）。

瓜：**瓜**古侯反瓜瓠也（龍195/05）。**瓜**音勾瓜瓠苦瓠也（龍330/08）。

舿：**舿**古侯反舿舩一曰舿舩雜舩名也（龍131/01）。

輈：**輈**正古侯反車鈎心木也又古侯反輈楇也又巨俱反車軶也（龍080/07）。**輈**俗（龍080/07）。

鈎：**鈎**正古侯反鈎抽[曲]也又屈鐵也又釽屬（龍011/02）（玄13/174a）（慧70/855b）（慧56/566a）（慧11/616a）（慧69/842b）；斤經文從金作鈎名非此用也（慧26/943b"斤斸"註）；句亦從金作鈎律文作恂非也（慧62/702b"句紐"註）。**鈎**俗（龍011/02）（玄17/231a）（玄19/258b）（慧8/538a）（慧14/670b）（慧19/776a）（慧60/656a）（慧61/690b）（慧63/739b）（慧83/51b）（慧96/261b）（慧96/265a）（紹180a5）。//刢：**刢**音鈎關西呼鎌也（龍097/03）。

---

① 《叢考》：即"共"字異構（81）。

刣古文同上［刓］（龍099/05）。刣音故（龍099/05）。

飼：飼俗音鈎（龍499/09）。

溝：講古侯反（慧6/513b）（慧18/752a）（慧20/798a）（慧33/58b）（慧57/581a）（慧78/1039b）（慧86/115a）（慧91/185b）（希3/369a）。溝正古侯反（龍227/04）（玄12/164c）。講（慧27/982a）。溝今（龍227/04）（紹188a4）。溝古矦反（龍226/05）（慧3/447b）（紹188a4）。//堉：堉溝經本從土作堉非也（慧20/798a "溝坑" 註）。

幬：幬狗侯反（慧87/120b）。幬居侯切（紹131a6）。//褠：褠通（龍103/06）；幬從衣作褠（慧87/120b "韋幬" 註）。褠正古侯反單衣也（龍103/06）。

膡：膡相承古侯反（慧59/652b）。朦相承古侯反（玄14/198a）。

韝：韝古侯苦候二反射韝臂捍也（龍176/04）。韝同上（龍176/04）。韝同上（龍176/04）。

緱：緱古矦反（龍397/03）（慧83/45a）。

gǒu 茍：茍古口反（龍260/10）（玄2/30b）（玄23/316a）（慧49/397b）（玄25/334b）（慧71/886a）（慧26/946b）（慧29/1023b）（紹154a7）（紹177b4）；亟正體作茍茍極也（慧82/37b "亟淹" 註）。

狗：狗古口反犬也（龍318/09）（希4/380a）（希9/416b）；狗字經文作茍非也（慧77/1030a）。//猗：猗古口反犬也（龍318/09）；狗律文作猗非本字（希9/416b "鼇狗" 註）。猗猗正狗音（紹166b3）。

玽：玽音狗石似玉也（龍437/01）。玽音狗石似玉也（龍437/01）。

笱：笱音茍（龍391/05）（玄13/175c）（慧55/537b）（玄16/215c）（慧65/775a）。

袧：袧正音茍祭服也（龍105/02）。//裪：裪俗（龍105/02）。

耉：耉古口反黄耉老也（龍338/07）。耆古口反黄耆老也（龍369/09）。

gòu 垢：垢古后反（慧2/424a）（慧3/445b）（慧12/624b）（慧12/631b）（慧16/726b）（慧27/968a）（慧66/792b）（希4/377c）。坉音垢（龍249/09）。//坸：坸玉篇音垢（龍248/08）。坸俗音垢（龍248/09）。

姤：姤古候切有處卻作垢字用臨文詳之（紹141b7）；遘又作姤同（玄4/56c、慧43/269a "遘疾" 註）。

詬：詬呼透反怒也又苦候反罵也又巧言（龍048/04）（慧82/38b）（慧95/252b）（紹185a2）；

哣又作詬同（玄 4/59c“婆哣”註）。//哣：哣居候反（玄 4/59c）。

菁：藌今（龍 338/10）。舝俗（龍 338/10）。䇹搆説文云作菁（慧 8/550a“思搆”註）（慧 8/553b“營搆”註）；玉篇正作菁與構同（慧 81/4a“締構”註）（慧 81/9b“構隟”註）；靚或作菁（慧 86/110a“難靚”註）。菁古候反（龍 339/01）。冓講備二音（龍 550/09）。冓古候反（龍 553/05）。藠古（龍 338/10）。//寴：寴今古候反夜寴也（龍 158/01）。寴通（龍 158/01）。寴或作（龍 158/01）。寴或作（龍 158/01）。寴或作（龍 158/01）。

遘：遘古候反（慧 43/269a）。遘古候反（紹 138b3）。遘或作古候反（龍 492/03）（玄 3/44b）（玄 4/56c）（慧 43/269a）；媾經作此遘誤也（慧 34/85a“媾精”註）。遘或作古候反（龍 492/03）（慧 10/583a）；溝經文作遘非也（玄 3/44b、慧 10/583a“溝港”註）；構經文作遘（慧 31/17b“關構”註）（慧 42/241b“交搆”註）。遘古候反（龍 493/06）。遘今古候反（龍 492/03）。

搆：搆古候反（慧 52/469b）（慧 8/539a）（慧 16/709a）（慧 25/915b）（慧 42/241b）（慧 49/404a）（慧 85/100a）（紹 135a9）；縠經從手作搆是搆擩識理不明也與經義乖也（慧 33/64b“縠取”註）（慧 43/256a“縠乳”註）（慧 40/196a“縠乳”註）（慧 49/402a“縠牛乳頃”註）（慧 53/486b“擎捋”註）。搆正古候反（龍 213/07）（玄 11/150b）（慧 30/1050a）。搆俗（龍 213/07）。搆古詬反（慧 8/553b）。搆俗（龍 213/07）。搆舊藏作搆（龍 214/09）。

媾：媾古候反（玄 4/52b）（慧 31/24a）（玄 22/298a）（慧 48/385b）（玄 25/337a）（慧 71/890b）（慧 11/613a）（慧 34/85a）（慧 77/1020b）（希 9/414c）（紹 141b9）。媾古候反（龍 282/09）；搆經文作婚媾之媾，非體也（玄 12/160b、慧 75/983a“讒搆”註）。媾古候反（龍 282/09）。

構：構鈎候反（慧 39/170b）（慧 66/795b）（慧 81/4a）（慧 81/9b）。構古候反（龍 382/01）（玄 12/160b）（慧 75/983a）（慧 11/603a）（慧 31/17b）（慧 93/212a）（中 62/718c）。搆古候反（慧 75/983a）（慧 8/550a）；構論文從手作搆誤也（慧 66/795b“構畫”註）。構古候反（慧 13/656b）。構古候反（玄 12/160b）。

礴：礴正古候反甃井也又罰礴又力候反（龍 444/02）。礴通（龍 444/02）。

霩：霩正古候反大雨也（龍 308/05）。霩通（龍 308/05）。

購：𦊃古候反（慧16/723b）（慧65/767b）（慧83/44b）。購俗（龍351/07）（玄5/70b）。購正古候反贖也（龍351/07）（玄13/171a）（慧57/598b）（紹143a10）。賧俗（龍351/07）。購俗（龍351/07）。

覯：覯古候反（龍345/07）（慧49/404a）。覯鈎候反（慧86/110a）。

夠：夠苦候反多也（龍178/09）。

姤：姤古候反稟給也（龍351/07）。

雊：雊古候反（龍149/06）（玄10/132b）（慧49/406b）。

𤛘：𤛘正古候反𤛘取牛羊乳也（龍116/08）；搆正體應作𤛘𤛘（慧25/915b"搆㧅"註）。𤛘俗（龍116/08）。𤛘古候反（龍194/02）；或有從羊作𤛘或從牛作𤛘皆誤非也從手爲正（慧53/486b"𤛘㧅"註）。𤛘𤛘正古候切（紹167b3）。𤛘𤛘正古候切（紹175a5）。𤛘搆古候反正作𤛘（慧52/469b"搆牛"註）（慧8/539a"搆百"註）。𤛘鈎候反（慧78/1035a）。𤛘古文音構取牛羊乳也又苦角反（龍160/03）。𤛘古文（龍160/03）。𤛘搆或從羊作～同（慧8/539a"搆百"註）。𤛘鈎候反（慧33/64b）（慧43/256a）；或有從羊作～（慧53/486b"𤛘㧅"註）（慧78/1035a"～千"註）。𤛘鈎候反（慧40/196a）（慧79/1052b）。𤛘鈎候反（慧53/486b）。𤛘鈎候反（慧49/402a）；搆正體從手從殼作𤛘（慧49/404a"搆角"註）。𤛘鈎候反（慧24/900a）（紹167b7）。𤛘𤛘説文或從子作～（慧33/64b"𤛘取"註）（慧43/256a"𤛘乳"註）。

㲃：㲃古候反張弓也（龍194/02）（慧60/661b）（紹198b1）。㲃古候反㲃張弓也（龍182/03）（慧65/779b）（慧95/252a）。㲃古候反張弓也（龍151/09）。㲃音冠（龍152/01）（玄16/220a）。

gu

gū 孤：孤古胡反（慧41/220b）（慧61/679b）（慧74/944b）（希1/357a）（希4/379a）。

㚉：㚉音孤大皃（龍357/01）。㚉音孤大皃（龍357/01）。

呱：呱正音孤啼聲也（龍266/09）（慧80/1093b）（紹184b2）。呱古胡反（慧56/559b）。呱古胡反（玄19/254c）。呱俗（龍266/09）。呱俗（龍266/09）。呱俗（龍266/09）。呱

舊藏作呱音孤（龍 268/07）。

胍：**胍**音孤胍肔大腹也又皆去聲（龍 409/09）。

柧：**柧**古胡反（玄 13/177a）（慧 53/496b）；舭正從木作柧（慧 67/808a "操舭" 註）（慧 87/125a "之舭" 註）。**柧**音孤（龍 376/06）（玄 4/55b）（慧 43/267a）。

瓡：**瓡**音孤瓜也（龍 195/05）。**瓡**音古瓜也（龍 330/09）。

苽：**苽**正音孤蔛苽又苽蔣草名也（龍 255/03）。//菰：**菰**或作（龍 255/03）。**菰**俗（龍 255/03）（紹 156a4）。**菰**又俗音孤（龍 255/04）。//蓲：**蓲**音孤草名出川韻①（龍 253/03）。

羇：**羇**正音孤（龍 329/06）（玄 20/267a）（慧 33/55b）。**羇**俗（龍 329/06）。**羇**俗（龍 329/06）。

軱：**軱**音孤大骨又盤骨也（龍 081/08）。

舭：**舭**音孤（龍 510/08）（慧 43/266b）（玄 9/127c）（慧 46/333b）（玄 16/216c）（慧 65/777a）（慧 11/618b）（慧 16/717b）（慧 67/808a）（慧 87/125a）（慧 95/247a）（紹 148b3）；柧經文作舭非字義也（玄 4/55b、慧 43/267a "四柧" 註）；孤傳文作舭非也（慧 74/944b "孤幹" 註）。**舭**舭律文作舭非也（玄 16/216c、慧 65/777a "水舭" 註）。

箍：**箍**音孤（龍 388/08）。**箍**古胡反（玄 16/216a）（慧 65/775b）。

估：**估**音古市税也（龍 030/02）（慧 23/867a）（慧 27/978a）（紹 127b9）；估字書所無唯尒雅郭璞音義釋言注中商賈作此字（玄 6/85a）；賈經作估俗字也（慧 18/762a "商賈" 註）（慧 19/772a "賈客" 註）（慧 32/30b "商賈" 註）（慧 62/711b "商賈" 註）；古亦作估（慧 87/119b "盤古" 註）。**估**估正古音（紹 172b9）。

沽：**沽**酤經文作沽（玄 3/45c、慧 10/579b "酤酒" 註）（慧 25/921b "酤酒" 註）。

姑：**姑**古胡反（初編玄 564）（慧 55/544b）（玄 15/209c）（慧 58/611a）（慧 87/119b）。

蛄：**蛄**音孤螻蛄（龍 220/01）（玄 4/61b）（慧 44/282b）（慧 96/266a）（紹 164a2）；蠱經文従虫作蛄非此義（玄 1/4c、慧 20/805b "蠱毒" 註）（慧 2/432a "蠱道" 註）。

軲：**軲**苦胡反車也又山名（龍 081/08）。

麔：**麔**正古胡反麔息也又音古（龍 367/08）。**麔**俗（龍 367/08）。

酤：**酤**古胡反（龍 309/07）（玄 3/45c）（慧 10/579b）（慧 25/921b）（慧 26/938a）。

①參見《叢考》227 頁。

鴣：**鴣**古胡反（龍288/10）（玄16/214a）（慧65/772b）（紹165b5）。//雊：**雊**古剪二音（龍149/03）。

辜：**辜**正音孤罪也負也（龍339/03）（玄2/28a）（慧71/890b）（慧8/541a）（慧16/713b）（慧26/938b）（希2/366a）（希10/419b）。**辜**古文（龍339/03）。**辜**俗（龍339/03）；辜經從手作～謬也（慧8/541a"辜負"註）（希2/366a"非辜"註）（希10/419b"無辜"註）。**辜**誤音孤正作辜字（龍159/02）（玄8/113b）（慧53/503a）；辜經從羊作辜不成字（慧16/713b"辜摧"註）。**辜**誤音孤正作辜字（龍159/02）（玄25/337a）（紹167b7）。//韗：**韗**音孤（龍183/03）。

婷：**婷**今音孤（龍280/10）。**韓**或作音孤（龍280/10）（龍183/04）。**婷**姑音（紹142a1）。

樟：**樟**正音孤（龍373/06）；觚錯用字也正體從木作樟（慧11/618b"觚有"註）。**樟**俗音孤（龍373/06）。

膞：**膞**音孤脯也（龍409/09）。

鐪：**鐪**音孤鏷鐪也（龍010/06）。**鐪**正音孤今作鐪（龍010/09）。

gǔ 古：**圉**古文古字（龍175/04）。

阽：**阽**音古（慧93/212a）。

店：**店**俗音古（龍300/05）。

牯：**牯**音古牯牛也（龍116/05）。

觚：**觚**音古（龍132/07）。

詁：**詁**音古詁訓（龍046/03）（玄22/298a）（慧48/385a）（紹185b5）。

貼：**貼**俗音古（龍350/07）。

鈷：**鈷**音古鈷鏷也（龍015/03）（玄13/171c"鎢鏥"註）（慧41/221b）（紹181a4）；股經從金作鈷釜名也非此義錯用也（慧41/216b"三股"註）（慧37/144b"獨股杵"註）。**鈷**鈷正古音（紹151a1）。

雊：**雊**古沃反鳥名似鵲（龍149/08）。

鹽：**鹽**今音古（龍328/09）（慧88/135b）。**鹽**俗（龍328/09）。

盬：**盬**或作（龍328/09）。//鹽：**鹽**今音古器也（龍328/09）。

鸈：**鸈**音古（龍534/07）。

骨：骨（慧 13/653a）。

滑：滑 音骨（慧 87/119a）。

愲：愲 緷或從心作愲也（慧 99/325a "結緷" 註）。

膃：膃 音骨膝骨也（龍 179/09）。碢 音骨膝骨也又户骨反膃露也亦膝骨也（龍 523/02）。

榾：榾 矻律文作榾古忽反（玄 15/209c、慧 58/611a "砏砏" 註）（紹 157a7）（紹 159b4）。

緷：緷 音骨緷結也（龍 403/06）（慧 99/325a）。緷 音骨（龍 403/06）。

騞：騞 音骨～馳獸出北海（龍 482/01）。

喎：喎 骨忽二音（龍 278/08）（紹 183a8）。

淈：淈 下没古忽二反（龍 237/07）（慧 85/94a）（慧 88/136b）（慧 94/232a）（紹 188b10）。

鼓：鼓 正公户反字从攴从皮者非也（龍 336/09）。鼓 姑户反（慧 31/6b）。鼓 姑午反（慧 92/208b）。鼓 公五反經文鼓字由來多誤或從皮作皷俗字也或從攴皆非也（慧 12/625b）（慧 14/668b）（慧 14/672a）（慧 26/931b）（慧 88/145b）。鼓 或作音古又或音汾（龍 358/08）（慧 73/921b）（玄 22/291a）（慧 48/374b）（玄 25/334b）（慧 71/885b）（慧 21/826b）（慧 22/852b）；股律文作鼓非體也（慧 65/774b "三股" 註）。//鼓：鼓 音古經從文非字也（慧 28/1002a "檛鼓" 註）。鼓 今公户反（龍 336/09）（慧 27/969a）（慧 33/61a）；鼓字宜從攴（慧 22/852b "不鼓自鳴" 註）。鼓 音古從攴經從皮作皷非也（慧 14/672a）。鼓 通音古（龍 123/03）（龍 336/09）（玄 18/238c）（慧 23/856b）（中 62/717c）；股律文作皷非體也（玄 16/215b "三股" 註）；鼓經文從皮作皷俗字非也（慧 14/668b "旌鼓" 註）（慧 21/826b "鼓扇" 註）（慧 22/852b "不鼓自鳴" 註）（慧 23/856b "鼓揚海水" 註）（慧 26/931b "鼓吹" 註）（慧 31/6b "羸鼓" 註）（慧 33/61a "枹打鼓" 註）（慧 88/145b "鼓橛" 註）。皷 俗音古（龍 123/03）。鞁 舊藏作皷（龍 123/03）。鼓 音古（龍 120/02）。皷 俗音古擊也（龍 120/02）。鼓 音鼓（龍 076/02）。//鞏：鞏 俗音鼓（龍 449/03）。//鞊：鞊 俗音鼓（龍 449/03）。鞊 俗音鼓（龍 449/03）。皷 俗音鼓（龍 449/03）。//瞽：瞽 舊藏作鼓（龍 337/04）。//磬：磬 通音古同鼓（龍 182/02）。磬 俗（龍 182/02）。磬 俗（龍 182/02）。

瞽：瞽 姑午反（慧 30/1039b）（慧 31/11b）。瞽 公户反（玄 15/201a）（慧 58/616b）。瞽 公户反（玄 23/316c）（慧 49/398b）（慧 12/637a）（慧 20/801a）（慧 21/818a）（慧 41/221b）（慧 80/1074b）

（慧 88/142b）（慧 95/247b）（慧 100/344b）。瞽公戶反（玄 2/31a）（玄 3/34c）（慧 09/567b）（玄 9/129b）（慧 46/337b）（慧 58/616b）（玄 22/295c）（慧 48/381b）（慧 3/454b）（慧 68/830b）。瞽音古（龍 420/1）。瞽公戶反（玄 1/2a）（玄 15/201a）（玄 21/277a）（慧 14/666b）（慧 26/949a）（希 10/422b）（紹 143a3）（紹 174b4）；瞽字從皮非也（慧 21/818a "如盲瞽" 註）。瞽俗（龍 420/1）。瞽俗（龍 420/1）。

颮：颮音古（龍 127/04）；鼓經文從風作～非也（玄 11/141c、慧 56/550b "飀鼓" 註）。颮鼓音（紹 146b9）。

榖：榖正古木反木名也（龍 194/04）（紹 195b8）。榖正（龍 194/04）。榖俗（龍 194/04）。榖或作音谷木名（龍 387/01）。

穀：穀公屋反（慧 41/211a）（慧 41/220b）（慧 78/1032b）；槲經文作穀亦通用（希 7/404a "槲樹" 註）。穀谷音（紹 198b1）。穀古木反（玄 6/86b）（慧 26/943b）（慧 27/980a）。穀公屋反（慧 16/708a）（慧 97/292a）（紹 175a5）（紹 195b8）。穀穀正谷音（紹 196b2）。穀穀集作穀俗也（慧 97/292a "桑穀" 註）。

濲：濲谷音（紹 189a3）。

蔛：蔛古木反～草藥名（龍 263/07）。

觳：觳音穀（龍 084/08）（慧 4/461b）（慧 8/542a）（慧 8/550a）（慧 29/1022b）（慧 33/68b）（慧 50/425b）（慧 68/831a）（慧 78/1032a）（希 8/408b）（希 9/412c）（紹 139a6）（紹 198b1）。觳音穀（龍 084/08）。觳俗古木反（慧 4/461b）。觳公屋反（慧 37/140b）。觳谷音（紹 139b2）。

觳：觳古木反足跗也（龍 194/05）。

罟：罟音古（慧 39/182b）（紹 197b6）。罟音古（玄 7/98a）（慧 31/2b）（玄 12/158c）（慧 74/956a）（慧 95/256a）。罟俗音古正作罟網罟（龍 536/07）（紹 197b6）。罟正音古（龍 329/10）。罟罟經從吉作罟非也（慧 39/182b "遍罟" 註）。罟俗音古（龍 329/10）。//笘：笘俗故古二音正作箇罟二字（龍 393/07）（紹 159b8）。

股：股音古（慧 15/688a）。股音古（慧 41/216b）（慧 37/144b）。股公戶反（慧 48/388a）。股今音古髀也（龍 410/08）（慧 46/322a）（玄 10/138a）（慧 45/305b）（玄 12/158b）（慧 74/955b）（玄 14/198a）（慧 65/774b）（慧 33/55b）（玄 22/299c）（慧 26/936b）（慧 36/126b）（希 2/366a）（希

9/415c)（紹 136a4）；鈷正作股經作鈷錯用也（慧 41/221b "三鈷" 註）；殺經文作股說文股髀也非殺羊字（希 5/385a "殺羊" 註）。**股**公戶反（慧 59/653a）（玄 16/215b）（玄 20/267a）。//**肟**古音古（龍 410/08）（紹 136a4）。//**骰**：**骰**又音古（龍 479/09）；股又作骰同（慧 46/322a "股肉" 註）（玄 10/138a、慧 45/305b "兩股" 註）（玄 14/198a、慧 59/653a "股閒" 註）（玄 16/215b、慧 65/774b "三股" 註）（玄 20/267a、慧 33/55b "股肱" 註）（慧 15/688a "割股" 註）。**骰**古頭二音（紹 147b1）。

殺：**殺**音古（玄 12/156b）（慧 52/477a）（玄 14/197c）（玄 16/220c）（慧 65/780b）（慧 25/921b）（慧 42/249a）（慧 53/494b）（慧 79/1059b）（希 4/378c）（希 5/385a）（希 9/416b）（紹 167b6）。**殺**音古（龍 160/01）（玄 5/65b）（慧 59/652b）。**粘**音古（龍 160/01）（紹 167b6）；殺或作粘同（希 4/378c "殺羊" 註）（希 5/385a "殺羊" 註）（希 9/416b "殺羊" 註）。**羧**古音（紹 167b6）。

谷：**谷**古木餘玉二反（玄 4/50a）（慧 34/095a）（玄 6/86a）（玄 9/120b）（慧 46/320b）（慧 7/533b）（慧 29/1019b）（希 4/378c）（希 6/396a）（希 7/403c）。//**峪**：**峪**谷欲二音（龍 079/03）（紹 161b10）；谷經文作峪非也（玄 4/50a、慧 34/095a "趣谷" 註）。

汩：**汩**又古沒于筆二反（龍 236/05）（慧 82/28a）（紹 186b5）；溫又作汩皆音同也（慧 94/232a "搯溫" 註）。

夥：**夥**多音古多債利也（龍 339/06）。

賈：**賈**公戶反（玄 2/31a）（玄 6/85a "商估" 註）（玄 9/121b）（慧 46/322b）（玄 14/189b）（慧 59/638a）（玄 23/306b）（慧 47/353b）（慧 7/527a）（慧 15/691a）（慧 18/760b）（慧 18/762a）（慧 26/948b）（慧 32/30b）（慧 41/223b）（慧 64/751a）（慧 78/1046a）（慧 82/30b）（紹 143a6）；解今俗用音為賈者非也（慧 1/421a "無縛無解" 註）；估又作賈也（慧 23/867a "商估" 註）。**賓**音古（慧 19/772a）（慧 62/711b）。**賓**孤五反（慧 63/735b）。**賈**音古（慧 14/675b）。**宄**賈或作～（慧 18/760b "賈客" 註）（慧 19/772a "賈客" 註）。

㬎：**㬎**音古人名也（龍 241/08）。

殢：**殢**音穀殢殊死皃（龍 516/04）。

蠱：**蠱**音古又音野（慧 5/484a）（慧 90/175a）（希 5/386a）（紹 164b7）；冶經從蟲作蠱雖通非經之本義也而亦非今時之本字（慧 57/589a "娛冶" 註）；蠱字書從皿作蠱（慧 80/109

2b "蟲狐鳥" 註）。蠱姑護反（玄 5/65c）（玄 7/93c）（玄 9/129b）（玄 14/195c）（玄 15/210a）

（玄 20/266a）（慧 6/504b）（慧 7/520b）（慧 16/724b）（慧 18/752a）（慧 25/917a）（慧 28/997a）（慧

41/221b）（慧 43/262b）（慧 45/315a）（慧 46/337b）（慧 54/525a）（慧 55/544a）（慧 58/622b）（慧 5

9/649a）（慧 63/735b）（慧 74/957a）（慧 75/970a）（慧 88/148b）；治經文作蠱（玄 16/221c、慧

65/764b "妖冶" 註）；蟲律文從皿作蠱音古書寫人錯不合有蟲水（慧 60/675b "用蟲水"

註）；野經從蟲作蠱（慧 78/1050a "野狐" 註）。蠱公戶反又音野（龍 222/8）（玄 1/4c）（玄

1/20b）（玄 3/34c）（玄 8/109a）（玄 8/115b）（玄 12/164b）（玄 20/266b）（慧 2/432a）（慧 09/567b）

（慧 20/805b）（慧 22/845b）（慧 24/895a）（慧 28/1006b）（慧 29/1014b）（慧 29/1023a）（慧 29/103

0b）（慧 32/29b）（慧 42/249b）（慧 43/253b）（慧 80/1070a）（希 1/357b）。蠱姑五反又音野（龍

222/8）（紹 164b7）；蠱經文作盅非也亦音野（慧 45/315a "蠱道" 註）。

gù 楛：楛古沃反桎楛杻械別名也紂時所作（龍 384/05）（玄 1/14c）（慧 42/236b）（玄 9/124b）（慧

46/328a）（玄 12/155a）（慧 52/454b）（玄 16/218a）（慧 65/770a）（玄 18/239a）（慧 73/921b）（玄 2

1/279a）（慧 13/646b）（慧 80/1087b）（慧 84/79a）（慧 90/168b）（慧 93/215a）（慧 100/339b）。梏

楛正姑沃切（紹 157b5）。

苦：苦古木反（玄 11/142b）（慧 56/552a）（慧 59/653b）。苦古木反（玄 14/198b）。

牿：牿古沃反牛馬牢也（龍 117/08）。

固：固古護反（玄 4/54c）（慧 34/90a）（玄 8/107c）（慧 28/1004b）（玄 24/322c）（慧 70/866b）（慧 9

9/317a）（希 6/396c）；蟲律文作固非也（玄 15/210a、慧 58/622b "厭蠱" 註）。

怘：怘怙固二音（龍 066/06）；固作怘同（玄 4/54c、慧 34/90a "嬈固" 註）（玄 24/322c、慧 70

/866b "固唯" 註）。

痼：痼音故小兒口瘡也（龍 475/02）；痼又作痼同（玄 24/326c、慧 70/872b "痼疾" 註）（慧 3

9/170b "痼病" 註）（慧 87/128a "沈痼" 註）（慧 90/171a "痼疾" 註）（慧 92/207a "痼疾" 註）。痼

痼正體作痼（慧 99/325b "昏痼" 註解）。//痼：痼古護反（慧 70/872b）（慧 39/170b）（慧

92/207a）。痼孤誤反（慧 99/325b）。痼音故久病也（龍 475/02）（玄 24/326c）（慧 18/748

b）（慧 87/128a）（慧 90/171a）（紹 192b2）。

梏：梏枯音（紹 157b1）。

罟：罟音固𥼁罟取魚具也（龍 360/09）。罟音固𥼁罟取魚具也（龍 330/04）。

錮：錮音故鑄也又禁也塞也牢也（龍 017/07）（玄 9/128a）（慧 46/334b）（慧 96/261b）（紹 180

b4）。

雇：雇公護反（玄 13/169b）（慧 55/539b）（玄 13/175b）（慧 55/537a）。

顧：顧正音故（龍 486/06）（玄 25/332b）（慧 71/882b）（慧 2/427b）（慧 3/448b）（慧 3/455b）（慧 5

/483a）（慧 5/490b）（慧 7/527b）（慧 15/693a）（慧 23/868a）（慧 33/64a）（慧 62/703a）（慧 92/20

5b）；固經中有作顧非體也（慧 30/1049b "𢦏固" 註）；雇書皆作顧同（玄 13/169b、慧 5

5/539b "雇錢" 註）（玄 13/175b、慧 55/537a "錢雇" 註）。頋俗（龍 486/06）；固經中有作

顧非體也（玄 7/105a "𢦏固" 註）（希 6/396c "固悋" 註）；顧經作～俗字也（慧 3/455b "顧

惜" 註）（慧 5/483a "顧命" 註）（慧 5/490b "顧戀" 註）（慧 33/64a "顧戀" 註）。

故：故詁今作故同（玄 22/298a、慧 48/385a "詁訓" 註）。

gua

guā 瓜：瓜古花反又瓜部與爪部相濫（龍 195/01）。瓜古花反（慧 40/196a）。爪爪經作瓜音

寡華反誤也（慧 24/897a "為爪" 註）。// 苽：苽姑華切（紹 156a3）；瓜經作苽非也（慧

40/196a）。

刮：刮古花反割也（龍 097/04）。

抓：抓姑華烏瓜二切（紹 133a5）。

昏：昏今下刮反塞口也（龍 277/06）。呋下刮反（玄 20/266b）（慧 43/263a）。咮或作（龍

277/06）。

刮：剮刮俗字也傳用已久篆書正體從～（慧 16/718a "刮治" 註）。刮古滑切（紹 140a1）。

剮古滑切（紹 140a1）。刮古滑切（紹 140a1）。刮古刷反刮削也（龍 099/09）（慧 16/7

18a）（慧 55/535b）（慧 62/697b）（慧 63/726b）（慧 65/766b）（慧 69/836b）（慧 75/964a）（慧 76/9

90a）（紹 140a1）；剮論文從舌作刮非也（慧 84/77b "融剮" 註）。

骺：骺正古活反骨端也玉篇又音刮（龍 481/08）。骺俗（龍 481/08）。

歄：歄古蛙古花二反歄欨也（龍 353/08）。

絗：**絗**音戈綏名也又古蛙反青絗亦綏也 (龍396/08)。

騧：**騧**今音瓜淺黄色馬也一曰黄馬喙也 (龍291/05)。**騧**籀文 (龍291/05)。

鴰：**鴰**古活切 (紹165a10)。

guǎ 咼：**咼**俗 (龍270/07)。**咼**俗古馬反 (龍098/03)。**咼**俗 (龍270/07)。//咼：**咼**古馬反咼割也 (龍270/07) (玄7/99b) (慧24/899b) (慧62/700a) (慧66/793a)。**咼**俗古瓦反正作咼 (龍427/01)。//剮：**剮**俗古瓦古禾二反 (龍098/01)。

寡：**寡**古瓦切 (紹194a3)。**寡**正古瓦反鰥寡 (龍156/09) (慧28/1008b) (慧41/220b) (慧82/29a) (希1/357a)。**寡**俗通 (龍156/09)。**寡**俗 (龍156/09) **寡**寡正古瓦切 (紹194a3)。**寡**寡正古瓦切 (紹194a3)；寡經文從灬作～書寫誤 (希1/357a "鰥寡" 註)。**寡**誤舊藏作寡 (龍350/07)。**寡**寡音 (龍156/09) (玄21/284c)。

guà 卦：**卦**挂古文作卦同 (玄17/232b、慧70/857b "挂置" 註) (玄21/283b "挂其" 註)。

挂：**挂**正古賣反 (龍214/01) (玄17/232b) (慧70/857b) (玄18/251b) (慧73/937b) (玄21/283b) (慧15/684a) (慧23/865b) (慧41/216a) (慧35/101b) (慧36/126b) (慧62/700b) (慧81/12a) (紹133a3)；挂經從木非也 (慧35/101b "枝挂" 註)；掛或作挂 (慧100/333b "掛錫" 註)。//**掛**俗通 (龍214/01) (慧97/286a) (慧100/333b)；挂又作掛也 (慧23/865b "挂" 註) (慧41/216a "隨挂" 註)。**尌**[1]音封 (龍014/04)。

註：**註**古賣反誤也又胡卦反礙也 (龍048/08) (慧80/1078a) (慧82/36a) (慧84/80b) (慧88/141a) (紹185a5)。

絓：**絓**苦佳胡卦二反 (龍398/08) (慧81/6a) (慧82/31a) (慧86/110a) (慧96/266b) (慧97/290a) (紹191a3)；挂或作絓 (慧15/684a "恒挂" 註) (慧97/286a "掛旛" 註)；罣又作罫絓二形同 (希2/363a "罣礙" 註)。//絓：**絓**胡卦反同絓字 (龍403/01)。

罣：**罣**胡卦反 (玄1/1c) (玄2/31b) (玄3/33a) (玄6/87b) (玄14/182c) (玄23/312c) (慧20/801a) (慧12/624b) (慧21/817b) (慧50/420b) (慧59/628b)。**罣**今胡卦反 (龍330/2)。**罣**胡卦反 (慧09/564b) (慧27/983a) (慧41/213a) (希2/363a)。**罣**正胡卦反 (龍330/2) (慧10/599a)。**罣**華寡反 (慧1/409b)。**罣**古惠反 (龍361/01)。**罣**胡瓦反 (慧33/70a)。

①《字典考正》：當是 "掛" 的訛字 (437)。

罫：**罫**字略作罫同罣（玄 1/1c 蘊、慧 20/801a "罣礙" 註）（玄 2/31b "罣礙" 註）（玄 3/33a "罣礙" 註）（玄 6/87b "罣礙" 註）（玄 23/312c、慧 50/420b "罣礙" 註）（慧 27/983a "罣礙" 註）。**罫**音卦（龍 361/1）（慧 09/564b "罣礙" 註）。

guai

guāi　乖：**菲**正乖字（慧 42/243a）（慧 87/125b）。**乖**古壞反（慧 64/760a）。**莝**古懷切（紹 150a10）。

圐：**圐**俗音乖（龍 174/09）。

莖：**菲**古懷反草名（龍 255/06）。

guǎi　柺：**柺**古買反（龍 381/03）（慧 60/672b）（慧 61/692a）。**拐**俗古買反正作柺（龍 212/06）。//枴：**枴**古瓦反老人拄杖也（龍 381/04）。

　　艹：**艹**柺一切字書並無此字説文玉篇古今正字並作～象形諸字書亦同又音乖今不取（慧 60/672b "柺行" 註）（慧 61/692a "柺行" 註）。

guài　怪：**怪**古壞反（慧 27/978b）（玄 19/258a）（慧 56/565a）（慧 94/226b）（希 8/406a）（希 9/413b）。**恠**或作（龍 060/02）。**恠**今古壞反怪異也驚也（龍 060/02）（玄 6/85b）（中 62/718c）；怪傳文從左作～古字也（慧 94/226b "可怪" 註）（希 8/406a "嫂怪" 註）（希 9/413b "怪愕" 註）。**恠**正（龍 060/02）（紹 130a3）。**恠**怪正古壞切（紹 130a2）（玄 19/258a）。**尭**音怪（龍 348/09）。**冠**音怪（龍 348/09）。

　　砫：**砫**今古壞反石似玉（龍 444/03）。**砫**或作（龍 444/03）。**砫**或作（龍 444/03）。

　　綷：**綷**音恠大皃也（龍 179/02）。**�**或作音恠（龍 179/02）。**綷**音恠（龍 179/02）。

guan

guān　冠：**冠**古翫反（玄 22/300b）（慧 70/863b）（慧 25/920b）（慧 77/1016a）（慧 97/286b）。**冠**古玩反（玄 1/21c）（玄 24/320c）。**冠**古翫反（慧 48/388b）（慧 22/841b）。**帵**古文音冠[1]（龍

---

① 《疏證》：此字似冠字俗體，非古文（165）。

333/05）。**梵**冠音①（龍 333/04）。**笓**音寂［冠］（龍 191/04）。

莞：**莧**還板反（慧 84/83a）。**莧**音患（慧 91/193a）。**莞**今官桓二音草名似藺而圓可以

爲席（龍 253/09）（玄 10/131b）（慧 47/366b）（慧 80/1073a）（慧 84/75b）（慧 85/95a）（慧 89

/161a）（慧 97/280a）（紹 156b10）。**莧**或作（龍 253/09）（慧 90/170b）（慧 91/194a）（慧 100

/348b）（紹 156b10）；莞又作～（慧 97/280a "莞席" 註）。//**莞**：**莞**或作（龍 253/09）。

官：**官**關字書或作官（慧 7/529b "機關" 註）。

倌：**倌**官貫二音主駕官也説文云小臣也一曰夙駕（龍 028/04）。

喭：**喭**古還反兩鳥和鳴也（龍 270/03）。

棺：**棺**音官（慧 78/1037a）（紹 159a9）。

鰥：**鰥**古頑反（慧 52/471a）（慧 28/1008b）（慧 82/29a）（慧 96/267a）（希 1/357a）。**鰥**正古

還反鰥寡也（龍 165/07）（玄 21/284c）。**鰥**寡頑反（慧 41/220b）（玄 11/151b）。**鰥**俗

（龍 165/07）。**鰥**鰥正姑頑切（紹 167b10）。**鰥**俗（龍 165/07）。//**鰥**：**鰥**俗古還反

正作鰥字（龍 511/02）；鰥集本作鰥誤之矣（慧 96/267a "鰥絕" 註）。**鰥**俗古還反

正作鰥字（龍 511/02）。**鰥**俗古還反正作鰥字（龍 511/02）。

絭：**絭**古還反見川韻（龍 527/05）。**絭**音關織貫杼也（龍 184/05）。

關：**關**正古還反扄也以木橫持門也（龍 091/04）（慧 3/454a）（慧 7/529b）（慧 13/646b）（慧

13/656a）（慧 16/710b）（慧 30/1050b）（慧 32/44a）（慧 41/213a）（慧 35/107a）（慧 88/142b）（希

3/370c）（希 5/384c）。**開**告環反（慧 11/611b）（慧 11/619a）；關經從弁作開音弁非也

（慧 13/646b "關鍵" 註）（慧 16/710b "關邏" 註）（慧 30/1050b "關綴" 註）（慧 32/44a "關閣"

註）（慧 35/107a "關鍵" 註）（希 3/370c "關鑰" 註）（希 5/384c "關鍵" 註）。**閞**俗（龍 091/

04）。**開**關正（紹 195a10）。

觀：**觀**正音官（龍 343/10）（玄 1/18c）（玄 8/106c）（慧 28/1003b）（玄 24/329c）（慧 70/877b）（慧

5/477b）（慧 26/948b）（慧 27/977b）；灌或作觀同（玄 2/31a "灌綆" 註）；館經文作觀非

此義（玄 3/36a、慧 09/570b "廬館" 註）。**觀**俗音官（龍 343/10）。

guǎn 管：**管**公緩反（玄 21/285c）；輨經文從竹作管非體也（玄 1/7c、慧 17/740a "輨轄" 註）（玄

①參見《疑難字考釋與研究》472 頁。

7/99b "輨轄" 註）。

琯：琯 古困反又音官（龍 437/07）（慧 98/307b）（紹 141a5）。// 瑻 古困反（龍 437/07）。

裸：裸 苦管反袴襱也（龍 105/04）。

痯：痯 正管貫二音郭璞云賢人失志懷憂病也説文云勞病也（龍 473/03）。// 瘝：瘝 或作（龍 473/03）。

蜎：蜎 音管雨下虫名也（龍 223/05）。

輨：輨 正音管車鞁具也（龍 449/04）。 轄 今（龍 449/04）。

錧：錧 音管車具也又音貫車軸頭鐵也又犁也（龍 014/09）。

輨：輨 音管車轂端鐵也（龍 83/07）（玄 1/7c）（慧 17/740a）（玄 7/99b）。

館：館 古玩反有作舘亦同（龍 502/01）（玄 3/36a）（慧 09/570b）（玄 5/73c）（慧 34/86a）（玄 9/127a）（慧 46/332b）（玄 21/281a）（玄 25/337b）（慧 71/891a）（紹 172a4）。// 舘：舘 管音（紹 151a1）；館今俗亦作舘（慧 09/570b、玄 3/36a "廬館" 註）（玄 5/73c、慧 34/86a "入館" 註）（玄 21/281a "館舍" 註）（玄 25/337b、慧 71/891a "客館" 註）（慧 13/653a "舘舍" 註）。

脘：脘 音管胃府也（龍 412/01）。 脘 音管肥脘（龍 412/03）。

筦：筦 正古滿反與管同（龍 392/08）（慧 97/278b）（紹 160b2）。 筧 俗（龍 392/08）。

guàn 串：串 今古患反穿也亦習也（龍 553/09）（慧 46/326a）（玄 14/192c）（玄 14/193c）（慧 59/645b）（玄 17/234a）（慧 70/860a）（慧 30/1039a）（慧 47/357a）（慧 50/417b）（慧 68/822a）（紹 203a8）；慣又作串同（玄 18/249c、慧 72/911a "慣習" 註）（慧 5/487a "慣習" 註）（慧 6/508b "慣習" 註）（慧 8/554a "慣習" 註）（慧 21/821b "慣習" 註）（慧 23/858a "慣習" 註）（慧 29/1017a "慣習" 註）（慧 41/227b "慣習" 註）（希 1/359a "慣習" 註）；釧經文作串非也不是釧字（慧 35/108a "臂釧" 註）。 丰 古（龍 553/09）。

丱：丱 關患反（慧 81/18a）（慧 91/187b）。 丱 古患切（紹 203a8）。 丱 古患反（龍 553/09）。

祼：祼 音貫祭名（龍 113/02）（希 4/375a）；祼經文從示作裸音灌書誤也（希 1/354c "祼者" 註）（希 2/361c "裸露" 註）（希 4/381a "裸形" 註）（希 7/404a "裸形" 註）（希 8/410a "裸露" 註）。

貫：貫 古桓反（玄 17/235c）（慧 74/949a）（玄 23/313a）（慧 50/421a）（慧 19/789b）（慧 45/312a）；

慣左傳作貫假借字也（慧 5/487a "慣習" 註）（慧 8/554a "慣習" 註）（慧 10/585a "慣見" 註）。

摜：**摜**古患反（龍 214/05）（玄 15/211c）（慧 58/625b）（慧 2/438a）（慧 36/124a）（慧 39/173b）；串古文作摜（慧 46/326a "串樂" 註）（玄 14/193c "不串" 註）（玄 17/234a、慧 70/860a "串脩" 註）（玄 18/249c、慧 72/911a "慣習" 註）；慣字宜從才（慧 21/821b "慣習" 註）。

慣：**慣**關患反慣習也（龍 059/04）（玄 18/249c）（慧 72/911a）（慧 5/487a）（慧 6/508b）（慧 8/554a）（慧 10/585a）（慧 21/821b）（慧 23/858a）（慧 29/1017a）（慧 31/5a）（慧 41/227b）（慧 51/433a）（慧 88/148b）（希 1/359a）（紹 130b5）；串古文作摜遺二形又作慣同（慧 46/326a "串樂" 註）（玄 14/193c、慧 59/645b "不串" 註）（玄 17/234a、慧 70/860a "串脩" 註）（慧 2/438a "摜習" 註）（慧 30/1039a "串習" 註）（慧 47/357a "串習" 註）（慧 50/417b "串習" 註）（慧 68/822a "串" 註）；摜經文從心作慣（慧 39/173b "爲摜" 註）。

遺：**遺**串説文作遺（玄 14/193c "不串" 註）。**遺**串古文作遺形（慧 46/326a "串樂" 註）（玄 17/234a、慧 70/860a "串脩" 註）（玄 18/249c、慧 72/911a "慣習" 註）（慧 2/438a "摜習" 註）（慧 47/357a "串習" 註）（慧 50/417b "串習" 註）（希 1/359a "慣習" 註）；慣説文作遺通也（慧 5/487a "慣習" 註）（慧 6/508b "慣習" 註）（慧 8/554a "慣習" 註）（慧 10/585a "慣見" 註）（慧 29/1017a "慣習" 註）（慧 30/1039a "串習" 註）（慧 41/227b "慣習" 註）（慧 51/433a "慣習" 註）（慧 88/148b "慣甲" 註）。

樌：**樌**關患反（慧 81/17b）。

鐶：**鐶**音貫臂環（龍 017/09）。

盥：**盥**音貫盥澡手洒面也洗足也（龍 329/1）（玄 1/3a）（玄 3/46a）（玄 5/72a）（玄 12/157b）（玄 18/249a）（初編玄 572）（慧 8/538a）（慧 10/579b）（慧 19/778a）（慧 20/802b）（慧 21/828a）（慧 34/86b）（慧 36/124a）（慧 40/197b）（慧 54/523a）（慧 55/546b）（慧 64/756b）（慧 73/919a）（慧 74/954a）（慧 75/971a）（慧 77/1016a）（慧 80/1085a）（慧 82/30b）（慧 83/47a）（慧 88/139b）（慧 89/164b）（慧 91/183b）（慧 92/201b）（慧 99/312a）（紹 173a8）。**盉**或作（龍 234/5）（龍 328/10）。//澳：**澳**正音貫淨也亦澡手～洒也今作盥[盥]（龍 234/6）；盥經文有更從水作澳非也（玄 1/3a、慧 20/802b "盥掌" 註）（慧 88/139b "盥漱" 註）。**澳**盥音（紹

188a5）；盥集從水作溛非也（慧99/312a "盥漱" 註）（慧77/1016a "盥漱" 註）。溛或

作（龍234/6）。

婠：婠音貫好皃又烏八反小兒肥也（龍283/06）。

涫：涫音貫沸也（龍234/06）。

悹：悹官貫二音悹悹憂無所依告也（龍66/05）。悹：悹古玩反憂也（龍60/08）。

灌：灌音貫（龍233/2）（玄1/4c）（慧20/805b）（玄2/31a）（慧31/22a）（慧4/459a）（慧34/84a）

（慧36/116b）（慧50/425a）（慧57/582b）（慧61/679b）（慧66/792a）（慧68/826b）（慧77/1019

b）（慧78/1042a）（慧90/177b）（希3/373c）（紹188a5）；鑵又作灌同（玄8/115b "瓶鑵" 註）

（慧15/683a "澡鑵" 註）（慧26/949b "鑵綆" 註）；盥經作灌非也（慧75/971a "盥" 註）。

潅灌經作～非此字也（慧57/582b "澆灌" 註）。

巑：巑音貫山名也（龍076/07）（慧91/186a）。

爟：爟音貫（龍243/08）（慧85/98a）（慧94/227b）。

瓘：瓘貫音（紹141a5）。

矔：矔音貫張目（龍422/06）。

癏：癏音貫病也（龍476/01）。

鑵：鑵音貫（龍338/04）（玄8/115b）（慧15/683a）（慧26/949b）（慧32/47b）（慧43/254a）（慧6

1/679b）（慧62/702a）（慧62/709b）（慧64/756a）（慧83/49b）（希8/407b）（紹150a1）。//

概：概鑵或作概（慧83/49b "澡鑵" 註）。攬鑵又作～同（玄8/115b "瓶鑵" 註）（慧

32/47b "瓶鑵" 註）。

鸛：鸛又音貫～雀也（龍286/06）（慧88/143a）。鸛又音貫～雀也（龍286/06）。//鸛：

鸛俗音貫（龍288/09）。

guang

guāng光：灮正音光（龍238/02）（慧1/416a）（慧43/253b）（慧74/942a）（慧74/943a）（慧90/177b）

（紹190a2）；光古作～字（希4/377a "隙光" 註）。光（慧29/1013a）（希4/377a）；灮傳

文作光俗字也（慧74/942a "筦光" 註）（慧90/177b "灮跗" 註）。燅俗音光（龍238/02）。

茪俗（龍238/02）。眖俗（龍238/02）。粪古（龍238/02）。粪古（龍238/02）。糞古（龍238/02）。屵音光（龍426/05）。

侊： 侊音光盛皃（龍027/02）。侊古橫反（龍027/02）。

洸： 洸光汪二音（龍227/08）（慧97/287b）；汪經文作洸音光非也（玄4/58b、慧43/273b"汪水"註）（玄15/207c、慧58/607b"汪泥"註）；潢經文作洸非也（玄5/65a、慧42/248b"潢瀁"註）（玄20/263c"潢瀁"註）（慧43/258a"潢瀁"註）。

垬： 垬音光陌也（龍247/01）。

茪： 茪音光草明（龍254/08）。

胱： 胱音光膀胱（龍408/03）（紹136a9）。

輄： 輄今音光車下橫木也（龍080/04）；桄又作輄同（玄12/155b、慧52/455a"金桄"註）（玄14/197b、慧59/651b"作桄"註）（玄22/303b、慧48/394a"桄梯"註）。//桄： 桄音光（龍375/02）（玄12/155b）（慧52/455a）（玄14/197b）（慧59/651b）（玄18/239c）（慧73/923a）（玄22/303b）（慧48/394a）（慧68/831a）（慧91/193a）（紹159a1）；橫律文作桄今俗亦用爲床桄字也（希9/414c"牀橫"註）。//橫： 橫桄考聲作橫（慧91/193a"桄桯"註）。撗桄古文撗[橫]同（玄14/197b、慧59/651b"作桄"註）（慧68/831a"桄梯"註）。//輄正音光（龍080/04）。

僙： 僙音光武也又音黃（龍028/02）。

横： 横音光長安門（龍375/02）。

撗： 撗古皇反（希9/414c）。撗古黃反（玄4/51a）（慧31/22b）；古文橫撗二形今作桄同（玄18/239c、慧73/923a"一桄"註）（玄22/303b、慧48/394a"桄梯"註）。橫桄古文橫同（玄14/197b"作桄"註）；古文橫撗二形今作桄同（玄18/239c、慧73/923a"一桄"註）（玄22/303b、慧48/394a"桄梯"註）。

guǎng廣： 廣光朗反（慧25/908a）。廣古晃反（慧34/74b）。

獷： 獷古猛反（龍319/01）（玄2/32a）（玄22/300a）（慧48/388a）（玄23/307a）（慧47/354b）（慧3/447b）（慧11/607b）（慧15/698b）（慧19/773b）（慧61/682a）（慧66/800b）（慧67/802a）（慧96/262a）。獷虢猛反（慧11/619b）（慧13/651a）（慧18/761b）（慧24/902a）（慧26/95

4a）（慧 28/1001b）（慧 30/1038b）（慧 32/36a）（慧 34/76b）（慧 41/228b）（慧 51/442b）（慧 74/957b）（慧 77/1012a）（慧 78/1037a）（慧 78/1050a）（慧 82/25b）（慧 87/121b）（慧 93/219a）（希 3/373a）（希 7/401a）（希 8/406a）（紹 166b5）。 攟 誤合作獷古猛反（龍 111/09）。//獷：獷 古猛切（紹 166b5）。

恇： 愩 于況反誤人又居況反恇望也（龍 068/01）。

䵂： 䵂 於往反背也[1]（龍 189/09）。 䵂 音王（龍 189/08）。

guàng 㤰： 㤰 時掌俱徃二反㤰遑遽皃也玉篇又渠徃反枉也（龍 030/06）。

gun

gǔn 棍： 棍 胡本反又古本反（龍 379/09）（玄 1/14b）（慧 42/236a）（玄 3/36c）（慧 09/571b）（紹 157a3）。 掍 又俗古本反（龍 211/04）。 掍 孤本骨門二反（玄 9/130a）（慧 46/339a）。

硍： 硍 古本反石聲也（龍 442/04）。

緄： 緄 古本反（龍 400/09）（慧 96/264b）。 緒 郭迻俗同緄音古本反（龍 398/07）。

輥： 輥 昆穩反（慧 100/333b）（紹 139a10）。

袞： 袞 今古本反天子袞龍服也（龍 104/03）（玄 20/271a）（慧 74/940b）（慧 10/589a）（慧 87/119b）（慧 92/203a）（慧 95/254a）（慧 98/305a）（希 5/383a）（希 7/399c）（希 10/418c）（紹 147a4）。 袞 或作（龍 104/03）。 袞 古本切（紹 147a4）。 褒 俗（龍 104/03）。 裒 俗公本反正作袞（龍 105/09）。 襃 古本反同袞（龍 181/04）。 袲 俗（龍 104/03）。//褮：褮 或作（龍 104/03）。 襌 俗（龍 104/03）。

裷： 裷 古本切（紹 156a4）。

緷： 緷 輥或作緷考聲云如車轂轉也（慧 100/333b "輥芥" 註）。

槀： 槀 俗古本反（龍 357/05）。

鮌： 鮌 古本反魚名（龍 169/03）。 鯀 古本反魚名（龍 169/03）。 鯀 縣亦作鯀（慧 95/253b "縣放" 註）（慧 98/308b "縣夅" 註）。 鮌 縣集本作鮌誤也（慧 95/253b "縣放" 註）（慧 98/308b "縣夅" 註）。 鮌 或作古本反今作縣骸二字禹父名也（龍 512/03）。 鯀 或作（龍 5

---

[1]參見《叢考》859 頁。

12/03）。**骩**古本反禹父名也（龍 480/06）。**骽**昆穩反（慧 95/253b）（慧 98/308b）。**骽**古本反禹父名也（龍 480/06）。

gùn **睴**：**睴**正胡本五問二反（龍 420/06）（玄 1/12a）（慧 42/232a）。//**瞳**俗（龍 420/06）。

讘：**讘**古困反讘摩人也（龍 49/04）。

琯：**琯**古困反璭出光也又音官玉名（龍 437/07）。//**璭**：**璭**古困反（龍 437/07）。

讃：**讃**古困反順言調弄之兒也（龍 049/04）（紹 185a2）。

gui

guī **圭**：**圭**古攜反（玄 13/178b）（慧 52/480b）（玄 16/221b）（慧 65/764a）（慧 92/200b）（紹 160b9）。

邽：**邽**音圭（龍 453/03）（紹 169a4）。

胜：**胜**音奚臍胜也（龍 407/03）。

珪：**珪**古攜反（玄 3/47a）（慧 10/581b）（慧 1/406a）（慧 83/45a）（慧 89/162a）（紹 140b10）。

袿：**袿**音圭婦人上服曰袿又長襦也（龍 102/06）。

耒：**耒**音圭田器也（龍 365/01）。

閨：**閨**音圭（龍 091/07）（玄 19/257b）（慧 56/564a）。

鮭：**鮭**古攜反魚名（龍 166/07）（慧 50/426b）（慧 97/292a）（慧 100/349b）。

麎：**麎**音圭鹿属也（龍 520/07）。

瞿：**瞿**音圭～谷名（龍 148/04）。

甋：**甋**正音圭甋下孔也（龍 316/01）。**甋**俗（龍 316/01）。**埶**俗（龍 316/01）。//**窐**：**窐**圭攜二音[1]（龍 506/08）。**窐**珪音又烏瓜切（紹 194b10）。

皈：**皈**歸音（紹 175b2）。

傀：**傀**正古回反美也盛也（龍 23/02）（慧 19/780a）（慧 84/68a）（慧 93/215b）（紹 129b1）；瓌又作傀同（玄 1/7b、慧 17/739b "瓌異" 註）（玄 2/24b "瓌異" 註）（龍 432/7 "瓌" 註）（玄 10/132b、慧 49/406b "瓌瑋" 註）（慧 12/621b "瓌奇" 註）；瑰字書又作傀（慧 80/1085b "瑰奇" 註）。**傀**古迴反（慧 17/728b）（慧 62/717a）。//**傀**：**傀**通（龍 23/02）；瓌與傀亦同（龍

①參見《龍龕手鏡研究》359 頁。

432/7 "瓌" 註)。//傀：傀或作古回反 (龍 23/02)；瓌説文作傀 (慧 62/700b "瓌偉" 註)；傀亦作～ (慧 62/717a "傀偉" 註)。//懷：倶或作 (龍 23/02)(紹 129a6)。

瑰：瑰音回玫瑰也 (龍 432/05)(玄 1/18b)(玄 3/36b)(慧 09/570b)(玄 6/80c)(慧 25/911b)(慧 27/968b)(慧 79/1052a)(慧 80/1085b)(慧 86/103a)(紹 140b8)；傀經本從王作瑰亦通用也 (慧 19/780a "傀偉" 註)(慧 17/728b "以樾" 註)；瓌或作瑰 (慧 12/621b "瓌奇" 註)；瓆亦作瑰通用也 (慧 45/314b "瓆琦" 註)(慧 75/971b "琦瓆" 註)。瑰古迴反 (慧 54/521b)。//瓌：瓌古 (龍 432/7)(慧 19/785a)(慧 62/700b)(紹 140b4)；傀亦作瓌 (慧 19/780a "傀偉" 註)。裒傀古回反 (玄 2/24b)；瓌又作瓌同 (玄 1/7b、慧 17/739b "瓌異" 註)(慧 12/621b "瓌奇" 註)。裒瑰録文從衣作～古文俗字也 (慧 80/1085b "瑰奇" 註)。//瓃古回反 (龍 432/06)。//珦俗 (龍 432/06)(紹 140b8)；瑰經文作珦非也 (玄 3/36b、慧 09/570b "玫瑰" 註)(慧 86/103a "玫瑰" 註)。珦俗 (龍 432/7)。//瓌：瓌古迴反 (玄 1/7b)(慧 12/621b)(慧 17/739b)(慧 25/928a)(慧 49/406b)；瓌律本作瓌亦通 (慧 62/700b "瓌偉" 註)(慧 62/717a "傀偉" 註)；瓆亦作瓌 (慧 75/971b "琦瓆" 註)。瓌古迴反 (玄 10/132b)(紹 140b4)；瑰或從[作]瓌 (慧 79/1052a "瑰瑋" 註)。瓌俗 (龍 432/7)。瓌今 (龍 432/06)。//瓆：瓆俗 (龍 432/7)(慧 45/314b)(慧 75/971b)；瓌經文從貴作瓆俗用非正體此字起自赫連勃勃男名也非本字也 (慧 12/621b "瓌奇" 註)(慧 19/785a "瓌異" 註)(慧 79/1052a "瑰瑋" 註)；傀圖記從玉作瓆 (慧 84/68a "傀偉" 註)。

蜾：蜾正居追胡對二反 (龍 220/05)。疊俗 (龍 220/05)。

規：規正居隨反 (龍 343/08)(慧 71/893b)(慧 7/531a)(慧 100/339b)。規俗 (龍 343/08)(玄 1/19c)(玄 25/338b)(慧 6/510a)(希 10/418c)；規有從矢或從失皆誤也 (慧 7/531a "規模" 註)(希 10/418c "箴規" 註)。規俗 (龍 343/08)；規有從矢或從失皆誤也 (慧 7/531a "規模" 註)。規俗 (龍 343/08)。頍又舊藏作規 (龍 486/01)。甀音規 (龍 484/01)。頯窺絹反 (慧 93/210b)；規又作頯同 (玄 25/338b、慧 71/893b "規度" 註)。

槻：槻正居隨反 (龍 376/08)；槻又作～同 (玄 11/147c、慧 52/464a "為槻" 註)。槻居隨反 (龍 376/08)。頍居隨反 (玄 11/147c)(慧 52/464a)。

頯：頯正居隨反～小頭兒 (龍 483/06)。頛或作 (龍 483/06)。䫡或作 (龍 483/06)。䫆居隨反（龍 545/09）。

鬹：鬹居隨反三足釜有柄者也（龍 534/06）。

雉：雉居隨反子雉鳥大如布穀（龍 148/07）。

歸：歸舉韋反（希 9/414a）。歸印藏經音云歸字又恐滯音臨文詳用（紹 144b2）。歸或作音歸（龍 189/01）。歸音歸（龍 296/02）。歸音婦（龍 418/05）。歸相承歸燥二音（龍 341/06）。歸俗音歸（龍 189/01）。歸音歸（龍 366/06）。歸俗音歸（龍 189/01）。//婦：婦俗音婦（龍 074/04）。//皈：皈音歸（龍 364/03）。

儯：儯渠追反使也（龍 026/04）。

龜：龜正居追反水介虫也（龍 190/06）（慧 14/669b）（慧 47/349a）（希 7/402c）（紹 201b10）；皸坼經文或作龜坼（玄 11/153b、慧 52/476b"皸坼"註）。龜軌危反（慧 29/1015b）（慧 39/178a）（慧 68/829a）（慧 74/945b）（慧 86/106b）（慧 100/334a）（希 4/375c）（希 10/422b）。龜愧逵反（慧 31/2a）。龜愧逵反（慧 31/10b）。龜龜正居追切（紹 201b10）。龜俗通（龍 190/06）。龜居追反[1]（龍 507/04）。龜音歸[2]（龍 027/07）。

guǐ 宄：宄正居水反姦～內盜也（龍 156/05）（玄 1/9a）（玄 17/235b）（慧 17/742b）（慧 74/949a）（慧 82/40b）（紹 194b2）。宄又音軌（龍 156/05）（紹 194a2）。//㚝：㚝又音軌（龍 333/01）；宄古文㚝同（玄 17/235b、慧 74/949a"姦宄"註）。宄古（龍 156/05）。宄宄古文𢖫同（玄 17/235b、慧 74/949a"姦宄"註）。

氿：氿正居水反水涯枯土也（龍 233/01）。氿俗（龍 233/01）。

軌：軌居美反（慧 75/973a）（慧 50/428b）（慧 1/418b）（慧 4/472b）（慧 47/358a）（慧 72/910a）（紹 139a7）。軌居洧反（慧 1/406b）（慧 3/445a）（慧 5/488a）。軌軌論文作軓書誤非也（慧 86/107a"千輻"註）；軌論文作軓俗字也（慧 72/910a"軌生"註）。軌居水反法也車跡也說文字様皆從九（龍 082/09）（玄 20/272a）（玄 23/319a）（慧 21/822a）（紹 139a7）。軌音軌（龍 525/02）。軌音軌（龍 333/06）。//衏：衏音軌（龍 497/06）；軌古文衏同（玄 20/272a、慧 75/973a"軌地"註）（慧 72/910a"軌生"註）。//边軌古文～同（玄 20/272a、

①參見《叢考》804 頁。
②參見《疑難字考釋與研究》40 頁。

慧 75/973a "軌地" 註)（慧 72/910a "軌生" 註)。

匭：匭音軌（龍 192/08）（慧 87/122b）。

宄：宄居委反又居偽反（龍 157/01）。

姽：姽居委魚毀二反好皃也又五果反（龍 282/03）。

祪：祪古委反毀廟之祖（龍 112/04）。

䡺：䡺居委反（龍 449/08）。

䚖：䚖居委反戾鋸齒也（龍 016/02）。

觤：觤正居委反獸角不齊也（龍 512/02）。觤俗（龍 512/02）。

簋：簋正音軌（龍 328/08）（紹 160b1）。簋音軌簠簋祭器（龍 392/08）。𥂅俗音軌（龍 328/08）。

暈：暈居水反影也規也（龍 427/08）（慧 11/601a）。暈音軌（慧 23/869a）（希 2/366c）；暈今俗用從田作～非也（慧 11/601a "惠暈" 註）。暈暈經文從各作～俗誤也（希 2/366c "暈落" 註）。暈暈正居委切（紹 171b4）。暈暈正居委切（紹 171b4）。暈居委切（紹 196b10）。

屓：屓音軌屓泉又盡也或作澌（龍 302/04）。

庋：庋居綺反食閣也（龍 300/08）（慧 30/1036a "棚閣" 註）。

庪：庪居委反庪懸玉篇又祭山也（龍 300/04）。庪居委反（龍 300/04）。

攱：攱居委反（龍 519/04）（玄 8/113c）（玄 8/116b）（慧 38/161b）。

鬼：鬼歸葦反（慧 2/432b）。鬼音鬼（龍 154/03）。鬼古文音鬼[1]（龍 427/09）。鬼音鬼（龍 154/03）。兇鬼正（紹 203b7）。//祢：祢古文音鬼（龍 112/02）；鬼古文作祢（慧 2/432b "鬼魅" 註）。

霩：霩俗苦對反（龍 308/04）。

撝：撝居偽反諧也（龍 061/05）。

嬀：嬀正居為反（龍 280/04）（紹 141b7）。嬀俗（龍 280/04）（慧 82/41b）（慧 83/62b）。

佹：佹居為反佹成也（龍 026/06）。

---

① 《疏證》：此字疑即 "鬼" 字俗體（195）。

恑： **恑**居委反變也悔也（龍058/09）；詭又作恑同（玄3/43b、慧09/575b "詭諲" 註）（玄5/67b、慧34/93a "譎詭" 註）（慧8/536a "詭言" 註）（慧12/633a "詭異" 註）。

垝： **垝**居委反～垣毀垣也或作陒同（龍248/10）（紹161b5）。//陒：**陒**正居委反阪也又垣毀也（龍297/01）。**陒**俗（龍297/01）。

𡹛： **𡹛**居委反～垣毀也（龍456/04）。

詭： **詭**居委反詭詐也責也隨惡也（龍044/09）（玄3/43b）（慧09/575b）（玄4/50b）（慧43/264a）（玄5/67b）（慧34/93a）（玄9/120b）（慧46/320a）（玄12/160b）（慧75/983a）（玄14/195c）（慧59/649a）（玄15/203b）（慧58/621a）（玄17/226c）（慧67/812b）（玄17/236a）（慧74/950a）（玄20/264b）（玄21/281c）（玄22/293b）（慧48/378b）（玄23/304c）（慧47/351a）（玄25/337c）（慧71/892a）（慧8/536a）（慧12/633a）（慧13/656b）（慧20/798a）（慧41/219b）（慧43/259a）（慧51/442a）（慧61/692b）（慧62/714b）（慧66/795a）（慧67/802b）（慧68/823b）（慧80/1074a）（慧85/93b）（慧85/99b）（慧87/121a）（慧89/153b）（慧97/278b）（慧100/337a）（希10/423b）（紹185a6）；硊從言作詭（慧99/323a "硊硊" 註）。//**詭**詭論文作詭不成字書寫錯誤也（慧67/802b "詭詐" 註）。//**詭**俗居委反（龍270/06）；詭經文從口作詭非也（玄3/43b、慧09/575b "詭諲" 註）。

臗： **臗**古對反腰忽痛也（龍414/03）。//臒：**臒**俗古外反（龍475/08）。**臗**俗（龍414/03）。

guì 跪： **跪**渠委去委二反跟跪亦作趌跪拜也（龍462/08）（玄6/89a）（慧46/327b）（慧18/763b）（慧27/987a）（慧36/127b）（慧38/151b）（慧39/165b）（慧43/269b）（慧61/695b）（紹137b9）；趌作跪借字耳（玄24/326c、慧70/873a "或趌" 註）。//**趌**渠委反與跪同張趌也（龍324/10）（玄24/326c）（慧70/873a）（紹138a2）。

殨： **殨**音挂（桂）～䏙極妖也死兒也（龍515/03）。

炔： **炔**音桂（龍243/04）（龍427/03）。

䰷： **䰷**俗音愧正作䰷大視也（龍429/01）。

䰠： **䰠**口外反（龍481/03）。

鞼： **鞼**求位反馬韁也（龍450/03）。

驨： **驨**居位反（龍293/10）（慧99/320a）。

劊：**劊**檜夬二音斷也（龍 099/01）。

襘：**襘**古外反祭福又曰除灾禍（龍 112/06）。

檜：**檜**古活古外二反（龍 386/08）（玄 19/257a、慧 56/563b "舟楫" 註）（紹 157b7）。

襘：**襘**古外反帶結也（龍 106/09）。

貴：**貴**居胃反與貴同（龍 352/06）。**貴**貴音（紹 143a5）。

匱：**匱**逵位反（慧 43/257b）。**匱**逵位反（慧 42/240b）。**匱**狂位反匣也慳也竭也乏也（龍 192/09）（玄 3/41c）（慧 09/572b）（玄 6/82a）（玄 12/165c）（玄 14/190b）（慧 59/640a）（玄 22/289c）（慧 48/373b）（慧 47/351b）（玄 24/326a）（慧 70/872a）（慧 2/436a）（慧 4/465b）（慧 12/640a）（慧 15/689b）（慧 18/751b）（慧 19/775b）（慧 22/842b）（慧 22/849b）（慧 27/971b）（慧 29/1026a）（慧 35/97b）（慧 50/419b）（慧 83/57a）（慧 92/198b）（希 9/413c）（紹 175a1）；賣經作匱誤也（慧 75/978b "一賣" 註）；櫃或單作匱（慧 60/659a "衣櫃" 註）。**遺**俗求位反作作匱（龍 492/01）（玄 23/305a）。**遺**渠愧反（玄 21/278a）。**遺**俗（龍 492/01）。**遺**俗（龍 492/01）。//櫃：**櫃**求位反櫃篋也（龍 382/08）（慧 60/659a）（慧 61/688b）；匱或作櫃（慧 2/436a "匱正法" 註）（慧 12/640a "匱乏" 註）（慧 27/971b "不匱" 註）。**櫃**匱經中經本作～非也（慧 43/257b "匱乏" 註）。**攂**俗求位反攂檻也又丘位反（龍 214/08）。//鐀：**鐀**或作求位反檻也（龍 017/08）。鐀：**鐀**[1]求位反（龍 016/06）。//鐀：**鐀**[2]俗（龍 017/08）。

瞶：**瞶**音貴（龍 422/07）。

鞼：**鞼**求位反弦也又繼革也（龍 450/03）。//韛：**韛**（龍 450/03）。//鞼：**鞼**（龍 176/08）。//韛：**韛**求位反繡韋也或作韛（龍 176/08）。

賵：**賵**正居偽反賭賶也又居委反（龍 352/02）（慧 84/71b）（紹 143b2）。**賵**俗（龍 352/02）（玄 8/118a）（玄 14/188a）（慧 59/636b）（玄 16/219c）（慧 65/779b）（慧 80/1089b）。**瞶**俗居偽反正作賵（龍 422/07）（慧 62/712a）。//賶：**賶**或作居偽反又居委反（龍 352/02）（紹 143b2）；賵又作賶同（玄 8/118a "共賵" 註）（玄 14/188a、慧 59/636b "賵金" 註）（玄 16/219c、慧 65/779b "賵金" 註）（慧 62/712a "賭賵" 註）（慧 80/1089b "賵以" 註）。

---

① 《龍龕手鏡研究》：疑是 "鐀" 字之俗（146）。
② 參見《龍龕手鏡研究》146 頁。

刯：刯正古對反（099/01）。刯古對反（099/01）。

劇：劇俗居撝反（龍448/02）。

刯：刯居衛反剖刯斷割也（龍099/03）。

劌：劌居衛切（紹139b9）。劌居稅反傷也割也（龍098/08）。劌居衛反傷也割也（龍3
65/09）。

桂：桂圭慧反（慧1/405b）（慧83/57b）（紹158b1）。

呇：呇古惠反人姓也（龍197/05）。

楻：楻古護古誨二反（龍387/07）。

躃：躃居衛反～洩苦棗也（龍463/09）。

guo

guō 渦：渦古禾反又烏禾反（龍227/05）（慧94/232b）（慧98/293a）（紹188b10）；過律文作渦音
戈水名也非漩渦義也（希8/408c"漩渦"註）。

喎：喎戈禾二音～小兒𪧃言也（龍267/03）。

楇：楇玉篇過媧二音木名又車缸盛器也（龍378/04）。//輠：輠音戈車盛膏器也（龍
079/09）。

瘑：瘑正音戈瘡也（龍469/02）（玄18/241b）（慧73/929b）；疞又作瘑同（玄14/194c、慧59/
647b"若疞"註）（慧40/186b"疞痒"註）。瘑瘑张揖雜字作瘑（玄18/241b、慧73/929b"瘑
痳"註）。//癟：癟俗鳥卧於膾二反（龍476/03）。//疞：疞俗音戈瘡也又苦禾反
禿瘡也（龍469/02）（玄14/194c）（慧59/647b）（慧40/186b）；瘑字書作～同（玄18/241b、
慧73/929b"瘑痳"註）。疞俗（龍469/02）。庍俗音戈正作疞（299/05）。庍俗音戈正
作疞（299/05）。

鍋：鍋古禾反溫器也又音果刈鈎也（龍9/02）（玄1/13c）（慧42/235b）（玄2/30c）（慧62/70
6b）（希9/414b）（紹181a10）；鍅經文作鍋是車鉛非此用（慧26/948b"甘鍅盛金"註）；楇
經作鍋音禍非也（慧39/179b"楇鎚"註）。//鍋：鍋古禾反溫器也又音果刈鈎也（龍
9/02）（玄19/259c、慧56/568a"輠釭"註）。//塪：塪音戈甘塪名也（龍246/06）（慧100

/335a)；鍋説文作鬲又作堝今作鍋（希 9/414b "瓦鍋" 註）。//鬲：鬲古和反（慧 26/948b）。鬲古文音戈與鬲亦同三足器也正甘～也今作堝字（龍 535/05）。鬲（慧 42/235b "鑪鍋" 註）。鬲（玄 1/13c "鑪鍋" 註）。鬲音戈（龍 333/10）。鬲古文音戈與鬲亦同三足器也正甘～也今作堝字（龍 535/05）。鬲（慧 42/235b "鑪鍋" 註）；鍋俗字也正作鬲（慧 62/706b "糞鍋" 註）（希 9/414b "瓦鍋" 註）。鬲古文音戈三足金也又音螺今作鍋鏍二字（龍 544/04）。鬲古和反（玄 2/30c "甘鍋" 註）。鬲（玄 1/13c "鑪鍋" 註）。

銛： 銛正古活反無知兒香嚴又音濶（龍 021/05）。//銛：銛或作（龍 021/05）。

聒： 聒古滑反（龍 315/03）（玄 12/154b）（慧 52/453a）（玄 20/267a）（初編玄 20/941）（慧 33/54a）（玄 21/285c）（玄 22/299a）（慧 48/386b）（慧 45/312a）（慧 60/673b）（慧 62/704a）（慧 96/260a）（慧 100/334b）（紹 199b6）；聒傳作聒俗字也（慧 83/54b "交聒" 註）。聒官活反（慧 83/54b）；聒或作～也（慧 45/312a "紛聒" 註）。聒俗古活反正作聒（龍 162/05）。//聒聒集本作～之甚也（慧 96/260a "鳥聒" 註）。

郭： 郭古鑊反與郭同（龍 130/06）。郭音郭（龍 185/08）。郭音郭（龍 185/08）。郭古鑊反（玄 17/233a）（慧 70/858b）（玄 6/87a）（慧 27/982a）。鄭古文音郭（龍 457/05）。//塽：塽郭音（紹 161b4）；郭經文有從土作塽非也（玄 6/87a "城郭" 註）（慧 27/982a "城郭" 註）。

崞： 崞音郭州名縣名也（龍 079/02）。

槨： 槨音郭棺槨（龍 387/02）（紹 158b9）。槨音郭棺槨（龍 387/02）。//椁：椁音郭（紹 159b4）（紹 159b4）。

曠： 曠虛郭反張也張弓弩也又郭廓二音（龍 152/05）。//曠：曠（龍 152/05）。

guó 國： 國（慧 54/525b）。//或：或古文国字（龍 173/09）。或音國（龍 174/04）。屋古文音國[1]（龍 303/04）。旺俗音國（龍 277/05）。//國古或反邦国也正作國字（龍 175/08）。国俗（龍 175/08）。囻俗（龍 175/08）。囻俗（龍 175/08）。圀俗（龍 175/08）（紹 174a8）。圀俗（龍 175/08）。

湱： 湱古麥反湱水也（龍 237/06）。

愲： 愲古對反恨也（龍 061/06）。

---

[1]《叢考》：疑即 "國" 字別構（26）。

摑：摑古麥反或作敋（龍 217/05）（玄 11/150c）（慧 52/470a）（慧 74/948b）（玄 19/258a）（慧 56/565b）（慧 19/787a）（慧 38/159a）（慧 69/842a）（慧 96/264a）（希 9/413c）（紹 133a7）；擭律文作摑非也（玄 16/219a、慧 65/771b“擭飯”註）（慧 75/986b“爪擭”註）（慧 78/1050b“爪擭”註）。摑古麦反（玄 7/97c）（慧 31/2b）（玄 17/235a）；敋論文作摑俗字也（慧 47/343b“敋打”註）（慧 78/1046b“抓敋”註）。掴古麥切（紹 133a7）。//摑古麥反或作敋（龍 217/05）。揹俗（龍 218/09）。//敋：敋獷陌反（慧 35/103a）（慧 47/343b）（慧 78/1046b）；摑俗字也説文正體作敋（慧 38/159a“打摑”註）。敋正音摑手打也與摑同又音格擊也（龍 530/08）。敋俗（龍 530/08）。敋格虢二音（龍 121/06）。//摅：摅衆經音並作古獲丑皆二切臨文詳用（紹 133b7）。摅古獲切（紹 159a3）。摅衆經音並作古獲丑皆二切臨文詳用（紹 133b7）。摅衆經音並作古獲丑皆二切臨文詳用（紹 133b7）。//弻音摑（龍 152/04）。

膕：膕古麥反脚曲皃也（龍 415/01）。

馘：馘穬獲反（慧 99/319a）。馘正音摑或作聝（龍 341/10）（慧 87/128b）；掝經文從首作馘非此義（玄 4/57b、慧 43/272a“掝眥”註）；摑書或作馘同（玄 7/97c、慧 31/2b“打摑”註）。馘馘正口獲切（紹 204a1）。馘觥獲反（慧 83/56b）。馘俗音摑正作～字（龍 174/01）。馘馘正古獲切（紹 144a1）。馘俗古麥反正作馘（龍 311/02）。馘俗音摑（龍 174/04）。//膕：膕俗音摑或作聝（龍 341/10）。//聝：聝音摑（龍 315/01）；馘正從耳作聝（慧 83/56b“俘馘”註）；馘正從耳作聝（慧 87/128b“截馘”註）（慧 99/319a“屠馘”註）。聝馘又作～（慧 99/319a“屠馘”註）。馘馘或從國作～（慧 99/319a“屠馘”註）。

虢：虢虢正郭獲切（紹 167a9）。虢虢正郭獲切（紹 167a9）。虢俗古麥反（龍 199/06）（紹 167a9）。虢虢正古麥切（紹 202a9）。虢虢正古麥切（紹 202a9）。虢虢正郭獲切（紹 173b6）。

漷：漷古麥反水裂皃（龍 237/09）。

諕：諕今古伯反諕諕多言皃也（龍 052/02）。諕或作（龍 052/02）。

盻：盻俗呼麥反（龍 416/08）。

讗：讗古麥反讗嚄疾言也（龍 052/01）。

guǒ 果： 果口果反（玄 22/287b）（慧 48/370a）（慧 32/37b）（慧 33/59a）（慧 39/168a）（慧 54/522a）（慧 78/1039a）；愡今亦作果（玄 9/124a、慧 46/327b"愡敢"註）。//菓果經文從艸作菓俗字也（慧 33/59a"果蓏"註）（慧 32/37b"果蓏"註）（慧 39/168a"果蓏"註）。

愡： 愡音果敢也（龍 058/01）（玄 9/124a）（慧 46/327b）。

粿： 粿音果淨米也（龍 304/10）。

螺： 螺音果（龍 223/07）（慧 81/10b）（慧 95/255a）（紹 164a3）。//蠃：蠃螺説文正作蠃（慧 81/10b"螺蠃"註）。

輠： 輠胡罪胡瓦二反又果祸二音（龍 083/01）（慧 91/187b）（慧 98/302b）（紹 139a9）。

錁： 錁音果江淮云鐮也（龍 015/05）。

粿： 粿音果餅～食也（龍 505/07）。

裹： 裹正古火反（龍 104/02）（慧 2/422b）（慧 5/478a）（慧 7/522b）（慧 11/617a）（慧 13/645a）（慧 14/661a）（慧 14/676a）（慧 17/734b）（慧 32/38a）（慧 51/450a）（慧 94/236b）（希 3/373b）（希 5/384c）（希 9/415b）。裹裹傳文作～誤也（慧 94/236b"㧖裹"註）。裹俗古火反（龍 104/01）；裹或作裹俗字略也（慧 5/478a"纏裹"註）（希 3/373b"纏裹"註）。//襶：襶俗古火反（龍 104/01）。//綶：綶俗音果纏綶也（龍 399/07）；螺傳文作綶誤（慧 74/943a"螺縮"註）。//纕：纕俗音果（龍 399/07）。

guò 划： 划古卧反又音果（紹 140a1）。

H

ha

há 蝦：**蝦**户加反（龍 219/06）（慧 41/217b）（慧 42/245a）（慧 38/160b）（慧 51/440a）（慧 68/820a）（慧 78/1041a）（希 4/377a）（希 8/408c）（紹 164a7）。**蝦**音遐（慧 11/608a）（慧 14/665b）（慧 15/703b）（慧 32/46a）。

hai

hāi 哈：**哈**呼來反笑～也（龍 268/08）（玄 16/221b）（慧 65/763b）（慧 99/327b）（希 9/413b）（紹 182b10）。//哎：**哎**哈或作～（慧 99/327b "哈雙玄" 註）。

疙：**疙**呼來反病也（龍 471/02）。

攺：**攺**虚其呼來二切（紹 198b9）。

噫：**噫**正户來反笑噫也出川韻又俗都內反（龍 267/04）。**噫**通户來反笑噫也出川韻又俗都內反（龍 267/04）。

軅：**軅**户來反身長也（龍 161/06）。

殹：**殹**呼來反毀殹笑聲（龍 193/05）。

hái 咳：**咳**户來反小兒笑也（龍 265/09）（玄 9/119c）（慧 46/319a）（玄 12/161c）（慧 28/993a）（紹 183a9）；孩有作咳字（慧 25/922a "嬰孩" 註）；欬經文多作咳非今用（玄 2/26a "欬逆" 註）（玄 6/89c "聲欬" 註）（玄 11/144c、慧 52/458a "欬瘷" 註）（玄 14/188b、慧 59/637a "聲欬" 註）（玄 15/209c、慧 58/611a "聲欬" 註）（慧 16/718b "欬逆" 註）（慧 26/933b "欬逆" 註）（慧 27/989a "聲欬" 註）（慧 35/98b "欬遬" 註）（慧 37/135a "聲欬" 註）（慧 47/348a "聲欬" 註）（慧 68/823b "欬氣" 註）（慧 80/1083a "聲欬" 註）（慧 83/65a "聲欬" 註）（慧 84/69a "聲欬" 註）（慧 96/268a "欬嚏" 註）（希 7/401a "聲欬" 註）（希 9/416b "聲欬" 註）；頦經從口作咳非也（慧 37/1

47b "頦痛" 註）（希 6/397b "欸瘶" 註）。// **孩** 胡来反 （玄 23/317b）（慧 49/399b）（慧 25/922a）（慧 81/10b）；咳古文孩同 （玄 9/119c、慧 46/319a "嬰咳" 註）（玄 12/161c、慧 28/993a "咳笑" 註）。

頦： **頦** 正户來反又古來反 （龍 482/08）（慧 33/68b）（慧 37/147b）。**頤** 俗 （龍 482/08）。

骸： **骸** 俗户來反 （龍 547/09）。

骸： **骸** 正户皆反～骨也 （龍 479/02）（玄 7/93a）（慧 28/996a）（慧 1/413a）（慧 1/418b）（慧 2/426a）（慧 5/477a）（慧 29/1028b）（慧 51/441a）（慧 62/707b）（慧 69/842a）（慧 82/37a）（慧 89/163b）（紹 147a10）；敳經文作骸非也 （玄 7/93b "敳食" 註）。// **骳** **骺** 俗 （龍 479/02）。**骸** 俗 （龍 479/02）。// **骹** 俗户皆反正作骸字 （龍 161/01）。// **屐** 俗户皆反正作骸字 （龍 162/09）（紹 172b1）；骸經文作屐非也 （玄 7/93a、慧 28/996a "尸骸" 註）。

趨： **趨** 户來反留意也 （龍 324/05）。

鰘： **鰘** 户來反鰗～雄蟹也 （龍 168/06）。

海： **海** 訶改反 （慧 3/442b）。**棄** 或作音海 （龍 232/02）。

醢： **醢** 正音海宍醬也 （龍 310/04）（玄 20/267c）（慧 33/54b）（慧 84/76a）（慧 95/247b）（慧 97/279b）（紹 143b7）。**醢** 或作 （龍 310/04）。**醢** 俗 （龍 310/04）。**醢** 俗 （龍 310/04）。**醢** 或作音海 （龍 328/10）。**醢** 或作 （龍 328/10）；醢或從有作盇亦通用也 （慧 84/76a "俎醢" 註）。**醢** 又俗音海 （龍 311/03）。**醢** 又俗音海 （龍 311/03）。**醢** 俗 （龍 328/10）。**醢** 籀文 （龍 328/10）。

恢： **恢** 胡愛反患也苦也恨也 （龍 060/04）（玄 12/157c）（慧 74/954b）（玄 20/269a）（慧 33/57a）（玄 20/273b）（慧 75/980a）。

挾： **挾** 音亥動也 （龍 212/04）。

竧： **竧** 胡改反堅竧神人也 （龍 519/05）。

跂： **跂** 胡愛反行皃也 （龍 463/09）。

駭： **駭** 行揩反 （龍 292/8）（玄 1/2c）（玄 13/180b）（玄 22/289a）（玄 23/315c）（慧 55/535a）（慧 4/471b）（慧 20/802a）（慧 21/825a）（慧 30/1040b）（慧 30/1043b）（慧 35/97a）（慧 48/372a）（慧 49/397a）（慧 69/838b）（慧 82/39a）（慧 82/40a）（慧 83/51a）（慧 84/70b）（慧 84/73b）（慧 97/274a）（慧 100/349b）（希 3/368b）（希 3/374b）（希 10/419b）（紹 166a7）。// **駴**： **駴** 候駭反～擊也 （龍 293/03）。

害：**害**正音害（龍157/09）（慧1/418b）（慧7/517b）（慧41/207b）（希9/413b）。**害**古（龍157/

09）；害經作害俗字也（慧41/207b"侵害"註）（希9/413b"躓害"註）。**害**新藏作害（龍

157/09）。**周**音害（龍551/05）。

嘻：**嘻**俗式人敕轄二反（龍267/05）（玄7/96b）（慧28/1012a）。**害**俗式人敕轄二反（龍2

67/05）；齘律文作嘻未详字出（玄14/192b、慧59/643b"齘齒"註）。

夆：**夆**害或作夆音害（慧7/517b"嫌害"註）。

虇：**虇**音亥鬲属也（龍552/05）。

han

蚶：**蚶**呼談反蚌屬也（龍222/02）。

欦：**欦**尸甘反言也香嚴又呼甘反（龍354/03）。

酣：**酣**胡甘反（龍309/09）（玄5/64b）（慧44/284b）（玄7/96b）（慧28/1011b）（玄13/172a）（慧

57/592a）（初編玄937）（慧76/1007b）（紹143b9）。//佄：**佄**酣古文佄同（玄5/64b、慧44

/284b"酣醉"註）（玄13/172a、慧57/592a"飲酣"註）（玄20/274b"飲餂"註）（慧76/1007b"飲

酣"註）。

肝：**肝**呼濫反戲物也玉篇又他濫反（龍352/04）。

詀：**詀**音憨又上聲（龍040/08）。

魽：**魽**俗火甘反（龍167/01）。//鱌：**鱌**俗（龍167/01）。

欦：**欦**火含反含笑皃（龍353/07）。

谽：**谽**火含反谽谺谷中大空皃（龍526/02）。

酽：**酽**火含反面紅也（龍346/08）。

酟：**酟**火含反小香也（龍180/07）。**酟**（龍180/07）。

憨：**憨**呼甘反愚癡甚也（龍064/05）。**憨**呼甘反憨癡（龍055/05）。//癋：**癋**俗呼甘反

正作憨癡甚也（龍469/09）。//癎：**癎**俗（龍469/09）。//痵：**痵**俗呼甘反正作憨癡甚

也（龍469/09）。

鼾：**鼾**音汗（龍363/07）（玄15/199b）（玄17/237a）（慧74/951b）（玄19/256c）（慧56/563a）（慧7

5/972b）（紹 148a9）。**𩒻**胡旦反（玄 11/147c）。**𩒻**胡旦反（慧 52/463b）（玄 14/192b）（慧 5

9/643b）（慧 58/612b）（慧 100/350a）。//**嘽**俗音汗正作𩒻（龍 273/10）；（慧 58/612b "𩒻眠"

註）。**嘾**𩒻律文作嘽非也（玄 14/192b、慧 59/643b "𩒻睡" 註）（玄 15/199b "𩒻眠" 註）。/

/喼：**喼**俗音汗正作𩒻（龍 273/10）；𩒻經文作喼非也（玄 11/147c、慧 52/463b "𩒻眠"

註）（玄 15/199b、慧 58/612b "𩒻眠" 註）。//岍：**岍**俗音汗正作𩒻（龍 273/10）；𩒻經文

作岍非也（玄 11/147c、慧 52/463b "𩒻眠" 註）。**吁**俗音汗正作𩒻（龍 273/10）；𩒻律文

作～非也（玄 14/192b、慧 59/643b "𩒻睡" 註）（玄 15/199b、慧 58/612b "𩒻眠" 註）。**唦**俗

音汗正作𩒻（龍 273/10）。

歁：**歁**呼談反欲也（龍 354/01）。

歇：**歇**川韻呼甘反沅湘人言也（龍 354/04）。

黏：**黏**正音含火行皃（龍 240/05）。**䊀**正音含火行皃（龍 240/05）。**炶**俗（龍 240/05）。

hán 肣：**肣**正胡南反輔囊柄也（龍 406/05）（玄 1/8b）（慧 17/741a）。//脍：**脍**俗胡南反（龍 4

06/05）。**晗**江西經音含視二音香嚴音呼含反新藏作賂音義作肣音含[1]（龍 418/05）；

肣經文作晗非也（玄 1/8b、慧 17/741a "至肣" 註）。**賂**音義作肣[2]（龍 349/07）（龍 418/

05 "晗" 註）（紹 143a5）。

洽：**洽**胡南反（玄 16/216a）（慧 65/776a）。

匼：**匼**洽字體作～舩没也（玄 16/216a "遭洽" 註）。**匼**今音含（龍 192/04）；洽字體作～

舩没也（慧 65/776a "遭洽" 註）。**匼**俗音含（龍 192/04）。**匼**俗音含（龍 192/04）。**匼**

正音含（龍 192/04）。

砛：**砛**正胡南反似瓶有耳也（龍 315/08）。**砛**通（龍 315/08）。

峆：**峆**胡暗切（紹 162a10）。**峇**正火含反大谷也（龍 071/05）。**峇**通（龍 071/05）。

鉿：**鉿**胡男反受盛也（龍 013/06）（紹 181a7）。

魽：**鼥**今湖南反似鼠無耳也（龍 334/05）。//鼫：**鼫**通（龍 334/05）。

函：**畐**函説文象形古體～（慧 83/60b "函杖" 註）。**函**胡緘反（慧 73/925a）（慧 67/808a）（慧

---

①《龍龕手鏡研究》（318）對此組字的關係作過討論，可參看。

②參見《龍龕手鏡研究》288 頁。

81/22b)（慧 83/60b）（慧 91/186b）（慧 92/207b）。**盇** 正音咸（龍 340/03）。**函** 胡緘反（玄 1

1/149b）（玄 18/246b）；**楹** 經作～俗字也（慧 10/591a "楹盛" 註）（希 5/384b "楹盛" 註）；

械 傳作函俗字也（慧 81/17b "寶械" 註）（慧 89/150b "一械" 註）。**函** 通（龍 340/03）（慧 4

/471b）（慧 7/521a）；**械** 經文作函古字書謬函非正也（慧 29/1027b）（慧 29/1032b "七寶械"

註）（慧 90/177a "鐵械" 註）；**亟** 集作函是咸字（慧 99/329a "亟留" 註）。**函** 胡緘反（慧 5

2/467b）（慧 2/432b）；**楹** 亦作械並正經文單作函是函谷關名也此非經義（慧 35/110b

"作楹" 註）。**舀** 俗（龍 340/03）。//楹：**楹** 洽緘反（慧 35/110b）。**掐** 霞巖反（慧 10/59

1a）（希 5/384b）；函古文作楹（慧 7/521a "寶函" 註）（慧 79/1062b "一械" 註）。

涵：**涵** 浛又作涵同（玄 16/216a、慧 65/776a "遭浛" 註）。**涵** 胡感反又胡南反（龍 230/09）

（慧 15/704a）（紹 189a6）；**函** 論文作～（玄 18/246b、慧 73/925a "寶函" 註）。**湤** 同上［涵］

（龍 230/09）。**湤** 同上［涵］（龍 230/09）。**涵** 新藏作涵胡感反（龍 498/01）。**涵** 胡耽反

（玄 5/73b）。**涵** 胡耽反（慧 34/89a）；函或作涵（慧 91/186b "函杖" 註）。

峸：**峸** 音咸峸谷山又紀力反亦山名也（龍 071/07）。

啮：**啮** 俗音函（龍 265/07）。

箘：**箘** 合甘反（慧 88/148a）。

錎：**錎** 胡男反鎧別名也（龍 013/06）。

涵：**涵** 音含寒皃（187/05）。

霤：**霤** 正（龍 307/03）。**霤** 今音含久雨也（龍 307/03）。**霤** 今音含久雨也（龍 307/03）。

邗：**邗** 音寒又音干（龍 453/08）（紹 169a8）。

汗：**汗** 寒幹反（慧 83/60b）（慧 83/47b）。

虷：**虷** 胡安反虷蟹一名蜎虫也（龍 222/04）。

軒：**軒** 苦奸胡旦二反人姓也（龍 292/02）。

邯：**邯** 今音寒（龍 452/05）（慧 96/267a）（紹 169a8）。**邯** 古音寒（龍 452/05）。

魝：**魝** 正胡甘反（龍 322/06）（慧 42/235a）。**魝** 今胡甘反（龍 322/06）。**魝** 乎甘反（玄 1/1

3c）。

寒：**寒** 旱安反（慧 1/403a）。

騼：**騼**音寒馬名（龍 291/05）。

韓：**韓**音寒亦作韓同（龍 369/03）（紹 204a3）。

鶾：**鶾**音寒天雞羽有五色也（龍 369/04）。

淦：**淦**洤又作淦同（玄 16/216a "遭洤" 註）。**淦**洤又作淦同（慧 65/776a "遭洤" 註）。

hǎn 厂：**厂**呼旱呼旦二反説文云山之崖巖也一曰舍也（龍 302/01）。

厈：**厈**漢音（紹 198a5）。

罕：**罕**呼散反（龍 329/09）。**罕**呼旱反（慧 71/891a）（慧 14/661a）。**罕**呼旱反（慧 10/579b）（慧 80/1092a）。**罕**呼旱反傳文作罕非也（慧 74/945a）。**罕**呼散反（龍 329/09）。**罕**呼旱反（玄 3/46a）；罕説文從罔作～（慧 80/1092a "罕究" 註）。**罕**呼旱反（玄 25/337b）（慧 8/538a）（慧 21/811b）（慧 98/301a）（紹 197b7）（紹 201a3）；經從穴作罕非也（慧 14/661a "罕有" 註）。**罕**罕録作～誤（慧 80/1092a "罕究" 註）。**罕**又俗呼旱反正作罕（龍 360/05）。**罕**呼旱反（龍 360/08）。**罕**呼旱切（紹 197b7）。

喊：**喊**呼覽反又俗魯貪反（龍 270/08）（玄 4/58a）（慧 43/273a）（玄 20/274b）。//嚂：**嚂**呼覽反又俗魯貪反（龍 270/08）（玄 20/264c）（慧 43/259b）。**嚂**俗同上［嚂］（龍 270/08）。

瀲：**瀲**呼檻反開險兒（龍 526/02）。

闞：**闞**呼檻反（玄 5/64b）（慧 44/284b）（慧 93/218a）；喊經文或作闞音呼檻反二形通用也（玄 4/58a、慧 43/273a "喊喊" 註）（玄 20/274b "喊喊" 註）；瞰或從門作闞（慧 81/7b "周瞰" 註）（慧 88/139a "斜瞰" 註）。

嚂：**嚂**許纜切（紹 182b10）。

hàn 汗：**汗**寒旦反（慧 2/424a）。

忓：**忓**音汗善也（龍 060/01）；捍或從心作忓（慧 24/896a "慢捍" 註）；悍字或作忓（慧 67/803b "勇悍" 註）。

扞：**扞**音汗（龍 214/03）（玄 9/126c）（慧 46/332a）（慧 23/876a）（慧 63/723b）（慧 68/830b）（慧 89/165a）（慧 97/284b）（紹 134a3）；捍又作扞同（玄 1/13b、慧 42/234b "為捍" 註）（玄 9/126c、慧 46/332a "捍挌" 註）（玄 24/325b、慧 70/870b "禦捍" 註）（慧 7/527b "勇捍" 註）（慧 24/896a "慢捍" 註）。//捍音汗（龍 214/03）（玄 1/11a）（玄 1/13b）（慧 17/745b）（慧 42/234b）（玄 2

4/325b）（慧 70/870b）（慧 7/527b）（慧 24/896a）（慧 72/905a）（希 3/370b）（希 9/415c）（紹 134a

3）；椑《胎蔵經》作捍疑字誤也（玄 8/116b "椑樓" 註）；扞律文從旱作捍亦通也（慧

63/723b "扞敵" 註）（慧 68/830b "防扞" 註）（慧 89/165a "強扞" 註）（慧 97/284b "扞城" 註）；

悍或從手作捍（慧 73/920b "勇悍" 註）。//皸：皸 音汗（龍 530/04）；捍體作皸（慧 7

/527b "勇捍" 註）（慧 24/896a "慢捍" 註）（慧 73/920b "勇捍" 註）；扞通俗文作～（慧 15/7

04b "扞飌" 註）。皸 俗音汗（龍 119/08）；捍古文皸形（玄 9/126c "捍挌" 註）。皸 捍古

文皸形（慧 46/332a "捍挌" 註）。//仟：捍古文仟形（玄 9/126c、慧 46/332a "捍挌" 註）。

//狊：皔 或從手作捍或從支犬作皸狊並通（慧 73/920b "勇悍" 註）。

研：研 寒幹反（慧 62/708a）（慧 63/740a）。//矸：矸 研亦作矸（慧 62/708a "研石" 註）。

豣：豣 音浒拒也（龍 152/01）。

釬：釬 侯按反銲金銀令相著也（龍 018/06）（慧 63/724a）。//銲：銲 侯按反（龍 018/06）。

旱：旱 胡笴反（希 4/379b）（希 7/402a）。

浒：浒 汗音（紹 187a5）。

悍：悍 胡旦反猛也勇也（龍 059/05）（玄 3/43b）（慧 09/575b）（玄 5/66b）（慧 34/88b）（玄 11/14

9a）（慧 52/467a）（玄 22/295b）（慧 48/381b）（玄 23/318a）（慧 47/344b）（玄 24/321a）（慧 70/86

4b）（慧 51/442a）（慧 67/803b）（慧 72/900b）（慧 73/920b）（慧 92/198a）（慧 94/227a）（慧 94/22

8a）（紹 130b4）。

焊：焊 呼旱反火乾皃也（龍 241/07）。

皔：皔 音旱白皃也（龍 431/05）。

皸：皸 音旱射皸以皮皸臂也（龍 123/08）。

諽：諽 音旱大言也（龍 045/07）。

閈：閈 俗胡旦反（龍 093/08）（玄 23/308a）（慧 14/681a）（慧 24/890b）（紹 195b1）。閈 正胡旦

反（龍 093/08）（慧 47/356a）。

軒：軒 俗音浒（龍 176/08）。輯 俗音浒（龍 176/08）。

騝：騝 胡旦反馬高六尺也（龍 293/06）。

含：含 胡紺反（玄 2/20a）（玄 17/232a）（慧 70/857a）（慧 25/916a）。//琀：琀 音含（龍 433/

07）；含字林從玉作琀（玄 2/20a“多含”註）（慧 25/916a“多含”註）。//唅：唅胡闇反（玄 20/265b）（慧 10/597a）（紹 183a1）；含諸書從口作唅同（玄 2/20a“多含”註）（玄 17/232a、慧 70/857a“含以”註）。唅胡紺反（龍 273/03）。唅胡紺反（龍 273/03）。

頷：頷呼感反牙頷也（龍 484/03）（玄 1/9a）（慧 17/743a）（玄 22/296b）（慧 48/382b）（慧 1/410b）（慧 2/426a）（慧 4/462b）（慧 5/480a）（慧 12/636b）（慧 26/933a）（慧 26/955b）（慧 35/99b）（慧 68/827b）（慧 75/982a）（慧 92/208b）（慧 94/237b）（紹 170a8）；鎮經文作鴿[頷]非也（玄 20/270b/慧 74/939b“鎮頭”註）；顄經作頷俗字（慧 14/665b“顄車”註）（慧 68/821a“顄輪”註）。頷含紺反（慧 13/659a）（希 2/364b）。//顄：顄合濫反（慧 14/665b）（慧 68/821a）；頷又作顄同（慧 74/952a“頷車”註）（慧 13/659a“頷有”註）（慧 35/99b“牙頷”註）。顄頷又作顄同（玄 17/237a“頷車”註）。顄頷古作～（慧 68/827b“頷骨”註）。顄呼感反又平聲（龍 484/03）。顄呼感反又平聲（龍 484/03）。//䯊：䯊俗胡感反正作頷（龍 480/05）。䯊俗胡感反正作頷（龍 480/05）。脗頷論從肉作脗俗字也（慧 68/827b“頷骨”註）。

菡：菡含紺反（慧 24/888a）（紹 156a10）；萏集作菡亦通（慧 99/328a“萏未”註）。菡含感反（慧 31/9b）（慧 41/229b）（慧 99/324b）（希 1/359c）（希 2/361b）（希 4/377b）。菡胡感反菡萏芙蓉半開皃也（龍 259/04）；莟又作菡同（玄 18/246c、慧 73/925b“花莟”註）；菡萏經文作～蕳二字皆不成字也（希 1/359c“菡萏”註）（希 2/361b“菡萏”註）（希 4/377b“菡萏”註）。菡胡感反（慧 23/860b）。//莟：莟胡感反（玄 18/246c）（紹 155b2）；菡萏説文作莟蕳也（慧 23/860b“菡萏”註）（慧 99/324b“覃菡萏”註）。莟胡紺反茁莟心欲秀也（龍 261/08）（慧 73/925b）。//䤴：䤴菡萏集作～欿不成字也（慧 99/324b“覃菡萏”註）。

裓：裓胡感反壅耳也與幨同（龍 105/08）。

靬：靬侯按反（龍 369/06）（慧 86/106a）；翰或從毛作靬（慧 18/750a“染翰”註）。

翰：翰胡旦反（玄 12/164a）（慧 55/543b）（慧 1/406a）（紹 147a8）；捍經文作翰非此用（玄 1/13b“為捍”註）；靬論文從羽作翰俗用亦通非本字也（慧 86/106a“操靬”註）。翰寒岸反（慧 18/750a）（慧 83/44b）（慧 100/337a）。翰翰正汗音（紹 147a8）；翰傳從翕作～

俗字（慧83/44b"操翰"註）（慧42/234b"為捍"註）；鼾律文作吁噅～三形非也（玄14/192b、慧59/643b"鼾睡"註）。**翰** 胡按反（龍084/06）（紹139a5）。

韓：**韓** 侯按反～天雞（龍369/06）。

䅶：**䅶** 侯按反清酒（龍369/06）。

䅶：**䅶** 音翰䅶鵲也（龍369/05）。

鶾：**鶾** 寒翰二音駃～蕃大馬又長毛也（龍369/04）。

𩵀：**𩵀** 侯按反魚名（龍369/06）。

瀚：**瀚** 胡旦反（龍233/08）（慧20/791b）。

儌：**儌** 許見反覴儌高危兒（龍036/07）。

謙：**謙** 許鑒反謙譴也（龍047/02）。

熯：**熯** 人善呼旱呼旦三反（龍241/08）（慧96/272a）。**熯** 熯正漢音（紹190a2）。**熯** 誤《舊藏》作熯（龍243/09）。

暵：**暵** 音漢日氣也（龍429/03）（紹171a7）。

暵：**暵** 音漢耕田也（龍154/04）。

𦼫：**𦼫** 呼旦反耕也又冬𦼫（龍365/04）。

憾：**憾** 胡紺反積恨也（龍060/03）（玄3/45c）（慧10/579b）（玄4/55b）（慧43/267a）（玄13/168b）（慧52/480a）（玄20/267c）（慧33/55a）（玄22/302c）（慧48/392b）（慧8/536a）（慧41/229a）（希1/359b）（紹130b10）。

撼：**撼** 胡感反（龍212/02）（慧42/240b）（慧35/107a）（慧36/128a）（慧74/946a）（慧79/1063b）（慧94/235b）（希6/396a）（紹134b5）。**撼** 俗胡感反（龍213/03）。

顣：**顣** 呼感反食不飽也（龍484/07）。

馬：**馬** 胡敢、胡紺二反（龍151/08）。**馬** 胡感反吘嘾也（龍272/01）。

玃：**玃** 今胡感反害惡性也又五感反（龍281/10）。**玃** 或作（龍281/10）。**玃** 或作（龍281/10）。

玃：**玃** 下斬反犬齧聲也一曰惡犬吠不止也（龍318/09）。

hang

háng 行：**行**胡剛反（慧 43/254b）。

桁：**桁**胡郎反（龍 379/07）（玄 1/10a）（慧 17/744a）（玄 12/156c）（慧 52/477b）（玄 16/213c）（慧 65/772a）（慧 73/929a）（慧 60/658b）（慧 60/671b）（慧 61/688b）（慧 62/704a）（慧 62/708a）（慧 81/4b）（慧 94/226b）（紹 159a7）；航今譜作桁非也（慧 77/1019b "舟航" 註）。**挴**胡郎反（玄 18/241a）。

筕：**筕**户郎户庚二反（龍 390/01）（紹 160a8）；桁或作筕（玄 16/213c、慧 65/772a "衣桁" 註）。

远：**远**古郎胡郎二反兔獸之迹也（龍 490/07）。**远**俗亢音[①]（龍 489/06）。**远**俗亢音（龍 489/06）。//**踁**胡郎反獸跡也與远同（龍 459/07）。

芫：**芫**胡郎反東芫草名又音剛葉似蒲叢生也（龍 256/07）。

杭：**抗**胡郎反（龍 375/01）。**杭**航又作杭同（玄 5/71b、慧 44/287b "舟航" 註）。

斻：**斻**户剛反（龍 124/08）。

筕：**筕**正古郎反又胡浪反（龍 390/06）（玄 11/143c）（慧 56/554b）（紹 160a4）；桁律本從竹作筕（慧 62/704a "桁竿" 註）（慧 62/708a "為桁" 註）。**筕**通古郎反又胡浪反（龍 390/06）。**芡**桁律文作筕俗字也（慧 60/671b "桁竿" 註）。

翃：**翃**胡郎反翃翃也（龍 327/02）（慧 98/307a）；頏或作翃並通用（慧 98/298b "頡頏" 註）。//鴴：**鴴**翃翃集從鳥作頡鴴並非也（慧 98/307a "翃鴴" 註）。

航：**航**正户郎反方舟也（龍 130/09）（慧 44/287b）（慧 29/1028a）（慧 60/655a）（慧 77/1019b）（慧 83/58b）（慧 88/134b）（慧 88/145b）（慧 90/174a）（慧 96/264a）（紹 145b10）。**航**何唐反（玄 5/71b）。**䑑**俗（龍 130/08）。**航**航杭音（紹 145b10）。**航**通（龍 130/08）（慧 21/811a）（紹 145b10）；航集文作～俗字也（慧 88/145b "舟航" 註）。//斻：**斻**航説文從方作斻（慧 29/1028a "舟航" 註）（慧 96/264a "舟航" 註）。//舫：**舫**俗（龍 130/08）。

①參見《龍龕手鏡研究》354 頁。

頏：頏 正胡郎反（龍 484/05）（慧 31/10a）（慧 83/60a）（慧 86/103a）（慧 98/298b）（紹 170b4）；

亢又作頏同（玄 20/271b、慧 54/520a "亢骨" 註）；翃翃或從頁作翃頏（慧 98/307a "翃

翃" 註）。頏 正胡郎反（龍 484/05）。頋俗（龍 484/05）。頏頏或作～並通用（慧 98

/298b "頡頏" 註）。

魧：魧胡朗反鹽澤也（龍 332/07）。魧胡朗反鹽澤也與魧同（龍 310/05）。

魧：魧今胡郎古郎二反魚名（龍 166/03）。魧正（龍 166/03）。魧俗（龍 166/03）。魧

直深反大貝也（龍 168/02）。

癗：癗俗呼剛反^①（龍 469/09）。

hàng 沆：沆正胡朗反（龍 231/04）（玄 7/103c）（慧 24/892b）（慧 33/57a）（慧 88/139b）（慧 94/238b）

（紹 187a6）。沆今（龍 231/04）。沆沆舉朗黯朗二切又杭音（紹 187a6）。沆通（龍

231/04）。

筑：筑胡浪反竹竿也（龍 393/08）。

埫：埫胡絳反（龍 251/03）。

hao

hāo 薅：薅正呼毛反耕也去田草也（龍 257/02）；扰又作薅形（玄 5/69a、慧 10/582b "扰鋤" 註）

（玄 11/147b、慧 52/463a "茠治" 註）；鎒或作薅又作扰也（慧 45/307b "犁鎒" 註）；撓亦

作薅（慧 69/847a "撓攪" 註）。薅音蒿耘也又除田草也（龍 279/04）（紹 142a2）。薅扰

籀文作薅（玄 5/69a "扰鋤" 註）。//茠：茠正（龍 257/02）（玄 11/147b）（慧 52/463a）（紹

155a1）；扰或作茠同（玄 5/69a、慧 10/582b "扰鋤" 註）。//扰：扰正呼毛反除田草曰

扰（龍 206/05）（玄 5/69a）。扰呼豪反（慧 10/582b）；茠或作扰（玄 11/147b、慧 52/463a

"茠治" 註）。扰俗（龍 206/05）。扰俗（龍 206/05）。//妔：妔俗（龍 257/02）；扰經

文作妔非也（玄 5/69a、慧 10/582b "扰鋤" 註）。//耗：耗呼高反（龍 253/05）；撓經文

作耗非也（玄 7/101a "撓滅" 註）。

秏：秏呼高反秏攪也（龍 135/03）。秏（龍 135/03）。秏（龍 135/03）。

---

①其正字待考。

撓：**撓**正呼高反撓攪也（龍206/10）（玄2/26b）（玄4/49c）（玄7/101a）（玄12/167a）（慧75/98

5a）（玄14/192c）（玄59/644a）（玄16/218b）（慧65/770b）（玄21/276b）（玄23/316b）（慧49/39

8a）（慧1/411b）（慧22/835a）（慧26/948b）（慧57/581b）（慧69/847a）（慧74/945a）（慧76/100

3b）。**撓**呼高反（玄22/303c）（慧48/394b）（慧26/934a）（慧39/170a）（慧62/713a）（慧63/

729b）（慧76/997a）（慧87/131a）（慧100/339b）；**敲**經文作撓非也（玄11/147c、慧52/464a

"敲户"註）（玄12/165b、慧56/575b"杖敲"註）；**托**正作撓切韻攪也亦動也（希2/366c"托

動"註）。//托：**托**俗（龍206/10）（慧23/868b）（希2/366c）（紹134a1）；撓經文作托俗

字也（玄2/26b"撓大海"註）（慧26/934a"撓大海"註）（慧69/847a"撓攪"註）。**耗**撓作耗

非也（慧76/997a"撓攪"註）（慧76/1003b"撓攪"註）。

褑：**皇**正呼勞反褑辪深谷也（龍525/09）。**皇**俗（龍525/09）。

háo 郻：**郻**音亳鄉名（龍454/08）。

號：**號**音豪（龍322/06）（慧13/654b）（慧18/762b）（慧25/905b）（慧29/1029b）（慧45/315a）（慧

57/588b）（慧74/947a）（慧76/1007b）（慧88/143a）（慧94/238a）（希3/368b）（希3/373c）（紹1

67a9）；嗥經文作號悲哭聲非嗥吠義（希4/380b"嗥吠"註）。**號**（龍322/06）。**號**胡

刀反（玄2/16a）。**號**（龍544/02）（慧11/612a）；號經中作～俗用變謬也（慧13/654b"號

訢"註）（慧18/762b"號詢"註）。**號**號正号亳二音（紹202a9）。**號**胡高反（慧35/98b）。

號号高反（慧78/1035a）。//**号**亳音（紹183a10）；號又從口作号俗偽字耳（玄2/16

a"號哭"註）（慧76/1007b"號嗁"註）。**号**唬集本作～誤也（慧96/267b"怒唬"註）。**号**

号正亳音（紹183a10）。

虠：**虠**或作音亳（龍459/09）；號集文作虠非也（慧88/143a"更號"註）。**虠**今音亳（龍4

59/09）。

諕：**諕**又亳音（紹185a8）。

嗥：**嗥**正胡刀反熊虎聲（龍265/08）（玄6/83b）（慧13/646a）（慧20/795b）（慧27/974a）（慧77/

1019a）（希4/380b）（紹184b3）；號經文作嗥非此義（玄2/16a"號哭"註）（慧25/905b"號

哭"註）（慧74/947a"號歡"註）。**嗥**號高反（慧15/685b）（希3/373c）（紹184b3）；號或從

皋從口作嗥（慧35/98b"號叫"註）（慧94/238a"呻號"註）（慧96/267b"怒唬"註）。**嗥**胡

熬反（慧15/697a）。**嘷**俗（龍265/08）。**嘷**胡高反（慧69/849b）。//唬：**嘷**皓高反俗字也正作號（慧44/288a）。**虓**號説文作唬（希3/368b“號泣”註）（希3/373c“號嘷”註）。**嘑**号刀反（慧96/267b）。**嗃**俗（龍265/08）。**唏**俗（龍270/01）。**皿**俗（龍265/08）。**嘷**胡高反（玄11/147a）（慧52/462b）；嘷經本作～俗字也（慧20/795b“嘷哭”註）。**嘷**胡高反（玄11/147a）。**嘷**音毫（龍270/04）（紹183b6）；號經文從口作嘷是犲狼所嘷非人號哭之聲（慧45/315a“號哭”註）。//獋：**獋**嘷古文獋同（玄6/83b“嘷吠”註）（慧27/974a“嘷吠”註）。**獋**嘷又作獋同①（玄11/147a、慧52/462b“從嘷”註）。

淖：**淖**胡刀反（龍230/03）。

顆：**顆**音毫顥顆大面皃也（龍483/03）。

毫：**毫**胡刀反長毛也（龍135/04）（玄3/36a）（慧70/860b）（慧1/403a）（慧1/410b）（慧25/916a）（慧27/963b）（慧41/212a）（慧45/308a）（慧47/365a）（慧51/447a）（希1/355b）；豪正體從毛作毫（慧11/600b“玉豪”註）。**毫**號高反（慧17/729a）；豪又作毫同（慧09/570a“毫氂”註）（玄17/234b、慧70/860b“豪氂”註）（慧11/600b“豪芒”註）。**窖**古文音毫（龍156/03）。

豪：**豪**胡刀反豪俠也亦州名（龍320/09）（慧09/570a）（玄6/85b）（玄9/123b）（慧46/326a）（玄17/234b）（慧11/600b）（慧11/600b）（慧27/978b）；毫又作豪同（玄3/36a“毫氂”註）；毫氂今作豪氂非本字假借用也（慧1/403a“毫氂”註）（慧51/447a“毫氂”註）（希1/355b“毫氂”註）。**豪**或作胡刀反（龍185/02）。**豪**或作胡刀反豪俠也亦州名（龍129/04）。

濠：**濠**音豪（龍227/02）（慧88/142b）（慧96/268b）（慧97/282a）；隙又作濠律文從土作壕俗字（希8/409a“隙阮”註）。//滜**滜**毫音濠同（紹189a2）。

隙：**隙**音豪與壕同（龍295/06）（玄22/297a）（慧48/383b）（希8/409a）。//壕：**壕**音豪城壕也（龍246/04）（慧15/704a）；隙又作濠律文從土作壕俗字（希8/409a“隙阮”註）。

勢：**勢**音毫（龍516/08）；豪古文勢同（玄6/85b“豪貴”註）（玄9/123b、慧46/326a“豪傑”註）（慧27/978b“豪貴”註）。

hǎo 好：**好**呼到反（玄6/84c）（慧4/474a）（慧22/853b）（慧27/971a）。**珝**古文音好（龍336/06）。

①《玄應音義》作“㹨”，乃“獋”字訛誤。

耔俗音好① (龍314/06)。 聅俗音好 (龍314/06)。 奵音好 (龍282/05)。 鼝古文音好 (龍550/02)。 薿古文音好 (龍550/02)。

妞： 妞正呼老反人姓也 (龍282/02)。 玴俗 (龍282/02)。 妍俗 (龍282/02)。 姻俗 (龍282/02)。

怒： 怒又好二音慫也 (龍068/01)。

晧： 晧胡老反 (龍426/06) (玄7/99a) (玄7/99c) (玄18/250a) (慧73/935a) (玄22/302b) (慧48/392a) (慧19/785b) (紹171a1)；皓經從日俗字也 (慧2/425b "皓白" 註) (慧13/648a "皓齒" 註)。 //皓： 皓胡老反 (龍431/03) (玄21/279b) (慧2/425b) (慧13/648a)；晧或從白作皓 (慧19/785b "晧昦" 註)。 �音晧② (龍411/09)。

hào 号： 号 (慧22/840a)。

咢： 咢俗音号 (龍274/09)。

頿： 頿或作音号白首人也 (龍486/03)。

號： 鑩正胡老反土釡也 (龍249/10)。 壋今 (龍249/10)。

瓎： 瓎正音號石似玉也 (龍438/02)。 琥通 (龍438/02)。

夰： 夰古老反放也 (龍357/08)。 夲胡老反放也 (龍357/06)。

昦： 昦同上[昊] (龍426/06)；昊說文作夰 (希10/419a "昊天" 註)。 昊胡老反昊天也 (龍426/06) (玄7/99a) (希10/419a) (紹171b2)；昦從日從天者俗也 (慧99/324a "昦廣" 註)。 昊音豪老反 (慧19/785b)。 㝵古文作夰今時用從曰從天俗字也 (慧19/785b "晧昦" 註)。 昦號老反 (慧99/324a)。 莫昦集或作昊或作莫或作皰皆非也 (慧99/324a "昦廣" 註)。

暤： 皞豪老反 (慧77/1011b)。 曍胡老反 (龍426/06)。 曎暤正號音又胡老切 (紹170b10)。 //皡： 皡皓音 (紹175b1)。 皥胡老反 (龍431/06)。 //皜： 皜胡老反 (龍431/06)。

譹： 譹音号相欺也 (龍049/02)。

鄗： 鄗胡老反又呼各反 (龍455/07) (慧83/56b)。 郻胡老反 (龍455/07)。

---

①參見《龍龕手鏡研究》271頁。
②參見《字典考正》225頁。

鎬： **鎬** 胡老反塭器也切韻又鎬京（龍 015/05）（慧 83/64b）（慧 86/104a）（紹 181b3）。

鰝： **鰝** 胡老反大鰕也（龍 170/01）。

顥： **顥** 浩音（紹 170b3）；晧三蒼古文顥同（玄 18/250a、慧 73/935a "晧大" 註）。**顥** 胡老反（龍 486/01）。

灝： **灝** 胡老反灝漾水勢遠也（龍 231/09）。

耗： **耗** 呼到反減也少也（龍 145/07）（慧 5/488b）（慧 17/729b）（慧 57/585b）（希 3/371b）。**耗** 呼到反少也減也（龍 365/03）（慧 23/878a）（慧 39/177b）（慧 54/513a）（紹 145a3）；耗經從耒作耗誤也（慧 57/585a "費耗" 註）；撓傳文作耗非也（慧 74/945a "撓攪" 註）。**耗** 呼到反①（龍 113/04）。

魌： **魌** 俗音耗虛～也（龍 323/08）。

he

hē 訶： **訶** 虎珂反（慧 7/518b）（慧 18/766b）（慧 41/214a）（慧 45/311b）（慧 83/59b）；呵或作訶（慧 13/649a "呵嗽" 註）。// 呵： **呵** 呼阿反（慧 2/427a）（慧 13/649a）；訶經作呵亦通（慧 7/518b "訶責" 註）（慧 18/766b "訶叱" 註）（慧 41/214a "訶罵" 註）（慧 45/311b "譏訶" 註）。// 歌： **歌** 虛我苦嫁二反（龍 354/07）（紹 198b8）。// 譇： **譇** 訶哥二音俗（龍 043/03）。// 岢： **岢** 呵古文從止作岢（慧 13/649a "呵嗽" 註）（慧 18/766b "訶叱" 註）。

嗃： **嗃** 俗音苛（龍 265/07）。

欱： **欱** 呼合反又呼洽反（龍 355/09）（玄 15/209b）（慧 58/610b）（玄 16/220a）（慧 65/779b）（慧 37/138a）（慧 40/203a）（慧 62/720b）（慧 63/729b）（慧 76/994a）（紹 198b9）；哈古文欱同（玄 12/156a、慧 52/456a "呼哈" 註）。// 哈： **哈** 五合反又古合呼合二反（龍 277/05）（玄 12/156a）（慧 52/456a）（慧 88/138b）（紹 182a1）；欱文中作哈非此義（玄 16/220a、慧 65/779b "欱作" 註）（慧 37/138a "欱取" 註）（慧 40/203a "吸欱" 註）（慧 62/720b "欱粥" 註）（慧 76/994a "呼欱" 註）。// 齢： **齢** 候閤反又他合反（龍 313/04）。**齢** 哈古文齢同（玄 12/156a、慧 52/456a "呼哈" 註）。

①參見《龍龕手鏡研究》189 頁。

骼：骼正呼洽反～齁鼻息也（龍363/09）。//齁：齁俗（龍363/09）。

蠚：蠚正呼各施隻丑略三反（龍224/05）（紹164a8）；螫古文作蠚（希3/373a"蜇螫"註）。
蠚或作（龍224/05）（玄19/261b）（慧56/570b）（玄22/294b）（慧48/379b）。蛒或作（龍224/05）。

歛：歛正呼盉反大歎也（龍355/06）。

hé 合：合會古文合同（玄9/129c、慧46/338a"機會"註）。

邰：邰音合（龍457/07）（慧94/227a）（紹169a9）。

圁：圁音合（龍175/08）。

迨：迨胡合反迨遝行相及也（龍493/09）。

桛：桛音合桛楉朝舒暮歛木也（龍387/07）。

敆：敆古合反會也（龍121/07）。敆古合反（龍531/04）。

秴：秴今音合耕也（龍365/08）。//糚或作（龍365/08）。

詥：詥音合諧也亦作合（龍052/03）。

茉：茉音禾草名又音科（龍253/04）。//菏：菏同上（龍253/04）。

肞：肞音禾棺板也（龍361/09）。

盉：盉和俰二音調五味器也（龍328/06）。

河：河音何（希2/364c）。

啵：啵呼可反擊也（龍529/08）。敆俗呼可反（龍120/04）。

呵：呵俗音何（龍266/08）（紹184a6）。

嗬：嗬呼加呼賈呼可三反大笑也（龍266/10）。

呴：呴今音和（龍268/09）（紹184a6）。咮或作（龍268/09）。呆俗（龍268/09）。

盉：盉正胡臘反（龍329/03）（紹173a7）；盉正從大從血從去作盉俗字也（慧98/299b"溢死"註）（慧98/308b"溢死"註）。盉或作何不也胡臘反正从皿作（龍538/07）。盉或作（龍538/07）。盉或作（龍329/03）。

嗑：嗑胡臘反～噬易卦又古盉反多言也（龍277/10）（慧2/427a）（慧96/261b）。

熆：熆正胡臘反玉篇吹火切韻作愶（龍245/05）。熆俗（龍245/05）。

幰：幰胡臘反吹火幰（龍140/02）。憵俗胡塔反正作幰吹火憵也（龍063/03）。

簉：簉音盍籩篊也（龍395/02）。

闔：闔含閣反（慧45/313a）。闔含臘反（慧19/780a）（慧36/121a）（慧36/126b）（慧85/89a）（慧90/168b）。闔正胡塔反閶闔門扇也（龍095/02）（玄4/55b）（慧43/267a）（慧75/978b）（慧56/562a）（慧93/217a）（紹195a10）。闔通（龍095/02）（玄7/96c）（玄12/165c）（玄19/256a）（慧84/73a）（慧100/349a）；闔經從盍非也（慧36/121a“闔以捨囉梵”註）。闔俗（龍095/02）。闔閶傳文從畜作～非也（慧90/168b“閶席”註）。

蚵：蚵音何蚵蠶（龍221/08）。

鮰：鮰音何魚名（龍168/05）。

涸：涸何各反（龍235/07）（慧2/434b）（慧7/522b）（慧10/590b）（慧23/873a）（慧24/885b）（慧29/1027b）（慧29/1030b）（慧41/224a）（慧43/254b）（慧39/170a）（慧76/991b）（慧92/207a）（希2/362a）（紹188a2）。//瀬：涸涸蒼頡篇作滷古字也（慧10/590b“竭涸”註）。//沍：汙又下各反①（龍234/09）。

狢：狢胡各反（龍320/02）（紹167a2）；貃經中從大作狢字也（慧14/665b“狐狢”註）（希9/413c“貍貃”註）。

貃：貃胡各反（龍322/04）。貃何各反（慧51/447b）。貃貃考聲亦作～（慧14/665b“狐貃”註）。貃何各反（慧14/665b）。貃何各反（慧63/736a）（希9/413c）。貃胡各反（龍322/04）；貃或作貃（慧51/447b“狐貃”註）。貃或作（龍322/03）。貃今（龍322/04）。貃或作（龍322/04）。貃俗（龍322/04）。貃俗（龍322/03）。//狢：狢貃或有作貉亦通（慧14/665b“狐貃”註）。狢貃或作貃論文作狢俗字也（慧51/447b“狐貃”註）（慧63/736a“狐貃”註）。

劾：劾（慧88/136b）；刻集從力作劾非也（慧97/286b“徵刻”註）。劾恒尅反（慧94/233a）（希10/420b）。劾胡得胡槩二反（龍555/02）（紹202a3）；劾從力亥聲不從刀傳作刻非也（慧88/136b“勘劾”註）（慧94/233a“椎劾”註）（希10/420b“推劾”註）。

核：核下革反（龍385/02）（慧25/928b）（慧34/87b）（慧61/694b）（慧62/698a）（紹157b6）；覈

①《叢考》：乃“涸”的俗字（407—408）。

今作核同（玄 7/101b、慧 32/32a "精覈" 註）；械經文作核非也（玄 12/156c、慧 52/477b "桁械" 註）（慧 43/257b "鑽械" 註）。

籺：籺 下没反糠籺謂米之堅者舂不破也又胡結反（龍 147/02）（慧 48/371a）。𥣬痕入聲一音胡結反（玄 22/288b）。

紇：紇 正胡没反又胡結反（龍 404/08）（玄 8/111a）（慧 33/61b）（慧 10/598a）（紹 191a6）。紇俗（龍 404/08）（慧 49/411b）。

麧：麧 下没反麧糒也正作籺（龍 506/03）。麧 胡骨切（紹 148a3）；籺又作～同（玄 22/288b、慧 48/371a "无籺" 註）。//粔：粔 音氣（龍 305/09）。

齕：齕 正胡結胡没二反齧也（龍 313/02）（慧 98/308b）（紹 146b2）。齕 通（龍 313/02）。齕俗（龍 313/02）。

氍：氍 正胡曷反毛布也（龍 136/07）。氍 寒葛反（慧 24/899b）（慧 26/937b）（紹 145a6）。氍俗（龍 136/07）。氍俗（龍 136/07）。氍同上[氍]（龍 136/07）。

蝎：蝎 音曷（龍 224/06）（慧 66/795b）（紹 164b6）。

糨：糨 玉篇音曷白米也香嚴又火丸反（龍 306/01）。

鞨：鞨 正胡葛反又音羯（龍 450/09）（希 5/389c）。鞨俗（龍 450/09）。

鶡：鶡 胡葛反（龍 289/03）（玄 5/66c）（玄 8/111c）（慧 33/62b）（玄 13/173c）（慧 57/600a）（慧 16/708b）（慧 17/736b）（慧 19/781b）（慧 26/957b）（慧 74/958b）（慧 86/107b）（慧 95/243b）（紹 165b3）；羯諸經皆作鶡（玄 7/104b "羯鴨" 註）。

髐：髐 胡葛反髐骱扇骨（龍 481/09）。

頜：頜 合音又五感渴苔葛合三切（紹 170b5）。

骱：骱 今胡葛反堅骨兒（龍 481/08）。骱 正（龍 481/08）。骱 通（龍 481/08）。

翮：翮 正行革反鳥羽本也（龍 327/10）（慧 23/867a）（慧 39/180a）（慧 69/847b）（慧 92/205b）（慧 100/351a）（希 2/363c）（希 8/406c）（紹 147a6）。翮俗（龍 327/10）。//翮：翮 或作（龍 327/10）。

覈：覈 胡革反（龍 197/07）（玄 7/101b）（慧 32/32a）（玄 12/158a）（慧 74/955b）（慧 41/211b）（慧 60/672a）（慧 62/702a）（慧 63/734b）（慧 80/1072b）（慧 80/1085a）（慧 82/30b）（慧 84/81a）（慧 8

7/125a）（慧 88/140b）（慧 88/144a）（慧 89/152a）（慧 89/161a）（慧 91/184b）（慧 91/191b）（慧 9

3/211a）（慧 97/273b）（慧 100/336b）（紹 202b3）。**毊** 通戶革反正作毊（龍 309/01）（慧 90/17

0a）（紹 144a5）；**毊** 又作毊（玄 7/101b、慧 32/32a "精毊" 註）（慧 62/702a "談毊" 註）（慧 10

0/336b "善毊" 註）。**毊** 俗（龍 309/01）。**毊** 俗（龍 309/01）。**毊** 俗（龍 309/01）。

hè 和：**和** 胡臥反（玄 3/36b）（慧 09/570b）（玄 8/116c）（玄 9/130a）（慧 46/339a）（初編玄 648）（慧 2

7/966a）（慧 38/161a）（慧 38/163a）（希 2/363a）；利今傳文作天利五年誤書也應為和字

也（希 10/421a "天利" 註）。

恝：**恝** 和禍二音琳法師云僻字也今作和字[①]（龍 064/05）（慧 77/1031a）（慧 78/1045b）（慧 8

0/1071b）（慧 80/1080b）（紹 131a10）。

何：**何** 説文胡歌反諸書胡可反（玄 6/86a）（玄 17/231a）（慧 70/855a）；胡可反説文何今皆

作荷（玄 3/48a "荷擔" 註）（初編玄 671 "肩拘" 註）（慧 12/626a "荷擔" 註）；古文拘今作何

同（玄 22/298c、慧 48/386a "荷乘" 註）（玄 24/328b、慧 70/875b "荷負" 註）。//拘：**拘** 胡

可反（初編玄 671）；何古文拘（玄 6/86a "何負" 註）（玄 14/192b、慧 59/643b "荷扰" 註）；

荷古文作柯亦同（慧 10/595a "荷擔" 註）。**拘** 説文何古文柯同（玄 3/48a "荷擔" 註）；

荷又作柯何二形同（玄 24/328b、慧 70/875b "荷負" 註）。**柯** 古文拘今作何同（玄 22/2

98c、慧 48/386a "荷乘" 註）（玄 23/309c、慧 47/360b "又荷" 註）。

荷：**荷** 音荷又上聲（龍 256/09）（玄 3/48a）（玄 14/192b）（慧 59/643b）（玄 22/298c）（慧 48/386a）

（玄 23/309c）（慧 47/360b）（玄 24/328b）（慧 70/875b）（慧 8/546a）（慧 10/595a）（慧 10/596a）（慧

12/626a）（慧 14/678a）（慧 15/696b）（慧 27/979b）（慧 32/42b）（慧 98/296b）；何今皆作荷（玄

6/86a "何負" 註）（玄 17/231a、慧 70/855a "何負" 註）；苛傳文作荷非也（慧 89/151a "苛虐"

註）。

佫：**佫** 胡各反人姓也（龍 039/01）（紹 129b5）。

垎：**垎** 胡格反土乾也（龍 252/07）；烙傳文作垎俗字也（慧 94/237a "又烙" 註）。

猲：**猲** 又許葛反（龍 319/10）（紹 166b8）；恐嚇亦言恐猲音虛割反（玄 11/140a、慧 56/547b

"恐嚇" 註）。**獥** 又許葛反（龍 319/10）。

---

① 《龍龕手鏡研究》："恝" 乃佛經中的譯音用字，屬新造譯字（175）。

餲：**餲**呼葛反白色也（龍 431/09）。

褐：**褐**寒割反（慧 83/47a）（慧 86/105b）（慧 87/127b）（慧 91/194a）（慧 99/314a）（慧 100/331a）。

歇：**歇**呼葛反訶也怒也（龍 276/03）（玄 5/68a）（慧 44/288b）（玄 22/289c）（慧 13/649a）（慧 43/253b）（慧 60/663a）（慧 62/709a）（慧 63/726a）（紹 183a10）。

赫：**赫**亨格反（龍 524/05）（玄 24/328c）（慧 70/875b）（慧 8/536b）（慧 21/813b）（慧 21/827a）（慧 23/863a）（慧 23/874a）（慧 29/1020a）（慧 30/1040b）（慧 37/136b）（慧 68/822b）（慧 99/317a）（希 2/362b）（希 6/397b）（希 8/407a）（希 10/419b）（紹 202a2）；恐嚇亦作恐赫（玄 11/140a、慧 56/547b "恐嚇" 註）。**萗**音赫（龍 264/06）。**萗**（慧 23/863a）；赫字文作～（慧 23/863a "威光赫弈" 註）（慧 37/136b "赫弈" 註）（慧 99/317a "歊赫" 註）。**赫**許危許革二反①（龍 073/07）。//爀：**爀**呼麥反又許赤反（龍 245/01）；赫經文從火作爀非（希 6/397b "赫奕" 註）（希 8/407a "赫赫" 註）。

嚇：**嚇**正呼嫁反又呼格反（龍 273/08）（玄 1/12b）（慧 42/232b）（玄 4/58c）（玄 5/68a）（慧 44/288b）（玄 8/110a）（慧 19/789b）（玄 11/140a）（慧 56/547b）（玄 19/259b）（慧 56/567a）（慧 19/789b）（慧 77/1015a）（希 9/412b）（紹 182b3）。**嚇**呼嫁反（慧 43/274a）。**嚇**俗（龍 273/08）。**赫**俗（龍 273/08）（玄 10/139b）（慧 47/350b）。**嚇**音嚇②（龍 279/01）。

爀：**爀**正呼格反（龍 244/08）（慧 36/118a）（紹 189b3）。**爈**俗（龍 244/08）。

嗺：**崔**胡沃反高也（龍 158/09）。**崔**古文鶴今作崔同（玄 1/17c "白鶴" 註）。**嗺**俗胡沃反正作崔高也香嚴又空卓反（龍 536/08）。

朣：**朣**呵各反（慧 61/693b）（慧 62/720b）（慧 69/838b）。**朣**俗訶各反（龍 415/07）（慧 74/954b）（慧 58/608b）（慧 70/870b）（慧 66/798a）（慧 72/905a）（慧 85/91a）。**朣**訶各反（慧 15/693a）（慧 81/11b）。**朣**呼各反（慧 26/937a）。**朣**正訶各反（龍 415/07）（玄 1/9b）（玄 2/27c）（慧 17/743a）（玄 12/157c）（玄 15/208a）（玄 24/325b）（慧 35/108a）（紹 135b10）；朣經中作朣謬也（慧 15/693a "羹朣" 註）（慧 53/487b "羹朣" 註）。//饉：**饉**俗呼各反正作朣羹朣（龍 503/06）。**饕**俗（龍 503/06）。**餮**俗（龍 503/06）。

---

①參見《龍龕手鏡研究》179 頁。
②《叢考》：此字疑為 "嚇" 的俗字（318）。

鶴：鶴何各反（慧 25/909b）（慧 54/512a）（慧 86/106b）（慧 91/189a）（希 2/363c）（希 4/378b）。鶴俗（龍 289/02）。鶴何各反（慧 51/434b）（希 9/416a）。鶴正何各反似鵲而嘴長仙鶴祥鳥也（龍 289/02）。鶴俗同上（龍 289/02）。鶴何各反（慧 4/468b）（玄 1/17c）（慧 10/598b）（慧 14/677b）（紹 165a7）。鶴俗（龍 289/02）。//鵠：鵠胡各切（紹 165a7）。//鴝：鴝舊藏作鶴字（龍 289/02）。

壑：壑呵各反（慧 31/5a）（慧 49/412a）（慧 53/493b）。壑正呼各反（龍 251/08）（紹 161a6）。壑呼各反（慧 27/982a）（慧 30/1053a）（慧 83/62b）（慧 84/73b）（慧 91/185b）。壑壑集文從土作～亦通也（慧 88/149a "淵壑" 註）。壑呵各反（慧 88/149a）。壑訶各反（慧 18/752a）。壑呼各反（玄 6/87a）（玄 23/305a）（慧 47/351b）（紹 161a6）；壑或作～（慧 30/1053a "壑空" 註）（慧 42/246a "崞壑" 註）。壑訶各反（慧 22/839a）。壑俗呼各反（龍 251/08）。壑俗呼各反（龍 251/08）。壑俗呼各反（龍 251/08）（慧 42/246a）（紹 161a6）；壑經作～俗字也（慧 30/1053a "壑空" 註）；壑論作～非也（慧 51/439a "豁脫" 註）（慧 53/493b "林壑" 註）。壑呼各切（紹 161a6）。壑俗（龍 251/08）。壑壑正黑各切（紹 131b3）。

奰：奰烏高反[1]（龍 185/03）。

熇：熇正呼木呼各二反（龍 244/06）（玄 19/253c）（慧 56/558b）（玄 20/267c）（慧 33/55a）（紹 190a7）。熇熇正呼木黑各呼交三切（紹 190a7）。熇俗（龍 244/06）。

鴞：鴞呼角反鳥肥也（龍 328/02）。鴞正胡老反鴞素之兒也又胡沃反鳥名也（龍 185/05）。鴞俗（龍 185/05）。

獣：獣呼各反草肥死兒（龍 356/01）。

潶：潶呼北反水名（龍 236/10）。

歊：歊呼北反唾聲川韻又作特反（龍 356/01）。

柯：柯音賀被袖也（龍 106/03）。//襑：襑（龍 106/03）。

閡：閡嚇方言作閡同（玄 5/68a、慧 44/288b "脅嚇" 註）；恐咻方言作恐閡（玄 10/139b、慧 47/349b "恐咻" 註）；恐嚇方言作恐閡（玄 11/140a、慧 56/547b "恐嚇" 註）。

歈：歈呼盍反魶～魚名也（龍 171/02）。

---

[1]參見《叢考》1146 頁。

hen

hén 根：**根**戶根反急引也（龍208/09）。

痕：**痕**戶恩反瘢痕也（龍468/05）（玄18/241b）（慧73/929a）（玄23/316a）（慧49/397b）（慧4/471a）（慧40/200a）（希3/371b）（希5/384c）（紹193a4）。**痕**紇恩反（慧62/715b）。

服：**服**痕篆文作服同（玄18/241b、慧73/929a"痕跡"註）。

鞎：**鞎**戶恩反車楬前飾（龍447/09）。

hěn 很：**很**痕墾反今隸書因草略也（慧19/783a）。**很**胡狠反很戾也（龍497/04）（玄3/46a）（慧10/580a）（玄8/113a）（玄25/338a）（慧71/892b）（慧16/712b）（慧45/316b）（慧66/796a）；**鯨**字宜作很（玄16/221c、慧65/764b"鯨戾"註）；很字正體從彳今從亻者俗也（慧23/859a"頑很"註）。//佷：**佷**胡墾反很戾難回也（龍029/03）（玄8/113a）（玄18/241a）（慧73/928b）（慧12/633a）（慧14/676a）（慧15/682b）（慧18/757b）（慧22/838b）（慧23/859a）（慧26/942a）（希3/371a）（紹128b5）；很論文從人作佷錯誤也（慧66/796a"很憪"註）（慧68/823b"傲很"註）。

詪：**詪**正胡典反諍語也又古恨反難語也（龍045/09）。**詋**俗（龍045/09）。

hèn 恨：**恨**何艮反（慧8/535b）（慧20/794b）（慧41/229a）（希1/359b）（希3/374c）。

heng

hēng 亨：**亨**亨正（紹200a1）。

悙：**悙**音亨憉悙自強嗔皃。（龍055/08）。**悙**亨音（紹131a7）。

脝：**脝**音亨（龍408/08）（紹136b5）。

殏：**殏**正音亨殏殏枯死也（龍514/03）。**殏**俗（龍514/03）。

héng 恒：**恒**胡登居曾二切（紹130a7）。

姮：**姮**胡登切（紹141a10）。

衡：**衡**正衡字（慧92/197a）（希10/421c）。**衡**今戶庚反（龍497/03）（慧92/199b）。**衡**何庚切（紹172b7）。**斳**音衡（龍081/02）。**衡**俗戶庚反（龍497/03）。**衡**俗戶庚反（龍

497/03）。//奥：奥音衡（龍538/09）。奥音衡（龍538/09）。奥音衡（龍538/09）。奥音衡（龍538/09）。奥音衡（龍538/09）。南音衡（龍538/09）。突音衡（龍508/02）。宗音衡（龍508/02）。突音衡（龍156/03）。橐衡音（龍544/01）。

蘅：衡户庚反杜蘅香草（龍255/08）。蘅下庚反（玄11/146a）（慧52/459b）。衡莖今經文作蘅（玄8/109c、慧28/1007a"莖華"註）。

胻：胻户郎反又户庚反（龍409/03）（玄18/244c、慧72/915b"脛骨"註）（慧1/409b"兩脛"註）（紹136b1）。

珩：珩户庚反珮上玉也（龍433/07）（慧77/1025b）（慧85/101a）（慧94/240a）（慧98/305a）（紹141a6）。

横：横懷孟反（慧6/504b）（慧11/600a）；橫經文或從木作横亦通（慧78/1040b"誣橫"註）。橫獲孟反（慧27/977b）。橫胡觥反（玄14/197b）（慧59/651b）（慧2/429b）（慧78/1040b）。

鐄：鐄音横織也（龍182/07）。

飈：飈正音横～飆也（龍126/05）。飆俗（龍126/05）。

hong

hōng 烘：烘呼東反火皃又音紅燎也（龍239/06）（紹189b9）。//烹俗火紅反正作烘火皃（龍180/02）。//烹俗（龍180/02）。//㷇俗（龍180/02）。

颮：颮火紅反大風也（龍126/08）。

灯：灯音紅火盛皃（龍240/06）。

粓：粓正音紅陳赤米也（龍304/07）。//粠或作（龍304/07）。

豇：豇音紅大聲（龍177/08）。

詤：詤呼紅反豇～大聲也（龍177/08）。

匉：匉呼萌反匉匉大聲也（龍140/04）（慧83/59b）；詢衛宏作匉昀竝通（慧4/476a"不詢"註）。

潢：潢呼萌反水名又水聲亦大也（龍228/08）。

愪：愪呼萌反㤭愪也（龍053/07）。

飅：飅呼厷反風聲（龍 126/05）。

鍠：鍠呼萌反鏗鍠鐘聲與鼓聲相襍也（龍 009/01）（慧 83/59b）（慧 84/78b）；鍠傳文作鍠音呼宏反鐘鼓相雜聲也（希 10/418b "鏗鍠" 註）。//鈜：鈜户萌反金聲也（龍 008/09）。//鋐：鋐正作此鍠也傳從宏作鋐撿字書無此字（慧 83/59b "鏗鍠" 註）；鍠或為喤字皆一也傳中作鋐俗字也（慧 88/133b "鏗鍠" 註）。

薨：薨呼弘反（初編玄 562）（慧 55/543a）（玄 20/272a）（慧 75/973a）（慧 54/516b）（希 10/422a）（紹 154b4）。薨呼弘反大臣死曰薨（龍 257/02）（玄 04/59c）（玄 7/95c）（慧 28/999b）（玄 12/157b）（慧 74/953b）。

顤：顤正呼弘反惛迷也（龍 483/01）。//顪：顪俗（龍 483/01）。

飈：飈乎弘反～大風也（龍 126/07）。

曠：曠虎橫反鐘鼓聲也（龍 268/06）。

谾：谾許江反空谷也又呼東反孔空也（龍 525/08）。//頛：頛俗呼空反正作谾（龍 482/09）。

鎬：鎬鍠論文從宕作鎬非也（慧 84/78b "鏗鍠" 註）。

轟：轟正呼宏反衆車聲（龍 079/08）（玄 12/154b）（慧 52/453a）（玄 20/270c）（慧 74/940a）（慧 17/733a）（慧 37/133a）（希 9/411c）（紹 139a10）。//輷：輷正（龍 079/08）（紹 139a10）；轟今作輷（玄 12/154b "轟轟" 註）。//輷：輷或作（龍 079/08）；轟字書作輷同（玄 12/154b、慧 52/453a "轟轟" 註）（慧 17/733a "轟鬱" 註）。輷或作（龍 079/08）；轟今作輷（慧 52/453a "轟轟" 註）。輷俗（龍 079/08）。//輷俗（龍 079/08）。

hóng 仜：仜音紅身肥大也（龍 027/04）。

虹：虹音洪（龍 073/02）。

虹：虹正音紅（龍 220/01）（玄 1/11c）（慧 17/746b）（玄 4/58c）（慧 43/274a）（慧 58/625b）（玄 19/253c）（慧 56/558a）（玄 25/333c）（慧 71/885a）（慧 44/279b）（慧 76/998a）（慧 88/147a）（慧 100/348b）（希 5/389b）（紹 164a5）。虹胡公反（玄 15/212a）（慧 8/555a）（慧 23/858b）（慧 24/897b）（慧 31/4b）（慧 42/243a）。//蚣俗音紅（龍 220/01）。//亐古文音紅今作虹（龍 547/09）。

訌：**訌** 户公反 誼潰也（龍044/04）。

紅：**紅** 胡公反（慧3/449a）。

釭：**甫** 正音紅（龍326/07）。**玨** 或作（龍326/07）；虹古文釭同（慧43/274a"白虹"註）（玄25/333c、慧71/885a"虹電"註）（慧8/555a"虹蜺"註）。**玥** 或作（龍326/07）。**扛** 古文户公反（龍210/06）。**扛** 舊藏作釭音紅（龍209/07）；虹古文釭同（玄4/58c"白虹"註）。**黽** 虹籀文～（慧8/555a"虹蜺"註）。

魟：**魟** 呼東反江魚似鱉又音紅白魚也（龍168/05）。

颪：**颪** 正音紅大風也（龍126/07）。**颬** 俗（龍126/07）。

颬：**颬** 大風（龍126/04）。

弘：**弘** 胡肱反（慧17/729b）（慧20/792a）。**弘** 弘正（紹145b5）。**弘**（麗20/285a）。**𢎨** 舊藏作弘（龍514/02）。

汯：**汯** 胡萌切（紹187a7）。**宖** 烏橫切（紹194a9）。

宏：**宏** 户萌反大也（龍155/08）（玄22/291a）（慧48/374b）（慧1/406b）（慧77/1025a）；橫律文作宏非此義（玄14/197b、慧59/651b"橫郭"註）；紘傳從宀作宏（慧83/46a"八紘"註）。**宏** 俗户萌反正作宏（龍507/06）。**宏** 俗户萌反正作宏（龍507/06）。

竑：**竑** 今户萌反量度也（龍519/01）。//竑：**竑** 或作（龍519/01）。

谹：**谹** 户萌反谷中響一曰谷名（龍526/01）。

宖：**宖** 正烏萌户萌二反屋響也（龍155/06）。**宖** 俗（龍155/06）。**窀** 烏萌户萌二反窨宖也（龍507/03）。

怮：**怮** 户萌反（龍055/05）。

泓：**泓** 烏宏反（龍226/07）（慧74/953a）（慧54/520a）（慧55/542a）（慧80/1071a）（慧80/1075b）（慧89/153b）（慧97/289a）（慧99/323b）（紹187a4）。**泓** 烏宏反（龍226/07）（玄5/69a）（慧10/582a）（玄17/238a）（玄20/271b）（慧57/595b）（慧84/69a）（紹187a4）。**泓** 烏宏反（龍226/07）（玄8/113c）。

耾：**耾** 户萌反耳語也（龍314/02）。

翃：**翃** 户萌反虫飛也（龍326/09）。

浤：**浤**户萌反浤浤汩汩水波勢（龍 228/08）。

紘：**紘**正户轟反綱網也（龍 396/07）（慧 83/46a）（慧 85/98b）（慧 88/149a）（紹 190b7）。**紭**今（龍 396/07）。**紭**紘亦從弘作紭（慧 85/98b "八紘" 註）。//綋：**綋**户轟反維也又八綋也又冠卷也（龍 396/07）。

鞃：**鞃**正音弘鞃軾中靶也（龍 448/08）。**鞃**通（龍 448/08）。**鞃**俗（龍 448/08）。**鞕**古弘反軾中靶也（龍 448/08）。

閎：**閎**户萌反（龍 092/02）（紹 195b2）。

䃔：**䃔**音紅石聲（龍 441/06）。

洚：**洚**户公反水道也（龍 228/06）。

陞：**陞**音洪坑也（龍 295/06）。

洪：**洪**户公反（慧 10/585b）（慧 41/212a）（慧 76/1001a）（慧 79/1060a）（慧 83/46a）。**洤**古文音供（洪）（龍 227/02）。**灉**户公反（龍 230/05）。

䇨：**䇨**户公反大壑䇨谷寺（龍 526/01）。

鈝：**鈝**音紅弩牙（龍 012/05）。

鴻：**雊**音紅鳥肥大鳴雊然也（龍 148/08）。**雊**鳿古文雊（玄 11/144a、慧 56/555b "鳿鳥" 註）；鴻或作雊鳿皆古字也（慧 4/468a "鴻鴈" 註）。//鳿：**鳿**（玄 11/144a）（慧 56/555b）（紹 165a6）；鴻或作雊鳿皆古字也（慧 4/468a "鴻鴈" 註）。//鴻：**鴻**正音紅鴈屬也大曰鴻小曰鴈（龍 285/04）。**鴻**胡公反（慧 4/468a）（慧 14/677b）；古文雊聲類或鴻字同（玄 11/144a、慧 56/555b "鳿鳥" 註）。**鴻**古（龍 285/04）。**鴻**俗（龍 285/04）。**鴻**音紅（龍 230/04）。

黌：**黌**音橫學也（龍 535/08）。**黌**橫音（紹 201b3）。

彋：**彋**户萌反彌彋開張皃也（龍 150/03）。**弦**同上（龍 150/03）。

搈：**搈**火橫反（龍 206/04）（慧 16/724b）。

碽：**碽**户冬反碽礑石落玉篇又攻洪二音（龍 440/01）。

渢：**渢**呼孔反風吹小陂（龍 127/06）。

哄：**哄**正胡貢反（龍 274/09）（玄 20/265c）；洪從口作哄誤也（慧 79/1060a "洪光" 註）；**哄**

吰經作哄字非也（慧54/510b "吰佛" 註）。**味**俗胡貢反（龍274/09）。**吅**俗胡貢反

（龍274/09）（紹184a2）。

澒：**虹**音紅潰澒水沸湧也（龍228/06）。

潢：**頊**又濛潢與鴻同（龍231/01）（玄8/113c）（慧16/714a）（慧22/849b）（慧85/91b）（紹17

0b5）。

潀：**潀**俱永呼猛二切（紹187a1）。**潀**胡猛反（龍232/09）。

hou

hōu 駒：**駒**呼侯反駒齁鼻息也（龍363/02）。

hóu 喉：**喉**候鈎反（慧47/364a）（慧54/521b）（慧81/17b）。

郈：**郈**音矦地名（龍454/09）。

猴：**猴**音侯猿猱之屬（龍317/03）（慧11/608a）（慧13/650b）（慧20/800b）（慧38/158b）（慧80/

1083a）（慧100/342a）（希4/377b）（希8/408a）。

睺：**睺**音侯半盲也又去聲（龍417/05）（玄2/15c）（慧21/814b）（希6/397c）（紹142b8）。

膮：**膮**侯音（紹136b9）。**膮**俗音矦（龍406/09）。

蚼：**蚼**音矦虫也（龍222/01）。

瘊：**瘊**音矦瘡瘻也（龍471/07）。**瘊**俗音侯①（龍299/01）。

篌：**篌**音侯（龍387/09）（慧4/471b）（慧26/931b）（希1/355a）（慧26/931b）（希6/396b）（希9/41

2b）。

簂：**簂**音侯谷名在戒[成]高（龍526/01）。//餚：**餚**（龍526/01）。

猴：**猴**正音侯飛勢也又羽初生又去聲（龍327/03）。**翔**俗（龍327/03）。

鍭：**鍭**侯候二音尔疋云金鏃箭羽也（龍012/07）（紹181a1）；鈎集本作鍭音侯非其義也

（慧96/261b "河鈎" 註）。

餱：**餱**音矦（龍499/08）（玄1/14b）（慧42/236a）（玄7/100a）（慧19/788b）（慧88/142b）；糇説

文從食作餱考聲作糇（慧92/208a "糇粒" 註）。//糇：**糇**音矦（龍304/02）（慧92/208a）

① 《叢考》：此字疑為 "瘊" 的俗字（396）。

（紹196b3）；餱經文從米作糇非也（玄1/14b、慧42/236a "餱糧" 註）（玄7/100a "餱糧" 註）（慧19/788b "餱糧" 註）（慧88/142b "餱粮" 註）。**糦** 糇正侯音（紹196b3）。

謑：**謑**①音侯（龍042/02）。

傾：**傾**音侯（龍027/08）（龍482/09）（玄8/113c）。

躱：**鵺**躱正侯音（紹165b8）。

鯸：**鯸**音侯～鮐魚（龍167/02）。

鉒：**鉒**音侯鏂鉒錏鍜也（龍013/08）。

骺：**骺**音俟骨骺（龍479/08）。

hǒu 唗：**唗**正胡口反（龍271/09）（龍270/08）；嘔又作歐唗二形同於口反（玄10/135a、慧49/399b "嘔血" 註）。//嗕：**嗕**或作胡口反（龍271/09）。

牯：**牯**音吼㸔牛子也又音嘔特牛也又音口（龍116/05）。

吼：**乳**呼狗反（玄18/245b）（慧73/924a）（玄22/292c）（慧48/377b）（慧18/767b）（慧26/945a）（慧39/171b）（慧66/787b）（慧69/843a）（慧79/1055b）（慧93/218a）；呴又作吽拘吼三形同（玄21/283b "號呴" 註）（玄23/307a、慧47/354b "哮吽" 註）（慧40/194a "一吽" 註）（慧76/998a "虓吽" 註）（慧77/1015a "吽嚇" 註）。

牪：**牪**口吼二音牛鳴也（龍116/03）。

㸔：**㸔**音吼㸔牛子也（龍116/05）。

呴：**呴**正音吼（龍270/09）（玄11/143b）（慧56/554b）（玄19/260b）（慧56/569a）（玄20/266b）（玄21/283b）（慧43/262b）（慧96/260a）；古文呴吽二形今作拘[㸔]同（玄11/143b、慧56/554b "呴喊" 註）（玄22/292c、慧48/377b "哮吼" 註）（玄23/307a、慧47/354b "哮吽" 註）（慧18/767b "吼聲" 註）（慧66/787b "哮吼" 註）（慧76/998a "虓吽" 註）（慧77/1015a "吽嚇" 註）。**呞** 俗音吼（龍270/09）。//吽：**吽**正音吼川韻又乎音反（龍270/09）（玄20/265b）（玄23/307a）（慧47/354b）（慧10/598a）（慧10/599a）（慧35/108a）（慧40/194a）（慧76/998a）（慧77/1015a）；古文呴吽二形今作拘[㸔]同（玄11/143b、慧56/554b "呴喊" 註）（玄19/260b、慧56/569a "唱呴" 註）（玄21/283b "號呴" 註）（玄22/292c、慧48/377b "哮吼" 註）（慧18/767

①此字與《玉篇》胡遘切、訓 "言皃" 的 "謑" 是否同字，待考。

b "吼聲"註）（慧 69/843a "哮吼"註）（慧 96/260a "獸呴"註）；吼亦作吽（慧 39/171b "吼謨"

註）（慧 66/787b "哮吼"註）；斛梵字無反如牛吼聲或作吽同（慧 40/191a "斛泮"註）。//

拘：拘音吼（龍 116/05）；呴又作吽拘吼三形（玄 21/283b "號呴"註）（玄 23/307a、慧 4

7/354b "哮吽"註）（慧 18/767b "吼聲"註）（慧 40/194a "一吽"註）（慧 76/998a "虓吽"註）（慧

77/1015a "吽嚇"註）（慧 96/260a "獸呴"註）；詢或誤為吼呴吽拘四字亦通（慧 18/762b

"號詢"註）。拘古文呴吽二形今作拘[拘]同（玄 11/143b、慧 56/554b "呴喊"註）（玄 19

/260b、慧 56/569a "唱呴"註）（玄 22/292c、慧 48/377b "哮吼"註）。牟音吼（龍 116/05）。

詢：詢音後罵也（龍 047/08）（慧 18/762b）。

欪：欪呼候反數欪又音透唾欪也或作呕（龍 359/08）。

趍：趍虛斗反俗（龍 324/10）。

hòu　后：呙音后（龍 550/05）。

邱：邱正胡口反鄉名（龍 456/02）。郈俗（龍 456/02）。郈俗（龍 456/02）。邱俗（龍 456

/02）。

逅：逅正胡搆反（龍 492/03）（慧 40/200b）（慧 84/84a）（希 5/386b）（紹 138b5）。逅俗胡搆反

（龍 492/03）。

鮜：鮜音后魚名也（龍 170/03）。

厚：厚胡茍反（玄 14/184a）（慧 59/630b）（希 3/373b）。厚音後（龍 300/08）。厚音厚（龍 30

2/06）。//垕：垕古文厚字（龍 250/07）。垕厚古文垕同（玄 14/184a、慧 59/630b "親厚"

註）。//含音厚（龍 037/02）。會古文厚字（龍 036/08）。//惇古文音厚①（龍 058/09）。

僷：僷音候石蜜膜也（龍 123/07）。

賳：賳音候賳瞜貪財之兒也（龍 352/08）。

豞：豞呼豆反豕聲也（龍 321/02）。

鱟：鱟音候魚名形如車文青黑色二足似蟹長五六尺子如麻子（龍 170/07）。鱟音沃魚

名（龍 536/02）。

---

① 《字海》："同厚"（600）。但不知何據。

hu

hū　虍：**虍**荒烏反（龍 200/02）（慧 1/404a "栖慮" 註）。

　　虖：**虖**胡呼二音歎虖（龍 200/03）。**虖**音呼（龍 539/03）。

　　雐：**雐**音呼鳥名也（龍 200/04）。

　　嘝：**嘝**正呼嫁反虎聲（龍 273/08）。**嘝**今（龍 273/08）。**嘝**嘝正荒故呼架二切又呼音（紹184b5）。**嘝**嘝正荒故呼架二切又呼音（紹 184b6）。**嘝**嘝正荒故呼架二切又呼音（紹184b6）。

　　歔：**歔**正音呼温吹氣息兒也（龍 354/01）。**歔**俗（龍 354/01）。

　　謼：**謼**荒孤荒故二反大呼號也（龍 042/07）（慧 31/22b）（紹 186a3）。**謼**火故反（慧 52/481a）。**謼**火故反（玄 13/178b）。

　　魖：**魖**荒胡反鬼兒（龍 323/03）。**魖**同上（龍 323/03）。

　　辺：**辺**音勿遠也（龍 494/03）。

　　昒：**昒**古文音忽（龍 430/01）。**曶**古文音忽（龍 430/01）。

　　曶：**曶**音勿（龍 555/04）。

　　曶：**曶**玉篇呼没普没二反急視兒也（龍 424/02）。

　　滔：**滔**經音義晦退二音云滔潰也香嚴又音泯①（龍 234/05）（慧 42/246b）。

　　雺：**雺**音忽雺雷也（龍 309/02）。

　　忽：**忽**昏骨反亦作惚也（慧 51/445a）；惚或作忽（希 8/406a "恍惚" 註）。

　　嗯：**嗯**俗音忽（龍 277/03）；歆歆經文作嗯嗯非也（玄 11/142b、慧 56/551b "歆歆" 註）。

　　惚：**惚**音忽佛名（龍 164/08）。

　　惚：**惚**音忽悗惚失志兒（龍 062/08）（慧 09/572b）（慧 100/339a）（希 8/406a）（紹 130b8）。

　　㳉：**㳉**烏没反水出聲也（龍 236/06）（慧 23/878b）（慧 87/119a）（紹 188b4）。**滔**隨函云合作㳉玉篇又音忽（龍 237/07）。

　　蒫：**蒫**音忽床蒫也（龍 264/07）。

---

①參見《龍龕手鏡研究》226 頁。

總：**總**音忽微也 (龍 403/04)。

颰：**颰**今音忽疾風皃 (龍 128/04)；欻或從風從忽作颰 (慧 3/451b "欻爾" 註)。**颰**俗音忽 (龍 128/04)。**颰**古文音忽疾風貌 (龍 555/09)。//颰：**颰**許物反疾風也又郭氏俗音魃 (龍 128/02)。**颰**同上 (龍 128/02)。**颰**許勿反① (龍 333/08)。**颰**許勿反 (龍 316/10)。**颰**許勿反 (龍 316/10)。**颰**颰正忽音 (紹 150a4)。**颰**許勿反② (龍 523/02)。

乎：**乎**古文乎字 (龍 544/03) (慧 18/749a) (慧 20/792a)。**乎**古文乎字 (龍 544/03)。

浮：**浮**音呼水也 (龍 228/06)。//滹：**滹**音呼水也 (龍 228/06)。

呼：**哮**虎胡反 (慧 30/1037b)。**呼**火胡反 (玄 7/93a) (慧 28/995b) (玄 7/100c) (慧 76/994a) (慧 77/1015b) (紹 182a7)。//評：**評**音呼亦喚也 (龍 040/04)。

軒：**軒**正音呼人姓 (龍 081/07)。**軒**俗 (龍 081/07)。

乾：**乾**正音忽急擷也 (龍 451/06)；擽《說文》作觐經文作乾皆一也 (玄 12/167a、慧 75/985b "連擽" 註)。//**乾**俗音忽急擷也 (龍 451/06)。

慰：**慰**音忽寢慰覺怒也香嚴又許役蘇管二反 (龍 069/03)。

憮：**憮**無謝二音 (紹 131b10)。

莝：**莝**許勿反 (龍 540/06)。

癏：**癏**正言忽睡覺也 (龍 158/07)。**癏**或作 (龍 158/07)。

闔：**闔**胡沃反門聲 (龍 095/09)。

hú　胡：**胡**戶孤反 (玄 1/13b) (慧 42/234b) (玄 10/131b) (慧 47/366b) (玄 23/316b) (慧 49/398a) (玄 24/322a) (慧 70/865b) (慧 43/259b)；頜又作胡同 (玄 17/231b、慧 70/856a "頜尾" 註)。**胡**俗音胡人名也③ (龍 327/03)。**肪**頜又作胡肪二形同 (玄 17/231b、慧 70/856a "頜尾" 註)。//頜：**頜**音胡牛頸下垂 (龍 483/08)；胡又作頜同 (玄 1/13b、慧 42/234b "垂胡" 註) (玄 10/131b、慧 47/366b "垂胡" 註) (玄 17/231b、慧 70/856a "頜尾" 註) (玄 23/316b、慧 49/398a "胡等" 註) (玄 24/322a、慧 70/865b "犎胡妃" 註)。//**咽**胡又作咽同 (玄 1/13b、慧 42/234b "垂胡" 註) (玄 10/131b、慧 47/366b "垂胡" 註) (玄 23/316b、慧 49/398a "胡等" 註) (玄 24/

①參見《叢考》87 頁。
②參見《叢考》252 頁。
③參見《字典考正》336 頁。

322a、慧 70/865b "犎胡妃" 註）。

葫：**瓡**古文葫字（龍 195/04）。

箶：**葫**音胡箶籭又竹名也（龍 388/08）。

湖：**湖**音胡（龍 226/09）（玄 4/57a）（慧 43/271b）（玄 5/65a）（慧 1/413b）（慧 12/626b）（慧 42/24 8b）（希 8/406b）；醍醐集本從水作湜湖字非也（慧 96/260a "醍醐" 註）。

瑚：**瑚**正音胡珊瑚也（龍 432/04）（慧 1/416a）（慧 18/757a）（慧 22/840b）（慧 25/917a）（慧 35/97a）（希 5/388b）（紹 141a3）；鋤亦與瑚同也（慧 74/942b "定鋤" 註）。//**珸**俗音胡（龍 432/04）。//鋤：**鋤**音胡（龍 011/09）（慧 74/942b）。

猢：**猢**音胡獼猢似猿而白（龍 317/04）。

褌：**褌**音胡褌被也（龍 103/03）。

瘊：**瘊**音胡瘊癭物在喉中也（龍 470/08）。

糊：**粘**正音胡與麴亦同（龍 304/03）。//**糊**今音胡與麴亦同（龍 304/03）（慧 79/1066a）。

餬：**餬**今音胡（龍 499/05）（玄 7/95c）（慧 28/999b）（玄 8/116c）（玄 12/163c）（慧 75/969a）（玄 14/194a）（慧 59/646a）（玄 21/279b）（玄 21/285a）（慧 30/1052b）（慧 13/648a）（慧 25/915b）（慧 34/77a）（慧 62/714b）（慧 92/197a）（紹 171b9）；醍醐說文作飷餬二形（希 4/375b "醍醐" 註）。**飷**或作音胡（龍 499/05）；餬又作飷同（玄 8/116c "餬口" 註）（玄 12/163c、慧 75/969a "餬口" 註）；黏古作飷（慧 39/179b "麹黏" 註）。//餯：**餯**俗音胡（龍 499/05）。**饐**俗音胡（龍 499/05）。**鐽**俗音胡（龍 499/05）。//醐：**醐**音胡醍醐蘇中所出也（龍 309/07）（慧 60/666b）（玄 14/194a、慧 59/646a "飷餬" 註）（慧 11/614b）（慧 41/211b）（慧 72/909a）（慧 76/1004a）（慧 96/260a）（希 4/375b）；飷餬或從酉作醍醐俗用亦通也（慧 13/648a "飷餬" 註）（慧 25/915b "飷餬" 註）。

鵠：**鵠**音胡（慧 4/469b）（慧 36/116b）；獯狐準律文合作鸅鵠二字（希 9/412b "獯狐" 註）。**鵠**音胡鵜鵠淘河鳥也（龍 285/05）。

瓳：**瓳**音胡瓠瓳（龍 315/06）（玄 4/58b）（慧 43/273b）（玄 13/171a）（慧 57/598b）。//**瓳**俗音胡[1]（龍 316/03）。

---

[1] 參見《叢考》581 頁。

唶：**唶**胡音（紹182a3）。

鼳：**鼳**胡谷反瓦杯也（龍536/02）。

羺：**羺**胡沃反小羊（龍536/02）。

黏：**黏**古文音胡今作麴黏也（龍332/01）（慧65/774b）（慧39/179b）（紹196a1）。**黏**户孤反（玄16/215a）。**黎**音胡[1]（龍340/01）。**黎**音胡（龍340/01）。//麴：**麴**音胡黏也古作黏（龍504/09）；黏經從麥作麴俗字也（慧39/179b"麴黏"註）。//粘：**粘**黏又作粘同（玄16/215a、慧65/774b"米黏"註）（慧39/179b"麴黏"註）。//黏：**黏**黏亦作黏黐（慧39/179b"麴黏"註）。//䊱：**䊱**音胡正作黏（龍144/04）。

斛：**斛**正胡谷反斗也（龍512/08）。**斛**胡谷反（慧75/982b）（慧78/1048b）（慧89/160b）。**斛**斛正胡谷切（紹148b2）。**斛**俗胡谷反正作斛（龍171/04）。//䘐：**䘐**俗（龍512/08）。**䤥**紅谷反俗字也亦作斛（慧91/183b）。**䤥**音斛（龍556/04）。**斛**斛音（紹175a8）；斛經從百作斛俗字也（慧75/982b"千斛"註）（慧78/1048b"一斛"註）（慧89/160b"千斛"註）。**斛**斛正斛音（紹203b8）。**斛**斛正斛音（紹175a8）。**斛**胡谷反（龍432/01）。//斜：**斜**俗胡谷反[2]（龍445/05）。//斛：**斛**舊藏作斛胡谷反（龍512/08）。

薢：**薢**胡谷反石薢草也（龍263/07）。

槲：**槲**胡谷反（龍385/04）（玄13/176c）（慧54/524a）（慧82/37b）（希7/404a）。

弧：**弧**正音胡弓也（龍150/04）（玄5/66b）（慧34/88b）（玄13/178b）（慧52/480b）（慧21/830a）（慧23/859b）（紹145b7）。**弧**音胡（龍150/04）。弧，弧字經本有從矢邊作弧（慧21/830a"弧矢"註）。**弧**俗音胡（龍331/07）。

狐：**狐**音胡（龍317/05）（慧2/425a）（慧5/479b）（慧14/665b）（慧27/973b）（慧29/1027a）（慧41/209b）（慧43/259b）（慧63/736a）（慧76/1001a）（慧84/81b）（慧86/107b）（希9/412b）。

菰：**菰**音胡多草兒（龍255/04）。

縠：**縠**胡谷反投水聲（龍194/03）。

鷇：**鷇**胡谷反螻蛄也（龍194/02）。

---

①參見《叢考》528頁。
②參見《叢考》724頁。

觳： 觳胡角苦角二反受三斗之罷也（龍 194/06）。 馨㲎經文作～胡族反非此義也（玄 13/172b、慧 57/592b "端馨" 註）。 馨苦角反今作觳（龍 182/05）。 馨苦角反今作觳（龍 182/05）。//觳： 巖谷觳二音（龍 182/05）。

觳： 觳胡谷反（龍 194/02）（玄 10/138a）（慧 45/306a）（玄 22/300a）（慧 48/388b）（慧 20/796b）（慧 36/121b）（慧 36/123a）（慧 39/180b）（慧 88/147a）（慧 91/188b）（慧 98/302b）（希 5/386a）（希 5/388b）（希 7/400c）（紹 197b2）。 縠胡谷切（紹 190b6）。

㲄： 㲄湖谷反濁酒也（龍 194/03） 㲄胡谷反（龍 182/04）。

㲉： 㲉胡谷切（紹 187a8）。

鵠： 鵠胡沃反（龍 290/05）（玄 4/49a）（慧 11/617b）（慧 14/671a）（慧 25/909b）（慧 36/122a）（慧 76/990b）（慧 85/89a）（慧 90/174b）（紹 165a3）；鶴經文有作鵠胡哭反（玄 1/17c "白鶴" 註）（慧 4/468b "白鶴" 註）（慧 51/434b "鶴樹" 註）。

齒： 齒胡谷反齒聲又古沃反治象牙也（龍 313/04）。

搰： 搰胡骨反（龍 218/08）（玄 14/188b、慧 59/637a "掘地" 註）（慧 100/347a）（紹 134a4）。

鶻： 鶻正戶骨反（龍 289/07）（玄 8/114b）（慧 32/42a）（慧 35/109a）（慧 100/335a）（紹 147b1）（紹 165b3）。//鶻俗戶骨反（龍 289/07）。//鶻俗戶骨反（龍 289/07）。//鴶： 鴶俗戶骨反（龍 289/07）；鷺論文有作鴶（玄 17/235a、慧 74/948b "白鷺" 註）。//鶻： 鶻舊經切胡骨反（龍 289/07）。

壺： 壺正音胡餝器也（龍 544/08）（紹 174a10）。 壺俗（龍 544/08）（慧 100/331a）；頡論文作壺非此用（玄 17/231b、慧 70/856a "頡尾" 註）。 壺戶孤反（玄 14/186a）（慧 59/633a）（紹 200b10）；胡經文作畫非體也（慧 42/234b "垂胡" 註）（玄 10/131b、慧 47/366b "垂胡" 註）。 壺壺正胡音（紹 200b10）。 壺俗（龍 544/08）。 壺（玄 1/13b "垂胡" 註）。 壺扈吳反（慧 45/310a）。 壺古文音胡[1]（龍 246/10）。 壺舊藏作胡字（龍 247/03）。 壺音胡（龍 539/01）。

櫖： 櫖正音胡棗名上尖下大也（龍 378/07）。 櫖俗（龍 378/07）。

扣： 扣戶骨反牽物動轉也（龍 218/04）。

---

[1]《叢考》：此字疑即 "胡" 的俗字。其字蓋從外、口、土三字會意（185）。

聑：**聑**戶骨反耳聲也（龍 315/03）。

猀：**猀**或作音胡（龍 317/06）；猴獲經文作猴猀非字體也（慧 16/721b "猴獲" 註）。**猀**正音胡（龍 317/06）。**猀**猴獲經文作猴猀非字體也（玄 8/112b "猴獲" 註）。

煰：**煰**胡沃反（龍 245/05）（慧 45/314b）。**爥**荒郭反（慧 74/944a）；霍經文從火作煰胡沃反説文爥[爥]灼也煰非此用（玄 5/67a、慧 24/892a "轉霍" 註）（慧 45/314b "煰然" 註）（慧 78/1039 "開霍" 註）。

hǔ 虎：**虎**呼古反（慧 2/424b）（慧 5/479b）（慧 29/1028a）（慧 33/60a）（慧 41/209a）（慧 74/944b）（慧 100/341b）（希 1/355a）（希 4/376c）（希 7/400a）（希 9/417a）。**虎**虎正（紹 167a7）。**帝**虎正（紹 167a7）。**席**虎正（紹 167a7）；虎虍音呼從巾作～者非也（慧 29/1028a "虎豹" 註）（慧 33/60a "虎賁" 註）（希 7/400a "虎狼" 註）（希 9/417a "虎豹" 註）。**帝**音虎（龍 139/01）（紹 144a4）。**雲**虎正（紹 144a4）。**斛**或作音虎（龍 322/08）。**斛**俗音虎（龍 322/08）。**斛**俗音虎（龍 322/08）。

琥：**琥**音虎發兵符布有虎文又琥珀（龍 437/02）。**琥**（龍 437/02）。

澔：**澔**正呼古反（龍 231/06）（玄 21/282c）（紹 187a1）。//汻：**汻**或作呼古反（龍 231/06）。//滹：**滹**呼古反（龍 231/06）（紹 187b3）。

hù 互：**互**護音（紹 203a2）。**互**胡固反（慧 6/499a）（慧 32/47b）（慧 49/409b）（慧 51/434a）。**互**古文音乎（龍 525/04）（慧 47/354a）（慧 72/903a）。**互**胡固反（慧 11/609a）。**互**正音護（龍 549/04）。**乎**俗音護（龍 549/04）（玄 23/306c）；互經作～訛變俗也（慧 6/499a "互無" 註）。**乎**胡固反（慧 4/465a）（慧 47/358a）（慧 51/439b）；互經作～俗字誤也非正體字也（慧 11/609a "遞互" 註）。

沍：**沍**音護寒凝（龍 234/09）。//沍：**沍**胡故反（慧 83/48a）。**冱**（慧 83/48a "凝沍" 註）。**冱**護音（紹 174a3）。

詬：**詬**胡誤反誌也認也（龍 048/05）。

筡：**筡**互或從竹作筡（慧 49/409b）；互古文作筡同用也（慧 72/903a "互相" 註）。**筡**胡故反（龍 393/01）；互説文從竹作筡（慧 4/465a "互起" 註）（慧 49/409b "遞互" 註）。

跔：**跔**又俗胡故反（龍 463/04）（慧 38/151b）；趾論文從互作跔誤也（慧 84/78a "趾跪" 註）。

跙又俗胡故反 (龍 463/04)。跮蹰正胡音 (紹 137a1)。跿胡誤反俗字也亦作胡借音用也經本作呀非也 (慧 43/269b)。跔或作胡故反或上聲 (龍 463/06)。跰蹰正胡音 (紹 137a1)。跰俗胡故反或上聲 (龍 463/06)。//蹰：蹰俗胡故反或上聲 (龍 463/06)。

户：卢音户護也 (龍 303/07)。㦿音户① (龍 303/06)。

戽：戽音虎 (龍 303/07) (紹 199a4)。卢音户② (龍 303/08)。

旷：旷音户明也又文彩狀 (龍 427/03)。

㞑：㞑胡古反說文古文户字也經文作㞑非也 (慧 57/582a)。

居：居都[覩]古二音美不[石]也 (龍 302/04)。

怙：怙音户恃也懶也 (龍 56/8) (玄 1/3c) (玄 2/29a) (玄 6/84c) (玄 15/204b) (玄 21/280c) (玄 24/330b) (慧 3/454a) (慧 5/493b) (慧 6/512b) (慧 12/638b) (慧 18/768b) (慧 20/803b) (慧 21/823b) (慧 23/864b) (慧 26/942a) (慧 27/977a) (慧 28/1004a) (慧 30/1039a) (慧 41/207a) (慧 54/518a) (慧 58/602a) (慧 68/831b) (慧 70/878b) (慧 78/1042b) (希 1/354b) (希 3/368a) (希 3/374c) (紹 130a2)；扈經文作怙非此義 (玄 3/38c、慧 09/559b "虜扈" 註)。怙胡古反 (玄 8/107b)。

岵：岵正音户山多草木曰岵 (龍 075/09) (慧 99/320a) (紹 162a6)。峉或作 (龍 075/09)。

祜：祜胡古反 (龍 111/04) (玄 2/27a) (慧 28/1005b) (玄 9/127c) (慧 46/333b) (慧 3/441b) (慧 22/837a) (紹 168b3)。祜音户 (龍 104/02)。

扈：扈音户 (龍 303/07) (玄 3/38c) (慧 09/559b) (玄 7/93a) (慧 28/996a) (玄 8/113b) (玄 8/113c) (玄 12/154c) (慧 52/453b) (玄 20/270b) (慧 74/939b) (玄 20/272c) (慧 76/993a) (慧 16/713b) (慧 20/792a) (慧 83/64a) (慧 87/132a) (慧 96/272a) (希 10/421a) (紹 199a4)。憶音户③ (龍 058/02)。

嵈：嵈音户山卑而大曰嵈 (龍 075/09)。

滬：滬音户 (龍 232/04) (慧 77/1025b) (慧 81/3b) (慧 85/99a) (慧 88/138b) (慧 93/218a) (慧 94

①參見《叢考》697 頁。
②參見《龍龕手鏡研究》266 頁。
③《字典考正》：為 "扈" 的增旁俗字 (154)。

/227b）（慧98/294a）。

熩： 熩俗音户（龍243/03）。

簄： 簄户音（紹160a9）。

鳸： 鳸音户鳥名（龍288/04）。 鳭同上（龍288/04）。 鳸户音（紹199a4）。 鳸户音（紹19
9a4）。//鵝： 鵝或作音户今作鳭（龍288/04）。

殼： 殼許角反怒也歐吐也（龍194/08）。 殼或作呼木反殹聲（龍194/09）。 殸呼木反歐
聲（龍279/01）。

縠： 縠正呼木反日出赤皃也（龍194/07）。 縠俗（龍194/07）。 縠呼木反今作縠日出赤
皃（龍182/05）。 縠舊藏作縠呼木反日出赤皃（龍555/07）。//縠： 縠正呼木反日
出赤皃也（龍194/07）。

縠： 縠呼木反又丁木反（龍194/07）（紹198a9）。

蔛： 蔛胡谷反水菜可食也（龍263/07）。

濩： 濩正護鑊二音又一號反（龍233/09）（慧20/796b）（慧23/863b）（慧24/886a）（慧31/12a）
（慧84/79b）（慧85/90a）（慧86/113b）（慧91/188b）（希2/361b）（希10/423c）（紹186a9）； 鑊
經從水作濩非也（慧38/163b"鑊湯"註）。 鑊俗護鑊二音又一號反（龍233/09）。

護： 護濩經文從言作護切韻云助也台也非此用（希2/361b"布濩"註）。

韄： 韄音護佩刀飾也又乙白一號二反與～同（龍450/06）。//韄： 韄乙白反佩刀飾又
乙號反（龍177/04）。

護： 護音護（龍178/01）（希10/422b）； 濩亦從音作護者也（慧31/12a"布濩"註）。

鑊： 鑊正橫麥反（龍171/02）（玄11/141c）。 鑊獲樺二音（慧56/550a）。 鑊俗橫麥反（龍
171/02）。

鄠： 鄠音户縣名（龍455/08）（慧93/220a）（紹169a8）； 扈或從鄠亦同（慧20/792a"玄扈"註）。

妠： 妠正音户貪也（龍282/05）。 妠正音户貪也（龍282/05）。 妠俗（龍282/05）。

媩： 媩胡固反（慧99/317b）。 媩正胡故反（龍283/04）。 媩俗（龍283/04）。 媩俗（龍2
83/04）。 媩俗（龍283/04）； 媩或作婣也從雫作媩俗字也（慧99/317b"脩媩"註）。 媩
俗（龍283/04）。

瓠：**瓠**正音胡又音護（龍195/02）（慧69/836a）。**瓠**音胡又音護又音霍（龍330/07）（慧26/950a）。**瓠**胡故切又胡音（紹174b6）。**瓠**音胡（龍330/07）。**瓠**俗音胡又音護（龍195/02）。**瓠**瓠論從艸作～俗字也（慧69/836a "浮瓠" 註）。

笏：**笏**音忽（龍394/08）（慧77/1024a）（慧86/116a）（慧90/175b）（慧91/184a）（紹160a5）。

㗅：**㗅**火沃呼各二反食新也一曰大歡聲（龍277/10）；齩經文作㗅非字義也（玄12/161c、慧28/993a "齩骨" 註）。

㧜：**㧜**音户（龍381/05）（慧83/55b）。

媩：**媩**胡故反媩嫪（龍283/05）（玄13/169c "戀嫪" 註）；嫭或作媩也從雩作嫭俗字也（慧99/317b "脩嫭" 註）。

鋈：**鋈**火沃反銀也（龍021/01）。

hua

huā 華：**華**胡瓜反（玄6/79b）（玄18/242a）（慧72/911b）（慧1/420b）（慧27/965a）（慧79/1056b）（希10/418c）；花經作華非也（慧25/906a "波羅奢花" 註）。**華**音花（龍253/03）。//**花**花字經作華非也（慧15/706a）（慧25/906a）（慧27/960a）（慧41/213b）；華又作花同（玄18/242a、慧72/911b "華鬘" 註）（慧12/629b "花藥" 註）（慧79/1056b "華婥" 註）。

huá 滑：**滑**患八反（龍235/07）（玄19/262b）（慧56/573a）（慧1/411a）（慧4/462a）（慧12/622b）（慧55/531b）（慧72/899b）（慧89/153b）（慧100/334b）（希2/366c）。

猾：**猾**音滑（龍319/09）（慧17/745a）（玄1/10c）（玄4/54a）（慧32/33b）（玄12/161b）（慧75/985a）（玄19/262b）（慧56/573a）（玄22/293c）（慧48/378b）（慧53/490b）（希10/419c）（紹166b6）。

蝟：**蝟**滑音（紹163b9）。

鰨：**鰨**户八反魚名鳥翼聲如鴛鴦也（龍172/02）。

齰：**齰**正胡刮反齒骨聲（龍313/01）。**齰**户八反齧骨聲也（龍481/09）。//齰：**齰**俗（龍313/01）。

敌：**敌**下刮反畫文也（龍531/04）。**敌**下刮反（龍121/06）。

鍧：**鍧**胡刮反^①（龍 021/02）（玄 14/190c）（慧 59/640b）。

譁：**譁**音花喧譁也（龍 041/06）（玄 4/52a）（慧 31/24a）（玄 5/67b）（慧 34/93a）（玄 8/112c）（玄 8/116a）（慧 49/409a）（玄 19/262a）（慧 56/572a）（玄 22/299a）（慧 48/386b）（慧 13/645b）（慧 14/678a）（慧 16/722a）（慧 17/736b）（慧 19/781b）（慧 45/309a）（慧 80/1088a）（紹 185b3）；話經文作譁非字義（玄 11/142c、慧 56/552b "調話" 註）。//譁：**誇**音花（龍 041/06）。//嘩：**嘩**俗花嘩二音正作譁（龍 266/09）；譁經從口非也（慧 19/781b "譁説" 註）。

鏵：**茉**鏵古文茉形（慧 52/472b "若鏵" 註）（慧 73/924b "犁鏵" 註）。**茉**鏵古文茉同（玄 11/152a "若鏵" 註）。**菜**鏵古文茉形（玄 18/246a "犁鏵" 註）。//鈣：**鈣**又戶花反兩刃錷也（龍 013/01）；古文茉鏵二形今作鈣（慧 52/472b "若鏵" 註）（玄 18/246a、慧 73/924b "犁鏵" 註）（慧 8/553a "鏵鐵" 註）；孟律文作釪古文鏵字（慧 59/638b "鉢盂" 註）。**釪**于音（紹 181b3）；孟律文作釪古文鏵字（玄 14/189b "鉢盂" 註）。//鏵：**鏵**胡瓜反（玄 11/152a）（慧 52/472b）（玄 11/145b）（慧 52/458b）（玄 18/246a）（慧 73/924b）（慧 8/553a）（紹 180b6）；鋘此古文奇字鏵（玄 16/213c、慧 65/772a "鋘鈇" 註）。**鏵**戶瓜反鏵鏊也（龍 008/04）。//鋘：**鋘**戶瓜反鋘鏊也又音吳錕鋘山名（龍 008/04）（玄 16/213c）（紹 180b6）；鏵或作鋘同（玄 11/152a、慧 52/472b "若鏵" 註）（玄 18/246a、慧 73/924b "犁鏵" 註）。**鋘**胡瓜反（慧 65/772a）。

驊：**驊**戶花反（龍 291/06）（慧 87/119a）（紹 166a8）。

划：**划**華音（紹 140a1）。

屧：**屧**胡瓦反青絲履又繩履也（龍 163/08）。**屧**床史反繩履^②（龍 302/05）。

欻：**欻**戶八反麴名（龍 506/03）。

厏：**厏**相［胡］瓦反厏尬辛苦行不得也（龍 522/06）。

huà 化：**化**呼瓜呼霸二反（玄 1/18b）（慧 22/840a）。

魤：**魤**音化魚名（龍 170/07）。

魖：**魖**音化鬼變也（龍 323/09）。

---

①參見《龍龕手鏡研究》148 頁、《刻本用字研究》133 頁。
②參見余迺永《新校互註宋本廣韻》253 頁。

眣：**眣**呼八反視眣（龍 424/03）（慧 90/168b）。

話：**誜**胡快反（慧 15/682a）。**詻**或作（龍 047/06）。**詤**話古文～同（玄 11/142c、慧 56/552b "調話" 註）（玄 17/233c、慧 70/859b "俗話" 註）（玄 22/294b、慧 48/379b "談話" 註）（玄 25/338a、慧 71/892b "䛳話" 註）。**話**正胡卦反談言也又胡快反語話也（龍 047/06）（玄 7/92b）（慧 28/995a）（玄 11/142c）（慧 56/552b）（玄 17/233c）（慧 70/859b）（玄 22/294b）（慧 48/379b）（玄 25/338a）（慧 71/892b）（慧 16/723a）（希 8/409c）；**譁**宜作話（玄 8/112c "謿譁" 註）（慧 16/722a "謿譁" 註）；**詻**經話俗字變體也（慧 15/682a "世詻" 註）。//譮：**譮**話又作譮同（玄 7/92b、慧 28/995a "謿話" 註①）（玄 11/142c、慧 56/552b "調話" 註）（玄 22/294b、慧 48/379b "談話" 註）（玄 25/338a、慧 71/892b "䛳話" 註）（慧 15/682a "世譮" 註）（慧 16/723a "談話" 註）。//䛡：**䛡**古文音話（龍 533/09）；話又作䛡同（玄 7/92b、慧 28/995a "謿話" 註）（玄 11/142c、慧 56/552b "調話" 註）（玄 17/233c、慧 70/859b "俗話" 註）（玄 22/294b、慧 48/379b "談話" 註）（玄 25/338a、慧 71/892b "䛳話" 註）（慧 15/682a "世譮" 註）（慧 16/723a "談話" 註）。**䛡**話古文～譮話三形同（慧 48/379b "談話" 註）。**譶**俗（龍 533/09）。

崋：**崋**正胡化户花二反西岳山名亦州名又姓（龍 077/03）。**崋**正（龍 077/03）。**莱**俗（龍 077/03）。**崋**獲罵反（慧 1/407b）。

樺：**樺**通胡化反（龍 382/09）（玄 5/71b）（玄 17/227b）（慧 67/814a）（玄 18/240c）（慧 73/934a）（玄 20/265a）（玄 24/320c）（慧 70/863b）（慧 35/105a）（慧 43/260b）（慧 60/665a）（慧 61/686b）（慧 72/899b）（希 5/387a）（希 6/394c）（希 7/402c）（紹 159a8）；**樗**俗用作樺（慧 35/100b "樗木皮" 註）（慧 68/825b "樗皮" 註）。//櫶：**櫶**俗胡化反（龍 382/09）；樗俗用作樺經文從畫作櫶俗字非也（慧 35/100b "樗木皮" 註）。//檴：**檴**正胡化反（龍 382/09）；樗或從蒦作檴（慧 35/100b "樗木皮" 註）（慧 72/899b "樺木" 註）。//樗：**樗**華卦反（慧 35/100b）（慧 68/825b）；樺或從雩作樗（慧 60/665a "樺樹" 註）（慧 61/686b "樺皮" 註）（慧 72/899b "樺木" 註）。

觟：**觟**胡瓦反（龍 512/03）（玄 18/241c）（慧 73/929b）。

虄：**虄**胡卦反（龍 183/02）（慧 96/268a "蠞熒" 註）；觟應作虄（玄 18/241c、慧 73/929b "濕觟"

①《慧琳音義》"譮" 轉錄作 "繪"，疑誤。

註）。

瓲：**瓲** 胡瓦反大口也（龍 316/04）。

聥：**聥** 户瓦反地名（龍 314/05）。

鯂：**鯂** 胡瓦反魚似鮎也（龍 169/02）（玄 19/259b、慧 56/567b "鯤鱧" 註）。

畫：**畫** 華罵反（慧 4/461b）；畫説文作畫從聿從田從一正體字也（慧 41/225b "畫師" 註）。

　　畫 胡卦反（玄 23/312b）（慧 50/420a）（慧 6/497a）（慧 25/907b）（慧 41/225b）（慧 66/795b）（慧

　　100/350b）（希 8/409c）。**畫** 胡卦反（龍 551/09）。

劃：**劃** 胡麥反錐刀剗也（龍 100/06）（玄 22/301a、慧 48/389b "剓攫" 註）。**劃** 横麥反（慧 43/

　　255b）（慧 100/339a）。**劃** 俗割畫二音（龍 100/09）。

嫿：**嫿** 胡麥反好皃也（龍 284/06）。

繣：**繣** 胡卦反繣微乖違也（龍 402/07）。

霽：**霽** 音盡 [畫] 海船也[1]（龍 308/05）。

譌：**譌** 呼霸呼卦呼賣三反疾言也（龍 048/06）。//譌：**譌** 古蛙反譌惰也（龍 040/05）。

huai

　徊：**徊** 音回（龍 496/01）（慧 96/264b）（紹 172b6）。

　　踝：**踝** 胡瓦反在足兩側高骨也（龍 462/04）（慧 1/409b）（慧 15/692b）（慧 41/217b）（慧 35

　　　/104b）（慧 39/170b）（慧 63/741b）（慧 72/909a）（希 5/388a）（希 5/388c）（希 9/416c）（紹 137

　　　a6）。//**腂** 郭氏又俗胡瓦反[2]（龍 411/08）；踝論文從肉作腂非也（慧 72/909a "脛

　　　踝" 註）。**腂** 又俗胡瓦反（龍 408/02）。

　　槐：**槐** 音回又音懷（龍 377/09）（慧 83/56a）（慧 84/72a）（紹 157b2）。**櫰** 槐正回懷二音（紹

　　　134a1）。

　　褱：**褱** 懷經有作褱協藏也非此義（慧 8/536a "懷憾" 註）（慧 12/633b "懷姙" 註）。

　　嶏：**嶏** 户乖反崴～不平皃也（龍 072/03）。//嶵：**嶵** 五每反嶵嵟山高峻皃也（龍 074

___
①參見《龍龕手鏡研究》51 頁。
②參見《龍龕手鏡研究》313 頁。

/09)。

懷：褱懷經從心通用說文正字作褱（慧 34/88a "懷挾" 註）。懷胡乖反（慧 2/438b）（慧 5/487b）（慧 7/524a）（慧 8/536a）（慧 12/633b）（慧 34/88a）（慧 93/216b）（希 8/407b）（希 8/409b）。//孃：孃懷或從女作孃（慧 2/438b "懷孕" 註）（慧 7/524a "懷孕" 註）（慧 8/536a "懷憾" 註）（慧 12/633b "懷姙" 註）。//膿：膿俗戶乖反（龍 407/05）。

檪：檪又音懷（龍 378/01）。檪正音懷木名（龍 377/09）。檪俗（龍 377/09）。

褱：褱正音懷褱牛（龍 115/05）。褱俗（龍 115/05）。

齂：齂音懷戎狄鹽也（龍 332/06）。//齂：齂乙懷反鹽也亦作齂字（龍 332/06）。

咶：咶火敗反息聲也玉篇又音血亦息氣也（龍 275/02）。咶下刮反息也（龍 277/05）。

壞：壞懷聵反（慧 3/447a）（慧 3/454a）（慧 5/488b）（慧 5/490b）（慧 5/493b）（慧 6/503a）（慧 7/518a）（慧 14/672a）（慧 25/907b）（慧 25/916b）（慧 35/104b）（慧 37/134b）（慧 61/691b）（慧 62/722b）（慧 66/798a）（慧 100/351a）（希 3/369c）（希 5/385c）（希 7/402c）。㲉壞古文作～（慧 62/722b "隳壞" 註）。//㲉：㲉古文壞字（龍 251/03）。㲉壞或作～古字也（慧 3/447a "敝壞" 註）（慧 5/490b "弊壞" 註）（希 3/369c "沮壞" 註）（希 5/385c "沮壞" 註）。//斀：斀乖賣反經本作～非也（慧 43/265a）（紹 177a4）。斀音怪字（慧 6/498a）；壞正合作斀字（慧 25/907b "呰壞" 註）（慧 62/722b "隳壞" 註）。椌舊藏作壞（龍 243/08）。斀正音怪毀也（龍 530/04）。斀俗（龍 530/04）。

huan

奮：藬今呼官反化也（龍 254/08）。藬或作呼官反化也（龍 254/08）。藬或作呼官反化也（龍 254/08）。

酄：酄音歡邑名（龍 454/09）。

懽：懽呼官反喜也又古玩反憂無吉也（龍 055/02）（慧 77/1030b）（慧 81/1b）；歡論作懽非也（慧 85/89a "歡心" 註）。

玃：玃呼官反（龍 318/05）（紹 167a3）；貆貈律文作玃狢二字音同俗字亦通用（希 9/413c "貆貈" 註）。//犿：犿呼官反（龍 318/05）。

矔：矔俗音歡（龍410/02）。鵤俗音歡（龍410/02）；鵤此古歡字（玄18/251a、慧73/918a "魯鵤" 註）。

歡：歡呼官反（慧68/825b）（慧85/89a）；驩三蒼云此古歡字同（玄16/219b、慧65/768b "子驩" 註）；懽或作歡（慧81/1b "懽惨" 註）。

爟：爟呼官反（龍331/06）。

貛：貛呼官反壯狼名（龍321/09）。

鸛：鸛音歡～鷬又音貫～雀也（龍286/06）（慧88/143a）。驩音歡～鷬又音貫～雀也（龍286/06）。//灌：鸛俗音貫（龍288/09）。//鴻：鸛或作同上（龍286/06）。鷬（龍286/06）。

驩：驩正呼官反（龍291/04）（玄16/219b）（慧65/768b）（慧93/220a）；懽目録中從馬作驩非也（慧77/1030b "懽喜" 註）。驩俗呼官反（龍291/04）。

鵤：鵤又呼官反[1]（龍132/06）。

貆：貆呼官反貉屬（龍321/09）（希9/413c）。

huán 洹：洹活官反（慧44/286a）；汍亦作洹（慧83/44b "汍瀾" 註）。

峘：峘正胡官反又音恒（龍072/04）（紹162b6）。岠俗胡官反又音恒（龍072/04）。//岠：岠丸音（紹162b6）。

荁：荁胡官反乾堇也（龍253/04）。

梡：梡胡官反木名出蒼梧子可食玉篇又音完義同又苦管反器名也（龍379/03）。//椁：椁盧卧胡管二反木名（龍383/05）。

羱：羱正胡官反山羊細角而形大也（龍159/06）。//羦：羦俗（龍159/06）。

肒：肒胡官反皮病也（龍122/08）。

麂：麂胡官反鹿一歲也（龍520/09）。

寰：寰音還（龍155/01）（慧4/467b）（慧77/1021a）（慧77/1026b）（慧88/146b）（希10/420a）。寰還音（紹194a7）。

澴：澴音還水名（龍228/10）。

[1]《龍龕手鏡研究》："鵤" 音呼官反，乃 "鵤" 字之訛（192）。

圜：圝户關反圍也又音員（龍175/01）。圝還員旋三音（紹174a8）。

還：還正户開反（龍489/06）。�俗（龍489/06）。還俗（龍489/06）。

環：環正音還旋環也繞也（龍432/05）（慧2/436b）（慧4/470b）（慧6/507b）（慧12/633b）（慧13/644a）（慧19/771b）（慧20/796b）（慧29/1017b）（慧31/15b）（慧41/211a）（慧42/247a）（慧42/247b）（慧43/252b）（慧35/108b）（慧40/194a）（慧45/308b）（慧76/988b）（慧98/302b）（希3/369c）；鐶説文從玉作環義同（慧61/699b "鐶鈕" 註）（希2/361b "鐶釧" 註）（希6/394b "鐶釧" 註）。琅俗（龍432/05）。

糫：糫音還膏糫粔粰也（龍304/03）。

鐶：鐶户開反指鐶也（龍013/02）（慧41/221b）（慧61/699b）（希1/357c）（希2/361b）（希6/394b）（紹180a10）；環經從金作鐶非此用也從玉正（慧35/108b "作環" 註）（慧76/988b "環釧" 註）；寰作此鐶字恐非此用（希10/420a "寰中" 註）。

闤：闤户關反（龍091/08）（玄22/299b）（慧48/387a）（慧42/244a）（慧82/30a）（慧83/45b）（紹195b3）。

鬟：鬟户關反髻鬟也（龍088/06）。

萑：萑音桓木兔鳥也（龍253/04）。

萑：萑音桓萑葦也又音官（龍253/04）（玄12/163a）（慧75/967b）（玄17/230c）（慧79/931b）（慧75/970b）；鸛又作萑同（玄17/235a、慧74/948b "鸛雀" 註）。

戉：戉音還又音越（龍298/08）。

馬：軬胡關反馬一歲駒也（龍292/10）。軬（龍292/10）。

軬：軬丘愧反地名（龍537/02）。

鍰：鍰户關反六兩曰鍰（龍010/01）。

晥：晥正胡管反明也（龍427/07）（紹175b2）。晥今（龍427/07）（慧90/171b）。

睆：睆正户板反大目也（龍420/06）（玄5/65c）（玄20/265c）（慧42/249a）（慧43/261b）（紹143a3）。睆俗（龍420/06）（玄17/234c）（慧74/948a）（玄19/256c）（慧56/563a）（慧93/214b）。睆又俗胡板反正作睆（龍412/01）。

緩：緩胡管反（龍399/08）（慧12/637b）（慧53/501a）（慧69/851a）（希4/378b）（紹190b10）。

覰：**覰**胡官反大視也（龍 345/05）。

矊：**矊**胡管反腕矊小有財也（龍 350/09）。

huàn 幻：**幻**侯辦反（玄 9/119c）（慧 46/319a）（慧 1/416b）（慧 8/544a）（慧 20/793a）（慧 51/433b）（慧 80/1090b）。**幻**乎辯反（龍 201/03）。**㐌**新藏作幻在辯正論中（龍 335/10）。**么幻**古作么古字也（慧 8/544a "如幻" 註）。**予**幻亦作予古字也（慧 8/544a "如幻" 註）。

患：**患**胡慣反（希 8/405c）。**惪**古文患字（龍 068/01）。

槵：**槵**正音患（龍 383/01）（慧 37/139b）（慧 40/197b）（慧 80/1094b）（慧 100/346b）（希 5/388c）（紹 157b4）。**㮷**俗音患（龍 383/01）。**榊**梊正患音（紹 157b3）。

羦：**羦**戶關反獸名似羊黑色而無口不可煞（龍 159/06）。//羦：**羦**（龍 159/06）。

浣：**澣**正胡管反（龍 230/10）（慧 47/365a）（慧 54/511a）（慧 63/741a）（慧 74/941a）（慧 77/1013a）（慧 77/1021b）（慧 82/32b）（慧 92/197b）（紹 186b8）；浣古文澣同（玄 17/235b、慧 74/949a "湔浣" 註）（慧 15/692a "浣布" 註）（慧 78/1047b "浣染" 註）（希 9/412c "浣濯" 註）（希 9/416c "浣染" 註）。//**浣**通（龍 230/10）（玄 18/250c）（慧 73/936a）（慧 15/692a）（慧 78/1047b）（希 3/371a）（希 9/412c）（希 9/416c）（紹 186a9）；皖經文作浣非也（玄 5/65c、慧 42/249a "白皖" 註）；澣論文從水從完俗字也（慧 47/365a "澣衣" 註）（慧 54/511a "澣衣" 註）（慧 63/741a "澣染" 註）（慧 74/941a "澣濯" 註）（慧 77/1013a "澣濯" 註）（慧 77/1021b "澣之" 註）（慧 82/32b "濯澣" 註）。**浣**又舊藏或作浣（龍 235/02）。**浼**俗胡管反（龍 230/10）（紹 186a9）；浣經文有從皃作湟非也（慧 15/692a "浣布" 註）（慧 74/941a "澣濯" 註）；澣說文作～字書從幹作澣音義並同（慧 92/197b "解澣" 註）。

皖：**峴**戶板反山名也（龍 076/02）（紹 162b7）。

垸：**垸**正胡貫反漆骨～也（龍 250/07）；骫又作垸同（玄 18/241b、慧 73/929a "骫莭" 註）。**埦**或作（龍 250/07）。//骫：**骫**胡亂反（龍 481/01）（玄 18/241b）。**骫**胡灌反（慧 73/929a）。**骫**胡亂反（龍 481/01）。

奐：**奐**或作呼貫反（龍 242/6）（慧 20/802a "煥明" 註）。**奐**歡灌反（慧 82/38a）（慧 83/59a）（慧 87/129b）（慧 90/174b）（慧 93/222a）（紹 146a7）；煥亦奐字同（玄 1/2b "煥明" 註）。**奐**呼貫切（紹 146a7）。**奐**呼貫反（龍 551/3）。**奐**奐正呼玩切（紹 177a4）。**叟**正

呼玩切（紹 177a4）。**奐**呼貫反文彩明皃也（龍 319/05）。

渙： **渙**渙正呼貫切（紹 188b3）。 **澳**呼貫反（龍 234/08）。 **澳**同上（龍 234/08）。

換： **換**胡灌反（玄 5/76a）（慧 40/188b）。 **揍**桓貫反（慧 32/47a）。

喚： **奐**今呼貫反叫呼也（龍 274/02）；嚾又作喚同（玄 7/96a、慧 28/1000a "嚾呼" 註）（慧 53/496b "嗷嚾" 註）。 **哭**歡貫反（慧 24/884a）。 **奐**俗（龍 274/02）。 **嚾**嚾今作喚（玄 20/269c "吼嚾" 註）。//嚾：**嚾**古（龍 274/02）（玄 7/96a）（慧 28/1000a）（玄 13/176c）（慧 54/524a）（玄 13/176c）（慧 53/496b）（慧 57/583b）（慧 75/964a）（紹 184b4）。 **嶉**俗（龍 274/02）（玄 20/269c）。//嚻： **嚻**或作（龍 274/02）；嚾又作嚻同呼換反（玄 7/96a、慧 28/1000a "嚾呼" 註）；嚾又作嚻喚二形同（慧 53/496b "嗷嚾" 註）。 **嚻**俗（龍 274/02）；嚾又作嚻同荒幔反（玄 20/269c "吼嚾" 註）（慧 57/583b "嚾罵" 註）。

煥： **煥**呼換反（慧 20/802a）（慧 6/506a）（慧 45/312b）（希 5/389b）。 **煥**歡觀反（慧 17/733a）（慧 47/347a）（慧 91/181b）。 **煥**（慧 17/735a）（慧 21/829b）（慧 22/837b）。 **煥**正呼貫反（龍 242/6）。 **煥**呼換反（玄 1/2b）。 **煥**俗（龍 551/06）。 **煥**呼貫切（紹 189a10）。 **煥**今呼貫反（龍 242/6）。

瑍： **瑍**呼貫反文彩也明也（龍 438/03）。

攌： **攌**音患（龍 213/05）（玄 17/232c）（慧 70/858a）（玄 21/281c）（慧 48/387a）（慧 1/419a）（慧 5/487a）（慧 5/490a）（慧 16/719b）（慧 19/776a）（慧 20/795a）（慧 23/878b）（慧 24/898a）（慧 41/226b）（慧 36/126a）（慧 40/195b）（慧 63/730b）（慧 68/831a）（慧 93/217a）（希 1/358c）（希 3/371a）（希 4/378a）（希 7/401a）（希 7/403c）（希 8/408a）；鏇周成難字作攌（玄 3/34a、慧 09/566 "鏇師" 註）（玄 9/128c、慧 46/336a "鏇師" 註）（玄 14/197a、慧 59/651a "鏇器" 註）；擭說文作攌（慧 39/173b "為攌" 註）。 **攌**胡慢工患二反（玄 22/299a）。 **攌**患音又古患切（紹 132a8）。 **攌**患音又古患切（紹 132a8）。

睆： **睆**呼貫反國名在流沙（龍 422/07）。 **睅**（龍 422/07）。 **睆**（龍 422/07）。

繯： **繯**音患縞文又糺也（龍 403/02）。

轘： **轘**音還又音患（龍 081/07）（慧 90/172a）。

宦： **宦**音患仕〜也又閹〜也〜學也（龍 158/04）（慧 43/260b）。 **宧**音患仕宧（龍 509/01）

（玄 20/265b）（紹 194b8）。**官**（中 62/708c）。

逭：**逭**正胡貫反（龍 492/04）（慧 90/177b）（慧 97/289a）（紹 138b8）；换經文作逭非字體（玄 5/76a、慧 40/188b "换衣" 註）。//**蓮**胡貫反（龍 492/04）。//踃：**踃**俗烏板反（龍 461/06）。//**踨**俗烏板反（龍 461/06）。

肒：**肒**胡貫反皰肒也（龍 413/06）。

豢：**豢**正音患（龍 321/02）（慧 85/90b）（慧 90/176a）（慧 95/255b）（慧 97/277b）（紹 149b7）。**豢**俗音患正作豢（龍 553/06）。**豢**俗音患（龍 321/02）。**豢**俗音患（龍 321/02）。**豢**俗音患（龍 331/09）。

huang

huāng肓：**肓**音慌光反（慧 86/114a）。**肓**音荒（慧 87/128a）。**肓**荒音（紹 136b1）。

疛：**辰**正音荒人名（龍 201/04）。**辰**俗（龍 201/04）。**疛**音荒（龍 335/06）。**晃**古文音荒（龍 270/03）。

盎：**盎**今音荒血也（龍 538/03）。**盅**俗（龍 538/03）。

荒：**荒**呼黄反（玄 8/110a）（慧 28/1007a）（玄 8/110a）（慧 28/1007b）。

幠：**嫴**呼光反蒙掩也（龍 138/07）。**炼**俗呼光反正作幠蒙掩也（龍 054/06）。**慌**忙音有處卻作慌字恍荒二音用臨文詳之（紹 132a2）。

慌：**荒**荒晃反（慧 32/37a）。**葉**音荒（龍 268/05）（玄 8/115c）。

瞙：**瞙**呼光反旱熱也（龍 426/01）。//瞙：**瞙**茫經文有作瞙呼晃反（玄 7/101b、慧 32/32a "茫滅" 註）。

詤：**詤**呼光反詤譟也（龍 042/09）。**詤**音呼光反（玄 14/192c、慧 59/643b "癲語" 註）。//謊：**謊**呼光反夢言也（龍 042/09）。

嬅：**嬅**呼光反（龍 280/01）。

眮：**眮**音荒（慧 79/1054b）；茫經文作眮兩通（玄 13/172c 慧 57/599a "茫茫" 註）。**眮**正荒忙二音目不明也又狼眮也（龍 418/04）。**眮**俗（龍 418/04）。**瞎**俗（龍 418/04）。//瞎：**瞎**俗（龍 418/04）。**瞎**俗（龍 418/04）。**眾**俗忙荒二音（龍 267/02）。

獚：獚音荒 (慧 92/198a)。

huáng 皇：皇 (慧 10/586b)（希 5/382b)。昰音皇 (龍 431/02)。皛古文音皇 (龍 431/02)。皛古文音皇 (龍 431/02)。皛古文音皇 (龍 431/02)。

偟：偟音皇暇也 (龍 025/01)（慧 33/58b)（慧 82/39b)。

鄿：鄿音皇古縣名 (龍 453/05)。

隍：隍音皇 (龍 295/03)（玄 4/49b)（玄 8/114b)（慧 19/777b)（玄 21/278c)（玄 22/302c)（慧 48/392b)（慧 13/645a)（慧 32/44a)（慧 50/428a)（慧 53/493b)（慧 60/656a)（紹 170a2)。

凰：凰音皇 (慧 41/210a)（慧 83/64a)（希 1/355b)。//鸇考聲切韻正作凰字從凡傳從鳥作～俗字非也 (慧 83/64a "鳳凰" 註)。

遑：遑音皇 (龍 488/03)（玄 21/280b)（慧 13/652a)（慧 89/155a)（慧 95/249b)；惶又作遑同 (玄 13/178b、慧 52/481a "匪惶" 註)。

徨：徨音皇徬徨 (龍 496/01)（玄 8/115c)（玄 13/178b)（慧 52/480b)（紹 172b10)。

瑝：瑝戶盲反玉聲 (龍 435/07)（紹 141a3)。

嵹：嵹音皇 (龍 073/08)。

瞙：瞙皇音 (紹 170b9)。

惶：惶音皇 (龍 053/05)（玄 3/41c)（慧 09/572b)（玄 8/110a)（慧 28/1007b)（玄 13/178b)（慧 52/481a)（玄 25/332a)（慧 71/882a)（慧 3/449b)（慧 7/526b)（慧 23/870a)（慧 27/975a)（慧 63/726a)（希 3/368a)（紹 130b6)；遑又作惶同 (玄 21/280b "不遑" 註)（慧 13/652a "不遑" 註)。

湟：湟音皇 (龍 229/04)（慧 84/84b)（紹 186b2)。

喤：喤音橫 (龍 267/09)；鍠或為喤字皆一也 (慧 88/133b "鏗鍠" 註)（慧 94/228b "鎗鍠" 註)。//韹：韹皇橫二音 (龍 177/08)；鍠籀文從音作韹亦作喤音義亦同也 (慧 94/228b "鎗鍠" 註)。

煌：煌音皇 (龍 238/04)（玄 3/45a)（慧 10/584b)（玄 5/67a)（慧 24/892b)（玄 8/113a)（玄 12/165a)（慧 53/498a)（初編玄 574)（慧 75/985b)（慧 16/712b)（慧 17/730a)（慧 28/1002b)（慧 45/300a)（慧 80/1071b)（慧 80/1081b)（慧 83/46b)（慧 85/97b)（慧 88/138b)（慧 89/151b)（慧

93/212b）（慧 100/330b）（希 10/421b）（紹 189b8）；銚鑛宜作焜煌（玄 7/104a、慧 31/20b

"銚鑛" 註）。//熿音皇（龍 238/04）；煌又作熿同（玄 3/45a、慧 10/584b "炫煌" 註）。

惶： 惶俗音皇[1]（龍 115/06）。

篁： 篁皇音（紹 160a5）。

諻： 諻虎橫反語聲也（龍 044/04）。

艎： 艎音皇餘艎吳王舩名也（龍 131/06）。 艎晃光反（慧 87/126b）。

蝗： 蝗胡光胡孟二反（玄 10/133c）（玄 11/152a）（慧 52/472a）（玄 13/179a）（慧 56/575b）（慧

58/617a）（慧 60/660b）（慧 90/175a）。 蝗胡光胡孟二反（玄 4/61c）（慧 44/283a）（玄 8/1

18b）（慧 49/408b）（玄 15/201b）（慧 11/612b）（慧 16/711a）（慧 19/773b）。

餭： 餭音皇餭～也（龍 500/03）。

鐄： 鐄音橫和也樂也又鍾聲也（龍 010/05）（慧 88/133b）（慧 94/228b）（希 10/418b）。

騜： 騜音皇馬名（龍 290/10）。

黃： 黃胡光反（希 8/405a）。

癀： 癀音黃病也[2]（龍 469/07）。 癀穫光反（慧 33/52b）；黃經從广作癀非（慧 39/166a "黃

病" 註）。

鄍： 鄍音黃古國名（龍 453/05）。

潢： 潢音黃又去聲（龍 227/02）（玄 5/65a）（玄 8/114a）（慧 16/715b）（玄 11/145a）（慧 52/458

a）（玄 15/203c）（慧 58/621b）（玄 17/226b）（慧 67/812b）（慧 83/62a）。 潢黃纉反（慧 81/

9a）（慧 93/217b）（慧 99/324b）。 潢胡廣反（玄 20/263c）（初編玄 917）（慧 42/248b）（慧 4

3/258a）（慧 86/116a）（紹 188b7）。

獷： 獷音黃（龍 318/05）。

璜： 璜音黃（龍 434/07）（慧 98/303b）。

簧： 簧晃光反（慧 95/244a）（紹 160a4）。

蟥： 蟥音黃（龍 221/03）（慧 44/282b）（慧 58/608b）；蝗論文作蟥非體也（玄 10/133c、慧 4

---

①《叢考》：此字疑為 "橫" 的俗字（611）。

②《龍龕手鏡研究》："癀" 乃 "黃" 在表 "黃疸病" 時的增旁俗字（341）。

9/408b "蝗上" 註)。**蟥**胡光反（玄 4/61b）（玄 15/208a）；蝗經文作蟥非體也（玄 4/61

c、慧 44/283a "虵蝗" 註)。

鐄：**鐄**音橫大鍾也（龍 010/05）（玄 7/104a）（慧 31/20b）。

瑝：**瑝**音黃羽舞名又音王（龍 326/07）。

虇：**虇**音皇花榮也與虇同（龍 186/08）。

huǎng 怳：**怳**許罔反儵怳也又怳惚也（龍 057/04）（玄 8/109a）（慧 28/1006a）（玄 9/124a）（慧 46/

327a）（玄 25/336b）（慧 71/889b）（慧 38/163b）（慧 97/281b）（慧 100/347b）（紹 131a2）；慌

又作怳（玄 3/41c、慧 09/572b "慌忽" 註）。//兊：**㒫**怳古文兊同（玄 9/124a、慧 46/32

7a "怳忽" 註）。

宺：**宺**正呼朗反宺㝅也又平聲（龍 156/08）。**宺**今（龍 156/08）。

慌：**慌**呼廣反（慧 32/41b）（紹 130a9）；恍或作慌（慧 99/321b "儆恍" 註）。**慌**呼廣反懬

慌也（龍 057/01）（玄 3/41c）（慧 09/572b）（玄 3/41c）（慧 09/572b）（玄 3/41c）（慧 09/572b）

（玄 5/71a）（慧 11/618a）；荒光讚經作慌（玄 8/110a、慧 28/1007b "惶荒" 註）；㤺又作

慌（玄 8/115c "㤺如" 註）；恍經文從荒作慌非也（慧 19/785b "恍惚" 註）。**慌**有處

卻作慌字用（紹 132a2）。**忙**荒廣反（慧 51/445a）（慧 100/339a）；怳又作慌呼晃反

（玄 8/109a、慧 28/1006a "怳忽" 註）（慧 46/327a "怳忽" 註）。**恍**同上［呼廣反］忘也（龍

057/01）（慧 79/1060b）。**怳**怳又作慌呼晃反（玄 8/109a、慧 28/1006a "怳忽" 註）（玄 9

/124a "怳忽" 註）。

恍：**恍**荒廣反（慧 19/785b）（慧 87/131b）（慧 99/321b）（希 8/406a）（希 8/410a）（紹 131a2）；

怳忽經作恍惚（慧 38/163b "怳忽" 註）。

晃：**晃**皇廣反（慧 42/242a）（慧 74/942a）。**晃**今胡廣反光明暉晃也（龍 180/04）（龍 426/

06）（玄 4/56a）（慧 43/268a）（玄 5/66b）（慧 44/279a）（玄 15/205c）（慧 58/604b）（慧 4/462b）

（慧 21/829b）（慧 24/888a）（慧 28/1009b）（慧 29/1018a）（慧 79/1054b）（慧 81/2b）（紹 171b3）。

晄今（龍 180/04）（龍 426/06）；晃又作晄（玄 4/56a、慧 43/268a "晃煜" 註）（玄 5/66b、

慧 44/279a "晃焻" 註）（玄 15/205c、慧 58/604b "晃煜" 註）（慧 4/462b "晃燿" 註）（慧 21/82

9b "晃曜" 註）（慧 24/888a "晃曜" 註）。//**尣**或作（龍 180/03）。//**䶒**或作（龍 180/03）。

//爐俗（龍180/03）。//煌俗（龍180/03）。//爉俗（龍180/03）。//尵俗（龍18

0/03）。//爩晃古文熿同（玄4/56a、慧43/268a "晃煜" 註）（玄5/66b、慧44/279a "晃焆"

註）。

摴： 摴俗胡廣反正作梡讀書床（龍212/09）。

幌： 幌胡廣反帷幔也（龍138/08）。 愰胡廣反幃幔也正從巾（龍057/04）。

愰： 愰晃音（紹171a9）；慌或作愰同（慧11/618a "慌忽" 註）。

幃： 幃音晃甲[田]嚚也①（龍149/03）。

huàng潢： 潢胡廣反潢瀁（龍231/01）（慧94/241b）（紹186b8）；潢經文作潢（玄8/114a、慧16/

715b "潢瀁" 註）。

hui

huī 灰： 灰呼隈反（慧8/555b）。 灸正呼囬反死火也（龍238/03）。 灰今（龍238/03）（中62/71

8a）。 灸俗（龍238/03）。 庂俗音灰（龍299/05）。

恢： 恢正苦回反大也（龍52/09）。 恢苦迴反（玄3/42a）（慧34/93a）（玄12/162b）（玄13/17

3b）（慧57/594b）（慧45/301b）（慧82/24b）（慧91/192a）（慧93/213a）（紹130b7）。 恢今（龍

52/09）（慧09/573a）（玄5/67b）（玄7/92a）（慧28/994b）（慧28/994a）（慧34/85a）（慧94/239b）。

恢（中62/717c）。 烌俗苦囬反正作恢（龍239/06）。 燸俗灰音（龍240/01）。 㷐俗

灰音（龍240/01）。 㤲恢序作～不成字也（慧82/24b "恢畾" 註）。//敚： 敚恢又作

敚同（玄13/173b "恢弘" 註）。 敋正苦回反與恢同（龍178/09）；恢又作敋同（玄3/42

a、慧09/573a "恢大" 註）（玄7/92a、慧28/994b "恢闊" 註）（玄12/162b、慧28/994a "恢廓" 註）

（慧91/192a "恢恢" 註）。 敪恢又作敋同（慧57/594b "恢弘" 註）。 䩊俗（龍178/09）。 㧾

恢又作～同苦迴反（玄5/67b、慧34/93a "恢弘" 註）。

詼： 詼苦回反詼調也（龍040/09）（紹185a2）。

尵： 尵恢灰二音②（龍315/10）。

①參見《龍龕手鏡研究》200頁。
②參見《龍龕手鏡研究》272頁。

虺：⿺辶虫或作呼迴反正作～㰥（龍 191/01）。⿺辶虫俗（龍 191/01）。⿺辶虫俗（龍 191/01）。

蝷：蝷音灰豕掘地也（龍 222/02）（慧 55/532b）（慧 61/677b）（慧 78/1045a）（慧 94/237a）（紹 164b10）。⿱豕虫灰音（紹 164b10）。⿰鼻軍俗火回反（龍 363/02）。⿰鼻凡俗灰凶二音（龍 363/03）。⿰鼻乙又音灰豕掘地也（龍 363/09）。⿰鼻灰火廻火悭二反（龍 363/02）；蝷經文從鼻作～古字未詳（慧 78/1045a“蝷觸”註）。

眭：眭許規反眭盱健皃也（龍 417/07）（慧 87/123a）。

睳：睳呼圭反玉篇云盲也（龍 419/01）。

睢：睢又許維反睢盱視皃（龍 148/04）（龍 417/03）（玄 8/113c）（玄 12/163c）（慧 55/543a）（慧 16/713b）。

媈：媈玉篇牛昆反（龍 280/03）（慧 80/1091b“禁媈”註）（紹 142a1）。

揮：揮許歸反（玄 4/54b）（慧 34/90a）（玄 11/148a）（慧 52/464b）（玄 13/173c）（慧 57/591a）（玄 22/290c）（慧 48/374b）（玄 25/337a）（慧 71/890b）（慧 38/158b）（慧 93/218a）（希 6/393b）；撝說文從軍作揮並通皆形聲字也（慧 29/1019b“撝空”註）。

禈：禈許韋反祭服也（龍 110/05）。

煇：煇音暉（龍 239/10）（紹 190a2）；焜經文作煇字非此用（玄 12/165a、慧 53/498a“焜煌”註）；暉昱又作煇煇皆同（希 3/374b“暉昱”註）。

暉：暉毀韋反（慧 11/605b）（慧 18/750b）（希 3/374b）；經文作煇字與暉同（玄 12/165a、慧 53/498a“焜煌”註）；暈經意合是暉錯言其有光暉而錯雜也（慧 39/172a“暈錯”註）。⿰身軍音暉（龍 431/02）。

琿：琿俗許韋反（龍 435/07）。⿰王匋俗許韋反（龍 435/07）。

輝：輝正音暉光輝也（龍 180/02）。輝俗（龍 180/02）。//韗：韗隨函云合作輝字（龍 182/06）；韗字檢諸字書並不見恐傳寫錯誤唯有從車作轒音光庶幾相近於義或未為得又從圭作韡音胡寡反說文鮮明皃也稍近義焉未知通否（慧 96/268a“韗熒”註）。

驒：驒音暉獸名又音魂驒騱野馬也（龍 292/07）。

旟：旟音暉動也（龍 124/08）。

翬：翬音暉（龍 327/02）（慧 82/38a）（慧 96/270b）（慧 98/305a）。

厒：厒音灰相厒擊也（龍 522/01）。捱俗苦回反（龍 209/01）。砝音灰相厒擊也（龍 52 2/01）。抔俗苦回反（龍 209/01）。

微：微音暉幡也（龍 495/09）（玄 23/312a、慧 50/419b "幖幟" 註）。

徽：徽音暉善也美也又三糾繩也（龍 495/09）（玄 5/77a）（慧 16/722b）（玄 20/267a）（慧 33/5 4a）（慧 23/863a）（慧 96/267b）。薇：薇暉音[1]（龍 253/05）。徽俗音暉正作徽美也（龍 028/04）。

嗃：嗃正許為反口不正又俗火雖反（龍 268/10）。齁俗（龍 268/10）。嚱俗（龍 268/10）。

撝：撝毀韋反（慧 36/123b）（慧 85/90a）（慧 91/183b）（紹 135a7）。撝許皮反（玄 19/254c）（慧 56/560a）（玄 22/298c）（慧 48/386a）（慧 29/1019b）（慧 39/182b）（慧 60/669a）（慧 93/211a）；字詁今作撝同呼皮反（玄 1/12c、慧 42/233b "指麾" 註）；麾今作撝同（玄 9/129b、慧 46/33 7b "手麾" 註）（玄 11/149c、慧 52/468a "憧麾" 註）（玄 15/210b、慧 58/623a "魔麾" 註）。撝許為反（龍 208/05）。

陚：陚正許規反（龍 296/02）（慧 42/242a）；隳正作陚（慧 42/247b "隳裂" 註）。隳今（龍 29 6/02）（紹 170a1）；陚經作隳俗用字也（慧 42/242a "陚殄" 註）。隳血規反（慧 42/247b）（慧 82/35b）（慧 88/144b）（慧 94/228a）。

隳：隳正許規反毀也（龍 340/01）。隳俗（龍 340/01）。

褘：褘許歸反后祭服也又音韋（龍 102/02）。褘虛韋反（紹 168b6）。

麾：麾正許為反以旌旗指眾也（龍 134/05）（龍 298/06）（玄 1/12c）（慧 42/233b）（玄 9/129b）（慧 46/337b）（玄 11/149c）（慧 52/468a）（玄 15/210b）（慧 58/623a）（玄 23/311c）（慧 47/363b）（慧 40/200b）（紹 145a3）（紹 193a9）；揮經文作指麾非體也（玄 13/173c、慧 57/591a "揮涕" 註）；撝又作麾同（玄 19/254c、慧 56/560a "指撝" 註）（玄 22/298c、慧 48/386a "撝義" 註）。麾舊藏作麾許為反旌旗也在弘明集第二十八卷中（龍 298/06）。麾俗（龍 134/05）。//懓：懓許魏反懓忌也[2]（龍 061/03）。

huí 回：回洄經文作古文～字雖是正時所不用（慧 41/207b "洄澓" 註）。圓舊藏作回字（龍

----

① 《疑難字考釋與研究》：疑即 "徽" 字俗書（101）。
② 《字典考正》：此字乃 "麾" 的增旁俗字之訛（153）。

174/07)。

佪： **佪**音迴避也（龍 025/01）（紹 128b8）；徊佪集本作僮佪誤也（慧 96/264b "徊佪" 註）。

佪俗（龍 025/01）。

恛： **恛**囬音（紹 130a9）。

迴： **迴**胡瓆反（玄 1/2a）（玄 2/29a）（慧 20/801a）。

洄： **洄**音迴（玄 23/313c）（慧 50/422a）（玄 25/338c）（慧 71/893b）（慧 26/942a）（慧 41/207b）（希 1/354c）（希 2/361b）（紹 188a8）；迴又作洄（玄 1/2a "迴復" 註）（慧 20/801a "迴復" 註）（玄 2/29a "迴復" 註）。**洄**音回（慧 12/637a）（慧 13/642a）（慧 23/861a）。

蛔： **蛕**呼罪反又俗音廻（龍 223/06）（玄 4/55c）（慧 43/267b）（玄 11/144a）（慧 56/555b）（玄 20/271c）（慧 42/246b）（慧 54/523a）（慧 79/1066b）。//**蛔**或作音廻（龍 221/01）（慧 40/192b）；蛕又作蛔同（玄 4/55c、慧 43/267b "蛕虫" 註）（玄 11/144a、慧 56/555b "蛕母" 註）（玄 20/271c "蛕虫" 註）（慧 54/523a "蛕蟲" 註）。**蜖**俗音廻（龍 221/01）。//**蚘**俗音廻（龍 221/01）；蟯亦作蚘經作蛔非也（慧 42/246b "蟯蛕" 註）。**蚘**今音廻（龍 221/01）；蛕經文作蚘尤二形非也（玄 4/55c、慧 43/267b "蛕虫" 註）（玄 20/271c "蛕虫" 註）（慧 55/541a "蛕蟲" 註）（慧 79/1066b "蛕蟲" 註）。

駉： **駉**音回馬名（龍 291/03）。

鶗： **鶗**音囬鴟～鳥有卵長一尺四方五色文也（龍 286/10）。

犻： **犻**音回鄉名（龍 455/01）。

焴： **焴**音囬光色也（龍 240/09）。//**熉**隨函云誤合作焴音囬（龍 240/09）。

huǐ 虺： **虫**古文蚖形今作虺同（玄 7/92c、慧 28/995b "虺蛇" 註）（玄 9/128c、慧 46/335b "虯虺" 註）（玄 16/217c、慧 65/769b "虺毒" 註）（玄 18/248c、慧 73/918b "虯虺" 註）（慧 32/34b "虯虺" 註）。**虫**許偉反鱗介惣名也又近代音直中反（龍 219/03）。//虺： **虺**呼鬼反（玄 9/128c）（慧 46/335b）（玄 16/217c）（玄 18/248c）（慧 73/918b）（慧 32/34b）（慧 42/245b）（慧 74/944a）（慧 75/976b）（慧 86/109b）（紹 164b8）。**虺**呼回呼懷二反又許鬼反（龍 522/02）（玄 7/92c）（慧 28/995b）；蚖諸經多作虺吁鬼反（玄 6/82c "蚖虺" 註）。**虺**呼鬼反（慧 65/769b）。**虺**俗許鬼反（龍 179/06）。**虺**許鬼反（龍 187/02）。**虺**許鬼反（龍 187/02）。**虺**

又許鬼反（龍191/01）。蚘呼鬼切（紹164b8）。//蜼：古文蜼形今作虺同（玄7/92c、慧28/995b "虺蛇" 註）。魗許鬼反（龍323/06）。蜼呼鬼切（紹164b8）；虺古文蜼同（玄9/128c、慧46/335b "虺虺" 註）（玄16/217c、慧65/769b "虺毒" 註）（玄18/248c、慧73/918b "虺虺" 註）。魗許鬼反（龍323/06）。//䰰：䰰虛鬼反蝮虫也（龍127/04）。

霚：霚許鬼反（龍307/08）；虺亦作～音同（慧86/109b "雄虺" 註）。

毀：毀暉鬼反（慧1/418b）（慧3/450b）（慧5/491b）（慧16/723b）（慧80/1076b）（慧94/224b）；諀經文作毀俗通用也（慧53/496a "諀𧮪" 註）。毇許委反正作毀（龍529/09）。毃俗虛委反（龍193/09）。

諀：諀撝委反（慧53/496a）；毀正作～（慧80/1076b "訕毀" 註）。//譭：譭許委反謗也諎也（龍045/02）。

毇：毇丘畏反細米也（龍305/07）。

嫛：嫛音毀惡也（龍282/04）。

擧：擧許委反手擧傷也（龍213/02）。

簸：簸音毀舂也（龍193/08）。

燬：燬正許委反（龍241/10）（玄22/293b）（慧48/378a）。燉毀正（紹197b2）。煇正（龍241/10）。//烜或作（龍241/10）；燬又烜形（玄22/293b、慧48/378a "燬之" 註）。//煨或作（龍241/10）；燬又作～形（玄22/293b、慧48/378a "燬之" 註）。

煨：煨賄貫二音楚人云火也（龍242/02）。

胋：胏呼罪反腀胋也（龍411/06）。

huì 卉：卉正卉字暉貴反（慧45/318b）（慧60/656a）；卉說文云百草總名從三中作芔（希3/372a "卉木" 註）（希4/378a "卉木" 註）。芔許貴反（龍540/05）；卉小篆作芔（慧8/544a "卉木" 註）。卉許貴反（龍537/07）（玄6/86a）（玄22/294b）（慧48/380a）（慧1/406a）（慧8/544a）（慧11/604a）（慧83/56b）。卉許貴反（龍537/07）（慧18/761a）（慧27/979b）（希3/372a）（希4/378a）。卉俗呼鬼反（龍337/08）。

惠：惠胡桂反（玄1/3c）（慧20/803b）（慧48/378b）（慧74/946a）（慧85/92b）。惠胡桂反（玄22/293c）（慧21/830a）。//蕙：蕙古文惠字（龍68/3）。

憓： 憓音惠義與惠字訓用同 （慧 90/177a）（慧 92/200a）（慧 96/265b）。 憓音惠愛也 （龍 06

0/08）（慧 88/134b）（紹 131a8）； 惠論文作憓亦通 （慧 85/92b "威惠" 註）。 憓憓古文作～

（慧 88/134b "憓流" 註）。

蕙： 蕙音惠 （慧 83/66a）（慧 84/80a）（慧 86/107b）（慧 92/199a）（慧 98/293b）（紹 155b7）。 蕙音

惠香草蘭屬 （龍 262/09）。

寭： 寭俗音惠 （龍 509/08）。 寭俗音惠 （龍 068/04）。

嚖： 嚖呼惠切 （紹 182b2）。

蟪： 蟪音惠 （慧 87/119b）（慧 96/265b）（紹 163b5）。 蟪音惠 （龍 223/09）。

譓： 譓音惠多謀智曰譓也 （龍 049/09）（慧 92/197b）。

瓗： 瓗正音惠六翮之末又音曳亦鳳六翮也 （龍 327/07）。//鷨： 鷨或作 （龍 327/07）。

鏸： 鏸音惠 （龍 018/03）； 銳或作鏸 （慧 15/690b "勇銳" 註）。

彗： 彗隨銳反 （慧 29/1021a）（希 5/384a）。 彗祥歲反又音遂 （龍 368/08）（玄 2/23b）（玄 4/59

c）（玄 9/120b）（慧 46/320b）（玄 14/197c）（慧 59/652b）（慧 10/586b）（慧 10/590b）（希 6/397c）；

篲又作彗同 （玄 15/200b、慧 58/615a "掃篲" 註）（玄 15/206a、慧 58/605a "掃篲" 註）（慧 78

/1047b "掃篲" 註）（希 8/410a "持篲" 註）。 彗隨銳反 （慧 25/926a）（慧 29/1032a）（慧 90/17

1a）。//篲： 篲囚銳蘇醉二反 （玄 15/200b）（慧 58/615a）（玄 15/206a）（慧 58/605a）（玄 2

3/317a）（慧 49/399a）（慧 11/601b）（慧 62/704b）（慧 78/1047b）（希 8/410a）（紹 160b1）； 彗古

文篲同 （玄 14/197c、慧 59/652b "彗星" 註）（慧 10/586b "彗星" 註）（慧 10/590b "彗星" 註）

（慧 29/1021a "彗星" 註）（慧 29/1032a "彗星" 註）； 撍或作篲 （慧 60/655b "撍日" 註）。//

篲： 篲篲或從草作篲 （慧 11/601b "擁篲" 註）。//篲： 篲彗古文篲同 （玄 14/197c、慧

59/652b "彗星" 註）（慧 10/590b "彗星" 註）。

慧： 慧熒桂反 （慧 2/431b）（慧 3/440b）（慧 4/466b）（慧 17/730b）（慧 41/224a）（慧 64/760a）（慧

90/179b）； 惠或作慧非 （慧 85/92b "威惠" 註）。

撍： 撍隨銳反 （慧 60/655b）； 彗經文從手作撍非字義 （玄 4/59c "彗星" 註）（玄 15/206a、

慧 58/605a "掃篲" 註）（希 8/410a "持篲" 註）。

撬： 撬音惠 （龍 214/07）（紹 133a8）。

槥：槥歲衛篲三音小棺也（龍 383/06）。

篲：篲祥歲反掃篲獨彗也（龍 393/02）。

嚖：嚖正呼惠反聲急也（龍 274/08）。//嘒或作（龍 274/08）。

檅：檅慧音又旋芮切（紹 159a6）。

暳：暳呼惠反小星也（龍 429/03）。//曤：曤息醉反（龍 429/04）。

恚：恚於季反（玄 21/280b）（玄 23/318b）（慧 47/357b）（慧 40/193b）（慧 43/265a）（慧 76/1004a）（紹 131b6）。

媈：媈音恚悦兒（龍 283/08）。

悔：悔呼會反（慧 34/79b）。悔灰外反（慧 43/269b）。恶古文悔字（龍 066/05）。

晦：晦荒内反（龍 428/06）（玄 25/331b）（慧 71/881a）（紹 170b9）。

誨：誨（慧 21/816a）（希 2/362c）（希 3/374b）。誨音誨（龍 130/04）。

會：會迴外反（慧 32/40a）（玄 9/129c）（慧 46/338a）。㝳音會（龍 539/03）。虍音會（龍 553/04）。棘音會（龍 553/08）。薈或作音會（龍 076/07）。芴或作（龍 076/07）。㞨音會（龍 077/05）。

薈：薈烏外反草盛也（龍 262/10）（262/10）（慧 51/435b）（慧 83/61b）（紹 156a4）。

譮：譮又俗音會（龍 047/01）；會經文有從言作譮（玄 3/39a、慧 09/560b "阿波會天" 註）；喊通俗文作譮大語也（慧 73/920a "喊唤" 註）。

繪：繪音會或作繢（龍 401/09）（慧 31/2a）（玄 21/280a）（玄 22/291a）（慧 48/374b）（慧 13/650b）（慧 15/706a）（慧 31/15a）（慧 33/52a）（慧 40/199a）（慧 87/118a）（慧 97/275b）（紹 191b7）；繢正作繪（玄 7/97c "錯繢" 註）。

諱：諱許貴切（紹 185a7）。

遺：遺音會无違也（龍 492/08）。遺（龍 492/08）。

賄：賄呼每反財賄又贈送也（龍 350/04）（玄 4/57c）（慧 43/272b）（玄 8/112c）（慧 74/957a）（初編玄 594）（慧 55/531a）（玄 18/251b）（慧 73/937b）（玄 20/272a）（慧 75/973a）（玄 22/301c）（慧 48/391a）（慧 14/678a）（慧 15/683b）（慧 16/710a）（慧 16/722a）（慧 30/1036b）（慧 61/694b）（慧 82/25b）（慧 91/189b）（紹 143a6）。//賄：賄呼每反（龍 350/04）；賄古文賄同（玄 4/57

c、慧 43/272b "財賄" 註）（玄 8/112c "財賄" 註）（慧 74/957a "財賄" 註）（玄 18/251b、慧 73/9 37b "財賄" 註）（玄 20/272a、慧 75/973a "財賄" 註）（玄 22/301c、慧 48/391a "賄貨" 註）（慧 1 4/678a "財賄" 註）（慧 15/683b "賄貨" 註）（慧 16/722a "財賄" 註）。

喙：喙許衛反口～也（龍 273/01）（玄 7/93a）（慧 28/996a）（玄 11/144a）（慧 52/456b）（慧 8/556 a）（慧 95/245b）（紹 182b2）；啄經文從象作喙非也（慧 1/413a "啄噉" 註）（慧 41/215b "啄 噉" 註）（希 1/356a "啄噉" 註）。喙兄穢反（慧 53/500a）（慧 56/575a）（慧 83/52b）。

殨：殨許穢反極困也（龍 515/07）。//瘣：瘣許穢反困極也詩云昆夷瘣矣①（龍 475/05）。

嫄：嫄牛吠反捲嫄短小兒也（龍 331/09）。

餘：餘許穢反餁臭也（龍 503/04）。

穢：薉紆廢反（慧 52/454a）（慧 77/1022b）（慧 94/231a）；穢或作薉也（慧 8/536b "臭穢" 註）（慧 11/611a "臭穢" 註）（慧 16/710a "滓穢" 註）（慧 29/1017b "滓穢" 註）（慧 66/785b "穢濁" 註）（慧 78/1040b "姦穢" 註）（慧 80/1069a "蕉穢" 註）（希 9/411a "糠穢" 註）。薉於[廢]反荒薉也又蕉也草也（龍 262/02）（慧 32/28a）。//穢：穢威衛反（慧 3/445b）（慧 5/491a）（慧 8/536b）（慧 11/611a）（慧 13/645b）（慧 16/710a）（慧 29/1017b）（慧 30/1043a）（慧 34/75b）（慧 66/785b）（慧 78/1040b）（慧 80/1069a）（慧 87/129b）（希 9/411a）；薉經作穢亦通也（慧 32/28a "瑕薉" 註）（慧 94/231a "薉矣" 註）。薉於衛反（慧 12/636a）（慧 96/269a）。穢於吠反穢惡也（龍 145/07）（慧 11/616b）。薉於廢反（玄 12/154c）；薉經文有從禾穢形非也（慧 52/454a "薉稻" 註）。穢音穢（龍 173/08）。//癈：癈俗音穢惡也（龍 476/08）。

濊：歲隈外反（慧 93/215a）（紹 188b8）。濊呼末反又呼外反又烏外反（龍 236/06）（慧 99 /316b）。

翽：翽乎會反鳥飛也（龍 327/06）。翽呼會反鳥飛也（龍 365/09）。翽音誨（龍 365/09）。

譣：譣呼會反衆聲也（龍 049/07）。

鏁：鏁呼外反鈴聲（龍 018/02）。

顐：顐許穢反（龍 365/09）；喙又作顐同（玄 7/93a、慧 28/996a "鐵喙" 註）。

纈：纈相對反（龍 401/09）（玄 7/97c）（慧 21/822a）（慧 36/120b）（慧 39/181b）（慧 84/70b）（慧 8

---

① 參見《龍龕手鏡研究》348 頁。

5/100b）（慧96/260b）（紹191b7）；繪經從貴（慧31/2a"錯績"註）（玄21/280a"綺繪"註）（慧13/651a"綺繪"註）（慧15/706a"繪以"註）（慧33/52a"繪飾"註）（慧97/275b"繪飾"註）。繿遺位反（慧62/710b）。繼遺位反（慧61/691a）（慧63/736b）（紹191b1）；音匱或作績（慧60/660a"縷繼"註）。

䫴：䫴正呼對反（龍347/07）（紹204a2）。䨋或作呼對反（龍347/07）。

闠：闠迴外（慧42/244a）（慧83/55b）。闠胡對反（龍094/01）（玄22/299b）（慧48/387a）（慧68/825a）（慧82/30a）（慧83/45b）（紹195a6）；憒譜作闠俗字（慧77/1012a"憒吏"註）。

讀：讀胡對反覺也悟也（龍049/07）。

顜：顜聵古文類[顜]同①（玄1/3a、慧20/802b"聾聵"註）（玄20/274a、慧76/1006b"聾聵"註）。

殨：殨胡罪反不平也（龍514/07）。

頮：頮正荒内反洗面也（龍486/02）。頮俗（龍486/02）。

匯：匯正口懷反澤名也又胡罪反（龍192/03）（玄3/47a）（慧10/582a）。匯俗（龍192/03）。滙或作苦懷胡罪反正作匯澤名也（龍490/06）。滙俗（龍490/06）。滙俗（龍490/06）。滙口懷胡罪二反澤名（龍524/07）。

詯：詯呼内反休市（龍049/07）。詴同上（龍049/08）。//詷：詷胡對反市詷又言長也又音回（龍049/08）。

顯：顯莫内反昧前也（龍486/03）。

hun

hūn 昏：昏婚今作昏（玄2/30b"婚姻"註）（慧26/946b"婚姻"註）。昏呼昆反（慧7/523b）；惛論或作昏誤也（慧86/112a"惛懯"註）（希3/368c"惛寐"註）。昏昏音（紹171a6）。昏俗（龍425/01）。//殙：殙昏音（紹171a6）。//暋：暋正音昏闇也（龍425/01）。暋俗（龍425/01）。暋俗（龍425/01）。暋俗（龍425/01）。

婚：婚呼昆反（希8/408c）（希9/414c）（紹141b10）。昏（玄2/30b）（慧26/946b）。婆音昏②（龍

---

①徐在國《隸定古文疏證》："此蓋假顜為聵。"（246）
②參見《疑難字考釋與研究》329頁。

281/01)。

潽：惛忽昆反（慧 51/436b）。

歑：歑正音昏不可知也（龍 354/02）。歑俗（龍 354/02）。

惛/惽：惛音昏忘也不明也（龍 053/02）（慧 12/637b）（慧 24/893b）（慧 51/433a）。惛呼昆反（玄 11/152b）（慧 57/584b）（慧 86/112a）（慧 89/151a）（慧 90/172a）（慧 92/200b）（慧 97/292b）（紹 130b9）。惽呼昆反（慧 52/473a）（玄 21/277a）（希 3/368c）（紹 130b9）。惛忽溫反（慧 20/798b）（慧 66/785a）。惛呼昆反避廟諱改民為氏或從心惛下眠准此（慧 3/440b）。

塈惛正昏音（紹 161a10）。//毨：毿呼昆反毫也（龍 338/06）。//曩：曩俗呼頓反正作惛亦平聲忘也（龍 308/04）

楛：楛音昏（龍 376/02）。搰音昏（龍 376/02）。

殙：殙音昏（龍 513/06）（玄 12/164a）（慧 55/543b）。

閽：閽音昏守門人也（龍 091/08）。閽昏音（紹 195b3）。閽昏音（紹 195b3）。

菫：菫許云反臭菜也（龍 258/05）（玄 18/239b）（慧 73/922b）（慧 36/123b）（慧 63/727a）（慧 84/76a）（慧 90/176a）（慧 91/194a）（紹 156b6）。

猏：猏音魂似犬人面也（龍 317/10）。

hún 渾：渾戶昆反又胡本反（龍 226/8）（玄 1/3b）（玄 5/65a）（玄 9/120c）（玄 22/289a）（玄 23/313b）（慧 20/803b）（慧 21/825a）（慧 39/182b）（慧 42/248b）（慧 46/320b）（慧 48/372b）（慧 50/421b）（慧 52/453a）（慧 81/10b）（慧 83/48b）（慧 100/338a）（紹 188a9）；楎經中作渾濁之渾非此義也（玄 12/156b、慧 52/477a "楎賣" 註）（玄 20/269b "搰吞" 註）；混字又作渾也（慧 21/810b "混太空" 註）；渾沌亦從人作倱伅（慧 81/10b "渾沌" 註）。

俒：俒五昆戶昆二反女字又姓（龍 027/06）。

輼：輼正音魂車軨也又音軒車前舉也（龍 079/07）。//輼：輼俗（龍 079/07）。

搰：搰戶昆胡本二反（龍 209/09）；輥或從手作搰以手轉也（慧 100/333b "輥芥" 註）。

楎：楎胡本戶昆二反（龍 381/03）（玄 4/61a）（玄 12/156b）（慧 52/477a）（玄 12/156b）（慧 52/477a）。楎胡昆反（玄 20/269b）。//楎又俗戶昆反（龍 380/04）。

餛：餛正戶昆反（龍 500/02）（玄 15/201c）（慧 58/618a）。//餫或作戶昆反（龍 500/02）。

舘：**舘** 胡本胡昆二反角圓兒與榾同（龍 512/01）；榾古文舘同（玄 12/156b、慧 52/477a "榾麋" 註）。

忶：**忶** 户昆反心悶也（龍 054/03）（玄 20/265a）。

魂：**魂**（慧 18/750a）。

hùn 俒：**俒** 胡困反全也（龍 036/09）。

鯇：**鯇** 胡板反魚名又胡本反（龍 169/08）。// 鰥：**鰥** 胡本反魚名（龍 169/08）。

麷：**麷** 户昆反不破麥也（龍 505/02）。

倱：**倱** 胡本反倱伅（龍 030/01）（玄 12/158a）（慧 74/954b）（玄 13/170b）（慧 16/725b）（慧 39/175a）。

掍：**掍** 胡本反掍同一等也（龍 211/04）。

混：**混** 胡本反混沌（龍 230/09）（慧 11/602a）（慧 13/644b）（慧 21/810b）（慧 26/955b）（慧 31/3b）（慧 51/450b）（慧 90/171b）（紹 188a1）；倱伅又作混沌同（玄 12/158a、慧 74/954b "倱伅" 註）（玄 13/170b、慧 16/725b "倱伅" 註）（慧 39/175a "倱伅" 註）；溷論本作混（慧 49/410b "溷殼" 註）（慧 97/273a "情溷" 註）。

麷：**麷** 音混[1]（龍 180/04）。

圂：**圂** 胡困反廁也又豕所居處也（龍 175/06）（玄 4/50b）（慧 43/264a）（玄 7/93a）（慧 28/996a）（玄 9/124c）（慧 46/328b）（慧 74/956b）（玄 15/208b）（慧 58/608b）（玄 20/264b）（玄 21/279a）（玄 23/316c）（慧 49/398a）（慧 12/624b）（慧 13/646a）（慧 43/256b）（慧 43/259a）（慧 44/290a）（慧 53/488a）（慧 53/499a）（慧 57/584a）（慧 64/750b）（慧 68/822a）（慧 75/963a）（慧 84/83b）（慧 87/129b）（紹 174a7）。**唒圂** 圂從口作～非也（慧 57/584a "唥圂蟲" 註）。

溷：**溷** 胡困反濁溷也（龍 234/05）（玄 17/226a）（慧 67/812a）（慧 49/410b）（慧 75/969b）（慧 78/1039b）（慧 79/1063b）（慧 83/53b）（慧 96/262a）（慧 97/273a）（紹 187a2）；圂又作溷同（玄 4/50b、慧 43/264a "圂豬" 註）（玄 9/124c、慧 46/328b "著圂" 註）（玄 20/264b "圂腤" 註）（玄 23/316c、慧 49/398a "圂猪" 註）（慧 43/259a "圂腤" 註）（慧 44/290a "圂神" 註）（慧 53/488a "廁圂" 註）（慧 53/499a "圊圂" 註）（慧 68/822a "廁圂" 註）（慧 84/83b "廁圂" 註）；混或作溷（慧

①參見《叢考》599 頁。

26/955b“混濁”註）（慧 43/256b“圂邊”註）。

慁：慁胡困反悶乱也（龍 67/07）（紹 131b1）。⿰忄圂胡困反⿰忄圂辱也（龍 060/09）。

顐：顐胡本反頭面形圓也（龍 485/09）。

⿰阝鯀：⿰阝鯀胡本反大皁也（龍 297/01）。

⿰𧾷軍：⿰𧾷軍胡困於問二反（龍 464/04）。

⿰革頁：⿰革頁五昆反⿰昆頁⿰革頁秃無髮也又户昆反（龍 483/02）。

huo

⿵門畫：⿵門畫呼麥反～門也（龍 095/08）。

騞：騞呼麥反又與砉同（龍 294/05）（玄 4/54c）（慧 34/90b）。//剨：剨呼麥反（100/09）。

huó 佸：佸括活二音會計也（龍 038/07）。

⿰礻舌：⿰礻舌正音活祠也（龍 113/07）。⿰礻⿱千舌俗（龍 113/07）。

姡：姡音活（龍 284/03）（慧 99/326b）（紹 141b9）。

秳：秳正音活舂穀不潰也（龍 147/04）（紹 196a6）。⿰禾⿱千舌俗（龍 147/04）。

舙：舙音活舟行也（龍 133/08）。

⿵門舌：⿵門舌呼活切（紹 195b1）。

⿸广蒦：⿸广蒦胡郭反廣也（龍 301/08）。

⿺尢舌：⿺尢舌音活尶⿺尢舌惡行也（龍 179/09）。

huǒ 火：火呼果反（希 9/413c）（希 10/420a）。

邩：邩音火地名（龍 455/08）。

夥：夥胡果反（龍 179/01）（龍 342/01）（慧 94/235b）（慧 97/278b）（慧 98/308a）（紹 202b4）。⿰歹果和果反（慧 99/319a）；夥正作⿰歹果也（慧 97/278b“之夥”註）（慧 98/308a“繁夥”註）。⿸尸果五果反又同上（龍 342/01）。⿰骨巴五果反又同上（龍 342/01）。⿰多咼胡果反（龍 179/01）。

⿰果瓜：⿰果瓜俗胡果反（龍 195/07）。⿰果瓜俗（龍 195/07）。

huò 掝：掝呼麥反（龍 217/07）（玄 4/57b）。掝呼麦反（慧 43/272a）。

⿰口或：⿰口或呼麥反大笑貌（龍 276/05）。

戓：戓俗（龍 174/02）。戓正音或水流也（龍 174/02）。

惑：惑弘國反（慧 86/111a）（希 2/363a）。

魊：魊音或鬼～旋風也（龍 324/01）。魊音或（龍 324/01）。

搣：搣音域飛聲也（龍 327/10）。

眖：眖豁古文眖同（玄 11/150a、慧 52/469a "豁悟" 註）。眖俗呼括反正作眖（龍 353/02）；豁古文眖同（玄 8/107b、慧 28/1004b "豁然" 註）。眖呼末反視高皃也（龍 424/07）。

霏：霏息委反又音霍（龍 307/07）（慧 11/605b）（慧 24/886a）（慧 51/437b）（慧 82/38a）（慧 86/113b）；霍説文作霏（慧 17/729b "霍然" 註）（慧 79/1059b "霍然" 註）。霏霍説文雲散工體從雨隹作～（慧 78/1039 "開霍" 註）。霍呼郭反（玄 5/67a）（慧 24/892a）（玄 7/92a）（慧 28/994b）（玄 8/111c）（慧 33/62b）（玄 20/264b）（慧 17/729b）（慧 43/259a）（慧 78/1037a）（慧 78/1039b）（慧 79/1059b）（紹 144a8）。霍俗音霍（龍 510/03）。//爟：爟俗音霍正作霏[1]（龍 244/03）（紹 189b4）；霍經文作爟非體也（玄 7/92a、慧 28/994b "霍然" 註）（慧 17/729b "霍然" 註）（慧 78/1039 "開霍" 註）（慧 78/1047b "霍然" 註）。//懼懼懼舊藏作豁窟上呼括反[2]（龍 064/02）；霍經文作懼誤也（玄 8/111c "霍然" 註）；豁經文從心作懼未見所出（玄 11/150a、慧 52/469a "豁悟" 註）。懼霍經文作懼誤也（玄 8/111c、慧 33/62b "霍然" 註）。

虇：虇息委反與霍同又音霍（龍 259/05）（紹 200b5）；霍經從草作虇音霍非也（慧 24/886a "虇廱" 註）（慧 51/437b "虇廱" 註）。

禍：禍正胡果反灾禍也（龍 111/08）（慧 55/536b）。禍正（龍 111/08）。禍禍音（紹 168b2）。禍舊藏作禍（龍 105/05）。禍舊藏作禍（龍 111/06）。禍俗舊藏作禍（龍 111/06）。禍俗音禍（105/05）。禍俗（龍 111/08）。禍俗（龍 111/08）。殰胡果反古禍字（龍 514/06）；禍古文從歹作殰（慧 55/536b "攘禍" 註）。

過：過胡果反語過也（龍 491/05）。

豁：豁呼活反（慧 52/469a）（慧 41/208b）（慧 42/242a）（慧 51/439a）（慧 100/337b）。豁呼括

---

①《叢考》：音 "霍" 的 "爟"，實即 "霍" 的俗字，而非 "霏" 的俗字（687）。
②參見《龍龕手鏡研究》175 頁。

反（龍 554/03）（玄 8/107b）（慧 28/1004b）（玄 11/150a）（慧 13/655a）（紹 176b8）。𦦋豁或作～（慧 51/439a "豁脫" 註）。𥔨豁説文作～（慧 41/208b "開豁" 註）。𧮫呼括反（龍 554/03）。𧮠歡栝反（慧 96/265b）。𥥴豁集作～字誤也（慧 96/265b "豁然" 註）。

懂：懂呼麦反（慧 75/980b）（慧 88/142a）（慧 98/310a）。懂呼麥反懂懂辨快也（龍 064/01）。懂呼麥反（龍 064/01）（玄 20/273c）。懂懂集從盡作～誤（慧 98/310a "辭懂" 註）。

嗃：嗃胡麥反嗃嘖叫也（龍 278/05）。//咱：咱胡麥反嗃嘖叫也（龍 278/05）。

闀：闀俗音獲又呼伯反破物也（龍 095/07）。

者：碏川韻虎伯反同硅①（龍 446/05）。硅虎伯反硅破（龍 446/05）。

湇：湇火麥反澖湇水聲亦水名（龍 237/09）。

蒦：蒦玉篇音穫蒦落藥也又一號反川韻驚視皃（龍 265/01）。蒦攫經文單作～亦通（慧 75/962b "不可攫" 註）。

嚄：嚄胡陌反嚄嘖大唤也（龍 278/02）。

懞：懞胡郭况縛二反（玄 11/142c）（慧 56/552b）。

獲：獲獲正（紹 154b5）。攫穫經文作獲誤也（玄 12/167a、慧 75/985b "穫麦" 註）。

穫：穫胡郭反（龍 146/07）（玄 3/46a）（慧 10/580a）（玄 5/64a）（慧 38/153b）（玄 9/124b）（慧 46/328a）（玄 12/167a）（慧 75/985b）（玄 22/291a）（慧 48/374b）（慧 41/219a）（慧 75/972a）（慧 84/80b）（紹 196a3）。

蠖：蠖烏郭反（龍 225/05）（玄 9/126b）（慧 46/331a）（玄 18/240c）（慧 73/934b）（玄 25/334a）（慧 71/885a）（慧 68/824b）（慧 69/836b）（慧 72/902b）（慧 97/281b）（紹 164a10）。

鑊：鑊胡郭反鼎也（龍 019/06）（慧 13/649b）（慧 14/662a）（慧 14/673b）（慧 24/887a）（慧 38/163b）（慧 45/307b）（慧 56/574b）（慧 60/665a）（慧 63/729b）（慧 64/750b）（慧 82/32a）（慧 96/269b）（紹 181a7）。

煯：煯正胡郭反熱也（龍 244/05）。煯俗（龍 244/05）。

癁：癁胡郭反癇癁也（龍 478/01）。

耯：耯正一號反又胡麥反（龍 555/09）（慧 81/4b）。耯或作（龍 555/09）。

---

① 參見《龍龕手鏡研究》326 頁。

䕶：䕶胡郭反（龍 482/01）。

䨦：䨦正胡郭反（龍 308/10）（慧 50/425b）。䨦俗（龍 308/10）。䨦俗（龍 308/10）。

嚄：嚄腭經文作嚄乖經意今故改之不取也（慧 75/966a "口中上腭" 註）。

藿：藿呼郭反（龍 263/08）（玄 17/237b）（慧 74/952b）（玄 12/160a、慧 53/485a "迦箄" 註）（慧 26 /949b）（紹 155a6）。藿荒郭反（慧 100/333a）。

翻：翻虎伯反飛疾兒（龍 328/03）。

矐：矐霍經文作矐非也（玄 20/264b "霍然" 註）（慧 43/259a "霍然" 註）。

矐：矐呼各反又戶各反（龍 423/08）（紹 142a9）。

矐：矐正許縛反大視貌（龍 424/01）（玄 12/163c、慧 55/543a "睢叫" 註）（紹 142b3）。矐或作（龍 423/09）。矐或作（龍 423/09）。

㗉：㗉音胡麦反（玄 19/260a、慧 56/568b "嗽酢" 註）。

瀖：瀖火麥反水流兒（龍 237/09）。

歕：歕呼栝反大開目也（龍 358/03）；豁古文歕同（玄 8/107b、慧 28/1004b "豁然" 註）（玄 11/150a、慧 52/469a "豁悟" 註）（慧 13/655a "豁然" 註）（慧 42/242a "開豁" 註）。//闊：闊俗呼活反正作歕大開也（龍 095/04）（紹 195/b1）。

挋：挋呼麥反撅土也（龍 217/07）。

俰：俰胡臥反和也（龍 036/04）。

貨：貨呼臥反（希 4/376b）（紹 143a6）；賹亦古文貨字也（慧 84/71b "賹以" 註）。

霩：霩正音霍（龍 308/09）（紹 144a6）；霍或作霩（慧 17/729b "霍然" 註）。霩今音霍（龍 308/09）。

謋：謋虎伯反謋然也（龍 052/02）。//諕：諕同（龍 052/02）。

礉：礉呼麥反鞭聲又苦格反堅也（龍 446/02）。

J

ji

jī 几：**几** 飢履反（慧 57/582a）（慧 64/753a）（慧 65/766a）（慧 66/799a）。

肌：**肌** 幾宜反（慧 14/675b）（慧 15/698b）（慧 19/782b）。**肌** 居夷反肌體也（龍 405/09）（慧 11/617a）（慧 32/34a）（慧 35/105b）（慧 76/1004a）（慧 78/1039a）（慧 79/1062b）（慧 81/17b）（紹 136a3）。

机：**机** 居履反木几小案之屬也（龍 380/04）（慧 13/650b）；几經文從木作机是木名非經義借用（慧 57/582a "几上" 註）（慧 64/753a "蓐几" 註）（慧 65/766a "凭几" 註）（慧 66/799a "几橙" 註）（慧 90/167a "僵几" 註）。**机** 机正居里切（紹 133a4）。

飢：**飢** 正居脂反飢餓也錂[餧]也（龍 499/04）（玄 8/108b）（慧 28/1005b）（玄 14/183a）（慧 59/629a）（玄 18/245a）（慧 72/916b）（玄 24/323c）（慧 70/868b）（慧 6/508a）（慧 21/829b）（慧 25/921a）（慧 29/1015a）（慧 32/43a）（慧 37/136a）（慧 60/664b）（慧 75/976a）（希 8/405b）。**飢** 記宜反（慧 12/624b）。//餃：**餃** 古（龍 499/04）；飢古文餃同（玄 8/108b、慧 28/1005b "飢饉" 註）（玄 14/183a、慧 59/629a "飢饉" 註）（玄 18/245a、慧 72/916b "飢饉" 註）（玄 24/323c、慧 70/868b "飢饉" 註）（慧 6/508a "飢羸" 註）（慧 29/1015a "飢饉" 註）。**䬸** 俗（龍 499/04）。

䤋：**䤋** 俗音飢（龍 024/07）；拘翅經文作〜鵋二形非也（玄 11/149a、慧 52/466b "拘翅" 註）。

亓：**亓** 居宜反（龍 524/08）。**亓** 古文其字（龍 366/08）。**亓** 古文其字（龍 366/08）。

枅：**枅** 古奚反承衡木也（龍 373/06）（玄 15/207c）（慧 58/608a）（玄 15/203a、慧 58/620b "櫨栱" 註）（玄 15/210b）（慧 58/623a）（慧 62/708b）（慧 62/721b）（紹 158a4）。//桍：**桍** 枅今作桍同結奚反（玄 15/207c、慧 58/608a "枅衡" 註）（玄 15/210b、慧 58/623a "枅梁" 註）。

笄：**笄** 古兮反女年十五而笄也（龍 390/07）（紹 160b2）。

迹：**迹** 資昔反足迹也（龍 493/07）（慧 85/87a）；跡又作迹同（玄 7/104b、慧 26/957b "量跡"

註）（玄 18/240b、慧 73/933b "道跡" 註）（玄 20/268b、慧 33/56a "馬躓" 註）。//躓：**蹟**子亦

反（玄 20/268b）（慧 33/56a）；**跡**又作蹟同（玄 7/104b、慧 26/957b "量跡" 註）（玄 18/240b、

慧 73/933b "道跡" 註）。//跡：**跡**音積（龍 466/08）（玄 18/240b）（慧 73/933b）（慧 26/957b）；

蹟又作跡迹二形同（玄 20/268b、慧 33/56a "馬躓" 註）。**跽**跡正資昔切（紹 137b7）。**跦**

跡論文作跡跤二形非也（玄 18/240b、慧 73/933b "道跡" 註）。**跤**跡經文作跤非也（玄

7/104b "量跡" 註）；跡論文作跡跤二形非也（玄 18/240b、慧 73/933b "道跡" 註）。//**趑**

音迹（龍 326/02）。

基：**基**居之反經也址也始也設也（龍 185/09）（慧 90/173a）。**基**居之反本也（龍 185/09）。

//躆：**躆**俗居之反正作基本也（龍 459/09）。**跙**俗（龍 459/09）；箕集從足作跙非

也（59/294a）。

碁：**碁**基音（紹 142b6）。**腊**基音（紹 136a10）。碁：**碁**基音（紹 204a3）。

碁：**碁**居之反諆謀也（龍 040/09）。**諆**居之反諆謀也（龍 040/09）。

箕：**箕**音基箕帚也亦作簸也（龍 388/08）（慧 50/414a）（慧 53/491b）（慧 86/109a）（慧 98/294a）

（希 8/408a）（紹 160a1）。**丐**古文居其反（龍 201/04）。**貝**古文居其反（龍 269/08）。**鼎**古

文居其反（龍 269/08）。//巺：**罪**居其反古文（龍 360/04）。//竻：**竹**古文箕字（龍

391/03）。**异**箕古文作～也（慧 53/491b）。**竻**音箕①（龍 391/04）。

錤：**錤**音其鎡錤鋤別名也（龍 011/01）（玄 12/162a、慧 28/994a "蒺藜" 註）。

姬：**姬**正居之反周姓也又与之反王妻別名也（龍 279/06）。**姬**俗（龍 279/06）（玄 24/328

c）（慧 70/876a）（紹 141b1）。**姐**基音（紹 141b1）。

筶：**筶**正居其反～可以取蟻也（龍 388/04）。**筐**俗（龍 388/04）。**筶**俗（龍 388/04）。

嵇：**嵇**音奚（慧 85/93a）。**嵇**系雞反（慧 87/127a）。**嵇**音兮山名（龍 070/06）（紹 162a4）。

稽：**稽**今古奚反滯也考也同也當也留止也又山名又音啟（龍 142/06）（慧 46/328b）（慧 5

6/573a）（慧 3/441a）。**稽**正（龍 142/06）。**稽**涇溪反（慧 8/549a）（慧 10/592a）（慧 77/1027

a）。**稽**古奚反（玄 19/262b）。**稽**俗（龍 142/06）（玄 3/36c）（慧 09/571b）。**稽**稽正啓雞

二音（紹 195b10）。**稽**俗（龍 142/06）。**稢**俗（龍 142/06）。**稅**稽又作～（慧 8/549a "稽

①參見《叢考》891 頁。

留"註）。**禾**稽本作禾（慧 8/549a "稽留" 註）。

鐕： **鐕**古兮反鐕堅也（龍 013/01）。

卟： **卟**問卟也又音雞（龍 270/07）；稽古文作乩或作卟（慧 3/441a "稽留" 註）。**卟**稽又

作卟（慧 8/549a "稽留" 註）。//乩： **乩**稽古文作乩或作卟（慧 3/441a "稽留" 註）（慧

8/549a "稽留" 註）。

妠： **妠**祖兮反婢妠［妠］短兒（龍 331/06）。

唧： **唧**正資悉反啾唧聲也又音即鳳鳴也（龍 276/05）（玄 7/93a）（慧 28/995b）（玄 10/132c）

（慧 49/407a）（玄 19/255b）（慧 56/561a）（玄 19/260c）（慧 56/569b）（紹 182a2）。//唧：**唧**俗

（龍 276/05）。//呀：**呀**俗（龍 276/05）。

屐： **屐**巨逆反（玄 1/22b）（慧 15/686b）（慧 77/1016a）（慧 78/1040a）；跂又作屐同（慧 52/469b

"牙跂" 註）。**屐**渠逆反（慧 13/653b）。**屐**俗（龍 164/06）（玄 15/202c）（慧 58/619b）（慧 25

/922a）（慧 45/314a）（慧 63/742a）（慧 64/754b）。**屐**正奇逆反屩也屦屐也（龍 164/06）（玄

14/191b）（慧 59/641b）。**屐**擎戟反（慧 89/157b）。**屐**渠戟反（慧 96/262a）（紹 172a10）。**屐**

跂又作屐同（玄 11/150b "牙跂" 註）。**屐**俗（龍 164/06）（紹 172a10）。

幾： **幾**渠衣反（玄 9/123c）（慧 46/326b）（慧 56/557b）（慧 15/699a）（慧 85/93b）；機今字書多

不從木單作幾也（慧 75/969a "機微" 註）。**幾**（慧 65/763b）（玄 19/253a）。

儚： **儚**居依反精也月令云歲時儚終也（龍 027/06）。

機： **機**居依反祥也（龍 111/01）。

璣： **璣**音機（玄 3/37c）（慧 09/558b）（慧 5/66a）（慧 44/278b）（玄 5/69c）（玄 9/127c）（慧 46/334a）

（慧 56/548b）（玄 12/162a）（慧 28/993b）（玄 16/222a）（慧 65/765a）（慧 16/716b）（慧 54/511b）

（慧 77/1020b）（慧 86/111b）（慧 87/125b）（慧 96/271a）（紹 140b4）。**璣**音機未圓小珠也（龍

432/05）。

釁： **釁**居依反血祭也（龍 538/03）。**釁**居依反血祭也（龍 548/01）。

嘰： **嘰**居依反（龍 267/09）（紹 184a7）。

磯： **磯**音機以石激水也（龍 441/06）（慧 58/603a）。**磯**居依反（玄 15/205a）。

薞： **薞**居依反葅薞草也（龍 255/09）（玄 24/320c、慧 70/863b "香薞" 註）。

機： **機** 居依反會也發動也又窅牙也 （龍 373/05）（玄 7/98a）（慧 31/3a）（玄 9/129c）（慧 46/3

38a）（慧 3/454a）（慧 4/473a）（慧 7/529b）（慧 11/602b）（慧 21/826b）（慧 29/1023b）（慧 33/67b）

（慧 66/790a）（慧 66/795a）（慧 75/969a）（慧 83/43a）（慧 84/83a）（慧 91/181a）（希 5/386a）。**擽**

機傳從手作機誤也 （慧 83/43a "逗機" 註）。

譏： **譏** 居依反諫也誹也問也譴也 （龍 041/02）（玄 8/107a）（慧 28/1003b）（玄 17/236b）（慧 74

/950b）（玄 18/240b）（慧 73/933b）（玄 23/311c）（慧 47/363b）（玄 25/335a）（慧 71/886b）（慧 2/

428a）（慧 6/502a）（慧 11/612a）（慧 13/654a）（慧 14/681a）（慧 23/875b）（慧 40/191a）（慧 45/3

11b）（慧 47/345b）（慧 54/507b）（慧 61/680b）（慧 62/697b）（紹 185b10）。**譏** ［斯］希反 （慧

72/906b）。

饑： **饑** 居依反穀不熟也 （龍 499/04）（慧 12/628a）（慧 38/151b）（希 4/379b）（紹 172a5）；飢又

作饑同 （玄 8/108b、慧 28/1005b "飢饉" 註）（玄 14/183a、慧 59/629a "飢饉" 註）（玄 24/323c、

慧 70/868b "飢饉" 註）（慧 12/624a "飢饉" 註）（慧 21/829b "刼中飢饉" 註）（慧 32/43a "飢饉"

註）（慧 75/976a "餒飢" 註）（希 8/405b "飢饉" 註）。

鐖： **鐖** 居依反鈎名 （龍 008/03）。

羇： **羇** 正居依反撿也繫馬也 （龍 447/05）。//羈：羇或作 （龍 447/05）。

彀： **彀** 擊正體作彀 （慧 38/158b "揮擊" 註）。

彀： **彀** 音喫功也漢書云功苦彀淡也 （龍 194/06）。

墼： **墼** 經歷反 （慧 28/1009b）（慧 82/30a）。**墼** 正經懍反磚坏別名也 （龍 251/09）。**墼** 今經

歷反 （龍 251/09）（慧 47/365b）（紹 161b3）。**墼** 或作 （龍 251/09）。**墼** 經亦反 （慧 60/675a）。

//**甓** 俗音擊正作墼 （龍 316/10）。//**墩** 或作 （龍 251/09）。

擊： **擊** 古歷反 （慧 48/381a）（慧 2/429a）（慧 10/598b）（慧 29/1018a）（慧 38/158b）（慧 72/898b）

（慧 83/54b）（希 6/396a）（希 7/404a）。**擊** 古歷反 （玄 22/295b）（慧 6/499a）（慧 18/757a）（慧

41/228a）。**擊** 正擊字 （慧 93/220b）（希 4/377b）。**擊** 經亦反 （慧 18/759a）。**擊** 音擊 （龍 2

15/04）。

轚： **轚** 正計擊二音舟車互序而行苦也 （龍 084/04）。**轚** 今 （龍 084/04）。

刉： **刉** 居綺反刉劌工人曲刀也 （龍 098/02）（慧 82/36a）（慧 86/108b）（慧 98/294a）（紹 139b

10）。

郶：**鄁** 去奇反邪也（龍 453/06）。

畸：**畸** 居宜反耕也（龍 153/03）。

觭：**觭** 去奇去綺二反角一俯一仰也（龍 511/02）。

騎：**騎** 居宜反～身單兒（龍 161/05）。

羇：**羇** 居宜反（慧 57/579b）。 **羇** 羇又作羈同（玄 15/204b、慧 58/602b"寵羇"註）（慧 74/943 b"羈勒"註）。 **羇** 居猗反（慧 49/398a）（慧 23/863b）。 **羇** 居宜反（龍 360/03）（玄 3/38a）（慧 09/558b）（玄 22/291a）（慧 48/374b）（玄 23/316b）（慧 53/502b）（慧 54/507b）（慧 82/30b）（慧 82/38b）（紹 140a9）； 羇又作羇同（玄 7/103a、慧 24/893a"羇絆"註）（初編玄 695"羇由"註）（玄 15/204b、慧 58/602b"寵羇"註）（慧 96/258b"人羇"註）； 羇或作羇（慧 41/207a"羈鎖"註）（慧 44/290b"羈制"註）（慧 74/946a"羈絆"註）。 **羇** 寄宜反（慧 32/45a）（慧 88/142b）。 **羇** 居奇反（龍 329/05）（玄 1/19a）。 **羈** 居宜反正作羇（龍 306/10）。 **羇** 居宜反[1]（龍 197/06）。 **羇** 居宜反（龍 197/06）。 **羇** 居宜反（龍 306/10）。 **羇** 俗音羇（龍 507/05）。 **羇** 俗音羇（龍 507/05）。 //**羇** 居猗反（玄 7/103a）（慧 24/893b）（初編玄 695）（慧 58/617b）（玄 15/204b）（慧 58/602b）（玄 20/265c）（慧 79/1052a）（慧 96/258b）（紹 140a9）； 羇今作羇同（玄 1/19a"羈鏁"註）（慧 44/290b"羈制"註）（慧 53/502b"在釋羈底"註）（慧 54/507b"羈底"註）（慧 76/996b"羇鞅"註）（慧 88/142b"羇死"註）。

羈：**羈** 俗居宜反（龍 360/03）。 **羈** 寄宜反（慧 76/996b）。 **羈** 俗居宜反（龍 360/03）。 **羈** 寄宜反（慧 15/688a）（慧 41/207a）（慧 44/290b）（慧 78/1038a）（慧 91/185b）； 羈或從革作羈（慧 57/579b"羈瘦"註）（慧 76/996b"羈鞅"註）。 **羈** 居宜反馬絆也（龍 360/03）（慧 22/847a）（慧 60/666b）（慧 74/943b）（慧 74/946a）（慧 79/1062a）（慧 80/1075b）（希 1/354b）（希 2/362c）（希 3/374b）（紹 140a9）（紹 197b5）； 羇又作羈同（初編玄 695"羇由"註）； 羈或作羈（慧 32/45a"羈籠"註）（慧 82/30b"羈旅"註）。 **羈** 俗（龍 329/05）。 **羈** 俗（龍 329/05）。 **羈** 音機（慧 61/689b）。 **羈** 正居奇反馬絆也（龍 329/05）（慧 60/655a）。 **羈** 居奇反（慧 25/913b）。 **羈** 羈正居宜切（紹 197b5）。

鶏：**鶏**計奚反鷗鶏似鶴而大也（龍 285/03）（玄 22/303b）（慧 11/617b）（慧 16/708b）（希 6/396

a）。//雞：**雞**古兮反説文曰知時畜也（龍 148/06）（慧 48/393b）；鶏又作雞同（希 6/

396a "鶏鴈" 註）。

囃：**雞**俗音雞（龍 269/04）（紹 183a4）。

激：**激**古歴反疾波也（龍 235/08）（玄 4/53c）（慧 32/33b）（玄 11/140b）（慧 56/548a）（玄 12/15

7c）（玄 14/195b）（慧 59/648a）（玄 15/203b）（慧 58/620b）（玄 15/204c）（慧 58/603a）（玄 16/21

8c）（慧 65/770b）（玄 21/282b）（玄 22/287c）（慧 48/370b）（玄 22/297b）（慧 48/384a）（玄 24/32

9a）（慧 70/876a）（慧 8/554b）（慧 18/751b）（慧 23/861a）（慧 23/864a）（慧 29/1028b）（慧 36/12

5b）（慧 53/490b）（慧 60/654a）（慧 66/794b）（慧 68/830a）（慧 78/1037a）（慧 78/1042b）（慧 82/

36a）（慧 84/77a）（慧 90/179a）（慧 91/192a）（希 2/361b）（紹 186b3）。**激**經鶄反（慧 24/893b）。

激公的反（慧 74/954b）。

鶄：**鶄**經歴胡狄二反鳥名似鳥蒼白色也（龍 289/05）。**鶄**俗音擊正作鶄鳥名（龍 294/07）。

勣：**勣**精亦反（慧 91/186b）。**勣**音積勣功累德也（龍 518/03）（慧 80/1086b）（慧 92/206b）（紹

145b1）；績今作勣同（玄 4/55c、慧 43/267b "敗績" 註）（玄 7/102a、慧 30/1045b "功績" 註）

（玄 14/191c、慧 59/642b "紡績" 註）（玄 15/208c、慧 58/609b "紡績" 註）。

積：**積**紫錫反（慧 69/841a）；積正作～字書相承隷省作積（希 3/371a "草積" 註）。**積**子

易反（慧 25/919b）（慧 66/786a）（慧 78/1042b）（慧 80/1083b）（慧 100/332b）（希 3/371a）。

績：**績**井昔反（慧 69/844b）；績説文作～字（希 9/415c "敗績" 註）。**績**音積紡績也繼續

也緝也（龍 404/02）（玄 4/55c）（慧 43/267b）（玄 7/102a）（慧 30/1045b）（玄 14/191c）（慧 59/

642b）（玄 15/208c）（慧 58/609b）（慧 13/648a）（慧 77/1024b）（慧 84/82a）（希 9/415c）（紹 190b

8）；勣或作績（慧 91/186b "樹勣" 註）。

鶄：**鶄**音積鳥名也（龍 289/06）。

齏：**齏**齏又作齏同（玄 1/9b、慧 17/743a "葡齏" 註）。**齏**祖兮反薑蒜為之（龍 524/08）。**齏**

即兮反（龍 119/04）。**齏**齏又作～同（玄 19/255b "齏醬" 註）。**齏**齏古作～（慧 81/13a

"諸齏" 註）。**齏**齏又作～同（慧 56/561a "齏醬" 註）。**齏**齏齊二音（龍 542/03）。//齏：

齏又作齏同子奚反（玄 1/9b）（慧 17/743a）（紹 174a1）。**齏**濟題反（慧 81/13a）。**齏**濟

齊反（慧 61/696a）。𪗪子奚反（慧 56/561a）。𪗪子奚反（玄 19/255b）。𪗪古文祖兮反（龍 184/03）。

齏：齎子西反齏菹也薑蒜為之齏也（龍 128/09）。//齏：齎子奚反（龍 341/01）。

躋：躋子兮子計二反昇也登也（龍 459/08）（希 2/365b）（紹 137a2）。隮：隮正祖兮祖計二反升也登也（龍 295/10）；躋或作隮（希 2/365b "日躋" 註）。隮俗（龍 295/10）。

齎：齎子西反裝也持送付遺也（龍 128/09）（玄 5/74b）（慧 27/983b）（慧 40/190b）（慧 78/1041b）（慧 80/1076b）（慧 81/4b）（慧 81/21a）（慧 89/153a）（希 3/372c）（希 10/422c）（紹 174a1）；齎說文作齎（慧 8/539a "齎持" 註）（慧 8/549b "多齎" 註）（慧 11/617b "齎來" 註）（慧 12/634b "齎持" 註）（慧 13/657a "齎持" 註）。齎濟齊反（慧 10/585a）（慧 10/588b）（慧 14/666b）（慧 54/514b）（慧 83/46b）。齎濟齊反（慧 14/679b）（慧 24/898b）。齎子西反（龍 129/06）（慧 44/287b）（紹 174a1）。齎俗子奚反齎持也付也送也裝也遺也（龍 349/03）（玄 6/87c）（慧 8/539a）（慧 8/549b）（慧 11/617b）（慧 13/657a）（慧 87/126b）（紹 143a6）；齎又作齎（玄 5/74b、慧 44/287b "我齎" 註）（慧 10/585a "齎妙" 註）（慧 10/588b "遠齎" 註）（慧 54/514b "齎饟" 註）（慧 78/1041b "飽齎" 註）（慧 80/1076b "齎梵葉" 註）（慧 89/153a "齎此" 註）（希 3/372c "所齎" 註）（希 10/422c "所齎" 註）。齎精雞反俗字也正體從齊作齎（慧 12/621b）；齎今經文作～俗用字謬誤之甚（慧 14/679b "齎持" 註）（慧 24/898b "齎書" 註）（慧 40/190b "齎棄" 註）。齎精齊反俗字也（慧 12/634b）；齎經文作齎俗字訛謬也因變古文齎為齎（慧 14/666b "各齎" 註）（慧 81/21a "齎以" 註）（慧 83/46b "齎餅果" 註）。齎俗（龍 349/03）。齎賤西切（紹 143a7）。齎賤西切（紹 143a7）。齎賤西切（紹 143a7）。齎音齎（龍 350/03）。齎音齎（龍 350/03）。齎齎或作～也（慧 13/657a "齎持" 註）。//裘：裘舊藏作齎祖衣反在三法度論（龍 103/09）。

畿：畿渠希反京畿也地方千里曰國畿也（龍 153/01）（玄 7/97b）（慧 19/779a）（慧 79/1064b）。畿幾音又巨依切（紹 196b10）。畿音祈王～（龍 173/01）。//機：機音祈同畿王機也（龍 248/01）。

鉸：鉸古的反吹鉸也（龍 338/06）。

及：及（慧 18/759b）（慧 21/813b）。

扱：**扱**魚及反土也（龍252/08）。

岌：**岌**魚及反山高皃也（龍078/01）（玄4/62b）（慧19/783b）（慧83/54a）（紹162a7）。

扅：**扅**音及户鍵也（龍303/10）。

彶：**彶**音急遽也又彶彶似有所追也（龍498/08）（玄5/75b）（慧30/1047b）（玄13/174c）（慧75/977b）（慧19/785b）（慧75/977b）（慧85/90b）。**伋**音急繫於心趣於事也（龍037/07）（慧86/114b）；彶或從人作伋音急考聲云繫於心也趣於事也（慧19/785b"彶彶"註）。//

扱：**扱**音急（龍366/07）。

汲：**汲**音急引也取也（龍236/03）（玄14/196c）（慧59/650b）（玄17/237a）（慧74/952a）（慧17/728a）（慧21/828b）（慧28/1002a）（慧34/84a）（慧41/206b）（慧86/113b）（慧86/114b）（慧93/218b）（慧96/259a）（慧99/312a）（希10/419c）（紹188a3）；伋[彶]今皆從水作汲（玄5/75b、慧30/1047b"伋伋"註）（慧19/785b"彶彶"註）（慧75/977b"彶彶"註）；彶論文從水非也書誤也（慧85/90b"彶彶"註）。

宸：**宸**音及户鍵也（龍303/10）（慧78/1050b"關店"註）。

阪：**阪**音急階阪（龍298/04）。

急：**急**（慧36/128b）（慧60/662a）（希4/381a）；忣字（慧16/713a"駃忣"註）。**悬**急音（紹131b6）。//忣：**忣**今邑反（龍068/06）（慧16/713a）。

芨：**芨**音急烏頭別名也（龍264/07）。

笈：**芨**其劫初洽二反書笈（龍394/01）（玄3/47a）（慧10/581b）（玄23/312c）（慧50/420b）（玄24/330a）（慧70/878b）（慧28/1002b）（慧39/175a）（慧51/436b）（慧86/110a）（慧90/169a）（紹159b8）。**芨**又俗及笈二音負書箱也（龍264/07）。

疲：**疲**居立呼合二反病劣皃也（龍478/06）。

級：**級**音急等級也（龍404/4）（玄1/5b）（玄3/35c）（玄9/129c）（玄12/155b）（玄21/284a）（玄22/288a）（玄23/310a）（慧09/569a）（慧10/585a）（慧20/806b）（慧23/857a）（慧28/1008a）（慧42/238b）（慧45/313a）（慧46/338b）（慧47/361a）（慧48/371a）（慧52/455a）（慧53/485a）（慧56/574b）（紹191a4）；汲集從糸作級是階級首級也非汲水義（慧99/312a"縆汲"註）。

吉：**吉**（慧21/822a）。

佶：**佶**渠乙反閑也正也 （龍039/01）（玄4/56c）（慧43/265b）（紹128b2）。

郘：**郘**音吉郘城山名 （龍457/04）。

姞：**姞**渠乙反姓也一曰字 （龍284/02）（玄5/69c）（玄5/75c）（玄8/110c）（玄9/122c）（慧46/325b）（紹141a10）。

跲：**跲**俗巨吉反 （龍465/07）（慧79/1055a）。

趌：**趌** 巨乙反又音吉 （龍326/03）（**玄** 15/205b（慧58/604a）。//**趌**去吉反 （龍326/01）。

亟：**亟**正記力反 （龍525/06）（慧4/474b）（慧31/10b）（慧77/1018a）（慧82/37b）（慧84/78b）（慧88/143b）（慧91/193a）（慧99/329a）（慧100/348b）。**亟** 兢憶反 （慧80/1082a）（紹203a5）。**亟**俗 （龍525/06）。**亟**亟錄文作～俗字非也 （慧80/1082a“亟徑”註）。**亟**紀力反急也疾也趣也又去吏反數也遽也 （龍245/06）。

菣：**菣**紀力反菣救草也 （龍263/09）。

愶：**愶**正紀力反急性相背也 （龍062/09）。**愶**俗 （龍062/09）。

極：**極**其輒反 （龍386/04）（慧2/429a）（慧7/530a）（慧21/822b）（希4/375c）；极經從手非也 （慧2/429a“極踶”註）。**極** （中62/717c）。

裐：**裐**正其力紀力二反衣領也亦作裐 （龍109/01）。**裐**俗 （龍109/01）。

殛：**殛**正紀力反 （龍516/01）。**殛**俗 （龍516/01）。**殛**紀力則割二反[1] （龍152/05）。**殛**訖力切 （紹144b3）。**殛**紀力則割二反 （龍152/05）。

詎：**詎**正紀力反訥言也 （龍051/01）。**詎**俗 （龍051/01）。

鞕：**鞕**丘力反皮鞭兒也 （龍450/09）；亟或作鞕 （慧80/1082a“亟徑”註）。

癌：**癌**俗音極[2] （龍478/03）。

鞠：**鞠**亟俗字也正體作苟苟極也或從革作鞠轉注字 （慧82/37b“亟淹”註）。

棘：**棘**矜憶反 （慧19/784b）（慧25/912a）（慧29/1027b）（慧32/43b）（慧51/440a）（慧87/127b）（慧89/153b）（慧90/179b）（希7/403c）。**棘**記逆反酸棗木也 （龍542/06）（慧3/448a）（慧10/588b）（慧11/618b）（慧14/668a）（慧16/709a）（慧30/1037a）（慧41/208b）（慧43/264b）（慧

---

[1]參見《字典考正》172頁。
[2]《字典考正》：“癌”應是“極”的後起分化字（294）。

84/80a）（慧 87/130a）（慧 100/344a）（希 3/369b）（希 5/383a）（紹 154a6）（紹 175b4）；棘經本

從竝束誤也（慧 19/784b "棘束" 註）。棘俗紀力反今作棘（龍 189/03）；棘從二束相

竝經從二来非也（慧 3/448a "荊棘" 註）（慧 16/709a "牛棘" 註）（慧 29/1027b "荊棘" 註）（慧

51/440a "棘樹" 註）。䕝俗紀力反今作棘（龍 189/03）。㦲古文紀力反同棘（龍 140/02）。

//蕀：蕀紀力反薓蒫別名也（龍 265/02）；棘集本從草作蕀非也（慧 100/344a "棘刺"

註）。蕀俗音蕀（龍 265/03）；棘經文從草作蕀非也（慧 78/1036a "棘刺" 註）。

勞：勞記力反力也（龍 542/08）。

襋：襋紀力反衣領也（龍 109/06）；襋又作襋（慧 30/1036b "襋上" 註）（慧 32/35a "著襋" 註）

（慧 32/39b "衣襋" 註）。

墷：墷正秦昔反（龍 253/01）（慧 84/86a）（紹 161b7）。墷俗（龍 253/01）。

桍：桍積音（紹 159a5）。

膌：膌秦亦反（龍 415/07）（紹 136a9）；瘠古文膌同（玄 1/9a、慧 17/743a "羸瘠" 註）（玄 2/2

4b "羸瘠" 註）（玄 5/74c、慧 44/284a "羸瘠" 註）（玄 10/133b、慧 49/408b "羸瘠" 註）（玄 11/1

43c、慧 56/555b "瘦瘠" 註）（慧 52/475a "瘠薄" 註）（玄 17/233a、慧 70/858b "瘠田" 註）（玄 1

9/262b、慧 56/572b "羸瘠" 註）（玄 22/303c、慧 48/394b "瘠田" 註）（慧 15/688b "羸瘠" 註）（慧

29/1028b "羸瘠" 註）（慧 91/192b "羸瘠" 註）；墷或從月作膌也（慧 84/86a "墷土" 註）。//

瘠：瘼瘠古文瘼同（玄 2/24b "羸瘠" 註）（玄 5/74c、慧 44/284a "羸瘠" 註）（玄 10/133b、

慧 49/408b "羸瘠" 註）（玄 11/143c、慧 56/555b "瘦瘠" 註）（慧 52/475a "瘠薄" 註）（玄 17/233

a、慧 70/858b "瘠田" 註）（玄 19/262b、慧 56/572b "羸瘠" 註）（玄 22/303c、慧 48/394b "瘠田"

註）（慧 25/929a "羸瘠" 註）。//瘠：瘠古（龍 477/04）。瘠情亦反（慧 62/701a）。瘠今

情亦反瘦也病也（龍 477/04）（玄 1/9a）（玄 2/24b）（慧 17/743a）（玄 5/74c）（慧 44/284a）（玄

10/133b）（慧 49/408b）（玄 11/143c）（慧 56/555b）（慧 52/475a）（玄 17/233a）（慧 70/858b）（玄 1

9/262b）（慧 56/572b）（玄 22/303c）（慧 48/394b）（慧 15/688b）（慧 25/929a）（慧 29/1028b）（慧 8

6/113a）（慧 91/192b）（慧 100/342b）（希 9/412a）（紹 192b10）；膌又作瘠同（玄 15/204c、慧 5

8/603a "薄膌" 註）。膌俗情亦反正作瘠（龍 37/06）。//瘠：瘠俗（龍 477/04）（紹 192b

10）；瘠古文瘠同（玄 2/24b "羸瘠" 註）（玄 5/74c、慧 44/284a "羸瘠" 註）（玄 10/133b、慧 4

9/408b "羸瘠" 註)（玄 11/143c、慧 56/555b "瘦瘠" 註）（慧 52/475a "瘠薄" 註）（玄 17/233a、

慧 70/858b "瘠田" 註）（玄 19/262b、慧 56/572b "羸瘠" 註）（玄 22/303c、慧 48/394b "瘠田" 註）

（慧 15/688b "羸瘠" 註）（慧 25/929a "羸瘠" 註）。

蹐：蹐 音積 （龍 466/02）（慧 83/59a）（慧 85/90a）。

跽：跽 音集或作 （龍 537/06）。骱 正音集 （龍 537/06）。

湒：湒 姊入反雨兒 （龍 237/07）（玄 12/156b）（慧 52/477b）。湒 湒又作～同思入史及二反

（玄 12/156b、慧 52/477b "湒湒" 註）。

揖：揖 俗七入二反 （龍 218/09）。

楫：楫 通子葉反舟楫也 （龍 385/5）（玄 19/257a）（慧 56/563b）（慧 31/11b）；橶亦作楫 （慧 8

8/145b "鼓橶" 註）。楫 子獵反 （玄 1/5c）（慧 20/807b）（玄 19/257a）。楫 正子葉反舟楫

也 （龍 385/5）。揖 橶說文作楫 （慧 24/897a "舟橶" 註）。// 橶：橶 尖葉反 （慧 61/686

a）（慧 83/47b）（慧 87/131a）（慧 88/145b）；楫又作橶同 （玄 1/5c、慧 20/807b "舟楫" 註）。

橶 接集二音舟橶也 （龍 385/5）（紹 158b6）；楫通俗文作橶同 （慧 56/563b "舟楫" 註）

（慧 31/11b "舟楫" 註）。橶 子葉反 （慧 24/897a）。// 艥：艥 集接二音與橶同舟艥也 （龍

133/03）；楫通俗文作艥同 （玄 19/257a "舟楫" 註）；橶傳從舟作艥俗字也 （慧 83/47b

"舟橶" 註）（慧 87/131a "舟橶" 註）。艥 集接二音與橶同 （龍 133/03）。艥 秦業資葉二

反 （慧 23/878a）。

緝：緝 七立反 （玄 23/311b）（慧 47/363a）（慧 91/184b）（紹 191a9）。緝 侵立反 （慧 40/193b）（慧

61/682b）（慧 61/693a）（慧 69/844b）（慧 72/907b）（慧 80/1068b）（慧 100/348a）（希 10/419c）。

緝 七入反 （龍 403/09）。

輯：輯 正秦入反和也諧也 （龍 085/01）（慧 10/581b）（慧 89/161b）（紹 139a8）。輯 今 （龍 085/

01）（玄 3/47a）（紹 139a8）。輯 俗 （龍 084/09）。輯 俗 （龍 084/09）。// 輯 秦入反 （龍 085

/01）。

觜：觜 阻立反角多兒 （龍 513/02）。觽 阻立反角多兒 （龍 513/02）。

戢：戢 阻立反 （慧 52/470a）（慧 74/948a）（慧 73/919a）（慧 75/976a）（慧 78/1037b）（慧 83/49b）

（慧 88/134b）（慧 88/142b）（慧 100/340a）。戢 阻立反戢歛止衆也 （龍 174/01）（玄 4/54b）

（慧 34/90a）（玄 8/110a）（慧 28/1007b）（玄 11/150c）（玄 17/234c）（玄 18/249a）（玄 20/267b）（慧 33/54b）（紹 149a7）（紹 199a8）。//**撮**阻立反撮斂也（龍 218/04）；戢經文從手作撮非也（玄 4/54b、慧 34/90a "戢在" 註）。**撮**接音（紹 134b3）。

濈：**濈**阻立反和也（龍 237/10）。

皍：**皍**阻立反淚出皃（龍 424/01）。

霛：**霙**阻立士立林邑三反雨下也玉篇與霤同（龍 309/02）。//**霤**：**霤**玉篇同上切韻士立反～～暴雨皃（龍 309/02）。

即：**帛**古文即字（龍 431/09）。**迎**即正（紹 138b5）。

聖：**聖**音即又秦力反又資七反（龍 252/10）（紹 161b2）。

脚：**脚**音即膏澤也（龍 415/01）。

蜖：**蜖**即節二音（龍 225/08）（慧 27/973a "蜈蚣" 註）（慧 87/120a）（慧 99/316a）。

鶺：**鶺**正音積（龍 289/08）（慧 38/159a）（慧 81/19a）。**鶺**俗音積（龍 289/08）。//**鶺**：**鶺**或作音積（龍 289/08）（慧 62/715b）；**鶺**或作鶺（慧 38/159a "鶺鴒" 註）（慧 81/19a "鶺鴒" 註）。

獚：**獚**正音即犬生三子也（龍 319/10）。**獚**俗（龍 319/10）。

欆：**欆**正音即木名似松（龍 386/06）。**欆**俗（龍 386/06）。

踖：**踖**正音積（龍 466/09）（慧 28/999a）。**踖**今（龍 466/09）（玄 5/64a）（慧 38/153b）（玄 7/95b）（玄 10/132b）（慧 49/406b）（玄 12/164b）（慧 55/544b）（慧 89/159a）（紹 137b2）。//**蹢**：**蹢**祥亦反（龍 468/01）（紹 137b10）。//**蹢**：**蹢**慈夜反（龍 464/01）（玄 9/121c）（慧 46/323a）。

耤：**耤**秦昔反耤田耤借也（龍 365/08）。**耤**音昔田也（龍 365/07）。

籍：**籍**詳亦反又秦昔反（龍 394/07）（希 5/384b）（紹 159b6）；藉經文從竹作籍非也（希 6/396c "假藉" 註）。

嫉：**㛴**嫉古文㛴同（玄 6/80b[①] "嫉妬" 註）（玄 18/242b、慧 72/912b "為嫉" 註）（慧 27/968a "嫉妒" 註）（慧 76/991b "嫌嫉" 註）。//**嫉**秦栗反（慧 67/804a）。**嫉**音疾（龍 283/09）（玄 18/242b）（慧 72/912b）（慧 1/419a）（慧 8/538a）（慧 14/676b）（慧 14/679b）（慧 16/710a）（慧 17/731a）（慧 27/968a）（慧 30/1048a）（慧 32/29a）（慧 32/49a）（慧 51/436a）（慧 69/837b）（慧 76/9

①高麗本作 "嫉"，《磧沙藏》本作 "㛴"，當是。

91b)（慧86/116a）（慧94/223b）。//諆：諆嫉古文諆同（玄6/80b"嫉妬"註）（玄18/242b、慧72/912b"為嫉"註）（慧27/968a"嫉妒"註）。//悆嫉古文悆同（玄6/80b"嫉妬"註）（玄18/242b、慧72/912b"為嫉"註）（慧27/968a"嫉妒"註）（慧32/49a"慳嫉"註）。

蒺：蒺音疾蒺藜也（龍263/08）（玄4/52c）（玄10/135b）（慧49/400a）（玄12/162a）（慧28/994a）（玄16/221a）（慧65/763b）（慧84/80b）；蛺蠡經作蒺藜草名非此義也（慧31/25a"蛺蠡"註）。//鏶：鏶音疾鐵鏶鏷也（龍022/02）；蒺藜論文從金作鏶鏷二形非也（玄10/135b、慧49/400a"蒺藜"註）（玄12/162a、慧28/994a"蒺藜"註）。

楤：楤疾音（紹158a5）；音疾（玄15/203a、慧58/620b"櫨拱"註）。

蛺：蛺今音疾（龍225/01）。鏶秦悉反（慧31/25a）。蝨或作（龍225/01）。

潗：潗即入切（紹187a7）。

嗺：嗺姊入反嗻嗺也（龍277/05）（玄4/61b）（慧44/282b）（玄15/208a）（慧58/608b）（慧61/687a）（玄16/219a、慧65/771b"嗻嗺"註）（玄16/224a、慧64/744b"欶指"註）（玄19/260a）（慧56/568b）（慧35/106b）（慧64/754a）；唼古文嗺又作卹同（玄6/84b"唼食"註）（玄17/234b、慧74/947b"羽寶"註）（玄22/303b、慧48/394a"唼食"註）；卹古文嗺又作唼同（玄24/325a、慧70/870b"卹食"註）（慧27/976b"唼"註）。

蕢：蕢音集菩蕢（龍265/01）。

鏶：鏶正集妾二音鐵鏷也（龍020/09）。//鍻：鍻俗（龍020/09）。

亼：亼姊入秦入二反三合也从一入聲（龍528/04）。亼（龍528/04）。

汍：汍資悉反（龍236/08）。汌將逸反（玄4/51a）。

皀：皀又彼急居立二反穀香也（龍431/04）。

赺：赺通其訖反（龍325/10）（慧35/103b）。赺正其訖反（龍325/10）（紹138a3）。

蚸：蚸古歷反螁蚸水蟲名也（龍224/10）。

皒：皒正阻立反衆口貌也（龍276/03）。皒俗（龍276/03）。

菽：菽音及冬瓜也（龍264/07）。

蹟：蹟音積虫名也（龍225/01）。

覿：覿他歷前歷二反目赤也（龍346/06）。

jǐ 已: 㠯音幾（慧3/452a）（慧5/495a）（慧22/836b）（慧76/999b）。

改: 㱿紀似二音女字也（龍282/08）。㱿紀似二音（龍282/08）。

脊: 𦟀精亦反背脊也（龍415/04）。𦞠脊説文作～象形字也（慧2/426a "脊骨" 註）。𦟧脊正積音（紹142b10）。𦞵脊正積音（紹136a3）。脊精亦反背脊也（龍415/04）（慧50/418b）（慧85/93b）。𦟋精亦反（慧2/426a）（慧61/689a）。//崎: 崥俗音積正作脊（龍079/02）。崥俗音積正作脊（龍079/02）。//屑: 脣音脊（龍165/02）。

戟: 戟京逆反今時用通作戟誤略也（慧37/147a）（慧52/454b）（慧74/946b）。戟京逆反經從卓非也（慧29/1024b）。戟哀［京］逆反（龍174/01）（玄1/8a）（玄10/135b）（玄12/155a）（玄14/183b）（慧17/740b）（慧49/400a）（慧59/629b）（慧17/729b）（慧23/859b）（慧38/155b）（慧68/822b）（慧79/1065a）（紹199a7）；戟傳文省作戟俗字也（慧74/946b "劒戟" 註）。//鐬: 鐬音戟（龍022/02）；戟經文從金作鐬非也（玄12/155a、慧52/454b "持戟" 註）。

撽: 撽紀逆反（龍218/06）（玄18/243c、慧72/914a "言批" 註）。

槭: 槭戟音（紹158a1）。

掎: 掎居綺反又居宜反（龍211/03）（紹133b2）。

尯: 尯椅綺二音一足行皃也（龍179/07）。碕丘彼居綺二反一足行貌也（龍522/07）。

碕: 碕音凡［几］立也（龍519/06）。

猗: 猗奇逆反倦～也（龍523/03）。

㤖: 㤖正丘逆反心勞也（龍063/06）。㤖俗（龍063/06）。

几: 几居履反案屬也（龍333/03）。

屼: 屼居履反女屼山名弱水所出也（龍076/03）。

麂: 麂居以切（紹193b9）。麂正音几（龍521/04）（玄8/116b）（慧38/161b）（玄13/173c）（紹193b9）；猊或作麂（慧88/148a "猊國" 註）。麂俗音几（龍521/04）。麇麂又作～同（玄13/173c "麋麂" 註）。

擠: 擠祖兮反（龍210/05）（玄12/154c）（慧52/454a）（慧96/264b）（紹134b4）；嚌律文作擠非字義（玄15/203c、慧58/621a "時嚌" 註）（玄18/238c、慧73/921a "嚌搦" 註）。

嚌: 嚌子礼反（龍329/10）（玄15/203c）（慧58/621a）（玄22/300c）（慧48/389a）（玄25/335c）（慧

71/888a）。 **霽**子礼反（玄18/238c）（慧73/921a）。

蟣： **蟣**居起反（龍222/09）（慧3/445b）（慧63/724a）（希1/356c）（希5/388b）（紹164a6）。**蟣**居擬反（慧6/512b）。**蟣**居擬反（慧41/218a）（慧72/905b）。**蟣**居豈切（紹164a6）。

穖： **穖**音幾禾盛也（龍145/07）。

泲： **泲**子礼切（紹188b7）；霽又作泲同（慧58/621a"時霽"註）（玄22/300c、慧48/389a"霽搦"註）。**泲**霽又作泲同（玄15/203c"時霽"註）（玄18/238c、慧73/921a"霽搦"註）（玄25/335c、慧71/888a"剼霽"註）。

犲： **犲**正音戟犲獸（龍320/01）。**犲**俗（龍320/01）。**犲**俗（龍320/01）。

給： **給**音急（龍404/05）（慧41/227b）（希1/359a）（希2/362a）。

蹟： **蹟**子礼反走也（龍461/08）。

jì 計： **計**居詣反（玄13/170b）（慧16/725b）（慧22/841a）。//**計**： **計**古文計字（龍050/04）。

計： **計**俗音計（龍463/08）（慧43/259b）（紹137b5）。**計**（玄20/264c）（玄20/265c）。

伎： **伎**渠綺反（玄24/328a）（慧70/874b）（玄14/186b）；技經從人誤也（慧3/446b"技藝"註）（慧29/1023a"技術"註）（希5/383b"技藝"註）（希8/407a"技藝"註）。**伎**渠綺反（慧59/634a）（慧1/412a）；妓或作伎（慧5/485b"妓樂"註）；技經文從人作伎非也（慧5/490a"技藝"）（慧22/842b"妓侍眾女"註）（慧25/909b"作倡妓樂"註）。

技： **技**奇蟻反（慧14/681a）（慧25/917a）（慧29/1023a）（希5/383b）（希8/407a）。**技**渠綺反（龍211/06）（慧3/446b）（慧5/490a）（慧7/526b）（慧10/590a）（慧27/981a）（慧47/357b）；妓或作技（慧5/485b"妓樂"註）（慧21/823a"妓樂"註）（慧25/909b"作倡妓樂"註）。

妓： **妓**奇倚反（慧20/793a）（慧21/823a）（慧25/909b）（紹142a1）；技女樂作妓有作倚立也非經義也（慧27/981a"天技"註）（希5/383b"技藝"註）。**妓**其綺反（龍281/07）（慧5/485b）（慧22/842b）。

芰： **芰**渠寄反（龍262/01）（玄14/195a）（慧59/648a）（玄15/201b）（慧36/122a）；芰與芰同（玄4/51b"芰陁"註）。**芰**渠義反（慧28/1012a）（慧58/617a）。//**芰**： **芰**俗渠寄反（龍262/01）（玄4/51b）（慧31/23a）（玄7/96b）；芰又作芰同（玄14/195a、慧59/648a"薐芰"註）（玄15/201b、慧58/617a"菱芰"註）（慧36/122a"芰荷"註）。//**蒚**： **蒚**芰律文作蒚非也（玄

14/195a、慧 59/648a "薐芰" 註)。

洴：洴季音 （紹 187b8）。

悸：悸其季反心動也气不定也 （龍 59/08）（玄 1/8a）（玄 4/51b）（玄 5/76b）（玄 10/132b）（玄 11/146c）（玄 19/256b）（玄 21/284c）（初編玄 566）（慧 17/740a）（慧 28/1008b）（慧 44/292b）（慧 49/406b）（慧 52/461a）（慧 53/497b）（慧 56/562b）（慧 57/585a）（慧 74/942a）（慧 75/972a）（慧 76/995a）（慧 78/1035b）（慧 78/1048b）（慧 81/5b）（慧 89/162b）（慧 97/289b）（慧 98/297b）（紹 130a6）。//瘁：瘁其季反病中恐也 （龍 475/02）；悸古文瘁同 （玄 1/8a、慧 17/740a "焦悸" 註）（玄 4/51b "驚悸" 註）（玄 10/132b、慧 49/406b "惶悸" 註）（玄 11/146c、慧 52/461a "心悸" 註）（初編玄 566、慧 53/497b "怖悸" 註）（慧 28/1008b "驚悸" 註）（慧 97/289b "氣悸" 註）（慧 98/297b "情悸" 註）。摩悸古文摩同 （玄 19/256b、慧 56/562b "驚悸" 註）（玄 21/284c "驚悸" 註）。

洦：洦居器反 （龍 233/04）（玄 3/46c）（慧 10/581b）（慧 22/854a）；暨經文從水作洦 （慧 20/792a "暨乎" 註）（慧 31/15a "暨山" 註）（慧 44/294a "暨龍朔" 註）（慧 60/654b "爰暨" 註）；梟論作洦 （慧 51/435b "梟令" 註）（慧 83/58a "暨乎" 註）。

坭：坭其冀反 （龍 250/10）（紹 161a7）。

梟：梟其冀反 （龍 364/04）（慧 51/435b）（慧 77/1022b）；暨聲類古文梟同 （玄 18/250c "暨今" 註）。梟渠義反 （龍 364/04）。梟暨聲類云古文作梟同 （玄 7/92a、慧 28/994b "暨今" 註）（玄 12/165b、慧 75/978b "將暨" 註）（慧 73/936a "暨今" 註）（慧 82/24a "不暨" 註）；具經文有作梟 （玄 12/155a、慧 52/454b "具幾" 註）（玄 13/175b、慧 55/537b "難暨" 註）。

忌：忌渠記反 （玄 9/126a）（慧 46/330b）（玄 18/242b）（慧 72/912b）（玄 23/304c）（慧 47/351a）（玄 25/332b）（慧 71/882a）（慧 68/820a）；期經文作忌非也 （玄 1/10c、慧 17/745b "期尅" 註）。忌音忌 （龍 68/02）。悳音忌 （龍 68/02）。

記：記居吏反 （希 5/384b）。

紀：紀居擬反 （玄 6/89a）（慧 21/822b）（慧 27/987a）。

忌：愍音忌[1] （龍 068/05）。愍音忌 （龍 068/05）。

[1] 參見《龍龕手鏡研究》178 頁。

崏：**崏**音忌（龍077/01）。

絽：**絽**音忌連針也（龍402/09）（玄15/213a）（慧58/627a）；挶字亦作絽（玄4/56b、慧43/268b"諸挶"註）。//桾：**挶**正其記反諱也①（龍214/08）（玄4/56b）（慧43/268b）（慧79/1066b）（紹133b10）。**捾**或作（龍214/08）。//鋸：**鋸**音忌②（龍018/06）。

跿：**跿**正渠几反（龍461/09）（玄9/122a）（慧46/323b）（慧16/715b）（慧53/502b）（慧89/150b）（慧96/260b）（紹137a9）。**跿**俗（龍461/09）。**跿**俗（龍461/09）。//蹎：**蹎**跿古文蹎同（玄9/122a、慧46/323b"長跿"註）；箕集從足作蹎非也（慧98/294a"箕踞"註）。//畁：**畁**跿或作畁（慧89/150b）。

筶：**筶**渠記反竹名也（龍393/04）。

誋：**誋**音忌告也信也誠也又訣也（龍049/06）。

鵋：**鵋**渠記反～鶐鴟鵋鳥今之角鴟也（龍288/08）。

蔇：**蔇**居义反（慧41/206a）（慧51/433a）（希1/354a）。**蔇**居例反（玄9/121c）（慧46/323b）（慧24/895b）（慧78/1039b）；剌經文有作蔇（玄3/33a、慧09/564b"剌那"註）。**蔇**居例反網也（龍360/09）。**蔇**京例反（慧80/1070a）（紹197b7）。**蔇**居例反氈類毛為之（龍360/09）；繝集作～亦通也（慧97/275b"樐繝"註）。**蔇**蔇正居例切（紹197b7）。**蔇**正居例反氈類毛為之（龍330/02）。**蔇**蔇正居例切（紹197b7）。**蔇**居例反網也（龍360/09）。**蔇**古（龍360/09）。**蔇**居例反（龍302/08）。**蔇**俗（龍360/09）。**蔇**俗（龍360/09）。**蔇**俗（龍360/09）。//蔇：**蔇**俗（龍330/02）。**蔇**俗（龍360/09）。//蔇：**蔇**古文同上（龍330/02）。

蔇：**蔇**居例反草似芥又音計又州縣名（龍261/09）。

嚪：**嚪**俗京例反（龍553/06）。**嚪**音蔇（龍275/03）。

繝：**繝**居例反（龍402/04）；蔇或作～（慧78/1039b"氈蔇"註）。**繝**几例反（慧66/798b）。**繝**居屬反（慧97/275b）。**繝**繝論文作～略也（慧66/798b"骹繝"註）。//氀：**氀**居例反氈屬也（龍135/09）。

---

①《龍龕手鏡研究》：即"桾"，皆同"絽"，意義為"連針"（217）。
②參見《龍龕手鏡研究》217頁，《叢考》1074頁。

祭：祭正祭字（慧 94/241a）（希 2/365b）（希 4/381a）（希 8/409b）（希 9/412c）。禜古文音祭（龍 553/03）。//醮：醮俗音祭醮祀也（龍 310/07）。

際：際子例反（玄 13/171c）（慧 55/529b）。際音祭（慧 12/627b）（希 3/368c）。

穄：穄子曳反（玄 16/217a）（慧 65/777b）。穄子裔反（玄 15/203c）（慧 58/621a）。穄音祭（龍 146/06）（玄 17/236c）（慧 74/951b）（紹 195b10）。穄子曳反（慧 52/457a）。穄子曳反（玄 11/144b）。

薎：薎概古文薎同（玄 11/143a、慧 56/553b "稠概" 註）。

塈：塈正許既其冀二反印泥也又息也（龍 250/09）。塈通（龍 250/09）。墍俗（龍 250/09）。墍音既（龍 250/08）。塈古文音既（龍 251/04）。堲音忌[1]（龍 527/07）。

概：概居置反（慧 56/553b）（慧 34/75b）。概居賈[置]反（玄 11/143a）。

曁：暨其器反（慧 75/978b）（慧 55/537b）（慧 73/936a）（慧 14/667b）（慧 20/792a）（慧 21/816b）（慧 22/836a）（慧 29/1019b）（慧 31/15a）（慧 44/294a）（慧 60/654b）（慧 80/1078b）（慧 82/24a）（慧 83/43a）（慧 83/58a）（慧 88/133a）（慧 95/253a）；臮今亦多從且作曁（慧 77/1022b "臮貞觀" 註）。暨其器反（玄 7/92a）（慧 28/994b）（玄 12/165b）（玄 13/175b）（玄 18/250c）（慧 100/337a）（紹 203b2）。曁音忌（龍 538/04）。

盬：盬去計許計二反盬居獸似蜎毛赤也（龍 329/02）。

鱀：鱀渠紀反魚名（龍 170/06）。

盉：盉音記（龍 437/08）。珤音記（龍 437/08）。

窦：窦音既（龍 198/01）。

繋：繋音計（慧 1/417a）（慧 3/441a）（慧 36/120a）（慧 61/678b）（希 3/374b）；係古文繋同（玄 1/8c "係心" 註）（慧 52/456b "異係" 註）（初編玄 565、慧 55/544b "無係" 註）（玄 16/223b、慧 64/52a "係縛" 註）（玄 22/298a、慧 48/385a "係念" 註）（慧 75/977b "係念" 註）。繋音計（慧 11/608a）（慧 14/676b）（慧 18/752b）。繋古帝反（玄 3/33b）（慧 09/565a）（慧 22/841b）；係古文繋同（慧 17/742a "係心" 註）（玄 18/249c、慧 72/911a "係在" 註）。

[1]參見《疑難字考釋與研究》104 頁。

嚌：嚌俗古詣反[1]（龍 275/05）。

徛：徛正丘奇反（龍 496/03）（紹 172b9）。徛今丘奇反（龍 496/03）。

胢：胢音寄宍四柱也（龍 414/01）。

蟣：蟣巨豈反（龍 223/07）；蟻經文作蟣非也（玄 7/99a "虫蟻" 註）。

觭：觭巨綺反小骨也（龍 480/08）。

季：蔂古文音季（龍 146/06）。霾古文音季（龍 197/05）。季古文音季（龍 336/07）。

呼：呼俗音季（龍 273/06）。

齊：齊宗麗反（慧 29/1015a）。

劑：劑情細反分段劑截也（龍 098/05）（慧 1/419b）（玄 14/187a、慧 59/635a "以斤" 註）（慧 20/794a）（慧 25/921b）（慧 42/238a）（慧 47/343b）（慧 95/256a）（希 5/387a）（紹 139b9）；齊或從刀作劑（慧 6/502a "齊此" 註）（慧 8/544a "分齊" 註）（慧 8/554a "齊何" 註）（慧 29/1015a "齊限" 註）（慧 89/156b "水齊" 註）。//劑子為在細二反正作劑刀也（龍 043/08）。劑子為在細二反正作劑刀也（龍 043/08）。

濟：濟古（龍 233/01）（玄 7/93c）（慧 28/996b）（慧 80/1078a）（希 4/381a）；古文作濟音訓同傳文作濟俗字也（慧 89/156b "命濟" 註）。濟古（龍 233/01）。濟賣計反（慧 77/1028b）。濟子計反（龍 235/06）。濟濟音（紹 189a4）。濟古（龍 233/01）。濟正子計反濟渡也益也定也止也又上聲（龍 233/01）（慧 1/419b）（慧 7/522b）（慧 23/859b）（慧 23/877b）（慧 23/878b）（慧 30/1050a）（慧 32/46a）（慧 57/595b）（慧 85/88b）（慧 89/156b）；濟又作濟同（玄 7/93c、慧 28/996b "免濟" 註）；濟經文作濟誤也（玄 12/154c、慧 52/454a "排濟" 註）。濟濟正（紹 189a7）。濟濟論文作済草書不成字也（慧 85/88b "濟濟" 註）。濟正（龍 233/01）。//沛：沛子礼反水名與濟同（龍 231/08）。//霽：霽音濟（龍 133/01）。

薺：薺作礼反甘菜也（龍 259/09）（慧 100/336a）（紹 155b8）。

嵴：嵴俗子計反（龍 076/06）。

嚌：嚌正在詣反嘗至齒也（龍 275/01）（慧 82/37b）（紹 182b10）；齜經文作嚌非此義（玄 11/141b、慧 56/550a "吒齜" 註）。嚌俗（龍 275/01）。

懠： 㦃正在計反愁也怒也（龍 060/04）（慧 39/171b）（慧 39/178a）。憎俗（龍 060/04）。

瘠： 㾴齊劑二音病也又短小也（龍 470/04）。

穧： 㯉祖奚反㯉榆堪作車轂尔疋云白棗也（龍 379/03）。

穧： 穧子計在詣二反穧也又刈禾把數也（龍 146/01）。

霽： 霽正子計反（龍 307/10）（玄 7/104c）（慧 17/735b）（玄 8/114b）（慧 19/777b）（玄 13/175b）（慧 55/537b）（玄 20/271a）（慧 74/940b）（慧 78/1040b）（慧 83/49b）（紹 144a5）。霽俗（龍 307/10）。霽俗（龍 307/10）。

齏： 齏在細反鹹也同齏（龍 332/07）。

齏： 齏在詣反（龍 312/06）（玄 6/83a）（紹 146a10）。齜隨函去合作齏（龍 312/08）。㽲俗音劑正作齏～齜也（龍 537/02）。㽲俗（龍 537/02）。

鱭： 鱭祖礼反魚名（龍 169/07）。//魶魶同上（龍 169/07）。

冀： 冀音寄（龍 551/01）（慧 71/885b）（慧 8/546a）（慧 25/912b）。冀音寄（龍 551/01）（慧 22/836a）（慧 26/942b）。冀居致反（玄 2/29b）（玄 25/334b）；冀經作～俗字也（慧 8/546a "希冀" 註）。

懻： 懻正音冀強力也（龍 060/08）。懻俗（龍 060/08）。

驥： 驥正音冀（龍 293/09）（慧 83/63a）（慧 85/95a）（慧 95/253a）（慧 97/279b）（慧 98/293a）（慧 100/339b）（慧 100/348b）（紹 166a6）。驥今音冀（龍 293/09）（玄 7/105a）（慧 30/1049b）（慧 86/107a）。//驥：驥驥又作驥同（玄 7/105a、慧 30/1049b "騏驥" 註）。驥或作音冀（龍 293/09）。

覬： 覬几器反（慧 82/38b）（慧 97/288a）（紹 148a1）；冀又作覬同（玄 25/334b、慧 71/885b "冀除" 註）（慧 26/942b "難冀" 註）。覬音既（龍 345/06）；冀又作覬同（玄 2/29b "難冀" 註）。

稷： 稷正音即五穀之揔名也（龍 146/07）（慧 09/559b）（紹 195b9）。稷俗（龍 146/07）（玄 3/38b）（玄 10/137b）（慧 45/304b）。稷古文稷字音即五穀揔名（龍 147/06）；稷古文稷同子力反（玄 3/38b、慧 09/559b "種稷" 註）。稷古（龍 146/07）。//稷：稷咨弋反（慧 84/73b）（紹 168b8）。稷又俗音即[1]（龍 365/07）。稷古文音即社～（龍 113/05）。

①《龍龕手鏡研究》：乃 "稷" 之俗（294）。

檵：檵音計枸杞也 (龍384/02)。

禧：禧正 (龍109/01)。禩今音積襪也 (龍109/01)。禩俗子昔反襪也 (龍113/09)。

675：675音迹 (龍416/03)。

鸄：鸄音祭魚名 (龍170/07)。

葪：葪音計草名又州名亦縣名 (龍263/02) (紹156b4)。劑音計草名縣名州名 (龍099/04)。

劑計葪二音此雖二音恐寫誤臨文詳用 (紹156b4)。

寂：叔宋經文作家古字也亦作詠俶今俗通作寂五體一正一俗三古 (慧15/683b "宋靜"
註)。俶俶正子六切又寂音 (紹183a5)。㑁前歴反俶寞 (龍277/01)；寂又作俶同
(玄11/141a "寂聲" 註)。//宋情亦反 (慧27/983a)。//寂：寂正情暦反安也靜也 (龍
158/06) (慧56/549b) (慧1/403a) (慧22/852a) (慧41/205b) (慧81/10a) (慧88/145a) (慧90/
170b)；宋通俗作寂 (慧20/794a "宋靜" 註) (慧51/445a "宋寞" 註) (慧66/785b "宋嘿" 註)。
寂今 (龍158/06) (玄11/141a)；宋經從～作～俗字也 (慧27/983a "宋嘆" 註)。//宋正
(龍158/06) (慧15/683b) (慧20/794a) (慧51/445a) (慧66/785b) (紹194a7)；寂又作宋同 (慧
56/549b "寂聲" 註) (慧88/145a "沖寂" 註)；寂俗字也説文作宋正體字也 (慧1/403a "控
寂" 註) (慧41/205b "寂寥" 註)；家古字也説文作宋 (慧16/709b "家靜" 註) (慧89/166a
"家寞" 註)。宗俗音寂正从宀作 (龍510/02)。窂俗音寂正从宀作 (龍510/02)。寀俗
同上[寂] (龍158/06)。家正 (龍158/06) (慧89/166a) (慧93/221b)；宋俗作寂古作家
(慧51/445a "宋寞" 註)。家情亦反 (慧16/709b)；宋經文作～古字也 (慧15/683b "宋靜"
註) (慧20/794a "宋靜" 註) (慧88/145a "沖寂" 註)；家古寂字傳文從人作家誤 (慧93/2
21b "家默" 註)。寂俗音寂正从宀作 (龍510/02)。窮俗音寂正从宀作 (龍510/02)。//
詠：詠寂又作詠同 (慧56/549b "寂聲" 註) (慧15/683b "宋靜" 註)。詠寂又作～同 (玄
11/141a "寂聲" 註)。

扢：扢居乙古忽户骨古代四反 (龍218/07) (玄12/156c) (慧52/478a) (紹133a6)；榘古文
扢同 (玄5/65a "不榘" 註) (玄9/121b、慧46/323a "不榘" 註)。

彐：彐居利反彐頭也 (龍368/02)。彑居側反 (龍525/05)。

誋：誋竒寄反謀也 (龍049/04)。誋竒寄反謀也 (龍049/04)。

郏: **郏**音計燕都也（龍456/06）；邽古今正字從契作契音訓同玉篇作邽音訓亦同（慧
94/240a "陽邽" 註）。//邽：**邽**雞庚反（慧94/240a）。

惎: **惎**音忌教也一曰謀也（龍067/09）。

蓩: **蓩**相承敬宜反①（龍254/06）。

鰿: **鰿**同上[鯽]（龍171/04）。//鰿：**鰿**士革資昔二反尔疋云紫貝也（龍171/04）。//**鯽**
資昔反魚名又子力反（龍171/04）。

繼: **繼**正音計紹也續也（龍402/05）（慧74/956a）（慧25/913a）（慧37/144a）（慧45/308b）（慧
69/853b）（希3/370c）；係古文繼同（慧52/456b "異係" 註）（慧72/911a "係在" 註）。**鐅**義
合作繼音計（龍018/05）。**継**俗音計紹也續也（龍402/05）（玄12/158b）；係古文継同
（玄1/8c、慧17/742a "係心" 註）（玄3/33b、慧09/565a "繫念" 註）（初編玄565、慧55/544b "無
係" 註）（玄16/223b、慧64/52a "係縛" 註）（玄18/249c "係在" 註）（玄22/298a、慧48/385a "係
念" 註）；繼經文從迷作継俗字也無來處草書誤也（慧37/144a "繼嗣" 註）（慧45/308b
"繼嗣" 註）（希3/370c "紹繼" 註）。**継**②又～踵（龍036/03）。

鬷: **鬷**子計反説文云婦人束小髮也又祭節二音露髻也（龍090/01）。

髻: **髻**正音計頭髻（龍089/08）（玄3/33b）（慧09/565a）（玄10/139c）（慧47/346b）（慧8/543a）
（慧13/659b）（慧14/669b）（慧15/701a）（慧29/1025b）（慧32/39b）（慧41/227a）（慧39/174b）
（慧78/1042a）（慧81/10a）。**髻**又俗音計（龍090/07）。**髻**髻正計音（紹144b7）。//弅：
弅古（龍089/08）；髻古文作弅同音計（玄10/139c "嬴髻" 註）。//猼：**猼**俗（龍08
9/08）。**猼**髻古文作猼同音計（慧47/346b "嬴髻" 註）。//**縖**髻經文從糸作縖非也
（玄3/33b、慧09/565a "肉髻" 註）。//髻：**髻**髻從昏作髻（慧13/659b "齃髻" 註）。

jia

jiā 夾：**夾**古洽反持也（龍556/01）（慧52/455a）（慧65/776a）（慧32/45b）；袷論作夾非（慧85/
102a "袷絎" 註）。**夾**古洽反（玄12/155b）（玄16/216b）（玄16/218b）（玄18/241c）（慧73/9

①參見《字典考正》302頁。
②《疑難字考釋與研究》：疑為 "繼" 字俗寫（30）。

30a）（紹 203a4）。

梜：挾音甲木理乱也（龍 387/07）。

筴：筴古俠反（慧 58/627a）筴古俠反（玄 15/212c）。

加：加古遐反（玄 6/78b）（玄 25/332b）（慧 71/882b）（慧 23/881a）（慧 27/963b）；跏趺正作加
　　跗二形（希 4/376a“跏趺”註）。

茄：茄音加荷莖也又求迦反茄子也（龍 254/09）。

咖：咖俗加迦伽三音（龍 268/07）。

珈：珈音加婦人首飾也（龍 435/04）。

蛵：蛵音加米中虫也（龍 221/05）。

枷：枷音加（慧 10/590a）（慧 13/660a）（慧 16/709b）（慧 18/752a）（慧 29/1024b）（慧 38/152a）（慧
　　38/160a）（希 5/383c）（希 7/400a）。//鉫：鉫音加又古禾反（龍 011/06）。

迦：迦腳佉反（玄 2/29b）（慧 1/415b）（慧 2/427b）（慧 2/429a）（慧 2/430b）（慧 3/440b）（慧 5/4
　　80b）（慧 12/621b）（慧 35/103a）。

咖：咖俗音迦（龍 268/05）。

迦：迦音加不得進也（龍 490/08）。

笳：笳音加（龍 389/03）（玄 1/13c）（慧 42/235a）（玄 12/167a）（慧 75/985b）（玄 18/246b）（慧 73
　　/925b）（慧 83/65b）（紹 159b8）。//葭音加（龍 389/03）。葭賈霞反（慧 86/108a）（紹 154a
　　5）；笳或作葭同（玄 18/246c、慧 73/925b“笳聲”註）。

痂：痂音加瘡痂也（龍 469/08）（玄 4/49c）（慧 34/094a）（紹 193a2）。

袈：袈舉佉反袈裟（玄 14/183a）（慧 59/629a）（希 2/363a）。//毠：毠音加毠𣮈（龍 134/06）；
　　袈裟字本從毛作毠𣮈二形葛洪後作《字苑》始改從衣（玄 14/183a、慧 59/629a“袈裟”
　　註）。𣮈音加毠𣮈（龍 134/06）。

駕：駕音加鴛鳥也（龍 286/08）。

跏：跏音加（慧 8/545a）（慧 11/619b）（慧 41/213a）（希 2/361b）（希 4/376a）；加經文作跏文
　　字所无（玄 6/78b“加趺”註）（玄 25/332b、慧 71/882b“加趺”註）。

繲：繲俗音迦（龍 398/04）（紹 191a1）。

嘉：嘉 賈遐反（玄 17/233b）（慧 70/858b）（玄 25/331a）（慧 71/880a）（慧 24/889a）。

葭：葭 音加葭蘆又徒玩反草名[①]（龍 255/07）（慧 97/281a）（紹 154a5）；笳或作葭同（玄 1/1

3c、慧 42/235a"笳吹"註）（玄 8/115a"笳竿"註）（玄 12/167a、慧 75/985b"吹笳"註）（慧 83/

65b"悲笳"註）。

豭：豭 音加牛絕有力也（龍 116/02）。

豭：豭 音加腹病也（龍 407/03）。

猳：猳 賈牙反（慧 31/22b）。豭 音加與猳同（龍 320/05）。// 猳：猳 正音加（龍 317/05）

（玄 4/51b）（玄 8/112b）（玄 16/217b）（慧 65/769a）（紹 166b7）；猳經從犬作猳亦通也（慧 3

1/22b"猳玃"註）；猳又作猳同（4/66c"猳玃"註）（玄 9/125a、慧 46/329a"猳擾玃"註）（玄

10/135b、慧 49/400a"猳玃"註）（慧 19/782a""註）。猳 俗音加（龍 317/05）。// 猳：猳

正古牙反（龍 317/05）；猳字體作猳同（玄 4/51b"猳玃"註）；猳字體作猳（玄 9/125a、

慧 46/329a"猳擾玃"註）。// 猳：猳 或作古牙反（龍 317/05）（玄 4/66c）（玄 9/125a）（慧

46/329a）（玄 10/135b）（慧 49/400a）（慧 19/782a）；猳字體又作猳同（玄 4/51b"猳玃"註）

（玄 8/112b"猳玃"註）。

寢：寢 古遐反（慧 46/331a）（慧 56/552b）（慧 92/196a）（慧 94/228a）（慧 97/279b）。寢 正音加

（龍 521/01）（玄 9/126a）（玄 11/142c）。廈 通音加（龍 521/01）；寢傳文作廈俗字也（慧 9

2/196a"廬廈"註）。

佳：佳 古崖反（玄 6/80b）（慧 27/968a）（紹 128b9）。徍 佳正（紹 172b7）。

家：家 古牙反（希 8/405b）。

搰：搰 扴又作搰同（玄 14/187a、慧 59/635a"爪扴"註）。

jiá 扴：扴 正古八反（龍 216/04）（玄 14/187a）（慧 59/635a）（紹 132a6）；抓經文從手作扴非也（慧

75/963a"長抓"註）。扮 俗（龍 216/04）。扴（紹 188b7）。// 扴 古瞎反（龍 218/06）。

忦：忦 古黠反恨也又憂也又音介亦懼也（龍 063/07）。怢（龍 063/07）。

圿：圿 姦拜反（慧 75/974b）。

袷：袷 侯夾反衣領也（龍 107/08）（慧 89/165a）（紹 168b10）。袷 古洽反（玄 4/51a）（慧 31/

[①]"又徒玩反草名"，即"葭"字音義，參見"葭"字。

22a）（紹 168b8）。

晗： **晗**古洽反眼細視（龍 424/06）。**晗**俗古洽反正作晗（龍 430/02）。

跲： **跲**劫甲二音却行也又音笈跲跲行也（龍 465/02）。

餄： **餄**古洽反餄餅（龍 503/07）。

郟： **郟**古洽反（龍 457/04）（紹 169a10）。

唊： **唊**謙琰反又古叶反（龍 272/02）；騷鹹經文作唊噞非此用也（玄 19/255a、慧 56/560a "騷鹹" 註）；噪或作唊（玄 19/260a、慧 56/568b "嗊噪" 註）。

莢： **莢**正古叶反（龍 264/06）（紹 156a2）。**英**通古叶反（龍 264/06）。

袷： **袷**正古洽反複衣也（龍 107/08）（慧 85/102a）；袷又作袷非也（玄 4/51a "註"）。//**神**俗（龍 107/08）。**神**甲音又胡甲切（紹 168b9）。//**襸**俗（龍 107/08）。

蛺： **蛺**古叶反（龍 224/08）（慧 41/218b）（慧 60/674b）（希 1/356c）。**蛺**古叶反（龍 224/08）。

秞： **秞**音頰秞穧（龍 147/08）。

餀： **餀**正音甲～餅（龍 504/05）（慧 37/133b）。**餀**俗（龍 504/05）。

靫： **靫**正古洽反靫履根也（龍 451/05）。**靫**今（龍 451/05）。

鋏： **鋏**古叶反長鋏劔名也（龍 021/09）。

瘝： **瘝**正（龍 477/08）。**瘝**今古洽反瘝蹄足病也（龍 477/08）。

頰： **頰**兼葉反（慧 1/410b）（慧 2/426a）（慧 41/227a）（紹 170a6）。**頰**兼葉反（龍 487/02）（慧 17/732a）（紹 170a6）。頰籀文又作～古字也（希 8/406b "拓頰" 註）。//胅：**胅**頰或從肉作胅亦通（慧 1/410b "頰頷" 註）。

鵊： **鵊**古叶反（龍 290/04）。

㹟： **㹟**今古鐯反又烏黏反又苦結反（龍 319/09）。**㹟**烏黏苦結二切（紹 167a3）。**㹟**今（龍 319/09）（慧 39/178b）。**㹟**俗（龍 319/09）

戛： **戛**古黏反（玄 19/257a）（慧 90/179b）。**戛**古八反（龍 174/04）（慧 56/563b）（紹 199a7）。

鴶： **鴶**古黏反鴶鵴（龍 290/02）（玄 12/157a、慧 52/479a "布穀" 註）（紹 165b1）。

jiǎ 甲： **甲**緘洽反（慧 39/169a）（慧 40/200b）（慧 73/932a）（希 4/378a）（希 5/388c）（希 8/408a）；押經文作甲非也（玄 1/7a、慧 17/738b "穿押" 註）；胛又作甲同（玄 18/245c、慧 73/924a "至

胛"註）；鉀五經文字並單作甲（希 7/404a "鉀緔" 註）。

岬：**岬**音甲（龍 077/08）。

押：**押**音甲又音鴨（龍 217/4）（玄 1/7a）（玄 11/149c）（玄 16/221b）（慧 17/738b）（慧 52/468a）（慧 65/763b）；壓捹經文作押攢二形非今用也（玄 11/141c、慧 56/550a "壓捹" 註）（玄 17/226b、慧 67/812a "次壓" 註）。

胛：**胛**音甲背胛也（龍 416/03）（玄 18/245c）（慧 73/924a）（慧 92/199b）（紹 135b9）；甲今從 肉作胛是肩胛之字非也（慧 39/169a "甲赤" 註）。//髀：**髀**俗音甲（龍 481/07）。**胛** 俗音甲①（龍 133/06）。

鉀：**鉀**音甲鎧屬又古盍反鉀鑪（龍 021/01）（慧 19/789b）（慧 76/1000b）（希 7/404a）（紹 181a4）； 甲經文作鉀非也（慧 40/200b "衣甲" 註）（慧 73/932a "著甲" 註）（希 4/378a "擐甲" 註）（希 7/403c "擐甲" 註）（希 8/408a "擐甲" 註）。

鮂：**鮂**俗音甲（龍 171/02）。

假：**假**耕雅反（慧 4/475b）（慧 15/683b）（希 6/396c）。**椵**古雅反且也借也（龍 497/09）。

椵：**椵**賈音（紹 158a5）。

瘕：**瘕**家賈嫁三音腹內久病也（龍 469/07）（慧 33/52b）（慧 47/349b）（紹 193a1）；瑕經文作 瘕音加癥瘕肺病非經所用（希 5/388c "無瑕" 註）。**癜**俗音霞正作瘕（龍 470/08）。

蝦：**蝦**古雅反（龍 339/04）（慧 89/162b）。

韄：**韄**音甲～靯胡履也（龍 452/01）。

櫃：**櫃**音價（龍 383/03）（慧 88/138b）（紹 157a8）。//榎：**榎**櫃亦作榎（慧 88/138b "松櫃" 註）。

斝：**斝**古雅反玉爵也（龍 333/10）。**斝**古雅反玉爵也（龍 333/10）。**斝**正音賈玉爵也（龍 184/06）。**斝**俗（龍 184/06）。**斝**俗（龍 184/06）。**斝**古雅反（龍 189/07）。

架：**架**古暇反（玄 4/51a）（慧 31/22b）。**深**架音（紹 186b9）；架經文作～（玄 4/51a、慧 31 /22b "架抄" 註）。

駕：**駕**加暇反（玄 14/187a）（慧 59/635a）（希 2/365b）（希 7/400b）。

① 《龍龕手鏡研究》：疑為 "胛" 字（193）。

稼：**稼** 音嫁稼穑也（龍 145/08）（玄 6/86b）（玄 17/230c）（慧 79/931b）（玄 23/310c）（慧 47/362a）（玄 24/325b）（慧 70/871a）（慧 18/751b）（慧 21/814a）（慧 22/849a）（慧 27/980a）（慧 41/229b）（慧 68/824b）（慧 72/907a）（希 1/359c）（希 3/368b）（希 6/392a）（希 6/394b）。

嫁：**嫁** 古訝反（希 9/411b）。

jian

jiān 开：**拜** 正堅牵二音又音研平正貌（龍 546/03）。**开** 今（龍 546/03）。

豜：**豜** 正音堅犬豕也一曰豕二歳也（龍 321/08）。**豜** 俗（龍 321/08）。

麊：**𪋯** 或作（龍 521/02）。**麊** 正室牵二音鹿有力也又苦定反（龍 521/02）。**𪋯**（龍 521/02）。

龗：**龗** 正（龍 196/06）。**龗** 或作（龍 196/06）。**龗** 今音堅龍鬐也（龍 196/06）。

𢶈：**𢶈** 子廉反𢶈盡也（龍 172/09）。**𢶈** 子廉反（龍 172/09）。**𢶈** 正子廉反刺也銳意也又持戈也（龍 172/09）。**𢶈** 俗（龍 172/09）。**𢶈** 相承了廉反田器也[①]（龍 398/01）。

㰒：**㰒** 正子廉將焰二反㰒取不廉又資悉反鼠聲也（龍 268/02）。**㰒** 俗（龍 268/02）。

潩：**潩** 子盐反（玄 12/165c）（慧 75/981a）。**潩** 正子連反潩洽漬没也（龍 230/03）子盐反（慧 75/979a）；漸或作潩同（玄 16/220b、慧 65/780b "漸染" 註）（慧 80/1068a "車漸" 註）。**潩** 俗（龍 230/03）。**潩** 咨見切又節音（紹 188a7）。

檆：**檆** 又子廉反玉篇伐也（龍 374/08）（紹 158a2）。**檆** 纖經從木作檆非也（慧 31/9a "纖長" 註）。

鐵：**鐵** 子廉反（慧 30/1039a）（慧 98/308b）。**鐵** 正音尖鐫鋒（龍 014/04）。**鐵** 今音尖（龍 014/04）（紹 181a2）。//尖：**尖** 即潛反銳利也（龍 356/07）（慧 13/657b）（慧 14/663b）（紹 146a6）；鐵經作尖俗字也（慧 30/1039a "鐵標" 註）（慧 98/308b "鐵銳" 註）。**尖** 音尖（龍 028/06）。

霰：**霰** 正尖衫二音小雨皃（龍 307/02）。**雯** 正（龍 307/02）。**雯** 或作（龍 307/02）。

殱：**殱** 接廉反（慧 39/182b）（慧 80/1070a）（慧 85/90b）（慧 93/213b）（慧 97/282a）。**殱** 子廉

①參見《叢考》944 頁。

反（慧 76/993a）。**殲**子廉反（玄 20/272c）。**殲**音尖（龍 513/07）（紹 144b2）；殲珍集作殲彌並俗字也（慧 97/282a "殲珍" 註）。殲論從截非也（慧 85/90b "殲其" 註）。

兼：**兼**頰鹽反正體兼字會意字手執二禾曰兼（慧 93/214a）。**萧**（慧 21/829a）。

蒹：**蒹**古添反荻未秀者也（龍 255/07）（玄 11/153b、慧 52/476a "茅荻" 註）（慧 73/930a "如荻" 註）（慧 97/281a）（紹 154a5）。**蔗**音古衡反（玄 18/241c "如荻" 註）。

縑：**縑**古恬反（龍 398/08）（慧 87/124a）（慧 92/195b）（慧 93/218b）（慧 97/286b）（紹 191b3）。**縑**音兼（慧 36/121a）。

鰜：**鰜**音兼比目魚名（龍 167/08）。

鶼：**鶼**音兼比翼鳥也（龍 287/09）（慧 85/96a）。

箋：**箋**子前反與牋同（龍 390/06）（慧 78/1047a）（紹 160a9）；茜律文作箋非此義也（玄 15/200b、慧 58/615a "若茜" 註）（玄 15/205c、慧 58/604b "茜色" 註）。**箋**則賢反（玄 13/173b）（慧 57/594a）。**籛**箋正則先切（紹 160a9）。//牋：**牋**正則千反牋表也（龍 361/07）。**牋**通（龍 361/07）。

碊：**碊**子田反出玉篇（龍 439/08）。

棧：**棧**將先切（紹 157b7）。

籛：**籛**即淺反又則餐反（龍 392/04）（紹 160b4）。

械：**械**遐緘反（龍 373/05）（玄 11/146a）（慧 52/460a）（玄 13/181a）（慧 29/1027b）（慧 29/1032b）（慧 53/500b）（慧 79/1062b）（慧 81/17b）（慧 89/150b）（慧 90/177a）；函說文正從木作械（慧 2/432b "寶函" 註）（慧 7/521a "寶函" 註）；楅或作械（慧 10/591a "楅盛" 註）（慧 35/110b "作楅" 註）（希 5/384b "楅盛" 註）。

緘：**緘**古咸反（龍 396/03）（玄 4/49b）（玄 11/152c）（慧 52/474b）（玄 13/176b）（慧 54/524b）（玄 16/214b）（慧 65/773b）（玄 16/217b）（慧 65/768b）（慧 77/1020a）（慧 80/1083b）（慧 90/170b）（慧 95/254b）（慧 97/274b）（紹 191a8）；械經文從絲作緘非體也（玄 11/146a、慧 52/460a "械籠" 註）。

鹹：**鹹**苦洽反又古洽反又俗加咸反（龍 313/03）（玄 19/255a）（慧 56/560a）。

䱥：**䱥**針緘二音（龍 531/06）。**䱥**同上（龍 531/06）。

監：**監**公衫反（玄 1/7c）（玄 3/44a）（慧 09/577a）（慧 17/740a）。//瞥：**瞥**監古文瞥同（玄 1/7c、慧 17/740a "監領" 註）（玄 3/44a、慧 09/577a "監礛" 註）。

礛：**礛**音監（龍 440/09）（紹 163a3）。

堅：**堅**（玄 3/36a）（慧 09/570a）。**對**音堅①（龍 367/03）。

鋻：**鋻**音堅剛也又音見鋻叉也（龍 009/09）。

脛：**脛**俗堅聊二音②（龍 409/05）。

鰹：**鰹**音堅爾雅云大曰鮦小曰鰹（龍 167/04）。

閒：**閒**古閑反（玄 2/28c）（玄 4/60b）（玄 23/305c）。**間**古閑反（慧 47/352b）。

蕑：**蕑**古顔反蕑蘭香草名也（龍 258/01）；蕳字書與蕑字同（玄 2/30c "菅草" 註）；束集中作蕑非義也（慧 100/342b "穀束" 註）。//蕳：**蕳**古顔反蕳蘭香草名也（龍 258/01）（玄 8/119a）（玄 12/165c）（慧 55/545a）（慧 45/313b）（慧 78/1038a）；菅經文作蕳非此用（玄 2/30c "菅草" 註）（慧 26/948b "菅草" 註）（慧 79/1060b "菅草" 註）。//蘭：**蘭**蕳又作菅蘭二形同（玄 12/165c、慧 55/545a "草蕳" 註）。//蓩：**蓩**古閑切（紹 155b3）。

菅：**菅**古顔反草名也（龍 258/01）（玄 1/14c）（慧 42/236b）（玄 2/30c）（玄 22/303b）（慧 48/393b）（慧 26/948b）（慧 75/963b）（慧 79/1060b）（慧 99/314a）（紹 156b1）；蕳又作菅同（玄 8/119a "著蕳" 註）（玄 12/165c、慧 55/545a "草蕳" 註）。

覸：**覸**音禰視皃（龍 343/10）。

肩：**肩**（慧 47/355a）（慧 32/39b）（希 2/364b）。**肩**音堅（慧 11/619b）。**肩**音堅（慧 10/595b）（玄 23/307b）（慧 40/193a）；肩經從户從月作肩非也（慧 11/619b "肩臂" 註）。

豜：**豜**正音肩豕三歲曰豜（龍 320/07）。//豣：**豣**或作（龍 320/07）。**豣**俗（龍 320/07）。

鵳：**鵳**音堅鳥名�属也（龍 286/07）。

犍：**犍**居言反（玄 14/193a）（慧 59/644b）（慧 67/810b）（紹 167b2）。**犍**正居乾反又音乾

---

①《叢考》：此字疑即 "堅" 的訛俗字（291）。
②參見《字典考正》223 頁。

犍牛也（龍 114/06）（玄 11/143a）（慧 56/553b）（初編玄 628）。**㸿**誤居言反正作犍犍

牛也（龍 056/05）。//犴：**犴**俗（龍 114/06）。//犆：**犆**居言反獸名似牛也（龍 1

14/03）；犍又作犆同字従牛（玄 11/143a、慧 56/553b "犍割" 註）（玄 14/193a、慧 59/644

b "犍黃" 註）。//劇：**劇**舉言切（紹 139b9）。**劇**古文居言反（龍 096/06）；犍又作

劇同（玄 11/143a、慧 56/553b "犍割" 註）（玄 14/193a、慧 59/644b "犍黃" 註）。//偗：犍

字書作偗（初編玄 628 "喜犍" 註）。

键：**键**正居言反粥也（龍 500/07）。//飦：**飦**或作（龍 500/07）。//䬦：**䬦**俗（龍 500

/07）。

鞬：**鞬**建言反（玄 13/178a）（慧 52/481a）（玄 13/178c）（慧 54/515b）（玄 16/218b）（慧 65/770

b）（慧 80/1073b）（紹 140a9）。**鞬**正居言反盛弓器也（龍 447/06）（玄 4/50c）（慧 31/21

a）（玄 12/164a）（慧 55/543b）。//**䪗**或作（龍 447/06）；鞬又作䪗同（玄 16/218b、慧 6

5/770b "弓鞬" 註）。**韃**今（龍 447/06）。

湔：**湔**子見反（慧 58/609b）（慧 74/949a）。**湔**子見反（慧 64/750a）。**湔**則前反（龍 226/

02）（玄 8/113c）（玄 15/208c）（玄 14/189c "澆潃" 註）（玄 16/222c）（慧 64/758a）（玄 16/225

a）（玄 17/235b）（玄 18/246b）（慧 73/925a）（玄 18/250c）（慧 73/936a）（慧 16/714a）（慧 57/5

87a）（慧 92/197b）（紹 188b3）；潃又作湔同（玄 15/211b "澆潃" 註）。**湔**子見反（慧 59

/639a "澆潃" 註）。

煎：**煎**節煙反（慧 77/1013b）。**煎**煎譜作燺俗字也（慧 77/1013b "煎憂" 註）。

軒：**軒**苦安苦旦二反（龍 447/08）；鞬又作軒同（玄 16/218b、慧 65/770b "弓鞬" 註）。

玲：古咸反（龍 435/08）。//**瑊**古咸反又音針（龍 435/08）（紹 141a6）。

艱：**艱**古古閑反（龍 547/07）。**艱**革閑反（慧 3/441b）。**艱**今（龍 547/07）（玄 6/87b）（玄

23/308a）（慧 47/356b）（慧 27/982b）（紹 203a2）；艱今俗用従～訛也（慧 3/441b "艱辛"

註）。//**囏**古文古閑反今作艱（龍 339/02）。**囏**古文古閑反今作艱（龍 339/02）。

囏古文古閑反今作艱（龍 339/02）；艱籀文作囏同（玄 6/87b "艱難" 註）（慧 27/982

b "艱難" 註）。**囏**古文古閑反今作艱（龍 339/02）。

霦：**霦**音尖雨又霝也又縣名（龍 307/03）。

姦：姦古顏反（龍 279/05）（慧 14/679a）（慧 53/490b）（慧 78/1040b）（紹 141b10）。//姧古顏反（龍 279/05）（慧 20/800a）。//奸又古顏反（龍 281/03）（紹 142a3）；姦或作奸亦同（慧 14/679a“姦詐”註）；干古文作奸同（初編玄 13/598“相干”註）。㚘古文姧字（龍 281/04）。//𢘅：𢘅古顏反今作姦（龍 065/07）。

熸：熸正尖潛二音（龍 238/08）（慧 19/780a）（慧 97/277a）（慧 98/309a）（紹 190a5）。熸俗尖潛二音（龍 238/08）（玄 7/96c）；熸集作熸俗字也（慧 98/309a“餘熸”註）。熸俗尖潛二音（龍 238/08）（紹 190a5）。//爔尖音（紹 190a5）；熸經文作爔（玄 7/96c“熸燼”註）。爔俗尖潛二音（龍 238/08）。

韉：韉剪先反或作韀又作纗並通用（慧 60/659a）（紹 140a7）。韉今則千反與纗同（龍 446/08）（慧 61/688b）（慧 61/693a）。//韀或作則千反與纗同（龍 446/08）。//纗：纗韉說文作纗（慧 14/669b“鞍韉”註）。

韆：韆江西隨函古田反窯人所用在道地經（龍 448/06）。韆新藏作（龍 448/07）。韆舊藏作郭氏俗音繩在道地經[1]（龍 448/07）。

槏：槏鞬宜作槏（慧 52/481a“鞬橛”註）。槏鞬宜作槏（玄 13/178a“鞬橛”註）。

jiǎn 柬：柬姦眼反（慧 38/160b）；楝古文柬同（慧 56/553a“楝樹”註）；鍊古文作柬（慧 8/549b“鎔鍊”註）（慧 15/683b“試鍊”註）；煉古文作柬（慧 8/551b“燒煉”註）；揀說文作柬（慧 41/210b“不揀”註）（希 3/368b“揀擇”註）；暕録作柬非也（慧 80/1084a“王暕”註）。柬姦眼反（慧 100/342b）。東煉有作東者非也（慧 8/551b“燒煉”註）。柬楝古文柬同（玄 11/142c“楝樹”註）。

揀：揀練簡二音（龍 214/05）（慧 30/1044b）（希 2/361a）（希 3/368b）（希 4/380c）；鍊或作揀俗字也（慧 15/683b“試鍊”註）；柬或從手從柬作楝誤也（慧 100/342b“敹柬”註）。揀力見反（玄 5/75a）（紹 134a7）；揀經文從柬作揀書字人誤也（希 2/361a“揀擇”註）。楝姦眼反（慧 41/210b）。

敕：敕揀又作敕（玄 5/75a、慧 30/1044b“採揀”註）。

暕：暕古限反陰旦日明也（龍 427/05）（慧 80/1084a）（慧 84/71b）（慧 85/95a）（慧 88/147a）。

① 《龍龕手鏡研究》326 頁。

瞲 暕正居眼切（紹171a3）；暕集文從東作～誤也（慧88/147a"豆盧暕"註）。䁖姦
限反（慧96/264b）。

𣐁：𣐁今古典反小束也（龍542/04）。𣐃即演反玉𣐁也（龍436/03）。𥚪今古典反小
束也（龍542/04）。𥚪俗（龍542/04）。𥚪俗（龍542/04）。𥚪俗（龍542/04）。耕：耕
皵古今正字作耕（慧87/121b"重皵"註）。耞俗（龍542/04）。//稅：稅皵古今正
字作耕耕稅（慧87/121b"重皵"註）。//穖古典反（龍145/04）。耕古典反（龍145
/04）；皵古今正字作耕耕稅（慧87/121b"重皵"註）。

繭：繭古典反蚕衣也（龍261/02）。繭公殄反（玄14/187a）（慧59/635a）（玄17/228a）（慧
67/815b）（慧15/704a）（慧31/5b）（慧45/318a）（慧81/14a）（慧85/92a）（慧99/315b）（希4/
375b）。繭堅顯反（慧14/678b）。繭堅顯反（慧15/694b）（慧17/734b）。蠒新藏作古
典反（龍260/10）。繭堅顯反（慧60/669b）（紹156a2）。繭古典切（紹156a2）。爾古
典切（紹164a6）。爾古典切（紹190b6）。//璽：璽古典切（紹164a6）；繭經從爾
作璽非也不成字（慧15/694b"作繭"註）（慧15/704a"作繭"註）（慧31/5b"蠶繭"註）
（慧85/92a"繭栗"註）（慧99/315b"瀹繭"註）（希4/375b"蠶繭"註）。畬古文古典反小
束也又音結（龍031/03）。//緄：緄古典反古文（龍399/08）；繭古文作緄同（玄
14/187a、慧59/635a"暴繭"註）（玄17/228a、慧67/815b"以繭"註）（慧14/678b"蠶繭"註）
（慧31/5b"蠶繭"註）（慧81/14a"生繭"註）（慧85/92a"繭栗"註）。

襉：襉正古典反纈著衣也（龍104/08）。襅俗（龍104/08）。襉俗（龍104/08）。襉又
俗古典反纈著衣也（龍112/01）。

皵：皵堅顯反（慧87/121b）。皵正古典反皮起也（龍123/02）。皵今（龍123/02）。

捃：捃或作（龍212/06）。搕正古典反摛振拭面也（龍212/06）。摼古古典反摛振拭
面也（龍212/06）。

湕：湕正居偃反水名也（龍232/10）。湕俗（龍232/10）。

鍵：鍵居偃反矛也（龍141/09）。

儉：儉巨广反儉少飢饉也（龍029/01）（慧3/450b）（慧5/492a）（紹127b10）。儉（中62/
719a）。

撿：**撿**居儼反（玄 14/192c）（慧 59/643b）（玄 16/221b）（慧 65/763b）（慧 18/752b）（慧 18/761b）（慧 26/935b）；斂經文撿非體也（玄 13/170c、慧 57/598b "斂骨" 註）。

檢：**撿**居儼反（玄 3/39a）（希 3/368c）（希 5/383c）。**撿**居儼反（玄 2/27a）（慧 09/560a）（玄 6/90a）（慧 27/989b）。

瞼：**瞼**音撿（龍 420/05）（玄 4/54a）（慧 32/33b）（玄 5/72a）（慧 34/86b）（玄 14/197a）（慧 59/651a）（玄 17/231b）（慧 70/856a）（玄 19/254b）（慧 56/559b）（玄 20/270b）（慧 75/974a）（玄 24/321a）（慧 70/864a）（慧 31/15b）（慧 33/68b）（慧 40/187b）（慧 63/733b）（慧 72/899b）（慧 94/224a）（紹 142a9）。

寋：**寋**其儼反女字也（龍 157/02）；古文謇寋二形今作寋（玄 9/127b、慧 46/333a "寋吃" 註）（玄 16/216c "寋吃" 註）（玄 21/278c "寋吃" 註）（玄 22/293a、慧 48/377b "寋吃" 註）（玄 23/307b "寋澀" 註）。

寋：**寋**九輦反又居偃反（龍 462/5）（玄 1/7c）（慧 17/739b）（玄 3/35a）（慧 09/568a）（玄 3/40b）（慧 09/562b）（玄 8/113c）（玄 9/129b）（慧 46/337b）（慧 11/618a）（慧 16/714a）（慧 16/718a）（慧 24/887b）（慧 30/1049a）（慧 31/16b）（慧 69/841b）（慧 76/1009a）（紹 194a4）；寋論文作寋非此義（玄 9/127b、慧 46/333a "寋吃" 註）（慧 65/777a "寋吃" 註）（慧 47/354b "寋澀" 註）（慧 24/898a "寋訥" 註）（慧 57/583a "寋吃" 註）（慧 87/128a "寋訥" 註）（希 4/379a "寋訥" 註）。//**躔**九輦反又居偃反（龍 462/5）。

僆：**僆**寋經文從人作僆誤也（玄 3/35a、慧 09/568a "偃寋" 註）。**僆**九輦反（龍 030/07）。

謇：**謇**正居展反謇吃難言也（龍 45/01）（玄 1/13a）（慧 42/234b）（玄 7/97a）（慧 19/780b）（玄 16/216c）（慧 65/777a）（玄 19/258a）（慧 56/565a）（玄 21/278c）（玄 22/293a）（慧 48/377b）（玄 23/307b）（慧 47/354b）（慧 13/645a）（慧 15/682b）（慧 24/898a）（慧 41/223b）（慧 57/583a）（慧 85/102b）（慧 87/128a）（慧 88/143b）（慧 90/179b）（希 4/378b）（希 4/379a）。//謇：**謇**謇或從了作～①（慧 13/645a "謇吃" 註）（慧 15/682b "謇澀" 註）。//謇：**謇**古（龍 45/01）；謇亦作謇（慧 57/583a "謇吃" 註）。謇：**謇**謇聲類亦作謇字（慧 88/143b "謇諤" 註）。//譐：**譐**謇亦作譐（慧 19/780b "無謇" 註）（玄 9/127b、慧 46/333a "謇吃" 註）（慧 13/

---

① 參見《刻本用字研究》152 頁。

645a "謇吃" 註）（慧 15/682b "謇澀" 註）（希 4/378b "謇澀" 註）（希 4/379a "謇訥" 註）。**譲**

古文作謨謇二形今作寋同（慧 47/354b "謇澀" 註）（慧 15/682b "謇澀" 註）。//謨：**護**

古居展反（龍 45/01）；謇古文謨形（玄 9/127b、慧 46/333a "謇吃" 註）（玄 21/278c "謇

吃" 註）（玄 22/293a、慧 48/377b "謇吃" 註）。**護**古文作謨謇二形今作寋同（玄 23/30

7b "謇澀" 註）。**詭**謇或從虎作詭（慧 13/645a "謇吃" 註）。//嚔：**寋**俗居展反正

作謇（龍 271/04）（慧 79/1066a）。//嚔：**騫**俗居展反正作謇（龍 271/05）。//扐：**扐**

居堰反（龍 517/03）。**扐**居偃反（龍 098/03）；謇又作扐同（玄 9/127b、慧 46/333a "謇

吃" 註）（玄 21/278c "謇吃" 註）（慧 13/645a "謇吃" 註）。

偭：**偭**玉篇煎剪二音又俗音前（龍 027/09）（紹 129b3）。

揃：**揃**即淺反（龍 212/09）（玄 14/191b）（慧 59/641b）（紹 135a2）。**撇**即淺反（龍 212/09）。

揅即淺反切也（龍 212/06）。

剪：**剪**煎衍反（慧 18/761b）。**剪**精演反（慧 10/587a）；翦或從刀作剪（慧 61/684b "翦剜"

註）（慧 83/53b "撲翦" 註）。

翦：**翦**今音剪（龍 327/04）（慧 61/684b）（慧 83/53b）（慧 84/77b）（慧 87/132a）（紹 147a6）；揃

古文劗鬜翦三形同（玄 14/191b、慧 59/641b "若揃" 註）。**翦**音剪（龍 335/09）。**齝**音

剪（龍 335/09）。**翦**正音剪（龍 327/04）。//**翦**翦正子淺子賤二切（紹 159b10）。

鬜：**鬜**音煎又音剪（龍 088/01）；揃古文劗鬜翦三形同（玄 14/191b、慧 59/641b "若揃"

註）。

儬：**儬**古限反裙褔又下板反武猛皃一曰寬大也（龍 031/06）。

襇：**襇**潤音（紹 168b10）。

簡：**簡**古限反（玄 22/304a）（慧 48/395a）（慧 21/824b）（慧 31/12a）（慧 87/123b）；揀經文作

簡非本字也（慧 41/210b "不揀" 註）；柬經作簡非也（慧 38/160b "柬擇" 註）。**蕑**簡

論從草作～誤也（慧 87/123b "簡冊" 註）。

減：**減**耕斬反又行灆反俱通（龍 230/07）（慧 1/419b）（慧 2/436a）（慧 4/476a）（慧 5/490a）

（慧 7/521b）（慧 11/606b）（慧 31/19a）（慧 32/43b）（慧 34/83a）（慧 51/449b）（慧 54/513a）（慧

78/1032b）。**減**減從冫作減非也（慧 2/436a）。

戩： 戩音剪（龍173/03）。 戩 音剪（慧85/94b）；鬋或作戩傳從刀作剪誤也（慧83/53b "撲鬋" 註）。

撍： 撍九展反撍搌醜長皃也（龍212/03）。

饗： 饗正子敢反噉～无味也（龍501/03）。//饊俗（龍501/03）。//饗：饗子冉反食薄味也（龍501/07）。

箣： 箣即淺反竹名（龍392/04）。

鹻： 鹻正七廉反（龍197/01）（龍332/05）；鹻緘斬反俗字也説文正體從僉作鹻（慧61/679b "鹻鹽" 註）。 鹻俗七廉反（龍197/01）。//鹻：鹻古斬切（紹177a6）。 鹻古斬反（龍332/06）（慧36/118a）（慧61/679b）（希5/385b）。

jiàn

見： 見古現反（玄6/87c）。

僭： 僭正子念反差也擬也（龍034/06）。 僭或作（龍034/06）。 僭今（龍034/06）（紹128a7）。//繂：繂隨函云誤合作僭（龍034/06）。

儳： 儳子焰反疾也（龍503/02）。

俴： 俴音踐淺也（龍031/04）。

衒： 衒音踐衒也又蹈也（龍497/08）。

瘨： 瘨音踐小痒也（龍473/06）。

踐： 踐音踐跡也行也（龍497/08）；踐或作俴衒竝同（慧3/452b "履踐" 註）（慧7/528b "履踐" 註）。 衒音踐衒也又蹈也（龍497/08）；踐或作俴衒竝同（慧3/452b "履踐" 註）（慧7/528b "履踐" 註）。//踐前剪反（龍462/06）（慧3/452b）（慧7/528b）（慧10/593b）（慧10/597a）（慧32/43b）（慧69/841b）（慧72/905b）（慧74/944b）（慧75/966b）（慧78/1048a）（慧83/50b）（紹137a8）；沇經別有本作踐音子旦反今未詳此字也（慧31/22b "唾沇晗" 註）；餞律文作踐履之踐非體也（玄15/210a、慧58/622b "餞送" 註）。

賎： 賎茨箭反（玄15/203b）（慧58/620b）。

灒： 灒子賎切（紹187b7）。

餞： 餞疾演才箭二反（龍501/05）（玄15/210a）（慧58/622b）（紹172a3）。

諓： 諓音踐謟也（龍046/02）。

洊：洊 前薦反（慧87/117b）（慧88/134b）（慧90/174a）；荐又作洊同（玄4/51b"荐臻"註）（希10/419a"荐雷"註）。洊 在見反（龍234/06）。//瀳：瀳 洊說文作瀳亦作荐（慧87/117b"洊雷"註）（希10/419a"荐雷"註）。

袸：袸 在見反小帶也（龍107/02）。

荐：荐 在見反（龍262/02）（玄4/51b）（慧31/21a）（慧80/1076a）（慧83/58b）（慧93/212b）（慧97/285b）（希10/419a）（紹156b3）；洊說文作瀳亦作荐（慧87/117b"洊雷"註）。

薦：薦 作見反薦席也草也進也（龍261/10）。薦 祖見反（玄21/282c）（慧27/979b）（慧76/994b）（慧84/76b）（希6/396b）。蘑 作見反（龍262/09）。

間：間 革限反（慧3/445a）（慧22/845b）（慧23/875a）（慧26/940a）（慧39/176a）（希8/405c）。

澗：澗 奸晏反（慧11/607b）（慧17/730b）（慧41/223a）（慧66/789a）（希1/357c）（紹161b10）；澗或作澗字俗用亦通（希7/403c"澗谷"註）；磵或作澗（希8/407b"曲磵"註）。澗 間莧反（慧18/752a）（慧27/982a）（慧98/297a）（希7/403c）。//峒：峒 澗亦作峒又作襉（慧41/223a"谿澗"註）（慧98/297a"如澗響"註）（希1/357c"谿澗"註）。//襉：襉 澗亦作峒又作襉（慧41/223a"谿澗"註）（希1/357c"谿澗"註）。

僩：僩 俗音澗（龍035/08）。僩 俗音澗（龍035/08）。

磵：磵 姦晏反（慧99/326a）（希8/407b）。//磵 古晏反（龍443/09）（紹163a4）。

繝：繝 古莧反今作橺（龍403/01）（希8/407b）；間律文從系作繝與橺同切韻裙也非間錯義（希8/405c"間錯"註）。

鐧：鐧 歌鴈反（玄19/259c）（慧56/568a）。//鞘：鞘 古晏反（龍084/06）。//鍊：鍊（玄19/259c、慧56/568a"軸鐧"註）。

建：建 居健反（玄5/66c）（慧34/89a）。

健：健 渠建反捷健也（龍037/01）（玄21/277b）（玄23/310b）（慧47/361a）（慧1/417b）（慧4/476a）。健 健正巨建切（紹172b9）。

揵：揵 建音又尼件切（紹182a9）。

楗：楗 音乹（慧65/766a）（慧83/64a）（慧86/112b）（紹157b8）；橺椎經文作楗槌或作捷稚（希4/380c"橺椎"註）。捷 音乹（慧36/125a）；鍵又作閵捷二形同（玄4/55b、慧

43/267a"開鍵"註）（玄 21/279a"關鍵"註）（玄 22/297c、慧 48/384b"関鍵"註）（慧 13/646b"關鍵"註）（慧 40/195a"關鍵"註）。//鍵：**鍵**正音件管籥也（龍 014/08）（玄 21/279a）（玄 22/287c）（慧 48/370b）（玄 22/297c）（慧 48/384b）（玄 23/310b）（慧 47/361b）（玄 24/323a）（慧 70/867b）（慧 2/427a）（慧 13/646b）（慧 31/3b）（慧 42/250a）（慧 40/195a）（慧 80/1075a）（慧 83/58b）（慧 83/65b）（慧 87/132a）（慧 88/142b）（希 5/384c）（紹 180a4）。//鑣：**鑣**通（龍 014/08）。//閨：**閨**古文音件開鍵也又平聲今作鍵（龍 093/02）；鍵古文閨同（玄 21/279a"關鍵"註）（玄 22/297c、慧 48/384b"関鍵"註）（玄 4/55b"關鍵"註）（慧 13/646b"關鍵"註）（慧 40/195a"關鍵"註）。

腱：**腱**正居言居偃二反（龍 407/08）（玄 20/266b）。**瞗**乾健二音出香嚴隨函（龍 419/02）。//腋：**腋**俗（龍 407/08）。

漸：**漸**才冉反（玄 3/41b）（慧 09/572a）（玄 16/220b）（慧 65/780b）（慧 80/1068a）（慧 91/191a）（慧 98/307a）；輦或作漸（慧 100/338a"輦其"註）。

蕲：**蕲**慈染反麥秀兒也（龍 260/05）。

唻：**唻**俗音諫（龍 273/09）。

諫：**諫**加鴈反（慧 6/512b）。**悚**古文音諫（龍 553/04）。**悚**音諫（龍 553/08）。

檻：**檻**胡黤反欄～也（龍 381/9）（玄 1/4b）（玄 7/103b）（玄 13/172c）（慧 20/805a）（慧 22/839a）（慧 22/839b）（慧 24/891b）（慧 31/6a）（慧 57/599a）（慧 59/647b）（慧 75/963b）（慧 79/1054b）（紹 157a6）；轞集從木作檻説文欈圈也非轞車義也（慧 97/276a"轞車"註）。**檻**胡黤反（慧 58/604b）（慧 15/705a）（慧 80/1084a）（慧 83/59a）（慧 85/100a）；壏論文從木作檻（慧 84/75a"近壏"註）。**檻**胡黤反（玄 14/194c）（玄 15/205c）（慧 24/897a）；檻從木監聲經從手誤也（慧 31/6a"籠檻"註）。//壏：**壏**咸黤反（慧 84/75a）。**壏**胡黤反堅土也（龍 249/08）。

轞：**轞**胡黯反車聲（龍 083/06）（慧 79/1065b）（慧 88/134a）（慧 97/276a）；檻經文作轞（玄 13/172c、慧 57/599a"檻車"註）（慧 83/59b"軒檻"註）。**肇**胡黯反田車也（龍 083/07）。

艦：**艦**乎黤反（龍 132/06）（慧 89/156b）（紹 146a2）。

鑑：**鑑**賈陷反照也明也鏡也察也哉[戒]也又音監（龍 16/6）（慧 1/403a）（慧 39/182b）

（慧 76/994b）（慧 87/124a）（慧 91/186b）；鑒字書作鑑同（玄 8/110b、慧 32/35b“不鑒”註）（玄 9/126c、慧 46/332a“智鑒”註）（慧 56/558a“鑒於”註）（玄 25/337c、慧 71/892a“名鑒”註）（慧 14/667a“鑒徹”註）（慧 62/701a“鑒察”註）（慧 98/302a“鑒能”註）；轞經文從金作鑑非也（慧 79/1065b“鐵轞”註）。//鑒：鑒監懺反（慧 62/701a）（慧 63/730a）（慧 66/800b）（慧 84/83b）（慧 98/302a）。鑒賈陷反又音監（龍 16/6）（玄 9/126c）（玄 25/337c）（慧 14/667a）（慧 22/842a）（慧 22/849b）；監經文作鑒非體也（玄 1/7c、慧 17/740a“監領”）；鑑或作鑒（慧 1/403a“鑑地”註）（慧 39/182b“鑑徒”註）。鑒古鑱反（玄 8/110b）（玄 19/253b）（慧 32/35b）（慧 46/332a）（慧 56/558a）（慧 71/892a）；鑑或作鑒也（慧 76/994b“所鑑”註）（慧 87/124a“斯鑑”註）（慧 91/186b“鑑亡”註）。鑒堅音（紹 180b4）。//鑬：鑬舊藏作鑑（龍 016/07）。

驜：驜正胡黯反撢驜也又去聲（龍 305/02）。驜俗（龍 305/02）。驜或作下斬反亦去聲（龍 305/02）。

衦：衦古莧反古衣也（龍 106/08）。

箭：箭音箭（龍 393/01）；箭俗字也正體作～（慧 3/449b“箭筈”註）（希 2/363a“惑箭”註）（希 6/394b“插箭”註）。箭煎線反俗字也（慧 3/449b）（慧 6/514b）（慧 10/598b）（慧 13/651a）（慧 15/695a）（慧 45/315b）（慧 60/671a）（慧 61/682a）（希 2/363a）（希 3/373b）（希 6/394b）。

箐：箐即淺反箐簳也（龍 392/05）。

鐱：鐱劒儉二音（龍 018/04）（紹 181b3）。鐱鐱正鐱音（紹 128b6）。//釰：釰（慧 79/1058b）；劒有從金作釰全非（希 5/386b“劒把”註）。//劒：劒居欠反（希 5/386b）；斂經文作劒誤也（玄 12/166b“斂指”註）。斂斂經文作劒誤也（慧 55/545b“斂指”註）。

jiang

jiāng 江：江古江字也（慧 61/678b）（希 8/405b）。

茳：茳音江茳蘺蘪蕪也（龍 256/01）。

豇：**豇**音江豇豆也（龍359/05）。

將：**將**即羊反（龍118/01）（玄11/150a）（慧52/469a）（玄22/290c）（慧3/443b）（慧4/458b）（慧5/489a）（慧6/498a）（慧25/905a）。**將**即羊反（希3/374c）。**將**俗即羊反正作將（龍114/02）。**將**俗即羊反正作將（龍114/02）。//漿：**漿**將經文作漿誤也（慧52/469a"將大"註）。**漿**將經文作～誤也（玄11/150a"將大"註）。//鱂：**鱂**俗音將（龍501/01）。

漿：**漿**將水二音（龍114/04）。

牂：**牂**音將扶牂也（龍209/10）。**牂**音將扶牂也（龍209/10）。

蔣：**蔣**音將菰蔣草又即兩反國名亦姓（龍254/10）（慧99/314a）。

鱂：**鱂**即羊反鱄～魚名（龍168/06）。

姜：**姜**居良反（慧84/84b）。

薑：**薑**姜論文加草作薑非也（慧84/84b"姜苟兒"註）。

畕：**畕**居良反（龍153/09）。

僵：**僵**居良反（龍023/01）（玄13/170c）（慧16/725b）（玄22/287c）（慧48/370b）（玄24/321c）（慧70/865a）（慧72/901a）（紹129b5）。//殭：**殭**薑音（紹129b5）。

橿：**橿**居良反（龍377/08）（慧39/170b）（慧39/182b）（紹157b1）。

殭：**殭**居良反（龍513/09）（玄25/335b）（慧71/887b）。

礓：**礓**居良反（龍440/04）（玄8/114a）（慧19/777a）（玄10/139b）（慧47/350b）（玄12/159b）（慧53/484a）（玄15/208b）（慧58/608b）（玄19/253c）（慧56/558b）（慧37/141a）（慧53/486b）（慧62/709a）（慧94/228b）（希5/386c）。//礓：**礓**薑音（紹163a10）。

繮：**繮**正居良反（龍396/05）（玄4/49a）（慧14/671a）；**韁**說文從系作繮玉篇從革作韁（慧49/403a"韁鎖"註）（慧62/712a"帶韁"註）（慧64/760b"韁杜"註）（慧74/959b"韁絆"註）。**繮**俗居良反（龍396/05）。//韁：**韁**鍋良反（慧62/712a）（慧63/728b）（慧74/959b）（希1/356b）。**韁**正居良反（龍447/01）（玄4/49a）（慧41/217a）（慧49/403a）（慧54/515a）（慧64/760b）；繮或從革作韁亦正（慧14/671a"韁鞚"註）。**韁**俗居良反（龍447/01）。**韁**薑音（紹140a8）。

薑： 薑正居良反（龍 257/04）；礓經作薑非也（慧 53/486b "礓石" 註）。薑俗居良反（龍 257/04）。

疆： 疆居良反界也垂也境也當也（龍 545/04）（龍 245/10）（希 9/411b）；古文畺畺二形今作疆同（玄 13/175b、慧 55/537b "畺場" 註）（慧 53/495b "分壃" 註）。畺紀良反（玄 13/175b）（慧 55/537b）（慧 80/1069b）（慧 82/24b）（慧 83/63a）；壃説文作畺（慧 8/556b "畺界" 註）（慧 53/495b "分壃" 註）。畺畺正（紹 196b7）。//畺：畺古文畺畺二形今作疆同（玄 13/175b、慧 55/537b "畺場" 註）（慧 53/495b "分壃" 註）。//壃：壃居良反界也垂也境也當也（龍 245/10）（玄 25/336b）（慧 71/889a）（慧 8/556b）（慧 21/811b）（慧 53/495b）（紹 161a10）；礓論文從土作壃非體也（玄 10/139b、慧 47/350b "礓石" 註）（玄 12/159b、慧 53/484a "礓石" 註）（玄 19/253c、慧 56/558b "礓石" 註）；畺或從土作壃（慧 82/24b "恢畺" 註）。

jiǎng 獎： 獎即兩反狗也（龍 318/08）。獎將又作獎同（玄 22/290c "將化" 註）。獎即兩反（龍 242/04）。奨將兩反（慧 77/1014b）（慧 81/16a）（紹 149b9）。奨即兩反勸奨也助也屬也成也譽也（龍 527/06）。

簻： 簻正即兩反剖竹未去節也又秦仗反（龍 392/06）。簻俗（龍 392/06）。

槳： 槳即兩反檝屬（龍 381/06）。槳（龍 381/06）。

備： 俻正音講（龍 030/08）。備通音講（龍 030/08）。俻俗音講（龍 030/08）。俻俗音講（龍 030/08）。

覯： 覯江項反（慧 98/294b）。覯今音講（龍 365/03）。覯通音講（龍 365/03）。

講： 講溝傳從言作講非也（慧 94/228a "邗溝" 註）。

膧： 膧居兩反頭也（龍 411/05）。

jiàng 匠： 匠疾亮反（龍 192/09）（慧 6/508a）（慧 8/551b）（慧 14/663a）。

赹： 赹疾亮反行皃也（龍 325/08）。

悙： 悙下江反恨也（龍 056/01）。

降： 降江巷反（慧 8/536b）（慧 11/614a）（慧 23/874a）（希 8/410a）。降降蒼頡篇作～（慧 8/536b "降澍" 註）（慧 11/614a "降澍" 註）。

絳：絳古巷反（龍 402/09）（慧 83/49b）（紹 192a6）。

弜：弜巨支反强弜也又其兩反弓有力也（龍 150/08）；強正作弜從二弓又音渠亮反於義亦通（慧 14/666a "強拔" 註）。

弶：弶其上反取獸弶也（龍 151/06）（玄 2/28b）（玄 5/76b）（慧 44/292b）（慧 52/478a）（慧 58/612b）（玄 15/207b）（慧 58/607b）（慧 73/933b）（慧 56/571b）（玄 22/298b）（慧 48/385b）（慧 70/873b）（慧 44/292b）（慧 60/659b）（慧 64/752b）（慧 72/906a）（慧 73/920a）（慧 75/972a）（慧 76/999b）（慧 78/1040a）（希 8/406a）（希 9/415b）（紹 145b5）。弶 渠向反（玄 10/132a）（慧 49/406a）（玄 15/199b）（玄 18/240b）（玄 19/261c）（玄 21/277b）（玄 24/327a）（慧 12/638a）（慧 26/939a）（慧 69/840b）（紹 145b5）。//彊其上反（龍 151/06）。//樃：攞俗其亮反正作强 [弶][1]（龍 383/04）；弶論文作攞俗字也（慧 49/406a "羂弶" 註）。摨其亮切（紹 133a8）；弶經文作攞俗字也（玄 2/28b "在弶" 註）（玄 5/76b、慧 44/292b "弶中" 註）（玄 15/199b "作弶" 註）（玄 22/298b、慧 48/385b "罝弶" 註）（慧 26/939a "在弶" 註）（慧 44/292b "弶中" 註）。攞俗巨兩反（龍 212/05）；弶論文作攞俗字也（玄 10/132a "羂弶" 註）（慧 52/478a "冒弶" 註）（慧 58/612b "作弶" 註）（慧 69/840b "弶取" 註）。

嗠：强俗其兩反[2]（龍 271/03）（慧 19/785b）。//嗠：嗠俗其兩反（龍 271/02）（紹 183b3）。

將：將精漾反（慧 5/489a）（慧 6/511b）。

詯：詯其兩反競言也（龍 045/07）。

jiao

jiāo 交：交（慧 41/212b）。

姣：姣胡交反又古巧反（龍 280/01）（玄 9/129a）（慧 46/337a）；狡經文從女作姣非也（玄 11/153c、慧 52/476b "奸狡" 註）。

郊：郊古包反（玄 17/231c）（慧 70/856b）（玄 21/280b）（慧 91/182b）。

迒：迒音交會也（龍 489/09）。

---

[1] 參見《龍龕手鏡研究》302 頁。
[2] 參見《龍龕手鏡研究》247 頁。

蛟：**蛟** 音交（龍 220/01）（玄 4/66c）（玄 10/135c）（慧 49/400a）（玄 19/261c）（慧 56/571b）（慧 38/155b）（慧 96/262b）（希 6/392b）（紹 164a9）；鮫今作蛟同（玄 4/59b、慧 30/1042b "鮫魚" 註）（玄 13/176b、慧 54/524b "鮫魚" 註）。**蛟** 加爻反（慧 41/214b）（慧 19/781b）。

鮫：**鮫** 音交校䊏米粉餅也（龍 304/05）。

詨：**詨** 音交誇語也又音哮（龍 041/07）。

鮫：**鮫** 今音交魚名也皮有文可以飾刀劍也（龍 165/08）（玄 4/59b）（慧 30/1042b）（玄 13/176b）（慧 54/524b）（慧 82/41a）（希 8/405b）。**鮫** 俗（龍 165/08）。

鴢：**鴢** 音交鴢鵁（龍 285/03）（玄 3/41a）（慧 09/564a）（玄 5/65a）（玄 7/96a）（慧 28/999b）（玄 12/161c）（慧 28/993a）（玄 13/181a）（慧 54/508a）（玄 19/253a）（慧 56/557a）（慧 4/469a）（慧 44/281b）（慧 79/1058a）（紹 165a6）；梟經文作鴢非也（玄 20/271c "土梟" 註）（慧 54/520b "上梟" 註）。

嬌：**嬌** 居喬反（龍 279/05）；姣古文嬌同（慧 46/337a "姣輪" 註）。**嬌** 姣古文嫱同（玄 9/129a "姣輪" 註）。

憍：**憍** 居妖反（慧 1/419a）（慧 70/877b）（慧 2/429a）（慧 6/509b）（慧 13/646b）（慧 15/682b）（慧 18/762a）（慧 23/863a）（慧 25/914a）（慧 51/436b）（慧 68/823b）（慧 75/969a）（紹 130b4）。**憍** 舉敖反（玄 6/90c）（玄 24/329c）；憍經文從右作～俗字非正也（慧 6/509b "憍逸" 註）（慧 13/646b "憍高" 註）；**憍** 憍從右或從有作～非亦俗字也（慧 13/646b "憍高" 註）。//鴢：**鴢** 舊藏作憍字郭迻俗音無在別譯阿含中（龍 286/03）。**鴢** 俗憍音[1]（龍 287/03）。

稿：**稿** 正居表反禾秀也（龍 144/07）。**稿** 俗（龍 144/07）。**稿** 俗（龍 144/07）。

篙：**篙** 居喬反大管也又音橋田器也（龍 390/02）。

醮：**醮** 嬌音有處卻作醮海音臨文詳之（紹 143b10）。

鷸：**鷸** 正驕橋二音似雉而小尾長走鳴也（龍 286/07）。**鷸** 俗（龍 286/07）。

驕：**驕** 正居喬反（龍 290/08）（希 2/366a）（希 6/393b）；騙經文作驕誤也（慧 24/893b "騙象" 註）；憍亦作驕也（慧 75/969a "憍慢" 註）。**驕** 嬌音（紹 165b10）。**驕** 俗居喬反

---

① 參見《龍龕手鏡研究》261 頁。

（龍 290/08）。

膠： 膠絞爻反（慧 63/742a）（慧 68/835b）。 膠音交（龍 405/09）（慧 29/1022a）（慧 35/106b）
（慧 54/522b）（慧 60/661b）（慧 69/845b）（慧 73/920b）（慧 79/1066a）（慧 85/102a）（紹 135b7）；
驕經文作膠非字義（慧 55/534b "驕勇" 註）。 膠音交（龍 405/09）（慧 10/593b）（慧 14
/673a）（希 10/423a）；驕經文作膠非字義（玄 13/180a "驕勇" 註）。 膠絞肴反（慧 31
/17b）。

轇： 轇音交轇葛戟形也（龍 082/02）（紹 139a7）；膠轇玉篇作轇輵二字廣韻云戟形也
（希 10/423a "膠轇" 註）。

焦： 焦即姚反（慧 1/420b）（慧 5/490b）（慧 30/1048a）（慧 51/440b）（慧 66/784a）（慧 68/826b）；
膲經文作焦燒餘也焦非字義（玄 20/264a "三膲" 註）（慧 43/258b "三膲" 註）；燋說
文作焦（慧 74/943b "炕燋" 註）。

燋： 燋或作即遙反（龍 239/04）（慧 23/862a）（慧 74/943b）；焦經作燋非本字也（慧 1/42
0b "焦惱" 註）（慧 5/490b "焦炷" 註）（慧 30/1048a "焦然" 註）（慧 51/440b "焦炷" 註）（慧 6
6/784a "焦灼" 註）（慧 68/826b "炷焦" 註）；礁經文從火作燋謂燒物傷火也（希 6/395
c "枯礁" 註）。 焦正即遙反（龍 239/04）；燋古文作～也（慧 74/943b "炕燋" 註）。 焦
籀文即遙反（龍 239/03）（慧 77/1015b）；焦古文從三隹從火作～（慧 51/440b "焦炷"
註）（慧 66/784a "焦灼" 註）（慧 68/826b "炷焦" 註）。 魷俗即遙反（龍 239/03）。

嶕： 嶕正昨焦反嶕嶢山危也（龍 072/09）。 崔或作（龍 072/09）。

蕉： 蕉音焦芭蕉葉赤可以紡績爲布也（龍 256/07）（玄 16/215b）（慧 65/775a）（慧 4/457a）
（慧 7/518b）（慧 13/656a）（慧 31/18b）（慧 41/229b）（慧 76/1004a）（希 1/359c）（希 4/377a）（紹
154a6）；顦顇左傳作蕉萃萎也（慧 5/490b "顦顇" 註）（慧 60/664b "憔悴" 註）（希 2/361
c "顦顇" 註）。

氎： 氎音焦兜鍪上毛飾也（龍 135/01）。

蟭： 蟭子消反（慧 99/320a）。 蟭今音焦（龍 222/05）（紹 164a2）。 蟭焦音（紹 190b2）。 蟭
或作（龍 222/05）。

膲： 膲子遙反（慧 43/258b）。 膲音焦（龍 239/03）（玄 20/264a）（紹 190b2）。 膲焦音（紹

171a2）。

譙：**譙** 昨焦反國名（龍 238/06）。

藮：**藮** 音焦玉篇生麻也（龍 398/07）。// 纖：**纖**（龍 398/07）。

醮：**醮** 焦樵二音（龍 346/09）（希 6/395c）。

鐎：**鐎** 音焦溫器三足有柄者也又昨焦反（龍 009/06）（玄 15/211b）（慧 58/625a）；**銚** 古文鐎同（玄 14/189c、慧 59/639a "須銚" 註）（玄 15/207a、慧 58/606b "鐎銚" 註）。

鷦：**鷦** 醮銷反（慧 86/110b）。**鷦** 音焦（龍 285/06）（慧 29/1016a）（慧 62/715b）（希 8/407c）（紹 165b2）。

椒：**椒** 正音樵（龍 378/02）（慧 56/562a）（紹 158b3）。**扺** 今音樵（龍 378/02）（玄 19/256a）（紹 158b4）。

澆：**澆** 經堯反（慧 11/603a）（慧 18/748b）（慧 61/693b）（慧 80/1094a）（慧 83/56b）（慧 87/124a）（慧 91/181a）（慧 97/273a）（紹 187b6）；饒經本作澆非也（慧 40/201a "豐饒" 註）。**澆** 舊藏作澆（龍 228/06）。**澆** 古堯反與澆同（龍 228/07）；澆又作澆同（玄 3/38b、慧 09/559b "澆潰" 註）。

嘄：**嘄** 澆叫二音聲也（龍 268/08）。

涮：**涮** 音交（龍 229/01）。**涮** 俗音交（龍 229/03）。

県：**県** 古堯反倒懸首也（龍 418/08）（玄 11/150a）（慧 52/469a）（慧 65/771b）（慧 74/947b）（慧 53/502b）（慧 55/533a）（慧 69/840a）。**県** 県正古堯切（紹 148a9）。**県** 県正古堯切（紹 148a9）。**県** 堅堯反（慧 84/75a）。**県** 古堯反（玄 16/219a）（玄 17/234c）。**県** 古堯切（紹 175b1）。

顤：**顤** 正音焦灼也顤不兆也（龍 240/07）。**顤** 或作（龍 240/07）。

糫：**糫** 今士交反蒜束也（龍 542/03）。**糫** 或作（龍 542/03）。

jiǎo

佼：**佼** 下巧反庸人敏交也又古巧反女字也又奴巧反又音交（龍 032/08）（慧 15/691a）（慧 15/701a）。

恔：**恔** 古了反恔憿惠明也又胡教反（龍 057/09）。

狡：**狡** 正苦巧反（龍 318/07）（玄 1/10c）（慧 17/745a）（玄 3/40a）（慧 09/562a）（玄 4/54a）（慧

（玄11/153b）（慧52/476b）（玄12/161b）（慧75/985a）（玄18/241b）（慧73/929b）（玄19/262b）（慧56/573a）（慧20/800a）（慧96/270a）（希10/419c）（紹166b5）。//**拗**俗苦巧反（龍318/07）。

烄：**烄**古巧反交木燃也（龍241/09）。

晈：**晈**古了反（龍421/03）。

被：**被**音皎被衸行騰小袴也（龍104/07）。

皎：**皎**古了反（龍431/04）（慧41/211a）；古文曒暞二形今作皎同公鳥反（慧43/273a"曒然"註）（慧57/585a"曒若"註）；皎説文從白作皎（慧8/537b"皎潔"註）。**皎**經曉反（慧8/537b）（慧23/860b）；古文曒暞二形今作皎同公鳥反（玄4/58a"曒然"註）（慧22/841b"光踰曒日"註）；古文曒暞二形今作皎同（玄11/145a、慧52/458b"曒潔"註）；皎經從日誤也（慧41/211a"皎日"註）。**晈**新藏作皎（龍350/07）。//**猋**皎眇二音①（龍197/04）。

絞：**絞**古巧反（龍400/01）（慧17/737a）（慧32/39b）（慧61/695b）（希8/410b）（紹191a1）；交經從糸作絞（慧41/212b"交絡"註）。

鉸：**鉸**古殞反（玄11/141a）（慧56/549a）（慧62/702a）（慧63/725a）（紹181a3）。

柭：**柭**子了反木忽高也（龍381/08）。

帗：**帗**子了反凶首飾也（龍138/09）。

敿：**敿**擊叫二音又音藥（龍121/04）（慧91/184b）（慧99/324b）（紹197a5）；激或作敿（慧60/654a"激響"註）。

傲：**傲**古了反抄也又於堯反（龍029/03）（玄8/116a）（紹129a2）；僥又作傲同（玄11/151c、慧52/471b"僥倖"註）。

徼：**徼**古堯反又古弔反（龍495/08）（玄14/192a）（慧59/643a）（玄16/218a）（玄20/269a）（慧17/736b）（慧54/508a）（慧84/74a）（慧85/89a）（慧87/129b）（慧88/137a）（慧95/254b）（希10/421a）（紹172b9）；僥又作徼同（玄3/41a"不僥"註）（玄3/45a、慧10/584a"僥倖"註）（慧17/730a"僥倖"註）；邀又作徼同（玄7/102a、慧30/1046a"邀迓"註）（玄11/142c、

---

① 《叢考》：此字疑即"皎"的俗字（9）。

慧 56/553a "邀利" 註）（慧 7/532b "邀契" 註）（慧 41/219b "邀名" 註）；激亦從彳作徼也
（慧 38/163b "四激" 註）。**徼** 古堯古吊二反（慧 33/56b）。**激** 古吊反（慧 65/769b）（慧 38/163b）（慧 75/964a）。

憿：**憿** 古堯反堯［幸］也（龍 052/08）；僥又作憿同（玄 3/41a、慧 09/571b "不僥" 註）（玄 3/45a、慧 10/584a "僥倖" 註）（慧 17/730a "僥倖" 註）；傲又作僥說文從心作憿同（玄 8/116a "傲巽" 註）（慧 17/736b "徼冀" 註）。

璬：**璬** 正音皎（龍 436/06）（慧 91/182a）。**璬** 俗（龍 436/06）。

皦：**皦** 古了反明也清也（龍 427/08）（玄 4/58a）（慧 43/273a）（慧 22/841b）（慧 57/585a）（慧 79/1057b）（慧 83/59b）（慧 85/89b）（紹 170b10）。//睰：**睰** 古文皦睰二形今作皎同公鳥反（玄 4/58a "皦然" 註）；古文皦睰二形今作皎同（玄 11/145a、慧 52/458b "皦潔" 註）。**睰** 古了魚列二反[1]（龍 421/02）；古文皦睰二形今作皎同公鳥反（慧 43/273a "皦然" 註）。

皦：**皦** 古了反（龍 431/03）（希 10/420c）；（玄 11/145a）（慧 52/458b）（慧 87/121a）（慧 96/259a）。

繳：**繳** 又音皎與憿［憿］同（龍 404/08）（慧 40/188b）（慧 40/196a）（慧 40/203a）（慧 62/712a）（慧 79/1061b）（慧 97/290a）（紹 191b4）；幰經文從糸作繳（希 6/396b "指幰" 註）。//幰：**幰** 音皎行縢幰脛布也（龍 138/08）（希 6/396b）；繳或從巾作幰（慧 37/144b "繳右指" 註）（慧 40/188b "繳右" 註）（慧 40/203a "繳頭" 註）。**激** 又俗古了反又音叫（龍 052/08）（慧 79/1054a）；繳亦從巾作幰（慧 62/712a "繳霽" 註）（慧 79/1061b "繳身" 註）。**橄** 音皎率意作之不成字（慧 39/178a）。

摷：**摷** 正落堯側交二反擊也（龍 209/01）（玄 4/56a）（慧 43/268b）（慧 79/1066b）（紹 135a8）；撩說文作摷（玄 56/821b、慧 17/16a "石撩" 註）（玄 4/61c、慧 44/283a "撩擲" 註）；巢集從手作摷（慧 97/289a "覆巢" 註）（慧 100/348b "鳥巢" 註）。**摷** 或作（龍 209/01）。

殢：**殢** 俗子了反殢絕（龍 515/01）。

藻：**藻** 藻傳從手作藻非（慧 83/63a "叡藻" 註）。**摻** 子小反菜似薺（龍 213/01）。

---

[1]《叢考》：此字當是"睰（皦）"的訛俗字（755）。

撟：**撟** 几小反（慧 55/545a）（慧 47/359b）（慧 70/864b）（慧 3/446b）（慧 3/450b）（慧 6/499a）（慧 7/526b）（慧 21/828b）（慧 40/201b）（慧 47/356b）（慧 87/121a）；矯説文從手作撟（慧 1/418b "矯害" 註）（慧 5/480b "矯穢" 註）；橋俗字也正從手從喬作撟（慧 13/645b "橋飾" 註）（慧 18/756b "矯乱" 註）。**撟** 居夭反俗字也（慧 13/645b）（慧 2/426b）（慧 29/1024b）（慧 31/7b）（慧 39/175a）。**撟** 几小反（玄 12/166a）（玄 23/309a）；假稱謂之撟今皆作矯（玄 10/135c、慧 49/400b "矯異" 註）。//矯：**矯** 居交反妄也詐也从手者正（龍 331/07）（慧 1/418b）（慧 5/480b）（慧 5/482a）（慧 11/612a）（慧 18/756b）（慧 19/776b）（慧 60/667a）（慧 98/295b）（紹 200a3）；撟今皆作矯（玄 12/166a、慧 55/545a "不撟" 註）（玄 24/321b、慧 70/864b "矯亂" 註）（慧 2/426b "橋穢" 註）（慧 3/446b "撟詐" 註）（慧 3/450b "或撟" 註）（慧 6/499a "撟誑" 註）（慧 7/526b "撟誑" 註）（慧 21/828b "不撟威儀" 註）（慧 39/175a "撟誑" 註）（慧 40/201b "撟誑" 註）（慧 47/356b "撟亂" 註）（慧 87/121a "撟偽" 註）。**矯** 飢小反（玄 21/279a）（玄 24/321b）；撟今皆作矯非體也（玄 23/309a、慧 47/359b "撟設" 註）；矯經中從右作～俗字也（慧 5/482a "矯誑" 註）（慧 19/776b "矯誑" 註）。**簥** 誤《舊藏》作矯（龍 202/02）。**䇂** 誤舊藏作矯（龍 202/02）。

譑：**譑** 居少反多言也又丘召反譑弄也（龍 045/06）。

鱎：**鱎** 正巾沼反角長也（龍 512/04）。**鱎** 俗（龍 512/04）。

鰞：**鰞** 正市[巾]沼反白魚別名也又丘兆反亦魚名（龍 169/02）。**鰞** 俗（龍 169/02）。

攪：**攪** 古巧反（龍 212/01）（玄 2/30c）（玄 16/224a）（慧 64/744b）（玄 19/256a）（慧 56/562a）（玄 22/303c）（慧 48/394b）（玄 23/316b）（慧 49/398a）（玄 25/331a）（慧 71/880b）（慧 26/948b）（慧 42/238a）（慧 39/170a）（慧 63/729b）（慧 69/847a）（慧 74/945a）（希 5/386b）（希 7/404a）（希 8/409b）（希 10/421b）（紹 133a1）。**攪** 攪正古巧切（紹 158a3）。//**捁** 攪或作捁（慧 42/238a "攪水" 註）。

角：**角** 古卓反（玄 1/20c）（玄 14/192b）（慧 59/643a）（玄 20/272b）（慧 75/973b）（玄 22/287b）（慧 48/370a）（玄 24/325c）（慧 70/871a）（慧 25/917b）（慧 40/194b）（慧 61/684a）（慧 78/1034a）（慧 84/67b）；斛今作角同（玄 12/157b、慧 74/954a "斛格" 註）（慧 77/1018b "求斛" 註）；正體從刀肉經作角訛也（慧 8/554b "折角" 註）；較或作角（慧 77/1020b "較定" 註）。

<u>罔</u>江岳反（慧 8/554b）（慧 35/101a）（慧 76/995b）。<u>角</u>江岳反（慧 40/188b）；捔合單

作角（希 3/368b "捔力" 註）。

睄：<u>睄</u>角經文従目作睄非也（玄 20/272b、慧 75/973b "角張" 註）。

疞：<u>疞</u>古巧切（紹 192b8）。

脚：<u>脚</u>薑虐反經文從去俗字也（慧 15/691a）（慧 24/887a）（慧 36/129b）（慧 37/144b）。<u>腳</u>

正腳字（慧 77/1012b）。<u>脚</u>論從月從去作脚非也（慧 51/451a）（慧 53/490b）（慧 79/10

53b）（希 8/407b）（希 8/409c）（紹 135b6）。// <u>脚</u>正作脚音居勺反（希 6/393b）；脚俗

用從去作脚訛謬也（慧 37/144b "庫脚" 註）（希 8/407b "脚踏" 註）（希 8/409c "脚跌" 註）。

// <u>脚</u>俗音脚（龍 467/06）。

剿：<u>剿</u>子小反絶也（龍 098/04）。// <u>剿</u>或作子小反剿絶也（龍 098/01）。<u>剿</u>正（龍 098/

01）。

僥：<u>僥</u>古聊反僥遇也冀求也又僬僥國名又音堯（龍 022/08）（玄 3/41a）（慧 09/571b）（玄

3/45a）（慧 10/584a）（玄 4/53a）（慧 34/92a）（玄 11/151c）（慧 52/471b）（玄 13/168c）（慧 57/

589a）（玄 13/176a）（慧 17/730a）（慧 17/736b）（慧 65/766a）（慧 87/130a）（紹 128a3）；傲又

作僥（玄 8/116a "傲巽" 註）。

鐃：<u>鐃</u>古巧下巧二反温器也又鐃濁也（龍 328/10）。// <u>鐃</u>：<u>鐃</u>古巧反器也（龍 328/10）。

灗：<u>灗</u>子小反灗酒也（龍 232/10）。

jiào　嶕：<u>嶕</u>才笑反嚼也又音焦啁嶕聲也（龍 273/4）（玄 1/4b）（慧 20/804b）（慧 82/27b）（慧 94

/235a）（慧 95/252a）（紹 190b4）；嚼説文云以爲嶕字也（慧 32/31b "嚼齒" 註）。<u>焦</u>才

笑反（龍 184/9）。

醮：<u>醮</u>子妙反（龍 243/03）（龍 310/10）（慧 39/180b）（慧 62/717a）（慧 82/31b）（慧 87/125a）；

顦説文作或作憔亦作醮（慧 69/851b "顦悴" 註）。<u>醮</u>或作子妙反（龍 243/03）；醮

亦作～（慧 87/125a "章醮" 註）。

趭：<u>趭</u>子小反急也又子笑才笑二反走皃也（龍 325/02）。

橃：<u>橃</u>子笑反[1]（龍 355/04）。

[1]參見《龍龕手鏡研究》291 頁。

徼：徼古堯反又古弔反（龍 495/08）（玄 3/39a）（慧 09/560a）。

噭：噭正古弔反與叫同（龍 273/01）（玄 5/69a）（慧 10/582a）（玄 13/176c）（慧 53/496b）（慧 24/884a）（紹 183a5）；竅或作噭（慧 14/674b“孔竅”註）；叫玉篇作噭（慧 15/685b“嘷叫”註）（慧 35/98b“號叫”註）。//叫驍曜反（慧 15/685b）（慧 35/98b）。𠮟古弔反與叫同（龍 273/01）。叫古弔反與叫同（龍 273/01）。叫古弔反呼也（龍 099/01）（龍 273/02）。叫驍曜反從刁者誤也（慧 13/646a）（慧 69/849b）。//訆：訆古弔反呼也（龍 099/01）；叫正作嘂古作訆（慧 69/849b“嘷叫”註）。//嘂古弔反與叫同（龍 273/01）；噭又作嘂同（玄 5/69a、慧 10/582a“吹噭”註）（慧 53/496b“噭嚾”註）；叫正作嘂古作訆論作叫俗字（慧 69/849b“嘷叫”註）。嘂噭又作嘂同（玄 13/176c“噭嚾”註）。嘌玉篇作噭或作嘌嘂訆皆古文叫字也從刀非也（慧 15/685b“嘷叫”註）。

譥：譥噭又作譥同（玄 5/69a、慧 10/582a“吹噭”註）（玄 13/176c、慧 53/496b“噭嚾”註）。

校：校交孝反（慧 15/686b）（慧 34/76b）。挍音教（龍 214/01）（玄 5/67b）（慧 34/93a）（慧 77/1029a）；較經中有作挍（玄 11/150c、慧 52/470a“較之”註）（慧 10/589a“較然”註）（慧 14/679a“較試”註）；佼經文作校誤也又音教非義（慧 15/701a“不佼”註）。鏊古文音挍（龍 262/01）。𨥈古文音挍（龍 333/02）。

珓：珓古孝反（龍 437/07）（紹 141a4）。

敫：敫音教（龍 120/08）。

教：教居效反（玄 1/19c）（玄 6/79c）（慧 21/832b）（慧 27/965b）。赻俗音教（龍 325/04）。斆古文音教[1]（龍 122/04）。//效：效古文教字（龍 530/07）。

皭：皭音爵（慧 93/216a）（慧 93/220b）。皭今在雀反又子肖反（龍 432/02）（慧 94/227a）。皭俗在雀反又子肖反（龍 432/02）。皭新藏作皭（龍 432/02）。皭疾雀切（紹 171a4）。//⿰月爵：⿰月爵皭傳文從肉作⿰月爵非也（慧 93/216a“皭法師”註）。

釂：釂子笑反飲酒盡也（龍 310/10）。

覺：覺居効反（玄 2/27b）（玄 3/35c）（慧 09/569a）（玄 23/312b）（慧 50/420a）（慧 50/422a）（慧 11/611a）（慧 12/638a）（慧 17/731a）（慧 21/812b）（慧 23/872b）（慧 24/899a）（慧 26/936b）（慧

① 《疏證》：似“教”字俗體，非古文（75）。

26/948b)（慧 41/224b）（慧 45/307a）（慧 45/312b）（慧 78/1041a）（希 3/368b）；𥥆正作覺（希 3/374a "𥥆𥥆" 註）。//𥥆又作覺同音教（希 1/358a）（希 3/374a）；覺經文作𥥆（慧 09/569a "覺已" 註）（慧 23/872b "覺悟" 註）（慧 45/307a "覺𥥆" 註）（希 3/368b "覺𥥆" 註）。𥥆𥥆經文二字從穴作𥥆𥥆非也（希 3/374a "𥥆𥥆" 註）。//悎：悎俗教角二音①（龍 060/08）；覺經文作悎文字所无（玄 2/27c "覺𥥆" 註）（玄 3/35c "覺已" 註）（慧 45/312b "覺悟" 註）。悟覺又作悟謂解悟之悟非眠後覺𥥆也（玄 2/27c "覺𥥆" 註）（玄 3/35c "覺已" 註）。𥥆覺經文從穴從中音心從告作～謬也撿一切字書及教字韻中並無此字多是筆授或傳寫人隨情妄作非也②（慧 11/611a "覺𥥆" 註）。

窖：窖今音教倉窖也③（龍 509/01）（玄 11/150c）（慧 52/469b）（玄 17/233b）（慧 70/859a）（玄 20/272b）（慧 75/973b）（慧 20/799a）（慧 60/658b）（慧 61/688b）（紹 194b8）。//窖正音教倉窖也（龍 509/01）。//窌：窌普教力交二切又教音（紹 195a2）。窌柏兒反（慧 75/981b）（紹 195a2）；窖或作窌（慧 60/658b "窖中" 註）。窌窌正普教力交二切又教音（紹 194a6）。//壙：壙古孝反地屋也（龍 250/06）。

轎：轎音叫轎車轄也（龍 084/04）。

轎：轎正渠廟反斬轎也又音僑小車也（龍 083/09）。轎俗（龍 083/09）。

酵：酵古孝反（龍 310/07）（玄 2/30a）（慧 26/945b）。

斠：斠古學反（玄 12/157b）（慧 74/954a）（紹 175a8）；角古文斠同（玄 1/20c "角力" 註）（玄 14/192b、慧 59/643a "角力" 註）（玄 22/287b、慧 48/370a "角力" 註）（玄 24/325c、慧 70/871a "角勝" 註）（慧 78/1034a "角術" 註）（希 3/368b "捔力" 註）；捔正體作斠（慧 12/630a "捔勝" 註）。斠江岳反（慧 77/1018b）。斠正音角量也平木斠也（龍 334/02）。斠俗（龍 334/02）。

jie

jiē 街：街音皆都邑中大道也（龍 495/07）（玄 3/36b）（慧 09/570b）（慧 4/466b）（慧 32/45b）（慧 38

---

①《龍龕手鏡研究》："悎" 乃 "覺" 的俗字（42）。
②參見姚永銘《慧琳〈一切經音義〉研究》212 頁。
③參見《龍龕手鏡研究》362 頁。

/159a）（慧 80/1087a）（慧 94/233b）。**街**俗音皆（龍 028/05）。

鞋：**鞵**革鞋反（龍 338/03）。

皆：**皆**下從白（慧 4/458b "醎味" 註）（慧 45/314a）（慧 79/1054b）。

階：**階**皆音（紹 169b6）。**階**音皆（龍 295/03）（慧 12/629a）（慧 100/340b）（希 2/361b）。//**堦**音皆（慧 78/1036b）。

喈：**喈**音皆鳥聲又胡戒反（龍 268/05）（慧 98/297b）；喊經文作喈非字義也（玄 12/161a、慧 75/984b "喊言" 註）；諧耦經文作喈調非體也（玄 13/176c、慧 54/524a "諧耦" 註）。

湝：**湝**音皆水流兒也（龍 228/03）。

𦟛：**𦟛**音皆瘦也（龍 408/08）（紹 135b8）。

楷：**楷**音皆木名（龍 374/06）（慧 92/195a）（紹 158b9）。

瓵：**瓵**音皆瓵瓦一曰器也又莫八反（龍 316/02）。

磭：**磭**音皆石也（龍 439/09）。

稭：**稭**音皆麻禾之稈也與藍同（龍 142/08）（玄 4/56a）（慧 43/268a）；秸又作稭（玄 14/185a、慧 59/632a "草秸" 註）（慧 92/195b "秸" 註）（慧 97/286a "稾秸" 註）；幹字宜作藍稭二形（玄 17/227a、慧 67/813b "麻幹" 註）。**楷**又古八反祭大席也[1]（龍 374/06）。**稭**俗皆八反正作稭（龍 113/05）。//**鞂**：**鞂**古黠切（紹 140a10）；秸又作稭鞂二形同（玄 14/185a、慧 59/632a "草秸" 註）。//**藍**：**藍**音皆麻稈也（龍 254/07）（紹 155b9）；幹字宜作藍稭二形（玄 17/227a、慧 67/813b "麻幹" 註）。//**秸**：**秸**古八反秸稾（龍 147/05）（玄 4/60c）（玄 12/163c）（慧 75/969a）（玄 14/185a）（慧 59/632a）（玄 15/206b）（慧 58/606a）（玄 15/207b）（慧 58/607a）（慧 57/596b）（慧 92/195b）（慧 97/286a）（紹 196a5）。//**菩**或作古黠反今作秸（龍 264/07）；秸律文作菩非此用（玄 14/185a、慧 59/632a "草秸" 註）（玄 15/206b、慧 58/606a "秸泥" 註）。**楚**秸經文作黐非也（玄 4/60c "秸草" 註）。

飆：**飆**正音皆疾風也（龍 127/03）。**颮**或作（龍 127/03）。

鶛：**鶛**音皆爾疋云雄雉又曰雄鶛也（龍 286/04）。

楑：**楑**即葉反栽楑續木也（龍 385/07）。

---

①參見《龍龕手鏡研究》299 頁。

綾：綾即枭反～續也（龍 404/09）。

癤：癤音節（慧 37/142b）（慧 50/428b）。癤今音節（龍 477/03）（慧 13/648b）（慧 13/654b）（慧 24/898a）（紹 192b10）。癤正音節瘡癤也（龍 477/03）。//癋：癋古文同上[癤]（龍 477/04）；癤古作癋音與節同也（慧 13/654b "痤癤" 註）（慧 24/898a "瘦癤" 註）（慧 37/142b "癰癤" 註）（慧 50/428b "癤子" 註）。

蠽：蠽音截蠽似蟹生海中也（龍 225/06）。

嗟：嗟子邪反嗟嘆（玄 7/95a）（慧 22/846a）（慧 29/1029a）（慧 44/281b）（慧 69/843b）（慧 91/193a）（希 9/415a）（紹 183b9）；嵯集嗟俗字也（慧 96/272a "嵯峨" 註）。嗟子邪反嗟嘆（慧 28/998b）。//嵯：嵯子邪反長歎也（龍 087/02）。

岾：岾子邪反岾丘山名（龍 087/05）。

痎：痎音皆痎疾兩日一發也（龍 471/09）。//瘖：瘖郭逐俗音皆正作疾[痎]①（龍 471/04）。

jié 子：子古折反（玄 4/58a）（慧 43/273a）（玄 12/160b）（慧 75/983a）（玄 13/172b）（慧 57/592a）（玄 15/207b）（慧 58/607a）（慧 48/393b）（慧 60/671a）（慧 82/35b）（慧 83/47a）（慧 85/91b）（紹 173b2）。子居列反（玄 22/303b）。//仔：仔居列反正作子單仔又無右臂也（龍 039/06）。仃俗（龍 039/06）。仃俗（龍 039/06）。仃俗（龍 039/06）。閃俗（龍 039/06）。

釪：釪居列反句子戟也（龍 020/07）。

刦：刦正音刧（刧）強取也（龍 100/06）（慧 18/751a）（慧 60/664b）。刦正音刧（龍 100/06）（紹 139b6）。刲俗（龍 100/06）。

呦：呦俗音刧（龍 277/03）。

蝍：蝍音劫石蝍虫形似龜脚得春雨即生於石上也（龍 225/06）。

䏲：䏲音劫目視皃（龍 424/04）。

鈙：鈙音劫帶鐵（龍 022/01）。

拮：拮音吉拮据手病又音結義同（龍 218/04）。

劫：劫苦八反用力也又勤也固也旮也（龍 518/04）。//痆：痆俗苦八反正作劫用力也

①參見《龍龕手鏡研究》343 頁。

（龍 478/02）。

桔： **桔**音結桔梗也 （龍 385/01）（玄 7/96c）（慧 28/1011b）（慧 19/778b）（紹 157b1）；楬又作桔同 （玄 11/143c、慧 56/555a "楬桿" 註）。

袺： **袺**結戛二音袥也又持衣也 （龍 109/05）。

叜： **叜**俗音結正作叜 （龍 366/07）。

蛣： **蛣**去吉反 （龍 225/09）（慧 77/1019a）（慧 84/83a）（紹 163b9）。

詰： **詰**去吉反責讓問詰也 （龍 050/09）（玄 14/183a）（慧 59/629a）（玄 18/242a）（慧 72/911b）（玄 22/295c）（慧 48/381b）（玄 23/306b）（慧 47/353b）（慧 2/428b）（慧 2/431b）（慧 4/476a）（慧 4/476a）（慧 7/520a）（慧 8/552b）（慧 28/1009a）（慧 43/271b）（慧 51/437b）（紹 185a2）；譴責經文有作詰責 （玄 3/34c、慧 09/567b "譴責" 註）（玄 9/129b、慧 46/337b "譴責" 註）。//鞊：**鞊**去吉反[1] （龍 451/02）（紹 140a7）；詰經從革作鞊非也 （慧 28/1009a "維摩詰" 註）。

結： **結**髻今經文作結非也 （慧 15/701a "寶髻" 註）。//**脂**俗音結[2] （龍 416/08）。

嚙： **嚙**俗音結 （龍 277/06）。

駤： **駤**去吉反 （龍 294/09）（紹 166a6）。

鮚： **鮚**渠乙反蚌也 （龍 171/02）。

剠： **剠**正音結 （龍 100/08）。**剠**或作音結 （龍 100/08）。

趰： **趰**音結走皃 （龍 326/06）。

絜： **絜**正音結 （龍 404/01）。**絜**俗音結 （龍 404/01）（玄 16/213c）（慧 65/772b）。

潔： **潔**堅嚙反 （慧 8/537b）（慧 27/977b）（慧 29/1014b）（慧 39/175b）。**潔**音結 （龍 236/08）（慧 35/97b）（慧 35/111a）（慧 95/249b）。**潔**音結 （龍 404/01）。

楶： **楶**古齧反楶桿 （玄 11/143c）（慧 56/555a）（紹 159a3）。**捷**音結 （玄 14/196c）（慧 59/650b）。//楬： **楬**音結楬桿 （龍 385/08）。

纐： **纐**潔音 （紹 192a5）。

鎍： **鎍**音結鐮別名也 （龍 020/04）。//鍥： **鍥**又同上[鎍] （龍 020/05）。

---

①參見《龍龕手鏡研究》"鞊" 331 頁。
②參見《字典考正》224 頁。

偈：**偈**其逝反（玄 6/78c）。

揭：**揭**渠竭去竭二反（龍 215/06）（玄 4/56c）（慧 43/266a）（玄 4/57c）（慧 43/272b）（玄 7/102c）（慧 30/1045b）（玄 16/218c）（慧 65/771a）（玄 21/276a）（玄 21/277b）（玄 21/278b）（玄 21/286b）（玄 23/314b）（慧 50/422b）（慧 3/444a）（慧 76/997a）（慧 81/7b）（慧 89/158a）（慧 91/189a）（慧 93/222b）（紹 132a4）。

竭：**竭**渠徹反（慧 7/521a）（慧 40/194a）。**竭**其謁反盡也（龍 520/01）；揭説文作竭同（玄 4/57c、慧 43/272b "擔揭" 註）。//隔：**隔**竭正巨列切（紹 169b10）。**隔**俗音竭①（龍 298/01）。

楬：**楬**渠列反（龍 386/02）；竭經文從木作楬非也（慧 40/194a "摩竭魚" 註）。**揭**説文巨列反（玄 14/196b、慧 59/650a "橫攃" 註）。

碣：**碣**渠列反（龍 445/02）（玄 15/202b）（慧 58/619a）（紹 163a2）。**碣**軋烈反（慧 83/63b）。

稿：**稿**居列反（龍 146/09）（玄 7/94c）（慧 28/998a）。//桀：**桀**或作葛桀二音今作稿稿二字（龍 146/09）；稿又作桀同（玄 7/94c "稿稿" 註）。**桀**稿又作桀同（慧 28/998a "稿稿" 註）。**桀**經音義切居竭反②（龍 147/06）。

羯：**羯**正居謁反（龍 160/06）（玄 5/74b）（慧 44/291a）（玄 7/93a）（慧 28/996a）（玄 7/104b）（玄 10/131a）（慧 47/366a）（玄 14/183b）（慧 59/629b）（玄 21/278a）（玄 21/285b）（玄 22/291c）（慧 48/375b）（玄 22/300c）（慧 48/389b）（玄 23/311b）（慧 47/362b）（慧 5/484b）。**羯**俗居謁反（龍 160/06）。

趨：**趨**堅列反趨趔跳皃又居謁反走皃（龍 326/03）。

鐹：**鐹**居謁反金鐹也（龍 021/07）。

瓂：**瓂**居曷反③（龍 438/09）。

卪：**卪**子結反與弓同瑞信也或作卩亦同（龍 537/08）。**弓**音節瑞信也又口瓦市朱二反（龍 555/05）。**弘**音節④（龍 152/07）。

①《叢考》："隔" 疑即 "竭" 的音譯俗字（128）。
②參見《龍龕手鏡研究》199 頁。
③參見《字典考正》191 頁。
④參見《叢考》502 頁。

岊：岊音節（慧 85/101a）。岊正子結反山高皃也古文今作巀（龍 078/02）（慧 99/321a）；底又作岊（玄 7/95a、慧 28/998b“崖底”註）。岊音節高山皃又音截亦山峯也（龍 252/02）。岊俗（龍 078/02）。//節俗（龍 078/02）。

疌：疌字詁古文疌（玄 2/25a“疌子”註）；捷亦作疌（慧 67/809b“捷疾”註）。疌劫接二音（龍 555/03）。疌疾叶切（紹 193b10）；刼經文有作疌（玄 3/43a、慧 09/575b“一刼”註）。疌姉葉反（玄 2/25a）。疌接有經作～（慧 26/932a“接子”註）。疌接劫二音（龍 465/05）。

倢：倢疾葉反疾葉反斜出也又利也便也（龍 038/09）（慧 65/769a）（慧 68/823a）；捷合從人作倢（慧 39/171b“捷利”註）；婕好或作倢嫔（慧 84/67b“婕好”註）。倢且獵字獵二反（玄 16/217c）。倢潛葉反（慧 44/280b）。

寁：寁疾棐反速也亟也（龍 159/01）。寁音竭（龍 159/01）。

崨：崨正疾棐反崨礏山連延也（龍 077/08）。崨俗（龍 077/08）。

婕：婕子葉反（慧 83/63b）（慧 84/67b）（慧 84/72b）（慧 87/118a）（慧 97/274b）。婕婕正妾音又即叶切（紹 142a4）。婕即棐反（龍 284/03）。

捷：捷茨獵反（玄 13/180b）（玄 17/229b）（慧 67/818a）（慧 13/650a）（慧 15/683a）（慧 15/702b）（慧 24/898b）（慧 29/1023a）（慧 39/171b）（慧 54/510b）（慧 61/693b）（慧 66/784a）（慧 67/809b）（慧 85/102a）（慧 89/155b）（慧 89/165b）（慧 93/212b）（希 4/378c）（紹 132a10）；倢論作捷義同也（慧 68/823a“倢利”註）。捷茨獵反（慧 55/535a）（慧 1/413b）（紹 132a10）。捷潛業反（慧 16/726a）。捷潛接反（慧 12/631a）（慧 23/880a）。捷情葉反（慧 13/645b）。捷潛接反（慧 33/69a）。捷正疾葉反（龍 216/05）。捷俗疾葉反（龍 216/05）。捷俗疾葉反（龍 216/05）。捷俗疾葉反（龍 216/05）。捷俗疾葉反（龍 216/05）。捷俗疾葉反（龍 216/05）。逮俗疾葉反正作捷（龍 493/08）；捷或草作～訓用亦同（慧 15/702b“捷辯”註）。寁俗疾葉反正作捷（龍 493/08）；捷或作寁（慧 1/413b“捷速”註）。逹俗疾葉反正作捷（龍 493/08）。

睫：睫子葉反（慧 46/322b）（慧 45/303b）（慧 49/402b）（慧 55/533b）（慧 74/942b）（慧 74/958b）（慧 75/975a）（慧 94/234b）；睫又作睞同（慧 52/468b“眼睫”註）（慧 55/535a“毛睫”註）（慧

73/921b "如睫" 註）（慧 23/875a "睫" 註）（慧 28/1000b "眉睫" 註）（慧 34/75a "眼睫" 註）（慧 68/821a "眼睫" 註）（慧 98/293b "紺睫" 註）。//眹：朕子葉反（玄 9/121b）；眨經文作眹非字體（玄 11/143a、慧 56/553a "常眨" 註）；睫又作眹同（玄 11/149c "眼睫" 註）（玄 13/180a "毛睫" 註）（玄 18/239a "如睫" 註）（玄 24/329a、慧 70/876b "一睫" 註）。//睫今音接（龍 423/01）（玄 4/60a）（玄 18/239a）（紹 142b6）；瞼經文作睫非也（慧 34/86b "眼瞼" 註）。睫子葉反（玄 11/149c）（慧 52/468b）（玄 13/180a）（慧 55/535a）（慧 73/921b）（玄 24/329a）（慧 70/876b）（慧 6/497b）（慧 29/1033a）（慧 68/821a）（慧 77/1013a）（慧 86/107a）（慧 98/293b）（希 7/401c）（紹 142b6）；瞼經文作睫非也（玄 5/72a "眼瞼" 註）；眹又作睫（玄 9/121b、慧 46/322b "眼眹" 註）（慧 45/303b "目眹" 註）（慧 49/402b "眼眹" 註）（慧 55/533b "目眹" 註）（慧 74/942b "眼睫" 註）（慧 75/975a "眼眹" 註）（慧 94/234b "眹眼" 註）。睫睫正接音（紹 136b3）。睫今（龍 423/01）（慧 8/542b）（慧 23/875a）（慧 28/1000b）（慧 34/75a）。睫睫正接音（紹 136b3）。睫接音（紹 142b7）。睫俗音接（龍 423/01）。睫俗音接（龍 423/01）。睫俗音接（龍 423/01）。睫俗音接（龍 423/01）。趄眹釋名作～俗字也（慧 49/402b "眼眹" 註）（慧 94/234b "眹眼" 註）。毻俗即葉反正作睫（龍 136/09）。毻俗即葉反正作睫（龍 136/09）；睫經文作毻非也（玄 11/149c、慧 52/468b "眼睫" 註）（玄 18/239a、慧 73/921b "如睫" 註）。//趄眹釋名作趄同（玄 9/121b、慧 46/322b "眼眹" 註）（玄 18/239a、慧 73/921b "如睫" 註）（慧 70/876b "一睫" 註）（慧 98/293b "紺睫" 註）。遄睫釋名作趄同（玄 24/329a "一睫" 註）。趄睫釋名作～俗字也（慧 6/497b "眼睫" 註）。麃俗即葉反正作睫（龍 136/09）。麃俗即葉反正作睫（龍 136/09）。麄俗即葉反正作睫（龍 136/09）。氈俗即葉反正作睫（龍 136/09）（紹 145a6）；睫經文作氈非也（玄 11/149c、慧 52/468b "眼睫" 註）（玄 18/239a、慧 73/921b "如睫" 註）。趄俗即葉反正作睫（龍 136/09）（紹 145a7）。趄俗即葉反正作睫（龍 136/09）。//睞：睞正音接（龍 423/01）（慧 85/92a）；睫通俗文從妾作睞（慧 6/497b "眼睫" 註）（慧 45/303b "目眹" 註）（慧 49/402b "眼眹" 註）（慧 75/975a "眼眹" 註）（慧 77/1013a "眼睫" 註）。睃眹經作～俗字也（慧 74/958b "眼眹" 註）。

踕：踕疾葉反足疾也（龍 467/05）。踕潛葉反説文作疌（慧 42/244b）。

諫：諫疾葉反多言也又口諫也（龍052/04）。

桀：桀正渠列反夏王名也（龍385/03）（玄13/174a）（慧57/586b）（慧89/158a）（希10/421b）（紹159a2）；傑論文作桀非此義（玄9/123b、慧46/326a"豪傑"註）（慧16/714b"雄傑"註）；磔經作桀俗字也（慧75/971b"磔其"註）。㮾俗（龍385/03）（紹159a2）。㮚俗（龍385/03）（紹159a2）。㮚舊藏作桀渠列反（龍516/05）。

傑：傑正渠列反英俊雄傑也又特立也（龍037/06）（玄5/64b）（慧44/284b）（玄8/113c）（玄9/123b）（慧46/326a）（慧48/390a）（玄23/318b）（慧47/357b）（慧67/807b）（慧83/50b）（慧92/208b）（紹128b3）。傣軋夒反（慧16/714b）。傑俗（龍037/06）。揲奇列反（玄22/301b）。傑俗其列反又音列（龍040/01）。

揲：揲渠列反（龍217/07）；磔律文作揲（玄14/185c、慧59/632b"磔手"註）（慧24/898b"一磔手"註）；拆經文作揲非也若從石作磔（希6/394c"拆開"註）。

榤：揲渠列反（龍385/03）（紹159a8）。

截：㦲賤節反（慧3/452b）（慧39/170a）（慧40/194b）（慧53/500b）（慧87/128b）。㦲（慧30/1048b）。截前節反（慧17/735a）；㦲從土作截俗字也（慧3/452b"斷截"註）（慧30/1048b"斫截"註）（慧40/194b"割截"註）（慧53/500b"截剝"註）。

㦲：㦲音截草㦲（龍264/10）。

巀：㦲前節反（慧98/306a）（慧99/323b）。㦲才葛才結二反巀嶭山名也（龍078/08）。

趏：趏正才結反傍出前也又音吉走意也（龍326/05）。趏俗（龍326/05）。

饑：饑音截～食也（龍503/07）。

籍：籍昨結反（龍395/02）（紹160b5）；籌經文作籍誤也（玄12/154c、慧52/453b"為籌"註）。

蠽：蠽正姊列反蠽似蟬而小也（龍225/07）。蝭或作（龍225/07）。

瀽：瀽煎薛反（慧35/101b）（慧39/170a）（慧40/199a）。瀽正音節水瀽也（龍236/07）。瀽音節水瀽也（龍236/07）；涮又作瀽同子見反（玄15/208c、慧58/609b"水涮"註）（玄18/246b、慧73/925a"水涮"註）。//㵎：㵎瀽或作㵎亦通（慧35/101b"瀽瀝"註）。

扴：扴子列反摘去也（龍218/10）。扴子悉反扴摘（龍387/04）。

衱：衱音劫衣領也（龍108/08）。衱笈刧二音衣交領也正從衣（龍113/08）。

刧：**刧**俗音刧（龍）。

許：**許**居例居列二反許掩人私也（龍 050/02）（慧 42/247a）（紹 185b4）。

瓹：**瓹**即葉反半瓦曰瓹也（龍 317/01）。

椄：**椄**姊葉反（慧 26/932a）。**接**字詁古文疌今作接（玄 2/25a "逮子" 註）；字詁古文捷今作接同（玄 17/229b、慧 67/818a "捷樹" 註）。

窫：**窫**音子結反（玄 15/207c "枅衡" 註）。**𥨊**子結反（慧 58/608a "枅衡" 註）。

欘：**欘**字林渠例反（慧 59/650a）。**欘**字林渠例反（玄 14/196b）。

jiě　姐：**姐**子也反（玄 7/100c）（慧 30/1038a）（紹 141b5）。

䭕：**䭕**音姐無食味也（龍 501/03）。

jiè　介：**介**音界（龍 034/05）（玄 15/211a）（慧 58/624a）（慧 31/11b）（慧 41/220a）（慧 99/318b）；**价**論文從八作介謂介冑甲也非耿价之義也（慧 47/364a "耿价" 註）。釆：**釆**古拜反分流也（553/08）。

价：**价**正音界佋价也（龍 034/05）（慧 47/364a）（紹 129a9）。**价**俗（龍 034/05）。

芥：**芥**迦邁反（玄 6/88a）（玄 9/122c）（慧 46/324b）。**茶**皆邁反（慧 49/411b）。**芥**芥正（紹 203a9）。

疥：**疥**今音戒瘡疥也（龍 474/09）（慧 2/437a）（慧 4/463b）（慧 8/542b）（慧 13/660a）（慧 20/800b）（慧 40/201a）（慧 78/1034a）（希 6/392a）（希 6/394a）（希 8/405b）。**疥**正音戒（龍 474/09）。//**瘖**俗音戒（龍 474/09）**瘠**俗（龍 474/09）。//**癬**：**癬**俗音戒（龍 474/09）。

砎：**砎**正戛鎋二音砎磔又音戒（龍 444/06）（慧 58/611a）（慧 59/640b "衣鍘" 註）。**磒**正戛鎋二音砎磔又音戒（龍 444/06）。**砏**胡瞎反（玄 15/209c）（玄 14/190c "衣鍘" 註）。**砎**俗戛鎋二音砎磔又音戒（龍 444/06）。

蚧：**蚧**疥或作蚧（慧 2/437a "疥癩" 註）（慧 4/463b "疥癬" 註）（希 6/394a "疥癬" 註）。

界：**界**皆薤反或書畍字（慧 18/750b）。**畍**音界（龍 154/06）。

堺：**堺**界音（紹 161a10）。

齐：**齐**正音界獨居也（龍 157/07）。**㝒**俗（龍 157/07）。

玠：**玠**正音界（龍 437/05）（慧 86/103b）（慧 87/118b）（紹 141a4）。**珬**俗音界（龍 437/05）。

衸：衸今音介又胡界反（龍106/04）。衸俗戒械二音正作衸（龍112/07）（慧99/314b）。

𥤡或作音介又胡界反（龍106/04）。

夵：夰正音界（龍358/02）。夵俗音界（龍358/02）。

魪：魪正音戒魚名（龍170/04）；介集從魚作魪魚名也非介品之義（慧99/318b "介品"

註）。魪俗音戒魚名（龍170/04）。魪俗音戒魚名（龍170/04）。魪俗音介又他口反

（龍512/06）。

戒：戒古薤反（玄6/90b）（玄14/182c）（慧59/628b）（玄18/243a）（慧72/913a）（慧2/435b）（慧2

7/990a）。

惐：惐正音戒質也又紀力反急也（龍060/02）。惐俗（龍060/02）。

誡：誡正音戒警誡勒也（龍048/02）（慧70/862a）。誡通（龍048/02）（玄22/300a）（慧48/3

88a）（玄24/319b）；戒古文作誡同（玄6/90b "戒雷" 註）（慧27/990a "戒雷" 註）。//諫：

諫音界勅也（龍049/02）。

借：借精亦反（慧78/1033b）。

唶：唶玉篇子也反切韻又子夜反（龍272/02）（玄12/166b）（慧55/545b）（玄13/175c）（慧55

/538a）（慧99/325a）。//諎：諎唶又作諎同（玄13/175c、慧55/538a "喑唶" 註）；咋又

作諎同（玄13/181c、慧54/519b "儘儘咋咋" 註）。

藉：藉情夜反（慧5/495a）（慧51/449b）。藉茨夜反（玄1/5a）（慧20/806b）（慧29/1020a）（慧

54/514b）（慧72/899a）（慧85/89a）（慧88/144b）（希6/396c）（紹159b6）。藉情夜反（慧14/

662b）（慧44/293b）。藉茨液反（慧57/598b）（慧2/435a）（慧4/459a）（慧5/486b）（紹156b1

0）；膌律文作藉非體也（玄15/204c、慧58/603a "薄膌" 註）。藉情夜反祭藉薦也（龍

261/3）（慧13/657b）。

犗：犗加邁反（慧23/878a）（希3/370c）。犗正音芥（龍116/09）。犗今（龍116/09）。牾（紹

175b10）。

禐：禐音界禐襹婦人上衣也（龍106/04）。禐俗音戒正作禐上衣欋也（龍112/08）。

襦：襦才夜反小兒衣襦也（龍106/07）。

届：届音界（龍164/02）（慧14/666a）（慧49/410b）（慧62/702b）（慧81/20b）（慧82/25a）（慧83

/45a）（紹172b3）。

解：觧古賣反（慧16/725a）。觧古賈反（玄2/16b）（玄9/128b）（慧46/335a）（慧1/421a）（慧2/430a）（慧5/494b）（慧7/516b）（慧10/592b）（慧10/598a）（慧25/906a）（慧27/977b）（慧41/207a）（慧51/445b）（慧66/784a）（慧68/827a）（慧92/197b）（慧100/336a）。

jin

jīn 巾：巾音斤（慧81/11b）（慧21/823b）。

舳：舳音巾（龍511/01）。

斤：斤居勤反（玄1/13b）（慧42/234b）（玄14/187a）（慧59/635a）（初編玄692）（慧58/616a）（玄16/224b）（慧64/745a）（希9/412c）。//釿：釿音斤斫木器也又宜引反齊也（龍11/02）（紹181a3）；斤經文作釿非經義（玄1/13b、慧42/234b"斤釿"註）（玄14/187a、慧59/635a"以斤"註）（初編玄692、慧58/616a""註）（玄16/224b、慧64/745a"如斤"註）。//釿：釿合作釿（龍11/02）。

今：今（紹129b5）。今音今（龍028/07）。

矜：矜正居陵反憐也愍也慰也恤也又巨斤反與稚同（龍141/04）（玄6/80c）（玄13/178a）（玄21/279a）（慧13/645b）（慧27/968b）。矜今（龍141/04）（紹201b1）；矜經文從令作～誤也（慧13/645b"矜伐"註）；旌或作矜（慧14/668b"旌鼓"註）。//愍：愍居陵反怜也愍也（龍065/05）；矜經文從心作愍非體也（玄13/178a"水矜"註）。

黅：黅音今黃色又音欽（龍182/07）。

齡：齡音矜苦也（龍332/06）。

金：金（慧29/1013a）（希5/384a）。金古文金字（龍028/07）。金古文金字（龍028/07）。

㺵：㺵[1]音金（龍065/06）。

緂：緂紺或作緂緤（慧69/839b）

雛：雛正子心反雞之別名也（龍148/09）。雛通（龍148/09）。

鱘：鱘正子心鋤針二反魚名也（龍166/01）。鱘俗（龍166/01）。

[1]《叢考》：疑為"㺵"的俗字（1192）。

鼜： 鼜正子心反高鼻也（龍363/01）。鼜俗（龍363/01）。

聿： 聿音津聿飾也（龍188/05）。

津： 津子隣反（玄2/29a）（玄3/36c）（慧09/571b）（玄5/64b）（慧44/284b）（玄25/334c）（慧71/886b）（慧10/588a）（慧26/941a）（希5/382c）（希10/423a）。津音津（龍228/10）。//艁： 艁音津舟名（龍132/01）。//艀： 艀音津舟名（龍132/01）。

襟： 襟音金袍襦之袂也亦衣帶也（龍101/08）（慧71/889a）（希10/418a）。襟音金（玄25/336b）（慧13/642b）（紹168b3）；袪或亦作襟（慧47/364a"喉袪"註）。//袪： 袪音金袍襦之袂也亦衣帶也（龍101/08）；襟説文作袪（慧13/642b"衣襟"註）。袪錦林反（慧47/364a）。//衿： 衿袪或亦作襟論文從今作衿俗字也（慧47/364a"喉袪"註）。

鐼： 鐼居陰反（龍018/08）。

塎： 塎姉心昨淫二反地名也（龍248/02）。

璭： 璭津進二音美石次玉也（龍433/07）（紹141a4）。//璭津進二音（龍433/07）。璭進音（紹141a4）。//珒： 珒子辛反（龍435/06）。

菫： 菫音謹菫菜也又音芹菜也（龍259/01）。墐音謹黃土也（龍259/02）。菫巾隱反（慧10/589b）。菫謹覲二音（紹155b4）。//菜： 菜音謹稬草也（龍259/02）。

僅： 僅音近（慧35/111a）（慧60/663a）（慧62/711a）（慧81/5a）（慧83/50b）（慧89/152b）（慧94/229b）（慧97/281b）（希3/372b）。僅渠鎮反（龍34/1）（玄1/3b）（慧20/803a）（慧21/830b）（慧48/379b）（紹128b3）。僅渠鎮反（玄22/294a）。//勤： 僅古文勤同（玄1/3b、慧20/803a"僅半"註）（玄22/294a、慧48/379b"衣僅"註）（慧35/111a"上僅"註）（慧97/281b"僅辭"註）。

廑： 廑僅古文廑同（玄1/3b、慧20/803a"僅半"註）（慧97/281b"僅辭"註）。

犨： 犨音謹牛馴也（龍116/07）。

槿： 槿居隱反（玄16/215c）（慧65/775b）。槿斤隱反（慧79/1055b）（希5/383b）。

篁： 篁音謹篁竹也（龍391/08）。

謹： 謹斤隱反（慧89/165b）。

饉： 饉渠鎮反（初編玄13/599）（慧57/593a）（玄14/183a）（慧59/629a）（慧72/916b）（慧21/829

b）（慧 29/1015a）（慧 37/136a）（慧 38/151b）（慧 57/600a）（慧 60/664b）（希 4/379b）（希 8/405b）

（紹 172a3）。**饉** 正音近（龍 502/01）（玄 3/44c）（玄 18/245a）（慧 12/624b）（慧 12/628a）（慧

25/921a）（慧 32/43a）。**鑋** 渠鎮反（慧 10/583b）（紹 172a3）。**鑋** 俗（龍 502/01）。

緊：**緊** 經引反（慧 41/228b）（慧 39/172b）（慧 94/240b）；**胗** 籀文作疹説文同有作緊（慧 27/9

88a "瘡胗" 註）。

錦：**錦** 金甚切（紹 181a7）。

靳：**靳** 正音謹黏土也（龍 137/06）。**靳** 音謹黏黍兒（龍 332/02）。**靳** 今（龍 137/06）。

卺：**卺** 巾隱反（慧 94/229a）。**卺** 俗音謹正作卺酒器也（龍 456/01）。**薑** 音謹與卺同以瓢

為酒器昏礼用之也（龍 259/10）。；卺字書從草作薑（慧 94/229a "合薑" 註）。

jǐn 近：**近**（慧 22/848a）。**斦** 音近（龍 539/02）。**斦** 音近（龍 539/02）。**迉** 近正（紹 138b2）。

勁：**劤** 音靳多力貌（龍 517/09）。

靳：**靳** 居近反（慧 56/560a）（慧 56/561b）（慧 86/103b）（紹 140a5）。**靳** 居近反（玄 19/254c）（玄

7/103a）（慧 24/893a）（玄 19/255c）（玄 20/264c）。

墐：**墐** 謹音（紹 161a8）。

瑾：**瑾** 音近（龍 438/03）。

覲：**覲** 音近（龍 345/06）（慧 1/420a）（慧 22/834a）。**覴** 俗音近正作覲（450/06）。

禁：**禁** 記林居鳩二反（玄 13/174c）（慧 55/538b）（玄 14/190b）（慧 59/639b）。

傑：**傑** 牛錦反玉篇動頭兒又居蔭反樂名（龍 030/07）（慧 83/48b）。

澿：**禁** 瑟[琴]飲反（慧 80/1085b）。**澿** 渠飲渠禁二反身寒澿也（龍 231/05）（玄 5/69b）（慧

30/1049b）（玄 8/111a）（慧 38/155a）。//懍：**懍** 其錦反正作澿字（龍 057/06）（紹 130b1）；

澿經文從心作懍非也（玄 5/69b、慧 30/1049b "澿然" 註）。

噤：**噤** 渠飲反（龍 272/08）（玄 4/51a）（慧 31/22a）（玄 5/65b）（玄 5/76a）（慧 40/190a）（玄 9/125

c）（慧 46/330a）（玄 12/157b）（慧 74/953b）（玄 12/163a）（慧 75/967b）（初編玄 603）（慧 34/79a）

（玄 14/190b）（慧 59/640a）（玄 16/218a）（慧 65/770a）（玄 18/249c）（慧 73/936b）（玄 19/260b）

（慧 56/569b）（玄 21/280a）（慧 18/766b）（慧 42/248b）（慧 75/970b）（慧 87/130b）（慧 89/154b）

（慧 94/237b）（慧 100/331b）（希 7/402c）（紹 184a3）；噤經文作噤非字體也（玄 8/111a "戰

濣”註）（慧 38/155a “戰濣”註）（慧 80/1085b “忍濣”註）。

顲： 顲渠飲反切齒怒也（龍 485/01）；嚪有作顲怒而切齒也非嚪口字也（希 7/402c “嚪口”

　　 註）。

浸： 漫古七林反又子禁反（龍 227/03）（慧 18/748b）（慧 36/115b）；亦作漫（慧 42/239a “濅

　　 漬”註）。漫古文七林反又子禁反（龍 348/04）。浸今七林反又子禁反（龍 227/03）

　　 （玄 17/230b）（慧 79/931a）（玄 22/302c）（慧 48/392b）（慧 72/902a）（紹 187b7）。浸浸正子

　　 尋子鴆二切（紹 187b7）。浸精任反（慧 18/768b）。// 寖： 寖寖正子尋子鴆二切（紹

　　 194a8）。濅精任反（慧 42/239a）（慧 95/254a）；浸或從宀作寖（慧 18/768b “浸爛”註）（慧

　　 42/239a “濅漬”註）（慧 36/115b “漫漉”註）。// 寖： 寖子朕子禁二反漸也濕也（龍 508/

　　 06）。寖子朕子鴆二切（紹 195a2）。瘊浸亦作～（慧 18/748b “浸遠”註）。

裖： 裖（慧 85/97b）。裖正子心子鴆二反（龍 111/02）。裖省子心子鴆二反（龍 111/02）

　　 （慧 94/233b）（紹 168b7）；襑傳從示作裖（慧 87/122a “二襑”註）。

盡： 盡津引反（慧 27/967b）。書（中 62/718b）。

爐： 爐詳刃反（龍 242/06）（慧 82/36b）（慧 97/274b）（慧 98/309a）；爐正字作畫同（玄 2/30c

　　 “遺爐”註）（玄 7/93b、慧 28/996b “灰爐”註）（玄 22/297a、慧 48/383b “燒爐”註）（慧 8/555b

　　 “灰爐”註）（慧 18/762a “灰爐”註）（慧 26/948b “遺爐”註）（慧 31/15a “灰爐”註）（慧 41/215b

　　 “餘爐”註）（慧 43/255a “灰爐”註）。畫似進反（慧 19/780a）（慧 13/644b）（慧 36/120a）（慧

　　 39/177b）（慧 84/72b）；爐又作畫同（玄 23/305a、慧 47/351b “灰爐”註）（慧 39/166b “爐為”

　　 註）（慧 40/200a “灰爐”註）（慧 60/668a “煨爐”註）（慧 61/690b “煨爐”註）（慧 80/1082a “煨

　　 爐”註）（慧 81/5a “煨爐”註）（慧 83/50a “灰爐”註）（慧 87/129a “煨爐”註）（慧 89/155b “煨

　　 爐”註）（慧 96/261a “焌爐”註）（慧 96/272b “燔爐”註）。// 爐詳刃反（龍 242/06）（玄 2/30

　　 c）（玄 7/93b）（慧 28/996b）（玄 7/96c）（玄 9/126c）（慧 46/332a）（玄 19/255a）（慧 56/560b）（玄

　　 21/278c）（玄 22/297a）（慧 48/383b）（玄 23/305a）（慧 47/351b）（玄 24/326a）（慧 70/871b）（慧 2

　　 /422b）（慧 8/555b）（慧 18/762a）（慧 26/948b）（慧 31/15a）（慧 41/215b）（慧 43/255a）（慧 39/

　　 166b）（慧 40/200a）（慧 50/419a）（慧 60/668a）（慧 61/690b）（慧 80/1082a）（慧 81/5a）（慧 83/5

　　 0a）（慧 87/129a）（慧 88/135a）（慧 89/155b）（慧 96/261a）（慧 96/272b）（紹 189b7）；畫經本

從盡作燼通俗字也（慧 19/780a "熻燼" 註）（慧 13/644b "灰燼" 註）（慧 36/120a "火燼" 註）

（慧 39/177b "身燼" 註）（慧 82/36b "焚燼" 註）（慧 84/72b "灰燼" 註）（慧 97/274b "煨燼" 註）

（慧 98/309a "煨燼" 註）。**燼** 詳刃反（龍 242/06）。

藎：**藎** 徐刃反（龍 261/06）（玄 3/41b）（慧 09/572a）；燼經文作藎草之藎非體也（玄 7/93b、

慧 28/996b "灰燼" 註）。

瑃：**瑃** 徐刃反石似玉（龍 438/04）。

賮：**賮** 徐刃疾刃二反深賮也又財貨也會禮也（龍 351/08）（慧 82/25a）（慧 83/55b）（慧 88/1

43a）；晝經作賮誤也（慧 39/177b "身晝" 註）。

晉：**晉** 津燼反（慧 83/47b）。**晉**（中 62/717c）。

僭：**僭** 進音（紹 129b2）。

鄑：**鄑** 進音（紹 169a10）。**鄑** 進音（紹 169a10）。

搢：**搢** 音進（龍 215/03）（慧 83/60b）（慧 84/74a）（慧 86/110b）（慧 97/279b）（希 10/419c）（紹 13

4b2）；縉傳文從手作搢非也（慧 92/199a "縉雲" 註）。

縉：**縉** 音晉（龍 403/01）（慧 81/18b）（慧 92/199a）（慧 93/216b）（紹 191b4）。

進：**進** 進正（紹 138b4）。

螼：**螼** 正音進虫名（龍 224/03）。// 蟪：**蟪** 或作（龍 224/03）。

犄：**犄** 其禁反牛舌下病也（龍 116/09）（玄 21/283c）；噤經文從舌作舚或從牛作犄竝是

牛舌下病非經義也（慧 18/766b "舌噤" 註）。// 齗：**齗** 渠禁反舌下病也（龍 312/08）；

犄又作齗同（玄 4/57a "舌犄" 註）（玄 21/283c "舌犄" 註）。// 疢：**疢** 俗巨禁反正作舚

（龍 476/08）。**痻** 俗巨禁反正作舚（龍 476/08）。**齽** 犄經文從病作疢非也（玄 4/57a "舌

犄" 註）（玄 21/283c "舌犄" 註）。// 舚：**舚** 正其禁反舌下病也（龍 533/09）；噤經文從

舌作舚（慧 18/766b "舌噤" 註）。**舚** 俗（龍 533/09）。

唫：**唫** 玉篇欽琴二音口急也香嚴又牛撿反口出水也（龍 267/09）（紹 184a3）；噤又作唫

同（玄 4/51a、慧 31/22a "口噤" 註）（玄 9/125c、慧 46/330a "噤戰" 註）（玄 12/157b、慧 74/95

3b "口噤" 註）（初編玄 603、慧 34/79a "口噤" 註）（玄 14/190b、慧 59/640a "口噤" 註）（玄 18/

249c、慧 73/936b "噤塞" 註）（玄 21/280a "口噤" 註）（慧 18/766b "舌噤" 註）（慧 87/130b "口

噤”註）（慧89/154b“噤戰”註）（慧100/331b“噤戰”註）。//𪓐俗（龍267/09）。

碪： 歁俗奇欽反①（龍271/08）。//𣔥俗奇欽反（龍271/08）。

殭： 殭音近埋殭也（龍515/05）。

Jing

jīng　秔： 秔正音更稻也或作稉（龍142/08）（慧48/371a）（慧8/553b）（慧15/693b）（慧25/920a）（慧39/180b）（慧60/673a）（慧61/684b）（慧83/51b）（慧97/278b）（希9/414b）；粇或作秔也（慧24/902a“粇米”註）。秔加衡反（玄4/49c）（慧37/145b）。秔秔正庚音（紹196a4）；粇亦作秔（慧24/902a“粇米”註）。秔俗（龍142/08）（玄22/288b）（紹196a4）。秔革衡反（慧44/279b）。//稉秔或作稉（龍142/08“秔”註）（慧8/553b“秔米”註）。//粳俗音更正作秔（龍304/01）；秔俗作粳同（玄4/49c“秔米”註）（玄22/288b、慧48/371a“秔稻”註）（慧8/553b“秔米”註）（慧15/693b“秔糧”註）（慧24/902a“粇米”註）（慧25/920a“秔粱”註）（慧37/145b“濤秔米”註）（慧39/180b“秔米”註）（慧44/279b“秔糧”註）（慧60/673a“新秔”註）（希9/414b“秔米”註）；粳傳從米作粳（慧83/52b“粳粲”註）。//粇： 秔秔正庚音（紹196a9）。粇俗同上[粳]（龍304/01）（慧24/902a）。//粳： 粳秔正庚音（紹196a9）。糘俗同上[粳]（龍304/01）。

巠： 巠音經直波曰巠也又古文胡頂反水脉也（龍247/08）。巠今音經直波曰巠也又古文胡頂反水脉也（龍545/06）。巠居盛反胡頂反（玄15/204c、慧58/603a“堅勁”註）（紹203a5）。巠俗（龍545/06）。巠俗（龍545/06）。

涇： 涇音經（希10/422a）。

莖： 莖胡耕反（玄6/86a）（玄8/109c）（慧28/1007a）（慧1/412b）（慧2/435a）（慧4/459a）（慧5/486a）（慧5/495a）（慧8/541b）（慧8/553a）（慧11/605b）（慧13/642a）（慧16/723b）（慧26/932a）（慧32/39a）（慧33/64a）（慧34/81a）（慧39/175b）（慧99/312b）（紹155a8）。莖胡耕反本也幹也枝生也（龍256/08）。莖何庚切（紹155a8）。葖下耕切（紹155b9）。

經： 經徑録作經誤（慧80/1082a“亟徑”註）（希2/365c“緯候”註）。結（中62/718a）。

---

①參見《龍龕手鏡研究》250頁。

誙：**誙**今户耕反樂名（龍 177/07）。**誙**或作（龍 177/07）。

鶁：**鶁**經音（紹 165a5）。

菁：**菁**音精蔓菁菜名也（龍 257/09）（慧 39/179a）（希 10/420b）；青經文作菁非也（玄 5/67a、慧 24/892b "青紅" 註）。**菁**音精（慧 91/189a）（紹 156b6）。

腈：**腈**音精聰聰皃也（龍 314/02）。

睛：**睛**音精眼睛也（龍 417/02）；積盈反假借字也本無此字（慧 4/462b）（希 1/358b）（紹 142b1）；精本從目作睛是昭睛字眼目之精也（慧 42/242b "目精" 註）。

精：**精**（慧 21/816a）（慧 22/842b）（慧 42/242b）；睛經文有作精善也正也非眼睛義也（希 1/358b "眼睛" 註）。**精**誤新藏作精（龍 304/06）。

鵲：**鵲**音青鵁鵲（龍 285/03）（玄 3/41a）（慧 09/564a）（玄 5/65a）（玄 7/96a）（玄 19/253a）（慧 56/557a）（慧 44/281b）（慧 79/1058a）（紹 165a6）。**鵲**音精（慧 28/999b）（慧 28/993a）（慧 4/469a）。

鼱：**鼱**音精～鼩小鼠也（龍 334/04）。

京：**京**景迎反（慧 6/502b）（慧 10/592b）（慧 22/842b）。**京**（高 59/654c）；京今俗從曰作～非也（慧 6/502b "十二京" 註）（慧 10/592b "京者" 註）。// **京**舊藏作京（龍 367/02）。

綡：**綡**俗渠迎反（龍 398/04）（慧 37/146a）。

兢：**兢**居陵反兢兢戒慎也（龍 547/06）（紹 203a10）。**兢**俗居陵反①（龍 339/04）。**兢**紀凝反②（龍 074/05）。// 曉：**曉**居陵反③（龍 425/07）。

鯨：**鯨**渠京反（慧 56/565b）（慧 15/704a）（慧 39/178a）（慧 61/686a）（慧 81/17a）（慧 81/18b）（慧 83/53b）（慧 85/89b）（慧 86/111a）（慧 92/206a）（紹 167b10）。**鯨**通音擎～鯢魚王也（龍 165/05）（玄 5/70a）。**鯨**正（龍 165/05）（玄 19/258b）。// **鱷**或作（龍 165/05）；鯨又作鱷同（玄 19/258b、慧 56/565b "鯨鵬" 註）（慧 15/704a "鯨鯢" 註）（慧 81/17a "鯨海" 註）（慧 81/18b "鯨波" 註）（慧 92/206a "鯨鯢" 註）。**鱥**俗音擎（龍 165/05）。

麖：**麖**居英反（慧 65/775b）（慧 94/236b）。**麖**正音京獸名一角似鹿牛尾也（龍 521/03）

①參見《叢考》21 頁。
②《叢考》：此字當是 "兢" 的訛俗字（356）。
③朝鮮本《龍龕・日部》："曉，俗，居陵反，正作兢。"（273）

（玄 16/215c）。麖俗音京正作麖（龍 471/02）。//麠：麠或作（龍 521/03）；麖又作麠同（玄 16/215c、慧 65/775b“麠麖”註）。麠俗音京（龍 521/03）。

蟼：蟼音京蟼蛙也（龍 222/01）。

驚：驚景英反（慧 3/449b）（慧 4/471b）（希 3/368b）；擎經從馬作驚非也（慧 54/521a“擎乳湩”註）；警律文作驚非警寤字也（希 9/413a“警寤”註）。

旌：旌正音精彰也表也（龍 124/05）（慧 14/668b）。旌積盈反（玄 4/48c）（玄 13/171a）（慧 57/598b）（玄 19/259a）（紹 173a3）；旍説文作旌（慧 62/713b“旌旍”註）。旌資盈反（慧 56/566b）；旍旗亦作旌旂（慧 95/246b“旍旗”註）。旌俗（龍 124/05）。旌誤（龍 124/05）。旌誤（龍 124/05）。旌舊藏作旌（龍 124/09）。//旍：旍正音精旍旗（龍 124/09）（慧 62/713b）（慧 88/137a）（慧 95/246b）。旍俗（龍 124/09）（紹 173a4）。

晶：晶音精光也（龍 426/01）（紹 171a5）。

荆：荆景迎反（慧 3/448a）（慧 11/618b）（慧 29/1027b）（慧 30/1037a）（希 3/369b）。

樈：樈音驚鼞柏（龍 374/07）。

帞：帞其凝反[①]（龍 265/07）（慧 43/269b）（紹 184b5）；其柯反（玄 2/23a）。帞其凝反（龍 265/07）。

jǐng 井：井子請反（龍 338/09）（慧 8/541a）（慧 92/202a）。井子郢反（玄 5/72c）（慧 33/58a）。

阱：阱疾井反坑阱也（龍 296/07）。阱今靜淨二音陷阱也（龍 338/10）（慧 62/717a）（慧 69/841a）（慧 72/906b）（慧 79/1053a）（慧 100/344b）（紹 169b10）；穽古文阱同（玄 1/14b、慧 42/235b“坑穽”註）（玄 2/28b“深穽”註）（玄 15/210c、慧 58/623a“作穽”註）（玄 17/233b、慧 70/859a“坑穽”註）（玄 18/246a、慧 73/924b“坑穽”註）（玄 19/256b、慧 56/562a“投穽”註）（玄 24/327c、慧 70/874a“坑穽”註）（慧 23/879a“坑穽”註）（慧 41/224b“陷穽”註）（慧 60/668b“坑穽”註）（慧 61/689b“作穽”註）（慧 92/199b“丘穽”註）（慧 98/302a“臽穽”註）（希 1/358a“陷穽”註）（希 3/371a“穽陷”註）（希 10/423c“深穽”註）。//穽今（龍 338/10）（龍 509/02）（玄 1/14b）（玄 2/28b）（慧 42/235b）（玄 12/156b）（玄 15/210c）（慧 58/623a）（玄 17/233b）（慧 70/859a）（玄 18/246a）（慧 73/924b）（玄 19/256b）（慧 56/562a）（玄 24/

①參見《龍龕手鏡研究》238 頁。

327c）（慧 70/874a）（慧 23/879a）（慧 26/939a）（慧 41/224b）（慧 60/668b）（慧 61/689b）（慧 8

2/37a）（慧 92/199b）（慧 98/302a）（希 1/358a）（希 3/371a）（希 10/423c）；滎經文作穽非

也（玄 20/272b、慧 76/992b "滎水" 註）；阱論從穴作穽亦通古作汬也（慧 69/841a "機

阱" 註）（慧 72/906b "坑阱" 註）（慧 79/1053a "火阱" 註）；瀞經作穽陷也非瀅瀞義也（慧

76/993b "如瀅瀞水" 註）。**穽** 俗音靜正作穽坑坑也（龍 157/02）（慧 52/477a）。**窫** 俗烏

迴反正作夐又音營[1]（龍 307/07）。//**汬** 古文音淨坑也（龍 234/04）（龍 338/10）；穽

古文汬同（玄 1/14b、慧 42/235b "坑穽" 註）（玄 2/28b "深穽" 註）（玄 15/210c、慧 58/623

a "作穽" 註）（玄 17/233b、慧 70/859a "坑穽" 註）（玄 18/246a、慧 73/924b "坑穽" 註）（玄 1

9/256b、慧 56/562a "投穽" 註）（玄 24/327c、慧 70/874a "坑穽" 註）（慧 41/224b "陷穽" 註）

（慧 92/199b "丘穽" 註）（希 1/358a "陷穽" 註）；阱古文作汬律文從穴作穽俗字（慧 6

2/717a "為阱" 註）（慧 72/906b "坑阱" 註）。**叝** 穽或作～汬皆古字也（慧 41/224b "陷

穽" 註）；穽亦作～（希 1/358a "陷穽" 註）。**寂** 古文靜淨二音陷也（龍 348/05）。**叔**

才姓反（龍 348/08）。//坢：**坢** 才性反坑坢也（龍 251/01）。**埜** 才性反坑坢也（龍

251/01）。

郉：**郉** 音井郉荊[邢]（龍 455/06）（紹 169a6）。

洴：**洴** 徂頂反洴淡也玉篇又口冷反洴泟（龍 231/08）（龍 339/01）。

剄：**剄** 正古頂反斷首也（龍 098/04）。**到** 俗（龍 098/04）。

烴：**烴** 正古頂反焦臭也又音經（龍 241/09）。**烴** 俗（龍 241/09）。

痙：**痙** 俗巨井反（龍 514/09）。

景：**景** 羈影反（玄 5/69a）（慧 16/719b）（玄 7/101a）（慧 44/283b）（玄 8/117a）（慧 32/40b）；警

經文作景非也（玄 11/150b、慧 52/469b "警窹" 註）（玄 14/196a、慧 59/649a "警心" 註）（玄

15/205b、慧 58/604a "警宿" 註）。

憬：**憬** 俱永反遠也（龍 058/05）。

璟：**璟** 於丙俱永二反玉光彩也（龍 436/08）（慧 80/1076b）（慧 84/70a）（紹 141a2）；璟假

借字也本音影亦近代先儒所出共相傳用冏字韻中無此璟字也（慧 49/404a "簫璟"

①參見《字典考正》430 頁。

註）。

暻：暻 居永反明曲見悟也又許永反 （龍 427/05）（紹 171a7）。

儆：儆 居影反又音竟 （龍 30/02）（玄 1/9c）（慧 17/744a）（慧 39/178b）（紹 128a4）；警古文憼儆二形同 （玄 11/150b、慧 52/469b "警寤" 註）；警古文憼儆二形同 （玄 14/196a、慧 59/649a "警心" 註）（玄 24/321a、慧 70/864b "警覺" 註）。憼覺古文儆憼二形同 （玄 24/321a、慧 70/864b "警覺" 註）。

憼：憼 音景敬也 （龍 66/02）；古文憼儆二形今作警同 （玄 1/9c、慧 17/744a "慎儆" 註）（玄 11/150b、慧 52/469b "警寤" 註）；警古文憼儆二形同 （玄 14/196a、慧 59/649a "警心" 註）。

警：警 音景戒慎也寤也 （龍 045/03）（玄 11/150b）（玄 14/196a）（玄 15/205b）（玄 23/315c）（玄 24/321a）（慧 52/469b）（慧 59/649a）（慧 58/604a）（慧 49/397a）（慧 70/864b）（慧 42/238b）（慧 39/173a）（慧 66/792a）（慧 68/819b）（慧 85/93b）（希 5/389a）（希 9/413a）（紹 185b7）；古文憼儆二形今作警同 （玄 1/9c、慧 17/744a "慎儆" 註）。

擏：擏 居影反擏除 （龍 212/09）。

頸：頸 居井反 （玄 25/335a）（慧 71/887a）（慧 1/416b）（慧 4/471b）（慧 4/475b）（慧 15/685a）（慧 43/270b）（慧 53/494b）（希 8/410b）（紹 170a7）。頸居井反項也又平聲 （龍 484/02）（紹 170a7）。

脛：脛 正經郢反胴也又胡定反腳～也 （龍 410/04）。脛俗 （龍 410/04）。

jìng 竟：竟 （慧 23/876a）。

境：境 居影反俗字也 （慧 1/416b）。

競：競古擎敬反 （龍 519/07）；競經作競俗字也 （慧 3/455b "競來" 註）。競正擎敬反 （龍 519/07）（慧 21/820b）。竸俗 （龍 519/07）（中 62/718a）。覍新藏作～ （龍 346/02）。//誩：誩競或作誩 （慧 3/455b "競來" 註）。器競或作～ （慧 3/455b "競來" 註）。

鏡：鏡 音竟 （玄 7/92b）（慧 28/995a）（玄 15/201a）（慧 58/616a）（慧 23/860b）（慧 86/109b）。

俓：俓 經定切 （紹 128a2）。

涇：涇 巨井切 （紹 174a5）。涇巨郢反 （龍 187/07）。

勁： 勁居盛反（玄 3/35b）（慧 09/569a）（慧 46/325a）（玄 10/132c）（慧 49/406b）（玄 15/204c）（慧 58/603a）（玄 19/253c）（慧 56/558a）（玄 22/295c①）（慧 48/381b）（玄 23/308c）（慧 47/359a）（玄 25/335b）（慧 71/887b）（慧 23/880a）（慧 83/62a）（紹 145a10）。勁正結正反（龍 517/06）（紹 145a10）。勁俗結正反（龍 517/06）。勁俗居正反（龍 553/06）。勁勁正堅正切（紹 202a3）。

徑： 徑經定反（慧 7/525b）（慧 13/644b）（慧 57/587b）（慧 77/1014b）（慧 80/1082a）（慧 100/343b）；逕說文作徑正也（慧 93/216b "蹊逕" 註）。徑古定反（龍 498/04）。侄古定反直也（龍 034/04）。//逕： 逕經定反（慧 33/70a）（慧 93/216b）（紹 138b1）。逕古定反或作徑（龍 493/05）。

脛： 脛形定反（慧 44/280a）。脛下定反（玄 14/195c）（慧 59/649a）（玄 18/244c）（慧 72/915b）（玄 21/283b）（慧 71/894a）（慧 1/409b）（慧 35/104b）（慧 57/582b）（慧 72/909a）（慧 75/965b）（希 5/388a）（紹 136a2）。脛正又胡定反腳脛也（龍 410/04）。脛胡定反（玄 25/338c）（紹 136a2）。脛俗又胡定反（龍 410/04）（玄 19/255a）（慧 56/560b）。胸（初編玄 869）。//踁： 踁刑定反（龍 462/09）；脛古文踁同（玄 14/195c、慧 59/649a "捉脛" 註）（慧 72/915b "脛骨" 註）（玄 21/283b "兩脛" 註）（玄 25/338c、慧 71/894a "脛踝" 註）（慧 13/644b "逃逛" 註）（慧 72/909a "脛踝" 註）。//踁脛又作踁同（玄 18/244c "脛骨" 註）。

痙： 痙其郢反風強病也（龍 474/03）。

彰： 彰疾井反（龍 188/06）（玄 12/158c）（慧 74/956b）（慧 92/207b）（慧 99/317a）（慧 99/322b）；靖又作彰（玄 7/94a、慧 28/997a "靖聽" 註）。

婧： 婧正疾井反（龍 281/08）。婧今疾井反（龍 281/08）。妌今疾井反（龍 281/08）；靖又作妌同（玄 7/94a、慧 28/997a "靖聽" 註）；彰又作妌同（玄 12/158c/慧 74/956b "彰然" 註）。//婞： 婞阻耕反（龍 280/07）。

靖： 靖疾井反亦作靜字（龍 519/03）（玄 7/94a）（慧 28/997a）（慧 50/426a）（慧 78/1046b）（慧 85/95b）；彰又作靖同（玄 12/158c/慧 74/956b "彰然" 註）（慧 99/317a "因靖" 註）（慧 99/322b "彰而" 註）。

①高麗本《玄應音義》《慧琳音義》皆作 "頸"，皆 "勁" 字訛誤。

靜：**靜**慈井反（玄 23/305a）（慧 47/351b）（玄 21/278a）（慧 1/411b）（慧 66/786b）；靖又作靜同（玄 7/94a、慧 28/997a "靖聽" 註）；彭又作靜同（玄 12/158c/慧 74/956b "彭然" 註）。

瀞：**瀞**古文淨字（龍 235/04）（慧 76/993b）。

靓：**靚**情姓反（慧 92/200a）。**靓**疾正反又古朝請作此字（龍 345/08）（紹 148a1）。

敬：**敬**（慧 41/207a）。

暻：**暻**音競明也（龍 429/02）。

竫：**竫**彭又作竫同（玄 12/158c/慧 74/956b "彭然" 註）。**竫**疾井反停安也與上亦通（龍 519/03）。

倞：**倞**音競強也玉篇又音亮信也（龍 035/07）。

jiong

jiōng 坰：**冂**川韻古熒反玉篇音苦瑩反（龍 202/01）。//**同**今（龍 202/01）；迥古文作同（慧 1/404a "迥出" 註）；坰説文作冂（慧 62/715a "坰野" 註）。**冋**正古熒反（龍 202/01）。//**坰**正古營反郊外曰林林外曰坰（龍 247/09）（慧 62/715a）。**埛**坰正古營切（紹 161b3）。**垌**俗（龍 247/09）（慧 48/382a）。**坰**俗（龍 247/09）（玄 22/296a）（紹 161b3）。

扃：**扃**癸營反經從向作扃誤也（慧 1/406b）（慧 85/95b）（紹 199a3）。**扃**古營反戶外閉關也（龍 303/05）；戶律文作扃非此用（玄 16/215a、慧 65/774b "戶向" 註）；向論文作扃非今義（玄 17/228a、慧 67/815a "窓向" 註）。**扃**扃正古榮切（紹 172b3）。**扃**孔穎反明兒（龍 300/05）。

駉：**駉**正古營反駿馬也（龍 292/01）。**駉**俗（龍 292/01）。**駒**俗（龍 292/01）（紹 166a10）。

駫：**駫**古營反馬肥盛也（龍 292/01）。

jiǒng 囧：**囧**鬼永反（慧 90/176a）。**囧**今居永反光也（龍 175/05）。**囧**今（龍 175/05）（玄 5/74b）（慧 44/290b）（慧 81/8b）（紹 174a8）；璟俗字也雖相傳用字書中並無此字正作囧（慧 84/70a "蕭璟" 註）。**囧**鬼永反（慧 80/1078b）（慧 90/170b）。**囧**今（龍 175/05）。**囧**俗（龍 175/05）。**囧**吉永反（龍 175/05）。

洄：洄 烏猛反洄濛水囘旋也（龍232/09）。

迴：迴 螢潁反（慧1/404a）（慧10/589b）（慧11/619b）（慧15/702a）（慧36/127b）（慧47/357b）（慧93/218a）（慧100/333b）。迴 胡烱反（慧21/814a）（慧22/844a）（慧23/861a）（紹138a9）；迴經從向作迴非也（慧10/589b"迴出"註）（慧11/619b"迴遠"註）（慧15/702a"玄迴"註）（慧36/127b"迴樹"註）；迴今俗從向者非也（慧1/404a"迴出"註）。

泂：泂 古迴反滄寒也（187/07）。

炯：炯 正音迴又古回反（龍241/07）（慧77/1028a）（慧96/270b）。炯 戶茗俱永二切（紹190a4）。炯 俗音迴又古迴反（龍241/07）（紹190a2）。

炅：炅 又古頂反日光也（龍243/04）（龍427/03）（紹171b3）（紹190a4）。

熒：熒 或作（龍241/07）。熒 正古迴反目熒驚也（龍241/07）。

裘：裘 孔潁反丹縠衣也（龍104/09）。裘 丘潁反（龍105/09）。

窘：窘 渠殞反（龍508/05）（玄20/267b）（玄20/270a）（慧75/974a）（慧80/1085b）（慧82/36b）（紹195a1）。

僒：僒 正渠殞反急迫也（龍031/02）。僒 俗（龍031/02）。

熲：熲 古迴反光也輝也（485/07）。熲 同上（485/07）。

jiu

jiū 丩：丩 糾隸書省作丩（慧1/403b"紛糾"註）。丩 正居幽反（龍545/07）。丩 居幽反（龍541/05）。丩 或作居幽反（龍545/07）。

杽：杽 居幽反高木名也（龍375/05）。

疝：疝 居幽反腹急痛也（龍471/07）。疝 俗（龍471/07）。

糾：糾 居黝反（慧16/715a）（慧67/812b）（慧1/403b）（慧84/70a）。糾 正姜酉反出罪也（龍098/05）（龍399/04）（玄8/114a）（紹191a6）。糾 經酉反（龍399/04）。糾 居柳反（玄17/226c）（玄23/317b）（慧49/399a）（紹191a6）。糾 正姜酉反（098/05）。糾 俗（098/05）。糾 俗（098/05）。

趴：趴 巨幼反趴蹎醜行之皃（龍464/02）。趴 同（龍464/02）。

赳：赳居黜反（慧83/66a）。赳音糾（龍325/02）（紹138a2）。赳音救（龍325/08）。

莩：莩今居幽反草之相（龍254/03）。//𦬸：𦬸或作（龍254/03）。

湫：湫啾秋二音又子小反（龍228/03）（慧38/158a）（慧39/168b）（慧40/191a）（慧86/106b）（慧97/276b）（希5/386b）（紹186a10）；愀又作湫同（玄10/131c、慧49/406a“愀然”註）。

啾：啾子由反～唧聲也（龍266/09）（玄1/8a）（玄7/93a）（玄11/152a）（玄15/205c）（玄18/250c）（玄19/255b）（玄20/266b）（慧17/740b）（慧28/995b）（慧52/472b）（慧56/561a）（慧58/604b）（慧73/936a）（紹182a9）。

揫：揫即由反聚也細也（龍208/04）。//揂：揂即由反聚也細也（龍208/04）。

勼：勼居求反聚也（龍140/07）。

究：究音救（龍509/03）（玄2/29b）（慧6/501a）（慧26/943a）。究（龍509/03）。//究究或作～是古字（慧6/501a“推究”註）。究（龍509/03）。究（龍509/03）。究究或作～是古字（慧6/501a“推究”註）。究究或作～是古字（慧6/501a“推究”註）。究究或作～是古字（慧6/501a“推究”註）。

摎：摎正音交又音流（龍210/01）（慧43/262a）。摎居茅反（玄5/65c）（玄20/266a）。摎音交又音流（龍210/01）（慧42/249a）。

樛：樛正居幽反（龍377/04）（慧28/998a）。樛俗通（龍377/04）（玄7/94c）。

朻：朻居求反大力也（龍115/06）。

鳩：鳩正居求反（龍287/03）（玄22/302b）（慧48/392b）；鷲考聲正作鳩也（慧86/115b“靈鷲”註）。鳩俗（龍287/03）。//鳩俗（龍287/03）。

䳔：䳔即由反聚也又束梟也（龍336/02）。

jiǔ 灸：灸正久救二音（龍241/04）（慧39/180b）。灸俗久救二音（龍241/04）；炙經作灸音九恐非也書人誤也。

韭：韭音九韭菜名也（龍525/02）（慧85/94a）（紹201a6）。韭音九韭菜也（龍241/06）（紹201a6）。//韮：韮音九菜也正作韭字（龍259/06）。

jiù 臼：臼其九反杵臼（龍340/10）。臼渠九反（玄10/135b）（慧49/400a）（慧41/216b）（慧53/491b）（慧100/332b）。臼其九反（龍550/07）。臼其九反（龍427/07）。臼其九反（龍1

75/05）。旧其九反（龍550/07）。旧其九反（龍427/07）。田臼經本作田誤也（慧53/491b"如臼"註）。//鉏俗音臼（龍015/03）；臼論文作～非體也（慧49/400a"鐵臼"註）。鍜①臼論文作鍜非體也（玄10/135b"鐵臼"註）。

㒷：㒷其久反糉米（龍304/10）。

頎：頎俗渠九反（龍485/07）。頎俗渠九反（龍485/07）。

臄：臄音舅（龍170/01）。

齨：齨其九反齒臼謂老人齒如臼也（龍312/05）。

舅：舅渠久反（龍341/01）。舅舅音（紹174b9）。舅音男（龍431/02）。舅音舅（龍154/03）。舅音舅（龍154/03）。舅俗音舅（龍199/03）。舅俗音舅（龍199/03）。

咎：咎其九反（龍549/07）（玄6/81a）（慧58/602a）（慧14/667a）（慧22/837b）（慧22/845b）（慧27/970a）（希7/400a）；皐尚書作咎古字也（慧86/105a"皐繇"註）。咎音舊（慧60/672a）（慧82/31a）（慧83/57b）（希6/396c）。咎（高59/654b）。咎渠九反（玄15/204b）。咎渠九反（玄18/245b）；咎經文從一點作咎或從卜作咎皆誤書也（希6/396c"殃咎"註）（希7/400a"愆咎"註）；皐繇古文作～繇二形今作皐陶二形（希10/421b"皐繇"註）。咎咎又作～同（玄18/245b"有咎"註）。咎舅音（紹150b6）。

俗：俗音高毀也又渠久反與舅同亦姓（龍025/07）。俗咎或更從人作俗說文毀也亦通（慧82/31a"攉咎"註）。

瘔：瘔香嚴牽切韻音其久反正作瘔[瘔]（龍471/04）。

麌：麌平表其九二反牝鹿也（龍521/05）。

捄：捄居又反（玄9/129c）（慧46/338b）（慧75/970b）（慧75/982a）（慧92/205a）（紹132b5）；救經作捄音求非也（慧43/257b"救之"註）。

救：救鳩宥反（慧43/257b）；古文捄捄二形今作救同（玄9/129c、慧46/338b"是捄"註）。//捄：捄音救止也禁也助也（龍048/05）；古文捄捄二形今作救同（玄9/129c、慧46/338b"是捄"註）。捄舊藏作救（龍107/05）。捄舊藏作救（龍112/06）。救音救②

①此"鍜"疑即"鉏"字訛誤。《慧琳音義》卷四九、《可洪音義》卷二五轉引此字作"鉏"，《磧沙藏》本《玄應音義》亦作"鉏"。

②參見《叢考》634頁。

（龍 121/02）。**敂**音救（龍 121/02）。

疚：**疚**鳩又反（慧 61/680a）。**疚**正音救病也（龍 476/02）（慧 83/57b）（慧 84/78a）（紹 193a1）。**瘁**俗（龍 476/02）。//宂：**宂**酉救二音窮病也（龍 157/01）。**宂**酉救二音窮病也（龍 157/01）。

柩：**柩**正渠救反（龍 383/02）（玄 12/165a）（慧 53/498a）（慧 81/9a）（慧 89/163b）。**柩**俗（龍 383/02）。**柩**俗音舊正作柩（龍 214/06）；柩傳文作～誤（慧 94/235b "柩所" 註）。**柩**俗音舊正作柩（龍 214/06）。**柩**渠救反[1]（龍 384/01）。**柩**渠救反（龍 384/01）。//匛：**匛**古文音舊（龍 192/08）；柩字書正從匸作匛（慧 89/163b "骸柩" 註）。//匶：**匶**古文音舊（龍 192/08）；柩籀文作匶也（慧 89/163b "骸柩" 註）。

敂：**敂**音救強擊（龍 553/07）。**敂**音救強擊（龍 194/01）。

廄：**廄**正音救象馬舍也又聚也（龍 300/10）（玄 9/122a）（慧 46/324a）（慧 29/1027b）（慧 74/946a）。**廄**究音（紹 193a10）。**廄**今（龍 300/10）（慧 60/675b）（慧 62/712b）（紹 193a10）；廄傳文作廐俗亦通也（慧 74/946a "谷廄" 註）。**廐**俗（龍 300/10）；廄經文作廐非也（玄 7/95c、慧 28/999b "勞廄" 註）；廄律文從既作廐非也（慧 62/712b "廐馬" 註）。**廐**音救馬舍也與廄同（龍 302/07）（紹 198a2）。//甼：**甼**廄古文～同（玄 9/122a、慧 46/324a "烏廄" 註）。

匓：**匓**居又反与廄同匓聚也馬舍也（龍 140/09）。**匓**廄古文匓同（玄 9/122a、慧 46/324a "烏廄" 註）。

遒：**遒**音救恭謹行也（龍 492/08）。

就：**就**古文就字（龍 179/09）。

僦：**僦**即就反僦賃也又音就（龍 036/03）（玄 15/205c）（慧 58/604b）（紹 129b3）。

殧：**殧**七六子六疾又三反殧終也（龍 515/09）。

鷲：**鷲**音就（龍 288/06）（玄 6/82b）（玄 21/276b）（慧 1/405a）（慧 2/424b）（慧 4/472b）（慧 5/479a）（慧 11/600b）（慧 12/635b）（慧 23/862a）（慧 25/907b）（慧 27/972b）（慧 29/1013b）（慧 31/6a）（慧 34/81a）（慧 43/269b）（慧 75/969b）（慧 76/1000a）（慧 86/115b）（希 5/386b）（希 9/416b）（紹

---

①參見《龍龕手鏡研究》303 頁。

165a5）。

ju

jū 拘：**拘**幾愚反（玄 12/156c）（慧 52/478a）（慧 44/295a）（玄 23/318c）（慧 50/428b）（玄 24/330c）（慧 3/449b）（慧 5/491b）（慧 8/550b）（慧 29/1023b）（慧 41/208b）（慧 39/168b）（慧 75/977a）（慧 85/87b）（慧 90/175b）（慧 100/332b）；鈎深今集本作拘朵於義乖舛恐傳寫訛謬也（慧 96/265a "鈎深" 註）。**拘**俱禹反（慧 70/879a）；剌經文作拘非體也（玄 4/55a、慧 34/91a "剌水" 註）。**坳**（玄 21/286b）。

疴：**疴**舉朱反曲脊也（龍 471/03）。

朐：**朐**其俱凶于二切（紹 142b3）。

跔：**跔**俱劬二音手足衆也（龍 458/09）。

鮈：**鮈**音俱鯸～魚名（龍 168/07）。

駒：**駒**音俱馬一歲也（龍 291/08）（慧 98/308a）（紹 166a1）。**駒**駒正句于切（紹 166a1）。

挶：**挶**居玉反持也（龍 218/06）。

錭：**錭**古居玉反（龍 019/09）。**錭**今居玉反以鐵縛物也（龍 019/09）（慧 60/670b）。

梮：**梮**居玉反山行乘之今人云罋子也（龍 387/07）。

苴：**苴**七余反又子魚反（龍 253/09）（紹 155a4）；菹或作苴誤也（玄 22/295a、慧 48/380b "菹鮓" 註）。

庝：**庝**七賜反人相依庝（龍 301/02）。

狙：**狙**七余反又七慮反（龍 318/01）（玄 17/226a）（慧 67/811b）（慧 85/90b）（慧 87/125b）（慧 87/126a）（慧 94/234a）（慧 96/271b）（慧 98/296b）（慧 98/299b）（紹 167a4）；覻又作狙同（玄 12/161a、慧 75/984b "覻其" 註）（玄 19/261c、慧 56/571b "即覻" 註）。

疽：**疽**且餘反（慧 37/146b）（慧 40/188a）（慧 55/541b）（慧 64/753a）（慧 64/761b）。**疽**七余反癰疽也（龍 468/07）（玄 5/70a）（玄 9/122c）（慧 46/325a）（玄 10/135b）（慧 49/400a）（玄 15/201a）（慧 58/616b）（慧 2/437a）（慧 2/437a）（慧 11/617b）（慧 13/648b）（慧 13/660a）（慧 16/711a）（慧 25/919a）（慧 27/977b）（慧 29/1028b）（慧 29/1033a）（慧 30/1047a）（慧 79/1066b）（慧 95

/253a)（希 6/392a）（紹 192b2）；蛆［胆］又作疽非經義（玄 1/9b、慧 17/743a "蠅蛆［胆］" 註）
（玄 1/13a "胆户"）（玄 2/26c "�胆" 註）（玄 8/110b、慧 32/35b "胆蟲" 註）（玄 11/141c、慧 56
/550b "胆虫" 註）（玄 11/153a、慧 52/475b "胆蠅" 註）（慧 26/934a "虫胐" 註）（慧 76/991a "胆
蟲" 註）。**疽** 又俗七余反[①]（龍 477/03）。

罝：**罝** 子邪反（玄 7/98a）（慧 31/2b）（玄 10/139a）（慧 51/445b）（玄 11/147a）（慧 52/462b）（玄 1
7/235c）（慧 74/949b）（玄 22/291c）（慧 48/375b）（玄 23/311a）（慧 47/362b）（玄 24/327a）（慧 7
0/873b）（慧 51/445b）（慧 66/788a）（慧 72/906a）（慧 92/203a）（慧 99/316a）；罘經文或作罝
二形隨作（玄 12/158c、慧 74/956a "施罘" 註）。**罝** 濟耶反（慧 62/716a）（慧 73/920a）。**罝**
今子邪反（龍 329/06）。**罝** 子邪切（紹 197b7）。**罝** 子邪切（紹 197b7）。//羅：**羉** 古
子邪反（龍 329/06）；罝古文羅同（玄 7/98a、慧 31/2b "罝罘" 註）（玄 11/147a、慧 52/462b
"圍罝" 註）（玄 17/235c、慧 74/949b "於罝" 註）（玄 24/327a、慧 70/873b "罝彊" 註）（慧 99/31
6a "罝罘" 註）。//罜：**罜** 古子邪反（龍 329/06）；罝古文罜同（玄 7/98a、慧 31/2b "罝罘"
註）（玄 11/147a "圍罝" 註）（玄 17/235c、慧 74/949b "於罝" 註）（玄 24/327a、慧 70/873b "罝彊"
註）。**罜** 罝古文罜同（玄 11/147a、慧 52/462b "圍罝" 註）。

瀘：**瀘** 七余反水名（龍 229/02）。

趄：**趄** 七余反（慧 89/163b）。**趄** 七余反（龍 324/04）（慧 85/97b）。**趄** 誤新藏作趄七余
反（龍 324/04）。**趄** 誤七余反正作趄（龍 490/06）。

睢：**睢** 七余反睢鳩（龍 148/04）（紹 142b9）（紹 200b4）；趄考聲正作趄廣雅從目作睢（慧 9
9/326b "趍趄" 註）。

鵙：**鵙** 七餘反（慧 4/468b）。**鵙** 正七余反（龍 285/04）（龍 288/10）。**嶼** 俗（龍 285/04）。

啫：**啫** 子俱反曦取也（龍 268/02）。//嗉：**嗉** 俗將須反（龍 269/09）。

嶼：**嶼** 子於反嶼隅（龍 073/09）。**㟓** 子於反嶼隅（龍 073/09）。

娪：**娪** 精逾反（慧 86/107b）（慧 98/293b）（紹 142a2）。**娪** 子余反（龍 280/01）。

居：**居** 音居住也（龍 163/02）（紹 172b3）。**庢** 玉篇音移户外也又古文居字（龍 303/06）。**凥**
居音（紹 172b3）。

---

① 《龍龕手鏡研究》："疽" 乃 "疽" 字之訛（349）。

宭：窋音居儲也舍也一曰帝室（龍 155/06）。

据：据音居拮据（龍 209/01）（玄 12/166b）（慧 55/546a）（玄 20/264c）。

崌：崌音居崌峡山名也（龍 073/09）。

啹：啹俗音居[①]（龍 267/02）（玄 20/266c）（紹 184a9）。呿俗音居（龍 267/02）。//喗：喗俗音居（龍 267/02）（初編玄 904）（紹 183b4）。

椐：据京於反（慧 84/84a）。

琚：琚音居玉名（龍 435/08）（紹 141a5）。

腒：腒音居腒腊也（龍 407/09）（慧 97/292a）。胠腒集從丢作～字書無此字也（慧 97/292a "乾腒" 註）。

裾：裾音居衣裾（龍 102/06）（紹 168a10）。

蜛：蜛音居蜛蟝也（龍 222/06）。

賉：賉音居貯也（龍 349/09）（慧 97/292a）。

鵋：鵋音居（慧 4/469b）。鵋音居（龍 285/03）。

掬：臼又居六反兩手奉物也象形字（龍 340/10）。臼掬說文作臼兩手相對象形字也（慧 15/695b "掬滿" 註）（慧 19/789b "一掬華" 註）（慧 24/900a "一掬" 註）（慧 28/1010b "滿匊" 註）（慧 35/99b "掬物" 註）（慧 74/941a "拍匊" 註）（慧 100/332b "一掬" 註）；臼經作臼非也臼音弓六反象二手也（慧 41/216b "鐵臼" 註）。匀掬古文作～（慧 44/285b "掬於" 註）。//匊居六反（龍 141/02）（慧 16/724a）（慧 28/1010b）（慧 42/239b）（慧 40/193b）（慧 74/941a）；掬俗用非本字正作匊（慧 15/695b "掬滿" 註）（慧 17/735a "掬中" 註）（慧 19/789b "一掬華" 註）（慧 27/983b "滿掬" 註）（慧 44/285b "掬於" 註）（慧 53/489b "掬取" 註）（慧 100/332b "一掬" 註）。//掬居六反（玄 4/50c）（慧 31/21a）（玄 11/151c）（慧 52/471b）（慧 15/695b）（慧 17/735a）（慧 19/789b）（慧 24/900a）（慧 27/983b）（慧 35/99b）（慧 38/158b）（慧 44/285b）（慧 53/489b）（慧 100/332b）（紹 132a9）；鞠又作掬同（玄 5/65b "鞠育" 註）（玄 20/264a "鞠育" 註）（慧 23/873b "入池自撫鞠" 註）（慧 43/258b "鞠育" 註）；匊古作臼今通俗作掬經文作匊（慧 16/724a "滿匊" 註）（慧 28/1010b "滿匊" 註）（慧 42/239b "匊物" 註）（慧 42/249a "鞠

①參見《龍龕手鏡研究》243 頁。

育"註）（慧 40/193b "勇猛" 註）（慧 74/941a "拍匊" 註）。 **𩍿** 匊或作～（慧 19/789b "一匊

華" 註）（慧 24/900a "一匊" 註）（慧 44/285b "匊於" 註）。 **𩍿** 匊考聲作～（慧 15/695b "匊

滿" 註）。//弅：**弅** 古文音匊（龍 527/08）。**廾** 余六反兩手捧物也（龍 527/09）。**廾** 正

居六反兩手盛物也今作匊（龍 305/10）。**廾** 或作（龍 305/10）。**廾** 匊亦作～古字（慧

15/695b "匊滿" 註）（慧 19/789b "一匊華" 註）。**搯** 九六反兩手～（龍 539/07）。

諊：**諊** 匊經文又作諊同（玄 4/50c、慧 31/21a "匊林" 註解）（慧 87/121b "推鞠" 註）。

踘：**踘** 居六反困踘踏（龍 465/06）。

鞠：**鞠** 居六反（玄 12/160b）（慧 75/983a）（玄 13/174c）（慧 55/529b）（玄 20/264a）（慧 19/788b）

（慧 23/873b）（慧 42/249a）（慧 43/258b）（慧 63/728a）（慧 87/121b）（紹 140b1）；匊今通作鞠

（慧 15/695b "匊滿" 註）；毱今作鞠（慧 26/932a "拍毱" 註）。**鞠** 正居六反推窮也又告也

盈也養也（龍 451/01）（玄 5/65b）（玄 7/100b）；毱古文鞠今作鞠（玄 2/25b "拍毱" 註）（慧

62/714a "小毱" 註）；匊又作鞠同（玄 11/151c、慧 52/471b "匊抱" 註）。**鞫** 俗（龍 451/01）。

鞉 俗（龍 451/01）。//𥫃：**𥫃** 古文鞠今作鞠（玄 2/25b "拍毱" 註）（慧 26/932a "拍毱"

註）（慧 62/714a "小毱" 註）。**𥫃** 芎鞠反（慧 97/280a）。**𥫃** 正作鞠（慧 87/121b "推鞠" 註）。

𥫃 匊或作～（慧 24/900a "一匊" 註）。**𥬰** 鞠或作諊～（慧 87/121b "推鞠" 註）。//毱正

渠竹反皮毛之丸也（龍 136/06）（玄 1/12b）（玄 2/25b）（慧 42/233a）（玄 4/57a）（慧 43/266b）

（玄 22/295b）（慧 48/381a）（慧 26/932a）（慧 31/6b）（慧 62/714a）（慧 94/234a）（紹 145a3）；毬

形聲字也經文從匊作毱俗字也（慧 13/646b "如毬" 註）；匊傳文作毱俗字也（慧 74/9

41a "拍匊" 註）。**毬** 俗（龍 136/06）。**毰** 俗（龍 136/06）。**毱** 俗（龍 136/06）。**毱** 古（龍

136/06）。//**毱** 俗（龍 136/06）。**毱** 俗（龍 136/06）。

𦫼：**𦫼** 渠六去六二反曲脊也（龍 141/03）。

𥬰：**𥬰** 俗居六反告也盡也（龍 158/09）。**𥬰** 今（龍 158/09）。**𥬰** 古文居六反（龍 510/04）。

𥫃：**𥫃** 官六反考聲云窮也論作鞠俗字（慧 87/125a）。//鞠：**鞠** 居六反（龍 451/01）（慧

42/246a）（紹 140a9）。

奭：**奭** 正音俱目邪也（龍 129/01）。**奭** 俗（龍 129/01）。**奭** 紀朱許力二反（龍 357/02）（玄

5/70a）。**奭** 居虞反許力二反（慧 37/146a）。

斪：斪音俱（龍333/09）（玄4/55a）（慧34/91a）。斪俱音（紹175a8）。// 酒斪或從酉作斪亦非也（玄4/55a、慧34/91a "斪水" 註）。

閰：閰居六反閑閰也（龍095/09）。

jú 昊：昊呼覓反又古覓反（龍320/04）；瞁經文作昊（玄13/173b、慧57/594b "瞁咤" 註）。

椇：椇古覓反牛名（龍117/06）。

鵙：鵙公覓反（玄12/166b）（慧55/546a）（紹165b5）。鵙古覓反（龍290/01）；鴉經文有作鵙（玄4/60b "鴉音" 註）。// 雔：雔或作古覓反伯勞也（龍149/09）。

悇：悇居六反（龍063/08）。

蚴：蚴渠竹反蟾蜍別名也（龍225/04）。

晑：晑音菊韭畦也（龍154/08）。

谻：谻渠竹反谷名（龍526/03）。

趜：趜渠竹反（龍326/04）；鞠字宜作趜（玄13/174c、慧55/529b "鞠頛" 註）。

䭊：䭊居六反饘也（龍503/09）。

騆：騆今渠竹反馬跳躍也一曰馬曲脊也（龍294/06）。// 騆：騆或作（龍294/06）。

鮈：鮈居六反魚名有兩乳也（龍171/09）。

鵴：鵴居六渠六二反（龍290/02）（玄12/157a、慧52/479a "布穀" 註）；鴉俗多作鵴（玄16/214c、慧65/774a "鴉鳩" 註）。

圿：圿居六反坳曲崖也（龍252/09）。

髳：髳正居六反乱髮也（龍091/02）。髳今（龍091/02）。

局：局渠玉反曹局也又分也（龍165/01）（玄25/339a）（慧71/894a）（慧50/428a）（慧51/441a）（慧69/845b）（慧80/1075a）（慧100/343a）（紹172a8）（丽59/656a）；跼亦作局用同傳從足亦通（慧90/179a "蹋跼" 註）。局卭錄反（慧81/10b）。局局正其玉切（紹199a3）。局渠玉反（龍152/04）。局居玉反（龍152/04）。局其玉反（龍165/02）。局渠玉切（紹172a8）。吾古文渠六反（龍278/07）。

侷：侷衢六切（紹129a4）。侷渠玉反侷促短小皃也（龍038/02）。

耜：耜渠玉反耕地也（龍365/05）。

跼：**跼** 渠玉反（慧83/59a）。**跼**俗（龍467/03）（玄22/297b）。**跼**渠玉反（慧48/384a）（慧47/355b）（慧36/118a）（慧90/179a）（紹137a3）。**踘**正（龍467/03）（玄23/308a）。

傴：**傴**巨聿反鬼無頭也（龍039/04）。

橘：**橘**居聿反（龍385/04）。**橘**均聿反（慧61/693b）（希10/420c）。

趜：**趜**居聿反走急也（龍326/05）。

輂：**輂**居玉反禹所乘直轅車也（龍085/05）（玄4/51b）（慧31/23a）。//**樺**：**樺**（慧85/88b）。

轝：**轝**居玉反大車駕馬也（龍085/04）。**轝**居玉反車轘縛也（龍085/05）。

暴：**暴**正居玉反靴暴子纆連者（龍403/08）。**綦**俗（龍403/08）。

jǔ　沮：**沮**子魚反（龍226/4）（玄1/2a）（玄1/20a）（玄3/35a）（慧09/568a）（玄8/109b）（慧28/1006b）（玄10/134c）（初編玄569）（慧75/979a）（玄18/241a）（慧73/928b）（慧4/458b）（慧7/518a）（慧14/672a）（慧15/686b）（慧21/820b）（慧24/897b）（慧30/1041a）（慧35/104b）（慧37/134b）（慧45/318a）（慧47/342b）（慧50/416a）（慧77/1017b）（慧78/1047a）（希3/369c）（希5/385c）（希7/402c）（紹188a9）；**俎**應爲沮字（慧25/915b“俎壞”註）。

咀：**咀**慈吕反含味～嚼也（龍271/01）（玄6/83a）（玄11/151a）（慧52/471a）（玄22/287b）（慧48/370a）（玄23/317b）（慧49/399b）（玄25/334c）（慧71/886b）（慧14/664b）（慧22/840b）（慧27/973b）（慧64/756b）（慧68/828b）（慧72/903a）（慧98/302a）（希4/379c）（紹183a8）；**詛**經文作咀非今字體（玄6/90a“祝詛”註）（慧24/894a“詶詛”註）（慧27/990a“祝詛”註）（慧32/29b“呪詛”註）（慧32/48a“詶詛”註）（慧43/254a“呪詛”註）（慧86/110a“詶詛”註）（希3/373c“呪詛”註）（希6/395b“祝詛”註）（希6/398a“呪詛”註）；**齟**説文亦從口作咀（慧76/1004b“齟掣”註）。

齟：**齟**士吕反又才吕反（龍312/03）（慧76/1004b）（慧76/1005b）（紹146b1）；咀字林作齟（玄6/83a“咀嚼”註）（玄22/287b、慧48/370a“咀沫”註）（慧14/664b“咀嚼”註）（慧27/973b“咀嚼”註）（慧72/903a“咀嚼”註）（慧98/302a“咀春草”註）（希4/379c“咀沫”註）。//**齟**：**齟**音助（慧35/111b）。

邔：**邔**音舉亭名（龍455/08）。

柜：**柜**音舉柳也（龍380/07）。//**欅**：**欅**木名（龍380/07）。

矩：**枈**俱庾反（玄 22/290b）（慧 48/373b）（玄 24/324c）（慧 70/869b）（玄 24/325a）（慧 70/870b）（慧 40/199b）（慧 100/339b）（紹 200a3）；旋經文作矩非此義（玄 5/66a、慧 44/278b "上旋" 註）；榘論作矩俗同用也（慧 85/100b "榘矱" 註）。//榘：**榘**俱禹反（慧 85/100b）；矩亦作榘（慧 40/199b "矩方" 註）（慧 100/339b "規矩" 註）。

起：**起**居許反行兒（龍 325/01）。

楀：**楀**柵欙律文作栯楀非體也（玄 14/183c、慧 59/630a "柵欙" 註）。

聥：**聥**俱雨反張耳有聞（龍 314/05）。

舉：**舉**居圉反（慧 5/488a）（慧 23/862b）。**舉**居圉反（慧 1/415b）（慧 23/862a）（慧 51/448a）（慧 81/6b）；興律文作舉（玄 14/194b、慧 59/646b "車輿" 註）；舉經文作舉俗字也（慧 5/488a "掉舉" 註）。**舉**居語反（慧 11/619a）。**舉**居語反（龍 549/02）。**舉**居語反（龍 549/02）。**枭**古文音舉（龍 541/05）。

懅：**懅**音舉玉篇謹也（龍 057/08）。

塓：**塓**音具是（堤）塘也（龍 250/06）。

椇：**椇**俱雨反（龍 381/07）（慧 88/139b）。

莒：**莒**居許反（龍 260/06）（希 10/419c）（紹 156a9）。

弆：**弆**音舉又去舉反藏物也（龍 366/06）（玄 13/172a）（慧 57/597a）；舉或作弆（慧 11/607b "藏舉" 註）。

蒟：**蒟**九遇反又其矩反（龍 262/07）（慧 83/60a）。//枸：**枸**俱雨反（龍 380/03）；蒟或從木作枸（慧 83/60a "蒟醬" 註）。

踽：**踽**丘雨反獨行兒（龍 461/04）（紹 137a2）。

簨：**簨**其呂居昌二反（龍 391/07）（慧 80/1088b）（慧 92/201b）。//簨：**簨**今居呂反養蠶竹器也玉篇同莒（龍 392/01）。**簨**俗（龍 392/01）。

jù 巨：**巨**其呂反（玄 3/47b）（玄 6/88c）（玄 10/137a）（慧 45/304a）（慧 22/298c）（慧 48/386a）（玄 23/305a）（慧 47/351b）（玄 23/313b）（慧 50/421b）（玄 25/339a）（慧 71/894b）（慧 10/586a）（慧 22/841a）（慧 27/986b）（慧 83/44a）。

苣：**苣**巨音（紹 154b4）；炬說文作苣（慧 64/760a "慧炬" 註）。

狚：**狚**俗音巨（龍 319/02）。

拒：**拒**其呂反（龍 211/03）（玄 2/30a）（玄 5/68b）（玄 18/245a）（慧 72/916b）（慧 2/432a）（慧 5/484a）（慧 6/508b）（慧 7/523b）（慧 7/530b）（慧 13/651b）（慧 15/703b）（慧 21/831a）（希 5/389c）（紹 132a6）。

岠：**岠**拒字正宜作岠今經本從才者此則時俗共用耳（慧 21/831a）（紹 147b4）。**岠**其呂反（龍 075/04）（紹 162a2）；距古文岠同（玄 9/124c、慧 46/328b "棠距" 註）；巨古作岠（慧 22/841a "莊嚴巨麗" 註）。

炬：**炬**正其呂反（龍 241/05）（玄 22/295b）（慧 48/381b）（慧 1/418a）（慧 7/523a）（慧 21/817a）（慧 64/760a）；筥傳文作炬亦同（慧 74/942a "筥光" 註）。**焣**俗（龍 241/05）。//**筥**渠舉反（慧 74/942a）；炬古作筥也（慧 7/523a "秉法炬" 註）。

粔：**粔**音巨（龍 304/08）（玄 5/73a）（慧 34/87a）。

秬：**秬**其呂反黑黍（龍 145/04）（紹 195b7）。

詎：**詎**其呂反詞也豈也不定也（龍 044/07）（玄 2/28a）（玄 20/273b）（玄 23/315c）（慧 49/396b）（慧 1/404a）（慧 18/765b）（慧 26/937b）（慧 97/280b）（紹 185a7）；距古文詎同（玄 9/124c、慧 46/328b "棠距" 註）。

罝：**罝**其呂反罜也（龍 330/01）。

齟：**齟**其呂反斷腫也（龍 312/04）。

鉅：**鉅**音巨澤名也又大也（龍 014/09）（慧 34/75b）（慧 88/137a）（紹 180a10）；巨說文巨大作鉅（玄 6/88c "巨身" 註）（玄 10/137a、慧 45/304a "巨細" 註）（玄 22/298c、慧 48/386a "巨力" 註）（慧 27/986b "巨身" 註）。

距：**距**其呂反（龍 461/05）（玄 9/124c）（慧 46/328b）（紹 137a8）；舺又作距同（玄 11/142b、慧 56/551b "鱗舺" 註）。//舺：**舺**正音巨與矩同（龍 512/01）（玄 11/142b）（慧 56/551b）。**鮔**俗音巨（龍 169/03）；舺字從角從魚作鮔非也（慧 56/551b "鱗舺" 註）。//躆：**躆**或作音巨與矩同又音居（龍 512/01）；舺又作躆同（玄 11/142b、慧 56/551b "鱗舺" 註）。

駏：**駏**音巨駏驉（龍 293/03）（玄 12/156a）（慧 52/476b）（玄 13/178c）（慧 54/509b）（玄 14/195b）（慧 59/648a）（玄 17/236c）（慧 74/951b）（慧 78/1050a）（慧 85/93b）（紹 166a5）。

郇：**郇**音句（龍456/07）（紹169a5）。

峋：**峋**俱句二音峋嶁山名（龍074/03）。

篛：**篛**音句竹名（龍393/08）。

怚：**怚**將恕反憍也（龍061/04）。

跙：**跙**徐吕反（龍461/01）（玄5/73a）（慧32/41b）；趄集作跙（慧99/326b"趙趄"註）。

倨：**倨**居預反（玄23/319a）（慧15/706b）（慧23/872b）（慧30/1039a）（慧36/126a）（慧39/176b）（慧51/441b）（慧92/208b）（紹128b4）；踞經文作倨非體也（玄7/104c"如踞"註）（玄16/221c、慧65/764a"踞狆"註）；拘紉經文作倨靷非體也（玄12/156c、慧52/478a"拘紉"註）；據或作倨（慧4/460b"據憿"註）。

踞：**踞**居御反（龍463/03）（玄6/83c）（玄7/104c）（玄16/221c）（慧65/764a）（慧13/654a）（慧24/886b）（慧27/974b）（慧29/1025b）（慧33/58a）（慧42/238a）（慧54/522b）（慧57/583b）（慧86/107b）（慧89/165a）（慧98/293b）（慧98/294a）（希7/399c）（紹137a7）；倨經從足作踞誤也（慧51/441b"倨憿"註）。**踞**古文音鋸[1]（龍186/03）。

鋸：**鋸**居去反刀鋸也（龍016/08）（慧7/516b）（慧13/649b）（慧24/887b）（慧62/705a）（慧66/784a）（慧68/827a）（慧79/1058a）（慧81/9b）（慧83/58b）（紹180a4）。

堅：**堅**才句反垛也（龍251/04）（玄19/255c、慧56/561b"勝隊"註）。**阻**又俗才句反垛也[2]（龍297/04）。

聚：**聚**才句反（玄14/186b）（慧59/634a）（玄6/81b）（玄17/234b）（慧70/860b）（慧4/457a）（慧11/610b）（慧12/624a）（慧14/662b）（慧16/710a）（慧21/823b）（慧27/970b）（慧49/412a）（慧57/584b）（希2/362a）（希8/409a）；隊古文麣聬二形今作聚同（玄5/69a、慧10/582a"鹿隊"註）（玄7/95b、慧28/999a"墟隊"註）（玄13/177b、慧52/479a"隣隊"註）（玄13/181b、慧54/519a"隊中"註）（玄20/273a、慧75/979b"一鄹"註）。**聚**慈雨反衆也共也歛也會也（龍549/04）。**冣**音聚（龍550/03）。**翭**才喻反（龍552/08）。**取**音聚（龍525/03）。//麣：**麣**古才句才雨二反今作聚（龍456/05）；隊古文麣今作聚同（玄7/95b、慧28/999a"墟

①參見《疏證》287頁。
②參見《龍龕手鏡研究》265頁。

隊" 註）（玄 13/177b、慧 52/479a "隣隊" 註）（玄 13/181b、慧 54/519a "隊中" 註）；聚古文顇聭二形同（玄 14/186b、慧 59/634a "聚落" 註）；鄹古文顇聭二形今作聚同（玄 20/273a、慧 75/979b "一鄹" 註）。**顇**隊古文顇形今作聚同（玄 5/69a、慧 10/582a "鹿隊" 註）。**聭**古才句才雨二反今作聚（龍 456/05）；古文顇聭二形今作聚同（玄 13/177b、慧 52/479a "隣隊" 註）（玄 13/181b、慧 54/519a "隊中" 註）（玄 20/273a、慧 75/979b "一鄹" 註）。**聭**隊古文聭形今作聚同（玄 5/69a、慧 10/582a "鹿隊" 註）（玄 7/95b、慧 28/999a "墟隊" 註）；聚古文顇聭二形同（玄 14/186b、慧 59/634a "聚落" 註）。//隊：**隊**音聚古文今作聚同（龍 297/06）（玄 5/69a）（慧 10/582a）（玄 7/95b）（慧 28/999a）（玄 13/177b）（慧 52/479a）（玄 13/181b）（慧 54/519a）；墟聚經從阜作隓隊非正也今之時行也（慧 57/584b "墟聚" 註）；鄹集本作隊俗字也（慧 96/266b "鄹魯" 註）。**隆**鄹正聚音又從遇切（紹 169b8）。//鄹：**鄹**聚音又從遇切（紹 169a6）。**鄹**又音聚（龍 455/04）。**鄹**鄹經文作～誤也（玄 20/273a、慧 75/979b "一鄹" 註）。**聥**才喻反[1]（龍 314/10）。**聭**才喻反龍（314/10）。

灙：**聚**音聚水聲亦去聲（龍 232/01）。

劇：**劇**正奇逆反增也更甚於前也（龍 099/05）（慧 1/416a）（慧 3/446b）（慧 5/494b）（慧 7/519a）（慧 32/29a）（慧 34/80b）（慧 38/159a）（慧 53/503b）（慧 76/999b）（慧 79/1054a）（慧 79/1060a）（慧 80/1087a）（慧 94/230b）。**劇**渠逆反（慧 14/676a）。**劇**劇正竭戟切（紹 139b7）。**劇**俗（龍 099/05）（紹 139b7）；劇經中作～俗字訛也（慧 1/416a "劇苦" 註）（慧 7/519a "劇苦" 註）（慧 34/80b "極劇" 註）（慧 38/159a "作劇" 註）（慧 53/503b "痛劇" 註）。

詎：**詎**通音渠（龍 028/03）。**詎**俗渠具二音（龍 025/03）。**詎**俗音渠（龍 028/03）。

遽：**遽**正其據反（龍 493/04）（慧 48/392b）（慧 11/601b）（慧 13/657b）（慧 15/689a）（慧 15/706b）（慧 16/720b）（慧 41/214b）（慧 45/313b）（慧 56/575a）（慧 57/587a）（慧 77/1025b）（慧 89/155a）（慧 91/192b）（慧 97/274b）（希 2/363a）（希 3/374a）（希 9/412a）。**遽**渠庶反（慧 25/926b）（紹 138b2）。**遽**渠庶反（玄 2/23c）（玄 22/302b）（慧 23/864b）（慧 23/867a）（慧 23/871b）（慧 33/58b）；憷又作遽同（玄 3/35c、慧 09/569a "恐憷" 註）；遽經文作～謬也（慧 13/657b "怱遽" 註）。**遽**通其據反（龍 493/04）。**遽**渠庶反（慧 24/896b）。

---

①參見《龍龕手鏡研究》271 頁。

懅：懅 音巨（慧78/1034a）；遽又作懅同（慧48/392b“遽務”註）（慧45/313b“怖遽”註）（慧57/587a“怚遽”註）（慧89/155a“遑遽”註）（慧91/192b“怖遽”註）（慧97/274b“遽然”註）。懅正其庶反畏也怖也（龍59/04）（玄3/35c）（慧09/569a）；遽經文有作懅二形通用（玄2/23c“怖遽”註）（玄22/302b“遽務”註）（慧25/926b“怖遽”註）（慧33/58b“怖遽”註）（慧77/1025b“遽然”註）；據經作懅非也（慧51/445b“據理”註）。懅懅正渠音又其據切（紹130a4）。懅俗（龍59/04）。懅巨魚反（慧19/787b）。

據：據居御反（慧4/460b）。據居御反（慧51/445b）；詎經文作據非體也（玄20/273b、慧75/980a“詎知”註）（慧14/667a“據卑牀”註）。據 居御反（慧14/667a）。

劇：劇正其據反勤務也又疾懼也（龍517/07）。劇俗其據反（龍517/07）。

醵：醵或作其虛其據二反（龍311/03）。醵今其虛其據二反（龍311/03）。

虡：虡其呂反栒虡所以懸鐘橫曰栒縱曰虡亦作簴（龍200/04）。//鐻：鐻居去反樂器也（龍016/08）。//簴：簴正其呂反簨簴（龍392/02）。簴俗（龍392/02）。

虡：虡其呂反（龍200/05）（慧1/412a“伎樂”註）。虡渠呂反（慧97/277b）。//櫖：櫖 櫖集從虛作櫖非也（慧99/312a“楓櫖”註）。

寠：寠 劬縷反（慧61/680a）（慧61/685a）（慧64/756a）（慧81/13a）（慧82/29a）（慧94/226b）。寠寠其主反貧無礼也正從穴作（龍156/4）（玄8/109b）（玄20/266c）（慧33/53b）（慧14/667a）（慧57/584b）（慧97/286a）（紹194a5）。//窶：窶正其矩反貧無禮也（龍508/2）（玄1/3c）（玄5/74b）（玄7/95c）（玄12/165c）（慧20/803b）（慧22/836b）（慧28/999b）（慧28/1007a）（慧44/291a）（慧75/979a）（慧92/207a）（希9/413c）（紹194b9）；寠傳從穴作窶非（慧81/13a“貧寠”註）。寠俗（龍508/2）。

屨：屨俱遇反（慧62/712b）（慧63/725b）（慧84/75b）（慧99/314b）。屨俱遇反（慧61/696b）（慧97/286b）（紹172b1）。屨音句（龍164/04）。屨屨正句音（紹172b1）。屨屨正句音（紹172b1）。//藟藟録作蘽非（慧81/2b“葛藟”註）。

具：具瞿遇反經文作且書寫誤也（慧24/897a）（慧79/1059a）。

䢐：䢐其矩反䢐盨負載器也（龍328/09）。

懼：懼音具怖畏也驚恐也（龍059/05）（慧7/526b）（慧8/553b）（慧18/751b）；瞿正從二目作

眴今傳作懼誤也（慧87/124a "瞿然" 註）。**懼** 懼正具遇切（紹131a7）。**懼** 懼正並具遇切（紹131a7）。**奠** 俗音具（龍357/09）。**奠** 俗音具（龍357/09）。**思** 懼古文作愳（慧7/526b "惶懼" 註）（慧8/553b "怯懼" 註）。

Juan

juān 挶：**挶** 音緣（慧29/1025a）。**挶** 悦淵反（慧33/69a）（慧41/225b）（希1/358b）。**挶** 音緣（龍207/03）（玄2/24b）（玄6/87c）（玄6/90a）（玄20/266c）（玄23/306b）（慧47/353b）（玄24/321b）（慧70/865a）（慧6/515a）（慧7/528a）（慧11/614b）（慧11/618b）（慧12/625b）（慧13/646a）（慧13/653b）（慧15/701a）（慧21/816a）（慧25/927b）（慧27/983b）（慧27/990a）（紹133b2）。

涓：**涓** 決玄反（慧95/243b）。**涓** 古玄反（龍228/03）（玄11/142b）（慧56/552a）（玄12/156a）（慧52/456a）（玄12/165c）（慧75/978b）（玄18/249a）（慧73/919b）（慧80/1090a）（慧84/71b）（慧100/350b）（紹186b6）。

娟：**娟** 一緣反（慧98/306b）。**娟** 於緣反嬽娟舞兒也又儇娟好姿態兒（龍280/08）。（玄19/256a）（慧56/561b）（希6/396c）（紹142a4）。

焆：**焆** 古玄反明也又於決反火光也（龍240/08）。

稍：**稍** 古玄反麥也（龍143/05）（玄19/259b）（慧56/567a）（玄22/298c）（慧48/386a）。//**麲** 俗古玄反正作稍（龍505/01）；稍經文作～非體也（玄19/259b、慧56/567a "麦稍" 註）。

絹：**絹** 羂亦作絹（慧34/75a "羂索" 註）。**繯** 古椽反（希5/388b）。

鵑：**鵑** 古玄反杜～鳥也（龍287/01）。

覷：**覷** 古玄反遠視兒（龍344/02）。

蠲：**蠲** 古玄反（龍540/08）（玄1/18c）（玄6/85c）（玄22/300a）（慧48/388a）（玄23/314c）（慧50/423b）（慧2/422a）（慧5/477b）（慧12/622b）（慧12/633b）（慧17/729a）（慧21/817b）（慧25/912b）（慧27/979a）（慧28/1009b）（慧29/1020b）（慧32/46a）（慧45/316b）（慧51/447a）（慧72/897b）（慧87/118a）。**蠲** 古玄反（龍540/08）。

蒦：**蒦** 正祖兗反（龍260/08）（紹155a2）。**蒦** 通（龍260/08）。

鐫： 鐫俗子泉反鑽斲也（龍 008/06）（慧 81/9a）（慧 83/52a）（慧 83/63b）（慧 84/84b）（希 6/

395b）（希 10/421a）（紹 180a9）。鐫俗（龍 008/06）；鐫録從乃非也（慧 81/9a "鐫之" 註）

（希 10/421a "鐫石" 註）。劵俗（龍 339/05）（紹 180a9）；考聲切韻正作此鐫作鐫俗字

也（慧 83/63b "匠鐫" 註）（慧 84/84b "鐫石" 註）。鐫紫緣反（慧 63/725a）（慧 80/1078b）

（慧 80/1084b）（慧 82/37a）（慧 85/95b）（慧 91/183a）（慧 97/276a）。鐫俗（龍 092/06）。劵

新藏作鐫（龍 148/04）；鐫傳作～俗字也（慧 83/52a "鐫鑿" 註）。//鐫： 鐫正（龍

008/06）。鐫俗（龍 008/06）。//鋑： 鋑古文同上［鐫］（龍 008/07）（紹 180b4）；贊

經文作鋑古文鐫字（慧 52/474a "矛贊" 註）；贊經文作鋑非體也（玄 11/140a、慧 56/

547b "贊矛" 註）（慧 52/473b "矛贊" 註）（初編玄 568 "矛贊" 註）。

膳： 膳正子兖反膔少汁也（龍 412/01）。膳或作（龍 412/01）。//膳： 膳遵為反～膔也

（龍 408/07）。//燋： 燋正遵為反燋膔也與膳同（龍 240/03）。燋或作（龍 240/03）。

燋或作（龍 240/03）。//燋俗（龍 240/03）。

陒： 陒居轉反河東安邑聚名（龍 297/04）。

堎： 堎音卷塚土也（龍 249/09）。

勬： 勬音眷又居員反（龍 517/09）（玄 19/254c、慧 56/560a "勬勇" 註）。

罔： 罔音眷亦還頭也（龍 361/01）。

詃： 詃古犬反誘也（龍 045/07）（慧 42/244b）（慧 60/671a）（慧 62/710a）（希 9/415c）（紹 185

b5）；眩經文作詃非也（慧 78/1049b "眩惑" 註）。

卷： 卷奇貟反（玄 14/195c）（慧 59/649a）（玄 15/206c）（慧 58/606a）（玄 22/290b）（慧 48/374a）

（慧 25/918b）（慧 67/802b）；桊經作卷誤也（慧 31/23a "牛桊" 註）；孿經作卷非也（慧

78/1038b "孿水" 註）；捲或作卷也（慧 99/328a "捲華" 註）。//弓古文音眷今作卷（龍

151/09）。弓古文音眷今作卷（龍 151/09）（龍 552/05）。

倦： 倦狂願反極也懈也上［止］也（龍 032/09）（慧 3/442a）（慧 4/466a）（慧 13/645a）（慧 27

/966b）（慧 41/215a）（慧 44/291b）（慧 78/1048a）（慧 80/1080b）（慧 89/152b）（慧 96/262b）（希

1/357a）（希 9/416a）（紹 129a6）；捲論文有作疲倦之倦非也（玄 10/137b、慧 45/304b "師

捲" 註）；惓或從人作倦（慧 33/64b "疲惓" 註）。倦倦亦券字或作勌有作惓字並

不知所從也（慧 27/966b "倦" 註）。

勌： 勌居員反（龍 517/01）（慧 90/173a）（紹 145a9）；倦或作勌（慧 3/442a "懈倦" 註）（慧 4/466a "疲倦" 註）（慧 80/1080b "不倦" 註）（慧 89/152b "忘倦" 註）（慧 96/262b "俱倦" 註）（希 1/357a "勞倦" 註）（希 9/416a "疲倦" 註）。

惓： 惓渠眷反悶也（龍 061/04）（慧 33/64b）（紹 130b8）；倦或作惓（慧 3/442a "懈倦" 註）（慧 4/466a "疲倦" 註）（慧 44/291b "疲倦" 註）（慧 78/1048a "疲倦" 註）；眷經作惓非也（慧 19/787b "眷戀" 註）。惓俗初責反①（龍 063/03）。惓初界切（紹 130b1）。

港： 港倦音（紹 188a5）。

圈： 圈求願反又上聲（龍 175/06）（玄 15/202a）（慧 58/618b）（玄 17/237c）（慧 74/953a）（玄 20/265b）（慧 39/170b）（慧 68/821b）（紹 174a8）。圈音倦（175/06）。

睠： 睠俗音卷（龍 314/04）。

觠： 觠渠眷反緣鞾縫也（龍 336/03）。

眷： 眷居院反（玄 7/100a）（慧 19/787b）（慧 82/24b）（慧 83/56a）（慧 87/129a）（慧 88/142a）（慧 99/313a）；睠或作眷同（慧 91/191b "宸睠" 註）。//睠厥倦反字書正作眷②（慧 94/232b）；眷或作～（慧 82/24b "眷西海" 註）。//觀： 觀眷或作觀（慧 82/24b "眷西海" 註）。//睠： 睠音眷迴顧也（龍 421/08）（慧 88/144a）（慧 91/191b）（慧 91/193a）（紹 142b5）；眷序作睠俗字也（慧 82/24b "眷西海" 註）（慧 83/56a "宸眷" 註）（慧 87/129a "迴眷" 註）（慧 99/313a "左眷" 註）。睠俗音卷正作睠還顧也（龍 414/07）；睠字書正作眷傳文作睠俗字也（慧 94/232b "天睠" 註）。

惓： 惓俗居倦反音義作眷或作睠③（龍 059/09）；眷經文作惓非也（玄 7/100a "眷戀" 註）。

夯： 夯丘員反古縣名又音眷曲也又書夯今作卷（龍 151/01）。

蔂： 蔂音眷（龍 223/09）；虵經作蔂（玄 20/268c、慧 33/56a "虵同" 註）。

絭： 絭去願反束腰繩也又音眷連弩也又居玉反纏臂繩也（龍 402/04）。

---

① 《字典考正》："惓" 字之訛（151）。
② 參見《字典考正》279 頁。
③ 《龍龕手鏡研究》："惓" 即 "眷" 的俗字（174）。

卷：**卷**桊圈二音黄豆也（龍 359/09）。

桊：**桊**音眷（龍 383/08）（玄 4/51c）（慧 31/23a）（玄 13/169c）。

狷：**狷**古縣古掾二反（龍 319/03）（玄 9/121c）（慧 46/323b）（慧 82/31b）（慧 82/40b）（慧 84/79b）（紹 166b9）。**恕**古文音絹今作狷（龍 068/04）；狷古文恶形（玄 9/121c、慧 46/323b "狂狷" 註）。**愳**狷或作獧古文作～（慧 82/31b "狷急" 註）。

瓵：**瓵**古縣反盆底孔也（龍 316/07）。

睊：**睊**古玄反視皃（龍 419/07）。

罥：**羂**古縣反（龍 330/03）；罥三蒼古文作羂同（玄 1/18a "罥索" 註）（慧 46/335a "所罥" 註）（玄 10/132a、慧 49/406a "羂強" 註）（慧 12/638a "魔罥" 註）（慧 25/910b "罥索" 註）；羂或作羂（慧 1/413b "羂取" 註）（慧 8/554b "魔羂" 註）（慧 8/554b "魔羂" 註）（慧 11/607b "羂網" 註）。//羂：**羂**古犬反（慧 49/406a）（慧 11/607b）（慧 30/1039b）；罥經文作羂（慧 29/1018b "羂網" 註）。**羂**圭犬反（龍 329/09）（玄 10/132a）（玄 11/146a）（玄 23/313a）（慧 50/421a）（玄 25/333a）（慧 71/884a）（慧 26/956a）（慧 61/683b）；罥正體作羂作罥慧（慧 8/544a "罥網" 註）（慧 51/438a "罥索" 註）。**羂**涓兗反（慧 34/75a）。**羂**癸兗反（慧 4/474b）（慧 17/735a）（慧 19/774a）（慧 29/1025a）（慧 32/28b）（慧 69/838b）。**羂**古犬反（慧 52/460a）（慧 1/413b）（慧 8/554b）（慧 78/1041b）（希 2/362b）；罥亦作羂（慧 12/638a "魔罥" 註）。**羂**俗（龍 156/09）。//罥：**罥**古犬反（玄 1/18a）（玄 9/128b）（慧 46/335a）（慧 25/910b）（紹 197b10）。**罥**圭犬反（龍 329/09）（玄 15/207b）（慧 58/607b）（慧 8/544a）（慧 12/631b）（慧 12/638a）（慧 21/830b）（慧 23/870a）；羂又作罥同（玄 10/132a、慧 49/406a "羂強" 註）（玄 11/146a、慧 52/460a "擭羂" 註）（玄 23/313a、慧 50/421a "羂索" 註）（玄 25/333a、慧 71/884a "持羂" 註）（慧 4/474b "羂取" 註）（慧 8/554b "魔羂" 註）（慧 11/607b "羂網" 註）（慧 19/773b "愛羂" 註）（慧 26/956a "羂索" 註）（慧 30/1039b "羂縛" 註）（慧 61/683b "羂索" 註）（慧 69/838b "羂索" 註）（慧 78/1041b "人羂" 註）（希 2/362b "羂索" 註）。**罥**決兗反（慧 15/689b）。**罥**決泫反（慧 51/438a）。**罥**決兗反（慧 29/1019a）。**罥**涓兗反（慧 77/1014b）。

獧：**獧**古縣反（龍 319/05）；狷今作獧同（玄 9/121c、慧 46/323b "狂狷" 註）（慧 82/31b "狷

急"註)。

孌：孌正居願反～吷物也又芳萬反量也（龍 181/05）（玄 4/61c）（慧 44/283a）（慧 58/627a）
（慧 35/109a）（慧 78/1038b）（希 7/400a）（希 7/404b）（紹 147b7）。孌今（龍 181/05）（玄 14/196c）（慧 59/650b）（玄 15/212c）（慧 74/952b）（慧 61/687b）。孌九万反（玄 16/215c）（慧 65/775a）（玄 17/237c）（慧 19/778a）（玄 19/261c）（慧 37/141a）。孌古（龍 181/05）。孌或作（龍 181/05）。

弲：弲古縣反辮也（龍 152/02）。

jue

juē 屩：屩居略反（慧 56/558b）（慧 35/102b）（慧 63/733b）（慧 92/196b）（慧 97/286a）。屩居虐反（玄 14/191b、慧 59/641b "木屩" 註）。屩正居約反履也鞋別名也（龍 164/07）。屩脚音（紹 172b2）。屩居略反（玄 19/253c）（紹 172b2）。屩俗（龍 164/07）。屩俗（龍 164/07）。屩脚音（紹 172b2）。//轎：轎屩或作蹻轎又音薑虐反（慧 35/102b "鞿屩" 註）。

jué 決：決胡珙反（慧 46/328b）（慧 39/172b）；決決字從兩點不從水邊其從水音乃是水行之決字也（慧 21/816b "決定" 註）。決古穴反（玄 1/21c）（玄 9/124c）（慧 2/428b）；穴有作決（慧 25/920b "穿穴" 註）。

抉：抉伊決反（龍 216/10）（玄 21/283b "自抉" 註）（慧 62/705a）（慧 62/717a）（慧 82/34a）（慧 82/41b）（紹 133b7）。抉淵決反（慧 14/661b）。

袂：袂決音（紹 158a2）。

玦：玦古穴反珮～也（龍 438/06）（玄 14/190c）（慧 59/640b）（慧 42/243a）（慧 83/66a）（紹 140b7）；缺經文作玦非此義也（玄 8/112c、慧 16/721b "玷缺" 註）。

眣：眣古穴反目患（龍 424/01）。

痏：痏正音血瘡裏空也又古穴反（龍 478/04）。痏俗（龍 478/04）。

蚗：蚗古穴反蚗蚗蟪蛄虫名也（龍 225/08）。

觖：觖古穴反觖望怨望也又窺瑞反（龍 513/04）。

趉：趉正（龍 326/03）。趉今古穴反馬疾行也（龍 326/03）。

趹：趹古穴反足痛也（龍 465/03）。

鈌：鈌一決古悦二切（紹 181a5）。鈌古穴乙穴二反破也（龍 020/07）；決亦作鈌（慧 3 9/172b "結決" 註）。

觖：觖同上［古穴反］別也（龍 050/08）（玄 7/98c）（玄 9/126c）（慧 46/332a）（玄 13/181a）（慧 5 4/508b）（玄 20/267a）（慧 33/54a）（慧 22/841b）（慧 26/956b）（慧 92/195b）（慧 97/276a）（紹 18 6a4）。

鴂：鴂音決（龍 287/01）（玄 19/258b、慧 56/566a "梟鴂" 註）（慧 88/138a）（希 10/421c）。

駃：駃古穴反（龍 294/01）；駃經文從夬作駃（玄 2/29b "駃河" 註）（慧 12/637a "駃流" 註）（慧 15/684a "駃河" 註）（慧 16/713a "駃急" 註）（慧 18/765a "駃流" 註）（慧 21/825a "駃流" 註）（慧 26/942b "駃河" 註）（慧 29/1014b "持駃水" 註）（希 3/374a "駃流" 註）；決今經本從馬作駃是駃騠字馬屬也（慧 39/172b "結決" 註）（慧 66/789b "能駃" 註）。

絕：絕音絕（龍 141/03）。

蕝：蕝子悦子芮二反束茅表位（龍 264/09）。

劂：劂子悦反～斷物也（龍 100/05）。劂子悦反～斷物也（龍 518/05）（紹 191b10）。//挩：挩子雪反手挩斷也（龍 218/09）。

哯：哯角音[1]（龍 271/07）（玄 15/205b）（慧 58/604a）。

捔：捔音角又士角反（龍 216/01）（慧 72/905b）（慧 74/947a）（慧 91/190a）（希 3/368b）（紹 133 a8）；角論作捔非此義也（慧 68/823b "角論" 註）（希 5/387b "角勝" 註）；摧亦從車作較亦作捔（慧 81/13b "商摧" 註）。捔音角（慧 12/630a）；角經從手作捔非也（慧 40/188b "角勝" 註）（慧 40/194b "角勝" 註）（慧 61/684a "角力" 註）（慧 76/995b "角試" 註）。

楟：楟音角（龍 384/05）（玄 16/223a）（慧 64/751b）（玄 18/246c）（慧 73/925b）（紹 157a7）；角亦作斛志作楟非（慧 77/1023b "角處" 註）。

殈：殈巨勿反殭也（龍 516/02）。

倔：倔渠勿切（紹 128b8）。

掘：掘渠物反（龍 216/03）（玄 4/49b）（玄 8/117b）（玄 14/188b）（慧 59/637a）（玄 20/264b）（慧 1

---

①參見《龍龕手鏡研究》249 頁。

0/593a)(慧 14/674a)(慧 19/779b)(慧 35/103a)(慧 37/146b)(慧 39/179a)(慧 40/196b)(慧 50/419a)(慧 61/695b)(慧 63/731a)(慧 64/749a)(慧 65/766b)(慧 69/838b)(慧 78/1040a)(紹 132a6)。//拴俗其月反正作拴[栓](龍 217/09)[1](紹 133b2)。拴俗其月反正作拴[栓](龍 217/09)。桂誤經音義作掘[2](龍 387/03);掘經文作～誤也(玄 8/117b"掘土"註)(慧 37/146b"掘土"註)。//𨊻俗音掘[3](龍 363/08)。

崛:崛正渠勿反山短而高(龍 078/05)(慧 29/1030a)(紹 162a8);崫或作崛也(慧 97/288b"隆崫"註)。崫又同上[崛](龍 078/05)(慧 97/288b)。屈或作(龍 078/05)。崛居月反(龍 537/03)。

琚:琚俗渠忽反(龍 438/09)(紹 140b6);屈奇經文從王作琚琦二形非也(玄 8/112a"屈奇"註)。

裾:裾渠物反衣短也(龍 109/04)。

趉:趉其月反行越也(龍 326/04)。趉九勿反卒走皃(龍 326/04)。

踞:踞正渠勿反足刃也玉篇强也(龍 467/09)。//跍:跍俗(龍 467/09)。

鷢:鷢九勿反～鳩也又去勿反～鳥名(龍 290/04)。

欮:欮居月反發也(龍 355/06)。

厥:厥正居月反其也亦短也(龍 303/01)(紹 198a4);蹎蹶經文作顛厥非體也(玄 4/58b、慧 43/273b"蹎蹶"註)。厥俗(龍 303/01)。厥俗(龍 303/01)。厥俗(龍 303/01)。厥俗(龍 303/01)。厥俗(龍 303/01)。

劂:劂居月反剞劂(龍 100/05)(慧 82/36a)(慧 86/108b)(慧 98/294a)(紹 198a4)。//剧:剧又音厥(龍 099/03);劂或從屈作剧(慧 98/294a"剞劂"註)。

𫩂:𫩂居月反强力也(龍 518/04)。

撅:撅居月反撥物也(龍 217/08)(紹 132b9)。

蕨:蕨居月其月二切(紹 156b2)。蕨《新藏》作厥(龍 265/02)。

噘:噘俗音厥(龍 277/08)。噘俗居衛巨月二反(龍 275/02)。

①參見姚永銘《慧琳〈一切經音義〉研究》77 頁。
②參見《龍龕手鏡研究》306 頁。
③《叢考》:此字應是"掘"的會意俗字(1186)。

橛： 檗同上［橛］又居月反（龍 384/06）（玄 14/187c）（慧 59/636a）（慧 42/245b）（希 5/387a）（希 8/405b）（希 9/413b）（紹 157b2）；橛或作檗（慧 31/19b "門橛" 註）（慧 37/138b "作橛" 註）（慧 38/158a "鐵橛" 註）（希 5/385a "木橛" 註）（希 6/397a "網橛" 註）。𣔲檗正巨月居月二切（紹 198a2）。橛 其月反（龍 384/06）（玄 8/110b）（慧 32/35b）（玄 9/125c）（慧 46/330a）（玄 13/178a）（慧 52/481a）（慧 31/19a）（慧 35/110b）（慧 36/118b）（慧 36/126b）（慧 37/134b）（慧 37/138b）（慧 38/158a）（慧 57/598a）（慧 61/683a）（慧 62/718a）（慧 68/831b）（慧 79/1058a）（慧 84/82b）（希 5/385a）（希 6/397a）（紹 157b2）；檗又作橛（希 5/387a "三檗" 註）（希 8/405b "釘檗" 註）。撅權月反（慧 26/944a）。//栓： 栓橛經作栓云木入土為橛是天后朝時有人偽造進奉尋以停癈不堪行用（慧 36/127a "如釘橛" 註）（慧 42/245b "鐵檗" 註）（慧 68/831b "於橛" 註）。栓古文其月反今作橛（龍 386/01）。捈橛經作～俗非也（慧 36/118b "橛子" 註）。栓橛有作栓俗字後世濫行非正體也（慧 26/944a "安橛於空" 註）（慧 35/110b "鐵橛" 註）。

瘚： 㾈今居月反氣逆病也（龍 478/04）。//瘚： 癞正（龍 478/04）。

趉： 趉居月反（龍 326/03）（玄 15/205b）（慧 58/603b）；蹶亦作趉（慧 68/823a "趈蹶" 註）。趨蹷或從走作～（慧 97/276a "蹷然" 註）。

蹶： 蹶正居月反（龍 466/06）（玄 1/8c）（玄 1/13c）（玄 4/58b）（玄 7/102b）（玄 8/109b）（玄 12/166b）（玄 14/198b）（玄 17/228c）（玄 19/257c）（玄 20/275a）（玄 21/277c）（玄 23/316b）（玄 23/316c）（玄 24/329c）（慧 12/639b）（慧 17/741b）（慧 28/1006b）（慧 30/1044b）（慧 42/235a）（慧 43/273b）（慧 49/398a）（慧 51/438b）（慧 52/454b）（慧 54/515b）（慧 55/545b）（慧 56/565a）（慧 59/653b）（慧 67/816a）（慧 68/823a）（慧 70/877b）（慧 74/952b）（慧 76/992a）（慧 79/1055a）（慧 79/1060b）（紹 137a10）；蹷論文作蹶（玄 9/124a、慧 46/327b "則蹷" 註）。蹶巨月居月二反（玄 17/237b）（紹 137a10）。蹶俗（龍 466/06）。蹶俗（龍 466/06）。蹶居月反（玄 13/180b）。//蹷： 蹷俗（龍 466/06）（玄 9/124a）（玄 22/293a）（慧 46/327b）（慧 48/377b）（慧 51/448b）（慧 97/276a）。蹷俗（龍 466/06）。蹷俗其月反正作蹷倒也跳也（龍 301/09）。蹷俗（龍 301/09）。蹷俗（龍 301/09）。//蹳俗（龍 466/06）。//蹞俗（龍 466/06）；蹷或作蹞同（玄 9/124a、慧 46/327b "則蹷" 註）（玄 22/293a、慧 48/377b "蹎蹷" 註）；蹶或作

蹶同（玄 14/198b、慧 59/653b "俱蹶" 註）（玄 17/228c、慧 67/816a "俱蹶" 註）（玄 24/329c、慧 70/877b "雛蹶" 註）。

鱖： 鱖其月反（龍 513/01）（慧 39/169a）；掘經文從角從厥作鱖音權月反俗語非也（慧 35/103a "掘去" 註）（慧 39/179a "掘去" 註）。

鏃： 鏃正其月反磨鏃之皃（龍 020/04）。鏃俗（龍 020/04）（紹 180a8）；概論文作鏃非今義（玄 9/125c、慧 46/330a "銅橜" 註）。鏃鏃正居月切（紹 172a6）。

臄： 臄其月反尾本也（龍 481/06）。

鷢： 鷢渠月反白～鳥也（龍 289/05）。

鱖： 鱖居月居衛二反大口細鱗有斑文又曰婢魚（龍 171/08）。

摧： 摧俗角殼二音正作攉（龍 171/08）。摧俗角殼二音正作攉（龍 219/01）（慧 58/607b）（慧 16/713b）（慧 61/690b）（慧 62/710a）（慧 91/183b）（慧 93/211b）（慧 93/213a）（紹 134a10）；較古文摧同（慧 75/967a "大較" 註）；捔字書又作摧也（慧 72/905b "捔勝" 註）。攉苦角反（玄 15/207b）（玄 20/268a）（慧 33/55b）（紹 134a10）；較古文攉同（玄 4/50a、慧 34/095a "都較" 註）（玄 7/92b、慧 28/995a "較略" 註）（玄 7/103a、慧 24/893b "都較" 註）（玄 8/113b "辜較" 註）（玄 11/150c、慧 52/470a "較之" 註）（玄 12/162c "大較" 註）（玄 18/250a、慧 73/935a "比較" 註）；確論文作攉非躰也（玄 18/249a、慧 73/919a "確然" 註）。

騅： 騅音角馬白額也（龍 294/04）。

珏： 珏覺音（紹 141a6）。珏音角二合玉也（龍 439/02）。//觳： 觳角觳二音雙玉名也（龍 194/07）。

爵： 爵子藥反（玄 10/137c）（慧 25/913a）（紹 176a4）（紹 203b7）。爵子藥反（慧 45/305b）（中 62/709a）。爵即畧反正作爵爵祿也（龍 367/05）。爵爝集作爵俗字（慧 97/280a "爝火" 註）。爵即畧反正作爵祿也（龍 367/05）。爵即畧反正作爵祿也（龍 367/05）。//鏺： 鏺①子略反（龍 021/03）。

撋： 撋在藥反捎撋也（龍 219/01）。

嚼： 嚼匠雀反正體字也（慧 60/666a）。嚼慈藥反（慧 71/886b）（慧 27/973b）。嚼牆藥反

---

①《叢考》：即 "鏺" 字俗寫，而 "鏺" 當又即 "爵" 的增旁俗字（1084）。

正嚼字也經本作嚼俗字（慧62/698a）（慧62/704b）（慧92/209a）；嚼正從㕚作～正體字也（慧64/756b "咀嚼" 註）。 嚼牆藥反（慧45/310b）。 嚼牆略反（慧94/235a）。 爵匠略反（慧68/828b）。 爵今在藥反（龍276/04）（玄6/83a）（慧49/399b）（慧32/31b）（慧40/189b）（慧51/437b）（慧64/756b）（慧66/796a）（慧72/900a）（慧79/1053b）（紹184a1）。 爵正在藥反（龍276/04）（玄16/221a）（慧65/781b）（玄23/317b）（玄25/334c）（慧14/664b）（慧80/1082b）。 嚼嚼正疾著切（紹184a1）。//嶉：嶉又俗在雀反（龍268/04）。

爝： 燋焦躍反論本云爝俗字（慧49/412a）（慧83/56b）。 熦將削反（慧86/104b）（慧91/188b）（慧97/280a）。 燆音爵（慧86/116b）。 爝將藥反（慧87/127a）（慧88/149a）（希10/420a）（紹189b8）。 㷶爝論從火作～俗字也（慧86/116a "爝火" 註）。 爝正即略反（龍244/10）（慧88/136a）（慧90/175b）。 爝俗即略反（龍244/10）。

㵯： 㵯余律古穴二反（龍237/02）（慧98/299a）。

襆： 襆古穴反衣袖（龍108/04）。

譎： 譎公穴反（玄5/67b）（慧34/93a）（慧82/33b）（慧85/99b）（慧92/205b）（慧93/222b）（慧97/283a）（慧98/296b）（慧100/339b）（紹186a4）。 譎古穴反詐也（龍050/08）。//憰：憰譎或作憰（慧100/339b "譎怪" 註）。

鱊： 鱊正古穴反環有舌也（龍512/09）。//鱊：鱊今（龍512/09）。//鐍：鐍古穴反肩鐍也（龍021/05）。 鐍正古穴切（紹180b7）。 鐍古穴切（紹180b7）。

佮： 佮其虐反（龍349/01）。

御（御）： 御正巨畧反倦也（龍498/09）。 御或作（龍498/09）。 衘俗（龍498/09）。

噱： 噱其虐反嘔噱笑不止皃（龍277/08）（慧87/125b）（慧99/314b）（紹184b4）；博叉經文作噱叉訛也（慧75/985b "博叉" 註）。 噱其虐反（龍279/01）（紹184b5）；博叉經文作噱叉訛也（玄12/167b "博叉" 註）。 噱噱正極約切（紹184b5）。 噱其虐反（龍277/08）。 噱其虐反（龍277/08）。//噱其虐反（龍277/08）。//讓：讓噱渠略反經文從言作讓誤也（慧75/985b "博叉" 註）。 讓音渠（龍043/08）；噱渠略反經文從言作讓誤也（玄12/167b "博叉" 註）。

醁： 醁正其虐反與釀同合錢飲酒也（龍416/06）。 醁說文無此字正作谷口上阿也象形字也谷音强略反亦作唪亦作朧並見説文今俗用作腭齶並非也（慧66/790a "腭痛" 註）。//唪：**唪** 其虐反口上髐又笑貌（龍277/09）。**朧**俗其虐反與釀同合錢飲酒也（龍416/06）。

戄：**戄**居縛反（龍424/01）（慧42/242a）（紹142b4）。

戄：**戄**居縛具縛二反健兒也（龍358/05）。

戄：**戄**居縛反弓絃急兒（龍152/04）。

戄：**戄**今許縛反驚懼也又目邊視也又渠縛反大視也（龍063/01）。**戄**正（龍063/01）。

戄：**戄**正居縛反又俗音居碧反（龍215/07）（玄4/58a）（玄15/199a）（玄25/335b）（慧21/824b）（慧43/273a）（慧46/329b）（慧48/389b）（慧56/548a）（慧58/612a）（慧71/887b）（慧78/1038a）（慧78/1039a）（慧82/39b）（紹133b10）；**戄**宜作戄（玄1/6b、慧20/808b "戄裂" 註）（玄1/6b "戄裂" 註）（玄11/150c、慧52/470a "自戄" 註）（玄17/235a、慧74/948b "自戄" 註）（慧74/946b "把戄" 註）；戄字宜作戄（慧56/565b "戄裂" 註）。**戄**俗（龍215/07）。**戄**俗（龍215/07）（慧20/808b "戄裂" 註）（玄9/125a）（玄11/140b）（玄22/301a）（慧2/425a）。**戄**俗（龍215/07）（紹134a2）；戄字宜作戄（玄19/258a "戄裂" 註）。

戄：**戄**正居縛反（龍320/02）（玄4/51b）（玄31/22b）（玄4/66c）（慧46/329a）（玄10/135b）（慧65/769a）（慧19/782a）（慧29/1027a）（慧96/271b）（慧100/342a）（紹166b8）；戄字經本有從立犬邊作戄者甚謬也（慧21/824b "能戄噬" 註）。**戄**居縛反（慧49/400a）。**戄**俱縛反（慧16/721b）（玄9/125a）（玄16/217b）。**戄**俗（龍320/02）（玄8/112b）。//戄：**戄**居縛反大猿也（龍322/05）。

戄：**戄**戄正居縛切（紹159b2）。

戄：**戄**居縛丘縛丘碧三反切韻盤辟兒玉篇屈足也（龍468/01）。

戄：**戄**居縛反車輞也（龍085/07）。

戄：**戄**居縛反三首鳥也（龍290/01）。

戄：**戄**俱籰反（慧25/922b）（慧40/196b）（慧60/666a）（慧61/693a）（慧94/234b）（紹180a10）。

戄戄正居縛切（紹180b6）。

戄：**國爪**九縛居碧二反（慧09/566b）（慧46/329b）（慧39/173b）（慧53/489a）（慧60/657a）（慧6

1/683b)（慧 72/904b）（慧 74/946b）（慧 75/972b）（慧 79/1065b）（紹 174b7）；攫經文作甌音同（慧 2/425a "或攫" 註）；攫經從國作甌諸字書並無此字（慧 64/754a "攫堆" 註）。甌𠆖正合作攫字（龍 331/03）（玄 1/6b）（慧 20/808b）（慧 5/479b）。𤡭摑正古獲切（紹 174b7）。

𤡭居碧九縛二反（玄 9/125a）。彄居縛反與𤡭同（龍 554/09）。甌正合作攫字（龍 331/03）。酬居碧反（龍 311/05）（玄 3/34b）。𤡭正合作攫字（龍 554/02）。甌正合作攫字（龍 554/02）。𤡭𤡭與𤡭同（龍 554/09 "𤡭" 註）。

孒：引或作（龍 555/08）。亥正九勿九月二反無左臂也（龍 555/08）。

乺：乌古文音厥[1]（龍 555/01）。身古文厥字（龍 162/06）。

冘：沇古穴切又血音（紹 187a7）。

嚳：嚳音角～明也（龍 536/01）。

皺：皺綴劣反角觸（龍 513/04）。

腞：腞其虐反腞腞大笑也（龍 415/02）。

較：較今音角略也明也冝也直也又車箱也又古孝反不等也（龍 085/01）（玄 4/50a）（玄 4/51a）（玄 7/92b）（玄 7/103a）（玄 8/113b）（玄 11/150c）（玄 12/162c）（玄 18/250a）（玄 20/273c）（慧 10/589a）（慧 14/679a）（慧 24/893b）（慧 28/995a）（慧 31/22b）（慧 34/89b）（慧 34/095a）（慧 52/470a）（慧 73/935a）（慧 75/967a）（慧 75/969a）（慧 77/1020b）（慧 82/39a）（慧 83/63a）（慧 88/147a）（慧 90/167b）（慧 96/266b）（慧 97/273b）（希 5/383b）（紹 139a3）；摧或作較（慧 16/713b "辜摧" 註）（慧 81/13b "商摧" 註）；角亦作較古作斠並通也（慧 78/1034a "角術" 註）（慧 84/67b "角試" 註）；較從交俗字也（慧 85/90a "大較" 註）（慧 90/177a "與較" 註）（希 10/421b "較試" 註）。教較或從支作～（慧 90/167b "較談" 註）。較江岳反（慧 90/177a）（希 10/421b）；較正從爻作較傳文從交作較俗字也（慧 90/167b "較談" 註）。較古（龍 085/01）（慧 85/90a）；較或從爻作較（慧 77/1020b "較定" 註）（慧 82/39a "較論" 註）。

juè 暚：暚於決反（龍 423/09）（玄 1/11c）（慧 42/232a）。

jun

jūn 君：冏音君[1]（龍 545/06）。//䫻音君（龍 548/05）。䫻音君（龍 548/05）。鮶音君（龍 357/03）。

捃：攈君運反論作捃亦通（慧 69/840a）；捃或從鹿從禾作攈（慧 82/33a“捃摭”註）。攈君運反（慧 80/1089a）。攈或作（龍 214/04）；捃古文攈同（玄 11/145b、慧 52/459a“捃拾”註）（慧 98/309b“捃摭”註）。攟音君（慧 91/183a）；捃古文作攟（慧 91/192b“捃採”註）。攟或作（龍 214/04）。攟舊藏作攟（龍 112/09）。攟居運反正从手（龍 383/09）。攈古（龍 214/04）；捃又作～同（玄 13/172b“捃拾”註）。攈捃又作～同（慧 57/592b“捃拾”註）。//捃今（龍 214/04）（玄 13/172b）（慧 57/592b）（玄 22/291b）（慧 23/878a）（慧 35/108b）（慧 82/33a）（慧 83/62a）（慧 88/133b）（慧 88/135b）（慧 91/192b）（慧 98/309b）（希 2/362c）（希 10/418b）（希 10/423a）（紹 133a7）；攈録文從君作捃俗字也（慧 80/1089a“攈拾”註）。捃居運反（慧 48/375b）。

麇：麇麏籀文從禾作麇亦作麕音訓並同也（慧 86/115a“麟麏”註）。

桾：桾音君（龍 376/04）（慧 48/375b）（慧 83/52a）。

莙：莙音君牛藻菜又渠殞反（龍 254/04）。

頵：頵居筠反又於倫反（龍 483/08）（慧 83/64a）（慧 84/70b）。

麏：麏今居筠反（龍 521/02）（紹 193b3）；麏亦作麏（慧 86/115a“麟麏”註）（慧 88/137b“麟麏”註）（慧 92/196a“麏麚”註）（希 10/421a“麟麏”註）。//麕：麕俱雲反（慧 86/115a）（慧 88/137b）（慧 92/196a）（慧 94/228a）（慧 97/279b）（希 10/421a）（紹 193b3）。麕正居筠反（龍 521/02）。

䍺：䍺音君涼也羣也（龍 547/09）。䍺音君涼也羣也（龍 547/09）。

均：均居旬反（龍 246/09）（慧 23/862b）（希 6/394c）（紹 160b8）。

昀：昀九峻反暄也（龍 275/01）。

汮：汮音均水名（龍 229/09）。

①參見《龍龕手鏡研究》291 頁。

袀：袀 居匀反戎衣也 (龍103/06)。袀 俗的酌二音正作袀音均戎衣也 (龍109/03)。

鈞：鈞 今決匀反均也法也陶也陶法均平無等差也又三十斤曰鈞也 (龍008/07) (慧11/600b) (慧90/168a)；均經從金作鈞 (希6/394c "均亭" 註) (紹180a7)。鋆古 (龍008/07)。

軍：軍 軍持 (玄9/126a) (慧46/331a) (玄18/242a) (慧72/911b)。哭 古文音軍 (龍360/05)。

䩾：䩾 正音軍足病也又去聲 (龍122/07) (玄11/153b) (慧52/476b) (紹174b3)。輝通 (龍122/07)。 蟬俗 (龍122/07)

錇：錇 俗音軍錇錉梵語此云雙口澡灌也 (龍013/05)；軍持論文作錇錉俗作也 (玄9/126a、慧46/331a "軍持" 註) (玄14/183c、慧59/630a "君持" 註) (慧64/749a "軍持" 註)。

jùn 濬：濬 古文濬濬二形今作浚同 (玄4/57a "浚流" 註) (慧46/333a "深濬" 註)。濬 濬古文濬形 (玄9/127b "深濬" 註)。濬 浚古文～形 (玄11/153b、慧52/476a "浚輪" 註)；濬或作濬 (慧51/436a "沖濬" 註)。睿 濬古文～形 (慧46/333a "深濬" 註)。𡩟 私閏反 (龍526/03)。//濬：濬 私閏反 (慧46/333a) (慧84/75a) (慧85/89b)。濬 戌俊反 (慧12/626b) (慧51/436a)。睿 正私閏反 (龍233/06) (玄9/127b)；迅經文作深濬字非也 (玄11/152c "迅飛" 註)；浚古文濬形 (玄11/153b、慧52/476a "浚輪" 註) (慧12/626b "濬流" 註) (慧14/677b "浚流" 註) (慧19/771a "浚流" 註)。濬 濬正須閏切 (紹187a6)。濬 濬正須閏切 (紹187a6)。濬 濬古文濬形 (玄9/127b、慧52/474b "深濬" 註)。濬 俗私閏反 (龍233/06)。濬 古文濬濬二形今作浚同 (玄4/57a "浚流" 註)。𦜕 浚或作溶亦作賭 (慧19/771a "浚流" 註)。

雋：雋 正祖兗反鳥肥也 (龍149/03) (紹200b4)。寯 通 (龍149/03) (紹200b4)。

寯：寯 子峻反人中寂才 (龍158/04)。寯 (龍158/04)。崔 又音俊[1] (龍158/09)。

儁：儁 正子峻反智過千人曰儁 (龍034/09)。儁 俊又作～同 (慧48/383a "聰俊" 註)。儁 遵峻反 (慧53/499a) (慧62/717b) (慧81/16b) (慧86/113a) (慧88/141a) (慧89/155a) (慧89/164a) (慧90/172a) (慧92/200a) (慧100/338a) (紹129a7)；俊傳中從弓作儁亦通 (慧81/22a "排俊" 註)。儁 或作 (龍034/09)。雋 鑴或作～ (慧97/276a "所鑴" 註)。雋 遵陵反 (慧91/183a) (紹129a7) (高59/655b)；俊又作～同 (玄22/296c "聰俊" 註) (玄23/311c、

―――――
[1] 參見《龍龕手鏡研究》203頁。

慧47/363b "英俊" 註）（慧53/499a "賢儁" 註）（慧97/276a "所鐫" 註）；儁論從乃作～俗字也（慧86/113a "史儁" 註）（慧100/338a "清儁" 註）。僎俗同上（龍035/01）。儁俗俊惡二音（龍035/01）。

俊：俊子峻反剋明俊德也（龍034/09）（玄22/296c）（慧48/383a）（玄23/311c）（慧47/363b）（慧81/22a）；峻正作俊（慧17/733b "峻峙" 註）；儁今通俗作俊經文作儁俗字也（慧53/499a "賢儁" 註）（慧62/717b "儁人" 註）（慧81/16b "稱儁" 註）（慧88/141a "之儁" 註）（慧89/155a "儁遠" 註）（慧89/164a "儁爽" 註）（慧92/200a "儁裳" 註）。

浚：浚雖閏反（玄11/153b）（慧52/476a）（慧14/677b）（慧19/771a）（慧83/62b）（紹186b5）；古文濬濬二形今作浚同（玄9/127b、慧46/333a "深濬" 註）。浚私閏反（龍233/06）（玄4/57a）。//容：容音峻①（龍539/03）。

陵：陵思閏切（紹169b10）。陵今息閏反亭名（龍297/07）；峻説文作陵（慧24/889a "峻險" 註）（慧41/221b "險峻" 註）（慧81/20a "峻峭" 註）。陵俗（龍297/07）。陵正息閏反（龍297/07）；峻從陵作～（慧49/411b "峻峙" 註）。隓戌俊反經作峻俗用字也（慧49/402a）。隓正（龍076/04）；峻或～（慧8/552b "俯峻" 註）（慧11/603b "高峻" 註）（慧20/792b "峻險" 註）（慧61/692b "峻促" 註）。崚峻或作～（慧17/733b "峻峙" 註）（慧82/28a "峭峻" 註）。//陵：薐字書作陵亦作陵埈（慧20/792b "峻險" 註）（慧24/889a "峻險" 註）。//峻：峻今（龍076/04）（玄4/53b）（慧43/264b）（慧8/552b）（慧11/603b）（慧17/733b）（慧20/792b）（慧24/889a）（慧41/221b）（慧49/411b）（慧61/692b）（慧81/20a）（慧82/28a）（慧100/334b）（紹161b9）。崚俗（龍076/04）。嶐俗（龍076/04）。//埈：埈私閏反（龍250/06）。埈峻亦作埈（慧24/889a "峻險" 註）。//巂音俊②（龍077/01）。//嶲：巂俗（龍076/04）。

畯：畯子閏私閏二反早也明也敬也（龍428/05）。畯峻俊二音（紹171a5）。

焌：焌子峻反燃火也又倉聿反火燒亦火滅也（龍243/06）。

畯：畯正音俊（龍154/04）（玄4/57a）（慧19/772b）（慧81/4a）（紹197a2）。畟俗音俊（龍15

①參見《龍龕手鏡研究》370頁。
②《叢考》：疑即 "峻" 的俗字（357）。

4/04)。

竣：竣七旬切（紹199b9）。竣正七巡反（龍518/09）。䠓俗（龍518/09）。

餕：餕正子峻反食餘也（龍502/09）。餕俗（龍502/09）。

駿：駿子閏反又音峻（龍293/09）（玄2/16a）（玄2/30b）（玄21/286a）（慧34/79a）（慧14/671b）

（慧15/696a）（慧22/840b）（慧25/906b）（慧25/908a）（慧26/947b）（慧44/279b）（慧75/975b）

（慧83/44a）（慧85/95a）（慧89/158a）（慧89/165b）。

皸：皸正子峻反石鼠出蜀中毛可為筆（龍334/07）。//皸：皸俗（龍334/07）。皸俗

（龍334/07）。

咽：咽正渠殞反吐貌也（龍272/03）。咽俗渠殞反吐貌也（龍272/03）。

菌：菌奇殞反（玄15/206b）（慧58/605b）（慧37/143b）（慧61/694a）（慧84/78b）（慧87/119a）（慧

87/128b）（慧91/188b）（慧96/270a）（慧99/313b）（紹156a10）。菌渠愍反地菌也（龍259/

08）。

瑣：瑣渠殞反玉名也（龍436/05）。

貋：貋居運反（龍321/01）（紹149b6）。

㺨：㺨居運反豕求食也又渠勿反豕㺨地也（龍321/01）。

K

kai

kāi 偕：**偕**口皆反徘偕行惡也（龍 496/05）。

揩：**揩**口皆反（龍 207/03）（玄 15/212b）（慧 58/626b）（玄 20/271a）（慧 54/519b）（慧 12/622b）（慧 14/663a）（慧 15/696a）（慧 24/895b）（慧 33/60b）（慧 43/256a）（慧 36/117b）（慧 50/426a）（慧 53/492b）（慧 62/697a）（慧 89/165b）（紹 133a2）。**敳**古文苦皆反（龍 119/03）。

緒：**緒**口皆反大絲也（龍 398/07）。

開：**開**正音開通也解也（龍 091/04）。**開**康姟反（慧 6/501a）（慧 13/646b）（慧 13/658b）（慧 51/450a）（希 3/374a）；闓聲類此亦開字（玄 13/171c、慧 57/590b "闓化" 註）。**開**正體開字也（希 6/396a）；開字正體作開說文從开俗用從井訛也（慧 41/208b）。**開**俗（龍 091/04）。**開**俗（龍 091/04）。

稭：**稭**苦蓋反矛屬（龍 142/01）。

kǎi 楷：**揩**客駭反録文從手誤（慧 80/1079b）。**揩**又苦駭反（龍 207/03）（玄 24/329c）（慧 70/877b）（慧 80/1079b）。

猎：**猎**苦駭反矅猎短皃也（龍 331/08）。

鍇：**鍇**苦駭反鐵好也（龍 015/08）（慧 94/223a）（慧 99/317a）。**鍇**皆音又苦駭切（紹 180b1）。

剴：**剴**古哀五來二反（龍 096/06）。

凱：**凱**開改反（慧 77/1027b）（慧 82/25b）（慧 83/56b）（慧 85/88b）（慧 93/211b）（紹 148b5）；愷或作凱（慧 84/70a "慧愷" 註）。**凱**凱正苦海切（紹 148b5）。//颽：**颽**口海反南風也（龍 127/04）。

愷：**愷**苦海反和也康也大也樂也（龍 058/04）（慧 84/70a）（紹 130b5）。**愷**開改反（慧 51/433b）（慧 51/444b）；忼慨論文作慷愷非也（慧 67/807b "忼慨" 註）。**愷**可海切（紹 130b5）。**凱**正苦海反同愷（龍 333/05）。**愷**或作苦海反同愷（龍 333/05）。

塏: 塏正苦海反爽～高地明～也（龍248/07）（慧61/685a）（慧77/1023b）（慧81/2a）（慧85/101b）（慧91/182b）（慧91/194a）（慧96/259b）（慧98/296a）（慧99/322b）（紹161a10）。塏俗（龍248/07）。塏俗苦海反正作塏（龍359/07）（紹161a10）。

瞖（瞖）：瞖俗苦改反（龍421/01）。

鎧: 鎧口資反（玄12/164a）（慧55/543b）（慧1/419a）（慧4/458b）（慧5/477b）（慧5/487a）（慧5/495a）（慧17/727b）（慧19/784a）（慧21/828b）（慧25/910b）（慧27/985a）（慧28/1009b）（慧30/1037b）（慧32/34b）（慧33/69a）（慧36/124a）（慧36/127b）（慧43/265a）（慧64/760a）（慧74/941b）（慧74/958a）（慧78/1049a）（慧88/148a）（希3/371b）（紹181a2）。鎧苦蓋反甲之異名也亦通上聲（龍016/07）（紹181a2）。

闓: 闓苦海反又平聲（龍093/05）（玄13/171c）（慧57/590b）（紹195b4）。闓闓正苦改切（紹195b4）。

輆: 輆苦海反輆軋不平兒也（龍083/02）。

嘅: 嘅正苦蓋反～歎也（龍273/07）。嘅俗（龍273/07）（紹183b3）；嗋嚊正作嗃嘅（慧19/785b"嗋嚊"註）；慨有從口作嘅俗字也（慧44/281b"嗟慨"註）（慧100/338b"致慨"註）；欬傳文作嘅俗謬字（慧94/235b"欬嗽"註）。嘅苦改反（慧19/785b）。

慨: 慨苦愛反慷也懣也歎息也（龍059/03）（玄4/58b）（慧43/273b）（玄5/69a）（玄7/101c）（慧30/1045b）（玄12/160a）（紹130a5）。慨苦代反（慧10/582b）（慧75/982b）（慧1/404b）（慧3/451b）（慧26/956a）（慧44/281b）（慧49/410b）（慧55/531b）（慧67/807b）（慧77/1019b）（慧80/1082a）（慧83/43b）（慧86/104b）（慧100/330b）（慧100/338b）（希10/418a）；忼愾或作慷慨字也（慧75/964b"忼愾"註）。//愾：愾許既苦愛二反大息也（龍061/07）（玄13/179a）（慧75/964b）（慧96/265b）；慷慨正作忼愾同（玄5/69a、慧10/582b"慷慨"註）（玄7/101c、慧30/1045b"慷慨"註）（慧3/451b"慨歎"註）（慧44/281b"嗟慨"註）（慧55/531b"慷慨"註）（慧67/807b"忼慨"註）（慧100/338b"致慨"註）。燄慨或作燄（慧1/404b"慨深"註）。

欬: 欬開戴反（慧14/664a）（慧14/667b）（慧16/718b）（慧20/800b）（慧22/840b）（慧26/933b）（慧27/989a）（慧30/1043a）（慧35/98b）（慧35/109b）（慧36/116a）（慧37/135a）（慧47/348a）

（慧 61/679a）（慧 62/703a）（慧 68/823b）（慧 83/65a）（慧 84/69a）（慧 90/180a）（慧 96/268a）（慧 100/351b）（希 6/397b）（希 7/401a）（希 9/416b）。欮 苦愛反欬瘶氣逆也又於界反欮氣也（龍 355/02）（玄 2/26a）（玄 6/89c）（玄 11/144c）（慧 52/458a）（玄 14/188b）（玄 15/207a）（慧 58/606b）（玄 15/209c）（慧 58/611a）（慧 14/664a）（慧 16/720a）；氣唊宜作欬瘶（玄 10/138c、慧 65/778a "氣唊" 註）。（慧 59/637a）。欬 苦代反（慧 59/637a）。//瘶：瘶 苦愛反正作欬（龍 475/01）。//癋：癋音器① （龍 475/05）。

刏： 刏 苦戒反勤力作也（龍 517/06）。

炫： 炫 今苦戒反（龍 243/08）（玄 7/97a）（慧 19/781a）。//烕 今（龍 243/08）。炊 或作（龍 243/08）。

瞉： 瞉 苦害苦曷二反（慧 44/291b）。瞉 苦害苦曷二反（玄 5/74c）。//奯：奯 苦盖反擊也（龍 185/06）。

澲： 澲 苦盍反船著沙也（龍 234/10）。

kan

kān 刊： 刊 口干反（龍 096/02）。刊 口干反（玄 23/306c）（慧 47/354a）（慧 10/589a）（慧 10/592a）（慧 77/1028a）（慧 80/1094a）（慧 87/120a）（慧 90/180a）（慧 94/226a）（紹 139b10）。//栞：栞 刊尚書作栞（慧 90/180a "不刊" 註）。

勘： 勘 康甘反（慧 7/528b）；戜古文作勘（慧 87/132a "戜斲" 註）（慧 97/275a "戡濟" 註）。

堪： 堪 康甘反（慧 3/443a）（慧 84/80a）；勘經文從土作堪非本字（慧 7/528b "勘耏" 註）（慧 97/275a "戡濟" 註）。

嵁： 嵁 正五男口含二反嵁山嵃也（龍 071/06）。嵁俗（龍 071/06）。

戡： 戡 口甘反又張甚反（龍 172/08）（慧 77/1027a）（慧 85/94b）（慧 97/275a）（紹 199a8）；戜傳從甚作戡音竹甚反与本義乖（慧 83/59a "戜乱" 註）（慧 87/132a "戜斲" 註）；堪論文從戈作戡誤也（慧 84/80a "堪濟" 註）。//戜：戜口甘反（龍 172/08）。戋坎含反（慧 83/59a）（慧 87/132a）；戜尚書從今作戋（戋）（慧 85/94b "戜戡" 註）（慧 97/275a "戡濟"

---
①參見《字典考正》299 頁。

註）。

坃：**坃**正苦含反瓦器也（龍315/10）。**巩**正苦含反瓦器也（龍315/10）。//瓶：**瓶**或

作（龍315/10）。

領：**領**口甘反醜皃（龍483/02）。

龕：**龕**坎含反正龕字（慧81/6a）（慧82/34b）（慧85/94b）（慧93/217b）（慧97/276a）。**龕**正苦

甘反（龍196/02）（慧43/267b）（慧30/1036b）（慧27/983a）（慧30/1041b）（慧36/122b）（慧66

/798b）（慧69/841a）（慧80/1084b）；**龕**説文龍皃從今從龍俗從合誤（慧15/705a"龕室"

註）。**龕**苦甘反（龍196/02）（玄4/55c）（慧30/1036b）（慧15/705a）（慧61/691b）（慧83/51a）

（慧91/183a）（紹203a7）；歖經文作龕非也（玄12/156b"歖食"註）；鴿經文作龕非也（慧

52/477a"鴿食"註）；**龕**從今龍經從合作龕非也（慧36/122b"龕窟"註）（慧69/841a"靈

龕"註）（慧80/1084b"龕別"註）（慧81/6a"杜龕"註）。

kǎn 埳：**埳**正苦感反坑也險也陷也（龍249/03）（慧97/280b）（紹161a8）；轗宜作埳同（玄20/

273a、慧75/979b"轗軻"註）。**埳**俗（龍249/03）。**埳**轗又作埳同（玄4/52b"轗軻"註）。

埳俗（龍249/03）（玄3/45b）（慧10/579a）；坎經文從臽他牢反作埳是埳軻義非經意

今不取也（慧33/68a"坑坎"註）。//坎：**坎**正苦感反坑也險也陷也（龍249/03）（慧

19/784a）（慧27/980b）（慧29/1023b）（慧62/711a）（慧88/135a）（慧93/214b）（希6/392a）（希

10/419c）（紹160b9）；埳又作坎同（玄3/45b、慧10/579a"坑埳"註）（慧97/280b"埳井"註）。

//墈：**墈**正苦感反城坷（龍248/09）。**墈**俗（龍248/09）。

輡：**輡**正苦感反輡軤車行不平也（龍083/03）。//軤：**軤**俗（龍083/03）。

侃：**侃**正去旱去汗二切（紹129a3）。**侃**苦旱苦旦二反（龍032/02）。**侃**苦旱苦旦二反

（龍032/02）（紹129a3）。

顲：**顲**口感反（龍482/09）（紹170a5）。

厰：**厰**苦盛反又吐敢魚音二反（龍302/06）。

欿：**欿**口感反食未飽也又口合反歡歌癡皃也（龍354/06）。

闞：**闞**苦濫反又口暫反（龍094/01）（慧77/1025b）（慧86/114a）（紹195b4）。

轗：**轗**正口甘口感口紺三反轗軻坎滯迍厄也（龍079/09）（慧31/24b）（紹139a9）。//**軻**

口紺口感二反轗軯（玄 4/52b）（玄 20/273a）（慧 75/979b）（慧 76/995a）。轗俗（龍 079/09）。

kàn 衍：衍 苦旦反（龍 498/03）（紹 172b10）。

㤿：㤿 苦陷反（龍 067/06）。

看：看 苦寒反亦苦旦反（慧 27/975a）。冐 舊藏作看經文看視及語言（龍 163/02）。//翰：翰 古文苦干反今作看視也（龍 082/02）。

衉：衉 苦紺反凝血也（龍 538/04）。//䶜：䶜（龍 538/04）。//䶞：䶞 徒紺反羊血凝也又玉篇空紺反（龍 538/05）。

瞰：瞰 苦濫反（龍 422/05）（慧 81/7b）（慧 88/139a）（慧 91/185a）（慧 95/251b）（紹 142b2）；闞 或從目作瞰（慧 93/218a "闞迴" 註）。//矙：矙 瞰亦作矙闞也（慧 95/251b "誡瞰" 註）。

鶾：鶾 正苦旦苦葛二反～鵤鳥似雞冬無毛日夜常鳴也（龍 288/09）。鳱俗（龍 288/09）。

竷：竷 正苦紺反擊也（龍 186/05）。竷 或作（龍 186/05）。竷 或作（龍 186/05）。

kang

kāng 康：㝩 康音（紹 196b3）；糠或作康（慧 78/1032b "粃糠" 註）。康 恪剛反（玄 14/182c）（慧 59/629a）（玄 22/293b）（慧 48/378b）；康字從米從庚經文下從水作康非也（慧 1/413b "穈穧" 註）。

寏：寏 音康（龍 156/01）。

鄘：鄘 苦郎反地名（龍 454/06）。

瀺：瀺 音康水名也（龍 229/07）。

歒：歒 音康穀不升謂之歒（龍 354/01）。

忼：忼 口莄反（玄 13/179a）（慧 49/410b）（慧 67/807b）（慧 75/964b）（紹 131a2）；慷慨正作忼慨同（玄 5/69a "慷慨" 註）（玄 7/101c、慧 30/1045b "慷慨" 註）（慧 77/1019b "慷慨" 註）。忼 慷慨經從冗氣作忼慨俗字通用（慧 55/531b "慷慨" 註）。//慷：慷 苦朗反慷慨竭誠也亦不得志皃（龍 057/01）（玄 5/69a）（慧 10/582b）（玄 7/101c）（慧 30/1045b）（慧 55/531b）（慧 77/1019b）（希 10/418a）（紹 131a7）；忼論本從康作慷俗字（慧 49/410b "忼

慨”註）（慧 67/807b“忼慨”註）（慧 75/964b“忼愾”註）。

甈：甈正苦郎反甈瓳也（龍 315/09）。甈俗（龍 315/09）。

穅：穅恪剛反（慧 62/708a）。穅口郎反（慧 1/413b）（慧 35/107a）（慧 61/682a）。穅苦剛反米皮也（龍 142/09）（慧 4/474b）（慧 14/675a）（慧 34/87b）（慧 53/487a）（慧 66/800a）（慧 77/1011b）（慧 80/1070b）；穅經從水非是此也（慧 35/107a“穅和”註）；糠或作穅（慧 78/1032b“粃糠”註）（希 4/379a“糠麩”註）（希 7/403c“糠粃”註）（希 9/411a“糠䵚”註）。穅康音（紹 176a6）。穅俗音康[1]（龍 111/01）。//糠：糠（慧 78/1033b）。糠音康（慧 44/281a）（慧 78/1032b）。糠苦剛反米皮也（龍 304/02）（慧 27/968b）（慧 100/346a）（慧 100/350b）（希 4/379a）（希 7/403c）（希 9/411a）；穅或從米亦通（慧 14/675a“穅稖”註）（慧 34/87b“糟糠”註）（慧 77/1011b“穅稖”註）（慧 80/1070b“穅粃”註）。糠俗音康正作糠（龍 189/01）。

躿：躿苦郎反躿躴身長也（龍 161/05）。

砊：砊客庚苦浪二反（龍 441/01）；坑經從石作砊非也（慧 76/990a“深坑”註）。

kàng 亢：亢苦浪反亢極也旱也（龍 130/03）（慧 44/283a）（慧 54/520a）（慧 20/798b）（希 5/384b）；炕經文作亢（玄 3/47b“炕陽”註）（慧 18/764a“炕旱”註）（慧 74/943b“炕燋”註）。亢苦浪反（玄 4/61c）。亢俗苦浪反正作亢（龍 536/07）（慧 18/768a）。亢亢經本作冗俗字也（慧 20/798b“亢旱”註）。亢康浪反（慧 10/586b）（慧 10/590b）。亢下堂反（玄 20/271b）。亢客庚反（龍 184/04）。

伉：伉苦浪反伉儷敵對匹偶也（龍 033/08）（玄 4/55a）（慧 43/267a）（慧 18/750a）（慧 66/794b）（慧 68/831b）（慧 94/229a）（希 9/414a）（紹 129a5）；抗經文從人作伉（慧 5/493b“抗對”註）。伉康浪反（慧 61/685b）。伉亢[抗]經從人作伉亦通也（慧 18/768a“酬抗”註）。

邟：邟正苦浪反邑名（龍 456/08）。邟俗苦浪反邑名（龍 456/08）。

抗：抗今苦浪反（龍 213/07）（玄 10/133b）（慧 55/536a）（慧 77/1020a）（慧 84/72a）（慧 84/75b）（慧 99/312b）（紹 135a8）。抗苦浪反（慧 5/493b）。抗誤苦浪反（龍 213/07）。抗

①參見《叢考》708 頁。

正苦浪反 (龍 213/06) (慧 49/408b) (慧 13/651b) (慧 31/12a)。**扤**俗 (龍 213/06)。**抗**苦郎胡浪二反① (龍 384/01)。

炕：**炕**正苦浪反 (龍 243/02) (慧 18/764a) (慧 74/943b)。**烷**口盍反 (玄 3/47b)。**炕**通苦浪反 (龍 243/02)。**炾**正苦浪反 (龍 243/02)。**燷**俗苦浪反 (龍 243/02)。**爌**俗苦浪反 (龍 243/02)。

閌：**閌**正苦浪反閌閬高門也 (龍 094/03)。**閌**俗 (龍 094/03)。

魧：**魧**正胡朗苦浪二反魧髒身盤也 (龍 480/07)。**魧**俗 (龍 480/07)。**魧**苦浪反魧髒也 (龍 481/03)。

魟：**魟**口限反～黄色也 (龍 182/09)。

kao

kāo 尻：**尻**正苦刀反臀也 (龍 162/09) (慧 38/153a) (慧 59/641a) (玄 16/222c) (慧 64/757b) (玄 19/258c) (慧 56/566b) (慧 54/517a) (慧 75/965b) (慧 76/1003b) (慧 79/1055a) (慧 92/202b) (紹 172a9)。**尻**俗 (龍 162/09) (玄 5/63c)。**尻**苦高反 (玄 14/191a)。

骹：**骹**苦高反～骨也 (龍 479/09)。

kǎo 考：**考**苦老反 (玄 23/317b) (慧 49/399b) (慧 57/585a) (紹 145b7)。**考**苦老反 (玄 18/239c) (慧 73/923b) (紹 203a1)。//丂：**丂**考正 (紹 203a1)。

攷：**攷**俗音考擊打也 (龍 120/02)。**攷**音考攷打 (龍 514/07)。**攷**苦老反 (龍 151/07)。

拷：**拷**音考 (慧 44/286b) (紹 133a1)；考經從手作拷俗字非也 (慧 57/585a "考治" 註)。**拷**音考 (慧 14/664b) (慧 15/697b) (慧 44/295b) (紹 157a9)。

栲：**栲**音考木名也 (龍 380/02)。

蛄：**蛄**苦到反蛄蜠蝎虫 (龍 224/02)。

顑：**顑**苦老反顑領大頭也 (龍 485/03)。**顑**苦告反大頭也 (龍 185/06)。

kào 靠：**靠**苦到反相違也 (龍 552/01) (紹 201a6)。

違：**違**古文苦告反相違也 (龍 493/04)。**違**俗 (龍 493/04)。

---

① 《龍龕手鏡研究》：乃 "抗" 字之俗 (303)。

燺： 燺苦老反火乾也 （龍 242/02）。

餻： 餻苦到反餉軍也 （龍 502/09）。

ke

kē 苛： 苛音何又上聲 （龍 255/04）（玄 1/14c）（慧 42/236b）（玄 12/160c）（慧 75/984a）（玄 16/222b）

（慧 65/765a）（慧 89/151a）（慧 97/286a）。

珂： 珂苦何反 （玄 6/91a）（玄 7/98a）（慧 31/3a）（慧 2/425b）（慧 21/831a）（慧 22/844b）（慧 25/

916b）（慧 27/990b）（慧 29/1022a）（慧 54/521b）（慧 78/1043b）（希 3/372c）（希 6/396b）（紹 140

b7）。

柯： 柯音哥 （龍 377/08）（慧 37/137a）（慧 40/192b）（慧 75/981b）（慧 81/19b）（紹 158b9）。

牁： 牁音哥所以繫舟又牂牁郡名 （龍 118/02）。

牁： 牁可音 （紹 143a5）。

軻： 軻苦何若我苦个三反居貧轗軻不遇也 （龍 79/08）（玄 1/5a）（玄 4/50c）（玄 4/52b）（玄

20/273a）（慧 20/805b）（慧 31/21a）（慧 31/24b）（慧 75/979b）（慧 76/995a）（紹 139a9）；珂經

文作軻非字義 （玄 6/91a "珂月" 註）（玄 7/98a、慧 31/3a "珂乳" 註）（慧 27/990b "如珂" 註）。

鈳： 鈳音阿鈳鑠 （龍 013/03）（玄 13/171c "鎢銷" 註）。

舸： 舸苦何反 （龍 479/02）（紹 147b2）；珂經文作舸非也 （玄 7/98a、慧 31/3a "珂乳" 註）。 //

舸俗苦何反正作舸 （龍 407/05）。

窠： 窠正苦禾反或作薖同 （龍 506/07）（玄 1/13b）（慧 42/234b）（玄 3/38b）（慧 09/559b）（玄 7/

93a）（玄 12/161b）（慧 75/985a）（玄 13/174b）（慧 55/529b）（玄 20/266c）（慧 33/53b）（慧 36/11

8a）（慧 76/1004a）（慧 79/1053b）（紹 195a2）。 窠窠經文作～誤也 （玄 20/266c、慧 33/53b

"窠藪" 註）。 //窠： 窠今 （龍 506/07）（慧 28/996a）（紹 194b7）。 //薖俗 （龍 506/06）。

稞： 稞音科又胡瓦反 （龍 142/09）（慧 35/104a）。

顆： 顆苦果反 （龍 484/06）（玄 5/76a）（慧 40/189a）（玄 20/269c）（玄 22/287b、慧 48/370a "麦果"

註）（紹 170b3）。

科： 秞舊藏作科 （龍 143/07）。 秮舊藏作科 （龍 143/07）。

萪：**萪**音科萪生海邊葉肕可為籆也（龍 258/02）（玄 18/247b）（慧 73/927a）；窠又作萪同（慧 42/234b "從窠" 註）（玄 7/93a、慧 28/996a "窠窟" 註）（玄 12/161b、慧 75/985a "巢窠" 註）。**萪** 窠又作萪同（玄 1/13b "從窠" 註）。//萪：**萪**又音科[1]（龍 253/04）；窠經文作萪非也（玄 7/93a、慧 28/996a "窠窟" 註）。

䅓：**䅓**苦禾反牛無角也（龍 114/05）。**牠**苦禾反牛無角也（龍 114/05）。

蝌：**蝌**正苦和反蝌蚪水蟲也（龍 219/06）。**蚵**俗（龍 219/06）（玄 4/55b）（慧 43/267a）（玄 4/62c）（慧 42/248a）（慧 88/135b）。

庡：**庡**口合反庡迤也（龍 301/07）（紹 193b9）。//匼：**匼**苦合反匼匝與庡同（龍 193/03）。

庌：**庌**正口合反又古沓丘據二反皆閉戶聲又音盍（龍 303/10）。**庡**或作（龍 303/10）//盦：**盦**苦合反（龍 303/10）。**庌**口合反閉戶聲也[2]（龍 303/02）。**厴**口合反閉戶聲也（龍 303/02）。

榼：**榼**坎盍反（慧 85/92b）。**榼**正苦盍反（龍 387/01）（紹 157b9）。**搕**正苦盍反（龍 387/01）；榼論文作～俗字也（慧 85/92b "銀榼" 註）。**醠**正苦盍反與榼同（龍 311/03）（紹 143b6）；豔經文作醠誤也（玄 7/94c、慧 28/998a "豔盰" 註）。**醠**通苦盍反與榼同（龍 311/03）；醠集本從盖作～非也（慧 95/247b "葪醠" 註）。

礚：**礚**堪鴿反（慧 37/133a）（慧 78/1033a）（慧 83/59b）（慧 86/107b）（慧 98/293b）（慧 99/320b）。**礚**苦盍反（玄 17/231b）（慧 70/855b）（玄 18/247b）（慧 73/926b）（慧 90/178b）（慧 100/335b）（紹 163a10）。**礚**苦盍反石聲也（龍 445/04）。**礚**礚傳從石作～非也（慧 83/59b "旬礚" 註）（慧 94/228b "硑礚" 註）（慧 99/320b "礚礚" 註）。**礚**坩合反（慧 94/228b）。**礚**坎合反（慧 79/1065a）（紹 163a10）。

瞌：**瞌**尅闔切（紹 143a1）。

轞：**轞**苦盍反車聲也（龍 086/01）。

嵯：**嵯**口盍反（龍 078/04）；礚經文有從山作嵯亦同此音（慧 79/1065a "嵯傛" 註）。

䳶：**䳶**音科美皃也（024/05）。

①參見《龍龕手鏡研究》234 頁。
②參見《叢考》28 頁。

薶：薶音科草名又寬大皃也（龍491/01）。薶科音（紹156a4）；窠又作薶同（玄1/13b"從

窠"註）（玄7/93a、慧28/996a"窠窟"註）（玄12/161b、慧75/985a"巢窠"註）（玄13/174b、慧

55/529b"尉窠"註）（玄20/266c、慧33/53b"窠藪"註）。薶音科軸也（龍488/09）。

ké 搕：搕苦格反手把著也（龍215/05）。

kě 坷：坷音可墈坷（龍248/09）。

峼：峼音可峼嵐鎮名（龍075/06）（慧35/100b"旋嵐"註）。峒音可（龍075/06）。

鴚：鴚音可～鷗鳥扶乘樹上栖也（龍288/04）。

渴：猲看遏反（慧66/786a）；濁論從曷作渴書寫誤也（慧51/433a"塵濁"註）；瀫今俗用

多略作渴（慧68/826a"瀫愛"註）。瀫古文音渴（龍237/05）（慧68/826a）（紹188a3）。

毃：毃苦果苦卧二反研理也（龍529/08）。毃苦果苦卧二反研理也（龍120/03）。

kè 恪：窨古（龍068/07）（慧78/1043b）（紹131b3）；恪古文窨同（玄3/41a、慧09/564a"謙恪"註）

（玄4/52c、慧34/91b"恭恪"註）（慧16/719a"恪恭"註）（玄12/158a、慧74/955a"忠恪"註）

（玄13/169c"恭恪"註）（慧11/617a"恭恪"註）（慧15/698a"恭恪"註）（慧17/728a"恭恪"註）

（慧19/786a"恭恪"註）（慧22/842b"恭恪"註）（慧77/1027a"恪勤"註）（慧93/211a"恪慎"

註）。//恣正苦各反恭也敬也虛謙敬讓也（龍068/07）。恣克各反（紹131b3）；恪說

文或作恣也（慧12/621b"謙恪"註）（慧12/623b"恭恪"註）（慧93/211a"恪慎"註）。恪苦

各反勤心謙恭也又虛敬也（龍062/02）（玄3/41a）（慧09/564a）（玄4/52c）（慧34/91b）（慧

16/719a）（玄12/158a）（慧74/955a）（玄13/169c）（慧11/617a）（慧12/621b）（慧12/623b）（慧1

5/698a）（慧17/728a）（慧19/785b）（慧22/842b）（慧77/1027a）（慧93/211a）（紹130a3）；窨案

字書正作窨也經文作恪俗字亦通（慧78/1043b"謙窨"註）。

窨：窨口合反窨合（龍510/02）。窨渴合切（紹194a8）。

盍：盍渴合切（紹198a2）。

克：克口得反（玄22/294a）（慧48/379a）（慧21/817a）（慧89/155b）；剋又作克同（玄25/335c、

慧71/888a"剋勝"註）。含古文音克（龍038/05）。袠古文音克（龍339/04）。𠅙古文音

克（龍339/04）。𡮉古文音尅（龍539/04）。衆古文音尅（龍539/04）。

剋：尅苦勒反自強也（龍518/05）；剋下又作尅同（玄1/10c"期剋"註）。剋同上［苦得

反〕必也殺也忌也自伐也 （龍 100/01）（玄 1/10c）（玄 12/160c）（玄 25/335c）（慧 71/888a）；克又作剋同 （玄 22/294a、慧 48/379a "克伏" 註）。尅口勒反 （慧 17/745b）（紹 176a4）。

堁： 堁苦對苦臥二反塵起也 （龍 250/06）；顆經文作堁非此義 （玄 5/76a、慧 40/189a "八顆" 註）。

課： 課科臥反 （慧 31/12b）。

刻： 刻苦得反刻鏤也又剥也 （龍 100/01）（玄 16/219c）（慧 33/63a）（慧 65/779a）（慧 83/50b）（慧 97/286b）。剬刻古文剬同 （慧 52/467a "五刻" 註）。剬苦得反刻鏤也又剥也 （龍 100/01）；刻古文剬同 （玄 11/149b "五刻" 註）。

溘： 溘口合反 （慧 98/299b）。溘或作溘亦通 （慧 93/217a）。溘口合反 （龍 236/08）（玄 19/252c）（慧 56/556b）（慧 34/79b）（慧 91/190b）（慧 93/217a）（慧 98/308b）（紹 186b4）。//溘： 溘堪答反 （慧 81/18b）。

褚： 褚堪蛤反 （慧 37/138b）。褚正苦盍反 （龍 108/02）。褚今 （龍 108/02）。

厊： 厊今苦盍反崩損也 （龍 303/02）（紹 198a4）。

殧： 殧口合反殧死也 （龍 516/05）。

ken

狠： 狠康很反豕食兒也又去演反豕齧也 （龍 320/10）。

齦： 齦又康很反齧也 （龍 311/6）（慧 78/1045a）。齧俗胡骨反齧也 （龍 313/04）；齦經文作齧非也 （慧 78/1045a "齦齧" 註）。齧俗胡骨反齧也 （龍 313/04）。

墾： 墾正口很反耕墾也 （龍 249/06）（慧 60/672b）（慧 82/32a）（希 1/358c）（希 8/409a）（希 9/416b）；懇傳文作墾是墾田字非此用也 （慧 90/177a "懇到" 註）。墾正 （龍 249/06）（慧 44/288b）（慧 67/801b）。墾肯很反 （慧 45/300b）（慧 61/695b）（慧 62/711a）（慧 64/749a）（慧 78/1040a）（慧 81/14b）。墾俗 （龍 249/06）；墾經文從犬作墾俗字也 （慧 45/300b "墾殖" 註）（慧 64/749a "墾掘" 註）。

懇： 懇可很反懇惻至誠也又信也 （龍 066/01）（玄 4/52b）（慧 31/24b）（玄 12/157a）（玄 21/283c）（玄 22/292a）（玄 23/307c）（慧 47/355b）（慧 1/407b）（慧 18/765b）（慧 32/38b）（慧 36/123b）

（慧 84/71a）（慧 90/177a）（紹 131b3）；邈集從心作懇非也（慧 99/315a "懸邈" 註）。**懸**康
很反（慧 82/36b）（慧 83/63b）。**憇**口很反（玄 16/223b）。//**懇**俗同上［懇］（龍 066/01）。

懇口很反（慧 74/953b）（慧 64/752b）（慧 48/376b）（慧 14/678b）（慧 39/172a）（慧 75/978a）
（慧 89/155b）。//狼：**狼**懇經從豸作狠誤也（慧 75/978a "懇惻" 註）。//誾：**誾**口很
反多惻也（龍 046/01）；懇古文誾同（玄 4/52b "懇惻" 註）（玄 12/157a、慧 74/953b "懇惻"
註）（慧 64/752b "懇惻" 註）（玄 21/283c "懇切" 註）。**誾**懇古文誾同口很反（玄 16/223b
"懇惻" 註）。**誾**懇古文作誾同[1]（玄 23/307c、慧 47/355b "精懇" 註）。**誾**俗口本反正
作懇（龍 045/07）。**誾**俗口本反正作懇（龍 045/07）。

肯：**肯**正苦等反（龍 411/09）。**肯**今苦等反（龍 411/09）。**肎**俗苦等反（龍 536/06）。**肎**肎
正苦等切（紹 201a3）。

keng

kēng 劥：**劥**客庚反劥勄人有力也（龍 516/09）。**勄**正口庚反信也（龍 517/02）。**勄**俗口庚
反信也（龍 517/02）。

坑：**坑**正客庚反坎塹壍陷也（龍 245/09）（慧 70/859a）（慧 70/874a）（慧 19/784a）（慧 20/79
8a）（慧 27/980b）（慧 33/68a）（慧 60/668b）（慧 63/723b）（慧 63/732b）（慧 65/766b）（慧 66/7
97b）（慧 72/906b）（慧 76/990a）（慧 86/114a）（慧 93/214b）（慧 95/248a）（紹 161a5）；阬傳
文從土作坑俗字也（慧 94/231b "阬阱" 註）（希 3/369a "溝阬" 註）（希 8/409a "隒阬" 註）。
坑俗（龍 245/09）（慧 3/447b）（慧 17/730b）（慧 47/350a）。**坑**（玄 17/233b）。**坑**（玄 1
8/246a）（中 62/718a）。**坑**坑正丘庚切（紹 161a5）。**坑**（玄 3/45b）（玄 6/86b）。**坑**俗
（龍 245/09）（慧 10/579a）（玄 24/327c）（慧 6/513b）（慧 18/758b）（慧 33/58b）。**坑**坑正丘
庚切（紹 161a5）。**阬**俗音坑（龍 519/01）。**坑**俗（龍 245/09）。**冗**坑正苦庚切（紹
201a3）。//**寁**俗音坑[2]（龍 507/07）。//阬：**阬**今音坑爾疋云虛也（龍 295/09）。（慧
94/231b）（希 3/369a）（希 8/409a）；坑或作阬（慧 6/513b "溝坑" 註）（慧 20/798a "溝坑"

---

①《疏證》：此假 "誾" 為 "懇"（225）。
②參見《龍龕手鏡研究》361 頁。

註）（慧33/68a "坑坎" 註）（慧65/766b "掘坑" 註）（慧66/797b "坑壍" 註）（慧93/214b "坑坎" 註）。**阬**俗音坑爾疋云虛也（龍295/09）。**阬**坑或作阬（慧47/350a "坑陷" 註）。//硼：**硼**正客庚反切韻坑同壍（龍441/01）（紹163a7）；坑或作硼（慧27/980b "坑坎" 註）。**硼**或作客庚反切韻坑同壍（龍441/01）。

硻：**硻**口耕反谷名在麗山（龍072/01）。

硜：**硜**丘庚切（紹163a9）。

殸：**殸**口耕反敵也（龍181/09）。

銵：**銵**音輕不可進皃（龍181/09）。//**銵**音輕不可進皃（龍181/09）。

聲：**聲**口耕反車鞕也又車堅牢也（龍080/02）。//軯：**軯**（龍080/02）。

砃：**砃**口耕反石堅也（龍440/07）。

摼：**摼**鏗或為鈃字或作摼字並同上也（慧91/185b "鏗然" 註）。

鏗：**鏗**口耕反鏗鏘金石聲也（龍8/09）（玄4/53b）（慧34/92b）（玄4/62b）（玄7/101b）（慧32/32a）（玄19/253b）（慧56/558a）（慧11/619a）（慧19/783b）（慧81/7a）（慧83/49a）（慧84/78b）（慧88/133b）（慧89/160a）（慧91/185b）（慧100/349a）（希10/418b）（紹181b2）。//瑲：**瑲**[1]俗口耕反（龍433/01）。//鈃：**鈃**口耕反鏗鏘金石聲也（龍8/09）；鏗又作鈃同（玄4/62b "鏗鏘" 註）（玄19/253b、慧56/558a "鏗鏘" 註）（慧19/783b "鏗鏘" 註）（慧88/133b "鏗鍠" 註）（慧91/185b "鏗然" 註）。**鉼**口耕反鏗鏘金石聲也（龍8/09）。//捛：**捛**口耕反琴聲也（龍210/06）；鏗又作捛同（玄4/53b "鏗然" 註）。**樫**鏗又作捛同（慧34/92b "鏗然" 註）（玄7/101b、慧32/32a "鏗然" 註）。

幀：**幀**或作口耕反車聲也（龍080/02）；鏗又作幀同（玄4/53b "鏗然" 註）（玄7/101b、慧32/32a "鏗然" 註）（慧88/133b "鏗" 註）。**幀**鏗又作幀同（慧34/92b "鏗然" 註）。//輤：**輤**正（龍080/02）。

kong

kōng 崆：**崆**苦江反嶸山皃又音空崆峒亦山名（龍074/03）（慧77/1022a）（慧85/93b）（慧87/1

---

① 《龍龕手鏡研究》："瑲" 疑為 "鏗" 的換意義旁俗字（321）。

18a)（紹 162a9）。

悾：**悾**苦紅苦貢苦江三反信也誠也慤也（龍 055/04）（紹 131a8）。

垙：**垙**音空土垙佛龕也（龍 248/04）。

涳：**涳**音空涳濛細雨也（龍 229/09）。

悾：**悾**音空巾也衣袂也（龍 138/05）。

稺：**稺**音空稻稈也（龍 143/08）。

硿：**硿**音空硿青色也（龍 441/04）。

栲：**栲**音空器物朴也（龍 376/02）。

箜：箜音空（龍 387/09）（慧 4/471b）（慧 26/931b）（希 1/355a）（慧 26/931b）（希 6/396b）（希 9

/412b）（紹 160b2）。

kǒng 孔：**孔**香嚴音孔（龍 336/08）。

恐：恐正丘隴反又丘用反恐懼也（龍 065/08）（慧 6/507b）（慧 14/667b）。**恐**今（龍 065/0

8）（慧 26/937a）（希 9/412b）；恐經文因草書漸變為恐訛也（慧 2/435b "恐懼" 註）（慧

14/667b "恐憎" 註）。**恐**驅拱反（慧 40/195b）；經文作恐俗字也說文正體從工從手

從丩從心作～今隸書因草作恐又誤作恐漸訛失正體也（慧 6/507b "恐迫" 註）。**恐**

舊藏作恐恐頓在道地經（龍 066/04）。// **忎**古（龍 065/08）；恐古文作忎（慧 2/43

5b "恐懼" 註）（慧 6/507b "恐迫" 註）（慧 40/195b）。

kòng 空：**空**苦貢反（慧 7/525a）（希 1/354b）。

悾：**悾**苦貢反悾傯困兒也（龍 036/06）（慧 100/333b）。

控：**控**苦貢反（龍 213/05）（玄 9/123b）（慧 46/326a）（玄 22/295b）（慧 48/381a）（慧 1/403a）（慧

15/695a）（慧 16/726a）（慧 54/511a）（慧 62/713b）（慧 63/726a）（慧 81/21b）；悾傯或從手

作控摠心速也（慧 100/333b "悾傯" 註）。

鞚：**鞚**苦貢反（龍 450/01）（玄 4/49a）（玄 14/194b）（慧 59/647a）（慧 14/671a）（慧 85/92a）。

kou

kōu 劚：**劚**烏侯苦侯二反（龍 096/06）（玄 13/181a）（慧 54/508b）。

摳：**摳**苦矦反又豈俱反訓同（龍207/03）（慧87/126b）（慧93/211b）（慧99/313a）（紹133a9）；怐亦從區作摳亦同（慧81/12a "置怐" 註）。

彄：**彄**苦侯反弓彄也（龍150/04）。

瞘：**瞘**俗於矩反（龍421/01）。

怐：**怐**口侯反亦從區作摳亦同（慧81/12a）（紹130b7）（紹131b8）。

kòu 叩：**叩**音口叩頭（龍272/04）（玄17/234c）（慧74/948a）（慧76/1009a）（紹182a7）；扣律文作叩（玄14/198b、慧59/653b "遍扣" 註）（慧41/228a "扣擊" 註）（慧37/134a "扣擊" 註）（慧45/316a "扣頭" 註）（慧64/761b "扣時" 註）（慧89/161a "塵尾扣案" 註）。**吪**又俗叩頭也（龍456/01）。//訆：**訆**音口先相口可（龍046/01）；扣古文或從言作訆（慧89/161a "塵尾扣案" 註）。

吪：**吪**音口鄉名（龍456/01）（龍272/04）。

苉：**苉**苦侯反玉篇云苉英草也（龍253/08）。

扣：**扣**音口又去聲（龍211/3）（玄1/4a）（玄9/121a）（玄10/135a）（玄14/198b）（玄15/205b）（玄18/251b）（玄23/305a）（玄25/331b）（慧3/453b）（慧5/493a）（慧7/528a）（慧10/588b）（慧18/757a）（慧20/804b）（慧41/228a）（慧37/134a）（慧45/316a）（慧46/321b）（慧47/351b）（慧50/416b）（慧58/604a）（慧59/653b）（慧62/702b）（慧62/710a）（慧64/761b）（慧66/791b）（慧71/880b）（慧73/937b）（慧84/76b）（慧89/161a）（慧91/181a）；叩經文作扣錯用也（慧76/1009a "叩地" 註）。//**攷**古口反（龍529/07）；扣説文從句從攴作攷（慧37/134a "扣擊" 註）。**敂**俗古口反（龍120/01）（紹197a6）；扣三蒼作敂（玄1/4a、慧20/804b "相扣" 註）（玄15/205b、慧58/604a "扣瓫" 註）（玄25/331b、慧71/880b "扣擊" 註）（慧3/453b "欲扣" 註）；劬經文作敂音口此應誤也（玄4/50c "劬離" 註）。**攷**俗音口（龍529/09）。**破**口音（紹176a10）。**欪**口音（紹198b8）。

釦：**釦**音口金筯也（龍016/01）。

瞉：**瞉**苦谷反未燒瓦也（龍194/06）。

瞉：**瞉**苦候反～瞉也（龍421/09）。

瞉：**瞉**克角丘候二切（紹165a5）。**鷇**口候反（慧99/312b）。**鷇**正苦候反（龍288/09）。**鷇**

俗苦候反（龍 288/09）（紹 165a5）。鷇俗苦候反（龍 288/09）。鷇苦候切（紹 165b5）。

怐： 怐正苦候古侯二反怐愁愚兒（龍 060/09）（慧 62/709b）（紹 130b7）；鈎律文作怐非也（慧 63/739b "鈎紐" 註）。怐俗（龍 060/09）。

寇： 寇正苦候反賊也暴也欽也（龍 157/05）（慧 10/587b）。寇今（龍 157/05）（玄 5/67c）（慧 34/93b）（玄 7/98b）（玄 18/251a）（慧 73/918a）（慧 51/444b）（希 5/382b）。寇口候反（慧 43/258a）。寇口候反（玄 20/263c）。寇口遘反（慧 18/763b）（紹 194a4）。寇口候反（玄 21/283c）。寇俗（龍 157/05）。寇俗（龍 157/05）。寇口候反（慧 26/956b）。寇俗苦候反正作寇（龍 509/08）。寇俗苦候反正作寇（龍 509/08）。寇音寇（龍 553/09）。

蔻： 蔻吼搆反（慧 38/159b）。蔻吼搆反（慧 35/109a）（慧 66/796b）（慧 91/190b）。蔻正呼豆反荳蔻藥名也（龍 262/03）。蔻呼候反（慧 64/756b）。蔻今（龍 262/03）。蔻訶搆反（慧 81/13a）（希 6/396c）。

ku

kū 圣： 圣苦没反（龍 252/09）。㞢苦没反（龍 252/09）。

哭： 哭正空谷反哀哭也（龍 276/08）；哭字從犬從吅吅音喧會意字也亦轉注字也（慧 10/586a "吂喪" 註）。哭哭正（紹 183b2）。哭哭正（紹 183b2）。哭哭正（紹 146a5）。哭哭正（紹 146a5）。哭俗（龍 276/08）。哭音哭（龍 184/09）。

矻： 矻苦没反玉篇又音乞（龍 445/08）（紹 163a8）。

弜： 弜音枯小弓也（龍 150/06）。

枯： 枯康胡反（慧 2/434b）（慧 2/437b）（慧 5/486a）（慧 7/522b）（慧 7/524a）（慧 34/78b）（慧 41/225a）（慧 100/342b）（希 1/358b）（希 2/362a）（希 3/369a）（希 6/395c）。枯枯正空胡切又户姑二音（紹 133b6）。//柆： 柆音枯（龍 361/07）。

妲： 妲口孤反（龍 200/07）。妲苦胡反（龍 513/06）；枯或從歹作妲古字也（慧 2/434b "枯涸" 註）（慧 5/485b "枯涸" 註）（慧 7/524a "枯頷" 註）（希 2/362a "枯涸" 註）。

陼： 陼空谷反大阜也（龍 298/04）。

勪： 勪苦没口八二反（龍 481/05）（玄 1/10a）（玄 56/822a）（慧 17/17a）（玄 16/223b、慧 64/752

b "慊至" 註）。

刳： 刳 口孤反（慧 59/640a）（慧 42/245a）。刳 苦姑反（龍 096/03）（龍 097/01）（慧 43/264b）（玄 9/126c）（慧 46/332a）（玄 14/190b）（玄 15/201a）（慧 58/616a）（玄 15/208a）（慧 58/608a）（玄 16/224c）（慧 64/745a）（玄 20/268c）（慧 33/56b）（慧 78/1033a）（慧 83/45b）（慧 83/55b）（慧 87/122a）（慧 88/144a）（慧 94/238a）（慧 95/256b）（慧 97/284a）（慧 97/288b）（慧 100/346a）；刳經文作刳俗字也（慧 42/245a "刳心" 註）。刳 枯正（紹 139b8）。刳 口胡反（玄 4/53b）。刳 同上［刳］（龍 096/03）。夸 俗口孤反[1]（龍 357/01）。

郂： 郂 苦孤反地名（龍 455/02）。

挎： 挎 苦胡反空也圻也（龍 209/08）。

鯜： 鯜 正音步魚名又苦孤反婢妾魚名（龍 170/06）。鯜 今（龍 170/06）。

堀： 堀 苦没反堀堁（龍 252/01）（慧 66/798b）（紹 161a3）；窟或從土作堀也（慧 15/689b "窟中" 註）（慧 30/1048b "巢窟" 註）（慧 32/46b "窟穴" 註）（慧 35/106a "巖窟" 註）（慧 36/122b "龍窟" 註）（慧 37/134b "仙窟" 註）（慧 38/162a "巢窟" 註）（慧 78/1041a "巖窟" 註）；掘亦從土作堀（慧 40/196b "掘去" 註）。// 壙 苦没反土塞（龍 252/01）；窟或從土作壙（慧 29/1023b "坎窟" 註）。窟 苦没反窟穴也（龍 510/01）（慧 15/689b）（慧 16/709a）（慧 29/1023b）（慧 30/1048b）（慧 32/36a）（慧 32/46b）（慧 35/106a）（慧 36/122b）（慧 37/134b）（慧 38/162a）（慧 45/315a）（慧 60/667a）（慧 62/711a）（慧 76/998b）（慧 78/1041a）（慧 79/1053b）（希 6/392a）。窟有從宀非也（慧 16/709a "巢窟" 註）；堀又作窟（慧 66/798b "龕堀" 註）。窒舊藏作窟（龍 509/09）。// 礄： 礄 窟或從土作壙或從石作礄並通也（慧 29/1024a "坎窟" 註）。// 堀： 堀 苦骨反同窟～穴也（龍 537/03）；窟或作堀又作堀（慧 30/1048b "巢窟" 註）。堀 堀或作～也（慧 66/798b "龕堀" 註）。

泏： 泏 苦没反漚池也又竹律反水出貌（龍 237/04）。

頢： 頢 正苦骨反（龍 487/03）（玄 6/84a）（慧 27/976a）。頢 口没切（紹 170b2）。頢 俗苦骨反（龍 487/03）。

穀： 穀 苦谷反土墼也（龍 194/05）。

---

[1]《叢考》：此字疑為 "刳" 的訛俗字（245）。

縠： 縠苦谷反麻縠也（龍194/06）。

齸： 齸胡瞎苦骨二反突出也（龍555/05）。

齸： 齸苦没反～又胡瞎反（龍555/05）。

kǔ 苦： 苦枯古反（慧3/446b）。喦俗音苦（龍271/02）。//瘔： 瘔俗音苦（龍472/09）。瘔俗音苦（龍472/09）。

kù 佸： 佸酷又作嚳佸二形同（慧09/564a "酷毒" 註）（玄4/59a、慧43/274b "禍酷" 註）（玄10/1 32c、慧49/407a "苦酷" 註）（玄11/151b、慧52/471b "酸酷" 註）（玄15/204c、慧58/602b "禍酷" 註）（玄22/291c、慧48/375b "酷異" 註）（玄23/307b、慧47/355a "酷怨" 註）（慧62/720a "嚳虛" 註）（慧69/840b "酷法" 註）。

焅： 焅苦沃反（龍245/05）；酷古文焅同（玄4/59a、慧43/274b "禍酷" 註）（玄10/132c、慧49/407a "苦酷" 註）（玄11/151b、慧52/471b "酸酷" 註）（玄15/204c、慧58/602b "禍酷" 註）（玄22/291c、慧48/375b "酷異" 註）（玄23/307b、慧47/355a "酷怨" 註）。

秙： 秙苦沃反又古得反（龍147/07）（紹196a2）。

秙： 秙庫音（紹196a1）。

醋： 醋苦故反醋蒩也（龍262/07）。

酷： 酷苦沃反（龍311/05）（玄3/41a）（慧09/564a）（玄4/59a）（慧43/274b）（玄10/132c）（慧49/407a）（玄11/151b）（慧52/471b）（初編玄562）（慧55/543a）（玄15/204c）（慧58/602b）（玄22/291c）（慧48/375b）（玄23/307b）（慧47/355a）（玄25/334a）（慧71/885b）（慧68/825b）（慧69/840b）（慧78/1047a）（紹143b5）；嚳律文從酉作酷是酒厚味而極美也非義也（慧62/720a "嚳虛" 註）。

袴： 袴音庫（慧94/234b）。衿新藏作袴（龍112/07）。

嚳： 嚳苦沃反帝嚳暴急也（龍535/09）（慧62/720a）（慧87/124a）（慧97/276b）；酷又作嚳同（慧09/564a "酷毒" 註）（玄4/59a、慧43/274b "禍酷" 註）（玄10/132c、慧49/407a "苦酷" 註）（玄11/151b、慧52/471b "酸酷" 註）（玄15/204c、慧58/602b "禍酷" 註）（玄22/291c、慧48/375b "酷異" 註）（玄23/307b、慧47/355a "酷怨" 註）（慧68/825b "嚴酷" 註）（慧69/840b "酷法" 註）。

kua

kuā 呱：**呱**音孤（龍 026/02）。

夸：**夲**正音誇奢也（龍 356/07）（慧 93/215b）（慧 96/260b）（慧 97/277b）。**夸**音誇奢也（龍 3
56/07）（慧 82/42a）（慧 83/56a）（紹 146a7）；姱亦作夸（慧 88/141b "姱節" 註）；夲論作夸
俗字也（慧 93/215b "夸父" 註）。**㚜**夸正苦化枯瓜二切（紹 146a7）。//侉：**侉**苦瓜
反奢也與夸同（龍 025/08）。

姱：**姱**音誇（龍 280/02）（慧 88/141b）（慧 96/262a）。

誇：**誇**正苦瓜反大言也（龍 041/07）（慧 15/685a）（慧 60/670b）（慧 62/704a）（慧 69/836b）（慧
86/104a）。**誇**今（龍 041/07）（玄 11/146a）（慧 52/460a）（慧 58/603b）（玄 17/235a）（慧 74/94
8b）（玄 25/337c）（慧 71/892a）；誇今經文作誇俗用謬也（慧 15/685a "誇衒" 註）（慧 69/8
36b "矜誇" 註）。**誇**俗（龍 041/07）（玄 15/205a）（紹 185a4）。//咵：**咵**俗音誇（龍 266/0
3）；跨録作咵非也（慧 80/1069b "各跨" 註）。

䧪：**䧪**正苦瓜反（龍 161/03）。**䧪**今（龍 161/03）；姱或作䧪（慧 88/141b "姱節" 註）。

髖：**髖**苦瓜反骼上骨也（龍 479/08）。

kuà 牛：**牛**牛正口化苦瓦二切（紹 177b2）。

胯：**胯**苦卦反（慧 15/694b）（慧 63/739b）。**胯**正苦化苦故二反（龍 413/02）（慧 61/694b）（希
6/397a）（希 7/401b）（紹 135b9）；髁律文作胯（玄 14/192a、慧 59/642b "柠髁" 註）（慧 14/66
3a "胥髁" 註）（慧 42/240b "於跨" 註）（慧 62/720a "髁麁" 註）；**胯**經作胯俗字也（慧 15
/694b "腰胯" 註）（慧 40/197a "縵髁" 註）（慧 40/202b "於髁" 註）；跨字林或從肉作胯文
通也（慧 37/134b "當跨" 註）。**胯**正苦化苦故二反（龍 413/02）；經作胯俗字也（慧 1
5/694b "腰胯" 註）。**胖**俗苦化苦故二反（龍 413/02）。

跨：**跨**正苦化反越也兩股閒也又苦瓦反腰跨也又平聲吳人云坐又音袴踞也（龍 463
/03）（玄 5/71b）（慧 44/287b）（玄 7/96c）（慧 28/1011b）（玄 12/157b）（玄 15/211b）（慧 58/625a）
（慧 37/134b）（慧 44/293b）（慧 60/655b）（慧 80/1069b）（慧 83/58b）（慧 91/189b）（慧 91/191b）；
胟經文作跨形非字體也（玄 5/70c "腰胟" 註）；髁又作跨非此用（玄 11/143c、慧 56/55

5b“髁骨”註）（玄 14/192a、慧 59/642b“袴髁”註）；踰經文作跨非也（玄 13/171a、慧 57/599a“明踰”註）（慧 20/797a“髁已下”註）；跻從于作跨非也（慧 18/759b“跨王”註）（慧 85/96b“尅跻”註）；胯律文作跨非也（慧 63/739b“背胯”註）（希 7/401b“置胯”註）。跨苦瓦苦化二切（紹 137a7）。跻苦化反又苦瓦反（龍 463/03）（慧 14/674b）（慧 18/759b）（慧 42/240b）（慧 49/410b）（慧 85/96b）（慧 92/202a）（慧 93/214b）；髁或作跨經文從月作胯（慧 36/128b“左髁”註）。跨跨正苦瓦苦化二切（紹 204a2）。蹊俗（龍 463/03）。跻俗（龍 463/03）。趶俗苦故反①（龍 464/05）。

骻：骻正苦瓦反（龍 480/03）。骻今苦瓦反（龍 480/03）（慧 78/1050a）；胯俗字也正體從骨作骻（慧 61/694b“胯膝”註）。//髁：髁今苦瓦又口代口外二反（龍 480/03）（玄 11/143c）（慧 56/555b）（玄 14/192a）（慧 59/642b）（玄 15/199a）（慧 58/612a）（玄 16/224b）（慧 64/747b）（慧 14/663a）（慧 20/797a）（慧 36/128b）（慧 40/197a）（慧 40/202b）（慧 62/710b）（慧 62/720a）；跨俗字也正體從骨從果作髁（慧 14/674b“至跨”註）（慧 42/240b“於跨”註）；骻又作骻亦作髁（慧 78/1050a“左骻”註）。//㞕：㞕髁或作㞕古字也（慧 14/663a“胥髁”註）（慧 14/674b“至跨”註）（慧 15/694b“腰胯”註）（慧 20/797a“髁已下”註）（慧 78/1050a“左骻”註）；胯説文作髁（慧 15/694b“腰胯”註）（慧 63/739b“背胯”註）。

kuai

kuāi 勑：勑苦淮反劥勑人有力也（龍 516/09）。

擓：擓苦懷反揩摩也（龍 208/10）。

kuǎi 蔽：蔽乖壞反律文從朋作蒯俗字也（慧 63/735a）（慧 99/314a）。蒯正苦恠反茅類也（龍 099/04）。蒯俗（龍 099/04）。

kuài 劊：劊古懷反斷也（龍 97/04）。剈古懷反（龍 97/04）。剻蔽集作～亦通（慧 99/314a“菅蔽”註）。

鄶：鄶苦怪反鄉名（龍 456/09）。

篕：篕古邁反竹名也（龍 348/07）。//篕：篕苦回反箭竹名也（龍 388/07）。

①《叢考》：此字當是“跨”的俗字（998）。

快： 恔苦邁反（慧 32/38a）。 恔噲三蒼亦快字也（玄 5/77a、慧 34/83a "内噲" 註）（玄 13/173c、慧 57/600a "噲樂" 註）（玄 20/272c、慧 76/993a "噲闘" 註）（慧 34/83a "肉噲" 註）。

儈： 儈古外反合市也（龍 036/02）（紹 129b1）；膾經文有作儈恐非此義（玄 6/88b "魁膾" 註）（玄 24/327a、慧 70/873b "魁膾" 註）（慧 27/986a "魁膾" 註）（希 4/379c "魁膾" 註）。

澮： 澮古外反（龍 233/10）（玄 12/156a）（慧 52/456a）（慧 94/231a）（紹 189a7）；潰經作澮（慧 24/901b "潰亂" 註）。

廥： 廥古外反蒭藁藏也（龍 301/03）。

噲： 噲音快人名又姓（龍 274/06）（玄 5/77a）（慧 34/83a）（玄 13/173c）（慧 57/600a）（玄 20/272c）（慧 76/993a）（慧 97/281b）。

膾： 膾公外反（慧 13/649b）（慧 14/672b）（慧 18/763b）。 膾古外反與鱠同（龍 412/08）（玄 6/88b）（玄 24/327a）（慧 70/873b）（慧 1/414a）（慧 2/433b）（慧 4/474b）（慧 5/484b）（慧 11/606b）（慧 13/646b）（慧 15/684a）（慧 25/913b）（慧 27/986a）（慧 51/439b）（慧 54/512b）（慧 69/840b）（慧 90/173b）（慧 97/291b）（希 1/357b）（希 4/377c）（希 4/379c）（希 6/393c）（紹 135b6）。 膾俗（龍 352/08）。//鱠： 鱠古外反（龍 170/03）；膾或作鱠用同（慧 2/433b "屠膾" 註）（慧 90/173b "辛膾" 註）。//魊： 魊俗①（龍 323/08）。//儈： 儈俗（龍 502/05）。

獪： 獪正古外反又古邁反（龍 319/04）（玄 18/241b）（慧 73/929b）（紹 166b7）。//狧或作古外反又古邁反（龍 319/04）。 猾獪古文猾狤二形又作狭同（玄 18/241b "狡獪" 註）。 猾獪古文猾狤二形又作狭同（玄 18/241b "狡獪" 註）。 抵獪古文猾～二形又作狭同（慧 73/929b "狡獪" 註）。 戕獪古文猾～二形又作狭同（玄 18/241b "狡獪" 註）。//鱠俗古快反（龍 322/03）。//狭： 狭獪古文猾狤二形又作狭同（玄 18/241b、慧 73/929b "狡獪" 註）。

穬： 穬音快麄糠也（龍 145/08）（玄 1/20b）（慧 1/413b）（慧 4/474b）（慧 14/675a）（慧 19/773b）（慧 34/87b）（慧 41/211a）（慧 53/486b）（慧 53/495b）（慧 77/1011b）（慧 96/260a）（慧 100/346a）（紹 195b9）。//穬： 穬苦外古外二反（龍 305/04）（紹 196b1）；穬經文從米作穬

---

① 參見《叢考》1114 頁。

非也（慧 53/486b "皮稽" 註）（慧 53/495b "皮稽" 註）（慧 96/260a "豪稽" 註）（慧 100/346a "糠稽" 註）。䃘音塊① （龍 182/04）。

旝：旝古外反木置石投敲也一曰動也 （龍 125/06）。

郐：鄶古古外反 （龍 456/05）。郐今古外反 （龍 456/05）（慧 83/60b）（慧 84/74b）（慧 97/28 3a）。

霝：霝古外反大雨也 （龍 308/05）。

䯐：髾古外反詩云～弁如星也又骨也又會括二音 （龍 481/02）。

凷：凷口對反 （玄 3/46a）（慧 10/580a）（玄 7/98c）（玄 11/153b）（慧 52/476b）（玄 17/237b）（慧 74/952a）（慧 92/204a）；塊古文凷同 （玄 25/337c、慧 71/891b "於塊" 註）（慧 1/421a "杖塊" 註）（慧 3/447b "塊等" 註）（慧 4/458b "杖塊" 註）（慧 7/517b "塊等" 註）（慧 8/537b "塊擲" 註）（慧 12/630a "土塊" 註）（慧 15/689a "捉塊" 註）（慧 17/732a "刀塊" 註）（慧 18/767b "土塊" 註）（慧 26/944a "逐塊" 註）（慧 32/38a "土塊" 註）（慧 100/346b "逐塊" 註）。凷古文苦對反土凷也 （龍 340/05）（慧 26/957a）；塊古文凷同 （玄 2/29c "逐塊" 註）。击或作 （龍 340/05）（紹 160b10）。叀或作 （龍 340/05）。//塊口内反土塊也 （龍 250/03）（玄 2/29c）（玄 25/337c）（慧 71/891b）（慧 1/421a）（慧 3/447b）（慧 4/458b）（慧 5/494b）（慧 7/517b）（慧 8/537b）（慧 12/630a）（慧 17/732a）（慧 18/767b）（慧 26/937a）（慧 26/944a）（慧 32/38a）（慧 47/347b）（慧 61/696b）（慧 96/258b）（慧 100/346b）（紹 160b10）；凷又作塊同 （玄 3/46a、慧 10/580a "凷擲" 註）（玄 7/98c "堅凷" 註）（玄 11/153b、慧 52/476b "凷相" 註）（玄 17/237b、慧 74/952a "小凷" 註）（慧 26/957a "堅凷" 註）（慧 53/495b "土凷" 註）（慧 92/204a "苦凷" 註）。塊苦外反或作凷 （慧 15/697b）。//堌：堌隨函云合作塊 （龍 250/03）。//壞：壞又苦怪反 （龍 246/05）。

kuan

kuān　寬：寬苦官反緩也又愛也裕也 （龍 155/03）（慧 15/693b）（紹 194b1）；䯏論文作寬非體 （慧 72/915b "䯏骨" 註）。寬䯏論文作寬非體 （玄 18/244c "䯏骨" 註）。寬音寬 （龍 5

07/09）。**寛**寛正苦丸切（紹 194b2）。//衮：**裒**今音寛（龍 357/02）。**袞**古（龍 357/02）。**虔**俗音寛（龍 299/07）。

髖：**髖**正苦官反（龍 479/01）（慧 67/814b）（慧 72/915b）（慧 48/382b）（慧 70/876b）（慧 2/425b）（慧 5/480a）（慧 26/933a）（慧 45/302b）（慧 72/909a）（慧 74/942a）（慧 75/970a）。**髖**俗苦官反（龍 479/01）（慧 59/643b）（玄 17/227b）（玄 18/244c）（玄 22/296b）（玄 24/329b）（紹 147a10）。**髖**正苦官反（龍 479/01）（玄 2/25c）（玄 14/192b）。**髖**俗苦官反（龍 479/01）。//臗：**臗**款官反（慧 39/182a）（慧 68/827b）。**臗**苦官反正從骨（龍 405/09）（紹 136a5）；髖或作臗同（玄 2/25c "髖骨" 註）（玄 14/192b、慧 59/643b "凸髖" 註）（玄 17/227b、慧 67/814b "髖骨" 註）（玄 18/244c、慧 72/915b "髖骨" 註）（玄 22/296b、慧 48/382b "髖骨" 註）（玄 24/329b、慧 70/876b "髖髀" 註）（慧 26/933a "髖骨" 註）（慧 45/302b "腰髖" 註）（慧 72/909a "髖髀" 註）（慧 74/942a "為髖" 註）（慧 75/970a "著髖" 註）。**曉**臗正寛音（紹 171a2）。**臛**舊藏作髖音寛（龍 405/09）。

kuǎn 款：**款**或作苦管反（龍 354/07）（慧 52/469b）（慧 75/984a）（慧 74/949b）（紹 198b10）。**款**口緩反（慧 56/569a）。**款**古苦管反（龍 354/07）。**款**款又作款同（慧 34/90a "密款" 註）。**款**古苦管反（龍 354/07）。**款**正苦管反（龍 354/07）。**欵**或作苦管反（龍 354/07）（紹 198b10）；款又作欵（慧 56/569a "面欵" 註）。**款**口緩反（玄 4/54b）（玄 17/235c）（玄 19/260b）；款或作款？同（慧 52/469b "舊款" 註）。**欵**口緩反（玄 11/150b）（玄 12/160c）。**敊**款又作款同（玄 4/54b "密款" 註）。**款**寛管反（慧 87/123a）。**欵**欵或作～同（玄 12/160c "至欵" 註）。**款**苦管反（龍 354/07）。**款**俗苦管反（龍 354/07）。//**款**俗苦管反（龍 354/07）。

薖：**薖**苦管切（紹 154b10）。

鐁：**鐁**苦管反鐁縫也（龍 015/04）。

鰥：**鰥**苦管反魚名（龍 170/02）。

kuang

kuāng 匡：**匡**去王反（龍 192/04）（慧 56/571a）（慧 71/884b）（慧 76/996b）。**匡**去王切（紹 203a1

0)。⿺辶匡丘方反（玄 19/261b）（玄 25/333c）。//⿰月匡：⿰月匡區放反（慧 59/641a）。⿰月匡區放反（玄 14/191a）。//⿰身匡去放去王二反[①]（龍 162/04）。⿰身匡⿰月匡律文或作⿰身匡未詳（玄 14/191a、慧 59/641a“⿰月匡肘”註）。⿰身匡去放去王二反（龍 162/04）。//⿰亻匡：⿰亻匡俗去王去誑二反（龍 025/04）（慧 58/607b）。⿰亻匡去誑反（玄 15/207c）⿰亻匡俗（龍 025/04）。

邼：邼去王反邑名（龍 454/06）。⿰阝匡俗（龍 296/05）。

劻：劻音匡劻勷也（龍 516/08）（玄 7/93b）。

恇：恇去王反怯也（龍 053/05）（慧 34/79a）（慧 56/565a）（慧 49/411b）（慧 82/28a）（慧 82/32b）。恇丘方反（玄 7/93b）（慧 28/996a）（玄 13/172c）（玄 19/258a）；恇孃正作劻勷（玄 7/93b、慧 28/996a“恇孃”註）。

眶：眶音匡目眶（龍 418/07）（紹 142a10）。⿰目匡俗音匡正作眶（龍 364/03）。⿰目匡去王切（紹 142a10）。

框：框去王反（龍 375/05）（慧 63/734b）。

⿱艹匡：⿱艹匡音匡草名（龍 254/03）。

軭：軭匡狂二音車戾也（龍 080/03）。

誆：誆渠放反⿰言契言也（龍 050/02）。

⿰足匡：⿰足匡音匡⿰足匡躟也（龍 460/05）。

筐：筐去王反（希 8/408a）；匡經從竹作筐義同也（慧 76/996b“匡我”註）。筐正曲王切（紹 160a4）。筐曲王切（紹 160a4）。

⿰耳匡：⿰耳匡音匡耳曲也（龍 292/05）。

⿱髟匡：⿱髟匡去王反⿱髟匡鬤也（龍 086/09）。

⿰骨光：⿰骨光苦光反⿰骨光⿰骨良骨聲也（龍 479/09）。

kuáng狂：狂衢王反（慧 2/437a）（慧 3/450a）（慧 17/729b）（慧 31/18b）（慧 84/79b）（希 10/422b）。⿰犭㞷狂説文作⿰犭㞷（慧 2/437a“風狂”註）（慧 3/450a“狂賊”註）。//⿰忄㞷：⿰忄㞷狂説文或從心作⿰忄㞷（慧 3/450a“狂賊”註）。⿰忄王音狂（龍 055/06）。

①參見《龍龕手鏡研究》152—153 頁。

痊：**痊**俗音狂^①（龍469/04）。

誑：**誑**居況反古作愢眶今廢（龍046/09）（玄24/321b）（慧70/864b）（慧1/417b）（慧3/450
b）（慧5/482a）（慧7/526b）（慧39/175a）（慧51/448a）（慧60/660b）（慧62/714b）（慧63/728
b）（慧66/788a）（慧67/802b）（希2/362b）（希2/366b）。//愢：**愢**誑或作愢（慧1/417b
"諂誑"註）（慧5/482a"矯誑"註）（慧7/526b"搞誑"註）（希2/366b"諂誑"註）。//眶：**眶**
誑又作眶古字今已廢也（慧7/526b"搞誑"註）。

鵟：**鵟**音狂鵁屬也（龍286/10）。

軭：**軭**今音狂（龍080/04）（慧75/968a）。**軭**正音狂（龍080/04）（玄12/163b"鐵軭"註）。
軭俗（龍080/04）。**鉒**渠王反（玄12/163b）。

kuàng況：**況**許誑反況字正體兩點邊作經本有從三點者説文謂之寒水殊乖譬況之義也
（慧21/830b）。

脁：**脁**許放反山名（龍414/02）。

覎：**覎**許誑反賜也與也（龍351/09）（玄9/127c）（慧46/334a）（玄12/162c）（慧28/994b）（慧
85/90a）（慧85/98a）。

壙：**壙**苦謗反垠也踈也空也遠也久也大也壚也穴也（龍250/04）（慧1/419a）（慧2/438
b）（慧3/442b）（慧6/509a）（慧11/608b）（慧15/693b）（慧18/763a）（慧19/773b）（慧41/212
b）（慧89/164a）（紹161a1）。

曠：**曠**苦謗反光明也又久也遠也大也（龍428/02）（慧21/817a）（慧22/841a）。**曠**苦謗
反（慧27/981b）（慧67/808b）；壙經從曰作曠非也（慧1/419a"壙野"註）（慧2/438b"涉
壙"註）（慧6/509a"涉壙"註）（慧11/608b"險壙"註）（慧15/693b"寬壙"註）（慧19/773b
"險壙"註）（慧41/212b"空壙"註）。//爌：**爌**苦謗反大也空明也久也遠也又呼朗
反開明也又苦光反（龍242/10）。//奤：**奤**俗呼廣反正作爌開朗也（龍357/03）。

懭：**懭**壙亦作懭亦通（慧2/438b"涉壙"註）（慧6/509a"涉壙"註）。壙或作廣（慧6/509a
"涉壙"註）。

穬：**穬**古猛反穀芒也又稻不熟也（龍144/08）（玄11/144b）（慧52/457a）（玄18/242c）（慧

①《字典考正》："痊"為"狂"的增旁字（292）。

72/912b）（慧 15/685b）（慧 20/798b）（慧 33/65b）（慧 35/98b）（慧 43/254b）（慧 35/107a）（慧 61/678b）（慧 68/835b）（慧 72/905b）（慧 80/1093b）（慧 81/16b）；獷經文作穬非字體（玄 2/32a "麁獷" 註）（慧 26/954a "羸獷" 註）（希 8/406a "獷戾" 註）；纊經從禾作穬穀也非此義也（慧 31/4b "穬麥" 註）（希 5/387a "穬麥" 註）（希 6/397a "穬麥" 註）。穬（慧 36/121b）（慧 78/1033b）（紹 195b8）。穬 古猛反（龍 144/08）。穬 古猛切（紹 195b8）。// 穬 古猛反正作穬穀芒也（龍 305/03）；穬論從米作穬非也（慧 68/835b "穬麥" 註）。// 穬：穬正古猛反（龍 505/06）（慧 31/4b）（慧 63/724b）（希 5/387a）（希 6/397a）（希 8/405a）；穬經文從麥作穬（慧 33/65b "穬麥" 註）（慧 68/835b "穬麥" 註）。穬 古猛切（紹 148a3）。穬 穬經中從麦作穬近字耳（玄 11/144b、慧 52/457a "雜穬" 註）。穬 古猛切（紹 148a3）；獷譜從麥作穬（慧 77/1012a "麁獷" 註）。穬 或作（龍 505/06）。

纊：纊 正苦謗反（龍 402/03）（玄 1/6b）（玄 6/84a）（慧 20/808a）（慧 23/875b）（慧 27/975b）（慧 92/195b）（慧 95/249a）（慧 97/286b）（希 3/370b）（紹 191a9）。// 絖：絖 或作苦謗反（龍 402/03）；纊今作絖同（玄 1/6b、慧 20/808a "繒纊" 註）（玄 5/64b、慧 44/284b "緜纊" 註）（玄 6/84a "繒纊" 註）。

礦：礦 俗古猛反金銀璞也（龍 443/02）（玄 2/23b）（玄 4/48c）（慧 10/584b）（慧 25/926a）（慧 68/829a）（慧 72/898b）；礦或作礦同也（慧 8/551a "出礦" 註）（慧 29/1017b "金礦" 註）（慧 39/172b "銀礦" 註）（慧 49/402b "礦論" 註）（慧 83/48a "銀礦" 註）。礦 古猛反（慧 12/627b）（慧 15/700a）（慧 69/852b）（慧 92/206b）（紹 163a5）；鉚亦作礦或作礦（慧 51/445a "鉚穬" 註）（慧 81/6b "鐵鑛" 註）。礦 亦作鑛（慧 94/239b）。// 礦：礦 正（龍 443/02）（玄 5/75c）（玄 10/131a）（慧 47/366a）（玄 23/318c）（慧 50/428b）（玄 24/330a）（慧 70/878a）（玄 24/330c）（慧 70/879a）（慧 8/551a）（慧 8/552a）（慧 29/1017b）（慧 39/183a）（慧 49/402b）（慧 60/670b）（慧 83/48a）；礦字書作礦同（玄 2/23b "金礦" 註）（玄 4/48c "寶礦" 註）（慧 12/627b "金礦" 註）（慧 15/700a "金礦" 註）（慧 25/926a "金礦" 註）（慧 69/852b "鐵礦" 註）；獷正經作礦石璞非也（慧 3/447b "麁獷" 註）（慧 11/607b "麁獷" 註）（慧 66/800b "不獷" 註）（希 7/401a "羸獷" 註）；鉚或作礦礦（慧 14/668b "寶鉚" 註）（慧 44/294b "寶鉚" 註）（希 5/384c "紫鉚" 註）。礦 古猛反（慧 31/5b）（慧 31/12b）（慧 41/216b）（慧 36/118b）（慧

39/172b）（希 4/378c）（紹 163a5）。//鑛：**鑛** 正古猛反金銀銅鐵璞也（龍 014/07）（慧 42/244a）（慧 81/6b）（紹 180b9）；礦經作鑛亦通也（慧 31/5b "在礦" 註）（慧 68/829a "金礦" 註）；鉚與鑛同（慧 43/254b "紫鉚" 註）（慧 44/294b "寶鉚" 註）（希 5/384c "紫鉚" 註）；獷論文作鑛非也（慧 67/802a "龐獷" 註）。//卝：**卝** 礦經文作卝（玄 2/23b "金礦" 註）（慧 15/700a "金礦" 註）；鑛或作卝（慧 81/6b "鐵鑛" 註）。//矿：**矿** 古古猛反（龍 443/02）（慧 14/668b）；礦古文矿（玄 2/23b "金礦" 註）（玄 4/48c "寶礦" 註）（慧 25/926a "金礦" 註）（慧 69/852b "鐵礦" 註）；礦古文矿同（玄 24/330a、慧 70/878a "金礦" 註）（慧 8/552a "銷礦" 註）（慧 29/1017b "金礦" 註）（慧 81/6b "鐵鑛" 註）（希 4/378c "石礦" 註）。//鉚：**鉚** 古反（龍 014/07）（慧 35/98a）（慧 44/294b）（慧 51/445a）（希 5/384c）（希 5/387a）；礦經文從金作鉚非也（玄 4/48c "寶礦" 註）（慧 15/700a "金礦" 註）；礦或作鉚（慧 8/551a "出礦" 註）（慧 10/584b "金礦" 註）（慧 12/627b "金礦" 註）（慧 31/5b "在礦" 註）（慧 31/12b "金礦" 註）（慧 83/48a "銀礦" 註）；鑛亦作鉚（慧 42/244a "金鑛" 註）。**釧** 公猛反（慧 43/254b）。**鉚** 俗（龍 014/07）。//鉚：**鉚** 俗（龍 014/07）。

夥：**夥** 苦礦反好也又～然舉目也（龍 197/04）。**夥** 苦礦反～然舉目又好兒也（龍 421/01）。**夥** 古迥苦潁二反好兒也（龍 030/09）。

kui

kuī 悝：**悝** 苦回反又音里（龍 052/07）（慧 77/1025b）（慧 85/95a）（慧 98/298b）（紹 130a3）。

盔：**盔** 苦回反盔器盂屬（龍 302/03）。**盔** 苦廻反盔器也盅屬也（龍 328/04）。//槶：**槶** 苦回切（紹 158a2）；魁經文從木作槶非體（玄 11/144b、慧 52/457a "魁取" 註）（玄 12/160b "銅魁" 註）（玄 15/201c、慧 58/618a "大魁" 註）。**槶** 苦廻反又音開（龍 209/02）。**槶** 魁經文作槶非也（慧 75/983b "銅魁" 註）（玄 16/219c、慧 65/779b "銅魁" 註）。//錒：**錒**① 苦廻反（龍 014/02）（紹 180b9）；魁經文作錒非也（玄 12/160b、慧 75/983b "銅魁" 註）（玄 15/201c、慧 58/618a "大魁" 註）（玄 16/219c、慧 65/779b "銅魁" 註）。

顐：**顐** 苦回苦骨二反大頭兒也（龍 482/06）。

---

① 《龍龕手鏡研究》："錒" 應是 "盔" 字之俗（144）。

虧：虧 驅為反（慧 2/422a）（慧 11/602b）（慧 15/690a）（慧 45/316a）（慧 76/1002a）（慧 82/29b）（慧 83/63b）（紹 167a8）。虧 正去為反（龍 544/01）（慧 12/624b）（慧 19/789a）（慧 25/926a）；虧 或從艹作～（慧 15/690a "所虧" 註）（慧 82/29b "月虧" 註）。虧 驅為慮宜二切（紹 167a8）。虧 虧或從虜作～（慧 15/690a "所虧" 註）。虧 俗去為反（龍 544/01）；虧經從虛作～不成字也（慧 15/690a "所虧" 註）。虧 虧今傳從霍作～俗字也（慧 83/63b "多虧" 註）。

𧇊：𧇊 俗去危反（龍 265/10）。

窺：窺 犬規反（龍 506/05）（玄 7/95c）（慧 58/625a）（慧 48/378b）（慧 21/811b）（慧 27/975a）（慧 61/680b）（慧 61/695b）（慧 62/715a）（慧 91/193a）（慧 100/340a）（希 9/414b）；闚又作窺同（玄 6/83c "闚看" 註）（慧 73/935b "闚[門/俞]" 註）（慧 35/100a "闚瞻" 註）（慧 76/994b "闚闛" 註）。窺 丘規反（玄 22/293c）（慧 31/12a）（慧 64/757a）（紹 194b6）；闚又作窺同（玄 18/250b "闚闛" 註）（慧 43/256b "闚人" 註）。窺 俗犬規反正作窺（龍 155/05）（慧 28/999b）（玄 15/211c）。窺 犬規反（慧 1/403a）。窺 舊藏作窺（龍 506/05）。霓 音窺（龍 307/06）。霓 俗（龍 307/06）。

闚：闚 正犬規反小視也（龍 091/06）（慧 76/994b）（慧 77/1012a）（慧 78/1037a）（慧 86/104b）（慧 100/349b）；窺或作闚（慧 1/403a "窺天" 註）（慧 27/975a "窺看" 註）（慧 31/12a "窺鑒" 註）（慧 100/340a "莫窺" 註）（希 9/414b "窺覘" 註）。闚 丘規反（玄 18/250b）（慧 43/256b）（慧 35/100a）（紹 195a8）。闚 丘規反（玄 6/83c）（慧 73/935b）（紹 195a8）。闚 俗（龍 091/06）。

歸：歸 今丘追反又丘歸反（龍 072/01）（慧 77/1025b）（慧 82/37a）（慧 82/41b）（紹 162a3）。歸 或作丘追反又丘歸反（龍 072/01）。歸 丘追丘軌二切（紹 162a3）。

覻：覻 正渠追居位二反婬視皃（龍 344/03）。覻 或作（龍 344/03）。

刲：刲 苦圭反剡刺也（龍 096/07）（慧 95/256b）（慧 97/284a）（紹 139b10）。//刲：刲 苦圭反剡刺也（龍 096/07）。

kuí 奎：奎 口携反（玄 1/8b）（慧 17/740b）（慧 46/324a）（慧 26/940b）。奎 苦圭反星名也（龍 356/07）。奎 正苦圭反星名（龍 202/06）（玄 2/28c）（玄 9/122a）（紹 146a5）。奎 或作（龍 202/06）。

畫：**畫**苦圭切（紹163b6）。

鞋：**鞋**正革買反鞋盾属也（龍202/06）。**鞋**俗（龍202/06）。

骱：**骱**苦圭反肩骨（龍479/09）。

尵：**尵**渠追反玉篇土也（龍247/04）。

馗：**馗**正渠追反（龍332/10）（慧86/106b）（紹203b10）；逵又作馗同（玄7/95b、慧28/999a"敬逵"註）（玄12/165b、慧75/978b"分逵"註）（希4/375a"逵路"註）。**馗**匱龜反（慧96/259b）。**馗**俗（龍332/09）。**馗**苦礼反（龍191/03）。**馗**苦礼反（龍191/03）。**馗**渠追反①（龍332/09）。**馗**音求②（龍332/09）。//逵：**逵**正渠追反（龍488/07）（玄12/165b）（慧75/978b）（慧18/748b）（希4/375a）（紹138b4）；馗亦作逵也（慧96/259b"横馗"註）。**逵**奇龜反（玄7/95b）（慧28/999a）**逵**俗渠追反（龍488/07）。

跻：**跻**渠追反左脛曲也（龍460/06）。

顝：**顝**跪逵二音（龍485/08）。**頯**音逵（慧20/796b"權下"註）。//頄：**頄**音求頯也（龍483/05）。

俟：**俟**渠追求季二反左右視也（龍027/01）（龍037/01）。

郳：**郳**渠惟反郳丘地名（龍454/09）。

愅：**愅**音葵之字（初編玄566、慧53/497b"怖悸"註）。**愅**揆唯反（慧51/444b）。

揆：**揆**葵癸反（龍211/02）（玄3/35b）（慧09/568b）（慧46/338a）（慧3/440b）（慧5/487b）（慧94/241a）。**揆**渠癸反（玄22/298b）（慧48/385b）（慧18/766b）（紹132a4）。

葵：**葵**渠惟反（龍258/10）（紹154b1）。

睽：**睽**二例反③（龍414/04）。

朕：**朕**葵逵二音臚名也（龍409/02）。

羳：**羳**渠追反～兵噐戟属（龍173/01）。

瓡：**瓡**苦圭反瓠瓡茹也（龍195/06）。**瓡**苦圭反（龍330/09）。

蝰：**蝰**渠惟反虫名也（龍221/10）。

---

①《叢考》："馗"為"馗"的訛俗字（980）。
②《叢考》：此字疑即"馗"的訛俗字（84）。
③參見《叢考》600頁。

睽：睽 苦圭反目少精也又乖也異也外也（龍 418/07）（玄 1/11c）（慧 42/232a）（慧 49/411a）

（紹 142b3）。//眭：眭 苦圭反眭別也① （龍 426/02）。

騤：騤 今渠追反强也盛也又馬行皃（龍 291/10）。騤俗（龍 291/10）。//騤：騤 或作

（龍 291/10）。

鶏：鶏 渠惟反～鳩鳥（龍 287/07）。

魁：魁 正苦囘反帥也主也首也（龍 323/01）（玄 6/88b）（玄 7/96c）（玄 11/144b）（慧 52/457a）

（玄 12/160b）（慧 75/983b）（玄 15/201c）（慧 58/618a）（玄 16/218c）（慧 65/771a）（玄 16/219c）

（慧 65/779b）（玄 20/269b）（玄 24/327a）（慧 70/873b）（慧 1/414a）（慧 4/474b）（慧 11/606b）（慧

13/646b）（慧 18/763b）（慧 25/913b）（慧 27/986a）（慧 54/512b）（慧 85/100b）（希 4/377c）（希 4

/379c）（希 6/393c）（紹 198b3）。魁 苦瓌反（希 1/357b）。魁俗（龍 323/01）（紹 198b3）。䰢

衆經音云魁正苦囘切臨文詳用（紹 198b5）。//槐：槐 魁經文從木作槐非體（玄 1

1/144b、慧 52/457a② “魁取” 註）。

傀：傀 又口罪反傀偉（龍 23/02）。//儸：儸 俗苦罪反又音瓌③（龍 032/05）；魁磊經文

作儸儡非也（玄 20/269b “魁磊” 註）；隗磊傳文作儸儡非也（慧 74/941b “隗磊” 註）。

厬：厬 丘委反刖足也（龍 179/07）。厬 丘愧反刖足也又跛也（龍 523/01）。

夔：夔 渠追反夔龍（龍 341/09）。夔 跪為反（慧 83/63a）（慧 84/80a）。夔 巨歸切（紹 203b1）。

夔 夔正巨大韋切（紹 156a8）。夔 夔正巨大韋切（紹 156a8）。夒 俗通渠追反夔龍又

州名國名獸名正作夔（龍 547/01）。

躨：躨 渠追反躨跜梁棋間一曰行踐皃也（龍 460/05）。

kuǐ 跬：跬 正丘弭反又窺癸反（龍 461/03）（慧 60/669b）（慧 83/55a）（慧 87/119b）（慧 99/317a）（紹

137a1）。蹞 或作丘弭反又窺癸反（龍 461/03）。//趌：趌 丘弭反與跬同（龍 325/01）；

考聲作趌集作跬通用也（慧 99/317a “跬步” 註）。//圭：圭 犬毀反（龍 335/08）。

蹼：蹼 丘弭反蹼踽開足皃也（龍 461/04）。

頍：頍 今丘弭反弁皃又舉頭皃也（龍 485/06）。頍俗（龍 485/06）。

① 《疑难字考釋與研究》：“眭” 當是 “睽” 字俗訛（433）。
② 《慧琳音義》作 “槐”，當是 “槐” 字誤省。
③ 《龍龕手鏡研究》：“儸” 疑乃 “傀” 字之俗（159）。

頯：頯口猥五罪二反頭不正也又音欺大頭也（龍485/04）。頯同上（龍485/04）。

虺：虺正音跪剈一足也（龍197/08）。虺俗（龍197/08）。

kuì 媿：媿音愧媿荷又與愧同（龍282/10）（慧3/452a）（慧16/720b）（慧17/731a）（慧31/4a）（慧41/226a）（慧73/920b）（慧85/92b）（希1/358b）（紹142a5）；愧説文從女作媿（慧29/1019b"愧耻"註）（慧88/148a"愧怍"註）。//愧：愧軌位反（慧4/471a）（慧7/518b）（慧29/1019b）（慧88/148a）（希3/369c）；媿或從心作愧（慧3/452a"慙媿"註）（慧16/720b"媿耻"註）（慧17/731a"耻媿"註）（慧31/4a"媿惡"註）（慧41/226a"媿惡"註）（慧73/920b"慙媿"註）（慧85/92b"媿焉"註）（希1/358b"媿惡"註）。//聭：聭正居位反言聭也又恥也慚也（龍323/09）（龍047/03）；愧或作聭聭二體皆古字也（慧4/471a"有愧生慚"註）（慧17/731a"耻媿"註）（慧29/1019b"愧耻"註）（希3/369c"慙愧"註）。馨或作（龍323/09）。聭或作（龍323/09）。//聭：聭愧或作聭聭二體皆古字也（慧4/471a"有愧生慚"註）（慧17/731a"耻媿"註）（慧29/1019b"愧耻"註）（希3/369c"慙愧"註）。

聭：聭正居位反見文也（龍323/10）。//馨：馨或作（龍323/10）。

騩：騩正音愧馬色也（龍323/10）。騩俗（龍323/10）。

潰：潰迴內反（慧42/246b）。潰胡外反（龍233/05）（慧46/335a）（玄10/136b）（玄12/158c）（慧74/956b）（玄22/290b）（慧48/374a）（玄23/314c）（慧50/423b）（玄24/323b）（慧70/867b）（慧2/425b）（慧5/479b）（慧11/601a）（慧24/901b）（慧76/1002b）（慧78/1037b）（慧79/1052a）（紹186a7）；殨又作潰同（玄17/228c、慧67/816b"殨風"註）（希8/408c"瘡殨"註）。

蕢：蕢逮位反（慧87/129b）。蕢求位反盛土器也又苦怪反（龍261/08）（慧75/978b）（慧90/178b）；簣集從艸作蕢亦通（慧98/298b"一簣"註）。蕢求位反（龍352/05）。

簣：簣苦怪反土籠也又其位反（龍393/09）（慧98/298b）（紹160b2）；蕢亦從竹作簣經作匱誤也（慧75/978b"一蕢"註）。//簣：簣夔位反土籠也（慧81/11a）。

憒：憒胡外反又古外反並通（慧15/697b）（慧20/795b）（慧51/445a）（慧51/446a）（慧61/684a）；憒正作～（慧31/17a"憒吏"註）。憒瓌內反（慧92/200b）。憒古對反心亂也（龍059/03）（玄1/22a）（玄3/35c）（慧09/569a）（玄4/52b）（玄6/89a）（玄8/108b）（慧28/1005b）（玄14/188c）（慧59/637b）（玄22/292a）（慧48/376b）（玄23/310b）（慧47/361b）（玄25/332b）（慧7

1/882a）（慧 3/451a）（慧 11/610b）（慧 11/618a）（慧 14/675b）（慧 21/829b）（慧 25/921b）（慧 26/951b）（慧 27/986b）（慧 28/1009b）（慧 28/1011a）（慧 30/1035b）（慧 30/1039b）（慧 31/17a）（慧 34/76a）（慧 49/404b）（慧 55/536b）（慧 57/585a）（慧 72/900b）（慧 77/1012a）（慧 78/1041a）（慧 79/1059b）（慧 83/46b）（紹 129b9）；隤或從心作憒（慧 99/324b“隤陀”註）。

嬇：嬇苦怪胡對二反女字也（龍 283/09）。

樻：樻求位丘愧二反（龍 383/06）；匱今作樻同（玄 6/82a“不匱”註）。

膭：膭聵經文從肉作膭（玄 1/3a、慧 20/802b“聾聵”註）（玄 7/93b、慧 28/996b“盲聵”註）；殨論文作膭非字體（玄 17/228c、慧 67/816b“殨風”註）。

聵：聵正五恠反掓聾也（龍 314/7）（玄 1/3a、慧 20/802b）（玄 5/72c）（玄 7/93b）（玄 20/274a）（慧 14/666b）（慧 22/842a）（慧 28/996b）（慧 33/52a）（慧 33/59a）（慧 57/584b）（慧 76/1006b）（紹 199b5）。瞶又俗五怪反正作聵（龍 422/07）；聵經文從目作瞶非也（慧 14/666b“聾聵”註）。⿰身貴俗五怪反正作聵（龍 162/3）。⿰豸貴古文聵類[⿰豸頁]二形今⿰豸貴（玄 20/274a、慧 76/1006b“聾聵”註）（慧 22/842a“聾聵”註）。//聲：聲俗（龍 314/7）。聲聵又作⿱毄耳（玄 1/3a）（慧 20/802b“聾聵”註）（慧 22/842a“聾聵”註）。聲古文聵類二形今⿰豸貴又作⿱毄耳（玄 20/274a、慧 76/1006b“聾聵”註）。聲俗（龍 314/6）。⿰聊刂俗（龍 314/6）。

殨：殨胡對反（龍 515/02）（玄 17/228c）（慧 67/816b）（慧 15/684b）（希 8/408c）；潰古文殨同（慧 46/335a“自潰”註）（玄 10/136b“須潰”註）（玄 12/158c、慧 74/956b“腹潰”註）（玄 22/290b、慧 48/374a“皰潰”註）（玄 23/314c、慧 50/423b“潰散”註）（玄 24/323b、慧 70/867b“潰爛”註）。

⿰衤貴：⿰衤貴丘畏切（紹 168b10）。

饋：饋逵位反韻（慧 19/782a）（慧 38/161a）。饋逵貴反（慧 24/889b）。饋正求位反（龍 502/03）（玄 7/103c）（玄 11/151c）（慧 52/472a）（玄 16/220a）（慧 65/779b）（慧 54/517a）（慧 82/33b）（慧 97/279b）（紹 171b10）；匱經從食作饋義別非經義（慧 19/775b“貧匱”註）。//餽：餽或作求位反（龍 502/03）（玄 20/273b、慧 75/980b“饌餟”註）（紹 172a6）；饋古文餽同（玄 7/103c“饋遺”註）（玄 11/151c、慧 52/472a“饋遺”註）（玄 16/220a、慧 65/779b“饋

汝”註）（慧 19/782a “餽遺” 註）。//鐀：鐀或作求位反正作餽①（龍 017/08）。鐀俗（龍 017/08）；餽經文從金作鐀非也（慧 38/161a “餽遺” 註）。

髖：髖正（龍 481/02）。髖今丘愧反膝柱地也（龍 481/02）。

鬢：鬢正（龍 090/03）。鬢今丘愧反屈髮縮鬢也（龍 090/03）。

喟：喟古（龍 273/02）。喟苦愧反歎息也又口貴反（龍 273/02）（玄 5/69b）（慧 10/582b）（玄 7/101b）（慧 32/32a）（玄 13/172a）（慧 57/592a）（玄 13/172a）（慧 57/592a）（初編玄 630）（慧 55/535a）（玄 15/209a）（慧 58/610a）（玄 20/269a）（慧 33/57a）（慧 87/131b）（希 3/373c）（紹 183a7）。//嘳：嘳今（龍 273/02）；喟又作嘳同（玄 13/172a、慧 57/592a “喟然” 註）。//歑喟又作歑同（玄 15/209a “喟嘆” 註）。欴音快心之息也（龍 348/08）；喟又作欴同（玄 5/69b、慧 10/582b “喟然” 註）（玄 7/101b、慧 32/32a “喟而” 註）（初編玄 630、慧 55/535a “喟然” 註）（慧 58/610a “喟嘆” 註）（玄 20/269a、慧 33/57a “喟然” 註）。歑苦怪反同欴（龍 530/05）。//嗰：嗰苦怪反與欴同太息也（龍 140/09）。

桊：桊兵吠反桊緣短小兒也（龍 331/09）。

Kun

昆：昆今古混反兄也後也同也（龍 424/09）（玄 3/44b）（慧 10/583a）（玄 8/112b）（慧 16/721b）（玄 13/178b）（慧 52/481a）（慧 1/407a）（紹 171b3）；蚰蟲經作昆虫俗字也（慧 35/111a “蚰蟲” 註）。晜古（龍 424/09）；昆又作晜同（玄 3/44b、慧 10/583a “昆弟” 註）（玄 8/112b “昆弟” 註）（玄 13/178b、慧 52/481a “昆弟” 註）（希 9/411b “曾孫” 註）。

悃：悃音昆亂也（龍 055/02）。

猑：猑古混反猑禽獸名也（龍 318/06）。

琨：琨音昆琨珸玉也（龍 433/06）（玄 20/268a）（慧 33/55a）（慧 80/1078a）（紹 140b9）。//瑻：瑻音昆（龍 433/05）；纓貫論文作嬰瑻二字非也（玄 17/235c、慧 74/949a “纓貫” 註）；錕宜作琨又作瑻同（玄 20/268a、慧 33/55a “臂錕” 註）。

崑：崑音昆崑崙山也（龍 070/01）（慧 86/108b）（紹 162a1）。崙音昆（龍 070/01）（慧 81/22b）

（紹 162a1）。//𧡦俗音昆[①]（龍 295/05）。

焜：焜音混（龍 238/04）（玄 5/67a）（慧 24/892b）（玄 8/113a）（玄 12/165a）（慧 53/498a）（初編玄 574）（慧 75/985b）（慧 16/712b）（慧 45/300a）（慧 85/97b）（慧 88/138b）（慧 93/212b）（紹 190b4）。

蜫：蜫今音昆（龍 219/08）（慧 46/321a）（慧 46/327a）（慧 60/671b）（慧 62/704a）（慧 95/248b）（慧 97/288a）（紹 164b2）；昆聲類作蜫；蚰經中作蜫俗字非也（慧 100/352a“蚰蟲”註）。蜫古魂反（玄 9/123c）（玄 21/280a）（慧 13/650b）；鯤集從虫作蜫非也（慧 99/320a“鯤鵬”註）。//蚰：蚰古音昆（龍 219/08）（慧 35/111a）（慧 97/286a）（慧 100/352a）；蜫古文蚰同（玄 9/123c、慧 46/327a“蜫蚉”註）（玄 21/280a“蜫蚉”註）（慧 60/671b“蜫蟻”註）（慧 95/248b“蜫蟲”註）；昆古魂反假借字也正體作蚰（慧 1/407a“昆蟲”註）（慧 13/650b“蜫蟲”註）。

錕：錕 音昆錕鋙鐵赤色可為釼也（龍 010/07）（慧 33/55a）。錕（玄 20/268a）。

鯤：鯤音昆（龍 167/01）（慧 99/320a）（紹 168a2）；鯨書無此字宜作鯤此恐誤作音（玄 16/221c、慧 65/764b“鯨戾”註）（慧 80/1088b“溟渤”註）。

巛：巛古文音坤乾巛（龍 201/03）（紹 203b3）。

坤：坤苦昆反（慧 10/586a）。

罤：罤正音昆周人謂兄曰罤又古文作罤同（龍 360/06）。罤（龍 360/06）。

褌：褌音昆内衣也（龍 103/01）。褌古渾反字林從巾作幝古文作裩皆云下衣也（希 5/385a）（紹 168b4）。//裩：裩川韻同褌（龍 110/06）。

鶤：鶤音昆鵾鷄似鶴而大也（龍 285/03）（慧 86/108b）；鵾又作鶤同（玄 4/60b“鵾鷄”註）（慧 4/469a“鵾鷄”註）（慧 96/271a“鵬鵾”註）。//鵾：鵾音昆鵾鷄（龍 285/03）（玄 4/60b）（慧 4/469a）（慧 4/469b）（慧 11/617b）（慧 96/271a）（紹 165b3）；鶤論從昆作鵾並通義同（慧 86/108b“翔鶤”註）。

顐：顐苦昆反顐頵禿無髮也亦五昆反（龍 483/02）。

髡：髡音坤去髮也（龍 086/07）（玄 12/164c）（慧 55/544b）（慧 62/714a）（慧 63/737b）（慧 86/109a）（慧 88/142a）（慧 95/255a）。髡俗（龍 086/07）（玄 2/28a）（慧 26/938b）（慧 44/286b）（慧

① 《叢考》：此字疑即“昆侖”之“昆”的增旁俗字（126）。

57/595a)（慧78/1035b）（慧79/1061a）。髡苦魂切（紹144b7）。𩮜俗（龍086/07）。𩮜

髡經作～俗字（慧44/286b"髡頭"註）（慧86/109a"髡頭"註）。

kǔn 悃：悃正音困勞倦也（龍059/04）（慧39/167a）（慧83/61a）（慧87/123a）（慧89/156a）（紹131

a4）。悃俗（龍059/04）。

捆：捆苦本反捆取（龍212/07）。

硱：硱豈競反硱磳山石狀也（龍440/08）（慧99/323a）。

踚：踚正（龍462/01）。踚：踚俗苦本反豕足也（龍462/01）。

闉：闉苦本反（龍92/9）（玄1/5c）（玄1/21b）（玄3/42a）（玄8/111a）（玄12/155a）（初編玄612）

（玄14/194a）（玄15/201c）（玄16/224b）（玄17/228b）（玄19/262a）（慧09/573a）（慧14/666b）

（慧14/669b）（慧15/702b）（慧16/719b）（慧19/775a）（慧20/807a）（慧23/870a）（慧24/898b）

（慧25/919b）（慧28/1009a）（慧40/195b）（慧45/300b）（慧52/454a）（慧55/539a）（慧56/572a）

（慧58/618a）（慧59/646a）（慧64/747b）（慧67/816a）（慧68/831b）（慧79/1055b）（慧93/219a）

（慧94/241b）（希2/367a）（希7/400c）（希8/406b）（紹195a10）；梱又作闉同（玄18/248c、慧

73/918b"門梱"註）。//梱苦本反（龍380/4）（玄18/248c）（慧73/918b）；闉又作梱同（玄

1/5c、慧20/807a"門闉"註）（玄1/21b"門闉"註）（玄3/42a、慧09/573a"門闉"註）（玄8/11

1a、慧33/61b"門闉"註）（玄12/155a、慧52/454a"門闉"註）（初編玄612、慧55/539a"門闉"

註）（玄14/194a、慧59/646a"門闉"註）（玄15/201c、慧58/618a"門闉"註）（玄16/224b、慧6

4/747b"門闉"註）（玄17/228b、慧67/816a"門闉"註）（玄19/262a、慧56/572a"門闉"註）（慧

15/702b"門闉"註）（慧23/870a"蹈彼門闉"註）（慧24/898b"門闉"註）（慧25/919b"門闉"註）

（慧28/1009a"門闉"註）（慧40/195b"門闉"註）（慧45/300b"門闉"註）（慧68/831b"門闉"

註）（慧93/219a"踚闉"註）（慧94/241b"闉側"註）。梱闉説文從木作梱形聲字也（慧

14/669b"門闉"註）。//闙俗苦本反正作闉（龍549/2）。

壼：壼苦本切（紹200b10）。壼苦本反（龍549/09）（慧83/61a）（紹174b1）。壺苦本反（龍5

49/09）。

kuo

kuò 廓：**廓** 今苦郭反虛也又張小使大也 （龍 301/06）（玄 9/120c）（慧 46/321a）（玄 25/331b）（慧 71/881a）（慧 21/811b）（慧 22/855a）（慧 23/876a）（慧 54/513a）（慧 100/338b）。**廓** 正 （龍 301/06）。**廓** 苦郭切 （紹 192b1）。

鞟：**鞟** 曠郭反 （慧 95/247a）。**鞟** 正苦郭反 （龍 451/08）。//鞟：**鞟** 或作苦郭反 （龍 451/08）（紹 140a10）。

劀：**劀** 苦郭反解也裂也 （龍 101/01）。**劀** 籀文苦郭反 （龍 101/01）。

擴：**擴** 胡曠反打擴又音郭弓張也 （龍 215/01）。

括：**括** 古活反又刮膾二音 （龍 215/09）（玄 16/223a）（慧 64/752a）（玄 17/235b）（慧 74/949a）（玄 18/248c）（慧 1/406b）（紹 132a6）；古文髻髻二形今作括同 （玄 12/156b、慧 52/477b “髻髮” 註）。

适：**适** 古活反疾也 （龍 494/06）。

栝：**栝** 古活反又古刷反 （龍 386/08）（玄 15/200b）（慧 58/615a）（玄 22/303b）（慧 48/394a）（慧 8/549b）（紹 159b1）；筈經文從木作栝亦通 （慧 3/449b “箭筈” 註）（慧 6/514b “箭筈” 註）。

筈：**筈** 古活反 （慧 73/918b）（慧 3/449b）（慧 6/514b）（紹 160b4）；音澗又音括 （龍 394/01）。**筈** 括又作筈同 （玄 17/235b、慧 74/949a “括括” 註）。

蛞：**蛞** 舌闊括三音 （紹 164b4）。

憨：**憨** 古活反巨善也 （龍 069/04）。

憑：**憑** 古活反 （龍 068/08）（紹 131b4）。

頢：**頢** 古活反小頭兒也 （龍 487/08）。

髻：**髻** 正古活反結髻也 （龍 090/07）（玄 12/156b）（慧 52/477b）。**髻** 俗 （龍 090/07）。//髻：**髻** 音活 （龍 090/09）；古文髻髻二形今作括同 （玄 12/156b、慧 52/477b “髻髮” 註）。

闊：**闊** 正苦活反遠也廣也 （龍 095/07）（慧 36/125a）（慧 83/52a）。**闊** 闊傅從舌作闊非也 （慧 83/52a “深闊” 註）。**闊** 俗 （龍 095/07）。**闊** 俗 （龍 095/07）。

瘑：**瘑** 苦臥反禿瘑 （龍 476/05）。

L

la

lā　拉：**拉** 正郎合反 （龍 216/06）（玄 7/105a）（慧 17/735b）（玄 7/105a）（慧 17/735b）（玄 21/276c）（玄 22/288b）（慧 48/371a）（玄 24/324c）（慧 70/869b）（慧 63/728a）（慧 84/81b）（慧 87/122b）（慧 91/188a）（希 9/412a）（紹 134b2）。 **拉** 俗盧合反正作拉 （龍 387/02）。// **拗** 俗郎合反 （龍 216/06）。 **擸** 與拉擸俱同 （慧 63/728a）；拉亦作擸又作摺 （慧 63/728a "拗拉" 註）（希 9/412a "拉摺" 註）。 **拹** 俗 （龍 216/06）。// 摺：**摺** 又音拉 （龍 216/07）（慧 93/221b）；拉或作摺同 （玄 7/105a、慧 17/735b "攦拉" 註）（慧 87/122b "拉天" 註）。 **摺** 又俗盧合反① （龍 386/08）。

圧：**圧** 盧合反 （龍 303/02）。

垃：**垃** 郎合反 （龍 252/08）。

歔：**歔** 盧合反歔歔不滿也 （龍 356/02）。

磖：**磖** 盧合反磖磲 （龍 446/04）。

翻：**翻** 盧合反翻翻翻飛皃也 （龍 328/02）。

喇：**喇** 俗盧達反 （龍 277/05）。

là　剌：**剌** 盧達反僻也戾也 （龍 099/06）（玄 3/33a）（慧 09/564b）（玄 6/90b）（玄 7/97b）（慧 19/778b）（玄 17/233c）（慧 70/859b）（玄 21/282c）（玄 21/286b）（玄 22/288c）（慧 48/371b）（玄 23/315c）（慧 49/397a）（玄 24/325b）（慧 70/870b）（慧 76/1001b）（希 3/373a）；**蝍** 經文作剌非體也 （玄 5/65c 慧 42/249a "蟲蝍" 註）；**桙** 經文作剌非體也 （玄 8/117a、慧 30/1053a "辛桙" 註）（玄 18/247b、慧 73/926b "痛桙" 註）（玄 18/252a、慧 73/918a "三桙" 註）。 **剌** 力曷反 （玄 20/265c）。

---

① 《龍龕手鏡研究》："摺" 俗音盧合反，即 "摺" 之俗訛（306）。

瘇：瘇正盧葛反庵也亦獄室也（龍301/07）。廜或作（龍301/07）。

辢：辢正郎達反（龍183/09）（慧43/265b）（玄8/117a）（慧30/1053a）（玄18/247b）（慧73/926b）（玄18/252a）（慧73/918a）（玄24/328b）（慧70/875a）（慧2/427a）（慧36/121b）（慧68/830b）（慧72/907b）（慧81/12b）（紹175b4）。辢郎葛反（玄4/56c）。//捔俗（龍183/09）。

瘌：瘌盧達反痛也又瘆瘌不調也（龍477/06）。

梸：梸盧達反木名（龍386/08）。

睞：睞郎達反目不正也（龍423/06）。

蜊：蜊正郎葛反（龍224/10）。蛶勒達反（玄4/65c）（玄7/102b）（慧30/1046a）（玄15/202b）（慧58/619a）（玄20/266a）（慧42/249a）（慧43/262a）。//蝲俗郎葛反（龍224/10）；蠆蛶經文作蚅蜊非字體也（玄7/102b、慧30/1046a "蠆蛶" 註）。

攋：攋盧葛反撥攋手披物也（龍217/09）。

蝲：蛶勒達反（玄5/65c）。

攍：攍藍答反（慧62/721a）。攍正盧盍反與拉訓同（龍216/06）。攍或作盧盍反與拉訓同（龍216/06）。

邋：邋盧盍反邋遢行皃也（龍493/09）。

臘：臘力盍反（玄14/188c）（慧59/637b）（玄23/317b）（慧49/399a）。//臘：臘盧盍反（希5/389c）；臘此應作臘羅盍反（玄18/251a、慧73/918a "魯臘" 註）；蠟譜從月作臘非也（慧77/1020a "以蠟" 註）。臘力盍切（紹135b9）。臘力盍切（紹135b9）。

㖶：㖶音剌①（龍279/01）。

皺：皺盧盍反皺皷皮寬皃（龍124/02）。皷（龍124/02）。

蠟：蠟正盧盍反（龍225/02）（慧36/124b）（慧53/491b）（慧77/1020a）（紹164b1）。蠟俗通盧盍反（龍225/02）（紹164b1）；蠟經本作螜非也（慧53/491b "蠟蜜" 註）。

玃：玃今盧盍反玃翄飛初起皃（龍327/08）。玃或作（龍327/08）。

鑞：鑞盧盍反錫鑞鉛屬也（龍020/03）（慧35/107b）（慧39/172a）。鑞力盍切（紹181a9）。

①參見《龍龕手鏡研究》259 頁。

齷： 齾又俗音拉① （龍 313/06）

齾： 齾盧葛反齾聲也 （龍 313/01）。// 齾： 齾郎達切 （紹 146b3）。// 齷： 齷正盧盍反齾
　　聲也 （龍 313/01）。齷俗 （龍 313/01）。

尬： 尬力瓦反尬尪辛苦行不得也 （龍 522/06）。

lai

lái 來： 來 （慧 55/545b）（慧 11/617b）。来来字從二人今作来訛也 （慧 11/617b "齎來" 註）。柔
　　力對力佳二反 （玄 20/265c）；麼經文有作～非也 （玄 7/99c "麼麼" 註）。枀： 枀俗音
　　來 （龍 357/02）。

俫： 俫音來見也 （龍 027/01）（紹 128b9）。

徠： 徠音來還也又力代反勞也 （龍 496/06）。

淶： 淶音來水名 （龍 230/05）（紹 188a7）。

郲： 郲音來地名 （龍 454/09）。

庲： 庲音來 （龍 299/01）。

崍： 崍音來 （龍 071/02）。崍音來 （紹 162b2）。

棶： 棶俗音來正作棶木名也 （龍 210/01）。

琜： 琜音來瓊玉也 （龍 434/08）。琜音來瓊玉也 （龍 434/08）。

箂： 箂音來 （龍 390/01）。

唻： 唻 （慧 43/263a）。唻音來呼犬聲 （龍 268/03）（玄 20/266b）。唻力可切 （紹 182a9）。唻
　　力可切 （紹 182a9）。唻相承來音 （龍 188/08）；唻又作唻 （玄 20/266b 慧 43/263a "咩
　　唻" 註）。唻来音又来加切 （紹 176b2）。唻来音又来加切 （紹 176b2）。// 唻： 唻
　　俗音來② （龍 359/03）（紹 176b2）（紹 200b7）；唻又作唻 （玄 20/266b 慧 43/263a "咩" 唻" 註）。

睐： 睐音來耕外舊埸也 （龍 153/07）。

逨： 逨來賚二音至也就也 （龍 490/03）。

---

①參見《龍龕手鏡研究》268 頁。
②參見《龍龕手鏡研究》293 頁。

貄： 鯠音來狸別名也（龍321/09）。

駊： 駊音來馬七尺也（龍291/07）。

鯠： 鯠音來（龍167/06）（紹168a2）。

鶆： 鶆音來～鳩鷹也（龍286/10）。

騋： 騋音來騋驪大黑兒也（龍531/06）。

萊： 麳（慧87/130b）。麳正音来大麦也（龍504/09）；萊或作～字書作秾與論同（慧87/130b"麳萊"註）。麳或作（龍504/09）。//秾：秾音來秾麳之麥又書呂反（龍143/04）；萊字書作秾與論同（慧87/130b"麳萊"註）。

釢： 釢來改反連絲鈎曰釢（龍016/02）。

lái 來： 來力代反（慧30/1046a）（慧55/545b）。来力代反（玄7/102a）（玄12/166a）（玄22/301a）（慧48/390a）。

勑： 勑勞説文作勅同（玄7/102a、慧30/1046a"勞来"註）（玄12/166a、慧55/545b"勞来"註）。

倈： 倈来經文作賜賚之賚非字體也或作倈非也（玄7/102a、慧30/1046a"勞来"註）（玄12/166a、慧55/545b"勞来"註）。

睞： 睞來岱反（慧16/710b）（慧16/713b）（慧24/899b）（慧27/991a）（慧35/101a）（慧75/974b）（慧84/81b）（慧86/105b）（慧94/237a）（紹142b8）。睞勒代反（龍421/07）（玄6/91b）（玄14/193a）（慧59/644b）（慧24/901b）（慧30/1048b）（慧45/301a）；親作睞非此用（玄8/113b"盼親"註）（慧51/445b"盼親"註）（慧51/445b"盼親"註）。睞（玄10/139a"盼親"註）。睞力代反（紹136b6）。睞俗勒代反正作睞（龍413/03）。睞睞正来代切（紹176b2）。

賚： 賚來代反（慧18/763a）（慧53/500a）（慧83/63b）（紹143a9）。賚正勒代反與也賜也（龍351/07）（玄22/301a）（慧48/390a）；来經文作賜賚之賚非字體也（玄7/102a、慧30/1046a"勞来"註）（玄22/301a、慧48/390a"勞来"註）。賚俗（龍351/07）。賚俗（龍351/07）。賚俗（龍351/07）。賚俗（龍351/07）。

親： 親力再反（慧51/445b）（慧51/445b）；睞或作親（慧94/237a"睞睞"註）。親正洛代反（龍345/07）（龍189/02）（玄8/113b）（玄10/139a）；睞或作親也（慧16/713b"睞睞"註）。親俗（龍345/07）。親俗（龍345/07）。親音賴（龍189/02）。

賴：**親**玉篇又音賴[1]（龍344/02）。

瀨：**瀨**力艾反（慧71/887a）（慧72/904a）（慧99/311b）。**瀨**音賴（龍233/08）（玄12/155a）（慧52/454b）（玄25/335a）（紹186a7）；瀨經文從頁作瀨非也（玄4/50c、慧31/21b"瀨漏"註）。

嬾：**頼**俗音賴（龍274/01）（慧38/161a）（紹183b10）；獺又作嬾非也（玄15/202c、慧58/619b"獺皮"註）。//**嘱**俗音賴（龍274/01）。

藾：**藾**音賴藾蒿也（龍262/04）；籟序文從草作藾蒿名也非此用（希1/354a"萬籟"註）。

燗：**燗**音賴火之毒燗也（龍243/09）。

籟：**籟**郎大反（龍393/01）（慧10/588b）（慧87/131a）（希1/354a）（希5/383a）（紹160b3）。

纇：**纇**俗盧達反（龍403/04）。**纇**俗盧達反（龍403/04）。

癘：**癘**音例疫癘也又俗力代反（龍474/06）（玄7/94a）（慧28/997a）（玄21/279c）（慧37/136a）（慧40/191b）（慧49/405a）（紹193a2）；癩字亦作癘（玄5/70a"疸癘"註）（慧12/625b"白癩"註）（慧13/648b）（慧30/1047a"疸癘"註）（慧33/58a"癘瘡"註）（慧41/221b"癩病"註）（慧37/146b"疸癘"註）（慧64/755a"白癩"註）；厲或從疒作癘殊非經意（慧11/609b"慘厲"註）。**癘**列滯力大二反（慧2/429b）；癩說文正作癘（慧2/434b"癩疾"註）（希6/394a"疱癘"註）。**癘**力偈反（慧76/1000b）。//癩：**癩**來代反（慧41/221b）（慧37/146b）（慧39/181a）。**癩**來大反（慧2/434b）；癩又音盧大反字書大風病也俗作癩非也（慧13/648b"惡癩"註）。**癩**盧大反（慧64/755a）。**癩**來帶反（慧66/790b）（希6/392a）（希6/394a）（紹193a3）。**癩**力代反惡疾也（龍474/06）（玄5/70a）（慧12/625b）（慧13/660a）（慧30/1047a）（慧32/28b）（慧33/58a）（慧43/254b）；癩又作癩同（玄7/94a、慧28/997a"癘瘡"註）（玄21/279c"惡癩"註）。//痳：**痳**力代反惡疾也（龍474/06）；癩或作痳（慧41/221b"癩病"註）（希6/392a"疥癩"註）。//**痢**音例（龍477/01）。**痢**音例（龍477/01）；厲又作痢同（玄21/282b"疫厲"註）。

襰：**襰**音賴墮壞也（龍112/09）。

鱳：**鱳**音賴魚名（龍170/05）。

莉：**莉**音賴藾蒿也又郎達反亦蒿也（龍262/04）。**莿**又盧達反蒿莉也（龍098/07）。

---

①參見《龍龕手鏡研究》284頁。

lan

lán 婪：**婪**郎含反貪婪也（龍279/04）（玄5/69c）（玄22/297b）（慧48/384a）（慧30/1042a）（慧82/29b）（慧95/248a）（紹141b1）（紹158b2）；惏今亦作婪同力南反（玄1/14c、慧42/236b"貪惏"註）（慧81/14a"貪惏"註）。//惏：**惏**正盧含反貪也與婪同（龍54/02）（玄1/14c）（慧42/236b）（慧81/14a）；婪又作啉惏二形（玄22/297b、慧48/384a"貪婪"註）（慧30/1042a"貪婪"註）（慧82/29b"貪婪"註）（慧95/248a"貪婪"註）。**惏**俗（龍54/02）。**惢**婪又作惢（慧82/29b"貪婪"註）。//啉：**啉**正盧含反誼也聑也（龍269/06）（玄1/13a）（慧42/234a）；惏字書或作啉（玄1/14c、慧42/236b"貪惏"註）；婪又作啉惏二形（玄22/297b、慧48/384a"貪婪"註）。**呇**俗通（龍269/06）。

惏：**惏**力閑反地名（龍064/06）。

僮：**僮**魯甘反僮僂形兒惡也（龍024/08）。

攬：**攬**魯甘反攬持也（龍209/07）。

藍：**藍**正魯甘反染草（龍258/07）。**藍**今（龍258/07）（紹155b2）；襤論文作藍非今義（玄9/122a、慧46/324a"襤褸"註）（玄12/160b、慧75/983b"襤褸"註）。

劃：**劃**盧擔反利刀也（龍098/09）。

懢：**懢**襤古文懢（玄9/122a、慧46/324a"襤褸"註）（玄12/160b、慧75/983b"襤褸"註）（玄20/270c、慧74/939b"襤褸"註）。

籃：**籃**魯甘反籃滾簿大也（龍507/04）。

幨：**幨**盧甘反无緣衣也亦作襤[襤]（龍138/06）。

襤：**襤**魯甘反（龍102/04）（玄12/160b）。**襤**力甘反（慧75/983b）（慧90/173b）。**襤**力甘反（玄9/122a）（慧46/324a）（玄20/270c）（慧74/939b）（紹168b7）。//繿：**繿**臘耽反（慧89/159a）；襤又作繿同（玄9/122a、慧46/324a"襤褸"註）（玄12/160b、慧75/983b"襤褸"註）。

籃：**籃**魯甘反（龍389/09）（玄16/215b）（慧65/775a）（玄20/275b）。**藍**力甘反（慧76/1007a）。

鬣：**鬣**魯甘反髮踈兒（龍087/09）。

闌： 闌嬾單反（慧32/42b）（慧74/942b）（慧98/294a）。闌音蘭（慧24/900b）（慧30/1036a）（慧31/16b）（慧83/51b）；欄又作闌同（玄1/2b "欄楯" 註）（慧20/801b "欄楯" 註）；欄字體作闌（玄6/79b "欄楯" 註）（慧27/965a "欄" 註）（慧32/39b "欄楯" 註）（希2/364a "欄楯" 註）。

//欄： 欄勒單反（慧15/687b）（慧36/120a）（慧53/485b）（慧100/334b）（希2/361b）（希2/364a）。 欄落干反（龍373/8）（玄1/2b）（玄1/17c）（慧20/801b）（玄6/79b）（慧4/466b）（慧11/618b）（慧14/670b）（慧21/820b）（慧25/910a）（慧27/965a）（慧32/39b）；闌經從木作欄亦同（慧30/1036a "闌楯" 註）（慧31/16b "闌楯" 註）（慧32/42b "闌楯" 註）（慧74/942b "闌楯" 註）（慧83/51b "鈎闌" 註）（慧98/294a "闌㲹" 註）。

瀾： 瀾落干反（龍226/10）（玄8/114a）（慧16/715a）（玄13/175b）（慧55/539a）（玄13/175b）（慧55/539a）（慧83/44b）（紹186b4）。//灡： 灡落干反（龍226/10）（紹188a1）。

斕： 斕盧閒力寒二反（玄5/76a）（玄7/92b（玄12/158c）（慧74/956b）（慧40/202a）（紹197a8）。 斕力閒反嫡斕也（龍118/07）。 斕蘭音（紹156b3）（紹197a8）。//敊： 敊力閒反嫡斕也（龍118/07）；斕又作敊同（玄5/76a "嫡斕" 註）（玄7/92b、慧28/995a "嫡斕" 註）（玄12/158c、慧74/956b "嫡斕" 註）（慧40/202a "嫡斕" 註）。

蘭： 蘭力奸反（玄1/13c）（慧42/235a）（玄22/301c）（慧48/391a）；欄經文作蘭（玄6/79b "欄楯" 註）；嫡斕經文作斑蘭非體也（玄7/92b、慧28/995a "嫡斕" 註）（玄12/158c、慧74/956b "嫡斕" 註）。

嘽： 嘽魯干反（玄4/56c）（慧43/266a）（玄5/71b）（慧42/250a）（玄20/265a）（慧43/260a）（紹182b6）；蘭經中有從口作嘽義非也（玄1/13c "阿蘭拏" 註）。

簖： 簖蘭音（紹160a10）。//鞔： 鞔音闌盛弩矢人負也（龍448/05）。

讕： 讕落干反逸言又落旱反謾讕（龍040/05）。 讕（龍040/05）。

嚽： 嚽正音蘭～哗語不可解也（龍269/06）。 嚽通（龍269/06）。

躝： 躝音闌（龍460/02）；蘭又作躝同（玄22/301c、慧48/391a "若蘭" 註）。躝舊藏作躝字（龍460/02）。

闟： 闟音闌妄入宮門（龍092/03）。

嵐：嵐盧含反（龍 126/01）（玄 1/3a）（玄 2/32b）（慧 20/802b）（玄 4/59c）（玄 9/120a）（玄 14/184b）

（慧 59/631a）（玄 17/230a）（慧 79/930b）（玄 19/253b）（慧 56/558a）（玄 24/329b）（慧 70/877a）

（慧 20/793b）（慧 35/100b）（慧 36/121b）（慧 38/156a）（慧 79/1060a）（希 1/358b）（紹 162a1）。

嬾：嬾蘭袒反（慧 19/784a）（慧 29/1017b）（慧 29/1032b）（紹 141b6）。嬾勒侃反（慧 3/447b）

（慧 12/627b）（慧 24/888b）（慧 31/19a）（慧 41/227b）（慧 61/677b）（希 9/411b）；懶或從女作

嬾（慧 7/519a "懶懶" 註）（慧 11/613b "懶惰" 註）（希 4/380c "懶惰" 註）。//懶：懶勒散

反隋也（龍 056/09）（慧 6/513b）（慧 7/519a）（慧 11/613b）（希 4/380c）；嬾經從心作懶雖

訛亦通（慧 3/447b "嬾墮" 註）（慧 12/627b "嬾惰" 註）（慧 19/784a "嬾惰" 註）（慧 24/888b "嬾

惰" 註）（慧 29/1032b "嬾婿" 註）（慧 31/19a "嬾墮" 註）（希 9/411b "慵嬾" 註）。//嬾：嬾

落散反惰也與懶同（龍 281/07）。//儞：儞力誕反俗（龍 032/04）。儞力誕反俗（龍

032/04）。

鐵：鐵魯甘反鐵鏒也（龍 008/01）。

壈：壈盧感反坎壈也（龍 248/08）（慧 88/135a）（希 10/419c）。壈拉感反（慧 92/196b）。

燣：燣今盧感反黃焦也（龍 242/04）。爐或作（龍 242/04）。

轞：轞今盧感反（龍 082/04）（紹 139a9）。轞或作（龍 082/04）。

顲：顲盧感反面黃醜顲頑也又力稔反顲然作色兒也（龍 484/06）。

攣：攣正盧敢反（龍 211/10）。攣俗盧敢反（龍 211/10）；攬亦作攣（慧 43/253b "攬光" 註）

（慧 69/847b "攀攬" 註）（慧 72/903a "不攬" 註）。攣洛敢反（慧 53/487a）（紹 135b1）。攣俗

盧敢反（龍 211/10）（玄 11/145b）（玄 12/159b）（慧 53/484a）；攬古文作攣亦通（慧 44/285

b "承攬" 註）。攣力敢反（慧 52/459a）。攬盧敢反（慧 27/980a）（慧 72/903a）（慧 78/103

3b）。攬今盧敢反（龍 211/10）（紹 132a7）；攣又作攬同（玄 11/145b、慧 52/459a "攣彼"

註）（玄 12/159b、慧 53/484a "攀攣" 註）（慧 53/487a "手攣" 註）。攬藍敢反（慧 43/253b）（慧

44/285b）（慧 69/847b）。//攬：攬藍音又力敢切（紹 134a8）；攣又作攬同（玄 11/145b、

慧 52/459a "攣彼" 註）（玄 12/159b、慧 53/484a "攀攣" 註）（慧 72/903a "不攬" 註）。

覽：覽來敢反（慧 4/475a）。覽魯敢切（紹 147b8）。

懢：懢盧敢反（龍 058/08）。

嚂：**覧**力淡切（紹 183a3）。

欖：**欖**魯敢切（紹 157a9）。

纜：**纜**力暫反（慧 48/377a）（慧 61/678b）（慧 100/336a）。**纜**盧暫反維舡～也（龍 401/08）。

纜力暫反（玄 22/292c）（玄 23/306a）（慧 47/353a）（慧 60/659b）（紹 191a9）。

láng 嚂：**藍**呼覽反又俗魯貪反（龍 270/08）（慧 43/266a）（慧 36/124b）（慧 43/259b）（紹 184a5）。**藍**俗同上[嚂]（龍 270/08）（玄 4/56c）（玄 5/68b）（慧 10/597b）（紹 184a5）。//**喊**呼覽反又俗魯貪反（龍 270/08）。

灆：**藍**今盧淡反（龍 233/08）。**灆**藍澹反（慧 18/765a）（慧 63/725a）（紹 187b10）。**藍**或作（龍 233/08）（慧 72/901b）（慧 87/131a）。

爁：**爁**力陷反爁焱火延也又音灆亦火皃（龍 243/06）。

薍：**薍**力鑒切（紹 154b5）。

醂：**醂**盧暫反醂醷嗜酒也（龍 310/10）。

爛：**爛**正郎旦反（龍 243/01）（慧 1/413a）（慧 5/479b）（慧 5/488b）（慧 17/733a）（慧 18/765a）（慧 18/768b）（慧 40/190a）（慧 47/347a）（慧 72/902a）（希 4/380b）（希 5/389b）（紹 189a10）；斒斕經文作斑斕二形非體也（玄 5/76a "斒斕" 註）。//爛：**爛**俗郎旦反（龍 243/01）。//爛：**爛**羅旦反（慧 6/508b）（慧 20/798b）。//爛：**爛**爛經本從肉作～書寫誤也（慧 20/798b "臭爛" 註）。

爂：**爂**郎汗切（紹 184a7）。

lang

láng 狼：**狼**朗當反（慧 2/425a）（慧 5/479b）（慧 12/625a）（慧 29/1027a）（慧 41/209a）（慧 54/514b）（慧 74/944b）（慧 76/1001a）（慧 84/79b）（慧 85/92b）（慧 89/152b）（慧 91/193a）（希 2/362a）（希 4/376c）（希 7/400a）（紹 166b10）；狼合作樂字傳用狼字非也字書亦無此字者也（慧 92/198a "樂猚" 註）。

猿：**猿**音郎猿毒藥名也（龍 255/01）（紹 154b1）。**狼**或作音郎（龍 318/05）。

勆：**勆**音郎有力也（龍 517/02）。

峺：峺音郎峻峺山名冬日所入處（龍 072/03）。

莨：莨稂正作莨（慧 87/130b "不稂" 註）（慧 97/284a "藕稂" 註）。//稂：稂音郎草名似莠（龍 143/08）（慧 87/130b）（慧 97/284a）。//莨：莨魯當反童莨草名也（龍 256/01）（紹 154b1）。

稂：稂音郎短矛（龍 141/06）。

躴：躴今音郎躹躴（龍 161/05）。//躹正（龍 161/05）。

啷：啷俗音郎（龍 269/01）（紹 182b3）。

廊：廊音郎廊廡也又殿下外屋也又步廊也（龍 299/06）（玄 4/54a）（慧 32/33b）（慧 63/730b）（慧 87/122b）（慧 91/182b）。廊俗音郎正作廊（龍 471/04）。

桹：桹音郎（慧 81/20b）。

螂：螂音郎蟷螂也（龍 219/09）。

硍：硍音郎（龍 441/01）（慧 96/262a）。

艆：艆音郎艆艭海中大舩也（龍 132/02）。

筤：筤音郎車籃一名笑筤又音浪竹名也（龍 390/02）。

輬：輬音郎轄輬車軨轑也（龍 081/03）。

鋃：鋃音郎鋃鐺鎖頭也又鐘聲也（龍 010/05）（玄 5/74c）（慧 44/291b）（玄 12/163c）（慧 55/542b）。

骸：骸音郎骯骸骨聲也（龍 479/09）。

駺：駺音郎馬尾白也（龍 291/06）。

䰾：䰾音郎魚脂（龍 168/06）。

琅：琅音郎琅玕（龍 434/02）（慧 83/65b）（慧 85/100b）（慧 89/151b）（紹 140b10）。

桹：桹音郎（龍 376/09）。

瑯：瑯瑯音郎～瑯郡名（龍 434/01）；琅論作瑯俗字（慧 85/100b "琳琅" 註）。

蜋：蜋音良（慧 14/665b）（慧 80/1083a）。蜋音良又音郎（龍 219/09）（慧 25/911b）（慧 41/218b）（慧 57/596b）（慧 84/69a）（希 1/356c）（希 3/373b）（紹 164b5）。

lǎng 朗：朗（慧 21/817b）。//朖：朖亦作朗腿並通（慧 99/329a）。//腿：腿朖亦作朗腿並通（慧 99/329a "百脟" 註）。// 郞：**郞**音郎（龍 425/04）。// 誏：**誏**音朗明也（龍 045/08）。

啷：**啷**音朗（龍 272/06）（紹 182b4）。

㫰：**㫰**音朗㝩㫰空虛也又平聲（龍 156/06）。

làng 浪：**浪**來宕反（希 2/364a）。

埌：**埌**音浪（龍 250/05）（玄 7/93a）（慧 28/996a）（紹 161a8）。

𣲷：**𣲷**浪音（紹 154a4）。

閬：**閬**音郎又音浪（龍 092/04）（龍 094/04）（玄 17/230a）（慧 79/930a）（慧 83/60b）（慧 85/89a）（慧 86/108b）（慧 89/160b）（慧 90/173a）（慧 96/267b）（慧 97/292a）（紹 195a8）。

蕳：**蕳**音浪蕳蕩毒草名也（龍 262/02）（玄 7/98a）（慧 31/3a）（慧 96/261b）。

lao

láo 撈：**撈**禄高反（玄 5/65b）（玄 12/167a）（慧 75/985a）（玄 20/264a）（慧 42/248b）（慧 43/258b）（慧 57/581b）（慧 75/986a）（慧 79/1063a）（希 8/408b）（紹 135a2）；搔律文作撈非此義（玄 16/220a、慧 65/779b "搔摸" 註）。

láo 牢：**牢**音勞（龍 155/02）（玄 3/40a）（慧 09/562a）（慧 12/639b）（慧 14/676b）（慧 15/695a）（慧 30/1050b）（慧 45/315a）（慧 74/941b）（慧 83/50b）；撈經文作牢固之牢非也（玄 5/65b、慧 42/248b "撈接" 註）（玄 20/264a "撈接" 註）（慧 43/258b "撈桜" 註）；宰律文作牢非也（玄 15/202a、慧 58/618b "宰人" 註）。**牢**俗音牢（龍 536/04）。**窂**老刀反正體字也從宀省從牛造字本意（慧 93/213a）。**牢**正音勞（龍 506/07）；牢有從穴者非也（慧 12/639b "牢固" 註）（慧 14/676b "牢獄" 註）（慧 30/1050b "牢固" 註）。**窂**俗（龍 506/07）。

崂：**崂**音牢（龍 074/01）。

哰：**哰**音勞嘮哰也（龍 269/06）。

搝：**搝**音勞搝閉也（龍 210/03）。**搝**音勞搝閉也（龍 210/03）。

銡：**銡**勞聊二音（龍 525/09）（紹 176b8）。

鉾：**鉾**魯刀反鑪鉾也（龍 009/08）。

勞：**勞**魯交反（玄1/18a）（玄11/150a）（慧52/468b）（玄22/301a）（慧48/390a）（慧6/509a）（慧

12/633b）（慧18/756a）（慧20/799a）（慧41/220b）（慧51/449b）（慧53/500a）。**劵**俗音勞（龍

239/10）。**芳**音勞（龍341/06）；勞經文作～誤也（玄11/150a"勞乎"註）。**毙**音勞（龍

341/06）；勞經文作～誤也（玄11/150a、慧52/468b"勞乎"註）。**惢**音秘（玄13/178a）；

勞經文作毖誤也（慧52/468b"勞乎"註）。

愸：**愸**正音勞共[苦]心也（龍065/03）。**戀**俗（龍065/03）。

璐：**璐**音勞玉名（龍435/02）。

礬：**礬**正音勞（龍359/02）（玄17/236c）（慧74/951b）。//䜲：**䜲**通音勞（龍359/02）；礬又

作䜲同（玄17/236c、慧74/951b"礬豆"註）。//䄾：**䄾**礬又作䄾同（玄17/236c、慧74/

951b"礬豆"註）。

䄾：**䄾**澇勞二音～䜲牛馬高脚也又急兒也（龍185/06）。

醪：**醪**正音勞濁酒也（龍309/09）（慧79/930b）（慧82/32a）（慧90/176a）（慧97/291b）。**醪**通

（龍309/09）（玄17/230a）；醪經文多作醪非字體（玄2/30a"醪煨"註）（慧26/945b"醪煨"

註）。**醿**勞音（紹143b9）。

嘹：**嘹**音老嘽嘹西南夷名也（龍271/09）。

鷚：**鷚**正音老草色也一曰黃色人（龍183/01）。**鷚**通（龍183/01）。

láo 潦：**潦**勞到反（慧19/774a）。**潦**正郎到反（龍235/4）（玄1/4c）（慧20/805b）（慧22/846b）；

寮亦作潦（慧88/143b"寮寀"註）。**潦**俗郎果[杲]郎号二反①（龍231/9）。

橑：**橑**勞早反（慧99/328a）。**橑**音聊又音老（龍378/05）（玄18/246c、慧73/925b"掾梠"

註）（紹158a6）；燎古文橑同（玄24/326a、慧70/871b"焚燎"註）。

轑：**轑**正音老車軸也（龍083/06）。**轑**俗（龍083/06）。

老：**老**勒惱反（慧3/443a）。**耆**音老（龍338/06）。

佬：**佬**音遼（龍026/05）。**佬**音遼（龍026/05）。

恅：**恅**音老惇恅心亂也（龍058/03）。**揩**俗音老（龍058/09）。

咾：**咾**俗音老（龍271/02）。

---

① 《叢考》：此字疑為"潦"的會意俗字（413）。

栳：**栳**敲律文作栳非也（玄 15/210a、慧 58/611b "擊敲" 註）。**栲**音老（龍 380/02）。

lào 嘮：**嘮**勞告反（慧 25/911a）。

潦：**潦** 郎到反淹也（龍 235/4）（玄 9/130b）（慧 46/339a）（慧 20/799a）（慧 31/8b）（慧 93/222a）（希 4/379b）（希 7/402a）（紹 187a9）；撈律文從水作潦音郎到反非撈出義（希 8/408b "撈出" 註）。//潦：**潦**郎到反淹也（龍 235/4）（紹 187a9）；潦禮記月令作潦（慧 93/222a "旱潦" 註）（希 4/379b "旱潦" 註）（希 7/402a "旱潦" 註）。//閖：**閖**俗音潦（龍 094/03）。

橯：**橯**借音力導反①（玄 14/197b）（慧 59/651b）。

癆：**癆**郎到反癆瘌惡病也（龍 475/08）。**癆**俗音勞（龍 298/08）。

鷲：**鷲**郎到反麻莖大也（龍 336/03）。

嫪：**嫪**正郎到反怐嫪惜物也（龍 283/02）（慧 28/998b）（玄 19/258c）（慧 56/566b）（慧 45/302b）。**嫪**俗（龍 283/02）（玄 7/95a）（玄 13/169c）。//恅：**恅**②俗魯刀反又去聲（龍 056/05）。**恅**牢音（紹 131a2）。**恅**俗（龍 56/05）。**恅**俗（龍 56/05）。**恅**俗（龍 56/05）。

酪：**酪**音落（龍 311/02）（慧 13/658a）（慧 53/495a）（慧 63/734a）（慧 89/155a）。

le

lè 芳：**芳**音勒（龍 264/10）（玄 16/220c）（慧 65/781a）（紹 154a10）。

扐：**扐**扐正勒力二音（紹 134a9）。

阞：**阞**音勒地脉阜也（龍 298/02）。

泐：**泐**正音勒（龍 237/01）（紹 186b10）。**泐**或作（龍 237/01）。**泐**或作（龍 237/01）。

肋：**肋**音勒（龍 415/04）（玄 3/34b）（慧 09/566b）（玄 14/190c）（慧 59/640b）（玄 15/199a）（慧 58/612a）（玄 22/296b）（慧 48/382b）（慧 61/688b）（紹 135b8）。**肋**郎得反（慧 13/658b）（慧 39/166a）（慧 44/280a）（慧 60/659b）。//**腸**音勒（龍 415/04）。

玏：**玏**音勒美石次玉也（龍 438/09）。//**瑮**音勒美石次玉也（龍 438/09）。

勒：**勒**郎得反（慧 8/538a）（玄 16/224c）（慧 64/744b）（慧 74/943b）；肋經文從革作勒（玄 3/

---

①參見姚永銘《慧琳〈一切經音義〉研究》201 頁。
②《龍龕手鏡研究》："恅" 即 "嫪" 的俗字（120）。

34b、慧 09/566b "肋骨" 註)（玄 14/190c、慧 59/640b "脅肋" 註)（玄 15/199a、慧 58/612a "髁肋" 註)（玄 22/296b、慧 48/382b "肋骨" 註)；芳律文作勒非體也（玄 16/220c、慧 65/781a "羅芳" 註)。// **髆** 舊藏作勒（龍 482/02）。

嘞：**嘞** 俗音勒（龍 277/03）（紹 182b6）。

砳：**砳** 力麥反石聲也（龍 445/08）。

樂：**樂** 聞咢反（玄 1/22b）（玄 3/36b）（慧 09/570b）（玄 3/36c）（慧 09/571b）（玄 5/73a）（慧 32/41b）（慧 3/453a）（慧 8/546b）（慧 27/987b）（慧 92/198a）。// **㦡**：**㦡** 俗音樂（龍 063/03）。

詘：**詘** 留虢反音聲煩鬧也（龍 178/03）。

leng

léng 棱：**棱** 同上［楞］（龍 376/06）（慧 31/21a）（慧 52/463b）（慧 73/927a）（慧 35/107b）（慧 40/194b）；楞說文正體作棱（慧 24/883b "首楞嚴" 註）（慧 31/3b "楞伽" 註）（慧 42/241b "楞嚴" 註）（慧 81/7a "八楞" 註）（希 2/362c "楞伽" 註）。**棱** 力曾反（玄 4/50c）（玄 11/147b）（玄 18/247b）。// 楞：**楞** 勒曾反（龍 376/05）（慧 20/796b）（慧 24/883b）（慧 31/3b）（慧 42/241b）（慧 81/7a）（希 2/362c）；棱又作楞同（玄 11/147b、慧 52/463b "八棱" 註）（慧 40/194b）。**禮** 楞正作棱從木㚅聲或作樱（慧 31/3b "楞伽" 註）。

嘚：**嘚** 俗勒登反（龍 269/01）。**嘚** 來登切（紹 184a5）。

稜：**稜** 洛登反（慧 48/382b）（慧 35/111b）（慧 100/345b）；棱或從禾作稜（慧 35/107b "三棱" 註）。**稜** 魯登反廉威又菜名也（龍 143/01）（玄 22/296b）。

薐：**薐** 魯登反（龍 253/03）。

嘚：**嘚** 魯登反（龍 270/04）。

輘：**輘** 魯登反車聲也（龍 080/09）。

飋：**飋** 魯登反大風也（龍 126/06）。

躯：**躯** 魯登反身小皃也（龍 161/03）。

lěng 冷：**冷** 魯梗反（慧 4/467b）（慧 61/687b）；泠經從冰非也若音勒打反非經意（慧 16/709a "柔輭" 註）。

騋：**騋** 勒鄧反～騋馬傷穀也 （龍293/04）。

léi

léi 雷：**靁** 音雷同 （龍307/07）；雷正作靁 （慧87/126b "雷霆" 註）（希2/362a "雷震" 註）（希4/379b "雷霆" 註）（希7/402a "雷電" 註）。**靐** 盧堆反正作靁 （慧87/126b）（玄1/11b）（慧17/746b）（希2/362b）（希4/379b）（希7/402a）；礨論文作雷假借音也 （玄17/236a、慧74/950a "礨石" 註）。//**畾** 古文郎迴反 （龍153/06）。**畾**[1]音雷 （龍174/07）。

攂：**攂** 音雷研物 （龍209/10）。

鐳：**鐳** 音雷壺瓶也 （龍009/09）。

晶：**晶** 正音雷田間也 （龍153/03）。**畾** 或作 （龍153/03）。

勵：**勵** 盧對反推也 （龍517/09）。

蠱：**蠱** 音雷器也 （龍328/05）。

罍：**罍** 音雷鐏罍酒器也 （龍338/01）。

瓃：**瓃** 正力追力遂二反玉器也 （龍433/04）。**瓃** 或作 （龍433/04）。

轠：**轠** 雷壘二音轠轤車屬也又不絕人擊也 （龍080/05）。

鐳：**鐳** 又音雷劍首飾也 （龍015/08）。

纍：**纍** 今力追反 （龍395/07）（慧31/9b）（慧84/79a）（慧99/328a）。**縲** 今力追反 （龍395/07）（玄7/104c）（慧17/735b）（慧82/35b）（慧88/136b）（希10/420b）（紹192a1）；纍經從糸從累作縲縲紘也非經義也 （慧31/9b "纍紲" 註）（慧84/79a "纍紲" 註）；蠃經作縲非也 （慧40/200b "大蠃" 註）。//**縲** 力追反 （龍395/08）（紹192a1）。//**絫** 古力追反 （龍395/07）；纍或作系 （慧99/328a "纍危" 註）。

樏：**樏** 力追反 （慧85/88b "帝乘四載" 註）。

膠：**膠** 力懷反膠朧形兒惡也 （龍408/02）。

藟：**藟** 力追反蔓也 （龍258/05）。

蠃：**蠃** 類危反 （慧32/47a）（慧51/434b）。**蠃** 力為反 （龍190/02）（慧4/472a）（慧6/508a）（慧8

---

[1]《龍龕手鏡研究》：此字疑即 "雷" 字 （208）。

/550b)（慧 13/650a）（慧 25/929a）（慧 27/978b）（慧 29/1017a）（慧 29/1028b）（慧 40/203b）（慧 47/356b）（紹 176b4）。**羸**力追反（慧 2/436b）。**羸**累危反（慧 39/172b）。**羸**累危反（慧 7 2/902a）。**羸**力為反（龍 190/02）。**羸**力為反（龍 190/02）。**羸**累危反（慧 28/1010a）（慧 62/701a）。**羸**力追反（慧 11/617a）（慧 12/624b）（慧 12/637b）（慧 13/658b）（慧 15/682a）（慧 17/731b）（慧 41/218b）（慧 41/225a）（慧 42/238b）（慧 51/450b）（慧 68/832b）。**羸**力追反（慧 15/688b）（慧 15/696b）（慧 30/1053a）（慧 32/29b）（慧 33/70a）（慧 60/664a）（慧 64/762a）（慧 6 6/794a）（慧 89/163a）（慧 92/197b）（慧 100/349b）（希 1/357a）（希 2/361c）（希 5/389a）。**羸**力 追反（慧 44/279b）（慧 67/809a）。**鼠**力追反（慧 53/491a）。

爐：**爐**力臥反膝病也（龍 179/08）。**爐**今盧臥反爐病也（龍 522/09）。**爐**或作盧臥反爐 病也（龍 522/09）。

耒：**耒**盧對反（龍 364/07）（玄 4/62c）（慧 42/248a）（慧 85/88b）（紹 176a6）。

誄：**誄**正力水反銘也謚也（龍 045/04）（慧 85/87b）（希 10/420a）（紹 186a2）。**誄**力水反（玄 7/103a）（慧 24/893a）（慧 90/169a）。**誄**誄正累音（紹 186a2）。**誄**誄正累音（紹 186a2）。**誄**誤力水反（龍 045/04）。

儡：**儡**落每反又郎對反儡儡子戲也又音雷儡同（龍 029/08）（慧 80/1090a）（紹 129a2）。// 儡：**儡**俗力梅反（龍 025/02）；魁磊經文作僓儡非也（玄 20/269b "魁磊" 註）（慧 7 4/941b "隗磊" 註）。

郘：**郘**魯迴反地名（龍 454/01）。

壨：**壨**正力水反重壨也（龍 248/06）（玄 12/159a）（慧 53/483b）（玄 16/216a）（慧 65/776a）（玄 17/227b）（慧 67/814b）（玄 25/335a）（慧 71/887a）（慧 53/485b）（慧 62/710b）（慧 83/51a）（慧 96/259b）（紹 196b7）；累或從三田作壨（慧 3/454b "囑累" 註）。**壨**壨正累音又力佳切（紹 196b7）。**壨**或作（龍 248/06）。

玁：**玁**力水反飛玁獸也（龍 318/07）。

樏：**樏**力罪切（紹 158a1）。

礨：**礨**力水反又盧每反又盧隊反（龍 442/02）（玄 15/210c）（慧 58/623b）（玄 17/236a）（慧 74/950a）（慧 88/138b）（紹 163a8）；礨或作礨（慧 75/965b "碨礨" 註）。**礨**力水反又盧每

反又盧隊反（龍 442/02）。礧雷猥反（慧 75/965b）；礧亦作壘（慧 88/138b "礧石" 註）。

礧礧或作礧或作礧皆古字也（慧 75/965b "硊礧" 註）。

礧：礧雷罪反（慧 98/309b）（慧 99/321b "嶉嶋" 註）。嶉嶉或作崛（慧 99/321b "嶉嶋" 註）。

藟：藟九水反藤也（龍 261/01）。

礧：礧或作力罪反礧碌山名也（龍 442/07）。//碌：碌（龍 442/07）。

蘲：蘲今力水反葛蘲菜似艾也（龍 261/01）（慧 77/1022a）（慧 81/2b）（紹 155a1）。蘲古（龍 2
61/01）。

讄：讄力水反禱也謂禱于神祇也（龍 045/06）。

鸓：鸓正力水反飛生鳥名紫赤色似蝙蝠而長又音雷（龍 288/02）。鸓或作（龍 288/02）。
//鸓俗（龍 288/02）。

蕾：蕾落猥反蓓蕾花欲綻皃（龍 260/06）。

瘰：瘰勒罪反瘖瘰皮外小起也（龍 472/06）（玄 3/39c）（慧 09/561b）（玄 16/218b）（慧 65/770b）
（玄 17/235a）（慧 74/948b）（玄 25/333a）（慧 71/883b）（紹 192a9）。

累：累力偽反古作絫厽同（龍 401/08）（玄 6/89c）（慧 3/441a）（慧 3/454b）（慧 10/597b）（慧 21
/826a）（慧 27/976a）（慧 27/989a）（慧 29/1013b）（慧 33/68a）。絫累或作絫（慧 3/454b "囑
累" 註）。厽音累（龍 184/07）。絫正累字（慧 95/249b）。絫累古文作絫象形也（慧 3
/441a "旡累" 註）（慧 3/454b "囑累" 註）（慧 29/1013b "累染" 註）。厽力委反又力追反又
才兮反（龍 184/05）；累古文作厽象形也（慧 3/441a "旡累" 註）。

儽：儽力追反懶儽皃也（龍 25/09）。//傫：傫力追反懶儽皃也（龍 25/09）。

灅：灅力追力水二反水名（龍 228/04）。

垒：垒音類～墼也（龍 228/04）；壘又作垒同（玄 12/159a、慧 53/483b "壘堞" 註）（玄 17/227
b、慧 67/814b "營壘" 註）（玄 25/335a、慧 71/887a "重壘" 註）（慧 3/454b "囑累" 註）（慧 62/7
10b "壘墼" 註）。

嶉：嶉力每反巇嶉山高峻皃也（龍 074/09）（慧 99/321b）；崀嶋集從褁從累作巇嶉玉篇
無此字（慧 98/309b "崀嶋" 註）。//累：累正力水反累崒山皃也（龍 075/01）（紹 162b5）；
嶉或作累（慧 99/321b "嶉嶋" 註）。累或作（龍 075/01）。嶉力每力追二反崀巆也（龍

075/02）。**粜** 㠑或作㠓 **粜** 纍（慧99/321b "㠑峞" 註）。**㠞** 力每力追二反㟪㠞也（龍 075/02）。//鐓：**鐓** 落梅反鋃鐓（龍015/08）。

磊：**磊** 正勒每反磊砢眾石皃也（龍441/09）（玄20/269b）（慧16/726b）（慧83/53a）（紹163a8）。//碌今（龍441/09）。//嵒：**嵒** 郎罪反（龍075/05）。

癗：**癗** 郎猥反（龍473/08）。**庌** 俗郎罪反^①（龍300/02）。

腜：**腜** 今玉篇音累皮起也（龍411/08）。

陹：**陹** 正落猥反又力追反（龍296/09）。**陹** 俗（龍296/09）。

lèi 酹：**酹** 郎外反（龍310/10）（玄15/210a、慧58/622b "酹祠" 註）（慧94/241a）。

㲚：**㲚** 郎外力悦二反毛色斑也（龍136/04）。

淚：**淚** 律墜反（慧2/424a）（慧70/868a）。**淚** 呂墜反（慧5/479a）（慧8/545b）（慧15/698b）（慧29/1015b）（慧30/1048a）。**淚**（慧14/680b）。**淚** 音纇涕淚也（龍235/02）（玄24/323b）（紹188b9）。

鐓：**鐓** 盧對反平木器也（龍018/09）。

睞：**睞** 盧對反（龍314/09）。

頛：**頛** 盧猥反頭不正皃（龍485/04）。

頛：**頛** 盧對反難曉也（龍487/01）（慧35/97b "結頛" 註）。**頛** 俗盧對反正作頛（龍487/02）。

類：**類** 律墜反（慧61/683b）。**類** 正音淚笋類種也又善也法也（龍486/07）。**類** 俗（龍486/07）。**類** 俗（龍486/07）。**類** 俗（龍486/07）。

襰：**襰** 音纇祭上帝也（龍113/02）。

藾：**藾** 音纇（慧37/146a）。**藾** 音纇草也一名鼎董（龍262/03）。**藾** 音纇（玄5/70a）。

纇：**纇** 盧對反（龍486/09）（玄11/146b）（慧52/461a）（慧35/97b）（希5/386c）（紹170b2）。**纇** 力對切（紹170b2）。

li

lí 蠡：**蠡** 音離（龍219/05）（慧42/250a）（慧86/116a）；羸經作蠡（慧44/288a "頻羸" 註）（慧83/

① 《叢考》：此字疑為 "癗" 的俗字（389）。

48a "小蠃" 註）（希 4/378c "蠃聲" 註）（希 5/388c "如蠃" 註）。螺 音離（龍 219/05）（玄 8/11

5a）（紹 163b4）；螺經文作螺力西力底二反借音耳（玄 2/26b "螺王" 註）（慧 12/625b "法

螺" 註）（希 3/371c "法螺" 註）；蠃經文作螺非也（慧 7/529b "法蠃" 註）（慧 10/592a "法蠃"

註）（慧 15/706a "鞞鐃蠃鼓" 註）（慧 29/1031a "法蠃" 註）（慧 60/664a "雙蠃" 註）（慧 76/999a

"法蠃" 註）（希 5/388c "如蠃" 註）；螺經本作螺俗字也（慧 42/250a "頻螺" 註）。螺 盧戈

切（紹 163b4）；蠃經作～俗字也（慧 24/897a "法蠃" 註）（慧 26/933b "螺玉" 註）（慧 30/10

44a "法蠃" 註）（慧 83/48a "小蠃" 註）。

劙：劙 音離分破也又音礼亦刀刺也（龍 097/07）；劣或作劙（玄 20/269b "劣刻" 註）。劙 郎

計反割破也（龍 099/01）。劙 音離又音礼（龍 222/03）。劙 郎計反又俗音螺（龍 224/

04）。劙 或作音麗割也又音螺（龍 099/02）。劙 俗音麗割也又音螺（龍 099/02）。劙

郎計反又俗音螺（龍 224/04）。//剓：剓 今力之反玉篇割也（龍 096/02）。剓 俗（龍

096/02）。剓 俗（龍 096/02）。//劙：劙 郎計反割破也（龍 099/01）。

盠：盃 郎奚反以瓢為飲器也（龍 328/06）。

劣：劣 正里之反剥也割也（龍 096/03）（慧 48/389b）；劣又作劣同（玄 7/94b "劣身" 註）（玄

20/269b "劣刻" 註）。劣 理之反（慧 14/662a）。劣 劣又作劣同（慧 28/997b "劣身" 註）

（玄 22/301a、慧 48/389b "劣擾" 註）。劣 俗（龍 096/03）。嫠 力脂反（龍 546/05）。嫠 同上

[劣]（龍 546/05）。劣 劣正黎音（紹 197a5）。//劣：劣 力容反（玄 7/94b）（慧 28/997b）

（玄 20/269b）。劣 力容反（玄 22/301a）。劣 劣字林作～（慧 14/662a "劣解" 註）。

嫠：嫠 力脂反引也（龍 546/05）。嫠 力奚反（慧 71/893b）。

嫠：嫠 正力之反（龍 280/07）（慧 87/131b）。嫠 俗力之反（龍 280/07）。嫠 俗力之反（龍 28

0/07）。

愸：愸 里之反憂愁兒（龍 065/03）。愸 音离憂也（龍 065/03）。愸 音离憂也（龍 065/03）。

愸 正力志反憂兒（龍 067/09）。愸 或作（龍 067/09）。愸 又力至反（龍 066/04）。

藜：藜 來氣二音鄉名又藜牛（龍 188/08）。藜 來氣二音鄉名在扶風又～牛（龍 547/05）。

氂：氂 正力之反亳氂也（龍 134/01）（慧 46/325b）（玄 17/234b）（慧 25/916a）（慧 41/212a）（慧 4

7/365a）（慧 89/161b）（希 1/355b）；氂 古文氂（玄 9/123a "亳氂" 註）；氂 或作氂（慧 98/30

8a "犛牛" 註）。氂 力馳反（慧 1/403a）（慧 51/447a）（玄 17/234b）。氂 俗（龍 134/01）。氂 俗力之反玄 （9/123a）；氂字體作氂力之反（玄 1/20a "毫氂" 註）。氂 犛亦作氂（慧 19 /784b "犛牛" 註）（慧 81/22b "犛之毛尾" 註）。氂 俗力之反（龍 134/01）。氂 力之反（慧 0 9/570a）（玄 3/36a）（紹 197b1）。氂 俗（龍 134/01）（慧 70/860b）（慧 17/729a）（慧 45/308a）（紹 197b2）。氂 俗（龍 134/01）。氂 俗（龍 134/01）。氂 俗（龍 133/09）。氂 俗（龍 134/01）； 古文氂練二形今作耗同（玄 17/234b、慧 70/860b "豪氂" 註）。氂 俗（龍 133/09）。氂 俗 （龍 133/09）。氂 俗（龍 133/09）。

氂： 氂力之反（玄 1/20a）（玄 2/23a）（玄 20/265c）（慧 71/885a）（慧 91/185b）（希 10/422a）（紹 201b7）；氂今皆作氂亦由古字通用也（玄 3/36a "毫氂" 註）（慧 46/325b "毫氂" 註）（慧 8 9/161b "毫氂" 註）；氂經文作氂非字體（玄 7/94b、慧 28/997b "氂身" 註）；氂俗字也亦 作氂（慧 82/40b "氂氂" 註）；氂論作氂誤也（慧 87/131b "熒氂" 註）。氂 氂正陵之切（紹 201b7）。氂 正里之反（龍 339/08）。氂 氂正陵之切（紹 201b7）。氂 俗里之反（龍 339/0 8）。氂 力之反（玄 25/334a）（慧 71/885a）。氂 氂正陵之切（紹 201b7）。氂 氂正陵之 切（紹 201b7）。氂 氂正陵之切（紹 201b7）。氂 力之切（紹 145a9）。氂 氂正陵之切（紹 201b7）（紹 202b8）。氂 狸里二音（龍 339/09）。氂 音亡[①]（龍 339/09）。氂 俗音離（龍 12 9/02）。

藜： 藜里之反（慧 95/244b）；毫氂今作豪藜非本字假借用也（慧 1/403a "毫氂" 註）（慧 41 /212a "毫氂" 註）（希 1/355b "毫氂" 註）。耗 音來又力之反（龍 133/09）（龍 188/08）；古 文氂練二形今作耗同（玄 3/36a "毫氂" 註）（慧 09/570a "豪氂" 註）（慧 51/447a "毫氂" 註） （慧 89/161b "毫氂" 註）。耗 氂古文氂練二形今作耗同（玄 9/123a "毫氂" 註）（玄 17/23 4b、慧 70/860b "豪氂" 註）。//練： 練音來（龍 398/06）；氂古文練形（玄 3/36a "毫氂" 註）（慧 09/570a "豪氂" 註）（玄 9/123a、慧 46/325b "毫氂" 註）（玄 17/234b "豪氂" 註）（慧 89 /161b "毫氂" 註）。練古文氂練二形今作耗同（慧 70/860b "豪氂" 註）。

蜊： 蜊力脂反蛤蜊也（龍 221/10）。蜊或作力脂反（龍 222/06）。

蓠： 蓠力之反竹名也（龍 389/02）。

①《疑難字考釋與研究》：此字當是 "氂" 字俗寫（51）。

梨：黎力私反（玄2/16a）（玄3/42a）（慧09/573a）（玄6/80a）（玄6/84a）（慧11/613a）（慧27/976b）（希10/420c）。梨力之反（慧64/759a）。

嚟：嚟俗力夷反（龍265/08）。梨俗力夷反（龍265/08）（紹184a7）。犁俗力夷反（龍265/08）。

騄：騄郎奚反馬屬（龍291/10）。騄同上（龍291/10）。

匑：匑正郎奚反亭名（龍454/07）。匏俗郎奚反亭名（龍454/07）。

瓵：瓵郎奚反硯（瓵）瓵小瓶也（龍315/09）。

犁：犁礼蹄反（慧50/413b）。犁正郎奚反（龍114/09）（慧45/307b）。犁通郎奚反（龍114/09）（慧16/716b）。犁俗郎奚反（龍114/09）。犁俗郎奚反（龍114/09）。犁俗郎奚反（龍114/09）。犁俗郎奚反（龍114/09）。犁履脂反（慧96/259b）。

恝：恝玉篇音离悦也（龍065/02）。恝：恝玉篇音离悦也（龍065/02）。

黎：黎力奚反（玄12/160a）（慧75/982b）（初編玄769）。黎力奚反（玄15/204b）（慧58/602b）；梨又作黎力奚反（玄2/16a"頗梨"註）。黎禮提反（慧1/407a）（慧34/79b）。黎力奚反（慧48/380b）。黎力奚反（玄22/295a）（中62/718a）；梨有作～（慧27/976b"梨黜"註）。梨礼奚反（慧29/1028a）（紹202b8）。//黎：黎或作郎異反衆也又力脂反（龍304/03）。

藜：藜禮奚反（慧100/333a）。藜力尸反（玄4/52c）（玄10/135b）（慧49/400a）（玄12/162a）（慧28/994a）（玄16/221a）（慧65/763b）；蚿螺經作蒺藜草名非此義也（慧31/25a"蚿螺"註）。//鏫：鏫力尸反鏃鏫也（龍012/06）；蒺藜論文從金作鏃鏫二形非也（玄10/135b"蒺藜"註）（玄12/162a、慧28/994a"蒺藜"註）。//鉫：鉫音利（龍018/06）；蒺藜論文從金作鏃鉫二形非也（慧49/400a"蒺藜"註）。//鑈：鑈俗音離（龍011/08）。

嚟：嚟犁音（紹184a5）。

螺：螺音黎同螺蚿螺也（龍222/04）。螺同上（龍222/04）。螺力知反蚿螺（慧31/25a）。

鏫：鏫正力脂反金屬也（龍012/06）。//鏊：鏊或作（龍012/06）。

鰲：鰲音犁又音离俗字也亦作鰲（慧82/40b）。鰲正力奚反（龍532/02）（玄7/94a）（慧28/997a）（慧5/486b）（慧6/508a）（慧7/517a）（慧7/529a）（慧14/663b）（慧15/705b）（慧27/988a）；梨借用字也正體本字從黑作鰲（慧11/613a"梨黜"註）。鰲音离（慧61/683b）（慧

62/706a）。䵪力奚反（慧 48/374a）。黧力奚反（玄 20/269c）（玄 22/290b）（玄 25/338c）（慧 71/893b）。䵭俗力奚反（龍 532/02）（希 9/416b）；梨經文有作䵪（玄 6/84a "梨黷" 註）（慧 27/976b "梨黷" 註）；黧有作～字亦得（慧 27/988a "黧" 註）。黧俗（龍 532/02）。黧俗（龍 532/02）。黧俗（龍 532/02）。

黧：黧力支反麳黧麥餅也（龍 505/04）。

鯬：鯬正力脂反～鯘魚名（龍 167/06）。//鯬：鯬或作（龍 167/06）。

邌：邌今郎奚反徐行皃（龍 490/08）。劙俗（龍 490/08）。

雛：雛力兮反（龍 148/05）。

桿：裡俗力之反①（龍 110/06）。

貍：貍力其反（玄 24/320a）（慧 70/863a）（慧 24/887a）（慧 27/973b）（慧 31/7b）（慧 38/157b）（慧 45/307b）（慧 68/832b）（慧 76/1001a）（希 3/371b）（紹 173b5）。//狸：狸力之反（龍 317/06）（慧 76/1003a）（紹 166b5）；貍有作狸無所從（慧 27/973b "貍" 註）（慧 45/307b "貓貍" 註）（慧 68/832b "貓貍" 註）（希 3/371b "貓貍" 註）。

縋：裡力之反文也（龍 397/02）。

鯉：鯉力之反麒鯉也（龍 131/09）。

鬑：鬑力之反鬑～髮起也（龍 088/07）。

嘀：嘀俗音離（龍 270/03）。

璃：璃（玄 23/315b）（慧 50/424b）（慧 1/420b）（慧 4/465a）（慧 18/757a）（慧 25/908a）。//琍：琍俗音梨（龍 434/06）。璃俗音梨（龍 434/06）。

穄：穄音離穄穄黍稷垂也（龍 144/05）。

䣆：䣆音离（慧 82/31a）（慧 87/126a）（慧 88/136b）（希 10/420b）（紹 143b9）。

謧：謧力支郎兮二反弄語也（龍 044/05）。

離：離呂知反（玄 6/78a）（慧 1/418b）（慧 3/445a）（慧 4/463b）（慧 11/606a）。離音離（龍 149/02）。離音離（龍 149/02）。

驑：驑音離驢子也（龍 291/08）。

<hr>

①參見《疑難字考釋與研究》528 頁。

驪： 驪音離 （龍 531/09）。

蘺： 蘺音離茳蘺蘪蕉也 （龍 256/01）（紹 155a8）。

離： 離離利二音^① （龍 072/04）。

羅： 羅音離接羅白帽也 （龍 360/04）。

灕： 灕力支反 （龍 229/02）（慧 40/201b）。//漓： 漓音離 （龍 229/02）。

攡： 攡音離 （龍 208/02）（玄 1/8a）（玄 8/115b）（玄 8/118a）（慧 17/740b）（慧 38/163a）（慧 45/30
9a）。

欐： 欐音離柴～也 （龍 376/04）（玄 14/183c）（慧 59/630a）（玄 18/251c）（慧 65/781b）（紹 157a
7）；籬又作攡［欐］（玄 16/220b/慧 65/780a“籬上”註）（慧 65/765b“都籬”註）。樆同上［欐］
（龍 376/05）。摛又俗音離山摛 （龍 210/05）。

䍦： 䍦俗音離 （266/05）（紹 184a1）。

戀： 戀羅古作戀 （慧 100/348a“長羅”註）。

籬： 籬力支反 （玄 16/220b）（慧 65/780a）（慧 14/662a）（慧 60/658b）（慧 61/690a）（慧 65/765b）
（希 8/408a）（紹 160a2）；攡又作籬同 （玄 8/118a“長攡”註）（玄 14/183c、慧 59/630a“栅欐”
註）（玄 18/251c、慧 65/781b“欐牆”註）。//杝： 杝又俗徒可力知二反 （龍 374/01）；欐
又作杝同 （玄 14/183c、慧 59/630a“栅欐”註）（玄 18/251c、慧 65/781b“欐牆”註）。杝籬
又作杝同 （玄 16/220b“籬上”註）。杝攡又作杝同 （玄 8/118a“長攡”註）（慧 65/780a“籬
上”註）。

鵹： 鵹正音離 （龍 334/03）；狄貍經文從虫作蝥從鼠作鵹 （慧 38/157b“狄貍”註）。鵹今
音離 （龍 334/03）。

愵： 愵奴計反相愵摩又愵陁 （龍 061/06）。

罹： 罹里知反 （慧 100/346a）（慧 100/348a）。 罹里知反 （慧 82/31a）。 罹音離 （龍 329/06）。
罹音離 （龍 360/03）。 罹離音 （紹 197b6）。

麗： 麗郎奚反麗廔綺窓也 （龍 298/09）。

---

①參見《龍龕手鏡研究》179 頁。

酈：酈音歷（慧 93/222a）（紹 169b1）。酈正音離又音歷（龍 453/04）。鄜俗音離又音歷（龍 453/04）。郦俗音離又音歷（龍 453/04）。鄜俗音離又音歷（龍 453/04）。

孋：孋音離孋姬晉公之妻（龍 279/06）。

矖：矖所綺隣知二切（紹 142b6）。驪音離又所綺反（龍 417/08）（玄 7/99c）。

穲：穲音離穲黍行列也（龍 144/05）。

鸝：鸝力貲反（慧 48/385a）。鸝正音離（龍 285/06）（玄 21/279a）（玄 22/298a）（慧 13/645b）。鶒正音離（龍 285/05）。鴽正音離（龍 285/05）；鸝又作鴽同（玄 21/279a "黃鸝" 註）；鸝或作鴽鷚古字也（慧 13/645b "黃鸝" 註）。駕鸝又作鴽同（玄 22/298a "鸝黃" 註）。鷔鸝又作鴽同（慧 48/385a "鸝黃" 註）。鶒俗音離（龍 285/05）；拘翅經文作傴鶒二形非也（玄 11/149a、慧 52/466b "拘翅" 註）。

驪：驪栗之反（慧 86/109a）（慧 87/126b）。驪音離（龍 290/08）（玄 20/269c）（慧 93/222a）（慧 98/294b）（慧 98/308a）（慧 99/328a）（希 10/422a）（紹 166a7）。

里：里力擬反（玄 23/308a）（慧 47/356a）（慧 27/986a）（希 1/354c）（希 2/364b）（希 3/368c）。

俚：俚音里賴也聊也又蠻属（龍 030/02）（玄 25/333b）（慧 71/884a）（慧 84/85b）（慧 95/253a）（慧 97/281a）（紹 128b2）；郰經作俚非此用也（慧 3/447b "麁獷" 註）（慧 84/82b "鄙郰" 註）（慧 94/242a "鄙郰" 註）。

郰：郰音里南陽亭名（龍 455/05）（慧 3/447b）（慧 84/82b）（慧 94/242a）（紹 169a10）；俚又作郰同（玄 23/307a、慧 47/354b "鄙俚" 註）（玄 25/333b、慧 71/884a "鄙俚" 註）（慧 84/85b "下俚" 註）（慧 97/281a "俚耳" 註）。

哩：哩俗音里（龍 270/08）（慧 8/540a）（慧 8/546b）（慧 8/549a）（慧 10/593a）（慧 18/755a）（慧 36/115b）（慧 40/193a）（紹 184a3）。

虵：虵里也反（希 2/365a）。

娌：娌音里疋也（龍 282/07）。

理：理力紀反（玄 5/73c）（慧 44/290a）（慧 21/828a）（慧 44/290a）（希 2/363c）。

梩：梩舊藏作理在婆須蜜論（龍 381/07）。

瘇：瘇音里病也（龍 474/04）。

鯉：**鯉**良宜反（龍 014/03）。

鯉：**鯉**音里魚名（龍 169/06）（紹 167b10）。//鱺：**鱺**音里魚名（龍 169/06）。**鱺**俗音里魚名（龍 223/06）。

裏：**裏**音里（龍 104/08）。**裏**音里（慧 65/765b）。

私：**私**音礼俗（龍 169/02）。

禮：**禮**古文作礼字（希 8/408c）。**禮**音禮（龍 331/02）。**禮**古文礼字（龍 331/02）。

澧：**澧**又音礼（龍 229/04）（紹 186b10）。

嚉：**嚉**礼音（紹 184a8）。//吼：**吼**俗音礼（龍 271/08）（紹 184a8）；礼經從口作吼為轉舌也（慧 39/180b "鞞礼多" 註）。

鱧：**鱧**音禮魚名似蚭也（龍 169/07）（玄 19/259b）（慧 56/567b）。//鱺：**鱺**音禮（龍 169/07）。//鱻：**鱻**音礼同鱧（龍 170/01）。

醴：**醴**音礼（龍 310/03）（玄 22/297c）（慧 48/384b）（希 4/375b）（紹 143b8）。

邐：**邐**音里（慧 82/41a）（紹 138b3）。**邐**力尔反也邐連接也（龍 491/06）（玄 8/116c）；剈迤或作邐迤同（慧 78/1033a "剈迤" 註）（慧 99/323a "剈迤" 註）。

戫：**戫**音礼布也又音離（龍 530/02）。

欚：**欚** 犁底反（慧 31/21b）。**欚**音礼大船名也（龍 223/04）（慧 32/43a）。**欚**力底反（玄 8/114c）（慧 43/262b）。**欚**犁底反（玄 4/50c）（玄 20/266a）。//艃：**艃**今音礼江中大舩也（龍 132/05）。**艃**或作（龍 132/05）。**蠡**音礼小船補也（龍 223/04）。

剈：**剈**力紙反剈迤（龍 075/04）（慧 78/1033a）（慧 99/323a）。

嗶：**嗶**俗音李（龍 272/07）（紹 181b6）。

力：**力**仂今皆為力字（玄 7/104c "勤仂" 註）（玄 8/110a、慧 28/1007b "以仂" 註）。**力**古文力字（龍 555/02）。

仂：**仂**音力勤也不懈也與力亦同（龍 037/08）（玄 7/104c）（玄 8/110a）（慧 28/1007b）（紹 128a6）。

屴：**屴**屴崱上音力下士力反山峻皃（龍 078/06）。

朸：**朸**凌職反（慧96/269b）。

軏：**軏**力一反彩也（龍085/04）。

勒：**勒**音力（龍289/10）。**鼽**音力（龍289/10）（紹145b1）。**鼽**音力（龍339/07）。

犳：**犳**音力遼東犬名也（龍322/05）。//犳：**犳**音力遼東犬名也（龍518/05）。

荔：**荔**力計反（龍261/06）（慧16/716a）（慧87/130b）。**荔**力計反（玄1/8b）（玄3/38a）（玄9/129a）（玄13/176c）（慧09/558b）（慧10/593a）（慧17/741a）（慧41/228b）（慧46/337a）（慧54/524a）（希1/357b）（希10/421c）（紹156b9）。

瑮：**瑮**力計反（慧52/465a）（慧77/1017b）。**瑮**力智郎計二反（龍438/02）（玄11/148b）。

颲：**颲**正郎計反急風雨曰颲也（龍127/08）。//颲：**颲**或作（龍127/08）。

苙：**苙**立音（紹155b10）。

砬：**砬**音立石藥（龍446/04）。

笠：**笠**音立（慧93/218b）。

粒：**粒**音立（龍305/09）（玄7/105a）（慧17/736a）（慧6/506b）（慧15/703a）（慧85/90a）（慧89/161b）（慧92/208a）。//飵：**飵**粒古文從食作飵（慧92/208a"粖粒"註）。

齸：**齸**音立（龍313/06）（紹146b1）。

鶎：**鶎**音立水狗小青鳥似翠食魚一曰天狗（龍289/09）。

茘：**茘**類利立三音臨也（龍519/09）；茘古文作隸同（玄13/169a、慧57/589b"茘吒"註）。//**茢**音利（龍261/08）（玄13/169a）（慧57/589b）（慧22/842b）（慧92/195b）（慧93/210b）（慧95/253a）（慧98/298a）（希10/418c）（紹156a2）。//菈：茘又作浰菈二形竝同（希10/418c"還茘"註）。

浰：**浰**音利臨浰與茘同（龍235/01）；茘又從水作浰（慧92/195b"茘職"註）（希10/418c"還茘"註）。

戾：**戾**正郎計反（龍303/08）（玄1/12a）（玄2/27a）（玄2/28c）（慧42/232b）（玄3/46a）（慧10/580a）（玄6/89b）（玄8/108c）（慧28/1005b）（玄8/113a）（玄14/191a）（慧59/641a）（玄22/299a）（慧48/386b）（慧48/388a）（慧47/359a）（慧70/875a）（慧71/892b）（慧2/434a）（慧15/682b）（慧15/695b）（慧18/757b）（慧19/785b）（慧26/936a）（慧26/941a）（慧26/942a）（慧27/988b）

（慧 27/991a）（慧 30/1038b）（慧 53/502a）（慧 68/820a）（慧 72/907a）（慧 75/965b）（希 2/365c）

（希 3/371a）；纇經文作戾，非義也（玄 11/146b、慧 52/461a "茆纇" 註）；繚纋經作繚戾

俗字也（慧 55/541a "繚纋" 註）。戾力計反（慧 48/379b）（希 8/406a）。戾俗（龍 303/08）。

戾力計反（玄 22/294b）（玄 22/300a）（玄 23/308c）（玄 24/328a）（玄 25/338a）（慧 14/676a）（慧

16/713a）。戾力結反（玄 5/70c）。戾戾正郎計切（紹 199a3）。//倈：倈戾三蒼作

倈同（玄 8/108c、慧 28/1005b "懍戾" 註）（慧 14/675b "懍倈" 註）。倈戾三蒼作倈同（玄

22/299a、慧 48/386b "懍戾" 註）。倈戾正郎計切（紹 128b8）。

悷：悷正郎計反懍悷拙惡也又憻悷悲吟也（龍 059/07）（慧 14/675b）（慧 45/316b）（慧 66/7

93b）（慧 66/796a）（慧 76/997b）（慧 79/1055b）；厲宜作悷（玄 10/131c、慧 49/405b "懷厲" 註）；

戾經從心作悷俗字也（慧 30/1038b "獷戾" 註）（希 2/365c "懍戾" 註）。懍俗（龍 059/07）。

懍戾三蒼作悷同（玄 24/328a、慧 70/875a "懍戾" 註）。懍悷正力計切（紹 130a4）。

唳：唳正音戾鶴鳴曰唳又音纋亦嘍唳鳥聲也（龍 273/06）（慧 79/1057b）。唳唳正郎結

郎計二切（紹 184a9）。唳俗（龍 273/06）（希 4/378b）。唳俗（龍 273/05）。

莫：莫郎計反紫草也（龍 262/09）（紹 155a6）。

嫉：嫉舊藏作饕音鐵貪食曰饕在成實論（龍 284/08）。

縬：縬正郎計反（龍 402/01）（慧 39/168a）（慧 40/192b）（慧 55/541a）（希 4/381a）；捩或作戾

或從手作捩經文從糸作縬（慧 36/129a "側捩" 註）（慧 37/138a "捩出" 註）（慧 60/660a "灑

捩" 註）（慧 62/701a "不捩" 註）（希 7/401b "側捩" 註）。縬蓮結反（慧 16/711b）（紹 191b9）。

縬俗郎計反（龍 402/01）；戾經文作縬縬非字體（玄 5/70c "咼戾" 註）（慧 15/695b "喝

戾" 註）。

俐：俐音利（龍 036/08）。

唎：唎俗音利（龍 273/03）（慧 10/597a）（慧 10/597b）（慧 11/615b）（慧 35/109a）（紹 184a8）；和

經文作唎非也（玄 8/116c、慧 38/163a "羅和" 註）。

痢：痢音利病也（龍 477/02）（希 6/394a）。

例：例俗音列（龍 038/07）。

唎：唎例列二音（紹 184b7）。

㓢：㓢音例帛餘也（龍139/05）。㓢音例帛餘也（龍139/05）。

鬲：鬲郎擊反鬲隔也又古核反（龍534/04）（慧97/288b）。鬲郎擊反隔也又古核反（龍535/04）。鬲音歴（玄18/247a、慧73/926a"釜鍑"註）。鬲鬲歴二音印藏鬲作郎和切臨文詳用（紹203b8）。//䰛：䰛正郎的反有脚鼎也（龍316/10）。䰛今（龍316/10）。//鎘：鎘音歴鏆鎗（龍021/03）。//鑼：鑼同上（龍021/03）。//歴：歴正音歴玉篇釜也（龍021/02）。鑼俗（龍021/02）。//鐴：鐴或作（龍021/02）。

䴕：䴕音歴去淬也（龍535/02）。

騙：騙正音歴馬色也（龍294/09）。//騾：騾或作（龍294/09）。

隷：隷礼計反（慧81/17b）（慧91/186a）。隷或作郎計反（龍551/03）（慧40/194b）。隷力計反（慧28/1007a）（慧71/896a）（慧3/453a）。隷隷正郎計切（紹147b5）。隷力計反（慧6/509b）。隷黎帝反（慧31/21a）（慧83/45a）。隷隷正郎計切（紹147b5）。隷隷正郎計切（紹147b5）。隷力計反（玄25/339c）（玄1/14a）（玄8/109c）；隷經文從入從米作～謬也俗字（慧6/509b"僕隷"註）。隷正郎計反（龍551/03）。隷（慧42/235b）。//隷：隷或作郎計反（龍551/03）。

嵘：嵘（慧8/547a）（慧18/754b）。嵘（慧8/547a）（慧8/547b）。嵘隷正犂帝切（紹184a2）。

溧：溧郎計切（紹174a3）。

溧：溧郎計反（龍235/03）。溧（紹188b6）。

𣜩：𣜩郎計切（紹157a7）。𣜩正郎計反（龍383/08）。𣜩正（龍383/08）。𣜩或作（龍383/08）。

𥝝：𥝝正音歴稀疎也（龍147/08）。//稂：稂或作（龍147/08）。

𪎕：𪎕郎的反理也（龍302/09）。𪎕音歴（龍303/04）。

歴：歴郎的反石聲（龍302/09）。

歴：歴音歴瓦器也（龍316/08）。歴郎的反瓦器（龍302/09）。

歴：歴郎的反（希7/399c）。歴音歴經歴也次也數也近相也轉也行也遇也（龍302/10）。

蘿：蘿音歴葶蘿子也（龍264/09）。蘿歴音（紹155a5）。

曆：曆（希2/365c）；歴經文作曆乃曆日字非纂歴也（希7/399c"纂歴"註）。曆力的反（慧

10/591b）。**曆**曆正（紹 193b3）。

曆：**曆**郎的反～腿强脂也（龍 302/09）。**曆**音曆腿强脂（龍 416/02）。

䴡：**䴡**郎的反鳥名（龍 302/09）。

瀝：**瀝**音歷（龍 236/03）（慧 13/660a）（慧 34/84b）。**瀝**歷音（紹 188a9）。

瓅：**瓅**正音歷殺瓅羊（龍 160/07）（玄 5/65b）（慧 42/249a）（紹 167b7）。//**瓅**或作音歷（龍 160/07）。

櫪：**櫪**音歷（龍 386/04）（玄 12/163c）（慧 75/968b）（慧 81/8a）（慧 95/244a）（慧 99/312a）；**櫟**論文從歷作櫪非也（慧 84/80a"檽櫟"註）。**櫪**歷音（紹 159a10）。

礰：**礰**音歷（慧 76/1004a）（希 5/387a）（紹 163a2）；**礫**經文作礰非也（慧 42/246a"投礫"註）（慧 43/253a"瓦礫"註）（慧 81/10a"沙礫"註）（慧 97/288b"磧礫"註）（希 9/413b"瓦礫"註）；霹靂經本作礔礰俗字也（慧 40/196a"霹靂"註）（慧 74/959a"霹靂"註）（慧 75/970b"霹靂"註）（慧 77/1015a"霹靂"註）（慧 85/92b"霹靂"註）（慧 100/331b"霹靂"註）（希 7/402a"霹靂"註）。

蹂：**蹂**霹靂經從足作躃蹂非也（慧 44/289a"霹靂"註）（慧 54/520b"霹靂"註）（慧 74/945a"霹靂"註）。**蹂**俗音歷（龍 467/07）。

曆：**曆**歷音（紹 197b9）。

曚：**曚**音歷曚矇視明皃也（龍 423/04）。

曆：**曆**音歷履下也（龍 165/02）。

霳：**霳**音曆（龍 308/08）（慧 12/628a）（慧 30/1048a）（慧 38/156b）（慧 40/196a）（慧 54/520b）（慧 61/681b）（慧 74/945a）（慧 74/959a）（慧 75/970b）（慧 77/1015a）（慧 78/1033b）（慧 79/1056b）（慧 85/92b）（慧 100/331b）（希 4/376c）（希 5/387a）（希 7/402a）（希 10/422c）。

癧：**癧**零的反（慧 40/189b）（希 5/389b）（希 6/393b）（希 6/394a）。**癧**音歷瘰癧也（龍 478/08）。

厲：**厲**力制反惡也亦嚴整也烈也猛也（龍 302/07）（玄 2/32a）（玄 10/131c）（慧 49/405b）（玄 13/177c）（玄 21/282b）（慧 26/954a）（慧 93/219a）（慧 99/317a）（慧 52/479b）（慧 11/609b）（慧 11/613a）（慧 20/792b）；礪字詁今作厲同（玄 18/246a、慧 73/924b"磨礪"註）；厲經文從力作勵誤用也（慧 12/640b"猛勵"註）；癘有從厂音罕作厲訓用亦別非此義（慧 13/6

48b "惡癘" 註）；癩説文作厲 （慧 32/28b "白癩" 註）。**厲** 厲經文從广作～非也 （慧 20/792b "厲聲" 註）（中 62/717b）。// 厲：**厓** 或作音例 （龍 301/03）。**廬** 或作 （龍 301/03）。

構： **糒** 蘭恒反 （慧 93/220a）（紹 196b4）；糒或作糒 （慧 99/327b "契明疇" 註）。**糲** 蘭達反 （慧 99/327b）（慧 100/349b）（紹 196b4）；糒傳文從厂作糲俗字也 （慧 93/220a "糒食" 註）；剌合作糲 （希 3/373a "礪剌" 註）。

礪： **礪** 力制反 （龍 443/06）（玄 4/54b）（慧 32/34a）（玄 18/246a）（慧 73/924b）（慧 91/187a）（慧 92/199b）（慧 93/210b）（慧 93/217b）（希 10/420a）（紹 163a6）；厲古文礪同 （玄 2/32a "法厲" 註）（慧 26/954a "法厲" 註）；砅傳文作礪俗字亦通 （慧 74/946a "惠砅" 註）。// **礪** 例音 （紹 163a6）。

勵： **勵** 音例 （龍 517/05）（玄 1/19c）（玄 7/93c）（慧 28/996b）（玄 9/123b）（慧 46/326b）（玄 22/303a）（慧 48/393b）（玄 23/304c）（慧 47/351a）（慧 2/426a）（慧 2/435a）（慧 3/455a）（慧 4/466a）（慧 5/494a）（慧 6/509b）（慧 12/640b）（慧 13/647b）（慧 16/713a）（慧 20/798b）（慧 22/843b）（慧 29/1017a）（慧 41/212a）（慧 36/123b）（慧 39/181b）（慧 45/311b）（慧 60/661b）（慧 75/975a）（希 3/373b）（紹 145b1）；厲經文中從力作勵非也慧 （慧 11/609b "慘厲" 註）（慧 11/613a "猛厲" 註）。**勵** 力計切 （紹 198a2）。

灑： **灑** 音例 （龍 234/09）（紹 188b10）。

犡： **犡** 正例賴二音牛白脊也 （龍 117/02）。**犡** 俗 （龍 117/02）。

蠣： **蠣** 力制反蚌蛤屬也 （龍 223/10）。**蠣** 音賴 （慧 78/1038a）。**蠣** 力制反 （玄 20/269a）（慧 33/57a）。**厲** 或作音例正作蠣蚌蛤屬 （龍 302/08）。// 蟻：**蟻** 例音 （紹 163b10）。

襧： **襧** 音例無後鬼也 （龍 113/04）（慧 61/686a）。**襧** 音例無後鬼也正從衤 （龍 107/02）。// 瘌：**瘌** 襧或作瘌列皆古字也 （慧 61/686a "羣襧" 註）。// 列：**列** 襧或作瘌列皆古字也 （慧 61/686a "羣襧" 註）。**列** 音例死也 （龍 515/05）。

贐： **贐** 音例贐貨也 （龍 352/07）。// 贖：**贖** 音万贈貨也又音賨 （龍 352/08）。

躪： **躪** 俗音歷 （龍 467/05）。

騼： **騼** 正音例馬馴也 （龍 293/05）。// 馴：**馴** 或作 （龍 293/05）。**馴** 或作 （龍 293/05）。

瓅： **瓅** 音歷玓瓅 （玄 5/69b）（慧 10/582b）（玄 5/69b）（慧 10/582b）；的皪或並從玉作玓瓅 （慧

99/323b "的皪" 註)。// 皪 皪字書作皪同力的反（玄 5/69b "玓皪" 註）。皪 皪字書作皪同（慧 10/582b "玓皪" 註）。

櫟：櫟 音歷又音藥（龍 386/04）（慧 84/80a）；櫪或作櫟（慧 99/312a "楛櫪" 註）。

礰：礰 音歷（龍 444/07）（玄 6/86b）（慧 001/4a）（慧 3/453b）（慧 6/514a）（慧 10/590b）（慧 10/59

3a）（慧 12/627b）（慧 12/639a）（慧 16/716a）（慧 23/874b）（慧 24/896a）（慧 27/980b）（慧 30/10

37a）（慧 33/64a）（慧 42/246a）（慧 43/253a）（慧 37/141a）（慧 45/306b）（慧 50/427a）（慧 51/43

6a）（慧 61/699b）（慧 78/1045b）（慧 81/10a）（慧 92/202a）（慧 97/288b）（希 9/413b）（紹 163a2）。

//礵：礵 俗音歷（龍 445/09）；礰字書亦作礵也（慧 16/716a "礰石" 註）。

皪：皪 音歷角鋒（龍 513/03）。//皪 又音歷角鋒也與皪同（龍 513/05）。

轢：轢 音歷車踐也又音落凌也（龍 085/03）（玄 4/56b）（慧 43/268b）（玄 9/125b）（慧 46/329b）

（玄 11/148c）（慧 52/466a）（玄 13/170a）（玄 17/230b）（慧 79/931a）（玄 20/266b）（慧 33/60a）（慧

40/204a）（慧 43/263a）（慧 57/584a）（慧 76/994b）（慧 77/1017b）（慧 78/1036a）（慧 80/1076b）（慧

81/22b）（慧 84/81a）（慧 93/214b）（慧 97/286a）（紹 139a4）。

麗：麗 力尒反（慧 38/164a）（玄 15/211a）（慧 58/623b）（慧 31/12a）（慧 34/76b）（慧 43/255b）（慧

39/170a）；邐經文麗非也（玄 8/116c "訶邐" 註）。//丽 都 [郎] 計反（龍 552/07）；麗古

文作丽字也（慧 31/12a "逍麗" 註）。

儷：儷 音麗伉儷也（龍 033/08）（玄 4/55a）（慧 43/267a）（慧 39/173b）（慧 61/685b）（慧 94/229a）

（希 3/374b）（希 9/414a）（紹 129a5）。//儷：儷 儷又作儷同（玄 4/55a、慧 43/267a "伉儷"

註）。

囄：囄 犂帝切（紹 184a6）。

癘：癘 郎計反又力智二反瘦黑也（龍 476/05）。

櫩：櫩 所宜郎計二反梁棟別名也又音禮小船也（龍 379/04）。

觀：觀 今郎計反求視也又師蟻反又音利（龍 345/09）。觀 通（龍 345/09）。

栗：宷 古文音栗（龍 159/01）。栗 古文音栗木名（龍 387/07）。栗 古文音栗木名（龍 387/

07）。栗 古文音栗木名（龍 387/07）。粟：鳳 音粟（龍 556/05）。

剚：剚 正力一反細切也（龍 100/04）。剚 或作（龍 100/04）。剚 或作（龍 100/04）。

溧：溧音栗冽溧寒風也（龍 188/01）。

溧：溧力乙反溧水縣名（龍 236/02）。

㩜：㩜力乙反以手㩜物也（龍 216/04）。

慄：慄力乙反戰慄懼戚也（龍 062/04）（玄 22/290c）（慧 48/374b）（慧 3/452a）（慧 7/516a）（慧 7/528b）（慧 12/628b）（慧 14/677b）（慧 19/777a）（慧 20/796a）（慧 25/911b）（慧 27/980b）（慧 34/85b）（慧 41/213a）（慧 41/227b）（慧 84/83b）（希 1/359a）（希 7/403a）。

㦎：㦎音栗（龍 278/07）（紹 182a8）。

嵊：嵊音栗山名（龍 077/08）。

篥：篥音栗（龍 394/06）（慧 36/117b）（希 4/378b）；必栗經文作篳篥（玄 19/252c、慧 56/556b "必栗" 註）。

鵻：鵻鷄凫經文作鵻鶝誤也（玄 11/147c、慧 52/464a "鷄凫" 註）。

麜：麜音栗麜牡麜牝～也（龍 521/08）。

焱：彡音立（龍 556/01）。焱郎計反止也系也①（龍 348/08）。

蚸：蚸音歷尔疋云虫名也（龍 224/10）。

渗：渗正郎計反（龍 234/08）（慧 88/140b）（紹 186a8）。沴今（龍 234/08）（紹 186a8）。沭或作（龍 234/08）。

璥：璥正音歷玉名（龍 438/05）。璥正音歷玉名（龍 438/05）。瑕俗（龍 438/05）。

罭：罭力智反（龍 330/02）（慧 64/760b）。罭力智反（玄 6/88a）（慧 16/710a）（慧 27/985a）（紹 186a2）（紹 197b8）；經文四作罵罭訛也（慧 64/760b "罵罭" 註）。罭力智反合从网（龍 360/08）。

砅：砅音例（龍 443/08）（慧 74/946a）（紹 163a3）。

劆：劆之[力]石反劆也（龍 100/08）。

衷：襄音歷纚裹也（龍 108/06）。襄音歷緷裹也（龍 130/04）。

鰲：鰲正郎計反綬色也（龍 329/01）。//鰲：鰲或作（龍 329/01）。

醨：醨音歷醨醍酪淬也香嚴又力底反（龍 311/04）。

①參見《龍龕手鏡研究》287 頁。

lian

lián 連：**連** 力錢反（玄 3/36b）（慧 09/570b）（玄 14/193c）（慧 59/645b）；聯今作連同（玄 20/270

b、慧 74/939b "脚聯" 註）（慧 64/759a "聯類" 註）（慧 98/302b "聯環" 註）。

漣：**漣** 音連（龍 227/10）（慧 82/38b）（慧 96/269a）（慧 99/321a）（紹 188a8）。

㦣/慄：**㦣** 音連玉篇云泣血也（龍 065/06）。**慄** 音連立泣兒（龍 054/04）。

㻖：**㻖** 力延反（龍 441/05）（慧 79/1065a）。

翬：**翬** 音連翬翩飛相及也（龍 326/07）。

繏：**繏** 音連繏牽惡絮也（龍 396/06）。

蹲：**蹲** 俗連聯二音（龍 459/02）。

縺：**縺** 力前反（玄 4/54b）（慧 34/90a）（慧 19/788b）（慧 82/41b）；連律文作縺（玄 14/193c、

慧 59/645b "皮連" 註）（慧 64/759a "聯類" 註）。

謰：**謰** 音連（龍 043/07）。**諫** 音連（龍 043/07）。

鏈：**鏈** 丑延力延二反鉌鑛也（龍 009/07）。

鱳：**鱳** 音連魚名（龍 166/09）。

虇：**虇** 力延反穲〜果子多也（龍 332/03）。

溓：**溓** 勒兼反又力忝反（龍 230/04）（慧 89/163a）（慧 98/305b）。

爁：**爁** 勒兼反煉靭也（龍 240/01）。**爐** 勒兼反爁燦火不絕兒（龍 240/01）。

慊：**慊** 力閤反憒慊惟［帷］也[1]（龍 053/01）。

霮：**霮** 音廉久雨也又音炎（龍 307/01）。

鎌：**鎌** 良冉反廉也又小食也（龍 501/07）。

鬑：**鬑** 音廉〜鬍也一曰長兒（龍 087/09）。

廉：**廉** 力鹽反（慧 5/492a）。**廉** 今力尖反清也斂也儉也（龍 299/02）（慧 65/774b）（慧 3/4

50b）。**廉** 正（龍 299/02）（玄 16/215b）。

嶹：**嶹** 俗力占反（龍 267/08）。

---

[1]《龍龕手鏡研究》：乃 "慊" 字之訛（171）。

濂： 瀮勒兼反薄也（龍 230/04）。

嬚： 嬚音廉女字也（龍 281/05）。

嬚： 嬚力鹽反嚴鼓謂以杖嬚擊也與嬚同（龍 528/07）。

瘴： 瘴俗力占反（龍 470/06）。

蠊： 蠊音廉蛪蠊虫名（龍 221/08）。

礆： 礆正音廉赤礝也（龍 441/04）。礆俗（龍 441/04）。//瓓： 瓓音廉①（龍 433/07）。

穪： 穪力塩反禾名（龍 144/04）。

篅： 篅力鹽反箔～也（龍 388/02）。

鎌： 鎌音廉刀鎌也亦廉也（龍 014/02）（慧 68/831a）（慧 69/845a）（慧 75/966b）（慧 75/972a）

（紹 180b7）；鎌經從兼舌头鎌俗用字也（希 3/371a "利鎌" 註）。鎌力占反（慧 47/3

65b）（慧 50/427b）。//鎌： 鎌音廉（龍 014/02）（慧 60/673a）（希 3/371a）（紹 180b7）；

鎌或作鎌（慧 68/831a "利鎌" 註）（慧 69/845a "須鎌" 註）（慧 75/966b "持鎌" 註）（慧 75/

972a "鎌刈" 註）。

轣： 轣音廉車輞也（龍 080/08）。

聯： 聯正音連（龍 313/09）（玄 20/270b）（慧 74/939b）（慧 42/240b）（慧 35/104a）（慧 62/718a）

（慧 64/759a）（慧 93/220b）（慧 98/302b）（希 7/399c）（紹 199b6）；連古文聯同（玄 3/36b、

慧 09/570b "連縣" 註）（玄 14/193c、慧 59/645b "皮連" 註）。聦俗（龍 313/09）。聰俗

音連正作聯（龍 409/07）。聯俗音連（龍 313/09）。聯俗（龍 313/09）。聯輦然反

（慧 39/176a）（慧 87/119b）（慧 100/348b）。聯俗（龍 313/09）。

獜： 獜音聯獖獜犬走貌也又丑人反義同（龍 318/02）。

爧： 爧力展反小然火也（龍 242/02）。

齹： 齹音連齒露（龍 312/01）。

憐： 憐練田反（慧 19/785b）。憐礼顛反（慧 41/214b）。憐正音蓮哀矜愛念也（龍 053/

03）//糀又俗音憐（龍 304/02）；憐經文從米作糀非也書錯不成字也（慧 19/786a

"憐傷" 註）。//怜： 怜俗通（龍 053/03）（紹 130a3）；憐俗作怜（慧 19/786a "憐傷" 註）。

_____

① 《龍龕手鏡研究》： "瓓" 疑即 "礆" 的換旁異體（321）。

爄：𧾷音怜爄𩰍餅也（龍505/03）。

毲：毲正力鹽反毲鼓今之杖鼓也（龍193/07）。籅或作（龍193/07）。

籢：籢（慧17/744b）；奩今作籢同（慧09/570a "奩底" 註）（慧81/2b "牙匳" 註）（慧83/62b "匳鏡" 註）。籢與匳同（龍388/04）。籢與籢匳二同（龍119/05）；奩又作籢同（慧49/409a "香奩" 註）。籢奩又作籢同（玄10/133c "香奩" 註）（玄15/203a、慧58/620b "香匳" 註）。籢力鹽反（龍193/07）（玄14/195b）（慧59/648a）；奩今作籢同（玄2/30b "奩底" 註）（慧24/901a "毒匳" 註）（慧26/946a "奩底" 註）（慧45/303b "匳底" 註）（慧64/756a "鏡匳" 註）。籢（龍193/07）。盇應法師作籢[1]（龍388/04）；籢經文作盇（玄1/10b、慧17/744b "籢鼓" 註）。籢力占反（玄1/10b）；奩今作籢同（玄3/36a "奩底" 註）（玄17/232c、慧70/858a "奩子" 註）。//匳正力潛反（龍192/02）（慧09/570a）（慧49/409a）（玄15/203a）（慧58/620b）（慧70/858a）（慧4/461b）（慧8/542a）（慧24/901a）（慧45/303b）（慧64/756a）（慧81/2b）（慧81/13a）（慧83/62b）（慧91/193a）。盇匳經作～非也（慧8/542a "匳底" 註）。盇力占反（慧26/946a）。奩俗力潛反（龍356/06）（龍192/02）（玄2/30b）（玄3/36a）（玄17/232c）；籢又作匳（慧59/648a "鈔籢" 註）（慧45/303b "匳底" 註）；匳經從大從品不成字（慧4/461b "匳底" 註）（慧81/13a "鏡匳" 註）。盇力鹽反（慧22/847a）；匳經從大從品作～不成字也（慧64/756a "鏡匳" 註）。盇力占反（玄10/133c）；籢又作匳（玄14/195b "鈔籢" 註）。奩力兼切（紹146a6）。查俗音廉正作匳（龍356/08）。遳俗音廉正作匳（龍490/01）。匳奩正作匳（玄17/232c、慧70/858a "奩子" 註）。遳俗音廉正作匳（龍490/01）。遳俗音廉正作匳（龍490/01）。迶力兼反。//欂：攃奩又作～同（玄10/133c、慧49/409a "香奩" 註）。攄籢又作欂（玄14/195b "鈔籢" 註）。㩜籢又作欂（慧59/648a "鈔籢" 註）。

忝：忝音連（龍073/02）。

覝：覝今音廉察也（龍344/02）。覝或作（龍344/02）。覝或作（龍344/02）。覝或作（龍344/02）。覝俗音廉（龍344/05）。

赢：蠃落戈反縣名又音連（龍190/03）。

---

[1] 參閱《龍龕手鏡研究》307頁。

liǎn 薟： 薟理儉理沾二反（玄 17/233c）（慧 70/859b）。

薇： 薇正音廉蔓草也（龍 254/01）；古文薟今作薇同（玄 17/233c、慧 70/859b "薇苦" 註）。巌俗音廉（龍 254/01）。

羷： 羷良冉反羊角三卷羷（龍 160/03）。

臉： 臉正七廉反又力斬反（龍 407/06）。//臉俗（龍 407/06）。臉俗（龍 407/06）。

餰： 餰川韻良冉反食无味也（龍 501/07）。

捷： 捷力展反（龍 212/05）（玄 11/144c）（慧 52/457b）（玄 16/223b）（慧 64/751a）（慧 79/1062a）（紹 133b4）。

璉： 璉力展反瑚璉又平聲（龍 436/08）（紹 141a3）。

輦： 輦力展反（龍 082/05）（玄 6/79a）（玄 22/290c）（慧 48/374b）（慧 14/677a）（慧 15/688a）（慧 17/730b）（慧 27/965a）（慧 32/45a）（慧 41/223b）（慧 53/492a）（慧 74/944a）（希 8/409b）（紹 139a3）；捷今皆作輦（玄 11/144c、慧 52/457b "負捷" 註）（玄 16/223b "負捷" 註）（慧 64/751a "負捷" 註）（慧 79/1062a "負捷" 註）。//輦俗力展反正作輦（龍 491/05）。//輦俗力展反正作輦（龍 491/05）。

鄻： 鄻力展反地名（龍 456/02）。

瓤： 瓤力點反瓜名也（龍 195/08）。瓤力忝反爪名也（龍 331/01）。

liàn 敛： 敛良冉反收也（龍 120/05）（玄 12/166b）（慧 55/545b）（慧 1/407a）（慧 80/1088b）（慧 81/8b）（慧 83/66b）。敛力冉反（玄 13/170c）。敛力豔反（玄 2/30b）（慧 57/598b）（慧 26/947b）（慧 57/595a）（紹 198a8）（中 62/718c）。//殮： 殮力驗反殯殮也（龍 515/02）（紹 144b1）；殮古文殮同（玄 2/30b "殯殮" 註）；敛録文作殮俗字（慧 80/1088b "發敛" 註）（慧 81/8b "權敛" 註）（慧 83/66b "發敛" 註）。

瀲： 瀲力驗力染二切（紹 188b5）。瀲力驗力染二切（紹 188b5）。

瞼： 瞼力驗反（龍 352/04）；瞼又作瞼同徒感反（玄 16/215c、慧 65/775b "直瞼" 註）。

瀲： 瀲正力驗反（龍 234/09）（慧 81/11b）（慧 81/21b）。瀲俗力驗反（龍 234/09）；瀲古今正字作瀲（慧 81/11b "定瀲" 註）。瀲俗力驗反（龍 234/09）（慧 47/347a）。

堜： 堜正音練堜塘墟名（龍 251/02）。堜俗（龍 251/02）。

楝：**楝**音練（龍 382/08）（玄 11/142c）（慧 56/553a）（玄 16/214a）（慧 40/199b）（紹 157b4）。**揀**
力見反（慧 65/773a）（慧 63/727a）。**㨰**楝律文從束作揀誤也（慧 63/727a "楝葉" 註）。

煉：**煉**正音練（龍 242/06）（慧 8/551b）；鍊又作煉同（玄 18/248b "鍊鐵" 註）（慧 8/543b "燒
鍊" 註）（慧 8/549b "鎔鍊" 註）（慧 12/627b "鑄鍊" 註）（慧 30/1038a "如鍊" 註）（慧 35/107
b "合鍊" 註）（希 3/372c "鍊冶" 註）；練玉篇作煉（慧 22/844b "練金" 註）（慧 31/12b "融
鍊" 註）。**煉**俗音練（龍 242/06）；鍊又作煉同（慧 73/928a "鍊鐵" 註）。

萰：**萰**郎雷反草名也（龍 262/07）。**萰**又俗音練（龍 256/03）。

練：**練**力見反（玄 10/134c）（慧 22/844b）（慧 23/862b）（慧 50/416a）（希 3/370c）；揀或作練
同力見反（玄 5/75a、慧 30/1044b "採揀" 註）；楝經文作練非體也（玄 11/142c、慧 56
/553a "楝樹" 註）；鍊或作煉亦通經從系作練非也（慧 8/543b "燒鍊" 註）（慧 35/107b
"合鍊" 註）。

㦄：**㦄**正音練大解理也（龍 362/02）。**㦄**俗（龍 362/02）。

瓡：**瓡**郎電反瓜瓡也（龍 195/09）。**瓡**俗音練正作瓡爪瓡（龍 331/02）。

鍊：**鍊**音練俗作鍊者非（龍 017/05）（慧 73/928a）（慧 8/543b）（慧 8/549b）（慧 12/627b）（慧
15/683b）（慧 29/1017b）（慧 30/1038a）（慧 30/1052b）（慧 31/12b）（慧 35/107b）（慧 36/124b）
（希 3/372c）；煉説文從金作鍊（慧 8/551b "燒煉" 註）。**鍊**音東鍊錆車轄也又俗音
鍊（龍 010/03）。**鍊**又俗音鍊（龍 010/03）（玄 18/248b）（慧 29/1017b）；練古文鍊形
（玄 10/134c "練摩" 註）（慧 22/844b "練金" 註）（慧 50/416a "練摩" 註）（希 3/370c "該練"
註）；鍊經從東作鍊非練字也（慧 8/549b "鎔鍊" 註）（慧 29/1017b "治鍊" 註）。// 漱：
漱練古文漱形（玄 10/134c "練摩" 註）（慧 50/416a "練摩" 註）。

僆：**僆**力展反畜雙生子也（032/05）。

戀：**戀**力卷反（慧 2/427b）（慧 3/448a）（慧 5/490b）（慧 19/787b）（慧 29/1028a）；攣或從广
作瘰論作戀誤（慧 69/851a "攣急" 註）；變集作戀誤也（慧 99/327b "婉變" 註）。// 㦮：
㦮俗音戀（龍 034/01）。**憗**俗音戀（龍 034/01）。

liang

liáng 良：良（玄 1/6c）（初編玄 638）（慧 17/738a）（慧 21/829b）（慧 23/869b）（慧 23/872a）。

哴：哴音良嗟哴小兒啼不止也（龍 275/06）。

踉：踉音郎又音良（龍 460/08）（紹 137a10）。

量：量音良度也稱也又去聲（龍 424/09）。量力仗反俗用作量略也（慧 7/531b）（慧 18/749b）（慧 29/1029b）（慧 37/144a）（慧 51/449a）（慧 100/341a）（紹 171b4）；量古今正字從心作從曰從童作～（慧 3/450b“度量”註）。量略薑反（慧 3/450b）（慧 4/470b）（慧 7/531a）（慧 14/680b）（慧 22/843b）（慧 68/819a）；説文正體從童作曐經作量訛也（慧 29/1029b“測量”註）（慧 51/449a“數量”註）。

糧：糧音良（龍 304/01）（慧 3/442b）（慧 7/519b）（慧 15/693b）（慧 15/704a）（希 3/374c）（紹 196a9）；粮亦作糧（希 3/372c“資糧”註）。//粮：粮音良（龍 304/01）（慧 88/142b）（希 3/372c）（高 59/654c）；糧或作粮（慧 7/519b“資糧”註）（慧 15/693b“秔糧”註）（希 3/374c“資糧”註）；秔粱經中多作粳粮二字俗用也（慧 25/920a“秔粱”註）。

粱：粱良音（紹 196a9）。粱（慧 23/872a）（慧 25/920a）（希 3/368b）。粱：粱字或亦從禾也（慧 23/872a“不藉耕耘而生稻粱”註）。

梁：梁力將反（玄 9/127b）（慧 46/333a）（慧 14/670b）（慧 56/574b）（慧 74/943a）（紹 187b3）。梁力羊反（慧 47/365b）。涼梁經文從水作梁非也古文從本作沐訓同（慧 56/574b“椽梁”註）。//樑：樑梁音（紹 157b5）。//膫：膫俗音梁①（龍 407/08）。

踉：踉梁音（紹 137a9）。踉俗音良（龍 460/01）。踉俗音良（龍 460/01）。

涼：涼兩張反（慧 61/685b）（慧 91/184b）。涼凉諒二音（紹 188b10）。

犆：犆良亮二音牻牛駮雜色也（龍 115/08）。

賙：賙音良武[賦]也（龍 350/03）；掠古文賙同（慧 46/324b“考掠”註）。賙掠古文賙同（玄 9/122b“考掠”註）。

輬：輬正音凉轀輬車名閉即温開即凉也（龍 079/07）（慧 77/1025b）（慧 81/6a）（慧 94/23

① 《龍龕手鏡研究》：“膫”作為“梁”的俗字只在表示脊梁這個意義上使用（42）。

9b)。**輬**俗（龍 079/07）。//**粮**：**報**輬字亦從良作粮（慧 94/239b "輻輬" 註）。

颷：**颷**正良亮二音北風也（龍 127/02）。**飆**或作（龍 127/02）。

liǎng 兩　**兩**力掌反（玄 11/148c）（慧 52/466a）（慧 31/12a）。

勜：**勜**音兩（龍 517/04）（紹 145b2）。

倆：**倆**兩音（紹 129a9）。

膌：**膌**音兩膁膌也（龍 411/03）。

裲：**裲**音兩（龍 105/01）。　**裲**音兩（玄 15/203a）（慧 58/620a）。

緉：**緉**兩亮二音（龍 400/08）（紹 191b2）。

魉：**蛃**音兩（龍 323/06）；魍魉古文蛧蛃二形同（玄 6/83b "魍魉" 註）（玄 25/332b、慧 71/882b "魍魉" 註）（慧 6/504b "魍魉" 註）（慧 7/520b "魍魉" 註）（慧 26/953b "魍魉" 註）（慧 41/214a "魍魉" 註）（慧 43/256b "魍魉" 註）。**蛃**説文蛧蛃從虫字書從鬼同（玄 2/31c "魍魉" 註）（慧 27/974b "魍魉" 註）。//**魉**音兩魍魉也（龍 323/06）（玄 2/31c）（玄 6/83b）（玄 25/332b）（慧 71/882b）（慧 6/504b）（慧 7/520b）（慧 26/953b）（慧 27/974b）（慧 41/214a）（慧 43/256b）（希 1/354c）（希 1/354c）（紹 198b3）。**黽**音兩（龍 323/06）。　**魖**魍魉亦作魍～（慧 6/504b "魍魉" 註）（慧 7/520b "魍魉" 註）（慧 41/214a "魍魉" 註）。**颭**音兩（龍 127/06）。

liàng 諒　**諒**音亮信也佐也知也（龍 046/09）（慧 5/493b）（慧 13/656b）（慧 24/896b）（慧 60/655a）（慧 87/125b）（慧 97/273b）。**諒**力尚反（玄 21/282a）。

窷：**窷**今音亮字統云事有不善窷也（龍 197/09）。**窷**或作（龍 197/09）。

錬：**錬**音亮（龍 018/08）。

亮：**亮**音亮（龍 130/04）（慧 16/713a）（慧 22/844b）（慧 99/313a）；諒今作亮同（玄 21/282a "諒難" 註）。

浼：**浼**音亮（龍 234/09）；亮集從水作浼非也（慧 99/328b "瀏亮" 註）。

喨：**喨**亮集從口作喨非也（慧 99/313a "飀亮" 註解）。

悢：**悢**音亮悢也悲也（龍 059/08）（玄 1/8b）（玄 1/17a）（玄 8/115c）（慧 17/741b）（慧 25/907a）（慧 34/82a）（慧 79/1063a）（慧 81/7b）（紹 130a2）。//**慌**：**慌**音亮憭慌也（龍 59/08）。

輌：**輌**亮音（紹 139a9）。

liao

liáo　寮：**窲**正音聊窓也穿也亦小空也（龍 506/09）。**窲**俗（龍 506/09）。**窲**俗（龍 506/09）。**寮**力堯反（據續編本補）（玄 1/2b）（玄 5/68a）（玄 7/98b）（玄 12/162a）（慧 28/993b）（慧 20/802a）（慧 26/956b）（慧 44/288b）（慧 77/1024b）（慧 88/143b）；窱泥洹經作寮（玄 1/17a "窱孔" 註）（慧 25/907b "窱孔" 註）；僚又作寮同（玄 22/288c、慧 48/371b "官僚" 註）（玄 23/306a、慧 47/353a "官僚" 註）（慧 2/431a "僚佐" 註）（慧 5/483a "僚佐" 註）（慧 77/1017a "僚屬" 註）（慧 96/268b "僚屬" 註）。**寮**俗（龍 155/4）。**寀**古（龍 155/4）。**窲**俗（龍 506/09）。

僚：**僚**音聊（龍 022/06）（玄 22/288c）（慧 48/371b）（玄 23/306a）（慧 47/353a）（玄 24/326a）（慧 70/872a）（慧 5/483a）（慧 18/757b）（慧 77/1017a）（慧 83/50b）（慧 96/268b）；寮又作僚同（玄 12/162a、慧 28/993b "寮属" 註）。**僗**力彫反（慧 2/431a）。**僚**寮音（紹 129b4）。

簝：**簝**音聊簝巢山兒也（龍 071/03）。

嘹：**嘹**正音聊又力弔反（龍 268/08）（紹 182b9）。**嘹**俗音聊又力弔反（龍 268/08）。

墧：**墧**聊療二音（龍 247/05）（慧 45/317a）。

遼：**遼**正音聊遠也又水名（龍 490/02）（慧 92/199b）（紹 138b4）；寥經文作遼遠之遼非體也（玄 1/14a、慧 42/235b "寥廓" 註）；寮經文作遼遠之遼非體也（玄 7/98b "寮孔" 註）（慧 26/956b "寮孔" 註）（慧 77/1017a "僚屬" 註）。**遼**俗（龍 490/02）。

撩：**撩**了彫反（慧 37/141a）（慧 39/166a）（慧 84/71a）。**撩**力條反（玄 14/189a）（慧 59/638a）（玄 16/217a）（慧 65/777b）（慧 19/788b）（慧 20/793b）（慧 64/754a）（慧 74/945a）（慧 82/38a）（紹 134a1）；寮經文有從手作撩非今用也（玄 1/2b、慧 20/802a "寮觀" 註）；敹通俗文作撩今時用多作撩（慧 100/342b "敹束" 註）。**撩**音遼（慧 60/668a）。**撩**撩正並聊音（紹 134a1）。

橑：**橑**寮經文或從木作橑非今用也（玄 1/2b、慧 20/802a "寮觀" 註）（玄 15/207c、慧 58/607b "橑棟" 註）；燎古文橑同（玄 21/278a "庭燎" 註）。

癆：癆古（龍 475/04）（慧 11/617b）；説文癆或作療同（玄 6/84c "救療" 註）（玄 24/327a、慧 70/873a "療病" 註）（慧 6/510b "醫療" 註）（慧 27/977b "療" 註）。疨俗音落①（龍 477/03）。//療：療正力照反療治病也亦作膋（龍 475/04）（玄 1/22b）（玄 6/84c）（玄 24/327a）（慧 70/873a）（慧 6/510b）（慧 25/922a）（慧 27/977b）（慧 29/1014a）（紹 192b8）；燎經中作療恐非此義也（慧 12/632a "炙燎" 註）。

獠：獠音聊又張絞盧皓二反（龍 318/03）（慧 77/1024b）（慧 82/40b）（紹 166b10）。//獠：貗陟絞落好二反（龍 321/10）（紹 173b6）；獠正體從豸作貗（慧 82/40b "蠻獠" 註）。貗陟絞落好二反（龍 321/10）。貗獠正體從豸作貗或從巢作玃（慧 82/40b "蠻獠" 註）。//玃：玃側絞反正作狐（龍 319/02）；嘲狡反論文從寮作獠俗字（慧 84/84a）。

膋：膋古音聊（龍 407/05）；繚經文作膋（慧 42/232b、玄 1/12a "繚戾" 註）；療亦作膋（龍 475/04 "療" 註）；脊又作膋同（玄 5/70a "血脊" 註）（慧 99/316a "血脊" 註）；髎論文作膋非此用（玄 18/244c、慧 72/915b "髎骨" 註）。//脊：脊又作膋同力彫反（慧 37/146a）（慧 99/316a）。脊今音聊（龍 407/05）（龍 239/06）（玄 5/70a）（紹 136b9）。

暸：暸音聊明也（龍 425/04）。

璙：璙音聊又力小反（龍 434/08）（紹 141a1）。

簝：簝音聊宗廟盛肉方竹器也（龍 389/04）。

繚：繆亦作簝（慧 87/129b）。繚音了（龍 399/08）（玄 1/12a）（慧 42/232b）（玄 6/91b）（慧 16/711b）（慧 21/820b）（慧 22/844a）（慧 27/991a）（慧 39/168a）（慧 55/541a）（慧 61/699b）（希 9/416c）。繚靈鳥反（慧 13/650b）（紹 192a3）。

鐐：鐐音聊有孔鑪也又紫磨金也又白銀美者也又音料（龍 9/4）；燎經文作鐐非也（玄 1/6c、慧 17/738b "庭燎" 註）（玄 10/133c、慧 49/409a "庭燎" 註）。

飍：飍正音聊風也（龍 126/04）。飄俗（龍 126/04）。

鷯：鷯音聊（龍 285/06）（慧 29/1016a）（慧 62/715b）（希 8/407c）（紹 165b2）。

廖：廖正音聊人名又力救反（龍 299/08）（慧 93/221a）（紹 193b7）。廒（慧 42/235b "寥廓"

① 《龍龕手鏡研究》：此字音 "落"，疑即 "癆" 字之俗（349）。

註）。**廖**寥或作廖同力彫反（慧 42/235b "寥廓" 註）。**廖**聊音又力弔切（紹 193b7）。
//**庴**俗（龍 299/08）。//**廖**或作（龍 299/08）。//寥：**寥**（龍 155/4）（慧 42/235b）（慧 41/205b）。**寮**察通同僚（龍 155/4 "僚" 註）（玄 1/14a）。**寥**今作寥（龍 507/01）。**寮**今作寥（龍 507/01）。**嵺**力凋切（紹 162b4）。**嶚**今音聊嵺崖虚也（龍 072/04）。**嵺**或作（龍 072/04）//**崅**（龍 155/4）。

憀：**憀**音流悲恨也又音聊無憀賴也（龍 53/02）。**憭**惆經文有作憀非經義也（玄 1/17a "惆恨" 註）。**憀**音流悲恨也又音聊無憀賴也（龍 53/02）（紹 131a6）。

澪：**澪**正音聊水清也（龍 228/09）。**澪**今（龍 228/09）。**澪**俗（龍 228/09）。**澪**俗（龍 228/09）（紹 189a1）。**寮**寥集從水作濢非也（慧 99/329a "寥寂" 註）。

漻：**漻**音聊空谷也（龍 525/09）。

膠：**膠**今力遥反（龍 479/06）（慧 72/915b）。**膠**力遥反（玄 18/244c）。//**髎**或作（龍 479/06）。

聊：**聊**了彫反從夘者誤也（慧 10/589b）（慧 11/603b）（慧 41/206b）。**聊**了彫反（慧 91/183b）。**聊**俗音聊（龍 161/02）。**聇**新藏作聊（龍 314/03）。**聉**聊或作～今俗從夘作聊相承書誤非也（慧 41/206b "聊因" 註）。

屌：**屌**音聊（龍 303/05）。

籈：**籈**音聊竹名（龍 389/04）。

聮：**聮**音聊耳中鳴也（龍 314/01）。

敹：**敹**了彫反（慧 100/342b）。**敹**或作音聊（龍 119/02）。**敹**音聊揀擇也（龍 528/09）。

佬：**佬**音遼（龍 026/05）。**佬**音遼（龍 026/05）。

liǎo 了：**了**音寥鳥反（慧 79/1054b）。

袄：**袄**音了袄行騰小袴也（龍 104/07）。

舠：**舠**音了舠鵤小舩兒（龍 132/06）。

釕：**釕**音鳥釕鈌帶頭飾也（龍 015/04）。

嫽：**嫽**音聊又力弔反（龍 280/05）（玄 16/223c）（慧 64/744b）（玄 20/275a）（慧 76/992a）。**嫽**聊了二音（紹 142a2）。

憭： 憭音了照察也又音聊憭空皃也（龍057/09）（慧90/176a）。

敹： 敹力小反長皃（龍530/01）。 敹俗力小反長皃（龍120/04）。 敹舊藏作敹音力小反長也（龍120/04）。

燎： 燎力小反（龍241/2）（慧26/943a）。 燎俗通力小反又去聲（龍241/2）（玄1/6c）（慧17/738b）（玄2/29c）（玄4/53b）（慧43/264b）（玄8/119a）（玄10/133c）（玄21/278a）（玄22/300a）（慧48/388b）（玄23/305a）（慧47/351b）（玄24/326a）（慧70/871b）（慧1/415b）（慧4/457b）（慧4/475a）（慧6/500b）（慧12/631a）（慧12/632a）（慧13/642a）（慧14/676b）（慧19/785a）（慧41/216b）（慧45/315a）（慧49/396b）（慧62/698b）（慧74/944b）（慧88/135a）（慧97/283b）（希1/356b）（希10/419a）；燎經文作燎非體也（玄7/93b、慧28/996b "炙燎" 註）（玄15/209a、慧58/610a "燎巳" 註）（希9/413c "火燎" 註）。 燎力燒反（慧49/409a）（慧31/15a）（紹189b7）。//燎燎又作𤎼同（玄7/93b、慧28/996b "炙燎" 註）（玄12/155c、慧52/455b "燎身" 註）（玄13/180c、慧53/501b "火燎" 註）（玄15/209a、慧58/610a "燎巳" 註）。 爆力小反（龍241/02）。//燎： 燎力小反（龍241/2）

潦： 燎力小反炙也（龍549/04）（龍241/2）（玄7/93b）（慧28/996b）（玄12/155c）（慧52/455b）（玄13/180c）（慧53/501b）（玄15/209a）（慧58/610a）（希9/413c）。

𤊽： 𤊽力小反𤊽𤊽面白也（龍347/04）。

嶚： 嶚正音了～嶠長皃也（龍089/05）。 嶚或作（龍089/05）。 嶚俗（龍089/05）。

蓼： 蓼音了辛菜也又音六蓼莪也（龍260/10）（慧86/114b）（慧87/129a）（慧91/182b）（慧96/270b）（慧99/318a）（紹156b8）。 蓼音了又音六（龍260/10）（紹156b8）；蓼論作～俗字也（慧86/114b "茶蓼" 註）。

磟： 磟音了～鳥薰草也（龍442/05）。

liào 炦： 炦力弔反火光也（龍243/05）。

料： 料今音聊（龍304/05）（玄4/53b）（慧34/92b）（慧39/181a）；撩今多作料量之料字也（玄14/189a、慧59/638a "撩理" 註）。 料或作音聊（龍304/05）。 斱俗音聊（龍304/05）；斱集中從米從斤作斱非也（慧100/342b "斱束" 註）。 𣂏俗音聊（龍304/05）。 料料經文作科苦和反非也（玄4/53b、慧34/92b "料量" 註）。 𣂏了簫反正作～（慧39

/181a "料理" 註)。

垀： **垀** 音料牛脛相交也又步交反義同 (龍 179/08)。**垀** 音力脛交 (龍 179/09)。**垀** (龍 179/08)。

尞： **尞** 正力照反以柴祭天名也又平聲 (龍 243/06)。**尞** 或作 (龍 243/06)。**尞** 尞字正 體從火從脊作～ (慧 12/631a "燈尞" 註)。**尞** 力刁切 (紹 146a6)。**尞** 燎説文作尞 也 (慧 74/944b "庭燎" 註)。

撩： **撩** 力吊反 (龍 214/02) (玄 1/9b) (慧 17/743b) (玄 4/61c) (慧 44/283a)。

lie

liè 劣： **劣** 力別反弱也鄙也少也 (龍 518/01) (玄 11/151a) (慧 52/470b) (慧 4/472a) (慧 6/507b) (慧 7/522b) (慧 8/550b) (慧 11/610b) (慧 12/637b) (慧 13/644a) (慧 41/225a) (慧 68/822a) (希 3/371c)。//戛： **戛** 力悦反弱也少也鄙也與劣同 (龍 064/02)。**戛** 劣或從忄 作～古 字也 (慧 6/507b "薄劣" 註) (慧 7/522b "陋劣" 註) (希 3/371c "陋劣" 註)。

垃： **垃** 音劣 (龍 252/06) (玄 17/227b、慧 67/814a "一畦" 註) (玄 23/308a、慧 47/356b "塌壠" 註) (紹 161a7)；劣古文垃同 (玄 11/151a "氣劣" 註) (慧 13/644a "陋劣" 註)。

呼： **呼** 音劣 (龍 278/10)。**呼** 縷央反 (玄 20/264c)。**呼** 劣音 (紹 183b10)。**呼** 劣音 (紹 183b10)。

脟： **脟** 音劣脪宍也 (龍 415/02)。

畊： **畊** 音律 (龍 154/08)。**畊** 音律 (龍 154/08)。

牪： **牪** 音劣牛白脊也 (龍 117/06)。

蛶： **蛶** 音劣尒疋云高珂虫也又郎活反義同 (龍 225/05)。

跮： **跮** 音劣蹳～跳踉也 (龍 464/07)。

戛： **戛** 音劣撮取也 (龍 331/04)。**戛** 音劣撮取也 (龍 349/02)。

列： **列** 連徹反 (慧 99/326a)；經作列俗語 (慧 75/972a "刖耳" 註)。

冽： **冽** 音列 (龍 187/09) (紹 174a3)；烈亦作列 (慧 82/27b "慘烈" 註)。

夵： **夵** 音列 (龍 518/06)。

挒：**挒**音列（龍 218/09）；裂或從手作挒古字也（慧 12/621a "劈裂" 註）。

迾：**迾**列滯反（慧 83/55a）。**迾**正音列（龍 494/05）。**迾**今（龍 494/05）（慧 93/214a）（慧 94/227b）（紹 138a10）；列集作迾音例非陣義（慧 99/326a "列陣" 註）。

洌：**洌**列例二音（龍 237/03）（慧 93/213b）（紹 188b5）。

咧：**咧**俗音列（龍 277/10）。

荝：**荝**音列桃荝可以為尋除不祥也（龍 264/03）。**荝**俗音列正作荝（龍 394/07）。

坮：**坮**音列塍土也（龍 253/01）。**坮**音列塍土也（龍 253/01）。

裂：**裂**音列美也（龍 284/04）。

㤠：**㤠**音列憂心也（龍 069/05）。**㤠**音列憂心也（龍 069/05）。

栵：**栵**音列細栗也（龍 387/05）。**栵**音列細栗也（龍 387/05）。

烈：**烈**音烈（龍 244/05）（玄 7/99a）（玄 14/187c）（慧 59/636a）（玄 17/232a）（慧 70/857a）（玄 22/296b）（慧 48/382b）（玄 24/321b）（慧 70/864b）（慧 26/957a）（慧 61/682a）（慧 82/27b）。

蛚：**蛚**音列（龍 225/07）（慧 66/799a "蟋蟀" 註）。

劤：**劤**力折反（玄 11/143c）（慧 56/554b）。

裂：**裂**力哲反（慧 12/621a）（慧 78/1033a）。**裂**音列（龍 107/07）（慧 17/735a）（慧 19/787a）（慧 69/842a）（紹 168a7）。**裂**音例殘帛也今作帣（龍 107/02）。

颲：**颲**音列暴風也（龍 128/01）（慧 38/156a）（慧 39/171b）（慧 99/320a）。**颲**音列（龍 128/06）。

趔：**趔**列滯反（慧 98/304b）。

鴷：**鴷**音列啄木鳥（龍 290/01）。

鴷：**鴷**古（龍 171/01）。**鮤**正（龍 171/01）。**鴷**今音列魝魚也一名鱴魝今鮆魚也（龍 171/01）。

搻：**搻**郎計力結二反拗搻也（龍 213/09）（玄 11/141a）（慧 56/548b）（慧 74/955b）（玄 15/201c）（慧 58/617b）（慧 14/661b）（慧 36/123b）（慧 60/660a）（慧 62/701a）（慧 74/946b）（慧 79/1056a）（慧 82/38a）（慧 94/235b）（希 7/401b）；厲或作搻也（慧 99/317a "懍厲" 註）。**搻**力結反（玄 12/158b）（慧 36/129a）（慧 37/138a）。**搻**搻正郎結切（紹 133b2）。//鑸：**鑸**搻古文作～（慧 37/138a "搻出" 註）（慧 60/660a "灑搻" 註）（慧 74/946b "搻撮" 註）。

睖：睖戾經文從目作睖非（慧75/965b "曤戾" 註）。睖睖正力結切（紹142b3）。

鼣：鼣獵又作鼣同（玄19/259b、慧56/567a "豬獵" 註）。

儠：儠良涉反長狀兒（038/09）。儨獵音（龍039/08）。

噛：噛力涉切（紹184a6）。嘼俗音臘（龍277/06）。

獵：獵驢涉反（玄19/259b）（慧56/567a）（慧2/433b）（慧7/519a）（慧32/30a）（慧45/317b）（慧53/494b）（慧60/661b）（慧74/946a）（慧89/157b）（慧90/177a）（慧92/195b）（希2/363b）（希4/379c）（紹166b6）；鬣或從犭作獵義皆同（慧24/884b "鬣毛" 註）；臘論文作獵誤也（慧67/804a "設臘婆水相" 註）。獵力業反（慧11/606b）。獵獵正良涉切（紹166b6）。擖又俗音良陟反（龍320/02）（紹166b4）；獵經作獨俗字（慧53/494b "獵師" 註）（慧74/946a "遊獵" 註）（慧89/157b "遊獵" 註）。獨又俗音良陟反（龍320/02）。獵獵傳文從山從鳥作～不成字非也（慧90/177a "畋獵" 註）。獚舊藏作獵（龍319/10）。

曤：曤正良涉反暗也又黃昏也（龍430/08）。曤俗（龍430/08）。

犣：犣良涉反牛牡又旄牛名（龍117/07）。

獥：獥良陟反豕也（龍321/03）。

躐：躐良涉反（龍464/08）（玄16/219b、慧65/778b "相跋" 註）（紹137b8）。躐俗刺㬉二音（龍465/07）。

钄：钄良涉反谷名（龍526/03）。

鬣：鬣郎輒切（紹144b9）。鬣音獵（慧12/624b）（慧77/1012b）（慧82/41a）。鬣正良涉反鬚鬣也（龍090/08）。鬣俗（龍090/08）（慧24/884b）。鬣俗（龍090/08）。鬣俗（龍090/08）。鬣俗（龍090/08）。鬣俗（龍090/08）；鬣譜文作～非也（慧77/1012b "髦鬣" 註）。鬣俗（龍090/08）。鬣俗（龍090/08）。鬣獵又作鬣同（玄19/259b、慧56/567a "豬獵" 註）。//氋：氋正良涉反氈毛長毛也（龍136/08）；鬣或從毛作氊（慧24/884b "鬣毛" 註）。氋或作（龍136/08）。氋或作（龍136/08）。

韐：韐良涉反（龍452/03）。韐韐正力涉切（紹140a8）。

騛：騛正良涉反踐也（龍294/06）。騛或作（龍294/06）。騛俗（龍294/06）。騛俗（龍294/06）。

唻：唻良涉反羸也（龍 520/03）。

眣：眣俗音劣（龍 154/08）。眣力拙切（紹 197a1）。

甀：甀正良陟反盧叶反（龍 316/08）；瓵又作甀同（玄 11/147b、慧 52/463a "瓵瓵" 註）。甀俗（龍 316/08）。瓵俗（龍 316/08）（玄 11/147b）（慧 52/463a）。

lin

lín 林：抺力金反（希 4/377c）。抺林正（紹 132b1）。

淋：淋音林（龍 226/10）（玄 1/21c）（玄 12/159b）（慧 53/483b）（玄 16/220a）（慧 65/779b）（玄 20/265c）（玄 22/290c）（慧 48/374a）（慧 13/660a）（慧 25/920b）（慧 43/253b）（慧 40/201b）（慧 43/262a）（慧 93/216a）（慧 94/226a）（紹 188b10）；痳經文作淋非此用（玄 2/24c "痳瘲" 註）（玄 20/266a "痳鬼" 註）（慧 43/262a "瘋鬼" 註）（慧 76/991a "痳漏" 註）（希 6/394a "痳痢" 註）。

琳：琳音林（龍 434/08）（慧 83/45a）（慧 85/100b）（紹 140b6）。

痳：痳音林痳歷病也（龍 469/02）（玄 2/24c）（玄 20/265c）（慧 26/930b）（慧 43/262a）（慧 66/790b）（慧 76/991a）（希 6/394a）。

霖：霖音林（龍 306/05）（玄 1/8c）（玄 13/180b）（玄 18/241b）（玄 19/261a）（玄 24/326b）（慧 17/742a）（慧 35/98b）（慧 54/515b）（慧 56/570a）（慧 70/872b）（慧 66/788b）（慧 73/929b）。

諴：諴音琳善言也（龍 043/07）。

臨：臨（慧 22/840a）（慧 23/873a）。臨音林（慧 90/168b）（慧 91/182b）。

灡：灡音林水出皃也（龍 226/10）；淋古文灡同（玄 12/159b、慧 53/483b "淋甚" 註）（玄 16/220a、慧 65/779b "淋水" 註）（玄 20/266a 慧 43/262a "淋頂" 註）。

嘫：嘫（紹 181b6）。

嶚：嶚音臨（龍 072/04）。

粦：粦鄰悷二音鬼火也（龍 238/10）。粦良珍反（龍 304/04）；蟒亦作粦燐也（慧 88/141b "秋蟒" 註）。粦俗音鄰鬼火也（龍 159/08）。//燐：燐正力珍力刃二反鬼火也（龍 238/10）。燐正（龍 238/10）。燐或作（龍 238/10）；蟒亦作粦燐也（慧 88/141b "秋蟒" 註）。燐或作（龍 238/10）。

鄰：厸古文鱗（鄰）字^①（龍 184/02）。

𪖝：𪖝正力珍反水在石間也（龍 545/06）。𪖝俗（龍 545/06）。𪖝鄰恡二音水在石間也
或作磷𪖝二字（龍 333/04）（玄 10/131b）（慧 47/366b）。𪖝（龍 333/04）。𪖝力珍反水在
石間也（龍 541/05）。

嶙：嶙正力㒹反嶙峋深崖狀也（龍 070/07）。嶙或作（龍 070/07）（慧 82/39b）（紹 162a4）。
嶙或作（龍 070/07）。嶙俗（龍 070/07）。嶙音鄰^②（龍 074/02）。

嘟：嘟（紹 181b6）。

𥆝：𥆝正力珍力刃二反視下明皃也（龍 418/02）。𥆝通（龍 418/02）。

璘：璘正力珍反璘瑻文皃也（龍 433/04）。//璘俗（龍 433/04）。璘俗（龍 433/04）。

翷：翷正力珍反分羽飛皃也（龍 327/01）。翷通（龍 327/01）。

䝺：䝺正鄰恡二音田隴也（龍 153/02）。䝺或作（龍 153/02）。

蟒：蟒良刃反螢火也（龍 223/10）（慧 88/141b）。

轔：轔正力刃反又力珍反（龍 084/04）（慧 98/306b）。//轔今（龍 084/04）。

鱗：鱗栗珍反（慧 31/11b）。鱗音鱗（慧 61/686a）。//鱗新藏作鱗（龍 304/02）。

麟：麟理真反（慧 48/390b）（慧 70/872a）（慧 11/604a）（慧 15/687b）（慧 26/932a）（慧 47/358b）
（慧 61/680a）（慧 68/821a）（慧 88/137b）（希 10/421a）（紹 203a6）；鱗經文從鹿作麟是瑞獸
也非經義傳寫誤也（慧 31/11b "鱗介" 註）；麟傳文作麟俗字也（慧 94/229a "獲麟" 註）
（慧 95/245a "麒麟" 註）。麟音鄰麒麟（龍 520/05）（玄 2/24c）（玄 4/49b）（玄 22/301b）（玄
24/326a）（慧 86/115a）。//麐：麐古文音麟^③（龍 520/06）（慧 85/96a）。麐力陳反（慧 1
4/671b）。麐栗珍反（慧 94/229a）。麐栗真反（慧 95/245a）。麐麟亦作麐（慧 88/1
37b "麟麐" 註）。麐麟或作～（慧 68/821a "麟角" 註）（慧 86/115a "麟麐" 註）。麐麒麐
說文作麐麐（慧 95/245a "麒麐" 註）。麐良忍反牝麒（龍 521/07）。

驎：驎正力珍反騏驎（龍 290/10）（慧 96/263a）（慧 100/332b）（希 4/378c）（紹 165b10）。驎通
力珍反騏驎（龍 290/10）；經文作驎非字義（玄 2/24c "麒麟" 註）（玄 4/49b "麒麟" 註）

---

①參見《疏證》141 頁。
②參見《龍龕手鏡研究》180 頁。
③《疏證》：此假 "麐" 為 "麟"（207）。

（慧 11/604a "麒麟" 註）（慧 14/671b "麒麐" 註）（慧 26/932a "麒麟" 註）（慧 95/245a "麒麟" 註）。

壣：**壣** 正力珍反菜畦也（龍 246/07）。**壣** 俗（龍 246/07）。

駯：**駯** 力珍反馬色也（龍 290/10）。

lín 廩：**仺** 廩古文作～象形字今從禾作稟時用字（慧 78/1041b "倉廩" 註）。**㐭** 力稔反（龍 130/01）（慧 44/294b）；廩又作㐭同（玄 7/97a "倉廩" 註）（慧 19/781a "倉廩" 註）（玄 12/164b、慧 55/544a "廩賈" 註）（玄 19/262c、慧 56/573b "倉廩" 註）（慧 15/685b "倉廩" 註）（慧 41/223a "倉廩" 註）。//稟：**稟** 㐭象形字今隷書加禾作稟（慧 15/685b "倉廩" 註）。**稟** 廩經本作～非也（慧 20/799a "倉廩" 註）。//廩：**廩** 正力稔反倉有屋曰廩（龍 300/02）（慧 78/1041b）。**廩** 立錦反（慧 20/799a）。**廩** 力錦反（慧 12/628a）。**廩** 今（龍 300/02）（玄 7/97a）（玄 12/164b）（玄 19/262c）（慧 41/223a）（慧 55/544a）（慧 56/573b）；粒經文作廩非也（玄 7/105a "半粒" 註）。**廩** 俗（龍 300/01）。**廩** 臨錦反（慧 15/685b）正作㐭（慧 19/781a）；㐭或從广禾作廩（慧 19/781a "倉廩" 註）。**廩** 力錦切（紹 193b2）。**廩** 俗（龍 300/01）；廩傳文從米作～俗字（慧 93/220b "僧廩" 註）。**糜** 粒經文作廩非也（慧 17/736a "半粒" 註）。//躏 或作力稔反正作廩（龍 461/03）。**躏** 俗力稔反正作廩（龍 461/03）。

酓：**酓** 力稔反火舒也（龍 242/03）。**酓** 力稔反與酓同火舒也（龍 528/02）。

凛：**凛** 巨金反寒皃又力稔反亦寒～也（龍 187/04）（慧 93/216b）（紹 174a3）。**凛** 俗力稔反寒～正作凛（龍 232/07）。

懍：**懍** 林甚反（慧 89/160b）（慧 92/200b）。**懍** 正力稔反敬也畏也（龍 057/02）（玄 10/131c）（慧 49/405b）（慧 82/38a）（慧 97/287a）（慧 99/317a）（紹 130b9）。**懍** 林寢反（慧 78/1032b）。**懍** 通（龍 057/02）。**懍** 懍經文作～誤錯（慧 78/1032b "懍懍" 註）。

瘭（瘭）：**瘭** 正力稔反栗體也（龍 472/09）。**瘭** 俗（龍 472/09）。

檩：**檩** 力稔反（龍 380/04）（玄 1/9b）（慧 17/743b）。

憐：**憐** 艮忍反慚恥也又俗怜類［頪］二音又力典反（龍 031/05）。

撛：**撛** 俗力刃反正作撛（龍 214/09）。

琳：**琳** 力飲切（紹 134a9）。

lìn 吝：**吝** 正良刃反吝惜也慳也（龍 272/09）（慧 16/720a）（慧 24/897b）（慧 29/1018b）；吝古文

吝同（玄 23/309a、慧 47/359b "慳吝" 註）（慧 7/527b "顧吝" 註）（希 3/370b "慳恡" 註）。**㤁** 力刃切（紹 176a8）。**恡** 良刃反慳也（龍 553/06）；恡古文作～吝（慧 3/455b "慳恡" 註）。**咨** 力鎮反（慧 47/359b）（紹 176a8）。**悉** 良刃反物情也恨也（龍 348/09）（慧 7/527b）。**㖌** 力鎮反（玄 23/309a）。**㞬** 吝正力刃切（紹 148a6）。**㞭** 吝正力刃切（紹 148a6）。//咳：**受** 吝古文作～（慧 24/897b "慳吝" 註）。**㣣** 吝或作～俗字也（慧 7/527b "顧吝" 註）。**㣥** 恡或作～古字也（慧 5/488a "慳恡" 註）。**㤘** 恡古文作～吝（慧 3/455b "慳恡" 註）。//唫：**唔** 吝又作～（慧 24/897b "慳吝" 註）。**㗲** 俗（龍 272/09）。//悋：**悋** 正良刃反悋可惜也貪鄙也（龍 059/01）（慧 18/768b）（慧 55/533a）（希 3/370b）（希 6/396c）；**悋** 正作悋（慧 1/419b "所悋" 註）。**㤘** 吝或作～（慧 24/897b "慳吝" 註）。**悋** 力晉反（慧 27/979a）；悋或作悋（希 6/396c "固恡" 註）。**㤔** 正（龍 059/01）（慧 1/419b）（慧 3/455b）（慧 5/488a）；吝或作～俗字也（慧 7/527b "顧吝" 註）（慧 16/720a "占吝" 註）（慧 29/1018b "吝惜" 註）（希 3/370b "慳恡" 註）。**㤔** 俗（龍 059/01）。//**䛯** 良刃反①（龍 048/08）。

賠：**賺** 良刃反貪食也（龍 352/09）。**賺** 良刃反（龍 352/09）；恡或作賠（慧 3/455b "慳恡" 註）。

遴：**遴** 正（龍 492/08）（慧 80/1072b）。**遴** 今良刃反難行也（龍 492/08）（紹 138b8）；恡或作遴（慧 3/455b "慳恡" 註）（慧 24/897b "慳吝" 註）；吝或作遴（慧 29/1018b "吝惜" 註）。**遴** 俗（龍 492/08）。**遬** 俗（龍 492/07）。

簐：**簐** 正良刃反竹名其中堅可為席也（龍 393/08）。**簐** 俗（龍 393/08）；鄰又作簐同（玄 10/131b、慧 47/366b "𥯤堅" 註）。

磷：**磷** 栗鎮反（慧 80/1068b）（慧 81/19a）（慧 100/350a）（紹 163a7）。**磷** 力刃反薄石又力珍反石在湍間也（龍 443/06）。

顲：**顲** 今（龍 485/05）。**顲** 正力忍良刃二反頭少髮白又顏色胗顲也（龍 485/05）。**䤲** 或作（龍 485/05）。

闣：**闣** 良刃反闣雀鳥鳴也又姓（龍 093/09）。

藺：**藺** 良刃反藺草名（龍 261/04）（慧 97/289a）（紹 156b2）。

---

① 《叢考》：為 "吝" 的增旁俗字（1031）。

簡：**簡** 良隱反損也（龍 393/06）。

轠：**轠** 力震反（慧 81/22b）（希 8/410a）（紹 139a8）。//轠：**轠** 良刃切（紹 139a8）。

躪：**躪** 正良刃反（龍 464/03）。**躪** 今（龍 464/03）。//躪：**躪** 正良刃反（龍 464/03）。**躪** 今（龍 464/03）；轠又作躪（希 8/410a "轠傷" 註）。

閵：**閵** 良双反火也又力忍反（龍 093/09）。

闗：**闗** 良双反蟲也（龍 094/01）。

賃：**賃** 乃禁反傭賃也借也（龍 351/09）（玄 6/85b）（玄 15/205c）（慧 58/604b）（玄 24/328c）（慧 70/875b）（慧 27/978a）。

ling

líng　伶：**伶** 郎丁反樂人也三倉又伶傳孤獨兒也（龍 23/06）（玄 1/8c）（玄 6/85c）（慧 17/741b）（慧 27/979a）（慧 31/10a）（慧 31/14a）（慧 62/719a）（慧 99/322b）（紹 129b2）。

泠：**泠** 歷經反（玄 14/192b）（慧 59/643b）（慧 2/422b）（慧 11/605b）（慧 12/626b）（慧 16/709a）（慧 18/751b）（慧 29/1022b）（慧 53/486b）（慧 82/25b）（紹 187b10）。泠經從冰非也（慧 18/751b "清泠" 註）。

图：**图** 力丁反图圖也（龍 174/05）（玄 1/6a）（玄 1/19a）（玄 19/263a）（玄 22/302b）（玄 23/313c）（慧 13/646b）（慧 18/759a）（慧 20/808a）（慧 23/873b）（慧 24/897b）（慧 25/913b）（慧 41/220b）（慧 48/392b）（慧 50/422a）（慧 56/573b）（慧 57/599b）（慧 68/820a）（慧 69/853b）（慧 85/98a）（希 1/357a）（希 3/369b）（紹 174a7）。

苓：**苓** 歷丁反（慧 97/287a）。

呤：**呤** 俗音令（龍 266/05）。

岭：**岭** 正音零山深兒（龍 073/08）。//靈或作（龍 073/08）。

狑：**狑** 音零犬也（龍 318/02）。//獿：**獿** 音零犬也（龍 318/02）。

玲：**玲** 音零（龍 434/05）（紹 141a4）。

枛：**枛** 正音零枛檀階際欄楯也（龍 375/08）。//欞 正（龍 375/08）。**樏** 俗（龍 375/08）。

瓴：**瓴** 音零（龍 315/06）（慧 62/697a "瓴揩" 註）（紹 199b3）。

舲：**舲**郎丁反（龍 518/07）（慧 27/979a "伶傳" 註）（慧 92/210a "竛聆" 註）（慧 99/319b）（紹 199b10）；伶傳或從立作舲嬦（慧 99/322b "伶傳" 註）。

砱：**砱**音零石砱（龍 441/02）。

瓟：**瓟**音零小瓜名也（龍 195/04）。

疼：**疼**音零病也（龍 471/01）。

聆：**聆**音令（龍 313/08）（玄 7/92c）（慧 28/995b）（玄 22/298a）（慧 48/385a）（慧 42/243b）（慧 83/61b）（慧 86/108a）（慧 88/136b）（慧 90/179b）（慧 91/188a）（慧 93/210a）（慧 98/293b）（慧 100/337b）（慧 100/346b）。**躬**俗音令正作聆（龍 161/01）。

袊：**袊**齡又作袊同（玄 22/299a、慧 48/386b "同齡" 註）（慧 47/342b "百齡" 註）。

蛉：**蛉**音零（龍 221/02）（慧 41/218a）（玄 17/232a、慧 70/856b "蜻蛉" 註）（慧 95/255a）（希 1/356c）（紹 164a2）；蠕傳作蛉蜻蛉字非也（慧 81/10b "蜈蠕" 註）。

翎：**翎**正音零（龍 327/01）（慧 35/110a）（慧 36/128a）（慧 38/160b）（慧 61/699b）（慧 100/336b）（希 5/387c）（紹 147a7）；氋又作翎（玄 19/258a、慧 56/565b "氋羽" 註）。**翢**俗音零（龍 327/01）。// 翺：**翺**氋又作翺（玄 19/258a、慧 56/565b "氋羽" 註）。// **頚**翎或作頚經從毛非也（慧 35/110a "橤施鳥翎" 註）。

笭：**笭**音零（龍 389/01）（慧 94/236b）。

簃：**簃**音零竹名也（龍 389/01）。

跉：**跉**呂貞反又郎丁反（龍 458/04）（紹 137a7）；伶傳經文多作跉踜非今用（玄 6/85c "伶傳" 註）（慧 27/979a "伶傳" 註）；伶傳經從足作跉踜（慧 31/14a "伶傳" 註）；舲集從足作跉（慧 99/319b "舲嬦" 註）。

詅：**詅**郎丁反詅言相次也（龍 043/02）（紹 185b4）。

羚：**羚**音零子也（龍 159/06）（紹 167b8）。// 羱：**羱**音零大羊也（龍 159/06）。// 麢：**麢**正郎丁反～羊獸名（龍 520/09）。**麢**俗（龍 520/09）。

鯪：**鯪**音零餌也（龍 500/08）。

鈴：**鈴**歷丁反（慧 29/1024b）（慧 34/80a）（慧 36/124a）（慧 36/128a）（希 4/378c）（希 5/389b）（希 7/400b）；範經文作鈴非也甚無此理（慧 54/514a "儀範" 註）；鈴傳文作鈴誤（慧

94/239a "慧銓" 註)。

幹: **幹** 力庭反（玄 13/181c）（慧 54/518b）（紹 139a5）。//轜: **轜** 軨又作轜同（玄 13/181c、慧 54/518b "車軨" 註）。**轜** 音令轜輅漢厩名轜也（龍 080/05）。

毟: **毟** 音零毛結不理也（龍 134/05）（玄 11/147c）（慧 52/464a）（玄 19/258a）（慧 56/565b）。//鷯: **鷯** 俗音陵[1]（龍 287/02）；毟又作鷯此應誤也（玄 11/147c、慧 52/464a "鷄毟" 註）。

魿: **魿** 音零魚連行也又音勤（龍 166/03）。

颸: **颸** 音零寒風（龍 126/06）。

鴒: **鴒** 音零（龍 285/10）（慧 38/159a）（慧 62/715b）（慧 81/19a）（紹 165a4）；翎經文作鴒非翎羽義也（希 5/387c "梟翎" 註）。

齢: **齢** 音令（龍 311/08）（玄 22/299a）（慧 24/896b）（慧 89/158b）（希 3/371c）（希 10/422c）。**齡** 歷經反（慧 48/386b）（慧 23/880a）（慧 47/342b）（慧 64/760a）。

零: **零** 歷丁反（慧 2/425b）（慧 77/1031a）；毟經文作零（玄 19/258a、慧 56/565b "毟羽" 註）。**霝** 或作力丁反（龍 419/08）。**霝** 或作（龍 419/08）。

鄝: **鄝** 今音零縣名（龍 454/04）。**鄝** 或作音零縣名（龍 454/04）。**鄝** 或作音零縣名（龍 454/04）。

蓌: **蓌** 令音（紹 154b3）。

澪: **澪** 音零（龍 228/05）。

霝: **霝** 郎丁反或作零（龍 306/08）（紹 144a6）；蓌或作霝（慧 97/287a "落蓌" 註）。

鄩: **鄩** 音零地名（龍 454/05）。**鄩** 音零地名（龍 454/05）。**霻** 音零地名（龍 454/05）。

霻: **霻** 正力丁反女字（龍 307/05）。**霻** 俗（龍 307/05）。

檽: **檽** 音零（龍 375/08）（玄 4/49a）（玄 14/196b）（慧 59/650a）（玄 15/201c）（慧 58/618a）（玄 18/241b）（慧 73/929a）（慧 14/671a）（慧 62/708a）（慧 81/6b）（慧 94/241b）（慧 96/262b）（紹 159a7）。**檽** 俗音靈（龍 209/05）。**檽** 俗音靈（龍 209/05）；檽傳文作檽書誤也（慧 94/241b "檽扇" 註）。**檽** 檽録文作～非也（慧 81/6b "窻檽" 註）。//橧: **橧** 檽或作橧

---

[1] 《龍龕手鏡研究》：疑為 "毟" 字之俗（260）。

録文作櫺非也（慧 81/6b "窻櫺" 註）。

蠦：蠦歴丁反（慧 81/10b）；蛉亦作蠦字也（慧 95/255a "螟蛉" 註）。

蠬：蠬音零似瓴有耳（龍 338/02）。

霝：霝音零①（龍 507/04）。

艫：艫或作音靈艫艦有屋舟名（龍 131/06）（玄 11/143b）（慧 56/554b）。艫正（龍 131/06）。艫或作（龍 131/06）。//舲：舲今音零舟有窻也（龍 132/03）。//艫：艫或作（龍 132/03）。

顲：顲音零瘦也（龍 483/07）。

魖：魖音零神名人面獸身一曰龍名（龍 323/04）。魖同上（龍 323/04）。//魖：魖音零古為龍字（龍 323/04）。

靈：靈音零～善也（龍 306/08）。靈（中 62/718c）。//靈：靈玉名（龍 306/08）。靈古（龍 306/08）。靈音零（龍 268/06）。靈音零（龍 268/06）。靈音靈（龍 201/09）。靈古文音靈（龍 303/06）。靈音靈（龍 303/06）。//靈：靈音零器名又人名（龍 306/08）。靈令音（紹 144a6）。//靈：靈音零（龍 307/05）。靈音零同上（龍 307/05）。靈音零同上（龍 307/05）。

爧：爧令音（紹 189b2）。

炪：炪劦説文作炪（慧 18/756b "欺劦" 註）。炪力澄反（慧 40/198a）；陵古文作劦本作炪同（慧 57/599a "陵遲" 註）（慧 1/415b "陵虚" 註）；劦説文作炪（慧 4/458b "侵劦" 註）（慧 6/500a "劦虚" 註）。炪陵古文作劦本作炪同（玄 13/171a "陵遲" 註）。

佞：佞正魯鐙反佞儚又盧登反長兒（龍 036/06）。佞俗（龍 036/06）。佞俗（龍 036/06）。

陵：陵力苳反（慧 57/599a）（慧 73/927a）（慧 1/415b）（慧 22/836b）（慧 23/872a）（慧 84/81a）；劦經作陵非本字（慧 3/450b "劦懷" 註）（慧 5/494b "劦辱" 註）（慧 6/500a "劦虚" 註）（慧 34/87b "劦没" 註）（慧 41/212b "劦辱" 註）（慧 85/96b "劦踤" 註）；劦經從阜也或從冰者皆非本字從力為正（慧 41/219b "劦蔑" 註）（慧 37/142b "劦逼" 註）。陵力苳反（玄 13/171a）（玄 18/247b）。

① 《疑難字考釋與研究》557 頁。

凌：凌力升反（慧09/568b）（慧46/332b）（玄23/306c）；劾或作淩水名亦非也（慧41/212b "劾辱" 註）；經從阜也或從冰者皆非本字從力為正（慧41/219b "劾葰" 註）（慧37/142b "劾逼" 註）；夌經文作凌非也（慧40/198a "夌憐" 註）。凌正力冰反水也又氷～也（龍187/04）。淩今（龍187/04）（慧47/354a）（玄23/311b）（玄24/321b）。凌力蒸反（慧47/354a）（慧47/362b）（慧70/864b）（慧14/668a）（慧94/240b）；劾或從水或從冫非本字也（慧6/500a "劾虛" 註）（慧35/104b "劾突" 註）。淩力應反字從水[冰]（龍227/01）（玄3/35b）（玄9/127a）（紹188a2）。

劾：劾力冰反與夌欶同（龍516/07）（慧3/450b）（慧4/458b）（慧5/494b）（慧6/500a）（慧18/756b）（慧34/87b）（慧41/212b）（慧41/219b）（慧35/104b）（慧37/142b）（慧85/96b）；陵古文作劾（慧57/599a "陵遲" 註）（慧1/415b "陵虛" 註）；凌宜從力作劾正也（慧14/668a "淩憐" 註）。劾音凌欺劾正从夌音同上聲（龍505/03）；陵古文作劾（玄13/171a "陵遲" 註）。//欶：欶音凌欺劾正从夌音同上聲（龍505/03）（紹148a4）。

淩：淩力蒸反郭注爾雅云淩今之水中芰也（慧99/324a）。//蔆：蔆陵音（紹155a3）。蔆力應反蔆芰也（龍258/03）。蔆力應反（龍258/03）。//菱：菱（慧58/617a）。菱音夌菱霄又音麦菱草也（龍254/01）（玄15/201b）。

峻：峻正音陵（龍071/08）。峻今（龍071/08）。夌或作（龍071/08）。陵或作（龍071/08）；陵經文從山作陵近字也（玄19/258b、慧56/566a "陵嶒" 註）。峻或作（龍071/08）（龍505/05）。

悷：悷力應反怜也（龍055/04）。

唛：夌俗音陵（龍267/08）。唛俗音淩（龍269/05）。

祾：祾魯登反祭也福也靈也（龍111/01）。

唛：唛陵音（紹182b4）。

綾：綾力升反（慧66/796b）。

踜：踜俗音陵（龍459/02）。

鋖：鋖正音陵金名（龍011/07）。鋖今（龍011/07）。

餕：餕里凝里證二反（龍499/09）（慧35/102b）。

鯪：**鯪** 音陵魚名（龍168/05）（玄18/247b、慧73/927a "陵鯉" 註）（慧26/950b "瞿陁身" 註）。

líng　阾：**阾** 古文巨郢良郢二反（龍297/04）（紹170a2）。

領：**領** 力郢反（慧41/206a）；領頷傳文作頟頷皆誤之也（慧94/237b "頷頷" 註）。//衿：

衿 領古今正字作衿今通作領（慧41/206a "領袖" 註）。

lìng　令：**令** 力呈反（慧41/221b）（慧22/840a）。

liu

liú　畱：**畱** 正音留滯也止也久也田也任[住]也徐也（龍152/08）。**畱** 力求反（慧3/441a）；

留或作畱（慧8/549a "稽留" 註）。**畱** 畱律文作留非體也（慧65/776b "屋畱" 註）；畱今

經文變體作留（慧3/441a "稽留" 註）。**畱** 畱律文作留非體也（玄16/216b "屋畱" 註）；

留經作畱（慧8/549a "稽留" 註）。**畱** 今（龍152/08）。**畱** 畱今經文變體或作留（慧3

/441a "稽留" 註）。**畱** 力稠反（慧8/549a）。**畱** 留正（紹196b10）。**畱** 留正（紹197a1）。

貓：**貓** 留柳二音似鼠而大食竹根也（龍318/06）。

嵧：**嵧** 音留（慧43/266a）（紹183b10）。**嵧** 力救力尤二反[1]（龍275/06）。**嵧** （玄4/56c）。**嵧**

力救力尤二反（龍275/07）。

遛：**遛** 音留（希10/420c）（紹138b8）。

榴：**榴** 畱音（紹158b4）；畱集作榴非也（慧98/306a "繞畱" 註）。**榴** 畱音（紹158b4）。

瘤：**瘤** 柳周反集作瘤俗字（慧99/316b）。**瘤** 俗（龍469/1）。**瘤** 俗（龍469/1）（玄1/4b）（玄

13/169a）（玄13/180c）（玄16/217a）（玄20/274b）（慧20/804b）（紹192b7）。**瘤** 正音流又去

聲瘤腫起也（龍469/1）。**瘤** 力州反（玄10/138c）（玄18/245c）（慧53/498）（慧55/539a）

（慧65/777b）（慧65/778b）（慧73/924a）（慧76/1007b）（慧33/52b）（慧79/1055a）（紹192b7）。

瘤 力洲反（慧37/146b）。

蹓：**蹓** 俗音留[2]（龍458/05）。

蹓：**蹓** 音流（龍359/05）。**蹓** 留音（紹200b7）。

①參見《龍龕手鏡研究》254頁。
②正字待考。

縮： **縮**畱音（紹 191b5）。**縮**縮正畱音（紹 191b5）；旒經文作～非也（玄 7/99c "旒幢" 註）。

鎦： **鎦**音留金名又殺也又力救反（龍 011/07）。

鶹： **鶹**力周反（慧 57/593b）（慧 56/566a）（慧 70/862b）（慧 31/7a）（慧 36/120a）（慧 51/432a）（慧 60/675b）（慧 66/787b）。**鶹**力周反（玄 13/178c）。**鶹**力周反（玄 1/15a）（慧 42/237a）（慧 49/398b）（玄 24/320a）（慧 29/1016a）（慧 68/835a）（慧 72/899b）（希 9/414c）（紹 165a3）；鶏氅經文作鶏鶹誤也（玄 11/147c、慧 52/464a "鶏氅" 註）。**鶹**力周反（玄 19/258b）（玄 23/316c）。**鶹**音留（龍 285/09）。

騮： **騮**力由反（慧 77/1025a）（紹 166a8）。**騮**音留（慧 87/119a）。**騮**音留（龍 291/05）。**騮**正音留俗（龍 291/06）。**騮**或作音留（龍 291/06）。**騮**俗音留（龍 291/05）。**騮**俗音留（龍 291/05）；騮亦作～（慧 87/119a "騨騮" 註）。**騮**舊藏作騮音留（龍 292/05）。

鰡： **鰡**俗音流（龍 166/06）。

流： **流**流字有點（慧 11/606b）（慧 12/626b）（慧 12/637a）（慧 13/641b）（慧 13/657b）（慧 15/701b）（慧 15/705b）（慧 41/205b）（希 3/374a）（希 4/378a）（希 6/393c）（希 10/420b）。**流**瘤經文作流非也（玄 1/4b、慧 20/804b "六瘤" 註）；流俗去點非也（慧 41/205b "流液" 註）。**泳**舊藏作流（龍 228/07）。**㳠**音流（龍 073/05）。**㳠**音流（龍 072/09）。**沠**古文流字（慧 97/280b）。**沠**古文流字（龍 229/08）（慧 78/1034a）（紹 188a7）；流古文又作～（希 3/374a "駛流" 註）。//㳘：**㳘**古文流字（龍 229/08）；流説文從林二水並從宂作～今俗作流訛也（慧 13/641b "流涌" 註）。

嗠： **嗠**俗音流（龍 267/02）（紹 184a6）。

糨： **糨**今音流（龍 304/04）；糨又作糨（玄 15/200c、慧 58/616a "柈糨" 註）。//**糨**音畱（慧 58/616a）。**糨**或作音流（龍 304/04）。**糨**音畱（玄 15/200c）。

琉： **琉**（慧 25/908a）。**琉**琉璃（玄 23/315b）。//瑠：**瑠**音留（慧 11/605b）。**瑠**瑠璃（慧 50/424b）（慧 1/420b）（慧 18/757a）。**瑠**音留正體字集作琉俗字（慧 99/314b）。**瑠**音流（慧 4/465a）。

梳： **梳**音流祝梳也（龍 103/03）。

硫： **硫**今音留石硫黄藥名（龍 439/09）。//磂：**磂**或作（龍 439/09）。

旒：旒音流旒蘇旗脚也又冕旒珠纓垂布皃也古作充（龍 124/06）（玄 4/49a）（玄 7/99c）（慧 14/669b）（慧 31/16a）（慧 83/58a）（慧 84/83a）（慧 88/149a）（紹 173a3）。旒吕周反（玄 1/8a）（慧 17/740a）；瑬經文作旒略也（慧 15/706a "網瑬" 註）。旒俗同上 [旒]（龍 124/07）。//充音流（龍 546/07）。//統：旒旒字書作統同（慧 17/740a "旒幢" 註）（玄 7/99c "旒幢" 註）。統吕周反（玄 1/8a "旒幢" 註）（玄 4/49a "旒蘇" 註）。

瑬：瑬音流美金（龍 435/06）（慧 15/706a）（慧 93/218b）；旒又作瑬同（玄 4/49a "旒蘇" 註）（慧 31/16a "冕旒" 註）。

劉：劉（慧 80/1072a）；斬録文作劉非也（慧 80/1070b "斬鑿" 註）。劉正劉字也（慧 81/5 b）（慧 85/95a）。

瀏：瀏音流（龍 230/02）（慧 99/328b）。瀏劉音（紹 186b2）。瀏良生（牛）反（龍 187/06）。

懰：懰力由反愁也怨也（龍 054/03）。

擑：擑摎又作擑同（玄 5/65c、慧 42/249a "摎項" 註）（玄 20/266a "摎項慧 43/262a" 註）。

檹：檹俗音劉正作檹木名也（龍 210/06）。檹俗（龍 210/06）。

飍：飍今音劉（龍 126/09）（紹 146b8）。飍或作（龍 126/09）。飍俗（龍 126/09）。飍俗（龍 126/09）。

疁：疁音流田不耕而火種也（龍 153/06）。

蟉：蟉正渠幽反又音聊（龍 222/03）；虯又作蟉（慧 83/51b "虯棟" 註）。蟉通渠幽反又音聊（龍 222/03）。

觹：觹正（龍 511/08）。觹通音流觥觹角皃（龍 511/08）。

鏐：鏐正音流美金也（龍 011/09）。鏐音聊有孔鑪也又紫磨金也又白銀美者也又音流（龍 9/4）。鏐俗（龍 011/09）。

liǔ 柳：柳留久反（慧 31/12a）（慧 96/264b）（紹 159b1）；柳字書作栁録作柳俗字也（慧 80/1073 b "操柳枝" 註）。柳俗音柳（龍 212/07）。柳留守反（慧 80/1070b）（慧 80/1073b）。柳古文音柳（龍 380/02）（紹 159b1）。

珋：珋正音柳石之有光者也又音留（龍 436/05）。珋今（龍 436/05）。

輮：輮音柳載柩車也（龍 083/06）。

飀：飀 音柳飀飀風兒（龍 127/05）。

飅：飅 音柳似鼠而大（龍 334/06）。

罶：罶 音柳魚梁也（龍 329/10）。罶 力九反魚梁也（龍 360/07）。//窶：窶 音柳（龍 329/10）。//罞：罞 音柳（龍 329/10）。罞 同上（龍 330/01）。罞 力九反魚梁也（龍 360/07）。

熮：熮 正力小反火爛也又力照反火兒也（龍 241/08）。爒 今（龍 241/08）。

嫽：嫽 力九反妖美也又嫽婦也又平聲（龍 282/08）。

liù 翏：翏 正音聊高飛兒也（龍 326/08）。翏 今（龍 326/08）。翏 音六與戮同①（龍 327/09）。翏 音六與戮同（龍 327/09）。翏 音六與戮同（龍 327/09）。翏 音六（龍 555/02）。

飈：飈 今音留高風也（龍 127/01）；飈 文字典説作飈（慧 99/313a "飈亮" 註解）。飈 或作音留高風也（龍 127/01）。飈 或作音留高風也（龍 127/01）。//飈：飈 今音留高風也（龍 127/01）。飈 霤音（紹 146b8）。//雡：雡 力又反～雉晚子也（龍 149/06）。

鷚：鷚 正渠幽莫浮武休三反又力救反（龍 285/10）（慧 52/473b）。鷚 通渠幽莫浮武休三反又力救反（龍 285/10）（玄 11/152b）。

僁：僁 力救反（玄 4/59c）。

溜：溜 留救反（慧 99/311b）（慧 99/321a）。溜 力救反（龍 234/07）。溜 力救反（玄 5/64c）（慧 44/284b）（玄 18/245c）（慧 73/924b）（紹 189a3）；溜 集作溜俗字（慧 99/311b "溜寫" 註）。溜 霤音又力救切（紹 189a3）。

嚠：嚠 力周反（慧 53/498 "咽瘤" 註）。嚠 瘤經文從口作嚠非也（玄 13/180c "咽瘤" 註）。

廇：廇 正力救反屋梁枀[宋]也（龍 301/04）。廇 俗（龍 301/04）。廇 流宙反（慧 98/306a）。廇 俗（龍 301/04）。廇 霤又作瘤[廇]同（慧 65/776b "屋霤" 註）。瘤 霤又作瘤[廇]同（玄 16/216b "屋霤" 註）。

褶：褶 又褶祝（龍 113/03）。褶 俗（龍 113/03）。袖 今力救反留祀祝袖（龍 113/03）。

霤：霤 流救反（慧 91/182b）（慧 91/193a）。霤 力救反（龍 308/04）。霤 力救反（龍 308/04）（玄 1/12b）（玄 4/56c）（慧 43/265b）（玄 15/200a）（玄 15/211c）（玄 16/216b）（紹 144a8）。霤 力救反（慧 58/614a）（慧 58/625a）（慧 65/776b）（希 3/372b）。霤 力救反（龍 308/08）。

①參見《疑難字考釋與研究》575 頁。

甋：甋力救反檽也（龍316/07）。甋音雷屋棟瓦也①（龍316/02）。

餾：餾俗力救反（龍502/07）（紹172a1）。

坈：坈力救反（龍251/04）。

long

lóng　隆：隆六中反（龍295/02）（慧21/811b）（慧21/828a）（慧88/143b）（慧89/159b）（慧91/185b）（慧94/230b）。隆六沖反（慧1/404a）。隆六中反（龍295/01）。隆六中反（龍295/01）。隆六中反（龍295/01）。

　　癃：癃力弓反（慧77/1018b）（慧78/1047b）（慧88/137b）（希10/421b）（紹192a8）。癃力中反固疾也殘癃病也（龍468/05）（慧16/718b）。癃力中反（慧2/437a）（慧31/16b）（慧78/1034a）。癃力中反固疾也殘癃病也（龍468/05）。癃力中反固疾也殘癃病也（龍468/05）（慧25/922b）；癃譜作瘙俗字也（慧77/1018b"癃殘"註）。

　　憦：憦力中反（龍054/07）。

　　礐：礐力冬反碻礐又力中反（龍440/01）。

　　窿：窿力中反（龍507/02）。窿隆音（紹194b10）。窿窿正隆音（紹194a5）。

　　籠：籠或作（龍337/02）。籠或作（龍337/02）。籠今力中反鼓聲也（龍337/02）。

　　龍：龍（慧19/782a）（慧38/155b）（希5/386b）（希6/392b）。龍音龍（龍129/06）。龔古文龍字（龍518/08）。龍古文龍字（龍518/08）。龍古文龍字（龍518/08）。龍音龍（龍519/02）。龔古文龍字（龍518/07）。龍古文龍字（龍518/07）。

　　龓：龓龍音又盧東切（紹155b7）。

　　嚨：嚨盧紅反喉嚨也（龍267/08）（玄4/55b）（慧43/267b）（慧54/521b）（紹182a10）。嚨盧東切（紹182a10）。

　　聾：聾音籠大聲也（龍196/05）。

　　龗：龗盧紅洛董二反（龍072/02）（慧82/41b）（慧85/96b）（慧98/306a）（慧99/321b）。

　　瀧：瀧呂江反又音雙又音籠（龍228/09）（紹187b4）。

①參見《疑難字考釋與研究》421頁。

瓏：**瓏**音籠玲瓏（龍434/05）（紹141a4）。

曨：**曨**盧紅反日欲出（龍426/01）。

礱：**礱**落紅反字書云築土礱穀也（龍316/02）（龍196/05）。

朧：**朧**今音籠腫朧（龍408/04）（紹136b5）。**朧**俗（龍408/04）。**朧**蒙籠經文作曚曨［朦朧］（玄13/178c、慧54/525b"蒙籠"註）。**朧**力公切從日月正（紹142a10）。

槬：**槬**落紅反槬檻養獸所也（龍376/6）（玄1/4b）（玄7/103b）（慧20/805a）（慧24/891b）（慧28/993a）（慧47/366b）（紹158a3）。**槬**力公反（玄12/161c）。**槬**力東反（玄10/131b）；槬籠字正宜作槬（慧22/839a"入苦籠檻"註）；槬集作槬謂牢也非義（慧98/298b"房槬"註）。

槬：**槬**勤紅反槬框也（龍196/03）（玄7/102b）（慧30/1042b）（玄15/209b）（慧58/610b）（慧98/298b）（紹158a3）。

朧：**朧**音籠赤也（龍196/06）（龍203/05）。

襱：**襱**力董直隴盧紅三反皆裙袴異名（龍105/04）。**襱**俗落紅反（龍110/04）。//裀：裀力勇力董二反（龍105/04）。

礱：**礱**音籠磨穀具也（龍196/04）（紹163a6）（紹199b9）。

蠬：**蠬**音籠赤駁如狐（龍222/07）。

礱：**礱**正落紅反禾病也（龍196/04）。**礱**或作（龍196/04）。

聾：**聾**盧紅反（龍196/03）（慧1/411a）（慧3/452b）（慧4/473b）（慧14/666b）（慧28/1000b）（慧30/1039b）（慧33/52a）（慧63/729a）（慧80/1074b）（慧86/109b）（希1/354c）（希6/393c）（希8/406c）（紹199b9）。**聾**（玄11/151c）（慧52/472a）。**聾**或作盧紅反耳～也（龍177/06）；聾經文作～不成字也（希1/354c"聾癡"註）（希6/393c"聾瞎"註）。

躘：**躘**音龍躘蹱小兒行皃（龍459/05）。

巄：**巄**音籠大谷也（龍525/09）（龍196/04）。

瓏：**瓏**音龍圭為龍文也（龍196/06）。

籠：**籠**盧紅反（玄13/178c）（慧54/525b）（慧16/723b）（慧22/839a）（慧31/6a）（慧32/45a）（慧68/820a）（慧83/50b）（慧89/160a）（慧91/187a）；懷諸經有作籠同（玄8/108c、慧28/10

05b“憹戾”註）（玄 22/299a、慧 48/386b“憹戾”註）（玄 24/328a、慧 70/875a“憹戾”註）；

櫱律文作籠非體也（玄 15/209b、慧 58/610b“櫱疏”註）。//朧：朧音籠（龍 361/07）。

//罷：罷音龍（龍 329/08）。//轆：轆音籠車軸頭也（龍 081/06）。//韉：韉音籠～頭（龍 448/05）。//櫳：櫳音籠櫳頭與韉同（龍 196/03）。

艨：艨音龍小船上安蓋者也（龍 131/03）。

襲：襲音龍巫也（龍 196/06）。

鑨：鑨音籠～餅（龍 500/06）。

鸗：鸗音龍鳥名也（龍 286/02）。

霳：霳音龍霳霳玉篇雨聲（龍 307/04）。

礱：礱力冬反聲皃也（龍 182/01）。

lǒng 儱：儱勒董反儱侗未成器也（龍 029/09）；懵經從人非也（慧 14/675b“懵悢”註）。

隴：隴力勇反（龍 296/07）（玄 5/69b）（慧 30/1049b）（紹 170a1）；壠論文從阜作隴亦通用（慧 66/792a“畦壠”註）。

壠：壠力悚反（玄 23/308a）（慧 47/356b）（慧 66/792a）（慧 68/833a）（紹 161a10）。壟力種反（龍 196/06）（紹 161a10）。

攏：攏音籠又力董反（龍 210/05）（慧 19/785b）（紹 134a7）。

懵：懵力董反懵悢不調也（龍 057/03）（玄 8/108c）（慧 28/1005b）（玄 22/299a）（慧 48/386b）（玄 23/313c）（慧 50/422a）（玄 24/328a）（慧 70/875a）（慧 14/675b）（慧 15/697b）（慧 45/316b）（慧 66/793b）（慧 72/907a）（慧 76/997b）（慧 79/1055b）（慧 82/27b）（希 2/365c）（紹 130a1）；籠戾諸經論中亦有作懵悢（慧 68/820a“籠戾”註）。

lòng 徿：徿良用反行不正也（龍 498/03）。

矓：矓力用反貪矓（龍 352/04）。

弄：弄祿棟反（慧 64/749b）。弄祿慟反（慧 16/709b）（慧 16/711a）（慧 45/314b）（慧 49/409b）（慧 69/837a）。挵音弄（龍 437/09）。㺯音弄（龍 437/09）。卡古文盧貢反（龍 552/04）。㐂古文盧貢反（龍 552/04）。卡古文盧貢反（龍 552/04）。弄音弄（龍 527/07）。弄音弄（龍 527/07）。弄音弄（龍 527/07）。寺音弄（龍 367/04）。卉音弄（龍

130/03）。𢺕音弄（龍 130/03）。//挵：挵俗慮貢反（龍 213/09）；弄今論文加手作挵非也（慧 49/409b"戲弄"註）（慧 64/749b"弄上"註）。梇弄或從木作梇非①（慧 64/749b"弄上"註）。挵俗慮貢反（龍 213/09）。挵俗慮貢反（龍 213/09）（紹 132a9）；弄經從手作挵非也（慧 16/711a"我弄"註）（慧 45/314b"戲弄"註）（慧 64/749b"弄上"註）（慧 69/837a"抱弄"註）；挵經從手作挵非也（慧 64/748b"挵舞"註）。挵挵正弄音（紹 159a7）。俸俗音弄（龍 36/01）。

哢：哢正音弄鳥鳴（龍 275/05）（紹 183b1）。咔音弄玉篇言也（龍 275/05）。咔俗（龍 275/05）。//詅：詅音弄（龍 049/01）。

梇：梇音弄（龍 383/05）。

lou

lóu 嫐：嫐力侯反（玄 1/8b）（玄 20/265b）。嫛（慧 17/740b）。妛鏤正體字經作嫐俗字也（慧 24/898b"彫鏤"註）。

劋：劋音嫐又音漏（龍 097/06）。

陸：陸樓縷二音縣名（龍 296/05）。

鄜：鄜落佚反古國也（龍 453/04）。

嘍：嘍正落侯反又上聲～笑鳥聲也（龍 266/4）（慧 42/233a）。嘍今（龍 266/4）（玄 1/7b）（玄 1/8a）（玄 1/9a）（玄 1/12b）（玄 20/264c）（慧 17/740b）（慧 17/742b）（慧 17/739b）（紹 183a3）。嘍俗（龍 266/4）。

㥯：㥯樓音（紹 184a8）。

廔：廔力朱反力悦也又力侯反廔廔敬謹兒（玄 7/103a）（慧 24/891a）（慧 96/268b）（慧 98/304a）。

廔：廔郎侯反麗廔綺窓也（龍 298/09）。

遱：遱樓縷二音（龍 489/09）。遱樓縷二音（龍 489/09）；偽傿經文作迀遱二形並非字義（玄 11/143b、慧 56/554b"偽傿"註）。

---

①此"梇"當是"挵"字異寫，因"扌""木"手書易混。

蔞：蔞音婁又力朱反又其矩反（龍 255/04）（希 7/400a）。蔞力句反（慧 42/238b）。

瓡：瓡音樓瓡苦瓡也（龍 330/08）。瓡今落侯反瓡瓡苦瓡也（龍 195/05）。瓡正（龍 195/05）。

樓：樓勒侯反（慧 15/694a）（慧 69/852b）（慧 74/947a）。樓力侯反（玄 1/17a）（慧 17/733b）（慧 25/907a）（慧 33/65b）（慧 53/485b）；樓古文樓同（玄 9/121b、慧 46/322b "呵樓" 註）。// 樓誤舊藏作樓（龍 163/02）。

熡：熡舊藏作樓（龍 240/09）。

瞜：瞜音婁視兒也（龍 417/08）。

螻：螻漏侯反（慧 81/13b）。螻音婁（龍 220/01）（希 4/376b）（希 6/393c）。螻勒侯反（慧 37/134a）。

耬：耬今音樓種具也（龍 364/07）。耬正（龍 364/07）。耬俗（龍 364/07）。

艛：艛正音樓舟名（龍 131/07）。艛俗（龍 131/07）。

耬：耬魯侯反（慧 16/716b）。

䩓：䩓音樓（龍 447/04）；屢亦作䩓（慧 62/712b "履屢" 註）。

屢：屢婁斗切（龍 359/03）；屢經文作屢①非也（玄 1/8a、慧 17/740b "屢梨" 註）。

鰶：鰶音樓大者魚名（龍 167/08）。

鶹：鶹今音樓野鳶也又力朱反鶹鶹也（龍 287/04）。鶹或作（龍 287/04）。

驪：驪落侯反（龍 291/07）（慧 75/983a）。

髏：髏音樓頭首也（龍 479/01）（慧 5/480a）（慧 13/659a）（慧 15/704b）（慧 62/697b）（慧 75/966b）（慧 83/53a）（希 3/368a）（紹 147a10）；顱又作髏同（玄 1/9a、慧 17/743a "顱頜" 註）。// 顱：顱或作音樓正作髏（龍 482/05）。顱（玄 1/9a）（慧 17/743a）（紹 170b1）；髑髏古文顱顱二形同（玄 9/122a、慧 46/324a "髑髏" 註）（慧 5/480a "髑髏" 註）（慧 75/966b "髑髏" 註）（希 3/368a "髑髏" 註）。

lǒu 塿：塿婁厚反（慧 82/41a）；嶁塿或從土作培塿（慧 99/325a "嶁塿" 註）。塿落口反（龍 249/07）（慧 86/106a）（慧 97/288b）（紹 161b2）。

①《慧琳音義》轉錄作 "螻"，當是 "屢" 字刻訛。

㡳：**礸**力口反高皃（龍 522/06）。

嶁：**嶁**力朱反山頂也（龍 074/03）。**嶁**婁走反（慧 99/325a）。**嶁**郎口反山巔也（龍 075/06）；培塿或從山作崝嶁（慧 86/106a"培塿"註）。

斢：**斢**郎斗反斢斢兵奪人物也（龍 334/01）。

夥：**夥**力口反多也（龍 179/01）。

甀：**甀**郎口反瓿甀（龍 316/03）。**甀**郎口反瓿甀（玄 4/56c）（慧 43/265b）。

簍：**簍**力主反又音樓（龍 391/06）（玄 8/117a）（慧 32/40b）。

雙：**雙**郎斗反鱗～也（龍 505/07）。

lòu 瘻：**瘻**樓豆反（慧 39/181a）（希 6/394a）。**瘻**集作瘻俗字（慧 99/316b）。**瘻**正音漏（龍 475/01）（希 6/393b）。**瘻**今音漏瘡也（龍 475/01）（玄 4/60c）（玄 18/248b）（慧 73/928a）（慧 13/660a）（慧 16/718b）（慧 38/151b）（紹 192b7）；瘺宜作瘻（玄 10/138c、慧 65/778b"血瘺"註）。//瘺：**瘺**或作（龍 475/01）（玄 10/138c）（慧 65/778b）。

歔：**歔**音漏歔歐小兒凶惡也（龍 355/04）。

瞜：**瞜**音漏瞜瞜貪財之皃也（龍 352/08）。

鏤：**鏤**盧候反錯也彫也尅也又力誅反屬鏤劍名（龍 017/07）（玄 16/219c）（慧 65/779a）（慧 24/898b）（慧 33/63a）（慧 80/1072b）（慧 85/100a）（紹 181b1）。**鏤**正漏音又龍朱切（紹 181b1）。

扁：**扁**音漏屋水下也又縣名字合從户（龍 164/05）；漏或為扁字（慧 18/766a"滲漏滲漏"註）。**扁**音漏屋泄～也（龍 303/09）。**屚**舊藏作漏（龍 164/03）。

喁：**喁**俗音漏（龍 274/06）。

漏：**漏**音漏俗（龍 235/05）。**漏**樓豆反（慧 18/766a）（慧 47/345b）（慧 53/503a）（慧 66/791a）（希 3/371c）；瘺或作漏（玄 10/138c、慧 65/778a"血瘺"註）（慧 7/529a"痔漏"註）。

謱：**謱**盧候反謱訴忽怒也（龍 049/03）。

鎘：**鎘**盧候反（龍 018/09）。**鎘**郎豆切又豆音（紹 180b9）。

陋：**陋**盧豆反（慧 2/437b）（慧 5/491a）（慧 15/698a）（慧 21/828b）（慧 32/28a）（慧 35/111b）（慧 62/717b）（慧 68/822a）（慧 94/235a）（紹 169b5）。**匜**陋或單作匜（慧 15/698a"媱陋"註）（慧

35/111b "矬陋" 註)。**逅** 俗盧候反[1] (龍 492/09)。**陋** 盧豆反 (龍 297/04)。

lu

lú 　虘：**虘** 正音盧飯器也 (龍 200/03)。**虘** 或作 (龍 200/02)。**虘** 音盧虎文也 (龍 200/03)。

　盧：**盧** 力胡反 (玄 13/177a) (慧 81/4a)。**盧** 力胡反 (慧 53/496b)。**盧** 俗音盧 (龍 306/09)。**靈**
俗音盧 (龍 306/09)。**霤** 俗音盧 (龍 306/09)。

　廬：**廬** 正力居反寄也止也又州名也 (龍 299/02) (慧 46/332b) (慧 73/922a) (慧 70/867b) (慧 8
2/25b) (慧 87/123b) (慧 89/165a) (紹 193a9)。**廬** 今 (龍 299/02) (玄 3/36a) (慧 09/570b) (慧
34/93b) (玄 9/127a) (玄 11/148b) (慧 52/465b) (玄 16/221a) (慧 65/763b) (玄 18/239a) (玄 24
/323a) (慧 41/217a)。**廬** 旅豬反 (慧 17/735b) (慧 34/82b)。

　噓：**噓** 借音舉俱反 (玄 5/75c) (玄 20/265a) (玄 18/242c、慧 72/913a "拘屢" 註)。**噓** 借音舉
俱反 (慧 34/88b)。

　瀘：**瀘** 盧音 (紹 188b5)。

　懤：**懤** 音盧[2] (龍 056/01) (玄 4/51c) (慧 31/23a)。

　獹：**獹** 音盧韓獹犬名 (龍 317/09)。

　攎：**攎** 音盧斂也 (龍 207/10) (紹 134a8)。

　壚：**壚** 落胡反 (龍 246/10) (紹 161a5)。**壚** 壚正盧音 (紹 161a5)。

　瓐：**瓐** 正音盧碧玉也 (龍 435/03)。**瓐** 今 (龍 435/03)。

　殯：**殯** 俗力居反皮殯 (龍 513/08)。

　甗：**甗** 音盧酒器也 (龍 315/10)。

　戲：**戲** 音盧皷也 (龍 529/02)。**戲** 俗音盧 (龍 119/03)。

　櫨：**櫨** 音盧 (慧 31/22b) (慧 31/2b) (慧 52/459b) (玄 14/190a) (慧 59/639b) (慧 58/620b) (慧 16/
726a) (慧 79/1054b) (慧 81/2a) (慧 83/51b) (慧 83/64a) (慧 91/193a) (慧 100/331b)。**櫨** 音
盧 (龍 374/03) (玄 1/7c) (玄 7/99b) (玄 11/145c) (玄 15/203a) (玄 15/207c) (慧 17/739b) (慧

---

①參見《龍龕手鏡研究》357 頁。
②參見《龍龕手鏡研究》108 頁。

14/670a)（慧 58/608a）（紹 157a7）；轒轤又作榪櫨二形同（慧 58/604a "轒轤" 註）。𤳷轒轤又作榪櫨二形同（玄 15/205a "轒轤" 註）。

癏：𤳷盧音（紹 192b8）。𤳷音盧癰類也（龍 471/04）。

爐：爐魯姑反（慧 25/918a）；鑪又作爐同力胡反（玄 1/21a）。

蘆：蘆郎都反（慧 8/541b）（慧 76/994b）；蕥或作蘆（慧 12/621b "蕥菔" 註）（慧 26/950a "蕥萄" 註）（希 7/404b "蕥萄" 註）。蘆音盧葦未秀者也又蘆菔菜名（龍 256/08）（玄 2/31b）（玄 4/60c）。薗魯都反（慧 2/431a）（慧 5/484a）（慧 32/47b）（紹 155b1）。薗 或作～同經作蘆俗也（慧 8/541b "蘆葦" 註）。

臚：臚呂猪反（慧 16/718b）。臚正音盧（龍 406/03）。臚今音盧（龍 406/03）（玄 13/179c）（慧 55/534b）（玄 22/300a）（慧 48/388a）；顱經文作臚臚非此義（玄 3/42a、慧 09/573b "頭顱" 註）。

壚：壚正音盧瓠壚也（龍 195/02）。壚今（龍 195/02）。壚音盧（龍 330/10）。

轤：轤音盧瓦器也（龍 338/03）。轤今音盧瓦器也（龍 338/01）。轤古（龍 338/01）。

簵：簵音蘆簵西竹出會稽（龍 389/04）。

壚：壚俗良除反（龍 459/05）。

鬛：鬛盧壚二音毛黑長皃（龍 088/04）。

罏：罏音盧（慧 37/145b）（慧 76/997a）（紹 192a2）。罏音盧（龍 398/04）（玄 19/259c）（慧 56/568b）。

轤：轤魯都反（慧 63/730a）；榪櫨又作轒轤二形同（玄 7/97c、慧 31/2b "榪櫨" 註）。

艫：艫音盧（慧 81/22b）（慧 99/319a）。艫音盧（龍 132/02）（紹 146a2）。

鑪：鑪力胡反（玄 11/146c）（慧 52/461b）（慧 85/89b）（慧 91/193a）（紹 181b1）。鑪音盧酒盆也又鑪冶也（龍 10/09）（玄 1/21a）；櫨經文從金作鑪非體也（玄 11/145c、慧 52/459b "櫨鑠" 註）；爐今按經或有作鑪（慧 25/918a "燈爐" 註）。

顱：顱魯胡反（慧 94/237b）；盧字宜作顱同（玄 13/177a、慧 53/496b "當盧" 註）。顱力胡反（玄 3/42a）（慧 09/573b）（玄 19/254b）（慧 56/559b）（紹 170a9）。顱音盧（龍 482/05）。//顱音盧（龍 479/05）；顱又作臚同（玄 3/42a、慧 09/573b "頭顱" 註）（玄 19/254b、慧 56/5

59b "顀顙" 註)。

鸕： 鸕 力胡反（慧44/291b）（慧56/557b）（慧79/1062b）（紹165a3）。鸕 音盧（龍285/07）（玄5/74c）（玄19/253a）（初編玄935）（慧34/89b）；鷺字書作鸕同（玄17/235a、慧74/948b "白鷺" 註）（玄19/253a、慧56/557b "白鷺" 註）。

驢： 驢 旅居反（慧87/122a）（希4/380a）（希5/388b）。驢 音呂猪反（慧6/498a）（慧17/732b）（慧32/31b）。

旅： 旅 音盧黑也弓也（龍548/03）。

lǔ 鹵： 鹵 力古反（慧52/460a）（慧59/647b）（慧58/620a）（慧47/361b）（慧70/874a）（慧25/912b）（慧61/680a）（慧69/842a）（慧75/982a）（慧77/1024b）（慧82/40b）；滷經文單作鹵（希5/386c "鹹滷" 註）。鹵 力古反（玄1/18b）（玄11/146a）（玄14/194c）（玄15/203a）（玄23/310c）（玄24/327b）（慧8/555a）（慧24/900b）（慧41/226b）（紹177a6）；虜古文作鹵同（玄3/35b、慧09/568b "虜掠" 註）；魯論文作鹵非躰也（玄17/237c、慧74/953a "頑魯" 註）（玄18/249b、慧73/919b "頑魯" 註）。鹵 郎古反（龍332/05）。國 音鹵（龍525/02）。//墼： 墼 盧古反（慧53/502a）。

滷： 滷 郎古反（希4/377b）（希5/385a）（希5/386c）。

摝： 摝 音魯搖摝（龍213/01）。//瓹 音魯[1]（龍530/03）。

蕳： 蕳 音魯杜衡別名也（龍260/04）。

魯： 魯 力古反（玄17/237c）（慧74/953a）（玄18/249b）（慧73/919b）（玄20/273c）（慧34/89b）（玄21/278c）（玄22/300b）。魯 力古反（慧48/388b）（慧13/655b）。夒 音魯（龍122/02）。夒又或音魯（龍332/07）。魯 魯古文作～（慧13/655b "魯樸" 註）。

虜： 虜 音魯（龍200/04）（慧46/338a）（慧58/625a）（慧60/671b）（慧92/199a）。虜 音魯（龍200/04）（慧09/568b）（慧09/559b）（玄9/129c）（玄12/154c）（慧52/453b）（慧48/378b）（紹167a7）。虜 力古反（玄3/35b）（玄3/38c）（玄15/211c）（玄22/293c）。虜 音魯（龍199/03）。虜 音魯同虜（龍307/09）（紹144a4）。

廬： 廬 音盧廡也（龍299/07）。廬 正音魯庵舍也（龍300/03）。廡 俗（龍300/03）。

①參考《叢考》625 頁。

鏴：鏴音魯釜屬（龍016/02）。

鱸：鱸正音盧魚名（龍166/09）。鰘俗（龍166/09）。

鱛：鱛音魯魚名（龍169/09）。

嚕：嚕（玄20/265a）（慧8/539b）（慧18/764a）（希1/354c）（紹182a1）。嚕嚕正魯音（紹182a1）。

櫓：櫓正音魯望樓別名也又木名（龍380/05）（玄1/17a）（慧59/631a）（慧15/694a）（慧17/733b）（慧20/795b）（慧21/822b）（慧25/907a）（慧33/65b）（慧38/162b）（慧69/852b）（慧74/947a）（慧92/199b）（紹159a1）；鹵字體作櫓同（玄11/146a、慧52/460a "鹵簿" 註）；樐或作櫓樐並同用亦通（慧82/31b "大樐" 註）。擄力古反（玄14/184b）（慧53/485b）。//樐：樐音魯（慧82/31b）。樐古（龍380/05）；櫓又作樐同（玄1/17a "樓櫓" 註）（玄14/184b、慧59/631a "櫓船" 註）（慧92/199b "衡櫓" 註）；鹵字體作樐同（玄11/146a、慧52/460a "鹵簿" 註）（玄15/203a、慧58/620a "鹵薄" 註）（慧15/694a "樓櫓" 註）（慧38/162b "樓櫓" 註）。樐櫓亦作～也（慧20/795b "樓櫓" 註）。//艣：艣俗音魯（龍132/07）。//艪：艪正音魯所以進舩也（龍132/07）；櫓又作樐艪二形同（玄14/184b、慧59/631a "櫓船" 註）。//樐：樐樐或作櫓樐並同用亦通（慧82/31b "大樐" 註）。

lù 欶：荻論骨反借用也（慧35/103a）。欶正勒没反（龍320/04）。欶俗勒没反（龍320/03）。欶俗勒没反（龍320/03）。欶俗勒没反正作欶[欶]（龍542/09）。欶俗郎骨反正作欶（龍189/03）。荻力訥反（龍531/05）。

嗽：嗽俗盧骨反（龍277/09）。

㲉：㲉論訥反（慧35/102a）。

踤：踤勒没反踤踷也（龍464/09）。

捽：捽郎没反（龍218/03）（玄4/56a）（慧43/268b）（紹135a5）。

硉：硉勒没反硉矹不穩皃也（龍445/04）。//峷：峷硉矹或從山作峷屼（慧99/324b "硉矹" 註）。

賂：賂正音路遺賂也（龍351/08）（玄7/103c）（慧24/892b）（玄13/168b）（慧52/480a）（玄17/236b）（慧74/950b）（玄20/268c）（慧33/56a）（慧57/588b）（慧91/189b）（紹143a10）。賂俗

（龍 351/08）。

絡：**絡**音路（龍 090/02）。

輅：**輅**今音路車輅也古天子所乘之車曰輅（龍 084/02）（玄 15/205a）（慧 58/603b）（玄 22/2

90c）（慧 48/374b）（慧 10/588a）（慧 17/734a）（慧 18/767b）（慧 35/97a）（希 5/382c）（希 5/389b）

（希 6/396b）（希 8/406c）（希 8/407b）（希 9/413a）（希 9/415a）（紹 139a1）；路又作輅同（玄 2

1/279b "車路" 註）（慧 13/647b "車路" 註）。**輅**正音路（龍 084/02）。

路：**路**盧故反（玄 21/279b）（慧 13/647b）（希 2/365a）（希 4/375a）；輅又作路同（玄 15/205a、

慧 58/603b "輅上" 註）（玄 22/290c、慧 48/374b "車輅" 註）。

略：**略**俗音路（龍 274/01）（慧 10/591a）（慧 35/98a）（慧 81/15b）（紹 184a3）。

蕗：**蕗**路音（紹 155b8）。

潞：**潞**音路（龍 235/04）（紹 186b2）。

璐：**璐**盧妬反（慧 98/300b）。

罟：**罟**音路罟罟取魚具也（龍 330/04）。**罟**音路罟罟取魚具也（龍 360/09）。

簬：**簬**音路美竹名又竹器名（龍 393/06）。// 籚：**籚**（龍 393/06）。

露：**露**洛故反（希 8/410a）（慧 92/209a）。

鷺：**鷺**音路（龍 288/06）（玄 5/70a）（玄 17/235a）（慧 74/948b）（慧 56/557b）（玄 21/285c）（玄 24/

321c）（慧 70/865b）（慧 4/468b）（慧 8/554b）（慧 32/40a）（慧 51/436a）（紹 137b2）（紹 165a6）。

鷺来素反（玄 19/253a）。// 鸕：**鸕**鷺鷺或作鵦鸕皆古字也（慧 4/468b "鷺鷺" 註）。

坴：**坴**音六大塊也（龍 251/07）。

陸：**陸**流竹反（慧 2/430b）。

稑：**稑**音六種稑後種先熟也（龍 147/04）。// 穋：**穋**正音六黄穋稻名（龍 147/03）。**穋**

或作（龍 147/03）。**穋**俗音禄①（龍 113/06）。

踛：**踛**正音六翹踛也（龍 465/04）。**踛**俗（龍 465/04）。**踛**俗（龍 465/04）。**踛**俗音六（龍

555/09）。

輘：**輘**正音六轜輘車箱也（龍 085/05）。**輘**俗（龍 085/05）。

①參見《叢考》708 頁。

騼：**騼**音六騼良健馬也（龍294/04）。

鵦：**鵦**今音六鵦鶒野鶩也（龍290/04）。**鯥**或作（龍290/04）。

鯥：**鯥**音六魚名似牛虵尾（龍172/03）。

鹿：**鹿**勒木反（慧1/405a）（慧28/1010b）（慧41/222b）（慧45/315b）（希2/364b）。

漉：**漉**力木反（玄16/219c）（慧65/779a）（慧71/887b）（慧30/1048b）（慧41/215b）（慧36/115b）（慧62/712a）（慧63/727b）（慧80/1089b）（慧83/52b）（慧89/165a）（慧92/201b）（希2/366c）（希5/388b）（紹187a9）。**漉**力木反（玄25/335b）。//淥：**淥**龍燭反（慧98/300b）（紹188b5）；漉或作淥同（玄16/219c、慧65/779a"漉著"註）。**漾**或作音録水名今作淥（龍264/08）；淥集從草作～菲也（慧98/300b"漾海"註）。

廘：**廘**音束倉也（龍301/09）。

麍：**麍**音鹿麍蹄草也（龍263/09）。

塰：**塰**音鹿（龍252/08）。

㿟：**㿟**俗音鹿[1]（龍276/08）。

攏：**攏**音鹿振也（龍217/07）（紹134a8）。

㯡：**㯡**力木反㯡櫨（慧31/2b）（慧63/730a）；轆轤又作㯡櫨二形同（慧58/604a"轆轤"註）。**㯡**音鹿（龍385/07）（玄7/97c）。**㯡**轆轤又作㯡櫨二形同（玄15/205a"轆轤"註）。

磟：**磟**俗音鹿（龍445/01）；碌磟録文作磟碾誤也（慧81/6b"碌磟"註）。

矑：**矑**音鹿矑脆也（龍424/07）。**矑**俗音鹿正作矑～脆眼眩也（龍416/04）。

蠦：**蠦**音鹿蝛蠦虫名蟧蛄也（龍224/10）。

麗：**麗**音鹿罡～也（龍330/04）。

蹗：**蹗**音鹿行皃（龍467/09）；蹗經文從鹿作蹗誤也（慧45/299b"蹗踐"註）。//**踞**音鹿行皃又音録恭踞也（龍467/09）。

簏：**簏**力木反（慧52/460a）（慧53/500b）（慧79/1058a）（慧79/1062b）（慧92/198a）（紹159b9）。**簏**今音鹿（龍394/05）。//籙：**籙**古音鹿（龍394/05）；簏又作籙同（玄11/146a、慧52/460a"械簏"註）。

---

①參見《字典考正》94頁。

麓：麗力榖反（玄 19/256a）（慧 56/562a）（慧 51/435a）（慧 90/168b）（慧 92/205a）（希 10/421c）（紹

176a2）。藣今音鹿（龍 386/07）（玄 7/94c）（慧 28/998a）（紹 176a2）。//禁：禁古音鹿（龍

386/07）；麓古文禁同（玄 7/94c、慧 28/998a "林麓" 註）（玄 19/256a、慧 56/562a "山麓" 註）。

鑊音禄（龍 148/01）。禁或作音鹿（龍 386/07）。禁俗音鹿（龍 386/07）。

甋：甋力榖反（玄 15/204a）（玄 19/261a）（慧 56/570b）（紹 199b2）。甋力榖反（慧 58/621b）。

轆：轆音鹿轆轤也（龍 085/03）；櫳律文從車作轆非也（慧 63/730a "櫳轤" 註）。//轒：轒

音鹿轆轤也又音獨（龍 085/03）（玄 15/205a）（慧 58/603b）（紹 139a6）；櫳櫨又作轒轤二

形同（玄 7/97c、慧 31/2b "櫳櫨" 註）。

艢：艢音鹿舟名也（龍 133/03）。

驢：驢音鹿～驢也（龍 294/04）。

鏀：鏀音鹿鉅鏀鄉名（龍 019/07）。鏀鹿音（紹 180b2）。

霳：霳音鹿大雨皃也（龍 308/10）。

勠：勠正音六又音流（龍 518/03）（慧 54/515b）（慧 61/680a）（慧 80/1083a）（慧 82/36b）。勠俗

（龍 518/03）（玄 13/180b）（紹 145b1）；勠錄文作勠俗字（慧 80/1083a "勠力" 註）。勠或作

音六今作勠（龍 368/09）。勠或作音六今作勠（龍 368/09）。勠正古文音六今作勠

（龍 368/09）。勠同上[勠]（龍 368/09）。勠同上[勠]（龍 368/09）。勞又音六①（龍 368

/04）。//劫：劫劫力竹反（龍 518/06）。

僇：僇正六溜二音癡行皃（龍 039/04）。僇今（龍 039/04）。

戮：戮音六刑戮也煞也辱也（龍 174/01）（慧 15/683a）（慧 43/270a）（慧 53/494b）（慧 69/840a）

（慧 76/1003a）（慧 92/195b）。戮隆育反（慧 22/840b）（紹 199a7）（中 62/718a）。//劉：劉

音六刑也煞也辱也又病也（龍 099/09）；戮或從刀作經從力誤也（慧 15/683a "刑戮"

註）。//磟：磟俗音六正作戮也（龍 515/09）。

磟：磟今音六磟磚（龍 444/05）。磟俗（龍 444/05）。

录：录音鹿本也亦刻木也（龍 236/07）。

菉：菉音録菉蓐草（龍 264/08）。//蓁：蓁録集從草作蓁字書無此字（慧 99/325a "碌磱"

①參見《龍龕手鏡研究》297 頁。

註）。

灙：盝正音鹿（龍 329/03）（紹 173a8）（紹 187b7）；漉或作灙同（慧 71/887b "漉諸" 註）（希 2/366c "漉諸" 註）。溫漉或作灙同（玄 25/335b "漉諸" 註）（慧 62/712a "濾漉" 註）。盝或作（龍 329/02）。

逯：逯音録（龍 495/02）（紹 138a5）。

禄：禄盧屋反（玄 22/293a）（慧 48/377b）（玄 16/216c）（慧 65/777a）。

琭：琭音鹿玉名也（龍 438/07）。

碌：碌音鹿又音録（龍 445/01）（慧 81/6b）（慧 90/175b）（慧 96/264b）（慧 97/282a）（慧 99/325a）（慧 100/350b）（紹 163a8）；綠或作碌（慧 5/483a "碧綠" 註）。

睩：睩音鹿（龍 423/04）（玄 15/205c）（慧 58/604a）。

睩：睩音鹿白獸也（龍 432/02）。

睩：睩音禄睩聰虫名似蜥蜴也（龍 315/01）。

羉：羉音鹿捕魚具也（龍 330/04）。

摍：摍音禄水上飛也（龍 328/01）。

輅：輅音鹿車聲也（龍 085/04）。

趢：趢音鹿又音録（龍 325/09）（玄 23/308a、慧 47/355b "蹐踽" 註）。

親：親音録眼曲親也又音鹿（龍 346/05）。

誄：誄力玉反譴言也（龍 051/04）。

鯥：鯥音録魚名也（龍 170/09）。

騄：騄音鹿又音録（龍 294/03）（慧 97/279b）（紹 166a8）。

籙：籙力玉反（龍 395/02）（慧 98/295a）（紹 160a10）。

籙：籙音鹿（龍 394/05）（紹 160a6）。

黣：黣音禄（龍 533/03）。

憏：憏（紹 181b6）。

屵：奐古文音六[1]（龍 184/09）。鞹古文音六（龍 184/09）。

---

① 《疏證》：疑即 "屵" 字（297）。

癃：**癃**音路痛[癃]癃疾病也（龍 476/03）。

lǔ

lú 閭：**閭**力居反（龍 092/01）（玄 5/77a）（玄 22/301a）（慧 48/389b）（紹 195a8）。

榈：**榈**力居反（龍 377/01）（慧 81/8b）（慧 83/58a）（希 8/405a）（紹 159b1）。

藚：**藚**陵如切（紹 154b9）；楼櫚録文作蔆藚傳寫誤也（慧 81/8b "楼櫚" 註）。

簡：**簡**力居反（龍 388/05）。

膢：**膢**力朱反膢朱築垣短版也（龍 361/08）。

腰：**腰**力侯反（玄 9/121b）（慧 46/322b）（紹 136a3）；僂經文作腰（玄 11/148c、慧 52/466a "脊僂" 註）（慧 68/827b "背僂" 註）。

lǔ 僂：**僂**力矩反（慧 2/437a）（慧 24/895a）（慧 30/1054a）（慧 53/491a）（慧 68/827b）（慧 69/849a）。

僂力主反傴僂俯身曲脊也（龍 29/01）（慧 32/28b）（慧 32/47b）（慧 41/208a）（慧 55/532b）（慧 75/975b）（慧 83/58b）（慧 95/245b）。**僂**力主反傴僂俯身曲脊也（龍 29/01）（玄 1/7c）（玄 2/26a）（玄 11/143b）（玄 11/148c）（玄 17/227b）（玄 21/285b）（玄 22/291c）（慧 17/739b）（慧 67/814a）（慧 3/453a）（慧 26/933b）（慧 41/210a）（慧 48/376a）（慧 52/466a）（慧 56/554b）（慧 73/934b）（慧 74/957b）（慧 78/1034b）（慧 78/1034b）（慧 93/222a）（希 1/354c）（希 9/412a）（紹 128a1）。//**僂**音僂（龍 32/9）。//軁：**軁**俗力主反正作僂（龍 161/07）（紹 200a6）；僂論文作軁非也（玄 17/227b、慧 67/814a "曲僂" 註）（慧 41/210a "傴僂" 註）。//瘻：**瘻**僂經文有作瘻非字義（玄 2/26a "背僂" 註）（玄 17/227b、慧 67/814a "曲僂" 註）（慧 26/933b "背僂" 註）（慧 74/957b "僂曲" 註）。

漊：**漊**力主反雨漊漊也（龍 231/07）。

屢：**屢**良句反（龍 164/02）（玄 5/67c）（慧 34/93b）（玄 11/149c）（慧 52/468a）（玄 23/317b）（慧 49/399b）（玄 25/333a）（慧 71/883b）（希 10/423a）（紹 172a9）；縷經文作屢非體也（玄 8/115c "縷陳" 註）（慧 34/82a "縷陳" 註）。//蔞：**蔞**句屢律文作茄蔞（玄 14/191b、慧 59/641b "結縷" 註）。

氀：**氀**俗力主力朱二反（龍 135/05）；氀經文作氀非字體（玄 2/25a "氈氀" 註）。**氀**色于反（慧54/510a）（慧63/740b）（慧64/759a）。**氍**正力主力朱二反（龍135/06）（玄2/28a）（玄14/189c）（慧59/639a）（玄15/201b）（慧58/617b）（慧26/937b）（紹145a6）；耗毻又作㲭氊二形（玄14/192b、慧59/643a"耗毻"註）；氊經作㲭力宇反氊毻也非此義也（慧26/932a"氊毻"註）（慧62/708a"氊毻"註）。**毽**通（龍135/06）（慧26/951b）（紹145a6）。**毢**音縷（龍135/08）。**氀**俗（龍135/05）。**毻**俗（龍135/05）。//**瓥**：瓥力主反①（龍436/04）。

褸：**褸**正音樓衣襟也又力主反襤褸衣破蔽也（龍102/04）。**褸**今（龍102/04）（玄12/160b）（慧75/983b）（紹169a2）。**褸**俗（龍102/04）。**褸**（玄9/122a）（慧46/324a）（玄20/270c）（慧74/939b）。

縷：**縷**力禹反（慧15/699b）（慧31/5a）（慧37/145b）（慧60/660a）（慧62/710b）。**縷**力主反（龍399/05）（玄8/115c）（慧8/556a）（慧13/648a）（慧34/82a）（慧35/97b）（慧40/189b）（慧40/196b）（慧55/535b）（慧90/173b）（希5/386c）（希5/388b）（紹190b9）；襤褸經文作藍縷非體也（玄12/160b、慧75/983b"襤褸"註）。

貗：**貗**方主反獥子也（龍320/10）。//**貗**：貗力朱反猵貗也（龍321/07）。

謱：**謱**力主反覶謱委曲也（龍045/09）。

吕：**吕**膂今作吕同（玄19/258b、慧56/566a"脊膂"註）（玄22/290b、慧48/374a"脊膂"註）（慧85/93b"脊膂"註）。//**朋**：朋舊藏作同上（龍412/02）。//**膂**：膂音旅脊膂也（龍412/02）。**膂**力舉反（慧56/566a）（慧79/1062a）（慧85/100b）（慧87/129b）。**膂**力舉反（玄19/258b）（玄22/290b）（慧48/374a）（慧85/93b）（紹136b4）；膂論作膂非也（慧87/129b"絕膂"註）。**暗**膂正吕音（紹171a4）。

膂：**膂**音吕姓也（龍105/05）。

侣：**侣**力舉反（慧7/524b）（慧7/516b）（慧22/839a）（慧24/901b）（紹127b9）。

郘：**郘**音吕亭名（龍455/08）。

悷：**悷**吕慮二音（龍058/08）。

---

① 《龍龕手鏡研究》："瓥"疑即"氊"字之俗（323）。

痦：痦俗音呂正作㾕人名① （龍 473/05）。

唱：唱呂音 （紹 182b4）。

椙：椙音呂 （龍 380/08）（玄 6/82b）（慧 27/972a）（慧 82/30a）（慧 85/96b）（紹 159a9）。

筥：筥居呂反 （龍 391/09）（玄 15/204c）（慧 58/602b）。//簇：簇呂音 （紹 160a7）；筥又作簇同力与紀呂二反 （玄 15/204c、慧 58/602b "竹筥" 註）。蒢簇正呂音 （紹 155a9）。

旅：旅音呂衆也師旅也五百人為旅也 （龍 125/02）（玄 10/136a）（慧 49/401b）（玄 10/138a）（慧 45/306a）（玄 13/175a）（慧 55/538b）（玄 21/279c）（慧 11/601a）（慧 13/650a）（慧 21/830b）（慧 82/30b）；侶或作旅 （慧 7/516b "伴侶" 註）（慧 24/901b "[商/貝]侶" 註）。蒢力舉反 （慧 6/504b）；旅俗用從衣作？非也 （慧 11/601a "潰旅" 註）。//袽：袽音呂祭山川名也 （龍 111/04）。袽俗音呂祭名也 （龍 104/06）。㞷旅古文作〜 （慧 13/650a "逆旅" 註）。振正音呂師旅也與旅字同 （龍 212/01）（紹 132b3）；㩲論從手作〜俗字 （慧 85/100b "臂力" 註）。㩦呂音 （紹 132b2）。㩦呂音 （紹 132b2）。摛呂音 （紹 132b2）。揩俗音呂師旅也與旅字同 （龍 212/01）。招俗音呂師旅也與旅字同 （龍 212/01）。椙音呂② （龍 112/05）。

簇：簇音呂 （玄 24/330c）（慧 70/879a）。簇音呂 （龍 392/06）。

履：屨梨雉反 （慧 32/43b）。履正力几反踐也祿也幸也福也蹈也又足所倚也 （龍 163/06）。履力几反經文從復誤也 （慧 3/452b）（慧 7/528b）（慧 15/694a）（慧 62/712b）。履音里 （慧 36/121b）。履音里 （慧 29/1019b）（慧 93/216b）。履履或有從復作履者誤也 （慧 7/528b "履踐" 註）（慧 32/43b "履踐" 註）（慧 78/1040a "之履" 註）。履今 （龍 163/06）。履履譜作履傳寫誤 （慧 77/1016a "寶履" 註）。

嵔：霚俗音履 （龍 271/07）（慧 39/168a）（紹 184a8）。癝嵔 （紹 193a3）。

穭：穭音呂 （龍 145/03）（慧 66/800a）。穭通宜作穭 （玄 8/118b "逜生" 註）。

㤉：㾕音呂拒心不欲為一曰心不平也 （龍 032/07）。

ｌǜ 孚：孚音律又力悅反 （龍 367/05）；劣或作孚垎古字也 （慧 13/644a "陋劣" 註）。

①《疑難字考釋與研究》認為"㾕"即"痦"字之變。
②參見《叢考》701 頁。

刏：**刏**俗盧骨反（龍100/08）。

律：**律**力出反（玄14/182b）（慧59/628a）。

啡：**啡**音律（龍277/09）。**啡**律音（紹182b8）。

𦟛：**𦟛**音律（龍078/08）。

慮：**慮**呂御反（慧1/404a）（慧12/640a）（慧66/786b）。**慮**呂佇反（慧10/588b）（玄21/278a）。**慮**誤新藏作慮（龍068/03）。

戲：**戲**音慮（龍530/08）。

噓：**噓**龍主切（紹184a8）。

濾：**濾**驢佇反（慧36/125a）（慧60/658a）（慧80/1089b）（慧81/14b）（希5/388b）（紹187b9）。**濾**音慮（龍234/03）。**濾**瀘律文作慮近字也（玄16/219c、慧65/779a "瀘著" 註）。

櫖：**櫖**呂豬反（慧99/312a）。

鑢：**鑢**音慮錯也（龍018/04）。

勴：**勴**正音慮助也導也又音盧（龍517/09）。**勴**或作（龍517/09）。**勴**俗（龍517/09）。**勴**俗（龍517/09）。**勴**俗（龍517/09）。**勴**俗（龍517/09）。

綠：**綠**力足反（慧5/483a）（慧6/502b）（慧81/22b）。//**綠**：**綠**綠又作綠古字也（慧5/483a "碧綠" 註）（慧6/502b "綠縹" 註）。

呂：**呂**音慮冈呂也（龍330/03）。

luan

luán　𢁾：**𢁾**落官反南𢁾縣名在鉅鹿郡也（龍181/03）。**𢁾**音乱①（龍537/08）。

彎：**彎**彎彎病瘵兒也（龍181/03）。

彎：**彎**日夕昏時也（龍181/03）。

癴：**癴**正呂圓反癴病也（龍469/01）（慧27/977a）（慧61/692a）（紹192b5）。**癴**俗（龍469/01）；**攣**經文作～非體也（玄11/141c、慧56/550a "攣縮" 註）。//**癴**：**癴**劣圓反（慧24/887b）（慧88/148b）；**攣**或作癴也（慧78/1050b "攣壁" 註）。//**瘴**俗（龍469/01）；

---

①參見《叢考》22頁。

㿈經文從手作攣攣係論語云所以拘罪人也非經義（慧30/1043b"㿈曲"註）。//臠：

臠攣經文作臠非體也（玄11/141c、慧56/550a"攣縮"註）。//㿈：㿈劣袁反（慧3

0/1043b）（慧33/52b）（慧39/182a）（慧54/522a）（慧92/206b）；攣亦作㿈經作攣亦通（慧

32/28a"攀㿈"註）（慧60/668b"攣㿈"註）（慧69/851a"攣急"註）。㿈戀傳反（慧80/10

83a）。

攣： **攣**正力員反（龍181/03）（玄11/141c）（慧56/550a）（慧2/437b）（慧3/453a）（慧13/659a）

（慧32/28a）（慧60/668b）（慧69/851a）（慧78/1050b）（紹135b1）（紹147b8）；癴亦作攣（慧

24/887b"癴㿈"註）；癴有作攣（慧27/977a"癴㿈"註）；㿈縮經作攣縮俗字（慧54/5

22a"㿈縮"註）（慧92/206b"㿈㿈"註）。**攣**俗力員反（龍181/03）。**攣**俗力員反（龍1

81/03）。**攣**㿈字書從手作攣或從舛作～音義並同（慧92/206b"㿈㿈"註）。**攣**力傳

反（慧93/210b）（紹147b8）；㿈傳文從足作～俗非字也（慧92/206b"㿈㿈"註）。**攣**

（紹147b8）。//臠：**臠**俗力員反[1]（龍458/08）。

孿： **孿**生患所眷二反（龍181/06）（玄17/226b）（慧67/812a）。**孿**生患所眷二反（龍181/

06）（紹147b7）。

圝： **圝**落官反團圝圓也（龍174/07）（希5/388a）。

戀： **戀**落官反小山而銳（龍181/03）（紹147b7）（紹162a7）；巒屬今集本作戀觸者深乖

於義也恐傳寫誤讀者詳其義焉（慧95/249b"巒屬"註）。

㴖： **㴖**音乱絕水度也又落官反漏也流也伏也漬也（龍181/05）。

瀿： **瀿**魯官反迷惑不明也（龍353/05）。

濼： **濼**魯官反豕網也（龍329/08）。

臠： **臠**落官反（龍373/05）（玄4/55c）（慧43/267b）（玄19/259b）（慧56/567a）（慧10/588b）（慧

35/105b）（慧78/1036b）（慧91/193a）（慧99/313b）（希5/383a）（紹147b7）；圝説文從木

作臠（希5/388a"團圝"註）。

孿： **孿**（玄12/163c）（慧75/968b）（慧14/663b）（慧34/84b）（慧53/490a）（慧61/684b）（慧62/

706a）（慧75/972b）（慧79/1054b）（慧79/1065b）（慧97/291b）（紹147b8）。**孿**力兖反（龍

①參見《龍龕手鏡研究》334頁。

181/04）。//腨：腨臠經文作腨非也（玄 12/163c、慧 75/968b "臠臠" 註）。

鑾：鑾落官反鑾和鈴也（龍 012/08）（慧 83/55b）（紹 147b7）。鑾力丸切（紹 180b1）。//

鑾：鑾^①同上［落官反］（龍 181/03）。

蠻：蠻力專反虫名也（龍 222/02）。

luǎn 卵：卵正落管反（龍 537/09）（慧 7/525b）（希 3/371b）。卵驚管反（慧 95/256a）。卵落管

反（慧 6/511b）（慧 15/694b）（慧 66/787a）（慧 67/806b）；破印有經本而云破卵（慧 21/

824b "破印" 註）。卵俗落管反（龍 537/09）。肥古文落管反（龍 412/05）。朋洛管

反（慧 3/443b）（慧 3/448b）。朴卵古文作朴象形字也（慧 3/443b "㲉卵" 註）（慧 6/51

1b "卵㲉" 註）。卵卵古文作～象形字也（慧 3/443b "㲉卵" 註）。兆卵古文作～（慧

3/448b "卵生" 註）。兆卵小篆作～（慧 3/448b "卵生" 註）。卵卵隸書作卵（慧 3/4

48b "卵生" 註）。

變：變力兗反美好也又良院反順也（龍 181/04）（龍 283/08）（玄 7/103b）^②（慧 24/891b）（慧

96/259a）（慧 97/286b）（慧 99/327b）；戀經從女作變亦通（慧 3/448a "戀著" 註）（慧 5/4

90b "顧戀" 註）。//嬌：變或作嬌也（慧 97/286b "婉變" 註）。

luàn 臠：臠今音亂理也（龍 551/07）。臠俗（龍 551/07）。

亂：亂音亂（龍 541/06）（慧 2/431b）（慧 3/452a）（慧 11/612a）（慧 13/644b）。亂欒段反（慧

37/137a）。敵音亂（龍 348/09）。亂亂古文作～（慧 2/431b "擾亂" 註）。亂古文音

亂（龍 214/09）。亂亂又李斯從寸作～（慧 2/431b "擾亂" 註）。敵正亂字也（慧 95

/248b）；亂字林從支作～（慧 2/431b "擾亂" 註）。敵音亂煩也（龍 530/04）。敵或

作音亂（龍 120/09）。乱古文亂字也（慧 18/756b）；亂俗作～（慧 2/431b "擾亂" 註）；

亂或作乱古字也（慧 13/644b "混亂" 註）。//釧：釧俗音亂（龍 017/08）。

lue

lüè 略：略掠或從刀作剟説文作略（慧 29/1021b "侵掠" 註）（慧 78/1033b "攬掠" 註）（慧 80/109

---

① 《叢考》："鑾" 疑為 "鑾" 的換旁俗字（976）。
② 《玄應音義》作 "戀"，當依 《慧琳音義》作 "變"。

3b"首掠"註）。

緊：**緊** 毗藥反又畧字轉舌呼（龍404/09）。

蒥：**蒥** 良約反用與略字同（慧80/1071a）（慧80/1082a）（慧93/218a）；聲欵録文作蒥咳非也（慧80/1071a"聲欵"註）。**蒥** 音畧（龍445/05）（慧77/1027a）（慧89/152b）（慧89/165b）（紹163a4）。

蒥：**蒥** 俗音畧（龍556/01）。**蒥** 音略（龍556/05）。

督：**督** 音略約督欵美也（龍052/04）。

鴑：**鴑** 音略鳥也（龍289/10）。

掠：**掠** 力尚反（玄3/35b）（慧09/568b）（慧46/324b）（慧46/338a）（慧49/406b）（慧48/387a）（慧15/702a）（慧16/718b）（慧25/915b）（慧29/1021b）（慧29/1032a）（慧44/286a）（慧55/530a）（慧57/587a）（慧60/664b）（慧78/1033b）（慧80/1093b）（慧81/2a）（慧84/75a）（慧90/174b）（慧91/190a）（希5/389b）（紹133a3）。**掠** 音亮（龍213/08）（玄1/19c）（玄9/122b）（玄9/129c）（玄10/132b）（玄22/299c）（慧15/697b）（慧76/995a）。**椋** 掠正亮略二音（紹158b10）。// **剠** 正音亮取也治也笞也奮也亦作掠（龍98/08）；掠聲類作剠同（玄1/19c"抄掠"註）（慧46/324b"考掠"註）（慧15/697b"栲掠"註）（慧29/1021b"侵掠"註）（慧60/664b"刼掠"註）。

剠 掠古文剠同（玄9/122b"考掠"註）（玄22/299c、慧48/387b"侵掠"註）（慧25/915b"抄掠"註）。**剠** 俗（龍98/08）。

擽：**擽** 音略擊也（龍218/08）；掠又作擽同（希5/389b"舐掠"註）。

膟：**膟** 力酌反文中作膟（玄16/222a）（慧65/765a）。

鉩：**鉩** 音刷玉篇云三鉩為一斤也又音劣（龍021/09）。**鉩** 俗同上（龍021/09）。

蝶：**蝶** 音略渠蝶朝生暮死虫也（龍225/05）。**蠂** 俗音略正作蝶（龍225/10）。

lun

lún 侖：**侖** 音輪曉知也（龍022/08）（慧90/179a）。**侖** 侖傳大篆作侖音同上（慧90/179a"支侖"註）。

陯：**陯** 音輪山阜陷也（龍295/07）。

倫：**倫** 音輪等也類也人也道理也（龍 024/01）（玄 6/81b）（慧 21/816a）（慧 21/822a）（慧 27/970a）（希 10/419c）。

惀：**惀** 盧本反心思求眺事也又音輪欲曉知也（龍 057/09）。

淪：**淪** 力純反（龍 226/08）（玄 8/117a）（慧 32/40b）（玄 12/154b）（慧 52/453b）（玄 22/294a）（慧 48/379b）（玄 24/319b）（慧 70/862a）（慧 11/600a）（慧 18/749a）（慧 21/816b）（慧 21/817a）（慧 51/448b）（慧 82/39b）（慧 89/163b）（慧 94/232a）（希 3/373a）（希 4/375c）（希 6/393b）。

掄：**掄** 音輪又力昆反（龍 210/03）（紹 134a5）。

崘：**崘** 魯昆反（龍 070/01）（慧 81/22b）（紹 162a10）。**嶇** 魯昆反（龍 070/01）（紹 162a10）。

橉：**橉** 音輪木名也（龍 374/04）。

貐：**貐** 力屯反獸名也（龍 320/07）。

綸：**綸** 音輪又古頑反（龍 396/2）（玄 1/2b）（玄 21/281b）（慧 13/654b）（慧 21/818a）（慧 41/205b）（希 1/354a）（希 10/423b）（紹 191a8）。

艪：**艪** 音輪艪舡也（龍 132/02）。

踚：**踚** 音倫行也（龍 460/01）。

輪：**輪** 律迍反（慧 41/226a）（慧 18/763b）（慧 57/584a）（希 2/363b）（希 9/412c）。

嶇：**嶇** 俗音輪（龍 267/06）。

鯩：**鯩** 音輪魚名（龍 168/03）。

lùn 論：**論** 淪經文有作論盧昆反（玄 8/117a "謢淪" 註）。

嘺：**嘺** 去聲轉舌呼之（龍 275/04）。　**嶇** 郎困切又平入呼之（紹 183a5）。

luo

luō 剈：**剈** 郎活反削剈（龍 100/09）。

捋：**捋** 樂适反（慧 25/915b）（慧 35/110b）（慧 53/486b）（慧 76/1003b）（慧 79/1066b）（紹 134a5）；劣古文捋同（慧 52/470b "氣劣" 註）。**捊** 正郎括反或作乎［寽］[1]（龍 217/08）。**捊** 或作郎括反或作乎［寽］（龍 217/08）。

①參見《龍龕手鏡研究》221 頁。

㘈：**㘈**俗郎活反（龍 276/09）（初編玄 906）。**㘈**（玄 20/265c）。

luó 羅：**羅**盧舸反（玄 2/23b）（慧 25/920b）（希 5/382b）（希 8/406a）；灑傳文單作羅非（希 10/42
1c "汨灑" 註）。**羅**舊藏作羅也（龍 360/06）。

儸：**儸**音羅（龍 23/07）（玄 1/9a）（慧 17/742b）。**儸**羅音（紹 128a7）；邏律文作儸非體也
（玄 14/184a、慧 59/630b "若邏" 註）（玄 15/212b、慧 58/626b "人邏" 註）。

灑：**灑**音羅（慧 88/138a）（希 10/421c）（紹 188a4）。

玀：**玀**玀狘經音義作阿婆二字上烏可反下蒲我反謂傻要而行也（龍 318/10）；嫛婆烏
我蒲我反謂傻臂背而行也經文作玀狘非也（玄 13/171c "嫛婆" 註）。

邏：**邏**郎佐反（龍 493/03）（玄 3/34b）（慧 09/567a）（玄 10/139b）（慧 47/350a）（玄 14/184a）（慧 5
9/630b）（玄 15/212b）（慧 58/626b）（玄 18/244a）（慧 72/915a）（玄 22/293b）（慧 48/378a）（玄 2
4/329a）（慧 70/876b）（慧 11/611b）（慧 18/758a）（慧 32/29b）（希 2/363a）（紹 138a5）。**邏**邏
經作還書寫錯也（慧 32/29b "邏剎娑" 註）。

嗶：**嗶**郎賀切（紹 183a2）。

囉：**囉**力何反又力沙反（龍 265/06）（慧 5/480b）（慧 8/548b）。

蘿：**蘿**音羅蘿菔（龍 257/03）（慧 12/621b）（慧 26/950a）（慧 61/687b）（慧 62/703b）（慧 63/729b）
（希 4/378c）（希 5/386c）（希 7/404b）。

鞣：**鞣**俗音羅[1]（龍 450/04）。

臁：**臁**俗盧个反（龍 413/08）。

籮：**籮**音羅篩籮也（龍 388/03）（玄 11/145b）（慧 52/459a）。

鑼：**鑼**音羅鈔鑼金銅器也（龍 009/09）（紹 181a3）。

覶：**覶**正落戈反～縷委曲也（龍 344/01）（慧 97/291b）（慧 98/309b）。**覶**俗（龍 344/01）。**覶**
俗（龍 344/01）。**覶**音乱好兒又委曲（龍 346/02）（慧 80/1072b）（慧 83/61b）（慧 92/201a）。
//覶：**覶**羅音（紹 147b8）。**覶**覶傳從爾作～非（慧 83/61b "覶縷" 註）。

摞：**摞**力戈反理也或作摞（龍 209/05）。

穇：**穇**落戈反穀積也（龍 143/01）。

①參見《龍龕手鏡研究》329 頁。

蠃：𧒒魯和反（慧 37/143a）。𧓿魯戈反（慧 30/1044a）（慧 37/144b）。𧓸魯和反（慧 3/453b）（慧 15/706a）（慧 36/123b）。𧒒盧和反（慧 3/456a）（慧 76/999a）。蠃魯和反（慧 2/438a）（慧 4/465a）（慧 6/508b）（慧 29/1031a）（慧 40/192b）；螺古文蠃同（玄 2/26b"螺王"註）（慧 11/610b"螺貝"註）（慧 12/632b"芬馥"註）。蠃盧和反（慧 24/897a）（慧 78/1042a）（紹 176b4）。蠃力戈反（玄 10/139c）；螺正作蠃（慧 8/550b"螺蝸"註）（慧 12/625b"螺文"註）（希 3/371c"法螺"註）。蠃力戈反（慧 47/346b）（慧 1/416a）（慧 5/486b）（慧 7/523a）（慧 7/529b）（慧 10/592a）（慧 29/1019a）（慧 38/155b）（慧 38/159b）（慧 56/574a）（慧 81/10b）（慧 83/48a）。蠃落戈反（龍 191/05）。𧒒魯戈反（慧 31/6b）（慧 35/99a）（慧 43/255b）（慧 44/288a）（慧 63/741a）（慧 100/351a）（希 4/378c）（希 5/388c）；螺正作蠃亦蠡也（慧 40/197a"螺角"註）。//蠯：蠯郎禾郎果二反（龍 221/09）。𧓸螺説文正作～（慧 95/255a"蝶螺"註）。//螺：螺落戈反（龍 219/04）（慧 65/772b）（玄 20/272c）（慧 76/992b）（慧 8/550b）（慧 12/625b）（慧 74/943a）（慧 95/255a）（慧 99/316b）（希 3/371c）（紹 163b3）；蠃又作螺同（玄 10/139c、慧 47/346b"蠃髻"註）（慧 1/416a"蠃貝"註）（慧 2/438a"蝸蠃"註）（慧 4/465a"蠃貝"註）（慧 5/486b"蝸蠃"註）（慧 7/529b"法蠃"註）（慧 29/1019a"法蠃"註）（慧 43/255b"白蠃"註）（慧 38/155b"蠃髮龍王"註）（慧 40/192b"寶蠃"註）（慧 44/285a"蠃蚑"註）（慧 44/288a"頻蠃"註）（慧 78/1042a"蠃髻"註）（慧 83/48a"小蠃"註）（希 4/378c"蠃聲"註）（希 5/388c"如蠃"註）。螺力戈反（玄 2/26b）（玄 16/214a）（慧 11/610b）（慧 12/632b）（慧 26/933b）（慧 27/966b）（慧 40/197a）；蠃經作螺俗字者也（慧 3/453b"法蠃"註）（慧 6/508b"蝸蠃"註）（慧 7/523a"法蠃"註）（慧 37/144b"蠃盃"註）。螺盧戈切（紹 163b3）。//璅舊藏作螺（龍 433/08）。//𤽾：𤽾俗（龍 349/07）。

鱳：鱳俗落禾反（龍 087/03）。

蠃：蠃落戈反木名可為箭笴（龍 190/03）。

蠃：蠃落戈反穀積也（龍 190/03）。

蠃：蠃落戈反魚身鳥翼獸也（龍 190/02）。

蠃：蠃落戈反（龍 190/03）。𧓿魯戈反（慧 32/46b"頻蠃"註）。//騾：騾盧戈反（龍 290/09）（慧 75/983a）（慧 17/732b）（紹 166a2）；蠃經從馬作騾（慧 32/46b"頻蠃"註）。

嬴：嬴落戈反桑飛鳥也（龍 190/03）。

蘿：蘿落戈反草名生水中也（龍 190/04）。

鑼：鑼正落戈反落戈反鉎鑼小釜也（龍 012/05）（玄 13/171c "鎢鎯" 註）。鑼力戈反（玄 16/219b）（慧 65/778b）。//鏍：鏍或作（龍 012/05）。

㦩：㦩郎可反憀㦩面憨也（龍 058/07）。

胭：胭古娃反手理又音螺亦手中紋也（龍 409/08）。

luǒ 攞：攞勒可反（龍 212/01）（玄 5/71b）（慧 44/287a）（紹 132b8）。

囉：囉勒可反^①（龍 272/08）。

䍥：䍥勒可反～䍥面憨兒（龍 347/02）。

剆：剆勒可反（龍 098/02）。

斦：斦勒可反（龍 137/05）（玄 1/9a）^②（慧 17/742b）。斦正作斦剆二同（龍 550/07）。

鄒：鄒來可反鄒鉤也（龍 501/05）。

裸：裸郎果反赤體也又胡瓦反（龍 104/04）（慧 12/621b）（慧 16/719b）（慧 27/974b）（慧 35/97a）（慧 75/963a）（慧 75/969b）（慧 81/11a）（慧 100/334b）（希 1/354c）（希 2/361c）（希 2/366b）（希 4/381a）（希 7/404a）（希 8/410a）；倮亦作裸（慧 14/666b "倮者" 註）；倮或作裸（慧 33/65a "倮形" 註）；躶説文作裸義同從衣果聲（慧 42/241b "躶黑" 註）；裸今序從衣作裸（希 4/375a "或裸" 註）。裸又俗胡瓦反（龍 113/02）（慧 14/674a）（慧 22/841b）（慧 29/1031a）（慧 41/208a）（慧 40/195a）（慧 69/852b）；倮或從身作躶或從衣作裸（慧 35/108b "倮形" 註）（慧 39/179a "倮走" 註）（慧 40/198a "躶體" 註）（慧 54/512a "倮形" 註）。//倮：倮郎果胡瓦二反露體也（龍 29/08）（慧 14/666b）（慧 19/775b）（慧 22/852b）（慧 33/65a）（慧 35/108b）（慧 39/179a）（慧 54/512a）（紹 128b6）；裸或作倮用同（慧 12/621b "裸形" 註）（慧 14/674a "裸形" 註）（慧 16/719b "裸者" 註）（慧 22/841b "裸" 註）（慧 22/852b "倮" 註）（慧 29/1031a "裸者" 註）（慧 35/97a "裸者" 註）（慧 41/208a "裸者" 註）（慧 40/195a "裸露" 註）（慧 40/198a "躶體" 註）（慧 69/852b "裸形" 註）（慧 69/852b "裸形" 註）（慧 75/963a "袒裸" 註）（慧

①參見《龍龕手鏡研究》252 頁。
②高麗藏本《玄應音義》作 "郎"，當是 "斦" 字形近而誤。

75/969b "裸跣"註)（慧 100/334b "裸形國"註）（希 1/354c "裸者"註）（希 2/361c "裸露"註）

（希 2/366b "裸露"註）（希 7/404a "裸形"註）（希 8/410a "裸露"註）；躶亦作倮（慧 42/241b

"躶黑"註）。//躶：躶 郎果反赤躰也又俗胡瓦反（龍 161/07）（慧 42/241b）（慧 36/128b）

（慧 40/198a）（慧 79/1053b）（紹 200a7）；裸或作躶用同（慧 12/621b "裸形"註）（慧 14/666b

"倮者"註）（慧 14/674a "裸形"註）（慧 16/719b "裸者"註）（慧 22/841b "裸"註）（慧 22/852b

"倮"註）（慧 29/1031a "裸者"註）（慧 33/65a "倮形"註）（慧 35/97a "裸者"註）（慧 41/208a "裸

者"註）（慧 40/195a "裸露"註）（慧 54/512a "倮形"註）（慧 75/963a "袒裸"註）（慧 100/334b

"裸形國"註）（希 1/354c "裸者"註）（希 2/361c "裸露"註）（希 2/366b "裸露"註）（希 7/404a

"裸形"註）（希 8/410a "裸露"註）；倮或從身作躶（慧 35/108b "倮形"註）。//臝：臝 正

郎果反赤體也（龍 190/05）。蠃俗（龍 190/05）。蔬裸俗字也正體作臝從臝省中從果

（慧 14/674a "裸形"註）；倮經文作～（慧 14/666b "倮者"註）（慧 29/1031a "裸者"註）（慧 3

3/65a "倮形"註）（慧 39/179a "倮走"註）（慧 40/195a "裸露"註）（慧 75/969b "裸跣"註）。蠃

裸或從衣作～（慧 14/674a "裸形"註）。//腂：腂①郭氏又俗力果反（龍 411/08）。腂

又俗力果反（龍 408/02）；袒裸經中二字並從月從且作胆腂（慧 75/963a "袒裸"註）。

瘰：瘰力捶反（慧 40/189b）（希 6/394a）。瘰正郎果反瘰歷病筋結也（龍 473/02）（希 5/389

b）。//癴：癴或作（龍 473/02）。//瘰：瘰俗（龍 473/02）。

蓏：蓏郎果反（慧 27/984a）（慧 33/59a）（慧 39/168a）（慧 54/522a）（慧 75/963b）（紹 154a7）。蓏

郎果反説文云木實曰果草實曰蓏（龍 259/05）（慧 25/915b）（慧 32/37b）（慧 64/755b）（慧

78/1039a）；蓏經從爪作～誤也（慧 54/522a "鳥蠶"註）。蓏郎果反相承同蓏（龍 130/

01）（龍 195/09）。

砢：砢來可反（龍 443/01）（慧 2/426b）（慧 5/480b）（慧 16/726b）（紹 163a4）。

luò 洛：洛經文作雒古文字也（慧 64/760a）。

烙：烙音落（龍 244/04）（玄 1/10a）（慧 17/744b）（玄 9/124c）（慧 46/328b）（玄 11/151c）（慧 52/

471b）（玄 16/217a）（慧 65/777b）（慧 94/237a）（紹 190a6）。

峈：峈音路（龍 077/01）。

①參見《龍龕手鏡研究》313 頁。

狢：**烙** 郎各反（慧 42/242b）。**狢** 音洛（龍 516/01）。

珞：**珞** 音落（龍 438/06）（慧 40/189b）（慧 78/1041a）；絡經文從玉作珞錯用也（慧 78/1045a "絡腋" 註）。

硌：**硌** 音洛大皃也（龍 432/01）。//皅：**皅** 音洛大皃也（龍 432/01）。

硌：**硌** 正音洛（龍 445/04）（慧 97/288a）。**磋** 俗音洛（龍 445/04）。**礳** 俗音洛（龍 445/04）。

袼：**袼** 音落樞[褊]袼小兒次衣也（龍 107/08）。

筡：**筡** 或作音洛（龍 394/06）（玄 16/215b、慧 65/775a "无籃" 註）。**落** 今音洛（龍 394/06）。

絡：**絡** 正音落（龍 404/04）（慧 6/497a）（慧 10/587a）（慧 13/658b）（慧 21/813a）（慧 41/212b）（慧 41/229b）（慧 43/254a）（慧 35/106a）（慧 36/116a）（慧 37/139b）（慧 39/167a）（慧 39/176b）（慧 63/733a）（慧 78/1045a）（慧 92/202a）（希 1/359c）（希 5/382b）。**絡** 俗音落（龍 404/04）。//絡：**絡** 絡或作絡古字也（慧 6/497a "交絡" 註）（慧 37/139b "絡髆" 註）。

嗠：**嗠** 音洛（龍 277/08）。**咯** 音洛（龍 277/08）（紹 183a6）。

餎：**餎** 洛音（紹 171b7）。

鞈：**鞈** 音落生革也（龍 451/04）。**鞈** 絡經作鞈非也（慧 39/176b "絡髆索" 註）。

鉻：**鉻** 剫古文鉻同（玄 11/146c、慧 52/461b "剫治" 註）；烙字書正從金作鉻（慧 94/237a "又烙" 註）。//剫：**剫** 音落（龍 100/03）（玄 11/146c）（慧 52/461b）；烙傳文培俗字也字書正從金作鉻説文亦從刀作剫（慧 94/237a "又烙" 註）。//斫：**斫** 剫古文斫同（玄 11/146c、慧 52/461b "剫治" 註）。

零：**零** 音洛大雨零零也（龍 308/10）。

駱：**駱** 音洛（龍 294/02）（玄 4/59c）（慧 60/675b）；駝經文作駱（玄 6/84b "駝駝" 註）（慧 27/976b "駝駝" 註）；驧駝經文作駱馳俗用（慧 41/218b "驧駝" 註）（希 1/356c "驧駝" 註）。

落：**落** 郎各反（慧 2/425b）（慧 6/496a）（慧 19/788a）（慧 91/188b）（慧 93/216a）（慧 97/287a）（希 2/366c）（希 10/423c）；渃又作落同力各反（玄 7/100a "村渃" 註）；剫或作落非體也（玄 11/146c、慧 52/461b "剫治" 註）。**渃** 俗音落（龍 237/03）。**渃** 或作（龍 237/05）（玄 7/100a）。

嗠：**嗠** 落音（紹 182b6）。

峈：**峈** 音洛轉舌呼之（龍 277/04）。

雒：**雒** 音洛（龍 149/08）（慧 84/72b）（慧 89/150a）（紹 150b6）；洛經文作雒古文字也（慧 64/760a "洛陽" 註）。

鮥：**鮥** 盧各五格二反魚名也（龍 171/02）。

鼲：**鼲** 音洛鼠名也（龍 334/08）。

襦：**襦** 力佐反裶襦婦人上衣也（龍 106/04）。**襦** 俗郎佐反婦人衣也（龍 112/08）。

躒：**躒** 俗郎佐反（龍 464/04）。

挐：**挐** 呂角反（龍 244/07）（玄 5/71c）（慧 34/86a）（玄 12/158b）（慧 74/955b）（慧 76/1005b）（慧 80/1086b）（慧 89/157a）（慧 93/210b）（紹 189b6）。

礐：**礐** 呂角反～礨石相扣聲也（龍 445/03）。

癆：**癆** 俗音落[1]（龍 477/03）。**癆** 尸約反治病也（龍 301/08）。

譡：**譡** 音洛譡誑狂言也（龍 051/05）。

躒：**躒** 音歷速迹也又音洛人名輔躒也（龍 467/04）（紹 137a1）。

鷚：**鷚** 音洛似鵰黑文赤頭也（龍 289/09）。

鷚：**鷚** 俗古茅力救二反（龍 447/08）。

嫘：**嫘** 郎臥反行不正也（龍 522/09）。

瘰：**瘰** 郎外反疫病也又力臥反亦病疲也（龍 515/05）。

---

① 參見《龍龕手鏡研究》349 頁。

M

ma

mā 媽： 媽姥字書亦從馬作媽音同（慧81/4b "老姥齋" 註）。

má 麻： 麻經從林作麻俗用變體也（希5/385a）。𪎻音麻①（龍074/05）。𪎻音麻（龍074/05）。

摩： 摩音麻摩牛（龍115/07）。摩音麻摩牛（龍298/07）。

髍： 髍音麻水病（龍479/04）。

魔： 魔音麻～魔魔似黿鼈鼉也（龍340/07）。

螶： 螶麥加反（龍219/06）（慧11/608a）（慧14/665b）（慧32/46a）（慧41/217b）（慧38/160b）（慧51/440a）（慧68/820a）（慧75/963a）（希8/408c）（紹154a8）（紹164b1）；蝦蟆說文作蝦螶（慧78/1040b "蝦蟆" 註）（希4/377a "蝦蟆" 註）。蟆馬巴反（慧78/1041a）（希4/377a）（紹164a10）；螶正作蟆（慧38/160b "蝦螶" 註）（希8/408c "蝦螶" 註）。蟇螶正作蟆或作蟇經作蟆俗字（慧38/160b "蝦螶" 註）。蟆螶正作蟆或作蟇經作蟆俗字（慧38/160b "蝦螶" 註）。

mǎ 馬： 馬莫下反（龍290/06）（玄6/79a）（希10/422b）。//𢒰古文音馬（龍188/06）。𩡭音馬（龍550/05）。

馮： 馮音馬水名（龍232/04）。

瑪： 瑪俗音馬瑪磘正从石作（龍436/01）（慧25/905b）；碼磘或從玉作瑪瑙（慧78/1040a "碼磘" 註）。//碼音馬碼磘（龍441/08）（慧14/671a）（慧29/1025a）（慧30/1043a）（慧78/1040a）；馬腦此寶或色如馬腦因以為名但諸字書旁皆從石作碼磘二字（玄2/16a "馬腦" 註）（玄6/79a "馬腦" 註）；瑪瑙或作碼磘（慧25/905b "瑪瑙" 註）。

鯩： 鯩音馬魚名（龍292/10）。

mà 罵： 罵麻霸反（慧41/214a）。罵俗上莫駕反合从网（龍360/08）（慧16/710a）（慧27/985a）（慧66/791b）；經文四作罵罸訛也（慧64/760b "罵罸" 註）。罵莫駕反（龍330/02）（慧64/760b）。

---

① 《叢考》：這兩個字應皆即 "麻" 的訛俗字（349）。

罵正莫駕反罵詈（龍 293/05）（玄 6/88a）。罵莫駕反罵詈（龍 293/05）。馬口莫駕反罵詈（龍 293/05）。//傌：傌罵或作傌也（慧 41/214a "訶罵" 註）。

獁：獁莫嫁反獸名也（龍 319/04）。

襦：襦莫嫁反祭名又師旅所止地也（龍 113/02）。

瘋：瘋莫嫁莫晏二反牛馬病也（龍 476/05）。

謕：謕莫駕反多言也（龍 049/09）。

磹：磹莫八反（龍 445/01）（慧 59/640b "衣鋼" 註）。磹莫八反（玄 14/190c "衣鋼" 註）。

髍：髍莫八反～骱小骨也（龍 481/09）。

傄：傄莫八反傄傄健兒也（龍 039/05）。

睰：睰莫八反視睰也（龍 424/02）。

鬒：鬒莫嫁反婦人結髮帶也（龍 090/03）。

䁅：䁅莫八反黑䁅（龍 533/02）。

mai

mái 蒻：蒻埋或作蒻蒻（慧 33/59b "生埋" 註）。//埋買排反（慧 33/59b）（紹 161a3）。

霾：霾正音埋（龍 306/03）（慧 42/244a）（慧 51/434b）（慧 94/239b）。霾俗音埋（龍 306/03）（紹 144a6）；霾說文從豸作霾正體字也論從犬作～俗字也（慧 51/434b "昏霾" 註）。霾俗音埋（龍 306/03）。

瞔：瞔正莫佳反視也（龍 419/02）。

鞯：鞯莫鞋反鞋履也（龍 447/01）。

潪：潪音買水名也（龍 231/07）。

mǎi 蕒：蕒音買吳人呼苦蕒曰苦蕒（龍 261/01）。

mài 麥：麥正音脈（龍 504/07）（慧 13/657b）（慧 36/121b）（希 6/397a）。麦俗音脈（龍 504/07）；麥俗作麦（希 6/397a "䊆麥" 註）。菱麥正（紹 155a5）。

邁：邁埋拜反（龍 493/01）；邁或作蓮同（玄 14/186a "老邁" 註）。邁埋拜反（龍 493/1）（玄 1/4a）（玄 6/81b）（玄 12/158b）（玄 13/179c）（玄 14/186a）（慧 1/404b）（慧 20/804a）（慧 21/824a）（慧 27/970b）（慧 55/534a）（慧 59/633b）（慧 74/956a）（紹 138b5）。

勱：**勱** 莫芥反（龍 517/08）（玄 8/113b）（慧 98/308a）； 勉古文勱同（玄 6/86c "勉出" 註）（玄

7/93c、慧 28/996b "勱勱" 註）（玄 8/109a、慧 28/1006a "勗勉" 註）（慧 46/326b "勉勱" 註）；

邁或作勱同（慧 59/633b "老邁" 註）。 **勴** 免古文勱同也（慧 27/981b "三界獄免出" 註）。

賣：**賣** 正賣字（慧 45/299b）（慧 65/767a）。 **賣** 買敗反今經從土從四俗用訛略也（慧 14/680a）

（慧 41/222b）。 **賣** 音賣出物交易也（龍 351/04）（龍 537/02）（慧 82/33a）； 賣正體從出作

賞今作賣省也（慧 8/555a "衒賣" 註）。 **賣** 謨稗反（玄 13/168c）（慧 57/589b）（慧 8/555a）

（慧 36/117b）（慧 78/1039a）（希 8/410b）。 **賣** 賣經文作～誤也（玄 13/168c、慧 57/589b "賣

姓" 註）。

脉：**脈** 麻伯反（慧 30/1041b）（慧 43/270b）。 **脈** 俗莫厄反正作𧖴衇（龍 415/03）（慧 4/463a）

（慧 29/1028b）（慧 62/706b）（希 2/366a）（希 5/388a）（希 6/395a）； 脉亦作脈（慧 5/478a "筋

脉" 註）。 **脉** 今莫厄反正作𧖴衇（龍 415/03）（慧 2/423a）（慧 5/478a）（慧 32/34b）（慧 32/46b）

（慧 80/1079b）； 脈經文從月從永作脉俗字也（慧 4/463a "筋脈" 註）（慧 29/1028b "血脈"

註）（慧 43/270b "筋脈" 註）（慧 62/706b "筋脈" 註）（希 5/388a "筋脈" 註）（希 6/395a "眼脈"

註）。 **𧖴** 脉錄文從豕作衇非俗作脉通（慧 80/1079b "鍼脉" 註）。 **衇** 音脈（龍 347/08）。

脈 俗音脈（龍 353/02）。 **𧖴** 脉從血從辰作𧖴或作衇竝正體字也（慧 2/423a "筋脉"

註）（慧 5/478a "筋脉" 註）（慧 30/1041b "筋脉" 註）（慧 32/46b "筋脈" 註）（慧 43/270b "筋脈"

註）（希 5/388a "筋脈" 註）。 **衇** 脉正作衇亦作脈（慧 32/34b "筋脉" 註）（慧 62/706b "筋脈"

註）（希 2/366a "筋脈" 註）。 **衇** 脉從血從辰作𧖴或作衇竝正體字也（慧 2/423a "筋脉"

註）（慧 5/478a "筋脉" 註）（慧 30/1041b "筋脉" 註）（慧 32/46b "筋脈" 註）（慧 43/270b "筋脈"

註）（希 5/388a "筋脈" 註）。 //𧿃： **𩨝** 俗音脈（龍 347/01）。

霡：**霡** 正莫百反（龍 309/03）（玄 22/297c）（慧 48/384b）（紹 144a7）。 **霡** 或作（龍 309/03）。

man

mán攅： **攅** 正莫官反攅覆也（龍 208/05）。 **攅** 通莫官反攅覆也（龍 208/05）。 **攡** 俗莫官反攅

覆也（龍 208/05）。

趨： **趨** 正母官反行遲皃也（龍 324/04）。 **趨** 通（龍 324/04）。

鬘：𩬘 正莫班反花鬘也借用字正莫賢反燒煙畫眉也（龍086/06）。𩭾 莫班反（慧1/420b）（慧48/382b）（慧72/911b）（慧83/53a）。𩮚 俗（龍086/06）。//鬘：𩭾 音蠻（慧20/10a）（慧50/421b）（慧70/863b）（慧71/880a）（慧34/74b）（慧43/265a）。𩭾 通（龍086/06）。𩭾 俗（龍086/06）。𩭾 音蠻（玄1/1c）（玄18/242a）（玄22/296b）（玄23/313b）（玄24/320c）（玄25/331a）（慧16/709a）（慧20/800b）。𩬚 俗（龍086/06）。𩬚 俗（龍086/06）。𩭾 俗（龍086/06）。𩭾 鬘經文作鬌非體也（玄1/1c、慧20/800b“華鬘”註）。𩭾 俗（龍086/06）。𩭾 俗（龍086/06）。𩭾 鬘經文作鬌非體也（玄1/814a、慧20/10a“華鬘”註）（玄18/242a、慧72/911b“華鬘”註）（慧43/265a“德鬘”註）。𩭾 賣班切（紹142b3）。𩭾 俗莫還反正作鬘（龍292/4）。

悗：悗 毋官反惑也（龍054/04）。

鞔：鞔 正莫官反（龍446/06）（玄14/196c）（慧59/650b）（玄21/276c）（慧4/461b）（慧12/636b）（慧24/900b）（慧26/946a）（慧34/76a）（慧100/345a）（希2/364b）（希8/407a）（希8/408a）（紹140a4）；踼跟莫干反此假借也字體作鞔跟（玄14/193c、慧59/645b“踼跟”註）；緛字體作鞔（玄20/270b、慧74/939b“細緛”註）（慧13/658b“掌縵”註）。鞔 莫安反（慧29/1022b）（慧37/140b）（慧61/683b）。鞔 莫安反（慧8/542a）。鞔 俗莫官反（龍446/06）。

蠻：蠻 莫班反（龍181/03）（慧77/1024b）（慧82/40b）（慧95/249b）（紹147b8）（紹164a4）。

瞒：瞒 母官反無穿孔狀也（龍253/05）；兩經文從草作瞒亡安反非此義（玄11/148c、慧52/466a“兩目”註）。

懣：懣 毋官反忘也（龍054/04）（玄8/118a）（慧58/621a）。懣 莫槃反（玄15/203b）。

瞞：瞞 莫管反（龍418/03）（玄13/177b）（玄17/232b）（慧70/857b）。

樠：樠 莫官反（慧84/80a）。

髟：髟 莫官反髮長皃也（龍087/09）。

măn 滿：滿 滿字從卝從兩音亦滿也（慧16/717a）（玄5/74a）（慧12/632b）（慧15/695b）。

鏋：鏋 音滿精金也（龍015/04）。

夋：夋 正亡犯反腦盖也又明添反（龍549/09）（慧40/199a）。夋 今（龍549/09）（慧40/199a）。

彎：彎 莫板反視皃（龍420/09）。

㑿：㑿 謀感反（慧40/200a）。㑿 牟合反（龍544/01）（慧8/547b）（慧10/593b）（紹203a4）。㖠

舊藏作𧽬牟含反（龍 544/07）。𧽬牟含反（龍 544/01）。//斜：斜①玉篇于吟反在神

咒中也又胡紺反又隨文有多釋也（龍 115/01）。斜（龍 115/01）。//嚹：䜌牟含反（龍

115/03）。

轞： 藏牟感反響梵音也（龍 550/01）（慧 42/241b）。

màn曼： 曼正莫官反路遠也又音万長也（龍 425/02）（慧 59/648b）（慧 73/937b）（慧 70/878a）（慧

28/1001b）（慧 83/62a）（慧 98/307a）。曼或作（龍 425/02）（玄 14/195b）（玄 18/251b）（玄 24/330a）；

曼本音万字下從又有從万者俗字也（慧 27/963b "曼" 註）。具或作（龍 425/02）。

僈： 僈俗音慢（龍 034/07）（慧 45/309a）（慧 96/262a）；懱律文作僈非也（玄 15/203b、慧 58/621a

"牴懱" 註）；俛律文作僈非也（慧 58/623a "僵俛" 註）；綶經文作僈非也（慧 74/939b "細

綶" 註）；慢或從女或從人作嫚僈（慧 60/662a "傲慢" 註）。僈懱律文作僈非也（玄

15/203b）；俛律文作僈非也（慧 58/623a "僵俛" 註）；綶經文作僈非也（玄 20/270b "細

綶" 註）。

隁： 隁俗音曼②（龍 296/05）。

慢： 慢莫晏反急也倨也易也（龍 059/05）（慧 15/690b）（慧 20/793a）（慧 24/896a）（慧 25/914a）

（慧 27/968a）（慧 60/662a）（慧 68/826a）（慧 69/850a）（慧 75/969a）（慧 91/186b）（紹 130b5）；

曼經作慢誤也（慧 28/1001b "三曼陀颰陀" 註）。慢莫晏反（龍 059/05）（慧 13/644b）；慢

又俗從万訛也（慧 3/451a "傲慢" 註）。

嫚： 嫚正莫晏反（龍 283/02）；慢或為嫚字也（慧 27/968a "增上慢" 註）（慧 60/662a "傲慢"

註）；僈義與嫚同也（慧 45/309a "牴僈" 註）（慧 96/262a "婼僈" 註）；縵或作嫚（慧 87/120a

"縵瞼" 註）。嫚川韻作（龍 283/02）（紹 142a2）。

蔓： 蔓母官反蔓菁菜名也又音万筵也瓜葛之蔓也（龍 257/09）（慧 48/383b）（慧 14/673b）（慧

15/683b）（慧 25/917a）（慧 27/975b）（慧 39/179a）（慧 51/437b）（慧 80/1094a）（希 4/376b）（希

7/402c）（紹 155b10）。蔓无願反（玄 1/20b）（玄 6/83c）（玄 22/297a）（玄 23/305a）（慧 47/351b）。

漫： 漫莫干反（慧 59/645b）（慧 65/776a）（慧 51/432a）（慧 90/170b）；慢經從水作漫音蒲半

---

①參見《疑難字考釋與研究》446 頁。
②《龍龕手鏡研究》：為佛經音譯用字（264）。

反非經義（慧 24/896a "慢捍" 註）。 澫 莫干反（玄 14/193c）（玄 16/216a）；蔄經文作澫
謨喚反（玄 1/20b "滋蔄" 註）；鞔律文作澫假借也（玄 14/196c "鞔著" 註）（玄 21/276c "網
鞔" 註）（慧 25/917a "滋蔓" 註）。

獌： 獌 正莫還反狼屬也（龍 318/04）。 獌 俗（龍 318/04）。//獌： 獌 莫半反狼屬（龍 322/02）。
//貓： 貓 音万獸名似貍也（龍 322/03）。

幔： 慢 莫旦反（玄 3/45a）（慧 10/584b）（玄 6/80a）（慧 4/470b）（慧 27/966a）（慧 27/983a）（慧 29/1023b）
（慧 38/158a）（紹 131b9）；縵 正從巾作幔（慧 11/618b "寶縵" 註）。 嫚 莫半反幕也帷也（龍
139/02）（慧 12/633b）。 慢 幔經從心作慢俗字非也（慧 4/470b "綺幔" 註）；憪集作慢寫
誤也（慧 99/320b "並憪" 註）。

敽： 敽 莫半反厰敽（龍 530/04）。 敽 俗（龍 121/01）；（慧 65/776a "澫讃" 註）。 敽 俗莫半
反（龍 121/01）（紹 197a6）；澫律文作～非此用（玄 16/216a "澫讃" 註）。 敽 武恒反（龍
529/05）。

曼： 曼 縸經文作曼非也（慧 74/939b "細縸" 註）。 曼 縸經文作曼非也（玄 20/270b "細縸"
註）。

縵： 縵 莫半反（龍 401/08）（慧 74/939b）（慧 11/618b）（慧 13/658b）（慧 32/39a）（慧 39/181a）（慧
64/753a）（慧 86/107b）（慧 87/120a）；幔經文有作縵縵非正體（玄 6/80a "露幔" 註）（慧 27/966a
"珠交露幔" 註）；縵經從万作縵俗字也（慧 13/658b "掌縵" 註）。 縵（龍 401/08）（紹 191b5）。
縵 莫槃反（玄 20/270b）；鞔律文作縸假借也（玄 14/196c "鞔著" 註）（玄 21/276c "網鞔"
註）；幔經文從糸 作縵非此用也（慧 38/158a "幔幕" 註）。 縵 借音莫盤反（玄 2/30a）。

謾： 謾 莫晏莫半莫官三反欺也（龍 047/03）（慧 32/40b）（慧 74/953a）（慧 76/993a）（慧 33/65a）
（慧 39/166a）（慧 39/170b）。//嫚： 謾 俗莫干莫半二反正作謾欺也（龍 269/03）（玄 8/117a）
（玄 17/238a）（玄 20/272c）。 謾 俗（龍 269/03）。 謾 舊藏作曼母官反（龍 270/04）。

饅： 饅 音謾饅飢亭名也（龍 526/02）。

鏝： 鏝 莫官反泥鏝也（龍 009/05）（玄 7/97a）（慧 19/781a）（慧 58/626b）（紹 181b2）。 鏝 莫槃
反（玄 15/212b）（玄 20/266b）。//槾 鏝又作槾（慧 58/626b "泥鏝" 註）。 槾 曼音（紹 157b4）；
鏝又作槾（玄 15/212b "泥鏝" 註）。//墁 正母官反泥墁與鏝同（龍 247/06）（紹 161b6）；

鏝又作墁（慧 58/626b "泥鏝" 註）。**墇**通（龍 247/06）；鏝又作墁（玄 15/212b "泥鏝" 註）。

鰻：**鰻**（慧 81/1b）。**鰻**正莫官反又音萬（龍 167/08）（紹 168a2）。**鰻**或作莫官反又音萬（龍 167/08）（紹 168a2）。**鰻**或作莫官反又音萬（龍 167/08）。

耰：**耰**莫半反不蒔田也（龍 365/04）。

耰：**耰**莫半反（希 9/411b）。

mang

máng 盲：**盲**百彭反（慧 3/452b）（慧 3/454b）（慧 13/659a）（慧 14/666b）（慧 33/66a）（慧 68/830b）（慧 75/969a）（慧 92/198b）（希 4/375c）。**盲**陌祊反（慧 30/1040b）（慧 33/52a）。**盲**莫更反 盲瞽無目也（龍 417/06）（慧 1/411a）（慧 4/473b）（慧 6/508a）（慧 8/535a）（慧 11/613a）（慧 20/794b）；瞢經文有作盲（玄 9/129b、慧 46/337b "瞢瞽" 註）。//瘖：**瘖**俗音盲（龍 471/01）。//眓：**眓**盲忙二音（紹 142b5）。

瞑：**瞑**莫耕反瞚瞑眼作媚也（龍 418/06）；婹娪論文作瞚瞑未見所出（玄 9/124b "婹娪" 註）（玄 12/162b、慧 28/994a "婹娪" 註）（玄 16/222a、慧 65/765a "婹瞑" 註）。**瞕**婹娪 論文作瞚瞑未見所出（慧 46/328a "婹娪" 註）。

萌：**萌**音忙又音亡（龍 546/05）（玄 1/11b）（慧 17/746a）（玄 15/211b）（慧 58/624b）；茫又作 萌同（玄 19/262c、慧 56/573b "蒼茫" 註）。**萌**悙又作萌同（玄 7/103b、慧 24/891b "惶悙" 註）。**萌**音忙又音亡（龍 417/09）。**萌**盲或作〜經作盲俗字也（慧 30/1040b "盲冥" 註）。

邙：**邙**莫郎反又音亡（龍 453/03）（紹 169b1）。

忙：**忙**莫傍反（玄 20/265a）（慧 12/634a）（紹 131a4）。**忙**莫郎反（希 9/412a）。

汒：**汒**莫郎反谷名（龍 227/08）。

亡：**亡**正莫郎反（龍 269/10）；咙又作亡同（玄 20/264c "屄咙" 註）。**亡**俗莫郎反（龍 269/10）。

芒：**芒**無方反（玄 2/29c）（玄 7/98b）（慧 8/538b）。**芒**莫唐反（玄 8/107b）（玄 10/136b）（慧 21/827a）（慧 26/945a）（慧 92/196b）（紹 154a9）；〜經作芒俗字謬也（慧 14/663b "鋒芒"

註）。**茳**莫唐反（慧 28/1004a）（慧 47/341b）（慧 13/657b）（慧 14/663b）（慧 26/956b）。**竺**

音亡正作芒草～（龍 389/07）。//**秅**芒古文秅同（玄 2/29c "鋒芒" 註）（玄 7/98b "豪

芒" 註）。

哶：**芔**俗莫郎反（龍 266/10）（玄 20/265c）（慧 43/259b）（紹 182a9）。**哶**莫棻反（玄 20/264c）。

硭：**硭**音亡硭硝藥也（龍 439/08）。

茫：**洴**莫郎反滄茫也（龍 227/08）。**汒**莫荒反（玄 7/101b）（玄 13/172c）（玄 19/256c）（慧

56/563a）（玄 19/262c）（慧 56/573b）（玄 22/302c）（慧 48/392b）；萌又作茫同（玄 15/211b、

慧 58/624b "狼萌" 註）。**洮**莫荒反（慧 32/32a）（慧 57/599a）（慧 60/654a）（慧 95/250b）。

茫莫郎反（慧 85/89b）（紹 189a2）。

恾：**惜**莫荒反（玄 7/103b）（慧 24/891b）；茫經文從心作恾非躰也（玄 19/262c、慧 56/573b

"蒼茫" 註）。**忙**莫傍反（慧 39/169b）。

眆：**眊**盲忙二音（紹 142b5）。

砿：**砿**莫郎反～碭山名（龍 441/03）。

鋩：**鋩**正音亡叐端也（龍 010/01）。//**鈝**：**鉅**俗（龍 010/01）。**鈝**亡音（紹 181b3）；

芒經文作鈝非也（玄 7/98b "豪芒" 註）（慧 26/956b "豪芒" 註）。

尨：**尨**邈邦反（慧 64/753b）；牻今多作尨（玄 14/187b、慧 59/635b "分牻" 註）（玄 16/224a、

慧 64/747b "分牻" 註）。**尨**邈邦反（慧 63/738a）（紹 203a4）。//**狵**：**狵**莫江反多

毛亦作尨（龍 317/10）。

厖：**厖**莫江反厚也大也正作厖[厖]（龍 302/02）。**庬**邈邦反（慧 82/37b）（慧 95/245b）。

庬莫江反厚也大也（龍 299/09）（紹 193b8）。

浝：**浝**莫江反水名（龍 229/06）。

哤：**哤**莫江反語雜亂曰哤也（龍 268/01）。

胧：**胧**莫江反玉篇云狀也（龍 408/05）。

蛖：**蛖**莫汪反蝼蛄也（龍 221/03）。

瘀：**瘀**莫江反酒病也（龍 471/03）（慧 85/90a）。

牻：**牻**亡江反（玄 14/187b）（玄 16/224a）（慧 64/747b）（慧 60/670a）。**牻**莫江反（龍 115/08）

（玄 11/146b）（慧 52/461a）（慧 59/635b）。

駹：**駹**莫江反黑馬白面也（龍 292/05）。

駹：**駹**莫江反陰私事也（龍 531/08）。

mǎng 佬：**佬**莫講莫江二反佬傛不媚也（龍 030/09）。

姏：**姏**莫江反女神名（龍 280/05）。

硥：**硥**步項莫江二反（龍 444/02）。

鸍：**鸍**莫項莫江二反（龍 288/05）（玄 13/174a）（紹 165a9）。**鸍**鸍正母摠切（紹 165a10）。

艹：**艹**莫胡反（龍 540/06）。**艹**莫朗反草木冬生不死也（龍 255/02）。

莽：**莽**怐膀反（慧 83/54a）（慧 52/459a）（慧 85/89a）（希 4/377c）；蟒經文從卉作莽誤也

（希 1/359b“蟒蛇”註）。**莽**今莫朗反莽草（龍 260/01）（紹 154b6）。**莽**俗（龍 260/01）（玄

11/145b）（慧 36/118b）（慧 87/130a）（紹 154b6）；古莽字上下二草也（慧 1/403a“潛寒暑”

註）（希 4/377c“莽字”註）。

漭：**漭**正莫朗反（龍 231/04）（慧 48/383b）（慧 100/338b）；莽傳從水作漭是水遠貌非也

（慧 83/54a“莽莽”註）。**漭**母朗切（紹 188b10）。**漭**俗（龍 231/04）（玄 7/103c）（慧 24/892b）

（玄 22/297a）（慧 86/112b）（紹 189a1）。

瞙：**瞙**正莫朗反日無光也（龍 427/07）。**瞙**俗（龍 427/07）。

耗：**耗**俗（龍 135/06）。

瞙：**瞙**莫朗反矘瞙也（龍 420/07）。

艵：**艵**俗（龍 523/06）。**艵**正莫朗反艵艵無色狀也（龍 523/06）。

蟒：**蟒**正莫郎反（龍 223/02）（慧 52/477a）（慧 16/717a）（慧 41/228a）（慧 47/349b）（慧 69/850b）

（慧 79/1066a）（慧 86/113a）（慧 100/342a）（紹 164a7）。**蟒**摸朗反（慧 27/976b）（慧 57/590b）

（慧 84/68a）（希 1/359b）（希 5/388b）。**蟒**忙膀反（慧 80/1080b）。**蟒**俗莫郎反（龍 223/02）

（玄 6/84b）（玄 12/156a）（慧 69/840b）（紹 164a7）；蟒經文下從卉俗字誤也（慧 41/228a

“蟒蛇”註）。**蟒**莫膀反（慧 32/47b）（慧 35/111a）（慧 49/404b）。**蟒**俗莫郎反（龍 223/02）；

蟒經從奔作蟒誤也（慧 32/47b“有蟒”註）（慧 86/113a“蟒身”註）。**蟒**俗（龍 223/02）。

蟒俗（龍 223/02）。**蟒**蟒正母朗切（紹 164a7）。

髒: 髒 正莫郎反髒骹蟠身也（龍 480/08）。髒 俗（龍 480/08）。

鎯: 鎯 莫朗莫古二反鈷鎯也（龍 015/03）。鎯 莫朗反（玄 13/171c "鎢銷" 註）。鎯 經
文作～書誤作鎯亦得（慧 36/118b "莽莫枳" 註）。

嵰: 嵰 莫浪反嵣嵰也（龍 077/04）。

䋶: 䋶 名養切（紹 202b6）。䋶 名養切（紹 202b6）。

mao

māo 貓: 貓 麥交反（龍 321/05）（慧 14/678a）（慧 24/887a）（慧 31/7b）（慧 68/832b）（希 3/371b）（希
9/415c）（紹 173b5）；犛 經文作貓非經義（玄 6/81a "犛牛" 註）（玄 16/224b、慧 64/747b "犛
牛" 註）（慧 27/969b "犛" 註）（希 9/416c "犛牛" 註）；貓又作猫同（玄 24/320a、慧 70/863a
"猫貍" 註）；猫正體從豸音雉苗聲也經從犬省略也（慧 11/607a "猫兔" 註）（慧 32/49b
"兔猫" 註）（慧 76/1003a "猫貍" 註）。//猫: 猫 俗麥包反正作貓字（龍 317/05）（玄 24/320a）
（慧 70/863a）（慧 11/607a）（慧 32/49b）（慧 45/307b）（慧 72/898b）（慧 76/1003a）（紹 167a3）；
犛 經文作貓非經義（玄 6/81a "犛牛" 註）（玄 15/202b、慧 58/619a "犛牛" 註）（玄 16/224b、
慧 64/747b "犛牛" 註）（玄 17/229c、慧 66/782b "犛牛形" 註）（慧 15/696b "犛牛" 註）（慧 35/106a
"白犛拂" 註）（慧 81/22b "犛之毛尾" 註）（慧 100/335a "犛牛" 註）；貓今經文從犬作猫俗
字也（慧 14/678a "貓伺" 註）（慧 24/887a "貓貍" 註）（慧 68/832b "貓貍" 註）（希 3/371b "貓
貍" 註）。

máo 矛: 矛 莫浮反戈矛也（龍 141/04）（玄 1/10b）（玄 1/17c）（慧 17/17b）（玄 11/140a）（慧 56/547b）
（初編玄 568）（玄 18/239b）（慧 73/922b）（玄 19/262c）（慧 56/573b）（玄 21/280b）（玄 22/295a）
（慧 48/380b）（慧 5/491a）（慧 10/585b）（慧 14/672b）（慧 15/691a）（慧 16/710a）（慧 16/722b）（慧
17/729b）（慧 26/955b）（慧 30/1050b）（慧 34/75a）（慧 51/443a）（慧 62/705b）（慧 76/1005a）（慧
89/150b）（希 4/375c）（紹 201b1）；古文戳鉾二形今作矛同（玄 14/191b、慧 59/641b "持鉾"
註）（慧 14/673b "鉾稍" 註）；釾應作矛字也（慧 25/910b "釾稍矛" 註）（慧 29/1025b "鉾攢"
註）（慧 43/253a "釾斧" 註）。//鉾: 鉾 莫侯反與矛同（龍 008/05）（玄 10/135b）（慧 49/400a）
（慧 25/910b）（慧 43/253a）（慧 53/500b）（慧 69/838b）（紹 180a9）；矛又作鉾同（玄 1/10b、慧

17/17b "矛攢" 註）（玄 3/39b、慧 09/561a "矛箭" 註）（玄 21/280b "矛稍" 註）（慧 5/491a "矛攢"

註）（慧 19/776a "鉾稍" 註）（玄 18/239b、慧 73/922b "攢矛" 註）（玄 19/262c、慧 56/573b "矛攢"

註）（慧 62/705b "矛攢" 註）（慧 76/1005a "矛攢" 註）（慧 89/150b "矛楯" 註）； 鍪經文作鉾

非字體也（玄 4/57c、慧 43/272b "兜鍪" 註）； 釪又作矛同（玄 10/135b、慧 49/400a "釪戟"

註）。**釪** 母侯反（慧 51/447b）。**鈺** 莫侯反與矛同（龍 008/05）。//**豞**：**穤**①俗音矛（龍

141/05）。//**戎**：**我** 矛又作戎同（玄 1/10b、慧 17/17b "矛攢" 註）（玄 1/17c "矛稍" 註）（玄

10/135b、慧 49/400a "釪戟" 註）（玄 17/230a、慧 79/930b "攢矛" 註）（玄 18/239b、慧 73/922b

"攢矛" 註）（玄 22/295a、慧 48/380b "攢矛" 註）（慧 5/491a "矛攢" 註）（慧 43/253a "釪斧" 註）

（慧 62/705b "矛攢" 註）（慧 89/150b "矛楯" 註）； 古文戎鉾二形今作矛同（玄 14/191b、慧

59/641b "持鉾" 註）（慧 14/672b "矛稍" 註）（慧 19/776a "鉾稍" 註）（慧 29/1025b "鉾攢" 註）

（慧 60/662b "矛稍" 註）（慧 69/836b "矛攢" 註）（慧 94/230a "矛盾" 註）。**我** 莫侯反戟也同

矛（龍 173/02）； 矛古文戎同（玄 3/39b、慧 09/561a "矛箭" 註）（慧 53/500b "持釪" 註）。**戎**

莫疾反（龍 526/05）； 矛又作戎同（玄 19/262c、慧 56/573b "矛攢" 註）（玄 21/280b "矛稍"

註）。//**鉾**：**鉾** 莫侯反與矛同（龍 8/05）（玄 14/191b）（慧 59/641b）（慧 14/673b）（慧 19/776a）

（慧 29/1025b）（慧 96/261a）（紹 180a9）； 矛古文鉾同（玄 1/17c "矛稍" 註）（玄 3/39b、慧 09/561a

"矛箭" 註）（玄 11/140a、慧 56/547b "攢矛" 註）（玄 17/230a、慧 79/930b "攢矛" 註）（玄 22/295a、

慧 48/380b "攢矛" 註）（慧 14/672b "矛稍" 註）（慧 17/729b "矛戟" 註）（慧 26/955b "矛稍" 註）

（慧 43/253a "釪斧" 註）（慧 51/443a "矛稍" 註）（慧 51/447b "釪箭" 註）（慧 53/500b "持釪" 註）

（慧 89/150b "矛楯" 註）（希 4/375c "矛稍" 註）。

茅： **茅** 莫包反草名菅草也（龍 256/09）（玄 3/33c）（慧 09/565b）（慧 46/335b）（慧 8/538b）（慧

29/1023b）（慧 63/735a）（慧 97/274b）（希 6/396b）（紹 155b1）。**茅** 夘包反（慧 90/172b）。**第**

茅正莫交切又苗音（紹 155b1）。

葬： **葬** 正莫包反又力之反（龍 114/07）（玄 6/81a）（慧 59/646b）（慧 19/784b）（慧 31/7a）（慧 41/208b）

（慧 41/227b）（慧 35/106a）（慧 61/687b）（慧 98/308a）（慧 100/335a）（紹 197b2）； 髦作犛葬同

（慧 13/658b "髦牛" 註）。**葬** 夘包反（慧 62/701b）（紹 167b3）。**犛** 葬正莫交里之二切（紹

①此字構意不明，待考。

167b3)。髳莫包反又力之反（龍 114/07）。髳莫包反又力之反（龍 114/07）（慧 15/696b）

（慧 27/969b）（慧 81/22b）（紹 197b1）。髳莫包反又力之反（龍 114/07）（慧 66/782b）。髳莫

包反又力之反（龍 114/07）。髳又力之反莫包反（龍 114/07）。髳莫交反（龍 547/06）。

髳音茅（玄 14/194a）。髳音茅（希 1/355a）（希 1/359a）（希 9/416c）（紹 167b3）。髳亡包

反（玄 15/202b）。髳卯包反又音毛（慧 13/641b）。髳亡交反（玄 16/224b）（慧 64/747b）

（玄 17/229c）（紹 197b2）。髳髳正貓毛二音又陵之切（紹 197b2）。髳亡包反（慧 58/619a）。

//牦莫包反（龍 114/07）；髳或作氂集從毛作牦者非也（慧 98/308a "髳牛" 註）。//

犕：犕莫包反（龍 114/07）（紹 167b2）。

蟊：蟊音牟又音貓（慧 31/9b）（希 1/356c）。蟊音牟又音貓（慧 31/9b）（慧 31/9b）。蟊莫

候反（慧 83/60b）。蟊謨候反（慧 95/251b）。蟊莫候反（慧 41/218b）。

嗸：嗸音毛（龍 073/09）。

毛：毛莫高反（初編玄 572）（慧 55/546b）（慧 33/68a）。

杍：杍或作音毛（龍 379/02）；杍經從木作杍（慧 64/749b "杍扮" 註）。橇正音毛（龍 379/02）。

髳：髳莫高反（玄 11/145a）；毛經文從馬作髳非也（初編玄 572、慧 55/546b "斷毛" 註）。

旄：旄音毛旄鉞也又音帽狗足旄毛也（龍 125/01）（慧 77/1017a）（紹 145a3）（紹 173a3）；髳

又作旄（慧 19/784b "髳牛" 註）。旄俗音毛（龍 125/02）。//髳：髳俗音毛（龍 134/08）。

髳莫侯反（龍 141/08）。//軞：軞俗莫報反（龍 084/06）。//帺 旄譜從巾作～非

也（慧 77/1017a "幢旄" 註）。

毷：毷俗音毛[1]（龍 134/06）。

髦：髦正音毛選也俊也又髦鬚也（龍 86/05）（玄 4/60b）（慧 52/458b）（慧 13/658b）（慧 26/934a）

（慧 77/1012b）（慧 80/1072a）（慧 82/36b）（慧 82/39a）（慧 84/85b）（慧 92/204b）（希 1/357b）；

髮經文作髦非也（慧 11/618b "髮尾" 註）；鬚今經文作髦非也髦英彥也乖經意（慧

12/624b "朱鬚" 註）；毛今經文從髟音作髦是俊彥之義乖經意非也（慧 33/68a "毛髮"

註）。髦毛音（紹 144b8）。髦俗（龍 86/05）。髦俗（龍 86/05）（玄 2/26b）（紹 144b8）。

髳音毛正作髦（龍 292/01）（玄 11/145a）（慧 75/962b）（慧 75/969b）；髦經文從馬作髳

---

① 《叢考》：此字疑為 "毷（毛）" 字俗訛（614）。

非字體也（慧 52/458b "髦馬" 註）。**𣯩**音毛正作髦（龍 292/01）。//𣯏：**𣯏**髦又作髳同莫高反（玄 4/60b "髦尾" 註）。**𣯏**𣯏古文𣯏同莫高反（玄 2/26b "毦尾" 註）。**𣯏**莫紅反優也毛之離也（龍 088/08）。**𣯏**音毛經音義同髦（龍 88/09）。

mǎo 卯：**卯**古文卯字（慧 19/781b）。**卯**卯古文卯字也（慧 15/685b "賈易" 註）。**卯**玉篇又莫飽反①（龍 303/06）。**卯**音卯（龍 550/05）。

　昴：**昴**正音卯西方星名也（龍 426/09）（玄 1/8b）（慧 17/740b）（慧 18/769a）（紹 171b2）。**昴**古音卯（龍 426/09）。

mào 貌：**皃**貌音（紹 175b1）。**皃**莫効反（玄 12/162c）（慧 75/967a）（慧 14/680a）；貌説文作皃（慧 2/438a "形貌" 註）（慧 5/489a "何貌" 註）（慧 7/523b "形貌" 註）。**皃**又音皃與皃同（龍 431/04）。//貌：**貌**茅豹反古字也（慧 2/438a）（慧 4/458a）（慧 5/489a）（慧 7/523b）（慧 27/964a）（慧 75/971a）（慧 94/241a）（紹 167a2）（紹 173b6）；古文皃貌[皃]二形今作貌同（玄 12/162c、慧 75/967a "爵皃" 註）。**皃**（高 59/655b）。//貌：**狼**俗音皃儀同也（龍 319/06）；貌正墨角切又貌音（紹 167a2）。**狠**俗（龍 319/06）；皃今經中從犬作狠非也（慧 14/680a "顔皃" 註）（慧 27/964a "相貌" 註）。**狼**俗音皃儀同也（龍 319/06）。//貇：**貇**貌或從頁作貇（慧 2/438a "形貌" 註）（慧 4/458a "狀貌" 註）（慧 5/489a "何貌" 註）（慧 7/523b "形貌" 註）（慧 14/680a "顔皃" 註）；古文貌[貇]二形今作貌同（玄 12/162c、慧 75/967a "爵皃" 註）。**貇**俗音皃儀同也（龍 319/06）。//躬：**躬**俗音皃（龍 162/04）。**眼**俗音皃（龍 034/05）。

　軞：**軞**今音皃引也（龍 083/08）。**軞**正（龍 083/08）。

　㮱：**㮱**莫候反（龍 383/04）。

　瞀：**瞀**莫候反瞉瞀也又莫角反目不明也又莫胡反（龍 421/09）。**瞀**矛候反（慧 88/140b）。**瞀**正莫角反目不明也（龍 142/03）（玄 5/66b）（慧 91/193a）（慧 96/263a）。**䅳**正（龍 142/03）。**䅳**俗（龍 142/03）。**瞀**止[忙]搆反（慧 34/88b）。**䅳**俗（龍 142/02）。

　懋：**懋**正莫侯反與茂同（龍 066/09）（慧 30/1051b）（慧 84/82a）（慧 85/96a）（慧 86/112a）（慧 91/187b）（慧 92/199a）（紹 131b2）。**懋**音暮（慧 20/792a）。**愗**俗莫侯反與茂同（龍 066/09）；懋

①參見《叢考》697 頁。

或從矛作㐺（慧92/199a"聲懋"註）。 㞳俗莫侯反與茂同（龍066/09）。 懋俗莫侯反與茂同（龍066/09）。

袤： 袤莫搆反（慧22/838a）（慧77/1022a）（慧81/1b）（慧83/56a）（希2/363c）（希3/370a）（紹147a2）。 䨪袤正莫候莫候二切（紹173b9）。 㡈袤正莫候莫候二切（紹193b2）。

殎： 殎俗音兒（龍515/06）。 殎俗音兒（龍515/06）。

貿： 䝮莫候反（慧19/781b）（慧100/343a）。 貿摸候反（慧19/777a）（慧27/982b）（慧35/106b）（慧39/181b）（慧44/288b）（慧56/575a）（慧64/749a）（慧77/1014a）（慧78/1041a）（慧88/148a）。 貿正莫候反交易也市賣也（龍351/03）（慧46/319a）（慧13/649a）（慧15/685b）（慧57/581a）（慧57/586b）（慧61/691a）（慧80/1068b）。 賀莫候反（慧68/820b）（慧78/1037a）（慧78/1039a）（慧93/218a）（慧96/260b）。 賀今（龍351/03）（玄6/87b）（慧59/634b）（慧5/485a）（慧79/1062a）（紹143a8）。 賀矛候反（慧83/46b）（慧100/331a）（紹143a8）。 貿貿正作賀（慧100/348a"貿香"註）。 貿俗（龍351/03）（慧100/348a）（紹143a8）；賀又作貿同（玄14/186c、慧59/634b"更賀"註）（慧13/649a"貿易"註）（慧19/777a"貿易"註）（慧19/781b"可貿"註）（慧27/982b"賈易"註）（慧39/181b"貿易"註）（慧57/586b"貿賣"註）（慧64/749a"貿鉢"註）（慧68/833b"貿少"註）（慧88/148a"貿眾"註）（慧100/331a"賀鴿"註）（慧100/343a"貿得"註）。 貿俗（龍351/03）。 貿俗（龍351/03）。 貿俗（龍351/03）；賈今隸書從死訛也（慧15/685b"賈易"註）。 貿誤莫候反正作貿（龍314/08）；貿亦作賀（慧68/833b"貿少"註）。 貿莫候反（玄9/119c）（玄14/186c）。 賀莫候反（玄21/277b）；貿經作～俗字也（慧5/485a"貿易"註）。 貿莫候反（玄25/339b）（慧71/895b）（慧68/833b）（希3/371b）（希4/376b）；貿經從夘作賀非也（慧35/106b"賈莽娑"註）。

鄮： 鄮矛候反（慧80/1083b）（慧81/1b）（慧89/156a）。 鄮正莫佚反玉篇又音牟（龍456/04）（慧98/298b）。 鄮俗莫佚反玉篇又音牟（龍456/04）。 鄮莫候反（慧90/177b）（紹169a7）；鄮録文作鄮俗字也（慧80/1083b"鄮縣"註）。

茂： 茂莫候反韻英音為摸布反（慧4/459b）（慧21/812b）（紹155b5）；懋或從草作茂訓用亦同也（慧20/792a"爰懋"註）。 茂眾經音作莫候扶廢二切臨文詳用（紹203b8）。 茂正莫候反又莫布反（龍261/03）。 茂俗莫候反又莫布反（龍261/03）（紹155b5）。 茂眾經音並作莫候扶發二切臨文詳用（紹155b5）。

冒：**冒** 亡報反（玄13/170c）（慧16/725b）（慧41/210a）（希1/355b）；帽字書正作冐（慧92/201b
"帽簪" 註）（希9/415a "金帽" 註）。**冐** 莫報反又莫北反（龍428/02）（紹136a3）；帽本作
冒今隸書從巾冒聲也（慧14/669b "鞾帽" 註）。**冐** 冐今皆作冒（玄10/133a、慧49/407b
"千冐" 註）（玄12/159c、慧53/484b "冐突" 註）；兒經文作冒覆之冒假借也（玄12/162c、
慧75/967a "爵兒" 註）。

冐：**冐** 音墨突前也（龍346/06）（玄10/133a）（慧49/407b）（玄12/159c）（慧53/484b）。**冕** 正玉
篇莫勒反郭迻又俗蒙目二音（龍430/01）。**冐** 正玉篇莫勒反郭迻又俗蒙目二音（龍
430/01）。

冃：**冃** 莫報反（龍525/04）。// 帽：**帽** 毛報反（慧83/54a）（慧89/161a）（慧92/201b）（希9/415a）。
帽 借音貌（龍玄18/238c）；冐文字集略從巾作～亦同（慧41/210a "蘇莫遮冐" 註）（希
1/355b "蘇莫遮西" 註）。**帽** 借音貌（慧73/921b）（慧14/669b）（慧65/766a）。// 褐：**褐** 莫
報反（慧59/635b）；帽經從衣非也（慧65/766a "有帽" 註）（慧92/201b "帽簪" 註）。**褐** 莫
報反（玄14/187b）；帽或作褐（慧14/669b "鞾帽" 註）。

淯：**淯** 莫報切（紹186b2）。

愲：**愲** 瞪瞀論文作憕愲非也（玄17/227b、慧67/814a "瞪瞀" 註）。**帽** 俗莫報反（龍061/08）。

娟：**娟** 冒寐二音夫妭婦也（龍283/08）。

瑁：**瑁** 音妹瑇瑁也（龍437/06）（玄11/145a）（慧52/458a）（慧31/16b）（紹140b10）。**瑁** 音妹
（慧100/334a）。// 蝐：**蝐** 瑇瑁今作蝐蝐二形（玄11/145a、慧52/458a "瑇瑁" 註）。//
瑁：**瑁** 或作音妹瑇瑁（龍541/07）。**瑁** 瑇瑁古文作瑇瑁二形同（玄11/145a、慧52/458a
"瑇瑁" 註）。

瞀：**瞀** 莫報反（龍422/03）（慧74/954b）（玄17/227b）（慧67/814a）；兒又作瞀（玄12/162c、慧
75/967a "爵兒" 註）。**瞀** 莫報反（玄12/157c）。

耗：**耗** 毦今作耗同莫報反（玄3/35a "衰毦" 註）（玄5/72a、慧34/86b "瘦毦" 註）（玄25/333b
"衰毦" 註）。**耗** 又毛音（紹145a3）；毦今作耗同（玄1/3a、慧20/802b "衰毦" 註）（慧09/568a
"衰毦" 註）（玄14/186a、慧59/633b "老毦" 註）（玄17/232a、慧70/857a "衰毦" 註）（玄22/289a、

慧 48/372a "眊熟" 註）（慧 71/884a "衰眊" 註）。**秏**俗莫告反（龍 135/8）；古文毫眊二形
今作〜同（玄 22/289a、慧 48/372a "眊熟" 註）。

芼：**芼**今音毛菜也（龍 253/08）（慧 64/749b）（紹 155b7）。**菤**或作（龍 253/08）。**芼**俗音毛（龍
255/02）。

眊：**眊**莫報莫角二反（龍 421/08）（龍 136/08）；瞈經文作眊非也（玄 5/72a、慧 34/86b "眼
瞈" 註）。**眊**眊正莫報切（紹 175b1）。

薹：**薹**莫報反老薹與毷同（龍 262/5）；毷或作薿薹皆古字也（慧 5/487a"衰毷"註）（慧 17/729a
"老毷" 註）（慧 29/1026a "老毷" 註）（慧 78/1046b "西毷" 註）（慧 96/267a "毷薹" 註）。**薹毷**
説文作薹古字（慧 90/171b "應毷" 註）。**薹**莫報反（玄 5/72a）（慧 34/86b）；毷古文毫同
（玄 1/3a 慧 20/802b "衰毷" 註）（玄 14/186a "老毷" 註）（玄 17/232a、慧 70/857a "衰毷" 註）（玄
22/289a、慧 48/372a "毷熟" 註）（玄 25/333b、慧 71/884a "衰毷" 註）。**薿**俗（龍 338/7）。//

毷：**毷**正莫告反惛也老也八十九十曰毷（龍 135/09）（慧 59/633b）（玄 17/232a）（慧 70/857a）
（玄 21/277a）（玄 22/289a）（慧 48/372a）（玄 25/333b）（慧 71/884a）（慧 3/443a）（慧 5/487a）（慧
12/637b）（慧 15/688b）（慧 16/709b）（慧 17/729a）（慧 29/1026a）（慧 78/1038a）（慧 78/1046b）（慧
90/171b）（慧 100/344b）（紹 145a5）；毷古文毷形（玄 5/72a、慧 34/86b "瘦毷" 註）。**毷**正
莫報反老毷也（龍 338/7）（玄 14/186a）；古文毫毷二形今作秏同（玄 1/3a、慧 20/802b
"衰毷" 註）。**毷**俗（龍 135/8）（慧 96/267a）。**莩**俗（龍 338/7）。**毷**俗（龍 135/8）。**毷**俗
（龍 135/8）。//**幬**：**薹**莫報反（龍 136/02）。**幬**莫報反（龍 139/06）。//**薿**：**薿**俗莫報
反正作毷（龍 323/8）；毷或作薿薹皆古字也（慧 5/487a "衰毷" 註）（慧 29/1026a "老毷"
註）（慧 78/1046b "西毷" 註）（慧 96/267a "毷薹" 註）。//**眊**正作毷（龍 431/8）（紹 145a5）。
//**薹**毷經文作薹形誤也（玄 5/72a、慧 34/86b "瘦毷" 註）。**毷**毷經文作毷形誤也（玄
5/72a、慧 34/86b "瘦毷" 註）。

毸：**毸**音帽鳥毛盛也（龍 149/06）。

覒：**覒**莫報反邪視也（龍 136/02）（龍 345/08）。**覒**（龍 136/02）。**覒**莫報反邪視也（龍
345/08）。

毲：**毲**莫報反鳥輕毛也（龍 136/02）。

mei

méi 枚：**枚** 莫回反（龍 377/04）（慧 29/1023b）（慧 75/962b）。

玫：**玫** 字林莫回反玫瑰（玄 1/18b）（慧 09/570b）（玄 6/80c）（慧 27/968b）（慧 54/521b）（紹 140b10）。

玫 莫回反玫瑰（龍 432/05）（玄 3/36b）（慧 25/911b）（慧 86/103a）。//瑇：**瑇** 梅音（紹 140b10）。

梅：**坆** 古文音梅字[1]（龍 246/10）。

莓：**莓** 妹裴反（慧 94/229b）（紹 155b8）。**莓** 梅輩反（慧 99/322a）。**莓** 莓或作藑也（慧 99/322a "紅莓" 註）。

埬：**埬** 音梅玉篇埬野地名（龍 247/04）。**埬** 音梅《玉篇》埬野地名（龍 247/04）。

脢：**脢** 正梅妹二音脊側之肉也（龍 408/01）。**脄** 或作（龍 408/01）。**胇** 俗（龍 408/01）。

鋂：**鋂** 音梅大環也（龍 013/01）。

媒：**媒** 莫来反（玄 22/298a）（慧 48/385b）（慧 11/613a）（慧 60/665b）（慧 63/741b）（希 10/420c）（紹 141b7）。

禖：**禖** 莫盃反（龍 109/09）（玄 4/52a）（慧 31/23b）。

煤：**煤** 今莫回反（龍 239/05）（玄 15/201b）（慧 58/617a）（紹 190a3）。**燘** 或作莫回反（龍 239/05）。//烸：**烸** 俗梅每二音[2]（龍 240/01）；食煤律文作爐烸非體也（玄 15/201b、慧 58/617a "食煤" 註）。

酶：**酶** 莫回反醋別名也（龍 309/10）。

眉：**眉** 美飢反（玄 5/71c）（慧 34/86b）（慧 75/974b）。**睂** 古文音眉（龍 419/01）（龍 547/07）。**睂** 莫丕反（希 6/397a）。**睂** 籒文音眉（龍 419/01）（龍 547/07）。//**毘** 俗音眉（龍 134/05）；眉經文作毘非也（玄 5/72a、慧 34/86b "眉毛" 註）。//睸：**睸** 俗音眉（龍 161/02）。

郿：**郿** 音眉縣名（龍 453/07）（慧 90/170a）。

湄：**湄** 音眉水如眉臨目也又水草交曰湄也（龍 230/02）（慧 89/160b）（紹 186b5）；濿律文作湄非字體也（玄 15/209b、慧 58/610b "青濿" 註）。//濖：**濖** 音眉（龍 230/02）。**濂** 濿

---

①參見《疏證》126 頁。
②《龍龕手鏡研究》：為 "煤" 的換旁俗字（229）。

律文作～非字體也（玄 15/209b、慧 58/610b "青溦" 註）。

堳：**塇**正音眉土埒要也（龍 248/02）。**堳**今音眉土埒要也（龍 248/02）。

嵋：**嵋**音眉山名（龍 074/02）（慧 89/164b）。

瑂：**瑂**今音眉石似玉也（龍 435/04）。**瑂**古文（龍 435/04）。

楣：**楣**靡飢反（玄 7/96c）（慧 19/779b）（玄 15/202c）（慧 58/619a）（玄 15/210c）（慧 58/623a）（玄 16/218a）（慧 65/769b）（慧 83/64a）（慧 97/276b）（紹 159a3）。**楣**音眉（龍 376/07）。**楣**俗音眉（龍 210/07）（紹 134a7）。

鞒：**鞒**俗音眉（龍 447/03）（玄 20/266b）（紹 140a7）。

溦：**溦**無悲反（玄 15/209b）；麋字體作溦（初編玄 827 "麋生" 註）。**溦**無悲反（慧 58/610b）。**溦**今音眉草生水垂兒或作黴溦藜垢腐兒（龍 26/02）。**溦**無悲反（慧 58/605b）。

瞸：**瞸**眉微二音伺視也（龍 418/07）。

黴：**黴**今莫悲反黴藜垢腐兒又音妹點筆也（龍 496/06）（玄 15/206b）。**黴**俗（龍 496/06）。**黴**正音眉草生水垂兒或作黴溦藜垢腐兒（龍 026/02）。//霉：**霉**俗音眉正作黴（龍 306/10）。

塺：**塺**武該武賀二反（玄 12/165c）（慧 75/979a）。**塺**莫卧反塵也（龍 301/04）。**塺**俗音摩正作塺塵也（龍 470/06）。

麋：**麋**靡碑反（慧 82/27a）。**麋**今美為反稗別名也（龍 299/03）；床字體作麋同（玄 2/31b "粟床" 註）。**麋**正（龍 299/03）。**麋**床字體作麋同（玄 2/31b "粟床" 註）（玄 14/194c、慧 59/647a "床米" 註）（慧 26/950a "粟床" 註）；麋今俗用或從禾從麻並非也（慧 82/27a "麋黍" 註）。**床**俗（龍 299/03）（玄 2/31b）（玄 14/194c）（慧 59/647a）（慧 26/950a）（紹 193b5）。

蘪：**蘪**音眉蘪蕪香草即茳蘺也（龍 255/10）（慧 86/112a）。**蘪**蘪正忙皮切（紹 154b10）。

měi 每：**每**莫載反字林莫改反（玄 6/81a）（玄 25/334b）（慧 71/886a）（慧 27/970a）。

美：**美**美字説文從羊從大經從父作美非也（慧 10/598a）（慧 14/669a）（慧 15/692b）（慧 21/820a）。**美**（中 62/719a）。

媄：**媄**正音美（龍 282/03）（玄 6/90c）（玄 6/91a）。//**嬍**或作（龍 282/03）。

稦：**稦**音美（龍 145/03）。

燗：燗音賄熱皃又音每燗爛也香嚴又俗音憫（龍 241/10）。

穤：穤莫亥莫代二反禾傷雨也（龍 145/06）。

脄：脄音每豆碎箕也（龍 359/07）。

媺：媺音美古美字也（慧 1/411a "紃滑" 註）。

mèi　妹：妹每背反（慧 3/445a）。

沬：沬未昧二音（紹 188a7）。

跊：跊跊正昧音（紹 137a4）。

昧：昧莫盖反（玄 3/32c）（慧 09/564b）（玄 3/34a）（慧 09/566a）（玄 6/78b）（玄 23/319a）（慧 6/515a）（慧 22/842a）（慧 40/190b）（慧 51/444a）（希 10/420b）。

寐：寐米二反安也臥也息也睡也（龍 157/04）（慧 70/872b）（慧 5/477b）（慧 10/587b）（慧 14/673a）（慧 19/785a）（慧 23/871a）（慧 23/875b）（慧 24/893b）（慧 41/224b）（慧 51/445b）（慧 77/1029a）（希 2/362a）（希 3/368c）（希 7/401c）（紹 194a4）。寐寐正蜜二切（紹 194a4）。寐俗同上［寐］（龍 157/04）。寐亡庇反（玄 23/313c）（玄 24/326c）（希 1/358a）；寐經中有從穴下作～非正體字也（慧 5/477b "瘹寐" 註）。寐俗莫庇反正作寐（龍 509/05）。寐舊藏作寐（龍 509/05）。寐俗莫庇反正作寐（龍 509/05）（紹 194b5）；寐或從忄 （慧 5/477b "瘹寐" 註）（慧 14/673a "寐瘹" 註）（慧 51/445b "昏寐" 註）。寐寐正無沸切（紹 194b5）。寐俗莫庇反正作寐（龍 509/05）。寐俗弥二反（龍 509/09）。

酛：酛音昧（龍 347/08）。

魅：魅眉祕反（慧 22/845b）。彲正眉秘反（龍 323/08）（慧 5/484a）（慧 24/894a）（慧 75/966a）（慧 100/341b）（紹 198b3）；古文魅魆二形今作彲同（玄 6/83b "魖魅" 註）（慧 3/450b "魅著" 註）（慧 3/453b "魅著" 註）（慧 10/593a "鬼魅" 註）（慧 12/623b "媄魅" 註）（慧 27/974b "魖魅" 註）（慧 41/214a "魖魅" 註）（慧 39/182a "魔魅" 註）（慧 87/121b "鬼魆" 註）。// 魅正眉秘反（龍 323/08）（玄 6/83b）（玄 25/339a）（慧 71/894b）（慧 2/432b）（慧 3/450b）（慧 3/453b）（慧 10/593b）（慧 12/623b）（慧 27/974b）（慧 29/1023a）（慧 35/97a）（慧 41/214a）（慧 39/182a）；古文魅魆二形同（玄 1/17b "鬼魆" 註）（玄 25/339a、慧 71/894b "魖魅" 註）（慧 22/845b "鬼彲" 註）（慧 87/121b "鬼魆" 註）；彲或從未作魅（慧 75/966a "彲魖" 註）（慧 100/341b "精

彰"註）。魅古眉秘反（龍 323/08）（玄 1/17b）（慧 87/121b）；魅又作魅魅二形同（玄 25/339a、

慧 71/894b "魑魅" 註）（慧 2/432b "鬼魅" 註）（慧 3/450b "魅著" 註）（慧 100/341b "精彰" 註）。

魅古文魅今作彰同（玄 6/83b "魑魅" 註）。魅俗眉秘反（龍 323/08）。//魅俗眉秘

反（龍 323/07）。魅俗眉秘反（龍 323/07）。魅俗眉秘反（龍 323/07）。//魅俗眉秘

反（龍 323/07）。魅俗眉秘反（龍 323/07）。//魅俗眉秘反（龍 323/07）。//魅俗

眉秘反（龍 323/07）。魅俗眉秘反（龍 323/07）。魅正媚音（紹 198b3）。//袂：袂

蠻八反（慧 36/125a）；鬼魅或作鬼袂（慧 2/432b "鬼魅" 註）（慧 3/450b "魅著" 註）（慧 24/894a

"咸綜鬼彰" 註）（慧 87/121b "鬼魅" 註）。//魅俗音古[1]（龍 323/06）。

眒：眒音末不正視又莫拜反～眼尣視也（龍 423/06）。

媚：媚縻秘反（慧 41/224b）（希 3/370a）（紹 141b8）；魅經從女作媚非也（慧 35/97a "鬼魅"

註）（慧 100/341b "精彰" 註）。媚俗音媚（龍 283/06）。

煝：煝音媚焙熱也（龍 243/07）。

袂：袂弥蔽反（龍 106/05）（玄 10/131c）（慧 49/405b）。袂弥閉切（紹 168b7）。

癏：癏梅輩反（慧 99/328b）。癏誨妹二音老病也（龍 476/01）（慧 98/303b）。

men

mén門：門正莫奔反門戶也又問也聞也字從兩戶合為門也（龍 091/03）。門今（龍 091/03）

（希 8/406b）。//閅：閅舊藏作門（龍 092/07）。

捫：捫音門（龍 206/8）（玄 1/4c）（玄 3/34a）（玄 3/48a）（玄 9/121c）（玄 10/136c）（玄 14/185a）

（玄 21/283c）（玄 22/287b）（慧 8/545b）（慧 09/566a）（慧 10/595a）（慧 15/698b）（慧 16/711a）（慧

16/720a）（慧 16/723b）（慧 20/805a）（慧 22/845b）（慧 24/898b）（慧 33/59a）（慧 38/162b）（慧 41/228b）

（慧 46/323a）（慧 47/342a）（慧 48/370a））（慧 59/632a）（慧 78/1045b）（慧 88/144b）（慧 93/215b）

（慧 96/260a）（希 1/359b）（希 2/363a）（希 3/373a）（希 6/395a）（希 7/401a）（希 9/412c）（紹 132a4）；

扠律文或作捫（玄 14/188a、慧 59/636b "摩扠" 註）（玄 21/285b "扠淚" 註）（慧 18/763b "扠

足" 註）。

[1] 《字典考正》457 頁。

莔： 莔 俗音門 （龍 255/05）。

璊： 璊 音門玉色赤也 （龍 435/09）。

毷： 毷 音門毛飾也 （龍 135/03）。

頣： 頣 今音門頭名殟～又無所知也 （龍 483/04）。 //頥： 頥 或作 （龍 483/04）。

mèn 悶： 悶 莫困切 （紹 195a6）。

懣： 懣 今莫本莫短二反煩也憒也愁悶也 （龍 066/02）。 懣 滿音又母本切 （紹 131b6）。 懣

莫本反 （玄 8/115c） （慧 34/80b） （玄 12/164c） （玄 13/181b） （慧 54/519a） （慧 57/580b） （慧 66/799b）

（慧 87/117b） （希 10/419a）。 //㦖： 㦖 古 （龍 066/02）。 懣 懣古文㦖同 （玄 8/115c "苦懣"

註） （玄 12/164c "惱懣" 註） （玄 13/181b、慧 54/519a "憂懣" 註） （慧 87/117b "憒懣" 註） （希 10/419a

"憒懣" 註）。

虋： 虋 正 （龍 253/10）。 虋 今門尾二音尒疋云赤梁粟也 （龍 253/10）。 虋 俗 （龍 253/10）。

meng

méng 甿： 甿 莫耕反 （龍 152/09） （慧 11/603b） （慧 60/654b） （紹 196b8）。 甿 麥耕反 （慧 88/143a）。

蝱： 蝱 莫耕反 （慧 3/441b） （慧 13/659a） （慧 16/716b） （慧 19/773a） （慧 29/1023a） （慧 41/218b）

（慧 51/451a） （希 1/356c） （希 4/376a）； 蝱正從蝱盲省作蝱 （希 5/388b "蚊蝱" 註）。 蝱 今

武庚反 （龍 219/04） （慧 6/510b） （慧 32/29a） （慧 79/1056a） （希 6/393c）。 //虻： 虻 莫耕

反 （慧 13/651a） （希 5/388b） （紹 163b10）； 蝱正體字也俗作～ （慧 29/1023a "蚊蝱" 註）。

蝱 麥耕反 （慧 37/142a）； 蝱經作虻 （慧 51/451a "蚊蝱" 註） （慧 79/1056a "蠹蝱" 註）。

蝱 古武庚反 （龍 219/04） （慧 15/699b） （希 7/402a）。 蝱 古武庚反 （龍 219/04）。 虻 蝱

經文作虻非也 （慧 16/716b "蚊蝱" 註）。 //蝐： 蝱經文作蝐非也 （希 6/393c "蚊蝱"

註）。

氓： 氓 音萌 （慧 82/40b） （慧 93/217a） （紹 176b4）； 萌古文氓同 （玄 1/2b "群萌" 註） （慧 20/801b

"群萌" 註） （玄 6/86c "羣萌" 註） （玄 25/339b、慧 71/895a "萌牙" 註） （慧 22/839b "群萌" 註）

（慧 27/981b "羣萌" 註）。 氓 麥耕反 （慧 84/77b） （慧 91/184a） （慧 97/289a）。 岷 麥耕

反 （慧 95/256a）。 珉 氓集作珉俗字 （慧 97/289a "氓俗" 註）。

瞙：瞙莫耕反眼作媚也（龍 418/06）。

萌：萌莫耕反（慧 27/981b）。萌麦耕反（玄 1/2b）（玄 6/86c）（玄 25/339b）（慧 20/801b）（慧 22/839b）（慧 54/513b）（慧 71/895a）。

盟：盟音明誓約也又音孟盟津河也（龍 328/04）（慧 09/563a）（初編玄 568）（慧 73/919b）（紹 173a7）。盟靡京反（慧 09/563a）（玄 18/249b）。盟俗明孟二音正作盟（龍 425/06）。

夢：夢音萌芳可為彗也（龍 258/06）。

儚：儚香嚴音亡僧反惛也（龍 23/08）（玄 1/11b）（慧 17/746a）。

㺱：㺱音蒙似豕也（龍 320/08）。

冡：冡莫紅反覆也與冡同（龍 329/08）。冡俗尨蒙二音（龍 329/08）。

蒙：蒙莫公反（玄 3/34a）（慧 09/566a）（玄 13/178c）（慧 54/525b）（玄 23/319a）（玄 25/337c）（慧 71/891b）（慧 21/826a）（慧 22/842a）（慧 22/854a）（慧 51/444a）；瀧涷經文作蒙空非體也（玄 8/113c "瀧涷" 註）（慧 16/714a "瀧涷" 註）。蒙新藏作蒙（龍 254/03）。

濛：濛末東反（慧 80/1071b）（慧 87/125a）（慧 95/250b）（慧 97/273b）。濛音蒙（慧 81/15a）（慧 83/55b）（慧 83/65b）（慧 90/174a）（紹 186b7）。濛莫孔反又平聲（龍 230/10）。//霥：霥音蒙霥霥小雨也（龍 306/07）。

曚：曚俗音蒙（龍 266/08）。

懞：懞蒙孔反（慧 17/732a）。懞蒙字上聲（慧 62/710a）。懞懞經作蒙或作懞並俗字也（慧 17/732a "懞鈍" 註）（慧 62/710a "一懞" 註）。

幪：幪幪正蒙音（紹 130b1）。

檬：檬音蒙似槐葉黃（龍 374/05）。

曚：曚莫孔反又俗音蒙（龍 426/07）（紹 170b9）；蒙籠經文作曚曨（玄 13/178c、慧 54/525b "蒙籠" 註）（玄 23/319a "蒙昧" 註）（慧 51/444a "蒙昧" 註）；曚譜從日作曚書誤也（慧 77/1019a "曚曚" 註）（慧 95/247b "曚瞽" 註）。曚蒙字體作～同莫公反（玄 3/34a、慧 09/566a "蒙昧" 註）。

矇：矇音蒙（慧 86/108a）（紹 142a10）。矇正音蒙矇瞽也（龍 417/05）（慧 43/274a）（玄 5/72c）（慧 33/59a）（慧 79/1057b）；蒙又作矇同（玄 25/337c、慧 71/891b "愚蒙" 註）。矇木紅

反（慧 55/530a）（慧 77/1019a）（慧 95/247b）。𥉊 俗音蒙（龍 417/05）（玄 4/58c）。

朦：矇 蒙籠經文作矇曨［矇曨］（玄 13/178c、慧 54/525b "蒙籠" 註）。

艨：艨 莫紅反艨艟戰舩也又莫弄反（龍 131/05）。

饛：饛 音蒙盛食滿皃也（龍 500/03）。

䊤：䊤 正莫紅反麴生衣皃也（龍 505/02）。𪎭 俗（龍 505/02）。

䯅：䯅 莫紅反馬垂～也（龍 088/07）。

騱：騱 正音蒙驢子～也（龍 292/02）。//騱：騱 俗（龍 292/02）。

鸏：鸏 音蒙～鸏水鳥也（龍 287/10）。

瞢：瞢 正莫登反目不明也又音夢雲瞢也（龍 257/01）。瞢 莫崩反（玄 4/52b）（玄 4/54c）

（慧 34/90b）（玄 4/59c）（玄 5/71c）（慧 34/86a）（玄 8/116a）（玄 9/129b）（慧 46/337b）（玄 12/157a）

（慧 52/479a）（玄 19/261a）（慧 56/570b）（玄 22/303a）（慧 48/393a）（玄 24/329a）（慧 70/876b）

（玄 25/332b）（慧 71/882a）（慧 25/915b）（慧 26/930b）（慧 32/37a）（慧 41/228b）（慧 36/116b）

（慧 51/441a）（慧 54/507b）（慧 57/580a）（慧 67/801b）（慧 68/827a）（慧 72/900b）（希 1/359b）；

懵亦作瞢（慧 31/25a "懵憒" 註）（慧 66/784b）（慧 88/146b "理懵" 註）（紹 154a4）；瞪瞙

宜作薱瞢（玄 17/227b、慧 67/814a "瞪瞙" 註）。薱 墨崩反（慧 42/242b）（慧 42/247b）（慧

53/497b）；瞢或作～（慧 51/441a "瞢眛" 註）。瞢 古（龍 257/01）。瞢 俗（龍 257/01）。

瞢 俗（龍 257/01）。瞢 俗（龍 257/01）。//薱：薱 莫鄧力鄧二反薱瞢（龍 261/09）。

//瞙：瞙 俗莫登反正作瞢（龍 417/09）（紹 142b9）；懵亦作瞢經作瞙誤也（慧 31/25a

"懵憒"）（慧 30/1036b "瞪懵" 註）（慧 100/341b "瞪懵" 註）。瞙 瞢經本從日作～非也（慧

42/242b "瞪瞢" 註）。瞙 俗莫登反正作瞢（龍 417/09）。瞙 俗莫登反正作瞢（龍 417/09）

（玄 5/65a）（玄 20/265b）；瞢經作～誤也（慧 32/37a "瞢伽" 註）。瞙 莫崩反（慧 42/248b）。

瞙（玄 8/116a "瞢伽" 註）。瞙 俗莫登反正作瞢（龍 417/09）。瞙 俗莫登反正作

瞢（龍 417/09）。瞙 俗莫登反正作瞢（龍 417/09）。

甍：甍 麥耕反（慧 32/31a）（慧 53/488b）（慧 82/36a）（慧 83/51b）（慧 85/94b）（慧 92/202b）（慧

94/237a）（慧 98/300b）（希 2/363c）。甍 正音盟（龍 258/06）。甍 麥耕反（慧 88/139b）。

甍 通音盟（龍 258/06）（慧 51/437b）。甍 俗音盟（龍 258/06）。甍 音萌（龍 258/10）（慧

32/31a）（紹156a3）。//欓：欓莫耕反屋棟也與薨同（龍377/05）。

篛：篛莫耕反竹筍也（龍388/09）。

罞：罞蒙旻第三音麋罞也（龍329/07）。

薨：薨莫耕莫登二反尔疋云存存薨薨在也（龍258/06）。

鄳：鄳今音盲縣名（龍454/02）。鄳俗通（龍454/02）。鄳或作（龍454/02）。//鄳：鄳音盲（龍454/03）。隖俗音皿（龍297/03）。

měng 黽：黽音猛蛙屬（龍340/06）。黽弥忍反（龍360/08）。黽母耿切（紹201a4）。黽俗音猛正作黽蛙属也（龍536/06）。黽（龍536/06）。黽（龍536/06）。黽（龍536/06）。黽（龍536/06）。竃音猛（龍157/02）。竈古文音猛（龍130/01）。竈音猛（龍340/09）。

䁳：䁳正莫耕反䁳盯直視兒也又音猛（龍418/02）。䁳俗（龍418/02）。䁳俗（龍418/02）。

䲞：䲞音猛魯邑名也（龍340/09）。

勐：勐莫杏反與猛義同（龍517/03）（慧80/1074b）（慧94/231b）。

浨：浨莫梗反①（龍232/04）。

猛：猛盲獷反（慧11/613a）；勐俗猛字也（慧94/231b“僧勐”註）。猛音猛（龍328/08）。猛猛音猲非（紹173a9）。//猛：猛俗音猛（龍241/09）。

蜢：蜢正音猛（龍223/04）（玄12/166c）（慧55/546a）。蜢俗音猛（龍223/04）。

艋：艋音猛舴艋小魚舟也（龍133/06）。

蠓：蠓莫孔反（龍222/09）（慧66/799a）。蠓蒙董反（慧69/841b）。

懵：懵莫登反惛也悶也憨也又莫孔反（龍053/01）（慧31/25a）（慧30/1036b）（慧42/245a）（慧87/124a）（慧88/146b）（慧92/200b）（慧100/341b）（慧100/347b）（紹130a6）；懵又作懜（慧31/25a“懵憒”註）；懵經文有作懜非體也（玄4/54c、慧34/90b“蘉懜”註）（玄19/261a、慧56/570b“蘉懜”註）。懵墨崩反（慧10/592b）。//懜：懜懵説文作懜（慧87/124a“多懵”註）。

潹：潹古文莫孔反～瀎無知也又與瀎同（龍230/10）。潹俗（龍230/10）。潹莫董反（玄8/113c）。潹莫董反（慧16/714a）。

①參見《字典考正》137頁。

mèng 夢： **夢**莫貢反（玄 20/265c）（慧 1/416b）（希 1/358a）（紹 155b5）；**癆**經文作夢省略也（慧 29/1018a "睡癆" 註）（希 7/401c "癆寐" 註）。**夢**舊藏作夢（龍 263/01）。

薨： **薨**音夢薨趍疲行皃也（龍 464/03）。

癆： **癆**蒙貢反（慧 29/1018a）（希 7/401c）（紹 194a5）；夢正作～（慧 1/416b "夢境" 註）（希 1/358a "夢寐" 註）。**寢**音夢夢不明也寐而有覺曰癆寐中神遊也（龍 157/03）。**窮**俗 音夢正從宀作（龍 509/04）。**癆**俗（龍 509/04）。**寰**俗（龍 509/04）。

懜： **霧**莫鳳反（龍 308/06）。

孟： **盂**音孟（龍 329/01）。

眮： **眮**音孟～盯瞋目皃也（龍 421/09）。

溫： **溫**音孟溫津河又平上二聲（龍 235/06）。**溫**（龍 235/06）。

壕： **壕**莫弄反云穀也（龍 251/02）。

㩱： **㩱**莫貢反（龍 214/07）。

鎍： **鎍**音夢（龍 018/06）。**鎍**同上（龍 018/06）。

鐍： **鐍**武鄧反玉篇鐶也（龍 018/09）。//鐍： **鐍**武亘反重鐶也（龍 018/01）。

mi

mí 采： **采**音弥入也冒也周行也（龍 536/04）。

迷： **迷**舊藏作迷又郭氏俗呼角反（龍 489/09）（紹 138a8）。**迷**莫奚反（希 8/410a）；麛音 迷經中皆作迷也（慧 58/618a、初編玄 695 "麛魚" 註）。

謎： **謎**迷細反（慧 48/372b）（慧 36/117b）（紹 185a8）。**謎**莫計反愳言也（龍 47/08）（玄 1/9a） （慧 17/742b）（玄 6/90b）（玄 21/282c）（玄 21/286b）（玄 22/289b）（紹 185a8）。**傂**[1]莫計反**傂** 他也（龍 036/03）。

洣： **洣**綿婢反（龍 232/05）。**瀰**綿婢反（龍 232/05）。**瀰**迷以反（慧 85/89b）；渧或作瀰（慧 13/657a "渧泣" 註）。

眯： **眯**音眯[弥]玉篇眇目貌也（龍 419/05）。//瞇： **瞇**（龍 419/05）。

① 《疑難字考釋與研究》：即 "傂（謎）" 字俗寫（30）。

彌： 彌音弥（龍 150/02）。彌音弥益也久也長也（龍 150/02）（慧 88/136b）（慧 88/142a）。彌音弥（龍 150/02）。彌俗音弥又經音義音薔在放光般若第一①（龍 150/01）。//瓕： 瓕彌説文正作瓕俗作弥（慧 88/136b "彌貞" 註）。弥音迷（玄 2/31b）（玄 5/68b）（慧 21/812a）（慧 22/840a）（慧 22/840a）（慧 22/842b）（慧 80/1083a）；彌俗作弥（慧 88/136b "彌貞" 註）（慧 88/142a "彌濃" 註）。孙音弥同（龍 151/02）。珍彌正（紹 145b3）。

攔： 揄正音弥攔狗山名也（龍 209/09）。攔或作音弥攔狗山名也（龍 209/09）。捺音彌②（龍 209/04）。

瀰： 泺音弥（龍 229/07）（玄 4/59c）（紹 187b2）。瀰弥弭二音又乃礼切（紹 187b1）。//洋： 洋音弭川韻流水貌（龍 232/06）。瀰音礼水流皃也（龍 232/05）。

瓕： 瓕今音彌長久也（龍 087/02）。瑜俗（龍 087/02）。

鯀： 鯀俗音彌③（龍 166/09）；弥經文從魚作鯀非也（玄 8/116a "垊弥" 註）（慧 32/47a "坻彌" 註）。

獼： 狝音弥（龍 317/03）（慧 11/608a）（慧 20/800b）（希 8/408a）。狖弥録文從犬作狖俗字也（慧 80/1083a "弥猴" 註）。

鷎： 鷎弥絕二音鳩鳥名一名沈鳧似鴨而小也（龍 287/05）。

043： 弥俗音弥（龍）（慧 43/259b）。

床： 床秫經作床非也（慧 34/88a "粟秫" 註）。

傺： 傺文彼反～～猶遲也（龍 497/06）。

縻： 縻美為反繫絆也（龍 299/03）（慧 80/1075b）（慧 80/1086a）（紹 193b5）。

鄗： 鄗文悲反（龍 258/08）（慧 98/295b）；霏鄗論文並從草作～鄗俗字也（慧 51/437b "霏鄗" 註）。

糜： 糜正美為反糜粥也（龍 299/03）（玄 8/113a）（玄 18/242c）（慧 16/712b）（慧 68/829a）（慧 94/240b）（慧 95/254b）（紹 193b5）；糜論文糜非體也（初編玄 827 "糜生" 註）。糜俗（龍 299/03）。//糜： 糜糜正忙皮母被二切（紹 196b1）。糜糜正體從米作～形聲字也（慧 16/712b

---

①參見《龍龕手鏡研究》200 頁。
②參見《疑難字考釋與研究》128 頁。
③參見《龍龕手鏡研究》207 頁。

“麋盡”註）。

麋：麋美為反麋爛也（龍 240/07）。

麋：麋亡皮反（玄 17/228c）（慧 67/816b）（初編玄 827）（慧 72/912b）（慧 11/617b）（慧 33/58b）（慧 40/199a）（慧 60/666b）（慧 62/712a）（慧 74/957b）（慧 88/149a）（慧 100/332a）（紹 193b5）（紹 196b1）。麋正武悲反（龍 520/04）（玄 4/51c）（慧 31/23b）（玄 8/115c）（玄 11/146c）（慧 52/461a）（玄 13/173c）（慧 31/15b）。麋俗武悲反（龍 520/04）。

鑋：鑋正音弥青州人呼鐮也（龍 013/09）（慧 95/256a）。鉩通（龍 013/09）。

麛：麛莫奚反（玄 19/263a）（慧 74/947a）（慧 92/195b）（慧 95/256a）（慧 97/283b）。麛正音迷（龍 520/07）；麑又作麛同（玄 4/60b“麑鹿”註）（玄 18/249b、慧 73/919b“麑鹿”註）（玄 20/269b“孤麑”註）（慧 97/289b“麑卵”註）。麛俗音迷（龍 520/07）。//麛俗音迷（龍 520/07）。//麑俗音迷（龍 520/07）。麑莫鶏反（玄 4/60b）（玄 11/145a）（慧 52/458b）（玄 18/249b）（慧 73/919b）（玄 20/269b）（慧 74/941a）；麛又作麑同（玄 19/263a、慧 74/947a“鹿麛”註）。

䁇：䁇音迷病人視皃也（龍 344/03）。

篃：篃亡支反（玄 12/154c）（慧 52/453b）。篃亡卑反（玄 15/210a）（玄 17/228c、慧 67/816b“竹篾”註）。篃亡卑反（慧 58/611b）。

醾：醾音迷醭醾郭迻又潘曼二音（龍 310/01）（玄 15/209b）（慧 58/610b）。

䵢：䵢正音迷～黿似黽不堪食足膏（龍 340/07）。䵢音迷～黿似黿不中食（龍 341/01）。䵢或作（龍 340/07）。

mǐ 弭：弭正名婢反弓衣也（龍 151/03）（玄 5/71b）（慧 44/287a）（玄 6/90b）（玄 8/116b）（慧 38/161b）（玄 13/179a）（慧 54/526a）（玄 15/202a）（慧 58/618a）（玄 21/282c）（玄 22/297c）（慧 48/385a）（玄 23/307b）（慧 47/355a）（慧 83/43b）（慧 94/234a）（紹 145b5）（紹 199b6）。弭舊藏作弭（龍 514/07）。弭音弭[1]（龍 125/04）。//弭：弭弭又作弭同（玄 13/179a、慧 54/526a“弭伏”註）（玄 15/202a、慧 58/618a“弭耳”註）。弭古文同上[弭]（龍 151/03）。//弭名妣反（龍 151/07）。

𢘍：𢘍名婢反止也（龍 058/01）。

① 《龍龕手鏡研究》：疑即“弭”字之訛（191）。

米：米 莫禮反（希 5/387b）。米 古文米字（龍 337/08）。

籹：籹 武婢反撫也愛也安也（龍 530/01）。籹 名婢反撫也愛也安也（龍 120/01）。//咪：咪 音米（龍 058/08）。//侎：侎 音弭安也撫也（龍 032/07）。

眯：眯 正音米（龍 420/05）（玄 7/96b）（慧 28/1011b）（玄 23/316a）（慧 49/397b）（慧 86/103b）。眯 俗音米（龍 420/05）。

骳：骳 文彼反屈曲也（龍 480/07）。

靡：靡 明彼反無也為也偃也又美色也（龍 300/01）（玄 6/78b）（慧 11/605b）（慧 21/817a）（慧 22/835a）（慧 22/836a）（慧 23/875a）（慧 27/964a）（慧 51/437b）（慧 86/113b）（慧 88/137a）（慧 88/144a）。

mì 冖：冖 莫狄反開口聲也（龍 536/03）。冖 莫力切（紹 201a4）。

糸：糸 弥壁反（慧 15/694b）。糸 莫壁反細絲也（龍 395/04）（慧 26/938a）。糸 音覓（龍 185/01）。糸 俗音覓［覓］（龍 337/09）。

宓：宓 弥必反安寧止默也（龍 158/07）。

祕：祕 悲媚反（慧 1/406b）（慧 50/417a）。

泌：泌 正音蜜溢也（龍 237/02）。泌 俗（龍 237/02）。

盗：盗 弥必反拭器也（龍 329/03）。盗 音密（龍 538/07）。

謐：謐 名必反安也靜也慎也無聲也（龍 050/06）（慧 11/603b）（慧 30/1047b）（慧 67/809a）（慧 80/1071b）（慧 82/36b）（慧 83/55b）（慧 86/103b）（慧 87/131b）（慧 94/231b）（希 10/420a）。

檔：檔 音蜜（慧 35/104a）（慧 39/169b）；檔 切韻樹名作檔（慧 27/968b "木檔" 註）。//檔：檔 民必反（慧 35/101b）（紹 132b8）。檔 檔亦作～（慧 39/169b "木檔" 註）。

瓷：瓷 檔有作瓷非也（慧 27/968b "木檔" 註）。

密：密 今美筆反山脊也又靜也又州名（龍 158/08）（慧 54/520b）。密 美筆反（龍 158/08）（慧 4/463b）。密 俗音密（龍 158/07）。密 或作（龍 158/08）。//密 正音密山形如堂（龍 543/03）（龍 78/04）。//密 音密（龍 252/08）。密 或作（龍 543/03）。

蜜：蜜 字林亡一反（玄 6/80c）；檔或作蜜亦通（慧 35/104a "檔木" 註）。蜜 俗音蜜（龍 510/07）。//蜜 古文蜜字（龍 264/06）。

繆：繆音密俗字見舊經義（龍 403/04）。繆音蜜俗字見舊經義（龍 403/04）。繆蜜音（紹 191a3）。

櫁：櫁字苑民一反（慧 27/968b）（慧 38/157a）。櫁蜜字體作櫁（玄 6/80c "木蜜" 註）。櫁蜜音（紹 159a9）。//櫁：櫁櫁經本從必作櫁亦通俗用也（慧 38/157a "櫁木" 註）。

汩：汩音覓（龍 236/05）（慧 88/138a）（慧 88/146b）（希 10/421c）。

魝：魝音覓說文云白虎魝也（龍 322/10）。

否：否正莫必反不見兒（龍 331/04）。否俗（龍 331/04）。否正音密（龍 430/07）。否俗（龍 430/07）。

覓：覓正莫狄反求也（龍 346/04）。覡俗（龍 346/04）。覓俗（龍 346/04）。

汨：汨正莫狄反或作汩汨羅水名（龍 236/10）。汨俗（龍 236/10）。

貃：貃音覓白豕黑頭也（龍 321/03）。貃同（龍 321/03）。

蜺：蜺音覓（龍 224/09）（玄 11/143a、慧 56/553b "蜥蜴" 註）（紹 163b7）。

駚：駚音覓馬多惡也（龍 294/07）。

塓：塓正音覓塗塓也（龍 252/06）。塓今音覓塗塓也（龍 252/06）。

幎：幎冥壁反（慧 98/305b）。

醔：醔正音覓酪滓香嚴又於金於南二反醉聲也（龍 311/04）。醔俗（龍 311/04）。

覡：覡莫笛反小見也（龍 346/04）。

顓：顓正：音覓～顓黑青色也（龍 533/01）。顓通（龍 533/01）。顓俗（龍 533/01）。//顓：顓俗（龍 533/01）。

鼏：鼏音覓～盖也（龍 536/08）。

羃：羃（慧 98/305b "似幎" 註）。羃音覓（龍 330/05）；幎集從冖作羃非也（慧 98/305b "似幎" 註）。羃覓音（紹 197b9）。

瀄：瀄音覓瀝瀄水淺也（龍 237/09）。

mian

mián 宀：宀武延反（龍 155/01）（玄 18/242c、慧 72/912b "户向" 註）。

芇：**芇**音綿相當也又賭物相亭也（龍254/10）；芇音眠象蛾兩角相當也（慧31/5b "蠶繭" 註）（慧46/318a "作繭" 註）（慧85/92a "繭栗" 註）（慧99/315b "瀹繭" 註）。**芇**母官反相當也（龍258/08）（玄17/228a "以繭" 註）；～音眠象蛾兩角相當也（慧60/669b "一繭" 註）。**芇**是支尺支二反與眠同①（龍138/05）。**茉**又音綿停當也②（龍258/09）。**希**音綿與芇同（龍138/05）。

眠：**眠**蔑邊反（慧57/581b）；珉集從目作眠誤也（慧98/298a "珉瑤" 註）。**眠**莫賢反眠臥也闇未明也又音眄（龍417/03）（玄1/19a）（慧3/441a）；瞑又作眠同（玄12/165a "睡瞑" 註）（玄13/170c "瞑眩" 註）（玄23/307a、慧47/354b "瞑目" 註）。//**㳴**俗莫賢反（龍028/01）。//**瞖**：**瞖**俗（龍417/03）。//瞑：**瞑**覓田反（慧34/79b）（慧67/807a）（慧75/977a）（慧76/1004b）；眠説文作瞑（慧3/441a "睡眠" 註）（慧57/581b "睡眠" 註）。**瞑**又莫賢反闇未明也（龍419/03）（玄12/165a）（玄13/170c）（玄21/286a）（玄23/307a）（慧47/354b）（紹142b8）；眠説文作瞑同（玄1/19a "眠眩" 註）；眠又作瞑同莫田反（玄12/161a、慧75/984b "眼眠" 註）。

緜：**緜**弥然反（慧3/442a）（慧81/5a）（慧90/180b）（紹192a6）。**緜**沔鞭反（慧39/176a）。**綿**弥編反（慧10/587a）（慧11/603a）（慧13/643a）（慧36/122a）（希5/382b）。

矊：**矊**武延反童子黑也又矊眇遠視也（龍419/06）。

鼻：**鼻**正音棉視遠皃也又不見皃也（龍364/02）（玄1/1c、慧20/800b "華鼻" 註）。**鼻**或作（龍364/02）。//鼻：**鼻**正莫賢反不見也（龍155/07）。**鼻**或作（龍155/07）。

憐：**憐**音綿忘也（龍053/01）。

瞑：**瞑**武延反密緻也（龍419/06）。

顡：**顡**武延反雙生也（龍483/05）。

miǎn 免：**免**民辯反（慧23/859b）（慧27/971b）。

俛：**俛**音免俛仰（龍029/02）（玄8/107c）（慧28/1004b）（玄9/123a）（慧46/325b）（慧74/954a）（玄13/169a）（玄15/210c）（慧58/623a）（慧8/545b）（慧99/314b）（紹128b7）；免有作俛（慧

---

① "芇" 當是 "芇" 字俗書。（見《〈漢語大字典〉巾部疑難字考釋》，載《語言研究》2014 年 2 期。）
② 參見《龍龕手鏡研究》236 頁。

27/971b "得免" 註）。**俛** 無辯反（玄 5/64c）。**倗** 俛正免音（紹 128b7）。

勉：**勉** 音免（龍 517/03）（玄 5/73c）（玄 6/86c）（玄 8/108a）（慧 28/1006a）（玄 9/123b）（慧 46/326b）（玄 13/168b）（慧 52/480a）（玄 22/303a）（慧 48/393b）（玄 23/304c）（慧 47/351a）（慧 23/857a）（慧 27/972a）（慧 41/212a）（紹 145b3）；免有作勉（慧 27/981b "三界獄免出" 註）。

娩：**娩** 音晚（慧 87/119b）（慧 99/319b）。//挽：**挽** 免晚二音（龍 336/05）（慧 79/1053b）（紹 173b1）。

唤：**唤** 俗音免（龍 271/07）。

冕：**冕** 眉辯反（慧 31/16a）（慧 92/203a）（慧 93/218b）。**晃**（玄 1/4b）（慧 20/804b）（慧 31/9b）（紹 171b4）。**冕** 音免（龍 329/9）。**晃** 俗音免正作冕（龍 427/8）。**冤** 冕正免音（紹 197b9）。//絻：**絻** 纔集作絻非也（慧 99/317b "纔驗" 註）。

勔：**勔** 綿編反（慧 85/95a）。**勔** 音免（龍 347/02）（慧 89/155b）（紹 145b1）。

湎：**湎** 弥兗反（龍 231/03）（龍 347/05）（玄 2/26b）（玄 6/84a）（玄 22/301b）（慧 48/390b）（慧 18/759b）（慧 27/975b）（慧 66/791b）（慧 88/140b）（紹 187a10）。//䩔：**䩔** 俗音緬（龍 282/08）（龍 347/05）（玄 23/316b）；湎古文醴有作䩔不知所從也（慧 27/975b "妖湎" 註）。**䩔** 亡善反（慧 49/398a）。//醴：**醴** 弥兗反（龍 347/05）（龍 310/03）；湎古文醴同（玄 2/26b "耽湎" 註）（玄 6/84a "躭湎" 註）（玄 22/301b、慧 48/390b "耽湎" 註）（慧 27/975b "妖湎" 註）；緬古文作醴（慧 26/934a "躭緬" 註）。**醴** 俗通弥兗反（龍 347/05）。

愐：**愐** 彌兗反思也募也（龍 057/06）（慧 25/914a）；眠經文作愐亡善反非此義（玄 1/19a "眠眩" 註）。**愿** 音愐忍也（龍 066/05）。

䩔：**䩔** 正彌兗反勒粗名也（龍 449/04）。**䩔** 俗（龍 449/04）。

緬：**緬** 綿典反（慧 10/587b）（慧 83/51a）（希 5/382c）。**細** 舊藏作緬（龍 401/03）；緬或作細（慧 83/51a "緬惟" 註）。**緬** 弥演反（龍 399/06）（慧 21/811b）（慧 26/934a）（慧 82/25b）（慧 88/142a）（慧 93/214a）（慧 96/258b）（慧 100/338a）（紹 191b8）。//絇：**絇** 弥演反（龍 399/06）；緬亦作絇（慧 88/142a "緬至" 註）。**繬** 舊藏作緬[1]（龍 401/03）。//牶：**牶** 舊藏作緬（龍 116/06）。

---

[1] 參見《龍龕手鏡研究》310 頁。

丏：**丏** 弥兗反（龍548/09）。

沔：**沔** 正弥兗反（龍231/03）（慧58/610b "綿卷" 註）（慧57/588b）（慧68/830a）。**沔** 弥兗切（紹187a10）。**污** 通弥兗反（龍231/03）（玄15/209b "綿卷" 註）（紹189a8）。

眄：**眄** 正莫見反（龍421/6）（慧14/661b）（慧14/680a）（慧16/713b）（慧31/4a）（慧42/245b）（慧61/677b）（慧72/900b）（慧75/974b）（慧80/1069b）（慧84/81b）（慧88/142a）（慧94/237a）；傳文作眄俗謬字也（慧92/205b "顧眄" 註）。**眄** 俗（龍421/6）（玄2/27a）（慧15/693a）（慧20/803b）（慧45/301a）（慧46/328a）（慧49/406b）（慧52/464b）（慧62/703a）（慧92/205b）（紹142a8）。**眄** 俗（龍421/6）。**眄** 通（龍421/6）（玄1/3c）（玄7/94c）（玄10/132b）（玄11/148a）（玄14/192a）（玄22/288b）（玄25/332b）（慧26/935b）（慧48/371b）（慧59/643a）（慧71/882b）（紹143a3）；眄經文作眄誤也（慧28/998a "黶眄" 註）（慧14/661b 顧眄 註）；盼經文作眄（玄8/113b "盼䫙" 註）（玄10/139a、慧51/445b "盼䫙" 註）（慧45/301a "眄睞" 註）。**眄** 俗莫見反正作眄（龍413/3）。**眄** 眄經文作眄誤也（玄7/94c "黶眄" 註）。**眄** 舊藏作眄莫見反（龍422/6）。

澠：**澠** 正武忍弥兗二反又食陵反（龍232/07）（慧83/62a）（慧84/80a）（紹187a10）。**澠** 或作（龍232/07）。**澠** 俗（龍232/07）。**澠** 俗（龍232/07）（紹187a10）。

miàn 面：**面**（慧41/210a）。

偭：**偭** 音面鄉也又音緬背偭也（龍035/06）（慧89/165b）。

嗎：**嗎** 俗弥箭反（龍274/08）。**嗎** 俗（龍274/08）。

糆：**糆** 正音面屑米也（龍305/05）。//糆：**糆** 俗（龍305/05）。

靦：**靦** 莫見反靦皮汗血（龍347/06）。

麵：**麵** 正莫見反（龍505/09）（慧75/968a）。**麵** 莫遍反（玄12/163a）；麨經文從～俗字也（慧38/156b "麨浚" 註）。//麨：**麨** 眠遍反（慧38/156b）（慧39/179b）。**麵** 俗通（龍505/09）。**麨** 俗（龍505/09）。**麨** 音了①（龍505/08）。

宆：**宆** 莫見反冥合也（龍158/03）。**宆**（龍158/03）。**宆** 俗夘麵二音（龍158/08）。

---

①參見《疑難字考釋與研究》625頁。

miɑo

miáo　苗：**苗** 靡驕反（慧 74/955b）（慧 27/980a）（希 6/392a）（希 6/394b）。

　　猫：**猫** 正莫交莫巧二反美好皃也（龍 281/04）。**獚** 俗（龍 281/04）。// **猫** 音猫（龍 026/03）。

　　　　猫 音猫（龍 026/03）。

　　玅：**玅** 弥遥反蚕初生也（龍 222/05）。

miǎo　吵：**吵** 亡沼反又俗音沙（龍 272/03）（紹 184b3）。

　　杪：**杪** 彌小反（龍 380/07）（玄 4/55c）（慧 43/267b）（玄 13/169a）（慧 55/539a）（玄 17/232c）

　　　　（慧 70/858a）（玄 23/306a）（慧 47/353a）（慧 21/814a）（慧 24/899a）（慧 79/1057a）（紹 159b2）。

　　眇：**眇** 弥小反（龍 420/04）（玄 1/11c）（慧 42/232a）（玄 6/86a）（玄 7/103b）（慧 24/891b）（玄

　　　　21/286a）（慧 44/288b）（玄 22/297a）（慧 48/383b）（玄 25/339b）（慧 71/895a）（慧 27/979b）（慧

　　　　33/52a）（慧 40/200a）（慧 60/672b）（慧 61/692a）（慧 64/760a）（慧 85/89a）（慧 85/89b）（慧

　　　　86/107a）（慧 86/112b）（慧 91/191a）（慧 95/250b）（慧 98/298a）（紹 142b2）。

　　秒：**稦** 正音眇禾芒也（龍 145/02）。**穮** 或作（龍 145/02）。**穮** 或作（龍 145/02）。// **秒**

　　　　今（龍 145/02）（慧 78/1036a）。

　　渺：**渺** 敷沼反又亡小反（龍 232/01）（慧 100/338b）（紹 187b7）；淼傳文從水作渺亦通（慧

　　　　90/170b "淼漫" 註）。

　　篎：**篎** 亡沼反笙管也（龍 392/06）。

　　緲：**緲** 亡沼切（紹 192a4）。

　　毢：**毢**（慧 86/110b "雛蝐" 註）。**毢** 今弥遥反（龍 287/06）。**鷔** 或作弥遥反（龍 287/06）。

　　貌：**藐** 弥藥反（慧 27/962a）；邈經作藐（慧 88/141a "邈爾" 註）。**貌**（丽 59/656b）。

　　邈：**邈** 正莫角反（龍 495/01）。**邈** 或作（龍 495/01）。**邈** 亡角反（慧 57/590a）（慧 60/655b）

　　　　（慧 77/1031a）（慧 78/1048b）（慧 82/34b）（慧 86/107a）（慧 88/141a）（慧 93/217a）（慧 99/315a）

　　　　（希 10/422a）（紹 138a10）。**邈** 今（龍 495/01）（玄 13/169a）（紹 138a10）（丽 59/656a）。

　　懇（懇）：**懇** 又莫角反美也（龍 066/01）。

　　淼：**淼** 名小反（龍 231/08）（慧 60/656b）（慧 90/170b）（慧 96/266b）（慧 100/335a）（紹 186a9）。

miào 妙：**妙** 眇經文作妙（玄 7/103b、慧 24/891b "眇眇" 註）。//纱：**纱**古文妙字（龍 552/02）。

廟：**廟**眉召反（慧 27/968b）（慧 55/532a）。**𡋹**俗明笑反正作廟（龍 475/09）。//庙：**庙**出古文之字（玄 14/194a）（慧 59/646b）；廟經作庿非也（慧 55/532a "寺廟" 註）。**庿**廟古文庿（慧 27/968b "石廟" 註）。**𤠋**俗明笑反正作廟（龍 475/09）。

瞟：**瞟**音妙白也（龍 431/08）。

mie

miē 芈：**芈**亡尔反與哶同（龍 259/8）。//哶：**哶**今迷尔反（龍 271/5）（慧 37/146a）（紹 184b8）。**哶**正（龍 271/5）。**哶**俗（龍 271/5）（玄 1/7b）（慧 17/739b）（玄 5/65b）（玄 7/96b）（玄 7/99c）（玄 15/205a）（玄 20/266b）（慧 28/1011b）（慧 42/248b）（慧 58/603b）（紹 184b8）。//**咪**俗（龍 271/5）。//嘪：**嘪**音買又俗莫貪反（龍 271/06）；哶又作嘪同（玄 15/205a、慧 58/603b "咩咩" 註）。

miè 虵：**虵**名也反皆咒中字（龍 198/04）（紹 149a2）。

筬：**筬**名夜反（龍 198/04）（龍 366/04）（紹 150b2）。

薎：**薎**正莫結反（龍 263/05）（玄 6/88c）。**薎**莫結反（玄 10/134c）（玄 13/180b）（慧 54/515b）（慧 47/362b）（玄 24/321b）（慧 5/485b）（慧 27/986a）（慧 41/219b）（慧 50/415b）（慧 100/333a）；麵經文作薎，聲之誤也（玄 12/163a、慧 75/968a "如麵" 註）；懱經文單作薎略也（慧 6/508b "輕懱" 註）（慧 31/18b "輕懱" 註）。**薎**今莫結反（龍 263/05）（玄 22/294b）（慧 48/379b）（玄 23/311b）。**薎**薎正莫結切（紹 155b9）。**蔑**俗莫結反（龍 263/05）（紹 155b9）。

儯：**儯**莫結反～僭多詐也（龍 037/09）。**儯**莫結切（紹 129b3）。

攗：**攗**正莫結反（龍 217/02）。**攗**俗莫結反（龍 217/02）；懱又從手作～藥名也非經義也（慧 41/212a "輕懱" 註）（希 1/355b "輕懱" 註）。

篾：**篾**正音滅（龍 395/03）（慧 47/365b）（玄 17/228c）（慧 67/816b）（慧 2/434a）（慧 4/465b）（慧 25/913a）；懱經文作篾（慧 7/528a "毀懱" 註）（慧 14/668a "淩懱" 註）（慧 41/212a "輕懱" 註）（希 1/355b "輕懱" 註）。**篾**篛經文或作篾義同（慧 52/453b "為篛" 註）。**篾**莫結反（慧 28/1009a）（慧 3/453a）；篛經文或作篾義同（玄 12/154c "為篛" 註）；懱經中單作篾誤

也非本字（慧2/435b "不懱" 註）（慧66/796b "恀懱" 註）（慧90/174a "懱醜" 註）。蔑俗音滅（龍395/03）（玄21/285a）。篾篾正莫結切（紹159b7）。箆篾正莫結切（紹159b7）。蔑眠結反（玄10/130c）。

懱： 懱莫結反（慧70/864b）（慧2/435b）（慧3/450b）（慧5/491b）（慧14/668a）（慧31/18b）（慧41/212a）（慧40/191a）（慧40/198a）（慧45/316b）（慧66/796b）（慧90/174a）。懱正莫結反輕也（龍062/01）（慧16/720b）（慧39/176b）（慧53/502a）；蔑字體作懱同（玄6/88c "輕蔑" 註）（玄10/134c "輕蔑" 註）（玄24/321b、慧70/864b "淩蔑" 註）（慧50/415b "輕蔑" 註）；篾又作懱同（玄21/285a "輕篾" 註）（慧28/1009a "輕蔑" 註）（慧3/450b "劾懱" 註）（慧27/986a "輕蔑" 註）。懱眠鼈反（希1/355b）。懱莫結切（紹130b6）。懱正莫結反輕也（龍062/01）。懱眠結反（慧7/528a）（慧80/1081b）。懱莫結切（紹130b6）。懱莫結切（紹130b6）。懱莫結切（紹130b6）。懱通（龍062/01）。懱眠鱉反（慧6/508b）。

幭： 懱襪經文從巾作幭幭非字義（玄3/41b、慧09/572a "履襪" 註）；襪經文從巾之幭幭非此用（玄5/70c "鞋幭" 註）。

櫗： 攪莫結切（紹158a5）。

蠛： 蠛莫結反蠛蠓小虫風春雨蝱者也（龍225/01）。蠛亡結反（玄8/111b）（慧69/841b）。蠛亡結反（慧33/62a）。蠛莫結切（紹164a3）。

穖： 穖莫結反禾也（龍147/01）。

纞： 纞莫結反（龍403/08）；韈傳文從系作纞非也（慧94/223b "係韈" 註）。//絬： 絬莫結反（龍403/08）。

鐡： 鐡莫結反小錐也（龍022/02）。

鱴： 鱴莫結反魥～魛今紫魚也（龍170/09）。

瞥： 瞥音莫結反（玄18/249c、慧72/911a "眼瞥" 註）。瞥古文莫結反（龍526/09）（玄25/338a、慧71/892b "瞥垢" 註）。瞥音亡結反（玄20/270a "中瞥" 註）。瞥莫結反（玄09/126b "瞥淚" 註）。瞥（龍263/04）。瞥俗（龍263/04）。莫目不明也（龍263/04）。//矈： 矈莫結反（龍423/05）。矈矈正莫結切（紹142b3）。矈眠芏反（慧75/965b）。

莫： 莫火不明兒（龍263/05）。

搣： 搣音滅（龍 217/06）（慧 52/478a）。搣音滅（玄 7/102c）（慧 24/893a）（玄 12/156c）。

滅： 搣弥結反（慧 1/409a）（慧 6/504a）（慧 7/520b）（慧 11/609a）（慧 51/448a）（希 3/370a）。滅

滅正（紹 189a4）。

喊： 喊俗音減［滅］（龍 278/09）。

覕： 覕莫結反不相見兒也（龍 346/04）。覕必刃反不見貌（龍 543/01）。𩑒（龍 543/01）。

瞇： 瞇蔑弥二音汗面兒也（龍 423/06）。

min

mín 民： 民（慧 27/978a）。𡧄古文音民（龍 073/07）。

怋： 怋音門怋怋不明又亂也又音民亦亂也香嚴又力廷反（龍 054/06）（慧 51/448a）。

罠： 罠武貧反（玄 13/177c）（慧 52/479b）。罠今音旻網也（龍 329/07）。罠或作（龍 329/07）。

//罞或作音旻網也（龍 329/07）。罞俗音旻（龍 360/04）。//炋：炋俗音旻[1]（龍

239/01）；罠經文作炋非也（玄 13/177c、慧 52/479b "胞罠" 註）。

珉： 珉密彬反（慧 98/298a）（紹 141a2）。珉正武巾反美石次玉也（龍 434/09）（慧 89/151b）

（慧 93/216a）（希 10/422a）。珉閔彬反字本從民為避廟諱故改從氏作～（慧 98/307a）

（希 10/422a "燕珉" 註）。//瑉 或作（龍 434/09）（慧 96/263a）。瑉珉或作瑉（慧 98/298a

"珉瑤" 註）。瑉俗（龍 434/09）。// 瑉 俗（龍 434/09）（慧 79/1061b）。//碈：碈瑉集

本作碈通俗字（慧 96/263a "瑉似" 註）（慧 98/307a "珉玉" 註）。 瑉珉或作瑉碈也（慧

98/307a "珉玉" 註）。

搨： 搨音旻（龍 210/05）。搨抆古文搨同（玄 14/188a、慧 59/636b "摩抆" 註）。

緍： 緍亡巾反（慧 58/620a）。緍正武中反（龍 397/04）。緍亡巾反（玄 15/203a）。//緡

或作（龍 397/04）。緡旻音（紹 191b10）。

鎆： 鎆武巾反筭稅也（龍 009/07）。//銉：銉武巾反鋭也（龍 009/07）。

鸍： 鸍今音旻鳥似翠喙赤也（龍 287/05）。//鷶：鷶正（龍 287/05）。

旻： 旻武巾反旻天（龍 425/08）。

---

①參見《龍龕手鏡研究》228 頁。

忞：忞音旻自勉強也又聖心也（龍064/07）。

旼：旼武巾反和也（龍425/08）。旼音旻和也（龍119/01）。

眠：眠旻民二音低目視（龍419/01）。旼音旻視皃（龍119/01）。旻或作音旻（龍419/04）。

//瞑：瞑旻民二音（龍419/01）。瞑今音旻視皃也（龍419/04）。

眴：眴音旻（龍350/02）。

mǐn 皿：皿旻永反器皿也又盆皿也（龍328/03）（希8/408a）。

泯：泯彌忍反（慧84/77b）（慧85/87a）（慧86/114b）（慧95/249a）（紹188a7）；冺集本作泯恐誤（慧95/256a "冺隸" 註）。泯正弥引弥鄰二反滅也没也盡也（龍231/02）（玄4/56c）（慧43/269a）（玄8/114b）（慧32/42a）（玄22/299b）（慧48/387a）（玄23/317b）（慧49/399a）（慧51/433b）（慧77/1028a）。㴵通（龍231/02）。

岷：岷正音旻山名亦州名（龍071/09）（慧92/201a）（慧93/212b）（紹162b5）；泯論文從山作岷誤也（慧84/77b "泯之" 註）。嶅或作（龍071/09）。嶅或作（龍071/09）。嶅或作（龍071/09）。岷或作（龍071/09）。嵋俗（龍071/09）。

呡：呡弥忍切（紹183b4）。

敯：敯音敏（龍530/01）；敏或從民作敯（慧24/898b "敏捷" 註）。

愍：愍眉忍反（龍065/09）（玄3/43b）（慧3/455b）（慧41/214b）（慧40/201b）。愍眉殞反（慧09/575b）。//愍眉忍反（龍065/09）。

皲：皲音泯細理也（龍123/04）。

冺：冺弥引反冺未也（龍191/05）。冺（龍191/05）。

筤：筤武巾反竹膚也（龍389/02）。

轋：轋正（龍083/04）。轋今（龍083/04）。//轋：轋今眉殞亡盡二反車軨兔下軏也（龍083/04）。

敏：敏正眉殞反（龍119/08）。敏今眉殞反（龍119/08）（玄22/296b）（慧48/382b）（玄23/315a）（慧50/424a）（慧5/492b）（慧22/835b）（慧24/898b）（慧50/415a）。敏眉殞反（玄10/134a）。

愍：愍眉忍反傷也悲也怜也（龍065/09）。//愍：愍眉忍反（龍065/09）；敏或從民作敯經從心作愍誤用也（慧24/898b "敏捷" 註）。

犛：**犛**音敏獸如牛也（龍 116/06）。

黽：**黽**俛又作黽同（慧 43/264a "俛未" 註）。**黽**俛又作黽同（玄 4/50b "俛未" 註）（慧 99/314b "俛俛" 註）。

俛：**俛**正弥引反俛俛（龍 032/06）（紹 129a5）。**俛**匹[亡]忍反（慧 43/264a）（慧 46/325b）（慧 58/623a）（慧 99/314b）；勔傳文從黽作俛通也（慧 89/155b "勔俛" 註）。**俛**亡忍反（玄 4/50b）（玄 9/123a）（玄 13/169a）（玄 15/210c）（紹 129a5）。**俛**俗弥引反（龍 032/06）。

閔：**閔**音愍（龍 093/01）（玄 7/100b）；字詁古文愍今作閔同（玄 3/43b、慧 09/575b "愍念" 註）。

憫：**憫**眉殞反憫默也（龍 058/08）（玄 12/164b）（慧 55/544a）（慧 87/119b）（慧 89/164b）（慧 90/169b）（紹 130a6）。

潣：**潣**音每水流平皃（龍 231/07）。// 浼：**浼**音每水流平皃（龍 231/07）。

簢：**簢**正眉殞反竹名（龍 392/07）。// 慈：**慈**或作（龍 392/07）。

閿：**閿**正音旻亭名又音民鄉名（龍 092/04）。**閿**或作（龍 092/04）。**閿**音文閿鄉縣名（龍 092/03）（紹 195b3）。

閩：**閩**旻文二音（龍 091/09）（慧 49/410b）（慧 81/3b）（慧 91/182a）（慧 91/185b）（慧 96/261b）（慧 99/329a）（紹 164b7）（紹 195a9）。

ming

míng 名：**名**弥盈反（玄 19/255c）（慧 56/561b）（玄 24/322a）（慧 70/865b）。

茗：**茗**名餅切（紹 156b1）。

洺：**洺**名音（紹 187a4）。

咯：**咯**俗音名[1]（龍 267/08）。

眳：**眳**莫頂反眳睛美細皃（龍 420/08）。

銘：**銘**莫經反銘記亦名也（龍 011/09）（玄 13/180b）（慧 54/515b）（玄 19/262b）（慧 56/573a）（初編玄 941）（慧 76/1007a）（慧 76/1005b）（紹 180a10）。

---

[1]《龍龕手鏡研究》：為佛經音譯用字（243）。

冥： 冥莫庭莫定二反（慧 28/1004b）（玄 17/231a）（慧 1/415a）（慧 4/475a）（慧 75/969a）。冥

莫庭莫定二反（慧 70/855a）（慧 70/861b）（慧 12/631a）（慧 15/701a）（慧 20/794b）（慧 28/1010a）

（慧 33/66a）（慧 41/211b）（慧 57/595a）（慧 67/805b）（慧 76/1001b）（慧 77/1027b）（慧 78/1048b）

（慧 88/145b）（慧 90/170b）（慧 100/339a）（希 6/395b）。冥莫庭莫定二反（玄 8/107c）（慧

70/855a）（慧 3/454b）。冥今莫瓶反（龍 155/03）（慧 28/1004b）（玄 24/319b）；冥今經文

多從宀音綿從具作～非也失之甚矣（慧 12/631a "諸冥" 註）（慧 33/66a "盲冥" 註）

（慧 41/211b "暗冥" 註）（慧 57/595a "就冥" 註）（慧 75/969a "盲冥" 註）（希 6/395b "三界冥" 註）。

冥冥正（紹 195a3）。寞古莫瓶反（龍 155/03）。冥正莫瓶莫定二反（龍 536/04）。

宜冥正（紹 197b7）。冝冥經文作冝非也（慧 78/1048b "癡冥" 註）。冝莫瓶莫定

二反（龍 536/04）。

鄍： 鄍正莫經反晉邑也（龍 453/01）。鄍今莫經反晉邑也（龍 453/01）。

娪： 娪茫莖反（慧 46/328a）（慧 77/1014b）（慧 78/1035a）。娪莫莖反（慧 28/994a）。娪今

莫耕反又莫經反（龍 279/08）（玄 9/124b）（玄 12/162b）。娪或作莫耕反又莫經反（龍

279/08）。娪或作莫耕反又莫經反（龍 279/08）。娪麥耕反（慧 24/901a）。

溟： 溟莫經反（慧 48/387a）（慧 18/749b）（慧 31/5a）（慧 60/655a）（慧 80/1088b）（慧 81/20b）

（希 3/373b）。溟茗經反（慧 67/804b）（慧 86/106a）（紹 188a3）；冥經從水作溟（希 6/395b

"三界冥" 註）。溟音冥又與瀴同（玄 21/283b）（慧 18/760a）。溟亡瓶反（玄 21/283b）

（玄 22/299b）（慧 85/89b）。

瞑： 瞑冥音（紹 170b7）。瞑俗莫丁莫定二反正作瞑冥二字（龍 425/02）。

㺑： 㺑莫經反小犰也（龍 317/07）。

㺑： 㺑莫經反小犰也（龍 320/06）。

榠： 榠莫經反（龍 377/08）。榠覓瓶反（慧 37/143b）（紹 158a7）。

莫： 莫覓瓶反（慧 95/250a）（紹 155b7）。莫莫經反莫菜（龍 256/06）。

瞑： 瞑莫經反合眼瞑瞑也（龍 419/03）。瞑莫耕反玉篇莫定反（慧 27/981b）（慧 90/174a）。

瞑音冥（慧 53/497b）。

螟： 螟莫瓶反（玄 7/98a）（慧 41/218a）（慧 81/10b）（慧 86/110b）（慧 88/148b）（慧 95/255a）

（慧 99/320a）（希 1/356c）（紹 164a1）。**蜨**莫經反（龍 220/06）。**蝢**覓瓶反（慧 31/8b）

（慧 80/1076a）。

顠： **顠**莫頂反眉目間也（龍 484/04）。

明： **朗**音明今作明（龍 410/02）（慧 41/207b）（慧 21/818a）（慧 29/1013a）；明説文從囧作～

（希 1/354b "明星" 註）（希 4/380c "瑩明" 註）。**明** （慧 98/308b）（希 1/354b）；日月爲明

者後人意隨俗説也（慧 29/1013a "金光明" 註）。**朙**明蔡邕從目作明古文從日作

明三體皆通經典多用古文明字（希 1/354b "明星" 註）。**从**音明（龍 547/09）。**几**古

文明字（龍 128/07）。

鶤： **鶤**冥音（紹 165b2）。

mǐng 酩： **酩**莫頂反酩酊酒過多也（龍 310/07）。

mìng 命： **命**明柄反（慧 6/498b）（慧 23/868b）（慧 89/156b）（希 9/414a）。**令**命傳文誤作令非也

（慧 89/156b "命濟" 註）。

喻： **喻**俗音命（龍 274/05）。

詺： **詺**弥併反詺諦也（龍 048/09）（慧 50/425b）（慧 97/280a）（紹 185b7）；名經文從言作

詺近字也（玄 19/255c、慧 56/561b "名於" 註）。

豔： **豔**莫定反豔豔青黑色也（龍 523/08）。

miu

miù 謬： **謬**眉救反謬誤也詐也妄也（龍 046/07）（慧 76/1007a）（慧 7/517a）（慧 7/522b）（慧 7/526a）

（慧 8/554b）（慧 34/81a）（慧 38/162a）（慧 40/194b）（慧 43/271b）（慧 69/846a）（慧 81/11b）（慧

87/123b）（慧 91/186a）。**謬** 糜救反經從尒非也（慧 6/506b）（玄 20/275a）（慧 6/506b）（慧

1/404b）（慧 7/522b "迷謬" 註）（慧 7/526a "迷謬" 註）。**謬** 眉救反（慧 1/404b）（慧 22/834b）

（紹 186a2）。**謬**又俗音謬（龍 049/03）。//嘹： **嘹**謬或作嘹（慧 7/517a）。

mo

mó 麼： **麼** 正莫果反公[幺]麼細小也（龍 300/02）（玄 1/9a）（玄 1/12b）（慧 17/742a）（慧 42/233a）

（玄 4/60c）（玄 5/71c）（玄 5/75c）（玄 7/99c）（玄 8/110b）（慧 32/35b）（玄 9/129a）（慧 46/336b）

（玄 12/158b）（慧 74/955b）（玄 19/254c）（慧 56/560a）（慧 98/306b）。**麼** 莫可反（慧 19/787b）

（希 2/365a）。**麿** 俗（龍 300/02）。**麼** 俗（龍 300/02）。**麼** 俗莫可反正作麼（龍 473/06）。

麼 俗莫可反正作麼么麼也（龍 473/06）。//尛： **尛** 俗莫可反正作麼么麼細小也（龍

337/07）（紹 203a9）；麼經文作尛近字也（玄 8/110b、慧 32/35b "麼毛" 註）（玄 9/129a、慧

46/336b "濕麼" 註）（玄 12/158b、慧 74/955b "麼小" 註）。**米** 俗（龍 337/07）。//示 俗莫可

反正作麼（龍 337/07）。**采** 麼經文有作采采非也（慧 19/787b "麼麼" 註）。

麤： **麤** 麻摩二音杯也（龍 298/07）。

摩： **摩** 莫介反（玄 2/23b）（玄 10/134c）（玄 20/264a）（慧 18/758b）（慧 43/258b）（慧 50/416a）（慧

68/819a）（慧 88/139a）（希 6/395a）（希 9/412c）。//攠： **攠** 或作音摩（龍 208/10）；摩古

文攠同（玄 10/134c "練摩" 註）（玄 20/264a "摩抄" 註）（慧 43/258b "摩抄" 註）（慧 50/416a

"練摩" 註）（慧 68/819a "摩鑒" 註）（慧 88/139a "揣摩" 註）；磨或作攠（慧 8/549b "磨瑩" 註）。

攠 俗音摩（龍 208/10）。**摖** 或作（龍 208/10）；摩又作摖攠二形同（慧 43/258b "摩抄"

註）。**摛** 摩又作～同（玄 20/264a "摩抄" 註）。

瑒： **瑒** 俗音摩[1]（龍 433/09）。

嚤： **嚤** 俗音摩（龍 269/05）。

饝： **饝** 音摩饝食也（龍 298/07）。

魔： **魔** 音摩鬼屬也（龍 323/01）（玄 21/276a）（慧 8/547b）（慧 12/623b）（慧 12/631b）（慧 12/635a）。

魘： **魘** 魔音（紹 193a8）。

麼： **麼** 音摩麼尼（龍 298/08）（慧 77/1030a）（慧 27/981a "磨以" 註）；摩録從女作～非也梵

語不求字義也（慧 80/1071b "摩夷" 註）。//瘦： **瘦** 俗莫婆反正作麼麼尼（龍 470/06）。

縻： **縻** 俗音摩（龍 398/04）（紹 191a3）。

劀：**劀** 正音摩削也（龍 097/01）；摩古文劀同（玄 10/134c "練摩" 註）（慧 50/416a "練摩" 註）。

劀 俗音摩（龍 097/01）。

磨：**磨** 正莫卧反又莫禾反（龍 443/04）（玄 14/191c）（慧 59/642a）（慧 2/427a）（慧 8/549b）（慧 8/555b）（慧 27/981a）（慧 31/17b）（慧 41/229b）（慧 66/791a）（慧 68/822b）（希 1/359c）；摩論文作磨（玄 10/134c "練摩" 註）。// **䃺** 莫卧反又莫禾反（龍 443/04）；磨字林作礳同（玄 14/191c、慧 59/642a "舂磨" 註）（慧 8/549b "磨瑩" 註）（慧 8/555b "撮磨" 註）（慧 31/17b "鍛磨" 註）。**礳** 磨或從靡作～（慧 68/822b "磑磨" 註）。// **礳** 俗莫卧反又莫禾反（龍 443/04）。

䃺：**䃺** 音摩偏病（龍 298/08）（龍 479/05）（慧 27/981a "磨以" 註）。

媒：**媒** 莫胡反（龍 279/09）（玄 12/166c）（慧 55/546b）（紹 141b3）。// 嫫：**嫫** 莫胡反又莫百反（龍 279/09）（慧 81/18b）（慧 88/138a）（希 10/421c）（紹 142a3）（紹 155a3）。

摸：**摸** 正莫胡反又音莫（龍 206/08）（玄 8/110a）（慧 28/1007b）（玄 9/128b）（慧 46/335a）（玄 14/191c）（慧 59/642a）（玄 16/220a）（慧 65/779b）（玄 16/221b）（慧 65/764a）（玄 18/243c）（慧 72/914a）（玄 25/336b）（慧 71/889a）（慧 3/440b）（慧 16/711a）（慧 22/845b）（慧 33/59a）（慧 41/228b）（慧 38/162b）（慧 53/491b）（慧 61/677a）（慧 75/978a）（慧 78/1045b）（希 1/359b）（希 2/363a）（希 3/373a）（紹 132a5）；模有從才音手作摸摸取也非此中義（慧 5/487b "揆模" 註）；摹經作摸是捫摸字音莫非經義（慧 39/173a "摹畫" 註）（慧 81/3b "摹寫" 註）（慧 97/282b "摹而" 註）。**摹** 俗莫胡反（龍 206/08）（慧 39/173a）（慧 77/1022a）（慧 81/3b）（慧 85/99a）（慧 90/167b）（紹 135a10）（紹 155a7）；摸亦摹字也（玄 8/110a、慧 28/1007b "非摸" 註）（玄 9/128b、慧 46/335a "作摸" 註）（玄 14/191c、慧 59/642a "摸法" 註）（玄 18/243c、慧 72/914a "作摸" 註）（玄 25/336b、慧 71/889a "摸放" 註）；模或作摹（慧 8/552a "作模" 註）（慧 41/228b "捫摸" 註）（慧 42/250b "作模" 註）（希 1/359b "捫摸" 註）。

模：**模** 莫胡反（龍 373/03）（初編玄 691）（慧 58/615a）（慧 5/487b）（慧 8/552a）（慧 42/250b）（慧 80/1079b）（慧 89/158b）（慧 92/195a）（紹 159a1）。**摸** 母蒲反（慧 7/531a）（慧 91/186a）；模錄文從手誤（慧 80/1079b "楷模" 註）（慧 89/158b "靈模" 註）。// 橅：**橅** 模古文作橅[1]（慧 7/531a "規模" 註）。

①參見《疏證》129 頁。

膜：膜音莫（慧 14/674a）（慧 39/178b）（慧 51/437a）（慧 69/841b）。膜音莫又莫胡反（龍 415/05）

（玄 18/240a）（慧 73/933a）（玄 20/271b）（慧 54/519b）（玄 22/303b）（慧 48/394a）（慧 2/424a）（慧

5/479a）（慧 13/646a）（慧 13/656a）（慧 40/187b）（慧 45/302a）（慧 62/719b）（慧 88/147a）（慧 95/256b）

（慧 98/304b）（希 2/362a）（希 3/373b）（希 4/377c）（紹 136a4）；膜經作膜謂皮内肉外也（希

3/369a “瞖膜” 註）（希 6/395a “瞖膜” 註）。//鞤：鞤俗音莫①（龍 451/04）（紹 140a8）；膜

論文從革作鞤非也（玄 18/240a、慧 73/933a “色膜” 註）。

謨：謨莫胡反謀也議也僞也（龍 43/01）（希 10/418a）（紹 185b8）；譽古字也今或作謨（慧

49/404a “玄譽” 註）。譽（龍 43/01）（玄 56/824c）（慧 42/3b）（慧 49/404a）（紹 185b8）。

酳：酳又莫胡反～酳榆子醬也②（龍 142/03）。

mǒ 抹：抹音末（龍 217/06）（玄 20/264a “摩抄” 註）（慧 27/980b “秣” 註）（慧 27/981a）。抹抹正

末音（紹 133b8）。

懡：懡忙果反懡㦬面慙也（龍 058/07）。//㦬：㦬俗音摩③（龍 054/04）。

醾：醾莫可反～醾面慙皃（龍 347/02）。//䴢：䴢同上（龍 347/02）。

mò 莫：茣或作（龍 527/08）（慧 53/487a）。茣俗音莫（龍 527/09）。莫謨各反（玄 3/38b）（慧 09/559b）

（玄 8/109a）（慧 28/1006a）。㒳音莫（龍 079/02）。

漠：漠音莫（龍 236/05）（慧 21/811a）（慧 78/1046b）（慧 89/151a）（慧 95/250b）（紹 188a1）；嘆

從水作漠是沙漠字也皆非本正也（慧 27/983a “㘴嘆” 註）。

嘆：嘆俗音莫（龍 276/07）（紹 183a4）。㘴忙博反（慧 27/983a）。

寞：寞音莫（龍 158/06）（慧 51/445a）（紹 194b2）。寞音莫（龍 510/04）。寞音莫（龍 510/04）。

廩：廩玉篇音莫空也（龍 301/07）。

塻：塻音莫舍塻亦塵塻（龍 252/04）。

圜：圜音莫（龍 175/09）。

瞙：瞙音莫（龍 423/07）（慧 39/167a）（慧 40/187b）（慧 61/677b）（慧 72/898a）（希 3/369a）（希 6/395a）

（紹 142a9）；膜經從目作瞙（慧 40/187b “赤膜” 註）（慧 51/437a “疎膜” 註）（希 2/362a “瞖

---

①參見《龍龕手鏡研究》331 頁。
②《龍龕手鏡研究》：乃 “酳” 字之訛（197）。
③參見《字典考正》159 頁。

膜"註)。

蓦:　莽寞或作蓦經作漠（慧 51/445a "宗寞" 註)。

殢:　殢音莫（龍 516/05)。殢莫謨二音（紹 145b7）（玄 20/269a）（慧 33/57a）（慧 78/1037b)。殢謨莫二音①（龍 150/03)。殢謨莫二音（龍 150/03)。

瘼:　瘼愩博反（慧 39/182b)。瘼正音莫病也（龍 477/08）（紹 128b2）；膜經文作瘼誤也（玄 20/271b、慧 54/519b "殘膜" 註)。瘖或作（龍 477/08)。

蟆:　蟆音莫（龍 225/10）（慧 16/721b）（玄 17/230b）（慧 79/931a)；蟇或作蟆（慧 75/963a "蟇子" 註)。蟆音莫（玄 8/112b）（慧 15/699b）（慧 15/703b)。//蟆音莫（龍 225/10)。

貘:　貘音陌（龍 322/04）（玄 19/258b）（慧 56/565b）（慧 16/708a)。//貊:貊盲百反（慧 97/283a）（紹 173b6)；貘又作貊同（玄 19/258b、慧 56/565b "禽貘" 註)；貉或從百作貊論文從白作狛（慧 84/74a "戎貉" 註)。

鏌:　鏌音莫鏌鋣劒名（龍 020/09）（紹 180b7)。

驀:　驀莫百反（龍 294/04）（慧 34/88a）（慧 42/250b）（慧 36/125a）（慧 37/142b）（慧 62/720b）（希 7/402b）（紹 154a4）（紹 166a10)。

陌:　陌阡陌（玄 19/253b）（慧 56/557b）（慧 27/988a)；帞經文從自作陌非字體也（玄 13/177a、慧 53/496b "帞頭" 註)。

帞:　帞莫百反頭巾也（龍 140/01）（玄 13/177a）（慧 53/496b)。

狛:　狛莫百反犺狛驢父牛母也（龍 319/07)。

袹:　袹蠻八反（慧 94/234b)。//帓:帓袜字鏡又從巾作帓韻詮亦從巾作帓（慧 94/234b "袜領" 註)。//袹:袹袜字鏡又從巾作帓韻詮亦從巾作帓傳文作袹音麥非乖今不取（慧 94/234b "袜領" 註)。

蛨:　蛨莫百反虫名也（龍 225/02)。

貊:　貊音陌蠻陌之邦也（龍 322/04)。

趈:　趈音陌今作驀（龍 326/01)；驀或作趈（慧 42/250b "跳驀" 註）（慧 36/125a "騎驀" 註)。

狛:　狛音陌傳從豸亦通（慧 90/171b)。

---

①參見《字典考正》172 頁。

貉：貉音陌北方獸名又胡各反（龍322/05）。貉莫革反（慧84/74a）。

駬：駬正莫百反馶～驢父牛母也（龍294/02）。駬俗（龍294/02）。

眽：眽正音麥邪視也（龍424/06）。盰或作（龍424/06）。//覛：覛萌蘗反（慧99/325b）（紹148a1）。親覛集從永作覛俗字也（慧99/325b"覛往"註）。視或作音麥正作眽［眽］斜視也（龍346/06）。

衇：衇正莫厄反血衇也（龍538/05）。衇俗（龍538/05）。衇俗（龍538/05）。衇俗（龍538/05）。

没：堨正没字（慧39/170b）。浧門悖反（慧12/637a）。浸没字（慧14/677b）。

殁：殁摸骨反（慧7/521a）。殁摸骨反（慧2/433a）。殘正音没（龍515/08）（慧3/453b）。//殑：殑音没（龍515/08）；殁古文作殑（慧3/453b"殯殁"註）。

玟：玟音没玉名（龍438/08）。

頨：頨烏没莫骨二反（龍487/03）。頨溫骨反（慧35/108b）。

毟：毟今音没豬別名也（龍321/03）。毟籀文（龍321/03）。

末：末謨鉢反（玄5/73c）（慧17/737a）（玄21/276c）（玄21/278b）（玄21/281b）（玄22/287a）（慧48/369b）（玄23/311b）（慧47/362b）（玄23/313b）（慧50/421b）（慧3/440b）。

侎：侎音末侎儃肥兒又夷樂名（龍038/04）（慧83/48b）。

沫：沬摩鉢反（慧4/457a）（慧10/587a）（慧12/630b）（慧14/662b）（慧16/711b）（慧19/784b）（慧28/1001b）（慧28/1009b）（慧38/150b）（慧53/490b）（慧54/518a）（慧90/174a）（希4/379c）（希5/382b）（紹188a8）。

怽：怽俗音末正作忦忘也（龍063/07）。忦音末忘也（龍139/07）。

袜：袜音末（龍251/10）（慧27/980b"秣"註）（慧38/160a）（紹161b3）。

袜：沫末音（紹168b3）。

眛：眛音末目不正也（龍423/06）。

秣：秣音末秣馬也又俗音米（龍147/01）（慧29/1023b）（慧80/1070a）（慧90/179b）（慧95/244a）（紹195b10）。秫俗（龍147/01）。秣秣正末音（紹195b10）。//餗：餗音末（龍504/06）；秣亦作餗（慧95/244a"被秣"註）。

籾：籾莫結反又音末（龍305/09）（慧27/980b）（慧35/107b）（慧69/846b）（紹196a10）；籹經文從米作籾非也（慧38/160a"籹香"註）。

袜：袜蠻八反古今正字從衣末聲末字木上加一畫也（慧35/103b）（慧91/194a）。

艳：艳音末艳艳色不深也（龍523/09）。

跭：跭俗音末（龍465/05）。

靺：靺音末（龍450/09）（紹140b1）。

騋：騋音末馬名（龍294/08）。

靺：靺音末靺鞈大帶也又莫拜反東夷樂也（龍177/02）。

麬：麬音末麵也（龍506/02）。

鮇：鮇音末魚名也（龍170/09）。

瀎：瀎音末（龍236/10）（慧27/980b"籾"註）。

糩：糩音末米和也（龍305/10）。

醸：醸音末醸酪醬也（龍311/03）。

墨：墨母北反（慧001/4a）（慧15/683a）。

嚜：嚜僧北反字書正體字論文從黑作嘿俗字也（慧66/785b）。嘿莫北反靜無言也（龍276/08）（慧20/793a）（慧40/201a）（慧80/1072b）（慧90/170b）（慧98/302b）（慧99/311b）（紹182a4）；默俗作嘿非也（慧27/968a"默"註）（慧39/167b"恬默"註）（慧61/677b"默報"註）（慧78/1048a"默然"註）。嘿錄從言非也（慧80/1072b"嘿酬"註）。//懜：懜俗音墨正作嚜（063/02）（慧90/180b）；嘿説文或為默字也集從心作懜非也（慧99/311b"怺嘿"註）。

默：默莫北反（龍533/04）（慧23/860a）（慧27/968a）（慧39/167b）（慧61/677b）（慧78/1048a）（慧89/164b）（紹190a10）；墨經作默非也（慧15/683a"筆墨"註）；嘿或作默（慧20/793a"嘿然"註）（慧90/170b"緘嘿"註）（慧99/311b"怺嘿"註）。默（中62/718a）。

嫼：嫼莫北反怒皃也（龍284/06）。

蟔：蟔音墨（龍224/07）（玄14/196b、慧59/650a"蝙蝠"註）。蟔俗音蟔（龍224/07）（玄20/272a）。嘿茫北反（慧75/973b）。

緪： 緪 正莫北反 (龍 404/05) (慧 23/863a)。 繟俗莫北反 (龍 404/05)。

牏： 牏音末牏嵤惡行也 (龍 179/09)。

晶： 晶莫角反美皃也 (龍 424/04)。

mou

móu 牟： 牟莫浮反牛聲 (龍 114/02) (玄 21/282a)；矛傳文作牟 (慧 94/230a "矛盾" 註)。 牟矛經文有作牟非字體 (玄 1/17c "矛稍" 註) (玄 11/140a、慧 56/547b "攢矛" 註) (初編玄 568 "矛攢" 註) (玄 17/230a、慧 79/930b "攢矛" 註) (慧 30/1050b "矛稍" 註)。 吽矛傳文作牟字書從口作〜牛聲也非本義今不取 (慧 94/230a "矛盾" 註)。 吽俗牟音 (龍 269/04)。 蛑音牟 (龍 138/07)。

侔： 侔莫侯反 (玄 8/116c) (慧 38/164a) (慧 51/435a) (慧 95/255b) (紹 128a8)。 侔正音牟均平齊等也 (龍 024/09)。 侔俗 (龍 024/09)。

劮： 劮音牟 (龍 516/08)；侔或從力作劮 (慧 51/435a "位侔" 註)。

䑉： 䑉音牟草名又大麥也 (龍 257/09)。

恈： 恈正音牟愛也 (龍 053/08)。//愗： 愗或作 (龍 053/08)。 愗武姥二音愛也念也 (龍 058/01) //愗： 愗音牟愛也與恈同① (龍 054/05)。

桙： 拌音牟 (龍 210/07)。

眸： 眸薯侯反 (慧 62/712b) (慧 91/193a) (紹 142b9)。 眸音牟 (龍 418/03) (玄 4/51a) (慧 31/22b) (玄 4/56c) (慧 43/265b)。 睸眸經文作〜誤也 (玄 4/51a "樓眸" 註)。

麰： 麰莫侯反 (慧 34/75b) (慧 87/130b)。 麰正音牟 (龍 504/08)。 麰或作音牟 (龍 504/08)。 麰俗音牟 (龍 504/08)。 麰俗音牟 (龍 504/08)。

鶜： 鶜音牟鶜別名也 (龍 285/10)。

蝶： 蝶莫侯反 (玄 5/69c) (慧 37/145b)。

謀： 謀莫侯反 (玄 25/332a) (慧 71/882a)。//惎： 惎古文音謀 (龍 064/07)。

袤： 袤今音牟延袤也廣也玉篇又衣地也 (龍 101/09)。 裒音牟延袤也廣也 (龍 129/05)。

---

① 《叢考》："愗""恈" 為 "愗" 的後起改易聲旁字 (438)。

藜古（龍 101/09）。

堥：**堥**牟毛二音丘隴阜也（龍 246/08）。

鍪：**鍪**音牟兜鍪首鎧也（龍 010/08）（玄 4/57c）（慧 43/272b）（紹 180a9）。

霿：**霿**音蒙闇也（龍 306/07）。**霿**蒙謀二音天氣下降地不應也又莫用反下應也又地氣上天也（龍 306/07）。**霧**俗音務（龍 090/02）。//霿：**霿**莫弄反天氣下地不應曰霿也（龍 308/02）。

繆：**繆**正美幽反（龍 396/04）（慧 28/999a）（慧 82/34b）（慧 92/197b）（慧 94/224a）（希 10/423b）（紹 191b10）。**繆**美幽反（龍 396/04）（慧 34/93b）（紹 192a1）。**繆**亡侯反（玄 5/67c）（玄 7/95b）（玄 8/114c）。**繆**繆傳文從羽作～脫去下全誤（慧 94/224a "繆從" 註）。

mǒu 某：**某**莫有反（玄 6/85c）（慧 27/979a）（慧 64/754b）。

mu

mǔ 母：**母**莫厚反（希 3/369c）；牡論文作母非骰也（玄 17/235b、慧 74/948b "闍牡" 註）。

拇：**拇**正音母手拇指也（龍 212/01）（慧 41/229b）（慧 38/150b）（慧 97/282b）（希 1/359c）（希 6/391c）（紹 134b7）。**拇**矛后反（慧 84/74a）（紹 157a5）；拇經本從木作拇非也（慧 20/794b "拇指" 註）。//扗：**扗**或作（龍 212/01）。

姆：**姆**正莫候反（龍 282/10）；姥又作姆字同上（希 10/423a "姥陀羅尼" 註）。**姆**俗莫候反（龍 282/10）。

㺷：**㺷**莫口反狐㺷獸名也（龍 318/10）。//㺷：**㺷**音母獸名也（龍 320/10）。

牳：**牳**音母牛也（龍 116/08）。

蹒：**蹒**音母蹒偶山名（龍 462/01）。

凨：**凨**凨正母音（紹 177a8）。//晦：**晦**古文凨字音每（龍 154/03）。

姥：**姥**莫補反（龍 281/07）（玄 1/9a）（慧 17/742b）（玄 4/59c）（玄 5/70a）（玄 13/175b）（慧 55/539a）（玄 24/326a）（慧 70/872a）（慧 81/4b）（慧 91/194b）（希 10/423a）（紹 142a4）。

姥：**姥**又舊藏作姥字（龍 271/02）。

姥：**姥**莫補反山名（龍 075/04）。**姥**莫補反山名（龍 075/04）。

牡：牡莫走反（玄 9/128c）（慧 46/336a）（玄 14/192c）（慧 59/644a）（玄 16/217c）（慧 65/769a）（玄

16/217c）（慧 65/769b）（玄 17/235a）（慧 74/948b）（慧 31/11a）（紹 167b2）。牡莫厚反（龍 116/04）。

//犉：犉其［莫］後反牡馬也（龍 293/01）。

mù　目：目莫鹿莫六二反（玄 1/22b）（玄 6/78a）（玄 24/329c）（慧 70/877b）（希 2/367a）（希 9/415a）。

苜：苜音目（龍 263/08）（慧 29/1023b）（紹 154b7）。

痗：痗音目病也（龍 477/03）。

木：木（希 5/384a）（希 8/410b）。𣎳木字説文云木冒也謂冒地而生也作～下像其根上像

枝也（希 8/410b "木槍" 註）。朩音木（龍 078/04）。朩古文音木（龍 556/02）。𣎵古文

音木（龍 079/03）。帯香巖音莫卜反（龍 078/09）。

沐：沐亡卜反（玄 24/324a）（慧 70/868b）。

朷：朷蒙卜反（慧 97/289b）。朷音木日［朷］乘［桑］[1]（龍 218/09）。

霂：霂音木（龍 309/05）（玄 22/297c）（慧 48/384b）（紹 144a7）。

𦣻：𦣻古文音目（龍 432/01）。𦣺正音目細文也（龍 188/08）。𦣻俗（龍 188/08）。

穆：穆亡鹿亡竹二反（玄 17/233c）（慧 70/859b）（玄 24/328b）（慧 70/875a）（紹 196a2）。穆

睦又作穆同（慧 10/581b "輯睦" 註）。穆莫卜反（慧 6/499a）。穆睦又作穆同（玄 3/47a

"輯睦" 註）（玄 9/123c、慧 46/327a "不睦" 註）。穆穆正目音（紹 196a1）。敄古文穆字（龍

121/06）。敄古文穆字（龍 121/06）。

募：募謨故武句二反（玄 7/103a）（慧 24/893a）（玄 9/123b）（慧 46/326a）（慧 14/676b）（慧 45/303a）

（慧 53/502b）（慧 78/1042b）。

幕：幕音莫帷幕也（龍 139/08）（慧 17/733a）（慧 38/158a）（希 8/408a）。//幙：幙音幕（慧

87/120b）。

簉：簉音暮竹笭也（龍 393/05）。

慕：慕下從心（慧 100/348b）。

牧：牧音目（龍 117/04）（玄 1/18b）（玄 3/35a）（慧 09/568a）（玄 22/289a）（慧 48/372a）（玄 23/318a）

（慧 51/443b）（慧 2/438b）（慧 5/487b）（慧 8/539a）（慧 23/862a）（慧 25/912b）（慧 54/514b）（紹

①參見姚永銘《慧琳〈一切經音義〉研究》205 頁。

167b1)。**牧**音目（龍 117/04）（慧 6/509a）。

鞪：**鞪**音木束曲轅繩（龍 451/04）。

晦：**瞱**目病（龍 423/02）。

睦：**睦**音目親也敬也和也（龍 423/02）（玄 3/47a）（慧 10/581b）（玄 9/123c）（慧 46/327a）；**穆**又作睦同（玄 17/233c、慧 70/859b "和穆" 註）（玄 24/328b、慧 70/875a "乖穆" 註）。

罞：**罞**今音木思兒（龍 136/09）（龍 328/02）。**䍴**或作（龍 136/09）。

䨇：**艒**正音木小艓也（龍 133/04）。**舺**俗（龍 133/04）。**艐**俗（龍 133/04）。

N

na

nā 㩳：㩳女加反爬㩳以衣除也（龍330/07）。

詉：詉女加反絲詉語不解也（龍043/09）。// 詉：詉女加反（龍043/09）。

袋：袋 女加反衣弊也（龍103/09）。

ná 拏：拏正女加反（龍206/07）（玄1/13c）（慧42/235a）（玄5/72b）（慧33/57b）（玄7/96b）（慧28/1012a）

（玄19/254c）（慧56/560a）（慧22/302a）（慧48/391b）（玄23/317c）（慧47/344b）（慧2/427a）（慧

35/104a）（慧36/120b）（慧80/1068b）（紹135a10）（麗20/285a）；拏經文有作拏女家反（玄

4/51b "優吵拏俱" 註）。// 拏：拏正女加反女余反（龍206/07）（玄8/116c）（慧80/1078b）

（紹135a10）；拏有從如者非也（慧35/104a "拏枳你" 註）。笔拏經文作笔非也（玄7/96b、

慧28/1012a "底拏" 註）。拏女加切（紹135a10）。// 拏俗女加反（龍206/07）。拏俗

女加反①（龍313/10）。// 㕕古文音奴正作拏（龍302/03）。

詉：詉女加反（龍040/08）。詉 女加反（龍040/08）。

說：說女佳反言不正也（龍040/06）。

nǎ 絮：絮奴雅反嚼梵字（龍400/06）（慧4/465b）（慧5/480b）（慧5/485b）（慧6/498b）（慧25/924a）

（慧38/152a）。

nà 那：那奴賀反（玄2/23b）。那音郍（龍367/02）。

嗱：嗱 女洽反哘嗱小人言薄相也（龍278/07）。

脧：脧女亞反膩也（龍413/09）。

捺：捺奴葛反（龍215/06）（玄11/150c）（慧52/470a）（玄21/277b）（玄21/278a）（玄24/320c）（慧

70/864a）（玄22/295b）（慧48/381b）（慧13/642a）（慧64/755b）（慧77/1013b）（紹132b4）。捺

奴割反（慧12/638b）。捺捺正乃揭切（紹133a5）。

---

① 《龍龕手鏡研究》：此字疑即 "拏" 字之俗（269）。

榇：榇奴葛反（慧35/109b）（慧45/303a）；奈經文更加木作榇非也（慧53/486a "奈林" 註）。

瘩：瘩奴葛反痛也（龍478/01）。

妠：妠奴骨女刮二反肥兒又音納妠妠聚物也（龍284/03）。

衲：衲音納補衲紩也（龍108/09）。

朒：朒正奴骨反（龍415/08）（慧75/981b）。朒俗（龍415/08）；朒經從芮作～誤也（慧75/981b "胇朒" 註）。

飳：飳奴塔反（龍504/04）。

軜：軜音納驂馬内轡也繫於軾前者也（龍086/01）。

靹：靹奴荅反腜兒（龍177/04）。

魶：魶或作（龍171/06）。//魶：魶今音納～似鱉無甲有尾口在腹下（龍171/06）。

瓵：瓵女刮反又俗音瓦（龍537/03）；杌又作柣～並同（慧25/912a "株杌" 註）。瓵正女刮反（龍317/01）。甈俗（龍317/01）。甈女刮反（龍333/08）。

貀：貀今女滑反獸名似狸也（龍322/04）。//貀：貀或作（龍322/04）。//狪：狪俗女律反（龍319/07）。

nai

nái 羺：羺奴加反（龍159/07）（紹167b7）。羺女佳反（玄14/187b、慧59/635b "羺羊" 註）。

痭：痭奴來反病也（龍470/09）。

捼：捼女皆反（龍210/02）（玄18/241b）（慧73/929a）。墀奴戒反（玄6/90b）。

nǎi 乃：乃（慧21/822b）；迺亦乃字（玄18/246c、慧73/925b "迺至" 註）（慧10/588a "迺津" 註）（慧77/1028b "迺下" 註）。迺古文音乃（龍491/02）（慧36/123a）（慧77/1028b）（慧90/176a）（希5/382c）（希7/399c）。迺奴改反（玄8/112b）（慧16/721a）（玄13/171c）（慧55/529b）（玄18/246c）（慧73/925b）（慧10/588a）（慧10/592a）（慧20/791a）（慧87/129a）（紹138b8）。迺奴改反（慧54/511b）。迵古文音乃（龍491/02）。迻音乃（龍491/07）。𡕢音乃（龍031/03）。

疓：疓音乃病也切韻又如亥反又搦妳二音欲也（龍473/05）。

𡣥：𡣥（紹181b6）。

嬭：嬭正奴買反（龍281/10）。嬭今奴買反（龍281/10）。//妳：妳通奴買反（龍281/10）

（玄 1/13c）（慧 42/235a）（慧 99/319b）（紹 141b8）。**姍**俗奴買反（龍 281/10）。

nài **耏**：**耏**音而（慧 15/705b）；耐説文從彡作耏（慧 7/528b "勘耐" 註）（慧 41/220b "不耐" 註）。

耐正奴愛反或作耏（龍 367/04）（玄 1/7a）（玄 10/137a）（玄 11/148a）（玄 14/196a）（玄 22/295c）

（慧 7/528b）（慧 17/738b）（慧 20/793a）（慧 26/944b）（慧 30/1037a）（慧 41/220b）（慧 45/312b）

（慧 48/381b）（慧 52/465a）（慧 59/649b）（慧 72/908a）（慧 75/976a）（慧 84/85b）（慧 97/289a）（紹

176a4）。**耐**俗奴代反（龍 347/7）。**耐**俗奴愛反（龍 367/04）。**耏**俗乃太反①（133/01）。

//**刵**：**刵**俗音耐（龍 98/6）（慧 45/304a）（紹 139b8）。

奈：**柰**奴大反（慧 49/403b）（慧 53/486a）；紊傳從木作柰非本義也（慧 83/60b "紕紊" 註）。

榇：**榇**音柰俗字也説文果名也從木示聲文中更加木作榇非也（慧 84/69b）。**榇**奴

大切（紹 157b3）。

毤：**毤**音柰毦毤多毛也（龍 136/03）。

毱：**毱**奴帶反（龍 275/07）。

毢：**毢**奴代反無光也（龍 428/05）。

毢：**毢**奴代反小蠹虫也（龍 223/08）。//**蠿**：**蠿**奴勒反虫名似蠹而小青斑色齧人也（龍

225/04）。

鼐：**鼐**奴代切（紹 149a5）。**鼐**耐乃二音（龍 339/07）。

nan

nán 南：**峀**古文南字（龍 073/06）。

喃：**喃**正女咸反詀喃語聲也（龍 266/06）（玄 1/12c）（玄 9/120c）（玄 20/269a）（慧 33/57a）（慧

42/233b）（慧 46/321a）（慧 79/1053a）；喁或作喃同（玄 1/8b、慧 17/741a "陁喁" 註）。//

譜：**譜**女咸反（龍 042/07）（玄 5/68b）（玄 5/75c）（慧 39/183a）；喁或作譜同（玄 1/8b、

慧 17/741a "陁喁" 註）；喃正體作譜同（玄 9/120c、慧 46/321a "舍喃" 註）（慧 79/1053a "名

喃" 註）。//喁：**喁**俗（龍 266/06）（玄 1/8b）（玄 8/110c）（慧 17/741a）（慧 38/154b）（紹 183b6）。

楠：**楠**正音南木名也（龍 377/06）（玄 13/177c）（慧 52/479b）（慧 54/516b）（玄 20/268a）（慧 33/55b）

---

① 《可洪音義》"耐" 寫作 "耏"（參見《可洪音義研究》598 頁），與 "耏" 形體至近。"耏" 即 "耐" 字。

（慧 54/516b）；柵欄律文作枏枒非體也（玄 14/183c、慧 59/630a "柵欄" 註）。**枏**俗（龍 377/06）。**柵** 枏俗作楠經作柵誤也（慧 54/516b "樟枏梓" 註）；枏集作柵音策又別本作枏音南並非香義也[①]（慧 98/301a "枏香" 註）。//楠：**楠** 正音南（龍 377/06）（紹 158b6）；椑亦作楠古字也（慧 10/591a "椑盛" 註）；枏俗作楠經作柵誤也（慧 54/516b "樟枏梓" 註）。

男：**男** 男字説文從甲從力（慧 1/418b）。

偄：**偄** 俗女感反（龍 028/05）（玄 20/264c）（紹 129b3）。//備：**備** 俗女感反（龍 028/05）。

難：**籬** 籀文音難（龍 148/06）。**難** 古音難（龍 148/06）。**𪍠** 俗音難（龍 148/06）。**𤳷** 古文奴干奴案二反今作難（龍 339/02）。**難** 乃安反（玄 6/84a）（慧 23/866b）（慧 27/975b）（慧 27/978b）。

㘉：**難** 俗奴丹奴旦二反（龍 268/07）。

㘜：**㘜** 奴板反悚懼也又人善反（龍 066/04）。

湳：**湳** 奴感反水名（龍 232/08）。

腩：**腩** 奴感反（龍 412/02）。//𦞭：**𦞭** 俗奴感反正作腩（龍 310/05）（紹 136b2）。

𩆜：**𩆜** 乃鑒反泥𩆜也（龍 308/06）。

㬼：**㬼** 奴板反溫濕也又奴諫反（龍 427/01）（龍 524/04）。

赧：**赧** 正尼板反（龍 524/03）（慧 48/385b）（慧 4/471a）（慧 19/789a）（慧 24/900a）（慧 26/933b）（慧 41/224a）（慧 53/491a）（慧 60/656b）（慧 61/677b）（慧 62/702a）（慧 83/53a）（慧 84/78a）（慧 86/105a）（慧 88/145a）（慧 91/187a）（希 1/358a）（紹 202a2）；赧或從皮作赧（慧 84/85a "赧然" 註）（慧 88/135b "震赧" 註）。**赧** 今（龍 524/03）（玄 2/26a）（玄 22/298b）（慧 40/190b）（慧 69/851b）（慧 84/85a）（慧 88/135b）（紹 174b3）；赧從皮作赧俗字也（慧 4/471a "赧然" 註）（慧 19/789a "虩赧" 註）（慧 41/224a "赧而" 註）（慧 53/491a "赧皺" 註）（慧 60/656b "赧容" 註）（慧 61/677b "默赧" 註）（慧 62/702a "羞赧" 註）（慧 83/53a "慙赧" 註）（慧 84/78a "忸赧" 註）（慧 86/105a "赧王" 註）（希 1/358a "赧而" 註）。**𡙡** 俗尼板反（龍 123/01）。//**靦** 古尼板反（龍 524/03）。//㦦：**㦦** 乃限切（紹 131b1）。㦦奴板反慙而面赤也與赧同（龍 066/04）。

①參見姚永銘《慧琳〈一切經音義〉研究》第 64 頁。

嘫：**嘫** 尼限切（紹 182b6）。

醐：**醐** 奴板反酢醐面皺也（龍 347/05）。

nàn 羺：**羺** 奴按反安也温也（龍 428/07）。//羺：**羺** 奴案反羺網也（龍 330/01）。**羺** 奴案反網也（龍 361/01）。

nang

nāng 囔：**囔** 俗穰囊二音①（龍 265/10）。**囔** 俗穰囊二音（龍 265/10）。

náng 囊：**囊** 諾當反（慧 5/484b）（慧 5/488b）（慧 6/505a）（慧 6/511a）（慧 7/521a）（慧 7/531b）（慧 15/697b）（慧 16/711b）（慧 29/1027b）（慧 68/825a）（慧 85/91b）（紹 200b10）。**囊** 諾郎反（慧 14/677b）（慧 41/216a）（慧 54/507b）（慧 55/542a）（慧 64/759b）（慧 93/214b）（慧 100/340a）。**囊** 乃郎反（慧 13/659a）。**囊** 諾郎反（慧 11/613b）（慧 12/634a）（紹 200b10）。**囊** 正奴郎反袋也橐也（龍 101/05）。**囊** 俗（龍 101/05）。**囊** 俗奴當反（龍 104/01）。**囊** 俗奴當反（龍 185/02）。**囊** 俗奴當反（龍 185/02）。**囊** 俗（龍 185/02）。**囊** 奴郎反（龍 548/03）。//**㰮** 俗（龍 101/05）。**囊** 古文奴郎反（龍 368/04）。

㰮：**㰮** 奴當反（龍 375/05）。

năng 㯵：**㯵** 奴朗反（慧 34/91b）（慧 73/919a）（玄 22/299c）（慧 5/480b）（慧 21/816a）（慧 53/499b）（慧 74/942b）（慧 83/56a）。**㯵** 奴朗反（玄 4/52c）（玄 18/249a）（慧 48/387a）（慧 23/878b）（慧 29/1030a）（慧 43/254b）（慧 87/132a）。

nàng 儾：**儾** 正奴浪反緩也（龍 035/05）。**儾** 或作（龍 035/05）。//纕：**纕** 奴郎反（龍 397/07）。

nao

náo 悷：**悷** 女交反心亂也（龍 054/02）。//悷：**悷** 女朱反心乱也（龍 054/03）。

呶：**呶** 女交反誼～也（龍 269/03）（慧 99/314a）（紹 182b3）；譊又作呶同（玄 20/273c、慧 34/89b "譊譊" 註）。

① 《龍龕手鏡研究》："囔" 乃佛經音譯用字（239）。

撓：撓乃飽乃掕二反（玄 22/298b）（慧 48/385b）（慧 86/103a）（慧 93/222a）（慧 98/296a）（紹 134a8）。撓又奴巧反（龍 206/10）（玄 2/28a）（慧 09/570a）（玄 3/45b）（慧 10/579a）（玄 9/130a）（慧 46/338b）（玄 13/176a）（玄 16/217a）（慧 65/777b）（玄 17/232a）（慧 70/857a）（玄 20/275a）（慧 76/992a）（慧 26/938a）；敽經文作撓非此用（玄 5/74c、慧 44/291b“敽嗀”註）。撓乃飽反（玄 3/36a）。

橈：橈音鐃又奴教反（龍 376/08）（382/02）（慧 12/636a）（慧 87/131a）（紹 158a8）。橈奴教反（玄 11/144b）（慧 52/457a）。

蟯：蟯音鐃又去消反（龍 220/10）（慧 42/246b）。

譊：譊女交反爭也恚呼也（龍 041/07）（玄 8/113b）（玄 20/273c）（慧 34/89b）（慧 16/713a）（紹 185b3）。

鐃：鐃女交反鐃鼓似鈴無舌又小鉦也（龍 010/02）（玄 6/81a）（玄 7/92b）（慧 28/995a）（玄 15/201a）（慧 58/616a）（慧 27/969a）（慧 88/140a）；銚經文從堯作鐃音撓交反樂器名也非但字誤義亦甚乖傳寫者請改之（慧 65/768a“銅銚”註）。

鶶：鶶女交反鳭鶶黃鳥也（龍 287/08）（紹 165b2）。

憹：憹又音惱（龍 055/09）（玄 4/52b）（玄 13/177a）（慧 34/79b“懊悔”註）（紹 130b10）。

獶：獶正奴刀女交二反（龍 318/01）。獶通奴刀女交二反（龍 318/01）（玄 13/173c“麋麃”註）。貓俗奴交反（龍 321/07）。

硇：冈撓交反白色石藥也（慧 100/336a）。

峱：猺奴刀反山名也（龍 318/06）。峱俗奴刀反（龍 071/04）。猺奴刀反山名也（龍 320/09）。//巙：巙奴刀反平巙山名在齊地（龍 071/03）。//巎：巎奴刀反山名也（龍 071/02）。

夒：夒夒者獸名立字形之本意也篆書取勢分頁下兩點兩邊垂下左右從止已下從夂作夒遂與憂字上下相似後因草書務從省略寡聞之士不曉本字便相效從憂故有斯謬此失之由其來遠矣哀哉實難改正也（慧 15/697a“擾動”註）。

獿：獿正奴刀反又奴巧反（龍 318/01）。獿俗（龍 318/01）（慧 29/1027a“狐玃”註）；猱字書云正從夒作獿（慧 84/73a“猱猨”註）。

猱：猱奴刀反（龍 317/03）（慧 84/73a）（慧 97/282b）（慧 98/294b）（紹 167a1）。猔俗同上（龍

317/03）。

撓：櫱嬈切韻戲相擾作嬲擾亂作撓挈巧反（慧 27/976b "觸嬈" 註）。

nǎo 惱：𱅒正音肵［腦］（龍 281/07）。𱅓今音肵［腦］（龍 281/07）（玄 13/181b）；腦又作～謬也（慧 5/479a "腦膜" 註）。𱅔或作音肵［腦］（龍 281/06）。𱅕或作音肵［腦］（龍 281/06）（慧 54/519a）（慧 45/314b）（慧 68/831b）。𱅖俗音肵［腦］（龍 281/06）。𱅗俗音肵［腦］（龍 281/06）；壪今經作腦字或作膒膅腦腦腦惱五形皆訛謬字也（希 4/376a "髓壪" 註）。𱅘俗音肵［腦］（龍 281/06）。𱅙俗音肵［腦］（龍 281/06）。//惱：惱奴倒反（慧 15/683b）（慧 29/1028b）（慧 74/959b）。惱正奴老反煩惱也有所恨也（龍 056/07）（慧 1/413b）；𱅚今皆作惱也（玄 13/181b）。惱猱老反（慧 31/24b）（慧 40/196a）。悩通（龍 056/07）。悩今（龍 056/07）（慧 1/420b）（慧 3/440a）；懊今皆作惱同（玄 4/52b "懊懊" 註）（玄 13/177a "悲惱" 註）；𱅛今皆作惱也（玄 13/181b "憂𱅛" 註）（慧 68/831b "煩𱅛" 註）；腦又作嬲惱謬也（慧 5/479a "腦膜" 註）。怵又俗音惱（龍 062/09）。惚俗（龍 056/07）（龍 062/08）（紹 130b8）；惱經文作惚非也非經意下愚之情妄書不成字（慧 15/683b "苦惱" 註）。惣俗音惱①（龍 075/03）。悩或作懷集從三止作㯏非（慧 99/318a "妖惱" 註）。//癗：瘝俗音惱②（龍 474/01）。瘪俗音惱（龍 474/01）。癗俗音惱（龍 474/01）。瘝俗音惱（龍 474/01）。癗俗音惱（龍 474/01）。瘝俗音惱（龍 474/01）（紹 192b1）。癌俗音惱（龍 474/01）。瘱𱅕經從广作瘰非也字書無此字也③（慧 45/314b "𱅕患" 註）。

𦚦：壪那島反（慧 38/159a）（慧 85/90b）（希 4/376a）。壪能老反（慧 4/461a）（慧 41/215b）。𣬛腦古文作～（慧 5/479a "腦膜" 註）（慧 13/647b "髓腦" 註）（慧 28/1000b "髓腦" 註）。壪俗奴老反正作腦也（龍 249/02）。壪音惱（龍 250/02）。壪奴到反（龍 251/04）。壪奴到反（龍 251/04）。壪奴到反（龍 251/04）。壪腦音（紹 203b6）。𠭁腦或作～（慧 5/479a "腦膜" 註）。𢁼腦或作～（慧 28/1000b "髓腦" 註）。// 腦奴老反（慧 28/1000b）。胐（慧 14/674b）。腦古（龍 410/05）（慧 67/815a）；惱今經作腦字（希 4/376a "髓惱" 註）。腦乃倒反（慧 5/479a）；𦚦經中有作腦或作腦膅並非也（慧 41/215b "髓惱" 註）（希 4/376a

①參見《叢考》347 頁。
②參見《龍龕手鏡研究》347 頁。
③參見姚永銘《慧琳〈一切經音義〉研究》63 頁。

"髓惱"註）。腦正（龍 410/05）。腦乃倒反（慧 2/424a）（慧 45/302a）；匘或從月（慧 4/461a

"髓匘"註）（慧 85/90b "陥匘"註）。脳今（龍 410/05）（玄 11/144c）（玄 17/228a）（玄 20/265a）

（慧 11/617a）（慧 12/627b）（慧 13/647b）。聰俗音惱（龍 314/04）。脳俗（龍 410/05）。脳

俗（龍 410/05）；匘或從山皆非也（慧 4/461a "髓匘"註）（希 4/376a "髓惱"註）。胱舊

藏作腦（龍 410/05）。𦙾俗（龍 410/05）。膪俗（龍 410/05）（紹 136a7）；腦或作～（慧

2/424a "腦膜"註）（慧 4/461a "髓匘"註）。腮俗（龍 410/05）（紹 136a7）；腦有作腮（慧

2/424a "腦膜"註）（慧 4/461a "髓匘"註）（希 4/376a "髓匘"註）。腮腦音（紹 136a7）。胸

俗（龍 410/05）。膶俗（龍 410/05）。//憹：憽正奴皓切（紹 147b1）。

傂：磋俗音傂（龍 031/02）。憼俗音傂（龍 031/02）。

熳：烶俗音惱（龍 242/02）。烢俗音惱（龍 242/02）。

髵：鬘音惱長軟也（龍 089/02）。

硇：硇 音惱（慧 15/706a）（慧 29/1025a）（慧 78/1040a）。磳音惱（慧 14/671a）（慧 30/1043a）；

馬腦此寶或色如馬腦因以為名但諸字書旁皆從石作碼磳二字（玄 2/16a "馬腦"註）

（玄 6/79a "馬腦"註）；瑪瑙或作碼磳（慧 25/905b "瑪瑙"註）。磳音腦碼磳（龍 441/08）。

硇或作惱例二音（龍 441/08）；磟俗惱例二音（龍 441/08）。//瑙：瑙（慧 25/905b）；

碼磳或從玉作瑪瑙（慧 78/1040a "碼磳"註）。瑰俗又音磳碼磳也①（龍 432/08）。

譊：詉②郭氏音惱（龍 046/05）。

貓：貓音惱雌狢也（龍 321/10）。貓平表反似豕善睡也③（龍 321/10）。

nào 鬧：夒尼教反猥夒不靜也（龍 033/01）（龍 130/03）（慧 09/569a）（玄 6/89a）（慧 59/637b）（慧

48/376b）（慧 47/361b）（慧 3/451a）（慧 11/610b）（慧 20/795b）（慧 25/921b）（慧 27/986b）（慧 31/17a）

（慧 34/76a）（慧 51/445a）（慧 92/205a）（希 6/394b）（紹 131b10）。夒奴教切（紹 203a3）。夒

挐効反經作丙不成字（慧 14/675b）（慧 15/697b）（慧 30/1039b）（慧 30/1047a）（慧 80/1085a）。

夒奴教反（紹 131b10）。夷俗（龍 130/03）。 丙夒或有作丙書寫人錯誤不成字也（慧

11/610b "慣夒"註）（慧 20/795b "慣丙"註）（慧 76/1002a "慣丙"註）。夒尼教反（龍 553/08）。

① 參見《龍龕手鏡研究》320 頁。
② 《龍龕手鏡研究》：即 "詉" 字（168）。
③ 參見《叢考》1021 頁。

丙 奴教反同吏[吏]（龍 553/02）（玄 1/22a）（玄 3/35c）（玄 14/188c）（玄 22/292a）（玄 23/310b）（慧 28/1011a）（紹 203a3）；吏經文作丙謬也不成字（慧 3/451a "憒丙"）（慧 31/17a "憒吏" 註）。//鬧：鬧俗尼教反（龍 93/06）（慧 68/825a）；丙經文作鬧俗字也（玄 1/22a "憒丙" 註）（玄 3/35c、慧 09/569a "憒丙" 註）（玄 6/89a "憒丙" 註）（玄 14/188c、慧 59/637b "憒鬧" 註）（玄 22/292a、慧 48/376b "憒丙" 註）（慧 3/451a "憒丙"）（慧 11/610b "憒吏" 註）（慧 25/921b "憒丙" 註）（慧 28/1011a "憒丙" 註）（慧 31/17a "憒吏" 註）（慧 34/76a "憒吏" 註）（慧 80/1085a "廛吏" 註）（慧 92/205a "讙丙" 註）（希 6/394b "誼丙" 註）。鬧正尼教反猥也不靜也（龍 93/06）（慧 61/684a）（紹 195a8）。

淖：淖字林女角反三蒼昌若反又徒歴反又奴教反（龍 236/08）（玄 5/67b）（慧 34/93b）（玄 11/147a）（慧 52/462a）（玄 12/155b）（慧 52/455a）（慧 81/2a）（紹 187a10）。

ne

nè 疒：疒女厄反痛[疾]也又士莊反亦病也（龍 468/04）。

呐：訥奴骨反謇訥也（龍 050/07）（玄 8/108b）（慧 28/1005a）（玄 9/121b）（慧 46/322b）（玄 10/135a）（玄 20/272c）（慧 76/993a）（玄 21/281c）（玄 22/303a）（慧 48/393a）（玄 25/337b）（慧 71/890b）（慧 13/656a）（慧 18/766a）（慧 24/898a）（慧 41/223b）（慧 50/416b）（慧 87/128a）（希 4/379a）（希 6/393a）；呐又作訥同（玄 7/102b "呐其" 註）（慧 30/1042b "呐其" 註）。//肉：肉正奴骨反口肉也（龍 278/10）。呐俗（龍 278/10）（玄 7/102b）（慧 30/1042b）；訥又作呐同（玄 8/108b、慧 28/1005a "訥鈍" 註）（玄 9/121b、慧 46/322b "訥口" 註）（玄 10/135a "拙訥" 註）（玄 21/281c "不訥" 註）（玄 22/303a、慧 48/393a "謇訥" 註）（玄 25/337b、慧 71/890b "陋訥" 註）（慧 50/416b "拙訥" 註）。

抐：抐内骨奴困二反（龍 218/07）（玄 15/204c）。抐女六反（慧 58/603a）。

殁：殁奴没反殟殁心亂也（龍 516/04）。

耛：耛奴勒反穀耛（龍 365/08）。

蟖：蟖奴勒反虫名也（龍 327/08）。

鶴：鶴女日反似雞距（龍 513/05）。

齧：齧 女厄反～炙餅餌名 （龍503/08）。

nei

něi 婑：婑 奴每反媆婑好兒也 （龍281/09）。

瓜：瓟 正奴罪反傷瓜也 （龍195/08）。瓟 俗 （龍195/08）。瓟 奴每反傷爪也 （龍331/01）。

瓟 奴每反傷爪也 （龍331/01）。

餒：餒 奴每反 （龍501/02）（玄7/94b）（玄8/116c）（玄13/180b）（慧21/827a）（慧82/41a）（慧97/278b）

（紹172a2）。//餒：餒 奴罪反 （慧28/997b）（慧54/515b）（慧90/174a）（慧92/198b）（慧93/212b）

（慧94/240b）（慧95/253a）；餒經本有從食邊委者 （慧21/827a "受餒" 註）。餒 俗奴罪

反[1] （龍501/09）。//飷 郭又俗音奴罪反[2] （龍504/04）；餒經文作飷未見所出 （玄7/94b、

慧28/997b "飢餒" 註）。

鮾：鮾 奴每反魚敗也 （龍169/04）。鮾 餒或從魚作鮾 （慧90/174a "餒者" 註）。//朡 又

奴罪反魚敗也 （龍410/08）（紹135b7）。朡 或作奴罪反與朡同魚敗也又於偽反 （龍

411/08）（玄13/171b、慧57/591b "臭茹" 註）；餒或從魚作鮾亦從肉作朡 （慧90/174a "餒

者" 註）。

颰：颰 奴罪反風動兒 （龍127/06）。

捼：捼 奴回如佳二反 （龍375/07）。

nèi 內：內 奴對反 （玄7/94b）（慧28/997b）。//仍：仍 俗內納二音正作內字 （龍034/04）（紹

127b10）；內經文從人作仍非也 （玄7/94b、慧28/997b "出內" 註）。

nen

nèn 炳：炳 乃本反炳熱也 （龍241/09）。

枘：枘 乃困反 （玄11/140c）（慧56/548b）。枘 朡又作枘同乃困反 （玄5/70b "新朡" 註）（玄

19/255a、慧56/560b "腬葉" 註）。

---

①參見《龍龕手鏡研究》359頁。
②參見《龍龕手鏡研究》359頁。

娿：**娿** 正奴困反弱也小也（龍282/10）。//**腝** 又奴困反宾腝也（龍410/09）（玄19/255a）；

柇字苑作腝（玄11/140c、慧56/548b"炙柇"註）；嫩或作腝（慧15/691b"嫩花"註）（慧

100/333b"牙嫩"註）。腝乃困反（慧56/560b）（慧39/172b）。//嫩：**嫰** 俗奴困反（龍

282/10）。**嫩** 今奴困反（龍282/10）（慧15/691b）（慧60/657b）（慧100/333b）（紹141b3）；

膗經文作嫩近字也（玄5/70b"新膗"註）；腝正作嫩（慧39/172b"腝藕梢"註）；柇又

作嫩近字也（玄11/140c、慧56/548b"炙柇"註）（玄19/255a、慧56/560b"腝葉"註）。//

㜳：**㜳** 奴困反正作嬹[嫩]弱也（龍187/02）（紹141b3）；柇經文又作㜳非體也（玄

11/140c、慧56/548b"炙柇"註）。//**犂** 奴困反正作嬹[嫩]弱也（龍187/02）。//**㞴** 奴

困反正作嬹[嫩]弱也（龍187/02）。

neng

néng 能：**能** 乃登反（慧3/451b）（慧4/458a）（慧4/473b）（慧95/255b）。

ni

ní 呢：**呢**（玄20/264c）（紹184a2）。**哯** 音尼（龍270/01）。

妮：**妮** 尼音（紹142a5）。

泥：**泥** 經從土作埿俗字也（慧45/313b）（慧90/172b）（慧94/235b）。**泥** 奴奚反（慧47/365b）

（中62/717c）。//坭：**坭** 奴礼反又俗泥尼二音（龍248/05）（玄20/265c）（慧8/535b）。**坭**

（龍248/05）（玄4/50c）（慧31/21a）（玄5/65a）（玄20/264c）（慧42/248b）。**埿**（龍248/05）。

垃 坭梵語經作坭誤也（慧31/21a"坭鉢"註）。//**埕**（龍248/05）。**埵** 坭正泥音（紹

161b6）。**坒**（龍248/05）。**捏** 埕正泥音（紹133b2）。//**埴**（龍248/05）。**涅** 奴低反經

文作泥説文水名也非淤埴也（希5/389a）。**埿** 奴兮奴計二反塗也（龍247/04）；埿

經文作泥水名也（希6/394a）（紹187b7）；泥經從土作埿俗字也（慧45/313b"淤泥"註）。

握 於角反①（龍253/01）。**埜** 古文音泥（龍246/08）。

---

① 參見《字典考正》29 頁。

怩：怩女眡反 （慧33/59b）（慧91/187a）（紹131a4）。怩音尼 （龍053/07）（玄5/73a）。

秜：秜力之反稻死來年更生也 （龍144/05）。

衵：衵泥音 （紹168b1）。

蜺：蜺女胝反 （玄14/194c、慧59/647b "蚰蜒" 註）。

跜：跜音尼蹂跜梁栱間一曰行踐兒也 （龍460/05）。

餪：餪音尼餌～ （龍500/06）。

倪：倪五兮反人姓也 （龍23/04）（玄4/50c）（慧31/21b）（玄8/111b）（慧33/62a）（玄8/113c）（玄8/114c）（玄15/205a）（慧58/603a）（玄17/229a）（慧67/817b）（玄18/246a）（慧73/924b）（玄20/266a）（慧25/913b）（慧38/162b）（慧74/959b）（希2/366b）；俾倪三蒼作頓倪又作較堄二形 （玄1/19a）（玄3/40c）（慧09/563b）（玄5/74b）（慧44/287b）；陴阢論或從人作俾倪亦通也 （慧69/839a "陴阢" 註）。

郳：郳五兮反郳城在海東 （龍455/01）。

猊：猊五兮反狻猊食虎豹也 （龍317/04）。//貌：貌狻貌師子猛獸也 （龍321/08）。

婗：婗五奚反人始生曰嬰婗也 （龍279/10）。

猊：猊五兮反 （龍317/04）（玄21/276c）（玄25/338a）（慧71/892b）（慧12/636b）（慧86/111b）（慧88/148a）（紹167a1）；貌或從犬作猊 （慧83/58a "貌吼" 註）。//貌：貌詣雞反 （慧83/58a）；猊或作貌音同也 （慧86/111b "臨猊" 註）。

脫：脫俾倪說文作擗堄又作孵阢經文或作脾脫非也 （希2/366b "俾倪" 註）。

疧：疧俗五奚反① （龍469/09）。

衵：衵五兮五礼二反梳衵袵衣飾也 （龍103/03）。

觬：觬研礼反較觬擊聲也又音倪 （龍529/07）。觬俗 （龍120/03）。

輗：輗正五兮反車轅端持衡木也 （龍081/05）。輗俗 （龍081/05）。

鯢：鯢正五兮反鯨鯢也 （龍165/06）（玄4/57a）（慧43/266b）（玄11/143b）（慧56/554b）（慧15/704a）（慧39/178a）（慧83/53b）（慧85/89b）（慧86/111a）（慧92/206a）（紹167b10）。鯢通 （龍165/06）（紹167b10）。

①正字待考。

齯：齯正五兮反老人齒落更生（龍 189/04）。齯俗（龍 189/04）。齯俗（龍 189/04）。

麑：麑五兮反（龍 520/07）（玄 7/102c）（慧 30/1046b）（玄 15/201c）（慧 58/618a）（紹 193a9）；麑今經文作麑非也（慧 11/617b“麑鹿”註）；猊或從鹿作麑（慧 86/111b“臨猊”註）。

霓：霓五兮反又五結五擊二反（龍 306/05）（玄 56/823b、慧 17/19b“曰虹”註）（玄 15/212a、慧 58/625b“雷霆”註）（慧 24/897b）（慧 42/243a）（慧 87/127b）（慧 92/203a）（慧 100/348b）（希 5/389b）（紹 144a3）；蜺或作霓（玄 19/253c、慧 56/558a“色虹”註）（玄 1/11c、慧 17/746b“曰虹”註）（慧 8/555a“虹蜺”註）（慧 31/9b“如蜺”註）。//蜺：蜺研奚反（慧 76/998a）（慧 86/107a）（紹 164b1）。蜺五泥反（龍 219/04）（玄 19/253c、慧 56/558a“色虹”註）（慧 8/555a）（慧 23/858b）（慧 31/9b）；霓經從虫作蜺謂小蟬也非經義（慧 24/897b“虹霓”註）（慧 42/243a“虹霓”註）。

伄：伄烏奚反（玄 20/264c）（慧 43/259b）。伄五兮反伄俾佯不知皃（龍 025/05）。伄五奚反（玄 20/265c）。

鸋：鸋奴兮人兮奴何三反（龍 406/02）（紹 135b4）。

nǐ 抳：抳尼氏反（龍 211/03）（玄 4/60b）（慧 28/1011b）（紹 134a7）。抳女几反（玄 6/90c）（玄 7/96b）。

狔：狔尼蟻反猗～也（龍 318/07）。狔尼蟻反猗～也（龍 318/07）。

苨：苨奴礼反薺苨也（龍 259/09）（紹 157a1）。苨奴礼反（龍 259/09）。

柅：柅女蟻反又尼你二音（龍 379/09）（玄 4/59c）（紹 158b5）。//柛：柛女履切又爾音（紹 158b5）。

旎：旎乃倚乃可二切（紹 173a5）。旎女綺反（龍 125/03）。

韊：韊正奴禮反韊～軟皃（龍 449/07）。韊俗（龍 449/07）。

埿：埿研礼反埤埿（龍 249/04）（慧 21/822a）；俾倪三蒼作頼倪又作鞞埿二形（玄 1/19a“俾倪”註）（慧 09/563b“俾倪”註）（玄 8/111b、慧 33/62a“俾倪”註）（玄 17/229a、慧 67/817b“俾倪”註）（玄 18/246a、慧 73/924b“俾倪”註）；俾倪玉篇又作陴埿（慧 25/913b“俾倪”註）；俾倪正從土作埤埿（慧 38/162b“俾倪”註）（希 2/366b“俾倪”註）。

你：你祢又作你同女履反（玄 2/32a）（玄 22/302b）（慧 48/392a）（玄 23/307c）（慧 47/355b）（慧

18/756a）；尒或作你（玄 14/195a、慧 59/647b "於尒" 註）。// 儞：儞 乃倚切（紹 129a10）。

鉨：鉨 奴禮反絡絲也（龍 015/08）。

襧：襧 寧以反（慧 39/168a）（慧 96/272a）（紹 168a7）；袮或作襧（慧 61/687b "祖袮" 註）（慧 80/1072b "祖袮" 註）（慧 93/214b "祖袮" 註）。襧 正奴礼反祖襧也（龍 112/01）（慧 35/103b）。襧 或作（龍 112/01）。// 袮：袮 奴礼反（龍 112/02）（玄 2/32a）（玄 7/96b）（慧 28/1012a）（玄 8/116c）（慧 38/164a）（慧 26/954b）（慧 61/687b）（慧 80/1072b）（慧 80/1087b）（慧 93/214b）（紹 168a7）。徐 俗（龍 112/01）。袮 袮正奴礼切（紹 196a6）。袗 奴禮切（紹 168a8）。袍 奴禮切（紹 168a8）。

髵：髵 奴礼反髮兒也（龍 089/01）。髿 耏或作髵（慧 15/705b "耏毛" 註）。

�：轜 奴礼反彎垂（龍 449/08）。

儗：儗 五愛海愛二反僜儗癡兒也又魚紀反借也又魚記反伣不前也（龍 037/01）（紹 129a6）。儗 霓以反（慧 18/755a）。

薿：薿 魚矣魚力二反草盛兒也（龍 260/05）。

擬：擬 魚理反（玄 16/223c）（慧 64/744b）（玄 17/237a）（慧 74/951b）（紹 132b1）。擥 江西隨函音牛紀反①（龍 381/02）。

薿：薿 魚紀反禾盛兒（龍 145/02）。

匿：匿 尼力反（慧 15/690b）（慧 21/825a）（慧 25/926b）（慧 72/908b）（紹 175a2）。匿 尼力反（龍 193/01）（慧 11/617a）；蠹 經文作匿非體也（玄 11/144c "痔蠹" 註）。

喺：喺 俗尼力反（龍 277/06）。

愵：愵 女力尼乙二反愧也又他得反（龍 063/05）。

嬺：嬺 正女力切（紹 141b6）。嬺 女力反（龍 284/04）。嬺 女力反（龍 284/04）。嫛 女力反（龍 284/04）。

蠹：蠹 女力反（玄 11/144c）（慧 52/458a）。蠹 女力反（龍 225/09）。// 匿：匿 女力反蟲食病也（龍 193/02）。

暱：暱 正尼乙反近也親也（龍 429/05）（玄 5/63c）（慧 7/532b）（慧 13/646b）（慧 38/153a）（慧

---

① 參見《龍龕手鏡研究》301 頁。

30/1045b）（慧 67/801b）（紹 170b7）；昵又作暱同（玄 10/132a、慧 49/406a"親昵"註）（玄 11/153b、

慧 52/476a"若昵"註）（初編玄 602、慧 57/592b"親昵"註）（玄 18/251b、慧 73/937a"親昵"註）

（玄 19/261a、慧 56/570a"久昵"註）（玄 21/279a"昵近"註）（玄 56/821c、慧 17/16b"親昵"註）

（慧 7/526b"親昵"註）（慧 24/901a"親昵"註）（慧 54/517a"親昵"註）（慧 62/720b"昵好"註）。

暱 俗尼乙反正从日（龍 423/02）（玄 7/102c）（紹 142a7）。//慝：**慝** 尼乙反同暱又他

德同慝（龍 069/07）。//昵：**昵** 女乙反（玄 5/77a）（玄 7/96b）（玄 8/116b）（玄 18/251b）

（玄 19/261a）（玄 20/264b）（玄 21/279a）（玄 22/293b）（初編玄 602）（慧 24/901a）（慧 28/1011b）

（慧 49/406a）（慧 52/476a）（慧 54/517a）（慧 56/570a）（慧 57/592b）（慧 62/720b）（慧 73/937a）

（紹 170b7）。**昵** 俗（龍 429/05）（玄 1/9c）；暱又作昵同（慧 38/153a"親暱"註）。**暱** 女

乙反（玄 10/132a）（玄 11/153b）（慧 17/744a）（慧 48/378a）（慧 7/526b）（紹 170b7）；暱經文

從尼作昵俗字也（慧 7/532b"親暱"註）（慧 13/646b"暱近"註）（慧 67/801b"親暱"註）；

暱又作昵同（玄 5/63c"親暱"註）；疤文中從日作昵非之也（慧 100/335a"波羅疤斯"註）。

昵 俗尼乙反正从日（龍 423/02）（玄 4/56c）（玄 20/265c）（慧 43/265b）（紹 142a7）。**眤** 昵

正尼質切（紹 199b7）。**眤** 入質尼質二切從日正（紹 142a7）。//伲：**伲** 俗女乙反近

也（龍 038/02）（玄 20/264c）（紹 129a10）。

阢：**阢** 睨計反（慧 69/839a）；俾倪又作瓣阢（希 2/366b"俾倪"註）。

睨：**睨** 倪計反（慧 53/499b）（慧 74/959b）（慧 75/971b）（慧 79/1057a）（慧 91/182b）（慧 91/190b）

（慧 95/254b）（慧 97/279b）；睚經文作睨非此義（玄 13/169b、慧 55/539b"睚眦"註）；俾

倪正從土作墹垼或從目作睥睨（慧 38/162b"俾倪"註）。**睨** 五計反睥睨視人皃也（龍

422/02）。睨：**睨** 五兮反（龍 426/02）。//**睨** 正音詣（龍 345/08）。**睨** 睨正五禮研

計二切（紹 142b2）。**睨** 今音詣（龍 345/08）。

惄：**惄** 奴歷反憂皃（龍 063/04）（玄 16/221c）（慧 65/764b）；弱經文作惄非此義（玄 4/50a"怯

弱"註）；溺或作惄（慧 7/523b"他溺"註）；愁文字典説或作惄（慧 98/310a"愁是"註）。

塓 弱經文作惄惄非此義（慧 34/094b）。

溺：**溺** 堅的反溺沉也（龍 235/08）（慧 2/437b）（慧 5/484b）（慧 41/207a）（慧 40/189a）（慧 89/163b）

（希 3/371b）（希 3/373a）（希 6/396a）（紹 187a8）；古文愁嫋二形今作惄同（玄 16/221c、慧

65/764b "嬲態" 註)；伮亦作溺古也 (慧 35/105a "水伮" 註)。溺寧的反 (慧 7/523b)。微舊藏作溺 (龍 236/10)。//伮：伮古文奴的反今作溺字 (龍 038/02)(慧 35/105a)(紹 128b1)；溺正從人作伮 (慧 2/437b)(慧 5/484b "漂溺" 註)(慧 7/523b "他溺" 註)(慧 29/1016b "漂溺" 註)(慧 41/207a "沈溺" 註)(慧 40/189a "能溺" 註)(希 3/371b "沈溺" 註)(希 3/373a "淪溺" 註)(希 6/396a "沈溺" 註)。

哯：哯音逆嘔哯也 (龍 278/07)。

逆：逆魚戟反 (慧 7/530b)(慧 13/650a)。迣逆正 (紹 138a6)(高 59/655c)；逆今通作迣訛也 (慧 13/650a "逆旅" 註)。迣逆正 (紹 138b8)。

繼：繼音逆古佩襪也 (龍 403/08)。

膩：膩尼智反説文從肉貳聲從月非也 (慧 29/1026b)(慧 31/19b)(慧 75/981b)。膩尼雉反 (慧 3/445b)(慧 12/624b)(慧 72/902a)(慧 82/33b)。膩正女至反肥也 (龍 412/08)(玄 21/280c)(慧 8/551b)(慧 12/636a)(慧 15/695a)(紹 135b10)。膱俗 (龍 412/08)。膩膩正女利切 (紹 136a1)。膩膩經從目作～非也 (慧 75/981b "膩眉" 註)。膩尼智反 (慧 17/734b)。膩女利反肥膩皆俗正作膩 (龍 351/06)。膩女利切 (紹 143b1)。膱女利反肥膱皆俗正作膩 (龍 351/06)。膱女利反肥膩皆俗正作膩 (龍 351/06)。//肶：肶俗 (龍 412/08)(紹 136a1)；膩經文從尼作肶非也 (慧 8/551b "津膩" 註)。//佴：佴俗女利反正作膩 (龍 034/03)。佴俗女利反正作膩 (龍 034/03)。

貳：貳俗女利反① (龍 173/06)。

嶷：嶷魚力反 (龍 078/01)(玄 5/69b)(慧 10/582b)(慧 22/847b)(慧 22/850a)(慧 44/294b)(慧 53/487b)(慧 81/22a)(慧 82/38a)(慧 85/100b)(慧 88/146a)(慧 90/169b)(慧 93/216b)(慧 100/334a)(慧 100/335b)(希 2/366a)(紹 162a3)；嶷傳文從山作嶷非 (慧 92/207b "歧嶷" 註)。嶷疑極反 (慧 12/628b)(慧 13/650a)。嶷嶷正罗力切又疑音 (紹 147b4)(紹 162a3)。

睿：睿正擬燿二音 (龍 336/05)(紹 173b2)。睿或作擬燿二音 (龍 336/05)。睿或作擬燿二音 (龍 336/05)。

潗：潗潗正尼立切 (紹 186b8)。

---

① 《叢考》：此字疑是 "貳" 的訛俗字 (593)。

恕：恕 正奴歷反（龍 069/03）（慧 87/117b）（慧 98/310a）（希 10/419a）；古文恕㟀二形今作
惄同（玄 16/222a、慧 65/764b "惄憨" 註）；䀨 或作恕（慧 99/316b "飢恕" 註）。䀨 俗
奴歷反（龍 069/03）（慧 99/316b）。懲 俗奴歷反（龍 069/03）。// 愬 或作奴歷反（龍
069/03）。琤 古文恕㟀二形今作惄同（玄 16/221c、慧 65/764b "惄憨" 註）。

觑：觑 寧立反（龍 199/01）。

轋：轋 寧壹反（龍 199/01）。

隔：隔 尼立切有處卻作隔攝二字用臨文詳之（紹 169b7）。

䵑：䵑 正尼質反膠黏也（龍 332/03）。䵑 俗（龍 332/03）。

nian

niān 拈：拈 奴恬反（龍 208/05）（慧 24/901a）（慧 35/102a）（慧 69/846b）（紹 132b7）（紹 134b9）。

nián 鮎：鮎 奴兼反鮎魚名也（龍 165/06）（玄 11/141c、慧 56/550a "166/03" 註）（紹 168a1）。

飻：飻 奴兼反相謁而饗也又女廉反南楚呼食麥粥也（龍 500/09）。

黏：黏（慧 100/345a）（紹 196a1）。黏 正女廉反（龍 331/10）（慧 19/781a）（慧 47/351b）（慧
52/456b）（慧 61/694a）（慧 81/20a）。黏 今（龍 332/01）。黏 女兼切（紹 196a1）。稦 俗
女廉反正作黏（龍 142/08）。黏 女廉反（慧 59/638b）（玄 23/305a）（慧 14/673a）（慧 26/944a）；
粘正作黏（慧 68/835b "膠粘" 註）。黏 女沾反（玄 7/97a）（玄 14/189c）。// 秥：拈 俗
女廉反正作黏（龍 142/08）（玄 11/144a）。// 粘 俗女廉反正作黏（龍 304/01）（慧 68/835b）
（紹 196b5）；黏又作粘同（玄 7/97a "黏汙" 註）（慧 19/781a "黏汙" 註）（慧 14/673a "膠黏"
註）；黏論作粘俗字通也（慧 100/345a "黏外" 註）。

年：季 音年穀熟曰年（龍 143/04）（紹 196a3）。秊 古文年字（龍 545/02）。㠱 年音（龍 184/02）。

郍：郍 音年縣名（龍 454/02）。

niǎn 趍：趍 泥展反（龍 325/02）。趍 丑認切（紹 138a2）。

跈：跈 正奴典徒典二反又女展反（龍 461/05）。跡 輾作～同女展反（玄 14/195b "輾
治" 註）。蹍 正奴典徒典二反又女展反（龍 461/05）；蹍 今録本作蹍謬（慧 87/121b
"重蹍" 註）。

戻：**戻**尼展而兖二反柔弱也（龍163/08）。

蹍：**破**女驒反（慧94/224b）。**破**碾考聲正作破（慧42/246a "碾磴" 註）（慧60/661b "碾殺" 註）。**蹍**女展反（龍461/05）（慧19/773a）（慧60/661b）（慧90/173a）（慧98/299a）（紹163a4）。**碾**尼展女箭二反或作輾（龍442/02）。

輾：**報**尼展反轢也（龍082/07）（慧18/767b）（慧64/761b）；輾又作報（玄14/195b、慧59/648a "輾治" 註）（慧61/696a "車輾" 註）。**報**尼展如衮二切（紹139a1）。**報**尼展如衮二切（紹139a1）。//**輾**又女箭反水輾也（龍082/07）（玄11/142b）（玄11/147c）（慧52/464a）（玄14/195b）（慧61/696a）。**輾**女展反（慧56/551b）（慧59/648a）；報經文多從展作輾非也（慧18/767b "所報" 註）；蹍與前輾字義相通故不言耳（慧19/773a "蹍除" 註）。

陦：**陦**乃玷反亭名（龍296/09）。

撚：**撚**正奴典反（龍212/02）（玄14/197a）（慧59/651a）（慧35/97b）（慧38/156b）（慧39/168b）（慧60/669a）（慧61/681b）（慧62/701b）（慧63/725b）（慧81/12a）（希5/385b）（希5/386c）（希6/394b）（希8/409a）（紹133b3）。**撚**俗奴典反（龍212/02）。**撚**奴典反（龍242/05）。

撑：**撑**輦音（紹134b2）。

淰：**淰**乃忝反又音審（龍232/08）（玄16/218c）（慧65/771a）（紹186b7）。

涊：**涊**年典反又音忍（龍231/03）（慧19/785a "湳池" 註）。

廿：**廿**人執反説文云二十也今為二十字（龍527/04）。

念（意）：**意**古文念字（龍068/02）。**忘**俗（龍068/02）。**愈**俗（龍068/02）。

瞁：**瞁**奴見反日光也（龍428/08）。

niang

娘：**娘**女良反（玄24/325a）（慧70/870b）。

糮：**糮**女亮反雜米也（龍305/05）。

釀：**釀**女亮反（玄25/336c）（慧71/890a）（慧79/1062a）（紹143b6）。**釀**女亮反（龍310/07）（玄9/127a）（慧46/332b）（慧62/720b）（紹143b6）。

niao

niǎo
蔦：蔦弔鳥二音寄生草也（龍 262/08）（慧 99/328b）。//槁：槁音鳥（龍 381/06）。

孃：孃奴鳥反摘也（龍 281/07）。

鸓：鸓奴了反鳥名（龍 288/05）。

嬲：嬲正奴了尼乙二反嬲戲相擾也（龍 199/03）（玄 12/164c）（慧 30/1049b）（慧 55/544b）（慧 54/514a）；嬲又作嫐（玄 3/43b、慧 09/575b "詭嬲" 註）（玄 7/105a "嬲固" 註）；嬈或作嬲（玄 4/54c、慧 34/90a "嬈固" 註）（玄 8/107c、慧 28/1004b "嬈固" 註）（慧 1/415b "來嬈" 註）（慧 5/492a "為嬈" 註）（慧 6/509b "嬈惱" 註）（慧 11/618a "不嬈" 註）（慧 12/639b "嬈轉" 註）（慧 16/716a "往嬈" 註）（慧 16/726b "觸嬈" 註）（慧 27/976b "觸嬈" 註）（慧 28/1010a "嬈害" 註）（慧 30/1040a "嬈亂" 註）（慧 32/31a "嬈亂" 註）（慧 43/256b "嬈我" 註）（慧 43/265b "無嬈" 註）（慧 72/910a "嬈亂" 註）。嫐玉篇音惱（龍 281/06）。嫐奴到反（龍 199/04）。嫐俗（龍 199/03）。嫐奴了反（龍 199/02）（玄 3/43b）（慧 09/575b）（玄 7/105a）；嬈諸經有作嫐（玄 4/54c、慧 34/90a "嬈固" 註）（玄 8/107c、慧 28/1004b "嬈固" 註）（慧 78/1033a "侵嬈" 註）。// 嫐俗（龍 199/02）。

褭：褭奴鳥反（慧 49/398b）。褭褭正奴鳥切（紹 166a5）。褭奴了反驍褭也（龍 104/05）（玄 23/317a）。褭或作奴褭反正作褭字（龍 292/09）（紹 166a5）。//儠：儠音鳥儠佻輕兒也（032/08）。儠又音鳥①（龍 288/05）。

儠：儠奴了反便儠也（龍 030/03）。

攮：攮奴鳥反摘也（龍 212/04）。

駷：駷或作（龍 089/04）。駷正奴了反鬆駷也（龍 089/04）。

niào
尿：尿正奴弔反腹中水也（龍 164/01）（希 7/402b）；尿亦作尿（慧 75/970b "尿尿" 註）。尿今（龍 164/01）（玄 23/317a）（慧 39/179a）（慧 75/970b）（紹 172a9）；溺正體作涹（慧 54/519a "矢溺" 註）；尾又作尿同（慧 67/811a "戻屍" 註）；尿說文從尾從水經從尸訛略也（慧 2/423b "戻尿" 註）（慧 43/270b "戻涹" 註）；尿經文作尿俗字省略也（慧

---

① 參見《龍龕手鏡研究》261 頁。

5/478b "屎屎" 註）（慧 55/536b "蔥屎" 註）。屎俗（龍 164/01）；溺正體作屎（玄 13/181b "矢溺" 註）；屎又作屎同（玄 17/225c "屎屎" 註）（玄 22/290c "飲屎" 註）（慧 43/270b "屎泥" 註）。屎奴弔反（慧 55/536b）。屎奴弔反（慧 49/399a）（慧 5/478b）。屎屎又作～同乃弔反（慧 48/374a "飲屎" 註）。屎奴弔反（紹 172a9）。屌俗（龍 164/01）。屍俗（龍 164/01）（玄 17/225c）（慧 67/811a）（玄 22/290c）（慧 48/374a）（慧 19/789b）（紹 172a9）；溺字體作屍（玄 11/149b、慧 52/467b "溺者" 註）。泥溺正體作泥（玄 13/181b "矢溺" 註）。泥乃弔反（慧 43/270b）；溺正體作泥（慧 54/519a "矢溺" 註）；尿又作泥同（玄 23/317a、慧 49/399a "立尿" 註）（慧 39/179a "牛尿" 註）。屍·尿亦作～（慧 39/179a "牛尿" 註）。屍溺弔反顧野王云～即溺也（慧 68/828a）。麗古（龍 164/01）。//溺：溺乃弔反（玄 13/181b）（慧 54/519a）；經文作溺古字多假借耳（玄 11/149b、慧 52/467b "溺者" 註）（玄 17/225c、慧 67/811a "屎屍" 註）（玄 23/317a、慧 49/399a "立尿" 註）。//屌：屌俗（龍 164/01）。

nie

niē 捏：捏正年結反（龍 217/10）（慧 64/748a）（慧 42/243a）（慧 36/126b）（慧 38/156b）（慧 40/195a）（希 5/387b）（希 6/395b）（紹 132b9）；撚律文作捏（玄 14/197a、慧 59/651a "撚髭" 註）。揑乃結反（玄 16/223c）。捏俗（龍 217/09）。揑俗（龍 217/09）。揑又俗音涅（龍 213/04）。揑涅音①（龍 381/08）。

埕：埕正奴結反（龍 251/10）；捏或從土作埕（慧 40/195a "捏素" 註）。埕或作奴結反（龍 251/10）。

笯：笯奴結反篁然疲役也（龍 394/07）。//篁：篁（龍 394/07）。

捻：捻奴貼反指捻也（龍 217/04）（玄 5/76c）（慧 34/85b）（玄 11/149c）（慧 52/468a）（玄 16/216b）（慧 65/776a）（玄 20/268c）（慧 33/56b）（慧 18/762b）（慧 42/238a）（慧 42/241a）（慧 39/169b）（慧 78/1045a）（慧 100/335b）（紹 134b5）；拈論作捻俗字（慧 69/846b "指拈" 註）。

①參見《龍龕手鏡研究》301 頁。

歘：欨 又奴叶反塞也^① （龍 355/03）。

跕：跕俗奴叶反 （龍 465/07）。

niě 肔：肔尼也反 （龍 341/05）。 砈尼也切 （紹 149a1）。

伮：伮你也切 （紹 149a1）。

軇：軇寧也反 （龍 199/01） （紹 149a2）。

niè 涅：涅年結反 （慧 90/168a） （慧 97/274a）；淫經中有作涅誤也 （希 5/385b "淫吠帝" 註）。涅

奴紇反 （玄 6/90c） （慧 10/591a） （慧 27/964a）。

腥：腥腥正奴結切 （紹 136a6）。

硂：硂奴結反礬石別名也 （龍 445/05）。

陧：陧五結反 （龍 298/04）。

峴：峴嶭或作嵲峴 （慧 98/306a "巀嶭" 註） （慧 99/323b "巀嶭" 註）。

疵：疵拏黠反 （玄 21/285a） （慧 30/1052b） （玄 22/300a） （慧 47/363b） （玄 25/339c） （慧 71/896a）

（紹 192b4）。疵女黠反 （慧 48/388a）。疵女黠反瘡痛也 （龍 477/04） （玄 23/311c）。

茶：茶念協反 （慧 95/257a）。荼新藏作荼奴叶反病貌 （龍 264/09）。

埝：埝奴叶反陷聲 （龍 252/04）。//坲奴叶反陷聲 （龍 252/04）。

歘：歘奴叶反塞也亦持也 （龍 121/03）；捻古文歘同 （玄 11/149c、慧 52/468a "捻挃" 註） （慧

78/1045a "捻挃" 註）。㰤音捻故也 （龍 531/04）；捻又作歘同 （玄 5/76c、慧 34/85b "捻箭"

註）。

硞：硞奴結反～石也 （龍 445/05）。

鞥：鞥奴叶反鞍～薄也 （龍 451/09）。

諗：諗奴叶反聲絕也 （龍 178/04）。//蒾：蒾俗奴叶反正作諗聲絕也 （龍 543/08）。

杲：杲五結反 （龍 385/03） （慧 94/228a） （紹 158a4）；闌又作杲同 （玄 7/97a "門闌" 註） （慧 19/780b

"嘶破" 註） （玄 15/200c、慧 58/615b "尋闌" 註） （玄 16/215b、慧 65/774b "門闌" 註） （玄 16/224c、

慧 64/745b "門闌" 註）。

嵲：嵲五結反嶭嵲也 （龍 078/04）；嶭或作嵲 （慧 98/306a "巀嶭" 註） （慧 99/323b "巀嶭" 註）。

①參見《龍龕手鏡研究》290 頁。

闌：**闌**五結魚列二反門闌中礙也或作臬（龍 095/03）（玄 7/97a）（慧 19/780b）（玄 15/200c）（慧 58/615b）（玄 16/215b）（慧 65/774b）（玄 16/224c）（慧 64/745b）（慧 85/100a）。

䶯：**䶮**五結反～飢（龍 555/01）（紹 202b1）。

踂：**踂**正尼輒反足不相過也（龍 464/08）。**踂**通（龍 464/08）。

鈪：**鈪**黏輒反（慧 41/215b）（慧 45/310b）（慧 53/494b）（慧 57/587b）（慧 63/736b）（希 1/356b）；鑷合作鈪（希 3/371b "鉗鑷" 註）。**鈪**輒聶二音（龍 019/08）（玄 17/232c、慧 70/857b "鐵鈷" 註）（慧 23/879a）（紹 180b8）。**鉥**輒聶二音（龍 019/08）。//鑷：**鑷**尼輒反鑷子也（019/07）（希 3/371b）（紹 180b8）；**鈹**亦鑷字（玄 17/232c、慧 70/857b "鐵鈷" 註）（慧 23/879a "鉗鑷" 註）（慧 41/215b "鈷鈪" 註）（慧 45/310b "鈪子" 註）（慧 53/494b "釵鈹" 註）（慧 63/736b "鈪子" 註）（希 1/356b "鈷鈹" 註）。

鑈：**鑈**正奴叶反小箱［箝］也（龍 020/05）。//鉨：**鉨**俗（龍 020/05）。

齧：**齧**（慧 57/594a）（慧 27/973b）（慧 28/1002b）（慧 35/105a）（慧 36/118a）（慧 36/123b）（慧 40/196a）（慧 72/904b）（慧 74/959a）（慧 78/1041a）（慧 82/37a）（慧 100/351b）（希 2/366a）（希 5/385a）（希 7/402a）（希 7/402c）。**齧**齧正五結切（紹 146b1）。**齧**齧正五結切（紹 146b1）。**齧**（慧 19/774a）。**齧**研結反（慧 38/160a）。**齧**正五結反（龍 312/09）（玄 13/173b）（慧 11/611b）（慧 13/653b）（慧 17/735a）（慧 26/954a）（慧 32/47b）（慧 43/256b）（慧 76/1004b）。**齧**研結反（慧 37/146b）。**齧**俗五結反（龍 312/09）。//螪：**螪**俗五結反（龍 312/09）（紹 164b9）。**齧**俗五結反（龍 312/09）。**齧**俗五結反（龍 312/09）。**齧**俗五結反（龍 312/09）。//嚙：**嚙**俗五結反正作齧（龍 276/04）（龍 312/09）（紹 184a7）；齧經文從口作嚙俗字也（慧 36/118a "齧毒" 註）（慧 37/146b "來齧" 註）（慧 38/160a "龍齧" 註）（慧 78/1040b "欲齧" 註）（希 2/366a "齧齒" 註）（希 5/385a "齧齒" 註）（希 7/402a "齧損" 註）（希 7/402c "所齧" 註）。**嚙**俗五結反正作齧（龍 276/04）。//**齧**俗五結反正作齧（龍 276/04）。**嚙**俗五結反正作齧（龍 276/04）。//**齧**研結反（慧 37/142b）（紹 146b4）；齧經從口作嚙俗字也（慧 40/196a "所齧" 註）。

嶭：**嶭**正五結反屼嶭山皃又五鐕反山中絶皃也（龍 077/09）。**嶭**正五轄反山中絶貌也又五結反屼山危皃（龍 313/06）。**嶭**俗（龍 077/09）。**屼**俗（龍 313/06）。

聶：聶尼輒切（紹 199b6）。

囁：囁而涉反口動皃（龍 278/07）（紹 182a10）；囯經本有作囁非也錯用字也（慧 38/152b "囯普" 註）。

嘱：嘱尼輒反日煥也（龍 430/05）。

爅：爅玉篇音鍤丑輒反火光也又音聶爅也（龍 245/06）。

歒：歒尼叶反皶歒令相著也（龍 531/03）。歒尼輒尼叶二反皶歒令相著也（龍 121/07）。

膭：膭而涉反動膭也（龍 416/07）。

躡：躡女輒反登也履也蹈也急也（龍 465/09）（玄 5/75a）（慧 52/480b）（慧 1/404b）（慧 10/589b）（慧 13/657b）（慧 14/679a）（慧 28/1010b）（慧 39/181b）（慧 51/440a）（慧 54/523b）（慧 62/719a）（慧 63/723b）（慧 63/732b）（慧 69/844a）（慧 72/905b）（慧 74/959a）（慧 75/969b）（慧 83/50b）（慧 89/154b）（慧 92/202a）（慧 94/226b）（希 5/383b）（紹 137a4）。躡躡傳文從帚作～傳寫誤非也（慧 89/154b "躡懸絙" 註）。

讘：讘而涉反詀讘也又孤讘縣名也（龍 051/01）。

鑷：鑷俗音鑷[1]（龍 439/03）。

顳：顳而涉反（龍 487/06）（玄 20/266b）（慧 43/262b）。

耴：耴而涉反使也（龍 530/09）。耴蘇叶反使也又～取也（龍 531/01）。

嶭：嶭妍結反（慧 98/306a）（慧 99/323b）。嶭正五藹伍結二反巀嶭（龍 078/07）。嶭正五藹伍結二反巀嶭（龍 078/07）。嶭俗（龍 078/07）。

孼：孼或作（龍 078/09）。孼正魚列反臣僕庶孼之事謂賤子也又姓又五葛反（龍 078/09）。孼五竭反（慧 34/89b）（紹 173b3）。孼音同上[魚列反]與孼同（龍 263/06）（玄 13/176b）（玄 20/273c）（慧 34/89b）（玄 20/273c）（希 4/379b）（紹 154b5）；孼經文作孼又作孼近字也（玄 3/44c "佞孼" 註）（玄 4/52c "妖孼" 註）；孼經文作孼（慧 10/583b "佞孼" 註）（玄 10/132c、慧 49/407a "妖孼" 註）（玄 11/142a、慧 56/550b "妖孼" 註）。//孼俗（龍 263/06）；孼今或從女作孼（慧 47/349b "灾孼" 註）（慧 57/588b "兇孼" 註）（慧 77/1015b "栽孼" 註）。孼正魚列反妖孼也（龍 263/06）（玄 3/44c）（慧 10/599b）。孼魚羯反（慧 11/601b）（慧 42/247b）；

①參見《叢考》539 頁。

蘖又作孽近出字也（慧10/583b "佞蘖" 註）（玄11/142a "妖蘖" 註）（慧97/275b "祆蘖" 註）。

蠥： 蠥彥列反（慧31/25b）（慧56/550b）；蘖或從虫作蠥（慧97/275b "祆蘖" 註）。//蘖： 蘖俗魚列反（龍225/09）。蘖宜列反（玄13/173a）（慧57/593b）（紹154b5）。蘖魚列反虫蝗鳥獸之恇也（龍225/01）（慧10/583b）（玄4/52c）（玄10/132c）（慧49/407a）（玄11/142a）；孽又作蘖近字也（玄3/44c "佞孽" 註）（玄20/273c、慧34/89b "妖孽" 註）（慧47/349b "災蘖" 註）。

夽： 夽正泥輒反大聲（龍358/04）。夽今泥輒反大聲（龍358/04）。夽古文音聶（龍528/04）。

啐： 啐魚謁反相呵也玉篇又音珊珊囄也（龍278/10）。

蘖： 櫱五割反（龍384/09）（慧67/801b）；梓古文櫱同（玄4/50b、慧43/264a "栽梓" 註）（玄21/280a "栽梓" 註）；蘖古文作～（玄13/175c、慧55/538a "栽蘖" 註）。櫱蘖古文～同（玄12/162b、慧28/994b "栽蘖" 註）；古文櫱梓不三形今作蘖同（慧73/922b "栽梓" 註）（慧82/39b "梓株" 註）。櫱俗同上［櫱］（龍384/09）。//蘖： 蘖言烈反（慧47/349b）（慧57/588b）（慧97/275b）。櫱五割反（龍384/09）。//梓正五割反（龍384/09）（玄4/50b）（慧43/264a）（慧13/650b）（慧68/823a）。梓古文櫱梓不三形今作蘖同（慧73/922b "栽梓" 註）。梓正五割反（龍384/09）。梓五割反（玄18/239b）；蘖古文梓同（玄12/162b "栽蘖" 註）。//栬： 栬今五割反（龍384/09）（慧81/7a）（紹158b1）；櫱古文作栬（慧67/801b "栽櫱" 註）；蘖亦作栬（慧77/1015b "栽蘖" 註）。栬俗五割反正从木作栬（龍216/08）；蘖古文栬同（慧28/994b "栽蘖" 註）（慧13/650b "栽梓" 註）。栬五葛反（慧82/39b）。栬俗五割反（龍216/08）（玄21/280a）；蘖古文作～（玄13/175c、慧55/538a "栽蘖" 註）。栬梓正五葛切（紹134a6）。栬俗五割反（龍216/08）。栬俗五割反（龍216/08）。栬俗五割反（龍216/08）（紹135a9）；梓今之字作栬（玄21/280a "栽梓" 註）。//不五割反（龍525/06）；梓古文不同（玄4/50b、慧43/264a "栽梓" 註）（慧73/922b "栽梓" 註）（玄21/280a "栽梓" 註）（慧13/650b "栽梓" 註）（慧82/39b "梓株" 註）；蘖古文不同（玄12/162b、慧28/994b "栽蘖" 註）。//蘖： 蘖魚列反（慧54/525a）（玄25/336c）（慧71/889b）（慧66/788b）（慧77/1015b）（慧84/76a）（慧97/280a）；梓說文作蘖是杌上再生蘖也非此用（慧82/39b "梓株" 註）。蘖梓今作蘖同（玄4/50b、慧43/264a "栽梓" 註）（玄21/280a "栽梓" 註）（慧

13/650b "栽桿" 註)。**蘖** 五割反（玄 12/162b）（玄 13/175c）（慧 55/538a）（玄 15/201b）（紹 154b8）；

櫱或作蘖論文作蘖（慧 67/801b "栽櫱" 註）。**蘖** 五割反（慧 28/994b）。**蘖** 魚列反（慧

58/617a）（慧 36/119a）。**趩** 糵集從麥作～非（慧 97/280a "籬糵" 註）。

蘖：**蘖** 正魚列反米麴蘖也（龍 264/01）。**蘖** 或作（龍 264/01）。

钀：**钀** 魚列語謁二反馬勒傍鐵也（龍 021/07）。

囡：**囡** 或作女甲反手取物也又女減反（龍 175/09）。**囚** 喃甲反梵語雖不求字義恐讀者

疑誤錯音今故重明之押囚口小端正也亦音拏甲反經本有作嚙非也錯用字也（慧

38/152b）。//囶：**囯** 正（龍 175/09）。

岊：**岊** 正五結反山高皃也（龍 078/07）。**岊** 或作（龍 078/07）。

嵒：**嵒** 而涉反多語也（龍 278/06）。

逜：**逜** 躡字體作逜同女輙反（玄 5/75a、慧 52/480b "躡撰" 註）。**逮** 躡字體作～正作逜（慧

52/480b "躡撰" 註）。**庩** 又尼輙反（龍 300/10）。

nin

nín 絚：**絚** 女林反（龍 396/05）；絍又作絚同（玄 22/294a、慧 48/379a "繩絍" 註）。

ning

níng 冰：**氷** 凝說文作冰（慧 1/403b "凝玄" 註）。//**凝** 魚兢反（慧 1/403b）（慧 13/648b）（慧

88/146b）。

寧：**寧** 乃亭反（慧 22/833b）。

儜：**儜** 正女耕反弱也困也（龍 023/02）（玄 21/280a "不肖" 註）（慧 35/108a）（慧 61/678b）（慧

62/718b）（慧 79/1052b）（紹 128b1）；獰或作獰（希 9/415b "獰惡" 註）。**儜** 俗（龍 023/02）。

//瘇：**瘇** 俗奴耕反[1]（龍 472/01）。

嬣：**嬣** 女耕反（龍 281/02）；儜或作嬣（慧 62/718b "儜鳥" 註）。

---

[1] 《龍龕手鏡研究》："瘇" 即 "儜" 之換旁俗字（344）。

嚀：嚀音寧叮嚀也又俗女耕反（龍269/09）（紹183b8）。嚀俗女耕反（龍266/05）。

獰：獰乃庚反（希9/415b）。

薴：薴女耕反苧薴草名也（龍253/06）；崢鬤説文作苧薴同（玄21/283b "崢鬤" 註）。

氃：氃乃庚反犬多毛也（龍199/01）。

蟷：蟷寧音又乃頂切（紹164a10）。

聹：聹音寧又乃頂反（龍313/10）（慧46/331b）（玄20/273c）（慧75/980b）（慧2/424a）（慧5/479a）（紹199b5）。聹乃泠反（玄9/126b）。聹正（龍410/06）。聹誤（龍410/06）。聹俗奴頂反正作聹耳垢也（龍162/01）。聹俗（龍420/08）。

饝：饝女耕反饝充食也（龍500/05）。

譺：譺正女耕反謍譺也（龍043/04）。譺通（龍043/04）。

鵀：鵀音寧夨鵀巧婦也（龍286/03）（玄19/258b、慧56/566a "梟鵃" 註）（慧88/138a）（希10/421c）。

鬤：鬤女耕反鬉鬤也（龍086/07）（玄21/283b）（慧18/763a）。

鐼：鐼正女耕反鐼鐼金聲也（龍010/06）。鐼俗（龍010/06）。

寊：寊正音寧天也（龍507/08）。寊俗（龍507/08）。

nǐng　顉：顉乃泠反（慧54/517b）（慧8/547a）（慧18/754a）（紹170a8）。顉乃頂反（龍484/03）（玄13/181c）。//頿：頿聹亦作顉（慧5/479a "眵聹" 註）。

nìng　佞：佞奴定反（慧10/583b）（玄17/233a）（慧70/859a）（慧29/1018a）（慧57/589a）（慧97/273b）（希3/370a）（紹128a3）。佞乃定反謟媚偽善也又才德之稱也（龍33/04）（玄3/44c）。佞奴定反（玄24/328a）（慧17/745a）（慧70/874b）；佞集作佞俗字也（慧97/273b "佞倖" 註）。佞奴定反（玄1/10b）（紹128a3）；佞有從妾作佞非也（慧29/1018a "諂佞" 註）。//詇：詇乃定反（龍049/02）。詇乃定反（龍049/02）。

婫：婫乃定切（紹141b1）。

甯：甯俗乃定反邑名又姓（龍158/03）。甯今（龍158/03）（玄15/201b）（慧58/617a）。甯俗（龍158/03）。甯俗音佞正作甯（龍308/04）。//甯音寧（龍156/02）。

濘：濘奴定反（玄1/7b）（慧42/248b）（慧69/845b）（慧94/235b）（慧99/323b）。濘奴定反（慧

17/739b）（玄 5/65a）（玄 8/115b）（玄 20/265b）（玄 20/265b）。 寧 乃頂乃定二反（龍 231/2）。

niu

niú 牛： 牛 語求反（希 1/355a）（希 10/422c）。

嗓： 嗓 論自切奴流反①（龍 267/08）。

niǔ 邪： 邪 女九反地名（龍 455/08）。 邪 扭説文地名邪字從邑作邪未詳孰是（慧 98/300a "扭陽" 註）。

扭： 扭 女九反扭手轉兒又陝有反扭按也（龍 213/02）。

狃： 狃 女又反又女九反（龍 319/02）（紹 166b4）。//徕： 徕 正女九反習也（龍 497/09）。 徕 通（龍 497/09）。

肚： 肚 女九反（龍 411/06）；糅古文粗肚二形同（玄 4/53b、慧 32/32b "糅以" 註）（玄 7/96a、慧 28/1000a "雜糅" 註）（玄 20/267c、慧 33/55a "糅毒" 註）；揉古文肚同（玄 8/119a "鼻揉" 註）（玄 24/320b、慧 70/863b "相糅" 註）。

秜： 秜 正女六反利也（龍 142/05）。 翔 俗（龍 142/05）。

紐： 紐 女九反（龍 399/05）（玄 12/156c）（慧 52/478a）（玄 15/202b）（慧 61/690b）（慧 62/702b）（慧 64/759b）（慧 81/11a）（慧 83/61b）（慧 84/85b）（慧 85/94b）（慧 88/133a）（慧 91/187a）（慧 92/199a）（希 10/418b）；紐或從糸作紐並通（慧 35/104a "毗鈕天" 註）。 紉 （慧 58/619a）。 伊 紐女九反經文作佃非也②（玄 12/156c、慧 52/478a "毗紐" 註）。//輆： 輆 俗女九反正作紐（龍 449/06）。

輆： 輆 俗女夂反（龍 082/08）。

鈕： 鈕 女九反印鈕也（龍 015/04）（慧 35/104a）（慧 37/142b）（慧 61/699b）（慧 63/734a）；珤或作鈕（玄 14/190c、慧 59/640b "玦珤" 註）。鈕從金丑聲從田誤也（慧 35/104a "毗鈕天" 註）。//珤： 珤 女九反印（龍 436/06）（玄 14/190c）（慧 59/640b）；鈕廣雅作珤（慧 63/734a "戶鈕" 註）。

---

①《龍龕手鏡研究》：為佛經音譯用字（243）。

②參見韓小荆《〈可洪音義〉研究》608 頁 "紐" 字。

niù 膼：**膼**女六反（龍 124/01）；皺拗律文作膼膼未見所出（玄 15/205a、慧 58/603b "皺拗" 註）。

緓：**緓**俗尼救反（龍 403/03）；糅本從糸作糅錯書非也（慧 77/1020b "紛糅" 註）。

齆：**齆**魚救反飛也（龍 185/07）。**齆**魚救反飛也（龍 333/02）。

nong

nóng 農：**農**農古文農茷二形同（玄 24/322b、慧 70/866a "農夫" 註）。**農**奴冬反（玄 10/136c）（慧 45/303b）（玄 24/322b）（慧 70/866a）。**茷**古文農字（龍 253/05）。**茷**古文音農（龍 258/10）；古文農茷二形同（玄 10/136c、慧 45/303b "農商" 註）（玄 24/322b、慧 70/866a "農夫" 註）。**農**古文音憂（㜪）[1]（龍 072/05）。

儂：**儂**音農我也（龍 026/01）（紹 129b2）。

濃：**濃**女容反（龍 226/10）（慧 13/653b）（慧 16/710b）（慧 39/171b）（慧 53/487a）（慧 88/142a）；醲經從水作濃與經義不同也（慧 29/1032a "肥醲" 註）。//震：**震**濃或作震形聲字也（慧 13/653b "淳濃" 註）（慧 53/487a "滋濃" 註）。//震：**震**奴冬女容二反露重皃也（龍 307/04）。

憹：**憹**又音惱（龍 055/09）；惱經作憹俗用非也（慧 74/959b "懊惱" 註）。

襛：**襛**女容而容二反襛花皃（龍 103/04）。

膿：**盟**奴冬反（龍 328/06）；膿古文盟形（玄 11/151a、慧 52/470b "膿血" 註）（慧 37/136a "脂髓膿" 註）（慧 75/964b "膿血" 註）。**盇**奴冬反（龍 328/06）。//膿：**膿**奴同反經文作膿俗字也（慧 37/136a）。**膿**字書正從血作盟（慧 81/6b）。**膿**奴紅反（龍 405/05）（玄 11/151a）（慧 52/470b）（慧 1/413a）（慧 2/424a）（慧 5/479a）（慧 40/192a）（慧 51/433a）（慧 67/802a）（慧 75/964b）（紹 135b5）；膿衛宏作膿（慧 81/6b "膿血" 註）。**膴**俗奴紅反（龍 408/05）。**膴**膿正奴東切（紹 135b5）。//癑：**癑**音農病也（龍 471/09）（紹 193a2）；古文盟膿二形今作癑同（玄 11/151a、慧 52/470b "膿血" 註）（慧 37/136a "脂髓膿" 註）（慧 67/802a "膿血" 註）（慧 81/6b "膿血" 註）；疽聲類作癑（玄 7/93c、慧 28/997a "疽燥" 註）（玄 14/186b、慧 59/633b "疼痛" 註）；疼聲類作癑（玄 18/238c、慧 73/921a "疼痺" 註）。

---

[1]《叢考》：爲 "農" 的俗字（348）。

𢈪 瘇正奴東切（紹193b4）。

聰：聰 女江反耳中聲也（龍314/02）。

襛：襛 搦講反（慧18/755a）。

穠：穠 女容反又而容反（龍143/09）（慧99/317a）（紹196a6）。襛女容、而容二反～華也（龍110/04）。

氃：氃 女紅反髮多也（龍135/02）。

繷：繷 女容反繾繷也（龍178/06）。濃濃經從多作繷（慧39/171b "濃塗" 註）。

饢：饢 奴冬反饟～强食又女江反亦强食也（龍500/05）。

䨥：驫正（龍088/02）。驫今女紅反髮多也（龍088/02）。

醲：醲 女容反（龍309/07）（慧20/799b）（慧29/1032a）（慧77/1027b）（紹143b5）；濃或從酉作醲（慧16/710b "濃厚" 註）。

䵬：䵬 奴董反～䵰果子多也（龍332/03）。

nòng 䵯：䵯奴弄反（龍363/07）。䵯奴東切（紹148a9）。

nou

nóu 𦳋：𦳋奴矦反（慧20/804a）（慧27/961a）（慧32/38a）（希2/361c）。𦳋奴矦反（玄1/4a）。𦳋正奴矦反（龍544/4）（玄5/74a）（慧44/289b）（慧51/451a）（紹151a3）。𢉖俗奴侯反正作𪇿兔子（龍298/10）。𢉖俗奴矦反正作𪇿兔子也（龍472/01）。//菟：菟 奴侯反（慧78/1036b）。//𪇿𪇿今奴矦反兔子也（龍544/4）；𦳋或作𪇿也（慧27/961a "阿𦳋" 註）（慧32/38a "阿𦳋" 註）。𢉖𦳋或作𪇿亦作䭾也（慧32/38a "阿𦳋" 註）。

羺：羺正奴侯反（龍159/02）（慧10/580b）（玄10/139c）（慧51/444a）（慧59/635b）（慧48/370a）。䭾俗奴侯反（龍159/02）（玄3/46b）（玄14/187b）（玄22/287b）（慧51/433a）（紹167b6）。䭾俗奴侯反正作羺（龍448/02）。//䅻俗奴侯反（龍159/02）。

㖃：乳乃后反㖃食物也（龍271/10）。

nǒu 乳：乳乃口反今作㖃小兒（龍337/08）。

陾：陾又乃口反衆～（龍295/07）。

nòu 鎒：鎒正奴豆反鋤鎒也或呼高反義同（龍 017/03）；耨《説文》又作鎒同（玄 8/117c“犁耨”註）（玄 21/283c“營耨”註）（慧 18/766a“營耨”註）（慧 45/307b“犂鎒”註）。鎒俗（龍 017/03）。//耨：耨乃候反（玄 8/117c）（玄 21/283c）（慧 1/407a）（慧 18/766a）（慧 26/945a）（慧 27/962a）（慧 68/833a）（慧 76/1006b）（慧 100/330b）。

穀：穀奴候反乳也（龍 194/01）。穀乃后反乳也（龍 193/08）。

譨：譨奴豆反諠譨不能言也（龍 048/06）。

nu

nú 伖：伖音奴戮也（龍 027/07）；拏古文從人作伖（慧 80/1072a“妻拏”註）（慧 82/40a“妻拏”註）。㑚音奴（龍 028/09）。

奴：奴怒胡反（慧 27/964b）。//仅：仅古文奴字（龍 027/06）；奴説文古文為仅字也（慧 27/964b“奴”註）。//䚢俗乃胡反（龍 199/02）。

拏：拏音奴妻拏也（龍 336/04）（玄 22/301a）（慧 48/389b）（慧 80/1072a）（慧 82/40a）（慧 94/226b）（慧 97/278b）（紹 141b1）（紹 173b2）。//孥：孥古文音奴正作拏（龍 302/03）。

笯：笯奴怒二音（龍 390/07）（玄 22/300b）（慧 48/389a）（玄 23/307c）（紹 160a6）。

駑：駑音奴（龍 291/04）（玄 9/128b）（慧 46/335b）（慧 83/64b）（慧 86/107a）（慧 88/143a）（慧 98/293a）（紹 166a7）。

nǔ 努：努奴古切（紹 145b1）。

弩：弩奴古反弩怒也弓弩也（龍 151/04）（玄 22/295b）（慧 48/381a）（慧 8/551a）（慧 25/910b）（紹 141b9）（紹 145b5）。

砮：砮音奴又音弩（龍 440/08）（慧 54/509b“如砥”註）（慧 97/285a）。砮音奴又音弩（龍 440/08）。

nù 怒：怒奴覩反（慧 77/1017b）（希 3/372b）（希 6/397c）。怒俗好怒二音（龍 066/03）。䢞：䢞奴故切（紹 138b8）。

詉：詉女加反譇詉語不正也又奴故反恚惡言也（龍 040/07）。//謥：謥通乃故反正作詉恚惡言也（龍 050/02）。詉俗（龍 050/02）。

僗：僗奴沃反虜三字姓庫僗官氏也（龍039/05）（慧90/173b）。

nuan

nuǎn 澳：澳奴管反又奴亂反（龍232/07）（希8/408b）（紹188a8）；㷉或作澳乃本反（玄6/79a "柔㷉" 註）；㷉或作澳（慧1/411a "輕㷉" 註）。

餪：餪正奴管反女嫁二日送食曰餪女也（龍501/08）。𤎩俗（龍501/08）。

煖：煖奴管反溫也火氣也又音暄（龍241/02）（慧31/13b）（慧41/229a）（慧35/109b）（慧50/419a）（希1/359c）；煗或作煖俗用非也（慧10/590a "煖性" 註）（慧14/663b "煖蘇" 註）（慧42/240a "煖煙光" 註）（慧66/783b "煖身" 註）。//煗：煗通（龍241/02）（玄1/21a）（慧14/663b）（慧26/945b）（慧42/240a）（慧62/702b）；煗説文正作煖（慧31/13b "煖觸" 註）（慧41/229a "火煖" 註）（希1/359c "火煖" 註）。煗奴管反（慧4/467b）（慧10/590a）（慧28/1001a）（慧40/196b）（慧55/540b）（慧61/687b）（慧66/783b）（慧68/833b）（慧72/898b）（慧75/978a）（慧76/991a）（慧81/14b）。煗奴管反（慧60/664a）。㶟煖俗字也正作煖經作㶟非也（慧41/229a "火煖" 註）（希1/359c "火煖" 註）（希8/408b "溫澳" 註）。㶟俗（龍241/02）（玄1/21a）（紹189a10）；煖經作㶟非也（慧28/1001a "煖法" 註）（慧50/419a "煖順" 註）（慧66/783b "煖身" 註）（慧68/833b "煖種" 註）（慧81/14b "煖服" 註）。//暖：暖正奴管反溫暖也與煖腝三同（龍426/08）。暖煖有作暖暔皆俗用字（慧4/467b "冷煖" 註）（慧14/663b "煖蘇" 註）（慧31/13b "煖觸" 註）（慧42/240a "煖煙光" 註）（慧40/196b "煙煖光" 註）（慧55/540b "煖煴" 註）（慧66/783b "煖身" 註）。腝奴管反溫腝也（龍410/09）。//暔：腝奴管反或從火作煖（慧54/516a）；煖有作暖暔皆俗用字（慧4/467b "冷煖" 註）（慧14/663b "煖蘇" 註）（慧42/240a "煖煙光" 註）（慧55/540b "煖煴" 註）（慧60/664a "㥦頂" 註）（慧61/687b "冷煖" 註）（慧66/783b "煖身" 註）（慧68/833b "煖種" 註）（希8/408b "溫澳" 註）。暔暔音（紹170b8）。暔俗（龍426/08）；煖經從日作暔非也（慧76/991a "不煖" 註）。腝奴管反溫腝也（龍410/09）；煖或作腝俗作暖（慧40/196b "煙煖光" 註）。腸煖經作～非也（慧75/978a "如綖" 註）。暔俗（龍426/08）。

nuo

nuó 侈： 侈又奴可反窽也 (龍 57/03) (玄 19/259a、慧 56/567a "耳𩑋" 註)。// 㦬： 㦬奴可反窽也 (龍 057/04)。

𢁇： 𢁇今奴何反多也 (龍 178/08)。𢁇或作 (龍 178/08)。𦙶或作 (龍 178/08)。

那： 郍古文檂杉二形今作那同 (玄 19/258c、慧 56/566b "檂檂" 註)。肥那正 (紹 145b10)。刪郍正 (紹 139b8)。邢又俗郍音[1] (龍 455/06)。

牭： 牭音那獸似牛尾白也 (龍 116/02)。

哪： 哪那音又奴賀切 (紹 183a7)。𨙟俗奴賀反 (龍 275/07)。

挪： 挪奴何反 (龍 207/08)。挪那音 (紹 135a2)。

娜： 娜奴可反 (龍 281/05) (玄 8/110c) (玄 21/282c)。娜奴可反 (龍 281/05) (玄 1/12c) (慧 42/233b) (玄 4/56c) (慧 43/265b) (玄 5/68b) (慧 2/426b) (紹 141b4)。

綑： 綑音那 (龍 398/02)。綑那音 (紹 191a2)。

儺： 儺音那駈病鬼也 (龍 028/03)。

魖： 魖音郍人值鬼驚聲 (龍 323/04)。

nuǒ 襄： 襄奴可反襄襄衣皃也 (龍 104/02) (慧 70/865a)。襄乃可反 (慧 56/560a)。襄乃可反 (玄 19/254c)。

檂： 檂奴可反檂檂 (龍 380/03) (慧 12/629b) (慧 82/40a)。檂奴可反檂檂 (龍 211/07)；古文檂杉二形今作那同 (玄 19/258c、慧 56/566b "檂檂" 註)。檂乃可反 (玄 23/317a) (慧 49/398b) (玄 24/321b)。檂乃可反 (玄 19/258c) (慧 56/566b)。杉古文檂杉二形今作那同 (玄 19/258c、慧 56/566b "檂檂" 註)。檂 (慧 25/924a)。

轅： 轅正奴可反撓也 (龍 083/03)。轅今 (龍 083/03)。轅音乃撓也又奴可反 (龍 083/04)。轅奴可反撓也 (龍 549/03)。

workspace： workspace正奴果五果二反媒workspace也 (龍 282/02)。workspace通 (龍 282/02)。workspace俗 (龍 282/02)。碑五果反媒workspace也[2] (龍 282/02)。靶五果反媒workspace也 (龍 282/02)。

①參見《龍龕手鏡研究》333 頁。
②參見《龍龕手鏡研究》342 頁。

nuò 焱：焱音若扶桑若木也（龍349/01）。

踃：踃女白反蹈也（龍464/09）。

諾：諾奴各反唯諾膺聲也（龍050/07）（慧4/462b）（慧8/542a）（慧54/517b）（慧57/597b）。絡印藏音雲諾正匿各都洛二切（紹150b6）。狢印藏音雲諾正匿各都洛二切（紹176b8）。

迕：迕女署反走也（龍494/05）。

搦：搦女角反又尼白反（龍216/01）（玄8/112a）（玄12/159b）（慧53/484a）（玄16/215c）（慧65/775a）（玄17/238a）（慧74/953a）（玄18/238c）（慧73/921a）（玄22/289c）（慧48/373a）（慧28/1011a）（慧53/487a）（慧90/172b）（希8/407b）（紹133b4）。//搦俗音搦（龍217/02）。//敠：敠女角反（龍531/02）；搦又作敠同（慧53/484a"搦取"註）（玄16/215c、慧65/775a"手搦"註）。敠正女角反古文今作搦字（龍121/04）；搦又作敠同（玄8/112a）（玄12/159b"搦取"註）（玄17/238a、慧74/953a"搦箭"註）（玄22/289c、慧48/373a"搦觸"註）（慧28/1011a"搦拳"註）。敠俗（龍121/04）。

觡：觡正女角反屋觡亦調弓也（龍512/08）。觡俗（龍512/08）。觡俗（龍512/08）。觡正（龍512/08）。//觡正（龍512/08）。

懦：懦人朱奴亂奴臥三反怯劣懦弱也（龍53/03）。懦人朱奴亂奴臥三反（龍53/03）。//愞：愞奴臥反（慧52/466b）（玄23/307a）（慧71/880b）（慧19/785b）（慧25/923a）（慧82/32a）（慧83/62a）（慧86/108a）（慧91/189a）；奘亦作愞（慧39/165b"奘草"註）。愞人朱奴亂奴臥三反（龍53/03）（玄1/22c）（玄8/119b）（玄11/148c）（玄17/231b）（慧70/856a）（慧47/354b）（玄25/331a）（紹131a3）。

穤：穤或作（龍146/02）。//稬：稬正奴臥反秋多[名]也（龍146/02）。//糯俗奴臥反秔糯正作稬（龍305/09）（慧10/593b）。

搙：搙女角反又奴豆反（龍217/07）（紹132b1）；振集從辱作搙誤寫（慧97/290a"波振"註）。

nǔ

nǔ 粆：粆今音女粔粆也又人署反（龍304/09）。//絮：絮正（龍304/09）（玄5/73a）（慧34/87a）。

nù 忸：忸女六反忸怩也（龍063/01）（玄5/73a）（慧33/59b）（慧84/67b）（慧84/70b）（慧84/78a）

（慧 88/146a）（慧 91/187a）。

衄：衂正音肉鼻出血也又女六反折挫也（龍 538/06）（玄 10/134a）（慧 49/409a）（慧 21/830b）（慧 22/849a）（慧 89/165b）（紹 173a9）。衄俗①（龍 538/06）。衄尼六反（龍 518/06）。衄尼六反（龍 518/06）。衄俗（龍 538/06）。衄恧又作衄同（玄 5/73a "衄恧" 註）。//衄：衄尼六反（龍 363/09）。

衵：衵女六反（玄 14/194c、慧 59/647b "衵蜓" 註）。

恧：恧女六反慙也又寧句反（龍 068/08）（玄 5/75c）（玄 19/260b）（慧 56/569a）（慧 24/901b）（慧 31/4a）（慧 41/226a）（慧 35/111b）（慧 62/714a）（慧 78/1039b）（慧 81/13b）（慧 83/58b）（慧 84/72b）（慧 84/82a）（慧 90/169a）（慧 98/298b）（希 1/358b）（紹 131a10）；恧又作恧同（慧 33/59b "恧恧" 註）。恧俗女六土又二反（龍 347/09）。恧正女六反慙也（龍 347/08）。恧俗（龍 347/08）。恧俗女六反（龍 189/07）。//恧俗女六反正作恧（龍 277/05）。恧俗女六反正作恧（龍 277/05）。//恧：恧女六反慙也與恧同（龍 051/05）。//恧：恧女六反與恧同面慙也（龍 315/01）。

nüe

nüè虐：虐音虐（龍 556/04）。虐音虐（龍 510/07）。虐（慧 22/843a）（紹 167a8）；瘧經文單作虐（希 6/395a "癇瘧" 註）。虐逆約切（紹 167a8）。虐俗音虐（龍 309/01）。虐俗音虐（龍 309/01）。

瘧：瘧仰略反（慧 33/52b）（希 6/395a）。瘧正魚略反瘧病也（龍 477/06）。瘧俗（龍 477/06）。瘧俗音虐（龍 478/08）。瘧魚略反（龍 301/05）。

---

①參見《龍龕手鏡研究》365 頁。

O

ou

ōu 塸：**塸** 烏侯於口二切 （紹 161b1）；甌傳文從土作塸非也 （慧 90/173b "小甌" 註）。**塸** 烏口烏侯二反聚沙也 （龍 250/06）。

慪：**慪** 緱侯反 （慧 96/271b）；謳又作慪形同 （玄 5/73b、慧 34/81b "謳合" 註）（玄 18/246b、慧 73/925a "謳歌" 註）（玄 20/274b、慧 76/1007b "謳歌" 註）。**慪** 烏侯反與謳同吟也歌也悅樂也又業也又口侯反恡惜也出玉篇 （龍 053/08）。

蓲：**蓲** 憶俱反草木名也又烏侯反刺楡也又衣遇反莖也玉篇又吁驅二音 （龍 253/07）。

殴：**殴** 烏口反與毆同（龍 193/08）（玄 22/294a）（慧 48/379b）（玄 23/311a）（慧 47/362b）（慧 84/78b）；毆説文從殳作殴 （慧 62/716a "拳毆" 註）。**毆** 毆論文從支作毆非也 （慧 84/78b "毆之" 註）。**毆** 烏口反與毆同 （龍 192/08）。**殴** 烏口反與毆同 （龍 193/08）。**毆** 烏口反 （龍 529/06）（玄 8/114b）（慧 18/759a）（慧 62/716a）（慧 80/1078b）（慧 80/1083a）（慧 81/9a）（紹 176a10）。**毆** 俗烏口反正作毆 （龍 120/06）（紹 197b1）。**殴** 於厚反 （慧 19/777b）。

膒：**膒** 烏矦反 （龍 409/02）（玄 4/51b）；傴經文作膒非今所取 （玄 6/84c "背傴" 註）（慧 27/977a "背傴" 註）；膒律文作膒非體也 （玄 15/202c、慧 58/619b "膒令" 註）。

謳：**謳** 烏侯反 （玄 5/73b）（慧 34/81b）（玄 18/246b）（慧 73/925a）（玄 20/274b）（慧 76/1007b）（慧 85/89b）（紹 185b2）；慪或作謳 （慧 96/271b "歸慪" 註）；嘔或從言作謳或從口作嘔 （慧 98/294b "道嘔" 註）。**謳** 烏侯反 （龍 042/09）。

裗：**裗** 烏侯烏后二反小兒延衣也 （龍 102/02）。

醻：**醻** 烏侯反酒甘也 （龍 310/01）。

鏂：**鏂** 烏侯反鏂銗也 （龍 013/08）。

甌：**甌** 烏侯反瓦器也 （龍 315/07）（玄 11/147a）（慧 52/462b）（玄 15/209b）（慧 58/610b）（慧

51/440b）（慧 60/663a）（慧 61/681a）（慧 61/693a）（慧 64/749b）（慧 75/964a）（慧 80/1086a）（慧 85/93a）（慧 90/173b）。甌 嘔侯反（慧 91/185b）（慧 92/206b）。甌① （龍 316/09）。甌 （龍 316/09）。甌 （龍 316/09）。甌 （龍 316/09）。甌 烏侯反（龍 316/01）。甌 又烏侯反② （龍 198/03）。

鷗：鷗 烏侯反（玄 19/258a）（慧 56/565b）（慧 99/324a）。鷗 烏侯反（龍 286/06）。

óu 齵：齵 五溝反（慧 58/608b）。齵 五溝反（玄 15/208b）（玄 19/254a）（慧 56/559a）（慧 60/672b）（慧 61/692a）；齵今律文從禺作齵（慧 60/658a "齵齒" 註）。

ǒu 偶：偶 吾口反諧合匹對也（龍 29/01）（玄 1/19b）（玄 9/120b）（慧 46/320a）（慧 15/693a）（慧 23/875b）（慧 25/914b）（慧 42/250b）。//調：調③俗音偶（龍 044/09）（紹 185b5）；耦經文作調非也（玄 03/38c、慧 09/560a "無耦" 註）（玄 11/142b、慧 56/551b "諧耦" 註）（玄 13/176c、慧 54/524a "諧耦" 註）。

耦：耦 五口反（龍 365/02）（玄 3/38c）（慧 09/560a）（玄 3/38c）（慧 09/560a）（玄 8/107a）（慧 28/1004a）（慧 56/551b）（玄 13/176c）（慧 54/524a）（玄 22/293b）（慧 48/378b）（慧 19/778b）。耦 吳口反（玄 11/142b）（紹 195b9）。//耦 俗五口反正作耦（龍 305/01）。

甌：甌 五口反盎名（龍 316/04）。

藕：藕 正五口反蓮藕也（龍 259/01）（慧 8/538b）（慧 39/172b）（希 5/386c）（希 6/397a）（希 7/404a）；藕字宜從末也（慧 22/849a "入藕絲孔" 註）。藕 五垢反（慧 13/658b）（慧 22/849a）；藕又作藕同（玄 17/230a、慧 66/783a "三藕" 註）（慧 63/738b "蕅藕" 註）。//藕：藕 五口反（慧 66/783a）（慧 63/738b）；藕說文從水作藕（慧 8/538b "或藕" 註）。藕 午口反蓮藕也（龍 230/07）（玄 17/230a）。//藕：藕 藕又作藕同（玄 17/230a、慧 66/783a "三藕" 註）；藕玉篇作藕（慧 8/538b "或藕" 註）。藕 俗（龍 259/01）。藕 俗五口反蓮根也（龍 030/07）。

髃：髃 五口反肩前髃骨也（龍 480/06）（龍 480/01）。//腢：腢 魚口反肩前腢也與髃亦同（龍 412/05）。

吽：吽 玉篇五口反和也（龍 272/01）。

---

① 參見《龍龕手鏡研究》272 頁。
② 參見《龍龕手鏡研究》272 頁。
③《龍龕手鏡研究》："調" 即 "偶" 之俗字（167）。

嘔：嘔烏後反（玄 1/12b）（玄 1/15b）（慧 42/233a）（慧 42/237b）（龍 270/06）（玄 10/135a）（慧 49/399b）（慧 14/664b）（紹 183b8）；謳又作嘔同（玄 5/73b、慧 34/81b "謳合" 註）（玄 20/274b、慧 76/1007b "謳歌" 註）（慧 96/271b "歸嘔" 註）（慧 98/294b "道嘔" 註）；歐今為嘔同（玄 20/264c "歐吐" 註）（玄 25/335c、慧 48/381b "空歐" 註）（慧 43/259b "歐吐" 註）（慧 82/39a "歐血" 註）（希 8/405b "歐逆" 註）。嘔俗烏後反[1]（龍 272/01）。// 歐 於口反（玄 20/264c）（玄 25/335c）（慧 48/381b）（慧 7/530b）（慧 43/259b）（慧 66/790b）（慧 80/1082b）（慧 82/39a）（慧 89/152b）（希 8/405b）（希 9/414c）（希 10/423c）（紹 198b10）；嘔又作歐同（玄 1/15b、慧 42/237b "多嘔" 註）（玄 10/135a、慧 49/399b "嘔血" 註）（慧 14/664b "嘔逆" 註）。

òu 漚：漚烏侯反（龍 227/03）（慧 31/22b）（慧 30/1036a）（玄 15/202c）（慧 58/619b）（慧 77/1031a）（慧 100/337b）；歐律文作漚音烏侯反亦於侯反謂久漬非歐義（希 9/414c "歐變" 註）。

---

①參見《疑難字考釋與研究》157 頁。

P

pa

pā 皅：皅俗普巴反（龍 431/02）（慧 76/1006b）（慧 100/333b）；葩或作皅（慧 17/733b“讙嚻”註）。//葩：葩正普巴反花也又草花茷盛皃（龍 256/10）（玄 3/41b）（慧 09/572a）（慧 43/266b）（玄 7/100a）（玄 12/161c）（慧 28/993a）（玄 19/262a）（慧 56/572a）（慧 17/733b）（慧 19/788a）（慧 28/1009a）（慧 81/16a）（慧 87/125b）（慧 88/138a）（希 10/421c）（紹 155b4）；皅亦作葩（慧 76/1006b“囊皅”註）。葩怕巴反（龍 258/10）。葩俗普巴反（龍 256/10）。芭葩漢書作芭省略也形聲字也（慧 17/733b“讙嚻”註）。

岜：岜皅傳文從山作岜非也皅亦山阿也（慧 100/333b“山皅”註）。

舥：舥普巴反舥脚舩也（龍 131/09）。

𥐓：𥐓普八反石破聲（龍 446/04）。

𧘂：𧘂正普八反（龍 316/08）；㼛㼛經文作～～誤也（玄 11/147b“㼛㼛”註）。𧘂今普八反又或同上[甈]（龍 316/09）（龍 085/08）；㼛㼛經文作～～誤也（慧 52/463a“㼛㼛”註）。

pá 杷：杷步巴步化二切（紹 157a4）（玄 18/240c）（慧 73/934a）（慧 76/991a）。杷杷又作～同（玄 18/240c、慧 73/934a“鐵杷”註）。

爬：爬蒲巴反或作把字（龍 330/07）（慧 54/510b）（慧 60/657a）（慧 61/687b）（慧 61/696b）（希 9/413c）（紹 174b6）；把或作爬（慧 27/983b“手把”註）；杷或從爪作爬（慧 76/991a“杷搔”註）。//把：把白麻反（慧 62/701b）；爬亦從手作把（慧 60/657a“爬𠢐”註）（慧 61/687b“手把”註）（希 9/413c“爬𢷬”註）。

琶：琶音杷（龍 435/05）（希 2/367a）（紹 140b8）。

pà 怕：怕拍罵反（慧 37/140a）（慧 37/138b）（慧 61/691a）（慧 76/994a）（紹 130b4）。帕普嫁反正作怕～懼也（龍 139/01）。//㞎：㞎（紹 130a10）；怕有從巾[忄]作㞎俗用也（慧 37/140a

"莫怕"註)。//懼：**懼**怕經作～非也（慧 37/138b "莫怕"註）（慧 37/140a "莫怕"註）。**儞**俗音怕（龍 060/04）。　**憚**怕或從賈作憚譯經者率尒而作甚無據皆非也（慧 37/140a "莫怕"註）。

帊：**帊**普霸反大幞也（龍 139/01）（玄 18/241b）（慧 73/929a）（玄 21/286a）（慧 34/79a）（慧 4/470a）（慧 79/1063a）（慧 81/11b）（慧 97/288b）。**帊**拍覇反古今正字從巾巴聲（慧 94/236b）。//祀：**祀**帊又作祀同（玄 18/241b、慧 73/929a "衣帊"註）（玄 21/286a、慧 34/79a "綺帊"註）（慧 4/470a "鋪綺帊"註）（慧 81/11b "巾帊"註）。

pai

pāi 拍：**拍**普格反（玄 4/51a）（慧 31/22a）（玄 13/173c）（慧 57/598a）（玄 14/197c）（慧 59/652a）（玄 22/295b）（慧 48/381a）（慧 15/691a）（慧 24/900b）（慧 42/239b）（慧 36/128b）（慧 36/129b）（慧 45/310a）（慧 60/665b）（慧 62/719b）（慧 74/941a）（慧 78/1034a）（慧 78/1043a）（慧 79/1059b）（希 6/396a）（紹 132a9）；撆經文作拍非也（玄 13/169c "撆口"註）。拍經從木誤也（慧 79/1059b "椎拍"註）。

pái 俳：**俳**步皆反俳優戲笑也（龍 022/05）（玄 4/60b）（玄 14/186b）（慧 59/634a）（玄 22/287a）（慧 48/369b）（慧 4/464b）（慧 11/618a）（慧 41/223b）（慧 68/827a）（慧 75/965b）（慧 94/236a）（希 1/357c）（紹 128b2）；排傳文從人作俳非也（慧 81/22a "排俊"註）。

排：**排**步皆反（龍 206/10）（玄 9/122b）（慧 46/324b）（慧 1/407a）（慧 27/971a）（慧 51/437a）（慧 53/496a）（慧 60/673a）（慧 65/767a）（慧 77/1020a）（慧 78/1036a）（慧 81/22a）（慧 95/254a）。

徘：**徘**音裴（龍 496/01）（紹 172b6）；俳優經文或從彳作徘優竝非（慧 4/464b "俳優"註）。

棑：**棑**稗埋反（慧 40/192b）（慧 60/669a）（慧 68/824a）。**排**蒲埋反（慧 8/551a）。

輫：**輫**音裴車箱也（龍 081/07）。

椑：**椑**又俗音牌（龍 376/01）（慧 15/690b）（慧 33/65a）；傍排經作榜椑非也（慧 40/192b "傍排"註）。**桿**椑胎藏經作桿疑字誤也（慧 33/65a "椑樓"註）。//樺：**樺**又俗音牌（龍 376/01）。

牌: **牌**步皆反又薄佳反（龍361/05）；椑亦從片作牌（慧15/690b "板椑" 註）。**椑**律文從片作～非也説文從木作棑（慧60/669a "棑稍" 註）。

簿: **簿**音牌（龍388/09）（玄14/184b、慧59/631a "筏船" 註）（玄15/203c）（慧58/621b）（慧67/814b）（玄20/267c）（慧33/55a）（紹159b10）。**簿**父佳反（慧59/639b）（玄17/227b）（慧78/1043a）。**潷**父佳反（玄14/190a）。//簿: **簿**牌音（紹159b10）。**簿**簿又作簿[簿]同（玄14/190a "若簿" 註）（玄15/203c、慧58/621b "潷筏" 註）。

潷: **潷**疋脂反水名（龍234/02）。

鯡: **鯡**薄圭反（龍168/06）。

pài 派: **派**拍賣反（慧29/1030a）（慧49/410a）（慧76/990b）（慧80/1092a）（慧97/281b）；派隸書作**派**（慧72/897b "派演" 註）（希10/423b "源派" 註）。**派**或作疋賣反水分流也（龍302/07）。**派**拍賣反論從水作派義同也（慧68/834b）。**㝵**音介[①]（龍302/08）。**爪**派普賣反俗字也正作爪（慧13/658b "枝派" 註）。//派: **派**普賣反（慧19/779a）（慧64/750a）（慧48/371a）（玄24/325b）（慧13/658b）（慧64/748b）（慧72/897b）（慧77/1029a）（慧80/1073b）（慧91/194b）（慧93/217b）（希10/423b）。**派**拍賣反（慧24/893b）（慧61/687b）（慧82/30b）（慧87/124b）（紹188b9）；派亦作派亦通（慧29/1030a "派別" 註）（慧49/410a "比派" 註）（慧76/990b "派分" 註）（慧97/281b "派流" 註）。**派**正普賣反水之分流也（龍233/07）（玄7/97b）（玄22/288a）（玄24/325b）（紹188b9）；序作派非也（慧29/1030a "派別" 註）。**派**普賣反（玄16/225a）；派論作派俗謬字（慧87/124b "派其" 註）。**派**俗（龍233/07）。

pan

pān 扳: **攀**正普班反（龍206/08）（慧4/465b）（慧69/847b）（希9/412a）；扳又作攀同（玄9/121a、慧46/322a "扳稱" 註）（玄12/161b、慧75/985a "扳上" 註）。**攀**俗普班反（龍206/08）（慧3/440a）。**攀**普班反（慧3/440a）。**攀**普班反（慧12/633b）（慧41/216a）。//扒: **兆**攀古文從反拱作兆（慧12/633b "攀藤" 註）。**扒**攀古文作～（慧41/216a "攀上" 註）。**扒**板又作攀～二形（慧46/322a "板稱" 註）。**扒**扳又作攀～二形同（玄9/121a "扳稱" 註）。//

① 《疑難字考釋與研究》: "㝵" 當是 "辰" 字俗訛（16）。

扳：**扳**又古文攀字引也（龍 209/05）（玄 9/121a）（玄 12/161b）（慧 75/985a）。**板**普姦布姦二反（慧 46/322a）。

販：**販**布綰普綰蒲綰三反目中多白皃（龍 420/07）（玄 1/12a）（慧 42/232b）。

番：**番**普官反番禺縣名在廣州又音盤番禾縣名在凉州又浮袁反番次也（龍 196/08）（慧 49/411a）（慧 84/67b）（慧 89/165b）（慧 90/170a）（紹 196b1）。**番**音盤番禾縣名又音潘番禺縣名又音翻次也（龍 304/06）（慧 91/194a）。

庿：**庿**普官反（龍 299/09）。

潘：**潘**普官反淅米汁也（龍 229/05）（玄 9/121c）（慧 46/323b）（玄 13/171b）（慧 57/593a）（玄 15/206b）（慧 58/606a）（玄 16/225a）（慧 64/750a）（慧 64/749b）。//瀊：**瀊**潘蒼頡篇作瀊同（玄 9/121c、慧 46/323b "潘瀊" 註）。**潘**或作孚袁反米汁也（龍 229/05）；潘蒼頡篇作～同（玄 16/225a 潘中註）。**潘**潘蒼頡篇作～同（慧 64/750a 潘中註）。//糯：**糯**或作音煩（龍 304/04）；潘經文作糯非也（玄 13/171b、慧 57/593a "米潘" 註）（玄 15/206b、慧 58/606a "米潘" 註）。**潘**今孚袁反米汁也（龍 229/05）。**潘**孚袁反米汁也（龍 229/05）。

磻：**磻**蒲官反（龍 440/05）（紹 163a5）。

甂：**甂**正音潘甂瓵（龍 196/09）（龍 315/06）（玄 4/58b）（慧 43/273b）（玄 13/171a）（慧 57/598b）。//**甂**俗音潘（龍 196/09）。//**墦**甂字又作墦同（玄 4/58b、慧 43/273b "甂瓵" 註）。

pán 蟠：**蟠**正音盤（龍 219/06）（玄 2/24c）（玄 4/55b）（慧 43/267a）（玄 4/57b）（慧 43/272a）（慧 46/323b）（玄 12/163a）（慧 75/967b）（玄 23/314a）（慧 50/422b）（玄 24/330a）（慧 70/878a）（慧 72/903b）（慧 78/1049b）（慧 79/1057b）（慧 83/55b）（慧 95/251a）（慧 98/302a）（紹 164b1）。**蟠**音盤（慧 31/12b）（希 6/397b）。**蟠**蒲寒反（玄 9/121c）（慧 11/602a）（慧 26/930b）（慧 34/76a）（慧 35/99b）（慧 40/188b）（慧 68/825b）。**蚰**煩盤二音[1]（龍 222/02）。**蟠**隨函合作蟠（龍 269/08）。//**蠑**俗音盤（龍 219/06）。**蠑**俗音盤（龍 219/06）。

攀：**攀**盤婆二音除也又披散也又婉轉皃（龍 208/06）。

蹣：**蹣**音盤（慧 85/94a）。

槃：**槃**瘢經文作槃非體也（玄 3/44a、慧 09/577a "瘡瘢" 註）（慧 34/77a "無瘢" 註）。**朡槃**

---

[1]《龍龕手鏡研究》：此字疑即 "蟠" 字之訛（224）。

正（紹 136a8）；蟠經文有作槃古字通用也（玄 2/24c "蟠龍" 註）；瘢經文作～非字體
也（玄 8/116c "无瘢" 註）；柈又作～（玄 8/118b "漆柈" 註）。**槃**薄官切（紹 157b6）。//
盤：**盤**伴瞞反（慧 87/119b）；蟠經作盤器物字非此用也（慧 26/930b "蟠龍" 註）；瘢
經文作盤誤也（慧 40/200a "瘢痕" 註）。//盇：**盇**俗音盤（龍 356/09）。//鎜：**鎜**柈
古文作鎜（玄 8/118b）。//柈：**柈**俗音盤（龍 376/07）（玄 8/118b）（慧 79/1054a）（紹 157b6）；
盤論文從木從半作柈非也（慧 87/119b "盤古" 註）。//鉡：**鉡**①音盤（龍 011/06）。

磐：**磐**音盤（慧 39/172a）（慧 77/1024b）（慧 90/175b）（慧 98/298a）（紹 162b10）。**磐**今步官反（龍
440/06）；蟠經作磐非此義也（慧 34/76a "蟠曲" 註）。//礐：**礐**或作音盤礐磚大石
也（龍 440/07）。

礐：**礐**薄官反礐革也（龍 448/09）。

鬈：**鬈**步官反鬈頭屈髮也又音伴臥髮也（龍 087/01）。

鼆：**鼆**步官反下色也（龍 531/09）。

蹣：**蹣**蒲官母官二反蹣跚跛行兒也（龍 458/08）。

pàn 判：**判**普旦反（玄 2/28c）（慧 12/622b）（慧 26/940a）（慧 30/1047b）。

泮：**泮**音判（龍 234/01）；判經文有作泮非此義（玄 2/28c "判合" 註）（慧 26/940a "判合" 註）；
拌經作泮非也（慧 40/200b "拌之" 註）。//泮：**牉**判音（紹 174a3）。

牉：**牉**音判與畔[胖]亦同（龍 361/05）；判又作牉同普旦反（玄 2/28c "判合" 註）（慧 26/940a
"判合" 註）。

叛：**叛**薄半切（紹 202b8）。**叛**畔音（紹 167b6）。**趉**俗薄半反正作叛（龍 325/08）。

胖：**胖**普半反（龍 413/04）；判古文胖（玄 2/28c "判合" 註）（慧 26/940a "判合" 註）。**胖**潘
漫反（慧 95/252b）。

畔：**畔**蒲半反（希 3/368c）。

top：**top**音判無色也又音煩綌褐當暑葛服也（龍 106/03）。

婹：**婹**音畔嫉婹無宜適也（龍 283/05）。

泙：**泙**正音判水涯也（龍 234/10）。**泙**俗（龍 234/10）。//**泙**或作（龍 234/10）。

---

① 《龍龕手鏡研究》：疑 "鉡" 乃 "盤" 字之俗（141）。

盼：**盼** 正疋辦反美目也（龍 422/03）（玄 8/113b）（玄 10/139a）（慧 51/445b）（慧 62/717b）（慧 64/748b）（慧 77/1014b）（紹 142b10）。**盼** 通（龍 422/03）（慧 100/333b）。**眅** 普莧切（紹 143a2）；盼經從兮作盼非也（慧 64/748b "瞻盼" 註）。

辮：**辮** 疋莧反小兒白眼也又蒲幻反小見也（龍 183/07）（慧 42/242a）。

餤：**餤** 普患反谷名（龍 526/03）。

襻：**襻** 普患反衣襻也（龍 106/05）（玄 16/214c）（慧 65/773b）（慧 62/700b）（慧 62/720b）（慧 63/725a）（慧 81/12a）。**襻** 普患切（紹 168b5）。//攀：**攀** 襻又作～同（玄 16/214c "囊襻" 註）。**攀** 襻又作～同（慧 65/773b "囊襻" 註）（慧 62/720b "短襻" 註）。

pang

pāng 滂：**滂** 普郎反（龍 227/01）（玄 12/159c）（慧 53/484b）（玄 19/256c）（慧 56/562b）（慧 15/688a）（慧 68/826b）（慧 78/1039a）（慧 80/1073a）（紹 188a4）；霶霈律文作滂沛水流兒非大雨義（希 9/413c "霶霈" 註）。

斜：**斜** 普郎反量溢也（龍 333/10）。**斜** 音彭（龍 333/10）。**斜** 音彭（龍 333/10）。

鎊：**鎊** 普郎反鎊削也（龍 010/05）。

霶：**霶** 普忙反正作霶（慧 39/169a）（慧 39/169a）（希 9/413c）。**霶** 俗普忙反正作霶（慧 39/169a）。**霶** 霶正作霶（慧 39/169a "霶流" 註）；滂亦作霶（慧 68/826b "滂溢" 註）。

膖：**膖** 普邦反（慧 18/765a）。**膖** 膖論文從逢作～俗字也（慧 72/908b "膖脹" 註）。**膖** 普邦反（龍 405/04）（玄 3/34b）（慧 09/566b）（慧 79/1054b）；論作膖俗字也（慧 51/447a "膖脹" 註）（希 2/366a "膖脹" 註）（希 3/371a "膖脹" 註）。**胮** 普江反（慧 1/418b）（慧 8/535b）（慧 51/447a）（慧 72/908b）（紹 136a1）。**胮** 朴邦反（慧 66/797a）。**胮** 普邦反（龍 405/04）（慧 1/413a）（慧 31/17a）（慧 60/664b）（希 2/366a）（希 3/371a）。**胮** 璞尨反（慧 57/585b）；胮古今正字作胖亦作～（慧 66/797a "膖脹" 註）。//**胖** 披江切又疋降切（紹 136a1）；膖脹埤蒼胖脹（玄 3/34b、慧 09/566b "膖脹" 註）（希 3/371a "膖脹" 註）。//胖：**胖** 古普邦反（龍 405/04）；膖脹或作胖痕皆古字也（慧 1/413a "膖脹" 註）（慧 60/664b "胮

脹”註)。//膵：𦢊俗普邦反（龍 405/04）。//膖：𦢊俗普邦反（龍 405/04）。//

瘇：𤸇疋江反腹痛也（龍 472/01）。𤸇膖亦作～（慧 60/664b“膖脹”註）。𤸇璞江反（慧 69/836b）。

韸：韸疋江薄紅二反鼓聲（龍 177/09）。

páng 仿：仿音傍（龍 24/02）。

彷：彷音旁彷徨（龍 496/01）（玄 04/59c）（玄 12/154b）（慧 52/453a）（玄 14/190a）（慧 59/639b）（玄 16/213c）（慧 65/772a）（玄 17/227a）（慧 67/813b）（慧 33/58b）（慧 53/501b）（慧 61/686a）（慧 79/1058b）（紹 172b8）。//徬蒱光反徬徨（玄 8/115c）（玄 13/178b）（慧 52/480b）（慧 99/328b）（紹 172b8）。

旁：旁步光反道也（龍 125/01）（慧 97/291b）（紹 173a5）。旁傍音（紹 203b1）。旁古文旁字（龍 368/04）。

傍：傍蒲忙反（慧 5/491b）（慧 33/58b）。

郶：郶今步光反亭名（龍 454/07）。郶俗步光反亭名（龍 454/07）。郶俗步光反亭名（龍 454/07）。

蒡：蒡薄庚反菜也一名苳隱以蘇可爲葅（龍 256/04）；徬集從草作蒡非也（慧 99/328b“蘿蔿徬”註）。

膀：膀音旁膀胱脬也水府也（龍 408/03）。//髈：髈俗步郎反正作膀（龍 479/05）。

磅：磅普郎普庚二反（龍 439/07）（慧 85/89b）（慧 97/290b）（紹 163a9）。

螃：螃步光切（紹 164a4）。

篣：篣步光反（希 8/408a）。

踌：踌音傍踉～也（龍 460/07）。

𩈕：𩈕正疋朗反𩈕䨽無色狀也（龍 523/06）。𩈕今（龍 523/06）。

艕：艕正薄江反艕舡船皃（龍 131/03）（初編玄 564、慧 55/544b“牢船”註）。艕俗（龍 131/03）。

龐：龐皮江切（紹 193b10）。//驡：驡薄江吕江二反充塞之皃（龍 292/05）。

pāo

pāo 脬：脬普包反（慧 16/717a）（慧 14/674a）。脬疋交反（龍 405/06）（玄 3/34a）（慧 09/566b）（玄 4/49b）（玄 5/74a）（玄 11/148a）（慧 52/464b）（玄 15/203c）（慧 58/621b）（慧 2/423b）（慧 5/478b）（紹 136a2）。

抛：抛 今普包反又普教反（龍 208/07）（慧 65/770a）（玄 20/269a）（慧 78/1043b）（慧 100/334b）（慧 100/335b）（希 9/415b）；抛經從力作抛非也正從手從九從勹會意字也（慧 35/103b "抛其石子" 註）（慧 75/986a "抛三" 註）。抛 正普包反又普教反（龍 208/07）（慧 35/103b）（慧 75/986a）。抛普交反（玄 20/269a）（慧 33/57a）。揗或作普包反又普教反（龍 208/07）。抙俗普包反又普教反（龍 208/06）（玄 16/218b）。//碥又舊藏作抛在佛本行經（龍 441/02）。硪音抛（龍 440/02）。礿音抛（龍 440/02）。

páo 刨：刨俗步交反（龍 096/05）；掊經文作刨近字也（玄 12/157c、慧 74/954b "如掊" 註）（玄 15/202a、慧 58/618b "掊刮" 註）（玄 16/219b、慧 65/778b "掊汙" 註）。刨俗步交反（龍 096/05）。

庖：庖步交反（龍 299/05）（玄 15/212c）（慧 58/627a）（玄 17/233b）（慧 70/859a）（慧 86/114a）（慧 97/289b）（紹 193b6）。

咆：咆正步交反咆虓能虎聲也（龍 267/01）（玄 4/57b）（慧 43/272a）（玄 12/158b）（慧 74/956a）（玄 22/292c）（慧 48/377b）（玄 23/307a）（慧 47/354b）（慧 54/510b）（慧 87/120a）（紹 183a7）。咆鮑交反（慧 93/221b）（慧 94/237a）。咆俗（龍 267/01）。

炮：炮正步交反（龍 238/09）（玄 5/71b）（慧 44/287a）（玄 7/98c）（玄 15/211c）（慧 58/625b）（玄 20/265a）（紹 189b5）。魚正步交反（龍 238/09）（紹 189b5）；炮字書作魚同（玄 15/211c、慧 58/625b "自炮" 註）。炰俗（龍 238/09）（慧 99/318b）。魚炮或作～（慧 99/318b "炮爁" 註）。魚俗（龍 238/09）。

狍：狍薄交反獸名目在腋下也（龍 318/04）。

爮：爮蒲交反又音雹（龍 330/10）（慧 60/673b）（慧 79/1056b）；掊律文作爮非掊地字也（希 9/415c "掊地" 註）。

軳：軳薄毛反戾也又車軨[軿]也（龍 082/03）。

鞄：**鞄**正蒲教反持皮也又疋角反亦攻皮也（龍450/02）。**鞄**俗（龍450/02）。

袍：**袍**正薄毛反長襦也（龍101/07）。**裒**正簿報反衣前襟也（龍106/07）。**袍**俗（龍101/07）。

襃或作（龍106/07）。

颮：**颮**疋角反普高二反（龍128/04）。

匏：**匏**蒲交反（龍544/05）（慧31/10a）（慧97/291a）。

麃：**麃**旁表房表普保三反皆鳥毛變色也又獸似鹿也（龍521/06）（玄16/215c、慧65/775b

"塵麃"註）。

pǎo 跑：**跑**正音雹（龍467/07）（紹137b2）；捊經從足作跑非也（慧78/1034b"捊地"註）。**跑**俗

（龍467/07）。

pào 泡：**泡**音抛（龍226/04）（慧4/457a）（慧13/649a）（慧16/726a）（慧18/750b）（慧19/784b）（慧20/795b）

（慧28/1009b）（慧53/490b）（慧53/500a）（慧78/1038b）。**泡**普包反（慧13/656a）（慧44/281b）。

洰俗音泡（龍227/05）。**港**俗音泡（龍227/05）。

皰：**皰**正白皃反又普教反面上生氣皰也有作皻亦通（龍123/05）（玄2/23c）（玄9/121a）

（慧46/322b）（玄11/150b）（慧52/469a）（玄14/190a）（慧59/639b）（玄17/230c）（慧79/931b）

（玄18/248c）（慧73/918b）（玄20/274b）（玄22/289c）（慧48/373a）（玄24/328b）（慧70/875b）

（慧2/434b）（慧6/506a）（慧16/723b）（慧25/927a）（慧26/933b）（慧37/139a）（慧39/182b）（慧

40/189a）（慧75/970a）（慧79/1053a）（慧81/9b）（紹174b3）；**皰**又作皰同（玄7/96b、慧28/1000a

"生皰"註）；胞或有作皰其義亦通（慧8/543b"胞初生"註）；疱亦作皰（慧10/585a"生

疱"註）（慧35/98a"瘡疱"註）（希6/394a"疱癩"註）（希9/411b"瘡疱"註）。**皰**疱皃反（慧

13/658b）（慧15/700b）。**皰**通（龍123/05）；疱說文作皰同事（慧72/905a"疱烈"註）。**皰**

俗步教反正作皰皰二字（龍523/07）（龍123/05）。**皰**通（龍123/05）；皰亦作皰竝同

（慧2/434b"腫皰"註）（希6/394a"疱癩"註）。**包頁**[1]疱或作～同（慧7/522a"腫疱"註）（慧

62/698b"瘡疱"註）。**皽**俗（龍123/05）。**胈**俗（龍123/05）。//皰：**皰**皮教切（紹148a9）；

皰經文作皰非也（玄7/96b、慧28/1000a"生皰"註）；皰論文作皰未見所出也（玄9/121a、

慧46/322b"五皰"註）（玄14/190a"皰沸"註）（玄17/230c、慧79/931b"骨皰"註）。**皰**俗步

---

①此字蓋"皰"字形誤。

教反正作皰皰二字（龍 523/07）。**皰** 防孝反玉篇云面瘡也（龍 363/05）；皰經文作疱皰非也（玄 11/150b、慧 52/469a"皰皰"註）（慧 59/639b"皰沸"註）。// **皰** 正蒲教反面上瘡皰也又俗蒲容反（龍 347/06）（玄 7/96b）（慧 28/1000a）；皰又作皰同（玄 2/23c"創皰"註）（玄 11/150b、慧 52/469a"皰皰"註）（玄 14/190a、慧 59/639b"皰沸"註）（玄 17/230c、慧 79/931b"骨皰"註）（玄 24/328b、慧 70/875b"後皰"註）（慧 2/434b"腫皰"註）（慧 6/506a"腫皰"註）（慧 16/723b"創皰"註）（慧 25/927a"創皰"註）（希 9/411b"瘡疱"註）；疱或從面作皰（慧 7/522a"腫疱"註）（希 6/394a"疱癩"註）。**皰** 俗（龍 347/06）。**皰** 玉篇平孝反面上瘡也（龍 311/01）；皰或作皰（慧 13/658b"諸皰"註）。// 皰：**醻** 舊藏作皰疋兒反面上生氣醻（龍 311/01）。// 疱：**疱** 炮貌反（慧 63/731b）。**疱** 俗音皰（龍 474/09）（慧 7/522a）（慧 10/585a）（慧 35/98a）（慧 60/656b）（慧 62/698b）（慧 72/905a）（希 6/394a）（希 9/411b）（紹 192a8）；皰經文作疱猶俗字耳（玄 2/23c"創皰"註）（玄 11/150b、慧 52/469a"皰皰"註）（玄 14/190a、慧 59/639b"皰沸"註）（玄 17/230c、慧 79/931b"骨皰"註）（玄 20/274b"皰凸"註）（慧 6/506a"腫皰"註）（慧 25/927a"創皰"註）（慧 39/182b"皰瘡"註）（慧 40/189a"皰瘡"註）（慧 75/970a"五皰"註）（慧 81/9b"皰赤"註）；皰經文作疱非也（玄 7/96b、慧 28/1000a"生皰"註）（慧 16/723b"創皰"註）；皰論文作疱未見所出也（玄 9/121a、慧 46/322b"五皰"註）。

鉋：**鉋** 疋貌反（龍 539/09）。**鉋** 俗疋兒反（龍 523/07）。

礮：**礮** 百教疋貌二反（龍 444/05）。

窌：**窌** 正（龍 508/08）。**窌** 今疋兒反起釀也又力救反亦窖也（龍 508/08）。**窌** 俗疋兒反（龍 158/04）。**窌** 俗普孝反[1]（龍 308/02）。**窌** 疋兒反起釀也（龍 358/02）。// 窌：**窌** 或作力救反窖也（龍 509/06）。

pei

pēi 胚：**胚** 普才反（慧 28/998a）（慧 16/717b）。**胚** 正芳杯反（龍 406/02）（玄 7/94c）。**胚** 俗（龍 406/02）（玄 13/169b）。**肧** 胚正怖梅切（紹 171a8）。

[1]參見《叢考》1058 頁。

怌：**怌**音丕心怌也（龍 054/05）。

魾：**魾**芳杯反玉篇又血凝也又音孚（龍 538/04）。

痞：**痞**普盃反^①（龍 472/04）。

醅：**醅**今芳盃反（龍 310/01）（玄 25/333a）（慧 71/883b）（紹 143b8）。**酥**或作芳盃反（龍 310/01）；醅又作酥同（玄 25/333a、慧 71/883b "乳醅" 註）。

péi 陪：**陪**今薄囬反陪厠也（龍 296/02）。**陪**或作薄囬反陪厠也（龍 296/02）。

培：**培**音部培塿小皁也或作峊又音裴埋也隨也助也益也（龍 249/06）（玄 1/9a）（慧 17/742b）（玄 17/236c）（慧 74/951a）（慧 82/41a）（慧 86/106a）（慧 97/288b）（紹 161b5）；嵾嶁或從土作培塿（慧 99/325a "嵾嶁" 註）。

裴：**裴**蒲回反（龍 101/07）（玄 3/43b）（慧 09/575b）（紹 168b2）（紹 201a6）。

pèi 啡：**啡**疋愷反（龍 272/05）；俳律文作啡非此義（玄 14/186b、慧 59/634a "俳說" 註）。

沛：**沛**普盖反流貌也（龍 233/09）。**沛**普具反（慧 53/503a）（慧 78/1039a）。**沛**補昧反（玄 5/64c）（慧 44/285a）（玄 5/71a）（玄 19/256c）（慧 56/562b）（玄 20/266a）（慧 32/41b）（慧 40/202b）（紹 188b1）；霈諸書並作沛（慧 40/197b "霈注" 註）（希 9/413c "霧霈" 註）。**沛**古文普末反今作發（龍 236/09）；抪經文作沛非也（慧 43/262b "抪之" 註）。

怖：**怖**正芳廢反怒也（龍 061/03）。**怖**俗（龍 061/03）。**怖**俗芳吠普没二反（龍 061/03）。

佩：**佩**裴妹反（慧 36/128b）（慧 83/43b）（慧 96/260b）（紹 128a4）；珮或從人作佩亦同用也（慧 32/42b "荷珮" 註）。

珮：**珮**正蒲昧反（龍 437/06）（慧 32/42b）（慧 42/243a）（慧 83/54a）（慧 94/240a）（希 3/369c）（希 7/403c）；佩亦從玉作珮也（慧 96/260b "簪佩" 註）。**珮**俗（龍 437/06）（紹 140b6）。

旆：**旆**蒲盖反（慧 55/538a）（慧 60/671b）。**旆**正蒲盖反（龍 125/06）。**旆**蒲帶反（玄 13/174c）（慧 61/681b）（紹 173a4）。**旆**俗（龍 125/06）。

霈：**霈**普葢反（龍 308/01）（慧 21/817b）（慧 24/893b）（慧 41/212a）（慧 40/197b）（慧 92/202b）（慧 93/211b）（希 3/371c）（希 9/413c）（紹 144a4）；沛經文作霈近字也（玄 5/71a、慧 32/41b "沛然" 註）（慧 40/202b "沛然" 註）。

---

① 《龍龕手鏡研究》："痞" 字之訛（346）。

帔：**帔** 披義反衣帔也又芳羈反（龍 139/03）（慧 13/643a）（慧 33/63b）（慧 63/734a）（希 7/400c）（紹 131b9）；披或作帔（希 3/372b "披緇" 註）。**帗** 俗披義反正作帔（龍 061/08）（紹 131a7）。

洷：**洷** 普盖反亦水名（龍 233/09）。

彏：**彏** 碑愧反（慧 10/580a）。**繺** 鄙媚反（慧 15/695a）（慧 53/488a）。**蟲** 俗音秘（龍 084/01）。**彏** 音秘馬彏也（龍 272/10）（慧 64/744b）（慧 8/538a）（慧 14/669b）（慧 60/656a）（慧 84/74a）（慧 89/159a）（慧 95/254a）（慧 99/326a）（慧 99/327b）；經從口作彏非也（慧 44/289 "彏制" 註）（希 1/356b "韁彏" 註）（希 9/415a "窜彏" 註）。**繺** 碑愧反（慧 46/322a）（希 1/356b）。**彏** 俗音秘馬彏也正作彏（龍 181/07）（玄 16/224c）。**彏** 彏宜作～（玄 20/266b "彎羅" 註）；彏經從亡作彏非也（慧 15/695a "控彏" 註）（慧 53/488a "持彏" 註）。**彏** 彏論文從亡作～俗字（慧 84/74a "抗彏" 註）。**彏** 鄙媚反（慧 23/863a）。**彏** 彏正秘音（紹 190b8）。**彏** 音秘（慧 41/217a）（慧 44/289a）（希 9/415a）。**彏** 宜作彏（慧 43/262b）。**彏** 俗（龍 181/07）（玄 20/266b）（紹 147b7）；彏集本作～非也（慧 95/254a "之彏" 註）（希 1/356b "韁彏" 註）。**彏** 彏正兵媚切（紹 147b7）。**彏** 俗（龍 181/07）。**彏** 俗（龍 181/07）。**彏** 俗（龍 181/07）。

pen

pēn 濆：**濆** 普門反又音焚（龍 227/07）（慧 91/192b）（紹 187a3）；噴經文從水作濆濆非此義（玄 4/50c、慧 31/21a "噴灑" 註）。

噴：**噴** 普門普悶二反噴吒也又吐氣也（龍 267/05）（玄 4/50c）（慧 31/21a）（玄 13/175a）（慧 55/538b）（玄 16/222b）（慧 64/757b）（慧 29/1033a）（慧 35/113a）（慧 54/514b）（慧 61/678b）（慧 62/703a）（慧 77/1014a）（紹 182b8）；歕又作噴同（玄 19/257c、慧 56/564b "灑歕" 註）。// **歕** 普門普悶二反～氣吹吐也（龍 353/06）（玄 19/257c）（慧 56/564b）；噴又作歕同（玄 4/50c、慧 31/21a "噴灑" 註）（玄 13/175a、慧 55/538b "噴鳴" 註）。// 嘳：**齍** 俗普悶反正作噴（龍 274/03）（紹 182a1）。// **普** 俗普悶反正作噴（龍 274/03）；噴文中作嘖非也（玄 16/222b、慧 64/757b "咤噴" 註）。

pén 盆：**盆** 蒲門反（慧 47/365a）（慧 55/541a）（慧 64/749b）。// 瓫：**瓫** 蒲魂反與盆同（龍 315/10）

（紹 199b3）；盆論文從瓦作瓫俗字也（慧 47/365a "盆瓫" 註）（慧 55/541a "盆瓵" 註）。

鎖： **鎖**音盆～鳩鳥（龍 287/07）。

pèn溢： **溢**疋問反（龍 229/06）（慧 99/313b）（慧 100/334a）（紹 187b1）；噴通俗文作溢（玄 4/50c "噴灑" 註）。

peng

pēng 怦： **怦**疋庚反心悶也（龍 055/05）。

匉： **匉**普耕反匉訇大聲也（龍 140/04）。

怦： **怦**普耕反中直兒又心急也（龍 053/06）。

怦： **怦**普耕反牛色駁如星也（龍 114/09）。

砰： **砰**正普耕反（龍 440/06）（玄 13/176a）（慧 55/537a）（玄 20/267b）（慧 33/54a）（慧 90/178b）（慧 94/228b）（紹 163a5）。//硑： **硑**或作普耕反（龍 440/06）；砰又作硑同（玄 20/267b、慧 33/54a "砰然" 註）（慧 94/228b "砰礚" 註）。 **硑**俗普耕反（龍 440/06）。

酻： **酻**普萌反（龍 310/03）。

軯： **軯**薄萌反（龍 080/03）；抨經文作軯非此用也（玄 11/146c、慧 52/462a "抨乳" 註）；砰經文作軯非此義（玄 13/176a、慧 55/537a "砰大" 註）。

閛： **閛**普耕反門扇聲也（龍 091/07）；棚經文作閛非此義（玄 4/54b、慧 34/90a "棚閣" 註）（玄 11/147c、慧 52/464a "棚閣" 註）。

烹： **烹**普羹反（慧 44/292b）（玄 9/125b）（慧 46/330a）（玄 16/218b）（慧 65/770a）（玄 18/247b）（慧 73/927a）（慧 44/292b）（慧 83/49a）。 **熹**普羹反（玄 5/76a）。

péng 芃： **芃**音蓬又音馮（龍 255/06）（紹 154b6）。 **筇**俗蓬馮二音正作芃（龍 389/02）。

颿： **颿**正音蓬風兒又步留反（龍 126/08）。 **風**俗（龍 126/08）。

搒： **搒**白盲反（龍 208/01）（玄 9/126a）（慧 100/339b）（希 3/369b）（紹 133b8）。 **搒**又俗白盲反（龍 380/05 "搒" 註）（玄 1/6a）（慧 20/808a）（慧 46/330b）。

轔： **轔**定庚薄庚二反車聲也（龍 081/05）。

朋： **朋**蒲崩反（玄 25/334a）（慧 71/885b）（慧 6/505a）（慧 7/524b）。

傰：傰步崩反傰輔也又普等反不肯也（龍027/05）；朋説文作傰（慧7/524b"朋侶"註）。

弸：弸普耕反弸弸彊也又薄萌反弓弱兒也（龍150/03）。

㧊：㧊薄耕反㧊惼好嗔兒（龍053/07）。

堋：堋正步崩反射堋又普崩反振動兒（龍248/03）（玄18/250a）（慧61/682b）（慧94/238b）（紹161a9）。堋俗（龍248/03）。堋俗（龍248/03）（玄18/250a）（紹161a9）。堋堋正朋音（紹161a9）。堋隨函云誤合作窀束棺下之（龍339/04）；堋傳文從古作～非也（慧94/238b"堋而"註）。堋隨函云誤合作窀（龍339/04）。//窀：窀方鐙反（龍509/06）。窀堋字書又作～（慧94/238b"堋而"註）。

棚：棚又薄登薄庚二反棧也閣也（龍374/09）（玄4/54b）（慧34/90a）（玄5/72a）（慧34/86b）（玄8/110a）（慧28/1007a）（慧52/464a）（慧59/651b）（慧58/619a）（慧17/728b）（慧19/786b）（慧30/1036a）（慧60/658b）（慧60/675a）（慧61/694a）（慧63/741b）（慧64/756a）（慧81/13a）（慧94/237a）（紹159a7）。棚蒲庚反（玄11/147c）（玄14/197a）（玄15/202c）（紹159a7）。棚又俗音彭（龍209/10）。//枰：枰又或音彭①（龍378/04）；棚經從平作枰非也（慧19/786b"棚閣"註）。

輣：輣正薄萌反兵車又樓車也（龍080/03）；棚今作輣同（慧52/464a"棚閣"註）（慧81/13a"棚車"註）。輣棚今作輣同（玄11/147c"棚閣"註）。//輷：輷或作（龍080/03）。

髼：髼音朋髼鬙被髮兒亦髮短兒（龍088/03）。

鵬：鵬正步崩反大鳥也（龍287/04）。鵬薄崩反（慧52/465a）（慧61/694b）（慧85/89a）（慧86/107a）（慧88/144b）（慧93/215a）（慧96/271a）（慧99/320a）（希10/420a）。鵬通（龍287/04）（玄11/148b）（紹165b8）。

彭：膨音彭膨脖（龍408/08）（紹136b5）。

懪：懪音彭懪悙自強嗔兒（龍055/08）（紹131a7）。

澎：澎音彭擊水勢（龍229/07）。

蟛：蟛音彭蟛蜎似蟹而小也（龍221/05）。//蟗（龍221/05）。

殧：殧音彭～殍死人胮也（龍513/09）。

①參見《龍龕手鏡研究》300頁。

㙃：㙃僕蒙反（慧 69/836b）。㙃僕蒙反（慧 53/490b）。

澭：澭音逢（龍 229/09）；㙃垹亦作澭浡（慧 53/490b "㙃垹" 註）。

㦷：㦷音蓬悦也（龍 056/01）。

潷：潷音篷（龍 229/05）。

裧：裧薄紅反尔疋云衭也（龍 103/02）。

槌：槌逢音（紹 158a8）。

霳：霳音蓬霳霿玉篇雨聲（龍 307/04）。

䪝：䪝正薄紅反聲也（龍 177/07）。䪝俗（龍 177/07）。

蓬：蓬蒲公反蓬勃（玄 6/83c）（玄 12/155b）（慧 52/455b）（慧 27/975a）（慧 79/1065b）（希 4/376b）。
蓬蒲蒙反（慧 15/703a）（紹 138a10）（紹 154a7）。

䇶：䇶正薄紅反車～也（龍）。䇶通（龍 389/08）。

熢：熢音峯（慧 85/98a）（紹 189b2）；蓬勃經文作熢焊非也（玄 6/83c "蓬勃" 註）（慧 27/975a "蓬勃" 註）（慧 53/490b "㙃垹" 註）（希 4/376b "蓬勃" 註）。熢蓬有作熢即燹火之燹（慧 27/975a "食噉" 註）。熢論文㙃垹謂煙氣兒也今作熢焊字書並無此字（慧 69/836b "㙃垹" 註）。

貚：貚薄紅反獸名（龍 321/06）。

鬔：鬔部紅切（紹 144b9）。鬔正薄紅反鬔鬆髮乱也（龍 087/08）。鬔鬔鬆也（龍 087/08）。鬔俗（龍 087/08）。// 鬔：鬔俗（龍 087/08）。

丕：丕俗音蓬（龍 543/05）。

髼：髼正蒲庚反髼鬚乱髮兒也（龍 086/08）。髼今（龍 086/08）。

pěng 捧：捧孚勇反（慧 40/196b）。

殍：殍芳勇反（龍 514/09）。

姘：姘今普幸反姘餲薄兒（龍 431/06）。姘正（龍 431/06）。

pī

pī 批：批疋迷反又房密反（龍 209/04）（慧 52/454b）（玄 19/255a）（慧 56/560a）（慧 61/696a）（慧

82/37a)（紹 135a1）。**批**扶迷蒲篾二反（玄 12/155a）。

紕： **紕**正疋夷反繒欲壞也（龍 398/02）（玄 8/114c）（玄 20/275a）（慧 76/1007a）（慧 49/411b）

（慧 51/435b）（慧 67/807b）（慧 80/1076b）（慧 82/34b）（慧 83/60b）（慧 87/123b）（慧 89/152b）（慧

91/186a）（希 10/423b）（紹 191a7）；比傳文從糸作紕非也（慧 91/182a "綴比" 註）。//**維**

或作（龍 398/02）。

敉： **攽**疋夷反同紕繒欲壞也（龍 119/04）。攽疋皮反同紕繒欲壞也（龍 529/02）。

諀： **諀**疋夷反謬也（龍 044/06）。

丕： **丕**疋悲反（龍 543/04）（慧 11/603a）（紹 202a10）。**平**疋悲反（龍 543/04）；丕經文從十

作～俗字非也（慧 11/603a "丕構" 註）。**炋**俗音丕火也[1]（龍 239/10）。**炋**俗音丕火

也（龍 239/10）（龍 543/04）。**灸**丕休二音（龍 543/04）。

伾： **伾**音丕有力也（龍 027/05）（紹 129a4）。

邳： **邳**音皮（慧 90/175b）（慧 93/216a）。

岯： **岯**音丕山名（龍 073/08）。

坯： **坯**正普盃反坯未燒瓦坯也（龍 245/08）（龍 543/05）（玄 15/207c）（慧 3/442b）（慧 5/488b）

（慧 13/649a）（慧 15/697b）（慧 18/748b）（慧 21/825a）（慧 24/899a）（慧 55/542b）（慧 78/1033b）

（慧 79/1052a）（慧 88/140b）（希 2/365b）（希 4/377a）（希 5/387b）（紹 161a4）。**坯**俗通（龍 245/08）

（慧 58/607b）（慧 15/684a）（慧 60/667a）。//瓨：**瓨**正普杯反未燒瓦器也（龍 543/05）；

坯又作瓨同（玄 15/207c、慧 58/607b "甌坯" 註）。**瓨**俗音坯（龍 315/06）。**瓨**通（龍

543/05）。**瓨**俗（龍 543/05）。**砪**杯或作砪也（慧 14/676b "杯器" 註）。//鉳：**鉳**栖

經文從缶作鉳非也[2]（慧 76/993b "瓦栖" 註）。

怌： **怌**符悲反倂牛聲（龍 114/03）。

秠： **秠**正音丕黑黍也（龍 143/04）。**秠**俗（龍 143/04）（紹 195b10）。

駓： **駓**芳悲反桃花馬色也（龍 291/08）。

鈹： **鈹**正符悲芳悲二反鈹刃戈也（龍 012/02）。**鈚**俗（龍 012/02）。

---

[1]參見《疑難字考釋與研究》503 頁。
[2]"鉳" 爲 "坯" 的換旁字。

貔：**貔**音丕貔貍也（龍321/05）。**貄**俗作疋悲反今作貔（龍317/07）；猏又作貄同（玄8/117a、慧32/40b"如猏"註）。//猏：**猏**俗作疋悲反今作貔（龍317/07）（玄8/117a）（慧32/40b）。//貄：**貄**猏又作貄同（玄8/117a、慧32/40b"如猏"註）。

魾：**魾**敷悲符悲二反（龍166/03）（玄11/141c、慧56/550a"166/03"註）。

髪：**髪**音丕髪乱散兒也（龍088/03）（慧53/487b）。//厑：**厑**俗普悲反正作髪字又去聲（龍135/04）。//秏俗（龍135/04）。

豚：**豚**披美反（慧77/1025b）（慧97/274a）。**豁**俗疋鄙反正作豚（龍339/03）。**話**丕美反（慧95/247b）（希10/419b）。**話**正疋鄙反（龍358/08）。**豚**或作疋鄙反（龍358/08）。**話**俗疋鄙反（龍541/03）（慧88/135a）；話傳文從壹丕作～俗字（希10/419b"太宰話"註）。

披：**披**今普皮反披張開散也（龍122/07）（玄13/169c）（慧57/590a）（慧18/760b）（慧25/916b）（慧41/210b）（希7/401a）；被經文有作披（玄1/20b"被服"註）（玄6/88c"被精"註）（玄14/183a、慧59/629a"髮被"註）（慧27/965b"而被"註）（慧27/986b"被精進"註）。//帔：**帔**或作（龍122/06）（龍327/01）。//帔俗普皮反（龍122/06）。

被：**被**普宜反禾租也（龍144/03）。

耚：**耚**疋宜反耕也（龍364/09）。

畩：**畩**音披耕也（龍153/07）。

旇：**旇**普宜反旗靡也（龍124/08）。

鈹：**鈹**普皮反説文大針也玉篇刀也（龍011/04）（玄14/195a）（慧59/647b）（玄20/264b）（慧43/259a）（慧98/307b）（紹180a8）；錍經本作鈹非字形也（慧53/494a"錍箭"註）。

錍：**錍**彼為反鋸鉏也（龍013/08）。

魮：**魮**今音披魚名（龍167/09）。//鮍：**鮍**正（龍167/09）。

劈：**劈**普擊反（龍99/08）（玄2/24c）（玄4/56a）（慧43/268b）（玄14/189a）（玄19/254c）（慧56/559b）（慧12/621a）（慧26/931a）（慧41/216a）（慧41/219a）（慧47/343a）（慧54/517b）（慧55/540b）（慧61/681a）（慧62/708b）（慧74/945b）（慧75/972b）（慧96/262a）（希1/357a）（紹140a1）（紹145b2）。劈經從力非也（慧41/216a"復劈"註）；擘經從刀作劈非也音匹亦反非經義

也（慧 79/1060b"擘傷"註）。**舞**字林匹狄反（慧 59/638a）。**劈**俗普擊反正作劈（龍 339/07）。

脈 劈古文作～（慧 41/219a "皺劈" 註）（希 1/357a "皺劈" 註）。

礔： **礔**普覓切（紹 163a1）。**礕**普覓切（紹 163a1）。

愧： **愧**音紕惡性也（龍 053/01）（玄 5/76a）（慧 40/190b）。

皉： **皉**疋夷反皉皵也（龍 528/08）。

硾： **硾**步迷反硾霜石藥名（龍 440/07）。

剕： **剕**疋迷反剕削也（龍 097/02）。

鈚： **鈚**音紕又疋迷反（龍 014/01）（玄 7/101c）（慧 32/31b）。

鏚： **鏚**正玉篇音劈器也（龍 020/06）；劈古文鏚脈二形（玄 14/189a）（慧 59/638a）。**錸**俗（龍 020/06）。**鈗**今普擊反裁木爲器也（龍 021/07）。**鈗**俗（龍 021/07）。//脈：**脈**劈古文鏚脈二形（玄 14/189a、慧 59/638a "跟劈" 註）。**脈**普覓反（龍 362/06）。

pí 皮： **皮**被碑反（慧 75/970a）。**屐**俗音皮（龍 123/01）。**叚**音皮（龍 163/03）。**皮**或作音皮（龍 122/05）。**叚**音皮（龍 193/06）s。**叟**音皮（龍 268/07）。**篗**或作音皮（龍 122/05）。**皶**俗（龍 122/05）。

剢： **剢**疋美反剢剝也無正文假借用（龍 097/08）（玄 14/195a）（慧 59/648a）（玄 25/335c）（慧 71/888a）（慧 26/930b）（慧 41/219a）（慧 60/675b）（慧 62/705a）（慧 94/232b）（希 1/357a）（紹 139b6）；勞經文作剢非也撿一切字書並無此字唯經義合是勞字（慧 14/662a "勞解" 註）。**刖**俗疋美反（龍 123/02）。**剚**皮經文從刀作剚俗字也（慧 75/970a "皮剢" 註）。

疲： **疲**音皮勞也倦也極也（龍 468/04）（慧 1/411b）（慧 4/466a）（慧 7/530a）（慧 11/603a）（慧 13/645a）（慧 16/716b）（慧 25/922b）（慧 33/64b）（慧 44/291b）（慧 78/1048a）（希 7/401b）（希 9/416a）；罷今作疲同（玄 5/69c "罷極" 註）。

芘： **芘**音紕芘藜荆蕃也（龍 257/06）。

枇： **枇**音紕（龍 375/02）。

皉： **皉**紕音（紹 203b1）。**皉**閉迷反（慧 45/308b）。**皉**蒲西扶脂二反（玄 18/250a）（慧 73/935a）（玄 25/334c "齊心" 註）。**皉**舊藏作皉（龍 153/08）。

蘸： **蘸**音紕蒿也（龍 257/06）（玄 8/115a）（玄 20/265b）（慧 25/919a）（慧 43/261a）。

呲：**呲**俗音毗（龍268/03）。

呲：**呲**今音毗～蜉也（龍220/02）（玄7/104a）（紹163b8）。**舭**音毘（慧24/894b）。//**蠶**或

作（龍220/02）。//**蠶**古（龍220/02）。

毘：**毘**音毗小籠屬也（龍341/05）。**毘**音毗（龍341/05）。

舭：**舭**音毗舭齊名（龍341/06）。

舭：**舭**音毗骻舭（龍161/03）。

毘：**毘**俗音毗（龍329/08）。

魾：**魾**音毗文魾魚名鳥首魚尾音如磬生珠玉也（龍168/02）。

麸：**麸**符脂反麸麪麥餅也（龍505/04）。

琵：**琵**音毗（龍435/05）（慧26/931b）（紹140b8）。

腗：**腗**脾音（紹136a7）。**腗**音毗（龍407/09）；肶字与腗同（玄20/271c "虜痺" 註）。//

肶：**肶**音毗（龍407/09）（慧5/485a）；痺經文作肶非此用（玄20/271c "虜痺" 註）；痺

經文作肶字與肶同（慧54/520b "處痺" 註）。

槌：**槌**音毗又方分反（龍373/01）。**槌**鼻卑反（慧83/51b）（慧85/94b）（慧88/140a）。**槌** 槌

傳從手作搥非也（慧83/51b "文槌" 註）。

貔：**貔**正音毗（龍321/05）（慧98/307a）（紹173b6）；貔又作貔（慧26/957b "嵩貔" 註）。**貔**

婢弥反（龍321/09）。//**舭**或作音毗（龍321/05）；貔又作舭同（玄7/104b "嵩貔" 註）。

//**貔**俗音毗正作貔（龍317/06）（玄7/104b）（慧26/957b）（慧75/976b）；貔集從犬作貔

[貔]俗字（慧98/307a "如貔" 註）。//狉：**狉**貔經作狉俗字也（慧75/976b "狉貔" 註）。

鷿：**鷿**部迷反～鷺水鳥也（龍287/05）。

郫：**郫**符支反又音皮（龍453/06）（慧89/164b）（慧90/174b）（紹169a8）。

狴：**狴**羆皮二音又補買切（紹166b9）。

焷：**焷**符支反炁也（龍240/03）。

牌：**牌**婢彌反（龍405/05）。**牌**婢弥反（慧15/704b）（慧41/215a）（慧38/151a）（慧47/349b）。

牌婢弥反（龍405/05）（慧2/423b）（慧5/478b）（慧13/659b）（慧68/828a）（慧75/981b）（慧

77/1014a）（希1/356a）；髀經文從月作牌非字也（慧36/129a "二髀" 註）；髀今俗作牌

髀者非也（慧 39/168b "左髀" 註）；俾倪經文或作髀腉非也（希 2/366b "俾倪" 註）。鞞舊藏作髀（龍 198/07）。臕古文音髀（龍 199/03）。

甂：瓶部迷反瓦器（龍 315/07）。

蜱：蜱正無支反又弥揺反（龍 220/09）（玄 1/12c）（慧 42/233b）（玄 1/14b）（慧 42/236a）（玄 1/21a）（玄 4/56c）（慧 43/266a）（玄 11/145c）（慧 52/459b）（紹 164a5）；蠔經文作螵字與蜱同（玄 4/56b、慧 43/268b "瘺疽" 註）；蜱經文作蜱非也（玄 5/68b "豍豆" 註）（玄 11/145b、慧 52/458b "豍豆" 註）；蠅經文作蜱非字義也（玄 11/141b、慧 56/549b "蠅等" 註）；蓖或作蜱並非本字也（慧 15/686b "蓖麻" 註）；蓖經文多作蜱（慧 25/919a "如蓖麻子" 註）。蜱扶支反（玄 20/266a）（紹 164a5）。蟲或作無支反又弥揺反（龍 220/09）。

鞞：鞞音卑牛鞞又縣名又部迷反與鼙同（龍 446/07）（玄 1/11b）（玄 3/34c）（玄 3/33c）（慧 09/565b）（慧 17/746b）（慧 09/567a）（玄 6/84a）（玄 9/120c）（慧 46/321a）（玄 5/68b）（玄 18/243b）（慧 72/913b）（希 2/365a）（紹 140a4）；鼙傳文從革作古字亦通也（慧 90/175a "鳴鼙" 註）（慧 95/249a "鼓鼙" 註）。鞞蒲迷反（玄 4/51c）（慧 31/23a）（慧 78/1034a）。鞞（龍 446/07）。//鄁①（龍 448/06）。//醔：醔舊藏作鞞（龍 310/02）。

鞞：鞞（紹 181b6）。

麷：趄符支反麴餅也（龍 505/01）。

颰：颰步迷反（龍 126/06）。

䪙：䪙比移毗移二反見音義（龍 198/08）；裨又作䪙同（玄 5/73c "裨助" 註）（玄 7/95a、慧 28/998b "裨體" 註）（玄 16/216b、慧 65/776b "物裨" 註）；埤或作䪙同（玄 10/135c、慧 49/400b "埤助" 註）。

鼙：鼙陛迷反（慧 90/175a）（慧 95/249a）。鼙蒲雞反（慧 32/33a）。鼙步迷反（龍 337/03）（龍 198/07）（慧 62/718b）。鼙蒲雞反（玄 4/53c）（玄 5/76a）（慧 40/190a）（玄 20/269b）；鞞與鼙字同（玄 6/84a "阿鞞" 註）。鼙俗步迷反（龍 358/08）。鼙俗步迷反（龍 358/07）。鼙鼙正步迷切（紹 174a10）。

椑：椑符支反木板布也又音皮木下交兒又弁奚反～榤小樹也（龍 376/01）。

---

① 《叢考》：此字當是 "鞞" "郫" 交互影響產生的俗體（1093）。

癥：**癥**脾音又白猛切（紹193a2）。

瓣：**瓣**普米反瓣堄女墻也與埤陴韠四同又避支反或作俾倪非女墻義也（龍296/06）（慧21/822a）（希2/366b）；俾倪玉篇又作瓣堄（慧25/913b"俾倪"註）。//陴：**陴**符支反（龍295/04）（慧69/839a）（慧95/248a）（紹169b5）；瓣杜注左傳作陴（慧21/822a"崇飾寶瓣堄"註）。**韓**陴籀文作～（慧95/248a"哀陴"註）。**韠**瓣籀文作韠（慧21/822a"崇飾寶瓣堄"註）。

罷：**罷**又音皮（龍360/07）（慧23/872b）；疲經文作罷借用也（慧16/716a"疲極"註）。**羆**被羈反（玄5/69c）。

羆：**羆**音悲（慧35/108a）（慧76/1001a）。**羆**彼眉反（龍238/05）（玄24/323a）（慧70/867b）（慧11/603b）（慧24/887a）（慧25/920a）（慧26/937a）（慧31/11a）（慧33/58b）（慧34/83b）（慧41/209a）（慧61/681a）（慧69/839b）（慧78/1046b）（希1/355a）（紹190a8）。**羆**彼宜反（玄2/27c）。

蜌：**蜌**音毗虫名（龍220/02）。

pǐ

匹：**匹**譬吉反（龍193/01）（慧13/654b）（慧15/693a）（慧15/702b）（慧21/816a）（慧100/331b）（紹175a2）。**疋**匹正疋音（紹138b4）。**疋**俗音匹（龍495/05）。**疋**疋音（紹203a6）；音匹有作疋俗字訛也（慧13/654b"仇匹"註）（慧15/693a"匹偶"註）（慧15/702b"儔匹"註）（慧100/331b"二匹"註）。

圮：**圮**皮美反毀也覆也（龍249/07）（玄1/11c）（慧17/747a）（玄6/82a）（慧45/305b）（玄22/297c）（慧48/384b）（慧27/972a）（慧63/732b）（慧80/1068b）（慧81/20a）（慧82/32a）（慧89/163a）（慧99/325b）（希9/411c）（紹161b6）。**圯**父美反（玄10/137c）（慧45/305b）。//醅：**醅**正皮美反覆也或作嶏香嚴又許容反酒色也（龍310/06）。**醅**俗（龍310/06）。**醅**俗（龍310/06）。//嶏：**嶏**音被（龍076/02）。

庀：**庀**疋婢疋几二反具也（龍300/06）（慧95/256a）（紹193b7）。

佊：**佊**音毗又符鄙芳比二反（龍23/09）（玄1/8b）（玄1/9a）（玄7/101c）（慧17/741a）（慧17/742a）（慧32/31b）（紹128a4）。

否：**否**皮彼切又府九切（紹202a10）。**否**彼為反（龍543/06）（紹202a10）。

痞：**痞**符鄙方美二反腹内結病也（龍473/09）。

皱：**皱**正疋美反枝折［披析］也（龍123/02）。**皱**普彼反（玄22/302b）（慧48/392a）；披
　　正字作皱同普彼反（玄13/169c "開披" 註）；剡字相承音皮檢字書無此字未達案合
　　作皱音疋靡反傷也打折也（希1/357a "剡剝" 註）。**破**披正字作破［皱］同普彼反（玄
　　13/169c "開披" 註）（慧57/590a）。**皱**或作（龍123/02）。

諀：**諀**符支反人名又疋婢反諀訛惡言也（龍044/05）（玄5/72a）（慧34/86b）（玄8/118c）（玄
　　13/178c）（慧54/526a）（玄22/303a）（慧48/393b）（慧45/318a）。//啤：**啤**[1]俗音卑（龍266/06）
　　（慧57/583a）（紹184b9）；諀經文或作啤（玄5/72a、慧34/86b "諀訛" 註）（玄8/118c "諀訛"
　　註）（玄13/178c、慧54/526a "諀訛" 註）。**啤**卑牌二音（紹184b9）。

頹：**頹**正疋米反（龍484/04）（玄7/100a）（玄8/117c）（玄10/133b）（慧49/408a）（玄12/162b）（慧
　　28/994a）（玄13/181c）（慧54/518b）（玄17/236a）（慧74/950a）（慧19/788b）（紹170a10）；俾
　　倪三蒼作頹倪又作較堄二形（玄1/19a "俾倪" 註）（玄8/111b、慧33/62a "俾倪" 註）（玄
　　18/246a、慧73/924b "俾倪" 註）；擗堄又有頹頦（慧21/822a "崇飾寶擗堄" 註）。**頦**俗疋
　　米反（龍484/04）。

肌：**肌**普密反吹宾也（龍416/04）。

擗：**擗**房益反（龍217/02）（玄8/110c）（玄9/122c）（慧46/325a）（慧20/796a）（慧27/978b）（慧
　　29/1029b）（紹133a10）；劈經文作擗（玄4/56a、慧43/268b "直劈" 註）。

pì　屁：**屁**今疋弃反氣下洩也（龍164/03）；糞或為屁字經文從月作膍非也（慧75/981a "脂
　　糞" 註）。**屁**或作（龍164/03）。//糞：**糞**正疋弃反氣下洩也又芳味反糞米也（龍
　　305/06）（慧75/981a）。//**窠**或作（龍305/06）。

畢：**畢**音譬貝牛也（龍117/04）。

胚：**胚**正音疋肶脡（龍416/04）。**脡**俗（龍416/04）。

淠：**淠**疋備反（龍234/04）。**绵**普計反（慧42/250a）。**渾**普計反（玄5/71b）。**渾**疋脂反
　　水名（龍234/03）。

睥：**睥**疋詣反睥睨視人皃也（龍422/02）。**睥**普計反（慧74/959b）（慧75/971b）（慧91/190b）
　　（紹142a9）；俾倪正從土作擗堄或從目作睥睨（慧38/162b "俾倪" 註）。**睥**紕計反（慧

①《龍龕手鏡研究》："啤" 乃 "諀" 字之換旁俗字（240）。

53/499b)。//瞲：𥉀俗布迷反（龍 419/08）。　𥊆𥉀𡎺又瞲睍之字（慧 21/822a "崇飾寶𥉀𡎺" 註）。

輧：𨏉輧正（紹 139b1）。

隔：隔普遍反地裂也（龍 298/03）。//陝：陝普遍反地裂也（龍 298/03）。

搊：搊丕逼反（慧 81/4a）。

稫：稫普遍反稫稜（龍 147/05）。

闢：闢芳逼反塞也（龍 095/09）。

餶：餶芳逼反飽兒（龍 504/01）。

畐：畐芳逼反宻也多也（龍 154/07）（紹 203a9）。

僻：僻今普亦反邪僻也誤也（龍 037/04）（玄 8/116a）（玄 9/123c）（玄 11/145b）（玄 17/234a）（慧 13/650a）（慧 46/327a）（慧 47/357a）（慧 52/459a）（慧 70/860a）（慧 17/736b）（慧 89/152b）（紹 128a2）；闢經文有作僻（玄 1/5a、慧 20/806a "兩闢" 註）；辟經文作邪僻之僻非也（玄 4/61c、慧 44/283a "大辟" 註）；蹜或作僻非此用（玄 6/85b "蹜地" 註）（慧 15/689b "僻地" 註）（慧 27/978b "擗地" 註）；擗又作僻（玄 9/122c、慧 46/325a "能擗" 註）；癖經文作僻邪僻也（玄 20/266b 慧 43/262b "寒癖" 註）；檗我經文作僻我（慧 33/60a "檗我" 註）。//𤱶正普亦反（龍 037/04）。

厝：厝之石反仄也厌也（龍 303/03）（紹 198a2）。

澼：澼普擊反洴澼造絮者也（龍 237/09）。

甓：甓扶亦反（龍 317/01）（慧 62/697a "甎揩" 註）（慧 94/223a）（紹 199b3）。

蟚：蟚辟音（紹 164b2）。

癖：癖匹亦反（慧 39/173a）（慧 39/182a）。癖疋擊反疚癖病也（龍 478/08）（玄 20/266b）（慧 13/660a）（慧 38/151a）（慧 43/262b）（慧 66/791a）（希 5/385a）（紹 192a9）；壁或作癖（慧 2/437b "攣壁" 註）（慧 77/1016b "拘甓" 註）。

闢：闢便亦反開也啟也（龍 95/1）（玄 1/5a）（玄 25/335a）（慧 11/601a）（慧 13/646b）（慧 20/806a）（慧 44/293b）（慧 71/887a）（希 3/370b）（紹 195a7）。//𨶜古（龍 95/1）。

鷿：鷿今扶歷反（龍 289/10）。𪉖或作扶歷反（龍 289/10）（玄 18/246b）（慧 73/925a）（慧 99/324a）。

鮃或作（龍 289/10）。

譬：**譬**疋義反譬喻也（龍 048/01）（慧 27/969b）。**嚊**①俗音譬（龍 275/05）。

霹：**霹**普擊反霹靂也（龍 308/08）（慧 12/628a）（慧 29/1022b）（慧 30/1048a）（慧 38/156b）（慧 40/196a）（慧 54/520b）（慧 61/681b）（慧 74/945a）（慧 74/959a）（慧 75/970b）（慧 77/1015a）（慧 78/1033b）（慧 79/1056b）（慧 85/92b）（慧 100/331b）（希 4/376c）（希 5/387a）（希 7/402a）（希 10/422c）。//礔：**礔**俗普擊反正作霹霹靐也（龍 444/09）。**礔**俗普擊反正作霹（龍 444/09）（希 5/387a）；霹靂從石者俗字（慧 29/1022b “霹靂” 註）（慧 38/156b “霹靂” 註）（慧 40/196a “霹靂” 註）（慧 74/945a “霹靂” 註）（慧 74/959a “霹靂” 註）（慧 77/1015a “霹靂” 註）（慧 85/92b “霹靂” 註）（慧 100/331b “霹靂” 註）（希 7/402a “霹靂” 註）；劈傳文作礔非也（慧 74/945b “劈裂” 註）。**礔**疋歷反（慧 76/1004a）；霹靂經作礔礰俗字也（慧 75/970b “霹靂” 註）。**砏**俗普擊反正作霹（龍 444/09）。

溰：**溰**疋脂反水聲也（龍 234/03）。

媲：**媲**正疋計反醜也（龍 283/01）（玄 1/11a）（慧 17/745b）（慧 36/120b）（慧 47/347a）（慧 81/23a）（慧 88/135a）（慧 88/148a）（慧 98/296b）（希 10/419c）。**媲**批閉反（慧 99/317b）。**媲**俗（龍 283/01）；媲集從昆作媲者非也（慧 98/296b “媲不” 註）。**媲**俗（龍 283/01）。

踆：**踆**疋詣反玉篇行也（龍 463/09）。

齈：**齈**鼾又作齈非此義（玄 11/147c “鼾眠” 註）。**齈**又疋秘反喘聲也（龍 273/10）；鼾又作齈非此義（慧 52/463b “鼾眠” 註）。

膹：**膹**音備奘兒又疋備反盛肥也（龍 413/04）。**膹**（龍 413/04）。

癗：**癗**正疋俗反玉篇云氣滿也（龍 476/06）。**癗**或作（龍 476/06）。**癗**疋俗反玉篇云氣滿也（龍 476/02）。

pian

piān　偏：**偏**音篇（慧 3/445a）（慧 3/449a）（慧 29/1015b）（慧 31/19a）（慧 98/295a）；翩經文作偏非也（玄 4/50c、慧 31/21b “翩翩” 註）。

①參見《龍龕手鏡研究》254 頁。

瘺： 瘺音篇身枯也（龍 471/08）。

翩： 翩音篇（龍 326/10）（玄 4/50c）（慧 31/21b）（慧 62/715a）（慧 100/333b）（紹 147a6）。翩
音篇（慧 12/629b）。

pián 胼： 胼部田反（龍 407/08）（紹 136b4）。

跰： 跰部田反（龍 458/04）（紹 137a7）；蹁通作跰非也（慧 99/319b "竛蹁" 註）。

骿： 骿部田反益也（龍 350/03）（慧 80/1079a）。

骿： 骿部田反併肋也（龍 479/04）。

骿： 骿 部田反（龍 290/10）（慧 40/202b）（慧 60/654b）（慧 89/161b）（慧 97/282b）（紹 166a4）；
骿錄文從馬作骿（慧 80/1079a "胼贅" 註）；併亦作骿傳作骿（慧 88/139b "併羅" 註）。
骿舊藏作骿（龍 292/04）。 骿便綿反（慧 61/684a）（慧 85/97b）。 骿舊藏作骿（龍
292/04）。

楄： 楄步田反木名也（龍 379/07）。

瓡： 瓡部田反黃瓡（龍 195/06）（玄 23/309a、慧 47/359b "文身" 註）。瓡部田反黃～瓜名
（龍 330/10）。 瓡部田反（龍 330/10）。

蹁： 蹁布玄反（龍 459/01）（玄 6/90c）（玄 11/152b）（慧 52/473a）（紹 199a5）。//傊： 傊蹁
古文傊同（慧 52/473a "蹁躚" 註）。 傊瓶邊反（龍 497/03）；蹁古文傊同（玄 11/152b
"蹁躚" 註）。//躚： 躚音邊足趾不正（龍 459/06）。 躚蹁躚經文作躚跣非體也（玄
11/152b、慧 52/473a "蹁躚" 註）。

諞： 諞房連反巧言也又音辨䏮接言也（龍 040/06）。

媔： 媔房連反媔娟美兒（龍 280/08）。

楩： 楩步連反木名也（龍 378/01）（希 9/415b）（紹 158a9）。

貒： 貒毗連反猪也（龍 320/08）。

piàn 片： 片普面反半也判也開也併也（龍 361/05）。

肨： 肨普見反半體也（龍 414/06）。

騗： 騗疋面反躍上馬也（龍 293/09）。騗疋面反（玄 7/103a）（慧 24/893a）。 騗疋面反
（龍 293/09）（玄 5/70c）（玄 13/169b）（慧 55/539b）（玄 19/255a）（慧 56/560a）（玄 22/297b）（慧

48/384a)（玄 22/297b）。**鶣** 疋扇反（慧 48/384a）（慧 15/695a）（慧 35/110b）。**騗** 誤同

上 [鶣]（龍 293/09）。**騗** 騗經文作～誤也（玄 7/103a）。

piāo

piāo　漂：**澰** 正疋昭反（龍 226/07）；漂説文作～（慧 20/797b“流漂”註）。**漂** 今疋昭反（龍 226/07）

（玄 1/18c）（玄 6/90a）（玄 22/303b）（慧 48/393b）（玄 24/329a）（慧 70/876a）（慧 5/484b）（慧

10/586b）（慧 10/586b）（慧 10/590b）（慧 12/637a）（慧 15/697b）（慧 17/729b）（慧 18/764a）（慧

19/784a）（慧 20/797b）（慧 26/938a）（慧 27/989b）（慧 29/1016b）（慧 31/16a）（慧 32/38a）（慧

37/143a）（慧 40/191b）（慧 43/269b）（慧 51/450a）（慧 54/515a）（慧 63/741a）（慧 68/830a）（慧

72/898a）（慧 78/1038b）（紹 188a2）；澰或作漂（慧 14/677b“浚流”註）。// **漝** 俗疋昭

反（龍 226/07）（慧 14/677b）（慧 25/913a）（慧 31/8b）（紹 188a2）；漂經中加寸作漝愚夫

妄加不成字也一切字書並無從寸作者宜除之（慧 10/586b“漂没”註）（慧 17/729b“所

漂”註）（慧 20/797b“流漂”註）（慧 32/38a“漂流”註）（慧 43/269b“漂没”註）（慧 54/515a

“漂溺”註）（慧 78/1038b“漂舟”註）。

嘌：**嘌** 正音漂疾吹之皃（龍 265/09）（龍 268/09）（紹 182b1）。**嘌** 今（龍 265/09）。**嘌** 俗（龍

265/09）。**嘌** 又俗音漂[①]（龍 278/07）；飄或作嘌（慧 7/531b“飄轉”註）。

熛：**熛** 疋遥反急也（龍 053/02）。

翩：**翩** 疋昭反鳥飛皃（龍 327/02）。

趡：**趡** 疋昭反行疾皃（龍 324/03）。// 蹎：**蹎** 正疋妙反行輕皃也（龍 464/06）。**蹎** 或

作（龍 464/06）。**蹎** 或作（龍 464/06）。

螵：**螵** 正符消疋消二反（龍 221/01）；瘭經文作螵字（玄 4/56b、慧 43/268b“瘭疽”註）

（玄 11/143c、慧 56/555a“瘭病”註）。**螵** 俗（龍 220/10）。**螵** 俗（龍 220/10）。

飄：**飄** 正疋揺反疾風也吹也又迴風也（龍 125/08）（玄 16/220b）（慧 65/780a）（玄 25/334b）

（慧 71/885b）（慧 1/417b）（慧 3/442a）（慧 6/511a）（慧 7/531b）（慧 32/44b）（慧 67/809b）（慧

69/838a）（慧 77/1031a）（慧 99/326b）（紹 146b6）；摽經文有從風作飄錯用（慧 6/499a“摽

①參見《龍龕手鏡研究》259 頁。

擊"註)。颫俗(龍125/08)(玄11/141c)(慧56/550b)(玄22/294b)(慧48/380a)(慧72/902b)

(紹146b6);摽經作飆非經義也(慧4/474b"摽擊"註)。//颮:颮俗(龍125/08)。

飆： 飆飆字林作飆古字也(慧7/531b"飆轉"註)。

懪： 懪敷昭敷沼二反牛黄白色也(龍115/08)。

piáo 瓢： 瓢今毗消反(龍195/03)(玄18/238c)(慧73/921b)(慧16/725a)(慧95/247a)(紹174b6)。

瓢古毗消反(龍195/03);瓢説文作〜(慧95/247a"瓢瓠"註)。瓢俗(龍195/02)。

瓢今皮消反正以瓜作(龍330/08)。瓢正皮消反正以瓜作(龍330/08)。瓢瓢

又作〜同(玄18/238c"瓢杓"註)。瓢或作皮消反正以瓜作(龍330/08)。//瓢:瓢

符消反(龍315/07)。

piǎo 暸： 暸普澆反明察也又撫昭反暸睠明視也(龍419/05)(玄17/226b)(慧67/812a)(初編

玄823)。//暸:暸方小反目有所察也(龍345/03)。

膘： 膘扶了芳小二反牛脅也①(龍412/05)。

縹： 縹疋小反(龍400/09)(玄3/34c)(慧09/567b)(玄9/121b)(慧46/323a)(玄14/188c)(慧

59/637b)(慧2/428b)(慧3/454b)(慧5/483a)(慧6/502b)(慧16/718a)(慧32/48b)(慧45/311b)

(慧50/426a)(慧98/298a)(慧98/305a)(慧99/327b)(紹190b9);縹經作縹非也(慧31/9a

"裝縹"註)。縹疋小反(龍400/09);縹經作縹俗字(慧45/311b"縹色"註)。

顠： 顠疋沼付少二反髮白皃也(龍485/03)。

鬃： 鬃正疋昭反髮皃也(龍087/04)。//鬃:鬃俗(龍087/04)。

殍： 殍正芳無平表二反又符鄙反(龍513/09)(紹144b4)。//殍或作(龍513/09)。

piào 儦： 儦古文儦字從人從囟從火作〜書寫不識便書從票錯之甚矣(慧75/962b"儦樂"

註)。儦今疋昭疋妙二反輕儦也(龍024/05)(慧75/962b)。//儦或作(龍024/05)。

儦俗(龍024/05)。

勡： 勡疋妙反(龍098/09)(玄10/132b)(慧49/406b)(玄11/152a)(慧81/2a)(紹139b5)。勡

疋妙反擊也(龍367/04)(慧52/472b)(玄20/263c"寇賊"註)。

勡： 勡疋妙反劫也(龍518/01)。

①《龍龕手鏡研究》：疑為"膘"字之訛（316）。

影：影足妙反（龍 188/07）（玄 10/138b）（慧 50/428a）（紹 149a10）；剽録文從彡作影非也
（慧 81/2a "剽掠" 註）。

暷：暷正疋妙反置風日内令乾（龍 428/09）。瞟通（龍 428/09）。

瞟：瞟疋妙反聽纔聞也（龍 314/09）。

瞟：䴴俗毗妙反①（龍 275/04）。

pie

piē 擊：擊普滅反（龍 215/04）。撇撇正疋滅切（紹 134a9）。撇普滅反（龍 215/04）（紹 134a9）。

潎：潎正芳滅反漂也（龍 237/04）。潎俗（龍 237/04）。

瞥：瞥正疋滅反（龍 424/03）。瞥片蔑反（慧 54/515a）。瞥片滅反（慧 93/214a）（慧 96/266b）
（慧 99/327b）。瞥俗（龍 424/03）。瞥瞥正疋滅切（紹 143a2）。//瞥芳滅反暫見皃（龍
346/05）。

䬲：䬲疋結反小香也（龍 181/01）。䬲（龍 181/01）。

piě 丿：丿又普蔑反左撇也又陰也（龍 552/06）。

鑒：鑒普篾反江南呼鍬刃（龍 021/09）。

piè 嫳：嫳憋古文嫳同（玄 1/21b "憋" 註）（慧 26/938b "其性嫳惡" 註）。嫳普結反（龍 283/10）。

pin

pīn 姘：姘滂丁切（紹 141b2）。

pín 玭：玭符人反珠也（龍 433/08）（紹 141a6）。玭又部田反斑珠也②（龍 433/02）。//玭：玭
部田反斑珠也（龍 433/02）；篦經又有作玭非也（慧 25/922b "金篦" 註）。

嬪：嬪符真反（希 3/369a）（紹 141b5）。嬪毗人反婦也（龍 279/07）（慧 40/187a）。嬪娯經
作嬪抄寫誤（慧 78/1035a "嫳娯" 註）。//嬪：嬪俗音頻正作嬪（龍 161/04）。

薲：薲繽紛經文從草作薲芬二字皆非也（希 4/380b "繽紛" 註）。

---

①參見《龍龕手鏡研究》253 頁。
②《龍龕手鏡研究》："玭" 乃 "玭" 字之訛（321）。

矉：**矉**音賓又恨視皃 (龍 419/09)。

蠙：**蠙**正部田符真二反蠙珠也 (龍 221/09)。**蜔**俗 (龍 221/09)。

馪：**馪**疋人反香氣也 (龍 180/07)。//蘋：**蘋**疋人反香氣也[1] (龍 144/06)；儐或作蘋同 (慧 27/976a "儐從" 註)。

頻：**頻**毗人反 (玄 11/144a)(慧 56/555b)(初編玄 910)(慧 33/53b)(慧 13/647a)(慧 27/976a)(慧 29/1014b)(慧 39/177a)(希 2/362a)；顰經本作頻誤也 (慧 40/195b "顰蹙" 註)(慧 66/795a "顰蹙" 註)(希 5/384c "顰蹙" 註)。

顰：**顰**毗寅反～笑皃蹙眉也 (龍 265/04)(慧 1/409a)(慧 8/536a)(慧 10/599a)(慧 11/610a)(慧 15/706b)(慧 16/709b)(慧 23/859a)(慧 41/223a)(希 1/357c)(紹 183a6)；顰經本從口作嚬者非也 (慧 20/794b "顰喊" 註)(慧 77/1013b "顰蹙" 註)(希 6/397a "顰眉" 註)。

薲：**薲**音頻 (慧 95/257a)。

櫇：**櫇**音頻木名 (龍 375/04)。

顰：**顰**音頻 (龍 198/07)(慧 20/794b)(慧 40/195b)(慧 44/294b)(慧 66/795a)(慧 77/1013b)(希 5/384c)(希 6/397a)(紹 170b4)；嚬古文作顰 (慧 1/409a "嚬喊" 註)(希 1/357c "嚬喊" 註)；頻說文從卑作顰時不多用今從簡 (慧 29/1014b "頻眉" 註)(慧 41/223a "嚬喊" 註)(慧 39/177a "頻蹙" 註)。//矉：**矉**音頻矉姿 (龍 280/01)。

響：**響**步賓反 (龍 040/06)；嚬古文作顰亦作響 (慧 1/409a "嚬喊" 註)(慧 41/223a "嚬喊" 註)(希 1/357c "嚬喊" 註)。

貧：**貧** (慧 22/836b)(希 9/413c)。//穷：**穷**古文音貧 (龍 156/02)。

pìn 品：**品** (慧 22/843b)(慧 25/904b)(慧 27/960b)。

pìn 牝：**牝**毗忍反 (龍 116/04)(玄 16/217c)(慧 65/769b)(玄 19/261c)(慧 56/571b)(玄 22/288a)(慧 48/371a)(玄 24/330b)(慧 70/879a)(慧 31/10b)(希 4/376c)(希 4/377a)(希 9/413a)(紹 167b1)。**牝**俗毗忍反 (龍 116/04)。**牝**俗毗忍反 (龍 116/04)。

麔：**麔**毗忍反 (龍 521/06)。

娉：**娉**疋正反 (龍 283/01)(慧 25/921b)(慧 43/255a)(慧 60/665b)(慧 77/1013b)(慧 82/36b)(紹

①《叢考》："蘋"當是"馪"的俗字 (781)。

141b7）。**姘** 疋勁反（玄 1/22a）（紹 141b7）。

聘： **聘** 匹併反（慧 51/444b）（紹 200a6）；娉亦作聘（慧 43/255a "灰爐" 註）（慧 60/665b "媒娉" 註）；騁論文作聘非也（慧 100/347a "騁棘" 註）。**聘** 疋正反聘問也（龍 314/07）。**聘** 疋正反妼也（龍 314/07）。**聘** 聘正疋正切（紹 199b6）。**躰** 聘或從身作～非也亦作 聘（慧 51/444b "遺聘" 註）。**躰** 聘正疋正切（紹 200a6）；娉今作躰同疋勁反（玄 1/22a "娉妻" 註）（慧 25/921b "娉妻" 註）。

ping

píng 俜： **俜** 普丁反玲俜行不正也又作伶俜孤單皃（龍 28/08）（玄 1/8c）（慧 17/741b）（慧 27/979a）（慧 31/14a）（慧 62/719a）。**俜** 匹丁反伶俜（玄 6/85c）。**俜** 疋令切（紹 129b2）。

偋： **偋** 或作（龍 496/05）。**偋** 俗（龍 496/05）。**俜** 正疋丁反使也與偋同（龍 496/05）。

跰： **跰** 伶俜經從足作跰跰與義不同也（慧 31/14a "伶俜" 註）。

誠： **誠** 誠正滂丁切（紹 186a3）。

嫬： **嫬** 玲嫬或作玲俜（龍 518/07）（慧 27/979a "伶俜" 註）（慧 99/319b）；伶俜或從立作 玲嫬（慧 99/322b "伶俜" 註）。**竮** 疋令切（紹 199b10）。

píng 坪： **坪** 或作音病地名（龍 251/03）。**坙** 今音病地名（龍 251/03）。

泙： **泙** 音平水名也（龍 227/09）。

肨： **肨** 音平牛羊脂也（龍 410/01）。

枰： **枰** 音平枰仲木名又博局[1]（龍 378/04）（玄 4/59a）（慧 43/274b）（玄 8/109b）（慧 28/1006b）（慧 46/333a）。**枰** 皮兵反（玄 9/127b）。

苹： **苹** 音平（龍 256/02）（玄 16/217a）（慧 65/777b）。

評： **評** 皮柄反（玄 1/13a）（慧 42/234b）（玄 12/167b）（慧 75/985b）（玄 17/225b）（慧 67/810b）（玄 19/261b）（慧 56/571a）（玄 25/336b）（慧 71/889a）（慧 54/511a）。

萍： **萍** 音平水上浮萍也（龍 258/05）（玄 4/52a）（紹 156a6）（紹 188b1）。

帡： **帡** 疋庚反蒲帡（龍 138/04）。

①參見《龍龕手鏡研究》300 頁。

屏：屏音瓶又音并又必井反（龍 162/08）（玄 1/19c）（玄 5/77a）（玄 6/88b）（玄 8/113b）（玄 12/165a）（慧 53/497b）（玄 20/266c）（玄 25/338b）（慧 71/893a）（慧 25/915a）（慧 27/986a）（慧 29/1021b）（紹 172a10）；摒經文作屏非體也（玄 13/169a、慧 55/539a "除摒" 註）。屏屏正餅音（紹 172a10）。

郱：郱音瓶郱城在東菀也（453/02）。

洴：洴並冥反（慧 76/996a）。洴音瓶（龍 226/02）（玄 3/39b）（慧 09/561a）（紹 189a7）；蓱譜作洴誤（慧 77/1021b "蓱沙" 註）。

蛢：蛢音瓶（龍 221/04）（紹 163b10）。

笲：笲薄經反竹笲也（龍 389/01）。

帓：帓疋丁反縹色也（龍 523/04）。

蓱：蓱並冥反（慧 77/1021b）（慧 100/333a）。蓱音瓶馬帚似著也（龍 258/06）；萍經文作蓱（玄 4/52a "萍薄" 註）。蓱薄冥反（慧 31/24a）。洴萍正步丁切（紹 188b1）。

瓶：瓶正並丁反（龍 315/04）（慧 3/442b）（慧 6/511b）（慧 8/551b）（慧 14/662a）（慧 32/47b）（慧 39/181a）（慧 64/757a）（慧 78/1045b）；鉼或作瓶（希 4/379b "鉼缸" 註）。瓶並丁反（龍 315/04）。//鉼：鉼音瓶汲水器也（龍 337/10）。鉼並冥反（慧 69/846a）。鉼並冥反或作瓶（慧 61/687b）（希 4/379b）（紹 150a1）。鉼瓶或從缶作鉼（慧 8/551b "瓦瓶" 註）（慧 32/47b "瓶罐" 註）（慧 39/181a "吉祥瓶" 註）（慧 64/757a "著綵瓶" 註）。

甁：甁音瓶甁瓢也（龍 081/01）。甁音瓶瓶瓢也（龍 315/07）。

軿：軿瓶眠反（慧 85/93a）。軿音屏又步田反（龍 080/06）（紹 139a6）；併亦作軿傳作軿（慧 88/139b "併羅" 註）。

鉼：鉼俗音瓶（龍 201/05）。甁俗音瓶（龍 201/07）。

鳾：鳾薄丁反（龍 287/10）。鳾薄丁反（龍 287/10）。

溯：溯或作皮氷反（龍 228/10）（慧 99/326b）；澀又作溯同（玄 18/248b "澀泥" 註）。溯正皮氷反（龍 228/10）。溯或作皮氷反（龍 228/10）。溯澀又作溯同（慧 73/928b "澀泥" 註）

凭：凭俗皮證皮氷二反正作凭憑二字（龍 033/05）（龍 333/06）（慧 42/246b）（慧 65/766a）

（紹148b5）；憑説文作凭（慧18/751a"所憑"註）（慧41/206b"庶憑"註）。**隉**俗（龍033/05）。

//凴：**凭**正皮證皮冰二反依几也或作憑（龍333/06）（慧15/693a）；凭經作凴俗字（慧42/246b"凭倚"註）（慧65/766a"凭几"註）。**凭**部孕切（紹148b6）（紹174a4）。**傑**俗（龍033/05）。**撼**俗皮證皮冰二反依几也正作凭（龍214/01）。**憑**俗皮證皮冰二反依几也正作凭（龍214/01）。

馮：**馮**皮凝反託也又皮命反（龍187/05）（紹149b9）（紹174a4）。

憑：**憑**皮冰反（玄17/235b）（慧74/949a）（慧18/751a）（慧41/206b）；凭經作憑假借非本字也（慧15/693a"或凴"註）；溤亦爲憑字（慧99/326b"溤泳"註）。

溤：**溤**皮冰反水聲也（龍187/05）。

pō

pō 抪：**抪**判末切（紹133a3）。**抪**正普末反（龍218/02）（慧40/187a）（慧43/262b）。**抪**俗普末反（龍218/02）（玄20/266a）。**抪**撥律文作抪非此義也（玄15/206b、慧58/605b"撥開"註）。

袆：**袆**薄盖反衣被[袂]也（龍106/07）。**袚**北末反（龍108/03）。

酺：**酺**正普末反酒氣也（龍311/04）。**酻**俗（龍311/04）。

坡：**坡**普何反（玄15/206c）（慧58/606a）（玄20/264c）（玄21/276c）（慧83/56a）（紹161a2）。//陂：**陂**坡又作陂同（玄15/206c、慧58/606a"山坡"註）（慧83/56a"坡陀"註）。//岥：**岥**俗音坡（龍072/07）（紹162a6）。

頗：**頗**借音普我反（玄3/47c）（玄6/88a）（玄17/226a）（慧67/811b）（慧1/414b）（慧2/427a）（慧10/594b）（慧18/761b）（慧22/835b）（慧23/863b）（慧27/984a）（慧43/270a）；叵或作頗（慧13/642a"叵知"註）（慧18/761b"頗有"註）（慧30/1037a"叵我"註）；髪古文作頗（慧14/675b"鬚髪"註）。

潑：**潑**判末切（紹189a1）。**潑**普活反水潑也（龍236/09）。**潑**潘末反（慧37/140b）。**沷**潑韻詮從犮從水作波集訓云棄水也經作沷亦通（慧37/140b"潑之"註）。

嘇： 嘇 判末切 （紹 184a4）。 哶 判末切 （紹 184a4）。

鏺： 鏺 正普洽反兩刃刈也又經音義補末反又音廢 （龍 022/02）（玄 12/161b）（慧 28/993a）。 鏺 或作普洽反兩刃刈也又經音義補末反 （龍 022/02）。

泊： 泊 濼經文從水作泊借音非體也 （玄 1/11a、慧 17/746a "陂濼" 註）（玄 5/68c "池濼" 註）。

濼： 濼 正疋各反 （龍 236/03）（玄 1/11a）（慧 17/746a）（玄 5/68c）（玄 10/139b、慧 47/346b "陂池" 註）（玄 12/160a）（慧 53/485a）（玄 15/202a、慧 58/618a "陂澤" 註）（紹 189a8）。// 濼 通疋各反 （龍 236/03）。

耄： 耄 普活反耄毨無色 （龍 523/09）。

pó 婆： 婆 蒲我反 （玄 13/171c）（玄 14/185a、慧 59/632a "唄匿" 註）（慧 2/426b）。

嘙： 嘙 俗音婆在呪中 （龍 265/07）。 嘙 俗音婆在呪中 （龍 265/07）。

蔢： 蔢 音婆蔢蔢草木盛皃也 （龍 257/01）。

皤： 皤 正音婆又音波 （龍 430/09）（玄 4/59c）（玄 5/75c）（玄 5/75c）（玄 8/114b）（慧 19/777b）（慧 11/615b）（慧 39/183a）（慧 98/296b）（紹 175b1）。 皤 或作音婆又音波 （龍 430/09）。

薜： 薜 薄波反 （希 10/421c）。

鄱： 鄱 音婆 （龍 454/02）（慧 94/240a）（紹 169a8）。

顃： 顃 正音婆～～勇舞皃也 （龍 483/02）。// 頗： 頗 或作 （龍 483/02）。

繁： 繁 又音婆 （龍 395/08）（玄 3/38c）（慧 81/14a）。 繁 薄何反 （慧 09/559b）

嚩： 嚩 無可反 （慧 2/426b）（慧 2/427a）（慧 5/480b）（慧 8/546b）（慧 35/106b）（希 5/385b）（希 7/403b）（紹 182a2）。

pǒ 叵： 叵 普火反 （龍 192/07）（玄 3/37b）（慧 09/557b）（玄 6/81b）（玄 8/111b）（慧 33/62a）（玄 12/157c）（慧 74/954b）（玄 24/323b）（慧 70/868a）（慧 13/642a）（慧 21/816b）（慧 27/970a）（慧 30/1037a）（慧 54/522a）（慧 54/525b）（慧 77/1017a）（慧 88/135a）（慧 94/230a）（紹 175a2）； 頗或作叵 （慧 1/414b "頗能" 註）（慧 10/594b "頗有" 註）。

屙： 屙 俗普可反 （龍 271/06）。

砢： 砢 叵我經文作或作砢碗未見字所出 （玄初 3/128 "叵我" 註）。

䟶： 䟶 俗普火反 （龍 462/03）； 叵我經文作䟶踉未見字出處 （玄 3/37b、慧 09/557b "叵我"

註）（玄 8/111b、慧 33/62 "叵我" 註）（玄 12/157c、慧 74/954b "叵我" 註）。//顪：顪俗（龍 462/03）。

駊：**駊**正布火普火二反（龍 293/01）。**駈**或作布火普火二反（龍 293/01）；駊傳作駈也（慧 74/942a "駊騀" 註）。

嶓：**嶓**今普火反嶓我（龍 074/06）。**頗**或作普火反（龍 074/06）。**岠**或作普火反（龍 074/06）；叵我經文或作岠峩未見字出處（玄 3/37b、慧 09/557b "叵我" 註）（玄 8/111b、慧 33/62 "叵我" 註）（玄 12/157c、慧 74/954b "叵我" 註）（慧 30/1037a "叵我" 註）。**崀**或作普火反（龍 074/06）。

狋：**狋**玀狋經音義作阿婆二字上烏可反下蒲我反謂傻要而行也（龍 318/10）；婴婆烏我蒱我反謂傻胥背而行也經文作玀狋非也（玄 13/171c "婴婆" 註）。

pò 砏：**砏**拍經文從石作砏非也（玄 4/51a "拍長" 註）（慧 31/22a "拍長者" 註）。

迫：**迫**音迫近也及也附也逼也（龍 495/02）（玄 4/57c）（慧 43/272a）（玄 14/193a）（慧 59/644b）（慧 4/464b）（慧 5/482b）（慧 6/501b）（慧 6/507b）（慧 23/869b）（慧 41/221a）（慧 67/803a）（慧 68/821b）（希 3/370b）（紹 138b5）。**迣**迫正百音（紹 171a9）。//敀：**敀**或作音柏大析也又音伯同迫逼也近也（龍 531/01）；迫古文敀同（玄 14/193a、慧 59/644b "迫難" 註）（慧 5/482b "迫迣" 註）（希 3/370b "迫窄" 註）。**敀**音拍又音伯同迫（龍 121/08）。**敀**音白逼近急附也又音拍大折也（龍 431/09）。

秛：**秛**音粕也（龍 147/08）。

珀：**珀**魄亦爲珀字（慧 27/977b "虎魄" 註）。

粕：**粕**疋各反（龍 306/02）（玄 3/43c）（慧 09/576b）（玄 8/118a）（慧 77/1027b）（慧 92/200b）（紹 196b2）。

頔：**頔**正疋各反面大皃也（龍 487/07）。//頗：**頗**俗（龍 487/07）。

霈：**霈**疋各反陂霈也與濼同（龍 309/05）。

髆：**髆**補莫反（慧 15/694b）；髆或有作髆非今用（玄 22/290a、慧 48/373b "兩髆" 註）（慧 1/410a "兩髆" 註）（慧 5/480a "髆骨" 註）（慧 12/632a "髀髆" 註）（慧 13/658b "髆有" 註）（慧 15/688b "右髆" 註）（慧 30/1053b "一髆" 註）（慧 34/78a "肩髆" 註）（慧 35/104b "從髆" 註）（慧 36/127b

"兩髆"註）（慧 39/167a "絡髆"註）（慧 39/167b "髆齊"註）（慧 39/176b "絡髆索"註）（慧 40/195b

"臂髆"註）（慧 40/202a "右髆"註）（慧 49/402a "一髆"註）（慧 60/662a "髆及卻"註）（慧 62/700b

"挂髆"註）（慧 81/14b "覆髆"註）（希 2/364b "肩髆"註）（希 5/387c "腰髆"註）（希 7/402b "髆

傭"註）。//膞（希 1/356b "磔裂"註）。

轉：**轉** 正疋各反車下索玉篇又布各反（龍 177/04）。**䡳** 俗（龍 177/04）。

釟：**鈄** 疋角反金釟也（龍 020/04）。

哱：**哱** 俗蒲没反（龍 277/03）。

魄：**䰢** 普伯反（慧 18/749a）（慧 27/977b）。**魄** 匹白反廣雅虎魄珠名也（玄 6/85a）。

咄：**乢** 今普末反明旦日出皃也（龍 430/06）。**昢** 或作（龍 430/06）。

舂：**舂** 疋各反舂也（龍 341/03）。

畚：**畚** 古文疋各反今作頼面文貌（龍 358/05）。

搄：**搄** 普厄反（龍 218/02）；撲經作搄音普麥反非經義也（慧 40/200a "縛撲"註）（希 5/387c
"縛撲"註）。

啵：**啵** 俗音破（龍 274/05）。

Pou

pōu 剖：**剖** 普口反（龍 97/08）（玄 2/26b）（玄 9/120b）（慧 46/320b）（玄 16/222b）（慧 65/765b）（玄 22/288c）

（慧 48/371b）（玄 23/308a）（慧 47/356b）（慧 2/422b）（慧 4/471a）（慧 5/477b）（慧 12/622b）（慧

13/658b）（慧 17/734a）（慧 23/875b）（慧 26/934a）（慧 26/946b）（慧 30/1047b）（慧 34/74b）（慧

37/134a）（慧 39/171b）（慧 39/179b）（慧 43/264b）（慧 63/737a）（慧 72/905a）（慧 77/1018b）（慧

78/1048a）（慧 81/3a）（慧 81/16b）（慧 83/43a）（慧 84/77b）（慧 86/112a）（慧 87/131b）（慧 90/167b）

（慧 91/194a）（慧 96/259b）（慧 98/295b）（紹 139b7）。

飑：**飑** 布休疋周二反（龍 127/02）。

póu 掊：**掊** 蒲交反手掊也（龍 207/01）（玄 4/59a）（慧 43/274b）（玄 12/157c）（慧 74/954b）（玄 15/202a）

（慧 58/618b）（玄 16/218c）（慧 65/771a）（玄 16/219b）（慧 65/778b）（慧 19/257b）（慧 56/563b）

（慧 57/600b）（慧 77/1018b）（希 9/415c）（紹 134b3）；抱通俗文作掊（玄 2/29b "手抱"註）（玄

8/118a "耳鉋" 註）（慧 26/954a "抱須彌" 註）；桲經從手作捊（慧 39/181b "畫桲" 註）；捊

聲類作掊（慧 47/343b "鼓捊" 註）（慧 78/1034b "捊地" 註）；剖譜作掊非也（慧 77/1018b

"剖擊" 註）（慧 87/131b "即剖" 註）。**桲** 又俗蒲交反（379/09）；鉋文字所无宜作抱又作

桲（玄 2/32a "鉋須" 註）。

涪：**涪** 蒲侯反（玄 5/73b）（慧 38/164a）（玄 19/262c）（慧 56/573b）。

髻：**髻** 芳于反髮好兒又音部（龍 088/04）。

抔：**抔** 鋪回薄侯二切有處卻作杯布回切字用臨文詳之（紹 135a6）。

捊：**捊** 縛謀反（龍 206/09）（玄 15/200c）（慧 58/615a）（慧 47/343b）（慧 50/425a）（慧 78/1034b）

（慧 94/232a）；捊或作抱同（玄 2/29b "手抱" 註）；掊說文作捊同（玄 4/59a、慧 43/274b

"掊發" 註）（玄 19/257b、慧 56/563b "捊地" 註）（慧 94/232a "捊地" 註）；鉋書无此字宜作

捊（玄 8/118a "耳鉋" 註）；爬俗字也正體從手作捊（慧 60/673b "爬地" 註）（慧 79/1056b

"爬地" 註）；浮集從手作捊（慧 99/321a "浮磐" 註）。//抱：**抱** 步交反（玄 2/29b）；掊

說文作抱同（玄 4/59a、慧 43/274b "掊發" 註）（玄 19/257b、慧 56/563b "捊地" 註）；捊或

作抱同（玄 15/200c、慧 58/615a "捊水" 註）（慧 78/1034b "捊地" 註）（慧 79/1056b "爬地" 註）。

抱 捊古作攎俗掊字同傳文作～非也（慧 94/232a "捊地" 註）。//攎：**攎** 捊古作攎

俗掊字同（慧 94/232a "捊地" 註）。

裒：**裒** 蒲溝反（玄 3/46b）（玄 22/303c）。**裒** 音聚[1]（龍 129/09）。**裒** 蒲溝反（慧 10/580b）（慧

48/394b）。**裒** 音浮聚也（龍 101/06）。

pǒu 培：**峜** 滿口反（龍 075/06）（慧 99/325a）；培塿或從山作峜嶁（慧 86/106a "培塿" 註）。

婄：**婄** 普口蒲口二反婦人兒（龍 282/06）。

犃：**犃** 蒲口反犃牭偏高又牛頭短也（龍 116/06）。

錇：**錇** 部口切（紹 150a1）。**錇** 音浮（龍 338/01）。

飍：**飍** 蒲口反（龍 127/05）。

①參見《疑難字考釋與研究》51 頁。

pu

pū 攴：**攴**普木反此字與支文三字相涉（龍528/05）（慧29/1018b "鞭杖" 註）（紹176a10）；攴字今作文（慧6/509a "放牧" 註）。**攴** 撲古文作攴（慧76/1002b "撲火" 註）。**文** 攴音普卜反今作文隸書省也（慧24/886a "夷敞" 註）。

仆：**仆** 蒲北反到也又音赴僵仆也（龍037/05）（玄13/170c）（慧16/725b）（玄18/248b）（慧73/928a）（玄20/267a）（慧33/55b）（玄22/302b）（慧48/392a）（玄24/321c）（慧70/865a）（慧15/686a）（慧41/217a）（慧40/186b）（慧69/841a）（慧72/901a）（慧93/220a）（希1/356b）（希4/379c）（紹128a2）；踣今作仆同（玄12/155c、慧52/455b "蹌踣" 註）（玄17/227b、慧67/814a "偵伏" 註）（玄19/259b、慧56/567a "自踣" 註）（慧37/134b "踣面" 註）（希6/394c "踣地" 註）。

扑：**扑** 普木反又俗音朴（龍217/08）（紹134a10）；攴今時用作扑俗字也（慧29/1018b "鞭杖" 註）。**扑** 樸有作扑音普卜反打也玉篇擊也手搏非此義也（慧27/974b "樸令" 註）。

陠：**陠** 博孤普孤二反屋上平也（龍295/06）。

敃：**敃** 普胡反敃敃屋壞也（龍528/08）。**敃** 俗普胡反（龍119/01）。**敃** 俗普胡反正作敃（龍122/02）。

痛：**痛** 芳無普胡二反病也（龍471/05）。

踊：**踊** 疋胡反馬跌跡也又薄胡反（龍460/03）。

鋪：**鋪** 普胡反鋪陳也布也又去聲（龍008/04）（玄19/252b）（慧56/556a）（慧4/470a）（慧29/1025b）（慧43/257a）（慧38/163b）（紹180a5）；拊今皆作鋪（玄16/223c、慧64/748a "拊草" 註）（慧99/316a "拊設" 註）；哺經從金作鋪非也（慧57/600a "乳哺" 註）。//棗：**棗** 俗普胡反（龍542/04）。

騨：**騨** 普胡反馬名（龍291/07）。

拊：**拊** 玉篇普胡反開張遍布也又博胡反展舒也（龍208/08）（玄16/223c）（慧64/748a）（慧99/316a）；鋪經本作拊（慧43/257a "牀鋪" 註）（慧38/163b "牀鋪" 註）。**拊** 又俗音鋪（龍208/07）。

撲：**撲** 龐邈反（慧19/772b）（慧27/985b）（慧41/224b）（慧34/78a）（慧43/266b）（慧35/100a）（慧

36/129b）（慧 40/195a）（慧 61/693a）（慧 61/694a）（慧 62/703b）（慧 74/946b）（慧 79/1061a）（慧 82/36b）（慧 83/53b）（慧 99/315b）（希 5/387c）（希 7/402b）（紹 135b1）；撲經作撲非也（慧 36/117a "相撲" 註）（慧 62/702a "相撲" 註）。撲音雹相撲也（龍 217/04）（慧 59/636b）（慧 17/736b）（慧 76/1002b）；撲或作撲（希 7/402b "縛撲" 註）。撲普木反（龍 216/09）。撲龐駮反（慧 18/763b）（慧 25/922b）（慧 78/1034b）。撲龐剝反（慧 36/117a）（慧 38/159b）（慧 55/530b）（慧 62/702a）（慧 78/1037a）（慧 78/1050b）。撲（紹 132b10）。撲妨卜反（玄 11/142b）（慧 56/551b）。//撲：雹音又普木切（紹 132b10）。撲匹木反（玄 14/188a）（玄 6/83c）（玄 4/57a）（紹 133a10）。撲龐邈反（慧 27/974b）。

鷝：鷝普木反鳥也（龍 289/08）。

pú

匍：匍音蒲匍匐也（龍 140/03）（玄 10/132a）（慧 49/406a）（慧 15/690b）（慧 47/364b）（慧 54/523b）（慧 69/845b）（慧 79/1055b）（慧 96/267a）（慧 100/342a）（紹 149b3）。

蒲：蒲薄胡反（希 8/405a）（希 8/405c）（慧 80/1070b）（紹 154a6）。蒱蓬逋切（紹 154a6）。

蒱：蒱蒱正（紹 157a1）。

醐：醐音蒲飲酒作樂也（龍 309/10）（慧 87/120b）（紹 143b9）。

蒱：蒱俗音蒲①（龍 409/07）。

僕：僕蒲木反（玄 3/46b）（慧 10/580b）（玄 6/81b）（玄 25/339c）（慧 71/896a）（慧 3/452a）（慧 6/509b）（慧 7/528a）（慧 19/777a）（慧 22/843a）（慧 36/126a）（慧 40/194b）；撲從人作僕訛也（慧 34/78a "椎撲" 註）。僕蒲木反童僕也又附也官名太僕也亦僕吏也（龍 037/07）（慧 27/970b）（慧 29/1020b）。僕蒲木反（龍 039/03）。僕蒲木反（龍 498/08）。僕蒲卜反（玄 25/339c）（紹 127b9）。//僕：僕蒲木反今作僕侍從人也（龍 190/01）；僕或作僕古字也（慧 29/1020b "僮僕" 註）。僕僕古文僕同（玄 3/46b、慧 10/580b "僕傈" 註）（慧 6/509b "僕隸" 註）（慧 7/528b "如僕" 註）。僕僕古文僕同（玄 6/81b "僮僕" 註）。

濮：濮音卜（龍 237/01）（紹 189a3）。濮音卜（龍 237/01）。//濮：濮或作音卜彭濮蠻夷國名（龍 298/03）。濮今音卜彭濮蠻夷國名（龍 298/03）。

墣：墣正普木疋角二反土塊也（龍 251/10）。墣俗普木疋角二反土塊也（龍 251/10）。

① 《龍龕手鏡研究》：疑即 "蒱" 的俗字（314）。

壊 疋角反土塊也 （龍 252/06）。 壤 或作疋角反土塊也 （龍 252/07）。 //圤： 圤 正
疋角反土塊也 （龍 252/07）。

氌： 氌 蒲木反 毞氌毛領也 （龍 137/01）。

璞： 璞 疋角反玉～未剖玉坯也又真也 （龍 438/05）（慧 8/543b）（紹 140b7）。 璞 普剝反 （慧
60/655b）（紹 140b7）。

檴： 檴 龐邈反或省作僕 （慧 53/489b）。 檴 蒲木反 （龍 387/02）。

穙： 穙 正蒲木反穙穮也 （龍 147/02）。 穙 俗 （龍 147/02）。 //穙： 穙 普木反穙草生槩也
（龍 147/02）。

縴： 縴 正音卜爾疋云裳前幅謂之～～～朝祭之服也 （龍 403/04）。 //縴： 縴 俗 （龍 403/04）。

鏷： 鏷 音卜鏷鐏魯矢也 （龍 020/02）。

髇： 髇 疋角反骨角也 （龍 482/02）。

蕌： 蕌 蒲北反蘆菔也 （龍 263/04）（玄 8/108a）（慧 28/1005a）（慧 15/703b）（慧 26/950a）（希 7/404b）。
//菔： 菔 朋北反 （慧 63/729b）； 蘿蕌尒雅作蘆菔 （希 7/404b "蘿蕌" 註）。 菔 步北切
又伏音 （紹 154b1）。 菔 朋北反 （慧 35/108b）（慧 36/123b）； 菔或作蕌 （慧 12/621b "蘿菔"
註）。

pǔ 普： 普 溥此古文普字 （玄 3/33a、慧 09/564b "滿予" 註）（玄 7/92b、慧 28/995a "溥演" 註）（慧
39/166a "溥示" 註）。

潽： 潽 音普玉篇云水也 （龍 232/01）。

嗜： 嗜 （紹 181b6）。

撲： 撲 布經文作撲非也① （玄 5/73a、慧 32/41b "布施" 註）。

譜： 譜 正音補籍録也 （龍 045/03）（慧 18/748b）（慧 77/1020b）（慧 86/103b）（慧 91/181b）（紹 185b6）。
//諩： 諩 或作 （龍 045/03）； 譜或作～亦同 （慧 18/748b "譜第" 註）。

圃： 圃 補布二音 （龍 175/5）（玄 1/3a）（玄 19/262c）（慧 20/802b）（慧 56/573a）（慧 21/828b）（紹
174a7）。

烳： 烳 音普火行皃也 （龍 241/05）； 燩經文作烳逋古反火行也烳非此義 （玄 7/102b "燩

① 參見《字典考正》62 頁。

甍"註)。

浦：浦 音普浦濱也大水有小口曰浦（龍 230/08）。

溥：溥 音普（慧 15/700b）。溥 音普（龍 230/08）（玄 7/92b）（慧 28/995a）（慧 22/840a）（慧 32/34a）

（慧 39/166a）。溥音普（慧 16/717a）（玄 11/142b）（慧 56/552a）（慧 39/173b）。

樸：樸 正疋角反（龍 384/07）（慧 11/619a）（慧 13/655b）（慧 84/76b）（慧 97/288b）（紹 158a4）。

朴正疋角反（龍 384/07）；普剝反俗字也正作樸（慧 41/205a）（希 1/354a）（紹 157a10）；

樸經作朴俗字也（慧 11/619a "質樸" 註）（慧 13/655b "魯樸" 註）（慧 84/76b "樸素" 註）（慧

97/288b "樸散" 註）。樸俗疋角反（龍 384/07）。

犦：犦 疋角反牛未劇也（龍 117/06）。

蹼：蹼 音卜足指間相著也（龍 465/03）；僕古文作蹼同（慧 27/970b "僕" 註）。

Q

qi

qī 耒：**耒** 柒正七音（紹 158b5）。

柒：**柒** 七音（紹 187b7）。

期：**期** 渠基反（玄 1/10c）（慧 3/447a）（慧 17/745b）。//畨：**畨** 音其（龍 426/05）。

錤：**錤** 音欺多也（龍 186/01）。

艵：**艵** 音其艵腥舩名（龍 131/08）。//艟：**艟**（龍 131/08）。

頄：**頄** 正音欺方相也（龍 186/01）（龍 483/04）。**頄** 俗（龍 186/01）。//傾：**傾** 音欺方相 也（龍 483/09）。//俱：**俱** 玉篇欺既反俱儵不行也（龍 035/04）（慧 86/107a）（慧 98/293b）。//倜：**倜** 隨函音欺方也（龍 028/01）。//魌：**魌** 音欺醜兒（龍 323/05）。

鶖：**鶖** 音欺鵃鶖也（龍 286/01）。

妻：**妻** 正妻字（慧 66/788b）（慧 94/233b）。**妻** 且計反（玄 9/123a）（慧 27/965b）。//婁 俗音 妻（龍 281/02）。//齒 古文妻字（龍 337/07）。

郪：**郪** 七西取私二反（龍 454/04）（慧 94/226a）（紹 169a8）。

淒：**淒** 音妻雲兒（龍 228/07）（玄 25/335b）（慧 71/887b）（紹 186a7）。//淒：**淒** 妻七兮反寒也（龍 187/05）（紹 174a3）。

悽：**悽** 音妻（慧 29/1028a）（紹 130b3）。

嘶：**嘶** 俗音西（龍 269/04）。

棲：**棲** 正音西（龍 373/04）（慧 87/131b）；栖正從妻從木作棲（慧 18/758b "栖泊" 註）。**捿** 俗音西正作棲（龍 210/02）（慧 1/404a）。//栖：**栖** 俗音西（龍 373/04）（慧 51/434a）。//捂：**捂** 音西（龍 210/07）（紹 132b1）。**捂** 先兮反（慧 18/758b）。

縭：**縭** 七兮反縭斐文章相錯又七禮反帛絞兒也（龍 398/09）。

霎：霎音妻雨止也（龍306/04）。

鶈：鶈音妻（慧4/468b"春鶈"註）。

㤈：㤈去奇反憾㤈儉急也（龍055/02）。

猗：猗去奇反牙邪也一曰武牙（龍198/06）。

䏝：䏝去奇反側耳也又一隻也（龍314/01）。

踦：踦去奇反又居綺反（龍458/05）（玄1/9a）（慧17/742b）（玄5/68b）（玄8/114b）（慧19/777b）（慧45/314b）（慧100/330b）（紹137b3）；廣疋崎嶇作踦䠊非體也（玄4/60b"崎嶇"註）。

殈：殈居宜去奇二反死也棄也（龍514/01）。

攲：攲音欺（慧29/1026b）（慧65/766b）；㩻或作攲去知反（玄11/141c、慧56/550a"㩻倒"註）（慧65/779b"攲側"註）；攲亦作攲（慧77/1022b"西攲"註）。攲去奇反不正也（龍528/07）。攲綺羈反（慧31/15a）（慧82/41a）。攲俗去奇反正作攲（龍122/09）（紹202b1）；攲又作攲同（玄16/220a"攲側"註）。攲俗去奇反正作攲（龍122/09）。//敧：敧去宜反（玄8/110c）。敧去奇反正作攲（龍119/03）（慧73/924b）。敧今去奇反宗廟宥坐之器也（龍528/08）（玄15/209c）（慧58/611a）（慧64/748a）（慧69/851a）（慧77/1022b）（慧90/176a）（紹176a10）；攲或從山作崎或從器作攲皆古字也經文從奇作攲非也（慧29/1026b"鼻梁攲"註）（慧31/15a"攲危"註）（慧82/41a"危陷攲傾"註）。敧俗去奇反正作攲（龍122/09）（玄16/220a）（玄16/223c）。欹去奇反傾也[1]（龍353/07）（慧65/779b）（玄18/246a）（紹198b8）。㩻俗去奇反正作攲（龍122/09）（玄11/141c）；欹又作㩻同（玄18/246a"欹庆"註）。㩻去知反（慧56/550a）；敧又作㩻（慧73/924b"敧庆"註）。//攲：攲㩻或作攲（玄11/141c、慧56/550a"㩻倒"註）（慧29/1026b"鼻梁攲"註）；攲或作崎攲（慧82/41a"危陷攲傾"註）。攲古去奇反（龍528/07）；敧又作攲同（玄16/220a、慧65/779b"攲側"註）（慧73/924b"敧庆"註）。攲俗去奇反正作攲（龍122/09）；欹又作攲同（玄18/246a"欹庆"註）。

戚：戚倉歷反（龍173/09）（慧23/860a）（慧77/1013b）。戚清亦反（慧15/683a）。傶倉歷反（龍499/02）。俶倉歷反與戚同（龍039/08）。戚戚今經文從人作～不成字也多是

①參見《龍龕手鏡研究》290頁。

書寫之流隨愚妄作耳也（慧 15/683a "親戚" 註）。䞍倉歷反與戚同（龍 039/08）。䞋俗倉歷反正作慼憂也（龍 038/08）。䞌倉歷反與戚同（龍 039/08）；戚譜作～非也（慧 77/1013b "親戚" 註）。

嫲：嫲戚音（紹 141b8）。

葴：葴倉歷反草名（龍 264/03）。

慼：慽清積反痛也（龍 062/05）（慧 2/427b）；慼又作慽同（玄 9/121a、慧 46/322a "内慼" 註）（慧 14/668b "悒慼" 註）；戚字正宜從豎心經本作戚者俗也（慧 23/860a "親戚" 註）。慽慼或作慽（慧 19/782b "躁慼" 註）。感倉歷反憂也懼也病也（龍 173/09）（玄 9/121a）（慧 46/322a）（慧 5/482a）（慧 14/669a）（慧 19/782b）（慧 40/195b）（紹 199a9）。䞍倉歷反與戚同（龍 039/08）。

鍼：鍼七績反（慧 53/502b）。鍼正倉歷反干鍼斧鍼也（龍 021/06）。鐵俗（龍 021/06）。

䂓：䂓倉歷反䂓䂓面柔也（龍 346/05）。

桼：桼音七（玄 20/274c）（慧 55/539b）。//漆：漆正音七水名又黑漆（龍 237/03）。漆俗（龍 237/03）。㳛俗通（龍 237/03）。湈俗（龍 237/03）。涂俗（龍 237/03）。湅俗（龍 237/03）。涂俗（龍 237/03）。湈桼又作漆同（玄 20/274c、慧 55/539b "桼箅" 註）（玄 18/241b、慧 73/929a "𣯼莭" 註）。

郲：郲音七地名也（龍 457/07）。

蝨：蝨俗食歷反（龍 359/01）。//鼛：鼛俗（龍 337/05）。鼛：鼛倉歷反守夜鼓也（龍 021/05）。鼛今蒼歷反䮘聲又守夜鼓也（龍 337/05）。//䡄：䡄①倉歷反川韻云守夜鼓也與鼛同（龍 446/01）。//䡄：䡄正蒼歷反䮘聲又守夜鼓也（龍 337/05）。䡄今（龍 337/05）。

嶶：暌苦奚反小峀也（龍 153/02）。

諿：諿七入反和也（龍 052/05）。

黚：黚倉歷反～顯色敗名（龍 533/01）。

暱：暱正去及反欲燥也（龍 430/01）（玄 22/297b）（慧 48/384a）（玄 23/308a）（慧 47/356a）。曬

---

①參見《叢考》734 頁 "䡄" 字條。

正玉篇呼及反乾也香嚴音泣（龍416/05）。//吸𠲶或作（龍430/01）；𡁸又作吸同（玄22/297b、慧48/384a“乾𡁸”註）（玄23/308a、慧47/356a“乾𡁸”註）。𦙶俗（龍416/05）。

qí 礻：礻巨支反祖考也此字與衣、示二部相涉（龍109/07）。

祁：祁巨脂反盛也又縣名又俗音時（龍109/07）。祁渠夷市尸二反（玄1/15b）（慧42/237b）（玄3/42b）（慧09/574a）（慧31/14a）（紹169a9）。

祈：祈巨衣反（玄3/46c）（慧10/581b）（玄9/126c）（慧46/332a）（玄21/281a）（玄22/291b）（慧48/375b）（玄23/306a）（慧47/353a）（玄24/327c）（慧70/874b）（慧13/653a）（慧29/1028b）（慧61/685b）（慧77/1017b）（慧100/333b）（紹168a9）；蘄亦作祈（慧95/250b“世蘄”註）。庈音祈（龍129/03）。

岓：岓正音祈山旁石也（龍073/01）。岓或作（龍073/01）。

圻：圻魚斤反（龍246/07）（玄7/99a）（玄7/101a）（慧99/322a）（紹161a1）；畿或作圻同（玄7/97b、慧19/779a“京畿”註）。

㗉：㗉俗居祁反（龍269/03）（玄19/260a）（慧56/569a）。

唽：唽巨支反（紹183b4）。唽俗巨支反（龍268/02）。

肵：肵祁祈二音俎肵也（龍409/06）。

蚚：蚚蜥經文從斤作蚚乃音祈非蜴蜥字（希1/356b“蜴蜥”註）。

頎：頎音祈頭長皃（龍483/06）。頎音祈（龍543/09）。

忯：忯巨支反爾雅云忯忯惕惕愛也又是支反（龍054/06）。

衹：衹渠支反適也（龍143/08）。

疧：疧正巨支反病也（龍470/01）。疧俗通（龍470/01）。疧祁音（紹192b6）。疧俗（龍470/01）。

秖：秖巨支反赤米也（龍304/07）。

衹：衹渠支反僧衹支尼服也（龍101/05）。衹巨兒反（玄14/195c）；祁經作衹誤也（慧31/14a“瑜祁”註）。衹巨兒反（慧59/648b）。衹脂低祈三音（紹168b9）。衹脂低祈三音（紹168b9）。

蚔：蚔同上[巨支反]蝱也（龍219/05）（玄7/93b）（慧28/996b）（紹164b6）；蚳經從虫作蚔

非也（慧40/190a "舐掠" 註）（希8/409c "舌腸" 註）。 **軝** 佶移反（慧69/841b）。 **軝** 巨支

反（玄20/266a "蠹型" 註）。

軝： **鞁** 正巨支反（龍447/03）（玄20/266b）（慧43/263a）。 **鞁** 俗巨支反（龍447/03）。 **勑** 俗

巨支反（龍447/03）。

軝： **軝** 巨支反藥草（龍081/04）。//軝： **敤** 或作岐匙底三音輪也（龍081/04）。

虺： **虺** 柒希切（紹198b5）。

鴲： **鴲** 巨支反雞也或曰鷹也（龍287/04）。

其： **其** 音其豆箕也（龍253/10）（紹154b6）。//萁： **萁** 音其豆萁（龍186/03）（龍359/06）。

淇： **淇** 音其水名（龍229/01）。

掑： **掑** 音其（龍207/08）。

祺： **祺** 今音其（龍110/01）（慧35/111b）（紹168a9）。 **禥** 籀文音其（龍110/01）。 **禔** 古音其

（龍110/01）。

綦： **綦** 音其（龍186/02）（龍379/06）（慧31/8b）（慧45/310a）。//碁： **碁** 音其（龍186/02）；

綦或從石作碁通用（慧45/310a "彈碁" 註）。//棊： **棊** 音其博物志曰舜造圍～丹朱

善之也（龍375/06）。

琪： **琪** 音其玉名也（龍433/06）（慧95/255b）（慧98/300b）（紹141a5）。//璂： **璂** 音其弁飾

也（龍433/06）；琪說文作璂（慧95/255b "玗琪" 註）（慧98/300b "琪璐" 註）。

綨： **綦** 音其履飾（龍186/01）（龍397/01）（紹190b6）。 **綥** 古文音其（龍397/01）。綨音其

又去聲（龍397/01）。//帺： **帺** 通音其履飾（龍186/01）。 **綦** 通音其履飾（龍186/01）。

蟇： **蟇** 音其蟚蟇似蟹而小也（龍221/06）。蟇音其虫名（龍186/03）。

旗： **旗** 正渠基反旌旗也（龍124/7）（玄1/2b）（玄15/200b）（玄16/221a）（慧20/802a）（慧29/1024a）

（慧35/105b）（慧58/614b）（慧65/781a）（慧95/246b）（慧97/277a）（紹173a3）。//旂 俗（龍

124/7）（慧56/566b）（慧95/248b）；旂旗亦作旌旂（慧95/246b "旂旗" 註）。 **旂** 巨衣切（紹

173a5）。 **旂** 巨衣反（玄19/259a）。

麒： **麒** 渠之反（玄2/24c）（玄4/49b）（慧11/604a）（慧14/671b）（慧15/687b）（慧26/932a）（慧

85/96a）（慧95/245a）。 **麒** 音其麒麟（龍520/05）。 **麐** 麒麟說文作～麐（慧95/245a "麒

骼”註）。

騏：**騏**音其（龍 290/09）（玄 7/105a）（慧 30/1049b）（慧 86/107a）（紹 166a1）；麒經文作騏非

字義（玄 2/24c“麒麟”註）（玄 4/49b“麒麟”註）（慧 11/604a“麒麟”註）（慧 14/671b“麒麞”

註）（慧 14/671b“麒麞”註）（慧 26/932a“麒麟”註）（慧 95/245a“麒骼”註）。

鶀：**鶀**音其鳥名也（龍 286/01）。

䱻：**䱻**音其鯿魚名（龍 168/04）。

麒：**麒**其欺二音齒也（龍 312/01）（龍 186/01）。

岐：**郂**岐又作郂同（玄 5/66b、慧 44/279a“万岐”註）（玄 20/271c“歧路”註）。**趌**岐古文

岠同（玄 9/126b“岐道”註）。**趌**岐古文岠同（慧 46/331a“岐道”註）（玄 17/228b、慧 67/815b

“歧路”註）（玄 22/300c、慧 48/389a“歧路”註）。//岐：**岐**渠宜反（玄 9/126b）（慧 53/492a）

（紹 161b9）；歧今經本有從山邊作岐（慧 21/818b“樹歧”註）。**岐**巨支反（龍 070/02）

（玄 5/66b）（慧 46/331a）（慧 37/138b）（紹 161b9）。**岐**音衹（慧 42/247b）（慧 92/207b）。**岐**

巨支反歧路也（龍 528/06）。**歧**渠宜反（玄 22/300c）（慧 21/818b）（紹 147b4）；跂或作

這歧（慧 79/1061b“跂行”註）。**岐**今巨支反歧路也（龍 335/06）。**岐**巨宜反（慧 44/279a）

（玄 5/69b）（慧 10/582b）（玄 17/228b）（慧 67/815b）（慧 48/389a）（慧 93/216b）。**歧**音衹（慧

42/239a）；岐經作歧誤也（慧 42/247b“枝岐”註）。**此**古巨支反歧路也（龍 335/06）。**岐**

巨宜反（玄 20/271c）。//嵜：**嵜**岐又作嵜同（玄 5/66b、慧 44/279a“万岐”註）（玄 9/126b

“岐道”註）（玄 17/228b、慧 67/815b“歧路”註）（玄 22/300c“歧路”註）。**嵜**岐又作嵜同（玄

20/271c“歧路”註）。**嵜**岐古文嵜同（慧 46/331a“岐道”註）（慧 48/389a“歧路”註）。**嵜**

巨低反山名也（龍 072/07）。

蚑：**蚑**岐宜反（慧 57/599b）。**蚑**巨支反虫行皃也（龍 219/05）（玄 3/41c）（玄 4/55a）（慧 28/1006a）

（慧 46/329a）（慧 34/89a）（慧 44/293b）（慧 55/531b）（慧 77/1015b）。**蚑**渠支巨宜二反（慧

34/91a）（玄 16/221b）（玄 20/273b）（慧 32/37a）。**蚑**渠支反（慧 09/572b）（玄 7/100c）（慧 30/1038a）

（玄 8/108c）（玄 9/124c）（慧 65/764a）（慧 64/748b）（慧 96/265a）（紹 164a9）。**蚑**蚑經文作

蚊誤也（慧 57/599b“蚑行”註）。//吱：**吱**去智反應法師又竹支反（龍 274/03）。

[巾支]：[巾支]音奇米[木]之別名也[1]（龍528/07）。

[走支]：[走支]岐綺二音（龍324/08）；跂又作[走支]同（玄5/71b、慧42/249b“跂羅”註）。

[镸支]：[镸支]渠支反長[镸支]國名[镸支]長於身也（龍088/05）。

[馬支]：[馬支]渠支反馬勁動也（龍292/02）。

鬾：鬾音寄切又歧音（紹198b5）。鬾正音奇又渠寄反（龍323/02）（慧75/966a）（紹198b5）。

鬾俗音奇又渠寄反（龍323/02）。

[豙支]：[豙支]巨支反弓硬皃也（龍529/02）。[豙支]巨支反說文云擊水也（龍529/02）。

[金巿]：[金巿]正賫齊二音利也（龍013/02）。鋪俗（龍013/02）。

奇：奇巨基反（慧80/1086a）（慧12/621b）（慧35/97a）（慧77/1017a）；岐經文作奇非體也（玄5/69b、慧10/582b“岐嶷”註）。奇正從大作奇録作奇俗字也（慧80/1086a“瑰奇”註）。

陭：陭崎嶇或從阜作陭隔（慧94/224b“崎嶇”註）。陭與猗字同按傳文本義合從山作崎（慧94/239b）。

埼：埼巨希反水傍曲岸也（龍246/03）。

崎：崎去奇反崎嶇傾側也（龍070/02）（慧83/48b）。

碕：碕渠希反曲岸也（龍441/06）。

琦：琦音奇玉名也（龍433/01）（慧17/728b）（慧45/314b）（慧75/971b）（紹140b4）；屈奇經文從王作琚琦二形非也（玄8/112a“屈奇”註）；奇字合從王作琦（慧12/621b“瓌奇”註）（慧77/1017a“珍奇”註）。

錡：錡音奇釜屬又音蟻三足鼎（龍012/07）（紹180b5）。

鵸：鵸正音奇鵸鵌鳥名（287/06龍）。//[竒鳥]：[竒鳥]俗（287/06龍）。

騎：騎音奇又奇寄反（龍290/08）（紹166a1）。

耆：耆巨伊反（慧45/303b）（玄22/300c）（慧48/389a）（慧74/942b）（慧82/27b）。耆正渠脂反長也強也至也（龍417/04）（玄10/136c）。耆或作（龍417/04）。耆誤正作耆字（龍452/06）。

耆耆經文作～誤也（玄8/111c、慧33/62b“抅耆”註）。

[山耆]：[山耆]江西隨函音巨支反（龍073/09）。

①參見《龍龕手鏡研究》367頁。

惈：**惈**渠脂反敬也畏也（龍052/08）。

耤（稽）：**耤**渠脂反麥下種也（龍143/09）。**稽**渠脂反麥下種也（龍143/09）。**耤**耆音麥下種也（龍364/09）。**稽**通（龍364/09）。**耤**俗同上（龍364/09）。

覾：**覾**渠脂反視也（龍343/10）。//睹：**睹**巨脂反見視也（龍417/04）。**睹**（龍417/04）。

鰭：**鰭**渠脂反魚脊上骨也（龍166/06）。

鬐：**鬐**耆音（紹144b10）。**鬐**今（龍087/04）。**鬐**或作（龍087/04）。**鬐**或作（龍087/04）。**鬐**渠脂反與鬐同（龍292/07）。

齊：**齊**茨奚反（玄11/147c）（慧52/464a）（玄18/250a）（玄25/334c）（慧2/435b）（慧6/502a）（慧8/554a）（慧15/699a）；劑韻英亦作齊（慧1/419b"劑限"註）；臍或作齊亦通經文單作齊古文借用也（希2/363b"臍輪"註）。**叁**古文音齊（龍366/09）（慧85/98b）；劑經文作齊古文作～皆一也（慧1/419b"劑限"註）（慧6/502a"齊此"註）。**叁**音齊（龍248/04）。**叁**音齊（龍184/05）。//鏼：**鏼**經音義云茨奚反謂鏼整郭氏音子奚反鏼持也[1]（龍011/07）（紹180b9）；齊謂齊整也經文從金作鏼誤也（玄11/147c、慧52/464a"為齊"註）。

蠐：**蠐**音齊蠐蠐虫名也（龍221/03）。

臍：**齊**正音齊腍齊也（龍405/02）（慧12/632b）（慧14/662b）（慧35/100b）（慧42/244b）。**齎**昨迷反（慧73/935a）（慧71/886b）（慧8/542b）（慧21/813b）（慧23/868a）（慧41/226a）；臍或作～（慧50/425a"臍腎"註）（慧60/665a）。**育**俗（龍405/02）。//臍：**臍**正音齊腍齊也（龍405/02）；情奚反下從肉亦同（慧1/410a）（慧35/108a）（慧50/425a）（慧62/698b）（希2/363b）（希7/400a）（紹136a6）；齊亦作～經作齊誤也（慧41/226a"齊輪"註）（慧35/100b"心齊"註）。**臍**俗（龍405/02）。

蠐：**蠐**音齊（龍221/03）（慧60/660b）（慧61/689a）（慧68/827b）。

崎：**崎**丘宜反崎嶇（玄4/60b）（慧11/618a）（慧80/1089a）（慧94/224b）（慧100/330b）（紹162a2）；**崎**或作崎同（玄11/141c、慧56/550a"崎倒"註）（玄16/220a、慧65/779b"破側"註）（玄16/223c、慧64/748a"破身"註）；歌又作崎同（玄18/246a、慧73/924b"歌庆"註）；**攲**或從山作崎（慧29/1026b"鼻梁攲"註）（慧31/15a"攲危"註）（慧65/766b"攲鉢"註）。

---

[1]參見《龍龕手鏡研究》141頁。

啇：啇俗音綺（龍 272/04）；攲經文從口作～非也（慧 65/766b“攲鉢”註）。

機：機玉篇音祈小食也（龍 304/07）。

譏：譏音祈危也又古哀反（龍 547/02）。

蘄：蘄機其勤三音縣名亦草名（龍 137/03）（慧 95/250b）（紹 156b7）；祈譜作蘄義同也（慧 77/1017b“祈道”註）。蘄其幾勤三音其幾勤三音縣名亦草名（龍 258/09）。

畦：畦户圭反菜畦（龍 153/04）（玄 15/212a）（慧 58/626a）（玄 17/227b）（慧 67/814a）（慧 60/659b）（慧 60/674a）（慧 61/689a）（慧 68/833a）（慧 72/909b）（慧 77/1018a）（慧 81/21b）（慧 83/58b）（慧 90/174a）（紹 196b8）。

鮨：鮨渠脂反鮓魚也（龍 166/06）。

qǐ 邔：邔起忌二音縣名（龍 455/09）。

屺：屺音起（龍 076/03）（慧 83/57b）（慧 85/94a）（紹 162a6）。

芑：芑欺紀反（慧 97/290b）（紹 156b10）。

玘：玘音起珮玉也（龍 436/09）。

杞：杞音起（龍 380/08）（慧 29/1023b）（慧 91/189b）（慧 93/210a）（紹 157a6）。杞杞正起音（紹 132b2）。

起：記正古文音起（龍 548/06）。起俗（龍 548/06）。還音起（龍 491/07）。//迟：迟音起（龍 491/07）。囗古文起字（龍 175/04）。

企：企正丘弭去智二反望也止也（龍 029/09）（慧 31/21a）（玄 12/154c）（慧 52/453b）（玄 14/198a）（慧 59/653a）（玄 15/211b）（慧 58/624b）（玄 16/214a）（慧 65/772b）（玄 16/218c）（慧 65/771a）（玄 16/224b）（慧 64/745b）（玄 17/236c）（慧 74/951a）（玄 20/264b）（玄 23/305b）（慧 47/352a）（玄 24/326a）（慧 70/872a）（慧 100/338a）（紹 128a8）。企丘弭去智二反从人作正（龍 528/02）。企企經文作佱誤也（慧 78/1045a“企薩”註）。企去例反（龍 036/01）。//企企或作～（慧 100/338a“企懷”註）。企企古文～同（玄 12/154c“企望”註）（玄 16/218c、慧 65/771a“企望”註）。企企古文～同（玄 14/198a、慧 59/653a“企床”註）。企企古文～同（玄 15/211b、慧 58/624b“企行”註）（玄 17/236c、慧 74/951a“企望”註）。企俗丘弭去智二反（龍 029/09）。企丘弭去智二反與跂同（龍 461/09）。//佱俗丘弭去智二反望也止

也（龍 029/09）（紹 128a8）。**仳**去智切（紹 128a8）。**佮**丘豉反（玄 4/50c）（玄 5/65a）（慧 42/248b）；企經作佮佮音仙恐非此義也（慧 31/21a"郁佮"註）。俭佮經文作俭非也（玄 4/50c"郁佮"註）。//跰：**跰**企古文跰同（玄 12/154c"企望"註）（慧 65/771a"企望"註）。**踍**企古文跰同（玄 16/218c"企望"註）。

呿：**呿**俗駈馳丘尒二反[1]（龍 265/09）（紹 182a8）。**唫**俗詰倪反（龍 265/10）。**唫**俗音企（龍 274/07）（紹 182a8）。**踜**俗音企（龍 274/07）。

踜：**踜**俗去智反正作跂（龍 463/07）（玄 8/115b）（慧 42/248b）（慧 38/163a）；企踜同（紹 128a8）。**跲**丘豉反（玄 5/65a）（玄 5/76c）。

跂：**跂**俗（龍 462/07）（玄 5/71b）（玄 11/150b）（慧 52/469b）（慧 45/314a）（慧 53/491a）（慧 97/278a）（紹 137a4）；屐又作跂同（玄 15/202c、慧 58/619b"屐支"註）。**跂**正丘弭去智二反垂足也玉篇又舉一足也（龍 462/07）（慧 42/249b）（慧 79/1061b）（慧 86/108b）（慧 98/300b）（紹 137a4）；屐又作跂同（玄 14/191b、慧 59/641b"木屐"註）；跂亦作跂（慧 96/265a"跂行"註）。**跂**屐經從足作跂非也（慧 15/686b"寶屐"註）。**跅**俗（龍 462/07）。

襂（袳）：**襂**正口禮反開衣領也（龍 032/02）。**襂**俗（龍 032/02）。

軟：**軟**音啓至也（龍 083/01）。

启：**启**輕礼反～開也發也別也剋也（龍 270/07）（龍 303/08）（玄 12/160c）（慧 75/984a）（慧 82/25a）（紹 199a3）；启又作启孔注尚書以為古文启同（玄 3/45b、慧 10/579a"敷启"註）（玄 22/298c、慧 48/386a"启道"註）（慧 23/856b"啟一切眾生心意"註）。

啓：**啓**正輕礼反啟開也發也別也剋也（龍 270/07）（慧 48/386a）（慧 39/169b）；启孔尚以為古文啓字（玄 12/160c、慧 75/984a"启門"註）（慧 82/25a"启妙覺"註）。**啟**口礼反同启（龍 120/05）。**启**古文口礼反（龍 348/06）。**启**苦礼反（玄 22/298c）（慧 22/836b）（慧 23/856b）。**啓**正（龍 270/07）（龍 442/08）。**瑹**或作與启同（龍 442/08）。**启**古（龍 270/07）（玄 3/45b）（慧 10/579a）。**戚**古（龍 270/07）。**客**音啓（龍 104/07）（龍 270/06）。**杏**俗（龍 270/06）。**晨**音啓（龍 104/07）。**启**音啟[2]（龍 300/08）。//闙：**闙**启坤蒼作闙同（玄

12/160c、慧75/984a "启門" 註)。

啓：**睯**俗音啓（龍231/09）。

槃：**槃**正輕礼反（龍381/01）。**槃**溪礼反（慧98/304b）。**槃**今（龍381/01）。**槃**或作（龍381/01）。**槃**啟經從木作〜非啟白字（慧39/169b "啟請" 註）。

綮：**綮**正康礼反（龍400/07）（慧42/244a）（紹192a1）。**綮**或作（龍400/07）。**綮**或作（龍400/07）。

裿：**裿**音綺好兒也（龍111/06）。

綺：**綺**墟蟻反（玄11/151c）（慧52/472a）（慧1/411a）（慧4/461b）（慧4/470a）（慧4/470b）（慧8/546a）（慧8/554b）（慧13/651a）（慧16/716b）（慧20/796b）（慧22/837b）（慧45/315b）（慧85/93b）（慧98/299b）。**綺**欺倚反（慧31/13b）；**綺**正作綺（慧98/299b "緹綺" 註）。//誇：**誇**①音綺妄言也（龍046/06）；綺經文作誇非體也（玄11/151c、慧52/472a "綺語" 註）。

稽：**稽**稽正體作〜從旨從首古字（慧12/622a "稽顙" 註）（慧88/145b "稽顙" 註）。**稽**稽古文稽同苦礼反（玄7/95c、慧28/999b "稽顙" 註）（玄8/106c、慧28/1003b "稽首" 註）（玄8/111b "稽顙" 註）（玄14/182b、慧59/628b "稽首" 註）（玄23/304b "稽首" 註）（慧17/729a "稽顙" 註）（慧44/286a "稽首" 註）（慧88/145b "稽顙" 註）。**稽**古文苦礼反今作稽（龍341/10）。**稽**俗苦礼反今作稽（龍341/09）。**稽**俗苦礼反今作稽（龍341/09）。**稽**稽古文稽同（慧47/350b "稽首" 註）//**稽**今又音啟（龍142/06）（玄8/106c）（玄8/111b）（慧59/628b）（慧88/145b）。**稽**溪礼反（慧17/729a）（慧22/838a）。**稽**正又音啟（龍142/06）（慧28/999b）（慧71/895a）（慧12/622a）。**稽**俗又音啟（龍142/06）（玄7/95c）（慧28/1003b）（玄23/304b）（玄25/339b）（慧44/286a）。**稽**苦札反（慧47/350b）。**稽**苦礼反（玄14/182b）。**稽**俗又音啟（龍142/06）。**稽**俗又音啟（龍142/06）。

qì 气：**气**欺既反（慧96/271a）。

汔：**汔**正許乞反（龍237/01）（紹187a7）。**汔**通（龍237/01）。

迄：**迄**正許乞反（龍493/07）（玄5/76c）（慧34/87a）（玄7/105a）（慧17/735b）（玄12/161b）（慧28/992b）（玄20/271a）（慧22/297b）（慧48/384a）（慧71/889b）（慧28/992b）（慧72/907b）（紹138b3）。**迄**虛乞反（慧74/940b）（玄25/336c）。**迄**俗（龍493/07）。**迄**今同迄許訖反

---

① 《龍龕手鏡研究》："綺" 與 "語" 連用，受 "語" 的影響而類化作 "誇"（168）。

（龍 494/02）。

忔：**忔**正許乞反喜也（龍 062/07）。**忔**今（龍 062/07）。**忔**喜夷反喜兒（龍 055/01）。

艺：**芞**乞迄二音香草名也（龍 264/05）。

肐：**肐**俗音氣正作肐（龍 428/08）。

乾：**乾**音訖（龍 086/01）。

魝：**魝**音乞魚游也（龍 172/03）。

氣：**氣**音苦代反江南行此音又丘吏反山東行此音（玄 10/138c）（慧 65/778a）（玄 11/151a）（慧 52/470b）；气亦作氣（慧 96/271b "翱翔" 註）。//肐：**肐**氣古文肐同（玄 11/151a "氣劣" 註）。**肐**氣古文肐同（慧 52/470b "氣劣" 註）。//炁：**炁**又古文氣字（龍 240/10）（紹 190b1）；氣古文炁同（玄 11/151a、慧 52/470b "氣劣" 註）（慧 96/271b "翱翔" 註）。**炁**又香嚴俗音氣[1]（龍 067/09）。

契：**契**口計反（慧 48/371b）（慧 49/403a）（慧 61/691b）。**栔**溪計反（慧 54/514b）（慧 99/327b）。**栔**先節反（慧 84/73b）。**栔**契經從云作～非也書錯也（慧 54/514b "一契" 註）。**勢**苦計苦結二反（龍 527/08）。**栔**苦計反又苦結反（龍 527/07）（玄 22/288b）（慧 7/532b）（紹 149b9）。**栔**俗苦計反正作契（龍 552/03）。

栔：**梨**苦結反栔滅斷絕也（龍 386/02）。**栔**又隨函合作栔音契刻也在道地經（龍 555/07）。

覭：**覭**正音契見也（龍 346/01）。**覭**或作（龍 346/01）。

艖：**艖**音契舟名（龍 133/02）。

耳：**耳**七入反耳讚[譜]言（龍 315/01）。

茸：**茸**子入反茨也又七入反修補也（龍 263/05）（慧 10/579a）（慧 54/524b）（慧 56/570b）（慧 29/1023b）（慧 60/661a）（慧 62/721a）（慧 82/38b）（慧 82/41b）（慧 83/62b）（慧 92/202b）（慧 98/301b）。**茸**七入反茸累修補也又子入反茨也又音習（龍 263/06）（玄 3/45b）（玄 13/176b）（玄 19/261b）（紹 156b8）。

聲：**聲**正（龍 337/06）。**聲**今七入反鼓無聲又陟立反（龍 337/06）。**聲**俗（龍 337/06）。//䜌：**䜌**陟立反又鼓無聲也（龍 358/09）。聲：**聲**正（龍 337/04）。**聲**今音怗鼓無聲也

---

[1]參見《龍龕手鏡研究》177 頁。

（龍 337/04）。

呮：**呮**俗去致反正作跂（龍 274/09）（紹 183a2）。

迟：**迟**去逆反曲脊也（龍 494/06）。

棄：**𥮴**輕利反（龍 191/06）（慧 15/701a）（慧 28/1009b）（慧 29/1020b）（慧 31/6b）（慧 33/69a）（慧 41/225b）（希 1/358b）。**𥄔**輕利反（龍 191/06）。**㚄**棄正磬致切（紹 203a2）。**𡘋**音弃（龍 366/06）。**𣲆**音弃（龍 191/06）。**𡗜**音弃（龍 366/06）。// **弃**輕利反（龍 191/06）；棄經作弃古文字也（慧 28/1009b "蠲棄" 註）（慧 31/6b "擯棄" 註）（慧 41/225b "捐棄" 註）。// 甭：**甭**音弃（龍 543/06）。

懞：**懞**輕利反[1]（龍 076/09）。

捺：**捺**正七計反（龍 215/02）；捺經中作捺非此用（玄 11/150c、慧 52/470a "五捺" 註）。**捺**俗（龍 215/02）。

聜：**聜**七計反耳聴也（龍 314/09）。

愒：**愒**去例反恐人也息也又苦蓋反貪也又去謁反息也（龍 60/03）（慧 97/282b）。**愒**枯帶反（慧 99/317a）。**愒**丘例反（慧 84/74a）；**憩**又作愒（玄 1/14a、慧 42/235b "停憩" 註）（玄 2/30b "憩駕" 註）（玄 15/211c、慧 58/625b "憩止" 註）（玄 22/298c、慧 48/386a "止憩" 註）（玄 25/337c、慧 71/892a "憩無" 註）（慧 26/946b "憩駕" 註）（慧 100/339b "憩七覺" 註）；憩説文愒同（玄 19/257c、慧 56/564b "憩息" 註）（慧 29/1033a "憩駕" 註）（慧 31/14a "遊憩" 註）（慧 62/710a "停憩" 註）（慧 82/37b "憩駕" 註）。**愒**正作愒（龍 139/06）。// 憩：**憩**去利反（龍 68/03）（玄 5/68b）（玄 15/211c）（慧 58/625b）（玄 19/257c）（慧 56/564b）（慧 23/867a）（慧 29/1028a）（慧 29/1033a）（慧 31/14a）（慧 41/223a）（慧 62/710a）（慧 80/1071a）（慧 80/1075a）（慧 82/37b）（慧 89/155b）（紹 131b5）。**憩**去世切（紹 131b5）。**憩**去例反（龍 534/01）。**憩**去例反（龍 534/01）。**憩**去世切（紹 131b5）。**憩**墟例反（玄 1/14a）（慧 42/235b）（玄 2/30b）（玄 22/298c）（慧 48/386a）（玄 25/337c）（慧 71/892a）（慧 26/946b）（慧 38/158a）（慧 85/89b）（慧 100/339b）（紹 131b5）。**憩**去世切（紹 131b5）。**憩**（龍 68/03）。**憩**去世切（紹 147b4）。**憩**去例反（龍 534/01）。**憩**（龍 68/03）。**憩**正作憩（龍 224/02）。

迏： **迏** 正去智反（龍 492/06）；跂或作迏歧（慧 79/1061b "跂行" 註）。**迏** 俗（龍 492/06）。

亟： **亟** 正又去吏反（龍 525/06）（慧 64/752a）（玄 21/279a "昵近" 註）（慧 31/14b）（慧 93/210a）

（慧 99/314b）。**亟** 去吏切（紹 203a5）。**丞** 俗又去吏反（龍 525/06）。**亟** 墟記反（玄 16/223b）。

器： **器** 祛冀反（慧 67/817b）（慧 48/376b）（希 2/365b）（希 8/408a）。**器** 祛冀反（玄 17/229b）

（玄 22/292a）。

砌： **砌** 正七細反（龍 443/05）（慧 12/629a）（慧 21/813a）。**磜** 俗（龍 443/05）。**碗** 俗（龍 443/05）。

刢 俗（龍 443/05）。

唭： **唭** 去吏反唭嶷也（龍 274/10）。

湇： **湇** 音泣羹汁（龍 237/05）。

褋： **褋** 姊入七入二反襟緣（龍 108/05）。

屖： **屖** 音弃身欤坐一曰尻（龍 164/05）。

磧： **磧** 青亦反正磧字也經作磧俗通用字形也（慧 53/493b）。**磧** 七亦反（龍 445/06）（慧

42/235b）（玄 1/14a）（玄 19/257a）（慧 56/563b）（玄 22/295c）（慧 48/381b）（玄 23/313c）（慧 50/422a）

（玄 25/339c）（慧 71/896a）（慧 41/211b）（慧 61/679a）（慧 69/845b）（慧 83/46b）（慧 97/288b）（紹

162b10）。

瓵： **瓵** 正去例反尔疋云瓴也（龍 316/06）。**㼤** 俗（龍 316/06）。**瓵** 俗去例反（龍 198/03）。

屟： **屟** 去例反與憇同（龍 164/02）；**憇** 又作愒屟二形同（玄 22/298c、慧 48/386a "止憇" 註）

（慧 26/946b "憇駕" 註）（慧 31/14a "遊憇" 註）（慧 80/1071a "憇於" 註）（慧 82/37b "憇駕" 註）。

屟 憇蒼頡篇作屟同（玄 1/14a "停憇" 註）。// **愇**（慧 42/235b "停憇" 註）。**屟** 憇蒼

頡篇作厩同却屟反（玄 2/30b "憇駕" 註）。

趆： **趆** 今（龍 326/06）。**趆** 正七迹反趦趆也（龍 326/06）。// **趚**： **趚** 或作（龍 326/06）。

絉： **絉** 音棄（龍 179/02）。

豹： **豹** 去為[的]反（龍 142/05）。// **矜**： **矜** 許擊反矛也（龍 142/05）。

泣： **泣** 去急反（龍 236/02）（慧 74/943b）（希 3/368b）（希 7/403b）。

愇： **愇** 正音契怖也劇也（龍 067/08）。**愇** 今音契怖也劇也（龍 067/08）。

qia

qiā 掐：掐正苦甲反（龍 216/02）（龍 207/02）（玄 10/132b）（慧 49/406b）（玄 14/188b）（玄 16/222b）（慧 64/757b）（玄 18/247c）（慧 24/901a）（慧 35/99b）（慧 35/109b）（慧 37/135a）（慧 76/1008a）（希 6/396c）（紹 132b10）；䫡經文作抓掐之掐非體也（玄 13/172b、慧 57/592b"䫡陷"註）。掐掐苦匣切（紹 132b10）。掐俗（龍 216/02）。掐枯狹反（慧 59/637a）（慧 73/927a）（慧 37/137b）（希 4/379b）；掐從爪作搯非也（慧 37/135a"或掐"註）（希 6/396c"掐珠"註）。掐又俗苦甲反（龍 207/02）（慧 10/593b）（慧 40/198b）（慧 64/753a）（慧 75/970a）（慧 94/229a）。//刮：刮正苦洽反入也（龍 100/04）（慧 62/713a）；掐又作刮（玄 10/132b、慧 49/406b"掐傷"註）（玄 14/188b、慧 59/637a"掐傷"註）（玄 16/222b、慧 64/757b"如掐"註）（玄 18/247c、慧 73/927a"掐齧"註）。刮俗（龍 100/04）。刮俗（龍 100/04）。

聕：聕苦洽反（龍 315/03）。

跒：跒口下反跁跒行皃也（龍 462/03）。

齖：齖苦加反（龍 311/10）（玄 11/142a）（慧 56/551a）（玄 25/335a）（慧 71/887a）（慧 72/904b）。

㛗：㛗苦加反㝹㛗女作姿態也（龍 280/06）。

㤉：㤉正苦加反㤝㤉伏態皃（龍 054/07）。//㤈：㤈俗（龍 054/07）。

qià 洽：洽咸夾反（龍 235/10）（玄 22/292c）（慧 48/377a）（慧 11/605a）（慧 11/614b）（慧 15/686b）（慧 18/748b）（慧 22/849b）（慧 22/854a）（慧 23/860a）（慧 27/980a）（慧 49/411b）（紹 186a7）；霅又作洽同（玄 6/86a"普霅"註）；狎律文作洽非體也（慧 59/631b"狎習"註）。洽狎律文作洽非體也（玄 14/185a"狎習"註）。//冾：冾洽音（紹 174a2）。//霅：霅侯甲反古文今作洽（龍 308/09）；洽或作霅古字（慧 11/614b"潤洽"註）（慧 27/980a"普洽"註）。

恰：恰苦甲反用心也（龍 062/06）（玄 20/267b）（慧 33/54b）（慧 86/116a）（慧 91/191b）（慧 92/208b）（慧 100/333b）（紹 130b2）。

斜：斜苦洽反斜斫（龍 334/02）。

㓤：㓤古八反[①]（龍 202/07）。

①參見《疑難字考釋與研究》58 頁。

謥：譧今苦嫁反謥詬巧言才也（龍048/08）。謥通（龍048/08）。

鬚：鬚苦八反禿鬚也（龍091/01）。//鬤：鬤（龍091/01）。鬤（龍091/01）。

硈：硈今苦八反石狀也（龍446/04）。砝或作（龍446/04）。

帢：帢苦洽反冠帢也（龍140/01）；祫經文作帢非此用（玄4/51a、慧31/22a "白祫" 註）。

骼：骼苦嫁反（龍480/09）（玄5/70a）（玄11/144b）（慧52/457a）（玄19/258c）（慧56/566b）（慧37/146a）（紹147b2）；骼經文從客作骼總無定體諸儒率意作之音亦不一（慧78/1050a "左骼" 註）。//臄俗苦嫁反正作骼（龍413/07）；胳經文作胳形非字體也（玄5/70c "腰胳" 註）（玄19/258c、慧56/566b "脅骼" 註）。//臵俗苦嫁反正作骼（龍464/02）。//

胳：胳又苦訝反（龍479/02）（玄5/70c）；骼又作胳同（玄5/70a "腹骼" 註）（玄11/144b、慧52/457a "尾骼" 註）（玄19/258c、慧56/566b "脅骼" 註）（慧37/146a "腹骼" 註）；骼又作胳亦作髁（慧78/1050a "左骼" 註）。//骹：骹口訝反與胳同（龍481/01）；骼又作骹同（玄5/70a "腹骼" 註）（玄11/144b、慧52/457a "尾骼" 註）（玄19/258c、慧56/566b "脅骼" 註）（慧37/146a "腹骼" 註）；骼俗字也古今正字作骹（慧78/1050a "左骼" 註）。

膕：膕苦洽反（龍424/04）（玄13/172b）。膕苦洽反（慧57/592b）。

qian

qiān 阡：阡且田反（玄19/253b）（慧56/557b）。

芊：芊音千（龍256/03）（玄5/70a）（紹154b7）。

迁：迁七仙反（龍488/06）（慧99/329a）。

忏：忏七典反怒也（龍058/05）。

杅：杅倉先切（紹157a3）。

峈：峈音千聲類云山青說文云峈望山谷間青也（龍525/08）。

开：开遣堅反集作开俗字（慧99/327b "开度" 註）。

汧：汧遣堅反（慧87/118b）（慧89/161b）（慧97/290b）（紹187a3）。汧音牽又苦見反（龍227/09）（慧89/151b）（紹187a3）；汧集作汧俗字（慧97/290b "汧渭" 註）。

䂁：䂁五堅反正也玉篇又音牽太公子名香嚴又客耕反（龍 148/05）。

僉：僉七尖反同也咸也皆也（龍 24/1）（龍 197/01）（玄 1/4c）（玄 3/47b）（玄 12/157b）（慧 10/585a）（慧 11/617b）（慧 20/805a）（慧 21/819b）（慧 23/873b）（慧 34/84b）（慧 57/599b）（慧 74/953b）（慧 96/267b）（慧 100/344b）（紹 129b3）。

厱：厱苦咸丘凡二反山崖空穴處也又來甘反（龍 302/02）。

硈：硈硈看殸三音堅也又若見反（龍 189/08）。硈苦干苦間二反堅也（龍 348/02）。硈（龍 348/02）。

慳：慳客閑反悋也貪也惜也（龍 052/08）（慧 1/419a）（慧 3/455b）（慧 5/488a）（慧 5/494b）（慧 24/897b）（慧 27/968a）（慧 32/49a）（慧 33/66b）（慧 51/449b）（慧 66/792b）（希 3/370b）；掔經本從心作慳俗字（慧 20/794a "無掔" 註）（慧 69/837b "嫉掔" 註）；憕憎經中或作瞪瞪亦通有作慳慢非（慧 30/1036b "憕憎" 註）。

掔：掔正苦閑苦堅二反（龍 208/03）（玄 4/51b）（慧 31/23a）（玄 8/117a）（慧 32/40b）（玄 13/173b）（慧 57/594b）；牽古文從手作掔（慧 3/443a "方牽" 註）（慧 6/511b "牽引" 註）；慳或作掔古字也（慧 5/488a "慳悋" 註）。掔俗苦閑苦堅二反（龍 208/03）。掔俗苦閒反正作掔（龍 336/04）。掔俗苦閒反正作掔（龍 336/04）。

掔：掔苦閑反（慧 51/436a）；音慳音義作慳同（龍 447/04）（慧 20/794a）（慧 33/66b "慳惜" 註）。掔客顏反（慧 69/837b）；慳或作掔掔古字也（慧 5/488a "慳悋" 註）（慧 32/49a "慳嫉" 註）（慧 51/449b "慳人" 註）。

愆：愆正去乾反過也失也（龍 064/04）（玄 5/65b）（慧 4/471a）（慧 41/212a）（慧 41/222b）（慧 42/248b）（慧 44/290b）（慧 60/672a）（慧 85/91b）（希 3/370a）（紹 131b1）；愆今作愆同（玄 3/45b、慧 10/579a "三愆" 註）（玄 23/313c、慧 50/421b "愆犯" 註）（慧 8/534b "三愆" 註）（希 7/400a "愆咎" 註）；愆經從衍非也（慧 15/689a "昔愆" 註）；諐字書正作愆（慧 94/230a "諐負" 註）（慧 96/264b "招諐" 註）。愆俗去乾反正作愆過也（龍 497/02）。愆俗去乾反正作愆過也（龍 497/02）。愆愆或作～（慧 15/689a "昔愆" 註）（慧 41/212a "罪愆" 註）（慧 94/230a "諐負" 註）。愆正去乾反過也咎也（龍 022/06）（慧 71/890a）（慧 7/526b）（慧 8/534b）（希 7/400a）。愆去焉反（慧 63/735b）。愆竭言反（慧 15/689a）（慧

18/763b）。愆俗（龍 022/06）（玄 3/45b）（慧 10/579a）（玄 23/313c）（慧 50/421b）（玄 25/337a）；

經中多從人二天作～俗字也（慧 7/526b "愆失" 註）（慧 8/534b "三愆" 註）（慧 94/230a

"諐負" 註）（希 3/370a "愆違" 註）。愆俗（龍 022/06）。愆俗（龍 064/04）；愆經多從

二天作～俗字也（慧 4/471a "之愆" 註）（慧 63/735b "同愆" 註）。愆俗（龍 064/04）。愆

諐或作寋～䟸趍並同也（慧 96/264b "招諐" 註）。愆愆又作僁愆～三形皆同（希

3/370a "愆違" 註）。//寋：寋 愆古文寋（玄 3/45b、慧 10/579a "三愆" 註）（玄 25/337a、

慧 71/890a "深愆" 註）（慧 15/689a "昔愆" 註）（慧 94/230a "諐負" 註）；古文寋形今作愆

同（玄 5/65b "愆咎" 註）（慧 8/534b "三愆" 註）（慧 42/248b "愆咎" 註）（慧 44/290b "愆咎"

註）（慧 96/264b "招諐" 註）。寋古（龍 064/04）。//諐：僁古（龍 022/06）（慧 96/264b）。

諐古文音愆過也（龍 41/03）（慧 94/230a）（紹 185b7）；愆籀文作諐（玄 3/45b、慧 10/579a

"三愆" 註）（玄 25/337a、慧 71/890a "深愆" 註）（慧 4/471a "之愆" 註）；征或作僁愆皆古

字也（慧 7/526b "征失" 註）（慧 8/534b "三愆" 註）（慧 41/212a "罪愆" 註）（希 7/400a "愆

咎" 註）；愆亦作僁也（慧 41/222b "斯愆" 註）（希 3/370a "愆違" 註）。古文音愆過也

（龍 41/03）（慧 94/230a）（紹 185b7）；愆籀文作諐（玄 3/45b、慧 10/579a "三愆" 註）（玄

25/337a、慧 71/890a "深愆" 註）（慧 4/471a "之愆" 註）；征或作僁愆皆古字也（慧 7/526b

"征失" 註）（慧 8/534b "三愆" 註）（慧 41/212a "罪愆" 註）（希 7/400a "愆咎" 註）；愆亦作

僁也（慧 41/222b "斯愆" 註）（希 3/370a "愆違" 註）。僁俗（龍 022/06）；籀文僁今作

愆同（玄 5/65b "愆咎" 註）（玄 23/313c、慧 50/421b "愆犯" 註）（慧 18/763b "愆陽" 註）（慧

42/248b "愆咎" 註）（慧 44/290b "愆咎" 註）（慧 85/91b "小愆" 註）。

遷：遷 愆古文遷形（玄 3/45b "三愆" 註）（慧 71/890a "深愆" 註）（慧 18/763b "愆陽" 註）。

遷愆古文遷形（慧 10/579a "三愆" 註）（慧 42/248b "愆咎" 註）；古文～今作愆同（玄

5/65b "愆咎" 註）。遷古文作寋遷二形籀文作諐今作愆同（玄 25/337a "深愆" 註）。

//趍：趍 愆或作䟸趍皆古字也（慧 4/471a "之愆" 註）（慧 96/264b "招諐" 註）。䟸

愆或作～趍皆古字也（慧 4/471a "之愆" 註）（慧 96/264b "招諐" 註）。

辛：辛 愆古作～（慧 41/212a "罪愆" 註）。

牽：牽 啟堅反引也連也挽也（龍 114/06）（玄 8/112c）（慧 3/443a）（慧 6/511b）（慧 8/550b）

（慧 14/678a）（慧 15/696a）（慧 16/722a）（慧 31/13a）（慧 33/67b）（慧 41/205a）（慧 47/343a）（慧 55/530b）（慧 57/584a）（慧 61/690a）（慧 64/752b）（慧 75/976a）（慧 76/1000b）（慧 81/4a）（希 2/364a）（希 9/415b）；搴三蒼亦牽字（玄 13/173b、慧 57/594b "搴我" 註）。𢧌音牽（龍 191/05）。牽啟堅反（龍 114/06）；牽經從去作～非也（慧 31/13a "牽拽" 註）（希 2/364a "牽我" 註）。𢧌牽正苦賢切（紹 135b1）；牽俗從手從去作～非也（慧 3/443a "方牽" 註）（慧 33/67b "筋牽" 註）（慧 41/205a "牽兮" 註）（慧 76/1000b "牽捵" 註）（希 9/415b "牽拋" 註）。𢧌牽正輕絃音（紹 150b6）。𢧌牽正輕絃音（紹 150b6）。牽音牽（龍 116/03）。𢧌俗音牽（龍 366/06）（龍 541/07）。𢧌俗音牽①（龍 026/09）。𢧌俗音牽（龍 026/09）。

鉛：鉛正音緣鉛錫青金也（龍 010/01）（慧 31/14b）（慧 35/113b）（慧 88/145a）（希 3/370b）（希 8/405c）（希 10/420a）。鈆或作（龍 010/01）（玄 6/80c）（玄 17/228c）（慧 67/816b）（慧 18/761a）（慧 27/969a）（慧 90/180a）（慧 91/187b）（紹 181a7）；剒經文作鈆非也（玄 11/152b、慧 52/473a "剒割" 註）。

遷：遷正七仙反（龍 488/05）（慧 65/772a）（慧 6/502b）（慧 22/836a）（慧 23/870a）（慧 93/218a）（紹 138b1）；𨙖正體字經作遷俗字（慧 31/13b "秋𨙖" 註）。遷今七仙反（龍 488/05）。遷古七仙反（龍 488/05）。遷古七仙反（龍 488/05）（紹 138b1）。遷俗七仙反（龍 488/05）。遷俗七仙反（龍 488/05）。遷俗七仙反（龍 488/05）（玄 16/213c）（慧 16/720b）。遷遷正親然切（紹 138b1）。遷同上［遷］（龍 488/06）。//扗：搐遷古文從手作搐［揭］（慧 6/502b "遷動" 註）。//罋：罋遷正作罋（慧 16/720b "遷易" 註）。𨙖音遷（龍 203/03）。

簽：籩七仙反箸籤竹名（龍 488/06）。

賽：賽捷偃反諸字書及經史並無此字詢問道家相傳音蹇未詳何義（慧 87/124a）（紹 194a7）。

搴：搴去乾反搴衣也與褰同（龍 208/03）。//攓：攓去乾反攓縮也亦縮也（龍 208/02）。

櫏：櫏七仙反椌櫏木名也（龍 376/04）。

褰：褰正去乹反摳衣也（龍 101/08）（玄 17/229a）（慧 67/817b）（慧 10/588b）（慧 27/988a）（慧

---

① 《叢考》：疑即 "牽" 的增旁俗字（62）。

98/300b)（希 5/383a）（希 9/414a）（紹 194a8）。//**褰**古（龍 101/08）。

騫：**騫**去乾反又虛言反（龍 155/05）（玄 18/249a）（慧 73/919b）（玄 20/264c）（玄 22/302a）（慧

48/391b）（紹 194a8）；**謇**律文作寋騫二形非也（玄 16/216c "謇吃" 註）；**蹇**經從馬作

騫非也（慧 76/1009a "跛蹇" 註）。

攐：**攐**正丘言反（龍 209/06）。**攐**褰又作攐（玄 17/229a、慧 67/817b "褰衣" 註）。**攑**正

丘言反（龍 209/06）。**攑**今丘言反又音舉（龍 209/06）；舉文字集略作攑（慧 51/448a

"掉舉" 註）。

攐：**攐**揭焉反（慧 87/130b）。**攐**九輦反（龍 212/06）（紹 194a3）；攐論作搴亦通俗字（慧

87/130b "攐芙蓉" 註）。**攐**九輦反（龍 212/06）；攐亦作攐（慧 87/130b "攐芙蓉" 註）。

顲：**顲**音慳頭髮少皃也（龍 483/05）。

覵：**覵**音慳人名（龍 343/10）。

鵮：**鵮**或作（龍 286/06）（慧 52/477a）（希 9/415b）。**鵮**或作（龍 286/06）。**鵮**正苦咸竹

咸二反鳥啄物曰～也（龍 286/06）。

慽：**慽**丘廉反慽愊意不安也香嚴又立咸反（龍 054/08）（慧 96/258b）。

謙：**謙**輕兼反（慧 12/621b）。

嘦：**嘦**去乾反喜樂也（龍 267/10）。

qián 錢：**錢**自連反（玄 11/145c）（慧 52/459b）。

錋：**錋**音錢鳴錋也（龍 222/06）。

鷬：**鷬**昨仙反～～鳥也（龍 287/04）。

伭：**伭**伭渠淹反人名也（龍 027/08）。

鈐：**鈐**臣淹反兵鈐又釣［鉤］也（龍 009/04）（玄 8/114b）（慧 19/777b）（玄 16/217b）（慧 65/768b）

（紹 181a5）。

雗：**雗**渠淹反鳥啄也玉篇又古林反（龍 148/08）。

黔：**黔**正巨淹反黑寅色也（龍 532/01）。**黔**音炎反（玄 5/71a）（慧 42/249b）（玄 10/132a）

（慧 49/406a）（玄 15/203c）（慧 58/621a）（玄 17/236c）（慧 74/951a）（慧 1/407a）（慧 29/1028a）

（慧 34/79b）（慧 88/147b）（慧 89/156a）（慧 97/278b）（紹 190a9）。//**黚**：**黚**俗（龍 531/09）。

嶜：**嶜**巨嚴切（紹182a8）。

拑：**拑**巨淹反持也（龍207/05）。

鉗：**鉗**巨淹反鉗索之類也（龍008/08）（玄12/164c）（慧55/544b）（玄20/265b）（慧83/65b）（希3/371b）（紹181a4）；鉆經文作鉗非今體（玄4/56b、慧43/268b"鐵鉆"註）（玄11/141b、慧56/549b"鐵鉆"註）（初編玄596"語鉆"註）（玄14/197a、慧59/651a"椎鉆"註）（玄22/290a、慧48/373b"鐵鉆"註）（慧11/613b"鉆椎"註）（慧14/661b"鉆拔"註）（慧16/711b"鎚鉆"註）（慧41/215b"鉆錭"註）（慧41/222a"鉆磔"註）（慧47/343a"指鉆"註）（慧53/489b"鐵鉆"註）（慧62/705a"鉆拔"註）（慧63/726b"鉆子"註）（慧69/839a"鐵鉆"註）（慧80/1074b"鐵鉆拔"註）（希1/356b"鉆鍬"註）。

髻：**髻**鉗經文作髻非也（玄12/164c、慧55/544b"髡鉗"註）。

箝：**箝**正渠炎反鑠頭也與鉗同（龍390/04）。//箈：**箈**俗（龍390/04）。

黚：**黚**（玄1/11b）（龍532/01）。**黚**（慧17/746a）。**黚**正作黚（龍339/09）。

鉆：**鉆**巨淹反持鐵夹也（龍008/08）（玄4/56b）（慧43/268b）（玄11/141b）（慧56/549b）（初編玄596）（玄14/197a）（慧59/651a）（玄17/232c）（慧70/857b）（玄22/290a）（慧48/373b）（玄23/317c）（慧47/344b）（慧11/613b）（慧14/661b）（慧16/711b）（慧41/215b）（慧41/222a）（慧47/343a）（慧53/489b）（慧62/705a）（慧63/726b）（慧69/839a）（慧80/1074b）（希1/356b）；鉗合作鉆經文作鉗（希3/371b"鉗鍬"註）。

箈：**箈**今賤前二音籠丞絮于水也（龍390/03）。//箈：**箈**通（龍390/03）。

前：**前**前正體從止從舟作耑（慧1/404b"前蹤"註）。**前**音前（龍539/02）。**前**音前（龍071/08）。**削**正音前（龍096/09）。**削**正音前（龍096/09）。**犇**音前（龍335/07）。**垰**音前（龍335/07）。**前**俗前字也（慧1/404b）。

騚：**騚**音前四蹄皆白也（龍291/01）。

虔：**虔**（中62/719a）。**雯**音虔（龍119/05）。**宴**俗音乾正作虔（龍155/09）。**宴**俗音乾正作虔（龍155/09）。**雯**音虔（龍348/04）。**𠫵**音虔（龍538/08）。**𠫵**音虔（龍538/08）。**𢧵**音虔（龍335/06）（紹147b4）。

㮍：**㮍**渠焉反（希4/380c）。

鯥：**鯥**音虔魚名（龍 168/07）。

籤：**籤**妾閻反（慧 61/699b）（慧 62/708b）（慧 62/719b）（慧 63/726b）（慧 80/1077b）（慧 87/125a）（慧 91/189b）。**蕺**七簾反（龍 389/07）（玄 14/196b）（慧 59/649b）（玄 12/163b、慧 75/968a "鐵弗" 註）（紹 160a8）。

籤：**籤**音前細削竹也（龍 390/04）。

捷：**捷**音乾或作捤拔也（龍 210/08）。**捷**音乾（慧 15/690b）（紹 132a8）。**捷**巨焉反（玄 3/38c）（慧 09/560a）（玄 6/78a）（玄 13/175a）（慧 55/538b）（玄 17/225b）（玄 19/254a）（慧 56/559a）（慧 80/1085b）；赶律文作捷非體也（玄 16/218a、慧 65/770a "赶尾" 註）。**捷**音乾或作捤（龍 210/08）。

騚：**騚**音乾騙馬脊黄也（龍 291/01）。

晳：**晳**正音潛古於晳縣名（龍 426/03）。**晳**俗（龍 426/03）。

潛：**潛**正音潛潛没也藏也沉也深也止也（龍 226/02）（慧 3/449b）（慧 6/514b）（慧 29/1021a）（慧 82/34b）。**潛**俗（龍 226/02）。**潛**漸閻反有從二天或從二夫皆誤略也（慧 1/403a "潛寒暑" 註）（慧 6/514b "潛伏" 註）。

瞥：**瞥**正疾監思暫二反閉目内思也（龍 419/04）。**瞥**俗（龍 419/04）。**瞥**俗音潛正作瞥閉目内思也（龍 426/03）。

瀳：**瀳**昨心徐林二反（龍 228/08）（紹 187b4）。

赶：**赶**其月反又音乾（龍 326/01）（玄 16/218a）（慧 65/770a）。**赶**舊藏作赶其月反又居言反（龍 506/02）。

毈：**毈**五咸反又巨淹反（龍 159/09）（紹 167b8）。

乾：**乾**正字樣云本音虔（龍 539/9）。**乹**強焉反（慧 10/586a）（中 62/717c）。**乹**俗字樣云本音虔（龍 539/9）。**乹**巨焉反（玄 1/5a）（慧 20/805b）。//陒：**陒**俗音乾（龍 295/4）。

qiǎn 床：**床**苦減反（龍 381/02）。

窾：**窾**苦簟反（龍 508/05）（玄 11/144a）（慧 56/555b）（紹 195a3）。

㮂：**㮂**苦減反不安也（龍 381/02）。

嗛：**嗛**謙琰苦簟二反猿藏食處也（龍 272/02）（慧 95/257a）（紹 184a6）；歉集從口作嗛謂口銜食也非集義（慧 97/283b "歉腹" 註）（慧 99/318a "歉腹" 註）。

嵰：**嵰**丘撿反山高也（龍 074/07）。

傔：**傔**又苦忝反恨也（龍 053/01）（玄 56/862a）（玄 16/223b）（慧 64/752b）（慧 9/574a）（慧 45/312b）（慧 83/63b）（慧 99/319a）（慧 100/349a）（紹 130b3）。

膁：**膁**苦忝反腰左右宍處也（龍 411/07）。

槏：**槏**床又作搛[槏]同口減反（玄 16/215a "床户" 註）。**搛**床又作搛[槏]同口減反（慧 65/774a "床户" 註）。

譧：**譧**去偃切（紹 186a4）。

譴：**譴**去見反呵也責也怒也讓也問也（龍 046/08）（玄 3/34c）（慧 09/567b）（玄 9/129b）（慧 46/337b）（玄 12/163c）（慧 55/543a）（玄 13/169a）（慧 57/589b）（玄 20/268c）（慧 33/56a）（玄 22/299b）（慧 2/433a）（慧 5/484b）（慧 7/521a）（慧 39/173b）（慧 77/1027b）（慧 78/1049b）（慧 79/1063b）（慧 82/32b）（慧 83/57b）（慧 86/112a）（慧 95/248b）（紹 185a3）。

饏：**饏**去演反乾麵餅也（龍 501/05）。**饏**黏也（龍 501/05）。

繾：**繾**去演去戰二反（龍 400/08）（玄 9/122c）（慧 46/325b）（慧 96/269b）（紹 191b6）。

睪：**睪**限遣頡三音牛很不從兒（龍 116/08）。

礐：**礐**正苦典苦見二反稱別名也（龍 332/02）。**礐**今（龍 332/02）。

凵：**凵**丘犯反張口兒（龍 340/03）。

淺：**淺**千演反（慧 41/205b）。

頎：**頎**士錦反頎顋也（龍 485/02）。

簡：**簡**正去演反簡籍户籍也（龍 392/03）。//簡：**簡**或作（龍 392/03）。

稴：**稴**且撿反稴顋不平兒（龍 485/08）。

逡：**逡**俗清占清漸二反（龍 489/08）。

脥：**脥**謙琰反（龍 411/05）。

qiàn　欠：**欠**去劍反（希 7/401c）。

茨：**茨**鉗欽反（慧 88/139b）；芡又作茨音渠撿反（玄 15/201b、慧 58/617a "菱芡" 註）。

嵌：**嵌**正口銜反嵌巖山坎傍孔也又去炎反（龍 071/06）（紹 162b2）。**嵌**俗（龍 071/06）。
//**嚴**：**籠**俗口銜反正作嵌（龍 270/03）。

傔：**傔**正苦念反傔從也（龍 034/08）（慧 89/155b）（慧 100/335b）（紹 129a7）。**傔**俗（龍 034/08）。

歉：**歉**苦點苦咸二反食不飽也（龍 354/09）（慧 97/283b）（慧 99/318a）（紹 199a1）。**歉**俗口忝只減二反正作歉（龍 120/03）。**歉**口咸反謂歉啄而食也（玄 12/156b）。**歉**古咸反取也（龍 529/03）；鴿又作歉律文作呫他篋反甞也又而涉反非鴿義也（希 9/415b"鴿啄"註）。//**鎌**又丘檢反食不飽也（龍 501/07）。

顲：**顲**口陷古陷二反顲顲面長皃也又苦斬苦咸五咸三反（龍 486/05）。

茜：**茜**倉練反草名可染絳色（龍 262/06）（玄 14/196a）（慧 59/649b）（玄 15/200b）（慧 58/615a）（玄 15/205c）（慧 58/604b）（慧 51/437b）（慧 63/738a）；蒨又作菁茜二形同（玄 19/262a、慧 56/572b"蒨草"註）。//**蒨**：**蒨**正倉練反草盛皃亦草名（龍 262/06）（玄 4/57b）（慧 43/272a）（玄 19/262a）（慧 56/572b）（慧 90/177b）（紹 156b9）；古文蒨茜二今作菁同（玄 14/196a、慧 59/649b"茜草"註）（玄 15/200b、慧 58/615a"若茜"註）（玄 15/205c、慧 58/604b"茜色"註）（慧 51/437b"青茜"註）。**蒨**俗（龍 262/06）。**蒨**俗（龍 262/06）。//**菁**：**菁**俗（龍 262/06）；古文蒨茜二今作菁同（玄 14/196a、慧 59/649b"茜草"註）（玄 15/200b、慧 58/615a"若茜"註）（玄 15/205c、慧 58/604b"茜色"註）（玄 19/262a、慧 56/572b"蒨草"註）。//**蒫**：**蒫**俗（龍 262/06）。

倪：**倪**苦見反磬也譬也（龍 036/03）。

倩：**倩**七正反借倩也又倉見反利也又好女笑皃（龍 033/06）；請經文作倩非體也（玄 7/100c、慧 30/1037b"無請"註）。**倩**清性反（慧 15/699a）（慧 33/65a）（紹 128b5）。**倩**倉殿切（紹 129a10）。

裪：**裪**倉見反裪袨好衣皃（龍 106/08）。

輤：**輤**倉見反載柩車蓋也大夫以布士以葦席（龍 084/07）。

綪：**綪**倉見反又側耕反（龍 402/08）；青經文作綪且見反綪非今體（玄 20/264a"青黃"註）（慧 43/258b"鞠育"註）。

鶄：**鶄**七見反輕舟也（龍 133/01）。

塹：**塹**七艷反坑也（龍 250/04）（慧 4/466b）（慧 10/585b）（慧 11/618b）（慧 13/660a）（慧 15/691b）（慧 18/751b）（慧 21/823a）（慧 32/44a "隍塹[塹]" 註）（慧 62/709b）（慧 66/788a）（慧 66/797b）（慧 74/958a）（慧 93/217a）（慧 100/338b）（希 2/362b）（希 2/366b）（紹 161a2）；塹論從斬作塹非此也（慧 86/111a "惑塹" 註）。**塹**七焰切（紹 161a2）。//塹：**塹**七艷反（龍 250/04）（慧 15/704a）（慧 31/18a）（慧 32/44a）（慧 47/343a）（慧 60/656a）（慧 61/690a）（慧 72/900a）（慧 86/111a）（紹 188b2）；塹或從漸作塹同（慧 10/585b "城塹" 註）（慧 11/618b "深塹" 註）（慧 21/823a "塹" 註）（希 2/362b "池塹" 註）（希 2/366b "寶塹" 註）。// **塹**塹正七焰切（紹 137b10）。

槧：**槧**七潛反削皮也又才敢反亦小般牘也（龍 373/02）（慧 10/589a）（慧 82/25b）（慧 87/125a）（慧 90/180a）（慧 99/311a）（希 5/383a）（紹 139a7）；塹或作槧也（慧 31/18a "度塹" 註）。**槧**俗才敢反正作槧（龍 083/01）。**槧**槧集從漸作～誤也（慧 99/311a "鉛槧" 註）。

qiang

qiāng 槍：**槍**七羊反（龍 375/08）（玄 1/20c）（玄 4/62a）（慧 44/283b）（玄 10/135b）（慧 49/400a）（玄 11/147b）（慧 52/463b）（初編玄 569）（慧 75/979a）（玄 13/177c）（慧 52/479b）（玄 18/239b）（慧 73/922b）（玄 19/261c）（慧 56/572a）（玄 22/303b）（慧 48/394a）（玄 24/325a）（慧 70/870b）（慧 11/608b）（慧 22/841b）（慧 25/918a）（慧 41/217b）（慧 72/905a）（慧 76/997b）（慧 77/1030a）（慧 94/226a）（慧 96/269b）（希 8/410b）；鎗俗字也正作槍（慧 42/246a "鎗矟" 註）。**矟**槍或從矛作矟（慧 35/110a "槍矟" 註）（慧 76/997b "牛槍" 註）。

牄：**牄**七羊反説文云鳥獸來食也（龍 118/03）（紹 175b10）。**牄**俗七羊反正作牄香嚴又七剛反牛也（龍 115/05）。

戧：**戧**七良反傷也（龍 173/01）。**戧**七羊反（龍 526/05）。

瑲：**瑲**七羊反（龍 433/01）；鏘又作瑲同（玄 19/253b、慧 56/558a "鏗鏘" 註）（慧 85/92b "鏘鏘" 註）。

蹌：**蹌**七羊反（玄 12/155c）（慧 52/455b）（慧 78/1039b）（紹 137a3）；槍經文從足作蹌非經意（玄 13/177c、慧 52/479b "頓槍" 註）。

鎗：**鎗**楚行反（慧 32/41b）（慧 63/729b）（慧 89/151a）（慧 94/228b）（慧 100/351b）（紹 180a10）；

鏘又作鎗同（玄 4/62b "鏗鏘" 註）（玄 19/253b、慧 56/558a "鏗鏘" 註）；槍又作鎗非也

（慧 44/283b "槍剌" 註）（慧 76/997b "牛槍" 註）（慧 94/226a "鐵槍" 註）。**鎗**鎗經文作餄

誤也（慧 32/41b "鎗鎗" 註）。

閶：**閶**七羊反（龍 092/04）；鏘或從門作閶（慧 85/92b "鏘鏘" 註）。

斨：**斨**玉篇音槍斧也又鍫也（龍 118/04）。

戕：**戕**情羊反殺君也又他國臣來殺君也又俗音牁（龍 118/01）。**戕**則郎反牁牁也（龍 118/03）。**戕**俗作郎反正作戕戕牁也（龍 115/04）。

跫：**跫**苦江反踏地聲（龍 460/05）。

羌：**羌**録文作羌俗字也（慧 80/1079b）。**羌**（中 62/718a）；羌録文作羌俗字也（慧 80/1079b "氐羌" 註）。

蜣：**蜣**音羌（龍 219/09）。**蜣**音羌（慧 25/911b）（慧 57/596b）（慧 77/1019a）（慧 84/69a）（慧 84/83a）（希 1/356c）。//蜣：**蜣**卻良反（慧 80/1083a）。**蜣**去良切（紹 164b5）。**蜣**佉良反（慧 41/218b）（慧 80/1092b）（希 3/373b）。**蜣**卻薑反（慧 14/665b）。

嗑：**嗑**丘亮反嗑哴小兒啼不止也（龍 275/06）。

腔：**腔**苦江反羊腔（龍 409/03）；二空經作二腔音苦江反乃羊腔字書寫誤也甚乖經義（希 7/400a "二空" 註）。//羫：**羫**古文苦江反羊羫也（龍 159/09）。

膅：**膅**苦江反髖膅尻骨也（龍 479/06）。

蹡：**蹡**今七羊反行皃也又敬也集也宜也止也動也（龍 458/07）（玄 8/117b）（慧 32/40b）（慧 83/44a）。**蹡**蹡又作蹳同（玄 8/117b、慧 32/40b "相蹡" 註）；鏘或從足作～（慧 85/92b "鏘鏘" 註）。**蹡**或作（龍 458/07）。//蹳：**蹳**七羊反趨走也（龍 324/10）。//蹳俗七羊反正作蹳趨走也（龍 540/07）。**蹳**俗（龍 197/03）。

鏘：**鏘**槍經文作锵非正體（玄 1/20c "木槍" 註）。**鏘**七羊反鏗鏘金玉聲也（龍 008/09）（玄 4/62b）（玄 19/253b）（慧 56/558a）（慧 19/783b）（慧 63/733a）（慧 83/49a）（慧 85/92b）（慧 89/160a）（慧 91/194a）（慧 93/213a）（慧 100/349a）（紹 180a6）；槍經文作锵（玄 4/62a、慧 44/283b "槍剌" 註）（玄 10/135b、慧 49/400a "鐵槍" 註）（玄 11/147b、慧 52/463b "鐵槍" 註）

（初編玄 569、慧 75/979a "鐵槍" 註）（玄 18/239b、慧 73/922b "金槍" 註）（慧 22/841b "木槍"

註）（慧 25/918a "木槍" 註）（慧 76/997b "牛槍" 註）；鏘傳從金作鏘（慧 83/44a "鏘鏘"

註）。//蹡：蹡①古文七羊反（龍 150/08）。

鏘：齫正七羊反齒也（龍 312/02）。齠俗（龍 312/02）。

錆：錆正七羊反精也（龍 008/02）；槍又作錆非也（玄 4/62a "槍刺" 註）。鎗俗七羊反

（龍 008/02）。

qiáng 爿：爿疾羊反（龍 118/01）。

薔：薔匠羊反薔薇也與薔同（龍 258/03）。蘠匠陽反（慧 53/486a）。薔 薔經文作薔不

成字也（慧 53/486a "薔薇" 註）。//薔：薔正疾良反薔薇也（龍 258/02）（玄 12/159b）

（慧 53/483b）。薔匠陽反（慧 94/240b）。薔俗（龍 258/02）。

嬙：嬙正疾良反又音色（龍 279/08）。嬙匠羊反（慧 98/297a）。嬙俗疾良反又音色

（龍 279/08）；集作～俗字（慧 98/297a "毛嬙" 註）。嬙俗音色又疾良反（龍 284/09）。

牆：牆匠羊反（慧 13/660a）（慧 33/63b）（希 4/377a）。牆 匠羊反（慧 61/688b）（慧 63/723b）

（慧 67/804b）（慧 72/900a）；牆或作～（希 2/362b "牆垣" 註）。牆全良反壁也阻障也

（龍 118/03）（玄 3/40a）（玄 3/43a）（慧 4/457b）（慧 4/466b）（慧 10/585b）（慧 10/592a）（慧 20/795b）

（慧 41/212b）（慧 97/281a）（慧 99/325a）（希 2/362b）（希 6/396b）（希 8/409c）（紹 175b10）；

牆或作牆（慧 33/63b "牆壁" 註）。牆俗墙音（龍 117/08）。//墙：墙俗全羊反正

作牆（龍 245/08）（慧 21/820b）（紹 161a3）；墙經從土作墙非也（慧 4/457b "牆壁" 註）

（慧 4/466b "垣牆" 註）（慧 13/660a "牆塹" 註）（慧 41/212b "牆壁" 註）（慧 79/1061b "踰牆"

註）（慧 97/281a "牆茨" 註）（慧 99/325a "彫牆" 註）（希 2/362b "牆垣" 註）（希 2/363c "垣牆"

註）（希 6/396b "牆形" 註）。墙慈羊切（紹 161a3）。墙今通疾良反墙壁垣也正合

作牆（龍 246/05）。墙俗（龍 246/05）；牆經作～（希 4/377a "牆壁" 註）（希 8/409c "畫

牆" 註）。墻俗疾良反（龍 248/04）。墻俗（龍 246/05）；正牆字也論文作墙俗字

也（慧 67/804b "牆塹" 註）（希 4/377a "牆壁" 註）（希 6/396b "牆形" 註）。墻俗（龍 246/05）。

//廧：廧牆或作廧（慧 4/457b "牆壁" 註）（慧 4/466b "垣牆" 註）（希 2/362b "牆垣" 註）。

---

① 《疏證》："蹡" 蓋 "鏘" 字異體（289）。

牆經從土從～非也（慧10/592a "牆堵" 註）（慧21/820b "垣墻繚繞" 註）（慧33/63b "牆壁" 註）。 盧正疾羊反垣牆也與墙同（龍299/04）。 盧俗（龍299/04）。

檣： 牆正音墙（龍373/01）；牆又作檣①同（玄3/40a、慧09/562a "牆者" 註）。 牆俗音墙（龍373/01）。 牆又作牆同（慧09/575b）。 牆俗音墙（龍373/01）。 橢俗音墙（龍373/01）。 牆俗疾羊反（龍207/06）。 牆俗疾羊反（龍207/06）。 牆俗疾羊反（龍207/06）。 //牂： 牂自羊反字林驪柱也（龍118/03）（慧09/562a）；（玄3/43a "若牆" 註）。

艢： 艢疾良反舟也（龍132/01）。

强： 彊渠良反（玄6/84c）（慧14/666a）（慧26/944b）（慧27/978b）（慧51/449a）。 彀狂强二音（龍151/02）。

彊： 彊音强又居亮反（龍150/02）（慧18/751a）；畺傳從弓作彊非也（慧83/63a "無畺" 註）；礓經文作彊爾雅音强作彊界也陣也皆非礓石字（希5/386c "礓石" 註）；彊律文作彊正體强字非也（希9/411b "彊界" 註）。 強彊正其兩切又强薑二音（紹145b8）。

勥： 勥正其兩反迫也勉也力也（龍517/04）。 勥或作（龍517/04）。 勳或作（龍517/04）。

襁： 襁居兩反襁褓（龍104/05）（玄5/77a）（慧14/664a）（慧62/706a）（慧79/1055b）（慧79/1061b）（慧94/239b）（慧97/281b）。 襁居兩切（紹168a8）。 //繈： 繈居兩反（龍400/07）（紹191b4）；襁褓集從糸作繈緥非也（慧97/281b "襁褓" 註）。 //鞙俗居兩反②（龍449/07）。

膙： 彊居兩反莇頭（龍151/04）。

鏹： 鏹居兩反錢也又孟康云鏹錢貫繩也（龍016/05）。

磢： 磢丘兩反石也（龍443/03）。

搶： 搶又七羊反七兩反（龍211/08）（慧85/97b）。 //搀七兩反又初兩反又七羊反（龍211/08）。

---

① "又作檣" 之 "檣"，《慧琳音義》作 "牆"， "牆" 當是 "檣" 之誤。
② 參見《龍龕手鏡研究》327 頁。

qiao

qiāo　墝：**墝**苦交反墝堁塙土（龍247/06）。

毃：**毃**五交反又苦交反（龍529/04）。**毃**苦交反（慧44/291b）。**敤**苦交反（玄5/74c）；殼蒼頡篇作～同（玄9/120c、慧46/321a"殼門"註）；敲蒼頡訓詁作毃同（玄12/165b、慧56/575b"杖毃"註）。

磽：**磽**五教反磝～又苦交反石地也（龍444/01）（龍440/03）（玄12/154c）（慧52/453b）（玄23/310c）（慧47/362a）（玄24/328b）（慧70/875a）（慧60/660a）（慧62/721b）（慧72/907a）（慧82/28b）（慧100/335b）（紹162b10）。

趬：**趬**丘昭反（慧64/745a）。**趬**正去堯反行輕皃又去囂反亦起皃（龍324/06）（玄16/224c）。**趬**俗（龍324/06）。//蹺：**蹺**俗羌遙反（龍458/02）；趬戒文作蹺非也（玄16/224c、慧64/745a"趬脚"註）。

敲：**敲**口交反擊頭也（龍529/01）（慧46/321a）（玄12/165b）（慧56/575b）（玄15/210a）（慧58/611b）（玄15/210a）（慧58/611b）（慧100/331b）（紹176a10）；殼又作敲（玄9/120c"殼門"註）。**敲**俗口交反（龍119/03）（玄15/208c）（慧58/609a）（紹197a10）；毃又作敲同（玄5/74c、慧44/291b"毃毃"註）。**敲**俗（龍185/02）。**敲**俗（龍185/02）。**敲**正口交反擊頭也又口教反（龍185/02）。**敲**苦角苦交二反（龍185/08）（玄11/147c）（慧52/464a）（玄16/218b）（慧65/770a）。**敲**俗苦交反[1]（龍122/09）。**敲**俗（龍122/09）。//殼：**殼**苦交反（玄9/120c）（慧41/222a）；敲又作殼（慧46/321a"殼門"註）（玄15/208c、慧58/609a"殼戶"註）。**敲**俗（龍185/02）。**殼**俗口交反（龍545/03）。

墩：**墩**口交反墝墩又上聲（龍247/06）。

磝：**磝**正口教反又口交反（龍444/01）（紹163a2）。**磝**俗口教反又口交反（龍444/01）。

砍：**砍**口交反磝砍戌名（龍441/07）。

頧：**頧**口交反頧顀頭凹不媚也（龍483/03）。

骹：**骹**苦交反與胶同（龍479/04）；骹經文作骹苦交反（玄1/12c、慧42/233b"狗骹"註）

①《叢考》：此二字疑為"敲"的訛俗字（833）。

（玄 11/140c、慧 56/548a "狗嶮" 註）。//跤：**跤**苦交反（龍 459/09）（紹 137b7）。

鍫：**鍫**正七遥反臿也（龍 011/02）（玄 11/145b、慧 52/458b "鏵鍫" 註）（玄 15/199c）（慧 58/613a）

（慧 58/613b）；鍫亦作鍫（慧 42/238a "持鍫" 註）（希 7/399c "持鍫" 註）。**鍫**或作（龍

011/02）（玄 11/145b）（慧 52/458b）（玄 15/199c）（慧 42/238a）（慧 93/213b）（希 7/399c）（紹

181a5）。//鍫：**鍫**或作（龍 011/02）；鍫又作鍫同（玄 11/145b、慧 52/458b "鏵鍫" 註）

（玄 15/199c、慧 58/613a "鍫钁" 註）（慧 42/238a "持鍫" 註）（慧 93/213b "鍫鍤" 註）（希 7/399c

"持鍫" 註）。

橇：**橇**正去堯反火行也又光色也（龍 240/05）。**橇**俗（龍 240/05）。

蹻：**蹻**正起喬其畧二反（龍 459/08）（慧 64/748a）（慧 67/815a）（慧 69/851b）（慧 95/257a）

（紹 137b9）；屬或作蹻鞽（慧 35/102b "鞅屬" 註）。**蹻**俗起喬其畧二反（龍 459/08）（玄

16/223c）（玄 17/228a）。

磬：**磬**音喬大磬也（龍 182/01）。

橇：**橇**起嚻反（龍 375/06）（慧 85/88b "帝乘四載" 註）。**橇**或作起嚻反正作橇（龍 448/03）。

鞽俗起嚻反正作橇（龍 448/03）。

繑：**繑**正去喬反禹所乘也（龍 398/06）；矯集從糸作繑未詳其義（慧 98/295b "矯足" 註）。

繑俗通（龍 398/06）。**繑**俗（龍 398/06）。

恧：**恧**口交反恧恢伏態兒（龍 064/06）。

閙：**閙**俗苦交反小擊也（龍 092/01）。

頬：**頬**去消許幺二反大額也（龍 483/09）。

鄡：**鄡**苦幺反縣名（龍 454/05）。**鄡**苦幺反縣名（龍 454/05）。**鄡**蹻史記作翹戎文作～

口彫反縣名也～非此義（玄 16/223c、慧 64/748a "蹻脚" 註）。

喬：**喬**借音渠高反（玄 24/326a）。**喬**音喬（龍 356/09）。**高**借音渠憍反（玄 21/276c）（慧

70/872a）（紹 203a1）；説文又解喬字從矢今俗用從右作～謬也（慧 11/612a "矯亂"

註）。

僑：**僑**正渠苗反寄也客也（龍 024/01）（慧 42/248a）（慧 24/889b）（慧 39/171a）（慧 77/1030a）

（慧 91/184b）（紹 128b3）；僑字林寄客為喬作喬字（玄 4/62b、慧 42/248a "若僑" 註）（玄

7/94a、慧 28/997b "嶠停" 註）（玄 16/214b、慧 65/773b "嶠客" 註）（慧 74/949b "嶠客" 註）。

嶠 渠消反（玄 4/62b）（玄 7/103c）；嶠律文作僑非此義（玄 14/196c、慧 59/650b "嶠客"

註）（玄 17/235c "嶠客" 註）。**僑** 俗渠苗反（龍 024/01）。**僑** 橋音（紹 128b4）。**僑** 橋音

（紹 128b3）。//嶠：**嶠** 巨苗反寄也客也或作僑字（龍 155/05）（玄 16/214b）（慧 65/773b）

（慧 74/949b）。**嶠** 奇驕反（慧 28/997b）。**嶠** 奇驕反（玄 7/94a）（玄 14/196c）（慧 59/650b）

（玄 17/235c）（紹 194a9）。**嶠** 俗（龍 507/09）。

嶠：**嶠** 正渠遥反（龍 268/05）（慧 35/109a）。**嶠** 俗渠遥反（龍 268/05）。

嶠：**嶠** 今渠嬌渠廟二反山銳而高也又山道也（龍 072/05）（慧 98/301b）（慧 98/302b）（紹

161b10）。**嶠** 或作（龍 072/05）；嶠又作～（慧 98/301b "嶠薆" 註）。**嶠** 俗（龍 072/05）。

嶠 嶠正居妖巨嬌巨照三切（紹 161b10）。**嶠** 嶠正居妖巨嬌巨照三切（紹 161b10）。

橋：**橋** 今渠妖反（龍 374/01）（慧 74/955a）（慧 1/419b）（慧 12/639b）。**橋** 正渠妖反（龍 374/01）。

橋 渠妖反（慧 14/678a）。**橋** 巨嬌切（紹 157a9）。**橋**（玄 12/158a）。**橋** 俗渠妖反

（龍 374/01）；橋經文徒有作～非也（慧 12/639b "為橋" 註）。

撟：**撟** 今巨嬌反～飛兒也（龍 326/10）。**撟** 俗（龍 326/10）。

趬：**趬** 丘昭綺驕二反（慧 56/553b）。**趬** 蹺或作趬（慧 69/851b "蹺足" 註）。**趬** 丘昭綺

驕二反（玄 11/143a）

劁：**劁** 今昨焦反短刈草也又笑也（龍 097/04）。**劁** 或作（龍 097/04）。

憔：**憔** 昨焦反憔悴也與顦同（龍 053/05）（慧 60/664b）；顦顇或從心作憔悴（慧 3/447b

"顦顇" 註）（慧 14/677b "顦顇" 註）（慧 62/701a "顦顇" 註）（慧 69/851b "顦悴" 註）（希 2/361c

"顦顇" 註）（希 8/405a "顦顇" 註）。**憔** 昨焦反（龍 240/09）（玄 6/85b）（慧 5/490b "顦顇"

註）（慧 27/978b）。//嫶：**嫶** 顦顇漢書武帝作嫶婤皆大同小異非正體也（慧 5/490b

"顦顇" 註）（慧 60/664b "憔悴" 註）（希 2/361c "顦顇" 註）（希 8/405a "顦顇" 註）。

癄：**癄** 顦顇漢書中作癄瘁病也（慧 5/490b "顦顇" 註）（慧 60/664b "憔悴" 註）（慧 62/701a

"顦顇" 註）（希 2/361c "顦顇" 註）（希 8/405a "顦顇" 註）。

樵：**樵** 正昨焦反柴薪也（龍 238/06）（玄 15/204a）（慧 58/621b）（慧 21/826b）（慧 57/586a）（慧

61/692a）（慧 62/719a）（慧 86/107b）（慧 98/293b）（紹 190b1）；醮亦作樵（慧 39/180b "作

醮"註）（慧62/717a"改醮"註）。**譙** 樵正慈焦切（紹190b1）。**憔** 樵正慈焦切（紹190b1）。

爌 俗（龍238/06）。**蕉** 樵集從草作蔫非也（慧98/293b"樵野"註）。**蕉** 音與上同［齊遙反］（慧61/692b）（紹155a7）。**藮** 俗（龍254/07）；樵論文作～非也（慧86/107b"樵野"註）。**蕉** 俗（龍254/07）。**藮** 正昨焦反（龍254/07）（紹159b5）。

顦：**顦** 昨焦顦顇也或作憔同（龍482/04）（慧3/447b）（慧5/490b）（慧14/677b）（慧62/701a）（慧69/851b）（希2/361c）（希8/405a）（紹170b4）；憔悴三蒼作顦顇（玄6/85b"憔悴"註）（慧27/978b"憔悴"註）（慧60/664b"憔悴"註）。

鐈：**鐈** 正音橋似鼎長足（龍014/05）。**鐈** 俗（龍014/05）。**鐈** 俗（龍014/05）。**鐈** 俗（龍014/05）。

鬞：**鬞** 正（龍089/06）。**鬞** 今巨少反鬞～長兒也（龍089/06）。**鬞** 俗（龍089/06）。

翹：**翹** 渠姚反（龍326/10）（玄1/22a）（玄14/197a）（慧59/651a）（玄23/306a）（慧1/404b）（慧4/472b）（慧8/552b）（慧25/922a）（慧29/1023b）（慧41/221b）（慧40/189b）（慧100/336a）（慧100/351a）（紹147a6）。**翹** 祇遙反（慧47/353a）；蹻史記作翹（玄16/223c、慧64/748a"蹻脚"註）。

愀：**愀** 正親小慈糺二反容色變也又在由反（龍058/06）（玄10/131c）（慧49/406a）（慧61/682b）（慧83/54b）（慧94/227b）（慧97/285b）（紹130a1）。**愀** 俗（龍058/06）。

鈔：**鈔** 七小反好金又淨也（龍016/05）。

悄：**悄** 正七小反憂兒又心無聊也（龍057/07）（紹130a7）；峭今作陗或作悄同（慧46/337a"深峭"註）。//忱：**忱** 正（龍057/07）。**忱** 俗（龍057/07）。

俏：**俏** 七笑反俏醋好兒（龍036/02）。

哨：**哨** 音消口不正也又七笑反壺口黯者名也（龍268/01）（慧99/315b）。

鞘：**削** 私誚反（初編玄623）（慧52/481b）（玄19/257a）（慧56/563b）；鞘蒼頡篇作削同（玄12/155a、慧52/454b"鞘中"註）（玄17/225c、慧67/811a"刀鞘"註）（慧40/200a"昧鞘"註）（慧74/943b"金鞘"註）（慧98/300b"躍鞘"註）。//**鞘** 正息妙反刀鞘也又所交反鞭鞘也（龍449/09）（玄12/155a）（慧52/454b）（玄14/196c）（慧59/650b）（玄17/225c）（慧67/811a）（玄20/269c）（慧42/239b）（慧40/200a）（慧68/821a）（慧74/943b）（慧98/300b）（希6/397b）

（紹 140a5）；削又作鞘同（初編玄 623、慧 52/481b"從削"註）（玄 14/196c、慧 59/650b"刀鞘"註）（玄 19/257a、慧 56/563b"從削"註）；鞘或從革作鞘亦通也（慧 35/99a"為鞘"註）。//鞘：**鞘**俗（龍 449/09）。//**鞘**息妙反刀室也（龍 176/07）（慧 14/662b）（慧 35/99a）（慧 36/122a）（紹 148b8）；鞘小尒疋作鞘（玄 12/155a、慧 52/454b"鞘中"註）（初編玄 623、慧 52/481b"從削"註）（玄 14/196c、慧 59/650b"刀鞘"註）（玄 17/225c、慧 67/811a"刀鞘"註）（慧 42/239b"為鞘"註）（慧 40/200a"昧鞘"註）（慧 68/821a"鞘中"註）（慧 74/943b"金鞘"註）（慧 98/300b"躍鞘"註）（希 6/397b"為鞘"註）。

陗：**陗**七笑反山峻也亦作峭字（龍 297/09）（慧 77/1024b）（慧 82/39b）（慧 93/220b）（紹 169b9）；峭今作陗（玄 9/129a、慧 46/337a"深峭"註）（玄 10/135c、慧 49/400b"峻峭"註）（慧 81/20a"峻峭"註）（慧 82/28a"峭峻"註）（慧 83/46b"峻峭"註）（慧 98/309b"夫峭"註）（慧 99/320b"嶮峭"註）。//**峭**正七笑反好形皃也亦山峭峻也（龍 076/05）（玄 9/129a）（慧 46/337a）（玄 10/135c）（慧 49/400b）（慧 81/20a）（慧 82/28a）（慧 83/46b）（慧 96/259b）（慧 98/309b）（慧 99/320b）（紹 162a7）；陗傳文作峭俗字也（慧 93/220b"陗急"註）。**峭**或作（龍 076/05）。**嶠**或作（龍 076/05）。**峭**或作（龍 076/05）。//埍：**埍**峭今作陗或作埍同（玄 9/129a"深峭"註）（玄 10/135c、慧 49/400b"峻峭"註）。

誚：**誚**才笑反責也呵也嬈也戲笑也（龍 046/08）（玄 22/298c）（慧 48/386a）（玄 25/334b）（慧 71/886a）（慧 4/460a）（慧 5/486b）（慧 6/508b）（慧 7/523b）（慧 18/767a）（慧 40/197b）（慧 61/680b）（慧 68/829a）（慧 69/852a）（慧 80/1087a）（慧 82/32a）（慧 84/71a）（慧 88/134b）（慧 88/148b）（慧 94/224b）（慧 95/256a）（慧 100/347b）（紹 185a3）。

撽：**撽**又苦弔反旁擊也（龍 218/01）（紹 132b8）；叕經文作撽非此義（玄 12/158a、慧 74/955b"叕身"註）。

窾：**窾**苦吊反（玄 1/17a）（龍 509/03）（玄 17/231a）（慧 70/855a）（玄 24/319c）（慧 70/862a）（慧 4/464a）（慧 15/684b）（慧 17/734a）（慧 25/907b）（慧 31/6a）（慧 31/9b）（慧 34/81a）（慧 42/242a）（慧 36/129a）（慧 54/522a）（慧 68/825a）（慧 72/899a）（慧 84/79b）（慧 96/258a）（慧 100/339a）（希 2/365a）（希 6/392c）（紹 194b6）。**窾**（龍 509/02）。**窾**（龍 509/03）。**窾**（龍 509/02）。**窾**輕叫反從穴敫聲也或作噭（慧 14/674b"孔窾"註）。

傃：**傃**操或從人作傃（慧 60/661b "貞操" 註）。

翱：**翱**又切韻與玉篇立（丘）召反舉頭～～不安也（龍 523/01）。

譙：**譙**財妙才焦二反（玄 20/273c）（慧 34/89b）（慧 81/4b）（慧 89/156b）；誚或作譙（慧 4/460a "嘲誚" 註）（慧 5/486b "輕誚" 註）（慧 18/767a "輕誚" 註）（慧 40/197b "嗤誚" 註）（慧 68/829a "誚言" 註）（慧 69/852a "嗤誚" 註）（慧 80/1087a "誚劇" 註）（慧 88/148b "談誚" 註）；顦毛詩作譙（慧 5/490b "顦顇" 註）（慧 6/508b "輕誚" 註）（慧 7/523b "輕誚" 註）（慧 61/680b "譏誚" 註）（希 2/361c "顦顇" 註）（希 8/405a "顦顇" 註）。**誚**誚或作譙古文作～（慧 5/486b "輕誚" 註）。

qie

qiē 切：**切**千結反廣疋切近也亦切急也切迫也（玄 14/193b）（慧 59/645a）（慧 21/812b）（慧 27/971a）。

恒：**恒**丘加反恒䖦癡兒也（龍 028/06）。

qié 伽：**伽**求迦反伽藍也（龍 026/06）（慧 1/410b）（慧 3/449a）（慧 5/493b）。

查：**查**正才邪反大口也玉篇又音邪（龍 356/06）。**查**俗才邪反大口也玉篇又音邪（龍 356/06）。

qiè 厒：**厒**或作口合反（龍 303/02）。**厒**俗口合反正作厒山左右岸也（龍 303/04）。**厒**正口合反山左右有岸也（龍 303/02）。

怯：**狯**怯又作狯同（玄 8/119b "怯愞" 註）（玄 19/258a、慧 56/565a "恇怯" 註）（玄 23/314c、慧 50/423b "怯憚" 註）（慧 3/442a "不怯" 註）（慧 4/460a "無怯" 註）（慧 4/463b "怯弱" 註）（慧 5/485a "怯怖" 註）（慧 7/524a "怯畏" 註）（慧 7/530a "怯怖" 註）（慧 8/553b "怯懼" 註）（慧 11/615b "怯弱" 註）（慧 13/641a "不怯" 註）（慧 13/645b "怯憚" 註）（慧 13/647a "怯下" 註）（慧 30/1040b "怯懼" 註）（慧 41/219a "怯懼" 註）（慧 62/718b "怯憚" 註）。**怯**欠業反懼也弱也正作狯（龍 062/01）（玄 8/119b）（玄 19/258a）（慧 56/565a）（玄 23/314c）（慧 50/423b）（慧 3/442a）（慧 4/460a）（慧 4/463b）（慧 5/485a）（慧 7/524a）（慧 7/530a）（慧 8/541a）（慧 8/553b）（慧 11/610b）（慧 11/615b）（慧 13/641a）（慧 13/645b）（慧 13/647a）（慧 27/986a）（慧 28/1010a）（慧 30/1040b）

（慧 33/66b）（慧 41/219a）（慧 62/718b）（慧 68/822a）（慧 82/32b）（希 6/396b）（紹 130b4）。**悧**劫
却二音①（龍 063/04）。//痃：**痃**去劫反病劣也（龍 478/02）。

疢：**疢**去劫反欠氣也（龍 478/02）。

娎：**娎**正呼葉反小氣皃又苦葉反得志好（龍 284/05）。**娎**通（龍 284/05）。

悈：**悈**或作苦叶反（龍 069/02）（慧 75/984b）；**愜**或作医亦作悈也（慧 32/48b"愜陁羅尼"註）
（慧 73/938b"文愜"註）。**悈**或作（龍 069/02）（玄 12/161a）。**愿悈**又作愿同（玄 12/161a
"悈腹"註）；**愜**或作愿（慧 83/49b"愜伏"註）。**愿悈**又作愿同（玄 12/161a"悈腹"註）
//愜：**愜**謙叶反當也可也快也心伏也（龍 062/02）（慧 10/581b）（慧 52/464b）（慧 58/623b）
（慧 8/543a）（慧 32/48b）（慧 73/938b）（慧 83/49b）。**愜**謙叶反（龍 062/02）（玄 3/46c）（玄 8/115b）
（玄 11/148a）（玄 15/210c）（紹 130a10）。**愜**愜正喫叶切（紹 190a3）。//快：**快**謙叶反
（龍 062/02）。//愿謙叶反當也可也快也心伏也（龍 068/07）。

痃：**痃**或作去涉反少氣也香嚴又苦叫呼牒二反病息也（龍 478/05）。//瘂：**瘂**今去涉
反少氣也（龍 478/05）。

医：**医**正苦叶反函医也（龍 193/02）。**医**篋本作医今加竹（慧 4/475b"寶篋"註）（慧 16/710a
"箱篋"註）；**愜**或作医（慧 32/48b"愜陁羅尼"註）（慧 39/181b"篋笥"註）（慧 73/932a"身篋"
註）。**医**俗通（龍 193/02）。//篋：**篋**正謙葉反（龍 393/09）（慧 4/475b）（慧 5/486a）（慧
19/783b）（慧 25/922a）（慧 29/1022a）（慧 39/181b）（慧 40/201a）（慧 51/449b）（慧 73/932a）（紹
160a2）。**篋**苦協反（慧 65/777b）（慧 1/405b）（慧 2/434b）（慧 7/522b）（慧 15/698b）（慧 16/710a）
（慧 23/879a）（慧 60/665a）（慧 79/1062b）（慧 85/91b）。**篋**俗謙葉反（龍 393/09）（玄 4/62b）
（玄 7/101b）（玄 32/32b）（玄 8/110c）（玄 16/217a）（慧 11/610a）（慧 37/136a）。//**椷**篋或從
木作～（慧 2/434b"箱篋"註）（慧 7/522b"箱篋"註）。

妾：**妾**斂葉反（慧 89/153a）。

踥：**踥**子獵反行皃也又音妾（龍 464/07）。

鰜：**鰜**音妾魚名（龍 171/08）。

挈：**挈**苦薢反（玄 13/181b）（慧 54/519a）（慧 98/304b）。**挈**正苦結反又苦計反（龍 218/01）

①參見《字典考正》148 頁。

（玄 19/259a）（慧 56/567a）（慧 80/1072b）。**挈**俗（龍 218/01）。

挈： **挈**苦結反（龍 316/08）。**挈**牽結反（慧 11/619a）。**挈**俗苦結反正作挈（龍 316/10）。

堞： **堞**去謁反堞界也（龍 252/03）。

鍥： **鍥**苦結反咸也又斷絕也（龍 020/05）。**鍥**苦結反（龍 020/05）。

頯： **頯**正苦結反顤頯短兒也（龍 487/05）。**頯**或作（龍 487/05）。

嘁： **嘁**或作音切（龍 278/02）。**嘁**珊達千結二切（紹 182b1）。**嘁**今音切（龍 278/02）（紹 182b2）。

謲： **謲**千結反言正也（龍 052/01）。

緤： **緤**七葉反或七入反玉篇又之葉反俱通（龍 403/09）。**緤**七葉反或七入反玉篇又之葉反俱通（龍 403/09）（紹 191b5）。//緔： **緔**七葉反或七入反玉篇又之葉反俱通（龍 403/09）。

朅： **朅**去謁反（龍 366/07）。**朅**去謁反（玄 21/283b）（玄 22/288a）（慧 48/371a）（玄 23/305c）（慧 47/352b）（玄 24/324b）（慧 70/869a）（紹 177a10）。//鴶： **鴶**俗去謁反正作朅（龍 290/02）（紹 165a7）。

竊： **竊**遷薛反（慧 88/144a）（希 2/366b）。**竊**今千結反（龍 510/01）。**竊**七結反（慧 2/430a）（慧 5/483a）（慧 27/977b）；集文從丬作竊非也（慧 88/144a "竊服" 註）。**竊**正千結反（龍 510/01）（慧 3/452a）。**竊**千結反（慧 10/587b）（慧 12/636b）。**竊**俗（龍 510/01）；竊經文有作～字非也（希 2/366b "竊自" 註）。**竊**俗（龍 510/01）。

筕： **筕**千夜反斜逆也①（龍 393/04）（慧 42/240a）（慧 40/198b）（希 6/395c）。

赿： **赿**千夜反（龍 325/03）。

齛： **齛**千結反～齒也（龍 313/05）。**齛**同上（龍 313/05）。

qin

qīn 侵： **侵**緝壬反（慧 78/1033a）。**侵**戚淫反（慧 41/207b）（慧 29/1021b）（慧 43/255b）。**侵**寢婬反（慧 29/1020b）。**侵**七林反（慧 4/458b）；今隸書略去巾作侵訛謬也（慧 29/1020b "侵

---

①參見姚永銘《〈一切經音義〉研究》219 頁。

擾"註）。**稵**（中 62/717b）。

稵：**稵**七林反錐也又子鳩反（龍 141/08）。

稵：**稵**七林反野生豆也（龍 359/04）。

騡：**騡**七心反（龍 291/03）（慧 99/328b）（慧 100/346b）。

欽：**欽**去金反（玄 24/329b）（慧 70/877a）（慧 22/837a）（慧 23/862b）。

嶔：**嶔**正去今反（龍 070/09）（玄 4/57c）（慧 43/272b）（玄 5/72b）（慧 33/57b）（玄 13/177a）（慧 53/497a）（慧 81/18b）。**嶔**俗去今反（龍 070/09）（慧 98/310a）；嶔經文作非也（玄 13/177a、慧 53/497a "嶔崟" 註）。

裗：**裗**去音反裗被也（龍 102/01）（玄 21/286a）（慧 34/79a）（紹 168b8）。**裗**欽音（紹 168b8）。**裗**音欽（龍 528/01）。

頷：**頷**五感胡紺二反搖頭也又去音反曲頤也（龍 016/02）（玄 5/72c）（慧 33/59b）（玄 11/148c）（慧 52/466b）（玄 16/222b）（慧 64/757b）（玄 20/270a）（玄 20/270b）（慧 74/939b）（紹 170a9）。

親：**親**且隣反（玄 1/4a）（玄 9/122b）（慧 20/804a）（慧 46/324b）。**親**音親（龍 344/2）。**親**音親（龍 344/2）。**親**古文音親①（龍 299/09）。

窺：**窺**正初近反至也玉篇又音親（龍 157/08）；儭字書或窺字同（慧 44/282a "儭身" 註）。**窺**儭字書或窺字同（玄 4/61a "儭身" 註）。**窺**或作（龍 157/08）。//儭：**儭**初近反至也近也（龍 034/03）（玄 2/29a）（玄 4/61a）（慧 44/282a）（慧 26/942a）（慧 80/1071a）（慧 83/66b）（紹 129a6）。

qín 芩：**芩**巨今反黃芩也（龍 255/09）（玄 5/68b）（玄 18/240a）（慧 73/923b）。

聇：**聇**音琴音也又巨廉反地名（龍 314/01）。

靲：**靲**巨今反靲鞻四夷樂也（龍 448/01）。

魽：**魽**式枕徂感二反大魚也（龍 169/09）。

琴：**琴**渠吟反（慧 54/512b）（慧 27/969a）。

鴒：**鴒**巨淹反又渠今反（龍 287/09）；黔古文鴒同（玄 15/203c、慧 58/621a "黔虵" 註）。

秦：**秦**匠津反國名又禾名（龍 143/09）。//秦：**秦**（龍 143/09）。

---

① 《字彙補·广部》："窺，古文親字。"

榛：榛音秦（龍 115/02）（玄 5/71c）（慧 44/287b）（玄 16/215a）（慧 65/774a）（玄 18/247a）（慧 73/926b）。

蓁：蓁音秦蜻虫似蟬而小曰蓁（龍 222/07）。

禽：禽及今反（慧 33/61a）（慧 35/110b）（慧 40/203b）（慧 44/292b）（慧 99/327b）。//獝：獝禽獸經從犬作獝狩非也（慧 44/292b "禽獸" 註）（慧 99/327b "鳴禽" 註）；禽經文從犬作獝非也（慧 33/61a "禽獸" 註）。獝禽獸經文作～狩非也（慧 35/110b "禽獸" 註）。

檎：檎巨今反（龍 374/02）（慧 94/241b）（紹 158b8）。

厱：厱音琴石地也（龍 302/02）。//厴：厴音琴（龍 302/02）。

捦：捦正及林反捦捉也急持也（龍 206/10）（玄 11/142a）（慧 56/551a）（玄 11/150a）（慧 52/468b）（玄 15/208c）（慧 58/609b）（玄 25/336b）（慧 71/889a）（慧 99/320b）；擒説文作捦（慧 8/550a "擒繫" 註）。//擒：擒今（龍 206/10）（慧 8/550a）（慧 29/1029b）（慧 41/210b）（慧 61/695b）（慧 82/35b）（紹 133b8）；捦又作鈙捒二形同今皆作擒（玄 11/150a、慧 52/468b "捦獲" 註）；檎傳文作檎俗字也（慧 94/241b "林檎" 註）。/捒：捒今（龍 206/10）（紹 133b10）；捦又作捒同（玄 11/150a、慧 52/468b "捦獲" 註）（玄 15/208c、慧 58/609b "捦牽" 註）（玄 25/336b、慧 71/889a "人捦" 註）（慧 99/320b "捦之" 註）；擒或作捒（慧 8/550a "擒繫" 註）。捒俗音同上（檎）捉也（龍 374/02）。//鈙：鈙其禁反持止也（龍 016/08）。鈙捦又作鈙同（慧 52/468b "捦獲" 註）（慧 99/320b "捦之" 註）。鈙巨金反持也（龍 012/04）；捦又作鈙同（玄 11/150a "捦獲" 註）（玄 25/336b、慧 71/889a "人捦" 註）；擒説文作～（慧 41/210b "擒獲" 註）。

勤：勤近銀反（慧 4/472b）。//懃：懃音勤慇懃（龍 065/05）。

懃：懃音勤憂哀兒（龍 056/02）（紹 130b9）。//懃：懃音勤（龍 056/02）。

瘽：瘽勤近二音病也（龍 471/06）。

瑾：瑾正巨巾反黏土也（龍 247/08）。墐俗巨巾反黏土也（龍 247/08）。

㰽：㰽正巨巾反矛柄也（龍 141/05）。稓俗（龍 141/05）。稓俗（龍 141/05）。

芹：芹音勤（龍 257/02）（慧 29/1023b）（紹 155b2）。

礜：礜今昨淫反山嵒（龍 073/06）（慧 82/40a）嶜古（龍 073/06）。礜俗（龍 073/06）。礜俗（龍 073/06）。

鬵：鬵今才心似塩食心三反皆甑属又徐林反鼎鬵上大下小釜也（龍534/07）（慧47/366a）。

鬵俗（龍534/06）（紹202b7）。鬵俗（龍534/07）（玄10/131a）（紹202b7）；鬵籀文作鬵同（慧47/366a"鬵鬵"①註）。鬵（玄12/160a、慧75/982b"鑰匙"註）。// 鬵籀文音尋（龍535/05）。

鬵籀文音尋（龍535/05）。鬵俗誤舊藏作鬵字才心昨鹽二反甑属也又徐林反～鼎也（龍185/03）。

qǐn 槮：槮子林反木名（龍378/03）。

寑：寑侵審反（慧2/422b）（紹194a7）。寑正七稔反（龍156/04）。寑或作（龍156/04）。寑侵荏反（慧89/162a）。寑或作（龍156/04）（慧25/914b）。寑古（龍156/04）。寑古（龍156/04）。寑寑正七稔切（紹195a4）。寑俗七稔反（龍508/07）。

坅：坅正丘甚反坎也（龍248/10）。坅俗丘甚反坎也（龍248/10）。

昤：昤玉篇丘錦反明也（龍427/02）。昤同上（龍427/02）。

頎：頎音欽（慧82/30a）。

趌：趌丘隱反跛行皃（龍324/10）。

趖：趖七廉反（龍324/08）。

趣：趣丘忍去刃二反行皃（龍325/02）。

嘽：嘽丘引反脣瘡也（龍272/06）。

笉：笉七忍切（紹160b1）。

qìn 沁：沁七鴆反（龍234/04）（慧81/7a）（紹186b5）。

沁：沁七禁反沁冷（187/09）。

吣：吣正七鴆反犬吐也（龍275/06）。吣俗七鴆反犬吐也（龍275/06）。

寴：寴七浸反雲行也（龍068/03）。

qing

qīng 青：青音青（龍186/09）（慧24/892b）（慧8/542a）（慧43/258b）（慧94/236b）；説文正體從生從丹作青經文作青隸書略也（慧1/413a"青瘀"註）。青（慧12/632b）。青戚盈反

---

① 《玄應音義》對應作"鬵"，蓋"鬵"字訛誤。

青字説文從生從丹今隸書訛略也（慧 4/462a）（慧 16/712b）。**青**感經反（玄 20/264a）（玄 5/67a）（慧 1/413a）（希 8/407b）；**靑**今作青變體也（慧 12/632b "紺靑" 註）。**宵**古文音青（龍 156/02）。**官**音青①（龍 156/03）。**瘠**音青②（龍 470/09）。

晴：**睛**俗音青（龍 267/01）。

清：**淸**正體清字也（慧 67/806b）。**清**（慧 11/605b）；圊或作清（慧 78/1049a "濺圊" 註）。**清**七淨七情二切（紹 174a4）。//遺：**遺**舊藏作清（龍 489/08）。

圊：**圊**七精反（慧 53/499a）。**圊**音青廁也（龍 174/6）（玄 1/7b）（玄 2/28c）（玄 16/223b）（慧 15/684a）（慧 15/695a）（慧 17/739a）（慧 19/778a）（慧 26/940b）（慧 64/752b）（慧 78/1049a）（慧 90/176a）（紹 174a7）。//膚：**膚**圊正青音（紹 193b4）。

蜻：**蜻**音青又音精（龍 222/02）（玄 17/232a）（慧 70/856b）。

鯖：**鯖**音青魚名也又諸盈於刑二反煮魚煎食謂五侯鯖也（龍 165/09）。

傾：**傾**苦營反（龍 022/08）（慧 8/544b）（慧 36/128b）（慧 60/665b）。**傾**誤音傾（龍 484/01）（慧 82/36a）。//隉：**隉**去營反反也（龍 295/10）；傾説文從阜作隉訓用並同（慧 60/665b "傾積" 註）。

qíng 姓：**姓**晴古文姓同（慧 46/332b "便晴" 註）（玄 23/310b、慧 47/361a "晴明" 註）。**姓**正音情雨夜晴見星也（龍 186/09）（龍 513/07）；晴又作姓[姓]同（玄 5/67a、慧 24/892b "晴陰" 註）（玄 8/116a "天晴" 註）（玄 10/133a、慧 49/407b "陰晴" 註）（玄 18/242b、慧 72/912a "如晴" 註）（玄 22/287b、慧 48/370a "或晴" 註）（玄 25/339c、慧 71/896a "求晴" 註）。//姓：**姓**俗（龍 186/09）。//晴：**晴**正音情天晴雨止也或作腥（龍 425/01）（玄 5/67a）（慧 24/892b）（玄 8/116a）（玄 9/127a）（慧 46/332b）（玄 18/242b）（慧 72/912a）（玄 22/287b）（慧 48/370a）（玄 23/310b）（慧 47/361a）（玄 25/339c）（慧 71/896a）（慧 17/736b）。//腥：**腥**或作（龍 425/01）；晴又作腥同（玄 5/67a、慧 24/892b "晴陰" 註）（玄 8/116a "天晴" 註）（玄 10/133a、慧 49/407b "陰晴" 註）（玄 18/242b、慧 72/912a "如晴" 註）（玄 22/287b、慧 48/370a "或晴" 註）（玄 23/310b、慧 47/361a "晴明" 註）。**腥**姓精反（慧 8/536b）（紹 136b3）；晴

①參見《叢考》455 頁。
②參見《龍龕手鏡研究》342 頁。

又作腥[暒]殑二形同（玄25/340a、慧71/896a"求晴"註）（慧17/736b"天晴"註）。//

猩：**猩**晴古文殑猩二形同（慧46/332b"便晴"註）。//霻：**霻**俗音星正作醒（龍

306/06）；晴又作暒殑二形同經文作霻非體也（玄8/116a"天晴"註）（玄10/133a、慧

49/407b"陰晴"註）（玄18/242b、慧72/912a"如晴"註）（慧17/736b"天晴"註）。//霄：**霄**

俗音晴①（龍306/10）。

勍：**勍**巨迎反（慧13/651b）（慧49/405b）（慧69/838a）（慧80/1082b）（慧84/83b）（慧89/152a）

（慧91/184b）（慧91/191a）（慧91/193a）（慧93/210a）（紹145b2）。**勍**音擎武也強也力

也（龍516/07）（玄21/280b）。

殑：**殑**其拯反（龍200/07）。**殑**其拯反（龍515/01）（玄21/277c）（玄22/288a）（慧48/371a）

（玄23/311c）（慧47/363a）（玄24/324c）（慧70/869b）（慧1/410b）（慧3/449a）（慧5/493b）（慧

43/257a）；恒亦作殑同（慧43/269b"恒伽"註）。

黥：**黥**競迎反（慧86/111b）（慧98/295b）。**黥**音擎黑刑在面也（龍531/07）。**黥**俗音

擎正作黥（龍339/08）。//剠：**剠**音擎（龍531/07）；黥亦從刀作剠（慧86/111b"黥

剠"註）（慧98/295b"黥剠"註）。//剠：**剠**黥論從京作剠俗字也（慧86/111b"黥剠"

註）（慧98/295b"黥剠"註）；勍傳文從刀作剠非也（慧91/191a"勍寇"註）。

擎：**擎**競京反（慧54/521a）（慧76/991a）（慧79/1060b）（慧94/228b）（慧96/260b）。**擎**音擎

（龍527/04）；擎字書從廾作擎（慧54/521a"擎乳渾"註）（慧94/228b"擎以"註）（慧96/260b

"擎跽"註）。**擎**音擎（龍527/04）。**撽**居影反所以正弓（龍212/09）；擎又作撽（慧

54/521a"擎乳渾"註）。

檠：**檠**音擎又渠敬反（龍374/09）；擎或從廾作擎音訓同傳作檠非也（慧94/228b"擎

以"註）。

qǐng 請：**請**且領反（玄7/100c）（慧30/1037b）。

頃：**頃**丘穎反（玄25/332b）（慧71/882a）（慧3/454b）（慧4/475b）。**頃**（慧53/488b）。**頃**古

文去穎反今作頃（龍484/08）。**穎**正去穎反今作頃（龍484/08）。**穎**俗去穎反今

作頃（龍484/08）。

①此字"霄"頗疑為"晴""霻"交互影響產生的俗字，與表神女的"霄"為同形字。

廎：**廎**音傾小作堂也（龍 299/04）。

擷：**擷**去穎反竟也（龍 484/09）。

高：**高**苦營反（龍 546/06）。

檾：**檾**玉篇於營反又苦潁反（龍 239/08）（玄 11/147c、慧 52/464a "為絟" 註）。**檾**俗口潁反正作檾（龍 332/10）。//蕑：**蕑**今去潁反野死草也（龍 260/02）。//苘：**苘**古（龍 260/02）。

謦：**謦**口頂反謦欬通喉中氣也（龍 045/02）（玄 6/89c）（玄 14/188b）（慧 59/637a）（玄 15/209c）（慧 58/611a）（慧 14/667b）（慧 16/720a）（慧 27/989a）（慧 30/1043a）（慧 35/102a）（慧 35/109b）（慧 36/116a）（慧 37/135a）（慧 47/348a）（慧 61/679a）（慧 62/703a）（慧 78/1051a）（慧 83/65a）（慧 90/180a）（希 7/401a）（希 9/416b）（紹 175a5）。**謦**去頂切（紹 186a1）。//嚃：**謦**俗口頂反[1]（龍 271/04）；謦欬論從口作～咳誤也（慧 47/348a "謦欬" 註）。//嚃：**磬**俗口頂反（龍 271/04）（紹 183b1）；謦欬律文作嚃咳（慧 59/637a "謦欬" 註）（慧 80/1083a "謦欬" 註）（慧 83/65a "謦欬" 註）。//**礊**謦正空頂切（紹 175a5）。

qìng 殸：**殸**殸古文磬字也（慧 81/7b "磬聲" 註）。

磬：**磬**情蠅反（慧 42/239a）（慧 43/264b）（慧 81/7b）（紹 175a5）。**磬**正苦定反（龍 182/03）（紹 163a4）；謦經文作磬非字體（玄 6/89c "謦欬" 註）（玄 14/188b "謦欬" 註）（玄 15/209c、慧 58/611a "謦欬" 註）（慧 27/989a "謦欬" 註）；經文作磬樂（玄 13/172a、慧 57/592a "磬竭" 註）。**礊**苦定反同磬（龍 194/01）。//**礊**俗苦定反（龍 182/03）。**礊**磬古文從巠作～（慧 42/239a）。

礊：**礊**可定反（慧 57/592a）（玄 22/301a）（慧 48/390a）（玄 23/318b）（慧 47/357b）（慧 21/811a）（慧 90/179b）（紹 175a5）。**礊**輕逕反（慧 29/1022a）（慧 88/149a）（慧 100/337a）（慧 100/351a）（希 2/365c）。**礊**正苦定反盡也（龍 182/03）（玄 9/121a）（慧 46/321b）。**礊**可定反（玄 13/172a）（慧 22/842b）。**礊**俗（龍 182/03）。**礊**俗（龍 182/03）。//**窐**古文空定反（龍 509/01）；磬古文窐同（玄 13/172a、慧 57/592a "磬竭" 註）（玄 22/301a、慧 48/390a "磬謁" 註）（玄 23/318b、慧 47/357b "磬竭" 註）。

①參見《叢考》325 頁；《〈一切經音義〉研究》214 頁。

謦：謦苦定反一足跳行也 (龍 464/03)。

甇：甇今苦定反金聲也 (龍 018/08)。//鑋：鑋或作 (龍 018/08)。

慶：慶唧暎反 (慧 30/1039b) (慧 83/62b)。

夔：夔千定反夔夔 (龍 523/08)。夔青性反借為去聲用本音上聲今不取 (慧 35/106a)。

qiong

qióng 邛： 邛共顥反 (慧 90/175b) (紹 201b9)。邛正渠容反 (龍 452/09) (慧 93/217b)。邛俗 (龍 452/09)。

笻： 笻渠容反 (龍 388/06)。笻局龍反 (慧 24/900a)。笻巨容切 (紹 160b2)。

枊： 枊渠容反柜栁 (龍 374/05)。

傸： 傸正渠容反傸伀可憎之皃也 (龍 026/03)。傸俗 (龍 026/03)。

蝪： 蝪渠容反 (龍 221/07) (慧 96/263b)。

髸： 髸渠容反乱髮也 (龍 088/05)。

舼： 舼正渠容反舩也 (龍 131/04)。//舼：舼正 (龍 131/04)。舼俗 (龍 131/04)。

軠： 軠渠容反軠逐所支棺 (龍 081/03)。

蛬： 蛬正渠容居悚二反蟋蟀也 (龍 221/07) (龍 256/05) (慧 86/104a) (紹 164b5)。蛬或作 (龍 221/07)。蛬或作 (龍 221/07)。蛬隨函云合作蛬 (龍 256/05)。//蛬：蛬蛬古今正字從虫共聲文字典説從昊作〜古字也亦通 (慧 86/104a "飛蛬" 註)。

穷：穷貧古文作穷 (希 9/413c)。

穹：穹去宮反 (龍 507/02) (玄 4/55b) (慧 43/267a) (慧 41/217a) (慧 80/1081a) (慧 82/25b) (慧 83/60b) (紹 194b9)。穹古文音穹 (龍 184/04)。

焪：焪去衆反火乾物也 (龍 243/07)。

弩：弩或作去弓反 (龍 073/03)。弩俗 (龍 073/03)。

謥：謥去仲反謥多言也 (龍 049/07)。

竆：竆正渠弓反羿所到國也 (龍 507/09)。竆俗 (龍 507/09)。

匑：匑丘弓反 (龍 140/05)。

獥：獥音窮獸似虎食人也（龍318/04）。

藭：藭正音窮芎藭也（龍258/04）（慧29/1023b）。//莒或作（龍258/04）。

煢：煢正渠容反（龍238/8）（玄1/2c）（玄18/239b）（玄19/257b）（慧20/802b）（慧44/292b）（慧56/564a）（慧73/922b）（慧83/48a）（慧87/131b）（慧92/200b）（慧94/228a）（慧100/344b）（希3/369a）（紹189b7）；悙或作煢（慧30/1042a"悙獨"註）（慧33/61b"悙悙"註）（慧41/220b"孤悙"註）（慧61/679b"孤悙"註）（希1/357a"孤悙"註）（希4/379a"孤悙"註）。煢今渠容反（龍238/8）（玄12/158b）（慧74/956a）（慧22/836b）（慧79/1064b）（紹189b7）；煢集作煢俗字也（慧100/344b"煢煢"註）（希1/357a"孤悙"註）（希1/357a"孤悙"註）（希4/379a"孤悙"註）。//傛：傛煢古文傛同①（玄1/2c"孤煢"註）（玄5/76b、慧44/292b"煢悸"註）（玄12/158b、慧74/956a"孤煢"註）（玄18/239b、慧73/922b"孤煢"註）（玄19/257b、慧56/564a"煢獨"註）（慧41/220b"孤悙"註）（希1/357a"孤悙"註）（希4/379a"孤悙"註）。

傛煢古文傛同（慧20/802b"孤煢"註）。

蘷：蘷正音瓊草旋（龍254/02）。//蘷：蘷或作（龍254/02）。

悙：悙渠營反無兄弟曰悙亦獨也（龍53/4）（慧41/220b）（慧61/679b）（希1/357a）（希2/365b）（希4/379a）；煢古文悙同（玄1/2c、慧20/802b"孤煢"註）（玄5/76b、慧44/292b"煢悸"註）（玄12/158b、慧74/956a"孤煢"註）（玄19/257b、慧56/564a"煢獨"註）（慧22/836b"煢獨贏頓"註）（慧87/131b"煢嫠"註）（希3/369a"煢獨"註）。嫈葵營反文字典說云合從丂從子訛（慧30/1042a）（紹130a9）（紹173b3）。悙煢古文悙同（玄18/239b、慧73/922b"孤煢"註）。嶀葵營反文字典說云悙字從丂從子作悙誤也（慧33/61b）（慧41/220b"孤悙"註）。憛渠營反（龍056/06）。

婷：婷煢字又作悙嬛婷三體（慧22/836b"煢獨贏頓"註）。

愬：愬音瓊心憂也（龍065/01）。

怮：怮渠縈常倫二反心愁憂悶也（龍055/08）。

赹：赹正渠營反獨行兒（龍324/08）。趙俗（龍324/08）。

悎：悎正去宮反憂兒也（龍055/07）。//惸：惸或作（龍055/07）。

①徐在國《隸定古文疏證》："傑、傛，並傛字俗體。"（241）楊寶忠《疑難字考釋與研究》同此說（35）。

瞏：瞏今渠營反驚視也（龍360/04）。瞏或作（龍360/04）。瞏俗（龍360/04）。

嬛：嬛罃字又作惸嬛婷三體（慧22/836b"罃獨羸頓"註）（慧41/220b"孤惸"註）（慧87/131b"罃嫠"註）。

瓊：瓊葵營反（慧60/654b）（慧81/9a）。瓊葵營反（慧83/59a）（慧100/349a）。瓊今渠營反玉樹也（龍432/06）。瓊正（龍432/06）。瓊葵營反（慧11/601a）。瓊瓊正葵營切（紹140b9）。璚古（龍432/06）。

俋：俋俗去仲反正作俋（龍308/06）。

qiu

qiū 丘：丘（玄22/304a）（慧48/394b）（慧27/980b）（慧32/48b）。丠古文音丘（龍524/09）。丠音丘（龍255/01）。丠古文音丘（龍524/09）。业古文音丘（龍524/09）。丠音丘（龍525/01）。丠音丘（龍525/01）。//坵：坵丘音（紹160b10）；丘經從土作坵非也（慧32/48b"丘聚"註）。坴丘古文坴（玄6/86b"丘坑"註）（玄22/304a、慧48/394b"土丘"註）。

邱：邱正音丘地名（龍453/07）。邱古音丘地名（龍453/07）。阺邱正丘音（紹169b5）。

蚯：蚯音丘（龍219/08）（玄8/116b）（慧14/662b）（希7/402b）。

秋：秋七修反（慧31/13b）；狄有本作秋字甚乖（希10/418b"狄道"註）。

楸：楸音秋木名（龍378/02）（紹158a4）。楸俗音秋正作楸（龍208/09）。//柜楸正秋音（紹195b7）。

聥：聥即由反耳鳴也（龍313/08）。

篍：篍音秋說文云吹簫也（龍389/07）。

鶖：鶖音秋鷄鶹也（龍148/09）。

鞦：鞦音秋與緧同（龍446/09）（慧14/669b）（慧68/830a）（希9/412a）（紹140b1）；秋經作鞦俗字（慧31/13b"秋罨"註）。//鞧音秋與緧同（龍446/09）；鞦亦作鞧緧（慧68/830a"鞦鞅"註）（希9/412a"攀鞦"註）。//緧：緧正字由似由二反又俗音秋（龍397/04）；鞦亦作鞧緧（慧68/830a"鞦鞅"註）（希9/412a"攀鞦"註）。//緧：緧或作字由似由二反又俗音秋（龍397/04）（紹191a2）；鞦或作緧鞧皆一也（慧14/669b"鞦彎"註）（希

9/412a "攀鞦" 註）。

鶖：璹鶖鷺或作搗鸜皆古字也（慧 4/468b "鶖鷺" 註）（慧 32/40a "鶖鷺" 註）。鶖音秋（龍 285/02）（玄 21/285c）。鶖音秋（慧 4/468b）（慧 32/40a）（慧 51/436a）（慧 69/836b）（紹 165a6）。

鰍：鰍音秋魚名（龍 166/02）。

龜：龜音丘國名（龍 190/07）（希 10/422c）。

鼀：鼀今音秋次鼀蜘蛛也（龍 221/10）。鼀或作（龍 221/10）。蚕或作（龍 221/10）。

赽：赽千仲反行兒（龍 325/08）。

qiú　仇：仇正音求讎也（龍 23/3）（玄 1/2c）（玄 1/8b）（玄 8/108c）（玄 8/116a）（玄 9/121b）（玄 15/204a）（玄 18/249a）（玄 20/267c）（玄 21/281b）（慧 13/654b）（慧 17/741b）（慧 20/802a）（慧 21/824b）（慧 28/1006a）（慧 32/37a）（慧 33/55a）（慧 46/323a）（慧 58/622a）（慧 59/648a）（慧 73/919a）（慧 75/982a）（慧 100/346b）（紹 128a4）。仇俗（龍 23/3）（玄 14/195b）。

叴：叴音求地名（龍 332/08）（龍 268/10）。叾音求地名（龍 332/08）。

吰：吰俗（龍 268/03）；仇經文從口作吰非也（玄 8/116a "摩仇" 註）（慧 32/37b "摩仇" 註）。叺俗地名（龍 268/10）叾俗（龍 268/03）。

呕：呕音求氣訶也（龍 268/10）。

扏：扏音求緩也（龍 209/01）。

芁：芁音求獸屬又地名（龍 255/05）。芃音求地名也①（慧 99/325a）。

肍：肍音求乾宍醬又熟宍也（龍 409/06）。

杦：杦渠鳩反（慧 99/312b）。扏亦從木作杦繫梅也（龍 209/01）。

訅：訅音求安也謀也信也（龍 044/01）。

尳：尳丘求二音迫也（龍 332/09）。

敊：敊音求饌敊亭名也（龍 526/02）。

釚：釚音求弩牙也（龍 013/06）。

觓：觓音求（玄 20/266a "觓鼻" 註）。觓正音求（龍 363/02）（慧 57/583a）。觓或作音求（龍 363/02）。敦或作音求（龍 363/02）。觓觓正求音（紹 148a10）。

①參見《刻本用字研究》128 頁。

俅：俅音求戴也（龍023/03）。俅俗口求反（龍025/08）。

殏：殏音求殄也（龍514/01）。

綠：綠音求急引也（龍399/01）。//紌：紌音求急引也（龍399/01）。

銶：銶音求鑿屬也（龍011/01）。

頯：頯音求戴也（龍483/04）。

述：述音求（龍488/03）；仇古文述同（玄14/195b、慧59/648a"怨仇"註）（玄15/204a、慧58/622a"仇者"註）（玄18/249a、慧73/919a"怨仇"註）（玄20/267c、慧33/55a"仇憾"註）（玄21/281b"仇疋"註）（慧13/654b"仇匹"註）。

脉：脉音求形之瘠也又音休（龍409/07）。

犰：犰渠幽反牛角也（龍114/02）。

球：球今音求（龍434/01）（紹141a7）。蟗或作音求（龍434/01）。

毬：毬音求毛丸擊以為戲也（龍134/04）（慧13/646b）；毱經文作毬非體也（玄1/12b、慧42/233a"毱豆畱"註）（玄4/57a、慧43/266b"毱多"註）（慧62/714a"小毱"註）。

蛷：蛷正音求（龍220/08）（玄5/70a）。蛷俗音求（龍220/08）（玄20/273b、慧34/89a"蚑蜂"註）。蛷渠鳩求俱二反（慧37/146b）。

裘：裘音求（慧83/47a）；毪麮又作𣮏毪二形字苑作𣮏毪同釋名作裘溲（玄14/192b、慧59/643a"毪麮"註）。

賕：賕音求枉法受財曰賕（龍349/05）（玄21/281a）（慧13/653a）（慧97/284b）（紹143a10）。

虬：虬祁由反（慧83/51b）（慧90/174b）。虬渠幽居幽二反無角龍也（龍222/03）（玄1/15a）（玄10/135c）（玄12/159c）（慧53/484b）（玄19/259c）（慧53/493a）（紹164b4）。虬渠周反（慧49/400a）（慧56/568a）。虬（慧42/237b）。觓渠幽反無角龍也與虬同（龍96/05）。虬虬正渠幽切（紹165a1）。//虫與虬同（龍255/05）。

觓：觓或作（龍511/03）。觓渠幽反角爵皃（龍511/03）。//觓：觓今渠幽反厄曲皃（龍511/03）。

囚：囚俗音囚（龍175/01）。

泅：汙古詳由反（龍229/04）；泅正字作汙同（玄11/152a、慧52/472a"獲泅"註）（玄15/211b、慧 58/624b "泅戲" 註）（玄 17/233c、慧 70/859b "學泅" 註）（玄 18/249c、慧 73/936b "泅水" 註）。

//泅：泅 今詳由反（龍 229/04）（玄 11/152a）（慧 52/472a）（玄 15/211b）（慧 58/624b）（玄

17/233c）（慧 70/859b）（玄 18/249c）（慧 73/936b）（紹 188b3）。

茵：茵 音囚又音由（龍 253/09）（慧 80/1085a）。

鮂：鮂 音囚白鱉化為頂上有毛也（龍 168/03）。

酉：酋 字由反（龍 310/01）（玄 14/191b、慧 59/641b "持鉢" 註）（慧 83/66a）（慧 85/99a）。

逎：逎 即由自由二反（龍 489/01）（慧 31/12a）（慧 83/64a）（慧 85/101a）（慧 88/135b）（希 10/419c）

（紹 138a7）。逎 即由反从也迫也又縣名（龍 489/01）。

崷：崷 字酉反（龍 073/02）（紹 162b2）。

煀：煀 自秋反煀爆（龍 239/08）。

蝤：蝤 又即由疾由二反（龍 221/01）（玄 5/69c）。

觩：觩 字由反收繳角也（龍 511/07）。

鰌：鰌 就由反（慧 81/23a）。//鰌：鰌 鰌或從羞作鰌（慧 81/23a "鰌鱓" 註）。

璆：璆 求虯二音（龍 433/09）（慧 80/1078a）（慧 83/45a）（希 10/420a）。

愁：愁 求咎二音怨愁也（龍 065/01）。

qiǔ 糗：糗 去久反（龍 304/08）。糗 丘久反（玄 18/252a）（慧 73/918a）。糗 糗正去久尺沼二

切（紹 196b4）。糗 昌救反又同糗去久反乾飯屑也又俗昌了反（龍 305/08）。

躟：躟 丘蹽反～蹜行皃也又香仲反跳走也（龍 464/02）。

鮢：鮢 丘救反～鼠也（龍 363/08）。

qu

qū 佉：佉 丘迦反神名又音去（龍 027/07）（玄 8/110b）（慧 2/426b）（慧 14/661b）（慧 73/935a）（紹

128b5）。// 佉 佉經文作喞非也（玄 8/110b "十佉" 註）。

陆：陆 去魚反依山谷為牛馬圈也（龍 295/08）。

抾：抾 去劫反挹也（龍 218/10）。

胠：胠去魚反腋下（龍 408/02）。

袪：袪丘居反（玄 10/132b）（慧 49/406b）（慧 62/701b）。

袪：袪去魚反（龍 101/07）（慧 47/364b）（慧 72/897b）（慧 85/91b）（慧 87/123b）（慧 91/189a）（慧 92/201a）（慧 95/253b）（慧 100/346b）（希 5/382c）。袪去魚反（慧 10/588a）（紹 168b8）。

筥：筥去魚反飯器也（龍 388/06）。

魼：魼他盍反比目魚別名也又去魚反（龍 172/01）。鰈同上（龍 172/01）。

屈：屈今渠勿反短毛鳥也（龍 164/09）。屈衢勿反（玄 15/202a）。屈 衢物反（玄 12/167b）（慧 58/618b）。屈俗（龍 164/09）（慧 75/985b）。屈俗（龍 164/09）。屈俗（龍 164/09）。屈九勿反（龍 164/09）（玄 8/112a）（慧 42/238b）（慧 82/27a）（希 7/400a）（希 10/423a）。//屫：屫渠勿反鳥短毛也（龍 137/01）。

詘：詘正去勿居勿二反辭閉也（龍 051/05）（玄 14/186a、慧 59/633b"自斃"註）（紹 185a6）。//譎：譎或作（龍 051/05）；硫集從言作譎（慧 99/323a"魂硫"註）。

駆：駆去勿反駆產良馬也（龍 294/08）。駆同上（龍 294/08）。

伹：伹七余反拙人也（龍 025/02）。

坥：坥七余反墳場也又七魯反（龍 246/03）。

砠：砠子魚反山戴土也又七魚反與岨同（龍 441/06）。//岨：岨七余反山戴土也又莊所反與阻同（龍 070/04）（紹 162a2）。//硟：硟俗七余反正作岨（龍 507/05）。//嶋：嶋正（龍 070/05）。嶋俗同上（龍 070/05）。

胆：胆七余也［反］胆虫也（龍 406/01）（慧 17/743a）（慧 17/745a）（玄 1/10b）（玄 1/13a）（玄 2/26c）（玄 8/110b）（慧 32/35b）（玄 11/141c）（慧 56/550b）（玄 11/153a）（慧 52/475b）（玄 15/203a）（慧 58/620b）（玄 15/211a）（慧 58/624a）（玄 17/237a）（慧 74/951b）（玄 22/296c）（慧 48/383a）（玄 24/329b）（慧 70/876b）（慧 2/425b）（慧 5/479b）（慧 76/991a）（慧 78/1046a）（慧 79/1066b）（希 8/410a"蠅蛆"註）；蛆正從肉作胆（慧 14/665a"蛆蟲"註）（慧 25/919a"癰疽"註）（慧 69/849a"蟲蛆"註）。胆（慧 42/234a）。胆七余反[1]（龍 425/05）。//蛆：蛆子餘反（慧 76/1006b）（慧 25/919a）（慧 67/807a）（慧 69/849a）（慧 87/120a）（慧 99/316a）（希 8/410a）

[1]《叢考》：此字疑為"胆"的訛俗字（594）。

（紹163b6）；胆經文作蛆非也（玄11/153a、慧52/475b“胆蠅”註）（玄17/237a、慧74/951b “胆蛆”註）（希8/410a“蠅蛆”註）。**蛆**子餘反（玄20/274a）（慧14/665a）（慧29/1020a）；蛆[胆]①經文從虫作蛆（玄1/9b、慧17/743a“蠅蛆[胆]”註）（玄1/13a、慧42/234a“胆户”註）（玄2/26c“虫胆”註）（玄8/110b、慧32/35b“胆蟲”註）（玄11/141c、慧56/550b“胆蛆”註）（慧2/425b“蟲胆”註）（慧26/934a“虫胈”註）。**蛆**七金[余]反蛆虫也（龍219/08）。//胈：**胈**俗（龍406/01）。**胈**七余反（慧26/934a）。

區：**區**豈俱反（龍192/03）（玄4/62a）（玄13/178a）（慧52/481a）（慧19/783a）（慧21/820a）（紹175a1）。

嶇：**嶇**去俱反嵜嶇領[傾]側也（龍070/02）（玄4/60b）（慧11/618a）（慧80/1089a）（慧83/48b）（慧94/224b）（慧98/310a）（慧100/330b）（紹162a7）。//岖：**岖**俗（龍070/03）（紹162a7）；嶇傳從丘作岖俗字也（慧83/48b“崎嶇”註）。//嵀：**嵀**虛音（紹162a5）。**嵀**正去魚反岖嵜山路也（龍070/03）。

隖：**隖**去俱反（龍295/08）（紹169b10）；躯或作隖（慧45/314b“踦躯”註）；崎嶇或從阜作陭隖（慧94/224b“崎嶇”註）。

躯：**躯**（慧45/314b）；崎嶇經文從足作踦躯非體也（玄4/60b“崎嶇”註）（慧100/330b“崎嶇”註）。**躯**俗音軀（龍458/07）。

軀：**軀**羌于反（慧41/214b）（慧53/495a）。**軀**豈俱反身軀也（龍161/02）。**軀**軀正豈于切（紹200a7）。

驅：**驅**羌于反（慧1/420b）（慧5/487a）（慧13/650a）（慧50/426b）（希7/402c）（紹165b10）；駈有作驅通同（慧27/979b“駈”註）。**驅**正豈俱反（龍290/07）。**驅**俗（龍290/06）。//駈：**駈**通豈俱反（龍290/07）（慧27/979b）；驅文字集略作駈俗字也（慧5/487a“驅遣”註）（希7/402c“驅擯”註）。**駈**通俗（龍290/06）（紹165b10）。**駈**俗（龍290/06）。**駈**區音（紹165b10）。//駈：**駈**俗豈俱反（龍290/06）（玄20/266a）（紹166b1）。**駈**俗（龍290/06）。**駈**俗（龍290/06）。//敺：**敺**驅又作敺古字也又有去聲（慧5/487a“驅遣”

①《玄應音義》“蠅蛆”當依《慧琳音義》轉錄作“蠅胆”，因為注文中有“經文從虫作蛆”之語，兩“蛆”字必有一誤。

註）（慧 13/650a "驅役" 註）。**駠** 俗音折① （龍 294/06）。

軀： **軀** 丘俱反魚名出遼東似蝦無足 （龍 168/01）。

㰨： **㰨** 正強魚反㰨怯也 （龍 056/01）。 **憷** 俗通 （龍 056/01）。

㩜： **㩜** 去魚反擊也 （龍 210/03）。

齟： **齟** 丘魚反 （慧 48/388a）。 **齟** 俗羌魚反② （龍 311/09）（玄 22/300a）。// **朣** 俗駈虛二音
（龍 408/05）。

趨： **趨** 正七俞反 （龍 324/02）（紹 138a3）； **趍** 又作趨同 （玄 1/7b、慧 17/739a "趍走" 註）（玄
14/191a、慧 59/641a "趍行" 註）（慧 11/608b "如趍" 註）； **趍** 又作趨 （慧 99/326b "趍趌" 註）。
趍 七榆反 （慧 26/936a）。 **趍** 七于切 （紹 138a3）。 **趍** 通七俞反 （龍 324/02）（玄 2/27a）
（玄 1/7b）（玄 14/191a）（慧 11/608b）（慧 17/739a）（慧 59/641a）（紹 138a3）；趣經文作趍 （玄
1/14a "趣足" 註）。

麹： **麹** 穹鞠反 （慧 66/788b）（慧 100/336a）。 **麹** 正去匊反 （龍 506/01）（玄 15/212b）（慧 58/626b）。
麹 俗去匊反 （龍 506/01）。 **麹** 俗去匊反 （龍 506/01）。 **麹** 俗去匊反 （龍 506/01）。 **麹**
俗去匊反 （龍 506/01）。 **麹** 俗去匊反 （龍 506/01）。 **麹** 舊藏作麹 （龍 506/04）。 **麹** 渠
竹反③ （龍 368/01）。

qú 劬： **劬** 其于反 （龍 516/07）（玄 4/50c）（慧 31/21b）（玄 23/314b）（慧 50/423a）（慧 2/438b）（慧 5/487a）
（慧 6/509a）（慧 8/538a）（慧 18/756a）（慧 20/799a）（慧 23/860a）（慧 41/220b）（慧 51/449b）（慧
68/823a）（紹 145a9）。// **眹** 劬扶二音④ （龍 369/09）。

劤： **劤** 其俱反斸也 （龍 137/04）。

胊： **胊** 正其俱反 （龍 369/09）（龍 406/08）（紹 136a7）。 **聠** 俗強俱反 （龍 314/03）。 **胊** 俗 （龍
314/03）。 **眗** 俗 （龍 369/09）。

萮： **萮** 其俱反芋爇也 （龍 258/04）（玄 5/75a）（慧 30/1044b）。

屨： **屨** 正音劬履頭上飾也 （龍 163/04）。 **屩** 俗 （龍 163/04）。

---

①參見《字典考正》468 頁。
②參見《龍龕手鏡研究》267 頁。
③參見《叢考》97 頁。
④《叢考》：此字很可能就是 "劬" 的俗字（96）。

翎: **翎**其俱反鳥羽也又俱雨反曲羽也〔龍 327/03〕。**翔**其俱反鳥左足白也〔龍 326/09〕〔龍 327/03〕。//鵝: **翔**其俱反鳥左足白也〔龍 326/09〕〔龍 327/03〕。

胊: **䫞**其俱反龜屬〔龍 340/08〕。**龜**同上〔龍 340/08〕。

鴝: **鴝**正其俱反〔龍 285/04〕〔玄 5/74b〕〔慧 34/89b〕〔玄 18/240c〕〔慧 73/934b〕〔慧 66/798a〕〔慧 74/945b〕〔希 6/393a〕〔紹 165a9〕；鈎論文作鴝〔玄 17/231a、慧 70/855b "鈎鴝" 註〕；鸜亦從句作鴝〔慧 14/677b "鸜鴝" 註〕〔慧 16/708b "鸜鴝" 註〕〔慧 61/696a "鸜鴝" 註〕。**鵁**俗其俱反〔龍 285/04〕。//鸜: **鸜**具俱反〔慧 14/677b〕〔慧 16/708b〕〔慧 24/887b〕〔慧 37/145a〕〔慧 61/696a〕〔紹 165a9〕；鴝又作鸜同〔玄 5/74b、慧 34/89b "鴈鴝" 註〕〔玄 17/231a、慧 70/855b "鈎鴝" 註〕〔玄 18/240c[①]、慧 73/934b "鴝鸜" 註〕〔慧 66/798a "鴝鸜" 註〕〔慧 74/945b "鴝鸜" 註〕〔希 6/393a "鴝鸜" 註〕。//鵝: **鵝**俗音劬〔龍 285/07〕。

鮈: **鮈**音劬鯖～小鼠也〔龍 334/04〕。

瞿: **瞿**強于反〔慧 8/542a〕〔慧 87/124a〕。**瞿**其俱反姓也世尊姓瞿曇氏〔龍 417/03〕。//眡: **眀**正音俱左右視兒〔龍 418/08〕；瞿正從二目作眀〔慧 87/124a "瞿然" 註〕。**眫**俗音俱〔龍 418/08〕。

濯: **濯**瞿音〔紹 188b4〕。

曤: **曤**俗音瞿〔龍 269/01〕。

䁠: **䁠**其俱反〔龍 495/06〕〔玄 7/102c〕。

朣: **朣**渠駒反〔慧 57/591b〕。**朣**局俱反〔慧 98/297b〕；朣又作朣同〔玄 13/171b、慧 57/591b "羸朣" 註〕〔希 8/408c "黑瘦" 註〕。**朣**正音具又音翟 [瞿][②]〔龍 414/07〕〔玄 13/171b〕〔紹 136a5〕；朣或作朣〔慧 98/297b "一朣" 註〕。**䐹**俗音具又音翟 [瞿]〔龍 414/07〕〔初編玄 599 "羸朣" 註〕。//癯: **癯**其俱反〔龍 471/09〕；朣集從疒作癯非也〔慧 98/297b "一朣" 註〕〔希 8/408c "黑瘦" 註〕。

氍: **氍**正其俱反氍毹毛席毯褥之屬也〔龍 134/02〕〔玄 2/25a〕〔慧 13/643a〕〔慧 26/932a〕〔慧 45/303b〕〔慧 54/510a〕〔慧 60/673b〕〔慧 61/693a〕〔慧 62/708a〕〔慧 63/740b〕〔慧 64/759a〕〔慧

①《玄應音義》作 "鸚"，當是 "鸜" 字形誤。
②參見《龍龕手鏡研究》317 頁。

66/798b）（慧 79/1059b）（慧 81/14a）（希 9/416b）（紹 145a4）；氍毹字苑作氍毹同（玄 14/192b、慧 59/643a "氍毹" 註）。氍俗（龍 134/02）（慧 37/138b）（紹 145a4）。//氍俗（龍 134/02）。氍俗（龍 134/02）。//氍俗（龍 134/02）；氍毹論文氍毹非也（慧 66/798b "氍毹" 註）。//氀：氀具俱反（慧 80/1085b）（慧 91/184b）。氀古（龍 134/02）（玄 14/192b）（慧 59/643a）；氍或作氀（慧 13/643a "氍毹" 註）（慧 62/708a "氍毹" 註）（希 9/416b "氍毹" 註）；氍毹字無定體或作氉氀或名毾㲪（慧 60/673b"氍毹"註）。氀（慧 80/1074b）。氉古（龍 134/02）；氍或作氉（慧 13/643a "氍毹" 註）。氀俗（龍 134/02）。//氀氀毹又作毹氀二形（玄 14/192b、慧 59/643a "氀毹" 註）。氀俗（龍 134/02）。氀古侯反[①]（龍 135/04）。//氀俗（龍 134/02）。//氉：氉氍毹字無定體或作氉氀或名毾㲪（慧 60/673b "氍毹" 註）（希 9/416b "氍毹" 註）。

欋：欋居玉切有處却作欋字具俱切用臨文詳之（紹 134a2 "攫" 註）。

䁷：䁷俗其遇反正作䁷（龍 428/09）。

䂂：䂂磠磲案字體宜作磲䂂二形（玄 9/128a、慧 46/334a"磠磲"註）。//磲其俱反（玄 9/128a）（慧 46/334a）。

衢：衢懼虞反（玄 2/27b）（玄 6/81c）（慧 30/1046b）（慧 1/421a）（慧 6/497b）（慧 7/520a）（慧 21/823a）（慧 26/936b）（慧 32/45b）（慧 75/969b）（希 2/365a）。衢巨俱反（慧 27/971b）。衢音劬正作衢（龍 024/04）。衢音劬正作衢（龍 024/04）。

趯：趯音劬走顧之皃（龍 324/09）。//趵：趵音劬走顧之皃又音幠健也（龍 324/09）。

鑺：鑺其俱反兵器戟屬也（龍 13/02）。//戵：戵其俱反戰戵戟属也（龍 172/09）。戵俗其俱反（龍 526/05）。

䮶：䮶其俱反騤䮶馬行也（龍 291/10）。

鱹：鱹音劬（龍 168/04）。

渠：渠音渠渌挐（龍 230/05）；蟝經文作渠借用（慧 14/670a "璖蟝" 註）。渠正音渠渌挐（龍 230/05）（紹 188a3）。渠或作音渠渌挐（龍 230/05）。

㮗：㮗俗音渠（龍 269/07）（紹 184b5）；嘄經文作㮗非也（玄 7/95a、慧 28/998b "嗟嘄" 註）。

①參見《疑難字考釋與研究》452 頁。

噤俗音渠（龍269/07）。

彁：彁音渠（龍151/01）。

璩：璩正音渠耳環也（龍432/09）。璩或作（龍432/09）。琹（慧22/840b）（紹141a7）。

磲：磲音渠硨磲美石次于玉也（龍440/03）（慧14/669b）（慧14/671a）（慧29/1025a）。

蕖：蕖音渠芙蕖也（龍257/08）（慧87/126a）（紹155b5）。

鶔：鶔正（龍285/07）。䳇今音渠鶔～鳥也（龍285/07）。

蟲：蟲正音渠（龍222/04）（慧96/263b）。蚷俗（龍222/04）。

蕖：蕖其吕反苦蕖江東呼苦蕒也（龍261/01）（慧94/233a）。蕖俗同上（龍261/01）。

傶：傶通音渠①（龍28/03）。儴俗渠具二音（龍25/03）。儴俗（龍28/03）。

璖：璖正音渠玉名也（龍432/09）（慧48/387a）（慧90/179b）（慧99/314b）；渠經文有作璖（初編玄573 "耳渠" 註）。璖渠音（紹141a7）。瓈今（龍432/09）（玄22/299b）；渠經中有作璖（玄4/49a "璖渠" 註）（慧17/737b "耳渠" 註）。//鐻：鐻音渠鐻耳之環也（龍012/04）。

蕖：蕖具于反（慧019/3a）（慧95/246b）。蕖音渠麦也（龍488/07）（紹138b2）。蕖蕖或作蕖亦通（慧019/3a "蕖麥" 註）；蕖經從草非也（慧75/964b "蕖風" 註）。

籧：蕖音渠（慧83/65a）（慧87/123b）。蕖渠音（紹138b5）。籧籧正渠音（紹160a8）。

轐：轐正音渠車輞也（龍079/06）（慧14/670a）。轐今（龍079/06）（慧37/134b "齋輞" 註）。轐俗（龍079/06）。轐俗（龍081/02）。

趢：趢音渠御反（慧75/964a）（慧75/964b）。趢音渠（龍324/06）。

鶋：鶋其俱反馬後足白也（龍326/09）。

qǔ 取：取廅反切（希9/414c）。

娶：娶相俞七句二反媒嫁也（龍281/02）（玄24/327a）（慧70/873a）（希9/411b）。

岣：岣正音口健也又丘主反巧也（龍519/05）。岣俗（龍519/05）。

噿：噿丘主反立也（龍519/05）。

齲：齲丘主反（龍198/06）；齲又作齲同（玄17/235a、慧74/948b "蟲齲" 註）（慧24/898a "齒齲" 註）（慧43/262b "齒齲" 註）。齲齲又作齲同（玄20/266b "齒齲" 註）。//齲正丘主

---

① 《字典考正》："傶" 即 "詎" 的俗字（14）。

反（龍 312/03）（玄 5/73b）（慧 38/164a）（玄 7/96b）（慧 28/1012a）（玄 17/235a）（慧 74/948b）

（玄 20/266b）（玄 21/282c）（慧 24/898a）（慧 43/262b）（慧 60/658a）（慧 80/1069a）（慧 84/68a）

（慧 88/148b）（紹 146b2）；齺律文作齺非此義（玄 15/208b、慧 58/608b "齺齒" 註）。// 齺

或作（龍 312/03）。

曲：**曲** 丘玉反（希 8/407b）。

qù 去：**去** 墟與反（玄 1/18b）（慧 25/912a）（慧 26/953b）。**圭** 去正（紹 203b9）。**㞢** 音去（龍 36/04）。

仚 俗音去（龍 036/01）。**企** 音去（龍 36/04）。

坎：**坎** 音去又音佉（龍 355/02）（玄 2/24c）（玄 4/49b）（慧 1/417a）（慧 3/440a）（慧 5/487b）（慧

6/509b）（慧 7/524b）（慧 14/674a）（慧 26/930b）（慧 35/98b）（慧 63/739b）（慧 79/1064a）；呿又

作坎同（玄 9/124a、慧 46/327b "呿提" 註）。// 呿：**呿** 音去（龍 272/10）（玄 1/8c）（玄 3/34b）

（玄 9/124a）（玄 20/264b）（玄 20/265c）（慧 09/567a）（慧 17/741b）（慧 46/327b）（紹 182a4）；坎

又作呿同（玄 2/24c "欠坎" 註）（玄 4/49b "欠坎" 註）（慧 1/417a "坎" 註）（慧 3/440a "欠坎"

註）（慧 5/487b "欠坎" 註）（慧 6/509b "卒生" 註）（慧 7/524b "欠坎" 註）（慧 26/930b "欠坎"

註）（慧 79/1064a "欠坎" 註）。// **䶗** 音去（龍 272/10）（慧 32/49b）。// 呿：**呿** 音去（龍

272/10）（紹 182a1）。

詎：**詎** 豈俱反（龍 043/07）。

麩：**麩** 丘語反（慧 53/496b）（慧 75/965a）。**麩** 去月反又音去（龍 505/08）（玄 13/177a）（紹

148a4）。**麩** 俗音去[①]（龍 325/04）。

覻：**覻** 七慮反伺視也（龍 345/07）（玄 12/161a）（慧 75/984b）（玄 19/261c）（慧 56/571b）（慧 40/198b）；

狙又作覻同（玄 17/226a、慧 67/811b "捕狙" 註）。// 屠：**盈** 覻或為～亦作狙（慧 40/198b

"覻皕" 註）。// 覻：**覰** 七慮切（紹 167a7）。

闃：**闃** 俗苦覓反寂靜也（龍 095/05）（慧 81/10a）（慧 87/132a）（慧 88/135b）（慧 91/184b）（慧 98/297a）

（慧 99/319a）（希 10/419c）。**閴** 正苦覓反（龍 095/05）（紹 195a10）；闃集從貝作闉非也（慧

98/297a "之闃" 註）。

蹼：**蹼** 苦覓古覓二反踞皃也（龍 465/07）。

① 參見《龍龕手鏡研究》276 頁。

趣：**趣**千屢反（玄1/14a）（慧27/967b）。**趣**（龍325/06）。//**越**（龍325/06）。//**趣**（龍325/06）。

quan

quān 棬：**棬**丘員反（龍378/05）（玄14/196b）（慧58/619b）（希9/413c）（紹157b10）。**棬**去權反（慧59/650a）（玄15/202c）。//**桊**：**桊**棬律文作桊非體也（玄14/196b"作棬"註）（玄15/202c、慧58/619b"作棬"註）。//**桊**棬律文作㭭非體也（慧59/650a"作棬"註）。

罨：**罨**棬律文作幭與罨同小憒[幀]也（希9/413c"繩棬"註）。

圈：**圈**俗去員反水圈（龍174/08）。

悛：**悛**且泉反（玄20/274a）（慧76/1006b）（慧60/658a）（慧60/662a）（慧80/1080a）（慧87/119a）（慧89/150a）（慧95/255b）（紹131a6）；痠經作悛音詮非經義也（慧55/530b"痠疼"註）。**悛**音詮止也亦更改也（龍053/06）。

quán 全：**令**全音（紹129a1）。

佺：**佺**音詮（龍024/07）（紹129a8）。

荃：**荃**音詮（龍255/01）（慧51/435b）（慧84/79b）（紹155a5）；詮經序從艸作荃香草名也與經義不同也（慧30/1053b"詮窮"註）。

睠：**睠**音全目眇視兒（419/01）。

痊：**痊**此緣反痊病差也（龍469/02）（玄21/284b）（慧28/1008a）（慧4/475a）（慧6/500a）（慧23/877b）。

牷：**牷**音全（龍114/07）（慧99/315b）。

筌：**筌**七緣反（慧41/206b）（慧60/659b）（慧80/1077a）（慧80/1078b）（慧83/61a）（慧85/87b）（慧88/142a）（慧90/167a）（慧95/249a）（慧97/280b）（希4/375a）（希10/420a）（紹159b9）；詮録序從竹作筌是捕魚笱也非詮量之義故不取（慧81/7b"詮而"註）。**荃**筌傳從草作荃俗字也（慧83/61a"筌蹝"註）（慧88/142a"筌蹄"註）。**筂**舊藏作筌（龍389/09）。

踡：**踡**莊員反踡伏屈蹴也（龍460/06）。

詮：詮取全反叙也明也次也平也證也衡也（龍041/01）（玄10/134b）（玄23/312a）（慧50/420a）（慧2/427b）（慧30/1053b）（慧50/415b）（慧81/7b）（紹185a10）。詅又音詮（龍043/02）。[illegible]音詮（龍548/04）。

輇：輇音詮又士專反（龍080/01）；輲正作輇字音義同（慧81/5a“輲車”註）。

絟：絟荃或作絟（慧51/435b）。

駩：駩音詮白馬黑脣也（龍290/10）。//騡：騡音泉（龍292/08）。

銓：銓正音詮衡也又次也量度也（龍010/04）（玄7/102a）（慧30/1045b）（玄18/251a）（慧73/936b）（玄22/301c）（慧48/391a）（玄23/306c）（慧47/354a）（玄24/326a）（慧70/872a）（慧81/3b）（慧86/113a）（慧94/239a）（慧97/281a）（紹181b2）。鍂俗（龍010/04）。//硂：硂音詮硂量謀度也又次也亦硂衡也（龍440/05）；銓又作硂同（玄7/102a、慧30/1045b“觀銓”註）（玄22/301c、慧48/391a“銓量”註）（玄23/306c、慧47/354a“銓量”註）（慧70/872a“銓量”註）。殓銓又作硂同（玄24/326a“銓量”註）。

泉：泉正音全泉水又錢別名（龍431/01）（玄5/74b）（玄12/156a）（慧44/287b）（慧52/456a）。泉古（龍431/01）。𥄉俗（龍153/02）；泉經文作𥄉非也（玄5/74b、慧44/287b“橋泉”註）。𥇸俗（龍153/02）。𡷟取一面呼之（龍074/01）。㟫取一面呼之（龍074/01）；泉經文作㟫非也（玄5/74b、慧44/287b“橋泉”註）。//洤：洤泉古文作洤同（玄12/156a、慧52/456a“穴泉”註）。//原：原泉音（紹193b9）；泉經中作～非體也（玄12/156a、慧52/456a“穴泉”註）。㾯俗泉音（龍470/07）。//湶：湶音泉（龍228/10）；泉或作湶非體也（玄12/156a、慧52/456a“穴泉”註）。

卷：卷奇負反（玄1/21a）。

婘：婘巨負反美好也（龍280/05）。

犈：犈音權牛黑耳也（龍116/01）。

拳：拳今渠員反（龍208/01）（玄11/144c）（玄15/207b）（慧58/607b）（玄20/264c）（玄22/298a）（慧48/385a）（慧8/555b）（慧10/598a）（慧43/256b）（慧47/346b）（慧47/364b）（慧61/690b）（慧62/716a）（慧69/848b）（慧77/1017b）（慧78/1050b）（希4/379c）（紹135a10）；捲又作拳同（玄10/137b、慧45/304b“師捲”註）（玄21/284c、慧28/1009a“師捲”註）（慧28/1011a

"捲杷"註）（慧 31/18b "空捲"註）（慧 47/343b "捲手"註）（慧 75/972a "捲打"註）（希 9/413b

"捲打"註）。//捲：捲 正渠員反（龍 208/01）（玄 10/137b）（慧 45/304b）（玄 21/284c）（慧

28/1009a）（慧 16/722b）（慧 17/734b）（慧 26/951a）（慧 28/1011a）（慧 31/18b）（慧 33/67a）（慧

47/343b）（慧 51/446b）（慧 57/582b）（慧 61/689b）（慧 75/972a）（慧 78/1038a）（慧 79/1061b）

（慧 99/328a）（希 9/413b）（紹 132b2）；拳又作捲同（玄 11/144c、慧 52/457b "拳搣"註）（玄

22/298a、慧 48/385a "師拳"註）（慧 62/716a "拳毆"註）（慧 69/848b "為拳"註）（慧 77/1017b

"怒拳"註）（慧 78/1050b "擎拳"註）；古文額捲觠三形今作卷同（玄 15/206c、慧 58/606a

"若卷"註）（慧 47/364b "有拳"註）；巒經從手作捲非經義（慧 19/778a "匙巒"註）；跧

經本從手作捲（慧 20/800a "跧縮"註）；痯經從手作捲考聲云用力氣勢非經義誤

用也（慧 30/1048b "痯手"註）；鬈傳從手作捲也（慧 81/11a "頭鬈"註）。捲 拳經作

捲非（慧 43/256b "把拳"註）。//捲：捲或作（龍 208/01）（紹 133b10）。

痯：痯 倦袁反（慧 30/1048b）。

跧：跧 巨員反（龍 458/05）（玄 22/297b）（慧 48/384a）（玄 23/308a）（慧 47/355b）（慧 20/800a）

（慧 36/118a）（慧 62/710b）（慧 63/739a）（慧 90/179a）；拳經文從足作跧字書云跧跼行

不進也非拳手義（希 4/379c "拳手"註）。

觠：觠 渠員反曲角也（龍 511/02）；卷聲類亦觠字（玄 1/21a "卷縮"註）（玄 22/290b、慧

48/374a "卷縮"註）（慧 25/918b "舌則卷縮"註）；古文觠今作卷同（玄 15/206c、慧 58/606a

"若卷"註）。// 額 古文額今作卷同（玄 15/206c、慧 58/606a "若卷"註）

鬈：鬈 正渠員反（龍 088/02）（慧 81/11a）。鬈或作渠員反（龍 088/02）。

齤：齤渠員反齒麵（龍 312/01）。

緣：緣 此緣反又此絹反（龍 395/09）（玄 8/111b "緹慢"註）。

諼：諼音詮言語和悅也（龍 042/05）。

權：權音拳稱錘也又草名也（龍 376/07）（慧 20/796b）（慧 29/1024b）（慧 36/120b）（慧 94/225a）。

權渠員反權變也宜也秉也平也重也始也稱也（龍 206/09）（玄 25/331b）（慧 71/880b）

（慧 6/504b）（慧 10/587a）（慧 17/736a）（慧 29/1016b）。權俗音權（龍 110/09）。權俗音

權變也（龍 027/04）。

巏：**巏**卷又有三體一作觠字角曲也二作巏字弓曲也三作鬈字皮縮也（慧 25/918b "舌則卷縮" 註）。

孍：**孍**巨貟反孍嫻好皃也（龍 280/05）。//嫻：**嫻**巨貟反孍嫻好皃也（龍 280/05）。

躍：**躍**拳音（紹 137b1）。**躍**巨員反（龍 461/01）。

顴：**顴**音權（龍 484/01）；權非本字誤用也正體從頁作顴（慧 20/796b "權下" 註）。

趨：**趨**渠貟反（龍 324/05）；踚説文作趨（玄 23/308a、慧 47/355b "踚踾" 註）。//趨：**趨**渠院反（龍 325/05）。

譔：**譔**音詮善言也又士眷反專敬也（龍 042/06）（紹 185b9）。

匷：**匷**音詮（龍 192/04）。

quǎn 犬：**犬**俗音犬①（龍 318/08）。

汱：**汱**正古犬反墜也伏水也（龍 231/10）。**汱**或作（龍 231/10）。

畎：**畎**古犬反田中渠又引水也（龍 154/02）（慧 81/11b）（慧 94/231a）（紹 196b8）。//〈：**〈**古犬反小水深廣尺曰〈〈也（龍 548/07）。**〈**古犬反小水深廣尺曰〈〈也（龍 548/07）。//甽：**甽**古泫反（玄 19/255a、慧 56/560b "土壝" 註）。**甽**古犬反（龍 154/02）。

綣：**綣**正去遠反薆也（龍 105/06）。**裘**古（龍 105/06）。

綣：**綣**祛阮反（玄 9/122c）（慧 46/325b）（玄 20/271a）（慧 54/519b）（慧 96/269b）。

糕：**糕**正去阮反粉也（龍 305/02）。//**綩**或作（龍 305/02）。//**糕**或作（龍 305/02）。

鬈：**鬈**去阮反黏兒（龍 332/02）。

quàn 券：**券**正去願反（龍 517/06）（慧 47/365a）（慧 61/691b）（慧 75/977b）（紹 145a10）；倦亦券字（慧 27/966b "倦" 註）（慧 44/291b "疲倦" 註）（慧 89/152b "忘倦" 註）。//**勸**俗（龍 517/05）。//**家**或作去願反正作券（龍 321/01）（龍 553/06）。**券**券正勸音（紹 203a6）。

鬈：**鬈**正去願反又音倦（龍 176/09）（玄 11/150c、慧 52/470a "自鬈" 註）；卷又有三體一作觠字角曲也二作巏字弓曲也三作鬈字皮縮也（慧 25/918b "舌則卷縮" 註）。**鬈**或作（龍 176/09）。

勸：**勸**匡願反（慧 2/435a）。

①參見《叢考》377 頁。

齤：**齤**去眷反祭祀也（龍553/01）。**鄽**俗去眷反^①（龍456/09）。

que

què 缺：**缺**犬悅反（慧7/521b）（玄8/112c）（慧16/721b）（慧4/475a）（慧5/490a）（慧7/525a）（慧16/724b）（慧17/731b）（慧19/776b）（慧32/45b）（慧35/98b）（慧47/345b）；**䚡**或從缶作缺亦同（慧1/405b"䚡而"註）（慧11/606b"䚡減"註）。**缼**犬悅反（慧19/784a）（慧20/792b）。**缺**犬悅反（慧31/11b）（慧32/28a）。**缺**犬悅反（慧34/83a）。**缺**苦悅反（龍338/06）。//**䚊**俗苦悅反（龍556/03）（慧11/606b）。**䚡**犬悅反（慧1/405b）（慧12/624a）（慧31/11b）；缺聲類從垂作**䚡**（慧7/521b"缺減"註）（慧12/624b）（慧16/724b"缺減"註）（慧17/731b"不缺戒"註）（慧20/792b"穿缺"註）。

閔：**閔**缺血二音無門户也（龍096/01）。

䚡：**䚡**苦穴反缺也（龍555/06）。**䚡**音決缺也（龍556/03）。**䚡**音夬缺也（龍335/01）。

què 卻：**卻**音却（龍538/01）（希7/401c）。**卻**羌略反經從去俗字也（慧15/703a）（慧29/1031a）（慧82/30a）。**郤**俗音却正作卻（龍457/02）。**卻**俗音却正作卻（龍457/02）。**却**郤正却字也古文從谷也（慧29/1031a"攘卻"註）。

跙：**跙**今去約反步跙（龍467/08）。**躇**或作（龍467/08）。

确：**确**正胡角苦角二反（龍444/08）（玄1/8a）（玄1/8b）（玄12/154c）（玄23/310c）（玄24/328b）（慧17/740b）（慧52/453b）（慧47/362a）（慧70/875a）（慧60/660a）（慧62/721b）（慧72/907a）（慧82/28b）（慧83/55a）（紹163a10）；攉經文作确非此用也（玄20/268a、慧33/55b"指攉"註）。**䂭**俗（龍444/08）。

塙：**塙**苦角反墝塙不平（龍252/05）。

碏：**碏**七雀反又張略反（龍446/01）（慧95/253b）。

猎：**猎**七雀反玉篇獸名又才藥反（龍319/08）。

皵：**皵**正七雀七昔二反（龍124/01）。**皵**今（龍124/01）（玄20/274b"皴剥"註）（慧69/836a"皴皮"註）。**皵**或作（龍124/01）。**䏨**俗（龍124/01）。**皵**俗音鵲正作皵（龍523/09）。

<hr>

①參見《龍龕手鏡研究》333頁。

㗫：㗫七雀反驚也（龍 520/03）。

趞：趞正（龍 326/06）。趞今七雀反行皃（龍 326/06）。

鳿：鳿又古文鵲字（龍 341/03）。//鵲：鵲七雀反與䧿同（龍 289/02）（慧 2/424b）（慧 36/119a）（慧 90/171b）。//䧿：䧿七雀反説文云～知太歲之所也字林作鵲同（龍 149/08）。

闃：闃正苦穴反闚閴無門户也（龍 095/05）。闃俗（龍 095/05）。闃俗（龍 095/05）。

闋：闋正苦穴反止也終也（龍 095/02）（玄 7/104c）（慧 17/735b）（慧 91/186b）（慧 92/198b）（慧 94/240b）（紹 195b2）；缺經文從門作闋非（慧 35/98b "不缺" 註）。闋俗（龍 095/02）；闋三蒼古文作～同（玄 7/104c "過闋" 註）。閴闋三蒼古文作閵同（慧 17/735b "過闋" 註）。閴闋衛宏作～（慧 94/240b "猶闋" 註）。

闕：闕正去月反門觀也缺也門兩旁闕然為道也又去也過也失也不供也（龍 095/08）（玄 4/51b）（慧 31/23a）（玄 5/63c）（慧 38/153a）（玄 22/302c）（慧 48/392b）（慧 89/154b）。闕俗（龍 096/01）。闕俗（龍 096/01）（紹 195a6）。闕（麗 59/656c）。闕闕正丘月切（紹 195a6）。闕闕正（紹 195b5）。闕俗（龍 095/08）。

雀：雀即藥反（慧 4/468a）（慧 53/493a）；爵又作雀同（玄 10/137c、慧 45/305b "官爵" 註）。

攉：攉古岳反揚攉大舉也又苦岳反擊也（龍 216/04）。

榷：榷音角（慧 82/31a）（慧 84/76a）（慧 87/124a）。榷江岳反（慧 81/13b）；較又作榷（慧 34/89b "辜較" 註）。榷較又作榷（玄 20/273c "辜較" 註）。

歠：歠苦角反高也（龍 355/05）。

榷：榷音角（龍 385/09）（紹 158a5）。

確：確苦學反（慧 57/592b）（慧 73/919a）（慧 56/566a）（玄 24/330b）（慧 57/582b）（慧 62/718a）（慧 72/900b）（慧 76/1000a）（慧 81/4b）（慧 81/17a）（慧 82/34b）（慧 83/47a）（慧 84/72b）（慧 85/101a）（慧 87/126a）（慧 90/167b）（慧 100/349b）（紹 163a10）。確腔岳反（慧 89/162a）（慧 93/211a）（慧 97/280b）。確俗口角反[1]（龍 444/06）。確苦角反（玄 10/133a）（慧 49/407b）（玄 12/160a）（慧 75/982b）（玄 13/172b）（玄 18/249a）（玄 19/258b）（慧 70/878b）（慧 51/438b）（慧 51/441b）（紹 163a10）；經文從雨作霍[確]非也（慧 76/1000a "確然" 註）（慧 85/101a "常山王確" 註）

---

①參見《龍龕手鏡研究》325 頁。

（慧 90/167b“驪遺”註）。礭摧論從石作礭非也（慧 51/442b“摧破”註）。//碻：碻苦角反（龍 444/09）；礭字書作碻同（玄 10/133a、慧 49/407b“礭然”註）（玄 13/172b、慧 57/592b“端礭”註）（玄 18/249a、慧 73/919a“礭然”註）（玄 24/330b、慧 70/878b“礭陳”註）（慧 93/211a“確法師”註）；確或從高作碻也（慧 100/349b“確然”註）。//塙 礭埤蒼作塙同（玄 13/172b、慧 57/592b“端礭”註）（玄 18/249a、慧 73/919a“礭然”註）（玄 24/330b、慧 70/878b“礭陳”註）（慧 82/34b“確不從命”註）（慧 93/211a“確法師”註）。

㱿：㱿口角反（慧 85/95a）。㱿克角黑角二切（紹 198a10）。㱿㲉又作㱿同（慧 48/371b）（慧 83/54b“巨㲉”註）。㱿克角切又哭音（紹 198a8）。㱿㲉字書作㱿同口角反（玄 2/31b“明㲉”註）（慧 73/923b“㲉出”註）。㱿口角反（慧 26/951a）。㱿克角黑角二切（紹 198a10）。㱿㲉又作㱿同（玄 10/134a“成㲉”註）。㲉又作㱿同（慧 48/371b“破㲉”註）（慧 47/360a“夘㲉”註）（玄 24/322c“夘㲉”註）。㱿㲉又作㱿同（玄 22/288c“破㲉”註）（玄 23/309b“夘㲉”註）（慧 70/866b“夘㲉”註）（慧 3/443b“㲉卵”註）。㱿口角反（玄 18/239c“㲉出”註）。㱿克角黑角二切（紹 198a10）。㱿㱿論文從吉作～非也（慧 85/95a“宗㱿”註）。

愨：愨克角切（紹 131b3）。愨克角切（紹 131b3）。愨腔角反（慧 94/233a）。愨今苦角反（龍 069/01）。愨正苦角反（龍 069/01）。愨或作（龍 069/01）。愨或作（龍 069/01）。愨克角切（紹 131b3）。𧮪誤舊藏作愨苦角反謹也善也（龍 359/01）。

𣫃：𣫃角學二音（紹 198a10）。𣫃苦角反今作𣫃（龍 182/04）。𣫃苦角反今作𣫃（龍 182/04）。

㲉：㲉口角反（慧 48/371b）。㲉口角反（玄 10/134a）（慧 73/923b）（玄 23/309b）（慧 47/360a）（玄 24/322c）（慧 6/511b）（慧 7/525b）（慧 32/43b）（慧 33/68a）。㲉口角反（慧 70/866b）（慧 23/858a）（慧 83/54b）（慧 89/159b）（慧 100/339b）（希 3/371b）。㲉腔角反（慧 72/902a）。㲉苦角反（龍 194/09）（玄 56/846a）（玄 18/239c）（玄 22/288c）（慧 21/826b）（慧 23/870a）（紹 198a8）。㲉枯角反（慧 97/287a）。㲉又作㱿同（慧 50/415a）（慧 68/825a）。㲉苦角反（龍 556/03）（慧 62/709b）。㲉苦角反（慧 14/673a）（慧 32/29b）（慧 37/133a）。㲉腔角反（慧 66/799a）（紹 175a6）。㲉苦角反（慧 3/443b）。㲉枯岳反（慧 11/614a）；㲉字經本有從㱿夘者元不是字尋茲殊謬起自無識智臆製字陷悮童蒙耳（慧 21/826b“從㲉”註）（慧 23/858a

"癡皵"註）。**㲉**坑角反（慧 15/694b）（慧 60/668b）。**㲉**傳文作殼俗字（慧 89/159b "㲉破雛行"註）。

碻：**碻**苦角反固也（龍 444/09）。

皵：**皵**苦角反皮乾也（龍 124/03）。

狋：**狋**七藥反宋國良犬也（龍 319/08）。

礐：**礐**學斛二音石聲又口角反山名大石曰礐又力尼反水石聲（龍 445/09）。**礐**苦角反山多大石也又鵠穀二音石礐聲也（龍 536/02）。

圉：**圉**苦角反革[鞭]聲（龍 175/08）。

燩：**燩**口角苦的二反（龍 244/09）（紹 189b10）。**燩**燩正喫音又苦角切（紹 189b10）。

qun

qūn 困：**困**去倫反又谷倫丘殞渠殞三反（龍 175/02）（紹 174a8）。

逡：**逡**七巡反（龍 488/04）（玄 9/124b）（慧 46/328a）（紹 138b1）。//後：**後**七倫切（紹 172b9）。//夋：**夋**七巡反退也（140/05）。

qún 群：**羣**（慧 27/981b）。//**䎢**音羣多（朋）侵也（龍 529/01）。**羣**俗音羣（龍 119/01）。**羣**俗（龍 119/01）。**莙**音羣多（朋）侵也（龍 529/01）。

裙：**裙**音羣（龍 102/05）。**裙**音羣（慧 61/679a）（慧 63/742a）（慧 94/226b）（希 6/397a）。**裠**古文正作帬（慧 62/705a）（慧 62/717b）（紹 168b7）；帬傳作裠俗字亦通（慧 81/13b "五帬"註）（希 6/397a "緋裙"註）。**帬**今音羣與裠裙同（龍 138/06）（慧 62/697a）（慧 81/13b）；裙説文正體從巾作帬今律中從衣作裙時用字（慧 61/679a "擐裙"註）（慧 63/742a "洗裙"註）（慧 94/226b "躡女裙"註）（希 6/397a "緋裙"註）。**帬**俗（龍 138/06）。**帬**音羣（龍 163/02）。

窘：**窘**君群二音正也衆也（龍 155/07）。

崷：**崷**渠殞反崷嶙山相連也（龍 075/08）。

癝：**癝**正音羣痺也（龍 472/01）。**癝**俗（龍 471/09）。**癝**五還反～痺也玉篇又音同上（龍 472/01）。

R

ran

rán 然：**然**而旃反（慧 12/628b）（慧 27/970b）（慧 37/145a）。**烋**熱旃反（慧 37/133a）（希 2/362c）。

嘫：**嘫**女閒反語聲（龍 268/09）。

鷰：**鷰**音然（龍 286/09）。

肰：**肰**正音然犬宍也（龍 409/04）。**肰**俗（龍 409/04）。

蚺：**蚺**而䀉反（慧 65/774a）。**蚺**而䀉反（玄 16/214c）。**蚺**汝占反（龍 221/02）。

訰：**訰**如鹽反多言也又陟流反（龍 040/04）。//炎：**炎**俗汝占反正作訰多言也（龍 028/06）。

呥：**呥**正汝鹽反噍貌亦多言貌（龍 270/01）。**呥**或作（龍 270/01）。**呥**俗（龍 270/01）。**呥**俗（龍 270/01）。

裑：**裑**正汝鹽反衣緣也（龍 102/07）。**裑**俗（龍 102/07）。

枏：**枏**汝鹽反梅也（龍 377/06）。

髯：**髯**如廉反汝鹽反頷毛也（龍 088/06）（玄 9/124b）（慧 46/328a）（玄 19/257b）（慧 56/564b）（慧 93/214b）；**髯**經作髯亦通（慧 75/970a "多髯" 註）。**頿**冉鹽反（慧 75/970a）；髯又作髯同（玄 19/257b、慧 56/564b "䰅髯" 註）（慧 93/214b "頷髯" 註）。**髥**髯正如占切（紹 144b10）。**髯**莫古反[1]（龍 089/06）。**譆**[2]俗音母（龍 046/01）。//毦：**毦**莫勞汝占二反[3]（龍 132/02）。

蘸：**蘸**爨亦有從艸作蘸其義亦同也（慧 96/258b "之爨" 註）。

爨：**爨**音然（龍 240/04）（慧 96/258b）。

rǎn 冉：**冉**而琰切（紹 202a1）。**冉**而琰切（紹 202a1）；染律文作冉毛也冉非今用也（玄 16/220b、

①參見《字典考正》430 頁。
②《字典考正》："譆"為 "髯（髯）" 字譌變（430）。
③《叢考》：此字當是 "毦（髯）" 字俗訛。（917）。

慧 65/780b "漸染" 註)；苒經作～俗字（慧 8/554a "荏苒" 註）。

苒：**荗**音染（龍 258/10）（玄 22/292b）（慧 48/377a）（慧 4/471b）（慧 68/821b）（慧 92/204a）（紹 155b3）。

荗而琰反（玄 25/333c）（慧 71/884b）（慧 8/554a）（慧 35/111b）。

筁：**箳**正音染竹弱之貌也（龍 391/08）。**箳**俗（龍 391/08）。

染：**淰**而琰反（慧 5/492b）（慧 19/776b）（慧 29/1013b）（慧 63/741a）（希 3/371a）。**染**而琰反（慧 8/553b）。**淰**音染（龍 233/01）。

橪：**霹**而琰反濡也（龍 307/09）。

然：**然**人善反意脆又失善反（龍 031/04）（玄 15/206a、慧 58/605a "疒疒" 註）。

趃：**趃**人善奴典二反躁趃又踐也續也執也行兒也（龍 462/02）。

rang

ráng　儴：**儴**思將如羊二切（紹 129a1）。**儴**如羊反（龍 024/03）（玄 2/27a）（慧 26/936a）（慧 32/43b）

（慧 54/516b）（慧 73/935a）。**儴**思將如羊二切（紹 129a1）。

劷：**劷**汝羊反劻劷（龍 516/08）；怔孃正作劻劷（玄 7/93b、慧 28/996a "怔孃" 註）。

瀼：**瀼**汝羊反露濃也（龍 227/07）。

蘘：**蘘**而羊反（慧 17/740b）；穰經文作蘘非此用（玄 4/59b、慧 30/1042b "穰草" 註）（玄

17/231c、慧 70/856b "稻穰" 註）（慧 76/994b "穰草" 註）。**蘘**而羊反（玄 1/8a）（玄 1/8c）

（慧 17/741b）**蘘**汝羊反荷也又音箱草名也（龍 257/07）（紹 154b6）。

孃：**孃**取上聲經從禾誤也（慧 10/591a）（慧 8/547a）（紹 142a5）。**孃**而羊反（玄 7/93b）

（玄 13/172c）。

獽：**獽**汝羊反（龍 317/06）（慧 94/236a）。

穰：**穰**壞章反（慧 30/1041b）（慧 37/146b）（紹 196a5）；攘集從禾作穰非（慧 97/289a "攘

災" 註）。**穰**汝羊反禾黍穗餘也（龍 143/01）（玄 4/51c）（慧 31/23b）（玄 4/59b）（慧 30/1042b）

（玄 15/207b）（慧 58/607a）（玄 17/231c）（慧 70/856b）（慧 76/994b）；瓤經作穰非也（慧

39/175a "蓮子瓤" 註）。

禳：**禳**汝羊切（紹 168a10）。**禳**正汝羊反謝也除殃也（龍 109/08）。**禳**讓章反（慧 39/166b）

（慧 100/344a）。

簾：**簾**汝羊反簾奐溢米竹器也（龍 388/07）。

瓤：**瓤**攘章反（慧 39/175a"蓮子瓤"註）（紹 174b7）。**瓤**正穰娘二音（龍 195/03）（玄 23/318c）

（慧 50/428b）（玄 24/330c）（慧 70/879a）。**瓤**俗穰娘二音（龍 195/03）。**瓤**穰孃二音（龍 330/08）。**㘾**俗穰娘二音（龍 195/03）。**㘾**俗穰娘二音（龍 545/04）。

躟：**躟**汝羊汝兩二反躟躟疾行也（龍 458/05）。

鑲：**鑲**汝羊息羊女羊三反並兵戎器也（龍 010/04）。

鬤：**鬤**正奴羊反髶鬤乱毛也又乃庚反髶鬤乱髮皃也（龍 086/08）。**鬤**俗（龍 086/08）。

//氉：**氉**或作汝羊反正作鬤髶氉亂毛也（龍 135/04）。

rǎng 壤：**壤**人兩反（龍 249/03）（玄 8/108b）（慧 28/1005b）（慧 8/544b）（慧 29/1021a）（慧 29/1032a）

（慧 69/853b）（紹 161a3）。**壤**而養反（慧 52/475a）（慧 24/894a）（慧 26/935b）（慧 53/488b）。

攘：**攘**正汝羊反（龍 207/05）（玄 4/56b）（慧 43/269a）（慧 28/996a）（慧 34/79a）（慧 57/591a）

（玄 22/295b）（慧 48/381a）（慧 23/868a）（慧 29/1031a）（慧 37/136b）（慧 45/314a）（慧 57/580b）

（慧 77/1015b）（慧 83/47b）（慧 85/92b）（慧 87/127a）（紹 133a1）。**攘**而羊反（玄 7/98c）（玄

10/131c）（慧 49/405b）（玄 11/151c）（慧 52/472a）（玄 13/173c）（慧 26/957a）（慧 55/536b）（慧

95/244a）（慧 97/289a）（希 2/366a）；攘集中從手作攘非此義也（慧 100/344a"攘此"註）；

攘亦作讓俗行之久今經文從手從～誤也（慧 45/314a"推攘"註）。**攘**俗（龍 207/05）。

攘俗（龍 207/05）。//㲎：**㲎**羊穰二音（龍 529/05）。**㲎**如羊反盜也（龍 118/08）。

㘾：**㘾**俗如障反（龍 273/06）。**㘾**俗穰音（龍 265/10）。**㘾**俗（龍 265/10）。

膿：**膿**汝羊反（龍 409/06）。

ràng 懹：**懹**人向反憚也難也（龍 060/02）；孃經文從心作懹非此義（玄 7/93b、慧 28/996a"恇孃"註）。

讓：**讓**攘亦作讓俗行之久（慧 45/314a"推攘"註）。

ráo

ráo 㺊：㺊 正饒繞二音牛馴伏也（龍 116/01）（慧 28/996b）。㺊 通（龍 116/01）。擾 如小如照二反説文牛柔謹曰擾字從牛經文從手作擾非字體也（玄 7/93c）。

嶢：嶢 玉篇音遶郭迻又俗五交反（龍 297/02）。

薅：薅 如招反蒴薅草也（龍 256/06）（玄 13/180c、慧 53/501b"裹蘊"註）（慧 88/146a）（慧 91/188b）（紹 154a4）。

襓：襓 音饒劒衣（龍 103/08）。襓 俗音饒劒衣也（龍 110/03）。

饒：饒 如招反（慧 27/982a）（慧 75/976a）。䕤 饒經文從有作～非（慧 75/976a"饒人"註）。

rǎo 嬈：嬈 乃了反（玄 1/21b）（玄 3/33c）（慧 09/565b）（玄 4/54c）（慧 34/90a）（玄 6/84b）（玄 8/107c）（慧 28/1004b）（初編玄 646）（慧 59/633a）（玄 17/236a）（慧 74/950a）（玄 21/277c）（玄 22/291a①）（慧 48/374b）（玄 23/308a）（慧 47/356a）（玄 25/339c）（慧 71/896a）（慧 1/415b）（慧 3/440a）（慧 5/492a）（慧 6/500a）（慧 6/509b）（慧 11/618a）（慧 12/639b）（慧 16/716a）（慧 16/726b）（慧 22/837b）（慧 23/857b）（慧 24/898a）（慧 25/919b）（慧 27/976b）（慧 28/1010a）（慧 30/1040a）（慧 32/31a）（慧 33/63a）（慧 43/256b）（慧 43/265b）（慧 72/910a）（慧 78/1033a）（慧 100/331b）（紹 141b3）；嬲 諸經作嬈同（玄 7/105a"嬲固"註）；嬲 或作嬈也（慧 54/514a"嬲觸"註）。嬈 泥鳥反（龍 281/06）。// 嫐 奴了女悉二反（龍 282/06）。嫐 寧了女乙二反（龍 282/05）。嫐（龍 282/05）。嫐（龍 282/05）。

擾：擾 而沼反（慧 15/682b）（慧 30/1035b）（慧 41/212a）（慧 62/713a）（慧 63/741b）（慧 74/941a）（慧 76/1002b）（慧 84/73b）（慧 95/244a）。擾 正而沼反（龍 210/10）（慧 28/1004b）（慧 46/322a）（慧 64/744b）（慧 1/417a）（慧 3/452a）（慧 5/487b）（慧 11/612a）（慧 13/655b）（慧 29/1020b）。擾 饒少反（慧 69/840a）。擾 而沼反擾乱也（慧 15/697a）（慧 31/6a）。擾 而少反（慧 7/524b）（慧 7/528a）（慧 37/137a）。擾 俗而沼反（龍 210/10）（玄 8/107b）（玄 9/121a）（慧 46/321b）（玄 16/218b）（慧 65/770b）（玄 16/224c）（玄 23/314b）（慧 50/422b）（慧 1/413b）（慧 2/431b）（慧 4/460a）（慧 10/597b）（慧 21/820a）（慧 51/444b）；嬈摩登伽經作擾（玄 4/54c、慧 34/90a"嬈

---

① 高麗本《玄應音義》作"繞"，蓋"嬈"字訛。

固"註）（玄 7/105a "𡕢固" 註）；擾經中從憂作擾者非也（慧 7/524b "躁擾" 註）（慧 13/655b "𣣺擾" 註）（慧 15/682b "躁擾" 註）（慧 15/697a "擾動" 註）（慧 29/1020b "侵擾" 註）（慧 30/1035b "憒擾" 註）（慧 41/212a "不擾" 註）（慧 74/941a "躁擾" 註）（慧 84/73b "勞擾" 註）。**㨋**而沼反（慧 4/474a）。

躟：**躟**俗音擾（龍 461/06）。**躟**俗（龍 461/06）。

貁：**貁**而沼女救二反爾疋云猿屬而紫黑色人畜之健捕鼠也（龍 321/10）。

rǎo 繞：**繞**饒少反（慧 32/44a）（慧 42/239b）（希 7/403a）。// 圍：**圍**俗音繞（龍 175/04）。**園**俗（龍 175/04）。

re

rě 喏：**喏**俗人者奴嫁二反（龍 270/09）（玄 20/264c）。

rè 熱：**熱**然折反（慧 6/514b）（慧 7/530b）。**爇**正而列反爇也（龍 243/10）。**熱**通（龍 243/10）。**㷟**俗（龍 243/10）。**焫**俗（龍 243/10）。**㰝**舊藏作熱字在僧護經（龍 506/03）。

炳：**爇**今如悅反（龍 263/08）（慧 56/568b）（慧 40/201a）；炳又作爇同（玄 7/93c、慧 28/996b "燒炳" 註）（玄 11/145b、慧 52/459a "火炳" 註）；爇說文作～（慧 87/119a "爇除" 註）。**爇**叒拙反（慧 41/208b）（慧 42/243b）（慧 62/718b）（慧 83/47a）（慧 86/114a）（慧 87/119a）（慧 93/216b）。**爇**俗（龍 263/08）（玄 19/259c）（希 3/369c）。// 炳：**炳**俗（龍 263/08）（玄 11/145b）（慧 52/459a）。**炳**如悅反（龍 244/05）（玄 7/93c）（慧 28/996b）；爇今作炳同（玄 19/259c、慧 56/568b "燒爇" 註）（慧 42/243b "爇此" 註）（慧 62/718b "爇火" 註）（慧 93/216b "未爇" 註）（希 3/369c "焚爇" 註）。

ren

rén 人：**㐌**古文人字（龍 186/08）（龍 524/07）。**厎**古人字也（慧 54/525a）。

仁：**仁**而親反（玄 6/88a）（玄 8/107a）（慧 28/1003b）（玄 25/334b）（慧 71/885b）（慧 22/845a）（慧 23/873a）（慧 27/984a）。// 忈：**忈**音人今作仁（龍 065/08）。**忈**音人今作仁（龍 065/08）。

鉪：鉪今如林反鉪濡聲也又如甚反鍖鉪也（龍 012/03）。//鉪：鉒或作（龍 012/03）。

rèn 荏：荏而審反（龍 258/10）（玄 7/100b）（慧 19/783b）（玄 22/292b）（慧 48/377a）（玄 25/333c）（慧 71/884b）（慧 4/471b）（慧 8/554a）（慧 35/111b）（慧 68/821b）（慧 92/204a）（紹 155b4）。

誰：誰如林反信也念也（龍 042/02）。

桼：桼荏又作桼同（玄 7/100b、慧 19/783b "荏若" 註）。

稔：稔如審反歲熟也又年也（龍 144/09）（玄 21/282b）（玄 22/288c）（慧 48/371b）（慧 12/626a）（慧 29/1020b）（慧 62/716b）（慧 68/828b）（慧 84/73b）。稔誤如枕反正作稔（龍 112/01）。

荵：荵音忍藥草也（龍 260/03）。

rèn 刃：刃人慎反（慧 8/551a）；仞今皆作刃非也（玄 1/4b、慧 20/804b "七仞" 註）。//釰：釰① 音刃（龍 017/09）（紹 180b3）。

仞：仞音刃七尺也說文一尋也（龍 33/5）（玄 1/4b）（初編玄 568）（慧 11/619b）（慧 20/804b）（慧 22/842b）（慧 78/1043b）（紹 128a1）；認經中作仞（玄 11/146c、慧 52/461b "認過" 註）（玄 14/185c、慧 59/633a "所認" 註）（玄 17/230a、慧 79/930b "認取" 註）。

朷：朷音刃（龍 383/09）；靭又作朷同（玄 20/271a、慧 74/940a "為靭" 註）。

牣：牣音刃（龍 117/02）（紹 167b3）。

盶：盶音刃眩盶（龍 422/08）。

軔：軔音刃礙車輪木也（龍 083/09）（玄 20/271a）（慧 74/940a）（慧 87/126b）（慧 88/144b）（慧 91/188a）（紹 139a8）。

靭：靭音刃柔靭也（龍 176/08）（玄 14/194c）（慧 59/647a）（玄 19/262b）（慧 56/572b）（慧 94/240b）。//肕：肕音刃勞肕也（龍 414/02）（玄 19/255c、慧 56/561b "牢靪" 註）（紹 136a9）；靭今作肕同（玄 14/194c、慧 59/647a "堅靭" 註）（玄 19/262b、慧 56/572b "牢靭" 註）；肕宜作肕同音刃（玄 20/273c、慧 34/89b "吃肕" 註）。肕俗音刄正作肕（龍 133/02）。

訒：訒音刃難言也又音忍純也（龍 047/09）（玄 20/272c）（慧 76/993a）（慧 53/499a）（慧 87/132b）；認律文作訒非體也（玄 14/185c、慧 59/632b "所認" 註）（慧 63/740b "認衣" 註）。//叨：叨

---

① 《叢考》：這一音義的 "釰" 實即 "刃" 的增旁俗字（1067）。

俗音刃① (龍 273/05)（玄 20/273c）（慧 34/89b）。

紉：**絧**女珎反 (龍 396/06)（玄 1/9a）（玄 25/334c）（慧 17/742b）（慧 71/886b）（慧 88/145b）（紹

191a10）；紐論從刃作紉説文單繩也非地維義也 (慧 84/85b "紐地維" 註)。

認：**認**音刃識認也 (龍 047/09)（玄 11/146c）（慧 52/461b）（玄 14/185c）（慧 59/633a）（玄 17/230a）

（慧 79/930b）（慧 43/271b）（慧 63/740b）。//俹：**俹**俗音認 (龍 036/09)。

任：**任**壬鳩反 (慧 2/422a)（慧 4/464b）（慧 27/972a）。

姙：**姙**正汝禁反～身懷孕也 (龍 282/10)（慧 12/633b）；姙律文作姙俗字 (希 9/415b "妊胎"

註)。**妊**今 (龍 282/10)（慧 32/45a）（慧 34/77a）（希 8/409b）（希 9/415b）（紹 141b6）；懷孕

論文有作懷妊 (玄 9/126a、慧 46/330b "懷孕" 註)；姙或作妊 (慧 12/633b "懷姙" 註)。**㛯**

俗 (龍 282/10)。**㛥**俗 (龍 282/10)。//雵：**雵**而其反② (龍 162/01)。

紝：**紝**女林反梵 (慧 26/949b)。**絍**如林女林二反 (龍 396/05)；絍古文絍同 (玄 2/31a "絍

婆" 註)（慧 98/294b "機絍" 註)（希 8/405b "絍婆" 註)。**維**如林女林二反 (龍 396/05)（玄

2/31a）（玄 22/294a）（慧 48/379a）（慧 86/109a）（慧 98/294b）（希 8/405b）。

袵：**袵**汝鳩反 (龍 106/07)（慧 74/952b）（慧 83/57a）（紹 168a8）。**袵**而其反 (玄 17/237b)（慧

1/407a）（紹 168a8）。

袵：**袵**音稔 (龍 105/07)（慧 86/105a）。

餁：**餁**而枕切 (紹 172a2)。//焦：**焦**或作音荏熟也 (龍 242/02)。//餁：**餁**音稔熟食

也 (龍 501/06)。//餤：**餤**音稔熟食也 (龍 501/06)。

恁：**恁**音壬信也又音荏念也 (龍 064/08)（紹 131b1)。

reng

rēng 扔：**扔**音仍 (龍 210/02)；仍古文礽訒扔三形同 (玄 17/232a、慧 70/857a "仍託" 註)。

réng 仍：**仍**如升反頻也重也因也就也乃也 (龍 23/07)（玄 1/10c）（玄 17/232a）（玄 24/322a）（慧

17/745a）（慧 70/857a）（慧 70/865b）。//訒：**訒**正音仍因也就也厚也又人之反 (龍

---

①姚永銘《慧琳〈一切經音義〉研究》："肕" 字因受 "吃" 的影響改從口旁作 "叻"，屬于偏旁同化（63）。
②參見《龍龕手鏡研究》206 頁。

42/01)（紹 186a1）；仍又作訒同（玄 1/10c、慧 17/745a "佛仍" 註）（玄 24/322a、慧 70/865b

"仍未" 註）。**訒**俗（龍 42/01）。**訋**俗（龍 42/01）。**詗**俗（龍 42/01）。

芿：**芿**如乘反（龍 255/06）（紹 156a8）；芿又作芿（玄 5/71b、慧 44/287b "芿山" 註）。**芿**而證

反（龍 262/06）（玄 5/71b）（慧 44/287b）（玄 18/251c）（慧 99/321a）。

礽：**礽**音仍福也（龍 110/03）；仍古文礽訒扔三形同（玄 17/232a、慧 70/857a "仍託" 註）（玄

24/322a、慧 70/865b "仍未" 註）。

礽：**礽**仍又作礽同（玄 1/10c）（慧 17/745a）。

ri

rì 日：**日**而質反（慧 11/600b）（慧 41/205b）（慧 41/211a）（慧 85/94a）（希 1/354a）（希 2/365b）。**⊙**

古文日字（龍 555/07）。**𣇃**音日（龍 141/01）。

馹：**馹**正音日（龍 294/05）（慧 39/174a）（慧 51/434b）（慧 91/189b）（紹 166a2）。**馹**俗音日（龍

294/05）。

劽：**劽**人質反利也（龍 101/02）。

rong

róng 戎：**戎**而終反（慧 90/171b）（紹 199a7）。//**戎**戎説文從甲作戒今從十作戎俗字也（慧

90/171b "戎狛" 註）。

狨：**狨**音戎細布也（龍 317/09）。

栻：**栻**音戎（龍 378/09）（慧 88/139b）。

祇：**祇**俗音戎～衣（龍 110/09）。

絨：**絨**音戎細布也（龍 397/03）。

駥：**駥**音戎馬八尺也（龍 292/02）。

茸：**茸**而容反（龍 257/10）（玄 10/133c）（慧 49/408b）（初編玄 692）（慧 58/616a）（玄 16/215a）

（慧 65/774b）（紹 156a1）；鞲經文作茸非此義（玄 2/25a "鞲衣" 註）（玄 11/142b、慧 56/551b

"帶毰" 註）（慧 26/932a "鞲衣" 註）；緝字或從耳作茸（慧 81/15a "緝綵" 註）。//聦：**聦** 隨函而容反毛飾也郭迻俗妨非千芮二反（龍 314/02）。

箅： **箅** 而容反竹頭有文也（龍 388/06）。

揖： **揖** 正而勇反推擣兒也（龍 212/10）。//**搣** 或作（龍 212/10）。

楫： **楫** 而容反木名似檀也（龍 374/08）。

稬： **稬** 而容反穢稬也（龍 143/09）。

蒱： **蒱** 正而容反秺蒱矛也（龍 141/06）。**稬** 俗（龍 141/06）。

鞑： **鞑** 正而容反毳飾也（龍 447/04）（玄 2/25a）（玄 15/208c）（慧 58/609b）（慧 26/932a）；毰律文作鞲（慧 59/647a "結毰" 註）（玄 15/199a、慧 58/612a "毰被" 註）。**鞲** 毰律文作鞲（玄 14/194b "結毰" 註）。**鞑** 俗（龍 447/04）。**鞄** 俗（龍 447/04）。**鞛** 舊藏作鞲（龍 448/06）。**窮** 俗而容反正作鞲毳飾也（龍 507/08）。//毰：**毰** 正而容反今作鞲（龍 134/07）（玄 11/142b）（慧 56/551b）（玄 14/194b）（玄 15/199a）；冗宜作毰（玄 10/139a "毛冗" 註）；鞲又作毰（玄 15/208c "持鞲" 註）；鞲亦作毰（慧 26/932a "鞲衣" 註）。**毳** 而容反（龍 256/03）。**毵** 而容反（龍 256/03）。**毰** 而容反（龍 256/03）（玄 12/157c）（慧 74/954b）（慧 59/647a）（慧 58/612a）（慧 63/738a）；冗宜作毰（慧 65/778b "毛冗" 註）；鞲又作毰（慧 58/609b "持鞲" 註）。**毶** 俗（龍 134/07）；宂字林作毶云猥雜貌也（希 10/423b "宂雜" 註）。**毶** 俗（龍 134/07）。**毿** 俗音散①（龍 136/01）。//毿：**毿** 俗如終反細毛也（龍 134/09）。

髶/鬈： **鬈** 正（龍 088/01）。**鬈** 今而容反髮多亂兒又音二髮飾也（龍 088/01）。

軵： **軵** 音容車行兒（龍 081/04）。

容： **容**（慧 23/865a）。//暚：**暚** 暚俗下音容（龍 313/10）。

傛： **傛** 音容傛華縣名（龍 025/06）。

搈： **搈** 音容不安也（龍 210/06）。

蓉： **蓉** 音容芙蓉花之已發也（龍 256/10）（玄 3/41b）（慧 09/572a）（希 5/386c）（希 7/403b）。

溶： **溶** 音容又音勇（龍 229/03）（紹 186b4）。

①參見《字典考正》214 頁。

瑢： 瑢 音容瑽瑢珮玉行皃也（龍 434/06）。

榕： 榕 今通切韻音松梓道玉篇音容木名也（龍 378/06）。 枀 或作（龍 378/06）。 檣 或
作（龍 378/06）。

褣： 褣 音容褈褣也（龍 103/01）。

鎔： 鎔 音容鑄也（龍 008/04）（玄 4/59b）（玄 20/271a）（慧 74/940b）（玄 22/295a）（慧 48/380b）
（玄 23/315c）（慧 49/397a）（慧 8/549b）（慧 14/662a）（慧 15/696a）（慧 17/735a）（慧 29/1017b）
（慧 29/1030b）（慧 41/216b）（慧 44/288a）（慧 49/396b）（慧 51/440b）（慧 60/670b）（慧 62/705b）
（慧 69/843b）（慧 69/850b）（慧 76/989b）（慧 80/1085b）（慧 81/5b）（慧 90/168a）（慧 91/184a）
（慧 92/204a）（紹 181a5）。 鑛 音鎔（龍 012/09）。

瓬： 瓬 音容甈也（龍 315/07）。 //瓾： 瓾（龍 315/07）。

鬠： 鬠 音容飾～一曰髮長也（龍 088/07）。 瑢（龍 088/07）。

鰫： 鰫 或作音容魚名（龍 167/07）。 //鱅： 鱅 慵容二音魚名似牛音如豕也（龍 167/07）。

榮： 榮 為明反（玄 8/109a）（慧 28/1006b）（玄 20/274c）（慧 76/1008b）（慧 23/866a）（慧 84/69b）；
瀅經文作榮字非也（慧 76/993b "如瀅瀞水" 註）。

嬠： 嬠 榮經文作嬠非也（玄 20/274c、慧 76/1008b "榮樂" 註）。

嶸： 嶸 正户萌反崝嶸山峻皃也又音榮義同（龍 073/04）（慧 82/41b）（慧 84/84b）（慧 88/139a）
（慧 99/327b）（紹 162a4）。 嶸 或作（龍 073/04）。 嶸 俗（龍 073/04）；嶸集從營作嶸誤
也（慧 99/327b "崝嶸" 註）。

燦： 燦 俗音榮（龍 238/09）。

蠑： 蠑 音榮（龍 220/05）（紹 163b7）。

鑅： 鑅 鎗鍠傳文作錚鑅誤（慧 94/228b "鎗鍠" 註）。

融： 融 正以戎反（龍 220/03）（慧 66/786a）（紹 164a8）。 融 俗通以戎反（龍 220/03）。 蟲
俗以戎反（龍 220/03）。 //鉾： 鉾[1] 与隆反（龍 011/06）。

瀜： 瀜 融音（紹 189a6）。

肜： 肜 以戎反祭名也（龍 188/03）（慧 80/1072b）。 肜 又俗以戎反（龍 132/04）。 肷 古文

①《龍龕手鏡研究》：疑是 "融" 的俗字（140）。

音融（龍 419/04）。

烲：**烲**俗与終反（239/10 龍）。

齺：**齺**如佳反（龍 545/03）。**齺**俗莫報反（龍 552/03）。

rǒng 宂：**宂**冗音（龍 156/01）（希 10/423b）（紹 194a2）。**冗**而隴反（龍 536/05）（龍 333/05）（玄 10/139a）（慧 65/778b）（慧 87/121a）。**宂**而勇反①（龍 333/06）。

坃：**坃**而勇反地名（龍 249/01）。//城：**城**而勇反地名（龍 249/01）。

忀：**忀**或作（龍 116/07）。**犳**今而勇反水牛也（龍 116/07）。

鴧：**鴧**宂音（紹 165a9）。

鼥：**鼥**而勇反～鼠也（龍 334/06）。

挏：**挏**而勇反（玄 12/154c、慧 52/454a "排擠" 註）。

輗：**輗**而隴反推車或作撌（龍 082/08）（紹 139a10）。//輗：**輗**而隴反輕也（龍 083/01）。**輗**而隴反車輗（龍 083/01）。**輗**俗而隴反正作輗（龍 083/07）。

毷：**毷**俗（龍 136/01）。**毷**又而勇反毷毛也（龍 136/01）。//毠：**毠**正而隴反鳥細毛也（龍 135/07）。//毠：**毠**或作（龍 135/07）。

鱬：**鱬**而用反魚名（龍 170/08）。

ròng 緷：**緷**俗而用反（龍 402/05）（慧 81/15a）；毦律文作緷（慧 59/647a "結毦" 註）；輗字書作緷同（玄 15/208c、慧 58/609b "持輗" 註）。**緷**毦律文作緷（玄 14/194b "結毦" 註）。

rou

róu 柔：**柔**而周反（慧 4/465b）（慧 22/841a）（紹 157b6）；矛經作柔非也（慧 34/75a "矛稍" 註）。

渘：**渘**而由反（龍 230/04）。

膗：**膗**女救反嘉膳也又耳由反肥兒也（龍 413/07）。

楺：**楺**柔帚反（慧 85/88b）（紹 157b6）（紹 159a8）。**楺**人九而由二反（龍 381/03）。**楺**俗耳由人久二反正作楺（龍 209/03）。

揉：**揉**音柔（慧 61/693b）（慧 80/1078a）（慧 80/1091a）（紹 133a5）。**揉**女救反（玄 8/119a）。

①參見《龍龕手鏡研究》280 頁。

煣：煣人九反（龍242/02）；揉或從火作煣亦通（慧80/1091a "無揉" 註）。

蝚：蝚音柔虫名也（龍221/10）。

瞴：瞴而由反良田也（龍153/06）。

糅：糅人九反禾也（龍145/01）。

糅：餌正女救反（龍502/07）；糅古文餌同（玄3/40b、慧09/562b "雜糅" 註）（初編玄588、慧57/589b "雜糅" 註）（玄14/197b、慧59/652a "雜糅" 註）（初編玄920 "雜糅" 註）（玄23/313b、慧50/421b "和糅" 註）（慧64/756b "糅以" 註）（慧81/16b "糅雜" 註）（希10/423c "雜糅" 註）。

餒俗（龍502/07）。//粗人久反（龍304/08）（慧74/944a）（慧84/77a）；糅古文粗同（玄3/40b、慧09/562b "雜糅" 註）（玄4/53b、慧32/32b "糅以" 註）（玄7/96a、慧28/1000a "雜糅" 註）（初編玄588、慧57/589b "雜糅" 註）（玄14/197b、慧59/652a "雜糅" 註）（初編玄920 "雜糅" 註）（玄23/313b、慧50/421b "和糅" 註）（玄24/320b、慧70/863b "相糅" 註）（慧42/244a "雜糅" 註）（慧45/311a "雜糅" 註）（慧60/672a "糅在" 註）（慧64/756b "糅以" 註）（慧69/844a "相糅" 註）（慧77/1020b "紛糅" 註）（慧80/1094a "雜糅" 註）（慧81/16b "糅雜" 註）（慧83/45a "糅瓦石" 註）（慧87/126b "參糅" 註）（慧93/214a "糅以" 註）（希10/423c "雜糅" 註）；揉古文粗同（玄8/119a "鼻揉" 註）（玄20/267c、慧33/55a "糅毒" 註）。//糅：糅女救反（龍305/04）（玄3/40b）（慧09/562b）（玄4/53b）（慧32/32b）（玄7/96a）（慧28/1000a）（玄8/110c）（初編玄588）（慧57/589b）（玄14/197b）（慧59/652a）（玄20/267c）（慧33/55a）（初編玄920）（玄22/289a）（慧48/372b）（玄23/313b）（慧50/421b）（慧49/396b）（玄24/320b）（慧70/863b）（慧12/633b）（慧15/705b）（慧42/244a）（慧45/311a）（慧60/672a）（慧64/756b）（慧69/844a）（慧77/1020b）（慧80/1094a）（慧81/16b）（慧83/45a）（慧87/126b）（慧90/180a）（慧93/214a）（希10/423c）（紹157b6）（紹196b2）；粗傳文作糅義亦同耳（慧74/944a "雜粗" 註）（慧84/77a "雜粗" 註）；鍒録從米作糅挲救反糅飯雜也非本義（慧80/1073b "鍒金" 註）。糅糅正女救切（紹196b2）。糅糅正女救切（紹196b2）。

輮：輮人久反車輞也（龍083/06）。

蹂：蹂正耳由人久二反（龍460/01）（慧62/698a）（慧74/944b）。跨俗耳由人久二反（龍460/01）。//厹又人九反獸跡足蹂地之處也（龍332/08）；蹂古文厹同（玄9/125b、慧 46/329b "蹂塲" 註）（慧 62/698a "蹂婦" 註）。**凨**女九相宮于元三切（紹 146b9）。**凨**人

九反（龍 128/07）。

鍒：**鍒**如州反（慧 80/1073b）（慧 91/183b）。**鍒**音柔濡也謂炙鐵也（龍 013/06）。

騥：**騥**音柔青驪馬也（龍 292/07）。

鬏：**鬏**耳由反馬繁鬣也（龍 088/09）。

雓：**雓**音柔人姓（龍 149/01）。

róu 輮：**輮**人九反車輞（龍 176/05）。

ròu 肉：**肉**如六反骨肉也或俗作害（宍）亦通隸書變體作月故與月部相濫耳（龍 405/02）。

肉如陸反（慧 73/935a）（慧 78/1039a）（希 2/366b）（希 3/372a）（希 9/415a）。**宍**肉音（紹

194a3）。//朒：**朒**又古文肉字（龍 513/08）。

ru

rú 伽：**伽**俗饒如二音（龍 028/03）。

娜：**娜**音如地名（龍 453/09）。

茹：**茹**音如（龍 257/03）（玄 2/28a）（玄 4/56a）（慧 43/268a）（玄 4/57c）（慧 43/272b）（玄 13/171b）

（慧 57/591b）（玄 14/192c）（慧 59/644a）（玄 20/270a）（慧 11/604b）（慧 16/708b）（慧 26/937b）

（慧 86/114a）（慧 90/172b）（紹 156b1）。

洳：**洳**人余如倨二切（紹 187a6）。

袽：**袽**女余反易曰衣有袽（龍 103/06）。**袽**俗女余反衣有～也（龍 110/04）。

毟：**毟**玉篇音如犬多毛也（龍 134/04）。**毟**俗奴加人諸二反正作挐毟二字（龍 134/05）。

蕈：**蕈**女余反蕏蕈草（龍 253/10）。

翟：**翟**音如鴒也（龍 148/09）。//鴽：**鴽**音如鴒也（龍 286/09）。

蕠：**蕠**音如蕠蘆草也（龍 254/05）（希 8/409b）。

儒：**儒**而于反（慧 58/609a）（慧 65/776b）（慧 48/373a）（慧 70/878b）（慧 60/672b）（希 8/409c）（希

9/416b）；濡準經義合從人作儒（慧 20/795a "濡音" 註）。**儒**而俱反（玄 4/53c）（慧 32/33a）

（玄 15/208b）（玄 16/216b）（玄 22/289c）（玄 24/330b）（紹 128a5）（中 62/718c）。**儒**同儒人朱反（龍 026/08）。

嬬：**嬬**正人朱反妾名也（龍 281/01）。**嬬**或作（龍 281/01）。

濡：**濡**正人朱反霑濡也漬也（龍 226/06）（慧 8/536b）（慧 29/1031b）（慧 31/10b）（慧 31/14b）（慧 43/265a）（慧 50/425b）（慧 51/442b）（慧 78/1043a）（慧 100/349a）。**濡**俗（龍 226/06）（慧 20/795a）；**㷷**或作濡非也（玄 5/73a、慧 33/59b "選㷷" 註）（玄 6/79a "柔㷷" 註）（慧 15/700b "㷷美" 註）（慧 16/709a "柔㷷" 註）（慧 24/890b "柔㷷" 註）（慧 27/964b "出柔㷷" 註）（慧 33/68b "㷷美" 註）（慧 43/270b "細㷷" 註）；**楥**經文作濡非體也（玄 11/143a、慧 56/553b "楥棗" 註）（慧 32/39a "柔㷷" 註）；**漂**經有作溺有作濡（慧 26/938a "水不能漂" 註）；**濡**經作濡俗字也（慧 29/1031b "淨濡" 註）（慧 43/265a "善濡" 註）。**濿**而遇反（龍 235/06）（紹 188a4）。**溥**溥應作濿音而朱反但字形相濫人多惑耳（玄 3/33a、慧 09/564b "滿予" 註）。

孺：**孺**正而遇反（龍 336/06）（慧 34/85b）（慧 92/195b）。**孺**俗而遇反（龍 336/06）。**孺**今（龍 336/06）（玄 8/110c）（慧 38/154b）（紹 173b1）；**孺**俗作此𤝜今不取（慧 34/85b "僮孺" 註）。**𤝜**𤝜正如遇切（紹 173b1）。**殤**舊藏作𤝜（龍 515/07）。//**臑**人遇反（龍 414/07）。

獳：**獳**正音獳朱獳又女溝反犬怒也（龍 317/08）。**獳**通（龍 317/08）。

檽：**檽**正音而（龍 376/03）（紹 157b1）。**檽**俗音而（龍 376/03）。

襦：**襦**正人朱反短衣也（龍 102/09）（慧 90/171b）。**襦**俗通（龍 102/09）。**襦**儒音（紹 168a7）。

臑：**臑**音儒嫩軟貌（龍 406/04）（玄 5/70b）（紹 135b4）。

醹：**醹**正音乳厚酒也（龍 310/05）。**醹**俗（龍 310/05）。

䌓：**䌓**正（龍 524/01）。**䌓**今人朱反火色也又羊朱反色落也（龍 524/01）。

繻：**繻**繻正儒湏二音（紹 192a3）。**繻**舊藏作𤝜而遇反（龍 403/01）。

顬：**顬**人朱反顬顬耳前穴動也（龍 482/08）。

麜：**麜**正儒須二音鹿子也（龍 520/06）。**麜**俗（龍 520/06）。**麜**俗（龍 520/06）。

鱬：**鱬**正人朱反朱鱬魚名魚身人面（龍 166/04）。**鱬**俗（龍 166/04）。

rǔ 朒：**朒**音汝魚敗（龍 411/07）。

敎：**敎**正（龍 332/02）。**敎**今音汝～黏也（龍 332/02）。

乳： 乳 入主反（龍 199/05）（玄 1/20a）（玄 2/30b）（玄 6/83b）（玄 18/243c）（慧 72/914a）（慧 25/916a）

（慧 26/947b）（慧 27/974b）（慧 54/520b）（希 4/375c）。// 腉 俗音乳（龍 411/02）。

圌： 圌音乳（龍 175/04）。

辱： 辱 而属反（玄 8/109b）（慧 28/1006b）（慧 8/550b）（慧 13/652a）。// 辱 辱又作辰同（玄 8/109b、

慧 28/1006b "辱来" 註）（慧 13/652a "挫辱" 註）。

rù 溽： 溽 辱音（紹 187a2）。

蓐： 蓐音辱草蓐又薦（龍 264/08）（玄 3/36c）（慧 09/571a）（玄 21/284c）（慧 28/1008b）（慧 13/643a）

（慧 15/702b）（慧 22/843a "牀褥" 註）（慧 23/863b）（慧 34/87b）（慧 45/311b）（慧 54/523b）（慧

64/753a）（慧 75/982a）（慧 83/48b）（慧 92/204a）（慧 94/229a）（慧 97/277b）（希 2/362c）（紹 155b10）。

嗕： 嗕音辱西羌名又囁嗕憐貌也（龍 278/06）。

媷： 媷音辱懈也（龍 283/10）。

褥： 褥 而蜀反（龍 107/07）（慧 12/627a）（慧 15/691b）（紹 168b2）；蓐正從衣作褥也（慧 13/643a

"綿蓐" 註）（希 2/362c "茵蓐" 註）。（慧 14/677a）。 褥音辱（慧 14/677a）（慧 22/843a）（慧

78/1044b）。 褥奴沃反愛小兒也[①]（龍 113/05）。

繷： 繷儒燭反（慧 77/1020b）（慧 94/234a）（慧 98/299b）（慧 98/304a）（紹 191a4）；蓐傳從糸作

繷俗字非也（慧 83/48b "敷蓐" 註）。

黰： 黰音辱黑垢也（龍 532/09）。

鬻： 鬻音辱大鼎也（龍 535/07）。 鬻或作音辱大鼎也（龍 535/02）。 鬻俗（龍 535/02）。

痴： 痴尼慮反癡痴病也出川韻（龍 476/01）。

擩： 擩 正人注反（龍 214/09）（玄 13/172c）（慧 57/599a）（慧 58/618b）（玄 15/207b）（慧 58/607b）。

捼 通人注反（龍 214/09）（玄 15/202a）（玄 20/269c）。

ruan

ruán 瑌： 瑌如緣反説文云按捼急也（龍 210/08）。

瑌： 瑌而緣而兗二反城下田也（龍 153/05）。 瑌俗而緣而注二反（龍 153/05）。// 壖：

① 參見《叢考》704 頁。

壖通(龍250/08)(紹161b4)。堧或作(龍250/08)壖正奴卧而兖如緣三反(龍250/08)(慧82/39a)。

ruǎn 軟: 軟通而兖反柔也弱也(龍082/04)(慧46/327b)(玄11/148c)(玄18/241c)(慧72/911b);耎軟二形通用(玄6/79a"柔耎"註)(慧1/411a"輕耎"註)(慧4/465b"柔耎"註)(慧8/542a"柔耎"註)(慧11/605b"耎草"註)(慧12/633a"耎草"註)(慧12/636a"耎膩"註)(慧15/695a"稀耎"註)(慧15/700b"耎美"註)(慧27/964b"出柔耎"註)(慧41/213a"柔耎"註)(慧39/165b"耎草"註)(慧39/177b"柔耎"註)(慧92/197b"耎几"註)。//輭: 輭而軟二音(紹139a10);耎經本作輭通用亦作軟非也(慧24/886b"紉耎"註)(慧35/109b"耎草"註)(慧39/165b"耎草"註)。//軀: 軀俗而兖反(龍161/07)。

耎: 耎音耎(龍357/4)(慧56/548b)(慧52/466b)(慧71/880b)(慧4/465b)(慧4/473a)(慧7/526a)(慧7/528a)(慧15/695a)(慧15/700b)(慧24/886b)(慧27/964b)(慧29/1027b)(慧32/39a)(慧32/43b)(慧33/68b)(慧35/109b)(慧37/135b)(慧39/165b)(慧51/439a);軟諸書作耎(慧46/327b"軟夫"註)(慧72/911b"軟中"註)。耎儒兖反(慧92/197b)。耎而兖反(龍241/1)(玄1/4c)(玄5/73a)(玄6/79a)(玄11/140c)(玄23/305b)(玄25/331b)(慧1/411a)(慧8/542a)(慧11/605b)(慧12/633a)(慧12/636a)(慧16/709a)(慧16/724a)(慧16/726b)(慧20/805b)(慧33/59b)(慧34/85a)(慧41/213a)(慧47/352a)(紹189a10);硬字體作耎(玄5/73c"滿硬"註);軟正體作耎同(玄18/241c"軟中"註)。//蹍: 蹍俗音耎(龍461/08)。

偄: 偄奴亂反偄弱也(龍034/01);耎或作偄亦通也(慧7/526a"柔耎"註);㥆或從人作偄亦同(慧19/785b"㥆劣"註)(慧45/314a"耎㥆"註)。//㥆: 㥆暖乱反(慧45/314a)。

楺: 楺如兖反(玄11/143a);桵或作楺(慧56/553b"桵棗"註)。㮪而兖反(龍381/04);柟論從需作㮪非(慧85/100a"繡柟"註)。

腝: 腝耎或作腝(慧1/411a"輕耎"註)(慧16/726b"柔耎"註)(慧39/165b"耎草"註)。䠎又而兖反脚疾也①(龍406/04)。

䠎: 䐀而兖奴鈍二反小有財也(龍350/08)。䐀(龍350/08)。

①參見《龍龕手鏡研究》312頁。

碝：**碝**儒兗反（慧 99/323b）。**碝**或作（龍 442/03）（玄 5/73c）；奭或作碝也（慧 34/85a "柔奭"註）。**硬**奭或作瑌字經從石作～非也（慧 16/724a "奭妙"註）。**礝**今（龍 442/03）。//瑌：**瑌**奭或作瑌字（慧 16/724a "奭妙"註）；碝或從玉作瑌（慧 99/323b "碝石"註）。**瑌**而兗反～石次玉也又相俞反（龍 437/01）。**瓀**（龍 437/01）。

礝：**礝**俗如兗反礝弱也（龍 141/09）。

蝡：**蝡**人尹反（慧 52/465b）（慧 31/19b）（慧 34/85b）（慧 55/531b）（慧 57/579b）（慧 64/748b）（慧 74/943a）（慧 74/959a）（慧 78/1037b）（慧 79/1053b）（慧 79/1059b）（慧 94/234a）（慧 95/252b）；蝡經文作蝡非也（慧 33/63a "蝡動"註）。**蝡**瞤尹反（慧 31/14b）。**蝡**正而兗反（龍 223/01）（玄 11/148c）（慧 17/732a）（慧 33/63a）（紹 164a6）；選奭經文或作選蝡（玄 5/73a、慧 33/59b "選奭"註）。**蝡**閏尹反（慧 16/712a）（慧 16/715b）（慧 19/782a）（慧 32/36b）（慧 91/188b）。**蠕**通而兗反（龍 223/01）（紹 164a6）；綩綖諸經有作蜿蠕二形（玄 6/82a "綩綖"註）；蝡經作蠕誤也（慧 31/14b "蝡動"註）（慧 31/19b "蝡動"註）（慧 64/748b "蝡動"註）。**蠕** 經文作蠕誤也（慧 16/715b "蝡動"註）。**蜿**蝡傳文作～非也（慧 74/943a "蝡動"註）。**蠕**俗而兗反（龍 223/01）。**蝡**俗而兗反（龍 223/01）。**蚃**蝡蒼頡篇作～也（慧 16/715b "蝡動"註）。**蜺**蝡廣雅作～（慧 19/782a "蝡動"註）。

甃：**甃**奭又古作甃（慧 1/411a "輕奭"註）。**篧**蝡或作～（慧 19/782a "蝡動"註）。**甃**今人朱渠轉二反（龍 545/07）。**甃**籀文人朱渠轉二反（龍 545/07）。**甃**俗（龍 545/07）。

鍕：**鍕**人絹反柔銀也（龍 018/07）。//鐗：**鐗**人絹反柔銀也（龍 018/07）。

眽：**眽**音阮目白貌也（龍 421/02）。

rui

ruí 蕤：**蕤**汝誰反（玄 14/189c）（慧 59/639a）（玄 16/217a）（慧 65/777b）（慧 30/1051b）（慧 37/139b）（慧 64/759a）（慧 86/113b）（慧 91/188a）；綏經文作蕤甚乖經意（希 7/403c "香綏"註）。**蕤**正如佳反葳蕤藥名也又草木花垂皃也（龍 258/05）。**蕤**儒佳反葳蕤花垂皃（龍 187/01）。**蕤**俗（龍 258/05）；蕤經作～俗字（慧 30/1051b "蕤賓"註）（慧 37/139b "蕤木"註）（慧 86/113b

"葳蕤" 註）。 **薩** 蕤正汝佳切（紹 156b8）。 **赺** 㹩汝佳反（龍 505/04）。 **赺** 㹩正儒佳切（紹

148a4）。 **蕤** 蕤經文作～俗字也（慧 64/759a "蕤蔗" 註）。 **蕤** 汝佳反（龍 505/04）。 **秹** 蕤

佳反（慧 95/246b）；蕤或作狣（慧 64/759a "蕤蔗" 註）。

桜：**㮌** 汝佳反桜字木果名小樹蕤芷也（龍 377/01）。 **桵** 如佳反①（龍 375/07）（慧 26/955a）。

桵：**桵** 思累反禾四把又於偽反積也（龍 146/03）。

綏：**綏** 而佳反（龍 399/01）（慧 99/322b）（希 7/403c）（紹 190b6）。

ruǐ 蘂：**蘂** 乳水反（慧 12/629b）（龍 259/03）（慧 39/180a）（慧 40/199b）（紹 154b10）。 **蕊** 同上［如水

反］（龍 259/03）（玄 14/191a、慧 59/641a "蕊葉" 註）（紹 154b10）；蕊字從三心有作三止

者不是字也（慧 21/815b "花蕊" 註）（希 3/369b "鬚蕊" 註）（希 5/387c "花蕊" 註）。//蘂：

蘂 如水反花鬐也又垂皃（龍 259/03）（慧 34/88a）（慧 35/97a）（慧 36/121a）（慧 36/124a）（慧

39/175a）（慧 98/298a）（希 3/369b）（希 5/387c）。//蕊：**蕊** 草初生也（龍 259/03）。 **蕊** 蘂

集作蕊玉篇無此字（慧 98/298a "葳蕊" 註）。 **蕊** 同上［蘂］（龍 259/03）；蘂經從三止或

從木作蘂皆非（希 3/369b "鬚蕊" 註）。//惢：**惢** 如水反（龍 335/08）。

ruì 汭：**汭** 而銳反（龍 235/03）（慧 83/62b）（紹 187a2）。

芮：**芮** 而稅反（龍 262/07）（慧 91/185a）（慧 93/219b）（紹 155a7）。

蜹：**蜹** 而稅反（龍 223/08）。 **蜹** 儒銳反（慧 17/734b）（慧 76/989b）。 **蜹** 蕤銳反（慧 31/2a）

（慧 29/1015b）。 **蜹** 蕤銳反俗蚋字正作蜹（慧 30/1040a）（慧 66/799a）（慧 92/200b）。 **蜹**

而銳反（慧 69/841b）。//蚋：**蚋** 而稅反（龍 223/08）（玄 3/36a）（慧 09/570a）（希 3/373a）（紹

164a10）；正蜹字也論文作蚋俗字也（慧 66/799a "蠓蜹" 註）。

錊：**錊** 而稅反銳錊（龍 018/02）。

莌：**莌** 羊稅羊雪二反萌牙初生皃又草木盛皃也（龍 261/08）（慧 24/886a）。 **莌** 悅稅反（慧

98/303b）。

銳：**銳** 羊稅反利也錐刀鋒芒也（龍 016/08）（玄 6/81c）（玄 22/287c）（慧 48/370b）（慧 6/505a）

（慧 7/521b）（慧 8/550a）（慧 15/690b）（慧 27/971a）（慧 34/75b）（慧 41/226a）（慧 60/664a）（慧

82/39a）（慧 91/187b）（紹 180b10）。

① 參見《龍龕手鏡研究》300 頁。

叡： 叡 以芮反（玄 23/309a）（慧 47/359b）（慧 11/601b）（慧 29/1022b）（慧 47/358b）（慧 51/446b）（慧 60/663b）（慧 66/789a）（慧 67/807a）（慧 72/897b）（慧 76/995b）（慧 84/75a）（慧 88/145a）（慧 89/152b）（慧 90/176a）（慧 93/213b）（希 8/407a）。説文從目作叡傳從日非（慧 90/176a "叡公" 註）。叡 正以芮反智也聖也（龍 348/07）（慧 13/657a）（慧 68/819b）。叡悦歲反（慧 32/35b）。叡 以歲反（慧 30/1046b）。歲 音銳（慧 77/1027b）。叡 音銳（慧 3/441b）。叡 變體（龍 348/07）（慧 26/934a）（慧 84/71a）；叡經作～誤也（慧 51/446b "聰叡" 註）（希 8/407a "聰叡" 註）。叡 叡正俞芮切（紹 147b5）。叡 叡正俞芮切（紹 197a5）。叡 夷歲反（玄 2/26b）。叡 俗以芮反正作叡（龍 193/09）。叡 叡正愈芮切（紹 198a9）。叡 營惠反（慧 24/896b）；叡經從叕作叡誤也（慧 76/995b "叡通" 註）。叡 以芮反（龍 122/03）。叡 俗音睿（龍 530/03）。叡 以芮反（玄 25/331c）。叡 俗羊稅反正作叡（龍 273/10）。//睿： 睿 叡古文睿（玄 2/26b "聰叡" 註）。睿 以芮反（慧 71/881b）；濬籀文作睿皆古字也（慧 12/626b "濬流" 註）（慧 24/896b "叡唐" 註）；叡古文作睿籀文作叡（慧 77/1027b "叡肇" 註）（慧 84/75a "聰叡" 註）（慧 88/145a "叡想" 註）。睿 今以芮反（龍 335/09）；叡古文睿叡二形同（玄 23/309a、慧 47/359b "聰叡" 註）（慧 26/934a "聰叡" 註）（慧 51/446b "聰叡" 註）。睿 俗（龍 335/09）（紹 142b8）。睿 睿正以芮切（紹 142b8）。睿 俗（龍 335/09）。睿 俗（龍 335/09）。睿 古文以芮反（龍 509/06）。//叡： 叡 叡籀文作叡（玄 2/26b "聰叡" 註）；叡古文睿叡二形同（玄 23/309a、慧 47/359b "聰叡" 註）（慧 84/75a "聰叡" 註）（慧 88/145a "叡想" 註）。叡 叡籀文作～（慧 24/896b "叡唐" 註）。叡 俗音睿（龍 551/09）。叡 叡集文作壑非（慧 88/145a "叡想" 註）。

瑞： 瑞 時惴反（玄 25/331a）（慧 71/880a）（慧 6/515a）（慧 20/793b）（慧 24/889a）（慧 27/964a）（慧 45/317b）（慧 83/49b）（慧 85/97a）。

run

rún 犉： 犉 如純反鶏雞晚生者也（龍 148/08）。

稬： 稬 潤純反（慧 99/325b）。稬 正如勻反（龍 115/07）。稬 或作（龍 115/07）。稬 今（龍 115/07）。

rǔn 㼲：𤷌 乳尹切（紹 182b1）。

rùn 閏：閏 正如順反歲餘也（龍 094/06）。閏 俗（龍 094/06）。閏 俗（龍 094/06）。閠 俗（龍 094/06）。
閏 閏正（紹 195b1）。

潤：潤 如順反（慧 2/429b）（慧 4/462a）（慧 11/614b）（慧 13/658a）（希 6/392c）。潤 扷録文作
潤誤（慧 80/1079a "扷飾" 註）。

ruo

ruó 捼：捼 奴回反（龍 207/10）（玄 10/138c）（慧 65/778a）（玄 12/163c）（慧 55/543a）（玄 15/212c）（慧
58/627a）（玄 16/222c）（慧 64/758a）（玄 20/270a）（玄 22/302b）（慧 48/392a）（慧 15/705b）（慧
34/84b）（慧 62/698b）（慧 63/726a）（紹 132b7）。捼 奴回反[1]（龍 375/07）。// 捼：捼 奴和
反（慧 62/717a）（慧 74/946a）（紹 134a6）；蕤今作捼同（玄 16/217a、慧 65/777b "蕤子" 註）。

ruò 若：若 耳賀反（玄 2/23b）（玄 21/279b）（慧 2/427a）。岢 古文音若（龍 79/03）（龍 444/07）（龍
075/07）。岢 七感反又音若（龍 075/07）。岢 古文音若（龍 79/04）。宭 舊藏作若（龍
158/06）。

叒：叒 古文若字（龍 349/01）。龘 音若（龍 79/04）。毊 音后（若）[2]（龍 077/05）。

郚：郚 音若地名（龍 457/05）。

若：若 音若杜若香草名（龍 263/10）。

箬：箬 穰略反（慧 94/236b）。

惹：惹 人者反乱也又音若䛴也（龍 065/09）（玄 21/282c）（慧 39/167a）；惜又作惹同（玄 8/117a
"惜頭" 註）；若或作惹（慧 32/32b "若頭" 註）。惜 俗音惹乱也（龍 057/02）（慧 24/891a）。
惜 而者而斫二反（玄 8/117a）。惜 舊藏作惜玉篇音若（龍 063/09）。// 偌：偌 若
經作偌俗字也（慧 32/32b "若頭" 註）。

蹃：蹃 音若足文（龍 464/09）。

弱：弱 如斫反（玄 4/50a）（慧 34/094b）（慧 4/463b）（慧 33/66b）（慧 42/241b）（慧 64/760a）（希

6/396b）（希 10/422c）；若宜作弱（玄 7/100b "荏若" 註）。**嵋**音若與弱同（龍 555/04）（紹 177b4）（慧 3/455b "脆弱" 註）。**嵋**弱正若音（紹 203a8）。

蒻：**蒻**音若荷葉也又笋蒻也（龍 263/10）（慧 80/1073a）。

嵋：**嵋**弱音（紹 182a2）。

腸：**腸**音若脆腴兒也（龍 415/01）。

S

sa

sǎ 撒: **撒**桑葛切（紹135a3）。

謥: **謥**正所瓦反強事言語也又所化反枉也（龍046/04）。//謥: **謥**或作（龍046/04）。**誜**俗（龍046/04）。//**詼**俗（龍046/04）；詆經從及作詼非也（慧76/1009a"詆冒"註）。

灑: **灑**沙賈反（慧4/472a）（慧11/614b）（慧11/615b）（慧89/164a）。**灑**所買反（玄6/85b）（玄15/203c）（慧58/621b）（玄15/203c）（慧58/621b）（玄15/211a）（慧58/623b）（慧70/874b）（慧20/797b）（慧27/978a）（慧32/44b）（慧35/101b）（慧60/660a）（慧61/696a）（慧64/759a）（慧77/1024a）（慧93/215a）（希5/386b）（希7/403a）。**灑**所解所綺所寄所賈四反（龍230/06）（玄1/18b）（玄8/107b）（慧28/1004b）（玄24/327c）。

sà 妠: **妠**蘇合反妑妠也（龍284/02）。

跋: **跋**蘇合反進足也（龍465/01）。

靸: **靸**蘇合反或作靸（龍451/01）（紹140a10）；菴鞋疑為靸鞉（玄14/193c、慧59/646a"菴鞋"註）。

靸: **靸**蘇合先立二反小兒履也與靸同（龍177/01）。

鈒: **鈒**蘇合反鈒鏤也又所立反鋋也戟也（龍019/06）。

馺: **馺**蘇合反（龍294/03）（玄1/9a）（慧17/742b）（玄5/75c）（慧37/139a）（慧40/196b）（慧84/74b）（慧97/283a）（紹166a2）。

偘: **偘**私盍反傷偘不謹兒（龍038/06）。

噾: **噾**私盍反噾食貌（龍278/05）。

踵: **踵**私盍反踵行兒也（龍465/03）。

霥: **霥**私盍反雨下兒也（龍309/03）。

撥: **撥**生界反用力也從手（慧61/696b）。**撥**音薩（龍217/06）（慧60/670a）。

檊：檊音薩放也説文云迸散也（龍306/02）。檊俗同上（龍306/02）。檊薩音（紹196b5）。

咖：咖今音薩人事變也又所芥反喝咖嘶聲也（龍278/09）。咖正（龍278/09）。咖正

音薩（龍278/09）。咖或作（龍278/09）。咖或作（龍278/09）。咖俗（龍278/09）。咖

俗（龍278/09）。

位：位蘇合反行貌（龍499/01）。

縩：縩初戢反行皃（龍498/09）。

颯：颯正蘇合反（龍127/09）（玄21/278c）（玄22/291a）（慧48/374b）（玄23/306b）（慧47/353b）

（玄13/181a、慧54/509b“披纚”註）（慧13/643b）（慧83/46b）；颯或作颸也（慧15/706b“颯

便”註）。颸俗蘇合反（龍127/09）（慧2/427a）（慧15/706b）（慧99/329a）（紹146b6）。

薩：薩桒曷反（玄20/273b）（慧75/980a）；梵云扶～，又作扶薩，或言菩～是也（玄3/44b

“開士”註）。

sai

sāi 愢：愢蘸來反意不合也（龍054/02）。

摁：摁蘇臺反擤摁也（龍207/10）；考聲正作摁集作摁俗字（慧99/317b“摁摁”註）。摁

賽來反（慧99/317b）；賽才反集作摁俗字也（慧97/287b“摁論”註）。

鰓：鰓塞哉反（慧63/739b）。鰓蘇來反（龍166/01）（慧40/193b）（慧79/1061b）。//鰓：鰓

蘇來反（龍510/09）；鰓説文作鰓（慧40/193b“其鰓”註）。

顋：顋蘇來反顋頷也（龍482/08）；顋經文作腮俗字也（希7/403c）（紹170a10）。//腮：腮俗

來反正作顋（龍407/07）（紹136a5）；鰓法本作腮檢字書並無恐誤也（慧40/193b“其鰓”註）。

sài 賽：賽先代反報也（龍158/02）（玄12/161a）（慧75/984b）（玄19/259c）（慧56/568b）（慧57/588b）

（慧62/714b）。

san

sān 三：弎三也（龍526/08）。弎音三（龍173/02）。弎音三（龍173/02）。毛音三（龍547/04）。

衫：**衫**俗音三衫被襤衫也（龍188/05）；髿或作衫也（慧83/54b"鬖鬖"註）。**衫**正（龍188/05）。

跚：**跚**蘇安反（慧15/694b）（慧17/734b）。**跚**蘇干反（龍405/06）（玄3/34b）（慧09/566b）（玄3/34b）（慧09/567a）（玄5/70c）（慧46/336a）（初編玄569）（慧75/979a）（玄17/227b）（慧67/814b）（玄20/271c）（慧2/424a）（慧5/479a）。**跚**蘇干反（龍405/06）。**跚**珊音（紹136a6）。**跚**蘇干反（龍405/06）。**跚**蘇干反（龍405/06）（玄9/128c）。//**臘**蘇干反（龍405/06）；跚論文作臘非也（玄17/227b、慧67/814b"肪跚"註）。

姗：**姗**蘇干反豕也（龍320/08）。

嵾：**嵾**蘉含山幽二反牛三歲也（龍115/04）。

毵：**毵**正蘇含反長毛兒（龍134/08）（慧52/476a）（慧75/973a）（紹145a7）。**毵**俗（龍134/08）（玄11/153b）（玄20/272a）。**毿**毵正蘇含切（紹145a7）。//**鬖**：**鬖**翼銜反（慧99/324b）。**鬖**正音三藍鬖毛垂也（龍088/02）。**鬖**颯甘反（慧83/54b）；毵蒼頡篇作鬖同（慧52/476a"毵毵"註）（慧75/973a"舡毵"註）。**鬖**毵蒼頡篇作鬖同（玄11/153b"毵毵"註）（玄20/272a"舡毵"註）。**鬖**今（龍088/02）。

搽：**搽**蘇感反撼搽搖動也（龍212/04）。

穇：**穇**蘇感反（龍304/09）（玄5/69c）。

傪：**傪**正疎簪七感素感三切（紹129b4）。**傪**疎簪七感素感三切（紹129b4）。**傪**蘇感反頷傪搖頭也與搽亦同（龍030/06）。

糂：**糂**蘇感反（龍304/09）。**糂**来感反（玄15/212b）（慧58/626b）（玄19/259c）（慧56/567b）（慧37/135b）；古文糝糂糣餂四形今作糝同（玄15/203c、慧58/621b"餘糝"註）。//**糝**：**糝**桑覽反（慧81/16a）。**糝**或作（龍304/09）（玄4/59c）（紹196a10）。**糁**糂古文作糝（玄15/212b、慧58/626b"糂米"註）（玄19/259c、慧56/567b"脂糂"註）（慧37/135b"糂胡"註）。//**糝**俗（龍304/09）。**糝**俗（龍304/09）；糝律文作糝非也（玄15/203c、慧58/621b"餘糝"註）；糂律文作糝（玄15/212b、慧58/626b"糂米"註）。**糝**俗（龍304/09）。//**糣**：**糣**蘇感反（龍304/09）；糂籀文作糣同（玄15/212b、慧58/626b"糂米"註）（玄19/259c、慧56/567b"脂糂"註）。//**餂**：**餂**俗蘇感反正作糂（龍501/04）；古文糝糂糣餂四形今作糝同（玄19/259c、慧56/567b"脂糂"註）。**餂**俗蘇感反正作糂（龍501/04）。**餘**古

文鬖粰糂餡四形今作糝同（玄 19/259c、慧 56/567b "脂糂" 註）。**鬖**俗蘇感反正作糂（龍 501/04）。

嗲：**嗲**相承素感反[1]（龍 271/09）。**嗲**唒音又蘇感切（紹 184a10）。**嗲**相承素感反（龍 271/09）。

頬：**頬**桑感反頭頬搖頭兒（龍 484/09）。

籖：**籖**蘇旱反籅籖桃枝竹名（龍 392/03）。

籭：**籭**音散籭飻（龍 501/07）（紹 172a1）。

繖：**繖**正音散蓋也又去聲（龍 399/06）。**繖**今（龍 399/06）。**繖**桑嬾反（慧 11/611a）（慧 29/1016a）（慧 37/138b）。**繖**桑旦反（慧 18/757a）。**繖**桒爛反（玄 16/215a）（慧 65/774b）（慧 17/732b）（慧 33/65b）（慧 34/85a）（慧 35/111a）（慧 62/699a）（慧 76/1010a）（慧 93/222b）（紹 191a1）；傘又作繖同（玄 22/299b、慧 48/387a "傘橜" 註）（慧 35/110b "傘盖" 註）（慧 36/121a "傘盖" 註）（希 5/388a "傘盖" 註）（希 6/393b "傘盖" 註）（希 8/406a "傘插" 註）。**繖**舊藏作散（龍 399/06）。//幓：**幓**音散幓扇也（龍 058/07）。//伞：**伞**繖又作傘同（玄 16/215a、慧 65/774b"作繖"註）（慧 93/222b"繖盖"註）。**傘**古文音散今作繖字（龍 029/07）（玄 22/299b）（慧 48/387a）（慧 35/110b）（慧 36/121a）（希 5/388a）（希 6/393b）（希 8/406a）；繖經中或作伞俗字也（慧 11/611a "繖盖" 註）（慧 18/757a "繖盖" 註）（慧 29/1016a "繖盖" 註）（慧 34/85a "繖盖" 註）（慧 37/138b "繖盖" 註）（慧 62/699a "繖柄" 註）。**伞**糸嬾反俗字也正從糸作繖（慧 35/105b）。**伞**俗音散（龍 029/07）。**伞**俗（龍 029/07）。**傘**俗（龍 029/07）。**傘**俗（龍 029/07）。**蓥**俗音傘（龍 357/07）。//徹：**徹**音散[2]（龍 105/01）。

sàn 散：**散**又撒字本作㪚（慧 11/611a "繖盖" 註）。**散**音散（龍 122/02）。**㪚**桑贊反（慧 7/530b）（慧 18/758b）（慧 38/158b）（慧 39/170a）。**散**桑贊反（慧 1/413a）（慧 1/417b）（慧 89/155b）（紹 176a2）。**散**穌誕反（玄 1/22a）（龍 120/07）（慧 69/838a）；詵又作散（玄 11/153a、慧 52/475a "詵陁" 註）；㪚經作散非也（慧 1/413a "離㪚" 註）；今隷書相傳作散訛略也（慧 11/611a "繖盖" 註）。**㪚**散或從蓳作～論作散俗字（慧 69/838a "飄散" 註）。

---

①參見《龍龕手鏡研究》250 頁。
②參見《叢考》826 頁。

𢾭：𢾭音散弩牙緩也（龍 015/09）。//𨤋音散（龍 016/06）。

𠑊：𠑊蘇紺反儳𠑊（龍 036/05）。

𢿙：𢿙音散（龍 120/07）；散或從隹作𢿙（慧 1/413a "離𢿙" 註）（慧 7/530b "稍散" 註）。

sang

sāng 桑：桑索郎反（慧 81/21a）。𣗙桑古文從三中作～今隸書俗用從卉作桒漸訛也（慧 81/21a "桑梓" 註）。

隒：𣜼字未詳字書並無（慧 80/1080b）（紹 169b8）。

酥：酥息郎反乳酒（龍 310/01）。

sǎng 磉：磉正蘇朗反（龍 441/09）（紹 163a8）；宜作磉（玄 11/145c "櫨磉" 註）。磉俗（龍 441/09）。磉宜作磉（玄 11/145c "櫨磉" 註）。

鎟：鎟桒朗反（慧 52/459a）。鎟俗桑朗反（龍 015/03）（玄 11/145c）。

䫙：䫙正蘇朗反（龍 484/02）（慧 56/559b）（慧 17/729a）（慧 81/11b）（慧 82/25a）（慧 82/37a）（慧 83/56b）（慧 88/145b）（慧 100/349b）；䫙論文作䫙非此義（慧 70/855b "鼓䫙" 註）；䫙經本從頁作䫙非義（慧 42/244a "鼓䫙" 註）。䫙桒朗反（玄 7/95c）（慧 28/999b）（玄 8/111b）（玄 19/254b）（慧 12/622a）（紹 170b2）；䫙論文作䫙非此義（玄 17/231b "鼓䫙" 註）。䫙俗（龍 484/02）。

𥗡：𥗡蘇朗反鼓匣木也（龍 358/08）（慧 70/855b）（慧 70/863b）（慧 33/60b）（慧 42/244a）。𥗡蘇朗反與𥗡亦同（龍 549/08）（玄 17/231b）（紹 174a10）。𥗡桑朗反（慧 72/899b）。𥗡或作蘇朗反（龍 541/03）（玄 24/320c）。𥗡𥗡正蘇朗切（紹 174a10）。

sàng 喪：喪乘葬反（龍 272/09）（慧 2/432a）（慧 3/443a）（慧 41/205a）（慧 41/221b）。喪喪正蘇郎切（紹 183b2）。喪蘓朗反同喪（龍 553/07）。喪蘇浪反（龍 336/01）。喪蘇浪反（龍 336/01）。喪今隸書錯變犬及凶為衣遂作喪或作～（慧 10/586a "凶喪" 註）。喪桑浪反（慧 10/586a）（慧 76/1000a）（中 62/717c）；喪經中作～皆訛謬也（慧 3/443a "喪失" 註）（慧 41/205a "喪乎" 註）。喪喪正蘇郎蘇浪二切（紹 173b9）。喪喪經中作～皆訛謬也（慧 3/443a "喪失" 註）（慧 41/205a "喪乎" 註）（慧 41/221b "犬喪" 註）。喪

喪正蘇郎蘇浪二切（紹173b9）。**罜**喪俗作～非也（慧2/432a"喪命"註）。**廄**音府①（龍300/07）。

sao

sāo 臊：**臊**掃刀反（慧42/241b）。**臊**正蘇刀反臭也犬豕膏臭也（龍405/08）（玄1/9a）（玄3/45c）（玄19/259c）（慧8/536b）（慧10/579b）（慧35/100a）（慧55/536b）（慧56/567b）（慧79/1060b）（慧79/1062a）（慧83/53b）（慧85/88a）。**膥**俗（龍405/08）；臊經作膥俗字也（慧8/536b"腥臊"註）。**膥**菜勞反（慧17/743a）（紹135b10）。//鰠：**鰠**正桑刀反鯹鰠臭也（龍165/06）；臊又作鰠同（玄1/9a、慧17/743a"腥臊"註）（慧8/536b"腥臊"註）（慧55/536b"腥臊"註）。**鰠**俗（龍165/06）。

繰：**繰**今蘇刀反（龍399/02）。**繰**今（龍399/02）。**繰**通（龍399/02）。**繰**通今（龍399/02）（玄12/163b、慧75/968a"鐵軺"註）（紹191b5）。

傕：**傕**蘇遭反驕也（龍028/05）。

慅：**慅**蘇刀反愁也恐也又音草（龍055/09）。**慅**（龍055/09）。

搔：**搔**正蘇刀反（龍207/04）。**搔**桑到反（慧19/773b）（慧62/701b）（慧84/84b）（慧88/144b）。**搔**菜勞反（慧74/954b）（玄16/220a）；騷經文作搔非體（玄12/158b、慧74/955b"騷騷"註）（慧77/1021b"騷擾"註）。**搔**掃遭反（慧79/1058b）（慧100/341a）（紹133b7）。**搔**菜勞反（慧65/779b）。**搔**俗（龍207/04）（玄12/157c）。**搔**掃遭反（慧76/990a）（慧76/991a）。**搔**俗（龍207/04）。**搔**搔正蘇刀切（紹157a8）。

鰠：**鰠**蘇刀反（慧50/426b）。**鰠**蘇刀反魚名也（龍165/06）。**鰠**隨函云合作鰠（龍168/02）。

騷：**騷**俗蘇遭反（龍291/02）（慧44/279a）（慧74/955b）（慧91/194b）（慧97/275b）（紹166a7）；搔或從馬作騷義亦通（慧100/341a"搔動"註）。**騷**蘇勞反（玄5/66b）（玄12/158b）（慧40/204a）。**騷**正蘇遭反（龍291/02）（慧77/1014a）（慧77/1021b）。

sǎo 埽：**埽**蘇老反（龍249/06）（龍250/01）（慧17/731b）（慧53/491b）（慧64/760b）；掃或從土作埽（慧2/434a"掃拭"註）（慧64/759a"掃灑"註）。**掃**正（龍211/01）（慧2/434a）。**掃**俗

①參見《字典考正》131頁。

（龍 211/01）（慧 5/488a）（慧 5/492a）（慧 15/699b）（慧 62/704b）（慧 64/759a）（慧 91/189b）（紹 133b8）；埽或從手作掃（慧 17/731b "糞埽" 註）（慧 53/491b "埽帚" 註）。**𢹎** 桑到反（慧 11/607a）。**㳶** 蘇老反① （龍 232/08）。

嫂：**㛡** 正蘇老反兄嫂也（龍 281/09）；嫂説文云從㛐作㛡（希 9/416b "兄嫂" 註）。**嫂** 通 蘇老反兄嫂也（龍 281/09）（希 8/406a）（希 9/416b）。**㛰** 俗（龍 281/09）；嫂律文從更作 㛰俗用字也（希 8/406a "嫂怪" 註）；**㛞** 老反傳文作㛞非也（慧 90/172b）。

sǎo 瘙：**蜜** 搔躁反（慧 63/724b）。**瘙** 同上［瘶］（龍 475/05）（慧 62/709a）（紹 192b6）。**瘙** 蘇到 反（玄 15/207a）（慧 58/606b）；搔經文作瘙桼到反疥也（玄 12/157c、慧 74/954b "搔蚌" 註）；瘶又作瘙同（慧 59/645a "疥瘶" 註）。**蜜** 蘇到反（慧 58/606b）。**瘙** 瘶又作瘙同（玄 14/193b "疥瘶" 註）。//瘶：**瘶** 蘇到反皮上起小痒瘡也今作瘙同（龍 475/05）；瘮正 作瘶經作瘮俗字非也（慧 28/997a "疼瘮" 註）。**瘮** 蘇倒反（慧 28/997a）；燥經文作瘮 非也（玄 7/93c "疿燥" 註）。//**蜷** 舊藏作瘵蘇到反疥瘵（龍 224/01）。

髞：**髞** 蘇到反髞～也（龍 185/06）。

se

sè 色：**邑**（慧 32/34a）。**色** 所力反（希 9/412b）。**艦** 古文音色② （龍 555/03）。

澀：**澀** 正所立反不滑也從四止與潗同（龍 336/01）（玄 3/39c）（玄 21/281c）（玄 23/307b）（慧 47/354b）（玄 24/323a）（慧 70/867b）（玄 25/334c）（慧 71/886b）（慧 13/641b）（慧 27/988a）（慧 32/49b）（慧 41/228b）（慧 42/243a）（慧 50/414b）（慧 54/521b）（慧 67/808b）（慧 78/1032a）（慧 92/198a）（慧 94/229a）（希 1/359b）（希 2/366c）；古文澀今作潗同（玄 7/99a "鱺潗" 註）。**澀** 所立反（慧 09/561b）（玄 18/241c）。**澀** 所立反（龍 336/01）。**嘯** 所立反（龍 077/07）。**澀** 俗（龍 336/01）；澀論文作～形非躰也（玄 18/241c "澀滑" 註）。**澀** 所立反（龍 077/07）。 **刕** 所立反（龍 077/07）。**歮** 澀論文作歮形非躰也（玄 18/241c "澀滑" 註）（慧 41/228b "龐澀" 註）。**齒** 俗所急反（龍 078/05）。**澀** 澀録從火作～非也（慧 80/1091b "僧澀多

---

① 參見《龍龕手鏡研究》226 頁。
② 參見《疏證》193 頁。

律"註)。

澀：澀正色八反（龍 235/08）（慧 72/911b）（慧 8/536a）（慧 14/663b）（慧 15/682b）（慧 21/829a）

（慧 25/920a）（慧 26/951b）（慧 72/899b）（慧 75/965a）（慧 76/1003a）（慧 77/1030b）（希 4/378b）

（希 8/408c）；澀應作澀也（慧 27/988a "麁澀" 註）。澀今（龍 235/08）。澁今（龍 235/08）

（紹 189a1）；澀論文作澁形非躰也（慧 72/911b "澀滑" 註）（慧 8/536a "拙澀" 註）（慧 14/663b

"慳澀" 註）（慧 21/829a "麁澀" 註）（慧 26/951b "麤澀" 註）（慧 32/49b "苦澀" 註）（慧 42/243a

"澀滑" 註）（慧 67/808b "澀性" 註）（慧 77/1030b "僧澀多" 註）；澀經從三止作澁非也（慧

54/521b "麁澀" 註）（慧 78/1032a "麁澀" 註）（希 1/359b "麁澀" 註）（希 2/366c "澀滑" 註）；

經文從人三止非也不成字書人之誤也（慧 75/965a "塞澀" 註）。澀俗（龍 235/08）。澀

所立反（龍 238/01）。澀俗（龍 235/08）。澀俗（龍 235/08）。澀俗（龍 235/08）。澀澀

有作～非也（慧 25/920a "麤澀" 註）。澀又俗色立反（龍 236/06）（紹 188b4）。澀澀論

文作～形非躰也（慧 72/911b "澀滑" 註）。

儠：澀字合從人作儠（希 4/378b "謇澀" 註）。儠儠正所立切（紹 128b7）。

嗇：嗇正音色（龍 554/06）。嗇俗（龍 554/06）。嗇今（龍 554/06）；歠經作懎嗇一形非體

也（慧 42/248b "歠歠" 註）。嗇嗇又作嗇同使力反（玄 7/94b、慧 28/997b "嗇口" 註）。嗇

俗（龍 554/06）（玄 7/94b）（慧 28/997b）（紹 203b6）；歠經文作嗇非體也（玄 5/65a "歠歠"

註）（玄 9/127a、慧 46/332a "歠然" 註）（玄 19/260c、慧 56/569b "歠然" 註）。嗇俗（龍 554/06）。

濇：濇色澁二音（龍 237/07）（慧 72/911b）。濇俗色八反（龍 235/08）（玄 7/99a）（玄 18/241c）；

澀又作濇同（玄 3/39c、慧 09/561b "梗澀" 註）（玄 24/323a、慧 70/867b "閟澀" 註）（慧 72/899b

"滑澀" 註）；澀説文云從四止二正二倒作澀又作濇（希 8/408c "皺澀" 註）。濇俗（龍

235/08）。

歠：歠所力反（慧 74/955b）（慧 77/1018b）。歠正音色（龍 355/08）（慧 46/332a）（慧 56/569b）

（慧 42/248b）（慧 76/995b）（慧 78/1042a）（紹 198b8）。歠俗（龍 355/08）（玄 5/65a）（玄 9/127a）

（玄 12/158b）（玄 19/260c）（紹 198b8）。

懎：懎正音色悲恨也（龍 062/07）；歠經作懎嗇二形非體也（慧 42/248b "歠歠" 註）。懎俗

（龍 062/07）（紹 130b1）；歠經文作憏非體也（玄 5/65a "歠歠" 註）（玄 9/127a、慧 46/332a[①] "歠然" 註）（玄 19/260c、慧 56/569b "歠然" 註）（慧 76/995b "歠然" 註）。憏俗（龍 062/07）。

憯俗（龍 062/07）。

穑： 穑所力反（慧 79/931b）（慧 70/871a）（慧 72/907a）。嗇 踈力毛（慧 18/751b）（慧 22/849a）。

穑正音色稼穑也（龍 146/06）（玄 17/230c）（玄 23/310c）（慧 47/362a）（玄 24/325b）（慧 41/229b）（慧 68/824b）（希 1/359c）（紹 196a4）。穡俗（龍 146/06）。

蟙： 蟙正音色虫名也（龍 224/09）。蟙俗（龍 224/09）。

繬： 繬色音（紹 191b6）。繬色音（紹 191b6）。

轖： 轖正音色車馬絡帶也（龍 451/02）。轖俗（龍 451/02）。

塞： 塞先代反又蘇則反（龍 158/02）（慧 66/788b）（慧 100/342b）。塞塞説文正從㠯作～（慧 66/788b "隘塞" 註）。窒俗音塞（龍 510/05）。

寋： 寋先代蘇則二反心安也（龍 067/08）。

潡： 潡正所責反小雨也（龍 237/10）。濇今（龍 237/10）。潡今（龍 237/10）。

霋： 霋正音色雨下也（龍 309/02）。霸俗（龍 309/02）。

瑟： 瑟音蝨樂器也（龍 543/02）（慧 26/931b）（希 2/367a）。

瑟： 瑟正音瑟玉鮮潔皃也（龍 439/02）。//琤：琤或作（龍 439/02）。

飀： 飀音瑟（龍 128/01）（紹 146b7）。//颸：颸瑟音（紹 146b7）。颸瑟音（紹 146b7）。

霚： 霚色立反小雨聲（龍 309/04）。

痳： 痳所責反瘮痳寒皃（龍 478/06）。

𥦴： 𥦴所責反堅硬也（龍 452/02）。

鯐： 鯐所責反又詐逆反（龍 322/10）。𩯓毹案字義宜作鯐音所革反（玄 14/197c、慧 59/652a "毛毹" 註）。

sen

sēn 森： 森所今反（龍 374/03）（玄 11/146a）（慧 52/460a）（玄 12/159c）（慧 53/484a）（玄 13/172a）（慧

---

① 《慧琳音義》作 "墙"，蓋誤。

57/592a)（玄 18/250c）（慧 73/936a）（玄 20/267c）（慧 33/55a）（慧 14/666a）（慧 24/886a）（慧 62/707b）

（慧 91/187b）。

森：**森**俗所錦反恐怖（龍 357/05）。

槮：**槮**森錦反（慧 99/318a）；森今作槮同（玄 13/172a、慧 57/592a"蕭森"註）。**槮**同上［森］

（龍 374/03）；森或作槮（慧 14/666a"森竦"註）。**槮**所錦反（慧 96/261b）。

seng

sēng 鬙：**鬙**音僧鬅鬙被髮兒亦髮短兒（龍 088/03）。

sèng 鬙：**鬙**思贈反鬙懜睡覺也（龍 158/01）。

sha

shā 沙：**沙**所加反（慧 31/23a）（慧 41/226b）（慧 35/103b）（希 4/377b）（希 10/420b）；砂經從水作

沙亦通也（慧 33/64a"砂礫"註）。**沚**作砂俗字亦通或作沚古字也（慧 41/226b"沙鹵"

註）。

伔：**伔**俗音沙（龍 026/09）。

砂：**砂**（慧 33/64a）；沙作砂俗字亦通（慧 41/226b"沙鹵"註）（慧 35/103b"沙潭"註）（希 4/377b

"沙滷"註）。

秒：**秒**沙音（紹 196a10）。

鲨：**鲨**音沙（龍 222/07）。

靸：**靸**音沙鞜鞈鞸履也（龍 448/08）。

紗：**紗**正音沙（龍 396/08）（玄 8/110c）（希 5/386a）。//縒：**縒**俗音沙（龍 396/08）（慧 26/940a）

（紹 191b9）。

裟：**裟**所加反袈裟（玄 14/183a）（慧 59/629a）（希 2/363a）。//毟：**毟**音沙氉毟也（龍 134/06）；

袈裟字本從毛作氁毟二形葛洪後作字苑始改從衣（玄 14/183a、慧 59/629a"袈裟"註）。

髟：**髟**疎加反（慧 99/324b）。

髿：鬖素禾反鬖～髪皃又音沙髿～垂皃也（龍088/07）。

魦：鯊正（龍167/04）。鯊今音沙魚名吹沙小魚是也（龍167/04）。

殺/煞：殺 山札反（慧15/691a）（慧27/979b）（慧78/1034b）（希8/407b）。殺正音煞又所拜反（龍194/04）。殺殺正（紹198a8）。敇殺正（紹197a5）。殺古（龍194/04）。殳古（龍194/04）。殺古（龍194/04）。敇音煞（龍121/08）。敇音煞（龍121/08）。攷音煞（龍121/08）。煞殺經文作煞俗字謬也（慧15/691a"刺殺"註）（慧27/979b"殺"註）（希8/407b"搦殺"註）。煞煞正試殺二音（紹190b2）。摋俗音煞（龍245/01）。

摋（搬）：摋所拜反（龍214/09）；摩抄亦抹摋也摋蘸曷反（玄20/264a"摩抄"註）。摋索界反俗字也（慧61/687a）。

鎩：鎩所例反矛戟屬也又所拜反剪翮也（龍017/01）（慧82/41b）（慧83/51b）（紹181a9）。//鏼：鏼音煞鳥羽病也又長矛也（龍019/05）（紹181a9）。鏼字林山療反（玄5/73b）（慧34/89a）（慧11/615b）。

澈：澈音殺水也（龍237/06）。

㲚：㲚史界反（慧35/109b）。㲚殺音（紹157b10）。㲚殺音（紹157b10）。

屚：扉所甲反薄屚（龍303/10）。

shǎ 傻：傻數瓦切（紹129a3）。

shà 帴：帴所甲反面衣也（龍140/02）。

嗏：嗏古文所甲反今作嗏又俗音师（龍276/09）（玄1/17a）（玄4/57c）（慧43/272b）（玄4/61b）（慧44/282a）（玄6/84b）（玄15/201a）（慧58/616a）（玄22/303b）（慧48/394a）（慧17/734a）（慧25/907a）（慧27/976b）（慧45/309a）（慧61/681a）（慧62/706a）（慧69/842a）（慧76/1004b）（慧79/1065b）（希5/388c）（紹183a8）；嗏又作嗏同（玄8/110b、慧32/35b"唯嗏"註）；古文嗏又作嗏同（玄17/234b、慧74/947b"嗏嗽"註）（玄19/260a、慧56/568b"嗙嗏"註）（玄24/325a、慧70/870b"师食"註）；嗜義与嗏音同（玄20/271b、慧54/520a"嗜食"註）（慧13/652a"师食"註）（慧53/490a"师嗽"註）；师經文多錯作嗏字音所押反非也（慧26/936b"嗚师我口"註）（慧42/246a"师食"註）（慧63/737a"蠅师"註）（慧72/904a"嗏食"註）；歃論文從口從妾作嗏者非此用也（慧85/93a"歃白馬"註）。//嗏：嗏嗏經文作嗏非也（慧43/272b

"唼食"註）。㗱 所甲切（紹 184b5）。㗱 唼經文作啑非也（玄 4/57c"唼食"註）。㗲俗蘇今［合］反（龍 277/03）。㗲俗同上［唼]（龍 276/09）。㗱（龍 276/09）。㗱（龍 276/09）。

㗱（龍 276/09）。㗱（龍 276/09）。嘽所甲反（玄 8/110b）（慧 32/35b）。

嗄：嗄所甲山洽二反（龍 328/01）（玄 19/259b）（慧 56/567b）。

霎：霎山洽反小雨也（龍 309/04）。

莎：莎正所洽反莎蒲瑞草也（龍 264/10）。莎俗（龍 264/10）。莎俗所洽反正作莎瑞草也（龍 494/02）。

貗：貗所甲反豕母也（龍 321/03）。

啑：啑山洽反啑喋小人言薄相也（龍 278/07）。啑正山輒昌涉二反多言也（龍 278/05）。啑山輒昌涉二反多言也（龍 278/05）。

歃：歃今女洽山洽山輒三反（龍 355/07）（紹 198b9）。歃所甲反（慧 85/93a）。歃今（龍 355/07）；啑亦作歃（玄 8/110b、慧 32/35b"唯嘽"註）。歃俗（龍 355/07）。歃欶～也（慧 94/228b"吸欶"註）。歃衫袷反集作歃失也（慧 95/255b）。

廈：廈音夏廈屋也又所下反（龍 300/04）（慧 77/1024a）（慧 83/57a）。//廈：廈音夏广也（龍 302/08）（紹 198a4）。傻：傻夙下反（龍 032/01）。瘦俗音夏正作廈（龍 473/04）。

嗄：嗄砂詐反（慧 30/1040b）。嗄於嫁所芥二反（龍 274/03）（慧 94/235a）（紹 182b9）。//歍：歍嗄廣蒼從欠作歍音訓並同也（慧 94/235a"聲嗄"註）。

歐：歐三輒反愒欲（龍 355/07）。

翣：翣山甲反（慧 88/142a）（慧 96/268b）。翣所甲反又色立反（龍 328/01）。

甴：甴所嫁反人姓（龍 314/10）。

shai

shāi　諰：諰山佳反語也（龍 040/06）。

簁：簁所宜反（龍 389/09）；簁古文籭形（玄 6/89a"擒簁"註）。//簁正所宜所倚二反（龍 391/03）（慧 38/155a）（慧 19/772a）（慧 29/1023b）（慧 64/761a）（紹 160a7）；篩集從草

從竹作莡筵者皆非也（慧98/297b"曬褐"註）。筵 所佳所飢二反（玄6/89a）（玄8/111a）

（慧38/155a）（玄8/111a）（玄20/264c）（慧18/761a）（慧27/987a）。筴先尔反（慧43/259b）

（紹155b5）。//簁：簫俗所宜所倚二反（龍391/03）（紹160a5）。薕 筵古文籭簁形（玄

6/89a"擣筵"註）（慧27/987a"擣筵"註）。//篩：篩音師（龍388/03）（紹160a10）；筵

聲類作篩同（玄6/89a"擣筵"註）（慧18/761a"擣筵"註）（慧29/1023b"擣筵"註）（慧64/761a

"筵楊"註）。

shài 裞：裞正所拜反衣袂[衿]縫也（龍106/05）。裞俗（龍106/05）。裞 色戒反諸字書

並無此字譯經人隨意作之（慧39/173b）。

攦：攦灑律文作攦非也（玄15/203c、慧58/621b"灑散"註）；勑經文作攦力計反小舩

也攦非今用（玄20/269b"勑刻"註）；黧經文作攦力計反誤也（玄20/269c"黧黑"註）。

曬：曬沙賣反（慧82/39b）。曬 所賣反日暴乾也又所寄反（龍428/01）（玄1/14a）（玄

1/8a）（玄5/76c）（玄14/186c）（玄15/201c）（慧17/740b）（慧42/235b）（慧38/159a）（慧58/617b）

（慧59/634b）（慧61/690a）（慧62/699a）（慧77/1024a）（慧100/331a）（紹136a5）（紹170b9）。

曬：曬俗所寄反[1]（龍314/07）。//爄：爄所下所解二反[2]（龍242/01）。

暶：暶所界切（紹171a7）。

翗：翗所賣反不黏皃（龍332/03）。翗所斤反[3]（龍340/01）。

shan

shān 彡：彡所銜反毛長也（龍188/02）。

杉：杉音衫（龍375/01）（紹158b6）。//檆：檆正音杉樴松木下（龍374/08）。//樴：樴

古（龍374/08）。

衫：衫沙咸反（慧61/693a）。肜音衫（龍124/08）。//襳：襳正（龍103/04）。//襸：

襸今音衫小襦也（龍103/04）。襸俗（龍103/04）。

肜：肜所銜反瞻見也又所儳反（龍188/04）。

---

①參見《龍龕手鏡研究》271頁。
②參見《可洪音義研究》664頁。
③參見《疑難字考釋與研究》341頁。

零：雫 所咸反微雨也（龍 307/02）。

芟：芟 正音衫（龍 255/02）（玄 1/15a）（慧 42/237a）（慧 44/283b）（慧 73/926b）（慧 56/561b）（慧 51/435b）（慧 82/37b）（慧 83/45b）（慧 88/144b）（慧 91/183a）（慧 99/315a）（希 10/423a）；刐 經文或作芟非體也（玄 11/146c、慧 52/461b “刐治” 註）。芟 俗音衫（龍 255/02）。芟 所巖反（玄 19/255c）（玄 19/262c、慧 56/573b “斫芟” 註）。芟 所巖反（玄 4/62a）（玄 5/69c）（玄 12/157a）（慧 52/479a）（玄 18/247b）（慧 94/226a）（紹 156a1）。

苫：苫 失廉反（龍 257/08）（慧 42/249b）（玄 6/82b）（玄 14/188c）（慧 59/637b）（玄 16/224a）（慧 64/747b）（玄 22/303a）（慧 48/393b）（慧 27/972a）（慧 43/253b）（慧 63/732a）（慧 68/826b）（慧 92/204a）（希 9/414a）（紹 155b9）。苫 式鹽反（玄 5/71a）。

笘：笘 赤占都頰二反（玄 20/272b）（慧 76/992b）。

刪：刪 正所班反定也削也除也（龍 096/03）（玄 1/9b）（慧 17/743b）（玄 5/71b）（慧 42/250a）（玄 8/110c）（玄 18/241b）（慧 73/929a）（慧 64/758a）（慧 80/1092b）（慧 91/181b）；姍經文有作刪（玄 8/107b、慧 28/1004a “姍閣” 註）。刪 所姦反正作刪（龍 367/03）。刪 所間切（紹 139b4）。刪 俗（龍 096/03）。刪 所間切（紹 139b4）。鄎 舊藏作刪（龍 455/03）。

姍：姍 蘇千反詐也（龍 280/07）。姍 潘姍二音（紹 142a2）。

殏：殏 今所奸反單子別名也（龍 514/02）。殏 或作（龍 514/02）。

珊：珊 正素安反～瑚寶樹也（龍 432/04）（玄 5/71b）（慧 42/250a）（玄 8/107b）（慧 28/1004a）（玄 25/337c）（慧 71/891b）（慧 1/416a）（慧 6/506b）（慧 18/757a）（慧 22/840b）（慧 25/917a）（慧 35/97a）（希 5/388b）。珊 俗（龍 432/04）。珊 珊正（紹 140b5）。// 珊 俗（龍 432/04）。

跚：跚 今蘇干反（龍 458/09）（慧 85/94a）。跚 正（龍 458/09）。跚 俗（龍 458/09）。//

蹣：蹣 俗（龍 458/09）；詵又作散或作蹣字無所出也（玄 11/153a、慧 52/475a “詵陋” 註）。蹣 俗（龍 458/09）。

挻：挻 尸延反（玄 10/139a）（玄 13/171b）（玄 15/208c）（玄 17/234c）（玄 20/272b）（慧 13/648b）（慧 17/741b）（慧 31/10a）（慧 57/591b）（慧 58/609b）（慧 69/846b）（慧 74/948a）（慧 81/10a）（慧 84/77a）（慧 85/88a）（慧 93/221a）（慧 95/243b）（希 2/365a）（紹 133b6）；扇經文從手作挻誤也（慧 39/169b “扇扇” 註）；挻傳文從手非也（慧 93/217b “八挻” 註）。// 埏：

挻 式延反 (龍 246/03) (玄 1/8b) (玄 21/279c) (慧 47/368a) (慧 76/992b) (慧 88/149a);
挻從手延聲從土者非也 (慧 13/648b "挻填" 註) (慧 31/10a "挻填" 註) (慧 69/846b "挻填" 註) (慧 84/77a "挻填" 註) (希 2/365a "挻填" 註)。

脡： 脡 失連失戰二反 (龍 241/01)。

脡： 脡氃延二音帋脡牛領上衣也 (龍 102/09)。

鮏： 鮏式連反魚醬也 (龍 168/07)。

㺪： 㺪㺪正山監蘇遭二切 (紹 203a2)。

鬖： 鬖今音衫鞍鞘垂兒 (龍 448/04)。 鬖通 (龍 448/04)。 鬖俗 (龍 448/04)。

縿： 縿今所衘反 (龍 399/02) (紹 190b8)。 縿通 (龍 399/02)。

嵼： 嵼音山地名 (龍 454/07)。

潹： 潹殺姦反 (慧 85/95a)。 潹正所姦所板二反 (龍 227/07) (希 10/421b) (紹 187a8)。 潹今所姦所板二反 (龍 227/07) (玄 5/70a) (玄 7/102c) (慧 30/1046b) (玄 19/254b) (慧 56/559b) (慧 81/19a)。

岫： 岫音山地名也 (龍 452/07)。

偏： 偏音扇熾盛兒也 (龍 34/07)；熾或從人作偏 (慧 36/117b "爆熾" 註) (慧 98/309a "相熾" 註)。 //熾： 熾失連失戰二反火盛兒也 (龍 239/02) (慧 36/117b) (慧 98/309a)。

羴： 羴許閑失然二反群羊臭也 (龍 159/04) (慧 84/75b)；説文羴或作羶同 (玄 1/12a、慧 42/232b "羶臭" 註) (慧 81/12b "羶腥" 註)。 //羶： 羶正式連反 (龍 159/05) (慧 42/232b) (慧 81/12b) (慧 100/335b) (慧 100/350b) (紹 167b6)；羴論作此羶俗字 (慧 84/75b "辛羴" 註)。 羶 (玄 1/12a) (慧 64/755b)。 //羴俗 (龍 159/05)。 羴俗 (龍 159/05)。

轞： 轞正所咸反車聲也 (龍 080/09)。 轞俗 (龍 080/09)。

shǎn 夾： 夾又失冉反 (龍 556/01)。

陝： 陝失冉反 (龍 296/06) (慧 10/581b) (紹 170a1)；陜經作陝亦非乃陝州字陝音式染反即周書分陝之地是也 (希 2/363b "廣陜" 註)。 陝式冉反 (玄 3/47a) (紹 170a1)。

睒： 睒失冉反暫見也 (龍 420/02) (玄 1/11c) (玄 1/17b) (慧 42/232a) (玄 20/264c) (玄 20/270c) (慧 74/939b) (玄 21/282b) (慧 48/394a) (玄 24/323b) (慧 70/867b) (慧 29/1032b) (慧 54/512b)

（慧79/1055a）（慧96/270b）（紹142a9）；覤又作睒同（玄1/13a、慧42/234a "覤電" 註）（玄16/223b、慧64/752a "覤鑠" 註）（玄19/257a、慧56/563b "覤電" 註）。聃俗失冉反正作狀（龍314/05）。睒①失冉反（龍427/08）（玄22/303b）。

覤： 覤失冉反（龍241/06）（玄1/13a）（慧42/234a）（玄16/223b）（慧64/752a）（玄19/257a）（慧56/563b）（紹189b8）；睒又作覤同（玄1/17b "睒婆" 註）。

閃： 閃失冉反（龍93/04）（玄6/90b）（玄11/142c）（慧56/553a）（玄12/165c）（慧75/978b）（初編玄694）（慧58/617a）（玄17/234b）（慧74/947b）（慧38/155b）（慧38/160a）；覤經文作閃（玄1/13a、慧42/234a "覤電" 註）（玄19/257a、慧56/563b "覤電" 註）。

摻： 摻今所斬反（龍212/10）。摻今（龍212/10）。摻俗（龍212/10）；躁論文作摻是摻袂字音衫斬反非心躁字也（慧67/803b"躁擾"註）。摻摻正所斬所咸二切（紹135a4）。

揳： 揳杉減反（慧100/338a）。

shàn 汕： 汕音産魚浮水上也又所晏反魚乘水上也（龍232/03）。

疝： 疝音山（龍471/03）（玄14/198a）（慧59/653a）。//肶： 肶俗所諫反（龍414/06）。

訕： 訕正所姦所諫二反訕謗毀誹也（龍042/02）（玄5/66c）（玄7/93c）（慧28/996b）（玄10/137a）（慧45/304a）（玄14/192c）（慧59/643b）（玄16/222a）（慧65/765a）（玄21/286b）（慧44/295a）（玄25/331a）（初編玄13/598）（慧71/880a）（慧19/781b）（慧44/295a）（慧80/1076b）（慧95/245b）（紹185a7）；訧陁經中或作訕馱（玄11/153a、慧52/475a "訧陁" 註）。//訨： 訨俗（龍042/02）。//訡： 訡俗（龍042/02）。

麨： 麨所晏反餅麨也（龍505/09）。

扇： 扇或迫反又式戰反（龍303/05）（慧39/169b）。麀誤音扇②（龍301/02）。

煽： 煽俗升養反（龍272/02）。

簅： 簅音扇竹簅也（龍393/03）。

善： 譱正音若（龍160/07）。善（慧51/442a）。善今音若（龍160/07）。譱籀文音若（龍160/07）。菩音善（慧90/179b）。乔古文音善王都也（龍550/02）。//嘻： 嘻俗音善

---

①《叢考》：此字疑為 "睒" 的後起俗字（596）。
②疑即 "扇" 的訛誤字。

（龍 271/08）。

傡：**傡**善音又時戰切（紹 129a3）。**傡**時戰反恣態也（龍 036/04）。//繕：**繕**音善恣

也態也^①（龍 399/07）。

鄯：**鄯**時戰反（玄 1/11b）（慧 17/746b）（慧 40/199a）（慧 89/156a）。**鄯**音善（龍 455/06）。

墡：**墡**音善白土也（龍 249/08）（玄 17/226b）（慧 67/812a）（紹 161b6）；墠律文作墡非體

也（初編玄 691、慧 58/615b "白墠" 註）。//礢：**礢**音善與墡同白土也（龍 442/08）。

膳：**膳**音膳（慧 14/672a）；饍俗字也正作膳（慧 19/771b "餚饍" 註）。**膳**時戰反食也（龍

412/08）（玄 1/17b）（玄 2/23b）（玄 6/79c）（玄 14/188b）（慧 59/636b）（慧 12/623b）（慧 13/647b）

（慧 25/908a）（慧 32/36a）（慧 32/48b）（慧 36/121b）（希 4/378a）（希 6/393a）。//饍：**饍**時

戰反食也（龍 502/02）（慧 19/771b）（慧 36/122b）；膳經文有從食作饍傳寫誤也（玄

1/17b "甘膳" 註）（玄 6/79c "肴膳" 註）（慧 12/623b "甘膳" 註）（慧 27/965b "肴膳" 註）（慧

32/36a "肴膳" 註）（慧 32/48b "肴膳" 註）（慧 37/145a "肴膳" 註）（希 4/378a "珍膳" 註）（希

6/393a "肴膳" 註）。**饍**音善（龍 016/04）。

繕：**繕**音善又去聲（龍 399/07）（玄 7/92b）（慧 28/995a）（玄 13/168b）（慧 52/480a）（玄 18/250c）

（慧 73/935b）（玄 20/265a）（玄 21/276b）（玄 22/300b）（慧 48/389a）（玄 23/318a）（慧 47/345a）

（玄 24/324a）（慧 70/868b）（慧 1/415a）（慧 11/605b）（慧 21/811b）（慧 80/1068b）（慧 80/1092a）

（慧 83/55b）（慧 93/212a）（希 5/387a）（紹 190b9）。//敾：**敾**音善（龍 120/05）。

擅：**擅**正時戰反（龍 213/08）（慧 71/888b）（慧 12/625b）。**擅**今時戰反（龍 213/08）（玄 22/293c）

（慧 48/378b）（玄 25/336a）。//撣又俗音擅專撣也（龍 212/03）。

甀：**甀**正士戰反器緣也（龍 316/07）。**甀**俗（龍 316/07）。//鏂：**鏂**時戰反器緣也（龍

338/05）。

蟮：**蟮**音善（慧 56/549b）（玄 13/175c）（慧 55/536b）（玄 17/227b）（慧 67/814a）（慧 95/244b）

（紹 163b8）；鱓或作蟮字（慧 60/660b "虵蛭鱓" 註）。**蟮**音善（玄 11/141b）。**蟮**蟮正

善音（紹 189b9）。//蟬：**蟬**音蟬（龍 220/05）（初編玄 922）（慧 60/655a）（慧 76/1006a）

（慧 90/175a）；蟮經文作蟬非體也（玄 11/141b、慧 56/549b "曲蟮" 註）（玄 17/227b、慧

---

① 《龍龕手鏡研究》：疑即 "傡" 字之訛（309）。

67/814a "曲蟺" 註）。 蟬（慧 99/322a）。 蟬 時然反（慧 99/312b）。

墠： 墠 正音善除地平坦曰～也（龍 249/07）（玄 14/197b）（慧 59/651b）（初編玄 691）（慧 58/615a）

（慧 21/820b）（慧 83/51a）（慧 96/263b）（慧 98/299b）； 墙字體作墠（玄 17/226b、慧 67/812a

"白墻" 註）。 墠 墠正善音又齒善他干二切（紹 161b7）。 墠 俗（龍 249/07）。

禪： 禪 是戰反（慧 20/805a）。 禪 是戰反（玄 1/4b）。

鱓： 鱓 正音善鮑形魚也（龍 169/01）（慧 65/777a）（慧 56/567b）（慧 60/660b）（慧 61/689a）（慧

62/706b）（慧 81/23a）（慧 86/113b）（紹 167b10）。 鱓 禪展反（慧 14/665a）（慧 99/316a）。

鱓 音善（慧 61/683b）（玄 16/216c）。 鱓 俗（龍 169/01）（玄 19/259b）。 鱓 又新藏作鱓

音善亦魚名也（龍 171/06）。 // 鱓： 鱓 俗（龍 169/01）。 鱓 鱓又作鱓（玄 16/216c、

慧 65/777a "龜鱓" 註）（玄 19/259b、慧 56/567b "魚鱓" 註）。 // 鮅： 鮅 鱓又作鮅（慧

65/777a "龜鱓" 註）（慧 86/113b "似鱓" 註）。 鮅 玉篇同上 [鱓] 郭迻又音蛆古字（龍

169/01）； 鱓又作鮅（玄 16/216c "龜鱓" 註）（玄 19/259b、慧 56/567b "魚鱓" 註）。 鮅 鱓

正善音（紹 167b10）。

贍： 贍 正常染反賙贍也（龍 351/04）（慧 34/88b）（玄 7/104c）（慧 17/735b）（玄 18/245c）（慧

73/924a）（慧 48/385b）（慧 47/360b）（慧 70/868b）（慧 1/412a）（慧 5/484b）（慧 11/606a）（慧

22/835a）（慧 22/837a）（慧 23/862b）（慧 23/867a）（希 1/358c）（紹 143a7）。 贍 時焰反（玄

5/75b）（玄 22/298b）（玄 23/309c）（玄 24/323c）（玄 17/231c、慧 70/856b "剡浮" 註）。 贍 俗

（龍 351/04）。 贍 俗（龍 351/04）。 // 饘： 饘 市焰反（龍 503/02）； 贍或作饘同（慧 34/88b

"給贍" 註）（玄 7/104c、慧 17/735b "贍反" 註）（玄 18/245c、慧 73/924a "供贍" 註）。 饘 音

焰（龍 503/02）； 贍聲類作饘同（玄 22/298b、慧 48/385b "供贍" 註）。 饘 贍或作饘同

（玄 5/75b "給贍" 註）。

嗿： 嗿 俗音贍（龍 273/07）（慧 19/774a）。

魔： 魔 七陷反屋上也（龍 303/09）。

釤： 釤 所鑒反大鎌也（龍 017/03）（玄 15/199c）（慧 58/613b）（慧 20/793b）（紹 149a10）； 芟

經文作釤非此用（玄 4/62a、慧 44/283b "芟除" 註）（玄 19/255c、慧 56/561b "芟彼" 註）。

掞： 掞 舒染反（龍 213/04）（慧 84/70b）（慧 91/187b）（慧 94/223a）（慧 98/302b）（紹 135a1）。

鏟： 鏟玉篇所諫反鐵鋋也（龍 019/01）（紹 180a7）。

shang

shāng 商： 商始羊反（慧 47/353b）（慧 23/867a）（慧 82/31a）（慧 91/183b）；寶經中通作商誤也宜加貝為正（慧 7/527a "寶賈" 註）（慧 24/901b "寶侶" 註）（慧 27/978a "商估賈" 註）（慧 41/223b "商商" 註）。商始羊反（玄 6/85a）（玄 23/306b）。//寶： 賣今皆作商（玄 14/189b）（慧 59/638a）。實式羊反寶賈也通四方之貨曰寶行賣也（龍 349/03）（慧 7/527a）（慧 18/762a）。啇 始羊反（慧 7/532b）（慧 27/978a）（慧 32/30b）（慧 41/223b）（慧 62/698b）（慧 62/711b）；商字體作寶（玄 6/85a "商估" 註）。賣（慧 81/11a）。賣賞章反（慧 24/901b）（慧 49/401b）。

倘： 倘商音（龍 026/02）。

滴： 滴音商滴河縣名（龍 229/08）。

墒： 墒音傷新耕土也（龍 247/05）。墒又俗音商（龍 252/04）。

鷞： 鷞音傷（龍 285/08）（紹 165b4）。

汋： 汋音傷水名（龍 229/08）。

傷： 傷始羊反（慧 52/458b）。傷失良反切韻損也痛也或作慯（希 8/410a）。

禓： 禓音羊道上祭也一曰道神又音商（龍 111/02）。//禓： 禓音傷道上祭也（龍 111/02）。

暘： 暘失羊反稽也（龍 153/05）。

緆： 緆失羊七羊二反傷也（龍 331/06）。//緆： 緆（龍 331/06）。

殤： 殤音傷（龍 514/02）（慧 87/119b）（紹 144b2）。殤賞羊反（慧 53/492b）。

觴： 觴音觴酒器也（龍 511/01）（慧 87/131a）（紹 148b3）。觴觴籀文作～（慧 87/131a "濫觴" 註）。

餉： 餉書兩反日西食也（龍 501/03）。//餉同上（龍 501/03）。

醲： 醲音傷酒器也（龍 309/10）（紹 143b9）；觴論本作醲誤也（慧 87/131a "濫觴" 註）。

鬺： 鬺音傷烹也（龍 534/06）。

黲： 黲音傷赤黑也（龍 531/05）。

shàng 上：**上** 古文上字（龍 550/03）。**上** 古文作上字又作尚（希 9/413c "旭上" 註）。//**上上** 音

上（龍 549/02）。

痈：**痈** 失亮反憂也（龍 476/04）。

尚：**尚** 市讓反（玄 23/306c）（慧 47/354a）（玄 25/333b）（慧 71/884a）（慧 22/842a）（慧 27/976a）。

蠰：**蠰** 思將如羊二切又傷餉二音（紹 164a8）。**蠰** 音霜蝱桑蝎蟲也又傷餉二音[1]（龍

220/09）（紹 164a8）；儀經從虫作蠰音女兩反非也（慧 54/516b "儀伽" 註）（慧 73/935a

"儀佉" 註）。**蠰** 思將如羊二切又傷餉二音（紹 164a8）。

shao

shāo 捎：**捎** 所交反又相焦反（龍 207/07）（玄 16/223a）（慧 64/758a）（慧 64/750b）（紹 134b4）；**梢**

從木或從手肖聲也（慧 14/665b "無梢" 註）。

娋：**娋** 所交反小娋偷也（龍 280/02）。

梢：**梢** 所交反（龍 374/03）（慧 14/665b）（慧 24/895b）（慧 37/133a）（慧 37/147a）（慧 39/172b）

（慧 62/710a）（慧 63/739a）（慧 91/187b）（紹 157b1）；稍經文有作梢所交反（玄 1/17c "矛

稍" 註）（慧 51/443a "矛稍" 註）。//蒢：**蒢** 霜交反正體作梢（慧 35/105b）。**蒢** 梢律

文從草作～誤也（慧 62/710a "根梢" 註）。

弰：**弰** 所交反（龍 150/05）（慧 41/220b）（希 1/357a）。

褃：**褃** 所交反衣維也（龍 103/06）。

稍：**稍** 所爪反漸少也向盡也又所教反（龍 144/07）（慧 2/436b）（慧 7/530b）（慧 24/891a）

（慧 28/1001b）（慧 34/82b）（慧 79/1059b）（紹 196a3）。

蒢：**蒢** 所交反（玄 12/164a）（慧 55/543b）。

筲：**筲** 所交反（龍 389/09）（玄 15/204c、慧 58/602b "竹筲" 註）。

輎：**輎** 所交反兵車也（龍 082/03）。

鮹：**鮹** 所交反海魚形如鞭輎也又音消（龍 168/07）。

颰：**颰** 所交反風聲（龍 127/01）。

①參見《龍龕手鏡研究》223 頁。

髇：䯂 正所交反（龍 088/06）（慧 82/38a）。䯵俗（龍 088/06）。

祒：祒 市昭反擊也（龍 547/09）。

燒：燒 尸照反（玄 3/33c）（慧 09/565b）（龍 242/09）。

sháo 勺：勺 是斫反（玄 4/49c）（紹 149b3）；杓說文作勺今承從木作杓時用字（慧 42/238b "斟一杓" 註）（慧 100/351b "鎗杓" 註）。

芍：芍市若反芍藥又七雀反陂名又音的蓮子也（龍 265/01）。

杓：杓正市若反木杓也（龍 386/04）（龍 374/08）（慧 42/238b）（慧 35/109a）（慧 87/120a）（慧 98/308a）（慧 100/351b）（慧 100/351b）（希 7/404b）（紹 159a2）；掉或作杓（慧 4/475a "掉舉" 註）。杪誤（龍 386/04）。

韶：韶視招反（慧 28/999a）（慧 75/968b）（慧 90/178b）（紹 199b9）。韶視昭反舜樂名也又美也繼紹也（龍 177/06）（玄 7/95b）（玄 8/110c）（玄 12/163b）（紹 199b9）。//䪩：䪩韶古文䪩同（玄 7/95b、慧 28/999a "音韶" 註）（玄 12/163b、慧 75/968b "九韶" 註）。䫤古文音韶[1]（龍 545/04）。磬陶韶二音（龍 182/01）。磬陶韶二音（龍 182/01）。

shǎo 邚：邚子小反魯地（龍 456/01）。

shào 劭：劭俗常照反正作劭字（龍 517/06）（紹 145a10）。劭俗常照反正作劭字（龍 517/06）（紹 145a10）。劭邵音（紹 140a2）。劭常照反自強也與邵亦通（龍 98/07）。

邵：邵正市照反人姓（龍 456/08）（玄 7/101a）（慧 52/463b）（慧 90/168b）（慧 90/177b）。邜今（龍 456/08）（玄 11/147b）。邜邵從邑召聲傳文作～錯書之也（慧 90/177b "張邵" 註）。乿亭姚反人名也（慧 90/175b）。

卲：卲正是昭反（龍 552/02）。卲今（龍 552/02）。

袑：袑正（龍 105/07）。袑今市少反袴上也（龍 105/07）。

紹：紹時遶反（龍 400/01）（玄 8/106b）（慧 28/1003a）（慧 23/304b）（慧 47/351a）（慧 1/412b）（慧 3/451b）（慧 4/474b）（慧 15/697a）（慧 21/828a）（慧 25/906a）（慧 29/1020a）。紹市繞反（玄 2/16c）。紹（龍 400/01）。絜（龍 399/09）。//絜：絜紹古文絜同（玄 2/16c "紹三" 註）（玄 23/304b、慧 47/351a "將紹" 註）（慧 3/451b "能紹" 註）。

①參見《疏證》61 頁。

硯：𥇒正 (龍 345/03)。𥇒今市沼反現也 (龍 345/03)。

敲：𣤠音紹盾也 (龍 529/07)。𣤠或作音紹盾也 (龍 120/02)。𣤠俗 (龍 120/02)。

稍：耟所教所交二反稍穇田器也 (龍 365/05)。

she

shē 閣：閣視遮反又音都闍闍城上重門也 (龍 091/04) (慧 2/426b) (慧 38/160b) (紹 195b1)。

　鬧：鬧俗音閣 (龍 269/06)。

　奢：奢失車反 (龍 356/06) (紹 146a6)。奢失遮反正作奢 (龍 239/10)。奢式車反 (龍 528/01)。

　偤：偤式車反 (龍 026/03)。

　賒：賒正音奢不交也 (龍 349/05) (玄 12/159a) (慧 74/957a) (玄 13/176b) (慧 49/402b) (慧 51/446b)

　　(紹 143a6)。//賒：賖俗音奢 (龍 349/05)。//賖式車反正作賒 (龍 459/05)。

　骷：骴失車反骨也 (龍 480/01)。

shé 蛇：蛇古食遮反毒虫也 (龍 220/09) (慧 52/456a) (慧 33/69b) (慧 41/209b) (慧 41/228a) (慧

　　42/245b) (慧 38/152a) (慧 38/158b) (慧 38/164a) (慧 57/581b) (慧 65/766a) (慧 72/907a) (慧

　　79/1057a) (慧 100/342a) (希 1/355a) (希 1/359b) (希 6/391c) (紹 164b3)；虵蔡邕石經加虫

　　作蛇 (慧 6/510b "蛇蠆" 註) (慧 13/651a "虵蠍" 註) (慧 35/105a "虵蝅" 註) (慧 56/574b "虵

　　蠍" 註) (希 5/388b "蟒虵" 註) (希 7/403b "虵蠍" 註)。蛇社遮反正體虵字也 (慧 37/143b)。

　　虵正食遮反毒虫也 (龍 220/09) (玄 12/156a) (慧 53/493a) (慧 56/574b) (慧 90/174b) (希

　　5/385b) (希 5/388b) (希 7/403b)；蛇經中作虵誤也 (慧 52/456a "虵池" 註) (慧 41/228a "蟒

　　蛇" 註) (慧 65/766a "蛇蝅" 註) (慧 72/907a "蛇蠍" 註) (希 1/359b "蟒蛇" 註)。虵社遮反

　　(慧 2/434a) (慧 6/510b) (慧 11/612b) (慧 13/651a) (慧 35/105a) (慧 35/111a)；蛇經文作虵

　　隸書變體時用字也 (慧 38/158b "蛇蝅" 註) (慧 38/163b "蛇蚖" 註)。蚥蛇陁移三音 (紹

　　164b3)。虵音蛇 (龍 341/04)。虵音虵 (龍 341/04)；虵經中作～誤也 (玄 12/156a "虵

　　池" 註)。

　虵：虵俗音虵 (025/02)。

呐：**呐**他虵二音（龍266/05）（紹184b9）。

絁：**絁**虵音又去呼（紹191a3）。

舌：**舌**善熱反（慧16/718b）（希8/409c）。

䖡：**䖡**音舌䖡蚨螻蛄名也（龍225/07）。

餂：**餂**正音捨餂飫也（龍501/08）。//餂：**餂**或作（龍501/08）。

䮰：**䮰**音舍牝馬也（龍293/07）。

shě 舍：**舍**（慧25/905a）。

shè 射：**躲**正神夜反獵也又音石又音夜僕射（龍162/02）（慧3/450a）（慧8/543b）（慧45/315b）；射説文從矢作躲（慧4/459a“善射”註）（慧15/687b“射術”註）。**躲**食亦反（慧69/840a）；射或從矢作躲亦通（慧16/726a“射師”註）（慧31/7b“射師”註）。**躲**俗（龍162/02）。**躲**俗（龍162/02）。**躲**俗（龍162/02）。**躲**射音（龍162/03）。//**射**正神夜反獵也又音石又音夜僕射（龍162/02）（慧3/449b）（慧4/459a）（慧15/687b）（慧16/726a）（慧31/7b）（慧85/89a）；躲小篆從寸作射二體並正也（慧8/543b“善躲”註）；野干或云射干（慧41/209a“野干”註）；麝亦作榭經本作射誤也（慧43/270b“麝香”註）。**射**射正夜音又神夜切（紹200a6）。**射**音射（龍367/04）。

蠚：**蠚**音射虫名（龍223/10）。

麝：**麝**正神夜反（龍521/08）。**麝**神夜反又音石（慧48/372b）（慧18/760b）（慧19/771b）（慧29/1023b）（慧37/135b）（慧43/270b）（慧50/415a）（慧50/417a）（希5/388c）。**麝**今神夜反（龍521/08）（玄4/57a）（玄5/68b）（玄22/289b）。//**舂**俗音麝[1]（龍443/05）；麝經文作舂非也（慧19/771b“餜饍”註）。

葉：**葉**尸涉反（玄4/59b）（慧30/1042a）。

愶：**愶**之涉反又愶伏懼怯也又徒叶反愶愶也（龍062/06）（玄5/64c）（慧44/285a）（玄7/97b）（慧19/779a）（玄8/111b）（慧33/62a）（慧42/243a）（慧42/246b）（慧63/730a）（慧68/834a）（慧69/853a）（慧88/135b）（慧88/148b）（希10/419c）（紹129b8）；愶經文作愶非本字（慧2/435b“恐愶”註）；愶或作愶（慧91/188a“驚愶”註）（慧98/304a“戰愶”註）。//愶：**愶**之涉

①參見《〈一切經音義〉研究》214頁。

反又徒叶反（龍 062/06）（玄 5/67b）（慧 34/93a）（玄 7/101b）（慧 32/32a）（玄 9/128a）（慧 46/334a）（玄 12/166a）（慧 55/545b）（玄 20/268a）（慧 33/55a）（慧 2/435b）（慧 22/852b）（慧 62/715b）（慧 78/1042b）（慧 82/35a）（慧 90/178b）（慧 92/208b）（慧 97/282a）（紹 129b8）；讋論言懾怖合從心作懾（慧 49/404b“讋怖”註）（慧 98/304a“戰讋”註）；慴或作懾字（慧 63/730a“慴怖”註）（慧 68/834a“驚慴”註）（慧 69/853a“驚慴”註）（慧 88/148b“慴魔”註）。

隰：隰俗而陟反（龍 298/01）；懾傳文從阜非也（慧 90/178b“懾化”註）。

攝：攝苦葉反（慧 1/415b）（慧 2/422a）（慧 5/491a）（慧 6/514a）；惢經文作攝非也（玄 12/161a、慧 75/984b“惢腹”註）；懾經本有作攝字者謬也（慧 22/852b“靡不驚懾”註）。

嶍：嶍音攝（龍 079/02）（紹 162a6）。

躡：躡音攝（龍 423/09）（紹 143a1）；牒又作躡同（玄 1/11c、慧 42/232a“牒眼”註）。

赦：赦正音舍赦霄也（龍 121/01）（玄 5/75a）（慧 44/292a）（慧 65/769b）（慧 76/992a）（紹 197a6）。赦俗（龍 121/01）（玄 16/218a）（玄 20/275a）（紹 197a6）。赦俗（龍 121/01）。赦俗（龍 121/01）。剢音赦（龍 099/04）。

涉：㴸涉説文從二水㴸古字隸書今省去一水作涉（慧 3/452b“交涉”註）（慧 7/516b“交涉”註）。㴸古文涉字（龍 237/08）。涉涉古作～（慧 6/509a）。陟時葉反（慧 2/438b）（慧 3/452b）（慧 6/509a）（慧 7/516b）（慧 7/523b）。

盩：盩音社器也（龍 328/08）。

社：社古文社字（龍 112/03）。私音社[1]（龍 145/03）。

shen

shēn 扟：扟正所臻反（龍 209/04）（慧 58/606a）（紹 134b3）。扟俗所臻反（龍 209/04）。扟所隣反（玄 15/206c）。//㧥：㧥或作所臻反（龍 209/04）。

籸：籸正所臻反（龍 304/02）（玄 15/207a）（慧 58/606b）。籸俗所臻反（龍 304/02）。//粩：粩俗所臻反（龍 304/02）（紹 196b1）。

身：身今多以娠作身兩通也（玄 56/821b、慧 17/16a“任娠”註）（玄 9/126a、慧 46/331a“有

①參見《叢考》770 頁。

娠"註)（玄 19/256c、慧 56/562b "有娠"註)（慧 26/952a "即便有娠"註)。//屟：屟古文失人反（龍 163/01)。夅音身（龍 546/09)。

㑔：傁音身人姓（龍 025/06)（玄 23/311c、慧 47/363b "所孕"註)（慧 32/45a "懷妊"註)（慧 34/77a "妊娠"註)（紹 128b10)；娠古文作傁字（慧 62/698a "有娠"註)（慧 63/742a "度娠"註)。

娠：娠音身又之刃反（龍 279/06)（玄 56/821b)（玄 8/116c)（玄 9/126a)（玄 19/256c)（慧 17/16a)（慧 26/952a)（慧 32/30b)（慧 34/77a)（慧 46/331a)（慧 56/562b)（慧 62/698a)（慧 63/742a)（慧 86/116b)（慧 93/219b)（紹 141b5)。娠娠字或作屟也經作娠俗通用也（慧 32/30b "布娠"註)（慧 63/742a "度娠"註)。//娠：娠音身又之刃反（龍 279/06)；娠經作娠俗通用也（慧 32/30b "布娠"註)。

申：申音申（龍 548/01)。申失人反申身也伸也重也容也（龍 199/09)（慧 57/597b)；伸集作申（慧 98/297b "伸偓"註)。电音申（龍 546/07)；申正（紹 203a7)。

伸：伸音申（慧 35/98b)（慧 78/1034b)（慧 98/297b)。伸音申（龍 026/05)。

呻：呻音申吟也（龍 270/02)（玄 20/264b)（慧 62/714a)（慧 79/1056a)（慧 81/6a)（慧 94/237b)（紹 182a5)。//吷：吷音申吟也（龍 270/02)。//軟：軟呻吟亦作軟誇（慧 62/714a "呻吟"註)。//瘖：瘖俗音身（龍 471/07)。瘖俗音身[1]（龍 299/07)。

迣：迣音申（龍 490/06)。

傁：傁音豕理也（龍 119/02)。

胂：胂音申（龍 408/02)（玄 25/335b)；膌或作胂（慧 71/887a "擘胂"註)。

瞚：瞚音申鳥獸驚兒也又時刃反張目視也（龍 419/02)（慧 95/250b)；瞚或作瞚（慧 13/655b "瞚眼"註)（慧 41/213a "不瞚"註)（慧 49/402b "瞚命"註)（慧 77/1012a "瞚動"註)（希 1/355c "不瞚"註)。

紳：紳音申（龍 397/05)（慧 81/18b)（慧 83/60b)（慧 84/74a)（慧 86/110b)（慧 87/129a)（慧 93/216b)（慧 97/279b)（希 10/419c)（紹 191b4)。

訷：訷申音（紹 185b2)。

---

①參見《字典考正》291 頁。

魌：**魌**音申説文云魌神也又青要山魌也又古文神字（龍323/03）。

侁：**侁** 所臻反行皃也亦齊整皃（龍023/09）（玄7/100b）（慧19/788b）（紹129a9）。**佡** 又所臻反正作侁同（龍026/05）。**佡** 又所臻反正作侁同（龍026/05）。

姺：**姺**所臻反女字也（龍280/02）。

詵：**詵**所臻反衆人言也（龍044/07）（玄4/52a）（玄11/153a）（慧52/475a）。

駪：**駪**所臻反馬名（龍291/09）。

莘：**莘**又音詵（龍183/06）；詵又作甡莘莘三形同（玄4/52a"詵林"註）。

莘：**莘**所臻反（龍254/04）（慧81/3b）（慧88/147b）（紹155b4）；詵又作甡莘莘三形同（玄4/52a"詵林"註）。

痒：**痒**所臻反寒病也（龍471/03）。**痒**所錦反寒皃（龍474/04）。

籸：**籸**所臻反多也（龍178/06）（龍183/04）。

翀：**翀**所臻反羽多也（龍183/04）。**翀**所臻反（龍326/09）。

鰺：**鰺**所臻反長尾魚也（龍167/06）。

蔘：**蔘**所金反（慧52/465b）；蔘傳從艸作蔘俗字非也（慧83/54b"鬖鬖"註）。**蓁**所金反（玄11/148b）。//蔘：**蓘**蔘説文作蓘同（玄11/148b、慧52/465b"苦蔘"註）；苦玉篇作蓘（慧92/204a"苦蓘"註）。

曑：**曑**俗所今反正作參（426/02）。**曑**參字古文或作〜經作參俗字也（慧10/588a"參差"註）。

深：**深**尸任反（玄20/273a）（慧75/979b）（慧6/510a）（慧14/674a）（慧41/205b）（慧96/265a）（希10/423c）。**柒**鈎深今集本作拘桼於義乖籸恐傳寫訛謬也（慧96/265a"鈎深"註）。**㴱**郭逻又音深。

庲：**庲**音深廇大屋也（龍298/08）。

屾：**屾** 所臻反山交也（龍074/02）。

甡：**甡**所臻反（龍186/09）；詵又作甡同（玄4/52a"詵林"註）。

燊：**燊**所臻反熾也（龍240/04）。

嫀：**嫈**正所臻反（龍280/02）。//**嫀**或作（龍280/02）。

shén 神: 禮音神（龍 330/09）。禮古文音神（龍 546/09）。禮音神（龍 548/06）。禮俗香靳食鄰二反（龍 551/05）。

shěn 弞: 弞正失忍反詞也況也長也（龍 331/07）（慧 31/11b）（慧 87/129a）；矤説文或從弓作弞（慧 98/296a "矤敢" 註）。// 矤今（龍 331/07）（慧 98/296a）（紹 200a3）；弞今作矤俗字（慧 31/11b "弞訧" 註）（慧 87/129a "弞兮" 註）。狀古（龍 331/07）。狄俗（龍 331/07）。狄音沉（龍 119/05）。矤或作（龍 331/07）。

弽: 弽正音引笑不壞顏也又古文哂字（龍 354/08）。弽古文哂引二音笑不壞顏也（龍 151/05）；哂俗用字古文作弽（慧 82/33a "哂尒" 註）。欣俗（龍 354/08）；哂或作欣同（玄 4/55a、慧 34/91a "哂然" 註）。弽俗（龍 151/05）。吹哂音正作弽（龍 354/09）。欨哂音正作弽（龍 354/09）。// 吲俗失忍反（龍 271/06）；哂字書作吲（玄 4/55a、慧 34/91a "哂然" 註）（玄 19/259b、慧 56/567a "哂哂" 註）（慧 88/135b "哂談" 註）；蟬集從口作吲音施忍反禮記云笑不至吲也非蟬義（慧 99/322a "蟬引" 註）。// 弽哂亦作吲或作～（慧 88/135b "哂談" 註）。// 哂: 哂正失忍反又呼兮反（龍 271/06）（玄 4/55a）（慧 34/91a）（玄 12/161a）（慧 75/984b）（玄 16/214a）（慧 65/772b）（玄 19/254c）（慧 56/560a）（玄 19/259b）（玄 20/266b）（玄 20/274b）（慧 88/135b）（紹 182a4）；哂經作哂誤也（慧 14/671a "哂羅婆那" 註）。呬尸忍反（慧 56/567a）（慧 82/33a）；嚊或作哂（慧 76/1001b "嚊嚊" 註）。呬俗呼兮反①（龍 268/09）。呬火奚反（龍 524/08）。

詷: 詷式引反詞也況也長也（龍 045/04）。

瀋: 瀋昌引反汁也（龍 232/08）。

覾: 覾音審見皃也（龍 345/04）。

郱: 郱古文式任反國名（龍 453/02）。

頤: 頤失忍反舉眉視人也（龍 484/02）。

瞫: 瞫徒含反括也又音審竊視也又下視也（龍 418/04）。瞫深稔反（慧 39/176b）。//

覾: 覾香嚴音審深視皃玉篇眉甚反（龍 345/05）。

詠: 詠音審告也謀也深諫也又如甚反（龍 045/08）（紹 185a2）。

①參見《疑難字考釋與研究》147 頁。

潗：**𣲷**生錦反（龍 187/08）。

shèn 歁：**歁**時忍反指而笑也（龍 354/08）。

裖：**裖**正時忍反祭名也（龍 112/02）；脤説文從示作裖（慧 98/305b "受脤" 註）。**禔**或作（龍 112/02）。

蜃：**蜃**今時忍時刃二反（龍 223/05）（慧 85/93b）（慧 97/282b）（紹 164a1）。**蜃**正時忍時刃二反（龍 223/05）。**蜄**俗時忍時刃二反（龍 223/05）（玄 11/148b、慧 52/465a "瑂須" 註）。

鋠：**鋠**時引反圓鐵也（龍 015/05）。

滲：**滲**正所禁反滲漏也（龍 233/07）（慧 34/90a）（慧 49/408b）（慧 52/478a）（慧 18/766a）（慧 23/880a）（慧 75/967a）（紹 187b6）。**渫**疏蔭反（玄 4/54b）（玄 10/133c）（玄 12/156c）（希 3/371c）；滲字宜從糸經本有從枭者音早非經所用也（慧 23/880a "滲漏" 註）。**渗**通所禁反（龍 233/07）。//澟：**澟**俗所禁反（龍 233/07）。**𣿒**俗（龍 233/07）。**𣿡**色禁反俗（龍 035/09）。//淾：**淾**俗所禁反（龍 233/07）。

瘆：**瘆**正（龍 474/04）。**瘆**今疎錦反驚恐熱病也（龍 474/04）。

慎：**慎**睿古文字也今作慎（慧 87/121b "睿莫" 註）。**愼**時忍反古文今作慎廉謹也（龍 067/01）。//睿：**睿**音慎（慧 83/55a）（慧 87/121b）（慧 87/127b）。**𥄎**俗時忍反正作睿（龍 428/09）。**𣈄**正時刃反（龍 422/04）（紹 142b2）。**𣈅**俗時刃反（龍 422/04）（紹 142b2）。

腎：**腎**正時忍反（龍 410/06）（慧 41/215a）（慧 68/828a）（紹 135b5）。**腎**辰忍反（慧 5/478a）。**腎**臣忍反（慧 2/423b）（慧 77/1014a）（希 1/356a）（紹 135b5）。//脤：**脤**時忍反（龍 410/06）。**腪**時忍反（龍 410/06）。//膶**膶**又俗時忍反[1]（龍 411/07）。//脈：**脈**時忍反肝脈也[2]（龍 412/05）（慧 98/305b）；脈集從肉作脈音慎非也（慧 99/311b "隱脈" 註）。

葚：**葚**食審反木葚也又知林反（龍 260/01）。**葚**甚音（紹 156a5）。//鬵：**鬵**食枕反桑鬵也（龍 548/08）。//椹：**椹**又俗時任反桑椹也（龍 374/02）（紹 159b2）；葚或

---

[1] 《龍龕手鏡研究》："膶" 又音時忍反，疑為 "腎" 字之訛俗（315）。
[2] 《龍龕手鏡研究》："脈" 可能為 "腎" 的換旁俗字（316）。

作椹也（慧 99/313b "冬葚" 註）。

sheng

shēng升：**升**音昇（慧 29/1031a）。**廾**（慧 41/205b）。**㐰**古音升今陞^①（龍 548/01）。**斗**古音升
今作陞（龍 548/01）。

扴：**扴**正（龍 208/01）。**拼**通音升上舉也（龍 208/01）。

昇：**昇**（慧 60/655a）。**昇**升毛詩作昇聲類作陞（慧 41/205b "升晝" 註）。

陞：**陞**正式仍反（龍 295/05）（慧 39/174a）（紹 169b6）；升聲類作陞（慧 41/205b "升晝" 註）。
陞音升（慧 61/686b）。**阩**俗（龍 295/05）。**屮**古文音升今作陞（龍 333/09）。

生：**坓**音生（龍 547/08）。

珄：**珄**音生金色也（龍 433/02）。

笙：**笙**音笙樂器也（龍 388/05）（玄 7/99b）（慧 19/786b）。//欤：**欤**俗音生正作笙（龍
186/07）（紹 198b10）；笙經文作欤非（玄 7/99b "吹笙" 註）（慧 19/786b "吹笙" 註）。**牧**
俗（龍 186/07）。//**旺**俗音生正作笙（龍 186/07）。

牲：**牲**省英反（慧 57/584b）（慧 99/315b）（紹 167b1）。

甥：**甥**音生外甥也（龍 186/07）（希 8/407c）（紹 150b10）；説文作甥訓同爾雅也（希 9/414b）。

鉎：**鉎**音生鐵鉎又音星鐵鉎也（龍 009/05）（玄 16/222c）（慧 64/757b）（慧 93/215a）。

鵿：**鵿**俗音生正作徃（龍 285/07）。

麏：**麏**音生獸名大如兔也（龍 520/06）。

殑：**殑**仙凝反殑殑（龍 514/01）。

聲：**聲**正聲字（慧 92/199a）。

shéng憴：**憴**食陵反稱舉也與譝同（龍 055/04）。

繩：**繩**正食仍反直也索也（龍 395/05）（玄 9/124c）（慧 46/328b）（慧 4/471b）（慧 15/703b）
（慧 37/138a）（慧 76/996a）（慧 97/291b）（希 3/369a）（希 7/401a）（希 9/413c）。**繩**變體（龍
395/05）。**繩**食蠅反（慧 16/720a）（紹 191a4）。**繩**俗（龍 395/05）。**繩**俗（龍 395/05）。

---

①參見《叢考》570 頁。

繩繩正乘音（紹191a4）。䋲食陵反（龍014/01）。䋲食陵反（龍014/01）。䋲繩正神陵切（紹180a8）。

譝：譝正音繩稱舉也（龍044/02）。譝俗（龍044/02）。

shěng省：省思井反（慧26/937b）；眚又作瘠同經文作省非體也（玄8/113a "眚瘦" 註）（玄19/258a、慧56/565b "瘦眚" 註）；婿傳作省時用略也（慧81/16a "逐婿" 註）。

咲：咲俗音省（龍272/04）。

婿：婿所景反減婿也（龍282/06）（慧81/16a）（紹141b2）。

甄：甄所景反瓶甄也（龍316/04）。

瘠：瘠正所耿反瘦瘠也（龍472/08）（紹192b10）；眚又作瘠同（玄8/113a "眚瘦" 註）（玄13/174a、慧57/586b "瘦眚" 註）（玄19/258a、慧56/565b "瘦眚" 註）。//症俗（龍472/08）。

覩：覩所景反脚露（龍345/05）。

耤：耤所冷反麥也（龍365/03）。

閛：閛所景反閛府今作省（龍093/05）。

眚：眚所耿反過也（龍187/01）（玄8/113a）（玄13/174a）（慧57/586b）（慧42/243a）（慧99/319b）（紹142b8）。肯眚正所梗切（紹150b10）。

shèng乘：桼古文時正反車～也（龍528/03）；乘古文桼同（玄3/36c、慧09/571a "百乘" 註）。桼古文（龍528/03）。乘或作食凌反今作乘（龍129/06）。乘實證反（玄3/36c）（慧09/571a）（玄22/304a）（慧48/394b）（慧4/461a）（慧18/751a）（慧27/965a）（慧51/449a）。//䡞古文（龍528/03）；乘古文～同（玄3/36c、慧09/571a "百乘" 註）。䡞古文（龍528/03）。

剰：剰食證反食證反剰長也（龍098/09）（玄25/338c）（慧71/894a）（慧42/246b）（慧100/342a）。剰或作（龍098/09）。

嵊：嵊正時證反崎嵊山名也（龍076/06）（慧90/168b）；雩埑傳中從山作崎嵊並非俗字也（慧100/350b "雩埑" 註）。嵊俗（龍076/06）。//埑：埑音乘雩埑小山名也（慧100/350b）。埵埑考聲從土作埵小山也[1]（慧89/159b "雩埑" 註）。

---

[1]參見姚永銘《慧琳〈一切經音義〉研究》211頁。

�载：輤時正反（龍083/08）。

胜：胜所敬反財富也（龍352/08）。

勝：勝昇證反（慧44/293b）（慧12/630a）（慧40/194b）（慧44/293b）（紹146a1）。勝昇證反（慧29/1013b）（玄23/313b）（慧50/421b）；勝經文從月從豸俗字也（慧12/630a"捔勝"註）（慧44/293b"勝辯"註）。莌古文音勝①（龍333/07）。夵古文音勝（龍333/07）。

朕：朕始孕反（玄14/193b、慧59/645a"若朕"註）。

藤：莿藤字經文作藤音詩證反乃苣藤字胡麻別名也非藤蘿義（希4/378c"藤蘿"註）。藤升音（紹154a4）。

䑞：䑞承證反（慧36/117a）（慧36/118b）（慧80/1092b）（慧81/3a）（慧94/234b）。䑞音孕益也贈也多也（龍133/01）。膡神證反膡增益曰膡又贈也送也又音孕訓同（龍413/01）（慧10/593a）（慧39/174a）（紹136a10）；䑞録從月作膡俗字也（慧80/1092b"繁䑞"註）（慧94/234b"欠膡"註）。賸正作䑞實證反（希10/423b）；膡從舟經從二貝作賸誤書舟為貝也（慧10/593a"膡最"註）；剩俗字也正作賸餘也（慧42/246b"其剩"註）。䑞誤承證反正作膡也（龍351/05）。

盛：咸時征反（慧1/414b）（希6/397c）；晟或作盛兩字義同（慧99/314a"晟論"註）。

壚：壚承正反塸器也（龍250/06）。

娍：娍承正反玉篇云長兒也（龍283/09）。娍承正反玉篇云長兒也（龍283/09）。

聖：𡐍音聖（龍338/05）。壐音聖（龍251/05）。𡉚古文音聖（龍438/04）。𡉚古文音聖（龍438/04）。𡋛變體音聖（龍90/06）。𡍥變體音聖（龍90/06）。𡋵變體音聖（龍90/06）。𡌶變體音聖（龍90/06）。𡌊變體音聖（龍90/06）。𡌮變體音聖（龍90/06）。𡌢變體音聖（龍90/06）。

shi

shī 失：失失字説文從手從乙隷書作失訛也（慧3/443a）（慧14/663a）（慧18/749a）（慧29/1029a）。𡉈失正（紹203a5）。𡗇失字説文縱也從手乙作～也（慧12/639b"蹶失"註）。

---

①參見《疏證》284頁。

師：**師**所飢反（玄1/19b）（玄23/312c）（慧50/420b）；版傳文或作師誤（慧92/203a"版蕩"

　　註）。**師**史緇反（慧3/450b）。

獅：**獅**音師猛獸也又犬生二子也（龍317/08）。

蒒：**蒒**音師草名（龍254/04）（玄8/113c）。

邿：**邿**音詩地名（龍453/09）。

鰤：**鰤**正音詩鰤鰤鳥名（龍287/08）。**鰤**或作（龍287/08）。

訑（詩）：**訑**①音詩（龍043/09）。

覛：**覛**音絁規覛面柔也（龍344/03）。

施：**施**（慧22/837b）（慧22/840a）（慧26/950b）。**拖**又音施持物惠人也（龍210/10）。**拖**古

　　文音施（龍035/04）。**拖**古文施字（龍036/08）。**拖**古文音施（龍037/02）。**企**古文

　　音施（龍035/04）。**鼓**古文音施（龍122/04）。**鼓**音緇（龍546/04）。**鼓**音緇（龍546/04）。

葹：**葹**式支反草名拔心不死也（龍254/05）。

弛：**弛**式尒反（龍151/03）（慧23/857b）（紹145b7）。**弛**豕音（紹145b7）。

絁：**絁**式之反（龍396/09）（玄7/96b）（慧28/1012a）（玄20/265a）。

繼：**繼**商支切（紹191a1）。//**繼**奢他陁三音（龍398/02）（紹191a2）。

鉈：**鉈**正失支反短矛也又俗視遮反（龍013/05）。//鏇：**鏇**今（龍013/05）。//鉈：**鉈**

　　今（龍013/05）。**鉈**誤（龍013/05）。//葹：**葹**音施同鏇短矛也（龍141/07）。//葹：

　　葹（龍141/07）。

覩：**覩**音絁邪語也（龍344/03）。

溼：**溼**失入反水沾也濡也（龍235/09）（慧2/426b）（慧10/595b）（慧14/664b）（慧19/789a）（慧

　　21/826b）（慧29/1013b）（慧41/217a）（慧41/228b）（慧55/532b）（慧72/898b）（慧75/982a）（慧

　　76/1000b）（慧78/1043a）（慧82/38b）（慧90/174a）（慧100/342b）（希2/365b）（紹187b10）。**深**

　　溼經作深誤也（慧75/982a"不溼"註）。

濕：**濕**又俗失入反（龍235/10）。**濕**溼經文多作濕非也（慧10/595b"溼生"註）（慧14/664b

　　"溼以"註）（慧19/789a"溼相"註）（慧21/826b"樵溼"註）（慧41/217a"溼木"註）（慧41/228b

① 《龍龕手鏡研究》：此乃"詩"字古文之訛（166）。

"溼生"註）（慧 55/532b "居溼"註）（慧 72/898b "溼煅"註）（慧 75/982a "不溼"註）（慧 76/1000b

"溼皮"註）（慧 78/1043a "濡溼"註）（慧 100/342b "鑽溼木"註）（希 2/365b "燥溼"註）（希 5/389a

"卑溼"註）；溫潔集本作濕絜者恐年代寢遠傳寫誤錯有乖義理（慧 95/249b "溫潔"註）。

瓃 又俗失入反（龍 235/10）。

瓃：瓃 失入反牛耳鳴也（龍 315/01）。

噎：噎 尸入反（慧 5/481a）。

屍：屍 音尸在床曰屍（龍 162/09）（慧 3/442b）（慧 40/192b）（慧 62/707b）（紹 172a8）。

鳲：鳲 音尸鳲鳩也（龍 287/03）。

覗：覗 式支反誘覗也（龍 344/03）。

蓍：蓍 今音尸蒿屬巫者以爲策（龍 256/03）（慧 84/75b）（慧 97/275a）（希 10/422b）。蓍 正（龍

256/03）（紹 154b9）。籌 尸音（紹 160a8）。籌 音尸卜籌也（龍 389/02）。

裭：裭 俗屜所二音（龍 104/08）。

襹：襹 所宜反襹裭毛羽大也（龍 104/01）。襹 所宜反襹裭毛羽大也（龍 110/05）。// 裭：

裭（龍 104/01）。裭（龍 110/05）。

蝨：蝨 正音瑟蟣蝨也（龍 224/07）（玄 17/230b）（慧 79/931a）（慧 3/445b）（慧 6/512b）（慧 14/664b）

（慧 41/218a）（慧 40/198a）（慧 45/308b）（慧 62/708b）（慧 63/724a）（慧 72/905b）（慧 79/1064b）

（慧 100/335b）（希 1/356c）（希 5/388b）（紹 164a9）。蝨 俗音瑟（龍 224/06）（紹 164a9）。虱

俗音瑟（龍 224/06）（玄 1/12b）（慧 42/233a）（紹 164a9）；蝨俗作虱非（慧 3/445b "蟣蝨"

註）（慧 41/218a "蟣蝨"註）。虱 蝨今經文相傳從半風作虱者非也（慧 6/512b "蟣蝨"

註）（慧 14/664b "蚤蝨"註）（慧 63/724a "蟣蝨"註）（慧 72/905b "蟣蝨"註）（希 1/356c "蟣蝨"

註）（希 5/388b "蟣蝨"註）。風 蝨傳文俗字相傳作風不成字也（慧 100/335b "牙齦蟣蝨"

註）。蝨 俗音瑟（龍 224/06）（紹 164a9）。𧉉 音虱（龍 141/02）。颭 蝨正瑟音（紹 164a9）。

颭 俗音瑟（龍 224/06）（紹 164a9）。颭 蝨正瑟音（紹 164a9）// 瑟 俗音瑟（龍 224/06）。

釃：釃 所宜所解二反（玄 16/223b）（慧 64/751a）（紹 143b10）。釃 所綺反（龍 310/06）。//

麗：麗 釃字書作麗同（玄 16/223b "釃酒"註）（慧 64/751a "釃酒"註）。

shí 石：石 常尺反（希 4/378c）（慧 52/458b）。

祏：**祏**音石（龍 113/07）（紹 168b10）。

秙：**秙**音石説文云百二十斤曰秙（龍 147/07）。

碩：**碩**音石鳥名（龍 446/02）。

鼫：**鼫**音石～鼠螻蛄也（龍 334/08）。

時：**时**古文時（龍 425/04）。**旪**俗音時（龍 425/04）。//旹：**旹**古文時字也（慧 99/326a）。**旹**音時（龍 074/05）。**旹**古文音時（龍 073/02）。**旹**玉篇古文音時（龍 425/05）。**旹**旹集從中作～非也（慧 99/326a "望旹" 註）。**旹**古文音時（龍 073/02）。**旹**古文同上（龍 425/04）。

塒：**塒**音時穿垣栖雞也（龍 247/08）。

蒔：**蒔**音時蒔蘿子也又音侍種也（龍 253/03）（玄 22/304a）（慧 48/395a）（紹 154a5）。//藸：**藸**時音麥下種也①（龍 364/09）。**藸**通（龍 364/09）。**藸**俗同上（龍 364/09）。

姼：**姼**正是匙二音（龍 282/01）。//姼：**姼**正是匙二音（龍 282/01）（玄 4/56c）（慧 43/266a）；姼又作姼同（玄 4/56c、慧 43/266a "阿姼" 註）。**姼**俗（龍 282/01）。

秖：**秖**是支反碓秖也②（龍 376/06）（玄 4/57a）（慧 43/266b）；匙又作秖（玄 12/160a、慧 75/982b "鑰匙" 註）（慧 19/778a "匙鐌" 註）。

湜：**湜**正常職反（龍 236/09）（玄 5/70a）（紹 186b1）；醍醐集本從水作湜湖字非也（慧 96/260a "醍醐" 註）。//**湜**或作常職反（龍 236/09）。

寔：**寔**時職反（玄 23/317a）（慧 49/398b）（玄 25/332a）（慧 71/882a）（慧 10/588a）（慧 51/441b）（慧 84/84b）（慧 90/170b）（紹 194a8）。**寔**俗（龍 510/03）；寔論文從穴非（慧 51/441b "寔繁" 註）（慧 90/170b "寔賴" 註）。**寔**俗（龍 510/03）。**寔**寔論文從兩作～非也（慧 84/84b "李寔" 註）。

簅：**簅**音匙玉篇笙簧也（龍 390/03）。

食：**食**音食飲食也（龍 037/05）（慧 11/604b）（慧 14/672a）（慧 15/684b）。**食**食字説文從入從皂經從良俗字也（慧 13/652a）。**食**若從良作食者俗字（慧 15/702b）。//飻：**飻**音

---

①參見《龍龕手鏡研究》294 頁。
②參見姚永銘《慧琳〈一切經音義〉研究》203 頁。

食（龍122/04）。

蝕：**蝕**神職反（玄2/23b）（龍504/06）（慧59/652b）（玄22/291b）（慧48/375a）（玄23/306b）（慧47/353b）（慧12/625a）（慧41/211a）（慧76/991b）（希5/384a）。**䬰**神職反（玄14/197c）（慧25/926a）（慧29/1021b）（紹164b6）（紹171b7）。**䭆**繩職反（慧32/30a）（慧42/247a）（慧43/254b）（慧40/187b）。

什：**什**時立反（玄1/21c）（玄3/47b）（玄14/188a）（慧59/636b）（玄23/305c）（慧47/352b）（慧10/585b）（慧22/842b）（慧23/876b）（慧25/920b）。

拾：**拾**音十（慧91/185a）（希2/362c）（希10/423a）。

實：**實**音實（龍159/01）。

shǐ 矢：**矢**式視反弓矢又正也直也施也陳也誓也（龍331/05）（玄13/181b）（慧54/519a）（慧21/830a）（慧23/859b）（慧24/901a）（希3/368a）（紹200a4）；**戻**古書亦作矢同（玄17/225c、慧67/811a"戻屎"註）；矢又作～同（慧73/935b"弓矢"註）。**夭**同上[矢]（龍331/05）（玄18/250b）（慧73/935b）（希3/368a）（紹200a4）（紹203a5）；**戻**古作矢（慧5/478b"戻屎"註）（慧21/830a"弧矢"註）。**夬**音矢（龍184/06）。**夰**矢又作～同（玄18/250b"弓矢"註）。**弅**古文（龍528/02）。**弁**古文（龍528/02）。**癸**音矢（龍130/01）。//笑：**笑**申視切（紹160a4）。**笑**申旨反（龍391/06）；矢亦作笑也（慧21/830a"弧矢"註）（慧24/901a"激矢"註）（希3/368a"弓矢"註）。//鉂：**鉂**音矢（龍016/03）。

菡：**菡**尸耳反（慧45/302a）（慧55/536b）；矢説文作菡同（慧54/519a"矢溺"註）；屎正從艸作菡古字也（慧68/828a"屎屁"註）（慧75/970b"屎屎"註）。**菡**古文失旨反今作戻同（龍260/04）（玄17/225c、慧67/811a"戻屎"註）；矢説文作菡同（慧54/519a"矢溺"註）。//戻：**戻**正失指反糞戻也（龍163/06）（慧2/423b）。**戻**俗（龍163/05）（紹172a8）。**戻**音始（慧5/478b）。**戻**俗（龍163/05）。**屁**菡或作～（慧55/536b"菡屎"註）。**戻**俗（龍163/05）（玄17/225c）（慧67/811a）（慧19/789b）（慧43/270b）（紹172a8）；矢又作戻（玄13/181b、慧54/519a"矢溺"註）；戻古今正字作戻（慧5/478b"戻屎"註）；菡經文作戻（慧45/302a"鳥菡"註）。//屎：**屎**今（龍163/05）（慧68/828a）（慧75/970b）（紹172a8）；戻論文作屎香伊反殿屎呻吟也屎非此義（玄17/225c、慧67/811a"戻屎"註）（慧5/478b"戻屎"註）；

蔺或作屎俗字謬也（慧45/302a "鳥蔺" 註）。**㝏** 俗音屎（龍300/03）。//粿：**聂**屎又

作～論文作屎俗字（慧68/828a "屎屍" 註）。**粿** 俗（龍305/03）；屍經從米俗字也（慧

2/423b "屡屎" 註）。//粿：**粿** 俗音矢正作屍粿尿也（龍305/03）。

始：**㚵** 音始（龍191/03）。**乿** 古文始字初也（龍541/05）。**召** 古文始字初也（龍541/05）。

乿 古文始字初也（龍541/05）。**召** 古文（龍541/06）。**乱** 音次［史］①（龍541/06）。**乱**

音决［史］（龍541/06）。**舶** 俗音始②（龍331/02）。

使：**使** 所里所吏二反（慧27/977a）；馶三蒼古文使字（玄2/29b "馶河" 註）。//峇：**峇** 音

使③（龍075/08）。

洨：**洨** 俗音使（龍235/05）。

㹴：**㹴** 疎吏反貉也（龍322/02）。**㹴** 疎吏反貉也（龍322/02）。

駛：**駛** 師事反（慧24/896a）（慧66/789b）（慧89/156b）（紹165b10）。**駛** 音使（龍293/08）（玄

23/304c）（慧47/351a）（慧70/876b）（慧10/593b）（慧11/615a）（慧12/637a）（慧14/671b）（慧

15/684a）（慧15/701b）（慧16/713a）（慧18/765a）（慧19/771a）（慧21/825a）（慧26/942b）（慧

29/1014b）（慧30/1040b）（慧51/441a）（慧54/523a）（慧56/574a）（慧62/713b）（慧74/943a）（慧

75/975a）（慧77/1018b）（慧78/1033a）（慧80/1084a）（慧81/22b）（慧82/35a）（慧91/185b）（慧

100/344a）（希3/374a）（紹165b10）。**駛** 山吏反（玄2/29b）（玄24/329a）（紹165b10）。**駛** 音

使（龍293/08）（紹165b10）；馶或作駛同（玄2/29b "馶河" 註）。

豕：**豕** 施是反猪別名也（龍320/05）。

shì 氏：**氏** 常尒反（玄25/331a）（慧71/880a）（玄6/89a "釋氏" 註）。

眡：**眡** 氏音（紹137b3）。**眡** 音氏積聚也（龍462/01）。

忯：**忯** 音紙怙也又音是（龍57/03）（玄5/71c）（玄1/10a）（慧17/744a）；須經文作忯（玄19/256c、

慧56/563a "垂須" 註）（玄19/259a、慧56/567a "耳須" 註）。

恀：**恀** 施智反几也（龍362/03）。

篩：**篩** 時世反（慧44/285a）（玄17/229b）（慧67/818a）（慧26/932a）（希4/380b）（紹160a5）。**篩**

①參見《疑難字考釋與研究》14 頁。
②參見《疑難字考釋與研究》472 頁。
③參見《隸定古文疏證》173 頁。

時世反（玄 2/25b）（玄 5/64c）（紹 160a5）。

噬：**噬**正時制反齧也又食也（龍 273/3）（玄 1/3a）（玄 4/56c）（玄 13/181c）（慧 43/269a）（慧 54/518b）（慧 11/611b）（慧 16/715a）（慧 20/802b）（慧 21/824b）（慧 21/828a）（慧 42/244b）（慧 76/998b）（慧 84/82b）（慧 84/85a）（希 3/370c）（紹 184b7）。**噬**噬正誓音（紹 184b7）。**噬**時制反（慧 24/895b）（紹 184b7）。**噬**時制反正作噬（玄 8/114a）（玄 13/177b）；噬經從艸作噬誤也（慧 84/85a "反噬" 註）。**噬**俗（龍 273/3）。**唑**俗（龍 273/3）。

澁：**澁**今時制反（龍 234/05）（慧 98/310b）。**澁**或作時制反（龍 234/05）。

遾：**遾**時制反逮也（龍 492/01）。

侍：**侍**（慧 23/859b）。

恃：**恃**時止反依也負也賴也（龍 56/8）（玄 1/3c）（玄 3/35c）（玄 24/321b）（慧 1/419a）（慧 3/452a）（慧 6/512b）（慧 09/569a）（慧 20/803b）（慧 23/864b）（慧 70/864b）。//怖：**怖**恃古文怖同（玄 1/3c、慧 20/803b "恃怙" 註）（玄 24/321b、慧 70/864b "擧恃" 註）。

闍：**闍**音寺闍闍守門人也（龍 094/06）。

市：**市**音市（龍 551/09）（慧 91/185a）（紹 132a1）。

柿：**柿**音仕（慧 35/109a）（希 8/408a）。**柿**音士果木椑柿也（龍 380/07）。**柿**音仕（慧 81/8b）。

睗：**睗**式亦反（慧 74/939b）。**睗**音釋（龍 423/09）（玄 1/11c）（慧 42/232a）（玄 20/270c）。

舓：**舓**食尒反（慧 56/549b）（慧 39/180b）（慧 89/155a）（希 8/409c）；舓或作舓（慧 13/659b "舓髻" 註）（慧 16/718b "舌舓" 註）（慧 29/1033a "舓血" 註）（慧 42/243b "舓吻" 註）（慧 42/245b "舓其" 註）（慧 75/966a "舓利" 註）（慧 78/1034b "舓菩薩足" 註）（希 4/379c "舓脣" 註）（希 5/389b "舓掠" 註）。**舓**古神紙反（龍 533/08）（玄 11/141b）（慧 86/104b）；古文舓舓二形今作猻又作舓同（玄 19/252c、慧 56/556b "舓歉" 註）（慧 15/687a "若舓" 註）（慧 29/1028b "舓血" 註）。//**舓**古（龍 533/08）（玄 14/191a）（慧 59/641a）（希 4/379c）（希 5/389b）；古文舓舓二形今作猻（玄 11/141b、慧 56/549b "舓手" 註）（玄 19/252c、慧 56/556b "舓歉" 註）（玄 22/287a、慧 48/369b "應舓" 註）（慧 13/659b "舓髻" 註）（慧 16/718b "舌舓" 註）（慧 29/1028b "舓血" 註）（慧 42/243b "舓吻" 註）（慧 42/245b "舓其" 註）（慧 39/180b "舓脣" 註）（慧 75/966a "舓利" 註）（慧 86/104b "舓足" 註）（希 8/409c "舌舓" 註）。**舓**正（龍 533/08）。**舓**俗音舓（龍 341/05）。

䑙若也切（紹149a2）。䑛 古文䑙䑙䑓三形今作猺（慧56/549b"䑙手"註）（慧19/772b "舐足"註）。//䘵古（龍533/08）。//舐食尒反（慧57/597b）（慧56/556b）（慧75/966a）（慧75/976b）（紹176b6）；古文䑙又作舐同（玄11/141b、慧56/549b"䑙手"註）（慧89/155a "䑙屑"註）（希4/379c"䑙屑"註）（希5/389b"䑙掠"註）（希8/409c"舌䑙"註）。舐 俗通（龍533/08）（玄19/252c）（玄22/287a）（慧48/369b）（慧13/659b）（慧15/687a）（慧16/718b）（慧19/772b）（慧29/1028b）（慧29/1033a）（慧42/243b）（慧42/245b）（慧40/190a）（慧78/1034b）（慧78/1035b）；䑙亦作舐䑙古字也（慧86/104b"䑙足"註）。秖䑙今經作舐俗字（慧39/180b"䑙屑"註）。呎䑙經文作～未見所出（玄11/141b、慧56/549b"䑙手"註）（慧16/718b"舌舐"註）。//諟俗（龍533/08）；䑙經文作諟未見所出（玄11/141b、慧56/549b"䑙手"註）。䑟俗（龍533/08）。//䏂俗（龍533/08）；舐或作䏂（慧13/659b"䑙髻"註）（慧19/772b"舐足"註）。䑖䑛又作～同（玄14/191a、慧59/641a"䑛飯"註）（慧16/718b"舌舐"註）。䑘舐或作～猺唔皆俗字或古字也（慧75/966a"舐利"註）。//猺：猺音食尒反古文舐字也（慧75/963b）；古文䑙今作猺（玄11/141b"䑙手"註）（玄19/252c、慧56/556b"舐歁"註）（慧16/718b"舌舐"註）（慧19/772b"舐足"註）（慧75/966a"舐利"註）。//唔舐或作猺 移䑛唔五體並古字也出諸史籍（慧16/718b"舌舐"註）（慧19/772b"舐足"註）（慧75/966a "舐利"註）。//鼶：鼶俗神尒反（龍312/05）。鼶俗（龍312/05）。

諡：狋正神紙反獸名似狐出則有兵也（龍318/10）。//狋：狋或作（龍318/10）。

諡：諡神至反（玄13/173a）（慧57/594a）（紹185b4）。諡正神至反易名也又申也又音益笑兒也（龍050/03）。諡誤（龍050/03）。

是：是（慧27/966a）。昰古文音是（龍427/04）。

徥：徥是豸二音（龍497/05）（慧99/322b）；緹集從彳作徥音池爾反說文行也恐非此義（慧98/300a"緹幟"註）。

糦：糦豸豉提三音黏兒又赤米（龍305/03）。

諟：諟音是審也諦也理也正也（龍045/09）（玄5/74b）（慧44/287b）。

郝：郝音赤（龍457/01）（玄22/289c）（慧48/373a）（慧10/599a）（紹169a6）；音赤又施隻呼各二反（玄20/270c、慧74/939b"晱睗"註）。

嗽: 𭢷 俗釋郝二音 (龍278/01)（紹182b6）。 𨺅 俗釋郝二音 (龍278/01)。

螫: 螫 舒赤反 (玄1/18c)（玄5/69a)（玄5/76c)（玄7/92c)（慧28/995b)（玄10/133b)（慧49/408b)

（慧72/914b)（玄22/295c)（慧48/381b)（慧2/432a)（慧5/484a)（慧7/520b)（慧25/913a)（慧

31/10b)（慧33/69b)（慧37/147a)（慧38/158b)（慧45/299b)（慧65/766a)（慧66/792b)（慧78/1037a)

（慧86/115b)（希3/373a)（紹163b5）; 螫經從赤作螫俗字也 (慧37/138b "所螫" 註)（希6/391b

"螫彼" 註)。 蠚 螫正釋音 (紹163b5)。 螫 式亦反 (玄3/34c)（慧09/567b)（慧10/582a)

（玄13/170c)（玄14/184c)（慧59/631b)（玄18/244a)（慧37/138b)（慧60/661b)（希6/391b)（希

6/393a)（紹163b5)。 蠚 螫正釋音 (紹163b5)。 𧎥 螫經作～俗字也 (慧31/10b "螫物"

註)。 蝕 俗 (龍224/05)。 蜥 施隻反又呵各反 (龍224/05); 螫經從赤作蝕不成字

非也 (慧65/766a "蛇螫" 註)（慧10/582a "螫蟲" 註)。 螫 或作 (龍224/05)。

嚙: 嚙 釋音 (紹182b2)。

視: 視 時旨時至二反 (玄2/15c)（慧25/905a)。 // 眎: 眎 音視看視也 (龍421/08)。 眎

眡亦作眎義與視同 (慧45/310a "眡其" 註)。 眎 字詁古文眎今作視 (玄2/15c "等視"

註)。 // 眡: 眡 都奚反視也 (龍417/03)。 眡 時指反亦古視字也 (慧95/243b)。 眡

時指反説文視字 (慧45/310a)（紹142b4)。 眡 音視看視也 (龍421/08)。 𥄎 古文眡

今作視 (玄2/15c "等視" 註)。

眡: 眡 又音匙亦視兒也 (龍421/08)。

世: 𫝀 音世 (龍537/07)（慧99/328a)。 𫝀 音世 (龍537/07)。 卋 音世 (龍537/07)。

貰: 貰 時夜反 (慧44/295b)（紹143a9)。 貰 正舒制時夜二反賒也貸也 (龍352/01)（玄12/159a)

（慧74/957a)（慧65/766b)（慧84/68b)。 貰 今 (龍352/01); 貰錄作～誤也 (慧80/1091b "阿

闍貰" 註)。 貰 貰古文作貰也 (慧65/766b "有貰" 註)。

飾: 飾 商織反 (慧1/411a)（玄15/204a、慧58/622a "汙飾" 註)（慧8/535a)（慧13/645b)（慧15/705a)

（慧17/733a)（慧32/36a)（慧32/39b)（慧33/52a)（慧41/224a)（慧36/126a)（慧39/171a)（慧

50/414b)（慧63/727b)（慧87/118a)（慧94/242a)（希7/401a); 拭亦作飾 (慧40/193a "塗拭"

註)。 飾 正叔織反 (龍504/02)。 飾 俗 (龍504/02)。 飾 俗 (龍504/02)。 餙 俗 (龍504/02)。

餝 俗 (龍504/02)。 餙 俗 (龍504/02)。 飭 俗 (龍504/02)（紹171b7)（中62/719a)。 鈣

餝正識音（紹181a6）。𩜴音希（龍501/02）。𩛱同上（龍501/02）。歸俗音飾（龍090/09）。

式：式傷弋反（慧12/626b）（慧21/811b）（慧97/290a）。

拭：拭音識（龍215/08）（玄25/338b）（慧71/892b）（慧2/434a）（慧8/551b）（慧14/663a）（慧37/139b）（慧40/189b）（慧40/193a）（慧53/492b）（慧53/501b）（慧56/574b）（慧68/834a）（慧69/841a）（紹132a6）。𢁤拭正式音（紹149a7）。

試：試尸二反（慧84/67b）（紹185a10）；弑今作試同（玄2/28b "而弑" 註）；拭經從言作試誤也（慧37/139b "乾拭" 註）。𧩬①試式二音（龍526/06）。

軾：軾音式車前也（龍085/08）（玄20/270b）（慧74/939b）（慧60/668a）（慧63/726b）（慧93/216b）（紹139a6）；式集作軾謂車前橫木也非義（慧97/290a "式閭" 註）。

鈂：鈂試音（紹168a2）。

弑：弑尸至反（玄2/28b）（慧82/31b）（慧87/131a）。𢨫或作式志反大逆也臣虐其君曰弑亦作煞字（龍526/05）（紹149a7）。𢃻俗式志反又音煞（龍553/05）。//𢧵今式志反大逆也臣虐其君曰𢧵下煞上也或作煞（龍173/06）。𢧵俗（龍173/06）。𢧴俗（龍173/06）。𢧫或作（龍526/07）。𣏒弑正試音（紹190b2）。𨐫弑正試音（紹199a8）。𨐪弑正試音（紹199a8）。𨐫弑正試音（紹199a8）。

逝：逝時制反逝往也行也（龍492/01）（玄6/85a）（玄25/339c）（慧71/895b）（慧27/977b）；𧾷三蒼音帝郭訓古文奇字以為古文逝字（玄3/43a、慧09/575a "須𧾷天" 註）。

趨：趨音逝踰也（龍325/07）。

錯：錯音誓車當結一曰銅生五色也又音曳（龍018/04）。

誓：誓時制反（希10/418a）。揓時制反（玄21/285b）。𣂉古文誓字（龍077/05）。𣂅音誓（龍137/08）。𣂅音誓（龍074/04）。

嘬：𠿒音誓②（龍275/08）（紹184b7）。

啇：啇適三蒼古文商同之尺反③（玄3/34c、慧09/567b "適生" 註）；帝或作啇一也書別之耳（慧79/1059a "不啇" 註）。啇適三蒼古文作商同尸亦反（玄6/89c "我適" 註）。

---

① 《叢考》：此字疑為 "試" 的簡俗字（295）。
② 參見《龍龕手鏡研究》257 頁。
③ "適" 為何寫作 "啇"，參見《疏證》41 頁。

適：遃又始石反（龍495/02）。遃適音（紹138a7）；適三蒼古文這同①（玄3/34、慧09/567b

"適生"註）（玄6/80b"適從"註）（玄24/325、慧70/870b"適彼"註）。適又始石反（龍495/02）

（玄2/29c）（玄3/34c）（慧09/567b）（玄6/80b）（玄6/81c）（玄6/89c）（慧46/319b）（玄14/185b）

（慧59/632b）（玄14/186a）（慧59/633b）（玄16/224c）（慧64/745a）（玄70/860b）（玄24/325b）

（慧70/870b）（慧13/644b）（慧22/846b）（慧26/945a）（慧27/967a）（慧27/971a）（慧27/989a）。

適書亦反（玄15/204a）（慧58/622b）（玄17/234b）。

嫡：嫡音釋嫁也（龍284/07）（紹141b2）。

嗜：嗜視利反（玄22/298b）（慧48/385b）（慧29/1031b）（慧66/786b）（慧67/808b）（慧69/853a）

（慧75/966b）（慧76/1000b）（慧80/1089a）（慧85/93b）（希6/394b）（紹183b4）。嗜正常至反～

欲貪愛也（龍274/03）。嗜俗（龍274/02）。膡俗（龍414/04）。睹嗜又作睹儲二形

同（玄22/298b、慧48/385b"饞嗜"註）（慧69/853a"耽嗜"註）；嗜從目者非也（慧80/1089a

"嗜慾"註）。//儲：儲嗜又作睹儲二形同（玄22/298b、慧48/385b"饞嗜"註）（慧76/1000b

"甘嗜"註）（希6/394b"躭嗜"註）。儲音視貪食也（龍501/09）。//醋：醋嗜或作睹

儲醋（慧69/853a"耽嗜"註）（慧76/1000b"甘嗜"註）。

示：爪又古文示字（龍330/06）。//际：际神至反呈也（龍353/01）。

士：炗音仕②（龍242/03）。杰音仕（龍242/03）。

屺：屺音仕砌也閾也（龍303/07）。屺音仕砌也閾也（龍303/07）。

忕：忕又音逝忕習（龍061/04）（慧55/543b）。忕（玄12/164a）。

冟：冟音釋餅堅也（龍536/08）。

訣：訣矢利反訣忘也（龍049/06）。

室：室書逸反（玄10/134c）（玄6/87b）（玄21/275c）（慧25/905a）（慧27/982b）（慧50/416a）。

觢：觢正時制反牛角豎也（龍512/06）。觢俗（龍512/06）。觢俗（龍512/06）。//觢：觢

俗（龍512/06）。//觢：觢之世反（龍117/03）。//觢：觢音制③（龍117/04）。

勢：勢（玄22/299c）（慧48/387b）。勢俗音勢（龍339/07）。勢俗音勢（龍187/03）。

---

① "適"為何寫作"這"，參見《疏證》41頁。
② 參見《疑難字考釋與研究》361頁。
③ 《叢考》："觢"則為"觢"的俗字（608）。

奭：**奭**奭聖亦反（慧 85/94b）（紹 146a8）。**奭**釋音（紹 146a8）。**奭**音釋音釋盛也又驚視兒（龍 130/05）（紹 146a8）。**瘦**俗音釋正作奭（龍 478/02）。

事：**辜**古文音事①（龍 553/04）。**事**事音（龍 184/02）。

瞁：**瞁**音釋視兒（龍 424/07）。

襫：**襫**俗音識裝襫也（龍 108/07）。//**裓**（龍 108/07）。

嶧：**嶧**俗音釋（龍 278/04）。

shou

shōu 收：**收**手由反（慧 79/1058b）（慧 82/37a）。**收**（慧 41/213b）。**収**守留反（慧 14/661a）（慧 10/580a）（慧 97/277b）（中 62/718c）。**収**俗通音收（龍 114/04）。**収**（玄 3/46a）。

shǒu 手：**乎**又古文手字也（龍 545/04）。

首：**首**俗音首（龍 337/08）。**首**古文音首（龍 421/03）。**眥**音首（龍 421/04）。

顄：**顄**正音首人初産子也（龍 341/09）。**顄**俗（龍 341/09）。

守：**守**（慧 27/973a）。

shòu 狩：**狩**書救反（龍 319/07）（慧 87/128a）（希 2/365b）（希 4/379a）（紹 166b3）；獸經文從犬作狩非經義（慧 33/60a "走獸" 註）（慧 35/110b "禽獸" 註）（慧 40/203b "禽獸" 註）（慧 57/595b "鳥獸" 註）（慧 100/344a "毒獸" 註）（希 5/386a "惡獸" 註）。//**狩**俗書救反正作狩（龍 450/05）。

受：**受**酬帚反（慧 3/446b）（慧 27/982a）。**高**音受（龍 129/09）。**高**音受（龍 130/01）。

嗖：**嗖**音授（龍 274/09）；呼經文作嗖（玄 7/93a、慧 28/995b "嗚呼" 註）（玄 7/100c "自呼" 註）。

授：**授**讎右反（慧 27/980b）（慧 30/1038a）（慧 87/121a）。//**稬**：**稬**古文授字（龍 146/03）。**稬**古文授字（龍 146/03）。**稬**古文授字（龍 146/03）。**稬**古文授字（龍 146/02）。**稬**古文授字（龍 146/02）；授經中作～非也則天朝時偽造字也（慧 30/1038a "顯授" 註）（慧 87/121a "天授" 註）。**稬**古文授字（龍 146/02）。**稬**古文授字（龍 146/02）。**稬**音

---

① 《叢考》：此字疑為 "事" 的訛俗字（157）。

受（龍 145/07）。𤿲音受（龍 145/07）。

綬： 綬音受（龍 400/04）（慧 37/143a）。

瘦： 瘦搜宥反（慧 40/203b）（慧 55/532a）。瘦正所救反瘦瘠也肉少也（龍 474/08）（慧 7/522a）（慧 27/976a）（慧 37/141b）（慧 53/491a）（慧 57/579b）（慧 80/1092b）（紹 192b2）；瘦俗字也正體作瘦（慧 78/1039b "瘦疧" 註）（希 2/364c "瘠瘦" 註）（希 9/412a "瘦瘠" 註）。瘦瘦正所救切（紹 192b2）。瘦瘦正所救切（紹 192b2）。瘦瘦正所救切（紹 192b2）。瘦所救反（希 2/361c）（希 2/364c）。瘦通（龍 474/08）（慧 11/617a）（慧 16/712b）（慧 78/1039b）（希 8/408c）（希 9/412a）（紹 192b2）；㝢經文作瘦非此義（慧 31/24a "老㝢" 註）；瘦今通作瘦俗字也（慧 7/522a "瘦極" 註）（慧 55/532a "捐瘦" 註）（慧 80/1092b "瘦瞿" 註）。瘦瘦正所救切（紹 192b2）。瘦俗（龍 474/08）。瘦俗（龍 474/08）。瘦俗（龍 474/08）。瘦俗（龍 474/08）。瘦俗（龍 474/08）。瘦俗（龍 474/08）。瘦俗（龍 474/08）。瘦俗（龍 474/08）。瘦俗（龍 474/08）。瘦俗（龍 474/08）。瘦俗（龍 474/08）。瘦所救切（紹 173b10）。

售： 售時呪反古今正字從隹從口（慧 4/470b）（紹 200b3）。售酬又反（慧 79/1054b）（紹 200b3）。售正時呪反賣物与曰售買物持去也（龍 149/05）。售今（龍 149/05）。售古（龍 149/05）。售音壽（慧 35/110b）（慧 57/598b）（慧 78/1037b）。

壽： 壽視柳反（玄 2/15c）（慧 25/904b）。

獸： 獸收呪反（慧 33/60a）（慧 35/110b）（慧 40/203b）（慧 57/595b）（慧 100/344a）（希 5/386a）；狩亦錯用獸守為正者也（慧 100/342a "狩精" 註）。

shu

shū 抒： 抒神與反（龍 211/05）（玄 4/50b）（慧 43/263b）（玄 9/121a）（慧 46/322a）（玄 11/141c）（慧 56/550a）（慧 58/603b）（慧 56/567b）（慧 31/12b）（慧 79/1061b）。抒時汝除吕二反（玄 15/205a）（玄 17/237b）（慧 74/952b）（玄 19/259c）；抒經序從木作杼誤也（慧 31/12b "課抒" 註）。抒抒正神杵切（紹 132b7）。

紓： 紓神與反又音書與舒同（龍 399/09）（慧 81/5b）（紹 192a3）。紓紓録文從巿作～誤也（慧81/5b "用紓" 註）。

姝：**姝** 昌朱反（龍279/04）（玄2/24b）（玄6/82a）（玄22/294b）（慧48/380a）（慧15/704b）（慧16/711b）（慧17/728b）（慧22/835b）（慧25/928a）（慧27/971b）（慧31/15a）（慧32/48b）（慧43/255b）（慧36/120b）（慧39/166a）（慧53/487b）。// **姝** 充朱反（玄6/82a）；姝或作姂（慧36/120b "姝麗" 註）。

侏：**侏** 市朱反僂侏（龍361/08）。

朱：**朱** 正失六反（龍337/09）（慧65/772a）；菽正作此朱（慧87/130b "禾菽" 註）（慧94/240b "啜菽" 註）。**米** 通失六反（龍337/09）（玄16/213c）。

叔：**叔** 朱又作叔同（玄16/213c、慧65/772a "一叔" 註）。**尗** 式六反（龍349/02）。**尗** 朱又作～形同（玄16/213c、慧65/772a "一叔" 註）。

菽：**菽** 正音叔豆也（龍263/04）（慧87/130b）（紹156a1）。**菽** 俗（龍263/04）。**蔋** 俗（龍263/04）。**荍** 詩育反（慧94/240b）。**蒜** 菽正叔音（紹156a1）。

淑：**淑** 時六反（玄12/163c）（慧55/543a）（慧82/31a）（希10/421b）。**淑** 正時六反（龍236/01）（玄8/109a）（慧46/322a）（紹186b7）。**淋** 俗（龍236/01）（玄8/107a）（慧28/1004a）。**淋** 時陸反俗用字也正體作淑（慧12/621a）（紹186b7）（中62/718a）；淑時用作～非（慧82/31a "淑愿" 註）（希10/421b "淑忒" 註）。**潚** 俗同上 [淑]（龍236/01）。

掓：**掓** 正式六反拾也（龍218/03）；蹴經文作掓非體也（玄11/152c、慧52/473b "指蹴" 註）。**掓** 今（龍218/04）。**拱** 俗（龍218/03）。**撖** 經音義作蹴于 [千] 六反指掓也應是掓字①（龍218/03）。

鯂：**鯂** 正失足反魚名（龍171/07）。**鮍** 誤同上（龍171/08）。**鯡** 鯂正叔音（紹168a2）。// **鱉** 或作（龍171/07）。

疋：**疋** 又音疎疋足也；足經文作疋書寫人草變非也（希7/403b "跣足" 註）。

䟗：**䟗** 疏説文作䟗（慧59/649a "疏向" 註）。**䟗** 疏説文作䟗（玄14/195c "疏向" 註）。**䁒** 音疎窓也（龍153/08）（紹196b10）。**䁒** 音疎窗也（龍153/08）。

梳：**梳** 音疎（龍377/07）（玄4/52b）（慧39/175b）（慧61/699b）（慧63/740a）（紹157b3）。**抌** 俗

---

①祿按：此處 "掓" 應是 "蹴" 的假借字。

音疎 （龍 210/08）；梳正 （紹 135b2）。

疏： 疏 山於反 （玄 14/195c）（慧 59/649a）（慧 34/80a）。 脈 俗音疏 （龍 414/05）。 縣 俗音疏

（龍 414/05）。

蔬： 蔬 所於反 （玄 17/228c）（慧 67/817a）（玄 22/289b）（慧 48/373a）。//蔬： 蕛 （紹 154a7）。

陳： 陳 音殊陳陳縣名 （龍 296/02）。

瓻： 瓻 音殊小罌也 （龍 315/08）。

鄃： 鄃 失朱反縣名 （龍 453/02）。

氉： 氉 正霜俱反 （龍 134/03）（玄 2/25a）（慧 13/643a）（慧 26/932a）（慧 45/303b）（慧 60/673b）

（慧 61/693a）（慧 62/708a）（慧 66/798b）（慧 79/1059b）（慧 81/14a）（希 9/416b）（紹 145a4）。 毹

俗 （龍 134/03）（慧 37/138b）。//氄： 氄 俗 （龍 134/03）（紹 145a4）；耗氉字苑作氊氄

同 （玄 14/192b、慧 59/643a “耗氉” 註）（慧 76/1008b “氊氄” 註）。 氉 式俱切 （紹 145a4）。

毺 式俱切 （紹 145a4）。 毺 氊氉論文氊毺非也 （慧 66/798b “氊氄” 註）。//耗： 耗 俗

霜俱反 （龍 134/03）。 毦 俗霜俱反 （龍 134/03）。// 毦 俗霜俱反 （龍 134/03）。 氊 俗

霜俱反 （龍 134/03）。

輸： 輸 式朱反高也盡也更也 （龍 079/05）（玄 6/90c）（玄 20/274c）（慧 55/539b）（慧 85/88b）（慧

85/96b）（紹 139a2）。

倏： 倏 式六反犬走也 （龍 037/03）（慧 68/833b）（慧 83/50a）（慧 84/71a）（慧 89/160a）（慧 89/165a）。

倏 式六反倏倏忽疾也 （龍 037/03）（慧 42/247b）（慧 36/126b）（慧 80/1080b）（慧 100/343b）；

儵又作倏同書育反 （玄 3/45b、慧 10/579a “儵忽” 註）（玄 7/101b、慧 32/32a “儵忽” 註）（玄

18/240a、慧 73/932b “摩儵” 註）（玄 22/303b、慧 48/393b “儵歸” 註）（慧 8/535b “儵忽” 註）（慧

8/552b “儵忽” 註）；倏傳從火作倏誤也 （慧 83/50a “倏而” 註）（慧 84/71a “倏焉” 註）。 倏

詩有反 （慧 42/244a）（慧 37/133a）。 倏 舒六反 （慧 95/250a）。 倏 詩陸反 （慧 96/269a）

（慧 100/336a）（希 9/414a）；儵或從文作～ （慧 8/552b “儵忽” 註）（慧 95/250a “倏然” 註）。

㑥： 㑥 走疾也長也 （龍 037/03）。 㑥 式六反 （龍 468/03）。 倏 儵又作㑥同 （玄 3/45b、慧 10/579a

“儵忽” 註）（玄 7/101b、慧 32/32a “儵忽” 註）（玄 18/240a、慧 73/932b “摩儵” 註）（玄 22/303b、

慧 48/393b “儵歸” 註）（慧 8/535b “儵忽” 註）（慧 8/552b “儵忽” 註）。//悠： 悠 叔音 （紹

131b2)。

儵： 儵正式六反青黑繒也（龍 037/03）（玄 7/101b）（慧 73/932b）（慧 8/535b）（慧 8/552b）（慧

26/955b）（慧 74/960a）（紹 129a3）（紹 190a5）；倏論作儵亦通也（慧 68/833b "倏忽" 註）（慧

80/1080b "倏忽" 註）（慧 89/165a "倏不見" 註）（慧 95/250a "倏然" 註）（慧 96/269a）（希 9/414a

"倏歸" 註）。儵書育反（玄 18/240a）（玄 22/303b）。儵書育反（慧 48/393b）。儵昇戮

反（慧 47/347a）。熏書育反（龍 244/01）（玄 3/45b）（慧 10/579a）（慧 32/32a）。倕俗（龍

037/03）。//儋： 儋俗式六反正作儵（龍 284/08）。

夊： 夊市朱反兵嚚也（龍 193/04）。夅市于反兵嚚也（龍 150/09）。

樞： 樞昌朱反（龍 373/06）（玄 4/49a）（玄 7/96c）（慧 19/780a）（玄 14/193c）（慧 59/645b）（玄 17/228b）

（慧 67/816a）（玄 18/242b）（慧 72/912a）（慧 11/602b）（慧 14/670a）（慧 42/240a）（慧 36/127b）

（慧 51/435a）（慧 62/704b）（慧 68/832a）（慧 81/21b）（慧 84/83a）（慧 89/156b）（慧 100/339b）（希

6/395c）（希 7/399c）。樞又俗昌朱反（龍 207/03）；樞傳文從手非也（慧 81/21b "樞關"

註）。

踈： 踈色鋤切（紹 137a6）。踠俗音踈（龍 458/09）。

璹： 璹音書笏也又美玉名（龍 435/04）。

舒： 舒式余反（慧 42/243a）（慧 81/10a）。舒①舊藏作舒（龍 010/09）。

書： 書（慧 27/985a）。

shú 熟： 孰（慧 23/862b）；熟今通作孰（慧 3/444a "淳熟" 註）。孰常陸反（慧 3/444a）（慧 6/511b）

（慧 39/169b）（希 3/368c）；淑或作熟（慧 46/322a "純淑" 註）；孰經本有加歷火者非此

用也（慧 23/862b "孰有" 註）。孰殊六反②（龍 335/01）。孰殊六反（龍 335/01）。孰音

熟（龍 162/06）。

塾： 塾正殊六反（龍 252/05）（紹 150a8）（紹 161b1）。塾俗（龍 252/05）。

秫： 秫音述黏穀也（龍 147/02）（玄 6/90c）（慧 34/88a）；秝律文有作秝字音述（玄 14/194c、

慧 59/647a "秝米" 註）。秫述音又式律切（紹 196a4）。//秫： 秫俗食律反正作秫（龍

①此字當是 "舒" 的異寫字。
②參見《叢考》683 頁。

477/09）。

婌：婌熟音（紹 142a1）。婌音孰（龍 284/06）（紹 142a1）。

橚：橚音蜀木似柳葉而大也（龍 387/04）。

賰：賰正私呂反賣財問卜也（龍 350/08）。賖俗（龍 350/08）。

璹：璹常六反（龍 439/01）（紹 141a5）。

贘：贘殊欲反（慧 62/720a）（慧 65/767a）。贘時燭反（慧 41/225a）。贘神燭反（龍 353/03）（慧 57/586b）（慧 65/767b）（紹 143a7）；贘今俗用從賣誤也（慧 65/767a"贘不"註）（慧 65/767b"購贘"註）。

shǔ 署：署時去反（玄 1/5b）（玄 3/40a）（玄 13/177a）（玄 15/206a）（慧 09/561b）（慧 20/806b）（慧 53/496b）（慧 58/605a）（慧 21/817b）。

嶹：署俗音署（龍 274/05）。

曙：曙常恕反日欲曉也（龍 429/02）（希 9/413a）（紹 170b7）。

薯：薯常恕反根可食也（龍 262/10）。

數：數上聲字山縷反（慧 27/980b）（慧 51/448a）。數霜句反（慧 7/517a）（慧 7/529b）（慧 7/531b）（慧 75/969b）。數山縷反（玄 3/33cb）（玄 6/86c）。數山縷反（慧 09/565b）。

籔：籔疎主反窶籔四足几也（龍 391/09）。

蜀：蜀時燭反（玄 18/240c）（慧 73/934b）。罒俗音蜀（龍 361/04）。

襡：襡音獨韜藏也又音蜀長襦也（龍 108/01）。襡俗音蜀長襦也（龍 113/09）。//襩：襩正（龍 108/07）。//襡：襡今市玉反帩衫別名也（龍 108/07）。

黍：黍正舒呂反（龍 331/10）（希 5/387b）。黍黍正式汝切（紹 196a2）。黍今舒呂反（龍 331/10）。黍黍正式汝切（紹 196a2）。黍黍經文作～不曉字義誤書也（希 5/387b "黍米" 註）。

蟵：蟵音暑蟵蟵虫名（龍 223/06）。

鼠：鼠舒呂反雀鼠切韻小獸名善為盜（龍 334/03）。

瘯：瘯正（龍 473/03）。瘯今音暑病也（龍 473/03）。

shù 述：述示聿反（玄 18/245b）（玄 23/307b）（慧 47/355a）（玄 24/323b）（慧 70/868a）（慧 64/760b）；

術經又作述同食聿反（玄 3/37a、慧 09/557b "那術" 註）。// 𭴷俗音述（龍 276/07）。

疯：𭺕音忽狂病又許聿反（龍 478/06）。

秫：𥝆俗食律反正作秫（龍 477/09）。

術：術食聿反技術法也又道藝也（龍 498/07）（慧 3/449b）。術食聿反（玄 3/37a）（慧 09/557b）（玄 9/119c）（慧 46/319a）（玄 10/137a）（慧 45/304a）（玄 17/232b）（慧 70/857b）（玄 19/252c）（慧 56/557a）（玄 21/284a）（慧 28/1007b）（慧 15/687b）（慧 20/793a）。

鉥：鉥食律反長針也（龍 021/01）。// 鉥：鉥[1]音休（龍 014/05）。

束：束輸玉切（紹 175b4）。

揀：揀楚草[革]反（龍 217/04）（玄 18/241a）（慧 60/657b）（慧 75/982a）（紹 133a2）；藪經文作揀（玄 5/68b、慧 44/286b "斗藪" 註）（玄 18/250c、慧 73/936a "斗藪" 註）（慧 17/731b "抖藪" 註）；斗擻經文作抖揀二形（玄 11/140b、慧 56/547b "斗擻" 註）（玄 14/192c、慧 59/644a "斗擻" 註）。梀斗藪律文作斜梀非體也（玄 15/208a "斗藪" 註）。

漱：漱蘇奏所又二反（龍 233/07）（玄 2/16b）（玄 4/50c）（慧 31/21b）（玄 7/98b）（玄 1/4c）（慧 20/805b）（玄 15/209a）（慧 58/610a）（玄 18/252a）（慧 73/918a）（慧 15/699b）（慧 22/839b）（慧 25/906a）（慧 26/956b）（慧 29/1025b）（慧 31/8b）（慧 34/85a）（慧 42/238a）（慧 35/108b）（慧 36/124b）（慧 39/174b）（慧 40/187a）（慧 40/198a）（慧 45/317b）（慧 60/661a）（慧 64/756b）（慧 69/849a）（慧 78/1046a）（慧 81/20b）（慧 83/47a）（慧 89/151b）（慧 89/159a）（慧 99/312a）（慧 100/343b）（希 9/413a）。漱先奏切（紹 186b5）。// 嗽漱經文有作嗽（玄 2/16b "漱口" 註）（玄 7/98b "澡漱" 註）（慧 26/956b "澡漱" 註）（慧 36/124b "漱口" 註）（慧 40/198a "洒漱" 註）（慧 83/47a "盥漱" 註）。

澍：澍之喻止句二反（玄 1/5b）（玄 6/86a）（玄 21/284a）（慧 7/529b）（慧 8/536b）（慧 10/590b）（慧 11/606b）（慧 11/614a）（慧 12/630b）（慧 12/632a）（慧 14/679a）（慧 15/685b）（慧 19/784b）（慧 20/806b）（慧 27/980a）（慧 28/1007b）（慧 32/39a）（慧 34/78b）（慧 38/155a）（慧 41/212a）（慧 41/220b）（慧 38/156b）（慧 45/312b）（希 6/392b）（紹 188a7）；霆或作澍亦通（慧 12/628b "霆以" 註）（希 2/363a "普霆" 註）；擂經文作澍非體也（玄 13/173a、慧 57/599a "擂箭" 註）；

①《叢考》：此字似應為 "鉥" 的訛字（1072）。

炷古作澍（慧3/447a"焦炷"註）。**澍**音注又音樹（龍233/3）（慧39/168b）（希5/384b）。

澍音注又音樹（龍233/3）。**澍**澍正注樹二音（紹188a7）。**澍**注樹二音（龍234/10）。

//**澍**注樹二音（龍234/10）。

竪：**竪**今音樹（龍519/02）（玄7/99c）（玄25/333c）（慧71/884b）（慧81/16a）（慧82/24a）（希6/393c）

（紹199b10）；樹或作竪兩通（玄16/219c、慧65/779b"燭樹"註）；竪正從豆從立作俗（慧

36/123b"磔竪"註）（慧39/176b"聳竪"註）（慧40/196a"直竪"註）（慧61/680b"竪匙"註）（慧

62/716a"閽竪"註）（希6/397a"竝竪"註）；竪經本從立作竪俗也（慧20/797b"或竪"註）

（慧82/24a"閽竪"註）。**竪**俗音樹（龍519/02）。

豎：**豎**正音樹（龍359/06）（慧19/787b）（慧20/797b）（慧36/123b）（慧39/176b）（慧40/196a）（慧

61/680b）（慧62/716a）（希6/397a）；竪俗字正體作豎（慧81/16a"雙竪"註）（希6/393c"竦

竪"註）。**豎**俗（龍359/06）。

侸：**侸**駐古文侸同（玄17/231b、慧70/855b"執駐"註）。//**侸**：**侸**音樹立也（龍035/08）。

裋：**裋**今音樹弊布襦也（龍105/01）。//**裋**：**裋**或作（龍105/01）。

尌：**尌**音樹又音住（龍367/04）；駐古文尌同（玄17/231b、慧70/855b"執駐"註）；樹籀文

作尌同（玄25/333a、慧71/883b"廣樹"註）；澍籀文作尌（慧7/529b"宜澍"註）。**尌**音

樹（龍099/05）。**尌**音樹（龍099/05）。

嚈：**嚈**俗音樹（龍274/06）。

樹：**樹**時注反（玄22/298b）（慧48/385b）。**樹**時注反（玄23/313a）（慧50/421a）（玄25/333a）

（慧71/883b）。

庶：**庶**尸預反（玄8/112c）（慧65/763b）（慧56/557b）。**庶**尸預反（玄23/308b）（慧47/358b）

（玄16/221b）（玄19/253a）（慧22/843a）。**庶**尸預反（慧16/721b）。**庶**古文音庶（龍302/06）。

庹音庶①（龍301/04）。

簁：**簁**恕煮二音筐也（龍393/08）。

杼：**杼**神呂反（龍380/08）（慧58/613b）（慧43/254b）（慧82/24b）（慧84/82a）（希5/386a）。**杼**

治呂反（玄15/199c）。

---

① 《叢考》：此字當即"庶"的訛俗字（397）。

戌： 戌傷注反（龍173/05）（玄23/306a）（慧47/353b）（慧18/758a）（紹149a7）（紹199a9）。

耉： 耉正常句反老人行皃也（龍338/07）。耉或作耇句反老人行皃也（龍551/08）。耈俗（龍338/07）。

腧： 腧傷遇反（龍414/01）。

恕： 恕尸預反（玄2/24b）（玄21/282c）（慧22/845a）（慧25/929a）。

墅： 墅食呂反（慧91/194b）（紹161b2）。//野俗羊苦常預二反正作墅字（龍319/01）。𡑰俗（龍319/01）。//壄俗羊苦常預二反正作墅字（龍319/01）。

shua

shuā 刷： 刷所劣反刮也清也（龍099/09）（慧17/732a）（慧54/516a）（慧61/699b）（慧75/964a）（慧76/990a）（慧94/227a）（紹139b5）；厵又作刷同（玄9/121a、慧46/321b "刮厵" 註）（慧40/199a "洒厵" 註）（慧79/1064a "洒厵" 註）。//厵： 厵所劣反刮也拭也（龍349/02）（玄9/121a）（慧46/321b）（慧40/199a）（慧79/1064a）。殷所劣反（龍531/02）。刮刷傳文從寸作～誤也（慧94/227a "刷心" 註）。鬴音捕[1]（龍164/03）。

唰： 唰音刷鳥理毛也（龍277/07）。

shuǎ 駡： 駡俗所瓦反所言不當也（龍293/01）。

shuai

shuāi 衰： 衰率追反（慧5/487a）（慧5/488b）。襄所龜反（玄1/3a）（玄3/35a）（慧09/568a）（慧20/802b）（紹147a1）。襄所龜反（玄25/333b）（慧2/429b）（慧6/503a）（慧71/884a）（中62/718a）。寢古文音衰（龍129/2）。//㾞： 㾞衰音（紹192b5）；衰字體作㾞同（玄1/3a、慧20/802b "衰毛" 註）（玄3/35a、慧09/568a "衰毛" 註）（玄25/333b、慧71/884a "衰毛" 註）。㾞相承所迍[追]反病也（龍472/02）。㾞相承所迍[追]反病也（龍472/02）。

shuài 帥： 帥所類所律二反佩巾又將帥也（龍139/06）。帥所律反（玄22/295a）（慧3/443b）（慧

5/489a）（慧 6/511b）。**師** 所律反（慧 48/380b）（紹 169b4）（中 62/719a）。**師** 俗（龍 189/09）。

帥 俗（龍 297/09）。

率：**率** 所律反（玄 10/138a）（慧 45/305b）（玄 14/183c）（慧 59/630a）（玄 23/313b）（慧 50/421a）（玄 25/335c）（慧 71/888a）（慧 21/827a）（慧 22/843a）；**帥** 又作率同（玄 22/295a、慧 48/380b "俱帥" 註）。**寧** 山律切（紹 147b8）。

衛：**衛** 帥或作衛或音率亦通也（慧 3/443b "將帥" 註）（慧 5/489a "將帥" 註）（慧 6/511b "將帥" 註）。**衞** 所律反（龍 498/09）。

蟀：**蟀** 正音率蟋蟀也（龍 225/06）（慧 92/197a）。//**蟁** 音率或作（龍 225/06）；蟀或作～古字也（慧 66/799a "蟋蟀" 註）。

哅：**哅** 音率飲酒之貌（龍 277/09）。

shuan

shuàn 涮：**涮** 所患反涮洗也（龍 235/05）。

腨：**腨** 船奭反（慧 55/542a）。**腨** 船奭反（慧 62/709b）。**腨** 船奭反（慧 24/888b）。**腨** 逝奭反（慧 28/1000b）。**腨** 船奭反（慧 77/1012b）。**腨** 殊奭反（慧 75/970a）（慧 81/15a）。**腨** 船奭反脛腸也（龍 410/03）（玄 2/25c）（玄 3/33b）（玄 4/57c）（慧 43/272b）（玄 14/190c）（慧 59/640b）（慧 1/409b）（慧 2/425b）（慧 11/619b）（慧 12/636b）（慧 20/797b）（慧 26/933a）（慧 38/151a）（慧 45/307a）（慧 61/689b）（慧 74/943a）（慧 75/966a）（希 2/364b）（紹 135b8）；肬贅經文作肬腨二形非也（玄 8/112b、慧 16/721b "肬贅" 註）；蹲又作腨同（玄 10/138a "兩蹲" 註）（慧 16/725a "鹿蹲" 註）（慧 22/853b "其腨與膞" 註）（慧 24/901b "名蹲" 註）（慧 53/502b "蹲骨" 註）（慧 74/958b "蹲腸" 註）（慧 75/975a "鹿蹲" 註）；膞又作腨同（慧 45/305b "兩蹲" 註）（慧 12/632b "膞傭" 註）；腢正作腨（慧 28/1000b "腢腸" 註）；踹説文作腨（慧 62/716b "足踹" 註）。**腨** 時奭反（慧 09/565a）（慧 44/280a）（慧 49/402b）。//膞：**膞** 時奭反（紹 135b8）。**膞** 時兗反切宍也（龍 410/07）（慧 12/632b）（慧 22/853b）（慧 78/1034b）（紹 135b8）；腨經本從專作膞非也（慧 20/797b "腨上" 註）（慧 28/1000b "腢腸" 註）**膞** 時奭反（慧 45/305b）。**膞** 船奭反（龍 410/03）；腨或作蹲踹膞四形竝同（慧 1/409b

"兩腨"註)。//蹲：蹲常兗反（慧15/687a）（慧74/958b）（慧75/975a）（慧86/115b）。蹲

舩奐反（龍462/04）（玄10/138a）（玄22/299c）（慧48/387a）（慧14/674b）（慧16/725a）（慧

24/901b）（慧53/502b）（紹137a6）；腨或作蹲同（玄2/25c"腨骨"註）（玄3/33b、慧09/565a

"兩腨"註）（玄14/190c、慧59/640b"脚腨"註）（慧1/409b"兩腨"註）（慧2/425b"腨骨"註）

（慧11/619b"膝腨"註）（慧12/636b"髀腨"註）（慧24/888b"雙腨"註）（慧26/933a"腨骨"

註）（慧28/1000b"胷腸"註）（慧45/307a"腨相"註）（慧49/402b"瞬命"註）（慧74/943a"光

腨"註）（慧75/966a"足腨"註）（慧75/970a"腨骨"註）（慧78/1034b"所閲"註）（希2/364b

"鹿腨"註）；膊或作蹲腨踹四形皆一也（慧12/632b"膊髀"註）（慧20/797b"膊腸"註）

（希2/364b"鹿腨"註）。//踹舩奐反（龍462/04）（慧62/716b）（紹137a6）；腨經文作

踹非此用（玄3/33b、慧09/565a"兩腨"註）（玄4/57c、慧43/272b"髖腨"註）（慧1/409b

"兩腨"註）（慧75/966a"足腨"註）；膊或作蹲腨踹四形皆一也（慧12/632b"膊髀"註）

（慧15/687a"蹲腸"註）（慧86/115b"臝蹲"註）。臡腨或作踹（慧20/797b"腨上"註）（慧

24/888b"雙腨"註）。

shuang

shuāng 雙：雙朔忽反（慧6/496b）（慧41/207a）（慧68/832b）。雙從二隹從又經從夂非也（慧

3/449a）（慧6/496b"四雙"註）（慧7/523a）（慧24/888b）（慧97/291b）；雙俗從夂非也

（慧41/207a"雙足"註）。懋音雙（龍543/01）。//霚：霚正所江反今作雙（龍306/08）；

雙論從兩作～非也（慧68/832b"滅雙"註）。霚或作所江反今作雙（龍306/08）。

蠬：蠬所江反虫名（龍222/01）。

瀧：瀧音雙䃶瀧胡豆也（龍359/05）。

雙：艭音雙帆也（龍391/04）。

艭：艭音雙艀艭舩名也（龍131/03）。

孀：孀音霜（慧61/680b）（慧98/309a）。

騻：騻正音霜騻～良馬也（龍292/05）。//驦：驦或作（龍292/05）。

shuǎng 爽：爽所兩反（玄2/24a）（玄4/53b）（慧32/32b）（玄9/122c）（玄10/139c）（慧47/367b）（慧

14/663a）（慧21/816a）（慧25/927b）（慧61/685a）（慧85/101b）（慧89/164a）（慧91/182b）

（慧91/194a）（慧92/203a）（慧96/259b）（紹146a8）；爽經從四人誤也（慧14/663a"爽

失"註）。爽所兩反（慧46/325b）；爽傳文作爽書誤也（慧92/203a"無爽"註）。

//壖：壖疎兩反（龍250/01）。壖爽音（紹161a10）。

㕈：㕈俗音爽（龍271/02）。

甂：甂正疎兩反半瓦也又初兩反甂石甂洗物也（龍316/03）。//甀：甀俗（龍316/03）。

頼：頼疎兩反醜兒又初丈反（龍485/02）。

鵨：鵨炮爤集中從鳥作鶵鵨未詳（慧99/318b"炮爤"註）。

shui

shuí 脽：脽音誰坐處也亦汾脽巨虛所坐也又他罪反胆脅也（龍409/04）（紹136a7）。

shuǐ 水：氺水正（紹204a2）。屍音水（龍549/03）。㞷音水（龍151/04）。屍音水（龍163/09）。

脉：脉俗音水（龍411/06）。

疢：疢音水疢病也（龍474/03）；水經文作疢非體也（慧56/554b"水腫"註）。

shuì 帨：帨稅脆二音佩巾也（龍139/06）（紹131b8）。

涗：涗稅雪二音（紹187a5）。

稅：稅水芮反（慧41/213b）。

祱：祱他外以稅書芮三反大功以上送凶衣也（龍107/04）。

餲：餲音稅又郎外反（龍503/01）；啜經文作餲非此義（玄20/273b、慧75/980a"啜嘗"

　　註）。//饖：饖以芮書芮二反小餟也（龍503/02）。

睡：睡垂偽反（慧3/441a）（慧14/670b）（慧29/1027b）（慧51/439b）；捶或作睡古字也（慧

5/492b"捶打"註）。

雞：雞垂睡二音雅鳥別名（龍148/08）。

膸：膸俗音睡（龍481/04）（玄18/241b、慧73/929a"骽膸"註）。髓篆又作體同（玄20/274c、

慧 55/539b "桼箠" 註）。

雅：**雅** 音睡鳥名（龍 149/07）。

崒：**崒** 山劣式芮二反小飲也又嘗也（龍 278/01）。// **吮** 山劣式芮二反小飲也又嘗也

（龍 278/01）。

shun

shǔn 吮：**吮** 似兗反（玄 18/249b）（慧 73/919b）（慧 56/568b）（玄 20/270a）（玄 21/281a）（玄 22/287a）

（慧 48/369b）（慧 13/653b）（慧 17/734a）（慧 24/901a）（慧 53/495a）（慧 69/843b）（慧 82/41b）

（希 4/375c）。**吮** 正徐兗絶兗二反又食尹反（龍 270/10）（玄 19/260a）（紹 182b10）；

經文作嗁或作吮（玄 8/111c、慧 33/62b "赤嘴" 註）。**吮** 俗（龍 270/10）。**宽** 吮論作～

非也或作宛（慧 69/843b "飲吮" 註）。

楯：**楯** 食閏反（龍 382/3）（玄 1/2b）（玄 1/17c）（玄 6/79b）（慧 4/466b）（慧 11/618b）（慧 15/687b）

（慧 20/801b）（慧 21/820b）（慧 23/861a）（慧 25/910a）（慧 27/965a）（慧 30/1036a）（慧 31/16b）

（慧 32/42b）（慧 53/485b）（慧 74/942b）（慧 76/1002a）（慧 78/1032a）（慧 81/9a）（慧 82/31b）

（慧 89/150b）（希 2/361b）（希 2/364a）（紹 158b2）；盾論文作闌楯之楯非體也（玄 17/229a、

慧 67/817b "執盾" 註）（慧 10/585b "矛盾" 註）。

shùn 順：**傾** 順音（紹 130a5）（紹 170a10）。

舜：**舀** 古文尸閏反今作舜（龍 251/01）。// **虩**：**虩** 舊藏作舜在辯正論（龍 322/03）；

褫傳作虩非也（慧 88/140b）。

瞚：**瞚** 音舜（龍 421/05）（玄 2/26a）（玄 22/289b）（慧 48/372b）（玄 25/335a）（慧 71/887a）（慧

3/455a）（慧 13/655b）（慧 19/779b）（慧 20/799a）（慧 26/933a）（慧 41/213a）（慧 41/225b）（慧

43/254a）（慧 69/851b）（慧 79/1062b）（希 1/355c）（紹 142a10）；經文作瞬俗字也説文正

作瞚（慧 12/626b "瞬息" 註）（慧 22/838b "不瞬" 註）（慧 31/5b "不瞬" 註）（慧 33/51b "瞬

頃" 註）（慧 35/101b "瞬目" 註）（慧 36/129a "不瞬" 註）（慧 39/170a "瞬目" 註）（慧 39/178b

"瞬目" 註）（慧 49/402b "瞬命" 註）（慧 68/833b "不瞬" 註）（慧 77/1012a "瞬動" 註）（慧 94/236b

"不瞬"註）（慧95/250b"眲息"註）（慧100/341b"視瞬"註）（希2/364b"不瞬"註）（希2/367a"瞬目"註）（希3/374a"瞬息"註）（希5/388a"暫瞬"註）。//**瞬**音舜（龍421/05）（玄15/205c）（慧58/604a）（慧5/494a）（慧12/626b）（慧19/788b）（慧22/838b）（慧31/5b）（慧33/51b）（慧35/101b）（慧36/129a）（慧39/170a）（慧39/178b）（慧49/402b）（慧53/492b）（慧68/833b）（慧72/903a）（慧77/1012a）（慧94/236b）（慧100/341b）（希2/364b）（希2/367a）（希3/374a）（希5/388a）（紹142a10）；瞚列子作瞬（玄2/26a"視瞚"註）（玄3/42a、慧09/573a"不瞚"註）（玄18/240c、慧73/934b"不眴"註）（玄22/289b、慧48/372b"有瞚"註）（玄25/335a、慧71/887a"數瞚"註）（慧3/455a"瞚息"註）（慧13/655b"瞚眼"註）（慧19/779b"瞚頃"註）（慧20/799a"暫瞚"註）（慧26/933a"視瞚"註）（慧41/213a"不瞚"註）（慧41/225b"瞚息"註）（慧43/254a"瞚目"註）（慧69/851b"不瞚"註）（慧79/1062b"不瞚"註）（慧95/250b"眲息"註）（希1/355c"不瞚"註）；睐疑此字傳寫錯准經義合是瞬（慧16/710b"視睐"註）。//**眴：瞲**又音舜（龍421/04）（慧15/691a）（慧45/303a）（慧47/346a）（慧76/996b）（慧77/1013b）（慧78/1032b）（慧96/270b）（慧100/346b）；瞬止觀中從旬作眴是縣字俗用從旬亦非也（慧100/341b"視瞬"註）。**眴**尸閏反（玄18/240c）（慧73/934b）（玄20/264c）（慧1/417b）（慧4/476a）（慧32/46b）（慧53/499b）（慧80/1090b）（紹142a10）；瞚通俗文作眴同（玄2/26a"視瞚"註）（玄3/42a、慧09/573a"不瞚"註）（慧13/655b"瞚眼"註）（慧19/779b"瞚頃"註）（慧26/933a"視瞚"註）（慧41/213a"不瞚"註）（慧41/225b"瞚息"註）（希1/355c"不瞚"註）（希2/364b"不瞬"註）（希2/367a"瞬目"註）（希3/374a"瞬息"註）；眩古文眴同（玄11/148b、慧52/465a"眩惑"註）（玄13/170c"瞑眩"註）；瞚又作眴（希9/415a"目瞚"註）。//旬：**旬**說文從目旬聲也旬字從目經文從旬及音舜者非也（慧1/417b"不眴"註）；瞬經文從旬從目作眴非也（慧19/788b"不瞬"註）（慧53/492b"不瞬"註）。**胸**眴正興縣切又縣音（紹136b1）。

瞤：**瞤**正如勻反目自動也（龍418/01）（玄4/58b）（慧43/273b）（玄4/60a）（玄12/160a）（慧75/982b）（玄18/251a）（慧73/937a）（玄20/272a）（慧75/973b）（慧29/1029a）（慧29/1033a）（慧41/219b）（慧36/129b）（慧39/177a）（慧45/299b）（慧78/1035a）（慧79/1057a）（希7/401c）（希9/415a）（紹142b9）。//瞤：**瞷**俗（龍418/01）；瞤經文作瞷非體也（玄4/58b、

慧 43/273b "瞤動" 註）（玄 20/272a、慧 75/973b "瞤動" 註）（慧 29/1029a "目瞤" 註）（希 9/415a

"目瞤" 註）。

髻：**鬢** 舒閏反（龍 090/02）。舜字體作髻（慧 58/606b "髮舜" 註）。**鬢** 舜字體作髻（玄

15/206c "髮舜" 註）。

Shuo

shuō 説：**詑** 新藏作説（龍 051/06）。

shuò 彴：**彴** 酌杓二音彴流星名也（龍 039/02）。

妁：**妁** 酌杓二音（龍 284/09）（紹 141a10）。

朔：**朔** 雙捉反（慧 11/602a）（紹 136b2）。**朔** 音朔（龍 417/01）（紹 136b2）；朔經文作～俗

字也（慧 11/602a "正朔" 註）。

槊：**槊** 音朔刀槊也（龍 384/05）。**槊** 音朔同槊刀槊也（龍 387/07）。

縩：**縩** 所角反縅也（龍 403/05）。

稍：**稍** 雙捉反（慧 19/776a）（慧 43/254a）。**稍** 音朔矛也矛長一丈八尺曰稍（龍 142/02）

（玄 1/17c）（玄 3/45b）（慧 10/579a）（玄 11/148c）（慧 52/466a）（玄 19/256b）（慧 56/562b）（玄

21/280b）（玄 23/317a）（慧 49/399a）（慧 8/535a）（慧 8/551a）（慧 13/651a）（慧 14/662a）（慧

14/668b）（慧 14/672b）（慧 14/673b）（慧 16/722b）（慧 20/793b）（慧 26/955b）（慧 29/1025a）

（慧 30/1050b）（慧 41/217b）（慧 35/100b）（慧 35/110a）（慧 36/116a）（慧 37/133b）（慧 37/141a）

（慧 39/168a）（慧 60/662b）（慧 62/705b）（慧 68/822b）（慧 73/932b）（慧 76/990b）（慧 79/1058b）

（慧 81/6a）（慧 83/47a）（慧 84/81a）（慧 93/219b）（希 4/375c）（希 8/407a）（紹 201b1）；鏾字

體作稍（玄 4/60a、慧 38/154a "錐鏾" 註）；鞘經文作稍所捉反此誤也（玄 20/269c "金

鞘" 註）；槊正作稍（慧 15/696a "刀槊" 註）。//槊：**槊** 音朔刀槊也（龍 384/04）。**槊**

雙捉反俗字也正體從矛作稍（慧 35/103a）（慧 39/174a）（希 5/386a）（希 7/403a）（紹 158b10）；

稍或作槊同用（慧 8/551a "刃稍" 註）（慧 35/100b "稍印" 註）（慧 36/116a "弓稍" 註）（慧

39/168a "鐵稍" 註）（慧 83/47a "稍矗" 註）（慧 93/219b "竹笴稍" 註）（希 4/375c "矛稍" 註）

（希 8/407a "鐵矟" 註）。**矟** 雙捉反（慧 15/696a）（紹 158b10）；矟或作槊北人俗字也（玄 1/17c "矛矟" 註）（玄 3/45b、慧 10/579a "如矟" 註）（玄 11/148c、慧 52/466a "矟刺" 註）（玄 21/280b "矛矟" 註）（慧 19/776a "鉾矟" 註）（慧 41/217b "槍矟" 註）（慧 43/254a "斧矟" 註）（慧 37/133b "鋒矟" 註）（慧 76/1008a "百矟" 註）（慧 79/1058b "釘矟" 註）。**槊** 音朔木名也（龍 384/04）；矟經作槊（慧 26/955b "矛矟" 註）（慧 62/722a "以矟" 註）（希 4/375c "矛矟" 註）。**槊** 矟論作～非也（慧 69/838b）。**槊** 俗音朔（龍 216/01）。//鎙：**鎙** 矟經文作鎙非也（慧 40/197b "矟印" 註）；槊經文從金作鎙俗用非也（希 7/403a "槊印" 註）；鋋經文作鎙俗（希 7/403a "脚鋋" 註）。**鎙** 音朔（龍 20/03）；矟從翔作～經文非也（慧 35/110a "槍矟" 註）（慧 37/141a "執矟" 註）。**鉏** 又應法師音山卓反鋤鉏也（龍 019/01）（玄 4/60a）（慧 38/154a）；矟或作鉏江南俗字也（玄 1/17c "矛矟" 註）（玄 11/148c、慧 52/466a "矟刺" 註）。**鉶** 所卓切（紹 180b9）。**鉶** 禹愚反（龍 012/02）（紹 180b9）；矟又作～誤也（玄 11/148c、慧 52/466a "矟刺" 註）。

嗽： **嗽** 又所角反口嗽也（龍 273/04）（玄 1/10a）（慧 17/744b）（玄 4/61b）（慧 44/282a）（玄 12/163a）（玄 75/967b）（玄 17/234b）（慧 74/947b）（玄 19/260a）（慧 56/568b）（玄 20/800b）（慧 53/490a）；漱經文有作嗽漢書通俗文皆所角反（玄 2/16b "漱口" 註）；欶又作嗽同（玄 2/32b "欶乳" 註）（玄 9/120c、慧 46/321a "虵欶" 註）（玄 11/151c、慧 52/472a "欶乳" 註）（玄 14/186a、慧 59/633b "欶太" 註）（慧 26/955a "欶乳" 註）（慧 78/1049b "咂欶" 註）；欶又作嗽同（玄 15/209b、慧 58/610b "欶指" 註）（玄 16/224a、慧 64/744b "欶指" 註）（玄 19/252c、慧 56/556b "舐欶" 註）（希 9/415a "欶癰" 註）；遬經中亦從口作嗽俗用非正體也（慧 35/98b "欬遬" 註）；號經作嗽非兹也（慧 57/588b "號絕" 註）；癞論文從口作嗽非也（慧 66/790b "癞病" 註）。//欶：**欶** 所角反口嗽也（龍 355/01）（玄 2/32b）（玄 9/120c）（慧 46/321a）（玄 11/151c）（慧 52/472a）（玄 14/186a）（慧 59/633b）（玄 15/209b）（慧 58/610b）（玄 16/224a）（慧 64/744b）（玄 19/252c）（慧 56/556b）（慧 26/955a）（慧 43/253a）（慧 38/158b）（慧 54/521a）（慧 78/1049b）（慧 94/228b）（希 9/415a）（紹 198b8）；嗽又作欶同（玄 1/10a、慧 17/744b "嗽於" 註）（玄 4/61b、慧 44/282a "唉嗽" 註）（玄 75/967b "嗽喉" 註）（玄 19/260a、

---

① 《字典考正》：當為 "鉶" 的異寫字（435）。

慧 56/568b“嗽齚”註)。//嗽：嗽俗所角反(龍 266/05)(玄 7/96b)(慧 28/1011b)。嗽俗(龍 266/05)(紹 183b2)；嗽經文從口作嗽俗字也(玄 1/10a、慧 17/744b“嗽於”註)(玄 12/163a“嗽喉”註)；欶經文作嗽此俗字也(玄 2/32b“欶乳”註)(玄 9/120c、慧 46/321a“虵欶”註)(玄 11/151c、慧 52/472a“欶乳”註)(玄 14/186a、慧 59/633b“欶太”註)(玄 16/224a、慧 64/744b“欶指”註)(慧 26/955a“欶乳”註)(慧 54/521a“行者欶”註)。嗽俗(龍 266/05)。嗽嗽經文作嗽或作～非也(玄 12/163a“嗽喉”註)。//嗍：嗍音朔(龍 278/08)。嗍雙角切(紹 182b4)；欶經作嗍非也(慧 43/253a“吸欶”註)(慧 38/158b“欶毒”註)。嗍俗所角反正作嗽(龍 276/07)。//哧：哧又音朔吓哧也(龍 273/04)(玄 15/209a)(慧 58/610b)(紹 183a8)；嗽經本作哧非也(慧 53/490a“吓嗽”註)。哧又俗生角反[1](龍 268/03)。

⿰犭樂：⿰犭樂或作書藥反犬驚貌也(龍 320/03)(紹 166b7)；狾録文作⿰犭樂非也(慧 80/1080b“狾狗鬶”註)(慧 84/68a“狾狗鬶王”註)。擽狾狗録文作擽狗或作喇狗一也(慧 80/1069a“狾狗”註)。//猲：獡或作書藥反(龍 320/03)。獡今(龍 320/03)。

爍：爍書苦反(龍 244/02)(慧 41/217b)(慧 36/118b)(慧 38/160a)(慧 40/195a)(慧 96/270a)(紹 189b6)；烙經文作爍式酌反(玄 1/10a、慧 17/744b“烙口”註)(玄 9/124c、慧 46/328b“燒烙”註)；爚論文作爍非此義(玄 9/124b、慧 46/328a“煜爚”註)；鑠經作爍(慧 39/180b“鑠枳底旛”註)(慧 84/75b“鑠靈”註)(慧 87/125a“鑠金”註)(希 6/392b“鑠底”註)。

⿰目樂：⿰目樂正書藥反美目皃也(龍 423/03)。⿰目樂或作(龍 423/03)。⿰目樂俗(龍 423/03)。⿰目樂俗書若反正作⿰目樂美目也(龍 414/09)。

⿸疒尸：⿸疒尸尸約反治病也[2](龍 301/08)。

⿺走樂：⿺走樂書藥反趯走也又音歷動也(龍 325/09)。

鑠：鑠書藥反銷鑠也(龍 019/08)(玄 5/76a)(慧 40/190a)(玄 7/92c)(慧 28/995b)(玄 12/165c)(慧 75/978b)(玄 16/223b)(慧 64/752a)(玄 21/286b)(玄 23/307c)(慧 47/355a)(慧 35/104b)(慧 35/109a)(慧 37/147a)(慧 39/180b)(慧 77/1017b)(慧 84/75b)(慧 85/92b)(慧 85/99b)

①參見《龍龕手鏡研究》243 頁。
②《叢考》：此字疑為“瘵”的訛俗字(1173)。

（慧 87/125a）（慧 90/169b）（慧 90/175b）（慧 93/211b）（希 5/389b）（希 6/392b）（紹 181a1）；

煜爐經文作昱鑠非體也（玄 7/92a、慧 28/995a "煜爐" 註）（玄 9/124b、慧 46/328a "煜爐"

註）；爍或從金作鑠（慧 41/217b "爍身" 註）（慧 40/195a "爍底" 註）。**鑠**舊藏作鑠（龍

503/08）。// 鑠：**鑠**書藥反銷鑠也（龍 019/08）。

碩：**碩**市亦反（玄 3/47a）（慧 10/582a）（玄 16/217c）（慧 65/769a）。

數：**數**霜捉反（慧 1/418a）（慧 6/500a）（慧 8/551b）（慧 29/1017b）（慧 43/256b）（慧 43/270a）。

數雙角反（慧 39/169b）。

sī

sī 厶：**厶**息夷反自營也（龍 184/01）。

呬：**呬**俗音私[1]（龍 270/02）。

司：**司**耴鳌反（玄 22/288b）（慧 48/371b）（玄 18/243a）（慧 72/913a）。

絲：**絲**絲字二系音覓經作絲訛也（慧 13/658b）（希 6/397a）；縷經文作絲俗用字非也（希

5/386c "縷圭" 註）。

斯：**斯**（慧 21/816a）（慧 22/835a）。**扸**音斯（龍 137/04）。**㣶**音斯[2]（龍 367/01）。

庍：**庍**音斯（龍 299/04）。

澌：**澌**音斯凌澌也（龍 187/04）（慧 94/240b）（慧 99/317b）（紹 174a3）。

廝：**廝**音斯役也使也養也（龍 299/04）（玄 2/23c）（慧 19/780b）（玄 18/247b）（慧 73/926b）（玄

20/273b）（慧 34/89b）（慧 25/926a）（慧 26/951a）（慧 41/225a）（慧 78/1044b）（慧 93/212a）（慧

97/284a）（希 1/358b）（紹 193b2）；嘶又作廝同（慧 19/780b "嘶破" 註）；裠宜作廝（玄 7/104b、

慧 26/957b "卑裠" 註）；氂又作廝同（玄 20/274c "氂破" 註）。**厮**音斯役也使也養也正

作廝（龍 302/03）（紹 198a3）；氂或作廝（慧 15/705a "氂破" 註）。// 傂：**傂**音斯賤役

人名［也］（龍 27/07）；廝又作傂同（玄 2/23c "廝下" 註）（玄 18/247b、慧 73/926b "兵廝"

註）（慧 25/926a "廝下" 註）（慧 41/225a "廝下" 註）（慧 97/284a "廝徒" 註）（希 1/358b "廝下"

①參見《龍龕手鏡研究》245 頁。
②參見《叢考》438 頁。

註）。

撕： **撕**音西（龍 208/10）（慧 82/30b）（慧 91/188b）（紹 134b1）。

澌： **澌**音賜（龍 233/10）（慧 24/889a）（玄 12/156c）（慧 52/478a）（玄 20/264c）（紹 186b6）；傿又作澌同（玄 7/103c "盡傿" 註）；澌集從水作澌（慧 99/317b "寒澌" 註）。//淲：**淲**音賜同澌（龍 235/05）（紹 188a9）；澌又作淲同（玄 12/156c、慧 52/478a "都澌" 註）（玄 13/172a、慧 57/597a "物傿" 註）。

嘶： **嘶**音西鳴也（龍 265/06）（玄 1/12c）（玄 1/14c）（慧 42/233b）（慧 42/236b）（玄 3/45c）（慧 10/579b）（慧 19/780b）（玄 10/136c）（慧 47/341b）（玄 13/170c）（玄 22/292c）（慧 48/377b）（玄 23/307a）（慧 47/354b）（慧 14/673b）（慧 75/977a）（慧 76/1003a）（慧 77/1014b）（紹 183b7）；**㫲**經文作嘶非此義（玄 2/21a "聲㫲" 註）（慧 25/918b "破而聲㫲" 註）；誓經從口作嘶俗字也（慧 8/536a "誓喝辯" 註）（慧 15/705a "㫲破" 註）；撕或作誓嘶（慧 30/1040b "撕嘎" 註）（希 4/378b "撕破" 註）（希 4/381a "撕破" 註）。

蕬： **蕬**音斯草生水中其花可食（龍 254/08）（玄 8/116b）。

燍： **燍**音斯火燍焦臭又先井反（龍 239/09）。

誓： **誓**先奚反悲聲也又聲散也（龍 41/04）（慧 8/536a）；嘶又作誓同（玄 1/14c、慧 42/236b "嘶聲" 註）（玄 3/45c、慧 10/579b "嘶喝" 註）（慧 19/780b "嘶破" 註）（玄 10/136c、慧 47/341b "嘶字" 註）（玄 13/170c "嘶碎" 註）（玄 22/292c、慧 48/377b "嘶聲" 註）（玄 23/307a、慧 47/354b "嘶聲" 註）（慧 75/977a "嘶碎" 註）（慧 77/1014b "悲嘶" 註）（希 4/378b "撕破" 註）；撕或作誓嘶（慧 30/1040b "撕嘎" 註）。//謕：**謕**先奚昔移二反（龍 041/04）。

磤： **磤**音斯磤磨（龍 441/07）。

撕： **撕**細賣反（慧 30/1040b）。**撕**先妻反（希 4/378b）（希 4/381a）；嘶撕同先奚反（玄 1/14c、慧 42/236b "嘶聲" 註）；㫲又作撕同蘸奚反（玄 2/21a "聲㫲" 註）（玄 7/97a "㫲破" 註）；嘶又作誓撕二形同（玄 13/170c "嘶碎" 註）。

㫲： **㫲**音賜盡也死之言㫲也（龍 515/03）。

㫲： **㫲**正音西（龍 315/05）（玄 1/21a）（玄 2/21a）（玄 7/97a）（玄 14/198b）（慧 59/653b）（玄 20/274c）（慧 15/705a）（慧 25/918b）（慧 64/761a）（紹 199b3）；撕經作㫲俗字也（慧 30/1040b "撕嘎"

註）。**𤭖**俗（龍 315/04）。**𤭖**俗（龍 315/04）。**𤭖**俗（龍 315/04）。

蜇： **蜇**音斯（龍 220/01）（玄 10/136b）（慧 49/405b）（紹 163b9）。

鐁： **鐁**音斯平木器名（龍 013/09）。

思： **恖**正古文思字（龍 065/02）（慧 29/1015a）。**恖**經作思俗字也（慧 29/1015a）（慧 49/404a）

（慧 94/224b）。**恖**通古文思字（龍 065/02）。**思**息資反（慧 8/550a）。

愢： **愢**音思不安欲去也（龍 110/03）。

椔： **椔**音思相思木名（龍 378/02）。

罳： **罳**思音（紹 197b8）。 **罳**思音（紹 197b8）。

緦： **緦**音思緦麻也（龍 397/03）。

篃： **篃**音思竹名有毒傷人即死也（龍 390/05）。

颸： **颸**音思（龍 127/02）（紹 146b7）。

廝： **廝**正音斯（龍 298/09）。**廝**俗音斯（龍 298/09）。**廝**斯音（紹 193b3）。

樇： **樇**音斯～桃山桃也（龍 375/03）。

碿： **碿**息移反館名（龍 441/07）。

顑： **顑**音斯好也（龍 483/01）。

襹： **襹**斯移二音（龍 110/06）。 **襹**音斯（玄 7/104b）。

瘂： **瘂**正西斯二音瘦瘠疼痛也又病也（龍 469/05）。**瘂**或作（龍 469/05）。**瘂**俗（龍 044/05）。

//瘂： **瘂**或作（龍 469/05）。//病： **病**俗音西①（龍 469/08）。**病**俗音西（龍 469/08）。

諰： **諰**音斯數諫也又掕啼二音轉相誘語也（龍 044/05）。

鼶： **鼶**音斯～鼠（龍 334/05）。

獄： **獄**伺廣雅作覗説文從二犬從臣作獄訓亦同（慧 1/414a "伺求" 註）。**獄**正音思（龍 318/03）。**獄**或作音思（龍 318/03）（紹 166b7）。

緦： **繏**正音斯經緯不同又尺支反亦粗紬也②（龍 397/08）。**繏**正（龍 397/08）。**繏**或作音斯經緯不同又尺支反亦粗紬也（龍 248/04）。**繏**俗（龍 397/08）。

① 《疑難字續考》：正字當作 "瘂"（51）。
② 參見《龍龕手鏡研究》44 頁。

sǐ　死：死 (慧 29/1022b)。

sì　四：开四音① (龍 527/08)。//三：三 古文四字 (龍 366/09)。

泗：泗 息利反 (玄 11/152c) (慧 52/474a) (玄 13/174a) (慧 57/586b) (慧 22/846a) (慧 23/864b) (慧 80/1073a) (慧 95/250b)；溢或作泗古正字也 (慧 11/611b "流溢" 註)。泗 音四 (慧 94/223a)。

柶：柶 音四 (玄 15/200b、慧 58/614b "匙匕" 註)。

牭：牭 音四牛四歲也 (龍 117/02)。//犙：犙 玉篇直利反籀文同上牛四歲也 (龍 117/03)。

駟：駟 音四 (龍 293/08) (玄 1/17a) (玄 3/35c) (慧 09/569b) (玄 6/79b) (慧 25/908a) (慧 27/965a) (希 2/365b) (希 10/422b) (紹 166a4)。

咒：咒 徐死反説文作咒 (龍 333/07)。祟 㠯又作～同 (慧 28/994a "虎㠯" 註)。呪 俗徐死反 (龍 549/06)。祟 㠯又作～同 (玄 12/162b "虎㠯" 註)。兕 音寺 (慧 83/52a)。咒 正徐死反 (龍 549/06) (慧 56/567a) (慧 25/920a "虎豹" 註) (慧 26/954a) (慧 77/1015a) (慧 87/124b) (慧 100/341b) (紹 203a10)；咒 正作咒 (玄 7/98c、慧 26/957a "咒来" 註) (玄 12/162b、慧 28/994a "虎㠯" 註) (玄 17/236a、慧 74/950a "虎咒" 註)。罘 ～正作咒 (玄 7/98c "咒来" 註)。㠯 咒正序姊切 (紹 148a6)。㠯 音似又音徐姊反 (慧 28/994a)。㝈 古徐死反 (龍 549/06) (玄 19/259a)。㠯 徐里反 (玄 2/32a) (玄 12/162b) (玄 17/236a) (慧 74/950a) (慧 26/957a) (紹 183b2)；咒 譜作～俗字 (慧 77/1015a "虎咒" 註)。咒 音似又徐姊反 (玄 7/98c) (玄 13/176a) (慧 55/537a) (紹 183b2)。先 咒論本作先字 (慧 87/124b "贊咒" 註)。㠯 咒又作～ (玄 7/98c、慧 26/957a "咒来" 註)；咒又作～同 (慧 74/950a "虎咒" 註)。舝 咒又作舝同徐里反 (玄 2/32a "虎咒" 註)。狱 咒止觀從犬作～非 (慧 100/341b "虎咒" 註)。㝈 古文音似② (龍 231/08)。

舰：鮸 俗徐姊反③ (龍 169/06)。

汜：汜 音似 (慧 83/55b) (慧 83/65b) (慧 95/250b) (紹 186b8)。

耜：耜 耜又作耝鉬三體 (慧 85/88b "耒耜" 註)。//耜：耜 音似耒耜田器也 (龍 365/02)

①參見《龍龕手鏡研究》366 頁。
②參見《古漢語研究》2003 年第 2 期。
③參見《叢考》1168 頁。

（慧 85/88b）（玄 19/255a、慧 56/560b "土壝" 註）（紹 176a6）。**耛**音似（龍 365/02）。**粗**俗音似正作粗耒粗（龍 145/04）。**稆**俗（龍 145/04）。//鉬：**鉰**粗又作粗鉬三體（慧 85/88b "耒粗" 註）。//杷：**杷**似音（紹 157a6）。

祀：**祀**今音似（龍 111/05）（玄 2/24a）（玄 22/291a）（慧 48/375a）（玄 23/308c）（慧 47/359a）（玄 24/328a）（慧 70/874b）（慧 25/927b）（慧 57/587b）（希 6/392a）。//袘：**袘**或作（龍 111/05）。//襈：**襈**或作（龍 111/05）。

鉰：**鉰**音似鋋鉰（龍 015/07）。

麀：**麀**音似鹿二歲曰麀三歲曰～（龍 521/05）。

伺：**伺**思恣反候察也又平聲（龍 33/01）（玄 2/20b）（玄 6/90b）（玄 14/183b）（慧 59/629b）（玄 23/314a）（慧 50/422b）（玄 25/338a）（慧 71/892a）（慧 1/414a）（慧 2/426a）（慧 5/485a）（慧 5/494a）（慧 6/501a）（慧 20/800a）（慧 23/859a）（慧 25/916b）（慧 27/990a）（慧 30/1039a）（慧 31/8a）（慧 51/436b）（希 6/391b）。

笥：**笥**想志反（龍 393/02）（玄 4/62b）（玄 8/110c）（玄 12/161c）（慧 28/993a）（玄 13/171c）（慧 57/591a）（慧 11/610a）（慧 19/783b）（慧 39/181b）（慧 54/508a）（慧 82/42a）（紹 159b9）。

覗：**覗**司伺二音（紹 147b8）；伺廣雅埤蒼作覗同（玄 6/90b "伺求" 註）（玄 14/183b、慧 59/629b "伺之" 註）（慧 1/414a "伺求" 註）（慧 27/990b "伺求" 註）。

嗣：**嗣**辝利反（玄 1/18c）（玄 24/321c）（慧 70/865b）（慧 37/144a）（慧 45/308b）（慧 69/853b）（慧 75/981a）（希 2/365b）。嗣經從扁作誤也（慧 75/981a "斷嗣" 註）。**嗣**寺音（紹 182a2）。//尋：**尋**音寺（龍 336/07）；嗣古文尋同（玄 1/18c "家嗣"）（玄 24/321c、慧 70/865b "嗣前" 註）（慧 37/144a "繼嗣" 註）（慧 69/853b "繼嗣" 註）。

飤：**食**因志反（玄 9/126b）（慧 46/331a）；飤石經今作食同（玄 2/29b "餧飤" 註）（龍 502/02 "餧飤" 註）（玄 04/59c "以飤" 註）（玄 15/210b、慧 58/622b "養飤" 註）。//飤：**飤**正音寺食也（龍 036/08）（龍 502/02）（慧 58/622b）（玄 24/327c）（慧 70/874a）（慧 26/942b）（慧 41/229b）（慧 60/673a）（慧 77/1023b）（慧 78/1039a）（慧 82/34a）（慧 83/50a）（慧 90/176a）（紹 171b10）；飼說文作飤（慧 77/1026a "飼鷹" 註）。**飤**俗音寺（龍 502/02）（玄 2/29b）（玄 04/59c）（玄 13/170a）（玄 14/188a）（慧 59/636b）（玄 15/210b）（玄 18/245c）（慧 73/924a）；食又作飤同（玄

9/126b、慧 46/331b“食以”註）。飤俗音寺（龍 036/08）。//飼：飼正音寺食也與食飼畜也（龍 502/02）（慧 16/712a）（慧 77/1026a）（慧 79/1056a）（紹 171b10）；飤經文作飼俗字也（玄 2/29b“餧飤”註）（玄 14/188a、慧 59/636b“萎飤”註）（玄 15/210b、慧 58/622b“養飤”註）（玄 24/327c、慧 70/874a“養飤”註）（慧 26/942b“餧飤”註）（慧 82/34a“以飤”註）。//飴飤經文作飴古字通用耳（玄 04/59c“以飤”註）（玄 13/170a“飤此”註）（玄 18/245c、慧 73/924a“養飤”註）（慧 78/1039a“飤鳥獸”註）（慧 79/1061b“飤四部”註）（慧 90/176a“飤之”註）。

涘：涘鋤史反（慧 93/221a）（慧 98/301a）（慧 99/327a）。涘床史反（龍 232/04）（玄 20/264c）（紹 187a9）。

竢：竢古文床史反玉篇同俟（龍 519/04）（玄 16/219b）（慧 60/654a）；俟古文竢同（玄 4/54a、慧 32/34a“俟用”註）（玄 11/150c、慧 52/470a“俟彼”註）（玄 15/201b、慧 58/617a“俟夏”註）（玄 16/219b、慧 65/778b“俟一”註）（玄 17/235b、慧 74/949a“憑俟”註）（慧 41/205b“俟時”註）（慧 76/991b“俟施”註）。//俟：俟事几反（慧 52/470a）（玄 15/201b）（慧 58/617a）（慧 65/778b）（慧 74/949a）（慧 41/205b）（慧 76/991b）（紹 128a6）；竢序文從人作俟（慧 60/654a“竢覺”註）。俟事几反（玄 17/235b）（慧 32/34a）（慧 100/337a）；擬論文作俟非也（玄 17/237a、慧 74/951b“擬我”註）。俟床史反待也又姓（龍 030/03）（玄 4/54a）（玄 5/69c）。//㢽：㢽音俟（龍 302/06）。//䇃：䇃古文床史反玉篇同俟（龍 519/03）；俟古文䇃同（玄 4/54a、慧 32/34a“俟用”註）（玄 16/219b、慧 65/778b“俟一”註）（玄 17/235b“憑俟”註）（慧 76/991b“俟施”註）。//𥠖：𥠖俟正從立作竢說文從來作𥠖俗從人作俟亦通（慧 41/205b“俟時”註）（慧 60/654a“竢覺”註）。𥠖床史反不來也（龍 189/02）；俟古文𥠖同（玄 4/54a、慧 32/34a“俟用”註）（玄 11/150c、慧 52/470a“俟彼”註）（慧 74/949a“憑俟”註）。𥠖俟古文𥠖同（玄 17/235b“憑俟”註）。𥠖俗音俟正作𥠖（龍 542/04）。

似：佀或作徐姊反正作似相佀也（龍 030/04）。//侣：侣俗（龍 030/04）。

㖇：㖇詞孕反（龍 275/08）。

㚸：㚸正音似（龍 282/01）。㚸今音似（龍 282/01）（紹 141b1）。

𧰼：𧰼音四狸子（龍 322/02）。

肆：**肆**正音四陳也列也極也恐也又毫毛也（龍89/09）。**肆**相利反（玄2/25a）（玄6/85b）

（玄8/107a）（慧28/1004a）（玄14/184b）（慧59/631a）（玄22/288c）（慧48/372a）（慧14/667a）

（慧23/864b）（慧27/978b）（希4/376b）。**肆**今（龍89/09）。

隷：**隷**音四鼠也又羊吏反（龍552/08）。//隸：**隸**或作音四鼠也又羊吏反（龍542/02）。

寺：**寺**（玄6/89b）（玄14/194a）（慧59/646b）（玄16/213b）（慧65/772a）。**㝊**古文音寺（龍121/02）。

傷：**傷**音賜與㒼亦同（龍034/02）（玄7/103c）（玄13/172a）（慧57/597a）（紹129b3）。

song

sōng 松：**松**俗容反（慧90/176a）。//窼：**窼**古文松字（龍378/07）。//麻：**麻**古文音招［松］

（龍299/01）。

淞：**淞**訟容反（慧88/138b）（紹189a2）。

菘：**菘**息弓反菘菜名（龍255/06）（玄11/146b）（慧52/460b）（紹154b8）。

慫：**慫**息恭反慫恭怯兒也（龍026/03）。

㷍：**㷍**息恭反燕云長也（龍087/09）。

髿：**髿**息弓反細毛也（龍088/09）。

鬆：**鬆**正私宗息共二反鬈～也又音送鬚～也（龍087/08）。**鬆**俗（龍087/08）。

蝑：**蝑**息恭反蝑蝑（龍221/09）（玄13/179a、慧56/575b"蚤蝗"註）。

鵉：**鵉**音松（龍287/08）。

憁：**憁**蘇公反惺憁也（龍056/02）。

嵩：**嵩**息戎反（龍070/01）（玄3/41c）（慧09/572b）（玄7/104b）（慧1/407b）（慧26/957b）（慧

45/315b）（紹162a2）。//崧：**崧**息戎反（龍070/01）（紹162b4）；嵩又作崧同（玄3/41c、

慧09/572b"嵩高"註）。

sǒng 悚：**悚**息勇反怖也戰也（龍057/02）（玄13/173a）（慧57/599b）（玄22/290c）（慧48/374b）（慧

12/628b）（慧14/673b）（慧15/703b）（慧18/751b）（慧19/777a）（慧40/195b）（慧88/135b）（希

10/419c）；竦正從立作竦悚竦上二俱通（慧60/674b"竦茂"註）（慧79/1061b"竦然"

註）（希1/359a"竦慄"註）。

竦： **竦**息拱反（龍 519/04）（玄 12/159c）（慧 53/484a）（玄 22/293a）（慧 48/378a）（玄 23/307b）

（慧 47/355a）（慧 14/666a）（慧 41/227b）（慧 37/133a）（慧 62/707b）（慧 62/711a）（慧 69/849a）

（慧 79/1061b）（希 1/359a）（希 6/393c）（希 7/403a）； 聳古文竦形（玄 10/133b、慧 49/408a

"聳翮"註）（玄 15/207c、慧 58/607b "聳耳"）（玄 18/245c、慧 73/924a "聳身"註）（玄 24/322b、

慧 70/866b "聳幹"註）（慧 39/176b "聳豎"註）（慧 60/674b "聳茂"註）（慧 89/156a "聳峙"

註）； 悚又作竦同（慧 57/599b "震悚"註）。

騃： **騃**蘇走反又須隴反（龍 292/09）（慧 99/326a）。

傱： **傱**息拱反又先（頂）[項]反（龍 032/03）； 竦古文從人作傱也（慧 37/133a "竦豎"

註）。**傱**息拱反又先（頂）[項]反（龍 032/03）。

聳： **聳**先勇反（慧 49/408a）（玄 15/207b）（慧 58/607b）（慧 73/924a）（慧 70/866b）（慧 15/705b）

（慧 21/819a）（慧 37/134a）（慧 39/176b）（慧 60/674b）（慧 79/1060a）（慧 88/141b）（慧 89/156a）

（慧 91/185b）（慧 91/186b）（慧 97/281a）； 悚經文作聳非也（慧 57/599b "震悚"註）； 古

文竦慫愯三形今作聳同（玄 22/293a、慧 48/378a "竦肩"註）（玄 23/307b、慧 47/355a "竦

肩"註）（慧 62/711a "枝竦"註）（慧 69/849a "竦密"註）。**聳**息勇反（龍 314/03）（玄 5/70b）

（玄 18/245c）（玄 24/322b）； 悚經文作聳非也（玄 13/173a "震悚"註）。

愯： **愯**正息拱反驚也（龍 066/03）； 聳古文愯形（慧 49/408a "聳翮"註）（玄 15/207c、慧

58/607b "聳耳"）（玄 18/245c、慧 73/924a "聳身"註）（慧 37/134a "毛聳"註）； 竦古文愯

同（慧 53/484a "森竦"註）（玄 22/293a、慧 48/378a "竦肩"註）。**愯**今（龍 066/03）； 聳

古文愯形（玄 10/133b "聳翮"註）； 竦古文愯同（玄 12/159c "森竦"註）。

慫： **慫**息拱反懼也（龍 057/07）。//**慫**：**慫**所江反懼也（龍 055/01）； 聳古文慫形（玄

10/133b、慧 49/408a "聳翮"註）（玄 15/207c、慧 58/607b "聳耳"註）（玄 18/245c、慧 73/924a

"聳身"註）（玄 23/307b、慧 47/355a "竦肩"註）（玄 24/322b、慧 70/866b "聳幹"註）； 古文

竦慫愯三形今作聳同（玄 22/293a、慧 48/378a "竦肩"註）（慧 40/195b "恐悚"註）（希

10/419c "悚愯"註）； 悚説文正作慫字書或作～傳作悚（慧 88/135b "悚愯"註）。**慫**

悚又作慫同思勇反（玄 13/173a "震悚"註）。

敠： **敠**先孔反推敠搏擊也（龍 529/09）。**敠**先孔反推敠搏擊也（龍 120/04）。

sòng 訟：**訟**似縱反（玄 8/108c）（慧 28/1005b）；頌説文作訟也（慧 4/458a "諷頌" 註）。

頌：**頌**辝用反（玄 24/323a）（慧 70/867a）（慧 4/458a）（慧 18/751a）；誦經文從公作頌雖通俗用然非本字（慧 6/499b "諷誦" 註）。

誦：**誦**徐用反（慧 6/499b）（玄 24/328b）（慧 12/622b）（慧 21/829a）（慧 27/981b）（慧 32/49b）；頌或作誦（慧 4/458a "諷頌" 註）。**誦**（慧 70/875b）。

sou

sōu 搜：**搜**正所丘反（龍 207/02）（慧 10/588b）（慧 20/792a）（慧 62/718a）（慧 83/44b）（慧 84/71b）（慧 84/73b）（慧 91/184a）（慧 100/336b）（慧 100/348b）（希 5/383a）（紹 134a1）。**挭**瘦鄒反（慧 97/279a）。**搜**或作所丘反（龍 207/02）（紹 134a1）。**搜**蘇后色侯二切（紹 134a1）；搜亦作搜（慧 20/792a "搜揚" 註）。**搜**俗（龍 207/02）（玄 4/61a）（慧 44/282a）（慧 80/1068b）（慧 80/1072a）；挭傳從叟作搜俗字也（慧 83/44b "挭購" 註）（慧 84/73b "精挭" 註）；獀正作此搜恐誤也以意求之合作此搜字云求索也於義為得（慧 95/256b "獀狩" 註）。

廋：**廋**廋（紹 193b6）。

鄋：**鄋**正所鳩反國名也（龍 453/06）。**鄋**通（龍 453/06）。

嗖：**嗖**俗音搜（龍 269/08）。

獀：**獀**古文音搜（龍 317/09）（慧 95/256b）。

螋：**螋**正音搜蚨～也（龍 220/08）。**螋**俗（龍 220/07）（玄 5/70a）（慧 37/146b）。

醙：**醙**正音搜白酒也（龍 310/02）。**醙**俗通（龍 310/02）。

餿：**餿**正所鳩反（龍 500/03）（紹 172a5）。**餿**俗所鳩反（龍 500/03）。

鎪：**鎪**正音搜馬耳也（龍 012/05）。**鎪**俗通（龍 012/05）。**鎪**鎪正所求切（紹 181a6）。**鎪**正鍒鎪同（龍 019/01）。

鞦：**鞦**速疾反軟皮也（龍 448/07）。//鞦：**鞦**同上（龍 448/07）。

艘：**艘**正蘇刀反舩數也又蘇消反舩揔名也（龍 131/02）（慧 61/678a）（慧 90/178a）。**艘**今（龍 131/02）（紹 146a1）；梭傳從舟作艘俗字也（慧 83/53b "万梭" 註）。//梭：**梭**嫂勞反（慧 83/53b）；艘俗字本正體從木作梭（慧 61/678a "船艘" 註）（慧 90/178a "十艘" 註）。

搜蘇遭反船名（龍 379/02）。

颼：颼正所鳩反颼瑟風聲也（龍 126/02）（慧 81/8a）。颼或作（龍 126/02）。颿或作（龍 126/02）。颼俗通（龍 126/02）（紹 146b8）；颩宜作颼（玄 20/265c "颼夢" 註）。颷颼録文從風作～非也（慧 81/8a "颼颼" 註）。颼俗（龍 126/02）。颼俗（龍 126/02）。颼俗（龍 126/02）（玄 20/265c）。颼俗（龍 126/02）。//颾：颾踈鳩切又蘇遭切（紹 146b8）。

蒐：蒐音搜茅蒐草又春獵也（龍 256/05）（玄 16/217a）（慧 65/777b）（慧 87/128a）（慧 95/253b）（紹 155a5）。

涑：涑速侯反洗浣也（龍 227/03）（慧 17/746b）（玄 1/11b）。

叟：叜正蘇走反老叜也今俗作叟字（龍 156/06）（玄 4/52a）（慧 61/685b）（慧 97/273b）（慧 98/308b）；叟古文叜同（玄 16/223a、慧 64/751b "二叟" 註）（慧 82/36a "老叟" 註）；瞍集文作叜非也（慧 88/142b "瞽瞍" 註）。冗叜正蘇后切（紹 194b1）。叜溲厚反（慧 31/24a）。宊俗（龍 156/06）。宇叟古作叜～皆古字也（慧 82/36a "老叟" 註）叟涑厚反俗字也（慧 82/36a）（紹 174b9）。叟蘓走反正作叜（龍 549/07）（玄 5/69c）（玄 16/223a）（慧 64/751b）；叜又作叟同（玄 4/52a、慧 31/24a "老叜" 註）（慧 98/308b "縣叜" 註）。//俊：傻叜又作俊（慧 31/24a "老叜" 註）（玄 16/223a、慧 64/751b "二叟" 註）（慧 82/36a "老叟" 註）。傁叜又作傁同（玄 4/52a "老叜" 註）。傁舊藏作叟蘇走反又俗音魯義不相應（龍 31/09）。傁舊藏作叟蘇走反又俗音魯義不相應（龍 31/09）。

溲：溲踈有反溲㞘也又所休反小便也（龍 231/06）（慧 38/156b）（慧 97/276a）（紹 187b8）。糗溲或從米作～（慧 38/156b "㞘溲" 註）。溲搜有反正作溲（慧 39/180b）（紹 187b8）；溲俗用作溲訛也（慧 38/156b "㞘溲" 註）（慧 97/276a "行溲" 註）。

瞍：瞍（慧 86/108a）。瞍正蘇彤反無目也又音叟瞽瞍也（龍 417/05）（慧 88/142b）。瞍通（龍 417/05）（紹 142b8）（紹 142b8）。瞍俗蘇口反（龍 426/07）。

骢：骢蘇走反骢摠名也（龍 314/04）。

擞：擞蘇口反抖擞（龍 211/09）（玄 11/140b）（慧 56/547b）（玄 14/192c）（慧 59/644a）（慧 62/721a）（慧 64/749a）（慧 69/845a）（希 9/415c）（紹 133a3）；藪又作擞同（玄 5/68b、慧 44/286b "斗藪" 註）（玄 15/208a、慧 58/608b "斗藪" 註）（玄 18/250c、慧 73/936a "斗藪" 註）。

藪：藪 今蘇口反澤無水有草曰藪又大澤也 （龍 259/02）（玄 5/68b）（慧 44/286b）（玄 6/87c）

（玄 9/123a）（慧 46/325b）（玄 10/137a）（慧 45/304a）（玄 15/208a）（慧 58/608b）（玄 18/250c）（慧

73/936a）（玄 22/294b）（慧 48/380a）（慧 10/592b）（慧 15/703a）（慧 17/731b）（慧 21/829a）（慧

27/983b）（慧 29/1022a）（慧 29/1029b）（慧 30/1051a）（慧 45/300a）（慧 93/215a）（紹 156a9）；

擻又作藪同 （玄 11/140b、慧 56/547b "斗擻" 註）（玄 14/192c、慧 59/644a "斗擻" 註）。藪俗

（龍 259/02）。藪 香嚴隨函同藪蘇走反 （龍 075/07）。

礉：礉 蘇走反 （龍 443/01）。

籔：藪從草形聲字或從竹亦通也 （慧 29/1022a "林藪" 註）。

sòu 欶：欶 蘇奏反上氣也 （龍 355/01）；欶癩經文作咳欶二形非體也 （玄 11/144c、慧 52/458a

"欶癩" 註）（玄 15/207a、慧 58/606b "欶癩" 註）。//嗽 蘇奏反欶嗽也 （龍 273/04）。欶 所

雷反 （玄 4/56c）（慧 43/265b）（慧 14/664a）；癩經文從口作嗽非 （希 6/395a "癩瘶" 註）（希

6/397b "欶癩" 註）。嗽 嗽正先奏雙角二切 （紹 182b2）。//癄：癄俗蘇豆反 （龍 476/08）。

//嗽 舊藏作嗽蘇奏反 （龍 224/01）。//㦸：㦸 蘇奏反觜㦸也 （龍 273/04）（玄 10/138c）

（慧 65/778a）。//癩：癩 蘇奏反欶癩氣衝喉也 （龍 475/01）（玄 11/144c）（慧 52/458a）（玄

15/207a）（慧 58/606b）（玄 18/249c）（慧 73/936b）（玄 19/261a）（慧 56/570b）（玄 22/291c）（慧

48/376a）（玄 22/295a）（慧 48/380b）（慧 66/790b）（慧 78/1051a）（希 6/395a）（希 6/397b）（紹 192b1）；

氣㦸宜作欶癩 （玄 10/138c、慧 65/778a "氣㦸" 註）。欶 嗽俗字也正作癩 （慧 14/664a "欶

嗽" 註）。//遬：遬 又蘇奏反氣衝喉也[1] （龍 495/04）。//趚：趚 嗽或作趚亦同也

（慧 14/664a "欶嗽" 註）。

鏉：鏉 所又反鐵鉎鏉也又速侯蘇奏二反刻鏤也 （龍 018/03）。鏉 所雷反 （玄 16/222c、

慧 64/757b "去鉎" 註）。鏉 素矦素候二反今作鏉 （龍 368/02）。

su

sū 酥：酥 蘇音 （紹 196a6）。

穌：穌 今音蘇蘇息也舒悅也又死而更生也 （龍 165/03）（慧 72/915a）（玄 19/257a）（慧 56/563b）

---

[1] 《龍龕手鏡研究》："遬" 音蘇奏反，意義為 "氣衝喉"，乃 "癩" 字 （357）。

（玄 22/303c）（慧 48/394b）（玄 25/335a）（慧 71/887a）（慧 100/343b）（紹 168a2）。**穌** 蘇音（紹

195b8）。**穌** 先胡反（玄 18/244b）。**酥** 酥正蘇音（紹 154b5）。**鮇** 俗（龍 165/03）。**膼**

俗（龍 165/03）。**鱌** 俗（龍 165/03）。

蘇：**蘇** 素胡反（慧 96/270b）（希 7/400c）。**糬** 音蘇（龍 071/08）。// **甦**：**甦** 俗音蘇（龍 323/03）。

甦 俗音蘇（龍 323/03）。**甦** 音蘇（龍 366/02）（紹 150b10）；穌集作甦大周朝偽字非

也（慧 100/343b"可穌"註）。

麻：**麻** 音蘇音蘇麻麤酒元日飲之可除溫氣（龍 299/08）。

窣：**窣** 正蘇骨反（龍 509/09）（玄 1/9a）（慧 17/742b）（玄 21/281a）（玄 22/289b）（慧 48/372b）（玄

22/298c）（慧 48/386b）（玄 24/327a）（慧 70/873a）（慧 2/432b）（慧 5/484b）（慧 29/1019b）（慧 83/48b）

（希 1/358a）（紹 194b8）；粹宜作窣（玄 5/75c"粹多"註）。**窜** 俗（龍 509/09）。**窣** 俗（龍

509/09）（紹 194b8）。**宰** 蘇骨切（紹 194b1）。**宰** 蘇骨切（紹 194b1）。

軞：**軞** 蘇骨反軞軞也（龍 136/07）。

sú 俗：**俗** 音俗（龍 038/08）。**裕** 似足反風俗與俗同（龍 499/01）。

債：**債** 音俗行不住也（龍 499/01）。

sù 宿：**個** 古文音宿（龍 38/06）。// 宿：**宿**（慧 23/876a）。**宿** 思育反（玄 1/20b）。**宿** 相育

反（慧 2/435b）。

媚：**媚** 俗所六反（龍 284/07）。// 妡：**妡** 俗所六反（龍 284/07）。

蓿：**蓿** 音宿（慧 29/1023b）（紹 154b7）。**蓿** 音宿苜蓿草名也（龍 263/08）（紹 154b7）。

榾：**榾** 所六反（龍 386/06）（慧 89/160a）（紹 159b5）；縮字書作榾同（玄 20/265a"舌縮"註）

（慧 40/195b"縮眉"註）（慧 43/260b"舌縮"註）。

艑：**艑** 今音宿（龍 133/07）。// 艣：**艣** 或作（龍 133/07）（玄 19/260b、慧 56/569b"得艇"

註）。

縮：**縮** 所六反（慧 15/694b）（慧 20/800a）（慧 54/522a）（慧 55/541a）（慧 67/802b）。**縮** 所六反

（龍 404/03）（玄 20/265a）（慧 14/664b）（慧 17/734b）（慧 27/988a）（慧 42/241a）（慧 42/243a）（慧

36/115b）（慧 36/126b）（慧 40/195b）（慧 43/260b）（慧 45/316a）（慧 79/1052b）（紹 191a10）。//

揂：**揂** 縮説文文正作揂（慧 67/802b"卷縮"註）。**窜** 俗所六反正作縮（龍 217/02）。

窣所六反（龍 117/08）。窣音縮（龍 510/05）。窣音縮（龍 510/05）。//嗊俗所六反①（龍 277/03）；縮經文作嗊非也（玄 20/265a、慧 43/260b "舌縮" 註）。//蹜：蹜音縮烏鵲飛其掌在腹下也（龍 465/03）。

夙：夙正音宿晨早也（龍 128/08）（玄 6/85c）（慧 27/979a）。夙或作（龍 128/08）。凤古文宿字②（龍 128/08）。矾音宿③（龍 333/08）。

佩：佩息逐反傄佩不伸也（龍 039/04）。

溹：溹音宿（龍 237/06）。

素：素蕬故反（玄 1/20b）（初編玄 13/607）；塑古今奇字作壊經文作素非（希 5/387b "捏塑" 註）。棗古文音素④（龍 184/08）。

傃：傃蘇故反（慧 99/311a）（慧 99/325b）；遡亦從人作傃（慧 87/124a "敢遡" 註）。

嗉：嗉音素（龍 275/01）（慧 66/800b）（紹 182a10）。

瑧：瑧音素（龍 437/09）。

謜：謜音素譜謜（龍 049/06）。

遡：遡正音素（龍 492/05）（慧 87/124a）（慧 98/310a）；傃或從辵作遡也（慧 99/311a "傃和" 註）。趜音素（龍 492/05）。

塑：塑乘故反切韻以泥塑像也古今奇字作壊經文作素非（希 5/387b）（紹 161a9）。塑或作桑故反（龍 250/09）。塑或作（龍 250/09）（紹 161a9）。//壊：壊正桑故反（龍 250/09）。

愬：愬今音素又所責反（龍 068/05）。愬素音（紹 131b2）。愬正音素又所責反（龍 068/05）。

僳：僳速束二音僞僳也（龍 037/09）。

楝：楝千木反又音速又所責反（龍 386/06）（紹 159a4）；抖楝又作枓楝（玄 14/192c、慧 59/644a "斗擻" 註）（慧 64/749a "抖擻" 註）；擻律文作楝非本字也（希 9/415c "抖擻" 註）。

辣：辣俗音束（龍 117/06）。

速：速今桑木反（龍 495/04）（慧 4/457b）；籀文作遬古文作警今作速同（玄 13/179a、慧 55/529a

---

①參見《龍龕手鏡研究》258 頁。
②《疏證》：此乃 "夙" 字訛體，此假 "夙" 為 "宿"（162）。
③《叢考》：此字疑為 "宿" 字別構（87）。
④此字疑即 "素" 字俗體。

"阿遬"註）。//遬：遬或作（龍495/04）（玄5/66b）（慧34/88b）（玄7/101c）（慧32/31b）（玄8/113c）（玄13/179a）（慧55/529a）（慧35/98b）（紹138a6）；瘷亦作遬俗作欶（慧78/1051a "謦瘷"註）。//謷：謷籀文作遬古文作謷今作速同（玄13/179a、慧55/529a "阿遬"註）。謷音速疾言也（龍051/03）。

磩：礣俗音速（龍445/06）；碌礣録文作碾礣誤也（慧81/6b "碌礣"註）。

薮：薮送谷反菜茹之惣名也（龍263/07）（慧98/309b）（慧99/311a）。穀薮正速音（紹156b7）。

楸：楸正音宿槲楸（龍386/02）（玄13/176c）（慧54/524a）。樕或作音宿槲楸（龍386/02）；楸又作樕同（玄13/176c、慧54/524a "槲楸"註）。

遬：遬音速白茅草也（龍495/04）。

鬵/鬵：鬵音速鼎實與餗同（龍535/03）。//粥：粥音速鼎實也（龍152/07）。//餗音速（龍503/07）（慧87/129b）（紹172a4）。

觫：觫速音（紹148b3）。

殔：殔音速殟殔死兒（龍516/04）。

穀：穀音速穀穀動物也（龍194/03）。槃斗擻北人言穀穀（玄14/192c、慧59/644a "斗擻"註）；斗藪謂之穀穀（玄15/208a、慧58/608b "斗藪"註）（玄18/250c、慧73/936a "斗藪"註）。欶音速今作穀穀～動物也（龍542/08）。欶音速今作穀穀～動物也（龍542/08）。

麤：麤音速麋鹿跡也（龍521/09）。麀俗（龍521/09）。

泝：埭棻故反（慧56/570a）（慧63/729a）（慧91/191a）（慧92/202b）（慧93/214a）。泝蘇祚反（慧31/14a）。泝正音素（龍234/02）。泝今音素（龍234/02）。泝素音（紹189a4）。泝俗音素（龍234/02）。泝俗音素（龍234/01）（玄19/260c）。溯俗音素（龍234/01）；泝古文溯同（玄19/260c、慧56/570a "泝水"註）。//溯：溯俗音素（龍234/01）。

訴：諦蘇固反正體字也（慧41/210b）。訴音素（慧31/8a）。訴正乘故反告訴冤枉也（龍047/05）。訴今（龍047/05）；遡説文亦訴字（慧98/310a "遡來"註）。訴（慧13/654b）（紹185b2）。訴素尺二音（紹185b2）。訴俗乘故反（龍047/05）。訴俗（龍047/05）；訴説文作～（慧13/654b "號訴"註）。//謥：謥俗（龍047/05）；訴或作謥愬（慧31/8a "訴諸鬼神"註）。

肅： 肅思六反（慧 46/324b）（慧 6/497b）（慧 34/85b）（希 2/364c）。 肅思六反（玄 9/122b）。 萧 正音宿（龍 554/01）。 甯俗音宿（龍 554/01）。 萧嵩育反（慧 4/463a）（慧 5/484a）（慧 6/504b）。

潚： 潚音宿潚溂寒風氣兒（龍 237/06）。

橚： 橚所昱反（慧 99/312b）（慧 99/329a）。 橚音宿（龍 386/04）。 橚橚集從蕭作橚誤也（慧 99/329a "橚槮" 註）。

飇： 飇音宿風聲（龍 128/05）。 飇同上（龍 128/05）。 //飇： 飇音宿風聲（龍 128/03）。

驌： 驌音宿～驦馬名（龍 294/07）。

鱐： 鱐音宿魚腊也（龍 172/03）。

鷫： 鷫正音宿（龍 290/01）（慧 82/41a）。 鵟或作（龍 290/01）。 鶔俗（龍 290/04）。

粟： 甯古文音粟（龍 539/05）。 氘同上（龍 539/05）。

氋： 氋正音粟氋氄廁毛也（龍 137/01）。 甈俗（龍 137/01）。

搣： 搣子六反到也又所責反隙落兒（龍 218/07）（慧 99/328b）；廣疋云蹙迫也鄭云促也案以手搣之合從手作戚［搣］考聲云推逼也（慧 96/261a "蹙之" 註）。 搣又所六反到也（龍 386/06）。

謖： 謖所六反起也（051/09）。

趗： 趗正所六反趣趗（龍 326/04）。 趗俗（龍 326/04）。

suan

suān 狻： 狻蘇桓反（玄 21/276c）（玄 25/338a）（慧 71/892b）（紹 166b10）。 狻蘇官反（龍 317/04）（慧 12/636b）。 //狻： 貌蘇官反狻貌師子猛獸也（龍 321/08）。

痠： 痠算巒反（慧 55/530b）。 痠蘇官反（慧 79/1054b）（希 7/403b）（紹 192b10）。 痠正蘇官反痠瘲也（龍 469/06）。 瘄俗（龍 469/06）。

酸： 酸筭官反（慧 3/446a）（慧 16/725b）（慧 21/822b）（慧 31/16a）（慧 35/106a）（紹 143b5）。 酸蘇官反（龍 309/06）。 酸蘇官切（紹 143b5）。

霰： 霰素官反小雨也（龍 306/09）。

餕： 餕俗音酸（龍 311/09）。 餕俗音酸（龍 311/09）。

suàn 祘：**祘**音算（龍362/08）；筭古文祘同（玄3/40a、慧09/562a"莊筭"註）。**秫**筭音（紹196a5）。

蒜：**蒜**正音筭葷菜也（龍262/02）（慧31/15b）（慧35/108b）（慧45/309b）（紹154a10）。**蒜**今（龍262/02）（慧63/742a）（希5/389a）（紹154a10）。

筭：**筭**菜乱反（玄3/40a）（慧09/562a）（希2/365c）。

算：**算**桑管反（龍391/06）（玄4/59b）（慧30/1042b）（紹160b3）。**笇**筭音（紹160b3）。**筭**筭音（紹160b3）。**筭**筭音（紹160b3）。**筭**筭音（紹160b4）。

sui

suī 夊：**夊**息遺楚危二反夊行遲皃也（龍546/02）。

荽：**荽**私隹反（初編玄690）（慧58/614b）（慧70/863b）（慧60/674a）（慧68/822b）（慧72/899b）；荽亦作荽（慧81/16a"胡荽"註）。**荽**正音雖胡荽香菜也（龍255/08）（玄16/220c）（慧65/781a）（玄24/320c）。**荽**俗（龍255/08）。**荽**俗（龍255/08）；荽傳作～書錯也（慧81/16a"胡荽"註）。**芟**或作（龍255/08）。//荽：**荽**或作（龍255/08）（慧81/16a）（紹156b1）；荽又作荽同（初編玄690、慧58/614b"胡荽"註）（玄16/220c、慧65/781a"胡荽"註）（玄24/320c、慧70/863b"香荽"註）（慧68/822b"胡荽"註）。//葰：**葰**荽又作葰同（初編玄690、慧58/614b"胡荽"註）（玄16/220c、慧65/781a"胡荽"註）。

霥：**霥**音雖小雨皃也（龍307/01）。

奞：**奞**峻信雖二音～奮鳥張毛羽也（龍149/07）。

倠：**倠**許惟反仳倠摸拇也（龍025/06）。

雖：**雎**雖音（紹200b4）。

挼：**挼**素回反（龍207/10）。

浽：**浽**音雖浽溦小雨也（龍230/02）。

鞼：**鞼**素回反～鞍（龍448/01）。

suí 綏：**綏**音雖安也又州名（龍399/02）（玄5/67b）（玄12/160c）（慧75/984b）（玄20/274c）（慧76/992a）

（希 10/422c）（紹 190b6）；菱律文作綏非也（初編玄 690、慧 58/614b "胡菱" 註）。**綏**綏正雖音又人佳切（紹 190b6）。//**毿**：**毿**俗音雖①（龍 134/06）。//**娞**：**娞**私唯反（慧 34/93a）。**婑**古文音雖同綏（龍 280/03）。

隋：**隋**音隨又徒果反（龍 295/05）（紹 169b9）。**隋**隨音又徒果切（紹 169b9）。

隨：**隨**音隨（龍 295/05）。

suǐ **饞**：**饞**正息委反（龍 501/04）；髓律文作饞（玄 15/200c、慧 58/615b "髓餅" 註）。**饞**或作（龍 501/04）。**饋**俗（龍 501/04）。**饋**俗（龍 501/04）。

髓：**髓**髓說文作～（慧 19/784b "筋骨髓" 註）。**髓**正息委反（龍 480/02）。**髓**省（龍 480/02）（慧 58/615b）（慧 2/423a）（慧 4/458b）（慧 4/461a）（慧 4/470b）（慧 11/617a）（慧 12/627a）（慧 13/647b）（慧 15/694b）（慧 19/784b）（慧 29/1014b）（慧 41/215b）（慧 37/136a）（慧 53/489b）（慧 75/964b）（希 4/376a）（紹 147b1）；髊或作髓（慧 28/1000b "髊腦" 註）。**髓**俗（龍 480/02）。**髓**俗（龍 480/02）。**髓**俗（龍 480/02）（玄 15/200c）（慧 17/736b）。**膌**雖壘反（慧 28/1000b）。//**膌**：**膌**俗音髓正从骨作髓（龍 410/07）。**膌**俗（龍 410/07）。**膌**俗（龍 410/07）。

suì **瓶**：**瓶**碎或作瓶（慧 5/486a "碎金" 註）。//**碎**：**碎**音蘇對反（慧 2/426a）（慧 5/486a）（慧 20/795a）（慧 78/1033a）；猝或作碎亦同（慧 7/526a "猝暴" 註）。**碎**蘇對反（龍 443/04）。**砕**又音碎（龍 445/07）。

睟：**睟**正雖醉反正視皃潤澤也又子對反際也（龍 422/09）（慧 16/719b）（慧 21/818b）（慧 91/189b）（慧 98/299a）（慧 98/304a）（慧 100/347a）（希 7/400c）（紹 142b7）；粹或從日作睟音訓同（慧 89/152a "淵粹" 註）。**睟**通（龍 422/09）；睟作～俗字也（希 7/400c "澄睟" 註）。**睟**通（龍 422/09）。**睟**新藏作睟雖遂反視皃又子對反周年也（龍 428/06）。

誶：**誶**正雖醉反言也詩云歌以誶止又慈卹反讓也（龍 049/08）（紹 185a7）；顦顇毛詩作譙誶非正字也（希 2/361c "顦顇" 註）（希 8/405a "顦顇" 註）。**誶**通（龍 049/08）。**誶**通（龍 049/08）。

睟：**睟**正雖醉反貨也（龍 350/09）。**睟**俗（龍 350/09）。

𥇒：**𥇒**音碎破也（龍 127/07）。

---

① 《叢考》：此字疑為 "綏" 的俗字（615）。

豕：豕音遂从意也（龍551/09）。

遂：遂隨類反（慧1/407a）。

愻：愻俗雖遂反意思深也（龍060/06）。愻邃古文愻同私醉反（玄1/20a"深邃"註）（玄6/86b"幽邃"註）（玄23/307c、慧47/355a"深邃"註）（慧27/980a"幽邃"註）（希3/374a"幽邃"註）。//憼：憼正雖遂反意思深也（龍060/06）。//憼：憼正雖遂反意思深也（龍060/06）。

隧：隧音遂道也即延道也（龍297/06）（玄21/284a）（慧28/1008a）（慧68/829b）；燧又作隧同（玄17/228c"火燧"註）。//墜：墜音遂埏～墓道也（龍250/05）（慧89/164a）（紹161b6）；隧論從土作墜非也（慧68/829b"隧隥"註）。

遂：遂遂音（紹188a5）。

鐆：鐆俗音遂（龍17/03）。鑒正音遂陽鑒可取火於日中也（龍17/03）（慧41/228a）（希1/359b）；燧正字作鑒同（玄2/26c"因燧"註）（玄5/75a、慧44/292a"陽燧"註）（玄9/128c、慧46/336b①"鑽燧"註）（玄18/240b、慧73/933a"陰燧"註）（玄22/296c、慧48/383a"鑽燧"註）（玄25/338a、慧71/892a"鑽燧"註）（慧21/826b"鑽燧"註）（慧33/61b"從燧"註）（慧38/163b"有燧"註）（慧85/88a"鑽鑒"註）。//鐆：鐆或作（龍17/03）（慧77/1016b）；鑒古作燧鑒檖鐆五體並通（慧85/88a"鑽鑒"註）。鐆音遂亦作鑒（慧40/198b）。//燧：燧正音遂烽燧火也（龍242/09）（玄2/26c）（玄5/75a）（慧44/292a）（玄9/128c）（慧46/336b）（玄17/228c）（慧67/817a）（玄18/240b）（慧73/933a）（玄22/296c）（慧48/383a）（玄25/338a）（慧71/892a）（慧11/601b）（慧21/826b）（慧26/935a）（慧33/61b）（慧38/163b）（慧47/343b）（慧50/427b）（慧87/124b）（希10/419a）（紹189b8）；鐆譜作燧俗字（慧77/1016b"轉鐆"註）（希1/359b"作鑒"註）。燧俗（龍242/09）；燧亦作隧燧或作鑒義同也（慧38/163b"有燧"註）（慧85/88a"鑽鑒"註）（希1/359b"作鑒"註）。燧俗（龍242/09）；鐆亦作燧經文作燧俗字也（慧40/198b"鐆火"註）。燧鑒經文作燧或作隧皆俗字也（慧41/228a"作鑒"註）。//隧：隧俗音遂（龍242/09）（慧85/88a）；燧古文作隧（玄5/75a、慧44/292a"陽燧"註）（玄17/228c"火燧"註）（玄18/240b、慧73/933a"陰燧"註）（慧38/163b"有燧"註）。隧燧

---

① 《慧琳音義》作"墜"，蓋"鑒"字訛誤。

今作～（慧 44/292a“陽燧”註）。燧燧今作～（玄 5/75a“陽燧”註）（玄 18/240b、慧 73/933a“陰燧”註）。

檖：檖正音遂陽檖（龍 382/09）；鐆古作㷟鐆檖鐩五體並通（慧 85/88a“鑽鐆”註）。檖俗（龍 382/09）。

璲：璲遂音（紹 141a1）。

憜：憜雖遂反深赤色也（龍 139/04）。

襚：襚音遂送死人衣也（龍 106/08）。//賥：賥俗羊睡徐醉二反（龍 352/01）。

繸：繸音遂佩玉繸也（龍 402/05）。

轊：轊正音遂暢也（龍 084/05）；燧説文或從金作鐆考聲或從車作轊（慧 33/61b“從燧”註）。轊或作（龍 084/05）。

譢：譢雖遂反告問諫讓也（龍 047/07）。

邃：邃私醉反（慧 27/980a）（慧 74/945b）（慧 76/1003b）（慧 86/115a）（希 3/374a）（希 5/383a）（紹 138a7）。邃雖醉反（慧 15/702a）（慧 22/838b）（慧 25/916a）（慧 87/132a）（慧 93/212a）。邃雖遂反（龍 493/03）（玄 1/20a）（玄 6/86b）（玄 23/307c）（慧 47/355a）（慧 10/589a）（慧 14/674a）。//䠔：䠔俗音遂深也（龍 463/02）。䠔（龍 463/02）。

旞：旞正音遂羽繫旌上也（龍 125/05）。旞俗（龍 125/05）。

篴：篴音遂籧篨也（龍 393/09）。

穗：采穗又作采同（玄 8/115c、慧 34/80b“生穗”註）（玄 12/158a、慧 74/955a“銜穗”註）（玄 22/295c、慧 48/381b“房穗”註）（慧 62/717b“赤穟”註）。//穂：穂辞醉反（慧 48/381b）（慧 75/986b）。穗音遂禾秀也（龍 145/09）（玄 8/115c）（慧 34/80b）（玄 12/158a）（慧 74/955a）（玄 22/295c）（慧 18/761b）（紹 196a1）；穟或作穗（慧 15/698b“穟生”註）（慧 019/3a“穟既”註）（慧 62/717b“赤穟”註）。//穟：穟音遂（龍 145/09）（慧 15/698b）（慧 019/3a）（慧 62/717b）（慧 97/291b）（紹 196a6）。䅎穟衛宏作～（慧 019/3a“穟既”註）。䅎穟樊恭作䅎並通（慧 019/3a“穟既”註）。//蓫：蓫穟亦作蓫（慧 019/3a“穟既”註）。

繐：繐思叡反（慧 19/777b）。繐音惠（龍 402/03）（玄 8/114b）（紹 192a3）。//繕：繕繐又作繕同（玄 8/114b、慧 19/777b“為繐”註）。//繸音歳（龍 402/02）；繐又作繸同（玄

8/114b“為繐”註）。

繀：繀蘇對反（龍 402/03）（玄 14/187c）（慧 59/636a）。

家：家釋類反深也（龍 509/01）。

祟：祟正雖醉反禍也（龍 537/01）（龍 362/09）（玄 4/52b）（慧 31/24b）（慧 56/559b）（慧 43/255b）（慧 57/587b）（慧 78/1049b）（慧 79/1063b）（慧 82/29a）（慧 82/38a）。祟俗（龍 537/01）；祟經作崇非也（慧 43/255b“病祟”註）（慧 57/587b“是祟”註）（慧 78/1049b“讒祟”註）（慧 82/38a“袄祟”註）。祟俗雖醉反正作祟（龍 335/10）。祟俗雖醉反正作祟（龍 335/10）。祟思醉反（玄 19/254b）。祟誤雖醉反（龍 362/09）。//䫄：䫄籀文雖醉反[1]（龍 553/02）。

㪚：㪚或作之芮反今作毳又香嚴音税（龍 348/07）。㪚俗（龍 348/07）。㪚或作思醉反（龍 120/08）。㪚雖醉反（龍 077/03）。

歲：歲相鋭反（希 9/414a）。歲古文音歲（龍 076/09）。歲古文（龍 077/02）。歲古文（龍 077/02）。歲古文（龍 077/02）。歲古文（龍 077/02）。歲古文（龍 077/02）。歲古文（龍 077/05）。歲同上（龍 077/05）。歲同上（龍 077/05）。

殩：殩先外反瘦病也（龍 515/06）。

sun

sūn 孫：孫俗音孫（龍 398/09）。

蓀：蓀今音孫香草也（龍 255/09）（慧 84/80a）（慧 98/310a）。蓀古（龍 255/09）。蓀音孫（龍 548/04）。

搎：搎音孫（玄 16/221b、慧 65/764a“摸搎”註）。搎音孫（龍 209/03）。

飧：飧音孫飲澆飦也（龍 514/02）。飧湌音（紹 171b8）。飧孫音（紹 171b8）。飧音孫以飲澆飯也（龍 500/04）。//湌：湌（龍 500/04）。//湌（龍 500/04）。

sǔn 損：損孫本反正損字也（慧 55/531b）。

笋：笋通思尹反（龍 391/05）（慧 13/658a）（紹 160b2）。//筍：筍正思尹反（龍 391/05）。

隼：隼思尹反鷂也又祝鳩也（龍 149/04）（玄 5/75c）（慧 32/38b）（希 9/416b）（紹 129b1）。//

[1]參見《叢考》723 頁。

鵻：**鶾**正又音笋（龍289/01）。**鶾**今又音笋（龍289/01）；隼又作鵻同（玄5/75c "鷹隼" 註）（慧32/38b "鷹隼" 註）。

簨：**簨**蘇本反（龍411/08）。

簨：**簨**正音笋（龍392/01）（慧83/63a）（慧99/318b）。**簨**正音笋（龍392/01）。**簨**簨集作～非也（慧99/318b "簨簨" 註）。**簨**俗音笋（龍392/01）。**簨**俗音笋（龍392/01）。//楗：**楗**簨或從木作～（慧99/318b "簨業" 註）。

SUO

suō 莎：**莎**蘇禾反莎草也（龍256/10）（玄6/87a）（玄21/286b）（慧66/800a）。//薚：**薚**俗素和反正作莎（龍504/07）。**薚**俗（龍504/07）。

莏：**莏**同上手捼莏也（龍256/10）。

抄：**抄**正素何反（龍207/10）（玄13/181c）（慧54/518b）（玄20/264a）（慧43/258b）（慧57/585b）（紹132b8）。**抄**抄經從少作抄誤遺脫也（慧57/586a "費耗" 註）。**抄**俗素何反（龍207/10）。**抄**同上［抄］（龍207/10）（紹135a9）。

梭：**梭**梭又作捼同先戈反（玄15/211b、慧58/625a "擲捼" 註）。

娑：**娑**蘇何反（慧3/451a）（慧5/484b）。

蔢：**蔢**音娑蔢蔢草木盛兒也（龍257/01）。

鈔：**鈔**音娑鈔鑼金銅器也（龍009/09）（紹181a3）。

魦：**魦**今蘇禾反魚名（龍168/01）。**魦**或作（龍168/01）。**魦**或作（龍168/01）。

愬：**愬**蘇和反愬題縣名（龍065/05）。

蓑：**蓑**蘇禾反蓑草可為雨衣也又素囬反蓑蓑蕊下垂兒（龍255/08）。**蓑**瑣和反（慧78/1050b）；薪經文作蓑（玄11/149b、慧52/467b "草薪" 註）。**蓑**蘇禾切（紹155b10）。

梭：**梭**先戈反（慧58/625a）（紹158a6）。**梭**蘇和反織具也（龍375/03）。**梭**（玄15/211b）。//筬：**筬**梭又作筬同（玄15/211b、慧58/625a "擲捼" 註）。

傞：**傞**七何素何二反舞不正也又俗音差（龍023/04）（慧79/1065a）。**傞**倉何桑何二切（紹129a10）。**傞**倉何桑何二切（紹129a10）。

趖：趖蘇禾反趖疾也（龍324/09）。

suǒ 所：阫師吕反（玄1/19c）。

齭：齗所音所（龍312/04）（紹146b2）。

索：索正桑各反繩也散也盡也（龍404/02）（玄3/45a）（玄8/111a）（慧33/62a）（玄21/283a）（慧8/556a）（慧9/573b）（慧18/749b）（慧24/890b）（慧26/956a）（慧27/979a）（慧29/1025a）（慧40/192a）（慧69/838b）（慧72/903b）（希2/362b）（希10/422c）；索今俗省去宀但從市從糸作索也（希5/383b“鉤索”註）。//繰：繰俗（龍404/02）；索經作繰誤也（慧26/956a“羂索”註）。//鎍：鎍生革蘇各二反（龍021/04）。

嗍：嗍索音又色責切（紹184a8）。

索：索所責反求也取也（龍158/05）（慧10/589b）（希5/383b）。索俗同上（龍158/05）。

捼：捼蘇各反（龍216/01）（玄16/221b）（慧65/764a）（玄18/240b、慧73/934a“抆摸”註）（紹134a9）。

鞣：鞣蘇各反～鞾胡履也（龍451/03）。

趗：趗所戟反僵仆皃（龍326/02）。

蔌：蔌音索（龍322/10）。

貟：貟鎖音（紹143b1）。

涘：涘蘇果反水名（龍232/02）。

磩：磩蘇果倉果二反小石也（龍442/05）。

膗：膗先臥反骨膏也（龍414/06）。

瑣：瑣正蘇果反青瑣骨瑣也（龍435/09）（慧40/194a）（慧54/510a）（慧76/1002b）（慧80/1085b）（慧82/25b）（慧83/64a）（慧84/72a）（慧91/184b）（希10/423b）（紹140b9）；鎖或作瑣經作瑣俗字也（慧31/16a“骨鎖”註）。瑣通（龍435/09）。瑣俗（龍435/09）。瑣俗（龍435/09）。瑣俗（龍435/09）。瑣正（龍435/09）（慧2/425b）（慧5/479b）（慧13/653a）（慧28/1000b）（紹140b8）；鎖或從玉作瑣也（慧32/36b“鎖械”註）（慧43/257b“鎖械”註）。瑣今（龍436/01）（紹140b8）；瑣經從巢非也（慧2/425b“骨瑣”註）（慧31/16a“骨鎖”註）（慧40/194a“寶瑣”註）（慧54/510a“金瑣”註）；鎖經文作加瑣二字並錯書（慧16/709b“枷鎖”註）（慧

49/403a"韁鎖"註）（慧 69/848b"骨鎖"註）（慧 76/1002b"身璅"註）。璅正蘇果反（龍 436/01）。

殠： 殠蘇果切（紹 144b4）。

鞼： 鞼俗先果反（龍 449/03）。鞼俗（龍 449/03）。

鎖： 鎖正蘇果反鐵鎖也（龍 014/07）（慧 10/590a）（慧 13/660a）（慧 18/752a）（慧 25/913b）（慧 31/16a）（慧 32/36b）（慧 41/207a）（慧 42/238b）（慧 42/240b）（慧 43/257b）（慧 38/152a）（慧 49/403a）（慧 69/848b）（希 5/383c）（希 5/387a）（希 7/399c）（希 7/400a）（紹 180a5）；璅經中有從貨作鎖非也（慧 5/479b"骨璅"註）（慧 28/1000b"璅骨"註）。鎖桑果反（慧 11/616a）（慧 16/709b）（慧 19/776a）（慧 67/804a）（慧 76/999b）（慧 83/50a）（慧 90/172a）。鎖桑果反（慧 12/626a）。鎖俗（龍 014/07）（紹 180a5）；鎖經作鎖俗字也（慧 11/616a"鉤鎖"註）（慧 13/660a"枷鎖"註）（慧 32/36b"鎖械"註）（慧 42/238b"鎖械"註）（慧 49/403a"韁鎖"註）（慧 76/999b"緣鎖"註）（慧 83/50a"緪鎖"註）。//髿： 髿①俗音鎖（龍 480/04）；鎖論文作髿非也撿諸字書悉無此髿字也（慧 67/804a"骨鎖"註）。鎖誤舊藏作鉤鎖千佛名在賢愚經中②（龍 012/06）。

䴿： 䴿正蘇果反小麥屑之䴿也（龍 505/07）。䴿俗（龍 505/07）。

葰： 葰蘇果沙瓦二反葰人縣名（龍 260/06）。葰（龍 260/06）。葰蘇果沙瓦二反葰人縣名（龍 031/08）。

惢： 惢姊隨反善也又才捶反疑也又蘇果反亦心疑也（龍 065/03）。

磘： 磘所戟反碎石墜地聲也（龍 446/03）。

suò 些： 些又楚音蘇个反（龍 335/05）（玄 1/9c）（慧 17/743b）。

---

①參見《龍龕手鏡研究》351 頁。
②《叢考》：為"鎖"的訛俗字（1081）。

T

ta

tā 他：**他**土何反（玄 3/38c）（慧 09/559b）（慧 99/325a）。

溻：**溻**他盍反（龍 238/01）。

塌：**塌**正徒盍反（龍 252/10）（紹 161a4）。//**擖**或作（龍 252/10）。

tǎ 塔：**塔**他盍反（玄 5/75b）（玄 6/78c）（慧 34/86a）（慧 81/2a）；剔經文作塔非也（玄 19/254c、慧 56/560a "剔鉤" 註）。

嗒：**嗒**音塔嗒然忘懷也（龍 277/02）。

鰯：**鰯**他盍反（龍 171/07）（慧 39/178a "鯢魚" 註）。

獭：**獭**他曷他鎋二反（慧 73/927a）（慧 78/1044b）（慧 79/1064b）（慧 95/252a）。**獭**他達反水狗也（龍 320/03）（玄 11/140b）（慧 56/548a）（玄 14/184c）（慧 59/631a）（玄 15/202c）（慧 58/619b）（玄 16/215a）（慧 65/774a）（玄 18/247c）（慧 53/493a）（慧 94/239b）（紹 166b4）。//**獭**地達反水狗也與獭同（龍 322/05）。

tà 眔：**眔**徒合反目相見也又音還（龍 361/02）。

遝：**遝**徒合反迨遝行相及也（龍 493/09）（慧 85/87b）（慧 88/136a）（紹 138b7）。

噠：**遧**他市反（玄 15/211b）（慧 58/624b）。**遻**他各反歠也（龍 278/04）。

翻：**翻**徒盍反～翻（龍 327/08）。

譶：**譶**徒合反妄言也（龍 051/02）。

沓：**沓**徒合反又子感反（龍 429/06）（玄 25/333a）（慧 71/883b）（慧 39/165b）（慧 85/97a）（慧 91/185b）（希 4/379b）（紹 186b4）；澘集作沓非也（慧 99/326a "澘沱" 註）。**沓**徒合反（龍 237/10）；沓經文從水旧作～（希 4/379b "臘沓子" 註）。

嗒：**嗒**徒合反與沓同又俗音啾（龍 276/05）（慧 87/121b）（紹 182b7）。

潜：潜潭苔反（慧 99/326a）。

婚：婚他合反安也（龍 284/06）。

搭：搭正徒合反（龍 215/06）（玄 14/197b）（慧 59/651b）（玄 17/226c）（慧 67/812b）（慧 83/59a）（紹 134a2）；輲今作搭同（玄 24/320c、慧 70/864a "指輲" 註）（慧 72/899b "指輲" 註）。楉輲今作楉同（玄 15/202b）（慧 58/618b）。搭俗（龍 215/06）。//輲：輲徒苔反（玄 15/202a）（慧 58/618b）（玄 24/320c）（慧 70/864a）（慧 72/899b）；搭古文輲同（玄 14/197b、慧 59/651b "指搭" 註）（玄 17/226c、慧 67/812b "指搭" 註）。

嗒：嗒輲今作嗒同（慧 58/618b "指輲" 註）。

楉：楉正徒合他合二反（龍 387/05）（玄 15/203a、慧 58/620b "欜拱" 註）。檻俗（龍 387/05）。樢俗（龍 387/05）。

皷：皷徒合反（龍 124/02）。

磼：磼徒合反舂磼也（446/02）。

翖：翖他合反翖翖翖飛兒也（龍 328/02）。

諮：諮徒合反譐諮恚言也（龍 046/04）。

輲：輲他合反（龍 452/01）；輲又從革作輲通用也（慧 72/899b "指輲" 註）。

蹋：蹋徒合反（龍 468/03）（玄 4/58a）（慧 43/273a）（玄 4/60a）（慧 38/154a）（玄 8/108a）（慧 28/1005a）（玄 9/120a）（慧 46/319b）（玄 20/266a）（慧 10/593b）（慧 15/691a）（慧 18/763a）（慧 29/1032a）（慧 33/65a）（慧 37/135a）（慧 44/282a）（慧 51/440a）（慧 51/443a）（慧 53/490b）（慧 53/490b）（慧 55/541b）（慧 55/542b）（慧 63/723b）（慧 69/841b）（慧 75/966b）（慧 75/969b）（慧 77/1017b）（慧 78/1048a）（慧 90/172a）（慧 93/221a）（慧 99/327a）（希 4/376a）（希 6/395b）；踏又作蹋同（玄 12/164c、慧 55/544b "搏踏" 註）（慧 15/684a "足踏" 註）（慧 40/198a "踏驀" 註）（希 6/393b "脚踏" 註）（希 7/403c "應踏" 註）（希 8/407b "脚踏" 註）。蹋亭盍切（紹 137a7）。蹋俗（龍 468/02）。//蹹：蹹徒合反（龍 468/03）（慧 14/672b）（慧 19/772b）（慧 78/1036a）（慧 79/1061b）（紹 137a7）；蹋經中從翕作蹹誤也（慧 15/691a "脚蹋" 註）（慧 29/1032a "蹋蓮" 註）（慧 53/490b "脚蹋" 註）（慧 55/541b "蹋蹴" 註）（慧 75/966b "踐蹋" 註）（慧 77/1017b "蹈蹋" 註）（慧 90/172a "蹋之" 註）；蹹經文作蹹誤也（慧 32/30b "蹹繕那" 註）（慧 53/

490b "躥躥" 註）（慧 69/841b "踐躥" 註）（慧 75/969b "躪蹈" 註）（慧 78/1048a "踐躥" 註）；踏
經從翕作蹹非也（慧 79/1064a "脚踏" 註）。蹻舊藏作蹹（龍 468/02）。蹻蹹正亭盍
切（紹 137a7）。踖徒合反（龍 465/06）；蹋集從弇作～字書无此字（慧 99/327a "抱蹋"
註）。跊舊藏作蹹（龍 468/02）。蹹舊藏作蹹（龍 468/01）。//踏：踏正他合反（龍
468/02）（玄 12/164c）（慧 55/544b）（慧 15/684a）（慧 36/129b）（慧 40/198a）（慧 79/1064a）（希 6
/393b）（希 7/403c）（希 8/407b）（紹 137b8）；蹹有作踏非也（慧 14/672b "蹉蹹" 註）；蹋亦
作踏譜作蹹誤（慧 77/1017b "蹈蹋" 註）（希 6/395b "蹋處" 註）；噂嗒今録從足作蹲踏
非也（慧 87/121b "噂嗒" 註）；蹈律文作踏音徒荅反非舞蹈義也（希 8/410a "舞蹈" 註）。
踏俗（龍 468/03）；蹋經作～俗字也（慧 10/593b "踐蹋" 註）（慧 37/135a "蹋頭" 註）（慧
51/443a "躥蹋" 註）。踏他合反（龍 468/02）。踏踏正達合託合二切（紹 137b8）；蹋
經作踏音他合反著地行也非經意又作～不成字也（希 4/376a "象蹋" 註）。蹈踏正
達合託合二切（紹 137b8）。

鎝：鎝他合反（龍 021/07）（玄 14/197c）（慧 59/652a）。

黯：黯他合反人姓名也（龍 533/03）。

罄：罄正（龍 337/05）。罄今玉篇他合反鼓寬也（龍 337/05）。

嗒：嗒音塔（龍 327/09）（慧 80/1085b）（慧 91/184a）。嗒他盍反正作嗒（龍 361/03）。

傝：傝他盍反傝隷儜劣也又傝儑不謹皃也（龍 038/06）。

蟽：蟽音塔蟽布（龍 265/01）。

遢：遢他盍反邋遢不謹事也（龍 493/09）。

搨：搨正都盍反又俗音塔（龍 216/09）（紹 133a6）。搨俗（龍 216/09）。搨通（龍 216/09）
（紹 133b4）。搨俗（龍 216/09）。

榻：榻貪答反（慧 1/413b）（慧 13/659a）（慧 15/691b）（慧 17/728b）（慧 35/108b）（慧 40/196b）（慧
43/270b）（慧 53/494a）（慧 77/1013a）（慧 81/8a）（慧 81/17a）（慧 82/33b）（慧 92/201b）（慧 94/
225a）（希 8/406a）（希 9/416a）（紹 158b10）。榻（慧 4/474a）。榻貪合反（慧 15/695b）（慧
16/716b）。//檜：檜託盍切（紹 158b10）。榻榻經本作檜非也（慧 40/196b "小榻" 註）
（慧 43/270b "牀榻" 註）（慧 53/494a "七榻" 註）（希 8/406a "土榻" 註）。

㲲：㲲正他盍反㲲㲪毛席席也（龍136/05）（玄2/25a）（玄3/45a）（慧10/584b）（玄4/56b）（慧43/269a）（玄11/149a）（慧52/467a）（玄14/193b）（慧59/645a）（慧26/932a）（慧54/510a）（慧79/1066b）（慧89/154a）；疊古文㲲同（玄19/260b、慧56/569a "白疊" 註）。㲲俗（龍136/05）（紹145a6）。㲲㲲正塔音（紹145a6）。毾俗（龍136/05）。//㲪：㲪俗他盍反（龍136/05）；㲲經文作㲪非也（玄11/149a、慧52/467a "㲲㲪" 註）。//褟：襠俗他盍反正作㲲（龍108/08）。

闒：闒徒盍反門樓上屋也（龍094/09）（紹195b3）；㲲經文作闒非體也（玄3/45a、慧10/584b "㲲壁" 註）。闒闒正託合敵盍二切（紹195b3）。//闒：闒又俗音闒（龍095/03）；闒正託合敵盍二切（紹195b3）。

譶：譶徒合反譶譶多言也（龍051/02）。//諨：諨吐盍反諨譶多言也（龍051/02）。

儓：㑁榻亦作榻儓同（希8/406a "土榻" 註）（希9/416a "榻席" 註）。

艚：艚正吐盍反兩槽大舩也（龍133/07）（慧99/319b）。//艚：艚或作（龍133/07）；艚集作艚俗字（慧99/319b "入艚" 註）。

蝳：蝳正他達反（龍224/10）；獺又作蝳非也（玄15/202c、慧58/619b "獺皮" 註）。//蝳：蝳俗（龍224/10）；獺又作蝳非也（玄15/202c、慧58/619b "獺皮" 註）（玄16/215a、慧65/774a "狗獺" 註）。

闟：闟他達反（龍095/03）（玄7/92c）（慧28/995b）（慧21/818b）（希2/361a）（希2/364c）。

健：健坦怛反（慧60/670b）（慧61/681b）。健他達反休健也（龍038/04）。

䠀：䠀正他達反（龍236/04）（慧63/733b）。䠀今（龍236/04）。䠀通（龍236/04）。䠀俗（龍236/04）。

撻：撻坦怛反（慧32/28b）。撻他達反（玄2/26a）（玄8/118a）（慧71/889a）（慧18/752b）（慧41/217a）（慧41/219b）（慧97/292a）（希6/396c）（希9/413a）。撻他達反（龍216/10）（玄22/293c）（慧48/379a）（玄25/336b）（慧1/420b）（慧13/659b）（慧13/660a）（慧26/933b）（慧69/842b）（希1/356b）。//敠他達反（龍531/02）；撻古文敠同（玄25/336b、慧71/889a "捶撻" 註）（慧18/752b "鞭撻" 註）。敠俗他達反擊也（龍121/07）；撻古文敠同（玄2/26a "楚撻" 註）。//撻他達反（龍531/02）；撻又作撻同（玄8/118a "鞭撻" 註）（慧26/933

b "楚撻" 註)。//**撻**（龍216/10）。//鞑：**鞑**正作撻（龍451/07）；撻經文従革作鞑非

也（玄8/118a "鞭撻" 註）（慧97/292a "鞭撻" 註）（希9/413a "鞭撻" 註）。//**攦**：**撞**撻古

文作敦擴攦（慧18/752b "鞭撻" 註）。//**擴**：**擭**撻古文作敦擴攦（慧18/752b "鞭撻"

註）。//**犇**正作撻（龍451/07）。**鞬**正作撻（龍451/07）。**鞣**正作撻（龍451/07）。

樑：**樑**他達切（紹159a8）。

躂：**躂**他末反（慧58/627a）（紹137a2）。**躂**正他達反（龍464/07）（玄15/213a）。**踔**誤（龍
464/07）。

佮：**佮**徒合反行皃（龍499/01）。

猞：**猞**正他合反大[犬]食也（龍534/03）。**猞**今吐盍他盍二反犬食也（龍319/09）。**猞**
俗（龍319/09）。//**猞**今（龍319/09）。**獴**俗（龍319/09）。//**諮**：**諮**通他合反大[犬]
食也（龍534/03）。//**謁**：**謁**或作（龍534/03）。

踏：**踏**都合反～跋龜行又他合徒合二反（465/01）。**踏**都合反跛行也（465/01）。

鞳：**鞳**吐盍反鐺鞳鐘聲又他合反（龍452/03）。

濕：**濕**他合反水名（龍235/10）。**濕**他合反（龍235/10）（紹186b3）。

矗：**矗**徒合反言疾也又直立反儑矗言不止也（龍052/03）（希4/378b "謇澀" 註）。

蠏：**蠏**獺律文多作狙蠣～三形並非也（玄16/215a、慧65/774a "狗獺" 註）。**蠏**郎達他達
二切（紹163b8）。

tai

tāi 胎：**胎**他來反（慧16/717b）（慧43/256a）（慧66/787a）（慧69/841b）。**胎**吐來反（龍406/03）
（玄1/5a）（玄24/320b）（慧20/805b）（慧70/863a）（慧2/436a）（慧6/507a）（慧30/1043b）（希9
/415b）。//**孨**：**孨**古文他哀反今作胎（龍336/04）。

tái 台：**彣**古文台字（龍188/04）。

邰：**邰**音台地名（龍454/08）。

苔：**苔**徒來反（龍257/05）（玄8/110c）（玄18/248b）（慧73/928b）（玄19/261a）（慧56/570a）（慧
14/662b）（慧31/16a）（慧94/229b）。//**荅**：**荅**苔亦作荅（慧31/16a "苔衣" 註）。

炱：炱正徒哀反（龍239/04）（玄15/201b）（慧58/617a）（紹190a2）。炎古徒哀反（龍239/04）。

燥俗徒哀反（龍239/04）。爐炱煤律文作爐煤非體也（玄15/201b、慧58/617a"炱煤"

註）。爐俗徒哀反（龍239/04）。

紿：紿徒海反（龍401/01）（慧95/246a）（慧99/328a）（紹191b10）。

跆：跆徒哀反踏跆連手唱歌也（龍460/03）。

筶：筶徒哀徒乃息里三反竹萌筍名也（龍390/07）。

鮐：鮐土來反（龍166/04）（紹168a2）。

髢：髢他來反～髢婦人偽髮也（龍088/05）。

駘：駘音臺（龍291/04）（慧49/412a）（慧83/64b）（慧86/107a）（慧91/181b）（紹166a3）。//驔：

驔俗音駘（龍292/01）。

臺：臺徒来反（玄6/87a）（玄24/329c）（慧27/982a）。臺徒来反（慧70/877b）。臺古文臺字

（龍247/10）。壔通（龍247/10）。坮俗（龍247/10）。壇俗（龍247/10）。壜俗（龍247

/10）。墊俗徒來反見江西隨函（龍247/05）。㙜徒哀反（龍248/05）。

儓：儓岱來反（慧94/238a）。儓正他愛反儓儗也又音臺（龍036/08）。儓或作（龍036/08）。

//佁：佁音態與儓同（龍033/07）。

擡：擡音臺（龍207/09）（玄17/230c）（慧79/931b）（慧35/103a）（慧62/701a）（慧100/352a）。檯

音臺（慧15/703b）（紹159a6）。

嘻：嘻音待言不嘻也又他亥反唏嘻言不止（龍272/05）。瑩俗（龍272/05）。

薹：薹音臺芸薹菜名也（龍257/09）（慧40/189a）（慧61/686b）。

黮：黮徒來丁來二反黭～大黑皃也（龍531/06）。

太：太音太（龍357/08）。太音太（龍357/08）。厺俗音太（龍357/08）。

汏：汏太闊二音（龍234/01）（玄7/95b）（慧28/998b）（慧81/4a）（慧84/73a）（慧89/157b）（慧

93/221a）（慧95/255a）（慧99/311a）（希10/420b）（紹186b5）；洮論文作汏（玄9/127a、慧4

6/332b"洮沙"註）。汏舊藏作汏音太（龍235/02）。汱又音太濤汏（龍231/10）。汏

新藏作汏音太（龍035/05）。

忕：忕太大二音奢也又音逝忕習（龍061/04）。

泰：泰（慧 23/871b）。汰音太①（龍 187/09）。

嗱：𪐧俗音泰②（龍 274/03）。

態：態他代反意態也（龍 66/07）（慧 09/559b）（慧 38/153b）（慧 15/683b）（慧 15/692a）（慧 16/716a）（慧 26/933a）（慧 57/581a）（慧 64/750b）（紹 131b2）；佁礙經作態礙借用也（慧 17/729b "佁礙" 註）。態他代反（玄 2/25c）（玄 3/38b）（玄 5/64a）。//能：能音太（龍 36/05）；態又作能同（玄 5/64a、慧 38/153b "妖態" 註）（慧 16/716a "之態" 註）。能古文能字林同（玄 2/25c "姿態" 註）；態又作能同（玄 5/64a、慧 38/153b "妖態" 註）（慧 26/933a "姿態" 註）。態態或從人作～也（慧 15/692a "姿態" 註）。

tan

tān 坍：坍今他甘反水打岸坍也（龍 247/01）。塷俗（龍 247/01）。

甜：甜汝鹽反䑛甛長舌也（龍 533/07）。𦧧𤗫傳文從舌作甜非本義（慧 94/233b "䑛術" 註）。甛他酣反（龍 533/07）。

灘：灘炭丹反（慧 61/679a）（慧 69/845b）（希 3/373a）（希 8/408b）（紹 187b2）。灘正他干反（龍 227/10）（玄 22/295c、慧 48/381b "砂磧" 註）（玄 25/339c、慧 71/896a "砂磧" 註）；潭作灘者非古文之字也（慧 36/118b "潭潭" 註）。灘或作（龍 227/10）。

攤：攤他干奴旦二切（紹 132b10）（紹 134b8）。

嘽：嘽他丹反馬喘也又喜樂也（龍 266/08）。

潭：潭徒旦反又俗他丹反（龍 231/05）（玄 1/12b）（慧 42/232b）（玄 11/141b）（慧 56/549b）（玄 19/260c）（慧 56/570a）（慧 42/243b）（慧 35/102a）（慧 35/103b）（慧 36/118b）（慧 36/120a）（慧 37/142b）（慧 61/678a）（慧 69/843b）（紹 188a7）。潭旦音（紹 188a7）。//灘：灘或作灘俗字之者（慧 35/102a "河潭" 註）。

貪：貪歉經文作貪非也（玄 12/156b "歉食" 註）；鴿經文作貪非也（慧 52/477a "鴿食" 註）。//嬒音貪③（龍 281/03）。//瞫音貪④（龍 425/05）。

---

①參見《叢考》112 頁。
②《叢考》：此字疑即 "呔" 的改易聲旁俗字（314）。
③參見《字典考正》175 頁。
④同上，205 頁。

痰：**痰**他干吐何二反力極也又馬病也又丁佐反病也（龍472/02）。

嗘：**嗘**俗他丹反（龍268/05）。

嘽：**嘽**俗他丹反（龍267/06）。

tán 倓：**倓**今談淡二音安也靜也恬也（龍027/02）（玄9/122b）（慧46/324b）（玄16/221a）（慧65/763b）；憺字書或作倓同（玄6/86c"憺怕"註）（慧27/981a"惔怕"註）。//倒：**倒**或作（龍027/02）。

郯：**郯**音談（龍454/02）（慧88/148b）（紹169b1）（紹190a6）；欻集從邑作郯音彈甘反地名也非忽義（慧99/325b"欻逢"註）。

惔：**惔**經文從心作惔徒甘反惔非此用（玄5/68c）（慧16/719a）（玄7/96b）（慧28/1011b）；憺經文作惔（玄6/86c"憺怕"註）（慧11/617a"恭恪"註）（慧27/981a"惔怕"註）（慧45/300b"憺怕"註）。

痰：**痰**音談（慧60/663a）。**痰**徒甘反兇鬲中水病也（龍472/04）（慧2/424a）（慧3/449a）（慧5/479a）（慧5/485b）（慧6/514b）（慧13/660a）（慧14/664b）（慧29/1026a）（慧31/14b）（慧38/151b）（慧39/167a）（慧72/897b）（慧78/1049b）（希6/395a）；淡又作痰也（慧23/867b"風黃淡熱"註）（紹192b6）。

談：**談**淡甘反（慧16/723a）（慧41/225a）（希1/358b）（希8/409c）；譚又作談（希10/419a"戲譚"註）。

篒：**篒**他甘反籃篒簿大也（龍507/04）。

頬：**頬**古迴反又玉篇談鹽二音（龍485/07）（紹170a5）。

餤：**餤**徒甘反（龍500/06）（紹172a5）。

錟：**錟**徒甘反長矛也（龍011/04）。

彈：**彈**徒干徒按二反（龍150/05）（玄25/331c）（慧71/881a）（慧36/125a）（慧45/310a）（慧47/348a）；撣經文從弓作彈非也（慧40/193b"撣指"註）；彈論從弓作彈誤（慧85/100b"彈藻繢"註）。**彈**彈正徒案切（紹145b7）。**弾**徒干徒按二反（龍150/05）。

貚：**貚**田壇二音獸名（龍321/08）。

鶳：**鶳**徒干反鶇鶳如鶉短尾射之銜矢射人也又音啼鶳安鳥又特計反鵊鳥（龍286/05）。

覃：**覃**澹南反（慧49/404a）；**覃**説文從鹵從鹹省作～（慧77/1028b"聲覃"註）（慧84/71b"所覃"註）。**覃**正徒含反延也及也（龍197/06）（玄5/69c）（慧21/811b）（紹202b3）；**覃**大篆從西作覃略也今俗用下從早者誤也（慧77/1028b"聲覃"註）。**覃**今（龍197/06）（慧82/33a）。**覃**澹南反（慧77/1028b）（慧83/58a）（慧84/71b）。**胃**俗（龍197/06）。**峯**徒含反[1]（龍335/07）。

鄆：**鄆**或作徒含反鄆城縣名（龍455/02）。**郭**今徒含反鄆城縣名（龍455/02）。

潭：**潭**徒含反（龍226/09）（玄5/63c）（慧38/153a）（慧16/719a）（玄5/71c）（慧34/86b）（玄5/73b）（慧34/81b）（玄18/240b）（慧73/933b）（慧12/629b）（慧36/118b）（紹188b8）；憺又作潭非字義（玄7/99a"憺怕"註）。

憛：**憛**正他紺反憛除懷憂也（龍060/07）；憺經文作憛非字義（玄7/99a"憺怕"註）。**憛**今（龍060/07）。

膪：**膪**他甘反（龍408/06）。

橝：**橝**正徒含反（龍379/04）。**橝**或作（龍379/04）。

蟫：**蟫**正徒含反（龍221/08）（紹164a4）。**蟫**今（龍221/08）。

暺：**暺**今徒含反長味又徒干反（龍201/01）。**暺**或作（龍201/01）。

糲：**糲**正徒咸反（龍305/01）（慧81/16a）。**糲**今（龍305/01）。

趛：**趛**徒含反趍趛走皃也（龍324/05）。

醰：**醰**今徒紺反酒味不長也又上聲（龍310/08）。**醰**或作（龍310/08）。

譚：**譚**今徒含徒感二反大也又姓（龍042/03）（玄7/97c）（慧31/2b）（慧57/589b）（慧24/891a）（希10/419a）。**譚**正（龍042/03）（玄4/51a）（慧31/22b）（慧31/22b）（玄5/71b）（慧42/250a）（玄8/117b）（玄13/168c）（玄13/181b）（慧54/519a）（玄20/266b）（初編玄917）（慧33/56b）（紹185a4）。**譚**經音義音徒南反郭趙俗子邪則何二反在兜沙經（龍043/05）（龍042/03）；譚經文作～（玄8/117b"俱譚滑提"註）（慧24/891a"俱譚滑提"註）。

壇：**壇**但丹反（慧87/127b）（慧96/263b）。

①《叢考》：此字疑為"覃"的訛俗字（586）。

檀：檀正徒干反（龍 373/01）。檀唐蘭反（慧 3/444b）（慧 8/540b）（慧 92/202b）（慧 99/313b）。檀俗（龍 373/01）（慧 8/541a）（慧 90/173b）。檀音壇（慧 42/238a）。

譠：譠正陟山他干二反譠謾欺謾言也香嚴又丑山反（龍 044/01）。譠通（龍 044/01）。

曇：曇徒南反（玄 22/289b）（慧 48/372b）（希 4/376c）。

墰：墰正徒含反甀属也或作罈（龍 246/06）（玄 15/206c）（慧 58/606a）（慧 39/171a）。墰俗（龍 246/06）。//埮俗（龍 246/06）；墰律文作埮非也（玄 15/206c、慧 58/606a"石墰"註）。//罈：罈徒含反與墰同（龍 338/01）。罈徒南反經作墰俗字也（慧 26/956a）。罈徒紺反（龍 77/03）。

tǎn 坦：坦他懶反平也明也安也寬也（龍 249/02）（玄 6/85b）（玄 7/99c）（慧 3/448a）（慧 4/461b）（慧 6/514a）（慧 8/542a）（慧 19/787b）（慧 21/818b）（慧 23/865a）（慧 27/978a）（慧 30/1038a）（慧 51/448b）（希 3/371c）；潬經文從土作坦非也（慧 37/142b"砂潬"註）。//憻：憻俗他但反音義作坦[1]（龍 57/05）；坦經文作憻非也（玄 7/99c"坦然"註）。憻坦經文作憻非也（慧 19/787b"坦然"註）。

胆：瞫音單又去聲（龍 425/08）。

袒：袒徒旱反袒裼也（龍 104/04）（慧 31/19a）（慧 41/213a）（慧 55/533b）（慧 62/712b）（慧 75/963a）；袒字從示（慧 22/854a）。//襢：襢同上[袒]；袒亦作襢幢胆並通（慧 62/712b"遠袒"註）（慧 75/963a"袒裸"註）。//幢：幢袒亦作幢胆並通（慧 62/712b"遠袒"註）。幢幢正蕩旱切（紹 131a8）。//胆：胆袒亦作幢胆並通（慧 62/712b"遠袒"註）；袒裸經中二字並從月從且作胆腂（慧 75/963a"袒裸"註）。

誯：誯他旱反闌也門旁之橛所以闌扉也（龍 093/05）。

菼：菼他敢反荻也（龍 260/03）（玄 17/230c、慧 79/931b"萑荻"註）（慧 75/963b）（紹 155a7）；緂或作繝又作菼也（慧 66/798b"緂繝"註）。

毯：毯正吐敢反毛席出吐番（龍 135/05）（慧 15/705b）。毲俗（龍 135/05）（慧 24/899b）（慧 62/701a）（慧 81/13b）；毯或作毲（慧 15/705b"黄毯"註）。毲緂字又作～（慧 66/798b"緂繝"註）。繝毲又作繝（慧 24/899b"毲毾"註）（慧 66/798b"緂繝"註）（慧 81/13b"毲

① 《龍龕手鏡研究》："憻"乃"坦"的俗字（173）。

席"註）。//綖：綖貪敢反（慧 60/663a）（紹 191a5）。//綇：綇隨函云合作毯字（龍

401/04）。綇 骹論文作綇非也（慧 66/798b "骹纑" 註）。//骹：骹貪敢反（慧 66/798b）；

毻亦作骹（慧 24/899b "毻毸" 註）（慧 81/13b "毻席" 註）。

袯：袯吐敢反毛衣也（龍 111/08）。

唅：唅他感反眾聲（龍 272/07）。

tàn 炭：峓俗音炭（龍 076/09）。

娪：娪音炭娪婎無宜適也（龍 283/05）。

㰧：㰧或作他旦反㰧獸無文章皃（龍 530/06）。㰧音炭（龍 120/09）（紹 162b5）。

睒：睒吐濫反齰睒舌出也（龍 534/02）。

睒：睒他濫反夷人以財贖罪也（龍 352/06）。

嘆：嘆勅旦反（玄 7/95a）（慧 28/998b）（玄 12/154b）（慧 52/453a）（慧 24/894b）；歎又作嘆（希

3/373c "喟歎" 註）。嘆音嘆（龍 275/04）。嘆嘆正歎音（紹 182a3）。

歎：歎（玄 7/104a）（希 3/373c）。//歎：歎丹歎二音①（龍 354/03）。歎古文嘆～二形同

（玄 12/154b、慧 52/453a "嘆咤" 註）。

僋：僋他紺反僋佟癡皃又郎紺反僋伸皃（龍 036/05）。

探：探探古文作挨（慧 1/405a "探賾" 註）。探他頷反（慧 85/87a）（希 10/419c）。探他含

反（龍 206/07）（玄 1/8b）（玄 4/59a）（玄 7/94c）（玄 8/111c）（玄 11/152c）（玄 20/269c）（玄 22

/290b）（玄 24/325a）（初編玄 612）（慧 1/405a）（慧 17/741b）（慧 33/62b）（慧 43/274b）（慧 48/3

74a）（慧 52/473b）（慧 55/537a）（慧 70/870b）（慧 72/905a）（慧 88/145b）（慧 100/347b）（紹 132

b1）；挨傳本作探俗字（希 10/419c "探賾" 註）。探他含反（龍 206/07）。探他含反（慧

28/998a）（慧 28/1010a）。探他甘反（慧 16/724b）。

撢：撢或作（龍 210/01）（紹 134b9）。撢今余針反又玉篇音潭（龍 210/01）；串蒼頡篇作

撢（玄 14/192c、慧 59/644a "串户" 註）。

①參見《叢考》666 頁。

tang

tāng 湯： 湯 託唐反 (玄 11/153a) (慧 52/474b) (紹 129b10)。

趨： 趨 音湯走皃也 (龍 324/07)。

鐋： 鐋 音湯 (龍 014/02) (慧 98/306b)。 //誋： 誋 鐋或從豈音注作誋 (慧 98/306b "其鐋" 註)。 䜑 今 (龍 337/02)。 䜑 正丑良反鼓聲也 (龍 337/02)。 //鼞： 鼞 正音湯鼓聲 (龍 337/01)。 鼞 今 (龍 337/01)； 鐋又從鼓作鼞 (慧 98/306b "其鐋" 註)。

táng 隉： 隉 音堂隉殿基也 (龍 296/04)。

鄌： 鄌 音堂地名 (龍 454/03)。

噇： 噇 俗音堂 (龍 269/01)。

膛： 膛 俗音堂 (龍 406/09)。

螳： 螳 音堂 (龍 219/09)。 //蟷： 蟷 蟷同上 [螳] (龍 219/09) (紹 164b2)； 蒼經文作蟷非也無此字 (慧 15/697a "蒼蠅" 註)。 //蟷： 蟷 舊藏作蟷 (龍 220/08)。 闛： 闛 堂湯二音 (龍 092/03) (慧 84/81a)； 鐋字林或作闛䯞 (慧 98/306b "其鐋" 註)。

棠： 棠 音唐 (龍 373/09) (紹 159a5)； 樘經文多作棠徒當反棠非此義 (玄 1/22c "樘觸" 註) (玄 3/40a "牢敞" 註) (慧 26/936a "樘敦觸" 註)； 搪經文作棠是木名乖於義也 (慧 45/314b "莫搪" 註)； 根經文從木從尚作棠音唐棠梨木名也非經義也 (慧 65/767a "根食" 註)。

樘： 樘 音棠車樘也 (龍 373/09) (紹 157a8)； 橙經從棠作樘非也 (慧 39/176a "橙子枝" 註)。

唐： 唐 徒郎反 (慧 3/446b)。 唐 徒郎反 (玄 2/24b) (玄 3/35b) (慧 09/568b) (玄 6/90a) (玄 9/119c) (慧 46/319a) (玄 9/120a) (慧 46/319a) (玄 23/306b) (慧 47/353b) (玄 25/331a) (慧 71/880b) (慧 5/490a) (慧 6/515a) (慧 25/927b)。 啳 音唐 (龍 547/04)。 //啳 古文唐字 (龍 265/10)； 唐字詁古文啺同 (玄 9/119c、慧 46/319a "唐勞" 註)。

傏： 傏 正音唐傏㑉不遜也 (龍 027/01)。 //㑊 俗 (龍 027/01)。

溏： 溏 音唐 (龍 227/06) (紹 188b7)。

塘： 塘 徒郎反 (玄 1/21c) (玄 24/326c) (慧 70/872b) (慧 12/629a) (慧 25/920b) (慧 50/426a)

（慧 51/440b）；隄隚論文作堤塘俗通用字也（慧 67/810a“隄隚”註）（慧 77/1018a“隄隚”註）。

⿰口唐：⿰口唐音唐啁⿰口唐語不中也又大言也（龍 269/02）。

隚：隚音唐（龍 295/03）（玄 13/170b）（玄 17/233a）（慧 70/858b）（玄 18/244c）（慧 72/916a）（慧 67/804b）（慧 67/810a）（慧 77/1018a）；塘或從𠂤作隚亦通（慧 12/629a“堤塘”註）（慧 50/426a“破塘”註）（慧 51/440b“堤塘”註）。

搪：搪音唐搪揬也（龍 208/08）（玄 5/75a）（慧 44/292a）（慧 39/174a）（慧 45/314b）（慧 78/1036a）（慧 78/1050a）；唐突字體作搪揬二形同（玄 9/120a“唐突”註）；踼突宜作搪揬二形（玄 9/125c、慧 46/330a“踼突”註）。

瑭：瑭音唐玉名（龍 434/07）。

煻：煻音唐（龍 238/06）（玄 4/54c）（慧 34/90b）（玄 13/174b）（慧 55/529b）（玄 22/290a）（慧 48/373b）（玄 24/325a）（慧 70/870a）（慧 15/686a）（慧 41/215b）（慧 69/849b）（慧 72/903b）（慧 76/1008a）（紹 189b9）。

⿰唐瓦：⿰唐瓦音唐瓷器（龍 316/01）。

⿰唐毛：⿰唐毛音唐⿰唐毛⿸厂尌也（龍 135/02）（玄 19/254a、慧 56/559a“衆⿰唐毛”註）（紹 145a7）。

篖：篖音唐筕篖（龍 390/01）（玄 18/247c、慧 73/927a“竹笪”註）（紹 160a8）。

⿰車唐：⿰車唐 正音唐⿰車唐⿰車良軘軨也（龍 081/02）。//⿰車堂：⿰車堂俗（龍 081/02）。

鎕：鎕音唐鎕銻太[火]齊罌也（龍 011/03）。

䲥：䲥音唐魚名（龍 168/09）。

鶶：鶶音唐鶶鷵鳥名似烏蒼白色也（龍 286/03）。

⿰鼠唐：⿰鼠唐 音唐⿰鼠唐鼯鼠三月三易腸也（龍 334/04）。

餹：餹正音堂（龍 501/01）（玄 11/144a）（慧 52/456b）（紹 171b9）；糖又作餹同（玄 16/215c、慧 65/775b“沙糖”註）（玄 22/295a、慧 48/380b“油糖”註）。//糖：糖音唐（龍 304/06）（玄 16/215c）（慧 65/775b）（玄 22/295a）（慧 48/380b）；餹又作糖同（玄 11/144a、慧 52/456b“蔗餹”註）。//饄：饄或作音堂（龍 501/01）。//糛：糛通音唐飴也粆糛也（龍 304/06）。//糖：糖俗（龍 304/06）。//糛：糛 俗（龍 304/06）。

錫：**錫** 唐音（紹 172a4）。

遏：**遏** 又徒浪反（龍 494/07）；踢今作遏同（玄 9/125c、慧 46/330a "踢突" 註）。

踢：**踢** 又音唐（龍 467/01）（玄 9/125c）（慧 46/330a）。**蹋** 俗音唐正作踢（龍 458/06）。**蹱** 俗音唐正作踢（龍 458/06）。//**蹝** 俗音唐正作踢（龍 458/06）。//**跼** 俗同上[踢]（龍 458/07）。

tǎng 懵：**懵** 他朗反懵慌失意皃也（龍 056/09）。

儻：**儻** 他朗反偁儻不羈又他浪反倖也（龍 031/06）（玄 12/160c）（慧 75/984a）（紹 128b4）。//儅：**儅** 又俗他朗反①（龍 034/07）。

攩：**攩** 他朗反又胡曠反（龍 212/08）；抗譜中從黨作攩非也（慧 77/1020a "排抗" 註）。

曭：**曭** 他郎反（龍 426/03）（慧 99/324b）。

矘：**矘** 他朗反白矘（龍 431/07）。

矘：**矘** 他朗反矘睭目無精也又失志皃（龍 420/07）（玄 1/11c）（慧 42/232a）。

袃：**袃** 他朗反（龍 138/08）（玄 7/92c）（慧 28/995b）（玄 12/161b）（慧 28/993a）（慧 19/788b）（慧 82/40b）（慧 91/190a）（慧 97/286b）；拏錄從巾作袃非也（慧 80/1072a "妻拏" 註）（慧 94/226b "妻拏" 註）（慧 97/278b "妻拏" 註）。**帑** 奴音又坦朗切（紹 132a1）。

tàng 彭：**彭** 亭匠反（龍 198/05）。**彭** 彭正亭近切（紹 203a4）。

tao

tāo 叟：**叟** 正他刀反（龍 348/02）。**叟** 俗他刀反（龍 348/02）。

弢：**弢** 正他刀反弓衣也（龍 150/04）。**弢** 俗（龍 150/04）。**弢** 俗（龍 150/04）。**弢** 俗（龍 150/04）。

牧：**牧** 正音叨牛行遲皃（龍 114/05）。**牧** 正（龍 114/05）。**牧** 俗（龍 114/05）。**牧** 又俗音叨（龍 117/04）。

諛：**諛** 正土刀反諛謟言不節儉也（龍 042/08）。**諛** 俗（龍 042/08）。**諛** 俗（龍 042/08）。**諛** 俗（龍 042/08）。

---

① 《龍龕手鏡研究》："儅" 音他朗反，乃 "儻" 字之俗（160）。

滔： **𣺃**音叨（龍226/08）（玄8/111a）（慧33/62a）（紹188a10）。 **洀**（紹188a10）。

搯： **搯**土刀反（龍207/02）（慧71/887b）（慧72/904b）。 **搯**他勞反（玄25/335b）（慧94/232a）。

慆： **慆**正他刀反悅樂也（龍053/08）（慧99/319b）。 **怕**俗（龍053/08）。

媰： **媰**音謟（282/08）。

瑶： **瑶**正他刀反玉名（龍435/06）。 **珆**俗（龍435/06）。

稻： **稻**正土刀反水名即今山秋是也（龍377/07）。 **搯**俗（龍377/07）。

𠧋： **𠧋**古文他刀反今作篢牛簨也（龍544/09）。

篢： **篢**他刀反牛簨也（龍388/09）。

騊： **騊**正他刀反馬行也（龍292/03）。 **𩦠**俗（龍292/03）。

韜： **韜**吐勞反（玄13/170b）（慧16/725b）（慧33/53b）（慧64/759b）（慧80/1086b）（慧87/124b）（慧95/253b）（慧100/337b）（希10/418b）；絛論從韋作韜又作縚非也（慧69/847a"金絛"註）。 **韜**正他刀反藏也陷也寬也（龍176/03）（紹148b9）。 **韜**俗（龍176/03）（玄20/266c）（紹148b9）。 **韜**他刀反正作韜（龍176/05）。//韜： **韜**俗通他刀反正作韜藏也（龍447/05）。 **韜**俗（龍447/05）。 **鞠**俗（龍447/05）。//韜： **韜**俗他刀反正作韜藏也（龍081/01）。//鞠： **鞠**（龍081/01）。

掏： **掏**正徒刀反（龍208/04）（慧24/892b）（慧88/137b）；陶字宜作掏（玄17/235a、慧74/948b"陶河"註）；搯或作掏（慧75/970a"搯叩"註）。 **掏**徒勞反（玄7/103c）。 **掏**俗（龍208/04）。

絛： **絛**吐刀反編絲繩也（龍025/01）（慧35/106a）（慧37/139b）（慧40/195b）（慧60/661a）（慧62/702b）（慧69/847a）（慧81/12b）（希5/386a）（希7/402c）（紹128a8）；縚又作絛帑二形（希7/404a"錜縚"註）。 **絛**或作他刀反正作絛編絲為之（龍496/04）。 **絛**或作（龍496/04）。 **絛**音滔（慧61/690a）（慧62/712a）。//縚： **縚**俗他刀反正作絛織絲為縚（龍398/03）。 **縚**俗（398/03）（希7/404a）（紹191b9）；絛經作縚俗字也（慧37/139b"寶絛"註）（慧40/195b"青絛"註）（慧69/847a"金絛"註）（希5/386a"摺絛"註）（希7/402c"青絛"註）。//帑：縚又作絛帑二形云綿絲繩也又音他到反（希7/404a"錜縚"註）。 **縚**縚正瑶音（紹191b9）。//縰： **縰**絛正他刀切（紹191b1）。

濤：濤唐勞反（慧21/826b）（慧24/894a）（慧57/597a）（慧68/834a）（慧83/46a）（希2/364a）（希4/377b）。濤正徒刀反（龍226/10）（玄23/315c）（慧49/397a）（玄25/338a）（慧71/892a）（慧1/405b）（慧12/637b）（慧15/704a）（慧19/789a）（慧41/229a）（慧37/145b）（慧51/436b）（慧51/443a）（慧100/350b）。浲俗（龍226/10）。

饕：饕音滔（慧15/702a）（慧30/1043b）（慧42/249a）（慧68/828b）（慧74/941a）（慧76/1003b）（紹171b9）。饕正他刀反貪財曰饕（龍499/03）（慧46/329a）（慧55/534a）（慧48/375b）（慧13/656b）（慧62/708b）（慧76/993b）（希9/415c）；或作饕今俗叨（慧74/941a"饕餤"註）。饕他勞反（玄7/96a）（玄9/125a）（玄13/179c）（玄20/267c）（慧33/55a）（玄21/281c）（玄22/291b）（慧4/460a）（紹171b9）；餮論文或作饕（玄17/229c、慧66/782b"貪餮"註）；叨説文此俗饕字也（玄18/241a、慧73/928b"叨很"註）。饕正他刀反（龍499/03）（玄5/65b）。饕俗（龍499/03）。餮他刀切（紹171b9）。//叨：叨他刀反忝也濫也（龍267/01）（玄18/241a）（慧73/928b）（慧21/811a）（慧32/38b）（慧88/136b）（希10/420b）；饕説文俗作叨字（玄5/65b、慧42/249a"饕乱"註）（玄7/96a、慧28/1000a"饕餮"註）（玄9/125a、慧46/329a"饕餮"註）（玄13/179c、慧55/534a"饕穢"註）（玄20/267c、慧33/55a"饕餮"註）（玄21/281c"饕餮"註）（慧4/460a"饕餮"註）（慧13/656b"饕餮"註）（慧74/941a"饕餤"註）（慧76/1003b"饕饕"註）。//飣俗他刀反（龍499/03）；饕古文飣同（玄7/96a、慧28/1000a"饕餮"註）（玄9/125a、慧46/329a"饕餮"註）（玄20/267c、慧33/55a"饕餮"註）（玄21/281c"饕餮"註）。//餮俗他刀反（龍499/03）。餐俗（龍499/03）。飱俗（龍499/03）。//饕俗（龍499/03）。

夲：夲土刀反進趍也今作半字（龍026/08）。

táo 逃：逃徒勞反（慧13/644b）（慧62/702b）（慧64/760b）（慧92/205b）（希4/379b）（希8/406b）（紹138b6）。迯陶音（紹138b6）；逃傳文作迯俗字也（慧92/205b"逃迯"註）（希8/406b"逃避"註）。迯陶音（紹138b6）；逃律本作迯非也（慧62/702b"逃趌"註）（慧28/995b"廒窳"註）。

洮：洮正他刀反（龍227/06）（玄7/95b）（慧28/998b）（慧77/1022a）（紹186a8）；搯傳文從水作洮孔注尚書云洮洗手也非本義今不取（慧94/232a"搯淈"註）；泄集作洮俗字

也（慧 97/277b "臨洮" 註）。**㳜**通（龍 227/06）（玄 9/127a）（慧 46/332b）（慧 97/277b）（紹 186a8）；濤經作洮非經義也（慧 57/597a "濤米" 註）。**兆**俗（龍 227/06）（玄 15/206c）（慧 58/606a）。

咷：**咷**正徒刀反唬咷也（龍 265/08）（玄 7/96a）（慧 28/1000a）（初編玄 629c）（慧 55/534b）（慧 29/1029b）（慧 44/288a）（慧 77/1019a）（慧 78/1035a）（紹 183a1）。**跳**俗（龍 265/08）（玄 9/120b）（慧 46/320b）（慧 11/612a）（紹 183a1）。

桃：**桃**正徒刀反（龍 379/03）（玄 6/86b）；挑經中或有從木作桃徒刀反非也（慧 7/516b "挑目" 註）（慧 43/270a "挑火" 註）；萄經作桃非也（慧 39/176b "蒲萄朶" 註）。**桃**徒刀反（龍 379/03）（慧 11/602a）。

秫：**秫**桃叨二音稻也（龍 144/01）。

駣：**駣**正徒刀反馬四歳也（龍 291/01）。**駣**俗（龍 291/01）。

鼗：**鼗**音桃（慧 61/682b）（慧 78/1038b）；鞉又作鼗同徒刀反（玄 7/97a "法鞉" 註）。**鼗**徒刀反（玄 20/268c）（慧 33/56b）。**鼗**俗徒刀反正作鼗（龍 447/02）。**鞉**或作（龍 447/02）。**鼗**徒刀反與鞉同（龍 281/05）。**鼗**鼗律文作鼗書誤也（慧 61/682b "鼗鼓" 註）。**鼗** 鞉籀文作鼗（慧 19/781a "法鞉" 註）。**鼗**鼗又作鼗同（玄 20/268c、慧 33/56b "播鼗" 註）。// 鞉：**鞉**通徒刀反正作鼗（龍 447/02）（玄 7/97a）（慧 19/781a）（紹 140a4）。**鞉**或作徒刀反正作鼗（龍 447/02）。**鞉**鼗又作鞉同（玄 20/268c、慧 33/56b "播鼗" 註）。//**鞀**或作徒刀反正作鼗（龍 447/02）（紹 140a4）；鞉正作鞀（慧 19/781a "法鞉" 註）；鼗又作鞀同（玄 20/268c、慧 33/56b "播鼗" 註）。**鞀** 或作徒刀反正作鼗（龍 447/02）（紹 140a4）；鞉又作鞀同（玄 7/97a "法鞉" 註）（慧 19/781a "法鞉" 註）。**鼗**俗徒刀反[1]（龍 135/02）。**鼗**俗（龍 135/02）。

匋：**匋**陶又作匋字林大牢反（玄 1/20c）。**匋**陶又作匋同（玄 18/243a "如陶" 註）（玄 24/327b、慧 70/874a "陶家" 註）（慧 13/648b "陶師" 註）（慧 95/243a "陶鑄" 註）。**匋**徒刀反養匋（龍 140/07）；陶又作匋字亦通用也（慧 25/917b "陶家輪" 註）。

陶：**陶**正徒刀反（龍 295/03）（玄 4/61c）（玄 5/66c）（玄 12/159a）（玄 14/183c）（玄 24/327b）（慧

---

[1]《龍龕手鏡研究》：疑為"鼗"字之俗（194）。

24/892a)（慧 44/283a）（慧 59/630a）（慧 70/874a）；窯又作陶（初編玄 688、慧 58/613b "天竺"

註）。陶大勞反（慧 25/917b）（慧 80/1077b）（慧 84/74b）（希 10/421a）；窯論作陶世本昆

吾作匋（慧 68/834b "窯竈" 註）；繇字作陶（慧 86/105a "皋繇" 註）。陶字林大牢反（玄

1/20c）（玄 17/235a）（玄 18/243a）（玄 22/292b）（慧 13/648b）（慧 48/377a）（慧 74/948b）（慧 74

/957a）（慧 95/243a）；桃陶二形隨作無定體（玄 6/86b "蒲桃" 註）。陶唐勞反（慧 18/7

48b）。陷陶或作～又音姚亦通會意字也（慧 18/748b）。陶俗徒刀反（龍 295/03）。

萄： 萄徒刀反（慧 27/980b）（慧 39/176b）（慧 63/736a）（紹 154a6）。萄徒刀反蒲萄也（龍 25

8/01）。

淘： 淘陶音（紹 186b6）。

蜪： 蜪徒刀他刀二反（龍 220/07）。蜪陶音（紹 163b10）。

裪： 裪徒刀反福裪衣袖也（龍 103/06）。

詗： 詗徒刀反詪詗也（龍 042/09）（玄 22/299a、慧 48/386b "誼譸" 註）（紹 185b5）。詗徒刀

反（龍 044/07）。

綯： 綯徒刀反似帳又紋也草繩也（龍 399/03）。

騊： 騊徒刀反～駼馬獸名似馬也（龍 291/01）。

鞱： 鞱徒刀反（玄 1/8b）（慧 17/741a）。

鋼： 鋼徒刀反鋼銚也（龍 012/03）（紹 181a6）。

檮： 檮直由反（龍 377/09）（慧 40/190b）（慧 85/88b）（慧 85/91b）（希 10/420b）（紹 158b1）。

討： 討他老反除去治罰也又羽也（龍 046/06）（玄 2/26b）（慧 27/986a）。剋討古文剋同

（玄 2/26b "徃討" 註）（玄 6/88c "討伐" 註）。

套： 套他老反長也（龍 357/06）。

te

慝： 慝他得反慝慝也（龍 063/04）。

恴： 恴正他得反擊也又俗音特（龍 217/09）。恴俗（龍 217/09）。//恴又俗他得徒得

二反[①]（龍 217/08）。

忒：**忒**他德反（希 10/421b）（紹 149a8）。**忒**俗他德反（龍 173/09）。

忕：**忕**他德反惡也亦差也（龍 68/09）。

貸：**貸**他得反（慧 11/609a）（慧 16/709b）（慧 31/8b）（慧 81/9a）（慧 82/34a）。**貸**他德反從人

求借物也（龍 527/01）。**貸**他得徒得二反（玄 15/204c）（慧 58/603a）。

螣：**螣**蚚又作蚍（玄 20/268c、慧 33/56a "蚍同" 註）。**螣**騰勒反（慧 80/1076a）；螣尓雅作～

（希 1/356c "蟊螣" 註）。**螣**螣説文從虫作螣集文作螣誤也（慧 88/148b "蟖螣" 註）。**螣**

（慧 41/218b "蟊螣" 註）。//蚍：**蚍**音特食禾虫也尔疋云食葉虫也（龍 527/01）。**蚍**（玄

20/268c）（慧 33/56a）；螣或作蚍（慧 41/218b "蟊螣" 註）（希 1/356c "蟊螣" 註）。**蚍**徒得

切（紹 164a8）。//蚍：**蚍**蚚又作蚍（慧 33/56a "蚍同" 註）。**蚍**俗音特[②]（龍 225/09）。

蚍蚚又作蚍（玄 20/268c "蚍同" 註）。

特：**特**正徒得反（龍 117/05）（玄 2/26c）（玄 21/281c）（慧 12/628b）（慧 12/628b）（慧 16/711b）

（慧 21/818a）（慧 22/837a）（慧 26/934b）（慧 35/97a）。**持**徒得反（玄 21/277c）；特音徒得

反有作持非也（慧 26/934b "或言鬱特" 註）。//牪：**牪**或作徒得反（龍 117/05）。**牪**俗

（龍 117/05）。

蟘：**蟘**正音特食禾虫也（龍 224/07）。//蟓：**蟓**俗（龍 224/07）。**蟓**或作徒登徒得二反

正作螣蚩二字食禾虫也（龍 220/07）。

慝：**慝**他德反（龍 068/09）（玄 2/28b）（慧 82/31a）（紹 131b1）。**慝**他則反（慧 26/939b）。

嶿：**嶿**女力他得二切（紹 184a10）。

teng

téng 痋：**痋**徒冬反又俗文[丈]中反（龍 469/03）（玄 7/93c）（紹 128b2）；疼又作痋同（玄 4/

56a、慧 43/268a "疼痺" 註）（慧 28/997a "疼疹" 註）（玄 14/186b、慧 59/633b "疼痛" 註）（玄

18/238c、慧 73/921a "疼痺" 註）（慧 55/530b "痠疼" 註）。//疼：**疼**動紅反（慧 55/530

①參見《龍龕手鏡研究》221 頁。
②參見《龍龕手鏡研究》225 頁。

b）。疼音同上［徒冬反］（龍469/04）（玄4/56a）（慧43/268a）（慧28/997a）（玄14/186b）（慧59/633b）（玄18/238c）（慧73/921a）（慧86/113b）；痋又作疼同（玄7/93c "痋燥" 註）。

痹痋經文作疼非也（玄7/93c "痋燥" 註）。//胅：胅疼又作胅同（玄4/56a、慧43/268a "疼痹" 註）（慧28/997a "疼瘮" 註）（玄14/186b、慧59/633b "疼痛" 註）（玄18/238c、慧73/921a "疼痹" 註）（慧55/530b "痠疼" 註）；痋又作胅同（玄7/93c "痋燥" 註）。//癑：癑徒登反癑痛也（龍469/04）。//癚：癚徒登反癚痛也又俗音疼也（龍469/04）。

滕：縢特登反（慧67/808b）（慧81/4a）（慧84/72b）（慧93/222a）；騰或從水作縢（慧85/87b "騰蚰" 註）。藤滕字書正作縢（慧67/808b "波滕" 註）。滕俗徒登反（龍407/01）。滕俗（龍407/01）。滕俗（龍407/01）。滕俗徒登反（龍407/01）。//瀟滕論文作～非也（慧67/808b "波滕" 註）。縢滕字或作～也（慧67/808b "波滕" 註）。

藤：藤鄧能反（慧31/4b）（慧40/198a）（慧49/403b）（慧49/412a）（慧51/447a）。藤或作（龍257/04）（玄5/70a）（慧71/888a）（慧50/416a）（慧50/417b）（希2/365a）（希4/378c）（希7/402c）（紹154a8）；論文從月非也（慧51/447a "於藤" 註）。藤今（龍257/04）（玄10/134c）（玄16/215b）（玄25/335c）。//藤正徒登反藤蘿也又藤茲也（龍257/04）（慧12/633b）（紹154a9）。//籐：籐徒能反蔓生似竹也（龍388/03）。籐鄧能反（慧76/1009b）。//籐：籐特能反蔓生如竹類也（慧13/658a）（慧65/775a）。籐（龍388/03）。

縢：縢徒隥反（玄13/181b）。縢徒隥反（慧54/519a）。

睦：睦徒登反善目皃也①（龍407/02）。

謄：謄徒登反移書謄上也（龍407/02）。

縢：縢徒登反行縢也（龍130/07）（慧88/141a）。縢徒登反行縢也（龍407/02）（玄14/194a）（慧59/646b）（玄16/217b）（慧65/768b）（紹136b3）。

螣：螣徒登反螣蚰能興雲雨（龍130/07）。螣徒登徒德二反螣蚰又曰食禾虫也（龍407/01）（慧41/218b）（慧88/148b）（希1/356c）；蚮又作螣同（玄20/268c、慧33/56a "蚮同" 註）；蟘錄文作螣與月令同（慧80/1076a "螟蟘" 註）。螐螣説文從虫作蟘集文

---

① 《龍龕手鏡研究》：今疑 "睦" 乃 "睦" 字（312）。

作蟘誤也（慧88/148b"螟螣"註）。

螣：螣徒登反魚名蒼身赤尾也（龍407/01）。

騰：騰徒登反虛也奔也度也馳也乘也躍也上也傳也（龍130/07）。騰徒登反（慧5/
491b）（慧31/13b）（慧61/686a）（慧68/820b）（慧85/87b）（慧86/107a）（慧99/320b）。騰正
徒登反奔騰馳躍也又乘也虛也度也（龍292/06）（玄12/157c）（慧74/954a）（玄18/24
0a）（慧73/933a）（玄23/316a）（慧49/397b）（玄24/319c）（慧70/862a）（慧69/844a）（希10/
421b）；正作騰集作騰俗字也（慧99/320b"騰騁"註）。騰俗（龍292/06）。騰俗（龍
292/06）。騰俗（龍292/06）。顯俗徒登反[1]（龍483/08）。騰舊藏作騰（龍292/04）。
//蹱：蹱俗音騰（龍459/04）。

駦：駦徒登反馬躍也（龍291/07）。

騰：騰音同黑虎（龍322/08）。

駦：駦音同黑兒（龍531/08）。

蠶：蠶川韻登騰二音蠶瞢目不明也（龍257/10）（玄1/20a）（玄4/54c）（慧34/90b）（玄12/
157a）（慧52/479a）（玄19/261a）（慧56/570b）（玄22/303a）（慧48/393a）（玄24/329a）（慧7
0/876b）（慧25/915b）（慧26/930b）（慧41/228b）（慧54/507b）（慧57/580a）（慧66/784b）（慧
67/801b）（慧68/827a）（慧72/900b）（希1/359b）（紹154b4）；瞪瞢宜作蠶瞢（玄17/227b、
慧67/814a"瞪瞢"註）。

螣：螣他登反～鼓聲也（龍337/02）。//鼙俗他登反鼓聲（182/01）。

ti

tī　梯：梯土西反（龍373/05）（玄1/9a）（慧43/264b）（慧17/742b）（玄7/102c）（慧30/1046b）（玄12
/165c）（慧75/978b）（玄20/264c）（慧8/552b）（慧8/555b）（慧12/639b）（慧14/678b）（慧16/7
16a）（慧18/768a）（慧29/1016a）（慧41/225b）（慧45/311a）（慧60/656a）（慧62/699a）（慧68/
829b）（慧75/975a）（慧76/999a）（慧79/1061b）（慧84/70a）（慧85/89b）（慧91/190b）（慧100/
331a）（慧100/340b）（紹157b5）。梯他疑反（慧17/742b）（玄7/96b）。梯體奚反（希1/3

[1]《龍龕手鏡研究》：疑即"騰"字之俗（351）。

58b）。

鶙：**鶙** 土兮反鶙鶙正作匾匯（龍363/04）。

剔：**剔** 他曆反解也（龍100/01）（玄11/146a）（慧52/459b）（慧17/737a）（慧44/286b）（慧78/1033a）（慧84/77b）（慧88/142b）（慧94/238a）（慧95/253b）（希9/416c）（紹139b5）；剃經作剔非也（慧36/120a"剃刀心"註）；鬄經作剔俗字也（慧57/595a"髠鬄"註）。**剔** 他歷他計二反割也（龍100/07）。//劈：**劈** 他曆反解也（龍099/10）；剔又作劈同（玄11/146a、慧52/459b"剔肉"註）（慧94/238a"刳剔"註）。**劈** 剔又作劈同（玄8/112a、慧16/721a"除剔"註）。**劈** 他力切（紹166b7）；剔尚書作劈古字也二字並從刀形聲字也（慧78/1033a"刳剔"註）。**劈** 古文他歷反（龍319/08）。

踢：**踢** 他歷反（龍467/01）（紹137a1）。

鬄：**鬄** 正他歷施隻二反（龍090/09）（慧57/595a）；剔正作鬄（慧16/721a"除剔"註）（慧44/286b"剔鬢"註）（慧88/142b"剔髮"註）（希9/416c"剔頭"註）。**鬄** 俗（龍090/09）。

匯：**匯** 他奚反（慧56/565b）（慧27/988b）（慧34/78a）（慧35/101a）（慧39/180b）（慧63/737b）（慧79/1056b）（慧82/27a）。**匯** 土兮反（龍192/03）。**匯** 他奚反（玄6/89b）。**匯** 匯正他兮切（紹175a1）。**厤** 匯有從厂作～（慧82/27a"匪匯"註）。**遞** 他奚反（玄19/258a）；匪或從辵作遞（慧82/27a"匪匯"註）。**遞** 土兮反同匪（490/09）。//脪 吐奚反腷脪正作匾匯也（龍411/02）；匾匯經文作腷脪近字也（玄6/89b"匾匯"註）（慧27/988b"匾匯"註）（慧34/78a"匾匯"註）（慧35/101a"匾匯"註）（慧39/180b"匾匯"註）。//鶙 土兮反鶙鶙正作匾匯（龍363/04）。//鶙：**鶙** 匾匯經文作腷鶙（慧79/1056b"匾匯"註）。//匾匯或有從鳥作鷈鵜或作鵜並非也（慧79/1056b"匾匯"註）。

鷈：**鷈** 他奚反（慧73/925a）（慧99/324a）。**騠** 正土兮反（龍286/05）。**鷈** 或作（龍286/05）。**鵜** 他奚反（玄18/246b）。**騟** 或作（龍286/05）。**騑** 俗（龍286/05）。

騠：**騠** 他兮反駿馬名（龍291/08）。

摘：**摘** 他狄反（玄4/49c）（慧34/094a）（玄9/128b）（慧46/335b）（慧59/633b）（玄14/187a）（慧59/635a）（玄15/204c）（慧58/602b）（慧74/945a）（慧87/117b）（希8/409a）（紹132b9）；摘律文作摘非此義（玄14/186b、慧59/633b"摘花"註）。**摘** 呈戟反（慧53/493b）。

tí　咷：罤梯帝二音 (紹182a7)；咩經文作咷非也 (玄7/99c"多咩"註)；洟論文從口作咷非

　　　　體也 (玄17/227b、慧67/814b"洟唾"註)。

　　罤：罤徒兮切 (紹197b10)。罤蹄玉篇作罤 (希4/375a"筌蹄"註)。

　　蜍：蜍音啼螗蜍小蟬也 (龍222/02)。

　　稊：稊正地奚反稊子草也 (龍142/07) (玄4/53b) (玄14/198b) (慧59/653b) (玄23/313b) (慧

　　　　50/421b) (慧5/488a) (慧50/427a) (慧61/692b) (慧69/839b) (慧88/144a) (紹195b7)；蕛或

　　　　作稊 (慧78/1032b"蕛稗"註)。稊俗 (龍142/07)。//蕛：蕛弟奚反 (慧64/761a) (慧7

　　　　8/1032b) (慧96/271b)；稊或作蕛亦作苐 (慧69/839b"稊稗"註)。蕛徒奚反 (慧97/28

　　　　4a)。//苐：苐或作苐古字也 (慧61/692b"青稊"註) (慧78/1032b"蕛稗"註)。

　　綈：綈音提 (龍399/01) (慧87/118b) (慧97/290b) (紹191a1)。

　　踶：踶梯傳文從足作踶非 (慧100/331a"梯者"註)。

　　餀：餀音同上[音提]餹餀也 (龍499/06)。

　　銻：銻音提鑐銻太[火]齊羉也 (龍011/03)。

　　鯳：鯳音啼魚四足者亦曰大鱧魚也 (龍166/08)。

　　鵜：鵜音啼鵜鶘淘河鳥也 (龍285/05) (玄17/235a、慧74/948b"陶河"註)。//鶙：鶙鵜亦

　　　　作鶙 (玄17/235a、慧74/948b"陶河"註)。

　　嗁：嗁正音提嗁泣也又笑無常節也 (龍266/01) (慧76/1007b)；啼俗字也正作嗁 (慧14/

　　　　675b"啼泣"註)。嗁通 (龍266/01)。嗁俗 (龍265/10)。嗁俗 (龍265/10)。//謕啼

　　　　或作謕 (慧14/675b"啼泣"註)。謕又梯啼二音 (龍044/05)。//啼：啼正 (龍266/01)

　　　　(慧14/675b)；嗁經從帝作啼悲也 (慧4/465b"常嗁"註)；洟或作啼 (慧13/641a"洟唾"

　　　　註)。//渧：渧天礼反 (慧13/657a)。//罤通音提 (龍266/01)。

　　蹄：蹄今音啼蹄足也 (龍459/08) (慧56/575a) (慧85/87b) (慧97/280b) (希4/375a) (希10/4

　　　　20a) (紹137b1)；蹏録文從帝作蹄俗通用字也 (慧80/1077a"筌蹏"註) (慧83/61a"筌蹏"

　　　　註) (慧95/249a"蹏筌"註)。//蹏：蹏第奚反 (慧80/1077a) (慧83/61a) (慧95/249a)；

　　　　蹄説文作蹏 (希10/420a"筌蹄"註)。蹏古 (龍459/07)。蹏通 (龍459/07)。蹏俗 (龍

459/07）。跣俗（龍 459/07）。//悌：悌①俗音蹄（龍 114/05）。

矖：矖音啼矖視困皃（龍 419/03）。

鎴：鎴音啼器也（龍 014/05）。

媞：媞音帝美好皃又音是江淮呼母也（龍 280/01）（慧 66/800a "莎薩" 註）。//偍：偍俗
音體（龍 032/04）。

喽：喽正是支反又音啼又呪中音土奚反（龍 266/06）（紹 183b4）；睼經文作喽非也（玄 1
/8a、慧 17/740b "茂睼" 註）（玄 20/264c）。趄俗（龍 266/06）。

提：提弟泥反（慧 31/21b）（玄 11/151a）（慧 52/471a）（慧 91/188b）；古文提椸二形今作箷
同（玄 12/161c、慧 28/993a "椸架" 註）。趧音提（龍 124/08）。

睼：睼音啼遠視也又坐見也（龍 417/08）（玄 1/8a）（玄 1/8b）（慧 17/740b）（慧 17/741a）（紹
142a8）。睼音體②（龍 427/05）。

瑅：瑅音啼玉名（龍 433/08）。

褆：褆正支帝二音（龍 110/07）（紹 168b6）。//襪俗（龍 110/07）。

褆：褆音啼衣服好皃也（龍 103/02）。

蝭：蝭啼帝二音（龍 220/08）；舐經作蝭非也（慧 78/1035b "舐耳" 註）。

喥：喥丁兮切（紹 183a1）。

緹：緹音提（龍 395/8）（玄 1/7b）（玄 3/43b）（玄 7/96b）（玄 7/102c）（玄 8/111c）（玄 12/162a）（玄
18/249a）（慧 09/576a）（慧 10/588a）（慧 17/739b）（慧 28/993b）（慧 28/1012a）（慧 30/1046b）（慧
33/62b）（慧 56/548b）（慧 73/919a）（慧 98/299b）（慧 99/318a）（希 5/382c）（紹 191a2）。

鯷：鯷低啼二音獸角不正（龍 511/08）。

趧：趧音啼趧鞻四夷樂名（龍 324/03）。

題：題音啼視也（龍 343/09）。

鯷：鯷音帝鱧魚別名也又音弟鮎魚別名也（龍 166/07）（玄 19/259b）（慧 56/567b）（紹 168a
3）。

---

①《叢考》：此字當即 "蹄" 的俗字（611）。

②參見《字典考正》204 頁。

騠：**騠**正音提又丁奚反（龍290/07）（紹166a6）。//**騠**俗（龍290/07）。

鶗：**鯷**音啼（龍287/01）。**鸇**音啼（龍287/01）（慧36/116a"鷹鶗"註）。

荑：**荑**弟奚反（玄17/233a）（慧70/858b）（慧56/564a）（慧14/662b）。**荑**音提又音夷（龍257/05）（玄19/257b）（紹155a8）；稊又作荑（玄14/198b、慧59/653b"稊稗"註）。//**蕛**音提（龍257/05）。//**蕛**音提（龍257/05）（玄4/55c）（慧43/267b）。//**藡**音提（龍257/05）。//**蕛**俗音提（龍257/05）。//**稊**稊衛宏作藡或作秩穉古字也（慧5/488a"稊稗"註）。

裼：**裼**夷啼二音（龍102/08）。**裼**啼音（紹168b5）。

霓：**霓**音提霽雲也（龍306/04）。

鯳：**鯳**徒兮反魚肚別名也（龍166/09）。

鰶：**鰶**徒兮反魚黑色（龍166/08）。

鵜：**鵜**徒鷄反（慧4/469b）。**鵜**音啼（龍285/05）。

飷：**飷**音提（玄14/194a）（慧59/646a）（慧13/648a）（紹171b8）。**飷**音提（慧48/391a）。**飷飷**正音提又都奚反飷餬（龍499/05）（慧25/915b）；醍醐説文作飷餬二形（希4/375b"醍醐"註）。**飷**俗（龍499/05）。**飷**俗（龍499/05）。**餂**俗（龍499/05）。**飯**今（龍499/05）（玄7/95c）（慧28/999b）（慧30/1052b）；飷經從互誤也（慧13/648a"飷餬"註）。**飪**徒奚反（玄21/279b）（玄21/285a）（玄22/301c）。**飷**俗（龍499/05）。//醍：**醐**提音（紹143b8）；飷經文作醍非也（玄7/95c、慧28/999b"飷餬"註）。//醍：**醍**音提醍醐蘇中所出也（龍309/07）（慧11/614b）（慧41/211b）（慧60/666b）（慧72/909a）（慧76/1004a）（慧96/260a）（希4/375b）（紹144a1）；飯律文作醍（玄14/194a、慧59/646a"飯餬"註）（慧13/648a"飷餬"註）（慧25/915b"飷餬"註）。

徲：**徲**正音蹄～久待也亦行皃（龍497/01）。**徲**（龍497/01）。**徲**（龍497/01）。

體：**體**梯以反（慧10/593a）（慧89/163a）。//**軆**俗通他禮反正作體（龍161/09）（中62/718c）。**軆**俗（龍161/09）；體傳文從身作躰俗字也（慧89/163a"體羸"註）。**軀**俗他禮反正作體又音面（龍161/09）。**體**古文音體（龍480/05）。**髅**古文音體（龍480/05）。

軆：**軆**他禮反軆軆也（龍449/07）。

軆：**軆**（紹181b6）。

㖒：㖒玉篇音躰保小兒也 （龍 336/06）。

𪐏：𪐏正他礼反横首杖名 （龍 341/07）。𪐏俗 （龍 341/07）。

tì 𣦵：𣦵正他計反 （龍 515/04）。𣦵提經文作𣦵 （玄 11/151a、慧 52/471a "蜜提" 註）；他古切 （紹 144b4）。𣦵俗 （龍 515/04）。

戻：戻他計反輶車也 （龍 303/09）。

𥬇：𥬇他計反 （龍 393/05）。𥬇他計反 （龍 393/05）。

袃：袃正他計反袃裂手取也又補也 （龍 107/04）。袃俗 （龍 107/04）。扗俗 （龍 107/04）。

逖：逖他歷反 （494/07）（慧 82/25b）（慧 85/97b）（慧 85/101a）（慧 91/181b）（紹 138b2）；剔正作𩭿古作逖 （慧 88/142b "剔髪" 註）；逷正作逖 （慧 88/143a "逷自" 註）。//逷：逷聽歷反 （慧 88/143a）；逖古文從易作逷 （慧 82/25b "逖聽" 註）（慧 85/97b "逖聽" 註）（慧 91/181b "逖聽" 註）。逷他歷反同趯跳兒[1] （龍 494/07）。

𩭿：剔俗他計反除髪也 （龍 098/08）。//鍘：鍘[2]音剃 （龍 018/05）。//剃：剃他計反除髪也 （龍 098/08）（慧 36/120a）（慧 66/791b）；雉古文剃同 （慧 56/552a "雉鳥" 註）；𩭿又作剃同 （玄 16/222a、慧 65/765a "𩭿𦟛" 註）（慧 6/502a "𩭿除" 註）（慧 8/537b "誘化" 註）（慧 15/697b "除𩭿" 註）（慧 24/894b "𩭿除" 註）（慧 34/77a "𩭿須" 註）（慧 100/333a "鬀𩭿" 註）。

涕：涕他計反或作洟 （龍 233/03）（玄 2/16b）（玄 6/86c）（玄 24/323b）（慧 70/868a）（慧 2/424a）（慧 5/478b）（慧 13/659b）（慧 15/685b）（慧 22/846a）（慧 23/864b）（慧 25/905b）（慧 27/981a）（慧 29/1015b）（慧 30/1048a）（慧 74/943b）（慧 80/1073a）（希 7/403b）；洟經文從弟作涕 （玄 3/34a "淚洟" 註）（玄 17/227b、慧 67/814b "洟唾" 註）（慧 33/67a "洟唾" 註）（慧 74/943b "次洟" 註）（希 9/412a "洟唾" 註）。梯𩭿文中作梯［涕］（玄 16/222a、慧 65/765a "𩭿𦟛" 註）。

捇：捇俗啼體二音 （龍 210/07）（玄 8/110c）（紹 133a3）。

悌：悌大帝大礼二反 （玄 15/204c、慧 58/602b "愻悌" 註）（紹 130a10）。

頹：頹音剃 （龍 486/04）。頹同上 （龍 486/04）。

鬀：鬀他帝切 （紹 144b10）。鬄正音弟髪也 （龍 089/07）（慧 6/502a）（慧 8/537b）（慧 15/687

---

a)（慧 15/697b）（慧 24/894b）（慧 34/77a）；剃正體從髟作鬁（慧 66/791b "一剃" 註）；鬁

或從弟作鬁（慧 100/333a "鬁鬚" 註）。//髦：髭通（龍 089/07）。//頿：頾俗音弟（龍

089/07）。//髭：髶俗音弟（龍 089/07）。//鬁：鬄體計反（慧 100/333a）。鬄他力切

（紹 144b10）。

惕： 惕他的反怵惕憂也愛也忉忉也（龍 062/03）（玄 5/75c）（慧 32/41b）（玄 7/92b）（慧 28/9

95b）（玄 7/101b）（慧 32/32a）（玄 12/158b）（慧 74/956a）（玄 12/160a）（慧 75/982b）（玄 13/173

b）（慧 57/594a）（初編玄 622）（慧 52/481a）（慧 38/162a）（慧 54/523b）（慧 57/588b）（慧 78/104

7a）（慧 78/1050b）（慧 88/143b）（慧 100/341b）（紹 130a1）。惕體亦反（慧 10/587a）。//愁：

愁惕又作愁同（玄 5/75c、慧 32/41b "怵惕" 註）（玄 7/101b、慧 32/32a "怵惕" 註）（初編玄

622、慧 52/481a "灼惕" 註）。

趯： 趯又他歷反跳兒（龍 324/07）。

髴： 髴天亦反（慧 75/964b）。 髴古歷反又音昔（龍 481/05）（紹 147a10）。髴舊藏作髴

古歷反（龍 244/05）。

掦： 掦他歷反又丑列反（龍 217/06）（玄 4/51a）（玄 5/65a）（玄 7/92a）（慧 28/994b）（玄 7/102c）

（慧 30/1045b）（玄 20/272b）（慧 76/992b）（慧 99/315b）（紹 133b9）。掦舊音泜悌反（慧 31/

22a）。

棣： 棣他計反（龍 382/08）（玄 12/165c）（慧 75/978b）。

褅： 褅音替小兒衣也（龍 107/05）。

趯： 趯正他歷反趯跳兒也（龍 326/03）。趯俗（龍 326/03）。

洟： 洟（玄 3/34a）（慧 09/566b[①]）（玄 17/227b）（玄 22/289b）（玄 24/320b）（慧 70/863a）（慧 74/94

3b）（慧 75/964b）（希 4/377a）（希 6/392a）（希 9/412a）。洟勑計反（慧 48/373a）（慧 15/684b）

（慧 29/1028a）（慧 33/67a）（慧 38/151a）（慧 64/761b）；躰經作洟誤也（慧 14/666a "躰唾"

註）。洟勑計反（玄 1/17a）。洟勑計反（慧 67/814b）（慧 13/641a）（慧 64/757a）（紹 188a

1）；涕或作洟（慧 5/478b "涕唾" 註）（慧 15/685b "潩霭" 註）。洟他計反（龍 233/03）；

涕或作洟（龍 233/03 "涕" 註）；洟或作咦（慧 15/684b "中洟" 註）。//涖以之反（慧 5

① 《玄應音義》"涙洟"，《慧琳音義》轉錄作 "涙涕"，依註解語義，"涕" 蓋 "洟" 之訛誤。

3/492b）。//𦱠渶古文𦱠同（玄 1/17a "渶唾" 註）（玄 3/34a、慧 09/566b "淚渶" 註）（玄 17/227b、慧 67/814b "渶唾" 註）（玄 22/289b、慧 48/373a "唾渶" 註）（玄 24/320b、慧 70/863a "渶唾" 註）；涕正作𦱠（慧 13/659b "涕唾" 註）。𦱠音涕（慧 14/666a）。//𦱠涕或作渶𦱠同皆同（慧 5/478b "涕唾" 註）（慧 13/641a "渶唾" 註）（慧 30/1048a "涕淚" 註）。

嚏：嚏或作音帝～噴鼻氣也又所甲反（龍 274/01）（慧 49/409a）（慧 28/993b）（慧 59/646a）（玄 15/202b）（慧 58/619a）（玄 15/209c）（慧 58/611a）（慧 35/113a）（慧 57/600b）（慧 61/678b）（慧 62/703a）（慧 80/1088b）（慧 83/66a）。//嚏：嚏今（龍 274/01）（慧 30/1045b）。嚏正（龍 274/01）。嚏嚏正帝音（紹 184b4）。嚏丁計反（玄 12/162a）（玄 14/194a）；須豐天樓炭經作須嚏天嚏音丁計反（玄 3/43a、慧 09/575a "須豐天" 註）。嚏嚏正帝音（紹 184b4）。嚏都計反（玄 7/102a）（玄 10/133c）。嚏丁計反（玄 15/209c）。嚏俗（龍 274/01）。//嚏俗（龍 274/01）。//嚏：嚏都計反玉篇～噴氣也（龍 363/06）；嚏又作嚏同（玄 10/133c、慧 49/409a "中嚏" 註）（玄 14/194a、慧 59/646a "患嚏" 註）；嚏又作嚏同（玄 15/202b、慧 58/619a "嚏故" 註）（玄 15/209c、慧 58/611a "連嚏" 註）。//嚏：嚏都屬反噴～也（龍 363/06）。

屜：屜正他計反鞍屜又履中屜也（龍 164/04）。//屜：屜或作（龍 164/04）。

偠：偠他歷反偠儻也又陟流反（龍 039/01）（慧 89/152a）（慧 93/215b）（慧 95/250a）（紹 128a9）。

諦：諦湯歷反（玄 5/75c）。諦俗他歷反（龍 050/07）（慧 39/183a）。

替：替他計反（龍 428/02）（玄 9/123b）（慧 46/326b）（玄 11/150a）（慧 52/468b）（玄 13/170b）（玄 17/229c）（慧 66/783a）（玄 24/328a）（慧 70/875a）（慧 1/404a）（紹 170b9）。

稊：稊他計反不耕而種也（龍 365/05）。

殢：殢他計反殢極困也（龍 515/06）。

歗：歗正他計反唾聲（龍 084/01）。歗俗（龍 084/01）。

tian

tiān 天：而古文音天（龍 525/01）。𤇪同上（龍 525/01）。兂正古文音天（龍 545/02）。兂俗（龍 545/02）。 𫫇古文天字（龍 548/01）。 𬤊古文音天（龍 524/09）。 𫇛古文音天（龍 524/09）。 𫇢古文天字（龍 536/05）。

昳： 𣊬昳正天音（紹 142b1）。

添： 添忝拈反（慧 51/449a）（慧 61/681b）。//𪑀音添益也（龍 366/02）。 𪑀音添益也（龍 366/02）。 𪑀音添益也（龍 366/02）。 𪑀音添益也（龍 366/02）。 𪑀相承子與土兼二反（龍 366/02）。 𪑀相承子與土兼二反（龍 366/02）。

胋： 胋或作徒兼反（龍 409/05）。

黇： 黇他兼反黄色也（龍 182/06）。

䑶： 䑶音天䑶諢語不正皃（龍 533/04）。

tián 恬： 恬徒兼反恬靖也（龍 052/09）（玄 3/33b）（慧 09/565a）（玄 5/68c）（慧 16/719a）（玄 8/109a）（慧 28/1006b）（慧 13/653b）（慧 14/666b）（慧 21/817b）（慧 22/840a）（慧 39/167b）（慧 43/265a）（慧 60/655a）（慧 69/843a）（慧 77/1015b）（慧 92/196b）（慧 100/340a）（紹 130a5）。 垶恬正徒兼切（紹 161a5）。

甜： 甛或作徒兼反（龍 533/05）（玄 11/150b）（慧 52/469b）（慧 14/669a）（慧 29/1026b）（慧 37/140b）（慧 51/433b）（慧 51/437a）（慧 75/966b）。 甜正（龍 533/05）（慧 15/695a）（慧 17/734b）（慧 40/194b）（慧 53/486b）（希 5/386a）（紹 176b6）；甛從舌甘會意字也或作甜一也（慧 14/668b "甛美"註）（慧 29/1026b "甛膩"註）（慧 51/433b "甜物"註）（慧 51/437a "甛味"註）。 胡俗（龍 533/05）。//餂： 餂或作音甜甘也（龍 500/07）。 餂俗（龍 533/05）；甛又作餂同（玄 11/150b、慧 52/469b "如甛"註）（慧 53/486b "甘甜"註）。//酟： 酟俗（龍 310/01）。 酟俗（龍 533/05）；甛經文作酟非也（玄 11/150b、慧 52/469b "如甛"註）。 甛俗（龍 533/05）。 甛俗（龍 533/05）。 甛俗（龍 350/02）。//鉆： 鉆舊藏作禽（龍 500/06）。 餂甛亦作鉆並通用也（慧 75/966b "嗜甛"註）。 飴俗（龍 500/07）。//鹹： 鹹俗音甜同（龍 533/07）。

田： 田徒堅反（玄 13/181b）（慧 54/519a）（慧 18/766a）（希 4/379c）；畋有作田（慧 27/985b "畋獵"註）（慧 41/222a "畋獵"註）（慧 62/714b "畋遊"註）。

佃： 佃音田作田也説文云一轅車古卿車也又堂練反營佃也（龍 028/02）（紹 129a6）；

田經文作佃非此義（玄 13/181b、慧 54/519a "田家" 註）。

屇：**屇**音田丹屇山穴也（龍 162/08）。

畋：**畋**殿年反（慧 41/222a）（慧 92/203a）；田正作畋字書作～（希 4/379c "田獵" 註）。**畋**

正音田又音殿（龍 153/01）（慧 32/30a）（慧 62/714b）（慧 83/48b）（慧 90/177a）（紹 197a2）；

鈿經文作畋非也（慧 39/171a "鈿飾" 註）。**畋**田鍊反（慧 40/187b）（紹 197a2）。**畋**

俗音田又音殿（龍 152/09）（慧 27/985b）。**畋**俗音田又音殿（龍 152/09）。//狃：**狃**

畋或從犬作狃（慧 11/606b "畋獵" 註）（慧 32/30a "畋獵" 註）（慧 41/222a "畋獵" 註）（慧

62/714b "畋遊" 註）（慧 90/177a "畋獵" 註）。

跕：**跕**音田踏地聲也（龍 458/09）。

鈿：**鈿**音田金花寶鈿謂之金鈿也（龍 009/04）（玄 22/290c）（慧 48/374b）（慧 17/733b）（慧

22/847b）（慧 36/126a）（慧 39/169a）（慧 40/201b）（慧 79/1052b）（希 3/374b）（希 5/385c）（希

7/401a）（紹 180b10）；填或作鈿非此用也（玄 22/299c、慧 48/387a "廁填" 註）（慧 22/84

1a "周匝填飾" 註）。

輼：**輼**音田輼輼衆車聲（龍 081/01）。

填：**填**正音田塞也滿也加也又陟因反填壓也（龍 245/10）（慧 52/453a）（慧 48/387a）（慧

49/401b）（紹 160b10）；鎮經文作填（慧 52/471a "来鎮" 註）（慧 74/955a "鎮煞" 註）。**填**

今（龍 245/10）（玄 2/16a）（玄 9/124b）（慧 46/328a）（玄 10/136b）（玄 12/154b）（玄 14/185c）

（慧 59/633a）（玄 22/299c）（玄 24/328b）（慧 70/875a）（慧 8/552a）（慧 11/606a）（慧 21/818a）

（慧 22/841a）（慧 40/187b）（希 3/373c）；古文寘今作填同（玄 5/75a、慧 30/1044b "寘寘"

註）（慧 15/694a "寘嗌" 註）（慧 53/486b "金寘" 註）；鎮經文作填（玄 11/151a "来鎮" 註）

（玄 12/158a "鎮煞" 註）（慧 42/239a "却寘" 註）；闐又作填同（玄 13/172c、慧 34/79a "闐

闐" 註）（慧 89/153b "于闐" 註）。**塡**俗音田塞也（龍 519/01）。//寘：**寘**徒堅反（慧

19/780a）（慧 15/694a）（慧 42/239a）（慧 53/486b）（慧 80/1088a）（慧 85/97b）（慧 94/235a）。

寘音田塞也又堂練反國名（龍 506/07）（玄 5/75a）（慧 30/1044b）（慧 10/593a）；填古

文寘同（玄 9/124b、慧 46/328a "填積" 註）（玄 10/136b、慧 49/401b "填瑠" 註）（玄 14/185

c、慧 59/633a "填滿" 註）（玄 22/299c、慧 48/387a "廁填" 註）（慧 40/187b "填築" 註）。**寘**

填古文寘同（玄 2/16a "廁填" 註）。//填：**填**俗音田塞也（龍 245/09）。**塡**俗（龍 245/09）。

賓：**賓**釬瓄字義宜作于賓二形（慧 57/590b "釬瓄" 註）。//鑌：**鑌**于闐録文從金作釬鑌字非也[1]（慧 80/1081b "于闐" 註）（慧 80/1091a "于闐" 註）。鑌：**鑌**必老反[2]（龍 016/05）。//**瓄**田佃二音（龍 434/02）。**瓄**釬瓄字義宜作于賓二形（慧 57/590b）。

瓄田佃二音（龍 434/02）（玄 13/173b）。**璟**田佃二音（龍 434/02）。**瑧**田佃二音（龍 434/02）。//**珊**田佃二音[3]（龍 434/02）。

嗔：**嗔**又徒堅反氣盛皃也（龍 265/08）。

闐：**闐**殿年反（慧 83/44a）（慧 84/81a）。**闐**正堂練反于闐國名又又音田眾車聲也（龍 093/07）（玄 4/60c）（玄 13/172c）（慧 34/79a）（玄 13/172c）（慧 34/79a）（慧 11/620a）（慧 31/3b）（慧 40/200b）（慧 60/655b）（慧 63/734b）（慧 88/138a）（慧 89/153b）（紹 195a7）；填或作闐亦通（慧 11/606a "廁填" 註）；賓録作闐非也（慧 80/1088a "賓噎" 註）（慧 94/235a "賓噎" 註）。**闐**俗田塞二音（龍 092/06）。//**闐**俗（龍 093/07）。

鷏：**鷏**正（龍 287/04）。**鷏**今音田蚊母鳥也（龍 287/04）。**鷏**俗（龍 287/04）。

昀：**昀**眴衛宏作訇昀竝通（慧 4/476a "不眴" 註）。

殫：**殫**音田誕也（龍 533/07）。

輴：**輴**音田輴敀喜悦皃也（龍 082/02）。

tiǎn 忝：**忝**正他點反辱也（龍 197/04）。**忝**俗（龍 197/04）。**忝**音忝（龍 066/05）。

悿：**悿**他點反弱也（龍 057/08）。

㥱：**㥱**他點反（龍 519/06）。

睼：**睼**正他典反睼瞳鹿跡也（龍 154/02）。**睼**俗（龍 154/02）。

㳈：**㳈**他典反（龍 231/03）（玄 7/99a）（慧 19/785a）。

悿：**悿**他典反青徐謂憸為悿（龍 058/05）（慧 90/180b）（玄 19/260b、慧 56/569a "悊惡" 註）（慧 99/311b）。

---

[1] 參見《可洪音義研究》205 頁。
[2]《字典考正》："鑌" 為 "于闐" 之 "闐" 的俗字（440）。
[3] 參見《龍龕手鏡研究》321 頁。

琠：琠他典反玉名也（龍 436/03）。//⿰王殿：⿰王殿古文他典反玉名（龍 436/05）。

腆：腆正他典反（龍 411/09）（玄 13/168b）（慧 52/480a）（慧 78/1044b）（紹 136b2）。費俗（龍 411/09）；腆古文作費同（玄 13/168b、慧 52/480a "腆美" 註）。//醂：⿰酉典他典反與腆同厚也（龍 310/04）。

痶：痶他典反痶瘓病也（龍 474/01）（玄 11/143c）（慧 56/555a）（玄 14/193a）（慧 59/644b）（慧 63/731b）。

錪：錪多殄他典二反小釜也（龍 015/02）。

靦：⿰面目俗他典反亦作靦（龍 310/04）。⿰丁面瞑正體字也論文作⿰目面非也（慧 67/807a "瞑眩" 註）（慧 75/977a "瞑眩" 註）。⿰面且俗（龍 310/04）。靦俗（龍 310/04）。靦正他典反（龍 345/02）（龍 347/03）（慧 88/136a）（慧 91/187a）。靦天典反（慧 62/716b）（希 10/420a）（紹 147b8）。⿰山見俗（龍 345/02）。⿰面呈俗（龍 347/03）。⿰面且俗（龍 347/03）；靦或作⿰面亶⿰面旦（慧 88/145a "靦顏" 註）。//⿰面亶俗他典反（龍 347/03）；靦或作⿰面亶⿰面旦（慧 88/145a "靦顏" 註）。//⿰目面他典反正作靦（龍 420/09）。//⿰革亶：⿰面亶靦或作⿰面亶⿰面旦⿰革亶（慧 88/145a "靦顏" 註）。

殄：殄亭典反（慧 2/431b）（慧 7/520b）（慧 21/817a）（慧 25/911b）（慧 83/61b）（慧 91/184b）；⿰歹尔正作殄（慧 29/1022b "消殄" 註）；緊或作殄（慧 39/172b "緊捷" 註）。殄亭典反（慧 6/504a）（慧 42/242a）。⿰歹参俗徒典反（龍 200/08）。⿰歹尔唐顯反（慧 21/816a）（慧 29/1022b）；珍譜作殄非也（慧 77/1017a "珍奇" 註）。⿰歹尔俗徒典反（龍 514/05）；殄經文從尒誤也（慧 2/431b "殄滅" 註）（慧 6/504a "殄滅" 註）。⿰歹力古徒典反（龍 514/05）。⿰歹火音殿（龍 515/02）。

⿰足亶：⿰足亶他殄反（玄 8/115b）（慧 38/163a）（紹 137b6）。⿰足亶他典反（龍 461/02）。//⿰足典他典反（龍 461/02）。

tiàn 㮇：㮇他念反火杖也（龍 383/05）。⿰火忝爈經文作⿰火忝他念反（玄 11/152b "火爈" 註）。⿰扌忝爈經文作～他念反（慧 52/473b "火爈" 註）。

⿴囗舌：⿴囗舌他敢他念二反（龍 525/02）。

炶：炶今他念反火光也又胡甘反（龍 243/04）。//炶或作（龍 243/04）。⿰火香俗（龍 24

3/04）。

瑱：瑱他見反（玄 15/204a）（慧 58/622b）（紹 141a3）。瑱徒年他電二反（龍 434/03）（龍 4

37/04）（玄 15/204a）（慧 25/906b）；填論文從王作瑱（玄 10/136b、慧 49/401b "填瑠" 註）

（希 3/373c "廁填" 註）；鈿經從王作瑱誤也（慧 79/1052b "間鈿" 註）。//瑱：瑱他

見反（龍 314/10）。䪼他見反（龍 314/10）；瑱古文䪼同（玄 15/204a、慧 58/622b "捉

瑱" 註）。

舚：舚正他念反舚甜吐舌皃也（龍 534/01）。舚俗（龍 534/01）。舚俗（龍 534/01）。𦧟①

音添舌出皃也（龍 533/06）。𦧟俗音沾（龍 533/06）。𦧟俗音沾（龍 533/06）。

tiao

tiāo 佻：佻正他堯反輕也佚也（龍 024/02）（慧 24/892a）。佻今（龍 024/02）（玄 5/67a）（紹 1

29a2）。佻俗（龍 024/02）。

刟：刟正他凋反刟剔也（龍 096/08）；挑或從刀作刟古字也（慧 7/529a "挑目" 註）。刟

或作（龍 096/08）；挑或從刀亦作刟亦通用（慧 7/516b "挑目" 註）。

狧：狧正徒聊反獨行歎息皃也（龍 496/07）。狧俗（龍 496/07）。

桃：桃今土凋反（龍 109/09）（慧 98/299b）（希 10/423b）（紹 168a10）。祧或作（龍 109/09）。

祧（慧 96/263b）。

朓：朓正他刀反耳鳴也（龍 313/10）。聎或作（龍 313/10）。

斜：斜今他凋反斗方耳又斗外統也（龍 333/09）。㪶或作（龍 333/09）。姚或作（龍

333/09）。㾆俗他凋反正作斜斗旁耳也（龍 470/09）；鍬古文作斜（希 7/399c "持鍬"

註）。庬鍬玉篇從梟作鐪爾雅又作庬[斜]音同（慧 93/213b "鍬錔" 註）。

姚：姚他凋反撥也（龍 131/08）。舭（龍 131/08）。

tiáo 苕：苕正徒聊反（龍 258/07）（玄 20/270b）（玄 23/311b）（慧 47/362b）（玄 25/331b）（紹 154a5）；

迢經作苕非也（慧 16/714b "迢迢" 註）。苦俗徒聊反（龍 258/07）（玄 8/113c）。//芀：

芀徒聊反葦花也（龍 258/07）。

①參見《叢考》905 頁。

迢：迢徒聊反（龍 489/09）（慧 74/939b）（慧 71/880b）（慧 16/714b）（慧 97/282a）。迢條音（紹 138b8）。

岧：岧徒聊反岧嶤高山皃也（龍 072/08）（慧 91/187b）（慧 99/321b）。岧徒聊反（龍 072/08）（紹 162b3）；岧嶤考聲或作岹嶢（慧 99/321b "岧嶤" 註）。

䐲：䐲正徒聊反䐲毨鳥毛也（龍 134/07）。䏾今（龍 134/07）。

遚：遚迢集從草作遚非也（慧 97/282a "迢然" 註）。

髫：髫正音條小兒髮也（龍 086/09）（慧 57/596b）（慧 80/1089b）（慧 81/18a）（慧 83/57b）（慧 84/69a）（慧 89/151b）（慧 89/154b）（慧 91/185b）（希 2/365c）；齠俗字也正體從彡作髫（慧 1/407b "齠齔" 註）。髫今（龍 086/09）。髫條音（紹 144b8）。髫條音（紹 144b8）。騆銚遙反（慧 62/717a）。//齠：齠正音條（龍 311/09）；髫經文作齠亦通也（慧 57/596b "髫齔" 註）（慧 62/717a "髫季" 註）（慧 81/18a "髫丱" 註）。齠今音條（龍 311/09）（紹 146a10）。齠亭遙反俗字也（慧 1/407b）；髫亦從齒作齠（慧 89/151b "髫年" 註）。鬌齠正調音（紹 146a10）。

蜩：蜩徒聊反（龍 219/09）（慧 99/328a）。

𠲿：𠲿銚調二音（紹 186a5）。

篍：篍正音調（龍 389/05）。

條：條亭聊反教也貫也出也乱也科也小枝也（龍 022/05）（慧 1/404b）。絛掉遼反（慧 60/656a）（中 62/718b）。絛定彫反從木（慧 2/435a）。

篠：篠他凋切（紹 156b2）。

絛：絛正音條革也切韻作絛（龍 496/08）。絛俗音條（龍 496/08）。篿徒聊反革轡也（龍 448/06）。

篠：篠吐了反窈篠深遠也又他弔反幼篠亦深邃皃（龍 508/03）。//篠他弔反深邃也（龍 157/08）。//娩俗徒了反正作篠（龍 281/08）。

甌：甌正玉篇音（彼）[攸]又徒弔反田罶也又平聲（龍 192/07）。甌俗（龍 192/07）。甌徒聊反（龍 192/05）。

卤：卤今徒聊反（龍 539/01）。卤籀文徒聊反（龍 539/01）。

tiǎo　挑：**挑**土凋反又徒了反（龍 206/09）（玄 4/57b）（玄 17/226b）（慧 5/492b）（慧 7/516b）（慧 7/529a）（慧 13/647a）（慧 17/742a）（慧 18/760b）（慧 41/228b）（慧 43/270a）（慧 43/272a）（慧 45/310a）（慧 47/349a）（慧 56/553b）（慧 60/667a）（慧 67/812a）（慧 69/846b）（慧 73/934b）（慧 77/1013a）（慧 78/1038a）（慧 100/332b）（希 2/366a）（紹 133b6）；佻經文從手作挑非體也（玄 5/67a "輕佻" 註）（玄 14/191a）（慧 12/630b）（慧 19/784b）；趒經文作挑非字義（玄 11/143a、慧 56/553b "趒行" 註）；掉律文作挑（慧 58/612b "掉衣" 註）（慧 15/706b "掉舉" 註）（慧 35/110a "掉手" 註）；掏傳作挑（慧 88/137b "掏攪" 註）。**挑**土凋反又徒了反（龍 206/09）（玄 1/8c）（玄 2/26b）（玄 11/143a）（玄 21/283b）（慧 12/624a）（慧 14/672b）（慧 59/641a）（紹 133b7）；掉經文作挑（玄 2/16b "戰掉" 註解）（玄 15/199b "掉衣" 註）（慧 15/706b "掉舉" 註）；佻經文從手作挑非體也（慧 24/892a "輕佻" 註）；挑亦作挑俗字（希 2/366a "剗挑" 註）。**揟**俗音挑（龍 207/02）。**挑**挑或有從木作桃非也（慧 7/528b "挑目" 註）（慧 7/529a "捶打" 註）。

窕：**窕**條了反（慧 85/97a）（紹 195a1）。**窱**徒了切（紹 195a1）。**窕**俗亭了反正作窕（龍 307/07）。

朓：**朓**正他了反（龍 411/03）；朓經從月非也（慧 36/124b "出朓" 註）（慧 93/219a "慧朓" 註）。**胇**或作他了反（龍 411/03）。

誂：**誂**正徒了反誂弄相呼也（龍 045/05）（慧 35/102b）。**誂**俗（龍 045/05）。

姚：**姚**土了反身長皃（龍 161/09）。

嬥：**嬥**徒聊反又徒了徒弔二反又音濁（龍 280/08）（慧 84/83b）。

tiào　跳：**跳**正徒聊反又去聲（龍 458/01）（慧 74/950a）（慧 8/551b）（慧 15/686a）（慧 17/731a）（慧 25/919b）（慧 34/88a）（慧 42/250b）（慧 37/142b）（慧 40/188a）（慧 40/193b）（慧 40/201b）（慧 47/343a）（慧 49/402a）（慧 60/657a）（慧 61/696b）（慧 62/710a）（慧 63/732b）（慧 63/741b）（慧 65/767b）（慧 66/795a）（慧 67/803a）（慧 69/839b）（慧 74/942b）（慧 76/996a）（慧 89/165a）（希 9/414b）（紹 137a5）；越或作趒經文從足作跳非經義（慧 35/108b "趒驀" 註）（慧 63/723b "趒坑" 註）（希 7/402b "趒驀" 註）。**跳**通（龍 458/01）（玄 1/21b）（玄 17/236a）（紹 137a5）；跳經文從足作跳或作趒皆俗字（希 7/402b "趒驀" 註）。**跐**俗（龍 458/01）。

胙俗（龍458/01）。戻古（龍458/01）。//趒：䟢俗徒彫徒加二反（龍459/02）。

眺： 眺今他弔反遠視也又目不正也（龍421/07）（玄20/269b）（慧15/705a）（慧36/124b）（慧39/167b）（慧93/219a）（紹142b5）。眺正（龍421/07）（紹142b5）。眺俗他弔反正作眺（龍429/03）。

趒： 趒桃嘯反（慧35/108b）（慧62/722a）（慧63/723b）。趒他弔反又他凋反（龍325/04）（慧46/322b）（慧74/956b）（玄14/186b）（慧59/634a）（玄19/262c）（慧56/573a）（希7/402b）（紹138a2）；踔字體作趒（玄13/170b "踔擲" 註）；跳或作趒（慧8/551b "跳躑" 註）（慧89/165a "驚跳" 註）。趒他吊反（玄9/121b）（玄12/158c）（紹138a2）。

覜： 覜正他弔反（龍345/06）。覜他弔反（龍345/06）；覜集作覜誤也（慧96/268a "覜仰" 註）。

頫： 頫正他弔反低頭聽也川韻又音府低頭頫首也（龍487/01）（紹170b1）；説文俛此俗頫字（玄8/107c、慧28/1004b "俛仰" 註）。頓或作（龍487/01）；俛俗字也正體從頁從兆作頫（慧8/545b "俛仰" 註）。//頪新藏作頪他弔反伍頭聽也（龍149/05）。

踔： 踔今宜借音他吊反（玄13/170b）；跳經文從卓作踔非也（慧40/193b "跳躑" 註）（慧63/732b "跳踔" 註）。

枀： 枀俗通他弔反（龍537/01）（紹196b3）。枀俗通（龍537/01）。

糶： 糶天弔反（慧61/691b）。糶他弔反賣米粟也（龍553/02）（紹196b5）。糶他弔反（龍149/06）。

tie

tiē 怗： 怗他頰反（玄17/236b）（慧74/951a）（玄16/219b）（慧65/768b）。//慄：慄牒怗二音（紹130b6）；怗字詀今作慄同（玄17/236b、慧74/951a "怗然" 註）。

跕： 跕音帖又丁叶反（龍465/08）（慧99/313a）。跕音帖（慧88/140b）。

鮎： 鮎今音帖（龍451/09）；捬經文作鮎非此義（玄13/174b、慧54/510b "鞭捬" 註）。韇或作（龍451/09）。

聑： 聑丁叶反耳垂皃也（龍315/01）。

tiě 鐵： **鐵** 正他結反黑金也（龍 019/04）（慧 48/373b）（慧 70/870b）（慧 38/158a）（慧 40/200b）（慧 45/311b）（慧 55/535b）（慧 74/942a）（慧 74/946a）（慧 90/172a）（慧 90/177a）（希 8/407a）（希 9/412b）。**鐵** 天結反（慧 41/216b）（慧 39/168a）（慧 80/1072b）（慧 80/1074b）。**鐵** 正（龍 019/04）。**鐵** 鐵傳文作～俗字也（慧 74/942a）。**鐵** 俗（龍 019/04）（玄 12/159c）（慧 53/484b）（玄 22/290a）（慧 48/373b）（玄 24/325a）（慧 53/489a）（慧 79/1058a）；**鐵** 經文多從鐡俗字也（慧 41/216b "鐵臼" 註）（慧 39/168a "鑌鐵" 註）（慧 55/535b "鐵鍱" 註）（希 8/407a "鐵稍" 註）。**鐵** 俗（龍 019/04）。//銕：**銕** 音提鐵名也（龍 011/04）。

驖： **驖** 正徒結他結二反馬赤黑色也（龍 294/03）。**驖** 俗（龍 294/03）。

鴲： **鴲** 亭也反（希 3/372b）（紹 149a1）。

鰈： **鰈** 俗（龍 534/02）。**舚** 正他叶反小舌曰舚（龍 534/02）。

tiè 帖： **怗** 他頰反（慧 59/635a）。**怗** 他頰反（玄 14/187a）。

呫： **呫** 音貼嘗也（龍 275/10）（紹 182a3）。

餮： **飻** 他結反（慧 74/941a）。**飻** 古他結反（龍 504/04）（玄 15/211a）（慧 58/624a）（慧 16/714b）（紹 171b9）；**餮** 又作飻同（玄 7/96a、慧 28/1000a "饕餮" 註）（玄 9/125a、慧 46/329a "饕餮" 註）（玄 14/189b、慧 59/638b "貪餮" 註）（玄 17/229c、慧 66/782b "貪餮" 註）（玄 20/267c、慧 33/55a "饕餮" 註）（玄 21/281c "饕餮" 註）（玄 22/291b、慧 48/375b "饕餮" 註）（慧 15/702a "饕餮" 註）（慧 76/1003b "饕餮" 註）。**餍** 餮博雅作飻（慧 4/460a "饕餮" 註）（慧 13/656b "饕餮" 註）。**飺** 俗（龍 504/04）（紹 171b9）。**飻** 俗（龍 504/04）。//**餮** 音鐵（慧 15/702a）（慧 63/731b）（慧 68/828b）（慧 76/1003b）。**餮** 古（龍 504/04）（慧 28/1000a）（慧 46/329a）（慧 66/782b）（慧 48/375b）（慧 4/460a）（慧 30/1043b）（慧 60/661b）（慧 62/708b）（慧 76/993b）。**餮** 今（龍 504/04）（玄 9/125a）（玄 14/189b）（慧 59/638b）（慧 13/656b）（慧 19/785b）（希 9/415c）（紹 171b9）；**飻** 經文作餮俗字亦通（慧 74/941a "饕飻" 註）。**餮** 今（龍 504/04）。**餮** 他結反（玄 4/53a）（慧 34/92a）（玄 7/96a）（玄 17/229c）（玄 20/267c）（慧 33/55a）（玄 21/281c）（玄 22/291b）；**餮** 又作飻同（玄 4/53a、慧 34/92a "貪餮" 註）（玄 15/211a "貪飻" 註）。**餮** 古（龍 504/04）；**餮** 律文從列作～書誤也（慧 60/661b "貪餮" 註）。

ting

tīng 厅： 庁地丁反平厅 （龍298/06）。

汀： 汀他丁反 （龍229/03）（慧83/57a）（紹187a9）；㵲澄録作汀澄 （慧80/1088a"㵲澄"註）。

桯： 桯體丁反 （慧91/193b）。//桯桯考聲作～也 （慧91/193a"桃桯"註）。//欏： 欏桯傳文從厰作檶非也亦恐是書誤著文者應從木作欏亦不成字（慧91/193a"桃桯"註）。//檶： 檶桯傳文從厰作檶非也亦恐是書誤 （慧91/193a"桃桯"註）。

鞓： 鞓他丁反皮帶鞓也 （龍448/07）。鞓： 鞓同上 （龍448/07）。

聽： 聽他定反 （玄10/137a）（慧45/304a）（玄18/243a）（慧72/913a）（慧1/412b）（慧1/416a）（慧2/433b）（慧4/473b）（慧12/638a）（慧14/670a）（慧14/678a）（慧15/698a）（慧20/796a）（慧23/881a）（慧40/191b）（慧44/294a）（希4/377c）。聽剔丁反 （慧28/1001b）。聦俗他丁反又去聲正作聽字 （龍313/07）。聥俗 （龍313/07）。

廳： 廳逷丁反 （慧66/798b）。廳他丁反廳序也 （龍299/08）。癝俗他丁反 （龍469/09）。

㕔： 㕔俗他定反[1] （龍274/01）。

tíng 瓨： 瓨音亭瓹也 （龍316/02）。

亭： 亭徒丁反 （玄7/96c）（慧19/780a）（玄21/281b）（玄22/293b）（慧48/378a）（慧13/655a）（希6/394c）。亭音亭 （龍185/03）。

甼： 甼音亭定息也 （龍538/03）。

停： 停正徒丁反停息止定也 （龍026/01）。停俗 （龍026/01）。停亭從人作停 （希6/394c"均亭"註）。

渟： 渟狄經反 （玄7/97b）（玄12/155b）（玄20/269b）（慧21/820b）（慧40/194a）（慧52/455a）（慧99/321b）。渟狄經反 （玄1/6b）（慧19/779a）（慧20/808a）（慧50/425b）（慧74/941a）（紹188a5）。停特丁反水止也 （龍23/08）。

葶： 葶音亭葶歷也 （龍254/02）（慧84/80b）（紹155a5）。

㫷： 㫷音亭 （龍361/07）。㫷音亭 （龍361/07）。㫷俗音亭 （龍137/03）。

---

[1] 參見《龍龕手鏡研究》252頁。

楟：楟又音亭（龍373/09）（紹158b2）。

聤：聤徒丁反耳出惡汁也（龍313/10）。

諪：諪音亭調諪（龍043/07）。

⿰音亭：⿰音亭亭音反（龍198/05）。

鯙：鯙音亭魚名（龍167/03）。

廷：廷亭音（紹138a8）。//廷亭音（紹138a8）。

庭：庭徒經反（玄1/6c）（慧17/738b）（玄21/278a）（慧74/944b）。//閮：閮俗音亭（龍91/08）。

莛：莛徒丁反（龍258/03）。莛正徒丁反草莖也（龍488/09）（慧24/900a）。莛今（龍488/09）。莛俗（龍488/09）。莛俗（龍488/09）。

⿰犭廷：⿰犭廷今徒丁反揉⿰犭廷猿也（龍318/04）（紹167a1）。⿰犭庭或作（龍318/04）。

蜓：蜓音庭（玄17/232a）（慧70/856b）（玄20/268b）（慧33/56a）。//⿰虫亦：⿰虫亦蜓傳文作～或通（慧90/178a“蝘蜓”註）。⿰虫亦蜓若作～非（慧90/178a“蝘蜓”註）。

筳：筳徒丁反（龍488/08）。筳音庭（慧60/662b）。

綎：綎正音亭綬也（龍397/02）。//⿰糹亭：⿰糹亭或作（龍397/02）。

霆：霆正音庭（龍306/07）（玄8/113a）（慧46/333b）（慧87/126b）（慧91/187a）（慧92/207b）（慧93/220b）（希4/379b）。霆今音庭（龍306/07）（玄4/53c）。霆定亭挺三音（慧32/33a）（玄9/127c）（慧58/625b）（慧60/674b）。霆俗音庭正作霆（龍488/09）（紹138a8）。霆俗音庭（龍306/06）（龍488/09）（玄15/212a）（紹138a8）。霆亭音（紹138a8）。霆俗音庭（龍306/06）。霆誤特丁反正作霆（龍490/09）（紹138a8）。

鼮：鼮音廷鼮似鼠豹文（龍334/04）。

⿰火定：⿰火定俗音庭（龍238/7）（龍243/4）；庭經文又作⿰火定非也（玄1/6c、慧17/738b“庭燎”註）（玄10/133c、慧49/409a“庭燎”註）。//⿰火庭：⿰火庭庭傳文從火作⿰火庭非也（慧74/944b“庭燎”註）。⿰火庭俗音庭[①]（龍238/7）。//烶：烶俗音庭（龍238/7）。

tǐng　圢：圢他頂反（龍248/09）；蹬又作圢同他殄反（玄8/115b、慧38/163a“阿蹬”註）。

① 《叢考》：“庭”字因受“燎”字影響類化增旁作“⿰火庭”，“⿰火庭”又或改換聲旁作“烶”和“⿰火定”（675—676）。

町：**町**他丁他頂徒頂三反（龍153/08）（玄8/115b）（慧32/47b）（紹196b7）。

侹：**侹**正他頂反直也長也敬也伐［代］也（龍031/05）（玄13/172c）（慧57/599a）（初編玄13/591）。**侹**今（龍031/05）（玄11/143c）（慧56/555b）（玄20/270b）（慧74/939b）（紹128b9）。**侹**俗（龍031/05）。//脡：**脡**俗他頂反正作侹身長直也（龍162/01）（紹200a7）；侹經文作脡非也（玄11/143c、慧56/555b"侹直"註）（玄13/172c、慧57/599a"侹直"註）。**脡**俗（龍162/01）。

涏：**涏**徒冷反小水兒《切韻》徒頂反涇寒也（龍231/08）。

挺：**挺**徒頂反（龍211/07）（玄13/179b）（慧34/84a）（慧12/635b）（慧53/485a）。**挺**他頂待頂二切（紹134b1）。**挺**亭鼎反（慧12/628b）（慧83/59b）（紹134b1）。//㨋：**㨋**挺正他頂待頂二切（紹134b1）；正作此挺傳從手作㨋非也（慧83/59b"挺冲和"註）。

脡：**脡**他頂反（龍411/02）（慧57/582b）。**脡**他頂反（龍411/02）。

珽：**珽**正他頂反又徒頂反（龍436/07）（慧81/3a）（慧98/301b）。**珽**今（龍436/07）。

誔：**誔**徒頂反詭詐也（龍045/05）。

艇：**艇**徒頂反（玄9/123b）（慧46/326a）。**艇**徒頂反（玄19/260b）（慧56/569b）。**艇**正徒頂反（龍132/05）（紹146a1）。//艓：**艓**或作（龍132/05）。

頲：**頲**正他頂反（龍485/06）（慧92/207a）（慧94/237b）；侹古文作頲同（玄13/172c、慧57/599a"侹直"註）。**頲**今他頂反（龍485/06）；侹古文頲同（玄11/143c"侹直"註）。**頲**侹古文頲同（玄11/143c"侹直"註）。

tong

tōng　侗：**侗**他孔反儱侗未成器也又直也一曰長大又音通大也（龍029/09）。

　　恫：**恫**徒弄反惣恫不得志兒也下又音通痛也（龍060/05）。**恩**音通痛也（龍065/05）。

　　㲉：**㲉**徒冬反擊空聲也（龍528/09）。//**欨**俗徒冬反（龍118/09）。

　　烼：**烼**私宗反火色也又他冬反亦火盛兒（龍240/10）。

tóng　佟：**佟**徒紅反人姓也（龍028/01）。

　　佟：**佟**徒冬反惶也（龍056/04）。

絃：絃徒冬反色赤也（龍 524/01）。

鉖：鉖徒宗反釣鉖（龍 013/08）。

彤：彤徒紅反赤色也（龍 188/06）（龍 203/04）（慧 54/524b）（玄 19/260b）（慧 56/569b）（慧 36/121b）（慧 83/62b）（慧 90/173b）（慧 98/301a）（紹 149a10）。彤徒宗反（玄 13/176b）。彤徒宗反（玄 19/260b）。

蚒：蚒或作徒紅反（龍 222/05）。蚒彤古文赨蚒[蚒]二形同（玄 13/176b、慧 54/524b“彤華”註）（玄 19/260b、慧 56/569b“彤然”註）。//鴝今徒紅反鳥虫名（龍 222/05）。鴝徒紅反鳥名（龍 286/07）。//蛕俗徒紅反（龍 222/05）。

浵：浵徒紅反水名亦水皃也（龍 227/06）。

秱：秱徒冬反刺矛也（龍 141/06）。

赨：赨彤古文赨蚒二形同（玄 13/176b、慧 54/524b“彤華”註）（玄 19/260b、慧 56/569b“彤然”註）。

爞：爞音同（龍 238/02）。

郞：郞音同鄉名（龍 454/04）；桐集從邑作郞字書無此郞字也（慧 97/290b“桐宮”註）。

峒：峒音同（龍 074/03）（慧 77/1022a）（慧 85/93b）（慧 87/118a）（慧 97/285a）（紹 162a9）。

哃：哃音同（龍 269/02）；洞經文従口作哃非也（玄 5/66b、慧 34/88b“洞清”註）。

桐：桐動東反（慧 97/290b）。

烔：烔音同（龍 238/03）（玄 4/52a）（慧 31/24a）（慧 42/240a）（慧 54/521a）（慧 81/4b）（紹 189b2）；洞經文作烔（玄 3/40c、慧 09/563b“洞然”註）（玄 12/166b、慧 55/545b“洞然”註）（慧 23/856a“洞然”註）。//炏俗音烔（龍 238/03）。//燑俗音烔（龍 238/03）；烔經文作燑非體也（玄 4/52a、慧 31/24a“烔烔”註）。

胴：胴音同腸也（龍 409/01）。

硐：硐音同磨也（龍 440/02）。

狪：狪音同獸似豕也（龍 320/08）。//貂：貂音同獸似豕也（龍 321/07）。

衕：衕同洞二音（龍 496/04）；洞古文衕同（玄 5/66b、慧 34/88b“洞清”註）（玄 12/166b、慧 55/545b“洞然”註）。

舸：**舸** 音同 （龍 132/02）（玄 19/260b、慧 56/569b "得艇" 註）。

銅：**銅** 徒東反 （慧 44/288a）（慧 51/440b）（希 5/388c）（希 7/404b）。

鮦：**鮦** 音同爾雅云大曰鮦小曰鱧 （龍 167/04）。

童：**童** 徒紅反 （慧 27/971b）。

僮：**僮** 音童僕也又癡也頑也 （龍 023/09）（玄 6/81b）（慧 19/777a）（慧 22/843a）（慧 27/970b）（慧 29/1020b）（慧 34/85b）（慧 36/126a）。

潼：**潼** 音同又衝通二音 （龍 229/10）（紹 186b1）。

甀：**甀** 音童井甓也 （龍 315/10）。

瞳：**瞳** 穜傳文作瞳誤 （慧 94/240b "接穜" 註）。

橦：**橦** 音童又鍾幢二音 （龍 378/06）（紹 157b7）。

膧：**膧** 同音 （紹 136a5）。

犝：**犝** 音童牛無角也 （龍 115/09）。

穜：**穜** 童重二音穜稑先種後熟也 （龍 143/03）。

瞳：**瞳** 音童目瞳眸子也 （龍 417/08）（玄 17/226a）（慧 67/811b）（玄 19/256c）（慧 56/563a）（慧 16/717b）（慧 57/581b）（慧 68/821b）（慧 93/221b）（慧 95/249b）。 // **瞳** 瞳正童音 （紹 143a2）。

羬：**羬** 正音同無角羊。 // 銅：**銅** 或作 （龍 159/07）。

鐘：**鐘** 音童鼓具飾也 （龍 448/03）。

鸏：**鸏** 音同鷜～水鳥也 （龍 287/10）。

瓵：**瓵** 音同瓱瓦 （龍 315/09）。 // 瓱：**瓱** 音同瓱瓦 （龍 315/09）。 **瓱** 又音同 （龍 316/01）。

鬡：**鬡** 正音同 （龍 336/10）；蟊或作鬡也 （慧 99/325b "競蟊" 註）。 **鬡** 今音同 （龍 336/10）。 // 蟊：**蟊** 毒冬反 （慧 99/325b）。

tǒng 桶：**桶** 他孔徒孔二反 （龍 381/01）（玄 15/202c）（慧 58/619b）；筒經文従木作桶非此用 （玄 20/265c 慧 43/262a "葦筒" 註）。

筒：**筒** 正音同竹筒也 （龍 388/05）（玄 1/22b）（慧 19/784a）（慧 25/922b）（慧 30/1048b）（慧 61

/684a）（慧 62/708b）（慧 64/753b）。**筩**俗（龍 388/05）（紹 160a3）；筒三蒼作～（玄 20/2

65c "葦筒" 註）。//筒：**筒**待公反（玄 20/265c）（慧 43/262a）（玄 22/297a）（慧 48/383b）

（紹 160a3）；筩經文作筒今亦為筩字（玄 1/22b "木筩" 註）（慧 25/922b "木筩" 註）（慧

64/753b "鍼筩" 註）。

統：**統**通棟反（慧 2/422a）（慧 5/491a）（慧 6/514a）（慧 21/828a）。**統**統正吐董切（紹 1

91b3）。

tòng 痛：**痛**他貢反痛痒也又病也傷也（龍 475/04）。

慟：**慟**徒貢反（玄 3/45a）（慧 10/584b）（玄 7/98b）（慧 26/956a）（紹 130a8）。

tou

tōu 偷：**偷**託樓反（慧 31/21a）（慧 32/38b）；媮或從人作偷亦通（慧 45/317a "懷媮諂想" 註）。**偷**

又舊藏作偷在灌頂經神名也（龍 027/09）；此應俗[偷]字（玄 4/50b "迦偷" 註）。

媮：**媮**他矦反又羊朱反（龍 280/06）（慧 45/317a）（慧 82/30b）（紹 141b3）。

鍮：**鍮**正吐矦反鍮石次於金也又徒口反（龍 009/03）（玄 11/148b）（慧 52/465b）（慧 15/696

a）（慧 39/170b）（慧 40/195a）（慧 47/365a）（慧 60/670a）（慧 80/1082b）（慧 82/38a）（慧 83/49b）

（慧 89/163a）（慧 92/201b）（慧 100/351a）（希 5/387b）。//鋀：**鋀**通（龍 009/03）；鍮又作

鋀同（玄 11/148b、慧 52/465b "鍮婆" 註）（慧 89/163a "鍮石" 註）。

tóu 亠：**亠**徒矦反（龍 128/09）。

剅：**剅**音頭（龍 096/06）。

綹：**綹**正頭偷二音紫赤色也（龍 397/07）。**綹**今（龍 397/07）。

投：**投**徒矦反（慧 3/454a）（慧 5/493b）（慧 18/767b）。//**殳**音頭（龍 193/07）；投說文作

殳古投字也（慧 3/454a "投趣" 註）（慧 5/493b "投趣" 註）（慧 11/612b "投竄" 註）。殳：**殳**

殳音頭沇專兒（龍 359/03）。

殳：**殳**音透索彄也（龍 463/05）。

骰：**骰**音頭（龍 479/09）；嗷經文作骰非也（玄 7/93b "嗷食" 註）。

頭：頭（慧 15/683b）。//傾：傾音頭（龍 028/05）。褢古文音頭①（龍 362/07）。

tǒu 汁：汁俗他口反（龍 231/10）。

　　訬：訬他口反訬誘也（龍 046/01）。

　　斢：斢天口反斢斠兵奪人物也（龍 334/01）。斠他口反～斠兵奪人物也（龍 183/01）。

　　娃：娃天口反人名（龍 282/04）。

　　尵：尵天口反冕前纊也（龍 182/09）（玄 13/181a）（慧 54/508b）（紹 203b9）。//斢：斠尵古文作斜斠二形同（玄 13/181a、慧 54/508b "尵羅剾吒國" 註）。//斜：斜尵古文作斜斠二形同（玄 13/181a、慧 54/508b "尵羅剾吒國" 註）。

　　鮋：鮋他斗反魚名（龍 169/08）。

　　麩：麩正他口反糨麩也（龍 505/07）（慧 35/108a）（慧 37/141b）。//飳天口反餻～餅也（龍 501/09）；糨麩顔之推證俗音從食作餻飳（慧 37/141b "糨麩" 註）。//餞：餰麩經從食作餞或作飩並俗字非也（慧 35/108a "乳麩" 註）；飻經從豆作餰俗字也（慧 76/995b "飣飻" 註）。//麨俗他口反糨麩也（龍 505/07）。//餰天口反餻～餅也（龍 501/09）。

tòu 透：透他豆式六二反（玄 20/271b）（慧 54/519b）（慧 16/719b）（慧 41/212b）（慧 42/250b）（慧 39/173b）（慧 83/50b）。//趂：趂正他候反（龍 325/05）；透考聲從走作趂（慧 16/719b "透徹" 註）（慧 41/212b "影透" 註）（慧 42/250b "透徹" 註）。殳（慧 42/250b "作模" 註）。透考聲作～（慧 42/250b "透徹" 註）。//趂俗他候反（龍 325/05）。遂俗他候反正作毁趂二字（龍 492/09）。逶俗（龍 492/09）。

tu

tū 凸：凸田結反象形字（龍 554/02）（玄 5/72b）（慧 33/57b）（玄 10/136b）（玄 11/143b）（慧 56/554b）（玄 14/192b）（慧 59/643b）（玄 15/203a）（慧 58/619b）（玄 19/258a）（慧 56/565b）（玄 20/274b）（玄 23/318c）（慧 50/428b）（慧 14/662a）（慧 49/405a）（慧 69/850b）；眹又作凸（玄 1/12a "眹眼" 註）。凸徒没反象形字（龍 554/03）。凸突音（紹 203a1）。凸田涅切（紹 20

---

① 《叢考》："頭" 字（723）。

3a1）。//脴：**脴**烏嫁反脴臍肥皃也① （龍 414/02）。**脴**凸律文作～非也 （玄 14/192b、慧 59/643b "凸䯏" 註）。

突：**突**正陁骨反觸也欺也 （龍 510/05）（玄 9/120a）（慧 16/713a）（慧 19/787a）（慧 78/1034b）（希 8/410a）；揆論文作突音同上是大寶也深也與論文義乖不取也 （慧 66/792b "舭揆" 註）；**突**揆論從山作突非也 （慧 69/844b "擺揆" 註）。**突**他没反 （玄 15/200b）（慧 58/615a）。

窣俗 （龍 510/05）（慧 24/895b "揩揆" 註）。**窣**突正徒骨切 （紹 194b7）。**宊**突正徒骨切 （紹 194a4）。**宊**他骨反出皃 （龍 158/09）。//倅：**倅**②俗陁骨反 （龍 38/08）（慧 78/1039b）。**儚**徒没反 （龍 39/05）。

埃：**埃**徒骨反竈埃 （龍 252/04）。

鼵：**鼵**陁骨反鳥鼠同穴其鳥曰鵌其鼠曰鼵，鼵如鼠而短尾也 （龍 334/08）。

唥：**唥**通都切 （紹 183a7）。

趈：**趈**他胡反趈趈伏地皃下又俗音徒 （龍 324/06）。

秃：**秃**他谷反 （希 10/418c）（紹 196a2）。//痮：**痮**秃音 （龍 472/04）。

訮：**訮**他谷反詆訮狡滑也 （龍 052/05）。

璕：**璕**他胡反玉名 （龍 435/03）。

嵃：**嵃**正他胡反 （龍 071/04）；雺傳中從山作嵃嵊並非俗字也 （慧 100/350b "雺埭" 註）。**嵃**俗 （龍 071/04）。

瑹：**瑹**他胡反瑹瑶玉名 （龍 435/03）。

厹：**厹**徒没反水從穴中出皃也 （龍 191/07）。

tú 徒：**徒**達胡反 （玄 8/109c）（慧 28/1007a）（玄 14/187a）（慧 59/635a）（玄 25/334b）（慧 71/885b）（慧 21/830b）（慧 22/850a）（慧 23/866a）。**徙**同徒徙黨也又步行也空也隷也 （龍 497/03）。

荼：**荼**音途 （龍 256/08）（玄 12/156b）（慧 52/477b）（玄 12/159a）（慧 74/957a）（玄 25/335a）（慧 71/887a）（慧 5/494a）（慧 23/864a）（慧 86/114b）（慧 99/318a）。**荼**荼正徒荼二音 （紹 156b4）。

䉡：**䉡**丑居反竹篾名也 （龍 389/08）。

---

① 此 "脴" 字頗疑爲 "凸" 的增旁俗字，參見《刻本用字研究》145 頁。
② 《龍龕手鏡研究》："突" 俗增人旁作 "倅"（162）。

涂：**涂**音徒水名（龍 229/07）。

琭：**琭**他胡反美玉也（龍 435/02）。

郐：**郐**他胡反聚名地名也（龍 455/02）。

捈：**捈**他胡反卧引也（龍 210/04）。

途：**途**今音徒（龍 489/05）（慧 41/226b）；塗又作途同（玄 4/49c、慧 34/094b "三塗" 註）。**途**俗（龍 489/05）。//**迠**古（龍 489/05）；塗又作途迠同（玄 4/49c、慧 34/094b "三塗" 註）。

㻱：**㻱**音徒黄牛虎文也（龍 115/08）。

𥛚：**𥛚**音徒穗也（龍 143/08）。

塗：**塗**達胡反（玄 4/49c）（慧 34/094b）（慧 21/816b）（慧 26/942a）（慧 27/972a）（慧 39/171b）（慧 63/739a）（慧 75/981a）；笔經文亦作塗（玄 5/76a、慧 40/188b "笔蘇" 註）；盩或作塗假託用義也（慧 99/326a "盩頂" 註）。**䀈**俗音塗（龍 356/05）。**墢**塗經文塗字從手作～（慧 75/981a "塗塗" 註）。

盩：**盩**毒都反（慧 99/326a）（紹 162a9）。**盩**音徒（龍 071/01）。**盦**盩集從金作～无此字也（慧 99/326a "盩頂" 註）。//㐁：**㐁**正音徒山名也（龍 070/05）。**荼**俗（龍 070/05）。

稌：**稌**署魚反又他吳他魯二反（龍 144/04）（慧 96/263a）。

鞜：**鞜**他胡反轉鞜履也（龍 448/03）。

騼：**騼**音徒駒～獸也（龍 291/02）。//駼：**駼**音徒①（龍 292/04）。

駼：**鵌**音途鳥名与鼠同穴也（龍 286/04）。**駼**音途與鼠同穴鳥也（龍 286/04）。

挢：**挢**徒骨反搪挢也（龍 217/03）（慧 24/895b）（慧 69/844b）（慧 78/1050a）；唐突字體作搪挢二形同（玄 9/120a "唐突" 註）（慧 78/1034b "奔突" 註）；拗又作挢同（玄 19/255a、慧 56/560b "拗脛" 註）。**挢**徒骨反（慧 17/728a）（慧 66/792b）。**挮**徒骨反（玄 5/75a）（慧 44/292a）；踢突宜作搪挢二形（玄 9/125c、慧 46/330a "踢突" 註）。**援**挢正陁没切（紹 133b9）。

椌：**椌**徒骨切（紹 157a5）。**栚**徒骨切（紹 157a5）。

䮴：**䮴**正徒没反耕未閒也（龍 554/04）。**䮴**古（龍 554/04）。

①參見《叢考》1141 頁。

鶨： **鶨** 正陁骨反～鷡鳥名似雉青身白首也（龍290/03）。**鶨** 俗（龍290/03）。

膒： **膒** 今徒没反肥膒也（龍416/07）（慧96/268a）。**膒** 俗（龍416/07）。**膒** 俗（龍416/07）。

　　膒 或作徒没反（龍416/07）。//**踵** 俗音揆①（龍467/01）。**踵** 俗（龍467/01）。**踵** 俗（龍

　　467/01）。

鎇： **鎇** 徒骨反覆鎇（龍021/08）。

屠： **屠** 達胡反（玄6/88b）（玄18/243a）（慧72/913a）（玄24/327a）（慧70/873b）（慧2/422b）（慧2

　　/433b）（慧5/484b）（慧22/841b）（慧27/986a）（希2/363b）（希4/379c）。

瘏： **瘏** 音徒病也（龍471/03）。//**瘏**：**瘏** 音徒病也與瘏同（龍471/06）。

廜： **廜** 正音徒廜麻草庵也（龍299/08）。**廜** 俗（龍299/08）。

鶏： **鶏** 音屠鶏～鳥名似烏蒼白色也（龍286/03）。

圖： **圖** 正音徒與啚同（龍174/06）（玄8/108c）（慧28/1005b）（慧49/409b）（慧89/150b）（慧92/

　　196a）；詔定古文書圖啚二形同（玄25/334b、慧71/886a"啚度"註）。**圖** 音徒（龍174/0

　　6）。**圖** 音徒（龍174/06）。**圖** 音徒（龍174/06）。//**啚** 音徒與圖同（龍267/05）（玄18

　　/251b）（慧73/937b）（玄25/334b）（慧71/886a）；圖啚二形同（玄8/108c、慧28/1005b"所圖"

　　註）。**啚** 古文圖字（龍340/03）。

馪： **馪** 相承陁胡反馪香也（龍180/07）。

銉： **銉** 陁骨反鈍也又小刀也（龍021/08）。

踄： **踄** 正他骨反踥踄前不進也又音蹋（龍464/08）。**踄** 俗（龍464/08）。

麁： **麁** 音徒楚人呼虎曰鷡麁也（龍322/07）。

tǔ 土： **土**（希5/384a）（希8/406a）。**坔** 音土②（龍075/03）。

tù 兔： **兔** 土固反（慧31/2a）（慧31/15b）。**兔** 象形字點象兔尾（慧29/1016a）（慧32/49b）。**兔**

　　吐固反（慧13/659b）（慧41/209b）（慧51/432b）（慧86/104a）（慧94/231b）（慧100/342a）。**兔**

　　俗音兔（龍553/02）（慧11/607a）（紹151a3）。**兎** 正音兔（龍553/02）。

菟： **菟** 他故反菟絲草名也（龍263/02）（紹154b2）。**菟** 兔傳文從草作菟亦通（慧94/231b

①參見《龍龕手鏡研究》340頁。
②《疑難字考釋與研究》：此字殆即"土"之俗字（178）。

"兔彪"註)。

鮵: 鮵湯故反 (龍 170/05)。

鵵: 鵵兔音 (紹 165a7)。 鵵音兔 (龍 289/01)。 鵵音兔 (龍 289/01)。

tuan

tuān 湍: 湍他官反 (龍 227/04) (玄 4/58c) (慧 43/274a) (玄 11/150b) (慧 52/469a) (玄 13/177b) (玄 16/216a) (慧 65/775b) (玄 20/272c) (慧 76/993a) (玄 22/297b) (慧 48/384a) (玄 23/313c) (慧 50/422a) (慧 21/826a) (慧 22/845a) (慧 23/861a) (慧 24/893b) (慧 85/90b) (希 2/361b) (希 3/373a) (紹 187a5)；耑又作湍 (玄 13/178a、慧 52/481a "夷耑" 註)。

煓: 煓他端反火盛赫皃 (龍 240/08)。

貒: 貒正他端通貫二反野豚似豕而肥也 (龍 321/07)。 貒今 (龍 321/07) (玄 15/199b、慧 58/612b "狂狂" 註)。 // 貒: 貒他端反似豕而肥也又去聲 (龍 320/07)。

tuán 剬: 剬旨兖反又度官反 (龍 098/01) (玄 11/144b) (慧 52/457b) (玄 11/152b) (慧 52/473a) (紹 139b6)；制經文誤書剬字從耑非也 (慧 65/766a "未制" 註)。

黇: 黇正 (龍 182/08)。 黇今他端反黃色又他門反 (龍 182/08)。 黇俗 (龍 182/08)。

剸: 剸徒端反 (慧 59/653a) (紹 139b6)。 剸旨兖反又音端 (龍 098/01) (玄 14/198a)；摶字林作剸 (玄 9/125a "摶截" 註)；剬聲類作剸同 (玄 11/144b、慧 52/457b "剬割" 註) (玄 11/152b、慧 52/473a "剬割" 註) (玄 16/216c、慧 65/777a "木摶" 註)。 // 劗: 劗音專 ～斷首也 (龍 341/09)。

團: 團段巒反 (慧 15/690a) (希 5/388a)。 團待官反圓也 (龍 174/06) (慧 15/683b) (慧 35/105b) (慧 43/270a) (慧 63/742a)；闤字宜作團 (玄 11/146b、慧 52/460b "輕闤" 註)；摶或作團亦通 (慧 16/723a "一摶" 註) (慧 18/761a "鐵摶" 註) (慧 19/782b "一摶" 註) (慧 49/402a "一摶" 註)。 // 篅: 篅俗徒端反 (龍 499/08)。

摶: 摶徒官反 (龍 207/06) (玄 2/32a) (玄 9/125a) (慧 15/698b) (玄 46/329b) (玄 14/185b) (慧 59/632b) (玄 16/216c) (慧 65/777a) (玄 18/242a) (慧 72/912a) (玄 22/292b) (慧 48/376b) (玄 24/324a) (慧 70/869a) (慧 15/684b) (慧 19/779b) (慧 19/782b) (慧 29/1019b) (慧 32/46a) (慧

49/402a）（慧 53/497a）（慧 53/501b）（慧 54/522b）（慧 61/683a）（慧 62/713a）（慧 62/718b）（慧 64/754a）（慧 66/786a）（慧 67/810a）（慧 78/1032a）（慧 83/46b）（慧 87/128a）（紹 132b6）；**團**或作搏（慧 15/683b "肉團" 註）（慧 63/742a "小團" 註）。**摶**段鸞反（慧 16/722b）（慧 16/723a）（慧 18/761a）（慧 24/885b）（慧 26/954a）（慧 30/1038b）（慧 34/77a）（慧 36/124a）（慧 50/427a）（慧 65/766b）（慧 66/799b）（慧 68/821a）（慧 69/850b）（慧 77/1011b）（慧 78/1040b）；揣字正宜作搏（慧 22/840b "揣食" 註）。**搏**音博（慧 79/1056b）。**搏**徒欒反（慧 13/651b）（慧 13/654a）。**捶**常絹反（慧 43/263a）。**㩼**搏或作～（慧 13/651b "搏挽" 註）。//**摶**徒官反（龍 207/06）。//**摑**徒官反（龍 207/06）。//揣：**揣**搏經作揣俗字非也（慧 26/954a "搏食" 註）（慧 43/270a "肉團" 註）（慧 61/683a "搏若" 註）（慧 65/766b "一搏" 註）（慧 77/1011b "搏食" 註）（慧 78/1032a "搏食" 註）。**拂**徒官反（龍 207/06）。

榑：**棟**橡或作榑（慧 14/671a "橡柱" 註）。

鏄：**鏄**團音（紹 180b1）。

鶙：**鶙**度官職緣二反鶙～鳥名（龍 286/10）。

tuǎn 墥：**墥**他管反（龍 249/10）。

疃：**疃**正土管反疃塵食處成泥曰疃民隨此種稻也（龍 154/01）。//暖：**暖**或作（龍 154/01）。

痯：**痯**湍卵反（慧 63/731b）。**痯**勑管反（玄 14/193a）（慧 59/644b）。**痯**正（龍 474/01）（玄 11/143c）（慧 56/555a）。**痩**今他短反痬痯也（龍 474/01）。**痯**俗（龍 474/01）。//癉：**癉**或作（龍 474/01）。

tuàn 彖：**彖**他亂切（紹 173b5）（紹 204a1）。

漴：**漴**去音（紹 189a4）。**漴**通貫反（龍 235/03）。

褖：**褖**他貫反皇后大服也又以絹反（龍 106/09）。

tui

tuī 推：**推**出唯土回二反（玄 6/81c）（慧 3/443a）（慧 3/447a）（慧 6/501a）（慧 6/503b）（慧 14/663b）（慧 18/758b）（慧 19/771b）（慧 27/971a）（慧 29/1029a）（慧 45/314a）（慧 51/443a）（慧 55/532b）

（慧 61/692b）（慧 62/716b）（慧 64/753a）（慧 65/767a）（慧 66/795b）；搥砒經文作推押二形非體也（玄 12/155b、慧 52/455b "搥砒" 註）；椎從手者非也（慧 61/689b "椎葦" 註）。

萑：**萑**昌佳他囘二反草名又益母也（龍 258/09）。

屡：**屡**韡考聲正體作屡（慧 14/669b "韡帽" 註）。**屡**他囘反（龍 163/04）。

tuí 庨：**庨**度回反小墜地也（龍 298/09）。**庨**音雖屋邪也^①（龍 298/09）。**庨**香嚴作庨杜回反小墜也（龍 302/03）。

輇：**輇**他迴反車盛皃（龍 081/09）。//輨：**輨**（龍 081/09）。**輨**俗他雷反（龍 081/04）。

魋：**魋**徒囘反（龍 323/02）（慧 75/965b）（紹 198b4）。

譴：**譴**徒回反譟也（龍 040/04）。

儥：**儥**他每反長好肥大也（龍 030/01）（慧 90/175a）。

蹪：**蹪**正（龍 459/03）。**蹪**今杜回反蹪仆也（龍 459/03）。

飅：**飅**音惟風也香嚴又杜回反（龍 126/05）。

隤：**隤**杜雷反（慧 62/704b）（慧 62/722a）。**隤**正徒回反下墜也（龍 295/04）（慧 18/766a）（慧 27/970b）（慧 44/294a）（慧 60/675b）（慧 64/760a）（慧 69/853b）（慧 81/15b）（慧 82/32b）（慧 83/46a）（慧 87/129a）（慧 88/133b）（慧 88/140b）（慧 99/324b）（慧 100/347a）（希 10/418b）（紹 169b7）；頹古文頹墳二形今作隤同（玄 6/82a "頹毀" 註）（慧 60/665b "傾隤" 註）。**隤**俗（龍 295/04）。**隤**隊集作～於義乖失非也（慧 96/271b "後隊" 註）。//墳：**墳**杜回反下墜也（龍 246/05）；古文頹墳二形今作隤同（玄 6/82a "頹毀" 註）（慧 27/970b "隤" 註）；隤或從土作墳經文從頁作頹非也（慧 18/766a "隤穴" 註）。**攅**隤亦作頹攅[墳]（慧 62/722a "隤壞" 註）。**遺**俗杜四[回]反正作隤（龍 488/08）。**遺**俗（龍 488/08）。**遺**俗（龍 488/08）。//牘：**牘**素回反牘㯿（龍 361/07）。

瘣：**瘣**正（龍 471/06）。**瘣**今杜回反陰病也（龍 471/06）（紹 193a5）。**瘣**或作（龍 299/03）。//瘯：**瘯**俗（龍 471/06）。**瘚**或作（龍 299/03）。//癲俗（龍 471/06）。**癲**俗（龍 471/06）。

禰：**禰**徒懷徒田二反妯馲馬病也（龍 522/02）。**禰**同上（龍 522/02）。//**禰**徒回反正作爐䶄爐（龍 191/01）。

積： 積隊雷反（慧 94/224b）。 積徒回反暴風也（龍 545/08）（慧 60/665b）（慧 91/190a）（慧 9

3/221b）。 積積正徒囬切（紹 150a6）。

頹： 頹正杜回反暴風也又無髮也（龍 482/04）（慧 65/778b）（慧 58/616b）（慧 80/1084b）（慧

100/335a）（紹 170a9）； 隤字記中作頹非也（慧 82/32b “隤坁” 註）（慧 83/46a “隤綱” 註）（慧

87/129a “隤光” 註）（慧 88/140b “隤綱” 註）（慧 100/347a “隤年” 註）。 頹俗（龍 482/04）（玄

10/138c）（玄 15/201a）（紹 170a9）； 隤經文從禿作頹非此用（慧 44/294a “隤運” 註）（慧 6

2/722a “隤壞” 註）（慧 88/133b “隤綱” 註）。 頹誤（龍 482/04）； 隤或從土作墴經文從頁

作頹非也（慧 18/766a “隤穴” 註）； 譯經者錯用從鬼從佳乃是獸名殊非經義正合從

頁作頹（慧 75/965b “或魋” 註）。

瘨： 瘨長纇反（慧 76/1003b）。 瘨他猥直僞二反重瘨足腫病也（龍 473/04）（玄 22/295a）（紹

128b2）； 頹字林作瘨（玄 10/138c、慧 65/778a “陰頹” 註）（玄 15/201a、慧 58/616b “九［丸］

頹” 註）。 瘨徒雷反（慧 48/380b）（慧 66/790b）。

tuǐ 尵： 尵他猥反（龍 522/07）。 尵他賄反魋尵（龍 179/07）。 尵他對反（玄 15/201a）。 尵他

對反（慧 58/616b）。 尵他内反魋尵廢風苦熱也（龍 522/08）。//瘇： 瘇魋尵律文從

广作痕瘇非也（玄 15/201a、慧 58/616b “魋尵” 註）。

峞： 峞他罪反峞嶵山高皃也又他果反山長皃（龍 075/09）。

殔： 殔他每反殢～不知人也[1]（龍 514/08）。

骽： 骽他每反（龍 480/04）（慧 61/689a）（希 9/416c）； 腿俗字非也正體從骨作骽（慧 14/66

5b “腿足” 註）。//腿： 腿俗他每反正作骽（龍 410/08）（慧 14/665b）（慧 60/659b）（紹 1

36b2）； 骽律文作腿俗字非（希 9/416c “兩骽” 註）。 骽骽又作胺同律文作腿俗字非

（希 9/416c “兩骽” 註）//踶： 踶俗徒罪反（龍 461/02）。

tuì 退： 退正音退（龍 492/02）（慧 24/884b）（紹 138a5）。 退俗（龍 492/02）。 迖古（龍 492/02）；

退或作～古字也（慧 24/884b “不退” 註）。 退經從艮作退俗字也（慧 24/884b “不退”

註）。

①《龍龕手鏡研究》： “殢” 乃 “殔” 字之俗（364）。

娧：娧 音悦又他外反（龍284/02）（慧39/167a）；悦經作娧非也（慧39/166a"姝悦"註）。

蛻：蛻 他外書芮他卧亦雪四反（龍223/09）（玄12/166c）（慧55/546a）（玄19/260c）（慧56/569b）（初編玄922）（慧74/944a）（慧76/1006a）（慧77/1019b）（慧96/259b）（慧97/287b）（希5/385b）（紹164b8）。蛻式銳反（慧42/245a）。

駾：駾他外反奔突也（龍293/06）。

悕：悕正音退肆也又不進也又他没反悕忽不悵也（龍061/05）。悇俗（龍061/05）。悕他没反悕忽不悵也（龍063/09）。

tun

tūn 吞：吞音天人姓也又吐根反咽也（龍197/03）（玄1/18c）（玄8/114a）（慧16/715a）（玄13/177b）（玄17/232b）（慧70/857b）（玄23/304c）（慧47/351b）（玄24/319c）（慧70/862a）（慧24/895b）。吴古（龍197/03）。

鮛：鮛俗音吞（龍168/09）。

嗺：嗺徒昆反口氣皃也（龍268/09）。

焞：焞正他昆反又常輪反又徒敦反（龍239/05）。焞通（龍239/05）（紹190a6）。焞今（龍239/05）。

脖：脖淳亦作～（慧66/787a"淳質"註）。

暾：暾吐敦反（慧98/299b）（紹171a6）。暾他昆反日初出皃（龍426/01）。//𣎣：𣎣暾或從屯作𣎣（慧98/299b"東暾"註）。

𤑴：𤑴他昆反黄色（龍182/07）。

渾：渾他昆反渾灘太歲在申也（龍228/01）。

黗：黗他昆反黄黑色也（龍531/07）。

tún 屯：屯徒昆反（玄1/7a）（玄15/212a）（慧58/626a）（慧71/887b）。屯徒渾反（龍544/5）（玄12/162c）（玄25/335b）（慧17/739a）；屯又作屯（玄7/100b"屯真"註）；燉煌作屯皇誤也（慧100/330b"燉煌"註）。

𣎣：𣎣徒昆反𣎣不了（龍268/08）。

忳：忳徒昆反悶也（龍 054/05）。

炖：炖徒昆反赤色（龍 240/10）。

瓲：瓲徒昆反瓞～瓜名也（龍 195/06）。瓲徒昆反瓞瓟爪名（龍 330/08）。

軘：軘徒昆反兵車也（龍 081/02）。

霕：霕徒昆反大雨也（龍 307/05）。//黗：黗徒昆反（龍 192/01）。

黗：黗徒昆反黄色也（龍 182/07）。

豚：豚突論反（慧 95/251b）。豚徒魂反（慧 23/873b）；豘俗字正作豚（希 8/405b“江豘”註）。豚新藏作豚（龍 406/06）。//豘：豘鈍論反俗字也正體從豕從肉作豚古文本作豘雖正厭繁已廢不用也（慧 61/678b）（希 8/405b）。豘徒昆反（龍 317/06）。豘豘正徒門切（紹 167a5）。豘俗音毛（龍 318/02）。//肫：肫屯純二音又朱倫切（紹 136b7）。肫今徒昆反方言云豕子也（龍 406/06）。//豚：豚正徒昆反方言云豕子也（龍 406/06）。豚徒昆徒本二切（紹 136b8）；豚集本從屯作肫俗亦作豘（慧 95/251b“豚魚”註）。//豘：豘徒昆反豕子也（龍 320/05）。豘同上（龍 320/05）。豚豚説文正作～（慧 95/251b“豚魚”註）。//豘：豘俗徒渾反（龍 159/08）。

篼：篼徒渾反篣～（龍 390/05）。

臋：臋徒昆反（慧 48/388a）。臋徒昆反（龍 406/01）（玄 4/50c）（慧 31/21b）（玄 10/138a）（慧 45/305b）（玄 19/258c）（慧 56/566b）（玄 22/300a）（慧 22/853b）（慧 39/171b）。//臋俗徒曼[昆]反正作～（龍 479/03）（慧 39/171b“臋不”註）。//屍臋説文作屍古字也今不行用（慧 39/171b“臋不”註）。

tǔn 畽：畽他本反畽怨行無廉隅也（龍 154/01）。

tuo

tuō 侻：侻他括反侻可也又輕也（龍 037/09）（慧 33/53b）。侻他活反（玄 20/266c）。

捝：捝他括反又徒活反（龍 216/10）（慧 75/963b）；奪古文作敓捝（慧 3/446a“引奪”註）。

梲：梲他括反木梲也（龍 385/08）。

脫：脫吐活反（玄 1/19c）（玄 2/24c）（玄 14/189c）（慧 59/639a）（慧 85/94a）（慧 91/187a）。//脫

俗音脱（龍 162/05）。

嬔：**嬔**俗音脱（龍 276/08）。

托：**托**他各反玉篇云推也（龍 219/01）。**托**他各反玉篇云推也（龍 219/01）。**托**託音（龍 217/08）。//攦：**攦**音托擊也又同上（龍 219/01）。

杔：**杔**知格反（龍 387/04）；託傳文作杔木名誤也（慧 93/221a "託事" 註）。

託：**託**（慧 93/221a）（紹 185a3）。

侂：**侂**音託毀也（龍 038/08）。**侂**又他各反寄也（龍 023/08）。

飥：**飥**音託（龍 504/05）（紹 172a3）。

魠：**魠**音託魚名（龍 171/06）。

駝：**駝**正落托二音（龍 294/01）（玄 6/84b）（玄 21/279c）（慧 27/976b）（慧 95/245a）（紹 166a4）；駝又作駞同力各反又音託（玄 8/116c "橐駝" 註）；驝經文作駝非也（慧 13/649a "驝駝" 註）（慧 81/8b "白驝駝" 註）（希 1/356c "驝駝" 註）。//**駝**通落托二音（龍 294/01）（玄 8/116c）；駝又作駞（玄 6/84b "駞駝" 註）。//驝：**驝**落託二音（龍 294/02）（慧 13/649a）（慧 17/732b）（慧 41/218b）（慧 35/101b）（慧 51/438b）（慧 75/972a）（慧 80/1083b）（慧 81/8b）（慧 83/52b）（希 1/356c）；駝字書作驝（玄 6/84b "駞駝" 註）（慧 95/245a "駞駝" 註）；馳古今正字驝駝二字竝從馬形聲字也（慧 6/498a "馳驉" 註）（慧 27/976b "駞駝" 註）（慧 60/675b "駱馳" 註）。

它：**它**音陁（龍 156/03）；蚭俗字正從它作蛇或作它（慧 35/105a "蚭蟸" 註）（慧 38/158b "蛇螫" 註）。

扡：**扡** 太何反（玄 5/71c）（慧 44/287b）（慧 52/455b）（慧 57/580b）（慧 79/1058a）（紹 133a4）。

鮀：**鮀**音陀鮀負（龍 542/03）。

咃：**咃**俗音陁（龍 267/06）。**咃**俗音陁（龍 267/06）。

咃：**咃**丑加反（玄 2/23b）（紹 184b3）；俗音他（龍 265/10）（慧 38/161a）；陁經文從口作咃非也（玄 7/96b、慧 28/1012a "咃" 註）；他支經文作咃吱從口取轉舌也（玄 11/151b、慧 52/471a "他支" 註）。//咃：**咃**俗也陁誕三音（龍 267/05）（紹 183b7）；陁經文從口作咃非也（慧 28/1012a "羅陁" 註）。

苊：**苊**音他（龍 255/05）（玄 20/265c）（紹 155a9）。//莍：**莍**新藏作苊郭逐音他[1]（龍 256/01）（玄 20/264c）（紹 155a8）。

杝：**杝**音他杝車也又俗徒可力知二反（龍 374/01）。

拖：**拖**徒可反引也（龍 210/10）（慧 46/336b）（慧 31/4b）（慧 78/1034a）（紹 133a4）；挓經作拖俗字也（慧 57/580b "為挓" 註）。**拕**音他（龍 207/06）。//拕：**拕**音他（龍 207/06）（玄 4/59c）（玄 9/129a）（玄 12/155b）（玄 17/232b）（慧 70/857b）（玄 18/241b）（慧 73/929b）。**挓**俗同上（龍 210/10）。

毤：**毤**正他臥他外二反鳥易毛也（龍 136/03）；毻經文作毤近字兩通（慧 56/565b "毻落" 註）。**毣**毻經文作～近字兩通（玄 19/258a "毻落" 註）。//毻：**毻**或作（龍 136/03）（玄 19/258a）（慧 56/565b）。

譇：**譇**正土禾反退言也（龍 044/02）；訑又作譇同（玄 4/60a "匿訑" 註）。**誵**或作（龍 044/02）。**諮**俗（龍 044/02）。**諮**俗（龍 044/02）。//**諆**俗（龍 044/02）。

袥：**袥**音托開衣領大也（龍 109/05）。**袥**俗后托二音[2]（龍 106/05）。

tuó 沱：**沱**音陁（龍 227/09）（慧 85/95a）（慧 99/326a）。

佗：**佗**音陁逶佗今作迤同（龍 022/08）（玄 3/36a）（慧 09/570a）（玄 5/70b）（玄 9/130a）（慧 46/338b）（慧 25/924a）（慧 33/68b）；迆又作佗同（玄 10/132c、慧 49/407a "透迤" 註）（玄 19/256b、慧 56/562b "透迤" 註）。**佗**陁他二音又待可切（紹 128a9）。

狏：**狏**陀音（紹 166b10）。

屹：**屹**音陁（龍 072/06）。

柂：**柂**亦他音（龍 375/07）。

鸵：**鸵**音陁鸵薄也（龍 159/05）。

觚：**觚**音陁瓦盌（龍 316/02）。

袉：**袉**正徒可反裾也又他可反（龍 105/03）。**袘**今（龍 105/03）（紹 169a2）。**袘**俗（龍 105/03）。

①《龍龕手鏡研究》："莍""苊"乃佛經繙譯中的音譯用字（235）。
②參見《叢考》821 頁。

詑：**詑** 正徒何反欺也誑也（龍 041/05）（慧 11/617a）（紹 185a7）；訑正作詑（慧 11/618a "恣訑" 註）。**訑**通（龍 041/05）（玄 4/60a）（玄 8/116a）（玄 20/272c）（慧 76/993a）（慧 11/618a）（紹 185a9）；詑今作訑也（慧 11/617a "匪詑" 註）。**訑**土禾反欺也（龍 041/05）。**訑**音移自得之皃又殘意也又徒哥反避也（龍 041/09）（慧 17/736b）。//譇：**譇**訑或作～同（玄 20/272c、慧 76/993a "謾訑" 註）。

紽：**紽**音陁絲縷也又素絲五色也（龍 396/06）。

跢：**跢**音陁蹉跢（龍 460/08）。//跎：**跎**音陀蹉跎也（龍 459/04）。

鞑：**鞑**音陁疾馳也（龍 082/03）。

鞑：**鞑**音陁鞍鞘也（龍 448/03）。

駝：**駝**音陀（龍 290/08）（玄 2/31a）（玄 16/220c）（慧 65/780b）（慧 27/976b）（慧 41/218b）（慧 35/101b）（慧 51/438b）（慧 81/8b）（慧 83/47a）（慧 83/52b）（慧 95/245a）（希 1/356c）（紹 166a5）；馳正體作駝（慧 6/498a "馳驢" 註）（希 5/388b "馳驢" 註）。**駝**達河反（慧 13/649a）。**駞**馳正它音（紹 166a6）。//馳：**馳**音陀（龍 290/08）（慧 6/498a）（慧 13/657b）（慧 17/732b）（慧 26/949b）（慧 31/6b）（慧 60/675b）（慧 72/898b）（慧 75/972a）（慧 80/1083b）（希 4/380a）（希 5/388b）（紹 166a5）；律文從馬作馳非體也（初編玄 757 "駝毛" 註）（慧 13/649a "驟駝" 註）（慧 27/976b "馱駝" 註）（慧 51/438b "驟駝" 註）；駝錄作馱馳俗字也（慧 81/8b "白驟駝" 註）。

鮀：**鮀**正徒何反魚名也（龍 166/05）。//鮀：**鮀**今（龍 166/05）；鼉經文從魚作鮀非也（玄 4/61c "龜鼉" 註）（玄 12/163a、慧 75/968a "黿鼉" 註）（慧 96/271b "黿鼉" 註）。**魤**俗（龍 166/05）；鼉經文從魚作鮀非也（慧 44/283a "龜鼉" 註）。**鮀**俗（龍 166/05）。**鱉**俗（龍 166/05）。**鮀**鮀正陀音（紹 168a1）。

牠/牱：**牠**徒禾反牛無角也（龍 114/05）。//觰：**觰**徒何反牛无角與牠同（龍 511/01）。

沱：**沱**正徒何反又徒可反（龍 229/05）（慧 80/1073a）（紹 188b4）。**沱**俗（龍 229/05）。

迤：**迤**徒何反逶迤（龍 488/02）（玄 10/132c）（慧 49/407a）（玄 19/256b）（慧 56/562b）（慧 15/693a）（慧 82/41a）（希 5/384b）（紹 138a10）；委佗又作逶迤同（玄 3/36a "委佗" 註）（龍 022/08 "佗" 註）（玄 5/70b "委佗" 註）；峛崺或作邐迤同（慧 78/1033a "峛崺" 註）（慧 99/323a

"剓㐌"註）。

陁： **陁**正徒何反（龍295/02）（玄1/8a）（慧17/740b）；陀集作陁俗字也（慧99/324b"隋陀"

註）；沱集作陁不成字（慧99/326a"渣沱"註）；荽㡮止觀委陀恐非也失經意也（慧1

00/341b"荽㡮"註）。**䖮**絁陁二音①（龍368/02）；陁經文作䖮非也（玄1/8a、慧17/740

b"薩陁"註）。**䖮**絁陁二音（龍368/02）（紹201b10）。**䖮**音陁②（龍547/01）。**䖮**音陁

（龍547/02）。//陀：**陀**正徒何反（龍295/02）（慧99/324b）（慧99/325a）；佗經作陀非

也（慧33/68b"委佗"註）。**陀**徒何反（龍295/02）。

唾： **唾**俗音陁在呪中（龍265/07）（紹184a7）。

潒： **潒**徒可反與洍同（龍231/09）（紹186a10）。

齼： **齼**音陁齒不正也（龍311/09）。

駄： **駄**徒柯反（玄2/23b）（玄21/282a）（玄23/310c）（慧47/361b）（玄24/328c）（慧70/875b）（慧

76/994b）（紹166a4）。

橐： **橐**音託（龍384/07）（玄12/166c）（慧55/546a）（慧11/613b）（慧12/631a）（慧47/347a）（慧4

9/410a）（慧51/440a）（慧82/41a）（慧95/246a）（慧97/287a）（紹200b10）；駝又作橐字（玄6

/84b"駝駞"註）。**橐**湯洛反（慧14/662b）。**橐**橐正（紹158a1）；駝又作橐（玄21/279c

"駝駞"註）。**橐**他各徒各二反（龍554/01）。//囷：**囷**橐古文囷同（玄12/166c、慧55

/546a"苦橐"註）（慧51/440a"橐籥"註）。

槖： **槖**湯洛反（慧51/439b）。

驒： **驒**檀陁二音連錢駿一曰青驪白文也又丁年反～騱野馬似馬而小（龍292/07）。

鼉： **鼉**徒多反（慧28/1008a）。**鼉**徒多反（玄1/18c）（玄8/108a）（慧28/1005a）（玄12/163a）

（慧75/968a）（玄17/231a）（慧70/855b）（慧73/927b）（玄21/284b）（慧15/704a）（慧34/80a）（慧

60/663b）（慧96/271b）。**鼉**大何反（玄18/248a）。**鼉**唐河反（慧24/900b）（慧25/913a）。**鼉**

鼉正陀音（紹200b1）。**鼉**鼉正陀音（紹200b1）。**鼉**鼉正陀音（紹200b1）。**鼉**鼉正陀

音（紹200b1）。**鼉**音陁（龍340/08）（慧44/283a）（慧14/665a）（慧41/210a）（慧39/178a）（慧

①參見《龍龕手鏡研究》298頁。
②參見《龍龕手鏡研究》373頁。

100/334a）（慧 100/342a）（希 1/355b）（希 4/379a）。鼉堂何反（慧 53/492b）。//鼉俗音陁

正作鼉（龍 190/07）（玄 4/61c）；黿鼉二字從黽俗用下從龜者非也（慧 41/210a "黿鼉"

註）（慧 100/342a "龍鼉"註）（希 1/355b "魚鼉"註）（希 4/379a "黿鼉"註）。

蹳：蹳徒禾反～大跛也（龍 460/04）。

塳：塳正徒禾反飛塳戲也（龍 246/03）。//坴通（龍 246/03）。

碢：碢徒禾反碾碢（龍 440/09）（慧 90/177b）；磚也作碢（慧 42/250a "金磚"註）（慧 93/221a

"蹋蹀磚"註）。

磚：磚俗徒禾反（龍 439/07）（慧 42/250a）（慧 93/221a）；碢考聲從石作磚（慧 90/177b "擲碢"

註）。

tuǒ 妥：妥覩猥吐火二切（紹 141a10）。

婿：婿湯果反（玄 13/181c、慧 54/519b "兌兒"註）；憜或作婿（慧 19/784a "嬾憜"註）（慧 29

/1017b "懶憜"註）。

橢：橢勑果反（玄 11/147a）（慧 52/462b）。橢又他果反器文狹長也（龍 212/05）。楕他

果徒果二反木器名也（龍 381/03）。

鯙：鯙正（龍 169/07）。鯙今他果反魚子已生也又以水反蟹子也（龍 169/07）。

tuò 拓：拓正音託手承物也（龍 217/05）（玄 1/9c）（玄 13/177b）（慧 56/564b）（玄 22/295b）（慧 48/

381a）（慧 35/103a）（慧 37/139b）（慧 82/38a）（慧 94/236b）（希 6/395b）（希 8/406b）（希 10/420

c）（紹 132b8）。拓又俗音託（龍 382/08）（慧 91/192b）。

袥：袥湯落反字從衣（慧 86/113a）（慧 88/140a）（紹 168b10）；拓古文袥（玄 1/9c、慧 17/74

4a "拓地"註）（慧 94/236b "落柘"註）。袥他各反（玄 19/257c）；古文脈柘二形今作柝

同（玄 22/295b、慧 48/381a "拓石"註）。

柝：柝湯洛反（慧 50/427a）。柝湯洛反正作柘（慧 39/171a）；古文脈袥二形今作柝同（玄

19/257c、慧 56/564b "開袥"註）（玄 22/295b、慧 48/381a "拓石"註）。柝俗音託（龍 384/09）。

柝託音（紹 158b4）。柝或作（龍 217/05）；古文袥脈二形今作柝同（玄 13/177b "開

拓"註）；柝論從手作此柝誤也（慧 50/427a "柝色"註）；檬集作柝亦俗用（慧 97/286a

"擊檬"註）。柝柝正耻格切（紹 134b7）。柝俗音託（龍 217/05）。柝俗音託（龍 384/

09）；拓今作析同（慧 17/744a“拓地”註）。柝正音託擊～（龍 385/01）。拆拓今作拆同（玄 1/9c“拓地”註）；古文𣂷祏二形今作拆同（玄 19/257c“開祏”註）。𣂷古文祏𣂷二形今作拆同（玄 13/177b“開拓”註）。所古文所柘二形今作拆同（慧 17/744a“拓地”註）。𣂷拓古文𣂷（玄 1/9c“拓地”註）；古文𣂷祏二形今作拆同（玄 19/257c、慧 56/564b“開祏”註）（玄 22/295b、慧 48/381a“拓石”註）。//櫜：櫜湯洛反（慧 97/286a）。櫜俗音託（龍 217/05）。

跅：跅跊三蒼作蹉又作跅同大各反（玄 14/187a、慧 59/635a“徒跊”註）。蹉蹉又作～同徒各反（玄 16/221a、慧 65/763b“蹉跊”註）。

唾：唾土卧反説文云口液也（龍 273/03）（慧 11/611b）（慧 16/710b）（慧 53/492b）（慧 75/970b）（慧 90/179b）（希 9/412a）。唾土課反（慧 2/424a）（慧 5/478b）（慧 13/641a）（慧 13/659b）（慧 14/664b）（慧 15/698a）（慧 29/1028a）（慧 33/67a）（慧 35/102a）（慧 40/192a）（慧 64/757a）（慧 64/761b）（慧 87/128a）（慧 100/331a）（希 4/377a）（紹 182a8）；捶或作唾（慧 13/659b“杖棰”註）。//涶：涶他卧反（龍 235/01）（慧 38/152b）；唾或作涶（慧 2/424a“涕唾”註）（慧 5/478b“涕唾”註）（慧 11/611b“涎唾”註）（慧 13/641a“洟唾”註）（慧 75/970b“唾涎”註）（慧 90/179b“涎唾”註）。

蘀：蘀正音託葉落也（龍 264/05）（慧 98/301b）（紹 155b6）。萗俗（龍 264/05）。萗俗（龍 264/05）。

籜：籜他各反（龍 395/03）（紹 160a2）。

胉：胉音託胉膎也滴也澆也（龍 414/09）。

W

wɑ

wā 凹: 凹烏瓜烏交烏洽三反象形古字今作窊（龍544/02）（玄10/136b）（玄11/140a）（慧56/547b）（玄15/203a）（慧58/619b）（玄18/248c）（慧73/928b）（玄19/258a）（慧56/565b）（玄23/318c）（慧50/428b）（慧14/662a）（慧49/405a）（慧69/850b）（慧81/2b）；窊或作凹俗字也（慧12/632b "窊曲" 註）。凹於交乙合二切（紹203b7）。凹烏甲反（龍556/04）。鬥俗烏瓜反（龍091/05）。//坤：坤音甲土坤也①（龍252/01）。

容： 容凹凸蒼頡篇作容突同烏狹反（玄10/136b "凹凸" 註）；凹蒼頡篇作容（玄11/140a、慧56/547b "恐凹" 註）（慧73/928b "則凹" 註）（玄19/258a、慧56/565b "凹凸" 註）（玄23/318c、慧50/428b "坳凹" 註）。容凹蒼頡篇作容（玄15/203a、慧58/619b "匈凹" 註）。

毗： 毗烏瓜反毗留地名在絳州（龍195/04）。毗烏瓜反毗留地名（龍330/09）。

窊： 窊烏瓜反凹也（龍195/04）。窊（慧35/101a）（慧37/135b）（慧88/141a）（慧88/143b）（慧94/230b）（慧95/247b）（慧98/301a）（慧98/309b）（紹195a3）。窊烏瓜反（龍195/04）（玄1/7c）（玄6/89b）（慧4/463b）（慧17/739b）（慧27/988b）；窊或作窊注三體同（慧12/632b "窊曲" 註）；凹凸或作窊垤也（慧14/662a "凹凸" 註）（慧49/405a "凹凸" 註）。窊烏瓜反（慧31/9a）。霝俗烏瓜反正从穴（龍306/06）；窊經從雨作霝誤也（慧12/632b "窊曲" 註）。窊窊正烏瓜切（紹194b1）。//窊：窊烏瓜反（龍506/05）（玄7/98b）；字林音隱窊或作窊同（玄6/89b "窊曲" 註）（慧4/463b "不窊" 註）。窊烏瓜反（慧12/632b）（慧35/98b）（慧89/159b）；窊或作窊俗字也（慧31/9a "窊曲" 註）（慧49/405a "凹凸" 註）（慧98/301a "隆窊" 註）（慧98/309b "窊隆" 註）。窊俗烏瓜反②（龍155/09）。霝俗烏瓜反正从穴（龍306/06）。

---

①參見《字典考正》27頁。
②參見《叢考》462頁。

洼：洼窪或作宎洼三體同（慧12/632b "窪曲" 註）。

哇：哇於佳反（慧84/79）（慧84/85b）（慧87/118a）（慧87/131b）（慧97/289b）（紹182b9）。蛙正烏瓜於佳二反（龍267/07）。甄俗（龍267/07）。甄俗（龍267/07）。

欸：欸於佳古攜二反（龍353/09）；哇説文或從欠作欸論從虫作蛙考聲水蟲也非謳哇之義（慧84/85b "哇聲" 註）（慧87/118a "哇歌" 註）（慧97/289b "哇哥" 註）。

黽：黽烏街烏瓜二反與蛙同（龍慧31/10b）（慧96/264a）；蛙説文正體從黽作黽古字也（慧61/678b "井蛙" 註）（慧87/119a "井蛙" 註）（慧88/142a "春蛙" 註）（慧97/290b "井蛙" 註）。黽胡媧反（慧95/249b）。黽今烏街烏瓜二反（龍202/05）。黽俗（龍202/05）。黽俗烏街烏瓜二反（龍549/01）。//蛙：蛙烏瓜反又烏柴反蝦蟇之屬也（龍219/06）。蛙泓華反俗字也正從黽作黽（慧60/660a）（慧61/678b）（慧87/119a）（慧88/142a）（慧97/290b）（紹164a7）；哇論從虫作蛙考聲水蟲也非謳哇之義（慧84/85b "哇聲" 註）；黽集本作蛙通也（慧95/249b "井黽" 註）（慧96/264a "之黽" 註）。蛙今（龍202/05）；黽或作蛙黽音猛也（慧31/10b "龜黽" 註）。黽俗（龍202/05）。黽俗（龍202/05）。黽黽或作～（慧95/249b "井黽" 註）。黽俗（龍202/05）。

伖：伖正五瓜反歾伖猶歾婑也（龍353/09）。伖俗（龍353/09）。

㐌：㐌烏八反空也又手㐌為穴也（龍510/06）。

歾：歾烏没反（龍481/05）（龍355/05）（玄11/142b）（慧56/551b）（玄15/208a）（慧58/608b）。//㖪：㖪歾律文作～非也（玄15/208a、慧58/608a "歾歾" 註）。

娲：娲今六蛙古花二反（龍280/10）（慧97/277a）（紹141b10）。嫡俗（龍280/10）。嫡俗（龍280/10）。

呝：呝於佳反（龍270/01）（玄20/264b）。呝於佳反（龍270/01）。

骫：骫正五瓜反髑骫～骼骨也（龍480/01）。骫俗（龍480/01）。

wá 娃：娃於佳反又音桂（龍280/09）（紹142a1）。

wǎ 瓦：瓦吾寡反（慧5/488b）（慧6/514a）（希4/377a）（希9/413b）（希9/414b）。瓦音瓦（龍525/02）。瓦（慧001/4a）；瓶説文作瓦（慧12/639a "株瓶" 註）。瓦五寡反（慧12/639a）（慧3/453b）。瓦瓦正（紹148b6）。

瓪：瓪音瓦（龍381/08）（玄24/320c、慧70/863b "鼓瓪" 註）。瓪五骨反（慧12/639a）。

瓸：瓸五刮反呵也（龍315/01）。

瓹：瓹五刮反訶也（龍051/09）。

wà 膃：膃烏没反（龍415/08）（玄1/8c）（慧17/741b）。膃膃正烏没切（紹142a8）。

聉：聉五滑反無知之意也（龍537/04）（龍315/02）。

貀：貀五滑反屈也[①]（龍537/04）。貀五結反不安也（龍537/03）。

韤：韤無發反足衣也與韤同（龍177/01）。韤晚發反（慧15/694a）（慧35/102b）（慧76/993b）（慧94/223b）。//襪：襪亡發反足衣也（龍107/06）（玄3/41b）。襪亡發切（紹168a10）。襪無發反（慧09/572a）；韤今俗用或從衣從巾從皮作襪韤韤韤六字字韻詮云皆時俗穿鑿作之並不可依據也（慧15/694a "鞋韤" 註）。襪襪古文襪同（玄14/187b、慧59/635b "作襪" 註）。//韤亡發反足衣（龍450/08）；襪古文韤同（玄3/41b、慧09/572a "履襪" 註）。韤亡發切（紹140a10）；襪古文韤同（玄5/70c "履襪" 註）（玄14/187b、慧59/635b "作襪" 註）（慧15/694a "鞋韤" 註）（慧76/993b "跣韤" 註）。韤亡發切（紹140a10）。//帓：帓襪或作帓同（玄3/41b、慧09/572a "履襪" 註）。帓韤又作帓[襪]同（玄5/70c "履襪" 註）（玄14/187b、慧59/635b "作襪" 註）。//懻：懻或作忘發反（龍139/08）。懻韤或作懻[懻]（慧35/102b "韤等" 註）。//袜：袜俗亡發反作韤韤襪三字（龍123/09）；襪或作袜同（玄3/41b、慧09/572a "履襪" 註）（玄14/187b、慧59/635b "作襪" 註）；韤又作袜形同（玄5/70c "履襪" 註）（慧76/993b "跣韤" 註）。//袜：袜又俗亡發反（龍107/07）（慧59/635b）。袜无發反（玄14/187b）；古文作韤今作袜[袜]（玄5/70c "履襪" 註）。//韎：韎韤或作韎亦作襪又作袜袜懻[懻]古字也（慧35/102b "韤等" 註）。//鞳：鞳又俗亡發反（龍450/09）（慧40/187b）；韤亦作鞳（慧76/993b "跣韤" 註）。

豼：豼尾也切（紹149a2）。

---

①參見《龍龕手鏡研究》369頁。

wai

wāi 咼：咼又苦懷反又苦蝸反（龍 270/07）（玄 5/70c）（玄 6/89b）（慧 27/988a）（慧 35/111b）；喎説文正體作咼（慧 15/695b“喎戾”註）。冎（龍 270/07）。另（龍 270/07）。//喎：喎正玉篇音口淮古花二反切韻音苦蝸反口戾也（龍 266/03）（慧 15/695b）（慧 33/52b）（慧 93/213a）（紹 182a3）；咼經文從口旁作喎非字體也（玄 7/99b“咼面”註）（慧 24/899b“咼斜”註）（慧 35/111b“不咼”註）。喎俗（龍 266/03）。

竵：竵正口乖反物不正皃也（龍 518/09）。竵或作（龍 518/09）。竵或作（龍 518/09）。//歪：歪俗苦乖反（龍 543/05）。歪俗苦乖反（龍 543/05）。歪俗苦乖反（龍 543/05）。

wài 㖞：㖞音外（希 8/407c）（希 9/414b）。//㖞音外[1]（龍 187/02）。

頠：頠今五怪魚敗二反頭蒯頠也又不聰明也（龍 486/03）。頠聵今作頠（玄 1/3a、慧 20/802b“聾聵”註）。頠正（龍 486/03）。頠俗（龍 486/03）。

聉：聉五滑反無耳吳楚語也（龍 315/02）。

鱠：鱠烏外烏快二反喘息聲又火怪反～卧聲（龍 363/06）。

wan

wān 剜：剜烏官反（玄 2/31b）（玄 4/49b）（玄 4/53c）（慧 32/33a）（玄 12/157a）（慧 74/953b）（玄 22/290a）（慧 15/688a）（慧 26/950b）（慧 54/521b）（慧 92/207b）（慧 100/347b）。剜烏官反（慧 48/373b）（慧 45/307b）（紹 139b5）；刓正體字也俗作剜亦通（慧 62/703a“刓心”註）。剜烏官反刻削也（龍 097/07）（希 1/357b）。剜烏完反（慧 14/674a）（慧 41/222a）（希 8/405c）。//剜：剜烏官反（龍 097/04）。//剜：剜烏官反正作剜（龍 193/05）。//刓：刓椀丸反（慧 45/312a）（慧 62/703a）；剜埤蒼云正從刀作刓傳作剜俗字也（慧 92/207b“剜眼”註）。//䠊：䠊此字諸字書並無此字準義合是剜字烏桓反從身作者未詳（慧 75/965b）。䠊俗一桓於阮烏卧三反（龍 161/06）。

蜿：蜿於遠反（龍 223/03）。蜿威遠反（慧 27/976b）（慧 98/306a）。蜿冤阮反（慧 95/24

①參見《叢考》767 頁。

4b）（紹164a3）；綩綖諸經有作蜿蠕二形字林一遠反（玄6/82a "綩綖" 註）。**蜜** 蛩蜿正怨苑二音（紹194a9）。**蜜** 蛩蜿正怨苑二音（紹194a9）。**蜑** 蜿或作～（慧95/244b "蜿蟺" 註）。

豌：**豌** 一丸反（玄2/27b）（玄5/70c）（玄11/145b）（慧52/458b）（玄15/202b）（慧40/188b）（慧40/195a）（慧53/490a）（慧61/678a）。**豌** 一丸反（慧58/619a）（慧15/696b）（希5/387b）。**豌** 烏官反（龍359/02）。**豌** 椀丸反（慧26/936b）。**荳** 豌説文作～古字也（慧53/490a "豌豆" 註）。**荳** 烏官反正作豌（龍156/02）。**荳** 烏官反（龍359/02）。

彎：**彎** 於関反（玄10/134b）（玄23/313b）（慧50/421b）（慧18/762b）（慧36/129a）（慧40/189b）（慧50/415a）（慧50/417a）（慧67/803a）（慧68/824a）（希5/387c）（希6/396b）（希7/401b）（希8/410a）（紹145b6）。**彎** 烏還反（龍151/02）。

灣：**灣** 烏闢反（龍229/03）（慧42/247a）。**灣** 烏還切（紹187b3）。

wán 丸：**丸**（慧58/616b）。**九**（玄15/201a）。

汍：**汍** 胡官反（龍229/10）（慧83/44b）。

犿：**犿** 正五官反儹～失途貌（龍497/01）。**忨** 俗（龍497/01）。

芄：**芄** 音芄蘭草名（龍256/07）。

紈：**紈** 胡官反（龍398/06）（慧87/118a）（紹191a10）。

鳱：**鳱** 胡官反～叙鳥也（龍287/01）。

刓：**刓** 正五丸反圓削也（龍96/04）（玄5/72c）（慧33/59a）（玄13/180c）（慧53/501b）（慧33/59b）（慧95/253b）（紹139b10）；刻經文作刓非也（玄11/149b "五刻" 註）。**刓** 删經文作刓（玄5/66a、慧44/278b "删其" 註）。**刓** 俗（龍96/04）；刻經文作刓非也（慧52/467a "五刻" 註）。**刓** 俗（龍96/04）。//园：**园** 五丸反與刓同（龍174/07）（慧82/42a）；刓又作园同（玄5/72c、慧33/59b "空刓" 註）（玄13/180c、慧53/501b "刓刻" 註）。

岏：**岏** 五官反巑岏山峻銳皃也（龍070/03）（慧12/628a "巑峰" 註）。**岏** 五官切（紹162b1）。

忨：**忨** 五貫反貪也亦習也（龍060/02）（慧34/79b "懊悔" 註）（紹131a2）；元經文作忨非今義（玄7/95c、慧28/999b "元元" 註）；玩字正宜作忨（慧22/853a "玩味不忘" 註）。

完：**完**胡官反（龍155/02）（玄3/43c）（慧09/576a）（玄15/206b）（慧58/605b）（慧15/694a）（慧32/28b）（慧76/997a）（紹194a5）；睆翳論文作完涴二形非也（玄17/234c、慧74/948a"睆翳"註）（玄20/265c"白睆"註）。**兒**俗音完（龍430/09）；完有作兒非也（慧15/694a"不完"註）。

玩：**玩**五灌反（慧2/424b）（慧22/835b）（慧22/853a）（慧23/863b）（慧27/971a）。**玩**五貫反（龍437/04）（玄6/81c）（玄23/314c）（慧50/423b）（玄25/337c）（慧71/891b）。//**貦**五貫反（龍352/04）；玩古文貦同（玄6/81c"琓玩"註）（玄25/337c、慧71/891b"寶玩"註）。

骩：**骩**正五丸反骫骩也（龍479/03）。**骫**俗（龍479/03）。

頑：**頑**吳鰥反（玄1/19b）（玄5/71a）（玄18/249b）（慧73/919b）（玄22/294b）（慧48/379b）（玄23/315b）（慧50/424b）（玄25/331c）（慧71/881a）（慧2/437b）（慧6/508a）（慧19/783a）（慧22/835b）（慧24/886b）（慧25/914a）（慧30/1038b）（慧32/28a）（慧32/41a）（慧33/53a）（慧35/101a）（慧43/270a）（慧50/419b）（慧66/792b）（慧95/246a）（紹170a7）；項經文有從元作頑非本字（玄3/39b、慧09/560b"項很"註）。**禃**王還切（紹170a7）。**頏**五關反鈍也愚也[①]（龍482/04）。

wǎn 唍：**唍**俗音桓（龍266/05）（紹184b1）。

脘：**脘**音管（龍412/01）。

宛：**宛**（慧25/920a）（慧29/1027b）（紹194a5）；夗經從宀作宛非也（慧57/584a"夗轉"註）（慧69/837a"夗轉"註）。**宛**冤經文作宛同非體也（玄4/58b"煩冤"註）（玄12/166c"稱冤"註）（玄5/70c"豌豆"註）；豌經文作宛非體也（玄11/145b、慧52/458b"豌豆"註）（玄22/302c、慧48/393a"冤結"註）。**宛**豌經文作宛非字體（玄2/27b"豌豆"註）；冤經文作宛非體也（慧43/273b"煩冤"註）（玄7/94b、慧28/997b"煩冤"註）（玄19/256b、慧56/562b"稱冤"註）。**宛**豌經文作宛登俗字並非禾體也（慧26/936b"豌豆"註）。

惋：**惋**於阮反歡樂也（龍031/04）。**惋**冤經文作惋非體也（玄4/55c、慧43/267b"霓冤"註）。

惋：**惋**烏喚反（慧52/467a）（慧10/589b）（慧69/843b）（慧80/1082a）（慧81/8a）（希5/383b）（紹

130b2）；夗譜文作悇（慧 77/1012a "夗轉" 註）。**悇**烏喚反（玄 2/31c）（玄 3/38a）（玄 11/149b）（玄 15/210c）（玄 17/235b）（玄 19/254b）（慧 24/894b）（慧 35/111b）（慧 91/193a）；冤經文作悇同非體也（玄 4/58b "煩冤" 註）（玄 19/261b、慧 56/571a "煩冤" 註）。**悇**烏貫反驚歎也又上聲宛也（龍 059/05）（玄 7/104a）（慧 76/997a）；冤經文作悇同非體也（慧 43/273b "煩冤" 註）。**悇**烏喚反（慧 09/558b）（玄 4/52b）（慧 58/623b）（慧 74/949a）（慧 56/559b）；怨恨經別有本亦云悇恨（慧 31/24b "怨恨" 註）。

婉： **婉**威達［遠］反（慧 17/733b）（慧 76/990b）（慧 80/1072a）（慧 87/119b）（慧 99/319b）（慧 99/327b）（紹 141b4）；宛經又從女作婉非此用也（慧 29/1027b "宛轉" 註）；夗經作婉誤也（慧 32/42a "旋夗" 註）；夗經作婉非也（慧 55/542a "夗轉" 註）。**婉**於遠反（龍 281/05）（慧 79/1063b）；冤經文作婉非字體也（玄 7/94b、慧 28/997b "煩冤" 註）；綩綖宜改作婉筵二字以合經義也（慧 15/702b "綩綖" 註）（慧 27/971b "綩綖" 註）。**婉**冤阮反（慧 96/259a）（慧 97/286b）。

琬： **琬**冤遠反（慧 80/1076b）（紹 140b10）。**琬**烏貫反又於阮反（龍 437/03）。**琬**於遠反（慧 93/219a）。

晼： **晼**於阮反晼晚也（龍 427/02）。**晼**晼集從日作腕寫誤也（慧 98/310a "蘭晼" 註）；婉集從曰作晼曰部無此字晚謂日暮也未詳其深義（慧 99/319b "婉娩" 註）。**晼**又於阮反晼晚也（龍 350/05）。

睕： **睕**於阮反目病也又音晼大目貌又烏括反小無媚也（龍 420/03）。

畹： **畹**冤遠反集從日作睕寫誤也（慧 98/310a）。

稬： **稬**音宛（龍 143/06）。

睕： **睕**烏管反小有賄也（龍 350/05）。

踠： **踠**於遠反（龍 461/02）；夗經從足作踠非也（慧 38/158a "夗轉" 註）（慧 39/168b "夗轉" 註）（慧 39/175b "夗轉" 註）。**踠**冤遠反（慧 77/1014b）。**踠**冤阮反（慧 87/126b）。

綩： **綩**一遠反（玄 3/36b）（玄 6/82a）（玄 20/271a）（慧 54/519b）（慧 11/618b）（慧 15/702b）（慧 31/20a）。**綩**一遠反（慧 09/571a）（慧 12/623a）。**綩**於遠反（龍 399/04）。**綩**鴛遠反（慧 4/470b）（慧 15/691a）（慧 16/716a）（慧 27/971b）（慧 74/942b）（紹 191b2）。

鞔：**鞔**於元於遠於願三反履下也亦秤～也（龍 448/05）。

盌：**盌**古文烏管反小盉也今作椀（龍 328/08）（慧 80/1073b）（紹 173a8）；盌俗用作椀聲類從瓦作瓮並通（慧 37/137b "一盌" 註）。**盉**烏管反（慧 98/301b）。**窘**盌正椀音（紹 194a6）。//瓮：**瓮**俗用作椀聲類從瓦作瓮並通（慧 37/137b "一盌" 註）（慧 98/301b "銀盌" 註）。//椀：**椀**烏管反器物也（龍 380/09）；烏管反古文作盌字同（希 5/387b）。**椀**盌或作椀聲類又作瓮（慧 98/301b "銀盌" 註）。//埦：**埦**俗烏管反小盂也（龍 248/08）。

免：**免**無遠反切韻引也與挽義同（慧 27/981b）。

娩：**娩**晚兌二音婉娩媚也又音問生也又芳萬反㜷也又音萬姓也亦古萬字（龍 282/08）。

挽：**挽**音晚引也或作輓同（龍 211/08）（玄 14/191b）（慧 59/641b）（玄 25/333b）（慧 71/884a）（慧 13/651b）（慧 15/696a）（慧 19/772b）（慧 34/77b）（慧 42/241a）（慧 38/152a）（慧 39/168b）（慧 47/343a）（慧 61/691b）（慧 77/1015a）（慧 81/4a）（慧 83/65b）（紹 133b1）；輓經本從手作挽亦通（慧 20/798a "輓住" 註）；免與挽義同（慧 27/981b "三界獄免出" 註）。//抛：**抛**挽正並免晚二音（紹 133b1）；挽正作輓譜作～誤也（慧 77/1015a "挽弓" 註）（慧 81/4a "牽挽" 註）。//鋄：**鋄**亡返反引也正作挽（龍 016/04）。

茲：**茲**晚音又美辮切眾經音作他故切臨文詳用（紹 154b2）。**茲**晚音又美辮切眾經音作他故切臨文詳用（紹 154b2）。

晚：**晚**无遠反（龍 427/04）。**晚**音晚（龍 427/01）。

輓：**輓**無返反（龍 082/07）（慧 20/798a）（紹 139a4）；挽古文輓同（玄 14/191b、慧 59/641b "挽出" 註）（玄 25/333b、慧 71/884a "挽出" 註）（慧 13/651b "搏挽" 註）（慧 34/77b "挽我" 註）（慧 42/241a "挽弓" 註）（慧 39/168b "挽攝" 註）（慧 47/343a "牽挽" 註）（慧 77/1015a "挽弓" 註）（慧 81/4a "牽挽" 註）（慧 83/65b "悽挽" 註）；輓律文從車作輓（希 8/407a "福輓" 註）。

戵：**戵**亡范反刃也（龍 173/03）。

䥍：**䥍**正晚方二音皮脫也（龍 123/04）。**䥍**俗（龍 123/04）。

綰：**綰**烏板反又烏患反（龍 400/06）（玄 20/275a）（玄 14/190c、慧 59/640b "衣綰" 註）（玄 19/256c、慧 56/563a "瞳眊" 註）（慧 39/175b）（慧 60/670b）（慧 76/1005b）（慧 90/174b）（慧 97/275

b）（慧 98/304b）（慧 100/348b）（紹 191b7）。

wàn 卐：卍有云万字者謬説也乃是如來身上數處有此吉祥之文大福德之相（慧 12/627b "卍字之文" 註）。卐俗音万是如來身有吉祥文也（龍 551/02）。卐俗音万（龍 551/02）。丙俗音万（龍 551/02）。

万：万（中 62/718a）。乖古文万字①（龍 551/04）。

萬：萬無怨反合作万字（希 1/354a）。劳音万②（龍 077/01）。

妧：妧五貫反（龍 283/01）；玩字又作翫妧兩體（慧 22/835b "珍玩" 註）；頑古作妧（慧 43/270a "頑癡" 註）。

涴：涴五貫反（龍 048/07）。

翫：翫五灌反（慧 18/765a）（慧 29/1030a）（慧 32/29a）；玩經文作翫非體也（玄 6/81c "琭玩" 註）（慧 22/835b "珍玩" 註）（慧 27/971a "珍玩" 註）。

蝹：蝹音萬蜈蚣虫也（龍 224/02）。

鄤：鄤音万蜀有～鄉（龍 456/08）。

掔：掔烏灌反正體字也論作腕俗字也（慧 87/119b）（慧 87/130a）。掔烏喚反（玄 19/254b）（慧 56/559a）；腕俗字也文字集略從肉作腕説文作掔（慧 15/692b "踝腕" 註）；捥正作掔（慧 39/181a "二捥" 註）。胮梡灌反（慧 35/113a）。睪剜換反經從肉作腕俗字也（慧 36/124a）（慧 39/167b "合捥" 註）。睪剜涣反經從月作腕俗字也（慧 37/145a）。掔剜換反（慧 60/662b）；腕俗字也正體古文作掔會意字也（慧 90/178b "挖腕" 註）。胮古（龍 412/06）。䏩腕古文作～（慧 15/692b "踝腕" 註）。//掔：掔剜換反（慧 40/198b）。//捥：捥剜喚反（慧 62/705a）（慧 80/1087a）。捥剜換反（慧 39/167b）（慧 39/181a）；掔又作捥同（玄 19/254b、慧 56/559a "兩掔" 註）（慧 60/662b "拳掔" 註）（慧 87/130a "挖掔" 註）；腕或作捥皆俗用字也（慧 1/410a "兩腕" 註）（慧 15/692b "踝腕" 註）（慧 26/952b "腕手比丘" 註）。捥掔或作梡經本作腕非也（慧 40/198b "其掔" 註）。腕：腕烏灌反（慧 14/661a）（慧 44/280a）。腕烏灌反俗字也（慧 15/692b）（慧 26/952b）。腕烏灌反（慧 1/

①《疏證》：待考（298）。
②參見《叢考》342 頁。

410a)（慧 90/178b）；**捥**經文從肉作腕俗字也（慧 35/113a "令捥" 註）（慧 39/167b "合挽"
註）（慧 60/662b "拳捥" 註）（慧 87/130a "挖捥" 註）。//**腕**今烏貫反寸口前掌後曰腕（龍
412/06）（紹 136a1）。

堅：**堅**烏貫反石似玉又音怨（龍 438/04）。

鋄：**鋄**①亡敢反呪中字（龍 015/03）（慧 36/124a）（希 7/403b）；**叐**或從金作鋄也（慧 40/199a
"婆諴叐" 註）。**鋄**亡犯切（紹 180b3）。**鋄**今亡范反馬首飾也（龍 015/07）。**鋄**俗（龍
015/07）。

莁：**莁**正五貫反（龍 262/05）（慧 75/967b "藿葦" 註）。**莁**通（龍 262/05）。

wang

wāng 尢：**尢** 尫正體本作尤象形今俗用加王作尫形聲字也（慧 16/713b "尫狂" 註）（慧 53/4
91a "尫弱" 註）；**尫**今作尤同（玄 20/264b "尫弱" 註）。**尣**烏光反（龍 028/06）。**几**又
烏光反曲脛也（龍 333/03）。**尳**古文烏光反（龍 129/03）。//尫：**尫**烏皇反（慧 4
8/376a）。**尫**烏光反（龍 191/02）（玄 11/152b）（慧 52/473a）（慧 41/218b）；今作尫同（玄
8/113b "尫狂" 註）；尳今作尫同（玄 11/142a、慧 56/550b "尳贏" 註）。**尫**枉王反（慧
16/718a）（玄 11/142a）（慧 56/550b）（慧 53/491a）（慧 53/498b）（希 1/357a）。**尫**今烏光
反（龍 522/01）（玄 4/52c）（慧 31/25b）（玄 22/291c）（慧 48/376a）（慧 16/713b）（慧 68/831a）
（慧 90/180b）（紹 150a4）；尫經從兀誤也（慧 41/218b "尫贏" 註）（希 1/357a "尫贏" 註）。
尫烏皇反（慧 43/258b）。**尫**俗烏光反正作尫（龍 332/09）（玄 8/113b）（玄 20/264b）。
尫烏光反（龍 333/03）。**尳**尫古文從生作～經本作尫非也（慧 53/491a "尫弱" 註）。
//**尳**古烏光反（龍 522/01）；尫古文作～今隸書從省（慧 16/718a "尫細" 註）（慧 4
1/218b "尫贏" 註）（慧 68/831a "尫疾" 註）。**尳**烏光反（龍 333/03）。**尳**烏光反香嚴
又音注［汪］②（龍 332/10）。

汪：**汪**烏光反（龍 227/08）（玄 4/51c）（慧 31/23b）（玄 4/58b）（慧 43/273b）（玄 13/179b）（慧

---

①《叢考》：此字當是 "鋄" 的訛俗字（1079）。
②參見《龍龕手鏡研究》278 頁。

34/84a）（玄 14/191c）（慧 59/642a）（玄 15/207b）（慧 58/607a）（玄 15/207c）（慧 58/607b）（玄 18/250b）（慧 73/935b）（慧 55/530a）（慧 75/972b）（慧 79/1064b）（慧 93/215a）（慧 99/316b）（慧 100/340a）。**浭** 汪説文正作浭從水枉聲也（慧 75/972b "有汪" 註）。**湼** 汪説文作湼（慧 100/340a "汪哉" 註）。

wáng 亡：**亾** 經作亡俗字也（慧 10/586a）。

荒：**荒** 無方反荒草也（慧 10/580a）；芒宜作荒也（慧 21/827a "芒草箭" 註）。**荒** 無方反荒草也（玄 3/46a）。**荒** 音亡草名似芊 [茅] 皮可爲索也（龍 257/01）（龍 065/06）。

王：**王** 于誑反（慧 22/836b）。**禹** 音王（龍 184/02）。**黽** 音王（龍 241/01）。

虻：**虻** 音王虻孫虫名一名蜻蚓即今促織也（龍 222/06）。

wǎng 枉：**枉** 於往反（龍 379/08）（慧 4/460a）（慧 29/1022b）。**椲** 枉古文作椲（慧 29/1022b "枉死" 註）。**枉** 於徃反（龍 212/10）。// **敍** 枉古文從文作敍（慧 4/460a "枉生" 註）。

往：**徃** 羽网反（玄 6/87c）。**往**（慧 27/983b）。

䀠：**睲** 正于況反美光也（龍 429/01）。**䀠** 王況反（慧 90/169b）（紹 170b8）。**暏** 今（龍 4 29/01）。**䀠** 于況反美光也（龍 422/09）。// 旺：**旺** 今（龍 429/01）。

罔：**罔** 冈音（紹 201a4）。**罔** 音冈[1]（龍 249/10）。**罒** 古文音罔（龍 329/09）；罔古文罔同（慧 74/955a "罔然" 註）。**罟** 網或作～古字也（慧 11/607b "罥網" 註）。**罟** 無倣反象形字也（慧 12/622b）。**罜** 古文音罔（龍 329/09）；網或作～（慧 11/607b "罥網" 註）。**罟** 網説文作～古字也（慧 4/461b "鞔網" 註）。// **罔** 無昉反（慧 6/496b）。**罔** 正文兩反（龍 329/05）。**罜** 或作～籀文作网古文作冈論文從糸作俗通用字也（慧 66/792b "罩網" 註）（慧 76/990b "掣网" 註）。**罜** 惘説文作～（慧 100/338b "惘悒" 註）。// **网** 亡昉反（慧 66/792b）（慧 76/990b）；惘籀文作网（慧 100/338b "惘悒" 註）；網亦作网正作罔也（希 1/357b "罘網" 註）；網或作网像交結形也（希 6/397a "網槭" 註）。**网** 武莽反（慧 18/756b）；網或作网皆是古文象形字也（慧 8/544a "胃網" 註）。**冈** 俗文兩反（龍 329/05）（玄 8/109a）（慧 28/1006a）（慧 74/955a）（玄 23/318a）（慧 51/443b）（慧 21/817a）（慧 32/28b）；網亦單作冈象形字也（慧 4/461b "鞔網" 註）（慧 6/496b "誣罔"

①參見《叢考》177 頁。

註）（慧 41/222b "罘綱" 註）（慧 100/338b "惘悒" 註）；惘或作此罔也（慧 97/276b "惘然"
註）。**冈** 罔傳文從言作誷謬字（慧 94/233b）。**冈** 罔古文冈同（慧 74/955a "罔然" 註）。

茵：**茵** 音冈草名（龍 259/06）（玄 7/99a）（慧 26/957a）。

惘：**惘** 冈音（紹 130b8）。**惘** 音罔惘然失意皃也（龍 058/01）（慧 80/1077a）（慧 83/46b）（慧
88/137b）（慧 97/276b）（紹 130b7）；冈經文從心作惘近字也（玄 8/109a、慧 28/1006a "冈
然" 註）（慧 74/955a "罔然" 註）。**惘** 亡倣反（慧 100/338b）。**惘** 音冈（龍 138/08）。**惘**
音冈（龍 138/08）。**惘** 音冈（龍 138/08）。

網：**網** 文兩反（希 6/397a）。**綱** 音冈（慧 13/645a）。**綱** 武昉[反]（慧 29/1019a）。**綱**
音冈（龍 399/04）（慧 4/461b）（慧 8/544a）（慧 11/607b）（慧 12/636b）（慧 21/830b）（慧 27/
967b）（慧 27/983a）（慧 41/222b）。**網**（慧 15/706a）（希 1/357b）。**綱** 舊經作綱（龍 399
/05）。//鋼：**鋼** 音冈①（龍 016/03）。**鋼** 音冈（龍 016/03）。

詷：**詷** 武倣反（慧 86/103b）。**詷** 音冈誆詷也（龍 044/09）（慧 88/136b）（紹 185a9）；冈
傳文從言作～謬字（慧 94/233b "冈上" 註）。

輞：**輞** 文兩反（希 8/408b）（紹 139a4）。**輞**（玄 19/259c）。**輞** 音冈與枘同（龍 082/05）（慧
56/568a）（慧 4/461b）（慧 8/542a）（慧 8/550a）（慧 29/1022b）（慧 33/68b）（慧 35/110a）（慧 3
7/134b）（慧 37/140b）（慧 50/425b）（希 6/394b）（紹 139a4）；輞律文作輞俗用字也（希 8
/408b "轂輞" 註）。//枘：**枘** 輞或作枘（慧 35/110a "輞掾" 註）（慧 37/134b "裔輞" 註）。

魍：**蜽** 音冈蜽蛧（龍 223/06）；魍魎古文蜽蛧二形同（玄 6/83b "魍魎" 註）（玄 25/332b、
慧 71/882b "魍魎" 註）（慧 6/504b "魍魎" 註）（慧 7/520b "魍魎" 註）（慧 26/953b "魍魎" 註）
（慧 27/974b "魍魎" 註）（慧 41/214a "魍魎" 註）（慧 43/256b "魍魎" 註）（希 1/354c "魍魎"
註）；蟒經文作蜽蛧之蜽非也（玄 12/156a、慧 52/477a "蟒虵" 註）。**蜽** 説文蜽蛧從
蚩字書從鬼同（玄 2/31c "魍魎" 註）//**魍** 音冈[网]魍魎（龍 323/05）（玄 2/31c）（玄
6/83b）（玄 25/332b）（慧 71/882b）（慧 6/504b）（慧 7/520b）（慧 26/953b）（慧 27/974b）（慧 41
/214a）（慧 43/256b）（希 1/354c）（紹 198b3）（中 62/718c）。**罔** 音冈[网]魍魎也（龍 323/
05）。**魍** 音冈[网]魍魎也（龍 323/05）。**魍** 魍魎亦作～魎（慧 6/504b "魍魎" 註）（慧

①《叢考》：為 "網" 的換旁俗字（1068）。

7/520b“魍魎”註）（慧 41/214a“魍魎”註）。//䰣：䰣音罔（龍 127/06）。

菵：罔俗冈草二音[1]（龍 330/01）。

wàng 忘：忘冈方反（慧 2/428a）（慧 89/152b）（慧 90/167a）。忘武坊反（慧 11/603a）。

妄：妄（丽 59/656a）。

望：望無方反（玄 3/32c）（慧 09/564b）（慧 12/622b）（慧 14/667b）（慧 33/66b）。望武方反（慧 41/216a）。

謥：謥無放反責也（龍 048/07）。

迋：迋正于放反往也勞也（龍 491/08）。迋俗（龍 491/08）。

醠：醠烏曠反醠醠酒也（龍 310/09）。

wei

wēi 蜲：蜲於為反蜲蛇也（龍 221/08）。

覣：覣於為反好視也又烏戈反（龍 344/01）。

䴧：䴧於為反鹿肉也（龍 520/09）。

危：危魚為反（希 4/378a）；企亦古文危字（玄 14/198a、慧 59/653a“企床”註）。危隗逵反（慧 62/707a）（慧 32/35b）。

洈：洈音危水名（龍 230/02）。

偎：偎烏回反愛也又國名（龍 028/05）（慧 95/251a）（慧 97/274a）；隈論文偎非此義（玄 9/123c、慧 46/326b“避隈”註）。

堁：堁烏回反（龍 247/09）；猥集作堁通（慧 96/259b“猥壘”註）。

嵔：嵔正於鬼反又烏賄反（龍 075/01）（慧 98/309b）。嵔俗（龍 075/01）（紹 162b1）。

揋：揋烏灰反揋掎又國名（龍 209/09）。

隈：隈或作（龍 297/05）。隈正烏對反映隈也又烏回反水曲也（龍 297/05）（玄 1/19c）（玄 3/42c）（慧 09/574b）（玄 9/123c）（慧 46/326b）（玄 10/135c）（慧 49/400b）（玄 14/192a）（慧 59/642b）（慧 38/162b）（紹 169b6）。隈俗（龍 297/05）。隈或作（龍 297/05）。隈俗（龍 297

[1] 參見《叢考》885 頁。

/05）。

煨：煨正烏回反（龍 238/06）（玄 4/54c）（慧 34/90b）（玄 13/174b）（慧 55/529b）（玄 22/290a）（慧 48/373b）（玄 24/325a）（慧 70/870a）（慧 15/686a）（慧 41/215b）（慧 60/668a）（慧 61/690b）（慧 69/849b）（慧 72/903b）（慧 76/1008a）（慧 80/1082a）（慧 81/5a）（慧 86/109b）（慧 87/129a）（慧 89/155b）（慧 97/274b）（紹 189b9）。//煖俗烏回反（龍 238/06）。

椳：椳烏回反（龍 375/06）（玄 14/193c、慧 59/645b "户樞" 註）（玄 17/228b、慧 67/816a "户樞" 註）。

綩：綩烏灰反（龍 396/08）（慧 24/897b）（希 7/403c）；環經文從畏作綩非也（慧 40/194a "環珮" 註）。

鰥：鰥烏灰反曲角中也（龍 511/03）。

陒：陒音威（龍 295/07）。

葳：葳音威～蕤藥名（龍 254/10）（慧 86/113b）（慧 91/188a）（慧 98/298a）（紹 156b8）。

崴：崴烏乖反～～不平兒也（龍 072/03）。

巇：巇音危玉篇巇又音儀（龍 302/02）。

微：微尾非反無也細也隱行也（龍 495/07）（慧 2/436b）。微無非反（玄 4/57b）（慧 43/271b）（慧 59/648a）（玄 15/204b）（慧 58/602b）（玄 18/251b）（慧 73/937b）（慧 22/837a）（慧 75/969a）（慧 77/1021a）（希 10/420c）。微（玄 14/195b）（慧 39/169b）；微經從山從歹作微俗字訛也（慧 2/436b "稍微" 註）。

溦：溦音微浘溦小雨也（龍 230/02）。

薇：薇音微薔薇也（龍 258/03）（慧 53/483b）。薇無飛反（玄 12/159b）。薇微音①（龍 253/05）。

薇：薇今微眉二音竹名（龍 390/05）。薇通（龍 390/05）。籇通（龍 390/05）。簽或作（龍 390/04）。籛或作（龍 390/04）。

鑇：鑇音微懸物鈎也（龍 012/04）。

䛳：䛳烏回徒卧二反呼也又户罪反（龍 043/02）。

① 《龍龕手鏡研究》：疑即 "薇" 之俗字（235）。

娃：**娃**烏携反行竈也又口囬反亦明也（龍239/06）。

巍：**巍**正魚韋反（龍073/07）（慧55/531a）。**巍**俗魚韋反（龍547/06）。**巍**俗（龍073/07）。

wéi 口：**口**雨非反口見大物失聲也（龍174/05）。

褘：**褘**音韋重衣兒又垂也（龍103/07）。

褽：**褽**正音韋衺也（龍129/04）。**褽**正（龍129/04）。**褽**或作（龍129/04）。

爲：**爲**葦危反（慧5/489b）（慧5/492a）（慧7/529b）（慧12/639b）（慧27/962a）（慧27/971a）。**為**于危反（玄2/16a）（玄8/106b）（慧28/1003a）（慧12/639b）；為字上從爪經作為訛略也（慧1/409a"等為"註）（慧3/453b"析為"註）（慧12/639b"為一切"註）。**爲**古文爲字[1]（龍545/05）。

溈：**溈**居為反又音為（龍229/01）。**溈**音為（龍229/01）（紹187a2）。

隇：**隇**正許為反鄭地阪名（龍295/08）。**隇**俗（龍295/08）。

酁：**酁**韋委反地名（龍456/03）。

峞：**峞**五回反山高兒也（龍073/06）；峞或作峞（慧99/321b"嵳峞"註）。**峞**今音危（龍074/04）（慧99/321b）。**峞**古音危（龍074/04）。

桅：**桅**五回反船上桅竿也又居委反短矛也（龍377/04）。

鮠：**鮠**五回反魚名似鮎（龍168/09）。

韋：**韋**于非反（玄14/188a）（慧59/636b）（慧5/484a）（慧91/181b）；違字本單作韋石經加辵作違（慧2/431b"違拒"註）。//韓：**韓**俗音韋（龍122/06）。

撝：**撝**音韋选也（龍209/01）。

幃：**幃**音韋香囊也又單帳也（龍138/03）（玄3/36c）（慧09/571a）（慧4/470a）；帷經作幃香囊也非經義也（慧76/995b"帷帳"註）。

違：**違**音韋（慧2/431b）（慧2/431b）（慧6/499b）（希2/361c）（希3/370a）；韋經作違俗字也本作韋後人加辵丑略反作違（慧5/484a"韋拒"註）。**違**違經文從委作～不成字不堪用（慧6/499b"不相違"註）。**違**音違（龍490/05）（紹138a9）。**違**舊藏作違在續高僧傳第六卷（龍490/05）。

---

①參見《疏證》66頁。

棘：棘音韋束也（龍 542/03）。

闈：闈音韋宮中門謂之闈也（龍 091/06）（玄 19/256a）（慧 56/562a）（玄 22/300c）（慧 48/389b）（慧 23/874a）（慧 83/63b）（希 3/369b）（紹 195a10）。

惟：惟（慧 21/826a）（慧 27/966a）。恴古文惟字（龍 065/07）。恴古文惟字（龍 065/07）。徳徳音推[惟]①（龍 028/09）。愢音惟（龍 064/07）。愢音惟（龍 064/07）。

帷：帷于悲反圍也又在旁曰帷（龍 138/03）（玄 3/45a）（玄 4/58c）（慧 43/274a）（慧 14/661b）（慧 76/995b）（慧 93/218b）（希 8/408a）（紹 131b9）；幬或從巾作帷（慧 4/470a "幬帶" 註）。帷筠龜反（慧 10/584b）；幬經文或作帷[帷]（玄 3/36c、慧 09/571a "幬帶" 註）；帷有從心非也（慧 14/661b "牀帷" 註）。

唯：唯弋誰于比二反（玄 3/47c）（玄 6/87a）（玄 24/329c）（慧 1/416a）（慧 2/430b）（慧 2/431b）（慧 10/594b）（慧 12/630b）（慧 18/756a）（慧 19/775a）（慧 23/864b）（慧 27/968a）（慧 54/517b）。唯（慧 70/877b）。

琟：琟音唯石似玉也（龍 435/03）。

維：維翼佳反（玄 3/47c）（慧 31/25a）（玄 5/64c）（慧 44/284b）（玄 22/297a）（慧 48/383b）（玄 25/331c）（慧 71/881b）。

濰：濰惟音（紹 187a4）。

艛：艛香嚴又以佳反舟名（龍 132/01）。

誰：誰惟誰二音就也（龍 044/06）。

薝：薝正悅吹反藍蓼莃也又音隋（龍 255/08）。萡俗（龍 255/08）。

儳：儳正音尾身隨也（龍 345/03）。儳通（龍 345/03）。聰正（龍 343/08）。聰通（龍 343/08）。

犚：犚語韋魚貴二反（龍 115/03）。

wěi 尾：尾正體尾字也（慧 80/1070b）。尾正音尾首尾也（龍 163/09）（慧 89/157b）（慧 89/161a）。尾正尾字（慧 92/201a）。尾古音尾（龍 163/09）。尾古文尾字（龍 163/09）。尾同上（龍 163/09）。尾尾音（紹 172b2）。

① 《叢考》59 頁。

娓：娓許鬼反美也又尾美二音（龍 282/04）。

浘：浘音尾水流皃又～間，海水淺處也（龍 232/04）。

梶：梶今尾味二音粥也（龍 145/03）。梶正（龍 145/03）。

㹻：㹻正（龍 524/04）。㹻正（龍 524/04）。㹻今音尾人名也（龍 524/04）。

餛：餛音尾微也（龍 501/06）。

洧：洧榮水反水名也（龍 232/10）（慧 98/305a）（紹 189a2）。

䳐：䳐榮美反～黄色也（龍 183/01）。

鲔：鲔正於美反（龍 169/06）（慧 98/303a）（紹 168a3）；洧集作鲔魚名也（慧 98/305a "洧水" 註）。//鲔或作（龍 169/06）。

痏：痏韋美反（慧 99/311b）。痏榮美反瘡傷痏也（龍 472/07）（玄 4/49c）（慧 34/094a）（玄 15/206a）（慧 58/605b）（慧 96/264a）；疣經文作痏（玄 5/68b、慧 44/286b "瘡疣" 註）；頑經文作痏音于軌反非今用（玄 7/102b "戰頑" 註）；疫律文作痏非體也（玄 15/208a、慧 58/608a "疫頭" 註）；集作痏俗字（慧 99/311b "瘡痏" 註）。//喐：喐俗於鬼反[①]（龍 271/06）。//噅：噅俗於鬼反（龍 271/06）；痏痏律文從口作噅喂二形非也（玄 15/206a、慧 58/605b "痏痏" 註）。

撱：撱今羊捶反弃也又撞也（龍 212/05）。撱或作（龍 212/05）。

隗：隗（龍 297/03）（慧 74/941b）（玄 19/258b、慧 56/566a "陵嶒" 註）（慧 95/251a）（慧 99/320b）（慧 99/327b）（紹 169b10）。

嵬：嵬五每反嵬嵬也（龍 074/09）（玄 12/156a）（慧 52/456a）（玄 19/253b）（慧 56/557b）（慧 90/175a）（慧 91/190b）（慧 92/201b）（紹 162b6）（紹 198b5）。

㟪：㟪崼嵔集從裹從累作㟪㠑玉篇無此字（慧 98/309b "崼嵔" 註）。㟪五每反（龍 074/09）。

猥：猥烏每反（龍 318/07）（玄 4/58a）（慧 43/273a）（玄 11/148b）（慧 52/465b）（玄 15/208c）（慧 58/609a）（玄 22/291b）（慧 48/375b）（慧 2/436b）（慧 5/486b）（慧 15/688b）（慧 16/713b）（慧 18/762a）（慧 42/247a）（慧 54/514a）（慧 63/724a）（慧 82/36a）（慧 83/56a）（慧 86/115b）（慧 90/1

①參見《龍龕手鏡研究》249 頁。

69b）（慧 96/268b）（慧 97/276b）（慧 100/337a）（紹 166b3）。

娷：**娷**烏每反娷娞好兒也（龍 281/09）。

脮：**脮**烏每反（龍 410/08）（紹 136b5）。

㮼：**㮼**烏賄反㮼㷠行病也（龍 179/07）。**㮼**烏賄反㮼㷠行病也（龍 522/07）（玄 15/201a）。

㮼烏對反（慧 58/616b）。//㾝：**㾝**烏内反㾝㷠癈風苦熱也（龍 522/08）。//㾝：**㾝**俗烏對反正作㮼㮼㷠也（龍 476/08）（紹 192b6）；㮼律文從广作㾝非也（玄 15/201a、慧 58/616b "㮼㷠" 註）。**㾝**㾝正鄔罪烏退二切（紹 193a9）。//㾝：**㾝**俗烏對反正作㮼㮼㷠也（龍 476/08）。//㾝：**㾝**俗烏對反正作㮼㮼㷠也（龍 476/08）。

殨：**殨**烏賄反殨矮不知人也（龍 514/08）（慧 96/259b）。

錗：**錗**烏賄反錗鑼不平兒（龍 015/09）。

碨：**碨**烏每反（龍 442/03）（慧 75/965b）（慧 99/323a）。**魂**音隗（慧 83/53a）（紹 163a10）；經文碨字從鬼作魂礧誤也（慧 75/965b "碨礧" 註）。//**碨**烏每反（龍 442/03）。

魂：**魂**五罪反衆石貌（龍 442/09）。

委：**委**於危反委佗又作逶迆同（玄 3/36a）（玄 5/70b）（玄 9/123a）（慧 46/326a）（玄 9/130a）（慧 46/338b）；逶又作委（玄 10/132c、慧 49/407a "逶迆" 註）。

逶：**逶**于為反佗逶迆（龍 488/02）（慧 09/570a）（玄 5/70b）（玄 10/132c）（慧 49/407a）（玄 19/256b）（慧 56/562b）（慧 4/464a）（慧 15/693a）（希 5/384b）（紹 138b2）；委佗又作逶迆同（慧 09/570a "委佗" 註）。

萎：**萎**於為反怨也弱也蔫也萎黄病也（龍 256/09）（玄 4/52c）（慧 31/25a）（玄 9/128a）（慧 46/334a）（玄 12/167a）（慧 17/737b）（玄 15/205a）（慧 58/603b）（玄 17/232b）（慧 70/857b）（慧 8/553b）（慧 13/643b）（慧 41/219b）（慧 37/134a）（慧 57/583b）（慧 68/820b）（慧 76/1008b）（慧 81/9a）（慧 93/217a）（慧 100/341b）（希 4/376a）（紹 154b4）；餧説文作萎同（玄 1/19b "飲餧" 註）；瘻論文從草作萎誤（慧 84/81b "巳瘻" 註）；葳蕤説文作萎蕤（慧 86/113b "葳蕤" 註）；矮又作萎（玄 10/132c、慧 49/407a "菸瘦" 註）。

棿：**棿**於鬼切（紹 157a10）。

瘘：**瘘**委為反（慧 34/87b）（慧 42/250a）。**瘘**於為反瘘黄痺濕病也（龍 469/07）（玄 9/128b）

（慧 46/334b）（慧 33/53a）（慧 77/1013b）（慧 84/81b）（慧 94/225b）（希 8/405a）（紹 192b5）；萎律文作痿（玄 15/205a、慧 58/603b "萎黃" 註）。**麼**俗如佳反^①（龍 298/07）；萎經作痿（玄 4/52c、慧 31/25a "萎黃" 註）。**瘚**痿音（龍 472/04）。

羠：**羠**委餧二音羊相羠羘也（龍 160/03）。

殘：**殘**於為反枯死也（龍 514/01）（慧 83/48b）（紹 144b2）；痿又作殘同（玄 9/128b、慧 46/334b "痿熱" 註）（玄 17/232b、慧 70/857b "萎燥" 註）（慧 33/53a "痿躄" 註）（慧 42/250a "痿痺" 註）；萎或作殘（慧 68/820b "萎悴" 註）（慧 100/341b "萎痹" 註）。

諉：**諉**女恚反相囑也又過也又吐禾諉觚也（龍 049/05）（慧 84/78b）（紹 185b9）。

僞：**僞**危位反（慧 6/496a）（慧 8/536a）（慧 27/986a）（慧 32/36a）（慧 33/67b）。**僞**危瞶反（慧 63/725a）。

嶏：**嶏**音僞^②（龍 077/01）。

寪：**寪**正於委反屋皃也（龍 157/01）。**寪**俗（龍 157/01）。

薳：**薳**正韋委反（龍 259/10）。**薳**俗韋委反（龍 259/10）。

蝐：**蝐**於為反（龍 221/08）（紹 163b6）。**蝐**於危反（玄 5/70b）；逶又作蝐同（玄 10/132c、慧 49/407a "逶迆" 註）（玄 19/256b、慧 56/562b "逶迆" 註）。

瘑：**瘑**正（龍 473/08）。**瘑**通云委反口喎也一曰口瘡裂皃（龍 473/08）。

皼：**皼**為委反花皼與薳同（龍 431/07）。

薳：**薳**韋委反花也榮也（龍 259/10）（紹 156a6）。**薳**為委反（慧 81/16b）。

傿：**傿**正韋委反不安也（龍 032/05）。**傿**俗（龍 032/05）。

闚：**闚**正于委反闚也又姓又苦蛙反斜也開門也（龍 093/01）。**闚**今（龍 093/01）（玄 7/95a）（慧 28/998b）（玄 7/99a）（慧 19/785a）（慧 54/515a）。//闚：**闚**或作（龍 093/01）；闚又作闚同（玄 7/95a、慧 28/998b "開闚" 註）（玄 7/99a "開闚" 註）。//**闚**誤經音作闚于彼反開也郭逐俗音普耕反門聲也（龍 093/02）；闚經文作闚誤也（玄 7/95a、慧 28/998b "開闚" 註）。

---

① 《叢考》：此字疑為 "痿" 的俗字（393）。
② 參見《字典考正》112 頁。

硊：**硊**危鬼反（慧99/323a）。

頠：**頋**魚委反（龍484/08）（慧49/411a）（慧84/70a）（紹170a9）。

偉：**偉**于鬼反大也奇也重也（龍29/07）（玄1/14c）（慧42/237a）（玄7/96c）（慧19/780a）（玄12/166b）（慧55/545b）（玄19/255c）（慧56/561b）（慧10/592a）（慧21/832b）（慧39/177a）（慧62/700b）（慧62/717a）（慧84/68a）（慧93/215b）（紹128a6）。

媁：**媁**于鬼反醜也（龍282/06）。

葦：**葦**于鬼反（龍259/01）（慧58/614a）（慧1/414b）（慧2/431a）（慧5/484a）（慧8/541b）（慧17/735b）（慧31/13a）（慧32/47b）（慧75/970b）（紹156a10）。**葦**（玄15/200a）。

橔：**橔**於鬼反木名可屈為盂（龍381/05）。

暐：**暐**於鬼反暐曄日光盛兒也（龍426/08）（玄18/249b）（慧12/623b）（慧26/953b）（慧54/513a）（慧96/260a）（紹170b7）；煒爗經從曰作暐曄俗字也（慧55/530b"煒爗"註）（慧86/104a"煒暈"註）（初編玄591"煒爗"註）。**暐**于匪反（慧73/919b）。

敼：**敼**音韋戻敼（龍529/02）。**敼**俗音韋（龍119/04）（紹148b9）。

煒：**煒**于鬼反煒爗（龍241/5）（玄1/7a）（玄2/31c）（初編玄13/591）（慧17/738b）（慧24/888b）（慧32/36b）（慧55/530b）（慧55/533b）（慧57/590b）（慧60/655b）（慧74/958b）（慧79/1052b）（慧79/1063b）（慧80/1070a）（慧86/104a）（慧87/122a）（慧90/168a）（紹189b2）；暐宜作煒（玄18/249b、慧73/919b"暐暐"註）（慧54/513a"暐曄"註）。//煔：**煔**於鬼反（龍180/04）（紹148b8）；煒經文作煔非也（慧74/958b"煒爗"註）（慧79/1063b"煒晃"註）。//塷：**塷**于鬼反塷塷也（龍249/10）。

瑋：**瑋**于鬼反（龍437/3）（慧90/172b）（紹140b8）；煒經文作瑋非體也（玄1/7a"煒爗"註）（慧17/738b"煒爗"註）；偉埤蒼作瑋同（玄1/14c、慧42/237a"偉壯"註）；偉經本從王作瑋亦通用也（慧19/780a"傀偉"註）（玄19/255c、慧56/561b"不偉"註）。

篲：**篲**于鬼切（紹160a3）。

韡：**韡**于鬼反華兒也（龍176/06）。

緯：**緯**音謂（龍402/06）（慧76/997b）（慧95/246a）（希2/365c）（紹191a6）。

趧：**趧**于鬼反（龍341/07）（慧16/722b）（慧96/268a）（紹202a5）。//愇：**愇**音韋香嚴云恨

也（龍052/09）；騩籀文作悼同（玄5/77a、慧16/722b"自騩"註）。

飇：飇于鬼反大風皃（龍127/05）。飇于鬼反大風皃（龍127/05）（龍176/05）。飇或作于鬼反大風皃正作颮[颮]又俗胡每反（龍030/08）。飇或作于鬼反正作颮大風皃（龍497/07）。飇俗（龍030/08）；偉經文作～颮胡憒反非體也（玄12/166b"偉風"註）。

霏：霏正玉篇音尾美皃又進也又靖也（龍129/07）。霏正（龍129/07）。霏或作（龍129/07）。霏或作（龍129/07）（慧46/327b）（紹173b9）。霏俗（龍129/07）。霏俗（龍129/07）。霏俗（龍129/07）。霏俗（龍129/07）（玄9/124a）。霏俗（龍129/07）（玄7/100b）（玄11/152c）（慧19/783b）（慧78/1046a）。霏微匪反（慧93/215a）。霏微匪反（慧83/65a）（慧89/158b）（慧97/287a）（慧100/349a）。霏正音尾霏微也文才美皃也又進也（龍119/07）。霏俗（龍119/07）。霏俗（龍119/07）。霏音尾（龍191/06）。霏俗通音尾（龍203/03）。霏亡匪反（慧52/474a）（慧80/1078a）（慧80/1080b）（慧88/141a）（慧93/215a）（紹197a7）。霏俗音尾[1]（龍535/08）。

骫：骫正音委骨曲也（龍480/05）。骫俗（龍480/05）。

瘑：瘑正羊捶徂充二反瘡裂病也（龍474/02）。瘑或作（龍474/02）。瘑俗（龍474/02）。

跮：跮千水反蹴也又以水反走也（龍461/08）。

薳：薳音遠薳志藥名又韋委反薳草（龍260/02）（慧81/14b）（慧94/235a）。

壝：壝以追以水二反垺也壇也（龍247/10）。

wèi 未：未（希9/413a）。

穌：穌音未魚名（龍170/06）。

畏：畏威謂反（慧7/524a）。

宸：宸或作烏對反隱處也與辰同（龍300/09）（慧25/915a）。//底：底或作烏對反隱處也與辰同（龍300/09）。辰烏對反隱翳也又於攺於豈二反藏也（龍302/08）。宸俗烏續反[2]（龍300/06）。

喂：喂王貴反（龍275/01）；痏痏律文従口作嘽喂二形非也（玄15/206a、慧58/605b"痏痏"

①參見《叢考》93頁。
②《叢考》："烏續反"的"宸"應是"宸"或"底""辰"的俗字（93）。

註）。

胃：䏿為貴反（慧 68/828a）。胃音胃（慧 41/215a）。胃韋貴反（慧 47/349b）。胃韋畏反（慧 2/423b）（希 1/356a）（希 3/369c）；腡或作胃字（希 2/366a“腸腡”註）。//倡：倡音謂胃也（龍 036/02）。//腡：腡為偽反俗字也正單作胃（慧 15/704b）。腡俗通（龍 413/02）（慧 5/478b）（希 2/366a）；胃或作腡俗字也（慧 41/215a“腸胃”註）（慧 68/828a“胃膽”註）（希 1/356a“腸胃”註）（希 3/369c“腸胃”註）。腈俗（龍 413/02）。

渭：渭音謂（慧 87/118b）（希 10/422a）（紹 186b2）。

蔄：蔄音胃草名（龍 263/02）。

熭：熭音胃火狀也（龍 243/04）。

謂：謂（慧 22/835a）。䚃古文謂字（龍 552/08）。䚃音謂（龍 553/08）。

緭：緭音謂緭繒也（龍 402/06）。

鮹：鮹音胃魚似虵四足食魚也（龍 170/03）。

遺：遺惟季反（慧 24/889b）（慧 38/161a）（慧 60/671a）。遺音唯亡也失也又加也贈也（龍 488/7）（玄 1/4b）（玄 3/43c）（玄 9/122c）（玄 14/189a）（慧 09/576b）（慧 19/782a）（慧 59/638a）（慧 11/613a）（慧 20/804b）（慧 46/325a）（慧 54/517a）（慧 55/535b）（慧 82/33b）（慧 85/91b）（慧 93/213b）。//贀：贀遺經文從貝作贀近字也（玄 1/4b、慧 20/804b“或遺”註）。//贀：贀俗音惟正作遺（龍 349/6）。

膭：膭公回胡對二反又以醉反（龍 406/07）。//：膭舊藏作膭（龍 414/07）；䐈經文從月作膭非也（慧 75/981a“脂䐈”註）。

蔚：蔚音畏茺蔚草也（龍 261/07）（玄 1/8a）（玄 1/10c）（玄 4/51c）（玄 7/101a）（玄 9/126a）（玄 15/211a）（慧 17/740b）（慧 17/745b）（慧 31/23a）（慧 44/283b）（慧 46/330b）（慧 58/624a）（慧 19/773b）（慧 24/886a）（慧 31/14b）（慧 32/45b）（慧 55/542b）（慧 77/1013a）（慧 88/149a）（慧 89/161b）（慧 90/176a）（慧 95/249a）（慧 98/297b）（慧 100/331b）（慧 100/339a）（紹 156b7）；鬱或作蔚（慧 28/1001a“鬱茂”註）。

犚：犚於胃反牛黑耳也（龍 117/01）。

慰：慰於胃反（龍 066/09）（慧 21/816b）（慧 23/859b）。

罻：罻氳勿反（慧 95/247b）。罻於貴反（龍 330/03）。

饖：饖音穢（慧 60/673b）；穢或從食作饖（慧 3/445b“臭穢”註）。饖於廢反（龍 503/03）。

䠣：䠣於廢反～䮸馬怒也（龍 293/04）。

懀：懀烏外烏快二反惡皃也（龍 059/09）（玄 5/67a）（慧 24/892a）（玄 5/77b）；會經從心作懀非也（慧 32/40a“号會”註）。

黵：黵烏會反淺黑色也（龍 532/08）。

槥：槥衛越二音曬乾也（龍 243/07）。槥衛越二音曬乾也（龍 243/07）。

錯：錯祥歲反大鼎也（龍 018/02）。

衛：衛榮穢反今從省作衛也（慧 41/206a）。衛榮喙反（慧 6/499b）；街方志作衛非也（慧 77/1025a“稟街”註）。

衛：衛居衛反踶衛牛展足也（龍 117/03）。

躗：躗蹷論文作蹶古文躗同（玄 9/124a、慧 46/327b“則蹷”註）。

䜜：䜜今音衛豕属也（龍 552/09）。䜜（龍 552/09）。//䜜：䜜音衛豕屬（龍 321/02）。

餧：餧於偽反（玄 1/19b）（玄 20/266a）（慧 15/684b）（慧 34/77a）（慧 42/246a）（慧 43/262a）（慧 60/673a）（慧 75/976a）（慧 100/335b）（紹 171b8）。//萎於為反（龍 256/09）；餧説文作萎同（玄 1/19b“飲餧”註）（玄 20/266a 慧 43/262a“餧此”註）（慧 15/684b“餧狐狼”註）。

魏：魏巍貴反（慧 99/320a）。

害：害詳歲反軸頭也（龍 275/03）。害祥歲胡桂二反皆車軸鐵也（龍 084/01）。害祥歲胡桂二反又時釗反望也（龍 084/01）。//轊：轊（龍 084/01）。

彙：彙彙古文作～（慧 60/654b“品彙”註）。彙音謂（慧 60/654b）。彙今音謂（龍 368/07）（慧 77/1027b）（慧 87/123a）（慧 89/162b）（慧 98/310a）（慧 99/318b）（紹 202b4）；蝟又作彙同（玄 18/247c、慧 73/927a“或蝟”註）（慧 61/683b“品類”註）。彙俗音謂（龍 368/07）。彙彙序文作彙俗字也（慧 60/654b“品彙”註）彙俗音謂（龍 368/07）。彙舊藏作彙（龍 428/06）。彙彙古文字也今作～（慧 98/310a“覩彙”註）。//蝟：蝟音胃（龍 224/03）（玄 18/247c）（慧 73/927a）（慧 77/1023a）（紹 164a1）。

蜼：蜼余音（紹 164a3）；狖古文蜼字林余繡反（玄 6/83a“狖貍”註）（玄 8/118c“狖貍”註）

（慧 38/157b"狓貍"註）。

磑：磑五對反（龍 443/07）（慧 37/137b）（慧 53/489a）（慧 68/822b）（慧 94/224b）（慧 100/344a）

（紹 162b9）。

wen

wēn畾：畾音温仁畾諸比類也與温同（龍 425/07）。

温：溫隱魂反（慧 45/309a）（希 8/408b）；溫烏昆反（玄 2/29c）（玄 23/305b）（慧 47/352a）

（玄 24/328b）（慧 70/875b）（慧 26/944a）（慧 76/998b）（慧 95/246b）（慧 95/249b）（紹 187b9）。

榅：榅烏没反（龍 385/03）（紹 157a4）；搵經從木作榅非也（慧 40/187b"搵藥"註）。

殟：殟烏没反又烏昆反（龍 515/08）（玄 6/90c）（玄 7/93b）（玄 12/164a）（慧 55/543b）（玄 13/

181c）（慧 57/601a）（紹 144a10）。殟烏没反（慧 28/996b）。

煴：煴音温（龍 425/07）（紹 170b8）。

貆：貆音温短項豕名（龍 320/08）。

瓜：瓜正音温瓜名也（龍 195/05）。瓜俗（龍 195/05）。瓜牛昆反瓜爬爪名又音温亦

爪名（龍 330/08）。

輼：輼音温輼輬車名閉即温開即凉也（龍 079/07）（慧 77/1025b）（慧 81/6a）（慧 94/239b）。

饂：饂音温戎狄塩也（龍 332/06）。

騴：騴烏魂反～騴俊馬也（龍 291/02）。

wén文：文武分反此字與支支部俗字相濫（龍 118/05）（玄 23/309a）（慧 47/359b）；紋又作文

（玄 10/138c、慧 65/778a"紋身"註）。

彣：彣音文～彩斑雜也（龍 188/03）；紋古文彣（玄 10/138c、慧 65/778a"紋身"註）。

旼：旼音旻和也（龍 119/01）。

紋：紋音文（龍 397/03）（玄 10/138c）（慧 65/778a）（慧 86/116a）（慧 87/127a）。

駮：駮音文～王馬名也（龍 291/09）。

鳼：鳼音文鳥名（龍 287/08）。

敠：敠文吻二音摩拭也（龍 118/08）。敠文吻二音摩拭也（龍 118/08）。

蚊：**螡**字書正體字亦作～也論文作蚉俗行用字也（慧67/803a）。**䘉**音文（慧79/1056a）。

螡正音文（龍219/03）；蚊正從蚰作螡（慧31/2a"蚊蝄"註）（慧3/441b"蚊蝱"註）（慧13/659a"蚊蝱"註）（慧19/773a"蚊蝱"註）（慧32/29a"蚊蝱"註）（慧63/724b"蚊幬"註）（希6/393c"蚊蝱"註）（希7/402a"蚊蝱"註）。**螡**蚊説文作～（慧6/510b"蚊蝱"註）。**螽**蚊古文奇字從昏作～避太宗廟諱改民從昏也（慧6/510b"蚊蝱"註）。**螡**蚊字統云作蝱（慧72/902b"蛾蚊"註）。//**蝱**正音文（龍219/03）；蚊或從蚰作蝱（慧29/1015b"蚊蝄"註）。**蚊**刎分反（慧16/716b）（慧17/734b）（慧32/29a）（慧63/724b）（慧72/902b）（慧88/143a）（希3/373a）（希4/376a）（希5/388b）（希6/393c）（希7/402a）（希8/407c）（紹164b2）（紹164b2）。**蚊**今音文（龍219/03）（慧6/510b）（慧31/2a）（慧3/441b）（慧13/659a）（慧19/773a）（慧29/1015b）（慧29/1023a）（慧37/142a）（慧69/841b）。**蚊**文音（紹164b2）；吻分反俗用字也正作螡（慧30/1040a"蚊蝄"註）。**蚉**文音（紹164b2）；蚊經中作蚉俗用非也（慧3/441b"蚊蝱"註）（慧6/510b"蚊蝱"註）（希4/376a"蚊蝱"註）（希7/402a"蚊蝱"註）（希8/407c"蚊蟻"註）。**蚉**俗音文（龍219/03）。**䖟**蚊又作～古字也（慧19/773a"蚊蝱"註）。**蟁**蚊或作～古字也（慧19/773a"蚊蝱"註）（慧29/1015b"蚊蝄"註）。

聞：**聞**（慧21/816b）；曼律文有作聞（玄14/195b、慧59/648b"曼今"註）。**聞**俗呼目反[1]（龍095/05）。//**肏**俗音聞[2]（龍313/10）。//**聟**古文聞字[3]（龍314/02）。//**䐝**古文聞字[4]（龍314/02）。//**廓**古文音聞[5]（299/01）。**廓**古文音聞（299/10）。**廓**古文音聞（299/10）。

wěn 刎：**刎**正武粉反刎頭也（龍097/09）（玄5/70a）（慧52/453b）（玄12/167b）（玄18/250b）（慧73/935b）（玄20/264b）（玄25/339a）（慧71/894b）（慧43/259a）（慧61/685a）（慧78/1041b）（紹139b4）。**剁**俗（龍097/09）。//伆：**伆**武粉武弗二反離也（龍032/06）；刎古文伆同（玄12/167b"刎口"註）。

殁：**歾**刎古文殁同（慧52/453b"自刎"註）（玄18/250b、慧73/935b"自刎"註）（玄25/339a、

---

①參見《字典考正》443頁。
②"肏"乃"肏"（入耳為聞）字異寫。
③參見《隸定古文疏證》245頁"聞"字條。
④《隸定古文疏證》："䐝"蓋"睧"字之省（246）。
⑤此字及隨後二字構形意圖未詳，待考。

慧 71/894b "自刎" 註）。**劦** 刎古文歾同（玄 5/68b "劒刎" 註）（初編玄 575 "刎口" 註）。**刎**

刎古文歾同（慧 44/287a "劒刎" 註）。**勿** 武粉反今作刎（龍 550/02）。

吻：**吻** 正武粉反口～也（龍 271/01）（玄 4/55c）（慧 43/267b）（慧 75/985b）（慧 15/705a）（慧 22

/833a）（慧 23/870a）（慧 42/243b）（慧 42/245b）（慧 63/736b）（慧 81/17b）（慧 84/73b）（慧 84/8

2b）（慧 87/127a）（希 2/367a）（紹 184b1）；刎經文従口作吻非體也（玄 12/167b "刎口" 註）。

//**呡** 俗（龍 271/01）（玄 20/266c）。//**吷** 俗（龍 271/01）。//脗：**脗** 吻音（紹 136b4）。

脗 今武粉反説文云頭也（龍 412/03）。**脗** 或作（龍 412/03）。

扷：**扷** 武粉反（龍 210/10）（玄 14/188a）（慧 59/636b）（玄 18/240b）（慧 73/934a）（玄 21/285b）（玄

25/338b）（慧 71/892b）（慧 1/415b）（慧 4/475a）（慧 14/675a）（慧 18/763b）（慧 61/677a）（慧 80

/1079a）；捫經文有作扷（玄 3/48a "捫淚" 註）（慧 10/595a "捫淚" 註）。**扷** 亡粉反（玄 2

0/265b）（慧 41/212a）（慧 43/261a）。**扷** 武粉反（慧 14/680b）。//揹：**揹** 扷古文揹同（玄

20/265b 慧 43/261a "扷之" 註）（玄 21/285b "扷淚" 註）（慧 41/212a "摩扷" 註）。**揹** 扷或作

～亦通（慧 14/675a "摩扷" 註）。**揹** 扷或作～（慧 4/475a "扷摩" 註）。

忟：**忟** 武粉反（龍 058/08）。

紊：**紊** 音問（龍 401/08）（慧 49/411b）（慧 51/435b）（慧 62/703a）（慧 64/758b）（慧 80/1076b）（慧

83/60b）（慧 88/133b）（慧 88/146b）（慧 93/219b）（慧 100/348b）（紹 191b1）（紹 197a7）。**紊**（紊

集文作～非也）（慧 88/146b "紊典" 註）。

穩：**穩** 正烏本反（龍 145/06）。**穩** 烏本反（慧 56/560a）。**穩** 俗烏本反（龍 145/06）（玄 19/

254c）。**窣** 俗烏本反正作穩字（龍 156/06）。**窣** 俗烏本反正作穩字（龍 156/06）。**窣** 烏

本反（龍 508/05）。**窣** 烏本反（龍 508/05）。**奯** 烏本反坐也（龍 357/06）。

搵：**搵** 溫困反（慧 39/175b）（慧 40/187b）（希 5/386a）（希 7/400c）；笔宜作搵經文亦作塗也

（慧 40/188b "笔蘇" 註）。**搵** 烏困烏没二反以手捺物之皃也（龍 214/02）（玄 7/99b）（慧

19/786b）（慧 43/254a）（慧 43/256a）（慧 35/109b）（慧 36/117b）（慧 100/351a）（希 7/402c）（紹 1

34a6）；笔宜作搵（玄 5/76a、慧 40/188b "笔蘇" 註）。**搵** 俗烏困反[1]（龍 117/02）。

汶：**汶** 音問（龍 234/08）（紹 187b3）。

①參見《叢考》610 頁。

歐：歐音問鼠名（龍 334/07）。

莬：莬音問親（新）生草也（龍 261/10）（紹 154b2）。蒬舊藏作莬（龍 261/10）（希 4/380b）。

裞：裞音問（龍 106/09）。

璺：璺音問（龍 437/07）（慧 37/135b）（慧 60/663a）（紹 201b3）。

礐：礐問音（紹 201b3）。

weng

wēng 翁：翁烏紅反（龍 326/08）（玄 16/216c）（慧 65/776b）。

橗：橗烏紅反水～子果名也（龍 374/05）。

螉：螉烏紅反蠮螉也（龍 221/07）（玄 20/272c）（慧 76/992b）（慧 76/993b）（慧 78/1048b）。

蜕鼺經文作蜕非也（慧 28/999b “塞鼺” 註）。蜕鼺經文作蜕非也（玄 7/95c “塞鼺” 註）。

簻：簻烏紅反竹盛貌也（龍 389/02）；蓊漢書相如傳從竹作簻（希 2/364a “蓊鬱” 註）。

頜：頜烏紅反頸毛名也（龍 483/01）。

鯒：鯒烏紅反魚名（龍 167/09）。

鞝：鞝烏公反吳人呼靴勒曰鞝（龍 448/06）（希 9/416c）。//綯：綯鞝律文作綯非（希 9/416c “鞝頭” 註）。

閿：閿烏橫切（紹 195b2）。

wěng 勜：勜烏孔反勜𡃓屈弱貌（龍 517/05）。

滃：滃烏孔反大水皃（龍 232/03）。

塕：塕烏孔反塕㙲塵起也（龍 249/10）。

蓊：蓊烏孔反大也英也又蓊鬱草盛皃也（龍 259/02）（玄 1/17c）（玄 22/297c）（慧 48/384b）（慧 11/604b）（慧 14/668b）（慧 15/695a）（慧 19/773b）（慧 23/870a）（慧 25/909b）（慧 31/14b）（慧 32/45b）（慧 41/213b）（慧 55/542b）（慧 82/33b）（慧 90/176a）（希 1/355c）（希 2/364a）（希 2/366b）（希 3/368a）（紹 156b9）。

暡：暡烏孔反氣盛皃也（龍 426/05）。

嗡：嗡烏猛反（龍 197/03）（玄 56/876b）（慧 34/20a）。

wèng 甕：甕正烏貢反（龍 316/05）（慧 18/766a）（慧 60/675b）。甕烏貢反（慧 51/433a）（慧 60/659b）（慧 76/1001b）（紹 199b1）；䨦經文作甕非也（玄 1/12a、慧 42/232b "懸䨦" 註）；瓶瓮經文作瓶甕並俗字也（慧 78/1045b "瓶瓮" 註）。䯝（龍 199/07）。甕或作烏貢反（龍 316/05）。//瓮：瓮翁貢反（慧 47/365a）（慧 78/1045b）（紹 199b1）；甕或從公作瓮俗字也（慧 51/433a "蘇甕" 註）（慧 60/659b "甕船" 註）（慧 60/675b "盎甕" 註）。瓮正烏貢反（龍 316/05）。//罋：罋於容反汲器也（龍 338/02）。罋於貢切（紹 150a1）。

齆：齆一弄反（玄 7/95c）（慧 28/999b）（玄 11/142a）（慧 56/550b）。齆正烏貢反鼻塞病也（龍 363/05）（慧 94/235b）。齆正烏貢反（龍 363/05）。齆或作（龍 363/05）（玄 5/65c）（慧 42/249b）（慧 43/262a）。齆一弄反（玄 20/266a）。

WO

wō 蝸：蝸古華反（慧 47/353a）（慧 5/486b）（慧 8/550b）（慧 86/104b）（慧 87/125a）（紹 163b3）。蝸古花反（龍 219/03）（玄 23/306a）（慧 2/438a）（慧 6/508b）（慧 38/159b）（慧 66/793b）。蝸寡華反（慧 56/574a）。㸼舊藏作蝸音瓜（龍 240/09）。

過：過烏禾反（龍 227/06）（慧 63/740a）（慧 81/7a）（慧 86/105b）（慧 94/237b）（希 8/408c）。

堝：堝烏禾反地堝窟也（龍 247/09）。

㺄：㺄音毀烏吐毛如丸也又音委亦鷔鳥吐毛也（龍 333/01）。

倭：倭於為反慎皃也又烏禾反東海中女王國名（龍 027/04）（慧 81/2b）（慧 97/278a）（紹 129a9）。//踒：踒倭録從自作踒非也（慧 81/2b "倭國" 註）。

踒：踒烏臥反跌踒也（龍 464/01）（玄 13/175c）（慧 55/537b）。//踠：踠俗烏臥反正作踠字（龍 475/06）（初編玄 613 "踒傷" 註）；踒經文作踠非體也（玄 13/175c、慧 55/537b "踒傷" 註）。踠俗烏臥反正作踠字（龍 475/06）。

喔：喔於角反雞聲也又音～呷强顏皃也（龍 276/10）（紹 182a10）。

wǒ 我：我我字說文於身自謂也從手從戈經有從禾作我者非（慧 4/472a）（慧 16/711a）（慧 3

0/1037a)。**㦱**音我（龍 173/04）。**珴**音我（龍 173/03）。**莪**古文音我①（龍 550/05）。**䰩**音我（龍 550/07）。

捰：**捰**音我差也（龍 213/01）。

硪：**硪**音我砈硪山之高皃動也（龍 442/06）；巨我經文或作砸硪未見字所出（玄初 3/128 "巨我" 註）。

踒：**踒**俗音我（龍 462/06）；巨我經文作距踒未見字出廄（玄 3/37b、慧 09/557b "巨我" 註）（玄 8/111b、慧 33/62 "巨我" 註）（玄 12/157c、慧 74/954b "巨我" 註）。

頯：**頯**俗音我②（龍 350/06）。

娲：**娲**烏果反娲妮身弱好皃也上又苦罪反～礶（龍 282/02）。

睋：**睋**五果反明也（龍 427/02）。

碨：**碨**烏火反～石貌也（龍 442/07）。

綏：**綏**烏果反多也（龍 179/01）。//**矮**烏禾反燕人云多也（龍 178/08）。

鬌：**鬌**正烏果反鬌髻好髮髻也（龍 089/02）。**髻**俗（龍 089/02）。

wò 偓：**偓**烏角反偓佺仙人名（龍 037/08）（慧 83/64b）（慧 88/137a）（慧 92/207a）（慧 97/283b）（紹 129b5）。

握：**握**於角反（龍 216/01）（慧 11/603a）（慧 31/12a）（慧 82/25b）（慧 86/107a）（紹 133a5）。

幄：**幄**於角反大帳也（龍 139/08）（玄 9/121b）（慧 46/322b）（慧 21/822a）。**幦**同上［幄］（龍 139/08）。**幄**俗於角反正從巾作幄（龍 062/08）（紹 131a8）。

渥：**渥**於角反（龍 235/10）（玄 9/127a）（慧 46/332b）（玄 16/216c）（慧 65/777a）（慧 11/616a）（慧 91/185b）（紹 186a10）。

婑：**婑**於角反好皃也（龍 283/10）。

腥：**腥**于角反厚脂也（龍 415/09）。

踡：**踡**偓或從足作踡（慧 83/64b "偓踡" 註）（慧 97/283b "偓齷" 註）。

齷：**齷**於角反齷踚也（龍 312/10）；偓集從齒作齷字書無此字也（慧 97/283b "偓齷" 註）。

---

①參見《疏證》259 頁。
②參見《龍龕手鏡研究》288 頁。

沃: **茯** 烏酷反同沃（龍265/02）（玄5/71c）（慧34/86a）（慧39/168b）（慧53/488b）（慧66/783a）；

沃古文茯同（玄11/146c、慧52/461b "沃溉" 註）（玄19/256a、慧56/561b "沃弱" 註）（玄24/322b、慧70/866a "潤沃" 註）（慧12/624a "沃曰" 註）（慧41/220a "沃焦海" 註）。**漢** 茯經本作漢非也（慧39/168b "若茯" 註）。//沃: **沃** 烏木反（玄11/146c）（初編玄13/591）（玄24/322b）（慧10/588b）（慧13/658a）（慧18/748b）（慧26/935b）（慧29/1021a）（慧29/1032a）（慧34/81b）（慧41/220a）（慧49/399b）（慧52/461b）（慧52/480a）（慧70/866a）（希3/370c）。**沃** 正烏酷反灌也漬潤也（龍236/1）（玄1/4a）（玄4/51a）（玄23/317b）（慧20/804a）（慧22/838b）（慧36/127b）（慧52/475a）（慧56/561b）（希1/356a）（希5/383a）（希6/392c）（希7/400b）（希10/421b）；茯又作沃同（玄5/71c、慧34/86a "茯若" 註）；灌經別有本作沃（慧31/22a "灌口" 註）。**泼** 俗（龍236/1）（玄13/168b）（玄17/230a）（玄19/256a）（慧12/624a）。**泼** 沃正烏谷切（紹188a1）。

涴: **涴** 污亦從宛作涴亦通（慧64/749a "污濊" 註）。**涴** 烏卧反又於阮於丸二反（龍235/02）。

焥: **焥** 烏括反火烟出（龍245/02）。

䁊: **䁊** 烏活反目開之皃也一曰惡面也（龍347/09）。

幹: **幹** 正烏括反（龍369/07）（慧87/126a）（紹175a9）。**斡** 俗（龍369/07）。**斡** 正烏活反與幹同（龍085/07）。**斡** 俗烏活反與幹同（龍085/07）。**斡** 俗烏活反與幹同（龍085/07）。**斡** 俗烏活反與幹同（龍085/07）。**斡** 正烏括反（龍540/01）。**斡** 俗（龍540/01）。**斡** 俗（龍540/01）。

攫: **攫** 乙陌反（龍215/05）（玄12/163b）（慧75/968b）（玄13/176a）（慧55/537a）（玄16/219a）（慧65/771b）（玄16/222c）（慧64/758a）（慧64/754a）（慧75/962b）（慧75/986b）（慧78/1050b）（紹134a5）。

臒: **臒** 烏郭反丹也（龍203/04）。**臒** 烏郭切（紹203b1）。**臒** 臒正烏郭切（紹146a2）。

臒: **臒** 烏郭反羹肉也又憂縛反大也善也（龍416/03）。

饙: **饙** 烏郭反味薄也（龍503/09）。

嚳: **嚳** 烏角反～聲也（龍535/09）。

鸞：鸞 烏角古岳二反馬腹名也（龍 536/01）。

揺：揺 烏括反又胡官反（龍 217/01）（玄 25/335b、慧 71/887b "揺心" 註）。

枂：枂 又俗五活反正作枂去樹皮也（龍 218/05）。

喔：喔 烏没反（慧 47/366a）（慧 50/423b）（慧 99/314b）。喔 烏没烏八二反咽也（龍 276/08）（玄 10/131a）（玄 21/277b）（玄 22/286c）（慧 48/369b）（玄 22/292b）（慧 48/377a）（玄 23/314c）（玄 23/318a）（慧 51/443b）（玄 24/322a）（慧 70/866a）（慧 3/444a）（慧 41/213b）（紹 184b4）。

䁍：䁍 烏板反䁍目貌（龍 421/03）。

斛：斛 呼末反欲水也又烏末烏八二反取物也（龍 534/03）。

wu

wū 污：污 音烏（龍 226/07）（慧 30/1036b）（慧 11/616a）（慧 25/923b）（慧 27/978b）（慧 57/582b）（慧 64/749a）（慧 92/202b）。汙 烏故反又烏卧反（龍 233/04）（玄 1/19c）（玄 2/23a）（玄 3/35a）（慧 09/568a）（玄 6/85c）（玄 14/185a）（慧 59/631b）（玄 15/204a）（慧 58/622a）（玄 25/334c）（慧 71/886b）（慧 62/710a）（慧 63/735b）（紹 188a5）；惡賤經文作汙濺非也（玄 15/203b、慧 58/620b "惡賤" 註）。汙 新藏作污（龍 234/04）。// 洿 一胡反（玄 18/248c）（慧 73/918b）（慧 24/885b）（紹 188a5）；污經作洿古文污字也（慧 30/1036b "污泥" 註）（慧 57/582b "污之" 註）。洿 音烏（龍 226/07）。淬 音烏（龍 226/07）。淬 音烏（龍 226/07）。洿 香嚴又烏虎反水不行也（龍 228/08）。// 瀢 俗烏故反正作污（龍 234/03）。瀢 俗烏故反正作污（龍 234/03）。

弙：弙 枯烏二音滿引弓有所向也（龍 150/05）。弙 去魚反[1]（龍 151/02）。

朽：朽 正又音烏（龍 376/01）（慧 79/1063b）。朽 今（龍 376/01）（玄 15/212b、慧 58/626b "泥鏝" 註）。// 鋙：鋙 音烏鋙鏝（龍 013/01）。// 圬：圬 音烏泥墁也（龍 247/06）（紹 161b6）。

洿：洿 寙經文作洿（玄 1/7c）（玄 8/109c）（慧 17/739b）（慧 28/1007a）（慧 55/545a）（慧 44/290a）（慧 53/499a）（慧 83/62a）；寙經文作洿（玄 1/7c、慧 17/739b "寙面" 註）。洿 一孤反（玄

---

[1] 參見《疑難字考釋與研究》318 頁。

12/166a)。洿音烏（龍 226/07）。洿音烏（龍 226/07）。洿音烏（龍 226/07）。//汚音烏（龍 226/07）；洿經文作污俗字亦通（慧 44/290a“洿池”註）。

巫：巫音無巫覡也今之師巫男曰巫女曰覡（龍 524/08）（玄 3/43c）（慧 09/576b）（玄 16/221c）（慧 65/764b）（慧 90/176a）（紹 202a8）。巫無音（紹 202a8）。//陘：陘音無（龍 073/09）。

誣：誣正音無音無誣枉欺妄也又加也不信也（龍 041/03）（玄 11/147a）（慧 52/462b）（玄 15/211a）（慧 58/624a）（玄 17/237b）（慧 74/952b）（慧 6/496b）（慧 18/756b）（慧 34/82b）（慧 78/1040b）（慧 81/1b）（慧 89/158b）。誣通（龍 041/03）（玄 10/139b）（慧 51/446a）（玄 21/282c）（慧 51/443b）（慧 51/446a）（紹 185b6）（中 62/717b）。誣誣正無音（紹 185b6）。誣俗（龍 041/03）。誣武于反（玄 23/318a）（紹 185b6）。誣俗（龍 041/03）。誣古文音无今作誣謗也（龍 546/09）。誣（龍 546/09）。

䳇：䳇正（龍 287/02）。䳇今音巫鳥名（龍 287/02）。

烏：烏於胡反（玄 17/234c）（慧 74/948a）（慧 2/424b）（希 9/416b）。烏烏正（紹 203a6）。

圔：圔音烏（龍 174/08）。

蔦：蔦音烏蔦藘茯[茯]也（龍 253/07）。

嫵：嫵烏音（紹 141b3）。

嗚：嗚音烏（龍 269/04）（慧 90/172a）（慧 93/219b）（紹 182a3）；歍律文從口作嗚謂嗚呼哀歎聲非歍唼義也（希 9/414b“或歍”註）。//歍：歍音烏切（希 9/414b）；嗚説文或從欠作歍（慧 90/172a“嗚噎”註）（慧 93/219b“嗚咽”註）。

塢：塢安古反村塢也（龍 249/06）（玄 2/23a）（慧 25/923b）（慧 38/155a）（慧 68/824b）；隖經作塢俗字也（慧 53/493b“村隖”註）。塢烏古反（慧 90/171b）。塢烏古反（慧 89/159b）（紹 161a2）。

鄔：鄔安古反郡名（龍 455/05）（玄 21/278a）（玄 21/282b）（玄 21/285b）（玄 23/305b）（慧 47/352a）（玄 23/307c）（慧 47/355a）（玄 23/309b）（慧 47/360a）（玄 23/310c）（慧 47/362a）（慧 2/430a）（慧 40/187b）（希 3/372b）；塢或作鄔亦通（慧 25/923b“塢”註）。隖鄔經作隖俗字（慧 40/187b“鄔波”註）；塢説文從阜作隖傳文從土作塢俗字也（慧 89/159b“餘姚塢”

註）（慧 90/171b“石梁塢”註）。

螐：螐音烏蚫螐蠋虫大如指白色也（龍 221/03）。

鴮：鴮音烏楚人呼虎曰鴮𪁪也（龍 322/07）。

鰞：鰞音烏～鰂魚名（龍 168/01）。

鎢：鎢音烏鎢錥温器也（龍 013/01）（玄 13/171c）（慧 45/302b）（慧 79/1059a）。//鑽：鑽鎢經文作鑽非也[①]（玄 13/171c“鎢錥”註）。//鋘：鋘於許反又音烏（龍 016/04）；鎢經文作鋘非也（慧 79/1059a“鎢錥”註）。

剭：剭屋握二音剭誅刑名（龍 100/05）。

黳：黳屋握二音黒別名也（龍 532/09）。

wú 吾：𡦔切韻古吾字（龍 240/06）。𡦔玉篇古文吾字（龍 240/06）。

猛：猛正音吾猿屬也（龍 317/04）。//猴：猴俗（龍 317/04）。

珸：珸音吾美石次玉也（龍 435/02）。

閹：閹正音吾國名也（龍 092/06）。閹俗（龍 092/06）。

䵦：䵦音吾（龍 334/05）（慧 88/139a）（慧 99/313a）（紹 174b10）。

䱢：䱢音吾魚名（龍 168/08）。

無：無武于反（玄 6/77c）（慧 5/482b）（慧 27/960b）（希 3/374c）。橆无音（龍 129/02）。𣞤音無（龍 524/08）。无音無古文奇字中無字也（慧 6/499a）；無或作无説文古文奇字无也（玄 6/77c“無復”註）（希 3/374c“無怙”註）。无 古文奇字中無字也（慧 3/441a）（慧 4/459b）（慧 13/655b）；無或作无説文云古文奇字作无也（慧 27/960b“無復”註）。兂音无（龍 546/09）。㒵音无（无）（龍 548/04）。皃音无[②]（龍 333/04）。㐫音无[③]（龍 140/05）。

陚：陚音無地名（龍 295/09）。

璑：璑音無三彩玉也（龍 435/02）。

炼：炼模或作炼炼皆古字也（慧 5/487b“撲模”註）。

①参見《字典考正》443 页。
②参見《叢考》90 頁。
③参見《叢考》95 頁。

蟱：**蟱**音無蜘蛛也（龍222/06）；蝥集本作蟱非也（慧95/251b "蛛蝥" 註）。

簾：**簾**音無黑皮竹也（龍389/06）。

蕪：**蕪**音無（龍255/09）（玄20/265a）（慧51/435b）（慧77/1022b）（慧80/1069a）（慧80/1093b）（慧86/112a）（慧98/295b）（紹154a10）。

鱙：**鱙**俗音無（龍167/01）。

鵡：**鵡**音無～駕鳥名也（龍286/09）。**庻**俗音吳[1]（龍299/07）。

蜈：**蜈**音吳（龍220/04）（玄6/82c）（玄7/93b）（慧28/996b）（慧27/973a）（紹164b5）。**蜈**音吳（慧38/157a）。

鋘：**鋘**又音吳（龍008/04）。

鯃：**鯃**音吾大魚也（龍168/08）。//鱟：**鱟**（龍168/08）。**鱟**（龍168/08）。

莁：**莁**莁正無音（紹154b7）。

禑：**禑**愚音有處卻作偶語口切字用臨文詳之（紹169a1）。

wǔ 五：**㐅**古文五字（龍348/06）（龍525/02）。

伍：**伍**吾魯反（玄9/127b）（慧46/333a）。

忤：**忤**音悟逆也觸忤也（龍060/01）（玄4/52c）（慧31/25a）（慧28/997a）（玄20/274a）（慧76/1006b）（慧24/900b）；誤經文作忤非也（玄19/260c、慧56/570a "誤人" 註）。//仵：**仵**音午偶敵又逆也（龍031/03）（玄7/94a）（初編玄13/607）（慧89/165b）（紹129a1）；忤或作仵（慧31/25a "邪忤" 註）（玄19/258a、慧56/565a "怪连" 註）；伍論文作仵非字義（玄9/127b、慧46/333a "兵伍" 註）。

迕：**迕**音悟（龍492/09）（玄19/258a）（慧56/565a）（紹138b7）；仵又作迕同（玄7/94a "好仵" 註）（初編玄13/607 "有仵" 註）（慧28/997a "好仵" 註）；忤又作迕同（玄20/274a、慧76/1006b "犯忤" 註）。//遻：古文悟遌迕三形今作仵同（初編玄13/607 "有仵" 註）。**遌**又古文迕字音悟（龍494/08）。

旿：**旿**音五明也（龍426/08）。**肝**俗音五正作旿明也（龍412/04）。//肐：**肐**俗音五正作旿明也（龍412/04）。

---

[1]《字海》：義未詳（518左）。

悟：悟五故反（龍 551/04）；忤又作迕悟二形同（玄 7/94a“好忤”註）（玄 19/258a、慧 56/565a“怏迕”註）（初編玄 13/607“有忤”註）；忤又作悟同（玄 20/274a、慧 76/1006b“犯忤”註）。悟忤又作迕悟二形同（慧 28/997a“好忤”註）。

侮：侮亡府反（玄 23/306c）（玄 25/338b）（慧 47/354a）（慧 71/893a）（紹 128a1）。侮音武（龍 29/5）。//㑄：㑄侮與古文㑄同（龍 29/5）（玄 1/4a、慧 20/804a“侮慢”註）（玄 3/45c、慧 10/579b“欺侮”註）（玄 25/338b、慧 71/893a“侮蔑”註）。

罨：罨音武雉網（龍 329/10）。

武：武（慧 90/178b）（慧 97/285b）。

啎：啎（紹 181b6）。

娬：娬音武好也（龍 282/07）。

珷：珷音武玞石次玉也（龍 436/09）。

碔：碔音武美石也（龍 442/03）。

䟼：䟼正音武（龍 462/06）（紹 137b6）。//蹖俗（龍 462/06）。躉俗（龍 462/06）。//䒉：䒉俗音舞（龍 491/07）。

鵡：鵡音武（龍 288/01）（玄 1/17c）（慧 8/540b）（慧 11/603b）（慧 14/677a）（慧 31/5b）（慧 74/945b）（希 1/354c）（希 4/375b）（希 6/393a）（希 8/407a）。//鴞音武又音母（龍 288/01）；鵡或作鴞同（玄 1/17c“鸚鵡”註）（慧 4/468a“鸚鵡”註）（慧 8/540b“鸚鵡”註）（慧 11/604a“鸚鵡”註）（慧 31/5b“鸚鵡”註）（慧 74/945b）“鸚鵡”註）（希 1/354c“鸚鵡”註）（希 4/375b“鸚鵡”註）（希 6/393a“鸚鵡”註）（希 8/407a“鸚鵡”註）。

憮：憮武姥二音失意皃也又音呼大也又音無空也①（龍 058/02）（玄 9/123a）（慧 46/325b）（玄 13/173c）（慧 57/598a）（慧 96/259a）（慧 99/317a）（紹 130a7）。//儛：儛音武大也失意皃也（龍 029/05）。//憮音武②（龍 058/02）。

嫵：嫵音武嫵媚也（龍 282/07）。

潕：潕今音武水名在南陽（龍 231/09）。潕或作（龍 231/09）。

①參見《字典考正》159 頁。
②《字典考正》：疑即“憮”的繁化俗字（159）。

甒：**甒**音武罋甒（龍316/04）。

膴：**膴**無呼二音又音武（龍408/07）（慧98/301a）。

瞴：**瞴**正音武（龍420/08）（慧82/42a）。//**瞚**俗（龍420/08）。

廡：**廡**音無（299/10）。**廡**今音武客舍也又堂下周屋亦大屋也（龍300/03）（玄4/54a）（慧32/33b）（玄8/111a）（慧33/61b）（慧42/243a）（慧63/730b）（慧83/59b）（慧87/122b）（慧91/182b）（慧99/322b）（紹193b3）。**瘑**俗音武正作廡（龍471/04）。//**廙**籀文音武（龍300/03）；廡籀文作廙同（玄4/54a、慧32/33b"廊廡"註）（玄8/111a、慧33/61b"廡廊"註）。

蹳：**蹳**躷經文從無從足作蹳音讀作武非也（玄3/43a、慧09/575a"須躷天"註）（玄8/117c"須瘑"註）。

舞：**舞**無主反（希8/410a）。//**儛**：**儛**武音（紹128b6）。**儛**音武歌儛也（龍029/05）；舞律文從人作儛非（希8/410a"舞蹈"註）。//**翌**：**翌**音武（龍368/06）。**迟**音武（龍491/05）。

焐：**焐**俗烏没烏古二反（龍245/01）。

輠：**輠**安古反車頭中也（龍082/09）。

趚：**趚**安古反走輕兒（龍325/01）。

敄：**敄**音武強也（龍120/03）。

wù 勿：**勿**無欝反（玄10/134a）（慧50/415a）。

沕：**沕**音密塵濁又音勿沕穆微也（龍237/02）。

芴：**芴**音勿土瓜也（龍265/03）。

兀：**兀**五忽反此部與凡部相涉（龍521/09）（紹150a4）；杌或作兀也（慧3/448a"株杌"註）（慧6/514a"株杌"註）。

屼：**屼**音兀（龍078/04）（慧99/311b）（慧99/321b）；硉矶或從山作峛屼（慧99/324b）。**屼**五忽切（紹162b4）。**屼**屼作屼亦通俗（慧99/321b"嶢屼"註）。

阢：**阢**五骨反又五回反（龍298/04）（玄19/258b、慧56/566a"陵嶒"註）。

抚：**抚**正月兀二音搔動也（龍219/02）。**抚**俗月兀二音搔動也（龍219/02）。

虬：**虬**正音兀蛤蟹屬也（龍225/08）。**虬**俗同上（龍225/08）。

杌：杌正音兀（龍384/03）（慧3/448a）（慧6/514a）（慧23/874b）（慧24/896a）（慧25/912a）（慧30/1038b）（慧40/195b）（慧47/348b）（慧51/441b）（慧62/705b）（慧66/791b）（慧66/797a）（慧68/821a）（慧79/1062b）（慧85/91b）（希4/379a）（紹158a10）。机音兀（慧85/88b）。杌机正五忽切（紹158a10）。//拙俗音兀（龍384/03）；杌或從出作柮（慧24/896a“株杌”註）。拙杌又作柮虺並同（慧25/912a“株杌”註）。

矹：矹五忽反碑矹（龍445/04）（慧99/324b）。

虺：虺五骨反（龍523/02）。虺虺正五忽切（紹202b1）。虺五骨反（龍523/02）。虺虺正五忽切（紹150a4）。

顝：顝今音兀仰鼻也（龍363/09）。下一又音灰，豕掘地也。//髒：髒或作（龍363/09）。臛或作（龍363/09）。

摀：摀五故切（紹134a8）。摀俗音悞（龍214/08）。

誤：誤音悟錯也（龍048/04）。誤吾故反（慧56/570a）（慧51/450a）（慧80/1078a）（慧84/80b）（希9/414a）。誤吾故反（玄19/260c）（慧7/517a）（慧42/245b）（慧42/250a）（慧38/162a）。//悞：悞迕經文作悞非也（玄19/258a、慧56/565a“悭迕”註）；誤經從心作悞俗字（慧42/250a“誤落”註）（慧84/80b“誯誤”註）（希9/414a“誤舛”註）。//譿音悟①（龍048/09）。

惡：惡烏故反（慧25/920a）（慧27/976b）（慧29/1015a）（慧41/205a）（慧50/415a）（慧75/966b）。惡於路反（玄1/17a）（玄3/33c）（慧09/565b）（玄6/84b）（玄10/134a）（玄15/203b）（慧58/620b）（玄17/233a）（慧70/858b）（慧11/613b）（慧25/907b）（慧26/933b）（慧54/525b）（希9/415b）；亜字應作惡於故反（玄15/211a“亜灑”註）；惡今俗改從亞誤錯也（慧29/1015a“惡賤”註）（慧41/205a“愛惡”註）。//偓：偓烏各烏故二反正作惡字（龍37/06）。偓烏各烏故二反正作惡字（龍37/06）（紹128b5）；惡亦作偓字用同（慧26/933b“惡賤”註）（慧75/966b“惡露”註）。//愍烏故反（龍068/05）。愍烏故反（龍061/09）。

噁：噁正烏故反（龍274/07）（希5/385c）。噁俗（龍274/07）。

諤：諤正烏故反相毀也（龍049/08）。諤俗（龍049/08）。//誣俗（龍049/08）。

① 《叢考》：此字當是“誤”的繁化俗字（1043）。

務： **務**亡付反（玄6/86a）（慧22/846b）（慧23/856a）（希3/374a）（紹145a9）。

嶅： **嶅**（紹181b6）。

嵍： **嵍**今音務丘山也（龍076/06）。**嵍**或作（龍076/06）（慧91/186a）。

蝥： **蝥**音務（龍224/03）。**蝥**音務（龍224/03）。**蝥**無務二音（紹164a5）。

霧： **霧**正亡遇反（龍308/01）（玄25/331b）（慧71/881a）（慧36/121b）（慧85/90a）。**雺**俗亡遇反（龍308/01）。

婺： **婺**音務又莫候反（龍283/08）（紹141b3）。

鶩： **鶩**正亡遇反（龍293/10）（玄7/93b）（慧28/996b）（慧21/818a）（慧24/888a）（慧31/10b）（慧51/434b）（慧60/654b）（慧81/14a）（慧82/24b）（慧83/62b）（慧87/127b）（慧88/136a）（慧89/163b）（慧92/206a）（慧97/291a）（慧98/303a）（紹166a3）。**鶩**俗（龍293/10）。**鶩**俗（龍293/10）。

鶩： **鶩**音木又音務鳬属（龍289/04）（玄7/94b）（慧28/997b）（玄9/124c）（慧46/328b）（玄10/135c）（慧49/400b）（玄12/161c）（慧28/993a）（玄13/178a）（慧52/481b）（慧57/582a）（慧75/970b）（慧92/196a）（慧99/312b）。**鶩**木務二音與鶩同亦鳬属（龍290/05）。//雅：**雅**俗音木正作鶩字（龍149/07）；鶩經文作雅非也（玄7/94b、慧28/997b"鷄鶩"註）。**雅**音木與鶩同鳬属（龍142/04）。

墼： **墼**音務長跪又拜也（龍463/08）。

鶖： **鶖**音務雞雛也（龍149/07）。

塢： **塢**徒古反鳥名也（龍248/07）。

隖： **隖**俗安古反正作塢（龍296/08）（玄10/136a）（慧49/401a）（玄11/146b）（慧52/460b）（初編玄594）（慧55/531a）（玄20/273a）（慧75/979b）（慧53/493b）。

嶋： **嶋**烏古切（紹162b2）。

逜： **逜**音悟（龍492/05）（紹138b7）。

悟： **悟**吾故反（慧26/936b）（慧23/862b）（慧89/154a）。

晤： **晤**音悟（龍428/08）（紹171a3）。**晤**晤正五故切（紹136a10）。

寤： **寤**音悟（慧2/422b）（慧50/420a）（慧5/477b）（慧8/544b）（慧11/611a）（慧14/670b）（慧14/

673a)（慧 17/731a）（慧 19/785a）（慧 24/899a）（慧 29/1027b）（慧 31/14b）（慧 41/224b）（慧 45/307a）（慧 75/969a）（慧 77/1029a）（希 1/358a）（希 3/368b）（希 3/374a）（希 9/413a）（紹 194a9）。寤 正音悟寢覺有言也（龍 157/03）（玄 2/27b）。寤 吾固反（慧 11/616a）（慧 22/846b）（紹 194b3）（紹 194b9）；寤經從穴作寤非也（慧 17/731a"覺寤"註）（慧 31/14b"寤後"註）（慧 45/307a"覺寤"註）（希 3/374a"寤寤"註）（希 9/413a"警寤"註）。寤 吾故反（慧 21/826a）（紹 194a9）；悟俗字也正作寤（慧 26/936b"覺悟"註）。寤（玄 23/312b）；寤經從穴從心作寤非也（慧 14/670b"睡寤"註）（慧 14/673a"寐寤"註）（慧 24/899a"覺寤"註）。寤寤經文從穴從忄音心從告作～謬也撿一切字書及教字韻中並無此字多是筆授或傳寫人隨情妄作非也（慧 11/611a）。寤俗音悟正作寤（龍 308/04）。寤俗音悟正作寤（龍 308/04）。害俗（龍 157/03）。寤俗（龍 157/03）。害寤或作害略也（慧 14/670b"睡寤"註）。寤懼懼舊藏作豁寤①（龍 64/02）。

屋：屋今烏谷反舍也止也具也（龍 165/01）（慧 25/905a）。屋籀文（龍 165/01）。

閦：閦音兀閦括也（龍 096/01）。

削：削五骨反舟危也（龍 100/04）。舳俗乃太五骨二反②（龍 133/01）。//舢：舢五骨反舩危也（龍 133/04）。

鋈：鋈烏毒反白金也（龍 020/02）（慧 86/108b）（慧 98/294a）。

臀：臀屋沃二音臀膏肥兒（龍 536/02）。

---

①參見《龍龕手鏡研究》175 頁。
②《龍龕手鏡研究》："肘"俗音五骨反，疑即"削"字之俗（193）。

X

xi

xī 夕：夕（慧 10/587a）（慧 21/817a）（希 10/421a）。

汐：汐正詳亦反潮汐（龍 237/07）。汝俗（龍 237/07）。

夤：夤音夕（慧 91/194b）。夐夕音（紹 195a2）。夤祥亦反（龍 508/01）。

昔：嘗古文昔字（龍 079/03）。嘗古文音昔（龍 430/03）。昝星歷反經作昔俗字也（慧 53/499b）；惜古作昔（慧 3/455b "顧惜" 註）；腊説文作昔（慧 80/1082b "鵝腊" 註）。昝俗音昔（龍 277/02）。昚江西隨函音昔①（龍 395/01）。//腊：腊音昔乾宍也（龍 416/01）（玄 11/152c）（慧 52/473b）（慧 66/799b）（慧 80/1082b）（慧 82/41b）（慧 96/258a）（紹 136a7）。簎昔籀文作～與今腊同亦乾肉也（慧 80/1082b "鵝腊" 註）。

惜：憎星亦反（慧 3/455b）（慧 29/1018b）；惜經作憎雖正古字也（慧 41/214b "惜軀" 註）。惜音惜（慧 3/451b）（慧 15/689b）（慧 41/214b）。

焟：焟正音昔（龍 245/04）。爒正音昔（龍 245/04）。焟今（龍 245/04）；腊或作焟在火部（慧 66/799b "脯腊" 註）。

皵：皵音昔②（龍 523/09）。

暚：暚昔音（紹 171a1）。

皵：皵音昔皮甲錯也（龍 386/04）。

西：卤音西（龍 538/09）。卤音西（龍 538/09）。卣音西（龍 538/09）。卤音西（龍 538/09）。卣音西（龍 153/03）。卣音西（龍 201/07）。//卤音西（龍 538/09）。//卣古音西（龍 162/07）。卣古文音西今作瘶痲二字瘃屬亦病也散也（龍 150/07）。

徆：徆音西行貌（龍 496/02）。

---

① 參見《龍龕手鏡研究》308 頁。
② 參見《叢考》919 頁。

析：**析**正先擊反（龍384/08）（玄12/158a）（慧74/955b）（慧58/605b）（玄22/289b）（慧48/372b）（玄23/308a）（慧47/356b）（玄24/328b）（慧70/875b）（慧1/404b）（慧3/453b）（慧4/464b）（慧7/529b）（慧11/615b）（慧13/642a）（慧15/684a）（慧17/734a）（慧19/776b）（慧23/863b）（慧24/899a）（慧28/1001b）（慧29/1015a）（慧31/5a）（慧33/63b）（慧42/243b）（慧42/247a）（慧40/190b）（慧51/439a）（慧51/447a）（慧63/737a）（慧66/794b）（慧72/898b）（慧80/1080b）（慧81/16b）（慧83/43a）（慧86/112a）（慧87/124b）（慧89/151b）（慧91/194a）（慧94/232b）（慧98/295b）（慧100/343a）（慧100/347b）（希8/408b）（紹157a3）（紹158a3）；枡或從斤作析（慧1/413b"枡一毛"註）（慧5/493a"枡為"註）。**析**星亦反（慧4/464b）；析經作～俗用非也（慧24/899a"分析"註）（慧28/1001b"析荅"註）（慧31/5a"分析"註）（慧42/243b"析彼"註）（慧80/1080b"明析"註）（慧83/43a"剖析"註）（慧87/124b"剖析"註）（慧89/151b"敷析"註）（慧100/347b"析骨"註）。**枡**俗（龍384/08）（慧1/413b）（慧5/493a）（慧12/626a）；析今俗作枡（玄10/130c"如蔑"註）（慧3/453b"析為"註）（慧13/642a"分析"註）（慧15/684a"如析"註）（慧29/1015a"析諸"註）。**扸**思歷反（玄22/289b）（紹132a4）；析經從手從片俗字也（慧33/63b"分析"註）（慧100/343a"析乾薪"註）。**斦**先擊反（龍362/06）。**斦**折［析］又作斦同（玄15/206b、慧58/605a"中折"註）。**折**思狄反（玄15/206b）；析今俗作折（慧47/365b"如蔑"註）（慧3/453b"析為"註）（慧11/615b"分析"註）（慧17/734a"剖析"註）（慧31/5a"分析"註）（慧42/247a"辯析"註）（慧40/190b"析毫"註）（慧66/794b"破析"註）。**斦**析或作析斦古字也（慧1/404b"條析"註）。

淅：**淅**思歷反（玄12/167a）。**淅**正先擊反（龍237/08）。**淅**俗（龍237/08）。**淅**一曰淅米也（龍236/10）（慧75/985a）。

皙：**皙**先擊反白色也（龍429/06）。**皙**先的切（紹158b7）。

蜥：**蜥**正先擊反（龍224/09）（玄11/143a）（慧36/118a）（慧44/279a）（希1/356b）（希5/389a）（紹163b3）。**蜥**斯歷反（慧56/553b）（慧69/854a）。**蜥**斯厤反（玄5/66a）（慧44/279a）。**蜇**或作（龍224/09）。**蜥**俗（龍224/09）。//蜊：**蜊**或作（龍224/09）；蜥經文作蜊非體也（玄11/143a、慧56/553b"蜥蜴"註）。

恝：**恝**音擊敬也（龍068/09）。**愍**音擊敬也（龍068/09）。**悡**先擊反敬也又音擊（龍069

/01)。愸又俗先擊反（龍069/06）。

奚：奚胡鷄反（玄4/53b）（慧43/264b）（玄8/109b）（慧28/1006b）（玄15/207a）（慧58/606b）。系
奚正（紹190a9）。

偯：偯正胡雞反東北夷名也（龍024/06）（紹128a7）。偯俗（龍024/06）。

娿：娿音奚姦也（龍279/08）。

堁：堁音奚（龍247/03）。

徯：徯正胡雞反亦作徯蹊字（龍496/02）（玄7/102c）（慧30/1045b）（慧76/1009a）（紹173a1）；
蹊亦作徯（慧7/525b "蹊徑" 註）。徯俗（龍496/02）。

螇：螇音兮螇蟧虫名似蟬也（龍220/05）。

蹊：蹊音兮（龍457/09）（慧7/525b）（慧79/1053a）（慧83/48a）（慧93/216b）（紹137a5）；徯又
作蹊同（玄7/102c、慧30/1045b "徯徑" 註）。

谿：谿苦奚反水注谷曰谿作溪亦通（龍525/07）（玄6/86a）（玄9/120b）（慧46/320b）（慧8/
534b）（慧11/607b）（慧18/752a）（慧19/774a）（慧27/979b）（慧27/982a）（慧31/7b）（慧31/7b）
（慧92/202b）（希1/357c）（紹176b8）；徯徑經文有作谿徑（玄7/102c、慧30/1045b "徯徑"
註）（慧41/223a）；溪又作谿同（玄23/305a、慧47/351b "溪沼" 註）。//溪：溪苦奚反（玄
23/305a）（慧47/351b）；谿亦從水作溪（慧8/534b "谿谷" 註）（慧11/607b "谿澗" 註）（慧4
1/223a "谿澗" 註）（慧92/202b "檀谿" 註）（希1/357c "谿澗" 註）。//磎：磎音溪磻磎太
公垂釣處也（龍440/05）（紹163a1）；谿從石作磎（慧8/534b "谿谷" 註）。//嵠：嵠音
溪與磎亦同（龍070/06）（紹161b9）；谿經從山作嵠或從水並非（慧31/7b "谿谷" 註）。

騱：騱正音兮騱～野馬名又馬前中白也（龍290/09）。騱俗（龍290/09）。

騰：騰正音兮（龍334/04）（玄4/55c）（慧43/268a）（玄6/83a）（玄12/156b）（慧52/477b）（玄2
0/274c）（玄22/298a）（慧48/385a）（慧27/973b）（慧38/157b）（慧76/1003a）（慧83/53a）（慧8
6/110b）（紹174b9）。騰今（龍334/04）。

豵：豵呼雞反痛聲也（龍523/04）。//豵：豵正呼奚反黃病色也《香嚴》又户雞反（龍
523/05）（玄5/75c）（慧39/183a）。豵俗（龍523/05）。

胳：胳忻說反（慧89/157a）（慧91/188b）。胳許乙魚訖二反（龍416/08）（紹136b4）。胳忻

乙反俗字也正作肸 （慧81/1a）（慧83/64b）。**睤** 舊藏作肸許乙反① （龍424/03）。**肸** 肸

又變為兮作肹 （慧81/1a "肸響" 註）。

悉： **悉** 正息七反委也皆也 （龍069/05）。 **悉** 俗 （龍069/05）。 **悉** 俗 （龍069/05）（中62/718b）

（中62/719a）。 **悉** 俗 （龍069/05）。

嗁： **嗁** 俗音悉 （龍276/07）（紹183b6）。

蟋： **蟋** 音悉 （龍225/06）（慧66/799a）（慧92/197a）。

吸： **吸** 許及反～飲也息也 （龍276/04）（玄8/108a）（慧28/1005a）（玄25/337a）（慧71/890b）

（慧18/753a）（慧31/13a）（慧42/246b）（慧43/253a）（慧39/178b）（慧40/203a）（慧54/523a）（慧

57/585a）（慧79/1058b）（慧83/54a）（慧84/76b）（慧87/127a）（慧94/228b）（紹182a7）；古文

歙噏二形今作吸同 （玄4/57b、慧43/271b "呼噏" 註）（玄5/64a、慧38/153b "噏氣" 註）（玄

9/127b、慧46/333a "噏風" 註）（玄14/191a、慧59/641a "噏飯" 註）（玄16/219a、慧65/771b "噏

飯" 註）（慧15/706a "呼噏" 註）（慧41/223a "噏取" 註）（慧63/735a "歙煙" 註）（希1/357c "噏

取" 註）。// **翕** 許及反～飲也息也 （龍276/04）（玄4/57b）（慧43/271b）（玄5/64a）（慧38

/153b）（玄9/127b）（慧46/333a）（玄13/181c）（慧54/518b）（玄14/191a）（慧59/641a）（玄16/

219a）（慧65/771b）（玄16/224a）（慧64/747b）（慧15/706a）（慧41/223a）（慧37/146a）（希1/3

57c）（紹184a4）；蹋張經文從口作噏悵非也 （玄4/58a、慧43/273a "蹋張" 註）；吸古文

噏同 （玄8/108a、慧28/1005a "吸著" 註）（玄16/224a、慧64/747b "噏飯" 註）（玄25/337a、

慧71/890b "吸水" 註）（慧18/753a "吸精氣" 註）（慧40/203a "吸欽" 註）（慧79/1058b "吸船"

註）（慧84/76b "所吸" 註）；騙鹹經文作唊噏非此用也 （玄19/255a、慧56/560a "騙鹹" 註）；

歙經從口作噏俗字也 （慧55/541b "大吼歙" 註）。

翕： **翕** 許及反 （龍327/10）（玄5/77b）（慧32/39b）（玄9/123a）（慧46/325b）（玄12/164b）（慧55

/544a）（慧82/38b）（慧90/167b）（慧95/250a）（紹147a7）。 **翕** 俗音吸 （龍358/04）。// **瞶**：

瞶 翕經文從目作瞶書无此字 （玄12/164b、慧55/544a "翕眼" 註）。

潝： **潝** 許級反水皃也 （龍237/10）。

媰： **媰** 許及反莊嚴也 （龍284/03）。

---

① 參見《龍龕手鏡研究》320頁。

熻：**熻** 音吸熱也（龍 244/05）。

歙：**歙** 許及反（龍 355/08）（慧 55/541b）（慧 63/735a）（慧 79/1065a）（紹 147a7）（紹 199a1）；古文歙喢二形今作吸同（玄 4/57b、慧 43/271b "呼喢" 註）（玄 5/64a、慧 38/153b "喢氣" 註）（玄 8/108a、慧 28/1005a "吸著" 註）（玄 14/191a、慧 59/641a "喢飯" 註）（玄 16/224a、慧 64/747b "喢飯" 註）（玄 25/337a、慧 71/890b "吸水" 註）（慧 15/706a "呼喢" 註）（慧 37/146a "喢人" 註）（慧 40/203a "吸歙" 註）。

譆：**譆** 音吸譆評語聲也（龍 050/09）。

希：**希** 虛衣反（玄 3/32c）（慧 09/564b）（慧 28/1007b）（慧 27/979a）；睎或作希（慧 93/215b "欲睎" 註）。**希** 虛依反（慧 3/450a）（慧 8/546a）。**希** 俗（龍 138/03）。**斎** 俗（龍 138/03）（玄 21/284a）（希 5/388c）（紹 131b9）（紹 197a7）；希古文作爷（慧 8/546a "希冀" 註）。**爷** 俗音希（龍 026/07）。**希**（中 62/718b）。// 悕：**悕** 希經作悕俗字也（慧 8/546a "希冀" 註）（慧 27/979a "無希" 註）（慧 30/1053a "睎望" 註）；睎經作悕誤也（慧 32/48b "睎望" 註）（慧 51/439b "睎望" 註）。**悕** 音希慕也罕也冀也（龍 052/08）（慧 14/667b）（紹 129b9）；熙經作悕誤也（慧 32/46b "熙怡" 註）。**悕** 悕正希音（紹 129b9）。**悕**（中 62/718b）。

俙：**俙** 虛豈反優［優］俙又火皆反訟也（龍 031/07）（紹 129a6）；依睎錄作俙俙非也（慧 80/1083b "依睎" 註）。

郗：**郗** 音癡（慧 35/104a）（慧 85/92a）（慧 88/136a）（慧 88/140b）（紹 169a5）；勑釐反（玄 8/110c、慧 38/155a "師郗" 註）。**郗** 正丑脂反邑名也又音希（龍 452/08）（慧 77/1025b）（慧 94/239b）。**郗** 俗（龍 452/08）。**刹** 舊藏作郗（龍 096/09）；郗傳作刹誤也（慧 88/136a "郗超" 註）。

唏：**唏** 呼几呼巽二反（玄 1/12b）（玄 1/8a）（慧 42/232b）（慧 54/516b）（紹 182a8）；欷古文唏同（玄 12/154b "歔欷" 註）。**唏** 正許既反～啼也（龍 273/06）（慧 17/740b）（慧 38/164a）（玄 20/264c）（玄 20/265c）（慧 43/259b）（慧 77/1014a）；欷古文唏同（慧 52/453b "歔欷" 註）（慧 78/1035a "歔欷" 註）。**唏** 俗（龍 273/06）（玄 8/117a）（慧 38/163a）。**唏** 呼几呼翼二反（玄 5/73b）。**唏** 俗（龍 273/06）。

桸：**桸**希音（紹159a1）。**桸**音希又許宜反（龍376/02）；櫼律文作桸假借也正音虛衣反（玄16/214b "一櫼" 註）。**㭒**櫼律文作桸假借也正音虛衣反（慧65/773a "一櫼" 註）（玄18/247a、慧73/926b "櫼者" 註）。**㭒**又俗音希（龍208/08）//櫼：**㰥**或作許宜反正作桸（龍378/08）。**㰥**又俗許羈反①（龍381/09）。**㰥**櫼論文作～非體也（玄18/247a、慧73/926b "櫼者" 註）。

狶：**狶**虛豈反楚人呼猪也又音希（龍318/10）（慧61/678b）（紹167a2）。**狶**狶音希俗字也説文正體從豕作狶（慧61/678b "海狶" 註）。**豨**虛豈反楚人呼猪也（龍497/07）。**豨**音希（龍348/03）。**豨**音希同上（龍348/03）。

欷：**欷**虛既反（玄5/75b）（慧30/1047b）（玄10/138b）（玄12/154b）（玄16/221a）（慧65/763b）（慧15/706b）（慧76/997b）（慧79/1057a）（慧81/3b）（慧82/37b）（慧85/95a）（慧90/177b）（慧91/182b）（慧93/212b）（慧95/244a）（慧99/325b）（慧100/349b）（希9/412a）（紹198b9）；贔屓經文作隝欷非也（慧52/473a "贔屓" 註）。**欷**音希又上去二聲（龍353/05）（慧52/453b）（玄22/302c）（慧48/393a）（慧24/898a）。**欷**虛既反（慧50/428a）；贔屓經文作隝欷非也（玄11/152b "贔屓" 註）。**歠**新藏作欷（龍545/01）。

睎：**睎**許機反（玄12/156a）（慧52/476b）（慧73/923b）（玄20/270a）（慧47/342b）。**睎**虛衣反（玄18/239c）（紹171a1）。**睎**希音（紹171a1）。**睎**正音希日氣乾皃也（龍424/08）；曦或作睎亦通也（慧2/429a "曦赫" 註）。**睎**俗（龍424/08）（慧75/974a）。**睎**虛衣反（慧75/974a）。**睎**俗音希正作睎[睎]陽露滴也（龍418/09）。**睎**俗音希正作睎（龍418/09）。//烯：**烯**睎又作烯同（慧73/923b "則睎" 註）。**烯**睎又作烯同（玄18/239c "則睎" 註）。

稀：**稀**音希（慧15/695a）（慧34/75b）（紹196a4）。**稀**音希稀稠也（龍142/09）。**稀**俗音希（龍110/07）。

睎：**睎**欣衣反（慧30/1053b）（慧32/48b）（慧51/439b）（慧80/1083b）（慧81/13b）（慧92/209a）（慧93/215b）；希説文作睎同（玄3/32c、慧09/564b "希望" 註）。**睎**音希望也視也（龍417/06）（慧50/426b）。

---

① 參見《龍龕手鏡研究》302 頁。

譆: **譆** 許訖反語瞋聲也 (龍 051/09) (紹 185b6)；喊又作譆欻二形同呼戒反 (玄 4/58a、慧

43/273a "喊喊" 註) (玄 11/143b、慧 56/554b "响喊" 註) (玄 18/251c "喊喚" 註)。

豨: **豨** 許衣許豈二反豬也 (龍 320/07)。

趟: **趟** 音希走皃也 (龍 324/02)。

僖: **僖** 虛之反樂也戲也笑也 (龍 024/05) (紹 128b5)；嬉說文作僖 (玄 6/81c "嬉戲" 註) (玄

7/94a、慧 28/997b "嬉遊" 註) (玄 9/120a "嬉戲" 註) (玄 22/287b、慧 48/370a "嬉戲" 註) (玄 2

5/332c、慧 71/883a "嬉戲" 註) (慧 27/970b "嬉戲" 註)。// **嬉** 許其反樂也一曰遊也 (龍

279/03) (玄 5/64c) (慧 44/284b) (玄 6/81c) (玄 7/94a) (慧 28/997b) (玄 9/120a) (玄 14/189c)

(慧 59/639a) (玄 22/287b) (慧 48/370a) (玄 23/317a) (慧 49/398b) (玄 25/332c) (慧 71/883a)

(慧 14/676b) (慧 16/723b) (慧 23/857b) (慧 23/860a) (慧 24/888b) (慧 27/970b) (慧 32/30b) (慧

35/102b) (慧 39/180a) (慧 44/293a) (慧 79/1053b) (慧 88/141b) (希 3/368c) (紹 141b8)；**煕** 經

文有作嬉同嬉非今用 (玄 3/33b、慧 09/565a "煕怡" 註) (慧 29/1032b "熙怡" 註) (希 2/36

2b "熙怡" 註) (希 7/401a "熙怡" 註)。**嬅** 禧音 (紹 141b8)。**儃** 禧音 (紹 141b8)。// **繥**:

繥 俗虛之反正作嬉僖二字 (龍 396/09)；嬉經文作繥非也 (玄 7/94a、慧 28/997b "嬉

遊" 註)。

熺: **熺** 許其切 (紹 189b6)。**熺** 瞶又作熺集作瞶並通 (慧 98/306b "瞶陽" 註)。// **瞶**: **瞶**

正音希日氣乾皃也 (龍 424/08) (慧 98/306b)。

熹: **熺** 正許其反火炙皃也 (龍 240/07)。**熹** 或作 (龍 240/07)。

禧: **禧** 許其反福也吉也 (龍 110/03)。

瞶: **瞶** 許其反目童子也 (龍 419/06)。

譆: **譆** 許其反痛聲亦上聲 (龍 043/05)；嘻或作譆 (慧 31/21a "嘻嘁" 註)；宴經文作譆非

此用 (玄 7/98c、慧 26/957a "宴默" 註)。// **嘻** 許之反意嘻傷嘆也 (龍 266/07) (玄 1/8b)

(慧 17/741a) (玄 4/50c) (慧 31/21a) (玄 8/111a) (慧 38/155a) (玄 8/116b) (慧 38/161b) (玄 20

/265a)。**嚍** 禧音 (紹 183b7)。

息: **息** 思力反 (玄 25/333a) (慧 71/883b) (希 3/374a)；瘜論文作息非體也 (玄 18/243c、慧 7

2/914a "瘜肉" 註)。**臮** 音息 (龍 364/05)。

瘜：**瘜**音息瘜惡肉也（龍 477/05）（玄 2/26c）（玄 18/243c）（慧 72/914a）（慧 26/934b）（紹 192b7）。
//**膒**音息（龍 415/09）；瘜方言作膒同（玄 2/26b "瘜肉" 註）（玄 18/243c、慧 72/914a "瘜肉" 註）（慧 26/934b "瘜宍" 註）。

嗋：**嗋**（紹 181b6）。

熄：**熄**音息蓄火也（龍 245/03）。

犀：**犀**音西瓠也（龍 162/08）；瓻律文作犀非此用（玄 14/198b、慧 59/653b "而瓻" 註）；褐論從辛作犀非也（慧 86/105b "犀首" 註）。

犀：**犀**正音西（龍 162/07）（玄 8/114b）（慧 19/777b）（慧 14/667b）（慧 31/20a）（慧 86/105b）（慧 94/224a）（希 3/369b）（紹 172b3）。**犀**洗賓反（慧 30/1039b）。**犀**洗鷄反（慧 16/723b）。**犀**俗（龍 162/07）。**犀**俗（龍 162/07）。**犀**俗（龍 162/07）（紹 172b3）；犀經作～俗字也（慧 30/1039b "犀角" 註）。**犀**西音（紹 172b3）。**犀**西音（紹 172b3）。**犀**俗（龍 162/07）；犀經文作～誤也（希 3/369b "犀牛" 註）。**犀**西居二音（龍 162/07）。**犀**西音（紹 172b3）。**犀**犀正西音（紹 198a3）。

劘：**劘**正音西（龍 097/03）。**劘**今（龍 097/03）。

膝：**厀**相逸反（龍 538/01）（慧 48/388a）；膝正體從卩作厀（慧 1/409b "兩膝" 註）（慧 61/694b "胯膝" 註）（慧 81/15b "雙膝" 註）（慧 98/302b "造膝" 註）。**厀**胥逸反（慧 2/425b）（慧 35/100b）（慧 40/193b）（希 5/388c）；膝正從卩音節作厀（慧 11/619b "膝腨" 註）（慧 41/217b "膝踝" 註）（慧 76/1003b "兩膝" 註）。**厀**膝説文正作厀（慧 24/888b "雙膝" 註）（希 5/387a "劑膝" 註）。//膝：**膝**薪七反（慧 44/280a）。**膝**辛逸反俗用字（慧 41/217b）（慧 40/193b "至厀" 註）。**膝**相逸反（龍 415/03）；厀正膝字也（慧 40/193b "勇猛" 註）（希 5/388c "厀踝" 註）。**膝**胥逸反（慧 8/542b）（玄 1/8a）（慧 11/619b）（慧 17/740b）（慧 98/302b）（希 2/364b）（希 5/387a）。**膝**胥逸反（慧 1/409b）（慧 61/694b）（慧 76/1003b）（慧 81/15b）；厀經文作膝俗字（慧 2/425b "厀骨" 註）（慧 35/100b "髀厀" 註）。**膝**（玄 22/299c）。**膝**新逸反（慧 24/888b）；膝經文作膝誤書也（希 5/387a "劑膝" 註）。**膝**膝集作膝不成字也（慧 98/302b "造膝" 註）。**膝**膝正悉音（紹 171a2）。**膝**私七反經音義作膝經文作

～非也（龍 542/06）；膝經文作諫非也（玄 1/8a、慧 17/740b "膝伽" 註）。**諫**①俗息一反（龍 368/08）。**誺**②相承悉音又江西隨函音竹皆反③（龍 188/09）。**膝**俗蘇各反④（龍 416/01）。

藤：**藤**正音悉牛藤也（龍 264/05）。//蒸：**蒸**或作（龍 264/05）。

熙：**熙**虛之反（慧 71/892b）（慧 1/409a）（慧 4/473a）（慧 20/800b）（慧 29/1032b）（慧 32/46b）（慧 83/50a）（慧 85/101a）（希 2/362b）（希 4/380a）（希 5/388a）（希 5/388c）（希 6/393b）（希 7/401a）。**熙**正許其反和也廣也長也（龍 238/04）。**熙**許基反（慧 22/853a）；戲嬉經作熙喜非也（慧 35/102b "戲嬉" 註）。**熙**變體（龍 238/04）（慧 09/565a）（慧 40/202b）。**熙**虛之反（玄 3/33b）。**熙**虛之反（玄 25/338a）。**迤**音希⑤（龍 491/01）。**迤**音希（龍 491/01）。**嗅**新藏作熙許其反（龍 546/03）。**嚥**俗許其反⑥（龍 054/03）。

嘻：**嘻**俗許之反（龍 267/02）。

醯：**醯**俗呼奚反（龍 309/07）（玄 1/18b）（玄 24/326a）（紹 143b7）。**醯**俗（龍 309/07）；醯又作醯同（希 3/374b "摩醯" 註）。**醯**許兮切（紹 143b7）。**醯**正呼奚反（龍 309/07）（慧 52/456a）（慧 70/872a）（慧 29/1025a）（慧 35/109b）（慧 36/118b）（慧 51/451a）（慧 87/129b）（希 3/374b）（紹 143b7）。**醯**許兮切（紹 143b7）。**醯**馨鼜反（慧 10/592b）。**醯**馨翳反（慧 12/634b）。**醯**（玄 12/156a）。**醯**許兮切（紹 143b7）。

褐：**褐**先擊反袒衣也（龍 107/06）。**褐**又俗音錫袒衣也（龍 111/02）。

錫：**錫**先擊反鉛錫也又賜也与也（龍 019/08）（玄 3/47a）（慧 10/581b）（玄 4/50a）（玄 22/301a）（慧 48/390a）（玄 23/318b）（慧 47/357b）（慧 18/761a）（慧 31/14b）；淅經文作錫非體也（玄 12/167a、慧 75/985a "淅米" 註）。**錫**音昔（慧 35/113b）（慧 39/172a）（希 3/370c）（紹 180b3）。**鑠**⑦古文音錫（龍 039/09）。

濰：**濰**許宜反水名（龍 229/03）。

---

① 《叢考》："諫" 是 "諫" 進一步訛變的產物，亦即 "膝" 的訛俗字（493）。
② 《叢考》：音 "悉" 的 "誺" 當是 "膝" 的訛俗字（494）。
③ 參見《龍龕手鏡研究》211 頁。
④ 參見《字典考正》229 頁。
⑤ 參見《龍龕手鏡研究》356 頁。
⑥ 《龍龕手鏡研究》：疑即 "熙" 字（172）。
⑦ 參見《隸定古文疏證》286 頁。

攍：攍正許羈反（龍210/03）。擖悞（龍210/03）。攍今（龍210/03）。//攜虛宜切（紹1
35a5）。

檥：攲許宜反（慧73/926b）。攏虛竒反（慧65/773a）。攲虛竒反（玄16/214b）（玄18/24
7a）。

豱：豲豱正虛宜切（紹174b7）。豴攍又作豱同（玄18/247a、慧73/926b"攍者"註）。

巇：巇喜宜反（慧97/287b）（慧100/332a）（紹162b3）。巇正許奇反嶮巇巔危也（龍072/08）
（玄7/100b）。巇今（龍072/09）；隵又作巇同（玄15/210c、慧58/623a"險隵"註）。巗或
作（龍072/09）。巇或作（龍072/08）。//隵：隵許竒反（慧58/623a）。隵許宜反毀
也（龍296/03）（玄15/210c）。//壏：壏巇又作壏同（玄7/100b"巇嶮"註）。//巘：巘
許宜反同巇嶮巇也（龍074/04）。//巘：巘虛宜切（紹162a5）；巇經文作巘非也（玄
7/100b"巇嶮"註）（慧97/287b"險巇"註）。

巂：巂正息委反越巂郡名（龍076/01）。巂通（龍076/01）。巂俗（龍076/01）。巂巂正髓
音（紹200b3）。

鄈：鄈戶圭反邑名水名（龍454/09）。

鱊：鱊以規反（玄15/208a"羮臛"註）。鱊以規反（慧58/608b"羮臛"註）。

觿：觿正許規戶圭二反（龍511/05）（慧83/43b）。觹今許規戶圭二反角錐童子佩之又
銳端可以解結也（龍547/05）。觿俗（龍547/05）。觿許規勻規二切（紹148b3）。觿津
垂切（紹148b3）。觿俗（龍511/05）。觿俗戶圭許圭二反正作觿角錐也（龍339/05）。
觿（龍339/05）。觿俗（龍511/05）。

鐏：鐏正又戶圭反大鍾也（龍008/06）。鐏俗又戶圭反（龍008/06）。鐏俗又戶圭反（龍
008/06）。鐏俗又戶圭反（龍008/06）。觿俗又戶圭反（龍339/05）。

驨：驨戶圭反獸名似馬一角（龍291/08）。

羛：羛許宜切（紹199a8）。羛許羈反論作犧亦同（慧87/127a）；犧或作羛（慧97/290a"庖
犧"註）。羛喜飢反（慧94/232b）。

曦：曦俗許其反（龍269/01）。

曦：曦許宜反日光也又光明盛皃也（龍424/08）（慧87/127a）（希9/413c）（紹171a4）；羛傳

文作曦俗字也字書正作義（慧 94/232b "炎義" 註）。曦喜猗反（慧 2/429a）。䚗曦正虛宜切（紹 136b7）。曦俗許宜反正作曦日光也（龍 408/04）。曦俗許宜反正作曦日光也（龍 408/04）（紹 136b6）。

爔：爔正許其反（龍 240/05）（紹 189a10）；曦經從火非也（慧 2/429a "曦赫" 註）。爔俗許其反（龍 240/05）。

犧：犧俗許宜反（龍 116/02）（紹 167b4）。犧正許宜反（龍 116/02）（慧 77/1025a）（慧 97/290a）（紹 167b3）；義論作犧亦同（慧 87/127a "伏羲" 註）。

榯：榯柰奚反（玄 12/163c）（慧 75/968b）。

吚：吚虛器反呻吟也又火尸反笑也（龍 274/06）（玄 8/110c）（玄 23/315c、慧 50/425a "鶃鶏怛諾迦寶" 註）（希 1/355c）（紹 182b1）。// 欪：欪正喜夷反呻吟皃又歎詞也（龍 163/01）。欪俗（龍 163/01）；借音虛履反（玄 21/282c）。

焁：焁許羈反焁欬貪者欲食皃也（龍 240/04）。

娭：娭許其反（龍 281/02）；嬉説文亦作娭（慧 88/141b）。

誒：誒許其反可忘[惡]之詞也（龍 040/03）。

咭：咭許吉反又巨吉反（龍 276/01）（慧 10/597a）。

咦：咦喜夷反（龍 268/08）（紹 184b2）。

忚：忚或作（龍 054/09）。// 怬：怬正呼兮反欺慢之皃也（龍 054/09）。

竦：竦音七賜反（慧 56/553b）。竦先擊反竦蜦也（龍 224/09）（玄 11/143a）（紹 164b9）。

霼：霼苦顏反雨雪也又許尔反（龍 307/06）。霼或作虛器反又見雨而止息曰霼玉篇云又許尔苦顏二反雨雪皃（龍 308/07）。

xí

橀：橀今胡狄反符橀（龍 385/04）（慧 83/61a）（慧 93/221a）（希 10/419a）。檄正（龍 385/04）（慧 20/799b）（慧 90/167a）。撽胡狄反（龍 218/01）（慧 69/840b）；檄經本中作撽俗字也（慧 20/799b "讚檄" 註）。

觡：觡古岳胡歷二反以角骨飾杖策頭也（龍 513/03）。

襲：襲今祥入反因也及也入也重也合也（龍 107/06）（玄 1/14c）（慧 42/236a）（玄 5/72c）（慧 33/59a）（玄 10/133a）（慧 49/407b）（玄 13/169a）（慧 55/539b）（玄 15/207c）（慧 58/607b）（玄 1

8/251a）（慧 73/937a）（玄 20/273a）（慧 75/979b）（玄 22/302a）（慧 48/392a）（慧 10/588b）（慧 6

1/682b）（慧 62/703b）（慧 83/49a）（慧 91/185a）（慧 97/289a）（慧 98/294b）（希 5/383a）（紹 168

b2）。**爨**籀文（龍 107/06）。**巤**襲正習音（紹 168b2）。**襲**音習（龍 109/06）。//戢：**戢**

古文音習今作襲（龍 173/08）；襲古文戢同（玄 1/14c、慧 42/236a "俺襲" 註）（玄 5/72c、

慧 33/59a "襲績" 註）（玄 10/133a、慧 49/407b "還襲" 註）（玄 13/169a、慧 55/539b "應襲" 註）

（玄 15/207c、慧 58/607b "掩襲" 註）（玄 20/273a、慧 75/979b "襲持" 註）（玄 22/302a、慧 48/39

2a "襲師" 註）。**戢**音習①（龍 526/09）。

習：**習**正習字也（慧 80/1093b）（慧 89/160a）。**習**辝立反（玄 20/268c）（慧 33/56a）（玄 2/24b）

（玄 4/60b）（玄 11/151a）（慧 52/470b）（慧 26/930b）（慧 65/767b）；襲或作習字並通（慧 97/

289a "理襲" 註）。//**慴**俗音習（龍 039/06）。//瘤：**瘤**相承先入祥入二反音義作習②（龍

477/05）（慧 77/1019a）（紹 192b8）；習經文從疒作瘤書无此字近人加之耳（玄 2/24b "習

習" 註）（慧 26/930b "習習" 註）。

溜：**習**隰或作溜俗字也（慧 14/668b "原隰" 註）。

嗠：**嗠**先立反又俗音習（龍 278/01）（玄 10/138a）（慧 45/305b）。

榴：**榴**音習堅木名（龍 386/08）。

褶：**褶**（龍 109/02）（慧 94/234b）。**褶**時入反（玄 14/194a）（慧 59/646b）（紹 168b8）；襲古文

褶同辝立反③（玄 1/14c、慧 42/236a "俺襲" 註）。

諝：**諝**習音（紹 185b5）；習經文作諝非也（玄 4/60b "貫習" 註）（玄 20/268c、慧 33/56a "暮

習" 註）。

篔：**舓**或作音習簿艗修舩具也正作篔（龍 133/08）。//罋：**罋**音集以竹葉罋舩也（龍

133/03）。

飍：**飍**音習飈～大風也（龍 128/05）。

霫：**霫**似入私立二反虛霫雨兒又奚霫東北夷名（龍 309/03）。

鰼：**鰼**音習魚名（龍 171/09）。

---

① 《叢考》：此字疑即 "戢" 的訛俗字（296）。
② 《龍龕手鏡研究》："瘤" 即 "習" 的增旁字（350）。
③ 《疏證》："襲作褶屬聲符更替。"（178）若如此，則 "褶" 為 "襲" 的異構字。

騽：**騽**為立似入二反馬豪骨也（龍294/07）。

鶛：**鶛**音習～鴲鳥名（龍290/01）。

隰：**隰**正音習（龍298/02）（玄4/48c）（慧8/556a）（希2/365c）（紹169b7）。**隰**尋立反（慧14/668b）（慧18/748a）。**隰**俗（龍298/02）。**隰**尋立反（慧82/28a）。//**隰**或作（龍298/02）；隰又作隰同（玄4/48c"原隰"註）（慧8/556a"原隰"註）。

席：**席**祥亦反（慧27/979b）（希9/416a）。**庠**席正夕音（紹193a10）。//**蓆**：**蓆**席或從艹作蓆（慧27/979b"薦席"註）（希9/416a"榻席"註）。

鄇：**鄇**祥亦反鄉名（龍457/05）。

覡：**覡**刑擊反（慧84/79b）（慧90/176a）（慧97/287b）（紹148a1）。**覡**胡的反（龍346/03）（玄16/221c、慧65/764b"巫師"註）（紹147b8）。

劐：**劐**户圭反廣疋云挑剜刲劐削也（龍096/07）。

顱：**顱**胡狄反鼠名也（龍334/08）。

xǐ 洒：**洒**正先礼反（龍231/01）（玄8/113c）（慧16/713b）（慧16/714a）（慧36/120a）（慧36/124a）（慧36/130a）（慧37/140a）（慧40/198a）（慧55/535b）（慧63/739a）（慧79/1064a）（慧89/164b）（慧90/175a）（慧90/178b）（慧91/183b）（紹188b1）；洒說文正體從西從水作洒形聲字也（慧29/1018b"洗濯"註）（慧42/244a"洗滌"註）（慧53/501b"洗拭"註）（希3/370b"洗滌"註）（希7/400a"洗滌"註）；灑律文作洒非（慧64/759a"掃灑"註）（慧77/1024a"灑火"註）。**粟**俗（龍231/01）。//洗：**洗**正先礼反（龍231/01）（慧8/538a）（慧29/1018b）（慧42/244a）（慧53/501b）（慧55/533a）（慧56/574b）（慧62/710a）（慧95/255a）（希3/370b）（希7/400a）；洒亦作洗義同（慧16/713b"洒除"註）（慧36/124a"盥洒"註）（慧37/140a"洒浴"註）（慧40/198a"洒漱"註）（慧79/1064a"洒刷"註）（慧89/164b"盥洒"註）（慧90/175a"洒漱"註）（慧90/178b"洒漱"註）（慧91/183b"盥洒"註）。

徙：**徙**徙說文作～（慧82/25a"驟徙"註）。**徙**正斯紙反（龍497/05）（慧70/870a）（慧82/25a）（希10/418b）（紹172b6）。**徙**通（龍497/05）（玄24/324c）（慧23/859b）。**徙**徙正想氏切（紹172b6）。

蒒：**蒒**正斯氏反（龍260/05）；躧集從草從竹作筵蒒者皆非也（慧98/297b"躧褐"註）。**蒒**

通斯氏反（龍 260/05）。蓰俗斯氏反（龍 260/05）。

縰：縰所倚反結也（龍 399/07）。

屣：𩋾屣古文𩋾同所綺所解二反（玄 1/22a“革屣”註）。𩋾所綺反（慧 41/226a）（希 1/358b）；屣古文𩋾同（玄 14/185c、慧 59/633a“革屣”註）（玄 17/227a、慧 67/813b“作屣”註）（慧 12/624b“革屣”註）（慧 36/121b“履屣”註）（慧 54/513b“金屣”註）（慧 76/994b“履屣”註）（慧 78/1047a“履屣”註）（慧 80/1091a“脱躧”註）（慧 91/187a“脱屣”註）（慧 92/203a“脱躧”註）。𩋾所綺切（紹 140a8）。𩋾所綺所寄二反（龍 449/02）；屣古文𩋾同（玄 14/185c、慧 59/633a“革屣”註）（慧 88/141a“斑屣”註）（慧 98/297b“躧裼”註）。𩋾（龍 449/02）（希 1/358b“革𩋾”註）；屣古文作𩋾韆二體同也（慧 25/922a“革屣”註）（慧 88/141a）。𩋾（龍 449/02）。𩋾𩋾經從尸作屣或作～並俗字也（慧 41/226a“革𩋾”註）。縰屣亦作縰𩋾𩋾（慧 14/679a“躡金屣”註）。縰屣或作𩋾縰三體並從徙（慧 12/624b“革屣”註）。//屣：屣今所綺所寄二反不攝跟履也（龍 163/07）（玄 11/142b）（慧 56/552a）（玄 14/185c）（慧 59/633a）（慧 14/679a）（慧 15/683a）（慧 36/121b）（慧 36/126b）（慧 45/314a）（慧 60/665b）（慧 64/754a）（慧 76/994b）（慧 78/1047a）（慧 85/94a）（慧 91/187a）（慧 99/313a）（希 9/416c）（紹 172a10）；𩋾經從尸作屣或作𩋾並俗字也（慧 41/226a“革𩋾”註）（慧 80/1091a“脱躧”註）（希 1/358b“革𩋾”註）；躧聲類作屣與傳文同（慧 89/164b“革躧”註）（慧 92/203a“脱躧”註）（慧 96/266a“躧足”註）（慧 98/297b“躧裼”註）。屣師滓反亦從足作躧（慧 43/270b）（慧 88/135a）（慧 88/141a）。屣通（龍 163/07）（玄 17/227a）（慧 67/813b）（慧 12/624b）（慧 25/922a）（慧 54/513b）。屣俗（龍 163/07）。屣所綺所解二反（玄 1/22a）。屣所綺切（紹 172a10）。屣所綺切（紹 172a10）。

璽：璽思紫反（玄 7/97a）（慧 20/794a）；璽或從土作壐（慧 84/69a“神璽”註）（慧 87/128b“符璽”註）（慧 91/183a“璽書”註）。//璽：璽斯此反（慧 84/69a）（慧 86/115a）（慧 87/128b）（慧 88/147b）（慧 91/183a）（紹 141a1）。璽斯紫反信也天子玉印也（龍 436/02）。壐說文從土作壐今從玉作璽（慧 19/781a“印璽”註）（慧 20/794a“璽印”註）。璽斯尔反（慧 22/845b）（慧 23/859b）。璽舊藏作璽（龍 436/02）。

枲：枲息里反麻有子曰菓無子曰苴也（龍 336/02）（玄 1/11b）（慧 17/746a）（玄 4/53b）（慧 4

3/264b)（慧 24/899a）（慧 66/800a）（紹 158a8）；線又作枲同（玄 1/11a、慧 17/746a“線呵”註）。枲枲正息里切（紹 174a1）。枲洗里二音[①]（龍 076/04）。//[辝/木]枲籀文作[辝/木][②]（玄 1/11a“線呵”註）。//線：線息里反（玄 1/11a）（慧 17/746a）。//菒：菒隨函云合作枲息里反冐麻有子曰菒無子曰苴也（龍 260/09）（紹 155b4）。

[竹/枲]：[竹/枲]息里反（龍 392/06）。

纚：纚所綺反（龍 449/02）；屣古文纚二形同所綺所解二反（玄 1/22a“革屣”註）（玄 14/185c、慧 59/633a“革屣”註）（玄 17/227a、慧 67/813b“作屣”註）（慧 15/683a“革屣”註）（慧 25/922a“革屣”註）（慧 54/513b“金屣”註）（慧 64/754a“著屣”註）。//躧：躧師滓反（慧 89/164b）。躧正所綺所寄二反（龍 462/07）（慧 80/1091a）（慧 92/203a）（慧 96/266a）（慧 98/297b）（紹 137b8）；屣從足作躧（慧 15/683a“革屣”註）（慧 64/754a“著屣”註）（慧 78/1047a“履屣”註）（慧 85/94a“脱屣”註）（慧 99/313a“跕屣”註）。//蹝蹝正（龍 462/07）；屣或作躧蹝並通（慧 99/313a“跕屣”註）。蹝俗所綺所寄二反（龍 462/07）。

喜：喜嘻或作喜（慧 98/306b“嘻陽”註）。喜音喜（龍 540/02）。喜音喜（龍 540/02）。

憘：憘音喜情悦也又許記反好也（龍 057/03）（慧 14/674a）（慧 51/442b）（紹 130a2）；晞論從心作憘俗字（慧 50/426b“晞望”註）；憙論文作憘與憙通用字也（慧 67/802b“憙法”註）。憙希記反（慧 1/418a）（慧 30/1052a）（慧 67/802b）；憘或作憙同（慧 14/674a“憘以”註）；戲有作憙許記反非此本意也（慧 27/970b“嬉戲”註）。憙許既反好也悦也（龍 066/06）。

歖：歖許其反（龍 353/07）（慧 35/102b）。

嬉：蟢音喜蟢子虫也（龍 223/07）。

趩：趩許其許記二反[③]（龍 324/04）；嘻經文作～非也（玄 8/111a、慧 38/155a“嘻梨”註）。

觽：觽虛豈興倚二反～鼻去涕也（龍 363/03）。觽同上（龍 363/03）。

㢖：㢖又星里弋里二反石利也（龍 303/02）。

葸：葸思子反質慤皃也（龍 261/02）。

①“洗里二音”當是“洗里反”之誤，參見《疑難字考釋與研究》180 頁。
②依據今本《說文》“枲”的籀文作“[辝/林]”，“[辝/木]”為“枱”的籀文。
③參見《字典考正》364 頁。

謑：謑今胡礼反耻辱也又許懈反怒言也（龍046/06）（慧39/178a）。誤正（龍046/06）。

纚：纚山綺反（慧54/509b）。纚所綺反（龍399/07）（玄13/181a）。//縰：縰纚今作縰同（玄13/181a、慧54/509b"披纚"註）。縱所綺反（龍399/07）。

xì 匸：匸又胡礼反（龍192/02）。

恓：恓許異反忦也（龍059/02）。

呬：呬許以反通平去二聲又丑智反此字多音梵語（龍270/06）（玄5/71c）（玄21/281b）（玄22/286c）（慧48/369b）（玄23/310b）（慧47/361b）（慧4/460a）（慧11/615a）（慧18/754b）（慧35/102b）（慧47/357a）（希1/355c）（紹183a6）；呭今作呬同（玄11/152b、慧52/473a"鼻呭"註）。齛嚔經文作～非也（慧28/993b"不嚔"註）。齛嚏經文作～非也（玄12/162a"不嚏"註）。齛經音義作嚔丁計反鼻嘖也在普曜經第五卷又俗音血（龍275/07）。

睂：睂虛器反鼻睂也（龍351/09）（龍164/05）（玄11/152b）（慧52/473a）。//齂：齂許器反與睂同鼻齂也（龍164/05）。

系：系又胡計反緒也（龍395/04）（龍403/02）（玄1/9a）（玄1/11a）（慧17/742b）（慧17/745b）（慧43/266b）（玄5/74a）（慧44/289b）（玄7/102c）（慧30/1046b）（玄8/116c）（玄15/209b）（慧58/610b）（玄16/217c）（慧65/769a）（玄23/317b）（慧49/399b）（慧77/1021a）（慧83/65b）（慧93/217b）（慧100/352a）（希10/420b）（紹204a2）。系籀文從爪作～（慧77/1021a"系嫡"註）。

係：係胡計反（龍033/07）（玄1/8c）（玄16/223b）（玄22/298a）（初編玄565）（慧17/742a）（慧33/64a）（慧45/317b）（慧48/385a）（慧52/456b）（慧55/544b）（慧64/752a）（慧72/911a）（慧75/977b）（慧94/223b）；古文繫継二形今作係同（玄3/33b、慧09/565a"繫念"註）（慧36/120a"繫縛"註）；計經文作係非體也（玄13/170b、慧16/725b"不計"註）。係古帝反（玄18/249c）（紹128b7）。

撅：撅胡計反撅換也又胡佳反挾物也（龍215/02）。

嗘：嗘俗胡計反（龍274/06）（紹182b7）。嗘俗（龍274/06）。嗘俗（龍274/06）。

愢：愢胡計反恨足（龍061/01）。

奚：奚形計反（慧37/147a）（紹155a3）。奚系律文作繲奚二形非體也（玄15/209b、慧58/

610b“施系”註)。䌈胡計反屧䌈也(龍262/04)。//縘:縘系律文作縘䌈二形非體也(玄15/209b、慧58/610b“施系”註)。

谿:谿胡計胡禮二反(龍519/09);徯或作谿(慧76/1009a“徯戀”註)。

豯:豯音兮豕生三月也(龍320/05)。

細:細悉計反律文從田作細俗字訛也(慧64/759b)。細先許反(龍401/05)(慧1/411a)(慧4/473a)(慧24/886b)。細西計反(慧16/724a)(慧43/270b)(慧55/531b)。細洗祭反(慧16/718a)。細麄細經文作麆納誤也(玄11/144c“麄細”註)。細先計反(慧12/630b)(慧65/771b)。細西祭反(慧57/580a)(玄16/219a);經文順俗從田作細誤也(慧12/630b)。

妎:妎正胡計反心不了也又音害字林云疾妎妬也(龍283/05)。妎或作(龍283/05)。妎俗(龍283/05)。//紒:紒户計反心不了也[1](龍403/03)。

咭:咭許吉反怖也(龍063/02)(紹130b8)。

欯:欯許吉反笑也(龍356/03)。

隙:隙隙古文㡧同(慧52/453b“瑕隙”註)(玄14/195b、慧59/648b“嫌隙”註)(玄17/231b、慧70/855b“隙中”註)。㡧正乞逆反(龍337/09);隙古文㡧同(玄1/21b“罅隙”註)(玄12/154c“瑕隙”註)(玄24/319c“竅隙”註)。㡧俗(龍337/09)。㡧隙又作㡧同(慧70/862a“竅隙”註)。//隙丘逆反(玄1/21b)(慧52/453b)(玄14/195b)(玄17/231b)(慧70/855b)(慧48/372b)(慧47/354b)(玄24/319c)(慧70/862a)(慧14/662b)(慧19/776b)(慧25/920b)(慧32/30b)(慧60/661a)(慧62/697b)(慧62/703b)(慧72/899a)(慧81/9b)(慧83/51b)(慧94/226b)(慧96/258b)(慧99/326b)(慧99/327b)(希2/365a)(希4/377a)(紹169b6)。隙鄉逆反(慧1/417b)。隙鄉逆反(慧2/431b)(慧13/653b)(慧15/684b)(慧31/7a)(慧68/825a)(慧97/284b)(希6/392c)。隙豈逆反(龍298/04)(玄12/154c)(慧34/81a)(慧67/802b)。隙(龍298/04)(玄23/307b)(玄24/319c)。隟豈逆反(龍298/04)(慧59/648b)(玄22/289b)(慧4/476a)(紹169b6);隙經從巢作隟非也(慧1/417b“瑕隙”註)(慧2/431b“空隙”註)(慧14/662b“孔隙”註)(慧15/684b“窻隙”註)(慧19/776b“孔隙”註)(慧31/7a“孔隙”

①參見《龍龕手鏡研究》310頁。

註）（慧67/802b"無隙"註）（慧81/9b"構隙"註）（希2/365a"竅隙"註）（希4/377a"隙光"註）。

㨮舊藏作隟丘戟反孔㯢也（龍386/09）。//㮇：**㮇**綺戟反嫌恨也（龍555/09）。

郤：**卻**卿逆反集作此郤俗字也（慧97/275a）。**郤**隙經文作郤非經旨（玄1/21b"鑪隙"

註）（慧25/920b"鑪隙"註）。**郤**隙經文作郤非體也（玄12/154c、慧52/453b"瑕隙"註）

（慧96/258b"鑪隙"註）（慧97/284b"有隙"註）（慧99/326b"間隙"註）（慧99/327b"隙牖"註）。

郤去逆切人姓（龍457/03）（紹169a7）。**郤**去逆切人姓（龍457/03）**郤**去逆切人姓

（龍457/03）。

綌：**綌**去戟反絺綌葛衣也（龍403/08）（慧95/244b）（紹191b8）。//峪：**峪**綌亦作峪（慧

95/244b"絺綌"註）。

悕：**悕**許擊反心不安也（龍063/08）。

欪：**欪**許擊反笑聲也（龍524/06）。

艳：**艳**許力反（龍524/06）（玄19/262b）（慧56/573a）（慧42/242a）（慧40/194a）。

㴇：**㴇**許氣反水也出玉篇（龍234/05）。

㸄：**㸄**許既反牛病也（龍117/01）。

㺩：**㺩**許既反豕息也（龍321/01）。

爇：**爇**許既反爇火也（龍243/08）。

饻：**饻**正許既反餉也又生牲曰饎也玉篇又許乞反飽也（龍502/04）（玄7/96a）（慧28/100

0a）（玄13/168c）（慧57/589b）（慧87/128b）（慧88/142b）（慧92/203a）（慧96/268b）（紹172a2）。

//饎：**饎**許既反（龍502/04）。//饎：**饎**俗許既反正作饻（龍305/05）；饻古文饎同（慧

57/589b"饻施"註）。**饎**俗（龍305/05）；饻古文饎同（玄13/168c"饻施"註）。//餼：**餼**

許訖反飽也（龍503/09）。

鏚：**鏚**許既反弩戰也（龍018/01）。//飍：**飍**俗許既反正作鏚弩戰也又杳抒二音（龍

142/01）。

飍：**飍**虛豈反飛雲兒（龍191/09）。

舄：**舄**齒亦私亦二反（玄22/302b）（慧48/392a）（慧82/29b）（慧85/101b）（紹174b9）；潟志本

作舄誤也（慧77/1024b"潟鹵"註）（慧82/40b"潟鹵"註）。**舄**音昔（龍341/03）。//鵲：

鞨俗音昔（龍 451/02）；舄亦從革作鞨（慧 85/101b "舄帗" 註）。

潟：瀉星弈反志本作舄誤也（慧 77/1024b）（慧 82/40b）；舄鹵又作潟滷二形同（玄 22/30

2b、慧 48/392a "舄鹵" 註）（慧 82/29b "舄鹵" 註）。

碣：碣或作音昔（龍 446/01）（玄 18/246b、慧 73/925a "柱礎" 註）。碣今（龍 446/01）。

潟：瀉又音昔鹹土也（龍 232/03）。潟滷周禮作瀉（慧 53/495a "鹹滷" 註）。

戲：戲正許智反戲謔也弄也兵也施也歇也（龍 173/04）（慧 7/527a）（慧 14/664a）（慧 14/67

7a）（慧 16/709b）（慧 16/723a）（慧 16/723b）（慧 17/731a）（慧 20/793a）（慧 27/970b）（慧 29/10

18b）（慧 31/19a）（慧 32/30b）（慧 41/209a）（慧 39/177b）（慧 49/409b）（慧 63/730a）（慧 67/806

a）（慧 79/1053b）（慧 94/236a）（慧 100/340b）（希 3/368c）。戲希義反（慧 10/598a）（慧 80/1

087b）。戲（慧 26/938a）。戲希義反（慧 35/102a）（慧 35/102b）（慧 44/282a）（慧 44/293a）

（希 10/419a）。戲希寄反（慧 24/888b）；戲論文從丘非也（慧 49/409b "戲弄" 註）。戲今

（龍 173/04）；戲經從虛作～非也（慧 7/527a "戲謔" 註）（慧 14/664a "掉戲" 註）（慧 14/67

7a "嬉戲" 註）（慧 15/683b "戲弄" 註）（慧 17/731a "戲樂" 註）（慧 24/888b "嬉戲" 註）（慧 39/

177b "戲論" 註）（慧 79/1053b "嬉戲" 註）。戲戲正體字也經從虛作戲俗字也（慧 32/30

b "嬉戲" 註）。戲戲從虛從弋作～非也（慧 41/209a "戲論" 註）。戲（慧 21/825b）。

巇：巇戲音（紹 183a3）。

眐：眐奚詣反（慧 76/1000b）。眐詣系二音（龍 422/03）（慧 99/327a）（紹 143a2）；盻譜作～

音許乙反非經義也（慧 77/1014b "盻目" 註）。眣新藏作眐音詣（龍 413/09）。

稧：稧胡計反稧事也稧換也（龍 146/02）；挈論文從禾作稧非義也（慧 84/73b "褉挈" 註）。

//褉：褉奚計反（慧 85/97b）。褉胡計反（龍 113/04）。

愵：愵正許既反息也靜也（龍 067/06）。//忥：忥或作（龍 067/06）。//孫：孫俗許既

反正作愵息也（龍 336/07）。

鄒：鄒許及反地名（龍 457/03）。

膝：膝胡計反喉脈也又胡結反膜膝（龍 414/04）。膝（龍 414/04）。

鬩：鬩正許擊反鬩也恨也戾也又相怨也（龍 095/06）。鬩今（龍 095/06）。鬩俗（龍 095/

06）（紹 195b2）。鬩俗徒兮呼覓二反（龍 091/09）（紹 195b2）。//詇：詇許擊反私訟

也（龍052/01）。

夐： 夐呼計反肥大（龍357/09）。

瀂： 瀂魯音（紹186a8）。 瀂星亦反（慧53/495a）；鳥鹵又作鴻瀂二形同（玄22/302b、慧

48/392a "鳥鹵" 註）；洒或作瀂古洗字也（慧55/535b "刮洒" 註）。

釳： 釳正許訖反乘輿馬上搖翟尾者（龍021/04）。 釳俗（龍021/04）。

騞： 騞正許氣反馬走也（龍293/05）。//騞： 騞或作（龍293/05）。

獝： 獝虛器反夏后氏有澆獝寒浞子（龍319/02）。

盡： 盡正許力反（龍329/04）（紹173a8）。 盡俗（龍329/04）。 盡許力反傷痛其肉也（龍53

8/07）。

虪： 虪許力反赤黑皃也（龍533/03）。

xia

xiā 呀： 呀又呼加反唅呀張口皃又呀呻也（龍270/02）（玄11/144a）（慧56/555b）（玄22/295a）

（慧48/380b）（紹182b5）。//疨： 疨呼加反病也[1]（龍471/03）。

谺： 谺許加反谺谺谷中大空皃（龍526/02）。

飀： 飀呼牙反呼氣又風皃也（龍127/03）。

呷： 呷呼甲反（玄20/270c）（慧74/940a）。

欪： 欪呼甲反鼻息皃（龍355/06）。

煆： 煆許加反火氣猛也又許嫁反赫也熱也乾也（龍240/08）。

靹： 靹戶加反履跟後帖也（龍176/03）。

鰕： 鰕戶加反（龍166/02）；蝦説文作鰕（慧42/245a "以蝦" 註）。

傄： 傄正呼八反傮傄也（龍039/05）。 傄俗（龍039/05）。

瞎： 瞎許鎋反（慧42/248a）（慧46/337b）（慧75/984a）（慧59/636b）（慧58/616b）（慧6/508a）（慧

14/661b）（慧43/258b）（慧61/693a）（慧78/1037a）（慧84/68b）（希6/393c）。 瞎正許鎋反（龍

423/02）（玄4/62c）（玄9/129b）（玄12/160c）（玄14/188a）（玄15/201a）（玄20/264b）。//瞎：

---

[1]《字典考正》："疨" 當是 "呀" 的換旁俗字（290）。

瞎或作許鎋反（龍 423/02）；瞎正字作瞎同（玄 9/129b、慧 46/337b "眼瞎" 註）（玄 12/1

60c、慧 75/984a "老瞎" 註）（玄 14/188a、慧 59/636b "禿瞎" 註）（玄 15/201a、慧 58/616b "瞎瞽"

註）（慧 6/508a "盲瞎" 註）（玄 20/264b）（慧 14/661b "瞎獼猴" 註）（慧 43/258b "瞎者" 註）（慧

84/68b "瞎鼈" 註）。

xiá 俠：**俠** 正胡頰反任俠也（龍 038/01）；挾經從人作俠誤也（慧 34/88a "懷挾" 註）。**俠** 叶

音又吉洽切（紹 128b4）。**俠** 今（龍 038/01）。

厥：**厥** 候夾反僻也（龍 303/03）；陝或從厂作厥（慧 12/634b "廣陝" 註）。

狹：**狹** 候夾反（龍 320/02）（紹 166b4）；狎書或作狹同（玄 3/43a、慧 09/575a "狎習" 註）（慧

8/538a "親狎" 註）；陜經文從犬作狹非也（慧 7/522b "陜劣" 註）（慧 19/773b "廣陜" 註）

（慧 89/162b "褊陜" 註）（希 3/371c "陜劣" 註）。**狹** 洽音（紹 166b4）；狎古文狹同（玄 14/1

85a、慧 59/631b "狎習" 註）；陜又作狹同（玄 22/292a、慧 48/376b "陜小" 註）（慧 3/441b "無

陜" 註）（慧 6/507a "作廣作陜" 註）（慧 7/522b "陜劣" 註）（慧 12/626a "陜者" 註）（慧 13/644a

"陜劣" 註）（慧 19/773b "廣陜" 註）（慧 41/208a "隘陜" 註）（慧 66/792a "陜小" 註）（慧 68/824

a "陜故" 註）（慧 86/106b "廣陜" 註）（希 1/354c "隘陜" 註）；陝經文從犬作狹非本字也

（慧 12/634a "廣陝" 註）（慧 14/668a "陜劣" 註）（慧 15/686b "陜劣" 註）（慧 33/66b "陜劣" 註）

（慧 41/228b "陜劣" 註）（希 2/363b "廣陝" 註）。

陝：**陝** 胡夾反（慧 57/599a）（慧 12/634b）；陜說文隘從阜從夾作陝雖正體為與陝州字相

亂故不取且依經文從匚作陜（慧 33/66b "陜劣" 註）// 陜：**陜** 胡夾反（慧 48/376b）（慧

3/441b）（慧 4/463a）（慧 6/507a）（慧 7/522b）（慧 12/626a）（慧 13/644a）（慧 14/668a）（慧 15/6

86b）（慧 19/773b）（慧 41/208a）（慧 41/228b）（慧 37/137b）（慧 61/695b）（慧 66/792a）（慧 68/8

24a）（慧 72/901b）（慧 86/106b）（慧 89/162b）（慧 93/218b）（希 1/354c）（希 2/363b）（希 3/371c）。

陜 古胡甲反隘也（龍 298/02）（慧 30/1048b）（慧 33/66b）。**陜** 古（龍 298/02）（玄 22/292a）。

陜 鎋甲切（紹 169b6）。**陝** 古（龍 298/02）（玄 13/172c）。**陵** 俗（龍 298/02）。

峽：**峽** 胡甲切（紹 162a5）。**峽** 侯夾反巫峽山名（龍 079/01）（紹 162a5）。

浹：**浹** 下甲反（慧 46/330b）（慧 82/32b）（慧 83/57b）（慧 88/146a）（慧 93/216b）（慧 96/262a）（慧

97/286b）（慧 99/326a）（紹 186a9）。**浹** 胡甲反俗字正作浹（龍 188/01）（玄 9/126a）。// **浹**

俗胡甲反正作浹（龍188/01）。狎胡甲反（玄9/126a、慧46/330b "浹渫" 註）。

硤：硤鬍甲切（紹163a5）。硤疾甲反（龍445/07）（紹163a5）。

唊（唊）：唊正音匣考聲云水溝相着也（龍541/08）。唊俗（龍541/08）。唊衞甲反（慧35/101a）。唊通（龍541/08）。

輆：輆俗胡頬反①（龍085/08）。

輂：輂轄又作輂同（玄1/7c、慧17/740a "輨轄" 註）（慧80/1087b "宗轄" 註）。輂音轄（龍177/04）。輂轄又作輂同（玄7/99b "輨轄" 註）；鎋字書正作輂（慧92/204b "宗鎋" 註）。輂古文音轄（龍117/09）；轄古文輂同（玄16/224a、慧64/747a "失轄" 註）。//轄：轄胡瞎反車轄也與鎋同（龍85/02）（玄1/7c）（玄7/99b）（玄16/224a）（慧15/704b）（慧17/740a）（慧64/747a）（慧80/1076b）（慧80/1087b）（慧93/215b）；鎋傳文從車作轄今通用（慧92/204b "宗鎋" 註）。轄下瞎切（紹139a2）。//鎋：鎋閑戛反（慧92/204b）。鎋胡瞎反車軸頭鐵也（龍019/06）（慧36/123a）（紹180a7）；轄又作鎋同（玄1/7c、慧17/740a "輨轄" 註）（玄7/99b "輨轄" 註）（玄16/224a、慧64/747a "失轄" 註）（慧15/704b "輻轄" 註）（慧80/1076b "宗轄" 註）（慧80/1087b "宗轄" 註）。

鸗：鸗胡轄反鸗也（龍290/02）。

匣：匣胡甲反（玄4/53c）（慧32/33b）（玄15/204a）（慧58/622a）；狎經文作匣匱匣也匣非此用（玄19/260c、慧56/570a "不狎" 註）。

狎：狎胡甲反（龍320/01）（玄3/43a）（慧09/575a）（慧14/185a）（慧59/631b）（玄19/260c）（慧56/570a）（玄25/338c）（慧71/893b）（慧8/538a）（慧75/976b）（紹166b9）；匣今作狎同（慧32/33b "入匣" 註）。//怚俗音狎（龍037/04）；狎經文從人作怚非也（玄3/43a、慧09/575a "狎習" 註）。

怚：怚胡甲反喜也（龍063/01）（玄4/51c）（慧31/23a）。

柙：柙匣今作柙同（玄4/53c "入匣" 註）；壓經文作柙古文匣字（玄6/91a "壓油" 註）（慧27/990b "壓油" 註）。押匣今作押[柙]同（玄15/204a、慧58/622a "刀匣" 註）。

翈：翈音匣（龍541/08）；唊經作翈非經義也（慧35/101a "窊唊" 註）。

---

① 《字海》同 "挾"（1358），恐誤。

評：**評**呼甲反譀評疾言也（龍 050/09）。

膚：**膚**音匣虎習皃也（龍 200/06）（慧 09/575a）；狎古文膚同（玄 14/185a、慧 59/631b "狎習" 註）（玄 25/338c、慧 71/893b "狎惡" 註）。**膚**胡甲反虎習皃（龍 301/08）。**庮**狎古文膚（玄 3/43a）。//**膼**：**膼**胡甲反虎習皃（龍 322/10）。**膼**（龍 322/10）。

鞈：**鞈**正音匣鞈鞍也（龍 541/08）。**鞸**俗（龍 541/08）。**鞸**俗（龍 541/08）。**鞸**湛狎反（慧 68/835b）。**鞸**俗（龍 541/08）。//**鞈**：**鞈**俗胡甲反（龍 451/04）。

叚：**叚**俗胡加反（龍 087/01）。**叚**俗胡加反（龍 087/01）。

遐：**遐**戶加反（龍 488/08）（慧 21/813b）（慧 22/844a）。

廄：**廄**俗音遐（299/07）。**廄**俗音遐（299/07）。

瑕：**瑕**胡加反（慧 1/417b）（慧 4/476a）（慧 11/616b）（慧 12/623a）（慧 12/631b）（慧 12/636a）（慧 16/726b）（慧 22/834b）（慧 30/1043a）（慧 30/1047a）（慧 32/28a）（慧 33/69a）（慧 35/101a）（慧 36/128a）（慧 39/169a）（慧 40/193a）（慧 60/666a）（慧 62/703b）（希 5/388c）。**瑕**戶加反玉病也（龍 432/07）。

暇：**暇**遐訝反（慧 3/441b）（慧 5/489b）（慧 6/510a）（慧 18/763a）（慧 51/449b）。**暇**音下白也閑也（龍 427/09）。**暇**遐駕反（慧 4/459b）（慧 15/701a）。

碬：**碬**戶加反礪石也（龍 441/07）。

跟：**跟**胡加反足下也（龍 460/07）。

� ：**叚**胡加反（龍 524/02）；霞或作叚（慧 1/404b "撥煙霞" 註）。

霞：**霞**夏加反（慧 1/404b）（慧 81/22a）。**霞**戶加反（龍 306/05）。**叚**俗胡加反①（龍 087/01）。**叚**俗（龍 087/01）。

鍜：**鍜**何加反（玄 12/161a）（慧 75/984b）。**鍜**戶加反錏鍜也（龍 013/04）。

騢：**騢**胡加反馬赤白色雜也（龍 291/09）。

齰：**齰**鍺瞎二音又古軋反（龍 312/09）。**齰**間軋反（慧 24/899b）。//**齰**：**齰**俗轄瞎二音②（龍 313/06）。

①參見《叢考》1053 頁。
②參見《龍龕手鏡研究》268 頁。

點： 點胡八反慧也利也（龍 532/09）（龍 243/10）（慧 3/440b）（慧 4/466b）（慧 5/487b）（慧 16/7

11b）（慧 17/730b）（慧 32/28b）（慧 33/68a）（慧 41/224a）（慧 44/286a）（慧 55/535b）（慧 66/790

a）（慧 66/795a）（慧 75/977b）（慧 77/1016a）（慧 96/270b）（紹 190a9）。

袷： 袷侯甲反祭名也（龍 113/08）。

xiǎ 閜： 閜烏可反閜砢欲傾皃又許賈反大笑也（龍 093/03）。

xià 下： 丅古文下字（龍 550/03）。

疨： 疨夏音又去呼（紹 192a10）。

芐： 芐音下蒲苹草又音戶地黃也（龍 262/10）。

諕： 諕或作呼嫁反誑諕也（龍 050/01）。 諕或作（龍 050/01）。 諕今（龍 050/01）。 諕今

（龍 050/01）（紹 186a3）。 //嚇： 嚇呼嫁反誑也與諕同（龍 061/06）。

罅： 罅赫駕反（慧 35/113a）。 罅呼嫁反（慧 46/338b）（慧 91/190b）。 罅正呼嫁反（龍 338/

05）（慧 81/7a）。 罅呼亞反（慧 58/614a）。 罅俗（龍 338/05）（玄 9/130a）（慧 59/638b）。

罅呼亞反（玄 14/189b）（玄 15/200a）。 罅俗（龍 338/05）。 罅呼貢反[1]（龍 338/05）。 罅

乎加反（龍 306/10）。 罅呼嫁反（龍 076/07）。 //隙： 隙或作火嫁反今作罅同（龍 2

97/08）； 罅亦從阜作隙（慧 81/7a "門罅" 註）。 隙俗（龍 297/08）； 罅古文隙同（玄 14

/189b "孔罅" 註）（玄 15/200a、慧 58/614a "孔罅" 註）。 隙罅古文～形（玄 9/130a "石罅"

註）。 隙罅古文～形（慧 46/338b "石罅" 註）。 院或作（龍 297/08）。 隟正（龍 297/08）。

隙俗（龍 297/08）。 //磆： 磆呼嫁反今作罅（龍 444/04）。 磆罅或作～同（玄 9/130

a 慧 46/338b "石罅" 註）。 磆呼嫁反今作罅（龍 444/04）。 磆俗呼嫁反（龍 215/01）。 磆

呼嫁反今作罅（龍 444/04）。 磆呼嫁反今作罅（龍 444/04）。 //磆呼嫁反今作罅（龍

444/04）。 //塝： 塝呼嫁反地名（龍 250/08）。 塝罅又作～錄作罅非也（慧 81/7a "門

罅" 註）。 塝罅古文塝形（玄 9/130a "石罅" 註）（慧 59/638b "孔罅" 註）。 塝罅古文塝形

（慧 46/338b "石罅" 註）。 塝罅古文塝形（玄 14/189b "孔罅" 註）； 罅古文塝同（玄 15/20

0a "孔罅" 註）。 塝罅古文塝同（慧 58/614a "孔罅" 註）。

欨： 欨呼洽反氣逆也（龍 356/01）。

①參見《叢考》888 頁。

暇：**暇**音下（龍 421/06）（玄 21/284b）（慧 28/1008a）（紹 142b7）。**暇**俗胡加反（龍 350/02）。

xian

xiān　先：**先**蘇見反（玄 1/18b）（玄 6/83c）（慧 8/538b）（慧 25/912b）（慧 27/975b）。

硆：**硆**音先石次玉也（龍 441/06）。

欦：**欦**許兼反笑也又貪欲也又火南火咸二反（龍 354/02）。

枮：**枮**險嚴反（慧 62/700a）（慧 63/740a）（紹 157b10）。

掀：**掀**掀正許言切又忻音（紹 134b9）。

歁：**歁**許咸火陷二反笑也（龍 354/02）。

憸：**憸**七廉反恌詖也又息廉反科口也（龍 055/06）。//思：**思**正息廉反疾利口也（龍 064/08）。**思**俗（龍 064/08）。

燃：**燃**焰音（紹 189b6）；爓集從僉作燃无此字書寫誤（慧 99/322b）。

諴：**諴**許撿反～詖也（龍 045/02）（紹 186a5）。

鐵：**鐵**識俗作鐵（慧 80/1087b "解識" 註）。**鐵**息廉反（龍 173/01）；纖經文作鐵非也（玄 7/98a "纖長" 註）（慧 35/109a "鈛剗" 註）（慧 80/1087b "解識" 註）。**鐵**鐵正尖音（紹 199a8）。

孅：**孅**思廉反（慧 46/332a）；纖或從女作孅經從鐵非也（慧 14/668b "傭纖" 註）（慧 15/692b "纖長" 註）。**孅**思廉反（玄 9/126c）。**孅**息廉反（龍 279/10）。

擮：**擮**息閻反（慧 99/327a）；孅古文擮（慧 46/332a "孅指" 註）。**擮**正所咸反又息廉反（龍 208/08）；孅古文擮（玄 9/126c "孅指" 註）；纖經文作擮（玄 12/167a、慧 17/737b "纖長" 註）；識論文從手擮非也（慧 84/84b "曇摩識" 註）。**擮**所咸反又息廉反（龍 208/08）（紹 134a4）。**擮**所咸反又息廉反（龍 208/08）。

襺：**襺**俗音纖小襦也（龍 110/04）。

纖：**纖**正息尖反纖微细也（龍 395/06）（慧 4/462a）（慧 15/692b）（慧 29/1020a）（慧 31/9a）（慧 35/100a）（慧 53/489a）（慧 68/821b）（慧 79/1052b）。**纖**今（龍 395/06）（慧 34/93a）（玄 7/98a）（玄 12/167a）（慧 14/676a）（慧 18/749a）（慧 34/75b）（慧 40/202a）（紹 190b10）；**孅**

字書作纖同（玄9/126c、慧46/332a"娚指"註）；攕與此纖同（慧99/327a"攕羅"註）。

纖 相閻反（慧14/668b）。纖俗（龍395/06）（玄5/67b）（慧17/737b）（慧8/542a）（慧12/636b）；纖經從土從非作～不成字也（慧4/462a"纖長"註）。纖經從截非也（慧35/100a"傭纖"註）。// 纖息廉反～細也（龍026/05）。

鮮：鮮相然反（慧74/942a）。鮮相然反鮮潔也善也又姓又上聲少也（龍165/04）（玄21/278b）（玄23/313c）（慧50/421b）（慧4/467b）（慧7/522a）（慧21/824b）（慧22/838a）（慧23/866a）（慧29/1014b）（慧29/1031b）（慧83/49a）（慧90/176a）；鱻又作鮮同（玄12/166a、慧55/545a"鱻明"註）；尠或作尟或作鮮同也（慧3/447b"乏尠"註）（慧17/730a"尠薄"註）（慧18/757b"尠薄"註）（慧27/968b"斯人尠"註）（慧29/1030a"尠智"註）（慧39/179b"尠福"註）（慧54/509b"尠得"註）（慧82/28a"尠少"註）。鮮息延反生魚也又俗音尠（龍165/04）。鮮（龍165/04）。鱻俗仙音（龍165/03）。

薛：薛音仙草名出會嵇山可為席也（龍253/06）（紹156a1）。

鱻：鱻相然反（龍165/04）（玄12/166a）（慧55/545a）（紹168a3）；鮮又作鱻（慧7/522a"鮮淨"註）（慧29/1014b"鮮潔"註）。

僊：僊正音仙行皃也（龍496/08）。僊或作（龍496/08）。

躚：躚蘇眠反（慧52/473a）。躚正音仙（龍459/01）。躚蘇眠反（玄11/152b）。躚或作音仙（龍459/01）。躚俗音仙（龍459/01）。躚俗音仙（龍459/01）。// 跣：跣西典千典二反（玄16/221a）（慧65/763b）（慧41/226b）（慧75/969b）（慧76/993b）（慧81/9b）（慧90/173a）（慧93/212a）（慧97/275b）（希7/403c）（希9/411b）（紹137a10）；蹁躚經文作躚跣非體也（玄11/152b、慧52/473a"蹁躚"註）。

僲：僲薛煎反（慧80/1074b）（慧81/21b）。僲古文音仙僲遷也今作仙（龍024/06）（玄7/100c）（慧30/1037b）（慧94/223a）。僊古文（龍024/06）。僲或作（龍024/06）（慧95/247a）。僊俗（龍024/06）。僲俗（龍024/06）（慧87/128b）。僲俗（龍024/06）。// 飺：鬋許堅反[1]（龍367/06）。鬋音仙[2]（龍367/06）。鬋音仙（龍367/06）。鬋

音仙（龍 367/06）。**馦** 音仙（龍 367/06）。**餤** 經音義作僊古文音仙^①（龍 546/01）；

僊經文作～誤也（玄 7/100c "僊僊" 註）。//**仚** 許延反（龍 024/07）（紹 129a2）；僊

亦作仚（慧 30/1037b "僊僊" 註）（慧 95/247a "八僊" 註）；企律文從山作仚（玄 14/198

a、慧 59/653a "企床" 註）（玄 16/214a、慧 65/772b "企摩" 註）。**仚** 音仙遷也遷入山隱

曰仚也又許延反輕舉皃也（龍 070/06）。**仙** 相然反（慧 74/941a）；僊聲類俗仙字

同（玄 7/100c "僊僊" 註）（慧 81/21b "僊苑" 註）（慧 95/247a "八僊" 註）。**仚** 正古文音

仙止也止於山曰仚也正從止今從山（龍 024/03）。//**伱** 許延反（龍 024/07）。**伄** 俗

音仙（龍 024/03）。**伷** 俗音仙（龍 024/03）。

秈：**秈**（玄 22/288b、慧 48/371a "秔稻" 註）。

蚿：**蚿** 音咸海虫可食也（龍 221/09）。

嗛：**嗛** 許兼反香美也（龍 200/09）。

醶：**醶** 許兼反香氣也（龍 180/07）。

暹：**暹** 音纖（龍 488/04）（玄 8/117a）（玄 12/166c）（慧 32/40b）（慧 55/546a）（紹 138b6）。

騫：**騫** 許言反（龍 287/01）（玄 7/103c）（慧 62/718a）。**騫** 許言反（慧 24/892b）。

嗎：**嗎** 正許延反笑貌也（龍 267/10）。**嗎** 俗（龍 267/10）。**嗎** 俗（龍 267/10）。

祆：**祆** 顯堅反本無此字（慧 36/118b）（慧 37/135a）（希 9/416b）。**祆** 呼烟反胡神官品也

（龍 109/09）。

醶：**醶** 許咸反鲇醶出頭皃又火甘反（龍 346/09）。

銛：**銛** 息尖反利也尖也（龍 009/03）（玄 7/98a）（玄 10/131a）（慧 47/366a）（玄 23/311b）（慧

47/362b）（玄 24/325a）（慧 22/842a）（慧 41/215b）（慧 70/870b）（慧 15/686a）（慧 31/15a）（慧

35/101b）（慧 35/109a）（慧 39/176b）（慧 69/849b）（慧 72/904a）（慧 76/998b）（慧 82/37b）（紹

181a3）；纖合從金作銛（慧 40/202a "纖利" 註）。

衙：**衙** 火衙反～開皃（龍 496/06）。

羴：**羴** 音仙羴铤闕也又輕毛皃（龍 135/01）。

翲：**翲** 今許延反飛皃也（龍 327/02）。**翲** 通（龍 327/02）。

---

① 《疏證》：疑亦 "僊" 之俗體（174）。

鬖： 鬟 息廉反好髮也 （龍 087/06）。 鬈 同上 （龍 087/06）。

鰔： 鰔 許兼反黃名也又火炎反 （龍 182/07）。

佹： 佹 音賢 （龍 023/07）； 鞘律文作佹非也 （玄 15/201a、慧 58/616b "革鞘" 註）。

刟： 刟 音賢 （龍 097/07）。

弦： 弦 正音賢弓～也 （龍 150/01） （慧 99/325b） （紹 145b5）。 弜 俗 （龍 150/01）。

毦： 毦 古賢反布名 （龍 055/03）。 慧 慈傳文作～亦同也 （慧 90/170b "慈懸" 註）。 掔 音堅縣名又音賢地名 （龍 209/07）。 撁 俗音賢正作掔地名 （龍 375/04）。

胘： 胘 何千切有處却作眩字臨文詳之 （紹 136b8）； 痃又作胘同 （希 5/385a "痃癖" 註）。 //痃： 痃 音弦 （慧 39/173a） （慧 40/196b）。 疺 音賢痃癖病也 （龍 468/09） （慧 13/660a） （慧 38/151a） （慧 66/791a） （希 5/385a）。 症 舊藏作痃 （龍 468/09）。

蚿： 蚿 音賢 （龍 222/05）； 蟬集從玄作蚿非鳴蟬之義 （慧 99/312b "鳴蟬" 註）。

絃： 絃 賢音 （紹 191a1）。

慈： 慈 形堅反 （慧 90/170b）。 端 慈說文並作端古字也 （慧 90/170b "慈懸" 註）。

趮： 趮 正音賢疾走皃 （龍 324/09）。 //趮 或作 （龍 324/09）。

舷： 舷 胡田反舡兩緣也 （玄 16/223a） （慧 64/751b）。 舷 音賢舡舷也 （龍 130/09）。

涎： 次 正似延反 （龍 226/03） （慧 36/118a） （慧 38/151a） （慧 38/152b） （慧 47/365b） （慧 57/601a） （慧 62/706b） （慧 63/733b） （慧 68/834b） （慧 74/943b） （慧 75/964b） （慧 77/1013b） （慧 81/11b）； 涎諸書作次同 （玄 2/26c "生涎" 註） （玄 10/139c "舌涎" 註） （玄 14/194c、慧 59/647b "涎沫" 註） （玄 25/338c、慧 71/893b "涎洟" 註） （慧 11/611b "涎唾" 註） （慧 14/664b "涎唾" 註） （慧 16/710b "涎唾" 註） （慧 26/935a "生涎" 註） （慧 49/404b "吐涎" 註）； 涎俗字也正從水作次也 （慧 51/444a "舌涎" 註） （慧 100/341a "涎流" 註）。 次 徐連切 （紹 188b7）。 狱 涎史籒作～ （慧 11/611b "涎唾" 註） （慧 68/834b "蜆蛤" 註） （慧 74/943b "次洟" 註）。 㳄 涎史籒大篆作～ （慧 100/341a "涎流" 註）。 //涎： 涎 俗 （龍 226/03）。 涎 涎賈逵作漾古字也 （慧 11/611b "涎唾" 註） （慧 49/404b "吐涎" 註） （慧 74/943b "次洟" 註）。 渦 俗看延二音 （龍 229/02）； 涎又作渦同 （玄 10/139c "舌涎" 註） （慧 100/341a "涎流" 註）； 涎又作渦同 （玄 14/194c、慧 59/647b "涎沫" 註） （玄 25/338c、慧 71/893b "涎

湠”註）。**㳂**俗（龍 226/03）；蜆或作㳂㳂唌論作涎俗字（慧 68/834b“蜆蛤”註）（慧 77/1013b“流次”註）。**㳂**俗（龍 226/03）。**㳂**㳂字書作次～流三體並非（慧 26/935 a“生㳂”註）。//**㳂**徐蓮切（紹 188b2）；㳂諸書作㳂同詳延反（玄 2/26c“生㳂”註）（玄 14/194c、慧 59/647b“㳂沫”註）（玄 25/338c、慧 71/893b“㳂湠”註）（慧 47/365b“次出”註）；㳂賈逵作㳂（慧 11/611b“㳂唾”註）（慧 13/653b“㳂流”註）（慧 49/404b“吐㳂”註）；唌賈誼作㳂（慧 100/341a“唌流”註）。//**㳂**俗㳂延二音正作涎㳂二字（龍 274/02）。//**㳂**詳延反（玄 2/26c）（玄 14/194c）（慧 59/647b）（玄 25/338c）（慧 71/893b）（慧 2/424a）（慧 5/479a）（慧 11/611b）（慧 14/664b）（慧 15/685b）（慧 42/245b）（慧 49/404b）（希 6/392a）（紹 188a1）；唌又作㳂同（玄 10/139c“舌唌”註）（慧 16/710b“唌唾”註）（慧 90/179b“唌唾”註）；㳂又作㳂同（玄 11/148a、慧 52/464b“脂㳂”註）；次經作㳂俗字也（慧 36/118a“次唾”註）（慧 38/152b“食次”註）（慧 47/365b“次出”註）（慧 62/706b“次唾”註）（慧 63/733b“次唾”註）（慧 68/834b“蜆蛤”註）（慧 74/943b“次湠”註）（慧 75/970b“唾㳂”註）（慧 77/1013b“流次”註）（慧 81/11b“次唾”註）。**㳂**今（龍 226/03）。**㳂**似延反（慧 13/653b）（慧 26/935a）。**㳂**次或作～古字也經作㳂變古字易左為右也（慧 38/151a“食次者”註）。**㳂**㳂字書作次～流三體並非（慧 26/935a“生㳂”註）。//唌：**唌**俗祥延反正作次字（龍 266/04）（玄 10/139c）（慧 51/444a）（慧 16/710b）（慧 90/179b）（慧 100/341a）（紹 183a6）；㳂又作延①同（玄 11/148a、慧 52/464b“脂㳂”註）（慧 47/365b“次出”註）；㳂又作唌同（玄 14/194c、慧 59/647b“㳂沫”註）（玄 25/338c、慧 71/893b“㳂湠”註）（慧 11/611b“㳂唾”註）（慧 49/404b“吐㳂”註）。//**陉**俗徐延反正作㳂（龍 296/01）。**陉**俗（龍 296/01）。

衔：**衔**下衫反（玄 15/210a）（慧 58/622b）（慧 11/606a）。

嗛：**嗛**俗音衔（龍 266/08）（紹 183b1）。

閑：**閑**核覡反（玄 24/321a）（慧 70/864b）；嫺今並為閑字（玄 7/100b“嫺睞”註）（慧 19/788b“嫺睞”註）。**閑**俗音閑（龍 092/02）。

嫺：**嫺**俗音閑（龍 279/06）（玄 7/100b）（慧 19/788b）。//**嫺**正音閑（龍 279/06）。

---

①高麗藏本《玄應音義》作“延”，《慧琳音義》脫誤，初編本《玄應音義》作“唌”，當是。

癇：**癇**核閒反（玄 10/138c）（慧 65/778a）（玄 12/158a）（慧 74/954b）（玄 13/181a）（玄 20/266b）（玄 21/282c）（玄 22/295a）（玄 23/313a）（慧 13/659b）。**癇**音閑（慧 39/181a）（希 3/370b）（希 3/373c）。**癇**音閑瘨病也（龍 468/05）（玄 5/70a）（慧 48/380b）（慧 50/421a）（慧 2/437a）（慧 3/453a）（慧 6/512b）（慧 35/97b）（慧 37/142a）（慧 37/146a）（慧 53/501a）（希 2/364c）。//瘨：**癇**音閑瘨病也（龍 468/05）（紹 192a8）；瘨或作癇亦通也（慧 6/512b “癲癇”註）（希 3/373c “癲癇”註）。

瞷：**瞷**音閑（慧 63/737b）。**瞷**胡間反（玄 14/193b）（慧 59/644b）。**瞷**俗音閑正作瞷人目多白（龍 409/02）。//瞷：**瞷**音閑人目多白也（龍 418/06）。**瞷**俗音閑正作瞷人目多白（龍 425/07）。

憪：**憪**閑字體作憪同（玄 24/321a、慧 70/864b “不閑”註）。

鵰：**鵰**正音閒（龍 286/08）（慧 99/321b）。//**鵰**或作（龍 286/08）。**鵰**閑音（紹 165b3）。

騆：**騆**音閒（龍 292/05）；瞷古文騆同（玄 14/193b、慧 59/644b “瞷眼”註）。

嫌：**嫌**刑兼反（龍 279/03）（慧 7/517b）（慧 8/535b）（慧 39/180b）（慧 62/697b）（慧 62/713b）（慧 65/766b）（慧 76/991b）（慧 94/224b）（紹 141b4）；慊經或從女作嫌亦同（慧 7/525a “慊恨”註）（慧 45/312b “慊恨”註）。**嬐**刑兼反（龍 279/03）（玄 14/195b）（慧 59/648b）（慧 2/428a）（慧 6/502a）（慧 11/612a）（慧 41/219a）（慧 60/661a）。//慊：**慊**刑兼反（慧 5/488b）（慧 6/510a）（慧 7/525a）（慧 87/123a）（慧 90/178b）；嫌或從心作嫌[慊]（慧 6/502a “譏嫌”註）（慧 8/535b “嫌恨”註）（慧 39/180b “憎嫌”註）（慧 76/991b “嫌嫉”註）。

瓺：**瓺**音衘乾屋瓦（龍 316/02）。

穊：**穊**正嫌咸二音不作稻也又禾不黏（龍 143/02）。//穊：**穊**俗（龍 143/02）。**穊**穊經文有從禾作～形非也（玄 12/154c “穊稻”註）。

咸：**咸**胡喦反（希 3/370b）。

諴：**諴**音音咸和也戲也玉篇又音喦亦弄人也（龍 043/07）（紹 185b9）。

騴：**騴**音咸～驪古縣名亦馬名也（龍 291/06）。

鹹：**鹹**胡緘反（玄 9/128a）（慧 46/334b）（慧 70/874a）（慧 12/630b）（慧 16/725b）（慧 29/1026a）（慧 31/16a）（慧 61/680a）（慧 69/842a）（希 2/362c）（希 5/386c）（紹 177a6）。**鹹**音咸（龍

332/05）（玄 24/327b）（慧 7/529b）（慧 8/555a）（慧 36/118a）（慧 39/183a）（慧 53/498b）。**䤁**

古文同上［鹹］（龍 332/05）。**䤴**音咸（龍 548/03）。**䤆**減咸二音（龍 550/09）。**醎**音

咸（龍 309/06）（慧 13/657b）；鹹經從酉作醎非也（慧 8/555a "鹹鹵" 註）（慧 12/630b "鹹

酢" 註）（慧 29/1026a "鹹醋" 註）（希 2/362c "鹹味" 註）（希 5/386c "鹹滷" 註）。**醎**醎說

文正體從鹵作鹹形聲字也（慧 4/458b "醎味" 註）。**醎**陷巖反時用俗字也（慧 4/4

58b）；穢經文有從酉作醎形非也（玄 12/154c "穢稻" 註）。**醜**薉經文有從酉作～

非也（慧 52/454a "薉稻" 註）。

弓：**弖**胡敢胡紺二反（龍 151/08）。**㞒**音賢[1]（龍 163/04）。

蜆：**蜆**閑根二音虫名（龍 222/01）。

賢：**賢**胡堅反（玄 22/292c）（慧 48/377b）。**臤**古文音賢（龍 349/08）。

xiǎn 捇：**状**火犬反捴也[2]（龍 213/04）。

跣：**跣**蘇典反（龍 461/02）（玄 14/187a）（慧 59/635a）（慧 40/194a）（慧 83/47a）。

銑：**銑**蘇典反金最有光澤者曰銑也（龍 015/06）（慧 86/108b）（慧 98/294a）（紹 180b5）。

險：**險**香撿反惡危阻難也（龍 296/06）（慧 2/436b）（慧 3/449b）（慧 6/508b）（慧 11/608b）（慧

19/773b）（慧 20/792b）（慧 23/866b）（慧 24/889a）（慧 32/29b）（慧 41/221b）（慧 35/108a）（慧

44/293a）（慧 66/788a）（慧 76/999a）（慧 100/332a）（慧 100/343b）（希 4/378a）（希 7/401a）。

//嶮：**嶮**魚奄反嶘嶮山不平也又音險戲也（龍 074/07）（慧 99/320b）（紹 161b9）；

險經從山嶮非者也（慧 3/449b "險難" 註）（慧 11/608b "險壙" 註）（慧 20/792b "峻險"

註）（慧 32/29b "懸險" 註）（慧 41/221b "險峻" 註）（慧 44/293a "險阻" 註）（慧 76/999a "懸

險" 註）（慧 100/332a "險巇" 註）（慧 100/343b "險徑" 註）。**岭**俗音險（龍 075/03）。//**螚**

俗音險（龍 223/06）。**螡**俗音險（龍 223/06）。

礆：**礆**虛撿反（龍 442/09）。

獫：**獫**正虛檢反又廉斂二音（龍 318/08）（慧 77/1021a）（慧 91/191a）（慧 94/233a）（紹 166

b10）；險論文作獫非也（慧 66/788a "凶險" 註）；玁字書考聲或作獫（慧 80/1076a "玁

---

① 參見《龍龕手鏡研究》206 頁。
② 參見《叢考》259 頁。

狁”註）（慧 81/2a “玁狁”註）（慧 83/56b “玁狁”註）（慧 87/118b “玁狁”註）（慧 90/175b “玁狁”註）（慧 97/282a “玁狁”註）。//玁：獥或作（龍 318/08）（慧 77/1021a）（慧 80/1076a）（慧 81/2a）（慧 83/56b）（慧 87/118b）（慧 90/175b）（慧 94/227b）（慧 97/282a）（紹 166b10）。

譀：譀虛嚴反胡被也（龍 176/04）。

憸：憸虛俺反（慧 59/647a）（慧 58/619a）（慧 48/381b）（慧 31/4b）（慧 63/734b）（慧 88/140a）。憸香俺反（慧 15/706a）。憸鄉俺反（慧 7/522a）。憸憸正許俺反（紹 129b10）。憸軒亦為憸字（慧 27/965b “軒飾”註）。憸許俺反（龍 139/01）。慪（慧 99/320b）。憸憸正許俺反（紹 129b10）。憸虛俺反（玄 14/194c）（玄 22/295c）。憸虛俺反（玄 15/202b）（慧 2/434a）。憸憸正許俺反（紹 129b10）。//忓：忓憸或作忓（慧 2/434a “憸蓋”註）。

譀：譀虛俺反譀搏佷佉也（龍 045/08）。

籼：籼息殘反簡籼也（龍 392/03）。

癬：癬仙淺反（慧 40/189a）（慧 40/201a）（希 6/394a）。癬正息淺反瘡癬也（龍 472/05）（玄 15/199b）（慧 58/612b）（玄 17/230b）（慧 79/931a）（慧 4/463b）（慧 8/542b）（慧 13/648b）（慧 20/800b）（慧 37/139a）（希 6/392a）。//疨俗（龍 472/05）；癬經文作疨非也（慧 40/201a “疥癬”註）。//瘇：瘇正斯義所寄二反病也（龍 476/07）；癬又作瘇同（玄 14/194c、慧 59/647a “若癬”註）（慧 58/612b “皰癬”註）（玄 17/230b、慧 79/931a “癬皰”註）。瘇俗（龍 476/07）；癬又作瘇同（玄 15/199b “皰癬”註）。

獮：獮相善切（紹 166b9）。獮息淺反（龍 318/09）。獮先典反（慧 97/281b）。

禋：禋正息淺反祭餘肉也（龍 111/07）。禄正息淺反祭餘肉也（龍 111/07）。祿或作（龍 111/07）。禋或作（龍 111/07）。

絭：絭五合反日中視絲也又音顯義同（龍 430/07）。

顯：顯呼典反（希 4/381a）；蜆或作顯（慧 68/834b “蜆蛤”註）。顯俗音顯（龍 485/01）。

轞：轞正音顯在背曰～在胷曰靷在腹曰鞅在足曰絆也（龍 449/05）。轞正（龍 449/05）；轞又作靾（玄 13/180a、慧 55/534b “轞摪”註）。轞今（龍 449/05）（玄 13/180a）（慧 55/534b）（玄 13/180a）；軮又作轞同。轞俗（龍 449/05）（慧 55/535a）（紹 140a7）。靾俗

（龍449/05）。//韅：**韅**呼典反在背曰韅在胸曰靷在腹曰鞅在足曰絆也（龍176/0

6）。//鞁：**鞁**（玄16/222a）（慧65/765a）；韅又作鞁同（玄13/180a"帶韅"註）（玄1

9/259c、慧56/568a"鞅靽"註）；韅又作鞁同（慧55/535a"帶韅"註）；弦集從革作鞁

非也（慧99/325b"捉弦"註）。

尟：**尟**息淺反（龍341/07）；尠或作尟（慧3/447b"乏尠"註）（慧17/730a"尠薄"註）（慧2

1/824b"鮮少"註）（慧29/1031b"鮮於"註）（慧42/243a"輕尠"註）（慧54/509b"尠得"註）

（慧82/28a"尠少"註）。//尠：**尠**息淺反（慧3/447b）（慧15/701b）（慧17/730a）（慧18

/757b）（慧27/968b）（慧29/1030a）（慧42/243a）（慧39/179b）（慧54/509b）（慧82/28a）（慧

89/159b）；鮮古體正作尟或俗為尠形亦有用者（慧21/824b"鮮少"註）。**尠**息淺反

（龍549/05）。//尟：**尟**息淺反少也①（龍480/07）。

挋：**挋**呼典反（龍212/07）；撚或從手從㐱作挋古字（慧35/97b"撚綫"註）。**挋**俗音

顯（龍213/03）。

xiàn　綫：**綫**先箭反（龍401/06）（慧13/648a）（慧14/669a）（慧19/778a）（慧26/950a）（慧29/1021

b）（慧35/97b）（慧43/257a）（慧37/142b）（慧38/163b）（慧39/181a）（慧40/192a）（慧40/1

96b）（慧49/403a）（慧62/712b）（慧63/725b）（慧75/978a）（慧78/1045a）（慧83/58b）（希5

/386c）（希8/409a）（紹191b2）；字詁古文線今作綫同（玄5/68b、慧44/287a"擲線"註）

（玄8/114b、慧19/777b"寶線"註）（玄20/264a"一線"註）（慧13/658b"緊紡線"註）（慧1

4/662b"線口"註）（慧35/97b"抨線"註）（慧43/258b"一線"註）（希5/384b"線絣"註）。

綫先箭反（龍401/06）。//線**先箭反（龍401/06）（玄5/68b）（慧44/287a）（玄8/114a）

（慧19/777a）（玄8/114b）（慧19/777a）（玄20/264a）（慧13/658b）（慧14/662b）（慧35/97b）

（慧43/258b）（希5/384b）；綫或作線古字也（慧13/648a"紡綫"註）（慧14/668b"綫金"

註）（慧19/778a"綫結"註）（慧29/1021b"白綫"註）（慧35/97b"撚綫"註）（慧43/257a"白

疊綫"註）（慧37/142b"搓以綫"註）（慧39/181a"白綫"註）（慧40/192a"色綫"註）（慧49

/403a"持綫"註）（慧62/712b"皮綫"註）（慧63/725b"撚綫"註）（慧75/978a"如綫"註）

（慧78/1045a"綫結"註）（慧83/58b"鍼綫"註）。**綿**先箭反俗字也正作綫（慧38/159b）。

①參見《叢考》1108頁。

//繰：**繰**線今作綫又作繰同（玄 20/264a "一線" 註）。**繰**線今作綫又作繰同（慧 43/258b "一線" 註）。//綖：**綖**同上［綫］（紹 191b2）。

羨：**羡**祥箭反（慧 32/35a）。**羡**涎箭反（慧 14/667b）。**羨**正祥面反（龍 160/04）。**羨**今祥面反（龍 160/04）（玄 11/148a）（慧 52/464b）（玄 12/157b）（慧 74/954a）；羨經從次作羡（慧 32/35a "貪羨" 註）；次經中從羊作羡非也（慧 75/964b "次湤" 註）。**嗦**羨經文作嗦非也（慧 28/998a "豐羨" 註）。**蒜**舊藏作羡（龍 262/10）；羨經文作～非也（玄 7/94c "豐羨" 註）。//漢：**漢**似面反（龍 235/02）；羨經文作漢誤也（玄 12/157b "欽羨" 註）。**漢**誤（龍 235/01）。

遴：**遴**似面反遮也又羊線反移也又音延行皃也（龍 492/07）。

臽：**臽**又坎陷二音（龍 340/10）（慧 79/1056b）（慧 98/302a）；函經文作臽非此義（玄 11/149b、慧 52/467b "一函" 註）；陷亦單作臽字（希 1/358a "陷穽" 註）（希 3/371a "穽陷" 註）。**臽**苦咸反小穽也（龍 549/02）。**舀**（龍 549/02）。**由**古文户鑒反（龍 551/05）。**伯**音陷（玄 14/195a）。**佰**臽正陷音又苦感切（紹 203b7）。**函**陷亦單作函音同（慧 41/224b "陷穽" 註）。**臽**音陷（慧 59/648a）；臽或從爪作舀（希 3/371a "穽陷" 註）。

陷：**陷**正藏（咸）鑒反没也墮也（龍 297/05）。**陷**正（龍 297/05）（玄 13/171c）（慧 57/590b）（慧 2/437b）（慧 100/348a）（希 1/358a）（希 3/371a）（希 7/401c）；臽或作陷（慧 79/1056b "掘蒢臽" 註）；臽集從阜作陷（慧 98/302a "臽穽" 註）。**陷**（玄 9/125a）（慧 46/329a）（玄 10/132c）（慧 49/407a）。**陷**俗（龍 297/05）。**陥**咸監反（慧 18/765a）。**陥**咸鑒反（慧 41/224b）（慧 42/239a）（慧 47/350a）。**陷**正（龍 297/05）。**陷**俗（龍 297/05）；陷經從爪非也（慧 2/437b "自陷" 註）。**陷**（高 59/655c）。**稻**舊藏作陷（龍 036/01）。//睯：**睯**陷論文作睯此應近字也（玄 9/125a、慧 46/329a "眼陷" 註）。**睯**論文作～經音義作～眼陷没也在智度論[1]（龍 422/08）。

頜：**頜**陷經文作頜非也（玄 10/132c、慧 49/407a "骨陷" 註）。**頜**俗音陷[2]（龍 487/02）。

腤：**腤**胡紺反食肉不厭也（龍 414/03）。

---

[1]參見《龍龕手鏡研究》319 頁。
[2]參見《龍龕手鏡研究》353 頁。

歙：歙 胡感反欲得也（龍 354/09）。

銘：銘陷古文銘同（玄 13/171c、慧 57/590b "陷此" 註）。鎓苦感反鎖連鐶也（龍 015/06）。

鮥：鮥音陷魚名（龍 170/05）。

憲：憲許建反（龍 067/01）（紹 194a2）。憲欣建反（玄 2/27c）。憲（龍 067/01）（慧 26/937a）。憲憲正獻顯二音（紹 194a2）。憲憲正獻音（紹 201a3）。愳（龍 067/01）。愳（龍 067/01）。

隱：隱俗香偃許健二反（龍 297/01）。隱俗（龍 297/01）。

撼：撼正許偃反手約物也（龍 213/01）。撼今（龍 213/01）。

轊：轊正許建反（龍 084/01）。轊俗（龍 084/01）。

廐：廐音線廰也（龍 301/01）。

霰：霰正蘇見反（龍 308/03）（玄 19/259a）（慧 56/566b）（紹 144a3）。霰俗蘇見反（龍 308/03）。//霓或作蘇見反（龍 308/03）；霰又作霓同（慧 56/566b "如霰" 註）。//霹：霹蘇見反訓同上又音斯小雨也（龍 308/03）。

峴：峴胡典反（龍 075/03）（紹 162b1）。

垷：垷古典反塗泥又大坂也又胡典反（龍 248/10）。

悅：悅音現怪難也（龍 058/05）。

呪：呪正胡典反小兒飲乳也又不顧而吐也（龍 272/04）（龍 345/03）（玄 14/189b）（慧 59/638b）（紹 182b2）（紹 204a2）。//齦：齦音現或作（龍 345/03）。//呀：呀或作（龍 272/04）；呪古文呀同（玄 14/189b、慧 59/638b "呪出" 註）。//覎：覎或作（龍 345/03）。

莧：莧候閒反（龍 262/09）（紹 154b9）。莧舊藏作莧匣辦反（龍 393/06）。

現：現俗五兮反[1]（龍 435/07）。

晛：晛顯現二音日光皃也又奴見反義同（龍 427/06）（紹 171a3）。晛又俗奴見反[2]（龍 345/08）。覸又俗奴見反（龍 345/08）。

[1]參見《字典考正》184 頁。
[2]參見《龍龕手鏡研究》285 頁。

睍：**睍**音現小目皃也（龍 420/07）（玄 1/12a）（慧 42/232a）（紹 142b6）。

蜆：**蜆**今音現赤頭黑虫一名縊女善自縊也又音顯小虫也（龍 223/04）（慧 68/834b）（慧 98/301b）（紹 164a2）。//蠆：**蠆**蜆或作/蠆（慧 98/301b "賜蜆" 註）。//螺：**螺**或作（龍 223/04）。

婹：**婹**音現細腰兒（龍 282/07）。

硍：**硍**音限石聲也（龍 442/08）。

閴：**閴**正音限門閾或作痕（龍 093/02）。**閴**俗（龍 093/02）。//梟：**梟**限音（紹 158b8）。//痕：**痕**音限門閾也與閴同（龍 300/07）。

瞖：**瞖**音限魁瞖可畏視也（龍 421/04）。

膞：**膞**音現宍急也（龍 411/07）。

甑：**甑**胡懴反大盆也（龍 316/07）。

徴：**徴**徴正先念切（紹 129b4）。

礥：**礥**先念反～～碑電光也（龍 443/07）。**礥**俗子心反（龍 440/08）。

敇：**敇**蘇見反言散也（龍 530/05）。**敇**俗蘇見反散也（龍 120/09）。

悓：**悓**息箭反憂也（龍 061/07）。

婒：**婒**下晏反慢也（龍 283/07）。

糮：**糮**下斬反糮塗也（龍 305/02）。

諫：**諫**下斬反豆半生也（龍 359/07）。

獻：**獻**虛建反（慧 70/860b）（慧 100/332a）。**獻**虛建反（玄 17/234a）。

xiang

xiāng 相：**相**先羊反（玄 8/106c）（慧 28/1003b）（慧 1/410b）（慧 4/476a）。

廂：**廂**想羊反（慧 43/256b）（慧 40/199b）。

湘：**湘**思將切（紹 189a7）。

箱：**箱**息羊反竹器也（龍 387/09）（玄 16/217a）（慧 65/777b）（慧 2/434b）（慧 5/486a）（慧 7/522b）（慧 34/76b）（慧 60/665a）（慧 92/198a）（慧 99/314a）。**箱**思將切（紹 154a8）；箱

文字典説或亦從草作葙^①（慧 99/314a "箱庚" 註）。

緗：緗音相（龍 396/01）（慧 11/603b）（慧 83/62a）（慧 87/124a）（慧 88/140b）（慧 92/198b）（慧 97/279a）（慧 98/305a）（紹 191b8）。

襄：襄廂音又如羊切（紹 147a3）。襄廂音又如羊切（紹 147a3）。

儴：儴音相儴徉徙倚也（龍 496/03）。

欀：欀音箱又俗音讓（龍 378/03）。欀人向思將二切（紹 159a10）。

纕：纕思羊切（紹 192a4）。纕音相（龍 396/09）；緗正作纕古今正字（慧 88/140b "襯緗巾" 註）。

驤：驤音箱（慧 61/686a）（慧 83/61b）（慧 89/161a）（希 10/421b）（紹 166a8）。驤音箱（龍 292/03）（慧 51/434b）（慧 96/272a）。

香：香音香（慧 5/484b）（慧 29/1022a）（慧 29/1023b）（慧 37/135b）；香正從黍耳作香字（希 2/365a "鬱香" 註）（希 2/366c "鬱香" 註）（希 7/403c "香綏" 註）。香音香（龍 332/01）。香正體香字也（慧 61/684b）。香正香字（慧 45/313a）。香正香字（龍 142/09）。香音鄉（慧 29/1022a）（希 2/365a）（希 2/366c）（希 7/403c）；律文從禾從曰俗字也（慧 61/684b "香秔餅" 註）。//秿：秿音香（龍 143/05）。//麘：麘俗音香（龍 520/08）。

嗜：嗜（紹 181b6）。

薔：薔香經文從草作薔非本字（希 7/403c "香綏" 註）。

鄉：鄉許良反（希 5/388c）。

腳：腳音香牛羹也（龍 409/07）。

薌：薌享良反（慧 95/256b）（紹 154a10）；香或作薌（希 7/403c "香綏" 註）。薌音鄉穀氣也（龍 253/06）。

唴：唴許江反唴瞋語也（龍 269/09）。

舡：舡許江反又俗音舩（龍 131/03）；船經文作舡（初編玄 564 "牢船" 註）（玄 17/231c、慧 70/856b "舩人" 註）（希 1/355b "船筏" 註）（希 3/369a "船筏" 註）（希 8/406a "船舶" 註）。

颫：颫呼江反風聲也（龍 127/04）。

---

① 此 "葙" 當是 "箱" 字異寫。

xiáng 庠：庠音祥（龍298/09）（玄9/129c）（慧46/338a）（希10/419b）（紹193a8）。

怴：怴音祥①（龍055/05）。

祥：祥徐楊反（玄20/266b）（慧43/262b）。笎音祥（龍188/04）。

羏：羏音祥（龍513/06）；祥經文作羏非也（玄20/266b 慧43/262b "蟲祥" 註）。銌詳古文作～（慧27/967b "詳" 註）。

詳：詳象羊反（慧89/161a）。詳音詳（龍043/08）（慧27/967b）。

翔：翔音祥翶翔逍遙蟠廻自在兒（龍326/10）（玄11/142a）（慧56/550b）（慧3/449b）（慧5/491a）（慧6/514b）（慧83/45b）（慧100/344b）（紹167b6）；鴹此亦翔字（玄7/103a、慧24/893a "鴹鴹" 註）。

夅：夅下江戶冬二反夅服也（龍547/07）。

捧：捧下江反捧雙帆（龍210/02）。

降：嶂音降（龍077/02）。

蜂：蜂音降蜂蘴胡豆也（龍359/05）。

瓨：瓨項江反（慧30/1049a）（慧37/137b）（慧53/490b）（慧57/597b）（慧62/711b）（慧76/1001b）（紹199b1）；缸説文從瓦作瓨古字也（希4/379b "缾缸" 註）。巩瓨正下江切（紹148b5）。坃下江反（玄2/29b）（慧26/942b）（慧30/1049a）。汎下江反正作瓨今作瓵罌也（龍187/06）。//瓸下江反罌甖屬也（龍338/01）。𤬛同上（龍338/01）（希4/379b）；瓨或作缸（慧30/1049a "持瓨" 註）（慧62/711b "瓨底" 註）。缸胡江切（紹150a1）。

xiǎng 享：䯨許兩反與富享皆同（龍129/09）。䯨享篆文作～又音呼羹反（玄15/210a、慧58/622b "享福" 註）。享許兩反與富享皆同（龍129/09）。享許兩反與富享皆同（龍129/09）（慧31/24a）（玄12/160c）（慧75/984a）（玄15/210a）（慧58/622b）。享許兩反（龍334/09）（玄4/52a）（玄7/96a）（慧28/1000a）（玄7/101b）（慧32/32a）（玄8/114a）（慧16/715a）（初編玄612）（慧55/537a）（玄19/257c）（慧56/564b）（玄20/269c）（慧22/841b）；淳經文作享誤也（玄7/95a、慧28/998b "淳化" 註）；饗又作享同（玄25/335c、慧71/888

a "饗受" 註）。**享** 許兩反（龍 334/09）。**高** 亯籀文作亯同（玄 12/160c、慧 75/984a "今亯" 註）。**亯** 正許兩反今作享（龍 129/08）。**盲** 俗（龍 129/08）；享又～同（玄 20/269c "享食" 註）。

餉：**餉** 正失向反饋也（龍 502/05）（玄 4/52b）（慧 31/24b）（玄 13/179b）（慧 34/84a）（玄 15/201b）（慧 58/617a）（玄 23/306c）（慧 47/354a）（慧 89/163a）（慧 100/344a）（紹 171b8）；**饟** 經作餉亦通俗字（慧 54/514b "齎饟" 註）。餉：**銄** 俗式向反正作餉（龍 017/08）（紹 181a8）。//粭：**粭** 式亮反與餉同（龍 305/08）。//餉：**餉** 俗失向反（龍 502/05）（紹 171b8）；餉或從尚作餉訓用同（慧 89/163a "信餉" 註）。//饟：**饟** 或作失向反（龍 502/05）（慧 54/514b）；餉或作饟（玄 4/52b "如餉" 註）。**饟** 饟正式亮式章二切（紹 171b10）。

嚮：**嚮** 香兩反（龍 549/04）；享經文作嚮非體也（玄 8/114a、慧 16/715a "享茲" 註）；響或從音從口從向作響嚮竝同也（慧 2/430b "響聲" 註）（慧 4/460b "谷響" 註）（慧 29/1019b "谷響" 註）（慧 32/47b "利響" 註）（慧 97/292b "鳴響" 註）（希 4/378c "谷響" 註）。

蠁：**蠁** 許兩反（龍 223/07）（紹 164a2）。

饗：**饗** 虛掌反（玄 13/175b）（慧 55/537b）（玄 25/335c）（慧 71/888a）；享經文作饗非字體也（玄 7/96a、慧 28/1000a "享飯" 註）。

響：**響** 正許兩反聲～也（龍 178/01）（慧 2/430b）（慧 89/157a）（希 4/378c）；享經文作響非字體也（慧 28/1000a "享飯" 註）（玄 12/160c、慧 75/984a "今亯" 註）。**響** 香兩反（慧 4/460b）（慧 6/500b）（慧 7/519b）（慧 29/1019b）（慧 32/47b）（慧 68/833b）（慧 81/1a）（慧 91/188b）（慧 97/292b）（希 6/396a）。//嚳：**嚳** 或作（龍 178/01）。//嚮：**嚮** 香兩反聲嚮也（龍 272/07）。**嚮** 響或作嚮（慧 4/460b "谷響" 註）（慧 97/292b "鳴響" 註）（希 4/378c "谷響" 註）。//響：**響** 響或從言作響（慧 4/460b "谷響" 註）（希 4/378c "谷響" 註）。

响：**响** 俗許亮反（龍 274/01）。

懩：**懩** 虎項切（紹 131a6）。

向：**向** 許亮反（玄 1/18b）（玄 3/37c）（慧 09/558b）（玄 14/188a）（慧 59/636a）（玄 16/215a）（慧 65/774b）（玄 17/228a）（慧 67/815a）（玄 18/242c）（慧 72/912b）（玄 22/297a）（慧 48/383b）（玄

24/320c）（慧 70/863b）（希 10/420c）。

徜： 俗許亮反（龍 034/09）。

徜： 徜許亮反（龍 362/02）。 徜許亮反（龍 362/02）。

灥： 灥式兩反又式亮反又許兩許亮二反（龍 426/09）（慧 23/878b "灥於福城" 註）。

鬺： 鬺許亮反門頭也又天子廟飾也（龍 094/02）。

項： 項乎講反胭也（龍 484/03）（玄 3/39b）（慧 09/560b）（玄 8/112c）（慧 1/410a）（慧 15/685
a）（慧 16/712b）（慧 16/722a）（慧 39/182a）（慧 85/94a）。 頑項經文有從元作頑非本字
（玄 3/39b、慧 09/560b "項很" 註）。

巷： 巷巷說文從二邑從共作鬭隸書從省（慧 3/450a "一巷" 註）（慧 6/515a "一巷" 註）（慧
7/528a "一巷" 註）。 鬬巷或作衖從行共聲或作～三字同用也（慧 32/45b "衢巷" 註）。
巷下降反里也小街也與街同（龍 261/03）（玄 5/76b）（慧 34/89a）（慧 3/450a）（慧 4/4
66b）（慧 6/515a）（慧 7/528a）（慧 32/45b）（慧 76/1000a）。 //衖： 衖正胡降反街衖也
與巷同（龍 498/06）。 衖今（龍 498/05）；巷或作衖皆古字也（慧 4/466b "街巷" 註）
（慧 6/515a "一巷" 註）（慧 7/528a "一巷" 註）（慧 32/45b "衢巷" 註）。 衖俗胡絳反（龍 0
35/02）。 //鬨： 鬨胡降反門陌也又鬭也構也（龍 093/09）；巷亦作鬨也（慧 76/10
00a "里巷" 註）。 //鬨： 鬨同上（龍 093/09）。

鬨： 鬨俗呼絳反直視也（龍 094/03）。

象： 象（玄 7/103a）（玄 22/288a）（慧 29/1027b）（希 4/376a）。 象祥養反（慧 16/708b）。 象祥
養反（慧 41/219b）（慧 48/371a）（慧 31/19a）；象或作～（希 4/376a "象蹋" 註）。 象（慧
24/893b）。 象俗音象（龍 508/07）。 象俗徐兩反與象同（龍 288/05）。

像： 像樣舊皆作像或像也今不復行（玄 22/297a、慧 48/383b "學樣" 註）。 像舊藏作像
（龍 031/08）。 像像正似兩切（紹 128b4）。

勷： 勷正羊兩徐兩二反勉也（龍 517/04）。 勷俗（龍 517/04）。

像： 像俗音像（龍 271/06）。

橡： 橡象音又祥亮切（紹 158b8）。

襐： 襐正徐兩反（龍 105/07）。 襐今（龍 105/07）。

蟓：**蟓**失亮反桑蠒虫也（龍 224/03）。

xiao

xiāo 消：**消**小焦反（慧 41/212b）（慧 51/445b）；肖經文作消非也（玄 11/143a、慧 56/553b "不肖"
註）；銷亦作消（慧 8/540b "銷滅" 註）（慧 8/552a "銷礦" 註）（慧 11/615a "銷滅" 註）（慧
26/948b "融銷" 註）（慧 29/1017b "銷練" 註）（希 3/371b "銷耗" 註）；痟古文尒疋説文
作消（慧 27/977a "痟瘦" 註）（慧 64/755a "乾痟" 註）（希 2/364c "痟瘦" 註）。//𤷪：**䯜**俗
音霄正作消（龍 369/02）。

宵：**宵**相遙反（慧 23/873b）。

莦：**莦**正所交反説文云惡草也又音消（龍 258/08）（紹 155b3）。//蒩：**蒩**俗（龍 258/0
8）。//蒱：**蒱**俗（龍 258/08）。

硝：**硝**音消硵硝藥也（龍 439/08）。

痟：**痟**小焦反（慧 64/755a）（希 2/364c）。**瘨**音消渴瘦病也（龍 469/03）（慧 27/977a）（慧 5
0/426b）（慧 64/760b）（慧 78/1049a）（慧 87/130a）（紹 192b6）；消古文痟同（初編玄 645）。

揱：**揱**音消長也又所角反纖也又長臂也又所教反木上小也（龍 210/04）。

踃：**踃**蘇凋反跳也（龍 460/02）。

毟：**毟**正蘇彫反羽翼毟蔽也（龍 134/08）（玄 14/197c）（慧 59/652a）。**𪎮**或作（龍 134/0
8）。

蛸：**蛸**音梢又音消（龍 220/10）（玄 25/333c）（慧 71/885a）（紹 163b5）。

翑：**翑**蘇彫反羽翼蔽也（龍 326/07）。

貃：**貃**音消出史記（龍 321/06）。

霄：**霄**消音（紹 144a3）。

綃：**綃**音消（龍 398/03）（玄 15/199b）（慧 58/612b）（慧 36/123a）（紹 191a8）。

鮹：**鮹**音消煎鹽（龍 332/06）。

銷：**銷**音消銷鑠也散也（龍 008/05）（慧 4/457b）（慧 8/540b）（慧 8/552a）（慧 11/609a）（慧 1
1/615a）（慧 18/751b）（慧 26/948b）（慧 29/1017b）（慧 29/1017b）（慧 29/1030b）（慧 32/28a）

（慧 49/396b）（慧 66/786a）（慧 69/850b）（希 3/371b）；消古文銷同（玄 14/185b "乾消" 註）

（慧 41/212b "消除" 註）（慧 51/445b "消滅" 註）。// 焇：焇 音消與銷同（龍 239/01）；

銷或作焇也同用（慧 4/457b "銷雪" 註）（慧 8/552a "銷礦" 註）（慧 29/1017b "銷練" 註）

（慧 32/28a "銷除" 註）。

蕭：蕭 菜條反（玄 22/304a）（慧 48/395a）（慧 90/167b）。蕭 蘇凋反草名蒿也（龍 254/01）。

潇：瀟 先彫切（紹 187b2）。瀟 先彫切（紹 187b2）。

蟰：蟰 蘇凋反（龍 221/01）（玄 25/333c）（慧 71/885a）。

簫：簫 蘇凋反（龍 388/07）（慧 25/906b）（慧 26/931b）（慧 27/969a）（慧 60/667b）（希 2/367a）（紹 159b9）；薦論文草竹作簫非也（慧 84/76b "薦席" 註）。// 籋：籋 簫又作籋音山卓 反樂也（慧 27/969a "簫" 註）。

瀟：瀟 蘇凋反水名（龍 230/01）。

梟：梟 正古堯反（龍 285/01）（玄 13/177a）（玄 19/258b）（慧 56/566a）（玄 20/271c）（玄 20/275 a）（慧 76/992a）（慧 2/424b）（慧 5/479b）（慧 54/520b）（慧 55/535b）（慧 62/704a）（慧 75/972 a）（慧 86/109b）（慧 97/283a）（希 5/387c）（紹 165a4）；梟或作梟二形通用（玄 11/150a、 慧 52/469a "當梟" 註）（玄 16/219a、慧 65/771b "盡梟" 註）（玄 17/234c、慧 74/947b "梟其首" 註）（慧 53/502b "梟首" 註）（慧 55/533a "梟磔" 註）（慧 69/840a "梟首" 註）（慧 84/75a "梟 斬" 註）。梟 竹格反（慧 53/496b）（慧 17/745b）（慧 42/245a）（慧 38/160a）。// 鵙 俗古 堯反（龍 285/01）。// 鵰 俗古堯反（龍 285/01）。鵙 俗古堯反（龍 285/01）。// 鵙 俗古堯反（龍 285/01）。// 鵙 俗古堯反（龍 285/01）。鵙 俗古堯反（龍 285/01）。

膋：膋 呼交反膋豁宮殿形狀也（龍 299/09）。

搉：搉 呼角反（龍 219/02）（紹 133b4）。

睮：睮 呼交反睮瞎也（龍 420/01）（玄 4/62c）（慧 42/248a）。睮 俗呼交反正作睮（龍 42 6/04）。

哮：哮 呼交反闞也（龍 266/02）（玄 2/29c）（玄 4/58c）（慧 43/274a）（玄 12/155c）（慧 52/455 b）（玄 12/158b）（慧 74/956a）（玄 22/292c）（慧 48/377b）（玄 23/307a）（慧 47/354b）（慧 14/6 80b）（慧 26/945a）（慧 66/787b）（慧 69/843a）（慧 77/1015b）（慧 79/1055b）（慧 93/218a）（紹

183a10）；虓吘經文作哮吼俗用非也（慧 76/998a "虓吘" 註）。**譹**呼交反今作哮（龍

547/02）。**虓**呼交反今作哮（龍 547/02）。//虓：**虎**或作同上[哮]（龍 266/02）（紹

167a9）；虓又作虓同（玄 5/64b、慧 44/284b "虓闞" 註）（慧 56/554b "虓呴" 註）；哮又作

虓同（慧 52/455b "哮呼" 註）（慧 76/998a "虓吘" 註）。**虓**哮又作虓同（慧 43/274a "哮

嚇" 註）。**虓**皓高反俗字也正作號（慧 44/288a）；虓又作虓同（慧 56/554b "虓呴" 註）；

哮又作虓同（玄 12/155c "哮呼" 註）。**嘷**哮又作虓同（玄 4/58c "哮嚇" 註）。//**敩**俗

（龍 266/02）。

枵： **枵**許憍反（龍 379/05）（慧 98/306a）**挢**許橋反正從木（龍 210/04）。**挢**許橋反正

從木（龍 210/04）。

鴞： **鴞**於嬌反（龍 286/07）（玄 19/258b）（慧 56/566a）（玄 19/258a、慧 56/565b "白鷗" 註）（慧

84/82a）（紹 165b3）。

憢： **憢**許堯反憢憢懼也（龍 055/03）。

嘵： **嘵**正許幺反～聲也玉篇又女交反嘲～也（龍 268/04）（紹 183a7）；譊又作嘵同（慧

34/89b "譙譊" 註）。**虓**俗（龍 268/04）。

膮： **膮**許堯許了二反豕羹也（龍 408/06）。

譊： **譊**呼交反玉篇與髇同（龍 479/05）（紹 147b1）。

驍： **驍**古堯反（龍 290/08）（玄 5/64c）（慧 44/285a）（玄 13/180a）（慧 55/534b）（玄 21/280b）

（玄 25/339b）（慧 71/895b）（慧 13/651b）（慧 35/107a）（慧 72/909b）（慧 94/233a）（紹 166a6）。

嗃： **嗃**許交反又呼各反（龍 266/02）（紹 184b2）。

歊： **歊**正許喬反（龍 354/05）（慧 99/321b）。**歊**俗（龍 354/05）。

髇： **髇**許交反髇箭也（龍 479/07）。

虓： **虓**嚇交反（慧 76/998a）（慧 93/221b）（慧 95/245b）（紹 167a7）；哮俗字也正體作虓（慧

14/680b "哮吼" 註）（慧 77/1015b "哮呼" 註）。**虓**虛交切（紹 167a7）。**虓**正許交反（龍

332/08）。**虓**呼交反（慧 44/284b）（慧 56/554b）。**虓**孝交反（慧 98/310b）。**虓**虛交

切（紹 167a7）。**虓**呼交反（玄 5/64b）（玄 11/143b）（紹 167a7）；哮古文虓同（玄 2/29c

"哮吼" 註）（玄 22/292c、慧 48/377b "哮吼" 註）（玄 23/307a、慧 47/354b "哮吘" 註）；呼呷

經文或作號呷（玄 20/270c、慧 74/940a "呼呷" 註）。爐俗（龍 332/08）。

膮： 膮正許饒反膮喧也大也動也不安靜也（龍 265/05）（玄 13/174c）（慧 55/529b）（玄 22/295c）（慧 48/381b）（玄 24/324a）（慧 70/868b）（慧 6/504a）（慧 17/733b）（慧 51/441b）（慧 60/665a）（慧 61/693b）（慧 62/704a）（慧 67/807a）（慧 68/826b）（慧 72/897b）（慧 81/14b）（慧 93/222a）（紹 182b1）。嚻許嬌反（希 9/412b）（紹 182b1）。膮通（龍 265/05）（玄 9/126a）（慧 46/330b）；膮古文膮同（玄 9/126a、慧 46/330b "膮塵" 註）（慧 17/733b "謹嚻" 註）。

膮許驕反（玄 22/295c、慧 48/381b "膮翠" 註）（慧 68/826b "膮虛" 註）。//嘑：嘑通（龍 265/05）。//嚻通（龍 265/05）。//嚻俗（龍 265/05）。嚻俗（龍 265/05）。眛俗（龍 265/05）。

嚣： 嚣許犥反炊氣兒（龍 534/05）。

獢： 獢正許憍反猲獢短喙犬也（龍 318/05）。猲俗（龍 318/05）。

烋： 烋許交反又許尤反（龍 239/08）（慧 94/237b）。

翛： 翛正蘇凋反翛翛飛羽聲也又音叔亦飛疾兒也（龍 028/02）。翛通（龍 028/02）（紹 129a7）。

炒： 炒正許交反乾也又熱也（龍 239/09）。烄俗（龍 239/09）。

翾： 翾許么反翻也（龍 326/08）。

膮： 膮許幺反膿膮腫欲潰也（龍 409/02）。

奟： 奟許幺反長大兒（龍 356/05）。

嘐： 嘐許交反（龍 266/02）。

xiáo 淆： 淆劾交反（慧 96/258a）（慧 97/279a）。淆劾交反正作殽（慧 39/182b）。淆户交反（龍 228/03）（紹 188b2）；殽經本從水作淆者俗字也（慧 49/410b "淘殽" 註）（慧 86/111a "殽亂" 註）（慧 95/248b "殽亂" 註）。淆淆户交切（紹 188b2）。

崤： 崤劾交反（慧 84/85a）（慧 92/207b）。崤户交反（慧 93/210b）。崤正户交反崤函山名（龍 072/06）。崤俗（龍 072/06）。峱俗（龍 072/06）。

郩： 郩户交反川韻云地名（龍 453/02）。

洨： 洨交爻二音水名縣名也（龍 230/04）。

胶：**胶** 胡交反胶聲也（龍 410/01）。

砇：**砇** 胡交反石名也（龍 441/03）。

笅：**笅** 今胡交反竹索也（龍 390/07）。//篍：**篍** 或作（龍 390/07）。

毇：**毇** 効交反（慧 86/111a）（慧 90/171b）；峃或作毇（慧 84/85a "諸峃" 註）。**毇** 户交反
（龍 193/06）（慧 49/410b）（紹 198a10）；肴經文從殳作毇非也（慧 32/36a "肴膳" 註）（慧
37/145a "肴膳" 註）；淆亦作毇（慧 96/258a "混淆" 註）（慧 97/279a "淆亂" 註）。**毇** 効
交反（慧 95/248b）。**毇** 胡交反與毇同（龍 118/09）。

虓：**虓** 胡交反（龍 322/08）。

篠：**篠** 先鳥反（龍 392/08）。**篠** 霄了反（慧 98/296b）（紹 160a10）。//筱：**筱** 篠正作此筱
也（慧 98/296b "篠簜" 註）。**筱** 先鳥反（龍 392/08）。

詨（謏）：**詨** 正先了反小也又蘇口所六二反俱訓同（龍 045/01）（紹 185b7）。**詨** 誘古
文詨同（玄 16/216b "誘詨" 註）。**詨** 誘古文詨同（慧 65/776b "誘詨" 註）。**謏** 通（龍
045/01）。**謏** 蘇了反（玄 16/217b）（慧 65/768b）（慧 87/121a）。

暁：**暁** 呼鳥反白也（龍 431/05）。

鐃：**鐃** 土了反鐵文也（龍 015/05）。

皛：**皛** 胡了反又普伯反又莫百反（龍 431/03）。

肖：**肖** 先妙反（玄 1/7a）（玄 8/108b）（玄 11/143a）（玄 13/170a）（玄 21/280a）（玄 25/336a）（慧
17/738b）（慧 28/1005b）（慧 56/553b）（慧 71/888b）（慧 13/651a）（紹 135b9）。

効：**効** 或作胡教反（龍 530/05）。**効** 胡孝反（龍 120/07）（紹 197a7）；佼或作効（慧 15/
701a "不佼" 註）；効經文作効（慧 40/187b "効驗" 註）；敩釋從交作効亦通（慧 79/1
064b "驢敩" 註）。

恔：**恔** 胡交反快也（龍 054/03）。

傚：**傚** 正胡孝反與學効三同（龍 033/06）。**傚** 佼俗作傚（慧 15/701a "不佼" 註）。**傚** 俗
（龍 033/06）。

効：**効** 爻教反（慧 40/187b）（紹 145a10）；佼經中多作効誤也（慧 15/691a "佼服" 註）。//
勠 効音（紹 145a10）。

斅：**斅**胡教反（龍120/07）（慧35/109b）（慧39/174b）（慧79/1054b）（慧100/350a）（紹197a7）；

佼或作效斅（慧15/701a"不佼"註）；學乃是古文斅字也（慧18/749b"學架"註）。**斆**俗胡角胡教二反（龍194/04）。

笑：**笑**肖曜反（慧15/698a）。**笑**私妙反（玄2/32a）（玄24/325c）（慧70/871b）（慧26/954a）（慧76/1003a）（慧77/1011b）（希4/379b）（希9/413b）；從竹從夭從口者俗字也（慧19/783a）（慧21/825b）。**笑**笑音（紹160a6）。//**喫**息妙反（龍273/08）（紹184a10）；笑經作唉嘆咲（希4/379b"啞啞而笑"註）（希9/413b"咍然笑"註）。**嗳**息妙反（龍273/08）。**唛**息妙反（龍273/08）。**唉**息妙反（龍273/08）；笑經作唉嘆咲（希4/379b"啞啞而笑"註）（希9/413b"咍然笑"註）。**咲**息妙反（龍273/08）（紹184a10）；笑又作咲俗字也（玄24/325c、慧70/871b"笑視"註）（慧21/825b"戲笑"註）（慧77/1011b"刑笑"註）（希4/379b"啞啞而笑"註）。

孝：**孝**（玄25/334b）（慧71/885b）（慧23/873a）。**孝**正古爻古孝二反（龍348/03）。**拏**俗古爻古孝二反（龍348/03）。

嘯：**嘯**音笑（慧31/7b）（慧86/108a）（慧94/236a）（希2/363a）（紹182a6）。**嘯**肖曜反（慧15/705a）。**嘼**蘇弔反（慧12/625b）（慧92/197a）。**嘼**正蘇弔反（龍273/03）。**嘼**俗（龍273/03）。**嘼**俗（龍273/03）。**肅**先弔切（紹182a6）。//**歗**：**歗**蘇弔反與嘯同（龍355/04）；嘯或作歗（慧15/705a"吟嘯"註）（慧92/197a"嘯傲"註）（慧94/236a"吟嘯"註）（希2/363a"嘯和"註）。

潚：**潚**胡了反水渺潚皃（龍232/01）。

xie

xiē　猲：**猲**正許謁反（龍319/10）。**獝**或作許謁反（龍319/10）。

歇：**歇**許竭反（龍355/08）（慧48/373a）（慧8/553b）。

蠍：**蠍**正香謁反螫人虫也（龍224/06）（玄1/18b）（慧7/528a）（慧25/911b）（慧41/209b）（慧38/152a）（慧51/438b）（慧51/451a）（慧56/574b）（慧62/713a）（慧72/907a）（慧80/1091b）（希1/355a）（希6/391c）（希7/403b）（紹164b5）。**蠍**香謁反（慧2/434a）（慧13/651a）（慧37/1

43b)（慧 40/191b）。//蝎：**蝎**又俗同上［蠍］（龍 224/06）；蠍今經文作蝎音乃是蝤蛴

非蠍也（慧 2/434a "虵蠍" 註）（慧 7/528a "惡蠍" 註）（慧 13/651a "虵蠍" 註）（慧 25/911b "蝮

蠍" 註）（慧 41/209b "蝮蠍" 註）（慧 40/191b "虵蠍" 註）（慧 51/451a "蛇蠍" 註）（慧 80/1091b

"蠍王" 註解）（希 1/355a "蝮蠍" 註）（希 6/391c "蛇蠍" 註）。// **蠹**俗（龍 224/06）（龍 185/0

7）。**蠹**俗音蠍（龍 444/07）（龍 185/07）。

弲：**弲**虛業反弓弦兒也（龍 152/07）。

些：**夢**息邪反少也[①]（龍 544/02）。// 夢：**夢**與夢同（龍 335/02）。**夢**音祥（龍 335/03）。

欤：**欤**火佳反欸欤氣逆病也（龍 353/09）。

譁：**譁**星耶反（龍 043/02）。**譁**星耶反（龍 043/02）。**譁**星耶反（龍 043/02）。**譁**星耶反

（龍 043/02）。

xié 劦：**劦**音叶香嚴又音麗（龍 518/02）（慧 65/771a）；易經文作劦非此義（玄 3/40b、慧 09/56

3a "輕易" 註）。**劦**音叶同力也又玉篇音歷低反（龍 099/07）（玄 16/218c）。

拹：**拹**音叶（龍 217/05）。

恊：**恊**俗音叶和也合也（龍 062/09）（慧 49/411b）（紹 130a5）；叶又作恊同（玄 7/94c "宣叶"

註）；挾律文作恊和之恊非也（慧 58/605b "挾先" 註）。**恊**正（龍 062/09）（玄 21/285a）

（慧 28/1009a）；挾經文作恊非此義（玄 4/49c、慧 34/094a "不挾" 註）（玄 15/206b "挾先"

註）；叶又作恊同（慧 28/998a "宣叶" 註）。// **恊**俗胡頰反和也（龍 039/05）。// **叶**胡

貼反古文今作恊（龍 277/02）（玄 7/94c）（慧 28/998a）（玄 7/99c）；恊又作勰叶二形同（玄

21/285a 慧 28/1009a "恊同" 註）。**叶**俗音叶（龍 154/08）；叶經文從田作～誤也（玄 7/9

9c "叶婆" 註）。

脅：**脅**枕業反（慧 12/625b）（慧 72/902b）（慧 86/104b）。**脅**今虛業反（龍 415/06）（慧 58/625b）

（慧 1/409b）（慧 33/66a）（慧 53/501b）（慧 80/1089b）；憪今皆作脅（慧 55/534a "憪將" 註）（慧

41/221a "迫憪" 註）；脇或作脅（慧 2/426a "脇骨" 註）（慧 5/480a "脇骨" 註）（慧 43/254b "心

脇" 註）（希 3/369c "母脇" 註）。**脅**險業反（慧 15/690b）（慧 59/640b）；脅論文從三刀非

也（慧 86/104b "右脅" 註）。**脅**虛業反（玄 15/212a）（紹 136a4）；憪今皆作脅（玄 13/179c

---

① 《叢考》：此字疑為 "些" 字或體（527）。

“愶將”註）；脇或作脅亦同從三力經三刀非正字也（慧31/4a“髀脇”註）（慧33/66a“右脅”註）。脇虛業反（慧3/452a）（慧43/254b）（慧94/225a）。脇正虛業反（龍415/06）（玄25/338b）（慧71/893a）（慧2/426a）（慧5/480a）（慧13/659a）（慧14/677b）（慧16/715b）（慧31/4a）（慧41/215b）（慧53/486b）（希1/356a）（希2/363b）（希3/369c）；脅或作脇亦同（慧1/409b“胥脅”註）（慧80/1089b“脅疊”註）（慧86/104b“右脅”註）；愶傳文從月作脇非（慧90/170b“相愶”註）。脇俗（龍415/06）（紹136a4）；脇俗從三刀非之也（慧2/426a“脇骨”註）（慧13/659a“右脇”註）（慧14/677b“右脇”註）（慧41/215b“左脇”註）（慧53/501b“右脅”註）（希1/356a“穿脇”註）（希2/363b“兩脇”註）。賨正香業反（龍353/03）；脅經從三刀作脅非也（慧1/409b“胥脅”註）（慧3/452a“脇痛”註）（慧16/715b“右脇”註）；愶經文多單作脅肚兩旁也非此義又從三刀從月並非也不成字正從三力從肉也（慧18/767a“迫愶”註）。賨俗（龍353/03）。

爁：　爁正虛業反火氣爁上也（龍244/09）。爁或作（龍244/09）。

歑：　歑或作（龍356/02）。歑今虛業反歑氣也（龍356/02）。

䚡：　䚡音叶今作䚡（龍518/02）（慧85/100b）（慧96/261a）。䚡嫌頰反（慧90/170a）（慧91/193a）（慧93/218a）。䚡音叶思也（龍100/02）；協又作䚡叶二形同（玄21/285a慧28/1009a“恊同”註）；䚡論從三刀作䚡非也（慧85/100b“王䚡”註）。

愶：　愶枕業反（慧18/767a）（慧41/221a）。愶虛業反以威力相恐也（龍062/05）（玄4/57c）（慧43/272a）（慧55/534a）（慧48/372a）（慧90/170b）；脅字體作愶同（慧58/625b“脅諸”註）。愶虛葉反（玄22/288c）（玄4/51c）（玄13/179c）（紹131a5）；脅字體作愶同（玄15/212a“脅諸”註）。愶香葉反正從三力經從三刀謬也（慧14/667b）。愶迄業切從力正（紹131a5）。//愶愶經文作怵非也（玄4/51c）。愶音劫強取①（龍063/06）。

嚇：　賨虛業反口嚇也（龍278/08）。

邪：　邪夕嗟反借用字説文正體作衺（慧3/446b）（慧3/445a）（慧29/1014b）（慧49/396b）；斜或作邪也（慧35/110b“斜勒”註）。邪舊藏作邪（龍453/04）。//郛：郛俗徐買反（龍161/08）。

衺：**衺**古文邪牙二音（龍103/07）（慧62/700a）；邪説文正體作衺（慧3/446b "邪命" 註）（慧49/396b "燎邪宗" 註）。**褧**斜俗字也説文正從衣從邪省作～正體字也（慧36/128b "傾斜" 註）。**衺**斜俗字也正體從衣從牙作～（慧35/110b）。**褘**古文邪牙二音（龍103/07）。//斜：**斜**夕耶反俗字也正體從衣從牙作衺（慧35/110b）（慧36/128b）（紹175a8）。**鈄**又香嚴作邪斗二音①（龍015/01）（紹181a10）。

啝：**耶**俗以那以佐二反（龍269/07）。

嵂：**嵂**戸圭反人姓（龍072/01）。

硅：**硅**戸圭反甄下孔也（龍535/04）。

罣：**罣**戸圭反鄙也又姓（龍197/07）。

浹：**浹**浹渫俗字正作浹渫二字（龍188/01）（紹174a5）。//泎：**泎**俗胡甲反正作浹（龍188/01）。

挾：**挾**正胡貼反（龍216/06）（慧42/235b）（慧34/094a）（慧56/548b）（慧58/605b）（慧65/770a）（慧12/634a）（慧14/674a）（慧34/88a）（慧62/703b）（慧78/1043a）（慧82/31b）（慧93/221b）（慧97/279a）（慧98/308a）（紹132b2）。**挾**俗（龍216/06）（玄1/14a）（玄4/49c）（玄11/140c）（玄14/197a）（慧59/651b）（玄15/206b）（玄16/218a）（紹132b2）；揀序文作挾非此用（玄5/75a、慧30/1044b "採揀" 註）；筴律文作挾藏之挾非體也（玄15/212c、慧58/627a "筴箸" 註）。**桜**音叶②（龍387/07）。//挃：**挃**陜傳文從手作～（慧93/218b "而陜" 註）。

竟：**竟**火結反見也（龍346/06）。

狹：**狹**音甲（慧77/1023a）。**狹**音叶（龍403/06）。

頡：**頡**胡結反（龍328/01）（慧98/307a）；頡或作並通用（慧98/298b "頡頑" 註）。

闔：**闔**胡結反闔閔也（龍095/04）。

頡：**頡**胡結反（龍487/04）（玄4/56c）（慧43/266a）（玄5/75c）（玄19/261b）（慧56/571a）（玄22/296b）（慧48/382b）（慧31/10a）（慧36/120b）（慧83/59b）（慧86/103a）（慧96/267a）（慧97/279a）（慧98/298b）（紹170a9）。

① "又香嚴作邪斗二音"，意指 "鈄" 用作 "斜" "斗" 二字。
② 《疑難字考釋與研究》：此字音叶，疑為 "挾" 字俗訛（368）。

頡： **頡** 俗呼結下結二反（龍 039/02）；擷頡正兮結切（紹 127b9）。

襭： **襭** 胡結反以衣衽盛物也（龍 108/06）。

擷： **擷** 乎結反（玄 20/265c）（慧 92/199b）（紹 135a2）。**逌** 俗呼結胡結二反正作擷（龍 495/01）。// 擷： **擷** 胡結反将取又虎結反（龍 218/05）。

纈： **纈** 胡結反（龍 404/05）（玄 10/131a）（慧 47/365b）（玄 23/313b）（慧 50/421b）（慧 19/776b）（紹 170a9）（紹 191b9）。

偕： **偕** 音皆俱也（龍 023/06）（玄 7/105a）（慧 17/735b）；諧耦經文作偕調二形非體也（玄 11/142b、慧 56/551b "諧耦" 註）。

瑎： **瑎** 户皆反黑石（龍 435/02）（慧 94/235b）。

諧： **諧** 户皆反和調偶合也（龍 41/4）（玄 1/2b）（玄 3/38c）（玄 4/60b）（玄 8/107a）（玄 10/134c）（玄 11/142b）（玄 13/176c）（玄 22/293b）（慧 09/560a）（慧 19/778b）（慧 20/802a）（慧 22/838a）（慧 28/1004a）（慧 48/378b）（慧 50/416a）（慧 54/524a）（慧 56/551b）（慧 75/983b）（希 2/365c）；纏經文作諧非也（玄 12/156b、慧 52/477a "纏全" 註）。

騱： **騱** 户皆反馬性和也（龍 291/08）。

膎： **膎** 户加反（龍 407/04）；鮭或從月作膎也（慧 97/292a "酒鮭" 註）（慧 100/349b "鮭米" 註）。

鞵： **鞵** 音鞋衣袖也（龍 103/03）。

鞵： **鞵** 正户佳户皆二反（龍 446/07）（慧 35/102b）（希 9/415b）（紹 140b1）；鞋俗用非本字也正體從奚作鞵（慧 15/694a "鞋鞻" 註）（慧 63/725b "鞋屨" 註）。**鞵** 鞋又作鞵同（玄 5/70c "鞋鞻" 註）。// **鞋** 户佳户皆二反（龍 446/07）（玄 5/70c）（慧 14/662b）（慧 15/694a）（慧 63/725b）（紹 140b1）；鞵經中作鞋俗字也（慧 35/102b "鞵屬" 註）（希 9/415b "鞾鞵" 註）。// 鞜： **鞜** 俗（龍 446/07）（紹 140b1）；屣經文作鞜非也（玄 11/142b、慧 56/552a "革屣" 註）。// **鞺** 俗（龍 446/07）。

攃： **攃** 呼結反（玄 12/167a）（慧 75/985b）（玄 13/168c）（慧 57/589b）（紹 135a6）。**攃** 胡結虎結二反（龍 218/10）。

瞁： **瞁** 胡結反曀瞁目赤也（龍 423/05）。

攜： **攜** 正户圭反持也提也（龍 207/08）（慧 13/651b）（慧 54/515a）（慧 81/14a）（慧 82/34a）（慧

82/36b）（慧100/349b）；携俗字也正體作攜從手雟聲也因草書變體從乃非（慧15/703 b "携持" 註）。**攜**今（龍207/08）（玄22/299a）（希6/396b）。**嶲**音攜（龍074/03）。**樇**户珪 切（紹134b8）。**雟**俗户圭反（龍547/06）。**㩗**户珪切（紹134b8）。**攜**户珪切（紹134b8）。 **攜**攜傳作携俗字也（慧81/14a "攜瓶" 註）。**攜**攜有作携（慧82/36b "攜手" 註）。**㩗**通 户圭反持也提也（龍339/05）（慧15/703b）（紹134b8）；攜俗作携訛也（慧13/651b "而攜" 註）（慧82/36b "攜手" 註）（希6/396b "攜索" 註）。**攜**胡闉反（慧48/386b）。

鬩：**嶲**正户圭反嶲嫿行皃（龍179/05）。**嶲**今（龍179/05）。**嶲**或作户圭反嶲嫿行惡（龍 522/04）。**嶲**今（龍522/04）。

鬩：**鬩**胡結反門聲也（龍095/09）。

鯤：**鯤**呼結反（龍451/06）；擽説文作鯤（玄12/167a、慧75/985b "連擽" 註）。

憐：**憐**户佳反心不平也又怨也又音佳（龍054/07）。**憐**（龍054/07）。

xiě 寫：**寫**昔野反録從宀作冩俗字也（慧80/1092a）。**寫**先野思夜二切（紹194b2）。

嶲：**嶲**俗音寫（龍271/02）。

xiè 械：**械**胡介反（龍382/02）（玄1/10a）（慧17/744a）（玄7/104c）（玄12/156c）（慧52/477b）（慧7 3/929a）（慧10/590a）（慧13/660a）（慧18/752a）（慧27/989b）（慧32/36b）（慧42/238b）（慧43 /257b）（慧36/120a）（慧55/542b）（慧86/111b）（希5/383c）（希8/406c）（紹159a3）。**械**胡 戒反（玄18/241a）。

喊：**喊**許戒反（龍273/07）（玄1/9a）（慧17/742b）（慧43/266a）（玄11/143b）（慧56/554b）（玄1 2/161a）（慧75/984b）（玄18/251c）（慧73/920a）（慧33/54a）（玄20/274b）（慧75/986a）；欯經 文從口從戒作喊俗字（慧79/1065a "欯喚" 註）。**喊**許戒反（龍273/07）（玄4/56c）（玄2 0/267a）。**嗖**許戒反（龍273/07）。

佌：**佌**私利反（龍039/03）。

呭：**呭**又私列反（龍275/06）；泄古文呭同（玄16/222c、慧64/758a "氣泄" 註）。

泄：**泄**私列反（龍236/02）（玄4/53a）（玄8/111a）（玄16/222c）（玄17/236b）（玄18/244a）（玄1 9/261c）（玄25/331a）（慧40/187b）（慧66/791a）（紹188b9）；媟嬻經文作泄瀆非體也（玄 20/273c、慧34/89b "媟嬻" 註）；洩經作泄俗用字也（慧43/255b "漏洩" 註）。**泄**思列反

（慧 34/92b）（慧 33/61b）（慧 52/453b）（慧 64/758a）（慧 74/950b）（慧 72/914b）（慧 56/571b）（慧 71/880a）（慧 12/627a）（慧 13/657b）（慧 77/1020a）（紹 188b9）；洩亦作泄（慧 87/126a "發洩" 註）。垚 舊藏音泄（龍 555/01）。//洩：浅 同上［泄］私列反（龍 236/02）（慧 43/255b）（慧 87/126a）；泄或作洩泄並俗字也（慧 77/1020a "事泄" 註）。洩 洩正辭音又以制切（紹 186b10）。

疶：疶 私列反玉篇病也（龍 478/07）。//瘶：瘶 曳薛二音痢病也（龍 476/09）。庫 尺舍反泄也①（龍 477/01）。

紲：紲 音泄（龍 405/01）（玄 7/93c）（慧 28/996b）（玄 7/104c）（慧 17/735b）（慧 31/9b）（慧 82/35b）（慧 84/79a）。

傑：傑 正呼叶反傑界也（龍 038/05）。傑 俗（龍 038/05）。

渫：渫 私列反（龍 237/02）（慧 97/278a）（紹 186b9）；古文渫今作褻同（玄 11/142c、慧 56/552b "鄙褻" 註）（玄 14/196a、慧 59/649b "媟嬻" 註）。渫 私列反（龍 237/02）（紹 186b9）。漆 又音薛（龍 236/01）（紹 186b9）。渫 渫正作～（慧 97/278a "渫何" 註）。

媟：媟 或作（龍 284/01）（玄 12/155a）（慧 52/454a）（初編玄 572）（慧 55/546b）（玄 13/170b）（玄 14/196a）（玄 16/221c）（慧 65/764b）（玄 20/273c）（慧 34/89b）（慧 60/657b）；古文媟今作褻同（玄 11/142c、慧 56/552b "鄙褻" 註）。媟 正私列反狎也慢也（龍 284/01）（慧 42/247a）（慧 44/289a）；褻古文媟同（玄 10/133a、慧 49/407b "鄙褻" 註）。媟 正（龍 284/01）；泄合作媟字（慧 40/187b "輕泄" 註）。媟 先結反（慧 59/649b）。媟 斯列反（慧 47/350a）。媟 俗（龍 284/01）。媟 俗（龍 284/01）。//姌：姌 先結反②（龍 284/05）。

鞢：鞢 正私列反馬鞢也③（龍 451/09）。//鞢：鞢 俗（龍 451/09）。鞢 蘇叶反鞊鞢鞍具也（龍 451/09）。

睤：睤 或作（龍 423/08）（玄 1/11c）；眨通俗文作睤（玄 11/143a、慧 56/553a "常眨" 註）。睤 火涉反（慧 42/232a）。睤 正呼葉反閉一目也（龍 423/08）。//睲：睲 或作（龍 423/08）。

屟：屟 思叶切（紹 172b1）；屟古文屟今作藤同（玄 14/192a、慧 59/643a "作屟" 註）（慧 40/1

---

①參見《匯考》部分。
②《龍龕手鏡研究》：乃 "媟" 字之俗（260）。
③參見《龍龕手鏡研究》332 頁。

99a "木屧" 註)。// **屧** 思俠反（玄 11/146c）（慧 52/462a）（玄 14/192a）（慧 59/643a）（玄 15

/212a）（慧 58/626a）（玄 22/299b）（慧 48/387a）（慧 93/212b）思叶切（紹 172b1）。**屧** 正（龍

164/06）。**屧** 正蘇叶反屧也（龍 164/06）（慧 40/199a）。**屧** 思叶切（紹 172b1）。**屎** 俗（龍

164/06）。// 屈：**屈** 思叶切（紹 172b1）。// 蘻：**蘻** 屧又作蘻同（玄 11/146c、慧 52/46

2a "衣屧" 註）（玄 14/192a、慧 59/643a "作屧" 註）（慧 40/199a "木屧" 註）。**蘻** 蘇叶反草名

也（龍 264/08）。

渫：**渫** 今先叶反迣渫也（龍 494/04）。**蓵** 俗（龍 494/04）。

緤：**緤** 私列反繫也（龍 404/03）（紹 191b8）；紲又作緤同（玄 7/93c、慧 28/996b "繫紲" 註）。

緤 徒叶反（慧 11/617a）；紲正作緤俗作紲（慧 88/136b "縲紲" 註）。**緤** 私列反（龍 40

4/03）；甦字書作毨經本作緤（慧 40/197b "漬其甦" 註）（慧 40/198b "妙甦" 註）。// 紲：

紲 私列切（紹 191b8）。**紲** 音泄（龍 405/01）。**紲** 私列反（龍 404/03）；紲正作緤俗

作紲（慧 88/136b "縲紲" 註）（希 10/420b "縲紲" 註）。// 緤：**緤** 私列反（龍 404/03）（慧

88/136b）（希 10/420b）；拽經從糸 作緤非也（慧 36/125a "披拽" 註）。

韄：**韄** 今蘇叶反射具也（龍 177/03）。**韄** 或作（龍 177/03）。**韄** 或作（龍 177/03）。

齛：**齛** 私列反爾疋云羊曰齛又羊世反（龍 313/05）。

燮：**燮** 正蘇協反和也熟也（龍 244/06）（玄 20/268c）（慧 33/56b）；蹀或作燮（慧 24/901a "蹀

蹀" 註）（慧 95/246b "蹀蹀" 註）。**燮** 蘇叶反文字指歸從辛炎也（龍 244/07）。**燮** 俗（龍

244/06）。**燮** 俗蘇叶反和也（龍 181/08）。**燮** 俗（龍 181/08）（紹 190a3）；屧經文作燮非

字義（玄 11/146c、慧 52/462a "衣屧" 註）（玄 15/212a、慧 58/626a "等屧" 註）。**燮** 俗（龍 1

81/08）。// **燮** 俗先叶反正作燮（龍 477/05）。

璏：**璏** 蘇叶反石似玉也（龍 439/02）。

蹀：**蹀** 蘇叶反踩蹀也（龍 466/09）（慧 24/901a）（慧 95/246b）。

离：**离** 先結切（紹 203b3）。**离** 正先結反（龍 539/04）。**离** 俗（龍 539/04）。**离** 俗（龍 539/04）。

离 俗（龍 539/04）。**离** 俗（龍 539/04）。**离** 誤先結反（龍 555/05）。

嘄：**嘄** 許界反高氣皃又多言也（龍 274/10）。

講：**講** 正火介反大怒又誠講也（龍 047/02）。**講** 今（龍 047/02）；喊廣蒼作薑 [講] 欵講

並同用經文作喊（慧 75/986a "喊言" 註）。//譃：讘許介反譀讘也（龍 047/01）。

唰：㗊俗辝夜反（龍 274/09）。

榭：榭祥夜反（382/05）（玄 4/54a）（慧 32/33b）（慧 15/706a）（慧 21/813a）（慧 39/166b）（慧 99/313b）（紹 158b3）；麝亦作榭（慧 43/270b "麝香" 註）。

謝：謝似夜反（玄 24/319c）（慧 70/862a）（慧 3/441a）（慧 7/517b）。謝或作音謝辤謝也（龍 048/06）。

屑：屑正先結反勞也敬也清也顧也（龍 164/08）（玄 13/180b）（慧 54/515b）（希 3/371c）（希 10/423b）（紹 172a8）。肖俗（龍 164/08）。

楔：捛先結反（龍 385/01）（玄 7/97c）（慧 31/2b）（慧 46/335b）（慧 14/662b）（紹 158b3）；楔又作楔同（玄 10/135a "以楔" 註）（慧 23/880a "楔" 註）（慧 31/5a "因楔" 註）（慧 50/416b "以楔" 註）（希 9/415c "敗績" 註）。

糏：糏先結切（紹 196a10）。糏先結反（龍 305/10）；屑按經意合作糏秫之糏（希 3/371c "金屑" 註）。

捛：捛同上[先結反]撲捛也（龍 217/01）。

膥：膥正先結反臆中脂也（龍 416/02）。//脑或作（龍 416/02）。脑或作（龍 416/02）。

糏：糏先結反米麥碎破也（龍 305/10）。

麶：麶或作（龍 506/02）。麶今蘇骨反麥屑也（龍 506/02）。麶俗（龍 506/02）。//麷：麷蘇叶反（龍 506/04）。

偰：偰正先結反儀～淨也（龍 038/04）。偰俗（龍 038/04）（慧 97/280b）。

揳：揳先結反（龍 217/01）（紹 132b5）；挈集作揳俗字也（慧 98/304b "縮挈" 註）（慧 99/327 "挈明疇" 註）。揳先結反（龍 217/01）。

楔：楔先結反（龍 385/01）（玄 10/135a）（慧 49/412b）（慧 50/416b）（慧 63/729a）（希 9/416a）；楔又作楔同（玄 7/97c、慧 31/2b "因楔" 註）。楔先結反（慧 23/880a）（慧 30/1052a）（慧 31/5a）（慧 75/972b）（慧 100/347a）；楔又作楔同（慧 46/335b "因楔" 註）。楔先結切（紹 158b3）。

偞：偞正先結反動草聲也又鷟鳥之聲偞偞呻吟也（龍 038/03）。偞俗（龍 038/03）。//

偦：偦或作（龍038/03）。

糏：糏私列反糏粶也（龍306/01）。

槷：槷私列奴叶二反（龍430/04）（玄10/133a）（慧49/407b）；古文槷今作褻同（玄11/142c、慧56/552b"鄙褻"註）（玄14/196a、慧59/649b"媟嬻"註）。

褻：褻恬叶反[①]（慧82/35b）。褻思列反（玄10/133a）。褻正私列反衷衣也（龍107/09）（慧49/407b）（慧75/985a）（紹147a4）。褻私列反鄙陋也（龍301/09）（玄12/161b）（紹193b4）；古文結媟槷渫四形今作襖同（玄14/196a、慧59/649b"媟嬻"註）。褻俗（龍107/09）（玄11/142c）（玄20/270c）。褻思列反（慧74/939b）。褻息列反（慧56/552b）。褻音世[泄]（龍264/04）。褻音世[泄]（龍264/04）。褻音世[泄]（龍264/04）。

閇：閇正胡計胡介二反門扇也（龍094/05）。閇今（龍094/05）。閇俗（龍094/05）。閉（龍094/05）。

齘：齘胡戒五入五結三反（龍312/06）（玄12/163a）（慧75/967b）（玄14/192b）（慧59/643b）（玄15/200a）（慧58/614a）（玄25/338a）（慧71/892b）（慧76/1005b）。齘俗徂號反（龍312/01）。齘俗（龍312/01）；齘經從爪作齘非也（慧76/1005b"齟齘"註）。//𣦵：𣦵俗胡戒反正作齘（龍275/03）；齘律文作𣦵非也（玄15/200a、慧58/614a"齘齒"註）。

解：解核賣反（慧62/719a）。解諧介反（慧2/430b）（慧15/689a）；胲案字義宜作解音胡賣反（玄2/25c"腦胲"註）（玄5/70b"無胲"註）（玄17/228a、慧67/815a"腦胲"註）。

澥：澥胡買反（龍231/05）（慧24/899a）（慧83/59b）（慧84/79a）（慧97/288b）（慧100/334a）（紹186b6）。

懈：懈古賣反（玄18/242c）（慧72/912b）（慧1/413b）（慧2/431b）（慧3/442a）（慧3/447b）（慧4/474b）（慧5/494b）（慧11/603a）（慧13/652b）（慧16/711a）（慧22/836a）（慧27/966b）（慧27/967a）（慧28/1001a）（慧30/1043b）（慧41/211b）（慧41/215a）（慧47/344a）（慧79/1053b）（慧82/28b）；惶或作懈（玄15/205c、慧58/604b"窳惶"註）；懇或作懈亦通（慧32/48b"懇怠"註）。懈古賣反嬾惰也（龍059/06）。懇古文今作懈（龍067/02）（慧15/700a）（慧32/48b）（紹131b4）；懈或作懇（慧13/652b"懈癈"註）（慧28/1001a"懈怠"註）（慧47/344a"懈

---

① "恬叶反"當是"褻"之音，慧琳有誤。

恴” 註）（慧 79/1053b “懈厭” 註）。

邂：**邂**胡界反（龍 492/03）。 **邂**諧懈反（慧 40/200b）（慧 84/84a）（希 5/386b）（紹 138b5）。

隵：**解**胡買反山名又儉也（龍 296/09）。

嶰：**嶰**加買反谷名（龍 076/03）。

獬：**獬**胡買反（龍 318/09）（紹 167a3）。

蟹：**蟹**胡買反（玄 16/215a）（慧 65/774b）（慧 53/487b）（紹 164b3）。 **蠏**諧買反（慧 68/829a）（紹 164b3）。//鰔：**鰔**胡買反（龍 170/02）；蟹又作鰔同（玄 16/215a、慧 65/774b “蟹眼” 註）。

鰲：**鰲**胡戒反葱～（龍 539/06）。

薤：**薤**殩又作薤同（玄 7/97c “韭殩” 註）。//薤：**薤**正胡戒反葷菜也（龍 262/01）。 **薤**今（龍 262/01）（紹 154a4）。 **薤**乎戒反（慧 31/2b “韭殩” 註）。//殩：**殩**俗下戒反（龍 515/04）（玄 7/97c）。

偕：**隘**胡界反狹隘也（龍 036/09）。

瀣：**瀣**骸戒反（慧 88/139b）（慧 94/238b）。 **瀣**胡戒胡愛二反（龍 233/10）（紹 189a5）。

炛：**炛**正徐也反（龍 241/09）。 **炛**今徐也反（龍 241/09）（慧 41/215b “餘爐” 註）（慧 96/258a）。 **炛**炛亦作炛（慧 96/258a “炛垂” 註）。 **炛**炛集本作～非也（慧 96/258a “炛垂” 註）。 **炛**詳刃反① （龍 242/06）。

卸：**卸**息夜反（慧 35/110a）。 **卸**司夜反解卸也（龍 538/01）（紹 150a1）。 **邞**俗司夜反解卸（龍 456/06）。 **邞**俗（龍 456/06）。 **郵**于鳩反（玄 1/9a）。

結：**結**襲古文結同（玄 10/133a、慧 49/407b “鄙襲” 註）（玄 11/142c、慧 56/552b “鄙襲” 註）（玄 14/196a、慧 59/649b “媟嬻” 註）。

娎：**娎**許弔許列二反娎娭喜皃（龍 283/06）。

聛：**耴**或作而涉反（龍 121/06）。 **耴**俗（龍 122/03）。 **耴**而陟陟葉二反使也（龍 315/03）。

欯：**欯**許戒反與諧同（龍 355/02）（慧 79/1065a）；喊又作誮欯二形同呼戒反（玄 4/58a、慧 43/273a “喊喊” 註）（玄 11/143b、慧 56/554b “呴喊” 註）（玄 20/267a、慧 33/54a “喊言” 註）（慧 75/986a “喊言” 註）。

---

①參見《字典考正》240 頁。

譮：譮許介反怒聲也又俗音會（龍 047/01）。

蹩：蹩音薛跋蹩行不正兒（龍 467/09）。

幧：幧私列所例二反殘帛也又音雪幧綾挑花也（龍 140/01）。

瀉：瀉悉也反又司夜反（龍 232/03）（慧 94/227b）。瀉星夜反（慧 63/740b）。寫瀉正（紹 194a10）。

膥：膥蘇叶反膥牒小契也（龍 362/05）。

鯄：鯄許器許戒二反鼻息也（龍 363/06）。

xin

xīn 心：心（慧 2/423a）（慧 5/478a）（慧 41/215a）（慧 35/100b）（希 1/356a）。

芯：芯心音（紹 154a10）。

軐：軐音心軥心木也（龍 080/08）。

鴖：鴖音心鳥黑色也（龍 287/10）。

辛：辛信津反（慧 3/446a）（希 10/420a）。

羍：羍古文音新①（龍 545/05）。

忻：忻迄殷反（慧 4/460a）（慧 5/477a）（慧 11/616a）（慧 32/46a）。

邢：邢許斤反邢鄰地名（龍 455/01）。

昕：昕俗音欣（龍 419/08）。

昕：昕音忻日欲出也（龍 424/09）（玄 3/47a）（慧 10/582a）（玄 13/175a）（慧 55/538b）（慧 77/1013a）（希 3/372b）（希 10/422c）（紹 171a5）。

訢：訢音忻喜也（龍 41/02）（玄 1/12b）（慧 42/232b）（玄 5/71c）（慧 12/624b）（紹 186a3）；忻正體作欣或作訢竝通也（慧 4/460a "忻求" 註）（慧 5/477a "忻樂" 註）（慧 32/46a "忻樂" 註）。

欣：欣香殷反（慧 4/458a）（慧 23/859b）（慧 77/1012b）；訢又作欣同（玄 5/71c "訓訢" 註）；忻正體作欣（慧 4/460a "忻求" 註）（慧 5/477a "忻樂" 註）（慧 12/624b "訢逮" 註）（慧 32/46a "忻樂" 註）。欣忻音正作欣（龍 354/09）。欣忻音正作欣（龍 354/09）。

①參見《疏證》290 頁。

焮：**焮**火靳反火氣也（龍243/04）。//炘：**炘**許斤反熱兒又火氣盛也（龍239/07）。

薪：**薪**（玄11/149b）（慧52/467b）（玄14/183c）（慧59/630a）（慧31/13b）（慧31/17a）（慧66/786a）（慧69/846b）。**新**江西隨函又音薪①（龍137/04）。

歆：**歆**許金反神食氣也（龍353/06）（玄7/101b）（慧32/32a）（玄7/101b）（慧32/32a）（慧68/833b）。

媽：**媽**許金呼談呼含三反貪愛也（龍279/09）。

廞：**廞**許金反興也亦陳車服也亦廞巇山險兒也又牛錦許錦二反大喪囊也（龍299/06）（紹193b8）。**廞**俗許今反正作廞興也陳也（龍470/08）。

鑫：**鑫**許今許運二反（龍012/02）。

舙：**舙**戶感五感二切（紹167b3）（慧35/108a）（慧39/168b）（慧40/191a）（希5/385b）。//舙：**舙**同舙玉篇於今反在呪中（龍012/01）。

xín 礥：**礥**下珍反鞭也又音賢艱險亦剛强也（龍439/08）。

鐔：**鐔**徒含反劍口也又淫尋二音亦劍鼻也（龍011/05）（玄13/180a、慧55/535a "射珥" 註）（紹180b4）。

䲹：**䲹**俗誤舊藏作鬻鬻二字才心昨鹽二反甑屬也②（龍185/03）。**鬻**俗誤舊藏作鬻鬻二字才心昨鹽二反甑屬也又徐林反～鼎也（龍185/03）。

xǐn 伈：**伈**正思審反伈伈恐兒（龍029/06）。**㓖**俗（龍029/06）。

xìn 凶：**凶**先進先恣二反（慧30/1042a）（慧39/172b）。**凶**先進先恣二反（玄12/158a）（慧74/955a）。**囟**古文信四二音（龍551/05）（玄4/59b）。**凶**音信古文今作顖字（龍340/05）。//脖：**脖**今音四腦蓋也又古文音信今作顖亦腦會也（龍413/05）。**脖**凶古文脖同（玄4/59b、慧30/1042a "頂凶" 註）（玄12/158a、慧74/955a "凶上" 註）（慧39/172b "頂凶" 註）。**脖**俗（龍413/05）。//胴古（龍413/05）；凶古文胴同（玄4/59b、慧30/1042a "頂凶" 註）（玄12/158a、慧74/955a "凶上" 註）。//顖：**顖**辛進反俗字也正作凶象形字（慧39/175b）（紹170b1）；凶經文作顖未見所出（玄12/158a "凶上" 註）（慧39/172b "頂凶" 註）。**顖**正

---

① 參見《叢考》631頁。
② 參見《叢考》1148頁。

音信腦顖也今呼顖門也（龍 486/08）。**題**囟經文作顖未見所出（慧 74/955a "囟上" 註）。

顙俗（龍 486/08）。**頤**俗（龍 486/08）。**頓**俗（龍 486/08）。**頤**又音信（龍 485/07）。

胅：**肺**火靳反（慧 48/381b）。**胅**香嚴又興賢[腎]反腫起也（龍 408/01）（玄 4/59c）。**胅**火

靳反（玄 25/335c）。//瘩：**瘩**香勒反瘡中冷也（龍 477/01）。**瘩**胅又作瘩疠二形同

（玄 25/335c、慧 48/381b "毒胅" 註）。//疠：**疠**香勒反瘡中冷也（龍 477/01）；胅又作

瘩疠二形同（玄 25/335c、慧 48/381b "毒胅" 註）。

顐：**顐**稀鎮反（慧 20/806b）（慧 88/146b）。**顐**義鎮反（慧 20/806b）（慧 58/602a）（慧 4/475b）（慧

6/500b）（慧 11/619a）（慧 32/37a）（慧 45/317a）（慧 82/24a）（慧 95/248a）（紹 201b3）。**顐**正許

靳反罪也瑕隙也古作衅（龍 203/3）（慧 12/622b）（慧 74/954a）。**顐**變體（龍 203/3）。**顐**

欣覲反（慧 1/415b）。**顐**忻覲反（慧 15/701b）。**顐**顐俗作～略也（慧 12/622b "罪顐" 註）。

疊變體（龍 203/3）（紹 201b3）；**顐**經作疊誤也（慧 32/37a "殃顐" 註）。**顐**顐正許慎切

（紹 201b3）。**疊**變體（龍 203/3）（玄 1/5b）（玄 12/157b）（玄 15/204b）（慧 23/858b）（中 62/71

7c）；**顐**經文作疊俗字謬也（慧 1/415b "顐心" 註）（慧 4/475b "顐心" 註）（慧 6/500b "顐心"

註）（慧 12/622b "罪顐" 註）（慧 15/701b "殃顐" 註）（慧 95/248a "有顐" 註）。**疊**俗香靳反（龍

422/8）；**顐**序作疊俗字也（慧 82/24a "成顐" 註）。//**顐**同上[顐]（龍 203/3）；字體從

𢆶分聲顐省（玄 1/5b "罪疊" 註）。//衅：**衅**許近反牲血也祭器也（龍 538/04）。**衅**顐

或作衅古字也（慧 4/475b "顐心" 註）（慧 11/619a "阿顐" 註）。

信：**佲**古文音信（龍 034/06）。//誛：**誛**[1]俗音信（龍 048/04）。

杺：**杺**詵信二音（紹 158a8）。

脓：**脓**許靳反脓瘡痛也（龍 413/08）。

xing

xīng 星：**星**星字古文作曐（希 1/354b）（希 5/382c）。**曌**古文音星（龍 426/04）；星古文作曐

（希 1/354b "明星" 註）（希 5/382c "著星辰" 註）（希 6/397c "鎮星" 註）。**曌**同上（龍 426/0

4）。**皆**音星（龍 548/05）。**鼻**古文星字（龍 431/02）。**坴**古文星字（龍 184/04）。**墐**

---

[1] 參見《叢考》1034 頁。

古文年字^①（龍 184/04）。

喔：**喔**俗音星（龍 267/06）。

猩：**猩**正音生（龍 317/03）（玄 3/46b）（慧 10/581a）（玄 4/50b）（慧 43/263b）（玄 11/145b）（慧 52/459a）（紹 166b8）；狌又作猩同（玄 15/199b、慧 58/612b“狌狌”註）。//**狌**或作音生（龍 317/03）（玄 15/199b）（慧 58/612b）；猩又作狌同（玄 3/46b、慧 10/581a“猩猩”註）。

腥：**腥**昔精反或作胜（慧 14/673b）（慧 85/88a）（慧 42/241b）。**腥**音星（龍 405/08）（玄 1/9a）（玄 3/45c）（玄 22/294a）（慧 8/536b）（慧 10/579b）（慧 17/743a）（慧 35/100a）（慧 48/379a）（慧 55/536b）（慧 81/12b）（慧 100/350b）；胜經作腥亦通也（慧 55/530a“臭胜”註）（慧 64/755b“羶胜”註）。

胜：**胜**性精反（慧 64/755b）。**胜**音星（龍 405/08）（慧 55/530a）；腥又作胜同（玄 1/9a、慧 17/743a“腥臊”註）（玄 3/45c、慧 10/579b“腥臊”註）（玄 22/294a、慧 48/379a“腥臊”註）（慧 8/536b“腥臊”註）（慧 14/673b“腥臭”註）（慧 35/100a“腥臊”註）。

鮏：**鮏**俗音星魚臭也（龍 167/03）。**鮏**腥説文又作鮏（慧 8/536b“腥臊”註）（慧 35/100a“腥臊”註）。//**鯹**：**鯹**正（龍 167/03）。

墷：**墷**或作（龍 247/07）。**埕**正息營反赤土也（龍 247/07）。

牲：**牲**正息營反牛馬赤色也（龍 115/06）。**牲**今（龍 115/06）。

觪：**觪**音角（龍 183/09）。**觪**音角（龍 183/09）。**觪**正息營反（龍 511/04）；騂亦作梓觪也（慧 96/259b“雛騂”註）。**觪**或作（龍 511/04）。

騂：**騂**正息營反（龍 292/06）。**騂**今（龍 292/06）（慧 96/259b）。

興：**興**正虛凌反（龍 203/02）。**興**俗（龍 203/02）（慧 12/630b）。**黄**經音義作興字^②（龍 256/06）。

鄭：**鄭**音興地名亦女字（龍 453/01）。

嬹：**嬹**許凌反女字也又去聲悦也善也（龍 281/01）。

噢：**興**俗呵朋反（龍 267/09）。

---

①參見《疏證》156 頁。
②參見《龍龕手鏡研究》235 頁。

馨：馨呼形反香之遠聞也（龍 181/09）（慧 23/876a）（慧 30/1051a）（慧 45/317b）（慧 83/52b）（紹 175a5）。

xíng 行：行乎庚反（玄 2/31c）（玄 3/33a）（慧 09/564b）（玄 6/78c）（慧 4/476a）（慧 6/496b）（慧 27/964a）（慧 27/970a）。衍舊藏作行字（龍 027/07）。

荆：荆俗音形（龍 338/09）（玄 20/274a）（慧 76/1006b）（玄 24/327b）（慧 70/873b）。

邢：邢音牽地名（龍 452/09）。邢音形地名又音牽亦地名（龍 452/09）。邦又俗刑音[1]（龍 455/06）（紹 169a6）。

絎：絎户經反行皃也（龍 496/07）。

形：形或作（龍 025/07）（玄 9/128b）。形俗音形（龍 338/09）（慧 46/335a）（紹 149a10）。//侀：侀正音刑成也（龍 025/07）。侀今（龍 025/07）。

型：型正音刑鑄鐵模也（龍 246/09）。型今（龍 246/09）。型形音（紹 161a7）。

詽：詽胡丁反（龍 043/01）；詽經作詽非也字書無此字[2]（慧 78/1032b“詽笑”註）。詽胡丁反[3]（龍 043/01）。詽胡丁反（龍 043/01）。

銒：銒脛經反（慧 98/304a）。銒正音形酒器似鍾而長頸（龍 012/09）。銒或作（龍 012/09）。//鈃：鈃正音刑酒器也其形似酒鍾（龍 338/02）。鈃俗（龍 338/02）。鉼或作音形酒器與銒同（龍 338/10）。鉼俗音形酒器與銒同（龍 338/10）。

鉶：鉶音刑祭器也（龍 012/09）。

郱：郱音刑鄉名（龍 453/08）。

陘：陘今音形連山中絶也（龍 296/01）。陘俗（龍 296/01）。陘俗（龍 296/01）。

娙：娙鴳經反又雅耕反（慧 39/175a）。娙五耕反（龍 279/07）；娙或作娙（慧 25/909a“天諸娙女”註）。

瓶：瓶音刑酒器似鐘而長頸（龍 316/01）。//瓶：瓶音刑酒器似鐘而長頸（龍 316/01）。

䣆：䣆形音（紹 147b2）。䣆音形（龍 479/09）。

①參見《龍龕手鏡研究》333 頁。

②《龍龕手鏡研究》：為“形”的增旁俗字（137）。

③《龍龕手鏡研究》：為“刑”的增旁俗字（165）。

熒：**熒**烏熒反（玄 20/272b）（慧 76/992b）；瀅古今正字又作熒（慧 80/1088a "灂瀅" 註）（慧 83/57a "汀瀅" 註）。

錫：**錫**似盈反（玄 4/49b）（玄 20/274b、慧 76/1007b "飴蜜" 註）。**錫**徐盈反（龍 499/06）（玄 13/176c）（慧 54/524a）（慧 14/674b）（紹 172a4）。

xǐng 省：**省**思井反（玄 2/28a）（慧 97/292b）。

惺：**惺**音星惺憁了惠人也又息井反惺悟也（龍 056/02）（慧 51/446a）；省集從心作惺（慧 97/292b "弗省" 註）。//**寉**：**寉**或作昔井反悟也（龍 156/08）。**寉**俗（龍 156/08）。**寉**俗星醒腥三音寉悟也[1]（龍 507/03）。**寉**俗（龍 507/03）。

醒：**醒**蘇丁先頂蘇定三反並醉除酒醒也（龍 309/08）（玄 1/19a）（玄 6/85b）（玄 14/182c）（慧 59/628b）（玄 22/287a）（慧 48/369b）（慧 1/411b）（慧 4/473b）（慧 17/733a）（慧 25/920b）（慧 27/978b）（慧 55/534a）。//**醒**俗音星正作醒（龍 306/06）。

xìng 悻：**悻**胡頂反悻恨也（龍 058/08）（慧 93/219b）。

鎣：**鎣**胡項[頂]反似鐘而長（龍 015/07）。**鎣**[2]戶耕反（龍 011/06）。

幸：**幸**音幸（龍 550/04）。**幸**胡耿反（玄 6/85a）（玄 22/288a）（慧 48/371a）（慧 22/835b）（慧 27/977b）。**幸**婞或作～亦通也（慧 17/730a "僥倖" 註）。**幸**又音幸（龍 358/04）。

倖：**倖**正胡耿反傲倖又非分而得曰倖（龍 029/06）。**倖**莖耿反（慧 87/130a）。**倖**音幸（慧 65/766a）。**倖**今（龍 029/06）（玄 3/45a）（慧 10/584a）（玄 4/53a）（慧 34/92a）（玄 11/151c）（慧 52/471b）（玄 13/176a）（慧 97/273b）；俗謂幸為倖（慧 34/92a "僥倖" 註）。**倖**行耿反（慧 17/730a）（紹 128a3）。

淬：**淬**胡頂反又逢孔反（龍 231/02）（慧 97/277a）（紹 187b2）。

婞：**婞**正胡頂反（龍 282/03）；倖字書作～也（慧 87/130a "僥倖" 註）。**婞**俗（龍 282/03）；倖或從女作婞（慧 17/730a "僥倖" 註）。**婞**今（龍 282/03）；倖或從女作婞（慧 97/273b "佞倖" 註）。

婞：**婞**刑頂反小兒也（龍 331/08）。**婞**（龍 331/08）。

---

[1] 參見《龍龕手鏡研究》360 頁。
[2]《字典考正》：此字即 "鎣" 的異寫字（436）。

瓶：**瓶**正音幸瓶甋有耳瓶也（龍316/04）。**瓶**今（龍316/04）。

性：**性**俗音性（龍243/05）。

姓：**姓**（玄6/89a "釋氏" 註）（慧27/966b）。**朲**古文姓字（龍553/03）。

荇：**荇**何耿反菜名（龍259/10）（慧99/324a）（紹155b6）。//莕：**莕**何耿反（龍259/10）；荇或作莕（慧99/324a "荇菨" 註）。

xiong

xiōng 凶：**凶**許顒反（玄22/293c）（慧48/378b）（慧70/873b）（慧28/1009b）；殈又作凶同許顒反（玄11/150a、慧52/468b "殈暴" 註）。**函**許恭反（玄24/327b）；殈又作凶同（玄3/41c、慧09/572b "四殈" 註）（玄7/102a、慧30/1045b "殈悖" 註）；兇論文作凶誤也（慧72/906b "兇勃" 註）。//**殈**許顒反（玄11/150a）（紹144b3）。**殈**古文音凶（龍513/06）（玄7/102a）（慧30/1045b）；凶又作殈同（玄22/293c "凶猾" 註）（慧28/1009b "凶禍" 註）。**凼**許顒反（慧52/468b）；凶又作殈同（慧48/378b "凶猾" 註）。

洶：**洶**凶音（紹187b9）。

恼：**恼**凶音（紹130a9）。

兇：**兇**許恭反（龍203/01）。**罃**許恭反（龍203/01）。**兇**許恭反（龍203/01）。**兇**（慧57/588b）。**兇**許恭反（龍203/01）（慧1/414a）（慧2/433a）（慧6/499b）（慧8/556a）（慧18/765a）（慧27/985b）（慧43/257a）（慧72/906b）（希2/365c）（紹148b5）；凶又作兇同（玄24/327、慧70/873b "凶勃" 註）。**兇**許邕反（慧4/474b）。

洶：**洶**凶拱反（慧83/46b）（慧99/311b）（紹187b9）。**洶**今音凶又許拱反（龍229/10）（慧97/290b）；匈經文從水作洶非也（玄13/177c、慧52/479b "匈匈" 註）（玄18/250c、慧73/936a "匈匈" 註）。//**洸**正音凶（龍229/10）。**洸**洶集作洸非也（慧99/311b "洶涌" 註）。

匈：**匈**（玄12/167a）（玄13/177c）（慧52/479b）（慧73/936a）（慧65/767a）（慧74/943b）（慧76/1009a）（慧86/105a）；胷或作匈亦通（慧1/410a "胷臆" 註）（希2/364b "胷臆" 註）（希4/375c "胷臆" 註）（希4/376c "槌胷" 註）（希5/389c "胷臆" 註）（希10/418a "胷臆" 註）。**匈**音

凶匈奴也（龍140/07）（玄18/250c）（慧38/151a）。**訇**音凶（龍140/07）。//胸：**胷**胹恭反字書胷即膺也或作匈亦通古字也（慧29/1029a）（慧62/707a）。**胷**胹邕反（慧63/726a）；匈或作**胷**（慧76/1009a"胕匈"註）。**胷**正許容反（龍405/03）。**智**胷正凶音（紹149b3）。**胷**俗（龍405/03）。**胷**胹恭反（慧41/221a）（希4/375c）（希4/376c）。**胷**今（龍405/03）（慧17/737b）（慧1/410a）（慧37/135a）（慧50/425a）（慧90/175a）（慧93/213a）（希2/364b）（希5/389c）（希10/418a）；匈經從肉作胷亦共用也（慧38/151a"胭匈"註）（慧63/726a"椎胷"註）。**剈**俗音胷（龍097/07）。**胸**今（龍405/03）；匈經文從肉作胸非也（慧65/767a"擗匈"註）（慧74/943b"胭匈"註）。**胸**凶音（紹136a2）。

訩：**訩**俗許容許拱二反（龍270/01）。

訩：**訩**正（龍040/04）。//說**詾**今許容反訟也（龍040/04）。

詾：**詾**眾語（龍040/04）。

衺：**衺**俗音凶孝長也（龍102/07）。

芎：**芎**去弓反（龍258/04）（慧29/1023b）。

銎：**銎**正音凶銎懼戰慄也又斤斧柄孔也又音恐（龍008/02）。**銎**或作（龍008/02）。//**鋼**或作（龍008/02）。

xióng 雄：**雄**兮弓反雄雌也又羽弓反（龍149/01）。**雄**同上（龍149/01）。

狁：**狁**音雄獸名（龍320/08）。

熊：**熊**音雄（龍238/05）（玄24/323a）（慧70/867b）（慧11/603b）（慧25/920a）（慧26/937a）（慧31/11a）（慧33/58b）（慧34/83b）（慧41/209a）（慧35/108a）（慧47/349b）（慧61/681a）（希11/355a）（紹190a8）；能集本作熊誤（慧95/255b"黃能"註）。**熊**胡弓反（玄2/27c）。//**㺢**音雄正作熊（龍318/05）。

襛：**襛**俗音熊強也（龍102/06）。

蛗：**蛗**音雄赤虫名（龍524/02）。

xiòng 夐：**夐**火娉反（慧82/42a）（慧84/76b）（慧88/137a）（慧88/146b）（慧92/199b）（慧93/210b）（慧94/226b）（慧95/252a）（慧97/281a）（希10/421a）；夐或俗作叟集作夐非也（慧98/308b"縣夐"註）。**夐**夐正虛政切（紹197b1）。**夐**夐正虛政切（紹197b1）。**夐**璺正反

遠也（龍 553/07）。𪗪俗㰥正反正作㒫遠也（龍 352/07）。

詷：詷正火迥反明悟了知也又休正反（龍 046/02）。詷俗（龍 046/02）。

矘：矘香仲呼困二反（龍 157/09）。矘（龍 157/09）。宼（龍 158/01）。//矗：矗香仲而仲二反（龍 338/08）。//矗香仲反老弱也（龍 509/07）。矗香仲反老弱也（龍 509/07）。宼香仲反老弱也（龍 509/07）。

趥：趥香仲反曹趥（龍 325/05）。

xiu

xiū 修：修（慧 21/820a）（慧 21/824a）（慧 23/868b）（慧 25/908a）（慧 65/764b）（慧 91/186a）（慧 92/202b）。

脩：脩（慧 65/764b）（慧 15/699a）；修經本作脩字者謂乾晡之脩非此用（慧 21/820a "或修或短" 註）（慧 21/824a "修臂" 註）（慧 23/868b "修臂" 註）（慧 25/908a "熏修" 註）（慧 91/186a "修纘" 註）。脩（中 62/708c）。脩（玄 16/221c）。脩脩正（紹 169b8）。脩脩正由修二音（紹 172b9）。

嗺：嗺俗息由反（龍 269/06）。脩（慧 43/260a）（紹 183b4）。嗺（玄 20/265a）。

餐：餐正音修（龍 500/01）（玄 16/219c）（慧 65/779a）（紹 172a3）。餿或作（龍 500/01）。餐俗（龍 500/01）。餐俗（龍 500/01）。餐俗（龍 499/09）。餐俗（龍 499/09）。

休：休許由反（玄 22/289c）（慧 48/373a）（慧 22/845b）（希 4/380c）。伏（高 59/654c）。庥正休音又虛交必幽二切（紹 129a7）。佅許尤反祥也吉也美善慶息也（龍 028/08）（紹 129a7）。

庥：庥音休（龍 298/07）。庥今音休庇庥樹陰也（龍 298/07）。

瘶：瘶正音休瘶息下病也（龍 472/03）。瘶俗（龍 472/03）。

鬂：鬂正音次以漆塗器也（龍 090/04）。鬂或作（龍 090/04）。鬂今（龍 090/04）。髤：髤音休龍車飾也（龍 546/05）（龍 88/09）。//鬂：鬂音休朱染或作髤赤黑染也（龍 88/09）。

貅：貅音休貔貅豹屬（龍 321/06）。貅休音（紹 173b6）。

鵂： 鵂音休 (龍285/09)（玄1/13b）（玄1/15a）（慧42/234b）（慧42/237a）（玄9/124c）（慧46/32
9a）（玄10/131c）（慧49/406a）（玄11/146b）（慧52/461a）（玄13/178c）（慧57/593b）（玄17/23
4b）（慧74/947b）（玄19/258b）（慧56/566a）（玄20/271c）（玄23/316c）（慧49/398b）（玄24/32
0a）（慧70/862b）（慧29/1016a）（慧31/7a）（慧33/65b）（慧36/120a）（慧51/432a）（慧53/491b）
（慧54/520a）（慧54/522b）（慧60/675b）（慧66/787b）（慧68/835a）（慧72/899b）（慧79/1058a）
（希9/414c）（紹165a5）。

羞： 莕星遊反 (慧85/92a)。羞相由反 (龍544/03)（玄19/255b）（慧56/561a）（玄21/281b）（玄
22/302a）（慧48/391b）（慧13/654b）（慧62/702a）。 䍺修音 (紹203a6)。 羞俗音羞 (龍5
47/04)。 羞羞論文從䒑作〜非也不成字也 (慧85/92a "之羞" 註)。 看音羞 (龍368/
05)。//膵： 膵羞古文作膵同 (玄21/281b "芳羞" 註)（玄22/302a、慧48/391b "琋羞" 註）。

饈： 饈音修致滋味為饈 (龍499/06)。//腩： 腩俗音修 (龍409/05)。

輶： 輶音修輶輕載喪車也 (龍080/08)。

飍： 飍香幽火紅二反驚風也 (龍126/09)。

xiǔ 朽： 朽休九反 (龍380/02)（慧2/429b）（慧6/503a）（慧29/1020b）（慧56/574b）（慧63/728a）（慧
69/848b）。//歺： 歺音朽 (龍514/06)。 歺休久反 (慧81/9a)；説文從歹作歺與朽
同 (慧6/503a "衰朽" 註)（慧69/848b "朽敗" 註)。 殉隨函云誤合作歺又俗鈎苟二音 (龍
514/09)。 殉隨函云誤合作歺又俗鈎苟二音 (龍514/09)。

疛： 疛音朽病也 (龍473/08)。

xiù 秀： 秀私究反 (慧21/822a)。

琇： 琇音秀玉名 (龍438/02)。

蜈： 蜈蚳經文作蜈非也 (慧28/996b "蚳蛆" 註)。 蜈蚳經文作蜈非也 (玄7/93b "蚳蛆"
註)。

䗃： 䗃休右反 (慧5/493b)（慧11/615b）（慧15/687a）（慧19/789b）（慧32/37a）（慧73/938b）（慧
81/16a）。 䗃香救反 (慧19/789a)（慧29/1020a）。 䗃虛救反 (慧12/630b)（紹148a9）。 䗃
䗃正許救切 (紹148a9)。 䗃許救反 (慧1/416a)（慧3/453b）（慧4/475b）（慧6/496b）（慧
13/656a）（慧14/680b）（慧25/922a）（慧30/1048b）（慧43/265a）（慧45/310b）（慧51/433b）（慧

51/438a）（慧 55/541b）（慧 62/697b）（慧 66/793b）（慧 67/802b）（慧 67/808b）（慧 69/837b）（慧 7

2/899a）（慧 76/999b）（慧 76/1004b）（慧 79/1059a）（慧 100/345b）。齅正許救反（龍 363/05）

（慧 54/523b）。齅齅正許救切（紹 148a9）。齅俗（龍 363/05）。//嗅俗許救反正作

齅字（龍 273/05）；齅經從口作嗅俗字也（慧 11/615b "齅地獄香" 註）（慧 12/630b "常齅"

註）（慧 15/687a "若齅" 註）（慧 19/789a "齅相" 註）（慧 19/789b "齅者" 註）（慧 25/922a "齅香"

註）（慧 30/1048b "齅香" 註）（慧 43/265a "深齅" 註）（慧 51/438a "共齅" 註）（慧 73/938b "不

齅" 註）（慧 79/1059 "齅跡" 註）。齅齅經文從口作嗅非也不成字（慧 14/680b "非齅" 註）。

齅俗許救反正作齅字（龍 273/05）；臭古文作殠俗作齅經文從口作～無此字（希 7

/400b "臭穢" 註）。齅許又切（紹 182a4）。//嚊俗許救反正作齅字（龍 273/05）。

岫：岫音袖（慧 83/56a）（希 2/366c）（紹 162a1）。

褎：褎袖古今作～從采從衣亦作褎（慧 41/206a "領袖" 註）（慧 82/35a "各袖利刃" 註）。//

袖：袖因就反衣袂也（龍 106/04）（慧 41/206a）（慧 37/142b）（慧 82/35a）（紹 168a9）。袖

又俗音袖（龍 113/03）。

繡：繡息救反（龍 402/06）（慧 66/796b）（慧 85/94b）。//綉：綉音秀（龍 402/09）。

XU

xū 吁：吁或作～歎也（龍 269/05）（紹 183b9）。吁正（龍 269/05）（玄 3/42b）（慧 09/574a）（希 3/

373c）（希 9/415a）（紹 183b9）；呼經文從于作吁書寫人誤也（慧 76/994a "呼欤" 註）。

旴：旴況于反日始出也（龍 426/02）。旴旴傳文從日作～書誤也（慧 92/196b "旴衡" 註）。

忬：忬今況於反憂皃也（龍 056/03）。//恗：恗或作（龍 056/03）。

疜：疜況于反病也（龍 470/04）。

盱：盱許于反睢盱也又仰目也（龍 417/07）（慧 83/50b）（慧 87/120a）（慧 92/196b）（紹 142b4）。

盱晶俱反（慧 16/713b）（慧 95/254b）。

訏：訏況於反大也（龍 040/03）（紹 185b9）。

虖：虖況于反（龍 200/06）。虖況于反虎吼也（龍 200/03）。

傞：傞俗音須又思主反（龍 026/07）。

頋：頋 俗音須 （龍 268/10）。頌 俗 （龍 268/10）。

項：項 許玉反 （龍 438/08）（玄 20/265c）（紹 141a3）。

娵：娵 相俞反女字 （龍 281/02）。

纈：纈 正息庚相拱二反絆前兩足也 （龍 484/07）。纈 省 （龍 484/07）。

鬚：婆 正音須待也 （龍 518/08）。頍 音須 （龍 482/09）（慧 3/455b）（慧 14/677a）。頍 經從水
俗用非本字也 （慧 3/455b "頍乘" 註）（慧 14/677a "頍乘" 註）（慧 49/404b "須慣" 註）。//
蠕：蠕或作 （龍 518/08）。螄俗 （龍 518/08）。

須：須 思于反 （玄 12/157a）（慧 52/478b）（慧 58/622a）（慧 3/454b）（慧 34/77a）（慧 34/88a）（慧
49/404b）（慧 69/845a）（慧 88/134a）（慧 91/191a）；鬚本作須 （慧 5/482b "鬚髮" 註）（慧 8/5
37b "鬚髮" 註）（慧 11/606a "其鬚" 註）（慧 14/675b "鬚髮" 註）（慧 15/697b "鬚髮" 註）（慧 16/7
09a "其鬚" 註）（慧 64/751a "鬚髮" 註）。湏 息于反 （玄 15/204a）（慧 33/66a）；須今俗從
水作湏非也 （慧 5/482b "鬚髮" 註）（慧 14/675b "鬚髮" 註）（慧 15/688b "鬚髮" 註）（慧 49/4
04b "須慣" 註）（慧 69/845a "須鎌" 註）。須 須正 （紹 173a1）。//鬚：鬚 正相俞反相俞
反髭鬚也 （龍 086/03）（慧 11/606a）（慧 14/675b）（慧 15/688b）（慧 15/697b）（慧 16/709a）（慧
36/121a）（慧 39/175a）（慧 64/751a）（慧 82/39b）（慧 100/333a）（希 3/369b）；鬚經從頁作頯
誤也 （慧 75/963b "猲鬚髮" 註）；須今俗亦從髟作頯 （慧 88/134a "須髮" 註）。鬂 須音 （紹
144b7）。鬂 須音 （紹 144b7）。鬚 今 （龍 086/03）。鬚 相逾反 （慧 5/482b）（慧 8/537b）（慧
27/989b）；湏經文從髟作鬚非也 （慧 33/66a "為湏" 註）（慧 34/88a "須蘩" 註）。頯 俗 （龍
086/03）。頯 俗相俞反正作鬚 （龍 482/09）。頯 俗相俞反 （龍 483/04）。//髭 音須[1] （龍
135/03）。鬚 音須 （龍 135/03）。

胥：胥 今相居反 （龍 409/03）（慧 88/135a）（希 10/419b）（希 10/419b）（紹 136a10）；諝論文作
此胥胥吏也形也非此義也 （慧 84/72b "諝徒" 註）。胥 今 （龍 409/03）（紹 136a10）（紹 18
2b7）。骨 俗相居反 （龍 409/03）；胥傳文作胥脂俗字非體也 （希 10/419b "胥悅" 註）。

篟：篟 相居反竹名也 （龍 388/06）。

惛：惛 正私呂反與諝同才智之稱也 （龍 058/02）。惛 息與反 （玄 12/164b）。惛俗 （龍 05

8/02）。 **帽** 相居反（龍 138/07）。

揞： **揞** 又相居反取水具也（龍 216/03）。

楈： **楈** 相居反（龍 377/01）（慧 55/544a）。

蝑： **蝑** 相居反蚴蝑也（龍 221/09）（慧 56/575b "蚕蝗" 註）（慧 24/896b "蚕蟲" 註）。 **蛪**（玄 13/179a "蚕蝗" 註）（玄 25/339c、慧 71/895b "火蠅" 註）。

諝： **諝** 正相居私呂二反有才智之稱也（龍 040/02）（慧 84/72b）（慧 84/78a）（慧 88/136a）（希 10/420a）。 **謂** 或作（龍 040/02）。 **諝** 俗（龍 040/02）。

鰞： **鰞** 相余反魚名（龍 167/07）。

鋎： **鋎** 須經文作鋎非此義（慧 52/478b "兩須" 註）。 **鋎**[1]相居反（龍 014/06）；須經文作鋎非此義（玄 12/157a "兩須" 註）。

需： **需** 正相俞反卦名（龍 189/06）。 **需** 俗（龍 189/06）。

鑐： **鑐** 音須鎖中鑐也（龍 013/02）。

虛： **虛** 許魚反（慧 33/67b）（慧 6/496a）（慧 91/191a）；廙集從丘作虛古文字（慧 97/277b "鍾虛" 註）。 **虛** 許居反（慧 2/431a）。 **虛**（中 62/718c）。 **虛** 虛字經文有作～非也（慧 10/596a）（慧 97/274a "之墟" 註）。 **虛** 古文香居反（龍 197/07）。 **虛** 音虛（龍 545/02）。虛經從雨作～不成字（慧 6/496a "虛偽" 註）。 **虛** 音虛（龍 539/05）。

嘘： **嘘** 正音虛吹～也（龍 266/08）（慧 44/285b）（慧 54/516b）（慧 76/996b）（慧 86/108a）（慧 91/188a）（紹 183b4）；歔欷或從口作嘘唏（慧 78/1035a "歔欷" 註）；吁律文作嘘音朽居反吹嘘也非吁嗟字（希 9/415a "吁嗟" 註）。 **嘘** 俗（龍 266/08）（慧 22/847a）。 **嘘** 希居反（慧 77/1014a）。//嗽： **嗽** 音虛～螫也[2]（龍 266/05）。 **嗽** 音虛～螫也（龍 266/05）。

墟： **墟** 去居反（龍 246/03）（玄 7/95b）（慧 28/999a）（慧 13/655a）（慧 57/584b）（慧 85/97b）（慧 97/274a）（紹 161a2）；虛或作墟（慧 91/191a "崑崙虛" 註）。 **墟** 去餘反（慧 32/41a）（玄 17/228c）（慧 67/817a）。 **墟** 去魚反（慧 53/488a）。//陸： **陸** 虛音（紹 169b7）；經從阜作陸隊非正也今之時行也（慧 57/584b "墟聚" 註）。

---

① 《龍龕手鏡研究》 "鋎" 大概為 "須（鑐）" 的假借字（144）。
② 參見 《龍龕手鏡研究》（240）。

碿： **碿**俗音虛（龍 440/07）。

歔： **歔**正音虛（龍 353/06）（慧 30/1047b）（玄 10/138b）（慧 50/428a）（慧 65/763b）（玄 22/302c）（慧 48/393a）（慧 15/706b）（慧 79/1057a）（慧 81/3b）（慧 82/37b）（慧 90/177b）（慧 91/182b）（慧 93/212b）（慧 95/244a）（慧 100/349b）（希 9/412a）。**歔**許居反（慧 24/898a）（慧 77/1012b）（慧 78/1035a）（紹 198b10）。**歔**俗（龍 353/06）（玄 5/75b）（玄 16/221a）。

驢： **驢**音虛駈驢（龍 293/03）（玄 12/156a）（慧 52/476b）（玄 13/178c）（慧 54/509b）（玄 14/195b）（慧 59/648a）（慧 74/951b）（慧 85/93b）。**驢**許居反（慧 78/1050a）（紹 166a5）。**驢**虛音（玄 17/236c）。//猇： **猇**俗音虛（龍 319/02）。

魖： **魖**正音虛（龍 323/02）（慧 75/966a）。**魖**俗（龍 323/02）。

欻： **欻**正許勿反（龍 243/10）（玄 6/81b）（玄 22/289c）（慧 48/373b）（玄 23/308c）（慧 47/359a）（玄 24/322c）（慧 70/866b）（慧 1/411b）（慧 3/451b）（慧 4/466a）（慧 4/474a）（慧 5/487b）（慧 7/526a）（慧 7/532a）（慧 8/554a）（慧 12/628b）（慧 18/751a）（慧 27/970b）（慧 28/1001a）（慧 29/1029b）（慧 39/177a）（慧 50/419b）（慧 68/823b）（慧 72/903a）（慧 76/996a）（慧 76/1003b）（慧 77/1028a）（慧 78/1035b）（慧 80/1081a）（慧 86/116a）（慧 89/151a）（慧 95/250a）（慧 99/325b）（希 2/362c）（希 4/376b）（紹 189b6）（紹 198b9）。**欻**許勿反今作欻（龍 245/06）。//**炴**俗（龍 243/10）。

欿： **欿**況于反（龍 353/08）（慧 86/112b）。

耆： **耆**呼覓反（龍 445/03）；驍義亦與耆字同音呼覓反（玄 4/54c、慧 34/90b"驍然"註）。

xú 徐： **徐**似魚反與徐同緩也（龍 027/01）。

xǔ 栩： **栩**況雨反柞木（龍 382/01）。

詡： **詡**況兩反普也遍也和也大也（龍 046/05）（慧 91/193a）（慧 92/202b）（紹 185b5）。

稰： **稰**音蘇（龍 143/07）。

盨： **盨**相主反盨負物載物几也又音所載醋也（龍 328/08）。

褙： **褙**音所祭神米也（龍 112/04）。**褙**音所（龍 112/04）。

糈： **糈**正私以反説文云粱米也玉篇又祠神米也又音所（龍 304/10）。**糈**正（龍 304/10）。**糈**俗（龍 304/10）。**糈**俗（龍 304/10）。

醑：醑今私吕反美酒也（龍 310/04）（慧 97/291b）。醑正私吕反美酒也（龍 310/04）。醑俗（龍 310/04）。

咻：咻況雨反（龍 271/07）（玄 20/263c）。咻許流許主二反（玄 5/65a、慧 42/248b）（慧 43/258a）（紹 184a6）。

鄦：鄦正音許地名又音無（龍 456/03）。鄦今（龍 456/03）。

xù 侐：侐許逼反清淨也（龍 037/08）。

洫：洫正許逼反（龍 236/04）（玄 13/178c）（慧 75/966b）（慧 86/115a）（紹 187b4）。洫虛逼反（慧 54/509b）。洫俗（龍 236/04）。

恤：恤正須律反憂也憐恤也（龍 062/02）（玄 5/65b）（玄 9/129b）（慧 46/337b）（玄 11/151a）（玄 15/200b）（慧 58/615a）（玄 18/251a）（慧 73/937a）（玄 22/296a）（慧 48/382a）（慧 6/501b）（慧 18/757b）（慧 41/214b）（慧 42/248b）（希 1/356a）（紹 130a2）；訹經文作恤非今用（玄 3/40c、慧 09/563b "勸訹" 註）（玄 4/61b、慧 44/282b "勸訹" 註）（玄 5/64a、慧 38/153b "勸訹" 註）（玄 7/100a "誘訹" 註）（玄 12/164a、慧 55/543a "誘訹" 註）（玄 16/216b、慧 65/776b "誘訹" 註）（慧 19/788a "誘訹" 註）。恤須律反（慧 52/470b）。恤誤（龍 062/02）。//賉：賉今辛律反賑也（龍 353/04）；恤經中有作賉未詳所出（玄 11/151a、慧 52/470b "恤民" 註）。賉正（龍 353/04）。賉俗（龍 353/04）。//謐：謐卒聿反正作恤（龍 051/07）。

卹：卹新律反（希 2/365b）（紹 169a5）；訹經文作恤又作卹同（玄 3/40c、慧 09/563b "勸訹" 註）；恤又作卹同（玄 5/65b "撫恤" 註）（玄 11/151a、慧 52/470b "恤民" 註）（玄 15/200b、慧 58/615a "經恤" 註）（玄 18/251a、慧 73/937a "不恤" 註）（玄 22/296a、慧 48/382a "振恤" 註）（慧 42/248b "撫恤" 註）。卹（慧 23/862a）；恤又作卹同（玄 9/129b "給恤" 註）。卹恤又作卹同（慧 46/337b "給恤" 註）（慧 6/501b "濟恤" 註）（慧 41/214b "賑恤" 註）。

邺：邺正息聿反賑卹（龍 457/01）。邺俗（龍 457/01）。邺俗（龍 457/01）。

殈：殈呼覓反鳥卵破也（龍 516/04）。

闶：闶正許逼反靜也（龍 095/01）。闶俗（龍 095/01）。

序：序除舉反（玄 9/129c）（慧 46/338a）（玄 24/329a）（慧 70/876b）（希 10/419b）。//邜：邜序古文邜同（玄 9/129c、慧 46/338a "庠序" 註）（玄 24/329a、慧 70/876b "有序" 註）。

汢：汢徐呂反溝水亦除水（龍232/02）。

孖：孖敍順二音（龍336/06）。

屖：屖徐呂反履屬（龍163/08）。

忲：忲正許聿反怒也（龍063/09）（慧95/251b）。忲俗（龍063/09）。

翃：翃許逼反羽聲也（龍327/10）。

颰：颰許聿反小風也（龍128/06）。

緶：緶許逼反赭色也（龍524/06）。

敍：敍音序（龍530/02）。敍音序（龍120/05）。叙辝与反（玄18/250c）（慧73/936a）（紹176a8）。

潊：潊徐與反（慧99/328b）。潊徐呂反水浦也（龍232/02）。

畜：畜丑六反（慧27/976a）（慧62/708b）（慧64/754b）；稸經有單作畜者許六反於義亦通也（慧14/667b "稸用" 註）。

鄐：鄐許六反晉邑名（龍457/06）。

慉：慉丑六反驕也又許六反起也亦恨也（龍063/03）（玄7/96c）（慧28/1011b）；稸經文從心作慉非經意（玄8/113b "稸氣" 註）（慧16/713a "稸氣" 註）。慉俗音畜正作慉（龍385/07）。

蓄：蓄耻六反（玄10/135a）（玄17/232c）（慧70/858a）（玄22/298b）（慧48/386a）（慧50/416b）（慧66/797b）（慧83/61b）（紹156b3）；稸字書作蓄同（玄4/49c、慧34/094a "稸積" 註）（玄8/113b "稸氣" 註）（玄16/220b、慧65/780b "稸積" 註）（玄21/281b "資稸" 註）（慧13/654b "資稸" 註）；滀諸書作蓄稸二形同（玄16/221c、慧65/764b "滀在" 註）。//稸：稸丑六反積也聚也又許竹反水菜也與蓄同（龍146/07）（玄4/49c）（慧34/094a）（玄8/113b）（玄16/220b）（慧65/780b）（玄21/281b）（慧13/654b）（慧14/667b）（慧16/713a）（慧82/33b）（紹195b8）；蓄又作稸同（玄10/135a "蓄聚" 註）（玄17/232c、慧70/858a "儲蓄" 註）（玄22/298b、慧48/386a "蓄積" 註）（慧50/416b "蓄聚" 註）；滀諸書作蓄稸二形同（玄16/221c、慧65/764b "滀在" 註）（慧66/797b "韞蓄" 註）。稸丑救反①（龍113/01）。

---

①參見《字典考正》253頁。

嬭：嬭正許六反媚也好也（龍284/06）。妶俗（龍284/06）。

嫶：嫶許六反絳也又火或反赤也（龍524/06）。

瘶：瘶或作呼麥許逼二反頭痛也（龍555/08）。瘶呼麥許逼二反頭瘡也（龍478/03）。

勖：勖俗許玉反正作最（龍518/03）。勗俗許玉反勉也（龍429/08）（玄4/54c）（玄5/73c）（玄8/109a）（慧28/1006a）（玄13/168b）（玄15/213a）（慧58/627a）（玄20/270c）（慧74/939b）（玄24/319b）。勗虛玉反（慧34/90b）（慧52/480a）（慧48/388a）（慧70/862a）（慧86/113b）。勗正許玉反勉也（龍429/08）（紹171b1）。勗通許玉反勉也（龍361/02）。勗俗（龍361/02）（玄22/300a）。勗許玉切（紹197b6）。勖俗許玉反正作最（龍518/03）。

瞁：瞁呼覓反驚視也（龍424/05）。熓俗火覓反正作瞁（龍245/02）。熙俗火覓反正作瞁（龍245/03）。熙俗火覓反正作瞁（龍245/02）。臾況伇反（慧57/594b）。臾況伇反（玄13/173b）。

眢：眢呼覓反眼也又音伇（龍424/05）。

酗：酗許具反（玄13/178b）（慧52/480b）。酗今香句反醉怒也（龍310/09）。醶或作香句反（龍310/09）。//酗：酌或作香句反（龍310/09）；酗又作酌同（玄13/178b、慧52/480b“酗醬”註）。

涃：涃相居反（龍227/05）（慧22/846a）。涃息旅反（慧82/39b）（慧88/140b）（慧88/148a）（慧89/163b）（慧94/232a）（慧98/298b）。涃相居反（龍227/05）。涃相居反（龍227/05）。涃涃正新於思呂二切（紹188b5）。壻涃集作涃俗字（慧98/298b“淪涃”註）。

壻：壻棲計反（慧55/528b）（希9/411b）。//婿：壻壻或從女作婿（慧55/528b“夫壻”註）。//聟：聟今音細與壻同（龍314/09）（紹199b5）；壻又作聟聟二形皆俗字（希9/411b“餘壻”註）。聟細音（紹199b5）。聟今音細與壻同（龍314/09）；壻又作聟聟二形皆俗字（希9/411b“餘壻”註）。聟細音（紹199b5）。聟細音（紹199b5）。聟或作（龍314/09）。聟或作（龍314/09）。

陶：陶況雨反鄉名（龍296/08）。

姁：姁香句反姁嫗（龍283/06）。

昫：昫正香句反日光也（龍428/08）（紹171a1）；煦說文作昫日出溫也從日句聲（慧96/

265a "嫗煦" 註）。**昫** 俗（龍 428/08）。

煦： **煦** 況雨況句二反吹嘘也（龍 241/06）（玄 20/267a）（慧 33/55b）。

煦： **煦** 況雨香句二反（龍 242/03）（慧 38/150b）（慧 87/125b）（慧 96/265a）（紹 190b2）。

煦： **煦** 況于反煦腰笑兒（龍 419/03）。

鷸： **鷸** 辛律反不能行也（龍 523/03）。 **鷸** 正辛律反不能行也（龍 316/10）。 **鷸** 或作（龍 316/10）。

鷸： **鷸** 辛聿反小鳥名也（龍 290/03）。

旭： **旭** 許玉反（龍 333/02）（慧 18/748a）（慧 33/52a）（慧 41/205b）（慧 61/688a）（慧 88/140a）（慧 91/194a）（慧 97/288a）（希 1/354a）（希 9/413c）（紹 171a5）。 **旮** 旮俗同上 [旭] 又求九反（龍 333/02）。 **朒** 旭正許玉切（紹 136b3）。

瓹： **瓹** 音叙（龍 316/05）。

菫： **菫** 許六反羊蹄菜名（龍 264/09）。

緒： **緒** 徐與反（龍 399/05）（玄 3/37b）（慧 09/557b）（玄 17/230c）（慧 79/931b）（玄 19/263a）（慧 56/573b）（慧 29/1029a）（慧 51/439a）（希 6/395c）（紹 190b8）。

蚷： **蚷** 香句反（龍 224/01）（玄 18/241b）（慧 73/929b）。

絮： **絮** 息去反又抽據反又尼恕反（龍 401/07）（慧 68/819b）（慧 75/981b）（紹 191b2）； 絮經文有作絮思預反書寫人誤也（慧 5/485b "達絮" 註）。

炓： **炓** 許勿反火煨起兒（龍 243/09）。

詽： **詽** 辛聿反諝詽也誘也（龍 050/06）（玄 3/40c）（慧 09/563b）（玄 4/61b）（慧 44/282b）（玄 5/64a）（慧 38/153b）（玄 7/100a）（玄 12/164a）（慧 55/543a）（玄 16/216b）（慧 65/776b）（慧 19/788a）（慧 94/229a）。

䶊： **䶊** 許六反川韻云頤鼻也（龍 363/08）。

髗： **髗** 音鹿（慧 35/109a）。 **髗** 或作許玉反正作顱（龍 481/07）。 **髗** 俗（龍 481/07）。

鱮： **鱮** 正徐呂反魚名（龍 169/04）。// 鱮： **鱮** 或作（龍 169/04）。

xuɑn

xuān 宣：宣雪緣反（玄 1/5c）（慧 20/807b）（慧 21/817a）（慧 21/817b）。

喧：喧許元切（紹 182b8）。

愃：愃音宣吳人語快也（龍 55/04）；宣古文愃同（玄 1/5c、慧 20/807b "宣叙" 註）。

揎：揎音宣（龍 209/02）（玄 20/274c）。捤音宣（龍 209/02）；揎古文作～同（玄 20/274 c "揎調" 註）。

顓：顓徒亂反面圓也（龍 486/02）。

吅：吅古許袁反喧嘩又私全反（龍 265/09）；讙古文作吅（玄 12/164b、慧 55/544a "讙呼" 註）；諠古文作吅（玄 22/297b、慧 48/384a "諠譟" 註）（慧 13/645b "諠譁" 註）（慧 15/682 a "諠雜" 註）（慧 15/688b "諠猥" 註）（慧 81/21b "讙譁" 註）。//喧：喧今許袁反又私 全反（龍 265/09）；諠有從口作喧俗用非正（慧 1/411b "捨諠" 註）（慧 5/482b "諠雜" 註）（慧 13/645b "諠譁" 註）（慧 15/688b "諠猥" 註）（慧 17/733b "讙嚚" 註）（慧 92/205a "讙 丙" 註）（希 6/394b "諠丙" 註）。//暄：暄諠經作暄誤也（慧 31/24a "諠譁" 註）（慧 5 1/436b "諠靜" 註）（慧 80/1088a "諠譁" 註）。晅喧音（紹 171a9）。//諠：諠音喧譁 也（龍 041/06）（玄 4/52a）（慧 31/24a）（玄 10/134a）（玄 21/279a）（玄 22/297b）（慧 48/384a） （玄 22/299a）（慧 48/386b）（慧 1/411b）（慧 1/417b）（慧 3/451a）（慧 4/460a）（慧 5/482b）（慧 11/608b）（慧 13/645b）（慧 15/682a）（慧 15/688b）（慧 45/309a）（慧 51/436b）（慧 60/673b）（慧 69/840a）（慧 72/906a）（慧 75/982b）（慧 80/1088a）（慧 89/153a）（希 6/394b）（紹 185b3）；讙 又作諠同（玄 19/262a、慧 56/572a "讙譁" 註）（玄 12/164b、慧 55/544a "讙呼" 註）（慧 17 /733b "讙嚚" 註）（慧 81/14b "讙譁" 註）（慧 92/205a "讙丙" 註）。//讙：讙音喧嚚～ 也又音讙（龍 041/06）（玄 12/164b）（慧 55/544a）（玄 19/262a）（慧 56/572a）（玄 20/273b） （慧 75/980a）（慧 17/733b）（慧 81/14b）（慧 87/129b）（慧 92/205a）（慧 99/314a）（紹 186a4）； 諠又作讙同（玄 4/52a "諠譁" 註）（玄 21/279a "諠譁" 註）（玄 22/297b、慧 48/384a "諠譟" 註）（慧 1/411b "捨諠" 註）（慧 5/482b "諠雜" 註）（慧 11/608b "諠雜" 註）（慧 13/645b "諠譁" 註）（慧 15/682a "諠雜" 註）（慧 15/688b "諠猥" 註）（慧 80/1088a "寞噎" 註）（慧 89/153a "棄

諠”註）（希 6/394b“諠吶”註）；嚾或從言作讙（慧 57/583b“嚾罵”註）。

萱：萱音喧忘憂草也（龍 258/04）（紹 155b8）。

蝖：蝖音喧（龍 221/07）（慧 75/978b）。

翾：翾音喧飛來也（龍 327/03）。

䱴：䱴喧羲二音（龍 511/07）（紹 148b2）。

颴：颴正（龍 126/06）。颴俗宣選二音（龍 126/06）。

䮄：䮄音宣～領馬也（龍 291/01）。

弲：弲許緣反角弓皃也（龍 150/02）。

梋：梋火玄反椀屬也玉篇音古玄反椀謂之梋（龍 378/03）。

鋗：鋗呼玄切（紹 180b5）。鋗呼玄切（紹 180b5）。

駽：駽許縣反青驪馬也玉篇又古縣反亦鐵驄馬也（龍 293/07）。駽（龍 293/07）。

㘣：㘣音諠懽怒也又音喚亦恚也（龍 268/05）。

愋：愋況袁反恨也和也（龍 055/07）；古文愋讙二形今作諠同（玄 21/279a“諠譁”註）。

諼：諼詐忘也（龍 041/06）。

䚋：䚋正音宣揮角也（龍 511/03）。//觾：觾俗（龍 511/03）。

軒：軒許言反軒車也（龍 079/06）（玄 6/79b）（玄 7/92c）（慧 28/995b）（玄 12/161b）（慧 28/993a）（慧 15/688a）（慧 15/705a）（慧 22/839b）（慧 23/861a）（慧 24/897a）（慧 27/965b）（慧 31/13b）（慧 32/29a）（慧 77/1011b）（慧 77/1022b）（慧 88/143b）；幰蒼頡篇作軒（慧 2/434a“幰蓋”註）。軒舊藏作軒（龍 082/04）。

蓒：蓒音軒蓒芋草名（龍 255/01）。

儇：儇許緣反（玄 13/181c）（慧 54/519b）。儇許緣反（龍 024/09）。儇隳緣旬宣二切（紹 129a10）。

嬛：嬛許緣於緣二反（龍 279/09）。

懁：懁恚玄反（慧 93/219a）。懁火還反慢也又火玄反惠了也（龍 054/09）。

蠉：蠉許緣反（龍 219/04）（玄 8/116c）（慧 45/313b）；蜎或作蠉（玄 3/41c、慧 09/572b“蜎蜚”註）（玄 11/148b、慧 52/465b“蜎飛”註）（玄 16/221b、慧 65/764a“蜎飛”註）；翾今作

蠉同（玄 13/171b、慧 57/591a "翾飛" 註）（慧 64/748b "翾飛" 註）。𧍝（慧 16/712a）。

翾：翾 許緣反（龍 327/01）（玄 13/171b）（慧 57/591a）（慧 32/36b）（慧 64/748b）（慧 83/58b）

（慧 88/144b）（慧 96/265b）（紹 147a6）；蜎或作翾（玄 1/10a "蜎飛" 註）（玄 3/41c、慧 09/

572b "蜎蟲" 註）（玄 16/221b、慧 65/764a "蜎飛" 註）（慧 95/252b "蜎飛" 註）；蠉又作翾

同（玄 8/116c "蠉飛" 註）。翾蜎或作翾（玄 1/10a、慧 17/744a "蜎飛" 註）。

趰：趰 許緣反疾走皃也（龍 324/03）。

譞：譞許緣反智惠也（龍 042/08）。

瞁：瞁火玄反亦視皃（龍 419/07）。瞑視皃（龍 419/07）。

玄：卓音玄[1]（龍 184/04）。烏舊藏作玄（龍 240/08）。

玆：玆又音玄亦古文黑也（龍 544/07）。

駭：駭音玄馬一歲也（龍 292/05）。

鴝：鴝悦全反～鳥鶽名也又音玄（龍 286/10）。//鸒：鸒同上（龍 286/10）。

旋：旋似泉反（龍 124/05）（玄 5/66a）（慧 44/278b）（玄 11/145a）（慧 52/458b）（慧 23/864a）

（慧 27/987b）（慧 30/1040a）（慧 32/37a）（慧 32/42a）（慧 43/252b）（希 3/369a）（希 4/377c）；

鏇經文作旋非體也（玄 3/34a、慧 09/566b "鏇師" 註）。捼正似泉以戀二反揎也轉

也（龍 210/07）（紹 132b3）；經從手作捼誤也（慧 32/37a "得旋" 註）。捼俗（龍 210/0

7）。

嫙：嫙正似全反好皃也（龍 280/10）。嬛俗（龍 280/10）。//曒：曒似泉反同嫙好

皃（龍 426/01）。//瞑：瞑似泉反好皃也（龍 419/09）。

漩：漩正似泉似絹二反（龍 228/02）（玄 5/68b）（慧 80/1081a）（希 8/408c）（紹 188a9）；旋

又作漩（希 4/377c "旋澓" 註）。漩今（龍 228/02）（玄 18/239b）（慧 73/922b）。汳旋切

韻若如水回作汳（慧 27/987b）。

璿：璿旋緣反（慧 87/120b）（慧 87/125b）（慧 98/295a）。璿似緣反（慧 96/271a）。璿似

泉反玉名也（龍 434/04）（紹 141a6）；旋字宜作璿（玄 11/145a、慧 52/458b "旋珠" 註）；

璇亦從睿作璿非也（慧 86/111b "璇璣" 註）。璿似泉反玉名也（龍 434/04）。璿璿

籀文作𪏾（慧87/120b"璿毫"註）。𤩐璿古文作璿（慧87/120b"璿毫"註）。//璇（琁）：

琁正似泉反美石次玉也（龍434/04）（紹140b6）；旋經本作琁（慧43/252b"旋環"註）

（慧86/111b"璇璣"註）。𤦡璿集作～俗字也（慧96/271a"璿璣"註）（慧98/295a"璿璣"

註）。琁或作（龍434/04）。璇或作（龍434/04）（慧86/111b）。瑞俗（龍434/04）。珌

俗（龍434/04）。珄俗全旋二音（龍435/06）。琁俗（龍435/06）。

檈：㩪檈傳文作檈誤也（慧81/17b"檈體"註）。

圓：圓火玄似泉二反規也（龍174/08）。

叵：叵似泉反（龍192/06）。

懸：懸穴涓反（慧32/29b）（玄9/124c）（慧46/328b）（慧90/173a）。

xuǎn 選：選思兗思管思絹三反（龍491/04）（慧46/320b）（初編玄568）（慧31/18a）。

巽：巽思兗所晏二反巽罟取魚網也（龍329/10）。//躠：躠正息絹反足也踏也又冈

也（龍464/01）。躃古（龍464/01）。

烜：烜況晚反又舊藏作煖（龍242/04）；爟亦作烜（慧85/98a"燧爟"註）。

xuàn 泫：泫懸犬反（龍231/05）（慧1/405b）（慧37/145a）（慧47/342b）（慧78/1036a）（慧99/312b）

（希6/393a）（紹187a3）。

怰：怰正玉篇音縣（龍061/01）。愢俗（龍061/01）。

呟：呟俗胡犬胡絹二反（龍271/09）（紹184a9）。

炫：炫胡絹反（龍242/09）（玄3/45a）（慧10/584b）（慧14/680b）（慧17/735a）（慧30/1039a）

（慧39/179b）（慧82/28b）（慧90/177b）（慧95/249b）（紹190a3）；眩或作炫（慧16/714b"所

眩"註）。

袨：袨音縣（龍106/02）（慧82/38b）（希3/370a）。袨玄絹反（慧17/733a）（慧22/841a）（慧

24/897b）。

眩：眩玄絹反眩惑也視不明也（龍421/5）（玄1/19a）（玄1/5a）（玄4/57b）（玄11/148b）（玄

12/157c）（玄13/170c）（玄20/266a）（玄22/292c）（玄23/306c）（玄23/313c）（玄25/331c）（慧

2/434b）（慧5/485b）（慧16/714b）（慧20/806a）（慧24/888a）（慧25/914a）（慧32/35a）（慧3

9/179a）（慧40/191a）（慧43/272a）（慧43/262b）（慧44/289b）（慧45/318a）（慧47/354a）（慧

48/377b)（慧 50/418b）（慧 50/422a）（慧 51/434a）（慧 51/437a）（慧 52/465a）（慧 53/499a）（慧

54/523b）（慧 67/807a）（慧 69/846b）（慧 71/881a）（慧 74/943b）（慧 74/954b）（慧 75/977a）（慧

77/1018b）（慧 78/1049b）（慧 81/5a）（慧 84/73b）（慧 94/232b）（慧 95/248b）（希 3/373c）（紹

142a7）。//眩：**眩**俗音縣（龍 428/01）。

鉉：**鉉** 胡犬反鼎耳（龍 016/01）（玄 8/113a）（慧 16/712b）（慧 83/56a）（慧 91/186a）；懸論

文多作鉉（玄 9/124c、慧 46/328b "懸繩" 註）；眩經文從玄作鉉非也（慧 16/714b "所

眩" 註）。

頍：**頍**音縣頤下也（486/02）。

衒：**衒**音縣自媒也行賣也又自矜也（龍 498/05）（慧 41/222b）（慧 45/299b）（慧 60/657b）；

衒古文衕同（玄 2/22a "衒賣" 註）（玄 3/43b "自衒" 註）（玄 6/88b "衒賣" 註）（玄 22/298

b、慧 48/385b "衒賣" 註）（玄 25/338b、慧 71/892b "誇衒" 註）（慧 8/555a "衒賣" 註）（慧 25

/921a "衒賣" 註）（慧 28/1002a "衒身" 註）（慧 36/117b "衒賣" 註）（慧 62/720b "衒色" 註）

（慧 93/215a "衒才" 註）（慧 94/242a "逞衒" 註）（希 10/420c "媒衒" 註）。//衒：**衒**音縣

（龍 498/05）（玄 2/22a）（玄 6/88b）（玄 22/298b）（慧 48/385b）（玄 25/338b）（慧 71/892b）（慧

8/555a）（慧 14/680a）（慧 15/685a）（慧 25/921a）（慧 27/986a）（慧 28/1002a）（慧 36/117b）（慧

62/720b）（慧 86/112b）（慧 93/215a）（慧 94/242a）（希 10/420c）（紹 172b6）；衕亦作衒（慧

41/222b "衕賣" 註）（慧 45/299b "衕賣" 註）。**衒**俗音懸（龍 36/09）。//眩：**眩**古文

音縣與衒同（龍 351/04）；衒古文眩同（玄 3/43b "自衒" 註）（慧 8/555a "衒賣" 註）（慧

45/299b "衕賣" 註）（慧 62/720b "衒色" 註）。**胘**①音縣自媒也行賣也（龍 412/09）；衒

古文胘同（慧 09/576a "自衒" 註）；痃又作胘同（希 5/385a "痃癖" 註）。**眩**衒古文

眩同（玄 1/22a "衒賣" 註）（玄 25/338b、慧 71/892b "誇衒" 註）（慧 25/921a "衒賣" 註）（慧

28/1002a "衒身" 註）。

陷：**陷**下犬反坑也（龍 297/04）。

珥：**珥**正胡犬反（龍 437/01）。**珥**今胡犬反玉兒也（龍 437/01）；鞙古文作珥同（玄 1

5/201a "革鞙" 註）（玄 15/202b、慧 58/619a "鞙紐" 註）。**瑻**鞙古文作珥同（慧 58/616b

---

① 《龍龕手鏡研究》：疑即 "衒" 字（316）。

"革鞙"註）。

鞙：**鞙** 胡大反 （龍 449/06）（玄 15/201a）（玄 15/202b）（慧 58/619a）；鞍又作鞙同 （玄 10/1

33a、慧 49/407b "愧鞍" 註）（玄 16/222a、慧 65/765a "履鞍" 註）（玄 19/259c、慧 56/568a "鞅

鞙" 註）。**鞙** 胡犬反 （慧 58/616b）；冐譜作鞙非也 （慧 77/1014b "冐索" 註）。//鞍：

鞍 胡大反 （龍 449/06）；鞙經文作鞍 （玄 19/259c、慧 56/568a "鞅鞙" 註）。//鞙：**鞙**

胡犬反 （龍 449/06）（玄 19/259c）（慧 56/568a）；鞍又作鞙同 （玄 10/133a、慧 49/407b "愧

鞍" 註）；鞙又作鞙 （玄 15/201a、慧 58/616b "革鞙" 註）（玄 15/202b、慧 58/619a "鞙紐"

註）。

旬：**旬** 許縣反 （龍 421/04）（慧 11/616a）；眴本作旬[旬] （慧 4/476a "不眴" 註）（慧 78/103

7b "曾眴" 註）；旬字本從目音縣誤書從日為旬 （慧 10/597b "波旬" 註）；眴或作旬

（慧 12/622a "曾眴" 註）。**旬** 音縣 （慧 10/597b）；瞚古文旬[旬]同 （玄 12/160a、慧 75/

982b "瞚動" 註）（玄 18/251b、慧 73/937a "瞚動" 註）；眴經作旬誤也 （慧 4/476a "不眴"

註）（慧 11/616a "不旬" 註）；後人誤書旬為旬字 （慧 12/630a "波卑掾" 註）。//眴 許

縣反 （龍 421/04）（慧 15/687a）；旬或作眴 （慧 11/616a "不旬" 註）；經文從旬非也 （慧

14/673b "不眴" 註）（慧 78/1037b "曾眴" 註）；瞚經從旬作眴本音詢非經義也 （慧 41/

219b "瞚動" 註）（希 7/401c "睫瞚" 註）。**眴** 許縣反 （龍 421/04）（慧 12/622a）（慧 14/673

b）（慧 19/776a）（慧 76/996b）（慧 78/1037b）。**眴** 眴經文從日從旬作眴非也 （慧 12/62

2a "曾眴" 註）。

拘：**拘** 呼縣反 （龍 214/10）（慧 31/20b）。

姁：**姁** 音縣又音荀 （龍 283/4）；眩古文姁同 （玄 1/5a）（慧 20/806a）。

絢：**絢** 許縣反 （龍 402/03）（玄 22/301b）（慧 48/390b）（慧 21/829b）（慧 36/122a）（慧 88/146a）

（慧 93/214a）（慧 98/309b）（紹 191b7）。**絢** 絢説文或從旬作綒也 （慧 98/309b "芳絢" 註）。

趉：**趉** 許縣反走兒又居聿反亦走急也 （龍 325/07）。

謑：**謑** 血絹反 （慧 88/146a）。**謑** 古縣許縣二反流言有所求也 （龍 049/01）。**謑** 古縣許

縣二反流言有所求也 （龍 049/01）。

薩：**薩** 隨戀切 （紹 155a8）。

鏇：**鏇**辝絹反轉軸裁器也又似全反鏇圓轆轤也（龍016/09）（玄3/34a）（慧09/566b）（玄
9/128c）（慧46/336a）（玄14/197a）（慧59/651a）（玄15/205a）（慧58/603b）（慧39/170a）（慧
63/728b）（紹181a2）。**旋**鏇正旬宣隨戀二切（紹173a3）。

楥：**援**正許願反靴履模～也（龍382/04）（慧14/662b）（慧97/282b）（紹158b5）。//楦：**楦**
通（龍382/04）（紹158a4）。

贙：**贙**玄犬反（慧87/124b）；泫集從貝作贙字書皆云狩名也非泫露義（慧99/312b“泫
露”註）。**贙**今胡犬反獸名似犬多力（龍322/08）（龍352/05）。**贙**或作（龍322/08）
（龍352/05）。**獡**或作（龍322/08）。**贙**新藏作贙（龍352/05）；贙論作～誤也（慧8
7/124b“贙兕”註）。

渲：**渲**息絹反小水也（龍234/09）。

縣：**縣**玄泫二音目童子也（龍419/06）。

瞶：**瞶**息絹反羔子也（龍160/05）。

xue

xuē 削：**削**息約反（龍100/02）（慧21/811b）（慧63/738b）（慧80/1092b）（慧83/44b）。

薛：**薛**薛音（紹156a8）。

鞾：**鞾**正音靴有鞠履也（龍446/09）（慧14/669b）（慧15/694a）（慧31/8a）（慧65/767b）（慧79
/1063a）（慧89/161a）（希9/415b）（紹140a5）。**鞾**鞾集訓作鞾（慧15/694a“鞾履”註）。**鞾**
鞾集訓作鞾（慧65/767b“鞾鞋”註）。//靴：**靴**通音靴（龍446/09）；屢經作靴鞾靴
並俗字也（慧14/669b“鞾帽”註）（慧31/8a“鞾等”註）（慧65/767b“鞾鞋”註）（希9/415b
“鞾鞳”註）。//**屟**鞾考聲正作屟（慧65/767b“鞾鞋”註）。//鞁：**鞁**正音靴（龍122/
07）。**鞁**俗（龍122/07）。

薛：**薛**似絕反枯也（龍124/01）。

xué 學：**學**瓨角反（慧18/749b）。

嶨：**嶨**正苦角胡角二反大山多大石曰嶨（龍077/06）。**嶨**苦角胡角二反山多大石也（龍
535/09）。**嶨**俗（龍077/06）。

澩：澩音學涸泉玉篇云大波也（龍 535/08）。

夁：夁胡角反敲也（龍 536/01）。

觲：觲正音學治角之工（龍 512/09）（龍 536/01）。//觓：觓俗（龍 512/09）。

鷽：鷽於角胡角二反山鵲之屬也（龍 289/06）。

祄：祄音穴祄衣又長衣也（龍 109/04）。

授：授或作似絕反拔也（龍 218/09）。摠或作（龍 218/09）。//葮：葮似絕反枯也（龍 1 24/01）。

xuě 措：措音雪（龍 218/08）（紹 133a9）。

霅：霅相絕反今作雪雨霅也（龍 309/01）。

xuè 穴：穴玄決反（慧 1/418a）（慧 3/443a）（慧 4/476b）（慧 25/920b）（慧 63/725a）（慧 69/845b）。

沇：沇今音血沇寥空貌又音穴（龍 236/10）。沇正（龍 236/10）。

訣：訣呼決反怒訶也（龍 052/01）。訊音沈怒也（龍 041/02）。

狘：狘許劣反小鳥飛也（龍 328/02）。翅（龍 328/02）。

颰：颰俗音血（龍 128/03）。

岋：岋許月反山兒（龍 077/06）。

狘：狘許月反獸名又走也（龍 319/10）。

残：残正許劣反盡也（龍 516/03）。殀俗（龍 516/03）。

颰：颰許月反小風也（龍 128/06）。

血：血呼玦反（希 9/413b）。血血正呼穴切（紹 173a9）。

脴：脴音血膣脴惡兒也（龍 423/05）。

謔：謔虛虐反（玄 5/64c）（慧 44/284b）（玄 10/138b）（慧 56/573a）（慧 48/374b）（慧 13/653b）（慧 15/692b）（慧 17/734a）（慧 41/225a）（慧 35/102a）（慧 49/401b）（慧 63/730a）（慧 85/101a）（慧 90/170a）（慧 91/192b）（慧 93/215a）（慧 95/254b）（慧 100/340b）（慧 100/349b）（希 1/358b）（紹 185a8）。謔許虐反戲謔也（龍 050/05）（玄 13/177b）。謔虛虐反（玄 19/262b）（玄 21/281a）（玄 22/291a）（紹 185a9）。謔舊藏作謔許虐反郭氏俗音虛（龍 052/05）（紹 185a9）。謔虛訏虛約二切（紹 185a8）；謔傳文從虎作謔（慧 93/217b “談謔” 註）。謔訏虛約二

切（紹185a9）。**誮**訏虛約二切（紹185a9）。//嚄：**霍**俗許略反正作謔字（龍276/02）。

吷：**吷**呼各反怒聲也（龍277/08）。

颰：**颰**許劣反小風皃（龍128/05）。

窤：**窤**正音血穿皃也（龍510/03）。//窋：**窋**或作（龍510/03）。

醁：**醁**許角反醋味也（龍311/03）。

xun

xūn 姰：**姰**相倫反狂也又音縣（龍280/02）。

駒：**駒**相輪反（龍291/08）。

勋：**勋**古文音勳放勋堯字（龍517/01）（慧88/134b）（希10/418c）（紹145b2）。//勳：**勳**同
上（許云反）功勳也（龍238/07）。

壎：**壎**正許袁反～箎樂器也（龍247/07）。**壎**通（龍247/07）。//塤或作（龍247/07）。**塤**
今（龍247/07）（紹161b4）。//**壪**俗（龍247/07）。//**坑**俗（龍247/07）。

熏：**熏**正許云反火氣盛皃也（龍238/07）（慧25/908a）（慧50/419a）；訓狐関西呼為訓侯
山東謂之訓狐經文作薫胡非體也（玄12/166c "訓狐" 註）；熏經作熏俗字行之已久
無如之何（慧39/173a "熏複" 註）（慧51/445b "熏習" 註）；薫論作熏非也（慧86/110b "薫
藗" 註）。//燻：**燻**正許云反（龍238/07）；熏或作燻焄（慧50/419a "熏習" 註）。**煙**熏
從黑從中作熏今俗作煙亦作煙（慧51/445b）（紹190a6）。**燃**訓音（紹190a8）。//焄：
焄許云反（龍238/07）；熏或作燻焄（慧50/419a "熏習" 註）。

勳：**勳**同上（許云反）功勳也（龍238/07）（麗20/285a）。

臐：**臐**正（龍408/06）。**臐**今許云反羊曰臐豕曰膮皆香美之名（龍408/06）。//臐：**臐**俗
許君反（龍479/04）。

薫：**薫**正許云反香草薫莙（龍253/05）（慧27/988a）（慧80/1087a）（慧86/110b）（慧97/284b）；
訓狐関西呼為訓侯山東謂之訓狐經文作薫胡非體也（慧17/737b "訓狐" 註）（慧43/2
59b "訓狐" 註）；熏有作薫字音同（慧25/908a "熏修" 註）（慧76/1009b "熏習" 註）；菫律
文從熏作薫非也（慧63/727a "菫辛" 註）。**薫**訓雲反亦正體字也（慧45/313a）。**薫**許

云反（龍 072/07）（慧 35/107b）（慧 39/173a）（慧 47/346a）（慧 51/445b）（慧 76/1009b）；熏火或作燻焄又作窯（慧 50/419a "熏習" 註）；薰正從中作窯（慧 97/284b "薰蕕" 註）。//

蘍：蘍許云反同薰（龍 253/05）；鵹鶘經本作蘍狐非（慧 43/256b "鵹鶘" 註）。

獯：獯音訓（慧 86/108b）（慧 98/293a）。獯許云反（龍 318/03）（慧 77/1022b）（慧 84/81b）（希 9/412b）（紹 166b6）；論從犬作獯俗字也（慧 86/108b "獯胡" 註）。玁獯正（紹 190a8）。

曛：曛許云反日入也又黃昏時也（龍 425/09）（慧 82/36b）（紹 171a2）。曛許軍反（玄 22/301c）（慧 48/391a）（慧 60/666a）（慧 62/697b）。

纁：纁許云反（龍 397/06）（紹 192a4）。緟有處卻作纁字用（紹 192a5）。

鵹：鵹勳運反（慧 43/256b）（慧 36/116b）（慧 38/158b）；獯狐準律文合作鵹鶘二字（希 9/412b "獯狐" 註）。//鶘：鶘許運反～鶘孝聲云恇鳥也（龍 288/07）。

xún 巡：巡隨遵反循与巡字略同（玄 13/174c、慧 55/529b "循大" 註）（玄 17/236a 慧 74/950b "纂行" 註）（玄 20/269a、慧 33/56b "徹循" 註）（玄 22/288b、慧 48/371a "循其" 註）（慧 41/211a "循環" 註）（慧 42/247b "循環" 註）。巡隨遵反（慧 4/470b）（希 2/365b）（希 4/379a）；巡宜作循（慧 74/950b "纂行" 註）。

紃：紃正脣旬二音（龍 397/01）（慧 58/604b）（慧 92/198b）。紃俗（龍 397/01）（玄 15/205c）。

軜：軜巡李斯從車作軜（慧 4/470b）。

馴：馴音旬（龍 290/09）（玄 7/93c）（慧 28/996b）（玄 7/95b）（慧 28/999a）（玄 20/274b）（慧 76/1007b）（慧 76/1005a）（慧 88/146b）（紹 166a8）。

旬：旬古文音旬十日一旬也（龍 140/03）。

洵：洵音荀水名又音旬均也龕也（龍 228/07）。

恂：恂息巡反順也信也（龍 053/03）（玄 7/100b）（玄 12/165b）（慧 53/498a）（玄 16/221c）（慧 65/764a）（慧 15/701a）（慧 84/71a）（慧 85/101a）（慧 88/148b）（慧 93/212a）（慧 94/232b）（慧 97/287a）（慧 100/338a）（紹 130a6）。恂俗相輪反正作恂（龍 055/06）。恂俗（龍 055/06）。

荀：荀相輪反（龍 254/09）（紹 156a4）。

峋：峋息侖反嶙峋也（龍 070/07）。

敻：敻相倫反氣逆又信也（龍 353/08）。

珣：**珣**息倫反玉珣（龍434/09）（紹140b9）。

詢：**詢**息旬反詢問諮懇也（龍042/03）（玄4/53b）（慧43/264b）（玄4/62b）（玄7/95c）（慧28/999b）（玄12/161a）（慧75/984b）（玄21/284c）（慧28/1009a）（玄22/301a）（慧48/390a）（慧1/405a）（慧19/783b）（慧43/271a）（慧77/1026b）。//諄：**諄**詢又作諄同（玄7/95c、慧28/999b"詢法"註）。

畇：**畇**詢旬二音墾田也又羊旬反畇原隰也（龍153/07）。

揗：**揗**俗（龍207/01）（龍211/06）。**揗**俗（龍207/01）。//**揗**正音巡手相安慰也又俗音順摩揗也（龍207/01）。

循：**循**音旬從也環也述也善也順也（龍495/7）（玄1/4c）（玄3/34a）（玄9/120c）（玄13/174c）（玄14/195a）（玄20/269a）（慧1/406a）（慧2/436b）（慧5/477b）（慧6/507b）（慧09/566a）（慧11/602b）（慧13/644a）（慧20/805a）（慧21/820a）（慧29/1027b）（慧31/15b）（慧33/56b）（慧41/211a）（慧46/321b）（慧48/371a）（慧55/529b）（慧59/648a）（慧70/877a）（慧77/1022a）。**循**音巡從也順也善也述也環也（龍022/06）（玄22/288b）（玄24/329b）；馴經文作偱非字體也（慧28/996b"擾馴"註）；循今經文多誤從人從豎畫作偱非也（慧13/644a"循環"註）。**循**音旬（慧42/247b）。**循**恂或作循字（慧97/287a"恂恂"註）。**循**循經中有作循誤也（慧5/477b"循身觀"註）。**偱**似遵反（玄23/315c）（慧49/396b）；馴經文作偱非字體也（玄7/93c"擾馴"註）；纂宜作偱（玄17/236a"纂行"註）。**偱**音旬同循善也（龍28/8）（紹128b3）；循經文從人又豎畫從千作偱非也（慧6/507b"循環"註）（慧41/211a"循環"註）。//彴：**彴**旬俊反（慧5/482a）；循古文作彴同（玄1/4c、慧20/805a"循身"註）（玄3/34a、慧09/566a"循身"註）（玄24/329b、慧70/877a"偱身"註）。

繨：**繨**音旬縫繨也（龍399/02）；紃字書或作繨（慧92/198b"相紃"註）。**繨**音循正作繨（龍397/03）。

燂：**燂**（慧17/744b）（慧46/330a）。**燂**徒含反又徐兼反（龍239/03）（玄1/10a）（玄9/125c）（慧41/221b"燖去"註）；燅聲類作燂（玄4/56b、慧43/268b"生燅"註）（慧62/718b"令燖"註）（慧66/793a"燅髭"註）。

鱏：**鱏**正徐林余林二反魚名（龍166/02）（玄15/212b、慧58/626a"鱏脂"註）。**鱏**今（龍16

6/02）。

尋：**尋**似林反（玄17/233c）（慧70/860a）（玄25/339a）（慧71/894a）（慧6/501a）（慧22/848a）（慧23/871b）（慧80/1093a）（慧92/198b）（希5/382c）。**㝷**祥淫反（慧4/465b）。//**㝷**音義云古文尋字（龍545/08）；尋古文㝷同（玄17/233c"尋"註）（慧4/465b"尋伺"註）（慧6/501a"尋伺"註）。**㝷**尋古文㝷同（慧70/860a"尋"註）。**㝷**古文尋字（龍367/02）。**㝷**古文尋字（龍367/02）。//得：**得**尋古文㝷或作得同（玄17/233c、慧70/860a"一尋"註）。

鄩：**鄩**徐林反地名（龍455/03）。

陼：**陼**徐林反小堆阜也（龍295/07）。

撏：**撏**士占徐林二反撏取也（龍209/07）。//攆：**攆**徐廉反攆摘草木也（龍210/04）。

潯：**潯**習林反（慧88/141a）（紹187a5）。

膷：**膷**音尋人姓名也（龍410/01）。

袇：**袇**音尋衣博大又他感反（龍102/08）。

熉：**熉**今徐兼反（龍239/02）（慧41/221b）（慧62/718b）（希1/357b）（紹190a7）；燂聲類作熉（玄1/10a、慧17/744b"燂身"註）（玄9/125c、慧46/330a"燂膴"註）；羨聲類作熉（玄4/56b、慧43/268b"生羨"註）（慧66/793a"羨髭"註）（慧79/1067a"羨猪"註）。//膶：**膶**徐兼反與熉同（龍407/07）；羨又有從肉從閻作膶說文玉篇中並無俗用字也（慧66/793a"羨髭"註）。

犉：**犉**音尋牛也（龍114/03）。

緭：**緭**音尋續也（龍399/01）。

羨：**羨**今作羨同（慧17/744b"燂身"註）（慧62/718b"令熉"註）。**羨**正徐兼反（龍239/02）（玄4/56b）（慧43/268b）（慧66/793a）（慧79/1067a）；燂今作羨同（玄1/10a"燂身"註）（玄9/125c、慧46/330a"燂膴"註）（慧41/221b"熉去"註）。**羨**羨玉篇考聲並從卒作～書人誤作非也（慧66/793a"羨髭"註）；熉正作～（希1/357b"熉去"註）。//羨：**羨**字詁古文羨（慧17/744b"燂身"註）（慧46/330a"燂膴"註）（慧62/718b"令熉"註）。**羨**古徐兼反（龍239/02）；羨亦從炙從夭作羨（慧66/793a"羨髭"註）（希1/357b"熉去"註）。**羨**（玄1/10a"燂身"註）。**羨**燂字詁古文羨（玄9/125c"燂膴"註）。**羨**字詁古文羨今作䃘同（玄 4/56b、慧 43/268b"生䃘"）。//鼗或作（龍 239/02）。

颤：颤音尋人姓也（龍 126/07）。

xùn 汛：汛音信灑也又雙摑反（龍 234/04）。

迅：迅正私閏反又音信（龍 493/02）（玄 11/152c）（慧 52/474b）（初編玄 572）（玄 20/272c）（慧 76/993a）（慧 1/417a）（慧 4/457b）（慧 4/470b）（慧 24/888b）（慧 27/986b）（慧 38/163a）（慧 40/197a）（紹 138a5）。迅正私閏反又音信（龍 493/02）。迅俗（龍 493/02）。

訊：訊正音信問也誠言也（龍 047/09）。訊新進反（慧 20/792b）（慧 27/986b）（慧 53/500a）（慧 77/1011b）。訊古（龍 047/08）。訊信音又須閏切（紹 185a4）；訊經文作～俗字非正字也（慧 53/500a"問訊"註）。訊俗（龍 047/08）。訊訊譜文作訊誤也（慧 77/1011b"博訊"註）。//譙：譙俗音信（龍 047/08）。

訓：訓呼運反（玄 5/71c）（玄 22/298a）（慧 48/385a）（慧 43/259b）（希 10/420b）。訓音訓（龍 050/04）。訓音訓（龍 201/04）。訓古文音訓（龍 234/03）。信古文音訓（龍 234/03）。

馴：馴訓臬二音（龍 289/01）。

侚：侚今詞閏反遠也疾也以身從物也（龍 033/02）（慧 3/445b）（慧 6/512b）（紹 128b2）；侚經文從人作侚侚疾也侚非經旨（初編玄 632"侚園"註）（慧 5/482a"不侚"註）。粤古（龍 033/02）。粤古文詞閏反今作侚（龍 553/03）；侚或作～（慧 3/445b"不侚"註）（慧 6/512b"不侚"註）。//侚：侚俗（龍 033/02）。

徇：徇詞閏反日衒名行也（龍 498/04）（玄 13/180c）（玄 18/248b）（慧 73/928a）（玄 20/273a）（慧 75/979b）（慧 6/501b）（慧 8/535a）（慧 45/303a）（紹 172b7）。//徇詞閏反求也從也又私閏反徧也（龍 498/04）；徇又作徇同（玄 12/166a、慧 55/545a"遍徇"註）（玄 20/273a、慧 75/979b"徇行"註）（慧 6/501b"不徇"註）。

迿：迿峻縣二音（龍 491/8）；眩古文迿同（玄 1/5a、慧 20/806a"眩惑"註）（玄 11/148b、慧 52/465a"眩惑"註）（玄 13/170c"瞑眩"註）（玄 22/292c、慧 48/377b"目眩"註）。

殉：殉旬俊反（慧 76/997b）（慧 81/18b）（慧 84/69b）（慧 88/137b）。殉巡閏反（龍 515/7）（玄 1/4a）（玄 17/230a）（玄 22/297c）（玄 23/318a）（玄 25/338b）（慧 6/498b）（慧 20/804a）（慧 34/79b）（慧 48/384b）（慧 49/399b）（慧 62/719b）（慧 66/791a）（慧 71/892b）（慧 79/930a）（慧 85/89

b）（慧 95/251a）（慧 100/336a）（希 9/414a）（希 10/423a）（紹 144b1）。

巽： 巽蘇困切（紹 203a10）。

潠： 潠蘇困反與噀同（龍 233/08）（玄 20/265c）（慧 42/249a）（慧 43/253b）（慧 37/138a）（慧 65/76

7a）（紹 188b6）；選或作潠非也（玄 5/73a、慧 33/59b "選烕" 註）。//噀：噀正蘇困反

與潠同（龍 273/05）（慧 36/118b）（紹 183b9）；潠經文作噀非也（玄 5/65b "潠之" 註）（玄

20/265c "潠之" 註）（慧 42/249a "潠之" 註）（慧 43/253b "潠之" 註）（慧 65/767a "吹潠" 註）。

//噀俗（龍 273/05）（紹 182b10）；潠經從口作噀俗字也（慧 37/138a "呪潠" 註）。//嗳

俗（龍 273/05）。//蝶舊藏作噀（龍 224/01）。

遜： 遜蘇寸反（慧 48/377a）（慧 5/494b）（慧 7/517b）；愻今作遜（玄 5/70c "卑愻" 註）。

愻： 愻蘇困反（龍 066/08）（玄 5/70c）（玄 15/204c）（慧 58/602b）（玄 22/292c）（慧 15/694a）（慧

33/69b）（紹 131a8）；遜或從心作遜［愻］亦同（慧 7/517b "遜謝" 註）。

奞： 奞峻信雖三音（龍 357/08）（玄 6/88c "奮迅" 註）。奞峻信雖二音奞奮鳥張毛羽也（龍

149/07）。

鷷： 鷷正（龍 289/01）。鷷今私閏反飛也（龍 289/01）。

殸： 殸息俊反俗字（龍 194/01）。

睯/睯： 睯私閏反睯益也（龍 352/09）。

蕈： 蕈慈荏反菌生木上也玉篇又商錦反（龍 260/01）（慧 94/224b）。

Y

ya

yā 庘：庘烏甲反屋壞也（龍301/08）（慧60/673a）（慧61/692b）（紹193a10）；壓論文多作庘非此義（玄9/122b、慧46/324a“搥壓”註）。⿸疒甲俗為甲反正作庘屋壞也（龍478/03）。

押：押音鴨（龍217/04）（玄8/118a）；壓經文多作押非體也（玄1/22a“治壓”註）（慧15/705b“填壓”註）（慧25/921b“治壓”註）；墜又作押字從手（玄6/91a“墜油”註）（慧27/990b“墜油”註）；搥⿰石甲經文作推押二形非體也（玄12/155b、慧52/455b“搥⿰石甲”註）。

⿱穴甲：⿱穴甲烏甲反（龍510/04）（玄20/272b、慧76/992b“摻煞”註）（紹194b10）；墜周成難字作⿱穴甲（玄6/91a“墜油”註）（慧27/990b“墜油”註）；壓周成難字作⿱穴甲（玄11/141c、慧56/550a“壓摻”註）（慧98/301b“鐵壓”註）；凹蒼頡篇作⿱穴甲同（玄18/248c“則凹”註）（玄24/329a、慧70/876a“纏壓”註）。

⿰石甲：⿰石甲於甲反（玄12/155b）（慧52/455b）（玄15/206a）（慧58/605a）（玄16/217c）（慧65/769a）（玄16/217c）（慧65/769a）。

笚：笚押又作笚同（玄8/118a“押頷”註）。

鴨：鴨烏甲反（玄5/66c）（玄7/104b）（玄8/111c）（慧33/62b）（慧19/781b）（慧26/957b）。//

鶴：鶴鴨古文鶴同（玄5/66c“鶡鴨”註）（玄7/104b“羯鴨”註）（玄8/111c、慧33/62b“鶡鴨”註）（慧26/957b“鶡鴨”註）。

椏：椏音鵶木也（龍378/08）。

⿰足亞：⿰足亞俗烏加反（龍459/02）。

錏：錏烏加反錏鍜也（龍013/04）（玄12/161a）（慧75/984b）。

鵶：鵶正烏牙反（龍285/05）（慧11/617b）（希5/385a）（希5/387c）（紹165a7）；鴉經文從亞作鵶非也（玄7/96a、慧28/999b“柴鴉”註）。//鴉鴉俗烏牙反（龍285/05）（玄4/60b）

（玄 7/96a）（慧 28/999b）（玄 18/248a）（慧 73/927b）（玄 24/322b）（慧 70/866a）（紹 165a7）；鵶或作鴉（慧 11/617b "鴉音" 註）（希 5/387c "鴉鷗" 註）。**鷑**誤舊藏作鴉（龍 286/05）。

厭：**厭**黶甲反（慧 31/23a）（玄 7/96a）（玄 9/124b）（慧 46/328a）（玄 14/191c）（慧 59/642b）（慧 58/622b）（玄 16/218c）（慧 65/770b）（玄 16/224b）（玄 20/266a）（慧 48/389b）（慧 37/134a）（希 5/386c）；壓經作厭俗字也（慧 44/285b "厭油" 註）。**厭**同上[於葉於叶二反]伏也（龍 301/06）（玄 15/210a）（玄 22/300c）（紹 193b1）；壓說文亦作厭字（慧 16/716b "枷壓" 註）。厭經文從疒非也（慧 37/134a "厭禱" 註）。

壓：**壓**於甲反（慧 13/649b）（慧 18/763b）（慧 66/798a）。**壓**烏甲反鎮也笮也壞也（龍 302/10）（慧 46/324a）（慧 70/876a）（慧 15/704b）（慧 15/705b）（慧 40/202b）（慧 44/285b）（慧 76/989b）（慧 79/1065b）（慧 98/301b）（紹 198a3）；厭或作壓（慧 31/23a "厭笮" 註）；黶經文從土作壓非也（慧 38/159b "黶記" 註）。**壓**音押（慧 19/771b）（慧 69/846b）。**壓**於甲反（玄 6/91a）（玄 15/207b）（慧 58/607b）（玄 21/279c）（慧 27/990b）；砑又作壓（玄 15/206a、慧 58/605a "得砑" 註）。**壓**烏甲反鎮壓也从广者正（龍 301/07）（玄 1/22a）（玄 4/51b）（玄 9/122b）（玄 11/141c）（玄 17/226b）（慧 67/812a）（玄 24/329a）（慧 16/716b）（慧 25/921b）。**壓**鵶甲反（慧 16/716b）。**壓**壓正益涉於甲二切（紹 192a10）。**壓**烏甲反（龍 556/01）。**壓**音押①（龍 327/09）。**壓**烏甲反②（龍 556/01）。//**岬**俗烏甲反③（龍 077/08）。

呀：**呀**音牙吧呀（龍 270/02）。

yá 牙：**牙**雅家反（慧 4/459a）（慧 35/99b）；牙房經文作牙非體也（慧 43/260b "南房" 註）。**牙**牙篆文作～（慧 35/99b "牙頷" 註）。

芽：**芽**雅加反（慧 35/101a）（慧 39/174a）（慧 51/439a）。

骱：**骱**正音牙骼也（龍 479/08）。//**骭**：**骭**或作（龍 479/08）。

齖：**齖**音牙齟齖也（龍 311/07）。//**齞**：**齞**俗音牙从牙者正（龍 312/02）。

厓：**厓**頷佳反（慧 38/161a）（慧 43/265a）；崖又作厓同（玄 16/224a、慧 64/747a "無厓" 註）（慧 18/766b "厓揆" 註）。**厓**五佳反山邊也或作涯字（龍 302/01）；涯說文作厓同（玄 13/1

---

① 《龍龕手鏡研究》：此字疑即 "壓" 字之訛（277）。
② 《叢考》：此字當是 "壓" 的訛俗字（800）。
③ 《叢考》：疑乃 "壓" 的會意俗字（341）。

77b "涯岸" 註）（慧 12/627b "涯際" 註）（慧 13/651b "生涯" 註）。

涯：**涯** 五佳反（玄 13/177b）（慧 12/627b）（慧 13/651b）（慧 18/766b）（希 10/423a）；崖又作厓

同書有作涯（玄 16/224a、慧 64/747a "無崖" 註）；厓亦作涯（慧 43/265a "慧無厓" 註）。**涯**

五佳反水際邊也（龍 226/09）。

埡：**埡** 宜皆切（紹 161a2）。

崖：**崖** 雅皆反高岸也山際邊也（龍 069/08）（玄 16/224a）（慧 64/747a）（慧 1/415b）（慧 4/475a）

（慧 6/500a）（慧 14/676b）（慧 16/712b）（慧 18/752b）（慧 19/784a）（慧 28/1010b）（慧 32/30b）（慧

35/108a）（慧 49/402a）（慧 66/796b）（慧 81/7b）（慧 83/48a）（慧 91/191a）（紹 162a7）。**坣** 俗音

崖（龍 335/03）。**𡺲** 俗（龍 335/03）。**𡹬** 俗（龍 335/03）。**𡶡** 俗（龍 335/03）。**巘** 俗音崖[1]（龍

483/07）。**謯** 五加五佳二反（龍 042/09）。

厓：**厓** 俗音崖（龍 468/07）。**厓** 厓底經作厓氏（慧 38/161a "厓底" 註）。

睚：**睚** 五賣反又五佳反（龍 421/09）（玄 13/169b）（慧 55/539b）（玄 20/273c）（慧 34/89b）（慧 8

1/15a）（慧 98/297a）；咡眵經文作睚眦（玄 12/159c、慧 53/484b "咡眵" 註）；裂眥史記作

睚眦漢書作厓眥並此義也（玄 20/270c、慧 74/940a "裂眥" 註）。**瞱** 五賣反又五佳反（龍

421/09）（慧 79/1056b）。

𪘘：**𪘘** 五鞋反（龍 311/07）（慧 53/490a）（慧 76/998b）；喔眵聲類作𪘘齜（慧 14/679b "喔嘷眵

吠" 註）。

齖：**齖** 五加反齒齖齒不正貌（龍 311/06）；喔眵玉篇作齜齖（希 4/380b "喔眵" 註）。

衙：**衙** 又音牙（龍 497/07）；牙又作衙魚家魚舉二反非此用（玄 16/221a、慧 65/781a "牙旗"

註）。

琊：**琊**（慧 89/151b）。

厊：**厊** 王下反厏厊不合（龍 302/05）。

厏：**厏** 牙賈反廳也（龍 300/03）（玄 17/235b）（慧 74/949a）（玄 20/265b）（慧 43/256b）（慧 43/26

0b）（慧 66/798b）。

雅：**雅** 牙賈反（慧 62/700b）（慧 22/845a）；俗疋字乃有四者皆古文奇字中是雅字也（慧 1

①參見《叢考》1106 頁。

5/693a“匹偶”註)。𤿲俗雅推二音(龍 514/09)。

疋：疋古文雅字(龍 548/09)(紹 203a6)。

盃：盃今音雅酒器也(龍 328/09)。盃俗(龍 328/09)。

啞：啞又烏雅反瘖啞也不言也又於嫁反烏聲也(龍 276/01)(玄 22/292a)(慧 48/376a)(慧 22/854a)(希 4/379b)(紹 184a1)；瘂又作啞(玄 6/84c“瘖瘂”註)(玄 12/155c、慧 52/456a“瘂或”註)(慧 1/411a“瘂者”註)(慧 3/445b“瘖瘂”註)(慧 3/452b“如瘂”註)(慧 4/473b“瘂者”註)(慧 12/623a“瘖瘂”註)(慧 16/711a“聾瘂”註)(慧 27/977b“瘖瘂”註)(慧 30/1040a“瘂羊”註)(慧 39/177b“瘖瘂”註)(希 1/354c“聾瘂”註)(希 6/393c“傴瘂”註)(希 8/406c“聾瘂”註)；啞宜作啞(玄 20/275a、慧 76/992a“喑啞”註)(慧 11/612b“不瘂”註)(慧 13/659a“瘖瘂”註)。吕烏嫁反(龍 275/08)。啞古文啞字啞有三音衣賈烏嫁烏革三反(龍 272/06)。啞俗烏下反(龍 271/02)。//瘂：瘂鴉雅反(慧 31/17a)(希 6/393c)(希 8/406c)。瘂通烏雅反不言也(龍 472/06)(玄 6/84c)(玄 8/110a)(玄 12/155c)(慧 52/456a)(慧 1/411a)(慧 3/445b)(慧 3/452b)(慧 4/473b)(慧 11/612b)(慧 12/623a)(慧 13/659a)(慧 16/711a)(慧 18/764b)(慧 30/1040a)(慧 34/74b)(慧 39/177b)(慧 72/906a)(希 1/354c)(希 4/380a)(希 9/417a)(紹 192a8)。//瘷：瘷通(龍 472/06)；瘂亦作瘷(慧 72/906a“瘂羊”註)(希 6/393c“傴瘂”註)。瘷俗(龍 472/06)。

yà 襾：襾一計[詐]反(龍 553/02)。

亞：亞烏嫁反(慧 15/706a)；瘂又作亞俗用非(希 9/417a“瘂默”註)。亞於詐切(紹 203a1)。亞亞經作亞草書也不成字[①](慧 15/706a“肚不亞”註)。亞新藏作亞又俗乙加莫可二反(龍 525/05)。

俹：俹衣嫁反倚俹也(龍 034/08)(玄 10/132a)(慧 49/406a)(玄 14/188b)(慧 56/565a)(慧 40/198b)(慧 74/959a)。俹於嫁反(慧 59/637a)(玄 19/257c)。

婭：婭於嫁反(紹 142a1)。

迓：迓依嫁反次第行也(龍 492/02)。

欯：欯衣嫁反欧欯驢啼也(龍 355/04)。

①依佛經原文文意，此“亞”字當是“凸”字。

犴：**犴** 五嫁反獸名也（龍 319/04）。

砑：**砑** 五嫁反碾砑光也（龍 443/09）。

迓：**迓** 正五嫁反（龍 492/06）（慧 83/44a）。**迓** 俗五嫁反（龍 492/06）。

訝：**訝** 五嫁反嗟訝（龍 048/05）（慧 91/189b）（慧 94/239a）。

扴：**扴** 乙鎋反劋扴（龍 518/05）。

軋：**軋** 乙黠切（紹 139a8）。

魟：**魟** 正烏八反魟～魚也（龍 172/03）。**魟** 俗（龍 172/03）。

黫：**黫** 烏八二反（龍 531/06）。

圔：**圔** 乙鎋反駱駝鳴也（龍 175/09）。

闟：**闟** 烏鎋反門扇也（龍 095/07）。

搻：**搻** 烏黠反拔草也（龍 215/05）。**搻** 俗烏八反拔草心也或作搻（龍 387/01）。

鷃：**鷃** 軋葛二音～鷃也（龍 290/02）。

圔：**圔** 音押圔穴也香嚴又音狎（龍 176/01）。**圔**（龍 176/01）。**圔**（龍 176/01）。

睚：**睚** 五甲反視兒（龍 424/07）。

聐：**聐** 五鎋反聐額無所聞也（龍 314/10）。

睞：**睞** 正五冶反婼睞戲謔貌也（龍 424/05）。**睞** 通（龍 424/05）。

yan

yān 湮：**湮** 音因（龍 227/10）（玄 4/55a）（慧 34/91a）（玄 20/269b）（慧 40/194a）（慧 51/435a）（慧 80/1075b）（慧 82/35b）（慧 88/133b）（慧 91/190a）（慧 92/208a）（慧 98/300b）（紹 188a3）；晥瞖論文作完湮二形非也（玄 17/234c、慧 74/948a "晥瞖" 註）。//洇：**洇** 湮文字集略衛宏並從水洇（慧 92/208a "湮廢" 註）。**洇** 湮古文作～音同者也（慧 92/208a "湮廢" 註）。

㸭：**㸭** 正烏閑反黑色牛也（龍 114/08）；㸭經文従牛作㸭非也（玄 12/159c、慧 53/484a "㸭黑" 註）。//牰 今（龍 114/08）。

煙：**煙** 正伊賢反臭也火氣也泉也（龍 238/04）（慧 8/555b）（慧 51/432a）（慧 63/735a）（慧 66/783b）（慧 81/22a）（慧 83/50b）。//烟：**烟** 俗（龍 238/04）（慧 68/822a）（慧 86/106a）；煙

或作烟（慧 1/404b "撥煙霞" 註）（慧 51/432a "煙等" 註）（慧 63/735a "歘煙" 註）（慧 66/783b

"煙燄" 註）（慧 83/50b "煙華" 註）；氤氲博雅正體從火作烟從糸作緼（慧 62/699a "氤氲"

註）。**炟** 義合作烟（龍 240/07）。**润** 煙或作烟（慧 8/555b "煙焰" 註）。// 寠：**寠** 煙古

文作寠（慧 8/555b "煙焰" 註）。**寠** 古文煙字（龍 155/08）；埋古文寠形（慧 56/547b "埋

羅" 註）。**家** 煙籀文作～（慧 8/555b "煙焰" 註）。**厥** 煙等古作～（慧 51/432a "煙等" 註）。

// 圍：**圍** 煙或作圍論文作烟亦通（慧 51/432a "煙等" 註）。

䍩：**䍩** 黫䍩同（玄 12/159c、慧 53/484a "黫黑" 註）。**羣** 烏閑於真烏奚三反黑羊也（龍 159

/05）。

黫：**黫**（玄 12/159c）（慧 53/484a）。**黫** 烏閑反（龍 531/08）。**䵂** 俗烏閒反正作黫（龍 339/

09）。// 黰：**黰** 烏閑反（龍 531/06）。

厭：**厭** 伊琰反（慧 37/142a）。**厭** 於冉反（玄 1/6c）（玄 5/65c）（慧 17/737b）（慧 31/25a）（慧 52

/472a）（慧 42/249b）。**厭** 於冉反（慧 43/262a）。**厭** 於冉反（玄 4/52c）（玄 11/151c）（玄 2

5/336a）。**厭** 於冉反（慧 71/888b）。

魇：**魇** 伊占反傳文單作厭（希 10/421c）。**魘** 正伊閻反（龍 299/02）（龍 064/05）。**魘** 今於

鹽反安也（064/05）。**魘** 俗（龍 299/02）。**魘** 於枲反（龍 478/07）。// 懕：**懕** 伊閻反

或作厭猒皆誤從心者正（慧 3/451b）（慧 88/138a）。**懕** 伊閻反懕犬甘肉心無足也（龍

064/04）。

淹：**淹** 於炎反（龍 226/02）（慧 8/545a）（慧 14/673b）（慧 36/120a）（慧 80/1084b）（慧 93/212a）（紹

187b10）；掩廣蒼從雨作霜玉篇從廾作弇音義並同録從水作淹俗同（慧 80/1073b "掩

雲" 註）。

悗：**悗** 英廉反悗倚不安意也又於劍反甘心也（龍 055/01）。// 愔：**愔** 於驗反意足也

或作悗（龍 061/04）；悗又作愔同（玄 13/171c "不悗" 註）。

崦：**崦** 正英廉反又於檢反（龍 071/01）（玄 20/271a）（慧 74/940b）（玄 15/211b、慧 58/625a "以

砳" 註）（慧 88/140a）（慧 96/267b）（慧 98/299b）（紹 162b3）。// 崝：**崝** 英廉反又於檢反

（龍 071/01）；崦又作崝同（玄 20/271a、慧 74/940b "崦嶸" 註）（慧 98/299b "西崦" 註）。

醃：**醃** 莫［英］廉反鹽醃又葅（龍 309/10）。

閹：**閹**正英廉反男無勢精閉者也又於檢反閉門人也（龍91/07）於儉反（玄1/12c）（慧4

2/234a）（玄4/54b）（慧34/90a）（玄10/138b）（慧65/778a）（玄20/274a）（慧76/1007a）（慧62/

716a）（慧81/8b）（慧82/24a）（慧83/47b）（慧86/112a）（紹195a9）。**閹**俗（龍91/07）。

焉：**焉**矣虔反假借字也（慧49/403b）（慧84/71a）。**焉**音焉（龍525/01）。**焉**音焉（龍548/0

6）。

鄢：**鄢**音偃（龍456/02）（慧49/404a）。

蔫：**蔫**於乾反菱蔫物不鮮也（龍257/07）（玄12/167a）（慧61/681a）（紹154a9）。**蔫**於言反

（慧17/737b）。

嫣：**嫣**許延於乾於蹇三反又於建反（龍281/04）（玄18/244a、慧72/914b“興渠”註）。

趚：**趚**音焉東夷舞（龍324/05）。

偣：**偣**俗於廉反淨也①（龍026/04）。

猲：**猲**乙咸乙陷二反犬吠聲也（龍318/04）。

稽：**稽**於鹽於禁二反稽苗之美也（龍143/01）。

yán 言：**言**魚鞬反（玄25/334b）（慧71/886a）。**罕**音言（龍546/09）。**罕**古文言字（龍360/05）。

蒼古文言字（龍519/02）**鼻**古文音言（龍527/05）。

蒼：**蒼**音言草名（龍253/07）。

琂：**琂**音言（龍434/05）（慧88/139b）。

簥：**簥**音言大簫（龍389/07）。

沿：**沿**音緣沿緣也順流而下曰沿（龍226/03）（慧12/626b）（慧31/14a）（慧83/46a）。**沿**音

緣（龍226/03）（玄19/260c）（慧56/569b）（玄22/303b）（慧48/393b）（慧1/404a）（慧80/1090

a）（紹187a7）。**冶**音治［沿］（龍187/06）。//㳂：**㳂**與專反今作沿（龍073/02）。

阽：**阽**与專反（龍296/01）。

妍：**妍**五堅反（龍279/07）（慧53/487b）（慧61/684b）（慧86/107b）（慧87/129a）（慧91/188b）

（慧97/292a）。**妍**俗（龍279/07）（慧62/700b）（慧97/279b）（紹141b4）；妍論作妍俗字

也（慧86/107b“競妍”註）（慧87/129a“妍醜”註）。

①蓋“婧”之俗字（見《正字通》）。

研： **研**正五堅反研磨也（龍440/04）（慧34/82a）（慧41/211b）（慧42/241b）（慧60/672a）（慧8
8/144a）（慧89/152a）。**研**俗五堅反研磨也（龍440/04）（慧63/734a）（慧80/1072b）（慧9
1/184b）（慧98/308a）（紹163a1）；研經作研俗字也（慧34/82a"研精"註）；妍正體研字
也（慧91/188b"妍蚩"註）。//研：**研**五堅反掔破也又摩也（龍208/04）；研或從手
作研砸並古字也音訓並同（慧89/152a"研氎"註）。**研**研或從手作研古字也（慧41/
211b"研氎"註）。**粊**或作五堅反正作研掔破（龍304/03）。**碎**五堅反擊破也（龍441
/03）。//硞：**碻**五堅反硞孝也（龍440/04）。//硯：**硯**五堅反人名（龍441/03）。

砸： **砸**正五堅反（龍328/06）。**砸**俗（龍328/06）；研或從手作研砸並古字也音訓並同
（慧89/152a"研氎"註）。

粊： **粊**研字書作～（慧88/144a）。

訮/訮： **訮**正許延反詞[詞]也怒也又五閑反亦諍訟也又音天亦詞[詞]皃也（龍040/0
8）（慧78/1032b）。**訮**或作（龍040/08）。**訮**俗（龍040/08）。

炎： **炎**于廉反（玄2/27a）（玄4/58a）（慧43/272b）（玄5/73b）（慧17/737a）（玄8/111c）（慧33/
62b）（玄23/305a）（慧47/351b）（玄24/323c）（慧70/868b）（慧21/817b）（慧23/881a）（慧26/9
35b）（慧92/204b）；焰漢書作炎假借也（慧8/555b"煙焰"註）。//**㷋**俗音炎熱㷋也（龍
298/10）。

殸： **殸**舊藏作琰（龍515/01）。

㷼： **㷼**琰音（紹189b10）。

鵜： **鵜**余廉反～離鳥也（龍285/09）。

延： **延**以旃反（玄22/298c）（慧48/386a）（希3/371c）（希4/376b）。**延**戈[弋]仙反正字也（慧
80/1094a）。**延**以旃反（慧12/629a）。**延**又俗音延（龍489/04）。**延**延正（紹138a5）
（高59/654c）。

鄭： **鄭**音延地名（龍453/01）。

埏： **埏**以旃反（玄19/252c）（慧56/557a）（慧83/58a）（慧88/138a）（慧93/217b）（慧98/299a）（希
10/421b）（紹160b9）；潬經文作埏音延（玄1/12b、慧42/232b"洲潬"註）（玄10/139b、慧4
7/346b"洲潬"註）（玄11/141b、慧56/549b"洲潬"註）。**埏**又音延（龍246/03）。

狿：狿延音又抽延切（紹 167a1）。

莚：莚余戰反（龍 261/10）（玄 6/83c）（玄 22/297a）（慧 48/383b）（玄 23/305a）（慧 27/975b）（慧 74/959b）；𥿋綖經文錯用也正體從草作苑莚（慧 16/716a“𥿋綖”註）；延又作莚（希 4/376b“蔓延”註）。莚莚正延音又延面切（紹 138b3）。

珽：珽俗音延（龍 434/09）。

䀽：䀽音延相顧視也（龍 419/09）。

蜒：蜒延音（慧 59/647b）（慧 41/218a）（慧 51/451b）（慧 72/902b）（紹 164b10）；蟺集本作蜒非也（慧 95/244b“蜿蟺”註）。蜒音延（慧 27/973a）（玄 14/194c）（慧 32/29b）（慧 38/157a）。蜒以旃反（玄 6/82c）。蜒音延（龍 220/04）。//蝣：蝣（慧 38/157a“蚰蜒”註）。蝣蚰蜒或作蝣蝣二形同（玄 14/194c、慧 59/647b“蚰蜒”註）。

筵：筵音延席也（龍 389/03）。

鋋：鋋延禪二音方言云小矛也（龍 9/06）（慧 48/394b）（玄 17/229a、慧 67/817a“執矟”註）（玄 19/256b、慧 56/562b“矟矟”註）（慧 21/830a）。

毲：毲俗音延（龍 134/09）。//毤：毤音延[1]（龍 335/07）。

𨓜：𨓜以見反相顧視而行也（龍 492/05）。

綖：綖音延（龍 398/03）（玄 3/36b）（慧 09/571a）（玄 6/82a）（慧 4/470b）（慧 11/618b）（慧 12/623a）（慧 15/691a）（慧 15/702b）（慧 16/716a）（慧 27/971b）（慧 31/20a）（慧 74/942b）（慧 85/99b）（紹 191b2）；綫或作線經作綖非也（慧 19/778a“綫結”註）（慧 43/257a“白疊綫”註）（慧 37/142b“搓以綫”註）（慧 38/163b“白氎綫”註）（慧 39/181a“白綫”註）（慧 40/192a“色綫”註）（慧 62/712b“皮綫”註）（慧 75/978a“如綫”註）（慧 76/997a“纑綫”註）（慧 78/1045a“綫結”註）（希 8/409a“撚綫”註）。

閻：閻正余廉反閭里又里中門也（龍 092/05）；閻經作閻俗字也（慧 32/38a“閻浮提”註）。閻今（龍 092/05）。閻通（龍 092/05）。閻俗（龍 092/05）。閻琰占反（慧 32/38a）。閻文作閻字在中阿含第十九卷[2]（龍 092/07）。

①參見《龍龕手鏡研究》281 頁。
②參見《龍龕手鏡研究》184 頁。

癇：癇余廉反病也（龍470/07）。癇余廉反病也（龍470/07）。

猏：猏五閑反犬鬬聲（龍318/04）。

喗：喗五閑反訟詞也（龍268/05）。

檐：擔以占反（玄4/51c）（慧31/23b）（慧58/608b）（慧86/113b）（慧91/182b）（慧91/193a）（紹159b2）；檑或作檐（慧98/300a"檑字"註）。檐檐正鹽音又都濫切（紹159b2）。搭餘占反（玄15/208b）；怗宜作擔（玄16/219b、慧65/768b"為怗"註）；檐從手非也（慧91/193a"檐雷"註）。//檑：檑葉占反（慧88/140a）（慧98/300a）（紹158b4）；檐字書作檑同（玄4/51c"檐邊"註）。檑俗音閻正作檑（龍209/09）；擔又作～同（玄15/208b、慧58/608b"屋擔"註）。檑閻音（紹133b5）。//簷：簷音塩與檐同（龍388/09）（慧42/242b）；經詹字從竹作簷簷謂簷楹也非此義也（慧31/5b"詹蔔"註）；檐論作簷俗字（慧86/113b"峯檐"註）；檑文字集略作簷（慧88/140a"飛檑"註）（慧98/300a"檑字"註）。簷簷正余廉切（紹160b3）。//欄：欄余廉反步欄長廊也（龍377/05）。

闇：闇正音鹽朝門別名也（龍091/07）。闇通（龍091/07）。

嚴：嚴嚴劍反借用字正作驗（慧14/672b）（慧35/97b）（慧95/246a）。

巖：巖吾咸反（慧8/553a）（慧10/593a）（慧23/869a）（慧54/521a）（慧75/963b）（慧81/8b）（希2/366c）（紹162b6）。巖五銜反峯也險也峻也（龍69/08）（玄1/6a）（玄10/135c）（玄22/294b）（慧20/807b）（慧48/380a）。巖（慧49/400b）（紹162b6）；巖經作巖俗字亦通（慧54/521a"巖崿"註）。//岩：岩古五銜反（龍069/08）。喦五銜反玉篇同（龍069/08）；巖古文從品作喦通用（慧75/963b"嶄巖"註）。喦魚銜魚音二切（紹162b6）。//碞：碞五咸反巖也又山高峻貌又音吟僭差（龍441/05）。

噞：巖牛咸反呻吟也（龍269/01）。嚥（紹181b6）。

礹：礹正魚撿反（龍442/01）；巖又作礹同（玄1/6a、慧20/807b"巖崿"註）；巖又作礹（玄10/135c"巉巖"註）（慧75/963b"嶄巖"註）。礹俗魚撿反（龍442/01）。礹巖又作礹（玄10/135c、慧49/400b"巉巖"註）（慧8/553a"峯巖"註）。

謞：謞五咸反知也又戲也（龍042/07）。

櫩：櫩余廉反木名（龍377/05）。

鹽：鹽余廉反（慧 34/85a）（慧 61/679b）。鹽鹽音塩同（紹 173a7）。

黬：黬五咸古咸二反釜底黑也（龍 531/08）。

鷹：鷹五咸反豹絕有力（龍 520/09）。

顔：顔俗音顔（龍 523/04）。

齻：齻正五閇胡犬二反（龍 322/07）（慧 87/124b "贊兒" 註）。齻俗（龍 322/07）。

yǎn 广：广魚撿反因巖為屋也（龍 298/06）。

嵒：嵒五旦反又魚偃反（龍 076/05）（玄 4/61b）（慧 44/282b）（玄 5/71b）。嵒魚偃反（慧 42/249b）。

嵃：嵃正魚寒反峻嵃（龍 074/08）；嵒經文作嵃非字義（玄 4/61b、慧 44/282b "鼻嵒" 註）（玄 5/71b、慧 42/249b "嵒鼻" 註）。巘俗（龍 074/08）。

巘：巘正魚寒反齒露也（龍 312/04）。//齻：齻俗（龍 312/04）。

弇：弇今於斂反（龍 527/06）（慧 98/299b）（紹 128a10）；奄又作弇同（玄 14/190c、慧 59/640b "奄地" 註）；掩玉篇從廾作弇音義並同（慧 80/1073b "掩雲" 註）。弇或作於斂反（龍 527/06）。弇古於斂反（龍 527/06）。

渰：渰音掩（龍 231/10）（玄 12/158c）（慧 74/956a）（慧 80/1073b "掩雲" 註）（慧 80/1084b "淹雲" 註）（慧 87/129b）（慧 91/183b）。

兖：兖緣胃反（慧 83/57a）。

浣（沇）：浣正以轉反（龍 232/02）；兖今傳作此浣非也（慧 83/57a "兖相荆楊" 註）。沇或作（龍 232/02）。沇允兖二音（紹 186a10）。沇又俗音兖（龍 229/07）。

抌：抌正音兖動也（龍 212/05）。抌俗（龍 212/05）。抌俗（龍 212/05）。

阮：阮正音兖高貌（龍 296/10）。阮俗（龍 296/10）。

飐：飐正音兖小風也（龍 127/07）。飐俗（龍 127/07）。

嚯：嚯音引大笑也又音寅（龍 272/06）。

演：演延典反（慧 72/897b）。演延典反（慧 55/534a）。

戭：戭音演長搶又檮戭八元［愷］名（龍 173/03）。

嶮：嶮魚奄反（龍 074/07）。

噞：**噞** 魚撿反噞喁魚口上下皃也（龍271/04）（紹184b1）。**噞** 俗魚撿居儼二反（龍272/06）（紹183b6）。

嬐：**嬐** 魚撿反（龍281/10）；儼經作嬐音同非儼然義（慧39/177b"儼然"註）。

顩：**顩** 魚撿反顣顩狹面銳頤也亦䫵顩也（龍485/09）。//頤：**頤** 魚撿反䫵頤不平皃（龍485/08）。//䫵：**䫵** 欽錦反䫵顩醜皃（龍485/01）。

鱇：**鱇** 魚檢反～鯛魚名也（龍169/02）。

剡：**剡** 羊冉反（龍097/08）（玄5/69c）（玄17/231c）（慧70/856b）（玄18/245b）（慧73/924a）（玄21/282b）（慧18/753a）（慧80/1070b）（慧81/1b）（慧89/157b）（慧90/174a）（慧90/180a）（紹139b7）；燗經文作剡（慧5/493a"燗魔鬼界"註）；琰經文作剡（慧7/516b"琰魔王"註）。

琰：**琰** 羊染反（龍436/01）（玄24/322c）（慧70/867a）（慧93/219a）（慧93/220b）（紹140b4）；剡魔有作琰魔同（玄21/282b"剡魔"註）。

㞣：**㞣** 以冉反（龍303/08）；律文作居字与㞣同（玄16/215a、慧65/774a"㞣户"註）（慧60/658a"居閉門"註）。

跹：**跹** 以冉反疾行皃（龍461/07）。

奄：**奄** 衣广反忽也止也藏也匿也久也取也（龍357/03）（玄14/190c）（慧59/640b）（慧95/250a）（紹146a5）；弇或作奄（慧98/299b"西弇"註）。//**奄** 古文衣檢反今作奄（龍187/08）。

郯：**郯** 衣广反國名（龍456/03）。

掩：**掩** 正於广反（龍211/01）（玄11/140c）（慧56/548b）（慧2/431a）（慧5/483a）（慧6/503b）（慧7/520a）（慧8/541a）（慧45/317a）（慧64/759b）（慧80/1073b）（慧90/178b）（紹132a5）；閹亘作掩（玄4/54b、慧34/90a"閹塞"註）；奄又作掩同（玄14/190c、慧59/640b"奄地"註）；揜或為掩字訓義同（慧20/791a"揜頓"註）（慧78/1035a"揜蔽"註）（慧89/157a"揜唱"註）。//揜：**揜** 古於广反（龍210/10）（慧20/791a）（慧89/157a）（紹132a5）；奄又作揜同（玄14/190c、慧59/640b"奄地"註）（慧98/299b"西弇"註）；掩或作揜同（慧7/520a"掩泥"註）（慧90/178b"掩曜"註）。**揜** 俗於广反（龍211/01）（慧78/1035a）；掩說文作揜（慧2/431a"掩泥"註）（慧5/483a"掩泥"註）（慧6/503b"掩泥"註）。**揜** 說文作弇字音衣檢反（希

10/422c）（紹 132a5）。

脯：**脯**衣褕反屋脯雀也一曰户壞（龍 362/01）。

裺：**裺**衣撿於劍二反衣縫緣也（龍 104/09）。

罨：**罨**烏合口合衣撿三反鳥網也（龍 330/05）。**罨**烏合口合衣撿三反（龍 361/04）（紹 19

7b9）。//罯：**罯**或作同上[1]（龍 330/05）。

霉：**霉**音掩（龍 307/08）（慧 94/234a）（紹 144a5）；掩廣蒼從雨作霉（慧 80/1073b "掩雲" 註）

（慧 80/1084b "淹雲" 註）；濬亦作霉也（慧 87/129b "有濬" 註）。

黤：**黤**正於檻反青黑色也又烏感反義同（龍 532/04）（玄 5/74b）（玄 7/93c）（玄 11/142a）（慧

56/550b）（玄 13/171c）（玄 17/237c）（慧 74/953a）（玄 19/253c）（慧 56/558b）（慧 45/302b）（慧 5

4/508a）（慧 65/768a）；黯黤傳文從黑作黤黤俗字也（慧 74/946b "黯黤" 註）。**黤**烏感

反（慧 44/287b）（慧 28/997a）（紹 190b3）。**黤**俗（龍 532/04）。//黤：**黤**或作烏感於檻

二反正作黤青黑色也（龍 191/08）。//黤：**黤**俗烏感反正作黤（龍 347/04）。**黤**俗

（龍 347/04）。

黚：**黚**鴨檻反（慧 74/946b）；黤又作黚同（玄 19/253c、慧 56/558b "黤黤" 註）。**黚**俗烏感

反正作黚～黤（龍 339/10）。**黚**烏感反黚黤也（龍 532/05）。**黚**俗烏感反正作黚～

黤（龍 339/10）。

黮：**黮**郭逯於檻反（龍 532/03）。//黔：**黔**（龍 532/03）。

偃：**偃**正於蹇反仰也仆也倒也息也（龍 029/02）（慧 8/556a）（慧 24/887b）（紹 128a2）。**偃**俗

（龍 029/02）。**偃**央蹇反（慧 41/217a）（慧 39/175b）（慧 54/514a）（慧 93/220a）（希 1/356b）。

偃俗於幰反正作偃（龍 242/05）。**偃**俗於蹇反正作偃（龍 282/09）。//**緽**相承音偃

（龍 401/04）；偃經從糸作緽誤也[2]（慧 54/514a "偃體" 註）。

愝：**愝**於典反愝惼不順兒（龍 058/04）。

郾：**郾**音偃縣名（龍 456/02）。

蝘：**蝘**正於典反（龍 223/03）（玄 20/268b）（慧 33/56a）。**蝘**於典反（慧 90/178a）。//蠕：**蠕**

---

①參見《叢考》882 頁。
②參見《字典考正》350 頁。

俗於典反（龍 223/03）；螼蜓經文作蟪螢非體也（玄 20/268b、慧 33/56a "螾蜓" 註）。

褗： 裡音偃衣交領也（龍 104/09）。

軀： 軀音偃軀身向前也（龍 161/08）。

鰋： 鰋今音偃魚名（龍 169/05）。 鰻俗（龍 169/05）。

鼴： 鼴音偃～鼠似鼠形大如牛好偃河而飲水也（龍 334/06）。

巘： 巘言蹇反（慧 38/152b）（慧 47/347a）（慧 81/15b）（慧 82/39b）（慧 88/139b）。 巘魚偃魚

蹇二反山峯形如甑兒也（龍 074/08）（慧 92/207a）（慧 93/210b）（慧 98/300b）（紹 162a6）。

巘言謇反（慧 81/19a）。 巘魚偃魚蹇二反（龍 074/08）。 巘魚偃反（慧 23/869a）。 巘魚

偃魚蹇二反（龍 074/08）。 巘牛揠牛偃二切（紹 162a6）。 //巘巘字或作巘（慧 23/8

69a "巖巘" 註）。

瓛： 瓛言蹇反（慧 90/170a）（紹 141a1）。

甗： 甗音彥二音無底甑也（龍 315/05）。 甗許建反（龍 198/02）。 甗許建反（龍 198/02）。

甗許建反（龍 198/02）。

厴： 厴益琰反（龍 111/05）（慧 5/484a）（慧 36/116b）（希 6/391b）；正作厴今從省（慧 2/432b

"厴禱" 註）（慧 37/142a "厴蠱" 註）。 厴厴正於撿切（紹 168a8）。 厴厴正於撿切（紹 1

68a8）。 厴於琰反經文作猒義非也（慧 64/761b）。 //厭： 厭伊琰反（慧 2/432b）（希

7/401b）；厴經文作厭（希 6/391b "厴禱" 註）。 厭於琰於艷二反（希 6/394b）（希 6/397c）。

槏： 槏於點反山桑也（龍 302/06）。

槏： 槏益涉切（紹 195b8）。

魇： 魇於琰益涉二切（紹 198a5）。 魇於冉反（慧 28/1000a）。 魘於葉反惡夢魇也又於

琰反（龍 301/06）（慧 39/182a）。 魇俗於葉反正作魘惡夢也又上聲（龍 556/04）（紹 198

b4）。

嶘： 嶘魚撿反郭逐又撿斂二音（龍 296/07）（慧 81/7b）（慧 82/41b）（慧 91/191a）（慧 94/230a）

（紹 170a1）。 嶘嶘傳文作～俗字也（慧 94/230a "巖嶘" 註）。

仚： 仚音兗山間陷泥地也（龍 271/10）。

㫃： 㫃於蹇反㫃旌旗之旒也（龍 125/05）。

衍：**衍** 以淺反（龍 497/04）（玄 18/251a）（慧 73/936b）（紹 172b6）。

夽：**夽** 以染慈染二反（龍 357/07）。

齗：**齗** 魚塞魚偃二反張口見齒也與齗同（龍 312/05）。　**齗**（龍 312/05）。

黤：**黤** 於檻反（龍 532/04）。　**黤** 乙減切（紹 190b3）。　**黤** 黤正烏敢於琰二切（紹 197b2）。

眼：**眼** 五限反（希 6/395a）。　**眼** 新藏作眼字（龍 427/03）。

齗：**齗** 五板反齧～齒不正也（龍 312/04）。

儼：**儼** 魚檢反（龍 030/02）（玄 5/65b）（慧 18/751b）（慧 42/249a）（慧 39/177b）（紹 128b2）；鎮經文作儼非也（玄 11/148c、慧 52/466b "鎮頭" 註）（玄 20/270a "鎮頭" 註）；磼磼經文作儼儼非也（慧 33/58b "磼磼" 註）。

yàn　彦：**彦** 言建反（慧 77/1029b）（慧 80/1089a）（慧 82/39a）（慧 92/204b）；諺或作彦（慧 98/295b "斯諺" 註）。

偐：**偐** 鴈音（紹 128a10）。

遃：**遃** 音彦行也（龍 492/06）。　**遃** 音彦（慧 65/766b）。

諺：**諺** 音彦俗言也（龍 048/02）（玄 5/71c）（慧 34/86b）（玄 12/157b）（慧 74/953b）（玄 20/267c）（慧 33/55a）（慧 98/295b）（慧 100/337a）（紹 185b4）。

咽：**咽** 烏見反吞也又平聲（龍 273/01）（玄 4/61b）（慧 44/282b）（玄 12/155b）（慧 52/455b）（玄 12/157a）（慧 52/478b）（玄 15/200a）（慧 58/614a）（慧 45/310b）（慧 51/437b）（慧 93/219b）（慧 98/308a）（紹 182a4）；噎經文多作咽非字體（玄 2/16b "哽噎" 註）（玄 17/232b、慧 70/857b "不噎" 註）；哩又作咽同（玄 3/46c、慧 10/581a "哩屄" 註）；胭又作咽同（玄 25/335c、慧 71/888a "鬼胭" 註）（慧 1/410a "項胭" 註）（慧 11/605b "如孔雀胭" 註）（慧 76/1003b "長胭" 註）（慧 92/208b "胭頷" 註）；湮經作咽（慧 40/194a "湮没" 註）。//嚥：**嚥** 今（龍 272/10）（慧 90/174b）；咽經文作嚥未見所出（玄 12/155b、慧 52/455b "從咽" 註）。//哩：**哩** 烏奚反（龍 266/01）（玄 1/9a）（慧 17/742b）（玄 3/46c）（慧 10/581a）（玄 4/56c）（慧 43/266a）（玄 7/98c）（玄 19/254c）（慧 56/560a）（慧 14/671a）（紹 182a10）；咽又作哩同（玄 12/155b、慧 52/455b "從咽" 註）（玄 12/157a、慧 52/478b "得咽" 註）（玄 22/299c、慧 48/387a "璧泥耶躊" 註）（慧 92/208b "胭頷" 註）；哂經文作哩非也（玄 12/161a、慧 75/984b "哂哂" 註）；胭古文

作喠（慧 74/943b "脃匈" 註）。**㗿** 俗（龍 272/10）。**蜜** 古（龍 272/10）。//脃：**脃** 鷰賢反（慧 38/151a）（慧 39/182a）（慧 43/270b）（慧 47/346a）（慧 92/208b）。**脃** 音又去聲（龍 405/03）（玄 25/335c）（慧 71/888a）（慧 1/410a）（慧 11/605b）（慧 74/943b）（慧 76/1003b）；咽又作脃同（玄 15/200a、慧 58/614a "咽病" 註）。//脛：**脛** 音煙又去聲（龍 405/03）；脃或作脛膴皆古字也（慧 1/410a "項脃" 註）。//膴：**膴** 音煙又去聲（龍 405/03）；脃或作脛膴皆古字也（慧 1/410a "項脃" 註）（慧 74/943b "脃匈" 註）（慧 92/208b "脃頷" 註）。

唁：**唁** 正宜箭反吊失國也（龍 274/04）（玄 13/178a）（慧 52/480a）（慧 75/982b）；闔又作唁宜箭反非此用（玄 12/162a、慧 28/994a "闉闍" 註）。//啑：**啑** 正牛箭反吊啑也（龍 274/04）（紹 182b6）；謤經文從口作啑非也（玄 5/71c、慧 34/86b "真謤" 註）（玄 20/267c、慧 33/55a "真謤" 註）（慧 98/295b "斯謤" 註）；唁又作啑同（玄 13/178a、慧 52/480a "吊唁" 註）。**疞** 通（龍 274/04）。**喭** 俗（龍 274/04）。

這：**這** 音彥玉篇又之石魚則二反香嚴申隻反郭迻音遮（龍 493/05）（慧 15/701b）（慧 16/716a）（慧 57/584b）（慧 74/957b）（慧 75/976b）（慧 76/996b）（慧 77/1016b）（慧 79/1062b）（紹 138a7）；迻或從言作這亦通（慧 65/766b "迻請" 註）；**這** 俗唁正（龍 274/04）；唁又作這同（玄 13/178a、慧 52/480a "弔唁" 註）。

焰：**爛** 音焰正體字也（慧 35/105b）（慧 35/107a）（慧 36/129b）（慧 39/167a）（慧 40/194a）（慧 51/433a）（慧 76/996a）（慧 95/256b）；燂論文作爛（玄 9/125c、慧 46/330a "燂膪" 註）；燊祥闔反正體字也又從火作爛俗字也（慧 66/793a "燊髭" 註）；燄考聲或作爛（慧 98/309a "長燄" 註）。**爛** 闔漸反（慧 5/493a）（慧 33/60b）。**爛** 正羊贍反（龍 242/08）（紹 190a3）；焰字詁古文燄今作爛（玄 7/92a、慧 28/994b "焰明" 註）（慧 8/555b "煙焰" 註）（慧 12/637a "毒燄" 註）。**爛** 葉潼反（慧 32/39b）。**爛** 闔潼反（慧 45/306b）（慧 68/822a）。//**焰** 餘贍反（玄 7/92a）（慧 28/994b）（玄 24/330b）（慧 7/519b）（慧 8/555b）；炎正字作熖（慧 17/737a "尒炎" 註）（玄 8/111c、慧 33/62b "洪炎" 註）；燄或省去門作焰俗字也（慧 12/637a "毒燄" 註）（慧 66/783b "煙燄" 註）；爛亦作焰（慧 35/107a "光爛" 註）（慧 40/194a "焲爛" 註）（慧 51/433a "火爛" 註）（慧 68/822a "烟爛" 註）。**熖** 移贍反（玄 21/277a）（慧 70/878b）；炎正字作熖（玄 5/73b "尒炎" 註）；爛經文作焰俗字（慧 33/60b "如爛" 註）。**焰** 今省羊

贍反（龍 242/08）。//燄：**燄** 閻漸反（慧 33/63b）（慧 45/301b）（慧 66/783b）（慧 78/1038a）

（慧 98/309a）（希 3/371a）。**燄** 閻漸反（慧 30/1048a）；焰字詁古文燄（玄 7/92a、慧 28/99

4b "焰明" 註）（玄 8/111c、慧 33/62b "洪炎" 註）（慧 8/555b "煙焰" 註）；爓經作燄亦通也

（慧 32/39b "爓肩" 註）（慧 36/129b "陽爓" 註）（慧 76/996a "陽爓" 註）。**燄** 俗音熒①（龍 16

6/06）。**焰** 論文作焰非也（慧 67/804a）。**焰** 鹽塹反（慧 12/637a）。**燄** 通羊贍反（龍 2

42/08）。//**炎** 俗羊贍反（龍 242/08）（玄 5/73b）（慧 17/737a）。//**爓** 俗（龍 242/08）；焰

經文作爓非此義（玄 7/92a、慧 28/994b "焰明" 註）（慧 78/1038a "燄光" 註）。**爐** 俗（龍 2

42/08）。**爐** 俗（龍 242/08）；又俗音焰（龍 245/05）。//**糪** 俗（龍 242/08）。

牪：**牪** 羊眷反牛伴也（龍 117/03）。

犴：**犴** 正五旻五見二反逐虎犬也（龍 319/03）。**犴** 俗（龍 319/03）。**狦** 俗（龍 319/03）。

趼：**趼** 正五堅反獸跡又五見反～骨也（龍 460/07）（紹 137b9）。**趼** 通（龍 460/07）（紹 137

b9）。

旻：**旻** 於見反安也（龍 283/08）。

晏：**晏** 通烏澗反安也天清也（龍 428/03）（玄 11/143b）（慧 56/554a）（慧 58/623a）（慧 21/811a）。

晏 正烏澗反（龍 428/03）（慧 38/153b）。**晏** 烏鴈反（玄 5/63c）（玄 15/210c）；宴有本作

晏（慧 27/965b "宴" 註）。//閻：**閻** 俗音晏晚也（龍 094/07）；晏經文從門作閻非體

也（玄 11/143b、慧 56/554a "晏然" 註）。

騴：**騴** 音晏馬尾白曰騴（龍 293/06）。

陻：**陻** 央建反（慧 64/748b）（慧 66/788b）（慧 72/901a）。**陻** 正於建反地名也又音偃（龍 29

7/08）。**陻** 俗（龍 297/08）。//堰：**堰** 於扇切（紹 161a5）；偃經作堰非也（慧 39/175b

"偃臥" 註）；陻經從土作堰亦通用（慧 64/748b "陻塞" 註）（慧 66/788b "陻塞" 註）（慧 72

/901a "陻江" 註）。**堰** 於蹇反擁水也又去聲（龍 249/04）。

宴：**宴** 俗一見反安也息也靜也（龍 157/6）（玄 6/79c）（玄 8/107b）（慧 48/377a）（慧 27/965b）；

讌又作宴同（玄 1/5c、慧 20/807b "讌集" 註）（慧 89/154b "讌於" 註）（慧 90/174b "清讌" 註）。

//**宴** 正（龍 157/6）（玄 7/98c）（慧 28/1004a）（玄 22/292b）（慧 17/727b）（慧 18/768b）（慧 22/

①參見《字典考正》477 頁。

840a）（慧 26/957a）（慧 45/317a）；燕又作宴（玄 3/42a、慧 09/573b "燕坐" 註）；晏又作宴（玄 15/210c、慧 58/623a "晏安" 註）；讌又作宴同（玄 22/287c、慧 48/370b "讌會" 註）（慧 15/684a "遊讌" 註）（慧 15/705b "讌會" 註）。宴於見反（慧 23/860a）。//饞音咽會也（龍 503/03）。

歐：歐於建反大呼用力也（龍 355/03）。

膢：膢於蹇反相當也（龍 350/08）。

燕：燕煙見反（慧 53/493a）（希 10/422a）（紹 155b2）；讌又作燕同（玄 1/5c、慧 20/807b "讌集" 註）（玄 3/42a、慧 09/573b "燕坐" 註）（玄 22/287c、慧 48/370b "讌會" 註）；宴石經為古文燕（玄 6/79c、慧 26/957a "宴默" 註）（玄 7/98c "宴默" 註）（玄 8/107b、慧 28/1004a "宴坐" 註）（玄 22/292b、慧 48/377a "宴坐" 註）（慧 17/727b "宴居" 註）（慧 27/965b "宴" 註）（慧 45/317a "宴坐" 註）；鷰又作燕同（玄 13/168c、慧 57/589a "鷰麦" 註）；鶼又作燕同（玄 21/283b "鶼麦" 註）。//鷰：鷰一見反（慧 57/589a）。鷰一見反（玄 13/168c）。//鶼：鶼燕見反（慧 18/761b）。鶼一見反（玄 21/283b）（紹 165a3）。

嬿：嬿伊殿切（紹 183a4）；讌經文有作嬿非也（玄 1/5c、慧 20/807b "讌集" 註）。

嬿：嬿於典於見二反婉嬿美也（龍 282/03）。

醼：醼於見反飲醼也（龍 310/10）（紹 144a1）；讌經文有從酉作醼非也（玄 1/5c、慧 20/807b "讌集" 註）。

讌：讌煙見反（慧 89/154b）。讌烏見反讌會也（龍 47/06）（玄 1/5c）（玄 22/287c）（慧 15/684a）（慧 15/705b）（慧 20/807b）（慧 48/370b）（慧 61/680b）（紹 185b4）；嬿或從言作讌亦通（慧 90/174b "清嬿" 註）。

驠：驠音煙馬竅白（龍 291/09）。

俺：俺正於劒反大也（龍 035/08）。俺俗（龍 035/08）。

媕：媕衣琰反覧也（龍 282/03）。

俺：俺正於劒反行皃也（龍 498/03）。俺俗（龍 498/03）。

攐：攐於劒反劒羽（龍 327/07）。

讇：讇於劒反讇匿也（龍 048/03）。

猒： 猒正於閻反又去聲（龍317/02）（慧2/427b）（慧4/464a）（慧14/676b）（慧15/697a）（慧41/207a）（慧41/228b）（慧50/415a）（慧57/595a）（慧94/223b）；厭或作～亦同也（慧1/413a"厭食"註）。猒一閻反（慧11/613b）。猒俗（龍317/02）（玄10/134a）（慧5/494a）（慧21/817b）（慧27/964b）（慧33/66b）；厭蟲經文作猒顧非體也（玄20/266a"厭蟲"註）（慧1/413a"厭食"註）（慧14/670b"厭足"註）；猒經中多從日月作猒（慧4/464a"猒足"註）。//

厭： 厭伊焰反（慧4/474a）（慧5/489b）（慧24/895a）。厭於艷反（慧33/66b）；猒經從目月作猒或從厂作厭皆誤也（慧33/66b"無猒"註）。厭伊焰反（慧11/607a）（慧11/613b）（慧19/774b）。厭伊焰反（慧1/413a）（慧14/670b）（中62/717b）。厭伊爛反（慧2/427b）（慧4/458a）。厭於琰切（紹192b4）。

厴： 厴同上〔於葉於叶二反〕女字也（龍301/06）。

餍： 餍正於焰反飽也靨惡也又於簾反（龍502/06）。餍於艷反（慧34/87b）（紹171b7）；猒傳從食作餍俗字（慧94/223b"猒餕"註）。饜俗（龍502/06）。餐此應餍字誤作也（慧52/453a）（玄13/168b）（慧52/480a）。餍此應餍字誤作也（玄12/154b）。//靨： 靨於苑切（紹198a5）。饜今於焰反飽也靨惡也又於簾反（龍502/06）（紹193b8）。饜俗伊琰反正作靨字（龍472/09）。饜俗伊琰反正作靨字（龍472/09）。癊俗（龍472/09）。癊俗伊琰反正作靨字（龍472/09）。癊俗（龍472/09）。癊俗（龍472/09）。//髑： 髑俗於鹽於焰二反正作靨飽也（龍479/07）。//髑： 髑俗（龍479/07）。

靨： 靨伊染反黑靨子也（龍302/04）（慧4/463b）（慧36/120b）（慧40/197b）（慧53/484b）（慧53/484b）（慧53/491a）（慧54/516a）（慧60/673b）；靨俗字誤用也正體從黑作靨（慧20/796b"有靨"註）。靨伊琰反黑靨子也正从厂作（龍300/01）（玄1/9c）（玄7/101a）（玄9/120c）（玄12/159c）（玄22/291c）（慧8/542b）（慧17/743b）（慧38/159b）（慧40/202a）（慧46/321a）（慧48/376a）（希9/411b）（紹193b9）。靨俗伊琰反正作靨〔靨〕字（龍472/09）。//靨： 靨伊琰反俗字誤用也正體從黑作靨（慧20/796b）；靨律文從面作靨〔靨〕亦通（慧60/673b"黑靨"註）（希9/411b"靨子"註）。靨俗於葉反（龍302/10）；厭經文作靨面上黑子也非月厭字（希5/386c"月厭"註）。靨靨正於琰切（紹198a3）。靨於葉於叶二反面上～子（龍301/05）。靨一琰反（慧61/682b）（慧61/694b）。靨於琰切（紹192b4）。

//璑 烏叶烏玄二反面上黑～子也（龍 439/03）。

雁：厥正五旦反火色也（龍 243/06）。厥正（龍 302/09）。雁今五旦反火色也（龍 243/06）。雁今（龍 302/09）。

鴈：鴈俗五諫反正從广作（龍 302/07）。鴈我諫反（玄 1/17c）（玄 1/22c）（希 1/356b）（希 2/363c）（希 6/396a）（紹 165a6）（紹 198a2）；或作鴈同（慧 8/540b "梟鴈" 註）（慧 11/604b "梟鴈" 註）（慧 12/636a "鴈行" 註）。鴈顏莧反（慧 8/540b）（慧 4/468a）（慧 11/604b）（慧 11/617b）（慧 12/636a）（慧 25/909a）（慧 25/922b）。鴈五晏反（龍 301/01）。鴈俗五諫反正從广作（龍 302/07）；鴈鴈古字也（慧 25/922b "鴛鴈" 註）。鴈五晏反（龍 301/01）。//

雁：雁鴈或作雁（慧 97/288a "鷹鷃" 註）。雁籀文鷹字（龍 199/07）。

贗：贗五晏反偽物（龍 301/02）。贗五晏反偽物也（龍 352/03）。

鴳：鴳音雁鴻也（龍 289/01）。

釅：釅魚欠反（龍 310/08）（紹 143b10）。

齘：齘魚欠反好齒兒（龍 312/08）。//齘：齘同上（龍 312/08）。

豔：豔音焰（慧 18/760b）（慧 44/279b）（慧 45/302a）；艷正體從盍作豔（慧 15/692b "艷美" 註）（慧 15/706b "暉艷" 註）。豔鹽贍反（慧 17/728b）。豔餘贍反（慧 43/271b）（慧 94/242a）；豔經文從去作豔俗字（慧 18/760b "豔色" 註）。豔音焰（龍 551/2）（玄 4/57a）（玄 7/94c）（玄 15/209c）（玄 21/283b）（玄 23/314a）（慧 28/998a）（慧 50/422a）（慧 58/611a）（慧 89/162b）。//艷：艷音焰（龍 523/7）（慧 15/692b）（慧 15/706b）（慧 26/934a）；豔又作豔[艷]同（玄 1/3c、慧 20/803b "妖豔" 註）（玄 7/94c、慧 28/998a "豔眇" 註）（玄 15/209c、慧 58/611a "妖豔" 註）（玄 21/283b "豔色" 註）（慧 17/728b "姿豔" 註）（慧 44/279b "膚豔" 註）（慧 45/302a "摩尼豔" 註）（慧 89/162b "豔發" 註）。

灎：灎正音熖（龍 235/01）（慧 48/383b）。灎俗（龍 235/01）（玄 22/297a）。//灎：灎今音熖（龍 235/01）（紹 187a1）。

虙：虙音彥鬲屬也（龍 200/05）。

瓤：瓤牛偃反瓢也（龍 195/09）。瓤魚偃反瓢也（龍 331/01）。

譧：譧喑又作譧同（玄 13/178a、慧 52/480a "弔喑" 註）。譧魚塞塞列二反（龍 046/03）。//

瀄：㵽魚列切（紹189a1）。

㘟：㝝頑古文作㘟（慧19/783a）。㝝於騫反（龍360/07）。

眼：眼於劍反眼口虛名在富貴渚上也（龍346/01）。

焱：焱呼覓反又音焰（龍244/08）（慧38/160b）（紹189b7）；焱集從三火作焱音艷非義也

（慧99/326b"飄焱"註）。

傿：傿於建反引也又為價玉篇又於靳反依也（龍035/07）。

顑：顑五陷反顝顑面長兒也（龍486/06）。

酓：酓於念反苦味也（龍311/01）。

齾：齾五咸反齒差兒（龍311/09）（龍312/08）。

驗：鎃俗音驗（龍197/02）。

yang

yāng 央：央於良反（玄3/34b）（慧09/567a）（玄6/87c）（慧15/701a）（慧16/715b）（慧21/816b）（慧

23/857b）（慧27/983b）（慧28/1002a）（慧34/83a）（慧38/161a）（慧45/300b）。

佒：佒音央傴也（龍026/04）。

眏：眏烏郎反膺聲也（龍268/07）。

浹：浹烏朗反又於良反（龍232/03）（慧99/311b）（慧99/313b）（紹186b6）。

抰：抰於丈反（龍215/04）（紹133b4）。

狹：狹於良反（龍318/06）。

殃：殃於良反（龍513/07）（慧3/450a）（希6/396c）。殇於良反（龍323/05）。

筪：筪於良反（龍389/06）。

鈌：鈌於京反鈴聲也（龍010/06）（紹180b5）。

鞅：鞅於兩反（龍449/01）（玄15/211b）（慧58/624b）（玄20/267a）（慧33/54a）（慧23/863b）

（慧23/878b）（慧68/830a）（慧95/246b）（慧97/284b）（希1/354b）（希2/362c）（紹140a5）；

央經文作鞅非此義（玄3/34b、慧09/567a"無央"註）（玄6/87c"无央"註）（慧15/701a

"无央"註）（慧16/715b"央數"註）（慧27/983b"无央"註）（慧28/1002a"無央數"註）（慧3

4/83a "無央"註）（慧 38/161a "無央"註）（慧 45/300b "無央"註）。**鞅**於兩反（龍 449/01）。

鞅於兩反（龍 449/01）。//紻：**紻**鞅或作紻（慧 68/830a "鞦鞅"註）。//鞅：**鞅**俗

於敬反（龍 084/07）。

鴦：**鴦**音央（龍 285/02）。　**鴦**烏廊反（玄 1/17c）（慧 4/469a）（慧 25/909a）（慧 25/926a）（慧

41/210a）（希 2/363c）（紹 165a4）。**鴦**央音（紹 165a4）。**鴦**鴦正央音（紹 166a9）。

yáng　羊：**芊**正羊字（慧 53/494b）（慧 68/824b）。

佯：**佯**音羊詐也又仿漫行也又音墙弱也又古文髣字（龍 024/02）（紹 129a7）；陽經文

作佯非此義也（玄 11/151c、慧 52/472a "陽龍"註）（玄 15/200c、慧 58/615b "陽病"註）。

劸：**劸**音羊勸也（龍 517/01）。

徉：**徉**音羊襀徉徙倚也（龍 496/03）。

垟：**垟**音羊土精（龍 248/02）。

洋：**洋**藥章反（慧 55/530a）。**洋**郭氏又俗羊詳二音（龍 232/06）。**洋**音羊（龍 227/01）

（玄 9/123c）（慧 46/326b）（玄 13/179b）（慧 34/84a）（玄 16/221b）（慧 65/764a）（玄 18/245a）

（慧 72/916b）（玄 22/290a）（慧 48/373b）（玄 24/323c）（慧 70/868b）（慧 14/680a）（慧 41/216a）

（紹 187b4）；潢瀁經文洸洋（慧 43/258a "潢瀁"註）。

徉：**徉**以章反彷徉（玄 04/59c）（玄 12/154b）（慧 52/453a）（玄 14/190a）（慧 59/639b）（玄 16

/213c）（慧 65/772a）（玄 17/227a）（慧 67/813b）（慧 33/58b）（慧 53/501b）（慧 61/686a）（慧 7

9/1058b）（紹 172b7）。

珜：**珜**音羊珜蠻縣名（龍 433/09）。

烊：**烊**音羊焇烊又烊焰也（龍 239/01）。

詳：**詳**陽通俗文作詳（玄 11/151c、慧 52/472a "陽龍"註）（玄 15/200c、慧 58/615b "陽病"

註）。

䍽：**䍽**音羊多也（龍 178/07）。**䍽**（龍 178/07）。**詳**俗音羊（龍 159/08）。

鶼：**鶼**音羊鶬鶼（龍 285/08）（玄 7/103a）（慧 24/893a）（紹 165b3）（紹 167b6）；羯經文從鳥

作鶼非也（玄 5/74b、慧 44/291a "羯隨"註）；鴌或作鶼經從羊作鶼非也（慧 45/300a

"鴌鳥"註）。

陽：**陽**餘章反（玄 11/151c）（慧 52/472a）（玄 15/200c）（慧 58/615b）。**暘**古文音陽（龍 419/04）。

歇古文音陽（龍 545/03）。//**霷**：**霷**音羊（龍 307/04）。

崵：**崵**音羊嶧崵山名（龍 072/02）。

揚：**揚**音羊（龍 210/06）（玄 11/150b）（慧 52/469a）（慧 20/792a）（慧 67/803b）。//**敭**：**敭**古文音羊今作揚（龍 528/07）。**敭**音羊明敭（龍 119/01）（紹 197a8）；揚古文敭同（玄 11/150b、慧 52/469a "揚治" 註）（慧 20/792a "搜揚" 註）。//**敭**：**敭**江西隨函音以長反敭舉（龍 087/05）。

煬：**煬**又音羊（龍 243/03）（玄 20/269c）（慧 83/45b）（慧 87/120a）（慧 94/224b）（慧 97/286b）（紹 189b3）；洋字略作煬釋金也（玄 16/221b、慧 65/764a "洋銅" 註）（玄 24/323c、慧 70/868b "洋銅" 註）。

暘：**暘**暘正陽音（紹 171a4）。

瑒：**瑒**音羊玉名又徒杏反祀宗廟圭名長一尺二寸（龍 434/06）。

瘍：**瘍**音養（慧 40/189a）。**瘍**音羊傷頭瘡也（龍 469/09）（玄 11/151a、慧 52/470b "瘡痍"）（慧 37/139a）（紹 193a4）。

暢：**輰**音羊暢輰車也（龍 081/04）。

錫：**錫**養將反（慧 95/248b）（希 8/405c）；鍚或作錫（慧 99/322b "載鍚" 註）。**錫**正音羊兵名又馬額飾也（龍 012/08）。//**鍚**：**鍚**俗（龍 012/08）（慧 99/322b）（紹 180a9）；錫正作鍚字（慧 95/248b "鍚鸉" 註）。

騬：**騬**音羊馬名（龍 292/07）。

榙：**榙**音羊杯也（龍 328/07）。

颺：**颺**正音羊風所飛颺也又去聲（龍 125/08）（玄 3/41b）（慧 09/572a）（玄 5/70a）（玄 22/294b）（慧 48/380a）（慧 3/442a）（慧 17/733b）（慧 53/492a）（慧 62/718b）（慧 73/932a）（希 8/409c）；揚古文颺同（玄 11/150b、慧 52/469a "揚治" 註）；漾或作瀁皆義別正體合作颺（慧 4/467b "泛漾" 註）；**颺**羊亮反（慧 8/535b）（慧 80/1080a）（慧 94/230b）（紹 146b6）。

飈俗（龍 125/08）。

鸉：**鸉**音羊（龍 285/08）（慧 45/300a）。**鶋**鸉或作鶋（慧 45/300a "鸉鳥" 註）。

崏： 崏 正五江反山名也（龍073/03）。崏 或作（龍073/03）。崏 或作（龍073/03）。

yǎng 坱： 坱 烏朗反塵也（龍248/10）（慧99/311b）。

岟： 岟 於兩反〜山足也（龍075/07）。

映： 映 又于浪反（龍428/01）（慧21/819a）（慧98/298b）（紹170b8）；暎 經從央作映非也 音烏朗反不明也非經義也（慧1/411b "暎蔽" 註）；鞅集從日作映非鞅義（慧97/284b "鞅掌" 註）。

昳： 昳 俗烏朗反（龍420/09）。

牖： 牖 於丈反氣流皃（龍523/06）。

眏： 眏 於兩反無財也（龍350/04）。

駚： 駚 於兩反〜鸉馬皃（龍292/10）。

仰： 仰 魚兩反舉首也又恃也為也（龍029/02）（玄2/27c）（玄5/64c）（慧44/285a）（慧8/545b）（慧13/646b）（慧26/937b）。仰（慧22/834b）。卬 仰説文作卬古字也今從人作仰（慧13/646b "祇仰" 註）。

蛘： 蛘 羊兩反（慧55/541b）（慧62/701b）。蛘 羊掌反痛蛘也又蟻名與癢痒亦同（龍223/02）（玄12/157c）（慧74/954b）（慧17/729b）（慧28/1001b）（慧30/1047a）（慧53/497a）（慧57/580a）（紹164b6）；痒説文作蛘（慧40/186b "疿痒" 註）；癢説文作蛘亦作痒（慧62/709a "瘙癢" 註）；痒説文作蛘（慧96/262b "痛痒" 註）。蛘 餘掌反（玄5/72b）（慧33/57b）（慧33/60b）；癢或從虫作蛘（慧19/788a "痛癢" 註）。// 痒 羊蔣反（慧63/724b）。痒 羊掌反皮膚痒也又似羊反病也（龍472/08）（慧40/186b）（慧78/1038b）（慧79/1058b）（慧96/262b）（紹192a9）；痛又作痒（玄3/37c、慧09/558a "七痛" 註）；蛘又作痒（玄5/72b、慧33/57b "下蛘" 註）（玄12/157c、慧74/954b "搔蛘" 註）（慧19/788a "痛癢" 註）（慧28/1001b "無蛘" 註）（慧30/1047a "痛蛘" 註）（慧33/60b "痛蛘" 註）（慧53/497a "四蛘" 註）（慧57/580a "痛蛘" 註）。// 癢： 癢 羊掌反皮膚痒也（龍472/08）（慧19/788a）（慧62/709a）；蛘今皆作癢近字也（玄5/72b、慧33/57b "下蛘" 註）（玄12/157c、慧74/954b "搔蛘" 註）（慧17/729b "痛蛘" 註）（慧28/1001b "無蛘" 註）（慧30/1047a "痛蛘" 註）（慧33/60b "痛蛘" 註）（慧55/541b "躁蛘" 註）（慧63/724b "瘙痒" 註）。// 蘘 俗余兩反（龍461/

07）；蚌有作蹂非也（慧 55/541b "蹂蚌" 註）。// 蟻：**蟻** 余兩反虫蟻（慧 53/497a）；

蚌經從養作蟻俗字也（慧 53/497a "四蚌" 註）。

養：**養**（慧 22/841a）。// 羗：**羖** 音羊（龍 529/04）。**羖** 俗音支羊羖也（龍 160/07）。

瀁：**瀁** 余亮反又余兩反（龍 233/02）（玄 5/65a）（玄 8/114a）（慧 16/715a）（玄 20/263c）（初

編玄 917）（慧 33/57a）（慧 42/248b）（慧 83/65b）（慧 94/241b）（紹 188b8）；漾或作瀁（慧 4/46

7b "泛漾" 註）。**瀁** 似良以章二反（慧 43/258a）。

勧：**勧** 余兩反勉也（龍 517/05）。

攘：**攘** 蟻或從手作攘（慧 53/497a "四蚌" 註）。

癢：**癢** 羊掌反皮膚痒也（龍 472/08）。// 痒：**痒** 羊掌反皮膚痒也又以羊反病也（龍 4

72/08）。

騰：**騰** 俗音養（龍 412/03）。

yàng 怏：**怏** 於亮反情不足也亦不服皃也（龍 59/08）（玄 2/24b）（玄 18/250c）（慧 73/936a）（玄

22/301a）（慧 48/390a）（玄 23/304c）（慧 47/351b）（慧 25/927b）（慧 82/40a）（慧 83/65b）（慧

97/285b）（慧 100/339a）（紹 130a8）。**怏** 殃亮反（慧 14/677b）。

訣：**訣** 於兩反早知也（龍 046/01）。

餕：**餕** 於亮反飽也（龍 503/03）。

恙：**恙** 余亮反（龍 067/02）（玄 5/71a）（玄 20/267a）（慧 33/53b）（慧 32/41a）（慧 100/338b）。

饢：**饢** 正余亮反～餌也（龍 502/05）。// 餼：**餼** 俗（龍 502/05）。// 饢：**饢** 俗（龍 50

2/05）。

煬：**煬** 余亮反（龍 243/03）。

誐：**誐** 余亮反謹也謹也（龍 048/02）。

羕：**羕** 余亮反長大也（龍 160/05）。

漾：**漾** 翼尚反（慧 73/925a）（慧 78/1036b）。**漾** 陽亮反（慧 4/467b）（紹 188a10）；瀁或作

漾（慧 94/241b "滉瀁" 註）。**漾** 余亮反（龍 233/02）（玄 18/246b）（玄 22/303b）（慧 48/39

3b）。

様：**様** 正余亮反楷摸式様也（龍 214/04）。**様** 俗（龍 214/04）。**様** 翼尚反（玄 22/297a）

（慧 48/383b）（紹 132b9）。

样：**样** 音羊（希 9/413c）。

軮：**軮** 正魚向反又軮轎也（龍 083/09）。**軮** 俗（龍 083/09）。

yao

yāo 幺：**幺** 於堯反（龍 201/02）（慧 98/306b）（紹 203b2）。**么** 於堯反（龍 201/02）（紹 148a6）。

頌：**頌** 伊堯切（紹 170b2）。

鰽：**鰽** 於堯反魚名也（龍 167/09）。

夭：**夭** 於兆反（龍 357/04）（玄 1/20a）（玄 18/242c）（慧 72/913a）（慧 70/866a）（慧 23/872a）（慧 25/916a）；**殀** 又作夭同（玄 22/294c、慧 48/380b "殀逝" 註）（慧 47/361b "中殀" 註）。**犬** 於矯反（玄 24/322b）（慧 22/836b）（慧 53/492b）；**殀** 又作夭同（玄 23/310b "中殀" 註）**夭** 殀又作夭同（玄 21/279c "中殀" 註）。

妖：**妖** 於嬌反（慧 31/25b）（慧 20/803b）（慧 65/764b）（慧 77/1021b）；祅經從女作妖非災字也（慧 29/1025b "祅星" 註）（慧 41/224b "媄媚" 註）（慧 89/158b "祅諚" 註）。**妖** 於驕反（玄 1/3c）（玄 4/52c）（玄 5/70b）（玄 8/109a）（玄 10/132c）（玄 20/273c）（玄 23/310b）（慧 28/1006b）（慧 47/361b）（慧 49/407a）；沃經文作妖俗字也（慧 53/488b "沃壤" 註）。**妖** 於驕反（慧 58/611a）（紹 141b4）。**媄** 於驕反（玄 15/209c）（玄 16/221c）（慧 34/89b）（慧 12/623b）；媄經文作～俗字（慧 15/693a "媄冶" 註）。//媄：**媄** 夭嬌反（慧 15/693a）（慧 41/224b）。**媄** 夭嬌反（慧 57/587b）（慧 61/684b）；妖又作媄同（玄 1/3c、慧 20/803b "妖豔" 註）（慧 12/623b "媄魅" 註）。//**薥** 俗音妖[1]（龍 279/4）。**嬰** 俗音妖（龍 279/4）。

訞：**訞** 祅或從言作訞（慧 89/158b "祅諚" 註）。//誤：**誤** 正於喬反巧言也（龍 041/08）。**誤** 俗（龍 041/08）。**誤** 俗（龍 041/08）。

祅：**祅** 央驕反（慧 29/1025b）（慧 82/38a）（慧 89/158b）（慧 97/275b）。**祅** 於招切（紹 168b8）；祅或作祆（慧 29/1025b "祅星" 註）。**祅** 正於喬反災也（龍 109/08）。**祅** 今（龍 109/08）。

要：**要** 於遙反（玄 17/232c）（慧 70/858a）。**嬰** 古文音要（龍 280/04）。**寏** 音要（龍 507/02）。

---

[1]《叢考》：音妖的 "薥" "嬰" 當皆即 "妖" 的俗字（524）。

腰： 𦝼腰字從肉 (慧 15/694b)。 𦝼 (玄 19/258c)（慧 56/566b)（慧 1/409b)（慧 13/657b)（希 7/4

02c)； 腰亦作𦝼籀文作要從女從臼省聲也今變籀文用 (慧 36/121b "腰卵" 註)（慧 45

/302b "腰髖" 註)（希 7/400a "臍腰" 註)。 腰伊遙反 (慧 36/121b)（慧 45/302b)（慧 76/100

1a)（希 7/400a)（紹 135b4)； 𦝼又作腰同 (希 7/402c "𦝼條" 註)。

喓： 喓一消反虫聲也 (龍 269/07)。

鷕： 鷕於消反鳥名狀如山雞也 (龍 287/07)。

邀： 邀正音澆又於消反遮也要也求也 (龍 488/02)（玄 7/102a)（慧 30/1046a)（玄 11/142c)

（慧 56/553a)（玄 21/279b)（慧 7/532b)（慧 29/1025b)（慧 41/219b)（慧 39/182a)（慧 54/514b)

（慧 100/333b)； 徼又作邀同 (玄 20/269a、慧 33/56b "徼偱" 註)。 邀俗 (龍 488/02)（慧 13/6

47b)。

咬： 咬烏交反淫聲也 (龍 267/03)。

爻： 爻胡交反 (龍 348/01)（紹 176a8)。

肴： 肴効交反 (慧 32/48b)。 肴胡交反 (玄 6/79c)（慧 48/388a)（慧 27/965b)（慧 97/289b)；

餚説文單作肴 (慧 64/751a "餚饌" 註)（慧 64/756a "餚饌" 註)。 肴効交反 (希 6/393a)。

肴効交反 (慧 37/145a)； 効交反俗也正作肴也 (慧 19/771b "餚饍" 註)。 肴餚俗字也

正體作～ (慧 18/758a "嘉餚" 註解)。 肴胡交反 (龍 348/01)（玄 22/300a)（慧 13/647b)（慧

32/36a)。 肴俗胡交反 (龍 546/06)。 肴肴正户交切 (紹 148a7)。 肴俗户交反正作肴

(龍 406/07)。 肴俗户交反正作肴 (龍 406/07)。 肴俗户交反正作肴 (龍 406/07)。 肴

俗户交反正作肴 (龍 406/07)。 //餚： 餚効交反俗字也正單作～ (慧 79/1063a)。 餚

胡交反餚與肴同 (龍 499/07)（慧 14/672a)（慧 18/758a)（慧 64/751a)； 肴經文有從食作

餚撿无所出傳寫惧也 (玄 6/79c "肴膳" 註)（慧 13/647b "肴膳" 註)（慧 27/965b "肴膳" 註)

（慧 32/48b "肴膳" 註)。 餚効交反 (慧 19/787a)。 餚効交反俗字也正體單作肴 (慧 3

6/122b)（慧 19/771b)（慧 64/756a)（紹 172a5)； 肴集作餚俗字也 (慧 97/289b "肴乾" 註)（希

6/393a "肴膳" 註)。 鐖俗行交反[①] (龍 012/09)。

俲： 俲胡交反痛聲也 (龍 025/05)。

---

① 《叢考》：此字疑即 "餚" 字俗訛 (1076)。

峇：峇 古文音堯 （299/01）。唘音堯① （龍 302/04）。

垚：垚音堯土高貌也 （龍 247/04）。

堯：堯鵡消反 （慧 99/321b）。

嶢：嶢正五聊反嶕嶢也 （龍 73/01）（紹 162a1）；翹古作嶢 （慧 8/552b "翹足" 註）；岧堯考
聲或作岧嶢 （慧 99/321b "岧堯" 註）。嵽音堯 （慧 85/97a）（慧 91/187b）（紹 162a1）。莐或
作 （龍 73/01）。

顤：顤音堯頭高長兒 （龍 483/06）。

夅：殥音由從也② （龍 044/04）。

偀：僯正音遥 （龍 025/03）。偀今音遥 （龍 025/03）（紹 127b10）。偀恐偀音 （紹 127b10）。

喠：喠正音搖喜樂也 （龍 267/10）。嘗今 （龍 267/10）。

媱：媱音滛 （慧 67/806b）（慧 78/1046b）。嫋余計反 （龍 279/06）（慧 18/758b）（慧 25/909a）
（慧 26/939b）（希 3/369b）；睡論作媱誤也 （慧 51/439b "如睡" 註）。

愮：愮正音搖憂悷邪惑也 （龍 054/01）。//恌：恌或作 （龍 054/01）（慧 47/345b）（紹 131
a1）；挑又作恌字與愮同 （玄 2/16b "戰掉" 註）；調經文作恌非也 （玄 5/65a "調戲" 註）；
掉論文作恌非也 （玄 18/242b、慧 72/912b "為掉" 註）。恍或作 （龍 054/01）。

遥：遥今余昭反遠也行也 （龍 490/04）。遙俗 （龍 490/04）。遚俗 （龍 490/04）。遙俗 （龍
490/04）。遙俗 （龍 490/04）。遙俗 （龍 490/04）。遥俗 （龍 490/04）。遥俗 （龍 490/04）。

搖：搖翼消反搖字從肉從缶經文從爪非也 （慧 10/598b）（希 8/409c）。搖正羊昭反 （龍 2
06/10）（慧 8/544b）（慧 27/989b）（慧 87/128a）（紹 133b8）；括此字應誤宜作搖 （玄 16/223a、
慧 64/752a "三括" 註）。搖羊昭反 （龍 206/10）。搖舊藏作搖 （龍 209/07）。搖羊昭
反 （龍 206/10）。搖羊昭反 （龍 206/10）。

瑤：瑤正余昭反美石也 （龍 435/01）。瑤音遥 （龍 434/01）（慧 98/298a）（紹 141a2）；搖經
文作瑤非也 （玄 12/163c、慧 75/968b "步搖" 註）；埵經從王作瑤音姚非 （慧 74/958b "垂
埵" 註）。瑤瑤正余招切 （紹 141a8）。瑤俗 （龍 435/01）。玨玨俗 （龍 435/01）。

---

① 《字海》：義未詳 （36c）。又參見 《叢考》25 頁。
② 《龍龕手鏡研究》："殥" 乃 "夅" 字之訛 （167）。

歕：歕正音遥氣出皃也（龍 354/03）。歕或作（龍 354/03）。

榣：榣余昭反（龍 374/04）（慧 12/629b）（慧 25/915b）。榣餘昭反字從木䍃聲（玄 6/90a）。

謡：謡正余照反歌謡（龍 043/06）（玄 15/210b）（慧 58/623a）（初編玄 935）（慧 34/89b）（紹 185
b2）。䚶俗（龍 043/06）。

㷸：㷸音姚（慧 86/105a）（希 10/421b）。㷸正音遥又音由（龍 397/09）（紹 190b7）。㷸或
作音遥又音由（龍 397/09）；皋㷸古文作卟絲二形今作皋陶二形（希 10/421b“皋㷸”
註）。

絲：絲正（龍 397/09）。絲今音遥瓜也（龍 397/09）。

飆：颿通音摇（龍 126/01）（慧 17/733b）（慧 73/932a）。飆今音摇（龍 126/01）（紹 146b7）。

鰩：鰩音摇文鰩魚名（龍 166/04）。

鷂：鷂羊笑反（龍 288/07）（慧 31/8a）（慧 36/116a）（慧 77/1030a）（慧 85/95b）（紹 165b8）。

彏：彏正音遥弓副也（龍 150/07）。彏或作又音燒（龍 150/07）。

姚：姚音遥（慧 85/97b）（希 10/420c）。

珧：珧音遥玉珧蜃甲也（龍 435/01）。

姚：姚音遥光也（龍 240/03）；珧傳作姚非也（慧 93/213b“舊珧”註）。

銚：銚徒弔反燒器也又音遥亦温器也又古田器也又他弔反（龍 017/01）（玄 7/104a）（慧 31/20
b）（玄 14/189c）（玄 15/207a）（慧 58/606b）（慧 12/621b）（慧 65/768a）；鐎今作銚同（玄 15/
211b、慧 58/625a“索鐎”註）。銚余招反又徒吊反（慧 59/638b）。

窯：窯正音摇（龍 506/8）（玄 1/7a）（玄 10/131a）（初編玄 688）（玄 22/297a）（慧 13/658b）（慧 17/738b）
（慧 43/255a）（慧 46/327a）（慧 47/366a）（慧 48/383b）（慧 52/469b）（慧 55/536a）（慧 58/613b）
（慧 68/834b）（慧 79/1055a）（紹 195a3）。窯移招反（玄 11/150b）（慧 16/718a）（紹 194a10）。
窯俗音摇（龍 506/8）。窰俗音摇（龍 506/8）。窑又俗音窯①（龍 506/08）。//窰：窰
窯窰正並姚曜二音（紹 194a10）。窰姚曜二音又立交切（紹 194b6）。窰正音摇（龍
506/8）。窑又俗音窯（龍 506/8）。窑與照反（龍 158/04）。

輶：輶市招切（紹 139a4）。輶音摇玉篇云大夫之車也又音韶（龍 080/09）。

①參見《龍龕手鏡研究》359 頁。

yǎo 婹：婹正烏皎反婹孃細弱也（龍282/05）。婹俗（龍282/05）。//偠：偠烏了反偠懷細腰好皃也（龍030/03）。

旇：旇烏了反旗類也（龍125/03）。

騕：騕正烏了反～裏神馬日行千里也（龍292/09）。//駼：駼或作（龍292/09）。

閵：閵於小反閉隔也（龍093/05）。

眢：眢烏了反深目皃（龍508/04）（玄13/180a、慧55/534b“驍勇”註）（慧87/117a）（慧98/309b）（紹195a1）；窈亦作眢（慧77/1018a“窈窈”註）。冗俗烏交反目深也（龍536/05）。匑烏交反目深也^①（龍140/06）。

皀：皀烏了反合也（龍431/04）。

宦：宦杳要二音（龍157/01）。

宨：宨烏了反遠也隱也（龍508/04）；眢或從幼作窈合從皀作宨亦作杳（慧87/117a“眢冥”註）。

舀：舀羊小反舋也抒水也（龍341/01）（玄15/205a）（慧58/603b）（玄19/261c）（慧56/571b）（慧39/172b）（慧76/997a）（紹174b9）。舀俞由二音（龍340/10）。//歙：歙羊小反舋也抒水也（龍341/01）。歙舀或作歙（慧76/997a“舀水”註）（希7/400“舋一杓”註）。枕舀或作枕亦作耽經本作艏非經義失之遠矣（慧39/172b“舀大海水”註）（慧76/997a“舀水”註）。眈舀或作枕亦作耽經本作艏非經義失之遠矣（慧39/172b“舀大海水”註）（慧76/997a“舀水”註）。

伩：伩於小反尪弱皃又伩僑不申也（龍031/07）。

殀：殀正於小反（龍514/06）（慧13/650a）（紹144a10）；夭又作殀同（玄24/322b“中夭”註）。狋於矯反（玄21/279c）（玄22/294c）（慧7/521a）；殀從犬者非也（慧13/650a“中殀”註）。殀殀正於兆切（紹144a10）。殀俗（龍514/06）。殀殀正於兆切（紹144a10）。㚏妖矯反（慧2/433a）。�於矯反（慧11/612b）。殀俗於小反（龍200/08）。祅俗於小反（龍200/08）。歋於矯反（慧48/380b）。嶬夭又作殀同（慧70/866a“中夭”註）。

歋：歋五巧反（龍312/02）（慧56/548a）（慧57/594a）（玄18/239b）（慧73/922b）（慧60/662a）（慧

---

①參見《疑難字考釋與研究》47頁。

72/904b）（希 5/385a）（紹 146a10）。**齩** 五狡反（玄 1/12c）（慧 42/233b）（玄 9/125b）（慧 46/329b）（玄 11/140c）（玄 12/161c）（慧 28/993a）（玄 13/173b）（玄 23/316c）（慧 49/398a）（慧 37/139b）（慧 40/192b）（慧 53/490a）（慧 57/601a）；**齱** 説文作齩同（玄 19/257a、慧 56/563a "齱齒" 註）（玄 21/281a "或齱" 註）（玄 25/335a、慧 71/887a "齱足" 註）（慧 13/653b "或齱" 註）。

齕 齩或作～（慧 57/601a "齩之" 註）。**齨** 齩經文作～非也（慧 57/601a "齩之" 註）。**齤** 俗五巧反（龍 312/06）。//**齱**：**齱** 五巧反（龍 312/02）（玄 19/257a）（慧 56/563a）（玄 21/281a）（玄 25/335a）（慧 71/887a）（紹 146a10）；**齩** 又作齱同（玄 1/12c、慧 42/233b "狗齩" 註）（玄 9/125b、慧 46/329b "齩齧" 註）（玄 11/140c、慧 56/548a "狗齩" 註）（玄 12/161c、慧 28/993a "齩骨" 註）（玄 13/173b、慧 57/594a "齩齧" 註）（玄 18/239b、慧 73/922b "狗齩" 註）（慧 37/139b "齩者" 註）。**齴** 五狡反（慧 13/653b）。**齱** 五巧切（紹 146a10）。//**咬**：**咬** 交音又五巧切（紹 183a9）；齩又作咬非此義（玄 11/140c、慧 56/548a "狗齩" 註）（慧 13/653b "或齱" 註）（慧 40/192b "齩心" 註）（慧 60/662a "黿齩" 註）（希 5/385a "齩牙" 註）。

窈：**窈** 要皎反（慧 77/1018a）（慧 85/97a）（慧 100/339a）；宧或從幼作窈（慧 87/117a "宧冥" 註）。**窈** 烏了反～窱深靜也與杳亦同（龍 508/03）（慧 28/1010a）（慧 88/145b）。**窈** 伊鳥切（紹 194b7）。**霱** 俗烏鳥反正作窈（龍 307/07）。**嫋** 俗烏了反正作窈（龍 281/08）。**窵** 窈論文作～誤也（慧 100/339a "窈冥" 註）。**嫋** 俗烏了反正作窈（龍 281/08）。**嫋** 俗（龍 282/07）。

勶：**勶** 正烏了反勶赫長而不勁也（龍 089/04）。//**鬏**：**鬏** 俗（龍 089/04）。

駒：**駒** 烏了反駒驂也（龍 292/09）。

鸐：**鸐** 烏了反水鳥名足近尾不能行也（龍 288/02）。

杳：**杳** 伊了反（慧 95/250b）（慧 100/333b）（希 10/422a）；窈或從木作杳也（慧 28/1010a "窈冥" 註）（慧 87/117a "宧冥" 註）；宧或作杳也（慧 98/309b "宧以" 註）。

漾：**漾** 羊沼反浩漾大水也（龍 232/01）。

骱：**骱** 俗以沼反肩骨也（龍 480/08）。//**髇**：**髇** 或作（龍 480/08）。//**骱**：**骱** 今以沼反肩骨（龍 480/06）。

雟：**雟** 以小反雉鳴也又羊水反（龍 288/05）。

yào 樂：樂 五孝反 (玄 1/17b)（玄 6/78a)（玄 6/80c)（玄 6/85a)（玄 8/112a)（慧 16/721a)（玄 23/31

0a)（慧 47/361a)（慧 1/411b)（慧 2/427b)（慧 4/458a)（慧 7/528a)（慧 17/730b)（慧 25/909a)

（慧 27/969a)（慧 27/977b)。// 傑 俗書約反 (龍 038/07)；樂經文從人作傑非也（玄 8/

112b、慧 16/721a "樂法" 註)（慧 75/962b "傈樂" 註)。

瘷：瘷 翼灼反 (玄 4/60b)。

纅：纅 音藥絲色也 (龍 403/06)。

靿：靿 一豹反 (玄 15/212a)（慧 58/626a)。靿 於教反 (龍 450/01)（玄 15/209a、慧 58/610a

"福羅" 註)（紹 140a2)。// 呦：呦 於絞反靿轈呦又去聲 (龍 138/09)。

曜：曜 舊藏作躍音藥郭氏又俗音曜 (龍 278/08)（紹 183a4)。

燿：燿 亦照反照也光明也熠曜也 (龍 242/05)（玄 4/49c)（慧 34/094a)（玄 7/98b)（玄 10/132

c)（慧 49/407a)（慧 4/462b)（慧 14/680b)（慧 30/1039a)（慧 31/9a)（慧 45/316b)（慧 62/716b)

（慧 83/60a)（慧 85/93a)（慧 90/177b)（慧 96/270b)（慧 99/324b)（紹 189b7)；曜説文作燿亦

明也從火翟省聲經從日作曜亦通 (慧 24/888a "晃曜" 註)（慧 28/1009b "晃曜" 註)（慧 2

9/1018a "晃曜" 註)（慧 36/118a "爀曜" 註)（慧 53/499a "眩曜" 註)（慧 82/28b "炫燿" 註)（希

4/377b "炳曜" 註)。// 曜：曜 弋笑反日光照也 (龍 428/03)（慧 8/542a)（慧 23/872a)（慧

24/888a)（慧 28/1009b)（慧 29/1018a)（慧 36/118a)（慧 53/499a)（慧 94/232b)（希 4/377b)；

燿古文曜同 (玄 4/49c、慧 34/094a "光燿" 註)（慧 4/462b "晃燿" 註)（慧 30/1039a "炫燿"

註)。// 耀：耀 正羊笑反光明也 (龍 180/05)（玄 4/49c)（慧 34/094a)（慧 82/28b)；燿有

從光作耀俗字非正也 (慧 4/462b "晃燿" 註)（慧 23/872a "眾景奪曜" 註)（慧 29/1018a "晃

曜" 註)（希 4/377b "炳曜" 註)。耀 俗 (龍 180/05)（紹 203a7)。雧 音耀 (龍 553/03)。雉

余叶反① (龍 149/08)。

癯：癯 音藥癯癯病也 (龍 478/05)（紹 193a1)。

曜：曜從日傳從目非也 (慧 94/232b "眩曜" 註)。

愮：愮 藥音 (紹 131a6)。

蹦：蹦 音藥跳也 (龍 465/04)。

---

① 參見《叢考》1066 頁。

瞶：**瞶**正音藥曜瞶視兒也（龍 423/07）。**瞶**今（龍 423/07）。**瞶**俗音藥正作（龍 430/01）。

　　曤俗音藥正作（龍 430/01）。

覷：**覷**弋笑反視誤也（龍 345/09）。

笊：**笊**正羊笑反屋上薄也又香嚴音遥（龍 393/07）。**笊**通（龍 393/07）。

艞：**艞**曜音（紹 146a1）。

旭：**旭**相承霍（爚）旻二音行不正兒（龍 180/01）。**旭**余昭武田二反（龍 522/02）。**旭**

　　目曜二音（龍 523/03）。

虠：**虠**又切韻與玉篇牛召反舉頭虠虠不安也（龍 523/01）。

獟：**獟**五弔反狂犬也（龍 319/05）。

葯：**葯**於角於略二反白芷葉也（龍 263/09）。

觓：**觓**五弔反折也又牛救反觓～仰鼻也（龍 363/07）。

覻：**覻**弋笑反又音釋（龍 345/09）（慧 92/203a）。

ye

yē　暍：**暍**正於歇許葛二反皆傷熱氣也又胡葛反呼也（龍 429/07）（玄 1/9b）（慧 17/743b）（慧

　　44/290a）（慧 76/994a）（慧 98/304a）。**暍**俗（龍 429/07）。//焆：**焆**於歇反火光也又中

　　熱也（龍 244/08）；暍又作焆同（玄 1/9b、慧 17/743b "凍暍" 註）（玄 18/239b、慧 73/923a "暍

　　死" 註）（慧 44/290a "暍死" 註）（慧 76/994a "熱暍" 註）。//瘑：**瘑**音渴肉熱病也郭迻又

　　俗音謁（龍 477/09）；暍又作瘑同（玄 1/9b、慧 17/743b "凍暍" 註）（玄 18/239b、慧 73/923

　　a "暍死" 註）。

　　噎：**噎**煙結反（慧 13/657a）（慧 15/694a）（慧 15/697b）（慧 18/762b）（慧 25/905b）（慧 26/930b）

　　（慧 34/77b）（慧 41/219b）（慧 60/673b）（慧 63/731b）（慧 75/975b）（慧 77/1019b）（慧 78/1036a）

　　（慧 79/1053a）（慧 79/1064a）（慧 80/1085b）（慧 80/1088a）（慧 84/74b）（慧 88/138a）（慧 90/172

　　a）（慧 94/230a）（慧 100/342b）（希 9/412a）（紹 182a6）；咽考聲亦從壹作噎（慧 93/219b "嗚

　　咽" 註）。**壹**烏結反噎或作饐同（龍 276/03）（玄 2/16b）（玄 4/58a）（慧 43/273a）（玄 11/14

　　2a）（慧 56/551a）（玄 17/232b）（慧 70/857b）（玄 22/295a）（慧 48/380b）（慧 13/650b）。//**饐**又

音噎（龍503/05）（玄13/178b）（慧52/481b）；噎衛宏作饐（慧13/650b"悲噎"註）（慧13/657a"哽噎"註）（慧15/694a"實噎"註）（慧79/1053a"噢噎"註）。//饐：𰛶饐古文作䬫同於吏反（玄13/178b"饐口"註）。𰛶饐古文作䬫同於吏反（慧52/481b"饐口"註）。𰛶古文於吏反（龍173/07）。

揶：揶音耶（龍210/07）（紹132a8）。揶耶音（紹132a8）。

椰：椰音耶椰子木名（龍376/09）（玄16/215b）（慧35/109a）（慧65/775a）（慧81/20b）（慧100/334b）（希4/379b）（希8/405a）（希8/405a）（紹157b10）。//椰：椰耶音（紹157b9）。揶莪又作揶同（玄23/314a、慧50/422b"莪子"註）。

yé 邪：邪野嗟反（慧31/25a）邪舊藏作邪（龍453/04）。//耶：耶以遮反（慧2/430a）（希1/354b）。//玡：玡俗耶邪二音（龍314/03）。

莪：莪今以遮反草名（龍254/09）（玄23/314a）；椰聲類作莪同（玄16/215b、慧65/775a"椰子"註）。//蒳：蒳或作（龍254/09）（慧50/422b）；椰經從草作蒳非也（慧35/109a"椰子果"註）。

鋣：鋣正音耶鏌鋣劍名（龍014/03）（紹180b8）。//鈶：鈶或作（龍014/03）。

yě 冶：冶餘者反（玄2/30a）（玄4/61c）（慧44/283a）（玄5/70b）（玄9/129a）（慧46/336b）（玄12/165a）（慧53/498a）（玄16/221c）（慧65/764b）（慧15/693a）（慧26/945b）（慧57/589a）（慧77/1021b）（慧80/1085b）（慧91/184a）（慧100/340a）（希3/372c）（紹174a4）。

野：野（玄56/857b）（慧9/6b）（玄24/320a）（慧70/862b）（慧1/419a）（慧78/1050a）（希9/415b）；蠱狐聲類弋者反，書中多作野狐，此古字通用也（玄7/93c、慧28/997a"蠱狐"註）（慧16/724b"蠱狐"註）；野干又作射干（玄24/320a、慧70/862b"野干"註）（慧41/209a）。墅今（龍249/01）。墅以者反（龍250/02）。//壄古以者反（龍249/01）；野古文作壄（慧1/419a"壙野"註）。//埜：埜古（龍249/01）（慧95/255b）（慧97/291b）。

yè 咽：咽又入聲（龍273/01）；噎或作咽（龍276/03"噎"註）（玄1/16a"哽噎"註）（慧15/694a"實噎"註）（慧18/762b"哽噎"註）（慧25/905b"哽噎"註）（希9/412a"哽噎"註）。咽噎經作咽非也（慧15/697b"噎塞"註）。

曳：曳羊制反（龍552/01）（慧35/108a）（紹199a7）；拽又作曳同（玄5/66a、慧44/278b"来拽"

註)（玄 8/112c "牽抴" 註）（玄 11/151a、慧 52/470b "抴電" 註）（玄 12/155b、慧 52/455b "抴抴"

註）（玄 19/253a、慧 56/557a "抴我" 註）（慧 16/722a "牽抴" 註）；拽本作曳（慧 31/13a "牽

拽" 註）。**申**羊制反（龍 552/01）。**䄔**或作音曳衣也①（龍 283/07）。**婯**或作（龍 283/07）。

抴：**抴**余世反（玄 5/66a）（玄 8/110c）（玄 8/112c）（玄 11/151a）（玄 12/155b）（玄 19/253a）（慧

79/1061a）（紹 133a8）。**抴**俗余制反又羊設反（龍 213/09）（慧 44/278b）（慧 52/470b）（慧

56/557a）（慧 15/689b）（慧 16/722a）；瘱或作掣俗字也今經作抴誤也（慧 14/678a "牽瘱"

註）。//拽：**拽**正余制反又羊設反（龍 213/09）（慧 52/455b）（慧 31/13a）（慧 36/125a）（慧

61/690a）（慧 78/1034a）（慧 78/1044b）（紹 133a8）；抴或作拽亦通（慧 15/689b "頓抴" 註）

（慧 16/722a "牽抴" 註）（慧 79/1061a "抴挽" 註）。**搜**余制𨤲設二反（龍 215/04）。**揷**俗

余制反又羊設反（龍 213/09）。

枼：**枼**音葉薄兒也（龍 385/08）。

葉：**葉**閻接反（慧 100/350a）；鍱經文單作～亦通也（慧 31/9a "銅鍱" 註）。

揲：**揲**牒葉二音（紹 135a4）。**揲**先葉反（慧 76/1010a）。**揲**音葉度也又音牒（龍 217/02）；

爇律文作～非襞爇義也（希 9/413a "襞爇" 註）。**揲**音葉度也又音牒（龍 217/02）（紹

135a4）。

楪：**楪**與涉反楪楡縣名又楄也薄也今作～字（龍 386/09）。

殜：**殜**正音葉病半眠起也（龍 516/02）。**殜**或作（龍 516/02）。

鍱：**鍱**音葉（龍 178/04）。

鍱：**鍱**餘攝反（玄 3/44a）（慧 46/325b）（玄 23/318a）（慧 55/535b）（慧 60/670b）（慧 79/1060a）（慧

82/35a）（慧 83/49a）（慧 84/72a）（慧 85/93b）（希 5/384c）（紹 180a6）。**鍱**閻接反（慧 53/48

9a）（紹 180a6）。**鍱**以涉反（玄 3/36c "金鍱" 註）。**鍱**今（龍 019/05）。**鍱**以涉反（慧

09/571b "金鍱" 註）（慧 09/577a）（紹 180a6）。//鍱：**鍱**余攝反（玄 9/123a）（慧 51/443b）

（慧 14/680a）（慧 31/9a）。**鍱**俗（龍 019/04）。**鍱**鍱唐初避廟諱改世作～（慧 14/675a

"銅鍱" 註）。**鍱**正音葉金鐵鍱也（龍 019/05）。**鍱**經作鍱俗字（慧 45/311b）（慧 90/17

8a）。

---

① 參見《疑難字考釋與研究》325 頁。

夜：𡖵古文夜字（龍 316/07）。𡖯古文音夜（龍 333/07）。𡖰古文音夜（龍 333/07）。音夜（龍 333/07）。𡖰音夜（龍 333/07）。𣋤音夜（龍 525/05）。㦳於業反（龍 191/07）。

啵：啵俗音夜（龍 274/07）。

液：液音亦（龍 235/09）（玄 2/30c）（玄 25/334c）（慧 71/886b）（慧 18/769a）（慧 26/947b）（慧 41/205b）；懌經文作津液之液非也（玄 1/7c、慧 17/740a "怡懌" 註）。

掖：掖音亦（龍 215/10）（玄 3/43a）（慧 09/575a）（慧 45/318a）（慧 81/4b）（慧 100/330b）（紹 134b8）；腋經從手作掖是掖亭字非經義（慧 64/755a "腋已下" 註）（希 1/359c "絡腋衣" 註）。掖俗亦夜二音正作掖（龍 385/08）。

腋：腋盈益反（慧 35/108a）（慧 62/703b）。腋盈益支亦二反（龍 415/03）（慧 4/462b）（慧 7/532a）（慧 64/755a）（慧 72/900a）（慧 75/978a）（慧 78/1045a）（慧 86/104b）（慧 86/112b）（慧 96/259b）（希 1/359c）（希 8/409b）（紹 135b6）；掖音亦正合從肉作腋（慧 41/229b "絡掖" 註）。腋腋正亦音（紹 142b7）。

鋚：鋚才夜反鏡鋚（龍 018/07）。

墷：墷篤輒反埠墷（龍 252/07）。

燁：燁炎劫反經從畢作畢非也古文云爾時之音訓字也（慧 57/590b）（玄 1/7a）（玄 2/31c）。爗炎劫反（慧 55/530b）（慧 87/122a）。爗古（龍 244/4）（慧 40/202a）；燁説文作爗（慧 24/888b "燁爗" 註）。爗央業反（慧 24/888b）。熑俗（龍 244/3）。燁正為輒反（龍 244/4）（初編玄 13/591）（紹 189b2）；曅或作曅亦從火作燁（慧 54/513a "曎曅" 註）（慧 86/104a "燁曅" 註）（慧 90/168a "燁曅" 註）。煇又俗音燁（龍 244/04）。//燁于涉反正作燁（龍 438/8）。爎畢曅二音（龍 180/05）。熤畢曅二音（龍 180/05）。

曅：曅正為輒反又為立反（龍 429/07）（慧 12/623b）（慧 26/953b）（慧 54/513a）（慧 79/1052b）（慧 90/168a）（紹 170b10）；爗經從華作曅隸書字也（慧 24/888b "燁爗" 註）（慧 40/202a "燁爗" 註）（慧 55/530b "燁爗" 註）；曄經從華作曅非也（慧 32/36b "燁曄" 註）；曅今作燁或作曅變體俗字也（慧 86/104a "燁曅" 註）。曅或作（龍 429/07）（慧 86/104a）（紹 170b10）；曅或作曅（慧 54/513a "曎曅" 註）。//曄：曄炎輒反（慧 32/36b）。曠俗（龍 429/07）。曇曅考聲正作曇（慧 86/104a "燁曅" 註）。曃俗（龍 429/07）。

瞸：**瞸** 筠涉反目不記也（龍 424/05）。

皣：**皣** 正為輒反草木白華也（龍 432/03）。//牒：**皣** 俗（龍 432/03）。

皵：**皵** 於叶反皵皽令相著也（龍 531/03）。**皵**（龍 121/07）。

腌：**腌** 正于𦯄反閉目也（龍 424/04）。**腌** 俗（龍 424/04）。

稴：**稴** 於劫反耕種也又去聲（龍 365/07）。

殗：**殗** 正於葉於業二反殗殜病也（龍 516/03）（紹 144b4）。//**殠** 或作（龍 516/03）。//痷：**痷** 於劫反病也（龍 477/09）。

餕：**餕** 於業反餬也（龍 504/01）。

錜：**錜** 於業反推錜甲器也（龍 022/01）。

喝：**喝** 正厄芥反喝嘶聲也又呼葛反～吒也（龍 272/10）（玄 11/144c）（慧 52/458a）（玄 21/279c）（慧 8/536a）（慧 98/308a）（紹 184a10）；噢經文作喝乙芥反嘶喝也（玄 5/68a、慧 44/288b "呵噢" 註）（慧 13/649a "呵噢" 註）。//**嗌** 古（龍 272/10）；喝又作嗌同（玄 3/45c、慧 10/579b "嘶喝" 註）（慧 8/536a "誓喝辯" 註）。//欬：**欬** 喝或作欬皆古字也（慧 8/536a "誓喝辯" 註）。

屙：**屙** 烏葛反屋迫（龍 301/08）。

謁：**謁** 於歇反（玄 5/68c）（慧 16/719a）（玄 13/170a）（慧 21/829b）（慧 22/834a）。

業：**業** 嚴劫反（慧 1/405b）（慧 10/590b）。

劗：**劗** 妾業二音績麻也（龍 100/07）。

喋：**喋** 音業動貌（龍 278/07）。

憟：**憟** 又業音（紹 131a5）。

嶪：**嶪** 音業（龍 077/08）。**嶪** 業音（紹 162b3）。

隒：**隒** 正音業危貌也（龍 298/03）。**隒** 俗（龍 298/03）。

鄴：**鄴** 音業（龍 457/04）（慧 47/349a）（慧 50/428a）（慧 77/1028a）（慧 77/1028b）（慧 80/1074a）（慧 80/1091a）（慧 84/69b）（慧 91/189b）（慧 97/276b）。

牒：**牒** 音業築垣版也（龍 362/05）。

碟：**碟** 五合五闔二反（慧 33/58b）。**碟** 五合反碟碟（龍 445/02）（玄 8/115c）（紹 163a8）。

讛：讛音業樂也（龍 178/03）。

驜：驜音業～馬高大也（龍 294/07）。

鰈：鰈音業魚名（龍 171/06）。

鮋：鮋於業反塩漬魚也（龍 172/05）。

鱜：鱜音業魚盛也（龍 171/06）。

厴：厴伊葉反（慧 61/687a）。厴伊葉反作撤亦通（慧 61/696b）。厴同上［於葉於叶二反］

藏厴也（龍 301/06）（慧 63/731b）（慧 81/12b）。厴於枼反（龍 478/07）。厴於枼反（龍 4

7 厴 8/07）。

闉：闉俗烏結反食塞也（龍 095/04）（慧 91/191a）（紹 195a10）；闉論文從壹作闉誤也（慧 8

4/81a "闉闉" 註）；噎傳作闉非也（慧 88/138a "闉暬" 註）（慧 94/230a "充噎" 註）。

饁：饁筍輒反餉田也（龍 503/07）。

yi

yī　一：一（慧 27/960b）。//弍：弍一（龍 526/08）。

衣：衣於希反（龍 101/03）（玄 9/126b）（慧 46/331b）（慧 33/68b）（希 9/414a）。衼音衣（龍 19

1/01）。

依：依懿希反（慧 28/1009b）（慧 45/299b）（慧 53/499a）（慧 75/966b）（希 1/354b）。依依睎録

作俙俙非也（慧 80/1083b "依睎" 註）。猿依正（紹 135b1）。

悠：悠衣戾二音念痛聲也（龍 064/09）。

亦：㐲亦正（紹 190a10）。亦古文亦字（龍 130/04）。

荋：荋亦音（紹 155a3）。

咿：咿正音伊噢～内悲也痛念之聲也（龍 267/03）（玄 5/72c）（慧 33/59b）（玄 7/104a）（初編

玄 613）（慧 55/537b）（玄 20/267a）（慧 33/54a）（慧 24/894b）（紹 183a6）。//咿：咿俗（龍 2

67/03）（玄 7/102c）（慧 30/1045b）（玄 9/120b）（慧 46/320b）。

洢：洢音伊水名（龍 228/04）。

猗：猗於奇反又上聲（龍 317/02）（玄 18/242b）（慧 72/912a）（慧 8/546b）（慧 15/701b）（慧 19/

789a)（慧 21/827b）（慧 39/177a）（慧 50/426b）（慧 51/433b）（慧 53/497b）（慧 67/810a）（慧 79/1065b）（慧 89/161b）（紹 166b3）；倚經文多作猗非此義（玄 1/17b）（玄 3/37c、慧 09/558a "倚法" 註）（慧 25/908b "倚牀" 註）；漪經作猗（慧 32/34b "塵漪" 註）；依准經義正合作依字（慧 19/789a "不猗" 註）（慧 28/1009b "依際" 註）；依經從犬作猗案説文犗犬也與經義殊乖（慧 45/299b "依著" 註）（慧 50/426b "猗證" 註）（慧 53/499a "轉依" 註）。猗意宜反俗用字也（慧 24/884a）（慧 88/143a）。歄去奇反又於支反[1]（龍 353/07）。

陭：**陭** 於支反陭氏縣名也（龍 295/04）。

瘖：**瘖** 於支反身忌也（龍 469/07）。

椅：**椅** 于蟻反又於離反（龍 379/08）（慧 99/327b）（紹 157b8）。**檹** 懿宜反（慧 99/312a）。**椺** 椅或作椺（慧 99/312a "椅櫪" 註）。

漪：**漪** 於支反（龍 227/09）（慧 32/34b）（慧 80/1088b）（慧 81/18b）（慧 82/38b）（慧 98/304a）（慧 99/321a）（紹 186b4）。

顗：**顗** 於支反美容皃也（龍 482/07）。

黟：**黟** 於奚反水黑也（龍 532/01）（玄 1/11c）（玄 1/12b）（慧 17/746b）（慧 42/233a）。**黔** 一兮反（玄 1/11b）（慧 17/746a）（慧 43/265b）。**野** 俗烏兮反正作黟水黑也（龍 339/08）。// 黔：**野** 俗烏兮反正作黟水黑也（龍 339/08）（玄 8/110c）。**黔** 烏奚香利二反（慧 38/154b）。**黔** 俗烏奚反（龍 532/03）。**野** 烏礼反（龍 532/03）。// **廲** 正作黟（龍 299/09）。

鷲：**鷲** 於脂反（龍 532/02）。

嫛：**嫛** 正烏奚反嫛婗人始生也（龍 279/10）。// 嬃：**嬃** 或作（龍 279/10）。

鷖：**鷖** 烏奚反（玄 22/299c）（慧 48/387a）（慧 4/462a）。**鷖** 纓奚反（慧 8/542a）（慧 29/1014a）（慧 38/155b）；鷖志作鷖亦通（慧 77/1023a "白鷖" 註）（慧 81/2a "鷖玉" 註）（慧 83/55a "鷖王" 註）。**瑿** 正烏兮反～玉也（龍 432/09）（玄 5/70a）（紹 141a2）。**瑿** 俗（龍 432/09）。**瑿** 俗（龍 432/09）。

礬：**礬** 於奚反（龍 439/07）（慧 77/1023a）（慧 80/1092b）（慧 81/2a）（慧 83/55a）。

瓥：**瓥** 益兮反平聲字也（慧 90/174b）。**瓥** 烏兮反相言應辭也（龍 044/03）。

---

[1] 參見《龍龕手鏡研究》290 頁。

縶：**縶**烏奚反（龍 398/04）（玄 4/50c）（慧 67/807b）。

醫：**醫**於其反（龍 309/06）（玄 6/84c）（玄 24/323b）（慧 70/867b）（慧 1/420b）（慧 4/465a）（慧 6/510b）（慧 20/796b）（慧 25/914b）（慧 27/977a）（慧 29/1014a）（慧 30/1039a）（慧 32/30a）（慧 45/306b）（慧 60/666b）；醫經文誤從酉作醫非也（慧 12/634a "醫囉" 註）（慧 21/829b "良醫" 註）。//**醫**醫音（紹 144a1）；醫又作醫俗字也（玄 6/84c "醫道" 註）（玄 24/323b、慧 70/867b "醫者" 註）（慧 45/306b "良醫" 註）。//醫：**醫**古文於其反（龍 545/01）（慧 21/829b）；醫又作醫俗字也（玄 6/84c "醫道" 註）（玄 24/323b、慧 70/867b "醫者" 註）（慧 1/420b "醫藥" 註）（慧 4/465a "醫藥" 註）（慧 20/796b "醫藥" 註）（慧 25/914b "教汝醫法" 註）（慧 27/977a "醫" 註）（慧 29/1014a "醫王" 註）（慧 30/1039a "醫者" 註）（慧 60/666b "女醫" 註）；醫經作醫誤也（慧 39/181a "醫泥耶" 註）。**醫**醫音（紹 202a8）。

鷖：**鷖**於計反又烏号反（龍 288/08）（慧 4/468a）（慧 43/253b）（慧 77/1012b）（紹 165b2）；鷖經文作鷖非此用也（玄 13/168c、慧 57/589a "鷖麦" 註）。

黳：**黳**烏兮反美石黑色也（龍 531/07）。（玄 21/282c）（玄 22/288a）（慧 48/371a）。**黳**烏奚反（玄 2/23a）。**黳**烏奚反美石黑色也（龍 339/09）（玄 5/69c）。

哯：**歑**俗烏兮呼兮二反嗽聲也（龍 267/06）。

瑿：**瑿**俗烏計反（龍 437/06）（玄 5/75c）（玄 20/265a）（紹 141a2）。

揖：**揖**於入反（玄 4/61c）（慧 87/121a）（紹 132a10）；挹或作揖伊入反（慧 42/244b "長挹" 註）。**揖**伊入反揖讓也進也（龍 216/03）（慧 44/282b）（紹 132a10）。

噫：**噫**於其反痛傷之聲又去聲又依戒反～氣也（龍 266/07）（玄 11/142a）（慧 56/551a）（玄 13/173b）（慧 57/594a）（玄 14/195b）（慧 59/648a）（玄 15/203a）（慧 58/620a）（玄 16/225a）（慧 64/745b）（玄 18/241a）（慧 73/929a）（玄 18/251c）（慧 73/920a）（玄 20/264c）（慧 43/256b）（慧 43/259b）（慧 57/600b）（慧 62/713a）（慧 66/790b）（慧 100/337b）（希 4/375a）（紹 184b6）。//噫：**噫**音衣痛聲（龍 040/02）；噫又作噫同（玄 13/173b、慧 57/594a "噫乎" 註）（慧 100/337b "噫聖" 註）。

积：**积**於其切（紹 195b10）。

褘：**褘**於宜反珍美兒（龍 109/08）（玄 7/96b）（慧 28/1012a）（慧 86/115b）（紹 168b6）。**褘**倚宜

反韻英云形之美也從衣（慧91/189a）（慧93/213a）。

yí 台：**台** 台本古文以字也（慧1/409a "熙怡" 註）。//**㠯**：**㠯** 古文台字（龍188/04）。

怡：**怡** 与之反和也悦也（龍52/09）（玄1/7c）（慧17/740a）（玄2/24b）（玄2/29c）（玄23/310b）（慧47/361b）（玄25/338a）（慧71/892b）（慧1/409a）（慧4/473a）（慧13/644b）（慧20/792b）（慧21/817b）（慧22/853a）（慧23/868a）（慧25/928a）（慧29/1032b）（慧32/46b）（希2/362b）（希4/377c）（希4/378b）（希4/380a）（希5/388a）（希6/393b）（希7/401a）（希8/408a）（紹130a3）；**恬** 經文作怡與之反誤也（玄3/33b、慧09/565a "恬然" 註）。

飴：**飴** 正以之反餳也（龍499/07）（玄17/232b）（慧70/857a）（玄20/274b）（慧76/1007b）（慧33/68b）（慧57/596a）（慧76/1005a）（慧84/75a）（慧98/305b）（紹171b7）。//**飴** 古（龍499/07）；飴又作飴形（玄17/232b、慧70/857a "次飴" 註）（玄20/274b、慧76/1007b "飴蜜" 註）。//**餳** 俗（龍499/07）；飴又作餳形（玄17/232b、慧70/857a "次飴" 註）（玄20/274b、慧76/1007b "飴蜜" 註）。//**𩚫**：**𩚫** 飴籀文作𩚫同（玄17/232b、慧70/857a "次飴" 註）。

叒：**叒** 俗与之反（龍240/01）。

眙：**眙** 與之反盱眙縣名又丑史反久視皃（龍419/07）（紹142b9）。

瓵：**瓵** 与之反爾疋云甌瓵也（龍315/05）。

貽：**貽** 正與之反遺也況也（龍349/09）（慧83/63b）（慧100/348b）（希10/420b）（紹143a7）。**貼** 俗（龍349/09）。**賧** 俗（龍349/09）。**貼** 俗（龍349/09）。

詒：**詒** 與支反贈言也又徒亥反相欺也（龍040/02）。

扅：**扅** 音移扅戽也（龍303/06）。**扅** 音移（慧78/1050b "關扅" 註）。**扅** 音移戻扅戽扃也（龍299/06）。

迻：**迻** 音移（龍490/08）（慧85/87b）（慧98/304a）。

扐：**扐** 音移又弋紙反（龍208/02）（紹134b6）。

栘：**栘** 成鷰反棠栘木也又羊支反扶栘木名也又余氏反棠梨也（龍376/05）（玄1/9a）（慧17/742b）。

移：**移** 正羊支反遷移易轉也（龍143/02）；迻或作移亦得（慧85/87b "玉迻" 註）（慧98/304a "迻在" 註）。**稕** 俗（龍143/02）。//**䆾** 或作（龍143/02）。**秖** 俗（龍143/02）。

荕：荕音移葼荕草 （龍 254/05）。

嗲：𪓑 俗音移 （龍 268/03）。

燨：燨 羊支反嫌燨火不絕兒 （龍 240/01）。

簃：𦊑 桅經文作簃音丈［弋］支反 （玄 13/175b “桅架” 註）。𦊑 桅經文作簃 （慧 55/537b “桅架” 註）。

鴺：鴺音移鳥名 （龍 287/08）。

宜：宜今魚竒反人姓 （龍 155/08）。窒古 （龍 155/08）。舿音宜① （龍 202/01）。

洍：洍宜音 （紹 188b2）。

舿：舿俗音宜② （龍 167/03）。

宧：宧俗與之反 （龍 156/01）。窔正與之反室東北隅也 （龍 507/09）。窔俗 （龍 507/09）。

脠：脠音夷猪脠也 （龍 406/06） （玄 1/8c） （慧 17/741b）。

榸：榸音夷水器一名戽斗 （龍 374/05）。

琟：琟與之反玉名 （龍 434/05）。珸與之反 （龍 434/05）。

頥：頥以伊反 （慧 1/410b） （慧 77/1027a） （慧 83/65b） （慧 84/81b） （慧 90/175a） （希 2/364b） （紹 170a8）。頥以之反 （慧 54/512b）。頙正以之反 （龍 482/03） （玄 13/180c） （紹 170a8）。頥頥正移音 （紹 170a8）。頺頥序文作頼頔俱非 （希 5/383b “遼頣” 註）。傾盈之切 （紹 129a1）。頤正以之反 （龍 482/03）。頥俗 （龍 482/03）。碩俗 （龍 482/03）。顧俗 （龍 482/03）。頤俗 （龍 482/03）。頩俗 （龍 482/03）。頔俗與之反正作頥 （龍 335/06）。//舿：舿與之反與頥同 （龍 341/08）。𦝼頥籀文作～ （慧 77/1027a “期頥” 註）。

嫛：嫛今与之反 （龍 281/01）；怡古文嫛同 （玄 1/7c “怡懌” 註） （玄 2/24b “怡悅” 註）；熙又作嫛 （慧 22/853a “熙怡微笑” 註）。嫛或作 （龍 281/01）；怡古文嫛同 （慧 17/740a “怡懌” 註）。嫛俗 （龍 281/01）。//嫛俗 （龍 281/01）。

鮧：鮧與之反鯷～魚 （龍 167/02）。

夷：夷羊脂反 （玄 1/21a） （玄 9/123a） （慧 46/325b） （玄 13/179c） （慧 55/534a） （玄 21/285a） （玄

---

①參見《叢考》44 頁。
②參見《叢考》1170 頁。

25/335c）（慧 71/888b）（慧 21/818b）（慧 23/866a）（慧 83/45b）（希 10/423a）。**袁**夷說文云從

大弓作夷有從戈作夷非也（希 10/423a "芟夷" 註）。**寅**音夷花名（龍 129/02）。//**尼**音

夷（龍 163/03）。//**㑱**：**㑱**音夷（龍 025/08）。//**㑔**：**㑔**音夷行平易（龍 496/09）。

陳：**陳**音夷陬陳險阻也（龍 295/07）。

屪：**屪**音夷踞也（龍 163/04）。

㹮：**㹮**音夷戎㹮也（龍 317/09）。

痍：**痍**音夷瘡痍也（龍 469/02）（玄 2/26c）（玄 4/60b）（玄 11/151a）（慧 52/470b）（慧 26/934b）

（慧 74/958b）（慧 78/1039a）（紹 192b10）。

楬：**楬**木名（龍 374/05）。//**欈**：**欈**木名（龍 374/05）。

睇：**睇**音夷熟視不言也又大兮反（龍 418/08）；**眱**古文睇同（玄 20/265c "眱那" 註）。

羠：**羠**以脂徐几二反㹈羊也（龍 159/04）（慧 44/278b）（慧 28/996a）。**羠**囚几反（玄 5/66a）

（玄 7/93a）（玄 17/229c）。**羠**囚几反（慧 66/782b）。

鞡：**鞡**俗音夷（龍 448/02）。

騑：**騑**音夷馬名（龍 291/08）。

匜：**匜**夷遲二音（龍 192/05）（慧 99/312a）。**迤**餘支反（玄 1/3a "盥掌" 註）。

㠯：**㠯**弋支羊氏二反（龍 341/04）。

虵：**虵**弋支反逶蛇也（龍 220/08）。

橠：**橠**音移（龍 377/03）（玄 13/175b）（慧 55/537b）（紹 158a5）。**柂**橠埤蒼作柂同（玄 13/1

75b、慧 55/537b "橠架" 註）。//**箷**：**箷**音移（龍 390/09）；古文提橠二形今作箷同（玄

12/161c、慧 28/993a "橠架" 註）（玄 13/175b、慧 55/537b "橠架" 註）。

㬼：**㬼**音移柬㬼縣名（龍 425/05）（慧 98/307b）。

酏：**酏**正音移飲酒也又音陁（龍 310/02）。**酏**誤（龍 310/02）。

疑：**疑**魚期反（慧 8/554b）。（慧 8/554b "猜疑" 註）。**㠯**疑古作㲼（慧 8/554b "猜疑" 註）。**癸**

疑亦作～（慧 8/554b "猜疑" 註）。//**礒**：**礒**俗音疑（龍 347/01）。

礒：**礒**音疑～獸角皃又音巇～兵角皃（龍 511/07）。

鎰：鎰魚乙反[1]（龍 021/02）。

彞：彞今以脂反（龍 368/03）（慧 80/1068b）（慧 85/100b）（慧 88/144b）（慧 91/181a）（慧 93/212a）（慧 93/213b）。彞或作（龍 368/03）。彞或作（龍 368/03）。彞或作（龍 368/03）；彞論從分作彞俗字也（慧 85/100b "王彞" 註）（慧 91/181a "彞倫" 註）。彞移音（紹 149b9）。彞古文作～也（慧 93/212a "彞倫" 註）。彞或作以脂反（龍 544/09）。

憮：憮音移怢憮不憂事也（龍 055/06）。

蜴：蜴今音移尔疋云蝓蜴螺蚌也又音斯守宮別名也（龍 221/05）。蜴或作（龍 221/05）。蜴俗（龍 221/05）。

儀：儀義字從羊從我我字從手從戈下從禾者非也（慧 1/402b）。儀俗昨來反[2]（龍 027/07）；裁傳文從人作儀未詳（慧 94/241a "貌裁" 註）。//議：議音義正也（龍 519/08）。

歎：歎音移笑歎歎（龍 026/04）。

㹈：㹈音疑太怒也又音拳縣名（龍 317/08）。

圯：圯又与支反（龍 249/07）（紹 161b6）。

沂：沂魚衣反（龍 228/01）（慧 36/116b）（慧 80/1072a）（紹 186b8）；祈經文從水作沂魚衣反（玄 7/99a "祈際" 註）；圻經文從水作沂（玄 7/101a、慧 32/32a "無圻" 註）。

㒸：㒸音夷花名（龍 129/02）。

鎬：鎬与支反戟無刃也（龍 013/09）。

yǐ 巳：巳音以（慧 2/428b）（慧 10/589b）（慧 21/820a）（慧 41/221b）；以經作巳或誤案以角觸牴者合為以字以猶用也（慧 55/536a "以角" 註）。

攺：攺音以大堅也（龍 529/09）。攺音以大堅（龍 120/06）。

敆：敆玉篇音巳欲也（龍 354/09）。

以：以古文以字（龍 548/09）。以（慧 55/536a）。

苡：苡音以（龍 259/08）（慧 38/160a）（希 7/403a）（紹 156a9）。

苢：苢音以苤苢車前牛舌也（龍 258/09）。

---

①參見《龍龕手鏡研究》150 頁。
②《龍龕手鏡研究》：此字可能是 "儀" 字之俗（157）。

吟：**哻** 烏礼反 （龍 271/02）（玄 1/10b）（玄 5/71a）（玄 8/115b）（慧 17/744b）（慧 42/249b）。

誃：**誃** 正烏奚反誠也又烏礼反膺聲也 （龍 42/01）（玄 4/51a）；吟字又作誃 （玄 1/10b、慧

17/744b "囉吟" 註）。**誃** 兮礼反 （慧 31/22b）。**討** 俗 （龍 41/09）。**訐**[①]相承於侯反 （龍

046/06）。

陕：**陕** 音衣天陕縣名 （龍 296/05）。

恢：**恢** 烏懷反哀也 （龍 056/04）。

扆：**扆** 於豈反屏風也 （龍 303/07）。**扆** 依豈反 （慧 21/811a）（慧 49/403b）（慧 86/116b）（慧 8

7/123a）（慧 88/137a）（慧 88/141a）（慧 88/149a）（慧 91/194b）（慧 93/218b）（慧 99/315a）（希 1

0/420c）（紹 168b4）（紹 199a5）。**庡** 或作與庡同 （龍 300/09）；隁又作庡 （玄 14/192a、慧 5

9/642b "隁處" 註）。**扆** 烏對反又於改於豈二反 （龍 302/08）。// **扆** 或作與庡同 （龍 3

00/09）。

迆：**迆** 移尔反迆邐連接也 （龍 491/06）（慧 4/464a）（紹 138b7）。

莸：**莸** 移尔反剆莸 （龍 075/03）（慧 78/1033a）（慧 99/323a）。

倚：**倚** 於蟻反回也住也依倚也 （龍 029/04）（玄 1/17b）（玄 3/37c）（慧 09/558a）（玄 9/120a）

（慧 46/320a）（玄 10/132a）（慧 49/406a）（慧 13/643a）（慧 15/691b）（慧 25/908b）（慧 49/401b）。

矫：**矫** 於已反短兒也 （龍 331/08）。

裿：**裿** 音綺好兒也 （龍 105/06）。

旑：**旑** 於綺反旑旎旗從風兒也 （龍 125/03）。

輢：**輢** 於綺於義二反車輢也 （龍 082/09）。

齮：**齮** 魚綺反齧也 （龍 312/03）（玄 7/93a）（慧 28/996a）（玄 13/173a）（慧 57/594a）。// **齮**：**齮**

俗魚綺反正作齮齧也 （龍 272/03）。

蟻：**蝜** 宜倚反 （慧 41/225b）（慧 40/202b）（慧 67/806b）（希 1/358b）（紹 163b8）；蟻又作蝜同 （玄

7/99a "虵蟻" 註）（慧 13/657b "蟻腰" 註）（慧 17/732a "蟻飛" 註）（慧 19/786a "蟲蟻" 註）（慧

36/120b "蟲蟻" 註）（慧 37/134a "螻蟻" 註）（慧 60/661a "蜂蟻" 註）（慧 64/755a "蟻子" 註）（慧

75/974b "上蟻蛭" 註）（慧 97/288a "蚍蟻" 註）（希 4/376b "螻蟻" 註）（希 6/393c "螻蟻" 註）（希

---

①《疑難字考釋與研究》：當即 "誃" 字俗書 （599）。

8/407c "蚊蟻" 註）。螘魚綺反大曰蚍蜉小曰蟻子（龍 222/10）。螘螘正魚豈切（紹 1

63b8）。//蟻：蟻魚綺反（玄 7/99a）（慧 13/657b）（慧 19/785b）（慧 37/134a）。蟻魚綺反

大曰蚍蜉小曰蟻子（龍 222/10）（慧 17/732a）（慧 36/120b）（慧 60/661a）（慧 75/974b）（慧 9

7/288a）（希 4/376b）（希 6/393c）（希 8/407c）（紹 164a6）；螘經作蟻或作蟻並俗字也（慧

41/225b "螘出" 註）（慧 67/806b "螘卵" 註）（希 1/358b "螘穴" 註）。蟻宜倚反俗字也正作

螘（慧 44/279b）（慧 64/755a）。蟻蟻或從蚰作蟻（慧 19/786a "蟲蟻" 註）（慧 75/974b "上

蟻蛭" 註）（希 4/376b "螻蟻" 註）。蟻蟻又作蟻（慧 19/786a "蟲蟻" 註）（慧 41/225b "螘出"

註）（希 1/358b "螘穴" 註）。蟻蟻或作蛾（慧 13/657b "蟻腰" 註）（慧 19/786a "蟲蟻" 註）。

埅誤舊藏作蟻（龍 248/08）。

礒：礒音蟻幹也與艤同（龍 381/09）（慧 81/13b）（紹 159b4）；艤正作礒（慧 94/229a "艤棹"

註）。礒宜倚反又音宜（慧 51/435a）。//艤：艤音蟻（龍 132/06）（慧 94/229a）；礒或

作艤同（慧 51/435a "礒方" 註）（慧 81/13b "礒法舟" 註）。

轙：轙宜蟻二音車上環轡所貫車也（龍 081/08）。

齮：齮音蟻齒也（龍 312/06）。

矣：矣於紀反（希 5/382b）。

鳦：鳦音乙～鷾也（龍 290/05）。

偯：偯於豈反偯哭餘聲也又大功之哭三曲而已（龍 029/05）；隁經文作偯偯非此義（玄

3/42c、慧 09/574b "僻隁" 註）。

䰓：䰓音蟻釜也（龍 535/06）。//鋊：鋊支論文作鋊非也（玄 18/239a "入支" 註）。鋊又

魚倚反釜也與䰓同（龍 016/08）；支論文作鋊非也（慧 73/922a "入支" 註）。

顡：顡魚豈反（龍 485/06）（慧 77/1028a）（慧 80/1071b）（慧 100/340b）（慧 100/349a）（紹 170a6）。

顡魚豈切（紹 170a6）。

yì 厂：厂羊制反（龍 552/06）。乁羊制反（龍 552/06）。

耴：耴魚乙反聲[聾]軋魚鳥狀也（龍 314/10）。

乂：乂魚偈反（慧 41/206a）。

刈：刈魚劂反（慧 47/365a）（慧 92/199b）（紹 139b5）。

仡： **仡** 許乙反壯皃又語乞反壯勇也（龍037/05）（玄23/309a、慧47/359b "異生性" 註）（紹1
28a9）；屹今作仡同（玄13/175a、慧55/538b "屹然" 註）。**仡** 銀訖反（慧36/120b）（慧77
/1014b）；疙或作仡字（慧38/152b "疙囉" 註）。

屹： **屹** 魚乞于乞二反（龍252/01）。**屹** 魚乞于乞二反（龍252/02）（玄13/175a）（慧55/53
8b）。**嶢** 魚乞于乞二反（龍252/02）。

屹： **屹** 魚訖反（龍078/06）；屹經作屹未見所出（玄13/175a、慧55/538b "屹然" 註）；仡譜
從山作屹誤也（慧77/1014b "仡然" 註）。**屹** 魚訖反（希1/356a）（紹162b2）。

疙： **疙** 魚訖反（玄16/214c）（慧65/773b）（慧38/152b）。疙魚乙反癡皃也（龍477/07）。**庀**
疙正逆乙切（紹193b10）。

舡： **舡** 魚乞反舡行也（龍133/05）。

劮： **劮** 正音逸（龍518/04）（慧35/102a）（慧44/286a）；妷又作劮同（玄3/44c、慧10/584a "妷
夫" 註）（玄5/64a、慧38/153b "妷態" 註）（玄16/221b、慧65/764a "嬯佚" 註）。**劮** 俗（龍5
18/04）。

佚： **佚** 羊日反樂也預也喜足也（龍037/05）（玄2/31b）（玄9/123c）（慧46/327a）（玄16/221b）
（慧65/764a）（玄22/296a）（慧48/382a）（玄23/308a）（慧47/356a）（慧11/603b）（慧23/873a）
（慧26/951b）（慧78/1046b）（慧86/105b）（希3/369b）（希6/393b）（紹128a5）；妷古文佚（玄
3/44c、慧10/584a "妷夫" 註）（玄5/64a、慧38/153b "妷態" 註）。//妷： **妷** 音逸婬也蕩
也（龍283/10）（玄3/44c）（慧10/584a）（玄5/64a）（慧38/153b）（紹141b5）；佚今作妷同（玄
2/31b "嬯佚" 註）（慧26/951b "嬯佚" 註）（慧78/1046b "嬯佚" 註）。

泆： **泆** 正音逸（龍236/05）（玄8/116b）（慧38/161b）（玄9/123b）（慧46/326a）（玄22/303c）（慧
48/394b）（紹187b10）；溢古文泆同（玄16/221a "漏溢" 註）；佚古文泆同（玄23/308a、慧
47/356a "邪佚" 註）；婬劮經並從水作淫泆（慧44/286a "婬劮" 註）。**洪** 溢古文泆同（慧
65/763b "漏溢" 註）。**泆** 俗（龍236/05）。

軼： **軼** 田練反（慧51/435a）（慧64/759a）（紹139a9）；逸古文軼同（玄9/122b、慧46/324a "逸
馬" 註）。

馱： **馱** 徒結余質二反馬行疾也（龍294/03）（慧99/326a）。

咩：**咩**羊世反玉篇羊鳴也又私列反多言也（龍 275/06）。

跇：**跇**丑例反踶踰跳躍也又音曳（龍 464/05）。**跙**（龍 464/05）。//跘：**踐**（龍 464/05）。//踠：**踤**（龍 464/05）。

抑：**甲**抑説文作～反印字也（慧 8/538b "抑挫" 註）。**抑**於力反（慧 8/538b）（紹 132a7）。**抑**於棘反（龍 215/08）（慧 54/511a）（中 62/718a）。

坰：**坰**音憶地名（龍 252/09）。

㭊：**㭊**羊制反合板㭊縫也（龍 036/05）。

益：**㿲**縊正體作益集作縊俗字也（慧 97/276a "縊之" 註）。

劶：**劶**益音（紹 145b1）。

溢：**溢**弋一反（玄 16/221a）（慧 65/763b）（玄 22/297a）（慧 48/383b）（慧 1/419b）（慧 2/430a）（慧 6/501a）（慧 11/611b）（慧 21/824a）（慧 27/978b）（慧 29/1018b）（慧 63/731b）（慧 68/826b）（紹 187b9）；洗今作溢同（玄 9/123b、慧 46/326a "輕洗" 註）。//溢：**溢**溢古文從皿作溢（慧 29/1018b "盈溢" 註）（慧 63/731b "潰溢" 註）。

嗌：**嗌**音益～喉也痛也咽也（龍 276/09）（希 6/397a）（紹 182b5）；噎律文作嗌非也（玄 15/203a、慧 58/620a "暗噎" 註）（玄 16/225a、慧 64/745b "暗噎" 註）。**嗌**嬰赤反（慧 24/897b）。

鄓：**鄓**音益地名（龍 541/02）。

膉：**膉**肥也（龍 541/02）。

殈：**殈**縊或作殈自刑死也（慧 61/689a "自縊" 註）。

艗：**艗**五歷反艗舟舟頭為艗鳥也（龍 133/05）（龍 541/01）；鷁坤蒼作艗（玄 19/258b、慧 56/565b "鯨鷁" 註）。

縊：**縊**伊異反（慧 25/923b）（慧 61/689a）（慧 81/2b）（慧 93/213a）（慧 97/276a）（慧 97/286b）（紹 191a6）。**縊**正烏計反（龍 403/02）。**縊**俗（龍 403/02）。

鎰：**鎰**逸音（紹 180b6）。

齸：**齸**音益尔疋云麋鹿曰齸（龍 541/02）。**齸**音益尔疋云麋鹿齝之異名也（龍 313/04）（龍 541/02）；嗌爾雅從齒作齸（希 6/397a "㖶嗌" 註）。

鼶：鼶 益厄二音鼠屬也 (龍 334/09)。//鼶：鼶 正於革反鼠属 (龍 541/01)。//貖：貖

或作 (龍 541/01)。

鷊：鷊或作五歷反 (龍 289/04) (慧 97/292b)；鷊説文作鷊 (玄 19/258b、慧 56/565b "鯨鷊"

註)。//鷊：鷊正五歷反 (龍 289/04) (玄 19/253a、慧 56/557b "鷊鷊"註) (慧 87/131a)

(紹 165a4)；鷊或作鷊 (慧 97/292b "鷊響"註)。//鷊：鷊俗五歷反 (龍 289/04)；鷊

司馬相如作鷊 (玄 19/258b、慧 56/565b "鯨鷊"註) (慧 97/292b "鷊響"註)。//鷊：鷊正

五歷反革鷊鳥也 (龍 289/04)；鷊或作鷊 (玄 19/258b、慧 56/565b "鯨鷊"註) (慧 97/292b

"鷊響"註)。//鷊：鷊或作 (龍 289/04)；鷊俗五革反正作鷊～鳥也 (龍 451/05)。

邑：邑 (玄 8/108b) (慧 28/1005b) (慧 21/823a)。邑 音邑 (龍 184/09)。

唈：唈烏合反噎也 (龍 278/10)。

浥：浥音邑濕潤也 (龍 237/10)。

悒：悒音邑憂也不安也 (龍 062/05) (玄 4/58b) (慧 43/273b) (玄 12/157b) (慧 74/953b) (慧 14

/669a) (慧 17/729a) (慧 20/794b) (慧 45/301b) (慧 57/587a) (慧 97/285b) (慧 100/338b) (紹 1

30a4)；優合作悒 (慧 96/265a "優然"註)。悒悒正乙及切 (紹 131a4)。//疱：疱俗

音邑[1] (龍 478/03)。

挹：挹伊入反又音感邑 (龍 216/03) (慧 11/602b) (慧 11/616b) (慧 21/811b) (慧 42/244b) (慧

60/655a) (紹 132a8)；揖録本作挹音同義異是斟酌也 (慧 87/121a "推挹"註)。抱挹

經文作抱書誤也甚乖經意 (慧 11/616b "倍挹"註)。

裛：裛正於汲於劫於輒三反書囊又裛垒衣香也。(龍 108/09) (紹 147a4)。裛俗 (龍 108/

09)。

餀：餀音邑食飽 (龍 503/09)。

坄：坄營逼反坄竈也 (龍 253/02)。//坄：坄音役喪家塊灶 (龍 245/01)。

蛦：蛦音役蛦蟹虫名 (龍 225/07)。

疫：疫營尺反疫人皆病也 (龍 477/03) (慧 75/983b) (初編玄 551) (玄 21/282b) (慧 2/429b) (慧

29/1030b) (慧 37/136a) (慧 40/191b) (慧 49/405a) (慧 57/597a)。

[1]《正字通·疒部》："疱"本作"悒"。

趐：**赺**音疫（龍326/06）。

魊：**魊**俗音役（龍324/01）。**魊**俗音役（龍324/01）。

鈠：**鈠**今音役小矛也（龍021/06）。**鍛**或作（龍021/06）。

霅：**霅**正營隻反覆霅也（龍309/01）（慧50/425b"霅觀"註）。**霅**俗營隻反覆霅也（龍309/01）。

易：**易**以豉反（玄3/34b）（慧09/567a）（玄3/40b）（慧09/563a）（慧2/430b）（慧3/449a）（慧5/482b）（慧6/497b）（慧6/502b）（慧11/610a）（慧13/641b）（慧22/844b）（慧23/866b）（慧43/271a）（慧51/449b）（希3/371b）（希4/376b）；傷今作易同（玄3/35b、慧09/568b"淩傷"註）（玄5/66c"輕傷"註）（玄9/127a、慧46/332b"淩傷"註）（慧19/781b"輕傷"註）。**易**易古文作～（慧6/502b"無易"註）。//**崵**古文枯易二音（龍330/10）。**崵**音易（龍556/05）。

傷：**傷**以豉反（慧19/781b）。**傷**音易相輕慢也又音豉（龍033/03）（玄3/35b）（慧09/568b）（玄5/66c）（玄9/127a）（慧46/332b）（紹128b3）；易字體作傷（慧09/563a"輕易"註）。

敭：**敭**以至切（紹197a8）；傷或作敭（玄3/35b、慧09/568b"淩傷"註）（慧09/563a"輕易"註）（玄5/66c"輕傷"註）（玄9/127a、慧46/332b"淩傷"註）（慧19/781b"輕傷"註）。

場：**場**以赤反（玄13/175b）。**場**音亦疆場也（龍251/09）。**場**以赤反（慧55/537b）。

暘：**暘**音釋日無光也又音羊日出暘谷也（龍430/04）。

瘍：**瘍**盈隻反（慧99/316b）。**瘍**易音（紹193a4）。**瘍**又音亦病相染也（龍469/09）。

蜴：**蜴**音亦（玄11/143a）（慧56/553b）（慧36/118a）（慧69/854a）（希1/356b）（希5/389a）（紹163b6）。**蜴**正音亦（龍224/08）（玄5/66a）（慧44/279a）（慧44/279a）。//蚸：**蚸**俗音亦（龍224/08）（紹164a5）；蜴經文作蚸非也（玄5/66a、慧44/279a"蜴蜥"註）。

鰪：**鰪**羊易反～鱺也（龍172/04）。

袣：**袣**羊制反祭名（龍112/07）。

惕：**惕**正餘制反明也一曰習也（龍060/06）（慧55/543b）。**惕**忕又作惕翼世反（玄12/164a"習忕"註）。**惕**丑例反習也（龍139/05）。**忶**或作（龍60/06）。**忕**或作（龍60/06）。

瑒：**瑒**羊制反石之次玉瑒也（438/03）。

裼：**裼**羊制反被也俗（龍112/07）。

栧：栧以制切（紹 157b7）。栧或作（龍 383/06）（慧 98/303a）。//栧：栧正余制反槸栧（龍 383/06）（紹 157b8）。

詍：詍私列羊制二反多言也（龍 051/06）。//詍：詍余制反多言也（龍 047/08）。

靾：靾羊制反以馬鞍贈亡人也（龍 450/06）。

鶂：鶂音曳飛星鳥也（龍 288/10）。

翌：翌正羊即反（龍 327/10）（玄 1/9c）（慧 17/743b）（慧 80/1088b）（慧 83/55a）（紹 199b10）。翌俗羊即反（龍 327/10）。//翊：翊新藏作翊（龍 403/05）（慧 23/875a）（慧 36/122b）（慧 62/707b）（慧 77/1026b）（慧 97/289b）（紹 147a8）；翌与從羽作翊同（慧 83/55a“翌日”註）（慧 83/65a“翌日”註）；翼經文或作翊俗用亦通（希 3/370a“翼從”註）。

翼：翼羊即反（龍 327/09）（慧 7/519b）（慧 22/841a）（慧 41/206a）（慧 35/103b）（慧 66/800b）（希 3/370a）；翌亦作翼（玄 1/9c、慧 17/743b“翌䎃”註）；翊字又作翼翼與翊義古別今通也（慧 23/875a“翊從”註）（慧 97/289b“羽翊”註）；翅又作翍古文作翼（希 5/385a“鶤翅”註）。//翼（龍 327/09）；翼或爲～古字也（慧 66/800b“嗉翼”註）。

毅：毅牛既反（慧 46/330a）（慧 48/384b）（慧 82/36b）（慧 84/81b）。毅正魚既反（龍 193/09）（慧 17/744a）（慧 42/245b）；嚴潔經文有作嚴毅非也（慧 35/97b“嚴潔”註）。毅毅正魚既切（紹 198a10）。毅毅正魚既切（紹 198a10）。毅或作（龍 193/09）（玄 1/9c）（玄 22/297c）（紹 198a10）；毅論文從彖作～誤也（慧 84/81b“父毅”註）。毅魚既反（玄 9/125c）。毅毅正魚既切（紹 197a9）。毅魚既反（龍 120/08）//毅：毅俗（龍 322/02）。毅俗通魚既反果决也（龍 322/02）。//：毅俗丁侯魚訖二反[1]（龍 317/08）。

帟：帟音亦小幕曰帟（龍 139/09）（慧 85/101b）。帟或作（139/09）。帟俗音亦（龍 139/09）（龍 555/04）。

弈：弈音亦美皃（龍 527/09）（玄 1/20c）（玄 3/45c）（慧 10/579b）（玄 17/226c）（慧 67/813a）（玄 22/301b）（慧 48/390a）（玄 24/328c）（慧 70/875b）（慧 8/536b）（慧 23/860a）（慧 25/918a）（慧 29/1020a）（慧 37/136b）（慧 68/822b）；奕論從廾作弈非（慧 85/102b“奕葉”註）（希 2/362b“赫奕”註）。弈奕字體從大經文從廾作弈愽奕也亦非字體（慧 74/956b“弈奕”註）（慧

①參見《字典考正》122 頁。

21/813b "威光赫弈" 註）。**弈**音亦（龍527/09）。**弃**音亦（龍527/09）。**焚**奕或從火作～（慧8/536b "赫奕" 註）。**奕**盈益反（慧85/102b）（希2/362b）。//㑊：**㑊**①俗音亦（037/09）。

奕： **奕**音亦大也又行也（龍358/03）（玄7/94c）（慧28/998b）（玄12/159a）（慧74/956b）（玄22/300b）（慧48/388b）（慧30/1040b）。**奕**音亦（龍358/03）。

裔： **裔**餘制反（玄13/174c）（慧55/538a）（慧12/629a）（慧12/629b）（慧39/170b）（慧45/307b）（慧54/523a）（慧74/942b）（慧82/32a）（慧93/220a）（慧95/253b）（紹168b1）；**裵**古文裔同（玄5/64a、慧38/153b "繁裵" 註）。**裔**正同上［裵］（龍106/02）。**裔**古（龍106/01）。**裔**俗（龍106/01）。**裔**俗（龍106/01）。**裵**餘制反（慧38/153b）（紹168b1）。**裵**餘制反（玄5/64a）。**裵**衡拽二音（龍544/01）（紹168b1）。**裵**今余制反遠也衣裾也邊也苗裔也又容也（龍106/02）。**裵**或作（龍106/02）。**裵**裔正以制切（紹168b1）。**裳**俗與制反正作裳［裵］（龍191/03）。**裳**俗羊制反正作裔（龍542/05）。**裔**裔古文作～同（玄13/174c、慧55/538a "苗裔" 註）。**裵**裔經文從矛作裵非也（慧12/629a "延裔" 註）。

弋： **弋**羊職反（龍526/04）（玄17/234a）（慧70/860b）；**雉**今作弋同（玄7/95b、慧28/999a "雉射" 註）；**杙**又作弋同（玄15/204c、慧58/603a "柭杙" 註）（玄18/248a、慧73/928a "鐵杙" 註）（希8/405b "杙上" 註）。**七**誤羊職反正作弋字（龍556/04）（龍526/04）。

妷： **妷**音弋婦女官也（龍284/01）。

扐： **扐**與即反拭也（龍218/09）。

芅： **芅**音弋（龍263/10）；**弎**律文作芅（玄15/209a、慧58/610a "穀弎" 註）（慧15/685b "穬弎" 註）。

秎： **秎**音弋禾秎（龍527/01）。

杙： **杙**羊即反（龍384/04）（玄9/125c）（慧46/330a）（玄14/184b）（慧59/631a）（玄15/204c）（慧58/603a）（玄18/248a）（慧73/928a）（慧8/544b）（慧61/683a）（慧61/688b）（慧62/700a）（慧77/1023b）（慧78/1035b）（慧78/1044a）（慧82/34a）（希8/405b）（希9/413b）（紹158a7）；**弋**又作杙同（玄17/234a、慧70/860b "弋輪" 註）；**釴**或作杙（慧78/1035b "鐵釴" 註）。**杙**與

---

① 《叢考》：此字疑為 "弈" 的增旁字（58）。

即反（慧64/760b）（紹158a7）。**杙**杙正逸職切（紹134a4）。**棱**鐵杙論文有作鐵棱傳

寫誤也（玄9/125c、慧46/330a"鐵杙"註）。

鈚：**鈚**蠅即反或作杙（慧78/1035b）；杙經文從金作鈚鼎耳也非此義也（慧78/1035b"杙

殃"註）。

骩：**骩**音弋缺盆骨也（龍526/09）。//肎：**骩**（龍526/09）。

雉：**雉**正與力反或作弋（龍527/02）（玄7/95b）（慧28/999a）（紹149a8）。**雀**俗（龍527/02）。

尃：**尃**蠅即反（慧15/685b）（慧25/914b）（慧30/1041b）（慧53/490b）（慧61/682a）（希8/405a）。

尃尃正逸職神注二切（紹148a3）。**尃**正羊即反（龍506/04）（玄1/19b）（玄14/190a）

（玄15/209a）（慧58/610a）（玄22/298c）（慧48/386a）（慧12/621b）（希4/379a）；秸今經中有

作尃字（玄4/60c"秸草"註）。**尃**俗（龍506/04）（慧59/639b）。**尃**俗（龍506/04）。

黓：**黓**音弋皁黓（龍527/01）（龍533/02）。

烾：**烾**音亦火光也（龍241/01）。

柭：**柭**以石反（玄7/104a）（慧31/20b）（慧41/229b）（紹158a1）；枝經文作柭誤也（玄7/10

5a、慧30/1049b"曲枝"註）。

被：**被**音亦被縫也（龍107/09）。

玓：**玓**香嚴俗音夜經音義作掖（龍433/05）；枝柭經文從玉作玓玓非也（玄7/104a、慧3

1/20b"王支玓"註）。

義：**義**字詁古文誼今作義同（玄3/41b、慧09/572a"之誼"註）（慧32/41a"道誼"註）（初編玄

562、慧55/543a"道誼"註）。//**義**古文音義（龍540/03）。

議：**議**音義（慧13/656a）（慧29/1029b）；誼或作議意亦通也（慧17/737a"誼計"註）。

意：**意**於六反玉篇悶也香嚴又音意億安也（龍069/02）。

億：**億**（玄6/89a）（慧25/917b）（慧27/987a）（慧30/1046b）。**億**古文億字（龍039/09）。

噫：**噫**古文音意（龍275/07）。**噫**於記反（龍275/08）。

薏：**薏**音憶（龍265/02）（慧38/160a）（希7/403a）（紹156a8）。**薏**音憶（龍264/01）。**薏**薏正

作～也（慧38/160a"薏苡"註）。

燸：**燸**俗音憶（龍244/07）。

臆： **臆** 音億（龍 415/03）（慧 1/410a）（慧 4/462b）（慧 8/542b）（慧 13/659b）（慧 31/4b）（慧 62/707a）（慧 82/37a）（慧 83/44b）（慧 98/309b）（希 2/364b）（希 4/375c）（希 5/385c）（希 5/389c）（希 10/418a）；肊或從意作臆亦通經文或從骨作髋古字也（慧 37/135a "胸肊" 註）。**髋** 俗音憶正作臆（龍 482/02）；臆考聲或從骨作髋（慧 98/309b "膈臆" 註）。**髋** 俗音憶正作臆（龍 482/02）（慧 37/135a "胸肊" 註）；臆或作髋（希 10/418a "胷臆" 註）。//肊：**肊** 音億（龍 416/02）；臆古文作肊（慧 82/37a "蹴其臆" 註）（慧 98/309b "膈臆" 註）。**肊** 於力反（慧 37/135a）。**肊** 臆古文作肊（慧 62/707a "胷臆" 註）（慧 83/44b "膈臆" 註）。

螠： **螠** 音憶小蜂也（龍 225/02）。

殹： **殹** 於計反（龍 194/01）（慧 31/21a）；醫有作殹（慧 27/977a "醫" 註）。

堅： **堅** 烏奚於計二反塵埃也（龍 245/08）（慧 39/169a）。

嫕： **嫕** 正於計反（龍 283/03）（玄 8/116c）（慧 38/164a）。**嫕** 俗於計反（龍 283/03）。

瞖： **瞖** 於計反（慧 48/394a）（慧 50/422a）（慧 70/872b）（慧 24/888a）（慧 51/432b）（希 2/362a）。**瞖** 一計反（玄 24/326b）（慧 2/434b）（慧 3/443b）（慧 5/485b）（慧 8/535a）（慧 12/634a）（慧 23/862a）（慧 29/1014a）（慧 30/1039a）（慧 35/101a）（慧 36/125b）（慧 39/178b）（慧 41/211a "翳眼" 註）（慧 41/227b）（慧 66/785b）（慧 72/898a）（慧 76/1004b）（希 3/369a）（希 3/373c）（希 6/395a）（紹 142a7）。**瞖** 壹計反（慧 31/14b）。**瞖** 於計反（龍 421/5）（玄 22/303b）（玄 23/313c）；翳韻集作瞖（玄 1/2c、慧 20/802b "翳目" 註）（玄 13/172b、慧 57/592b "上翳" 註）（玄 17/226b、慧 67/812a "瞟翳" 註）（玄 18/240a、慧 73/933a "若翳" 註）。**瞖** 伊計反（慧 13/656a）。**瞖** 瞖經文中作～不成字也（慧 5/485b "目眩瞖" 註）。

瞖： **瞖** 以睡反瞖媕也（龍 351/01）（慧 25/923b）（慧 47/360a）（慧 73/920b）。**瞖** 弋季反挈也（龍 351/01）。

翳： **翳** 正於計反（龍 327/4）（玄 1/2c）（玄 8/111a）（玄 13/172b）（玄 13/175a）（玄 17/226b）（玄 18/240a）（慧 1/418a）（慧 4/463b）（慧 4/476b）（慧 7/523b）（慧 11/606a）（慧 19/775a）（慧 20/793b）（慧 20/802b）（慧 21/816b）（慧 32/44b）（慧 33/62a）（慧 34/76a）（慧 41/211a）（慧 41/217b）（慧 36/128a）（慧 39/179b）（慧 39/181a）（慧 45/307a）（慧 45/316b）（慧 47/345b）（慧 50/418b）（慧 51/435b）（慧 51/450a）（慧 55/538b）（慧 57/592b）（慧 67/812a）（慧 73/933a）（希

2/361a)；瞖又作翳同（玄 22/303b、慧 48/394a "瞖膜" 註）（慧 13/656a "瞖膜" 註）（慧 24/8

88a "眩瞖" 註）（慧 31/14b "有瞖" 註）（慧 51/432b "瞖眼" 註）（希 2/362a "瞖膜" 註）（希 3/37

3c "眩瞖" 註）（希 6/395a "瞖膜" 註）。翳於計反（慧 14/663a）。翳烏計反（慧 26/944a）。

翳俗（龍 327/4）。翳俗（龍 327/4）。翳俗（龍 327/4）。

翳：翳於計反以障也（龍 262/08）。

嚈：翳於計反（龍 275/04）。

壒：壒於計反天陰塵風也（龍 250/08）；曀古文壒同（玄 1/10c、慧 17/745a "塵曀" 註）（玄

4/52c、慧 34/91b "塵曀" 註）（玄 9/121c、慧 46/323a "陰曀" 註）（玄 17/227a、慧 67/813a "五曀"

註）。

曀：曀於計反陰風也亦翳也（龍 428/3）（玄 1/10c）（玄 4/52c）（玄 4/53b）（玄 9/121c）（玄 10

/136c）（玄 11/148b）（玄 12/154b）（玄 17/227a）（慧 17/745a）（慧 33/52a）（慧 34/91b）（慧 43/2

64b）（慧 44/279b）（慧 46/323a）（慧 47/341b）（慧 52/465a）（慧 52/453b）（慧 67/813a）（慧 51/4

34b）（慧 54/518a）（慧 74/958a）（慧 96/271b）（紹 171a5）；翳經文有作曀（玄 1/2c "翳目"

註）（玄 18/240a、慧 73/933a "若翳" 註）（慧 45/316b "翳其" 註）。曀烏計切（紹 142a9）；

翳經文有作曀非此義（慧 20/802b "翳目" 註）；瞖經作曀非也（慧 3/443b "瞖目" 註）（慧

8/535a "盲瞖" 註）。曀正作曀（龍 414/5）。

殪：殪於計反（慧 85/98b）。殪於計反（龍 515/03）（玄 7/95c）（慧 28/999b）（玄 13/179c）（慧

55/534b）（慧 82/40a）（紹 144b3）。//壹：壹殪古文作壹同（玄 5/67b、慧 34/93a "消殪"

註）（玄 7/95c、慧 28/999b "薨殪" 註）（玄 13/179c、慧 55/534b "殪入" 註）。壹古文於計反

今作殪（龍 250/07）。

蚏：蚏羊即反蚏蚏虫行兒（龍 328/03）。

穄：穄音弋黍稷蕃蕪兒（龍 147/09）。

詣：詣倪計反（慧 40/203a）。

齰：齰音詣齏也（龍 312/07）。

嶷：嶷魚記反（龍 275/01）（慧 92/207b）（紹 184a5）；嶷或從口作嶷（慧 93/216b "歧嶷" 註）。

齯：齯魚記反大齒也（龍 316/07）。

睪：睪正音高（龍 538/02）。睪今音高（龍 538/02）。睪音高生也（龍 548/02）。睪音亦（龍 361/03）。睪又上同（龍 361/03）。睪亦音又尼輒切（紹 197b8）。

懌：懌以石反（慧 17/740a）。懌正音亦悦也樂也改也（龍 62/04）。懌今（龍 62/04）（玄 1/7c）（玄 7/95a）（玄 8/109b）（玄 13/171a）（慧 26/943a）（慧 28/1006b）（慧 57/598b）（慧 78/1038a）（慧 83/47a）（紹 130a5）。

墿：墿音亦道也（龍 252/10）。

嶧：嶧音亦山名（龍 079/02）。

爅：爅音亦（玄 24/328c、慧 70/875b "赫弈" 註）。爅正（龍 244/10）。爅今音亦火甚之兒（龍 244/10）。爅俗（龍 244/10）。

斁：斁盈益反（慧 88/147b）。斁（慧 87/131b）。斁正音亦音亦猒也（龍 121/05）。斁或作音亦厭也（龍 531/02）（慧 91/189b）（慧 92/200a）（慧 96/264a）。斁今音亦（龍 121/05）（紹 197a10）。猒俗亦鐸二音（龍 319/07）；斁集文從犬作猒誤也（慧 88/147b "且斁" 註）。//歝：歝誤音亦作斁（龍 356/03）（紹 199a1）；斁傳文從欠作歝非也（慧 92/200a "無斁" 註）（慧 96/264a "無斁" 註）。斁舊藏作斁（龍 555/07）。

襗：襗音亦重祭名也（龍 113/09）。

釋：釋正亦釋二音耕兒也（龍 365/06）。//糛：糛或作（龍 365/06）。

譯：譯盈益反（慧 83/43a）（慧 88/138b）。譯音亦論從幸作譯俗字非也（慧 85/98b）。

醳：醳正（龍 311/04）。醳正（龍 311/04）。醳今音亦苦酒也（龍 311/04）。

繹：繹音亦（慧 15/703a）。繹正音亦大也理也（龍 404/04）。繹今（龍 404/04）（玄 9/128c）（慧 46/336b）（慧 97/273b）（紹 191b3）。

鐸：鐸音亦出西川篇（龍 503/06）。

魖：魖音亦～病鬼使也（龍 323/10）。

驛：驛音亦馬也（龍 294/05）。

瘱：瘱英計反（慧 82/37b）（慧 92/209a）（慧 93/211a）（慧 95/256b）。瘱正於例反埋也藏也（龍 475/08）。瘱英闐反（慧 91/186a）（紹 128b2）。瘱通（龍 475/08）；瘱記作瘱通也（慧 82/37b "瘱葬" 註）。瘱瘱正於例切（紹 128b2）。瘱俗（龍 475/07）。瘱俗（龍 475/07）。

瘞俗（龍 475/07）。瘞俗（龍 475/07）。瘞俗（龍 475/07）。瘞於例切（紹 193b5）。瘞

瘞座正於例切（紹 193b5）。瘞誤新藏作瘞（龍 301/02）。//陞：陞古文於罽反今作

瘞埋也（龍 297/09）。陞古文於罽反今作瘞埋也（龍 297/09）；瘞古文作陞（慧 82/37

b"瘞葬"註）（慧 92/209a"瘞于"註）。//圠：圠於罽反玉篇同瘞（龍 251/03）；瘞或

作圠（慧 82/37b"瘞葬"註）。𡉵於罽反玉篇同瘞（龍 251/03）。

翼：翼正音詣能射人名説文云從羽作羿者正（龍 152/01）（慧 87/118b）（慧 95/252a）。翼俗

（龍 151/09）。翼俗（龍 151/09）。//羿：羿音詣能射人名也説文从羽也（龍 527/07）。

羿正音詣能射人名説文從羽也（龍 327/06）。羿或作（龍 327/06）。羿詣音（紹 149

b9）；翼論從羽作羿是鳥飛也今俗用之久請詳焉實非本字也（慧 87/118b"翼篡"註）

（慧 95/252a"翼"註）。羿研計反（慧 97/277b）。//翌：翼或作（龍 327/06）。

翦：翦魚器反（龍 098/06）（慧 5/493a）（慧 7/529a）（慧 14/671b）（慧 76/991a）；翦古文剔同（玄

2/27c"刵翦"註）（玄 4/58c、慧 43/274b"翦刵"註）（玄 15/207a、慧 58/606b"刵翦"註）（玄 1

9/261c、慧 56/571b"翦去"註）（玄 21/285c"翦鼻"註）（玄 22/297b、慧 48/383b"翦鼻"註）（慧

8/550b"翦鼻"註）（慧 24/895a"刑翦"註）（慧 28/1000b"轡翦"註）（慧 41/222a"翦鼻"註）（慧

45/312a"翦鼻"註）（慧 69/851a"割翦"註）（慧 82/31b"翦鼻"註）（慧 98/295b"黥翦"註）。//翦魚

器反（玄 2/27c）（玄 4/58c）（玄 15/207a）（慧 58/606b）（慧 56/571b）（玄 21/285c）（玄 22/297b）

（慧 8/550b）（慧 24/895a）（慧 26/937a）（慧 26/949a）（慧 82/31b）（慧 86/111b）（紹 139b4）；翦

或作翦亦通用也（慧 7/529a"翦鼻"註）。翦魚器反（龍 098/06）（慧 43/274b）（玄 19/261

c）（慧 48/383b）（慧 13/660a）（慧 28/1000b）（慧 41/222a）（慧 35/109a）（慧 45/312a）（慧 69/85

1a）（慧 79/1064b）（慧 94/238a）（慧 98/295b）（希 1/357b）；翦或作翦亦通（慧 5/493a"翦鼻"

註）（慧 14/671b"翦耳"註）（慧 14/672b"刑鼻"註）（慧 76/991a"翦其"註）。鄒魚器反正

作翦（龍 456/08）。

寱：寱牛世反（慧 49/399a）（慧 13/649b）（慧 14/673a）（慧 25/923a）（慧 35/98b）（慧 38/162b）（慧

74/947a）（慧 79/1066b）（紹 194a7）；囈又作寱（希 9/412c"囈言"註）。寱今研祭反睡中

有語也（龍 157/05）（慧 43/268b）（慧 43/261a）。寱牛世反（玄 4/56b）（玄 14/192c）（慧 58/6

14a）（玄 21/279c）。寱俗（龍 157/05）。寱俗（龍 157/05）。//囈：寱音藝（慧 59/643b）

（玄 20/265b）（玄 23/317b）（慧 61/682b）（慧 99/326a）；瘱有從穴作～非也（慧 14/673a "瘱

語" 註）。寱正魚祭反睡語也（龍 508/09）（玄 1/22c）（玄 15/200a）（慧 42/246b）。寱俗（龍

508/09）。寱俗（龍 508/09）。//癢：癗正（龍 157/05）。癗俗（龍 157/05）。

濮：濮音弋水名也（龍 236/09）。

匯：匯音弋田器也（龍 303/02）。

廙：廙弋異二音恭也敬也（龍 301/07）（紹 193b7）。

冀：冀意共二音連翹草名（龍 262/09）。

熭：熭音弋火光也又俗音烼（龍 244/07）。

螲：螲音弋虫螲也（龍 225/09）。

廭：廭翼經中從广作廭譯者錯用非也（慧 35/103b "迎翼" 註）。

癏：癏正與力反痒癏淫癏也（龍 478/01）。//瘭：瘭或作（龍 478/01）（紹 193a1）。

匵：匵正音弋大鼎也（龍 193/03）。//匵俗（龍 193/03）。

濮：濮音弋水聚也（龍 236/09）。

趨：趨羊即反（龍 325/10）（慧 35/100a）；翼或從走作趨（慧 35/103b "迎翼" 註）（慧 66/800b

"嗦翼" 註）。

蕷：蕷正魚祭反種蕷也（龍 261/04）（慧 98/294b）。蕷俗（龍 261/03）。

檕：檕魚祭反樹相摩聲也（龍 384/02）。

樧：樧魚祭反（龍 146/05）。樧魚祭反（龍 146/05）。

襫：襫魚祭反複襦也（龍 107/03）。襫音藝複襦也又女介反亦布襦也正從衣（龍 112/

08）。襫（龍 112/08）。

藝：藝正魚祭反藝能也靜也常也准也才也法也（龍 261/04）（慧 7/526b）（慧 25/917a）（希 5

/383b）（希 8/407a）。藝今（龍 261/04）。藝霓計反（慧 3/446b）（紹 154a7）。藝藝正倪祭

切（紹 150b8）。

囈：囈魚祭反獨處亂言也（龍 274/05）（玄 16/218a）（慧 65/769b）（希 9/412c）；瘱集從口作

囈非也（慧 99/326a "瘱語" 註）。//讅：讅魚祭反與藝同屏處語也（龍 047/09）（慧 3

2/41a）（玄 7/96a）（慧 28/1000a）；調經文有作讅相承音藝未詳何出（玄 2/30c "嘲調" 註）

（慧26/948b "嘲調" 註）；瘝傳文從言作譤非也（慧74/947a "瘝語" 註）。**譤**余祭反（龍 047/09）（玄 5/68c）。

齕：**乱**乙冀反（龍541/03）。**乱**意乙二音（龍358/09）。

撎：**撎**乙冀反拜舉手揖也（龍215/02）（慧99/315a）；傳文檀字誤從壹作撎非也（慧92/2 02b "檀谿" 註）。

膭：**膭**壹計切又壹音（紹135b4）。

懿：**懿**乙冀反（龍541/04）（玄7/103b）（玄18/248c）（慧73/918b）（玄20/268a）（慧77/1011b）（慧 84/68b）（慧85/100b）（慧100/336b）（紹174a10）；懿今序中從心作懿俗用字（希5/382c "懿 夫" 註）。**懿**懿或從欠作懿亦通（慧84/68b "純懿" 註）。**懿**乙冀反（龍541/04）（紹174 a10）。**懿**懿正乙冀切（紹131b6）。**懿**新藏作懿（龍067/05）。**懿**俗乙冀反正作懿（龍 339/03）。**懿**於冀反（龍358/09）（慧24/891b）；懿今文中從次從心作懿俗用誤也（慧 10/587b "懿夫" 註）（慧15/701a "懿瑕" 註）。**懿**於冀反（龍358/09）（慧10/587b）（慧15/7 01a）（希5/382c）。**懿**乙利反美也①（龍182/04）。**懿**懿論文作～訛誤久矣（玄18/248c、 慧73/918b "懿乎" 註）。**懿**於起反（龍355/01）。

㺃：**㺃**許位於計二反豕息也（龍321/02）。

諻：**諻**於計反諻諦也（龍047/04）。

鸃：**鸃**乙冀反玉篇又音翳（龍288/08）（紹165a10）。

誼：**誼**音義理也宜也善也古文義字（龍047/02）（玄3/41b）（慧09/572a）（慧32/41a）（初編 玄562）（慧55/543a）（慧12/622b）。**誼**宜寄反（慧17/737a）（慧57/595b）（慧87/123b）（紹 185a10）。**誼**正作誼從言宜聲（慧12/622b "之誼" 註）。**誼**音義（龍049/02）。**誼**音 義同誼（龍552/08）。

貤：**貤**羊至神至二反重物次第也（龍352/09）（紹143a10）。**貤**俗羊至反正作貤（龍42 2/06）；貤集從目作貤錯之甚也不成字（慧98/307b "束貤" 註）。

徻：**徻**魚祭反與瘝同又音衛（龍067/02）；瘝舊律本多作徻徻二形（玄14/192c、慧59/64 3b "瘝語" 註）。//徻：**徻**瘝舊律本多作徻徻二形（玄14/192c、慧59/643b "瘝語" 註）。

①參見《龍龕手鏡研究》182頁。

薾：薾正五革五歷二反薾綏草也（龍264/05）。//藗：藗俗（龍264/05）。

勩：勩余制反（龍517/07）（慧83/47b）。//勚：勚余制反（龍517/07）；勩或從奴隶作勚傳從貰作勩非也（慧83/47b"疲勩"註）。

袇：袇入質女質二反婦人近身衣（龍108/04）。袬女乙反①（龍430/04）。//衼：衼形質反近身服與袇同（龍109/01）。

厬：厬正五歷反石地惡也（龍303/03）。厬俗（龍303/03）。

宴：宴烏計反安也恭也靜也（龍158/03）。宴絜古文作宴同（玄16/213c、慧65/772b"絜裏"註）。

逸：逸余質反（玄9/122b）（慧46/324a）（玄24/321b）（慧70/864b）；泆經文多作逸（玄8/116b、慧38/161b"放泆"註）；佚三蒼亦作逸字（玄22/296a、慧48/382a"婬佚"註）（希6/393b"驕佚"註）。邀俗音逸（龍493/07）。遹俗音逸（龍493/07）。

虩：虩今魚既反虎息也（龍322/09）。虩或作（龍322/09）。虩（龍322/09）。

忍：忍魚既反怒也（龍067/06）。

异：异与之反又音異（龍527/04）（慧11/615a）（慧93/219b）（慧97/287a）（紹149b9）。

豙：豙牛既切（紹200a1）。

希：希又特計反狸子也又羊至反猪別名（龍236/07）。

羬：羬魚及羊入二反舩行也（龍133/06）。

瀹：瀹於薥反清也（龍235/04）。

肄：肄肄音又以示切（紹151a2）。

䰡：䰡魚記反恐也（龍323/09）。

㳄：㳄魚乙反水流兒（龍516/05）。

俏：俏正音逸俏舞列也（龍038/07）。俏俗（龍038/07）。

㽲：㽲古文宜及反今作発危也（龍516/02）。

絰：絰與至反玉篇又移異二音郭迻又武悲反（龍402/02）（玄1/8b）（慧17/741b）（紹191a3）。

膉：膉於世反（龍414/01）；暍經文從月作膉非也（慧44/290a"暍死"註）。

---

①參見《叢考》597頁。

熠：**熠**為立羊入二反（龍 244/10）（玄 7/98b）（玄 10/132c）（慧 49/407a）（慧 31/9a）（慧 42/247a）

（慧 62/716b）（慧 85/93a）（慧 96/270b）（慧 99/324b）（紹 189b5）。

燚：**燚**俗音亦（龍 244/03）。

yin

yīn 音：**音**邑吟反（慧 37/135b）（慧 44/285a）。

暗：**暗**烏含於金於禁三反啼泣無聲也（龍 267/03）（玄 4/57a）（慧 43/266a）（玄 4/57b）（慧 4

3/271b）（玄 11/142a）（慧 56/551a）（玄 12/166b）（慧 55/545b）（玄 13/175c）（慧 55/538a）（玄 1

5/203a）（慧 58/620a）（玄 16/225a）（慧 64/745b）（玄 20/275a）（慧 76/992a）（慧 26/955b）（慧 8

7/126a）（紹 182b9）；瘖經文作暗非字體（玄 6/84c "瘖瘂" 註）（慧 13/659a "瘖瘂" 註）（慧

27/977b "瘖瘂" 註）；音經從口作喑（慧 44/285a "有音" 註）。**喑**暗經文誤作喑也（玄 4

/57a、慧 43/266a "暗遇" 註）。

愔：**愔**於淫反靖也（龍 055/09）（玄 17/230a）（慧 79/930a）（慧 77/1027b）（慧 80/1068b）（慧 89/

150a）（慧 93/214a）（紹 130a10）。

瘖：**瘖**邑金反（慧 31/17a）（慧 57/595b）。**瘖**於今反瘂也（龍 468/08）（玄 6/84c）（慧 3/445b）

（慧 12/623a）（慧 13/659a）（慧 27/977b）（慧 31/16b）（慧 81/9a）（慧 85/96a）（慧 98/294a）（希 4/38

0a）（紹 192b1）。

諳：**諳**正於今反蹋豆也又於淫反亦豆名（龍 359/04）。**諳**俗（龍 359/04）。

馨：**馨**於淫反聲和靖也（龍 181/09）。

堙：**堙**於仁反（玄 7/102c）（慧 30/1046b）（玄 15/211a）（慧 58/623b）；堙古文堙形（玄 11/140b、

慧 56/547b "堙羅" 註）（慧 82/35b "湮滅" 註）（慧 83/55b "堙方輿" 註）（慧 94/239a "陻山" 註）

（慧 99/319b "堙心" 註）。**堙**今音因塞也（龍 247/03）。**堙**堙古文～形（玄 11/140b "堙羅"

註）。**堙**古音因（龍 247/03）。**堙**古音因（龍 247/03）。**窒**古文音因（龍 539/01）。**卤**古

文音因（龍 539/01）。//陻：**陻**堙今作陻同（慧 56/547b "堙羅" 註）。**垔**堙今作～同

（玄 11/140b "堙羅" 註）。

屋：**屋**烏兮切（紹 172b3）；坐經文作屋於人反（玄 12/161a、慧 75/984b "坐頭" 註）。

堙：**堙**正音因塞也（龍 246/07）（玄 4/57a）（慧 43/266a）（玄 5/71a）（慧 42/249b）（玄 7/102c）（慧 30/1046b）（玄 11/140b）（慧 56/547b）（慧 81/19a）（慧 83/55b）（慧 99/319b）（紹 161a8）；湮或作堲記中從土作堙俗字也（慧 82/35b "湮滅" 註）；陻字書作堲或作堙（慧 94/239a "陻山" 註）。**堌**通（龍 246/07）。**里**通（龍 246/07）。//陻：**陻**於真反（龍 296/05）（慧 94/239a）（紹 170a2）；湮集從阜作陻非也（慧 98/300b "湮祥" 註）。

裡：**裡**音因（龍 111/01）（玄 5/75c）（玄 18/240b）（慧 73/933b）（慧 91/182b）（紹 168b9）。**裡**俗音因正作裡（龍 377/09）（慧 39/183a）。//裀：**裀**因音（紹 168b9）。

殌：**殌**因音（紹 144a10）。

諲：**諲**音因（龍 041/08）（紹 185b6）。

闉：**闉**正音曰（龍 091/05）（慧 62/715a）（慧 91/182a）（慧 98/301a）。**闉**一真反（慧 62/698b）。**闉**誤音曰（龍 091/05）。

隁：**隁**舊藏作陲（陻）音因塞也（龍 296/04）。

因：**因**姻今作因（玄 2/30b "婚姻" 註）。**囙**音因（龍 174/07）。

捆：**捆**音因就也（龍 210/05）。

姻：**姻**於人反（玄 4/52b）（玄 2/30b）（慧 31/24a）（慧 54/524b）（玄 21/280b）（慧 13/651b）（慧 77/1020b）。**姻**於身反（玄 13/176b）（慧 26/946b）。//婣：**婣**姻古文～姻二形（玄 2/30b "婚姻" 註）。

茵：**茵**音因（龍 257/04）（玄 3/36c）（慧 09/571a）（玄 6/84a）（玄 21/284c）（慧 28/1008b）（慧 12/627a）（慧 15/702b）（慧 23/863b）（慧 45/311b）（慧 78/1044b）（慧 83/48b）（慧 88/141b）（慧 90/171b）（希 2/362c）。//鞇音因（龍 446/07）；茵又作鞇同（玄 3/36c、慧 09/571a "茵蓐" 註）（玄 6/84a "茵蓐" 註）（慧 12/627a "茵褥" 註）（慧 15/702b "茵蓐" 註）（慧 23/863b "茵蓐" 註）（慧 90/171b "重茵" 註）（希 2/362c "茵蓐" 註）。//鞇：**鞇**音因（龍 176/03）。

蝹：**蝹**音因（龍 221/10）。

裀：**裀**音因近身衣也（龍 103/08）。**裀**俗音因衣也（龍 110/05）。

氤：**氤**音因氤氳（龍 369/01）（玄 7/97b）（慧 19/779a）（慧 6/503a）（慧 62/699a）（希 2/361b）（紹 202a7）；烟熅論文作氤氳考聲雲氣貌也並通（慧 86/106a "烟熅" 註）。

綑：**綑**音因（龍397/05）（紹191b4）；氤氳或從糸作綑縕（慧6/503a "氤氳" 註）。**綑**又俗音目［因］[①]（龍401/03）（紹191b4）。

駰：**駰**正音因（龍290/07）（玄3/47a）（慧10/582a）。**駰**俗（龍290/07）

瞽：**瞽**於巾反鼓聲也（龍336/10）。

佥：**佥**古文陰字（龍028/07）。**佥**於金反（龍028/09）。**佥**於金反（龍028/09）。**佥**於金反（龍028/09）。

浲：**浲**於今反水名（龍228/05）。

陰：**陰**正音音陰陽（龍296/05）。**陰**今（龍296/05）（玄11/146c）（慧52/462a）（慧76/1003b）；蔭經行陰俗字（慧76/998b "蔭魔" 註）；飲經文有作陰（慧09/566b "淡飲" 註）。**陰**俗（龍296/05）。

噞：**噞**俗於禁反（龍273/09）。**噞**俗（龍273/09）。

蔭：**蔭**於禁反蔭覆也又平聲（龍261/04）（玄7/104c）（慧17/735b）（玄11/152b）（慧52/473b）（慧6/506b）（慧25/909b）（慧74/958a）（慧76/998b）（紹155b1）。**蔭**於禁反（慧21/816a）；癊經文從草作蔭非也（希6/395a "痰癊" 註）。**陰**蔭正於禁切（紹170a2）。

殷：**殷**於斤反（慧57/589b）。**殷**於斤反（玄13/168c）；磤又作殷同（玄8/110c、慧38/155a "磤聲" 註）。**殷**於斤切（紹198a9）。**殷**於斤反（玄24/326b）（慧70/872b）。

yín 尤：**尤**余針反玉篇行皃（龍545/09）。

吟：**吟**牛金反（玄13/181a）（慧54/510a）（玄18/250c）（慧73/936a）（慧62/714a）（慧79/1056a）。//詽：**詽**音吟詽歎也（龍042/02）；吟又作詽（玄13/181a、慧54/510a "吟哦" 註）（慧62/714a "呻吟" 註）。//噚：**噚**俗（龍267/04）；吟論文作噚非也（玄18/250c、慧73/936a "啾吟" 註）。//嗋俗（龍267/04）。//龂：**龂**古文音吟（龍177/08）。

黔：**黔**於今反（龍192/01）。**黔**作音字（龍367/06）。//霠：**霠**音暗雲覆日皃（龍307/06）。

崟：**崟**正吟琴二音岑崟也（龍070/08）。**崟**俗（龍070/08）。

①參見《龍龕手鏡研究》310頁。

寅：寅音寅（龍 507/07）。

壩：壩音寅壩場也（龍 246/04）。

黃：黃以脂反莧瓜也又音演（龍 254/04）。

夤：夤寅音（紹 144b3）。

臏：臏音寅（龍 408/08）（慧 71/887a）。

乑：乑音吟衆立皃（龍 545/08）。价音吟衆立也（龍 027/08）。众 音吟衆立也（龍 027/08）。庺作孔反衆立也[1]（龍 300/07）。

霥：霥正音崖兩聲又音吟雨不止也（龍 307/02）。霥俗（龍 307/02）。

垠：垠語巾五根二反（龍 246/07）（玄 8/111c）（慧 33/62b）（慧 30/1051a）（慧 60/655a）（慧 96/263a）（紹 161a1）。//浪：浪垠又作浪同（玄 8/111c、慧 33/62b "无垠" 註）。

珢：珢正銀艮二音石次玉也（龍 435/07）。珢今（龍 435/07）。

齦：齦語巾反齒根肉也（龍 311/06）。//齗：齗（龍 311/06）。

婬：婬以針反（玄 2/28b）。婬以針反（慧 44/286a）；婬經作婬非也（慧 39/175a "婬女" 註）。

淫：淫今余針反（龍 227/03）（玄 1/8b）（慧 66/788b）（紹 186b9）（中 62/717c）；婬經從水作淫非也（慧 18/758b "婬慾" 註）（慧 44/286a "婬妷" 註）。//潭，淫經文作潭非也（玄 1/8b "淫婆" 註）。潭正余針反（龍 227/03）（慧 17/741a）[2]。

遙：遙婬音（紹 138b7）。

霪：霪与針反（龍 306/05）；淫論文從雨作霪俗字也（慧 66/788b "霖淫" 註）。

嚚：嚚魚巾反（玄 23/315b）（慧 50/424b）（慧 25/914a）（慧 39/167a）。嚚魚巾反（玄 1/19b）（玄 5/71a）（玄 22/294b）（慧 48/379b）（玄 25/331c）（慧 71/881a）（慧 22/835b）（慧 24/886b）（慧 32/41a）（慧 35/101a）（慧 95/246a）（紹 183b1）。嚚正語巾反～頑也，惡也（龍 265/04）。嚚俗（龍 265/04）（慧 2/437b）（慧 30/1038b）。嚚俗（龍 265/04）。//嚚俗（龍 265/04）。//嚚俗（龍 265/04）。//嚙：嚙俗（龍 265/04）（紹 182b4）；銀柴經文從口作嚙喋二形誤也（玄 12/163a、慧 75/967b "銀柴" 註）。嚙銀音（紹 182b4）。

---

① 參見《疑難字考釋與研究》239 頁。
② "潭"字《慧琳音義》轉錄作"繇"，蓋訛。

斦：**斦** 語斤反二斤也（龍137/03）。

犾：**犾** 玉篇皆語斤反（龍317/05）；闇經文作狺字與犾同（玄12/162a、慧28/994a "闛闔"

註）；狺又作狋同（玄13/179a、慧54/526a "猏猏" 註）（慧55/529a "狋狋鬪諍" 註）。**狋** 玉

篇皆語斤反（龍317/05）（慧55/529a）。**猏** 同上［狋］（龍317/05）（玄13/179a）（慧54/526

a）；闇經文作狺字與犾同（玄12/162a、慧28/994a "闛闔" 註）；狋或從言作狺（慧55/

529a "狋狋鬪諍" 註）。

齗：**齗** 語巾反（龍311/6）（玄1/5a）（玄9/121c）（慧20/806a）（慧35/99b）（慧39/165b）（慧39/1

82a）（慧46/323a）（慧63/730a）（紹146b3）。**齗** 魚斤反（玄15/208a）（慧58/608a）。//齞：

齞 語巾反又康很反（龍311/6）。

誾：**誾** 銀垠二音（龍092/03）（玄12/162a）（慧28/994a）（紹195b2）。//誾：**誾** 闇古文誾同

（慧28/994a "闛闔" 註）。**誾** 闇古文誾［誾］同（慧28/994a "闛闔" 註）。

崟：**崟** 音吟（龍070/08）（玄5/72b）（慧33/57b）（玄13/177a）（慧53/497a）（慧82/40a）（紹162a

2）；崖經文作崟書誤非也（慧16/712b "崖底" 註）。

鄞：**鄞** 音銀（龍454/01）（紹154a4）（紹169a10）；謹傳文從邑作鄞傳寫錯非（慧89/165b "形

謹" 註）。

圁：**圁** 音銀圁陽縣名也（龍175/02）。

鶎：**鶎** 今余針反鶎之別名又弋笑反一曰負雀別名（龍287/09）。**鶎** 或作（龍287/09）。

麔：**麔** 音銀獸名似貊而八目（龍521/01）。

豒：**豒** 音銀兩虎爭聲（龍322/07）。**豒**（龍322/07）。

引：**引** 音寅印反（慧1/412b）（慧3/446a）（慧6/511b）（慧41/206b）。**夘** 音引（龍031/08）（龍

140/07）。**弘** 古文音引（龍151/05）（慧68/821b）；引或從人作弘（慧1/412b "發引" 註）

（慧3/446a "引奪" 註）。**弘** 引古文從手作抈或作弘也（慧41/206b "汲引" 註）。**卟** 俗（龍

151/05）。//弞：**弞** 俗（龍151/05）。//抈：**抈** 引或從手作抈會意字也（慧3/446a "引

奪" 註）（慧6/511b "牽引" 註）（慧41/206b "汲引" 註）。

泿：**泿** 隨函音引可以泿塗炭也又俗失忍反（龍498/01）。//徐：**徐** 隨函音引可以泿

塗炭也（龍498/01）。

蚓：蚓音引（龍 222/10）（玄 8/116b）（慧 14/662b）（慧 81/13b）（希 7/402b）。//螾：螾寅音（紹 164a3）；蚓字書云作螾（慧 81/13b“螻蚓”註）（希 7/402b“蚯蚓”註）。

靷：靷正又羊晉反（龍 449/02）（慧 68/829b）（紹 140a9）。靷古又羊晉反（龍 449/02）。

釕：釕音引錫也（龍 015/09）。

飲：飲猗鴆反（玄 1/19b）（慧 09/566b）（慧 2/422b）。//歙：歙邑錦反（慧 74/959a）；飲説文從酉作歙今省去酉作飲（慧 2/422b“歠飲”註）。//汆：汆飲古文從水作～（慧 2/422b）（慧 74/959a“歙此味”註）。//衾：衾古文音陰字（龍 035/05）。//肷：肷歙經從月作肷非也（慧 74/959a“歙此味”註）。

噷：噷俗音飲（龍 271/08）。//喑俗（龍 271/08）。

㗑：㗑於靳反所依據也（龍 331/03）。㗑於靳反所依據也又於謹反（龍 551/07）。

㥯：㥯音隱㥯謹也（龍 066/03）。㥯隱正字作㥯同（玄 9/128a“隱須”註）。㥯隱正字作㥯同（慧 46/334b“隱須”註）。

嶾：嶾正音隱㟪嶙山高皃也（龍 075/02）（慧 99/311b）。嶾或作（龍 075/02）。嶾嶾音（紹 162a4）。

隱：隱於謹反（慧 4/457b）（慧 4/472a）（慧 29/1021a）。隱於靳反（慧 46/334b）（慧 87/123b）；嶾集作隱俗字（慧 99/311b“嶾嶙”註）。隱於靳反（玄 9/128a）；經從㥯作隱訛謬也（慧 4/457b“隱蔽”註）。

濦：濦正音隱水名（龍 232/09）。濦俗（龍 232/09）。

癮：癮正音隱癮胗皮外小起也（龍 473/01）。癮於近反（慧 46/338b）（慧 74/944a）。癮通（龍 473/01）（玄 9/129c）（玄 13/176a）。//䏙癮疹傳文從肉作～胗非也（慧 74/944a“癮疹”註）。

縯：縯音隱（龍 400/06）（慧 59/650a）。縯於近反（玄 14/196b）。

轜：轜音隱（龍 082/08）。轜磤又作轜同（玄 8/110c、慧 38/155a“磤聲”註）。轜音隱（龍 082/08）。

輑：輑牛隕反車也又昆羣二音（龍 083/04）。

鼳：鼳音尹面敘也（龍 485/02）。

听：听宜引反（龍 272/05）（慧 85/90a）（慧 99/325a）（紹 184b1）。

趛：趛牛金反低頭疾行也（龍 324/10）。

齾：齾正宜引反齒齊也（龍 312/05）。//鰲：鰲或作（龍 312/05）。

磤：磤音隱（龍 442/01）（玄 8/110c）（慧 38/155a）。

yìn 印：印於振反（玄 7/94a）（慧 67/814b）（玄 22/299b）（玄 24/321a）（慧 70/864b）（玄 24/325c）（慧 70/871b）（慧 20/794a）（慧 51/446b）（希 3/373b）（希 7/403a）。𠨑於刃反今作印同（龍 331/03）（慧 28/997b）（紹 201b9）；印古文作～字（希 7/403a"槊印"註）。𠨑於吝反（玄 17/227b）（慧 48/387a）（慧 21/824b）（慧 22/845b）（慧 23/859b）；印正作～（希 3/373b"印璽"註）。邧古文音印（龍 456/07）。邷古文音印（龍 456/07）。𡿨音印（龍 077/03）。巾隨函云合作印字（龍 139/04）。

胤：胤寅印反（慧 13/657b）；胤古文作胤也（慧 42/245b"覺胤"註）。胤與振反（玄 7/94b）（玄 7/97b）（慧 19/778b）（慧 46/330b）（慧 57/592a）（慧 48/375a）（慧 47/360b）（慧 42/245b）。胤与振反（玄 9/126a）（玄 13/172a）（玄 22/291b）（玄 23/309c）（紹 203b1）。胤與振反（慧 28/997b）。

酳：酳羊刃反酒漱口也（龍 310/10）。

廕：廕正於禁反庇廕也（龍 300/09）。廕俗（龍 300/09）。

癊：癊邑禁反（慧 60/663a）（慧 64/757a）（希 6/395a）。癊正於禁反心中疾也（龍 474/08）（慧 14/664b）（慧 28/1002b）（慧 29/1026a）（慧 38/151b）（慧 78/1049b）（紹 192a10）。癊正（龍 474/08）。癊俗（龍 474/08）。癊俗（龍 474/08）；癊字林作～（希 6/395a"痰癊"註）。//湆：湆古文於禁反（龍 187/09）。湆古文於禁反（龍 187/09）。

㥯：㥯正烏本反隱也又於靳反依也（龍 032/07）（慧 90/167a）。㥯俗（龍 032/07）。

憖：憖隱音（紹 130a2）。

擾：擾於靳反擾劑也（龍 215/03）。擾隱音（紹 134a7）。

檃：檃一靳反（玄 14/190a、慧 59/639b"櫨棟"註）。檃於靳反（龍 382/08）。

猌：猌又牛近反（龍 189/03）。

慭：慭魚憖反（龍 068/06）（慧 95/251b）。慭語靳反且也缺也（龍 067/07）。

坖： 坖魚靳反澱胃之～也 （龍 250/05） （玄 15/207b、慧 58/607a "藍澱" 註） （慧 21/820b） （希 2/366b）。 澁舊藏作坖魚靳反 （龍 235/03）。

霅： 霅音印氣行皃 （龍 308/05）。

窨： 窨於禁反 （龍 508/08） （慧 40/200a） （紹 194b8）。

戠： 戠余刃反擣也[1] （龍 530/07）。

軯： 軯羊刃反車名 （龍 084/06）。

yīng

yīng 英： 英猗京反 （玄 23/311c） （慧 47/363b） （玄 23/318b） （慧 47/357b） （慧 100/336a）；暎經作英非也 （慧 13/643a "暎發" 註）。

瑛： 瑛於京反 （龍 433/03） （玄 5/75b） （玄 7/96a） （慧 28/1000a） （紹 140b6）；纓經文作瑛非此義 （玄 5/76c "為纓" 註）。

㥄： 㥄於驚反谷也 （龍 525/08）。

韺： 韺俗音英 （龍 080/05）。

韽： 韽於京反鈴～高陽氏樂也 （龍 177/09）。

颸： 颸音英 （龍 127/04）。

霙： 霙正於京反雨雪雜也 （龍 307/04）。 霙誤 （龍 307/04）。 霙誤 （龍 307/04）。

嫈： 嫈烏耕反又伊耕反 （龍 280/03） （玄 9/124b） （慧 46/328a） （玄 12/162b） （慧 28/994a） （玄 16/222a） （慧 65/765a） （慧 24/901a） （慧 77/1014b） （慧 78/1035a）。

褮： 褮音熒衣開孔也又音縈鬼衣也 （龍 103/09）。

鎣： 鎣恚併反 （龍 242/08） （慧 4/467a） （慧 8/535a） （慧 13/653b） （慧 15/684b） （慧 36/127b） （慧 39/166b） （慧 39/170a） （慧 45/313b） （慧 50/427b） （慧 68/819a） （慧 88/142a） （慧 94/240a） （慧 98/308b） （紹 189a10）；鎣或作鑍 （慧 3/445b "磨鎣" 註） （慧 8/537b "鎣治" 註） （慧 8/544a "磨鎣" 註） （慧 8/549b "磨鎣" 註） （慧 21/818b "光鎣" 註） （慧 34/74b "磨鎣" 註） （慧 41/224a "鎣飾" 註） （慧 42/241b "鎣如" 註） （慧 42/243b "鎣然" 註） （慧 38/151b "塗鎣" 註） （慧

---

[1]參見《疑難字考釋與研究》462 頁。

53/495b "善瑩" 註）（慧 56/574a "修瑩" 註）（慧 62/700a "瑩體" 註）（慧 91/186b "瑩心" 註）

（希 3/370b "瑩徹" 註）（希 4/380c "瑩明" 註）（希 5/387b "瑩徹" 註）。鎣舊藏作鎣（龍 2

62/10）。//瑩：瑩恚併反（龍 242/08）（慧 3/445b）（慧 8/537b）（慧 8/549b）（慧 8/551b）

（慧 21/818b）（慧 30/1041a）（慧 34/74b）（慧 41/224a）（慧 42/241b）（慧 36/126b）（慧 38/151b）

（慧 53/495b）（慧 62/700a）（慧 66/792a）（慧 91/186b）（希 3/370b）（希 4/380c）（希 5/387b）；

鎣或作瑩也（慧 4/467a "鎣以" 註）（慧 8/535a "鎣飾" 註）（慧 13/653b "鎣飾" 註）（慧 36

/127b "鎣徹" 註）（慧 39/166b "光鎣" 註）（慧 39/170a "鎣麗" 註）（慧 45/313b "鎣淨" 註）（慧

50/427b "鎣飾" 註）（慧 88/142a "鎣其" 註）。瑩烏夐反（慧 8/544a）（慧 21/813a）（慧 42/

243b）（慧 56/574a）；鎣論文作瑩亦通用也（慧 68/819a "摩鎣" 註）。

鶯：鶯烏耕反（龍 285/01）（慧 4/468b）（慧 99/314b）（慧 99/328b）（紹 165b2）。

鸎：鸎正烏耕反（龍 285/01）。鸎俗（龍 285/01）。鸎俗烏耕反（龍 285/01）；鶯經作鸎

誤也（慧 4/468b "春鶯" 註）。

賏：賏於盈反又於敬反賏飾也（龍 349/04）（慧 40/189b）；瓔説文作賏（慧 17/733a "瓔

飾" 註）。

嬰：嬰正益盈反女曰～男曰兒（龍 279/03）（玄 1/20a）（玄 9/119c）（慧 46/319a）（玄 18/243

c）（慧 72/914a）（慧 49/399b）（慧 70/867b）（慧 2/434b）（慧 18/765a）（慧 19/775b）（慧 23/85

6b）（慧 23/871b）（慧 25/916a）（慧 25/922a）（慧 30/1044a）（慧 51/445b）（慧 51/447b）（慧 81

/10b）。嬰俗（龍 279/03）（玄 23/317b）（玄 24/323b）（慧 22/836b）；嬰益盈反字從女賏

從二貝今經文從二目下從安作～者非也（慧 11/603b "鸚鵡" 註）。嬰於盈反（玄 2

1/283c）。嬰嬰經從二目從安非也（慧 2/434b "身嬰" 註）//孾：孾俗益盈反（龍

279/03）（紹 141b9）；纓貫論文作孾瑱二字非也（玄 17/235c、慧 74/949a "纓貫" 註）。

//㜮：㜮於盈反（龍 336/05）（紹 173b2）；嬰論作㜮非也（慧 51/447b "嬰孩" 註）（慧

81/10b "孩嬰" 註）。//婗：婗於盈反婗兒（龍 189/05）。

罃：罃烏耕反罃䛏小聲也（龍 043/04）。

甖：甖烏耕反牛也（龍 114/04）。

甖：甖於盈反（龍 331/06）。

蠳： 蠳嬰音（紹164a2）。

攖： 攖摭經作攖非也（慧78/1032a "摭採" 註）。

嚶： 嚶烏耕反（慧34/82a）。嚶烏耕反鳥聲也（龍269/02）（玄8/115b）（玄12/160c）（慧75/984a）。

瓔： 瓔於盈反瓔珞也（龍433/01）（慧17/733a）（慧27/975b）（慧53/494b）（慧78/1041a）；纓絡經本有作瓔珞二字並謬也（慧21/813a "纓絡" 註）；賏珞經文作瓔絡俗通用（慧40/189b "賏珞" 註）。//襮： 襮俗音嬰（龍102/01）。襮瓔經從衣作襮字書無此字非也（慧17/733a "瓔飾" 註）。

虋： 虋益盈反（慧62/702b）（慧99/322a）（希8/405a）（紹154b3）。虋伊盈反（龍255/06）。

櫻： 櫻烏耕反櫻桃（龍375/01）。

纓： 纓於盈反（玄5/76c）（玄17/235c）（慧74/949a）（慧21/813a）（慧25/914b）（慧86/107a）（慧91/189b）（紹191a1）；瓔冠纓作纓（慧27/975b "諸瓔" 註）。

罌： 罌於庚切（紹142a7）。//罌： 罌今烏耕反瓦器也（龍315/05）（龍349/04）（慧19/783b）（慧100/332b）（紹199b2）。罌於耕反於成二反（玄4/62b）；罌或作罌（慧16/722b "瓶罌" 註）（慧76/989a "千罌" 註）（慧78/1042b "空罌" 註）。罌烏庚切（紹199b2）。罌俗（龍315/05）（紹142a7）。罌俗烏莖反瓦器也（龍349/04）（龍333/04）。罌俗烏耕反正作罌字（龍419/09）。罌烏耕反（龍333/04）（紹142a7）。罌合作罌見隨函（龍419/08）。罌於庚切（紹142a7）。罌於庚切（紹142a7）。罌俗（龍349/04）。//罌： 罌或作（龍315/05）；罌亦作罌也（慧16/722b "瓶罌" 註）。罌罌又作罌同（玄5/77a "瓶罌" 註）。罌舊藏作罌也（龍315/10）。

矋： 矋烏耕反矋暗眼作媚也（龍418/06）；嫈媟論文作矋暗未見所出（玄9/124b、慧46/328a "嫈媟" 註）（玄12/162b、慧28/994a "嫈媟" 註）（玄16/222a、慧65/765a "嫈矋" 註）。

罌： 罌於耕於成二反（慧09/564a）；罌亦作罌（慧100/332b "百罌" 註）。罌今高耕反（龍337/10）（龍349/04）（玄3/41a）。罌俗（龍337/10）。//罌： 罌或作（龍337/10）（玄5/77a）（慧16/722b）。罌戹衡反（慧76/989a）（慧78/1042b）。

璺： 璺烏莖反瓦器也（龍433/09）。

鸎：鸎烏耕反鸎鵙（龍 285/02）（玄 1/17c）（慧 4/468a）（希 6/393a）（希 8/407a）（紹 165b2）。

　　鶯烏耕反（慧 8/540b）（慧 14/677a）（慧 31/5b）（慧 74/945b）（希 1/354c）（希 4/375b）；

　　鸎（慧 11/603b）。

應：應於甑反（玄 1/18a）（玄 6/80a）（慧 27/966b）（慧 29/1017a）。

膺：膺於兢反（慧 49/399b）（慧 14/668a）。膺今憶氷反（龍 199/07）（玄 4/48c）（玄 12/167a）

　　（玄 22/302c）（慧 48/393a）（玄 23/317b）（慧 83/45b）（希 10/423a）。//膺古（龍 199/07）；

　　膺又作應[膺]同（玄 4/48c“膺平”註）（玄 12/167a“匈膺”註）（慧 14/668a“膺平”註）。

鷹：鷹憶矜反鴌（慧 29/1029a）（慧 31/8a）（慧 36/116a）（慧 57/586b）（慧 60/667a）（慧 77/103

　　0a）（慧 78/1039a）（慧 85/95b）（慧 92/196a）（慧 97/288a）（希 9/416b）（紹 193b4）。

yíng　塋：塋音營（龍 238/08）（慧 82/34b）（慧 91/192a）（紹 190a5）。

　　嫈：嫈烏猛反（龍 241/07）；嫈又作嫈同（玄 4/52b“嫈衛”註）。//覮：覮音營與嫈同

　　（龍 344/02）；嫈古文覮同（玄 6/87a“嫈從”註）（玄 9/122c、慧 46/325a“嫈從”註）（玄 1

　　7/227b、慧 67/814b“嫈疊”註）（慧 27/981b“嫈從”註）。

　　熒：熒（希 7/403a）（紹 190a5）；螢爾雅作熒（慧 13/642a“螢火”註）。

　　渶：渶烏迴反洪渶小水皃（龍 231/07）。

　　濴：濴瀯義與濴同（慧 81/7a“瀯中”註）。

　　螢：螢穴冥反（慧 13/642a）（慧 18/750b）（慧 33/69a）（慧 97/288a）（紹 190a5）。螢穴營反（慧

　　1/414b）（慧 90/175b）。//蟹：蟹螢或作蟹（慧 1/414b“螢火”註）（慧 13/642a“螢火”

　　註）。

　　謍：謍音營謍謍青蠅也説文小聲也（龍 043/04）。

　　營：營役瓊反（玄 4/52b）（玄 6/87a）（玄 9/122c）（慧 46/325a）（玄 17/227b）（慧 67/814b）（慧

　　16/713a）（慧 18/766a）（慧 27/981b）。

　　憕：憕正音營衛也（龍 054/08）；營又作憕同（玄 4/52b“營衛”註）。憕俗（龍 054/08）。

　　瀯：瀯瀯録文從營作瀯誤也（慧 81/7a“瀯中”註）。

　　禜：禜營音（紹 190a5）。

　　帯：帯於營反覆也（龍 240/04）。

謍： 謍 於營反聲也（龍 240/04）

縈： 縈 於營反縈迤纏繞也（龍 240/04）（玄 3/46c）（慧 10/581b）（玄 15/203a）（慧 58/620a）（慧 8/543a）（慧 12/629a）（慧 23/870a）（慧 31/16a）（慧 34/80a）（慧 42/239b）（慧 36/128a）（慧 38/160b）（慧 40/192b）（慧 60/666b）（慧 62/712b）（慧 63/739b）（慧 69/844b）（希 7/403a）（紹 189b6）；嬰據義合作縈（慧 18/765a "嬰纏" 註）。

盈： 盈 弋成反（玄 17/228b）（慧 67/816a）（玄 17/228b）（慧 67/816a）；贏今皆作盈（玄 12/159a "贏長" 註）。 盈 音盈（慧 12/628a）（慧 23/863a）（慧 23/878b）。 盈 郢精反（慧 29/1018a）。

嵤： 嵤 音盈（龍 073/03）。

楹： 楹 音盈（龍 378/09）（慧 85/94b）（慧 91/188a）（慧 97/276b）（紹 158a2）。

朡： 朡 音盈人名（龍 409/09）。

蠅： 蠅 蠅正余陵切（紹 164a4）。 蠅 余承反（龍 220/06）（慧 29/1016a）（慧 41/218b）（慧 44/279b）（慧 51/451a）（慧 53/502a）（慧 63/737a）（希 1/356c）（希 4/377b）（希 8/410a）（紹 164a3）。 蠅 蠅正余陵切（紹 164a4）。 蠅 蠅正余陵切（紹 164a4）。

贏： 贏 以成反（龍 190/05）（慧 86/109b）；瀛集作贏俗字（慧 97/288a "瀛博" 註）。 贏 驛征反（慧 97/279a）。 贏 盈音（紹 176b4）。

贏： 贏 以成反利也益也財長也有餘也（龍 190/05）（玄 12/159a）；盈又作贏同（玄 17/228b、慧 67/816a "盈長" 註）。

瀛： 瀛 郢嬰反（慧 42/242b）（慧 92/201a）（慧 95/243b）（慧 97/288a）。 瀛 音盈（龍 229/02）（慧 87/129b）（紹 189a6）。 瀛 音盈以征反（慧 93/212b）（紹 189a6）。

礦： 礦 俗音盈（龍 440/07）。

薖： 薖 正户薖反草名也（龍 491/07）。 薖 俗（龍 491/07）。

駒： 駒 音燹兵車貨也（龍 350/02）。

撗： 撗 於丙反中打也（龍 213/01）。

陘： 陘 又五堅五莖二反懸也又牛耕反（龍 034/04）。

影： 影 英景反（慧 6/506b）；景葛洪作字苑始加彡作影（玄 8/117a、慧 32/40b "如景" 註）。

影 音影（龍 188/07）。

饁：饁 正音影飽也（龍 501/08）。//饐：饐 或作（龍 501/08）。

懮：懮 今烏猛反玉篇云喚牛子聲也（龍 116/06）。

犖：犖 正烏迴反又音營（龍 339/01）。霙 俗（龍 339/01）。

頴：頴 余頃反又巨傾反（龍 484/04）（慧 31/3b）。

穎：穎 營併反（慧 91/189b）。頴 余頃切（紹 170b3）。穎 余頃切（紹 170b3）。頴 余頃切（紹 170b3）。嶺 餘傾反[①]（龍 075/08）。

廮：廮 伊領切（紹 193a9）。廮 於郢反安也又廮陶縣名（龍 300/07）（慧 93/221b）。

瀴：瀴 莫頂反瀴滓大水皃也又作溟同（龍 231/02）。

瘿：瘿 纓頸反（慧 40/188a）。瘿 嬰郢反（慧 66/790b）（慧 77/1023b）（慧 82/35b）。瘿 正於井反頸腫病也古作闋（龍 472/07）（玄 5/70a）（慧 12/623a）（慧 24/898a）（慧 33/52b）（慧 37/146b）（慧 38/152b）（慧 54/525b）（慧 62/697b）（慧 87/118b）（紹 192a8）；嬰經厂作非也（慧 19/775b "嬰諸疾病" 註）。瘿 俗（龍 472/07）。//瘿 俗於井反正作瘿瘤也（龍 412/02）。//闋：闋 瘿或作～（慧 12/623a "瘿瘅" 註）（慧 66/790b "瘟瘿" 註）。瘿 瘿有從月作～非也（慧 54/525b "項瘿" 註）。

㨳：㨳 以整丑郢二反（龍 381/04）（慧 56/553b）。

郢：郢 以整反（龍 455/07）（紹 169a7）。

yìng 映：映 音同上［暎］（龍 428/01）（慧 8/544a）；暎經從央作映非也（慧 1/411b "暎蔽" 註）（慧 10/597a "交暎" 註）（慧 11/609b "暎蔽" 註）（慧 13/644b "暎奪" 註）（慧 41/213b "交暎" 註）（慧 41/229a "暎蔽" 註）（希 1/359b "暎蔽" 註）（希 2/363b "暎蔽" 註）。映 俗於敬反正作映（龍 414/05）。晠 映音（紹 171a1）。//暎：暎 於敬反（龍 428/01）（慧 1/411b）（慧 4/467b）（慧 8/546a）（慧 10/597a）（慧 11/605b）（慧 11/609b）（慧 13/643a）（慧 13/644b）（慧 32/42b）（慧 41/213b）（慧 41/229a）（希 1/359b）（希 2/363b）；映字古正體作～當日中央為映或有之從日邊作英者謬（慧 21/819a "相庇映" 註）（慧 23/870a "泉流縈映" 註）。

①《疑難字考釋與研究》：以音求之，此字殆即 "穎" 之俗書（187）。

鞕： 鞕五更反（慧15/695a）（慧30/1040a）（慧62/698a）（慧62/712a）（慧63/733a）（慧67/80

1b）（慧67/807b）。 鞕額更反（慧17/734b）。 鞕額更反或作鞕硬也（慧68/823a）（慧

69/851b）（慧94/237b）（希9/416b）。 鞕五更反又渠敬反堅牢也與硬同（龍449/09）

（玄5/74a）（慧16/717a）（玄12/164a）（慧55/543b）（玄22/295b）（慧48/381b）（慧11/618a）

（玄25/335b）。 鞕額更反（慧13/641b）（慧13/658b）（慧20/798a）（慧50/419a）（慧55/54

2b）（慧60/675a）（慧64/755b）（紹140a4）。//硬： 硬額鞕反（慧62/718a）。 硬五更

切（紹163a7）；鞕有作硬俗字也（慧16/717a"鞕靴"註）（慧11/618a"堅鞕"註）（慧13/64

1b"不鞕"註）（慧15/695a"牢鞕"註）（慧20/798a"堅鞕"註）（慧30/1040a"堅鞕"註）（慧

50/419a"堅鞕"註）（慧55/542b"堅鞕"註）（慧60/675a"堅鞕"註）（慧62/698a"核鞕"註）

（慧63/733a"堅鞕"註）（慧64/755b"堅鞕"註）（慧67/801b"堅鞕"註）（慧67/807b"紕鞕"

註）（慧69/851b"麁鞕"註）（慧81/13a"堅鞕"註）（慧94/237b"皮鞕"註）（希9/416b"堅鞕"

註）。//鞕： 鞕又五孟反與鞕同（龍447/01）（玄13/169b）；鞕文字集略從印作鞕

（慧16/717a"鞕靴"註）（慧13/641b"不鞕"註）（慧20/798a"堅鞕"註）（慧30/1040a"堅鞕"

註）（慧60/675a"堅鞕"註）（慧94/237b"皮鞕"註）。 鞕又硬音（紹140a5）。//卸音

硬①（龍018/05）。

瀅： 瀅烏定反（龍233/05）（慧76/993b）（慧81/7a）（慧83/57a）。 瀅縈迥反（慧80/1069a）

（慧80/1088a）（慧92/206b）（慧93/210b）（慧94/237b）。

璒： 璒瀅烏定反傳作璒（慧94/237b"瀅中"註）。

侪： 侪今音孕侪送行也又音乗（龍035/07）。 侪俗（龍035/07）。//倰： 倰以證反鈍

皃也（龍033/07）；腾説文作倰同（玄19/254a、慧56/558b"婢腾"註）。//腾： 腾承

證反（慧66/788b）。 腾上同[媵]送女從嫁也（龍413/01）（玄5/75b）（玄5/75c）（慧3

4/88b）（玄19/254a）（慧56/558b）（玄24/328c）（慧70/876a）（慧89/153a）（紹136a8）；媵

經從女作媵非也（慧44/293b"號勝"註解）。

膺： 膺於證反以言對也（龍199/08）（龍301/01）（紹193b4）。 膺於陵切（紹193b4）。 膺

於陵切（紹193b4）。//膺： 膺古文音應亦去聲（龍199/08）（龍301/01）（紹193b4）。

①《叢考》：疑即"硬"的俗字（1069）。

//噟：**噟**俗於證反（龍273/10）。

鱦：**鱦**正繩猛孕乘四音皆魚屬亦魚子也（龍168/04）。//鰸：**鰸**或作（龍168/04）。

黦：**黦**與證反（玄12/166c）（慧17/737b）。**黦**正以證反面上黑子也（龍532/07）。**黦**俗（龍532/07）。//**黦**俗音孕正作黦（龍347/06）；骭黦經文作骭䵝非也（玄12/166c 慧17/737b"骭黦"註）。

yong

yōng 庸：**庸**音容愚也常也用也功也次也和易也鄙也（龍299/01）（玄22/293c）（初編玄23/10 58）（玄25/332a）（玄25/339a）（慧1/403b）（慧47/361b）（慧48/379a）（慧71/881b）（慧71/894b）（慧79/1062b）。**庸**俗音容（龍469/04）。**䐣**古文音容今作庸字（龍129/03）。**庸** 庸正容音（紹193a10）。**庸**此字寫訛不定或作庸容音膚夫音臨文詳用（紹144a7）。

傭：**傭**寵龍反（慧29/1031b）。**傭**又音容（龍022/09）（玄6/85b）（慧15/687a）（慧15/705b）（慧22/842a）（慧23/877b）（慧27/978a）（慧74/958b）（慧89/154a）（慧89/165b）。**傭**又音容（龍022/09）。**傭**癡龍反（慧4/462a）。**傭**容音（紹128b3）。

慵：**慵**蜀容反慵嬾也（龍054/09）（希9/411b）（紹130a8）。

犕：**犕**音容似牛領有宍也（龍115/02）。

楈：**楈**音庸箭筈也（龍378/06）。

墉：**墉**音容城也垣也牆也（龍247/07）（慧56/562b）（玄22/294a）（慧48/379a）（慧51/437b）。**墉**餘鍾反（玄19/256b）。**墉**墉正容音（紹161b1）。//隃：**隃**墉又作隃同（玄19/256b、慧56/562b"墉堞"註）（玄22/294a、慧48/379a"为墉"註）。//牖：**牖**墉又作牖同（玄19/256b、慧56/562b"墉堞"註）（玄22/294a、慧48/379a"为墉"註）；傭經文從片作牖非也（慧15/705b"傭長"註）。**墉**勇從切（紹149a4）。**墉**勇從切（紹149a4）。//䜭：**䜭**古文音容今作墉垣也城也（龍129/05）。

鄘：**鄘**音容（龍454/06）。**鄘**鄘正容音（紹169b1）。

獞：**獞**音容獞獸名也（龍317/07）。

鏞：**鏞**音容大鍾也（龍008/04）（紹180b5）。//鎕：**鎕**音容大鍾也（龍008/04）。

貓：**貓**音容獸名也（龍 321/09）。//貓：**貓**於容反獸似猿（龍 321/08）。

鱅：**鱅**正音容～渠鳥名似鴨雞足也（龍 287/05）。**鷛**或作（龍 287/05）。

邕：**邕**或作雝或作廱並略同（希 10/421a）（紹 203b3）；雝又作邕同（玄 8/113c "雍和" 註）（希 2/364c "雍肅" 註）。

羀：**羀**或作（龍 178/06）（慧 39/171b "濃塗" 註）。//**羀**正於容反（龍 178/06）。

鷛：**鷛**於容反～渠水鳥也（龍 287/02）。

廱：**廱**於容反辟廱天子教宮也（龍 298/10）（慧 83/56a）。**廱**雍又作邕爾雅正作廱皆同（希 2/364c "雍肅" 註）。**廱**於容反和也（龍 298/10）。**雍**於恭反（玄 8/113c）（紹 200b5）；**廱**或作雍也（慧 83/56a "廱熙" 註）。**廱**雍正於拱於容二切（紹 190a8）。**雍**於容反（希 2/364b）（紹 173b10）。

憃：**憃**於容反憂也又上聲（龍 055/05）。

嗈：**嗈**正於容反（龍 266/10）。**邕**今（龍 266/10）。**廱**今（龍 266/10）。**雍**或作（龍 266/10）（紹 184a7）；廱熙傳從口作嗈熙字誤也正從广作廱或作雍也（慧 83/56a "廱熙" 註）。

灉：**灉**於容反水名（龍 227/05）。

擁：**擁**正於隴反又平聲（龍 211/01）（慧 4/462b）（慧 6/499b）（慧 11/601b）（慧 13/645a）（慧 29/1014b）（慧 91/188b）。**擁**或作音同上持也（龍 211/02）。**擁**正音同上持也（龍 211/02）。**擁**或作音同上持也（龍 211/02）。**擁**擁正體本作擁古字也（慧 4/462b "擁曲" 註）（慧 6/499b "擁衛" 註）（慧 11/601b "擁篲" 註）。**擁**擁或作擁（慧 11/601b "擁篲" 註）。**揙**於隴反又平聲（龍 211/01）。

壅：**壅**旋容反又於龍反（龍 247/01）。**壅**壅或作壠（慧 57/583a "塞壅" 註）。**壅**邕拱反（慧 57/583a）（紹 161b4）。

饔：**饔**正於容反（龍 500/08）（慧 85/92a）（慧 97/291a）。**饔**今（龍 500/08）（慧 92/203a）。**饔**雍恭反（慧 92/203a）（慧 98/304b）（紹 172a2）。**饔**籀文（龍 500/08）。

韏：**韏**俗於容反（龍 448/02）（紹 140a9）；鞁律文作韏俗語也書無此字（玄 15/212a、慧 58/626a "作鞁" 註）。**韏**邕拱反（慧 63/733b）。

癰： 癰於恭反（慧 63/732a）（慧 64/761b）（慧 66/789b）（慧 67/805b）（希 9/415a）。癰正於容

反癰癤腫也（龍 472/04）（慧 29/1028b）（慧 29/1033a）（慧 41/225a）（慧 40/192a）（慧 62/7

16b）（紹 192b1）；癰或作癰（慧 2/437a"癰疽"註）（希 6/392a"癰疽"註）（希 9/414b"癰

瘡"註）。癰音邕（慧 15/697b）。癰擁恭反（慧 40/188a）。癰俗（龍 472/04）（玄 14/1

93a）（慧 59/644b）（慧 2/429b）（慧 2/437a）（慧 5/483a）（慧 13/648b）（慧 13/660a）（慧 37/14

2b）（慧 95/253a）（希 6/392a）（希 9/414b）（紹 192b1）；經從維作癰誤也（慧 40/192a"癰

瘡"註）。//臃：臃於凶反（玄 1/12a）（慧 42/232b）。臃俗於容反正作癰癰癤也（龍

408/09）。臃俗於容反正作癰癰癤也（龍 408/09）。臃俗於容反正作癰癰癤也（龍

408/09）。臃臃又作臃同（玄 1/12a、慧 42/232b"懸臃"註）。臃俗於容反癤也（龍 42

6/04）。

yóng 喁： 喁魚容反喚～也又衆口上見也（龍 267/04）（玄 12/162a）（慧 28/993b）（玄 13/172b）

（慧 57/592b）（慧 55/537b）（慧 77/1014b）（慧 85/90a）（慧 96/270b）（慧 98/304b）（紹 182b7）；

顒今作喁同（玄 56/877a、慧 43/15b"顒顒"註）。

顒： 顒愚凶反（龍 482/07）（玄 56/877a）（慧 43/15b）（慧 78/1035a）（慧 84/68b）（紹 170b2）；

娛經文作顒非也（玄 4/52a"歡娛"註）；喁古文顒同（玄 13/172b、慧 57/592b"喁喁"

註）（慧 85/90a"喁喁"註）。

驈： 驈音顒驕～鈍馬也（龍 292/02）。

貐： 貐魚容反獸名似豸也（龍 115/09）。

yǒng 甬： 甬容腫反（慧 32/39a）；用經文作甬非也（玄 7/94b、慧 28/997b"宜用"註）。甬甬正

勇音（紹 203a10）。

涌： 涌音勇（龍 230/06）（慧 1/417a）（慧 4/470a）（慧 13/641b）（慧 19/774b）（慧 20/800a）（慧

27/986b）（慧 31/12b）（慧 32/37a）（慧 40/192b）（慧 44/285b）（慧 63/729b）；湧亦作涌也（慧

83/46b"洶湧"註）（希 2/364a"湧浪"註）。//湧：湧容種反（慧 83/46b）（希 2/364a）；

涌或作湧（慧 1/417a"等涌"註）（慧 13/641b"流涌"註）（慧 31/12b"烝涌"註）（慧 63/72

9b"涌沸"註）。

埇： 埇俗音勇（龍 271/07）。

恫：恫音角［甬］^①（龍 063/04）。

衕：衕餘隴反巷道也（龍 497/06）。

勇：勈本作勈今相傳作勇（慧 6/505a "勇銳" 註）。勇瑜種反（玄 23/305a）（慧 47/351b）（玄 24/321a）（慧 70/864b）（慧 6/505a）（慧 7/527b）（慧 11/609b）（慧 13/647b）（慧 35/107a）（慧 40/193b）（慧 72/900b）（慧 94/227a）（慧 97/287b）；涌或作勇同也（慧 4/470a "法涌" 註）。勇余隴反（龍 511/09）；古文恿戭二形今作勇同（玄 12/166a、慧 55/545b "名戭" 註）。勇勇正（紹 204a1）。戭踰腫反（慧 55/545b）（慧 77/1029b）。戭古文（龍 173/03）（玄 12/166a）（慧 80/1092b）；勇古作恿或從戈作戭也（慧 40/193b "勇猛" 註）。戭音勇（龍 526/06）；勇或作恿戭皆古勇字也（慧 7/527b "勇捍" 註）。戭俗（龍 173/03）。戭勇或從戈用作戭（慧 6/505a "勇銳" 註）（慧 11/609b "勇躍" 註）。//恿：恿古文恿戭二形今作勇同（玄 12/166a、慧 55/545b "名戭" 註）（慧 6/505a "勇銳" 註）（慧 7/527b "勇捍" 註）（慧 40/193b "勇猛" 註）。//猬：猬勇集從犬作猬者非也^②（慧 97/287b "班勇" 註）。

蛹：蛹余隴反（龍 223/04）（慧 77/1015a）（慧 81/14a）。

踊：踊容腫反踊上也跳躍也（龍 462/04）；踴說文作踊（慧 2/429a "極踴" 註）（慧 40/190a "踴躍" 註）。踊容腫反（慧 3/444b）（慧 8/543a）（慧 8/544b）（慧 20/796a）（慧 27/970a）（慧 32/48a）（慧 41/213b）（慧 43/269b）（慧 68/820b）（希 10/419b）；涌經從足作踊踊躍也非經義（慧 19/774b "涌出" 註）（慧 27/986b "從地涌出品" 註）（慧 44/285b "涌出" 註）；疏經作踊（慧 34/80a "疏通" 註）。//踴：踴容踵反（龍 462/04）（慧 2/429a）（慧 5/491b）（慧 11/616b）（慧 40/190a）；勇或從足作踴（慧 11/609b "勇躍" 註）；踊經作踴俗字也（慧 41/213b "踊躍" 註）。//趜：趜正（龍 325/01）。趜今余拱反行皃一曰頓走踏地也（龍 325/01）；踴字書作趜（慧 2/429a "極踴" 註）（慧 5/491b "騰踴" 註）。

餔：餔俗音勇（龍 501/05）。

泳：泳音咏（龍 233/02）（慧 10/587a）（慧 15/686a）（慧 41/224b）（慧 37/143a）（慧 82/34b）（慧

---

① 《疑難字考釋與研究》：此字殆即 "恫" 之俗字（269）。
② 參見《可洪音義研究》790 頁。

83/49b）（慧 98/300b）（慧 99/326b）（希 1/358a）（希 2/362c）（希 5/382b）（紹 187a8）。// **㴱** 泳或為祒字也（慧 37/143a"漂泳"註）（慧 98/300b"游泳"註）。

咏：**咏** 俗通為命反歌也（龍 274/09）（慧 99/314b）（紹 183a8）。// 詠：**詠** 咏説文亦詠 字（慧 99/314b"而咏"註）。

林：**秣** 音永木可為笏也（龍 381/01）。

塎：**塎** 音勇堉塎不安也（龍 249/10）。**塎** 俗（龍 249/10）。

yòng 用：**用** 榆共反（玄 7/94b）（慧 28/997b）（慧 92/201a）。**甪** 音用[①]（龍 553/04）。**娄** 音用（龍 553/04）。**娄** 音用[②]（龍 125/06）。

礜：**礜** 今為命反（龍 310/09）（玄 13/178b）（慧 52/480b）（慧 97/284a）。**礜** 音詇［詠］（龍 243/09）。// **酥** 正為命反（龍 310/09）。

you

yōu 惆：**惆** 於堯反惆惆憂也（龍 055/03）。

呦：**呦** 俗音幽（龍 266/03）（慧 44/292b）（慧 79/1064b）。**呦** 正音幽鹿鳴也（龍 266/03）（玄 7/103c）（慧 24/892b）（紹 184b1）。**呦** 呦正幽音又於糾吉酉二切（紹 184b2）。// 呦：**幽** 俗（龍 266/02）。// 欨：**欨** 音幽鹿鳴也（龍 201/02）。

逌：**邎** 正音由（龍 489/02）。// 逌：**逌** 今音由（龍 489/02）（玄 22/302a）。**逌** 通（龍 489/02）（慧 48/391b）。**逌** 哂記中作 **逌** 爾未詳音訓（慧 82/33a）。**逌** 古（龍 489/02）。**逌** 俗（龍 489/02）。**逌** 俗（龍 489/02）。**逌** 由音（紹 138b6）。

邎：**邎** 由遥二音行也（龍 489/01）。// 邎：**邎** 音由疾行也（龍 490/09）。

攸：**攸** 音由所也又姓（龍 118/09）（龍 027/03）（紹 128a3）；逌又作攸同（玄 22/302a、慧 48/391b"逌尔"註）。**攸** 音由（龍 528/09）。**攸** 由音（紹 128a3）。

悠：**悠** 通音由遶也遗也智也思也（龍 065/04）。**悠** 今音由（龍 065/04）（玄 9/122c）（慧 46/325a）（紹 131a9）。**悠** 古文音申［由］[③]（龍 497/03）。**悠** 古文音申［由］（龍 497/03）。

①參見《疑難字考釋與研究》500 頁。
②同上。
③參見《叢考》363 頁。

丝：丝今憂幽二音微小也（龍 201/02）。丝音幽（龍 184/05）。丝或作（龍 201/02）。

幽：幽幼摎反（慧 6/499b）（慧 18/759a）（慧 89/155a）（希 3/374a）。

䫜：䫜於交反頞䫜頭凹不媚也（龍 483/03）。

憂：憂於尤反（慧 51/446a）。𢝊古文於求反志也亦㥑愁也今作憂同（龍 064/09）。㥑俗（龍 064/09）。怣或作（龍 064/09）。還古文音憂（龍 490/05）。𩕢音憂（龍 548/06）。𡖋古文音憂（龍 302/04）。

優：優音憂俳優樂人也又倡也（龍 022/06）（玄 22/301b）（慧 48/390a）（慧 4/464b）（慧 41/223b）（慧 68/827a）（希 1/357c）。𨔝音憂（龍 496/09）；俳優經文或從彳作徘𨔝竝非（慧 4/464b“俳優”註）。

懮：懮於柳反受舒遲皃也又姿容也（龍 058/09）。懮擾經文從忄作～非也（慧 5/487b“躁擾”註）。

郻：郻音憂邑名（龍 453/09）。

嚘：嚘於求反（龍 266/09）（玄 1/12c）（慧 42/233a）（玄 18/245b）（慧 73/924a）（慧 86/109b）（慧 98/294b）。

歠：歠音憂逆氣（龍 353/07）。

櫌：櫌音憂（龍 364/09）（玄 15/211a“輟我”註）（紹 176a6）。//櫌：櫌擾經從木作櫌非也（慧 51/444b“寇擾”註）。櫌櫌正擾音（紹 157a3）。

麀：麀正音憂麀麀鹿遊也又雌鹿也（龍 521/01）（玄 9/126a）（慧 46/331a）（慧 56/552b）（慧 95/248a）。麀於牛反（玄 11/142c）。//䴆：䴆正音幽（龍 521/01）；麀古文䴆同（玄 9/126a、慧 46/331a“麛麀”註）（玄 11/142c、慧 56/552b“麛麀”註）。䴆俗音憂正作䴆～鹿遊也（龍 471/01）。//䴆俗音幽（龍 521/01）。

颩：颩音憂風也（龍 128/07）。

yóu 尤：尤有憂反（玄 23/319a）（慧 51/444a）。尤羽求反過也甚也怨也嗟也多也怪也（龍 179/03）（玄 22/293b）（慧 48/378b）（玄 24/329a）（慧 70/876b）；蝣經文作蚘尤二形非也（玄 4/55c、慧 43/267b“蝣虽”註）。//訧：訧羽求反過也又作尤義亦同（龍 043/03）。

优：优音尤五穀精如人白髮也（龍 027/09）。

沈：**沈** 音尤水名 （龍 230/05）。

犹：**犹** 音尤犬吠聲也 （龍 318/01）。

迖：**远** 俗由音① （龍 489/06）。 **远** 俗由音 （龍 489/06）。

枕：**枕** 頏經文作枕非也 （玄 11/149b、慧 52/467b "顐頏" 註）。

肬：**肬** 有流反 （慧 16/721b）。 **肬** 音尤肬贅也腄也病也與疣同 （龍 406/05）（玄 8/112b）（玄 16/214c）（慧 65/774a）（玄 19/255b）（慧 56/561a）（玄 20/274c）（紹 136a9）； 疣字體作肬 （玄 5/68b、慧 44/286b "瘡疣" 註）（慧 4/463b "疣贅" 註）（慧 10/590b "瘡疣" 註）（慧 12/633a "瘡疣" 註）（慧 15/698b "創疣" 註）（慧 16/718b "疣癓" 註）（慧 19/779b "瘡疣" 註）（慧 20/797a "小疣" 註）（慧 44/288a "創疣" 註）（慧 69/854a "瘡疣" 註）（慧 79/1054a "瘡疣" 註）（慧 86/106a "懸疣" 註）（慧 97/292b "殃疣" 註）（希 5/383c "瘡疣" 註）。 //黓： **黓** 音尤同疣結病也 （龍 531/06）； 肬籀文作黓同 （玄 19/255b、慧 56/561a "死肬" 註）。 **黓** 疣籀文作黓同 （玄 5/68b、慧 44/286b "瘡疣" 註）（慧 20/797a "小疣" 註）（慧 44/288a "創疣" 註）； 肬籀文作黓 （玄 8/112b "肬贅" 註）（玄 16/214c、慧 65/774a "生肬" 註）。 **疌** 疣古文作肬疫黓並同 （慧 86/106a "懸疣" 註）。 **黓** 于求反與黓同結病也 （龍 339/08）； 肬籀文～ （玄 20/274c "肬贅" 註）。 //疣： **疣** 有求反 （慧 19/779b）。 **疣** 于鳩反 （慧 25/918b）（慧 76/1003b）（慧 79/1054a）（希 1/358a）。 **疣** 正音尤瘡也 （龍 468/06）（慧 44/286b）（慧 4/463b）（慧 12/633a）（慧 15/698b）（慧 16/718b）（慧 20/797a）（慧 23/858b）（慧 41/224a）（慧 44/288a）（慧 61/693b）（慧 69/854a）（慧 86/106a）（慧 97/292b）（希 2/362c）（希 5/383c）（紹 192a9）； 肬今亦作疣同 （玄 8/112b "肬贅" 註）（玄 16/214c、慧 65/774a "生肬" 註）（玄 20/274c "肬贅" 註）； 古文鈗疫頏三形今作疣同 （玄 11/149b、慧 52/467b "顐頏" 註）（玄 15/208a、慧 58/608a "疫頭" 註）。 **疣** 有憂反 （慧 10/590b）。 //疫： **疫** 音又 （慧 75/970a）； 疣作疫古字 （慧 10/590b "瘡疣" 註）（慧 41/224a "瘡疣" 註）（慧 69/854a "瘡疣" 註）（慧 86/106a "懸疣" 註）（慧 97/292b "殃疣" 註）（希 1/358a "瘡疣" 註）（希 2/362c "瘡疣" 註）（希 5/383c "瘡疣" 註）。 **疫** 疣古作疫 （慧 4/463b "疣贅" 註）。 //疣： **疣** 俗 （龍 468/06）。 //鈗： **鈗** 音尤 （龍 012/04）； 古文鈗形今作疣同 （玄 11/149b、慧 52/467b "顐頏" 註）（玄 15/208a、慧 58/608a "疫頭" 註）。

①參見《龍龕手鏡研究》354 頁。

㴕：**㴕**音由水流皃也（龍228/05）。

由：**由**（慧22/842b）。**㢁**音由①（龍340/06）。

油：**油**（慧10/588a）（希5/382c）。

邮：**邮**笛由二音鄉名亭名（龍457/07）。

蚰：**蚰**音由（龍220/04）（玄6/82c）（慧59/647b）（慧41/218a）（慧51/451b）（慧72/902b）。**蚰**由音（玄14/194c）（玄20/271a）（慧54/519b）（慧27/973a）（慧32/29b）（慧38/157a）。

疻：**疻**音由玉篇云似癉（龍470/04）。

鮋：**鮋**音由鮋鮋小魚也又音紬亦魚名（龍167/09）。//鮍：**鮍**音由同上（龍167/09）。//鯄：**鯄**俗音紬正作鮋（龍167/02）。

斿：**斿**音由旌旗之末垂者也（龍124/09）（慧97/279a）（紹173a4）。

游：**游**正音由浮也（龍227/01）（慧15/686a）（慧41/224b）（希1/358a）（希2/362c）。**游**俗（龍227/01）（慧23/867a）；游經文作～俗字非正（希2/362c"泳游"註）。

遊：**遊**正音由遊放循歷也（龍489/03）。**遊**通（龍489/03）。**迂**古（龍489/03）。**遊**俗（龍489/03）。**趏**音由（龍324/05）。**逌**俗（龍489/03）。**逌**音由（龍491/02）。**迪**音由（龍491/02）。**遳**音由（龍491/02）。

蝣：**蝣**正音由或作蚰（龍220/04）（慧83/63a）（慧86/106b）（紹164a2）。**蝣**俗音由或作蚰（龍220/04）；蚰或作蝣同（玄14/194c、慧59/647b"蚰蜒"註）（玄20/271b、慧54/519b"蚰蟲"註）；狖貍經文從虫作蝣從鼠作鼬（慧38/157b"狖貍"註）。**蝣**蝣正遊音（紹164a2）。

茜：**茜**音由水草又軒干草也（龍258/09）。

偤：**偤**音由侍也（龍026/03）。

猶：**猶**弋周反猶豫（玄6/80b）（慧46/321b）（玄18/242c）（慧72/912b）（玄22/292a）（慧48/376a）（慧3/442a）（慧6/512a）（慧23/864b）（慧27/967b）（慧47/357b）（希5/389c）（希9/414a）。

猷：**猷**音由（龍317/06）（玄7/100a）（慧19/788a）（慧83/59b）（紹176b10）。

瘤：**瘤**正音由病也又臭惡肉也（龍470/05）。

---

①參見《疑難字考釋與研究》65頁。

蕕：蕕酉州反（慧 80/1087a）（慧 86/110b）（慧 94/233b）（慧 97/284b）（紹 156a10）。蕕音由水蕕草亦作莜又臭草亦作莜（龍 254/02）。

輶：輶音猶（慧 77/1022b）（慧 88/143b）。輶正由酉狖三音輕車也（龍 080/07）（慧 87/121b“輶使”註）（慧 99/314b）（紹 139a7）。輏俗（龍 080/07）。

逌：逌音由深視也（龍 489/02）。

遊：遊音由貴玉也（龍 489/01）。

䍃：䍃今音由瓦器也（龍 338/03）。䍃古（龍 338/03）。

蘨：蘨音由草盛皃（龍 254/02）。

䌛：䌛音由行也（龍 496/09）。

圝：圝正音由鹿媒（龍 174/09）。圝俗（龍 174/09）。

郵：郵于鳩反（玄 4/51c）（慧 31/23a）（慧 83/44a）（慧 84/82a）（慧 87/128b）（紹 169a10）。郵音尤（龍 537/09）。郵音尤（慧 91/189b）（慧 95/248a）（慧 99/316b）。郵于鳩反（慧 17/742b）（中 62/718a）；郵集本作卸訛誤也（慧 95/248a“杜郵”註）（慧 99/316b“西郵”註）。卸又俗音尤（龍 538/01）；郵傳從缶作卸音星夜反是卸馬鞍字與本義乖（慧 83/44a“郵駿”註）（慧 84/82a“郵傳”註）（慧 87/128b“杜郵”註）（慧 91/189b“郵馹”註）。郵又音尤（龍 456/06）。郵又音尤（龍 456/06）。

脜：脜音尤縣名（龍 409/01）（紹 136a6）。

冘：冘又音由冘豫不定也（龍 536/05）（龍 333/05）。冘俗由音（龍 156/01）。冘尤音（紹 203b4）。

yǒu 有：有誤舊藏作有字（龍 348/06）。

友：友于久反（玄 6/87b）（玄 8/106b）（慧 28/1003a）（玄 25/334a）（慧 71/885b）（玄 14/184a、慧 59/630b“親厚”註）（慧 22/849b）（慧 23/873a）（慧 27/982b）。支友字經本有作支字深為謬也（慧 22/849b“從諸善友而得出生”註）。

欸：欸正於六反又於柳反（龍 355/05）（龍 201/02）；//呦：欸又作欸同（玄 5/76b、慧 44/292b“呦呦”註）。//欸或作（龍 355/05）。

颬：颬於柳反風聲也（龍 127/07）。颬同上（龍 127/07）。

黝： **黝** 於糺一弔二反（玄 1/12c）（龍 532/02）。**黝**（慧 42/233b）。**黝**（龍 339/09）。**黝** 於糺切吉酉切（紹 190b3）。**黝** 於糺切吉酉切（紹 190b3）。

莠： **莠** 音酉似禾非禾之草也（龍 259/07）（慧 019/3a）（慧 32/37a）（慧 51/435b）（慧 66/800a）（紹 154b1）。//**秀**：**秀** 音酉（龍 145/06）（紹 195b8）。**秀** 音酉（龍 145/02）。**誘** 相承音誘①（龍 112/05）。

酉： **酉** 秋由二音（紹 176b10）。**庐** 又力酉反②（龍 303/06）。

庮： **庮** 酉由二音久屋木也（龍 300/08）。

醋： **醋** 俗（龍 310/05）。**醀** 正也酉反醀酒（龍 310/05）。**酳** 酉周反（慧 87/121b）。

櫵： **櫵** 音酉積木燎以祭天也（龍 382/01）。**稫** 正由酉二音禂燎祭天柴也（龍 111/03）。**稫** 俗（龍 382/01）。

牖： **牖** 音酉（龍 361/09）（慧 8/544b）（慧 12/627b）（慧 15/702b）（慧 27/978b）（慧 32/31a）（慧 33/65b）（慧 42/241b）（慧 35/100a）（希 2/364b）（希 4/376b）（希 9/413b）（紹 149a4）；羑或作羌亦通有作牖（慧 85/87b "拘羑" 註）。

卣： **卣** 正音酉中形鑄也又音由（龍 539/02）。**卣** 俗（龍 539/02）。

歈： **歈** 平表反歐吐也（龍 355/01）。

羑： **羑** 音酉水名（龍 160/03）。

yòu 又： **十** 音有（龍 550/04）。**叉** 俗音以又川韻作又字（龍 271/08）。

佑： **佑** 音右佐也助也（龍 034/03）（紹 129b4）；祐古文閤佑形同（玄 3/35b、慧 09/568b "祐助" 註）（玄 8/108a、慧 28/1005a "福祐" 註）（玄 21/285c "加祐" 註）（慧 5/485a "福祐" 註）（慧 21/814a "仁慈祐物" 註）（慧 23/863b "等祐一切" 註）（慧 26/938a "良祐" 註）。

祐： **祐** 音又（龍 112/05）（玄 1/2c）（玄 1/6c）（玄 2/28a）（玄 3/35b）（慧 09/568b）（慧 17/738a）（慧 20/802a）（玄 8/108a）（慧 28/1005a）（玄 8/108b）（初編玄 910）（慧 33/53a）（玄 21/285c）（慧 5/485a）（慧 21/814a）（慧 23/863b）（慧 26/935b）（慧 26/938a）（慧 39/173a）；祐經或作祐音右（慧 3/441b "加祐" 註）（慧 22/837a "我身薄祐" 註）。//**禑** 舊藏作祐（龍 113/1）。//**閤**

---

①參見《字典考正》252 頁。
②參見《叢考》697 頁。

古文音右（龍093/08）；祐古文閑佑二形同（玄2/28a"良祐"註）（玄3/35b、慧09/568b

"祐助"註）（玄8/108a、慧28/1005a"福祐"註）（玄21/285c"加祐"註）（慧5/485a"福祐"註）

（慧21/814a"仁慈祐物"註）（慧26/938a"良祐"註）。

侑：**侑**音又勸食（龍036/02）；痏諸書作侑（玄15/206a、慧58/605b"痏痏"註）。

唷：**唷**於六反吐也（龍277/03）（玄4/61b）（慧44/282b）；噢經文作唷非體也（玄5/72c、慧

33/59b"噢咿"註）（玄20/267a、慧33/54a"噢咿"註）。

宥：**宥**音又寬宥也赦也又觀也（龍157/06）（玄8/117b）（慧32/40b）（玄16/218a）（慧65/769b）

（玄20/275a）（慧76/992a）（慧23/874a）（紹194b1）。**宥**音又①（龍77/02）。**宿**音又寬也正

作宥（龍509/01）。

盨：**盨**有右二音抒水器也（龍328/07）。//盨：**盨**（龍328/07）。

圃：**圃**音又園圃也（龍175/07）（玄5/67c）（慧34/93b）（玄19/253a）（慧56/557b）（慧30/1036a）

（慧82/42a）（慧88/136a）（慧100/347a）（紹174a7）。//蘭：**蘭**音又同圃園蘭也（龍263/0

2）。**圃**音又同圃（龍263/02）。

趙：**趙**音又走兒（龍325/08）。

酧：**酧**音友報也（龍310/09）。

狖：**狖**正余救反獸名似猿（龍319/06）（玄6/83a）（慧27/973a）（慧38/157b）（慧82/40b）（希

3/370a）。**狖**狖或從犬作狖律文作狖俗字（慧62/721a"黃狖"註）。**狖**正余救反（龍

319/06）（玄8/118c）（慧13/650b）（慧26/956b）（紹166b5）。**狖**余繡反（玄7/98c）。**狖**今

（龍319/06）（玄21/280a）。**狖**俗（龍319/06）。//狖：**狖**余救反獸名似猿（龍322/02）。

狖由就反（慧62/721a）；狖亦作鼬狖狖（希3/370a"猨狖"註）。**狖**餘繡反（玄10/1

35b）（慧49/400a）（慧27/973a"狖"註）。**獴**余又反黑猿也（龍319/05）。//狖：**狖**俗

余救反（龍319/06）；狖律文作狖俗字（慧62/721a"黃狖"註）（希3/370a"猨狖"註）。

柚：**柚**以周反又余救反（龍373/08）（慧61/693b）（希10/420c）。

鼬：**鼬**余救反虫名似鼠（龍334/07）（玄1/11b）（慧17/746a）（玄11/142a）（慧56/551a）（慧27

/973a"狖"註）；狖亦作鼬（希3/370a"猨狖"註）。//猷：**猷**余救反鼠屬（龍334/07）。

①《疑難字考釋與研究》：頗疑"宥"字即"宥"之俗寫（179）。

羑：羑正音酉羑里字從羊久者正（龍160/02）（慧85/87b）（慧88/135b）（紹177a2）；誘古文羑同（玄16/216b、慧65/776b"誘詶"註）（慧16/722b"捲誘"註）（慧29/1019a"誘進"註）（慧80/1077b"陶誘"註）。羞俗（龍160/02）。羑俗（龍160/02）。羌（紹177a2）；羑或作羌亦通（慧85/87b"拘羑"註）（慧88/135b"拘羑"註）。羑俗（龍160/02）。//誘：誘音酉道也引也進也教也（龍044/09）（玄7/100a）（玄12/164a）（慧55/543a）（玄16/216b）（慧65/776b）（慧8/537b）（慧16/722b）（慧19/788a）（慧29/1019a）（慧60/671a）（慧62/710a）（慧80/1077b）（慧86/105a）（慧90/168b）（希2/362c）（希3/374b）（希9/415c）（紹185a3）。//誻：誻羊首反（龍046/03）；誘古文誻同（玄16/216b、慧65/776b"誘詶"註）（慧80/1077b"陶誘"註）。//唀：唀俗音誘①（龍272/08）；誘律文作唀非也（玄16/216b、慧65/776b"誘詶"註）。誘俗音酉②（龍046/07）。

忧：怮俗於救反心動也（龍061/02）。忧同上（龍061/02）。//怮：怮玉篇（龍061/02）。

頯：頯音又或作疣（龍486/09）。頹頯正尤救切（紹170a5）。//頏：頏音又或作疣（龍486/09）。//頄：頄有冨反（玄7/102b）（玄11/149b）（慧52/467b）（玄13/170a）（慧55/531a）（紹170a10）；古文銑疣頄三形今作疣同（玄15/208a、慧58/608a"疣頭"註）（玄15/209a、慧58/610a"疣手"註）。//疣：疣音又顐疣也又病也（龍475/06）（玄15/208a）（慧58/608a）（玄15/209a）（慧58/610a）（紹193a5）；頄又作疣同（玄7/102b"戰頄"註）（玄11/149b、慧52/467b"顐頄"註）（玄13/170a、慧55/531a"戰頄"註）；古文銑疣頄三形今作疣同（玄15/208a、慧58/608a"疣頭"註）。

襃：襃又余救反服飾也③（龍101/06）。襃余救切（紹147a3）。襃余救以周二反服飾盛兒今作襃字（龍107/05）。襃（龍107/05）。

妯：妯日又反（龍428/03）（紹170b9）。

幼：幼幽袖反（慧24/896b）。紼舊藏音幼在經音義④（龍403/02）。

---

①參見《龍龕手鏡研究》251頁。
②朝鮮本《龍龕·言部》："誘"為"誘"的俗字。
③參見《龍龕手鏡研究》186頁。
④參見《叢考》943頁。

yu

yū 迂：迂音于（龍488/06）（玄1/9a）（慧17/742b）（慧45/317b）（慧66/789b）（慧87/131b）。迂音于（龍488/06）（玄8/118c）（玄9/130a）（慧46/338b）（紹138a8）（紹138b7）；傴僂經文作迂遷二形並非字義（玄11/143b、慧56/554b"傴僂"註）。

紆：紆意俱反（龍398/05）（慧13/647a）（慧97/291a）（紹192a4）。紆意俱反（龍398/05）（玄5/74a）（慧44/289b）（玄21/279b）（慧88/146b）（慧99/321a）。

軀：軀億俱反鞭軀玉篇又胡矛尺朱二反（龍447/07）。

嫗：嫗音於笑貌也（龍268/06）。

淤：淤於據反（玄1/20b）（慧8/535b）（慧10/597a）（慧10/598a）（慧12/625b）（慧16/726b）（慧24/901b）（慧45/313b）（慧47/346a）（慧50/426b）（慧78/1037b）（慧90/172b）（希5/389a）（紹187a8）；瘀經文有作淤（玄3/34b、慧09/566b"青瘀"註）（慧72/914b"瘀壞"註）（慧1/413a"青瘀"註）（慧1/418b"青瘀"註）（慧11/612a"青瘀"註）。淤於據反水中青泥也（龍233/06）。淤（玄18/244a"瘀壞"註）。

菸：菸依倨反息[臭]草（龍262/10）（玄10/132c）（慧49/407a）（紹154b9）。

嫗：嫗俗於舉反[1]（龍411/04）；菸論文～未詳字出（玄10/132c、慧49/407a"菸瘦"註）。

瘀：瘀於據反（慧60/664b）。瘀正於御反瘀病積血也（龍474/05）（玄3/34b）（慧09/566b）（玄7/94a）（慧28/997a）（慧46/336a）（玄18/244a）（慧72/914b）（玄24/330b）（慧70/878b）（慧1/413a）（慧1/418b）（慧11/612a）（慧62/706b）（慧66/797a）（慧69/848b）（慧72/908b）（希3/371a）（紹192a8）。瘀於御反（慧76/991b）。瘀俗（龍474/05）；瘀經文作瘀非也（玄7/94a"憂瘀"註）；瘀瘀經文作瘀非也（慧28/997a"憂瘀"註）。

篽：篽音於竹名（龍389/08）。

yú 于：于古文音于[2]（龍375/07）。

盂：盂禹俱反（玄13/181c）（慧54/519b）。

㟒：㟒憶俱反盤旋也（龍179/05）。㟒憶俱反盤旋（龍522/01）。㟒憶俱反盤旋也（龍

---

①參見《字典考正》227頁。
②參見《叢考》551頁。

179/05）。**尪**音干（于）股也（龍 332/10）。

邘：**邘**今音于（龍 453/09）（慧 85/99b）（慧 94/228a）（紹 169a9）。**邚**或作（龍 453/09）。

玗：**玗**音于玉名（龍 434/01）。**玙**音于玉名（龍 434/01）。

杅：**杇**音于地名也又盆也（龍 376/01）（紹 158b9）；盂經作杇非也（慧 15/691b "木盂" 註）（慧 53/497a "若盂" 註）（慧 57/588a "一盂" 註）（慧 75/986b "破盂" 註）（慧 100/331b "銅盂" 註）。**杅**今音于（龍 376/01）（紹 159b4）。**扜**杅經文從手從于作扜非也（慧 79/1063b "懷木杅" 註）。**杅**歷了二音次第①（龍 387/01）。

穻：**穻**音于玉篇穴也（龍 507/06）。

衧：**袬**今音于包衣即大袖衣也（龍 102/08）。**衧**或作（龍 102/08）。

盂：**盂**正音于（龍 328/04）（玄 14/189b）（慧 59/638b）（慧 15/691b）（慧 53/497a）（慧 57/588a）（慧 75/986b）（慧 100/331b）（紹 173a8）；杅或作盂（慧 79/1063b "懷木杅" 註）。**盂**今音于（龍 328/04）（慧 89/155a）；圩宜作盂同（玄 13/181c、慧 54/519b "屠圩" 註）。

薞：**薞**音於薞似韭（龍 253/09）。

竽：**竽**正音于（龍 389/05）（玄 8/115a）。**筟**或作音于（龍 389/05）。

釪：**釪**音于鐏釪樂器（龍 012/07）（玄 13/173b）（慧 57/590b）（慧 80/1081b）（慧 80/1091a）。

翠：**翠**音于飛兒（龍 327/03）。**翠**俗（龍 368/05）。**翠**（龍 327/03）。

雩：**雩**音於請雨祭名也（龍 306/04）（慧 89/159b）（慧 100/350b）（紹 144a4）。**雩**江西隨函紆於二音②（龍 307/06）。**雩**音於（龍 306/04）。

謣：**謣**音于女[妄]也（龍 040/09）（玄 13/178b）（慧 52/481a）（慧 43/262b）。**謣**音于（龍 040/09）（玄 4/51a）（玄 20/266a）。

醧：**醧**於吁二音宴也又憶俱反能者飲不能者止也（龍 309/10）。**醧**（龍 309/10）。

軯：**軯**或作吁于二音車環軓也（龍 448/09）。**軯**正吁于二音車環軓也又憶俱反聲軯也③（龍 448/09）。

骬：**骬**音于髑骬也（龍 479/08）。**骬**同上（龍 479/08）。

---

①參見《字典考正》192 頁。
②參見《龍龕手鏡研究》266 頁。
③參見《龍龕手鏡研究》327 頁。

陓：**陓** 憶俱反陽居澤名也（龍 295/07）。

予：**予** 餘與二音（玄 3/33a）（慧 09/564b）（玄 4/62b）（慧 42/247b）（希 5/383a）。

軒：**軒** 俗音予（龍 081/02）。

好：**妤** 音余婕好也（龍 280/02）（慧 83/63b）（慧 87/118a）（紹 142a4）。**好** 与諸反（慧 84/67b）（慧 84/72b）（慧 97/274b）。**妤** 好或作嬩也傳作此婞非也（慧 83/63b "婕好" 註）。// 伃：**伃** 音予婕伃與好同（龍 025/06）。

與：**與** 余據反（玄 14/188c）（慧 14/666a）（慧 15/697a）（慧 59/637b）；**豫** 古文與同（玄 6/81a "不豫" 註）（玄 18/242c、慧 72/912b "猶豫" 註）。**与** 與或作与古字也（慧 6/497a "與跌" 註）。

旟：**旟** 正音余（龍 124/07）（慧 81/4b）（慧 93/216b）。**旟** 俗（龍 124/07）。**旟** 旟正余音（紹 173a4）。

嬩：**嬩** 音余（龍 281/05）；好或作嬩也傳作此婞非也（慧 83/63b "婕好" 註）（慧 84/67b "婕好" 註）。

㺄：**㺄** 欤韻略作㺄（慧 88/143a "猗欤" 註）。

萸：**萸** 音余又音序又音与又音預（龍 256/04）（紹 155a6）。

欤：**欤** 音余歎也（龍 354/03）（慧 88/143a）（紹 198b9）。

愸：**愸** 音余恭敬也（龍 064/08）。愉：**愉** 音与玉篇安也（龍 057/08）。

趣：**趣** 音余趣趣安行皃（龍 324/05）。

輿：**輿** 音余車也多也載也又去聲方輿縣名（龍 079/05）（玄 2/32b）（玄 6/79a）（玄 14/194b）（慧 59/646b）（玄 22/290c）（慧 48/374b）（慧 16/725a）（慧 17/730b）（慧 21/830b）（慧 26/955a）（慧 27/965a）（慧 41/223b）（慧 53/492a）（慧 83/55a）（慧 96/258b）（希 8/409b）（紹 139a4）；**轝** 説文作輿錄作轝俗字也（慧 80/1075b "扛轝" 註）。

舉：**舉** 音余共也（龍 209/10）。

舁：**舁** 音余（龍 341/01）（龍 527/05）（慧 78/1050b）。**舅** 居許反（龍 341/02）（紹 174b9）。

余：**余** 予與余字同也（玄 4/62b、慧 42/247b "發予" 註）。

畬：**畬** 又音余田三歲也（龍 153/05）（紹 196b10）。**畬** 或作（龍 153/05）。**畭** 今音余田三

歲也 (龍153/04)。//畭：畭今音余田三歲也 (龍153/04)。

舿：舿音余舿艎吳王舩名也 (龍131/06)。

雓：雓與居反雞子名也 (龍148/06)。

餘：憖俗音餘 (龍065/06)。孿俗 (龍065/06)。

禺：禺 (龍548/02) 遇俱反 (慧49/411a) (慧75/981b) (慧84/67b) (慧90/170a) (慧91/194a) (紹196b10)。禺同上 (龍548/02)。

渔：渔音愚 (龍229/07) (紹188b3)。

堣：堣遇居反堣夷日所出也 (龍246/04)。

隅：隅正音愚 (龍295/04) (慧19/781b) (慧21/820a) (慧23/870a) (慧91/183b) (紹169b4)；禺從阜作隅 (慧75/981b "禺中" 註) (慧90/170a "番禺" 註)。陳新藏作隅 (龍296/02)。隅俗 (龍295/04)。

崳：崳音愚 (龍070/05) (慧98/298b) (紹162b1)；隅經從山作崳 (慧19/781b "四隅" 註)。

愚：愚遇俱反 (慧63/727b) (慧67/806a) (慧75/971b)。

鍝：鍝遇俱反鋸也 (龍012/05)。

鶔：鶔音愚鳥名現則大旱 (龍287/06)。

鰅：鰅顒隅二音魚名也 (龍166/01)。

鸓：鸓音愚鳥似禿鷲也 (龍287/02)。

臾：臾喻朱反 (慧3/454b)。

潕：潕羊朱反汗潕 (龍228/05)。

萸：萸音俞茱萸草名也 (龍255/03)。萸俞音 (紹155b3)。

悇：悇俞愈二音憂也懼也 (龍054/01)。悇愈毛詩作悇病差也 (慧29/1020b "蠲愈" 註)；愉經作悇憂也殊失經義 (慧39/173a "喜愉" 註)。悇俞愈二音憂也懼也 (龍054/01)。

腴：腴庚俱反 (慧43/267b) (慧16/721b) (慧49/398a) (慧39/170a) (慧92/198b) (慧99/313b)。腴羊朱反腹下肥也 (龍406/04) (玄8/112b) (玄19/259c) (慧56/568a) (玄20/271c) (玄23/316c) (慧72/904b) (慧83/49a)。腴舊藏作腴 (龍419/08)。腴誤舊藏作腴 (龍406/04) (紹136b4)。腴俗音俞正作腴 (龍514/03)。腴俗音俞正作腴 (龍514/03)。//腧：

腧腴經文作俞腴二形非也（玄4/55b "肺腴"註）；肺俞經從肉作胇腴非也（慧54/5
21b "肺俞"註）。**臉**腴經文作腧非體也（玄20/271c "肺腴"註）。

硃：**硃**音俞石次玉（龍441/07）。

諛：**諛**羊珠反諂[諂]也（龍41/05）（玄1/18a）（玄8/116a）（玄14/197c）（慧59/652a）（玄21/2
79a）（慧11/609b）（慧13/645b）（慧15/699a）（慧17/736b）（慧25/911a）（慧30/1041a）（慧34/
83a）（慧39/167b）（慧88/148a）（希4/380c）。**諛**庾朱反（慧19/781b）（紹185a5）。**諛**庾
珠反（慧16/716a）（慧16/724a）（慧31/20a）。**諛**舊藏作諛①（龍200/01）。

俞：**俞**以朱反（玄1/12c）（慧42/233b）（玄4/52a）（玄6/85b）（玄7/101c）（慧32/31b）（玄9/126
b）（慧46/331b）（玄12/166b）（慧55/546a）（慧15/702a）（慧27/978b）（慧54/521b）（慧86/113
a）；腴經文作俞腴二形非也（玄4/55b、慧43/267b "肺腴"註）。

瑜：**瑜**音俞土冢也（龍246/04）。

陯：**陯**音俞陯麋古縣名（龍295/09）。

崳：**崳**音偷（龍072/03）。

愉：**愉**音俞愉和也悅也樂也（龍053/09）（玄13/168c）（慧57/589b）（玄19/254b）（慧56/559b）
（慧35/100b）（慧39/171a）（慧75/978a）（慧83/66b）（慧92/196b）（慧97/278b）；婾或從心作
愉訓用同（慧45/317a "懷婾諂想"註）。

瑜：**瑜**音俞（龍228/04）（玄18/248c）（慧73/918b）（紹186b10）。

揄：**揄**音俞又徒疾徒口二反（龍209/09）（慧67/803b）（紹134a10）。

逾：**逾**庾俱反（慧4/462b）（慧10/587a）（慧15/703a）（慧28/1013b）（慧29/1029b）（慧82/34b）
（紹138a7）；踰字書作逾同（玄1/1c "踰摩"註）（慧20/801a "踰摩"註）（玄8/106c、慧28/
1003b "踰於"註）（慧11/602b "年踰"註）（慧24/884b "踰城"註）（慧74/941b "踰於"註）（慧
100/338a "明踰"註）（希9/414a "踰城"註）；俞有作愈有作逾（慧27/978b "俞急"註）。

榆：**榆**庾朱反（慧14/663b）（慧97/280b）（紹157a9）。

瑜：**瑜**羊朱反玉名（龍434/09）（玄21/281c）（玄22/286c）（慧48/369a）（慧31/14a）（慧42/239
a）（紹140b4）；敷愉纂文作孚瑜方言作怤愉（玄19/254b、慧56/559b "敷愉"註）。

①參見《龍龕手鏡研究》209頁。

甀： **甀**音俞瓶也（龍 315/08）。

牏： **牏**頭俞二音築垣短版也（龍 361/08）。

翰： **翰**音俞黑羘也（龍 159/08）。

袡： **袡** 俞搖二音（龍 102/05）（慧 64/758b "褋衣" 註）。

蝓： **蝓**音俞又神朱反（龍 222/04）（慧 66/793b "蝸牛" 註）。

甯： **甯**正音俞又音豆古文今作竇字（龍 507/01）。**甯**今音俞又音豆古文今作竇字（龍 507/01）（玄 9/123c）（慧 46/327a）（玄 22/293c）（慧 48/378b）（慧 83/64b）（紹 195a1）。**甯**俗音俞又音豆古文今作竇字（龍 507/01）。

踰： **踰**音俞變色豆也（龍 359/04）。

艅： **艅**羊朱反舡名（龍 132/03）。

輪： **輪**音俞和也（龍 448/04）。

趨： **趨**音俞越也過也又傷遇反馬趨前也（龍 324/02）。

覦： **覦**音俞（龍 343/09）（慧 21/811b）（慧 62/715a）（慧 82/38b）（紹 148a1）。

踰： **踰**正與朱反度也越也（龍 457/09）。**踰**俗（龍 457/09）（玄 1/1c）（玄 5/73c）（玄 8/106c）（玄 13/171a）（慧 1/415a）（慧 2/434a）（慧 5/489b）（慧 11/602b）（慧 11/605b）（慧 17/736a）（慧 17/737a）（慧 20/801a）（慧 21/817b）（慧 23/876b）（慧 24/884b）（慧 28/1003b）（慧 32/30b）（慧 46/319a）（慧 57/599a）（慧 74/941b）（慧 93/219a）（慧 100/338a）（希 6/392a）（希 9/414a）（紹 137a8）；甯論文作踰非字體（玄 9/123c、慧 46/327a "穿甯" 註）；逾或作踰（慧 4/462b "逾珂雪" 註）（慧 10/587a "逾遠" 註）（慧 15/703a "逾彼" 註）；偷與文句甚乖甚作踰字即與文句相順也（慧 32/38b "阿偷" 註）。**踰**新藏作踰（龍 155/08）。

闟： **闟**羊朱反窺闟小視也（龍 091/06）（玄 7/95c）（慧 28/999b）（玄 15/211c）（慧 58/625a）（玄 18/250b）（慧 73/935b）（慧 76/994b）（慧 77/1012a）（慧 78/1037a）（紹 195b1）；甯又作闟同（玄 22/293c、慧 48/378b "窺甯" 註）。

騟： **騟**音俞紫色馬也（龍 291/02）。

娛： **娛**音愚（龍 279/07）（玄 3/36c）（慧 09/571b）（玄 4/52a）（慧 31/24a）（玄 5/73a）（慧 32/41b）（玄 22/292a）（慧 48/376a）（玄 25/335c）（慧 71/888a）（慧 17/731a）（慧 23/860b）（慧 27/979a）

（慧 31/17a）（慧 43/264b）；虞今作娛同（玄 7/100b、慧 30/1037b "虞樂" 註）（玄 13/169b "虞

受" 註）。**娛**俗音愚①（龍 197/03）。

虞：**虞**疑區反（慧 30/1037b）（玄 13/169b）；字詁古文虞今作娛同（玄 3/36c、慧 09/571b "娛

樂" 註）。**虞**疑區反（玄 7/100b）；字詁古文虞今作娛同（玄 22/292a、慧 48/376a "歡娛"

註）（玄 25/335c、慧 71/888a "歡娛" 註）。

麌：**麌**語俱反鴨～一名姻澤也（龍 287/10）。

魚：**贠**舊藏作魚（龍 168/09）。**奐**（慧 20/797b）（慧 34/80a）（慧 41/209b）（慧 41/217b）（慧 41/2

22b）（慧 95/251b）（希 1/355b）。**奐**正體魚字也（慧 14/665a）。**魚**語居反（希 8/405b）。

漁：**漁**語居反（玄 6/88b）（慧 23/868b）（慧 23/878a）（希 2/363b）（希 4/380a）；魚經作漁非也

（慧 41/222b "魚捕" 註）。**漁**正音魚（龍 226/04）；敍經文從水作漁（慧 2/433b "敍獵" 註）

（慧 27/985b "敍捕" 註）（慧 45/317b "敍獵" 註）。**澳**俗音魚（龍 226/04）。**漁**俗音魚（龍

025/04）②。//歔：**歔**正音魚捕魚也（龍 528/05）；敍正作歔（慧 2/433b "敍獵" 註）（慧

27/985b "敍捕" 註）（希 4/380a "漁捕" 註）。**熟**漁古文歔（玄 6/88b "漁捕" 註）。**敫**又古

文音魚（龍 120/04）。//敍：**敍**語居反（慧 45/317b）。**敍**古音魚（龍 528/05）（慧 2/43

3b）（慧 27/985b）（紹 168a4）。**敍**漁或作敍同（玄 6/88b "漁捕" 註）（希 4/380a "漁捕" 註）。

灥漁大篆字又作灙（慧 23/878a "此善漁人" 註）；**歠**漁字又作灙歔二形也（慧 23/86

8b "如漁" 註）（慧 23/878a "此善漁人" 註）。

於：**於**於字説文作扵從古文烏字省（慧 2/434a）；扵經文有作於二形通用（玄 1/19c "無

所" 註）。

衙：**衙**音語（龍 497/07）；牙論文作衙牛墟反（玄 16/221a、慧 65/781a "牙旗" 註）。

鑢：**鑢**正音俞祭名也（龍 013/03）。**鑢**俗（龍 013/03）。

yǔ　羽：**羽**羽字象形字也（慧 100/351a）（希 10/419a）。

邪：**邪**音雨亭名（龍 455/07）。

栩：**栩**音羽役栩縣名也（龍 111/06）。**栩**音雨役～縣名也（龍 105/06）。

---

① 《叢考》：此字疑為 "娛" 的偏旁易位俗字（337）。
② 《叢考》：疑為 "漁" 的換旁俗字（64）。

頧：**頧**許緣反又音雨孔子頭也（龍482/06）（紹147a8）。**頨**誤新藏作字義合作頧①（龍4
84/09）。

雨：**雨**于矩反（玄23/306c）（慧47/354a）（玄25/333c）（慧71/884b）（慧12/626a）（慧18/750b）
（慧53/500a）。**雺**古文雨字（龍307/09）。//㝁：**㝁**音雨（龍157/02）。//雇：**雇**音
雨（龍127/07）。

霱：**霱**音雨霱下皃也（龍307/08）。

庾：**庾**正羊主反食庾（龍299/10）（玄23/314c）（慧50/423a）（慧1/410b）（慧80/1094a）（慧99/
314a）（紹193a10）。**庮**俗（龍299/10）。

瘐：**瘐**正以主反病也憂心瘐也（龍473/04）。**㾀**俗（龍473/04）。

嶼：**嶼**音序（龍076/02）（慧82/40a）（慧100/336b）（紹162b2）。**嶼**序音（紹147b5）。

稢：**稢**音與（龍145/06）。

傴：**傴**於武反不申也背曲也（龍029/08）（玄6/84c）（玄11/143b）（慧56/554b）（玄22/291c）
（慧48/376a）（慧11/613a）（慧13/650b）（慧24/895a）（慧24/895a）（慧27/977a）（慧32/47a）（慧
41/210a）（慧53/491a）（慧54/516a）（慧55/532b）（慧60/672b）（慧61/691a）（慧61/692a）（慧8
2/36b）（慧83/52b）（慧88/148b）（慧93/222a）（慧98/297b）（希6/393c）（紹128b2）。//瘟：**瘟**
俗於矩反正作傴（龍473/02）；傴又作瘟未見所出疑傳寫誤也（玄6/84c"背傴"註）
（慧27/977a"背傴"註）（慧98/297b"伸傴"註）。**瘟**於羽切（紹128b2）。**庽**舊藏作傴（龍
300/05）。

禹：**禹**羽音（紹203b7）。

偊：**偊**傴爾雅作偊（慧13/650b"不傴"註）。

瑀：**瑀**音宇石似玉名（龍436/09）（慧91/189b）（慧93/213b）（紹141a3）。//蝺：**蝺**舊藏作
瑀音雨石似玉也（龍223/07）。

瓜：**瓜**與主反（龍195/07）；瓜字書正從二瓜作瓜傳從宀作㾬誤也（慧94/241a"惰㾬"
註）。**瓜**羊主反（龍331/01）。

㾬：**㾬**羊主反器空中亦病也（龍195/08）（龍508/04）（玄9/130a）（玄10/132b）（慧49/406b）

---

①參見《龍龕手鏡研究》352頁。

（玄 11/143c）（慧 56/555b）（玄 14/195c）（慧 59/649a）（玄 17/227a）（慧 67/813b）（玄 19/263a）（慧 74/947a）（希 1/358c）（紹 195a3）；宓集作寙非（慧 98/301a "隆宓" 註）。寙況兩反縣名也（龍 195/08）（慧 46/339a）（玄 15/205c）（慧 58/604b）（慧 31/8a）（慧 41/226b）（慧 94/241a）。鼺俗羊主反正作寙（龍 330/01）。霝俗羊主反（龍 307/09）。//㝢俗羊主反正作寙（龍 030/05）。//窪或作羊主反（龍 508/04）。

語：話魚舉反（希 8/409c）（希 9/412a）。

鋙：鋙音語鉏鋙樂器也（龍 016/01）。//鉏：鉏（龍 016/01）。

齬：齬音魚又音語（龍 311/08）（慧 35/111b）（紹 146b1）。

围：围音語（龍 175/03）（紹 174a7）；围亦作圉（慧 85/98a "图圉" 註）。围俗（龍 175/03）。//圄正音語（龍 175/03）（玄 1/6a）（玄 1/19a）（玄 16/222b）（玄 19/263a）（玄 22/302b）（玄 23/313c）（慧 13/646b）（慧 18/759a）（慧 20/808a）（慧 23/873b）（慧 24/897b）（慧 25/913b）（慧 41/221a）（慧 48/392b）（慧 50/422a）（慧 56/573b）（慧 57/599b）（慧 65/765b）（慧 68/820a）（慧 69/853b）（慧 85/98a）（希 1/357a）（希 3/369b）（紹 174a7）。

侫：侫正愚矩反容兒盛也（龍 030/04）（慧 35/102b）（慧 39/166b）（慧 39/176a）。侫今（龍 030/04）。侫侫正（紹 128a1）（紹 128a8）。侫侫正（紹 128a1）。

嘆：嘆五矩切（紹 182a2）。

麌：麌語矩反（慧 8/546b）（慧 8/548b）（慧 37/146b）（紹 193a8）。麌愚雨反（龍 521/04）。

㧅：㧅於許反打聲也（龍 212/04）。

脋：脋於許反肩骨（龍 480/07）。牆俗於許反正作脋肩骨也（龍 125/04）。

匬：匬羊主反（龍 192/08）。

貐：貐羊主反猰貐獸名龍首食人也（龍 321/09）。

宇：宇正音雨宇宙也與寓亦同（龍 156/05）。宇今（龍 156/05）（玄 22/294b）（慧 48/380a）（玄 25/336a）（慧 71/888b）（希 7/400b）；寓或作宇（慧 24/896b "御寓" 註）（慧 77/1021a "寰寓" 註）（慧 80/1084b "御寓" 註）（慧 85/92b "寓內" 註）。宇於俱切（紹 194b5）。厊俗音羽正作宇廊厊也（龍 302/05）。//寓：寓音雨與宇亦同（龍 156/06）（慧 24/896b）（慧 77/1021a）（慧 77/1026b）（慧 80/1084b）（慧 85/92b）（慧 92/195b）（慧 93/217a）（紹 194a8）；宇古

文寓（玄 7/103b、慧 24/891a "屋字" 註）（玄 22/294b、慧 48/380a "塵字" 註）（玄 25/336a、慧 71/888b "屋字" 註）。窜音字[字]①（龍 508/08）。//庽：廇 字籀文作庽同（玄 7/103b、慧 24/891a "屋字" 註）（玄 25/336a、慧 71/888b "屋字" 註）（慧 92/195b "御庽" 註）。廇音字[字]（龍 301/04）。

斛： 斛正羊主反量也（龍 334/01）。斛俗（龍 334/01）。

傴： 傴俗愚雨反（龍 031/02）。

玉： 王愚録反（慧 85/87b）（希 3/372c）。玊古文玉字（龍 147/02）。玊音玉②（龍 555/02）。

瑌： 瑌魚欲反（龍 289/03）。瑌虐綠反（慧 4/469b）。

聿： 聿餘律切（紹 203a3）。聿余律反（龍 542/01）。

逮： 逮餘律反行皃也（龍 494/01）。

緯： 緯羊律反緯長（龍 403/07）。

銉： 銉音聿針也（龍 021/07）。

肆： 肆或作聿述肆三音（龍 294/08）。

悑： 悑於六反心動也（龍 064/03）（紹 131a1）。

郁： 郁於六反（龍 456/09）（玄 1/8a）（玄 12/156a）（玄 20/265a）（慧 4/467b）（慧 6/506a）（慧 7/522a）（慧 17/740b）（慧 24/902a）（慧 52/476b）（希 10/419c）；嚧經文有作郁非體也（玄 4/58a、慧 43/273a "嚧噎" 註）（玄 5/72c、慧 33/59b "嚧咿" 註）（玄 9/120b、慧 46/320b "嚧呷" 註）。

嘟： 嘟嚧經文作嘟形非體也（玄 5/72c、慧 33/59b "嚧咿" 註）（玄 9/120b、慧 46/320b "嚧呷" 註）（玄 20/267a、慧 33/54a "嚧咿" 註）（慧 24/894b "嚧咿" 註）。

浴： 浴音欲（慧 8/537b）（慧 29/1014b）（慧 34/84b）。

裕： 裕正羊句反衣物饒也又道也容也寬也（龍 106/01）（玄 3/44b）。裕瑜句反（慧 10/583a）（玄 8/116b）（慧 38/161b）（玄 10/131c）（慧 49/405b）（紹 168b4）。袞古（龍 106/01）；裕古文袞同（玄 3/44b、慧 10/583a "弘裕" 註）。袞俗（龍 106/01）。袞（玄 8/116b、慧 38/161b "饒裕" 註）。䘵俗音俗[裕]（龍 125/06）。

狢：**狢**穀欲二音（龍 319/08）（紹 166b9）。

欲：**慾**舊藏作欲字（龍 284/08）。

慾：**慾**音欲（龍 068/08）（慧 3/447a）（慧 18/758b）。

輍：**輍**音浴車前枕也（龍 085/07）。

鈆：**鈆**音欲炭鈎也（龍 020/01）。

鵒：**鵒**音欲鴝鵒鳥也（龍 289/04）（玄 18/240c）（慧 73/934b）（慧 14/677b）（慧 16/708b）（慧 24/887b）（慧 37/145a）（慧 61/696a）（慧 66/798a）（慧 74/945b）（希 6/393a）（紹 165b7）。//鶹：**鶹**鵒又又作鶹同（玄 18/240c、慧 73/934b "鴝鵒" 註）。//雓：**雓**音晃甲［田］罬也①（龍 149/03）。

寓：**寓**牛句反寄也（龍 157/09）（慧 82/30b）（希 10/418b）（紹 194a7）。**寓**寓正遇音（紹 201a3）。//庽：**庽**音遇屋也（龍 301/03）。//寓：**寓**新藏作寓（龍 157/09）。

娪：**娪**音遇娪姽也（龍 283/09）。

痗：**痗**音遇疣也（龍 476/07）。

遇：**遇**古文羊恕反（龍 528/03）。**遇**古文羊恕反（龍 528/03）。

瘉：**瘉**瑜主反（慧 99/318a）。**瘉**羊朱羊主二反尒疋云勞病也（龍 469/06）（慧 92/196b）（紹 193a5）；愈古文瘉同（玄 1/19b "除愈" 註）（玄 3/33b、慧 09/565a "得愈" 註）（玄 6/89a "除愈" 註）（玄 8/108a、慧 28/1005a "病愈" 註）（玄 14/182c、慧 59/629a "除愈" 註）（玄 17/232b、慧 70/857b "病愈" 註）（玄 21/284b、慧 28/1008a "病愈" 註）（玄 23/306c、慧 47/354b "未愈" 註）（玄 24/327b、慧 70/873b "難愈" 註）（慧 15/700b "瘳愈" 註）（慧 25/914b "除愈" 註）。//癒：**癒**愈又作癒（慧 27/987a "除愈" 註）。//愈：**愈**羊主反賢也勝也差也益也（龍 65/09）（玄 1/19b）（玄 3/33b）（慧 09/565a）（玄 6/89a）（玄 8/108a）（慧 28/1005a）（玄 14/182c）（慧 59/629a）（玄 17/232b）（慧 70/857b）（玄 21/284b）（慧 28/1008a）（玄 22/289c）（慧 48/373a）（玄 23/306c）（慧 47/354b）（玄 24/327b）（慧 70/873b）（慧 7/525a）（慧 15/700b）（慧 23/877b）（慧 25/914b）（慧 27/987a）（慧 29/1020b）（慧 63/736a）（慧 98/304a）；俞又作愈（玄 6/85b "俞急" 註）（慧 27/978b "俞急" 註）；腴經文作愈非體也（玄 20/271c "肺腴" 註）；瘉或亦作愈

①參見《龍龕手鏡研究》200 頁。

也（慧 99/318a "能癒" 註）。

冪：**冪** 俗音喻面衣也[①]（龍 330/03）。

諭：**諭** 音喻告也諫也譬諭也（龍 47/01）（慧 8/545b）（慧 10/594b）（慧 12/626b）（紹 185a3）；

諛經文有作諭非經旨（玄 1/18a "諛諂" 註）（玄 14/197c、慧 59/652a "諛諂" 註）（慧 15/69

9a "諛諂" 註）（慧 16/716a "諛諂" 註）（慧 19/781b "諛諂" 註）（慧 25/911a "諛諂" 註）（慧 88/

148a "諛邪" 註）；喻説文作諭同（玄 6/83c "告喻" 註）（玄 22/298b、慧 48/385b "曉喻" 註）

（慧 3/442a "衆喻" 註）（慧 27/975b "告喻" 註）（慧 34/83a "諛諂" 註）。// **喻** 榆句反（玄 6/

83c）（玄 22/298b）（慧 48/385b）（慧 3/442a）（慧 23/871a）（慧 27/975b）；古文諭今作喻同（玄

1/18a "諛諂" 註）（玄 14/197c、慧 59/652a "諛諂" 註）（慧 8/545b "橃諭" 註）（慧 10/594b "筏

諭" 註）（慧 12/626b "可諭" 註）。

昱：**昱** 羊六反（龍 429/05）（慧 42/242a）（慧 79/1054b）（希 3/374b）；煜爅經文作昱鑠非體也

（玄 7/92a、慧 28/995a "煜爅" 註）（慧 81/2b "晃煜" 註）；煜爅經文作昱爍非字體也（玄 8/11

4a、慧 16/715a "煜爅" 註）（玄 9/124b、慧 46/328a "煜爅" 註）。**昙** 余六反（龍 430/05）。

喓：**喓** 音育音聲也玉篇又火角反與呿同香嚴又為立反助力聲也（龍 278/01）。

煜：**煜** 正音育火光也燿也（龍 244/01）（玄 3/41b）（慧 09/572a）（玄 7/92a）（慧 28/995a）（玄 8/114

a）（慧 16/715a）（玄 9/124b）（慧 46/328a）（玄 11/145c）（慧 52/459a）（玄 15/205c）（慧 58/604b）

（慧 32/48b）（慧 39/174a）（慧 74/942a）（慧 81/2b）（慧 82/34a）（紹 189b3）；焴又作煜同（玄

5/66b、慧 44/279a "晃焴" 註）（慧 88/140a "焴爅" 註）；熠燿亦作煜蠾音義並同（慧 96/27

0b "熠燿" 註）。**煋** 育音（紹 189b3）。**煜** 俗（龍 244/01）。// 焴：**焴** 正音育（龍 244/0

1）（玄 5/66b）（慧 44/279a）（慧 88/140a）；煜又作焴同（玄 3/41b、慧 09/572a "晃煜" 註）（玄

4/56a、慧 43/268a "晃煜" 註）（玄 7/92a、慧 28/995a "煜爅" 註）。// **胃** 煜傳文作胃非也（慧

74/942a "晃煜" 註）。

御：**御** 今魚據反侍御又理也進也享也使也（龍 498/02）（玄 2/24c）（玄 9/120a）（慧 46/319b）

（玄 21/282c）；馭今作御同（玄 1/13c、慧 42/235a "善馭" 註）（玄 8/119a "馭法" 註）（玄 18/

250a、慧 73/937a "馭車" 註）（慧 18/756b "乘馭" 註）（慧 69/844b "耕馭" 註）（希 7/400b "駕馭"

①參見《叢考》886 頁。

註)。御魚據反(慧50/423a)(紹172b6)。御魚舉反(慧46/324b)。御(慧22/840a)

(慧22/840b)(慧23/874a);馭即古之御字也(慧22/841a"駕馭"註)(慧30/1051b"馭字"

註)(慧87/121a"馭一境"註)。倒俗牛句反(龍34/06)。㪻俗牛句反(龍34/06)。卸御

正(紹201b9)。衘魚據反(玄23/314b)。衙俗魚據反正作御(龍33/09)。鄽語御二

音①(龍456/01)。鄽俗魚據反正作御(龍33/09)。衙(龍498/02)。鄽古文音御②(龍

456/06)。衔(龍498/02)。衙俗魚據反正作御(龍33/09)。衙(龍498/02)。衙(龍

498/02)。//馭:馭魚據反(龍293/10)(玄1/13c)(慧42/235a)(玄8/119a)(玄18/250a)

(慧73/937a)(玄21/282c)(慧18/756b)(慧21/823b)(慧22/841a)(慧30/1051b)(慧53/488a)

(慧62/721b)(慧69/844b)(慧77/1027a)(慧87/121a)(慧97/279b)(希7/400b)(希9/413a)(紹

166a3);御古文馭同(玄9/120a、慧46/319b"服御"註)。馭馭正馭音(紹166a3)。馭

馭正馭音(紹166a3)。

禦: 禦音語(龍362/08)(玄1/7b)(玄9/122b)(玄12/154a)(玄19/256a)(玄20/272a)(玄24/3

25b)(慧12/628b)(慧17/739b)(慧23/876a)(慧52/452a)(慧56/562a)(慧75/973a)(希3/37

0b)(希9/415c)。禦魚舉反(慧70/870b)。禦牛據切(紹172b6)。鄽俗音語(龍032/

05)。

藥: 藥音語藥蔛也(龍260/02)。

籞: 籞音語禁苑也又編竹籬于水養魚也(龍392/09)。

籞: 籞語音(紹160b1)。籞籞正語音(紹154a4)。

淢: 淢榮洫反(慧88/146a)。淢音域(龍236/05)。淢許逼反(龍236/05)。

或: 或郁音(紹203b2)。

喐: 喐於六反喐喉聲(龍276/05)。喐於六反(玄1/8c)(慧17/741b)。䁲正作喐字③(龍

360/01)(紹200b7);喐經文從豆作䁲非也(玄1/8c、慧17/741b"喐咶"註)。

域: 域為逼反(玄23/306b)(慧47/353b)(玄25/334a)(慧71/885b)(慧1/403b)(慧21/811b);

淢或從土或聲(慧88/146a"淢淢"註)。域為逼反正从士也(龍252/06)。㽰古文域

---

① 《叢考》:此字當是"御"的訛俗字(59)。
② 《叢考》:此字疑即"衙(御)"的訛俗字(140)。
③ 《龍龕手鏡研究》:"䁲"為"喐"字之訛(293)。

字（龍 298/01）。//畡：畡于逼反門外之田也（龍 154/09）。

奯：奯音域力大也（龍 358/05）。

棫：棫于逼反（龍 387/07）（玄 14/189c、慧 59/639a“蕤汁”註）。

蜮：蜮于逼反（慧 82/24b）。蜮音或又音域（龍 225/03）。

稢：稢於六反黍稷盛皃也（龍 147/09）。稢於六反（龍 147/09）。

罭：罭為逼反（慧 99/319a）。罭為逼反（龍 330/06）

緎：緎郁或作緎古文作彧皆文彩貌也（希 10/419c“郁郁”註）。

緎：緎 域洫二音（龍 404/05）（紹 190b8）。

魊：魊音域小兒鬼也（龍 324/01）。

閾：閾許逼反門限也（龍 095/01）（玄 4/54c）（慧 34/90b）（玄 11/149b）（慧 52/467b）（玄 13/181a）（慧 54/510a）（玄 14/187c）（慧 59/636a）（玄 16/217c）（慧 65/769b）（玄 18/249a）（慧 73/919a）（玄 20/273a）（慧 76/993b）（慧 20/797b）（慧 79/1064b）（紹 195a9）；//閪：閪閾古文閪同（玄 4/54c、慧 34/90b“門閾”註）（玄 16/217c、慧 65/769b“凡閾”註）（玄 18/249a、慧 73/919a“門閾”註）（玄 20/273a、慧 76/993b“門閾”註）。閪閾古文閪同（玄 11/149b、慧 52/467b“門閾”註）（玄 13/181a、慧 54/510a“門閾”註）。

噢：噢於六反（龍 276/05）（玄 1/8b）（玄 4/58a）（玄 5/72c）（玄 7/104a）（玄 9/120b）（玄 20/267a）（初編玄 613）（慧 17/741b）（慧 24/894b）（慧 33/59b）（慧 43/273a）（慧 46/320a）（慧 55/537b）（慧 33/54a）（慧 79/1053a）（紹 182a10）。

薁：薁正於六反蘡薁藤也（龍 264/03）（慧 62/702b）（慧 99/322a）（希 8/405a）（紹 154b3）。薁俗（龍 264/03）。

燠：燠於六反又於告反（龍 244/09）（玄 4/56c）（慧 43/266a）（慧 61/685b）（慧 85/101a）（慧 91/182a）（慧 91/184b）（慧 96/262b）（紹 190a4）；爊或作燠（慧 99/318b“炮爊”註）。

篽：篽音郁（龍 394/04）（玄 1/8b）（玄 5/71a）（玄 20/266b）（慧 17/741a）（慧 42/249b）（紹 159b8）。

豫：豫弋庶反（玄 6/80b）（玄 6/81a）（玄 13/174a）（玄 18/242c）（慧 72/912b）（玄 22/292a）（慧 48/376a）（玄 23/309a）（慧 47/359b）（慧 3/442a）（慧 6/512a）（慧 22/838b）（慧 27/967b）（慧 27/970a）（慧 69/848b）（慧 83/58a）（希 3/372c）（希 5/389c）（希 8/409c）（希 9/414a）；古文預忬

二形今作豫同（玄 10/134b "預立" 註）（玄 17/231b、慧 70/856a "住預" 註）。**𥼙**豫正預

音（紹 201b1）。

橯：**𣚃**音豫（龍 382/06）；豫章今傳皆從木作橯樟字也（慧 83/58a "豫章" 註）。

遃：**遃**音育步也轉也行也（龍 494/05）。

蛴：**蛴**夷六反（玄 13/171b）（慧 57/591b）。

銷：**銷**銷余六反鎢銷温器也（龍 022/04）（玄 13/171c）（慧 45/302b）（慧 79/1059a）。

毓：**育**正余六反（龍 414/08）（慧 22/840b）；毓經中多作育字（玄 7/103c、慧 24/893b "波毓"

註）（玄 13/171a、慧 57/591b "包毓" 註）（慧 80/1078a "毓萌" 註）。//**臍**俗（龍 414/08）。//**𣫯**正

育字（慧 95/254a）。**蘇**融六反（慧 85/95b）（慧 100/350a）。**蘇**餘祝反（玄 13/171a）（慧

57/591b）。**毓**羊六反亦與育同（龍 554/05）（玄 7/103c）（慧 24/893b）（慧 80/1078a）（紹 17

7a8）。**𣬉**育音（紹 177a8）。**𣬉**羊六反亦與育同（龍 554/05）。//餇：**餇**與叔反養也

（龍 503/09）。

賷：**賷**鬻正作餘六反（慧 28/1011b "鬻賷" 註）。**賣**（玄 7/96c "鬻賣" 註）。

償：**償**鬻又作償同餘六反（慧 28/1011b "鬻賣" 註）。**償**鬻又作償同餘六反（玄 7/96c "鬻

賣" 註）。

樏：**樏**羊恕反或作礜（龍 383/09）（紹 158a1）。

壆：**壆**羊恕反高平也（龍 250/07）。

譽：**譽**余據反歌稱美德也又平聲（龍 046/09）（玄 13/180b）（慧 54/515b）（慧 5/492a）（慧 18/

759b）（慧 21/818a）（慧 45/309b）（紹 185b7）。

礜：**礜**羊恕反礜石藥名蚕食之肥鼠食之死也（龍 443/09）。

礜：**礜**与居反（玄 16/217c）（慧 65/769a）（慧 14/677a）（慧 80/1075b）（紹 139a4）；輿經作礜非

也（慧 41/223b "礜輿" 註）（慧 53/492a "礜輿" 註）。

鸒：**鸒**余預二音（龍 286/08）（紹 165b1）。

廲：**廲**羊恕反大鹿也（龍 521/07）。

遹：**遹**音聿（龍 494/01）（紹 138b4）。

嚄：**嚄**食聿反尒疋云嚄事之危也（龍 277/09）；譎又作嚄同（玄 5/67b、慧 34/93a "譎詭"

註）。

燏：**燏** 音聿火光也（龍 245/04）。

繘：**繘** 余律居律二反汲綆也（龍 403/07）。

颭：**颭** 音聿疾風也（龍 128/03）。**飆**（龍 128/03）。

鷸：**鷸** 正余律反（龍 290/03）（慧 36/116a "鷹鷸" 註）。**鶐** 或作（龍 290/03）。

驈：**驈** 聿述二音黑馬白髖也（龍 294/08）。

鱊：**鱊** 聿述二音～鮥魚也（龍 172/02）。

鬻：**鬻** 以六反經從米俗用略也（慧 41/222b）（慧 80/1074a）（希 2/365a）（希 2/366c）；粥古文正體從毓從鬲作鬻（慧 62/720b "飲粥" 註）。//鬻：**鬻** 今余六反又音祝（龍 535/01）（玄 7/96c）（慧 28/1011b）（玄 13/176c）（慧 54/525a）（慧 23/869a）（慧 82/33a）（慧 93/215a）（希 3/370c）（希 4/376b）（紹 145b6）；鬻香今俗作鬻同（希 2/366c "鬻香" 註）。**鬻** 終肉反（慧 60/656b）。**鬻** 字詁古文鬻（慧 17/744b "燀身" 註）。**鬻** 鬻正余六切（紹 145b6）。//鬻：**鬻** 余六反說文云稀饘也（龍 535/01）。**鬻** 古余六反（龍 535/01）；鬻又作鬻（玄 13/176c、慧 54/525a "麦鬻" 註）（希 3/370c "鬻金" 註）。//鬻：**鬻** 俗余六反（龍 535/01）。**鬻** 字詁古文鬻（玄 1/10a "燀身" 註）。//精：**精** 鬻又作鬻古文精今作粥同之六反（玄 13/176c、慧 54/525a "麦鬻" 註）。//粥：**粥** 之育反（慧 62/720b）（慧 98/293a）；鬻又作鬻古文精今作粥同之六反（玄 13/176c、慧 54/525a "麦鬻" 註）（慧 60/656b "若鬻" 註）。

鬱：**鬱** 於勿反（龍 384/06）（慧 75/967a）（慧 55/531a）（慧 48/380a）（慧 48/384b）（慧 70/872a）（慧 25/909b）（慧 25/926b）（慧 41/213b）（慧 43/258a）（慧 39/180b）（慧 80/1075a）（慧 82/33b）（希 1/355c）（希 2/364a）（希 2/366b）；蔚論文或作鬱（慧 46/330b "蔚茂" 註）。**鬱** 熅律反（慧 13/647a）（慧 15/695a）（慧 18/768a）（慧 28/1001a）（慧 42/242b）。**鬱** 惲颭反（慧 17/733a）。**鬱** 惲律反（慧 26/948a）。**鬱** 於勿反（玄 12/162c）（玄 20/263c）（玄 22/294b）（玄 22/297c）（玄 23/306b）（慧 47/353b）（玄 24/326a）；鬱經文多從林從艮從寸作～非也無說處訛失久矣（慧 18/768a "鬱蒸" 註）（慧 82/33b "菴鬱" 註）。**鬱** 威律反（慧 11/604b）（慧 14/668b）。**鬱** 鬱正依律切（紹 176a2）。**鬱** 於屈反（龍 384/06）（玄 1/17c）（玄 2/23c）（玄 13/170a）（慧 11/604b）（紹 176a2）；蔚論文或作鬱（玄 9/126a "蔚茂" 註）（慧 32/45b "菴蔚" 註）；郁多

或作欝多（玄 12/156a、慧 52/476b "郁多" 註）（慧 31/14b "薈蔚" 註）；鬱亦作欝俗字也（慧 39/180b "鬱金" 註）（慧 28/1001a "鬱茂" 註）。欝於勿反（龍 384/06）；鬱經文作欝俗用非也（希 1/355c "薈鬱" 註）（希 2/364a "薈鬱" 註）（希 2/366b "薈鬱" 註）。

爩： 爩正於勿反（龍 245/06）（慧 8/535b）。爩今（龍 245/06）。

徊： 徊於勿反行皃也（龍 499/02）。

颭： 颭正王勿反風聲也（龍 128/02）（慧 28/1001a "鬱茂" 註）。颭俗（龍 128/02）。

芋： 芌俗王遇反（龍 261/05）（慧 64/755b）。芋正王遇反（龍 261/05）（玄 3/46a）（慧 10/580b）（玄 15/204c）（慧 58/602b）（慧 8/538b）（慧 80/1073a）（紹 155b2）。

飫： 餕通依據反（龍 502/06）（慧 91/182b）。餕於據反（慧 94/223b）。//飫： 餘通（龍 502/06）。餘今（龍 502/07）。餮俗（龍 502/06）。//飫今（龍 502/07）（紹 172a2）。餕俗（龍 502/06）。

笋： 笋正余律反草初生也（龍 264/02）。萑或作（龍 264/02）。

嫗： 嫗於屢反（慧 45/314a）（慧 94/225a）（慧 96/265a）（紹 141b8）。嫗乙句反（龍 283/06）。

欥： 欥逸聿二音辭也（龍 430/04）（龍 356/03）。欥俗伏聿二音正作欥辝也（龍 416/03）。

敔： 敔音語（龍 530/1）。敔音語（龍 119/8）；禦古文敔同（玄 1/7b、慧 17/739b "禦之" 註）（慧 70/870b "禦捍" 註）；御古文敔同（慧 46/324b "御寒" 註）。敔御古文敔同（玄 9/122b "御寒" 註）（玄 24/325b "禦捍" 註）。

預： 預正羊去反先也安也佚也怠也廗也樂也（龍 486/08）（玄 10/134b）（玄 17/231b）（慧 70/856a）（玄 23/305b）（慧 47/352a）（慧 2/428a）（慧 22/833a）（慧 23/864b）（慧 50/415b）。//額： 額俗（龍 486/08）。//忬： 忬正羊恕反安也悦也（龍 060/07）；預古文忬形（玄 10/134b "預立" 註）（玄 17/231b、慧 70/856a "住預" 註）（慧 50/415b "預立" 註）。忬俗（龍 060/07）。

鴥： 鴥正音聿飛快也（龍 290/03）。鴥俗（龍 290/03）。

籲： 籲正音喻和也呼也（龍 486/04）。籲正（龍 486/04）。籲俗（龍 486/04）。籲音喻[1]（龍 487/02）。

---

[1]參見《龍龕手鏡研究》353 頁。

睲：睲音育望也又目明皃（龍424/06）。

崫：崫魚勿反（龍078/05）（玄9/126c）（慧46/331b）。

獄：獄虐録反（慧6/507a）（慧7/523b）（慧14/676b）（希2/362a）。

忩：忩羊恕反悦也安也豫也（龍066/06）（慧6/510b）。

颴：颴于筆反大風也（龍128/01）（慧99/320b）（慧100/335b）。

歔：歔於目反（龍355/06）。

霒：霒王遇反雨行止也一名抒（龍308/06）。

yuan

yuān 悁：悁於緣反憂悁也（龍053/07）（玄5/63c）（慧38/153a）（玄20/267a）（慧33/55b）（慧47/350b）。

峮：峮於緣反山曲也（龍073/04）。

剈：剈烏玄反曲剪也剔也（龍096/08）。

痬：痬於玄反骨節疼痛也（龍469/08）（玄20/269a）（慧33/57a）。

蛪：蛪一緣反（慧95/252b）。蛪壹緣反（慧16/715b）。蛪於緣反又渠辨反（龍219/05）（玄1/10a）（玄3/41c）（玄5/72b）（玄16/221b）（慧09/572b）（慧17/744a）（慧17/732b）（慧31/19b）（慧33/63a）（慧52/465b）（慧65/764a）（紹163b4）；蠥經作蛪義同（慧45/313b"蠥飛"註）。蛪一泉反（慧33/57b）（玄11/148b）（慧19/782a）。

鳶：鳶悦專反（慧98/310a）（紹165a8）。鳶正音緣鴟也（龍286/09）。鳶俗通（龍286/09）。鳶音緣（龍173/02）。鳶鳶正亦全切（紹165a8）。

鳶：鳶與專反鳶尾草也一名射干（龍286/09）。

鳶：鳶鳶説文從艻作鳶（慧2/424b"鳴梟"註）。鳶鳶開元音義從千作鳶竝音緣（慧2/424b"鳴梟"註）。

帑：帑音宛幡也（龍138/04）。

駌：駌於元反汗面馬也（龍291/09）。

鴛：鴛音怨（龍285/02）。鴛字林於袁反（玄1/17c）（慧4/469a）（慧41/210a）（希2/363c）。

鴛苑元反（慧25/909a）（慧25/926a）。

鋺：鋺音冤鋤頭曲鐵也（龍009/08）。

冤：冤於元反（慧43/267b）（慧43/273b）（慧28/997b）（玄19/256b）（慧56/562b）（慧48/393a）。
冤於元反（玄7/94b）（玄19/261b）（慧56/571a）。冤苑元反（慧25/920a）。冤於袁反屈也枉也苦也（龍155/02）（玄4/55c）（玄4/58b）（玄12/166c）（慧55/546b）；惌或作冤（慧1/414a"惌敵"註）（慧3/449b"惌家"註）。寃於袁反（慧5/494a）。冤於元反（玄22/302c）。㝲俗音冤[1]（龍471/07）。//惌苑袁反（慧3/449b）；冤或作惌亦同（慧5/494a"煩冤"註）。惌於袁反屈也枉也苦也（龍155/02）。惌於袁反（慧1/414a）（慧3/440b）（慧4/459a）（慧5/495a）（慧16/726a）；冤古文作惌（玄7/94b、慧28/997b"煩冤"註）（玄12/166c"稱冤"註）（玄19/256b"稱冤"註）（玄22/302c、慧48/393a"冤結"註）；屈在冤枉作惌（慧27/986a"怨嫌"註）。惌冤經文多作怨或作惌非也（慧25/920a）。怨於袁反（希9/415c）；古文冤惌二形同今作宛同（慧56/562b"稱冤"註）（慧3/449b"惌家"註）（慧5/495a"惌敵"註）。//撋於元反（龍209/07）。//圂俗（龍174/09）。

鵷：鵷苑袁反（慧36/119a）（紹165b4）。鵷音鴛（龍285/02）。

淵：肙圭緣反（慧100/350a）（希2/364c"雝肅"註）。//淵於玄反（慧57/595b）（慧76/1002b）（慧77/1021a）（慧88/149a）（慧100/336b）。渕烏玄反（慧21/821b）（慧21/829b）（慧22/836a）（慧23/867a）。渊正烏玄反深也（龍230/01）（紹188a3）。渆抉玄反（慧39/168b）。渕淵論文作～（慧100/336b"淵海"註）。渊俗（龍230/01）。瀰俗（龍230/01）。瀾俗（龍230/01）。浘俗（龍230/01）。潤俗（龍230/01）。瀾俗（龍230/01）。淶俗（龍230/01）。捌舊藏作淵（龍209/04）。剜古文（龍096/08）。剝古文（龍096/08）。//困：囦正烏玄反困深也又水豬也（龍175/01）。囲淵古作困（慧100/336b"淵海"註）。囚俗（龍175/01）。

彌：彌正烏玄反弓曲也（龍150/06）。弲今（龍150/06）。

鼘：鼘正烏玄反鼓聲也（龍337/01）。鼘或作（龍336/10）。鼘同上（龍337/01）。

鸞：鸞烏玄反羣鳥也（龍149/02）。

①《叢考》：此字應即"冤"的俗字（794）。

嬽：**嬽**於權反娥眉皃（龍281/04）。**嬽**於緣反娥眉也（龍281/03）。

yuán 元：**元**元元（玄7/95c）（慧28/999b）（玄20/275a）（慧76/992a）（希10/418c）。

沅：**沅**音元水名（龍229/07）。

芫：**芫**音元草名有毒可為藥（龍256/07）。

杬：**杬**音元木名出豫章煎其汁藏果及卵不懷（龍374/06）。

阮：**阮**音元（龍296/03）。

蚖：**蚖**今愚袁五官二反（龍220/03）（玄6/82c）（玄18/244a）（慧72/914b）（慧27/972b）（慧33/69b）（慧41/209b）（慧57/581b）（希1/355a）（希6/392c）（紹164a10）。**蚖**五官反（慧40/191b）（慧47/350a）。**蚖**俗（龍220/03）。//螈：**螈**古（龍220/03）；蚖案字義古文作螈（玄6/82c“蚖蚰”註）（玄18/244a、慧72/914b“蚖蛇”註）（慧27/972b“蚖”註）。**螈**俗（龍220/03）。

䖵：**䖵**音元䖵餌也又五桓反（龍501/01）。

鳶：**鳶**俗元音（龍287/03）。

黿：**黿**正音元似鱉而大也（龍191/02）（龍340/08）（玄1/15a）（慧42/237b）（玄8/108a）（慧28/1005a）（玄12/163a）（慧75/968a）（慧14/665a）（慧15/704a）（慧24/900b）（慧31/16b）（慧34/80a）（慧41/210a）（慧39/177b）（慧40/192a）（慧53/492b）（慧60/663b）（慧84/73a）（慧85/91a）（慧96/271b）（慧100/334a）（希1/355b）（希4/379a）（希7/402c）。**黿**魚袁反（慧28/1008a）。**黿**俗（龍191/02）。**黿**魚袁反（玄1/18c）。**黿**俗（龍340/08）。**黿**俗（龍191/02）。**黿**俗（龍191/02）。**黿**俗（龍191/02）（玄21/284b）。**黿**俗（龍191/02）。**黿**音元（龍129/02）。//**黿**俗音元正作黿（龍190/07）；黿鼉經文二字下並從龜作～鼉俗字非也（希1/355b“魚鼈”註）（希4/379a“黿鼉”註）。**黿**魚袁反（慧25/913a）。//

魭：**魭**俗音元（龍166/06）；黿鼉經文作魭鮀二形非體也（玄12/163a、慧75/968a“黿鼉”註）（慧96/271b“黿鼉”註）。**鮝**俗音元（龍166/06）。

垣：**垣**于元反（龍246/02）（玄3/43c）（慧09/576b）（玄9/128a）（慧46/334b）（玄14/182c）（慧59/628b）（玄17/229a）（慧67/817b）（玄22/297b）（慧48/384a）（慧4/466b）（慧82/39a）（慧83/51a）（希2/362b）（希2/363c）（紹160b8）。//**垣**古文音袁今作垣（龍546/01）。//

䡇：䡇古文音袁今作音垣～牆也（龍 534/05）。䡇古文音袁今作垣（龍 546/01）。

趄：趄音袁玉篇云走也一曰各也（龍 324/07）。

圓：圓音員（慧 100/331b）。

園：園（玄 1/3a）（慧 20/802b）（玄 19/262c）（慧 56/573a）（慧 6/499a）（慧 21/828b）。//薗：薗園音（紹 154a10）；園説文從草作薗或從兩點作薗竝俗字非正也（慧 6/499a“園林”註）。

爰：爰於元反（龍 544/01）（玄 23/308b）（慧 47/358b）（慧 1/405b）（慧 10/589a）（慧 18/759b）（慧 20/792a）（慧 21/811b）（慧 60/654b）；援或作爰（慧 81/20a“援緇”註）（慧 98/303b“援西”註）。

湲：湲音員（龍 227/06）（玄 13/169c）（慧 94/224a）（紹 188b7）。

援：援于眷反（龍 214/2）（玄 1/7a）（玄 9/126a）（玄 12/155a）（玄 15/211a）（玄 17/237a）（玄 18/251b）（玄 22/296a）（玄 24/320b）（慧 46/330b）（慧 52/455a）（慧 58/624a）（慧 74/952a）（慧 73/937b）（慧 48/382a）（慧 17/738b）（慧 70/863a）（慧 72/899a）（慧 81/20a）（慧 82/34b）（慧 98/303b）（紹 133a8）。

蝯：蝯音爰（龍 221/06）（玄 10/137b）（慧 45/304b）；猨今作蝯同（玄 11/150c、慧 52/470a“猨猴”註）（玄 18/239c、慧 73/923a“猨猴”註）（玄 22/303c、慧 48/394b“猨猴”註）；猿爾雅作蝯（希 4/377b“猿猴”註）。//猨：猨正音袁（龍 317/03）（玄 11/150c）（慧 52/470a）（玄 18/239c）（慧 73/923a）（玄 22/303c）（慧 48/394b）（慧 13/650b）（慧 82/40b）（慧 97/282b）（慧 98/294b）（希 3/370a）（紹 167a1）；蝯又作猨同（玄 10/137b、慧 45/304b“蝯猴”註）。猨猨正袁音（紹 167a1）。猨舊藏作猨（龍 317/03）。//猿：猿王元反（希 4/377b）。猿正音袁（龍 317/03）。猿俗（龍 317/03）。//犺：犺猨經文作犺非也（玄 11/150c、慧 52/470a“猨猴”註）。

䅈：䅈音遠面不正也（龍 485/06）。

鶢：鶢俗雞爰二音（龍 287/08）（慧 4/469b）。鶢俗雞爰二音（龍 287/08）。

榬：榬音袁絡絲籰（龍 374/06）（玄 12/155a）（慧 52/454b[①]）。//簑：簑榬或作簑同（玄

① 《慧琳音義》作“猿”蓋誤。

12/155a、慧 52/454b "榬頭" 註)。

褤： 褤 俗音袁垂衣也（龍 103/03）。

轅： 轅 音袁（龍 079/05）（慧 13/657b）（慧 15/704b）（慧 50/413b）（慧 53/493b）（慧 61/684b）（慧 68/830a）（慧 87/130b）（紹 139a1）。

原： 原 源説文作原（慧 7/516a "源底" 註）。 原 魚袁反（玄 5/75a）（慧 44/292a）（慧 18/748a）（慧 51/445a）（希 2/365c）（希 10/419a）；源説文作原（玄 3/47b "窮源" 註）（慧 7/516a "源底" 註）。 療 俗音原①（龍 469/05）。 癝 俗元音（龍 470/07）。

源： 源 魚袁反（玄 3/47b）（慧 5/492b）（慧 7/516a）（慧 7/528b）（慧 11/603b）（希 10/422a）（希 10/423b）。 羉 源或作羉其義一也（慧 5/492b）（慧 7/528b "源底" 註）（慧 7/528b "源底" 註）；原説文作羉也（慧 51/445a "心原" 註）。

嫄： 嫄 音元姜嫄（龍 281/03）。

㹮： 㹮 音元獸如牛也（龍 115/05）。

羱： 羱 正語袁五官二反大角山羊也（龍 159/04）（玄 8/118a）（慧 16/708b）。// 羘 俗（龍 159/04）；羱廣志作羘同（玄 8/118a "羱羘" 註）（慧 16/708b "羱" 註）。

豲： 豲 音元豕屬（龍 320/06）。

羉： 羉 原音（紹 164a4）。

顩： 顩 音原（龍 292/08）（玄 17/230a）（慧 66/783a）。

緣： 緣 緣絹反（慧 36/115b）（慧 36/125a）。 緣 以絹反（希 9/416c）。

蝝： 蝝 音緣（龍 221/10）（慧 57/579b）（慧 79/1059b）（紹 163b7）；螺律文作蝝非此用（玄 16/214a、慧 65/772b "迦螺" 註）；蝝亦作蝝皆正體字也（慧 16/712a "蝝飛" 註）。

櫞： 櫞 音緣菓名也（龍 207/05）（玄 23/318c）（玄 24/330c）（慧 70/879a）。 櫞 以專反（慧 50/428b）。 櫞 音緣果木名也（龍 373/08）。

尋： 尋 緣尋二音（龍 367/02）。

yuǎn 遠： 遠 于願反（慧 26/942b）。

穩： 穩 隨函音宛於遠反為衣入裏也（龍 381/05）。

---

① 《叢考》：此字疑即 "原" 或 "源" 的訛俗字（795）。

鞔：鞔於元於遠二反量物具也（龍447/09）。鞤正於遠反秤物之鞔與鞔亦同（龍449/0
3）。鞱俗（龍449/03）。

yuàn　夗：夗冤阮反（慧32/42a）（慧38/158a）（慧77/1012a）。夗冤阮反（慧33/60a）（慧39/16
8b）（慧39/175b）（慧55/542a）（慧57/584a）（紹144b4）。

苑：苑於遠反（龍259/06）（玄5/67c）（慧1/405a）（慧28/1010b）（慧30/1036a）（慧45/315b）；
經文錯用也正體從草作苑莚（慧16/716a“綩綖”註）。//菀：菀冤遠反（慧99/314
a）（慧34/93b）（慧74/959b）（紹154b7）。菀（玄19/253a）（慧56/557b）。

怨：怨於願反（慧31/24b）（慧27/986a）；冤古文作怨（玄12/166c“稱冤”註）（慧5/494a
“煩冤”註）。惌冤或作窓非也（慧25/920a“冤宛家”註）。

院：院袁怨反（慧93/220a）。阮院傳文作～誤也（慧93/220a）。院俗謬院字傳文多
載此字故書已明之（慧94/237b）。//隄俗音院（龍297/07）。//堰俗音院（龍251
/03）。

掾：掾以絹反官名也（龍213/08）（慧12/630a）（慧34/82b）（慧35/110a）（紹134a3）；緣經
從手作掾（慧36/125a“四邊緣”註）。捄又俗音掾（龍216/05）。

傆：傆音願黠也出説文（035/04）。

愿：愿音願善也敬也又專謹也（龍068/02）。愿古文音願（龍302/09）。

願：顠古文願字（龍486/05）。顧同上（龍486/05）。

媛：媛音院（龍283/06）（紹142a3）。

瑗：瑗于眷于願二反（龍438/02）（慧95/246b）（紹141a2）。

褑：褑音院佩帶也（龍107/01）。褑王眷反佩也（龍112/07）。

喛：喛正與縣反玉篇烏縣反皆甘不厭也（龍275/04）。喛俗（龍275/04）。

浣：浣俗音院（龍243/03）。

餶：餶正與縣反饜飽也（龍502/08）。餶俗（龍502/08）。

yue

yuē　曰：曰于厥反（龍176/02）。曰于厥反（龍176/02）。

噦：噦於月乙劣二反逆氣也又呼外反鳥聲也（龍 276/10）（玄 2/24c）（玄 10/139a）（慧 65/778b）（玄 20/264c）（玄 22/295a）（慧 48/380b）（慧 43/257a）（慧 43/259b）（慧 61/693b）（慧 63/731b）（慧 77/1019b）（慧 80/1082b）（慧 89/153a）（希 6/397a）（希 10/423c）（紹 182b6）；鱥或從口作噦（慧 60/673b“噎鱥”註）。//歀於月反（龍 366/01）。歀於月反（龍 366/01）。歀於月反（龍 366/01）。//啘：啘噦又作啘同（玄 22/295a、慧 48/380b“噦噎”註）。

餓：餓於靴反佪餓癡皃也（龍 028/06）。

餮：餮正於物反餄和豆也又於月反義同（龍 504/01）。//餘俗（龍 504/01）。

蠖：蠖王縛反（龍 331/09）（慧 85/100b）。

yuě 撅：撅伊決反（龍 216/10）。撅此字習謬已久人莫辯正今詳其理義宜作共相二字（玄 5/67a）（慧 24/892a）。

yuè 月：㊊古文音月（龍 556/05）。𡕒于厥反（龍 141/03）。𡕒于厥反（龍 141/02）。囝于厥反（龍 175/08）。𠥱古文月字（龍 193/03）。𠥱魚厥反（龍 303/04）。𨒅魚厥反（龍 494/02）。𨒅音月（龍 495/05）。

刖：刖音月（龍 099/07）（玄 2/31a）（玄 4/58c）（慧 43/274b）（玄 5/66a）（慧 44/278b）（玄 21/279b）（玄 22/297b）（慧 48/383b）（慧 8/550b）（慧 13/647a）（慧 13/660a）（慧 14/672b）（慧 75/972a）（希 2/366a）（紹 136a4）（紹 139b6）。//兀：兀音兀同刖（龍 523/03）。

抈：抈音月折也（龍 218/05）。

枂：枂音月鞍枂（龍 386/08）。

跀：跀音月（龍 467/08）；刖古文跀同（玄 2/31a“刖足”註）（玄 4/58c、慧 43/274b“刖耳”註）（玄 21/279b“刖足”註）（玄 22/297b、慧 48/383b“刖足”註）（慧 8/550b“刖足”註）（希 2/366a“刖挑”註）。䠒刖或作䠒（慧 13/647a“刖足”註）。//趴音兀（龍 467/08）；刖古文趴同（玄 2/31a“刖足”註）（玄 4/58c、慧 43/274b“刖耳”註）（玄 21/279b“刖足”註）（玄 22/297b、慧 48/383b“刖足”註）。趴音兀（龍 467/08）。

軏：軏正月兀二音輗軏車轅端曲木也（龍 085/09）。軏俗（龍 085/09）。軏月音又五忽切（紹 139a6）。軏月音又五忽切（紹 139a6）。

妜：妜於悅反（龍 284/05）（慧 27/984b“弊惡”註）。

突： 突 今苦穴反无門户也又於决反穿兒（龍 510/06）。//寮： 寮 或作（龍 510/06）。

戉： 戉 音越或從金作鉞亦通用也（慧 44/280a）（慧 95/253b）；鉞古文戉同（玄 1/18a "鉞斧"

註）（慧 20/798b "鉞斧" 註）（慧 25/910b "金椎鉞斧" 註）（慧 30/1050b "鉞斧" 註）（慧 41/217b

"鉞斧" 註）（慧 43/254a "鑀鉞" 註）（慧 35/104b "鉞斧" 註）（慧 40/192b "鉞斧" 註）（慧 83/53b

"杖鉞" 註）（慧 85/98b "黃鉞" 註）（希 7/402a "鉞斧" 註）。//鉞： 鉞 正王伐反王斧也（龍

19/04）（玄 1/18a）（玄 19/259a）（慧 56/566b）（慧 20/798b）（慧 25/910b）（慧 30/1050b）（慧 41/

217b）（慧 41/221a）（慧 43/254a）（慧 35/099b）（慧 35/104b）（慧 40/192b）（慧 83/53b）（慧 85/9

8b）（希 1/357a）（希 5/386a）（希 6/395b）（希 7/402a）（紹 181a7）；鉞本正體作戉為書寫人

多誤濫於戊己字先賢故加金作鉞以別之也（慧 35/104b "鉞斧" 註）；戉集本從金作

鉞通俗字（慧 95/253b "授戉" 註）。鉞俗（龍 19/04）。鉞俗（龍 19/04）。//鑕： 鑕俗

（龍 19/04）。

娍： 娍 王伐反竚立也[1]（龍 520/03）。

跀： 跀 許月反音義禹厥反（龍 467/07）。跀 許月反走兒（龍 465/06）（慧 43/261b）。跀 禹

厥反（玄 20/265c）。

戟： 戟 俗音越（龍 177/03）。

越： 越（慧 21/811a）（慧 22/849b）。越 爰月反（慧 81/3b）。越 袁月反（慧 91/182a）（慧 10/

598a）。越 正于伐反（龍 325/09）。越 俗（龍 325/09）。戉 音越（龍 556/03）。武 音越

（龍 527/03）。越 音越（龍 527/03）。武 音越（龍 527/03）。

樾： 樾 王伐反（龍 386/01）（紹 157b6）。

搲： 搲 五角反抨搲（龍 219/01）。

殈： 殈 五角反卒死也（龍 516/04）。

頥： 頥 音岳説文云面前頥玉篇云鼻高也（龍 487/08）。

悦： 悦（玄 23/310b）（慧 47/361b）（玄 25/335c）（慧 71/888b）（慧 39/166a）（希 3/372c）（希 8/409c）。

跧： 跧 俗羊拙反（龍 467/06）。

閲： 閲 今音悦簡閲閲閲也（龍 094/08）（玄 3/37a）（慧 09/557b）（玄 3/38b）（慧 09/559a）（玄 4/

[1] 參見《疑難字考釋與研究》554 頁。

55a)（慧 43/266b）（玄 5/71a）（玄 10/134a）（玄 14/183c）（慧 59/630a）（玄 24/329b）（慧 70/877a）（玄 24/329b）（慧 70/877a）（慧 29/1030a）（慧 32/41a）（慧 49/405b）（慧 49/411b）（慧 50/415a）（慧 51/433b）（慧 54/511b）（慧 63/732b）（慧 80/1093a）（慧 86/114a）（希 4/379a）（紹 195a8）；彗律文作簡閱之閱（玄 14/197c、慧 59/652b "彗星" 註）。閱 古音悦（龍 094/08）；閱又作～同（慧 32/41a "簡閱" 註）。

樂：樂 五角反（慧 1/412a）（慧 29/1018b）。

嬳：嬳 爍藥二音（龍 283/10）；樂經文從女作嬳非也（玄 5/73a、慧 32/41b "娛樂" 註）。

龠：龠 陽灼反（慧 89/160b）（慧 95/246a）（慧 98/307b）；龠傳大篆作龠音同上今時用以為藥字非此用也（慧 90/179a "支龠" 註）。龠 俗音藥正作龠（龍 278/03）。龠 俗音藥正作龠（龍 278/03）。

瀹：瀹 臾灼反（慧 71/888b）（慧 94/228a）（慧 99/315b）。瀹 或作音藥（龍 237/06）（玄 25/336a）（紹 187a1）。//瀹：瀹 正音藥（龍 237/06）（紹 187a1）；鑠經文作瀹非也（玄 12/165c、慧 75/978b "閃鑠" 註）。瀹 羊灼反（慧 95/256b）。

蘥：蘥 鑰經文作蘥非體也（玄 12/160a、慧 75/982b "鑰匙" 註）（慧 21/824b "闟" 註）；龠傳文從草作蘥通也（慧 89/160b "為龠" 註）（慧 98/307b "秋龠" 註）；礿亦作禴集本作蘥是草名也（慧 95/254a "礿祀" 註）。蘥 藥音（紹 156a5）。蘥 藥音（紹 156a5）。蘥 龠傳文從草作蘥非也無此字（慧 90/179a "支龠" 註）。

爚：爚 弋灼反（慧 46/328a）（慧 52/459a）（慧 39/174a）（慧 99/322b）；瀹集從火作爚亦通（慧 99/315b "瀹繭" 註）。爚 爚正藥音（紹 189b4）。爚 正書藥反又音藥（龍 244/02）（玄 7/92a）（慧 28/995a）（玄 9/124b）（慧 88/140a）；瀹又作爚同（玄 25/336a、慧 71/888b "所瀹" 註）。爚 俗書藥反又音藥（龍 244/02）（玄 11/145c）。//爚：爚 俗書藥反又音藥（龍 244/02）（玄 8/114a）（慧 16/715a）；爚傳作～非也（慧 88/140a "焴爚" 註）。爚 俗書藥反又音藥（龍 244/02）。爚 煜爚經文作昱爚非字體也（玄 8/114a、慧 16/715a "煜爚" 註）（玄 11/145c、慧 52/459a "煜爚" 註）。

籥：籥 音藥（慧 12/631a）（慧 47/347a）（慧 51/440a）（慧 91/189a）（慧 97/287a）；礿集從竹作籥謂管籥字非此義（慧 99/316a "礿祭" 註）。籥 音藥（龍 394/03）（紹 160a7）；闟説文

作籥非此義（玄 2/32b "户闟" 註）（玄 6/87c "關闟" 註）（慧 26/955a "户闟" 註）（慧 27/983b "關闟" 註）（慧 94/224b "金鑰" 註）（希 3/370c "關鑰" 註）。

闟：闟音藥（龍 095/01）（玄 2/32b）（玄 6/87c）（玄 17/229c）（慧 66/782b）（玄 21/281c）（慧 13/656a）（慧 21/824b）（慧 26/955a）（慧 27/983b）（慧 32/44a）（慧 40/187a）；鑰今作闟同（玄 12/160a、慧 75/982b "鑰匙" 註）（玄 16/215c、慧 65/775a "鑰匙" 註）（慧 80/1075a "鍵鑰" 註）（慧 81/17a "户鑰" 註）；籥説文作闟（慧 47/347a "橐籥" 註）。//鑰：鑰余酌反（慧 75/982b）（慧 58/622a）（慧 80/1075a）（希 3/370c）。鑰正音藥開鑰也（龍 019/07）（玄 12/160a）（玄 15/204a）（玄 16/215c）（慧 65/775a）（玄 16/217c）（慧 65/769a）（紹 180a4）；闟古文鑰同（玄 2/32b "户闟" 註）（玄 6/87c "關闟" 註）（玄 17/229c、慧 66/782b "户闟" 註）（玄 21/281c "關闟" 註）（慧 26/955a "户闟" 註）（慧 27/983b "關闟" 註）（慧 32/44a "關闟" 註）（慧 40/187a "關闟" 註）。鑰藥音（紹 180a4）。鎰俗（龍 019/07）。

礿：礿音藥祭名（龍 113/06）（慧 95/254a）（慧 97/285b）（慧 99/316a）。禴音藥祭名（龍 113/06）；礿亦作禴（慧 95/254a "礿祀" 註）（慧 99/316a "礿祭" 註）。

嶽：嶽音岳山嶽也（龍 078/03）（玄 7/104a）（慧 30/1036b）（慧 45/315b）（紹 162a8）。嶽嶽或作嶽（慧 1/408a "足岳" 註）。//岳：岳五角反（慧 1/408a）（慧 100/348b）；嶽經作岳古字也（慧 1/408a "足岳" 註）。岳古文音岳（龍 265/02）。

鷽：鷽音岳（龍 289/08）（慧 81/1b）（慧 96/267b）。

犙：犙俗（龍 117/07）。犙正五沃五角二反白牛足也（龍 117/07）。//犙：犙玉篇同上（龍 117/07）。

躍：躍音藥（龍 466/01）（慧 8/543a）（慧 8/544b）（慧 11/609b）（慧 11/616b）（慧 18/756a）（慧 27/970a）（慧 31/13b）（慧 32/48a）（慧 41/213b）（慧 40/190a）（慧 47/350a）（慧 69/839b）（紹 137b1）；正從火作爚大傳從足作躍本義殊乖（慧 83/60a "電爚" 註）。

鸒：鸒音藥内宾湯中薄出之（龍 535/02）。鸒燀字詁古文鸒形（玄 9/125c "燀腊" 註）（慧 46/330a "燀腊" 註）；瀹又作鸒同（玄 25/336a、慧 71/888b "所瀹" 註）（慧 99/315b "瀹繭" 註）。

嬳：嬳今王縛反（龍 284/05）。嬳今（龍 284/05）（慧 57/587b）。矆俗（龍 284/05）。

籰：籰玉縛反（龍 395/02）（玄 12/155a、慧 52/454b "榬頭" 註）（紹 160a1）。//觸：觸五縛反

收絲者也又古莧反（龍 513/02）。

閟：閟俗音悦（龍 095/06）。

粤：粤于代反（龍 554/05）；奥相傳書粤于月反字非也（慧 11/615b "奥幡" 註）。

登：登於月反豆也（龍 360/02）。登豌經文又作登一月反非字體（玄 2/27b "豌豆" 註）（玄 5/70c "豌豆" 註）（玄 11/145b "豌豆" 註）（玄 15/200c、慧 58/615b "髓餅" 註）（慧 26/936b "豌豆" 註）。豈俗同上又烏官反（龍 360/02）。

礋：礋魚約反磳也（龍 446/03）。

藞：藞音藥～風吹水兒也（龍 554/08）。

yun

yūn 菎：菎鬱雲反（慧 98/303a）。菎於云反菎菎香氣盛兒也（龍 258/02）（玄 7/94a）（慧 28/997a）（紹 155a2）；氲氳冝作菎菎（玄 5/66b、慧 43/271a "氲氳" 註）；蘊經文作菎非（玄 11/146b、慧 52/460b "如蘊" 註）。

熅：熅於云反（龍 239/02）（慧 35/109b）（慧 36/117a）（慧 55/540b）（慧 86/106a）（紹 189b4）；煴經文作熅非字體（玄 4/54c、慧 34/90b "煻煨" 註）；温經文從火俗字也（慧 45/309a "自温" 註）（慧 76/998b "温適" 註）（慧 95/246b "雞温" 註）。

氲：氲於君反氲氳（龍 369/01）（慧 6/503a）（慧 21/818b）（希 2/361b）；氲氳（玄 5/66b）（慧 43/271a）（玄 7/97b）（慧 19/779a）（慧 8/543b）（慧 24/888a）（慧 40/204a）（慧 53/492a）（慧 62/699a）（慧 91/194a）（希 2/363c）（希 7/403c）（紹 202a7）；烟熅論文作氲氳考聲雲氣貌也並通（慧 86/106a "烟熅" 註）。

稛：稛氲氳冝作菎菎字書作稛同（玄 5/66b、慧 43/271a "氲氳" 註）。

韫：韫烏没反又於云反（龍 180/08）（紹 201a9）。

壹：壹於云反切韻鬱也經音玉篇壹也又因惲二音（龍 544/08）。壹於云反（龍 544/08）。鹵切韻（龍 340/04）。鹵玉篇於云反（龍 340/04）。齏玉篇於云反（龍 340/04）。

斎：斎於倫反泉水又水勢也（龍 356/05）。

贇：贇於倫反美好也（龍 350/01）（慧 84/77b）（慧 85/95b）（慧 97/284b）（紹 143a10）。

yún 匀：**匀**正羊巡反齊等均平也（龍 140/04）（玄 15/202b）（慧 58/618b）（慧 13/659a）。**匀**規倫
俞倫二切（紹 149b3）。**匀**俗（龍 140/04）。//頵：**頵**俗羊旬反正作匀齊遍也（龍 500/0
4）。

夠：**夠**音匀（龍 178/09）。

筠：**筠**為贇反（龍 391/01）（紹 160b1）。**筠**舊藏作筠（龍 254/01）。

邘：**邘**音云邑名也（龍 452/08）（龍 191/04）。**邘**音云（龍 191/04）。

妘：**妘**今音云女字也（龍 281/04）。**妘**或作音云女字也（龍 281/04）。

芸：**芸**音云（龍 257/09）（慧 40/189a）。**芸**音云（慧 60/674a）；耘經文作芸字非經旨（玄 1/
21c "耘除" 註）（慧 21/828b "耘除" 註）（慧 23/872a "不藉耕耘" 註）（慧 25/921a "耘除" 註）；
蕽或作芸（慧 41/219a "暑蕽" 註）（慧 38/162b "耘鉏" 註）。//**蕽**芸與蕽同（玄 1/21c "耘
除" 註）（慧 25/921a "耘除" 註）。

囩：**囩**羽巾為贇二反田十二頃也又回也（龍 175/02）。

耺：**耺**音云耳中聲（龍 314/02）。

絋：**絋**音云（龍 395/05）（慧 94/225a）（紹 191a2）。

詽：**詽**音云（龍 044/01）。//譞：**譞**①音云（龍 044/02）。

賱：**賱**音云乱也（龍 191/05）。

鵹：**鵹**音云鳥名也（龍 286/09）。

耘：**蕽**同上 [耘]（龍 364/08）（慧 76/1006b）（慧 87/130b）。**蕽**古音云（龍 364/08）（慧 25/921a）
（慧 41/219a）（慧 84/80b）；耘説文作蕽（慧 38/162b "耘鉏" 註）（慧 62/714a "耕耘" 註）。**蕽**
耘字又作蕽耘兩體（慧 21/828b "耘除" 註）；蕽不從禾從耒員聲（慧 41/219a "暑蕽" 註）。
//**耘**古音云（龍 364/08）；耘或作耘（慧 38/162b "耘鉏" 註）；蕽亦作耘（慧 87/130b "蕽
而" 註）。**耘**耘字又作蕽耘兩體（慧 21/828b "耘除" 註）（慧 62/714a "耕耘" 註）。//**耘**
耘今音云鋤也除草也（龍 364/08）（玄 1/21c）（慧 21/828b）（慧 23/872a）（慧 38/162b）（慧
62/714a）（慧 68/833a）（紹 176a6）；蕽或作耘（慧 76/1006b "蕽耨" 註）（慧 84/80b "暑蕽" 註）
（慧 87/130b "蕽而" 註）。**耘**耘論從木作耘誤也（慧 68/833a "耘耨" 註）。**耘**云音（紹

---

① 《叢考》：此字當是 "詽" 的繁化俗字（1041）。

196a5)。

澐：**澐**音云江水大波曰澐（龍 228/09）。

涢：**涢**音云（龍 229/02）。

惲：**惲**云殞二音憂也玉篇又悦也（龍 055/02）。//愪：**愪**于敏反憂也与惲同（龍 031/01）。

鄖：**鄖**正音云（龍 454/03）。**鄖**今（龍 454/03）（紹 169b1）。**鄖**俗（龍 454/03）。

篔：**篔**運君反（慧 99/323b）。**篔**音云篔簹（龍 390/01）（慧 83/64a）。

鋆：**鋆**玉篇乎鈞反香嚴音燓治器也（龍 018/09）。**鋆**（龍 018/09）。

yǔn 允：**允**弋准反（玄 15/210c）。**允**弋准反（慧 58/623b）（玄 22/303b）（慧 48/394a）。

狁：**狁**音尹（龍 318/08）（慧 77/1022b）（慧 80/1076a）（慧 87/118b）（慧 90/175b）（慧 91/191a）（慧 97/282a）（紹 167a4）。//狁：**狁**狁正允音（紹 167a4）。

珫：**珫**余准反充耳玉也（龍 436/09）。

噳：**噳**魚吻反大口也（龍 272/02）。

贇：**贇**於粉反贇賭富有也（龍 350/09）。

齳：**齳**魚粉反齳齒也（龍 312/03）。//齫：**齫**（龍 312/03）。

隕：**隕**於愍反墜也落也（龍 296/07）（玄 20/267c）（慧 33/54b）（玄 22/298a）（慧 48/385a）（慧 98/298b）（紹 170a1）；殞字書作隕同（玄 3/47b "尚殞" 註）（玄 8/119a "殞命" 註）（慧 52/453a "殞絕" 註）（玄 16/221c、慧 65/764b "變殞" 註）（玄 24/321c、慧 70/865b "殞歿" 註）（慧 10/586a "尚殞" 註）（慧 33/51b "殞墜" 註）（慧 100/345a "殞矣" 註）（希 3/370a "殞滅" 註）（希 5/389a "令殞" 註）。//磒：**磒**于敏反石落也（龍 442/09）（紹 162b9）；隕集作磒俗字（慧 98/298b "迹隕" 註）（希 5/389a "令殞" 註）。**隕**俗於敏反正作隕（龍 032/02）。

殞：**殞**俗於敏反（龍 514/05）（慧 3/453b）。**殞**正於敏反（龍 514/05）（玄 1/6b）（玄 3/47b）（玄 8/119a）（玄 16/221c）（玄 22/287c）（玄 24/321c）（慧 10/586a）（慧 20/808a）（慧 23/875b）（慧 33/51b）（慧 45/306b）（慧 48/370b）（慧 52/453a）（慧 65/764b）（慧 70/865b）（慧 100/345a）（希 3/370a）（希 5/389a）（希 10/421a）（紹 144b1）。

霣：**霣**正於敏反（龍 307/08）（紹 144a3）。**霣**俗（龍 307/08）。**霣**俗（龍 307/08）。**霣**俗音殞正作霣（龍 508/07）。

䛇：䛇 魚吻反大也（龍 357/06）。

褞：褞 於粉反褞袿也（龍 105/06）。

輐：輐 於云反又於粉反（龍 082/01）；夗從車作輐非也（慧 33/60a "夗轉" 註）。

yùn 愠：愠 於問反怒也悖然作色也（龍 059/09）（玄 5/66a）（慧 44/278b）（慧 46/337b）（玄 10/135 c）（初編玄 13/597）（慧 49/400b）（玄 19/261c）（慧 56/571b）（慧 22/845b）（慧 57/590b）（希 3/3 73b）（紹 131a1）；温經文作愠非字義（玄 2/29c "溫故" 註）（玄 7/92c）（慧 28/995b）（慧 26 /944a "溫故" 註）。

蕴：蕴 於頓反（慧 23/877a）。蕴 於粉反蕴積包蔵也（龍 258/10）（玄 5/70a）（玄 11/146b）（慧 52/460b）（玄 13/180c）（慧 53/501b）（玄 21/276c）（玄 23/308b）（慧 47/358b）（慧 2/435b）（慧 1 0/599a）（慧 51/435b）（慧 80/1078b）；薀蒀經文作芬蕴非也（玄 7/94a、慧 28/997a "薀蒀" 註）；緼經文作蕴非字體也（玄 12/157a、慧 52/478b "麻緼" 註）。

緼：緼 于云于粉二反（龍 397/06）（玄 5/69c）（玄 12/157a）（慧 52/478b）（紹 191b7）；氲氳或 從糸作緼緼（慧 6/503a "氲氳" 註）；繿説文作緼（慧 89/159a "繿纙" 註）。

醞：醞 於問反（龍 310/07）（玄 13/179b）（慧 54/518b）（玄 25/336c）（慧 71/890a）（紹 143b6）。

韞：韞 於粉反韞犢（龍 176/06）（慧 66/797b）（慧 81/5b）（慧 85/96b）（慧 91/188a）（慧 96/269a）（希 10/418b）（紹 148b8）。

運：運 于郡反（玄 20/265a）（慧 43/260b）（希 10/418c）。

惲：惲 於粉反謀也議也厚也重也（龍 057/06）（慧 96/264b）（慧 100/336a）（希 10/423b）（紹 1 30a10）。惲 紆粉反（慧 80/1076b）。

鄆：鄆 運音（紹 169a9）。

暈：暈 音運日月旁氣也（龍 428/04）（慧 42/243a）（慧 36/125a）（慧 36/129b）（慧 39/172a）（慧 4 0/187b）（慧 98/294a）（紹 171b3）。暈 音運同暈（龍 429/03）。

韗：韗 音運理皷工也同韗又休願反反（龍 176/09）（紹 148b9）。//韗：韗 音運治鼓工也 （龍 450/05）。//韗：韗 許願反作鼓工也（龍 177/01）。

覨：覨 云運二音衆視也（龍 344/04）。覨 云運二音衆視也又牛昆反（龍 344/04）。

瘨：瘨 音運病也又上聲（龍 476/09）。

韻：**韻**于閏反（玄 11/152c）（慧 52/474b）。**韻**俗音韻（龍 519/09）。//**韵**音韻（龍 178/02）。

孕：**孕**今羊證反懷孕也（龍 339/06）（玄 8/114a）（慧 19/777a）（玄 9/126a）（慧 46/330b）（玄 17/229c）（慧 66/783a）（玄 18/249c）（慧 72/911a）（玄 19/253b）（慧 56/558a）（玄 23/311c）（慧 47/363b）（玄 25/339c）（慧 71/895b）（慧 2/438b）（慧 5/487b）（慧 7/524a）（慧 30/1038b）（慧 43/256a）（慧 76/1004a）。**孕**古（龍 339/06）（紹 173b2）。**孕**俗（龍 339/06）。**孕**俗（龍 339/06）。

//朋：**朋**孕古文朋同（慧 19/777a "空孕" 註）（慧 46/330b "懷孕" 註）（慧 66/783a "不孕" 註）（玄 18/249c、慧 72/911a "裏孕" 註）（慧 43/256a "胎孕" 註）。**腥**食證反孕也（龍 413/09）；孕古文朋同（玄 17/229c "不孕" 註）（慧 56/558a "懷孕" 註）（玄 25/339c、慧 71/895b "懷孕" 註）（慧 2/438b "懷孕" 註）。**腥**孕古文朋同（玄 19/253b "懷孕" 註）。（慧 56/558a）。

//朋：**朋**孕古文朋同（玄 8/114a "空孕" 註）。**䑋**羊正反（龍 123/08）。

哹：**哹**（紹 181b6）。

臎：**臎**尾孕切（紹 203b6）。

熨：**尉**熨或作尉同（玄 14/189a、慧 59/638a "熨治" 註）。**熨**正於勿反又於胃反熨斗（龍 244/01）（玄 14/189a）（紹 189b10）。**熨**於謂反（慧 59/638a）；蔚古文作～（慧 89/161b "猗蔚" 註）。**熨**俗（龍 244/01）。**熨**俗（龍 244/01）。//尉：**尉**於勿切（紹 175a8）。

忶：**忶**通俗文心乱曰忶作忶經文作運轉之運兩通（玄 20/265a "產運" 註）。

Z

zɑ

zā 帀： **帀** 祖合反（玄 8/117b）。//匝： **匝** 帀或作匝近字也（玄 8/117b "周帀" 註）。

咂： **咂** 正子荅反（龍 276/03）（玄 17/234b）（慧 74/947b）（玄 24/325a）（慧 70/870b）（慧 13/652a）（慧 26/936b）（慧 42/246a）（慧 53/490a）（慧 63/737a）（慧 69/842a）（慧 72/904a）（慧 78/1049b）（紹 183a2）；咥古文嗾又作咂同（玄 6/84b "咥食" 註）（玄 20/271b、慧 54/520a "嚌食" 註）（玄 22/303b、慧 48/394a "咥食" 註）（慧 27/976b "咥" 註）（慧 62/706a "咥食" 註）（慧 76/1004b "咥食" 註）（慧 79/1065b "蟲咥" 註）（慧 99/318b "嚌膚" 註）。 **咂** 俗（龍 276/03）。 **咂** 俗（龍 276/03）。 **咂** 俗（龍 276/03）；咥俗字也韻略作～（慧 25/907a "咥食" 註）。//酨： **酨** 俗子荅所甲二反（龍 311/05）。

鮓： **鮓** 子荅反魚也（龍 172/05）。

拶： **拶** 子曷反（玄 11/141c）（慧 76/992b）（紹 135a4）。 **拶** 正姊末反（龍 218/02）（玄 20/272b）（慧 18/754b）（慧 41/216b）（希 1/356b）。 **拶** 子曷反（慧 56/550a）。 **拶** 音祖曷反（玄 24/329a、慧 70/876a "纏壓" 註）。//攃： **攃** 俗（龍 218/02）。//捚 俗同上 [拶]（龍 218/02）。//砎： **砎** 姊末反今作拶又子達反（龍 444/07）。

桚： **桚** 子末子達二切（紹 158a8）。

跐： **跐** 姊末反～躠行兒（龍 467/07）。

zá 碴： **碴** 才合反碴碟（龍 445/02）（玄 8/115c）（慧 33/58b "碟碴" 註）（紹 163a8）。

襍： **襍** 雜俗字也正體作襍（慧 11/608b "誼雜" 註）。 **雜** 才合反（慧 2/436b）。 **雜** 才合反（慧 3/451a）（慧 4/460a）（慧 11/608b）（慧 12/636b）（慧 15/682a）（慧 85/87b）（希 10/423c）。 **雜** 才合反（慧 16/708a）（希 7/401c）；案雜字正體從衣從集隸書取便移木於衣下作雜又因草書變衣為立遂相傳作～失之遠矣（慧 2/436b "猥雜" 註）。 **雜** 俗音雜（龍 244/04）。

薕： **薕** 音雜亂草也又在叶反户簾也（龍 264/06）。

雥：雥祖合反羣鳥飛皃（龍 149/09）。

嘈：嘈正才葛反嘈嘈鼓聲又才旦反譏嘈嘈也（龍 277/07）。// 嘈今（龍 277/07）。

噆：噆正子合反齧虫噆人也又才故反（龍 275/09）（慧 74/948a）（慧 99/318b）。噆俗（龍 275/09）（玄 17/234c）（玄 20/271b）（慧 54/520a）；师説文作噆（慧 13/652a "师食" 註）（慧 53/490a "师嗽" 註）（慧 63/737a "蠅师" 註）（慧 72/904a "唉食" 註）（慧 78/1049b "师歃" 註）。噆今（龍 275/09）；唉俗字也韻略作噺嘣也説文作噆（慧 25/907a "唉食" 註）（慧 69/842a "唉食" 註）。

嘬：嘬才曷反（慧 83/45b）；噆亦作哜嚽並同（慧 87/131b "嘈嘬" 註）。嘬殘怛反（慧 99/313a）。哜五葛反毀讀曰哜（龍 278/03）。// 噆：噆才曷反（慧 87/131b）。噆嘬傳從贊作噆俗字（慧 83/45b "嘈嘬" 註）（慧 99/313a "嘈嘬" 註）。

朁：朁音雜惡也（龍 197/05）。

撍：撍才盍反撌撍和雜也又私盍反搕撍糞也（龍 216/07）。

韴：韴音雜斷聲（龍 178/04）。

歠：歠正子答反歠歌聲也（龍 356/02）。歠俗（龍 356/02）。

zai

zāi 哉：哉子來反（慧 3/451b）（慧 12/622a）（慧 21/832b）（慧 100/340a）。栽哉俗作～（慧 100/340a "汪哉" 註）。

菑：菑音灾（龍 255/01）。

栽：栽音灾種植也（龍 172/07）（玄 3/37c）（慧 09/558a）（玄 12/162c）（慧 75/967a）（玄 13/169a）（慧 55/539a）（玄 18/239b）（慧 73/922b）（玄 22/293a）（慧 48/378a）（玄 24/326c）（慧 70/872b）（慧 7/532b）（慧 13/656b）（慧 31/8b）（慧 66/791b）（慧 67/801b）（慧 68/823a）（希 8/409b）（紹 199a7）；纔或作栽（慧 5/482b "纔一" 註）。栽祖來反（慧 13/645b）。// 栽：栽哉音（紹 199a7）。// 樴：樴音灾與栽同種也（龍 375/07）；栽律文作樴俗字無據也（希 8/409b "根栽" 註）。// 樴：樴音灾與栽同種也（龍 375/07）；栽槊譜文作樴孁非（慧 77/1015b "栽槊" 註）。

䵣：䵣灾猜二音目際也（龍 408/03）。

灾：**⺀**災古文作巛（慧2/436b "三災" 註）（慧18/752a "災橫" 註）。//裁：**栽**正音灾天火也（龍526/05）；古文音灾（龍172/08）（慧37/136b）；災又作栽同（玄5/66a、慧44/279a "災禍" 註）（玄24/323c、慧70/868b "三災" 註）。**㦰**俗（龍526/05）。//災：**灾**古文音灾（龍239/09）（慧87/127a）。災則才反（玄5/66a）（慧44/279a）（玄22/290b）（慧48/374a）（慧2/436b）（慧6/504b）（慧18/752a）（慧19/773b）（慧27/975b）；灾籀文作災同（玄6/83c "灾火" 註）（玄24/323c、慧70/868b "三災" 註）（慧37/136b "攘栽" 註）；鐵或俗作尖非也集作災音灾深誤也（慧98/308b "鐵銳" 註）。**灾**則才反（玄6/83c）（玄24/323c）（慧70/868b）；災又作灾同（玄5/66a、慧44/279a "災禍" 註）（慧18/752a "災橫" 註）（慧19/773b "災雹" 註）（慧37/136b "攘栽" 註）（慧87/127a "攘災" 註）。**灾**古文音灾（龍31/03）。//秋：**秌**古文音灾（龍239/09）；災亦作秌古字也（慧2/436b "三災" 註）。**扻**災又作扻同（玄5/66a、慧44/279a "災禍" 註）（玄24/323c、慧70/868b "三災" 註）。//迯：**迯**新藏作灾（龍490/05）。

zǎi 宰：**宰**祖殆反（玄6/90a）（玄15/202a）（慧58/618b）（玄22/299a）（慧48/386b）（玄23/316a）（慧49/397b）（玄25/336a）（慧71/888b）（慧21/823a）（慧27/989b）。**宰**灾在反（慧18/761a）。**宰**宰古文作～（慧18/761a "宰官" 註）。

崷：**崷**作海反半聾兒也（龍314/05）。

崽：**崽**山皆反自高而侮人也又小佳反呼彼之稱也（龍072/08）。

zài 在：**在**（慧14/663b）。**扗**音在（龍550/07）。**㞷**古文在字（龍549/01）。

再：**再**正作代反（龍552/02）。**再**俗（龍552/02）。**再**（慧82/31b）。**囟**古文（龍552/02）。

餐：**餈**正子耐反裝飾也（龍503/04）。**餐**俗（龍503/04）。

縡：**縡**正音宰又作代反（龍401/02）（慧93/211b）。**縡**俗（龍401/02）。

載：**載**哉愛反（慧1/402b）（玄6/89a）（慧14/668a）（慧27/987a）。

戴：**戴**才代反染戴也（龍173/08）。**壹**古文音載今作戴染～也（龍553/03）。**壷**音載[1]（龍339/10）。**壷**音載（339/10）。

①參見《叢考》190頁。

zan

zān 鐕：鐕 祖含反（玄 14/197b）（慧 59/651b）。

簪：兂 簪古作兂從人象形今録文從竹作簪時用字也為與兂字相亂所以用此簪也（慧 80/1070b "投簪" 註）；説文作兂傳文作簪俗字也（慧 89/156a "投簪" 註）。兂 簪或作兂（慧 99/315a "簪緌" 註）。簪 正側今作含二反（龍 391/02）（慧 80/1070b）（慧 89/156a）（慧 92/201b）（慧 95/254b）（慧 99/315a）（希 10/418b）。簪 俗（龍 391/02）（慧 88/144a）（紹 160a2）；簪傳文作簪俗字也（慧 89/156a "投簪" 註）（慧 92/201b "帽簪" 註）（慧 95/254b "落簪" 註）（慧 99/315a "簪緌" 註）。// 箷：箷 簪古作箷（慧 99/315a "簪緌" 註）。

臘：臘 正作含反脥臘外善也（龍 406/06）。臘 俗（龍 406/06）。

鐕：鐕 正子含反無蓋釘也（龍 014/04）。鐕 今（龍 014/04）。

簽：藜 正作紺反（龍 393/04）。藜 作貪反（希 7/403a）。藜 俗（龍 393/04）。

zǎn 儧：儧 或作（龍 031/07）（慧 52/468a）。儧 今作管反聚也（龍 031/07）；儹古文儧同（玄 11/149c "儹箭" 註）。

昝：昝 子感反人姓（龍 427/06）（慧 72/904a "呬食" 註）（紹 171a4）。

揝：揝 正作紺反手揝物也又子敢反（龍 214/06）。揝 今（龍 214/06）。

zàn 贊：贊 音贊佐助導出也（龍 351/08）（慧 56/562a）（慧 19/783b）。贊 贊音（紹 143b2）。贊 子旦反（玄 4/62b）（玄 19/256a）（紹 155b7）。

鄼：鄼 昨何反（慧 83/46a）。鄼 又音贊又音雜（龍 452/08）（玄 23/307a、慧 47/354b "鄼俚" 註）（玄 25/333b、慧 71/884a "鄼俚" 註）（紹 169a9）。

噆：噆 贊音（紹 184a2）。

瓚：瓚 今音贊（龍 233/03）（玄 3/38b）（慧 09/559b）（玄 14/189c）（慧 59/639a）（玄 15/205a）（慧 58/603b）（慧 58/624b）（玄 16/225a）（慧 64/750a）（玄 17/237c）（慧 74/953a）（慧 51/438a）（慧 61/696a）；瓚又作瓚同（玄 7/103a、慧 24/893a "唾瓚" 註）（玄 18/247c、慧 73/927b "腦瓚" 註）（慧 38/160a "瓚灑" 註）（慧 78/1049a "瓚圓" 註）（希 7/403a "瓚灑" 註）。瓚 子旦反（玄 15/211b）（玄 20/269b）（紹 188a8）。瓚 正音贊（龍 233/03）。// 瓚：瓚 子旦反（玄 7/103a）

（慧 24/893a）（玄 18/247c）（慧 73/927b）（慧 38/160a）（慧 76/998b）（慧 78/1049a）（希 7/403a）；

瓚又作濺同子旦反（玄 3/38b、慧 09/559b "澆瓚" 註）（玄 15/211b、慧 58/624b "澆瓚" 註）

（慧 64/750a "澆瓚" 註）；惡賤經文作汙濺非也（玄 15/203b、慧 58/620b "惡賤" 註）。**濺**

瓚又作濺同（玄 16/225a "澆瓚" 註）（玄 17/237c、慧 74/953a "澆瓚" 註）。

䕺： **䕺**作旦反又昨旦反（龍 283/02）（玄 7/95a）（慧 28/998b）。

攢： **攢**祖鸞反（慧 64/753b）（希 9/412a）。**攢**又音讚（龍 207/04）（慧 30/1051b）（慧 37/147b）

（慧 60/669a）（希 4/376a）；壓拶經文作押攢二形非今用也（玄 11/141c、慧 56/550a "壓拶"

註）；鑽經文從手作攢非也宜改從金正也（慧 14/662a "瓶鑽" 註）（慧 31/16a "鑽搖" 註）；

鑽經從手作攢非也（慧 50/427b "鑽燧" 註）；攢論文作攢非也（慧 69/843b "鈄攢" 註）。

瓚： **瓚**殘旱反（慧 94/225a）。**瓚**才旱反（龍 436/04）（紹 140b10）。

襸： **襸**正（龍 107/03）。**襸**今音贊衣好皃也（龍 107/03）。**襸**俗音贊衣好皃（龍 112/06）。

趲： **趲**則散則旦二反（龍 325/01）（玄 18/244b、慧 72/915a "小迸" 註）。

讚： **讚**子旦反（慧 84/68a）（慧 89/164a）。**讚**臧散反（慧 1/406a）（慧 3/455a）（慧 4/466a）（慧 8

9/150b）；讚傳文作讚俗字（慧 89/164a "序讚" 註）。**讚**古文讚字（龍 552/08）。

饡： **饡**正音贊羹和飯也（龍 503/03）。**饡**俗（龍 503/03）。

鬖： **鬖**今音贊髮光澤也又姊末反（龍 090/04）。**鬖**或作（龍 090/04）。

劗： **劗**相承七念反（龍 098/09）。

殰： **殰**正祖感反弓絃殰也一曰弓強也（龍 151/05）（慧 61/682b）（慧 63/730b）。**殰**俗祚感

反正作殰（龍 515/01）。// **殰**俗（龍 151/04）。// **㨕**或作（龍 151/04）。**㨕**俗（龍 151/

04）。

暫： **暫**慙濫反（慧 11/603b）（玄 13/170b）（慧 20/799a）（慧 43/257b）（慧 53/488b）（希 5/388a）（紹

139a5）。// 鏨： **鏨**慈染反進也又俗音慈濫反正作暫也（龍 462/05）（慧 3/449a）（慧 3/

446b）（紹 137b7）；暫古文鏨（玄 13/170b "暫替" 註）（慧 11/603b "暫乘" 註）（慧 53/488b "暫

時" 註）。

鏨： **鏨**才敢反鏨鏨屬也又慚讒二音亦刀鏨義（龍 015/01）（玄 22/290a、慧 48/373b "若斬"

註）（慧 80/1070a）（慧 81/6a）（慧 94/239b）（紹 181a9）。

嗲：𣢰俗子賤反（龍273/07）；潸又作潱嗲二形同子旦反（玄3/38b、慧09/559b"澆潸"註）

（玄15/211b、慧58/624b"澆潸"註）（玄17/237c、慧74/953a"澆潸"註）；汃經文作嗲音子

旦反（玄4/51a"唾汃"註）；潱又作嗲同（玄7/103a、慧24/893a"唾潱"註）。

zang

zāng 𣢰：𣢰則郎反羘羊也（龍118/02）（慧44/278b）（玄12/156b）（慧81/19b）（紹175b10）。𣢰

祖郎反（玄5/65c）（慧52/477a）（慧59/652b）（玄15/208c）（慧58/609b）。𣢰側郎反𣢰

羊也（龍116/03）（玄14/197c）（紹167b1）。𣢰俗（龍114/08）。

臧：臧則郎反善也厚也亦受財也（龍118/02）。臧佐郎反（慧13/653a）。蔵作剛反（玄

21/281a）（紹199a9）。臧財郎反水也（龍229/09）。臧俗則郎反正作臧善也厚也（龍

187/06）。//城新藏作藏祖朗反（龍248/09）。//賍：賍則郎反納受財曰賍或

作臧（玄21/281a）（慧86/115b）；臧又作賍同（玄21/281a"臧賕"註）（慧13/653a"臧賕"

註）。𧹼賍亦作～也（慧86/115b"其賍"註）。//藏又則郎反善也（龍256/02）。//

匨：匨古文則郎反今作臧（龍192/05）。

蔵：蔵則郎反蔵莨莨尾草也（龍256/01）（玄4/62a）（慧44/283b）（玄5/67a）（慧24/892a）

（玄5/67a）（慧24/892a）（玄12/162c）（慧75/967a）。

髒：髒側浪子朗二反髒骯體盤也（龍481/04）。

zǎng 駔：駔子朗反又祖古反（龍293/02）（慧80/1086b）（慧98/303b）；鸗或作駔（慧93/219a

"慧鸗"註）。

鸗：鸗子朗反又音龍（龍292/10）（慧93/219a）。

zàng 奘：奘祖朗祖浪二反（龍357/07）（慧1/404a）（慧80/1086b）（慧83/45a）（慧91/189a）（紹1

46a5）。

葬：葬臧喪反（慧90/174a）。葬葬正則浪切（紹154a9）。奘葬正則浪切（紹154a9）。

//塟：塟葬傳文作塟非也（慧90/174a"殯葬"註）。藝葬正則浪切（紹154a9）。藝

葬正則浪切（紹154a9）。𦸜舊藏作葬（龍262/05）。藭古文子朗反（龍540/06）。

藏：藏又祖浪反庫藏也（龍256/02）（慧75/967a）（慧41/223a）。藏才浪反（玄12/162c）。

//臟：**感**俗在郎作郎二反正作蔵字（龍 172/07）（紹 199a9）。**感**俗左混［浪］反（龍 414/04）；蔵經文作～非體也（玄 5/67a、慧 24/892a"去蔵"註）（玄 12/162c"諸蔵"註）（慧 75/967a"諸蔵"註）。**藏**俗則郎反正作臧善也厚也（龍 187/06）。**臧**財郎反水也（龍 229/09）。

zāo

zāo 遭：**遭**祖勞反（慧 3/442b）（慧 6/507b）（慧 51/449b）。//傮：**傮**音曹終也又音遭（龍 025/06）；遭或作傮亦同也（慧 6/507b"備遭"註）。//殕：**殕**遭或作傮亦同也亦作殕（慧 6/507b"備遭"註）。

熸：**熸**作勞反（龍 238/03）（慧 46/323a）（慧 52/473b）（慧 70/872b）（慧 8/552a）（慧 64/749b）（紹 189b7）。**熸**作勞反（龍 238/03）（玄 9/121c）（11/152b）（玄 24/326c）。

糟：**糟**早勞反（慧 15/698b）（慧 27/968b）（慧 34/87b）（慧 44/281a）（慧 77/1027b）（慧 92/200b）（希 10/420b）。**糟**作勞反（龍 304/01）（玄 8/118a）。//醋：**醋**俗音糟（龍 309/07）；糟籀文作醋（慧 77/1027b"糟粕"註）（希 10/420b"舖糟"註）。**醋**糟籀文作醋同（玄 3/43c、慧 09/576b"糟粕"註）（玄 8/118a"糟粕"註）。

záo 鑿：**鑿**正音昨鏨也穿木器也（龍 019/03）（慧 52/477a）（慧 15/686b）（慧 83/52a）（慧 89/164a）（希 10/419c）。**鑿**在各反（慧 27/982b）（慧 63/734b）（慧 89/160a）。**鑿**藏洛反（慧 80/1070a）。**鑿**藏各反（慧 45/308a）（慧 69/838b）（慧 76/1008b）。**鑿**俗（龍 019/03）（玄 12/156b）。**鑿**俗音昨（龍 019/03）（紹 181a6）。**鑿**俗（龍 019/03）。**鑿**音昨（慧 8/541a）（慧 36/125b）（紹 181a6）。**鑿**俗音昨（龍 019/03）。**鑿**鑿正昨音（紹 181a6）。//**鑿**俗音昨正作鏨穿也（龍 194/09）。**鑿**俗音昨正作鏨穿也（龍 194/09）。**醫**鑿正作昨二音（紹 156a9）。**鑿**俗音昨正作鑿（龍 305/10）；鑿律文從齒作鑿非也（慧 63/734b"鑿為"註）。**醫**俗音昨正作鑿（龍 313/04）。**鑿**俗音昨正作鑿（龍 313/04）。

zǎo 早：**早**蚤義同早晚之早也古字通用耳（玄 3/45a"無蚤"註）（慧 75/976a"蚤起"註）。

蚤：**蚤**藏老反（慧 41/218a）（慧 62/708b）。**蚤**古音早（龍 222/10）（希 1/356c）。**蚤**今音早（龍 222/10）（慧 51/451a）（慧 53/502a）（紹 164b7）。**蚤**音早（玄 3/45a）（慧 75/976a）。**蚤**音

義同早晚之早也古字通用耳 (慧 9/574a) (紹 164b7)。**𡐾**遭老反 (慧 14/664b) (慧 40/198a)。**𡕧**早音 (紹 164b7)。**𡗗**蚤經從欠作～謬略不成字 (慧 14/664b "蚤蝨" 註) (希 1/356c "蚤等" 註)。//蜡：**蟺**音造 (龍 224/01)。

棗：**棗**遭老反 (慧 15/694b) (慧 56/553b) (慧 61/694b) (慧 64/759a) (慧 89/161b)；重二束為棗音早 (慧 25/912a "荊棘" 註)。**𣕎**正音早與棗同 (龍 381/07)。**棗**音早 (龍 542/04) (慧 90/170a) (紹 175b4)。**𣕎**俗音早與棗同 (龍 381/07)。**棗**俗音早正作棗 (龍 189/01) (玄 11/143a) (紹 176b2)；棗俗從二来作～誤也 (慧 15/694b "小棗" 註)。**乗**音棗 (龍 250/02)。**乗**古文棗字 (龍 550/01)。**𥝌**音早 (龍 550/01)。**𥝌**音棗 (龍 550/08)。**𥝌**音早同棗 (龍 550/08)。**𥝌**作老反 (龍 550/03)。

澡：**澡**音早 (龍 230/07) (玄 6/88c) (慧 8/537b) (慧 10/587b) (慧 15/683a) (慧 22/839b) (慧 25/906a) (慧 26/956a) (慧 27/986a) (慧 29/1014b) (慧 29/1025b) (慧 43/254a) (慧 45/302b) (慧 45/317b) (慧 57/594b) (慧 60/661a) (慧 64/756a) (慧 69/849a) (慧 78/1046a) (慧 89/159b) (慧 99/328b) (希 9/413a) (紹 188a4)。**滲**眾經音作澡 (紹 187b6)；澡今經文從參作滲非也 (慧 15/683a "澡罐" 註) (慧 45/302b "澡瓶" 註)。

藻：**藻**正音早文藻也又彩色也 (龍 259/03) (玄 22/299b) (慧 48/387a) (慧 15/705a) (慧 36/120b) (慧 75/964b) (慧 83/63a) (慧 85/93b) (慧 85/97a) (慧 85/100b) (慧 89/158a) (慧 91/192a) (慧 97/274a) (慧 100/349a)；蔡經文作藻非也 (慧 43/274a "草藻" 註)；澡論從草作藻誤也 (慧 69/849a "澡漱" 註) (希 9/413a "澡漱" 註)。**藻**早音 (紹 154b5)。**蒢**俗音早 (龍 259/03)。**溙**蔡經文作溙非也 (玄 4/58c "草溙" 註)。

璪：**璪**音早 (龍 436/07) (慧 96/266a) (紹 141a7)；藻說文從王作璪義同也 (慧 89/158a "才藻" 註)。**琜**音早 (龍 436/07)。**琢**慘經從玉作～非也 (慧 76/1007b "慘毒" 註)。

鱙：**鱙**音早魚名似鯉雞足 (龍 169/09)。

皂：**皁**音造黑繒也又皂隷槽属 (龍 431/06)。**皂**音造 (龍 431/06) (慧 91/190b)。**𦍋**舊藏作皂 (龍 427/02)。

造：**造**七到反 (玄 1/22b) (玄 22/291c) (慧 48/375b) (慧 84/81b)。//趮：**趯**俗音造 (龍 325/07)。

憔： **憔**七到反言行急也（龍061/06）（紹130a8）。

艁： **艁**正昨草反天子舩曰艁又比舟為橋也（龍132/07）。//艁： **艁**今（龍132/07）。

噪： **梟**蘇到反羣鳥聲梟也（龍382/04）（慧63/732b）（紹184a4）。 **噪**正蘇到反（龍274/04）（紹184a4）；梟律文從口作噪俗字也（慧63/732b "喧梟" 註）。 **噪**又俗先到反①（龍271/09）（高59/655a）。//喿： **喿**俗（龍274/04）。

燥： **燥**正桑到反（龍242/10）（玄6/87b）（玄7/93c）（玄17/232b）（慧70/857b）（玄22/301c）（慧48/390b）（慧14/663b）（慧15/703b）（慧16/717b）（慧27/983a）（慧29/1029a）（慧31/10b）（慧32/30a）（慧32/36a）（慧33/62b）（慧50/427a）（慧55/532b）（慧57/588a）（慧61/683b）（慧72/901b）（希2/365b）（希7/402b）（希8/409b）（紹189b4）。 **燥**燥經作～非也（慧57/588a "推燥" 註）。 **燥**俗（龍242/10）；燥經作～非也（慧55/532b "推燥" 註）。 **燥**燥正先到切（紹189b4）。 **煏**俗（龍242/10）。//暤 **暤**蘇老反（龍427/03）。

譟： **譟**蘇到反群呼也（龍048/02）（玄20/273b）（慧75/980a）（玄22/291a）（慧48/374b）（玄22/297b）（慧48/384a）。

趮： **趮**則到反（龍325/03）；躁又作趮同（玄2/24a "輕躁" 註）（玄14/193a、慧59/644b "輕躁" 註）（玄18/242b、慧72/912b "躁動" 註）（玄22/294b、慧48/379b "躁動" 註）（玄25/332a、慧71/881b "躁動" 註）（慧5/487b "躁擾" 註）（慧15/682b "躁擾" 註）（慧15/699b "輕躁" 註）（慧16/711b "輕躁" 註）（慧16/717b "躁擾" 註）（慧18/760b "輕躁" 註）（慧18/768b "躁擾" 註）（慧25/927b "輕躁" 註）（慧29/1018b "躁動" 註）（慧31/5a "躁動" 註）（慧45/311a "輕躁" 註）（慧47/350a "輕躁" 註）（慧51/442a "躁擾" 註）（慧78/1033b "轉躁" 註）。//躁： **躁**正祖告反（龍463/01）（玄2/24a）（玄14/193a）（慧59/644b）（玄15/204b）（慧58/602b）（玄18/242b）（慧72/912b）（玄22/294b）（慧48/379b）（玄23/311c）（慧47/363b）（玄25/332a）（慧71/881b）（慧5/487b）（慧7/524b）（慧12/627a）（慧12/640a）（慧14/673b）（慧15/682b）（慧15/699b）（慧16/711b）（慧16/717b）（慧18/760b）（慧18/768b）（慧19/776b）（慧19/782b）（慧21/824b）（慧22/839b）（慧25/927b）（慧26/938a）（慧29/1018b）（慧29/1031b）（慧30/1041b）（慧31/5a）（慧41/227b）（慧36/128b）（慧44/289a）（慧45/311a）（慧47/350a）（慧51/442a）（慧55/533b）

---

①參見《龍龕手鏡研究》250頁。

（慧 55/541b）（慧 57/584a）（慧 57/601a）（慧 60/663b）（慧 66/784a）（慧 72/908a）（慧 74/941a）

（慧 76/1007b）（慧 78/1033b）（慧 79/1060b）（慧 97/282b）（慧 100/338b）（慧 100/341a）（希 1/35

9a）（紹 137a5）。**踩**俗祖告反（龍 463/01）；躁經中從參作～不成字也（慧 15/682b "躁

擾" 註）（慧 45/311a "輕躁" 註）（慧 79/1060b "性躁" 註）（希 1/359a "躁動" 註）。**踩**躁正作

號切（紹 137a5）；躁論從參作～非也（慧 47/350a "輕躁" 註）。**踩**躁經作～俗字（慧

57/584a "躁擾" 註）（慧 57/601a "輕躁" 註）。//彭：**彭**躁集作彭俗字（慧 97/282b）。

竈：**竈**遭到反（慧 43/255b）。**竈**遭澇反（慧 68/834b）。**電**竈正子號切（紹 144a5）。**電**竈

正子號切（紹 144a5）。

ze

zé 責：**責**阻革反（玄 1/19c）（慧 7/518b）（慧 25/914b）。**賽**音責今作責（龍 353/03）（慧 2/431b）。

責莊革反經作責俗字也（慧 13/657b "蚩責" 註）。**責**責説文作～古字也（慧 7/518b "訶

責" 註）。

嘖：**嘖**爭革反怒也讓也又士革反（龍 277/03）（慧 33/58a）（紹 182a3）。//讀：**讀**嘖或從

言作讀也（慧 33/58a "嘖數" 註）。

幘：**幘**爭革反（慧 90/170b）。**幘**音責袥幘也（龍 140/01）（慧 77/1016a）。

嫧：**嫧**七亦反嫧娷齊謹又音責鮮好皃又音策健急皃（龍 284/04）。

積：**積**士革反撤也又士鐯反農具也（龍 365/06）。

簀：**簀**音責（龍 394/08）（玄 15/200a）（慧 58/614a）（玄 15/211a）（慧 58/624a）（慧 76/1008a）（慧

83/54b）（慧 94/229a）（紹 160b1）；幘譜文之中從竹作簀非也（慧 77/1016a "冠幘" 註）。**簀**

簀傳從竹作～誤也（慧 83/54b "成簀" 註）。//牘：**牘**簀或作牘也（慧 83/54b "成簀"

註）。

蹟：**蹟**楚革反正也（龍 555/03）。

賾：**賾**士革反深也幽也（龍 554/02）。**賾**古文同上（龍 554/02）。**賾**崝革反（慧 60/654b）

（慧 85/87a）（慧 88/145b）（慧 91/186b）。**賾**柴革反（慧 1/405a）（慧 10/589a）（慧 31/3b）（慧

49/404a）（慧 77/1027a）（慧 80/1086b）（慧 83/43b）（慧 83/58a）（慧 93/211b）（慧 97/275a）（慧 9

7/288b)（慧 100/347b）（慧 100/350a）（希 5/383b）（希 10/419c）；集文作賾俗字也（慧 88/1

45b "探賾" 註）。**賾** 崢責反（慧 80/1076b）（紹 150a6）。**賾** 賾正士革切（紹 150a6）。**賾**

俗士革反（龍 190/01）。**賾** 賾正士革切（紹 150a6）。**賾** 士革切（紹 169b4）；賾録從

阜作～俗字也（慧 80/1086b "慧賾" 註）。

齰：**齰** 初革反齒相值也（龍 313/05）。

泎：**泎** 士陌反瀺泎水落地也（龍 237/03）。

咋：**咋** 鋤陌反（龍 277/01）（玄 13/181c）（慧 54/519b）（紹 183b4）；齰又作咋同（玄 2/32a "齰醋"

註）（玄 4/52a "齰楊" 註）（玄 19/260a、慧 56/568b "嗷齰" 註）（慧 26/954a "齰醋" 註）（慧

79/1054a "齰殺" 註）；唶經文作咋（玄 12/166b、慧 55/545b "喑唶" 註）。**咋** 咋正側革實

窄二切（紹 183b4）。//**咋** 鋤陌反（龍 277/01）。//**咋** 鋤陌反（龍 277/01）。

迮：**迮** 音則（龍 495/03）（慧 5/482b）（慧 6/501b）（慧 61/699b）（慧 67/803a）（慧 68/821b）（慧 69/846b）

（慧 79/1059b）（慧 92/207b）（希 4/381a）（紹 138a7）；笮或作笮迮（慧 13/649b "壓笮" 註）；

窄經作迮者俗也（慧 23/869b "迫窄" 註）（慧 25/919b "窄狹" 註）（慧 30/1048b "窄陿" 註）

（慧 36/119a "窄處" 註）（慧 37/141b "寬窄" 註）（慧 51/449b "大窄" 註）（慧 81/15b "房窄" 註）

（初編玄 13/597 "窄伏" 註）（希 3/370b "迫窄" 註）。

笮：**笮** 正音責（龍 394/03）。**笮** 今音責（龍 394/03）（玄 4/51b）（慧 31/23a）（玄 8/115c）（慧 34/80b）

（慧 46/329b）（玄 11/141c）（慧 56/550b）（慧 58/605a）（玄 16/216b）（慧 65/776a）（玄 17/237a）

（慧 74/951b）（玄 22/303a）（初編玄 13/597）（慧 48/393a）（慧 13/649b）（慧 35/111b）（慧 75/962

b）（慧 75/971a）（慧 75/981b）（慧 79/1057a）（慧 95/244a）（紹 160a2）。**笮** 俗音責（龍 394/03）。

笮 俗音責正作笮（龍 263/10）。**笮** 側格反（玄 9/125b）（玄 15/206a）（玄 21/279c）（慧 96/

269b）；笮經從艸作苲誤（慧 31/23a "厭笮" 註）（慧 79/1057a "常笮" 註）。//笮：**笮** 側

格反（玄 20/268b）（慧 33/56a）（慧 90/173b）。

舴：**舴** 張格阻革二反舴艋小魚舟也（龍 133/06）。

霍：**霍** 俗音迮（龍 309/02）。

齰：**齰** 鋤陌反（龍 312/10）（慧 82/33a）；齰古文醋（玄 2/32a "齰醋" 註）（玄 4/52a "齰楊" 註）

（玄 19/260a、慧 56/568b "嗷齰" 註）（慧 26/954a "齰醋" 註）（慧 78/1040a "將齰" 註）。//**齰**

鋤陌反（龍 312/10）（慧 56/568b）（紹 146b3）；齰或作齚（慧 82/33a "齰齗" 註）。**齰**士白反（玄 2/32a）（玄 4/52a）（玄 19/260a）（慧 26/954a）（慧 78/1040a）；嚼經文作齚（玄 6/83a "咀嚼" 註）。**齘**俗鋤陌反（龍 556/03）。

罪：**罪**擇古文作罪（慧 61/683a "決擇" 註）。

澤：**澤**直格反（慧 58/618a）。**澤**音宅（龍 235/09）（玄 15/202a）（玄 25/337a）（慧 71/890a）（慧 10/592b）（慧 10/598b）（慧 93/218b）。

擇：**擇**音宅（慧 51/448a）。**擇**音宅（龍 215/07）（慧 36/121b）（慧 61/683a）（慧 68/833a）（希 2/361a）（希 4/380c）。**擇**音宅（慧 12/626b）。**擇**音宅（慧 2/427b）。**擇**擇論作～誤也（慧 68/833a "擇滅" 註）。**擇**音宅（龍 215/07）。

矠：**矠**正初革士革二反矛也以叉矛取物也（龍 142/04）。**矠**今（龍 142/04）（玄 16/216a、慧 65/775b "筬簇" 註）。//**䂞**俗（龍 142/04）。

濢：**濢**士力反濢減水勢也（龍 236/05）。

則：**則**音則（龍 101/02）。**睭**香嚴音謁舊藏作則字（龍 430/03）。

仄：**仄**音側仄陋也又瘗埋也（龍 303/01）（慧 62/717b）（紹 198a5）；庆俗字也正體從厂作仄（慧 61/687a "仄足" 註）。**庆**俗阻力反（龍 301/08）（慧 61/687a）（慧 63/742a）（慧 93/21 1b）（紹 193b1）（中 62/719a）。**疒**俗阻力反正作仄（龍 478/01）。**庂**音則[1]（龍 301/10）。**𡲔**古文音則[2]（龍 130/05）。

厔：**厔**（慧 83/51a）。**厔**正音側日在西方也（龍 303/01）。**昃**正音側日昃也又旁也傾也不正也（龍 429/09）。**吳**通（龍 429/09）；厔或作～同（慧 83/51a "傾厔" 註）。**𥅽**音側（龍 191/04）。**昃**俗（龍 429/09）。**𣊃**厔或作昃同（慧 83/51a "傾厔" 註）。//𡷤：**厬**或作（龍 303/01）。**宾**音側（龍 159/01）。**宾**音側（龍 159/01）。

𡷤：**𡷤**士力反𡷤巇（龍 077/09）。

稷：**稷**音側稲稷禾密滿也（龍 147/05）。//稄：**稄**（龍 147/05）。

崱：**崱**士力反为崱山峻皃（龍 078/06）（紹 162a3）。

---

①《疑難字考釋與研究》：此字殆 "仄" 字俗寫（233）。
②參見《疑難字考釋與研究》50 頁。

zei

zéi 賊：**賊**昨則反戔～虚用財物也（龍353/03）（慧3/450a）。**賊**音賊戔賊虚用財物也（龍1

74/03）（龍353/03）。

蠈：**蠈**層則反（龍224/06）（紹164a3）。

鰂：**鰂**昨則反（龍171/09）。//**鰂**昨則反（龍171/09）；鰂又作鰂（玄17/234c、慧74/948a

"烏鰂"註）。//鰂：**鰂**鰂又作鰂鰂二形同（玄17/234c、慧74/948a"烏鰂"註）。

zen

zēn 璻：**璻**正側今反石似玉也（龍435/05）。**璻**俗（龍435/05）。

zèn 譖：**譖**正莊禁反讒也毁也又子念反（龍048/03）（初編玄13/591）（慧34/88b）（慧75/967b）（慧

74/950b）（慧57/594b）（希10/419b）。**譖**側禁子念二反讒也毁也（龍050/04）。**譖**俗（龍

048/03）（慧54/514a）。**譖**俗（龍048/03）（玄12/163a）。**譖**側禁反（玄5/75b）（玄10/133

b）（慧49/408a）（玄17/236b）（紹185a6）。

zeng

zēng 曾：**曾**（玄13/175b）（慧55/539a）。**曾**藏稜反（慧12/622a）（希9/411b）。

酇：**酇**繒音（紹169a10）。**酇**音曾（龍453/02）。

增：**增**則登反（慧51/449a）；增經作增誤也（慧39/180b"碭屑"註）。

矰：**矰**音增（龍331/06）（玄11/146b、慧52/461a"縛繳"註）（慧100/348a）（希1/357b）（紹2

00a4）。**矰**則登反（慧41/222b）（慧92/203b）。

碏：**碏**音增硘碏也又仕兢反（龍440/08）（慧99/323a）。

熷：**熷**今音曾蜀人取生肉於筒中炙也又俗繒層曹三音（龍240/06）。**熷**或作（龍240/06）。

熷或作（龍240/06）。

矰：**矰**俗音繒（龍087/07）。

矕：**矕**子恒反（玄5/71b）（慧44/287b）。**矕**音增（龍329/07）（紹197b6）。

翱：**翱** 矰字從矢或從羽作翱（慧 92/203b "矰繳" 註）。

譜：**譜** 音增加言也（龍 043/04）。

繒：**繒** 疾仍反（龍 396/06）（玄 2/16c）（玄 1/6b）（玄 6/84a）（慧 20/796a）（慧 20/808a）（慧 21/831b）（慧 22/844a）（慧 23/875b）（慧 27/975b）（慧 42/239a）（慧 36/116a）（慧 36/129b）（慧 37/142a）（希 3/370b）（希 5/385b）（紹 191b3）；矰經作繒誤也（慧 41/222b "矰繳" 註）（慧 100/348a "矰繳" 註）（希 1/357b "矰繳" 註）。//綷：**綷** 繒古文從辛作綷（慧 42/239a "繒磬" 註）。//憎：**憎** 疾陵反（龍 138/06）。

zèng 憎：**憎** 則登反（慧 3/454a）（慧 39/180b）（慧 79/1059b）。**憎** 憎正增音（紹 130b9）。

襘：**襘** 子孕反汗襦也（龍 107/03）。

甑：**甑** 子性切（紹 199b2）；鬵聲類作甑（玄 10/131a、慧 47/366a "鬵鬵" 註）。**鬵** 子孕反今作甑（龍 534/09）（玄 10/131a）（慧 47/366a）。//鬸：**鬸** 子孕反今作甑（龍 534/09）；鬵又作鬸（玄 10/131a、慧 47/366a "鬵鬵" 註）。

贈：**贈** 昨鐙反送也以物相遺送也（龍 351/05）（玄 5/73b）（慧 34/81b）（玄 13/179c）（慧 55/534b）（慧 11/613a）（慧 61/690b）（慧 93/218b）（紹 143a5）。

鱛：**鱛** 音贈肝鱛也（龍 532/07）。

飂：**飂** 藏鄧反（慧 15/704b）（慧 75/964a）。**飂** 時證反（龍 339/10）。//矰[1] 肝飂或作黔矰俗字也（慧 15/704b "肝飂" 註）。

鋥：**鋥** 除孟反磨鋥也（龍 018/05）（玄 11/147b）（慧 52/463b）。

zha

zhā 傪：**傪** 陟加反張也（龍 026/04）。

夣：**夣** 丑加反緩投又屑厚皃（龍 178/06）。

膠：**膠** 涉嫁反膠膠相黏也又涉加反不密也（龍 413/09）。

觰：**觰** 陟加反角上廣也（龍 511/05）。

譇：**譇** 陟加反譇詉語不正皃（龍 040/07）。

---

[1] "矰" 字，字書未收。

諸：**諸** 任又作諸同（玄 1/11b、慧 17/746a "尸任" 註）（玄 16/224c、慧 64/745a "佅啁" 註）。

踏：**踏** 跨經文作踏直加反非字義（玄 12/157b、慧 74/953b "失跨" 註）。

粗：**粗** 側加反煎藥餘也又茶腳（龍 377/03）（玄 25/335a）（慧 71/887a）。// **樝** 側加反（希 5/385a）。

皶：**皶** 側加反鼻病也（龍 122/08）。// **臚** **皶** 或作側加反今作皶皰鼻也（龍 410/01）。

擄：**擄** 正側加反以也指取也（龍 529/03）。**擄** 俗（龍 529/03）。**擄** 擄或作擄（慧 2/425a "擄掣" 註）（慧 5/479b "擄掣" 註）（慧 27/974a "樝掣" 註）（慧 72/904b "擄掣" 註）。// **擄** 側加反又徐野咨野才野三反（龍 208/09）；擄又作担（玄 6/83b "擄掣" 註）（慧 52/455b "擄掣" 註）（玄 20/274b、慧 76/1007b "擄掣" 註）（慧 48/374a "擄掣" 註）（玄 24/320b、慧 70/863b "擄掣" 註）（慧 2/425a "擄掣" 註）。**擄** 擄又作酢或作粗（慧 72/904b "擄掣" 註）。**酢** 擄又作～或作粗（慧 72/904b "擄掣" 註）。**粗** 擄又作粗同（玄 7/93a、慧 28/996a "擄掣" 註）（玄 22/290b "擄掣" 註）（慧 27/974a "樝掣" 註）。// **擄** 正責加反又與戲担略同（龍 206/05）（玄 7/93a）（慧 28/996a）（慧 52/455b）（慧 76/1007b）（慧 48/374a）（慧 2/425a）（慧 5/479b）（慧 72/904b）（紹 133a7）。**擄** 字林側加反（玄 6/83b）（玄 20/274b）（玄 22/290b）（玄 24/320b）。**擄** 側加反（慧 70/863b）（慧 27/974a）。**擄** 責加反又與戲担略同（龍 206/05）。

樝：**樝** 側加反或作粗（龍 377/03）（慧 73/918a）（慧 37/143b）（慧 88/136b）（希 10/420c）。**櫃** 側家反（玄 18/252a）。

謯：**謯** 側雅反謯訝訶皃又子邪反謯祿也（龍 046/05）。

齇：**齇** 側加反鼻赤也（龍 363/03）。

齺：**齺** 正側加鋤加二反（龍 311/07）；擄經文有作齺非此義（玄 6/83b "擄掣" 註）（慧 27/974a "樝掣" 註）。**齺** 齺正莊加鋤加二切（紹 146b3）。**齺** 俗（龍 311/07）。**齺** 或作（龍 311/07）。**齺** 俗（龍 311/07）。

齸：**齸** 正陟加反嚼聲（龍 311/10）。// **齸** **齸** 或作（龍 311/10）。

趨：**趨** 士洽反行疾皃（龍 326/02）。**趨** 或作士洽反今作趨行疾皃（龍 494/05）。

譇：**譇** 今側洽反齊譇多言也（龍 052/04）。**譇** 或作（龍 052/04）。

褶：**褶** 側洽反褶略絜束皃也（龍 109/03）。

听：听正陟辖反（龍277/01）（玄12/164c）（慧55/544b）（玄20/264c）（玄22/289c）（玄24/325b）（慧70/870b）（慧43/260a）（慧69/851a）。听陟鐥反（慧48/373a）。听陟鐥反（玄1/18a）。//憗或作（龍277/01）（慧83/52b）。//喳：喳听或作喳並通用（慧99/322a"啁喳"註）。

渣：渣側加反（龍227/02）（慧96/261b）。//澘七何反水名又同上（龍227/02）。

夵：夵郭逐又陟加反（龍357/07）（玄7/97b）（慧19/778b）。

渣：渣側加反染棠木汁也又子外反（龍229/08）。

zhá 札：札側八反（龍387/03）（玄10/131a）（慧47/365b）（玄15/207a）（慧58/607a）（玄22/296a）（慧48/382a）（玄24/322c）（慧70/866b）（紹158a7）。

渫：渫丈甲反俗字正作渫字（龍188/01）。渫丈甲反（玄9/126a）（慧46/330b）渫丈甲反浹～也（龍236/01）

喋：喋正丈甲反嗫～也（龍277/01）（慧69/844a）（紹182b3）。喋正（龍277/01）（慧76/992b）（紹182b3）。喋俗（龍277/01）（玄20/272b）（慧84/72a）。喋喋正丈甲切又牒音（紹182b3）。

煠：煠或作士洽反湯瀹菜也（龍245/04）（玄25/336a"所瀹"註）（紹189b1）。煠煠正士洽弋涉二切（紹189b1）。煠今（龍245/04）（玄25/336a"所瀹"註）（紹189b1）。//煠或作（龍245/04）。

鞣：鞣丈甲反鞭～也（龍554/07）。

婥：婥士洽反婥映戲謔也（龍284/08）。

牐：牐士洽反下牐閉城門也（龍362/04）。

霅：霅正士甲反雨大下也（龍309/03）。霅俗（龍309/03）。

骊：骊士洽反（慧56/560a）。骊士洽反（玄19/255a）。

閘：閘烏甲反又音甲（龍095/04）（慧96/269b）。

霅：霅音匣又丈甲反又蘇合反（龍308/09）（紹144a3）。

鍘：鍘查鐥反秦人云切草也（龍021/08）。

zhǎ 厏：厏側下反厏厊不相著也（龍302/05）。厏側下反厏厊不相著也（龍302/05）。

鮓：鮓莊疋反（玄22/295a）（慧48/380b）鮓側下反（龍169/03）。

繆：繆竹賈反（龍400/04）（慧2/427b）（慧5/480b）（慧25/911a）（慧35/103a）。

眨：眨正則洽反（龍423/08）（玄11/143a）（慧56/553a）（紹143a1）。眨俗（龍423/08）。眣眨字苑作貶同（慧56/553a"常眨"註）。

zhà 乍：乍士嫁反（玄5/71a）（玄10/134b）（玄25/334c）（慧71/886b）（慧32/41b）（慧50/415b）。

庨：庨连埠蒼窄或作庨非此義（慧5/482b"迫连"註）（慧51/449b"大窄"註）（慧81/15b"房窄"註）（慧92/207b"连隘"註）。

奓：奓音乍夸奓自大也（龍357/09）。

砟：砟音詐玉篇碑也（龍444/01）。

痄：痄正側下反痄瘡不合也（龍473/08）。//痄俗（龍473/08）。

蚱：蚱音責（龍225/02）（玄12/166c）（慧55/546a）（紹163b9）。

詐：詐側嫁反偽妄不實也（龍047/05）（慧13/656b）（慧66/795a）。

榨：榨正側嫁反打油具也（龍383/03）。搾誤（龍383/03）。

醡：醡側嫁反（龍311/01）（紹143b6）。

吒：吒正陟嫁反嘆～吒～怒也（龍272/09）（玄2/27b）（玄6/78c）（玄19/254c）（慧56/560a）（玄20/265b）（慧70/870b）（慧2/427b）（慧18/753a）（慧27/964a）（慧54/514b）（慧74/945a）（慧76/1003b）（慧99/318b）。吒今（龍272/09）（慧26/936b）。吒陟黠反（玄24/325b）。//咤：咤正（龍272/09）（龍265/04）（玄1/12c）（慧42/233a）（玄3/42a）（慧09/573b）（玄4/56c）（慧43/266a）（玄5/71a）（慧43/266b）（玄12/154b）（慧52/453a）（玄16/222b）（慧64/757b）（玄20/265c）（慧43/253b）（紹182a5）；吒傳文從宅作咤非之也（慧74/945a"歎吒"註）。咤古（龍272/09）。吒吒正陟加陟嫁二切（紹145a5）（紹197a2）。//嚒：嚒又古音陟嫁反（龍277/04）；吒古文嚒同（玄2/27b"私吒"註）（玄6/78c"屍吒"註）（玄12/154b、慧52/453a"嘆咤"註）（慧26/936b"婆私吒"註）（慧27/964a"阿迦抳吒"註）。

炸：炸陟嫁反（龍243/04）（龍243/09）（慧19/786b）。

奓：奓陟加陟嫁二反又尺氏反（龍356/08）（玄8/116c）（慧38/164a）；侈又作奓（希2/366a"驕侈"註）。奓俗（龍333/01）。

褚：褚床稼反年終祭名（龍113/03）（慧96/272a）（慧98/296a"八蜡"註）。//蜡：蜡鋤嫁反與褙同（龍 224/02）（慧 98/296a）；褙集作蜡亦通（慧 96/272a "畷褙" 註）（希 5/389a "蜴蜥" 註）。

膪：**膪** 涉嫁反脛膪肥兒也（龍 414/02）。

zhai

zhāi 摘：**摘** 陟革反（慧 60/655a）。**摘** 知革反（慧 61/690a）。**擿** 陟革反（慧 94/239a）。**摘** 今卓革反（龍 215/09）（玄 14/186b）（慧 65/780b）（慧 8/553a）（慧 20/795b）（慧 84/71b）（慧 84/76b）（慧 91/184a）（慧 91/189b）（希 9/414c）（紹 133a9）。**摘** 都革反（玄 16/220b）。**摘** 張革反（慧 100/335a）（紹 132b9）；摘經文從適作摘（慧 20/795b "欲摘" 註）（慧 84/71b "摘會" 註）（慧 91/184a "採摘" 註）（希 9/414c "摘取" 註）。**撇** 正卓革反（龍 215/09）。

齝：**齝** 竹皆切（紹 146b1）。**齝** 陟皆反（慧 37/137a）（慧 79/1065b）。**齝** 正卓皆反齧也（龍 311/08）。**齝** 摘皆反（慧 18/754b）（希 6/393a）；**齝** 又作齝同（玄 9/125b、慧 46/329b "齝製" 註）（玄 11/141b、慧 56/550a "吒齝" 註）（慧 27/973b "齝齧" 註）（慧 76/1004b "齝齧" 註）。**齝** 俗（龍 311/08）。//齝：**齝** 又俗陟皆反①（龍 312/06）（玄 1/12b）（慧 42/233a）（玄 5/68b）（玄 6/90c）（玄 7/102c）（慧 30/1046b）（玄 9/125b）（慧 46/329b）（玄 11/141b）（慧 56/550a）（玄 13/173a）（慧 57/594a）（慧 27/973b）（慧 76/1004b）；齝正體字經文從齊作齝非也（慧 79/1065b "齝齧" 註）。**齝** 俗（龍 311/08）。**齝** 俗猪厠反（龍 312/07）。**齝** 俗猪厠反（龍 312/07）。//**齹** 俗陟皆反又獄名也②（龍 269/10）。**齹** 俗作皆反正作齝字（龍 266/08）。**齹** 俗作皆反正作齝字（龍 266/08）。

齋：**齋** 正側皆反齋絜也敬也莊也至也又精明也（龍 129/01）（慧 38/158a）。**齋** 俗（龍 129/01）。**齋** 俗側皆反正作齋（龍 499/09）。**齋** 俗側皆反正作齋（龍 499/09）。**癥** 俗側皆反（龍 471/02）。**癥** 俗側皆反③（龍 471/02）。

zhái 宅：**宅**（慧 25/905a）。

韀：**韀** 音宅～韀刀飾也（龍 177/05）。

---

① 《龍龕手鏡研究》："齝" 音 "陟皆反"，乃 "齝" 的俗字（268）。
② 參見 《疑難字考釋與研究》163 頁。
③ 《疑難字續考》：當是 "齋" 字訛變（56）。

zhǎi 窄：窄音責（龍510/02）（慧23/869b）（慧25/919b）（慧30/1048b）（慧36/119a）（慧37/141b）（慧51/449b）（慧61/688a）（慧61/695b）（慧81/15b）（希3/370b）（希5/388b）（紹194b9）；笮今作窄同（玄11/141c、慧56/550b"壓笮"註）（玄20/268b、慧33/56a"笮絶"註）（慧13/649b"壓笮"註）（初編玄13/597"窄伏"註）；迮或作窄（慧5/482b"迫迮"註）（慧61/699b"內迮"註）（慧68/821b"迫迮"註）（慧69/846b"墊迮"註）（慧92/207b"迮隘"註）（希4/381a"逼迮"註）。

zhài 債：債側戒反（慧6/506a）（慧41/214a）（慧45/313b）（希4/381a）；責經文作債阻懈反近字耳（玄1/19c"責索"註）；借經作債是債負字非假借傳寫誤也（慧78/1033b"借兵"註）。

鄥：鄥側戒反邑名（龍456/07）。

瘵：瘵正側界反病也（龍476/04）（玄10/135a）（玄11/152b）（慧52/473a）（慧50/414b）（慧50/416b）（慧88/137b）（希10/421a）。瘵莊戒反（慧78/1038a）（慧89/162a）（慧100/338a）（紹192b7）。瘵俗（龍476/04）。

豩：豩宅買反解豩矛也（龍141/09）。

zhan

zhān 占：占之盐反（玄3/34a）（慧09/566a）（玄9/126c）（慧46/331b）（玄24/322b）（慧70/866b）（慧16/720a）。//旬：旬音占[1]（龍140/06）；占甸或作瞻正言瞻博迦經文旬非也（玄11/149a、慧52/466b"占甸"註）。

沾：沾張廉都念二反水名（龍228/07）（玄3/45c）（慧10/579b）（慧100/349a）（紹188a10）；霑文字集略作沾略也（慧3/453b"霑彼"註）（慧7/517a"霑彼"註）（慧17/729b"霑污"註）（慧23/881a"霑洽"註）。

痁：痁占痁二音病名也（龍471/08）。

蚗：蚗汝占反黑蚗食檀木虫也（龍221/02）。

詀：詀又竹咸反詀誦語聲也（龍051/08）（玄22/289c）（慧48/373a）。

① 《叢考》：應為"占"的繁化俗字（1192）。

㦕：㦕尺占切（紹187b1）。//惉：惉尺占反惉灡又徒叶反安也（龍064/07）。

㘰：㘰竹咸反㘰䶡出頭皃又丁含反（龍346/09）。

㘰：㘰竹咸反鹹味（龍332/05）。

霑：霑陟廉反（龍306/05）（玄2/31c）（慧3/453b）（慧7/517a）（慧8/536b）（慧23/881a）（慧26/953b）（慧90/174a）；沾又作霑同（玄3/45c、慧10/579b“沾濡”註）。霑輒廉反（慧17/729b）。霑陟廉反（龍306/05）。

詹：詹職廉反省也（龍042/08）（玄7/99b）（慧19/786b）。詹之塩反（玄4/54a）（慧32/33b）。詹之廉反（慧31/5b）。

噡：噡俗音占（龍269/01）。

薝：薝丁敢反又音占（龍260/07）。薝丁敢反又音占（龍260/07）。薝丁敢反又音占（龍260/07）。薝丁敢反又音占（龍260/07）。

瞻：瞻職廉反瞻視也（龍417/06）（慧22/839b）（慧35/97a）（慧41/226a）（慧36/129b）（慧37/144a）（慧40/189a）（慧64/748b）（希5/387a）；膽經從目非此也（慧35/109a“膽勇”註）。瞻章廉反（慧14/680a）（慧31/13b）。瞻音占（龍043/06）。

譫：譫詹音（紹186a5）。譫之含反（玄17/231c、慧70/856b“剡浮”註）（玄18/243b、慧72/913b“閻浮提”註）。譫章盍徒盍二反多言也又作譠[課]（龍051/02）（玄12/159a）（慧53/483b）。

旃：旃之然反（慧1/414b）（慧27/965b）；甄經作旃非也（慧78/1039b“甄厠”註）。旃正之延反（龍124/04）（慧3/453a）（慧10/589b）（希5/383b）（紹145b8）；栴有作旃（慧27/961a“摩訶迦栴”註）。旃旃正諸延切（紹173a4）。旒俗（龍124/04）。//旜：旜通（龍124/04）。

栴：栴戰延反（慧97/275b）（慧98/301a）。栴正之延反旃檀香木也（龍372/09）。栴之然反（慧3/444b）（慧27/961a）。栴章氈反（慧8/541a）。栴今（龍372/09）。栴俗（龍372/09）。栴俗（龍372/09）。栴旃切韻作～非也（慧27/965b“旃檀”註）。栴或作之延反正作栴（龍110/02）；甄傳作～亦通（慧100/331a“甄褐”註）。栴或作之延反正作栴（龍110/02）。栴誤音裓（龍111/03）。

巓：**巓**之延反額也（龍483/05）。

艜：**艜**隻然反又單旦二音①（龍130/09）。**艜**隻然反又單旦二音（龍130/09）（玄4/50c）（慧31/21a）。**艜**陟留反（龍202/04）。**艜**張流切（紹200a10）。

邅：**邅**展連反（慧60/654b）（慧87/127a）；**亶**古今正字作邅義同（慧96/264b"亶徊"註）。**邅**正陟連反又直連直戰二反（龍490/02）。**邅**通（龍490/02）（紹138b1）；亶或從辵作邅也（慧97/277b"誠亶"註）。//亶：**亶**展連反（慧96/264b）。//趩：**趩**正直連反移也又張連反同行難也（龍324/08）。**趩**通（龍324/08）。

氈：**氈**之然反（慧14/677a）（紹145a5）。**氈**正章延反扞毛為席（龍134/04）（慧78/1039b）（慧83/54b）（慧100/331a）（慧100/335b）。**氈**氈傳作此氊俗字也（慧83/54b"絇氈"註）。**氊**俗（龍134/04）。**氊**俗（龍134/04）。**氈**之然失然二反（龍346/08）（龍135/03）。**氈**之延矢然二反（龍135/03）。**氈**俗音氈（龍448/02）。//氊：**氊**俗音氈（龍346/08）。**氊**俗（龍346/08）。

饘：**饘**之延反（龍500/07）（慧75/969a"餬口"註）（慧92/197a）（紹172a1）。**饘**之然反（玄12/163c"餬口"註）。//餐：**餐**之延反（龍500/07）。//糧：**糧**正之延之演二反糜也（龍304/05）。**糧**通（龍304/05）。//糧：**糧**或作之延反今作糧（龍304/05）。//鬻：**鬻**諸延反粥也與饘同（龍534/06）。

驙：**驙**徒安反白馬黑脊也又張連反馬載重難行也（龍292/01）。

鱣：**鱣**知連反（慧43/265b）（玄5/69c）（慧49/400b）（玄11/150a）（慧52/469a）（玄15/202c）（慧58/619b）（玄15/212b）（慧58/626a）（玄17/228b）（慧67/815b）（玄18/240a）（慧73/932b）（玄20/266c）（慧33/53b）（紹168a3）。**鱣**正知連反大黃魚也（龍165/08）（玄4/56c）（玄10/135c）（慧68/830b）。//**鱣**鱣古文鱣同（慧52/469a"鱣魚"註）（慧73/932b"鱣魚"註）。**鱣**或作（龍165/08）；鱣古文～同（慧58/619b"鱣魚"註）。**鱣**鱣古文鱣同（玄18/240a"鱣魚"註）。**鱣**俗（龍165/08）；鱣古文～同（玄11/150a"鱣魚"註）（玄15/202c"鱣魚"註）（慧33/53b"鱣同"註）。**鱣**鱣古文～同（玄20/266c"鱣同"註）。

鸇：**鸇**正之然反又知連反（龍286/01）（慧57/594a）（慧35/111a）（慧92/196a）（慧97/288a）

---

① 參見《字典考正》325頁。

（紹 165a10）。**鸇**之然反（玄 13/173a）。//**鸇**籀文（龍 286/01）。**鶉**或作（龍 286/01）。

鸇或作（龍 286/01）。**鸇**俗（龍 286/01）。

嚵：**嚵**俗知連反（龍 267/01）。

顫：**顫**旨善反偄視也（龍 485/05）。

瀺：**瀺**陟兼反黄也（龍 182/08）。

讖：**讖**俗古咸干衫二反（龍 043/01）。

zhǎn 斬：**斬**側減反（慧 75/971b）。

瞮：**瞮**俗音斬（龍 420/07）。

皽：**皽**正之演反皮起也（龍 123/03）。**皽**通（龍 123/03）。

鐟：**鐟**正之展反擊也（龍 015/09）。**鐟**俗（龍 015/09）。

展：**豪**展正體從㐱作～今作展訛也（慧 45/303b "展轉" 註）。**展**恧輦反（慧 45/303b）。

展哲輦反俗字也古文正從㐱從衣作屍（慧 36/117b）。**展**知演反展舒申直也又審

也（龍 163/07）。**庻**俗知演反（龍 300/06）。

搌：**搌**知潢反又丑免反（龍 212/03）；**輾**經文作搌音丑展反非此用（玄 11/147c、慧 52

/464a "磨輾" 註）；**展**經文從手作搌非也（慧 36/117b "或展" 註）；**振**傳從展作搌非

也（慧 83/49b "振羽" 註）。

輾：**輾**知演反輾轉也（龍 082/07）；**騋**論文從車作輾誤也（慧 84/76b "驢騋" 註）。

劏：**劏**旨善反劇也（龍 098/03）。

徏：**徏**俗知掩反人走也（龍 031/09）（龍 325/02）。**赵**俗知奄反（龍 325/02）。

酢：**酢**側板反酢醶面皺也（龍 347/05）；**耐**經從面作酢誤（慧 84/85b "耐羞" 註）。

陜：**陜**俗音斬邑名也（龍 297/01）。

盞：**酸**音盞（龍 310/03）（慧 14/679b）。**酸**觫又作酸同（玄 5/69c "一觫" 註）。//**觫**阻

限反與琖盞二同（龍 512/02）。**觫**側限反（玄 5/69c）。//**琖**音盞（龍 436/01）；酸

錯用也正體從玉作琖（慧 14/679b "一酸水" 註）。**琖**（玄 5/69c "一觫" 註）。//**盏**觫

又作盞同（玄 5/69c "一觫" 註）；酸或作盞（慧 14/679b "一酸水" 註）。//燀：**燀**音

盞（龍 242/05）。

zhàn 蔁：蔁子連子見二切（紹154b3）。

棧：棧士産反（龍381/01）（玄8/116b）（慧38/161b）（玄15/200a）（慧58/614a）（玄15/206c）（慧58/606a）（玄17/237c）（慧74/953a）（慧63/736b）（慧80/1084a）（慧82/34a）（慧93/211b）（紹159a9）。

碊：碊棧三蒼作碊同（玄17/237c、慧74/953a“梁棧”註）。

戲：戲士諫普患二反（龍322/09）（玄25/338a、慧71/892b“狻猊”註）。戲士諫普患二反（龍322/09）。戲戲正士限七晏二切（紹167a8）。戲音仕板反（玄21/276c“狻猊”註）。

棧：棧正士限反（龍074/07）（紹162a8）。棧或作（龍074/07）。蔁俗（龍074/07）。

輚：輚士限反埤蒼云卧車亦兵車也又載柩車輚也（龍083/05）。

齻：齻士板反～齗齒不正也（龍312/04）。

袓：袓又音綻衣縫解也（龍104/04）；綻又作袓同（玄8/118b“綻壞”註）（慧15/699b“綻壞”註）。袓綻又作袓同（玄19/262c、慧56/573b“縫綻”註）。//組：組音同上〔綻〕補縫也①（龍402/01）。//綻：綻丈辨反（龍402/01）（玄8/118b）（玄19/262c）（慧56/573b）（慧15/699b）（慧42/246a）（慧93/219b）（紹191b6）。//裑：裑丈限反衣縫解也（龍104/03）。裑綻又作袓裑同（玄8/118b“綻壞”註）（玄19/262c、慧56/573b“縫綻”註）（慧15/699b“綻壞”註）。

襢：襢今陟扇反（龍106/06）。襢又音展（龍104/04）。裹或作（龍106/06）。裹今（龍106/06）。

顫：顫之膳反（慧53/484b）（慧58/608a“疢頭”註）（慧75/970a）（紹170a5）；戰字體作顫（玄13/170a、慧55/531a“戰頯”註）。顫音戰（龍486/09）（玄11/149b）（慧52/467b）；戰字體作顫（玄7/102b“戰頯”註）。頭之膳反（玄12/159c）（慧58/608a“疢頭”註）。顫顫正戰音（紹170a5）。//軀：軀顫又作軀同（玄11/149b、慧52/467b“顫頯”註）。軀俗之扇反（龍162/04）；顫又作軀同（玄12/159c“顫動”註）。軀顫又作軀同（慧53/484b“顫動”註）。//懺：懺音戰（龍061/09）；戰又作懺同（玄7/102b“戰頯”註）

①參見《龍龕手鏡研究》310頁。

（玄 13/170a、慧 55/531a "戰頩" 註）（慧 3/452a "戰慄" 註）（慧 7/516a "戰慄" 註）。

偡：**偡**澤黯反（慧 90/168b）。

湛：**湛**直深反又直咸反又徒感反（龍 230/05）（慧 50/426a）（慧 88/146a）（慧 92/209a）。

站：**站**知陷反立也（龍 519/08）。**立古**知咸陟陷二切（紹 199b10）。//**玷**：**玷** 知陷反立也（龍 519/08）。

龇：**龇**丁陷反剔齒也（龍 312/08）。

戰：**戰**之見反（玄 13/170a）（慧 55/531a）（慧 3/452a）（慧 7/516a）；顫又作戰（玄 15/208a、慧 58/608a "疢頭" 註）。**戰**之見反（玄 7/102b）。**莘**古文戰字（龍 335/10）；戰慄古文作莘慄（慧 3/452a "戰慄" 註）。**莘**古文戰字（龍 335/10）；戰古文作莘（慧 7/516a "戰慄" 註）。

隌：**隌**正士陷反陷也（龍 297/10）。**隌**俗（龍 297/10）。**隌**俗（龍 297/10）。

覧：**覧**子鑑疾陷二反覧儌高危兒（龍 346/01）。

蘸：**蘸**莊陷反以物內水中也（龍 262/04）（慧 39/166b）（慧 39/179b）。

騪：**騪**陟扇反（龍 293/07）（慧 84/76b）（慧 87/122a）（紹 166a9）。

輚：**輚**士限反車名士所乘也（龍 083/05）。

謙：**謙**直陷反被誑也（龍 049/02）。//**詀**：**詀**又直陷反誑詀也與謙同又丁兼反轉言（051/08）。

zhang

zhāng 章：**章**灼良反（慧 83/58a）（慧 27/975a）；慞或爲章字（慧 27/975a "周慞" 註）。

慞：**慞**音章（龍 053/05）（慧 20/798b）（慧 23/870a）（慧 27/975a）（慧 63/726a）（慧 99/315a）（希 3/368a）（紹 130b2）；章或作慞（慧 27/975a "周章" 註）。

墇：**墇**章障二音壅塞也（龍 246/06）（慧 27/972a）。

漳：**漳**音章（龍 227/02）（慧 85/95b）（慧 88/139a）（慧 92/204a）（紹 186a7）。

鄣：**鄣**障經從邑作鄣非也（慧 15/690b "障閣" 註）（慧 76/1000a "翳障" 註）；彰經文從邑作障[鄣]郡邑名也非此用也（慧 15/691b "彰露" 註）。

彰：彰灼羊反（慧46/319b）（玄10/134b）（慧15/691b）（慧22/837b）（慧50/415b）。

璋：璋音章（龍433/03）（慧1/406a）（慧83/45a）（慧89/162a）。

樟：樟音章（龍376/03）（慧16/709a）（慧54/516b）（慧78/1039b）（紹158b6）。豫章傳皆從木作橡樟字也（慧83/58a"豫章"註）。

殯：殯障經作殯誤也（慧51/450b"煩惱障"註）。

暲：暲音章日明也（龍425/02）；彰又作暲同（慧46/319b"不彰"註）（玄10/134b"弥彰"註）。暲彰又作暲同（慧50/415b"弥彰"註）。

麞：麞音章（龍520/06）（慧15/699a）（慧41/222b）（慧44/281a）（慧100/334a）（紹193b10）。

驦：驦音章馬名（龍292/01）。

張：張知良反（慧16/719a）（玄12/160c）（慧75/983b）（慧84/74a）；侏倀宜作儔張（玄7/99c"侏倀"註）。

帳：帳俗音張又音帳（龍266/06）（紹183b7）；賬經文従口作帳非也（玄1/8b、慧17/741a"賬都"註）。//帳俗音張（龍266/06）。

餦：餦音張～鍠餳也（龍500/03）。

zhǎng 掌：爪説文掌字作爪反爪曰爪也（慧12/630a"抓掌"註）。爪音掌人姓也（龍032/03）。//掌章養反（慧12/630a）。

長：長張兩反又作漲音同（慧25/926a）。

漲：漲知亮反（龍233/04）（慧41/223a）（慧62/719b）（慧76/995a）（慧77/1025a）（慧81/6b）（慧84/84a）（希1/357c）（希4/375c）（希5/384b）（希8/409a）（紹188a8）。派俗同上（龍233/04）；長又作漲音同（慧25/926a"盛夏水長"註）；漲志本作派非也（慧77/1025a"泛漲"註）。

zhàng 丈：丈（慧21/825b）。

仗：仗治亮反（玄17/229b）（慧67/817b）（玄22/292a）（慧48/376b）（慧47/359a）（玄23/314a）（慧50/422a）（玄24/325a）（慧70/870b）（慧21/815b）（慧21/828b）（慧23/879a）（慧25/910b）（希3/371b）。

扙：扙仗經本有従木者棒杖字也或従扌者扙託字也（慧21/828b"鎧仗"註）。

杖：**杖**直亮反（玄 25/334c）（慧 71/886b）（慧 1/421a）（慧 4/458b）（慧 13/659b）；仗經本有從木者棒杖字也（慧 21/828b "鎧仗" 註）。

帳：**帳**張亮反（慧 76/995b）（慧 82/25b）（紹 131b9）。

脹：**脹**張亮反（慧 18/765a）（慧 31/17a）（慧 63/739b）。**脹**張亮反胮脹也（龍 412/07）（玄 3/34b）（玄 13/179c）（慧 55/534b）（慧 1/413a）（慧 1/418b）（慧 8/535b）（慧 14/662b）（慧 16/718b）（慧 66/797a）（慧 69/836b）（慧 72/908b）（希 2/366a）（希 2/366a）（希 3/371a）（希 7/403c）（希 8/408c）（紹 135b5）。//痕：**瘨**俗知亮反滿也正作脹（龍 474/06）；脹或作痕同（慧 09/566b "朣脹" 註）（玄 13/179c、慧 55/534b "臚脹" 註）（慧 1/413a "胮脹" 註）（慧 60/664b "胮脹" 註）（希 3/371a "胮脹" 註）（希 8/408c "腹脹" 註）。**瘨**知亮反滿也正作脹（龍 474/06）。

障：**障**之尚反（玄 6/82b）（慧 10/597b）（慧 15/690b）（慧 29/1017b）（慧 39/173b）（慧 44/279b）（慧 51/450b）（慧 76/1000a）（希 2/361a）；墇有作障（慧 27/972a "周墇" 註）（希 2/361a "翳障" 註）。//嶂：**嶂**障音（紹 161b10）；障或從山作嶂（慧 39/173b "周障" 註）。//廧：**廧**障玉篇云亦作～（希 2/361a "翳障" 註）。**撞**障經從手作撞非也不成字（慧 39/173b "周障" 註）。

瘴：**瘴**音障瘴毒也熱病也（龍 477/04）（紹 192b4）。

zhao

zhāo 召：**召**召字從刀從口經中作～訛也（慧 6/514a "池沼" 註）。

佋：**佋**市遥反照也明也庿也又佋穆也（龍 026/07）。

招：**招**教詔有本教招（慧 27/965b "教詔" 註）。**拓**俗招求二音（龍 209/01）。

妱：**妱**招音（紹 142a4）。

韶：**韶**之遥反淮南呼鎌也（龍 013/07）。

鵃：**鵃**陟交反鵃鶹黄鳥也又音焦與鷦同（龍 287/08）。

釗：**釗**古堯止搖二反覩也遠也見也勉也又弩牙也（龍 009/08）（玄 3/41a）（慧 09/563b）（慧 91/190a）（紹 180b6）。

盘：盂正音昭器也（龍328/05）。盂俗（龍328/05）。

趄：趄陟交竹教二反趄趄跳躍也（龍324/07）。

朝：𩵋古文音朝（龍369/07）（慧25/905a）。𩵋古文陟遥反（龍369/08）。朝張遙反（慧87/119a）（希9/413c）。

鼂：鼂正陟遥反虫名（龍425/06）。鼂俗（龍425/06）。鼂古文陟驕反（龍364/03）。

聎：聎側交反耳中鳴聲也（龍313/08）。

zhǎo 爪：爪側絞反又爪部與瓜部相溫（龍330/06）（慧2/423a）（慧15/690a）（慧24/897a）（慧27/990b）（慧51/450b）（慧78/1038a）（希8/407b）；抓說文作爪經從手作抓非也（慧12/630a“抓掌”註）（慧34/78a“指抓”註）（慧75/963a“長抓”註）（慧84/68b“抓甲”註）。

又抓正單作爪古文作叉（慧84/68b“抓甲”註）。

抓：抓側交反又側巧反（龍207/07）（慧12/630a）（慧34/78a）（慧57/597b）（慧75/963a）（慧84/68b）（紹133a5）；爪經中加手作抓誤用也（慧15/690a“爪齒”註）（慧27/990b“指爪”註）（慧51/450b“手爪”註）（慧78/1038a“指爪”註）。袦爪或作衸非也（慧15/690a“爪齒”註）。

芣：芣音爪（龍259/10）（紹156a3）。

貂：貂音爪貂獠（龍322/01）。

沼：沼之遶反（玄22/289b）（玄23/305a）（玄25/333a）（慧1/413b）（慧6/514a）（慧18/758b）（慧21/828b）（慧30/1050a）（慧47/351b）（慧48/372b）（慧53/491b）（慧71/883b）。沼之遶反（龍231/3）（玄1/5c）（慧20/807a）。

瑤：瑤瑤集從蚩作瑤音側絞反誤書也（慧98/298a“珉瑤”註）。

zhào 兆：兆除矯反（慧46/335a）（慧70/866b）（紹203a3）。垗直小反（龍249/04）（玄3/39c）（玄9/128b）（玄21/282b）（玄24/322b）（慧09/561a）（紹161a7）。

垗：垗直小反（龍249/04）（慧93/213b）。

旐：旐正音趙（龍125/03）（玄20/268c）（慧33/56b）。施或作（龍125/03）。

狣：狣正音趙羊子也（龍160/03）。狣或作（龍160/03）。

鮡：鮡正治小反魚名似鮎而大也（龍169/05）。鮡或作（龍169/05）。

炤：**炤**正音照爥也明也 (龍 243/05) (慧 45/316b) (慧 77/1020b) (慧 96/268b) (慧 98/302a) (紹 189b1)。**焯**今 (龍 243/05)。//照：**照**炤亦作照義同 (慧 45/316b "炤爥" 註) (慧 96/268b "炤炤" 註) (慧 98/302a "覆炤" 註)。//燡：**燡**正市照反 (龍 243/08)。**熙**俗 (龍 243/08)。//曌：**曌**古文音昭 (龍 422/05)。**曌**古文音昭 (龍 422/05)。**曌**古文音昭 (龍 422/05)。**嬰**古文音昭 (龍 422/05)。**嬰**古文音照 (龍 428/05)。**曌**古文音照 (龍 428/05)。**曌**古文音照 (龍 428/05)。**嬰**古文音照 (龍 428/05)。**嬰**古文音照 (龍 428/05)。**曌**音照 (龍 429/02)。**嬰**音照 (龍 429/02)。**昭**皆音照 (龍 429/02)。

陉：**陉**或作音照陉也界也 (龍 297/07)。**陉**或作音照陉也界也 (龍 297/07)。

詔：**詔**詔章曜章遙二反 (慧 21/832b) (慧 27/965b) (紹 185a5)。**詔**諸曜反 (玄 1/19c) (玄 6/79c)。

罩：**罩**竹挍反 (玄 19/262a) (慧 56/572b) (玄 22/298b) (慧 48/385b) (慧 8/535b) (慧 10/587a) (慧 16/723b) (慧 66/792b) (慧 84/74a) (慧 89/160a) (慧 91/187a) (希 5/382b)。**罩**今卓教反 (龍 330/02) (玄 3/45b) (慧 10/579a) (玄 5/70b) (玄 11/140b) (慧 56/547b)。**罩**嘲教反 (慧 91/189b)。**罩**知教切 (紹 197b9)。**罩**罩卓二音 (龍 158/04)。//**羉**古卓教反 (龍 330/02)；罩又作羉同 (玄 3/45b、慧 10/579a "覆罩" 註) (玄 5/70b "籠罩" 註) (玄 11/140b "如罩" 註) (玄 22/298b、慧 48/385b "罩羉" 註)。//**罹**古卓教反 (龍 330/02)；罩或作罹箄並通 (慧 91/187a "籠罩" 註)。**罹**罩或作罹羉箄鈄並皆古字也 (慧 8/535b "覆罩" 註)。//**箄**正知教反 (龍 393/04)；古文箄今作罩同 (玄 5/70b "籠罩" 註) (慧 91/187a "籠罩" 註)。//鈄：**鈄**罩古文鈄同 (玄 11/140b、慧 56/547b "如罩" 註) (玄 22/298b、慧 48/385b "罩羉" 註)。**鈄**俗知教反 (龍 393/04)。**對**古文蔚[鈄]今作罩同 (玄 5/70b "籠罩" 註)。

艁：**艁**音棹舩也 (龍 132/09)。

趙：**趙**正趙字 (慧 92/201a)。**趙**直小反 (希 10/422a)。

肇：**肇**正直小反 (龍 542/01)。**肇**潮少反 (慧 11/601a)。**肇**通 (龍 542/01)。**肇**音兆 (龍 213/02)。//肁：**肁**持繞反 (慧 21/811b) (慧 77/1027b) (慧 83/62a)。//肁：**肁**同上 (龍 542/02)；肇或作肁義亦同 (慧 83/62a "肇生" 註)。

櫂：**櫂**音宅方言云小竹大子為櫂子也又濁棹二音（龍385/05）（慧42/236a）（玄15/200a）（慧58/614a）（慧99/327a）（希10/422b）（紹158a7）；棹亦從翟作櫂（慧61/679a"篙棹"註）。//**棹**直教反舩中撥水木也（龍383/02）（慧25/906a）（慧61/679a）（慧61/685b）（慧85/89b）；櫂又作棹同（玄1/14b、慧42/236a"舩櫂"註）（玄19/261b、慧56/571a"持櫂"註）；櫂或作棹（慧99/327a"櫂柂"註）（希10/422b"縱櫂"註）。

檙：**檙**士巧反檙檙長兒也郭逯又音巢（龍030/03）；勦經文作檙非也（玄20/267b、慧33/54b"孫勦"註）；瑣傳檙非也（慧83/64a"瑣瑣"註）。

zhe

zhē 蜇：**蜇**蛆經文作蜇非體也（玄19/261b）（慧56/570b）（慧51/438a）（慧51/438b）（慧62/715b）（慧79/1056a）（希3/373a）（紹163b3）；蛆或作蜇（慧45/299b"蛆螫"註）（慧66/792b"蛆螫"註）。**蜥**同上[蜇]又帝音（紹163b3）。**蜇**癙經文作蜇（玄2/24a"癙下"註）（慧25/927a"癙下"註）。**蜇**蜇或作蛆論作～字誤也（慧51/438b"驚飅"註）。//蜥：**蜥**知列反今作蜇同（龍225/07）；蛪經文作蜥非也（玄12/163a、慧75/967b"蛪蛛"註）。

蜥：**蜥**音哲（龍225/10）。

奢：**奢**止虵反吳人呼父（龍545/07）。

遮：**遮**者蛇反（慧1/419b）（慧3/440b）（慧27/990a）。**遮**止奢反（玄6/90b）。**遮**舊藏作遮（龍490/06）。

zhé 折：**折**章熱反（慧3/446a）（慧8/538b）（慧8/554b）（慧18/758a）（慧60/663b）（慧90/176a）（紹132a6）。**扸**音折（龍040/01）。

哲：**哲**正知列反智也（龍276/09）（慧48/377b）（慧22/836a）（慧29/1030a）（紹134b9）（紹184b3）；喆又作哲同（慧34/86a"無喆"註）（玄20/264b"勇喆"註）（玄21/282c"聰喆"註）（慧19/787a"聖喆"註）（慧30/1046b"叡喆"註）（慧32/34b"明喆"註）（慧43/259a"勇喆"註）（慧95/245b"聖喆"註）。**哲**知列反（玄10/137a）（玄22/292c）（中62/718a）；癙經文又作哲（玄2/24a"癙下"註）；喆又作哲同（玄5/73c"無喆"註）（玄7/92b、慧28/995a"明喆"註）（玄16/219b、慧65/779a"聰喆"註）；古文喆悊二形今作哲同（玄12/154b、慧52/452b"明

喆" 註)。**晢**俗（龍 276/09）。//**嚞**：**嚞**古文知列反今作哲（龍 554/08）；古文嚞字書作喆（玄 20/264b "勇喆" 註）（慧 30/1046b "叡喆" 註）（慧 32/34b "明喆" 註）（慧 43/259a "勇喆" 註）（慧 75/986a "明喆" 註）（慧 95/245b "聖喆" 註）。**喆**音哲（龍 276/08）（龍 554/08）（玄 5/73c）（慧 34/86a）（玄 7/92b）（慧 28/995a）（玄 12/154b）（慧 52/452b）（玄 16/219b）（慧 65/779a）（玄 20/264b）（玄 21/282c）（慧 19/787a）（慧 30/1046b）（慧 32/34b）（慧 43/259a）（慧 75/986a）（慧 79/1062b）（慧 95/245b）（紹 203a9）；哲又作喆同（玄 10/137a、慧 45/304a "明哲" 註）（玄 20/264b "勇喆" 註）（玄 22/292c、慧 48/377b "賢哲" 註）（慧 29/1030a "先哲" 註）。//**詰**喆亦作～恝（慧 32/34b "明喆" 註）。//**恝**：**恝**陟列反與哲同智也（龍 069/06）（紹 131b2）；喆又作恝同（玄 5/73c、慧 34/86a "無喆" 註）；哲又作恝同（玄 10/137a、慧 45/304a "明哲" 註）（玄 12/154b、慧 52/452b① "明喆" 註）（玄 16/219b、慧 65/779a "聰喆" 註）（玄 21/282c "聰喆" 註）（慧 29/1030a "先哲" 註）（慧 30/1046b "叡喆" 註）（慧 75/986a "明喆" 註）（慧 95/245b "聖喆" 註）。

嗻：**嗻**陟列切（紹 184b3）。**嗻**陟列切（紹 184b3）。

哲：**哲**章熱反又支逝反（龍 429/06）（慧 17/733b）（紹 134b9）；晣亦作晢也（慧 39/182b "莫晣" 註）（慧 51/434b "晣妙" 註）（慧 98/303b "昭晣" 註）。**晢**制折二音（龍 431/08）。**晣**章熱反（龍 429/06）（慧 39/182b）（慧 51/434b）（慧 77/1021b）（慧 83/60a）（慧 96/266a）（慧 98/303b）（紹 171a6）。

蛆：**蛆**奴葛反又知列反（龍 224/09）（玄 7/102b）（慧 30/1046a）（玄 22/295c）（慧 45/299b）（慧 66/792b）；蚤或作蛆（慧 51/438a "所蚤" 註）（慧 62/715b "欲蚤" 註）（希 3/373a "蚤螫" 註）。**蛆**知列反（玄 7/93b）（慧 28/996b）（慧 49/408b）（玄 13/170c）（玄 19/261b）（慧 56/570b）（慧 48/381b）（玄 23/319a）（慧 51/444a）。**蛆**知列反（玄 1/18c "蜂螫" 註）（玄 5/76c）（玄 10/133b）（慧 53/502b）；蚤字與蛆同知列反（玄 2/24a "癓下" 註解）（慧 25/913a "蜂螫" 註）。

耴：**耴**又音輒耴耳國名（龍 314/10）。//**聇**：**聇**俗音輒（龍 315/02）。

楓：**楓**音輒木小葉也（龍 386/02）。

輒：**輒**陟業反律文從取作輒訛略不正也（慧 64/760b）（慧 75/969a）。**輒**（中 62/718b）。

---

① 《慧琳音義》作 "哲"，當是 "恝" 字訛誤。

鮙：**鮙**音輒婢～魚即青衣魚也（龍 172/05）。**鰤**又音輒婢～魚即青衣魚也（龍 166/08）。

摺：**摺**之涉反（龍 216/07）（希 9/412a）。

膱：**膱**直立反宍半生半熟又直輒反爅也（龍 415/01）。

窩：**窩**陟格反窟也（龍 510/04）。

糀：**糀**知革反黏糀（龍 306/01）。

謫：**譎**謫正體作譎（慧 11/611b "謫罰" 註）。**謫**張革反經作謫俗俗用字也（慧 45/312a）。**謫**知革反罰也責也怒也説文作譎（龍 50/06）（玄 1/11b）（慧 17/746b）（玄 10/137c）（玄 11/149a）（慧 52/467a）（玄 14/190b）（玄 21/283a）（慧 15/699a）（慧 16/710b）（慧 18/757b）（慧 30/1049a）（慧 38/151b）（慧 72/900b）（慧 76/991b）（慧 79/1058a）（紹 185b1）；謫或作謫（慧 14/678b "謫罰" 註）。**謫**陟革反經作摘亦通（慧 53/496a）。//謫：**謫**知革反罰也責也怒也説文作譎（龍 50/06）（玄 5/73a）（慧 45/305b）（玄 25/332b）（慧 71/882a）（慧 11/611b）（紹 185b1）；謫經從辵作謫俗字也（慧 30/1049a "謫罰" 註）。**謫**知革徒厄二反（慧 32/41b）（玄 16/219b）（慧 65/778b）。//傄：**傄**陟革反[1]（龍 039/07）（慧 14/678b）；謫經文作傄非也（玄 11/149a、慧 52/467a "謫罰" 註）。//倜：**倜**謫律文作倜非也（玄 14/190b、慧 59/640a "罰謫" 註）。**倜**的音（龍 026/02）。

騲：**騲**陟革反～獸名也（龍 294/09）。

鷊：**鷊**陟格都歷二反（龍 289/05）（紹 165b4）。

櫜：**櫜**齒葉反（慧 5/485a）。

玁：**玁**之涉反梁之黑豕也（龍 321/03）。

桸：**桸**正陟革反蚕桸也又音德木名也（龍 385/06）。//櫬：**櫬**或作（龍 385/06）**櫬**或作（龍 385/06）。

乇：**乇**音宅（龍 546/04）。**乇**音碑（龍 546/04）；集韻乇作竹厄切臨文詳用（紹 203a7）。

吒：**吒**字林丁格反又竹格反（玄 22/288a）（慧 48/370b）。

犴：**犴**知格反犴猗驢父牛母也（龍 319/07）。

砓：**砓**陟革反槌也又都合反擲也又竹亞反（龍 445/06）。

---

① 《龍龕手鏡研究》："謫"俗作"傄"，大概由於"謫罰"與人有關，故換旁從人作"傄"（163）。

虰：**虰**知格反虫名也（龍225/02）。

朜：**朜**俗音徹（龍415/01）。

轍：**轍**直列反發轍也（龍365/06）。

轍：**轍**纏列反（慧80/1074b）（慧84/72a）（慧95/251a）（慧96/268a）（慧98/302b）（慧98/309b）（紹139a2）。**轍**今（龍085/09）（慧64/758b）（慧88/142a）（慧100/336b）（紹139a2）。**轍**或作（龍085/09）。//蹤：**蹤**俗除列反（龍467/04）；轍錄從足作蹤非也（慧80/1074b"斯轍"註）（慧88/142a"宗轍"註）（慧95/251a"共轍"註）（慧96/268a"之轍"註）（慧98/302b"異轍"註）（慧98/309b"玄轍"註）。**蹤**直列丑列二切（紹137b7）。

蹤：**蹤**正直列丑列二反（龍465/05）。**蹤**俗（龍465/05）。

磔：**磔**張格反（龍444/08）（玄4/56b）（慧43/268b）（玄5/76a）（玄8/118b）（玄9/125c）（慧46/330a）（玄14/185c）（慧59/632b）（慧64/747b）（慧70/860a）（慧33/55b）（玄22/287c）（玄24/329b）（慧70/876b）（慧15/699a）（慧24/898b）（慧41/222a）（慧35/102b）（慧36/123b）（慧37/133b）（慧39/175b）（慧40/191b）（慧53/489b）（慧53/500b）（慧55/533a）（慧64/758b）（慧68/822a）（慧75/971b）（慧78/1039b）（希1/356b）（希5/387c）（紹162b9）；墝經從石作磔非也（慧41/216a"墝裂"註）。**磔**張革反（慧20/797a）（慧32/30a）（慧32/48a）（慧43/256a）（慧37/136a）（慧39/167b）。**磔**知格反（玄16/224a）（玄17/233c）（玄20/268a）。**磔**知格反（慧48/370b）。**磔**陟格切（紹162b9）。//**搩**搩正陟格切（紹135a7）。**搩**搩正陟格切（紹135a7）。**搩**俗知格反正作磔（龍217/03）。**搭**磔經從手作～錯用字也（慧32/30a"磔手"註）（慧32/48a"磔耶"註）（慧43/256a"磔手"註）（慧37/133b"磔開"註）（慧64/758b"磔手"註）（慧68/822a"磔手"註）（希5/387c"磔開"註）。**搩**舊藏作～音張革反（龍217/10）。//**墝**俗陟格反正作磔（龍252/10）。**墚**俗陟格反正作磔（龍252/10）。//**埠**俗陟格反正作磔（龍252/10）。//**扡**俗知格反正作磔（龍217/03）（紹133a9）；磔經文作扡未見所出（玄4/56b、慧43/268b"磔口"註）（玄5/76a"磔翅"註）（玄9/125c、慧46/330a"磔牛"註）（慧15/699a"釘磔"註）。**扡**磔經文作桖非也（慧53/500b"磔開"註）。**桖**勅加反（龍375/07）；磔經文作桖俗字也（玄8/118b"釘磔"註）。//厎：**厎**陟革反（龍303/03）；磔古文厎同（玄9/125c、慧46/330a"磔牛"註）（慧37/133b"磔開"註）。**厎**磔

古文厏同（玄 14/185c、慧 59/632b "礫手" 註）（玄 16/224a、慧 64/747b "礫手" 註）（玄 17/23

3c、慧 70/860a "礫手" 註）（慧 33/55b "礫著" 註）（玄 22/287c、慧 48/370b "一礫" 註）（慧 43/

256a "礫手" 註）。**庇** 礫古文厏同（玄 20/268a "礫著" 註）。//蹛：**蹛** 俗陟格反正作礫

（龍 466/07）；礫律文又作蹛未詳何出（玄 14/185c "礫手" 註）（慧 70/860a "礫手" 註）。**蹛**

礫論文作蹛未見所出（玄 17/233c "礫手" 註）（慧 20/797a "一礫手" 註）。**蹤** 俗（龍 466/

07）。**蹤** 誤（龍 466/07）。//厈：**屛** 陟革反（龍 303/03）。

懃：**懃** 正之涉奴叶二反不動皃也（龍 069/04）。**懃** 通（龍 069/04）；慴古文懃（玄 9/128a、

慧 46/334a "慴伏" 註）。**慇** 或作（龍 069/04）。

蟄：**蟄** 直立反（龍 225/01）（玄 4/50b）（慧 43/264a）（玄 13/176c）（慧 54/525a）（玄 17/235c）（慧 7

4/949b）（玄 18/239c）（慧 73/923a）（玄 19/259b）（慧 56/567b）（慧 83/52b）（慧 84/73a）（希 10/

419a）（紹 163b6）；鷙經文從虫作蟄非此用（玄 8/111b、慧 33/62a "鷙鳥" 註）。

牒：**牒** 直涉質涉二切（紹 136a9）。**牒** 今直葉反細切宐也（龍 415/09）。**牒** 或作（龍 415/

09）。//**牒** 葉經文作～治輒反（玄 4/59b、慧 30/1042a "百葉" 註）。**牒** 或作（龍 415/09）。

讋：**讋** 之涉反（龍 196/07）（玄 10/136b）（玄 19/255c）（慧 56/561b）（慧 49/404b）（慧 91/188a）（慧

98/304a）（慧 99/325a）（紹 185b7）；慴古文懃或作讋同（玄 9/128a、慧 46/334a "慴伏" 註）。

讋 讋正質涉切（紹 200a1）。**讘** 之涉反多言也（龍 178/04）。

者：**者** 諸野反（玄 23/314a）（慧 50/422b）（慧 2/426b）。

赭：**赭** 音者（龍 524/04）（玄 4/60c）（玄 9/125b）（慧 46/329b）（玄 14/197b）（慧 59/651b）（初編玄

691）（慧 58/615b）（慧 12/621b）（慧 62/721a）（慧 77/1017b）（慧 82/27b）（慧 82/31a）（慧 86/11

1b）（慧 97/281a）。**赫** 者音（紹 202a2）。

鴲：**鴲** 遮野反（慧 75/972a）。

襵：**襵** 陟葉之涉二反（龍 109/02）（慧 55/534b）（慧 59/640b）（玄 15/199c）（慧 58/613a）（慧 65

/771b）（慧 79/931b）（慧 56/559a）（慧 64/758b）（慧 81/12a）（慧 82/30b）（慧 88/148b）。**襵** 之

涉反（玄 14/190c）（玄 16/219a）（玄 16/224c）（慧 64/745b）（玄 17/230c）（玄 19/254b）（玄 22/

290a）（慧 48/373b）（慧 60/670a）（紹 168a6）。//**襵** 霑躡反俗字也正體從聶作襵（慧 61

/687a）（慧61/696a）^①。**裑**正丁兼丁叶二反衣領也（龍103/05）；**襴**或從衣從耴作裑亦通（慧61/687a"絅襴"註）。**襅**通（龍103/05）。//**祐**俗（龍103/05）。

zhè 柘：**柘**之夜反木名（龍382/08）（玄11/150a）（慧52/468b）（慧61/689a）（紹157b2）；竿蔗或作甘柘一物也（玄3/33c、慧09/565b"稻茅"註）（玄6/86b"甘蔗"註）（玄14/188b、慧59/637a"竿蔗"註）（慧16/724b"干蔗"註）（慧27/980a"甘蔗"註）。**拓**又之石切（紹132b8）。**硳**之夜反^②（龍444/04）。**秲**竿蔗則甘柘[柘]是也（慧34/095a"竿蔗"註）。窠：**寂**俗之夜反正作柘字（龍509/07）。**寀**（龍509/07）。

樜：**摭**之夜反摭木又之石反（龍383/07）。

蟅：**塵**正蔗隻二音蟅䗫虫名也（龍224/02）。//蚮：**蚮**或作（龍224/02）。

嗻：**嫇**之夜反多語皃也（龍274/10）。

蔗：**蔗**諸夜反竿蔗（玄3/33c、慧09/565b"稻茅"註）（叢書集成本玄174a）（慧34/095a）（玄6/86b）（玄14/188b）（慧59/637a）（慧5/483a）（慧15/703b）（慧20/799a）（慧27/980a）（慧64/755b）（慧78/1048b）（慧90/170a）；干柘或作甘蔗（玄11/150a、慧52/468b"干柘"註）；干柘或作竿蔗（玄11/150a、慧52/468b"干柘"註）。**蔗**之夜反甘蔗也（龍261/07）（慧6/509a）（慧24/895b）（紹154a8）；甘蔗諸書或作竿蔗（玄6/86b"甘蔗"註）（慧15/682b"甘蔗"註）。**蔗**之夜反（慧64/759a）。//蓆：**蓆**之夜反甘～也（龍493/01）（慧8/541b）（慧15/682b）。**蓆**之夜反（慧2/438b）；蔗或作蓆（慧15/703b"苷蔗"註）（慧16/724b"干蔗"註）（慧64/759a"藗蔗"註）。

鷓：**鷓**之夜反（龍288/10）（玄16/214a）（慧65/772b）（紹165b4）。

淛：**淛**旨日反（龍236/10）（慧90/178b）（紹187b9）。**淛**甀熱反（慧92/206a）。

胻：**腯**旨熱反胪也（龍415/02）。

zhen

zhēn 真：**真**甄又作真（玄3/39c、慧09/561b"甄陁羅"註）。**眞**音真（龍547/08）。

---

① 參見《可洪音義研究》307頁。
② 參見《叢考》725頁。

禛：**禛**以真受福（龍 110/02）。

磌：**磌**音真柱下石也（龍 439/06）。

篔：**篔**音真竹箭也（龍 389/06）。

斟：**斟**職深反（龍 333/09）（玄 14/189a）（慧 59/638a）（慧 14/667a）（慧 42/238b）（慧 60/666b）（慧 75/986b）（紹 175a8）。**斟**職深反與斟同（龍 548/02）。**斟**俗同上［斟］（龍 333/09）。//酙：**酙**俗音針正作斟（龍 309/09）（紹 143b5）；斟律文作酙未見（玄 14/189a、慧 59/638a"斟酙"註）（慧 75/986b"斟羹"註）。**酙**俗同上［斟］（龍 333/09）。**斳**斟古文～同（慧 59/638a"斟酙"註）。

砧：**砧**通陟林反（龍 440/02）（玄 1/10a）（慧 17/744b）（玄 4/56a）（慧 43/268b）（玄 11/141a）（慧 56/549a）（玄 15/203b）（慧 58/620b）（慧 22/841b）（慧 40/194a）（慧 89/151a）（紹 162b10）；碪經作砧俗字也（慧 11/613b"碪前"註）（慧 81/2b"鐵碪"註）（慧 85/96b"碪鎚"註）。//枮：**枮**陟林反（龍 374/02）（慧 60/658b）（慧 60/674b）（慧 81/11b）（紹 159a6）；碪鎚錄作枮碪俗字也（慧 80/1081a"碪鎚"註）（慧 89/151a"砧鎚"註）。**拈**碪律本從手作拈非也（慧 63/740b"承足碪"註）（慧 81/11b"小枮"註）。//碪：**碪**正陟林反擣衣石也又跗也又鐵碪等（龍 440/02）；砧經文作碪非體也（玄 4/56a、慧 43/268b"鐵砧"註）。**碪**褚今反（玄 8/110c）（慧 11/613b）（慧 80/1081a）（慧 81/2b）（慧 84/77b）（慧 85/96b）（紹 162b10）；考聲從石作碪與砧字同（慧 89/151a"砧鎚"註）；碪亦作磓䂆並同（慧 100/331b"圓碪"註）；砧字又作碪也（慧 22/841b"砧"註）；碪或從石作磓（慧 63/740b"承足碪"註）（慧 79/1066b"鐵碪"註）。//碪：**碪**陟林反（龍 374/02）（玄 20/265c）（慧 62/712a）（慧 63/740b）；枮俗字也正體從甚作碪（慧 60/674b"坐枮"註）；砧又作碪同（玄 1/10a、慧 17/744b"刀砧"註）（玄 4/56a、慧 43/268b"鐵砧"註）（玄 11/141a、慧 56/549a"鐵砧"註）（玄 15/203b、慧 58/620b"鐵砧"註）（慧 89/151a"砧鎚"註）。**碪**知林反（慧 63/740b）（慧 79/1066b）（慧 84/77a）（慧 84/82b）（慧 100/331b）；碪蒼頡篇作碪（慧 80/1081a"碪鎚"註）（慧 81/2b"鐵碪"註）（慧 85/96b"碪鎚"註）；枮經從手作拈誤也（慧 81/11b"小枮"註）。//䂆：**䂆**音抌打也（龍 530/01）。**䂆**知林反（龍 118/09）。**䂆**砧又作䂆同（玄 1/10a、慧 17/744b"刀砧"註）（玄 4/56a、慧 43/268b"鐵砧"註）

（玄 11/141a、慧 56/549a "鐵砧" 註）（玄 15/203b、慧 58/620b "鐵砧" 註）（慧 62/712a "鞭椹" 註）（慧 89/151a "砧鎚" 註）；椹亦從支敊（慧 63/740b "承足椹" 註）（慧 80/1081a "碪鎚" 註）（慧 100/331b "圓椹" 註）。

貞：𠁽音貞（龍 539/01）。

偵：偵豬孟反廉視也又丑正反偵問也（龍 036/02）（紹 129a8）。

湞：湞宅耕反又音貞（龍 229/09）（紹 187a2）。

禎：禎音貞祥也善也（龍 110/06）（慧 21/811a）（慧 50/418b）（慧 85/97a）（慧 86/105b）（慧 98/293a）（紹 168b2）；貞從示或從木作禎楨非也（慧 73/932a "貞實" 註）。

楨：楨音貞（龍 377/07）（慧 83/65a）（紹 158a10）；倀或有從木也作楨或作楨皆俗字也非正也（慧 35/99a "倀像" 註）（慧 35/109b "倀像" 註）（慧 73/932a "貞實" 註）；敦經作楨非也（慧 39/181a "敦前" 註）；幰經從木作楨音貞幹也非此用也（希 5/388c "為幰" 註）。楨敦正體字也經從貞作楨非也（慧 35/106a "置楨" 註）。

硨：硨音真岩也出川韻（龍 439/08）。

甄：甄音真又居延反（龍 315/04）（玄 3/39c）（慧 09/561b）（玄 6/90a）（玄 11/144a）（慧 56/556a）（慧 11/605a）（慧 32/39a）（慧 42/243a）（慧 47/345b）（慧 80/1084b）（慧 88/137b）（紹 199b1）。

𠱝：𠱝尸忍反（慧 76/1001b）；甄經文有從口作𠱝非也（玄 11/144a、慧 56/556a "甄波" 註）；哂經文從口作甄𠱝非也（玄 20/274b "哂哂" 註）。

蒛：蒛居延反草名一曰豕首草又音真（龍 253/06）。

籈：籈音真爾疋云所以鼓敔也（龍 389/06）。

蓁：蓁音榛草盛皃也（龍 258/01）（慧 99/321a）。蓁士臻反（希 6/393a）。

溱：溱音臻水名（龍 228/04）。

榛：柰音臻～小栗也（龍 183/04）（龍 377/02）。//榛：榛音臻（龍 377/02）（玄 2/32a）（玄 10/136a）（慧 49/401a）（玄 11/145b）（慧 52/459a）（玄 15/205a）（慧 58/603b）（玄 22/296c）（慧 48/383a）（玄 23/314c）（慧 50/423b）（慧 26/955a）（慧 50/419a）（慧 63/738a）（慧 67/804a）（慧 75/977a）（慧 79/1063b）（慧 100/332b）；蓁經文從木作榛音臻似栗而小非秦草義也

（希 6/393a "藤草" 註）。**榛**仕臻反（慧 78/1036a）（紹 158b9）。//**擈**（龍 377/02）。//**櫢**與藤榛三同（龍 377/02）。//**蕖**士臻反（龍 258/01）。

搽：**蕖**士臻反木聚生也（龍 258/01）。//**櫢**：**櫢**士臻反木聚生曰～與藤榛三同（龍 377/02）。

搽：**擈**郭迻音榛（龍 209/02）。**搽**郭迻音榛（龍 209/02）。**搽**臻音又士臻切（紹 134a9）。

臻：**臻**側陳反（玄 4/51b）（玄 22/293c）（玄 25/335c）（慧 71/888a）（慧 36/128b）。**臻**櫛詵反（慧 31/21a）（慧 48/378b）（慧 1/405b）（慧 10/588a）（慧 21/811a）（慧 29/1022a）（慧 32/33b）（慧 78/1037b）。**瑧**音臻玉名[1]（龍 434/05）。

輲：**輲**正則前反大車簣也（龍 081/06）。**輲**今（龍 081/06）。

葴：**葴**音針酸漿草也（龍 254/07）（紹 155b6）。

箴：**箴**執深反（慧 80/1087a）（慧 86/104b）（慧 97/280a）（希 10/418c）（紹 160b4）；古文箴針二形今作鍼同（玄 17/229c、慧 66/782b "鍼筒" 註）（玄 18/240a、慧 73/933a "如鍼" 註）（慧 19/778b "銅鍼" 註）（慧 74/942a "鐵鍼" 註）（慧 75/964b "鍼風" 註）。**葴**鍼字書亦作葴謂綴衣也（慧 80/1079b "鍼脉" 註）（希 10/418c "箴規" 註）。//**鍼**今音針（龍 008/08）（玄 5/68a）（慧 34/94a）（玄 17/229c）（慧 66/782b）（玄 18/240a）（慧 73/933a）（玄 22/295b）（慧 48/381b）（慧 18/749a）（慧 19/778b）（慧 24/884a）（慧 29/1026b）（慧 54/521a）（慧 64/753b）（慧 64/758b）（慧 74/942a）（慧 75/964b）（慧 75/970b）（慧 75/971b）（慧 80/1079b）（慧 92/198b）（紹 181a4）；古文箴針二形今作鍼同（玄 17/229c、慧 66/782b "鍼筒" 註）；鍼經文作鍼亦通（慧 11/613b "刀鍼" 註）。//**鍼**：**鍼**正音針鍼線也剌也（龍 008/08）（慧 11/613b）。//**針**職林反又作鍼同（希 6/395c）；鍼聲類今作針同（玄 5/68a、慧 34/94a "一鍼" 註）（玄 17/229c、慧 66/782b "鍼筒" 註）（玄 18/240a、慧 73/933a "如鍼" 註）（玄 22/295b、慧 48/381b "炬鍼" 註）（慧 11/613b "刀鍼" 註）（慧 19/778b "銅鍼" 註）（慧 24/884a "鍼孔" 註）（慧 29/1026b "鍼刺" 註）（慧 64/753b "鍼筒" 註）（慧 64/758b "鍼鼻" 註）（慧 74/942a "鐵鍼" 註）（慧 75/964b "鍼風" 註）（慧 75/970b "鍼柴" 註）（慧 75/971b "鍼柴" 註）（慧 80/1079b "鍼脉" 註）（慧 92/198b "鍼盲" 註）。

[1] 參見《字典考正》189 頁。

鸊：鸊音針～觜水鳥名也（龍 287/10）。

唇：㖘音真驚也又音震（龍 268/01）。唇音真驚也又音震（龍 268/01）。

圸：圸音針圸鄩古國名也（龍 333/10）。

珍：珍音瑹（龍 435/09）（慧 56/561a）（慧 77/1017a）（慧 96/260b）。珎（玄 19/255b）（慧 21/820b）（慧 22/834b）（慧 22/835b）（希 4/378a）（中 62/719a）。

zhěn 夙：㲟章刃反（龍 339/06）。彯章刃反（龍 339/06）。汎隻忍反①（龍 232/08）。㐱之忍反新生羽而飛也（龍 031/03）。

㐱：㐱鬢説文正作㐱（慧 31/15b "鬒髮" 註）。//鬢：鬒之忍反髮多黑皃也（龍 089/04）（玄 8/110c）（慧 31/15b）。鬒（紹 144b7）。

畛：畩之忍反與畩同明也（龍 189/09）。

砕：砕之忍反磷砕（龍 442/08）。

袗：袗正之忍反袨服也（龍 105/02）。//裖：裖或作（龍 105/02）。

朘：朘居忍章忍二反（慧 27/988a）。朘正之忍反瘄朘皮外小起也亦屑瘡也又居忍反（龍 411/01）（玄 6/89b）（紹 136a1）。朐通（龍 411/01）（紹 136a1）。//疹：疹之忍反（玄 9/129c）（慧 46/338b）（玄 13/176a）（慧 74/944a）（紹 192b4）。疹朘籀文作疹説文同（玄 6/89b "瘄朘" 註）（慧 27/988a "瘄朘" 註）。疹勒鎮反（慧 51/445b）（紹 192b4）。//瘄：瘄古文之忍反屑瘡也（龍 474/05）。

聇：聇之忍反目有所恨而止又厚重也（龍 420/04）（慧 96/265b）。眰之忍反（龍 420/04）。//眰俗之忍反（龍 420/04）。眰俗之忍反正作聇（龍 427/03）。

聇：聇正之忍反告也（龍 314/06）。聅或作（龍 314/06）。聇俗（龍 314/06）。

畛：畛音真又之忍反（龍 153/01）（慧 44/287b）（慧 99/313b）（紹 196b9）；軫或從田作畛（慧 18/748a "發軫" 註）。畛（龍 153/01）；畛集從尒作～俗字也（慧 99/313b "區畛" 註）。畛之忍反（玄 5/74b）（紹 196b9）。

紾：紾正之忍反單衣也或作縝又知演反轉繩也（龍 400/03）。紸俗（龍 400/03）。

覝：覝之忍反視也（龍 345/05）。

---

①參見《疑難字考釋與研究》245 頁。

診：黰之忍反顔診類事之慎也（龍 550/04）。診俗之忍反（龍 485/04）。診俗（龍 485/04）。

軫：軫正之忍反車後橫木也又動也（龍 82/06）（慧 17/743b）（慧 18/748a）（慧 39/166a）（慧 44/283a）（慧 73/930a）（慧 75/978b）（慧 80/1086b）（慧 83/43b）。�
 轀通（龍 82/06）（玄 1/9c）（玄 4/61c）（玄 12/165b）（玄 17/230a）（紹 139a5）；癮疹論文作隱軑非體也（玄 9/129c、慧 46/338b “癮疹” 註）。//輪：輪之忍反輪跡也轉也與後橫木也見經音義（龍 082/06）。

診：診正之忍反視也候也驗也（龍 45/04）（玄 2/24b）（慧 25/928b）（慧 81/16a）（紹 185b3）。
 訮通（龍 45/04）。訮章忍切（紹 185b3）；診時用作～一也（慧 25/928b “診之” 註）。

弸：弸之忍反弓強也（龍 151/07）。

姬：姬之忍反慎也（龍 282/07）。

稹：稹正音真概也又之忍反緻也亦聚物也（龍 143/03）。稹今（龍 143/03）（紹 195b9）。

縝：縝之忍反與紾亦同又丑珍反（龍 400/04）（紹 191a9）；鬢經作縝結也非經義（慧 31/15b “鬢髮” 註）。//縝：縝昌直之忍二反（龍 336/02）。

顚：顚真忍反（慧 36/122a）。顚烏閑之忍二反（龍 531/08）。

枕：枕章任反又之任反（龍 379/08）（慧 4/470a）（慧 10/587a）（慧 13/643a）（慧 15/691b）（慧 17/733a）（慧 26/940b）（慧 49/401b）（慧 66/794b）（慧 74/957b）（慧 75/963a）（慧 75/976b）（慧 89/161a）（慧 96/265b “煩首” 註）（希 5/382b）；碪錄中從木作枕非也（慧 81/2b “鐵碪” 註）。抌章荏反（龍 213/04）。抌丁感竹甚二切（紹 135a9）。

煩：煩針稔反（慧 96/265b）。煩章荏反（龍 485/08）。煩枕音（龍 486/05）。煩支甚反①（龍 180/04）。

賑：賑之忍丑忍二反大笑也（龍 202/04）。賑丑忍切（紹 200a10）。

頟：頟正之荏反頭銳長也（龍 485/03）。頟俗（龍 485/03）。

zhèn 朋：朋直引反又羊忍羊刃二反（龍 411/01）；癮疹或言癮朋（玄 9/129c、慧 46/338b “癮疹” 註）（慧 74/944a “癮疹” 註）。

眣：眣真引反瞋怒目皃也（龍 420/03）。

①參見《龍龕手鏡研究》209 頁。

紖：**紖**直引反（龍400/01）（玄12/156c）（玄15/204a）（玄17/235c）（慧52/478a）（慧58/622a）（慧60/673a）（慧61/692b）（慧74/949a）（紹191a2）。//**綟**紖又作綟同（玄1/8a"揫紖"註）（玄17/235c、慧74/949a"紖繫"註）。**緣**直引反今作紖（龍400/02）；紖又作緣同（慧17/740a"揫紖"註）。**緣**紖古文緣同（玄15/204a、慧58/622a"挽紖"註）。//**紬**直引反今作紖（龍400/02）；紖又作紬同（玄1/8a、慧17/740a"揫紖"註）（玄17/235c、慧74/949a"紖繫"註）。**紞**紖古文紞同（玄15/204a、慧58/622a"挽紖"註）//靷：**靭**正直引反（龍449/02）；拘紖經文作倨靷非體也（玄12/156c、慧52/478a"拘紖"註）。**鞻**古直引反（龍449/02）。

朕：**朕**直甚切（紹136b2）（希5/383a）（希10/421b）；疹經文作朕非也（玄13/176a"癮疹"註）。//**𦙍**古文朕字（龍549/03）。

眹：**眹**丈忍切（紹142b7）。

鰺：**鰺**俗直稔反正作鱢魚名似蝦（龍170/02）。

挋：**挋**今之刃反（龍215/01）；振古文挋同（玄7/104c、慧17/735b"振于"註）（玄10/137b、慧45/304b"振給"註）（玄11/151b"振給"註）（慧23/862a"振卹"註）。**挋**俗（龍215/01）。**挋**振古文挋同（慧52/471a"振給"註）。

振：**振**振旦或言真丹（玄4/51b）（玄4/58c）（慧43/274a）（玄7/104c）（慧17/735b）（玄10/137b）（慧45/304b）（玄11/151b）（慧52/471a）（玄22/296a）（慧21/819b）（慧83/49b）（慧97/290a4）；震經文有從手作振二形通用（玄2/16b"震動"註）（慧42/246b"震塘"註）；賑或作振亦通（慧90/176a"賑貧"註）。**振**真刃反（慧31/23a）（慧48/382a）（慧22/840a）（慧23/862a）（紹134b7）。//宸：**宸**慎真反（慧87/123a）；振古文宸同（玄7/104c、慧17/735b"振于"註）（玄10/137b、慧45/304b"振給"註）（玄11/151b、慧52/471a"振給"註）（玄22/296a、慧48/382a"振恤"註）。

賑：**賑**章刃反贍也濟救惠拔也又之忍反隱賑也（龍351/05）（慧12/624b）（慧18/757b）（慧19/771a）（慧41/214b）（慧90/169a）（慧90/176a）（慧98/296a）（慧99/311b）（慧100/349a）（希1/356a）（希2/362a）（紹143a8）；振經文作賑（玄4/58c、慧43/274a"振濟"註）（玄11/151b、慧52/471a"振給"註）（慧23/862a"振卹"註）。**賑**俗之刃反正作賑（龍422/

08）。//賑：**賑**同上［賑］（龍351/05）；賑或作賑（慧12/624b“賑給”註）（慧19/771

a“賑給”註）。

辰：**輾**勑忍切（紹139b1）。

跈：**跈**之刃反足也（龍464/05）。

震：**震**之刃反（玄2/16b）（慧27/963b）（慧42/246b）。**震**音辰（龍546/07）。

鷐：**鷐**音振鳥名也（龍289/01）。

揕：**揕**知甚反（龍215/03）（玄11/153b、慧52/476b“匕首”註）。

陳：**陣**除丢反（玄24/329c）（慧70/877b）。//**敶**古文陣字（龍121/02）。

霆：**霆**正直刃反雲霆也（龍308/05）。**霤**誤（龍308/05）。

塡：**塡**又陟因反（龍245/09）（慧15/705b）；塡經從土作塡誤也（慧25/906b“廁塡”註）。

鎭：**鎭**陟陳反（慧52/471a）（慧74/955a）（慧70/860a）（慧70/868b）。**鎭**知陣反（玄10/13

5a）（玄11/151a）（玄12/158a）（玄17/233c）（玄24/323c）（慧50/416b）。

宪：**宪**直禁反深也（龍509/06）。

瓜：**瓜**直禁反青皮瓜名也（龍195/09）。

鴆：**鴆**除禁反（慧65/765a）（慧73/928a）（慧33/53b）（玄20/273b）（慧75/980a）（玄22/303b）

（慧48/393b）（慧42/246a）（慧81/9b）（慧94/223b）（慧96/260b）（慧97/283a）（慧100/343b）

（紹165a8）。**鴆**除禁反（玄16/222b）（玄18/248b）（紹165a8）。**鴆**俗（龍288/07）。**鴆**正

直禁反（龍288/07）（玄13/170c）（慧16/725b）（玄20/266c）（紹165a8）。**鴆**俗（龍288/

07）。**鴆**鴆正直賃切（紹165a8）。

雨：**雨**直夊反登也（龍094/07）。

鞥：**鞥**正正領切（紹140a4）。**鞥**正領切（紹140a4）。

zheng

征：**征**諸盈反行皃也（龍025/01）（玄13/170a）（慧57/590a）（紹128b10）。**征**諸盈反行

皃也（龍025/01）。

怔：**怔**音征怔忪心動懼皃也（龍053/07）（紹131a3）。

征：**征** 音正征忪惶遽趨走貌也 (龍 495/09)（玄 8/113a）（慧 16/712b）（紹 172b7）；迒亦
作征也（慧 96/270a "遐迒" 註）。//迒：**延** 正音征與征同 (龍 489/04)（慧 96/270a）。
遁 俗音征與征同 (龍 489/04)。

烠：**烠** 音征爌爌也 (龍 239/01)。

眐：**眐** 音征獨視皃也 (龍 418/03)。

袳：**袳** 音征袳松（㺂）小兒衣也 (龍 102/03)。

鉦：**鉦** 音征鐃也似鈴 (龍 010/07)（玄 4/53c）（慧 32/33a）（慧 92/208b）（慧 93/211a）。

烝：**烝** 正煮仍反又去聲 (龍 238/07)（玄 16/223b）（慧 33/60a）（慧 43/258a）（慧 35/106b）；
蒸或作烝亦同（慧 18/768a "鬱蒸" 註）。**烝** 之縢之升二反（玄 20/263c）（慧 48/380a）
（慧 31/12b）。**烝** 之仍反（慧 25/926b）（慧 64/751a）。**丞** 之縢之升二反（玄 22/294b）。
烬 俗 (龍 238/07)。**婈** 俗 (龍 238/07)。

徎：**徎** 音蒸行不正皃 (龍 496/07)。

脀：**脀** 癡皃 (龍 409/08)。

胺：**胺** 之仍反熟也 (龍 409/08)。

蒸：**蒸** 主仍反進也厚也眾也薰也又去聲 (龍 257/08)（玄 7/92a）（慧 18/768a）；烝經從
艸作蒸誤也（慧 33/60a "烝煮" 註）（慧 43/258a "鬱烝" 註）；拯經文作蒸（慧 40/187a
"拯濟" 註）。**蒸** 之升反（慧 28/994b）（慧 26/948a）（慧 41/206a）。**薀** 烝經文從草作蒸
（慧 31/12b "烝涌" 註）。

蓆：**蓆** 肯仍反葅也 (龍 254/03)。

爭：**爭** 靜又作爭同（玄 24/319c、慧 70/862a "有靜" 註）。**事** 音爭亦去聲 (龍 547/04)。
//伋：**伋** 音爭① (龍 037/02)。

峥：**峥** 士庚反峥嶸山皃 (龍 074/02)（慧 82/41b）（慧 88/139a）（慧 99/327b）（紹 162a9）。//
嶸 士耕反嶸陼也 (龍 074/02)。

莩：**莩** 士耕反 (龍 253/06)；崢鬟說文作莩薴同（玄 21/283b "崢鬟" 註）。

玎：**玎** 楚耕反玉聲也 (龍 433/01)。

① 《叢考》：疑為 "爭" 的增旁俗字 (51)。

睜：**睜**疾井反眵睜不悦視也（龍420/05）。

箏：**箏**側莖反（希2/367a）（慧26/931b）（希4/378b）。

綪：**綪**側耕反（龍397/01）（玄15/209b）（慧58/610b）。

頴：**頴**疾井反好也（龍484/04）。

錚：**錚**楚耕反錚鑠鐘聲也（龍009/01）；鎗鍠傳文作錚鑠誤（慧94/228b"鎗鍠"註）。**錚**静音又初庚切（紹181a8）。

鮏：**鮏**音爭魚名頭長（龍168/05）。

鬤：**鬤**正士耕反鬤鬤（龍087/06）（慧18/763a）。**鬤**俗（龍087/06）。**鬤**仕行反（玄21/283b）。**鬤**俗（龍087/06）。//**鬤**俗（龍087/06）。

徵：**徵**陟陵反（慧3/447a）。**徵**陟里陟陵二反（龍497/06）（慧001/1b）（慧4/476a）（慧6/503b）（慧8/552b）（慧11/602b）。**衡**陟里陟陵二反（龍497/06）。**散**徵古文作～（慧8/552b"徵詰"註）。**嶽**陟陵反今作徵召也（龍529/03）。

癥：**癥**陟陵反（慧39/178b）。**癥**今陟里反腸[腹]病也①（龍473/01）（紹192b10）。**癥**或作（龍473/01）。

陒：**陒**音貞丘名（龍295/09）。

郰：**郰**貞呈二音地名（龍453/08）。

趙：**趙**正竹育知孟二反趙趙跳躍也（龍324/07）。**趙**俗（龍324/07）。

飆：**飆**正竹盲反飀～狂風也（龍126/04）。//**飀**：**飀**俗（龍126/04）。

遉：**遉**丑正反邏候也（龍493/06）。

搎：**搎**玉篇音貞郭迻又音丑人反（龍209/05）（紹134a1）；**散**律本作搎非也（慧61/699b"衣散"註）（慧63/740b"染衣帳"註）。

阰：**阰**俗陟耕猪猛二反（龍122/06）。

醟：**醟**正音征醋煮魚也（龍309/09）。//**醟**：**醟**或作（龍309/09）。

zhěng 氶：**氶**取蒸字上聲呼晉譙王名（龍548/09）。

抍：**抍**拯又作抍同（玄1/18b"拯"註）（慧11/600a"拯"註）（慧12/627a"拯溺"註）（慧32

①參見《龍龕手鏡研究》347頁。

/46a "拯濟" 註）（慧 40/187a "拯濟" 註）（慧 61/677a "拯濟" 註）（慧 89/163b "拯溺" 註）（慧 92/205a "捄拯" 註）。// **撜** 拯又作撜同（玄 1/18b "拯" 註）（慧 12/627a "拯溺" 註）（慧 32/46a "拯濟" 註）。// 拯：**抍** 菉上聲（慧 46/334b）（玄 23/315c）（慧 50/425a）（慧 1/403b）（慧 1/419b）（慧 5/477b）（慧 12/634a）（慧 21/830a）（慧 30/1050a）（慧 32/46a）（慧 40/187a）（慧 57/595b）（慧 61/677a）（慧 64/758a）（慧 89/163b）（慧 90/180a）（慧 92/205a）。**拯** 菉上聲（玄 9/128b）（慧 25/912b）。**拯** 菉上聲（玄 1/18b）（慧 11/600a）（慧 12/627a）。**極** 拯經文作極誤也（慧 30/1050a "拯濟" 註）。

整：**整** 征領反（慧 32/36b）（慧 41/207a）（慧 36/122a）（慧 57/594b）。**整** 征郢反（慧 15/706a）（慧 65/773a）（慧 61/681b）。**整** 征郢反（慧 29/1021a）（慧 62/698b）。**整** 征領反（慧 12/635b）。**整** 整經從止作〜非也（慧 29/1021a）（慧 41/207a "整理" 註）。**整**（玄 16/214a）。**整** 正章領反（龍 549/06）。**整** 整之領切（紹 197a5）。**整** 整經作〜誤也（慧 57/594b "整衣" 註）。**整** 俗（龍 549/06）。**整** 俗章領反（龍 549/06）；整經從来從力作整俗字非也（慧 32/36b "意整" 註）。**整** 俗之領反正作整齊也（龍 06601）。**整** 俗（龍 06601）。**整** 俗（龍 06601）。**整** 俗（龍 06601）。**整** 俗（龍 06601）。**整** 俗（龍 06601）。

zhèng 正：**正** 章盈反（慧 11/602a）（慧 54/525b）；止有本作正觀非也（慧 26/941a "止觀" 註）。**击** 古文正字又平聲（龍 553/07）。**正** 音正（龍 553/08）。**正** 音正（龍 130/02）。**㢟** 音正（龍 525/05）。

邱：**邱** 俗音正（龍 456/07）。

政：**政** 之盛反（玄 8/107b）（慧 28/1004a）（玄 6/87c）（慧 27/983b）。// **畋** 俗音正（龍 034/05）。

証：**証** 音正諫証也（龍 049/03）（紹 185b10）。

踭：**踭** 陟迸反引榜也（龍 152/02）。

諍：**諍** 側迸側耕二反（玄 24/319c）（慧 70/862a）（慧 1/417b）（慧 55/529a）（慧 72/906a）（希 2/361c）。

窒（證）：**窒** 古文音證（龍 18/05）。**窒** 古文證字驗也（龍 19/01）。**窒** 古文證字驗也（龍 19/01）。**窒** 古文音證（龍 19/02）。**窒** 古文證字也（龍 19/02）。**窒** 古文證字也（龍

19/02）。**鋈**古文證字也（龍 19/02）。**鋈**古文證字也（龍 19/02）。**鏊**古文音證（龍 2

62/07）。**蔣**古文音證（龍 262/07）。**甂**古文音證（龍 262/07）。

幀：**懀**陟孟反（龍 139/04）（希 5/388c）（紹 130b2）。**甂**猪猛反與幰同（龍 509/05）。

徎：**徎**他頂丈井二反雨後徑也（龍 497/09）。**徎**丈井反今作徎雨後徑也（龍 031/04）。

碈：**碈**除更反塞也又磨～與鋥同（龍 443/08）。

甂：**甂**直正反大甂也（龍 316/07）。

zhi

zhī 之：**㞢**之音（紹 203a8）。**㞢**古文音之（龍 071/06）。**㞢**音之（龍 524/08）。**㞢**古文音之（龍

071/06）。**㞢**音之（龍 074/05）。**之**（慧 22/841b）。

芝：**芝**音之正作出象形也（慧 90/172b）。

支：**支**音枝（玄 14/190b）（慧 59/640a）（玄 18/239a）（慧 73/922a）；楷今作支同（玄 16/215c、

慧 65/775a "石楮" 註）；枝説文從半竹從又作支（慧 37/137a "枝柯" 註）。**支**章移反與

文攴三部俗字相濫（龍 122/01）（慧 56/554a）。**释**古文支字（龍 348/03）。**矢**枝古文

作支（慧 3/440a "攀枝" 註）。

吱：**吱**音支（龍 267/06）（玄 4/50c）（慧 31/21b）（初編玄 568）；支經文從口作吱取其舌轉也

（慧 56/554a "支多" 註）；他支經文作呬吱從口取轉舌也（玄 11/151b、慧 52/471a "他支"

註）。

枝：**枝**旨移反（玄 7/105a）（慧 30/1049b）（慧 2/435a）（慧 3/440a）（慧 37/133a）（慧 37/137a）；

卮律文作枝條之枝非字義也（玄 14/187c、慧 59/636a "卮中" 註）。**枝**音支（慧 42/247b）

（慧 35/101b）。

玫：**玫**香嚴俗音祇經音義作枝（龍 433/05）；枝玻經文從玉作玫玻非也（玄 7/104a、慧

31/20b "玫玻" 註）；亟考聲改字正從支作玫（慧 99/314b "亟改" 註）。

衼：**枝**支音（紹 168b4）。**衼**之移反（玄 14/195c）（慧 59/648b）。

眰：**眰**音支耗眰闕也又輕毛皃（龍 135/01）。

胑：**胑**音支（慧 39/166a）。**胑**古音支（龍 407/06）（紹 136a7）；躯説文作胑（慧 42/242a "㭏

一骹"註)。//胑音支（慧 39/169b）（慧 39/173a）。肢俗（龍 407/06）（紹 136a7）。肢今（龍
407/06）。//骹：躯正音支與肢胑二同（龍 161/01）；胑或從身作骹（慧 39/166a "胑
分"註）。躯俗（龍 161/01）。敠 只移反（慧 42/242a）。般骹説文作胑亦作～（慧 42
/242a "桎一骹"註）。

痓：痓音支疾病也（龍 470/01）。

絞：絞音支牽絞挽船繩也（龍 398/06）。

敠：敠正章移支義二反多也（龍 178/07）。趏俗（龍 178/07）。敠支義反多也（龍 530/0
6）。

鷢：鷢音枚[枝]① （龍 287/08）。

巵：巵正音支酒巵（龍 547/04）。巵俗（龍 547/04）。巵之移反（玄 14/187c）（慧 97/289b）
（紹 150b4）。巵之移反（慧 59/636a）。仇俗（龍 547/04）。厄音支酒巵（龍 302/04）。仉
俗音支（龍 028/08）。

柂：柂音支（龍 375/03）（紹 159a8）。

揓：揓支音（紹 133b5）。揓俗支者二音（龍 208/09）。

榰：榰音支（龍 374/07）（慧 65/775a）；支今作榰同（玄 14/190b、慧 59/640a "支肩"註）。揓
之移反（玄 16/215c）（紹 159a4）。

衼：衼之是反（玄 20/266c）（慧 81/2b）。袘諸時反（慧 52/471a）。袏諸時反（玄 11/151b）
（玄 21/279a）。祇渠支反適也（143/08）（中 62/718b）。

秖：秖音脂秖敬也（龍 110/05）（慧 13/646b）。秖正音脂敬也又秖承也（龍 110/08）。秖
止夷反（玄 4/53b）（慧 43/264b）。秖通（龍 110/08）。秖俗（龍 110/08）。祇古（龍 10
1/09）。秖今音脂敬也（龍 101/09）。

菭：菭正音脂菭葅也（龍 254/05）。菭俗（龍 254/05）。

胝：胝陟尸反（慧 48/380a）。胝俗（龍 405/07）。胝正丁尼反皮厚也（龍 405/08）。胝正
（龍 405/08）（玄 2/28a）（玄 3/46b）（慧 10/580b）（玄 8/107b）（玄 10/138a）（慧 45/305b）（玄 21/
276b）（玄 22/288a）（慧 48/370b）（玄 22/294b）（玄 23/306a）（慧 47/353a）（慧 1/410b）（慧 1/42

---

①參見《叢考》1157 頁。

1a)（慧 2/422b）（慧 50/415a）（紹 135b6）。**胒** 竹尸反（慧 28/1004a）（慧 41/212b）。**胵** 音知（慧 12/635b）。**胚** 竹尸反（玄 10/134b）。**胝** 俗（龍 405/07）。**胈** 俗（龍 405/07）。**胚** 胵又作胵同（玄 3/46b "真胚" 註）。//痕：**痕** 又俗丁礼反（龍 470/01）。**底** 底音又音止（紹 192b6）。**痕** 又俗丁礼反（龍 470/01）。**疧** 脂履反（玄 5/68b）；胚又作～同（玄 2/28a "胚子" 註）（玄 3/46b、慧 10/580b "真胚" 註）（玄 10/134b "胝柯" 註）。**痓** 古文陟尼反今作胚皮厚也（龍 468/09）（紹 192b6）。//脚：**腅** 俗丁尼反皮厚也（龍 405/07）。

秖：**秖** 竹尸反（慧 56/553b）。**秖** 或作（龍 144/02）。**稏** 正音支穗也又音知禾再生也（龍 144/02）（玄 11/143a）。**秖** 俗（龍 144/02）。

知：**知** 陟离反（希 8/410a）。**罜** 俗知音（龍 269/04）。

伳：**伳** 俗音知（龍 025/08）（初編玄 906）（紹 129a1）。

呭：**呭** 俗音知[1]（龍 269/03）（紹 183a2）。

枳：**枳** 是支切（紹 158a10）。

胭：**胭** 俗音知（龍 417/06）。

鼅：**鼅** 音知鼅鼀今作蜘蛛（龍 340/07）。**鼁** 俗音知正作鼅（龍 190/08）。**鼀** 音知（慧 40/186b）。**鼀** 俗音知正作鼅（龍 203/05）。**鼀** 俗音知正作鼅（龍 203/05）。**鼀** 俗音知正作鼅（龍 203/05）。**鼅** 螫蛛古文作鼀鼀二形同（玄 12/163a、慧 75/967b "螫蛛" 註）（慧 50/425b "蜘蛛" 註）。//**螫** 音知（玄 12/163a）（慧 75/967b）。//蜘：**蜘** 猪奇反（慧 50/425b）。

脂：**脂**（慧 15/695a）。**脂** 止夷反（慧 37/136a）。**脂** 旨夷反（慧 74/944b）。**脂** 音支（慧 53/489b）（希 6/392b）。

戠：**戠** 古文織或二音（龍 173/09）。**叕** 音織[2]（龍 556/05）。

織：**織** 之翼反（希 5/388b）（紹 190b10）。**藏** 古文音職（龍 174/03）。**藏** 古文（龍 174/03）。

銍：**銍** 音日（龍 555/07）；臻古文作銍（慧 1/405b "同臻" 註）（慧 10/588a "共臻" 註）（慧 78/1037b "同臻" 註）。

---

①參見《龍龕手鏡研究》245 頁。
②參見《疏證》245 頁。

zhí 直：**亘** 直音（紹 173b10）。

值：**值** 持致反（慧 40/192a）。

揰：**揰** 常職反拄杖也又俗直尼反（龍 216/08）。

嵃：**嵃** 正音直山直也（龍 078/05）。**峀** 俗（龍 078/05）。

喗：**喧** 音值（龍 275/04）。**喧** 俗音直（龍 277/06）。

埴：**埴** 常職反（龍 251/07）（玄 1/8b）（慧 17/741b）（玄 10/139a）（玄 12/162b）（慧 28/994b）（玄 13/175c）（慧 55/538a）（玄 15/210b）（慧 58/623a）（玄 17/234c）（慧 74/948a）（玄 18/250c）（慧 73/935b）（玄 20/272b）（慧 76/992b）（玄 21/279c）（慧 13/648b）（慧 69/846b）（慧 81/10a）（慧 84/77a）（慧 85/88a）（慧 93/221a）（慧 95/243b）（希 2/365a）。**臺** 常職反（龍 251/07）。**埴** 常職反（龍 251/07）。//埴：**埴** 尺志反赤土也（龍 251/03）。**戠** 昌志反赤土皃（龍 173/07）。

膱：**膱** 之食反脯長二寸曰膱又音直肥腸也（龍 416/09）。

植：**植** 常職反（龍 384/02）（玄 1/20b）（玄 7/101b）（慧 32/32b）（玄 9/121a）（慧 46/321b）（玄 13/177c）（慧 52/479b）（慧 1/408a）（慧 2/430b）（慧 3/449a）（慧 4/459a）（慧 4/466b）（慧 8/549a）（慧 17/734b）（慧 22/834b）（慧 23/873b）（慧 32/44a）（慧 34/81a）（慧 84/69b）（紹 158b6）；殖 説文從直作櫃今隸書略去直或從木作植（慧 1/419a "自殖" 註）（慧 2/435b "宿殖" 註）（慧 39/181b "耕殖" 註）。//櫃：**櫃** 植又作櫃同（玄 9/121a、慧 46/321 "植樹" 註）（慧 52/479b "金植" 註）（慧 1/419a "自殖" 註）（慧 3/449a "植眾" 註）。**揰** 植又作櫃同（玄 13/177c "金植" 註）。

殖：**殖** 時力反（龍 515/08）（玄 6/78a）（玄 8/107a）（慧 28/1003b）（玄 14/189a）（慧 59/638a）（慧 2/435b）（慧 5/494a）（慧 27/962a）（慧 29/1014b）（慧 33/66a）（慧 39/181b）（慧 45/300b）（慧 84/85a）（慧 96/263a）（紹 144b1）；植或從歹作殖也（慧 4/459a "種植" 註）（慧 4/466b "植眾" 註）（慧 8/549a "植眾" 註）（慧 22/834b "植" 註）。**殖** 時力反（慧 1/419a）。

樴：**樴** 音職（龍 384/04）（玄 15/204c、慧 58/603a "椓杙" 註）（紹 158a7）；椓杙又作橛樴（希 9/413b "椓杙" 註）。

臓：**臓** 之力反（龍 416/09）。**臓** 臓正職音（紹 171a2）。

蟙：蟙音織（龍 224/07）（玄 14/196b、慧 59/650a“蝙蝠”註）（紹 164a1）。

墌：墌之石反（慧 81/5b）（慧 93/210b）（慧 98/298b）；址傳作墌非也（慧 88/140b“基址”註）（慧 96/272b“基址”註）；蹠傳文從土作墌或作趾並通（慧 90/173a“基蹠”註）（慧 91/190a“趾蹠”註）。墌之石反基址也（龍 252/07）（紹 161a6）。//坧：坧隻音（紹 161a6）。//堺音謝（龍 250/10）；堦經文作堺書寫誤（慧 78/1036b“基堦”註）。

拓：拓摭字書桂苑珠叢亦從石作拓（慧 80/1090b“摭之”註）（慧 82/33a“捃摭”註）（慧 87/124b“摭實”註）（慧 90/180a“持摭”註）（慧 95/251a“所摭”註）（慧 98/309b“捃摭”註）（希 10/418b“捃摭”註）（希 10/422b“編摭”註）。柘祏經文作柘字与摭同之石反柘拾也柘非字義（玄 19/257c、慧 56/564b“開祏”註）（慧 60/655b“摭詞”註）（慧 77/1029b“摭之”註）（慧 80/1075b“採摭”註）。//摭：摭征亦反（慧 88/133b）（慧 95/251a）。摭之石切（紹 133b3）。摭又作拓（龍 218/06）（慧 60/655b）（慧 77/1029b）（慧 78/1032a）（慧 80/1075b）（慧 80/1090b）（慧 82/33a）（慧 83/62a）（慧 87/124b）（慧 90/180a）（慧 98/309b）（希 10/418b）（希 10/422b）；柘[拓]字与摭同（玄 19/257c、慧 56/564b“開祏”註）。

跖：跖正音隻足履踐也（龍 466/05）（玄 17/233c）（慧 70/859b）（玄 20/268c）（慧 33/56b）（玄 21/276c）（慧 12/636b）（慧 85/91a）（慧 88/137a）（慧 95/247b）（慧 95/257a）（紹 137a10）；蹠又作跖同（玄 5/76c“蹠踐”註）（慧 79/1056b“非蹠”註）。//蹠：蹠之石反（慧 45/299b）。蹠之石反（慧 33/57a）（慧 79/1056b）（慧 81/4b）（慧 89/158a）（慧 90/173a）（慧 91/190a）（慧 99/319b）；摭或作柘序文從足作蹠非也（慧 60/655b“摭詞”註）。蹠正音隻足履踐也（龍 466/05）（玄 5/76c）（玄 20/269a）（紹 137a10）；跖今亦作蹠（玄 20/268c、慧 33/56b“足跖”註）（玄 21/276c“雙跖”註）（慧 12/636b“雙跖”註）（慧 95/247b“盜跖”註）。//跞俗音隻足履踐也（龍 466/05）；跖經文作～非體也（玄 20/268c、慧 33/56b“足跖”註）。//䃅音隻正作蹠（龍 444/06）。

侄：侄音質堅也勞也（龍 039/03）（慧 96/265b）（紹 128a8）。

䞍：䞍俗音姪（龍 276/07）（紹 183b9）。䞍俗（龍 276/07）。

馽：馽縶又作馽同（玄 7/93c、慧 28/996b“縶紲”註）。馽正陟立反馬絆也（龍 294/10）；縶或作馽（慧 80/1087b“乃縶”註）。馽俗（龍 294/10）；縶又作～同（慧 52/481b“羇縶”註）。

蟄繁或作～（慧 39/168b "拘繁" 註）。扂知力反（龍 294/07）；繁又作舝同（玄 21/283a "幽繁" 註）。矗繁又作罺同（玄 13/178b "羈繁" 註）。舉繁又作畢同猪立反（玄 1/14a、慧 42/235b "羈繁" 註）。//繁繁或作纍（慧 83/64b "繁意" 註）。//繁：繁知立反（慧 61/686a）（慧 62/715a）（慧 69/842b）（慧 97/280b）。繁知立反（慧 28/996b）。繁陟立反（龍 404/01）（玄 1/14a）（慧 42/235b）（玄 7/93c）（玄 10/136a）（慧 49/401a）（玄 13/178b）（慧 52/481b）（玄 21/283a）（玄 22/302b）（慧 48/392b）（慧 8/550a）（慧 8/550b）（慧 8/554b）（慧 8/556a）（慧 18/759a）（慧 39/168b）（慧 44/295b）（慧 68/830b）（慧 80/1087b）（慧 82/30b）（慧 83/64b）（慧 93/215b）（慧 95/253b）（紹 192a5）；疊經文作繁非經旨（玄 11/148c、慧 52/466a "白疊" 註）（玄 19/260b、慧 56/569a "白疊" 註）；集作繁俗字（慧 97/280b "繁以" 註）；志集作繁誤也（慧 97/285a "執志" 註）；褻今傳本盡作繁音砧立反非也（慧 100/332b "白褻" 註）。藜音至（龍 553/09）。

執：執正執字（慧 37/141a）（慧 49/403a）（慧 92/201b）。執正執字也（慧 81/3a）（慧 89/157a）。

隻：隻征亦反（慧 1/404a）。雙征懌反（慧 6/496b）。

塌：塌直葉直立丑立三反下入也（龍 252/01）。塌出玉篇（龍 252/01）。褋舊藏作螺玉篇直輒反～蟄也[1]（龍 113/09）。

蹢：蹢呈炙反蹢躅（龍 465/09）（玄 8/112c）（玄 14/186b）（慧 59/634a）（玄 19/254a）（慧 56/559a）（慧 8/551b）（慧 14/678a）（慧 15/686a）（慧 16/722a）（慧 24/899b）（慧 38/157a）（慧 40/193b）（慧 47/343a）（慧 47/350a）（慧 60/657a）（慧 65/767b）（慧 66/795a）（慧 67/803a）（慧 81/20b）（希 5/384c）（希 9/414b）（紹 137a6）；擲亦從足作蹢（慧 39/171a "擲躅" 註）；蹢亦作蹢經從手作擲俗用字非也（慧 40/188a "跳蹢" 註）。//蹢：蠤字書正蹄也論文作蹢俗字行用已久故存之也（慧 67/803a "跳蹢" 註）。蹢同上[蹢]（龍 466/01）（慧 40/188a）；蹢又作蹢同（玄 8/112c "蹢躅" 註）（玄 19/254a、慧 56/559a "蹢躅" 註）（慧 8/551b "跳蹢" 註）（慧 16/722a "蹢躅" 註）（慧 38/157a "蹢斶花" 註）（慧 40/193b "跳蹢" 註）（慧 47/343a "蹢跳" 註）（慧 47/350a "蹢" 註）（慧 65/767b "跳蹢" 註）（慧 66/795a "跳蹢" 註）（慧 81/20b "蹢躅" 註）。

①參見《叢考》706 頁。

黐：麺音笛（龍506/02）（玄22/288b、慧48/371a"无秅"註）。麺知革泊革二切（紹148a4）。

黐：黐正竹益反黏也（龍332/04）。黐俗（龍332/04）。

zhǐ 止：止（慧26/941a）。

芷：茊音止（龍260/08）（慧83/66a）。茊音止（龍260/08）。

阯：阯音止（龍297/01）（慧90/176a）（紹169b9）。//址：址音止基址（龍249/01）（慧88/140b）（慧96/272b）。

祉：祉丑里反（龍112/03）（玄22/301b）（慧48/390b）（玄23/318c）（慧50/428b）（玄25/338b）（慧71/893a）（慧80/1089b）（慧85/96b）（慧90/172a）（慧96/269b）（慧97/287b）。

砋：砋止音（紹163a6）。

詯：詯正旨止二音詯訐也訐發人惡也（龍045/06）。//暗：暗今（龍045/06）。

趾：趾音止（龍462/7）（玄1/3a）（玄21/282a）（慧11/605b）（慧20/802b）（慧21/828a）（慧83/49b）（慧84/78a）（慧91/190a）（紹137b1）；蹠傳文從土作墌或作趾並通（慧90/173a"基蹠"註）。阯音止（龍462/7）。

洔：洔正音止（龍232/06）。//沚 或作音止（龍232/06）（慧87/131b）（紹187a4）。

抧：抧音紙玉篇音側買反（龍211/06）（慧35/99b）。

枳：枳音紙（龍380/01）（玄8/111a）（玄8/118b）（慧70/867a）（慧10/591a）（慧41/208b）（慧35/104a）（慧84/69b）（紹157a6）。枳居紙反（玄24/323a）。

祇：祇俗音紙正作只（龍104/09）。祇俗紙只二音（龍111/06）。

咫：咫音紙（龍550/07）（慧49/410b）（紹203a7）。//阰：阰紙音（紹203b9）。

疧：疧音支毀傷也（龍470/02）。

軹：軹音紙縣名也（龍083/02）。

馶：馶正音紙（龍288/01）。鳲（慧11/604b）。鳲俗音紙（龍288/01）。

旨：旨諸以反（玄24/325a）（慧92/198b）；恉亦作旨（慧39/173a"意恉"註）。旨諸視反（玄8/108a）（慧28/1005a）（玄24/321a）。旨脂以反（慧70/864b）（玄24/325a）（慧70/870a）。旨（慧23/868b）。

恉：恉正音指憶也（龍057/07）（慧39/173a）（慧85/94b）。恉今（龍057/07）；旨字體作恉

（玄 8/108a、慧 28/1005a "聖旨" 註）。

指：𦙄 古文音指 （龍 212/03）。指 脂齒反 （慧 34/74b）（慧 92/201a）。指 （玄 17/226c）（慧 47/346a）（希 7/404a）（希 8/409a）。捐 （慧 67/812b）。

痦：痦 俗音旨 （龍 473/05）。

泜：泜 正又音紙著止也 （龍 228/02）。泜 俗 （龍 228/02）（玄 8/115b）（玄 8/116c）（慧 38/163a）（慧 88/135b）。泜 支氏反 （慧 100/346b）（紹 189a4）。汦 俗 （龍 228/02）。泜 俗 （龍 228/02）。

坁：坁 泜或作坁同也 （慧 100/346b "泜昌" 註）。坁 音紙著也 （龍 249/05）。

抵：抵 音紙 （龍 212/07）（慧 87/120a）（慧 98/299a）（慧 98/307b）（紹 132b4）。

底：厷 旨音 （紹 193a8）。

厎：厎 音止 （慧 92/206b）。厎 砥說文作厎 （慧 41/208a "砥掌" 註）（慧 80/1072b "丑砥" 註）（慧 98/298a "砥操" 註）。厎 之是反致也至也均也平也 （龍 302/05）（紹 198a4）。厎 之是反致也至也均也平也 （龍 302/05）。庒 正旨止二音 （龍 300/06）。庒 俗旨止二音 （龍 300/06）。庒 俗止音 （龍 300/08）。砥//砥 正音旨 （龍 443/02）（慧 58/625a）（慧 41/208a）（慧 80/1072b）。砥 之視反 （慧 54/509b）（玄 15/211c）（慧 91/187a）（慧 91/187b）（慧 92/199b）（慧 93/210b）（慧 93/217b）（慧 98/298a）（希 1/354c）（紹 163a2）。砥 之耳反 （慧 97/285a）。砥 音紙與上[砥]亦同 （龍 443/03）（玄 4/60b）（玄 13/181a）；砥集作〜俗字 （慧 98/298a "砥操" 註）。砥 音止 （慧 11/618b）（紹 163a2）。砥 俗音旨 （龍 443/02）。砥 俗音旨[1] （龍 443/02）（龍 550/08）。砥 音止 （龍 184/07）。砥 音止 （龍 272/08）。

紙：紙 支尒反 （慧 75/982a）。紊 紙亦作〜 （慧 75/982a "一紙" 註）。帋 紙經作帋俗字通用也 （慧 75/982a "一紙" 註）。

蒫：蒫 正音止蒫荎小苹也 （龍 260/09）。蒫 俗 （龍 260/09）。

嗘：嗘 俗音紙又石尒反[2] （龍 271/04）。

捯：捯 竹几反 （龍 381/08）。捯 竹几反 （龍 381/08）。

---

①《叢考》：此字乃 "砥" 的俗字 （863）。
②參見《龍龕手鏡研究》40 頁。

茝：茝正音止又昌海反（龍 260/08）（慧 98/297a）（慧 98/297a）。茝止齒二音又昌亥切（紹 156a5）。茝或作音止又昌海反（龍 260/08）

禰：黹禰或作黹（慧 98/297a“重禰”註）。禰陟几反（龍 105/08）；集從爾作禰寫誤也（慧 98/297a“重禰”註）。禰陟几反（龍 105/08）。禰陟紀反（慧 98/297a）。

皺：皺相承竹几反（龍 120/05）。

贚：贚猪几反當也（龍 350/08）。

祁：祁音旨地名（龍 455/09）。

zhì 豸：豸正直尔反或作豸廌二字（龍 321/04）（慧 41/209a“虎豹”註）。豸俗（龍 321/04）（玄 13/174b）（慧 54/511a）（玄 19/255a）（慧 56/560b）（慧 57/583b）（慧 94/231a）（慧 99/323a）。//豸：豸直尔直買二反玉篇云似鹿一角也（龍 319/02）。//觟：觟宅買反獬觟仁獸也與廌同（龍 512/01）。

阤：阤施是反又直尔反或作陁陊二字（龍 296/06）（慧 27/972a）（紹 169b5）；褫經文作阤（玄 6/82a“褫落”註）。陀又丈尔反毀落也①（龍 295/02）。

杝：杝丈爾切（紹 157a9）。

忮：忮之豉反（玄 9/121b）（玄 18/251a）（慧 73/918a）。忮之豉反（慧 46/322b）。忮支義反懻忮恨也害也（龍 061/02）。

鼓：鼓支義反快也（龍 049/04）。

治：治直吏反又直梨反竝通（慧 2/431b）（慧 2/427b）（慧 3/443a）（慧 5/485b）（慧 8/537b）（慧 8/544a）（慧 12/625a）（慧 14/672a）（慧 16/718a）（慧 20/791b）（慧 29/1017b）（慧 29/1025b）（慧 30/1052b）（慧 41/210b）（慧 41/226a）（慧 44/295b）（慧 47/364b）（慧 51/445a）（慧 64/754b）。冶音治②（龍 187/06）。

帙：帙今池質反書帙也（龍 139/07）（慧 11/603a）（慧 11/603b）（紹 131b8）；袠或作帙（慧 82/25b“一袠”註）（慧 86/114b“部袠”註）（慧 90/169a“負袠”註）（慧 97/287b“部袠”註）（慧 99/317a“兩袠”註）。帙正（龍 139/07）。帙俗直質反書帙也正作帙（龍 062/06）。帙

①參見《龍龕手鏡研究》264 頁。
②參見《叢考》113 頁。

俗（龍 062/06）。//袠：袠正直質反書衣也（龍 108/06）（慧 80/1077b）（慧 82/25b）（慧 8

6/114b）（慧 90/169a）（慧 97/287b）（慧 99/317a）（紹 168b5）。袟俗（龍 108/06）（紹 168b5）；

帙或從衣作袠或作袟也（慧 11/603a "部帙" 註）（慧 11/603b "緗帙" 註）（慧 82/25b "一袠"

註）（慧 86/114b "部袠" 註）（慧 90/169a "負袠" 註）（慧 97/287b "部袠" 註）（慧 99/317a "兩袠"

註）。袠袠正姪音（紹 168b5）；袠集作袠非（97/287b "部袠" 註）（99/317a "兩袠" 註）。

袠袠正姪音（紹 168b5）。

袟：袟直質反又千結反（龍 385/02）（玄 14/187c、慧 59/636a "閫内" 註）。（玄 16/217c、慧 65/

769b "凡閫" 註）。

秩：秩直質反積也次也當也以官相次也（龍 147/05）（紹 195b10）；秚衛宏作䄺或作秩穉

古字也（慧 5/488a "秚稗" 註）。

袚：袚除栗反（玄 4/56c）（慧 43/265b）。

牪：牪音聽逸［反］（慧 38/160b）

絰：絰直日反經絰也（龍 404/02）（玄 11/153b）（慧 52/476a）（紹 191a2）。//鈇：鈇古文質

直反今作絰縫鈇（龍 020/09）。

鈇：鈇直質反帆索也（龍 336/03）。

庤：庤直里反儲也（龍 300/07）；偫古文作庤同（玄 12/167b、慧 75/985b "儲偫" 註）。//時：

時直里反（龍 350/04）（紹 143a5）；偫古文作時同（玄 12/167b "儲偫" 註）。時直里反

（龍 345/02）。

峙：峙直里反山特立也（龍 74/07）。峙（龍 74/07）。

時：時音止又音恃（龍 154/02）（紹 196b9）。

畤：畤音值雔也（龍 154/04）；偫古文作畤同（玄 12/167b、慧 75/985b "儲偫" 註）。畤音

值雔也（龍 154/04）。

粏：粏音直（龍 305/09）。

秲：秲直里反稻名秲禾又音蒔種秲也（龍 144/09）。

痔：痔馳已反（慧 39/182a）（慧 40/197a）。痔正直里反下部病也（龍 472/06）（玄 11/144c）

（慧 52/458a）（玄 14/185b）（慧 59/632b）（慧 7/529a）（慧 13/660a）（慧 63/732a）（希 6/392a）（希

6/394a）（希 6/395a）（希 8/405c）。//痓：瘁俗（龍 472/06）。//痓：症俗（龍 472/06）。

跱：跱直里反（龍 462/08）（玄 1/2a）（慧 20/801b）（玄 9/127a）（慧 46/332a）（慧 74/958a）（慧 97/289b）（慧 100/348b）（紹 137a8）；峙或作跱（慧 74/941b "跱立" 註）（慧 81/6b "跱然" 註）（慧 93/213a "秀跱" 註）。//踦俗（龍 462/8）。踦俗（龍 462/8）。//踦：踦俗音跱①（龍 463/08）。//峙：峙直里反住也基也止也（龍 335/08）（慧 17/733b）（慧 49/411b）（慧 74/941b）（慧 79/1061a）（慧 80/1075a）（慧 81/6b）（慧 84/72a）（紹 147b5）；跱古文峙同（玄 9/127a "聞跱" 註）（慧 97/289b "跱立" 註）；峙或從止作跱也（慧 83/62b "遲跱" 註）（慧 89/156a "聳跱" 註）（慧 93/213a "秀跱" 註）。峙直里反住也（龍 74/07）；持止反字宜從止有從山者謬也（慧 23/877a）（慧 24/894a）（慧 82/36a）（慧 83/62b）（慧 93/213a）（慧 97/274b）（紹 161b9）；古文峙[跱]今作跱（玄 1/2a "安跱" 註）（慧 20/801b "安跱" 註）（慧 81/6b "跱然" 註）（慧 46/332a "聞跱" 註）（慧 74/958a "跱立" 註）；峙論文從山作峙誤也（慧 84/72a "坐跱" 註）。//跱：峙音值（龍 519/08）（紹 199b10）；峙或作跱傳文從立作跱非也（慧 74/941b "跱立" 註）（慧 82/36a "間峙" 註）。

偫：偫通（龍 033/03）（玄 12/167b）（紹 128b9）。偫除里反（慧 75/985b）（紹 172b8）。偫俗音持（龍 025/08）。//偫：偫正直利反直利反大也又會物也（龍 033/03）。偫俗（龍 033/03）。偫丈二反（慧 51/451a）。偫俗（龍 033/03）。

至：室音至（龍 184/08）。

囯：囯音質（龍 175/07）。

挃：挃徒結反又陟栗反（龍 218/04）（玄 4/61c）（慧 44/283a）（玄 8/111a）（玄 11/149c）（慧 52/468a）（玄 14/190b）（玄 16/217a）（慧 65/777b）（玄 20/265a）（慧 78/1045a）（紹 135a6）。挃知栗反（慧 33/61b）（慧 59/640a）。//撻丁結陟栗二反與挃同（龍 218/06）。

郅：郅之日反（龍 457/02）（玄 5/71b）（慧 42/250a）（玄 7/96b）（慧 28/1012a）。

挃：挃俗作几之日陟栗三反（龍 212/08）。

桎：桎音質桎梏杻械別名也紂時所作（龍 384/05）（玄 1/14c）（慧 42/236b）（玄 8/116c）（玄 9/124b）（慧 46/328a）（玄 12/155a）（慧 52/454b）（玄 16/218a）（慧 65/770a）（玄 18/239a）（慧 7

① 《叢考》據朝鮮本《龍龕》以為 "踦" 為 "跱" 的俗字（1006）。

3/921b）（玄 20/264c）（玄 21/279a）（慧 13/646b）（慧 42/242a）（慧 51/443a）（慧 80/1087b）（慧 8

4/79a）（慧 90/168b）（慧 93/215a）（慧 100/339b）（紹 157b5）。

致：**致** 陟利反至也（龍 530/04）。**致** 徵吏反（玄 1/22a）（玄 8/108a）（慧 28/1005a）（慧 23/8

67b）。**致**（中 62/719a）。**敊** 音致（龍 120/09）。**致**（慧 22/839a）。**致** 竹吏反（慧 25/

922a）。**歮** 音致（龍 077/05）。

掫：**掫** 正陟利反（龍 214/06）。**掫** 俗（龍 214/06）。**掫** 知利反（玄 5/71a）。**掫** 俗（龍 21

4/06）（慧 42/249b）。

緻：**緻** 直利反（龍 401/06）（玄 20/264c）（慧 43/259b）（紹 191a4）。**緻** 馳致反（玄 2/23c）（慧

4/464a）（慧 19/771b）（慧 25/926b）（慧 34/75b）（慧 36/116b）（慧 39/176b）（慧 54/520b）（慧 60

/671a）（慧 74/945a）（慧 78/1041a）（慧 85/92a）。**緻** 直利反（龍 401/06）（慧 30/1043b）。//

緷 直利反（龍 401/06）（玄 16/216c）（慧 65/776b）。**緷** 緻又作緷同（玄 2/23c "密緻" 註）。

緷 緻又作～同用也（慧 25/926b "堆阜" 註）。

蛭：**蛭** 正音質水蛭虫也（龍 224/08）（玄 11/141b）（慧 56/549b）（玄 15/199a）（慧 58/612b）（慧

29/1015b）（慧 35/106a）（慧 51/447b）（慧 60/660b）（慧 60/666b）（慧 61/689a）（慧 62/706b）（慧

75/974b）（希 5/388b）（紹 163b10）。**蛭** 真日反（慧 14/665a）（慧 29/1030b）（慧 47/349a）。//**蛭**

俗（龍 224/08）；蛭律文作蛭非也（玄 15/199a、慧 58/612b "蛭虫" 註）。//蝍：**蝍** 本集

作蛛蛭二字經音義作蝍非也[1]（龍 222/06）（紹 164b3）。//敊：**敊** 俗音致[2]（龍 534/0

1）。**蝍**（玄 20/265c）。

螲：**螲** 陟栗反（龍 225/09）；蛭經文作螲非此義也（玄 11/141b、慧 56/549b "作蛭" 註）。

嫩：**嫩** 俗音致（龍 274/10）（玄 20/265c）（初編玄 907）（紹 183b10）。

窒：**窒** 丁結反又陟栗反（龍 510/01）（玄 3/37a）（慧 09/571b）（玄 5/75c）（玄 9/130b）（慧 46/33

9b）（玄 19/262a）（慧 56/572a）（紹 194b7）。

砳：**砳** 蛭論從石作蛭誤也（慧 47/349a "石蛭" 註）。

庢：**庢** 陟栗反縣名（龍 301/08）（慧 94/227b）（紹 193b3）。**痓** 郭迻俗竹乙反[3]（龍 476/02）。

---

①參見《龍龕手鏡研究》224 頁。
②參見《龍龕手鏡研究》133 頁。
③《龍龕手鏡研究》："痓" 音竹乙反，乃 "庢" 字之訛（349）。

//厔：厔俗陟栗反正作厔（龍303/03）（紹198a4）。

痓：痓王篇音至惡病也（龍476/02）。

喔：喔陟栗切（紹182a1）。

趆：趆之日反（龍341/08）（紹202a5）。趆之日反（龍341/08）。

晊：晊之日反大也（龍430/05）。

畷：畷音值①（龍428/07）。

穧：穧稚致二音（龍146/06）。

秷：秷陟栗丁結二反（龍147/06）。

庢：庢陟栗反庢佫（龍331/04）。

鉒：鉒陟一反刈也又之日反縣名也（龍020/01）。

遟：遟陟栗反近也（龍494/08）。

襖：襖陟是知几二反襖衣也（龍105/04）。

駤：駤陟利反～壯大馬也（龍293/04）。

齮：齮直栗徒結二反齧堅聲（龍313/05）。//齮：齮同上（龍313/05）。//齮：齮陟栗反齧聲（龍313/03）。

稺：稺正直利反晚禾也（龍145/08）（紹196a3）。稺俗（龍145/09）（紹196a3）；古文稺稷二形今作稺同（玄6/78b"婆稚"註）（慧21/827a"孩稚"註）。稺稺正直利切（紹196a3）。稺遲音眾經音直利切臨文詳用（紹168a9）。稺俗（龍113/02）。稺稺正直利切（紹196a3）。//稺俗（龍145/09）。//稚直利反（龍145/09）（玄6/78b）（慧21/827a）（慧27/963a）（慧27/975b）（紹196a3）；遲經文作幼稚之稚非也（玄13/170c、慧16/725b"遲其"註）；捷稙今經律多作犍稚誤也（玄16/220c、慧65/780b"捷稙"註）；緻此乃幼稚之字深為謬矣也（慧22/842a"密緻"註）。//稺稚古文稺形（玄6/78b"婆稚"註）。稺或作襖稺皆得同直利反（慧27/963a"婆稚"註）。//稀：稀又俗直利反正作稺（龍142/09）。

繂：繂直利反刺～針縫也（龍401/06）。

薙：薙直几反辛薙辛夷別名又他計反除草也（龍260/03）（慧88/144b）（慧99/315a）（紹156b2）。

掷：掷音制蝗子也（龍336/08）。

鞊：鞊旨熱反鐙～皮飾也（龍451/06）。

猘：猘居例尺制征例三反狂犬別名（龍319/04）（玄20/274a）（慧75/975b）（慧57/587a）（慧80/1069a）（慧84/68a）；猘或作猘同（慧77/1030a"猘狗"註）（慧94/223b"猘狗"註）。//

猘：猘居例尺制征例三反（龍319/04）（玄11/153a）（慧52/475a）（慧77/1030a）（慧94/223b）（紹166b7）；猘纂文作猘（玄20/274a、慧75/975b"猘狗"註）（慧84/68a"猘狗齧王"註）。猘：猘俗征例反正作犻（猘）狂犬也（龍305/07）。//㺄：㺄尺制反狂犬別名也（龍319/03）。//狛：狛猘字書作狛（玄20/274a、慧75/975b"猘狗"註）。狗猘左傳從制作猘此字古文或作～今圖記中從樂作㺄無憑據非也（慧84/68a"猘狗齧王"註）。

䞍：䞍陟志反施也（龍498/04）。

稙：稙音陟（龍147/03）（玄16/220c）（慧65/780b）。

置：置置字本從冈下直今從罒者俗也（慧23/859b）（希6/397a）（希7/401b）。寘置音（紹197b9）。置（慧22/834a）。買新藏作置在高僧傳上帙中（龍352/06）。//僵：僵俗音置正作置（龍033/07）。

真：真支義反（龍157/04）（玄3/46c）（慧10/581b）（紹194a4）。

墆：墆徒結反貯也止也（龍251/09）。

懘：懘俗直例反（龍060/09）。

嚽：嚽俗直例反（龍274/05）（玄4/62b）（慧42/247b）。

滯：滯除制反（玄5/68a）（慧44/286b）（慧7/520a）（慧18/760a）；須彆天中陰經作須滯天（玄3/43a、慧09/575a"須彆天"註）。

懙：懙正昌志反志[忘]也又音試（龍059/06）。//忚：忚俗（龍059/06）。

幟：幟昌志反幡也幖幟也（龍139/02）（玄5/72b）（慧33/57b）（玄11/151b）（慧52/471a）（玄15/202c）（玄18/247a）（慧73/926a）（玄23/312a）（慧50/419b）（玄25/332b）（慧71/882b）（慧1

（/418a）（慧 4/476b）（慧 13/644a）（慧 30/1050a）（慧 42/237b）（慧 36/121a）（慧 39/176a）（慧 64/758b）（慧 66/794a）（慧 72/901a）（慧 76/1009b）（慧 83/44a）（慧 97/277a）（慧 98/300a）（希 5/385c）（希 5/387b）（希 5/389c）（希 7/403a）；帾今作幟同（慧 58/624b "作帾" 註）。**幟**正昌志反志也又音試（龍 059/06）（玄 17/227b）（慧 67/814b）（玄 21/278c）（紹 129b9）；幟傳從心作～誤也（慧 83/44a "巨幟" 註）。//**帾**昌志反（慧 58/619b）（慧 58/624b）；幟古文帾同（玄 5/72b、慧 33/57b "為幟" 註）（玄 11/151b、慧 52/471a "為幟" 註）（慧 73/926a "旛幟" 註）（慧 13/644a "幖幟" 註）（慧 64/758b "幖幟" 註）（希 5/385c "幖幟" 註）。**恄**俗（龍 059/06）（玄 15/211b）；幟又作恄同（玄 17/227b、慧 67/814b "印幟" 註）（玄 18/247a "旛幟" 註）（玄 21/278c "幖幟" 註）；幟聲類或作恄字（慧 30/1050a "幢幟" 註）（慧 39/176a "幖幟" 註）（希 5/385c "幖幟" 註）。

識：**識**摽識又音式知識（龍 048/07）；識經文作識誤也（玄 11/148b、慧 52/465a "識鵬" 註）；誌字詁今作識（玄 16/214b、慧 65/773a "誌名" 註）。**誐**音識（龍 052/06）。**戠**音識（龍 526/08）。**戠**音謝①（龍 173/07）。**爇**音識②（龍 174/04）。

志：**志**（慧 21/820a）（慧 22/839a）（希 2/365c）。

湵：**湵**志音（紹 188b4）。

婎：**婎**音志女婎也（龍 283/09）。

痣：**痣**音志黑子也（龍 477/01）。

誌：**誌**音志記也（龍 048/01）（玄 16/214b）（慧 65/773a）（慧 36/122a）。

鷙：**鷙**音志鳥也（龍 288/10）。

擳：**擳**阻瑟反巾擳也（龍 215/05）（紹 134b1）。

櫛：**櫛**阻瑟反（龍 386/01）（慧 52/480b）（慧 79/1053a）（慧 80/1073b）（慧 80/1084b）（慧 83/59a）（慧 84/77a）（慧 85/94b）（慧 91/183a）（慧 95/254a）（慧 97/277a）（紹 158b7）。**擳**側瑟反（玄 13/178b）。//櫛：**擳**（玄 13/178b、慧 52/480b "櫛梳" 註）。

稢：**稢**阻瑟反秚稢也（龍 146/08）。

---

①參見《叢考》575 頁。
②參見李國英《楷體部分未識字考》，《古漢語研究》2009 年 3 期。

陟：**陟** 肱棘反（玄 25/332c）（慧 71/883a）。**陟** 知力反（慧 15/690b）（慧 85/94a）（紹 169b5）。//

徙：**徙** 竹力切（紹 172b8）。

騭：**騭** 之日反馭馬也又定也（龍 298/01）。

制：**制**（慧 22/834a）（慧 27/968a）（慧 65/766a）；製説文作制（玄 25/336a、慧 71/888b "製作"

註）。**刜** 舊藏作制（龍 099/05）。

淛：**淛** 上例反（龍 234/08）（紹 187a5）。

啤：**啤** 俗昌制反①（龍 274/05）（玄 20/264c）（紹 183b4）；猘狗録文作摲狗或作啤狗一也（慧

80/1069a "猘狗" 註）。**嘞** 俗昌制反（龍 275/06）。

聠：**聠** 正音制入意也一曰聞也（龍 314/09）。//聤：**聠** 俗（龍 314/09）。

製：**製** 音制作也正也断也裁衣也（龍 105/09）（玄 25/336a）（慧 71/888b）（慧 6/501a）（慧 50/4

18a）（紹 168b4）。**褋** 音制（龍 105/09）；製説文作褋（慧 6/501a "製造" 註）。

䱧：**䱧** 音制魚子醬也（龍 311/01）。

炙：**炙** 征亦反（慧 14/664b）。**炙** 之石反（龍 244/03）（慧 12/632a）（慧 14/672b）。**炙** 征亦反（慧

76/1002b）（慧 91/187b）。//煉：**煉** 之亦反（龍 542/08）。

偦：**偦** 褫亦作偦（慧 55/540b "褫落" 註）。**偧** 正音斯偦祁地名又直離反（龍 027/08）。**偋**

或作（龍 027/08）。**猇** 褫亦作偦經從犬作猇或作褫並非也（慧 55/540b "褫落" 註）。

觚：**觚** 通（龍 512/02）。**觚** 今池尔反角端不正也又羊紙反（龍 512/02）。

韇：**韇** 正涉利反車前重也（龍 084/06）。//輊：**輊** 或作（龍 084/06）。**鞞** 俗（龍 084/06）。

//轒：**轒** 俗（龍 084/06）。**轒** 俗（龍 084/06）。**轒** 俗（龍 084/06）。

鷙：**鷙** 音至魚名（龍 170/06）。

質：**質** 正之日反朴謹正信也（龍 353/01）（玄 5/72c）（慧 33/59a）（玄 5/74c）（慧 75/977a）（玄 7

/101a）（初編玄 13/591）（玄 13/176a）（玄 24/322b）（慧 70/866b）（慧 7/526b）（慧 45/308a）（慧 9

9/321b）。**筫** 俗（龍 353/01）（紹 159b8）；質集從竹作筫非也（慧 99/321b "神質" 註）。//

價：**價** 俗音質（龍 037/04）（玄 8/117b）（紹 129b4）。**價** 俗（龍 037/04）。**價** 質音也（龍

039/08）。//賳：**賳** 正陟利反（龍 352/02）；質經作賳寫誤也撿諸字書並無此字（慧

---

① 參見《龍龕手鏡研究》255 頁。

45/308a "質物" 註）。//智：智俗（龍 352/02）。

憤：憤窒古文憤同丁結猪栗二反（玄 9/130b、慧 46/339b "弥窒" 註）。

嚍：嚍正音質野人之言（龍 277/07）。嚍俗（龍 277/07）。//讀：讀俗質致二音（龍 050/09）（紹 185b10）；質經文従言作讀非也（玄 7/101a "質疑" 註）。讀俗（龍 050/09）。

櫍：攢音質（龍 386/02）（玄 13/174b）；質正體作櫍（玄 5/74c "鈇質" 註）。攢之逸反（慧 54/510b）（紹 134a3）；質正體作攢（慧 75/977a "鈇質" 註）。

磌：磌之日反柱下石也（龍 446/02）（玄 17/235c）（慧 74/949b）（慧 19/785b）（慧 37/139b）；躓經文作磌非也（玄 13/176a "躓礙" 註）。

躓：躓正陟利反（龍 463/02）（玄 3/44a）（慧 09/577a）（玄 56/871c）（慧 34/094b）（玄 5/69c）（玄 5/71c）（慧 34/86b）（慧 74/957a）（玄 12/160c）（慧 75/983b）（初編玄 566）（慧 53/498a）（玄 13/176a）（玄 14/198b）（慧 59/653b）（玄 15/211c）（慧 58/625b）（玄 17/237b）（慧 74/952a）（玄 19/257b）（慧 56/564a）（玄 20/265c）（慧 19/774b）（慧 54/513a）（慧 60/675a）（慧 62/715a）（慧 75/975b）（慧 77/1021b）（慧 81/8b）（慧 84/74b）（慧 86/114a）（慧 87/123a）（慧 90/174a）（慧 93/212a）（慧 96/268a）（希 9/413b）（紹 137b1）。躓俗（龍 463/02）。//躓俗（龍 463/02）；踟經文従智作躓非也（玄 20/266c "多律踟" 註）。//蹾俗（龍 463/02）。//蟄：蟄躓古文蟄形（玄 56/871c、慧 34/094b "躓礙" 註）（慧 74/957a "利躓" 註）（玄 12/160c、慧 75/983b "躓頓" 註）（初編玄 566、慧 53/498a "俱躓" 註）（玄 19/257b、慧 56/564a "躓頓" 註）。蟄音智①（龍 540/08）。

鑕：鑕音質斧也（龍 020/01）；櫍經文作鑕非也（玄 13/174b、慧 54/510b "鈇櫍" 註）。

寁：寁陟利反（龍 553/01）；躓今作寁同（玄 56/871c、慧 34/094b "躓礙" 註）（慧 74/957a "利躓" 註）（玄 12/160c、慧 75/983b "躓頓" 註）（慧 56/564a "躓頓" 註）（慧 19/774b "躓頓" 註）（慧 54/513a "躓礙" 註）（慧 81/8b "躓頓" 註）。寁古文蟄躓二形今作寁同（初編玄 566、慧 53/498a "俱躓" 註）。寁俗涉利反（龍 540/08）。遟都計反（玄 2/25a "遟子" 註）。遟陟利反（龍 492/05）。遟（玄 19/257b "躓頓" 註）。

憹：憹陟利反恐[怒]也恨也（龍 061/06）。

---

① 參見《龍龕手鏡研究》372 頁。

彘：**彘**正直例反豕也（龍 368/07）（玄 7/94b）（慧 28/997b）（慧 95/251b）。**彘** 直詣切（紹 203 b2）。**彘**俗直例反正作彘（龍 551/06）。**彘**俗（龍 368/07）。**彘**俗直例反正作彘（龍 551/06）。**彘** 直利反（龍 358/02）。**彘** 直利反（龍 251/01）。**彘**俗直例反正作彘（龍 5 51/06）。**彘**俗直利反（龍 130/03）。**彘** 宜[直]利反①（龍 335/10）。

瓗：**瓗**直例于芮二反劍鼻玉飾也（龍 438/01）。

埶：**埶**音執至也（龍 284/03）。

摯：**摯**音至（龍 215/03）（慧 82/39a）。

贄：**贄**音至執贄也（龍 352/03）（慧 77/1022a）（97/283b）（紹 143b2）。

鷙：**鷙**正執薛至三音羊捶鷙也亦田器也（龍 020/06）。**鷙**或作（龍 020/06）。**鷙**或作（龍 020/06）。

鷙：**鷙**陟利反馬重脚曲也（龍 293/04）。

鷙：**鷙**音至（龍 288/06）（玄 8/111b）（慧 33/62a）（玄 11/149a）（慧 52/466b）（慧 60/655a）（慧 77/1024a）（慧 85/95b）（慧 94/227a）（紹 165b5）。//**鷙**音至（龍 288/06）。

雉：**雉**今直几反度也陳也理也又野雞也（龍 149/02）（玄 8/118b）（慧 56/552a）（慧 4/467a）（慧 23/867b）（希 2/365a）（紹 200a4）。//**雉**古（龍 149/02）。**雉**雉古文雜同（玄 8/118b "烏雉" 註）。//**鴙**：**鴙**俗直几反正作雉（龍 288/03）（紹 165a5）。**鴙**雉經文作鴙（玄 8/118b "烏雉" 註）；雉經文作鴙（慧 56/552a "雉鳥" 註）。//**雞**俗直几反正作雉（龍 288/03）。

擿：**擿**正作擿經文從鄭作擲俗字也（慧 54/525a "擲汝" 註）（希 5/385c "搊擲" 註）（希 6/393b "抽擲" 註）（希 6/396c "調擲" 註）（希 7/400c "擲於" 註）。**擿**古池炙反（215/08）（慧 47/349a）；擲又作擿同（玄 16/218b、慧 65/770a "擲拋" 註）（慧 3/455a "或擲" 註）（慧 5/494b "打擲" 註）（慧 8/537b "塊擲" 註）（慧 17/731a "擲杖處" 註）（慧 27/983b "遠擲" 註）（慧 36/129a "擲散" 註）（慧 37/143a "一擲" 註）（慧 49/402a "跳擲" 註）。**擿**擲字書正作擿今經文作擲（慧 78/1043b "拋擲" 註）。//熵：**熵**俗忝商適三音②（龍 239/01）；從火作熵誤

---

①參見《疑難字考釋與研究》110 頁。
②參見《叢考》685 頁。

也（慧47/349a "火摘" 註）。𤈶俗忝商適三音（龍239/01）。//擿正池炙反（215/08）

（玄2/25b）（慧3/455a）（慧5/494b）（慧8/537b）（慧17/731a）（慧27/983b）（慧36/124b）（慧36

/129a）（慧37/143a）（慧39/171a）（慧40/192b）（慧49/402a）（慧54/525a）（慧78/1043b）（希5

/385c）（希6/393b）（希6/396c）（希7/400c）；躑論文作擿俗字也（慧66/795a "跳躑" 註）；

摘傳文作擿俗亦通用（慧74/945a "撩摘" 註）。

螏：螏直炙反（龍225/03）。

戠：戠直日反大也（龍174/03）。戜直日反大也（龍358/05）。

鞑：鞑音至扛縣名（450/08）。//鞋：鞋同上（450/08）。

觶：觶正支義反爵受四升也又音支（龍512/05）。//觚：觚俗（龍512/05）。//觝：觝

（龍512/05）。

俍：俍支義反憛也（龍036/03）。

拗：拗又竹列反（龍212/07）（玄20/265c）。

迣：迣音制囘也度也（龍492/06）。

夎：夎俗側義反正作夎夎皺皮不展也（龍335/05）。

媞：媞置是二音青州人呼彈弓也（龍152/01）。

撎：撎直利反當也對也（龍215/01）。

潪：潪直里反（龍232/05）。

智：矯音智（龍331/08）。

㝢：㝢音制婦孕病兒也（龍067/03）。

廌：廌宅買反解廌仁獸也似牛一角與貐豸同又作見反（龍300/04）（玄5/68b）。

zhong

zhōng中：中知仲反（玄2/26a）（玄14/194b）（玄22/301c）（慧3/452a）（慧4/470b）（慧26/933b）（慧

48/391b）（慧59/647a）；衷經文作中隨作无在（玄2/30c "得衷" 註）（慧26/948b "得衷"

註）。帇古文音中（龍544/07）。冲古文音中（龍544/07）。

衷：衷音中（龍102/03）（玄2/30c）（慧26/948b）（慧82/42a）（慧88/144b）（紹147a1）。裛衷

集文作～非也（慧88/144b"衷道"註）。**𣃘** 衷正又陟仲切（紹147a1）。**𠥱** 衷記作

～不成字（慧82/42a"神衷"註）。

刯：**刯**之容反（龍097/05）。**剆**之容反（龍097/05）。

伀：**伀**隻容反志及於眾也（龍025/01）（初編玄564）（慧55/544b）（玄13/170a）（慧57/590a）

（玄15/209c）（慧58/611a）（玄20/268a）（慧33/55b）；**妐**又作伀同（玄5/72a、慧34/86b"妐

姑"註）（玄13/169c"姑妐"註）（紹128b10）；**忪**又作伀同（玄19/256c、慧56/563a"心忪"

註）。//妐：**妐**音鍾夫之兄也（龍279/10）（玄5/72a）（慧34/86b）（玄12/158a）（慧74

/955a）（玄13/169c）（慧55/528b）（慧79/1060a）。

伀：**伀**音鍾征伀（龍495/09）（玄8/113a）（慧16/712b）。

忪：**忪**音鍾怔忪心動懼兒也（龍053/07）（玄19/256c）（慧56/563a）（慧76/994b）（慧79/10

57a）（慧100/344b）（紹130b1）；**伀**又作忪同（玄20/268a、慧33/55b"伀伀"註）。

祌：**祌**正音鍾衳祌也亦小襌也（龍102/03）。祗：**裷**俗（龍102/03）。

笀：**笀**音鍾長節竹也（龍389/07）。

柊：**柊**音終木名（龍374/04）。

歾：**歾**音終（龍514/04）（慧81/12a）（慧88/137b"而終"註）（慧94/225a）。

終：**終**眾戎反（慧88/137b）。**曑**音終（龍188/06）。**曑**古文終字（龍364/04）。**曑**古文

終字（龍364/04）。**曑**音終（龍432/02）。

豵：**豵**音終獸如豹（龍321/07）。

貗：**貗**音終豹文鼠也（龍334/03）。**貗**之弓反（慧17/745a）；螽冝作貗籀文作貗同（玄

1/10c"螽鼠"註）。**貗**貗籀文作貗同（玄1/10c"螽鼠"註）。

螽：**螽**正音終（龍220/01）（玄1/10c）（玄10/136b）（玄13/179a）（慧56/575b）（慧24/896b）（慧

41/218b）（慧49/405b）（慧60/674a）（慧61/693b）（慧83/55b）（希1/356c）（紹163b7）；**貗**

經文作螽（慧17/745a"貗鼠"註）。**螽**俗音終（龍220/01）。//螽：**螽**正音終（龍2

20/01）。**螽**俗音終（龍220/01）。**螽**俗音終（龍220/01）。**螽**螽古文螽同（玄10/136

b"螽蜇"註）（玄13/179a、慧56/575b"螽蝗"註）（希1/356c"虿螽"註）。

霐：**霐**音終小雨也（龍307/06）。

蝩：**蝩**直容反又職容反（龍 222/01）（玄 25/339c）（慧 71/895b）（玄 4/61c、慧 44/283a "䖝蝗" 註）（玄 11/152a、慧 52/472a "蝗䖝" 註）。

鍾：**鍾**止容反（玄 8/118a）（慧 16/726a）。//鐘：**鐘**音鍾樂器也（龍 013/08）。

䃻：**䃻**俗音鐘（龍 440/01）。**䃻**俗音鐘（龍 440/01）（玄 9/128a）（慧 46/334a）。

zhǒng 腫：**腫**之勇反（龍 410/07）（慧 56/554b）（慧 2/434b）（慧 5/485b）（慧 6/506a）（慧 7/522a）（慧 75/965a）（希 9/412b）（紹 135b9）。//膧：**膧**俗之勇反正作腫[1]（龍 480/04）；腫經文從骨作膧非也經意不成字義合是腫字疑書錯誤也（慧 75/965a "生膧" 註）。**膧**舊藏作腫（龍 480/04）。

瘇：**瘇**古時勇反（龍 472/07）；瘇説文從童作瘇今經文從重作瘇訛略也（慧 12/623a "瘦瘇" 註）（慧 77/1023b "且尰" 註）。//尰：**尰**正時勇反（龍 179/06）。**尰**屬隴反（慧 77/1023b）。//尰：**尰**今時勇反足尰病也（龍 179/06）（玄 10/138c）（慧 82/35b）；瘇字詁今作尰同（玄 11/140c、慧 56/548b "脚瘇" 註）。**尰**市勇反（龍 191/03）；瘇字詁今作尰同（玄 4/56b、慧 43/268b "瘦瘇" 註）。**尰**俗時勇反足尰病也正作尰字（龍 332/10）（慧 65/778b）；尰志文從兀作尰是籀文（慧 77/1023b "且尰" 註）。**尰**時勇反足尰病也（龍 522/05）。//瘇今時勇反足瘇病也（龍 472/07）（玄 4/56b）（慧 43/268b）（慧 12/623a）；尰又作瘇（玄 10/138c、慧 65/778b "尰血" 註）。

踵：**踵**之勇反（玄 4/55b）（慧 43/267a）（玄 12/161c）（慧 28/993a）（慧 20/791b）（慧 60/662a）（慧 64/757a）（慧 80/1079b）（慧 81/17b）（慧 81/22b）（慧 88/134b）（慧 91/192a）（慧 95/249b）（慧 97/273a）（希 10/418c）（紹 137b6）；瘇經文從足作踵非也（玄 4/56b、慧 43/268b "瘦瘇" 註）；瘇經文作踵非體也（玄 11/140c、慧 56/548b "脚瘇" 註）；踵或從足作踵亦通（慧 82/32a "摩踵" 註）。//踵之勇反與踵同（龍 335/08）（慧 82/32a）；古文踵今作踵同（玄 12/161c "髀踵" 註）（慧 20/791b "治踵" 註）（慧 64/757a "相踵" 註）（慧 81/22b "纖踵" 註）（慧 97/273a "旋踵" 註）。**踵**動種二音（龍 075/04）（紹 162b1）；古文踵今作踵同（慧 28/993a "髀踵" 註）。//**踵**之勇反亦踵字（龍 497/08）（慧 94/240b）；踵又作衝[䢈]同（玄 4/55b、慧 43/267a "踵相" 註）（希 10/418c "接踵" 註）。

①參見《龍龕手鏡研究》351 頁。

冢/冢：冢（慧93/218b）。冢誅隴反（慧76/1001a）。冢知勇反大也（龍536/05）（慧86/114b）（紹201a3）。//塚：塚正知勇反墓也種也（龍249/03）（慧5/492a）；冢經文從土俗字也（慧76/1001a"叢冢"註）（慧86/114b"汲冢"註）。塚知拱切（紹160b9）。塚俗（龍249/03）。冢知勇反[①]（龍536/06）。窋知拱反（龍508/07）。

zhòng衆：衆終中反（慧3/442a）（慧8/549a）（慧49/405b）。麤古文音衆[②]（龍301/04）。

重：重柱勇反（慧1/409a）（慧4/472b）（慧11/614a）；憧字与重同（玄20/267a、慧33/54a"幢憧"註）。

憧：憧憧經文從心作憧字（玄20/267a、慧33/54a"幢憧"註）。

種：種之用反（慧23/860b）（慧34/81a）。

歱：歱香嚴竹用反濁也音義作動在方等院羅尼第二（龍050/04）；動經文從言作歱非也（玄4/62b、慧42/247b"動他"註）。

zhou

zhōu 周：周之由反（玄8/108a）（慧28/1005a）（玄6/83c）（慧21/819b）（慧22/840a）（慧23/879a）（慧27/975a）。

凋：凋周音（紹187b8）。

隝：隝音周亭名（龍295/10）。

郮：郮音周黃帝後所封國（龍453/05）。

啁：啁張由反鳥鳴也又陟交反～譴也（龍266/09）（玄5/71b）（慧42/249b）（玄15/210a）（慧58/611b）（玄16/224c）（慧64/745a）（慧74/942b）（慧95/252a）（慧99/322a）。

糘：糘音周校糘米粉餅也（龍304/05）。

賙：賙音周急也救也賖也（龍349/08）（玄9/123b）（慧46/326a）（慧41/227b）（慧95/255a）（希1/359a）（紹143a9）；周古文賙同（玄8/108a、慧28/1005a"周窮"註）；賙今作周同（玄9/123b、慧46/326a"賙救"註）。

---

①參見《龍龕手鏡研究》20頁。
②參見《疏證》176頁。

輖：**輖**音周重載也（龍080/08）。

霌：**霌**音周霔風（龍306/10）。

舟：**舟**（慧29/1028a）。

侜：**侜**正陟流反壅蔽兒又侜張幻惑欺誑人也（龍23/05）（玄1/8b）（玄4/55b）（玄5/68c）（玄12/160c）（慧17/741a）（慧16/719a）（慧75/983b）；**侏**又作侜同（玄7/99c"侏倀"註）；**譸**又作侜同（玄8/109c"譸張"註）（玄13/172b、慧57/592b"譸張"註）。**侚**今（龍23/05）。**侜**俗（龍23/05）。**侜**竹流反侜張（慧43/267a）。**佮**侜正張流切（紹128a4）。

匉：**匉**音舟罾也（龍140/05）。

硐：**硐**音舟石也（龍441/02）。

輈：**輈**張流反（龍081/01）（玄19/260a）（慧56/569a）（紹139a5）；侜經文作輈非字體（玄4/55b、慧43/267a"侜張"註）（慧15/704b"輈輇"註）；譸論文從車作輈非譸張義也（慧84/74a"譸張"註）（慧97/283a"譸張"註）。

艆：**艆**正側鳩反舡名（龍132/03）。**艍**今（龍132/03）。

鵃：**鵃**陟交反鶥～似山鵲而小也（龍286/01）。

州：**州**音州（龍151/02）。**邜**音州（龍514/04）。

洲：**洲**音州（龍226/05）（玄17/231b）（玄21/277c）（玄23/311b）（慧1/419b）（慧3/454b）（慧5/492b）（慧5/493b）（慧7/532a）（慧12/639a）（慧30/1050b）（慧42/243b）（慧47/362b）（慧70/856a）（希2/366b）（希5/389b）（希7/401c）。

咮：**咮**正州呪二音呼雞聲又音朱（龍268/03）。**咮**俗（龍268/03）。

銂：**銂**音州（龍012/08）。

鼗：**鼗**肘流反（慧94/227b）。//鼗：**鼗**玉篇張流反（龍328/05）（紹173a7）。**鼗**切韻（龍328/04）。**鼗**切韻（龍328/04）。**鼗**俗（龍328/04）。**鼗**俗（龍328/04）。**鼗**俗（龍328/04）。

譸：**譸**竹尤反（玄13/172b）（慧57/592b）（慧84/74a）（紹186a1）；**詶**古文譸同（玄12/155b、慧52/455a"佉詶"註）（玄15/209a、慧58/609b"欝詶"註）（慧24/894a"詶詛"註）。**譸**陟流反譸張欺誑也（龍041/09）（玄8/109c）（慧28/1007a）（慧97/283a）；侜説文作譸同

（玄 4/55b、慧 43/267a "俲張" 註）（慧 16/719a "俲張" 註）；侏倀宜作讔張（玄 7/99c "侏倀" 註）（慧 19/787b "侏倀" 註）。//噑：𡀚陳畱切（紹 183a10）。𡃖侏又作噑同（玄 7/99c "侏倀" 註）；讔又作噑同（玄 8/109c "讔張" 註）（玄 13/172b、慧 57/592b "讔張" 註）。

聚：𦋺音紬妙（姓）也亦上聲（龍 379/06）。

zhǒu 肘：肘 喟柳反（慧 20/795b）（慧 44/280a）。肘 張柳反古作扭肕二字（龍 410/04）（慧 62/720a）（紹 135b6）。肘 肘音（紹 176a4）。//肕：肕又古音肘（龍 411/06）；肘或作扭肕皆古字也（慧 1/410a "兩肘" 註）。

釪：釪之酉反（龍 016/02）。

帚：帚之久反箕帚也（龍 368/06）。（慧 50/414a）（慧 53/491b）（慧 60/671a）（慧 82/28b）（慧 83/49b）（慧 84/78b）（慧 93/221b）（慧 98/304a）（紹 131b10）。//菷：菷正之久反本作帚（龍 391/05）（慧 14/661a）（慧 61/694b）（紹 160a3）；帚論文從竹作菷俗用非也（慧 50/414a "條帚" 註）（慧 53/491b "埽帚" 註）（慧 82/28b "掃帚" 註）。菷之久反本作帚（龍 391/05）。

歸：歸之九反鱖～魚名也（龍 170/01）。

鯛：鯛之酉反器也（龍 338/04）。

貙：貙之九反猛獸也（龍 322/01）。

zhòu 疛：疛正直又反心腹病也（龍 476/07）。//痔：痔陟柳反腸[腹]病也（龍 473/07）。//癑：癑或作又音倒（龍 476/07）。

酎：酎直又反三重釀酒也（龍 311/01）。

紂：紂除初反（龍 400/08）（希 10/421b）（紹 190b7）。//靮：靮音紂驢～也（龍 449/07）。

胄：胄治又反（慧 19/778b）。胄除救反（玄 1/3b）（玄 2/28c）（玄 7/97b）（玄 9/127c）（玄 12/161a）（玄 16/220b）（慧 20/803a）（玄 22/297c）（慧 26/940a）（慧 46/333b）（慧 48/384b）（慧 57/596b）（慧 65/780b）（慧 75/984b）（希 9/411a）（紹 136b2）；胄經文從月非也（慧 5/490a "甲胄" 註）。冑稠又反（慧 5/490a）（慧 21/828b）（慧 41/220a）（紹 204a3）。//軸：軸胄古文軸同（玄 1/3b、慧 20/803a "甲胄" 註）（玄 12/161a、慧 75/984b "甲胄" 註）（玄 16/220b、慧 65/780b "甲胄" 註）。//鈾：鈾古文直救反（龍 017/09）；胄律文作鈾非也（玄

16/220b、慧65/780b"甲胄"註)（玄22/297c、慧48/384b"甲胄"註）。//伷：**伷**直又反
糸伷也（龍035/04）。

宙：**宙**直又反宇宙也（龍157/06）。

粙：**粙**子又反玉篇云亦作稯字（龍305/08）。

馳：**馳**直又反競馳馬也（龍293/06）。

呪：**呪**又職救反（龍270/05）（玄25/337a）（慧71/890b）（慧32/29b）（慧43/254a）（慧57/599
b）（希3/373c）（希6/398a）；祝説文作詶今皆作呪（玄6/90a"祝詶"註）（玄17/228b、
慧67/816a"祝詶"註）（慧15/690a"祝術"註）（慧24/894a"詶詶"註）（慧27/990a"祝詶"
註）（希6/395b"祝詶"註）；詶經文從口作呪俗字也（慧32/48a"詶詶"註）（慧86/110
a"詶詶"註）。//**詶**（玄18/251b）（慧73/937b）（慧24/894a）（慧32/48a）（慧86/110a）；
祝説文作詶之授反（玄6/90a"祝詶"註）（慧27/990a"祝詶"註）（希6/395b"祝詶"註）
（希6/398a"呪詶"註）；祝説文作詶（玄14/191c、慧59/642a"祝禛"註）（玄17/228b、慧
67/816a"祝詶"註）（慧15/690a"祝術"註）；呪俗字也正從言作詶（慧32/29b"呪詶"
註）（慧43/254a"呪詶"註）（慧57/599b"呪詶"註）（希3/373c"呪詶"註）。//帠：**帠**諸
字書並無此字准經義是呪字即呪咀之呪也（慧65/767b）。//**詶**直又反州詶（龍
049/01）。

瘷：**瘷**正側救反（龍476/04）（紹192b3）。//**瘡**俗側救反（龍476/04）。**瘡**俗（龍476/04）。
瘡俗（龍476/04）。

憀：**憀**士又反傶憀惡罵也（龍035/02）。

燆：**燆**正側救反（龍316/06）（慧87/131b）（慧96/264a）（慧98/294a）（紹199b2）。**炳**俗（龍
316/06）。

傷：**傷**正鉏又反任身人也（龍035/02）。**傷**俗（龍035/02）。

皺：**皺**正爭救反面皺皮縮也（龍123/05）（慧58/603a）（慧48/373b）（慧13/659b）（慧31/9a）
（慧41/210a）（慧42/242b）（慧42/247b）（慧37/135a）（慧40/199b）（慧47/343b）（慧55/530a）
（慧66/790a）（慧68/827b）（慧72/906b）（慧74/942b）（慧74/958b）（慧75/970b）（慧75/974b）
（慧79/1055a）（慧86/116a）（慧96/266b）。**皺**鄒救反（慧12/637b）（慧15/692b）（慧15/70

5b）（慧 24/900a）（慧 53/491a）（慧 53/501a）。皺今（龍 123/05）（玄 7/104b）。皺今（龍 123/05）（慧 37/147b）；皺經作～俗字也（慧 37/135a "皺眉" 註）（慧 40/199b "皺眉" 註）（慧 66/790a "面皺" 註）（慧 74/943a "體皺" 註）。皺側救反（玄 22/290a）。皺皺經作皺俗字也（慧 75/970b "多皺" 註）。皺俗（龍 123/05）。皺側救反①（龍 530/05）。皺俗（龍 123/05）。皺俗（龍 123/05）。皺皺經作～俗字也（慧 74/958b "有皺" 註）。皺俗（龍 123/05）。皺俗（龍 123/05）。皺俗（龍 123/05）（龍 368/07）（慧 26/957b）（紹 174b4）；皺經文作～謬略也（慧 13/659b "臆皺" 註）（慧 15/692b "皺眉" 註）（慧 24/900a "皺報" 註）（慧 31/9a "老皺" 註）（慧 41/210a "面皺" 註）（慧 42/247b "容皺" 註）（慧 47/343b "消皺" 註）（慧 55/530a "面皺" 註）（慧 86/116a "面皺" 註）。皺壯幼反（玄 15/204c）。皺皺經作～俗（慧 53/491a "報皺" 註）。//皺俗音皺（龍 347/08）。皺俗側救反正作皺（龍 368/07）。皺俗側救反正作皺（龍 368/07）。//皺俗側救反正作皺（龍 450/04）。皺俗（龍 450/04）。皺俗（龍 450/04）。皺俗（龍 450/04）。//皺：皺皺抐律文作皺皺未見所出（玄 15/205a、慧 58/603b "皺抐" 註）。皺俗（龍 123/05）。

膒：膒正側救反膒脯也（龍 413/06）。膒俗（龍 413/06）。膒俗（龍 413/06）。膒俗（龍 413/06）。膒俗（龍 413/06）。

繖：繖繖正側救側尤二切（紹 190b7）；皺經文作繖借字也（玄 7/104b、慧 26/957b "面皺" 註）。繖繖正側救側尤二切（紹 190b7）。繖今側救反（龍 402/09）。繖或作（龍 402/09）。

摍：摍助侯切有處卻作攝字用臨文詳之（紹 133a10）。

騶：騶士又反（龍 293/10）（玄 9/120b）（慧 46/320b）（慧 82/25a）。騶愁瘦反（慧 1/405a）（慧 29/1029a）（慧 38/156b）（慧 49/403b）（慧 62/714a）（慧 82/37b）（慧 82/42a）（慧 100/350b）（紹 166a9）。

咮：咮陟救都豆二反鳥口也又音卓鳥生子能自食也上又音燭鳥名（龍 275/02）。//咮陟救都豆二反（龍 275/02）。

籀：籀持溜反（龍 393/08）（慧 77/1021b）。籀籌溜反（慧 81/17b）（紹 160a6）。籀籀正胃

①參見《叢考》626 頁。

音（紹155a6）。

繇：**繇**正直又反（龍552/04）。**繉**或作（龍552/04）。

晝：**晝**知胃反（玄5/73a）（慧32/41b）（慧41/205b）。

颰：**颰**凋紬二音（龍127/03）。

膈：**膈**音紂腿後也又小腹痛也（龍412/03）。

zhu

zhū 侏：**侏**音朱侏儒短人也又張流反（龍023/05）（玄7/99c）（玄15/208b）（慧58/609a）（慧19/787b）（慧60/672b）（希9/416b）（紹128b6）；**侏**經文作侏（玄5/68c、慧16/719a"侏張"註）；姝有作侏（慧27/971b"姝好"註）。//偏：**偏**俗音燭（龍039/09）。

戉：**戉**陟朱反戈也（龍172/07）。

洙：**洙**音殊（龍229/04）（慧94/223a）（慧95/250b）（紹187a3）；鍿銖傳文作淄洙水名非也（慧94/226b"鍿銖"註）。

咮：**咮**音朱多言兒又張留反（龍269/07）（玄5/71b）（慧42/249b）。

茱：**茱**音殊茱萸草名也（龍255/03）。

邾：**邾**音朱（龍453/03）（慧95/247b）。

株：**株**正音朱殺樹餘杌也（龍373/04）（慧3/448a）（慧8/537b）（慧12/622b）（慧12/639a）（慧24/896a）（慧25/912a）（慧30/1038b）（慧36/120a）（慧47/358a）（慧66/797a）（慧75/974b）（慧78/1036b）（慧79/1062b）（慧82/39b）（希4/379a）（紹157a7）。**抹**俗音朱（龍373/04）。

珠：**珠**音朱（希4/379b）（希10/422a）。

袾：**袾**誅姝二音衣也又俗朱注二音（龍102/07）。

蛛：**蛛**音朱（龍220/06）（玄12/163a）（慧75/967b）（慧31/9b）（慧50/425b）（慧83/60b）（慧95/251b）（紹164b3）。**蛛**（玄20/265c）（慧43/261b）。**蛛**俗朱殊二音[1]（龍533/06）（初編玄906）（紹176b6）。//蝱：**蝱**鼀鼁亦作蜘蛛經作知蝱非也（慧40/186b"鼀鼁"註）。//**蛛**

---

①參見《龍龕手鏡研究》368頁。

俗音珠① （龍 239/02）。**鼀**音朱蜘鼀也 （龍 340/07）（慧 40/186b）；蝫蛛古文作鼀鼀二

形同 （玄 12/163a、慧 75/967b "蝫蛛" 註）；蛛正作鼀經作銖俗字也 （慧 31/9b "螙蛛" 註）

（慧 50/425b "蜘蛛" 註）。**鼀**音朱正作鼀也 （龍 190/08）。

筞： **筞**昌朱反筞策也 （龍 388/05）。

誅： **誅**丁于反 （玄 23/314c）（慧 50/423a）（紹 185a5）。

綀： **綀**音朱繒純赤色也 （龍 397/05）。

銖： **銖**音殊分銖也 （龍 013/03）（玄 13/178b）（玄 20/270b）（慧 52/480b）（慧 45/313a）（慧 76/1

006a）（慧 94/226b）（慧 95/253a）（慧 100/345b）（紹 180a5）。

黍： **黍**音朱黏兒 （龍 332/01）。

鵃： **鵃**音朱鳥名似鴟人首也 （龍 287/06）。

諸： **農**諸請二音② （龍 072/06）。**岻**諸請二音 （龍 072/06）。**農**諸請二音 （龍 072/06）。**狀**

音諸 （龍 335/07）。

豬： **豬**音猪 （龍 320/05）（玄 4/50b）（慧 43/264a）（慧 13/646a）（慧 35/110b）（慧 47/348b）（紹 14

9b6）；猪又作豬 （希 4/380a "猪狗" 註）。//**豬**俗音猪 （龍 321/06）；豬經從豸作豬非

也形聲字也 （慧 35/110b "豬身" 註）。**豬**猪音 （紹 149b6）。**豬**恐豬音當函音云豕字

用臨文詳之 （紹 149b6）。//腤： **腤**音猪與豬同 （龍 406/08）（玄 7/94b）（慧 28/997b）（紹

135b7）。//猪： **猪** （玄 12/163b）（慧 75/968b）（希 4/380a）；豬經文從犬作猪俗字也 （慧

13/646a "圂豬" 註）（慧 35/110b "豬身" 註）。//豬： **豬**俗音猪③ （龍 447/08）。

潴： **潴**猪音 （紹 186a7）。

潴： **潴**音渚水名也 （龍 228/01）。

蠩： **蠩**音諸 （龍 221/04）。//蠩： **蠩**諸音 （紹 163b9）。

礏： **礏**音諸 （龍 440/09）（紹 163a3）。

藷： **藷**音諸藷蔗甘蔗也 （龍 256/04）（慧 63/738b）（慧 81/21a）（紹 154b10）；甘蔗諸書或作藷

柘 （玄 6/86b "甘蔗" 註）。

---

① 《龍龕手鏡研究》：在佛經中為 "蛛" 的俗字 （227）。
② 參見 《龍龕手鏡研究》179 頁。
③ 參見 《叢考》1096 頁 "豬"。

zhú 茶：**茶**除律切（紹 156b5）。

炢：**炢**直律反烼炢火煨烟出皃（龍 243/10）。

竹：**竹**音竹（龍 039/03）。

岀：**岀**玉篇之出反草一岀香嚴音莫卜反（龍 078/09）（龍 556/02）。**岀**陟劣反（龍 140/02）。

茁：**茁**徵筆反草芽又止律反（龍 265/03）。

窋：**窋**竹律反又丁骨反（龍 510/07）（慧 86/114b）。**窋**俗竹律反（龍 158/08）。

舳：**舳**直六反舳艫（龍 133/07）（慧 99/319a）（紹 146a2）。

軸：**軸**音逐（龍 084/09）（慧 13/658a）（慧 50/425b）（慧 53/493b）（慧 80/1077b）（慧 82/24b）（慧 84/82a）（紹 139a3）。//軗：**軗**俗直六反正作豚（龍 086/02）。

竺：**竺**俗竹篤二音（龍 394/09）（初編玄 688）（慧 58/613b）（希 2/361c）（希 3/372a）（希 8/406b）。**竺**今竹篤二音（龍 395/01）（慧 26/936b）。**管**古竹篤二音（龍 394/09）。//篤：**篤**丁木反（慧 25/914b）（紹 160a3）；竺今作篤（初編玄 688、慧 58/613b "天竺" 註）。//篤：**篤**東木切（紹 155b2）。

筑：**筑**韇陸反（慧 62/718b）。**筑**正音竹（龍 394/02）（玄 4/53c）（慧 32/33a）（玄 16/218a）（慧 65/770a）。**筑**俗音竹（龍 394/02）。**筑**俗音竹（龍 394/02）。

燭：**燭**正之欲反（龍 245/01）（玄 16/219c）（慧 65/779b）（玄 22/293b）（慧 48/378b）（慧 76/1005b）；爥或作燭（慧 82/28b "時爥" 註）。//爥：**爥**鍾辱反（慧 100/349b）（慧 82/28b）。**爥**或作之欲反（龍 245/01）（紹 190a6）；燭經從属作～非也（慧 76/1005b "燭幽夜" 註）；爥文中從属作～非（慧 100/349b "燈爥" 註）。

蠋：**蠋**直玉反又之欲市玉二反（龍 225/03）（初編玄 825）。

趨：**趨**之欲反小兒行皃也（龍 326/06）。

躅：**躅**直玉反躑躅也（龍 466/01）（玄 8/112c）（玄 19/254a）（慧 56/559a）（玄 20/270c）（慧 74/940a）（慧 14/678a）（慧 16/722a）（慧 38/157a）（慧 64/759b）（慧 81/10b）（慧 81/20b）（慧 83/57a）（慧 88/143b）（希 5/384c）（紹 137a8）；躅或作躅略也（慧 1/406b "軌躅" 註）（慧 24/899b "躑躅" 註）（慧 98/309a "軌躅" 註）。//躅：**躅**重綠反（慧 1/406b）（慧 24/899b）（慧 98/309a）；躑躅或作蹢躅亦通（慧 81/20b "躑躅" 註）。**躅**直王反躑躅也（龍 466/01）（紹 13

7a8）；躅又作躅同（玄8/112c "踯躅" 註）（玄19/254a、慧56/559a "踯躅" 註）（玄20/270c、慧74/940a "不躅" 註）（慧16/722a "踯躅" 註）（慧24/899b "踯躅" 註）（慧64/759b "妙躅" 註）（慧83/57a "軌躅" 註）。

鷛：鷛正之欲反（龍289/03）。//鷸：鷸俗之欲反（龍289/03）（慧4/469b）。

鄏：鄏陟玉切（紹169b1）。

斸：斸正陟玉反斫也鑺也（龍137/08）（慧26/943b）（慧31/7b）（慧41/217a）（希1/356b）。斸斸今（龍137/08）。斸斸正株玉切（紹175b7）。斸斸正株玉切（紹175b7）。斸俗（龍137/08）。//鑺：鑺家録反（慧37/135a）。鑺市玉反兵器也又陟玉反鑺～也又斫也（龍019/09）。

嚅：嚅竹角反（龍284/02）（慧36/117b）。嚅陟玉反（龍284/01）。

蠾：蠾之欲反蚤蠾又音蜀蜘蛛也（龍225/04）。

繘：繘之欲反帶也（龍404/05）。//繘：繘（龍404/05）。

逐：逐蟲六反（慧13/646a）（慧15/697b）（慧23/860b）。逐逐經從豕作逐非也（慧15/697b "逐塊" 註）。

蓫：蓫直六反馬尾草名又丑六許六二反亦羊蹄菜名（龍264/10）。

踧：踧俗音逐（龍467/06）。

瘃：瘃知録反（慧52/455b）（慧58/616b）。瘃正陟玉反寒瘡也（龍478/05）（玄12/155c）（玄15/201a）（玄16/220a）（慧65/780a）（紹193a1）。//瘃：瘃或作（龍478/05）；瘃古文瘃同（玄12/155c、慧52/455b "凍瘃" 註）（玄15/201a、慧58/616b "指瘃" 註）（玄16/220a、慧65/780a "體瘃" 註）。

騤：騤音逐馬～獸名（龍294/08）。

坃：坃俗阻六反正作坃（龍478/08）。

zhǔ 主：主（慧27/975b）（慧31/13b）（希3/368b）；炷集訓作主主燈內布而施行今之時用也（慧57/581a "齎炷" 註）。

拄：拄知雨切（紹132a7）．

貯：貯俗陟雨反（龍421/01）。

埕：**埕**音主小罟也（龍330/03）。**埕**音注小罟也（龍361/01）。

塵：**塵**主音（紹193b5）。**塵**音主（龍521/04）（玄4/51c）（慧31/23b）（玄8/112c）（玄13/178c）

（慧57/593b）（玄16/215c）（慧65/775b）（慧16/722a）（慧80/1070b）（慧84/81b）（慧89/161a）

（慧91/193a）（慧93/211a）（慧100/342a）。

黮：**黮**知主反（龍532/03）。**黮**拄音（紹204a2）。

陼：**陼**之與反（龍297/03）；渚或從阜作陼亦同（慧1/419b"洲渚"註）（慧36/123b"渚島"

註）（希2/364c"河渚"註）（希2/366b"洲渚"註）（希3/373a"灘渚"註）（希7/401c"洲渚"註）

（希8/408b"灘渚"註）。//渚：**渚**之暑反（龍230/07）（玄14/195b）（慧59/648b）（玄17/23

3b）（玄18/245c）（慧73/924b）（玄22/296c）（慧48/383a）（玄23/311b）（慧47/362b）（玄24/32

6a）（慧70/871b）（慧1/419b）（慧3/454b）（慧5/492b）（慧5/493b）（慧7/532a）（慧23/866b）（慧

36/123b）（慧51/442b）（希2/364c）（希2/366b）（希3/373a）（希5/389b）（希7/401c）（希8/408

b）（紹187a10）。**棠**渚論中從小作～非也（慧51/442b"諸渚"註）。**潇**之暑反（龍230/

07）。**暑**之暑反（龍230/07）。

峬：**峬**音煮（龍075/08）。**箸**音煮（龍075/08）。

煮：**煮**諸汝反（慧33/60a）（慧35/106b）（麗20/285a）。**渼**煮經從水作～非也（慧33/60a"烾

煮"註）。//鬻：**鬻**正古文音煮（龍534/08）。**鬻**煮古文作鬻（慧35/106b"烾煮"註）。

褚：**褚**正知呂反裝衣也（龍104/08）（紹168a10）；幥或作斷古字也亦作褚（慧64/755a"幥

器"註）。**褚**竹與反（玄14/190b）（慧59/640a）；袊又作褚同（玄16/219c、慧65/779a"袊

之"註）。//禠：**禠**俗知呂反[1]（龍104/08）。//繕：**繕**俗知呂反正作褚（龍401/01）。//

袊：**袊**知呂反衣袊又弊衣（龍105/04）；褚古文袊同（玄14/190b、慧59/640a"褚繩"

註）。**袊**知呂反（玄16/219c）（慧65/779a）（玄14/192a）（慧59/642b）（紹168b6）。//袜：

袜袊展呂切（紹168b6）。

幥：**幥**豬呂反（慧64/755a）。//**斷**幥或作斷古字也亦作褚（慧64/755a"幥器"註）。

屬：**屬**殊欲反（慧6/500b）（慧95/249a）（慧95/249b）（慧96/268b）。**蜀**正音燭（龍164/07）（慧

18/749a）（慧27/975a）（慧50/415a）。**属**俗通（龍164/07）（玄6/89c）（玄10/134b）（玄21/2

①參見《龍龕手鏡研究》117頁。

85b）（玄 23/315a）（慧 50/424a）（玄 25/333c）（慧 71/884b）（慧 4/472a）；屬經文作属不成字（慧 6/500b "若屬" 註）（慧 95/249a "屬纘" 註）；履字有本作屬者謬勘（慧 23/862a "不能遊履" 註）（慧 27/975a "屬于" 註）。**壽** 屬古文作～亦屬字也（慧 6/500b "若屬" 註）。

矚：**矚** 之欲反經作矚通俗字也（慧 42/242a）（慧 36/129b）（慧 53/488a）（慧 44/285a）（慧 77/1016a）（慧 81/5a）（慧 88/134b）（慧 88/146b）（慧 98/308b）。**矚** 之欲反（慧 21/818a）（慧 88/134b "矚奕" 註）（紹 142a8）；矚集文作矚俗字也（慧 88/146b "聽矚" 註）。**矚** 正（龍 423/03）（玄 5/64c）（玄 23/313a）（慧 50/421a）（慧 83/44b）。//**矚** 俗（龍 423/03）。

囑：**囑** 之欲反（慧 3/454b）（慧 27/989a）。**囑** 音燭（龍 277/08）。

钃：**钃** 音蜀（慧 75/966a）。**钃** 俗章欲反①（龍 324/01）（紹 198b4）。

zhù 宁：**宁** 音除又直呂反（龍 155/03）（慧 11/602b）（慧 93/210a）。

佇：**佇** 直呂反久立也（龍 029/07）（慧 4/470b）（慧 10/588b）（慧 23/870a）（希 9/416a）（紹 128b8）；竚或作佇同（玄 4/54a、慧 32/33b "竚立" 註）（玄 21/284b、慧 28/1008a "竚立" 註）（慧 91/181b "竚對" 註）（慧 92/196b "竚聆" 註）（慧 93/210a "竚聆" 註）。**佇** 佇正並丈呂切（紹 128b8）。//竚：**竚** 正直呂反久立也與佇同（龍 519/07）（玄 4/54a）（慧 32/33b）（玄 21/284b）（慧 28/1008a）（慧 91/181b）（慧 92/196b）（慧 93/210a）；佇或作竚同也（慧 4/470b "佇立" 註）。**竚** 俗（龍 519/07）。**竚** 俗直呂反正作佇（龍 271/03）。**竚** 俗直呂反正作佇（龍 271/03）。

泞：**泞** 丈呂切（紹 187b5）（紹 189a3）；佇又作泞尒雅作宁（希 9/416a "佇立" 註）。

忊：**忊** 張呂反（玄 12/164b、慧 55/544a "權怚" 註）。

芧：**芧** 正直呂反（龍 259/07）；紵或作芧同（玄 14/188c、慧 59/637b "毳紵" 註）。**芧** 或作直呂反（龍 259/07）。

垃：**垃** 正玉篇直呂反器也香嚴小土也（龍 248/07）。**垃** 誤（龍 248/07）。

柠：**柠** 柠（柠）正丈呂展呂二切（紹 133a2）。

竺：**竺** 箸古文竺同（玄 14/196b、慧 59/650a "作箸" 註）；杼又作竺同（玄 17/234c、慧 74/948a "以杼" 註）。

---

①參見《龍龕手鏡研究》275 頁。

羚：羚 正直呂反生羔五月也（龍 160/02）。羚 俗（龍 160/02）。

紵：紵 直呂反（龍 399/08）（玄 11/147c）（慧 52/464a）（玄 14/188c）（慧 59/637b）（慧 15/692a）（慧

61/693a）（慧 75/986b）（慧 77/1023a）（慧 81/5b）（慧 83/59b）（慧 85/102a）（紹 191b1）。

貯：貯 正知呂反貯畜也居也積也（龍 350/05）（玄 11/149c）（慧 52/468a）（玄 14/194b）（慧 59

/647a）（慧 2/433a）（慧 7/521a）（慧 8/551b）（慧 11/610b）（慧 11/613b）（慧 13/648a）（慧 15/70

4a）（慧 16/710a）（慧 16/716b）（慧 17/735a）（慧 18/751a）（慧 20/799b）（慧 25/916b）（慧 40/20

1a）（慧 62/701b）（慧 67/802a）（紹 143a7）。貯 俗（龍 350/05）。

貯：貯 張呂反（龍 201/05）；幠或作貯古字（慧 64/755a "幠器" 註）。 貯 貯或作貯（慧 7

/521a "盛貯" 註）。貯 知呂反（龍 157/02）。//貯：貯 或作張呂反盛米器也（龍 338/

03）。貯 張呂反（龍 550/02）。

住：住 徃經文有作住非也（玄 6/87c "所徃" 註）（慧 27/983b "在在所往" 註）；蛀律文有改

作住（玄 16/215a、慧 65/774b "虫蛀" 註）；駐古文住同（玄 17/231b、慧 70/855b "執駐" 註）。

注：注 之喻反（玄 1/6c）（慧 17/737b）（慧 40/197b）；註今亦作注也（玄 6/85c "註記" 註）；

炷或作注（慧 3/447a "焦炷" 註）（慧 27/979a "註記" 註）（慧 83/60a "註解" 註）（慧 88/136a

"註解" 註）。

柱：柱 陟柱反（玄 13/181c）（玄 2/25c）（慧 17/731a）（慧 31/17b）（慧 42/239b）（慧 43/254b）（慧

35/107a）（慧 37/134b）（慧 37/137b）（慧 40/190b）（慧 45/299b）（慧 55/540b）（慧 66/797b）（慧 7

9/1054a）；跓考聲正從木作柱經從足作跓亦通也（慧 57/581a "受跓" 註）。柱 陟柱反

（慧 54/517b）（慧 42/241a）；跓俗字也合作柱（慧 42/240b "相跓" 註）（慧 35/107a "相柱"

註）。//骬：骬 丁呂反[1]（龍 480/09）；柱論文從骨作骬非也撿諸字書並無此字（慧

66/797b "連柱" 註）。//胜：胜 俗竹主反（龍 411/04）。

炷：炷 之戍反燈炷也（龍 242/06）（慧 3/447a）（慧 5/490b）（慧 12/632a）（慧 23/879b）（慧 51/4

40b）（慧 57/581a）（慧 60/671b）（慧 68/823a）（慧 79/1052b）（希 3/372a）（紹 189b1）；主經從

火作炷亦通用（慧 31/13b "膏主" 註）。

疰：疰 音注疰病也（龍 475/09）（玄 20/266b）（慧 40/192b）（紹 192b2）。

---

[1]《龍龕手鏡研究》："骬" 即 "柱" 的換旁俗字（338）。

崖：**崖** 音注直開下崖崖也 （龍303/09）。**崖** 丑注反直開上也① （龍303/09）。

娃：**娃** 音住香嚴又俗音主 （龍520/01）。

蛀：**蛀** 或作音注 （龍224/01）（慧65/774b）。**蛀** 俗音注 （玄16/215a）。**蛀** 今 （龍224/01）。

蟲 或作 （龍224/01）。

註：**註** 之戍中句二反註射也又疏也識也解也記物也 （龍050/03）（玄6/85c）（慧27/979a）

（慧83/60a）（慧88/136a）（紹185a6）。

跓：**跓** 直主反勇足也 （龍461/06）（初編玄566）（慧42/240b）（慧57/581a）（紹137b8）；柱經

文作跓此俗字非其體也 （玄2/25c "柱牌" 註）（玄13/181c、慧54/517b "柱亦" 註）（慧31/

17b "柱地" 註）（慧42/239b "屈柱" 註）（慧42/241a "相拄" 註）（慧43/254b "相柱" 註）（慧35/10

7a "相柱" 註）（慧37/134b "指柱" 註）（慧37/137b "相拄" 註）（慧40/190b "相柱" 註）。**跓**

俗② （龍461/09）。

軠：**軠** 中句反車軠 （龍084/07）。

銉：**銉** 之戍中句二反置也又送死人物也 （龍018/01）。

駐：**駐** 中句反 （龍293/10）（玄4/56c）（慧43/265b）（玄7/100c）（慧30/1038a）（玄17/231b）（慧

70/855b）（慧78/1044a）（慧87/125b）（慧93/215b）（紹166a3）。

霔：**霔** 音注霖霔也 （龍307/10）（慧12/628b）（希2/363a）（紹144a6）；注經文從雨作霔非也

（玄1/6c、慧17/737b "降注" 註）（玄19/261a、慧56/570a "注霖" 註）（慧40/197b "霈注" 註）；

澍經文從雨作霔謬也多是時俗凡情妄作不成字也檢一切字書並無此字非也（慧1

0/590b "降澍" 註）（慧12/632a "澍甘雨" 註）（慧14/679a "遍澍" 註）（慧15/685b "澍雹" 註）

（慧41/220b "降澍" 註）（希5/384b "降澍" 註）。

祝：**祝** 之育反 （玄3/43c）（慧09/576b）（玄3/44b）（慧10/583b）（玄6/90a）（玄8/114a）（玄14/

191c）（慧59/642a）（玄17/228b）（慧67/816a）（慧15/690a）（慧16/714b）（慧27/990a）（希6/3

95b）；呪又作祝 （玄25/337a、慧71/890b "呪詛" 註）（希3/373c "呪詛" 註）（希6/398a "呪

詛" 註）。**祝** 之六反 （龍148/01）。// 餯：**餯** 俗之六反 （龍503/06）。

---

①參見《叢考》497 頁。
②參見《龍龕手鏡研究》338 頁。

柷：**柷**之六昌六二反爾疋云柷州木名也（龍 385/06）。**柷**之六昌六二反柷敔止也樂器也（龍 217/06）。

助：**勣**俗音助佐也益也（龍 242/10）。

莇：**莇**直據反（龍 261/07）；鋤經文作莇非也（玄 5/69a、慧 10/582b "揫鋤" 註）。

芧：**芧**芧正丈呂羊諸象呂三切（紹 155b8）。

杼：**杼**又直呂反（龍 380/08）（玄 10/139c）（慧 47/367b）（玄 17/234c）（慧 74/948a）。

著：**著**陟慮反成也立也明也處也補也（龍 261/06）（玄 2/24a）（玄 6/90c）（慧 10/587b）（慧 12/632b）（慧 26/945b）（慧 29/1029b）（慧 31/14b）（慧 51/450b）（慧 74/946a）（慧 76/999a）（希 5/382c）。**著**著經作着俗字（慧 12/632b "炳著" 註）（慧 31/14b "著親" 註）（慧 76/999a "顯著" 註）。

箸：**箸**陟據反又直據反（龍 393/02）（慧 59/650a）（玄 15/212c）（慧 58/627a）（慧 14/662b）（慧 35/107b）（慧 100/335b）（紹 160a10）。**著**直慮反（玄 14/196b）。//**櫡**又音節（龍 386/05）；箸律文作櫡同（玄 14/196b、慧 59/650a "作箸" 註）。//節：**筯**直慮切（紹 160a10）；箸文字集略或作鐯亦作筋（慧 35/107b "箸攪" 註）（慧 100/335b "匙箸" 註）。**筋**又直據反[1]（龍 387/09）。

翥：**翥**之恕反飛也舉也（龍 327/06）。**翥**之庶反（玄 7/103c）（慧 24/892b）（慧 62/718a）（慧 83/45b）（慧 83/63a）（慧 90/179a）（慧 95/252b）（紹 147a7）。**翥**俗章恕反正作翥（龍 338/08）。

築：**築**今音竹（龍 394/02）（慧 56/560b）（玄 22/290a）（慧 48/373b）（慧 10/593a）（慧 89/165a）（紹 160a1）。**築**徵遂反（玄 19/255a）。**篓**古音竹（龍 394/02）。**篓**築古文篓同（玄 15/203a "築時" 註）。**篓**築古文篓同（慧 58/620a "築時" 註）（玄 22/290a、慧 48/373b "或築" 註）。**筵**築傳文作慾非也（慧 89/165a "築神廟" 註）。

䰎：**䰎**之恕反大糜又豕食也（龍 503/02）。

廜：**廜**正（龍 521/07）。//廜：**廜**或作音助廜子名又音祚大也（龍 521/07）。

鼅：**鼅**或作之恕反備也（龍 201/06）。**鼅**之庶反備也（龍 201/07）。

袾：**袾**朱注二音說也祝也（龍 110/02）。

①參見《龍龕手鏡研究》307 頁。

䂧：䂧音注䂧類也（龍 314/08）。

𩢷：𩢷注音（紹 149b9）（紹 166a10）。𩢷音注馬左足白也（龍 294/01）（紹 149b9）（紹 166a5）。

逗：逗徒鬭反（慧 27/982b）（慧 83/43a）（慧 87/127b）（希 10/420c）（紹 138a6）；駐古文逗同（玄 17/231b“執駐”註）。逗駐古文逗同（慧 70/855b“執駐”註）。

鑄：鑄朱樹反（慧 12/627b）（慧 12/636a）（慧 34/87b）（慧 50/426a）（慧 100/350b）（紹 181a9）。鑄音注鎔鑄也（龍 017/02）（慧 35/106a）（慧 40/197a）（慧 84/74b）。

豬：豬切韻雖主反玉篇士羽反小豭豬也（龍 320/10）。豬同上（龍 320/10）。

㾖：㾖直魚直攄丑攄三反痴㾖者不進不達之皃玉篇又病行皃也（龍 470/02）。

遱：遱中句反不行也（龍 492/08）。

zhua

zhuā 髽：髽正則瓜反婦人長冠也（龍 087/07）。髽通（龍 087/07）。髽俗（龍 087/07）。

簻：簻撾又作簻同竹瓜反（玄 2/26a“撾打”註）（慧 12/630b“撾打”註）（慧 16/716b“撾打”註）（慧 17/728b“以檛”註）（慧 20/793b“撾鑱”註）（慧 23/857a“撾打楚撻”註）（慧 28/1002a“檛鼓”註）（慧 33/61b“檛鼓”註）（慧 41/217b“檛打”註）（慧 43/270b“撾打”註）（慧 75/971a“撾搒”註）。簻：簻陟瓜反馬策名也（龍 388/07）。//檛：檛陟瓜反棰也（龍 372/09）（慧 8/535a）（慧 16/709b）（慧 17/728b）（慧 33/61b）（慧 34/82b）（慧 41/217b）（慧 43/270b）（慧 45/301a）（慧 96/269b）（紹 159a3）。撾竹瓜反捶也（龍 206/06）（玄 2/26a）（慧 12/630b）（慧 13/660a）（慧 16/716b）（慧 20/793b）（慧 23/857a）（慧 28/1002a）（慧 32/49a）（慧 39/179b）（慧 53/493b）（慧 66/787b）（慧 68/827a）（慧 69/854a）（慧 75/970a）（慧 75/971a）（慧 78/1033a）（慧 79/1061a）（紹 132b1）。//過：過又陟瓜反棰也[1]（龍 488/09）。

zhuan

zhuān 專：專之緣反（慧 71/888b）。專之緣反（玄 25/336a）；塼詩中作專此由古字通用耳（玄 2/31b“綫塼”註）；捐經文有作專一之專非也（玄 20/266c“捐之”註）。//叀：厶又

①參見《龍龕手鏡研究》356 頁。

古文音專某厶也自是也厶擅也（龍 184/01）。嫥又時剸反望也[1]（龍 084/01）。

鄟：鄟專團二音祁鄻邑名又市兖反地名（龍 453/04）。

嫥：嫥音專可愛也（龍 280/03）。

塼：塼音專～瓦也正作甎（龍 246/04）（慧 13/658b）（慧 26/950a）（紹 161a4）；甎又作塼同（玄 15/204a、慧 58/621b“瓻甎”註）（玄 19/261a、慧 56/570b“瓻甎”註）（慧 53/486b“甎壘”註）（慧 53/488b“甎土”註）（慧 55/532a“甎石”註）。//甎：甎拙緣反（慧 55/532a）（慧 60/663a）（慧 62/697a）（慧 83/48a）（紹 199b1）。甎音專（龍 315/04）（玄 15/204a）（慧 58/621b）（玄 19/261a）（慧 56/570b）（慧 12/639a）（慧 34/88a）（慧 38/151b）（慧 53/486b）（慧 53/488b）（慧 60/675a）；塼字體作甎同（玄 2/31b“綫塼”註）。甎專音（紹 199b1）。甎甎正專音（紹 139b1）。//磚：磚征緣反（龍 439/07）；甎經從石作磚俗字也（慧 34/88a“金甎”註）。//瓻：瓻甎或作瓻古字也（慧 53/486b“甎壘”註）。

篿：篿音專折竹為卜籌也又音圓竹器也（龍 390/02）。

諯：諯士專尺絹二反又音專（龍 042/06）；諦婆經中有作諯婆（玄 12/155a、慧 52/454b“諦婆”註）。

顓：顓音專（龍 483/08）。顓專音（紹 170b3）。

zhuǎn 轉：轉追遠反（慧 27/976b）。䡱音轉（龍 550/09）。䡱音轉（龍 550/09）。䡱音轉（龍 550/09）。䡱音轉（龍 549/03）。轀舊藏作轉（龍 083/02）。

鱄：鱄旨兖反魚名又士免反（龍 169/08）。

孨：孨士戀反又尼立反（龍 336/07）；孱或從三子作孨音同（慧 86/111b“孱然”註）（慧 98/295b“孱然”註）。孨同上郭氏又音啾（龍 336/07）。

闘：闘或作（龍 093/04）。闘今之兖反開閉門利也（龍 093/04）。

zhuàn 傳：傳直戀反（慧 19/780a）。傳知戀反（玄 3/47a）（慧 10/581b）（玄 7/96c）（慧 23/874b）。

縳：縳直兖反（希 5/389a）。

囀：囀知戀反（龍 275/07）（紹 182b7）。

爡：爡正持兖反火炬也（龍 241/08）。//烆俗（龍 241/08）。

①參見《疑難字考釋與研究》584 頁。

撰： **撰**仕眷反（慧 52/480b）（玄 6/89c）（玄 18/245b）（初編玄 941）（慧 76/1007a）（慧 27/988b）（慧 49/403b）；選經作撰誤也（慧 31/18a "選擇" 註）。**撰**仕眷反（玄 5/75a）。**弲**撰説文作弲音訓與上同（慧 49/403b "撰焉" 註）。

褋： **褋**士戀反裙緣也（龍 107/04）（慧 100/349a）。

鱒： **鱒**士免反魚名也（龍 169/08）。

隊： **隊**持兖反道邊埤也（龍 296/08）。

瑑： **瑑**直兖反璧上文也（龍 436/03）。

篆： **篆**直兖反（龍 391/07）（慧 37/140a）（慧 81/17b）（慧 83/58a）（慧 89/160b）（慧 91/186a）（紹 160a9）。

僝： **僝**音撰（慧 98/309a）。**僝**正士閑反惡罵也又士戀反見也具也（龍 028/07）。**孱**或作（龍 028/07）。

篹： **篹**撰三蒼作篹同（玄 6/89c "撰集" 註）（玄 18/245b "撰集" 註）（慧 49/403b "撰焉" 註）。

饌： **饌**饌又作饌同（玄 1/4a、慧 20/804a "珍饌" 註）（玄 2/24a "肴饌" 註）（玄 6/87b "肴饌" 註）（玄 14/189c、慧 59/638b "甘饌" 註）（慧 25/927b "肴饌" 註）（慧 27/982b "肴饌" 註）（慧 64/751a "餚饌" 註）（慧 64/756a "餚饌" 註）。**饌**饌説文作篹同（玄 21/283a "珍饌" 註）（慧 14/674b "味饌" 註）。//饌：**饌**士戀反（龍 502/3）（玄 1/4a）（玄 2/24a）（玄 6/87b）（玄 11/148b）（玄 14/189c）（玄 20/273b）（玄 21/283a）（玄 22/300a）（玄 23/316b）（慧 14/674b）（慧 18/758b）（慧 20/804a）（慧 21/830a）（慧 25/927b）（慧 27/982b）（慧 48/388a）（慧 49/397b）（慧 52/465a）（慧 54/512a）（慧 59/638b）（慧 64/751a）（慧 64/756a）（慧 75/980b）（慧 79/1063a）（慧 82/35a）（紹 172a3）；脆經文作饌饌二形非體也（玄 12/157b、慧 74/954a "肥脆" 註）。//饌：**饌**脆經文作饌饌二形非體也（玄 12/157b、慧 74/954a "肥脆" 註）。

賺： **賺**正直陷反重賣也（龍 352/09）。**賺**俗（龍 352/08）（紹 143b1）。

夽（桒）： **夽**士戀反摶飯也（龍 243/08）。

zhuang

zhuāng 莊： **莊**俎陽反（玄 3/40a）（慧 09/562a）。**莊**（高 59/654c）。

裝：裝阻良側亮二反（玄 18/241a）（慧 73/928b）（慧 3/443a）（慧 39/169a）（慧 86/116a）（慧 92/208a）（紹 147a1）。裝音莊裝束也又側亮反裝飾也（龍 101/09）。裝莊音（紹 147a1）。裝俗庄壯二音正作裝字（龍 207/07）。康俗音裝（龍 299/07）。

椿：椿又涉江反橌也（龍 378/05）。

zhuàng 狀：狀（慧 4/458a）。

壯：壯莊狀反（慧 49/410a）。

撞：撞直降反又宅江反（龍 213/07）（玄 3/40b）（慧 09/562b）（玄 5/64c）（慧 7/518b）（慧 44/281a）（慧 72/898b）（慧 79/1052b）（慧 88/138a）（希 10/421b）（紹 134b10）。

戅：戅直絳反兇頑也（龍 068/01）。

戇：戇卓絳反愚戇也又呼貢反亦愚也（龍 066/07）（慧 32/36b）。戇正陟降反愚戇也（龍 186/06）。戇俗（龍 186/06）。戇俗（龍 186/06）。戇俗（龍 186/06）。戇卓絳反（龍 066/07）（玄 12/161b）（慧 28/992b）（玄 20/274a）（玄 23/315b）（紹 131b4）。戇火貢反戇悙愚人也又陟降反悙音弄（龍 186/05）。戇卓絳反（龍 066/07）（玄 4/55a）（慧 34/91a）（玄 17/229c）（慧 66/783a）（玄 18/249b①）（慧 73/919b）（慧 76/1006b）（玄 21/279c）（玄 22/302c）（慧 48/392b）（慧 50/424b）（玄 25/337c）（慧 71/891b）（慧 17/728a）（慧 18/764b）（慧 86/112a）（紹 131b4）；惷亦作戇（慧 30/1041a"愚惷"註）。戇卓降反（慧 19/785a）。戇卓降反又濁巷反（慧 13/649b）。//憨：憨呼甘反愚癡甚也（龍 064/05）（玄 12/165a）（慧 53/498a）（慧 37/139a）（慧 40/189a）（慧 93/210b）（紹 131a9）。憨呼甘反憨癡（龍 055/05）。//憨：憨考聲從人作憨（慧 37/139a"憨風"註）。//癍：癍俗呼甘反正作憨癡甚也（龍 469/09）；憨經從疒作癍俗字也（慧 37/139a"憨風"註）（慧 40/189a"憨風"註）。//癜：癜俗（龍 469/09）。痙俗（龍 469/09）。

潀：潀士亮反雨疾下皃又士絳反水所衝也（龍 234/06）。

---

①高麗本《玄應音義》作"贛"，即"戇"字省。

zhui

zhuī 雅：**雅** 玉篇又音佳同雛鳥名（龍 142/04）。

錐：**錐** 音佳（慧 81/9b）（慧 100/334b）（紹 180a6）。

麈：**麈** 音錐鹿一歲也（龍 521/03）。

騅：**騅** 音佳馬色（龍 291/07）。

雛：**雛** 音佳小鳥也（龍 288/01）。

鼦：**鼦** 音錐鼠名（龍 334/04）。

鼀：**鼀** 音追雷也（龍 307/04）。**遉** 音追雷也（龍 489/07）。

zhuì 畷：**畷** 陟衛陟劣二反井田閒道也（龍 154/05）（玄 13/175b、慧 55/537b "畺場" 註）（慧 96/272a）（紹 197a1）；綴或作畷皆古字也（慧 4/467a "綴以" 註）。// **暢** 舊藏作畷（龍 154/06）。

羀：**羀** 陟劣反捕鳥覆車又一名罦也又紀劣反（龍 330/05）。**羀** 陟劣反捕鳥覆車網一曰罦也（龍 361/03）。

餟：**餟** 陟衛反又陟劣反（龍 503/01）（玄 11/144c）（慧 52/457b）（慧 58/622b）（玄 20/273b）（慧 75/980b）（慧 76/994a）；醊説文餟同（玄 15/210a、慧 58/622b "醊祠" 註）。// 裰：**裰** 陟税反（龍 112/06）；餟古文裰（玄 11/144c、慧 52/457b "祭餟" 註）。// 醊：**醊** 陟衛陟劣二反（龍 310/10）（玄 15/210a）；餟聲類作醊同（玄 11/144c、慧 52/457b "祭餟" 註）（慧 76/994a "祭餟" 註）。

綴：**綴** 陟衛反（龍 401/07）（玄 2/29b）（玄 14/187c）（慧 59/635b）（玄 23/311b）（慧 47/363a）（慧 4/467a）（慧 10/588b）（慧 14/665b）（慧 15/699b）（慧 26/942b）（慧 30/1041b）（慧 57/583b）（慧 91/182a）（慧 91/184b）（慧 97/274a）（慧 97/279a）（希 5/383a）（紹 190b9）；躓經文作綴非也（玄 5/71c、慧 34/86b "躓礙" 註）。

錣：**錣** 陟衛反針也（龍 018/02）；錢經文作錣非此用也（玄 11/145c、慧 52/459b "罰錢" 註）；鍛傳從叕作錣誤也（慧 83/51b "鍛翩" 註）。

槌：**槌** 直類反（龍 382/02）（慧 4/466b）（希 4/376c）（紹 159a5）；椎經文作槌（玄 6/87c "椎

鍾"註）（慧 27/983b "椎鍾" 註）（慧 31/7b "椎鍾" 註）（慧 34/78a "椎撲" 註）（慧 41/216a "椎打"註）（慧 36/125a "捷椎" 註）（慧 62/716b "推脅" 註）（慧 65/766a "楗椎" 註）；**頯**律文作膇未見所出（慧 58/608b "項頯" 註）；鎚或作槌（慧 14/662a "鐵鎚" 註）（慧 14/672b "鎚擣" 註）（慧 85/96b "碪鎚" 註）。**搥**槌正直追切（紹 132a4）；鎚或作槌亦作椎並通（慧 16/711b "鎚鈷" 註）；椎論文作搥非也（慧 84/77b "碪椎" 註）。

膇：**膇**直偽反（龍 412/08）（紹 135b8）；頯經文作膇未見所出（玄 5/72b、慧 33/57b "三頯"註）（玄 11/143c、慧 56/555b "瘦瘠" 註）。**膇**頯律文作膇未見所出（玄 15/208b "項頯"註）。

縋：**縋**直偽反（龍 402/05）（慧 73/925a）；硾又作縋同（玄 17/230a "硾脚" 註）。**縋**直偽反（玄 16/216a）（慧 65/776a）（玄 18/246b）；硾又作縋同（慧 79/930b "硾脚" 註）。

娷：**娷**竹志反好兒又饒也（龍 283/07）。

硾：**礆**古值偽反（龍 443/08）。**硾**今（龍 443/08）（慧 79/930b）。**硾**直偽反（玄 17/230a）；縋又作硾同（玄 16/216a、慧 65/776a "縋煞" 註）（玄 18/246b、慧 73/925a "自縋" 註）。

睡：**睡**之睡反杵臼也（龍 341/02）；捶或從臼作睡（慧 55/528b "杖捶" 註）。

諈：**諈**所恚正恚二反（龍 049/05）（慧 84/78b）。**諈**竹恚切（紹 185b9）。

碟：**碟**隊古文碟同（玄 12/154c、慧 52/453b "隊隊" 註）。

墜：**墜**直類反落也（龍 250/04）（玄 8/112c）（慧 16/721b）（慧 1/405b）（慧 12/633b）（慧 18/752b）（慧 29/1021a）（慧 33/51b）（慧 72/898a）（慧 88/134a）（紹 161b4）。**墜**直類反（慧 56/574b）。// 伿：**伿**又音墜（龍 037/07）；墜經文作伿非也（玄 8/112c、慧 16/721b "墜久"註）。// 碟：**碟**正徒對反礷碟物墜也（龍 443/07）；隊古文碟同（玄 12/154c、慧 52/453b "隊隊" 註）；墜或從石作碟（慧 1/405b "業墜" 註）。**碟**俗（龍 443/07）。

惴：**惴**音專惴惴懼也又之睡反憂心也（龍 053/06）（玄 20/267b）（慧 33/54b）。**惴**之緣之瑞二反今作惴同憂心也（龍 055/07）。

贅：**贅**佳芮反聚也風結疾也（龍 351/02）（玄 8/112b）（慧 16/721b）（慧 15/201a）（慧 58/616a）（玄 20/274c）（慧 4/463b）（慧 80/1079a）（慧 94/238b）（紹 143a9）。**贅**之芮切（紹 143a9）。

㵽：㵽之累反二水流合也（龍231/08）。

鬌：鬌陟賄反假髮髻也（龍089/02）。

錣：錣竹恚反（龍018/06）。

鐴：鐴搥類反（慧35/108b）。

zhun

zhūn 屯：屯陟倫反（龍544/4）。屯陟倫反（慧28/994b）（慧100/333b）。

迍：迍正陟倫反（龍490/03）；屯傳文從辵作迍是迍遭也（慧100/333b "屯屯" 註）。迍今陟倫反（龍490/03）（紹138b6）。

宒：宒追倫反（慧91/194b）（紹195a2）。宒涉倫反又徒昆反（龍508/01）。

訰：訰章輪之閏二反言亂之皃也（龍042/04）；諄古文訰同（玄12/164a、慧55/543b "諄那" 註）（玄13/180b、慧54/516b "諄那" 註）（玄13/180b、慧54/516b "諄那" 註）（玄16/217b、慧65/768b "諄諄" 註）。

瞤：瞤章倫反鈍目也（龍418/09）。

諄：諄準純反（慧54/511a）（慧96/265a）。諄之閏反告也丁寧也又平聲（龍050/01）。諄章輪反至誠諄正也又之閏反告也丁寧也又佐熟罪苦也（龍042/04）（玄7/95a）（慧28/998b）（玄12/164a）（慧55/543b）（玄13/178a）（玄13/180b）（慧54/516b）（玄16/217b）（慧65/768b）；淳經文作諄非字義（玄20/269b "淳調" 註）；梁傳文作諄非也（慧74/943a "強梁" 註）；集本作諄諄通俗字也（慧96/265a "諄諄" 註）。諄（龍042/04）。諄（龍042/04）。

zhǔn 埻：埻音准射的也或作准（龍248/06）（玄1/13c）（慧42/235b）（玄12/167a）（慧75/985b）（玄13/177b）（慧52/479a）（玄19/262c）（慧56/573b）（紹161a9）；培的此應作埻的（玄17/236c、慧74/951a "培的" 註）。埻（龍248/06）。埻俗音准正作埻（龍213/02）。

准：准止尹反（玄24/327b）（慧70/873b）；或作准（龍248/06 "埻" 註）；準俗用從隹作准非也（慧16/720a "準繩" 註）。

準：準古文准字均平準度也（龍149/03）（龍187/07）（慧16/720a）（希7/401a）（紹174a4）；

准説文作準同（玄 4/49c、慧 34/094a "准平" 註）；埻經文作準同非字體（玄 12/167a、慧 75/985b "兩埻" 註）。准之尹反（玄 4/49c）（慧 34/094a）。

zhùn 稕：稕之閏反（慧 63/732a）（慧 63/740b）。稕佳閏反（慧 60/675a）（慧 62/711a）（紹 196a6）；埻音准閏反俗字作稕（慧 37/140a "草篆" 註）。稕之順反（龍 146/03）。稕音純正作稕（龍 111/03）。

zhuo

zhuō 拙：拙征悦反（龍 215/08）（慧 8/536a）（慧 18/766a）（紹 132b9）。

zhuō 頢：頢之悦反（龍 487/06）（慧 20/796b "權下" 註）（慧 75/981a）。

豷：豷綴輟二音短貌也（龍 537/02）。豷綴輟二音短貌也（龍 537/02）。//豷：豷竹律反短兒也又知劣反（龍 331/09）。//豷：豷竹律反短兒也（龍 037/07）。

桖：桖之悦反（玄 5/68a）（慧 44/288b）。//桖：桖朱劣徒或二切（紹 157b9）；桖又作桖同（玄 5/68a、慧 44/288b "藻桖" 註）。

頯：頯正悦反頭短兒（龍 487/06）。

卓：卓知角反（玄 1/6c）（慧 17/738b）；垪律文作卓非體也（玄 15/208c、慧 58/609b "不垪" 註）。帛音卓（龍 139/09）。

啅：啅音卓眾口也（龍 276/06）（玄 1/8b）（玄 5/71b）（玄 8/116b）（玄 13/176c）（玄 20/270a）（慧 17/741b）（慧 38/161b）（慧 42/249b）（慧 54/525a）（慧 75/974a）（紹 183a4）；咷經文作啅陟角反啅非字義（玄 7/96a、慧 28/1000a "號咷" 註）。

晫：晫竹角反（龍 430/02）；焯經文作晫（玄 13/174a、慧 57/585b "焯熱" 註）。

焯：焯之若反熱明也又火氣也（龍 244/08）（玄 13/174a）（慧 57/585b）（慧 39/166b）（慧 40/200a）（紹 190a5）；灼或作焯亦同（慧 44/290b "囚灼" 註）。

穛：穛子笑反禾先熟下又物縮小也又皮角反熟禾也（龍 146/04）。//穛：穛（龍 146/04）。//稭：稭正側角反稻處種麥也（龍 147/06）。稭俗（龍 147/06）。

擢：擢音濁拔也抽也出也（龍 215/10）（玄 1/14b）（玄 19/261b）（慧 56/571a）。

zhuó 彴：彴之若反（龍 498/08）（紹 172b10）。

汋：**汋**士角反又市若反（龍 237/05）（慧 85/93b）（慧 97/278a）；瀹又作爝鸑汋三形同（玄 25/336a、慧 71/888b "所瀹" 註）。

忉：**忉**正之若反痛病也（龍 062/07）（玄 7/92b）（慧 28/995b）（玄 12/158b）（慧 74/956a）。**忉** 俗（龍 062/07）。

灼：**灼**之苦反（龍 244/02）（玄 5/74a）（慧 44/289b）（初編玄 622）（慧 52/481a）（玄 20/266c）（慧 33/53b）（慧 11/600b）（慧 44/290b）（慧 66/784a）（慧 77/1020b）（紹 189b1）。

酌：**酌**章若反（龍 311/02）（慧 2/427b）（慧 14/667a）（慧 60/666b）（紹 143b5）。

鼩：**鼩**的酌二音鼠名又才藥反鼠似兔而小也（龍 334/08）。

叕：**叕**又陟劣反連也（龍 348/08）。

蠤：**蠤**音拙蜘蛛也（龍 225/10）。

蹳：**蹳**陟劣反跳也（龍 465/08）。

趉：**趉**知劣紀劣二反小跳又走趉趉（龍 326/05）。

諁：**諁**丁活反（龍 051/06）。

窋：**窋**竹滑反口滿食貌（龍 278/09）。//窡：**窡**竹滑反滿口食貌也（龍 510/07）。

骰：**骰**陟劣反續骨也（龍 481/07）。

斱：**斱**張畧反斫也（龍 138/01）。

斲：**斲**正（龍 137/09）。**斲**今側畧反斫也又側角反亦斬也（龍 137/09）（慧 83/45b）（慧 88/144a）（慧 97/284b）（慧 97/291a）（紹 156a6）。//戳：**戳**側畧反同斲斬也（173/08）。**斸**莊畧反（龍 526/09）。

著：**著**陟慮反成也立也明也處也補也（龍 261/06）。

著：**著**又張略反所著也又知呂反任也又直畧反貪著也（龍 261/06）（慧 09/570a）（慧 46/333a）（慧 3/443a）（慧 3/450b）（慧 3/453b）（慧 12/637b）（慧 53/489b）（慧 64/754a）（慧 75/965b）。**著**馳略反（玄 3/36a）（玄 9/127b）（慧 11/619a）；著從草從者經文作着俗字行書也（慧 12/637b "耽著" 註）（慧 53/489b "橫著" 註）（慧 75/965b "著喉" 註）。//儰：**儰**俗直略反[1]（龍 039/09）；著正從草從者或從人作儰（慧 3/443a "推著" 註）。//

---

[1] 參見《龍龕手鏡研究》163 頁。

熦：**熦**俗音著① (龍 245/03)。**熦**著經本作熦非 (慧 43/271b "能著" 註)。

搵：**搵**正張略反 (龍 218/08)；著傳文從手作搵非也 (慧 74/946a "鐵著" 註)。**搵**俗張略反 (龍 218/08)；著或從手作搵今經兩點下作著因草書謬也 (慧 3/443a "推著" 註)。**楮**張畧反 (龍 386/05)(紹 157b2)；貯經文作楮非此義 (玄 11/149c、慧 52/468a "草貯" 註)；箸律文作楮同 (玄 14/196b、慧 59/650a "作箸" 註)。

礏：**礏**張畧反斫也與碴同② (龍 446/03)。

鐯：**鐯**張略反钁也 (龍 020/05)；箸律文作鐯同 (玄 14/196b、慧 59/650a "作箸" 註)(慧 35/107b "箸攬" 註)；烙律文作鐯非也 (玄 16/217a、慧 65/777b "鐵烙" 註)。

泜：**泜**士角反 (龍 236/03)(慧 87/118b)(慧 97/290b)。

鋜：**鋜**士角反鑠足也 (龍 020/05)(慧 36/129a)(希 7/403a)。//骰：**骰**俗士角反③ (龍 481/06)。

啄：**啄**音豕 (慧 41/215b)(慧 75/962b)(慧 76/1008b)(慧 82/33b)(希 1/356a)(希 9/415b)。**啄**音卓～齒也鳥食也又丁木反～木鳥也 (龍 275/09)(玄 22/290b)(慧 48/374a)(慧 1/413a)(慧 1/418b)(慧 2/425a)(慧 5/479b)(慧 62/715b)(慧 67/803b)(慧 72/905a)(慧 79/1057b)(紹 183a7)；啄經從豕非也 (慧 15/706b "銜啄" 註)。

涿：**涿**正竹角反 (龍 237/04)(慧 97/277a)。**涿**涿竹角反 (龍 237/04)(慧 87/118b)(紹 187b5)。

椓：**椓**都角反 (玄 15/204c)(慧 58/603a)(紹 159b3)。**椓**丁角反 (慧 39/173b)。**椓**音卓擊也推也 (龍 216/05)(玄 18/240b)(慧 73/934a)(紹 134a7)。//鐲：**鐲**竹角反擊也與椓同 (龍 021/03)。

瘃：**瘃**俗音卓擊也 (龍 121/07)。

琢：**琢**正音卓工玉也 (龍 439/04)(慧 94/239b)(慧 94/239b)。**琢**俗 (龍 439/04)(慧 31/7b)(紹 140b8)；椓論文作琢非也 (玄 18/240b "鈎椓" 註)；斸經文作琢 (慧 31/7b "斸斫" 註)。**琢**椓論文作琢非也 (慧 73/934a "鈎椓" 註)。**璟**舊藏作琢 (龍 439/04)。

---

①參見《龍龕手鏡研究》230 頁。
②參見《龍龕手鏡研究》325 頁。
③參見《叢考》1109 頁。

豚：豚 竹角都木二切（紹 136b8）。

諑：諑 竹角反詐也（龍 051/04）。

斫：斫 章若反（慧 10/599a）（慧 41/217a）（慧 36/126a）（希 1/356b）（希 6/393b）（紹 162b9）。

斸：斸 或作竹角反削也亦斫属也（龍 137/09）（玄 14/188b）（玄 18/238b）（慧 73/921a）（慧 48/373b）（慧 51/447b）（慧 53/490a）（慧 57/597b）（慧 60/658b）（慧 62/704b）（慧 63/731a）（慧 67/808a）（慧 76/1008a）（慧 80/1070b）（慧 81/5b）（慧 83/52a）（慧 84/85a）（慧 85/88b）（慧 93/217b）（希 9/412c）（紹 175b7）。斸 陟角反（慧 40/196b）。斸 正竹角反削也亦斫属也（龍 137/09）（慧 59/637a）。斸 斸正竹角切（紹 175b7）。斸 斸正竹角切（紹 175b7）。斸 斸録文作斸傳寫誤也（慧 81/5b "鎔斸" 註）。斸 俗（龍 137/09）。斸 俗（龍 137/09）（玄 1/13b）（玄 1/22b）（慧 42/234b）（玄 22/290a）（紹 175b7）；斸 經文從登作斸不成字非也（慧 26/943b "斫斸" 註）；斸 俗作斸（慧 51/447b "鈎斸" 註）（慧 53/490a "斸斤" 註）（慧 60/658b "鈎斸" 註）（慧 84/85a "斸錐" 註）（希 9/412c "斤斸" 註）。鄧 斸律文從登作鄧（慧 60/658b "鈎斸" 註）（慧 76/1008a "斸頂" 註）。//甄：甄 斸古文甄同（玄 1/22b "钁斸" 註）（慧 81/5b "鎔斸" 註）。甄 斸古文甄同（玄 14/188b、慧 59/637a "钁斸" 註）（玄 18/238b、慧 73/921a "斸斧" 註）（希 9/412c "斤斸" 註）。甄 音卓（龍 317/01）；斸俗作斸字書作～（慧 51/447b "鈎斸" 註）。斸 斸古文斸同（玄 1/13b、慧 42/234b "斤斸" 註）。//碌：碌 竹角反擊也（龍 445/07）；斸或作碌（慧 93/217b "斸石" 註）。//鐲：鐲 或作（龍 021/03）。鐲 正竹角反鐲斧也（龍 021/03）。

褺：褺 丁木反衣至地也（龍 109/05）。褺（龍 109/05）。褺（龍 109/05）。

擢：擢 音濁（龍 215/10）（玄 3/39b）（慧 09/560b）（玄 13/177b）（慧 52/479b）（玄 15/200c）（慧 58/615a）（慧 21/814a）（慧 21/819a）（慧 24/886a）（慧 32/44b）（慧 78/1038b）（慧 93/212b）（紹 132a8）。擢 又濁音（龍 385/05）。

濯：濯 音濁拔也抽也出也（龍 236/02）（玄 25/333b）（慧 71/884b）（慧 12/626b）（慧 13/648b）（慧 15/699b）（慧 18/768b）（慧 28/1001b）（慧 29/1018b）（慧 36/120a）（慧 55/533a）（慧 67/806b）（慧 74/941a）（慧 77/1013a）（慧 82/32b）（慧 82/33b）（慧 92/197b）（希 9/412c）（紹 186b7）；濯又作濯同（玄 19/261b、慧 56/571a "持濯" 註）。

蠗：蠗熠爥亦作煜爥音義並同（慧 96/270b "熠爥" 註）。

霮：霮音濁大雨也（龍 309/03）。

篧：篧正苦郭反捕魚器也（龍 395/01）。籆俗（龍 395/01）（紹 160b3）。

鸐：鸐音濁山雉長尾也（龍 290/02）。

劅：劅竹角反刑劅也（龍 100/07）。

濁：濁直角反（慧 27/968a）（慧 51/433a）（慧 66/785b）。

斀：斀音燭陰州也又音卓刑也（龍 531/01）。斀音卓（龍 121/07）。斀陰州也又音卓刑也（龍 122/03）。

韣：韣音濁龍韣（龍 178/04）。

鐲：鐲市玉反又直角反（龍 019/09）（紹 181b1）。

穛：穛古沃反禾皮也又地名又之若反五穀皮也（龍 147/07）（玄 11/142b、慧 56/552a "穅菩" 註）（玄 14/198b、慧 59/653b "秕筹" 註）。穛又五穀皮也又音穀與穛亦同（龍 114/01）。//粘：粘古得反（龍 305/10）。粘古得反（龍 305/10）。

繳：繳之若反（龍 404/08）（玄 11/146b）（慧 52/461a）（玄 22/303b）（慧 48/394a）（慧 41/222b）（慧 37/144b）（慧 39/169a）（慧 92/203b）（慧 100/348a）（希 1/357b）。繳繳或作繁（慧 41/222b "矰繳" 註）（慧 92/203b "矰繳" 註）（慧 100/348a "矰繳" 註）（希 1/357b "矰繳" 註）。

鷟：鷟正七角反（龍 289/08）（慧 81/1b）（慧 96/267b）。鷟俗（龍 289/08）。

譇：譇之若反又音庶（龍 050/07）（紹 185b1）；庶經文從言作譇非此用也（玄 8/112c、慧 16/721b "庶得" 註）。

遳：遳士角反速也（龍 494/09）。

潹：潹仕角反（慧 88/139a）。

zī

zī　姿：姿音資（龍 279/05）（慧 17/728b）（慧 39/177a）（紹 141b6）。

恣：恣茲四反（慧 11/618a）（慧 12/639b）（慧 41/214b）（慧 45/309b）；姿經文從心作恣非也（慧 15/692a "姿態" 註）。

咨：**咨**子辝反（玄 21/283a）（慧 18/750a）（慧 22/846a）（慧 23/865a）（慧 29/1029a）。//諮：**諮**音資諮詢訪問也（龍 042/03）（玄 4/62b）（慧 43/271a）（慧 54/513b）。//謒**謒**諮正咨音（紹 185b8）。

銘：**鎡**俗音兹（龍 011/01）；茨律文作銘非也（玄 14/195a、慧 59/648a "揵茨" 註）。**鎈**茨律文作銘非也（玄 14/195a、慧 59/648a "揵茨" 註）。

粢：**粢**俗音資（龍 143/04）。//粢：**粢**正音資（龍 304/03）（紹 196b3）。**粎**俗（龍 304/03）。**糇**俗（龍 304/03）。

趑：**趑**音雌（慧 89/163b）（慧 99/326b）。**趑**（慧 85/97b）。**趑**正取私反（龍 324/04）。**趑**俗（龍 324/04）。//跂：**跂**俗子尹反（龍 461/04）；趑集作跂字書无此字（慧 99/326b "趑趄" 註）。

袞：**袞**咨音（紹 147a1）。

資：**資**姊私反（玄 18/243b）（慧 72/913b）（玄 3/45c）（慧 10/579b）（玄 23/312c）（慧 50/420b）（慧 3/442b）（慧 21/824b）（慧 22/835a）（慧 86/115a）（希 3/372c）（希 3/374c）；貲或與資同（龍 349/05 "貲" 註）（玄 3/44b、慧 10/5b "貲貨" 註）（慧 11/609a "貲財" 註）；孜作此資給亦通（慧 96/259a "孜汲" 註）。

齎：**齎**咨音又才資切（紹 155a1）。

穧：**穧**疾資反積禾也（龍 143/05）。

蠀：**蠀**取私反（龍 221/07）（紹 164a1）。

䨍：**䨍**子斯反雨聲也又疾資反涔䨍久雨也（龍 307/03）。**霽**同上（龍 307/03）。

媙：**媙**正即移反婦人好皃也又音此（龍 280/10）。**媙**俗（龍 280/10）。

帗：**帗**即移反布名也（龍 138/07）。

歔：**歔**即移即此才智三反歔也（龍 335/02）（龍 353/08）；呰古文歔同[1]（玄 1/17a "毀呰" 註）（玄 6/85c "毀呰" 註）（玄 22/288b、慧 48/371b "訶呰" 註）（玄 24/328a、慧 70/874b "毀呰" 註）（慧 27/979a "毀呰" 註）。**歖**或作（龍 353/08）（龍 335/02）。

貲：**貲**即移反貨也財也或與資同（龍 349/05）（慧 10/579b）（玄 11/149a）（慧 52/467a）（慧 44/

---

[1]《疏證》："歔"字見於《説文》，此蓋假"歔"為"呰"（34）。

290b）（慧 60/657b）（慧 61/691a）（希 8/405b）（紹 143b1）（紹 201b5）；資經文作貲案貲亦與資義同也（玄 3/45c、慧 10/579b "資財" 註）（慧 86/115a "無資" 註）。**貲**子移反（玄 3/44b）（玄 13/179b）（慧 54/518b）（慧 11/609a）（慧 78/1046a）（慧 92/197b）；**訾**經文作貲財之貲非體也（玄 5/73a、慧 33/59b "何訾" 註）（玄 7/94b、慧 28/997b "訾計" 註）（玄 12/163b、慧 75/968b "不訾" 註）。

鉱： **鉱**即移此移二反鉱鉀斧也（龍 013/09）。**鉱**或作雌資二音正作鉱（龍 014/05）。// 釜： **釜**或作（龍 014/05）。

頿： **頿**子移反（玄 5/70c）（玄 19/257b）。**頿**（慧 56/564b）（慧 62/716a）（慧 66/793a "鬏髭" 註）（慧 77/1019b）（慧 84/69a）（慧 84/81a）（慧 93/214b）（紹 170b2）。// **髭**將支切（紹 145a1）。**髭**今音資髭鬚也（龍 086/03）（慧 15/694b）（慧 78/1036a）；**覥**經文作髭近字也（玄 19/257b、慧 56/564b "覥鬏" 註）（慧 66/793a "鬏髭" 註）（慧 77/1019b "佛頿" 註）（慧 84/69a "赤頿" 註）（慧 84/81a "角頿" 註）（慧 93/214b "頿鬚" 註）。**毗**正音資（龍 086/03）。**髭**俗（龍 086/03）。// **毗**俗（龍 086/03）。// 頿： **頿**俗音咨[①]（龍 134/08）；頿今譜中從洛從毛非也本俗字從咨從毛作頿書人不會又改從洛僞中更僞亦非也（慧 77/1019b "佛頿" 註）（慧 78/1036a "佛頿" 註）。**頿**俗（龍 134/08）。**髭**音茲（龍 548/03）。

齏： **齏**正音資（龍 103/02）（紹 173b10）。**襄**或作（龍 103/01）。**襃**俗（龍 103/01）。**襠**或作（龍 103/01）。**裠**俗（龍 103/01）。

齍： **齍**即移反黍稷在器也（龍 129/04）。**齏**同上（龍 129/04）。

仔： **仔**音茲克也又音子草木盛也（龍 028/04）。

孖： **孖**子之反（龍 336/04）；滋古文孖同（玄 1/20b "滋蔓" 註）（玄 3/35b、慧 09/568b "滋味" 註）（玄 8/110c、慧 38/155a "滋味" 註）（玄 13/173a、慧 57/593b "不滋" 註）。

孜： **孜**子辭反（慧 99/327a）。**孜**音茲篤愛又不怠也（龍 119/02）。**孜**音茲（龍 336/04）（玄 17/237a）（慧 74/952a）（慧 81/17a）（慧 88/148b）（慧 91/183b）（慧 91/193a）（慧 96/259a）（紹 173b2）；滋或作孜（玄 8/110c、慧 38/155a "滋味" 註）。**敬**孜集中或作敬字非也（慧 99/327a "孜孜" 註）。

①參見姚永銘《慧琳〈一切經音義〉研究》215 頁。

兹：**兹**子思反（慧16/715a）（玄8/114a）（希10/422c）；滋今作兹時俗字也（慧29/1026a"滋繁"註）。**兹**古文音兹此也（龍544/07）。

嗞：**嗞**子之反～嗟憂聲也（龍265/06）（龍269/06）（希3/373c）；滋經文從口作嗞（玄3/35b、慧09/568b"滋味"註）（玄8/110c、慧38/155a"滋味"註）。

滋：**滋**子之反（龍226/06）（玄1/20b）（玄3/35b）（慧09/568b）（玄8/110c）（慧38/155a）（玄13/173a）（慧57/593b）（慧2/429b）（慧10/598b）（慧13/658a）（慧15/683b）（慧21/816a）（慧25/917a）（慧29/1025a）（慧29/1026a）（慧32/37a）（慧53/487a）。

嵫：**嵫**正兹之反崦嵫山名日所入處也（龍071/02）。**嵫**今（龍071/02）（玄20/271a）（慧74/940b）（玄15/211b、慧58/625a"以硙"註）（慧88/140a）（慧96/267b）（紹162a10）。

孳：**孳**子之反（龍336/04）（玄25/339b）（慧71/895a）（慧39/170b）（慧72/909b）（慧78/1046b）（紹155a9）；滋又作孳（玄8/110c、慧38/155a"滋味"註）（玄13/173a、慧57/593b"不滋"註）。**孳**音字（龍336/08）。

禌：**禌**俗音兹息也（龍110/02）。

稵：**稵**正子之反禾生兒（龍144/02）；滋古文稵同（玄1/20b"滋蔓"註）（玄3/35b、慧09/568b"滋味"註）（玄8/110c、慧38/155a"滋味"註）。**禌**俗（龍144/02）。**禌**俗（龍144/01）。

鎡：**鎡**音兹鎡錤（龍011/01）（玄12/162a、慧28/994a"蒺藜"註）（紹181a8）。

黢：**黢**音兹染黑也（龍532/01）。

甾：**甾**側持反田不耕曰甾也（龍201/05）；甾字説文從巛音灾從由苦外反俗用從田者謬（慧10/592a"瞢緇衣"註）。//篝：**篝**側持反田不耕曰篝與甾同（龍390/09）。

菑：**菑**正側持反田不耕曰菑也（龍255/04）（慧86/107b）；淄集本從艸作菑誤也（慧95/251b"臨淄"註）（慧96/266b"臨淄"註）。**菑**或作（龍255/03）。**菑**或作（龍255/03）（紹156b6）。**菑**新藏音甾田不耕曰菑（龍254/03）。**菑**菑正側持子翼二切（紹156b6）。**菑**俗（龍255/04）（慧98/293b）。**黃**菑正側持子翼二切（紹156b6）。

淄：**淄**今側持反（龍228/05）（慧83/62a）（慧84/80a）（慧90/168b）（慧96/266b）（紹186b1）；緇傳作淄非也（慧90/168a"弗緇"註）；錙銖傳文作淄洙水名非也（慧94/226b"錙銖"註）；緇序從水作淄（慧97/274a"涅緇"註）（慧98/303b"緇其"註）。**淄**滓師反（慧95

/251b)。淄 或作（龍 228/05）。淄 俗（龍 228/05）（紹 186b1）。淄 俗（龍 228/05）。淄 玉篇又音甾①（龍 237/07）。

榴：榴 側持切（紹 157b7）。

鰡：鰡 俗側持反（龍 122/07）。

稵：稵 側持反耕也（龍 365/01）。

貓：貓 音緇（龍 178/09）。

緇：緇 側持反（龍 395/09）（慧 30/1051b）（慧 81/20a）（慧 88/145b）（慧 90/168a）（慧 97/274a）（慧 98/303b）（希 3/372b）（紹 191b1）。緇 俗（龍 395/09）；緇 經作～非也（慧 30/1051b "緇俗" 註）。緇 緇側持切（紹 191b1）。緇 俗（龍 395/09）。緇 誤（龍 395/09）。緇 緇側持切（紹 191b1）。//紂 側持反（龍 395/09）。紂 側持反（龍 395/09）。紂 舊經作紂音側持反又俗音牟義不相扶也（龍 398/01）。

輜：輜 正側持反重車又輜軿車也又楚持反（龍 080/06）（慧 99/329a）（紹 139a2）。輜 俗（龍 080/06）（玄 4/56c）（慧 43/266a）（玄 19/253c）。輜 俗（龍 080/06）（慧 56/558b）。輜 輜集作～不成字非也（慧 99/329a "輜軒" 註）。

錙：錙 正側持反錙銖也（龍 008/02）（玄 20/270b）（慧 75/974a）（慧 76/1006a）（慧 94/226b）（慧 95/253a）（慧 100/345b）（紹 181a5）。錙 或作（龍 008/02）。錙 俗（龍 008/02）。

鯔：鯔 今側持反魚名（龍 167/01）。鯔 通（龍 167/01）。

鶅：鶅 側持反東方雉也（龍 287/07）。

鄑：鄑 即移反鄑城名郭逶又進晉二音也（龍 453/03）。

zǐ　朿：朿 正阻史反又兹里反（龍 550/05）。朿 俗（龍 550/05）。

姊：姊 咨死反（龍 281/06）（慧 3/445a）。

秭：秭 將几反千億也（龍 145/05）（紹 195b9）。秭 俗（龍 145/05）。秭 俗（龍 145/05）。秭 秭正姊音（紹 158a10）。秭 秭姊二音（紹 168b6）。

肺：肺 正阻史反脯也又脯有骨曰肺今作肺易曰食乾肺（龍 031/01）。肺 或作（龍 031/01）。

疿：疿 正阻史反病也（龍 474/03）。疿 俗（龍 474/03）。

---

①參見《龍龕手鏡研究》228 頁。

子：**𡿨**古文音子（龍336/06）。**𡐠**古文音子①（龍260/02）。

杍：**杍**音子木工匠或作梓（龍381/06）。

籽：**籽**俗音子（龍305/03）。

耔：**耔**音子擁苗器也（龍365/02）。

批：**批**側買反又子礼反（玄3/38b）（慧09/559a）（玄18/243c）（慧72/914a）（紹132a7）；扠應作摨字耳案切韻拳加人亦批音側氏反（慧27/985b "相扠" 註）。

芘：**芘**正音紫（龍260/04）（紹155a6）。**茈**通（龍260/04）。

呰：**呰**音紫（龍335/04）（慧16/723b）（慧27/979a）（慧53/502a）（紹201b5）；訾或作呰也（慧31/17a "毀呰" 註）。**訾**將此反與訾訾同（龍270/06）（玄1/17a）（玄6/85c）（玄14/188a）（慧59/636b）（玄22/288b）（慧48/371b）（玄23/311c）（慧47/363b）（玄24/328a）（慧70/874b）（慧5/491b）（慧13/651a）（慧21/830a）（慧25/907b）；呰説文作呰（慧1/418b "毀呰" 註）（慧5/487a "毀呰" 註）（慧20/796a "毀呰" 註）（慧45/318a "諈訾" 註）（慧86/108a "呰聖" 註）；紫亦作觜集本作呰（慧96/269b "利觜" 註）。**呰**音紫（龍335/04）。**呰**呰古文呰欱二形同②（玄1/17a "毀呰" 註）（玄6/85c "毀呰" 註）（玄22/288b、慧48/371b "訶呰" 註）（玄24/328a、慧70/874b "毀呰" 註）。**呰**子思反（慧57/583a）；訾經文或作呰（玄5/72a "諈訾" 註）（玄8/118c "諈訾" 註）。**呰**將此反與訾訾同（龍270/06）（龍335/04）；訾經文或作呰（慧34/86b "諈訾" 註）。**呰**音紫瘝也又祖兮反弱也（龍335/04）。**呰**將此反與訾訾同（龍270/05）；呰説文從吅作呰義同（慧20/796a "毀呰" 註）。**呰**音紫瘝也又祖兮反弱也（龍335/04）。**呰**呰或作訾炑呰麿四形多是古字也（慧5/487a "毀呰" 註）。

訾：**訾**今子尔兹此子移三反罵言也毀訾也（龍044/08）（慧75/968b）（慧3/450b）（慧20/796a）（慧31/17a）（慧53/496a）（慧80/1068a）。**訾**子移反（玄5/67c）（慧34/93b）（玄5/73a）（慧33/59b）（玄7/94b）（慧28/997b）（玄12/163b）（玄13/178c）（慧54/526a）（初編玄630）（慧55/535a）（玄18/250b）（慧73/935b）（玄20/270a）（初編玄936）（慧75/975b）（慧1/418b）（慧5/487a）（慧12/622a）（慧45/318a）（慧81/1b）（慧86/108a）；訾經文作呰非此用（玄3/44b、慧

---

①參見《叢考》236頁。
②叢書集成初編本《玄應音義》卷二 "毀呰" 條孫星衍校曰："呰" 即 "呰" 字之壞也（2/65）。

10/5b "賷貨" 註）（玄 13/179b、慧 54/518b "賷輸" 註）；眥經文有作訾亦同（慧 5/491b "訾毀" 註）（慧 13/651a "不眥" 註）（慧 27/979a "毀眥" 註）（慧 53/502a "眥懺" 註）。**訨**今（龍 044/08）（紹 185a10）。**訾**資尒反（玄 5/72a）（慧 34/86b）（玄 8/118c）（玄 22/303a）（慧 48/393b）（慧 78/1038b）；眥説文作呰或作訾亦同（慧 1/418b "毀眥" 註）（慧 5/487a "毀眥" 註）；眥同訾（慧 16/723b "毀眥" 註）（慧 27/979a "毀眥" 註）。//**訿**古（龍 044/08）。//**訾**眥又作訾同（玄 5/67c、慧 34/93b "眥量" 註）（7/94b、慧 28/997b "眥計" 註解）（玄 12/163b、慧 75/968b "不眥" 註）（初編玄 630 "不眥" 註）（慧 5/487a "毀眥" 註）（慧 12/622a "眥哉" 註）。**瘖**眥又作痞同（慧 55/535a "不眥" 註）（玄 18/250b "眥哉" 註）。**訾**眥又作訾同（玄 5/73a "何眥" 註）（慧 73/935b "眥哉" 註）。**訾**古（龍 044/08）；眥又作訾同（慧 33/59b "何眥" 註）（玄 20/270a "不眥" 註）（初編玄 936、慧 75/975b "不眥" 註）。**譂**古（龍 044/08）。

紫：**紫**茲此反（慧 2/428b）。

梓：**梓**音子（龍 380/07）（玄 12/156a、慧 52/456b）（玄 13/170a）（慧 55/540b）（玄 13/177c）（慧 52/479b）（慧 54/516b）（慧 78/1039b）（慧 81/21a）（慧 83/57b）（慧 91/189b）（慧 93/210a）（紹 158a9）；騂亦作梓觧也（慧 96/259b "雖騂" 註）。**梓**梓又作梓同（玄 12/156a、慧 52/456b "梓栢" 註）（玄 13/170a、慧 55/540b "梓棺" 註）（玄 13/177c、慧 52/479b "梓薪" 註）（慧 81/21a "桑梓" 註）。

滓：**滓**緇史反（慧 16/710a）（慧 29/1017b）（慧 35/106a）（慧 50/425b）（慧 86/112b）（慧 92/197b）（紹 186b1）。**滓**阻史反（龍 230/09）（慧 11/610b）（慧 15/698b）。

葇：**葇**滓或從草作葇（慧 11/610b "滓濁" 註）（慧 15/698b "糟滓" 註）（慧 16/710a "滓穢" 註）。

字：**字**慈恣反（玄 24/322a）（慧 70/865b）。

牸：**牸**音字（龍 117/01）（慧 36/119a）（慧 40/200a）（慧 53/486b）（希 5/386b）（希 7/401c）（希 9/413b）（紹 167b1）。

誮：**誮**音字名誮今作字（龍 049/06）。

訾：**訾**前智奇寄士佳三反積也又滅也（龍 215/02）。

眥：**眥**在詣昨賜二反目际也（龍 335/05）（龍 422/01）（紹 143a1）（紹 201b5）。**眥**通（龍 422/01）（玄 4/55c）（慧 43/267b）（玄 4/57b）（慧 43/272a）（玄 20/270c）（慧 74/940a）（慧 79/1057a）。

眥皆正七詣將之二切（紹 143a1）。

齜：齜疾移反又昨賜反（龍 335/03）。齜疪賜反（慧 98/305b）。

齜：齜側吏反大齜也（龍 173/06）。齜正側吏反大齜也或从戈作齜（龍 526/07）。齜正（龍 526/07）。齜俗（龍 526/07）。

事：事正側吏反（龍 552/07）。事或作側吏反（龍 552/07）。

倳：倳側吏反倳刄（龍 035/03）（慧 81/21a）（慧 82/41a）（紹 129b2）。//剚：剚側使反與倳同（龍 099/03）；倳或作剚形聲字（慧 81/21a "倳刃" 註）。剚側使反與倳同（龍 099/03）。

瀆：瀆正體瀆字（龍 235/05）。瀆在賜反（慧 34/79b）（慧 42/239a）（慧 53/495a）。瀆箭賜反（龍 234/02）（玄 2/28b）（玄 14/185c）（慧 59/633a）（玄 21/286a）（慧 26/939a）（慧 32/46a）（慧 40/197b）（慧 93/212a）（紹 189a7）。

殨：殨才賜反骨宍也（龍 515/05）。

藉：藉子賜反（玄 1/21b）（慧 31/17a）（紹 154b4）；積論從草作藉非也（慧 66/786a "薪積" 註）（慧 69/841a "積中" 註）（慧 78/1042b "大積" 註）（慧 80/1083b "成積" 註）（慧 100/332b "蒙積" 註）（希 3/371a "草積" 註）。

蹟：蹟前智反矮蹟羊宍也（龍 160/06）。

歘：歘正恣次二音歘死而復生也（龍 515/04）。歘俗（龍 515/04）。

自：自俗音自（龍 161/07）。

zong

zōng 搃：搃祖公反（慧 58/604b）（慧 52/478a）（慧 55/533b）。搃子紅反（龍 208/04）（玄 7/102c）（慧 24/893a）（玄 12/156c）（玄 15/205c）（慧 39/177a）。

傊：傊子紅反數也（龍 497/02）。

嵕：嵕子紅反（龍 072/02）（紹 162b4）。

堫：堫正子紅反種也（龍 248/01）。堫或作（龍 248/01）。

薧：薧搃東反（慧 99/323b）（紹 155a10）；椶櫚錄文作薧蘭傳寫誤也（慧 81/8b "椶櫚" 註）。

椶：椶子紅反（龍 376/09）（慧 81/8b）（希 8/405a）（紹 159b1）。

瞍：𥄉或作子貢反（龍 314/08）。

糉：糉子紅反聳翅上兒（龍 326/08）。

篸：葼葼或從竹作葼［篸］（慧 99/323b "垂葼" 註）。

緵：緵子紅反縷也又作弄反小魚罟也（龍 398/01）。

艐：艐正子紅反艐舩著地不行又三艐國名（龍 132/01）。艐俗（龍 132/01）。

骰：騌音宗（慧 86/107b）（慧 97/281b）。騌正作孔反又子紅反（龍 534/08）。騌或作（龍 534/08）。騌正（龍 535/06）。骰俗（龍 535/06）。

鯼：鯼子紅子貢二反石首魚名（龍 168/05）。

騌：騌音宗（慧 61/686a）（希 1/357b）（紹 166a9）；鬃亦從馬作騌（慧 92/201a "鬃尾" 註）。騌正子紅反馬騌也（龍 291/03）（慧 41/222a）；騌經文有作騌子公反（玄 2/26b "騌尾" 註）（慧 26/934a "髦尾" 註）。//騌或作（龍 291/03）。騌律作緵亦通（慧 60/665a）。騌宗孔反（慧 94/225a）。騌祖孔祖叢二切（紹 144b10）。騌祖孔祖叢二切（紹 144b10）。

鬃：鬃正子紅反毛亂也（龍 086/04）（慧 11/618b）。鬃祖蒸切（紹 144b7）。鬃子紅反馬～（龍 086/05）。鬃正音揔角也又音宗髮也又馬鬃也（龍 089/03）。鬃通（龍 086/04）（慧 14/669b）。鬃俗（龍 086/04）。鬃俗（龍 086/04）。鬃俗（龍 086/04）。鬃俗（龍 086/04）。鬃音宗經從念俗字也（慧 53/487b）（慧 92/201a）。鬃鬃又作鬃（慧 14/669b "髻鬃" 註）。//鬃：鬃俗正音揔角也又音宗髮也又馬鬃也（龍 089/03）。

偬：偬子紅資董二反龍偬（龍 072/02）（慧 82/41b）（慧 85/96b）（慧 89/165a）（慧 98/306a）（慧 99/321b）。

葼：葼作（礼）［孔］反草盛兒（龍 260/05）。

磫：磫即容反（龍 440/09）；碷碌案字體宜作磫碻二形（玄 9/128a、慧 46/334a "碷碌" 註）。

猣：猣將容子公二切又從音（紹 167a4）。猣將容子公二切又從音（紹 167a4）。

褨：褨息拱子冢二反單衣也（龍 104/06）。

豵：豵正子紅反豕生三子也（龍 320/07）。豵今（龍 320/07）。

鬷：鬷子容反罽屬也（龍 135/02）。

蹤：蹤斯氏反又作孔子紅二反（龍 076/02）。

蹤：蹤即容反（龍 081/03）；蹤切韻唯作蹤縱蹤三字有作從不知所出也（慧 27/966a“縱”註）。//蹤：蹤足庸反（慧 1/404b）（慧 60/654b）。蹤足容反（龍 457/09）；蹤切韻唯作蹤縱蹤三字有作從不知所出也（慧 27/966a“縱”註）。

宗：宗子彤反（玄 6/88a）（玄 9/124a）（慧 46/327a）（玄 22/287c）（慧 48/370a）（慧 22/842b）（希 10/421c）。

倧：倧宗音（紹 129a2）。

鬉：鬉才宗反髻高大皃（龍 088/05）。

zǒng 轗：轗子孔反（玄 11/146a）（慧 52/459b）。轗俗（龍 083/03）。//轗：轗轗又作～同（玄 11/146a、慧 52/459b“兩轗”註）。轗正音音揔輪也（龍 083/03）。

總：總揔說文作總經從手作揔俗字也（慧 1/415b“揔攝”註）（希 2/364a“葱翠”註）。總宗弄反（慧 81/21b）。總作孔反又倉紅反（龍 401/01）（紹 191b4）。//揔：揔宗董反（慧 16/713b）。揔祖董反（慧 1/415b）。揔宗董反（慧 78/1039a）；揔經文作揔非也（玄 7/102c、慧 24/893a“揔搣”註）。揔宗董反（慧 74/957b）（紹 135a3）。揔宗孔反（慧 50/427a）（希 5/386b）（紹 135a3）（中 62/717c）；揔經作捴俗字也（慧 16/713b“揔猥”註）（慧 78/1039a“揔猥”註）。揔又俗音惣（龍 207/10）。揔祖動切（紹 135a3）。揔俗之忍反[1]（龍 067/03）。

㷓：㷓作孔反衆立也（龍 300/07）。

zòng 傯：傯子弄反倥傯困皃也（龍 036/06）（慧 100/333b）。

糉：糉粽蜀人作去聲呼粽子亦俗字也正體從米從㚇作糉（慧 100/350a“葉粽”註）。//粽：粽音總（慧 100/350a）（紹 196b4）。//粽：粽作弄反[2]（龍 146/06）。

糭：糭作弄反蘆葉裹米作也（龍 305/06）。

豵：豵子宋反雄猪也（龍 321/01）。

①參見《字典考正》256 頁。
②參見《叢考》773 頁“粽”。

綜：**綜**子宋反（龍 401/9）（玄 1/3b）（玄 2/24b）（玄 5/75c）（初編玄 559）（玄 14/197a）（玄 22/

299a）（玄 23/304b）（玄 23/308b）（慧 1/406b）（慧 14/678b）（慧 20/803a）（慧 23/877a）（慧 24

/902a）（慧 25/929a 慧 29/1025a）（慧 34/78b）（慧 36/120a）（慧 39/183b）（慧 47/351a）（慧 47

/356b）（慧 47/358b）（慧 48/386b）（慧 54/513b）（慧 59/651a）（慧 62/712b）（慧 65/767b）（慧

75/968a）（慧 83/45a）（慧 85/95a）（慧 89/162a）（慧 93/214b）（慧 97/275a）（希 3/370b）（紹 1

91a7）。

鍐：**鍐**子宋反金毛也（龍 017/09）。

瘲：**瘲**俗息拱反（龍 474/04）。

縱：**縱**將用反（慧 2/422a）（慧 4/467b）（慧 11/600a）（慧 14/661b）（慧 18/761b）（慧 25/908a）

（慧 27/966a）（慧 35/101b）（慧 84/73a）（希 10/422b）。**縱**正即容反又子用反（龍 395/06）

（慧 09/570b）（玄 6/79c）。**縱**足容反（玄 1/17b）（玄 3/36b）。**縱**俗（龍 395/06）。

ZOU

zōu 掫：**掫**又子于反擊也（龍 215/10）（紹 133b9）。

菆：**菆**則愁反草名又蓐也又初注反鳥窠也（龍 256/02）；蕞集本作菆誤也（慧 95/247a "蕞

殘" 註）（慧 97/283b "蕞尒" 註）。

陬：**陬**子侯反又側休反（龍 295/10）（慧 98/305a）（紹 169b9）。

緅：**緅**子兤側求子句三反青赤色也再染曰緅三入成纁（龍 397/06）。

諏：**諏**今子於子侯二反謀也（龍 044/03）（慧 54/513b）（紹 186a4）。//**諏**或作（龍 044/03）。

諏諏經文作～誤書也（慧 54/513b "諮諏" 註）。

鰌：**鰌**且鈎反魚名又七朱反淺～小人不耐事皃又才口反（龍 166/08）。

齱：**齱**正側求反～齫齒偏也（龍 311/10）。**齱**通（龍 311/10）。

纋：**纋**正子侯反麻榦也（龍 336/02）。**纋**俗（龍 336/02）。

鄒：**鄒**正側搜反（龍 455/04）（紹 169b2）。**鄒**今（龍 455/04）。**鄒**鄒側愁音（紹 169b2）。**鄒**

鄒側愁音（紹 169b2）。**耶**或作（龍 455/04）。**鄒**通（龍 455/04）。**鄒**俗（龍 455/04）。**鄒**

正側搜反（龍 455/04）。**鄒**俗（龍 455/04）。

蹴：蹴正測鳩反獸跡也（龍 460/09）。蹴或作（龍 460/09）。

齱：齱正士角反齒相近皃也（龍 313/03）。齱俗（龍 313/03）。

騶：騶側愁反（慧 43/262b）（慧 85/96a）（慧 97/286b）。騶正側鳩反（龍 291/03）。騶今（龍 291/03）（玄 20/266a）。駒俗（龍 291/03）。

zǒu 走：走奏叟反正體字也（慧 39/179a）（慧 55/536a）（慧 79/1057a）（慧 90/168a）（慧 100/334a）（慧 100/350b）。走古文走字（龍 075/05）。走通（龍 075/05）。走俗（龍 075/05）。走音走（龍 333/06）。走走字上從夭下從止經從土從之作走訛也（慧 10/598a）。走子侯反疾趨曰〜又祖苟反今作走（龍 356/08）。走（龍 356/08）。走俗音走（龍 461/08）。

哇：哇俗音走（龍 272/03）。

zòu 奏：奏子陌反（玄 3/43a）（慧 09/575b）（慧 16/725a）。

handle：handle奏湊構三音（龍 288/10）（慧 76/992b）。//handle：handle經自切青墦反在四阿含慕抄①（龍 288/08）（玄 20/272b）（紹 165b5）。

剿：剿正祖侯且侯二反又才奏反（龍 097/06）。剿俗（龍 097/06）。

瞜：瞜瞜正時奏慈候二切（紹 137a9）。

ZU

zū 菹：菹側魚反菜和醋也（龍 255/10）。葅側魚反（龍 255/10）。//葅：葅七余反藏菜也與菹亦同（龍 255/10）（玄 22/295a）（慧 48/380b）（慧 95/247b）（紹 156a7）。俎新藏作葅（龍 545/08）。

葅：葅七余反苞葅又則吾反茅葅藉封諸蕝葅以茅又則古反（龍 255/10）。

槭：槭子六反木可作車（龍 386/06）。

褯：褯正子六反好衣皃（龍 109/02）。//褯：褯俗（龍 109/02）。

繓：繓子六反繓繒文皃（龍 403/05）。

zú 足：足子欲反（玄 2/16c）（玄 17/233b）（慧 70/859a）（慧 1/408a）（慧 91/183a）（希 7/403c）。

卒：卒正倉没反卒急也遽也又子聿反（龍 537/06）（玄 11/144b）（慧 6/509b）（慧 7/531b）（慧

①參見《龍龕手鏡研究》262 頁。

21/817b)（慧 23/868a）（慧 27/985a）（慧 46/327b）（希 9/414a）；猝或作踤或單作卒（慧 6/5

01b "猝暴" 註）；萃論文作卒非也（慧 86/105a "雲萃" 註）。**率**今（龍 537/06）（玄 9/124a）。

卆俗（龍 537/06）。**卆**音卒（龍 191/07）。**崒**千没昨没二反（龍 109/04）（慧 52/457a）。

卆音卆（龍 317/01）。**卆**卒音（紹 203b4）。**逤**舊藏作卒子聿子骨蘇骨三反（龍 494/

02）。//倅：**倅**正又子没反（龍 035/06）（紹 129a9）。**倅**俗又子没反（龍 035/06）。

崒：**崒**昨没反（龍 078/06）（紹 162b3）。**崒**昨没反（龍 078/06）。

桳：**桳**正昨没反桳杌以柄内孔也（龍 386/05）。**桳**通（龍 386/05）。

殚：**殚**子律反死也終也（龍 516/02）。

稡：**稡**正則骨反稝稡也（龍 146/09）。**稡**通（龍 146/09）。

踤：**踤**慈術反（龍 465/09）；猝或作踤（慧 6/501b "猝暴" 註）（慧 6/509b "卒生" 註）。//趉：

趉俗才恤反正作踤摧趉（龍 326/05）。

觪：**觪**正昨没反角始生也（龍 513/03）。**觪**俗（龍 513/03）。

髉：**髉**昨没反小骨也（龍 482/01）。

鮏：**鮏**正子聿反鯎鮪別名也（龍 172/04）。**鮏**通（龍 172/04）。

齭：**齭**昨没初栗二反齭～也（龍 313/03）。

傶：**傶**嘁經本從人作傶者非也（慧 20/794b "颦嘁" 註）。

誎：**誎**七六反（龍 178/04）。

族：**族**藂禄反（玄 9/124a）（慧 46/327a）（慧 6/498a）（慧 15/701a）（慧 22/855a）（慧 27/967a）（慧

44/295b）（慧 57/588a）（希 9/411a）。**挨**又俗音族（龍 207/09）；族經從手從矣作挨非也

不成字也（慧 15/701a "族姓" 註）（慧 44/295b "族姓" 註）（慧 57/588a "族姓" 註）。**挨**正

千木反玉篇促也（龍 218/08）。**摍**俗（龍 218/08）。//炭：**炭**音族（龍 078/01）。**棧**俗

徂末[木]反①（龍 113/05）。

礸：**礸**子木反禄礸石皃（龍 446/02）（慧 30/1036b）（慧 81/6b）（慧 99/325a）。//嶻：**嶻**俗

士角反經音義作礸（龍 078/03）（玄 7/104a）；礸經作嶻非（慧 30/1036b "礸嶽" 註）。**嶻**

士角反（龍 077/07）。//崱：**崱**士角反（龍 077/07）。

①參見《疑難字考釋與研究》527 頁。

摵：**救**鏃或從竹作簇論從手作～非也（慧 68/829a "鏃身" 註）。

蹤：**蹤**俗倉族反（龍 467/04）。

鏃：**鏃**正作木反箭鏃也（龍 019/06）（玄 5/70a）（慧 15/695a）（慧 37/138a）（慧 38/158b）（慧 60/671a）（慧 68/829a）（慧 74/941b）（慧 77/1015a）（慧 85/98b）（希 3/373b）（紹 181a2）。**鏃**字林子木反（玄 2/27b）（慧 24/895b）（慧 26/936b）（慧 31/19a）（慧 53/494a）（希 7/403a）。**鏃**俗（龍 019/06）。**鏃**俗（龍 019/06）。

蟄：**蟄**子六反（龍 225/04）（慧 73/934b "蚖蠖" 註）。**蟄**（玄 18/240c "蚖蠖" 註）。

歠：**歠**嗷古文作～同子六子合二反（慧 55/543b "嗚嗷" 註）。**歠**嗷古文作～同子六子合二反（玄 12/164a "嗚嗷" 註）。//嗷：**嗷**子六反（龍 278/06）（玄 12/164a）（慧 55/543b）。

zǔ 伹：**伹**又祖古反殘[淺]也（龍 025/02）。**伹**則古反（龍 032/07）。

阻：**阻**側呂反又俗才句反（龍 297/04）（慧 6/509b）（慧 44/293a）（慧 91/192a）（慧 98/302b）。**阻**側呂反（慧 3/440a）（慧 3/454a）（慧 5/493b）；岨亦作阻（慧 15/702a "岨邃" 註）。**阻**莊所反（慧 6/508b）。//岨：**岨**又莊所反與阻同（龍 070/04）（慧 15/702a）；險阻經從山作嶮岨非也（慧 44/293a "險阻" 註）（慧 91/192a "阻礙" 註）（慧 98/302b "嶠阻" 註）。

俎：**俎**音阻（龍 549/08）（玄 5/74c）（慧 75/977a）（玄 5/76a）（慧 44/292b）（慧 25/915b）（慧 44/292b）（慧 84/76a）（慧 88/146a）（慧 100/346b）；沮經文作俎非此用（玄 1/2a "沮壞" 註）（慧 20/801b "沮壞" 註）（玄 1/20a "沮壞" 註）（玄 3/35a、慧 09/568a "沮壞" 註）（玄 10/134c "沮壞" 註）（玄 18/241a、慧 73/928b "沮屈" 註）（慧 30/1041a "沮壞" 註）（慧 35/104b "沮壞" 註）（慧 37/134b "沮壞" 註）（慧 50/416a "沮壞" 註）（慧 77/1017b "沮壞" 註）。**俎**壯所切（紹 129b4）。**殂**俎正壯所切（紹 144b5）。**俎**側呂反（龍 348/06）。**岨**子余側魚慈呂子預四反（龍 536/09）。**岨**（龍 536/09）。

珇：**珇**音祖圭上文起又美好貌（龍 437/02）。

祖：**祖**宗古反（玄 7/98b）（慧 26/956b）（慧 80/1072b）（慧 93/214b）（希 10/421c）。**阻**音祖（龍 331/01）。**舳**音祖[1]（龍 549/03）。

唨：**唨**俗音祖（龍 272/02）（紹 184b6）。

---

[1]《疑難字考釋與研究》："以音求之，並參考字形，'舳' 當是 '祖' 字俗訛。"（131）

組：**組**音祖（龍 400/05）（玄 2/23b）（希 5/386c）（紹 191a5）。

詛：**詛**莊疏反呪詛令敗也（龍 047/06）（玄 6/90a）（玄 25/337a）（慧 71/890b）（慧 14/680b）（慧 23/877b）（慧 24/894a）（慧 27/990a）（慧 32/29b）（慧 32/48a）（慧 43/254a）（慧 57/599b）（慧 86/110a）（希 3/373c）（希 6/395b）（希 6/398a）（紹 185b1）；古文禠今作詛同（玄 14/191c、慧 59/642a "祝禠" 註）。**譇**詛或作禠譇謑四形用皆同（慧 14/680b "呪詛" 註）（慧 24/894a "訕詛" 註）。//禠：**禠**側據反（玄 14/191c）（慧 59/642a）；詛古文禠同（玄 6/90a "祝詛" 註）（玄 17/228b、慧 67/816a "祝詛" 註）（玄 25/337a、慧 71/890b "呪詛" 註）（慧 14/680b "呪詛" 註）（慧 24/894a "訕詛" 註）（慧 27/990a "祝詛" 註）（慧 43/254a "呪詛" 註）（希 3/373c "呪詛" 註）（希 6/395b "祝詛" 註）（希 6/398a "呪詛" 註）。**禣**音阻（龍 112/05）。**槑**詛或作～（慧 43/254a "呪詛" 註）。**謔**詛又作謔（慧 43/254a "呪詛" 註）。

zuan

zuān 劗：**劗**正借官反剃髮也又音剪（龍 096/05）。**劗**今（龍 096/05）；揃古文劗鬍翦三形同（玄 14/191b、慧 59/641b "若揃" 註）；鑽亦從刀作劗音同（慧 54/521a "鍼鑽" 註）。

轐：**轐**正（龍 080/01）。**轐**今借官反車曲轅也亦與轐同（龍 080/01）。**轐**俗（龍 080/01）。//轐：**轐**正借官反曲轅也與轐同又在官反車縛軶也（龍 447/07）。**轐**俗（龍 447/07）。

鑽：**鑽**祖亂反（慧 58/622a）（慧 25/915b）（慧 31/16a）（慧 54/518a）（慧 54/521a）（慧 57/580b）（慧 60/670b）（慧 61/699b）（慧 75/971a）（慧 83/44b）（慧 85/88a）（慧 100/341a）（慧 100/342b）。**鑽**子官反鑽剌也又子筭反錐鑽也（龍 009/06）（玄 2/26c）（玄 14/190b）（慧 59/640a）（玄 15/204a）（玄 22/296c）（慧 48/383a）（慧 14/662a）（慧 21/826b）（慧 22/834b）（慧 26/935a）（慧 33/61a）（慧 36/125b）（慧 38/163b）（慧 49/410a）（慧 50/427b）（慧 53/489b）（慧 90/170a）（紹 180a4）；纂字應作鑽（玄 16/223a、慧 64/752a "樓纂" 註）。

zuǎn 纘：**纘**祖管反（慧 85/99b）（慧 91/181b）（慧 91/186a）（希 10/421c）。**纘**作管反（龍 400/03）（紹 191b4）；纂[纂]或作纘（玄 7/92a、慧 28/995a "纂修" 註）（玄 11/151b、慧 52/471b "纂修" 註）（慧 77/1028a "纂茂" 註）；纘經文作纘非也（玄 7/95a、慧 28/998b "綺纘" 註）。

纂：纂作管反（龍 399/05）（玄 11/151b）（慧 52/471b）（玄 16/223a）（慧 64/752a）（慧 10/591a）（慧 39/167b）（慧 62/722a）（慧 77/1028a）（慧 83/59a）（慧 87/127b）（希 7/399c）（希 10/418b）（紹 160a6）；纘亦作纂（慧 91/186a "修纘" 註）。纂子夘反（玄 7/92a）（慧 28/995a）（玄 17/236a）（紹 154b6）；鑽經文作纂（玄 15/204a、慧 58/622a "杖鑽" 註）；纂或從艸也（慧 83/59a "纂曆" 註）（希 7/399c "纂歷" 註）。//繑：鵗纂修：古文繑同（玄 11/151b、慧 52/471b "纂修" 註）。

簒：簒竹管反（龍 392/07）（紹 160b5）。

鑹：鑹作管反（龍 016/03）；鏢鑽律文作鏢鑹非體也（玄 14/190b、慧 59/640a "鏢鑽" 註）。

zuàn 攥：攥七括反又子括反（龍 215/09）（慧 35/103b）（慧 39/173b）（慧 62/716a）；撮切韻手把作攥子活反（慧 27/974a "搏撮" 註）。攥七括反又子括反（龍 215/09）。攥倉括子括二反今作攥同（龍 219/02）。

zui

zuī 厜：厜姊宜反厜羛山巓狀（龍 302/01）。厜醉唯反經從厂非（慧 74/959b）（紹 198a6）。瘱隨函云合作厜姊危反山巓皃又俗他猥反（龍 470/07）。

騂：騂今子垂之累二反馬小白（龍 291/04）。騳古（龍 291/04）。騂古（龍 291/04）。

唯：唯素回反又作回反又醉雖反（龍 268/04）（紹 184b10）。

朘：朘子回反赤子陰也（龍 409/09）。

薻：薻又姊隨反（龍 254/08）。

zuǐ 嗺：嗺即水反崽嗺也又即佳反髙皃也（龍 075/02）。

觜：觜即委反（龍 335/04）（龍 271/03 "嗺" 註）[1]（慧 62/715b）（希 8/410b）（紹 201b5）；紫或作觜（慧 64/757a "著紫瓶" 註）（慧 72/904a "紫利" 註）（希 8/407b "紫爪" 註）（希 9/412b "鐵觜" 註）。觜子移反（玄 9/122a）（慧 46/324a）（慧 15/686a）（慧 20/797a）（慧 39/171a）（慧 80/1070a）；紫又作觜同（玄 1/13b、慧 42/234b "鐵紫" 註）（玄 1/8b）（慧 17/741a）（玄 2/27c "蚤紫" 註）（玄 9/124c、慧 46/328b "紫距" 註）（玄 22/290b、慧 48/374a "鐵紫" 註）（慧 26/937a "蚤

---

①原字形作 "觜"，當是 "觜" 字誤刻。

觜”註）（慧 26/946b “生觜”註）（慧 29/1016b “觜銜”註）（慧 34/78a “鈎觜”註）（慧 43/270a “金

觜”註）（慧 53/500a “喙觜”註）（慧 54/522a “鳥觜”註）（慧 62/704b “一觜”註）（慧 63/737a “却

觜”註）（慧 69/850a “鐵觜”註）（慧 75/971b “鍼觜”註）（慧 96/269b “利觜”註）。//嘴：𠼻

觜或作唓嘴（慧 39/171a “九觜”註）（慧 66/798a “口觜”註）（慧 84/69a “赤觜鳥”註）（希 8/

410b “觜端”註）。//紫：𦱴子累反（慧 56/572a）（慧 29/1016b）（慧 62/704b）（慧 64/757a）

（慧 67/803a）（慧 72/904a）（慧 75/971b）（慧 82/33b）。𣯽子累反（玄 1/13b）（玄 2/27c）（慧 4

2/234b）（玄 4/61c）（慧 44/283a）（玄 7/96a）（慧 28/999b）（玄 8/111c）（慧 33/62b）（玄 9/124c）

（玄 16/214b）（玄 19/262a）（玄 22/290b）（慧 48/374a）（玄 24/325a）（慧 26/937a）（慧 26/946b）

（慧 31/7b）（慧 34/78a）（慧 43/270a）（慧 53/500a）（慧 54/522a）（慧 63/737a）（慧 66/798a）（慧

69/850a）（慧 79/1066a）（慧 96/269b）；嗽經文作唓字書或觜字（玄 19/260a、慧 56/568b “嗽

齝”註）；觜或作觜唓（慧 15/686a “鐵觜”註）（慧 39/171a “九觜”註）（慧 80/1070a “赤觜”

註）；唓或從此作觜（慧 84/82b “唓銜”註）。𦱴即委反（龍 335/04）（慧 46/328b）（慧 70/

870b）（慧 74/941b）（慧 84/69a）（希 8/407b）（希 9/412b）（紹 201b5）。𣯽子累反（慧 65/773a）。

𦱴從此束今經文從束訛也（慧 11/617b）。𦱴即委反（龍 335/04）。//唓：唓醉髓反

（慧 79/1059b）。唓遵累反（慧 84/82b）；觜今作唓（玄 1/13b、慧 42/234b “鐵觜”註）（玄

2/27c “蚕觜”註）（玄 4/61c、慧 44/283a “利觜”註）（玄 8/111c、慧 33/62b “赤觜”註）（玄 9/1

24c、慧 46/328b “觜距”註）（玄 16/214b、慧 65/773a “觜破”註）（玄 22/290b、慧 48/374a “鐵觜”

註）（慧 26/937a “蚕觜”註）（慧 34/78a “鈎觜”註）（慧 39/171a “九觜”註）（慧 84/69a “赤觜鳥”

註）；嗽經文作唓（玄 19/260a、慧 56/568b “嗽齝”註）（玄 19/262a、慧 56/572a “觜爪”註）

（慧 53/500a “喙觜”註）（慧 62/704b “一觜”註）。//𪓐即委反（龍 271/03）。喋觜又或作

喋（慧 15/686a “鐵觜”註）。//𪐴即委反（龍 271/03）（紹 183a3）；觜經作嶲非也（慧 54

/522a “鳥觜”註）。嚌即委反（龍 271/03）。㰣即委反（龍 271/03）。𠷤俗即委反（龍 1

84/07）。𪐴即委反（龍 271/03）（紹 183a3）；觜經文作～非也（玄 1/13b、慧 42/234b “鐵

觜”註）（玄 2/27c “蚕觜”註）（玄 8/111b、慧 33/62b “赤觜”註）（玄 9/124c、慧 46/328b “觜距”

註）（玄 16/214b、慧 65/773a “觜破”註）（玄 22/290b、慧 48/374a “鐵觜”註）（慧 26/937a “蚕觜”

註）（慧 34/78a “鈎觜”註）（慧 67/803a “蠡觜”註）（慧 75/971b “鍼觜”註）（慧 79/1066a “鐵觜”

註）（慧 80/1070a "赤觜" 註）（慧 84/69a "赤觜鳥" 註）。嘴即委反（龍 271/03）。嘴觜又或

作嗺（慧 15/686a "鐵觜" 註）。//咮：咮角音①（龍 271/07）；觜又作觜律文作咮非（希

9/412b "鐵觜" 註）。//鷕俗音雌（龍 269/05）。

zuì 檇：檇遵為切又醉穳二切（紹 159a5）。

祽：祽子對反月祭名也（龍 112/09）。祽同上（龍 113/01）。

晬：晬正子對反（龍 428/07）（紹 171a6）。晬通子對反（龍 428/07）。

醉：醉（慧 29/1016a）。醉正將類反酒過惛～也（龍 310/08）。醉或作（龍 310/07）。酔

俗（龍 310/08）。

最：最祖外反（慧 29/1013b）。冣聚古文作冣（慧 11/610b "貯聚" 註）（麗 20/286c）。冣才

句子外二反積也（龍 536/07）。

蕞：蕞在外反（慧 95/247a）（慧 97/283b）（慧 99/325b）。//蕞：蕞才外反叢也又小兒（龍 26

2/08）。

罪：罪摧猥反（慧 41/212a）。//皋：皋古文罪字（龍 183/06）。皋古文罪字（龍 364/04）。

皋相承祖外反大罪也（龍 364/05）。皋嘆經文從自從辛作～非也乃是古文罪字也

（慧 15/697a "悲嘆" 註）（慧 41/212a "罪愆" 註）。皋相承祖外反大罪也（龍 364/05）。皂

音罪②（龍 364/04）。皋音罪（龍 431/07）。皋音罪（龍 431/07）。

嶵：嶵音罪崔嵬山兒也（龍 074/09）。嶵祖隗反（玄 19/253b）（慧 56/557b）。

zun

zūn 尊：尊（玄 14/195a）（慧 59/647b）；樽說文作尊（慧 88/146a "樽俎" 註）。//樽：樽音尊（龍

374/07）（慧 75/982a）（慧 88/146a）（紹 158b5）；尊字書作樽（玄 14/195a、慧 59/647b "得尊"

註）。//鐏：鐏音尊（慧 85/90a）。鐏音尊（龍 338/02）；樽正為尊俗作鐏（慧 75/982

a "為樽" 註）。//酋：酋樽說文作尊又作鐏亦作酋（慧 88/146a "樽俎" 註）。//甎：甎

俗音尊酒器也（龍 315/06）。

①參見《龍龕手鏡研究》249 頁。
②參見《龍龕手鏡研究》293 頁。

遵：遵子倫反 (慧 57/595a)。遵 (慧 22/841b)。

縛：縛音尊布衣名也 (龍 397/02)。

鐏：鐏祖寸反矛戟下銅也 (龍 018/03) (玄 14/190b、慧 59/640a "鏢鑽" 註)；樽又作鐏亦作醇 (慧 88/146a "樽俎" 註)。鐏尊律文作鐏非此義 (玄 14/195a、慧 59/647b "得尊" 註)。

鵻：鵻音遵西方雉名 (龍 287/07)。

zǔn 劉：劉兹損反減也截也 (龍 098/02)。

僔：僔子本反聚眾也又俗尊存二音 (龍 030/06)；噂亦作僔 (慧 87/121b "噂嗒" 註)。// 噂：噂咨損反噂嗒也 (龍 271/01) (慧 87/121b) (紹 182a9)。

撙：撙則損反 (龍 213/03) (慧 91/193b)。

尊：尊慈本反草蕵生兒 (龍 261/02) (慧 99/312b)。

捘：捘七巡子寸二反推也《香嚴》又麁丸反 (龍 209/03)。

譐：譐上倉本反譐諸恚言也 (龍 046/04)。

zùn 艊：艊昨悶切 (紹 146a2)。

鬇：鬇子寸反委髮也 (龍 090/06)。

鱒：鱒才悶反 (龍 170/03) (玄 19/259b) (慧 56/567b)。

ZUO

zuó 柞：柞今作各反縣名 (龍 264/08)；苲亦作柞 (慧 96/269b "苲罺" 註)。//萨：柞俗 (龍 264/08)。

昨：昨作傳從曰作昨是音鑿傳寫誤也 (慧 83/57a "作製" 註)。

怍：怍音昨山牛也 (龍 117/07)。

秨：秨祚昨二音禾嫁 (稼) 動之兒也 (龍 146/01)。

筰：筰音昨 (龍 394/05)。

鈼：鈼同上 [音昨] 吳人云金曰鈼 (龍 019/03)。

捽：捽正昨没反 (龍 218/10) (慧 52/468b) (玄 16/218c) (慧 65/771a) (慧 54/514b) (慧 95/245b)。捽存没反 (玄 17/237a) (慧 74/951b)。捽或作 (龍 218/10) (玄 11/150a)。捽或作 (龍

218/10)。**抃**俗（龍 218/10）。

zuǒ 左：**左**資可反（玄 22/294a）（慧 48/379b）。

佐：**佐**子箇反（慧 5/483a）（慧 23/872a）（紹 128a5）。

袏：**袏**音左單衣也（龍 107/01）。

尵：**尵**則个千賀二反行不正也（龍 179/08）。**尵**則个反行不正也（龍 522/08）。

縒：子括反結～也（龍 403/07）。

zuò 作：**作**則各反（慧 23/877b）。

怍：**怍**音昨慙也（龍 064/01）（紹 130a8）。

阼：**阼**昨晤反（龍 297/10）（紹 169b8）。

岞：**岞**士格反岞峉山皃又音昨岞崿山高皃（龍 079/01）。**峸**俗（龍 079/01）。

柞：**柞**昨作二音（龍 386/05）（紹 159a1）。**捙**昨作二音（龍 386/05）。

胙：**胙**音祖（龍 414/07）（紹 136b4）。

祚：**祚**祖故反（玄 1/10b）（玄 7/94b）（玄 9/128b）（玄 18/244b）（玄 24/330a）（慧 11/603a）（慧 23/874a）（慧 28/997b）（慧 46/335b）（慧 70/878a）（慧 72/915a）（慧 75/982a）（慧 87/127b）（紹 168a7）。**祚**祖故反（慧 17/745a）（初編玄 554）（慧 28/992b）。

酢：**酢**在落反又醋錯二音（龍 311/02）（玄 18/250c）（慧 73/936a）（慧 12/630b）（慧 14/672b）（慧 35/106a）（紹 143b5）；醋若依説文玉篇古今正字文字典説廣雅切韻字統字林七本字書醬醋字並從乍作酢（慧 29/1026a "鹹醋" 註）；祚經從酉作酢音昨是酬酢之字誤用也（慧 75/982a "衰祚" 註）；醻鑿傳文作酬酢非正字（慧 76/1008b "醻鑿" 註）；釀或作酢（慧 87/120b "酺釀" 註）。

絈：**絈**音昨（龍 403/06）；筰傳文從糸作絈非也（慧 90/173b "引筰" 註）。

酳：**酳**正昨晤反相謁食也（龍 502/04）。// 醋：**醋**俗（龍 502/04）。

坐：**坐**慈臥反（玄 2/29a）（玄 12/161a）（慧 75/984b）（慧 15/695b）。**壧**古文坐字（龍 248/08）。**坙**坐説文作～（慧 15/695b "榻坐" 註）。

侳：**侳**正則臥反安也有也（龍 035/03）。**侳**或作（龍 035/03）。**俓**或作（龍 035/03）。

喿：**喿**祖郭反鳴喿喿也（龍 278/04）。

毇：**毇**音作精細米也（龍 194/03）。

瞖：**瞖**音昨穿瞖也（龍 341/03）。 **瞖**（龍 341/03）。

鑿：**鑿**正音作（龍 306/02）。 **鑿**俗（龍 306/02）。 **鑿**柞宜作鑿同（玄 18/250b "柞哉" 註）。 //

柞：**柞**或作音作（龍 306/02）（玄 18/250b）（慧 73/935b）（紹 196b2）；柞經文作柞非也

（玄 7/94b、慧 28/997b "柞胤" 註）。 //**昨**柞宜作昨鑿二形同（玄 18/250b、慧 73/935b "柞

哉" 註）。

齟：**齟**俗具柞二音（龍 367/09）。 **齟**俗具柞二音（龍 367/09）。

复合字

分布：**𮉰**作分布二字（龍 195/03）。**𮉰**經音義作分布二字呼[1]（龍 330/07）。**𮉰**此字習

誤已久宜作分布二字謂以黄金分布閒錯其閒也（玄 7/100c）（慧 30/1037b）。

九子：**孚**此是九子二字經文云仇子陁也在廣弘明集第七卷[2]（龍 026/05）。

菩薩：**荓**又音菩薩二字（龍 255/02）。**荓**音菩提二字（龍 255/02）。

①參見《龍龕手鏡研究》278 頁。
②參見《龍龕手鏡研究》154 頁。

主要參考文獻

（按作者首字音序排列）

昌住《新撰字鏡》，京都帝國大學文學部國語學國文學研究室編《古典索引叢刊》本。

陳飛龍《龍龕手鑑研究》，臺灣文史哲出版社 1975 年。

鄧福禄、韓小荆《字典考正》，湖北人民出版社 2007 年。

段玉裁《説文解字注》，上海古籍出版社影印清經韻樓刻本 1988 年。

顧野王《玉篇》（殘卷），《續修四庫全書》第 228 册。

顧野王撰、陳彭年等修訂《宋本玉篇》，中國書店影印清張氏澤存堂刻宋本 1983 年。

韓小荆《可洪音義研究——以文字爲中心》，巴蜀書社 2009 年。

漢語大字典編輯委員會《漢語大字典》（第二版），崇文書局、四川辭書出版社，2010 年。

胡吉宣《玉篇校釋》，上海古籍出版社 1989 年。

黄征《敦煌俗字典》（第二版），上海教育出版社 2019 年。

黄焯《〈經典釋文〉彙校》，中華書局 1980 年。

冷玉龍、韋一心《中華字海》，中華書局、中國友誼出版公司 1994 年。

劉熙撰；畢沅疏證，王先謙補；祝敏徹、孫玉文點校《釋名疏證補》，中華書局 2021 年。

陸德明《經典釋文》，中華書局影印通志堂本 1983 年。

吕浩《篆隸萬象名義校釋》，學林出版社 2007 年。

毛遠明《汉魏六朝碑刻異體字典》（上下），中華書局 2014 年。

梅膺祚《字彙》，上海辭書出版社影印本 1991 年。

秦公、劉大新《廣碑別字》，國際文化出版公司 1995 年。

日本大正一切經刊行社《大正新修大藏經》，1922 至 1933 年。

日本株式會社國書刊行會編《卍新纂大日本續藏經》，臺北新文豐出版股份有限公司 1976 年。

史游《急就篇》，岳麓書社 1989 年。

釋處觀《紹興重雕大藏音》（簡稱《大藏音》），《中華大藏經》第 59 冊影印宋資福藏本；永樂北藏本。

釋慧琳《一切經音義》（《中華大藏經》影印高麗大藏經本），中華書局 1984—1997 年。

釋慧苑《新譯大方廣佛華嚴經音義》，《中華大藏經》影印宋資福藏本。

釋可洪《新集藏經音義隨函錄》，《中華大藏經》影印高麗藏本。

釋空海《篆隸萬象名義》，中華書局 1995 年。

釋希麟《續一切經音義》，上海古籍出版社 1986 年。

釋行均《龍龕手鏡》，中華書局影印高麗本 1985 年。

釋玄應《一切經音義》，莊炘、錢坫、孫星衍校正，海山仙館叢書本。

釋玄應《一切經音義》，叢書集成初編本、高麗藏本、中華大藏經本。

司馬光等《類篇》，中華書局影印清姚刊三韻本 1984 年。

王華權《〈一切經音義〉刻本用字研究》，廣西師範大學出版社 2011 年。

王念孫《廣雅疏證》，中華書局 1983 年。

吳任臣《字彙補》，上海辭書出版社影印本 1991 年。

許慎撰、徐鉉校定《説文解字》，中華書局影印清陳昌治刻本 2013 年。

徐鍇《説文解字繫傳》，中華書局影印清祁雋藻刻本 1987 年。

徐在國《隸定古文疏證》（簡稱《疏證》），安徽大學出版社 2002 年。

姚永銘《〈一切經音義〉研究》，江蘇古籍出版社 2003 年。

楊寶忠《疑難字考釋與研究》，中華書局 2005 年。

楊寶忠《疑難字三考》，中華書局 2018 年。

楊寶忠《疑難字續考》，中華書局 2011 年。

余迺永《新校互註宋本廣韻》（定稿本），上海人民出版社 2008 年。

張舜徽《説文解字約注》，華中師範大學 2009 年。

張涌泉《敦煌俗字研究》（第二版），上海教育出版社 2015 年。

張涌泉《漢語俗字叢考》（简称《叢考》），中華書局 2000 年。

張涌泉《漢語俗字研究》，岳麓書社 1995 年。

張涌泉等《敦煌經部文獻合集》，中華書局 2008。

張自烈《正字通》，中國工人出版社影印本 1996 年。

趙少咸《廣韻疏證》，巴蜀書社 2010 年。

趙振鐸《集韻校本》，上海辭書出版社 2013 年。

鄭賢章《龍龕手鏡研究》，湖南師範大學 2004 年。

鄭賢章《〈新集藏經音義隨函錄〉研究》（增訂本），上海教育出版社 2023 年。

周祖謨《廣韻校本》，中華書局 2004 年。

周祖謨《唐五代韻書集存》，中華書局 1983 年。

宗福邦等《故訓匯纂》，商務印書館 2003 年。

宗福邦等《古音匯纂》，商務印書館 2019 年。